〔元〕脱脱等 撰

# 宋史

中華書局

# 宋史

中華書局

# 宋史卷二百七十五

## 列傳第三十四

劉福　安守忠　孔守正　譚延美　元達　常思德　尹繼倫
薛超 丁罕　趙瑨附　郭密 傅思讓　李斌附　田仁朗　劉謙

劉福，徐州下邳人。少倜儻，魁岸有膂力。周顯德中，世宗征淮南，福徒步謁見于壽春，世宗奇之，因留麾下。每出戰，則令福率衞士爲先鋒，與破紫金山砦。淮南平，錄功授懷德指揮使。

宋初，遷橫海指揮使，率所部隸步帥劉光毅，由峽路征蜀。比至成都，孟昶已降。大將王全斌部送降卒歸京師，至綿州，降卒盜庫兵，劫蜀舊將全師雄以叛，焚廬舍，剽財貨以去。刺史成彥饒以同、華兵百餘人守其城，全斌遣米光緒將七百騎及福所部以屯護之。光緒盡殺師雄妻孥，師雄領叛卒，益聚村民十餘萬衆，攻城益急。會龍捷指揮使田紹斌率精銳百



騎，由東山西北行，福領所部由山南行，出賊不意夾擊之。賊衆大潰，斬首及溺江死者以萬計，以功授虎捷都虞候。繼隸曹彬麾下，平江南，還，授指揮使，領蔚州刺史。從太宗克幷、汾，遷馬步都軍頭、武州團練使。端拱初，出爲洛州防禦使。二年，改雄州防禦使兼本州兵馬部署。雄州地控邊塞，常屯重兵。福至部，按行城壘，調鎭兵以給繕完，出私錢以資宴犒，寇雖大至，而恃以無恐矣。淳化初，遷涼州觀察使、判雄州事。二年，卒，年六十四。贈太傅。

福雖不學，而御下有方略，爲政簡易，人甚德之，領雄州五年，郡境寧謐。福既貴，諸子嘗勸起大第，福怒曰：「我受祿厚，足以僦舍以庇。汝曹既無尺寸功以報朝廷，豈可營度居室，爲自安計乎？」卒不許。既死，上聞其言，賜其子白金五千兩，使市第宅。

安守忠字信臣，幷州晉陽人。父審琦，爲周平盧軍節度，封陳王。晉天福八年，審琦出領山南東道，以守忠爲牙內指揮使，領繡州刺史。周顯德四年春，改鞍轡庫使。會淮南初下，命守忠馳往宣諭。時藩臣驕蹇，遇朝使多簡傲，守忠抗以正禮，無所辱命。未幾，改衞州刺史。



宋初，入爲左衞將軍。建隆四年，湖南初平，命爲永州刺史。乾德中，護河陰屯兵。蜀平，太祖知遠俗苦苛虐，南鄭爲走集之地，故特命守忠知興元府以撫綏之。四年，改漢州刺史。時寇難甫平，使車旁午，公帑不足，守忠出私錢以給用。每遣使，太祖必戒之曰：「安守忠在蜀，能律己以正，汝行見之，當效其爲人也。」開寶初，改濮州刺史。會河決澶州，命守忠副潁州團練使曹翰護役，河決遂塞。五年，知遂州。民有陰召幷寇謀內應者，事泄，守忠悉斬以徇。九年，命將征太原，守忠受詔與孫晏宣由遂州入，既而與路羅砦監押馬繼恩遇，乃相與會兵入賊境，燔砦四十餘，獲牛羊數千。議將深入，會上崩，乃班師。

太平興國初，移知靈州，在官凡七年。雍熙二年，改知易州，徙夏州。每西戎犯邊，戰無不捷，錄功就拜濮州團練使。端拱中，知滄州，改瀛州，兼高陽關駐泊部署，還瀛州防禦使。初，守忠嘗夢一「濮」字方丈餘，及領是郡幾二十年，於是始寤。淳化二年，徙知雄州。方與僚佐宴飲，有軍校謀變，擐甲及闔，閽者倉卒入白。守忠言笑自若，徐顧坐客曰：「此輩酒狂爾，擒之可也。」人服其量焉。明年，加耀州觀察使，兼判雄州。未幾，召還，條陳邊事，敷奏稱旨，賜錢五百萬。五年，又知滄州。至道初，移雄州。三年，復知滄州，拜感德軍節度觀察留後。徙宋州，兼制置營田使。威德兼著，吏民不忍其去。咸平三年，入覲，遣還未行，暴卒，年六十九，贈太尉。錄其子繼昌爲供備庫副使，壻王世及爲光祿寺丞。



守忠謹愨淡薄，爲治簡靜。太祖居藩日，素相厚善，及受禪後，每優任之，守忠處之益謙。從征太原，多與謀略，人罕知之者。所至藩郡，樂施予，豐宴犒，且喜與士大夫遊從，故時論多與之。初，審琦以愛妾故，爲隸人所戕。守忠終身不畜妓妾，而喜佞佛，蓋有所懲云。

孔守正，開封浚儀人。幼事後唐明宗子許王從益。漢初，爲東西班承旨，事魏王承訓。周世宗征淮南，以材勇選爲東班承旨。

宋初，補內殿直，兼領驍雄、吐渾指揮。從劉廷翰平蜀，還，遷驍雄副指揮使。開寶中，太祖征太原，守正隸何繼筠麾下。會契丹遣兵來援晉陽，守正接戰於石嶺關，大敗之，斬首萬級，獲其將王破得。時宋師之陷敵者數百人，守正以騎軍馳之，盡奪以還。

太平興國中，累遷日騎東西班指揮使。太宗親征晉陽，守正分主城西洞屋，領步卒大呼先登，繼與內侍蔡守恩等率騎兵力戰，晉軍遂潰。從征范陽，至金臺驛，詔與劉仁蘊先趨岐溝關。時城未下，守正夜超垣，度鹿角，臨機橋，以大軍將至，說關使劉禹使降。禹解懸橋，守正遂入城，撫諭其軍民，以城守屬綦廷朗，而已赴行在。時契丹兵在涿州東，守正與





中華書局

傳潛率御前東西班分兩陣馳擊之，逐北二十餘里，降其羽林兵數百人。繼與高懷德、劉廷翰合兵追之，至桑乾河。契丹自是不敢近塞。以勞再遷日騎都指揮使，領濡州刺史。

端拱初，遷龍衞都指揮使，領長州團練使，出鎭眞定。是年秋，出爲潁州防禦使。未幾，太宗以其練習戎旅，特置龍衞、神衞四廂都指揮使以授之。改領振州防禦使。明年，拜殿前都虞候，領容州觀察使。一日，侍宴北苑，上入玄武門，守正大醉，與王榮論邊功于駕前，忿爭失儀，侍臣請以屬吏，上弗許。翌日，俱詣殿廷請罪，上曰：「朕亦大醉，漫不復省。」遂釋不問。俄命爲定州行營副部署，受詔詣保州軍開道，遇敵于曹河，與戰數合，梟首三十餘，獲馬五十匹，上聞而壯之。

淳化初，擢高陽關副都部署。軍中小將有詈其校長者，守正械送闕下，取裁於上，未嘗專決焉。明年，護浚惠民河，塞澶州決河，就命知州軍。改愼州觀察使，還，領代州部署，連移幷代、夏綏、麟府三鎭。與李繼遷戰大橫岡，援范廷召出塞，破賊于白池，至行莊，焚掠甚衆，改代、夏二州部署。

眞宗卽位，復徙代州。咸平初，授昌化軍節度觀察留後。守正上言：「四任鴈門，邊亭久安，願徙東北以自效。」會夏人入寇，改定州行營副都部署。四年，移彰德軍留後，以風疾妨政，改安化軍留後。景德初，復以不任職，代。時議防秋北鄙，守正猶屢表請行。上閔



之，不許。無何，卒，年六十六，贈泰寧軍節度使。

譚延美，大名朝城人。軀幹壯偉。少不逞，遇羣盜聚謀將行剽劫，延美卽趨就之。及就捕，法皆抵死，延美以與盜素不相識，獲免。自後往來澶、魏間，爲盜于鄉里，鄉里患之。周世宗鎭澶淵，募置帳下。卽位，補殿前散都頭。從征淮南，以勞遷控鶴軍副指揮使。又從克三關。時太祖領禁兵，留督牙隊。

建隆元年，補控鶴指揮使，稍遷都虞候、馬步副都軍頭。征湖南，與解暉分領行營戰櫂都指揮使。時汪端寇攻朗州甚急，招討慕容延釗遣延美率兵赴之，大敗賊衆，擒端以還。擢鐵騎副指揮使，領睦州刺史，四遷至內殿直都知。

太平興國初，爲蘄州刺史，連徙廬、壽、濠、光州軍巡檢使，劇賊之爲害者悉就捕。六年，徙知威虜軍。雍熙三年，舉兵北伐，命延美爲幽州西面行營都監，與田重進出飛狐北。俄遇敵，延美曰：「彼恃衆易我，宜出其不意先攻之。」卽麾騎軍直進，敵兵將潰，大軍繼至，遂敗之，斬首五百，獲其將大鵬翼以獻，以功擢本州防禦使。逾年，改亳州，出爲鎭州鈐轄。端拱元年，徙知寧遠軍。一旦，契丹兵抵城下，延美開門以示之，不敢入。圍城數日，開



門如故，民出取芻糧者無異平日，契丹卒疑之，遂引去。二年，進邕州觀察使，判亳州，兼知代州。是時任邊郡者，皆令兼領內地一州，處其家屬。徙知潞、陝、涇州。咸平四年，以左領軍衞上將軍致仕。六年，卒，年八十三，贈建武軍節度。子繼倫至崇儀副使，雍虞部員外郞。

元達，初名守旻，洺州雞澤人。身長八尺餘，負膂力，善射。家業農，不任作苦，委耒耜，慨歎而去之。事任俠，縱酒。嘗醉，見道旁槐樹，拔劍斬之，樹立斷。達私喜曰：「吾聞李將軍射石虎飲羽，今樹爲我斷，豈神助歟？」嘗從少年數十百人欲起爲盜，里中父老交戒之，乃止。時郡以戶籍調役，達當送徒闕下，行數舍，乃悉縱之，曰：「吾觀汝曹，亦丈夫也，豈樂爲是哉？可善自爲計，吾亦從此逝矣！」已而郡遣追捕，至則達援弓引滿待之，追者不敢近。由是亡命山林間，爲鄉里患。

太宗居晉邸時，達求見，得隸帳下。嘗侍太宗習射園亭，命之射，達射四發不中的，已而連中。上喜，爲更其名曰達。及卽位，補御龍直隊長。雍熙初，累遷嬀州刺史，繼領本州團練使。時州郡部送亡命者至闕，左右諷殺之，達奏曰：「此類竄匿者衆，豈能盡殺之哉？



不如赦之，以開其自新之路，且以成好生之德。」上悅，因悉原之。端拱二年，擢侍衞步軍都虞候，領幽州刺史。歷北面行營都部署，由常山鎭入爲京城巡檢。淳化四年，卒，年四十二，贈昭化軍節度。

達雖奮自草野，歷職戎署，至交士夫，能折節盡禮，人以是稱之。

常思德，開封人。周顯德初，以材勇應募，隸天武軍，累遷神衞都虞候。雍熙初，從曹彬征幽州，因署牙校。尋鎭威虜軍。端拱初，以弓箭直都虞候領溪州刺史。淳化中，李順叛蜀，命往夔、峽招捕，師次達州新寧縣，調近州土兵掩殺賊徒三千餘人于梁山。時雷有終領大軍抵合州境上，賊衆二萬來拒。思德與尹元、裴莊等合擊之，合州遂平。賊帥田奉正、蘇榮據果州，思德因其遁而追捕之，斬首八百。果州既定，餘賊保渠州，及走廣安、梁山。乃分兵爲二：抵廣安、梁山者，思德領之；趣渠州者，元、莊領之。合力進討，盡殲其黨。自是川峽賴以安靜，無復寇患，以功眞授汝州刺史。

初，曹彬北征不利，至涿州，左右皆潰散，獨思德以所部護至易州。語人曰：「旣備戎行，則與主帥同死生可也；若視利害以爲去就，將何面目以見君父乎？」太宗嘗聞其言，至

是，陞辭，深加慰勞，且諭之曰：「爲臣以忠實爲本，汝少壯時，既以驍勇自効，且能盡心于主將，事朕之日雖久，而忠實如一。今雖老，亦當盡心乃職，庶無負平朕之委寄也。」未幾，移慶州路副都部署，屯邠州。咸平初，與李繼隆同部芻糧赴靈州。以疾改陳留都監，換左神武大將軍。二年，卒，年六十五。

尹繼倫，開封浚儀人。父勳，鄆州防禦使。嘗內舉繼倫以爲可用，太祖以補殿直，權領虎捷指揮，預平嶺表，下金陵。太宗即位，改供奉官。從征太原，還，遷洛苑使，充北面緣邊都巡檢使。

端拱中，威虜軍糧餽不繼，契丹潛議入寇。上聞，遣李繼隆發鎭、定兵萬餘，護送輜重數千乘。契丹將于越諜知之，率精銳數萬騎，將邀于路。繼倫適領兵巡徼，路與寇直，于越徑趨大軍，過繼倫軍，不顧而去。繼倫謂其麾下曰：「寇蔑視我爾。彼南出而捷，還則乘勝驅我而北，不捷亦且洩怒於我，將無遺類矣。爲今日計，但當卷甲銜枚以躡之。彼銳氣前趣，不虞我之至，力戰而勝，足以自樹。縱死猶不失爲忠義，豈可泯然而死，爲胡地鬼乎！」衆皆憤激從命。繼倫令軍中秣馬，俟夜，人持短兵，潛躡其後，行數十里，至唐河、徐河



間[一]。天未明，敵去大軍四五里[二]，會食訖將戰，繼隆方陣于前以待，繼倫從後急擊，殺其將皮室一人。皮室者，契丹相也。皮室既擒，衆遂驚潰。于越方食，失箸，爲短兵中其臂，創甚，乘善馬先遁。寇兵隨之大潰，相蹂踐死者無數，餘黨悉引去。契丹自是不敢窺邊，其平居相戒，則曰：「當避『黑面大王』」，以繼倫面黑故也。以功領長州刺史，仍兼巡檢。

淳化初，著作佐郎孫崇諫自契丹逃歸，太宗詢以邊事，極言徐河之戰契丹爲之奪氣，故每聞繼倫名，則倉皇不知所措。於是遷繼倫尙食使，領長州團練使，以勵邊將。淳化五年，李繼隆奉詔討夏州，以繼倫爲河西兵馬都監。未幾，以深州團練使領本州駐泊兵馬部署。

至道二年，分遣將帥爲五道，以討李繼遷。時大將李繼隆由靈環路往，逗撓不進，上怒，急召繼倫至京師，授靈、慶兵馬副都部署，欲以夾輔繼隆也。時繼倫已被病，強起受詔。上素聞其嗜酒，以上尊酒賜而遣之。即日乘驛赴行營，至慶州卒，年五十。上聞之嗟悼，賻賵加等，遣中使護其喪而歸葬焉。

薛超，遼州平城人。少有勇力。乾德初，應募爲虎捷卒。從崔彥進伐蜀平，錄功補虞候，遷十將。太平興國初，四遷至天武指揮使。從征太原，領遊騎千人備禦鎭、定境上，以



張軍勢。及車駕還，契丹頻寇鎭、定，侵掠無已。超從大將劉廷翰率兵至徐河，賊將領騎十餘出挑戰，超躍馬直前，連射數人斃，敵勢遂却。大軍乘之奮擊，斬首萬餘級。以功加步軍都軍頭，遷神衞軍都校，領敍州刺史。

雍熙三年，從潘美北征，至鴈門，西陘，路與契丹遇，又戰敗之。追至寰州，斬首五百餘級，其將趙彥辛以城降。超連被創，流血濡甲褸，部分軍士自若，乘勝抵應州，其節度副使艾正以城降。還，加馬步軍都軍頭。淳化初，屯鎭州，遷天武指揮使，領澄州團練使。至道元年，卒，年五十七。

丁罕者，潁州人。應募補衞士，累遷指揮使。從劉廷翰戰徐河，以奪橋功遷本軍都虞候。累遷天武指揮使，領獎州團練使。淳化三年，出爲澤州團練使、知霸州。會河溢壞城壘，罕以私錢募築，民咸德之。五年，以容州觀察使領靈環路行營都部署，與李繼遷戰，斬首俘獲以數萬計。至道中，率兵從大將李繼隆出青岡峽，賊聞先遁，追十日程，不見而返。三年，眞拜密州觀察使、知威虜軍，徙貝州。咸平二年，卒。子守德，能世其家。

趙瑫者，貝州清河人。由衞士累遷龍衞指揮使。亦以徐河戰功，加鎭州團練使，至兵



馬部署。至道二年，卒于官，年七十。贈歸義軍節度使。

郭密，貝州經城人。軀幹雄偉，膂力絕人。幼孤，隨母適同郡王乙，因冒姓王氏。以知瀛州馬仁瑀薦，隸晉王帳下，給事左右。太宗即位，補指揮使，復姓郭氏。至淳化間，凡八遷，移貝州駐泊兵馬部署。會夏人寇邊，以密有武略，擢領安州觀察使，充靈州兵馬都部署。訓練士卒，號令嚴肅，夏人畏服，邊境賴以寧謐。至道二年，卒，年五十八。贈保順軍節度。

傅思讓者，冀州信都人。少無賴，有勇力，善騎射。太宗居晉邸，補親事都校。即位，補衞士直長，累遷至平州刺史。奉詔破契丹兵于唐興口。端拱中，四遷爲容州觀察使、知莫州，移隴州。上命殿中丞林特同判州事，以夾輔之，以思讓所爲多不法故也。至道二年，卒，年七十四。贈保順軍節度。

李斌者，青州人。太宗在晉邸，聞其狀貌魁偉，召置左右。即位，補御龍直副指揮使。

太平興國中，以天武指揮使領鄭州刺史。七年，坐嘗受秦王廷美餽遺，貶曹州都校。雍熙三年，遷營州刺史。四年，領溪州團練使，連爲貝、冀二州駐泊都監。淳化中，繼領萊州、洛州團練使。勤於政理，人服其清愼，轉運使陳緯以狀聞於朝。至道初，拜桂州觀察使，仍判洛州，徙滄州。及代，吏民不忍其去，鄰境亦上其善狀，詔書褒美之。咸平三年，卒，年六十一。

田仁朗，大名元城人。父武仕晉，昭義軍節度使。仁朗以父任西頭供奉官。太祖卽位，從討李重進，攻城有功，還，與右神武統軍陳承昭浚五丈河，以通漕運。

乾德中，討蜀，命仁朗爲鳳州路壕砦都監。伐木除道，大軍以濟，錄功遷染院副使。太祖征太原，與陳承昭壅汾水灌城。城將陷，會班師。俄遷內染院使，數日改左藏庫使。爲中官所讒，太祖怒，立召詰之，至殿門，命去冠帶。仁朗神色不撓，從容曰：「臣嘗從破蜀，秋毫無犯，陛下固知之。今主藏禁中，豈復爲姦利以自汙？」太祖怒釋，止停其職。

開寶六年，起爲榷易使。七年，以西北邊內侵，選知慶州。仁朗至，率麾下往擊之，短兵將接，前鋒稍却，仁朗斬指揮使二人，軍中震恐，爭乞効命，遂大破之。其酋長相率請和，



仁朗烹牛置酒與之約誓，邊境乃寧，璽書褒美。

太平興國初，秦州羌爲寇，命仁朗屯兵清水。會李飛雄事敗，召爲西上閤門使。四年，征太原，命仁朗與閤門祗候劉緒按行太原城四面壕砦，閱視攻城梯衝、器械。太原平，留仁朗爲兵馬鈐轄，閑廐使武再興、軍器庫副使賈湜並爲巡檢。俄命仁朗與再興役民築橡次新城。從幸大名，又命爲滄州鈐轄，俄遷東上閤門使、知秦州。九年，判四方館事。會議東封，命仁朗自京抵泰山，督役治道。

李繼遷爲亂，命仁朗率兵巡銀、夏。歲餘召還。未幾，繼遷攻麟州，誘殺曹光實，遂圍三族砦。命仁朗與閤門使王侁、副使董愿、宮苑使李繼隆，馳傳發邊兵數千擊之。仁朗次綏州，奏請益兵，留月餘俟報。會三族砦將折遇乜殺監軍使者，與繼遷合。太宗聞之大怒，亟遣軍器庫使劉文裕自三交乘疾置代仁朗。繼遷乘急攻撫寧砦，仁朗不知爲文裕所代，喜謂諸將曰：「敵人逐水草散保巖險，常烏合爲寇，勝則進，敗則走，無以窮其巢穴。今繼遷嘯聚羌、戎數萬，盡銳以攻孤壘，撫寧小而固，兵少而精，未可以旬浹破。當留信宿，俟其困，以大兵臨之，分強弩三百，邀其歸路，必成擒矣。」仁朗部署已定，欲示閑暇，日縱其樗博，不恤軍事。

上知之，遣使召仁朗赴闕，下御史按問仁朗請益兵及陷三族狀。仁朗對曰：「所召銀、



綏、夏兵，其州皆留防城，不遣。所部有千餘人，皆曹光實舊卒，器甲不完，故請益兵。況轉輸芻粟未備，三族砦與綏相去道遠，非元詔所救。咋臣已定擒繼遷策，會詔代臣，其謀不果。」因言：「繼遷得部落情，願降優詔懷來之，或以厚利啗諸酋長密圖之；不爾，恐他日難制，大爲邊患。」御史以其狀聞，上大怒，切責憲府官吏曰：「仁朗不恤軍政，得爲過乎？」大理遂當仁朗乏軍興及征人違期二十日以上，坐死，上特貸之，下詔責授商州團練副使，馳驛發遣。

是役也，仁朗計已決，爲王侁等所搆，逗撓不進軍，故及於貶。後數月，上知其無罪，召拜右神武軍大將軍。部修河北東路諸州城池，數月而就。留知雄州，加領澄州刺史。時河北用兵，大藩多用節將，朝議以通判權位不倫，選諸司使有吏幹者佐之，以仁朗知定州節度副使事。俄召赴闕，未聞命而卒，年六十，時端拱二年也。

仁朗性沉厚，有謀略。頗涉書傳，所至有善政。雅好音律，尤臻其妙。時內職中咸以仁朗爲稱首，故死之日人多惜之。

劉謙，博州堂邑人。曾祖直，以純厚聞于鄉黨，里有盜其衣者，置不問。州將廉知，俾



人故竊其衣，亦不訴理，卽召詰前盜衣者，俾還之。直紿云：「衣乃自以遺少年，非竊也。」州將義之，賜以金帛，不受而去。父仁罕，輕俠自任。五代末，寇盜充斥，仁罕率衆斷澶州浮橋以潰賊，因誘獲數十人，出芻粟給官軍，補內黃鎭將。嘗因事至酒家，遇羣寇暴集，以計悉梟其首，擢詣西京留守向拱，補汜水鎭將，俄爲散都頭。宋初，遷許州龍衛副指揮使。會王師征廣南，爲前鋒，還，改同州都校，卒。

謙少慷慨，不拘小節。初詣嶺表省父，仁罕資以金帛，令北歸行商。還堂邑舊墅，嘗爲鄉里惡少所辱，謙不勝怒，毆殺之。亡命京師，遂應募從軍，補衛士，稍遷內殿直都知。至道初，眞宗升儲邸，增補宮衛，太宗御便坐，親選諸校，授謙西頭供奉官、東宮親衛都知，賜袍笏、鞢帶、器幣。眞宗卽位，擢授洛苑使。謙起行伍，不樂禁職，求換秩，改殿前左班指揮使，給諸司使奉料。咸平初，遷御前忠佐馬步軍都軍頭，領勤州刺史，加殿前右班都虞候。上幸大名，至北苑，屬謙有疾，遣歸將護，謙懇請從行。旣俾其二子隨侍，仍挾尙醫以從，御廚調膳以給之。疾瘳，毀所服鞍勒以遺中使，上聞，賜白金二百兩。駕還，改捧日左廂都指揮使，領本州團練使。四年，遷捧日、天武四廂都指揮使，領本州防禦使，權殿前都虞候。

時高翰爲天武左廂都校，有卒負債殺人，瘞尸翰營中，累日，發土得之。上怒翰失檢察，執見于便殿。謙卽前奏：「翰職在巡邏及閱敎諸軍，不時在營，本營事宜責之軍頭。」上爲

釋輸罪。

景德初，加侍衞馬軍都虞候，改領瀛州防禦使，俄權步軍都指揮使。明年冬，制授殿前副都指揮使、振武軍節度。先是，謙久權殿前都虞候，俄擢曹璨正授，謙頗形慨嘆。至是，璨副馬軍，而升謙領禁衞焉。河北屯兵，常以八月給冬衣。謙上言邊城早寒，請給以六月。後以爲例。無何，以足疾求典郡，上召見敦勉之。

大中祥符初，從東封，上升泰山，詔都總山下馬步諸軍，與西京左藏庫副使趙守倫閱視山門，設施有法，著籍者乃得上焉。禮成，進授都指揮使，移領保靜軍節度。明年八月，卒，年六十，贈侍中。初，謙將應募，與同軍王仁德訊於日者。日者指謙謂仁德曰：「爾當爲此人廐吏。」及謙帥殿前，仁德果隸役廐中。

子懷懿，後爲東染院副使；懷詮，內殿崇班，閤門祗候。

論曰：宋初諸將，率奮自草野，出身戎行，雖盜賊無賴，亦廁其間，與屠狗販繒者何以異哉？及見於用，皆能卓卓自樹，由御之得其道也。劉福御下有方略，所至著績，受祿雖厚，而不爲燕安之謀，可謂國爾忘家者矣。守忠練達邊事，褆身謙愼，弭卒校之變於談笑之頃，





非善於行權者不能也。仁朗沈毅有謀，累從征討，綏州之役，不惟無功，而反坐逗撓，豈其計之不善哉？特爲讒邪所搆爾。自餘諸子，皆積戰功以取通侯。若延美之開門示敵，思德之翼衞主帥，繼倫之襲擊契丹，薛超之裹創赴戰，元達之請赦亡命，郭密之訓撫士卒，斯皆忠義仁勇，有足稱者。罕、瑫、思讓，若斌、若謙，雖乏奇功，而亦克共乃職，能寡過者也。守正素練戎旅，累任邊要，而矜勞肆忿，視於勞謙之君子，能無愧乎。

校勘記

〔一〕至唐河徐河間 「唐河」原作「唐州」。按唐州在河南，於地理上不合。據本書卷二五七李繼隆傳、長編卷三〇、編年綱目卷四改。

〔二〕敵去大軍四五里 「敵」原作「越」，據長編卷三〇改。又「四五里」長編作「四十五里」，疑長編誤。

# 宋史卷二百七十六

## 列傳第三十五

劉保勳 滕中正 劉蟠 孔承恭 宋璫 袁廓

樊知古 郭載附 臧丙 徐休復 張觀 陳從信 張平 子從吉

王繼昇〔一〕 子昭遠 尹憲 王賓 安忠

劉保勳字脩業，河南人。父處讓，仕後唐，入晉拜樞密使，出爲彰德軍節度。保勳少好騎射。後唐清泰中，裁十許歲，攝潞州左司馬，隨父署彰德軍衙內都校。父卒，補供奉官。習刑名之學，頗工詩。因獻詩，宰相桑維翰奇之，奏擢爲太常丞。歷漢爲祕書丞。周廣順初，有薦其詳練法律，兼大理正，遷工部員外郎。歷掌鄆宋楚三州鹽、麴、商稅。

宋初，拜戶部。遭母喪，起復，出掌蘄口榷茶。徙雲安監鹽制置使，歲滿，出羨餘百萬，轉運使欲以狀聞，保勳曰：「貪官物爲己功，可乎？」乃止。開寶初，遷司封員外郎、監左藏





庫。六年，知宋州。太平興國初，遷祠部郎中，通判晉州。二年，選爲江南西路轉運使，賜錢百萬。三年，徙兩浙東北路。太宗征晉陽，改戶部郎中，爲隨軍轉運使兼勾當北面轉運事。又與侯陟同勾當軍前諸事。會陝西北路轉運使雷德驤調發沁州軍糧後期，詔劾德驤，以保勳代之。太原平，命知并州。逾年，召入判大理寺，出知昇州。是冬，召歸，點檢三司開拆司，會鹽鐵使闕，又命權領其事。遷兵部郎中兼判三司勾院。

八年，拜右諫議大夫，俄知開封府。寡婦劉詣府訴夫王前妻子元吉置堇食中，毒己將死。按驗獄成，元吉妻撾登聞鼓訴冤，事下御史臺。其實劉有姦狀，元吉知之，劉慚悸成疾，故誣告之。保勳坐奪奉三月，俄以辛仲甫代之。未幾，復判大理寺。雍熙二年，權御史中丞兼勾當差遣院。是秋，罷權中丞。

三年春，命曹彬等征幽州，保勳以本官知幽州行府事。子利涉以開封府兵曹督芻粟隨軍，常從其父。會王師不利，濟拒馬河，更相蹂躪，多死。保勳馬陷淖中，利涉自後掀出之，力不勝，人馬相擠壓，遂俱死。時年六十二。上命恤其後。保勳三子：二子先保勳死，季子隨沒。以其孫巨川爲嗣，授祕書正字。端拱初，特召贈工部侍郎。

保勳性純謹，少寐，未嘗忤物，精於吏事，不憚繁劇。嘗語人曰：「吾受君命未嘗辭避，接同僚未嘗失意，居家積貲未嘗至千錢。」及死，聞者皆痛惜之。至道三年，又錄其次孫世

長爲正字。咸平初，保勳妻卒，詔賜錢十萬。巨川，累爲比部郎中。

滕中正字普光，青州北海人。曾祖璠，高郵令。祖煦，卽墨令。父保裔，興平令。中正弱冠，舉進士不第。周顯德中，滑帥向拱奏辟爲掌書記。拱移鎭彭門，會中正丁外艱，復表奪情，仍署舊職，加朝散大夫。拱鎭襄陽，以中正爲襄、均、房、復觀察判官。及留守西洛〔二〕，又奏署河南府判官、檢校戶部員外郎。

乾德五年，度支員外郎侯陟表中正有材幹，入爲殿中侍御史。兩川平，選知興元府，判西京留臺，俄通判河南府留守司事。太祖雩祀西洛，以祗事之勤，轉倉部員外郎。

太宗卽位，遷考功員外郎，授四川東路轉運使。太平興國五年，召爲膳部郎中兼侍御史知雜事。六年，命與中書舍人郭贄〔三〕、戶部郎中雷德驤同知京朝官考課。中正嘗薦舉監察御史張白知蔡州，假貸官錢二百貫糴粟麥以射利，坐棄市。中正降爲本曹員外郎，依舊知雜。未幾，又擢拜右諫議大夫，權御史中丞。

雍熙元年春，大宴，上歡甚，以虛盞示羣臣。宰相言飲酒過度，恐有失儀之責。上顧謂中正曰：「今君臣相遇，有失者勿彈劾也。」因是伶官盛言宴會之樂。上曰：「朕樂在時平民

列傳第三十五　滕中正　劉蟠　九三八七

宋史卷二百七十六　九三八八

安。」是冬乾明節，羣臣上壽酒，旣三行，上目中正曰：「三爵之飲，實惟常禮，朕欲與羣臣更舉一巵，可乎？」中正曰：「陛下聖恩甚厚，臣敢不奉詔。」殿上皆稱萬歲。

二年，以年老辭，出知河南府。未幾，被病罷，分司西京。淳化初，判留司御史臺，命其子玄錫權河南司錄以便養。二年，卒，年八十四。

中正性峻刻，連鞫大獄，時議以爲深文。權中丞日，振舉綱憲，人以稱職許之。二子並舉進士，玄錫至刑部郎中，玄晏後名世寧，至工部郎中。

劉蟠字士龍，濱州渤海人。漢乾祐二年舉進士，解褐益都主簿。宋初，歷安遠軍及河陽節度推官、保義軍掌書記。乾德五年，召拜監察御史，典染院事。初，蘇曉掌京城市征，頗幹集，及卒，選蟠代之。多，命爲太宗生辰使。開寶七年，與殿中丞劉德言同知淮南諸州轉運事。太平興國初，就遷倉部員外郎，改轉運使，歲漕江東米四百萬斛以給京師，頗爲稱職。秩滿，部內僧道乞留，詔許再任，賜金紫，改駕部員外郎。八年，丁內艱，時以諸州綱運留滯，起復，知京城陸路發運司事。

會河決韓村，大發丁夫塞之，命蟠調給其餉，未幾河塞。朝廷方議封禪，以蟠爲東封水陸計度轉運使，會詔罷其禮。俄遷工部郎中，充河北水路轉運使。改刑部郎中，就充水陸轉運使，入判本部事。籍田畢，遷左諫議大夫。淳化初，兼同考京朝官差遣。二年，暴中風眩，上遣太醫視之，賜以金丹。卒，年七十三。賜錢十萬給其喪事。

蟠性淸介寡合，能攻苦食淡，專事苛刻，好設奇詐，以售知人主。典染作日，太祖多臨視之，蟠偵車駕至，輒衣短後衣，芒屩持梃以督役，頭蓬不治，遽出迎謁。太祖以爲勤事，賜錢二十萬。嘗受詔巡茶淮南，部民私販者衆。蟠乘羸馬，僞稱商人，抵民家求市茶，民家不疑，出與之，卽擒置于法。

子鍇，初以父蔭爲大理評事，咸平二年，擢進士第。嘗獻幸太學頌。眞宗中夜覩書，得鍇頌，頗嘉賞之，出以示輔臣，且言鍇幼孤，能自立，召試，命直史館。累遷至戶部郎中、鹽鐵副使。

孔承恭字光祖，京兆萬年人。唐昭宗東遷，舉族隨之，遂占籍河南。五世祖戣，唐書有傳。戣孫逈，萊州刺史。逈子昌庶，虞部郎中。昌庶子莊，仕晉爲右諫議大夫。由戣至莊，皆登進士第。承恭，莊之子也。以門蔭授祕書省正字，歷溫、安豐二縣主簿。時王審琦節

列傳第三十五　孔承恭　九三八九

宋史卷二百七十六　九三九〇

制壽春，以承恭名家子，奏攝節度推官。府罷，調補鄭州錄事參軍，入爲大理寺丞。獻宮詞，託意求進。太祖怒其引喩非宜，免所居官，放歸田里。

太宗卽位，以赦復授舊官。時初榷酒，以承恭監西京酒麴，歲增課六千萬。遷大理正，議獄平允，擢庫部員外郎，判大理少卿事。遷屯田、兵部二郎中，同考校京朝官課第。端拱三年〔四〕，下詔曰：「九寺三監，國之羽儀，制度聲名，往往而在。各有副貳，率其司存，品秩素高，職任尤重。郎吏遷授，斯爲舊章。比聞搢紳之流，頗以臺閣自許，目爲散地，甚無謂焉。朕將振之，自我而始。其以兵部郎中孔承恭爲太常少卿，魏羽爲祕書少監，戶部郎中柴成務爲光祿少卿，魏庠爲衞尉少卿，張洎爲太僕少卿，呂端爲大理少卿，臧丙爲司農少卿，袁廓爲鴻臚少卿，工部郎中張雍爲太府少卿。」又以屯田郎中雷有終爲少府少監，虞部郎中索湘爲將作少監。時裴祚、愼從吉、宋雄先爲少卿，皆改授東宮官。

又詔承恭與左散騎常侍徐鉉刊正道書，俄以疾求解官，且言早遊嵩、少間，樂其風土，願卜居焉。上召見，哀其羸瘠，出御藥賜之，授將作監致仕。以其子玢同學究出身，爲登封縣尉，俾就祿養。未果行而卒，年六十二。

承恭少疎縱，及長能折節自勵。嘗上疏請令州縣長吏詢訪耆老，求知民間疾苦、吏治得失；及舉令文「賤避貴，少避長，輕避重，去避來」，請詔京邑并諸州於要害處設木牌刻

其字，違者論如律。上皆爲行之。尤奉佛，多蔬食，所得奉祿，太半以飯僧。嘗勸上不殺人，又請於征戰地修寺及普度僧尼，人多言其迂闊云。

宋瓊字寶臣，華州渭南人。父鸞，監察御史。瓊，乾德中進士及第，拔萃登科，解褐青城主簿。好寫書，秩滿，載數千卷以歸。吳廷祚鎭永興，辟掌書奏。廷祚卒，復調下邽主簿，擢著作佐郎、知綿州。太宗卽位，改右贊善大夫，爲峽路轉運副使。代還，召對，賜緋魚。復出知秦州，有善政，就拜監察御史，充陝西轉運使，以韋亶代知秦州，瓊去州未百日，亶坐事繫獄。上以瓊前有治績，賜錢五十萬，再命知秦州，安集諸戎，部內清肅。

雍熙初，轉比部員外郎。在任凡六年，召歸，面賜金紫，授度支判官。俄遷屯田郎中、知益州，屬歲饑多盜，瓊始至，以方略擒捕招輯，盜皆首伏屏息，下詔嘉獎。端拱初，就拜右諫議大夫。時兩川轉運使副皆坐事免，以瓊爲西川轉運使，加左諫議大夫，改知陝州。

淳化中，三吳歲饑、疾病，民多死，擇長吏養治之，命瓊知蘇州。瓊體豐碩，素病足，至州，地卑濕，疾益甚。人或勸其謝疾北歸，瓊曰：「天子以民病俾我綏撫，我以身病而辭焉，非臣子之義也。」既而太白犯南斗，曰：「斗爲吳分，民方饑，天象如此，長吏得無咎乎！」四





年，卒，年六十一。上聞之嗟悼，錄其子明遠爲蒲城主簿，俾護其喪歸葬焉。

瓊性清簡，歷官三十年，未嘗問家事，唯聚書以貽子孫。且曰：「使不忘本也。」明遠，淳化三年進士，後爲都官員外郎。次子柔遠，亦舉進士及第。垂遠，閤門祗候。

袁廓，劍州梓潼人。在蜀舉進士及第。入宋，補雙流縣主簿。又爲西平縣主簿，勾稽漏籍，得民丁萬餘，州將薦其勤職。就遷上蔡令，又以課最，擢太子右贊善大夫。令於御史府分領推事，掌榷貨務。廓性夸誕，敢大言，好詆訐，太祖以奇士待之。

太宗卽位，遷殿中丞，出知楚州。歸掌京師市征，歲中增課數萬緡，上嘉之，賜緋魚，賚錢百萬。會錢俶盡籍土宇以獻，命廓按籍浙中，諸州軍倉庫之物悉輸京師，得以便宜從事。仍詔每公宴別席而坐，以寵異之。復命知鄆州，會河決溢入城，浸居人廬舍，至冬月結爲冰。廓大發民鑿取，以竹輿舁出城，散積之。使者至，謂其有略，致水不入城，乃以狀聞，拜監察御史。至春凍解，州地下，流澌溢入爲民患。

會秦王廷美遷置房州，以崇儀副使閻彥進知州事，廓通判州事，並賜白金三百兩。廓俄轉殿中侍御史，召爲戶部判官，命與陳恕、李惟清專計度芻糧事，改戶部員外郎。又爲度支判官。籍田，轉本曹郎中，判戶部勾院。

廓強項好爭，數與判使等較曲直於上前，聲氣俱厲，上每優容之。然勾稽精密，由是部領擁積，爲郡吏所訴，詔御史辨問，廓謁見宰相趙普自理。屬鄭州團練使侯莫陳利用得罪，廓嘗與利用書札往還稔昵。普謂之曰：「職司常事，此不足云，與利用交結款密，於理可乎？」廓驚慚泣下，不能對。數日，出知溫州。就遷鴻臚少卿。

同郡袁仁甫掌州之關征，素以宗盟之分，頗相親善，一旦不協，互有論奏。上遣光祿寺丞牛韶往按驗，韶至，並攝繫獄置對。上疑廓被誣，驛召赴闕。廓性剛褊，被詰治峻急，詔書未至，以憤死。上聞，甚追悼之。復驗仁甫所訴，多無實狀，免韶官，貶仁甫商州長史，贈廓右諫議大夫。錄其子丘賀爲奉禮郎，始十歲。上猶念廓不已，又詔削仁甫名籍，配隸商州。

樊知古，字仲師，其先京兆長安人。曾祖俌，濮州司戶參軍。祖知諭，事吳爲金壇令。父潛，事李景，任漢陽、石埭二縣令，因家池州。知古嘗舉進士不第，遂謀北歸。迺漁釣采石江上數月，乘小舟載絲繩，維南岸，疾棹抵北岸，以度江之廣狹。開寶三年，詣闕上書，言





江南可取狀，以求進用。太祖令送學士院試，賜本科及第，解褐舒州軍事推官。嘗啓於上，言老母親屬數十口在江南，恐爲李煜所害，願迎至治所。卽詔煜令遣之。煜方聞命，卽厚給齎裝護送至境上。

七年，召拜太子右贊善大夫。會王師征江表，知古爲鄉導，下池州。八年，以知古領州事。先是，州民保險爲寇，知古擊之，連拔三砦，擒其魁以獻，餘皆潰散。方議南征，命高品石全振往湖南造黃黑龍船，以大艦載巨竹絙，自荊南而下，遣八作使郝守濬〔五〕等率丁匠營之。議者以謂江濤險壯，恐不能就，乃於石牌口〔六〕試造之，移置采石，三日橋成，不差尺寸，從知古之請也。

金陵平，擢拜侍御史，令乘傳按行江南諸州，詢訪利民，復命知江南東路轉運事。數日，改授江南轉運使，賜錢一百萬。先是，江南諸州官市茶十分之八，復征其餘分，然後給符聽其所往，商人苦之。知古請蠲其稅，仍差增所市之直，以便於民。江南舊用鐵錢，十當銅錢之一，物價翔踊，民不便，知古亦奏罷之。先是，李煜用兵，權宜調斂，知古悉奏爲常額。豫章洪氏嘗掌昇州榷酤，逋鐵錢數百萬。至是，知古挾微時嘗辱於洪氏，責償銅錢以快意。

太宗卽位，授庫部員外郎，召歸，換金紫，賜錢百萬，命爲京西北路轉運使。太平興國

中華書局

六年，加虞部郎中，就改知邠州，移鳳翔府，入爲鹽鐵判官，出領荆湖轉運使。雍熙初，遷比部郎中。會河朔用兵，分諸郡爲兩路，以給漕輓。遷知古爲東路轉運使，遷駕部郎中，賜錢五十萬。知古本名若水〔七〕，字叔淸，因召見，上問之曰：「卿名出何書？」對曰：「唐尙書右丞倪若水亮直，臣竊慕之。」上笑曰：「可改名『知古』。」知古頓首奉詔。倪若水實名「若冰」，知古學淺，妄引以對，人皆笑之。

端拱初，遷右諫議大夫、河北東西路都轉運使〔八〕，賜白金千兩。兩路各置轉運副使，都轉運使之名自知古始。二年，詔加河北西路招置營田使。奏請修城木五百餘萬、牛革三百萬。上曰：「萬里長城豈在於此？自古匈奴、黃河，互爲中國之患。朕自卽位以來，或疆埸無事，則有修築河隄之役。近者邊烽稍警，則黃河安流無害，此蓋天意更迭垂戒，常令惕厲。然而預備不虞，古之善教，深溝高壘，亦王公設險之義也。所請過當，不亦重困吾民乎？」乃詔有司量以官物給之。

會度支使李惟淸上言河北軍儲無備，請發河南十七軍州轉粟以赴。太宗曰：「農事方殷，豈可更興此役？」惟淸固以爲請，上遣左正言馮拯乘傳與知古計之。知古卽言：「河北軍儲可以均濟足，俟農隙令民轉餉。」拯復命，太宗曰：「不細籌之，則民果受弊矣。」未幾，入朝奏事稱旨，拜給事中。俄爲戶部使。



知古有才力，累任轉運使，甚得時譽。及在戶部，頻以職事不治，詔書切責，名益減。素與陳恕親善，恕時參知政事，太宗言及計司事有乖違者，恕具以告。後因奏事，知古遂自解。上問：「從何得知？」曰：「陳恕告臣。」上怒恕泄禁中語，且嫉知古輕侻，故兩罷之。出知古知梓州，未至，改西川轉運使。

知古自以嘗任三司使，一旦掌漕運劍外，鬱鬱不得志，常稱足疾，未嘗按行郡縣。蜀中富饒，羅紈錦綺等物甲天下，言事者競商榷功利。又土狹民稠，耕種不足給，繇是兼并者益羅賤販貴以規利。

淳化中，靑城縣民王小波聚徒爲亂，謂其衆曰：「吾疾貧富不均，今爲汝輩均之。」附者益衆，遂攻陷靑城縣，掠彭山，殺其令齊元振。巡檢使張玘與鬥于江源縣，射小波，中其額，旋病創死，玘亦被殺。衆遂推小波妻弟李順爲帥。初，小波黨與裁百人，州縣失於備禦，故所在蠭起，至萬餘人。攻蜀州，殺監軍王亮及官吏十餘人；陷邛州，害知州桑保紳、通判王從式及諸僚吏，逐都巡檢使郭允能。允能率麾下與戰新津江口，爲賊所殺，同巡檢、殿直毛儼徒步以身免。賊勢益張，衆至數萬人，陷永康軍、雙流、新津、溫江、郫縣，縱火大掠，留其黨守之。往攻成都，燒西郭門，不利，引去。陷漢州、彭州，旋陷成都。

時已詔知梓州、右諫議大夫張雍代知古爲轉運使。雍未至，知古與知府郭載及屬官走



東川。詔復令掌兩川漕運。知古具伏擅離所部，制置無狀，上特宥之，以本官出知均州。視事旬日，憂悸卒，年五十二。上猶嗟憫，賜其子漢公同學究出身。

知古明俊有吏幹，辯辨捷給，及任西川，不能弭盜而逃，雖獲宥，終以慚死云。

郭載字咸熙，開封浚儀人。父暉，右監門衞將軍、義州刺史。載蔭爲右班殿直，累遷供奉官、閤門祗候。雍熙初，提舉西川兵馬捕盜事，太宗賜鞍馬、器械、銀錢以遣之。四年，以積勞加崇儀副使。召還，上言：「川峽富人俗多贅壻，死則與其子均分其財，故貧者多。」詔禁之。端拱二年，擢引進副使、知天雄軍，入同勾當三班，出知秦州兼沿邊都巡檢使。先是，巡邊者多領兵騎以威戎人，所至頗煩苦之。載悉減去，戎人感悅。遷西上閤門使，改知成都府。

載在天雄軍，屢奏市糴朝臣段獻可、馮侃等所市麤惡，軍人皆曰「此物安可充食」。太宗頗疑，使覆驗之，及報，與載奏同。獻可等皆坐削官，仍令塡償。及載受代，獻可等所市皆支畢，復有羨數。三司判勾馮拯以聞，太宗召度支使魏羽詰之。羽曰：「獻可等所市不至麤惡，亦無欠數。臣與侃親舊，是以未敢白。」太宗曰：「此公事爾，何用畏避？」因詔宰相謂曰：「此乃郭載力奏，朕累與卿等議，皆云有實，今支畢，頗有羨餘，軍士復無詞訴。郭載，朕



向以純誠待之，何爲矯誣及此。然已委西川，俟還日別當詰責。」於是獻可等悉復官。

載行至梓州，時李順已構亂，有日者潛告載曰：「益州必陷，公往當受禍，少留數日可免。」載怒曰：「吾受詔領方面，阽危之際，豈敢遷延邪？」卽日入成都。順兵攻城益急，不能拒守，乃與樊知古率僚屬斬關出，以餘衆由梓州趨劍門，隨招安使王繼恩統兵討順，平之，復入成都。月餘，憂恚成病，卒，年四十。

載前在蜀，頗能爲民除害，故蜀民悅之。再至成都，卽值兵亂，及隨繼恩平賊，亦有所全濟。故其死也，成都人多歎惜之。

臧丙字夢壽，大名人。弱冠好學。太平興國初，舉進士，解褐大理評事，通判大寧監，官課民養井爲鹽，丙職兼總其事。先是，官給錢市薪，吏多侵牟，至歲課不充，坐械繫者常數十百人。丙至，召井戶面付以錢，旣而市薪積山，歲鹽致有羨數。太宗平晉陽，以丙爲右贊善大夫、知遼州。丙素剛果，有吏幹。會同年生馮汝士以祕書丞知石州，與監軍不協，一夕剚刃於腹而死，事可疑。丙上疏言，汝士死非自殺，乞按治。上覽奏驚駭，卽遣使鞫之，召丙問狀。丙曰：「汝士居牧守之任，不聞有私罪，而言自

毅。若使寬死不明，不加宿直者以罪，今後書生不能治邊郡矣。」上嘉其直，改著作郎，俄遷右拾遺、直史館。加工部員外郎，充河東轉運使，俄兼本路營田使。代歸，授戶部郎中、同知審官院。

朝廷方以九寺〔九〕亞列爲重，改司農少卿。淳化二年，拜右諫議大夫，出知江陵府。歲餘，疾。上聞之，遣中使及尚醫馳往視之，踰月卒，年五十三。上軫悼之，以其子待用爲四門助教。

丙舊名愚，字仲回。既孤，常夢其父召丙偶立於庭，向空指曰：「老人星見矣。」丙仰視之，黃明潤大，因望而拜。既寤，私喜曰：「吉祥也。」以壽星出丙入丁，乃改名焉，至是無驗。丙於禮不當更名，古人戒數占夢，無妄喜也。待用歷金部郎中、東染院使、賀州刺史。次子列進士及第，至太常丞。

徐休復字廣初，濮州鄄城人。太平興國初，舉進士，解褐大理評事、通判。轉運使薦其材，代歸，授太子右贊善大夫，改著作郎、直史館，賜緋魚，遷左拾遺。六年，加右補闕，充兩浙東北路轉運副使，移知明州。七年秋，被召赴闕，明年，授庫部員外郎、知制誥。九年，





出知廣州，是歲，加水部郎中；雍熙二年，就遷比部郎中，充樞密直學士，賜金紫，依舊知州事。

休復與轉運使王延範不協，乃奏延範私養術士，厚待過客，撫部下吏有恩，發書與故人韋務昇作隱語，偵朝廷事，反狀已具。詔遣內侍閣承翰與休復同按劾之，遂抵於法。端拱初，加左諫議大夫，召爲戶部使。淳化元年，罷使，遷給事中，連知青、潞二州。休復先上言，以父母藁葬青社，願得領州事，因營丘壠。至青州踰年，但聚財殖貨，終不言葬事。至潞州數月，瘍生於腦。既而疾甚，若見王延範，休復但號呼稱死罪，後數日卒，年五十三。休復無他能，掌誥命甚不稱職，履行不見稱於搢紳云。

張觀字仲賓，常州毗陵人。在江南登進士第。歸宋，爲彭原主簿。太平興國初，移興元府掾，復舉進士不第，調鷄澤主簿。再求試，特授忠武掌書記，就改觀察判官。上請復刺史及不遣武德卒詣外州偵事，頗稱旨，召拜監察御史，充桂陽監使。獻所業文，賜進士及第。

會三司言劍外賦稅輕，詔觀乘傳按行諸州，因令稍增之。觀上疏言：「遠民不宜輕動撓，因而撫之，猶慮其失所，況增賦以擾之乎？設使積粟流衍，用輸京師，愈煩漕輓之力，固不可也。或以分兵就食，亦非安存之策，徒斂怨於民，未見國家之利。」太宗深以爲然，因留不遣。

其後復上疏曰：

臣憑藉光寵，備位風憲，每遇百官起居日，分立于庭，司察不如儀者舉之。因見陛下天慈優容，多與近臣論政，德音往復，頗亦煩勞。至於有司職官，承意將順，簿書叢脞，咸以上聞，豈徒褻黷至尊，實亦輕紊國體。況帝王之道，言則左史書之，動則右史書之，列于緗素，垂爲軌範，不可不慎也。若夫方今之急者，遠人未服，邊鄙不寧；陰陽未序，倉廩猶虛；淳朴未還，奢風尚熾；縣道未治，逋逃尚多；刑法未措，禁令猶密；墜典未復，封祀猶闕：凡此數者，皆朝廷之急務也。誠願陛下聽斷之暇，宴息之餘，體貌大臣，以之揚權，使沃心造膝，極意論思，則治體化源，何所不至。

臣又嘗讀唐史，見貞觀初始置崇文館，命學士、耆儒更直互進，聽朝之際，則入內殿講論文義，商榷時政，或日旰忘倦，或宵分始罷，書諸信史，垂爲不朽。況陛下左右前後，皆端士偉人，伏望釋循常之務，養浩然之氣，深詔近臣，闡揚玄風，上爲祖宗播無疆之休，下爲子孫建不拔之業。與夫較量金穀，剖析毫釐，以有限之光陰，役無涯之細





務者，安可同年而語哉！

上覽而稱之，召賜緋魚，以爲度支判官。

歲餘，遷左司，改鹽鐵判官。嘗因奏事白上曰：「陛下務敦淳化，殿宇采飾，皆徹去之，惟尚朴素，天下幸甚。然於服御器用，臣願亦從純儉。」上曰：「朕庶事簡約，至於所服，多用絁絹，皆經澣濯爾，卿言甚善。」觀頓首謝。觀數在省署及長春殿次中，諸事於其使李惟清，辨說牴牾，失禮容，惟清不能甘，因奏解其任。觀抗章論列，上亦察其無失，故未幾復授舊職。又諫罷治佛寺，不報。俄出爲諸路茶鹽制置副使，上疏言，更茶鹽之制，於理非便，不合旨。改知黃州，遷揚州，皆有善政。

會三司改舊貫，均州縣之籍以分其職，召爲三司河東道判官。有詔計司官屬不得越局言他事，觀自以任諫官，乃上書指陳拾遺補闕之職，言事固當然，不奉詔。上怒，謂宰相曰：「朕俾警三司僚屬各率其職，非令諫官不言時務，觀乃妄有援引，以諷刺朕，姑爲容忍，不欲深責。」乃令出知道州，移廣南西路轉運使。坐奏交州黎桓爲亂兵所殺、丁璿復位事不實，被劾。獄未具，卒於桂州，年五十三。觀廣覽漢史，雅好論事，辭理切直，有古人之風焉。

論曰：保勳從其子以死事，宋璫忘其身以恤民，臧丙信友誼以明枉，其所履歷，皆有足觀。中正粗振風紀而峻深寡恕，袁廓剛狷夸誕以徼寵任，承恭平恕知止而好佞佛，固皆未盡於善。知古首獻征南之謀，遂階試用，而其攬轡舊都，猶尋宿怨，與昔人所謂不以私怨惡廢鄉黨之好者異矣。郭載肆爲矯誣，而懷恚以死；休復虧愼終之孝，而樂致人於禍，庸何議焉。若觀之獻納忠讜，識達體要，則又可嘉者也。

陳從信字思齊，亳州永城人。恭謹強力〔一〇〕，心計精敏。太宗在晉邸，令典財用，王宮事無大小悉委焉。累官右知客押衙。開寶三年秋，三司言：倉儲月給止及明年二月，請分屯諸軍盡率民船，以資江、淮漕運。太祖大怒，責之曰：「國無九年之蓄曰不足，爾不素計而使倉儲垂盡，乃請屯兵括民船以運，是可卒致乎？今設汝安用，苟有所闕，當罪汝以謝衆！」三司使楚昭輔懼，詣太宗求寬釋，使得盡力。太宗既許，召從信問之，對曰：「從信嘗遊楚、泗，知糧運之患。良以舟人之食，日歷郡縣勘給，是以凝滯。若自發舟計日往復併支，可以責其程限。又楚、泗運米于舟，至京復輦





入倉，宜宿備運卒，令卽時出納，如此，每運可減數十日。楚、泗至京千里，舊八十日一運，一歲三運；若去淹留之虛日，則歲可增一運焉。今三司欲籍民舟，若不許，則無以責辦，許之，則多中京師薪炭殆絕矣。不若募舟之堅者漕糧，其損敗者任載薪炭，則公私俱濟。今市米騰貴，官價斗錢七十，賈者失利，無敢致於京師，雖居商厚儲亦匿而不糶，是以米益貴，民將餓殍。若聽民自便，卽四方奔湊，米多而價自賤矣。」太宗明日具奏，太祖可之，其事果集焉。

太宗卽位，遷東上閤門使，充樞密都承旨。會八作副使綦廷珪，因疾假滿不落籍，愈日不朝參，卽入班中，宣徽使潘美、王仁贍並坐奪奉一季，從信與閤門使商鳳責授閑廐使、閤門祗候，餘抵罪有差。太平興國三年，改左衞將軍，復爲樞密都承旨。太宗征幷汾，以爲大內副部署。七年，坐秦王廷美事，以本官罷。明年，分使三部，以從信爲度支使，賜第于浚儀寶積坊，加右衞大將軍。九年，卒，年七十三，贈太尉。

從信好方術，有李八百者，自言八百歲，從信事之甚謹，冀傳其術，竟無所得。又侯莫陳利用者，所爲多不法，始因從信推薦，人以是少之。

張平，青州臨朐人。弱冠寓單州，依刺史羅金山。金山移滁州，署平馬步都虞候。太宗尹京兆，置其邸。及秦王廷美領貴州，復署爲親吏。後數年，有譖平匿府中錢物，秦王白太宗鞫之，無狀，秦王益不喜，遂遣去。太宗憐其非罪，以屬徐帥高繼沖，繼沖署爲鎭將。平歎曰：「吾命雖蹇，後未必不爲福也。」

太宗卽位，召補右班殿直，監市木秦、隴，平悉更新制，建都務，計水陸之費，以春秋二時聯巨筏，自渭達河，歷砥柱以集于京。期歲之間，良材山積。太宗嘉其功，遷供奉官、監陽平都木務兼造船場。舊官造舟既成，以河流湍悍，備其漂失，凡一舟調三戶守之，歲役戶數千。平遂穿池引水，繫舟其中，不復調民。有寇陽拔華者，往來關輔間，爲患積年。朝廷命內侍督數州兵討之，不克。平以好辭遣人說之，遂來歸。改崇儀副使，仍領其務。凡九年，計省官錢八十萬緡。

雍熙初，召還，同知三班事，遷如京使。三年，改西上閤門使。纔三月，又改客省使。四年，代王明爲鹽鐵使。平掌陽平署積年，是秋，聞陝西轉運使李安發其舊爲陽平姦利，憂恚成疾而卒，年六十三。廢朝，贈右千牛衞上將軍，官給葬具。

平好史傳，徼時遇異書，盡日耽玩，或解衣易之。及貴，聚書數千卷。在彭門日，郡吏有侮平者數輩，後悉被罪配京窯務。平子從式適董其役，見之，以語平。平召至第，爲設酒





饌勞之，曰：「公等不幸，偶罹斯患，愼勿以前爲念。」給以緡錢，且戒從式善視之。未幾，遇赦得原，時人稱其寬厚。

從式事太宗藩邸，累官文思使。次子從吉，以蔭補殿直，轉供奉官，知宜州，屢破溪蠻。轉運使堯叟上其狀，累遷內殿崇班、閤門祗候。在任凡八年，代還，爲如京副使。咸平中，知環州，嘗與宋沆率兵襲西夏，小鯽，部署張凝表其事，責授內殿崇班。俄知澧州，復舊秩。景德四年，宜州軍校陳進叛，命副曹利用爲廣南東、西路安撫使，將兵討之。次象州大烏砦，與賊戰，進爲先鋒郭志言所刺，遂入城，斬首六十級。以平賊功，改莊宅副使。未還，卒，年四十九。

王繼昇，冀州阜城人。性純質謹愿。事太宗於藩邸，太宗信任之。卽位，補供奉官，累遷軍器庫副使。陳洪進來獻漳、泉之地，以繼昇爲泉州兵馬都監。會游洋洞民萬餘叛，攻泉，繼昇潛率精騎二百夜擊破之，擒其魁，械送闕下，餘黨悉平。召還，遷軍器庫使，領順州刺史，知諸道陸路發運事。

雍熙四年，以諸道水陸發運併爲一司，命繼昇與刑部員外郎董儼同掌其事，號爲稱職。俄遷右神武軍將軍。端拱初，改領本州團練使，三月，卒，年六十四。太宗頗嗟悼，贈洋州觀察使，葬事官給。子昭遠。

昭遠，形質魁偉，色黑，繼昇名之「鐵山」。有膂力，善騎射。少時，入山捕鷹鶻，值澗水暴漲十餘丈，昭遠升大樹，經宿得免。嘗涉河，冰陷，二公傍共援出之，昭遠神色自若。喜與里中惡少遊處，一日，衆祀里神，昭遠適至，有以博投授之，謂曰：「汝他日儻有節鉞，試擲以卜之。」昭遠一擲，六齒皆赤。

南遊京師，事太宗於晉邸，特被親遇，常呼其小字。及即位，補殿前指揮使，稍遷都知。從征太原，先登，爲流矢所中，血漬甲縷，戰益急。會劉繼元降，命守城門，籍兵仗。又從征范陽，多所擒獲，超散員指揮使。

涪王之遷房陵也，禁衞諸校楊均、王榮等以依附被譴，獨昭遠無所預，太宗以爲忠。再遷東西班都虞候〔二〕，轉殿前班都指揮使，領寰州刺史。改馬步軍都軍頭，命乘傳鎭、定、高陽關，募兵以備契丹。又爲冀州駐泊都監，俄授澤州團練使、洛州都部署。太宗屢稱其能，可備急使。





端拱初，召爲殿前都虞候，領勤州防禦使。命有司治綾錦院爲公署，掘地得鐵若山形，或言此地即鐵山故營，又與昭遠幼名合，聞者異之。太宗嘗草書紈扇，作古詩賜諸將，意多比諷，其賜昭遠，尤加賞遇。二年，領沙州觀察使，再爲幷代副都部署。至道中，李繼遷擾西鄙，絕靈武糧道，命昭遠爲靈州路都部署，護二十五州芻粟，竟達靈武，繼遷不敢犯。

眞宗即位，徙定州行營都部署。未幾，拜保靜軍節度使，充天雄軍都部署，知府事。咸平二年，移知河陽，數月卒，年五十六。時車駕在大名，爲廢朝，贈太尉，謚惠和，中使護葬。

昭遠頗知書，性吝嗇，所至無善政。母弟昭懿亦事晉邸，至捧日都虞候。弟昭遜，西京作坊使。初，祖母郭氏嘗對昭遠母指昭遠曰：「此兒有貴相，他日必至公侯。」指昭懿曰：「此兒奉錢過二萬，不能勝矣。」果皆如其言。

昭遠子懷普，九歲事太宗左右，至西京左藏庫使、平州刺史。懷一，供備庫副使。懷正，內殿承制。懷英，內殿崇班。

尹憲，幷州晉陽人。開寶中，事太宗於藩邸。太宗即位，擢爲殿直，充延州保安軍使，改供奉官。太平興國四年，護府州屯兵，與鄜州三族會攻嵐州，破敵千餘衆，擒僞知嵐州事馬延忠，拔緣河諸砦。以功轉西京作坊副使。入朔州界，破寧武軍，殺其軍使，獲人馬、器甲甚衆。

改護夏州兵，轉供備庫使。殺戮三汊、醜奴莊、岌伽羅膩葉十四族，及誘其渠帥。屢降詔書褒美。雍熙初，詔就知夏州，攻破李繼遷之衆于地斤澤，繼遷遁走，俘獲四百餘帳。奏請於所部抽移諸帳，別置騎兵，號曰平砦，以備其用，詔從之。俄殺蘆關及南山野狸數族，諸族遂擾。代還，爲洪州巡檢。未幾，命護莫州屯兵。

三年，詔知瀛州兼兵馬鈐轄，領富州刺史，遷東上閤門使。端拱二年，知滄州，移邢州，皆兼鈐轄。淳化初，與王文寶並命爲四方館使，連護鎭、定州屯兵。改知貝州，移高陽關兵馬鈐轄。五年，知定州，與兵馬部署王榮不協。榮素粗暴，因忿毆憲仆地，憲怏怏致疾，數日卒，年六十三。

王賓，許州許田人。小心謹愿。年十餘，事宣祖左右，及長，善騎射。太宗領兗海節制，太祖以署府中右職。太平興國初，補東頭供奉官、亳州監軍。賓妻妬悍，賓不能制，時監軍不許挈家至任所，妻擅至亳，賓具白上。太宗召其妻，俾衞士捽之，杖百，以妻忠靖卒，





一夕死。遷賓儀鸞副使，領內酒坊。

從征太原，又從征范陽，與彰信節度劉遇攻城東面。五年，車駕北巡，副王仁贍爲大內都部署。

七年，改洛苑使。會汴漕壅滯，軍食不給，詔別置水陸發運兩司，以賓有心計會，領濱州刺史，與儒州刺史許昌裔同掌其事。凡四年，儲積增羨，號爲稱職，俄改右神武將軍。

黎陽當舟車交會，禁兵常屯萬餘，以度支使張遜薦，命賓護黎陽軍，兼領黃、御兩河發運事，俄領本州團練使。以賓請黎陽建通利軍，命就知軍事。賓規起公署、郵館，供帳之器咸具。加本軍大將軍，歲別給錢二百萬，俄兼河北水陸路轉運使。

貝州兵屯無壁壘，分寓邸肆，賓選隙地築舍千二百餘以處之。優詔褒美，召爲右羽林大將軍、判左金吾兼六軍諸衞儀仗司事。淳化四年，出知揚州兼淮南發運使，徙爲通許鎭都監。至道元年，卒，年七十三，賻贈加等。

賓事宣祖、太祖、太宗殆六十年，最爲勤舊，故恩寵尤異，前後賜賚數千萬，俱奉釋氏。在黎陽日，按見古寺基，即以奉錢修之，掘地丈餘，得數石佛及石碣，有賓姓名，賓異其事以聞。詔名寺爲淳化，賜新印經一藏、錢三百萬以助之。

安忠，河南洛陽人。祖叔千〔一三〕，仕晉累任方鎮，以太子太師致仕。父延韜，左清道率府率。忠形質魁岸，不知書，纔通姓名而已。事太宗藩邸，殆二十年。太宗卽位，授東頭供奉官，掌弓箭庫。遷內弓箭庫副使、西京作坊使，掌翰林司、內衣庫，提點醫官院，掌屯兵于雄州。

會曹彬敗于拒馬河，忠分砦兵布列緣邊，以備游騎，又鑿河葺城壁。俄徙威虜軍，又隸鎭定路大陣之左廂，就擢東上閤門使。與大將李繼隆、田重進、崔翰追契丹兵祁州北，詔書獎飭。端拱元年，移護高陽關屯兵。契丹侵鎭、定，又與崔翰拒之。傅潛陣于瀛州，忠當城之西面。二年，徙知壽州，踰月移貝州，有劇賊十二人久爲民患，忠捕之，悉獲。

淳化四年，判左金吾街仗。王賓出知揚州，以忠代爲左龍武軍大將軍。忠泣請：「諸衞將軍列在朝外，不得迎左右，願復舊職。」上笑曰：「環列之官，古官也。大將軍三品，汝終不知朝廷表著之位。」因從其請，俄復東上閤門使，充淮南諸州兵馬鈐轄。至道三年，以病求歸，至泗州卒，年六十四。天禧元年，錄其孫惟慶爲殿直。





論曰：太宗居潛，左右必求忠厚彊幹之士。及卽位，修舊邸之功，陳從信、張平、王繼昇、尹憲、王賓、安忠六人者，咸備任使，又皆畀以兵食之重寄，而各振舉其職焉，有足稱者矣。然平不修舊怨，庶幾進於士夫之度。從信所進邪佞以術蠱惑上心，猶不免於近侍之常態歟！

## 校勘記

〔一〕王繼昇　原作「王繼升」。按太宗實錄卷四四有王繼昇傳；本書卷三〇七董儼傳、長編卷一九宋會要食貨四二之一都作「王繼昇」，據改。下文同。

〔二〕及留守西洛　「西洛」原作「西路」。按舊五代史卷一二〇恭帝紀、本書卷二五五向拱傳，向拱於顯德六年還河南尹，充西京留守，中正署河南府判官當在此時。西京又稱西洛，下文卽有其例，「西路」當爲「西洛」之訛。據改。

〔三〕郭贇　原作「鄭贇」，據本書卷二六六郭贇傳、長編卷二二改。

〔四〕端拱三年　按端拱無三年，長編卷三一載此詔於淳化元年四月；宋大詔令集卷一六〇除少卿官詔注，作「淳化元年四月丁未」。

〔五〕郝守濬　原作「郭守濬」，據長編卷一五、宋會要兵七之三〇改。

〔六〕石牌口　原作「石碑口」，據長編卷一五、太平治蹟統類卷一改。

〔七〕知古本名若水　按隆平集卷一二，「若水」作「若冰」，未云係其本名；宋沙門文瑩玉壺清話卷八謂「知古舊名若冰，太祖以其聲近『弱兵』之厭，故改之」。淸沈濤交翠軒筆記卷三，以唐右丞相乃倪若水，謂之「若冰」實謬，「知古本名是『冰』非『水』，宋史『冰』、『水』互易，恐是傳刻之誤」。然本書皆作「若水」，未見「若冰」，其他有關史料亦多作「若水」，錄此備考。

〔八〕河北東西路都轉運使　「都」字原脫，據長編卷二一九補。

〔九〕九寺　原作「九等」。據本卷孔承恭傳及宋大詔令集卷一六〇除少卿官詔改。

〔一〇〕恭讓強力　「力」字原脫，據太宗實錄卷三一陳從信傳補。

〔一一〕東西班都虞候　「西」原作「四」。按本書卷一八七兵志，禁軍有「東西班」；「東西班」屬於殿前司的諸班，諸班有都虞候。因改。

〔一二〕叔千　原作「叔于」，據舊五代史卷一二三、新五代史卷四八安叔千傳改。

# 宋史卷二百七十七

## 列傳第三十六

張鑑 姚坦 索湘 宋太初 盧之翰 鄭文寶 王子輿
劉綜 卞袞 許驤 裴莊 牛冕 張適附 欒崇吉 袁逢吉
韓國華 何蒙 愼知禮 子從吉

張鑑字德明，瀛州團練使藏英之孫。父裔，以蔭補供奉官。鑑本將家，幼能嗜學，入衞州霖落山肄業，凡十餘年。太平興國三年，擢進士第，釋褐大理評事、監泰州柴墟榷務。升朝，爲太子右贊善大夫、知婺州，就遷著作郎。還拜監察御史。奉詔決獄江左，頗雪冤滯。歷殿中侍御史。

會命曹彬等進討幽州，問羣臣以方略，鑑上疏極言不可。論者以鑑燕人，沮議非忠也，太宗置不問。與趙延進同掌左藏，延進恃恩踰規，鑑廷奏之。有旨罷延進，以鑑判三司度



支、憑由催欠司。時三部各置憑由催欠，鑑請併爲一，從之。王明、李惟清薦其能，用爲江南轉運使。本部有大姓爲民患者，鑑以名聞。太宗盡令部送魁首及妻子赴闕，以三班職名羈縻之，江左震肅。又建議割瑞州清江〔一〕、吉州新淦、袁州新喩三縣置臨江軍，時以爲便。召還，特被慰獎。梓州符昭愿驕僭不法，卽以鑑代之。遷刑部員外郎、判大理寺，遷屯田郎中、判三司都催欠司，改都勾院，擢拜樞密直學士、知通進、銀臺、封駁司，又掌三班。上言供奉官以下不考校殿最，恐無沮勸，卽詔鑑兼磨勘職。改三司爲左右計，分天下爲十道，鑑奏其非便。未幾，果復舊。

淳化中，盜起西蜀，王繼恩討平之，而御軍無政，其下恃功暴橫。益州張詠密奏，請命近臣分屯師旅，卽遣鑑與西京作坊使馮守規偕往。召對後苑門，面授方略。鑑曰：「益部新復，軍旅不和，若聞使命驟至，易其戎伍，慮或猜懼，變生不測。請假臣安撫之名。」太宗稱善。鑑至蜀，繼恩猶偃蹇，不意朝廷聞其縱肆。鑑之行，付以空名宣頭及廷臣數人，鑑與詠卽遣部戍卒出境，繼恩麾下使臣亦多遣東還，督繼恩輩分路討捕殘寇，而鑑等招輯反側。事平歸朝，未至，拜左諫議大夫、戶部使。

會五路進兵討西夏，令鑑乘傳往環州，與李繼隆議護送芻糧入靈州。及還，上疏曰：關輔之民，數年以來，併有科役，畜產蕩盡，室廬頓空。加以浦洛之行，曾經剽劫。



原州之役，又致遷延。非獨令之弗從，實緣力所不逮。況復先棄糧草，見今逐處追科，本戶稅租，互遣他州送納，往返千里，費耗十倍，愁苦怨歎，充塞路岐，自春徂冬，曾無暫息，糇糧乏絕，力用殫窮。顧此疲羸，尤堪軫恤。今若復有差率，益致流亡，縱令驅迫，必恐撓潰。願陛下特垂詔旨，無使重勞，因茲首春，俾務東作。

況靈州一方，僻居絕塞，雖西陲之舊地，實中夏之蠹區。竭物力以供須，困甲兵而援送，蕭然空壘，祇益外虞。不若以賜繼遷，使懷恩奉籍，稍息飛輓之役。事當深慮，理要預防。若待川決而後防，火熾而方戢，則焚溺之患深矣，雖欲拯救，其可得乎？

尋詔鑑專督軍糧，以軍興法從事，饋運頗集。

眞宗卽位，遷給事中，使如故。咸平初，改工部侍郎，出知廣州。居二年，民條其政績上請刻石。三年，移知朗州。溪洞羣蠻數寇擾，鑑召酋豪，諭以威信，皆俯伏聽命。初，鑑在南海，李夷庚爲通判，謝德權爲巡檢，皆與之不協。二人密言鑑以貲付海賈，往來貿市，故徙小郡。至是，鑑自陳有親故謫瓊州，每以奉米附商舶寄贍之，又言夷庚、德權險人貪凶之狀。上意稍釋。召還，以疾徙知相州。有芝草生於監牧之室，鑑表其祥異，以爲河朔弭兵款附之兆。優詔答之。景德初，卒，年五十八。子士廉爲殿中丞，士宗太子洗馬，士程屯田員外郎。



姚坦字明白，曹州濟陰人。開寶中，以尙書擢第，調補將陵尉。歷陽州推官、將作監丞、知潯州。太平興國三年召還，爲著作佐郎，通判唐州。

八年，諸王出閣，詔給、諫以上，於朝班中舉年五十以上通經有文行者，以備宮僚，乃以戶部員外郎王適、監察御史趙齊爲衞王府諮議，左贊善大夫戴玄爲本府翊善；水部員外郎趙令圖爲廣平郡王府諮議，國子博士閻象爲本府翊善；又以起居舍人楊可法、國子博士楊幼英、左贊善大夫杜新及坦並爲皇子翊善，國子博士邢昺爲諸王府侍講，坦仍賜緋魚。太宗召適等謂曰：「諸子生長深宮，未知世務，必資良士贊導，使日聞忠孝之道。汝等皆朕所愼簡，各宜勉之。」坦歷殿中丞、倉部員外郎，賜金紫。遷本曹郎中，轉考功，仍爲益王府翊善。

坦性木強固滯。王嘗於邸中爲假山，費數百萬，旣成，召賓僚樂飲，置酒共觀之。坦獨俛首，王強使視之，曰：「但見血山耳，安得假山！」王驚問故，坦曰：「在田舍時，見州縣催租，捕人父子兄弟，送縣鞭笞，流血被體。此假山皆民租稅所爲，非血山而何？」是時太宗亦爲假山，聞而毀之。

王少佚豫，坦即醜詆，王頗鄙其爲人。自是坦每暴揚其事，上嘗誡之曰：「元傑知書好學，亦足爲賢王矣。少不中節，亦須婉辭規諷，況無大故而詆訐之，豈裨贊之道邪？」頃之，左右乃教王詐稱疾不朝。太宗日使視疾，逾月不瘳，甚憂之。召王乳母問狀，乳母曰：「王本無疾，徒以姚坦檢束，居常不得自便，王不樂，故成疾。」上怒曰：「吾選端士，輔王爲善。王不能用規諫，而又詐疾，欲使朕去正人以自便，何可得也。且王年少，必爾輩爲之謀耳。」因命捽致後苑，杖之數十。召坦慰諭曰：「卿居王宮，能以正爲羣小所疾，大爲不易。卿但如是，勿慮讒間，朕必不聽。」王薨，改衞尉少卿，判吏部南曹。他日因事得對，上以其舊人，召升殿與語。坦言及故府，意短諸王而稱己之敢言，坦退，上謂近臣曰：「坦在宮邸，不能以正理誨諭，事有微失，即從而揚之，此賣直取名耳。」

景德初，求補郡，俾知鄧州，轉運使表其治狀，詔嘉獎之。大中祥符初，復知光州。二年，卒，年七十五。

索湘字巨川，滄州鹽山人。開寶六年進士，釋褐鄆州司理參軍。太平興國四年，齊州有大獄，連逮者千五百人，有司不能決，湘受詔按鞫，事隨以白。





轉運使和峴薦其能，遷太僕寺丞，充度支巡官。改太子右贊善大夫，轉殿中丞，充推官，拜監察御史。九年，河決，壞民田，命與戶部推官元玘同按行。會詔下東封，與劉蟠同知泰山路轉運事。又爲河北轉運副使。湘經度供饋，以能幹聞。事集，加屯田員外郎。

明年，契丹入寇，王師衄於君子館，敵兵乘勝據中渡橋，塞土門，將趨鎭州。諸將計議未定，湘爲田重進畫謀，結大陣東行，聲言會高陽關兵，敵以爲然，即擁衆邀我于平虜城。夜二鼓，率兵而南，徑入鎭陽，據唐河，乘其無備破砦柵。及敵兵覺，悉遁走。雍熙中，召爲鹽鐵判官，改駕部員外郎。端拱二年，河北治方田，命副樊知古爲招置營田使。會議罷，復爲河北轉運使。轉虞部郎中，選爲將作少監。

居無何，有訟其擅易庫縑以自用者，坐授膳部員外郎、知相州。時有羣盜聚西山下，謀斷澶州河橋入攻磁、相州，援旗伐鼓，白晝鈔劫。鄰郡發兵千人捕逐，無敢近。湘擇州軍得精銳三百人，偵其入境，即掩擊而盡擒之。轉運使王嗣宗以狀聞，詔復舊官，命爲河東轉運使。湘以忻州推官石宗道、憲州錄事胡則爲幹職，命以自隨，所至州郡，勾檢其簿領焉。二人後皆歷清要。明年，王超等率師趨烏白池，抵無定河。水源涸絕，軍士渴乏。時湘已輦大鍬千枚至，令鑿井，衆賴以濟。

眞宗即位，入爲右諫議大夫。復充河北轉運使，屬郡民有幹釀，歲輸課甚微，而不逞輩因之爲姦盜。湘奏廢之。德州舊賦民馬以給驛，又役民爲步遞，湘代以官馬兵卒，人皆便之。會內殿崇班閻日新建議，請於靜戎、威虜兩軍置場鬻茶，收其利以資軍用。湘言非便，遂止。又言事者請許榷場商旅以茶藥等物販易於北界，北界商旅許於雄、霸州市易，資其懋遷，庶息邊患。詔湘詳議以聞，乃上言曰：「北邊自興置榷場，商旅輻湊，制置深得其宜。今若許其交相販易，則沿邊商人深入戎界，竊爲非便。又北界商人若至雄、霸，其中或雜姦僞，何由辨明？況邊民易動難安，蕃戎之情宜爲羈制。望且仍舊爲便。」會有詔規度復修定州新樂、蒲陰兩縣，湘以其地迫窄，非屯兵之所，遂奏罷之。

湘少文而長於吏事，歷邊部，所至必廣儲蓄爲備豫計，出入軍旅間，頗著能名。先是，邊州置榷場，與蕃夷互市，而自京輦物貨以充之，其中茶茗最爲煩擾，復道遠多損敗。湘建議請許商賈緣江載茶詣邊郡入中，既免道途之耗，復有征算之益。又威虜、靜戎軍歲燒緣邊草地以虞南牧，言事者又請於北砦山麓中興置銀冶，湘以爲召寇，亦奏罷之。

咸平二年，入爲戶部使。受詔詳定三司編敕，坐與王扶交相請托，擅易板籍，責授將作少監。三年，出知許州，徙荊南，復爲右諫議大夫、知廣州。四年，卒，詔遣其子希顏護喪傳置歸鄉里。





宋太初字永初，澤州晉城人。太平興國三年，舉進士，解褐大理評事、通判戎州，以善政聞。有詔褒美，遷將作監丞、贊善大夫、通判晉州，轉太常丞。雍熙三年，通判成都府，賜緋魚。會詔求直言，著守成箴以獻。淳化初，遷監察御史。時北面用兵，選爲雄州通判。入判度支勾院。二年，爲京西轉運副使。未幾，移河東。四年，遷正使。改殿中侍御史。

至道初，遷兵部員外郎，充鹽鐵副使，賜金紫。時陳恕爲使，太初有所規畫必咨恕，未嘗自用爲功，恕甚德之。會西鄙有警，轉餽艱急，改刑部郎中，充陝西轉運使。二年，命白守榮、馬紹忠護芻糧，分三番抵靈州。轉運副使盧之翰違旨併往，爲戎人所剽。上怒，捕太初及副使秘書丞竇玭繫獄。太初責懷州團練副使，之翰、玭悉除名，之翰貶許州司馬，玭商州司戶掾。明年，起太初爲祠部郎中、知梓州。俄復舊秩。

眞宗嗣位，召還，復命經度陝西餽運事。咸平初，拜右諫議大夫、知江陵府。蠻寇擾動，太初以便宜制遏，詔獎之。三年，再知梓州。明年，益州雷有終以母老求還，詔太初就代。時分川峽爲四路，各置轉運使。上以事有緩急，難於均濟，命太初爲四路都轉運使，要切之務，俾同規畫。太初與鈐轄楊懷忠頗不協，時蜀土始安，上慮其臨事矛盾，亟召太初還。會御史中丞趙昌言等坐事被劾，命權御史中丞。先是，按劾有罪必豫請朝旨，太初以爲失風憲體，獄成然後聞上，時論韙之。俄出知杭州。太初有宿疾，以浙右卑濕不便，求近地，得廬州。疾久頗昏忘，不能治大郡，連徙汝、光二州。景德四年，卒，年六十二。錄其弟繼讓，試校書郎。

太初性周愼，所至有幹職譽。嘗著簡譚三十八篇，自序略曰：「廣平生纂文史老釋之學，嘗謂禮之中庸，伯陽之自然，釋氏之無爲，其歸一也。喜以古聖道契當世之事，而患未博也，忽外物觸於耳目，內機發於性情，因筆而簡之，以備闕忘耳。」子傳慶，後爲太子中舍。

盧之翰字維周，祁州人。曾祖玄暉，鴻臚卿。祖知誨，天雄軍掌書記。父宏，蔡州防禦判官。之翰少篤學，家貧，客遊單州，防禦使劉乙館於門下。乙徙錢塘，之翰隨寓其郡。太平興國四年，舉進士，不得解，詣登聞自陳，詔聽附京兆府解試。明年登第，解褐大理評事、知臨安縣，三遷殿中丞，通判洛州。

會契丹入寇，之翰募城中丁壯，決漳、御河以固城壁，虜不能攻。吏民詣闕求借留。召





還，遷太常博士，爲河東轉運副使，徙京西轉運副使，改工部員外郎。建議導淇河合于淮，達許州，以便漕運。以勞加戶部員外郎。又改陝西轉運使，遷吏部員外郎。至道初，李順亂蜀，命兼西川安撫轉運使。賊平，還任。

之翰嘗薦李憲爲大理丞，憲坐贓抵死，之翰當削三任。時副使鄭文寶議城清遠軍，又禁蕃商貨鹽，之翰心知其非便，以文寶方任事，不敢異其議。及文寶得罪，之翰幷前愆，左授國子博士，領使如故。尋復舊職。會調發芻糧輸靈州，詔分三道護送，命洛苑使白守榮、馬紹忠領其事。之翰違旨擅併爲一，爲李繼遷邀擊于浦洛河，大失輜重。詔國子博士王用和乘傳逮捕，繫獄鞫問。之翰坐除名，貶許州司馬。明年，起爲工部員外郎，同勾當陝西轉運使。

眞宗卽位，復吏部員外郎，充轉運使。以久次，召拜禮部郎中，賜金紫。復遣之任。

咸平元年，以疾命國子博士張志言代還。未幾，復出爲京西轉運使。先是，朝廷議城故原州以張守備，之翰沮罷之，其後西鄙不寧，修葺爲鎭戎軍。之翰坐橫議非便，黜知歸州，便道之官，限五日卽發。三年，授廣南西路轉運使。會廣州索湘卒，就改太常少卿，知州事。之翰無廉稱，又與轉運使淩策不協，陰發其事。五年，徙知永州，未行，卒，年五十七。

鄭文寶字仲賢，右千牛衞大將軍彥華之子。彥華初事李煜，文寶以蔭授奉禮郎，掌煜子淸源公仲寓〔三〕書籍，遷校書郎。入宋，煜以環衞奉朝請，文寶欲一見，慮衞者難之，乃被蓑荷笠以漁者見，陳聖主寬宥之意，宜謹節奉上，勿爲他慮。煜忠之。後補廣文館生，深爲李昉所知。

太平興國八年，登進士第，除修武主簿。遷大理評事、知梓州錄事參軍事。州將表薦，轉光祿寺丞。留一歲，代歸。獻所著文，召試翰林，改著作佐郎，通判潁州。丁外艱，起知州事。召拜殿中丞，使川、陝均稅。次渝、涪，聞夔州廣武卒謀亂，乃乘舸泛江，一夕數百里，以計平之。授陝西轉運副使，許便宜從事。會歲歉，誘豪民出粟三萬斛，活飢民八萬六千口。既而李順亂西蜀，秦隴賊趙包聚徒數千，將趨劍閣以附之。文寶移書蜀郡，分兵討襲，獲其渠魁，餘黨殲焉。

文寶前後自環慶部糧越旱海入靈武者十二次。曉達蕃情，習其語，經由部落，每宿酋長帳中，其人或呼爲父。遷太常博士。內侍方保吉出使陝右，頗恣橫，且言文寶與陳堯叟交遊，爲薦其弟堯佐。驛召令辨對，途中上書自明。太宗察其事，坐保吉罪，厚賜文寶而遣之。俄又召至闕下，文寶奏對辯捷，上深眷遇。俄加工部員外郎。時龍猛卒戍環慶，七年不得代，思歸謀亂。文寶矯詔以庫金給將士，且自劾，請代償。詔蠲其所費。





先是，諸羌部落樹藝殊少，但用池鹽與邊民交易穀麥，會饑饉趨靈州，爲繼遷所鈔。文寶建議以爲「銀、夏之北，千里不毛，但以販青白鹽爲命爾。請禁之，許商人販安邑、解縣兩池鹽於陝西以濟民食。官獲其利，而戎益困，繼遷可不戰而屈」。乃詔自陝以西有敢私市者，皆抵死，募告者差定其罪。行之數月，犯者益衆。戎人乏食，相率寇邊，屠小康堡。內屬萬餘帳亦叛。商人販兩池鹽少利，多取他徑出唐、鄧、襄、汝間邀善價，吏不能禁。關、隴民無鹽以食，境上騷擾。上知其事，遣知制誥錢若水馳傳視之，悉除其禁，召諸族撫諭之，乃定。

朝廷議城古威州，遣內侍馮從順訪于文寶，文寶言：

威州在淸遠軍西北八十里，樂山之西。唐大中時，靈武朱叔明收長樂州，邠寧張君緒收六關，卽其地也。故壘未圮，水甘土沃，有良木薪秸之利。約葫蘆、臨洮二河，壓明沙、蕭關兩戍，東控五原，北固峽口，足以襟帶西涼，咽喉靈武，城之便。

然環州至伯魚，伯魚抵青岡，青岡拒淸遠皆兩舍，而淸遠當羣山之口，扼塞門之要，芻車野宿，行旅頓絕。威州隔城東隅，竪石盤互，不可浚池。城中舊乏井脉，又飛烏泉去城尚千餘步，一旦緣邊警急，賊引平夏勝兵三千，據淸遠之衝，乘高守險，數百人守環州甜水谷、獨家原，傳箭野貍十族，脅從山中熟戶，党項孰敢不從。又分千騎守

磧北清遠軍之口，卽自環至靈七百里之地，非國家所有，豈威州可禦哉？請先建伯魚、青岡、清遠三城，爲頓師歸重之地。

古人有言：「金城湯池，非粟不能守。」俟二年間，秦民息肩，臣請建營田積粟實邊之策，修五原故城，專三池鹽利，以金帛啖党項酋豪子弟，使爲朝廷用。不唯安朔方，制豎子，至於經營安西，綏復河湟，此其漸也。

詔從其議。

文寶至賀蘭山下，見唐室營田舊制，建議興復，可得秔稻萬餘斛，減歲運之費。清遠據積石嶺，在旱海中，去靈、環皆三四百里，素無水泉。文寶發民負水數百里外，留屯數千人，又募民以榆槐雜樹及貓狗鴉鳥至者，厚給其直。地舄鹵，樹皆立枯。西民甚苦其役，而城之不能守，卒爲山水所壞。又令寧、慶州爲水磑，亦爲山水漂去。

繼遷酋長有嵬囉嵬悉俄者，文寶以金帛誘之，與手書要約，留其養子爲質，令陰圖繼遷，卽遣去。謂之曰：「事成，朝廷授汝以刺史。」文寶又預漆木爲函，以備馳獻繼遷之首。而嵬囉等盡以事告繼遷，繼遷上表請罪。上怒文寶，猶含容之。既而文寶復請禁鹽，邊民冒法抵罪者甚衆。太常博士席義叟決獄陝西，廉知其事，以語中丞李昌齡，昌齡以聞。文寶又奏減解州鹽價，未滿歲，虧課二十萬貫，復爲三司





所發。乃命鹽鐵副使宋太初爲都轉運使，代文寶還。下御史臺鞫問，具伏，下詔切責，貶藍山令。未幾，移枝江令。

眞宗卽位，徙京山。咸平中，召還，授殿中丞，掌京南榷貨。時慶州發兵護芻糧詣靈州，文寶素知山川險易，上言必爲繼遷所敗。未幾，果如其奏。轉運使陳緯沒於賊，繼遷進陷清遠軍。時文寶丁內艱，服未闋，卽命相府召詢其策略。文寶因獻河西隴右圖，敍其地利本末，且言靈州不可棄[三]。時方遣大將王超援靈武，卽復文寶工部員外郎，爲隨軍轉運使。至環州，或言靈州已陷，文寶乃易其服，引單騎冒大雪，間道抵清遠故城，盡得其實，遂奏班師。就除本路轉運使，上疏請再葺清遠軍。都部署王漢忠言其好生事，遂徙河東轉運使。嘗上言管內廣銳兵萬餘，難得資糧，請徙置近南諸州，又欲令強壯戶市馬，備征役。宰相李沆等以爲廣銳州兵，皆本州守城，置營必慮安土重遷，徙之卽致紛擾；又強壯散處村落，無所拘轄，勒其市馬，亦恐非便。上復令文寶條對，文寶固執前議，且言土人久留，恐或生事。上曰：「前令團併軍伍，改置營壁，欲其互移本貫，行之已久。」而文寶確陳其利，因命錢若水詳度以聞。若水所對，與沆等同，遂罷之。

先是，麟、府屯重兵，皆河東輸饋，雖地里甚邇，而限河津之阻。土人利於河東民罕至，則芻粟增價。上嘗訪使邊者，言河裁闊數十步，乃詔文寶於府州、定羌軍經度置浮橋，人以爲便。會繼遷圍麟州，令乘傳晨夜赴之，圍解。遷刑部員外郎，賜金紫。頃之，寇準薦其熟西事，可備驅策，因復任陝西轉運使。嘗出手劄，密戒令邊事與僚屬計議，勿得過有須索，重擾于下。後有言其張皇者，詔徙京西，以朱台符代之。

景德元年冬，契丹犯邊，又徙河東。文寶安輯所部，募鄉兵，張邊備，又領蕃漢兵赴河北，手詔襃諭。未幾，復泣京西。契丹請和，文寶陳經久之策，上嘉之。三年，召還，未至遇疾，表求藩郡散秩。詔聽不除其籍，續奉養疾，以其子鄆州推官於陵爲大理寺丞、知襄城縣，以便其養。大中祥符初，改兵部員外郎。車駕祀汾陰還，文寶至鄭州請見。上以其久疾，除忠武軍行軍司馬。文寶不就，以前官歸襄城別墅。六年，卒，年六十一。

文寶好談方略，以功名爲己任。久在西邊，參預兵計，心有餘而識不足；又不護細行，所延薦屬吏至多，而未嘗擇也。晚年病廢，從子爲邑，多撓縣政。能爲詩，善篆書，工鼓琴。有集二十卷，又撰談苑二十卷，江表志三卷。

王子輿字希孟，密州莒人。曾祖甲，以義勇爲鄉人所推。唐末，淄、靑、徐、兗皆南結吳





人以拒梁，梁得三鎭，吳人北侵益急，沂、密尤被其害。州民聚爲八砦以扞寇，遂署甲爲八砦都指揮使。祖徽，襲父職，晉末，賊帥趙重進掠高密，徽戰沒。父璉，復嗣其事。周世宗平淮南，始去兵卽農，厚自封殖。

子輿少業文詞，太平興國八年舉進士，解褐北海主簿。歷大理評事，知臨海縣，改光祿寺丞。使西蜀決獄還，知興國軍。淳化中，雷有終爲江、浙、荊湖茶鹽制置使，奏子輿爲判官。轉太子中允，改著作郎，江、淮、兩浙制置茶鹽，就轉太常博士。眞宗卽位，遷殿中侍御史。因入對，與三司論列利害，以子輿爲長。轉度支員外郎。子輿以每事上計司，移報稽滯，求兼省職，乃命爲鹽鐵判官，仍領制置，增歲課五十餘萬貫。咸平三年，就命兼充淮南轉運使。

子輿精於吏事，久掌茶鹽漕運，周知利害，裁量經制，公私便之。所至郡縣，以公事申請者，文牒紛委，頃刻待報，子輿皆卽決遣，曾無凝滯。明年，表求代，詔許自擇。子輿以卞袞、劉師道名聞，卽命袞與師道爲轉運使。召子輿，拜右諫議大夫、戶部使。五年二月，方奏事便殿，俄疾作仆地，命中使掖之以出，至第卒。以子道宗方幼，命三司判官朱台符檢校其家。子輿止一子，而三女皆幼。道宗尋卒，家寓楚州。子輿妻劉還父母家，子輿旅櫬在京師。景德中，官借船移柩，還葬其里，鬻京師居第，以錢寄楚州官庫，以備三女資送。從

其從弟之請也。

劉綜字居正，河中虞鄉人。少依外兄通遠軍使董遵誨，遵誨嘗遣貢馬。太祖嘉其敏辯，將授三班之職。綜自陳素習詞業，願應科舉。及還，上解眞珠盤龍衣，令賜遵誨。綜辭曰：「遵誨人臣，安敢當此賜！」上曰：「吾委遵誨以方面，不以此爲疑也。」

雍熙二年，舉進士第，解褐邛州軍事推官。就改永康軍判官，遷大理評事，通判眉州，轉太僕寺丞。代還，對便殿，因言：「蜀地富庶，安寧已久，益州長吏，望愼擇其人。」上嘉之，改太子中允。未幾，李順果爲亂，復召見，面賜緋魚。尋爲三門發運司水陸轉運使，通判大名府。連丁家難，起知建安軍。

先是，天長軍及揚州六合縣民輸賦非便，綜奏請降天長軍爲縣，隸揚州，以六合縣隸建安軍，自是民力均濟。時淮南轉運使王嗣宗兼發運事，規畫多迂滯。綜因上言請復置都大發運司，專幹其職。至道三年，遷太常丞，職事修舉，多稱薦者。

咸平初，命代王欽若判三司都理欠憑由司，出爲河北轉運副使。嘗言：「州縣幕職官，以昏耄放罷者，其間有實廉謹之士，或幼累無託，或居止無定，全藉祿廩以濟朝夕，一日停





罷，則飢寒無依，似傷和氣。望自今並除致仕官。」又言：「法官斷獄，皆引律令之文，以定輕重之罪，及其奏御，復云慮未得中，別取進止，殊非一成不變之道，且復煩於聖斷。望降旨約束，不得復然。」時河北承兵寇之後，民戶凋弊，吏部所銓幕職州縣官皆四方之人，不習風俗，且有懷土之思，以是政事多因循不舉。綜議請自今並以河朔人充之，冀其安居，勤於職事。

夏人擾西邊，環慶大屯士馬，詔徙綜爲陝西轉運副使，轉太常博士。時梁鼎議禁解鹽，官自貨鬻，乃命綜與杜承睿制置青白鹽事。綜條上利害，力言非便，卒罷其事。

時靈州孤危，獻言者或請棄之，綜上言曰：「國家財力雄富，士卒精銳，而未能剪除凶孽者，誠以賞罰未行，而所任非其材故也。今或輕從羣議，欲棄靈州，是中賊之姦計矣。且靈州民淳土沃，爲西陲巨屏，所宜固守，以爲扞蔽。然後於浦洛河建軍城，屯兵積糧爲之應援，此暫勞永逸之勢也。況鎭戎軍與靈州相接，今若棄之，則原、渭等州益須設備，較其勞費十倍而多，則利害之理昭然可驗矣。」俄充轉運使。

四年，又獻議於鎭戎軍置屯田務，又錄唐安國鎭制置城壕鎭戎古記石本以進，詔從其請。俄詣闕奏事稱旨，賜金紫、緡錢五十萬，復遣涖職。又嘗言：「天下州郡長吏，審官皆據資例而授，未爲得人。自今西川、荊湖、江、浙、福建、廣南知州，或地居津要，或戶口繁庶之處，望親加選任。其執政舊臣及給、舍以上知州處，亦擇官通判。又京朝官當任遠官者，率以父母未葬爲辭，意求規免。請自今父母委未葬者，許請告營辦。審官投狀，並明言父母已葬，方許依例考課，違者並罷其官。」從之。

五年，拜工部員外郎兼侍御史知雜事。六年，遷起居舍人，再爲河北轉運使。時兩河用兵，邊事煩急，轉漕之任，尤所倚辦。綜繼領其職，號爲詳練。至是眷矚甚厚，警急之際，輒資其奏處。契丹請和，乃遣近臣諭以擢用之意。景德三年，召拜戶部員外郎、樞密直學士、勾當三班院。綜言：「御史員數至少，每奉朝請，劾制獄，多以他官承之，甚紊彝制。望詔兩制以上各舉材堪御史者充，三院共置十員。若出使按獄，所經州郡，官吏能否，生民利病，刑獄枉濫，悉得察舉。」四年，西幸，道出河陽境上，時節度王顯被疾還京，以綜權知孟州事。未幾召還，復出知并州，以政績聞。州民乞留，優詔嘉獎。歸朝，知審官院，改吏、禮二部郎中，充職，兼知通進、銀臺、封駁司。

大中祥符四年，館伴契丹使，因作大雩歌以獻。即命同知貢舉，以李宗諤代爲館伴使。俄權知開封府。綜以貴要交結富民，爲之請求，或託爲親屬，奏授試秩，緣此謁見官司，頗紊公政，因建議請加抑止；又文武官居遠任，而家屬寓京師，其子孫弟姪無賴者，望嚴行約束，并其交遊輩劾罪，從之。七年，以末疾求典河中，眞宗以太寧宮廟長吏奉祠，綜艱於





拜起，慮不克恭事，命知廬州。明年，罷學士，授左諫議大夫。八年，卒，年六十一。

綜強敏有吏材，所至抑挫豪右，振舉文法，時稱幹治。然尙氣好勝，不爲物論所許。子建中、正中，並贊善大夫。弟綽，淳化三年進士，官刑部郎中。

卞袞字垂象，益州成都人。父震，工爲詩。舉蜀進士，渝州刺史南光海辟爲判官。蜀平，仍舊職。會賊杜承褒率衆圍城，援兵不至，震躬率士卒，且戰且拒，爲流矢所中，創甚，不能臨軍。而州兵重傷，卷甲宵遁，刺史陳文襲不能遏賊，遂入據郡城，以僞官厚賄誘震，震皆斬其使。賊有東章者，本州兵校也。因遣人述朝廷威德，諭以禍福，章懼且信，因伏兵擊其黨類。承褒之衆素不爲備，卽時大潰，震與文襲分部餘卒夾攻之，賊衆遂平。文襲坐陷失州城，削籍爲民。震以前功得贖，以虢州錄事參軍卒。

太平興國八年，袞登進士第，累遷大理評事、知將樂縣，改光祿寺丞、通判泗州。遷著作佐郎、廣南轉運司承受公事，俄通判宣州。淳化中，上命采庶僚中廉幹者，給御書印紙，俾書課最，仍賜實奉以旌異之，袞預焉。改太常丞。咸平初，遷監察御史，爲淮南轉運副使、同制湖發運事，以幹職聞，就加殿中侍御史。入判三司開拆司，再爲淮南轉運使兼發運

使。咸平六年，併三司使之職而分置副貳，以袞爲刑部員外郎，充鹽鐵副使。景德初，疽
發於背卒，年四十五。錄其弟扆爲臨潁主簿，子咸爲將作監主簿。
袞明敏有吏幹，累掌財賦，淸心治局，號爲稱職。然性慘毒，掊克嚴峻，專事捶楚，至有
「大蟲」之號。眞宗嘗謂近臣曰：「袞公忠盡瘁，無所畏避，人罕能及，然頃在外任，頗傷殘
酷，所至州縣，纖微之過，無所容貸。大凡督察部下，糺逖愆違，非有大故，所宜矜恕，官吏
自當畏威懷惠，不敢貳過，公家之事亦無不濟。乃知爲吏之方，適中爲善也。」
許驤字允升，世家薊州。祖信，父唐，世以財雄邊郡。後唐之季，唐知契丹將擾邊，白
其父曰：「今國政廢弛，狄人必乘釁而動，則朔、易之地，民罹其災。苟不卽去，且爲所虜
矣。」信以資産富殖，不樂他徙，唐遂潛齎百金而南。未幾，晉祖革命，果以燕薊賂契丹，唐
歸路遂絕。嘗擁商貲於汴、洛間，見進士綴行而出，竊嘆曰：「生子當令如此！」因不復行
賈，卜居睢陽，娶李氏女，生驤，風骨秀異。唐曰：「成吾志矣！」
郡人戚同文以經術聚徒，唐攜驤詣之，且曰：「唐頃者不辭父母，死有餘恨，今拜先生，
卽吾父矣。」又自念不學，思教子以興宗緒，此子雖幼，願先生成之。」驤十三，能屬文，善詞



賦。唐不識字，而罄家産爲驤交當時秀彥。
驤，太平興國初，詣貢部，與呂蒙正齊名，太宗尹京，頗知之。及廷試，擢甲科，解褐將
作監丞、通判益州，賜錢二十萬。遷右贊善大夫。五年，轉右拾遺、直史館，改右補闕。六
年，出爲陝府西北路轉運副使。會罷副使，徙知鄜州。召還，爲比部員外郎。歷知宣、昇二
州。
雍熙二年，改江南轉運副使。洪、吉上供運船水損物，主吏懼罪，故覆舟，鞫獄者按以
欺盜，當流死者數百人。驤馳往訊問，得其情實以聞，多獲輕典，優詔褒之。又上言：「劫盜
配流，遇赦得原，還本鄉，讎告捕者，多所殺害，自今請以隸軍。」詔可。遷正使。端拱初，拜
主客郎中。俄徙知福州，累表求還，不俟報，入朝，召對便殿，延問良久。改兵部郎中，領西
川轉運使，以久處外任爲辭，擢授右諫議大夫，就命知益州。召歸，上言：「蜀民浮窳易搖，
宜擇忠厚者撫之，爲備豫。」既而李順叛，衆頗伏其先見。命知審官院，遷御史中丞，以疾固
讓，不許。占謝日，命坐勞問，出良藥賜之曰：「此朕所服得驗者。」後驤以久病不能振職。
眞宗卽位，改工部侍郎。屢求小郡養疾，因入朝失儀，爲御史所糾，特詔不問，命知單州。
咸平二年，卒，年五十七。贈工部尙書。賜其子宗壽出身。驤雖無他才略，而人以儒厚長
者稱之。宗壽後爲殿中丞。



裴莊字端己，閬州閬中人。曾祖琛，後唐昭州刺史。祖遠，河東觀察支使。父全福，鄠
縣令。莊在蜀，以明經登第。歸宋，歷虹縣尉、高陵主簿，本府召權司理掾。轉運使雷德驤
以威望自任，嘗巡按至境，官屬皆出迎候。莊獨視事本局，徐謁道周，德驤稱其有守。徙權
忻州錄事參軍。先是，幷州徬積軍儲，條制甚峻，掌出納者常十餘人，及莊代之，獨任其事。
擢授絳州防禦推官，提點幷、嵐二州緡帛芻糧，改遂州判官，仍涖舊局。
雍熙三年，命將巡邊，以莊掌隨軍糧料。內客省使楊守一稱薦之，授大理寺丞。時遷雲、
朔降戶於汝、洛，遣莊安輯之。俄通判忻州，未上道，會魏咸信出鎭澶州，改命爲通判。未
踰年，咸信表其能，遷太子中允。端拱初，潘美鎭眞定，又辟爲通判。時契丹掠趙、深，邊將
無功，莊上書以爲「周世宗誅樊愛能、何徽二將，遂取淮南，克巴蜀。願陛下申明紀律，無使
玩寇」。又言：「緣邊砦栅，戍兵既寡，戎人易以襲取，咸請廢罷，以益州兵。」會詔建方田，莊
復上言：「大役兵師，慮生事於邊鄙。」上善之。
淳化三年，召訪以邊事，稱旨，面賜緋魚，令授淸資官。翌日，拜監察御史、荊湖南路
轉運使。未行，改三司鹽鐵判官。上疏請給兩省官諫紙，又引故事，禁屠月勿報重刑。會



劉式建議請廢緣江榷務，莊力言其非便。出爲荊湖北路轉運使。五年，李順亂蜀，命與雷
有終並兼峽路隨軍轉運、同知兵馬事[四]。或言莊本蜀人，不宜此任，上益倚信之，許以便
宜。事平，轉殿中侍御史，歷工部、司封二員外郎，特召問討賊方略。
至道二年，遣將五路出討李繼遷，莊陰料師出無功，因請加恩繼遷，俟其倔強拒命，則
按甲塞外，俘擒未晚。既而諸將果敗績。俄遷祠部郎中。眞宗卽位，遷度支，充河東轉運
使。上章言：「慶邠延州、通遠軍，咸處邊要，請武幹如姚內斌、董遵誨者任之。」又言：「田
紹斌嘗被疑，韓崇業本秦王壻，程德玄始事晉邸，初甚親近，後疎遠外遷，皆懷怨望，不宜委
以戎寄。」未幾，移知蘇州。
咸平二年，命巡撫江南。使還，言池州、興國軍得良吏，餘無足稱者。且言：「朝廷所命
知州、通判，率以資考而授，至有因循偷安，無政術而繼得親民者；其素蘊公器有政績者，偶
緣公坐，則黜司冗務，眞僞莫辨，僥倖滋甚。自今望愼選其人，勿以資格補授，有政績者加
以恩禮。」
是年秋，契丹犯塞，命爲河北轉運使。時傅潛統大軍駐定州北，莊屢條奏其無謀略，慮
或失幾。會王顯掌樞密，顯與潛俱起攀附，頗庇之，莊奏至多不報。徙知越州。俄傅潛得罪，
莊因上言：「顯、潛皆非材，致誤邊事，請行嚴誅，以肅羣議。」未幾，徙知宣州。會詔百辟上

封直言，莊條列四事：一曰去暴征，二曰省煩刑，三曰擇吏職，四曰敦稼政。疏奏，詔令開陳其所宜行先後，莊對甚悉。改司封郎中。景德中，命安撫兩浙，奏能吏二十人，慢官者五人，多所升黜。又知潞、邢二州。

大中祥符初，東封，改鴻臚少卿，入判登聞鼓院。祀汾陰，遷太僕少卿，爲北嶽加號册禮副使，撰北行記三卷以獻。六年，出知襄州。明年，車駕幸南京，莊以逮事太宗恩例，授太府卿，權判西京留司御史臺。天禧二年，入判刑部，以疾分司西京。郊祀，改光祿卿，求歸上都，以便醫藥。卒，年八十一。錄其孫慶孫，試將作監主簿。

莊有吏幹，頗無清操，慷慨敢言，太宗獎其忠讜，多所聽納。好爲規畫，然寡學術。嘗建議請置廣聽院西垣學士，聞者嗤之。晚年退居，製棺櫝以自隨，喜接賓客，終日無倦。子奐，咸平三年進士，屯田郎中；稷，左班殿直，閤門祗候。

牛冕字君儀，徐州彭城人。太平興國三年進士，解褐將作監丞、通判郴州，徙和州。加左贊善大夫，遷太常丞、知滁州，以勤政聞。召歸，轉監察御史。端拱元年，召試文章，遷左正言、直史館。出知潤州，徙泉州，未至，就命爲福建轉運



使，加左司諫。建議廢邵武軍歸化金坑，土人便之。至道初，召入，進秩兵部員外郎，知潭州。至郡裁數日，復召拜兼侍御史知雜事。

眞宗在東宮，冕嘗奉使賜生辰禮幣，即位尙記其名，改工部郎中。永熙陵復土，會闕中丞，命爲儀仗使。時三司各設官局，多不均濟。冕請合爲一使，分設其貳，則事務不煩而辦，其後卒用冕議。

咸平元年，選知益州，仍拜右諫議大夫。兩川自李順平後，民罹困苦，未安其業，朝廷緩於矜恤，故戍卒乘符昭壽之虐，嘯集爲亂。冕與轉運使張適委城奔漢州，詔遣赴闕，至京兆，劾其罪，並削籍，冕流儋州，適爲連州參軍。冕遇赦，移欽、英二州，歷鄂、海二州別駕，淮南節度副使。

大中祥符初，眞宗語宰相曰：「冕素純善，黜棄久矣，量宜甄敍。」即起知漣水軍，俄復爲祠部員外郎。卒，年六十四。子昭儉至殿中丞。

張適者，太平興國五年進士。任藩郡，有治績，以廉敏稱。爲水部員外郎、知鄜州。獲對，太宗喜其詞氣俊邁，賜緋魚。旋改京東轉運副使，加直集賢院，一日三被寵渥，時人榮之。徙西川轉運使，坐貶，後起爲彰信軍節度副使、知淮陽軍，卒。



欒崇吉字世昌，開封封丘人。少爲吏部令史，上書言事，調補臨淄主簿。會令坐贓敗，即命崇吉代之。復以書判優等，改舒州團練判官，未行，留爲中書刑房堂後官。改太子右贊善大夫，出掌揚州榷務。未幾，遷殿中丞，復爲堂後官兼提點五房公事。

崇吉明習文法，清白勤事。至道初，擢度支員外郎、度支副使。時以堂後官著作佐郎楊文質爲祕書丞，提點五房事，上召見謂曰：「汝見擢用欒崇吉否？當自勗勵。」崇吉俄加祠部郎中。眞宗時，累擢爲江南轉運使。代還，判刑部兼鼓司、登聞院。後遷司農少卿、知洪州。有司歲斂民財造舟，崇吉至，奏罷之。以疾徙濠州，遷衞尉少卿，以將作監致仕，卒。子二人：源，虞部員外郎；沂，殿中丞。

袁逢吉字延之，開封鄢陵人。曾祖儀，仕唐，以軍功至黃州刺史。祖光甫，尉氏令。父蟾，大理評事。逢吉四歲，能誦爾雅、孝經，七歲兼通論語、尙書。周太祖召見，發篋試之，賜束帛以賞其精習。開寶八年，擢三傳第，釋褐清江尉。知州王明薦其能，就除豐城令。



明年，又與轉運使張去華條上治狀，以春秋博士召。端拱初，遷國子博士、度支推官。又判戶部勾院、度支、憑由理欠司。淳化中，改戶部判官。歷水部司門員外郎。出爲西京轉運使，轉水部郎中。宰相呂蒙正稱其有經術，宜任學官。會蜀叛，方籍其吏資，授西川轉運使。至道初，徙荆湖北路。

時賊方平，夔、峽猶聚官軍，供饋出於荆楚，逢吉憚涉遠，不赴軍前計度，坐乏糧餉罷職，知夔州。會遣使川、陝採訪，因條上知州、通判有治迹者七人，逢吉與朱協、李虛己、薛顏、邵曄、查道、劉檢預焉，皆賜詔褒諭。歷司門、庫部二郎中。

咸平中，復爲京東轉運使。連知福、江、陳、襄四州。大中祥符中，權西京留司御史臺，徙知汝州，以逮事太祖，拜鴻臚少卿。七年，卒，年六十九。

逢吉性修謹，練達時務。初，鄆州牧馬草地侵民田數百頃，牒訴連上，凡五遣使按視，不決。逢吉受命往，則悉還所侵田，民咸德之。兄及甫，歷京東、峽路轉運副使，至駕部郎中。逢吉子成務，至比部員外郎、京東轉運副使。從子楚材，至虞部員外郎。

韓國華字光弼，相州安陽人。太平興國二年舉進士，解褐大理評事、通判瀘州，就遷右

贊善大夫。代還，除彰德軍節度判官，遷著作佐郎、監察御史。

雍熙中，假太常少卿使高麗。時太宗將北征，以高麗接遼境，屢爲其所侵，命齎詔諭之，且令發兵西會。既至，其俗頗獷驁，恃險遷延，未即奉詔。國華移檄，諭以朝廷威德，宜亟守臣節，否則天兵東下，無以逃責。於是俯伏聽命，使還，賜緋魚。雍熙三年，改右拾遺、直史館，判鼓司、登聞院，俄充三司開拆推官。四年，判本司，遷左司諫，充鹽鐵判官。

淳化二年，契丹請和，朝議疑其非實，遣國華使河朔以察之。既至，盡得其詐以聞。每歲後苑賞花，三館學士皆得預。三年春，國華與潘太初因對，自言任兩省清官兼計司職，不得侍曲宴，願兼館職，即日命並直昭文館。後二日，陪預苑宴。三司屬官兼直館，自國華等始。未幾，授刑部員外郎〔廿〕，歷判三司勾院，復爲鹽鐵判官，又爲左計判官，尋都判三勾，賜金紫，改兵部員外郎、屯田郎中、京東轉運使，徙陝西路。舊制，川、陝官奉緡悉支鐵錢，資用多乏，國華奏增其數。加都官郎中，入判大理寺，改職方郎中。以詳定失中，命梁顥代之。知河陽、潞州，轉運使言其善綏輯，供億幹辦，詔獎之。

景德中，假祕書監使契丹，又爲江南巡撫，入權開封府判官。眞宗朝陵，魏咸信自曹州召入扈從，命國華權州事。俄改太常少卿，出知泉州。大中祥符初，遷右諫議大夫。四年，



代還，至建州，卒于傳舍。年五十五。賜其子琬出身。

國華偉儀觀，性純直，有時譽。子琚、璩、琦，並進士及第。琦相英宗、神宗，自有傳。

何蒙字叔昭，洪州人。少精春秋左氏傳。李煜時，舉進士不第，因獻書言事，署錄事參軍。入宋，授洺州推官。

太平興國五年，調遂寧令。時太宗親征契丹還，作詩以獻。召見賞歎，授右贊善大夫。三遷至水部員外郎，通判廬州。時郡中火燔廨舍，權務俱盡。蒙假民器，貸鄰郡麴米爲酒，既而課增倍。戶部使上其狀，詔賚緡錢獎之。稍遷司門。巡撫使潘愼修薦其材敏，驛召至京，因面對，訪以江、淮茶法，蒙條奏利害稱旨，賜緋魚及錢十萬。後二日復對，又上淮南酒榷便宜，特改庫部，復賜錢二十萬，因命至淮右提總其事，自是歲有羡利。使還，知溫州，未行，留提舉在京諸司庫務。求外任，復命知溫州。坐舉人不當，削一官。

眞宗即位，復前資，因上言請開淮南鹽禁。時卞袞、楊允恭輩方以禁鹽爲便，共排抑之，出知梧州。頃之，改水部郎中。上所著兵機要類十卷。時審官擬知漢陽軍，及引對，改知鄂州。大中祥符初，轉庫部。四年，加太府少卿。未幾，知太平州，又知袁州。州民多朵



金，蒙建議請以代租稅。上曰：「若此則農廢業矣。」不許。俄徙濠州。六年，上表謝事，授光祿少卿致仕，命未下，卒，年七十七。

愼知禮，衢州信安人。父溫其，有詞學，仕錢俶，終元帥府判官。知禮幼好學，年十八，獻書于俶，署校書郎。未幾，命爲掌書記。

宋初，介俶子惟濟入覲，歸署營田副使。太平興國三年，從俶歸朝。授鴻臚卿，歷知陳州、興元府。知禮母年八十餘，居宛丘，懇求歸養，退處十年，搢紳稱其孝。及母服除，表請納祿。至道三年，以工部侍郎致仕。知禮自幼至白首，歲讀五經，周而後止。每開卷，必正衣冠危坐，未嘗少懈焉。咸平初，卒，年七十一。子從吉。

從吉字慶之，錢俶之壻也。爲元帥府長史。歸宋，歷將作少監。會擇朝士有望者補少列，改太子右庶子。眞宗升儲，換衞尉少卿。眞宗即位，復爲右庶子，遷詹事。從吉自歸朝，居散秩幾三十年，頗以文酒自娛，士大夫多與之遊。景德初，上言求領事務，判刑部。頗留意法律，條上便宜，天下所奏成案率多糾駁，取本司所積負犯人告身鬻之，以市什器。



大中祥符初，改授衞尉卿，糾察在京刑獄，拜右諫議大夫，判吏部銓。初，選人試判多藉地而坐，從吉以公錢市莞席給之。臨事敏速，勤心公家，所至務皦察，多請對陳事，上謂其無隱。

八年，改給事中，權知開封府。既受命，召戒之曰：「京府浩穰，凡事太速則誤，太緩則滯，惟須酌中耳。請屬一無所受。」裁數月，有咸平縣民張斌妻盧氏，訴姪質被酒詬悖。張素豪族，質本養子，而證左明白，質賄于吏。從吉子大理寺丞銳時督運石塘河，往來咸平，爲請于縣宰，斷復質劉姓，第令與盧同居。質泊盧迭爲訟，縣聞於府。從吉命戶曹參軍呂楷就縣推問。盧之從叔虢略尉昭一路白金三百兩於楷，楷久不決。盧兄文質又納錢七十萬于從吉長子大理寺丞鈞，鈞以其事白從吉，而隱其所受。盧又詣府列訴，即下其事右軍巡院。昭一兄澄嘗以手書達錢惟演，云寄語從吉，事連鈞、銳，請緩之。從吉頗疑懼，密請付御史臺。即詔御史王奇、直史館梁固鞫之。獄成，從吉坐削給事勒停，惟演罷翰林學士，楷、鈞免官配隸衡、郢州，銳、文質皆削一官，澄、昭一並決杖配隸。

又高清者，庫部郎中士宏之子，景德中舉進士，宰相寇準以弟之女妻之。寇氏卒，故相李沆家復壻之。歷官以賄聞，頗恃姻援驕縱，被服如公侯家，以是欺蠹小民。知太康縣，民有詣府訴家產者，清納其賄，時已罷任，即逃居他所。銳嘗就清貸白金七十兩，清以多納賄略，事將敗，求以爲助。時方鞫盧氏獄，從吉請對，發其事，欲以自解。逮清等繫獄，命比部



中華書局

員外郎劉宗言、御史江仲甫劾之。清枉法當死，特杖脊黥面，配沙門島；銳又削衞尉寺丞；從吉坐首露在已發，當贖銅，特削諫議大夫。天禧三年，起爲衞尉卿。明年，判登聞鼓院。坐與寇準親善，以光祿卿致仕。未幾卒，年七十。

從吉喜爲詩，時有警語。兼工醫術。子孫登仕者甚衆，第進士升朝曳朱紱者數人。家富於財，尤能治生，多作負販器儥貨，以至鬻棺櫝於市。又善爲饌具，分遺權要。晚年進趨彌篤，以至于敗，物論鄙之。子鏞，金部度支員外郎、祕閣校理；鍇，太常博士。

論曰：八政之首食貨，以國家之經費不可一日而無也。然生之有道而用之有節，則存乎其人焉爾。張鑑將命西蜀，處制得宜，庶乎可與行權者也。子輿裁損經制，索湘議罷鬻茶，許驤謹守儒行，知禮篤信經學，國華不辱君命，皆有足稱者焉。太初自謂達性命之蘊，而卒流於釋、老之歸，文寶久任邊郡，而不免以生事蒙黜，劉綜著勞朔、易而短於經術，從吉勤於公務而疏於訓子，固未得爲盡善也。自餘諸子，之翰虧潔白之操，卞袞乏仁恕之道，晁之棄其城守，坦之疎於輔導，則君子所不予也。



## 校勘記



〔一〕瑞州清江 「瑞州」當作「筠州」。考異卷七六說：「南渡後避理宗嫌名，改『筠』爲『瑞』，此時無瑞州之名也。」參考本書卷八八地理志。

〔二〕仲寓 原作「仲寓」，據本書卷四七八南唐李氏世家改。

〔三〕且言靈州不可棄 「不」字原脫，長編卷五一、太平治蹟統類卷五都說：「文寶因獻河西隴右圖，且言靈州不可棄，於是遣王超西討。」據補。

〔四〕命與雷有終並兼峽路隨軍轉運同知兵馬事 「知」字原脫，據本書卷二七八本傳補。

〔五〕刑部員外郎 「郎」字原脫，按宋代沿用隋、唐官制，六部郎中之下設員外郎，見本書卷一六三職官志。據補。

# 宋史卷二百七十八

## 列傳第三十七

### 馬全義 子知節 雷德驤 子有終 孫孝先 曾孫簡夫〔一〕 王超 子德用

馬全義，幽州薊人。十餘歲學擊劍，善騎射。十五，隸魏帥范延光帳下。延光叛，晉祖征之，以城降，悉籍所部來上。全義在籍中，因補禁軍。以不得志，遂遁去。漢乾祐中，李守貞鎭河中，召置帳下。及守貞叛，周祖討之，全義每率敢死士，夜出攻周祖壘，多所殺傷。守貞貪而無謀，性多忌克，全義屢爲畫策，皆不能用。城陷，遂變姓名亡命。

周廣順初，世宗鎭澶淵，全義往事之。從世宗入朝，周祖召見，補殿前指揮使，謂左右曰：「此人忠於所事，昔在河中，屢挫吾軍，汝等宜效之。」世宗卽位，遷右番行首〔二〕。從世宗戰高平，以功遷散員指揮使。從征淮南，以功遷殿前指揮使、右番都虞候。恭帝卽位，授鐵騎左第二軍都校、領播州刺史。





宋初，歷內殿直都知、控鶴左廂都校、領果州團練使。從征李筠，筠退保澤州，城小而固，攻之未下。太祖患之，召全義賜食御榻前問計，對曰：「筠守孤城，若併力急攻，立可殄滅；儻緩之，適足長其姦爾。」太祖曰：「此吾心也。」卽麾兵急擊之。全義率敢死士數十人乘城，攀堞而上，爲飛矢貫臂，流血被體。全義拔鏃臨敵，士氣益奮，遂克其城。遷虎捷左廂都校、領睦州防禦使。

又從征李重進，領控鶴、虎捷兩軍爲後殿。賊平班師，錄功居多，改龍捷左廂都校、領江州防禦使。俄被疾，太祖遣太醫診視，仍諭密旨曰：「俟疾間，當授以河陽節制。」全義疾已亟，但叩頭謝。數日卒，年三十八。特贈檢校太保、大同軍節度使。子知節。

知節字子元，幼孤。太宗時，以蔭補供奉官，賜今名。年十八，監彭州兵，以嚴涖衆，衆憚之如老將。又監潭州兵，時何承矩爲守，頗以文雅飾吏治，知節慕之，因折節讀書。雍熙間，護兵博州，契丹入邊，敗我師於君子館。先是，知節完城繕甲，儲積芻粟，吏民以爲生事。既而契丹果至，以有備，引去。

徙知定遠軍。時議調河南十三州之民輸餉，河北轉運使樊知古適至軍議事，知節曰：「軍少粟多，簸其紅腐，尚當得十之六七。」知古從之，果獲粟五十萬斛，分給諸屯，遂省河南之役。時部民入保避寇，卒有盜婦女首飾者，護軍止笞遣之。知節曰：「民避外患而來，反罹內寇，此而可恕，何以肅下？」卽命斬之。知深、慶二州，遷西京作坊使。

徙知梓州。李順之叛，詔與王繼恩同討賊。繼恩恃勢自任，惡知節不附己，遣守彭州，付以羸兵三百，彭之舊卒，悉召還成都。知節累請益兵，不從。賊衆十萬攻城，知節力戰，自晨抵晡，士多死，慨然嘆曰：「死賊手，非壯夫也。」卽橫槊潰圍出，遲明，援兵至，復鼓譟入，賊遂潰去。太宗聞而歎曰：「賊衆我寡，知節不易當也。」授益州鈐轄，加益、漢九州都巡檢使，遷內園使。會韓景祐帳下劉旰脅牙兵爲亂，連下州縣，衆踰二千，知節領兵三百，追至蜀州，與戰，旰走邛州。知節曰：「賊破邛州，必乘勝渡江薄我，旣息而後戰，官軍雖倍，制之亦勞，不如乘其弊急擊之，破之必矣。」遂行。次方井鎭，與旰遇，殺之無噍類。

咸平初，領登州刺史，知秦州。州嘗質羌酋支屬餘二十人，踰二紀矣。知節曰：「羌亦人爾，豈不懷歸？」悉遣之。羌人感之，訖終，更不犯塞。時州有銀坑，歲久鑛竭，課額弗除，主吏破產，償之不足。知節請蠲之，章三上，乃允。遷西上閤門使，知益州兼本路轉運使。自乾德後，歲漕蜀物，動踰萬計。時籍富民以部舟運，坐沉覆破產者衆。知節請代督以省校而程其漕事，自是蜀人賴以免患。

徙知延州兼鄜延駐泊部署。邊寇將至，方上元節，遽命張燈啓關，累夕宴樂，寇不測，





卽引去。曾鎭州程德玄政事曠弛，徙知節代之。詔發澶、魏等六州糧輸定武，時兵交境上，知節曰：「糧之來，是資盜也。」止令於舟車所至收之，寇無所得而遁。

車駕在澶淵，時王超擁兵數十萬屯眞定，逗留不進。知節移書誚讓之，超始出兵，猶以中渡無橋爲辭。知節預命度材，一夕而具。景德中，徙知定州，未幾，拜東上閤門使、樞密都承旨，擢拜簽書樞密院事。

當是時，契丹已盟，中國無事，大臣方言符瑞，而知節每不然之，嘗言「天下雖安，不可忘戰去兵」以爲戒。自陳年齒未衰，五七年間尚可驅策，如邊方有警，願預其行，但得副都部署名及良馬數匹、輕甲一聯足矣。上以爲然，因命製鋼鐵鎖子甲以賜焉。進宣徽北院使，加兼樞密副使。時王欽若爲樞密使，知節薄其爲人，遇事敢言，未嘗少屈。每廷議，得其不直，輒面詆之。時欽若寵顧方隆，知節愈不爲下。

大中祥符七年，出爲潁州防禦使、知潞州。天禧初，移知天雄軍，召拜宣徽南院使、知樞密院事。以疾乞罷，除彰德軍留後、知貝州兼部署。將行，眞宗閔其癯瘁，止命歸鎭。時上黨、大名之民已爭來迎謁。未幾，卒，年六十五。贈侍中，謚正惠。

知節將家子，慷慨以武力智謀自許，又能好書，賓友儒者，所與善厚，必一時豪傑，論事謇謇未嘗有所顧忌，故聞其風者，亦知其爲正直云。

雷德驤字善行，同州郃陽人。周廣順三年，舉進士，解褐磁州軍事判官。召爲右拾遺，充三司判官，賜緋魚。顯德中，入受詔均定隨州諸縣民田屋稅，稱爲平允。

宋初，拜殿中侍御史，改屯田員外郎、判大理寺。其官屬與堂吏附會宰相趙普，擅增刑名，因上言，欲求見太祖以白其事。未引對，直詣講武殿奏之，辭氣俱厲。太祖詰之，德驤對曰：「臣值陛下日旰未食，方震威嚴爾。」帝怒，令左右曳出，詔置極典。俄怒解，黜爲商州司戶參軍。刺史知德驤舊爲省郎，以客禮之。及奚嶼知州，希宰相旨，至則倨受庭參。德驤不能堪，出怨言，嶼銜之。適有言德驤至郡爲文訕上者，嶼召德驤與語，潛遣吏給其家人取得之，卽械繫德驤，具狀以聞。太祖貸其罪，削籍徙靈武。數年，其子有鄰擊登聞鼓，訴中書不法事，趙普由是出鎭河陽。召德驤爲秘書丞，俄分判御史臺三院事，又兼判吏部南曹。開寶七年，同知貢舉。太祖崩，以德驤爲吳越國告哀使。還，遷戶部員外郎兼御史知雜事，改職方員外郎，充陝西、河北轉運使。歷禮部、戶部郎中，入爲度支判官。

太平興國四年，車駕征太原，爲太原西路轉運使。六年，同知京朝官考課，俄遷兵部郎中。七年，以公累降本曹員外郎，出知懷州，未幾，復舊官。又命爲兩浙轉運使，其子殿中





丞有終亦爲淮南轉運使，父子同日受詔，搢紳榮之。俄遷右諫議大夫。

雍熙二年，徵歸朝，同知京朝官考課。初，帝謂宰相曰：「朕前日閱班籍，擇官爲河北轉運使，所患不能周知羣臣履行。自今令德驤錄京朝官履歷功過之狀引對，旣得漸識羣臣，擇才委任，且使有官政者樂於召對，負瑕累者恥於顧問，可以爲懲勸矣。」

端拱初，遷戶部侍郎。會趙普再入相，宣制之日，德驤方立班，不覺墜笏，遽上疏乞歸田里。太宗召見安諭之，賜白金三千兩，罷知考課，止以本官奉朝請。會議事尙書省，乘酒叱起居員外郎鄭構爲盜，御史奏劾，下御史臺案問，具伏，帝止令罰月奉而釋之。訖趙普出守西洛，帝終保全之。

淳化二年，爲其壻如京副使衞濯訟有鄰子祕書省校書郎孝先內亂，帝素憐德驤，恐暴揚其醜，不以孝先屬吏，止除名配均州；德驤坐失教，責授感德軍行軍司馬；幷其子少府少監有終責授衡州團練副使。德驤因慙憤成疾，三年，卒，年七十五。有終爲三司鹽鐵副使，表乞追復舊官，從之。德驤無文采，頗以強直自任，性褊躁，多忤物，不爲士大夫所與。

有鄰，開寶中，舉進士不第。其父旣竄靈武，意宰相趙普擠抑之。時堂後吏胡贊、李可度在職歲久，或稱其請託受賕，而秘書丞王洞與德驤同年登第，有鄰每造謁洞，洞多以家事委

之。一日，洞令有鄰市白金半鋌，因曰：「此令吾子知，要與胡將軍。」蓋謂贇也。時又有詔，應攝官三任解由全者許投牒有司，即得召試錄用。有鄰素與前攝上蔡主簿劉偉交游，知偉雖嘗三攝，而一任失其解由，偉造僞印，令其兄前進士佺書寫之，因是得試送銓。遂具章告其事，並下御史府按鞫。有鄰出入贇家，故其事多實。獄具，偉坐棄市，洞等並決杖除名，贇、可度仍籍其家。有鄰授秘書省正字，賜公服靴笏、銀鞍勒馬、絹百匹。自是累上疏密告人陰事。俄被病，白晝見偉入室，以杖箠其背。有鄰號呼聞于外，數日而死。賜德驤錢十萬，以給喪事。

有終字道成，幼聰敏，以蔭補漢州司戶參軍。時侯陟典選，木彊難犯，選人聽署於庭，無敢譁者。有終獨抗言，願爲大郡治獄掾，陟叱之曰：「年未三十，安可任此官？」有終不爲沮。署萊蕪尉。知監、左拾遺劉祺以有終年少，頗易之，有終發其姦贓，祺坐罪杖流海島，以有終代知監事。先是，三司補吏爲冶官，率以貲進，多恣横。至是，受署者憚有終，率多避免。太宗即位，聞其名，遣內侍伍守忠同掌監事，且察其治迹。守忠至裁周月，即還奏有終彊濟之狀，亟詔爲大理寺丞。會德驤任陝西轉運，奏爲解州通判，特許德驤不巡察是州。有終入奏鹽池利害，改贊善大夫，令還權知軍事，省通判。太平興國六年，遷殿中丞、知密



州，徙淮南轉運副使，賜緋魚，改太常博士。時德驤主漕兩浙，往往省于境上，時人榮之。

雍熙中，王師北征，命爲蔚州飛狐路隨軍轉運使。入爲鹽鐵判官，歷戶部、度支副使，賜金紫，出知昇州。淳化初，就遷少府少監、知廣州。二年，女弟壻衞濯訟其家法不謹，有終坐親累，責授衡州團練副使，奪章服。俄丁外艱，行及許田，召歸，入對，賜錢八十萬，起爲都官員外郎，歷度支、鹽鐵副使，復金紫。時以江南、嶺外茶鹽價不一，細民冒禁私販，多陷重辟，詔有終領江、淮、兩浙、荆湖、福建、廣南路茶鹽制置使，就出鹽產茶之地，以便宜裁制。使還，改工部郎中、知大名府，不踰月，復爲少府少監，徙知江陵。

李順之亂，王師西征，命與裴莊爲峽路隨軍轉運使、同知兵馬事。調發兵食，規畫戎事，皆有節制。師行至峽中，遇盜格鬥，衆渴乏，會天雨，軍士以兜牟承水飲之，且行且戰，進至廣安軍。軍壘瀕江，三面樹柵。會夜陰晦，賊衆奄至，鼓譟舉火，士伍恐懼，有終安坐櫛髮自若。賊圍既合，有終引奇兵出其後擊之，賊衆驚擾，赴水死者無算。就拜右諫議大夫、知益州。次簡州，寓佛舍，度賊必至，命左右重閉，召士人嚴更警備，初夕，間道而出。賊圍守數重，及壞寺入，惟擊柝者在焉。俄兼同招安使。賊平，改知許州。三年，改給事中、知并州。

眞宗嗣位，加工部侍郎。咸平二年，代還，知審刑院，俄授戶部使。三年，將巡師大名，



遣有終乘馹先詣澶州督納糧草。車駕還，次德清軍，會益州奏至，神衞戍卒以正旦竊發，害兵馬鈐轄符昭壽，擁都虞候王均爲亂，逐知州牛冕。即日，拜有終瀘州觀察使、知益州兼川峽兩路招安捉賊事。御廚使李惠、洛苑使石普、供備庫副使李守倫並爲招安巡檢使，給步騎八千，命往招討。又以洛州團練使上官正爲東川都鈐轄，西京作坊使(三)李繼昌爲峽路都鈐轄，崇儀副使高繼勳、王阮並爲益州駐泊都監，供奉官、閤門祗候孫正辭爲諸州都巡檢使。

正月三日，均率衆陷漢州，進攻綿州，旬日不能下，趣劍門。先是，知劍州、祕書丞李士衡度寇必至，城不能守，悉徙官帑保劍門，焚其倉庾，又署榜招軍卒之流逸者，得數千人。已而賊果至，士衡與劍門都監、左藏庫副使裴臻逆擊之。時風雪連日，均衆無所掠，唯食敗糟，臻與戰，斬首數千級。賊衆疲劇宵遁，還保益州。士衡即馳騎入奏，上嘉之，拜士衡度支員外郎，賜緋；臻崇儀使、領峯州刺史，仍舊職。

知蜀州、供奉官、閤門祗候楊懷忠聞變，即調鄉丁會十一路巡檢兵，刻期進討。蜀民不從賊者相率抗禦，儕伍謂之「清壇衆」。擇「清壇」之魁七十餘人，悉補巡檢將，遣判官高本馳驛以聞。十七日，懷忠率衆入益州，焚城北門，至三井橋。時均尙留劍門，與賊將魯廡胡陣于江瀆廟前，自晨至晡，戰數合，懷忠兵勢不敵，退還所部。懷忠部下多李順舊黨，頗貪剽



刦，故敗績焉。

懷忠移文嘉、眉七州，調軍士丁男來會。二月，再攻益州。時均方遣逆黨趙延順攻邛、蜀，懷忠逆與之戰，賊稍退。懷忠與轉運使陳緯，麾兵由子城南門直入軍資庫，與緯署其庫籥。均衆皆銀槍繡衣，爲數隊分列子城中。賊兵出通遠門，與懷忠戰數合，會暮，懷忠復退軍笮橋，背水列陣，砦欃木橋南，以扞邛、蜀之路。賊故不復能南略，自清水坝、温江、金馬三道來攻欃木砦，出官軍後，焚江原神祠，斷邛、蜀援路。懷忠三路分兵以抗之，斬首五百餘級，驅其餘衆入阜江，獲甲弩甚衆。乘勝逐賊至益州南十五里，砦于雞鳴原以俟王師。均亦閉成都東門以自固。

是月，有終等至，令石普先與綿、漢都巡檢張思鈞收復漢州，進壁升仙橋。賊出攻砦，有終擊走之。一日，均開城僞爲遁狀，有終與上官正、石普率兵徑入，官軍分剽民財，部伍不肅。賊閉關發伏，布床榻於路口，官軍不得出，因爲所殺。有終等緣堞而墜，李惠死之，退保漢州。益州城中民皆奔迸四出，復爲賊黨分騎追殺，或囚縶之，支解族誅以恐衆。又脅士民僧道之少壯者爲兵，先刺手背，次髠首，次黥面，給軍裝，令乘城，與舊賊黨相間。有終署榜招之，至則署其衣袂釋之，日數百人。

三月，進攻彌牟砦，斬首千餘級，復爲賊所拒。四月，賊由升仙橋分路來寇，併軍於東

偏，有終率兵逆擊，大敗之，殺千餘人，奪其繖蓋、金槍等物，均單騎還城。有終遣其子奉禮郎孝若馳奏，上召孝若問敗賊之由，笑謂左右曰：「均鼠竊爾，雖嬰城自守，計日可擒矣。」孝若因言嘗習武藝，願改秩以効，即補供奉官。俄以刑部員外郎馬亮爲轉運使，國子博士張志言副之，供備庫副使張煦〔四〕爲綿、漢都巡檢使。楊懷忠又分所部砦於合水尾、浣花等處，樹機石、設筏籬以拒之。

賊自升仙之敗，徹橋塞門，官軍進至清遠江，爲梁而度。有終與石普屯於城北門之西，依壕爲土山，分設鹿角，又得舊草場，造梯衝洞車攻具，普專主之。高繼勳、張煦、孫正辭攻城東，上官正、李繼昌、王阮攻城西，楊懷忠與巡檢殿直、閤門祗候馬貴攻城南，賊將趙延順盡驅兇黨以拒。既而延順中流矢死，又遣其黨丁重萬立城門上，官軍射之，殪。每攻城，輒會雨，城滑不能上，官軍及丁夫爲洞屋以進，賊又鑿地道出掩之，溺壕中死者千餘，軍勢小衄。時方暑濕，軍士多疾，有終市藥他州療之。

是月，詔洛苑使、入內副都知秦翰爲兩川捉賊招安使。有終與翰叶議，於城北魚橋又築土山。八月，克城北羊馬城，遂設鴈翅敵棚，覆洞屋以進，逼羅城。九月，城北洞屋成，賊對設敵樓以抗官軍，有終遣卒焚之，賊自是銷沮，築月城以自固。有終募敢死士間道以入，賊爲藥矢，中者立死。有終令卒蒙氊秉燧以入，悉焚其望櫓機石，先遣東西南砦鼓譟攻城，





有終與石普分主洞屋以進。普穴城爲暗門，門成，賊攢戟於前，無敢進者。有二卒請行，許以厚賞，乃麾戈直衝之，賊鋒稍却，遂入城。

有終登城樓下瞰，賊之餘衆，猶砦天長觀前，於文翁坊密設礮架。高繼勳白于馬亮，請給稭秆油籸，衆執長戟巨斧，秉炬以進，悉焚之。楊懷忠焚其砦天長觀前，追至大安門，復敗焉。是夕二鼓，均與其黨二萬餘南出萬里橋門，突圍而遁。有終疑有伏，遣人縱火城中。詰朝，與秦翰登門樓，牙吏有受僞署官職者，捕得，立樓下，傍積薪，厝火其上，索男子魁壯者令辨之，曰某嘗受某職，即命左右捽投火中。自晨至晡，焚死者數百人，時謂寃酷。均既走，度合水尾，由廣都略陵、榮，趣富順監，所過斷橋塞路，焚倉庫而去。

初，有終遣懷忠領虎翼軍追之，後二日，石普繼往，以全軍爲後援。十月，均至富順，其將校以筏度江，趣戎、瀘蠻境。朝廷每歲孟冬朔，詔富順監具酒肴，犒內屬蠻酋。是日裁設具，而均黨適至，皆食焉。聞懷忠追騎將至，均心易之，謂其黨曰：「速降懷忠。」令其衆負檐以行。懷忠距富順六十里〔五〕，於楊家市少憩，賊衆在後者邀戰，懷忠遣騎士登高原覘賊，且語其左右曰：「縱賊度江，後悔無及，聞石侯將至，當以奇兵取之。」乃臨江列陣擊之，餘黨散走，有挐舟將度江而遁者，懷忠合強弩射之，溺死甚衆。懷忠張旗鳴鼙入城，均方在監署中，其衆多醉，均窮蹙縊死。虎翼軍校魯斌斬其首詣懷忠，獲僭僞法物、旌旗、甲馬甚衆，禽其黨六千餘人，逆徒殲焉。懷忠旋軍出北門，石普之衆始至，奪均首馳歸成都，梟于北市。

均本隸開封散從直，後補軍校。初，神衞軍之戍成都者，以均及董福分二指揮以領之。福御衆有法，部下皆優足；均縱其下飲博，軍裝亦以給費。是歲，車駕幸河朔，符昭壽與牛冕大閱於東郊，蜀人趨觀之，二軍衣服鮮弊不等，均衆因是慙憤。益州知州與鈐轄二廨並禁旅爲牙隊，歲除，冕以酒肴犒部士，而昭壽既驕恣，復肆侵虐，冕亦寬弛無政，故詰朝合起爲亂。

神衞卒既殺昭壽，是日，成都官吏方相與賀正，聞變皆奔竄，牛冕與轉運張適縋城而出，惟都巡檢使劉紹榮冒刃格鬬。既而衆寡不敵，叛卒尚未有主，或欲奉紹榮爲帥者，紹榮攝弓罵曰：「我燕人也，比棄鄉土來歸本朝，豈能與汝同逆，汝亟殺我，我肯負朝廷哉！」衆未敢動。監軍王澤與均適至，乃謂均曰：「汝所部爲亂，盍自往招安。」均既往，叛卒即擁之爲主，紹榮自經死。均僭號大蜀，改元化順，署置官稱，設貢舉，以張鍇爲謀主。

鍇本名美，太原舊卒，後爲神衞小校。狡獪，嘗歷戰陣，粗習陰陽，以熒惑同惡，故勸均爲亂。均實戇愞無謀，嘗言：「官軍若至，我當先路出迎，自陳被脅之狀。」鍇聞之，擇軍中子弟署寄班，以防守均，令不與人接見。官軍圍城，每射箭招誘，及令均子弟至城下，均皆不之知。得箭書，鍇悉焚之。自起至敗，所守止一城而已。均初署親軍爲天降虎翼，後果爲虎翼軍所殺。





賊既平，遣承受供奉官楊崇勳乘傳告捷，賜崇勳錦袍、銀帶、器幣，有終加保信軍節度觀察留後，以秦翰爲內園使、恩州刺史，石普爲冀州團練使，高繼勳、王阮並爲崇儀使，孫正辭爲內殿崇班，李繼昌爲獎州刺史，張煦爲供備庫副使，楊懷忠爲供備庫副使，馬貴爲供奉官。是役也，懷忠之功居最，爲石普所忌，朝廷微聞之，遣寄班安守忠按視戰所，盡得其功狀，以故懷忠復遷崇儀使，領恩州刺史。

四年，有終代還，命爲涇原儀渭鎮戎路都部署，辭不拜。改知永興軍府，徙秦州。景德初，徙爲并代副都部署，賜黃金四百兩。丁內艱，起復。契丹入寇，上幸澶淵，詔有終率所部出土門抵鎮州，與大兵會。既而王超、桑贊逗撓無功，唯有終赴援，威聲甚振，河北列城，賴其雄張。俄而契丹修好，命還屯所，就判并州，召拜宣徽北院使、檢校太保。二年七月，暴疾卒，年五十九，贈侍中。錄其子孝若爲內殿崇班、閤門祗候，孝傑爲內殿崇班，孝緒爲供奉官，孝恭爲侍禁，親族、門客、給事輩遷補者八人。

有終倜儻自任，不拘小節，有幹局，沈敏善斷，不畏強禦，輕財好施。歷典藩閫，能撫士卒，豐於宴犒，官用不足，則傾私帑及榷錢以給之。家無餘財，奉身甚薄，常所御者銅鞍勒馬而已。第在崇仁里者，德驤所創，有終在蜀嘗貸備用庫錢數百萬，奏納其第償之，優詔蠲

中華書局

免。爲宣徽使，特給廉鎭公用錢歲二千貫。身沒之日，宿負猶不啻千萬，官爲償之。王繼英在樞密，頗忌有終進用，屢言其在蜀及守邊厚費以收士卒心，眞宗不之信，卒保護焉。

孝先字子思，有鄰子也。舉進士，試秘書省校書郎，知天長縣。以衞濯訟其內亂，除籍配均州。後復知宛丘縣，李繼隆判陳州，薦其能，加試大理評事。契丹內寇，眞宗幸大名，孝先以部芻糧河北，首至行在，擢太常寺奉禮郎。

王均反益州，隨季父有終進討，孝先率先鋒與賊戰升仙橋，斬首數百，得均金槍黃繖以獻，改將作監丞。

李繼遷陷靈州，朝廷調兵，軍費多出於民，關內大擾。孝先請益募商人入粟塞下，償以茶鹽。召對稱旨，命馳驛陝西，與轉運使鄭文寶議立規畫，後多施行。累遷尚書屯田員外郎。嘗建置三司拘收司，以檢天下財利出入之數，詔如其請。

知興元府，坐保任失實，降通判華州，徙知鄆州。宰相寇準舉，換內園使、知貝州。會慈州民張熙載詐稱黃河都總管，籍並河州郡芻糧數，至貝州。孝先覺其姦，捕繫獄。孝先欲因此爲奇功，以動朝廷，迫司理參軍紀瑛教熙載僞爲契丹諜者，號景州刺史兼侍中、司空、太靈宮使，部送京師。樞密院按得孝先所教狀，謫澤州都監，利、虢三州〔六〕，改環慶路兵馬





鈐轄、知邠州。踰年，領昭州刺史，爲益州鈐轄，再遷左藏庫使，擢西上閤門使、涇原路鈐轄兼知渭州，復知邠州，徙耀州，以右領軍衞大將軍、昭州刺史，分司西京卒。子簡夫。

簡夫字太簡，隱居不仕。康定中，樞密使杜衍薦之，召見，以秘書省校書郎簽書秦州觀察判官。公事既罷，居長安，自以處士起，不復肯隨衆調官，多爲岐路求辟薦。時三白渠久廢，京兆府遂薦簡夫治渠事。先時，治渠歲役六縣民四十日，用梢木數百萬，而水不足。簡夫用三十日，梢木比舊三之一，而水有餘。知坊州，徙閬州，用張方平薦，知雅州。

既而辰州蠻酋彭仕義內寇，三司副使李參、侍御史朱處約安撫不能定，繼命簡夫往。至則督諸將進兵，築明溪上下二砦據其險要，拓取故省地石馬崖五百餘里。仕義內附。擢三司鹽鐵判官，以疾出知虢、同二州，累遷尚書職方員外郎，卒，錄其子壽臣爲郊社齋郎。

簡夫始起隱者，出入乘牛，冠鐵冠，自號「山長」。關中用兵，以口舌捭闔公卿。既仕，自奉稍驕侈，騶御服飾，頓忘其舊，里閭指笑之曰：「牛及鐵冠安在？」

王超，趙州人。弱冠長七尺餘。太宗尹京，召置麾下。及卽位，以隸御龍直。淳化二年，累遷至河西軍節度使、殿前都虞候。

眞宗嗣位，以翊戴功，加檢校太傅、領天平軍節度。咸平二年秋，大閱禁兵二十萬于東郊，超執五方旗以節進退，上御戎幄觀之，面賜褒獎。從幸大名，與都虞候張進並爲先鋒。都大點檢傅潛逗撓得罪，以超爲侍衞馬步軍都虞候、鎭州行營都部署，又帥鎭、定、高陽關三路。契丹入邊，與戰于遂城西，俘馘二萬計，斬其裨王騎將十五人，手詔褒美。

李繼遷陷清遠軍，以超將西面行營之師禦之，徙帥永興軍。宰相言超材堪將帥，遂以超帥定州路行營，王繼忠副之。尋加鎭、定、高陽關三路都部署，密遣中使賜以御弓矢，許便宜從事。加開府儀同三司、檢校太尉。咸平六年，遼師大入，超召鎭州桑贊、高陽關周瑩率兵會定州，瑩以非詔旨不至。遼兵圍望都，超、贊率兵赴之，陣于縣南六里。繼忠在陣東偏，契丹出其背，邀絕糧道，人馬乏困，繼忠馳前與契丹戰，超、贊遂旋師，繼忠孤軍沒焉。上卽遣劉承珪、李允則馳往，察退衄之狀，且言鎭州副部署李福、拱聖軍都指揮使王昇當戰先旋，福坐削籍流封州，昇決杖配隸瓊州。

景德初，上親巡澶淵，召超赴行在，復緩師期，契丹遂深入。會南北通好，故薄其責，止罷超三路帥，爲崇信軍節度使，徙知河陽。又移鎭建雄，知靑州。卒，贈侍中，再贈尚書令，追封魯國公，謚武康。





超爲將善部分，御下有恩。與高瓊同典禁旅，嘗休假他適，過營壘，軍校不時將迎，瓊卽命箠罰，超以爲非公行，不當加罪，人稱其恕。然臨軍寡謀，拙於戰鬭。子德用。

德用字元輔。父超爲懷州防禦使，補衙內都指揮使。至道二年，分五路出兵擊李繼遷，超帥兵六萬出綏、夏，德用年十七，爲先鋒，將萬人戰鐵門關，斬首十三級，俘掠畜產以數萬計。進師烏白池，他將多失道不至，虜銳甚，超按兵不進，德用請乘之，得精兵五千，轉戰三日，敵勢却。德用曰：「歸師迫險必亂。」乃領兵距夏州五十里，絕其歸路，下令曰：「亂行者斬！」一軍肅然，超亦爲之按轡。繼遷躡其後，左右望見隊伍甚嚴整，莫敢近。超撫其背曰：「王氏有子矣。」

累遷內殿崇班，以御前忠佐爲馬軍都軍頭，出爲邢、洺、磁、相巡檢。盜張洪霸相聚界上，吏不能捕。德用以氈車載勇士，詐爲婦人飾，過邯鄲。賊果來邀，勇士奮出，悉禽之。徙督捕陝西東路，盜賊相戒曰：「此禽張洪霸者。」皆相率逃去。爲環慶路指揮使，尋以奏事忤旨，責授鄆州馬步軍都指揮使。歷內殿直都虞候、殿前左班都虞候、柳州刺史，遷捧日左廂都指揮使、英州團練使。

天聖初，以博州團練使知廣信軍。城壞久不治，德用率禁軍增築之，有詔褒諭。徙冀

州，歷龍神衛、捧日、天武四廂都指揮使，康州防禦使、侍衛親軍步軍馬軍都虞候。召還，又爲幷、代州馬步軍副都總管，遷殿前都虞候、步軍副都指揮使〔七〕，歷桂州、福州觀察使。

章獻太后臨朝，有求內降補軍吏者，德用曰：「補吏，軍政也，不可與。」太后固欲與之，卒不奉詔，乃止。太后崩，有司請衞士坐甲，德用曰：「非故事也。」不奉詔。

仁宗閱太后閣中，得德用前奏軍吏事，奇之，以爲可大用，拜檢校太保、簽書樞密院事。德用謝曰：「臣武人，幸得以馳驅自效，賴陛下威靈，待罪行間足矣。且臣不學，不足以當大事。」帝遣使者趣入院，遂爲副使。久之，以奉國軍節度觀察留後同知院事，遷知院，歷安德軍，加檢校太尉、定國軍節度使、宣徽南院使。趙元昊反，德用請自將討之，不許。

德用狀貌雄毅，面黑，頸以下白晳，人皆異之。言者論德用貌類藝祖，御史中丞孔道輔繼言之，且謂德用得士心，不宜久典機密，遂罷爲武寧軍節度使、徐州大都督府長史。有言德用市馬於府州者，上其券，乃市於商人者。言者猶不已，降右千牛衛上將軍、知隨州。州置判官，家人皆惶恐，德用舉止言色如平時，惟不接賓客而已。徙知曹州，或謂德用曰：「孔中丞害公，今死矣。」德用曰：「中丞言官，豈害我者？朝廷亡一忠臣，可惜也。」起爲保靜軍節度觀察留後、知青州。

改澶州。陝西用兵久無功，契丹遣劉六符來求復關南地，以兵壓境。德用見帝流涕





言：「臣前被罪，陛下赦而不誅，今不足辱命。」帝慰勞曰：「河北方警，藉卿鎭撫之。」又賜手詔慰勉，拜保靜軍節度使。歲大熟，六符見德用拜曰：「此公仁政所及也。」徙眞定府、定州路都總管，還奏事，復以宣徽南院使判成德軍。未行，徙定州路都總管。日訓練士卒，久之，士殊可用。

契丹使諜者來覘，或請捕殺之。德用曰：「第舍之，彼得實以告，是服人之兵以不戰也。」明日大閱，援枹鼓之士皆踊躍，進退坐作，終日不戮一人。乃下令，具糗糧，聽吾鼓聲，視吾旗幟所向。覘者歸告契丹，謂漢兵將大入。既而復議和，遂徙陳州，又徙河陽〔八〕。不行，入奉朝請，出判相州，拜同中書門下平章事，判澶州。徙鄭州，封祁國公，還爲會靈觀使。

德用素善射，雖老不衰。侍射瑞聖園，辭曰：「臣老矣，不能勝弓矢。」帝再三諭之，持二矢未發。帝顧之，使必中，乃收弓矢謝，一發中的，再發又中。帝笑曰：「德用欲中即中爾，孰謂老且衰乎？」賜襲衣、金帶，加檢校太師，復判鄭州，徙澶州，改集慶軍節度使，封冀國公。皇祐三年，上疏乞骸骨，以太子太師致仕，大朝會綴中書門下班。

德用將家子，習知軍中情僞，善以恩撫下，故多得士心。雖屢臨邊境，未嘗親矢石、督攻戰，而名聞四夷，雖閭閻婦女小兒，皆呼德用曰「黑王相公」。

帝嘗遣使問邊事，德用曰：「咸平、景德中，賜諸將陣圖，人皆死守戰法，緩急不相救，以至于屢敗。誠願不以陣圖賜諸將，使得應變出奇，自立異效。」帝以爲然。

德用雖致仕，乾元節上壽，預班廷中。契丹使語譯者曰：「黑王相公乃復起耶？」帝聞之，起爲河陽三城節度使、同中書門下平章事、判鄭州。至和元年，遂以爲樞密使，命入謁拜。明年，富弼相，契丹使耶律防至，德用與防射玉津園。防曰：「天子以公典樞密而用富公爲相，將相皆得人矣。」帝聞之喜，賜弓一、矢五十。後封魯國公，求去位至六七，乃以爲忠武軍節度使、景靈宮使，又以爲同群牧制置使。有詔五日一會朝，聽子孫一人扶掖。卒，年七十九，贈太尉、中書令，謚武恭。加賜其家黃金。

德用諸子中，咸融最鍾愛，晚年頗縱之，多不法，後更折節自飭，官至左藏庫使、眉州防禦使。

論曰：全義、德驤，遇知太祖、太宗，超復翊戴眞宗，宜致崇顯，然堇堇無瘝人者，而各有子勒勳於國籍。若知節生將家，喜讀書，立朝爭事，以剛正稱天下，其邦之司直歟。有終起進士，明幹知兵，平蜀鉅賊，振聲隣敵，可謂「肇敏戎公」矣。至於精神折衝，名聞四夷，矯矯虎臣，則德用其有焉。





## 校勘記

〔一〕曾孫簡夫　「曾孫」二字原脫。按本卷雷德驤傳載簡夫是德驤的曾孫，今補。

〔二〕右番行首　「首」原作「省」。通鑑卷二九一「殿前右番行首馬全乂〔義〕」下注：「右番行首，居殿前右番班行之首。」本書卷二六一祁廷訓傳有「東西班右蕃行首」。據改。

〔三〕西京作坊使　「京」字原脫，據本書卷二五七李繼昌傳、長編卷四六補。

〔四〕張煦　原作「張昫」，據本書卷三〇八張煦傳、長編卷四七改。下文同。

〔五〕距富順六十里　長編卷四七、太平治蹟統類卷五都作「距富順六七里」，似是。

〔六〕謫澤州都監利虢三州　此語疑有脫誤。

〔七〕步軍副都指揮使　「都」字原脫，據歐陽修歐陽文忠公集卷二三王德用神道碑銘、王安石臨川先生文集卷九〇王德用行狀補。

〔八〕河陽　原作「河南」，據同上王德用神道碑銘改。同上王德用行狀作「孟州」，孟州即河陽，參考容齋隨筆卷四府名軍額條。

# 宋史卷二百七十九

## 列傳第三十八

王繼忠　傅潛張昭允附　戴興　王漢忠　王能　張凝　魏能
陳興　許均　張進　李重貴　呼延贊　劉用　耿全斌
周仁美

王繼忠，開封人。父珫，爲武騎指揮使，戍瓦橋關，卒。繼忠年六歲，補東西班殿侍。眞宗在藩邸，得給事左右，以謹厚被親信。卽位，補內殿崇班，累遷至殿前都虞候、領雲州觀察使，出爲深州副都部署，改鎭、定、高陽關三路鈐轄兼河北都轉運使，遷高陽關副都部署，俄徙定州。

咸平六年，契丹數萬騎南侵，至望都，繼忠與大將王超及桑贊等領兵援之。繼忠至康村，與契丹戰，自日昳至乙夜，敵勢小却。遲明復戰，繼忠陣東偏，爲敵所乘，斷餉道，超、贊



皆畏縮退師，竟不赴援。繼忠獨與麾下躍馬馳赴，服飾稍異，契丹識之，圍數十重。士皆重創，殊死戰，且戰且行，旁西山而北，至白城，遂陷于契丹。眞宗聞之震悼，初謂已死，優詔贈大同軍節度，賻贈加等，官其四子。

景德初，契丹請和，令繼忠奏章，乃知其尚在。朝廷從之，自是南北戢兵，繼忠有力焉。歲遣使至契丹，必以襲衣、金帶、器幣、茶藥賜之，繼忠對使者亦必泣下。嘗附表懇請召還，上以誓書約各無所求，不欲渝之，賜詔諭意。契丹主遇繼忠甚厚，更其姓名爲耶律顯忠，又改名宗信，封楚王，後不知其所終。子懷節、懷敏、懷德、懷政。

眞宗宮邸攀附者，繼忠之次有王守俊至濟州刺史，蔚昭敏至殿前都指揮使、保靜軍節度，翟明至洺州團練使，王遵度至磁州團練使，楊保用至西上閤門使、康州刺史，鄭懷德至御前忠佐馬步軍都軍頭、永州團練使，張承易至禮賓使，吳延昭至供備庫使，白文肇至引進使、昭州團練使，彭睿至侍衛馬軍副都指揮使、武昌軍節度，靳忠至侍衛馬軍都虞候、端州防禦使，郝榮至安國軍節度觀察留後，陳玉至冀州刺史，崔美至濟州團練使，高漢美至鄭州團練使，楊謙至御前忠佐馬步軍副都軍頭、河州刺史。



傅潛，冀州衡水人。少事州將張廷翰。太宗在藩邸，召置左右。卽位，隸殿前左班，三遷東西班指揮使。征太原，一日，再中流矢。又從征范陽，先至涿州，與契丹戰，生擒五百餘人。翌日，上過其所，見積尸及所遺器仗，嘉歎之。師旋，擢爲內殿直都虞候。上對樞密言：「潛從行有勞，賞薄。」復加馬步都軍頭、領羅州刺史，改捧日右廂都指揮使、領富州團練使，遷日騎、天武左右廂都指揮使、領雲州防禦使。

雍熙三年(二)，命大將曹彬北征，以潛爲幽州道行營前軍馬步軍都指揮使。師敗於拒馬河，責授右領軍衞大將軍，自檢校司徒降爲右僕射，仍削功臣爵邑。明年，起爲內外馬步都軍頭、領潘州防禦使，尋拜殿前都虞候、領容州觀察使。端拱初，加殿前副都指揮使、領昭化軍節度。出爲高陽關都部署。淳化二年四月，拜侍衞馬步軍都虞候、領武成軍節度。至道中，出爲延州路都部署，改鎭州。

眞宗卽位，領忠武軍節度，數月召還。咸平二年，復出爲鎭、定、高陽關三路行營都部署。

契丹大入，緣邊城堡悉飛書告急，潛麾下步騎凡八萬餘，咸自置鐵檛、鐵棰，爭欲奮擊。潛畏懦無方略，閉門自守，將校請戰者，則醜言罵之。

無何，契丹破狼山砦，悉銳攻威虜，略寧邊軍及祁、趙，游騎出邢、洺，鎭、定路不通者踰月。朝廷屢間道遣使，督其出師，會諸路兵合擊，范廷召、桑贊、秦翰亦屢促之，皆不聽。廷



召等怒，因詬潛曰：「公恇怯乃不如一嫗爾。」潛不能答。都鈐轄張昭允又屢勸潛，潛笑曰：「賊勢如此，吾與之角，適挫吾銳氣爾。」然不得已，分騎八千、步二千付廷召等，於高陽關逆擊之，仍許出兵爲援。洎廷召等與契丹血戰而潛不至，康保裔遂戰死。

及車駕將親征，又命石保吉、上官正自大名領前軍赴鎭、定與潛會。潛卒逗遛不發，致敵騎犯德、棣，渡河湊淄、齊，劫人民，焚廬舍。上駐大名而邊捷未至，且諸將屢請益兵，潛不之與；有戰勝者，潛又抑而不聞。上繇是大怒，乃遣高瓊單騎卽軍中代之，令潛詣行在。至，則下御史府，命錢若水同劾按，一夕獄具。百官議法當斬，從駕羣臣多上封請誅之，上貸其死，下詔削奪潛在身官爵，并其家屬長流房州。潛子內殿崇班從範，亦削籍隨父流所，仍籍沒其貲產。五年，會赦，徙汝州。景德初，起爲本州團練副使，改左千牛衞上將軍，分司西京。大中祥符四年，車駕西巡至洛，因令從駕還京，還左監門大將軍，還其宅。久之，判左金吾街使。天禧元年，卒。

張昭允者，字仲孚，衞州人。以父秉蔭，試大理評事。潘美妻以女，奏換右班殿直，以久次，遷通事舍人。端拱初，契丹內擾，命爲雄州監軍。敵騎乘秋掠境上，昭允與知州田仁朗選銳卒襲其帳，敗走之。進西上閤門副使，提總左右藏金銀錢帛。

昭允以諸州絹常度外長數尺，請裂取付工官備他用，歲獲羨餘。既而士卒受多服，度之不及程，出怨言，昭允坐免官。俄起爲崇儀副使，累遷西上閤門使、河西馬步軍鈐轄，屯石州。會討李繼遷，王超出夏、綏州路，領後陣，超深入數百里，踰白池，道阻糧絕，昭允以所部援之，戎人大敗。

眞宗卽位，以昭允章懷皇后姊壻，頗被親信。咸平二年，命爲鎭、定、高陽關行營馬步都鈐轄。時傅潛爲都部署，畏愞城守，昭允屢勸其出兵，潛按兵不動。潛既得罪，昭允亦削奪官爵，長流通州〔二〕。景德二年，起爲楚州團練副使，改右神武將軍。大中祥符元年，卒。昭允喜筆札，習射，曉音律。子正中、居中。

戴興，開封雍丘人。年十餘歲，以勇力聞里中。及長，身長七尺餘，美髭髯，眉目如畫。太宗在藩邸，興詣府求見，奇之，留帳下。卽位，補御馬左直，遷直長，再遷御龍直副指揮使。從征太原，先登，中流矢，補御龍弓箭直指揮使，遷都虞候。一日，帝問興曰：「汝頗有尊屬否？」對曰：「臣父延正、兄進皆力田。」卽召延正爲諸衞將軍，進爲天武軍使。俄以興領嚴州刺史，改天武左廂都指揮使、領勝州團練使。



雍熙三年，曹彬等北征失律，諸將多坐黜免，以興爲侍衞步軍都虞候、領雲州防禦使。契丹撓邊，命興屯澶州以備非常，改本州觀察使，充天雄軍副都部署。端拱初，遷步軍都指揮使、領鎭武軍節度，賜襲衣、金帶、鞍勒馬。歷澶州、天雄軍都部署，改殿前副都指揮使，出帥鎭、定二州。時盜賊羣起，會五巡檢兵討之，踰月不能克。興陰勒所部潛出擊之，擒戮殆盡。未幾，徙高陽關，遷殿前都指揮使、領定國軍節度，賜白金萬兩，歲加給錢七百萬。

淳化五年，出爲定武軍節度，歲加給錢千萬。西北未平，徙夏州路行營都部署、知州事。時五路討李繼遷，興所部深入千餘里，不見賊。會太宗崩，三上表求赴國哀，不俟報上道。及至京師，以擅離所部，左遷左領衞上將軍。咸平初，兼判左金吾街仗，俄出知京兆府，卒，贈太尉，遣中使護其喪歸葬鄉里。錄其子永和、永豐。

王漢忠字希傑，徐州彭城人。少豪蕩，有膂力，形質魁岸，善騎射。節帥高繼沖欲召至帳下，漢忠不往。因毆殺里中少年，遂亡。經宿復蘇，其父遣人追及於蕭縣，漢忠不肯還，西至京師。太宗在藩邸，召見，奇其材力，置左右。卽位，補殿前指揮使，累遷內殿直都知。



從征太原，先登，流矢中眸，戰益急，上壯之，遷東西班指揮使。劉繼元降，以所部安撫城中。師還，改殿前左班指揮使，三遷右班都虞候、領涿州刺史。雍熙中，改馬步軍都軍頭。

端拱初，出爲賓州團練使，歷冀、貝二州部署，徙天雄軍。二年，入爲侍衞馬軍都虞候、領洮州觀察使、高陽關副都部署。契丹南侵，漢忠合諸軍擊敗之，斬馘甚衆。淳化初，徙定州。五年，遷殿前都虞候。

眞宗卽位，自中山召歸。俄復出爲高陽關都部署，進領威塞軍節度。咸平三年，又爲涇原、環慶兩路都部署兼安撫使，遷侍衞馬軍都指揮使，改鎭定高陽關都部署、三路都排陣使。契丹掠中山，漢忠率諸將陣于野，契丹遁，追斬甚衆，獲其貴將，加殿前副都指揮使，改領保靜軍節度。

五年，罷西面經略使，命漢忠爲邠寧環慶兩路都部署〔三〕，李允正、宋沆爲鈐轄，領戍兵二萬五千人，委漢忠分道控制。數月召還，坐違詔無功，責爲左屯衞上將軍，出知襄州，常奉外增歲給錢二百萬。未上道，暴得疾卒。贈太尉，以其長子內殿崇班從吉爲閤門祗候，次子從政、從益爲左右侍禁。

漢忠有識略，軍政甚肅，每行師，詰旦，必行香祝曰：「願軍民無犯吾令，違者一毫不貸。」故所部無盜。性剛果，不務小節，輕財樂施。好讀書，頗能詩。喜儒士，待賓佐有禮，



名稱甚茂，以是自矜尙，羣帥不悅。

漢忠沒後，其子從吉詣闕上書訟父寃，因歷詆羣臣有行賂樹黨及蒙蔽邊防屯戍艱苦之事。眞宗命樞密王繼英等問狀，從吉止誦狀中語，他無所對。上以從吉付御史，具伏，乃進士楊逢爲之辭。從吉坐除名，配隨州；逢杖配春州。

王能，廣濟定陶人。初事州將袁彥，太宗在晉邸，召置左右。卽位，補內殿直，六遷至殿前左班指揮使，進散員都虞候。久之，領潘州刺史，再遷殿前右班都虞候兼御前忠佐馬步軍都軍頭。咸平初，自捧日右廂都指揮使出爲濟州團練使、知靜戎軍。建議決鮑河，斷長城口，北注雄州塘水，爲戎馬限，方舟通漕，以實塞下。又開方田，盡靜戎、順安之境。北邊來寇，能擊走之。

初，眞宗詢軍校勤勇者，委以方面，因語宰相曰：「聞王能、魏能頗宣力公家，陳興、張禹珪亦有聲于時，才固難全，拔十得五，亦有助也。」景德初，擢本州防禦使，與魏能、張凝並命出爲邢洺路都部署，俄改鎭定高陽關三路行營都部署、押策先鋒。護城祁州，躬率丁夫，旦暮不離役所，宴犒周洽。會詔使自北至者言之，手詔褒飭，連徙天雄軍、高陽關二部署，

改定州副都部署。

大中祥符二年，詔合鎭、定兩路部署爲一，命能領之。明年召入，拜侍衞步軍副都指揮使、領曹州觀察使。祀汾陰，留爲京城巡檢兼留司殿前司事。禮成，加領振武軍節度，復爲鎭定副都部署兼知定州。八年，表求入覲，許之。

先是，節帥陛見，必飲於長春殿，掌兵者則不預。至是，特令用藩臣例。有司言：「能既赴坐，則殿前馬軍帥皆當侍立。」繇是特令諸帥預坐，自是掌兵者率以爲例。俄還屯所，改領靜江軍節度。

天禧元年，轉都指揮使、領保靜軍節度。是多，代還，入見，以足疾免舞蹈，賜宴。累表求解，特與告醫療。二年，制授彰信軍節度，罷軍職赴鎭，以地近其鄉里，寵之也。明年，卒，年七十八。贈太尉，而錄其子守信等官。

張凝，滄州無棣人。少有武勇，倜儻自任。鄉人趙氏子以材稱，凝恥居其下，因挾弓與角勝負。約築土百步射之，凝一發洞過，矢激十許步，抵大樹而止，觀者歎服。節帥張美壯之，召置帳下。太宗在藩邸，聞其名，以隸親衞。卽位，補殿前指揮使，稍遷散祗候班都





虞候。

淳化初，以其有材幹，與王斌、王憲並授洛苑使，凝領緇州刺史，賜襲衣、金帶，每頒賚必異等。出爲天雄軍駐泊都監，移貝州，改高陽關行營鈐轄、六宅使。眞宗踐阼，加莊宅使，遷北作坊使。

咸平初，契丹南侵，凝率所部兵設伏於瀛州西，出其不意，腹背奮擊，挺身陷敵。凝子昭遠，年十六，從行。卽單騎疾呼，突入陣中，掖凝出，左右披靡不敢動。明年，契丹兵大至，車駕幸大名，凝與范廷召於莫州東分據要害，斷其歸路。契丹宵遁，凝縱兵擊之，盡奪所掠生口、資畜。徙鎭、定、高陽關路前陣鈐轄，遷趙州刺史。

四年，召還，代潘璘爲邠寧環慶靈州路副部署兼安撫使。時斥堠數擾，轉運使劉綜懼飛輓不給，問計於凝。凝曰：「今當深入，因敵資糧，不足慮也。」乃自白豹鎭率兵入敵境，生擒賊將，燒蕩三百餘帳，芻糧八萬，斬首五千餘，獲牛馬、器甲二萬，降九百餘人。慶州蕃族胡家門等桀黠難制，凝因襲破之。又熟戶與生羌錯居，頗爲誘脅，凝引兵至八州原、分水嶺、柔遠鎭，降啗𡙇等百七十餘族，合四千戶，邊境獲安。就加寧州團練使。

景德初，遷本州防禦使，代楊嗣爲定州路行營副部署，徙保州駐泊，又兼北面安撫使。時王超爲總帥，以大兵頓中山，朝議擇凝與魏能、田敏、楊延昭分握精騎，俟契丹至，則深入以牽其勢。超嘗請四人悉隸所部，上以本設奇兵撓敵之心腹，若復取裁大將，則無以責効，乃令凝等不受超節度。時魏能逗撓，退保城壁，衆皆憤悱，責讓能，凝獨默然。或問之，凝曰：「能麤材險愎，既不爲諸君所容，吾復切言之，使其心不自安，非計也。」上聞而嘉其有識。

車駕觀兵澶淵，凝率衆抵易州。既而契丹受盟北歸，所過猶侵剽不已，遂以凝爲緣邊安撫使，提兵躡其後，契丹乃不敢略奪。改高陽關部署。明年，議勞，就加殿前都虞候，卒。凝忠勇好功名，累任西北，善訓士卒，繕完器仗，前後賞賜多以犒師，家無餘貲，京師無居第。眞宗悼惜之，贈彰德軍節度，遣中使護喪還京，官給葬事，厚卹其家。子昭遠。

魏能，鄆人也。少應募，隸雲騎軍，後選補日騎左射，又隸殿前班，七遷散員左班都知。舊制，諸軍辭見，才器勇敢或迥異出羣者，許將校交舉以任，使毋枉其志。能時戍外藩，咸未有舉者。太宗曰：「能材勇過人，朕可自保。」由是進用之。端拱二年，加御前忠佐馬軍副都軍頭，歷殿前左班都虞候、領溪州刺史，加秩轉馬步軍都軍頭。咸平三年，眞拜黃州刺史。明年，爲鎭、定、高陽關三路前陣鈐轄。五年，知鄭州





團練使，復任威虜軍〔四〕。

契丹入寇，能當城西，與諸將合戰，無憚色，大敗其衆，斬首二萬級。契丹統軍鐵林相公〔五〕來薄陣，能發矢殪之，幷其將十五人，奪甲馬、兵械益衆。契丹復入，能率州軍逆戰南關門，遣其子正與都監劉知訓間道絕敵行勢，戰數十合，退薄西山下，破走之，獲器甲十八萬。契丹嘗謀入鈔，能偵知，卽發兵逆擊，生擒酋帥，殄滅殆盡。

六年，改威虜軍部署，知軍事。士民詣闕下乞留能，詔嘉之。能建言戍卒逸邊境者，請沒其妻與子爲奴婢。上慮嚴迫，聽緩期自新，違以法坐。會浚順安軍營田河道以扼寇，徙莫州路部署。石普屯兵順安之西境，詔能與楊延昭、田敏掎角爲備。景德初，破敵長城口，追越陽山，斬首級、獲兵器益衆，詔賜錦袍、金帶。復以所部禦寇于順安。

六月，召拜防禦使，復出爲寧邊軍路部署。詔推能果略，再任以威虜，使副精兵伺敵動止。邊人百餘掠居民，樹蕃僧爲帥，能與田敏、楊勳合兵設伏擊之，擒其帥。賊來逼城，能出兵拒之，小衄，卽卻陣入城，張凝以兵擊卻之。會詔能與凝領偏師分道入幽、易，牽制契丹之勢，能畏慄不前，且不戢所部，多俘奪人馬。俄徙屯定州，及遣凝躡迹北行，能麤險，自度無功，心愧，多怨辭，以訕聞。朝議謂能剛猾少檢，不可專任，乃命綦政敏爲鈐轄，俾伺職焉。

明年，師還大名。時王能、曹璨各領兵歸闕，即城下，鈐轄孫全照遣能、璨之師由北門分道先入，能師繼之。能怒全照之後己，即疾驅競入，全照射之，能嚄唶不堪，奪全照弓以去。翌日，詣判府王欽若誣全照射傷押隊閤門楊凝，詞頗紛競。全照密疏能摧兵退縮，師緩失期，及師旋不整狀。上初聞能逗遛，微怒。會全照奏，乃質實于張凝、白守素等，即責授右羽林將軍，出爲鞏縣都監。明年，以自陳，特改官右驍衛大將軍、虢州都監，累遷加領康州團練使。大中祥符八年，卒。錄其子正爲閤門祇候，靖爲三班奉職。

陳興，澶州衛南人。開寶中，應募爲卒，得隸御龍右直。太宗征河東，幸幽陵，興常從，特被賞賜，累遷天武指揮使。端拱中，改御前忠佐步軍副都軍頭。王超爲并代部署，奏興隨軍，遣戍汾州。明年，李繼隆行營河西，興隸麾下，部清朔、龍衛諸軍，克綏、夏、銀州，繼隆命權知夏州。尋還屯所，受詔提轄河東緣邊城池、器甲、芻糧。至道初，繼隆薦其材幹，召補御龍弩直都虞候。咸平初，爲馬軍都軍頭、領蒙州刺史。三年，眞授憲州刺史、知霸州，徙滄州副都部署，移石、隰駐泊。會城綏州，詔與錢若水往視利害，事具若水傳。

又徙涇原儀渭鎭戎軍部署。上言鎭戎軍去渭州瓦亭砦七十餘里，中有二堡，請留兵三



百人戍之。俄與曹瑋、秦翰領兵抵鎭戎軍西北武延鹹泊川，掩擊蕃寇章埋族帳，斬二百餘級，生擒三百餘人，奪鎧甲、牛羊、駝馬三萬計。詔書嘉奬，賜金帶、錦袍、器幣。繼遷所部康奴族，往歲鈔劫靈州援糧，恃險與衆，尤桀黠難制。復與秦翰等合衆進討，窮其巢穴，俘老幼，獲器畜甚衆，盡焚掘其窖藏。復詔褒之，仍加賜賚。其年，六谷大首領潘羅支〔六〕言，欲率諸蕃擊賊，請會兵靈州。上以道遠難剋師期，詔興俟羅支報至，即勒所部過天都山以援；勿須奏命。會繼遷死，事寢。景德三年，遷本州團練使、知徐州。眞宗言軍校之材，必以興爲能。大中祥符初，召爲龍神衛四廂都指揮使、領登州防禦使，出爲邠寧環慶路副都部署兼知邠州。坐擅釋劫盜，罷軍職，改敍州防禦使、知懷州。六年，卒。

許均，開封人。父遜，太常博士。均，建隆中應募爲龍捷卒，征遼州，以功補武騎十將，賜錦袍、銀帶。開寶中，遷武騎副兵馬使。從曹彬征金陵，率衆陷水砦，流矢貫手。改本軍使。從征河東，攻隆州城，先登，陷之，中八創。遷副指揮使，前後屢被賞賚。出屯杭州，妖僧紹倫結黨爲亂，均從巡檢使周瑩悉擒殺之。



端拱初，補指揮使。從李繼隆、秦翰赴夏州，擒趙保忠，令均率兵衛守。改龍衛第四指揮使，俄屯夏州，賊來犯境，一日十二戰，走之。又從石普擊賊于原州牛欄砦，深入，獲牛羊、漢生口甚衆。普表上其功，遷第三軍指揮使。

咸平初，以御前忠佐馬軍都軍頭戍秦州。王均之亂，遣乘傳之蜀，隸雷有終麾下，守魚橋門，又從秦翰追殺賊黨於廣都，降其衆七千餘。驛召授東西班都虞候、領順州刺史。五年，稍遷散員都虞候。嘗召見，訪以北面邊事，翌日，眞拜磁州刺史、深州兵馬鈐轄。六年，改深州駐泊部署。數月，知鎭戎軍。嘗出巡警，至隴山木峽口，眞宗以其無故離城，慮有狂寇奔突，詔書戒敕。俄以其不明吏治，用曹瑋代之，徙爲邠州駐泊部署，改永興軍部署。車駕將巡澶淵，詔均與知府向敏中及鳳翔梁鼎同提總諸州巡檢捕盜事，至河陽，召赴行在。

時有王長壽者，本亡命卒，有勇力，多計慮，聚徒百餘。是春，抵陳留剽劫，縣民捕之不獲，朝廷遣使益兵，逐之澶、濮間。會契丹南侵，夾河民庶驚擾，長壽結黨愈衆，人皆患之。均至胙城，長壽與其徒五千餘人入縣鈔掠，均部下徒兵裼袒輿門。均以方略誘之，生擒長壽，斬獲惡黨皆盡。上以方禦敵，未欲因捕賊奬均，但賞均部下卒，被傷者賜帛遷級焉。明年，追敍前勞，擢爲本州團練使，尋出知代州。四年秋，均被疾，以米鋭代還，未至而均卒。錄其子懷忠爲奉禮郎，懷信爲侍禁。幼子懷德，自有傳。



張進，兗州曲阜人，拳勇善射，挽彊及石餘。應募曹州，隸鎭兵。太祖親選勇士，奇進才力，以補控鶴官，積勞至御龍弩直都虞候、領恩州刺史。至道中，兼御前忠佐步軍都軍頭。太宗嘗幸內廄，進以親校執鉞前導，體質瑰岸，迥出儕輩。太宗熟視異之，擢爲天武右廂都指揮使、領賀州團練使。

咸平初，遷昭州防禦使，充龍神衛四廂都指揮使、京城左右廂巡檢。未幾，遷捧日、天武四廂都指揮使。二年秋，閱武近郊，進與殿前都指揮使王超親執金鼓，節其進退，軍容甚肅。從上北征，又與超管勾大陣及先鋒策應。三年，權殿前都虞候，遷侍衛步軍都虞候、鎭州副部署，徙天雄軍部署。會河決鄆州王陵口，發數州丁男塞之，命進董其役，凡月餘畢，詔褒之。移并代副都部署。

李繼遷寇麟州，州將遣單介間道乞師太原。諸將以無詔旨，猶豫未決，進獨抗議，發兵赴援，既至而圍解，手詔褒美。契丹侵中山，命進率廣鋭二萬騎，由土門會兵鎭、定，未至而敵退，復歸晉陽。景德元年，卒，上遣中使護喪還京，官給葬事。子元晉，至內殿崇班、閤門祇候。天禧末，錄其次子元素爲三班借職。

李重貴，孟州河陽人。姿狀雄偉，善騎射。少事壽帥王審琦，頗見親信，以甥妻之，補合流鎭將。鎭有羣盜，以其尙少，謀夜入劫鈔。重貴知之，卽築柵課民習射，盜聞之潰去。太宗在藩邸，知其勇幹，召隸帳下。卽位，補殿前指揮使，累遷至龍衞左第四軍都指揮使、領河州刺史，改捧日右廂都指揮使、領蠻州團練使。

至道二年，出爲衞州團練使。未行，會命將五路討李繼遷，以重貴爲鱗府州濁輪砦路都部署。得對便殿，因言：「賊居沙磧中，逐水草牧畜，無定居，便戰鬥，利則進，不利則走。今五路齊入，彼聞兵勢太盛，不來接戰，且謀遠遁。欲追則人馬乏食，將守則地無堅壘。賊旣未平，臣輩何顏以見陛下。」太宗善之，出御劍以賜，又累遣使撫勞。旣而諸將果無大功。及還，命爲代并副都部署。眞宗卽位，加本州防禦使，徙高陽關行營副都部署。

咸平二年，契丹南侵，議屯兵楊疃，張凝領先鋒遇敵，重貴率策應兵酣戰，全軍而還。范廷召自定州至，遇契丹兵交戰，康保裔大陣爲敵所覆，重貴與凝赴援，腹背受敵，自申至寅，疾力戰，敵乃退。時諸將頗失部分，獨重貴與凝全軍還屯。凝議上將士功狀，重貴喟然曰：「大將陷沒而吾曹計功，何面目也！」上聞而嘉之。





明年春，以勞進階及食邑，徙知貝州，召至勞問，復遣入郡。是冬，徙滄州駐泊副都部署兼知州事。以疾求還京就醫藥，旣愈，連爲邢州、天雄軍二部署，又知冀州。景德初，車駕幸澶淵，召還，爲大內都部署。明年春，出知鄭州，以疾甚，授左武衞大將軍、領潘州防禦使，改左羽林軍大將軍致仕。大中祥符三年，卒。

呼延贊，幷州太原人。父琮，周淄州馬步都指揮使。贊少爲驍騎卒，太祖以其材勇，補東班長，入承旨，遷驍雄軍使。從王全斌討西川，身當前鋒，中數創，以功補副指揮使。太平興國初，太宗親選軍校，以贊爲鐵騎軍指揮使。從征太原，先登乘城，及堞而墜者數四，面賜金帛獎之。七年，從崔翰戍定州，翰言其勇，擢爲馬軍副都軍頭，稍遷內員寮直都虞候。雍熙四年，加馬步軍副都軍頭。嘗獻陣圖、兵要及樹營砦之策，求領邊任。召見，令之作武藝。贊具裝執鞬馳騎，揮鐵鞭、棗槊，旋繞廷中數四，又引其四子必興、必改、必求、必顯以入，迭舞劍盤槊。賜白金數百兩及四子衣帶。

端拱二年，領富州刺史。俄與輔超並加都軍頭。淳化三年，出爲保州刺史、冀州副部部署。至屯所，以無統御材，改遼州刺史。又以不能治民，復爲都軍頭、領扶州刺史，加康州團練使。

咸平二年，從幸大名，爲行宮內外都巡檢。眞宗嘗補軍校，皆敍己功，或至諠譁，贊獨進曰：「臣月奉百千，所用不及半，忝幸多矣。自念無以報國，不敢更求遷擢，將恐福過災生。」再拜而退，衆嘉其知分。三年，元德皇太后園陵，命掌護儀衞，及還而卒。

贊有膽勇，鷙悍輕率，常言願死於敵。徧文其體爲「赤心殺賊」字，至於妻孥僕使皆然，諸子耳後別刺字曰：「出門忘家爲國，臨陣忘死爲主。」及作破陣刀、降魔杵，鐵折上巾，兩旁有刃，皆重十數斤；絳帕首，乘騂馬，服飾詭異。性復鄙誕不近理，盛冬以水沃孩幼，冀其長能寒而勁健。其子嘗病，贊封股爲羹療之。贊卒後，擢必顯爲軍副都軍頭。

劉用，相州人。祖萬進，河中府馬步軍都指揮使。父守忠，左驍衞大將軍致仕。用曉音律，善騎射，事太宗于晉邸。卽位，補軍職，累遷散都頭都虞候。端拱初，爲馬步軍副都軍頭、領涼州刺史、鎭定招安使，轉捧日都指揮使。李順亂蜀，爲西路行營鈐轄。賊平，遷祁州刺史。至道初，爲河西、烏白池都鈐轄，斬首千餘級，奪馬五百疋，改高陽關副都部署。眞宗卽位，加本州團練使、幷州副都部署。咸平中，徙貝州，俄知瀛州，復爲高陽關副





都部署。時烽候數警，用建議益邊兵，俟其南牧，卽率驍銳出東路以牽制其勢，因圖上地形。上召宰相閱視，可其奏，且令轉運使於保州、威虜靜戎順安軍預備資糧。

六年，命將三路出師扞敵，詔用與劉漢凝、田思明領兵五千，由東路會石普、孫全照犄角攻之。未幾，換鎭州副部署。景德初，爲邢州部署。車駕北征，用以城守之勞，進爵邑，歷知齊、陳、潞三州。大中祥符二年，卒。

耿全斌，冀州信都人。父顒，懷順軍校。全斌少豐偉，顒攜謁陳摶，摶謂有藩侯相。顒戍西蜀，全斌往省，乘舟泝江，夜大風失纜，漂七十里，至曙風未止，舟忽泊岸，人頗異之。後游京師，屬太宗在藩邸，全斌候拜于中衢，自薦材幹，得召試武藝，以善左射，隸帳下。卽位，補東班承旨，稍遷驍猛副兵馬使。

從征太原，還，遇契丹于蒲陰，追擊至徐河，因據水口要害。遷補日騎副兵馬使、雲騎軍使，屯瀛州。與契丹戰，所乘馬兩中流矢死，凡三易乘，戰不却，契丹爲引去。端拱初，擊蕃部于宥州，敗之。歷雲騎指揮使、御前忠佐馬軍副都軍頭，改馬軍都軍頭，戍深州，累轉散直都虞候、領順州刺史，改殿前左班都虞候、馬步軍都軍頭。

全斌在軍中有能名。眞宗嘗召問邊事，全斌口陳利害，甚稱旨。因謂輔臣曰：「元澄、鄭誠、耿全斌，人多稱之。觀其詞氣，若有志操，止在宿衞，無以見其才，宜以邊郡試之。」遂拜雄州刺史、知深州，徙石隰部署以備河西。繼遷死，全斌率兵入伏落關，誘蕃部來歸者數千人。俄知安肅軍，嘗繪山川險易，爲圖以獻。

契丹來侵，自山北抵河濟，全斌遣子從政焚橋砦，分率精兵擊走之。改冀州刺史、高陽關鈐轄，擢從政爲侍禁、寄班祗候。大中祥符初，封禪泰山，以爲濮州鈐轄。其年，還京師，卒。

周仁美，深州人。開寶中，應募隸貝州驍捷軍。關南李漢超選備給使，屢捕獲契丹諜者。從漢超戰于西嘉山，身中重創，補隊長。漢超上其功，隸殿前班，賜衣帶、鞍勒馬、什物、奴婢、器械。命王繼恩引入縱觀，過祗候庫，太祖問其力能負錢幾許，仁美曰：「臣可勝七八萬。」太祖曰：「可惜壓死。」止命負四萬五千，因賜之。稍遷右班都知、御前忠佐馬軍副都軍頭，戍環州。

時牛耶泥族累歲爲寇，仁美與陳德玄、宋思恭往擊之，斬首三千級，獲牛羊三百餘，發戎族囷窖以餉師。又與思恭討募窟泉岌拖族，格鬥斬八十餘級。至道初，石昌牛耶泥族復





叛，德玄令仁美提兵撫輯之。仁美謂石昌鎭主和文顯曰：「此賊不除，邊患未弭。」因厚設殽酒，召酋長二十八人縛送州獄，自是諸族慴伏。

二年，又與馬紹忠、白守榮、田紹斌部芻糧趣清遠軍，仁美爲先鋒，至岐子平，與虜角，走之。明日，又戰于浦洛河，自巳至戌，戰數十合，進壓乾河。紹忠、守榮皆敗走，紹斌退止浦洛，獨仁美所部不滿三千，身中八創，護芻糧、官吏直抵清遠。紹斌繼至，深歎其勇幹，表上其功。

時運糧民道路被傷者相繼，仁美領徒援護，悉抵環州。又遇虜於橐駝路，擊走之。先是，諸蕃每貢馬京師，爲繼遷邀擊，仁美領騎士爲援，賊不敢犯。補澶州龍衞軍都虞候，部署李繼隆奏留麾下，選軍中伉健者千人，令仁美領之，屢入敵境，戰有功。

俄還澶州。召見，會令諸軍射，仁美自陳筋力未衰，願對殿廷發二矢，上許之。既而前奏曰：「臣老於戎門，多戍外郡，罕會入覲京闕。前後征行，體被三十餘創，今日得對萬乘，千載之幸。儻或備員宿衞，立殿庭下一日足矣。」上顧傅潛而笑，潛亦稱其武幹，力留，補馬步軍副都軍頭。

潛屯北面，常以自隨。契丹攻蒲陰，仁美領萬騎解其圍。又從王超屯鎭、定、儀、渭，累遷龍衞軍都指揮使、領順州刺史，復屯鎭、定。時州有亡命卒聚盜，剽村閭爲患，王超委仁美招捕。仁美選勇敢卒，詐亡命趣賊所，得其要領，即自往諭以禍福，留賊中一日。超忽失仁美，求之甚急。詰旦，仁美至，具道其事，乃出庫錢付仁美爲賞。不數日，賊悉降，凡得二百餘人，以隸軍籍。

景德中，徙屯陳州，入掌軍頭引見司。大中祥符元年，從駕泰山，命檢視山下諸壇牲牢祭饌。明年，出爲磁州團練使、知衞州，俄改滄州部署，移高陽關副部署。八年，擢爲龍神衞四廂都指揮、領獎州防禦使，遷捧日、天武四廂都指揮使，改領端州防禦使，權京新城內都巡檢。先是，巡兵捕亡卒盜賊，不獲皆有罰，而獲者無賞。仁美因差立賞格以聞，詔從其請。天禧三年，卒。

論曰：繼忠臨陣赴敵，以死自效，其生也亦幸而免，然在朔庭貴寵用事，議者方之李陵，而大節固已虧矣。潛爲三路帥，握兵八萬餘，大敵在前，逗撓畏縮，致康保裔以無援戰沒，此而不誅，宋於是乎失刑矣。興、均輩或由藩邸進，或自行伍起，一時際會，出則書勳轅門，入則拱扆巖陛，求其如古名將，則未之見也。





## 校勘記

〔一〕雍熙三年　「三」原作「二」。按曹彬北上出兵事在雍熙三年，見本書卷五太宗紀、卷二五八曹彬傳和東都事略卷四二傅潛傳。據改。

〔二〕通州　原作「道州」，據本書卷六眞宗紀、長編卷四六、宋會要職官六四之一三改。

〔三〕邠寧環慶兩路都部署　本書卷六眞宗紀作「邠寧環慶路都部署」，長編卷五一分別作「邠寧環慶、儀渭州鎭戎軍兩路都部署」和「環慶、涇原都部署」。

〔四〕復任威虜軍　按長編卷四九，魏能知威虜軍在咸平四年。

〔五〕鐵林相公　「相」字原脫，據長編卷五〇、宋會要蕃夷一之二五補。

〔六〕六谷大首領潘羅支　「六谷」原作「六合」。據本書卷四九二吐蕃傳、宋會要方域二一之一六改。

# 宋史卷二百八十

## 列傳第三十九

田紹斌　王榮　楊瓊　錢守俊　徐興　王杲　李重誨
白守素　張思鈞　李琪　王延範

田紹斌，汾州人。仕河東劉鈞爲佐聖軍使，戍遼州。周顯德四年，領五十騎來歸，鈞屠其父母家屬。世宗召補驍武副指揮使。

宋初，隨崔彥進征李筠，攻大會砦，破之，以功遷龍捷指揮使。又敗筠於澤州茶碾村，筠退保澤州，紹斌鑿濠圍守，流矢中左目，前軍部署韓令坤以其事聞。及太祖召見于潞州，紹斌殺晉軍益衆，奪其鎧甲。又從討李重進于揚州，壓城南，圍三日，城潰，斬首踰千級。賜袍帶、縉帛，尋補馬軍副都軍頭、龍衞指揮使。下荆湖，平嶺南，率皆從行。討蜀，隸大將劉延讓〔一〕麾下。會全師雄寇神泉，紹斌率所部敗其黨數千，時漢、劍道梗，因賴以寧，太祖遣



使孫晏齎詔賜賚有加。凡在蜀三歲，剽盜殄除。還，改龍捷都虞候。

嘗盜官馬，貿直盡償博進，事發，獄具，有司引見講武殿，紹斌稱死罪。太祖知其驍勇，欲宥之，執於門外，遣內侍私謂之曰：「爾今死有餘責。」紹斌曰：「若恩貸臣死，當盡節以報。」俄復引見，釋之，且密賜白金。

會征江南，擇諸軍借事得五百人，爲步鬥軍，令紹斌領之，及率雲騎二千，抵昇州城下，克獲居多。太祖親討河東，命紹斌從何繼筠扼契丹兵于北百井，奪賊鼓幟而還。

太平興國初，擢龍衞軍指揮使、領江州刺史。二年，梅山洞蠻叛，命與翟守素分往擊之。至邵州，聞蠻酋苞漢陽〔二〕死，去其居十里，大潰其衆，擒蠻二萬，令軍中取利劍二百斬之，餘五千遣歸諭諸洞，自是其黨帖服。太宗賜以金帛、緡錢、金帶、鞍馬。歷天武、日騎軍指揮使，改馬步都軍頭，出戍鎭、定、高陽關。

曹彬之攻幽州也，命爲先鋒指揮，數遇契丹兵鬥，奪牛羊、器甲。師還，召見便殿，加領溪州團練使，復遣屯北面。端拱元年，拜冀州防禦使，尋改解州。

淳化中，爲河中、同、丹、坊、鄜、延、橫嶺蕃界都巡檢使。會鄭文寶議城席雞城砦爲清遠軍，紹斌與文寶領其役。城畢，以文寶之請，命爲知軍事。至道元年，拜會州觀察使，仍判解州，俄充靈州馬步軍部署。領徒入蕃討賊，斬首二千級，獲羊、馬、橐駝二萬計，馬以給



諸軍之闕者。捷聞，手詔嘉諭之。數部金粟帛詣靈武、清遠，遠人讋服不擾。

未幾，皇甫繼明、白守榮等督轉餉於靈州，紹斌率兵援接，抵鹹井。賊踰三千餘，來薄陣。且行且鬥，至耀德，凡殺千人。寇復尾後，紹斌爲方陣，使被傷者居中，自將騎三百、步弩三百，與敵兵确于浦洛河，大敗之。

初，守榮與紹斌爲期，旣而繼明卒，故後一日，遂爲賊所圍。守榮等欲擊之，紹斌曰：「蕃戎輕佻，勿棄輜重與戰，當按轡結陣徐行。」守榮等忿曰：「若但率兵來迎，勿預吾事。」紹斌因率所部去輜重四五里。繼遷初見紹斌旌旗，不敢擊。守榮等自欲邀功，與戰。賊先伏兵，以羸騎挑戰，已而伏發，守榮等戰敗，丁夫愕眙遁，蹂踐至死者衆。紹斌率所部徐還，一無遺失。至清遠，與張延州會食。兒濠中人裸而呼曰：「我白守榮也。」縋引而上，解衣遺之，遣內侍馬從順驛聞。太宗益嘉之，優詔褒美。

時命李繼隆、范廷召討繼遷，就命紹斌爲本州都部署兼內外都巡檢使。繼隆以浦洛之敗上聞，言紹斌握兵不顧，自言「靈武非我不能守」，欲圖方面，有異志。太宗怒曰：「此昔嘗背太原來投，今又首鼠兩端，眞賊臣也。」卽遣使捕繫詔獄鞫問，貶右監門衞率府副率，虢州安置。

眞宗卽位，召還，授右監門衞大將軍、領敍州刺史，尋改萊州防禦使，詔還其所籍



第，賜良馬十匹。調環慶靈州清遠軍部署。慶州有野雞族數爲寇掠，道路患之。嘗有驍捷卒二十餘往邠州，爲其掠奪，卽馳告紹斌。紹斌召其酋帥三人，斷臂、馘、劓放還，寇感而化，帖服。紹斌素勇悍，與同職頗不叶。轉運使宋太初每按部靈州、清遠，多貿市，紹斌語發其私，太初心銜之，及還朝，言紹斌之過。尋赴召，直其事。

咸平二年，北面寇警，復命爲鎭、定、高陽關路押先鋒，隸傅潛。潛遣與石普並戍保州。普陰與知州楊嗣議出兵擊討之。及夜，普、嗣未還，紹斌疑其敗衄，卽領兵援之。普、嗣果爲賊所困，度嚴涼河，頗喪師衆。及紹斌至，卽合兵疾戰，獲一百四十餘人，以勞遷邠州觀察使。潛屯中山，紹斌三馳書於潛，且言：「邊衆大至，但列兵唐河南，背城與戰，愼無追。」潛性巽懦，聞之益不敢出，賊衆益熾，焚劫城砦。車駕駐大名，召潛屬吏，詞逮紹斌，卽遣使械繫下御史臺鞫問，免官，黜爲左衞率府副率，遂往上都，禁其出入。五年，授右千牛衞將軍致仕。

景德初，起爲左龍武軍將軍、永城兵馬都監。三年，遷左監門衞大將軍。帝以紹斌久失職，不宜在衝要，乃徙考城都監。大中祥符初，領長州刺史。從東封，朝覲壇就班，軍士建充庭旗，旗倒，壓紹斌仆地，遽起無傷。時紹斌已老，其壯健若此。遷左領軍衞大將軍、領康州團練使、鞏縣都監。二年，卒，年七十七。

紹斌長兵間，習戰法，其後累以格門立功，然性暴戾，故屢被黜。子守信，爲內殿崇班、閤門祗候。

王榮，定州人。父洪嗣，仕晉爲本州十縣遊奕使。榮少有膂力，事瀛州馬仁瑀爲廝役。太宗在藩邸，得隸左右。卽位，補殿前指揮使，稍遷本班都知、員僚直都虞候。盜發棣州，州兵不能捕，榮往討擒之。加御前忠佐馬步軍都軍頭、領懿州刺史。坐受秦王廷美宴勞，出爲濮州馬軍教練使。未行，馬仁瑀子告榮與秦王親吏善，因狂言「我不久當得節帥」，坐削籍流海島。

雍熙中，召還，爲副軍頭。端拱初，改員寮左右直都虞候兼都軍頭，復領懿州刺史。累遷龍衞都指揮使、領羅州團練使。率兵戍遂城，邊騎來寇，擊敗之，擒千餘人。召拜侍衞馬軍都虞候、峯州觀察使，出爲定州行營都部署。榮麤率，所爲不中理，侵取官地蒔蔬，吝惜公錢，不以勞將士，且母老不迎養，供給甚薄。太宗聞而怒曰：「忠臣出於孝子之門，榮事親若此，竄逐之餘，兇行弗悛，豈可復置左右，效晉帝養成張彥澤邪？」卽詔罷，督責，授右驍衞大將軍。





寄班供奉官張明護定州兵，覩榮不法，間嘗規正。榮護短，每疾其攻己。莊宅使王斌亦監軍是州，素與榮善，意明搆榮之罪，因撫明以報怨。下樞密院問狀，皆不實。上怒，語左右曰：「張明起賤微中，以蹴鞠事朕，潔己小心，見於輩流。夫刑罰之加，必當其罪。今王斌以榮故而曲奏明罪，欲致刑憲，苟失其當，適足以快榮之心，而誣罔得以肆行矣。且榮凌轢同類，事君與親鮮竭其力。國家賞罰之柄，非所敢私，將帥之職，非裨校同。朕豈黨張明而棄王榮哉，奈何不求直於理之當也。」遂賜勞明緡錢、束帛，榮遷右羽林軍大將軍。

眞宗卽位，領獎州刺史，尋授濱州防禦使，遷涇原儀渭駐泊部署。咸平二年，車駕北征，召爲貝冀行營副都部署。師旋，復還涇原。明年，援送靈武芻糧，疏於智略，不嚴斥候，至積石，夜爲蕃寇所刦，營部大亂，衆亡殆盡。法當誅，恕死，除名配均州。六年，起爲左衞將軍。景德初，權判左金吾街仗司事。上觀兵澶淵，契丹游騎涉河冰抵濮州境，命爲黃河南岸都巡檢使，與鄭懷德自行在領龍衞兵追襲。時已詔滄州部署荊嗣先率所部屯淄、青，遣榮等合兵邀擊之。二年，遷左神武軍大將軍、領恩州刺史。郊祀，改左龍武軍、領達州團練使。大中祥符中，遷左衞大將軍、領昌州防禦使。六年，朝太淸宮，命爲河南府駐泊都監。九年，卒，年七十。官其一子。榮善射，嘗引強注屋棟，矢入木數寸，時人目爲「王硬弓」。

楊瓊，汾州西河人。幼事馮繼業，以材勇稱。太宗召置帳下。卽位，隸御龍直，三遷神勇指揮使。從征太原，以勞補御龍直指揮使。雍熙初，改弩直都虞候兼御前忠佐馬步都軍頭、領顯州刺史。

淳化中，李順叛蜀，瓊往夔、峽擒賊招安，領兵自峽上，與賊遇，累戰抵渝、合，與尹元、裴莊分路進討，克資普二州、雲安軍，斬首數千級。詔書嘉獎，遣使卽軍中眞拜單州刺史。至道初，召還共職。明年，徙知霸州兼鈐轄。未幾，改防禦使，靈慶路副都部署、河外都巡檢使。賊累寇鹽，瓊捍有功。導黃河，溉民田數千頃。敗賊於合河鎭北，擒獲人畜居多。賊騎五百掠城下，擊破之，追北三十里。並賜詔嘉諭。

咸平二年，命爲涇原儀渭邠寧環慶清遠軍靈州路副都部署。尋徙鎭、定、高陽關三路押策先鋒，屯定州之北。明年，副王超爲鎭州都部署，再遷環慶，徙定州。四年，召還，以鄜州觀察使充靈、環十州軍副都部署兼安撫副使。嘗遣使諭旨，賊若寇淸遠及青岡、白馬砦，卽合兵與戰。是秋，果長圍淸遠，頓積石河。淸遠屢走間使詣瓊請濟師，瓊將悉出兵爲援，鈐轄內園使馮守規、都監崇儀使張繼能曰：「敵近，重兵在前，繼無以進，不可悉往。」乃止。





命副部署海州團練使潘璘[三]、都監西京左藏庫劉文質率兵六千赴之，且曰：「伺我之繼至。」瓊逗遛不進，頓慶州。寇鼓兵攻南門，其子阿移攻北門，堙壕斷橋以戰。瓊遣鈐轄李讓督精卒六百往援，至則城陷矣。賊泊靑岡城下，瓊與守規、繼能方緩行出師，及聞淸遠之敗，益恇怯不前。順州刺史王壞普謂瓊曰：「靑岡地遠水泉，非屯師計，願棄之。」瓊合謀焚芻糧兵仗，驅老幼以出。瓊却師，退保洪德砦，寇威浸熾，未嘗交一鋒。事聞于上，傳召瓊輩，悉繫御史獄，治罪當死。兵部尚書張齊賢等議請如律，詔特貸命，削官，長流崖州，繼能、守規輩同坐，籍其家業。明年，移道州。

景德初，起爲右領軍衞將軍，分司西京。累遷左領軍衞大將軍、領賀州團練使、知兗州。有州卒自言得神術，能飛行空中，州人頗惑，瓊捕至，折其足，奏戮之。五年，卒，年六十七。錄其子舜臣爲奉職。長子舜賓，內殿崇班、閤門祗候。

錢守俊，濮州雷澤人。少勇鷙，嘗爲盜陂澤中，稱「轉陂鶻」。周顯德中，應募爲鐵騎卒。早事太祖，從征淮南，戰紫金山，下壽春，獲戰艦千餘艘。繼從克關南。宋初，補禁衞，隸散員直。乾德中，轉殿前班都知。尋征太原，方戰，矢中左足，拔而復進，格鬭不已。還，改東西班指揮使，遷馬步軍副都軍頭。

太平興國四年，命與張紹勍、李神祐、劉承珪率師屯定州，以備北邊。俄加秩領演州刺史，移屯趙州。又從征范陽，師還，道遇敵，戰于徐河，斬首千級，奪馬百疋。雍熙三年，命將北征，田重進出飛狐道，守俊以偏師爲援，邊騎雲集，守俊按甲從容進戰，大敗之。連護屯兵于趙、定。代還，掌軍頭引見司。

淳化三年，出爲單州團練使。又明年，改還齊州。時河西蕃部內擾，命以副都部署鎭其地。既而徙屯石州，數改官。時有言守俊病且老，握重兵不堪其職。召還，授左領軍衞大將軍、領潘州防禦使，權金吾街仗。大中祥符三年，卒，年八十一。

守俊累從軍征討，前後中三十六創。景德中，錄其子允慶爲奉職。弟守信，官崇儀副使；守榮，內園使。

徐興，青州人。以拳勇得隸兵籍。周顯德中，從太祖征淮右。宋初，隸御龍直。會平澤、潞，上其功，補控鶴軍使。征晉陽，部卒壅汾水灌并州城，益多其勞。還，遷本軍副指揮





使。

太平興國初，從潘美趣團柏谷，奮與賊鬭，有果敢氣，人莫能勝。生擒僞兵馬都監李美，身被重創，無所回撓。加指揮使。太宗征太原，討幽薊，興從戰，屢中流矢，以著蹟聞。補天武都虞候，累遷秩，出爲洺州部署。初議建方田，命興董其事，尋復輟。端拱中，修鎭、定城，逾月訖工。改莫州防禦使、知靜戎軍，歷邢、博二州。

咸平中，爲涇、原、環、慶十州部署。詔督轉靈武芻糧，道積石，卒掠於寇。興以步兵畏愞，戰不利，時王榮按兵不應，遂敗走。坐削籍，流郢州。會赦，入爲右衞將軍，遷左監門衞大將軍。景德二年，卒，年六十八。

王杲，齊州人。周顯德中，應募爲卒。從世宗收三關，隸先鋒。宋初，征澤、潞，平揚州，杲應選從行，既獲戰功，乃拔選散指揮使，累轉馬軍副都軍頭，屯并州。雍熙中，爲龍衞右第二軍都虞候。會遣趙保忠還夏州，命杲引兵護送。及還，保忠以方物犒，杲拒不納，太宗知之，詔賜白金百兩。遷右第一軍，屯鎭州。

契丹入寇，隸大將郭守文，扞城，杲守北關，寇退，命督餉藁趣威虜軍。還抵徐河，時尹繼倫與寇戰小衄，杲適遇賊河上，卽按兵拒之，殺賊，奪所乘馬。守文上聞，得召見問狀，補都軍頭[四]，領勤州刺史。命監河北，有能聲，尋命閱教定州諸軍騎射，入掌軍頭引見司[五]。

李順亂，與尹元並爲西川招安使，敗賊，斬首萬級，以功眞拜唐州刺史。時賊雖平，道路尙梗，餘黨或保山林以肆姦，杲與石普等追捕於彭州，於是始平。至道初，乃還。復遷靈州副部署，道環州，留改并州，徙知夏州。會趙保吉歸款，召還，次伏落津，移知石州，徙石隰副部署。未幾，以轉餉河西失期，降右千牛衞大將軍。咸平五年，出爲亳州永城縣都監。被召，將入見，以疾亟弗果，卒，年六十四。

李重誨，應州金城人。祖高，後唐莊宅使、獎州刺史。父彥榮，仕契丹，署環州刺史，重誨嘗爲其應州馬步軍都指揮使。太平興國五年，潘美出師禦寇，重誨從其節度使蕭咄李迎戰于代州北嶺，大敗。美斬咄李，擒重誨以獻。太宗召見，補鄧州馬步軍都指揮使。會趙普出鎭，奏監州軍。

雍熙三年，召還，爲武州刺史，出爲忻州都巡檢，緣邊十八砦招安制置使，賜服帶、鞍馬。





北兵寇邊，重誨以所部邀戰，敗之，獲羊馬、鎧甲甚衆，賜詔嘉美。會嶺蠻叛，改廣、桂、融、宜、柳州招安捉賊使，聽便宜從事。

至道初，累遷涇原儀渭鎭戎軍鈐轄。咸平三年，徙邠寧環慶路。坐轉餉靈武不嚴斥候，至積石爲虜騎掠於道，營部大亂，除名，流光州。五年，起爲內殿崇班、鄜延駐泊都監，俄遷崇儀使。景德中，趙德明旣納款，或言以麟、府謀有他志。上以涇原地要兵衆，慮有緩急，遂徙重誨爲鈐轄。復遷益州，改皇城使。大中祥符六年，卒，年六十八。

重誨純愨寡過。眞宗悼其歿於遠土，命其子乘傳往護柩歸，聽止驛舍之別次。子禹謨，錄爲將作監主簿。弟重睿，歷官澄州團練使。子禹偁，閤門祗候。

白守素，開封人。祖延遇，仕周至鎭國軍節度。父廷訓，宋初爲龍捷都指揮使、領博州刺史。守素以蔭補東班承旨。太平興國五年，遷補右班殿直，以善射，授供奉官、帶御器械，三遷至供備庫使。

咸平三年春，契丹犯邊，命與王能戍邢州，俄又與麥守恩、石贊領先鋒禦之。敵退，復與荊嗣督河北、京東捕賊。四年，命爲鎭州行營鈐轄，領騎兵擷大陣西偏，屢當格鬭。俄改

定州鈐轄，復徙鎭州。王繼忠之陷也，宋師還虔河，敵人乘之，守素據橋，有矢數百，每發必中，敵不敢近，遂引去。

眞宗與輔臣議三路禦賊，咸曰：「威虜扼北道，要害尤甚，請分騎兵六千屯之，命魏能爲部署。」上曰：「能頗強愎，尤難共事，聞守素久練邊計，張銳性頗和善，參知戎務，庶克相濟。」乃命守素、銳爲鈐轄，戍順安以貳之。

景德元年，契丹侵長城口，守素與能發兵破之，追北過陽山，斬首級、獲器械甚衆，賜錦袍、金帶。俄徙屯冀州，轉運使劉綜舉其智勇，材任將帥，加領康州刺史。又提騎卒戍靜戎軍，兼涖營田之役，俄爲鎭、定鈐轄。是冬，契丹復內侵，守素敗其前鋒，獲車重，又入敵境，俘擒甚衆。及請和，省邊戍之職，與曹璨留任鎭、定。追敍前勞，加合州團練使。

大中祥符三年，命副李迪使契丹。守素居邊歲久，名聞北庭，頗畏伏之。上慮其不欲行，密遣內侍諭於守素，守素頓首感咽，即以崔可道代焉。再遷南作坊使。大中祥符五年，卒，上甚惜之，常賻外別賚錢五十萬，令護喪還京師，錄其一子官。

張思鈞，邢州沙河人。祖中正，漢澤州刺史。思鈞少善擊劍、挽強，善博奕。初應募爲





卒，晉開運間，遷廣銳軍使。周廣順初，從聶知遇攻河東，破其衆三千餘。從向訓東征，爲捉生將，擒小校張萬于江猪嶺。又從符彥卿與幷人鬥代州，留爲南北兩關巡檢。

宋初，補龍衞指揮使。李繼勳下遼州，戰帶甲祠，斬首萬餘級，追奔至長城，擒其將莫山、鮑淑，掠人騎二百餘。俄屯潞州，合戰三十餘。乾德中，以勞秩遷都虞候。開寶三年，郭進、田欽祚戍三交，嘗從戰於石嶺關，斬首萬五千餘級。閤門祗候齊延琛、苗彔陷軍中，思鈞鼓勁騎突入，奪還。何繼筠入晉境，思鈞隸麾下，拔南橋徑度。大將之出，必辟爲先鋒。太平興國初，屯定州，領兵援磁窰，戰敗其衆，身中五十創，奮不顧，乃逐賊，薄軍城，奪馬及鎧甲居多。未幾，邊人復攻，逆戰城下，斬首萬餘級。上嘉之，命賜服帶，領河州刺史。

雍熙三年，邊人寇河間，劉廷讓會戰君子館，命思鈞翼從。時天大寒，弓不得彀，援兵不至，於是敗績，陷留軍中數年，役役不得還。端拱初，自契丹始逃歸，授澄州刺史、知齊州。思鈞以武進，素不知民政，僅踰月，即徙濮、鄆、濱、棣州巡檢。至道中，改鄜延巡檢使。會葺右堡砦(六)，擊寇走之。未幾，寇逼保安軍，與曹璨往援，追躡五十餘里，至木場，寇乃遁去。

眞宗即位，徙益州鈐轄兼綿、漢九州都巡檢使。咸平中，以王均之亂(七)，出兵保綿州。賊陷漢州，思鈞進攻，克之，斬僞刺史苗進，又與石普敗賊彌牟砦。巴西尉傅翺有善馬，思鈞求之，翺不與。思鈞平賊，心恃功居多，召翺至，責以轉餉後期，斬之。上聞其事，傳召付御史臺鞫治，罪當斬，特貸之，削籍流封州。

六年，起爲左司禦率府率、考城監軍。車駕幸澶淵，召詣行在，命李繼隆、石保吉同議兵事，賜服御有加。景德二年，爲西京水北都巡檢使，俄分司西京。召對行在，上憫其老，授唐州防禦副使，徙鄭州。大中祥符二年，再遷左千牛衞將軍。四年七月，卒，年八十九。子承恩，爲三班奉職。

思鈞起行伍，征討稍有功。質狀小而精悍，太宗嘗稱其「樓羅」，自是人目爲「小樓羅」焉。

李琪，河南伊闕人。幼生長兵家，得給事宣祖，左右太祖，以材力稱，進備執御。及受禪，命補鎭職。太宗在京府，復令事之。由是累遷効忠都虞候、開封府馬步軍副都指揮使、領富州刺史。嘗請對，自言經事太祖，而京師無居宅，太宗以官第假之。

琪性素鄙，歷事三朝，而行不加修。每分遣士卒守護關梁，必覬其賂遺，視所厚薄爲重輕。太宗知之，遂改授屯衞大將軍，領郡如故，乃顧曰：「吾欲置琪於無過之地爾。」加左武





衞大將軍。景德中，以老且病，表求五日一赴起居，俄爲臺諫所糾，令赴常參。眞宗念其舊，特賜給月奉以養。大中祥符元年，卒，年八十四。

王延範，江陵人。形貌奇偉，喜任俠，家富於財。父保義，爲荆南高氏行軍司馬兼領武泰軍留後。高從誨奏署延範太子舍人。後隨從誨孫繼沖入覲，薦爲大理寺丞，知泰州。累遷司門員外郎。

太平興國九年，爲廣南轉運使。性豪率尙氣，尤好術數。嘗通判梓州，有杜先生以左道惑衆，謂延範曰：「汝意有所之，我常陰爲之助。」延範心喜，敢爲恣橫。後爲江南轉運使，有劉昴賣卜於吉州市，其言多驗，謂延範曰：「公當偏霸一方。」又有徐肇爲延範推九宮算法，得八少一，肇驚起曰：「君侯大貴不可言，當如江南李國主。」前戎城主簿田辨自言善相，謂延範曰：「君是坐天王形，類伽眼、仙人鼻、雌龍耳、虎望，有大威德，猛烈富貴之相也。」即日當乘四門輦。」至是，有豹入其公宇，噬傷數吏，從者皆恐慄，不敢進，延範獨拔戟前逐，刺殺之，益以此自負。與廣州掌務殿直趙延貴、將作監丞雷說會宿，觀天象，延貴指西方一大星曰：「此所謂『火星入南斗，天子下殿走』者也。」雷說出星經證之，乃太白行度經南

斗，延貴謬爲火星也。

延範日夕與掌市舶陸坦議欲發兵，會坦代歸，延範寓書左拾遺韋務昇爲隱語，偵朝廷機事。延範奴視僚屬，峻刑多怨。會懷勇小將張霸給使轉運司，延範因事杖之，霸知延範與知廣州徐休復不協，詣休復告延範將謀不軌及諸不法事。休復馳奏之。太宗遣高品閻承翰乘傳，會轉運副使李琯暨休復雜治延範，具伏。與昴、辦、坦俱斬廣州市，籍沒延範家，務昇除名配商州，延貴等皆抵罪，賜霸錢十萬。

論曰：紹斌從征討，凡踰百戰，未嘗以爲憚；屢被廢斥，未嘗以爲慊。太祖宥盜馬罪，引見賜予，屈法使過，用能致其力也。榮薄事親，下詔督過。瓊折州卒足以釋妖惑。王杲辭隳于夏。思鈞拔身自歸，當斬而貸。珙以鄙稱。守俊、興輩以勇得備給使。守素久練邊計，人頗畏伏。重誨雖將略不足，亦有可稱。大抵武夫悍卒，不能無過，而亦各有所長；略其過而用其長，皆足以集事。至於一勝一負，兵家常勢，顧其大節何如耳。若榮也，薄其所生，大節虧矣，屢以罪黜，宜哉。





## 校勘記

〔一〕劉延讓　按當時討蜀大將，有以侍衞馬軍都指揮使爲歸州路副都部署的劉光義，後來改名廷讓，本書卷二五九有傳。此「劉延讓」當係「劉廷讓」之誤。

〔二〕苞漢陽　原作「符漢陽」，據本書卷四九四梅山峒蠻傳、宋會要蕃夷五之七三改。

〔三〕潘璘　原作「藩璘」，據本書卷二七九張凝傳、長編卷四九改。

〔四〕都軍頭　原作「部軍頭」，據本書卷一八七兵志、職官分紀卷三五御前忠佐軍頭司條改。

〔五〕軍頭引見司　「頭」下原衍「目」字，據本書卷一六六職官志、宋會要職官三六之七七刪。

〔六〕右堡砦　按本書卷八七地理志，延安府有石堡砦，「國初嘗置城，至道後廢，地在延州北」。長編卷三八至道元年，宋將孫贇曾在石堡護戍兵，時間和地點都同此處所載相合。疑「右堡砦」爲「石堡砦」之誤。

〔七〕王均之亂　「均」原作「鈞」，據本書卷六眞宗紀、卷二七八雷有終傳改。

# 宋史卷二百八十一

## 列傳第四十

### 呂端　畢士安 曾孫〔一〕仲衍 仲游　寇準

呂端字易直，幽州安次人。父琦，晉兵部侍郎。端少敏悟好學，以蔭補千牛備身。歷國子主簿、太僕寺丞、祕書郎、直弘文館，換著作佐郎、直史館。太祖即位，遷太常丞、知浚儀縣，同判定州。開寶中，西上閤門使郝崇信使契丹，以端假太常少卿爲副。八年，知洪州，未上，改司門員外郎、知成都府，賜金紫。爲政清簡，遠人便之。

會秦王廷美尹京，召拜考功員外郎，充開封府判官。太宗征河東，廷美將有居留之命，端白廷美曰：「主上櫛風沐雨，以申弔伐，王地處親賢，當表率扈從。今主留務，非所宜也。」廷美由是懇請從行。尋坐王府親吏請託執事者違詔市竹木，貶商州司戶參軍。移汝州，復





爲太常丞，判寺事。出知蔡州，以善政，吏民列奏借留。改祠部員外郎、知開封縣，遷考功員外郎兼侍御史知雜事。使高麗，暴風折檣，舟人怖恐，端讀書若在齋閤時。遷戶部郎中、判太常寺兼禮院，選爲大理少卿，俄拜右諫議大夫。

許王元僖尹開封，又爲判官。王薨，有發其陰事者，坐裨贊無狀，遣御史武元潁、內侍王繼恩就鞫于府。端方決事，徐起候之，二使曰：「有詔推君。」端神色自若，顧從者曰：「取帽來。」二使曰：「何遽至此？」端曰：「天子有制問，卽罪人矣，安可在堂上對制使？」卽下堂，隨問而答。左遷衞尉少卿。會置考課院，羣官有負譴置散秩者，引對，皆泣涕，以饑寒爲請。至端，卽奏曰：「臣前佐秦邸，以不檢府吏，謫掾商州，陛下復擢官籍辱用。今許王暴薨，臣輔佐無狀，陛下又不重譴，俾亞少列，臣罪大而幸深矣！今有司進退善否，苟得潁州副使，臣之願也。」太宗曰：「朕自知卿。」無何，復舊官，爲樞密直學士，踰月，拜參知政事。

時趙普在中書，嘗曰：「吾觀呂公奏事，得嘉賞未嘗喜，遇抑挫未嘗懼，亦不形于言，眞台輔之器也。」歲餘，左諫議大夫寇準亦拜參知政事。端請居準下，太宗卽以端爲左諫議大夫，立準上。每獨召便殿，語必移晷。擢拜戶部侍郎、平章事。

時呂蒙正爲相，太宗欲相端，或曰：「端爲人糊塗。」太宗曰：「端小事糊塗，大事不糊

塗。」決意相之。會曲宴後苑，太宗作釣魚詩，有云：「欲餌金鉤深未達，磻溪須問釣魚人。」意以屬端。後數日，罷蒙正而相端焉。初，端兄餘慶，建隆中以藩府舊僚參預大政，端復居相位，時論榮之。端歷官僅四十年，至是驟被獎擢，太宗猶恨任用之晚。端爲相持重，識大體，以清簡爲務。慮與寇準同列，先居相位，恐準不平，乃請參知政事與宰相分日押班知印，同升政事堂，太宗從之。時同列奏對多有異議，惟端罕所建明。一日，內出手札戒諭：「自今中書事必經呂端詳酌，乃得聞奏。」端愈謙讓不自當。

初，李繼遷擾西鄙，保安軍奏獲其母。至是，太宗欲誅之，以寇準居樞密副使，獨召與謀。準退，過相幕，端疑謀大事，邀謂準曰：「上戒君勿言於端乎？」準曰：「否。」端曰：「邊鄙常事，端不必與知，若軍國大計，端備位宰相，不可不知也。」準遂告其故，端曰：「何以處之？」準曰：「欲斬於保安軍北門外，以戒凶逆。」端曰：「必若此，非計之得也，願少緩之，端將覆奏。」入曰：「昔項羽得太公，欲烹之，高祖曰：『願分我一杯羹。』夫舉大事不顧其親，況繼遷悖逆之人乎？陛下今日殺之，明日繼遷可擒乎？若其不然，徒結怨讎，愈堅其叛心爾。」太宗曰：「然則何如？」端曰：「以臣之愚，宜置於延州，使善養視之，以招來繼遷，雖不能即降，終可以繫其心，而母死生之命在我矣。」太宗撫髀稱善曰：「微卿，幾誤我事。」即用其策。其母後病死延州，繼遷尋亦死，繼遷子竟納款請命，端之力也。進門下侍郎、兼兵部尚書。

太宗不豫，眞宗爲皇太子，端日與太子問起居。及疾大漸，內侍王繼恩忌太子英明，陰與參知政事李昌齡、殿前都指揮使李繼勳〔三〕、知制誥胡旦謀立故楚王元佐。太宗崩，李皇后命繼恩召端，端知有變，鎖繼恩於閣內，使人守之而入。皇后曰：「宮車已晏駕，立嗣以長，順也，今將如何？」端曰：「先帝立太子正爲今日，今始棄天下，豈可遽違命有異議邪？」乃奉太子至福寧庭中。眞宗既立，垂簾引見羣臣，端平立殿下不拜，請卷簾，升殿審視，然後降階，率羣臣拜呼萬歲。以繼勳爲使相，赴陳州；貶昌齡忠武軍司馬；繼恩右監門衞將軍，均州安置；旦除名流潯州，籍其家貲。

眞宗每見輔臣入對，惟於端肅然拱揖，不以名呼；又以端軀體洪大，宮庭階戺稍峻，特令梓人爲納陛。嘗召對便殿，訪軍國大事經久之制，端陳當世急務，皆有條理，眞宗嘉納。加右僕射，監修國史。明年夏，被疾，詔免常參，就中書視事。上疏求解，不許。十月，以太子太保罷。在告三百日，有司言當罷奉，詔賜如故。車駕臨問，端不能興，撫慰甚至。卒，年六十六，贈司空，謚正惠，追封妻李氏涇國夫人，以其子藩爲太子中舍，荀大理評事，蔚千牛備身，藹殿中省進馬。

端姿儀瓌秀，有器量，寬厚多恕，善談謔，意豁如也。雖屢經擯退，未嘗以得喪介懷。善



與人交，輕財好施，未嘗問家事。李惟淸自知樞密改御史中丞，意端抑己，及端免朝謁，乃彈奏常參官疾告逾年受奉者，又構人訟堂吏過失，欲以中端。端曰：「吾直道而行，無所愧畏，風波之言不足慮也。」

端祖兗，嘗事滄州節度劉守文爲判官。守文之亂，兗舉族被害。時父琦方幼，同郡趙玉冒鋒刃紿監者曰：「此予之弟，非呂氏子也。」遂得免。玉子文度爲耀帥，文度孫紹宗十餘歲，端視如己子，表薦賜出身。故相馮道，鄉里世舊，道子正之病廢，端分奉給之。端兩使絕域，其國歎重之，後有使往者，每問端爲宰相否，其名顯如此。

景德二年，眞宗聞端後嗣不振，又錄蔚爲奉禮郎。藩後病足，不任朝謁，請告累年，有司奏罷其奉，眞宗特令復舊官，分司西京，給奉家居養病。端不蓄貲產，藩兄弟貧匱，又迫婚嫁，因質其居第。眞宗時，出內府錢五百萬贖還之；又別賜金帛，俾償宿負，遣使檢校家事。藩、荀皆至國子博士，蔚至太子中舍。

畢士安字仁叟，代州雲中人。曾祖宗昱，本縣令。祖球，本州別駕。父乂林，累辟使府，終觀城令，因家焉。士安少好學，事繼母祝氏以孝聞。祝氏曰：「學必求良師友。」乃與如宋，又如鄭，得楊璞、韓丕、劉錫爲友，因爲鄭人。

乾德四年，舉進士。邠帥楊廷璋辟幕府，掌書奏。開寶四年，歷濟州團練推官，專掌筦榷，歲課增羨。改兗州觀察推官。太平興國初，爲大理寺丞，領三門發運事。吳越錢俶納土，選知台州，言：「錢氏上圖籍，有司皆張侈賦數，今湖海新民始得天子命吏，宜有安輯，願一用舊籍。」詔從之。明年，遷左贊善大夫，徙饒州，改殿中丞。召還，爲監察御史。復出知乾州，以母老願降任就養，改監汝州稻田務。

雍熙二年，諸王出閤，愼擇僚屬。以虞部郎中王龜從兼陳王府記室參軍，水部員外郎王素兼韓王府記室參軍，祕書丞張茂直兼益王府記室參軍，士安遷左拾遺兼冀王府記室參軍。太宗召謂曰：「諸子生長宮庭，未閑外事，年漸成人，必資良士贊導，使日聞忠孝之道，卿等勉之。」賜襲衣、銀帶、鞍勒馬。

士安本名士元，以「元」犯王諱遂改焉。遷考功員外郎。端拱中，詔王府僚屬各獻所著文，太宗閱視累日，問近臣曰：「其才已見矣，其行孰優？」或以士安對。上曰：「正協朕意。」俄以本官知制誥，王請對願留府邸，不許。淳化二年，召入翰林爲學士。大臣以張洎薦，太宗曰：「洎視畢士安詞藝踐歷固不減，但履行遠在下爾。」士安以父名乂林，抗章引避，朝議謂二名不偏諱，不聽。

三年，與蘇易簡同知貢舉，加主客郎中，以疾請外，改右諫議大夫、知潁州。眞宗以壽王尹開封府，召爲判官；及爲皇太子，以兼右庶子遷給事中；登位，命權知開封府事，拜工部侍郎、樞密直學士。時近臣有怙勢強取民間定婚女，其家訴於府，士安因對奏，還之。宮府常從爲廷職者，每授任於外，必令士安戒勗。

咸平初，辭府職，拜禮部侍郎，復爲翰林學士。詔選官校勘三國志、晉唐書。或有言兩晉事多鄙惡不可流行者。眞宗以語宰相，士安曰：「惡以戒世，善以勸後。善惡之事，春秋備載。」眞宗然之，遂命刊刻。士安以目疾求解，改兵部侍郎，出知潞州，特加月給之數。入爲翰林侍讀學士。景德初，兼祕書監。契丹謀入境，士安首疏五事應詔，陳選將、餉兵、理財之策，眞宗嘉納。

李沆卒，進士安吏部侍郎、參知政事，入謝，眞宗曰：「未也，行且相卿。」士安頓首。眞宗曰：「朕倚卿以輔相，豈特今日。然時方多事，求與卿同進者，其誰可？」對曰：「宰相者，必有其器，乃可居其位，臣駑朽，實不足以勝任。寇準兼資忠義，善斷大事，此宰相才也。」眞宗曰：「聞其好剛使氣。」又對曰：「準方正，慷慨有大節，忘身徇國，秉道疾邪，此其素所蓄積，朝臣罕出其右者，第不爲流俗所喜。今天下之民雖蒙休德，涵養安佚，而西北跳梁爲邊境患，若準者正所宜用也。」眞宗曰：「然，當藉卿宿德鎭之。」未閱月，以本官與準同拜平



章事。士安兼監修國史，居準上。

準爲相，守正嫉惡，小人日思所以傾之。有布衣申宗古告準交通安王元傑，準皇恐，莫知所自明。士安力辯其誣，下宗古吏，具得姦罔，斬之，準乃安。

景德元年九月，契丹統軍撻覽引兵分掠威虜、順安、北平，侵保州，攻定武，數爲諸軍所卻；益東駐陽城淀，遂攻高陽，不得逞，轉窺貝、冀、天雄，兵號二十萬。眞宗坐便殿，問策安出。士安與寇準條所以禦備狀，又合議請眞宗幸澶淵。士安言澶淵之行，當在仲冬；準謂當亟往，不可緩。卒用士安議。

初，咸平六年，雲州觀察使王繼忠戰陷契丹。至是，爲契丹奏請議和，大臣莫敢如何。獨士安以爲可信，力贊眞宗當羈縻不絕，漸許其成。眞宗謂敵悍如此，恐不可保。士安曰：「臣嘗得契丹降人，言其雖深入，屢挫不甚得志，陰欲引去而恥無名，且彼寧不畏人乘虛覆其巢穴，此請殆不妄。繼忠之奏，臣請任之。」眞宗喜，手詔繼忠，許其請和。

時已詔巡幸，而議者猶閧閧，二三大臣有進金陵及成都圖者。士安亟同準請對，力陳其不可，惟堅定前計。眞宗嚴兵將行，太白晝見，流星出上台北貫斗魁。或言兵未宜北，或言大臣應之。士安適臥疾，移書準曰：「屢請昇疾從行，手詔不許，今大計已定，唯君勉之。士安得以身當星變而就國事，心所願也。」已而少間，追至澶淵，見于行在。時已聚兵數十



萬，契丹大震，猶乘衆掠德清。至澶北鄙，爲伏弩發射，撻覽死，衆潰遁去。

會曹利用自契丹使還，具得要領；又與其使者姚東之俱來，講和之議遂定。歲遺契丹銀絹三十萬，朝論皆以爲過。士安曰：「不如此，契丹所顧不重，和事恐不能久。」及罷兵，從還，乃按邊要選良守將易置之：雄州以李允則，定州馬知節，鎭州孫全照，保州楊延昭，它所擇用各得其任。令塞上得境外牛馬類者悉還之，通互市，除鐵禁，招流亡，廣儲蓄。未幾，夏州趙德明亦款塞內附。二方既定，中外略安。量時制法，次第施行。復置賢良方正直言極諫等科，以廣取士。

二年，章七八上，以病求免，優詔不允。遣使敦諭，不得已，復起視事。十月晨朝，至崇政殿廬，疾暴作，眞宗步出臨視，已不能言。詔內侍竇神寶以肩輿送歸第，卒，年六十八。車駕臨哭，廢朝五日，贈太傅、中書令，謚文簡。以皇城使衞紹欽治葬，有司給鹵簿。錄其子世長爲太子中舍，慶長爲大理寺丞；孫從古爲將作監主簿。

士安端方沉雅，有清識，醞藉，美風采，善談吐，所至以嚴正稱。年耆目眊，讀書不輟，手自讎校，或親繕寫。又精意詞翰，有文集三十卷。嘗謂人曰：「僕仕宦無赫赫之譽，但力自規檢，庶幾寡過爾。」凡交游無黨援，唯王祜、呂端見引重，王旦、寇準、楊億相友善，王禹偁、陳彭年皆門人也。禹偁，濟州人。幼時以事至士安官舍，士安識其非常童，留之，教以



學，譽業日顯。後遂登科進用，更在士安前。及士安知制誥，其命乃禹偁詞也。

士安沒後，眞宗謂寇準等曰：「畢士安善人也，事朕南府、東宮，以至輔相。飭躬愼行，有古人之風，遽此淪沒，深可悼惜。」及王旦爲相，面奏：「陛下前稱畢士安清愼如古人，在位聞之感歎。仕至輔相，而四方無田園居第，沒未終喪，家用已屈，眞不負陛下所知。然使其家假貸爲生，宜有以周之者，竊謂當出上恩，非臣敢爲私惠。」眞宗感歎，賜白金五千兩。

子世長至衞尉卿，慶長至太府卿。孫從善光祿少卿，從古駕部郎中，從厚、從誨檢校水部員外郎，從簡博羅令，從道殿中丞，從範山南西道節度推官，從益太常寺太祝，從周朝散郎、知洋州。曾孫仲達、仲偃仕至郡守，仲衍、仲游、仲愈。

仲衍字夷仲，以蔭爲陽翟主簿。張昪〔三〕，縣人也，方鎭許，請於朝，欲興鄉校，既具材計工，又聽民自以其力輸助。邑子馬宏以口舌橫閭里，譖謂諸豪曰：「張公興學，而縣令乃因以取諸民，由十百而至千萬未已也，君將不堪。誠捐百金予我，我能止役。」豪信其能，予百金。宏卽詣府宣言：「縣吏盡私爲學之費，又將賦於民。」昪果疑焉，敕縣且止，又揭其事於道。令欲上疏辯，仲衍曰：「亡益也，不如取宏治之，不辯自直矣。」會攝縣事，卽逮捕驗治，五日得其姦，言于昪，流宏鄧州，一縣相賀。給事中張問居里中，謂仲衍曰：「諺云『鋤一惡，

長十善』，君之謂也。」

舉進士中第，調沈丘令。歐陽修、呂公著薦之，入司農爲主簿，升丞。吳充引爲中書檢正。奉使契丹，宴射連破的，衆驚異之。且偉其姿容，密使人取其衣爲度，製服以賜。時預其元會，盡能記其朝儀節奏，圖畫歸獻。後錢勰出使，契丹主猶問：「畢少卿何官？今安在？」

王珪與充不相能，以仲衍爲充所用，數求罪過欲傷之，卒無可乘，但留滯不遷。經四年，乃以祕閣校理同知太常禮院，爲官制局檢討官，制文字千萬計，區別分類，損益刪補，皆曲盡其當。凡從中問其事，必須仲衍然後報，他人不知也。撰中書備對三十卷，士大夫家爭傳其書。

高麗使入貢，詔館之。上元夕，與使者宴東闕下，作詩誦聖德，神宗次韻賜焉，當時以爲寵。官制行，帝自擢起居郎，王珪留除命，謂爲太峻，爭於前。帝連稱曰：「是當得爾。」未幾，暴得疾，一夕卒，年四十三。帝遣中使唁其家，賻錢五十萬。

仲游字公叔，與仲衍同登第，調壽丘柘城主簿、羅山令、環慶轉運司幹辦公事。從高遵裕西征，運期迫遽，陝西八十縣餽輓之夫三十萬，一旦悉集，轉運使范純粹、李察度受其賦



而給之食，必曠日乃可。會僚屬議，皆不知所爲，以諉仲游。仲游集諸縣吏，令先効金帛緡錢之最，戒勿啓扃鐍，共簿其名數以爲質，預飭具斛量數千，洞撤倉庾牆壁，使贏糧者至其所，人自斛槩，輸其半而以半自給，不終朝霍然而散。翌日，大軍遂行。純粹、察歎且謝曰：「非君幾敗吾事。」

元祐初，爲軍器衞尉丞。召試學士院，同策問者九人，乃黄庭堅、張耒、晁補之輩。蘇軾異其文，擢爲第一。加集賢校理、開封府推官，出提點河東路刑獄。韓縝以故相在太原，按視如列郡，縝奴告有卒剽其衣於公堂之側，縝怒，將置卒於理。仲游曰：「奴衣服鮂薄而敢掠之於帥牙，非人情也。」取以付獄治，卒得免。太原銅器名天下，獨不市一物，懼人以爲矯也，且行，買二茶匕而去。縝曰：「如公叔可謂眞清矣。」召拜職方、司勳二員外郎，改祕閣校理、知耀州。是歲大旱，仲游先民之未飢，揭喩境內曰：「郡振施與平糴若干萬碩。」實虛張其數。富室知有備，亦相勸發廩。凡民就食者十萬九千口，無一人去其鄉。

徽宗時，歷知鄭、鄆二州，京東、淮南轉運副使〔四〕。入爲吏部郎中，言孔子廟自顏回以降，皆爵命於朝，冠冕居正；而子鯉、孫伋乃野服幅巾以祭，爲不稱。詔皆追侯之。

仲游早受知於司馬光、呂公著，不及用；范純仁尤知之，當國時，又適居母喪，故未嘗



得尺寸進。然亦墮黨籍，坎壈散秩而終，年七十五。

仲游爲文切於事理而有根柢，不爲浮誇詭誕、戲弄不莊之語。蘇軾在館閣，頗以言語文章規切時政。仲游憂其及禍，貽書戒之曰：

孟軻不得已而後辯，孔子欲無言，古人所以精謀極慮，固功業而養壽命者，未嘗不出乎此。君自立朝以來，禍福利害繫身者未嘗言，顧直惜其言爾。夫言語之累，不特出口者爲言，其形于詩歌、贊于賦頌、託于碑銘、著于序記者，亦語言也。今知畏於口而未畏於文，是其所是則見是者喜，非其所非則蒙非者怨；喜者未能濟君之謀，而怨者或已敗君之事矣。天下論君之文，如孫臏之用兵，扁鵲之醫疾，固所指名者矣。雖無是非之言，猶有是非之疑，又况其有耶？官非諫臣，職非御史，而非是人所未是〔五〕，危身觸諱以游其間，殆猶抱石而救溺也。

司馬光爲政，反王安石所爲，仲游予之書曰：

昔安石以興作之說動先帝，而患財之不足也，故凡政之可以得民財者無不用。蓋散青苗、置市易、斂役錢、變鹽法者，事也；而欲興作、患不足者，情也。苟未能杜其興作之情，而徒欲禁其散斂變置之事，是以百說而百不行。今遂廢青苗，罷市易，蠲役錢，去鹽法，凡號爲利而傷民者，一掃而更之，則向來用事於新法者必不喜矣。不喜之



人，必不但曰『青苗不可廢，市易不可罷，役錢不可蠲，鹽法不可去』；必操不足之情，言不足之事，以動上意，雖致石人而使聽之，猶將動也。如是，則廢者可復散，罷者可復置，蠲者可復斂，去者可復存矣。則不足之情，可不預治哉？

爲今之策，當大舉天下之計，深明出入之數，以諸路所積之錢粟一歸地官，使經費可支二十年之用。數年之間，又將十倍於今日。使天子曉然知天下之餘於財也，則不足之論不得陳於前，然後所論新法者，始可永罷而不可行矣。

昔安石之居位也，中外莫非其人，故其法能行。今欲救前日之敝，而左右侍從〔六〕、職司、使者，十有七八皆安石之徒，雖起二三舊臣，用六七君子，然累百之中存其十數，烏在其勢之可爲也。勢未可爲而欲爲之，則青苗雖廢將復散，况未廢乎？市易雖罷且復置，况未罷乎？役錢、鹽法亦莫不然。以此救前日之敝，如人久病而少間，其父子兄弟喜見顏色而未敢賀者，以其病之猶在也。

光、軾得書聳然，竟如其慮。

仲愈歷國子監丞、諸王府侍講、知鳳翔府，坐兄仲游陷黨籍，例廢黜，徽宗曰：「畢仲衍被遇先帝，可除罪籍。」以仲愈爲都官郎中，擢祕書少監，卒。

寇準字平仲，華州下邽人也。父相，晉開運中，應辟爲魏王府記室參軍。準少英邁，通春秋三傳，年十九，舉進士。太宗取人，多臨軒顧問，年少者往往罷去。或教準增年，答曰：「準方進取，可欺君邪？」後中第，授大理評事，知歸州巴東、大名府成安縣。每期會賦役，未嘗輒出符移，唯具鄉里姓名揭縣門，百姓莫敢後期。累遷殿中丞、通判鄆州。召試學士院，授右正言、直史館，爲三司度支推官，轉鹽鐵判官。會詔百官言事，而準極陳利害，帝益器重之。擢尚書虞部郎中、樞密院直學士，判吏部東銓。嘗奏事殿中，語不合，帝怒起，準輒引帝衣，令帝復坐，事決乃退。上由是嘉之，曰：「朕得寇準，猶文皇之得魏徵也。」

淳化二年春，大旱，太宗延近臣問時政得失，衆以天數對。準對曰：「洪範天人之際，應若影響，大旱之證，蓋刑有所不平也。」太宗怒，起入禁中。頃之，召準問所以不平狀，準曰：「願召二府至，臣卽言之。」有詔召二府入，準乃言曰：「頃者祖吉、王淮皆侮法受賕，吉贓少乃伏誅；淮以參政沔之弟，盜主守財至千萬，止杖，仍復其官，非不平而何？」太宗以問沔，沔頓首謝，於是切責沔，而知準爲可用矣。卽拜準左諫議大夫、樞密副使，改同知院事。



準與知院張遜數爭事上前。他日，與溫仲舒偕行，道逢狂人迎馬呼萬歲，判左金吾王賓與遜雅相善，遜嗾上其事。準引仲舒爲證，遜令賓獨奏，其辭頗厲，且互斥其短。帝怒，謫遜，準亦罷知青州。

帝顧準厚，旣行，念之，常不樂。語左右曰：「寇準在青州樂乎？」對曰：「準得善藩，當不苦也。」數日，輒復問。左右揣帝意且復召用準，因對曰：「陛下思準不少忘，聞準日縱酒，未知亦念陛下乎？」帝默然。明年，召拜參知政事。

自唐末，蕃戶有居渭南者，溫仲舒知秦州，驅之渭北，立堡柵以限其往來。太宗覽奏不懌，曰：「古羌戎尙雜處伊、洛，彼蕃夷易動難安，一有調發，將重困吾關中矣。」準言：「唐宋璟不賞邊功，卒致開元太平。疆埸之臣邀功以稔禍，深可戒也。」帝因命準使渭北，安撫族帳，而徙仲舒鳳翔。

至道元年，加給事中。時太宗在位久，馮拯等上疏乞立儲貳，帝怒，斥之嶺南，中外無敢言者。準初自青州召還，入見，帝足創甚，自褰衣以示準，且曰：「卿來何緩耶？」準對曰：「臣非召不得至京師。」帝曰：「朕諸子孰可以付神器者？」準曰：「陛下爲天下擇君，謀及婦人、中官，不可也；謀及近臣，不可也；唯陛下擇所以副天下望者。」帝俛首久之，屏左右曰：「襄王可乎？」準曰：「知子莫若父，聖慮旣以爲可，願卽決定。」帝遂以襄王爲開封尹，改封壽王，於是立爲皇太子。廟見還，京師之人擁道喜躍，曰：「少年天子也。」帝聞之不懌，召準謂曰：「人心遽屬太子，欲置我何地？」準再拜賀曰：「此社稷之福也。」帝入語后嬪，宮中皆前賀。復出，延準飲，極醉而罷。



二年，祠南郊，中外官皆進秩。準素所喜者多得臺省清要官，所惡不及知者退序進之。彭惟節位素居馮拯下，拯轉虞部員外郎，惟節轉屯田員外郎，章奏列銜，惟節猶處其下。準怒，堂帖戒拯毋亂朝制。拯憤極，陳準擅權，又條上嶺南官吏除拜不平數事。廣東轉運使康戩亦言：呂端、張洎、李昌齡皆準所引，端德之，洎能曲奉準，而昌齡畏愞，不敢與準抗，故得以任胸臆，亂經制。太宗怒，準適祀太廟攝事，召責端等。端曰：「準性剛自任，臣等不欲數爭，慮傷國體。」因再拜請罪。及準入對，帝語及馮拯事，自辯。帝曰：「若廷辯，失執政體。」準猶力爭不已，又持中書簿論曲直於帝前，帝益不悅，因歎曰：「鼠雀尙知人意，況人乎？」遂罷準知鄧州。

眞宗卽位，遷尙書工部侍郎。咸平初，徙河陽，改同州。三年，朝京師，行次閿鄉，又徙鳳翔府。帝幸大名，詔赴行在所，遷刑部，權知開封府。六年，遷兵部，爲三司使。時合鹽鐵、度支、戶部爲一使，眞宗命準裁定，遂以六判官分掌之，繁簡始適中。

帝久欲相準，患其剛直難獨任。景德元年，以畢士安參知政事，踰月，並命同中書門下平章事。準以集賢殿大學士位士安下。是時，契丹內寇，縱游騎掠深、祁間，小不利輒引去，徜徉無鬭意。準曰：「是狃我也。請練師命將，簡驍銳據要害以備之。」是冬，契丹果大入。急書一夕凡五至，準不發，飲笑自如。明日，同列以聞，帝大駭，以問準。準曰：「陛下欲了此，不過五日爾。」因請帝幸澶州。同列懼，欲退，準止之，令候駕起。帝難之，欲還內。準曰：「陛下入則臣不得見，大事去矣，請毋還而行。」帝乃議親征，召羣臣問方略。



旣而契丹圍瀛州，直犯貝、魏，中外震駭。參知政事王欽若，江南人也，請幸金陵；陳堯叟，蜀人也，請幸成都。帝問準，準心知二人謀，乃陽若不知，曰：「誰爲陛下畫此策者，罪可誅也。今陛下神武，將臣協和，若大駕親征，賊自當遁去。不然，出奇以撓其謀，堅守以老其師，勞佚之勢，我得勝算矣。奈何棄廟社欲幸楚、蜀遠地，所在人心崩潰，賊乘勢深入，天下可復保邪？」遂請帝幸澶州。

及至南城，契丹兵方盛，衆請駐蹕以覘軍勢。準固請曰：「陛下不過河，則人心益危，敵氣未懾，非所以取威決勝也。且王超領勁兵屯中山以扼其亢，李繼隆、石保吉分大陣以扼其左右肘，四方征鎭赴援者日至，何疑而不進？」衆議皆懼，準力爭之，不決。出遇高瓊於屛間，謂曰：「太尉受國恩，今日有以報乎？」對曰：「瓊武人，願效死。」準復入對，瓊隨立庭下，準厲聲曰：「陛下不以臣言爲然，盍試問瓊等。」瓊卽仰奏曰：「寇準言是。」準曰：「機不可失，宜趣駕。」瓊即麾衞士進輦，帝遂渡河，御北城門樓，遠近望見御蓋，踴躍歡呼，聲聞數十里。契丹相視驚愕，不能成列。

帝盡以軍事委準，準承制專決，號令明肅，士卒喜悅。敵數千騎乘勝薄城下，詔士卒迎擊，斬獲太半，乃引去。上還行宮，留準居城上，徐使人視準何爲，準方與楊億飲博，歌謔歡呼。帝喜曰：「準如此，吾復何憂。」相持十餘日，其統軍撻覽出督戰。時威虎軍頭張瓌守床子弩，弩撼機發，矢中撻覽額，撻覽死，乃密奉書請盟。準不從，而使者來請益堅，帝將許之。準欲邀使稱臣，且獻幽州地。帝厭兵，欲羈縻不絕而已。有譖準幸兵以自取重者，準不得已許之。帝遣曹利用如軍中議歲幣，曰：「百萬以下皆可許也。」準召利用至幄，語曰：「雖有敕，汝所許毋過三十萬，過三十萬，吾斬汝矣。」利用至軍，果以三十萬成約而還。河北罷兵，準之力也。

準在相位，用人不以次，同列頗不悅。它日，又除官，同列因吏持例簿以進。準曰：「宰相所以進賢退不肖也，若用例，一吏職爾。」二年，加中書侍郎兼工部尚書。準頗自矜澶淵之功，雖帝亦以此待準甚厚。王欽若深嫉之。一日會朝，準先退，帝目送之，欽若因進曰：「陛下敬寇準，爲其有社稷功邪？」帝曰：「然。」欽若曰：「澶淵之役，陛下不以爲恥，而謂準有社稷功，何也？」帝愕然曰：「何故？」欽若曰：「城下之盟，春秋恥之；澶淵之舉，是城下



之盟也。以萬乘之貴而爲城下之盟，其何恥如之！」帝愀然爲之不悅。欽若曰：「陛下聞博乎？博者輸錢欲盡，乃罄所有出之，謂之孤注。陛下，寇準之孤注也，斯亦危矣。」

由是帝顧準寖衰。明年，罷爲刑部尚書、知陝州，遂用王旦爲相。帝謂旦曰：「寇準多許人官，以爲己恩。俟行，當深戒之。」從封泰山，遷戶部尚書、知天雄軍。祀汾陰，命提舉貝、德、博、洺、濱、棣巡檢捉賊公事，遷兵部尚書，入判都省。幸亳州，權東京留守，爲樞密院使、同平章事。

林特爲三司使，以河北歲輸絹闕，督之甚急。而準素惡特，頗助轉運使李士衡而沮特，且言在魏時嘗進河北絹五萬而三司不納，以至闕供，請劾主吏以下。然京師歲費絹百萬，準所助纔五萬。帝不悅，謂王旦曰：「準剛忿如昔。」旦曰：「準好人懷惠，又欲人畏威，皆大臣所避，而準乃爲己任，此其短也。」未幾，罷爲武勝軍節度使、同平章事、判河南府。徙永興軍。

天禧元年，改山南東道節度使，時巡檢朱能挾內侍都知周懷政詐爲天書，上以問王旦。旦曰：「始不信天書者準也。今天書降，須令準上之。」準從上其書，中外皆以爲非。遂拜中書侍郎兼吏部尚書、同平章事、景靈宮使。

三年，祀南郊，進尚書右僕射、集賢殿大學士。時眞宗得風疾，劉太后預政於內，準請



間曰：「皇太子人所屬望，願陛下思宗廟之重，傳以神器，擇方正大臣爲羽翼。丁謂、錢惟演，佞人也，不可以輔少主。」帝然之。準密令翰林學士楊億草表，請太子監國，且欲援億輔政。已而謀洩，罷爲太子太傅，封萊國公。時懷政反側不自安，且憂得罪，乃謀殺大臣，請罷皇后預政，奉帝爲太上皇，而傳位太子，復相準。客省使楊崇勳等以告丁謂，謂微服夜乘犢車詣曹利用計事，明日以聞。乃誅懷政，降準爲太常卿、知相州，徙安州，貶道州司馬。帝初不知也，他日，問左右曰：「吾目中久不見寇準，何也？」左右莫敢對。帝崩時亦言惟準與李迪可託，其見重如此。

乾興元年，再貶雷州司戶參軍。初，丁謂出準門至參政，事準甚謹。嘗會食中書，羹汚準鬚，謂起，徐拂之。準笑曰：「參政國之大臣，乃爲官長拂鬚邪？」謂甚愧之，由是傾構日深。及準貶未幾，謂亦南竄，道雷州，準遣人以一蒸羊逆境上。謂欲見準，準拒絕之。聞家僮謀欲報仇者，乃杜門使縱博，毋得出，伺謂行遠，乃罷。

天聖元年，徙衡州司馬。初，太宗嘗得通天犀，命工爲二帶，一以賜準。及是，準遣人取自洛中，既至數日，沐浴，具朝服束帶，北面再拜，呼左右趣設臥具，就榻而卒。

初，張詠在成都，聞準入相，謂其僚屬曰：「寇公奇材，惜學術不足爾。」及準出陝，詠適自成都罷還，準嚴供帳，大爲具待。詠將去，準送之郊，問曰：「何以教準？」詠徐曰：「霍光



傳不可不讀也。」準莫諭其意，歸取其傳讀之，至「不學無術」，笑曰：「此張公謂我矣。」

準少年富貴，性豪侈，喜劇飲，每宴賓客，多闔扉脫驂。家未嘗爇油燈，雖庖匽所在，必然炬燭。

在雷州踰年。既卒，衡州之命乃至，遂歸葬西京。道出荆南公安〔七〕，縣人皆設祭哭於路，折竹植地，挂紙錢，逾月視之，枯竹盡生筍。衆因爲立廟，歲時享之。無子，以從子隨爲嗣。準歿後十一年，復太子太傅，贈中書令、萊國公，後又賜謚曰忠愍。皇祐四年，詔翰林學士孫抃撰神道碑，帝爲篆其首曰「旌忠」。

論曰：呂端諫秦王居留，表表已見大器，與寇準同相而常讓之，留李繼遷之母不誅。眞宗之立，閉王繼恩於室，以折李后異謀，而定大計；既立，猶請去簾，升殿審視，然後下拜，太宗謂之「大事不糊塗」者，知臣莫過君矣。宰相不和，不足以定大計。畢士安薦寇準，又爲之辨誣。契丹大舉而入，合辭以勸眞宗，遂幸澶淵，終却鉅敵。及議歲幣，因請重賄，要其久盟；由是西夏失牽制之謀，隨亦內附。景德、咸平以來，天下乂安，二相協和之所致也。準於太宗朝論建太子，謂神器不可謀及婦人、謀及中官、謀及近臣，此三言者，可爲萬世龜

鑑。澶淵之幸，力沮衆議，竟成雋功，古所謂大臣者，於斯見之。然挽衣留諫，面詆同列，雖有直言之風，而少包荒之量。定策禁中，不愼所與，致啓懷政邪謀，坐竄南裔。勳業如是而不令厥終，所謂「臣不密則失身」，豈不信哉！

## 校勘記

〔一〕曾孫　原作「子」。按本卷畢士安傳載，仲衍、仲游都是士安的曾孫，據改。

〔二〕殿前都指揮使李繼勳　此九字當衍。查本書卷二五四李繼勳傳，繼勳卒於太平興國初，不可能參與王繼恩這次密謀。長編卷四一、編年綱目卷五記載此事，都沒有說李繼勳參與；本書卷四六六王繼恩傳，也只提到李昌齡、胡旦，無李繼勳。下文「以繼勳爲使相，赴陳州」九字亦當衍。

〔三〕張昪　原作「張昇」，參看本書卷三一八張昪傳校勘記。下文「昪」字各條同。

〔四〕京東淮南轉運副使　「京東」原作「京南」。宋無「京南路」之名，畢仲游西臺集卷二有京東運副謝到任表，列於鄆州謝到任表之後，說：「分符京右，方謹頒條；改使山東，猥當外計。」「京南」係「京東」之誤。

〔五〕非是人所未是　按西臺集卷八上蘇子瞻書，本句作「而非人所未非，是人所未是」。疑此處史文有脫漏。



〔六〕左右侍從　「從」字原脫，據同上書卷七上門下侍郎司馬溫公書補。



〔七〕道出荆南公安　「荆南」原作「京南」，據長編卷一〇一、編年綱目卷九改。

# 宋史卷二百八十二

## 列傳第四十一

### 李沆 弟維　王旦　向敏中

李沆字太初，洺州肥鄉人。曾祖豐，泰陵令。祖滔，洺州團練判官。父炳，從邢帥薛懷讓辟，爲觀察支使。懷讓徙同州，又爲掌書記，歷邠州、鳳翔判官，拜殿中侍御史、知舒州。太祖征金陵，緣淮供億，惟舒尤甚，以勞加侍御史，卒。

沆少好學，器度宏遠，炳嘗語人曰：「此兒異日必至公輔。」太平興國五年，舉進士甲科，爲將作監丞、通判潭州，遷右贊善大夫，轉著作郎。相府召試約束邊將詔書，既奏御，太宗甚悅，命直史館。雍熙三年，右拾遺王化基上書自薦，太宗謂宰相曰：「李沆、宋湜，皆嘉士也。」卽命中書幷化基召試，並除右補闕、知制誥。沆位最下，特升于上，各賜錢百萬。又以沆素貧，多負人錢，別賜三十萬償之。四年，與翰林學士宋白同知貢擧。謗議雖衆，而



不歸咎于沆。遷職方員外郎，召入翰林爲學士。

淳化二年，判吏部銓。嘗侍曲宴，太宗目送之曰：「李沆風度端凝，眞貴人也。」三年，拜給事中、參知政事。四年，以本官罷，奉朝請。未幾，丁內艱，起復，遂出知昇州。未行，改知河南府。眞宗升儲，遷禮部侍郎兼太子賓客，詔東宮待以師傅禮。眞宗卽位，遷戶部侍郎、參知政事。咸平初，以本官平章事，監修國史，改中書侍郎。

會契丹犯邊，眞宗北幸，命沆留守，京師肅然。眞宗還，沆迎于郊，命坐置酒，慰勞久之。累加門下侍郎、尚書右僕射。眞宗問治道所宜先，沆曰：「不用浮薄新進喜事之人，此最爲先。」問其人，曰：「如梅詢、曾致堯等是矣。」後致堯副溫仲舒安撫陝西，於閤門疏言仲舒不足與共事。輕銳之黨無不稱快，沆不喜也，因用他人副仲舒，罷致堯。帝嘗語及唐人樹黨難制，遂使王室微弱，蓋姦邪難辨爾。沆對曰：「佞言似忠，姦言似信，至如盧杞蒙蔽德宗，李勉以爲眞姦邪，是也。」眞宗曰：「姦邪之迹，雖曰難辨，然久之自敗。」

一夕，遣使持手詔欲以劉氏爲貴妃，沆對使者引燭焚詔，附奏曰：「但道臣沆以爲不可。」其議遂寢。駙馬都尉石保吉求爲使相，復問沆，沆曰：「賞典之行，須有所自。保吉因緣戚里，無攻戰之勞，台席之拜，恐騰物議。」他日再三問之，執議如初，遂止。帝以沆無密奏，謂之曰：「人皆有密啓，卿獨無，何也？」對曰：「臣待罪宰相，公事則公言之，何用密啓？夫

人臣有密啓者，非讒即佞，臣常惡之，豈可効尤。」

時李繼遷久叛，兵衆日盛，有圖取朔方之意。朝廷困於飛輓，中外咸以爲靈州乃必爭之地，苟失之，則緣邊諸郡皆不可保。帝頗惑之，因訪於沆。沆曰：「繼遷不死，靈州非朝廷有也。莫若遣使密召州將，使部分軍民空壘而歸，如此，則關右之民息肩矣。」方衆議各異，未即從沆言，未幾而靈州陷，帝由是益重之。

沆爲相，王旦參政事，以西北用兵，或至旰食。旦嘆曰：「我輩安能坐致太平，得優游無事耶？」沆曰：「少有憂勤，足爲警戒。他日四方寧謐，朝廷未必無事。」後契丹和親，旦問何如，沆曰：「善則善矣，然邊患既息，恐人主漸生侈心耳。」旦未以爲然。沆又日取四方水旱盜賊奏之，旦以爲細事不足煩上聽。沆曰：「人主少年，當使知四方艱難。不然，血氣方剛，不留意聲色犬馬，則土木、甲兵、禱祠之事作矣。吾老，不及見此，此參政他日之憂也。」沆沒後，眞宗以契丹既和，西夏納款，遂封岱、祠汾，大營宮觀，蒐講墜典，靡有暇日。旦親見王欽若、丁謂等所爲，欲諫則業已同之，欲去則上遇之厚，乃以沆先識之遠，嘆曰：「李文靖眞聖人也。」當時遂謂之「聖相」。

寇準與丁謂善，屢以謂才薦於沆，不用。準問之，沆曰：「顧其爲人，可使之在人上乎？」準曰：「如謂者，相公終能抑之使在人下乎？」沆笑曰：「他日後悔，當思吾言也。」準後





爲謂所傾，始伏沆言。

沆爲相，接賓客，常寡言。馬亮與沆同年生，又與其弟維善，語維曰：「外議以大兄爲無口匏。」維乘間達亮語，沆曰：「吾非不知也。然今之朝士得升殿言事，上封論奏，了無壅蔽，多下有司，皆見之矣。若邦國大事，北有契丹，西有夏人，日旰條議所以備禦之策，非不詳究。薦紳如李宗諤、趙安仁，皆時之英秀，與之談，猶不能啓發吾意；自餘通籍之子，坐起拜揖，尚周章失次，即席必自論功最，以希寵獎，此有何策而與之接語哉？苟屈意妄言，即世所謂籠罩。籠罩之事，僕病未能也。」沆又嘗言：「居重位實無補，惟中外所陳利害，一切報罷之，此少以報國爾。朝廷防制，纖悉備具，或徇所陳請，施行一事，即所傷多矣，陸象先曰『庸人擾之』是已。憸人苟一時之進，豈念厲民耶？」沆爲相，常讀論語，或問之，沆曰：「沆爲宰相，如論語中『節用而愛人，使民以時』，尚未能行。聖人之言，終身誦之可也。」

景德元年七月，沆待漏將朝，疾作而歸，詔太醫診視，撫問之使相望於道。明日，駕往臨問，賜白金五千兩。方還宮而沆薨，年五十八。上聞之驚歎，趣駕再往，臨哭之慟，謂左右曰：「沆爲大臣，忠良純厚，始終如一，豈意不享遐壽！」言終又泣下。廢朝五日，贈太尉、中書令，謚文靖。錄其弟國子博士賁爲虞部員外郎，光祿寺丞源爲太子中舍、屯田員外郎，直集賢院維爲戶部員外郎。子宗簡爲大理評事。甥蘇昂、妻兄之子朱濤，並同進士出身。乾興元年，仁宗即位，詔配享眞宗廟庭。

沆性直諒，內行修謹，言無枝葉，識大體。居位愼密，不求聲譽，動遵條制，人莫能干以私。公退，終日危坐，未嘗跛倚。治第封丘門內，廳事前僅容旋馬。或言其太隘，沆笑曰：「居第當傳子孫，此爲宰相廳事誠隘，爲太祝、奉禮廳事已寬矣。」至於垣頹壁損，不以屑慮。堂前藥闌壞，妻戒守舍者勿葺以試沆，沆朝夕見之，經月終不言。妻以語沆，沆曰：「豈可以此動吾一念哉！」家人勸治居第，未嘗答。弟維因語次及之，沆曰：「身食厚祿，時有橫賜，計囊裝亦可以治第，但念內典以此世界爲缺陷，安得圓滿如意，自求稱足？今市新宅，須一年繕完，人生朝暮不可保，又豈能久居？巢林一枝，聊自足耳，安事豐屋哉？」

沆與諸弟友愛，尤器重維，暇日相對宴飲清言，未嘗及朝政，亦未嘗問家事。沆沒後，或薦梅詢可用，眞宗曰：「李沆嘗言其非君子。」其爲信倚如此。

維字仲方，第進士，爲保信軍節度推官。眞宗初，獻聖德詩，召試中書，擢直集賢院，以沆相，避知歙州。至郡，興學舍，歲時行鄉射之禮。沆沒，入爲戶部員外郎。契丹請和，以爲賀正旦使。眞宗方幸西京，維還詣行在，具言其待遇禮厚，必保盟好。





擢兵部員外郎、知制誥。自是每北使至，多命維主之。擢爲翰林學士，累遷中書舍人，以疾辭，出知許州。復入翰林爲學士承旨，加史館修撰。仁宗初，再遷爲尚書左丞兼侍讀學士，預修眞宗實錄，遷工部尚書。會塞下傳契丹將絕盟，復遣維往使。其主隆緒重維名，館勞加禮，使賦兩朝悠久詩。詩成，大喜。既還，帝欲用爲樞密副使，或斥維賦詩自稱小臣，乃寢。遷刑部尚書，辭不拜，引李士衡故事求換官，除相州觀察使，爲諫官劉隨所詆，知亳州。請赴本鎭，改河陽。久之還朝，復出知陳州，卒。

維博學，少以文章知名，至老手不廢書。景德以後，巡幸四方，典章名物，多維所參定。嘗預定七經正義，修續通典、册府元龜。性寬易，喜慍不見於色，奬借後進，嗜酒善謔，而好爲詩。常曰：「人生觴詠自適，餘何營哉？」既沒，家無餘貲。景祐元年，贈尚書右僕射。子師錫，虞部員外郎；公謹，太子中舍。

王旦字子明，大名莘人。曾祖言，黎陽令。祖徹，左拾遺。父祐〔一〕，尚書兵部侍郎，以文章顯於漢、周之際，事太祖、太宗爲名臣。嘗諭杜重威使無反漢，拒盧多遜害趙普之謀，以百口明符彥卿無罪，世多稱其陰德。祐手植三槐于庭，曰：「吾之後世，必有爲三公者，此

其所以志也。」

旦幼沈默，好學有文，祐器之曰：「此兒當至公相。」太平興國五年，進士及第，爲大理評事、知平江縣。其廨舊傳有物怪憑戾，居多不寧，旦將至前夕，守吏聞羣鬼嘯呼云：「相君至矣，當避去。」自是遂絕。就改將作監丞。趙昌言爲轉運使，以威望自任，屬吏屛畏，入旦境，稱其善政，以女妻之。代還，命監潭州銀場。何承矩典郡，薦入爲著作佐郎，預編文苑英華詩類。遷殿中丞、通判鄭州。表請天下建常平倉，以塞兼并之路。徙濠州。淳化初，王禹偁薦其才，任轉運使。驛召至京，旦不樂吏職，獻文召試，命直史館。二年，拜右正言、知制誥。

初，祐以宿名久掌書命，旦不十年繼其任，時論美之。錢若水有人倫鑒，見旦曰：「眞宰相器也。」與之同列，每曰：「王君凌霄聳壑，棟梁之材，貴不可涯，非吾所及。」李沆以同年生，亦推重爲遠大之器。明年，與蘇易簡同知貢舉，加虞部員外郎、同判吏部流內銓、知考課院。趙昌言參機務，旦避嫌，引唐獨孤郁、權德輿故事辭職。太宗嘉其識體，改禮部郎中、集賢殿修撰。昌言出知鳳翔，卽日以旦知制誥，仍兼修撰、判院事，面賜金紫，擇牯犀帶寵之，又令冠西閣。至道元年，知理檢院。二年，進兵部郎中。

眞宗卽位，拜中書舍人，數月，爲翰林學士兼知審官院、通進銀臺封駁司。帝素賢旦，



嘗奏事退，目送之曰：「爲朕致太平者，必斯人也。」錢若水能樞務，得對苑中，訪近臣之可用者，若水言：「旦有德望，堪任大事。」帝曰：「此固朕心所屬也。」咸平三年，又知貢舉，鎖宿旬日，拜給事中、同知樞密院事。踰年，以工部侍郎參知政事。

契丹犯邊，從幸澶州。雍王元份留守東京，遇暴疾，命旦馳還，權留守事。旦曰：「願宣寇準，臣有所陳。」準至，旦奏曰：「十日之間未有捷報時，當如何？」帝默然良久，曰：「立皇太子。」旦既至京，直入禁中，下令甚嚴，使人不得傳播。及駕還，旦子弟及家人皆迎于郊，忽聞後有騶訶聲，驚視之，乃旦也。二年，加尚書左丞。三年，拜工部尚書、同中書門下平章事、集賢殿大學士、監修兩朝國史。

契丹既受盟，寇準以爲功，有自得之色，眞宗亦自得也。王欽若惎準，欲傾之，從容言曰：「此春秋城下之盟也，諸侯猶恥之，而陛下以爲功，臣竊不取。」帝愀然曰：「爲之奈何？」欽若度帝厭兵，卽謬曰：「陛下以兵取幽燕，乃可滌恥。」帝曰：「河朔生靈始免兵革，朕安能爲此？可思其次。」欽若曰：「唯有封禪泰山，可以鎭服四海，誇示外國。然自古封禪，當得天瑞希世絕倫之事，然後可爾。」既而又曰：「天瑞安可必得，前代蓋有以人力爲之者，惟人主深信而崇之，以明示天下，則與天瑞無異也。」帝思久之，乃可，而心憚旦，曰：「王旦得無不可乎？」欽若曰：「臣得以聖意喩之，宜無不可。」乘間爲旦言，旦黽勉而從。帝猶尤豫，莫



與籌之者。會幸祕閣，驟問杜鎬曰：「古所謂河出圖、洛出書，果何事耶？」鎬老儒，不測其旨，漫應之曰：「此聖人以神道設敎爾。」帝繇此意決，遂召旦飮，歡甚，賜以尊酒，曰：「此酒極佳，歸與妻孥共之。」既歸發之，皆珠也。由是凡天書、封禪等事，旦不復異議。

大中祥符初，爲天書儀仗使，從封泰山，爲大禮使，進中書侍郎兼刑部尚書。受詔撰封祀壇頌，加兵部尚書。四年，祀汾陰，又爲大禮使，遷右僕射、昭文館大學士。仍撰祠壇頌，將復進秩，懇辭得免，止加功臣。俄兼門下侍郎、玉清昭應宮使。五年，爲玉清奉聖像大禮使。景靈宮建，又爲朝修使。七年，刻天書，兼刻玉使，選御廐三馬賜之。玉清昭應宮成，拜司空。京師賜酺，旦以慘恤不赴會，帝賜詩導意焉。國史成，遷司空〔三〕。旦爲天書使，每有大禮，輒奉天書以行，恆邑邑不樂。凡柄用十八年，爲相僅一紀。

會契丹修和，西夏誓守故地，二邊兵罷不用，眞宗以無事治天下。旦謂祖宗之法具在，務行故事，愼所變改。帝久益信之，言無不聽，凡大臣有所請，必曰：「王旦以爲如何？」旦與人寡言笑，默坐終日，及奏事，羣臣異同，旦徐一言以定。歸家或不去冠帶，入靜室獨坐，家人莫敢見之。旦弟以問趙安仁，安仁曰：「方議事，公不欲行而未決，此必憂朝廷矣。」

帝嘗示二府喜雨詩，旦袖歸曰：「上詩有一字誤寫，莫進入改却否？」王欽若曰：「此亦



無害。」而密奏之。帝慍，謂旦曰：「昨日詩有誤字，何不來奏？」旦曰：「臣得詩未暇再閱，有失上陳。」惶懼再拜謝，諸臣皆拜，獨樞密馬知節不拜，具以實奏，且曰：「王旦略不辨，眞宰相器也。」帝顧旦而笑焉。天下大蝗，使人於野得死蝗，帝以示大臣。明日，執政遂袖死蝗進曰：「蝗實死矣，請示于朝，率百官賀。」旦獨不可。後數日方奏事，飛蝗蔽天，帝顧旦曰：「使百官方賀，而蝗如此，豈不爲天下笑耶？」

宮禁火災，旦馳入。帝曰：「兩朝所積，朕不妄費，一朝殆盡，誠可惜也。」旦對曰：「陛下富有天下，財帛不足憂，所慮者政令賞罰之不當。臣備位宰府，天災如此，臣當罷免。」繼上表待罪，帝乃降詔罪己，許中外封事言得失。後有言榮王宮火所延，非天災，請置獄劾，當坐死者百餘人。旦獨請曰：「始火時，陛下已罪己詔天下，臣等皆上章待罪。今反歸咎於人，何以示信？且火雖有迹，寧知非天譴耶？」當坐者皆免。

日者上書言宮禁事，坐誅。籍其家，得朝士所與往還占問吉凶之說。帝怒，欲付御史問狀。旦曰：「此人之常情，且語不及朝廷，不足罪。」眞宗怒不解，旦因自取嘗所占問之書進曰：「臣少賤時，不免爲此。必以爲罪，願并臣付獄。」眞宗曰：「此事已發，何可免？」旦曰：「臣爲宰相執國法，豈可自爲之，幸於不發而以罪人。」帝意解。旦至中書，悉焚所得書。既而復悔，馳取之，而已焚之矣。繇是皆免。仁宗爲皇太子，太子諭德見旦，稱太子學書有

法。旦曰：「諭德之職，止於是耶？」張士遜又稱太子書，旦曰：「太子不在應舉，選學士不在學書。」

契丹奏請歲給外別假錢幣。旦曰：「東封甚近，車駕將出，彼以此探朝廷之意耳。」帝曰：「何以答之？」旦曰：「止當以微物而輕之。」乃以歲給三十萬物內各借三萬，仍諭次年額內除之。契丹得之，大慚。次年，復下有司：「契丹所借金幣六萬，事屬微末，今仍依常數與之，後不爲比。」西夏趙德明言民饑，求糧百萬斛。大臣皆曰：「德明新納誓而敢違，請以詔責之。」帝以問旦，旦請敕有司具粟百萬于京師，而詔德明來取之。德明得詔，慚且拜曰：「朝廷有人。」

寇準數短旦，旦專稱準。帝謂旦曰：「卿雖稱其美，彼專談卿惡。」旦曰：「理固當然。臣在相位久，政事闕失必多。準對陛下無所隱，益見其忠直，此臣所以重準也。」帝以是愈賢旦。中書有事送密院，違詔格，準在密院，以事上聞。旦被責，第拜謝，堂吏皆見罰。不踰月，密院有事送中書，亦違詔格，堂吏欣然呈旦，旦令送還密院。準大慚，見旦曰：「同年，甚得許大度量？」旦不答。寇準罷樞密使，託人私求爲使相，旦驚曰：「將相之任，豈可求耶！吾不受私請。」準深憾之。已而除準武勝軍節度使、同中書門下平章事。準入見，謝曰：「非陛下知臣，安能至此？」帝具道旦所以薦者。準媿歎，以爲不可及。準在藩鎮，生辰，造山





棚大宴，又服用僭侈，爲人所奏。帝怒，謂旦曰：「寇準每事欲效朕，可乎？」旦徐對曰：「準誠賢能，無如騃何。」眞宗意遂解，曰：「然，此正是騃爾。」遂不問。

翰林學士陳彭年呈政府科場條目，旦投之地曰：「內翰得官幾日，乃欲隔截天下進士耶？」彭年皇恐而退。時向敏中同在中書，出彭年所留文字，旦瞑目取紙封之。敏中請一覽，旦曰：「不過興建符瑞圖進爾。」後彭年與王曾、張知白參預政事，同謁旦曰：「每奏事，其間有不經上覽者，公批旨奉行，恐人言之以爲不可。」旦遜謝而已。一日奏對，旦退，曾等稍留，帝驚曰：「有何事不與王旦來？」皆以前事對。帝曰：「旦在朕左右多年，朕察之無毫髮私。自東封後，朕諭以小事一面奉行，卿等謹奉之。」曾等退而愧謝，旦曰：「正賴諸公規益。」略不介意。

帝欲相王欽若，旦曰：「欽若遭逢陛下，恩禮已隆，且乞留之樞密，兩府亦均。臣見祖宗朝未嘗有南人當國者，雖古稱立賢無方，然須賢士乃可。臣爲宰相，不敢沮抑人，此亦公議也。」眞宗遂止。旦沒後，欽若始大用，語人曰：「爲王公遲我十年作宰相。」欽若與陳堯叟、馬知節同在樞府，因奏事忿爭。眞宗召旦至，欽若猶讙不已，知節流涕曰：「願與欽若同下御史府。」旦叱欽若使退。帝大怒，命付獄。旦從容曰：「欽若等恃陛下厚顧，上煩譴訶，當行朝典。願且還內，來日取旨。」明日，召旦前問之，旦曰：「欽若等當黜，未知坐以何罪？」帝曰：「坐忿爭無禮。」旦曰：「陛下奄有天下，使大臣坐忿爭無禮之罪，或聞外國，恐無以威遠。」帝曰：「卿意如何？」旦曰：「願至中書，召欽若等宣示陛下含容之意，且戒約之。俟少間，罷之未晚也。」帝曰：「非卿之言，朕固難忍。」後月餘，欽若等皆罷。

旦嘗與楊億評品人物，億曰：「丁謂久遠當何如？」旦曰：「才則才矣，語道則未。他日在上位，使有德者助之，庶得終吉；若獨當權，必爲身累爾。」後謂果如言。

旦爲兗州景靈宮朝修使，內臣周懷政偕行，或乘間請見，旦必俟從者盡至，冠帶出見于堂皇，白事而退。後懷政以事敗，方知旦遠慮。內臣劉承規以忠謹得幸，病且死，求爲節度使。帝語旦曰：「承規待此以瞑目。」旦執不可，曰：「他日將有求爲樞密使者，奈何？」遂止。自是內臣官不過留後。

旦爲相，賓客滿堂，無敢以私請。察可與言及素知名者，數月後，召與語，詢訪四方利病，或使疏其言而獻之。觀才之所長，密籍其名，其人復來，不見也。每有差除，先密疏四三人姓名以請，所用者帝以筆點之。同列不知，爭有所用，惟旦所用，奏入無不可。丁謂以是數毀旦，帝益厚之。故參政李穆子行簡，以將作監丞家居，有賢行，遷太子中允。使者不知其宅，眞宗命就中書問旦，人始知行簡爲旦所薦。旦凡所薦，皆人未嘗知。旦沒後，史官修眞宗實錄，得內出奏章，始知朝士多旦所薦云。





諫議大夫張師德兩詣旦門，不得見，意爲人所毀，以告向敏中，爲從容明之。及議知制誥，旦曰：「可惜張師德。」敏中問之，旦曰：「累於上前言師德名家子，有士行，不意兩及吾門。狀元及第，榮進素定，但當靜以待之爾。若復奔競，使無階而入者當如何也。」敏中啓以師德之意，旦曰：「旦處安得有人敢輕毀人，但師德後進，待我薄爾。」敏中固稱：「適有闕，望公弗遺。」旦曰：「第緩之，使師德知，聊以戒貪進、激薄俗也。」

石普知許州，不法，朝議欲就劾。旦曰：「普武人，不明典憲，恐恃薄效，妄有生事。必須重行，乞召歸置獄。」乃下御史按之，一日而獄具。議者以爲不屈國法而保全武臣，眞國體也。

薛奎爲江、淮發運使，辭旦，旦無他語，但云：「東南民力竭矣。」奎退而曰：「眞宰相之言也。」張士遜爲江西轉運使，辭旦求教，旦曰：「朝廷榷利至矣。」士遜迭更是職，思旦之言，未嘗求利，識者曰：「此運使識大體。」張詠知成都，召還，以任中正代之，言者以爲不可。帝問旦，對曰：「非中正不能守詠之規。他人往，妄有變更矣。」李迪、賈邊有時名，舉進士，迪以賦落韻，邊以當仁不讓於師論以「師」爲「衆」，與注疏異，皆不預。主文奏乞收試，旦曰：「迪雖犯不考，然出於不意，其過可略。邊特立異說，將令後生務爲穿鑿，漸不可長。」遂收迪而黜邊。

旦任事久，人有謗之者，輒引咎不辨；至人有過失，雖人主盛怒，可辨者辨之，必得而後

已。素羸多疾，自東魯復命，連歲求解，優詔褒答，繼以面論，委任無貳。天禧初，進位太保，爲兗州太極觀奉上寶册使，復加太尉兼侍中，五日一赴起居，入中書，遇軍國重事，不限時日入預參決。旦愈畏避，上疏懇辭，又託同列奏白。帝重違其意，止加封邑。一日，獨對滋福殿，帝曰：「朕方以大事託卿，而卿疾如此。」因命皇太子出拜，旦皇恐走避，太子隨而拜之。旦言：「太子盛德，必任陛下事。」因薦可爲大臣者十餘人，其後不至宰相惟李及、淩策二人，亦爲名臣。旦復求避位，帝覩其形瘁，憫然許之。以太尉領玉清昭應宮使，給宰相半奉。

初，旦以宰相兼使，今罷相，使猶領之，其專置使自旦始焉。尋又命肩輿入禁，使子雍與直省吏挾扶，見于延和殿。帝曰：「卿今疾亟，萬一有不諱，使朕以天下事付之誰乎？」旦曰：「知臣莫若君，惟明主擇之。」再三問，不對。時張詠、馬亮皆爲尚書，帝歷問二人，亦不對。因曰：「試以卿意言之。」旦強起舉笏曰：「以臣之愚，莫如寇準。」帝曰：「準性剛褊，卿更思其次。」旦曰：「他人，臣所不知也。臣病困，不能久侍。」遂辭退。後旦沒歲餘，竟用準爲相。

旦疾甚，遣內侍問者日或三四，帝手自和藥，并薯蕷粥賜之。旦與楊億素厚，延至臥內，請撰遺表。旦言：「忝爲宰輔，不可以將盡之言，爲宗親求官；止敍生平遭遇，願日親庶





政，進用賢士，少減焦勞之意。」仍戒子弟：「我家盛名清德，當務儉素，保守門風，不得事於泰侈，勿爲厚葬以金寶置柩中。」表上，眞宗歎之，遂幸其第，賜白金五千兩。旦作奏辭之，藁末自益四句云：「益懼多藏，況無所用，見欲散施，以息咎殃。」卽舁至內閤，詔不許。還至門，旦已薨，年六十一。帝臨其喪慟，廢朝三日，贈太師、尚書令、魏國公，謚文正，又別次發哀。後數日，張旻赴鎭河陽，例宜飲餞，以旦故，不舉樂。錄其子、弟、姪、外孫、門客、常從，授官者十數人。諸子服除，又各進一官。已而聞旦奏藁自益四句，取視，泣下久之。旦有文集二十卷。乾興初，詔配享眞宗廟廷。及建碑，仁宗篆其首曰：「全德元老之碑。」

旦事寡嫂有禮，與弟旭友愛甚篤。婚姻不求門閥。被服質素，家人欲以繒錦飾氈席，不許。有貨玉帶者，弟以爲佳，呈旦，旦命繫之，曰：「還見佳否？」弟曰：「繫之安得自見？」旦曰：「自負重而使觀者稱好，無乃勞乎！」亟還之。故所服止於賜帶。家人未嘗見其怒，飲食不精潔，但不食而已。嘗試以少埃墨投羹中，旦惟啖飯，問何不啜羹，則曰：「我偶不喜肉。」後又墨其飯，則曰：「吾今日不喜飯，可別具粥。」旦不置田宅，曰：「子孫當各念自立，何必田宅，徒使爭財爲不義爾。」眞宗以其所居陋，欲治之，旦辭以先人舊廬，乃止。宅門壞，主者徹新之，暫于廡下啓側門出入。旦至側門，據鞍俯過，門成復由之，皆不問焉。三子雍，國子博士；沖，左贊善大夫；素，別有傳。

向敏中字常之，開封人。父瑀，仕漢符離令。性嚴毅，惟敏中一子，躬自教督，不假顏色。嘗謂其母曰：「大吾門者，此兒也。」敏中隨瑀赴調京師，有書生過門，見敏中，謂鄰母曰：「此兒風骨秀異，貴且壽。」鄰母入告其家，比出，已不見矣。及冠，繼丁內外憂，能刻厲自立，有大志，不屑貧窶。

太平興國五年進士，解褐將作監丞、通判吉州，就改右贊善大夫。轉運使張齊賢薦其材，代還，爲著作郎。召見便殿，占對明暢，太宗善之，命爲戶部推官，出爲淮南轉運副使。時領外計者，皆以權寵自尊，所至畏憚，敏中不尚威察，待僚屬有禮，勤於勸勗，職務修舉。或薦其有武幹者，召入，將授諸司副使。敏中懇辭，仍獻所著文，加直史館，遣還任。以耕籍恩，超左司諫，入爲戶部判官、知制誥。未幾，權判大理寺。

時沒入祖吉贓錢，分賜法吏，敏中引鍾離意委珠事，獨不受。妖尼道安搆獄，事連開封判官張去華，敏中妻父也，以故得請不預決讞。既而法官皆貶，猶以親累落職，出知廣州。入辭，面敍其事，太宗爲之感動，許以不三歲召還。翌日，遷職方員外郎，遣之。是州兼掌





市舶，前守多涉譏議。敏中至荆南，預市藥物以往，在任無所須，以清廉聞。就擢廣南東路轉運使，召爲工部郎中。太宗飛白書敏中洎張詠二名付中書，曰：「此二人，名臣也，朕將用之。」左右因稱其材，並命爲樞密直學士。

時通進、銀臺司主出納書奏，領於樞密院，頗多壅遏，或至漏失。敏中具奏其事，恐遠方有失事機，請別置局，命官專涖，校其簿籍，詔命敏中與詠領其局。太宗欲大任敏中，當塗者忌之。會有言敏中在法寺時，皇甫侃監無爲軍榷務，以賄敗，發書歷詣朝貴求爲末減，敏中亦受之。事下御史，按實，嘗有書及門，敏中覩其名，不啓封遣去。俄捕得侃私僮詰之，云其書尋納箒中，瘞臨江傳舍。馳驛掘得，封題如故。太宗大驚異，召見，慰諭賞激，遂決於登用。未幾，拜右諫議大夫、同知樞密院事。自郎中至是百餘日，超擢如此。時西北用兵，樞機之任，專主謀議，敏中明辨有才略，遇事敏速，凡二邊道路、斥堠、走集之所，莫不周知。至道初，遷給事中。

眞宗卽位，敏中適在疾告，力起，見于東序，卽遣視事。進戶部侍郎。會曹彬爲樞密使，改爲副使。咸平初，拜兵部侍郎、參知政事。從幸大名，屬宋湜病，代兼知樞密院事。時大兵之後，議遣重臣慰撫邊郡，命爲河北、河東安撫大使，以陳堯叟、馮拯爲副，發禁兵萬人翼從。所至訪民疾苦，宴犒官吏，莫不感悅。四年，以本官同平章事，充集賢殿大學士。

故相薛居正孫安上不肖，其居第有詔無得貿易，敏中違詔質之。會居正子惟吉婺婦柴將攜貲產適張齊賢，安上訴其事，柴遂言敏中嘗求娶己，不許，以是陰庇安上。眞宗以問敏中，敏中言近喪妻不復議婚，未嘗求婚於柴，眞宗因不復問。柴又伐鼓，訟益急，遂下御史臺，并得敏中質宅之狀。時王嗣宗爲鹽鐵使，素忌敏中，因對言，敏中議娶王承衍女弟，密約已定而未納采。眞宗詢于王氏得其實，以敏中前言爲妄，罷爲戶部侍郎，出知永興軍。

景德初，復兵部侍郎。夏州李繼遷兵敗，爲潘羅支射傷，自度孤危且死，屬其子德明必歸宋，曰：「一表不聽則再請，雖累百表，不得請勿止也。」繼遷卒，德明納款，就命敏中爲鄜延路緣邊安撫使，俄還京兆。

是冬，眞宗幸澶淵，賜敏中密詔，盡付西鄙，許便宜從事。敏中得詔藏之，視政如常日。會大儺，有告禁卒欲倚儺爲亂者，敏中密使麾兵被甲伏廡下幕中。明日，盡召賓僚兵官，置酒縱閱，無一人預知者。命儺入，先馳騁于中門外，後召至階，敏中振袂一揮，伏出，盡擒之，果各懷短刃，即席斬焉。既屏其尸，以灰沙掃庭，張樂宴飲，坐客皆股慄，邊藩遂安。時舊相出鎭，不以軍事爲意。寇準雖有重名，所至終日游宴，則以所愛伶人或付富室，輒厚有得。張齊賢倜儻任情，獲劫盜或至縱遣。帝聞之，稱敏中曰：「大臣出臨四方，惟敏中盡心於民事爾。」於是有復用之意。二年，又以德明誓約未定，徙敏中爲鄜延路都部署兼知延州，



委以經略，改知河南府兼西京留守。

大中祥符初，議封泰山，以敏中舊德有人望，召入，權東京留守。禮成，拜尙書右丞。時吏部選人多稽滯者，命敏中與溫仲舒領其事。俄兼祕書監，又領工部尙書、充資政殿大學士，賜御詩褒寵。祀汾陰，復爲留守。敏中以厚重鎭靜，人情帖然，帝作詩遣使馳賜之。拜刑部尙書。五年，復拜同平章事，充集賢殿大學士，加中書侍郎。尋充景靈宮使，宮成，進兵部尙書，爲兗州景靈宮慶成使。

天禧初，加吏部尙書，又爲應天院奉安太祖聖容禮儀使。進右僕射兼門下侍郎，監修國史。是日，翰林學士李宗諤當對，帝曰：「朕自卽位，未嘗除僕射，今命敏中，此殊命也，敏中應甚喜。」又曰：「敏中今日賀客必多，卿往觀之，勿言朕意也。」宗諤既至，敏中謝客，門闌寂然。宗諤與其親徑入，徐賀曰：「今日聞降麻，士大夫莫不歡慰相慶。」敏中但唯唯。又曰：「自上卽位，未嘗除端揆，非勳德隆重，眷倚殊越，何以至此。」敏中復唯唯。又歷陳前世爲僕射者勳德禮命之重，敏中亦唯唯，卒無一言。既退，使人問庖中，今日有親賓飲宴否，亦無一人。明日，具以所見對。帝曰：「向敏中大耐官職。」徙玉清昭應宮使。以年老累請致政，優詔不許。三年重陽，宴苑中，暮歸中風眩，郊祀不任陪從。進左僕射、昭文館大學士，奉表懇讓，又表求解，皆不許。明年三月卒，年七十二。帝親臨，哭之慟，廢朝三日，贈太尉、



中書令，謚文簡。五子、諸壻並遷官，親校又官數人[三]。

敏中姿表瓌碩，有儀矩，性端厚豈弟，多智，曉民政，善處繁劇，愼於采拔。居大任三十年，時以重德目之，爲人主所優禮，故雖衰疾，終不得謝。及追命制入，帝特批曰：「敏中淳謹溫良，宜益此意。」其恩顧如此。有文集十五卷。

子傳正，國子博士；傳式，龍圖閣直學士；傳亮，駕部員外郎；傳師，殿中丞；傳範，娶南陽郡王惟吉女安福縣主，爲密州觀察使，謚惠節。傳亮子經，定國軍留後，謚康懿。經女卽欽聖憲肅皇后也，以后族贈敏中燕王、傳亮周王、經吳王。敏中餘孫繹、絳，並官太子中書。

論曰：宋至眞宗之世，號爲盛治，而得人亦多。李沆爲相，正大光明，其焚封妃之詔以格人主之私，請遷靈州之民以奪西夏之謀，無愧宰相之任矣。沆嘗謂王旦，邊患既息，人主侈心必生，而聲色、土木、神仙祠禱之事將作，後王欽若、丁謂之徒果售其佞。又告眞宗不可用新進喜事之人，中外所陳利害皆報罷之，後神宗信用安石變更之言，馴至棼擾。世稱沆爲「聖相」，其言雖過，誠有先知者乎！王旦當國最久，事至不膠，有謗不校，薦賢而不市



恩，救罪輒宥而不費辭。澶淵之役，請于眞宗曰：「十日不捷，何以處之？」眞宗答之曰：「立太子。」契丹踰歲給而借幣，西夏告民饑而假糧，皆一語定之，偉哉宰相才也。惟受王欽若之說，以遂天書之妄，斯則不及李沆爾。向敏中恥受贓物之賜以遠其汙，預避市舶之嫌以全其廉，堅拒皇甫侃之書以免其累，拜罷之際，喜愠不形，亦可謂有宰相之風焉。

校勘記

〔一〕父祐　「祐」原作「祜」，據章定名賢氏族言行類稿卷二四王祐傳、王旦傳改。參考本書卷二六九王祐傳校勘記。下文「祐」字各條同。

〔二〕遷司空　按上文已說「玉淸昭應宮成，拜司空。」此處不應又說「遷司空」。本書卷二一〇宰輔表大中祥符九年正月，王旦「以兩朝國史成，加司徒」。長編卷八六也說「加旦守司徒」，「司空」當爲「司徒」之訛。

〔三〕親校又官數人　長編卷九五作「親族受官者又數人」。「校」字疑誤。

# 宋史卷二百八十三

## 列傳第四十二

### 王欽若 林特附　丁謂　夏竦 子安期

王欽若字定國，臨江軍新喻人。父仲華，侍祖郁官鄂州，會江水暴至，徙家黃鶴樓，漢陽人望見樓上若有光景，是夕，欽若生。欽若早孤，郁愛之。太宗伐太原時，欽若纔十八，作平晉賦論獻行在。郁爲濠州判官，將死，告家人曰：「吾歷官逾五十年，慎於用刑，活人多矣，後必有興者，其在吾孫乎！」

欽若擢進士甲科，爲亳州防禦推官，遷秘書省秘書郎，監廬州稅。改太常丞、判三司理欠憑由司。時毋賓古爲度支判官，嘗言曰：「天下逋負，自五代迄今，理督未已，民病幾不能勝矣。僕將啓蠲之。」欽若一夕命吏勾校成數，翌日上之。眞宗大驚曰：「先帝顧不知邪？」欽若徐曰：「先帝固知之，殆留與陛下收人心爾。」卽日放逋負一千餘萬，釋繫囚三千餘人。





帝益器重欽若，召試學士院，拜右正言、知制誥，召爲翰林學士。蜀寇王均始平，爲西川安撫使。所至問繫囚，自死罪以下第降之，凡列便宜，多所施行。還，授左諫議大夫、參知政事，以郊祀恩，加給事中。

河陰民常德方訟臨津縣尉任懿賂欽若得中第，事下御史臺劾治。初，欽若咸平中嘗知貢舉，懿舉諸科，寓僧仁雅舍。仁雅識僧惠秦者與欽若厚，懿與惠秦約，以銀三百五十兩賂欽若，書其數於紙，令惠秦持去。會欽若已入院，屬欽若客納所書于欽若妻李氏，惠秦減所書銀百兩，欲自取之。李氏令奴祁睿書懿名於臂，并以所約銀告欽若。懿再入試第五場，睿復持湯飲至貢院，欽若密令奴索取銀，懿未卽與而登科去。仁雅馳書河陰，始歸之。德方得其書，以告御史中丞趙昌言，昌言以聞。旣捕祁睿等，亦請逮欽若屬吏。

祁睿本亳小吏，雖從欽若久，而名猶隸亳州。欽若乃言：「嚮未有祁睿，惠秦亦不及門。」帝方顧欽若厚，命邢昺、閻承翰等於太常寺別鞫之。懿更云妻兄張駕識知舉官洪湛，嘗俱造湛門；始但以銀屬二僧，不知達主司爲誰。昺等遂誣湛受懿銀，湛適使陝西還，而獄已具。時駕且死，睿又悉遁去，欽若因得固執祁睿休役後始傭於家，它奴使多新募，不識惠秦，故皆無證驗。湛坐削籍，流儋州，而欽若遂免。方湛代王旦入知貢舉，懿已試第三場，及官收湛贓，家無有也，乃以湛假梁顥白金器輸官，湛遂死貶所。人知其冤，而欽若恃勢，人莫敢言者。

景德初，契丹入寇，帝將幸澶淵。欽若自請北行，以工部侍郎、參知政事判天雄軍，提舉河北轉運司，眞宗親宴以遣之。素與寇準不協，及還，累表願解政事，罷爲刑部侍郎、資政殿學士。尋判尚書都省，修册府元龜，或襃贊所及，欽若自名表首以謝，卽繆誤有所譴問，戒書吏但云楊億以下，其所爲多此類也。歲中，改兵部，升大學士、知通進銀臺司兼門下封駁事。初，欽若罷，爲置資政殿學士以寵之，準定其班在翰林學士下。欽若訴於帝，復加「大」字，班承旨上。以尚書左丞知樞密院事，修國史。

大中祥符初，爲封禪經度制置使兼判兗州，爲天書儀衞副使。先是，眞宗嘗夢神人言「賜天書於泰山」，卽密諭欽若。欽若因言，六月甲午，木工董祚於醴泉亭北見黃素曳草上，有字不能識，皇城吏王居正見其上有御名，以告。欽若旣得之，具威儀奉導至社首，跪授中使，馳奉以進。眞宗至含芳園奉迎，出所上天書再降祥瑞圖示百僚。欽若又言至嶽下兩夢神人，願增建廟庭；及至威雄將軍廟，其神像如夢中所見，因請構亭廟中。封禪禮成，遷禮部尚書，命作社首頌，遷戶部尚書。從祀汾陰，復爲天書儀衞副使，遷吏部尚書。明年，爲樞密使、檢校太傅、同中書門下平章事。初，學士晁迥草制，誤削去官，有詔仍帶吏部尚書。聖祖降，加檢校太尉。欽若居第在太廟後壖，自言出入訶導不自安，因易賜官第於





定安坊。七年，爲同天書刻玉使。

馬知節同在樞密，素惡欽若，議論不相下。會瀘州都巡檢王懷信等上平蠻功，欽若久不決，知節因面詆其短，爭於帝前。及趣論賞，欽若遂擅除懷信等官，坐是，罷樞密使，奉朝請。改刻玉副使、知通進銀臺司。復拜樞密使、同平章事。上玉皇尊號，遷尚書右僕射、判禮儀院，爲會靈觀使。有龜蛇見拱聖營，因其地建祥源觀，命欽若總領之。尋拜左僕射兼中書侍郎、同平章事。明年，爲景靈使，閱道藏，得趙氏神仙事迹四十人，繪于廊廡。又明年，商州捕得道士譙文易，畜禁書，能以術使六丁六甲神，自言嘗出入欽若家，得欽若所遺詩。帝以問欽若，謝不省，遂以太子太保出判杭州。

仁宗爲皇太子，自以東宮師保請歸朝，復爲資政大學士。詔日赴資善堂侍講皇太子。會輔臣兼領三少，欽若以品高求換秩，拜司空，尋除山南道節度使、同平章事、判河南府。與宰相丁謂不相悅，以疾請就醫京師，不報。令其子從益移文河南府，輿疾而歸。謂言欽若擅去官守，命御史中丞薛映就第按問。欽若惶恐伏罪，降司農卿，分司南京，奪從益一官。

仁宗卽位，改秘書監，起爲太常卿、知濠州，以刑部尚書知江寧府。仁宗嘗爲飛白書，適欽若有奏至，因大書「王欽若」字。是時，馮拯病，太后有再相欽若意，卽取字緘置湯藥合，遣中人齎以賜，且口宣召之。至國門而人未有知者。旣朝，復拜司空、門下侍郎、同平

章事、玉清昭應宮使、昭文館大學士，監修國史。

帝初臨政，欽若謂平時百官敍進，皆有常法，爲遷敍圖以獻。眞宗實錄成，進司徒，以郊祀恩，封冀國公〔一〕。知邵武軍吳植病，求外徙，因殿中丞余諤以黃金遺欽若，未至，而植復遣牙吏至欽若第問之。欽若執以送官，植、諤皆坐貶。初，欽若安撫西川，植爲新繁縣尉，嘗薦舉之。至是，亦當以失舉坐罪，詔勿問。兼譯經使，始赴傳法院，感疾亟歸。帝臨問，賜白金五千兩。既卒，贈太師、中書令，謚文穆，錄親屬及所親信二十餘人。國朝以來宰相卹恩，未有欽若比者。

欽若嘗言：「少時過圃田，夜起視天中，赤文成『紫微』字。後使蜀，至褒城道中，遇異人，告以他日位至宰相。既去，視其刺字，則唐相裴度也。」及貴，遂好神仙之事，常用道家科儀建壇場以禮神，朱書「紫微」二字陳於壇上。表修裴度祠於圃田，官其裔孫，自撰文以紀其事。眞宗封泰山，祀汾陰，而天下爭言符瑞，皆欽若與丁謂倡之。嘗建議躬謁元德皇太后別廟，爲莊穆皇后行期服。議者以謂「天子當絕傍朞，欽若所言不合禮」。又請置先蠶幷壽星祠，升天皇北極帝坐於郊壇第一龕，增執法、孫星位，別制王公以下車輅、鼓吹，以備拜官、婚葬。所著書有鹵簿記、彤管懿範、天書儀制、聖祖事跡、翊聖眞君傳、五嶽廣聞記、列宿萬靈朝眞圖、羅天大醮儀。欽若自以深達道教，多所建明，領校道書，凡增六百餘卷。





欽若狀貌短小，項有附疣，時人目爲「癭相」。然智數過人，每朝廷有所興造，委曲遷就，以中帝意。又性傾巧，敢爲矯誕。馬知節嘗斥其姦狀，帝亦不之罪。其後仁宗嘗謂輔臣曰：「欽若久在政府，觀其所爲，眞姦邪也。」王曾對曰：「欽若與丁謂、林特、陳彭年、劉承珪，時謂之『五鬼』。姦邪險僞，誠如聖諭。」

欽若子從益，終贊善大夫，追賜進士及第。後無子，以叔之子爲後。

林特字士奇。祖揆，仕閩爲南劍州順昌令，因家順昌。特少穎悟，十歲，謁江南李景，獻所爲文，景奇之，命作賦，有頃而成，授蘭臺校書郎。江南平，僞官皆入見，特袖文以進。太宗以爲長葛尉，改遂州錄事參軍。代還，命中書引對，授大理寺丞、通判隴州，有治狀。田重進鎭永興，太宗以重進武人，選特與楊覃並爲通判，人賜白金二百兩，給實奉。會出兵五路討李繼遷，督所部轉芻粟，先期以辦。呂蒙正辟通判西京留守事。蒙正入相，薦之，入判三司戶部勾院。

梁鼎制置陝西青白鹽，前後上議異同，眞宗選特與知永興軍張詠同商利害，所奏合旨。累遷尙書祠部員外郎，爲戶部副使，詔赴內朝。三司副使預內朝，自特始。徙鹽鐵副使。眞宗北征，命同知留司三司公事，遷司封員外郎。車駕謁陵，爲行在三司副使，詔與劉承珪、李溥比較江淮茶法。因裁定新制，歲增課百餘萬，特遷祠部郎中。封泰山，祀汾陰，皆爲行在三司副使。以右諫議大夫權三司使，修玉清昭應宮副使。將祀太清宮，遣特儲供具，爲行在三司使。禮成，進給事中，爲修景靈宮副使兼修兗州景靈宮、太極觀。昭應宮成，遷尙書工部侍郎，眞拜三司使。樞密使寇準言特姦邪，又數與爭事，帝爲出準，特在職如故。後罷三司，以戶部侍郎同玉清昭應宮副使。兗州宮觀成，遷吏部侍郎。天禧元年，爲修上聖祖寶册副使，轉尙書右丞。

時天下完富，丁謂以符瑞、土木迎帝意，而以特有心計，使幹財利佐之。然特亦天性邪險，善附會，故謂始終善特，當時與陳彭年等號「五鬼」，語在王欽若傳。

仁宗在東宮，以工部尙書兼太子賓客，改詹事。丁謂欲引爲樞密副使，而李迪執不可。仁宗即位，進刑部尙書、翰林侍讀學士。謂貶，特亦落職知許州。還朝，以戶部尙書知通進銀臺司、判尙書都省、勾當三班院。特體素羸，然未嘗一日謁告，及得疾，纔五日而卒。贈尙書左僕射。太后遣中使祀奠。

特精敏，喜吏職，据案終日不倦。眞宗數訪以朝廷大事，特因有所中傷，人以此憚焉。奉詔撰會計錄三十卷。又爲東封西祀朝謁太清宮慶賜總例三十六卷。

子灘、洙。灘亦有吏能，歷官至三司鹽鐵副使，以秘書監致仕，卒。洙，官至司農卿、知





壽州，臨事苛急，鼓角將夜入州廨，拔堂檻鐵鈎擊殺之。

丁謂字謂之，後更字公言，蘇州長洲人。少與孫何友善，同袖文謁王禹偁，禹偁大驚重之，以爲自唐韓愈、柳宗元後，二百年始有此作。世謂之「孫、丁」。淳化三年，登進士甲科，爲大理評事、通判饒州。踰年，直史館，以太子中允爲福建路採訪。還，上茶鹽利害，遂爲轉運使，除三司戶部判官。峽路蠻擾邊，命往體量。還奏稱旨，領峽路轉運使，累遷尙書工部員外郎，會分川峽爲四路，改夔州路。

初，王均叛，朝廷調施、黔、高、溪州蠻子弟以捍賊，既而反爲寇。謂至，召其種酋開諭之，且言有詔赦不殺。酋感泣，願世奉貢。乃作誓刻石柱，立境上。蠻地饒粟而常乏鹽，謂聽以粟易鹽，蠻人大悅。先時，屯兵施州而饋以夔、萬州粟。至是，民無轉餉之勞，施之諸砦，積聚皆可給。特遷刑部員外郎，賜白金三百兩。時溪蠻別種有入寇者，謂遣高、溪酋帥其徒討擊，出兵援之，擒生蠻六百六十，得所掠漢口四百餘人。復上言：黔南蠻族多善馬，請致館，犒給緡帛，歲收市之。其後徙置夔州城砦，皆謂所經畫也。居五年，不得代，乃詔舉自代者，於是入權三司鹽鐵副使。未幾，擢知制誥，判吏部流內銓。

景德四年，契丹犯河北，眞宗幸澶淵，以謂知鄆州兼齊、濮等州安撫使，提舉轉運兵馬巡檢事。契丹深入，民驚擾，爭趣楊劉渡，而舟人邀利，不時濟。謂取死罪給爲舟人，斬河上，舟人懼，民得悉渡。遂立部分，使並河執旗幟，擊刁斗，呼聲聞百餘里，契丹遂引去。明年，召爲右諫議大夫、權三司使。上會計錄，以景德四年民賦戶口之籍，較咸平六年之數，具上史館，請自今以咸平籍爲額，歲較其數以聞，詔獎之。尋加樞密直學士。

大中祥符初，議封禪，未決，帝問以經費，謂對「大計有餘」，議乃決。因詔謂爲計度泰山路糧草使。初，議卽宮城乾地營玉清昭應宮，左右有諫者。帝召問，謂對曰：「陛下有天下之富，建一宮奉上帝，且所以祈皇嗣也。羣臣有沮陛下者，願以此論之。」王旦密疏諫，帝如謂所對告之，旦不復敢言。迺以謂爲修玉清昭應宮使，復爲天書扶侍使，遷給事中，眞拜三司使。祀汾陰，爲行在三司使。建會靈觀，謂復總領之。遷尚書禮部侍郎，進戶部，參知政事。建安軍鑄玉皇像，爲迎奉使。朝謁太清宮，爲奉祀經度制置使、判亳州。帝賜宴賦詩以寵其行，命權管勾駕前兵馬事。謂獻白鹿幷靈芝九萬五千本。還，判禮儀院，又爲修景靈宮使，摹寫天書刻玉筴，玉清昭應宮副使。大內火，爲修葺使。歷工、刑、兵三部尚書，再爲天書儀衞副使，拜平江軍節度使、知昇州。

天禧初，徙保信軍節度使。三年，以吏部尚書復參知政事。是歲，祀南郊，輔臣俱進





官。故事，嘗爲宰相而除樞密使，始得還僕射，乃以謂檢校太尉兼本官爲樞密使。時寇準爲相，尤惡謂，謂媒蘖其過，遂罷準相。既而拜謂同中書門下平章事、昭文館大學士、監修國史、玉清昭應宮使。周懷政事敗，議再貶準，帝意欲謫準江、淮間，謂退，除道州司馬。同列不敢言，獨王曾以帝語質之，謂顧曰：「居停主人勿復言。」蓋指曾以第舍假準也。

其後詔皇太子聽政，皇后裁制於內，以二府兼東宮官，遂加謂門下侍郎兼太子少傅，而李迪先兼少傅，乃加中書侍郎兼尚書左丞。故事，左右丞非兩省侍郎所兼，而謂意特以抑迪也。謂所善林特，自賓客改詹事，謂欲引爲樞密副使兼賓客，迪執不可，因大詬之。既入對，斥謂姦邪不法事，願與俱付御史雜治，語在迪傳。帝因格前制不下，乃罷謂爲戶部尚書，迪爲戶部侍郎；尋以謂知河南府，迪知鄆州。明日，入謝，帝詰所爭狀，謂對曰：「非臣敢爭，乃迪忿詈臣爾，願復留。」遂賜坐。左右欲設墩，謂顧曰：「有旨復平章事。」乃更以杌進，卽入中書視事如故。仍進尚書左僕射、門下侍郎、平章事兼太子少師。天章閣成，拜司空。乾興元年，封晉國公。

仁宗卽位，進司徒兼侍中（三），爲山陵使。寇準、李迪再貶，謂取制草改曰：「當醜徒干紀之際，屬先王違豫之初，罹此震驚，遂至沈劇。」凡與準善者，盡逐之。是時二府定議，太后與帝五日一御便殿聽政。既得旨，而謂潛結內侍雷允恭，令密請太后降手書，軍國事進入印畫。學士草制辭，允恭先持示謂，閱訖乃進。蓋謂欲獨任允恭傳達中旨，而不欲同列與聞機政也。允恭倚謂勢，益橫無所憚。

允恭方爲山陵都監，與判司天監邢中和擅易皇堂地。夏守恩領工徒數萬穿地，土石相半，衆議日喧，懼不能成功，中作而罷，奏請待命。謂庇允恭，依違不決。內侍毛昌達自陵下還，以其事奏，詔問謂，謂始請遣使按視。既而咸謂復用舊地，乃詔馮拯、曹利用等就謂第議，遣王曾覆視，遂誅允恭。

後數日，太后與帝坐承明殿，召拯、利用等諭曰：「丁謂爲宰輔，乃與宦官交通。」因出謂嘗託允恭令後苑匠所造金酒器示之，又出允恭嘗干謂求管勾皇城司及三司衙司狀，因曰：「謂前附允恭奏事，皆言已與卿等議定，故皆可其奏；且營奉先帝陵寢，而擅有遷易，幾誤大事。」拯等奏曰：「自先帝登遐，政事皆謂與允恭同議，稱得旨禁中。臣等莫辨虛實，賴聖神察其姦，此宗社之福也。」乃降謂太子少保，分司西京。故事，黜宰相皆降制，時欲亟行，止令拯等卽殿廬召舍人草詞，仍榜朝堂，布諭天下。追其子珙、珝、玘、珷一官，落珙館職。

先是，女道士劉德妙者，嘗以巫師出入謂家。謂敗，逮繫德妙，內侍鞫之。德妙通款，謂嘗教言：「若所爲不過巫事，不若託言老君言禍福，足以動人。」於是卽謂家設神像，夜醮于園中，允恭數至請禱。及帝崩，引入禁中。又因穿地得龜蛇，令德妙持入內，紿言出其家





山洞中。仍復教云：「上卽問若，所事何知爲老君，第云『相公非凡人，當知之』。」謂又作頌，題曰「混元皇帝賜德妙」，語涉妖誕。遂貶崖州司戶參軍。諸子並勒停。玘又坐與德妙姦，除名，配隸復州。籍其家，得四方賂遺，不可勝紀。其弟誦、說、諫悉降黜。坐謂罷者自參知政事任中正而下十數人。在崖州踰三年，徙雷州，又五年，徙道州。明道中，授秘書監致仕，居光州，卒。詔賜錢十萬，絹百匹。

謂機敏有智謀，憸狡過人，文字累數千百言，一覽輒誦。在三司，案牘繁委，吏久難解者，一言判之，衆皆釋然。善談笑，尤喜爲詩，至於圖畫、博奕、音律，無不洞曉。每休沐會賓客，盡陳之，聽人人自便，而謂從容應接於其間，莫能出其意者。

眞宗朝營造宮觀，奏祥異之事，多謂與王欽若發之。初，議營昭應宮，料功須二十五年，謂令以夜繼晝，每繪一壁給二燭，七年乃成。眞宗崩，議草遺制，軍國事兼取皇太后處分，謂乃增以「權」字；及太后稱制，又議月進錢充宮掖之用，由是太后深惡之，因雷允恭遂併錄謂前後欺罔事竄之。

在貶所，專事浮屠因果之說，其所著詩幷文亦數萬言。家寓洛陽，嘗爲書自克責，敍國厚恩，戒家人毋輒怨望，遣人致于洛守劉燁，祈付其家。戒使者伺燁會衆僚時達之，燁得書不敢私，卽以聞。帝見感惻，遂徙雷州，亦出於揣摩也。謂初通判饒州，遇異人曰：「君貌

類李贊皇。」既而曰：「贊皇不及也。」

夏竦字子喬，江州德安人。父承皓，太平興國初，上平晉策，補右侍禁〔三〕，隸大名府。契丹內寇，承皓綠間道發兵，夜與契丹遇，力戰死之，贈崇儀使，錄竦爲潤州丹陽縣主簿。

竦資性明敏，好學，自經史、百家、陰陽、律曆，外至佛老之書，無不通曉。爲文章，典雅藻麗。舉賢良方正，擢光祿寺丞，通判台州。召直集賢院，爲國史編修官、判三司都磨勘司，累遷右正言。帝幸亳州，爲東京留守推官。仁宗初封慶國公，王旦數言竦材，命教書資善堂。未幾，同修起居注，爲玉淸昭應宮判官兼領景靈宮、會眞觀事，遷尙書禮部員外郎、知制誥。史成，遷戶部。景靈宮成，遷禮部郎中。

竦娶楊氏，楊亦工筆札，有鉤距。及竦顯，多內寵，寖與楊不諧，楊悍妬，卽與弟娟疏竦陰事，竊出訟之；又竦母與楊母相詬詈，偕訴開封府，府以事聞，下御史臺置劾，左遷職方員外郎、知黃州。後二年，徙鄧州，又徙襄州。屬歲饑，大發公廩，不足，竦又勸率州大姓，使出粟，得二萬斛，用全活者四十餘萬人。仁宗卽位，遷戶部郎中，徙壽、安、洪三州。洪俗尙鬼，多巫覡惑民，竦索部中得千餘家，敕還農業，毀其淫祠以聞。詔江、浙以南悉禁絕之。





竦材術過人，急於進取，喜交結，任數術，傾側反覆，世以爲姦邪。當太后臨朝，嘗上疏乞與修眞宗實錄，不報。既而丁母憂，潛至京師，依中人張懷德爲內助，宰相王欽若雅善竦，因左右之，遂起復知制誥，爲景靈判官、判集賢院，以左司郎中爲翰林學士、勾當三班院兼侍讀學士、龍圖閣學士，又兼譯經潤文官。遷諫議大夫，爲樞密副使、修國史，遷給事中。初，武臣賞罰無法，吏得高下爲姦，竦爲集前比，著爲定例，事皆按比而行。改參知政事、祥源觀使。增設賢良等六科，復百官轉對，置理檢使，皆竦所發。與宰相呂夷簡不相能，復爲樞密副使，遷刑部侍郎。史成，進兵部，尋進尙書左丞。

太后崩，罷爲禮部尙書、知襄州，改潁州。京東薦饑，徙靑州兼安撫使。踰年，罷安撫，遷刑部尙書，徙應天府。寶元初，以戶部尙書入爲三司使。趙元昊反，拜奉寧軍節度使、知永興軍，聽便宜行事。徙忠武軍節度使、知涇州。還，判永興軍兼陝西經略、安撫、招討，進宣徽南院使。與陳執中論兵事不合，詔徙屯鄜州。

初，竦在涇州，朝廷遣龐籍就計事。竦上奏曰：

頃者繼遷逃背，屢寇朔方。至道初，洛苑使白守榮等率重兵護糧四十萬，遇寇浦洛河，糧卒並沒，守榮僅以身免。呂端始欲發兵，繇麟府、鄜延、環慶三路趣平夏，襲其巢穴，太宗難之。後命李繼隆、丁罕、范廷召、王超、張守恩五路入討。繼隆與罕合兵，行旬日，不見賊；守恩見賊不擊；超及廷召至烏白池，以諸將失期，士卒困敝，相繼引還。時繼遷當繼捧入朝之後，曹光實掩襲之餘，遁逃窮蹙，而猶累歲不能剿滅。先皇帝鑒追討之敝，戒疆吏謹烽候，嚴卒乘，來卽驅逐之，去無追捕也。

然拓跋之境，自靈武陷沒之後，銀、綏割棄已來，假朝廷威靈，其所役屬者不過河外小羌爾。況德明、元昊相繼猖獗，以繼遷窮蹙，比元昊富實，勢可知也；以先朝累勝之士，較當今關東之兵，勇怯可知也；以興國習戰之師，方沿邊未試之將，工拙可知也；繼遷竄伏平夏，元昊窟穴河外，地勢可知也。若分兵深入，糗糧不支，師行賊境，利於速戰。儻進則賊避其鋒，退則敵躡其後，老師費糧，深可虞也。若窮其巢穴，須涉大河，長舟巨艦，非倉卒可具也。若浮囊挽梗，聯絡而進，我師半渡，賊乘勢掩擊，未知何謀可以捍禦？臣以爲不較主客之利，不計攻守之便，而議追討者，非良策也。

因條上十事。時邊臣多議征討，朝廷鄉之，而竦言出師非便。既而詔以涇原、鄜延兩路兵進討，會元昊稍求納款，范仲淹請留鄜延兵，繇是涇原兵亦不行。中國之師，卒不出塞。

竦上十事：一、教習彊弩以爲奇兵；二、羈縻屬羌以爲藩籬；三、詔唃廝囉父子幷力破賊；四、度地形險易遠近、砦柵多少、軍士勇怯，而增減屯兵；五、詔諸路互相應援；六、募土人爲兵，州各一二千人，以代東兵；七、增置弓手、壯丁、獵戶以備城守；八、並邊小砦，





毋積芻糧，賊攻急，則棄小砦入保大砦，以完兵力；九、關中民坐累若過誤者，許人入粟贖罪，銅一斤爲粟五斗，以贍邊計；十、損並邊冗兵、冗官及減騎軍，以紓饋運。當時頗採用之。

其募土人爲兵，令下而楊偕奏言：「西兵比繼遷時十增七八，縣官困於供億，今州復益一二千人，則歲費不貲；若訓習士卒，使之精銳，選任將帥，求之方略，自然以寡擊衆，以一當百矣。竦云『土兵訓練可代東兵』，此虛言也。自德明納款以來，東兵猶不可代，況今日乎？」朝廷下竦議，竦奏：「陝西防秋之敝，無甚東兵，不慣登陟，不耐寒暑，驕懦相習，廩給至厚。土兵便習，各護鄉土，山川道路，彼皆素知，歲省芻糧鉅萬。且收聚小民，免饑餓爲盜，代兵東歸，以衞京師，萬世利也。偕欲以寡擊衆，殆虛言也。」

偕復奏云：

自古將帥深入殊庭，霍去病止將輕騎八百，直棄大將軍數百里赴利，斬捕過當；又將萬騎踰烏盭，討遫濮，涉狐奴，歷五王國，過焉支山千有餘里，合兵皋蘭下，殺折蘭王、盧侯王〔四〕，執昆邪王子，收休屠祭天金人。趙充國亦以萬騎破先零。李靖以驍騎三千破突厥，又以精騎一萬至陰山，斬首千餘級，俘男女十餘萬，擒頡利以獻。自漢以來，用少擊衆，不可勝數。竦在涇原守城壘，據險阻，來則禦之，去則釋之，不聞出師

也。竦懼戰或敗衂，託以兵少爲辭爾。

竦言土兵各護鄉土，自古兵有九地[五]，士卒近家，謂之散地，言其易離散也。第以近事言之，閤門祗候王文恩出師敗北，而土兵皆竄走，惟東兵僅二百人，殺敵兵甚衆。以此知兵之強弱，不繫東西，在將有謀與無謀爾。今邊郡參用東兵、土兵，若盡罷東兵，亦非計也。古人有言：「非隴西之民有勇怯，迺將吏之制巧拙異也。」今防邊東兵，人月受米七斗五升，土兵二石五斗，而竦乃言東兵廩給至厚，又不知之甚也。竦又言募土兵訓練以代東兵，且土兵數萬，須募足訓練，雖三二歲未得成效，兵精猶恐奔北，豈有驟加訓練而能取勝哉？

竦議遂屈。

竦雅意在朝廷，及任以西事，頗依違顧避，又數請解兵柄。改判河中府，徙蔡州。慶曆中，召爲樞密使。諫官、御史交章論：「竦在陝西畏懦不肯盡力，每論邊事，但列衆人之言，至遣敕使臨督，始陳十策。嘗出巡邊，置侍婢中軍帳下，幾致軍變。元昊嘗募得竦首者與錢三千，爲賊輕侮如此。今復用之，邊將體解矣。且竦挾詐任數，姦邪傾險，與呂夷簡不相能。夷簡畏其爲人，不肯引爲同列，既退，乃薦之以釋宿憾。陛下孜孜政事，首用懷詐不忠之臣，何以求治？」會竦已至國門，言者論不已，請不令入見。諫官余靖又言：「竦累表引





疾，及聞召用，卽兼驛而馳。若不早決，竦必堅求面對，敍恩感泣，復有左右爲之地，則聖聽惑矣。」章累上，卽日詔竦歸鎮，竦亦自請還節。徙知亳州，改授吏部尚書。歲中，加資政殿學士。

竦之及國門也，帝封彈疏示之，既至亳州，上書萬言自辨。復拜宣徽南院使、河陽三城節度使、判并州。請復置官者爲走馬承受。明年，拜同中書門下平章事、判大名府。又明年，召入爲宰相。制下而諫官、御史復言：「大臣和則政事修，竦前在關中，與執中論議不合，不可使共事。」遂改樞密使，封英國公。

請析河北爲四路。親事官夜入禁中，欲爲亂，領皇城司者皆坐逐，獨楊懷敏降官，領入內都知如故。言者以爲竦結懷敏而曲庇之。會京師同日無雲而震者五，帝方坐便殿，趣召翰林學士張方平至，謂曰：「夏竦姦邪，以致天變如此，宜出之。」罷知河南府，未幾，赴本鎮，加兼侍中。饗明堂，徙武寧軍節度使，進鄭國公，錫賚與輔臣等。將相居外，遇大禮有賜，自竦始。尋以病歸，卒。贈太師、中書令。賜謚文正，劉敞言：「世謂竦姦邪，而謚爲正，不可。」改謚文莊。

竦以文學起家，有名一時，朝廷大典策屢以屬之。多識古文，學奇字，至夜以指畫膚。文集一百卷。其爲郡有治績，喜作條教，於閭里立保伍之法，至盜賊不敢發，然人苦煩擾。治軍尤嚴，敢誅殺，卽疾病死喪，拊循甚至。嘗有龍騎卒戍邊，羣剽，州郡莫能止，或密以告竦。時竦在關中，俟其至，召詰之，誅斬殆盡，軍中大震。其威略多類此。然性貪，數商販部中。在并州，使其僕貿易，爲所侵盜，至杖殺之。積家財累鉅萬，自奉尤侈，畜聲伎甚衆。所在陰間僚屬，使相猜阻，以鉤致其事，遇家人亦然。

子安期，字清卿，以父任爲將作監主簿，召試，賜進士出身。累遷太常博士，擢提點湖南道刑獄。除開封府推官，徙判官，判三司鹽鐵勾院，出爲京西轉運使。盜起部中，剽劫州縣，而光化軍戍卒相繼叛，勢且相合，安期督將吏捕斬殆盡。徙河東轉運使，累遷尙書工部郎中，徙江、淮發運使，入爲三司戶部副使。會元昊納款，西邊罷兵，命往陝西與諸路經略安撫司議損邊費，頗奏省吏員及汰邊兵之不任役者五萬人。擢天章閣待制，遂爲陝西都轉運使。徙河北，進兵部郎中。

時竦爲樞密使，爲請還所遷官，丐淮、浙一郡。復以爲工部郎中、江淮發運使，徙知永興軍。進龍圖閣直學士、吏部郎中、知渭州。簡弓箭手，得驍勇萬人爲步兵，騎又半之，教以戰陣法，繇是土兵勝他路。又籍塞下閑田，募人耕種，歲得穀數萬斛，以備振發，名曰貸倉。

遷右諫議大夫，進樞密直學士，徙延州。未至，丁父憂。服除，辭所進職，復爲龍圖閣





直學士兼侍讀，提舉集禧觀。以學士復知延州，州東北阻山，無城郭，虜騎嘗乘之。安期至，卽大築城。時方暑，士卒有怨言，安期益令廣袤計數百步，令其下曰：「敢言者斬。」躬自督役，不踰月而就。元昊請畫疆界，朝廷欲遣使，以問安期。安期對曰：「此不足煩王人，衘校可辦也。」議遂決。暴得疾，卒，詔遣中使護其喪以歸。

安期雖乘世資，頗以才自厲，朝廷數器使之，然無學術，而求入侍經筵，爲世所譏。其奉養聲伎，不減其父云。

論曰：王欽若、丁謂、夏竦，世皆指爲姦邪。眞宗時，海內乂安，文治洽和，羣臣將順不暇，而封禪之議成於謂，天書之誣造端於欽若，所謂以道事君者，固如是耶？竦陰謀猜阻，鉤致成事，一居政府，排斥相踵，何其患得患失也！欽若以贓賄干吏議，其得免者幸矣。然而黨惡醜正，幾敗國家，謂其尤者哉。

## 校勘記

〔一〕封冀國公　「公」字原脫，據長編卷一〇二、東都事略卷四九本傳補。

〔三〕兼侍中　「中」原作「郎」，據本書卷九仁宗紀、隆平集卷四、東都事略卷四九本傳改。
〔三〕右侍禁　「禁」字原脫，據隆平集卷一一、東都事略卷五四本傳補。
〔四〕殺折蘭王盧侯王　「折」原作「楼」，「盧侯」原作「虜侯」。按漢書卷五五霍去病傳作：「殺折蘭王，斬盧侯王。」長編卷一二五載楊偕此奏也作「殺折蘭王、盧侯王」，據改。
〔五〕自古兵有九地　「兵」字原脫。按長編卷一二五作「自古兵有九地」。又孫子有九地篇，其一爲「散地」，與本文正合。據補。



# 宋史卷二百八十四

## 列傳第四十三

### 陳堯佐 兄堯叟 弟堯咨 從子漸　宋庠 弟祁

陳堯佐字希元，其先河朔人。高祖翔，爲蜀新井令，因家焉，遂爲閬州閬中人。父省華字善則，事孟昶爲西水尉。蜀平，授隴城主簿，累遷櫟陽令。縣之鄭白渠爲鄰邑強族所據，省華盡去壅遏，水利均及，民皆賴之，徙樓煩令。端拱三年，太宗親試進士，伯子堯叟登甲科，占謝，辭氣明辨，太宗顧左右曰：「此誰子？」王沔以省華對。卽召省華爲太子中允，俄判三司都憑由司，改鹽鐵判官，遷殿中丞。河決鄆州，命省華領州事。俄爲京東轉運使，超拜祠部員外郎、知蘇州，賜金紫。時遇水災，省華復流民數千戶，殍者悉瘞之，詔書褒美。歷戶部、吏部二員外郎，改知潭州。

省華智辨有吏幹，入掌左藏庫，判吏部南曹，擢鴻臚少卿。景德初，判吏部銓，權知開





封府，轉光祿卿。舊制，卿監坐朶殿，太宗以省華權涖京府，別設其位，升於兩省五品之南。省華以府事繁劇，請禁賓友相過，從之。未幾，因疾求解任，拜左諫議大夫，再表乞骸骨，不許，手詔存問，親閱方藥賜之。三年，卒，年六十八，特贈太子少師。

堯佐進士及第，歷魏縣、中牟尉，爲海喻一篇，人奇其志。以試祕書省校書郎知朝邑縣，會其兄堯叟使陝西，發中人方保吉罪，保吉怨之，誣堯佐以事，降本縣主簿。徙下邽，遷祕書郎、知眞源縣，開封府司錄參軍事，遷府推官。坐言事忤旨，降通判潮州。修孔子廟，作韓吏部祠，以風示潮人。民張氏子與其母濯于江，鱷魚尾而食之，母弗能救。堯佐聞而傷之，命二吏拏小舟操網往捕。鱷至暴，非可網得，至是，鱷弭受網，作文示諸市而烹之，人皆驚異。

召還，直史館，知壽州。歲大饑，出奉米爲糜粥食餓者，吏人悉獻米至，振數萬人。徙廬州，以父疾請歸，提點開封府界事，後爲兩浙轉運副使。錢塘江篝石爲隄，隄再歲輒壞。堯佐請下薪實土乃堅久，丁謂不以爲是，徙京西轉運使，後卒如堯佐議。徙河東路，以地寒民貧，仰石炭以生，奏除其稅。又減澤州大廣冶鐵課數十萬。徙河北，母老祈就養，召糾察在京刑獄，爲御試編排官，坐置等誤降官，監鄂州茶場。

天禧中，河決，起知滑州，造木龍以殺水怒，又築長堤，人呼爲「陳公堤」。初營永定陵，

復徙京西轉運使，入爲三司戶部副使，徙度支，同修眞宗實錄。不試中書，特擢知制誥兼史館修撰，知通進、銀臺司。進樞密直學士、知河南府，徙幷州。每汾水暴漲，州民輒憂擾，堯佐爲築堤，植柳數萬本，作柳溪，民賴其利。

召同修三朝史，代弟堯咨同知開封府，累遷右諫議大夫，爲翰林學士，遂拜樞密副使。祥符知縣陳詁治嚴急，吏欲罪詁，乃空縣逃去，太后果怒；而詁連呂夷簡親，執政以嫌不敢辨。事下樞密院，堯佐獨曰：「罪詁則姦吏得計，後誰敢復繩吏者？」詁由是得免。以給事中參知政事，遷尚書吏部侍郎。

太后崩，執政多罷，以戶部侍郎知永興軍。過鄭，爲郡人王文吉以變事告，下御史中丞范諷劾治，而事乃辨。改知廬州，徙同州，復徙永興軍。初，太后遺宦者起浮圖京兆城中，前守姜遵盡毀古碑碣充磚甓用，堯佐奏曰：「唐賢臣墓石，今十亡七八矣。子孫深刻大書，欲傳之千載，乃一旦與瓦礫等，誠可惜也。其未毀者，願敕州縣完護之。」徙鄭州。會作章惠太后園陵，州供張甚嚴，賜書褒諭。既而拜同中書門下平章事、集賢殿大學士。以災異數見，罷爲淮康軍節度使、同中書門下平章事、判鄭州。以太子太師致仕，卒，贈司空兼侍中，謚文惠。

堯佐少好學，父授諸子經，其兄未卒業，堯佐竊聽已成誦。初肄業錦屏山，後從种放於



終南山，及貴，讀書不輟。善古隸八分，爲方丈字，筆力端勁，老猶不衰。尤工詩。性儉約，見動物必戒左右勿殺，器服壞，隨輒補之，曰：「無使不全見棄也。」號「知餘子」。自誌其墓曰：「壽八十二不爲夭，官一品不爲賤，使相納祿不爲辱，三者粗可歸息於父母棲神之域矣。」陳摶嘗謂其父曰：「君三子皆當將相，惟中子貴且壽。」後如摶言。有集三十卷，又有潮陽編、野廬編、愚丘集、遣興集。

堯叟字唐夫，解褐光祿寺丞、直史館，與省華同日賜緋，遷祕書丞。久之，充三司河東道判官。時宋、亳、陳、潁民饑，命堯叟及趙況等分振之。再遷工部員外郎、廣南西路轉運使。嶺南風俗，病者禱神不服藥，堯叟有集驗方，刻石桂州〔一〕驛。又以地氣蒸暑，爲植樹鑿井，每三二十里置亭舍，具飲器，人免暍死。會加恩黎桓，爲交州國信使。初，將命者必獲贈遺數千緡，桓責賦斂於民，往往斷其手及足趾。堯叟知之，遂奏召桓子，授以朝命，而却其私覿。又桓界先有亡命來奔者，多匿不遣，因是海賊頻年入寇。堯叟悉捕亡命歸桓，桓感恩，併捕海賊爲謝。

先是，歲調雷、化、高、藤、容、白諸州兵，使輦軍糧汎海給瓊州。其兵不習水利，率多沉溺，咸苦之。海北岸有遞角場，正與瓊對，伺風便一日可達，與雷、化、高、太平



四州地水路接近。堯叟因規度移四州民租米輸于場，第令瓊州遣蜑兵具舟自取，人以爲便。

咸平初，詔諸路課民種桑棗，堯叟上言曰：「臣所部諸州，土風本異，田多山石，地少桑蠶。昔云入蠶之綿，諒非五嶺之俗，度其所產，恐在安南。今其民除耕水田外，地利之博者惟麻苧爾。麻苧所種，與桑柘不殊，既成宿根，旋擢新幹，俟枝葉裁茂則刈穫之，周歲之間三收其苧。復一固其本，十年不衰。始離田疇，即可紡績。然布之出，每端止售百錢，蓋織者衆、市者少，故地有遺利，民艱資金。臣以國家軍須所急，布帛爲先，因勸諭部民廣植麻苧，以錢鹽折變收市之，未及二年，已得三十七萬餘匹。自朝廷克平交、廣，布帛之供，歲止及萬，較今所得，何止十倍。今樹藝之民，相率競勸；杼軸之功，日以滋廣。欲望自今許以所種麻苧頃畝，折桑棗之數，諸縣令佐依例書曆爲課，民以布赴官賣者，免其算稅。如此則布帛上供，泉貨下流，公私交濟，其利甚博。」詔從之。代還，加刑部員外郎，充度支判官。

未幾，會撫水蠻酋蒙令國殺使臣擾動，命堯叟爲廣南東、西兩路安撫使，賜金紫遣之。事平，遷兵部，拜主客郎中、樞密直學士、知三班兼銀臺通進封駁司、制置羣牧使。河決澶州王陵口，詔往護塞之，遂與馮拯同爲河北、河東安撫副使。時中外上封奏者



甚衆，命與拯詳定利害，及與三司議減冗事。俄與拯並拜右諫議大夫、同知樞密院事。有言三司官吏積習依違，文牒有經五七歲不決者，吏民抑塞，水旱災沴，多由此致。請委逐部判官檢覆判決，如復稽滯，許本路轉運使聞奏，命官推鞫，以警弛慢。乃詔堯叟與拯舉常參官幹敏者，同三司使議減煩冗，參決滯務。堯叟請以秘書丞直史館孫冕同領其事，凡省去煩冗文帳二十一萬五千餘道，又減河北冗官七十五員。

五年，郊祀，進給事中。會王繼英爲樞密使，以堯叟簽署院事，奉秩恩例悉同副使，遷工部侍郎。眞宗幸澶淵，命乘傳先赴北砦按視戎事，許以便宜。景德中，遷刑部、兵部二侍郎，與王欽若並知樞密院事。眞宗朝陵，權東京留守。每裁剸刑禁，雖大辟亦止面取狀，亟決遣之，以故獄無繫囚。眞宗曰：「堯叟素有裁斷，然重事宜付有司按鞫而詳察之。」因密加詔諭。

俄兼羣牧制置使。始置使，即以堯叟爲之，及掌樞密，即罷其任；至是，以國馬戎事之本，宜得大臣總領，故又委堯叟焉。自是多立條約。又著監牧議，述馬政之重。預修國史。

大中祥符初，東封，加尙書左丞。詔撰朝覲壇碑，進工部尙書，獻封禪聖製頌，帝作歌答之。祀汾陰，爲經度制置使、判河中府。禮成，進戶部尙書。時詔王欽若爲朝覲壇頌，表

讓堯叟，不許。別命堯叟撰親謁太寧廟頌，加特進，賜功臣。又以堯叟善草隸，詔寫途中御製歌詩刻石。

五年，與欽若並以本官檢校太傅、同平章事，充樞密使，加檢校太尉。從幸太清宮，加開府儀同三司。未幾，與欽若罷守本官，仍領羣牧。明年，復與欽若以本官檢校太尉、同平章事，充樞密使。堯叟素有足疾，屢請告。九年夏，帝臨問，勞賜加等。疾甚，表求避位，遣閤門使楊崇勳至第撫慰，以諭其意。堯叟詞志頗確，優拜右僕射、知河陽。肩輿入辭，至便坐，許三子扶掖升殿，賜詩爲餞，又賜仲子希古緋服。

天禧初，病亟，召其子執筆，口占奏章，求還輦下，詔許之。肩輿至京師，卒，年五十七。廢朝二日，贈侍中，謚曰文忠，錄其孫知言、知章爲將作監主簿。長子師古賜進士出身，後爲都官員外郎。希古至太子中舍，坐事除籍。

堯叟偉姿貌，強力，奏對明辨，多任知數。久典機密，軍馬之籍，悉能周記。所著請盟錄三集二十卷。

母馮氏，性嚴。堯叟事親孝謹，怡聲侍側，不敢以貴自處。家本富，祿賜且厚，馮氏不許諸子事華侈。景德中，堯叟掌樞機，弟堯佐直史館，堯咨知制誥，與省華同在北省，諸孫任官者十數人，宗親登科者又數人，榮盛無比。賓客至，堯叟兄弟侍立省華側，客不自安，多



引去。舊制登樞近者，母妻即封郡夫人。堯叟以父在朝，母止從父封，遂以妻封表讓于母，朝廷援制不許。父既卒，帝欲褒封其母，以問王旦。旦曰：「雖私門禮制未闋，公朝降命亦無嫌也。」乃封上黨郡太夫人，進封滕國，年八十餘無恙，後堯叟數年卒。

堯咨字嘉謨，舉進士第一，授將作監丞、通判濟州，召爲祕書省著作郎、直史館、判三司度支句院，始合三部句院兼總之。擢右正言、知制誥。崇政殿試進士，堯咨爲考官，三司使劉師道屬弟幾道以試卷爲識驗，坐貶單州團練副使。復著作郎、知光州。

尋復右正言、知制誥，知荆南。改起居舍人，同判吏部流內銓。舊格，選人用舉者數遷官，而寒士無以進，堯咨進其可擢者，帝特遷之。改右諫議大夫、集賢院學士，以龍圖閣直學士、尚書工部郎中知永興軍。長安地斥鹵，無甘泉，堯咨疏龍首渠注城中，民利之。然豪侈不循法度，敞武庫，建視草堂，闢三門，築甬道，出入列禁兵自衞。用刑慘急，數有杖死者。嘗以氣凌轉運使樂黃目，黃目不能堪，求解去，遂徙堯咨知河南府。既而有發堯咨守長安不法者，帝不欲窮治，止削職徙鄧州，才數月，復知制誥。

堯咨性剛戾，數被挫，忽忽不自樂。堯叟進見，帝問之，對曰：「堯咨豈知上恩所以保佑者，自謂遭讒以至此爾！」帝賜詔條其事切責，乃皇恐稱謝。還，判登聞檢院，復龍圖閣直學



士。坐失舉，降兵部員外郎。喪母，起復工部郎中、龍圖閣直學士、會靈觀副使。邊臣飛奏唃廝囉立文法召蕃部欲侵邊，以爲陝西緣邊安撫使。再遷右諫議大夫、知秦州，徙同州，以尚書工部侍郎權知開封府。入爲翰林學士，以先朝初牓甲科，特詔班舊學士蔡齊之上。

換宿州觀察使，知天雄軍，位丞郎上。堯咨內不平，上章固辭，皇太后特以雙日召見，敦諭之，不得已，拜命。自契丹修好，城壁器械久不治，堯咨葺完之。然須索煩擾，多暴怒，列軍士持大梃侍前，吏民語不中意，立至困仆。以安國軍節度觀察留後知鄆州。建請浚新河，自魚山至下杷以導積水。拜武信軍節度使、知河陽，徙澶州，又徙天雄軍。所居棟摧，大星霣于庭，散爲白氣。已而卒，贈太尉，謚曰康肅。

堯咨於兄弟中最爲少文，然以氣節自任。工隸書。善射，嘗以錢爲的，一發貫其中。兄弟同時貴顯，時推爲盛族。子述古，太子賓客致仕；博古，篤學能文，爲館閣校勘，早卒。

從子漸字鴻漸，少以文學知名於蜀。淳化中，與其父堯封皆以進士試廷中，太宗擢漸第，輒辭不就，願擢其父，許之。至咸平初，漸始仕，爲天水縣尉。時學者罕通揚雄太玄經，漸獨好之，著書十五篇，號演玄，奏之。召試學士院，授儀州軍事推官。舉賢良方正科，不中，復調隴西防禦推官，坐法免歸，不復有仕進意，蜀中學者多從之遊。堯咨不學，漸心薄



之。堯咨後貴顯，與漸益不同，因言漸罪戾之人，聚徒太盛，不宜久留遠方。即召漸至京師，授潁州長史。丁謂等知其無他，得改鳳州團練推官，遷耀州節度推官。卒，有文集十五卷，自號金龜子。

宋庠字公序，安州安陸人，後徙開封之雍丘。父玘〔一〕，嘗爲九江掾，與其妻鍾禱于廬阜。鍾夢道士授以書曰：「以遺爾子。」視之，小戴禮也，已而庠生。他日見許眞君像，即夢中見者。

庠，天聖初，舉進士，開封、試禮部皆第一，擢大理評事、同判襄州。召試，遷太子中允、直史館，歷三司戶部判官，同修起居注，再遷左正言。郭皇后廢，庠與御史伏閤爭論，坐罰金。久之，知制誥。時親策賢良、茂才等科，而命與武舉人雜視。庠言：「非所以待天下士，宜如本朝故事，命有司設次具飲膳，斥武舉人令別試。」詔從之。

兼史館修撰、知審刑院。密州豪王澥私釀酒，鄰人往捕之，澥給奴曰：「盜也。」盡使殺其父子四人。州論奴以法，澥獨不死。宰相陳堯佐右澥，庠力爭，卒抵澥死。改權判吏部流內銓，遷尚書刑部員外郎。仁宗欲以爲右諫議大夫、同知樞密院事，中書言故事無自知

制誥除執政者，乃詔爲翰林學士。帝遇庠厚，行且大用矣。

庠初名郊，李淑恐其先已，以奇中之，言曰：「宋，受命之號；郊，交也。合姓名言之爲不祥。」帝弗爲意，他日以諭之，因改名庠。寶元中，以右諫議大夫參知政事。庠爲相儒雅，練習故事，自執政，遇事輒分別是非。嘗從容論及唐入閤儀，庠退而上奏曰：

入閤，乃有唐隻日於紫宸殿受常朝之儀也。唐有大內，又有大明宮，宮在大內之東北，世謂之東內，高宗以後，天子多在。大明宮之正南門曰丹鳳門，門內第一殿曰含元殿，大朝會則御之；第二殿曰宣政殿，謂之正衙，朔望大册拜則御之；第三殿曰紫宸殿，謂之上閤，亦曰內衙，隻日常朝則御之。天子坐朝，須立仗於正衙殿，或乘輿止御紫宸，即喚仗自宣政殿兩門入，是謂東、西上閤門也。

以本朝宮殿視之：宣德門，唐丹鳳門也；大慶殿，唐含元殿也；文德殿，唐宣政殿也；紫宸殿，唐紫宸殿也。今欲求入閤本意，施於儀典，須先立仗文德庭，如天子止御紫宸，即喚仗自東、西閤門入，如此則差與舊儀合。但今之諸殿，比於唐制南北不相對爾。又按唐自中葉以還，雙日及非時大臣奏事，別開延英殿，若今假日御崇政、延和是也。乃知唐制每遇坐朝日，即爲入閤，其後正衙立仗因而遂廢，甚非禮也。

庠與宰相呂夷簡論數不同，凡庠與善者，夷簡皆指爲朋黨，如鄭戩、葉清臣等悉出之，



乃以庠知揚州。未幾，以資政殿學士徙鄆州，進給事中。參知政事范仲淹去位，帝問宰相章得象，誰可代仲淹者，得象薦宋祁。帝雅意在庠，復召爲參知政事。慶曆七年春旱，用漢災異策免三公故事，罷宰相賈昌朝，輔臣皆削一官，以庠爲右諫議大夫。帝嘗召二府對資政殿，出手詔策以時事，庠曰：「兩漢對策，本延巖穴草萊之士，今備位政府而比諸生，非所以尊朝廷，請至中書合議條奏。」時陳執中爲相，不學少文，故夏竦爲帝畫此謀，意欲困執中也。論者以庠爲知體。

明年，除尚書工部侍郎，充樞密使。皇祐中，拜兵部侍郎、同中書門下平章事、集賢殿大學士。享明堂，遷工部尚書。嘗請復羣臣家廟，曰：「慶曆元年赦書，許文武官立家廟，而有司終不能推述先典，因循顧望，使王公薦享，下同委巷，衣冠昭穆，雜用家人，緣偷襲弊，甚可嗟也。請下有司論定施行。」而議者不一，卒不果復。

三年，祁子與越國夫人曹氏客張彥方遊。而彥方僞造敕牒，爲人補官，論死。諫官包拯奏庠不戢子弟，又言庠在政府無所建明，庠亦請去。乃以刑部尚書、觀文殿大學士知河南府，後徙許州，又徙河陽，再遷兵部尚書。入覲，詔綴中書門下班，出入視其儀物。以檢校太尉、同平章事充樞密使，封莒國公。數言：「國家當愼固根本，畿輔宿兵常盈四十萬，羨則出補更戍，祖宗初謀也，不苟輕改。」既而與副使程戡不協，戡罷，而御史言庠昏惰，乃以



河陽三城節度、同平章事、判鄭州，徙相州。以疾召還。

英宗即位，移鎭武寧軍〔三〕，改封鄭國公。庠在相州，即上章請老，至是請猶未已。帝以大臣故，未忍遽從，乃出判亳州。庠前後所至，以愼靜爲治，及再登用，遂沉浮自安。晚愛信幼子，多與小人遊，不謹。御史呂誨請敕庠不得以二子隨，帝曰：「庠老矣，奈何不使其子從之。」至亳，請老益堅，以司空致仕。卒，贈太尉兼侍中，諡元獻。帝爲篆其墓碑曰「忠規德範之碑」。

庠自應舉時，與祁俱以文學名擅天下，儉約不好聲色，讀書至老不倦。善正訛謬，嘗校定國語，撰補音三卷。又輯紀年通譜，區別正閏，爲十二卷。掖垣叢志三卷，尊號錄一卷，別集四十卷。天資忠厚，嘗曰：「逆詐恃明，殘人矜才，吾終身弗爲也。」沈邈嘗爲京東轉運使，數以事侵庠。及庠在洛，邈子監麴院，因出借縣人負物，杖之，道死實以他疾。而邈子爲府屬所惡，欲痛治之以法，庠獨不肯，曰：「是安足罪也！」人以此益稱其長者。弟祁。

祁字子京，與兄庠同時舉進士，禮部奏祁第一，庠第三。章獻太后不欲以弟先兄，乃擢庠第一，而置祁第十。人呼曰「二宋」，以大小別之。釋褐復州軍事推官。孫奭薦之，改大理寺丞、國子監直講。召試，授直史館，再遷太常博士、同知禮儀院。有司言太常舊樂數增



損，其聲不和。詔祁同按試。李照定新樂，胡瑗鑄鍾磬，祁皆典之，事見樂志。預修廣業記成，遷尚書工部員外郎、同修起居注、權三司度支判官。方陝西用兵，調費日蹙，上疏曰：

兵以食爲本，食以貨爲資，聖人一天下之具也。今左藏無積年之鏹，太倉無三歲之粟，南方冶銅匱而不發〔四〕，承平如此，已自彫困，良由取之既殫、用之無度也。朝廷大有三冗，小有三費，以困天下之財。財窮用褊，而欲興師遠事，誠無謀矣。能去三冗、節三費，專備西北之屯，可曠然高枕矣。

何謂三冗？天下有定官無限員，一冗也；天下廂軍不任戰而耗衣食，二冗也；僧道日益多而無定數，三冗也。三冗不去，不可爲國。請斷自今，僧道已受戒具者姑如舊，其他悉罷還爲民，可得耕夫織婦五十餘萬人，一冗去矣。天下廂軍不擇孱小尫弱而悉刺之，纔圖供役，本不知兵，又且月支廩粮，歲費庫帛，數口之家，不能自庇，多去而爲盜賊，雖廣募之，無益也。其已在籍者請勿論，其他悉驅之南畝，又得力耕者數十萬，二冗去矣。國家郡縣，素有定官，譬以十人爲額，常以十二加之，即遷代、罪謫，隨取之而有。今一官未闕，羣起而逐之，州縣不廣於前，而官五倍於舊，吏何得不苟進，官何得不濫除。請詔三班審官院內諸司、流內銓明立限員，以爲定法。其門蔭、流外、

貢舉等科，實置選限，稍務擇人，俟有闕官，計員補吏，三冗去矣。

何謂三費？一曰道場齋醮，無有虛日，且百司供億，至不可貲計。彼皆以祝帝壽、奉先烈、祈民福爲名，臣愚以爲此主者爲欺盜之計爾。陛下事天地、宗廟、社稷、百神，犧牲玉帛，使有司端委奉之，歲時薦之，足以竦明德、介多福矣，何必希屑屑之報哉？則一費節矣。二曰京師寺觀，或多設徒卒，添置官府，衣糧率三倍他處。居大屋高廡，不徭不役，坐蠹齊民，其尤者也。而又自募民財，營建祠廟，雖曰不費官帑，然國與民一也，捨國取民，其傷一焉，請罷去之，則二費節矣。三曰使相節度，不隸藩要。夫節相之建，或當邊鎮，或臨師屯，公用之設，勞衆而饗賓也。今大臣罷黜，率叨恩除，坐糜邦用，莫此爲甚。請自今地非邊要、州無師屯者，不得建節度；已帶節度，不得留近藩及京師，則三費節矣。

臣又聞之，人不率則不從，身不先則不信。陛下能躬服至儉，風示四方，衣服起居，無踰舊規，後宮錦綉珠玉，不得妄費，則天下響應，民業日豐，人心不搖，師役可舉，風行電照，飲馬西河。蠢爾戎首，在吾掌中矣！

徙判鹽鐵句院，同修禮書。次當知制誥，而庠方參知政事，乃以爲天章閣待制，判太常禮院、國子監，改判太常寺。庠罷，祁亦出知壽州，徙陳州。還知制誥、權同判流內銓，以龍





圖閣直學士知杭州，留爲翰林學士。提舉諸司庫務，數釐正弊事，增置勾當公事官，其屬言利害者，皆使先稟度可否，而後議於三司，遂著爲令。徙知審官院兼侍讀學士。庠復知政事，罷祁翰林學士，改龍圖學士、史館修撰，修唐書。累遷右諫議大夫，充羣牧使。庠爲樞密使，祁復爲翰林學士。

景祐中，詔求直言，祁奏：「人主不斷是名亂。春秋書：『殞霜，不殺菽。』天威暫廢，不能殺小草，猶人主不斷，不能制臣下。」又謂：「與賢人謀而與不肖者斷，重選大臣而輕任之，大事不圖而小事急，是謂三患。」其意主於彊君威，別邪正，急先務，皆切中時病。

會進溫成皇后爲貴妃。故事，命妃皆發册，妃辭則罷册禮。然告在有司，必俟旨而後進。又凡制詞，既授閤門宣讀，學士院受而書之，送中書，結三省銜，官告院用印，乃進內。祁適當制，不俟旨，寫告不送中書，徑取官告院印用之，亟封以進。后方愛幸，覬行册禮，得告大怒，擲于地。祁坐是出知許州。甫數月，復召爲侍讀學士、史館修撰。祀明堂，遷給事中兼龍圖閣學士。坐其子從張彥方游，出知亳州。兼集賢殿修撰。居三歲餘，徙知成德軍，遷尚書禮部侍郎。請弛河東、陝西馬禁，又請復唐馱幕之制。居三月〔五〕，徙定州，又上言：

天下根本在河北，河北根本在鎮、定，以其扼賊衝，爲國門戶也。且契丹搖尾五十年，狼態猘心，不能無動。今垂涎定、鎮，二軍不戰，則薄深、趙、邢、洺〔六〕，直擣其虛，血吻婪進，無所顧藉。臣竊慮欲兵之強，莫如多穀與財；欲士訓練，莫如善擇將帥；欲人樂鬥，莫如賞重罰嚴；欲賊顧望不敢前，莫如使鎮重而定彊。夫耻怯尚勇，好論事，甘得而忘死，河北之人，殆天性然。陛下少勵之，不憂不戰。以欲戰之士，不得善將，雖鬥猶負。無穀與財，雖金城湯池，其勢必輕。

今朝廷擇將練卒，制財積糧，乃以陝西、河東爲先，河北爲後，非策也。西賊兵銳士寡，不能深入，河東天險，彼憚爲寇。若河北不然，自薊直視，勢同建瓴，賊鼓而前，如行莞衽。故謀契丹者當先河北，謀河北者捨鎮、定無議矣。臣願先入穀鎮、定，鎮、定既充，可入穀餘州。列將在陝西、河東有功狀者，得遷鎮、定，則鎮、定重。天下久平，馬益少，臣請多用步兵。夫雲奔飆馳，抄後掠前，馬之長也；彊弩巨梃，長槍利刀，什伍相聯，大呼薄戰，步之長也。臣料朝廷與敵相攻，必不深入窮追，敺而去之，及境則止，此不待馬而步可用矣。臣請損馬益步，故馬少則騎精，步多則鬥健，我能用步所長，雖契丹多馬，無所用之。

夫鎮、定一體也，自先帝以來爲一道，帥專而兵不分，故定搤其胸，則鎮擣其脅，勢自然耳。今判而爲二，其顯顯有害者，屯柴山川要險之地裂而有之，平時號令文移不





能一，賊脫叩營壘，則彼此不相謀，尚肯任此責邪！請合鎮、定爲一路，以將相大臣領之，無事時以鎮爲治所，有事則遷治定，指授諸將，權一而責有歸，策之上也。陛下當居安思危，熟計所長，必待事至而後圖之，殆矣。

河東馬彊，士習善馳突，與鎮、定若表裏，然東下井陘，不百里入鎮、定矣。賊若深入，以河東健馬佐鎮、定兵，掩其惰若歸者，萬出萬全，此一奇也。臣聞事切於用者，不可以文陳，臣所論件目繁碎，要待刀筆吏委曲可曉，臣已便俗言之，輒別上擇將畜財封，乞下樞密院、三司裁制之。

又上禦戎論七篇。加端明殿學士，特遷吏部侍郎、知益州。尋除三司使。右司諫吳及嘗言祁在定州不治，縱家人貸公使錢數千緡，在蜀奢侈過度。既而御史中丞包拯亦言祁益部多游燕，且其兄方執政，不可任三司。乃加龍圖閣學士、知鄭州。唐書成，遷左丞，進工部尚書。以羸疾請便醫藥，入判尚書都省。踰月，拜翰林學士承旨，詔遇入直許一子主湯藥。復爲羣牧使，尋卒。遺奏曰：「陛下享國四十年，東宮虛位，天下係望，人心未安。爲社稷深計，莫若擇宗室賢材，進爵親王，爲匕鬯之主。若六宮有就館之慶，聖嗣蕃衍，則宗子降封郡王，以避正嫡，此定人心、防禍患之大計也。」

又自爲誌銘及治戒以授其子：「三日斂，三月葬，愼無爲流俗陰陽拘忌也。棺用雜木，

漆其四會，三塗即止，使數十年足以腊吾骸、朽衣巾而已。毋以金銅雜物置冢中。且吾學不名家，文章僅及中人，不足垂後。爲吏在良二千石下，勿請謚，勿受贈典。冢上植五株柏，墳高三尺，石翁仲他獸不得用。若等不可違命。若等兄弟十四人，惟二孺兒未仕，以此諉莒公。莒公在，若等不孤矣。」後贈尚書。

祁兄弟皆以文學顯，而祁尤能文，善議論，然清約莊重不及庠，論者以祁不至公輔，亦以此云。修唐書十餘年，自守亳州，出入內外嘗以稿自隨，爲列傳百五十卷。預修籍田記、集韻。又撰大樂圖二卷，文集百卷。祁所至，治事明峻，好作條教。其子遵治戒不請謚，久之，學士承旨張方平言祁法應得謚，謚曰景文。

論曰：咸平、天聖間，父子兄弟以功名著聞于時者，於陳堯佐、宋庠見之。省華聲聞，由諸子而益著。堯佐相業雖不多見，世以寬厚長者稱之。堯叟出典方州，入爲侍從，課布帛，修馬政，減冗官，有足稱者。庠明練故實，文藻雖不逮祁，孤風雅操，過祁遠矣。君子以爲陳之家法，宋之友愛，有宋以來不多見也，嗚呼賢哉！





## 校勘記

〔一〕桂州　原作「桂州」，據隆平集卷五、東都事略卷四四本傳改。

〔二〕父玘　「玘」原作「杞」，據宋祁景文集卷六二宋玘行狀、王珪華陽集卷三六宋庠神道碑改。

〔三〕移鎮武寧軍　「寧」字原脫，據華陽集卷三六宋庠神道碑、長編卷二〇〇、東都事略卷六五本傳改。

〔四〕南方冶銅匱而不發　「南方」原作「尙方」。據景文集卷二六上三冗三費疏、長編卷一二五、編年綱目卷一〇改。

〔五〕居三月　「三」原作「正」，據琬琰集上編卷七宋祁神道碑、編年綱目卷一四改。

〔六〕則溥深趙邢洺　「溥」原作「博」。景文集卷二九上便宜劄子作：「則進溥深、趙、邢、洺」，「博」當是「溥」之訛。據改。

# 宋史卷二百八十五

## 列傳第四十四

陳執中　劉沆　馮拯 子行己　仲己　賈昌朝 弟昌衡　從子炎

伯祖父琰　梁適 孫子美

陳執中字昭譽，以父恕任，爲秘書省正字，累遷衞尉寺丞、知梧州。上復古要道三篇，眞宗異而召之。帝屬疾，春秋高，大臣莫敢言建儲者，執中進演要三篇，以蚤定天下根本爲說。翌日，帝以他疏示輔臣，皆贊曰「善」。帝指其袖中曰：「又有善於此者。」出之，乃演要也。因召對便殿，勞問久之，擢右正言。逾月，遂立皇太子。明年，坐考御試進士卷差謬，貶衞尉寺丞、監岳州酒務。稍復殿中丞、通判撫州，復右正言。

曹利用壻盧士倫除福建運使，憚遠不行，利用爲請，乃改京東。執中嘗劾奏之，利用挾私忿，出執中知漢陽軍。及利用得罪，乃召爲羣牧判官、權三司鹽鐵判官、知諫院、提舉諸司庫務，以尙書工部員外郎兼御史知雜、同判流內銓，遷三司戶部副使。

明道中，安撫京東，進天章閣待制。使還，知應天府，徙江寧府、揚州，再遷工部郎中，改龍圖閣直學士、知永興軍，拜右諫議大夫、同知樞密院事。

元昊寇延州，手詔咨訪輔臣攻守方略，執中既上對，退復奏疏曰：「元昊乘中國久不用兵，竊發西垂，以游兵困勁卒、甘言悅守臣，一旦連犯亭障，延安幾至不保。此蓋范雍納詭說，失於戒嚴；劉平輕躁，喪其所部。上下紛擾，遠近震駭。自金明李士彬族破，而並邊籬落皆大壞。塞門、金明相距二百里，宜列修三城，城屯兵千人，益募弓箭手。寇大至則退保，小至則出鬥。選閤門祗候以上爲寨主〔一〕、都監，以諸司使爲盧關一路都巡檢，以兵二千屬之，使爲三砦之援。熟羌居漢地久者，委邊臣拊存之；反覆者，破逐之。至於新拊黠羌，如涇原康奴、滅臧、大蟲族，久居內地，常有叛心，不肆剪除，恐終爲患。今軍須之出，民已愁嘆，復欲偏修城池如河北之制，及夏須戍，使神運之猶恐不能，民力其堪此乎？陝西地險，非如河北，惟涇州、鎭戎軍勢稍平易，若不責外守而勞內營，非策之上也。宜修並邊城池，其次如延州之鄜、同，環慶之邠、寧，不過五七處，量爲營葺，則科率減、民力蘇矣。今賊勢方張，宜靜守以驕其志，蓄銳以挫其鋒，增土兵以備守禦，省騎卒以減轉饟。然後徐議盪平，改張節度，更須主張，將臣橫議不入，則忠臣盡節而捐軀矣。」

既而議刺土兵，久不決，罷知青州。又以資政殿學士知河南府，改尙書工部侍郎、陝西同經略安撫招討使。與夏竦同知永興軍，議邊事多異同，詔令互出巡邊，乃屯涇州，令諸部曰：「寇籍吾水草，鈔邊圖利，不除，且復至。」命悉焚之。表解兵柄，以爲兵尙神密，千里稟命，非所以制勝，宜屬四路各保疆圉。朝議善之。就知陝州，復徙青州。於是請城傅海諸州，朝廷重興役，有詔不許。執中不奉詔，卒城之。

明年，沂卒王倫叛，趣淮南，執中遣巡檢傅永吉追至采石磯，捕殺之。召拜參知政事。諫官孫甫、蔡襄極論不可，帝遣使馳賜敕告。踰年，拜同中書門下平章事、集賢殿大學士兼樞密使。西夏納款，與宰相賈昌朝請解樞密。七年春，旱，昌朝罷，執中降給事中。已而加昭文館大學士、監修國史，踰月復官。

皇祐初，以足疾辭位，自陳不願爲使相、大學士，學士孫抃當制，遂以尙書左丞知陳州。宰相文彥博、宋庠以爲禮薄，帖麻改兵部尙書。還吏部、觀文殿大學士。久之，拜集慶軍節度使、同平章事、判大名府。河決商胡，走大名，程琳欲爲堤，不果成而去。執中乘年豐調丁夫增築二百里，以障橫潰。以吏部尙書復拜同平章事、昭文館大學士。每朝退，閉中書東便門，以防漏泄。三司勾當公事及監場務官，權勢所引者，皆奏罷之，內外爲之肅然。



會張貴妃薨，治喪皇儀殿，追册爲后。王洙、石全彬務以非禮導帝意，執中隨輒奉行，至以洙爲員外翰林學士，全彬領觀察使，給留後奉。久之，嬖妾笞小婢出外舍死，御史趙抃列八事奏劾執中，歐陽脩亦言之。至和三年春，旱，諫官范鎭言：「執中爲相，不病而家居。陛下欲弭災變，宜速退執中以快中外之望。」既而御史中丞孫抃，與其屬郭申錫、毋湜、范師道、趙抃請合班論奏，詔令輪日入對，卒罷執中爲鎭海軍節度使、同平章事、判亳州。踰年辭節，改尙書左僕射、觀文殿大學士，封英國公，徙河南府，又徙曹州，皆不赴。過都，以疾賜告，就第拜司徒、岐國公致仕，卒，贈太師兼侍中。

執中在中書八年，人莫敢干以私，四方問遺不及門，惟殿前都指揮使郭承祐數至其家，爲御史所言，遂詔中書、樞密自今非聚廳無見賓客。及議謚，禮官韓維曰：「執中以公卿子，遭世承平，因緣一言，遂至貴顯。天子以後宮之喪，問所以葬祭之禮，執中位上相，不能總率羣司考正儀典，知治喪皇儀非嬪御之禮，追册位號於宮闈有嫌，建廟用樂踰祖宗舊制，皆白而行之，此不忠之大者。閨門之內，禮分不明，夫人正室疎薄自紬，庶妾賤人悍逸不制，其治家無足言者。宰相不能秉道率禮，正身齊家，方杜門深居，謝絕賓客，曰：『我無私也，我不黨也。』豈不陋哉？謚法：『寵祿光大曰榮』，『不勤成名曰靈』。執中出入將相，以一品就第，寵祿光大矣；得位行政，賢士大夫無述焉，不勤成名矣：請謚曰榮靈。」後改謚恭襄，詔謚



曰恭。帝篆其墓碑曰「褒忠之碑」。

子世儒，官至國子博士，妻李與羣婢殺世儒所生母，世儒與謀，皆棄市。

劉沆字沖之，吉州永新人。祖景洪。始，楊行密得江西，衙將彭玕據州自稱太守，屬景洪以兵，欲脅衆附湖南，景洪僞許之。復以州歸行密，退居不仕。及徐温建國，以禮聘之，不起，官其子煦爲殿直都虞候。父素，不仕，以財雄里中，喜賓客。景洪嘗告人曰：「我不從彭玕，幾活萬人，後世當有隆者。」因名所居北山曰後隆山。山有牛僧孺讀書堂，即故基築臺曰聰明臺。沆母夢衣冠丈夫曰牛相公來，已而有娠，乃生沆。

及長，倜儻任氣。舉進士不中，自稱「退士」，不復出，父力勉之。天聖八年，始擢進士第二，爲大理評事、通判舒州。有大獄歷歲不決，沆數日決之。章獻太后建資聖浮圖，內侍張懷信挾詔命，督役嚴峻，州將至移疾不敢出，沆奏罷懷信。再遷太常丞、直集賢院，出知衡州。大姓尹氏欺鄰翁老子幼，欲竊取其田，乃僞作賣券，及鄰翁死，遂奪而有之。其子訴于州縣，二十年不得直，沆至，復訴之。尹氏持積歲稅鈔爲驗，沆曰：「若田千頃，歲輸豈特此耶？爾始爲券時，嘗如敕問鄰乎？其人固多在，可訊也。」尹氏遂伏罪。遷太常博士，歷三



司度支、戶部判官，同修起居注，擢右正言、知制誥，判吏部流內銓。奉使契丹，館伴杜防強沆以酒，沆沾醉拂袖起，因駡之，坐是出知潭州。又降知和州，改右諫議大夫、知江州。

時湖南蠻猺數出寇，至殺官吏。以沆爲龍圖閣直學士、知潭州兼安撫使，許便宜從事。沆大發兵至桂陽，招降二千餘人，使散居所部，而蠻酋降者皆奏命以官。又募土兵分捕餘黨，破桃油平、能家源，斬馘甚衆。已而賊復出，殺裨將胡元，坐降知鄂州，徙京南，還給事中，徙洪州。還，知審刑院，除知永興軍。頃之，以龍圖閣學士權知開封府，數發隱伏。祀明堂，遷尙書工部侍郎。踰年，拜參知政事。

初，沆在府，有張彥方者，客越國夫人曹氏家，受富民金，爲僞告敕。既敗繫獄，沆抵彥方死，辭不及曹氏。曹氏，張貴妃母也。沆既用，諫官、御史皆謂沆於彥方獨不盡，疑以此進，爭論之，帝不聽。貴妃薨，追册皇后，沆爲監護使。數月，拜同中書門下平章事、集賢殿大學士，改園陵使。御史中丞孫抃、御史范師道毋湜言，宰相不當爲贈后典葬，不報。既葬，賜后閤中金器數百兩，力辭，而請其子瑾試學士院，遂帖職。

時中書可否多用例，人或援例以訟，而法有不行。沆進言三弊曰：「近臣保薦辟請，動踰數十，皆浮薄權豪之流交相薦舉。有司以之貿易，而遂使省、府、臺、閣華資要職，路分、監司邊防寄任，授非公選，多出私門。又職掌吏人遷補有常，而或減選出官、超資換職、堂

除便家、先次差遣之類。此近臣保薦之弊一也。審官、吏部銓、三班當入川、廣，乃求近地，當入近地，又求在京，及堂除升陟省府、館職、檢討之類。此近臣陳匄親屬之弊二也。其敍錢穀管庫之勞、捕賊昭雪之賞，常格雖存，僥倖猶甚。以法則輕，以例則厚，執政者不能持法，多以例與之。此敍勞干進之弊三也。願詔中書、樞密，凡三事毋用例，餘聽如舊。」事既施行，而衆頗不悅，尋如舊。

文彥博、富弼復入爲相。彥博爲昭文館大學士，弼監修國史，沆遷兵部侍郎，位在弼下。論者以爲非故事，由學士楊察之誤，乃帖麻改沆監修國史，弼爲集賢殿大學士。沆既疾言事官，因言：「自慶曆後，臺諫官用事，朝廷命令之出，事無當否悉論之，必勝而後已，專務抉人陰私莫辨之事，以中傷士大夫。執政畏其言，進擢尤速。」沆遂舉行御史遷次之格，滿二歲者與知州。御史范師道、趙抃歲滿求補郡，沆引格出之，中丞張昪等言沆挾私出御史。時樞密使狄靑亦因御史言，罷知陳州，沆奏曰：「御史去陛下將相，削陛下爪牙，此曹所謀，臣莫測也。」昪等益論辨不已，罷沆爲觀文殿大學士、工部尙書、知應天府。遷刑部尙書，徙陳州。

沆長於吏事，性豪率，少儀矩。然任數，善刺探權近過失，陰持之以軒輊取事，論者以此少之。卒，贈左僕射兼侍中。知制誥張瓌草詞詆沆，其家不敢請謚。帝爲篆墓碑曰「思賢之碑」。子瑾，嘗爲天章閣待制，坐法免，後以功復職。





馮拯字道濟。父俊，事漢湘陰公劉贇。贇死，俊與從行千餘人繫侍衞獄，周太祖赦出之，授檢校太子賓客，戍安遠軍馭馬鎭，辭不行，因徙居河陽。拯以書生謁趙普，普奇其狀，曰：「子富貴壽考，宜不下我。」舉進士，補大理評事、通判峽州，權知澤州，徙坊州，遷太常丞。江南旱，命馳傳振貸貧乏，察官吏能否，還奏稱旨。權知石州，擢右正言，歲餘代歸。出使河北，與轉運使樊知古計邊儲。還判三司戶部理欠憑由司，爲度支判官。

淳化中，有上封請立皇太子者，拯與尹黃裳、王世則、洪湛伏閤請立許王元僖，太宗怒，悉貶嶺外。拯知端州，既至，上言請遣使括諸路隱丁、更制版籍及議鹽法通商，凡十餘事。太宗欲召還參知政事，寇準素不悅拯，乃徙知鼎州。改通判廣州。郊祀畢，覃恩，拯與通判彭惟節皆遷尙書員外郎，惟節以太常博士爲屯田員外，而拯以左正言爲虞部員外。拯書名舊在惟節上，及奏事如故，準切責之。拯上書言準阿意不平，準坐此罷。

拯以母喪請內徙，命知江州。眞宗卽位，進比部員外郎。御史中丞李惟淸表爲推直官，判三司度支勾院，遷駕部。咸平初，坐試開封進士賦涉譏訕，下拯御史臺，未幾釋之。

明年，兼侍御史知雜事。時西北用兵，王超、傅潛將兵出定、瀛間，觀望玩寇，拯極論之，不報。超等果逗撓覆軍。命拯按傅獄，抵潛罪，竄流之。擢祠部郎中、樞密直學士，權判吏部流內銓。以審官及銓法未備，建請凡蔭補京官，試讀一經，書家狀通習爲中格，始得仕。同勾當三班院。向敏中宣撫河北、河東，拯及陳堯叟爲副，宴餞長春殿。

明年，以右諫議大夫同知樞密院事。帝欲修綏州，謀諸輔臣，拯與宰相向敏中等皆曰便。宰相呂蒙正、參知政事王旦王欽若皆曰宜棄勿修。帝遣洪湛馳驛往視，還，上七利二害，卒修完之。時上封者言：「三司多滯務，州郡稟疑事，吏民訴理冤獄，依違不決者輒數歲，水旱或由於此。」詔拯選幹強吏同三司使裁冗事、督舉稽留，遂與判度支勾院孫冕省帳牘二十一萬五千本，併廢冗官十五員。

遷尙書工部侍郎、簽書樞密院事。賜手札訪邊事，拯謂：「備邊之要，不扼險以制敵之衝，未易勝也。若於保州、威虜間，依徐、鮑河爲陣，其形勢可取勝矣。前歲王顯違詔不趨要地，契丹初壓境，王師未行，而契丹騎已入鈔，賴霖雨乃遁去。比王超奏敵已去，而東路奏敵方來，既聚軍中山以救望都，而兵困糧匱，將臣陷歿幾盡，超等僅以身免。今防秋，宜於唐河增屯兵至六萬，控定武之北爲大陣，邢州置都總管爲中陣，天雄軍置鈐轄爲後陣，罷莫州、狼山兩路兵。」從之。





景德中，爲參知政事，再遷兵部侍郎。攝事享太廟，有司供帳幔，守奉人宿廟室前，喧囂不肅，拯以聞。詔專爲廟亭製帟幕什器，藏宗正寺，禁吏卒登廟階。

王濟上編敕，帝以其煩簡不一，語輔臣曰：「顯德敕尤煩，蓋世宗嚴急，出于一時之意，臣下莫敢言其失也。」王旦進曰：「詔敕宜簡，近亦傷於煩。」拯對曰：「開寶間，除諸州通判敕，刑獄、錢穀悉條列約束，今則略矣。」時契丹始盟，拯言邊方騷動，武臣幸之以爲利。帝曰：「朝廷以信爲守，然戒備不可廢也，此外，當靜治以安吾民爾。爾其奉承之。」大中祥符初，嚴貢舉糊名法。拯與王旦論選舉帝前，拯請兼考策論，不專以詩賦爲進退。帝曰：「可以觀才識者，文論也。」拯論事多合帝意如此。封泰山，爲儀仗使。禮成，進尙書左丞。以疾在告，數請罷，帝以手詔諭旨，又命宰相王旦就第勸拯起視事。

從祀汾陰，爲儀仗使，遷工部尙書。復以疾求罷，拜刑部尙書、知河南府，聽以府事委官屬。七年，除御史中丞，又以疾辭，除戶部尙書、知陳州。眞宗嘗謂王旦曰：「拯固求閑郡，何邪？」旦對曰：「馬知節嘗譏拯好富貴，所欲節度使爾。拯恐爲知節所量，不敢請大藩，殆爲此也。」再知河南府，遷兵部尙書，入判尙書都省，以吏部尙書、檢校太傅、同中書門下平章事充樞密使。其冬，拜右僕射兼中書侍郎、太子少傅、同平章事、集賢殿大學士，進左僕射。

乾興元年，進封魏國公，遷司空兼侍中。輔臣會食資善堂，召議事，丁謂獨不預。謂知得罪，頗哀請。錢惟演遽曰：「當致力，無大憂也。」拯熟視惟演，惟演踧踖。及對承明殿，太后怒甚，語欲誅謂。拯進曰：「謂固有罪，然帝新即位，亟誅大臣，駭天下耳目。謂豈有逆謀哉？第失奏山陵事耳。」太后怒少解。謂既貶，拯代謂爲司徒、玉清昭應宮使、昭文館大學士、監修國史，又爲山陵使，奉安眞宗御容于西京。尋在病告，帝賜白金五千兩，拯叩頭稱謝。五上表願罷相，拜武勝軍節度使、檢校太尉兼侍中、判河南府。卽臥內賜告及旌纛，遣內司賓撫問。還奏其家儉陋，被服甚質。太后賜以衾裯錦綺屛，然拯平居自奉侈靡，顧禁中不知也。既卒，贈太師、中書令，謚文懿。

拯氣貌嚴重，宦者傳詔至中書，不延坐。工部尚書林特嘗詣第，累日不得通，白以咨事，使詣中書；既至，又遣堂吏謂之曰：「公事何不自達朝廷？」卒不見，特大愧而去。錢惟演營入相，拯以太后姻家力言之，遂出惟演河陽。子行己、仲己。

行己字肅之，以父任爲右侍禁、涇原路駐泊都監、知憲州，因治狀增秩。歷石、保、霸、冀、莫五州，所至有能稱。



夏人既納款，疆候播言契丹治兵幽燕，大爲戰具。議者欲解西備北，行己言：「遼、夏爲與國，元昊入貢，容懷詭計，幽燕治兵，或爲虛聲，邊鄙之虞，恐不在河朔也。」皇祐中，知定州，韓琦薦爲路鈐轄。徙知代州，管幹河東緣邊安撫事。夏人掠麟州，蕃部且盜耕屈野河西田，遇官軍逴邏者，輒聚射。詔行己計之。行己言：「此姦民無忌憚，非君長過，不宜以細故啓大釁，但加戒戢足矣。」

五臺山寺調廂兵義勇繕葺，爲除和糴穀三萬，行己謂不可捐歲入之儲，以事不急之務。進西上閤門使，四遷客省使，更高陽關、秦鳳、定州、大名府路馬步總管，以衞州防禦使致仕，預洛陽耆英之集。元祐中，終金州觀察使，年八十四。

仲己字齊賢，以蔭補右侍禁。累遷西頭供奉官，授閤門祗候、桂州兵馬都監。轉運使俞獻可辟知廉州。久之，安化蠻擾邊，獻可又薦知宜州。

天聖中，改桂、宜、融、柳、象沿邊兵馬都監，遂專溪峒事。以禮賓使復知宜州。代還，道改供備庫使、知邕州。治舍有井，相傳不敢飲，飲輒死。仲己日汲自供，終更無恙。旁城數里，有金花木，土俗言花開卽瘴起，人不敢近。仲己故以花盛時酣燕其下，亦復無害。明道恭謝，改東染院使、領榮州刺史、梓夔路兵馬鈐轄，遷洛苑使、知桂州兼廣西鈐轄。道江



陵，會安化蠻犯邊，官軍不利，仁宗遣中人趣仲己討之。仲己日夜疾馳至宜州，繕器甲，募丁壯，轉糧餉，由三路以進。仲己臨軍，單騎出陣，語酋豪曰：「朝廷撫汝甚厚，汝乃自取滅亡耶！今我奉天子命來，汝聽吾言則生，不則無噍類矣。」衆仰泣羅拜曰：「不圖今日再見馮公也。」明日，蠻渠棄兵械率衆降軍門。

初，部卒以覆將畏匿，仲己曰：「紀律不明，主將也，戰士何罪？」請於朝，貸其死。以勞遷西上閤門使、知宜州。樂善蠻寇武陽，仲己遣諭禍福，蠻大悅，悉還所掠。又莫世堪負險強黠，抄劫邊戶，爲疆埸患。仲己設伏擒捕，皆置于法。遷果州團練使。在宜二年，徙桂州，改右武衞大將軍，守本官分司西京，卒。

始，安化蠻叛，區希範應募擊賊。賊平，希範詣闕，自言其功。朝廷下宜州，仲己謂希範無功妄要賞，遂編管全州。其後希範遁歸，謀爲亂，欲殺仲己，嶺外騷然，議者皆罪仲己焉。

賈昌朝字子明，眞定獲鹿人。晉史官緯之曾孫也〔三〕。天禧初，眞宗嘗祈穀南郊，昌朝獻頌道左，召試，賜同進士出身，主晉陵簿。賜對便殿，



除國子監說書。孫奭判監，獨稱昌朝講說有師法。他日書路隨、韋處厚傳示昌朝曰：「君當以經術進，如二公。」爲潁川郡王院伴讀。再遷殿中丞，歷知宜興、東明縣。奭侍讀禁中，以老辭，薦昌朝自代，召試中書，尋復國子監說書。上言：「禮，母之諱不出於宮。今章獻太后易月制除，猶諱父名，非尊宗廟也。」詔從之。景祐中，置崇政殿說書，以授昌朝。誦說明白，帝多所質問，昌朝請記錄以進，賜名邇英延義記注，加直集賢院。

太平興國寺災，是夕，大雨震雷。朝廷議修復，昌朝上言：「易震之象曰：『洊雷震，君子以恐懼修省。』近年寺觀屢災，此殆天示警告，可勿繕治，以示畏天愛人之意。」西域僧獻佛骨、銅像，昌朝請加賜遣還，毋以所獻示中外。悉行其言。天章閣置侍講，亦首命昌朝。累遷尚書禮部郎中、史館修撰。

劉平爲元昊所執，邊吏誣平降賊，議收其家。昌朝曰：「漢族殺李陵，陵不得歸，而漢悔之。先帝厚撫王繼忠家，終得繼忠用。平事未可知，使收其族，雖平在，亦不得還矣。」乃得不收。擢知制誥、權判吏部流內銓兼侍講。初，銓法，縣令奉錢滿萬二千，乃舉令。昌朝曰：「法如此，則小縣終不得善令。」請概舉令，而與之奉如大縣。

進龍圖閣直學士、權知開封府，遷右諫議大夫、權御史中丞兼判國子監。議者欲以金繒啗契丹使攻元昊，昌朝曰：「契丹許我有功，則責報無窮矣。」力止之。乃上言曰：「太祖初

有天下，監唐末五代方鎮武臣、士兵牙校之盛，盡收其威權，當時以爲萬世之利。及太宗時，將帥率多舊人，猶能仗威靈，稟成算，出師禦寇，所向有功。近歲恩倖子弟，飾廚傳，釣名聲，多非勳勞，坐取武爵，折衝攻守，彼何自而知哉？然邊鄙無事，尙得自容。自西羌之叛，士不練習，將不得人，以屢易之將馭不練之士，故戰則必敗。此削方鎮太過之弊也。況親舊、恩倖，出即爲將，素不知兵，一旦付以千萬人之命，是驅之死地矣。此用親舊、恩倖之弊也。今楊崇勳、李昭亮尙任邊鄙，望速選士代之。方鎮守臣無數更易，刺史以上，宜愼所授，以待有功。此救弊之一端也。」又上備邊六事：

其一曰馭將帥。自古帝王，以恩威馭將帥，賞罰馭士卒，用命則軍政行而戰功集。太祖脫裘帽賜王全斌曰：「今日居此幄，尙寒不可禦，況伐蜀將士乎？」此馭之以恩也。曹彬、李漢瓊討江南，太祖召彬至前，立漢瓊等於後，授以劍曰：「副將以下，不用命者得專戮之。」漢瓊等股栗而退，此馭之以威也。太祖雖削武臣之權，然一時賞罰及用財集事，皆聽其專，有功則賞，有敗則誅。今每命將帥，必先疑貳，非近倖不信，非姻舊不委。今陝西四路，總管而下，鈐轄、都監、巡檢之屬，悉參軍政，謀之未成，事已先漏，甲可乙否，上行下戾，主將不專號令，故動則必敗。請自今命將，去疑貳，推恩惠，務責以大效，得一切便宜從事。偏裨有不聽令者，以軍法論，此馭將之道也。





其二曰復士兵。今河北河東強壯、陝西弓箭手之類，士兵遺法也。河北鄉軍，其廢已久，陝西士兵，數爲賊破，存者無幾。臣以謂河北、河東強壯，已召近臣詳定法制，每鄉爲軍。其材能絕類者，籍其姓名遞補之。陝西蕃落弓箭手，貪召募錢物，利月入糧率，多就黥涅爲營兵。宜優復田疇，使力耕死戰，世爲邊用，可以減屯戍，省供饋矣。內地州縣，增置弓手，如鄉軍之法而閱試之。

其三曰訓營卒。太祖朝，令諸軍毋得食肉衣帛，營舍有粥酒肴則逐去，士卒有服錦綵者笞責之。異時被鎧甲，冒霜露，戰勝攻取，皆此曹也。今營卒驕惰，臨敵無勇。舊例三年轉員，謂之落權正授，雖未能易此制，即不必一例使爲總管、鈐轄，擇有才勇可任將帥者授之。況今之兵仗製造，殊不適用。宜按八陣、五兵之法，以時教習。使啟殿有次序，左右有形勢，前却相附，上下相援，令之曰：「失一隊長，則斬一隊。」何慮衆不爲用乎？

其四曰制遠人。今四夷蕩然與中國通，在北則臣契丹，其西則臣元昊，二國合從，有掎角中國之勢。借使以歲幣羈縻之，臣恐不可勝算。古之備邊，西有金城、上郡，北則雲中、鴈門。今自滄之秦，綿亙數千里，無山河之阻，獨恃州縣鎮戍爾。歲所供贍，又不下數千萬，一穀不熟，或至狼狽。契丹近歲兼用燕人治國，建官一同中夏。元昊據河南列郡而行賞罰，此中國患也。宜度西方諸國如沙州、唃廝、明珠、滅臧之族，近北如黑水女眞、高麗、新羅之屬，舊通中國，募人往使，誘之使歸我，則勢分而釁生，體解而瓦裂矣。

其五曰綏蕃部。屬戶者，邊垂之屏翰也。延有金明，府有豐州，皆戎人內附之地。朝廷恩威不立，彊敵迫之，塞上諸州，藐焉孤壘，蕃部既壞，士兵亦衰，破敵之日，未可期也。臣請陝西緣邊諸路，守臣皆帶「安撫蕃部」之名，擇其族大有勞者爲酋帥，如河東折氏之比，庶可爲吾藩籬之固也。

其六曰謹覘候。古者守封疆，出師旅，居則有行人之覘國，戰則有前茅之慮無，其謹如此。太祖命李漢超鎭關南，馬仁瑀守瀛州，韓令坤鎭常山，賀惟忠守易州，何繼筠領棣州，郭進控山西，武守琪戍晉陽，李謙溥守隰州〔二〕，董遵誨屯環州，王彥昇守原州，馮繼業鎭靈武。筦榷之利，悉輸之軍中，聽其貿易，而免其征稅。邊臣富於財，得以爲間諜，羌夷情狀，無不預知。二十年間，無外顧之憂。今日西鄙任邊事者，敵之情狀與山川、道路險易之勢，絕不通曉。使蹈不測之淵，入萬死之地，肝腦塗地，狼狽相藉，何以破敵制勝耶？願監藝祖任將帥之制，邊城財用悉以委之。募敢勇之士爲爪牙，臨陣自衛，無殺將之辱，募死力爲覘候，而望敵知來，無陷兵之恥。





書奏，多施行之。

昌朝請度經費，罷不急。詔與三司合議，歲所省緡錢百萬。又言：「朝臣七十，筋力衰者，宜依典故致仕，有功狀可留者勿拘。」因疏耄昏不任事者八人，令致仕。慶曆三年，拜參知政事。上言：「用兵以來，天下民力頗困。請詔諸路轉運使，毋得承例折變科率，須科折者，悉聽奏裁。雖奉旨及三司文移，於民不便者，亦以上聞。」

以工部侍郎充樞密使，尋拜同中書門下平章事、集賢殿大學士，仍兼樞密使。居兩月，拜昭文館大學士，監修國史。元昊歸石元孫，議賜死。昌朝獨曰：「自古將帥被執，歸者多不死。」元孫由是得免。詔有司議升祔奉慈廟三后，有司論不一。昌朝曰：「章獻母儀天下，章懿誕育聖躬，宜如祥符升祔元德皇后故事。章惠於陛下有慈保之恩，當別享奉慈廟如故。」乃奉二后神主，升祔眞宗廟。密詔遷中外官一等，優賜諸軍，昌朝與同列力疏，乃止。又詔遷二府官，益固辭。元昊既款附，請宰相罷兼樞密使。

六年，日食。帝謂昌朝等曰：「謫見于天，願歸罪朕躬。卿宜究民疾苦，思所以利安之。」昌朝對曰：「陛下此言，足以弭天變。臣敢不夙夜孜孜以奉陛下。」帝又曰：「人主懼天而修德，猶人臣畏法而自新也。」昌朝因頓首謝。明年春，旱，帝避正寢，減膳。昌朝引漢災異册免三公故事，上表乞罷。

參知政事吳育數與昌朝爭議上前，論者多不直昌朝。有向綬者知永靜軍，疑通判譖己，誣以事，迫令自殺。高若訥知審刑院，附昌朝議，欲從輕坐。吳育力爭，綬卒減死一等。未幾，若訥爲御史中丞，言大臣廷爭不肅，故雨不時若，遂罷育，而除昌朝武勝軍節度使、檢校太傅、同中書門下平章事、判大名府兼北京留守司、河北安撫使。帝賜銀飾肩輿。尋以討貝州賊有功，移山南東道節度使。楊偕言賊發昌朝部中，不當賞。弗從。

契丹聚亡卒勇伉者，號「投來南軍」。邊法，卒亡自歸者死。昌朝除其法，歸者輒還補，於是來者稍衆，因廉知契丹事。契丹遂拒亡卒，黜南軍不用。邊人以地外質，契丹故稍侵邊界。昌朝爲立法，質地而主不時贖，人得贖而有之，歲餘，地悉復。

三司使葉淸臣移用河北庫錢，昌朝格詔不與，淸臣論列不已，遂出淸臣河陽，徙昌朝判鄭州。過闕入覲，留爲祥源觀使，拜尙書右僕射、觀文殿大學士、判尙書都省，朝會班中書門下，視其儀物。歲中求外，復除山南東道節度使、右僕射、檢校太師兼侍中、判鄭州。固辭僕射、侍中，改同中書門下平章事，賜中謝，自昌朝始也。

母喪去位，服除，判許州。召對邇英閣，帝問乾卦，昌朝上奏曰：「乾之上九稱：『亢龍有悔。』悔者，凶災之萌，爻在亢極，必有凶災。不言凶而言悔者，以悔有可凶可吉之義，修德則免悔而獲吉矣。『用九，見羣龍無首，吉』。聖人用剛健之德，乃可決萬機。天下久盛，柔不





可以濟，然亢而過剛又不能久。獨聖人外以剛健決事，內以謙恭應物，不敢自矜爲天下首，乃吉也。」手詔優答。又言：「漢、唐都雍，置三輔內翼京師，朝廷都汴，而近京諸郡皆屬他道，制度不稱王畿。請析京東之曹州，京西之陳、許、滑、鄭，皆隸開封府，以四十二縣爲京畿。」帝納之。將行，命講讀官餞于資善堂。復判大名府兼河北安撫使。時河決商胡，昌朝請復故道，不從。語在河渠志。六塔功敗，濱、棣、德、博〔四〕民多水死，昌朝振救之甚力。內侍劉恢往視，還言河決趙征村，與帝名嫌爲不祥，時皆謂昌朝使之以搖當國者。嘉祐元年，進封許國公，又兼侍中，尋以同中書門下平章事爲樞密使。

三年，宰相文彥博請罷，諫官、御史恐昌朝代彥博，乃相與言昌朝建大第，別創客位以待宦官，宦官有矯制者，樞密院釋不治。遂以鎭安軍節度使、右僕射、檢校太師、侍中兼充景靈宮使，出判許州。又以保平軍節度、陝州大都督府長史移大名府兼安撫使。英宗即位，徙鳳翔節度使，加左僕射、鳳翔尹，進封魏國公。治平元年，以侍中守許州，力辭弗許。明年，以疾留京師，乃以左僕射、觀文殿大學士判尙書都省，卒，年六十八，謚曰文元。御書墓碑曰「大儒元老之碑」。所著羣經音辨、通紀、時令、奏議、文集百二十二卷。

昌朝在侍從，多得名譽。及執政，乃不爲正人所與，而數有攻其結宦官、宮人者。初，昌朝侍講時，同王宗道編修資善堂書籍，其實敎授內侍，諫官吳育奏罷之。及張方平留唐詢，而詢譖育，世以爲昌朝指也。然言者謂昌朝釋宦官矯制，後驗問無事實云。

子章，館閣校勘，蚤世。靑，朝請大夫。弟昌衡。

昌衡字子平。舉進士，爲梓州路轉運判官。賈人請富順井鹽，吏視賄多寡爲先後，昌衡一隨月日給之。瀘州邊夷蠻，故時守以武吏，昌衡請由東銓調選。蠻驅馬來市，官第其良駑爲二等，上者送秦州，下者輒輕估直而抑買，昌衡請嚴禁之。徙提點淮南刑獄、廣東轉運使，徙兩浙路。

熙寧更法度，核吏治，昌衡數以利害聞，神宗獎其論奏忠益。召爲戶部副使、提舉市易司，課羨，增秩右諫議大夫，加集賢殿修撰、知河南府，歷陳、鄆、應天府、鄧州。以正議大夫致仕，卒。從子炎。

炎字長卿，以昌朝蔭，吏歷筦庫，積遷至工部侍郎。政和中，以顯謨閣待制知應天府，徙鄆州、永興。初，陝西行鐵錢久，幣益輕。蔡京設法盡斂之，更鑄夾錫錢，幣稍重。京去相，轉運使李譓、陳敦復見所斂已多，遽請罷鑄。鐵錢既復行，其輕加初，自關以西皆罷市，民不聊生。炎獨一切弛禁，聽從其便。其後，宣徽使童貫又以兩者重輕相形，遂盡廢夾錫





不得用，民益以爲苦。炎徙知延安，因表言：「錢法屢變，人心愈惑。今人以爲利者，臣見其害；以爲是者，臣見其非。中產之家，不過畜夾錫錢一二萬，旣棄不用，則惟有守錢而死耳。邊地生理蕭條，官又一再變法，鄜延去敵迫近，民殊不安。民不安則邊不可守，願得內郡以養母。」乃命爲潁州，未行，復留。又與貫制疆事不合，貫沮之，改河陽，又改鄧州。加直學士、知永興。入對，留爲工部侍郎。貫簽書樞密院河西、北兩房，侍從邀炎俱往賀，炎曰：「故事無簽書兩房者，彼非執政，何賀爲？」會以疾卒，年五十八。贈銀青光祿大夫。

昌朝伯祖父琰。琰字季華，晉中書舍人、給事中緯之子也〔五〕。以蔭授臨淄、雍丘主簿，歷通判澧州。太宗尹京，奏以爲開封府推官，加左贊善大夫。及即位，超拜左正議大夫、樞密直學士。未幾，擢三司副使。太平興國二年，卒。

琰風神峻整，有吏幹，佐太宗居幕府凡五年，勤於所職。昆弟五人，琰最幼，及琰歷官而諸兄相繼死。琰拊循孤幼，聚族凡百口，分給衣食，庭無間言，士大夫以此稱之。

琰子湜、汾。湜至軍器庫使。交阯黎桓之篡丁璿也，朝廷以孫全興將兵討焉。湜與王僎同掌軍事，黎桓僞降，全興信之，軍遂北，湜、僎並坐失律誅。汾至殿中丞。湜子昌符，賜同學究出身。汾子昌齡，第進士，爲屯田員外郎。

梁適字仲賢，東平人，翰林學士顥之子也。少孤，嘗輯父遺文及所自著以進，眞宗曰：「梁顥有子矣。」授秘書省正字。爲開封工曹，知崑山縣。徙梧州，奏罷南漢時民間折稅。更舉進士，知淮陽軍，又奏減京東預買紬百三十萬。論景祐赦書不當錄朱梁後，仁宗記其名，尋召爲審刑詳議官。

梓州妖人白彥歡依鬼神以詛殺人，獄具，以無傷讞。適駁曰：「殺人以刃或可拒，而詛可拒乎？是甚於刃也。」卒論死。有鳥似鶴集端門，稍下及庭中，大臣或倡以爲瑞，適曰：「此野鳥入宮庭耳，何瑞之云？」

嘗與同院燕肅奏何次公案，帝顧曰：「次公似是漢時人字。」肅不能對，適進曰：「蓋寬饒、黃霸皆字次公。」帝悅，因詢適家世，益器之。他日宰相擬適提點刑獄，帝曰：「姑留之，俟諫官有闕，可用也。」遂拜右正言。

林瑀由中旨侍講天章閣，適疏其過。又言：「夏守贇爲將無功，不宜復典宥密。」會婦黨任中師執政，以嫌改直史館，修起居注。奉使陝西，與范仲淹條邊機十餘事。進知制誥、權發遣開封府。歲餘，出知兗州。萊蕪冶鐵爲民病，當役者率破產以償，適募人爲之，自是民





不憂冶戶，而鐵歲溢。再遷樞密直學士、知延州。告歸治葬，過京師，得入見，自言前爲朋黨擠逐，留爲翰林學士，御史交劾之，以侍讀學士知澶州，徙秦州。入知審刑院，擢樞密副使。

張堯佐一日除四使，言者爭之力，帝頗怒。適曰：「臺諫論事，職耳。堯佐恩賞過，恐非所以全之。」遂奪二使。儂智高入寇，移嫚書求邕、桂節度，帝將受其降。適曰：「若爾，嶺外非朝廷有矣。」乃遣狄青討之。賊平，帝曰：「向非適言，南方安危，未可知也。」遷參知政事。契丹欲易國書稱南北朝，適曰：「宋之爲宋，受之於天，不可改也。契丹亦其國名，自古豈有無名之國哉。」遂止。進同中書門下平章事、集賢殿大學士。大璫王守忠求爲節度使，適持不可；張貴妃治喪皇儀殿，又以爲不可。將以適爲園陵使，適言國朝以來無此制，由是寖與陳執中不合。

適曉暢法令，臨事有膽力，而多挾智數，不爲清議所許。御史馬遵、吳中復極論其貪黷怙權，罷知鄭州。京師茶賈負公錢四十萬緡，鹽鐵判官李虞卿案之急，賈懼，與吏爲市，內交於適子弟，適出虞卿提點陝西刑獄。及罷，帝卽還虞卿三司。復加觀文殿大學士、知秦州。古渭初建砦，間爲屬羌所鈔，益兵拒守，羌復驚疑。適具牛酒，召諭其種人，且罷所益兵，羌不爲患。徙永興軍。夏人盜耕屈野河西田累年，朝廷欲正封，以適爲定國軍節度使、知并州，至則悉復侵地六百里。還，知河陽，領忠武、昭德二鎭、檢校太師，復爲觀文殿大學士，以太子太保致仕，進太傅。熙寧三年，卒，年七十，贈司空兼侍中，謚曰莊肅。

孫子美，紹聖中，提舉湖南常平。時新復役法，子美先諸路成役書，就遷提點刑獄。建中靖國初，除尙書郎中，中書舍人鄒浩封還之，改京西轉運副使。諫議大夫陳次升又言：「子美緣章惇姻家，連使湖外，承迎其旨意，一時逐臣在封部者，多被其虐，不宜使在近畿。」及徙成都路，累遷直龍圖閣、河北都轉運使，傾漕計以奉上，至捐緡錢三百萬市北珠以進。崇寧間，諸路漕臣進羨餘，自子美始。北珠出女眞，子美市於契丹，契丹嗜其利，虐女眞捕海東青以求珠。兩國之禍蓋基於此，子美用是致位光顯。

宣和四年，以疾罷爲開府儀同三司、提舉嵩山崇福宮。卒，贈少保。子美爲郡，縱侈殘虐，然有幹才，所至辦治云。

論曰：此五人者，皆以文吏爲宰相。執中建儲一言，適契上意，不然，何超遷之驟也。然與劉沆皆寡學少文，希世用事。馮拯議論多迎合主意，昌朝明經術而尙阿私，梁適曉法令





而挾智術，斯君子所不與也。若執中不受私謁，沆臨事強果，拯從容一言免謂於誅死，此又足稱者焉。

## 校勘記

〔一〕寨主　原作「塞主」，據長編卷一二六改。

〔二〕晉史官緯之曾孫也　「曾」上原衍「從」字。按王珪華陽集卷三七賈昌朝墓誌銘、隆平集卷五、東都事略卷六五本傳，都說昌朝是賈緯的曾孫，據刪。

〔三〕李謙溥守隰州　「隰」原作「慶」，據本書卷二七三李進卿傳論、長編卷一三八改。

〔四〕濱棣德博　「濱」原作「賓」，宋代賓州在廣南西路，於地理上不合。本書卷九一河渠志、長編卷一八一引歐陽脩疏、長編卷一八二引周沆疏，說到六塔河水患，都作「濱、棣、德、博」，據改。

〔五〕晉中書舍人給事中緯之子也　「緯」原作「偉」。按上文賈昌朝傳說賈緯是昌朝曾祖父，本傳說琰是昌朝伯祖父，此「賈偉」與前「賈緯」應是一人。舊五代史卷一三一有賈緯傳，「開運中累遷中書舍人」，「太祖卽位，改給事中」，與此處所敍正合。據改。

二十四史

# 宋史

元 脱脱等撰

第二八册

卷二八六至卷三〇〇(傳)

中華書局

中華書局

## 宋史卷二百八十六

### 列傳第四十五

魯宗道 薛奎 王曙 子益柔 蔡齊 從子延慶

魯宗道字貫之，亳州譙人。少孤，鞠于外家，諸舅皆武人，頗易宗道，宗道益自奮厲讀書。袖所著文謁戚綸，綸器重之。舉進士，爲濠州定遠尉，再調海鹽令。縣東南舊有港，導海水至邑下，歲久堙塞，宗道發鄉丁疏治之，人號「魯公浦」。改歙州軍事判官，再遷秘書丞。陳堯叟辟通判河陽。

天禧元年，始詔兩省置諫官六員，考所言爲殿最，首擢宗道與劉燁爲右正言。諫章由閤門始得進而不賜對，宗道請面論事而上奏通進司，遂爲故事。嘗言：「守宰去民近，而無以區別能否。今除一守令，雖貪材低下，而考任應格，則左司無擯斥，故天下親民者黷貨害政，十常二三，欲裕民而美化，不可得矣。漢宣帝除刺史守相，必親見而考察之。今守佐雖





未暇親見，宜令大臣延之中書，詢考以言，察其應對，設之以事，觀其施爲才不肖，皆得進退之。吏部之擇縣令放此，庶得良守宰宣助聖化矣。」眞宗納之。

宗道風聞，多所論列，帝意頗厭其數。後因對，自訟曰：「陛下用臣，豈欲徒事納諫之虛名邪？臣竊恥尸祿，請得罷去。」帝撫諭良久，他日書殿壁曰「魯直」，蓋思念之也。尋除戶部員外郎兼右諭德。踰年，遷左諭德、直龍圖閣。

仁宗卽位，遷戶部郎中、龍圖閣直學士兼侍講、判吏部流內銓。宗道在選調久，患銓格煩密，及知吏所以爲奸狀，多釐正之，悉揭科條廡下，人便之。雷允恭擅易山陵，詔與呂夷簡等按視。還，拜右諫議大夫、參知政事。

章獻太后臨朝，問宗道曰：「唐武后何如主？」對曰：「唐之罪人也，幾危社稷。」后默然。時有請立劉氏七廟者，太后問輔臣，衆不敢對。宗道不可，曰：「若立劉氏七廟，如嗣君何？」帝、太后將同幸慈孝寺，欲以大安輦先帝行，宗道曰：「夫死從子，婦人之道也。」太后遽命輦後乘輿。

時執政多任子於館閣讀書，宗道曰：「館閣育天下英才，豈紈袴子弟得以恩澤處邪？」樞密使曹利用恃權驕横，宗道屢於帝前折之。自貴戚用事者皆憚之，目爲「魚頭參政」，因其姓，且言骨鯁如魚頭也。再遷尚書禮部侍郎、祥源觀使。在政府七年，務抑僥倖，不以名

器私人。疾劇，帝臨問，賜白金三千兩。既卒，皇太后臨奠之，贈兵部尚書。

宗道爲人剛正，疾惡少容，遇事敢言，不爲小謹。爲諭德時，居近酒肆，嘗微行就飲肆中，偶眞宗亟召，使者及門久之，宗道方自酒肆來。使者先入，約曰：「卽上怪公來遲，何以爲對？」宗道曰：「第以實言之。」使者曰：「然則公當得罪。」曰：「飲酒，人之常情；欺君，臣子之大罪也。」眞宗果問，使者具以宗道所言對。帝詰之，宗道謝曰：「有故人自鄉里來，臣家貧無杯盤，故就酒家飲。」帝以爲忠實可大用，嘗以語太后，太后臨朝，遂大用之。初，太常議謚曰剛簡，復改爲肅簡。議者以爲「肅」不若「剛」爲得其實云。





薛奎字宿藝，絳州正平人。父化光，善數術，嘗以平晉策干太宗行在，召見不用，罷歸。適奎始生，撫其首曰：「是子必至公輔。」奎舉進士，爲州第一，乃推與里人王嚴，而處嚴下。進士及第，爲隰州軍事推官。州民常聚博僧舍，一日，盜殺寺奴取財去，博者適至，血偶涴衣，邏卒捕送州，考訊誣伏。奎獨疑之，白州緩其獄，後果得殺人者。

徙儀州推官，嘗部丁夫運糧至鹽州，會久雨，粟麥潰腐，奎白轉運盧之翰，請縱民還州而償所失。之翰怒，欲劾奏之。奎徐曰：「用兵久，人疲轉餉，今幸兵食有餘，安用此陳腐以困民哉！」之翰意解，凡民所失，悉奏除之。改大理寺丞、知莆田縣。請蠲南閩時稅鹹魚、蒲草錢。

遷殿中丞、知長水縣，徙知興州。州有錢監，歲調兵三百人采鐵，而歲入不償費。奎奏聽民自采，而所輸輒倍之。遷太常博士。向敏中薦爲殿中侍御史，出爲陝西轉運使。趙德明言延州蕃落侵其地黑林平，下詔按驗。奎閱郡籍，德明嘗假道黑林平，移文錄示之，德明遂伏。未幾，坐失舉免。

數月，起通判陝州，改尚書戶部員外郎、淮南轉運副使，遷江、淮制置發運使。疏漕河，廢三堰以便餉運，進吏部員外郎。父喪，奪哀，擢三司戶部副使。與使李士衡爭論事，改戶部郎中、直昭文館、知延州。

趙元昊每遣吏至京師請奉予，吏因市禁物，隱關算爲姦利，奎廉得狀，請留蜀道縑帛於關中，轉致給之。遷吏部，擢龍圖閣待制、權知開封府。爲政嚴敏，擊斷無所貸，帝益加重。使契丹，還，遷右諫議大夫、權御史中丞。上疏論擇人、求治、崇節儉、屏聲色，凡十數事。章獻太后稱制，契丹使蕭從順請見太后，且言南使至契丹者皆見太后，而契丹使來乃不得見。奎時館伴，折之曰：「皇太后垂簾聽政，雖本朝羣臣，亦未嘗見也。」從順乃已。或讒云奎漏禁中語，改授集賢院學士、知并州，改秦州。州宿重兵，經費常不足，奎務爲儉約，教民水耕，謹商算。歲中積粟三百萬，征算餘三千萬，覈民隱田數千頃，得芻粟十餘萬。加樞密直學士、知益州。秦民與夷落數千人列奎治狀，請留，璽書褒諭，不許。成都民婦訟其子不孝，詰之，乃曰：「貧無以爲養。」奎出俸錢與之，戒曰：「若復失養，吾不貸汝矣！」其母子遂如初。嘗夜燕，有戍卒殺人，人皆奔走，奎密遣捕殺之，坐客莫有知者。臨事持重明決，多此類也。

召爲龍圖閣學士、權三司使，遂參知政事。帝諭曰：「先帝嘗以爲卿可任，今用卿，先帝意也。」俄遷給事中。帝嘗謂輔臣曰：「臣事君鮮有克終者。」奎曰：「保終之道，匪獨臣下然也(一)。」歷數唐開元、天寶時事以對，帝然之。遷尚書禮部侍郎。

太后謁太廟，欲被服天子袞冕，奎曰：「必御此，若何爲拜？」力陳其不可，終不見聽。及太后崩，帝見左右泣曰：「太后疾不能言，猶數引其衣若有所屬，何也？」奎曰：「其在袞冕也。服之豈可見先帝於地下！」帝悟，卒以后服斂。因上言請逐內侍羅崇勳等。時二府大臣多罷去，奎得喘疾，數辭位，罷爲戶部侍郎、資政殿學士、判尚書省。帝手書禁方賜之，小間，入見。疾尋作，卒，贈兵部尚書，謚簡肅。

奎性剛不苟合，遇事敢言。眞宗時數宴大臣，至有霑醉者。奎諫曰：「陛下卽位之初，勵精萬幾而簡宴幸。今天下誠無事，而宴樂無度，大臣數被酒無威儀，非所以重朝廷也。」





眞宗善其言。及參政事，諫議無所避。能知人，范仲淹、龐籍、明鎬自爲吏部選人，皆以公輔許之。無子，以從子爲嗣。

王曙字晦叔，隋東皋子績之後。世居河汾，後爲河南人。中進士第，再調定國軍節度推官。咸平中，舉賢良方正科，策入等，遷秘書省著作佐郎、知定海縣。還，爲羣牧判官，考集古今馬政，爲羣牧故事六卷，上之。遷太常丞、判三司憑由理欠司。坐舉進士失實，降監廬州茶稅，再遷尚書工部員外郎、龍圖閣待制。以右諫議大夫爲河北轉運使，坐部吏受賕，降知壽州。徙淮南轉運使，勾當三班院，權知開封府。

以樞密直學士知益州。繩盜以峻法，多致之死。有卒夜告其軍將亂，立辨其僞，斬之。蜀人比之張詠，號「前張後王」。入爲給事中。仁宗爲皇太子，與李迪同選兼賓客，復坐貢舉失實，黜官。復爲給事中兼羣牧使。其妻，寇準女也。準罷相且貶，曙亦降知汝州。準再貶，曙亦貶郢州團練副使。起爲光祿卿、知襄州，又徙汝州。復給事中、知潞州。州有殺人者，獄已具，曙獨疑之。既而提點刑獄杜衍至，事果辨。曙爲作辨獄記以戒官吏。

徙河南府、永興軍，召爲御史中丞兼理檢使，理檢置使自此始。玉清昭應宮災，繫守衛者御史獄。曙恐朝廷議修復，上言：「昔魯桓、僖宮災，孔子以爲桓、僖親盡當毀者也。遼東高廟及高園便殿災，董仲舒以爲高廟不當居陵旁，故災。魏崇華殿災，高堂隆以臺榭宮室爲戒，宜罷之勿治，文帝不聽，明年，復災。今所建宮非應經義，災變之來若有警者。願除其地，罷諸禱祠，以應天變。」仁宗與太后感悟，遂減守衞者罪。已而詔以不復繕修諭天下。

又請三品以上立家廟，復唐舊制。以尚書工部侍郎參知政事。以疾請罷，改戶部侍郎、資政殿學士、知陝州，徙河陽。再知河南府，遷吏部。召爲樞密使，拜同中書門下平章事。逾月，首發疽，卒。贈太保、中書令，謚文康。

曙方嚴簡重，有大臣體，居官深自抑損。喜浮圖法，齋居蔬食，泊如也。初，錢惟演留守西京，歐陽修、尹洙爲官屬。修等頗游宴，曙後至，嘗厲色戒修等曰：「諸君縱酒過度，獨不知寇萊公晚年之禍邪！」修起對曰：「以修聞之，萊公正坐老而不知止爾！」曙默然，終不怒。及爲樞密使，首薦修等，置之館閣。有集四十卷，周書音訓十二卷，唐書備問三卷，莊子旨歸三篇，列子旨歸一篇，戴斗奉使錄（三）二卷，集兩漢詔議四十卷。

子益恭、益柔。益恭字達夫，以蔭爲衞尉寺丞。性恬淡，慕唐王龜之爲人，數解官就養。曙參知政事，治第西京，益恭勸曙引年謝事，曙不果去。終父喪，遂以尚書司門員外郎致仕，間與浮圖、隱者出游，洛陽名園山水，無不至也。以子登朝，累遷司農少卿，卒。





益柔字勝之。爲人伉直尚氣，喜論天下事。用蔭至殿中丞。元昊叛，上備邊選將之策。杜衍、丁度宣撫河東，益柔寓書言：「河外兵饟無法，非易帥臣、轉運使不可。」因條其可任者。衍、度使還，以學術政事薦，知介丘縣。慶曆更用執政，異意者指爲朋黨，仁宗下詔戒敕，益柔上書論辨，言尤切直。

尹洙與劉滬爭城水洛事，自涇原貶慶州。益柔訟之曰：「水洛一障耳，不足以拒賊。滬裨將，洙爲將軍，以天子命呼之不至，戮之不爲過；顧不敢專執之以聽命，是洙不伸將軍之職而上尊朝廷，未見其有罪也。」不聽。

范仲淹未識面，以館閣薦之，除集賢校理。預蘇舜欽奏邸會（三），醉作傲歌。時諸人欲遂傾正黨，宰相章得象、晏殊不可否，參政賈昌朝陰主之，張方平、宋祁、王拱辰攻排不遺力，至列狀言益柔罪當誅。韓琦爲帝言：「益柔狂語何足深計。方平等皆陛下近臣，今西陲用兵，大事何限，一不爲陛下論列，而同狀攻一王益柔，此其意可見矣。」帝感悟，但黜監復州酒。久之，爲開封府推官、鹽鐵判官。凡中旨所需不應法式，有司迎合以求進者，悉論之不置。

出爲兩浙、京東西轉運使。上言：「今考課法區別長吏能否，必明有顯狀，顯狀必取其更置興作大利。夫小政小善，積而不已，然後能成其大。取其大而遺其細，將競利圖功，恐事之不舉者日多，而虛名無實之風日起。願參以唐四善，兼取行實，列爲三等。」不行。

熙寧元年，入判度支審院。詔百官轉對，益柔言：「人君之難，莫大於辨邪正；邪正之辨，莫大於置相。相之忠邪，百官之賢否也。若唐高宗之李義甫，明皇之李林甫，德宗之盧杞，憲宗之皇甫鎛，帝王之鑑也。高宗、德宗之昏蒙，固無足論；明皇、憲宗之聰明，乃蔽於二人如此。以二人之庸，猶足以致禍，況誦六藝、挾才智以文致其姦說者哉！」意蓋指王安石也。

判吏部流內銓。舊制，選人當改京官，滿十人乃引見。由是士多困滯，且遇舉者有故，輒不用。益柔請才二人卽引見，衆論翕然稱之。直舍人院、知制誥兼直學士院。董氈遇明堂恩，中書熟狀加光祿大夫，而舊階已特進，益柔以聞。帝謂中書曰：「非翰林，幾何不爲羌夷所笑。」宰相怒其不申堂，用他事罷其兼直。遷龍圖閣直學士、秘書監，知蔡揚亳州、江寧應天府。卒，年七十二。

益柔少力學，通羣書，爲文日數千言。尹洙見之曰：「贍而不流，制而不窘，語淳而厲，氣壯而長，未可量也。」時方以詩賦取士，益柔去不爲。范仲淹薦試館職，以其不善詞賦，乞試以策論，特聽之。司馬光嘗語人曰：「自吾爲資治通鑑，人多欲求觀讀，未終一紙，已欠伸思睡。能閱之終篇者，惟王勝之耳。」其好學類此。





蔡齊字子思，其先洛陽人也。曾祖綰，爲萊州膠水令，因家焉。齊少孤，依外家劉氏。舉進士第一。儀狀俊偉，舉止端重，眞宗見之，顧宰相寇準曰：「得人矣。」詔金吾給七騶，傳呼以寵之。狀元給騶，自齊始也。除將作監丞、通判兗州，徙濰州（四）。以秘書省著作郎直集賢院。

仁宗初，爲司諫、修起居注，改尚書禮部員外郎兼侍御史知雜事。錢惟演守河陽，請曲賜鎭兵錢，章獻太后將許之。齊曰：「上新卽位，惟演外戚，請偏賞以示私恩，不可許。」遂劾奏惟演。

以起居舍人知制誥，入爲翰林學士，加侍讀學士。太后大出金帛修景德寺，遣內侍羅崇勳主之，命齊爲文記之。崇勳陰使人誘齊曰：「趣爲記，當得參知政事矣。」齊久之不上，崇勳譖之，罷爲龍圖閣學士、知河南府。參知政事魯宗道固爭留之，不能得。以親老，改密州，徙應天府，召爲右諫議大夫、御史中丞。

太后崩，遺誥以楊太妃爲皇太后，同裁制軍國事。閤門趣百官賀，齊使臺吏毋追班，乃入白執政曰：「上春秋富，習知天下情僞，今始親政事，豈宜使女后相踵稱制乎！」遂罷預政。復爲龍圖閣學士、權三司使。有飛語傳荆王元儼爲天下兵馬都元帥者，捕得繫獄，連逮甚衆。帝怒，使齊按問之。齊曰：「此小人無知，不足治，且無以安荆王。」帝悟，遽釋之。拜樞密副使。

交阯虐其部人，款宜州自歸者八百餘人，議者謂不可內。齊曰：「蠻人去暴而歸有德，卻之不祥，請給荆湖閑田使自營；若縱去，當不復還舊部，必聚而爲盜賊矣。」不從。後數年，蠻果爲亂。

蜀大姓王齊雄坐殺人除名。齊雄，太后姻家，未更赦，復官。齊曰：「果如此，法撓矣！」明日，入奏事曰：「齊雄恃勢殺人，不死，又亟授以官，是以恩廢法也。」帝曰：「降一等與官可乎？」齊曰：「以恩廢法，如朝廷何！」帝勉從之，乃抵齊雄罪。

錢惟演附丁謂，樞密題名，輒削去寇準姓氏，云「逆準不書」。齊言於仁宗曰：「寇準忠義聞天下，社稷之臣也，豈可爲姦黨所誣哉！」仁宗遽令磨去。

郭皇后廢，將立富人陳氏女爲后，齊極論之。拜禮部侍郎、參知政事。契丹祭天於幽州，以兵屯境上。輔臣欲調兵備邊，與齊迭議帝前，齊畫三策，料契丹必不叛盟。王曾與齊善，曾與夷簡不相能，曾罷相，齊亦以戶部侍郎歸班。尋出知潁州，卒，年五十二，贈兵部



尚書，謚曰文忠。潁人見其故吏朱寀會喪，猶號泣思之。

齊方重有風采，性謙退，不妄言。有善未嘗自伐。丁謂秉政，欲齊附己，齊終不往。少與徐人劉顏善，顏罪廢，齊上其書數十萬言，得復官。顏卒，又以女妻其子庠。所薦龐籍、楊偕、劉隨、段少連，後卒爲名臣。始，齊無子，以從子延慶爲後。既歿，有遺腹子曰延嗣。

延慶字仲遠，中進士第，通判明州。歷福建路轉運判官，提點京東、陝西刑獄。神宗初，以集賢校理歷開封府推官。有衞士告黃衣老卒筒火入直，延慶察卒色辭，疑焉，詢之，果爲所誣，即反坐告者。事聞，帝重之，加直史館、知河中府。明年，同修起居注，直舍人院、判流內銓，拜天章閣待制、秦鳳等路都轉運使，以應辦熙河軍須功，進龍圖閣直學士。

王韶進師河州，羌斷其歸路。延慶曰：「兵事非吾所宜預，然主帥在難，不急援之，恐敗國事。」遂檄兵赴救，羌解去，韶得全師還。轉運判官蔡曚劾其擅興，朝廷問知狀，易曚他道。韶入朝，延慶攝熙帥。元夕張燈，羌乘隙伏兵北關下，遣其種二十九人僞請來屬，將舉火內應。延慶覘知，悉斬以徇，伏者宵潰。蕃官詐稱木征欲降，邀大將景思立來迎。延慶命毋輒出，即違節制，雖有功亦誅，思立不從，卒敗死。

徙知成都府兼兵馬都鈐轄。本道舊不置都鈐轄，至是特命之。茂州羈縻州蠻族九，自



推一人爲將統其衆，將常在州聽要束。州居羣蠻中，無城塹，惟樹鹿角爲固。蠻屢夜入剽人畜，徼貨來贖。民患苦，詣郡守李琪請築城。琪上于朝，詔延慶度其利便，延慶下其事，琪已去。後守范百常以爲利，築之。蠻酋訴謂侵其土地，乞罷築，不許。蠻數百奄至，拒卻之。明日，又大至，盡焚鹿角及民廬舍，引梯衝攻牙城，百常扞禦，殺二蠻酋，乃退。然游騎猶遶四山，南北路皆爲所據，城中不敢出。百常募人間道告急於成都。延慶命與之和，奏乞遣近上內臣共經蠻事。詔押班王中正往，中正受旨，凡軍事皆令與都鈐轄議。將行，言茂去成都遠，一一與議，慮失事機，請得專決。於是事無巨細皆自處，延慶不復預。監司附中正，奏延慶區理失宜，致生邊患。徙知渭州，仍降爲天章閣待制。

夏人禹臧苑厖疑邊境有謀，使人入塞賣馬，吏執以告。延慶曰：「彼疑，故來覘。執之，是成其疑。」約馬直授之使去。疆吏入敵境擭羊馬，得而戮諸境上，且告之曰：「兩境不相侵，則相保以安，故戮以戒。若有之，亦當爾也。」夏人悅服。

嘗得安南行軍法讀之，倣其制，部分正兵弓箭手人馬，團爲九將，合百隊，分左右前後四部。隊有駐戰、拓戰之別，步騎器械，每將皆同。以蕃兵人馬爲別隊，各隨所近分隸焉。諸將之數，不及正兵之半，乃所以制之。處老弱於城砦，較其遠近而爲區別。使蕃、漢無得相雜，以防其變。具爲書上之。時鄜延呂惠卿亦分畫兵，延慶條其不便，神宗善其議。召



知開封府，拜翰林學士。以言者罷知滁州，歷瀛、洪州，復龍圖閣待制，帥高陽。閱歲，復直學士，移定武。元祐中，入爲工部、吏部侍郎。卒，年六十二，賜錢三十萬，官庀其葬。

延慶有學問，平居簡嘿，遇事能別白是非，所至有惠政。既爲伯父齊後，齊晚得子，乃歸其宗，籍家所有付之，無一毫自予，萊人義焉。

論曰：章獻太后稱制時，羣臣多希合用事，魯宗道、薛奎、蔡齊參預其間，正色孤立，無所回撓。宗道能沮劉氏七廟之議，奎正母后衮冕爲非禮，齊從容一言絕女后相踵稱制之患，眞所謂以道事君者歟！曙辨奸斷獄，爲時良吏，在位又多薦拔名臣，若請羣臣立家廟以復古禮，皆知爲政之本焉。

校勘記

〔一〕匪獨臣下然也　「下」原作「不」。按東都事略卷五三薛奎傳此句作：「保終始者豈獨臣下，如唐開元勵精爲治，而天下晏然；及其既久，放意荒侈，以至大亂，此不可不監也。」「不」字實爲「下」字之訛。據改。

〔二〕戴斗奉使錄　「戴」原作「載」，據本書卷二〇三藝文志、尹洙河南先生文集卷一二王曙神道碑改。

〔三〕預蘇舜欽奏邸會　「奏」原作「秦」。按蘇舜欽滄浪集會，本書卷二九一宋敏求傳作「進奏院會」，韓琦韓魏公集卷一三家傳作「監進奏院蘇舜欽因本院賽神聚飲」，可見宴會是在進奏院舉行。宋人稱進奏院叫「奏邸」，同見於韓琦家傳。「秦」字是「奏」字之訛。據改。

〔四〕濰州　原作「維州」，據東都事略卷五三蔡齊傳、歐陽修歐陽文忠公集卷三八蔡齊行狀改。



# 宋史卷二百八十七

## 列傳第四十六

楊礪 子良規 孫君錫　宋湜　王嗣宗　李昌齡 從子紘　趙安仁 父孚　陳彭年

楊礪字汝礪，京兆鄠人。曾祖守信，唐山南西道節度、同平章事，本宦官復恭假子也。祖知禮，後唐均州刺史。父仁儼，入蜀仕王氏，爲丹稜令。蜀平，補渭南主簿，累遷永和令。礪，建隆中舉進士甲科。父喪，絕水漿數日。服除，以祿不足養母，閑居無仕進意，鄉舊移書敦諭，礪乃赴官。解褐鳳州團練推官，歲餘，又以母疾棄官。開寶九年，詣闕獻書，召試學士院，授隴州防禦推官。入遷光祿寺丞，丁內艱，起就職。久之，轉秘書丞，改屯田員外郎、知鄂州，以善政聞。

端拱初，眞宗在襄邸，遷庫部，充記室參軍，賜金紫。初，廣順中，周世宗節制澶州，礪





贊文見之，館接數日。世宗入朝，礪處僧舍，夢古衣冠者曰：「汝能從乎？」礪隨往，覩宮衞若非人間，殿上王者秉珪南向，總三十餘。礪升謁之，最上者前有按，置簿錄人姓名，礪見己名居首，因請示休咎。王者曰：「我非汝師。」指一人曰：「此來和天尊，異日汝主也，當問之。」其人笑曰：「此去四十年，汝功成，予名亦顯矣。」礪再拜，寤而志之。礪初名勵，以籍作礪，遂改之。至是，受命謁見藩府，歸謂子曰：「吾今見襄王儀貌，卽所夢來和天尊也。」

遷水部郎中。眞宗尹開封，礪爲推官。眞宗嘗問礪：「何年及第？」礪唯唯不對。後知其唱名第一，自悔失問，謂礪不以科名自伐，甚重之。儲宮建，兼右諭德，轉度支郎中。卽位，拜給事中、判吏部銓。未幾，召入翰林爲學士。咸平初，知貢舉，俄拜工部侍郎、樞密副使。二年，卒，年六十九。眞宗軫悼，謂宰相曰：「礪介直清苦，方當任用，遽此淪謝。」卽冒雨臨其喪。礪僦舍委巷中，乘輿不能進，步至其第，嗟憫久之。廢朝，贈兵部尙書，中使護葬。

礪爲文尙繁，無師法，每詩一題或數十篇。在翰林，制誥迂怪，見者哂之。有文集二十卷。子嶠至祠部郎中，嶧至太常博士，峭至太子中舍。少子嵎，至道初與張庶凝刊校眞宗儲邸書籍，眞宗卽位，皆賜進士出身、直史館。嵎至祠部郎中，庶凝至太常丞。

宋湜字持正，京兆長安人。曾祖擇，牟平令。祖贊，萬年令。父溫故，晉天福中進士，至左補闕；弟溫舒，亦進士，至職方員外郎，兄弟皆有時名。湜幼警悟，早孤，與兄泌勵志篤學，事母以孝聞。溫舒典耀州，湜侍行，代作牋奏，詞敏而麗。溫舒拊背曰：「此兒眞國器，恨吾兄不及見也。」

太平興國五年進士，釋褐將作監丞、通判梓州權鹽院，就遷右贊善大夫。宋準薦其文，拜著作郎、直史館，賜緋。雍熙三年，以右補闕知制誥，與王化基、李沆並命，仍賜白金五百兩、錢五十萬。加戶部員外郎，與蘇易簡同知貢舉，俄判刑部，賜金紫。

淳化二年，祆尼道安訟大理斷獄不當，湜坐累，降均州團練副使。時母老，湜留其室奉養。移汝州，與王禹偁並召入，爲禮部員外郎、直昭文館。五年，以職方員外郎再知制誥、判集賢院，知銀臺、通進、封駁司。至道元年，爲翰林學士，知審官院、三班。又兼修國史、判昭文史館事，加兵部郎中。

眞宗卽位，拜中書舍人。丁內艱，起復。咸平元年冬，改給事中，充樞密副使。眞宗北巡，將次大名，以扈從軍列爲行陣，親御鎧甲於中，諸王、樞密介胄以從，命湜與王顯分押後陣。駐蹕數日，常召見便殿，方奏事，疾作仆地。內侍掖出，太醫診視，撫問相繼，以疾亟





聞。明年正月，眞宗臨視，許以先歸，賜衾褥，曰：「此朕嘗御者，雖故暗，亦足禦道途之寒。」又遣內侍護送供帳，至澶州，卒，年五十一。廢朝，贈吏部侍郎。以子綸爲太祝，純爲奉禮郎；弟某爲光祿寺丞，湛爲大理寺丞；姪孫選同學究出身。眞宗再幸河朔，追悼之，加贈刑部尚書，謚曰忠定。

湜風貌秀整，有醖藉，器識沖遠，好學，美文詞，善談論飲謔，曉音律，妙於奕棋。筆法遒媚，書帖之出，人多傳傚。喜引重後進有名者，又好趨人之急，當世士流，翕然宗仰之。有文集二十卷。

湜兄泌，太平興國二年進士，至起居郎、直史館、越王府記室參軍。

溫舒三子，沆、澥、濤。沆，剛率，喜談兵。太平興國五年進士，歷左正言、京西轉運使、度支判官。淳化二年，呂蒙正罷相，沆坐親黨，貶宜州團練副使，起爲太子中允，換如京副使。咸平中，遣與梅詢使西京爲安撫使，未行，罷爲環慶路都監。與知環州張從古擅發兵襲敵，不與部署叶謀，又士卒有死傷者，責授供奉官。後爲文思副使、京西提點刑獄，卒。澥有淸節，居長安不仕，與种放、魏野遊，多篇什酬唱。濤，端拱二年進士，歷殿中丞、知襄城縣，以政績聞，賜緋魚。歷鹽鐵判官，累遷監察御史、知虢州。純及泌子緯皆至殿中丞。

王嗣宗字希阮，汾州人。曾祖同節，寶鼎令。祖待價，汾州防禦推官。父夢證，成州軍事判官。嗣宗少力學自奮，遊京師，以文謁王祐，頗見優待。開寶八年，登進士甲科，補秦州司寇參軍。侍御史路沖知州事，爲政苛急，盜賊蠭起。嗣宗乘間極言其闕失，沖大怒，繫嗣宗於獄，又教無賴民被罪者訟嗣宗治獄枉濫。朝廷遣殿中丞王廷範按之，具獲訟者誣罔狀，嗣宗乃得釋。

太宗征河東，嗣宗陳邊事，召赴行在，授大理寺丞、通判睦州，改右贊善大夫、徙河州。太宗遣武德卒潛察遠方事，嗣宗械送京師，因奏曰：「陛下不委任天下賢俊，猥信此輩以爲耳目，臣竊不取。」太宗怒其橫，遣使械嗣宗下吏，削秩。會赦，復官，尋以秘書丞通判澶州，並河東西，植樹萬株，以固隄防。上言：「本州榷酤斗量，校以省斗不及七升，民犯法釀者三石以上坐死，有傷深峻，臣恐諸道率如此制，望詔自今並準省斗定罪。」從之。

入爲三司開拆推官，以左正言充河北轉運副使。時邊境用兵，崔翰爲大將，嗣宗每以苦言激其展効，就賜緋魚。太宗將議親征，嗣宗上疏言契丹必不至之狀，甚見嘉納。改左司諫，賜白金千兩。入爲度支判官，改駕部員外郎。妻病，夜抉本司署門取藥，爲直官宋鎬所發，坐罷職。頃之，出知興元府，徙京西轉運使。又移河北，賜金紫。貝州驍捷卒五十餘





人謀竊發，嗣宗率吏悉擒之，優詔嘉奬。遷虞部郎中，賜錢百萬。

至道初，移河東轉運使，以爲政暴率聞。徙知耀州，又知同州，加比部郎中、淮南轉運使、江浙荊湖發運使。揚、楚間有窣家神廟，民有疾不餌藥，但竭致祀以徼福。嗣宗徹其廟，選名方，刻石州門，自是民風稍變。初，漕運經泗州浮橋，舟多覆壞，嗣宗徙置城隅，遂獲安濟。又建議外任官奉薄，貪猥者或致豐給，廉謹者終嬰貧匱，請以公田均賜之。就改職方郎中。

咸平三年，以漕運稱職，就拜太常少卿。踰年，以右諫議大夫充三司戶部使，改鹽鐵使。嘗與度支使梁鼎、戶部使梁顥同對，言曰：「國家經費甚繁，賦入漸少，加以冗食者衆，尤爲耗蠹，所宜裁節。若用度不足，卽復重擾於民矣。況西北二邊未平，有饋運之煩，臣等會議，事可省者，願條列以聞。」從之。明年，將郊祀，嗣宗因條上應奉諸物以及工作，凡減雜物十萬六千，省工九萬九千。又言計省條奏，事有可紀者，望令判使一員，撰錄送史館。詔以三司務繁，不當日有纂錄，可逐季錄送。

會罷三部使，改左諫議大夫，知通進、銀臺司兼門下封駁事，出知并州兼并代部署。州境有臥龍王廟，每窮冬，闔境致祭，値風雪寒甚，老幼踣于道，嗣宗亟毀之。轉運使鄭文寶上其政績，有詔褒美。先是，西邊市馬，以給北邊戰士，有瘠弱者卽送闕下，暑月道

遠多死。嗣宗建議，以汾州地涼，接樓煩諸監，美水草，請就牧放，從之。召拜御史中丞。

大中祥符間，眞宗告謁太廟，嗣宗立班失儀，因自首。眞宗謂憲官當守禮法，以其性戇略，不之責。加兼工部侍郎、權判吏部銓。嗣宗剛果率易，無所畏憚，每進見，極談時事，或及人間細務。頗輕險好進，深詆參知政事馮拯之短，遂結宰相王旦弟旭，使達意於旦以爲助。旦疾其醜行，因力庇拯，嗣宗大怒。

知制誥王曾從妹適孔冕家，閨門不睦。曾從東封，至冕家啜茗中毒，得良藥乃解。事已暴露，曾密疏方行大禮，願罷推究。宰相亦以冕先聖後，將有褒擢，乃隱其事。嗣宗獨謂曾誣構冕，懼反坐，乃求寢息。會愆雨，嗣宗請對，言：「孔冕爲王曾所訟，儻朝旨鞫問，加之鍛鍊，則冕終負冤枉。又侯德昭授赦敍緋，年考未滿，以欺詐得之，非吏部令史自首，亦無由知。沿堂行首李永錫坐贓除名，復引充舊職，尋送銓授令錄。」眞宗亟召王旦等詰之。旦曰：「孔冕之罪，朝議特爲容隱，不令按問，誠非冤枉也。德昭據吏部奏驗，乃行制命，及其首露，卽已追奪。永錫先爲縣吏，坐爲本部節度市羊不輸算除名，及沿堂闕人，李沆以其魁梧，因選擬官，復用爲副行首。在省祗事四年，陳牒乞班敍用，因復送銓。」眞宗曰：「止此，乃致旱邪？」嗣宗理屈，復以他辭侵旦，旦不與抗，乃已。

明年十月，嗣宗復請對，言：「去歲八月至今年十月不雨，宿麥不登。及秋，兗、鄆苦雨，





河溢害稼，刑政有失，致成災沴。孔冕冤枉，播在人口，王曾尙居近班，願示黜退，以正朝典，臣請露章以聞。」眞宗語王旦等曰：「曾實無罪，若嗣宗上章，亦須裁處。」旦曰：「冕不善之迹甚衆，但以宣聖之後不欲窮究，謂其冤枉，感傷和氣，恐未近理。」趙安仁曰：「今若再行按問，冕何能免罪？」王欽若曰：「臣請審問嗣宗，若再鞫冕，不能自隱，如何區處？」明日，嗣宗復對，且謝前言之失，眞宗亦優容之。其強妄多此類。

將祀汾陰，以永興重地，思得大臣才兼文武者鎭之。因謂宰相曰：「嗣宗嘗自言知武事，可授廉車以當此任，宜召問之。」嗣宗願奉詔，卽拜耀州觀察使、知永興軍府。眞宗作詩賜之。時种放得告歸山，嗣宗逆於傳舍，禮之甚厚。放既醉，稍倨，嗣宗怒，以語譏放。放曰：「君以手搏得狀元耳，何足道也！」初，嗣宗就試講武殿，搏趙昌言帽，擢首科，故放及之。嗣宗愧恨，因上疏言：「所部兼幷之家，侵漁衆民，凌暴孤寡，凡十餘族，而放爲之首。放弟姪無賴，據林麓樵採，周回二百餘里，奪編氓厚利。願以臣疏下放，賜放終南田百畝，徙放嵩山。」疏辭極于詬辱，至目放爲魑魅。眞宗方厚待放，令徙居嵩陽避之。

四年，邠寧陳興擅釋劫盜，徙嗣宗知邠州兼邠寧環慶路都部署。城東有靈應公廟，傍有山穴，羣狐處焉，妖巫挾之爲人禍福，民甚信向，水旱疾疫悉禱之，民語爲之諱「狐」音。前此長吏，皆先謁廟然後視事。嗣宗毀其廟，燻其穴，得數十狐，盡殺之，淫祀遂息。徙知鎭州，發邊肅姦贓，肅坐貶。嗣宗嘗言徙种放、掘邠狐、按邊肅，爲去三害。

居二歲，召還，授樞密副使、檢校太保。寇準爲使，嗣宗與之不叶，累表解職，授檢校太傅、大同軍節度、知許州。嗣宗嘗游是州，別墅在焉，時人以爲榮。移知河南府。天禧初，改感德軍節度，洛下訛言相驚。徙知陝州，再表請老，且求入覲，遣使召還。郊祀，改靜難軍節度。旣至闕下，病足，不能朝謁，乃求再知許州，不復議休退。

寇準爲相，素惡之，特命以左屯衞上將軍、檢校太尉致仕。表求面辭，以足疾艱於拜起，特免舞蹈，許其子扶掖之。對數刻，賜錢百萬，還許下。準貶，朝議以嗣宗藩輔舊臣，特令月給奉五十千。嗣宗尤睦宗族，撫諸姪如己子，著遺戒以訓子孫勿得析居，又令以孝經、弓劍、筆硯置壙中。五年，卒，年七十八。廢朝，贈侍中，謚曰景莊。錄其子二人、甥二人官。

嗣宗事三朝，最爲宿舊。所至以嚴明御下，尤傲狠，務以醜言凌挫羣類。爲中丞日，嘗忿宋白、郭贄、邢昺七十不請老，屢請眞宗敕其休致，又遣親屬諷激之。及嗣宗晚歲疾甚，猶享厚祿，徘徊不去，嘗謂人曰：「僕惟此一事，未能免物議。」衆皆嗤之。

嗣宗好爲文，而札尤甚。奉祀之歲，近臣皆爲頌記，宰相以嗣宗所撰，不足發揮盛德，慮爲後所誚，乃不許刻石。所著有中陵子三十卷。





子堯臣，內殿承制；唐臣，太子中舍。從子舜臣，供奉官、閤門祗候；禹臣，太子中舍。

李昌齡字天錫，宋州楚丘人。曾祖確，膠水令。祖譚，邯鄲令。父運，太常卿。昌齡，太平興國三年舉進士，大理評事、通判合州。歷將作監丞、右贊善大夫、通判銀州。改右補闕，出知滁州。京城開金明池，昌齡獻詩百韻，太宗嘉之，擢右拾遺、直史館，賜緋。丁內艱，起爲淮南轉運使，轉戶部員外郎、知廣州。

廣有海舶之饒，昌齡不能以廉自守，淳化二年代還。初，運嘗典許州，有第在城中，昌齡包苴輜重悉留貯焉，其至京城，但藥物藥器而已。會有言其貪者，太宗以爲誣，召賜金紫，擢禮部郎中，逾月，爲樞密直學士。昌齡上言：「廣州市舶，每歲商舶至，官盡增價買之，良苦相雜，少利。自今請擇其良者，官如價給之，苦者恣其賣，勿禁。雷、化、新、白、惠、恩等州山林有羣象，民能取其牙，官禁不得賣。自今宜令送官，以半價償之，有敢隱匿及私市與人者，論如法。」詔皆從之。

是秋，初置審刑院於禁中。凡獄具上奏，先申審刑院，印付大理、刑部斷覆以聞，又下審刑中覆裁決，以付中書，當者行之，否則宰相聞以論決。命昌齡知院事。月餘，又權判吏

部流內銓，數日，授右諫議大夫，充戶部使。

三年，改度支使，拜御史中丞。下詔御史臺，合行故事並條奏以聞，獄無大小，自中丞以下皆親臨鞫問，不得專責所司。李繼隆受命河朔征討，不赴臺辭，昌齡糾之，遣吏追還，罰奉。又劾陝西轉運使鄭文寶生事邊境，築城沙磧，輕變禁法，文寶坐貶湖外。

至道二年，以本官參知政事。占謝便殿，太宗謂曰：「中書政本，當進用善良，博詢衆議，以正道臨之，即怨謗無由而生矣。」昌齡居位，頗遲愞無所建明。眞宗即位，加戶部侍郎。坐交結王繼恩，貶忠武軍節度行軍司馬。

咸平二年，起爲殿中少監。會詔羣臣言邊事，昌齡求面陳事機，不報。王均之亂，命知梓州。知雜御史范正辭劾其廣舶宿犯，亟代還，知河陽。丁外艱，起復，奉朝請，以風恙求領小郡，復得光州，就改光祿卿。疾，不能治事。轉運使以聞，命守本官分司西京。尋請致仕，眞宗曰：「昌齡素無清譽。」乃授秘書監，遂其請。大中祥符元年，卒，年七十二。廢朝，錄子虞卿試將作監主簿。昌齡兄昌圖至國子博士，弟昌言至太子中舍。昌言子晉卿、仲卿、耀卿，並進士及第，晉卿爲秘書丞。從子紘。

紘字仲綱。父克明，仕至提點廣東刑獄。紘，進士及第，試秘書省校書郎、知歙縣。地產





黃金，民輸以代賦，後金竭，責其賦如故。紘奏罷之。歷知於潛、剡縣，治有惠愛。御史知雜呂夷簡薦之，改著作佐郎、監丹陽縣酒稅，知靈池縣。

劉均、蔡齊舉爲御史臺推直官，拜監察御史。時召成都府樂工許朝天等補教坊，紘言：「陛下即位，尚未能顯巖穴之士，而首召伶人，非所以廣德美於天下。」朝天等遂罷歸。遷殿中侍御史。閤門使王遵度領皇城，遣卒刺事，告賈人有爲契丹間諜者，捕繫皇城司按劾。命紘覆訊，紘悉得其冤，抵卒罪，降遵度曹州兵馬都監。

判三司開拆司。輔郡旱，流星墜西南有聲，會禴禳于文德殿，紘奏曰：「文德殿布政會朝之正位，每災異，輒聚緇黃讚唄于其間，何以示中外？」改鹽鐵判官，歷梓州、陝西、河北路轉運使，遷侍御史。建言：「西北久通好，士習安佚，不知戰陣之法。宜擇良將，練精卒，去冗惰，實倉廩，豐財用，爲守禦備。」舉种世衡等數人，及奏罷貢餘物遺近臣。遷知雜事、權同判流內銓。

爲三司度支副使，使契丹。故事，奉使者以皇城卒二人與偕，察其舉指，使者悉姑息以避中傷。前此劉隨爲所誣，坐貶，久未復。紘使還，具言其枉，稍徙隨南京。除天章閣待制、河北都轉運使，遷刑部郎中，還，同知通進、銀臺司，進龍圖閣直學士、知秦州，卒。

紘方介有吏材，篤於交游，與劉顏爲友，顏死，移任子恩官其子。

弟緯，起家三班借職，杜衍薦爲閤門祗候，鎭戎軍瓦亭砦都監。積勞累遷至河北緣邊安撫副使。韓琦薦知保州，以左騏驥使、榮州刺史知雄州。治兵頗嚴，不事廚傳，數與官者爭利害。積公使錢貯米三千斛爲常平倉，奏下其法他州。遷西上閤門使，留再任，卒。子師中至天章閣待制。

趙安仁字樂道，河南洛陽人。曾祖武唐，虢州刺史。

父孚字大信。周顯德初，舉進士，調補開封尉。乾德中，爲浦江令，持父喪，服闋，攝永寧令。會親征太原，部送本邑糧饋，民懷其惠，列狀以聞，即眞授其任，擢宗正丞。開寶中，初置衣庫，令孚主之。俄坐事連逮抵罪，語見趙普傳。

太宗即位，起爲國子監丞、知袁州。還，知開封府司錄參軍事，受詔與殿中侍御史柴成務、供奉官葛彥恭、殿直郭載行視黃河，分南北岸按行，復遙隄以紓湍決。孚言治遙隄不如分水勢，於是建議於澶、滑二州立分水之制。時決河未平，重惜民力而寢焉。朝廷議行封禪，孚上封禪頌，召拜秘書丞，賜緋魚。受詔鞫開封獄，得其非辜者，即日授推官。遷監察御史，出知舒州，改殿中侍御史。





雍熙中，詔詢文武禦戎之策。孚奏議曰：「臣愚以爲不用干戈，不勞飛輓，爲萬世之利者，敢獻其說，惟明主擇之。古者兵交使在其間，雖飛矢在上，走驛在下，蓋信義不可廢也。昔苗民逆命，帝乃誕敷文德，而有苗格。又仲尼曰：『有能一日克己復禮，天下歸仁。』只如幷門一方，歷代難取，聖襟英斷，一舉成功。當其逆城危於累卵，生聚懷伏，而陛下猶遣通事舍人薛文寶入城諭之。日者北邊未賓，全燕猶梗，再興軍旅，將復土疆。臣竊計屯戍邊陲，故非獲已，暴露原野，豈是願爲？欲望朝廷通達國信，近鑒唐高祖之降禮，遠法周古公之讓地。聖人以百姓之心爲心，君子見幾而作，諭以禍福，示以恩威，議定邊疆，永息征戰。養民事天，濟時利物，莫過於此。臣又計彼雖嗜好不同，然去危就安，厭勞喜逸，亦人情之所同也。」上嘉之。雍熙中，廷策貢士，而安仁預爲考會，賜金紫，因顧安仁問孚年幾，安仁曰：「臣父年六十二。」上曰：「孚，名士也。」亟召對，亦賜金紫。明年，卒。

安仁生而穎悟，幼時執筆能大字，十三通經傳大旨，早以文藝稱。趙普、沈倫、李昉、石熙載咸推奬之。雍熙二年，登進士第，補梓州榷鹽院判官，以親老弗果往。會國子監刻五經正義板本，以安仁善楷隸，遂奏留書之。

歷大理評事、光祿寺丞，召試翰林，以著作佐郎直集賢院，賜緋。時王侯、內戚家多以

銘誄爲託。太宗製九絃琴、五絃阮，時多獻賦頌，上嘉文物之盛，悉閱覽，訂其工拙。時稱安仁、李宗諤〔一〕、楊億辭雅贍，召詣中書奬諭。翌日，改遷太常丞。

眞宗卽位，拜右正言，預重修太祖實錄。上出師大名，安仁上疏曰：「臣以爲有急務者三，大要者五。急務三者：其一，激勵戎臣，舉勸懲之典；其二，振救邊民，行優恤之惠；其三，車駕還京，重神武之威。大要五者：其一，選將略；其二，持兵勢；其三，求軍謀；其四，修軍政；其五，愛民力。」

咸平三年，同知貢舉。未幾，知制誥，副夏侯嶠巡撫江南，還，知審刑院。嘗有將校笞所部卒死，罪議大辟。安仁以軍中之令，非嚴不整，遂獲免死。繼判尚書刑部兼制置羣牧使，同知三班、審官院。景德初，翰林學士梁顥召對，詢及當世臺閣人物，上稱安仁文行。尋顥卒，卽以安仁爲工部員外郎，充翰林學士。

初，孚極陳和好之利。至是，安仁從幸澶州，會北邊請盟，首命安仁撰答書，又獨記太祖時聘問書式。遼使韓杞至，首命接伴，凡覲見儀制，多所裁定。館舍夕飲，杞舉橙子曰：「此果嘗見高麗貢。」安仁曰：「橙橘產吳、楚，朝廷職方掌天下圖經，凡他國所產靡不知也。今給事中呂祐之嘗使高麗，未聞有橙柚。」杞失於誇誕，有愧色。杞既受襲衣之賜，且以長爲解，將辭復左衽。安仁曰：「君將升殿受還書，天顏咫尺，如不衣所賜之衣，可乎？」杞乃





服以入。

及姚東之至，又令安仁接伴。東之談次，頗矜兵強戰勝。安仁曰：「老氏云：『佳兵者不祥之器，聖人不得已而用之。』勝而不美，而美之者，是樂殺人也，樂殺人者不得志於天下。」東之自是不敢復言。王繼忠將兵陷沒，不能死節而反事之，東之屢稱其材。安仁曰：「繼忠早事藩邸，聞其稍謹，不知其他。」其敏於酬對，切中事機，類如此。時論翕然，稱其得體，上益器之，自是有意柄用。安仁又集和好以來事宜，及采古事，作戴斗懷柔錄三卷以獻。

二年春，又與晁迥等同知貢舉。三年，以右諫議大夫參知政事，俄修國史。大中祥符初，議封禪，與王欽若並爲泰山經制度置使、判兗州。禮畢，復拜工部侍郎。內外書詔有切要者，必經其裁。進秩刑部。五年，以兵部侍郎仍兼修史，奉祀，又同知禮儀院。八年，知貢舉。三典春闈，擇士平允，是故獨無譏誚，上再賜詩嘉之。

尋知兼宗正卿。舊制，宮闈令，凡有議奏與寺連署。上以安仁舊德，俾知寺，以次列狀取裁。寺掌玉牒屬籍，梁周翰始創其制而未備，安仁重加詳定，又爲仙源積慶圖，皆統例精簡。奏置修玉牒官，事具職官志。國史成，遷右丞。是夏，又爲景靈宮副使。屢得對言事，嘗奏曰：「方今治定功成，固軼前代，陛下尙親庶政，旰食忘倦，然而君臨之大，所宜分飭有司，爲式於天下。」遂詔諸司掌常務有條例者，毋或奏稟。天禧二年，改御史中丞。請給御

寶印歷，書三院御史彈糾事。五月，暴疾卒，年六十一。廢朝，贈吏部尙書，謚文定，以其子温瑜爲大理寺丞，良規爲奉禮郎，承裕爲正字。

安仁質直純愨，無所矯飾，寬恕謙退，與物無競，雖家人僕使，未嘗見其喜慍。女弟適董氏，早寡，取歸給養。其甥董靈運尙幼，躬自訓導，爲畢婚娶。幼少與宋元輿同學，元輿門地貴盛，待安仁甚厚。元輿蚤卒，家緒寖替，安仁屢以金帛濟之。善訓諸子，各授一經。尤嗜讀書，所得祿賜，多以購書。雖至顯寵，簡儉若平素。時閱典籍，手自讎校。三館舊闕虞世南北堂書鈔，惟安仁家有本，眞宗命內侍取之，嘉其好古，手詔褒美。尤知典故，凡近世典章人物之盛，悉能記之。喜誨誘後進，成其聲名，當世推重之。有集五十卷。温瑜，後爲國子博士。

良規字元甫。父安仁奏爲秘書省正字、同判太常寺。張知白薦之，召試，賜進士及第。用王曙舉，擢集賢校理兼宗正丞，預修會要。坐宗正吏盜太廟神御物，出通判蘄州，徙河南府，知泰、滁二州。歷京西陝西路提點刑獄、荆湖南路轉運使，奏罷馬氏時所賦丁口米數萬石。權判三司開拆司、度支勾院，直集賢院、知廬州，積官至光祿卿，罷職。初與張憲、掌禹錫、齊廓、張子思並爲太常少卿兼館職，當進諫議大夫，而執政靳之，止遷卿。故事，卿不





兼職，故皆罷。未幾，皆還之。

改直秘閣、同判宗正事，遷秘書監，知同、陝、相三州。陝歲饑，百姓請閣殘稅二分，爲官伐芟，以給河埽。或以爲須報乃可行，良規曰：「若爾，無及矣。」檄縣遂行，而以擅命自劾。進太子賓客、權判殿中省，遷尙書工部侍郎、判本部、知濠州，卒。良規所至州郡，爲政不甚力，然善委任佐屬，祿賜多分贍族人，餘皆輸之酒家。子君錫。

君錫字無愧。性至孝。母亡，事父良規不違左右，夜則寢於傍。凡衾裯薄厚、衣服寒温、藥石精粗、飲食旨否、櫛髮翦爪、整冠結帶，如內則所載者，無不親之。及登進士第，以親故不願仕。良規每出，必扶掖上下，至雜立僕御中。嘗從謁文彥博，彥博異其容止，問而知之，語諸子，令視以爲法。

良規沒，調知武強縣。從韓琦大名幕府。彥博及吳充在樞筦，更薦之爲檢詳吏房文字，徙知大宗正丞，加秘閣校理，改宗正丞。時增諸宗院講書教授官，而逐院自備緡錢爲月餽，貧者或不能以時致，宗師輒移文督取。君錫言：「國家養天下士於太學，尙不較其費，安有教育宗室令自行束脩之理！」詔悉從官給。歷開封府推官。

元祐初，遷司勳右司郎中、太常少卿，擢給事中。論蔡確、章惇有罪不宜復職；大河不

可輕議東回，請亟罷修河司，以省邦費，寬民力。蘇軾出知杭州，君錫言：「軾之文，追攀六經，蹈藉班、馬，知無不言。壬人畏憚，爲之消縮；公論倚重，隱如長城。今飄然去國，邪黨必謂朝廷稍厭直臣，且將乘隙復進，實係消長之機。不若留之在朝，用其善言則天下蒙福，聽其讜論則聖心開益，行其詔令則四方風動，爲利博矣。」進刑部侍郎、樞密都承旨，拜御史中丞。卽上疏勸哲宗親講學，廣諮問，爲躬政之漸。

君錫素有志行，後隨人低昂，無大建明。初稱蘇軾之賢，遇賈易劾軾題詩怨謗，卽繼言「軾負恩懷逆，無禮先帝，願亟正其罪。」宣仁后覽之不悅，曰：「君錫全無執守。」復以吏部侍郎、天章閣待制知鄭陳澶三州、河南府，徙應天。因清明出郊，具奠謁杜衍、張昪、張方平、趙槩、王堯臣、蔡抗、蔡挺之塋，邀七家子孫，陪祭於側，時人傳其風義。紹聖中，貶少府少監，分司南京，卒，年七十二。紹興六年，贈徽猷閣直學士。

陳彭年字永年，撫州南城人。父省躬，鹿邑令。彭年幼好學，母惟一子，愛之，禁其夜讀書。彭年篝燈密室，不令母知。年十三，著皇綱論萬餘言，爲江左名輩所賞。唐主李煜聞之，召入宮，令子仲宣與之遊。金陵平，彭年師事徐鉉爲文。太平興國中，舉進士，在場



屋間頗有雋名。嘗因京城大酺，跨驢出游構賦，自東華門至闕前，已口占數千言。然佻薄好嘲咏，頗爲宋白所黜，雍熙二年始中第。

調江陵府司理參軍。因監決死囚，怖之，換江陵主簿，歷澧、懷二州推官。在懷，深爲知州喬惟岳倚任。會樊知古爲河北轉運，以親嫌，徙澤州，丁內艱免。御史中丞王化基薦其才，改衞尉寺丞，遷秘書郎，爲大理寺詳斷官。坐事出監湖州鹽稅，尋又停官。彭年素貧窶，居喪免職，賴僕人傭販以濟。眞宗卽位，復爲秘書郎。喬惟岳刺史海州，及知蘇、壽二州，並表彭年通判州事。

咸平三年，屢上疏言事，召試學士院，遷秘書丞、知閬州。未行，改金州。四年，上疏曰：「夫事有難小而可以建大功，理有雖近而可以爲遠計者，其事有五：一曰置諫官，二曰擇法吏，三曰簡格令，四曰省冗員，五曰行公舉。此五者，實經世之要道，致治之坦塗也。」會詔舉賢良方正，翰林學士朱昂以彭年聞，召之，辭以貧乏，請終秩。

景德初，代還，直秘閣。杜鎬、刁衎薦其該博，命直史館兼崇文院檢討。又代潘愼修起居注，賜緋魚。獻大寶箴曰：

二儀之內，最靈者人。生民之中，至大者君。民既可畏，天亦無親。所輔者德，所歸者仁。恭己御下，輝光益新。載籍斯在，謀猷備陳。



內綏萬姓，外撫百蠻。治亂所始，言動之間。觀之則易，處之甚難。由是先哲，喻彼投艱。苟能慮未，乃可防閑。審求逆耳，無惡犯顏。

既庶而富，敎化乃施。慈儉之政，富庶之基。鰥寡孤獨，人之所悲。發號施令，宜先及之。黃髮鮐背，心實多知。左右侍從，何尙於茲。

瞻言百辟，咸代天工。儻無虛授，可建大中。克彰愼柬，惟藉至公。知人則哲，聽德則聰。才固難備，道亦少同。葑菲罔捨，杞梓乃充。

不扶自直，惟蓬在麻。非揀莫見，惟金在沙。參備顧問，必辨忠邪。獻替以正，裨益無涯。自匿草澤，亦有國華。訪此髦士，可拒朋家。

三章之立，庶民作程。欽哉恤哉，可以措刑。七代之建，姦孽是平。本仁本義，可以弭兵。是爲齊禮，亦曰好生。有教無類，自誠而明。

宗廟社稷，饗之以恭。宮室苑囿，誡之在豐。春蒐秋獮，不廢三農。擊石拊石，用格神宗。使人以悅，乃克成功。治國以政，罔或不從。

濟濟多士，用之有光。硜硜小器，謀之弗臧。忠言致益，豈讓膏粱。六藝爲樂，寧後笙簧。任賢勿貳，堯所以昌。改過不吝，湯所以王。

六合至廣，萬彙尤多。風俗靡一，嗜欲相摩。如馭朽索，若防決河。左契斯執，六



轡遂和。導之以德，民免嬰羅。不懈于位，俗乃偃戈。

先王之訓，罔不咸然。吾君之治，亦取斯焉。小心翼翼，終日乾乾。三靈降鑒，百祿無愆。由兹率土，永戴先天。巍巍洪業，億萬斯年。

頃之，預修册府元龜。三年，遷右正言，充龍圖閣待制，賜金紫。先是，詔諫官御史舉職言事，唯彭年與侍御史賈翺數有章奏，建白彈射，眞宗令中書置籍記之。加刑部員外郎。與晁迥同知貢舉，請令有司詳定考試條式。眞宗因命彭年與戚綸參定，多革舊制，專務防閑。其所取者，不復揀擇文行，止較一日之藝，雖杜絕請託，然置甲等者，或非宿名之士。

大中祥符中，議建封禪，彭年預詳定儀注，上言辨正包茅之用。禮成，進秩工部郎中，加集賢殿修撰。三年，改兵部郎中、龍圖閣直學士。遷右諫議大夫兼秘書監，詔就賜食廳編次太宗御集，賜勳上柱國。

嘗因奏對，眞宗謂之曰：「儒術汙隆，其應實大，國家崇替，何莫由斯。故秦衰則經籍道息，漢盛則學校興行。其後命歷迭改，而風教一揆。有唐文物最盛，朱梁而下，王風寖微。太祖、太宗丕變弊俗，崇尙斯文。朕獲紹先業，謹導聖訓，禮樂交舉，儒術化成，實二后垂裕之所致也。又君之難，由乎聽受；臣之不易，在乎忠直。其君以寬大接下，臣以誠明奉上，君臣之心皆歸於正。直道而行，至公相遇，此天下之達理，先王之成憲，猶指諸掌，孰謂

難哉！」彭年曰：「陛下聖言精詣，足使天下知訓，伏願紬演睿思，著之篇翰。」眞宗爲製崇儒術、爲君難爲臣不易二論示之。彭年復請示輔臣，刻石國子監焉。

六年，召入翰林，充學士兼龍圖閣學士，同修國史。彭年嘗謁王旦，旦辭不見。翌日，見向敏中。敏中以彭年所上文字示旦，旦瞑目不覽，曰：「是不過興建符瑞，圖進取耳。」眞宗奉祀亳州太淸宮，丁謂爲經度制置使，以彭年副之。又與謂同知禮儀院，禮成，加給事中。時謂懇讓進秩，彭年亦辭之，不許，又爲天書同刻玉副使。國史成，遷工部侍郎。九年，拜刑部侍郎、參知政事，判禮儀院，充會靈觀使。

天禧大禮，爲天書儀衞副使。又爲參詳儀制奉寶册使。正月九日，侍眞宗朝天書，將詣太廟，退就中書閤中如廁，眩仆，肩輿還家。遣中使挾醫診療，且夕存問。進兵部侍郎，表求罷奉，不許。二月，卒，年五十七。眞宗親臨，涕泗久之。又覩所居陋弊，歎息數四。廢朝，贈右僕射，諡曰文僖，錄子佺期大理寺丞，孫彥先太常寺奉禮郎。眞宗前後賜彭年御製歌詩凡六篇。彭年妻入謁，出彭年像示之，錫賚甚厚。

彭年性敏給，博聞強記，慕唐四子爲文，體制繁靡。貴至通顯，奉養無異貧約。所得奉賜，惟市書籍。大中祥符間，附王欽若、丁謂，朝廷典禮，無不參預。其儀制沿革、刑名之學，皆所詳練，若前世所未有，必推引依據以成就之。故時政大小，日有諮訪，應答詳辯，一





無凝滯，皆與眞宗意諧。

及升內閣，李宗諤、楊億皆在後。宗諤卒，億病退，而彭年專任矣。事務既叢，形神皆耗，遂舉止失措，顚倒冠服，家人有不記其名者。奉詔同編景德朝陵地里、封禪、汾陰三記，閤門、客省、御史臺儀制，又受詔編御集及宸章，集歷代婦人文集。所著文集百卷，唐紀四十卷。

論曰：楊礪遭遇龍飛，致位崇顯，自以夢協其兆，而忠言善政，一無可述。惟棄官侍母，不以科名自伐，蓋有取焉。宋湜藻文多識，名動人主，至與李沆同命。雖去沆遠甚，然樂善好施，士類歸之，亦可尙也。王嗣宗治家能睦，爲政可稱，所至立撤淫祀，亦人之所難。至於剛愎少文，謀害王旦、王曾，與寇準相忤，其餘不足觀也矣。李昌齡累更劇任，遂階大用，黨邪徇貨，遂貽終身之玷，良可醜也。趙安仁言事，切中時弊，及答契丹書，不失祖宗規式，又能以凶器之言折敵，不使矜戰，可謂才辨之臣矣。其孫君錫於元祐反正，論格蔡確、章惇復官之命，庶幾無忝所生。陳彭年以辭藻被遇，上表獻箴，詳練儀制，若可嘉尙。乃附王欽若、丁謂，溺志爵祿，甘爲小人之歸，豈不重可嘆也哉！

## 校勘記

〔一〕李宗諤　「宗」字原脫，據長編卷三八、玉海卷一一〇補。

# 宋史卷二百八十八

## 列傳第四十七

任中正 弟中師　周起　程琳　姜遵　范雍 孫子奇　曾孫坦
趙稹　任布　高若訥　孫沔

任中正字慶之，曹州濟陰人。父載，右拾遺。中正進士及第，爲池州推官。歷大理評事、通判邵州，改太府寺丞、通判濮州。以翰林學士錢若水薦，遷祕書省著作佐郎、通判大名府。

轉運使陳緯徙陝西，舉中正自代，太宗曰：「朕自知之。」召爲祕書丞、江南轉運副使。中正軀幹頎長，帝擇大笏，命內臣取緋衣之長者賜之。至部，歲大稔，民出租賦、平糴皆盈羨。發運使王子輿欲悉調餉京師，中正曰：「東南歲輸五百餘萬，而江南所出過半。今歲有餘，或歲少歉則數不登，患及吾民矣。」乃止。



擢監察御史、兩浙轉運使。民饑，中正不俟詔，發官廩振之。按晉州盛梁獄，論如法。遷殿中侍御史、判三司憑由司。既而有與梁善者，密中之，出爲荆湖轉運使。遷左司諫、直史館、知梓州。擢樞密直學士，代張詠知益州。在郡五載，遵詠條教，蜀人便之。知審刑院，出知幷州。遷給事中、權知開封府。

大中祥符九年，拜尚書工部侍郎、樞密副使。馬知節知密院，改同知院事。明年，曹利用爲樞密使，復爲副使，再進兵部侍郎、參知政事。遷工部尚書。帝既即位，乃拜兵部尚書。中正素與丁謂善，謂且貶，左右莫敢言者，中正獨營救謂，降太子賓客、知鄆州。中正弟尚書兵部員外郎、判三司鹽鐵勾院中行，右正言中師，皆坐貶。頃之，以母老徙曹州，遷禮部尚書。卒，贈尚書左僕射，謚康懿。

初，中正母入謁禁中，與陳彭年、王曾、張知白妻同見眞宗，命中正母爲班首，且賜坐。中正事親孝，平居簡素，而飲食極豐美。

中師字祖聖，進士及第，試祕書省校書郎、知平陸縣。眞宗將祀汾陰，命陳堯叟判河中府，以經制祀事，辟掌牋奏，累遷著作佐郎，歷知千乘、襄邑縣，改祕書丞。以張知白薦，遂爲右正言。中正貶，中師亦降太常博士、監宿州酒稅。未幾，通判應天府。

曹利用辟爲羣牧判官，徙知滑州，入爲開封府判官。累遷尚書度支郎中、直史館、知澶州。以太常少卿、直昭文館知廣州。視事之明日，吏白，故事當謁諸祠廟，而廨有淫祠，中師遽命撤去之。兼市舶使，市舶置使自此始。

還，爲諫議大夫、判尚書刑部。加集賢院學士，再知澶州。未行，進龍圖閣直學士、知幷州，許便宜從事。改樞密直學士、知益州。先是，轉運使韓瀆急於聚利，自薪蒭、蔬果之屬皆有算，而中師盡奏蠲之。

康定中，任布守河陽，數上書論事，帝欲用之。呂夷簡薦中師才不在任布下，遂並召爲樞密副使。明年，建北京，令中師領修建。進給事中，宣撫河東，不行。求補郡，以尚書禮部侍郎、資政殿學士知永興軍。求內徙，得知陳州。

踰年，上書言：「臣老矣，家本曹人，願得守曹。」遂以知曹州。改戶部侍郎。明年，請老，拜太子少傅致仕，進少師。卒，贈太子太傅，謚安惠。中師性樂易，平居自奉甚儉約，晚知養生之術，號大塊翁。



周起字萬卿，淄州鄒平人。生而豐下，父意異之，曰：「此兒必起吾門。」因名起。幼敏慧如成人。意知衞州，坐事削官，起才十三，詣京師訟父寃，父迺得復故官。舉進士，授將作監丞、通判齊州。擢著作佐郎、直史館，累遷戶部、度支判官。

眞宗北征，領隨軍糧草事。以右正言知制誥，權判吏部流內銓。尋爲東京留守判官，判登聞鼓院。封泰山，攝御史中丞、考制度副使，所過得採訪官吏能否及民利病以聞。東封還，近臣率頌功德，起獨以居安爲戒。進金部員外郎、判集賢院。

初置糾察刑獄司，因命起，起迺請諸已決而事有所枉及官吏非理榜掠者，並聽受訴，從之。擢樞密直學士、權知開封府。起聽斷明審，舉無留事。眞宗嘗臨幸問勞，起請曰：「陛下昔龍潛於此，請避正寢，居西廡。」詔從之，名其堂曰繼照。

起嘗奏事殿中，適仁宗始生，帝曰：「卿知朕喜乎？宜賀我有子矣。」卽入禁中，懷金錢出，探以賜起。改勾當三班院兼判登聞檢院。從祀汾陰，留權知河中府，徙永興、天雄軍，所至有風烈，數賜書褒諭。三遷右諫議大夫、知幷州。拜給事中、同知樞密院事。進禮部侍郎，爲樞密副使。嘗與寇準過同列曹瑋家飲酒，既而客多引去者，獨起與寇準盡醉，夜漏上乃歸。明日入見，引咎伏謝。眞宗笑曰：「天下無事，大臣相與飲酒，何過之有？」

起素善寇準。準且貶，起亦罷爲戶部郎中、知青州，又降太常少卿、知光州。稍遷祕書監，徙揚、杭二州，又徙應天府。復爲禮部侍郎、判登聞鼓院。以疾請知潁州，徙陳州、汝州。卒，贈禮部尚書，謚安惠。

起性周密，凡奏事及答禁中語，隨輒焚草，故其言，外人無知者。家藏書至萬餘卷。起能書。弟超，亦能書，集古今人書并所更體法，爲書苑十卷，累官主客郎中。起子：延荷，以孝友聞，官殿中丞；延雋，頗雅厚，官太常少卿。

程琳字天球，永寧軍博野人。舉服勤辭學科，補泰寧軍節度推官。改祕書省著作佐郎、知壽陽縣，監左藏庫，召試，直集賢院。改太常博士、權三司戶部判官，契丹館伴使。契丹使者謂琳曰：「先皇帝嘗通使承天，太后獨無使，何也？」琳曰：「南北，兄弟也。先皇帝視承天猶從母，故無嫌；今皇太后迺嫂也，禮不通問。」契丹使者語屈。後修眞宗實錄，而大中祥符以來起居注闕，琳追述上之；遂修起居注，提舉在京諸司庫務，知制誥、判吏部流內銓。



權三司使范雍使契丹，命琳發遣三司使。太倉贍軍粟陳腐不可食，歲且饑，琳盡發以貸民，凡六十萬斛，饑民賴以全活，而軍得善粟。鹽鐵官任布請鑄大錢一當十，度支判官許申請以銅鐵雜鑄，下其議。琳曰：「第五琦用大錢，法卒不可行。乞令申試之。」鑄卒不就。

契丹遣蕭蘊、杜防來，蘊出位圖示琳曰：「中國使者坐殿上高位，今我位乃下，請升之。」琳曰：「此眞宗所定，不可易。」防曰：「大國之卿，可以當小國之君。」琳曰：「南北雖兩朝，無小大之異，卿嘗坐我殿上，我顧小國耶？」防無以對。宰相將許之，琳曰：「許其小必啓其大。」

以右諫議大夫權御史中丞。宰相張知白尤器之，當除命，喜曰：「不辱吾筆矣。」時歲饑，上疏請罷諸土木營造，蠲被災郡縣租賦。改樞密直學士、知益州。上元張燈，州人夜聚遊嬉，琳戒曰：「有火則隨救之，毋白也。」已而果有火，終宴人無知者。或告振武軍變，琳曰：「軍中動靜我自知之，苟有謀，不待告也。」

遷給事中、權知開封府。王蒙正子齊雄捶老卒死，貸妻子使以病告。琳察其色辭異，令有司驗得捶死狀。蒙正連姻章獻太后家，太后謂琳曰：「齊雄非殺人者，乃其奴嘗捶之。」琳曰：「奴無自專理，且使令與己犯同。」太后嘿然，遂論如法。外戚吳氏離其夫而挈其女歸，夫訴于府。琳命還女，吳氏曰：「已納宮中矣。」琳請于帝曰：「臣恐天下人有竊議陛下奪人妻女者。」帝亟命出之。笞而歸其妻。



遷工部侍郎、龍圖閣學士，復爲御史中丞。不拜，以翰林侍讀學士兼龍圖閣學士再知開封府。改三司使，出納尤謹，禁中有所取，輒奏罷之。內侍言琳專，琳曰：「三司財賦，皆朝廷有也。臣爲陛下惜，於臣何有？」帝然之。或請併天下農田稅物名者，琳曰：「合而爲一，易於句校，可也。後有興利之臣，復用舊名增之，是重困民，無已時也。」再遷吏部侍郎，遂參知政事，遷尚書左丞。

時元昊反，猶遣使來朝，衆請按誅之。琳曰：「遣使，常事也，殺之不祥。」後使者益驕橫，大臣患之。琳曰：「始不殺，無罪也；今既驕橫，可暴其惡誅之，國法也，又何患耶？」又議重賄唃廝囉使討賊，得地即與之。琳曰：「使唃廝囉得地，是復生一元昊矣。不若用間，使二羌勢不合，中國利也。」

故樞密副使張遜第在武成坊，其曾孫偕才七歲，宗室女生也，貧不自給。乳媼擅出券鬻第，琳欲得之，使開封府吏密諭媼，以偕幼，宜得御寶許鬻乃售。乳媼以宗室女故，入宮見章惠太后。既得御寶，琳乃市取之。又令吏市材木，買婦女。已而吏以贓敗，御史按劾得狀，降光祿卿、知潁州。

頃之，爲戶部侍郎，尋復吏部、知天雄軍。又以左丞爲資政殿學士。及建天雄軍爲北京，內侍皇甫繼明主營宮室，欲侈大以要賞。琳以爲方事邊陲，又事土木以困民，不可。既而繼明數有論奏，帝遣御史魚周詢按視，遂罷繼明，命琳獨主之。遷工部尚書，加大學士、河北安撫使。改武昌軍節度使、知永興軍、陝西安撫使。以宣徽北院使判延州，仍爲陝西安撫使。



元昊死，諒祚立，方幼，三大將分治其國。議者謂可因此時，以節度使啗三將，使各有所部分，以弱其勢，可不戰而屈矣。琳曰：「幸人之喪，非所以柔遠人，不如因而撫之。」議者惜其失幾。

既而遣使册命，夏人方圍慶陽。琳曰：「彼若貪此，可緩慶州之難矣。」具禮幣賜予之數移報之，果喜，即日迎册使，慶陽之圍亦解。嘗獲戎首，不殺，戒遣之，夏人亦相告毋捕漢民。久之，以五百戶驅牛羊扣邊請降，且言：「契丹兵至衙頭矣，國中亂，願自歸。」琳曰：「彼詐也。契丹至帳下，當舉國取之，豈容有來降者？間聞夏人方捕叛者，此其是邪？不然，誘我也。」拒不受。已而賊果以騎三萬臨境上，以捕降者爲辭。琳諜知之，閉壁倒旗，戒諸將勿動，賊疑有備，遂引去。

拜同中書門下平章事、判大名府。琳持重不擾，前後守魏十年，度要害，繕壁壘，增守禦備。植雜木數萬，曰：「異時樓櫓之具，可不出於民矣。」人愛之，爲立生祠。改武勝軍，又換鎭安軍節度使。上書曰：「臣雖老，尚能爲國守邊。」未報，得疾卒。贈中書令，謚文簡。

琳爲人敏厲深嚴，長於政事，辨議一出，不肯下人。然性嗇於財，而厚自奉養。章獻太后時，嘗上武后臨朝圖，人以此薄之。

姜遵字從式，淄州長山人。進士及第，爲蓬萊尉，就辟登州司理參軍，開封府右軍巡判官。有疑獄，將抵死，遵辨出之。遷太常博士，王曾薦爲監察御史，殿中侍御史，開封府判官。知吉州高惠連與遵有隙，發遵在廬陵時贓事，按驗無狀，猶降通判延州。復入爲侍御史、判戶部勾院。利州路饑，以遵爲體量安撫，遷知邢州。

仁宗即位，徙滑州，爲京東轉運使，徙京西。未幾，以刑部郎中兼侍御史知雜事。建言三司、開封府日接賓客，廢事，有詔禁止。歷三司副使，再遷右諫議大夫、知永興軍。奏罷咸陽富民元氏歲貢梨。召拜樞密副使，遷給事中，卒。贈吏部侍郎。

遵長於吏事，爲治尙嚴猛，所誅殘者甚衆。在永興，太后嘗詔營浮屠，遵毀漢、唐碑碣代磚甓，既成，得召用。





范雍字伯純，世家太原。曾祖仁恕，仕蜀爲宰相。祖從龜，刑部侍郎，入朝，改右屯衞將軍，後葬河南，遂爲河南人。雍中進士第，爲洛陽縣主簿。累官殿中丞、知端州。遷太常博士。寇準辟爲河南通判，還，判三司開拆司。河決滑州，選爲京東轉運副使。歷河北、陝西轉運使，入爲三司戶部副使，又徙度支。以尙書工部郎中爲龍圖閣待制、陝西都轉運使。還，提舉諸司庫務，勾當三班院。

環、原州屬羌擾邊，以雍爲安撫使。建言：「屬羌因罪罰羊者，舊輸錢，而比年責使出羊，羌人頗以爲患。請輸錢如舊，罪輕者以漢法贖金。」從之。遷右諫議大夫、權三司使。

雍在京東時，平滑州水患。以勞加龍圖閣直學士。明年，拜樞密副使。丁母憂，起復，遷給事中。玉清昭應宮災，章獻太后泣對大臣曰：「先帝竭力成此宮，一夕延燎幾盡，惟一二小殿存爾。」雍抗言曰：「不若悉燔之也。先朝以此竭天下之力，遽爲灰燼，非出人意；如因其所存，又將葺之，則民不堪命，非所以畏天戒也。」時王曾亦止之，遂詔勿葺。遷尙書禮部侍郎。

太后崩，罷爲戶部侍郎、知陝州，改永興軍。是歲饑疫，關中爲甚，雍爲振恤。以疾，請近郡，遂知河陽。進吏部侍郎，徙應天府，又改河南府，進資政殿學士。陳安邊六事，又請於天雄軍聚甲兵以備河北，於永興軍、河中府益募士兵以備陝西，即涇原、環慶有警，河中援之。

既而元昊反，拜振武軍節度使、知延州。因言：「延州最當賊衝，地闊而砦栅疏，近者百里，遠者二百里，士兵寡弱，又無宿將爲用，而賊出入於此，請益師。」不報。元昊先遣人通款於雍，雍信之，不設備。一日，引兵數萬破金明砦，乘勝至城下。會大將石元孫領兵出境，守城者纔數百人。雍召劉平于慶州，平帥師來援，合元孫兵與賊夜戰三川口，大敗，平、元孫皆爲賊所執。雍閉門堅守，會夜大雪，賊解去，城得不陷。左遷戶部侍郎、知安州。居一歲，復吏部侍郎、知河中府。

又爲資政殿學士、知永興軍兼轉運司事，遷尙書左丞，加大學士。初，完永興城，或言其非便，詔止其役，雍匿詔而趣成之。明年，賊犯定川，邠、岐之間皆恐，而永興獨不憂寇。復徙河南府，又遷禮部尙書，卒。贈太子太師，謚忠獻。

雍爲治尙恕，好謀而少成。在陝西，嘗請於商、虢置監鑄鐵錢，後不可行；又括諸路牛以興營田，亦隨廢。頗知人，喜薦士，後多至公卿者。狄青爲小校時，坐法當斬，雍貸之。

子宗傑，爲兵部員外郎、直史館，歷陝西轉運使，先雍卒。宗傑子子奇。

子奇字中濟，階祖雍蔭，簽書幷州判官。以唐介薦，神宗賜對，提舉修在京倉。三司使又薦，按覆營繕，匠吏積爲欺隱，懼罪，造飛語間之。神宗遣大閹張茂則察其無私，勞之曰：「爲吏當如是，無恤人言。」授戶部判官，爲湖南轉運副使。建言：「梅山蠻恃險爲邊患，宜拓取之。」後章惇開五溪，議由此起。





入判將作監。使於遼，導者改路回遠，子奇謂曰：「此去雲中有直道，旬日可至，何爲出此？」導者又欲沮子奇下馬館門外，子奇曰：「異時於中門下馬，今何以輒易？」導者計屈。歷河東、陝西、河北、京東四路轉運使，工部、左司二郎中，加直龍圖閣，使河北。諸郡猶榷鹽，奏罷之。

元祐初，爲將作監、司農卿，復使陝西，以病解。起知鄭州，加集賢殿修撰、知河陽。召權戶部侍郎，刪酒戶苛禁及奴婢告主給賞法。未幾，出知慶州，廣儲蓄，繕城栅，嚴守備，羈黠羌，推誠待下，人樂爲用。入爲吏部侍郎，以待制致仕，卒，年六十三。子坦。

坦字伯履，以父任爲開封府推官、金部員外郎、大理少卿，改左司員外郎。押伴夏國使，應對合旨，賜進士第，權起居舍人。使於遼，復命，具語錄以獻。徽宗覽而善之，付鴻臚，令後奉使者視爲式。遷殿中監，知開封府，再命使遼。時興邊議，非時遣使以覘釁，坦以不宜始禍，辭其行。徽宗怒，責舒州團練副使，稍復集賢殿修撰，知江寧府、洪揚二州。

召爲戶部侍郎，論當十及夾錫錢之弊。以便親請外，知河陽。入辭，徽宗曰：「夾錫錢之害，甚於當十，宜速正之，爲一道率。」坦至，即奏罷之。政和初，復爲戶部，遂改當十錢爲當三；罷淮鹽入東北；鬻諸州公田，以實常平。又上疏言：「戶部歲入有限，用則無窮。今節度使八十員，留後至刺史數千員，自非軍功得之，宜減其半奉；及他工技末作，一切裁損。」時以爲當。

時張商英爲相，坦多與之合。及商英去，言者論坦助爲匱竭之說，以搖衆聽；又言坦建議鬻田、改常平法、廢元符令及罷夾錫錢之罪，貶黃州團練副使，安置韶州。以赦，復徽猷閣待制，卒，年六十二。

趙稹，字表微。其先單父人，後徙宜城。爲人誠質寬厚，少好學。吳太府卿田霖退居郡中，名有風鑒，故以女妻稹。擢進士第，歷平定軍判官、台州推官。改大理寺丞、知崑山縣，通判楚州。遷殿中丞、知通州。召還，同判宗正寺，樞密直學士李濬薦爲監察御史，再遷侍御史、判登聞鼓院、開封府判官，徙三司開拆、憑由司。帝祀汾陰，爲留守推官。遷尙書兵部員外郎、益州路轉運使，眞宗諭曰：「蜀遠而數亂，其利害朕所欲聞。卿至，





悉條上之，祇附常奏，毋著姓名。」稹至，數言部中事，至一日章數上。蒲江縣捕刼盜不得，反逮繫平民，楚掠誣服。稹適行部，意其寃，馳入縣獄，問得狀，悉縱之。遷工部郎中。

召爲侍御史知雜事、同判吏部流內銓，糾察在京刑獄。愼從吉知開封府，其子鈞、銳受賕，事連錢惟演。稹與王曾白其姦狀，從吉坐免，惟演亦罷去。

改三司鹽鐵副使，擢右諫議大夫、集賢院學士、知益州。度支市錦六千匹，召工計歲織裁千餘匹，止以歲所織數上供。久之，或言稹不達民情，喜尊大，降知同州，徙鳳翔、京兆府，三遷工部侍郎，復糾察在京刑獄。加樞密直學士、知并州，代還，遷刑部侍郎。

天聖八年，擢樞密副使，遷吏部侍郎。時，權出宮掖，稹厚結劉美人家婢，以故致位政府。命未出，人馳告稹，稹問曰：「東頭？西頭？」蓋意在中書也。聞者皆以爲笑。章獻太后崩，罷爲尙書左丞、知河中府，遷禮部尙書。既病，乞骸骨，拜太子少傅致仕。卒，贈太子太保，謚信質。

任布字應之，河南人。後唐宰相圜四世孫也。力學，家貧，嘗從人借書以讀。進士及第，補安肅軍判官，輒刺問虜中事，上疏請飭邊備，仍奏河北利害。後契丹至澶淵，眞宗識其名，特改大理寺丞、知安陽縣。通判嘉州，還，知開封府司錄事，通判大名府。初置提點刑獄，選布領荆湖南路。

入權三司鹽鐵判官，判度支勾院。京城東南有泉湧出，爲築祥源觀，男女徒跣奔走瞻拜。布論之曰：「明朝不宜以神怪衒愚俗。」遂忤宰相意。又與徐奭、龐溫其試開封府進士，而奭潛發封卷視之。降監鄧州稅，徙知宿州。

時越州守闕，寇準曰：「越州有職分田，歲入且厚，今爭者頗衆，非廉士莫可予。」乃徙布越州。有祖訟其孫者「醉酒詈我」，已而悔，日哭于庭曰：「我老無子，賴此孫以爲命也。」布聞之，貸其死，上書自劾，朝廷亦不之責。寇準貶，布亦徙建州，累遷尙書職方員外郎。丁謂既逐，稍用爲白波發運使。歲餘，判三司開拆司，出爲梓州路轉運使。富順監鹽井，歲久鹵薄而課存，主者至破產，或鬻子孫不能償。布奏除之。遷祠部郎中、權戶部判官，擢江、淮制置發運使。前使者多聚山海珍異之物以餉權要，布一切罷去。

召爲三司度支副使，奉使契丹。還，加直史館、知荆南。爲鹽鐵副使，命管伴契丹使。歷兵部、刑部郎中，拜右諫議大夫、知眞定府。或欲省河北兵，布言：「契丹、西夏方窺伺中國，備未可弛也。」築甬道屬滹沱河，跨絕泥潦。徙滑州，改天雄軍。遷給事中、集賢院學





士、知許州。未幾，爲龍圖閣直學士，徙澶州。黃德和誣劉平降賊，欲收平家，布力言平非降賊者。復徙眞定，又徙河南府，未至，召爲樞密副使。

布純約自守，及秉政，無所建明。子遜嘗上書，詆大臣及布皆爲不才，御史魚周詢因奏疏曰：「布不才，其子能知之。」乃以尙書工部侍郎罷知河陽。議者以周詢引遜語逐其父，爲不知體。改蔡州，授太子少保致仕，進少傅。皇祐間，詔陪祀明堂，稱疾不赴。賜一子進士出身，遷少師。

始，布歸洛中，作五知堂，謂知恩、知道、知命、知足、知幸也。卒，贈太子太傅，謚恭惠。子達，性亦恬遠，尙釋氏學，歷官爲司封郎中。

高若訥字敏之，本并州榆次人，徙家衞州。進士及第，補彰德軍節度推官，改祕書省著作佐郎，再遷太常博士、知商河縣。縣有職分田，而牛與種皆假於民，若訥獨廢不耕。

御史知雜楊偕薦爲監察御史裏行，遷尙書主客員外郎、殿中侍御史裏行。改左司諫、同管勾國子監，遷起居舍人、知諫院。時范仲淹坐言事奪職知睦州，余靖、尹洙論救仲淹，相繼貶斥。歐陽脩乃移書責若訥曰：「仲淹剛正，通古今，班行中無比。以非辜逐，君爲

諫官不能辨，猶以面目見士大夫，出入朝廷，是不復知人間有羞恥事耶！今而後，決知足下非君子。」若訥忿，以其書奏，貶脩夷陵令。未幾，加直史館，以刑部員外郎兼侍御史知雜事。

王蒙正知蔡州，若訥言：「蒙正起裨販，因緣戚里得官。向徙郴州，物論猶不平，今予之大州，可乎？」詔寢其命。大慶殿設祈福道場，若訥奏曰：「大慶殿非行禮不御，非法服不坐，國之路寢也，豈可聚老、釋爲瀆慢？」閤文應爲入內都知，若訥言其肆橫不法，請出之；遂出文應爲相州兵馬鈐轄。又奏三公坐而論道，今二府對繖數刻，何以盡萬幾？宜賜坐從容，如唐延英故事。

擢天章閣待制、知永興軍，留判吏部流內銓，出爲河東路都轉運使。召還，兼侍讀、權判尚書刑部。丁母憂，始許行服，給實奉終喪。服除，加龍圖閣直學士、史館修撰，以右諫議大夫權御史中丞。時宰相賈昌朝與參知政事吳育數爭事上前。明年春，大旱，帝問所以然者，若訥曰：「陰陽不和，責在宰相。洪範，大臣不肅，則雨不時若。」於是昌朝及育皆罷，若訥遂代育爲樞密副使。

王則據貝州，討之，踰月未下。或議招降，若訥言：「河朔重兵所積，今釋不討，後且啓亂階。」及破城，知州張得一送御史臺劾治，有臣賊狀。朝廷議貸死，若訥謂：「守臣不死，自





當誅，況爲賊屈？」得一遂棄市。

以工部侍郎、參知政事爲樞密使。凡內降恩，若訥多覆奏不行。入內都知王守忠欲得節度使，固執爲不可。若訥畏愓少過，而前騶毆路人輒至死，御史奏彈之。皇祐五年，罷爲觀文殿學士兼翰林侍讀學士、尚書左丞、同羣牧制置使、判尚書都省，止命舍人草詞。卒，贈右僕射，謚文莊。

若訥彊學善記，自秦、漢以來諸傳記無不該通，尤喜申、韓、管子之書，頗明曆學。因母病，遂兼通醫書，雖國醫皆屈伏。張仲景傷寒論訣、孫思邈方書及外臺秘要久不傳，悉考校訛謬行之，世始知有是書。名醫多出衞州，皆本高氏學焉。

皇祐中，詔累黍定尺以制鐘律，爭論連年不決。若訥以漢貨泉度一寸，依隋書定尺十五種上之。并損益祠祭服器，悉施用。有集二十卷。

孫沔字元規，越州會稽人。中進士第，補趙州司理參軍。跌蕩自放，不守士節，然材猛過人。後以秘書丞爲監察御史裏行。

景祐元年，禮院奏用多至日册后，沔奏：「喪未祥禫而行嘉禮，非制也。」同安縣尉李安世上書指切朝政，被劾，沔奏：「加罪安世，恐杜天下言者，請勿治。」黜知衡山縣。道上書言時事，再貶永州監酒。移通判潭州、知處州。復爲監察御史，再知楚州。所在皆著能迹。召爲左正言，論事益有直名。遷尚書工部員外郎，提舉兩浙刑獄，遂以起居舍人爲陝西轉運使。

時宰相呂夷簡求罷，仁宗優詔弗許。沔上書言：「自夷簡當國，黜忠言，廢直道，及以使相出鎭許昌，乃薦王隨、陳堯叟代己。才庸負重，謀議不協，忿爭中堂，取笑多士，政事寖廢。又以張士遜冠台席，士遜本乏遠識，至隳國事。蓋夷簡不進賢爲社稷遠圖，但引不若己者爲自固之計，欲使陛下知輔相之位非己不可，冀復思己而召用也。陛下果召夷簡還，自大名入秉朝政，于兹三年，不更一事。以姑息爲安，以避謗爲智。西州將帥累以敗聞，契丹無厭，乘此求賂。兵殲貨悖，天下空竭，刺史牧守，十不得一。法令變易，士民怨咨，隆盛之基，忽至於此。今夷簡以病求退，陛下手和御藥，親寫德音，乃謂『恨不移卿之疾在于朕躬』，四方義士傳聞詔語，有泣下者。夷簡在中書二十年，三冠輔相，所言無不聽，所請無不行，有宋得君，一人而已，未知何以爲陛下報？天下皆稱賢而陛下不用者，左右毀之也；皆謂憸邪而陛下不知者，朋黨蔽之也。比契丹復盟，西夏款塞，公卿忻忻，日望和平。若因此振紀綱，修廢墜，選賢任能，節用養兵，則景德、祥符之風，復見於今矣。若恬然





不顧，遂以爲安，臣恐土崩瓦解，不可復救。而夷簡意謂四方已寧，百度已正，欲因病默默而去，無一言啓沃上心，別白賢不肖，雖盡南山之竹，不足書其罪也。」

書聞，帝不之罪，議者喜其謇切。居兩月，以天章閣待制爲都轉運使，又遷禮部郎中，爲環慶路都總管、安撫經略使、知慶州。元昊死，諸將欲乘其隙，大舉滅之。沔曰：「乘危伐喪，非中國體。」三司所給特支，物惡而估高，軍士有語，優人因戲及之。沔曰：「此朝廷特賜，何敢妄言動衆！」命斬之徇。將佐爭言：「此特戲爾，不足深罪也。」沔徐呼還，杖脊配嶺南，謂之曰：「汝賴戲我前，即私議動衆，汝必死，而告者超遷矣。」明日，給特支，士無敢譁者。

歷知陝西、河東都轉運使，又知慶州，聚戰亡遺骸葬祭之，軍中感泣。凡三知慶州，邊人服其能。遷龍圖閣直學士，又遷樞密直學士、知成都府，未至，以母喪罷。服除，爲陝西都轉運使。求知明州，會京東多盜，乃以知徐州，明購賞，嚴誅罰，盜遂止。

徙秦州，時儂智高反，沔入見，帝以秦事勉之。對曰：「臣雖老，然秦州不足煩聖慮，陛下當以嶺南爲憂也。臣覩賊勢方張，官軍朝夕當有敗奏。」明日，聞蔣偕死，帝諭執政曰：「南事誠如沔所料。」宰相龐籍奏遣沔行，以爲湖南、江西路安撫使，以便宜從事，加廣南東、西路安撫使。沔請益發騎兵，且增選偏裨二十八人，求武庫精甲五千。參知政事梁適折之

曰：「毋張皇！」沔曰：「前日惟亡備，故至此。今指期滅賊，非可以徼倖勝，乃欲示鎭靜耶？夫實備不至而貌爲鎭靜，危亡之道也。」居二日，促行，才與兵七百。沔憂賊度嶺而北，乃檄湖南、北曰：「大兵且至，其繕治營壘，多具宴犒。」賊疑不敢北侵。會遣狄青爲宣撫使，沔與青會。青與智高遇，戰歸仁鋪，智高敗走。青還，沔留治後事，遷給事中。及還，帝問勞，解御帶賜之，以知杭州。至南京，召爲樞密副使。

張貴妃薨，追册爲皇后，命沔讀册。故事，正后，翰林學士讀册。沔旣陳不可用宰相護葬，且曰：「陛下若以臣沔讀册則可，以樞密副使讀册則不可。」遂求罷職。以資政殿學士知杭州。遷大學士，徙知青州。又遷觀文殿學士、知幷州。而諫官吳及、御史沈起奏沔淫縱無檢，守杭及幷所爲不法，乃徙壽州。

詔按其迹，而使者奏：「沔在處州時，於遊人中見白牡丹者，遂誘與姦。及在杭州，嘗從蕭山民鄭昊市紗，昊高其直，沔爲恨。會昊貿紗有隱而不稅者，事覺，沔取其家簿記，積計不稅者幾萬端，配隸昊他州。州人許明有大珠百，沔妻弟邊珣以錢三萬三千強市之。沔愛明所藏郭虔暉畫鷹圖，明不以獻。初，明父禱水仙大王廟生明，故幼名『大王兒』。沔卽捕按明僭稱王，取其畫鷹，刺配之。及沔罷去，明詣提點刑獄，斷一臂自訟，乃得釋。杭州人金氏女，沔白晝使吏卒輿致，亂之。有趙氏女已許嫁莘旦，沔見西湖上，遂設計取趙女至州





宅，與飲食臥起。所刺配人以百數，及罷，盜其按去，後有訴寃者多以無按，不能自解。在幷州，私役使吏卒，往來青州、麟州市賣紗、絹、綿、紙、藥物。官庭列大梃，或以暴怒擊訴事者，嘗剔取盜足後筋，斷之。」奏至，乃責寧國節度副使，監司坐失察，皆被絀。其後復光祿卿，分司南京，居宿州。會恩，知濠州，以尚書禮部侍郎致仕。

英宗卽位，遷戶部。帝與執政議守邊者，難其人，參知政事歐陽脩奏：「孫沔向守環慶，養練士卒，招撫蕃夷，恩信最著。今雖七十，心力不衰，中間曾以罪廢，然宜棄瑕使過。」遂起爲資政殿學士、知河中府，又以爲觀文殿學士、知慶州，徙延州，道卒。

沔居官以才力聞，彊直少所憚，然喜宴遊女色，故中間坐廢。妻邊氏悍妬，爲一時所傳。初，陝西用兵，朝廷多假邊帥倚以集事，近臣出帥或驕恣越法。及沔廢後，眞定路安撫使呂溱繼得罪，自此守帥之權宜微矣。

論曰：君子惟能立身，而後可以佐國。中正、起自陷朋黨，遵、積儉邪，沔頗知兵而以汚敗。琳有才器，能斷大事，然獻武后臨朝圖於章獻，君子鄙之。雍任邊寄而覆軍敗將，幾不自保。若訥喜申、韓、管子之書，中師、布少所建明，殆亦未足與議也。

# 宋史卷二百八十九

## 列傳第四十八

### 高瓊 子繼勳 繼宣 范廷召 葛霸 子懷敏

高瓊，家世燕人。祖霸，父乾。五代時，李景據江南，潛結契丹，歲遣單使往復。霸將契丹之命，以乾從行使景。方至江左，諜聞北使與中夏搆隙，以紓疆埸之難，遂殺霸，居乾濠州，聲言爲汴人所殺。乾在濠州生三子，以江左微弱，尋挈族歸中朝，給田亳州之蒙城，因土著焉。

瓊少勇鷙無賴，爲盜，事敗，將磔于市，暑雨創潰，伺守者稍怠，卽掣釘而遁。事王審琦，太宗尹京邑，知其材勇，召置帳下。太宗嘗侍宴禁中，甚醉，及退，太祖送至苑門。時瓊與戴興、王超、李斌、桑贇從，瓊左手執靮，右手執鐙，太宗乃能乘馬。太祖顧瓊等壯之，因賜以控鶴官衣帶及器帛，且勖令盡心焉。





太宗卽位，擢御龍直指揮使。從征太原，命押弓弩兩班，合圍攻城。及討幽薊，屬車駕倍道還，留瓊與軍中鼓吹殿後，六班扈從不及，惟瓊首率所部見行在，太宗大悅，慰勞之。太平興國四年，遷天武都指揮使、領西州刺史。明年，改爲神衞右廂都指揮使、領本州團練使。車駕巡師大名，命瓊與日騎右廂都指揮使朱守節分爲京城內巡檢。坐事，出爲許州馬步軍都指揮使。

會有龍騎亡命卒數十人，因知州臧丙出郊，謀刼其導從以叛。瓊聞卽白丙，趣還城，因自率從卒數十人，挾弓矢單騎追捕，至楡林村，及之。賊入村後舍，登牆以拒。賊首靑脚猴者注弩將射瓊，瓊引弓一發斃之，遂悉擒送于州。丙上其事。會將北伐，召歸。授馬步軍都軍頭、領薊州刺史、樓船戰櫂都指揮使，部船千艘赴雄州。又城易州。師還，爲天武右廂都指揮使、領本州團練使。

端拱初，遷左廂，改領富州團練使。是秋，出爲單州防禦使，改貝州部署。其出守也，與范廷召、王超、孔守正並命焉。數月，廷召等皆復補兵職，瓊頗悒悒。時王承衍鎭貝丘，公主每入禁中，頗知上於瓊厚，承衍每寬慰之。二年，召還。故事，廉察以上入朝，始有茶藥之賜，至是特賜瓊焉。三月，遷朔、易帥臣，制授瓊侍衞步軍都指揮使、領歸義軍節度，廷召輩始加觀察使，不得與瓊比。出爲幷州馬步軍都部署，時潘美亦在太原，舊制，節度

使領軍職者居上，瓊以美舊臣，表請居其下，從之。戍兵有以廩食陳腐譁言者，瓊知之，一日，出巡諸營，士卒方聚食，因取其飯自啖之，謂衆曰：「今邊鄙無警，爾等坐飽甘豐，宜知幸也。」衆言遂息。改鎭州都部署。至道中，就改保大軍節度，典軍如故。

眞宗即位，加彰信軍節度，充太宗山陵部署，復爲并代都部署。咸平中，契丹犯塞，其母車帳至狼山大夏。上親巡河朔，遣楊允恭馳往，召瓊率所部出土門，與石保吉會鎭、定。既而傅潛以逗留得罪，即召瓊代之。兵罷，復還本任。轉運使言其政績，詔褒之。

咸平三年，代還，以手創不任持笏，詔執梃入謁，授殿前都指揮使。先是，范廷召、桑贊所將邊兵臨敵退衄，言者請罪之。以問瓊，瓊對曰：「兵違將令，於法當誅。然陛下去歲已釋其罪，今復行之，又方屯諸路，非時代易，臣恐衆心疑懼。」乃止。

景德中，車駕北巡。時前軍已與敵接戰，上欲親臨營壘，或勸南還，瓊曰：「敵師已老，陛下宜親往，以督其成。」上悅，即日進幸澶淵。明年，以罷兵，料簡兵卒諸班直十年者出補軍校，年老者退爲本班剩員。瓊進曰：「此非激勸之道，宿衞豈不勞乎？」自是八年者皆得敍補焉。

馬軍都校葛霸權步軍司，會以疾在告，令瓊兼領二司。瓊從容上言曰：「臣衰老，儻又有犬馬之疾，則須一將總此二職。臣事先朝時，侍衞都虞候以上常至十員，職位相亞，易於





遷改，且使軍伍熟其名望，邊藩緩急，亦可選用。」上深然之。未幾，以久疾求解兵柄，授檢校太尉、忠武軍節度。三年冬，疾甚，上欲親臨問之，宰相不可，乃止。卒，年七十二，贈侍中。

瓊不識字，曉達軍政，然頗自任，罕與副將參議。善訓諸子：繼勳、繼宣、繼忠、繼密、繼和、繼隆、繼元。繼勳、繼宣最知名。

繼勳字紹先，初補右班殿直。儀狀頎偉，太宗見而異之，召問其家世，以瓊子對。擢寄班祗候，累遷內殿崇班。

咸平初，王均據益州。以崇儀副使爲益州兵馬都監、提舉西川諸州軍巡檢公事。招安使雷有終以兵五百授繼勳，守東郭二門〔一〕，會賊攻彌牟砦，繼勳引兵轉門至嘉州，敗之，獲黃繖、金塗鎗以還。有終益以勁兵復進攻二門，克之，乃建幟城上。諸將知城拔，有終乃引軍薄天長門，賊復來拒戰。會日暮，有終欲少休，繼勳曰：「賊窘矣，急擊之，無失也。」率十數騎鏖戰，身被數創，血濡甲；馬死，更馬以進。會入內都知秦翰來援，賊退保子城，不敢出。繼勳潛知賊欲夜遁，開圍使得潰去，均卒敗滅。以功遷崇儀使。賊餘黨保山藪中，時出剽劫，乃徙綿漢劍門路都巡檢使。繼勳募惡少年偵賊動靜，窮躡巖穴，掩其不備，悉擒殺之。

又徙峽路鈐轄，還朝，遷洛苑使、并代州鈐轄。徙屯岢嵐軍。契丹聚兵五萬屯草城川，繼勳登高望之，謂軍使賈宗曰：「彼衆而陣不整，將不才也。我兵雖少，可以奇取勝。先伏兵山下，敵見我弱，必急攻我。我誘之南走，爾起乘之，當大潰。」轉戰至寒光嶺，伏發，契丹果敗，相蹂躪死者萬餘人，獲馬、牛、橐駝甚衆。遷弓箭庫使，賜金帶、錦袍，領榮州刺史，徙麟、府州鈐轄。

時屯兵河外，饋運不屬。繼勳扼兔毛川，援送軍食，師乃濟。徙知環州，又徙瀛州。時歲饑，募富人出粟以給貧者。明年大稔，木生連理者四，郡人上治狀請留。遷內藏庫使，以宮苑使奉使契丹。還，知定州，遷西上閤門使、昭州團練使，徙鄜延路鈐轄，坐市馬虧價失官。已而復爲西上閤門使、榮州刺史、知冀州、領果州團練使。徙貝州，復知瀛州。

仁宗即位，改東上閤門使，眞授隴州團練使、知雄州。其冬，契丹獵燕薊，候卒報有兵入鈔，邊州皆警。繼勳曰：「契丹歲賴漢金繒，何敢損盟好邪？」居自若，已，乃知渤海人叛契丹，行剽兩界也。擢捧日天武四廂都指揮使、連州防禦使，又知瀛州。歷步軍馬軍殿前都虞候、步軍副都指揮使、邕州觀察使、涇原路副都總管兼知渭州。入宿衞，出爲天雄軍都





總管，願復護邊，既而留不遣。後爲眞定府定州路都總管，改威武軍節度觀察留後，遂拜保順軍節度使、馬軍副都指揮使。

恭謝禮成，徙昭信軍節度使，爲莊獻明肅太后山陵、莊懿太后園陵都總管，以老病乞骸骨。召見便殿，許一子扶掖，俾勿拜，聽辭管軍。授建雄軍節度使、知滑州。河水暴溢，齧堤岸，繼勳雖老，躬自督役，露坐河上，暮夜猶不輟，水乃殺怒，滑人德之。卒，年七十八，輟視朝一日，贈太尉。繼勳性謙，有機略，善撫御士卒，臨戰輒勝。在蜀有威名，號「神將」。

子遵甫，官至北作坊副使。嘉祐八年，遵甫女正位皇后，神宗即位，册皇太后。累贈繼勳太師、尚書令兼中書令，追封康王，謚穆武。熙寧九年，帝詔宰相王珪爲神道碑，御篆碑首曰「克勤敏功鍾慶之碑」。遵甫亦贈太師、尚書令兼中書令，追封楚王。

繼宣字舜舉。幼善騎射，頗工筆札，知讀書。以恩補西頭供奉官、惠民河巡督漕船。會歲饑多盜，兼沿河巡檢捉賊，遷閤門祗候、邠州兵馬都監。曹瑋守邠，數與言兵，薦其可用。

乾興初，以內殿崇班爲益州都監。蜀人富侈，元夕大張燈，知府薛奎戒以備盜，繼宣籍

惡少年飲犒之，使夜中潛誌盜背，明日皆獲。歷磁、相、邢、洺都巡檢使，知安肅軍，徙保州。累遷禮賓使、益州路兵馬鈐轄。還，爲西上閤門使、涇原路鈐轄兼安撫使、知渭州，遷四方館使、昭州刺史、知雄州。

初，元昊反，聲言侵關隴。繼宣請備麟府。未幾，羌兵果入寇河外，陷豐州。擢捧日天武四廂都指揮使、恩州團練使、知并州。俄寇麟府，繼宣帥兵營陵井，抵天門關。是夕大雨，及河，師半濟，黑凌暴合，舟不得進，乃具牲酒爲文以禱。已而凌解，師濟，進屯府谷，間遣勇士夜亂賊營。又募黥配廂軍，得二千餘人，號清邊軍，命偏將王凱主之。軍次三松嶺，賊數萬衆圍之，清邊軍奮起，斬首千餘級。其相蹦藉死者不可勝計。築寧遠砦，相視地脉，鑿石出泉。已而城五砦，遷眉州防禦使，卒。

范廷召，冀州棗強人。父鐸，爲里中惡少年所害。廷召年十八，手刃父讎，剖取其心以祭父墓。弱冠，身長七尺餘，有膂力。嘗爲盜，以勇壯聞。周廣順初，應募爲北面招收指揮使。世宗卽位，入補衞士。從征高平，戰疾力，遷殿前指揮使。從征淮南，戰紫金山，流矢中左股。





宋初，從平李筠、李重進，轉本班都知。又從征太原，再轉散都頭、都虞候、領費州刺史。太平興國中，以日騎軍都指揮使從平太原，征范陽。秦王廷美嘗遣親吏閻懷忠、趙瓊犒禁軍列校，廷召預焉，坐出爲唐州馬步軍都指揮使。

雍熙三年，議北征，召入爲馬步軍都軍頭、領平州刺史、幽州道前軍先鋒都指揮使。與賊遇固安南，破其衆三千，斬首千餘級，克固安、新城二縣，乘勝下涿州。廷召復與賊戰，中流矢，血漬甲縷，神色自若，督戰益急，詔褒之。師還，遷日騎右廂都指揮使、領本州團練使，又遷左廂，移領高州。端拱初，出爲齊州防禦使，數月，授捧日天武四廂都指揮使、領澄州防禦使。二年，轉殿前都虞候、領涼州觀察使、鎭州副都部署。大破契丹三萬衆于徐河，斬首數千級。

淳化二年，爲平虜橋砦都部署，歷并代、環慶兩路副部署。至道中，遣將從五路討李繼遷，命廷召副李繼隆爲環慶靈都部署。廷召出延州路，與賊遇白池，獲米募軍主吃囉等兵器、鎧甲數萬。是役也，諸將失期，獨廷召與王超大小數十戰，屢克捷，上嘉之。俄又爲并代兩路都部署。三年，遷侍衞馬軍都指揮使、領河西軍節度，爲定州行營都部署。

咸平二年，契丹入塞，車駕北巡。廷召與戰瀛州西，斬首二萬級，逐北至莫州東三十里，又斬首萬餘，奪其所掠老幼數萬口，契丹遁去。師還，錄功加檢校太傅，益賦邑，又改殿前都指揮使。四年正月被疾，車駕臨問，卒，年七十五，贈侍中。

廷召在軍四十餘年，由顯德以來，凡親征，未嘗不從。善騎射，嘗出獵，有羣烏飛過，廷召發矢，並貫其三，觀者駭異。性惡飛禽，所至處彈射殆絕。尤不喜驢鳴，聞必擊殺之。

子守均至散員都虞候、演州刺史；守信內殿承制、閤門祗候；守宣內殿崇班；守慶更名珪，後爲西京作坊副使、淮南江浙荆湖制置發運副使。

葛霸，眞定人。姿表雄毅，善擊刺騎射。始事太宗于藩邸；踐阼，補殿前指揮使，稍遷本班都知，三遷至散員都虞候。雍熙中，幽州之師失律，大補軍校，以霸爲驍騎軍都指揮使、領檀州刺史，戍定州。嘗遇敵唐河，與戰，敗走之，斬獲甚衆。俄召爲御前忠佐馬步軍都軍頭。端拱初，出爲博州團練使，歷潞、代二州部署。淳化元年，擢殿前都虞候、領潘州觀察使，爲高陽關副都部署，進都部署。凡七戰。召還，制授保順軍節度，典軍如故。出爲鎭州都部署，徙天雄軍。

咸平三年，車駕勞師于大名，霸與石保吉同來覲。時康保裔沒于河間，卽日以霸爲貝、冀、高陽關前軍行營都部署。二月，就遷副都指揮使。未幾，改邠寧、涇原、環慶三路都部署。





四年，遷侍衞馬軍都指揮使，領感德軍節度。

景德元年，河決澶州橫壠埽，命爲修河都部署。未行，屬北邊有警，眞宗議親征，以霸爲駕前西面邢洺路都部署，又副李繼隆爲駕前東面排陣使，駐澶州。明年召還，以功特加封邑。上言朝廷居明德心喪，尙遏音樂，請停迎授之制，奏可。是年冬，以霸久典兵，年且老，罷軍職，授昭德軍節度、并代都部署。時廷臣有隸麾下者，頗擾軍民，霸昏耄，爲所罔，眞宗知之，故有是召。

四年夏，徙知耀州。霸雖懦，然能謹直自持。會東封，表求扈蹕。既以疾不能從，車駕還次衞南，疾少間，迎謁行在。上嘉其意，勞問久之。未幾卒，年七十五，贈太尉。

子懷信、懷正、懷敏、懷煦。懷信至如京副使，懷煦內殿承制，懷正博州團練使、知滄、莫二州。

懷敏以蔭授西頭供奉官，加閤門祗候。歷同提點益州路刑獄、襄鄧都巡檢。使契丹，知隰、莫、保三州，累遷東染院使、康州刺史、知雄州，就遷西上閤門使。上平燕策。會歲旱，塘水涸，懷敏慮契丹使至測知其廣深，乃擁界河水注之，塘復如故。召對邊事，復還雄州，改萊州團練使。濁流砦兵叛，殺官吏潰去，懷敏發兵掩襲，盡誅其黨。在雄州五年，徙滄州。

懷敏爲王德用妹婿，德用貶，亦降知滁州。陝西用兵，起爲涇原路馬步軍副總管兼涇原秦鳳兩路經略、安撫副使。既入對，以曹瑋嘗所被介冑賜之，令制置鄜延、環慶兩路存廢砦柵。擢龍神衞四廂都指揮、眉州防禦使、本路副都總管、知涇州〔二〕。遷捧日天武四廂都指揮使、鄜延路副都總管。進殿前都虞候、知延州。范仲淹言其猾懦不知兵，復徙涇原路兼招討、經略、安撫副使。

慶曆二年，元昊寇鎮戎軍，懷敏出瓦亭砦，督砦主都監許思純、環慶路都監劉賀、天聖砦主張貴，及緣邊都巡檢使向進、劉湛、趙瑜等禦敵。軍次安邊砦，給芻秣未絕，懷敏輒離軍，夜至開遠堡北一里而舍。既而自鎮戎軍西南，又先引從騎百餘以前，承受趙正曰：「敵近，不可輕進。」懷敏乃少止。日暮趨養馬城，與知鎮戎軍曹英及涇原路都監李知和王保王文、鎮戎軍都監李岳、西路都巡檢使趙璘等會兵。聞元昊徙軍新壕外，懷敏議質明襲之，乃命諸將分四路趨定川砦〔三〕：劉湛、向進出西水口，涇原路都監趙珣出蓮華堡，曹英、李知和出劉璠堡，懷敏出定西堡。知和與英督軍夜發。翌日，湛、進行次趙福堡，遇敵，戰不勝，保向家峽，懷敏使珣、英并鎮戎軍西路巡檢李良臣、孟淵援之。

俄報敵已拔柵踰邊壕，懷敏入保定川砦，敵毀板橋，斷其歸路，別爲二十四道以過軍，



環圍之。又絕定川水泉上流，以饑渴其衆。劉賀率蕃兵〔四〕鬥于河西，不勝，餘衆潰去。懷敏爲中軍屯砦門東偏〔五〕，英等陣東北隅。敵自褊江三〔六〕、葉燮會出，四面環之。先以銳兵衝中軍，不動，回擊英軍。會黑風起東北，部伍相失，陣遂擾。士卒攀城堞爭入，英面被流矢，仆壕中，懷敏部兵見之亦奔駭。懷敏爲衆蹂躪幾死，輿致甕城，久之乃蘇。復選士據門橋，揮手刃以拒入城者。趙珣等以騎軍四合禦敵，敵衆稍卻，然大軍無鬥志。珣馳入，勸懷敏還軍中。

是夕，敵聚火圍城四隅，臨西北呼曰：「爾得非總管廳點陣圖者邪？爾固能軍，乃入我圍中，今復何往！」夜四鼓，懷敏召曹英、趙珣、李知和、王保、王文、許思純、劉賀、李良臣、趙瑜計議，莫知所出，遂謀結陣走鎮戎軍。鷄鳴，懷敏自論：「親軍左右及在後者皆毋得動，平明，從吾往安西堡。」以英、珣爲先鋒，賀、思純爲左右翼，知和爲殿，聽中軍鼓乃得行。」至卯，鼓未作，懷敏先上馬，而大軍按堵未動。懷敏周麾者再，將徑去，有執轡者勸不可，懷敏不得已而還。使參謀郭京等取芻城中，未至，懷敏復上馬，叱執轡者使去，不聽，拔劍且擊之，士遂散。懷敏驅馬東南，馳二百里〔七〕至長城壕，路已斷，敵周圍之，遂與諸將皆遇害。餘軍九千四百餘人，馬六百餘匹，爲敵所斷。其子宗晟與趙正、郭京、承受王昭明等還保定川。



初，懷敏令軍中步兵毋得動，及前陣已去，後軍多不知者，故皆得存。時韓質、郝從政、胡息〔八〕以兵六千保蓮華堡，劉湛、向進兵一千保向家峽，皆不赴援。於是敵長驅抵渭州，幅員六七百里，焚蕩廬舍，屠掠民畜而去。奏至，帝嗟悼久之，贈懷敏鎮戎軍節度使兼太尉，英、知和、珣、保、文、質〔九〕、岳、貴、璘、思純、良臣及同時戰沒者，及涇原巡檢楊遵、籠竿城巡檢姚奭、涇原都巡檢司監押董謙、同巡檢唐斌、指使霍達，皆贈官有差。復降向進等官，落郝從政、趙瑜職。

懷敏通時事，善候人情，故多以才薦之。及用爲將，而輕率昧於應變，遂至覆軍。帝念之，賜謚忠隱。子宗晟、宗壽、宗禮、宗師，皆遷官。

論曰：眞宗澶淵之役，高瓊之功亦盛矣。范廷召年十八，能手刃父讎；瓊將磔于市，幸以逃免；葛霸善擊刺馬射，給事藩邸：皆非素習韜略者也。及其出身戎行，迭居節鎮，而卓有可觀，由所遇之得其時也。或謂瓊頗自用，謀議不及參佐，而洞曉軍政；霸雖失於巽懦，而能謹直自持；廷召性雖澼，在軍中四十年，累從征討，所至有功：皆不害其爲驍果也。廷召諸子，珪爲最賢，霸子懷敏以戰死，固皆足稱。若繼宣、繼勳之將業，則過其父遠甚，此



「克勤敏功鍾慶之碑」所由以立歟！夫以三子之自樹如此，而不得與狄青、郭逵同日而論者，豈非拳勇之有餘，而器識之不足也歟！

## 校勘記

〔一〕守東郭二門　按王珪華陽集卷三六高繼勳神道碑作「攻東郭二門未下」，本傳下文「有終崟以勁兵復進攻二門」。疑「守」字當作「攻」。

〔二〕知涇州　「州」原作「原」，據長編卷一三七、東都事略卷四二本傳改。

〔三〕定川砦　原作「定州砦」，據同上書同卷同篇改。

〔四〕蕃兵　「蕃」原作「藩」，據長編卷一三七、東都事略卷四二本傳改。

〔五〕屯砦門東偏　「砦」原作「寨」，據長編卷一三七、太平治蹟統類卷七改。

〔六〕褊江三　長編卷一三七作「偏江州」，太平治蹟統類卷七作「偏江川」。

〔七〕馳二百里　同上書同卷都作「馳行二里許」。

〔八〕胡息　同上書同卷都作「胡恩」。

〔九〕質　按上文葛懷敏諸將有劉賀；長編卷一三七載戰沒諸將有劉賀而無名「質」者，又卷一三八載贈卹戰沒諸將亦有劉賀而無名「質」者，疑「質」爲「賀」之訛。

# 宋史卷二百九十

## 列傳第四十九

曹利用 孫繼鄴附　張耆 子希一等　楊崇勳　夏守恩 弟守贇 子隨
狄青 張玉 孫節附　郭逵

曹利用字用之，趙州寧晉人。父諫，擢明經第，仕至右補闕，以武略改崇儀使。利用少喜談辯，慷慨有志操。諫卒，補殿前承旨，改右班殿直，選爲鄜延路走馬承受公事。

景德元年，契丹寇河北，眞宗幸澶州，射殺契丹大將撻覽，契丹欲收兵去，使王繼忠議和，擇可使契丹者。利用適奏事行在，樞密院以利用應選，帝曰：「此重事也，毋輕用人。」明日，樞密使王繼英又薦利用，遂授閤門祗候、崇儀副使，奉書詣契丹軍。帝語利用曰：「契丹南來，不求地則邀賂爾。關南地歸中國已久，不可許；漢以玉帛賜單于，有故事。」利用憤契丹，色不平，對曰：「彼若妄有所求，臣不敢生還。」帝壯其言。





利用馳至軍中，耶律隆緒母見利用車上，車軛設橫板，布食器，召與飲食，其從臣重行坐。飲食畢，果議關南地，利用拒之。遣其臣韓杞來報命，利用再使契丹。契丹母曰：「晉德我，畀我關南地，周世宗取之，今宜還我。」利用曰：「晉人以地畀契丹，周人取之，我朝不知也。若歲求金帛以佐軍，尙不知帝意可否，割地之請，利用不敢以聞。」其政事舍人高正始遽前曰：「我引衆以來，圖復故地。若止得金帛歸，則愧吾國人矣。」利用曰：「子盍爲契丹熟計，使契丹用子言，恐連兵結釁，不得而息，非國利也。」契丹度不可屈，和議遂定，利用奉約書以歸。擢東上閤門使、忠州刺史，賜第京師。契丹遣使來聘，遂命利用迎勞之。

知宜州劉永規馭下殘酷，軍校乘衆怨，殺永規叛，陷柳城縣，圍象州，分兵掠廣州，嶺南騷動。帝謂輔臣曰：「向者司天占候當用兵，朕固憂遠方守將非其人，以起邊釁，今果然。曹利用曉方略，盡心于事，其以爲廣南安撫使。」利用至嶺外，遇賊武仙縣。賊持健標，蒙采盾，衣甲堅利，鋒鏑不能入。利用使士持巨斧長刀破盾，遂斬首以徇。嶺南平，遷引進使。歷客省使、嘉州防禦使，出爲鄜延路總管。大中祥符七年，拜樞密副使，加宣徽北院使、同知院事，進知院事，遂拜樞密使、同中書門下平章事。

利用在位既久，頗恃功。天禧二年，輔臣丁謂、李迪爭論帝前，迪斥謂姦邪，因言利用與之爲朋黨。利用曰：「以片文遇主，臣不如迪；捐軀以入不測之虜，迪不逮臣也。」迪坐是免，而利用以檢校太師兼太子少保爲會靈觀使，進尙書右僕射。

乾興初，加左僕射兼侍中、武寧軍節度使、景靈宮使。詔如曹彬給公使錢歲萬緡。契丹使者蕭從順桀驁，稱疾留館下，不時發。朝廷遣使問勞，相望於道。利用請一切罷之，從順乃引去。

加司空。舊制，樞密使雖檢校三司兼侍中、尙書令，猶班宰相下。乾興中，王曾由次相爲會靈觀使，利用由樞密使領景靈宮使，時重宮觀使，詔利用班曾上，議者非之。未幾，曾進昭文館大學士、玉淸昭應宮使，將告謝，而利用猶欲班曾上，閤門不敢裁。帝與太后坐承明殿久之，遣押班趣班，閤門惶懼莫知所出，曾抗聲目吏曰：「但奏宰臣王曾等告謝。」班既定，而利用怏怏不平。帝使同列慰曉之，仍詔宰臣、樞密使序班如故事，而利用益驕，尙居次相張知白上。尋召張旻于河陽，爲樞密使，利用疑代己，始悔懼焉。

初，章獻太后臨朝，中人與貴戚稍能軒輊爲禍福，而利用以勳舊自居，不恤也。凡內降恩，力持不予。左右多怨，太后亦嚴憚利用，稱曰「侍中」而不名。利用奏事簾前，或以指爪擊帶鞓，左右指以示太后曰：「利用在先帝時，何敢爾邪？」太后頷之。利用奏抑內降恩難屢卻，亦有不得已從之者。人揣知之，或給太后曰：「蒙恩得內降輒不從，今利用家媼陰諾





臣請，其必可得矣。」下之而驗，太后始疑其私，頗銜怒。

內侍羅崇勳得罪，太后使利用召崇勳戒敕之，利用去崇勳冠幘，詬斥良久，崇勳恨之。會從子汭爲趙州兵馬監押，而州民趙德崇詣闕告汭不法事。奏上，崇勳請往按治，遂窮探其獄。汭坐被酒衣黃衣，令人呼萬歲，杖死。初，汭事起，卽罷利用樞密使，加兼侍中判鄧州。及汭誅，謫左千牛衞將軍、知隨州。又坐私貸景靈宮錢，貶崇信軍節度副使，房州安置，命內侍楊懷敏護送。諸子各奪二官，沒所賜第，籍其貲，黜親屬十餘人。宦者多惡利用，行至襄陽驛，懷敏不肯前，以語逼之，利用素剛，遂投繯而絕，以暴卒聞。

後其家請居鄧州，帝惻然許之，命其子內殿崇班淵監本州稅。明道二年，追復節度兼侍中，後贈太傅，還諸子官，賜謚襄悼，命學士趙槩作神道碑，帝爲篆其額曰「旌功之碑」，詔歸所沒舊產。

利用性悍梗少通，力裁僥倖，而其親舊或有因緣以進者，故及於禍。然在朝廷忠藎有守，始終不爲屈，死非其罪，天下冤之。

孫繼鄴字元嗣，其先金陵人。祖謙，事李昪爲長劍都指揮使，南伐閩，援兵不至，戰死。父承睿時爲小校，憤將兵者不如期，致其父沒，乃刺殺之，亡去，轉徙淮、楚間。久之，入京

師，以策上太宗，授左班殿直，終左藏庫使。

繼鄴初以三班奉職監涔陽酒稅。會宜州陳進反，曹利用辟以自隨，爲前驅，破賊于象州大烏嶺。以功遷左侍禁、端州兵馬監押。徙秦州永寧砦，總徙城洛門，改西頭供奉官。晁迥薦爲閤門祗候，上禦戎策十數事。又用曹瑋薦，爲鄜延路兵馬都監，徙知環州，累遷崇儀副使。會修築洪德砦，與總兵者論事不協，絀爲冀州兵馬都監，起知保安軍，徙涇州。使契丹。

樞密使曹利用欲用之，繼鄴惡其權盛，陰知利用將有禍，數以疾辭，遂除左龍武軍統軍致仕。利用貶，復爲崇儀副使，遷供備庫使、知石州，徙保州，領恩州刺史、知雄州。累遷西上閤門使，擢爲龍神衞四廂都指揮使、端州防禦使。出爲環慶路副都總管，道改涇原路，兼知渭州。建言：「蕭關故道，前控大川，善水草，賊騎所從出也。誠得屬羌，與奉賜，且羈其酋領，使爲藩籬，則可無西顧憂矣。」爲步軍都虞候，徙眞定路，卒。

張耆字元弼，開封人。年十一，給事眞宗藩邸，及即位，授西頭供奉官。嘗與石知顒射苑中，連發中的，擢供備庫副使、帶御器械。





咸平中，契丹犯邊，以功遷南作坊使、昭州刺史、天雄軍兵馬鈐轄。邊兵未解，徙鎮州行營鈐轄，又徙定州。契丹圍望都，耆與諸將從間道往援，比至，城已陷矣。耆與敵戰，身被數創，殺契丹梟將。遲明復戰，而王繼忠爲契丹所執。耆還，因言天道方利先舉者，請大舉討之，及上興師出境之日。帝以問輔臣，以爲不可。遷昭州團練使、并代州鈐轄。明年，契丹兵復入，帝欲親征，耆奏邊事十餘條，多論兵貴持重及所以取勝者。召還，入對，帝曰：「卿嘗請北伐，契丹入塞，與卿所請興師之日同，悔不用卿策。今領守澶州而未得人，如何？」耆請行。帝喜，命爲駕前西面鈐轄，令至澶州候契丹遠近。耆馳騎往，改東面排陣鈐轄。

事平，會曹州趙諫告耆受金，爲人求薦禮部，貶供備庫使、潞州都監。久之，事稍辨，復官管勾皋城司。帝以耆歷河東，稔邊事，召耆至宣和閣，問地里險易狀。耆因言：「雲、應、蔚、朔四郡，間遣人以文移至并、代間，非覘邊虛實，卽欲熟道路。宜密諭代州，使自雲、應、蔚至者由大石谷入，自朔至者由土墱入，餘間道皆塞之以示險。」景德罷兵，耆與曹璨、李神祐、岑保正閱軍籍，請汰罷癃者。遷英州防禦使、侍衞親軍馬軍都虞候。

從帝東封，遷絳州防禦使、殿前都虞候。時建玉清宮，耆奏疏謂殫國財力，非所以承天意。遷相州觀察使、馬軍副都指揮使。從祀汾陰，授威塞軍節度使，進宣徽南院使兼樞密副使。罷，判河陽。丁父母憂，起復，徙武寧軍節度使，拜同中書門下平章事、判陳州。累遷鎮安軍、淮南節度使、判壽州。遣中書舍人張師德就賜告敕。尋召爲樞密使兼羣牧制置使、會靈觀使。

先名旻，至是表改名耆。加尚書左僕射，歷河陽、泰寧、山南東道、昭德軍節度使，進兼侍中，封鄧國公。章獻太后崩，以左僕射、護國軍節度出判許州，移襄、鄧、孟、許、陳、壽六州，封徐國公。

耆爲人重密，有智數，眞宗在東宮，嘗命授以論語、左氏春秋，後又賜宸戒二十條及聖政記、册府元龜，故頗知傳記及術數之學，言象緯輒中。章獻太后微時嘗寓其家，耆事之甚謹。及太后預政，寵遇最厚，賜第尚書省西，凡七百楹，安佚富盛踰四十年。家居爲曲闌，積百貨其中，與羣婢相貿易。有病者親爲診切，以藥儥之，欲錢不出也。所歷藩鎮，人頗以爲擾。然御諸子嚴，日一見之，卽出就外舍，論者亦以此多之。以太子太師致仕，卒，贈太師兼侍中，謚榮僖。

子二十四人。得一，慶曆中守貝州，妖人王則作亂，不能死，又與之草禮儀，伏誅；可一，坐與羣婢賊殺其妻，棄市；利一，團練使；誠一，客省使、樞密都承旨。





希一字簡翁，以父耆任，累官引進使，歷知冀、邢等九州。貝州叛，希一先引兵至，得其水門。猶紲兄得一累，監洪州鹽。復爲河北緣邊安撫副使。請徙邊兵內地以寬糴費，每州歲爲市平以糴邊穀，使人不能高下其價；戍卒之挈給糧，先軍士一日，使其家爲伍保，坐以逃亡之累，皆著爲法。徙成都利州路鈐轄、眞定府路總管。

累使遼及館客，遼人嘗以雄州不當禁漁界河、及役白溝兩屬民爲言。希一曰：「界河之禁，起於大國統和年，今文移尚存。白溝本輸中國田租，我太宗特除之，自是大國侵牟立稅，故名兩屬，惡有中國不役之理？」遼人詞塞。以均州防禦使提舉集禧觀，卒。弟利一。

利一字和叔。以蔭補供奉官、光州都監。提點京東、淮南刑獄，知莫、冀二州，爲河北緣邊安撫都監兼閤門通事舍人、知廣信軍。

諜告遼人宋元寇邊，利一置酒高會於譙門，元率衆遁去。徙知保州、雄州，累遷西上閤門使、嘉州團練使。遼人刺兩屬民爲兵，民不堪其辱，利一綏徠之。有大姓舉族南徙，慕而來者至二萬。利一發廩振恤，且移詰涿州，自是不敢復刺。

巡檢趙用有罪，坐不察舉，改衞州鈐轄。久之，爲定州路鈐轄，進馬步軍總管〔一〕，徙眞定、大名府路。歷知代、滄、澶、鄭、相州，終雄州團練使。

楊崇勳字寶臣，薊州人。祖守斌，事太祖爲龍捷指揮使。父全美，事太宗爲殿前指揮使。崇勳以父任爲東西班承旨，事眞宗于東宮。帝嘗曰：「聞若嗜學，吾授若書。」崇勳自是稍通兵法及前代興廢之事。眞宗即位，遷右侍禁、西頭供奉官、寄班祗候。雷有終討王均，崇勳承受公事，以奏捷擢內殿崇班。累遷西上閤門使、羣牧都監，改副使，以左衞大將軍、恩州刺史爲樞密都承旨，尋提舉樞密諸房、通進銀臺司事。以英州防禦使爲馬軍都虞候、并代州馬步軍副都總管〔二〕，留爲客省使、領羣牧使。

眞宗久不豫，寇準罷。入內副都知周懷政謀奉帝爲太上皇，傳位太子，復相準。嘗以謀訪崇勳，崇勳以變告。丁謂得其辭，夜造曹利用，共議發之。翌日，誅懷政，擢崇勳鄧州觀察使，不拜，乃以內客省使領桂州觀察使，復兼羣牧使。初，羣牧置使皆以文臣領之，崇勳曰：「馬者戰備，雖無事，可去邪？」

仁宗即位，以彰德軍節度觀察留後知陳州，授殿前都虞候、眞定府定州路副都總管、知定州，歷馬軍副都指揮使、殿前都指揮使、振武軍節度使，拜宣徽南院使兼樞密副使。宮中火，爲修葺副使。又歷鎭南、定武軍、山南東道節度使。



章獻與仁宗言，先帝最稱崇勳質信，可任大事，乃進樞密使。百官詣洪福院上章獻册，退而立班奉慰，宰相張士遜過崇勳園飲，日中期不至。御史中丞范諷劾奏，與士遜俱罷，以同平章事、河陽三城節度使判許州。翌日，改陳州。景祐初，懷政家人訟寃，遂罷同平章事，知壽州，徙亳州，復知陳州。

契丹將渝盟，朝廷擇將備邊，崇勳請行，復拜同平章事、判定州。既而老不任事，徙成德軍，又徙鄭州。坐其子宗誨納賕枉法，以左衞上將軍致仕，改太子太保，卒。贈太尉，謚恭密，尋改謚恭毅。

崇勳性貪鄙，久任軍職。當眞宗時，每對，輒肆言中外事，喜中傷人，人以是畏之。在藩鎭日，嘗役兵工作木偶戲人，塗以丹白，舟載鬻於京師。

夏守恩字君殊，并州榆次人。父遇，爲武騎軍校，與契丹戰，歿。時守恩纔六歲。補下班殿侍，給事襄王宮，累遷西頭供奉官。

眞宗即位，四遷至北作坊使、普州刺史。帝幸澶淵，守恩從行，數見任使。遷博州刺史，歷龍神衞、捧日天武四廂都指揮使，泰州防禦使。帝不豫，中宮預政，以守恩領親兵，倚用之。擢殿前都虞候，以安遠軍節度使觀察留後管勾殿前馬步軍都指揮使事。



天聖初，加步軍副都指揮使、威塞軍節度使，爲永定陵總管。雷允恭、邢中和徙皇堂，穿地得水泉，土石相半，人疫，功不就。守恩以聞，允恭等伏誅。徙節河陽三城，歸本鎭，知澶、相、曹三州，并代路馬步軍都總管，歷天雄、泰寧、武寧節度使，爲眞定府定州路都總管。守恩所至，恃寵驕恣不法。其子元吉通賂遺，市物多不予直。定州通判李參發其贓，命侍御史趙及與大名府通判李鈇鞫問得實，法當死，帝命貸之，除名連州編管，卒貶所。

守贇字子美。初，守恩給事襄王邸，王問其兄弟，守恩言守贇四歲而孤，日侍王邸，不得時撫養，心輒念之。王爲動容，即日召入宮，而憐其幼，聽就外舍。後二年，復召入，王乳母齊國夫人使傳婢拊視之。

稍長，習通文字。王爲太子，守贇典工作事。及即位，授右侍禁。李繼遷叛，命使綏、夏伺邊釁，遷西頭供奉官、寄班祗候。帝幸大名，爲駕前走馬承受。康保裔與賊戰，沒，部曲畏誅，聲言保裔降賊，密詔守贇往察之。守贇變服入營中，廉問得狀，還奏稱旨。詔恤保裔家，以守贇爲眞定路走馬承受公事。

帝幸澶淵及祀汾陰，皆爲駕前巡檢，累遷東綾錦副使。從幸亳州，命修行宮。轉崇儀使、提舉倉草場。帝甚親信之，遣中使問守贇曰：「欲管軍乎？爲橫行使乎？」守贇曰：「臣得日近冕旒足矣。」尋遷西上閤門使、提舉諸司庫務，以右千牛衞大將軍、昭州刺史爲樞密都承旨，兼領三班院。



每契丹使至，與楊崇勳迭爲館伴副使，凡十餘年。擢侍衞親軍步軍都虞候，改馬軍、并代州都總管。累遷步軍、馬軍殿前副都指揮使，建武、鎭東、保大軍節度使。俄以修大內勞，除殿前都指揮使，徙定國軍節度使。

守恩坐贓廢，守贇亦以鎭海軍節度使罷管軍，之本鎭。踰年，徙定州路都總管，召知樞密院事。既入見，帝問西事，守贇言：「平時小障屯兵馬不及千餘，賊兵盛至，固守不暇，安能出鬭邪？宜併其兵以據衝要，伺便邀擊，功或可成。」帝然之。

劉平、石元孫敗，人有以降賊誣告者。守贇頗辨其枉，引康保裔事爲質，自請將兵擊賊。換宣徽南院使、陝西馬步軍都總管兼經略、安撫、緣邊招討使，命勾當御藥院張德明、黎用信掌御劍以隨之。然守贇性庸怯，寡方略，不爲士卒所服。

尋詔駐軍河中，居數月，徙屯鄜州。其子隨爲陝西緣邊招討副使。時晏殊、宋綬知樞密院，又召守贇同知院事。隨卒，守贇請罷，以宣徽南院使、天平軍節度使判澶州，以疾徙相州。疾稍平，復爲眞定府定州路都總管，未至，徙高陽關，就判瀛州。卒，贈太尉，謚忠傳。

隨字君正，頗好儒術，多從士大夫游。以父蔭爲茶酒班殿侍，遷右班殿直。仁宗在東宮，爲率府副率兼春坊謁者。及卽位，除內殿承制、閤門祗候，累遷西上閤門使，出爲天雄軍兵馬鈐轄。以母疾召還，領三班院，再遷四方館使、營州刺史。出知衞州，眞拜留州團練使。徙邠州，遷泰州防禦使。

元昊反，爲鄜延路副都總管。隨本名元亨，與元昊有嫌，因奏改焉。尋徙環慶路，未幾，復還鄜延。元昊爲書及錦袍、銀帶投境上，以遺金明李士彬，且約與同叛。候人得之，諸將皆疑士彬，獨隨曰：「此行間爾。士彬與羌世仇，若有私約，通贈遺，豈使衆知邪？」乃召士彬與飮，厚撫之。士彬感泣，後數日，果擊賊，斬首獲羊馬自效。

及守贇知樞密院事，除耀州觀察使〔三〕、知亳州。劉平、石元孫敗，以隨知河中府。守贇經略安撫陝西，留領會靈觀事。守贇還，復爲陝西副都總管兼緣邊招討副使。帝曰：「朝廷方以邊事委卿，卿毋以父在機密爲嫌。」時隨已病，次陝州，卒。贈昭信軍節度使，謚莊恪。隨在邊陲無多戰功，然愼重少過。





論曰：曹利用投身不測之淵，以口舌啖契丹，使河北七十年無鋒鏑之虞，勳業固偉矣。嶺南之戰，亦豈可少哉！恃功怙寵，禍萌而弗悟，可悲也已！耆、崇勳二夏奮闒茸，位將相，皆驕侈貪吝，恃私恩，違清議，君子所不取也。

狄青字漢臣，汾州西河人。善騎射。初隸騎御馬直，選爲散直。

寶元初，趙元昊反，詔擇衞士從邊，以青爲三班差使、殿侍、延州指使。時偏將屢爲賊敗，士卒多畏怯，青行常爲先鋒。凡四年，前後大小二十五戰，中流矢者八。破金湯城，略宥州，屠嚾咩、歲香、毛奴、尙羅、慶七、家口等族，燔積聚數萬，收其帳二千三百，生口五千七百。又城橋子谷，築招安、豐林、新砦、大郞等堡，皆扼賊要害。嘗戰安遠，被創甚，聞寇至，卽挺起馳赴，衆爭前爲用。臨敵被髮，帶銅面具，出入賊中，皆披靡莫敢當。

尹洙爲經略判官，青以指使見，洙與談兵，善之，薦於經略使韓琦、范仲淹曰：「此良將材也。」二人一見奇之，待遇甚厚。仲淹以左氏春秋授之曰：「將不知古今，匹夫勇爾。」青折節讀書，悉通秦、漢以來將帥兵法，由是益知名。以功累遷西上閤門副使，擢秦州刺史、涇原路副都總管、經略招討副使，又加捧日天武四廂都指揮使、惠州團練使。仁宗以青數有戰功，欲召見問以方略，會賊寇渭州，命圖形以進。元昊稱臣，徙眞定路副都總管，歷侍衞步軍殿前都虞候、眉州防禦使，遷步軍副都指揮使、保大安遠二軍節度觀察留後，又遷馬軍副都指揮使。

青奮行伍，十餘年而貴，是時面涅猶存。帝嘗敕青傅藥除字，青指其面曰：「陛下以功擢臣，不問門地，臣所以有今日，由此涅爾，臣願留以勸軍中，不敢奉詔。」以彰化軍節度使知延州，擢樞密副使。

皇祐中，廣源州蠻儂智高反，陷邕州，又破沿江九州，圍廣州，嶺外騷動。楊畋〔五〕等安撫經制蠻事，師久無功。又命孫沔、余靖爲安撫使討賊，仁宗猶以爲憂。青上表請行，翌日入對，自言：「臣起行伍，非戰伐無以報國。願得蕃落騎數百，益以禁兵，羈賊首致闕下。」帝壯其言，遂除宣徽南院使、宣撫荆湖南北路、經制廣南盜賊事，置酒垂拱殿以遣之。時智高還據邕州，青合孫沔、余靖兵次賓州。

先是，蔣偕、張忠皆輕敵敗死，軍聲大沮。青戒諸將毋妄與賊鬭，聽吾所爲。廣西鈐轄陳曙乘青未至，輒以步卒八千犯賊，潰于崑崙關，殿直袁用等皆遁。青曰：「令之不齊，兵所以敗。」晨會諸將堂上，揖曙起，幷召用等三十人，按以敗亡狀，驅出軍門斬之。沔、靖相顧





愕眙，諸將股栗。

已而頓甲，令軍中休十日。覘者還，以爲軍未卽進。青明日乃整軍騎，一晝夜絕崑崙關，出歸仁鋪爲陣。賊既失險，悉出逆戰。前鋒孫節搏賊死山下，賊氣銳甚，沔等懼失色。青執白旗麾騎兵，縱左右翼，出賊不意，大敗之，追奔五十里，斬首數千級，其黨黃師宓、儂建中、智中及僞官屬死者五十七人，生擒賊五百餘人，智高夜縱火燒城遁去。遲明，青按兵入城，獲金帛鉅萬、雜畜數千，招復老壯七千二百嘗爲賊所俘脅者，慰遣之。梟黃師宓等邕州城下，斂屍築京觀于城北隅。時賊屍有衣金龍衣者，衆謂智高已死，欲以上聞。青曰：「安知非詐邪？寧失智高，不敢誣朝廷以貪功也。」初，青之至邕也，會瘴霧昏塞，或謂賊毒水上流，士飮者多死，青殊憂之。一夕，有泉湧砦下，汲之甘，衆遂以濟。

復爲樞密副使，遷護國軍節度使、河中尹。還至京師，帝嘉其功，拜樞密使，賜第敦教坊，優進諸子官秩。初，青既行，帝每憂之曰：「青有威名，賊當畏其來。左右使令，非青親信者不可；雖飮食臥起，皆宜防竊發。」乃馳使戒之。及聞青已破賊，顧宰相曰：「速議賞，緩則不足以勸矣。」

始，交阯願出兵助討智高，余靖言其可信，具萬人糧于邕、欽待之。詔以緡錢三萬賜交阯爲兵費，許賊平厚賞之。青既至，檄余靖無通使假兵，卽上奏曰：「李德政聲言將步兵

五萬，騎一千赴援，非其情實。且假兵于外以除內寇，非我利也。以一智高而橫蹂二廣，力不能討，乃假兵蠻夷，蠻夷貪得忘義，因而啓亂，何以禦之？請罷交阯助兵。」從之。賊平，人服其有遠略。

青在樞密四年，每出，士卒輒指目以相矜誇。又言者以青家狗生角，且數有光怪，請出青於外以保全之，不報。嘉祐中，京師大水，青避水徙家相國寺，行止殿上，人情頗疑，乃罷青爲同中書門下平章事，出判陳州。明年二月，疽發髭，卒。帝發哀，贈中書令，謚武襄。

青爲人愼密寡言，其計事必審中機會而後發。行師先正部伍，明賞罰，與士同饑寒勞苦，雖敵猝犯之，無一士敢後先者，故其出常有功。尤喜推功與將佐。始，與孫沔破賊，謀一出青，賊既平，經制餘事，悉以諉沔，退若不用意者。沔始歎其勇，既而服其爲人，自以爲不如也。尹洙以貶死，青悉力賙其家事。子諮、詠，並爲閤門使。詠數有戰功。

熙寧元年，神宗考次近世將帥，以青起行伍而名動夷夏，深沈有智略，能以畏愼保全終始，慨然思之，命取青畫像入禁中，御製祭文，遣使賚中牢祠其家。

張玉字寶臣，保定人。以六班散直隸狄青麾下，築青澗、招安砦。遇夏兵三萬，有馳鐵騎挑戰者，玉單持鐵簡出鬥，取其首及馬，軍中因號曰張鐵簡。以狀聞，仁宗曰：「眞勇將





也。」以爲本路同巡檢。從征儂智高，抵歸仁驛，賊列三銳陳以逆官軍，軍小卻，玉率右廂突騎橫貫賊壘，賊大潰。帝召見，使作銳陳於殿廷下，觀破賊之勢。擢爲廣西鈐轄，徙大名，進龍、神四廂都指揮使，爲副都總管。

諒祚攻大順城，玉以兵三千夜擊之，驚潰而去。累遷昭州防禦使，徙涇原。熙寧中，慶州卒叛，玉襲逐于石門，卒窮蹙請降，玉斬二百人，坐奪職，降爲陵州團練使，居數月，復之。王韶開熙河，玉遷宣州觀察使，爲副都總管。河北置三十七將，以玉爲第一將。入爲馬步軍都虞候，卒，贈建雄留後。

孫節，開封人。少隸軍籍，以才勇補右侍禁。與狄青同在延州，數攻破敵砦有功，累遷西京左藏庫副使。及青討智高，辟隸麾下。至歸仁鋪，節爲前鋒，直前搏戰，賊銳甚，節麾山下，俄中槍而沒。特贈忠武軍節度留後，封其妻爲仁壽郡君，官其子二人、從子三人，給諸司副使奉，終其喪。

郭逵字仲通，其先自邢徙洛。康定中，兄遵死於敵，錄逵爲三班奉職，隸陝西范仲淹麾下。仲淹勉以問學。延安清剛社寡兵誤殺熟羌，將論死，逵請而免之，活壯士十三人。方議取靈武，逵曰：「地遠而食不繼，城大而兵不多，未見其利。」未幾，涇原任福以全軍沒，人服其先見。

陳執中安撫京東，奏爲駐泊將。執中與賓佐論當今名將，共推葛懷敏。逵曰：「懷敏易與爾，他日必敗朝廷事。」執中始怒，居數日，問曰：「君何以知葛懷敏非名將而敗事邪？」曰：「喜功徼幸，徒勇無謀，可禽也。」執中歎曰：「君眞知兵，懷敏既覆師矣。」爲眞定兵馬監押。

保州卒叛，田況遣逵往招之。逵與亂者侍其臻嘗同事范仲淹，馳至城下，示以舊所佩紫囊。臻識之，卽與其黨韋貴、史克順皆再拜，邀逵登城。既見，中諭禍福，衆或疑不卽下，曰：「若降，恐不免。」逵請以身爲質，於是開城降。論功加閤門祗候、環慶兵馬都監。遭母憂，不得解官，凡三請乃許。慶帥杜杞賕以錢四十萬，謝弗受。卒喪，爲涇原都監。拔古渭城，轉通事舍人，徙河北緣邊安撫都監。副吳奎使契丹，值其主受尊號，入覲禮。使還，黜爲汾州都監。

龐籍鎭河東，俾權忻州。契丹來求天池廟地，籍不能決，以諉逵。逵訪得太平興國中故牘，證爲王土，檄報之，契丹愧伏。

湖北溪蠻彭仕義叛，加帶御器械，爲路鈐轄兼知澧州。得蠻親信爲鄉導，盡平諸隘，遂





破其所居桃花州，仕義棄城走，衆悉降。遷禮賓使，徙南路鈐轄、知邵州。武岡蠻反，逵討平之。累遷容州觀察使。仁宗山陵，以逵掌宿衞。遷殿前都虞候，出爲涇原路副都部署。

治平二年，以檢校太保同簽書樞密院，旋出領陝西宣撫使，判渭州。逵雖立軍功，而驟躋政地，議者不厭，諫官、御史交論之，不聽。神宗卽位，遷靜難軍留後，召還。言者復力爭，乃改宣徽南院使、判鄆州。至鄆七日，徙鎭鄜延。

种諤受嵬名山降，取綏州，夏人遂殺楊定。朝論以邊釁方起，欲棄綏。逵曰：「虜既殺王官，而又棄綏不守，見弱已甚。且名山舉族來歸，當何以處？」既而夏人欲以塞門、安遠二砦來易，朝廷許之。逵曰：「此正商於六百里之策也。非先交二砦，不可與。」遣其屬趙离、薛昌朝與夏使議，唯言砦基，离曰：「二砦之北，舊有三十六堡，且以長城嶺爲界，西平王祥符所移書固在也。」虜使驚不能對，乃寢其請。初，詔焚棄綏州，逵匿而不下。至是，帝問大臣，皆莫知，逵始自劾向者違詔旨之罪，帝手詔褒答。

夏人又求以亡命景詢易名山，逵曰：「詢，庸人也，於事何所輕重！受之則不得不還名山，恐自是蕃酋無復敢向化矣。」逵詗得殺楊定者首領姓名，諜告將斬之於境以謝罪，逵曰：「是且梟死囚以紿我。」報曰：「必執李崇貴、韓道喜來。」夏人言：「殺之矣。」逵命以二人狀貌物色詰問虜，情得，乃執獻之。加檢校太尉、雄武軍留後。

韓絳主种諤計圖橫山，與逵議出兵。逵曰：「諤，狂生爾，朝廷徒以家世用之，必誤大事。」絳怒，以爲沮撓，奏召逵還。明年，慶州亂，出判永興，徙秦州。王韶開熙河，逵案其不法。朝廷遣蔡確鞫之，謂逵誣罔，落宣徽使、知潞州。徙太原，復宣徽使。

交阯李乾德陷邕管，召爲安南行營經略招討使兼荆湖、廣南宣撫使，請鄜延、河東舊吏士自隨。將行，宴於便殿，賜中軍旗章劍甲以示寵。次長沙，先遣將復邕、廉；至廣西，討拔廣源州，降守將劉應紀；又拔決里隘，乘勝取桄榔、門州，大戰富良江，斬僞王子洪眞。乾德窮蹙，奉表歸命。時兵夫三十萬人，冒暑涉瘴地，死者過半。至是，與賊隔一水不得進，乃班師。坐貶左衞將軍，西京安置，屏處十年。哲宗立，復左屯衞大將軍致仕。起知潞州，進廣州觀察使、知河中。辭歸洛，改左武衞上將軍、提舉崇福宮，卒。輟視朝一日，贈雄武軍節度使。

逵忼慨喜兵學，神宗嘗訪八陣遺法，對曰：「兵無常形，是特奇正相生之一法爾。」因爲帝論其詳。在延安，使以教兵，久不就。逵擇諸校習金鼓屯營者六十四人，使人教一隊，頃刻而成。尤善用偏裨，每至所部，令人自言所能，暇日閱按之，故臨陣皆盡其技。

李復圭治慶州之敗，既斬李信、劉甫，又欲罪鄜延都巡檢使白玉。玉見逵託以後事，且泣言不得終養母。逵哀之，不遣，申救甚力，得免。已而玉大捷于新砦，神宗謂逵曰：「白玉能以功補過，卿之力也。」每戰，先招懷，後戰鬥，愛惜士卒，不妄加誅戮。其殺賊婦女老





弱者，皆不賞。雖坐征南無功久廢，猶隱然爲一時宿將云。

論曰：宋至仁宗時，承平百年，武夫驚卒遭時致位者雖有之，起健卒至政府，隱然爲時名將，惟青與逵兩人爾。青在邊境凡二十五戰，無大勝，亦無大敗，最後崑崙一舉，頗著奇雋。攷其識量，亦過人遠矣。逵料葛懷敏之敗，如燭照龜卜，一時最爲知兵。雖南征無功，用違其長，又何尤焉。

校勘記

〔一〕馬步軍總管 「步」原作「部」。按本書卷一六七職官志「府州軍監」條，知太原、定州、眞定等府州者都兼馬步軍都總管。此處「部」字當爲「步」之誤，據改。

〔二〕馬步軍副都總管 「步」原作「部」。按宋祁景文集卷六一楊崇勳行狀作「馬步軍副都部署」。「都部署」卽「都總管」，據改。

〔三〕除耀州觀察使 「除」字原脫，據東都事略卷六二本傳補。

〔四〕楊畋 原作「楊略」，據本書卷三〇〇本傳、長編卷一七三改。

# 宋史卷二百九十一

## 列傳第五十

吳育 宋綬 子敏求 從子昌言 李若谷 子淑 孫壽朋 復圭

王博文 子疇 王鬷

吳育字春卿，建安人也。父待問，與楊億同州里，每造億，億厚禮之。門下少年多易之，億曰：「彼他日所享，非若曹可望也。」累官光祿卿，以禮部侍郎致仕。

育少奇穎博學，舉進士，試禮部第一，中甲科。除大理評事，遷寺丞。歷知臨安、諸暨、襄城三縣。自秦悼王葬汝後，子孫從葬，皆出宦官典護。歲時上冢者，往來呼索擾州縣。育在襄城，請凡官所須，具成數，毋容使者妄索，羊豕悉出大官，由是民省供費殆半。宦官過者銜之，或中夜叩縣門，索牛駕車，育拒不應。異時宗子所過，縱鷹犬暴民田，入襄城境，輒相戒約，毋敢縱者。





舉賢良方正，擢著作郎、直集賢院、通判蘇州。還知太常禮院，奏定禮文，名太常新禮慶曆祀儀。改右正言，歷三司鹽鐵、戶部二判官。尋以本官供諫職。

元昊僭號，議出兵討之。羣臣曰：「元昊，小醜也，旋卽誅滅矣。」育獨建言：「元昊雖稱蕃臣，其尺賦斗租，不入縣官，且服叛不常，請置之，示不足責。且已僭輿服，勢必不能自削，宜援國初江南故事，稍易其名，可以順拊而收之。」不報。復上言：「宜先以文誥告諭之，尚不賓，姑嚴守禦，不足同中國叛臣亟加征討。且征討者，貴在神速；守禦者，利於持重。羌人剽悍多詐，出沒不時，我師乘銳，見小利小勝，必貪功輕進，往往墮賊計中。第嚴約束，明烽候，堅壁清野，以挫其鋒。」時方銳意討之，既而諸將多覆軍者，久之無功，卒封元昊爲夏國主，如育所議。

育又上言：「天下久安，務因循而厭生事，政令紀綱，邊防機要，置不復修。一有邊警，則倉皇莫知所爲，殆稍安靜，則又無敢輒言者。若政令修，紀綱肅，財用富，恩信給，賞罰明，將帥練習，士卒精銳，則四夷望風，自無他志。若一不備，則乘間而起矣。」

又曰：「漢通西域諸國，斷匈奴右臂。諸戎內附，雖有桀黠，不敢獨叛。唐太宗嘗賜回鶻可汗幷其相手書，納其貢奉，厚以金帛。眞宗命潘羅支攻殺李繼遷，而德明迺降。元昊第見朝廷比年與西域諸戎不通朝貢，乃得以利啗鄰境，固其巢穴，無肘腋之患。跳梁猖獗，

彼得以肆而不顧矣。請募土諭嗢厮囉及他蕃部，離散其黨與，使併力以攻，而均其恩賜，此伐謀之要也。」因錄上眞宗時通西域諸蕃事迹。除同修起居注，遂知制誥，進翰林學士，累遷禮部郎中。

契丹與元昊構兵，元昊求納款。契丹使來請勿納元昊，朝廷未知所答。育因上疏曰：「契丹受恩，爲日已久。不可納一叛羌，失繼世兄弟之懽。今二蕃自鬥，鬥久不解，可觀形勢，乘機立功。萬一過計亟納元昊，臣恐契丹窺兵趙、魏，朝廷不得元昊毫髮之助，而太行東西，且有煙塵之警矣。宜使人諭元昊曰：『契丹汝世姻，一旦自絕，力屈而歸我，我所疑也。若無他者，當順契丹如故，然後許汝歸款。』告契丹曰：『已詔元昊，如能投謝轅門，卽聽內附；若猶堅拒，當爲討之。』如此，則彼皆不能歸罪我矣。」於是召兩制，出契丹書，令兩制同上對，不易育議。

尋知開封府。居數日，發大奸吏一人，流嶺外。又得巨盜，積贓萬九千緡，獄具而輒再變，帝遣他吏按之，卒伏法。時歲饑多盜，育嚴賞功之法，嘗得盜而未賞者，一切賞之，以明不欺。

慶曆五年，拜右諫議大夫、樞密副使。居數月，改參知政事。山東盜起，帝遣中使按視，還奏：「盜不足慮。兗州杜衍、鄆州富弼，山東人尊愛之，此可憂也。」帝欲徙二人于淮



南。育曰：「盜誠無足慮者，小人乘時以傾大臣，禍幾不可禦矣。」事遂寢。章獻、章懿太后升祔眞宗廟，議者請覃恩，且優賜軍士。育曰：「無事而啓僥倖，誰爲陛下建此議者，請治之。」已而外人多怨執政者，帝以語輔臣。育曰：「此必建議者欲動搖上聽，臣以身許國，何憚此耶？」

向綬知永靜軍，爲不法，疑通判江中立發其陰事，因構獄以危法中之，中立自經死。綬宰相子，大臣有營助，欲傅輕法。育曰：「不殺綬，無以示天下。」卒減死一等，流南方。御史唐詢請罷制科，帝刊其名付中書，育奏疏駁議，帝因諭輔臣曰：「彼上言者，乞從內批行下，今乃知欺罔也。」育曰：「非睿聽昭察，則挾邪蠹國，靡所不爲。願出姓名按劾，以明國法。」

育在政府，遇事敢言，與宰相賈昌朝數爭議上前，左右皆失色。育論辨不已，乃請曰：「臣所辨者，職也；顧力不勝，願罷臣職。」乃復以爲樞密副使。明年大旱，御史中丞高若訥曰：「大臣喧爭爲不肅，故雨不時若。」遂罷昌朝，而育歸給事中班。未幾，出知許州，徙蔡州。設伍保法，以檢制盜賊。時京師有告妖人千數聚確山者，詔遣中使往召捕者十人。至，則以巡檢兵往索之，育曰：「使者欲得妖人還報邪？」曰：「然。」曰：「育在此，雖不敏，聚千人境內，毋容不知。此特鄉民用浮圖法相聚，以利錢財爾，一弓手召之，可致也。今以兵往，人相驚疑，請留毋往。」中使以爲然。頃之，召十人者至，械送闕下，皆無罪釋之。而告者伏辜。



尋以資政殿學士知河南府，徙陝州。上書論詔獄曰：「先王凝旒黈纊，不欲聞見人之過失也。設有罪，卽屬之有司。楊儀嘗爲三司判官，近自御史臺移劾都亭驛，械縛過市，人人不測爲何等大獄。及聞案具，乃止請求常事。使道路衆口紛紛竊議，朝廷之士，人皆自危，豈養廉恥、示敦厚之道哉。」

遷禮部侍郎、知永興軍，召兼翰林侍讀學士。以疾辭，且請便郡。帝語大臣曰：「吳育剛正可用，第嫉惡太過耳。」因命知汝州，遣內侍賜以禁中良藥。會疾不已，又請居散地，以集賢院學士判西京留司御史臺。外臺舊不領民事，時張堯佐知河陽，民訟久不決，多詣育訴。育爲辨曲直，判書狀尾，堯佐畏懼奉行。復爲資政殿學士兼翰林侍讀學士、知陝州，進資政殿大學士。召還，判尚書都省。

一日，侍讀禁中，帝因語及「臣下毀譽，多出愛憎，卿所當愼也」。育曰：「知而形之言，不若察而行之事。聖主之行，如日月之明。進一人，使人皆知其善，出一人，使人皆曉其惡，則陰邪不能構害，公正可以自立，百王之要道也。」帝數欲大用，爲諫官劉元瑜誣奏育在河南嘗貸民出息錢。久之，除宣徽南院使、鄜延路經略安撫使、判延州。

夏人旣稱臣，而並邊種落數侵耕爲患。龐籍守并州，欲築堡備之。育謂：「要契未明而亟城，則羌人必爭，爭而受患者必麟府也。」移文河東，又遺籍手書及疏於朝，不報。旣而



夏人果犯河外，陷驍將郭恩，而太原將佐皆得罪去。疾復作，辭不任邊事，求解宣徽使，復以爲資政殿大學士、尚書左丞、知河中府，徙河南。病革，視事如平日，因閱囚辨非罪，竄舞文吏二人。已而卒，年五十五。贈吏部尚書，謚正肅。

育性明果，所至作條教，簡疏易行而不可犯。遇事不妄發，發卽人不能撓。辨論明白，使人聽之不疑。

初尹開封，范仲淹在政府，因事與仲淹忤。旣而仲淹安撫河東，有奏請，多爲任事者所沮，育取可行者固行之。其在二府，待問以列卿奉朝請，育不自安，請罷去，不聽。及出帥永興，時待問尚亡恙，肩輿迎侍，時人榮之。晚年在西臺，與宋庠相唱酬，追裴、白遺事至數百篇。體素羸，少時力學，得心疾。後得古方，和丹砂餌之，大醉，一夕而愈。後數發，每發數十日乃已。有集五十卷。弟充，爲宰相，自有傳。

宋綬字公垂，趙州平棘人。父皐，尚書度支員外郎、直集賢院。綬幼聰警，額有奇骨，爲外祖楊徽之所器愛。徽之無子，家藏書悉與綬。綬母亦知書，每躬自訓敎，以故博通經史百家，文章爲一時所尚。

初，徽之卒，遺奏補太常寺太祝。年十五，召試中書，眞宗愛其文，遷大理評事，聽於祕閣讀書。大中祥符元年，復試學士院，爲集賢校理，與父皐同職。後賜同進士出身，遷大理寺丞。及祀汾陰，召赴行在，與錢易、陳越、劉筠集所過地志、風物、故實，每舍止卽以奏。將祠亳州太淸宮，以簽書亳州判官事、入爲左正言、同判太常禮院。久之，判三司憑由司。建言：「比歲下赦令釋逋負，後期未報者六十八州。請於諸路選官考覈，期半月以聞。」於是脫械繫三千二百人，蠲積負數百萬。

擢知制誥、判吏部流內銓兼史館修撰、玉淸昭應宮判官。累遷戶部郎中、權直學士院，同修眞宗實錄，進左司郎中，遂爲翰林學士兼侍讀學士、勾當三班院。始詔讀唐史，固求解三班以顓進講。同修國史，遷中書舍人。昭應宮災，罷二學士。踰年，復翰林學士。史成，遷尙書工部侍郎兼侍讀學士。

時太后猶稱制，五日一御承明殿，垂簾決事，而仁宗未嘗獨對羣臣也。綬奏言：「唐先天中，睿宗爲太上皇，五日一受朝，處分軍國重務，除三品以下官，決徒刑。宜約先天制度，令羣臣對前殿，非軍國大事，除拜皆前殿取旨。」書上，忤太后意，改龍圖閣學士，出知應天府。太后崩，帝思綬言，召還，將大用，而宰相張士遜沮止之，復加翰林侍讀學士。詔定章獻明肅、章懿太后祔廟禮，綬援春秋考仲子之宮、唐儀坤廟故事，請別築宮曰奉慈廟以安





神主，事多采用。

始置端明殿學士，以命綬，綬固辭。又言：「帝王御天下，在總攬威柄。而一紀以來，令出簾帷。自陛下躬親萬務，內外延首，思見聖政，宜懲違革弊，以新百姓之耳目。而賞罰號令，未能有過於前日，豈非三事大臣不能推心悉力，以輔陛下之治耶？頃太后朝多吝除拜，而邪幸或徑取升擢，議者謂恩出太后。今恩賞雖行，又謂自大臣出，非大臣朋黨罔上，何以得此。朋黨之爲朝廷患，古今同之。或窺測帝旨，密令陳奏；或附會己意，以進退人。大官市恩以招權，小人趨利以售進，此風寖長，有蠹邦政。太宗嘗曰：『國家無外憂必有內患。外憂不過邊事，皆可預防；奸邪共濟爲內患，深可懼也。』眞宗亦曰：『唐朋黨尤盛，王室遂卑。』願陛下思祖宗之訓，念王業艱難，整齊綱紀，正在今日。」張士遜罷，迺拜綬參知政事。

初，有詔罷修寺觀，而章惠太后以舊宅爲道觀，諫官、御史言之。帝曰：「此太后奩中物也，諫官、御史欲邀名邪？」綬進曰：「彼豈知太后所爲哉，第見興土木違近詔，卽論奏之。且事有疑似，彼猶指爲過，或陛下有大闕失，近臣雖不言，然傳聞四方，爲聖政之累，何可忽也。太祖嘗謂唐太宗爲諫官所詆，不以爲愧。何若動無過舉，使無得而言哉？」

郭皇后廢，帝命綬作詔云：「當求德閥，以稱坤儀。」既而左右引富人陳氏女入宮，綬曰：「陛下乃欲以賤者正位中宮，不亦與前日詔語戾乎？」後數日，王曾入對，又論奏之。帝曰：「宋綬亦如此言。」時大臣繼有論者，卒罷之。

帝春秋富，天下久無事，綬慮宴樂有漸，乃言：「人心逸於久安，而患害生於所忽。故立防於無事，銷變於未萌。事至而應，不亦殆歟？臣願飭勵羣司，不以承平自怠。」又上：「馭下之道有三：臨事尙乎守，當機貴乎斷，兆謀先乎密。能守則奸不能移，能斷則邪不能惑，能密則事不能撓。願陛下念之！至若深居燕間，聲味以調六氣，節宣以順四時，保養聖躬，宗社之休也。」再遷吏部侍郎。

時宰相呂夷簡、王曾論議數不同。綬多是夷簡，而參知政事蔡齊間有所異，政事繇此依違不決，於是四人者皆罷。綬以尙書左丞、資政殿學士留侍講筵，權判尙書都省。歲餘，加資政殿大學士，以禮部尙書知河南府。

元昊反，劉平、石元孫敗沒，帝以手詔賜大臣居外者，詢攻守之策。綬畫十事以獻。復召知樞密院事，遷兵部尙書、參知政事。時綬母尙在，綬既得疾，不視事，猶起居自力，區處後事。尋卒，贈司徒兼侍中，謚宣獻。

綬性孝謹淸介，言動有常。爲兒童時，手不執錢。家藏書萬餘卷，親自校讎，博通經史百家，其筆札尤精妙。朝廷大議論，多綬所財定。楊億稱其文沈壯淳麗，曰：「吾殆不及





也。」及卒，帝多取所書字藏禁中。初，郊祀，綬攝太僕卿。帝問儀物典故，占對辨洽，因上所撰鹵簿圖十卷。子敏求。

敏求字次道，賜進士及第，爲館閣校勘。預蘇舜欽進奏院會，出簽書集慶軍判官。王堯臣修唐書，以敏求習唐事，奏爲編修官。持祖母喪，詔令居家修書。卒喪，同知太常禮院。

石中立薨，子繼死，無他子。其孫祖仁疑所服，下禮官議。敏求謂宜爲服三年，當解官，斬衰。同僚援據不一，判寺宋祁是其議，遂定爲令。加集賢校理。從宋庠辟，通判西京。爲羣牧度支判官。墜馬傷足，出知亳州。治平中，召爲仁宗實錄檢討官，同修起居注、知制誥、判太常寺。

英宗在殯，有言宗室服疏者可嫁娶，敏求以爲大行未發引，不可。踰年，又有言者。敏求言宗室義服，服降而練，可嫁娶矣。坐前後議異，貶秩知絳州。王珪、范鎭乞留之，使成實錄。神宗曰：「典禮，國之所重，而謬誤如是，安得無責。」然敏求議初不誤，曾公亮惡禮院劉瑾附敏求爲說，故因是去之。是歲，卽詔還。

徐國公主以夫兄爲姪奏官，敏求疏其亂天倫，執正之。王安石惡呂公著，誣其言韓琦欲因人心，如趙鞅興晉陽之甲，以逐君側之惡，出之潁州。敏求當草制，安石諭旨使明著罪

狀，敏求但言數陳失實。安石怒白於帝，命陳升之改其語，敏求請解職，未聽。

會李定自秀州判官除御史，敏求封還詞頭，遂以本官右諫議大夫奉朝請。策試賢良方正，孔文仲對語切直，擢寘優等，安石愈怒，罷文仲。人爲敏求懼，帝獨全護之，除史館修撰、集賢院學士。鄧潤甫爲帝言：「比羣臣多尙告訐，非國家之美，宜登用敦厚之士，以變薄俗。」乃加敏求龍圖閣直學士，命修兩朝正史，掌均國公牋奏。元豐二年，卒，年六十一。特贈禮部侍郎。

敏求家藏書三萬卷，皆略誦習，熟於朝廷典故，士大夫疑議，必就正焉。補唐武宗以下六世實錄百四十八卷，它所著書甚多，學者多咨之。嘗建言：「河北、陝西、河東舉子，性朴茂，而辭藻不工，故登第者少。請令轉運使擇薦有行藝材武者，特官之，使人材參用，而士有可進之路。又州郡有學舍而無學官，故士輕去鄉里以求師，請置學官。」後頗施行之。族弟昌言。

昌言字仲謨，以蔭爲澤州司理參軍。州有殺人獄，昌言疑其冤，堅請迹捕，果得眞犯者。稍遷河陰發運判官。自濟源之官，見道上棄屍若剮剔狀者甚衆，竊歎郡縣之不治。既至河陰，得凶盜六輩，殺人而鬻之，如是十餘年，掩其家，猶得執縛未殺者七人。縣吏與市井少



年共爲胠篋，昌言窮治其淵藪，皆法外行之，而流其家人。擢都水監丞。

熙寧初，河決棗彊而北。昌言建議，欲於二股河口西岸新灘，立土約障水，使之東流。候稍深，卽斷北流，縱出葫盧下流，以除恩、冀、深、瀛水患。詔從之。提舉河渠王亞以爲不可成，不如修生隄。朝廷遣翰林學士司馬光往視，如昌言策。不兩月，決口塞。光奏昌言獨有功，若與同列均受賞，恐不足以勸。詔理提點刑獄資序，遷開封府推官、同判都水監。汴水漲，昌言請塞訾家口。已而汴流絕，監丞侯叔獻唱爲昌言罪，昌言懼，求知陝州。歷濮、冀二州。河決曹村，召判都水監，往護河堤。靈平埽成，轉少府監。卒，贈絹二百匹。

李若谷字子淵，徐州豐人。少孤游學，依姻家趙況於洛下，遂葬父母緱氏。舉進士，補長社縣尉。州葺兵營，課民輸木，檄尉受之，而吏以不中程，多退斥，欲苛苦輸者，因以取賕；若谷度材，別其長短、大小爲程，置庭中，使民自輸。改大理寺丞、知宜興縣。官市湖洑茶，歲約戶稅爲多少，率取足貧下，若谷始置籍備勾檢。茶惡者舊沒官，若谷使歸之民，許轉貿以償其數。知連州。眞宗將朝謁太淸宮，選通判亳州。累遷度支員外郎、權三司戶部判官，出爲京東轉運使。會河決白馬，調取芻楗，同



列廬士倫協三司意，趣剗擾州縣，而若谷寬之。士倫不悅，構于朝，徙知陝州。盜聚青灰山久不散，遣牙吏持榜招諭之，盜殺其黨與自歸。改梓州。

天聖初，判三司戶部勾院。使契丹，陛辭，不俟垂簾請對，迺遽詣長春殿奏事，罷知荆南。士族元甲恃蔭屢犯法，若谷杖之，曰：「吾代若父兄訓之爾。」王蒙正爲駐泊都監，挾太后姻橫肆，若谷繩以法。監司右蒙正，奏徙若谷潭州。

洞庭賊數邀商人船殺人，輒投屍水中。嘗捕獲，以屍無驗，每貸死，隸他州。既而逃歸，復攻劫，若谷擒致之，磔于市。自是寇稍息。累遷太常少卿、集賢殿修撰、知滑州。河齧韓村堤，夜馳往，督兵爲大埽，至旦堤完。以右諫議大夫知延州。州有東西兩城夾河，秋、夏水溢，岸輒圮，役費不可勝紀。若谷乃制石版爲岸，押以巨木，後雖暴水，不復壞。官倉依山而貯穀少，若谷使作露囷，囷可貯二萬斛，他郡多取法焉。遷給事中、知壽州。豪右多分占芍陂，陂皆美田，夏雨溢壞田，輒盜決。若谷擿冒占田者逐之，每決，輒調瀕陂諸豪，使塞堤，盜決乃止。

加集賢院學士、知江寧府。卒挽舟過境，寒瘠甚者，留養視之，須春溫遣去。民丐于道者，以分隸諸僧寺，助給舂爨。還，勾當三班院，進龍圖閣直學士、知河南府。貴人多葬洛陽，敕使須索煩擾，若谷奏令鴻臚預約所調移府，逆爲營辦。改樞密直學士、知幷州。民貧



失婚姻者，若谷出私錢助其嫁娶。贅婿、亡賴委妻去，爲立期，不還，許更嫁。幷多降人，喜盜竊，籍累犯者，以三人爲保，有犯，幷坐之，悛者削去籍名。

進尙書工部侍郎、龍圖閣學士、知開封府，拜參知政事。建言：「風俗孅惡，在上之人作而新之。君子小人，各有其類，今一目以朋黨，恐正人無以自立矣。」帝悟，爲下詔諭中外。以耳疾，累上章辭位，罷爲資政殿大學士、吏部侍郎、提舉會靈觀事。以太子少傅致仕，卒，年八十。贈太子太傅，謚康靖。

若谷性資端重，在政府，論議常近寬厚。治民多智慮，愷悌愛人，其去，多見思。少時與韓億爲友，及貴顯，婚姻不絕焉。子淑。

淑字獻臣，年十二，眞宗幸亳，獻文行在所。眞宗奇之，命賦詩，賜童子出身。試祕書省校書郎，寇準薦之，授校書郎、館閣校勘。

乾興初，還大理評事。修眞宗實錄，爲檢討官。書成，改光祿寺丞、集賢校理，爲國史院編修官。召試，賜進士及第，改祕書郎，進太常丞、直集賢院、同判太常寺，擢史館修撰，再遷尙書禮部員外郎，上時政十議。改知制誥、勾當三班院，爲翰林學士；進吏部員外郎。會若谷參知政事，改侍讀學士，加端明殿學士。若谷罷，進本曹郎中、典豫王府章奏。

以右諫議大夫知許州。歲饑，取民所食五種上之，帝惻然，爲蠲其賦。權知開封府，復爲翰林學士、中書舍人。言者指其在開封多褻近吏人，改給事中、知鄭州。徙河陽，轉尚書禮部侍郎，復爲翰林學士。罷端明殿學士，判流內銓，復加端明殿學士。

初，在鄭州，作周陵詩。國子博士陳求古以私隙訟其譏訕朝廷，除龍圖閣學士，出知應天府。累表論辨，不報，乃請侍養。明年，復端明、侍讀二學士，判太常寺。父喪免官，終喪起復，再爲翰林學士。諫官包拯、吳奎等言淑性姦邪，又嘗請侍養父而不及其母，罷翰林學士，以端明、龍圖閣學士奉朝請。丁母憂，服除，爲端明、侍讀二學士。遷戶部侍郎，復爲翰林學士，而御史中丞張昪等又論奏之，不拜，除兼龍圖閣學士。由是壹鬱不得志，出知河中府，暴感風眩，卒。贈尚書右丞。

淑警慧過人，博習諸書，詳練朝廷典故，凡有沿革，帝多諮訪。制作誥命，爲時所稱。其他文多裁取古語，務爲奇險，時人不許也。

初，宋郊有學行，淑恐其先用，因密言曰：「『宋』，國姓；而『郊』者交，非善應也。」又宋祁作張貴妃制，故事，妃當冊命，祁疑進告身非是，以淑明典故問之，淑心知其誤，謂祁曰：「君第進，何疑邪？」祁遂得罪去，其傾側陂險類此。嘗修國朝會要、三朝訓鑒圖、閤門儀制、康定行軍賞罰格，又獻繫訓三篇，所著別集百餘卷。子壽朋、復圭。




壽朋字延老。慶曆初，與弟復圭同試學士院，賜進士出身，判吏部南曹。使行諸陵，奏言：「昭憲皇后誕育二聖，爲國文母，獨以合葬安陵，不及時祭，請更其禮。」從之。遷羣牧判官，擊斷敏甚。皇城卒邏其縱游無度，出知汝州。盡推職田之入歸前守楊畋；畋死，又經理其家。以饑歲營州廨勞民，降爲荊門軍。

歷開封府推官、戶部判官、知鳳翔府滄州。滄地震，壞城郭廨庾。壽朋以席爲屋，督吏案籍葺，未數月，復其舊。括蕪田三萬頃，縱民耕，擇其壯者使習兵。河方北湧，隨塞之，故道陻，壽朋度必東潰，諭居人徙避，後三縣四鎭果墊焉。司馬光出使，薦其能，加直史館。入直舍人院，同修起居注，進戶部、鹽鐵副使。性疎儁任俠，奉祠西太一宮，飲酒食肉如常時，暴得疾卒。詔中使撫其孥，賜白金三百兩。

復圭字審言。通判澶州。北使道澶，民主驛卒困憊。豪杜氏十八家，詭言唐相如晦後，每賕吏脫免，復圭按籍役之。知滑州。兵匠相忿鬩，揮所執鐵椎，椎殺爭者於廳事，立斬之。徙知相州。

自太宗時，聚夏人降者五指揮，號「廳子馬」，子弟相承，百年無它役。復圭斥不如格者，選能騎射士補之。爲度支判官、知涇州。始時二稅之入，三司移折已重，轉運使又覆折之，復圭爲奏免，民立生祠。歷湖北、兩浙、淮南、河東、陝西、成都六轉運使。浙民以給衙前役，多破產，復圭悉罷遣歸農，令出錢助長名人承募，民便之。瀕海人賴蛤沙地以生，豪家量受稅於官而占爲已有，復圭奏蠲其稅，分以予民。

熙寧初，進直龍圖閣、知慶州。夏人築壘于其境，不犯漢地。復圭貪邊功，遣大將李信帥兵三千，授以陳圖，使自荔原堡夜出襲擊，敗還，復圭斬信自解。又欲湔前恥，遣別將破其金湯、白豹、西和市，斬首數千級。後七日，秉常舉國入寇。御史謝景溫劾復圭擅興，致士卒死傷，邊民流離，謫保靜軍節度副使。歲餘，知光化軍。張商英言：「夏人謀犯塞之日久矣，與破金湯適相値，非復圭生事。」乃召判吏部流內銓，知曹、蔡、滄州，還爲鹽鐵副使，以集賢殿修撰知荊南，卒。

復圭臨事敏決，稱健吏，與人交不以利害避。然輕率躁急，無威重，喜以語侵人，獨爲王安石所知，故旣廢即起。




王博文字仲明，曹州濟陰人。祖諫，給事太宗藩邸，爲西京作坊副使。博文年十六，善屬文，舉進士開封府，以回文詩百篇爲公卷，人謂之「王回文」。淳化三年，太宗親試進士，以年少罷歸。後諫卒官廬州，州守劉蒙叟爲言，召試舍人院，爲安豐主簿，歷南豐尉，有能名。調南劍州軍事推官，改大理寺丞，監荊南榷貨務，遷殿中丞。陳堯咨薦之，試中書，賜進士第，擢知濠州，歷眞州。眞宗幸亳，權江、淮制置司事。改監察御史、梓州路轉運使。以疾，請出知海州，徙密州。負海有鹽場，歲饑，民多盜鬻，吏捕之輒抵死。博文請弛鹽禁，候歲豐乃復，從之。除殿中侍御史。

天禧中，朱能、王先在長安僞爲乾祐天書，事覺，能旣敗死，先與其徒就禽，詔博文乘驛按劾。博文唯治首惡，脅從者七人，得以減論。還爲開封府判官，丁母憂。

始，博文幼喪父，其母張氏改適韓氏。及博文在朝，謂子無絕母禮，請得以恩封之。母死，又謂古之爲父後者不爲出母服，以廢宗廟祭也。今喪者皆祭，無害於行服。乃請解官持服，然議者以喪而祭爲非禮。服除，爲三司戶部判官。出爲河北轉運使，遷侍御史、陝西轉運使。

屬羌撒逋渴以族落數千帳叛，旣又寇原州柳泉鎭，環州鵓鴿泉砦，梧州刺史杜澄、內殿崇班趙世隆戰沒。博文劾奏內侍都知周文質、押班王懷信爲涇原、環慶兩路鈐轄，提重兵駐大拔砦，玩寇逗留，耗用邊費，請用曹瑋、田敏代。旣而文質、懷信坐法，遂以瑋知永興軍，使節制邊事。會瑋病不行，又用傚爲涇原路總管，寇遂平。

遷尚書兵部員外郎，爲三司戶部副使，再遷戶部郎中、龍圖閣待制、判吏部流內銓、權發遣三司使事。與監察御史崔暨、內侍羅崇勳同鞫眞定府曹汭獄。及還，權知開封府，進龍圖閣直學士、知秦州。爲走馬承受賈德昌所毀，徙鳳翔府，又徙永興軍。明年，德昌以贓敗，改樞密直學士，復知秦州。

初，沿邊軍民之逃者必爲熟戶畜牧，又或以遺遠羌易羊馬，故常沒者數百人。其禽生羌，則以錦袍、銀帶、茶絹賞之。間有自歸，而中道爲夏人所得，亦不能辨，坐法皆斬。朝廷下其法旁路。博文乃遣習知邊事者，密持信紙往招，至則悉貸其罪，由是歲減殊死甚衆。

又言河西回鶻多緣互市家秦、隴間，請悉遣出境，戒守臣使譏察之。再遷右諫議大夫，以龍圖閣學士復知開封府。都城豪右邸舍侵通衢，博文製表木按籍，命左右判官分徹之，月餘畢。出知大名府，遷給事中。召權三司使，遂同知樞密院事，踰月而卒。帝臨奠，贈尚書吏部侍郎。

博文以吏事進，多任劇繁，爲政務平恕，常語諸子曰：「吾平生決罪，至流刑，未嘗不陰擇善水土處，汝曹志之。」然治曹汭獄，議者多謂博文希太后旨，縱崇勳傅致其罪。子疇。



疇字景彝，以父蔭補將作監主簿。中進士第，累遷太常博士。翰林學士宋祁提舉諸司庫務，薦疇勾當公事。時有宦官同提舉者，疇辭於中書曰：「翰林先進，疇恐不得事也。然以朝士大夫而爲閹人指使，則疇實恥之。」

用賈昌朝薦，改編修唐書。仁宗獵近郊，疇引十事以諫。皇祐中，手詔禁貴戚近習私謁者，疇獻聖政惟公頌。召試，直祕閣，爲開封府推官。宦者李允良訴其叔父死，疑爲仇家所毒，請發棺驗視，衆欲許之，疇獨不可。曰：「苟無實，是無故而暴屍，且安知非允良有姦？」窮治，果與其叔父家有怨。歷三司度支判官、修起居注、知制誥、權判吏部流內銓，以右諫議大夫權御史中丞。

時陳升之拜樞密副使，諫官、御史唐介等奏彈升之不當大用，朝廷持不行，介等爭數月不已，迺兩罷之。而論者謂介等爲衆人游談所誤。疇疏言：「浮華險薄之徒，往來諫官、御史家，掎摭人罪，寖以成俗，請出詔戒勵。」從之。遷給事中。

英宗既即位，感疾，皇太后垂簾聽政。其後帝疾平，猶未御正殿，疇上疏請御朝聽政。及永昭陵復土，祭仁宗虞主于集英殿，以宗正卿攝事。疇奏曰：「人子之葬其親，送形而往，迎神而返，故虞祭所以安神也。位尊者禮重，禮重者祭多，故天子之虞數至於九。今山陵，嗣君不得親往，則道路五虞，理可命宗正攝事。若神主既至，則四虞之祭，雖或聖躬未寧，



亦宜勉強。況陛下在藩邸，以好古知禮、仁孝聰明聞於中外，此先帝所以託天下也。臣願始終令德，以全美名。」

帝既視朝前後殿，而於聽事猶持謙抑。疇復上疏曰：「廟社擁佑陛下，起居安平，臨朝以時，僅踰半載，而未聞開發聽斷，德音遏塞，人情缺然。伏望思太祖、太宗艱難取天下之勞，眞宗、仁宗憂勤守太平之力，勉於聽決大政，以慰母后之慈。勿爲疑貳謙抑，自使盛德闇然不光。」

未幾，又上疏曰：

董仲舒爲武帝言天人之際曰：「事在勉彊而已。勉彊學問，則聞見廣而智益明；勉彊行道，則德日起而大有功。」陛下起自列邸，光有天命，然而祖宗基業之重，天人顧享之際，所以操心治身、正家保國者，尤在於勉彊力行也。陛下昔在宗藩，已能務德好學，語言舉動未嘗越禮，是天性有聖賢之資。自疾平以來，于茲半歲，而臨朝高拱，無所可否。羣臣關白軍國之政者日益至，其請人主財決者日益多，然猶聖心盤桓，無所是非者，何也？得非以初繼大統，或慮未究朝廷之事，故謙抑而未皇耶？或者聖躬尚未寧，而不欲自煩耶？抑有所畏忌而不言耶？苟爲謙抑而未皇，則國家萬務，日曠月廢，其勢將趨於禍亂無疑也。若聖躬未能寧，則天下之名醫良工，日可召於前。而方技



不試，藥石不進，養疾於身，坐俟歲月，非求全之道也。苟有所畏忌而不言，則又過計之甚也。

今中外之事，無可疑畏，臣嘗爲陛下力言之矣。陛下何不坦心布誠，廓開大明以照天下，外則與執政大臣講求治體，內則於母后請所未至。延禮賢俊，諮訪忠直，廣所未見，達所未聞。若陛下朝行之，則衆心夕安矣。況陛下向居藩邸，日夕於側者，惟一二講學之師，與左右給使之人耳。修身行己，德業日新，而知者無幾，則是爲善多而得名常少也；然而終能德成行尊，美名遠聞，此先帝之所以屬心也。今處億兆之上，有一言動則天下知之，簡册書之，比之於昔，是善行易顯而美名易成也。然而尚莫之聞者，是不爲爾，非不能也。有始有終者，聖賢之能事，在陛下勉彊而已。

疇又上疏欲車駕行幸，以安人心。時大臣亦有請，帝乃出禱雨，都人瞻望驩呼。數日，皇太后還政，疇又上疏：「請詔二府大臣講求所以尊崇母后之禮。若朝廷嚴奉之體，與歲時朔望之儀，車服承衞之等威，百司供擬之制度，它時尊稱之美號，外家延賞之恩典，凡可以稱奉親之意者，皆宜優異章大，以發揚母后之功烈，則孝德昭于天下矣。」

時詔近臣議仁宗配祭。故事，冬、夏至祀昊天上帝、皇地祇，以太祖配；正月上辛祈穀，孟夏雩祀，孟冬祀神州地祇，以太宗配；正月上辛祀感生帝，以宣祖配；季秋大饗明

堂，祀昊天上帝，以眞宗配。而學士王珪等與禮官上議，以謂季秋大饗，宜以仁宗配，爲嚴父之道。知制誥錢公輔獨謂仁宗不當配祭。疇以謂珪等議遺眞宗不得配，公輔議遺宣祖、眞宗、仁宗俱不得配，於禮意未安。乃獻議曰：「請依王珪等議，奉仁宗配饗明堂，以符大易配考之說、孝經嚴父之禮。奉遷眞宗配孟夏雩祀，以倣唐貞觀、顯慶故事。太宗依舊配正月上辛祈穀、孟冬祀神州祇，餘依本朝故事。如此，則列聖並侑，對越昊穹，厚澤流光，垂裕萬祀。必如公輔之議，則陷四聖爲失禮，導陛下爲不孝，違經戾古，莫此爲甚。」自此公輔不悅，而朝廷以疇論事有補，帝與執政大臣皆器異之。

遷翰林學士、尙書禮部侍郎、同提舉諸司庫務。數月，拜樞密副使。於是公輔言疇望輕資淺，在臺素餐，不可大用，又頗薦引近臣可爲輔弼者。公輔坐貶。疇在位五十五日，卒。帝甚悼惜之，臨哭，賜白金三千兩，贈兵部尙書，謚忠簡。

疇名臣子，性介特，厲風操，喜言朝廷事。好治容服，坐立嶷然，言必文，未嘗慢戲，吏治審密，文辭嚴麗。其執政未久，終于位及所享壽，類其父云。



王鬷字總之，趙州臨城人。七歲喪父，哀毀過人。既長，狀貌奇偉。舉進士，授婺州觀



察推官。代還，眞宗見而異之，特遷祕書省著作佐郎、知邢縣，通判湖州。再遷太常博士、提點梓州路刑獄，權三司戶部判官。使契丹還，判都磨勘司。以尙書度支員外郎兼侍御史知雜事。上言：「方調兵塞決河，而近郡災歉，民力彫敝，請罷土木之不急者。」改三司戶部副使。樞密使曹利用得罪，鬷以同里爲利用所厚，出知湖州，徙蘇州。還爲三司鹽鐵副使。

時龍圖閣待制馬季良方用事，建言京師賈人常以賤價居茶鹽交引，請官置務收市之。季良挾章獻姻家，衆莫敢迕其意，鬷獨不可，曰：「與民競利，豈國體耶！」擢天章閣待制、判大理寺，提舉在京諸司庫務，安撫淮南，權判吏部流內銓，累遷刑部。

益、利路旱饑，爲安撫使，以左司郎中、樞密直學士知益州。戍卒有夜焚營，殺馬，脅軍校爲亂者，鬷潛遣兵環營，下令曰：「不亂者斂手出門，無所問。」於是衆皆出，命軍校指亂者，得十餘人，卽戮之。及旦，人莫知也。其爲政有大體，不爲苛察，蜀人愛之。拜右諫議大夫、同知樞密院事。景祐五年，參知政事。明年，遷尙書工部侍郎、知樞密院事。

天聖中，鬷嘗使河北，過眞定，見曹瑋，謂曰：「君異日當柄用，願留意邊防。」鬷曰：「何以敎之？」瑋曰：「吾聞趙德明嘗使人以馬榷易漢物，不如意，欲殺之。少子元昊方十餘歲，諫曰：『我戎人，本從事鞍馬，而以資鄰國易不急之物，已非策，又從而斬之，失衆心矣。』德明從之。吾嘗使人覘元昊，狀貌異常，他日必爲邊患。」鬷殊未以爲然也。比再入樞密，元昊反，帝數問邊事，鬷不能對。及西征失利，議刺鄉兵，又久未決。帝怒，鬷與陳執中、張觀同日罷，鬷出知河南府，始歎瑋之明識。未幾，得暴疾卒。贈戶部尙書，謚忠穆。

鬷少時，館禮部尙書王化基之門，樞密副使宋湜見而以女妻之。宋氏親族或侮易之，化基曰：「後三十年，鬷富貴矣。」果如所言。

論曰：昊有剛毅不撓，而設施無聞，其才不逮志者歟？宋綬博洽明敏，若谷務長厚，博文習吏事，當仁宗時，先後與政，僅能恭愼寡過，保有祿位，施及後嗣。敏求、淑俱練達典故，傳以文采，而淑以傾險敗德，視疇之介特，數建忠謀，則賢不肖之相去遠矣。王鬷不留意曹瑋之言，卒以昧於邊事見黜，宜哉！

# 宋史卷二百九十二

## 列傳第五十一

李諮　程戡　夏侯嶠　盛度　丁度　張觀　鄭戩　明鎬　王堯臣　孫抃　田況

李諮字仲詢，唐趙國公峘之後。峘貶死袁州，因家新喻，遂爲新喻人。諮幼有至性，父文捷出其母，諮日夜號泣，食飲不入口，父憐之而還其母，遂以孝聞。舉進士，眞宗顧左右曰：「是能安其親者。」擢第三人，除大理評事、通判舒州，召試中書，爲太子中允、直集賢院。歷三司、開封府判官，再遷左正言，出爲淮南轉運副使。帝幸亳，以勞，遷尚書禮部員外郎。會江南饑，徙江東轉運副使，爲度支判官。擢知制誥，寇準數改諮所擬制辭，諮不樂，以父留鄉里請外，遂出知荊南。會翰林學士闕，宰相擬他官，帝曰：「不如李諮。」遂爲學士。仁宗卽位，超遷本曹郎中、權知開封府，數月，權三司使，拜右諫議大夫。嘗奏事兩宮





曰：「天下賦調有定，今西北寢兵且二十年，而邊餽如故。戍兵雖未可減，其末作浮費非本務者，宜一切裁損以厚下。」卽詔諮與御史中丞劉筠等同議冗費，以景德較天禧，計所減得十三之上。

時陝西緣邊數言軍食不給，度支都內錢不足支月奉，章獻太后憂之，命呂夷簡、魯宗道、張士遜與諮等經度其事。諮曰：「舊法商人入粟邊郡，算茶與犀象、緡錢，爲虛實三估，出錢十四文，坐得三司錢百文。」諮請變法以實錢入粟，實錢售茶，三者不得相爲輕重。既行而商人果失厚利，怨謗蠭起。諮以疾累請郡，改樞密直學士、知洪州。行數月，而御史臺鞫吏王舉，句獻私商人，多請慈州礬，會計茶法不折虛費錢，妄稱增課百萬緡，以覬恩賞。諮坐不察奪職。

久之，進給事中、知杭州，復樞密直學士、知永興軍。衣冠子弟恃蔭無賴者，諮悉杖之，境內肅然。還，勾當三班院，坐舉吏降左諫議大夫。權三司使事，是歲，禁中火，倉卒營造，應辦舉集。

進尚書禮部侍郎，拜樞密副使。數月，遭父喪，起復，遷戶部侍郎、知院事。是時榷茶法寖壞，乃詔諮、蔡齊等更議之。諮以前坐變法得罪，固辭，不許。於是復用諮所變法，語具食貨志。卒，贈右僕射，謚憲成。

諮性明辨，周知世務，其處煩猝，常若閑暇，吏不敢欺。在樞府，專務革濫賞，抑僥倖，人以爲稱職。無子，以族子爲後。

程戡字勝之，許州陽翟人。少力學，舉進士甲科，補涇州觀察推官，再遷祕書丞、通判許州。曹利用貶，戡以利用壻降通判蘄州。徙虔州，州人有殺母，暮夜置尸仇人之門，以誣仇者。獄已具，戡獨辨之，正其罪。以尚書屯田員外郎知歸州，召爲侍御史、三司度支判官。

寶元初，忻、代地震，壞城郭、廬舍，死傷甚衆，命戡安撫，頗以便宜從事。改起居舍人、知諫院，遷兵部員外郎兼侍御史知雜事、三司戶部副使。擢天章閣待制、陝西都轉運使。未幾，知渭州。陝西有保毅軍，人苦其役。戡奏曰：「保毅在鄉兵外，不黥而有籍，所以佐邊備也。已隸保捷兵，而保毅籍如故，州縣以供力役，率困憊，至破析財產售田者，猶數戶出一夫，民不勝苦。」因詔：私役保毅者以計傭律坐之。

進樞密直學士、知成都府。坐嘗保任貝州張得一，得一伏誅，奪職出知鳳翔府，尋徙河中。御史中丞張觀辨之，復爲樞密直學士、知永興軍，徙瀛州，四遷給事中。契丹使過，稱疾，





求著帽見，戡使謂曰：「有疾，可毋相見，見當如禮。」使者語屈，冠而見。

人言歲在甲午，蜀且有變，孟知祥之割據，李順之起而爲盜，皆此時也。仁宗自擇戡再知益州，遷端明殿學士，召見慰遣。至彭州，民妄言有兵變，捕斬之。守益州者以嫌，多不治城堞，戡獨完城浚池自固，不以爲嫌也。

召拜參知政事，奏禁蜀人妖言誣民者。避宰相文彥博親，改尚書戶部侍郎、樞密副使。數與宋庠爭議，諫官、御史皆論之，戡亦自請罷。除吏部侍郎、觀文殿學士兼翰林侍讀學士、同羣牧制置使，尋拜宣徽南院使、鄜延路經略安撫使、判延州。

英宗卽位，以安武軍節度使留再任。初，覃恩，蕃官例不序遷。至是，用戡奏始皆得遷。又請首領有戰功材武，皆得召見，選補爲蕃官。延州夾河爲兩城，雉堞頗卑小。敵登九州臺，則下瞰城中。戡調兵夫大增築之。橫山酋豪怨諒祚，欲率其屬叛，取靈、夏，來求兵爲援。戡言：「豺虎非自相搏，則未易取也；癰疽非其自潰，則未易攻也。諒祚久悖慢，宜乘此許之，所謂以蠻夷攻蠻夷，中國之利也。」會英宗不豫，大臣重生事，不報。

言者請選大臣帥永興，屯重兵以制五路，敕戡具利害以聞。戡以爲「四路距永興皆十數驛，設有警，使聽節制，則不及事矣。且關中財賦不贍，宿軍多，何以給之？」

治平初，命宦官王昭明等領四路蕃部事。戡曰：「蕃部所以亡去，苦邊吏苛暴，爲西人

誘略爾。今昭明等徒能呼召首領，犒以牛酒，恐未足以結其心也。而甚動邊聽，宜更置路分鈐轄、都監，各部一將兵，兼沿邊巡檢使，無復專蕃部事。」從其奏。夏人遣使入貢，僭漢官移文于州，稱其國中官曰樞密。戩止令稱使副不以官，稱樞密曰「領盧」，方許之。

戩告老章累上，終弗聽，遣使以手詔問勞，賜茶藥、黃金，乃再上章曰：「臣老疾劇矣，高奴屯勁兵爲要地，豈養病所耶？」召還，道卒。贈太尉，謚康穆。

戩久在邊，安重習事，治不近名。然不爲言者所與，或傳戩交通宦官閻士良，至令妻出見之。

夏侯嶠字峻極，其先幽州人。高祖秀，爲濟州鉅野鎭遊奕使，因家焉。父浦，梁開平中，以明經至棣州錄事參軍。嶠幼好學，弱冠，以辭賦稱，周相李穀延置門下。又依西京留守向拱，攝伊陽令；拱移安州，又令攝錄事參軍。

太平興國初，舉進士甲科，解褐大理評事、通判興州，累遷右贊善大夫。從征太原，督芻糧于河朔。遷殿中丞、通判邠州。歲滿，拜監察御史、通判興元府，進秩殿中。

雍熙二年代還，對便坐。太宗語有司曰：「此人朕自知其才行，勿須奏擬。」卽日改左補



闕、直史館，賜緋魚。會王師護邊，乘傳督河間餫道，就命知莫州。踰月，徙洪州，改起居郎。眞宗在襄邸，太宗擇朝士謹厚者爲官屬，卽召入爲翊善，賜金紫，加直昭文館。眞宗尹京府，命兼推官，加司封員外郎。東宮建，復兼中舍，遷工部郎中。及嗣位，拜給事中、知審刑院。數月，擢樞密院副使。

咸平元年，以戶部郎中罷。二年，始建講讀之職，命嶠爲翰林侍讀學士。及楊徽之卒，又命兼祕書監。是秋，江、浙饑，命爲江南巡撫使，所過疏理刑訟，存問耆老，務從寬簡，人以爲便。使還，采病民二十餘事上之，亟詔釐革。又判吏部選事。

嶠善鼓琴，好讀莊、老書，淳厚謹愼，居官無過失。眞宗尤愛重之，多所詢訪，每以善人目之。素好道，留意養生，少疾。景德元年五月，以選人俟對崇政殿，暴中風眩，亟詔取金丹，上尊酒餌之，肩輿還第，遣內侍召外內名醫診視。其夕卒，年七十二。詔贈兵部尙書，賵賜外，增賜白金三百兩給葬。錄其子大理寺丞晟爲太子中舍，孫恭爲奉禮郎，姪孫蔚賜同學究出身。嶠在近侍，恩遇甚渥。卒後數月，畢士安爲相，撫坐歎曰：「使夏侯君在，吾豈先據此位！」有集十五卷。

大中祥符初，晟上漢武封禪圖，續金匱、玉匱、石𥖁、石距之狀，咸有注釋，上覽而善之。至駕部員外郎。恭至太子中舍。



盛度字公量，世居應天府，後徙杭州餘杭縣。曾祖瑫，仕錢氏爲餘杭縣令。父豫，從錢俶入朝，終尙書度支郎中。度舉進士第，補濟陰尉。選爲封丘主簿，改府倉曹參軍，爲光祿寺丞、御史臺推勘官，改祕書省祕書郎。試學士院，爲直史館、三司戶部判官，累遷尙書屯田員外郎。

契丹寇邊，從幸大名，數上疏論邊事。奉使陝西，因覽疆域，參質漢、唐故地，繪爲西域圖以獻。改開封府判官，坐決獄失實，降監洪州稅。起知建昌軍、三司鹽鐵判官，改起居舍人、知制誥。度嘗奏事便殿，眞宗問其所上西域圖，度因言：「酒泉、張掖、武威、燉煌、金城五郡之東南，自秦築長城，西起臨洮，東至遼碣，延袤萬里。有郡、有軍、有守捉，襟帶相屬，烽火相望，其爲形勢備禦之道至矣。唐始置節度，後以宰相兼領，用非其人，故有河山之險而不能固，有甲兵之利而不能禦。今復繪山川、道路、壁壘、區聚，爲河西隴右圖，願備上覽。」眞宗稱其博學。

後遷右諫議大夫、權知開封府。以疾不拜，改會靈觀判官，入翰林爲學士，加史館修撰。歷兵部郎中、景靈宮副使。寇準罷相，度以交通周懷政，出知光州。乾興初，再謫和州



團練副使。丁謂貶，起爲祠部郎中，復兵部郎中，遷太常少卿、知筠州，更虔、滁、蘇三州。還知審刑院，以右諫議大夫知揚州，加集賢院學士。

初，度謫洪州，建請復賢良方正科，又請建四科以取士，曰：博通墳典達於教化科，才識兼茂明於體用科，軍謀宏遠堪任將帥科，明曉法律能按章覆問科。旣而用夏竦議，置六科，其議亦自度始。

復爲翰林學士、史館修撰，遷給事中。嘗受詔與御史中丞王隨議通解鹽，聽商旅入錢算鹽，語在食貨志。尋進承旨，以禮部侍郎兼端明殿學士，召問邊計，退而條十事上之。又兼侍讀學士。

景祐二年，拜參知政事。時王曾、呂夷簡爲相，度與宋綬、蔡齊並參知政事，曾與齊善，而夷簡與綬善，惟度不得志於二人。及二人俱辭相，仁宗問度曰：「王曾、呂夷簡力求退，何也？」度對曰：「二人腹心之事，臣不得而知，陛下詢二人以孰可代者，則其情可察矣。」仁宗果以問曾，曾薦齊，又問夷簡，夷簡薦綬，於是四人俱罷，而度獨留。遷知樞密院事。

章得象既相，以度嘗位其上，卽拜武寧軍節度使。坐令開封府吏馮士元強取其鄰所賃官舍，以尙書右丞罷。復知揚州，加資政殿學士、知應天府。暴感風眩，以太子少傅致仕，卒。贈太子太保，謚文肅。

度好學，家居列圖書，每歸，未嘗釋手。敏於爲文，而汎濫不精。嘗奉詔同編續通典、文苑英華，注釋御集。眞宗祀汾陰，仁宗在藩邸，詔掌起居牋奏及留司章奏。有愚谷、銀臺、中書、樞中四集，又有中書、翰林二制集。

天禧三年，詔許中書舍人、給事中、諫議大夫母封郡太君，而學士不預。時度官兵部郎中，因請追封其母，自是學士官未至諫議者，其母皆得封郡君。

度體肥大，艱於拜起，賓客有拜之者，則俯伏不能興，往往瞪視而詬詈之。性極猜險，雖平居，僚友不敢易語言。所至，下貧無賴，多所縱捨；稍有貲者，一切繩之以法。子申甫，終尚書兵部郎中、集賢校理，嘗爲福建轉運使，頗以修潔稱。

從兄京，有吏能，以尚書工部侍郎致仕，卒。

丁度字公雅，其先恩州清河人。祖顗，後唐清泰初陷契丹，逃歸，徙居祥符。父逢吉，以醫術事眞宗藩邸，然好聚書，與儒者游。度強力學問，好讀尚書，嘗擬爲書命十餘篇。大中祥符中，登服勤詞學科，爲大理評事、通判通州，改太子中允、直集賢院。坐解送國子監進士失實，監齊州稅。還知太常禮院，判吏部南曹。上書論六事：一、增講讀官；二、增諫





員；三、補蔭用大功以上親；四、選河北、河東役兵補禁軍；五、籍令佐墾田爲殿最；六、凡緣公事坐私罪杖者，聽保任遷官。章獻后善之。

舊制，監司及藩鎭辭謁皆賜對。仁宗初卽位，止令附中書、樞密奏之，度言，附奏非所以防壅蔽也。又嘗獻王鳳論於章獻太后，以戒外戚。歷三司磨勘司、京西轉運使。司天言永昌陵有白氣，請增築以厭之，有詔按視。度奏神道貴靜，不可輕繕治，乃止。入知制誥，遷翰林學士，糾察在京刑獄，判太常禮院兼羣牧使。

劉平、石元孫敗，帝遣使問所以禦邊。度奏曰：「今士氣傷沮，若復追窮巢穴，饋糧千里，輕用人命以快一朝之意，非計之得也。唐都長安，天寶後，河、湟覆沒，涇州西門不開，京師距寇境不及五百里，屯重兵，嚴烽火，雖常有侵軼，然卒無事。太祖時，疆埸之任，不用節將，但審擢材器，豐其廩賜，信其賞罰，方陲輯寧幾二十年。爲今之策，莫若謹亭障，遠斥堠，控扼要害，爲制禦之全計。」因條上十策，名曰備邊要覽。

時西疆未寧，二府三司，雖旬休不廢務。度言：「苻堅以百萬師寇晉，謝安命駕出游以安人心。請給假如故，無使外夷窺朝廷淺深。」從之。累遷中書舍人，爲承旨。

時葉清臣請商州置監鑄大錢，以一當十。度奏曰：「漢之五銖，唐之開元及國朝錢法，輕重大小，最爲折中。歷代改更，法雖精密，不能期年，卽復改鑄。議者欲繩以峻法，革其盜鑄。昔漢變錢幣，盜鑄死者數十萬。唐鑄乾元及重輪乾元錢，錢輕幣重，嚴刑不能禁止。今禁旅戍邊，月給百錢，得大錢裁十，不可畸用，舊錢不出，新錢愈輕，則芻糧增價。臣嘗知湖州，民有抵茶禁者，受千錢立契代鞭背。在京西，有強盜殺人，取其弊衣，直不過數百錢。盜鑄之利，不啻數倍。復有湖山絕處，凶魁嘯聚，鑪冶日滋，居則鑄錢，急則爲盜。民間銅鉛之器，悉爲大錢，何以禁止。」

度又言：「祥符、天聖間，牧馬至十餘萬，其後言者以天下無事，不可虛費，遂廢八監。然猶秦渭環階鱗府文州、火山保德岢嵐軍，歲市馬二萬二百匹，補京畿、塞下之闕。自西鄙用兵，四年所牧，三萬而已。馬少地閑，坊監誠可罷；若賊平馬歸，則不可闕。今河北、河東、京東西、淮南皆籍丁壯爲兵，請令民畜一戰馬者，得免二丁，仍不計貲產以升戶等，則緩急有備，而國馬蕃矣。」

慶曆中，副杜衍宣撫河東。久之，遷端明殿學士、知審刑院。時江西轉運使移屬州，凡市末鹽鈔，每百緡貼納錢三之一。通判吉州李虞卿受財免貼納，事覺，大理將以枉法論。度曰：「枉法，謂於典憲有所阿曲。虞卿所違者，轉運使移文爾。」遂貸虞卿死。

帝嘗問，用人以資與才孰先？度對曰：「承平時用資，邊事未平宜用才。」時度在翰林已七年，而朝廷方用兵，故對以此。諫官孫甫論度所言，蓋自求柄用，帝諭輔臣曰：「度在侍





從十五年，數論天下事，顧未嘗及私，甫安從得是語。」

未幾，擢工部侍郎、樞密副使。因言：「周世宗募驍健，有朝出羣盜、夕備宿衞者；太祖閱猛士實騎軍。請擇河北、河東、陝西就糧馬軍，以補禁旅之闕。」又言：「契丹嘗渝盟，預備不可忽。」因上慶曆兵錄五卷、贍邊錄一卷。明年，參知政事。會春旱，降秩中書舍人，踰月，復官。

後二年，衞士爲變，事連宦官楊懷敏，樞密使夏竦請御史與宦官同於禁中鞫之，不可滋蔓，令反側者不自安。度曰：「宿衞有變，事關社稷，此而可忍孰不可忍！請付外臺窮治黨與。」爭於帝前。仁宗從竦言，度遂求解政事，罷爲紫宸殿學士兼侍讀學士。御史何郯言，紫宸非官稱所宜。改觀文殿學士、知通進銀臺司、判尚書都省，再遷尚書右丞，卒。贈吏部尚書，謚文簡。

度性淳質，不爲威儀，居一室十餘年，左右無姬侍。然喜論事，在經筵歲久，帝每以學士呼之而不名。嘗問蓍龜占應之事，乃對：「卜筮雖聖人所爲，要之一技而已，不若以古之治亂爲監。」又嘗示以欹器曰：「朕欲臨天下以中正之道。」度對曰：「臣等亦願無傾滿以事陛下。」因奏太宗嘗作此器，眞宗亦嘗著論，於是帝製後述以賜之。

度著邇英聖覽十卷、龜鑑精義三卷、編年總錄八卷，奉詔領諸儒集武經總要四十卷。

子諷，集賢校理。

張觀字思正，絳州絳縣人。少謹愿好學，有鄉曲名。中服勤辭學科，擢爲第一，授將作監丞、通判解州。會鹽池吏以贓敗，坐失舉劾，降監河中府稅。復通判果州，改祕書省祕書郎。

仁宗即位，遷太常丞，擢右正言、直史館，爲三司度支判官，同修起居注，改右司諫、知制誥，判登聞檢院，出知杭州。還判國子監，權發遣開封府事，進爲翰林學士、知審官院，累遷左司郎中，以給事中權御史中丞。

時星流、地震、雷發正月，詔求直言。觀謂：「承平日久，政寬法慢，用度漸侈，風俗漸薄，以致災異。」因上四事：一曰知人，二曰嚴禁，三曰尙質，四曰節用。河北大雨水，又條七事，曰：導積水以廣播種，緩催欠以省禁錮，寬刑罰以振淹獄，收逃田以募歸復，罷工役以先急務，止配率以阜民財，通商旅以濟艱食。復知審官院，遂拜同知樞密院事。

康定中，西兵失利，因議點鄉兵，久之不決，遂與王鬷、陳執中俱罷，以資政殿學士、尙書禮部侍郎知相州。徙澶州。河壞孫陳埽及浮梁，州人大恐，或請趍北原以避水患。觀曰：





「太守獨去，如州民何。」乃躬率卒徒增築之，隄完，水亦退。

徙鄆州。舊法，京東通安邑鹽，而瀕海之地禁私煑。觀上言：「利之所在，百姓趨之，雖日殺于市，恐不能止，請弛禁以便民。」歲免黥配者不可勝計。歷知應天府、孟州、河南府，以吏部侍郎兼御史中丞。以父居業高年多病，請便郡，以觀文殿學士知許州。月餘，拜左丞。丁父憂，哀毁過人，既練而卒。贈吏部尙書，謚文孝。

觀性至孝，初爲祕書郎，其父方爲州從事，因上書願以官授父。眞宗嘉之，以居業爲京官。及觀貴，居業繇恩至太府卿。居業嘗過洛，嘉其山川風物，曰：「吾得老于此足矣。」觀於是買田宅、營林樹，以適其意。蚤起奉藥、膳，然後出視事，未嘗一日廢也。趣尙恬曠，持廉少欲，平生書必爲楷字，無一行草，類其爲人。仁宗飛白書「淸」字賜觀，以賞其節。然於吏事非所長，知開封府，民犯夜禁，觀詰之曰：「有人見否？」衆傳以爲笑。

鄭戩字天休，蘇州吳縣人。早孤力學。客京師，事楊億，以屬辭知名，後復還吳。及億卒，賓客弟子散去，戩乃倍道會葬。舉進士，擢甲科，授太常寺奉禮郎、簽書寧國軍節度判官事，召試學士院，爲光祿寺丞、集賢校理、通判越州。還，改太子中允、同知太常禮院，注釋御製發願文、三寶讚，升直史館、三司戶部判官，同修起居注，以右正言知制誥。判國子監，選明經生講解經義。徙知審刑院，遷起居舍人、龍圖閣直學士、權知開封府。

吏馮士元爲姦利，有告士元受賕藏禁書者，戩窮治之。辭連宰相呂夷簡、知樞密院盛度、參知政事程琳，遂逮捕夷簡子公綽、公弼參劾其狀。既而士元流海島，度、琳坐嘗交關士元罷去，其餘紬罰者自御史中丞孔道輔、天章閣待制龐籍又十餘人，朝議畏其敏核。戩敏彊善聽決，喜出不意，獨假貸細民，卽豪宗大姓，繩治益急，政有能迹。徙權三司使，復轉運使考課格，分別殿最。又勾較三司出入，得羨錢四百萬緡，以右諫議大夫、同知樞密院改樞密副使。

戩與參知政事宋庠，爲宰相呂夷簡所忌，與庠皆罷，以資政殿學士知杭州。錢塘湖溉民田數十頃〔一〕，錢氏置撩淸軍，以疏淤塡之患。既納國後不復治，葑土堙塞，爲豪族僧坊所占冒，湖水益狹。戩發屬縣丁夫數萬闢之，民賴其利。事聞，詔本郡歲治如戩法。

遷給事中，徙并州，道改鄆州，又徙永興軍。建言：「凡軍行所須，願下有司相緩急，析爲三等，非急罷去。」先是，衙吏輸木京師，浮渭泛河，多漂沒，既至，則斥不中程，往往破家不能償，戩奏歲減二十餘萬；又奏罷括糴，以勸民積粟。長安故都多豪惡，戩治之尙嚴，甚者至黥竄，人皆惕息。





未幾，爲陝西四路都總管兼經略、安撫、招討使，駐涇州，聽便宜從事。遷尙書禮部侍郎。時知慶州滕宗諒、知渭州張亢過用公使錢，戩致于法。行邊至鎭戎軍，趣蓮花堡，天寒，與將佐置酒，元昊擁兵近塞。會暮塵起，有報敵騎至者，戩曰：「此必三川將按邊回，非敵騎也。」已而果然。及疆事少寧，詔還，知永興軍。

初，靜邊砦主劉滬謀築水洛、結公二城，以通秦、渭援兵，招生羌大王族爲邊衞。戩使滬與著作佐郎董士廉督其役。會罷戩四路，宣撫使韓琦〔二〕、知渭州尹洙皆以爲不便，召滬、士廉罷役歸，不聽。乃使裨將狄靑將兵以往，械送德順軍獄。戩力爭于朝，卒城之。

進戶部侍郎、資政殿大學士、知并州。契丹與元昊方交兵，邊奏互上，獨戩不以聞。詔遣使問其故，戩對：「敵自相攻，中國不足憂也。」麟、府間有棄地曰草城川〔三〕，戩募土人爲弓箭手，計口給田。初，兵興，用不足。河東行鐵錢，山多炭、鐵，鼓鑄利厚，重辟不能止。戩乃請三當一。令既下，兵民相扇動，數千人邀走馬承受訴。承受，中貴人，不能遏。又羣譟州門，守門者拒不得入。戩聞，悉召至庭下，推首謀者數十人，黥隸他州，事乃定。

遷吏部侍郎，改宣徽北院使，拜奉國軍節度使，卒。贈太尉，謚文肅。戩遇事，果敢必行。然憑氣近俠，用刑峻深，士民多怨之。

明鎬字化基，密州安丘人。中進士第，補蘄州防禦推官。眞宗崩，上眞頌四十六篇，改大理寺丞。薛奎領秦州，辟爲節度判官。奎徙益州，辟知錄事參軍。程琳代奎，奏爲簽書節度判官，就通判州事，遷太常博士。還朝，仁宗問鎬所能，奎稱其沈鷙有謀，能斷大事，除開封推官。獻六冗書，進尙書祠部員外郎，爲三司戶部判官，改刑部員外郎、京東轉運使，遷兵部員外郎、直史館、益州路轉運使。會歲饑，民無積聚，盜賊間發，鎬爲平物價，募民爲兵，人賴以安。

知陵州楚應幾贓敗，或告以先期奏之，鎬曰：「獲罪則已，安可欺朝廷耶？」卒坐失察，降知同州。未逾月，會元昊寇延州，起爲陝西轉運使。虜破金明砦，既去，議修復其城，帥臣擁兵不卽進，而鎬止以百餘騎，自督將士，一月而成。又嘗閱同州廂軍，得材武者三百餘人，教以彊弩，奏爲淸邊軍，號最驍悍。其後，陝西、河東頗倣置之。

遷戶部郎中、直昭文館、知陝州，徙江、淮制置發運使。未行，會賊破豐州，擢天章閣待制、河東都轉運使。修建寧中候百勝砦、鎭川淸塞堡，凡五城，以勞遷左司郎中。

明年，擢龍圖閣直學士、知幷州。鎬大巡邊以備賊。時邊任多紈袴子弟，鎬乃取尤不職者杖之，疲軟者皆自解去，遂奏擇習事者守堡砦。軍行，倡婦多從之，鎬欲驅逐，惡傷士卒





心，會有忿爭殺倡婦者，吏執以白，鎬曰：「彼來軍中何耶？」縱去不治，倡婦聞皆散走。以樞密直學士、左諫議大夫知成德軍，入知開封府。

王則叛，命鎬爲體量安撫使；則未下，又命參知政事文彥博爲宣撫使，以鎬副之。貝州平，遷端明殿學士、給事中、權三司使，諸將悉超遷，都虞候、士卒八千四百人，第其功爲五等，每等遷一資。彥博數推鎬功，拜參知政事。

已而疽發背，帝謂輔臣曰：「鎬忠亮有勞，及其未亂，思一見之。」臨問，惻然曰：「方賴卿謀國事，何遽被疾！」鎬氣憊，猶能頓首謝。翌日，卒，謚文烈。鎬端挺寡言，所至安靜有體，而遇事不苟，爲世所推重。

王則者，本涿州人。歲饑，流至恩州，自賣爲人牧羊，後隸宣毅軍爲小校。恩、冀俗妖幻，相與習五龍、滴淚等經及圖讖諸書，言釋迦佛衰謝，彌勒佛當持世。初，則去涿，母與之訣別，刺「福」字於其背以爲記。妖人因妄傳字隱起[四]，爭信事之，而州吏張巒、卜吉主其謀，黨連德、齊諸州，約以慶曆八年正旦，斷澶州浮梁，亂河北。會其黨潘方淨以書謁北京留守賈昌朝，事覺被執，故不待期，亟以七年冬至叛。

時知州張得一方與官謁天慶觀，則率其徒刼庫兵，得一走保驍捷營。賊焚門，執得一囚之。兵馬都監、內殿承制田斌以從卒巷鬭，不勝而出。城扉闔，提點刑獄田京、任黃裳持印，棄其家縋城出，保南關。賊從通判董元亨取軍資庫鑰，元亨拒之，殺元亨。又出獄囚，有憾司理參軍王獎者，遂殺獎。既而節度判官李浩、淸河令齊開、主簿王湙皆被害。則僭號東平郡王，以張巒爲宰相，卜吉爲樞密使，建國曰安陽。牓所居門曰中京，居室廐庫皆立名號，改年曰得聖，以十二月爲正月。百姓年十二以上、七十以下，皆涅其面曰「義軍破趙得勝」[五]。旗幟號令，率以「佛」爲稱。城以一樓爲一州，書州名，補其徒爲知州[六]，每面置一總管。然縋城下者日衆。於是令守者伍伍爲保，一人縋，餘悉斬。

有州民汪文慶、郭斌、趙宗本、汪順者，自城上繫書射鎬帳，約爲內應，夜垂絙以引官軍。既內數百人，焚樓櫓，賊覺，率衆拒戰。初，官軍既登，欲專其功，斷絙以絕後來者。及與賊戰，兵寡不敵，與文慶等復縋而下。是夜，城幾克。則期正月十四日出要刼契丹使，諜者以告。鎬遣殿侍安素伏兵西門，賊果以數百人夜出，伏發，皆就獲。

城峻不可攻，乃爲距闉，將成，爲賊所焚。遂卽南城爲地道，日攻其北牽制之。及文彥博至，穴通城中，選壯士中夜由地道入，衆登城。賊縱火牛，官軍以槍中牛鼻，牛還攻之，賊大潰，開東門遁。閤門祇候張絪緣壕與戰，死之。總管王信捕得則，其餘衆保村舍，皆焚死。檻送則京師，支解以徇。則叛凡六十六日。





王堯臣字伯庸，應天府虞城人。舉進士第一，授將作監丞、通判湖州。召試，改祕書省著作郎、直集賢院。會從父沖坐事，出堯臣知光州。父喪，服除，爲三司度支判官，再遷右司諫。

郭皇后薨，議者歸罪內侍都知閻文應，堯臣請窮治左右侍醫者，不報。時上元節，有司張燈，堯臣俟乘輿出，卽上言：「后已復位號，今方在殯，不當遊幸。」帝爲罷張燈。擢知制誥、同知通進銀臺司、提舉諸司庫務，知審刑院，入翰林爲學士、知審官院。

陝西用兵，爲體量安撫使。將行，請曰：「故事，使者所至，稱詔存問官吏將校，而不及於民。自元昊反，三年于今，關中之民凋弊爲甚，請以詔勞來，仍諭以賊平蠲租賦二年。」仁宗從之。

使還，上言：

陝西兵二十萬，分屯四路，然可使戰者止十萬。賊衆入寇，常數倍官軍。彼以十戰一，我以一戰十，故三至而三勝，由衆寡不侔也。涇原近賊巢穴，最當要害，宜先備之。今防秋甚邇，請益團士兵，以二萬屯渭州，爲鎭戎山外之援；萬人屯涇州，爲原、

渭聲勢；二萬屯環慶，萬人屯秦州，以制其衝突。

且賊之犯邊，不患不能入，患不能出也。並塞地形，雖險易不同，而兵行須由大川，大川率有砦柵爲控扼。賊來利在虜掠，人自爲戰，故所向無前。若延州之金明、塞門砦，鎭戎之劉璠、定川堡，渭州山外之羊牧隆城、靜邊砦，皆不能扼其來。故賊不患不能入也。既入漢地，分行鈔略，驅虜人畜，刼掠財貨，士馬疲困，奔趨歸路，無復鬭志。若以精兵扼險，彊弩注射，旁設奇伏，斷其首尾，且追且擊，不敗何待。故賊之患在不能出也。

賊屢乘戰勝，重掠而歸，諸將不能追擊者，由兵寡而勢分也。若尙循故轍，必無可勝之理。

又論：「延州、鎭戎軍、渭州山外三敗之由，皆爲賊先據勝地，誘致我師，將帥不能據險擊歸，而多倍道趨利。兵方疲頓，乃與生羌合戰；賊始縱鐵騎衝我軍，繼以步奚挽彊注射，鋒不可當，遂致掩覆，此主帥不思應變以懲前失之咎也。願敕邊吏，常遠斥候，遇賊至，度遠近立營砦，然後量敵奮擊，毋得輕出。」詔以其言戒邊吏。

時韓琦坐好水川兵敗徙秦州，范仲淹亦以擅復元昊書降耀州。堯臣言：「二人者，皆忠義智勇，不當置之散地。」又薦种世衡、狄青有將帥才。明年，賊果自鎭戎軍、原州入寇，敗



葛懷敏，乘勝掠平涼、潘原，關中震恐，自邠、涇以東，皆閉壘自守。仲淹自將慶州兵捍賊，賊引去。仁宗思其言，乃復以琦、仲淹爲招討使，置府涇州，益屯兵三萬人，而使堯臣再安撫涇原。

初，曹瑋開山外地，置籠竿等四砦，募弓箭手，給田使耕戰自守。其後將帥失撫御，稍侵奪之，衆怨怒，遂刼德勝砦將姚貴，閉城畔。堯臣適過境上，作書射城中，諭以禍福，衆遂出降。乃爲申明約束如舊而去。

既還，上言：「自陝西用兵，夏竦、陳執中並以兩府舊臣，爲陝西經略、安撫、招討使，韓琦、范仲淹止爲經略、安撫副使。既而張存知延州，王沿知渭州，張奎知慶州，俱是學士、待制之職，亦止管勾本路總管司事。及竦、執中罷，四路置帥，遂各帶都總管及經略、安撫、招討等使，因而武臣副總管亦爲副使。今琦、仲淹、龐籍既爲陝西四路都總管、緣邊經略安撫招討等使，四路當稟節制，而尙帶經略使名者九人，各置司行事。名號不異，而所稟非一。今請逐路都總管、副總管並罷經略，只充緣邊安撫使。」既而滕宗諒亦以爲請，遂罷之。

又言：「鄜延、環慶路，其地皆險固而易以守；惟涇原自漢、唐以來，爲衝要之地。自鎭戎軍至渭州，沿涇河大川直抵涇、邠，略無險阻。雖有城砦據平地，賊徑交屬，難以捍防，如郭子儀、渾瑊，常宿重兵守之。自元昊叛命數年，由此三入寇。朝廷置帥府於涇州，爲控扼



關、陝之會，誠合事機。然頻經敗覆，邊地空虛，士氣不振。願深監近弊，精擇將佐；其新集之兵，未經訓練，宜易以舊人。儻一路兵力完實，則賊不敢長驅入寇矣。」因論沿邊城砦、控扼要害、賊徑通屬及備禦輕重之策爲五事上之。又請涇、原五州營田，益置弓箭手，及請徹潼關樓櫓，皆報可。

以戶部郎中權三司使，辟張昷之、杜杞等十餘人爲副使、判官。時入內都知張永和建議，收民僦舍錢十之三以助軍費。堯臣入對曰：「此衰世之事，召怨而攜民，唐德宗所以致朱泚之亂也。」度支副使林濰畏永和，附會其說，堯臣奏黜濰，議乃定。

夔州轉運使請增鹽井歲課十餘萬緡，堯臣以爲上恩未嘗及遠人，而反牟取厚利，適足以斂怨，罷之。遷翰林學士承旨兼端明殿學士，爲羣牧使。丁母喪，服除，轉右諫議大夫。

初，學士蘇易簡、丁度皆自郎中進中書舍人充承旨，及堯臣爲承旨，不遷官，意宰相賈昌朝所抑。及是，文彥博爲相，因其歲滿，遂優遷之。大享明堂，加給事中。與三司更議茶法，較天下每歲財賦出入，上其數，遂拜樞密副使。

會儂智高反，請析廣西宜、容、邕州爲三路，以融、柳、象隸宜州，白、高、竇、雷、化、鬱林、儀、藤、梧、龔、瓊隸容州，欽、賓、廉、橫、潯、貴隸邕州；遇蠻入寇，三路會支郡兵掩擊，令經略、安撫使守桂州以統制焉；益募澄海、忠敢士軍分屯，運全、永、道三州米以餉之，罷遣北兵遠戍。時狄青經制嶺南，詔青審議，以爲便。



居樞密三年，務裁抑儌倖，於是有鏤匿名書以布京城，然仁宗不以爲疑也。以戶部侍郎參知政事。久之，帝欲以爲樞密使，而當制學士胡宿固抑之，乃進吏部侍郎。卒，贈尙書左僕射，謚文安。

堯臣以文學進，典內外制十餘年，其爲文辭溫麗。執政時，嘗與宰相文彥博、富弼、劉沆勸帝蚤立嗣，且言英宗嘗養宮中，宜爲後，爲詔草挾以進，未果立。元豐三年，子同老進遺稿論父功，帝以訪文彥博，具奏本末，遂加贈太師、中書令，改謚文忠。

孫抃字夢得，眉州眉山人。六世祖長孺，喜藏書，號「書樓孫氏」，子孫以田爲業。至抃始讀書屬文。中進士甲科，以大理評事通判絳州。召試學士院，除太常丞、直集賢院，爲開封府推官，判三司開拆司，同修起居注，以右正言知制誥，遷起居舍人、翰林學士兼侍讀學士、史館修撰，累遷尙書吏部郎中。抃雖久處顯要，罕所建明。

皇祐中，以右諫議大夫權御史中丞。制下，諫官韓絳論奏抃非糺繩才，不可任風憲。

抃卽手疏曰：「臣觀方今士人，趨進者多，廉退者少。以善求事爲精神，以能訐人爲風采；捷給若嗇夫者謂之有議論，刻深若酷吏者謂之有政事。諫官所謂才者，無乃謂是乎？若然，臣誠不能也。」仁宗察其言，趣視事，且命知審官院。抃辭以任言責不當兼事局，乃止。

在臺，數言事，不爲矯激，尤喜稱薦人材。帝欲除入內都知王守忠領武寧軍節度使，抃奏罷之。温成皇后葬，以劉沆爲監護使，抃奏沆爲宰相，不當爲后妃護葬喪事。時又議爲后建陵立廟，抃率官屬言非禮。因相與請對，固爭不能得，伏地不起，帝爲改容遣之。御史請罷宰相梁適，未聽，抃奏曰：「適在相位，上不能持平權衡，下不能篤訓子弟。言事官數論奏，未聞報可，非罷適無以慰物論。」宰相陳執中婢爲嬖妾張氏榜殺，置獄取證左，執中弗遣，有詔勿推。抃復與官屬請對論列，疏十上，適、執中卒皆罷。

改翰林學士承旨，復兼侍讀學士。帝讀史記龜策傳，問：「古人動作必繇此乎？」對曰：「古有大疑，既決於己，又詢於衆，猶謂不有天命乎，於是命龜以斷吉凶。所謂『謀及乃心，謀及卿士，謀及庶人，謀及卜筮』。蓋聖人貴誠，不專人謀，默與神契，然後爲得也。」帝善其對。

諫官陳升之上選用、責任、考課轉運使三法，命抃與御史中丞張昪典之，卒亦無所進退焉。再遷禮部侍郎。抃久居侍從，泊如也，人以爲長者。既而樞密副使程戡罷，帝欲用舊



人，卽以命抃。歲中，參知政事。

抃性篤厚寡言，質略無威儀。居兩府，年益耄，無所可否。又善忘，語言舉止多可笑，好事者至傳以爲口實。御史韓縝彈奏之，罷爲觀文殿學士、同羣牧制置使，復兼侍讀學士。英宗卽位，進戶部侍郎。告老，以太子少傅就第，卒。贈太子太保，謚文懿。

田況字元均，其先冀州信都人。晉亂，祖行周沒于契丹。父延昭，景德中脫身南歸，性沈鷙，教子甚嚴，累官至太子率府率。況少卓犖有大志，好讀書。舉進士甲科，補江陵府推官，再調楚州判官，遷祕書省著作佐郎。舉賢良方正，改太常丞、通判江寧府。

趙元昊反，夏竦經略陝西，辟爲判官。時竦與韓琦、尹洙等畫上攻守二策，朝廷將用攻策，范仲淹議未可出師。況上疏曰：

昔繼遷擾邊，太宗部分諸將五路進討，或遇賊不擊，或戰衄而還。又嘗令白守榮、馬紹忠護送糧餉於靈州，諸將多違詔自奮，浦洛河之敗，死者數萬人。今將帥士卒，素已懦怯，未甚更練。又知韓琦、尹洙同建此策，恐未甚稟服，臨事進退，有誤大舉。其不可一也。



計者以爲賊常併力而來，我常分兵以禦，衆寡不敵，多貽敗衄，今若全師大舉，必有成功，此思之未熟爾。夫三軍之命，繫於將帥。人之才有大小，智有遠近，以漢祖之善將，不若淮陰之益辦，況庸人乎？今徒知大衆可以威敵，而不思將帥之材否，此禍之大者也。兩路之人，衆十餘萬，庸將驅之，若爲舒卷；賊若據險設伏，邀截衝擊，首尾前後，勢不相援，一有不利，則邊防莫守，別貽後患。安危之計，決於一舉。其不可二也。

自西賊叛命以來，雖屢乘機會，然終不敢深寇郡縣，以饜其欲者，非算之少也。直以中國之大，賢俊之盛，甲兵之衆，未易可測。今師深入，若無成功，挫國威靈，爲賊輕侮，或別墮姦計，以致他虞。其不可三也。

計者又云，將帥雖未足倚，下流勇進，或有其人。自劉平、石元孫陷沒，士氣挫怯，未能振起。今兵數雖多，疲懦者衆，以庸將驅怯兵，入不測之地，獨其下使臣數輩，干賞蹈利，欲邀奇功，未見其利。其不可四也。

計者又云，非欲深絕沙磧，以窮妖巢，但淺入山界，以挫賊氣，如襲白豹城之比。臣謂乘虛襲掠，既不能破戎首、拉凶黨，但殘戮孥弱，以厚怨毒，非王師弔伐招徠之體。然事出無策，爲彼之所爲，亦當霆發雷逝，往來輕速，以掩其不備。今興師十萬，鼓行而西，賊已淸野據險以待，我師何襲挫之有？其不可五也。



自元昊寇邊，人皆知其誅賞明、計數黠。今未有間隙可窺，而暴爲興舉，計事者但欲決勝負於一戰。幸其或有所成，否則願自比王恢以待罪，勇則勇矣，如國事何。其不可六也。

昨仲淹奏乞朝廷，敦包荒之量，存鄜延一路。令諸將勒兵嚴備，未行討伐，容示以恩意，歲時之間，或可招納。若使涇原一路獨入，則孤軍進退，憂患不淺。傳聞賊謀，竢我師諸路入界，併兵以敵，此正陷賊計中。其不可七也。

以臣所見，夏竦、韓琦、尹洙同獻此策，今若奏乞中罷，則是自相違異；欲果決進討，則又仲淹執議不同。乞召兩府大臣定議，但令嚴設邊備，若有侵掠，卽出兵邀擊；或賊界謹自守備，不必先用輕舉。如此則全威制勝，有功而無患也。

於是罷出師議。

況又言治邊十四事。遷右正言，管勾國子監、判三司理欠憑由司，專供諫職，權修起居注，遂知制誥。嘗面奏事，論及政體，帝頗以好名爲非，意在遵守故常，況退而著論上之。其略曰：

名者由實而生，非徒好而自至也。堯、舜三代之君，非好名者。而鴻烈休德，倬若日月，不能纖晦者，有實美而然也。設或謙弱自守，不爲恢閎睿明之事，則名從而晦

矣，雖欲好之，豈可得耶。

方今政令寬弛，百職不修，二虜熾結，凌慢中國。朝廷恫矜下民橫罹殺掠，竭瀝膏血，以資繕備，而未免侵軼之憂。故屈就講和，爲翕張予奪之術。自非君臣朝夕恥憤，大有爲以遏後虞，則勢可憂矣。陛下若恐好名而不爲，則非臣之所敢知也。陛下儻奮乾剛，明聽斷，則有英睿之名；行威令，懾姦宄，則有神武之名；斥奢汰，革風俗，則有崇儉之名；澄冗濫，輕會斂，則有廣愛之名；悅亮直，惡諂媚，則有納諫之名；務咨詢，達壅蔽，則有勤政之名；責功實，抑僥幸，則有求治之名。今皆非之而不爲，則天下何所望乎？抑又聖賢之道曰名教，忠誼之訓曰名節，羣臣諸儒所以尊輔朝廷，紀綱人倫之大本也。陛下從而非之，則教化微，節義廢，無恥之徒爭進，而勸沮之方不行矣，豈聖人率下之意耶。

時邊奏契丹修天德城及多建堡砦。況意其蓄姦謀，乃上疏曰：

朝廷予契丹金帛歲五十萬，朘削生民，輸將道路，疲弊之勢，漸不可久。而近西羌通款，歲又予二十萬，設或復肆貪瀆，再有規求，朝廷尚可從乎？臣至愚，不當大責，每念至此，則惋歎不已。矧兩府大臣，皆宗廟社稷、天下生民所望而繫安危者，豈不爲陛下恩之哉？每旦垂拱之對，不過目前政事數條而已，非陛下所以待輔臣，非輔臣所以





憂朝廷之意也。

有唐故事，肅宗以天下未乂，除正衙奏事外，別開延英以詢訪宰相，蓋旁無侍衞，獻可替否，曲盡討論。今北敵桀慢，而河朔將佐之良愚，中兵之善窳，道路之夷險，城壘之堅弊，軍政之是否，財糧之多少，在兩府輔臣，實未有知之者。萬一變發所忽，制由中出，少有差跌，則事不測矣。如前歲蕭英、劉六符始來，和議未決，中外惶擾，不知爲計，此臣所目覩也。和議既定，又復恬然若無事者，是豈得爲安哉。

願因燕閑，召執政大臣於便殿，從容賜坐，訪逮時政，專以慮患爲急。則人人惟恐不知以誤應對，事事惟恐不集以孤聖懷，旦夕憂思，不敢少懈，同心協力，必有所爲。今不以此爲務，而日以委瑣之事，更相辯對，議者羞之。臣叨備近列，實係朝廷休戚，惟陛下不以人廢言。

尋爲陝西宣撫副使，還領三班院。保州雲翼軍殺州吏據城叛，詔況處置之。既而除龍圖閣直學士、知成德軍。況督諸將攻，以敕牓招降叛卒二千餘人，阬其構逆者四百二十九人，以功遷起居舍人。徙秦州〔七〕。丁父憂，詔起復，固辭。又遣內侍持手敕起之，不得已，乞歸葬陽翟。既葬，託邊事求見，泣請終制，仁宗惻然許之。帥臣得終喪自況始〔八〕。服除，以樞密直學士、尚書禮部郎中知渭州。

遷右諫議大夫、知成都府。蜀自李順、王均再亂，人心易搖，守得便宜決事，多擅殺以爲威，雖小罪，猶并妻子徙出蜀，至有流離死道路者。況至，拊循教誨，非有甚惡不使還，蜀人尤愛之。

遷給事中，召爲御史中丞。既至，權三司使，加龍圖閣學士、翰林學士。況鉤考財賦，盡知其出入，乃約景德會計錄，以今財賦所入，多於景德，而歲之所出，又多於所入。因著皇祐會計錄上之。以禮部侍郎爲三司使。至和元年，擢樞密副使，遂爲樞密使。以疾，罷爲尚書右丞、觀文殿學士兼翰林侍讀學士，提舉景靈宮，遂以太子少傅致仕，卒。贈太子太保，謚宣簡。

況寬厚明敏，有文武材。與人若無不可，至其所守，人亦不能移也。其論天下事甚多，至倂樞密院於中書以一政本，日輪兩制館閣官一員於便殿備訪問，以錫慶院廣太學，興鎭戎軍、原渭等州營田，汰諸路宣毅、廣捷等冗軍，策元昊勢屈納款，必令盡還延州侵地，毋過許歲幣，幷入中靑鹽，請戮陝西陷歿主將隨行親兵。其論甚偉，然不盡行也。有奏議二十卷。

始，契丹寇澶州，略得數百人，以屬其父延昭。延昭哀之，悉縱去，因白脫歸中國。延昭生八男，子多知名，況長子也。保州之役，況阬殺降卒數百人，朝廷壯其決，後大用之。





然卒無子，以兄子爲後。

論曰：時治平而文德用，則士之負藝者致位政府，宜矣。李諮、程戡曉暢吏事。諮變茶法，雖浮議動搖，乍行乍止，卒無能易其說；戡任邊寄，守以安靜，非必智謀，抑所遇之時耳。嶠尚莊、老，以善著稱。張觀、丁度、孫抃，世推其德性淳易，而盛度每爲寮友猜憚，心迹固何如也。戩明偉宏放，亦一時之俊。堯臣論議鏗鏗，正誼而不謀利，其最優乎。鎬堅正寡合，馭軍嚴，臨事果，其安撫河東邊塞，後來父老道其舉動措置，輒嗟嘆追思。況有文武才略，言事精暢，然欲懲兵驕，迺阬降卒，弗忌陰禍，惜哉！

校勘記

〔一〕錢塘湖溉民田數十頃　錢塘湖卽西湖，蘇軾蘇東坡集奏議卷七乞開杭州西湖狀謂唐時「溉田千餘頃」。疑此處誤。

〔二〕宣撫使韓琦　「宣」原作「安」。按本書卷三一二韓琦傳，尹洙與劉滬爭城水洛事時，琦正「宣撫陝西」；太平治蹟統類卷一〇，「罷修水洛城，從宣撫使韓琦奏請」；東都事略卷五五鄭戩傳亦作

「宣撫使韓琦」。據改。

〔三〕麟府間有棄地曰草城川　「麟府」原作「鄜府」。按鄜州屬陝西，府州屬河東，兩地相去較遠；而麟府則爲一路。胡宿文恭集卷三六鄭戩墓誌銘記戩當時爲「知幷州兼幷、代、澤、潞、麟、府、嵐、石沿邊安撫使、兵馬都部署」，又說「嵢嵐軍東草城川近壓虜境」。武經總要前集卷一七嵢嵐軍條：「隋大業中置嵢嵐鎭，捍草城川賊路。……太平興國中再建軍，仍別屯禁軍，控河外麟府一路。」作「麟府」是。據改。

〔四〕妖人因妄傳字隱起　長編卷一六一、太平治蹟統類卷一〇「字」上有「福」字。

〔五〕義軍破趙得勝　「義」原作「宜」，據長編卷一六一、太平治蹟統類卷一〇改。

〔六〕補其徒爲知州　「知」字原脫，據長編卷一六一、太平治蹟統類卷一〇補。

〔七〕徙秦州　「徙」原作「從」，據東都事略卷七〇本傳改。

〔八〕帥臣得終喪自況始　「帥」原作「師」，據王安石臨川先生文集卷九一田況墓誌銘改。



# 宋史卷二百九十三

## 列傳第五十二

### 田錫　王禹偁　張詠

田錫字表聖，嘉州洪雅人。幼聰悟，好讀書屬文。楊徽之宰峨眉，宋白宰玉津，皆厚遇之，爲之延譽，繇是聲稱翕然。太平興國三年，進士高等，釋褐將作監丞、通判宣州。遷著作郎、京西北路轉運判官。改左拾遺、直史館，賜緋魚。錫好言時務，旣居諫官，卽上疏獻軍國要機者一、朝廷大體者四。其略曰：

頃歲王師平太原，未賞軍功，迄今二載。幽燕竊據，固當用兵，雖稟宸謀，必資武力。願陛下因郊禋、耕籍之禮，議平戩之功，則駕馭戎臣，莫茲爲重，此要機也。

今交州未下，戰士無功，春秋所謂「老師費財」者是也。臣聞聖人不務廣疆土，惟務廣德業，聲教遠被，自當來賓。周成王時，越裳九譯來貢，且曰：「天無迅風疾雨、海不





揚波三年矣。意者中國其有聖人乎？盍往朝之。」交州瘴海，得之如獲石田。臣願陛下務修德以來遠，無鈍兵以挫銳，又何必以蕞爾蠻夷，上勞震怒乎？此大體之一也。

今諫官不聞廷爭，給事中不聞封駁，左右史不聞升陛軒、記言動，豈聖朝美事乎？又御史不敢彈奏，中書舍人未嘗訪以政事，集賢院雖有書籍而無職官，祕書省雖有職官而無圖籍。臣願陛下擇才任人，使各司其局，苟職業修舉，則威儀自嚴。此大體之二也。

爾者寓縣平寧，京師富庶。軍營馬監，靡不恢崇；佛寺道宮，悉皆輪奐。加又闢西苑，廣御池，雖周之靈囿，漢之昆明，未足爲比。而尚書省湫隘尤甚，郎曹無本局，尚書無聽事。九寺三監，寓天街之兩廊，貢院就武成王廟，是豈太平之制度邪？臣願陛下別修省寺，用列職官。此大體之三也。

案獄官令，枷杻有短長，鉗鎖有輕重，尺寸斤兩，並載刑書，未聞以鐵爲枷者也。昔唐太宗觀明堂圖，見人之五藏皆麗於背，遂減徒刑。況隆平之時，將措刑不用，於法所無，去之可矣。此大體之四也。

疏奏，優詔褒答，賜錢五十萬。僚友謂錫曰：「今日之事鮮矣，宜少晦以遠讒忌。」錫曰：「事君之誠，惟恐不竭，矧天植其性，豈爲一賞奪邪？」時趙普爲相，令有司受羣臣章奏，必先白

中華書局

錫〔一〕。錫貽書於普，以爲失至公之體，普引咎謝之。

六年，爲河北轉運副使，驛書言邊事曰：

臣聞動靜之機，不可妄舉；安危之理，不可輕言。利害相生，變易不定；取舍無惑，思慮必精。夫動靜之機，不可妄舉者，動謂用兵，靜謂持重。應動而靜，則養寇以生姦；應靜而動，則失時以敗事。動靜中節，乃得其宜。今北鄙繹騷，蓋亦有以居邊任者，規羊馬細利爲捷，矜捕斬小勝爲功，賈怨結仇，興戎致寇，職此之由。前歲邊陲俶擾，親迂革輅，戎騎旣退，萬乘方歸。是皆失我機先，落其術內，勞煩耗斁，可勝言哉。伏願申飭將帥，愼固封守，勿尚小功。許通互市，俘獲蕃口，撫而還之。如此不出五載，河朔之民，得務農業，亭障之地，可積軍儲。然後待其亂而取之則克，乘其衰而兵之則降，旣心服而忘歸，則力省而功倍。

誠願考古道，務遠圖，示綏懷萬國之心，用駕馭四夷之策，事戒輒發，理貴深謀，所謂安危之理，不可輕言者。國家務大體，求至治則安；舍近謀遠，勞而無功則危。爲君有常道，爲臣有常職，是務大體也。上不拒諫，下不隱情，是求至治也。漢武帝躬秉武節，登單于之臺；唐太宗手結雨衣，伐遼東之國：則是舍近謀遠也。沙漠窮荒，得之無用，則是勞而無功也。在位之臣，敢言者少，言而見聽，未必蒙福，言而不從，方且虞禍，欲下不隱情得乎？惡在其務大體而求至治也。

臣又謂利害相生，變易不定者，兵書曰：「不能盡知用兵之害者，則不能盡知用兵之利。」蓋事有可進而退，則害成之事至焉；可退而進，則利用之事去焉。可速而緩，則利必從之而失；可緩而速，則害必由之而致。可誅而赦，則姦宄之心，或有時而生；可赦而誅，則忠勇之人，或無心於利國。可賞而罰，則有以害勤勞之功；可罰而賞，則有以利僭踰之幸。能審利害，則爲聰明。以天下之耳聽之則聰，以天下之目視之則明。故書曰「明四目、達四聰」，此之謂也。臣又謂取舍不可以有惑者，故曰「孟賁之狐疑，不如童子之必至」。思慮不可以不精者，故曰「差若毫釐，繆以千里」。自國家圖燕以來，連兵未解，財用不得不耗，人心不得不憂，願陛下精思慮，決取舍，無使曠日持久，窮兵極武焉。

書奏，上嘉之。七年，徙知相州，改右補闕。復上章論事。

明年，移睦州。睦州人舊阻禮教，錫建孔子廟，表請以經籍給諸生，詔賜九經，自是人知向學。會文明殿災，又拜章極言時政，上嘉納焉。轉起居舍人，還判登聞鼓院，上書請封禪。以本官知制誥，尋加兵部員外郎。



端拱二年，京畿大旱，錫上章，有「調燮倒置」語，忤宰相，罷爲戶部郎中，出知陳州。坐稽留殺人獄，責授海州團練副使，後徙單州。召爲工部員外郎，復論時政闕失，俄詔直集賢院。至道中，復舊官。

眞宗嗣位，遷吏部。出使秦、隴，還，連上章言，陝西數十州苦于靈、夏之役，生民重困，上爲之戚然。同知審官院兼通進、銀臺、封駁司，賜金紫；與魏廷式聯職，以議論不協求罷，出知泰州。會彗星見，拜疏請責躬以答天戒，再召見便殿。及行，降中使撫諭，仍加優賜。

咸平三年，詔近臣舉賢良方正，翰林學士承旨宋白以錫應詔。還朝，屢召對言事。錫嘗奏曰：「陛下卽位以來，治天下何道？臣願以皇王之道治之。舊有御覽，但記分門事類。臣請鈔略四部，別爲御覽三百六十卷，萬幾之暇，日覽一卷，經歲而畢。又采經史要切之言，爲御屛風十卷，置扆座之側，則治亂興亡之鑒，常在目矣。」眞宗善其言，詔史館以羣書借之，每成書數卷，卽先進內。錫乃先上御覽三十卷、御屛風五卷。

御覽序曰：「聖人之道，布在方册。六經則言高旨遠，非講求討論，不可測其淵深。諸史則迹異事殊，非參會異同，豈易記其繁雜。子書則異端之說勝，文集則宗經之辭寡。非獵精義以爲鑒戒，舉綱要以觀會通，爲日覽之書，資日新之德，則雖白首，未能窮經，矧王者乎？臣每讀書，思以所得上補聖聰，可以銘於座隅者，書於御屛；可以用於常道者，錄爲御覽。冀以涓埃之徵，上裨天地之德，俾功業與堯、舜比崇，而生靈亦躋仁壽之域矣。」

御屛風序曰：「古之帝王，盤盂皆銘，几杖有戒，蓋起居必覩，而夙夜不忘也。湯之盤銘曰：『苟日新，日日新，又日新〔二〕。』武王銘於几杖曰：『安不忘危，存不忘亡，熟惟二者，後必無凶。』唐黃門侍郎趙智爲高宗講孝經，舉其要切者言之曰：『天子有爭臣七人，雖無道不失其天下。』憲宗采史、漢、三國已來經濟之要，號前代君臣事迹，書于屛間。臣每覽經、史、子、集，因取其語要，輒用進獻，題之御屛，置之座右，日夕觀省，則聖德日新，與湯、武比隆矣。」

五年，再掌銀臺，覽天下奏章，有言民飢盜起及詔敕不便者，悉條奏其事。上對宰相稱錫「得爭臣之體」，卽日以本官兼侍御史知雜事，擢右諫議大夫、史館修撰。連上八疏，皆直言時政得失。六年冬，病卒，年六十四。遺表勸上以慈儉守位，以淸淨化人，居安思危，在治思亂。上覽之惻然，謂宰相李沆曰：「田錫，直臣也。朝廷少有闕失，方在思慮，錫之章奏已至矣。若此諫官，亦不可得。」嗟惜久之，特贈工部侍郎。錄其二子，並爲大理評事，給奉終喪。

錫耿介寡合，未嘗趨權貴之門，居公庭，危坐終日，無懈容。慕魏徵、李絳之爲人，以盡規獻替爲己任。嘗曰：「吾立朝以來，章疏五十有二，皆諫臣任職之常言。苟獲從，幸也，豈可藏副示後，謗時賣直邪？」悉命焚之。然性凝執，治郡無稱。所著有咸平集五十卷。

王禹偁字元之，濟州鉅野人。世爲農家，九歲能文，畢士安見而器之。太平興國八年擢進士，授成武主簿。徙知長洲縣，就改大理評事。同年生羅處約時宰吳縣，日相與賦詠，人多傳誦。端拱初，太宗聞其名，召試，擢右拾遺、直史館，賜緋。故事，賜緋者給塗金銀帶，上特命以文犀帶寵之。卽日獻端拱箴以寓規諷。

時北庭未寧，訪羣臣以邊事。禹偁獻禦戎十策，大略假漢事以明之：「漢十二君，言賢明者，文、景也；言昏亂者，哀、平也。然而文、景之世，軍臣單于最爲強盛，肆行侵掠，候騎至雍，火照甘泉。哀、平之時，呼韓邪單于每歲來朝，委質稱臣，邊烽罷警。何邪？蓋漢文當軍臣強盛之時，而外任人、內修政，使不能爲深患者，由乎德也。哀、平當呼韓衰弱之際，雖外無良將，內無賢臣，而致其來朝者，繫于時也。今國家之廣大，不下漢朝；陛下之聖明，豈讓文帝。契丹之強盛，不及軍臣單于，至如撓邊侵塞，豈有候騎至雍，而火照甘泉之患乎？亦在乎外任人、內修德爾。臣愚以爲：外則合兵勢而重將權，罷小臣詗邏邊事，行間諜離其黨，遣趙保忠、折御卿率所部以掎角。下詔感勵邊人，使知取燕薊舊疆，非貪其土地；內則省官以寬經費，抑文士以激武夫，信用大臣以資其謀，不貴虛名以戒無益，禁游惰以厚





民力。」帝深嘉之。又與夏侯嘉正、羅處約、杜鎬表請同校三史書，多所釐正。

二年，親試貢士，召禹偁，賦詩立就。上悅曰：「此不踰月遍天下矣。」卽拜左司諫、知制誥。是冬，京城旱，禹偁疏云：「一穀不收謂之饉，五穀不收謂之饑。饉則大夫以下，皆損其祿；饑則盡無祿，廩食而已。今旱雲未霑，宿麥未茁，既無積蓄，民飢可憂。望下詔直云：『君臣之間，政教有闕，自乘輿服御，下至百官奉料，非宿衞軍士、邊庭將帥，悉第減之，上答天譴，下厭人心，俟雨足復故。』臣朝行中家最貧，奉最薄，亦願首減奉，以贖耗蠹之咎。外則停歲市之物；內則罷工巧之伎。近城掘土，侵冢墓者瘞之；外州配隸之衆，非贓盜者釋之。然後以古者猛虎渡河、飛蝗越境之事，戒敕州縣官吏。其餘軍民刑政之弊，非臣所知者，望委宰臣裁議頒行，但感人心，必召和氣。」

未幾，判大理寺，廬州妖尼道安誣訟徐鉉，道安當反坐，有詔勿治。禹偁抗疏雪鉉，請論道安罪，坐貶商州團練副使，歲餘移解州。四年，召拜左正言，上以其性剛直不容物，命宰相戒之。直昭文館，丐外任以便奉養，得知單州，賜錢三十萬。至郡十五日，召爲禮部員外郎，再知制誥。屢獻討李繼遷便宜，以爲繼遷不必勞力而誅，自可用計而取。請宜明數繼遷罪惡，曉諭蕃漢，重立賞賜，高與官資，則繼遷身首，不梟卽擒矣。其後潘羅支射死繼遷，夏人款附，卒如禹偁策。

至道元年，召入翰林爲學士，知審官院兼通進、銀臺、封駁司。詔命有不便者，多所論奏。孝章皇后崩，遷梓宮于故燕國長公主第，羣臣不成服。禹偁與客言，后嘗母儀天下，當遵用舊禮。坐謗訕，罷爲工部郎中、知滁州。初，禹偁嘗草李繼遷制，送馬五十匹爲潤筆，禹偁卻之。及出滁，閩人鄭褒徒步來謁，禹偁愛其儒雅，爲買一馬。或言買馬虧價者，太宗曰：「彼能卻繼遷五十馬，顧肯虧一馬價哉？」移知揚州。眞宗卽位，遷秩刑部，會詔求直言，禹偁上疏言五事：

一曰謹邊防，通盟好，使輦運之民有所休息。方今北有契丹，西有繼遷。契丹雖不侵邊，戍兵豈能減削？繼遷既未歸命，餽餉固難寢停。關輔之民，倒懸尤甚。臣愚以爲宜敕封疆之吏，致書遼臣，俾達其主，請尋舊好。下詔赦繼遷罪，復與夏臺。彼必感恩內附，且使天下知陛下屈己而爲民也。

二曰減冗兵，併冗吏，使山澤之饒，稍流於下。當乾德〔三〕、開寶之時，土地未廣，財賦未豐，然而擊河東，備北鄙，國用未足〔四〕，兵威亦強，其義安在？由所蓄之兵銳而不衆，所用之將專而不疑故也。自後盡取東南數國，又平河東，土地財賦，可謂廣且豐矣，而兵威不振，國用轉急，其義安在？由所蓄之兵冗而不盡銳，所用之將衆而不自專故也。臣愚以爲宜經制兵賦，如開寶中，則可高枕而治矣。且開寶中設官至少。臣本





魯人，占籍濟上，未及第時，一州止有刺史一人、司戶一人，當時未嘗闕事。自後有團練推官一人，太平興國中，增置通判、副使、判官、推官，而監酒、榷稅算又增四員。曹官之外，更益司理。問其租稅，減於曩日也；問其人民，逃於昔時也。一州既爾，天下可知。冗吏耗于上，冗兵耗于下，此所以盡取山澤之利，而不能足也。夫山澤之利，與民共之。自漢以來，取爲國用，不可棄也；然亦不可盡也。只如茶法從古無稅，唐元和中，以用兵齊、蔡，始稅茶。唐史稱是歲得錢四十萬貫，今則數百萬矣，民何以堪？臣故曰減冗兵，併冗吏，使山澤之饒，稍流於下者此也。

三曰艱難選舉，使入官不濫。古者鄉舉里選，爲官擇人，士君子學行修于家，然後薦之朝廷，歷代雖有沿革，未嘗遠去其道。隋、唐始有科試，太祖之世，每歲進士不過三十人，經學五十人。重以諸侯不得奏辟，士大夫罕有資廕，故有終身不獲一第，沒齒不獲一官者。太宗毓德王藩，覩其如此。臨御之後，不求備以取人，舍短用長，拔十得五。在位將逾二紀，登第殆近萬人，雖有俊傑之才，亦有容易而得。臣愚以爲數百年之艱難，故先帝濟之以泛取，二十載之霈澤，陛下宜糾之以舊章，望以舉場還有司，如故事。至於吏部銓官，亦非帝王躬親之事，自來五品已下，謂之旨授官，今幕職、州縣而已，京官雖有選限，多不施行。臣愚以爲宜以吏部還有司，依格敕注擬可也。

四曰沙汰僧尼，使疲民無耗。夫古者惟有四民，兵不在其數。蓋古者井田之法，農卽兵也。自秦以來，戰士不服農業，是四民之外，又生一民，故農益困。然執干戈衞社稷，理不可去。漢明之後，佛法流入中國，度人修寺，歷代增加。不蠶而衣，不耕而食，是五民之外，又益一而爲六矣。假使天下有萬僧，日食米一升，歲用絹一匹，是至儉也，猶月費三千斛，歲用萬縑，何況五七萬輩哉。不曰民蠹得乎？臣愚以爲國家度人衆矣，造寺多矣，計其費耗，何啻億萬。先朝不豫，捨施又多，佛若有靈，豈不蒙福？事佛無效，斷可知矣。願陛下深鑒治本，亟行沙汰，如以嗣位之初，未欲驚駭此輩，且可以二十載，不度人修寺，使自銷鑠，亦救弊之一端也。

五曰親大臣，遠小人，使忠良蹇諤之士，知進而不疑，姦憸傾巧之徒，知退而有懼。夫君爲元首，臣爲股肱，言同體也。得其人則勿疑，非其人則不用。凡議帝王之盛者，豈不曰堯、舜之時，契作司徒，咎繇作士，伯夷典禮，后夔典樂，禹平水土，益作虞官。委任責成，而堯有知人任賢之德。雖然，堯之道遠矣，臣請以近事言之。唐元和中，憲宗嘗命裴垍〔三〕銓品庶官，垍曰：「天子擇宰相，宰相擇諸司長官，長官自擇僚屬，則上下不疑，而政成矣。」議者以垍爲知言。願陛下遠取帝堯，近鑒唐室，既得宰相，用而不疑。使宰相擇諸司長官，長官自取僚屬，則垂拱而治矣。古者刑人不在君側，語曰：



「放鄭聲，遠佞人。」是以周文王左右，無可結襪者，言皆賢也。夫小人巧言令色，先意希旨，事必害正，心惟忌賢，非聖明不能深察。舊制，南班三品，尙書方得升殿；比來三班奉職，或因遣使，亦許升殿，惑亂天聽，無甚於此。願陛下振舉紀綱，尊嚴視聽，在此時矣。

臣愚又以爲今之所急，在先議兵，使衆寡得其宜，措置得其道。然後議吏，使淸濁殊塗，品流不雜，然後艱選擧以塞其源，禁僧尼以去其耗，自然國用足而王道行矣。

疏奏，召還，復知制誥。咸平初，預修太祖實錄，直書其事。時宰相張齊賢、李沆不協，意禹偁議論輕重其間。出知黃州，嘗作三黜賦以見志。其卒章云：「屈于身而不屈于道兮，雖百謫而何虧！」三年，濮州盜夜入城，略知州王守信、監軍王昭度，禹偁聞而奏疏，略曰：

伏以體國經野，王者保邦之制也。易曰「王公設險，以守其國」。自五季亂離，各據城壘，豆分瓜剖，七十餘年。太祖、太宗，削平僭僞，天下一家。當時議者，乃令江淮諸郡毀城隍、收兵甲、徹武備者，二十餘年。書生領州，大郡給二十人，小郡減五人，以充常從。號曰長吏，實同旅人；名爲郡城，蕩若平地。雖則尊京師而抑郡縣，爲強幹弱枝之術，亦匪得其中道也。臣比在滁州，值發兵挽漕，關城無人守禦，止以白直代主開閉，城池頹圮，鎧仗不完。及徙維揚，稱爲重鎭，乃與滁州無異。嘗出鎧甲三十副，



與巡警使臣，彀弩張弓，十損四五，蓋不敢擅有修治，上下因循，遂至于此。今黃州城雉器甲，復不及滁、揚。萬一水旱爲災，盜賊竊發，雖思禦備，何以枝梧。蓋太祖削諸侯跋扈之勢，太宗杜僭僞覬望之心，不得不爾。其如設法救世，久則弊生，救弊之道，在乎從宜。疾若轉規，固不可膠柱而鼓瑟也。今江、淮諸州，大患有三：城池隳圮，一也；兵仗不完，二也；軍不服習，三也。濮賊之興，慢防可見。望陛下特紆宸斷，許江、淮諸郡，酌民戶衆寡，城池大小，並置守捉。軍士多不過五百人，閱習弓劍，然後漸葺城壁，繕完甲冑，則郡國有禦侮之備，長吏免剽略之虞矣。

疏奏，上嘉納之。

四年，州境二虎鬥，其一死，食之殆半。羣雞夜鳴，經月不止。多雷暴作。禹偁手疏引洪範傳陳戒，且自劾；上遣內侍乘馹勞問，醮禳之，詢日官，云：「守土者當其咎。」上惜禹偁才，是日，命徙蘄州。禹偁上表謝，有「宣室鬼神之問，不望生還；茂陵封禪之書，止期身後」之語。上異之，果至郡未踰月而卒，年四十八。訃聞，甚悼之，厚賻其家。賜一子出身。

禹偁詞學敏贍，遇事敢言，喜臧否人物，以直躬行道爲己任。嘗云：「吾若生元和時，從事於李絳、崔羣間，斯無媿矣。」其爲文著書，多涉規諷，以是頗爲流俗所不容，故屢見擯斥。所與游必儒雅，後進有詞藝者，極意稱揚之。如孫何、丁謂輩，多游其門。有小畜集二十



卷、承明集十卷、集議十卷、詩三卷。子嘉祐、嘉言俱知名。

嘉祐爲館職，寇準曰：「吾尹京，外議云何？」對曰：「人言丈人且入相。」準曰：「於吾子意何如？」嘉祐曰：「以愚觀之，不若不爲相之善也，相則譽望損矣。自古賢相，所以能建功業、澤生民者，其君臣相得，如魚之有水，故言聽計從，而臣主俱榮。今丈人負天下重望，中外有太平之責焉，丈人於明主，能若魚之有水乎？」準大喜，執其手曰：「元之雖文章冠天下，至於深識遠慮，或不逮吾子也。」嘉祐官不顯。

嘉言以進士第爲江都簿，眞宗嘗覩禹偁奏章，嗟美切直，因訪其後，宰相以嘉言聞。卽召對，擢大理評事，至殿中侍御史。

曾孫汾舉進士甲科，仕至工部侍郞，入元祐黨籍。

張詠字復之，濮州鄄城人。少任氣，不拘小節，雖貧賤客遊，未嘗下人。太平興國五年，郡舉進士，議以詠首薦。有夙儒張覃者未第，詠與寇準致書郡將，薦覃爲首，衆許其能讓。是歲，詠登進士乙科，大理評事、知鄂州崇陽縣。再遷著作佐郞。以蘇易簡薦，入爲太子中允，遷祕書丞、通判麟相二州，乞掌濮州市征以便養。俄召還，賜緋魚，知浚儀縣。會

李沆、宋湜、寇準連薦其才，以爲荊湖北路轉運使，奏罷歸、峽二州水遞夫，就轉太常博士。太宗聞其強幹，召還，超拜虞部郎中，賜金紫。旬日，與向敏中並擢爲樞密直學士，同知銀臺通進封駮司兼掌三班院。張永德爲并代部署，有小校犯法，笞之至死，詔案其罪。詠封還詔書，且言：「陛下方委永德邊任，若以一部校故，摧辱主帥，臣恐下有輕上之心。」太宗不從。未幾，果有營兵脅訴軍校者，詠引前事爲言，太宗改容勞之。

出知益州，時李順構亂，王繼恩、上官正總兵攻討，頓師不進。詠以言激正，勉其親行，仍盛爲供帳餞之。酒酣，舉爵屬軍校曰：「爾曹蒙國厚恩，無以塞責，此行當直抵寇壘，平蕩醜類。若老師曠日，卽此地還爲爾死所矣。」正由是決行深入，大致克捷。繼恩帳下卒縋城夜遁，吏執以告。詠不欲與繼恩失懽，卽命縶投眢井，人無知者。時寇略之際，民多脅從，詠移文諭以朝廷恩信，使各歸田里。且曰：「前日李順脅民爲賊，今日吾化賊爲民，不亦可乎？」時民間訛言，有白頭翁午後食人兒女，一郡囂然。至暮，路無行人，既而得造訛者戮之，民遂帖息。詠曰：「妖訛之興，沴氣乘之，妖則有形，訛則有聲，止訛之術，在乎識斷，不在乎厭勝也。」

初，蜀士知向學，而不樂仕宦。詠察郡人張及、李畋、張逵者皆有學行，爲鄉里所稱；遂敦勉就舉，而三人者悉登科，士由是知勸。民有諜訴者，詠灼見情僞，立爲判決，人皆厭





服。好事者編集其辭，鏤板傳布。詠嘗曰：「詢君子得君子，詢小人得小人，各就其黨詢之，則無不審矣。」其爲政，恩威并用，蜀民畏而愛之。丁外艱，起復，改兵部郎中。會詔川、陝諸州參用銅鐵錢，每銅錢一當鐵錢十。詠上言：「昨經利州，以銅錢一換鐵錢五，綿州銅錢一換鐵錢六，益州銅錢一換鐵錢八。若一其法，公私非便。望依旬估折納銅錢。」

眞宗卽位，加左諫議大夫。咸平初，入拜給事中、戶部使，改御史中丞。承天節齋會，丞相大僚有酒失者，詠奏彈之。二年，同知貢舉。是夏，以工部侍郎出知杭州。屬歲歉，民多私鬻鹽以自給，捕獲犯者數百人，詠悉寬其罰而遣之。官屬請曰：「不痛繩之，恐無以禁。」詠曰：「錢塘十萬家，飢者八九，苟不以鹽自活，一旦蜂聚爲盜，則爲患深矣。俟秋成，當仍舊法。」有民家子與姊壻訟家財。壻言妻父臨終，此子裁三歲，故見命掌貲產；且有遺書，令異日以十之三與子，餘七與壻。詠覽之，索酒酹地，曰：「汝妻父，智人也，以子幼故託汝。苟以七與子，則子死汝手矣。」亟命以七給其子，餘三給壻，人皆服其明斷。知永興軍府。

五年，馬知節自益徙延州，朝議擇可代者。眞宗以詠前在蜀治行優異，復命知益州，仍加刑部侍郎、樞密直學士，就還吏部侍郎。轉運使黃觀上其治狀，有詔褒美。會遣謝濤巡撫西蜀，上因令傳諭詠曰：「得卿在蜀，朕無西顧之憂矣。」歸朝，復掌三班，領登聞檢院。

詠中歲瘍生腦，頗妨巾櫛，求知潁州。眞宗以其公直，有時望，再任益部，皆以政績聞，不當淹小郡。令中書召問，將委以靑社或眞定，令其自擇。詠辭不就，遂命知昇州。大中祥符初，加左丞。三年春，州民以詠秩滿借留，就轉工部尙書，令再任。是秋，以江左旱歉，命充昇、宣等十州安撫使，進禮部。上聞詠腦瘍甚，憫之，令薛映馳驛代還。以疾未見，恨不得面陳所蘊，乃抗論言：「近年虛國帑藏，竭生民膏血，以奉無用之土木，皆賊臣丁謂、王欽若啓上侈心之爲也。不誅死，無以謝天下。」章三上，出知陳州。

初，詠與靑州傅霖少同學。霖隱不仕。詠既顯，求霖者三十年不可得，至是來謁。閽吏白傅霖請見，詠責之曰：「傅先生天下賢士，吾尙不得爲友，汝何人，敢名之！」霖笑曰：「別子一世尙爾邪，是豈知世間有傅霖者乎？」詠問：「昔何隱，今何出？」霖曰：「子將去矣，來報子爾。」詠曰：「詠亦自知之。」霖曰：「知復何言。」翌日別去。後一月而詠卒，年七十。贈左僕射，謚忠定。

詠剛方自任，爲治尙嚴猛，嘗有小吏忤詠，詠械其頸。吏恚曰：「非斬某，此枷終不脫。」詠怒其悖，卽斬之。少學擊劍，慷慨好大言，樂爲奇節。有士人遊宦遠郡，爲僕夫所持，且欲得其女爲妻，士人者不能制。詠遇於傳舍，知其事，卽陽假此僕爲馭，單騎出近郊，至林麓中，斬之而還。嘗謂其友人曰：「張詠幸生明時，讀典墳以自律，不爾，則爲何人邪？」故





其言曰：「事君者廉不言貧，勤不言苦，忠不言己效，公不言己能，斯可以事君矣。」性躁果卞急，病創甚，飲食則痛楚增劇，御下益峻，尤不喜人拜跪，命典客預戒止。有違者，詠卽連拜不止，或倨坐罵之。眞宗嘗稱其材任將帥，以疾不盡其用。自號乖崖，以爲「乖」則違衆，「崖」不利物。有集十卷。弟訥，爲虞部員外郎。

論曰：傳云：「邦有道，危言危行。」三人者，躬骨鯁蹇諤之節，蔚爲名臣，所遇之時然也。禹偁制戎之策，厥後果符其言，而醇文奧學，爲世宗仰。錫身沒之後，特降褒命，以賁直操，與夫容容嘿嘿，以持祿固位者異矣。詠所至以政績聞。天子嘗曰：「詠在蜀，吾無西顧之憂。」其被獎與如此。然皆骯髒自信，道不諧偶，故不極於用云。

## 校勘記

(一) 必先白錫 邵晉涵南江札記卷四以爲「錫字乃晉字之譌」。按隆平集卷一三、東都事略卷三九本傳，此語都作「必先白而後敢進」。謂必先白晉，故錫「以爲失至公之體」。邵說當是。

(二) 苟日新日日新又日新 「苟」原作「德」，據禮記大學所引湯之盤銘改。

中華書局

〔三〕乾德　原作「乾道」。按乾道是南宋年號，此不當有，據長編卷四二改。

〔四〕國用未足　長編卷四二作「國用亦足」。按文義，疑以長編爲是。

〔五〕裴垍　原作「裴洎」，據舊唐書卷一四八、新唐書卷一六九本傳和長編卷四二改。下同。



# 宋史卷二百九十四

## 列傳第五十三

掌禹錫　蘇紳　王洙子欽臣　胥偃　柳植　聶冠卿　馮元
趙師民　張錫　張揆　楊安國

掌禹錫字唐卿，許州郾城人。中進士第，爲道州司理參軍。試身言書判第一，改大理寺丞，累遷尚書屯田員外郎、通判并州。擢知廬州，未行，丁度薦爲侍御史，上疏請嚴備西羌。時議舉兵，禹錫引周宣薄伐爲得，漢武遠討爲失；且建畫增步卒，省騎兵。舊法，薦舉邊吏，貪贓皆同坐。禹錫奏謂：「使貪使愚，用兵之法也。若舉邊吏必兼責士節，則莫敢薦矣。材武者孰從而進哉？」後遂更其法。

出提點河東刑獄。杜衍薦，召試，爲集賢校理，改直集賢院兼崇文院檢討。歷三司度支判官、判理欠司、同管勾國子監。歷判司農、太常寺。數考試開封國學進士，命題皆奇





奧，士子憚之，目爲「難題掌公」。遷光祿卿，改直祕閣。英宗即位，自祕書監遷太子賓客。御史劾禹錫老病不任事，帝憐其博學多記，令召至中書，示以彈文。禹錫惶怖自請，遂以尚書工部侍郎致仕，卒。

禹錫矜愼畏法，居家勤儉，至自舉几案。嘗預修皇祐方域圖志、地理新書，奏對帝前，王洙推其稽考有勞，賜三品服。及校正類篇、神農本草，載藥石之名狀爲圖經。喜命術，自推直生日，年庚寅，日乙酉，時壬午，當易之歸妹、困、震初中末三卦。以世應飛伏納五甲行軌析數推之，卦得二十五少分，三卦合七十五年約半，祿秩算數，盡于此矣。著郡國手鑑一卷，周易集解十卷。好儲書，所記極博，然迂漫不能達其要。常乘駑馬，衣冠汚垢，言語舉止多可笑，僚屬或慢侮之，過閭巷，人指以爲戲云。

蘇紳字儀甫，泉州晉江人。進士及第。歷宜、復、安三州推官，改大理寺丞。母喪，寓揚州。州將盛度以文學自負，見其文，大驚，自以爲不及，由是知名。再遷太常博士，舉賢良方正科，擢尚書祠部員外郎、通判洪州，徙揚州。歸，上十議，進直史館，爲開封府推官、三司鹽鐵判官。時衆星西流，并代地大震，方春而雷，詔求直言，紳上疏極言時事。

中華書局

安化蠻蒙光月率衆寇宜州，敗官軍，殺鈐轄張懷志等六人。紳上言曰：

國家比以西北二邊爲意，而鮮復留意南方，故有今日之患，誠不可不慮也。臣頃從事宜州，粗知本末。安化地幅員數百里，持兵之衆，不過三四千人。然而敢肆侵擾，非特恃其險絕，亦由往者守將失計，而國家姑息之太過也。

向聞宜州吏民言，祥符中，蠻人騷動，朝廷興兵討伐。是時，唯安撫都監馬玉勒兵深入，多所殺獲。知桂州曹克明害其功，累移文止之，故玉志不得逞。蠻人畏伏其名，至今言者猶惜之。使當時領兵者皆如玉，則蠻當殄滅，無今日之患矣。至使乘隙蹂邊，屠殺將吏，其損國威，無甚於此。朝廷儻不以此時加兵，則無以創艾將來，而震疊荒裔。彼六臣者，雖不善爲馭，自致喪敗，然銜冤負恥，當有以刷除。

臣觀蠻情，所恃者地形險阨，據高臨下，大軍難以並進。然其壤土磽确，資蓄虛乏，刀耕火種，以爲餱糧。其勢可以緩圖，不可以速取；可以計覆，不可以力爭。今廣東西教閱忠敢澄海、湖南北雄武等軍，皆慣涉險阻。又所習兵器，與蠻人略同。請速發詣宜州策應，而以他兵代之。仍命轉運使備數年軍食，今秋、冬之交，嵐氣已息，進軍據其出路，轉粟補卒，爲曠日持久之計。伺得便利，卽圖深入，可以傾蕩巢穴，杜絕蹊逕。縱使奔迸林莽，亦且壞其室廬，焚其積聚，使進無鈔略之獲，退無攻守之備。



然後諭以國恩，許以送款，而徙之內郡，收其土地，募民耕種，異時足以拓外夷爲屏蔽也。

仍詔旁近諸蠻，諭以朝廷討叛之意，毋得相爲聲援；如獲首級，卽優賞以金帛。計若出此，則不越一年，逆寇必就殄滅。況廣西溪峒、荆湖、川峽蠻落甚多，大抵好爲騷動。因此一役，必皆震讋，可保數十年無俶擾之虞矣。

朝廷施用其策，遣馮伸己守桂州經制之，蠻遂平。

又陳便宜八事：

一曰重爵賞。先王爵以褒德，祿以賞功，名以定流品，位以居才實。未有無德而據高爵，無功而食厚祿，非其人而受美名，非其才而在顯位者。不妄與人官，非惜寵也，蓋官非其人，則不肖者逞。不妄賞人，非愛財也，蓋賞非其人，則徼幸者衆。非特如此而已，則又敗國傷政，納侮詒患。上干天氣，下戾人心，災異旣興，妖孽乃見。故漢世五侯同日封，天氣赤黃，及丁、傅封而其變亦然。楊宣以爲爵土過制，傷亂土氣之祥也。

二曰愼選擇。今內外之臣，序年遷改，以爲官濫，而復有論述微效，援此希進者。朝臣則有升監司，使臣則有授橫行。不問人材物望，可與不可，並甄錄之。不三數年，坐致淸顯。如此不止，則異日必以將相爲賞矣。

三曰明薦舉。今有位多援親舊，或迫於權貴，甚非薦賢助國，爲官擇人之道。若要官闕人，宜如祖宗故事，取班簿親擇五品以上淸望官，各令舉一二人，述其才能德業，陛下與執政大臣，參驗而擢之。試而有效，則先賞舉者，否則黜責之。如此，則人人得以自勸。又選人條約太嚴。舊制，三人保者，得選京官，今則五人。舊轉運使、提點刑獄率當三人，今止當一人。舊大兩省官歲舉五人，今才舉三人；升朝官舉三人，今則舉一人。舊不以在任及所統屬皆得奏舉，今則須在任及統屬方許論薦。驅馳下僚，未免有賢愚同滯之歎也。

四曰異服章。朝班中執技之人與丞郎淸望同佩金魚，內侍班行與學士同服金帶，豈朝廷待賢才、加禮遇之意？宜加裁定，使采章有別，則人品定而朝儀正矣。

五曰適才宜。古者自黃、散而下，及隋之六品，唐之五品，皆吏部得專去留。今審官院、流內銓，則古之吏部；三班院，古之兵部。不問官職之閑劇，才能之長短，惟以資歷深淺爲先後，有司但主簿籍而已。欲賢不肖有別，不可得也。太宗皇帝始用趙普議，置考課院以分中書之權，今審官是也，其職任豈輕也哉？宜擇主判官，付之以事權，責成其選事。若以爲格例之設久，不可遽更。或有異才高行，許別論奏，如寇準判





銓，薦選人錢若水等三人，並遷朝官爲直館。其非才亦許奏殿，如唐盧從愿爲吏部，非才實者並令罷選，十不取一是也。

六曰擇將帥。漢制邊防有警，左右之臣，皆將帥也。唐室文臣，自員外、郎中以上，爲刺史、團練、防禦、觀察、節度等使，皆是養將帥之道，豈嘗限以文武？比年設武舉，所得人不過授以三班官，使人監臨，欲圖其建功立事，何可得也？臣僚舉換右職者，必人才弓馬兼書算策略，亦責之太備。宜使有材武者居統領之任，有謀畫者任邊防之寄，士若素養之，不慮不爲用也。

七曰辨忠邪。夫忠賢之嫉姦邪，謂之去惡，惡不去則害政而傷國。姦邪陷忠良，謂之蔽明，明不蔽，則無以稔其慝而肆其毒矣。忠邪之端，惟人主深辨之。自古稱帝之聖者，莫如唐堯，然而四凶在朝，圮毀善類。好賢之甚者，莫如漢文，然而絳、灌在列，不容賢臣。願監此而不使譽毀之說得行，愛憎之徒逞志，則忠賢進而邪慝消矣。

八曰修預備。國家承平，天下無事將八十載，民食宜足而不足，國用宜豐而未豐，甚可怪也。往者明道初，蟲螟水旱，幾徧天下。始之以饑饉，繼之以疾疫，民之轉流死亡，不可勝數。幸而比年稍稔，流亡稍復，而在位未嘗留意於備預之道，莫若安民而厚利，富國而足食。欲民之安，則爲之擇守宰、明教化；欲民之利，則爲之去兼并、禁游

末。恤其疾苦，寬其徭役，則民安而利矣。欲國之富，則必崇節儉，敦質素，蠲浮費。欲食之足，則省官吏之冗，去兵釋之蠹，絕奢靡之弊，塞凋僞之原，則國食足矣。民足於下，國富於上，雖有災沴，不足憂也。

書奏，帝嘉納之。進史館修撰，擢知制誥，入翰林爲學士。再遷尚書禮部郎中。

王素、歐陽脩爲諫官，數言事，紳忌之。會京師閔雨，紳請對，言：「洪範五事，『言之不從，是謂不乂，厥咎僭，厥罰常暘。』蓋言國之號令，不專於上，威福之柄，或移臣下，虛譁憤亂，故其咎僭。」又曰：「庶位踰節茲謂僭。刑賞妄加，羣陰不附，則陽氣勝，故其罰常暘。今朝廷號令，有不一者，庶位有踰節而陵上者，刑賞有妄加於下者，下人有謀而僭上者。此而不思，雖禱于上下神祇，殆非天意。」紳意以指諫官。諫官亦言紳舉御史馬端非其人，改龍圖閣學士、知揚州，復爲翰林學士、史館修撰、權判尚書省。

紳銳於進取，善中傷人。陰中王德用，其疏至有「宅枕乾岡，貌類藝祖」之語，帝惡之，匿其疏不下。遂出紳，以吏部郎中改侍讀學士、集賢殿修撰、知河陽，徙河中。未行感疾，爲醫者藥所誤，猶力疾答之，已而卒。

紳博學多知，喜言事。嘗請罷連日視朝，復唐制朔望喚仗入閤，間開便殿，延對輔臣；寬制舉科格，以收才傑；選命諫員，勿侵御史職事。趙元昊反，請詔邊帥爲入討之計，且





曰：「以十年防守之費，爲一歲攻取之資；不爾，則防守之備，不止於十年矣。」又曰：「今邊兵止備陝西，恐賊出不意窺河東，即麟、府不可不慮，宜稍移兵備之。鄜、延〔一〕與原州、鎮戎軍，皆當賊衝，而兵屯衆寡不均。或寇原州、鎮戎軍，則鄜、延能應援。陝西屯卒太多，永興爲關、隴根本，而戍者不及三千。宜留西戍之兵，壯關中形勢，緩急便於調發。郡縣備盜不謹，請增尉員，益弓手籍。」其論利害甚多。

紳與梁適同在兩禁，人以爲險詖，故語曰：「草頭木脚，陷人倒卓。」子頌，別有傳。

王洙字原叔，應天宋城人。少聰悟博學，記問過人。初舉進士，與郭稹同保。人有告稹冒祖母禫，主司欲脫洙連坐之法，召謂曰：「不保，可易也。」洙曰：「保之，不願易。」遂與稹俱罷。再舉，中甲科，補舒城縣尉。坐覆縣民鍾元殺妻不實免官。

後調富川縣主簿。晏殊留守南京，厚遇之，薦爲府學教授。召爲國子監說書，改直講。校史記、漢書，擢史館檢討、同知太常禮院，爲天章閣侍講。專讀寶訓、要言於邇英閣。累遷太常博士、同管勾國子監，預修崇文總目成，遷尚書工部員外郎。修國朝會要，加直龍圖閣、權同判太常寺。坐赴進奏院賽神與女妓雜坐，爲御史劾奏，黜知濠州，徙襄州。

會貝卒叛，州郡皆恟恟，襄佐史請罷教閱士，不聽。又請毋給眞兵，洙曰：「此正使人不安也。」命給庫兵，教閱如常日，人無敢譁者。

徙徐州。時京東饑，朝廷議塞商胡，賦楗薪，輸半而罷塞。洙命更其餘爲穀粟，誘願輸者以餔流民，因募其壯者爲兵，得千餘人，盜賊衰息。有司上其最，爲京東第一，徙亳州。復爲天章閣侍講、史館檢討。

帝將祀明堂，宋祁言：「明堂制度久不講，洙有禮學，願得同具其儀。」詔還洙太常，再還兵部員外郎，命撰大饗明堂記。除史館修撰，還知制誥。詔諸儒定雅樂，久未決。洙與胡瑗更造鐘磬，而無形制容受之別。皇祐五年，有事于南郊，勸上用新樂，既而議者多非之，卒不復用。

夏竦卒，賜謚文獻。洙當草制，封還其目曰：「臣下不當與僖祖同謚。」因言：「前有司謚王溥爲文獻，章得象爲文憲，字雖異而音同，皆當改。」於是太常更謚竦文莊，而溥、得象皆易謚。

嘗使契丹，至韡淀。契丹令劉六符來伴宴，且言耶律防善畫，向持禮南朝，寫聖容以歸，欲持至館中。洙曰：「此非瞻拜之地也。」六符言恐未得其眞，欲遣防再往傳繪，洙力拒之。





嘗言天下田稅不均，請用郭諮、孫琳千步開方法，頒州縣以均其稅。貴妃張氏薨，治喪皇儀殿，追册温成皇后。洙鈎摭非禮，陰與內侍石全彬附會時事。陳執中、劉沆在中書，喜其助己，擢洙爲翰林學士。既而温成即園立廟，且欲用樂，詔禮院議。禮官論未一，洙令禮直官塡印紙，上議請用樂，朝廷從其說。禮官吳充、鞠直卿移文開封府，治禮直官擅發印紙罪。知府蔡襄釋不問，而諫官范鎭疏禮院議園陵前後不一，請詰所以。御史繼論之不已，宰相意充等風言者，皆罷斥。

既而洙以兄子堯臣參知政事，改侍讀學士兼侍講學士。罷一學士，換二學士且兼講讀，前此未嘗有也。是歲，京東、河北秋大稔。洙言：「近年邊糴，增虛價數倍，雖復稍延日月之期，而終償以實錢及山澤之物，以致三司財用之蹙。請借內藏庫禁錢，乘時和糴京東、河北之粟，以供邊食，可以坐紓便糴之急。」又言：「近時選諫官、御史，凡執政之臣嘗所薦者，皆不與選。且士之飭身勵行，稍爲大臣所知，反置而不用，甚可惜也。」及得疾踰月，帝遣使問：「疾少間否，能起侍經席乎？」時不能起矣。

洙汎覽傳記，至圖緯、方技、陰陽、五行、算數、音律、詁訓、篆隷之學，無所不通。及卒，賜謚曰文，御史吳中復言官不應得謚〔二〕，乃止。預修集韻、祖宗故事、三朝經武聖略、鄉兵制度，著易傳十卷、雜文千有餘篇。子欽臣。

欽臣字仲至，清亮有志操，以文贄歐陽脩，脩器重之。用蔭入官，文彥博薦試學士院，賜進士及第。歷陝西轉運副使。元祐初，爲工部員外郎。奉使高麗，還，進太僕少卿，遷祕書少監。開封尹錢勰入對，哲宗言：「比閱書詔，殊不滿人意，誰可爲學士者？」勰以欽臣對。哲宗曰：「章惇不喜。」乃以勰爲學士，欽臣領開封。改集賢殿修撰、知和州。徙饒州，斥提舉太平觀。徽宗立，復待制、知成德軍。卒，年六十七。

欽臣平生爲文至多，所交盡名士，性嗜古，藏書數萬卷，手自讐正，世稱善本。

胥偃字安道，潭州長沙人。少力學，河東柳開見其所爲文曰：「異日必得名天下。」舉進士甲科，授大理評事、通判湖、舒二州，直集賢院、同判吏部南曹、知太常禮院，再遷太常丞、知開封縣。

與御史高升試府進士，既封彌卷首，輒發視，擇有名者居上。降祕書省著作佐郎、監光化軍酒。起通判鄧州，復太常丞。林特知許州，辟通判州事，徙知漢陽軍。還判三司度支勾院、修起居注。累遷尚書刑部員外郎，遂知制誥，遷工部郎中，入翰林爲學士，權知開



封府。

忻州地震，偃以爲：「地震，陰之盛。今朝廷政令，不專上出，而後宮外戚，恩澤日蕃，此陽不勝陰之效也。宜選將練師，以防邊塞。」趙元昊朝貢不至，偃曰：「遽討之，太暴。宜遣使問其不臣狀，待其辭屈而后加兵。則其不直者在彼，而王師之出有名矣。」又奏：「戍兵代還，宜如祖宗制，閱其藝後殿次進之。」

會有衞卒賂庫吏求揀多衣，坐繫者三十餘人。時八月，霜雪暴至。偃推洪範「急，恆寒若」之咎，請從末減，奏可。西塞用兵，士卒妻子留京師者犯法當死，帝不忍用刑，或欲以毒置飲食中，令得善死。偃極言其不可，帝亦悔而止。宦人程智誠與三班使臣馮文顥八人抵罪，帝使赦智誠三人，而文顥五人坐如法。偃曰：「恤近遺遠，非政也，況同罪異罰乎？」詔并釋之。未幾，卒。

偃未仕時，家有良田數十頃，既貴，悉以予族人。初，天下職田，無日月之限，而赴官者多以前後爲斷。偃請水陸田各限以月，因著爲令。嘗與謝絳受詔試中書吏，而大臣有以簡屬偃者，偃不敢發視，亟焚之。歐陽脩始見偃，偃愛其文，召置門下，妻以女。偃糾察刑獄，范仲淹尹京，偃數糾其立異不循法者。脩方善仲淹，因與偃有隙。

子元衡，有學行，能自立，爲尚書都官員外郎，并其子茂諶咸早卒。偃妻，直史館刁約之妹。與元衡婦韓、茂諶婦謝皆寡居丹陽，閨門有法，江、淮人至今稱之。



柳植字子春，眞州人。少貧，自奮爲學，從祖開頗器之。舉進士甲科，爲大理評事、通判滁州。遷著作郎、直集賢院、知秀州。除三司度支判官，出知宣州。擢修起居注、知制誥。求知蘇州，徙杭州，累遷尚書工部員外、郎中。召還，爲翰林學士，遷諫議大夫、御史中丞。既而以疾辭，改侍讀學士、知鄧州。遷給事中、移潁州。

先是，張海、郭邈山叛京西，攻掠縣鎭，而光化卒邵興亦率其徒作亂，逐官吏，取庫兵而去。時植領京西安撫使，坐賊發部中不能察，降右諫議大夫、知黃州。久之，復其官。坐薦張得一落職，未幾，復其職如故。歷知壽、亳、蔡、揚四州，分司西京，遂致仕。累遷吏部侍郎，卒。

植平居畏愼，寡言笑，所至官舍，蔬果不輒採，家無長物，時稱其廉。

聶冠卿字長孺，歙州新安人。五世祖師道，楊行密版奏，號問政先生，鴻臚卿。冠卿舉



進士，授連州軍事推官。楊億愛其文章，於是大臣交薦，召試學士院，校勘館閣書籍。遷大理寺丞，爲集賢校理、通判蘄州。坐嘗校十代興亡論謬誤落職。

再遷太常博士，復集賢校理。言：「天下旬奏獄，雖笞、杖並覆，而徒、流不繫獄者迺不以聞，非所以矜愼刑罰之意。請自今罷覆笞、杖罪，自徒以上雖不繫獄，亦奏覆。」從之。判登聞鼓院，歷開封府判官、三司鹽鐵度支判官，同修起居注。累遷尚書工部郎中。

初，翰林侍講學士馮元修大樂，命冠卿檢閱事迹。又預撰景祐廣樂記，特遷刑部郎中、直集賢院。以兵部郎中、知制誥判太常禮院，糾察刑獄。奉使契丹，其主謂曰：「君家先世奉道，子孫固有昌者。」嘗觀所著蘄春集，詞極清麗，因自擧毬縱飲，命冠卿賦詩，禮遇甚厚。還，同知通進銀臺司、審刑院，入翰林爲學士。母亡，起復，判昭文館。未幾，兼侍讀學士。

冠卿每進讀左氏春秋，必引尊王黜霸之義以諷。一日，鑒笏上前，帝憫冠卿喪毀羸瘠，既退，賜禁中湯劑。未幾，告歸葬親，至揚州卒。詔以其弟太常博士世卿通判宣州。初，世卿監延豐倉，掘地得古磚，有隸書字，半漫滅。其可辨者云：「公先世餌霞棲雲，高尙不仕，累石於江濱。」又云：「昭王大丞相聶。」又云：「水龍夜號，夕雞蹶飛。其年九月十二日卒，年五十有五。」冠卿始見而惡之，至是，校所卒歲月及其享年，無少異者。

冠卿嗜學好古，手未嘗釋卷，尤工詩，有蘄春集十卷。



中華書局

論曰：學士大夫異於衆人者，以操行修爾。詩曰：「靡不有初，鮮克有終。」君子不可不慎也。禹錫迂陋，不知止足之戒，取譏當世。紳急進喜傾。洙阿諛附會，晚節汙變，卒忘平生之學。偃之恬正，植之廉介，冠卿之雅尙，其列侍從，庶亡愧焉。

馮元字道宗。高祖禧，唐末官廣州，以術數仕劉氏。傳三世至父邴，廣南平，入朝爲保章正。元幼從崔頤正、孫奭爲五經大義，與樂安孫質、吳陸參、譙夏侯圭善，羣居講學，或達旦不寢，號「四友」。進士中第，授江陰尉。時詔流內銓取明經者補學官，元自薦通五經。謝泌笑曰：「古治一經，或至皓首，子尙少，能盡通邪？」對曰：「達者一以貫之。」更問疑義，辨析無滯。補國子監講書，遷大理評事，擢崇文院檢討兼國子監直講。王旦聞其名，嘗令說論語、老子，羣子弟侍聽，因薦之。眞宗試進士殿中，召元講易。元進說曰：「地天爲泰者，以天地之氣交也。君道至尊，臣道至卑，惟上下相與，則可以輔相天地，財成萬化。」帝悅。未幾，遷太子中允、直龍圖閣，





詔預內朝，直龍圖閣預內朝自此始。

天禧初，數與查道、李虛己、李行簡入講易於宣和門北閣。遷太常丞兼判禮部、吏部南曹。皇子爲壽春郡王，王旦又薦元宜講經資善堂。帝以元少，更用崔遵度。會遵度卒，擢左正言兼太子右諭德。

仁宗卽位，遷戶部員外郎，爲直學士兼侍講。與孫奭以經術並進講論，自是仁宗益嚮學。歷會靈觀副使、知通進銀臺司、判登聞檢院、同判國子監。故事，國子監多宿儒典領，後頗用公卿子弟，任均管庫。及奭、元並命，士議悅服。同知貢舉，進龍圖閣學士，預修三朝正史。爲翰林學士、判都省三班院、史館修撰、判流內銓兼羣牧使，四遷給事中。明道元年，當監護宸妃葬事。及帝親政，追册宸妃爲莊懿皇后，改葬永定陵。既發壙而流泉汩洳，言者以監護不職，罷翰林學士、知河陽。王曾爲言元東朝舊臣，不宜以細故棄外。卽召爲翰林侍講學士，遷禮部侍郎、知審官院，復判禮院、國子監。上金華五箴，賜書褒答。修景祐廣樂記，書成，遷戶部侍郎。足疾氣悸，屬李淑、宋祁爲銘誌。卒，贈本部尙書，謚章靖。

元性簡厚，不治聲名，非慶弔未嘗過謁二府。執親喪，自括髮至祥練，皆案禮變服，不爲世俗齋薦，遇祭日，與門生對坐，誦說孝經而已。多識古今臺閣品式之事，尤精易。初，七歲，方讀易，母夜夢異人，以紺蓮華與元呑之，且曰：「善讀此，後必貴顯。」元且老，卒三日一誦易。無子，以兄之子諴爲後。

趙師民字周翰，青州臨淄人。九歲能屬文，舉進士第，孫奭辟兗州說書，領諸城主簿。師民學問精博，奭自以爲不及。夏竦尤所奇重，稱爲「盛德君子」，論其文行，願回兩子恩，授以京秩。除齊州推官、青州教授，更天平軍節度推官。

年五十來京師，近臣張觀、宋郊、王堯臣、龐籍、韓琦、明鎬列薦，爲國子監直講，兼潤、冀二王宮教授。改著作佐郎、宗正寺主簿，加崇文院檢討、崇政殿說書，遷宗正丞。會趙元昊反，罷進講。師民上書陳十五事：一曰咨輔相，二曰命將帥，三曰柬侍從，四曰擇守宰，五曰治軍旅，六曰修邊防，七曰求諫諍，八曰延講誦，九曰革貢舉，十曰久官政，十一曰謹財用，十二曰不遺年，十三曰容誹謗，十四曰除忌諱，十五曰愼出令。因獻勸講箴。明年春，帝遂御迎陽門，召近臣觀圖畫，復命講讀經史。師民見朝廷厭兵，屈意以招元昊，內不能平。乃上言請任方面，以圖報效。遷天章閣侍講、同知貢舉，進待制、同判宗正寺。





嘗講詩「如彼泉流」，曰：「水之初出，喻王政之發。順行則通，通故清潔；逆亂則壅，壅故濁敗。賢人用，則王政通而世清平；邪人進，則王澤壅而世濁敗。幽王失道，用邪絀正，正不勝邪，雖有善人，不能爲治，亦將相率而淪于汙濁也。」帝曰：「水何以喻政？」對曰：「水者，順行而潤下，利萬物，故以喻政，此于比興，義最大。」

後講論語，問「修文德」，曰：「文者，經天緯地之總稱。君人之道，撫之以仁，制之以義，接之以禮，講之以信，皆是。」帝曰：「然其所先者，無若信也。」曰：「信者，天下之大本，仁義禮樂，皆必由之，此實至道之要。」復問「鑽燧改火」，曰：「古之聖王，舉動必順天時，所以四時變，火隨木色。近世漸務苟簡，以爲非治具而遂廢之，至其萬事皆不如古。」又問：「子夏、子張所言交道孰勝？」曰：「聖哲之道，含覆廣大，與天地參。善者有以進德，惡者俾之改行。子張之言爲優。」

他日讀漢記，問長安城，衆莫能知，共推師民。因陳自古都雍年世，舊址所在，若畫諸掌。帝悅曰：「何其所記如此！」在經筵十餘年，甚見器異。嘗盛夏屬疾家居，帝飛白書團扇爲「和平」字，賜以寄意。

累請補郡，除龍圖閣直學士、知耀州。帝自寫詩寵行，目以「儒林舊德」。將行，上疏曰：近覩太陽食于正朔，此雖陰陽之事，亦慮是天意欲以感動聖心。臣非瞽史，不知

天道，但率愚意言之。其月在亥，亥爲水，水爲正陰。其日在丙，丙爲正陽。月掩日，陰侵陽，下蔽上之象也。詩曰：「十月之交，朔日辛卯。」又曰：「彼月而微，此日而微。」謂以陰奸陽，失其敍也。又曰：「百川沸騰，山冢崒崩。高岸爲谷，深谷爲陵。」謂下陵上，侵其權也。又曰：「皇父卿士，番惟司徒。家伯維宰，仲允膳夫。棸子內史，蹶維趣馬，楀維師氏。」謂大小之臣，有不得其人者也。宗周之間，時王失德。今而引喻，蓋事有所譬，固當不諱。

凡天之示象，由人君有失，不然，則下蔽其上。古人君之失，不過暴虐怠慢，奢侈縱放，不師古始。捨是，何失道之有？今聖心慈仁恭勤，儉約自檢，動循典禮，如此自非下蒙上、邪撓正，使主恩不下究，而誰之咎歟？望陛下朝夕咨于丞弼心膂之臣，洎左右近侍耳目之官。其忠而純者，與之愼柬內外百執事及州縣牧宰，使主恩究于下，不爲羣邪所蔽塞，則億兆之幸也。

三遷刑部郎中，復領宗正，卒。

師民淳靜剛敏，舉止凝重。幼喪父，哀感，不畜婢妾，年四十四始婚。志尙清遠，專以讀書爲事。性極慈恕，勤於吏治，政有惠愛。嘗奏蠲陝西旱租。又欲論榷酤諸斂，會仁宗不豫而止。常患近世官失其守，作正官名，議多不載。有集三十卷。子彥若，試中書舍人。





張錫字晛之，其先京兆人。曾祖山甫，嘗從唐僖宗入蜀，蜀平，徙家漢陽。錫進士甲科，爲試祕書省校書郎、知南昌縣。遷著作郎、知新州。初建學于州，自是人始知學。再遷太常博士、監染院。詔選能吏治畿縣，乃以錫知東明。始至，令其下曰：「吾所治者三：持力、恃富、恃贖者，吾所先也。」歲中以治迹聞。樞密直學士李及薦爲監察御史。丁謂貶崖州，議還內地。錫疏謂：「姦邪弄國，本與天下共棄之；今復還，是違天下意。」由是止徙道州[三]。

玉淸昭應宮災，連繫甚衆。錫言：「天災反以罪人，恐重天怒，願修德以應之。」會論者衆，獄遂解。遷殿中侍御史，權三司鹽鐵判官，出爲荆湖北路轉運使，改尙書兵部員外郎，還判度支勾院，爲京東轉運使。淄、靑、齊、濮、鄆諸州人冒耕河壖地，數起爭訟。錫命籍其地，收租絹歲二十餘萬，訟者亦息。判鹽鐵勾院，爲河北轉運使，改江、淮制置發運使，召兼侍御史知雜事，判大理寺，權知諫院，安撫利、夔路。歷度支、鹽鐵副使。喪母，起復，擢天章閣待制、知河中府，累遷右司郎中，以龍圖閣直學士知滑州，還右諫議大夫、知審官院。進翰林侍讀學士、判太常寺、國子監。卒，贈尙書工部侍郎。

錫淳重淸約，雖貴，奉養如少賤時。讀書老而彌篤。初，舉廣文館進士，考官任隨以爲第一，及隨死，無子，錫屢賙其家。

張揆字貫之，其先范陽人，後徙齊州。擢進士第，歷北海縣尉，改大理寺丞。以疾解官，十年不出戶。讀易，因通揚雄太玄經。陳執中安撫京東，薦揆經明行淳，召爲國子監直講，徙諸王府侍講。以尙書度支員外郎直史館，判王府記室參軍。府罷，權三司戶部判官。上所著太玄集解數萬言。詔對邇英閣，令揲蓍，得斷首，且言：「斷首準易之夬，蓋以陽剛決陰柔，君子進、小人退之象。」仁宗悅。擢天章閣待制兼侍讀，累遷右諫議大夫，進龍圖閣直學士、給事中、判太常寺。一日，進讀漢馬后傳，至服大練，抑止外家，因言：「今妃族太盛，不可不裁損，使保其家。」帝嘉納之。詔改王溥謚，有議欲爲文忠者，揆曰：「溥，周之宰相，國亡不能死，安得爲忠？」乃謚爲文康。加翰林侍讀學士、知審刑院，出知齊州。卒，贈尙書禮部侍郎。

揆性剛狷少容，闊於世務，然好讀書，老而不倦。與弟掞相友愛，掞，爲龍圖閣直學士。





楊安國字君倚，密州安丘人。父光輔，居馬耆山，學者多從受經，州守王博文薦爲太學助教。孫奭知兗州，又薦爲太常寺奉禮郎，州學講書。既而奭與馮元薦安國爲國子監直講，并召光輔至。仁宗命說尙書，光輔曰：「堯、舜之事，遠而未易行，願講無逸一篇。」時年七十餘矣，而論說明暢。帝悅，欲留爲學官，固辭，以國子監丞老于家。

安國五經及第，爲枝江縣尉，後遷大理寺丞。光輔教授兗州，請監兗州酒稅，徙監益州糧料院，入爲國子監直講。景祐初，置崇政殿說書，安國以國子博士預選。久之，進天章閣侍講、直龍圖閣，遂爲天章閣待制、龍圖閣直學士，皆兼侍講。進翰林侍講學士，歷判尙書刑部、太常寺，糾察在京刑獄，累遷給事中。年七十餘，卒，贈尙書禮部侍郎。

安國講說，一以注疏爲主，無他發明，引喻鄙俚，世或傳以爲笑。尤喜緯書及注疏所引緯書，則尊之與經等。在經筵二十七年，仁宗稱其行義淳質，以比先朝崔遵度。

嘗講易至鼎卦，帝問：「九四象如何？」安國對：「九四上承至尊，下應初爻，任重非據，故折足覆餗。亦猶任得其人，則雖重可勝，非其人，必有顚覆之患。」帝稱善。又嘗講周官至「大荒大札，則薄征緩刑」，因進言曰：「古所謂緩刑，乃貰過誤之民爾。今衆持兵仗取民廩食，一切寬之，恐無以禁姦。」帝曰：「不然，天下皆吾赤子，迫於饑莩，至起爲盜。州縣既不能振恤，乃捕而殺之，不亦甚乎。」嘗請書無逸篇於邇英閣之後屏，帝曰：「朕不欲背聖人之言」，命蔡襄書無逸、王洙書孝經四章列置左右。

論曰：馮元質直博雅，有古君子之風，歐陽脩稱師民醇儒碩學，在仁宗時，並繇宿望，先後執經勸講，庶有所補益矣。張錫清愼斂晦，晚始見知。揆及安國父子俱侍經幄，考求其說，亡過人者。夫博習修潔之士，潛德隱行，不聞于世者多矣。繇是言之，士遇不遇，豈非命哉！

## 校勘記

〔一〕鄜延 原作「麟延」，據下文「或寇原州、鎮戎軍，則鄜、延能應援」句和長編卷一二五改。

〔二〕御史臾中復言官不應得謚 「應得」二字原倒，據長編卷一八六和隆平集卷一四本傳乙正。長編「言」下並有「洙」字，當是。

〔三〕澧州 原作「雷州」，據歐陽修歐陽文忠公文集卷三〇張錫墓誌銘、長編卷一〇九改。



# 宋史卷二百九十五

## 列傳第五十四

尹洙 孫甫 謝絳 子景溫 葉清臣 楊察

尹洙字師魯，河南人。少與兄源俱以儒學知名。舉進士，調正平縣主簿。歷河南府戶曹參軍、安國軍節度推官、知光澤縣。舉書判拔萃，改山南東道節度掌書記、知伊陽縣〔一〕，有能名。用大臣薦，召試，爲館閣校勘，遷太子中允。會范仲淹貶，敕牓朝堂，戒百官爲朋黨。洙上奏曰：「仲淹忠亮有素，臣與之義兼師友，則是仲淹之黨也。今仲淹以朋黨被罪，臣不可苟免。」宰相怒，落校勘，復爲掌書記、監唐州酒稅。

西北久安，洙作敍燕、息戍二篇，以爲武備不可弛。敍燕曰：

戰國世，燕最弱。二漢叛臣，持燕挾虜，蔑能自固，以公孫伯珪之強，卒制於袁氏。





獨慕容乘石虎亂，乃幷趙。雖勝敗異術，大概論其強弱，燕不能加趙。趙、魏一，則燕固不敵。唐三盜連衡百餘年，虜未嘗越燕侵趙、魏，是燕獨能支虜也。自燕入於契丹，勢日熾大。顯德世，雖復三關，尚未盡燕南地。國初，始與幷合，勢益張，然止命偏師備禦。王師伐蜀伐吳，泰然不以兩河爲顧，是趙、魏足以制之明矣。幷寇既平，悉天下銳專力契丹，不能攘尺寸地。頃嘗以百萬衆駐趙、魏，訖敵退莫敢抗，世多咎其不戰。然我衆負城，有內顧心，戰不必勝，不勝則事亟矣，故不戰未嘗咎也。

原其弊，在兵不分。設兵爲三，壁于爭地，掎角以疑其勢，設覆以待其進。邊壘素固，驅民以守之，俾其兵頓堅城之下，乘間夾擊，無不勝矣。蓋兵不分有六弊：使敵蓄勇以待戰，無他枝梧，一也；我衆則士怠，二也；前世善將兵者必問幾何，今以中才盡主之，三也；大衆僨北，彼遂長驅無復顧忌，四也；重兵一屬，根本虛弱，纖人易以干說，五也；雖委大柄，不無疑貳，復命貴臣監督，進退皆由中御，失於應變，六也。兵分則盡易其弊，是有六利也。

勝敗兵家常勢。悉內以擊外，失則舉所有以棄之，苻堅淝水、哥舒翰潼關是也。是則制敵在謀不在衆。以趙、魏、燕南，益以山西，民足以守，兵足以戰。分而帥之，將得專制，就使偏師挫衄，他衆尙奮，詎能繫國安危哉？故師覆于外而本根不搖者，善敗也。昔者六國各有地千里，師敗於秦，散而復振，幾百戰猶未及其都，守國之固也。陳勝、項梁舉關東之衆，朝敗而夕滅，新造之勢也。以天下之廣謀其國，不若千里之固，而襲新造之勢，徼幸於一戰，庸非惑哉？兵既久弭，士大夫誦習，謂百世不復用，非甚妄者不談。然兵果廢則已，儻後世復用之，鑒此少以悟世主，故迹其勝敗云。

息戍曰：

國家割棄朔方，西師不出三十年，而亭徼千里，環重兵以戍之。雖種落屢擾，卽時輯定，然屯戍之費，亦已甚矣。西戎爲寇，遠自周世，西漢先零，東漢燒當，晉氐、羌，唐禿髮，歷朝侵軼，爲國劇患。興師定律，皆有成功，而勞弊中國，東漢尤甚，費用常以億計。孝安世，羌叛十四年，用二百四十億。永和末，復經七年，用八十餘億。及段紀明，用裁五十四億，而剪滅殆盡。今西北涇原、邠寧、秦鳳、鄜延四帥，戍卒十餘萬。一卒歲給，無慮二萬，騎卒與冗卒，較其中者，總廩給之數，恩賞不在焉，以十萬較之，歲用二十億。自靈武罷兵，計費六百餘億，方前世數倍矣。平世屯戍，且猶若是，後雖有他警，不可一日輟去，是十萬衆，有增而無損期也。國家厚利募商入粟，傾四方之貨，然無水漕之運，所輓致亦不過被邊數郡爾。歲不常登，廩有常給，頃年亦嘗稍匱矣。儻其乘我薦飢，我必濟師，饋饟當出於關中，則未戰而西垂已困，可不慮哉？



按唐府兵，上府千二百人，中府千人，下府八百人。爲今之計，莫若籍丁民爲兵，擬唐置府，頗損其數。又今邊鄙雖有鄉兵之制，然止極塞數郡，民籍寡少，不足備敵。料京兆西北數郡，上戶可十餘萬，中家半之，當得兵六七萬。質其賦無他易，賦以帛名者不易以五穀，畜馬者又蠲其雜徭。民幸於庇宗，樂然隸籍。農隙講事，登材武者爲什長、隊正，盛秋旬閱，常若寇至。以關內、河東勁兵傳之，盡罷京師禁旅，愼簡守帥，分其統，專其任。分統則兵不重，專任則將益勵，堅其守備，習其形勢，積粟多，教士銳，使虜衆無隙可窺，不戰而懾。兵志所謂「無恃其不來，恃吾有以待之」，其廟勝之策乎？

又爲述享〔二〕、審斷、原刑、敦學、矯察、考績、廣諫，凡雜議共九篇上之。

趙元昊反，大將葛懷敏辟爲經略判官。洙雖用懷敏辟，尤爲韓琦所深知。頃之，劉平、石元孫戰敗，朝廷以夏竦爲經略、安撫使，范仲淹、韓琦副之，復以洙爲判官。洙數上疏論兵，請便殿召對二府大臣議邊事，及講求開寶以前用兵故實，特出睿斷，以重邊計。又請減併柵壘，召募土兵，省騎軍，增步卒。又上鬻爵令。時詔問攻守之計，竦具二策，令琦與洙詣闕奏之。帝取攻策，以洙爲集賢校理。洙遂趨延州謀出兵，而仲淹持不可。還至慶州，會任福敗于好水川，因發慶州部將劉政銳卒數千，趨鎭戎軍赴救，未至，賊引去。夏竦奏洙擅發兵，降通判濠州。當時言者謂福之敗，由參軍耿傅督戰太急。後得傅書，乃戒福使



持重，毋輕進。洙以傅文吏，無軍責而死于行陣，又爲時所誣，遂作憫忠、辨誣二篇。未幾，韓琦知秦州，辟洙通判州事，加直集賢院。上奏曰：

漢文帝盛德之主，賈誼論當時事勢，猶云可爲慟哭。孝武帝外制四夷，以彊主威，徐樂、嚴安尙以陳勝亡秦、六卿篡晉爲戒。二帝不以危亂滅亡爲諱，故子孫保有天下者十餘世。秦二世時，關東盜起。或以反者聞，二世怒，下吏；或曰逐捕今盡，不足憂，乃悅。隋煬帝時，四方兵起，左右近臣皆隱賊數，不以實聞，或言賊多者，輒被詰。二帝以危亂滅亡爲諱，故秦、隋宗社數年爲丘墟。陛下視今日天下之治，孰與漢文？威制四夷，孰與漢武？國家基本仁德，陛下慈孝愛民，誠萬萬於秦、隋矣。至於西有不臣之虜，北有彊大之鄰，非特閭巷盜賊之勢也。

自西夏叛命四年，並塞苦數擾，內地疲遠輸。兵久于外而休息無期，卒有乘弊而起。兵法所謂「雖有智者，不能善其後」。當此之時，陛下宜夙夜憂懼，所以慮事變而塞禍源也。陛下延訪邊事，容納直言，前世人主，勤勞寬大，未有能遠過者。然未聞以宗廟爲憂，危亡爲懼，此賤臣所以感憤於邑而不已也。何者？今命令數更，恩寵過濫，賜與不節。此三者，戒之愼之，在陛下所行爾，非有難動之勢也。而因循不革，弊壞日甚。臣謂陛下不以宗廟爲憂、危亡爲懼者，以此。



夫命令者，人主所以取信於下也。異時民間，朝廷降一命令，皆竦視之；今則不然，相與竊語，以爲不久當更，旣而信然，此命令日輕於下也。命令輕，則朝廷不尊矣。又聞羣臣有獻忠謀者，陛下始甚聽之，後復一人沮之，則意移矣。忠言者以信之不能終，頗自詘其謀，以爲無益，此命令數更之弊也。

夫爵賞，陛下所持之柄也。近時外戚、內臣以及士人，或因緣以求恩澤，從中而下謂之「內降」。臣聞唐氏政衰，或母后專制，或妃主擅朝，樹恩私黨，名爲「斜封」。今陛下威柄自出，外戚、內臣賢而才者，當與大臣公議而進之，何必襲「斜封」之弊哉。且使大臣從之，則壞陛下綱紀；不從，則沮陛下德音。壞綱紀，忠臣所不忍爲；沮德音，則威柄輕於上。且盡公不阿，朝廷所以責大臣。今乃自以私昵撓之，而欲責大臣之不私，難矣。此恩寵過濫之弊也。

夫賜予者，國家所以勸功也。比年以來，嬪御及伶官、太醫之屬，賜予過厚。民間傳言，內帑金帛，皆祖宗累朝積聚。陛下用之，不甚愛惜，今之所存無幾。疏遠之人，誠不能知內府豐匱之數，但見取於民者日煩，卽知畜於公帑者不厚。臣亦知國家自西方宿兵，用度寖廣，帑藏之積，未必悉爲賜予所費，然下民不可家至而戶曉，獨見陛下行事感動爾。往歲聞邊將王珪，以力戰賜金，則無不悅服；或見優人所得過厚，則往

往憤歎。人情不可不察，此賜予不節之弊也。

臣所論三事，皆人人所共知，近臣從諛而不言，以至今日。方今非獨四夷之爲患，朝政日弊而陛下不寤，人心日危而陛下不知。故臣願先正於內，以正於外。然後忠謀漸進，紀綱漸舉，國用漸足，士心漸奮。邊境之患，庶乎息矣。惟深察秦、隋惡聞忠言所以亡，遠法漢主不諱危亂所以存，日新盛德，於民更始，則天下幸甚。

仁宗嘉納之。

改太常丞、知涇州。以右司諫、知渭州兼領涇原路經略公事。會鄭戩爲陝西四路都總管，遣劉滬、董士廉城水洛，以通秦、渭援兵。洙以爲前此屢困于賊者，正由城砦多而兵勢分也。今又益城，不可，奏罷之。時戩已解四路，而奏滬等督役如故。洙不平，遣人再召滬，不至；命張忠往代之，又不受。於是諭狄青械滬、士廉下吏。戩論奏不已，卒徙洙慶州而城水洛。又徙晉州，遷起居舍人、直龍圖閣、知潞州。會士廉詣闕上書訟洙，詔遣御史劉湜就鞫，不得他罪。而洙以部將孫用由軍校補邊，自京師貸息錢到官，亡以償。洙惜其才可用，恐以犯法罷去，嘗假公使錢爲償之，又以爲嘗自貸，坐貶崇信軍節度副使，天下莫不以爲湜文致之也。徙監均州酒稅，感疾，沿牒至南陽訪醫，卒，年四十七。嘉祐中，宰相韓琦爲洙言，乃追復故官，及官其子構。



洙內剛外和，博學有識度，尤深於春秋。自唐末歷五代，文格卑弱。至宋初，柳開始爲古文，洙與穆脩復振起之。其爲文簡而有法，有集二十七卷。自元昊不庭，洙未嘗不在兵間，故於西事尤練習。其爲兵制之說，述戰守勝敗，盡當時利害。又欲訓土兵代戍卒，以減邊費，爲禦戎長久之策，皆未及施爲。而元昊臣，洙亦去而得罪矣。

孫甫字之翰，許州陽翟人。少好學，日誦數千言，慕孫何爲古文章。初舉進士，得同學究出身，爲蔡州汝陽縣主簿。再舉進士及第，爲華州推官。轉運使李紘薦其材，遷大理寺丞、知絳州翼城縣。杜衍辟爲永興司錄，凡吏職，纖末皆倚辦甫。甫曰：「待我以此，可以去矣。」衍聞之，不復以小事屬甫。衍與議語，甫必引經以對，言天下賢俊，歷評其才性所長。衍曰：「吾辟屬官，得益友。」諸生亦多從甫學問。

徙知永昌縣，監益州交子務，再遷太常博士。蜀用鐵錢，民苦轉貿重，故設法書紙代錢，以便市易。轉運使以僞造交子多犯法，欲廢不用。甫曰：「交子可以僞造，錢亦可以私鑄，私鑄有犯，錢可廢乎？但嚴治之，不當以小仁廢大利。」後卒不能廢。衍爲樞密副使，薦于朝，授秘閣校理。



是歲，詔三館臣僚言事。甫進十二事，按祖宗故實，校當世之治有所不逮者，論述以爲諷諫，名三聖政範。改右正言。時河北降赤雪，河東地震五六年不止，甫推洪範五行傳及前代變驗，上疏曰：「赤雪者，赤眚也，人君舒緩之應。舒緩則政事弛，賞罰差，百官廢職，所以召亂也。晉太康中，河陰降赤雪。時武帝怠於政事，荒宴後宮。每見臣下，多道常事，不及經國遠圖，故招赤眚之怪，終致晉亂。地震者，陰之盛也。陰之象，臣也，後宮也，四夷也。三者不可過盛，過盛則陰爲變而動矣。忻州趙分，地震六年。每震，則有聲如雷，前代地震，未有如此之久者。惟唐高宗本封于晉，及卽位，晉州經歲地震。宰相張行成言，恐女謁用事，大臣陰謀，宜制於未萌。其後武昭儀專恣，幾移唐祚。天地災變，固不虛應，陛下救紓緩之失，莫若自主威福，時出英斷，以懾姦邪，以肅天下。救陰盛之變，莫若外謹戎備，內制後宮。謹戎備，則切責大臣，使之預圖兵防，熟計成敗；制後宮，則凡掖庭非典掌御幸者，盡出之，且裁節其恩，使無過分，此應天之實也。」時契丹、西夏稍強，後宮張修媛寵幸，大臣專政，甫以此諫焉。

又言：「修媛寵恣市恩，禍漸已萌。夫后者，正嫡也，其餘皆婢妾爾。貴賤有等，用物不宜過僭。自古寵女色，初不制而後不能制者，其禍不可悔。」帝曰：「用物在有司，朕恨不知爾。」甫曰：「世謂諫臣耳目官，所以達不知也。若所謂前世女禍者，載在書史，陛下可自知



也。」

夏國乞盟，甫上一利、四害曰：「宿兵以來，國用空耗。今若與之約和，則邊兵可減，科斂可省。其爲利一也。始，契丹聲言，嘗遣使諭西人使臣中國。今和議旣成，必恃其功。去歲有割地之請，朝廷已增歲賂，若更有求，將安拒之？其爲害一也。自承平四十年，武事不飭，及邊鄙有警，而用不習之將，不練之兵，故久無成功。然比來邊臣中材謀勇健者，往往復出，方在講訓不懈，以張中國之威。一旦因議和弛備，復如曩日，緩急必不可用。其爲害二也。自元昊拒命，終不敢深入關中者，以唃廝囉等族不附，慮爲後患也。今中國與之和，獲歲遺之厚，彼必專力以制二蕃，強大之勢，自茲爲始。其爲害三也。且朝廷恃久安之勢，法令紀綱，弛而不葺。及西戎累敗，王師始議更張，以救前弊。今見戎人請和，苟貪無事，他時之患，不可救矣。其爲害四也。凡利害之機，願陛下孰圖之。」

又言：「張子奭使夏州回，元昊復稱臣，然乞歲賣青鹽十萬石，兼欲就京師互市諸物，仍求增歲給之數。臣以謂西鹽數萬石，其直不下錢十餘萬緡。況朝廷已許歲賜二十五萬，若又許其賣鹽，則與遺契丹物數相當。使契丹聞之，則貪得之心生矣。況自德明之時，累乞放行青鹽，先帝以其亂法，不聽。及請之不已，追德明弟入質而許之，是則以彼難從之事，杜其意也。蓋鹽，中國之大利，又西戎之鹽，味勝解池所出，而出產無窮。旣開其禁，則流

于民間，無以隄防矣。兼聞張子奭言，元昊自拒命以來，收結人心，鈔掠所得，旋給其衆，兵力雖勝，用度隨窘。當此之時，尤宜以計困之，安得汲汲與和，曲狥其請乎？」

時陝西經略招討副使韓琦、判官尹洙還朝，甫建議請詔琦等，條四路將官能否，爲上、中、下三等，黜其最下者。保州兵變前，有告者，大臣不時發之。甫因言樞密使副當得罪〔三〕，使，乃杜衍也。邊將劉滬城水洛于渭州，總管尹洙以滬違節度，將斬之。大臣稍主洙議，甫以謂：「水洛通秦、渭，於國家爲利，滬不可罪。」由是罷洙而釋滬。衍屢薦甫，洙與甫素善者，而甫不少假借，其鯁亮不私如此。

甫嘗言參知政事陳執中不學亡術，不可用。帝難之，由是求補外，不許。其後奏丁度因對求進用，帝曰：「度未嘗請也。」度乞與甫辯，且指甫爲宰相杜衍門人。乃以右司諫出知鄧州，徙安州，歷江東、兩浙轉運使。

范仲淹知杭州，多以便宜從事。甫曰：「范公，大臣也。吾屈於此，則不得伸於彼矣。」一切繩之以法，然退未嘗不稱其賢。再遷尚書兵部員外郎，改直史館、知陝州，徙晉州。爲河東轉運使〔四〕、三司度支副使，遷刑部郎中、天章閣待制、河北都轉運使，留爲侍讀。卒，特贈右諫議大夫。

甫性勁果，善持論，有文集七卷，著唐史記七十五卷。每言唐君臣行事，以推見當時治





亂，若身履其間，而聽者曉然，如目見之。時人言：「終日讀史，不如一日聽孫論也。」唐史藏秘閣。

謝絳字希深，其先陽夏人。祖懿文，爲杭州鹽官縣令，葬富陽，遂爲富陽人。

父濤，以文行稱，進士起家，爲梓州榷鹽院判官。李順反成都，攻陷州縣，濤嘗畫守禦之計。賊平，以功遷觀察推官，權知華陽縣。亂亡之後，田廬荒廢，詔有能占田而倍入租者與之，於是腴田悉爲豪右所占，流民至無所歸。濤收詔書，悉以田還主。改秘書省著作佐郎、知興國軍。還，以治行召對長春殿，命試學士院。會契丹入寇，眞宗議親征，時曹、濮多盜，而契丹聲言趣齊、鄆，以濤知曹州。屬縣賦稅多輸睢陽助兵食，是歲霖潦，百姓苦於轉送，濤悉留不遣。奏曰：「江、淮漕運，日過睢陽，可取以餉軍。願留曹賦絲廣濟河以饋京師。」轉運使論以爲不可，詔從濤奏。嘗使蜀還，舉所部官三十餘人。宰相疑以爲多，濤曰：「有罪，願連坐之。」奉使舉官連坐，自濤始。久之，用馮拯薦，復召試，以尚書兵部員外郎直史館，遂兼侍御史知雜事。眞宗山陵靈駕所經道路，有司請悉壞城門、廬舍，以過車輿象物。濤言：「先帝車駕封祀，儀物大備，猶不聞有所毀撤，且遺詔從儉薄。今有司治明器侈大，以勞州縣，非先帝意，願下少府裁損之。」進直昭文館，累官至太子賓客。

絳以父任試秘書省校書郎，舉進士中甲科，授太常寺奉禮郎、知汝陰縣。善議論，喜談時事，嘗論四民失業，累數千言。天禧中，上疏謂宋當以土德王天下。時大理寺丞董行父，請用天爲統，以金爲德。詔兩制議，皆言：「用土德，則當越唐上承於隋；用金德，則當越五代紹唐。而太祖實受終周室，豈可弗遵傳繼之序？」絳、行父議皆黜不用。

楊億薦絳文章，召試，擢祕閣校理、同判太常禮院。丁母憂，服除，仁宗即位，遷太常博士。用鄭氏經、唐故事議宣祖非受命祖，不宜配享感生帝，請以眞宗配之。翰林學士承旨李維以爲不可。尋出通判常州。天聖中，天下水旱、蝗起，河決滑州，絳上疏曰：

去年京師大水，敗民廬舍，河渠暴溢，幾冒城郭；今年苦旱，百姓疫死，田穀焦槁，秋成絕望：此皆大異也。按洪範、京房易傳皆以爲簡祭祀，逆天時，則水不順下；政令逆時，水失其性，則壞國邑，傷稼穡；顓事者知，誅罰絕理，則大水殺人；欲德不用，茲謂張，厥災荒；上下皆蔽，茲謂隔，其咎旱：天道指類示戒，大要如此。陛下夙夜勤苦，思有以上塞時變，固宜策告殃咎，變更理化，下罪己之詔，修順時之令，宣羣言以導壅，斥近倖以損陰。而聖心優柔，重在改作，號令所發，未聞有以當天心者。

夫風雨、寒暑之於天時，爲大信也；信不及於物，澤不究於下，則水旱爲沴。近日





制命，有信宿輒改，適行遽止，而欲風雨以信，其可得乎？天下之廣，萬幾之衆，不出房闥，豈能盡知？而在廷之臣，未聞被數刻之召，吐片言之善，朝夕左右，非恩澤卽佞倖，上下皆蔽，其應不虛。

昔兩漢日食、地震、水旱之變，則策免三公，以示戒懼。陛下進用丞弼，極一時之選，而政道未茂，天時未順，豈大臣輔佐不明邪？陛下信任不篤邪？必若使之，宜推心責成，以極其效；謂之不然，則更選賢者。比來奸邪者易進，守道者數窮，政出多門，俗喜由徑。聖心固欲盡得天下之賢能，分職受業；而宰相方考資進吏，無敢建白。欲德不用之應，又可驗矣。

今陽驕莫解，蟲孽漸熾，河水妄行。循依違之迹，行尋常之政，臣恐不足回靈意、塞至戒。古者，穀不登則虧膳，災屢至則降服，凶年不塗塈。願陛下詔引咎，損太官之膳，避路寢之朝，許士大夫斥諱上聞，譏切時病。罷不急之役，省無名之斂，勿崇私恩，更進直道，宣德流化，以休息天下。至誠動乎上，大惠浹于下，豈有時澤之艱哉！

仁宗嘉納之。

會修國史，以絳爲編修官，史成，遷祠部員外郎、直集賢院。時濤官西京，且老矣，因請便養，通判河南府。又論：「唐室麗正、史官之局，並在大明、華清宮內。太宗皇帝肇修三

館，更立祕閣于昇龍門左，親爲飛白書額，作贊刻石閣下。景德中，圖書寖廣〔三〕，眞宗皇帝益以內帑四庫。二聖數嘗臨幸，親加勞問，遞宿廣內者，有不時之召。人人力道術、究藝文，知天子尊禮甚勤，而名臣高位，繇此其選也。往者遭盡延燔，未遑中葺，或引兩省故事，別建外館，直舍卑喧，民欄叢接。大官衞尉，供億滋削，虧體傷風，莫茲爲甚。陛下未嘗迂翠華、降玉趾，寥寥册府，不聞輿馬之音，曠有日矣。議者以謂慕道不篤於古，待士少損於前。士無延訪之勸，而因循相尚，不自激策，文雅漸弊，竊爲聖朝惜之。願闢內館，以恢景德之制。」詔可。

絳雖在外，猶數論事。奏言：「近歲不逞之徒，託言數術，以先生、處士自名，禿巾短褐，內結權倖，外走州邑，甚者矯誣詔書，傲忽官吏。請嚴禁止。嘗以墨敕賜封號者，追還之。」

還權開封府判官，言：

蝗亙田野，坌入郛郭，跳擲官寺，井匽皆滿。魯三書螟，穀梁以爲哀公用田賦虐取於民。朝廷斂弛之法，近於廉平，以臣愚所聞，似吏不甚稱而召其變。凡今典城牧民，有顯方面之埶：才者掠功取名，以嚴急爲術，或辯僞無實，數蒙奬錄；愚者期會簿書，畏首與尾。二者政殊，而同歸於弊。





夫爲國在養民，養民在擇吏，吏循則民安，氣和而災息。願先取大州邑數十百，詔公卿以下，舉任州守者，使得自辟屬縣令長，務求術略，不限資考。然後寬以約束，許便宜從事。期年條上理狀，或徙或留，必有功化風迹，異乎有司以資而任之者焉。漢時，詔問京房災異可息之術，房對以考功課吏。臣願陛下博訪理官，除煩苛之命；申敕計臣，損聚斂之役。勿起大獄，勿用躁人，務靜安，守淵默。傳曰：「大侵之禮，百官備而不制。言省事也。」如此而沴氣不弭，嘉休不至，是靈意譎譎，而聖言罔惑歟。

會郭皇后廢，絳陳詩白華，引申后、褒姒事以諷〔六〕，辭甚切至。徙三司度支判官，再遷兵部員外郎。上言：「邇來用物滋侈，賜予過制，禁中須索，去年計爲緡錢四十五萬。自今春至四月，已及二十餘萬。比詔裁節費用，而有司移文，但求咸平、景德簿書。簿書不存，則無所措置。臣以謂不若推近及遠，遞考歲用而裁節之，不必咸平、景德爲準也。」

初，詔罷織密花透背，禁人服用，且云自掖庭始。既而內人賜衣，復取於有司。又後苑作製玳瑁器，索龜筒於市。龜筒，禁物也，民間不得有，而索不已。絳皆論罷之。又言：「號令數變則虧國體，利害偏聽則惑聰明。請者務欲各行，而守者患於不一。請罷內降，凡詔令皆由中書、樞密，然後施行。」因進聖治箴五篇。

以父憂去，服除，擢知制誥，判吏部流內銓、太常禮院。吏部擬官，舊視職田有無，不問多寡，以是不均。絳爲覈其實，以多寡爲差，其有名而無實者皆不用，人以爲便。初改判禮院爲知禮儀事，自絳建請。

使契丹，還，請知鄧州。距州百二十里，有美陽堰，引湍水漑公田。水來遠而少，利不及民，瀕堰築新土爲防，俗謂之墩者，大小又十數，歲數壞，輒調民增築。奸人蓄薪茭，以時其急，往往盜決堰墩，百姓苦之。絳按召信臣六門堰故迹，距城三里，壅水注鉗盧陂，漑田至三萬頃。請復修之，可罷州人歲役，以水與民，未就而卒，年四十六。

絳以文學知名一時，爲人修潔醞藉，所至大興學舍，嘗請諸郡立學。在河南修國子學，教諸生，自遠而至者數百人。好施宗族，喜賓客，以故，卒之日，家無餘貲。有文集五十卷。子景初、景溫、景平、景回。景平好學，著詩書傳說數十篇，終祕書丞。景回早卒。

景溫字師直。中進士第，通判汝、莫二州，江東轉運判官。興宜城百丈圩，議者以爲罪，降通判、知漣水軍。神宗初，知諫院邵亢直其前事，徙眞州，提點江西刑獄。歷京西、淮南轉運使。

景溫平生未嘗仕中朝，王安石與之善，又景溫妹嫁其弟安禮，乃驟擢爲侍御史知雜事。安石方惡蘇軾，景溫劾軾向丁憂歸蜀，乘舟商販。朝廷下六路捕逮篙工、水師窮其事，訖無





一實。蘇頌等論李定不持母服，景溫希安石指，爲辨於前。已而事下臺，景溫難違衆議，始云定當追服。又言薛向不當得侍從，王韶邊奏誣罔，寖失安石意，然猶以嘗助己，但改直史館兼侍讀。不敢拜，出知鄧州。

踰年，進陝西都轉運使，以不奉司農約束，改知鄧、襄、澶三州，加直龍圖閣，判將作監。轉右諫議大夫、知潭州。章惇開五溪，景溫協力拓築，論功進官，召拜禮部侍郎。復出知洪州、應天府、瀛州。

元祐初，進寶文閣直學士、知開封府。未滿歲，御史中丞劉摯言其非撥煩吏。右司諫王覿言：「瀛州妖婦李自稱事九仙聖母，能與人通語言，談禍福。景溫在郡爲所惑，禮餉甚厚，遣十兵挈之入京。數遣子慥至其處；補李壻爲小史，使出入官府，崇大聲勢；至縱婁妾之弟，醉毆市人。爲政若此，尙何惜而不加譴。」於是罷知蔡州。

三年初，置權六曹尙書，以爲刑部。劉安世復論之，改知鄆州，再歷永興軍。時章惇爲相，景溫言元祐大臣改先帝之政，幷西夏人偃蹇終未順命，宜罷分畫，以馬跡所至爲境。惇用其說，徙知河陽，卒，年七十七。

葉清臣字道卿，蘇州長洲人。父參，終光祿卿。清臣幼敏異，好學善屬文。天聖二年，舉進士，知舉劉筠〔七〕奇所對策，擢第二。宋進士以策擢高第，自清臣始。授太常寺奉禮郎、簽書蘇州觀察判官事。還爲光祿寺丞、集賢校理，通判太平州、知秀州。入判三司戶部勾院，改鹽鐵判官。

上言九事：請遣使循行天下，知民疾苦，察吏能否；興太學，選置博士，許公卿大臣子弟補學生；重縣令；諸科舉人取明大義，責以策問；省流外官，無得入仕；聽武臣終三年之喪；罷度僧；廢讀經一業；訓兵練將，愼出令，簡條約。詞多不載。出知宣州，累遷太常丞，同修起居注，判三司鹽鐵勾院，進直史館。

是多，京師地震，上疏曰：「天以陽動，君之道也；地以陰靜，臣之道也。天動地靜，主尊臣卑。易此則亂，地爲之震。乃十二月二日丙夜，京師地震，移刻而止；定襄同日震，至五日不止，壞廬寺，殺人畜，凡十之六。大河之東，彌千五百里而及都下，誠大異也。屬者熒惑犯南斗，治曆者相顧而駭。陛下憂勤庶政，方夏泰寧，而一歲之中，災變仍見。必有下失民望、上戾天意者，故垂戒以啓迪清衷。而陛下泰然不以爲異，徒使內侍走四方，治佛事，修道科，非所謂消復之實也。頃范仲淹、余靖以言事被黜，天下之人，齰舌不敢議朝政者，行將二年。願陛下深自咎責，許延忠直敢言之士，庶幾明威降鑒，而善應來集也。」書奏



數日，仲淹等皆得近徙。

會詔求直言，清臣復上疏言大臣專政，仁宗嘉納之。清臣請外，爲兩浙轉運副使。並太湖有民田，豪右據上游，水不得泄，而民不敢訴。嘗建請疏盤龍匯、滬瀆港入于海，民賴其利。以右正言知制誥，知審官院，判國子監。

時陝西用兵，上言：「當今將不素蓄，兵不素練，財無久積。小有邊警，外無驍將，內無重兵。舉西北二垂觀之，若濩落大瓠，外示雄壯，其中空洞，了無一物。脫不幸戎馬猖突，腹內諸城，非可以計術守也。自元昊僭竊，因循至于延州之寇，中間一歲矣。而屯戍無術，資糧不充，窮年畜兵，了不足用，連監牧馬，未幾已虛。使蚩蚩之甿無所倚而安者，此臣所以孜孜憂大瓠之穿也。今羌戎稍却，變詐亡窮，豈宜乘卽時之小安，忘前日之大辱？又將泰然自處，則後日視今，猶今之視前也。」

元昊圍延州，既解去，鈐轄內侍盧守懃與通判計用章更訟于朝。時內侍用事者，多爲守懃游說，朝廷議薄守懃罪，而流用章嶺南。清臣上疏曰：「臣聞衆議，延州之圍，盧守懃首對范雍號泣，謀遣李康伯見元昊，爲偷生之計。計用章以爲事急，不若退保鄜州，李康伯遂有『死難，不可出城見賊』之語。自元昊退，守懃懼金明之失，二將之沒，朝廷歸罪邊將；又思倉卒之言，一旦爲人所發，則禍在不測。遂反覆前議，移過於人，先爲奏陳，冀望取信。



正如黃德和誣奏劉平，欲免退走之罪。尋聞計用章亦疏斥守懃事狀，詔文彥博置劾，未分曲直，而遽罪用章、康伯，特赦守懃。此必有議者結中人、惑聖聽，以爲方當用師邊陲，不可輕起大獄。臣觀前史，魏尙、陳湯雖有功，尙不免削爵，罰作案驗吏士。何況擁兵自固，觀望不出，恣縱羌賊，破一縣，擒二將。大罪未戮，又自蔽其過，矯誣上奏，此而不按，何罪不容？設用章有退保之言，止坐畏懦；而守懃謀見賊之行，乃是歸款。二者之責，孰重孰輕，望詔彥博鞫正其獄。苟用章之狀果虛，守懃之罪果白，用章更寘重科，物論亦允。無容偏聽一辭，以虧王道無黨之義。」其後獄具，守懃纔降湖北兵馬都監。

時西師未解，急於經費，中書進擬三司使，清臣初不在選中。帝曰：「葉清臣才可用。」擢爲起居舍人、龍圖閣學士、權三司使公事。始奏編前後詔敕，使吏不能欺，簿帳之叢冗者，一切刪去。內東門、御廚皆內侍領之，凡所呼索，有司不敢問，乃爲合同以檢其出入。清臣與宋庠、鄭戩雅相善，爲呂夷簡所惡，出知江寧府。踰年，入翰林爲學士，知通進銀臺司、勾當三班院。丁父憂，言者以清臣爲知兵，請起守邊。及服除，宰相陳執中素不悅之，卽除翰林侍讀學士、知邠州。道由京師，因請對，改澶州，進尙書戶部郎中、知青州。徙知永興軍，浚三白渠，溉田踰六千頃。

仁宗御天章閣，召公卿，出手詔問當世急務。清臣閱之，爲條對，極論時政闕失，其言



多劘切權貴。且曰：「陛下欲息奔競，此繫中書。若宰相裁抑奔競之流，則風俗惇厚，人知止足；宰相用憸佞之士，則貪榮冒進，激成渾波。向有職在管庫，日趨走時相之門。入則取街談巷言，以資耳目；出則竊廟謨朝論，以驚流輩。一旦皆擢職司，以酬所任。比日人士競踵此風，出入權要之家，時有『三尸』、『五鬼』之號。乃列館職，或置省曹。且臺諫官爲天子耳目，今則不然，盡爲宰相肘腋。宰相所惡，則捃以微瑕，公行擊搏；宰相所善，則從而唱和，爲之先容。中書政令不平，賞罰不當，則箝口結舌，未嘗敢言。人主纖微過差，或宮闈小事，卽極言過當，用爲訐直。供職未逾歲時，遷擢已加常等。宋禧爲御史，勸陛下宮中畜犬設棘，以爲守衞。削弱朝體，取笑四夷，不加訶譴，擢爲諫官。王逵兩爲湖南、江西轉運使，所至苛虐，誅剝百姓，徒配無辜，特以宰相故舊，不次拔擢，遂有河北之行。如此，是長奔競也。」其他所列利害甚衆。

會河決商胡，北道艱食，復以爲翰林學士、權三司使。舊制，有三司使、權使公事，而清臣所除，止言「權使」，自是分三等焉。以戶部副使向傳式不職，奏請出之。皇祐元年春，帝御便殿，訪近臣以備邊之策。清臣上對，略曰：

陛下臨御天下，二十八年，未嘗一日自暇自逸。而西夏、契丹頻歲爲患者，豈非將相大臣，不得其人，不能爲陛下張威德而攘四夷乎？昔王商在廷，單于不敢仰視。郅

都臨代，匈奴不敢犯邊。今內則輔相寡謀，綱紀不振；外則兵不素練，將不素蓄。此外寇得以內侮也。慶曆初，劉六符來，執政無術略，不能折衝樽俎，以破其謀。六符初亦疑大國之有人，藏奸計而未發。既見表裏，遂肆陸梁。只煩一介之使，坐致二十萬物，永匱膏血，以奉腥羶。此有識之士，所以爲國長太息也。

今詔問：「北使詣闕，以伐西戎爲名，卽有邀求，何以答之？」臣聞誓書所載，彼此無求。況元昊叛邊，累年致討，契丹坐觀金鼓之出，豈有毫髮之助？今彼國出師，輒求我助，奸盟違約，不亦甚乎？若使辯捷之人，判其曲直，要之一戰，以破其謀，我直彼曲，豈不憚服。苟不知咎，或肆侵陵，方河溯災傷之餘，野無廬舍，我堅壁自守，縱令深入，其能久居？既無所因之糧，則亟當遁去。然後選擇驍勇，遏絕歸師，設伏出奇，邀擊首尾，若不就禽，亦且大敗矣。

詔問：「輔翊之能，方面之才，與夫帥領偏裨，當今孰可以任此者。」臣以爲不患無人，患有人而不能用爾。今輔翊之臣，抱忠義之深者，莫如富弼。爲社稷之固者，莫如范仲淹。諳古今故事者，莫如夏竦。議論之敏者，莫如鄭戩。方面之才，嚴重有紀律者，莫如韓琦。臨大事能斷者，莫如田況。剛果無顧避者，莫如劉渙。宏達有方略者，莫如孫沔。至於帥領偏裨，貴能坐運籌策，不必親當矢石，王德用素有威名，范仲淹



深練軍政，龐籍久經邊任，皆其選也。狄青、范全頗能馭衆，蔣偕沉毅有術略，張亢倜儻有膽勇，劉貽孫材武剛斷，王德基純愨勁勇，此可補偏裨者也。

詔謂：「朔方災傷，軍儲缺乏。」此則三司失計置，轉運使不舉職，固非一日。既往固已不咎，來者又復不追，臣未見其可也。且如施昌言承久弊之政，方欲竭思慮、辦職事，一與賈昌朝違戾，遂被移徙，軍儲何由不乏？自去年秋八月，計度市糴，而昌朝執異議，仲春尚未與奪，財賦何緣得豐？先朝置內帑，本備非常。今爲主者之吝，自分彼我，緩急不以爲備，則臣不知其所爲也。至如粒食之重，轉徙爲難，莫若重立爵等，少均萬數，豪民詿誤，使得入粟，以免杖笞，必能速辦。夫能儉嗇以省費，漸致於從容。德音及此，天下之福也。比日多以卑官躐請厚奉，或身爲內供奉而有遙刺之給，或爲觀察使便占留後之封，倖門日開，賜予無藝。若令有司執守，率循舊規，庶幾物力亦獲寬弛。

詔問：「戰馬乏絕，何策可使足用？」臣前在三司，嘗陳監牧之弊，占良田九萬餘頃，歲費錢百萬緡。天閑之數，纔三四萬，急有征調，一不可用。今欲不費而馬立辦，莫若賦馬於河北、河東、陝西、京東西五路。上戶一馬，中戶二戶一馬，養馬者復其一丁。如此，則坐致戰馬二十萬匹，不爲難矣。

時淸臣以河北乏兵食，自汴漕米繇河陰輸北道者七十餘萬；又請發大名庫錢，以佐邊糴。而安撫使賈昌朝格詔不從，淸臣固爭，且疏其跋扈不臣。宰相方欲兩中之，乃徙昌朝鄭州，罷淸臣爲侍讀學士、知河陽。卒，贈左諫議大夫。

淸臣天資爽邁，遇事敢行，奏對無所屈。郭承祐妻舒王元偁女，封郡主，給奉；及承祐爲殿前副都指揮使，妻以不加封，請增月給，淸臣執奏不可。仁宗曰：「承祐管軍，妻又諸王女，當優之。」淸臣曰：「是終爲徼幸。」遂卷其奏置懷中，不行。數上書論天下事，陳九議、十要、五利，皆當世可行者。有文集一百六十卷。子均，爲集賢校理。

楊察字隱甫。其先晉人，從唐僖宗入蜀，家于成都。至其祖鈞，始從孟昶歸朝。鈞生居簡，仕眞宗時，至尙書都官員外郎，嘗官廬州，遂爲合肥人。

居簡生察，景祐元年，舉進士甲科，除將作監丞、通判宿州。遷秘書省著作郎、直集賢院，出知潁、壽二州，入爲開封府推官，判三司鹽鐵、度支勾院，修起居注，歷江南東路轉運使。屬吏以察年少，易之。及行部，數擿奸隱，衆始畏伏。察在部，專以舉官爲急務。人或議之，察曰：「此按察職也，苟掎拾羨餘，則俗吏之能，何必我哉！」召爲右正言、知制誥，權



判禮部貢院。時上封者請罷有司糊名考士，及變文格，使爲放軼以襲唐體。察以謂：「防禁一潰，則奔競復起。且文無今昔，惟以體要爲宗，若肆其澶漫，亦非唐氏科選之法。」前議遂寢。

晏殊執政，以妻父嫌，換龍圖閣待制。母憂去職，服除，復爲知制誥，拜翰林學士、權知開封府，擢右諫議大夫、權御史中丞。論事無所避。會詔舉御史，建言：「臺屬供奉殿中，巡糾不法，必得通古今治亂良直之臣。今舉格太密，公坐細故，皆置不取，恐英偉之士，或有所遺。」御史何郯以論事不得實，中書問狀。察又言：「御史，故事許風聞；縱所言不當，自繫朝廷采擇。今以疑似之間，遽被詰問，臣恐臺諫官畏罪緘默，非所以廣言路也。」

又數以言事忤宰相陳執中。未幾，三司戶部判官楊儀以請求貶官，察坐前在府失出罪，雖去官，猶罷知信州。徙揚州，復爲翰林侍讀學士，又兼龍圖閣學士、知永興軍，加端明殿學士、知益州。再遷禮部侍郎，復權知開封府，復爲翰林學士、權三司使。內侍楊永德毀察於帝，三司有獄，辭連衞士，皇城司不卽遣，而有詔移開封府鞫之。察由是乞罷三司，乃遷戶部侍郎兼三學士，提舉集禧觀，進承旨。踰年，復以本官充三司使。餌鍾乳過劑，病癰卒。贈禮部尙書，謚宣懿。

察美風儀。幼孤，七歲始能言，母頗知書，嘗自教之。敏於屬文，其爲制誥，初若不用

意；及稿成，皆雅緻有體，當世稱之。遇事明決，勤於吏職，雖多益喜不厭。瘫方作，猶入對，商畫財利，歸而大頓，人以爲用神太竭云。有文集二十卷。無子，以兄子庶爲嗣。弟演，舉進士第一，通判潤州，以母憂不赴，毀瘠而卒。時人傷之。

論曰：當仁宗在位時，宋興且百年，海內嘉靖，上下安佚。然法制日以玩弛，徼倖之弊多。自西陲用兵，關中困擾，天子憫勞元元，奮然欲因羣材以更內外之治，于時俊傑輩出。尹洙崎嶇兵間，亦頗論天下之事。孫甫馳騁言路，咸以文學、方正知名。絳文詞議論，尤爲儒林所宗。朝廷方欲倚用之，不幸死矣。最後，清臣、紊繇進士高等，不數年致位侍從，立朝謇謇，無所附麗，爲一時名臣。豈非出於上之所自擢，故奮勵不撓，以圖報稱哉？

## 校勘記

〔一〕伊陽縣　「陽」原作「楊」。據歐陽修歐陽文忠公文集卷二八尹師魯墓誌銘、尹洙河南先生文集卷二八韓琦撰尹師魯墓表改。

〔二〕洓亨　原作「迷亨」。按河南先生文集卷二載有此議，題爲洓享，據改。





〔三〕甫因言樞密使副當得罪　「使副」原作「副使」。按曾鞏南豐先生元豐類稿卷四七孫甫行狀，甫所責者爲樞密院，並非獨言「樞密副使當得罪」；下文：「使，乃杜衍也。」亦可證。東都事略卷六四孫甫傳作「樞密使副」，據改。

〔四〕河東轉運使　「河東」原作「江東」，據南豐先生元豐類稿卷四七孫甫行狀、歐陽文忠公文集卷三三孫甫墓誌銘改。

〔五〕圖書寖廣　「圖」原作「國」，據東都事略卷六四本傳改。

〔六〕絳陳詩白華引申后褒姒事以諷　「陳」原在「白」下。按歐陽文忠公文集卷二六謝絳墓誌銘作「用詩白華引申后、褒姒事以爲戒」。王安石臨川先生文集卷九〇謝絳行狀作「稱詩白華以諷」。「陳」字應置「詩白」前。據改。

〔七〕劉筠　原作「劉均」，據本書卷三〇五劉筠傳、宋會要選舉三之一四改。

# 宋史卷二百九十六

## 列傳第五十五

韓丕　師頏　張茂直　梁顥子固　楊徽之楊澈　呂文仲

王著　呂祐之　潘慎修　杜鎬　查道從兄陶

韓丕字太簡，華州鄭人。父杲，晉開運中，爲曲陽主簿，契丹攻城，陷沒焉。母改適他氏。丕幼孤貧，有志操，讀書于驪山、嵩陽，通周易、禮記，爲人講說。常有山林之志，家雖甚貧，處之晏如。年長，始學文。開寶中，鄭牧知文州，與之偕行，遂薄遊兩川。及牧知成都，劉熙古延置門下，掌書奏，以孫女妻之。

太平興國三年舉進士，聲名籍甚，公卿多薦之者。嘗著孟母碑、返魯頌，人多諷誦之。解褐大理評事、通判衡州。石熙載薦其文行，代還，以文學試中書，擢著作佐郎、直史館，賜緋魚。未幾，改左拾遺。八年，遷職方員外郎、知制誥。雍熙初，加虞部郎中。二年，與賈





黃中、徐鉉同知貢舉。丕屬思艱澀，及典書命，傷於稽緩。宰相宋琪性褊急，常加督責，或申以譖誚，丕不能平。又舍人王祐以前輩負氣，每陵轢面折之。丕乃表求外郡，出知虢州，就改職方郎中。端拱初，拜右諫議大夫，賜金紫，知河陽、濠州。

丕起寒素，以沖澹自處，不奔競於名宦，太宗甚嘉重之。淳化二年，召入爲翰林學士，終以遲鈍不敏於用。俄罷職，充集賢殿修撰、知均州。就遷給事中、工部侍郎，徙金州。召還，充史館修撰，又出知滁州，就加禮部。大中祥符二年，卒。

丕純厚畏慎，似不能言者。歷典州郡，雖不優於吏事，能以清介自持，時稱其長者云。

師頏字霄遠，大名內黃人。父均，後唐長興二年進士，終永興節度判官，因家關右。頏少篤學，與兄頌齊名。建隆二年舉進士，竇儀典貢舉，擢之上第。釋褐耀州軍事推官，以疾解，久不赴調。開寶中，復爲解州推官。太平興國初，召還，遷大理寺丞、陝西河北轉運判官，就改著作佐郎。秩滿，遷監察御史、通判永興軍府。坐秦王廷美假公帑緡錢，左授乾州團練副使，尋復舊官。六年，改殿中侍御史、通判邠州。徙知簡州，轉起居舍人。以公累去官，復爲殿中侍御史，知資、眉二州。頏所至，以簡靜爲治，蜀人便之。代還，遷侍御

史，知安州，賜緡錢二十萬。移朗州，超拜工部郎中，命知陝州，賜金紫。時西鄙用兵，餉道所出，軍士多亡命，嘯聚山林爲盜。顥嚴其巡捕，盜越他境。改刑部郎中，未幾召還。眞宗以其舊人，素負才望，而久次于外，累召對，詢其文章。顥謙遜自晦，上益嘉之。翌日，命以本官知制誥，兼史館修撰。咸平二年，與溫仲舒、張詠同知貢舉。明年，召入翰林爲學士。五年，復與陳恕同典貢部，又知審官院、通進銀臺封駁司。俄卒，年六十七。詔遣官護葬，給其子仲回秘書丞奉終喪。

顥曠達夷雅，搢紳多慕其操尙。有集十卷。子三人：仲回，端拱元年進士及第，至太常博士；仲宰，國子博士；仲說，殿中丞。

張茂直字林宗，兗州瑕丘人。父延昇，以經術教授鄉里。茂直方弱冠，慕容彥超據州城，驅之守陴。及周師破敵，擁城守者列坐，將斬之。有卒挾刃謂茂直曰：「汝髮甚鬒，惜爲頸血所汚，可先斷之。」茂直許焉。刃未及髮，會得釋。後勵志於學。

開寶中，州將器其爲人，首薦之，且給錢五萬，以助其裝。二年，登進士第，解褐海州推官，進司農寺丞、通判泰州。爲轉運使韋務昇誣奏，徙監梓州富國監。代還，自陳得雪，





復通判靜安軍。軍不領縣，城闉之外，卽深州之下博，茂直奏割下博隸焉。進秩著作佐郎。扈蒙薦其才，改秘書丞。

會福州民訟田，命茂直按之，將行，留不遣。參知政事李至稱其端實，命入益王元傑府爲記室參軍。王好學，多爲詩什，遇茂直甚厚。雖受時果之賜，亦分餉焉。王嘗遣使徵詩，茂直援筆而就，甚稱賞之。

端拱元年，召對，賜金紫。數日，改度支員外郎，三遷本曹郎中。眞宗居藩時，茂直與朱昂並在諸王府，每預宴集，屢因酬唱識其名。卽位，選用舊臣，得茂直及昂，與梁周翰、師頏輩相繼知制誥。茂直既入西閣，會元傑生日，遣持禮幣爲賜，復至舊府，時人榮之。

茂直淳至寡言，晚年多疾，才思梗澀不稱職。改秘書少監，出知潁州。咸平四年，卒，年七十五。子咸列，端拱二年進士及第；咸務，比部員外郎。

梁顥字太素，鄆州須城人。曾祖涓，成武主簿。祖惟忠，以明經歷佐使府，至天平軍節度判官。父文度早世，顥養於叔父。王禹偁始與鄉貢，顥依以爲學，嘗以疑義質于禹偁，禹偁拒之不答。顥發憤讀書，不期月，復有所質，禹偁大加器賞。初舉進士，不中第，留闕下。

獻疏曰：

臣歷觀史籍，唐氏之御天下也，列聖間出，人文闡燿，尙且渴於共治，旁求多彥，設科之選，逾四十等。當時秉筆之士，彬彬翔集，表著所以。左右前後，有忠有良，導化原，樹治本者，享三百年，得人之由也。

五代不競，玆制日淪。國家興儒，追風三代。方今科名之設，俊造畢臻，秉筆者如林，越選者如雲。貢於諸侯，考於春官，陛下躬臨愼擇，必盡至公。奈何所取不出於詩賦、策論，簡於心者擢而陟之，咈於心者推而黜之，寧無濫陟枉黜之失耶？其間闒茸妄進，濫廁科場者，間亦有之。

若曰陛下嘉惠孤寒沉滯之士，罔計賢否，悉拔而登之，一視同仁。臣竊謂此非確論。蓋聖人在上，則內君子而外小人。若薰蕕同器，甚非所以正人倫、厚風俗也。況丘園之下，豈無宏才茂德之士。陛下誠能設科以擢異等之士，俾陳古今之治亂、君臣之得失、生民之休戚、賢愚之用舍，庶幾有益於治，不特詩賦、論策之小技，以應有司之求而已。

疏上，不報。

雍熙二年，復舉進士，廷試，方禹中獻賦。太宗召升殿，詢其門第，賜甲科，解褐大名府





觀察推官。四年，與梁湛並召爲右拾遺、直史館，賜緋。判鼓司、登聞院。顥在大名佐趙昌言，昌言入掌樞密，會翟馬周事，顥坐貶虢州司戶參軍。起知魚臺縣，就加大理評事。召還，遷殿中丞。頃之，復直史館，歷開封府推官、三司關西道判官，轉太常博士。丁內艱，起令赴職，改右司諫。

眞宗初，詔羣臣言事，顥時使陝西，途中作聽政箴以獻。還爲度支判官。咸平元年，與楊勵、李若拙、朱台符同知貢舉。時詔錢若水重修太祖實錄，表顥參其事，又同修起居注。扈蹕大名，詔訪羣臣邊事，顥上疏曰：

臣聞自古用兵之道，在乎明賞罰而已。然而賞不可以獨任，罰不可以少失。故兵法曰：「罰之不行，譬如驕子之不可用。」又曰：「善爲將者，威振敵國，令行三軍。盡忠益時者，雖讎必賞；犯法敗事者，雖親必罰。」故孫武斬隊長而兵皆整，穰苴斬監軍而敵遂退。以此言之，兵法不可不正也。

昨者命將出師，乘秋備塞，而傅潛奉明詔，握重兵，逗撓無謀，守陴翫寇，老精兵於不用。以至蕃馬南牧，邊塵晝驚，河朔之民，流移失所，魏博以北，蹂踐一空。遂至殘妖未殄，鑾輅親征，此所謂以賊遺君父者也。乃或赦而不問，則何以謝橫死之民；或黜而不戮，則何以恢用兵之略。以軍法論之，固合斬潛以狥軍中，降詔以示天下。如

此，則協前古之典章，戒後來之將帥，然后擇邊臣之可用者，就委用之。

臣嘗讀漢史，李廣之屯兵行師也，無部伍行陣，就善水草，人人自便，不擊刀斗以自衞，遠於斥候，未嘗遇害，而廣終爲名將，士卒樂用。又唐高祖之備北邊也，選勁兵爲游騎，不齎軍糧，隨逐水草，遇敵則殺，當時以爲得策。願於邊將中，不以名位高卑，但擇其武勇謀略素爲衆所推服者，取十人焉。人付騎士五十，器甲完備，輕齎糧糗，逐水草以爲利，往復扞禦。不令入郡邑，不許聚處，遇有寇兵，隨時掩捕。仍令烽候相望，交相救應。緣邊州郡守城兵帥，卽堅壁以待之。遇游騎近城，掩殺邊寇，內量出兵甲援救。如此，則乘城者不堅閉壘門，免坐觀於勝負；捍邊者不苟依郡郭，可行備於寇攘。雖匪良籌，且殊膠柱。

時論頗稱之。

三年，與李宗諤、趙安仁並命知制誥，賜金紫。是年冬，王均平，命爲峽路安撫使。歸掌三班。韓國華判大理，以斷刑失中，乃選顥以代之。四年，張齊賢使關右安撫，以顥爲之副。

顥有吏才，每進對，詞辯明敏，眞宗嘉賞之。凡羣臣上封者，悉付顥洎薛映〔一〕詳閱可否。多，以河北饑盜，命與映分爲東、西路巡檢使。還，拜右諫議大夫，充戶部使。會罷三



部使，以顥爲翰林學士同知審官院、三班。景德元年，權知開封。

顥美風姿，強力少疾，閨門雍睦。與人交久而無改，士大夫多之。六月，暴病卒，年九十二〔二〕。上甚軫惻，賜贈加等。所著文集十五卷。子固、述、適。適相仁宗，別有傳。

固字仲堅。幼有志節，嘗著漢春秋，顥器賞之。初，以顥遺蔭，賜進士出身。服闋，詣登聞院讓前命，願赴鄉舉，許之。大中祥符元年，舉服勤詞學科，擢甲第。解褐將作監丞、同判密州，就還著作佐郎。歸朝，改著作郎、直史館，賜緋。歷戶部判官、判戶部勾院。爲人氣調俊爽，善與人交，疏財慷慨，尚氣義，明於吏道。馬元方領三司，臨事麤率，固摭其曠闕之狀，屢請對條奏。嘗詔鞫獄，時稱平審。天禧大禮成，奏頌甚工。無幾卒，年三十三。有集十卷。

楊徽之字仲猷，建州浦城人。祖郜，仕閩爲義軍校。家世尚武，父澄獨折節爲儒，終浦城令。徽之幼刻苦爲學，邑人江文蔚善賦，江爲能詩，徽之與之遊從，遂與齊名。嘗肄業於潯陽廬山，時李氏據有江表，乃潛服至汴、洛，以文投竇儀、王朴，深賞遇之。



周顯德中，舉進士，劉温叟知貢部，中甲科。同時登第者十六人，世宗命覆試，惟徽之與李覃、何曮、趙鄰幾中選。解褐校書郎、集賢校理。宰相范質深器重之。歷著作佐郎、右拾遺。竇儼纂禮樂書，徽之預焉。

乾德初，與鄭玘並出爲天興令，府帥王彥超素知其名，待以賓禮。蜀平，移峨眉令。時宋白宰玉津，多以吟詠酬答。復爲著作佐郎、知全州，就遷左拾遺、右補闕。太平興國初，代還。太宗素聞其詩名，因索所著。徽之以數百篇奏御，且獻詩爲謝，其卒章有「十年流落今何幸，叨遇君王問姓名」語。太宗覽之稱賞，自是聖製多以別本爲賜。遷侍御史、權判刑部。嘗屬疾，遣尙醫診療，賜錢三十萬。轉庫部員外郎，賜金紫，判南曹，同知京朝官差遣。會詔李昉等采緝前代文字，類爲文苑英華，以徽之精於風雅，分命編詩，爲百八十卷。歷遷刑、兵二部郎中。獻雍熙詞，上賡其韻以賜。

端拱初，拜左諫議大夫，出知許州。入判史館事，加修撰。因次對上言，曰：「自陛下嗣統鴻圖，闡揚文治，廢墜修舉，儒學嚮臻，乃至周巖野以聘隱淪，盛科選以來才彥，取士之道，亦已至矣。然擅文章者多超遷，明經業者罕殊用，向非振舉，曷勸專勤，師法不傳，祖述安在！且京師四方之會，太學首善之地。今五經博士，並闕其員，非所以崇教化、奬人材、繇內及外之道也。伏望濬發明詔，博求通經之士，簡之朝著，拔自草萊，增置員數，分教冑



子，隨其所業，授以本官，廩稍且優，旌別斯在。淹貫之士，旣蒙厚賞，則天下善類知所勸矣，無使唐、漢專稱得人。」太宗嘉納之，顧謂宰相曰：「徽之儒雅，操履無玷，置於館閣宜矣。」未幾，改判集賢院。嘗詔預觀燈乾元樓，上嘉其精力不衰。

時劉昌言拔自下位，不踰時參掌機務，懼無以厭人望，常求自安之計。董儼爲右計使〔三〕，欲傾昌言代之，嘗謂徽之曰：「上遇張洎、錢若水甚厚，旦夕將大用。」有直史館錢熙者，與昌言厚善，詣徽之，徽之語次及之。熙遽以告昌言，昌言以告洎。洎方固寵，謂徽之遣熙構飛語中傷己，遂白上。上怒，召昌言質其語。出徽之爲山南東道行軍司馬，熙落職通判朗州。徽之未行，改鎭安軍行軍司馬。

眞宗尹京，妙選僚佐，驛召爲左諫議大夫，與畢士安並充開封府判官，召對便殿，諭以輔導意。東宮建屬，以徽之兼左庶子。嘗出巡田，眞宗作詩言懷，因以寄之。遷給事中。卽位，拜工部侍郎、樞密直學士，俄兼秘書監。咸平初，加禮部侍郎。二年春，以衰疾求解近職，改兵部，仍兼秘書監。入謝，命坐，勞之曰：「圖書之府，清淨無事，俾卿得以養性也。」是秋，特置翰林侍讀學士，命與夏侯嶠、呂文仲並爲之，賜宴秘閣，且褒以詩。

未幾，以足疾請告，上取名藥以賜。郊祀不及扈從，錫賚如侍祠之例。車駕北巡，徽之力疾辭於苑中。上顧謂曰：「卿勉進醫藥，比見，當不久也。」及駐蹕大名，特降手詔存論。

明年春正月，車駕還，又遣使臨問。卒，年八十。贈兵部尚書，賜其家錢五十萬，絹五百匹。錄其外孫宋綬太常寺太祝，姪孫傴、集並同學究出身。

徽之純厚清介，守規矩，尚名教，尤疾非道以干進者。嘗言：「溫仲舒、寇準用搏擊取貴位，使後輩務習趨競，禮俗寖薄。」世謂其知言。徽之寡諧於俗，唯李昉、王祐深所推服，與石熙載、李穆、賈黃中爲文義友。自爲郎官、御史，朝廷即待以舊德。善談論，多識典故，唐室以來士族人物，悉能詳記。酷好吟詠，每對客論詩，終日忘倦。既沒，有集二十卷留於家，上令夏侯嶠取之以進。徽之無子。後徽之妻王卒，及葬，復以縑帛賜其家。

澈字晏如，徽之宗人也，世家建陽。父思進，晉天福中北渡海，因家於青州之北海，累佐使幕。澈幼聰警，七歲讀春秋左氏傳，即曉大義。周宰相李穀召令默誦，一無遺誤，穀甚異之。年十六，思進爲鎮趙從事，會昭慶令缺，使府命澈假其任。時河決鄴郡，府督役甚急。澈部徒數千，徑大澤中，多蘆葦，令采刈爲筏，順流而下。既至，執事者訝以後期，俄而葦筏繼至，駭而問之，澈以狀對，乃更嗟賞。

建隆初，舉進士，時竇儀典貢部，謂澈文詞敏速，可當書檄之任。調補河內主簿，再遷青州司戶參軍。知州張全操多不法，澈鞫獄平允，無所阿畏。太祖知其名，召試禁中，改著





作佐郎，出知渠州。江南平，改通判虔州，令就大將曹彬分兵以行。既入境，僞帥郭再興擁兵自固，澈單騎直趨其壘，諭以朝廷威信，再興即奉符以代。澈悉料城中軍士之勇壯者，凡五百人爲一綱，部送京師。士豪黎、羅二姓，聚衆依山謀亂，澈率兵平之，擒二豪，械送闕下。

遷右贊善大夫、知淄州。事親以孝聞，求便侍養，徙同判青州。三遷祠部員外郎，復知淄州，又知舒州，累轉祠部郎中。咸平初，遴選王府僚佐，以澈爲雍王府記室參軍，賜金紫，加度支郎中。

景德初，車駕幸澶淵，王爲東京留守，澈還兵部郎中，充留守判官。軍巡囚逸，王驚而感疾，及薨，又得閫門殘忍之狀，坐輔導不善免官。未幾，起爲祠部郎中。卒，年七十四。子巒，淳化進士，職方員外郎。

呂文仲字子臧，歙州新安人。父裕，僞唐歙州錄事參軍。文仲在江左，舉進士，調補臨川尉，再遷大理評事，掌宗室書奏。入朝，授太常寺太祝，稍遷少府監丞。預修太平御覽、廣記、文苑英華，改著作佐郎。

太平興國中，上每御便殿觀古碑刻，輒召文仲與舒雅、杜鎬、吳淑讀之。嘗令文仲讀文選，繼又令讀江海賦，皆有賜賚。以本官充翰林侍讀，寓直御書院，與侍書王著更宿。時書學葛湍亦直禁中，太宗暇日，每從容問文仲以書史，著以筆法，湍以字學。雍熙初，文仲遷著作佐郎，副王著使高麗。復命改左正言，巡撫福建。未幾，賜金紫，加左諫議大夫。

淳化中，與陳堯叟並乘傳西巡撫使。時內品方保吉專幹榷酤，威制郡縣。民疲吏擾，變易舊法，訟其掊克者甚衆。文仲等具奏其實，太宗怒甚。亟召保吉，將劾之，反爲保吉所訟，下御史驗問。文仲所坐皆細事，而素巽懦，且恥與保吉辯對，因自誣伏，遂罷職。既而太宗知其由，復令直秘閣。踰月，再爲侍讀。一日，召於崇政殿，讀上草書經史故實數十軸，詔模刻于石。遷起居舍人、兵部員外郎、同判吏部銓，知銀臺通進封駁司、審官院。咸平三年，拜工部郎中，充翰林侍讀學士，受詔集太宗歌詩爲三十卷，詔書加獎，又知審刑院。六年，授御史中丞。

景德中，鞫曹州奸民趙諫獄。諫多與士大夫交遊，內出姓名七十餘人，令悉窮治。文仲請對，言：「逮捕者衆，或在外郡，苟悉索之，慮動人聽。」上曰：「卿執憲，當嫉惡如讎，豈公行黨庇邪？」文仲頓首曰：「中司之職，非徒繩糾愆違，亦當顧國家大體。今縱七十人悉得奸狀，以陛下之慈仁，必不盡戮，不過廢棄而已。但籍其名，更察其爲人，置於冗散，或舉選對





敭之日擯斥之，未爲晚也。」上從其言。三年，遷工部侍郎，復爲翰林侍讀學士。

文仲久居禁近，頗周密兢慎。一日早朝，暴得風疾，請告踰百日，詔續其奉。明年，改刑部侍郎，充集賢院學士，未幾卒，錄其子永爲奉禮郎。

文仲富詞學，器韻淹雅。其使高麗也，善於應對，清淨無所求，遠俗悅之。後有使高麗者，必詢其出處。然性頗齷齪，不爲時論所許。有集十卷。

王著字知微，文仲同時人。自言唐相石泉公方慶之後，世家京兆渭南。祖賁，廣明中從僖宗入蜀，遂爲成都人。賁仕王建，爲雅州刺史。父景褒，萬州別駕。

著，僞蜀明經及第，歷平泉、百丈、永康主簿。蜀平赴闕，授隆平主簿，凡十一年不代。著善攻書，筆迹甚媚，頗有家法。太宗以字書訛舛，欲令學士刪定，少通習者。太平興國三年，轉運使侯陟以著名聞，改衞寺丞、史館祇候，委以詳定篇韻。六年，召見，賜緋，加著作佐郎、翰林侍書與侍讀，更直于御書院。

太宗聽政之暇，嘗以觀書及筆法爲意，諸家字體，洞臻精妙。嘗令中使王仁睿持御札示著，著曰：「未盡善也。」太宗臨學益勤，又以示著，著答如前。仁睿詰其故，著曰：「帝王始



中華書局

攻書，或縣稱善，則不復留心矣。」久之，復以示著。著曰：「功已至矣，非臣所能及。」其後眞宗嘗對宰相語其事，且嘉著之善於規益，於侍書待詔中亦無其比。

雍熙二年，遷左拾遺，使高麗。端拱初，加殿中侍御史。二年，與文仲同賜金紫。明年，卒，特加賵賜，錄其子嗣復爲奉禮郎。

呂祐之字元吉，濟州鉅野人。父文贊，本州錄事參軍。祐之，太平興國初，舉進士，解褐大理評事、通判洋州。改右贊善大夫，出爲泰寧軍節度判官，移天雄軍。召拜殿中侍御史，決獄西蜀。還知貝州，換右補闕、直史館、同判吏部南曹，遷起居舍人。端拱中，副呂端使高麗，假內庫錢五十萬以辦裝。還，遇風濤，舟欲覆，祐之悉取所得貨沉之，卽止。復獻海外覃皇澤詩十九首，太宗嘉之，仍蠲其所貸。淳化初，判戶部勾院，會分備三館職，以祐之與趙昂、安德裕並直昭文館。俄以本官知制誥，賜金紫，同知貢舉。

有東野日宣者，祐之以妻族嘗薦舉之，坐鞫獄陳州不實，貶官，祐之亦降授殿中丞，再直史館。未幾，復知制誥。太宗嘗閱班簿，擇近臣舉官，覩祐之姓名，宰相因言其前坐舉無





狀。上曰：「此正可令贖過矣。」卽取祐之焉。

至道初，拜右諫議大夫，賜金紫，知審官院。出知襄州，徙壽州。眞宗卽位，轉給事中，復知襄州，移昇州。歲餘，又典襄陽。歸，掌吏部選事，知通進、銀臺司，與呂文仲並拜工部侍郎、翰林侍讀學士。自置侍讀、侍講，甚艱其選，至是裁七人。祐之第其名氏，刻石于祕閣。

祐之純謹長者，不喜趨競，所至無顯譽，備顧問，不能有所啓發。會文仲以疾罷近職，祐之亦出爲集賢院學士，仍並遷刑部侍郎。景德四年，卒，年六十一。有集三十卷。

潘愼修字成德，泉州莆田縣人。父承祐，仕閩，後歸江南，仕李景，至刑部尚書致仕。愼修少以父任爲祕書省正字，累遷至水部郎中兼起居舍人。

開寶末，王師征江南，李煜遣隨其弟從鎰入貢買宴錢，求緩兵。留館懷信驛。旦夕捷書至，邸吏督從鎰入賀。愼修以爲國且亡，當待罪，何賀也？自是每羣臣稱賀，從鎰卽奉表請罪。太祖嘉其得禮，遣中使慰諭，供帳牢餼悉加優給。煜歸朝，以愼修爲太子右贊善大夫。煜表求愼修掌記室，許之。煜卒，改太常博士。歷膳部、倉部、考功三員外，通判壽州，知開封縣，又知湖、梓二州。

淳化中，祕書監李至薦之，命以本官知直祕閣。愼修善弈棋，太宗屢召對弈，因作棋說以獻。大抵謂：「棋之道在乎恬默，而取舍爲急。仁則能全，義則能守，禮則能變，智則能兼，信則能克。君子知斯五者，庶幾可以言棋矣。」因舉十要以明其義，太宗覽而稱善。俄與直昭文館韓援使淮南巡撫，累遷倉部、考功二部郎中。咸平中，又副邢昺爲兩浙巡撫使，俄同修起居注。景德初，上言衰老，求外任。眞宗以儒雅宜留祕府，止聽解記注之職。數月，擢爲右諫議大夫、翰林侍讀學士。從幸澶州，遘寒疾，詔令肩輿先歸。明年正月，卒，年六十九。賻錢二十萬，絹一百匹。

愼修疾雖亟，精爽不亂，託陳彭年草遺奏，不爲諸子干澤，但以主恩未報爲恨。上憫之，錄其子汝士爲大理評事，汝礪爲奉禮郎。令有司給舟載其柩歸洪州。

愼修風度醞藉，博涉文史，多讀道書，善清談。先是，江南舊臣多言李煜闇懦，事多過實。眞宗一日以問愼修，對曰：「煜或懵理若此，何以享國十餘年？」他日，對宰相語及之，且言愼修溫雅不忘本，得臣子之操，深嘉獎之。當時士大夫與之遊者，咸推其素尙。然頗恃前輩，待後進倨慢，人以此少之。有集五卷。

汝士至工部員外郎，直集賢院。





杜鎬字文周，常州無錫人。父昌業，南唐虞部員外郎。鎬幼好學，博貫經史。兄爲法官，嘗有子毀父畫像，爲旁親所訟，疑其法不能決。鎬曰：「僧道毀天尊、佛像，可比也。」兄甚奇之。舉明經，解褐集賢校理，入直澄心堂。

江南平，授千乘縣主簿。太宗卽位，江左舊儒多薦其能，改國子監丞、崇文院檢討。會將祀南郊，彗星見，宰相趙普召鎬問之。鎬曰：「當祭而日食，猶廢；況譴見如此乎？」普言于上，卽罷其禮。翌日，遷著作佐郎，改太子左贊善大夫，賜緋魚。歷殿中丞、國子博士，加祕閣校理。太宗觀書祕閣，詢鎬經義，進對稱旨，卽日改虞部員外郎，加賜金帛。又問：「西漢賜與悉用黃金，而近代爲難得之貨，何也？」鎬曰：「當是時，佛事未興，故金價甚賤。」又嘗召問天寶梨園事，敷奏詳悉。再遷駕部員外郎，判太常禮院，與朱昂、劉承珪編次館閣書籍，虞部郎中〔四〕，事畢，賜金紫，改直祕閣。會修太祖實錄，命鎬檢討故事，以備訪問。

景德初，置龍圖閣待制，因以命錫鎬，加都官郎中。從幸澶淵，遇懿德皇后忌日，疑軍中鼓吹之禮，時鎬先還備儀仗，命馳騎問之。鎬以武王載木主伐紂，前歌後舞爲對。預修册府元龜，改司封郎中。四年，拜右諫議大夫、龍圖閣直學士，賜襲衣、金帶，班在樞密直學

士下。時特置此職，儒者榮之。

大中祥符中，同詳定東封儀注，遷給事中。三年，又置本閣學士，遷鎬工部侍郎，充其職。上日，賜宴秘閣，上作詩賜之，進秩禮部侍郎。六年冬，卒，年七十六。錄其子渥爲大理寺丞及三孫官。

鎬博聞強記，凡所檢閱，必戒書吏云：「某事，某書在某卷、幾行。」覆之，一無差誤。每得異書，多召問之，鎬必手疏本末以聞，顧遇甚厚。士大夫有所著撰，多訪以古事，雖晚輩、卑品請益，應答無倦。年踰五十，猶日治經史數十卷，或寓直館中，四鼓則起誦春秋。所居僻陋，僅庇風雨，處之二十載，不遷徙。燕居暇日，多挈醪饌以待賓友。性和易，清素有懿行，士類推重之。

查道字湛然，歙州休寧人。祖文徽，仕南唐至工部尚書。父元方，亦仕李煜，爲建州觀察判官。王師平金陵，盧絳據歙州，遣使傳檄至郡，元方斬其使。及絳擒，太祖聞元方所爲，優奬之。拜殿中侍御史、知泉州，卒。

道幼沉嶷不羣，罕言笑，喜親筆硯，文徽特愛之。未冠，以詞業稱。侍母渡江，奉養以





孝聞。母嘗病，思鱖羹，方冬苦寒，市之不獲。道泣禱于河，鑿冰取之，得鱖尺許以饋。又刲臂血寫佛經，母疾尋愈。後數年，母卒，絕意名宦，遊五臺，將落髮爲僧。一夕，震雷破柱，道坐其下，了無怖色，寺僧異之，咸勸以仕。

端拱初，舉進士高第，解褐館陶尉。曹彬鎮徐州，辟爲從事，深被禮遇。改興元觀察推官。寇準薦其才，授著作佐郎。淳化中，蜀寇叛，命道通判遂州。召對，出御書歷，俾錄其課，給以實奉。至道二年，有使兩川者，得道公正清潔之狀以聞，優詔嘉奬。遷秘書丞，俄徙知果州。

時寇黨尙有伏巖谷依險爲柵者，其酋何彥忠集其徒二百餘，止西充之大木槽，彀弓露刃。詔書招諭之，未下，咸請發兵殄之。道曰：「彼愚人也，以懼罪，欲延命須臾爾。其黨豈無詿誤邪？」遂微服單馬數僕，不持尺刃，間關林壑百里許，直趨賊所。初悉驚畏，持滿外嚮。道神色自若，踞胡床而坐，諭以詔意。或識之曰：「郡守也，嘗聞其仁，是寧害我者。」即相率投兵羅拜，號呼請罪，悉給券歸農。加賜袍帶驛奏，璽書褒諭。

咸平四年代歸，賜緋魚。上言曰：「朝廷命轉運使、副，不惟審度金穀，蓋以察廉郡縣，庶臻治平，以召和氣。今覩所至，或匪盡公，蓋無懲勸之科，致有因循之弊。望自今每使回日，先令具任內曾薦舉才識者若干，奏糾貪猥者若干，朝廷議其否臧，以爲賞罰。」從之。俄出知寧州。會舉賢良方正之士，李宗諤以道名聞，策入第四等，拜左正言、直史館。未幾，出爲西京轉運副使。六年，始令三司使分部置副，召入，拜工部員外郎、充度支副使，賜金紫。

道儒雅迂緩，治劇非所長。卞袞爲鹽鐵副使，與道同候對，將升殿，遽出奏牘請道同署。及上詢問事本，道素未省視，不能對，遂以本官罷，出知襄州。卒不能自辯，亦無慍色。

大中祥符元年，歸直史館，遷刑部員外郎，預修冊府元龜。三年，進秩兵部，爲龍圖閣待制，與張知白、孫奭、王曙並命焉。加刑部郎中、判吏部選事，糾察在京刑獄。奉使契丹，以久次，進右司郎中。眞宗退朝之暇，召馮元講易便坐，惟道與李虛己、李行簡預焉。

天禧元年，以耳聵難於對問，表求外任，得知虢州。將行，上御龍圖閣餞之。秋，蝗災民歉，道不俟報，出官廩米賑之，又設粥糜以救饑者，給州麥四千斛爲種於民，民賴以濟，所全活萬餘人。二年五月，卒。訃聞，眞宗軫惜之。詔其子奉禮郎循之乘傳往治喪事，遷大理評事，賦祿終制。

道性淳厚，有犯不較，所至務寬恕，胥吏有過未嘗笞罰，民訟逋負者，或出己錢償之，以是頗不治。嘗出按部，路側有佳棗，從者摘以獻，道即計直掛錢於樹而去。兒時嘗戲畫地爲大第，曰：「此當分贍孤遺。」及居京師，家甚貧，多聚親族之惸獨者，祿賜所得，散施隨盡，不以屑意。與人交，情分切至，廢棄孤露者，待之愈厚，多所周給。





初，赴舉，貧不能上，親族裒錢三萬遺之。道出滑臺，過父友呂翁家。翁喪，貧窶無以葬，其母兄將鬻女以襄事。道傾褚中錢與之，且爲其女擇壻，別加資遣。又故人卒，貧甚，質女婢於人。道爲贖之，嫁士族。搢紳服其履行。好學，嗜弈棋，深信內典。平居多茹蔬，或止一食，默坐終日，服玩極於卑儉。嘗夢神人謂曰：「汝位至正郎，壽五十七。」而享年六十四，論者以爲積善所延也。有集二十卷，從兄陶。

陶字大均，初事李煜，以明法登科，補常州錄事參軍。歸朝，詔大理評事，試律學，除本寺丞，遷大理正，歷侍御史、權判大理寺，賜緋。斷官仲禹錫訟陶用法非當，陶抗辯得雪。遷工部郎中，俄知台州，累遷兵部。咸平五年，朱博爲大理，議趙文海罪不當，宰相請以陶代。眞宗曰：「聞陶亦深文，當加戒勗。」即遷秘書少監、判寺事。時楊億知審刑，陶屢攻其失，又命代之，賜金紫。陶持法深刻，用刑多失中，前後坐罰金百餘斤，皆以失入，無誤出者。景德三年，卒，年七十。子拱之，淳化三年進士，後爲都官郎中；慶之，太子中舍。

論曰：典誥命者，以詞章典雅爲先；侍講讀者，以道德洽聞爲貴。自昔皆難其人，至宋

尤重其選。太宗崇尙儒術，聽政之暇，以觀書爲樂，置翰林侍讀學士以備顧問。眞宗克紹先志，兼置侍講學士，且因內閣以設職名，俾鴻碩之士更直迭宿，相與從容講論。以丕之清介，顒之和豫，顥之明敏，茂直之淳厚，俾領祠職，固無忝矣。若文仲之器韻淹雅，愼修之醞藉該貫，杜鎬之博聞強識，查道之純孝篤義，置諸左右，啓沃尤多，豈直講論文義而已哉。若祐之不喜趨競，徽之深疾幸進，風采凝峻，又其卓然者也。徽之嘗謂：「溫仲舒、寇準以搏擊取貴位，使後輩務習趨競，禮俗寖薄。」君子以爲名言云。

## 校勘記

〔一〕薛映　原作「薛暎」，據本書卷三〇五薛映傳、長編卷五〇、編年綱目卷六改。

〔二〕年九十二　東都事略卷四七本傳作「年四十二」。據洪邁容齋四筆卷一四梁狀元八十二歲條、俞正燮癸巳存稿卷八書宋史梁灝傳後條考證，皆以「年九十二」爲非。「九」乃「四」字之誤。

〔三〕董儼爲右計使　「董儼」，原作「童儼」。按本書卷二六七張洎傳記此事時作「董儼」。董儼，本書卷三〇七有傳，太宗時「拜右諫議大夫，充右計使」。據改。

〔四〕虞部郎中　此處疑有誤。



# 宋史卷二百九十七

## 列傳第五十六

### 孔道輔 子宗翰　鞠詠　劉隨　曹修古　郭勸　段少連

孔道輔字原魯，初名延魯，孔子四十五代孫也。父勖，進士及第，爲太平州推官，以殿中丞通判廣州。會眞宗東封，躬謁孔子祠。帝問宰相：「孔氏今孰爲名者？」或言勖有治行，卽召對，以爲太常博士、知曲阜縣。初，勖在廣州，以清潔聞，及被召，蕃酋爭持寶貨以獻，皆慰遣之。後爲御史臺推直官，累遷秘書監、分司南京，管勾祖廟，以尙書工部侍郎致仕。後道輔卒，年八十九。

道輔幼端重，舉進士第，爲寧州軍事推官，數與州將爭事。有蛇出天慶觀眞武殿中，一郡以爲神，州將帥官屬往奠拜之，欲上其事。道輔徑前以笏擊蛇，碎其首，觀者初驚，後莫不歎服。遷大理寺丞、知仙源縣，主孔子祠事。孔氏故多放縱者，道輔一繩以法。上言廟制



庳陋，請加修崇，詔可。再遷太常博士。章獻太后臨朝，召爲左正言。受命日，論奏樞密使曹利用、尙御藥羅崇勳竊弄威柄，宜早斥去，以淸朝廷。立對移刻，太后可其言，乃退。未幾，爲直史館、判三司理欠憑由司。

奉使契丹，道除右司諫、龍圖閣待制。契丹宴使者，優人以文宣王爲戲，道輔艴然徑出。契丹使主客者邀道輔還坐，且令謝之。道輔正色曰：「中國與北朝通好，以禮文相接。今俳優之徒，慢侮先聖而不之禁，北朝之過也。道輔何謝！」契丹君臣默然，又酌大卮謂曰：「方天寒，飲此，可以致和氣。」道輔曰：「不和，固無害。」既還，言者以爲生事，且開爭端。仁宗問其故，對曰：「契丹比爲黑水所破，勢甚蹙。平時漢使至契丹，輒爲所侮，若不較，恐益慢中國。」帝然之。歷判吏部流內銓、糾察在京刑獄。坐糾事不當，出知鄆州，徙靑州。還判流內銓，遷尙書兵部員外郎，復出知徐、許二州，徙應天府。

明道二年，召爲右諫議大夫、權御史中丞。會郭皇后廢，道輔率諫官孫祖德、范仲淹、宋郊、劉渙，御史蔣堂、郭勸、楊偕、馬絳、段少連十人，詣垂拱殿伏奏：「皇后天下之母，不當輕議絀廢。願賜對，盡所言。」帝使內侍諭道輔等至中書，令宰相呂夷簡以皇后當廢狀告之。道輔語夷簡曰：「大臣之於帝后，猶子事父母也；父母不和，可以諫止，奈何順父出母乎？」夷簡曰：「廢后有漢、唐故事。」道輔復曰：「人臣當道君以堯、舜，豈得引漢、唐失德爲

法邪？」夷簡不答，卽奏言：「伏閤請對，非太平美事。」於是出道輔知泰州。明日晨，入至待漏，聞有詔，亟馳出城。頃之，徙徐州，又徙兗州，進龍圖閣直學士，遷給事中。在兗三年，復入爲御史中丞。

道輔性鯁挺特達，遇事彈劾無所避，出入風采肅然，及再執憲，權貴益忌之。初，道輔與其父里中儆郭贄舊宅居之，有言於帝者曰：「道輔家近太廟，出入傳呼，非所以尊神明。」卽詔道輔他徙。集賢校理張宗古上言，漢內史府在太廟堧垣中，國朝以來，廟垣下皆有官私第舍，謂不須避。帝出宗古通判萊州。道輔歎曰：「儉人之言入矣！」

會受詔鞫馮士元獄，事連參知政事程琳。宰相張士遜素惡琳，而疾道輔不附己，將逐之，察帝有不悅琳意，卽謂道輔：「上顧程公厚，今爲小人所誣，見上，爲辨之。」道輔入對，言琳罪薄不足深治。帝果怒，以道輔朋黨大臣，出知鄆州。已而道輔知爲士遜所賣，頗憤惋。時大寒上道，行至韋城，發病卒，天下莫不以直道許之。皇祐三年，王素因對語及道輔，仁宗思其忠，特贈尚書工部侍郎。子宗翰。

宗翰字周翰。登進士第，知仙源縣，而爲治有條理，遇族人有恩，不以私故骫法。王珪、司馬光皆上章論薦，由通判陵州爲夔峽轉運判官，提點京東刑獄，知虔州。城濱章、貢





兩江，歲爲水齧。宗翰伐石爲址，冶鐵錮之，由是屹然，詔書褒美。歷陝、揚、洪、兗州，皆以治聞。哲宗初立求言，吏民上書以千數，詔司馬光采閱其可用者十五人，獨稱獎其二，乃宗翰與王鞏也。

元祐初，召爲司農少卿，遷鴻臚卿。言：「孔子之後，自漢以來有褒成、奉聖、宗聖之號，皆賜實封或縑帛，以奉先祀。至于國朝，益加崇禮。眞宗東封臨幸，賜子孫世襲公爵，然兼領他官，不在故郡，於名爲不正。請自今襲封之人，使終身在鄉里。」詔改衍聖公爲奉聖公，不領他職，給廟學田萬畝，賜國子監書，立學官以誨其子弟。進刑部侍郎，屬疾求去，以寶文閣待制知徐州，未拜而卒。

鞠詠字詠之，開封人。父勵，尙書膳部員外郎、廣南轉運使。詠十歲而孤，好學自立。舉進士，試秘書省校書郎、知錢塘縣，改著作郎、知山陰縣。

仁宗卽位，以太常博士召爲監察御史。錢惟演自亳州來朝，圖入相。詠言：「惟演儉險，嘗與丁謂爲婚姻，緣此大用。後揣知謂奸狀已萌，懼牽連得禍，因此力攻謂。今若遂以爲相，必大失天下望。」太后遣內侍持奏示之。惟演猶顧望不行。詠語諫官劉隨曰：「若相惟演，當取白麻廷毀之。」惟演聞，乃亟去。

大安殿柱生芝草，召羣臣就觀。詠言：「陛下新卽位，河決未塞，霖雨害稼，宜思所以應災變。臣願陛下以援進忠良、退斥邪佞爲國寶，以訓勸兵農、豐積倉廩爲天瑞。草木之怪，何足尙哉！」

時王欽若復相，詠嫉欽若阿倚，數睥睨其短，欽若心忌之。會詠兼左巡使，率府率崇俊入朝失儀，詠言崇俊少在邊，今老矣，此不足罪。欽若奏詠廢朝廷儀，出通判信州。又坐鞫陳絳獄失實，徙邵州。欽若卒，御史中丞王臻奏還詠殿中侍御史，爲三司鹽鐵判官。曹利用貶死，利用嘗所薦擢者多領兵守邊，朝廷欲罷去之，詠請一切毋治。

天聖六年夏，大星晝隕，有聲如雷，詠條五事上之。因言：「太子少保致仕晁迥，雖老而有器識，宜蒙訪對，其必有補。」又言：「三司使胡則，丁謂黨也，性貪巧，不可任利權。」河北、京師旱饑，奏請出太倉米十萬石振饑民。江、淮制置使鍾離瑾因奏計，多致東南物以賂權貴。詠請御史臺劾狀，帝面諭瑾亟還所部。以尙書禮部員外郎兼侍御史知雜事，權同判吏部流內銓，爲三司鹽鐵副使。

八年，特置天章閣待制，以詠及范諷爲之。判登聞檢院。定國軍節度使張士遜入覲，冀得再用。詠奏曰：「曹利用擅威福，士遜與之共事，相親厚，援薦以至相位。陛下以東宮





僚屬用之，臣願割舊恩，伸公義，趣使之藩。」士遜乃赴鎭。明年詠卒。嘗著道釋雜言數十篇，別搆淨室以居，自號深寧子。

劉隨字仲豫，開封考城人。以進士及第，爲永康軍判官。軍無城堞，每伐巨木爲柵，壞輒以他木易之，頗用民力。隨因令環植楊柳數十萬株，使相連屬，以爲限界，民遂得不擾。屬縣令受賕繫獄，轉運使李士衡託令於隨，不從。士衡慍怒，乃奏隨苛刻，不堪從政，罷歸，不得調。初，西南夷市馬入官，苦吏誅索，隨爲繩按之。既罷，夷人數百訴於轉運使曰：「吾父何在？」事聞，乃得調。

後改大理寺丞，爲詳斷官。李溥以贓敗，事連權貴，有司希旨不窮治，隨請再劾之，卒抵溥罪。晁迥薦通判益州，呂夷簡安撫川峽，又言其材，以太常博士改右正言。數月，坐嘗爲開封府發解巡捕官，而不察舉人，私以策辭相授，降監濟州稅，稍徙通判晉州。

還朝，遷右司諫，爲三司戶部判官。隨在諫職數言事，嘗言：「今之所切，在於納諫，其餘守常安靖而已。」又奏：「頻年水旱，咎在執事大臣忿爭不和。請察王欽若等所爭，爲辨曲直。」又因星變言：「國家本支蕃衍，而定王〔二〕之外，封策未行。望擇賢者，用唐故事，增廣

嗣王、郡王之封，以慰祖宗意。」時下詔蜀中，選優人補教坊，隨以爲賤工不足辱詔書。又劾奏江、淮發運使鍾離瑾載奇花怪石數十艘，納禁中及賂權貴。累疏論丁謂姦邪，不宜還之內地：「胡則，謂之黨，既以罪出陳州，不當復進職。王欽若既死，詔塑其像茅山，列於仙官。隨言：「欽若贓汚無忌憚，考其行，豈神仙耶？宜察其妄。」又言：「李維以詞臣求換武職，非所以勵廉節。」前後所論甚衆。

帝既益習天下事，而太后猶未歸政，隨請軍國常務，專稟帝旨，又諫太后不宜數幸外家，太后不悅。會隨請外，出知濟州，改起居郎。久之，遷尙書刑部員外郎，入兼侍御史知雜事。上言：「比年庶官僥倖請託，或對見之際，涕泗祈恩，或績效甚徼，衒鬻要賞。亦有藩翰之臣，位尊職重，表章不遜，請求靡厭。按察之司，燕安顧望，以容奸爲大體，以舉職爲近名，以巧詐爲賢，以恬退爲拙。以至貪殘者瀆于貨財，老疾者不知止足。請行申儆之法。」朝廷爲下詔戒中外。

未幾，權同判吏部流內銓，以長定格從事，吏不得爲奸。改三司鹽鐵副使。使契丹，以病足痺，辭不能拜。及還，爲有司劾奏，奪一官，出知信州，徙宜州，再遷工部郎中、知應天府。召爲戶部副使，改天章閣待制，不旬日卒。

隨與孔道輔、曹修古同時爲言事官，皆以清直聞。隨臨事明銳敢行，在蜀，人號爲「水





晶燈籠」。初，使契丹還，會貶，而官收所得馬十五乘。既卒，帝憐其家貧，賜錢六十萬。

曹修古字述之，建州建安人。進士起家，累遷秘書丞、同判饒州。宋綬薦其材，召還，以太常博士爲監察御史。上四事，曰行法令、審故事、惜材力、辨忠邪，辭甚切至。又奏：「唐貞觀中，嘗下詔令致仕官班本品見任上，欲其知恥而勇退也。比有年餘八十，尙任班行，心力既衰，官事何補。請下有司，敕文武官年及七十，上書自言，特與遷官致仕，仍從貞觀舊制，即宿德勳賢，自如故事。」因著爲令。

修古嘗偕三院御史十二人晨朝，將至朝堂，黃門二人行馬不避，呵者止之，反爲所詈。修古奏：「前史稱，御史臺尊則天子尊。故事，三院同行與知雜事同，今黃門侮慢若此，請付所司劾治。」帝聞，立命笞之。晏殊以笏擊人折齒。修古奏：「殊身任輔弼，百僚所法，而忿躁亡大臣體。古者，三公不按吏，先朝陳恕於中書榜人，即時罷黜。請正典刑，以允公議。」

司天監主簿苗舜臣等嘗言，土宿留參，太白晝見，詔日官同考定。及奏，以謂土宿留參，順不相犯；太白晝見，日未過午。舜臣等坐妄言災變被罰。修古奏言：「日官所定，希旨悅





上，未足爲信。今罰舜臣等，其事甚小，然恐人人自此畏避，佞媚取容，以災爲福，天變不告，所損至大。」禁中以翡翠羽爲服玩，詔市於南越。修古以謂重傷物命，且眞宗時嘗禁採狨毛，故事未遠。命罷之。時頗崇建塔廟，議營金閣，費不可勝計，修古極陳其不可。

久之，出知歙州，徙南劍州，復爲開封府判官。歷殿中侍御史，擢尙書刑部員外郎、知雜司事、權同判吏部流內銓。未踰月，會太后兄子劉從德死，錄其姻戚至於廝役幾八十人，龍圖閣直學士馬季良、集賢校理錢曖皆緣遺奏超授官秩，修古與楊偕、郭勸、段少連交章論列。太后怒，下其章中書。大臣請黜修古知衢州，餘以次貶。太后以爲責輕，命皆削一官，以修古爲工部員外郎、同判杭州，未行，改知興化軍。會赦復官，卒。

修古立朝，慷慨有風節。當太后臨朝，權倖用事，人人顧望畏忌，而修古遇事輒言，無所回撓。既沒，人多惜之。家貧，不能歸葬，賓佐賻錢五十萬。季女泣白其母曰：「奈何以是累吾先人也。」卒拒不納。太后崩，帝思修古忠，特贈右諫議大夫，賜其家錢二十萬，錄其壻劉勳爲試將作監主簿。修古無子，以兄子覲爲後。

覲知封州，儂智高亂，死之，見忠義傳。弟修睦，性廉介自立，與修古同時舉進士，有聲鄉里，累官尙書都官員外郎、知邵武軍。御史中丞杜衍薦以爲侍御史。歲餘，改司封員外郎，出知壽州，徙泉州。坐失舉，奪一官罷去。後以知吉州，不行，上書請老，不聽，分司南





京，未幾致仕，年五十一。章得象表其高，詔還所奪官，卒。

曹氏自修古以直諒聞，其女子亦能不累於利，至覲，又能死其官，而修睦亦恬於仕進，不待老而歸，世以是賢之。

郭勸字仲褒，鄆州須城人。舉進士，授寧化軍判官，累遷太常博士、通判密州。特遷尙書屯田員外郎、梓州路轉運判官。以母老固辭，復爲博士、通判萊州。州民霍亮爲仇人誣罪死，吏受賕傅致之，勸爲辨理得免。擢殿中侍御史。

時宋綬出知應天府，杜衍在荆南，勸言：「綬有辭學，衍清直，不宜處外。」又言：「武勝軍節度使錢惟演遷延不赴陳州，覬望相位；弟惟濟任觀察使、定州總管，自請就遷留後；胡則以罪罷三司使，乃遷工部侍郎、集賢院學士。請趣惟演上道，罷惟濟兵權，追則除命。」又論劉從德遺奏恩濫，貶太常博士、監濰州稅〔二〕。

改祠部員外郎、知萊州。月餘，復爲侍御史、判三司鹽鐵勾院。郭皇后廢，議選納陳氏，勸進諫曰：「正家以正天下，自后妃始。郭氏非有大故，不當廢。陳氏非世閥，不可以儷宸極。」疏入，后已廢，而陳氏議遂寢。

遷兵部員外郎兼起居舍人、同知諫院。馬季良自貶所求致仕，朝廷從之。勸言：「致仕所以待賢者，豈負罪貶黜之人可得，請追還敕誥。」又言：「發運使劉承德獻輪扇浴器，大率以媚上也。請付外毀，以戒邪佞。」

趙元昊襲父位，以勸爲官告使，所遺百萬，悉拒不受。還，兼侍御史知雜事、權判流內銓，遷工部郎中、度支副使，拜天章閣待制、知延州。元昊將山遇率其族來歸，且言元昊將反。勸與兵馬鈐轄李渭議，自德明納貢四十年，有內附者未嘗留，乃奏卻之。是冬，元昊果反，遣其使稱僞官來。勸覩其表函猶稱臣，因上奏曰：「元昊雖僭中國名號，然尚稱臣，可漸以禮屈之，願與大臣熟議。」遂落職知齊州，改淄州，數月，移磁州。元昊益侵邊，關陝擾攘，言者猶指勸不當絕山遇事，又降兵部員外郎。丁母憂，起復，知鳳翔府，尋復待制。

召權戶部副使，以龍圖閣直學士知滑州，再遷兵部郎中，徙滄州，又徙成德軍。盜起甘陵，徙鄆州。既而知成德軍韓琦言，勸所遣將張忠、劉遵，平賊功皆第一，特詔獎諭。未幾，召爲翰林侍讀學士，復判流內銓，改左諫議大夫、權御史中丞。遷給事中，辭不受，而請贈其祖萊陽令寧，遂以爲尚書祠部員外郎。

衞士有相惡者，陰置刃衣篋中，從勾當皇城司楊景宗入禁門，既而爲閽者所得，景宗輒隱不以聞。勸請先治景宗罪，章再上，不聽，又廷爭累日，卒貶景宗。祀明堂，將加恩中外





官，勸就齋次，帥羣御史求對，不許，又極論之。是年，復爲侍讀學士、同知通進銀臺司。

勸性廉儉，居無長物。嘗謂諸子曰：「顏魯公云，『生得五品服章紱，任子爲齋郎，足矣。』」及再爲侍讀，曰：「吾起諸生，志不過郡守，今年七十，列侍從，可以歸矣。」遂用元日拜章，三上不得謝，賜銀使市田宅。後二年卒。

子源明，治平中，爲太常博士。會御史知雜事呂誨等奏彈中書議追崇濮安懿王典禮非是，被黜，以源明補監察御史裏行。源明乞免除命，請追誨等，遂聽免。後以職方員外郎知單州，卒。

段少連字希逸，開封人。其母嘗夢鳳集家庭，寤而生少連。及長，美姿表，倜儻有識度。舉服勤詞學，爲試祕書省校書郎、知崇陽縣。崇陽劇邑，自張詠爲令有治狀，其後惟少連能繼其風迹。權杭州觀察判官。預校道經，改祕書省著作佐郎，歷知蒙城、名山、金華三縣，以本省丞爲審刑院詳議官。張士遜守江寧，辟通判府事。還爲御史臺推直官，遷太常博士。論劉從德遺奏恩濫，降祕書丞、監漣水軍酒稅。復爲博士、通判天雄軍。

太后崩，召爲殿中侍御史，與孔道輔等伏閤言郭皇后不當廢，少連坐贖。復上疏曰：

「陛下親政以來，進用直臣，開闢言路，天下無不歡欣。一旦以諫官、御史伏閤，遽行黜責，中外皆以爲非陛下意。蓋執政大臣，假天威以出道輔、仲淹，而斷來者之說也。竊覩戒諭：『自今有章，宜如故事密上，毋得羣詣殿門請對。』且伏閤上疏，豈非故事，今遽絕之，則國家復有大事，誰敢旅進而言者。昔唐陽城王仲舒伏閤雪陸贄，崔元亮叩殿陛理宋申錫，前史以爲美事。今陛下未忍廢黜皇后，而兩府列狀議降爲妃，諫官、御史，安敢緘默。陛下深惟道輔等所言爲阿黨乎？爲忠亮乎？」疏入不報。

又上疏曰：

高明粹清，凝德無累者，天之道也。氛祲蔽翳，晦明偶差，乃陰陽之沴爾。象天德者，君之體也。治陰陽者，臣之職也。陛下秉一德、臨萬方，有生之類，莫不浸涵德澤。而氛祲蔽翳，偶差晦明，以累聖德者，由大臣懷祿而不諫，小臣畏罪而不言。臣獨何人，敢貢狂瞽。竊痛陛下履仁聖之具美，乏骨鯁之良輔，因成不忍之忿，又稽不遠之復。臣是以瀝肝膽，披情愫，爲陛下廓清氛祲蔽翳之累。

易曰：「夫夫婦婦而家道正，正家而天下定。」詩云：「刑于寡妻，以御于家邦。」若然，則君天下修化本者，莫不自內而刑外也。況闢入道降妃之議，出自臣下。且后妃有罪，黜則告宗廟，廢則爲庶人，安有不示之於天下，不告之於祖宗，而陰行臣下之議





乎？且皇后以小過降爲妃，則臣下之婦有小過者，亦當降爲妾矣。比抗章請對，不蒙賜召，豈非奸邪之臣，離間陛下耶？臣等赴中書，時執政之臣，謂后有妬忌之行，始議入道，終降爲妃。兼云有上封者，慮后不利於聖躬，故築高垣，置在別館。臣等備言中外之議，以爲未可。願速降明詔，復中宮位號，以安民心。翌日詔出，乃云「中宮有過，掖庭具知，特示涵容，未行遽黜，置之別館，俾自省修，供給之間，一切如故。」臣未審黜置別館，爲后爲妃？詔書不言，安所取信。況皇后事陛下一紀有餘，而輔臣倉卒以降黜之議，惑於宸聽，搢紳循默，無敢爲陛下言者。臣所謂氛祲蔽翳，以累聖德者，蓋臣職有曠爾。

臣竊恐奸邪之人，引漢武幽陳皇后故事，以諂惑陛下。且漢武驕奢淫縱之主，固不足踵其行事。而爲人臣者，思致君如堯、舜，豈致君如漢武哉！今皇后置於別館，必恐懼修省，陛下仁恕之德，施於天下，而獨不加於中宮乎？願詔復中宮位號，杜絕非間，待之如初。天地以正，陰陽以和，人神共懽，豈不美哉。陛下苟爲邪臣所蔽，不加省察，臣恐高宗王后之枉，必見於他日，宮闈不正之亂，未測於將來，惟聖神慮焉。

未幾，除開封府判官，改尚書刑部員外郎、直集賢院，爲三司度支判官，出爲兩浙轉運副使[三]。舊使者所至郡縣，索簿書，不暇殫閱，往往委之吏胥，吏胥持以爲貨。少連命郡

縣上簿書悉緘識，遇事間指取一二自閱，擿其非是者按之，餘不及閱者，全緘識以還。由是吏不能爲奸，而州縣簿書莫敢不治矣。部吏有過，召詰曰：「聞子所爲若此，有之乎？有當告我，我容汝自新；苟以爲無，吾不使善人被謗，卽爲汝辨明矣。」吏不敢欺，皆以實對。少連每得其情，諄諄戒飭使去，後有能自改過者，猶保任之。秀州獄死無罪人，時少連在杭，吏畏恐聚謀，僞爲死者服罪款，未及綴，屬少連已挐舟入城，訊獄吏，具服請罪，以爲神明。是時，鄭向守杭，無治才。訟者不服，往往自州出，徑趨少連；少連一言處決，莫不盡其理。

徙使淮南，兼發運司事，加兵部員外郎。又徙陝西。駙馬都尉柴宗慶知陝州，縱其下撓民，少連入境，劾奏之。入兼侍御史知雜事，踰月，爲三司度支副使〔四〕。河東地震，奉使安撫。還，擢工部郎中、天章閣待制、知廣州。時元昊反，范仲淹薦少連才堪將帥，遷龍圖閣直學士、知涇州，改渭州，命未至而卒。少連通敏有才，遇事無大小，決遣如流，不爲權勢所屈。旣卒，仁宗歎惜之。

論曰：古人有言：「山有猛獸，藜藿爲之不採。」當天聖、明道間，天子富於春秋，母后稱制，而內外肅然，紀綱具舉，朝政亡大闕失，奸人不得以自肆者，繇言路得人故也。是時，孔



道輔、鞠詠、劉隨、曹修古迭爲諫官、御史，郭勸、段少連繼之，皆侃侃正色，遇事輒言，雖被斥逐，不更其守。及帝旣親政，道輔、勸、少連復任言責，郭后之廢，引議慷慨，犯人主，責大臣，其氣益壯，遺風餘烈，天下至今稱之。詩所謂「邦之司直」，其庶幾歟！

## 校勘記

〔一〕定王　原作「安定王」，長編卷一〇六載劉隨此疏無「安」字。本書卷二四五周王元儼傳，「仁宗卽位，拜太尉、尙書令兼中書令，徙節鎭安、忠武，封定王」。劉所說的就是此事，定王是指元儼，「安」字衍，據刪。

〔二〕監濰州稅　「濰州」原作「維州」，據長編卷一一〇、宋會要職官六四之三二改。

〔三〕出爲兩浙轉運副使　東都事略卷六〇本傳、范仲淹范文正公集卷一四段少連墓表都作「出爲兩浙轉運使」。

〔四〕三司度支副使　「三司」、「度支」原倒置，據同上書同卷同篇乙正。



# 宋史卷二百九十八

## 列傳第五十七

彭乘　嵇穎　梅摯　司馬池子旦　從子里　曾孫朴　李及

燕肅子度　孫瑛　蔣堂　劉夔　馬亮　陳希亮

彭乘字利建，益州華陽人。少以好學稱州里，進士及第。嘗與同年生登相國寺閣，皆瞻顧鄉關，有從宦之樂，乘獨西望，悵然曰：「親老矣，安敢舍晨昏之奉，而圖一身之榮乎！」翌日，奏乞侍養。居數日，授漢陽軍判官，遂得請以歸。久之，有薦其文行者，召試，爲館閣校勘。固辭還家，後復除鳳州團練推官。

天禧初，用寇準薦，爲館閣校勘，改天平軍節度推官。預校正南北史、隋書，改秘書省著作佐郞，遷本省丞、集賢校理。懇求便親，得知普州，蜀人得守鄉郡自乘始。普人鮮知學，乘爲興學，召其子弟爲生員教育之。乘父卒，旣葬，有甘露降于墓柏，人以爲孝感。服除，知



荆門軍，改太常博士。召還，同判尙書刑部，出知安州，徙提點京西刑獄，改夔州路轉運使。因會土賊田忠霸誘下溪州蠻將內寇，乘適按郡至境，大集邊吏，勒兵下山以備賊，賊遁去。因遣人間之，其黨斬忠霸，夷其家。召修起居注，擢知制誥，累遷工部郎中，入翰林爲學士，領吏部流內銓、三班院，爲羣牧使。旣病，仁宗勅太醫診視，賜以禁中珍劑。卒，賜白金三百兩。御史知雜何郯論請贈官，不許，詔一子給奉終喪。

初，修起居注缺中書舍人，而乘在選中，帝指乘曰：「此老儒也，雅有恬退名，無以易之。」及召見，諭曰：「卿先朝舊臣，久補外，而未嘗自言。」對曰：「臣生孤遠，自量其分，安敢過有所望。」帝頗嘉之。乘質重寡言，性純孝，不喜事生業。聚書萬餘卷，皆手自刊校，蜀中所傳書，多出於乘。晚歲，歷典贊命，而文辭少工云。

嵇穎字公實，應天宋城人。父適，嘗爲石首主簿。民有父子坐重繫，府檄適按之，抵其父於法，而子獲免；父死，假人言曰：「主簿，仁人也，行且生賢子，後必大。」明年穎生。天聖中，進士及第，授蔡州團練判官。王曾知青州、徙天雄軍，皆辟爲從事。後用曾薦，遷太子中允，爲集賢校理。歷開封府推官、三司度支判官、同修起居注，擢知制誥，累遷

尚書兵部員外郎。召入翰林爲學士，未及謝，卒。詔以告敕、襲衣、金帶、鞍勒馬賜其家。

穎舉進士，時王曾、張知白相繼爲南京留守，見穎謹厚篤學，謂其子弟曰：「若曹師表也。」張堯封嘗從穎學，所爲文，多留穎家。其後堯封女入禁中，爲修媛，甚被寵幸，令其弟化基詣穎，求編次其父稿，爲序以獻之。穎不答，亦不以獻。

梅摯字公儀，成都新繁人。進士，起家大理評事、知藍田上元縣，徙知昭州，通判蘇州。二浙饑，官貸種食，已而督償頗急，摯言借貸本以行惠，乃重困民，詔緩輸期。

慶曆中，擢殿中侍御史。時數有災異，引洪範上變戒曰：「『王省惟歲』，謂王總羣吏如歲，四時有不順，則省其職。今日食于春，地震于夏，雨水于秋。一歲而變及三時，此天意以陛下省職未至，而丁寧戒告也。伊、洛暴漲漂廬舍，海水入台州殺人民，浙江潰防，黃河溢埽，所謂『水不潤下』。陛下宜躬責修德，以回上帝之眷佑。陰不勝陽，則災異衰止，而盛德日起矣。」

徙開封府推官，遷判官。僧常瑩以簡札達宮人，輦官鄭玉醉呼，毆徼巡卒，皆釋不問，摯請悉杖配之。改度支判官，進侍御史。論石元孫「不死行陳，係纍以還，國之辱也，不斬



無以厲邊臣。」再奏不報。李用和除宣徽使，加同中書門下平章事。摯言：「國初，杜審瓊亦帝舅也，官止大將軍；李繼隆累有戰功，晚年始拜使相。祖宗慎名器如此，今不宜亟授無功。」以戶部員外郎兼侍御史知雜事、權判大理寺。言：「權陝西轉運使張堯佐非才，繇宮掖以進，恐上累聖德。」及奏減資政殿學士員，召待制官同議政，復百官轉對。帝謂大臣曰：「梅摯言事有體。」以爲戶部副使。

會宴契丹使紫宸殿，三司副使當坐殿東廡下。同列有謂曲宴〔一〕例坐殿上，而大宴當止殿門外爾。因不卽坐，與劉湜、陳洎趨出。降知海州，徙蘇州，入爲度支副使。初，河北歲饑，三司僉漕江、淮米餉河北。後江、淮饑，有司尙責其數，摯奏減之。

擢天章閣待制、陝西都轉運使。還判吏部流內銓，進龍圖閣學士、知滑州。州歲備河，調丁壯伐灘葦，摯以疲民，奏用州兵代之。河大漲，將決，夜率官屬督工徙完隄，水不爲患，詔獎其勞。勾當三班院、同知貢舉。請知杭州，帝賜詩寵行。累遷右諫議大夫，徙江寧府，又徙河中，卒。

摯性淳靜，不爲矯厲之行，政迹如其爲人。平居未嘗問生業，喜爲詩，多警句。有奏議四十餘篇。



司馬池字和中，自言晉安平獻王孚後，征東大將軍陽葬安邑瀾洄曲，後魏析安邑置夏縣，遂爲縣人。池少喪父，家貲數十萬，悉推諸父，而自力讀書。時議者以蒲坂、竇津、大陽路官運鹽回遠閒，乃開峆口道，自聞喜踰山而抵垣曲，咸以爲便。池謂人曰：「昔人何爲捨逕而就迂，殆必有未便者。」衆不以爲然。未幾，山水暴至，鹽車人牛盡沒入河，衆乃服。

舉進士，當試殿庭而報母亡，友匿其書。池心動，夜不能寐，曰：「吾母素多疾，家豈無有異乎？」行至宮城門，徘徊不能入。因語其友，而友止以母疾告，遂號慟而歸。後中第，授永寧主簿。出入乘驢。與令相惡，池以公事謁令，令南向踞坐不起，池挽令西向偶坐論事，不爲少屈。歷建德、郫縣尉。蜀人妄言戍兵叛，蠻將入寇，富人爭瘞金銀逃山谷間。令閭丘夢松假他事上府，主簿稱疾不出，池攝縣事。會上元張燈，乃縱民遊觀，凡三夕，民心遂安。

調鄭州防禦判官、知光山縣。禁中營造，詔諸州調竹木，州符期三日畢輸。池以土不產大竹，轉市蘄、黃，非三日可致，乃更與民自爲期，約過不輸者罪之，既而輸竹先諸縣。

盛度薦於朝，改秘書省著作佐郎、監安豐酒稅，徙知小溪縣。劉燁知河南府，辟知司錄參軍事，歲餘，通判留守司。樞密使曹利用奏爲羣牧判官，辭不就，朝廷固授之。利用嘗委括



大臣所負進馬價，池曰：「令之不行，由上犯之。公所負尙多，不先輸，何以趣他人。」利用驚曰：「吏給我已輸矣。」亟命送官，數日而諸負者皆入。利用貶，其黨畏罪，從而毀短者甚衆，池獨颺言于朝，稱利用枉，朝廷卒不問。

會詔百官轉對，池言：「唐制門下省，詔書之出，有不便者得以封還。今門下雖有封駁之名，而詔書一切自中書以下，非所以防過舉也。」內侍皇甫繼明給事章獻太后閤，兼領估馬司，自言估馬有羨利，乞遷官。事下羣牧司，閱無羨利。繼明方用事，自制置使以下皆欲附會爲奏，池獨不可。除開封府推官，敕至閤門，爲繼明黨所沮，罷知耀州。擢利州路轉運使、知鳳翔府。

召知諫院，上表懇辭。仁宗謂宰相曰：「人皆嗜進，而池獨嗜退，亦難能也。」加直史館，復知鳳翔。有疑獄上讞，大理輒復下，掾屬惶遽引咎。池曰：「長吏者政事所繇，非諸君過。」乃獨承其罪，有詔勿劾。岐陽鎭巡檢夜飲富民家，所部卒執之，俾爲約，不敢復督士卒，而後釋其縛；池捕首惡誅之，巡檢亦坐廢。

累遷尙書兵部員外郎，遂兼侍御史知雜事。嘗言：「陝西用兵無宿將，劉平好自用而少智謀，必誤大事。」後平果敗。更戶部度支、鹽鐵副使。歲滿，中書進名，帝曰：「是固辭諫官者。」擢天章閣待制、知河中府，徙同州，又徙杭州。

池性質易，不飾厨傳，剸劇非所長，又不知吳俗，以是謗議聞朝廷。轉運使江鈞、張從革劾池決事不當十餘條，及稽留德音，降知虢州。初，轉運使既奏池，會吏有盜官銀器，械州獄，自陳爲鈞掌私廚，出所賣過半；又越州通判載私物盜稅，乃從革之姻，遣人私請。或謂池可舉劾以報仇，池曰：「吾不爲也。」人稱其長者。徙知晉州，卒。子旦、光，光自有傳。從子里。

旦字伯康。清直敏強，雖小事必審思，度不中不釋。以父任，爲秘書省校書郎，歷鄭縣主簿。鄭有婦蘭訟奪人田者，家多金錢，市黨買吏，合爲奸謾，十年不決。旦取案一閱，情僞立見，黜吏十數輩，冤者以直。又井元慶豪欺鄉里，莫敢誰何，旦擒致于法。時旦年尙少，上下易之，自是驚服。吏捕蝗，因緣搔民。旦言：「蝗，民之仇，宜聽自捕，輸之官。」後著爲令。丁內外艱，服除，監饒州永平鑄錢監。知祁縣，天大旱，人乏食，羣盜剽敓，富家巨室至以兵自備。旦召富者開以禍福，於是爭出粟，減直以糶，猶不失其贏，飢者獲濟，盜患亦弭。

舉監在京百萬倉，時祁隸太原，以太原留，不召。通判乾州，未行，舉監在京雜物庫。知宜興縣，其民囂訟，旦每獄必窮根株，痛繩之，校繫縣門，民稍以詆冒爲恥。市貫大溪，賈





昌朝所作長橋，壞廢歲久，旦勸民葺復，不勞而成。

時王安石守常州，開運河，調夫諸縣。旦言：「役大而亟，民有不勝，則其患非徒不可就而已。請令諸縣歲遞一役，雖緩必成。」安石不聽。秋，大霖雨，民苦之，多自經死，役竟罷。歷知梁山軍、安州。旦治郡有大體，所施設，取於適理便事。再監鳳翔太平宮，以熙寧八年致仕。歷官十七遷，至太中大夫。元祐二年，卒，年八十二。

旦澹薄無欲，奉養苟完，人不見其貴。與弟光尤友愛終始，人無間言。光居洛，旦居夏縣，皆有園沼勝概。光歲一往省旦，旦亦間至洛視光。凡光平時所與論天下事，旦有助焉。及光被門下侍郎召，固辭不拜。旦引大義語之曰：「生平誦堯、舜之道，思致其君，今時可而違，非進退之正也。」光幡然就位。方是時，天下懼光之終不出，及聞此，皆欣然稱旦曰：「長者之言也。」

英宗即位，例以親屬入賀得官，時旦在梁山，諸孫未仕者皆不遣，惟遣其從兄子稟。旦與人交以信義，喜周其急。嘗有以罪免官貧不能存者，月分俸濟之，其人無以報，願以女爲妾。旦驚謝之，亟出妻奩中物使嫁之。旦生於丙午，與文彥博、程公珦、席汝言爲同年會，賦詩繪像，世以爲盛事，比唐九老。三子：良，試將作監主簿；富，承議郎、陝州通判；宏，陳留令。宏子朴。

里字昭遠。進士釋褐，授威勝軍判官，改大理寺丞。龐籍爲鄜延經略使，奏通判鄜州。州將武人，不法，里平居與之驩甚，臨事正色力爭，不少假借。性廉靜質直，所至有惠政。每罷官，至京師，未嘗有所謁覕。審官榜久闕，人所不取者，乃受之而去。後知乾州，爲太常少卿而卒。

朴字文季，少育于外祖范純仁。紹聖黨事起，父宏上書論辨得罪。純仁責永州，疾失明，客至，必令朴導以見。時方七歲，進揖應對如成人，客皆驚歎。以純仁遺恩爲官。宏死，徒跣負柩還。調晉寧軍士曹參軍。通判不法，轉運使王似諷朴伺其過，朴不可，曰：「下吏而陷長官，不唯亂常，人且不食吾餘矣，死不敢奉教。」似賢而薦之。

靖康初，入爲虞部、右司員外郎。金人次汴郊，命朴使之。二酋問朴家世，具以告。喜曰：「賢者之後也。」待之加禮，乃吐腹心，諭以亟求講解。朴復命，任事者疑不決。都城陷，欽宗思朴之言，以爲兵部侍郎。二帝將北遷，又貽書請存立趙氏，金人憚之，挾以北去，且悉取其孥。開封儀曹趙鼎，爲匿其長子倬於蜀，故得免。

建炎登極，赦至燕，朴私令齎詣徽宗，爲人所告。金主憐其忠，釋之。徽宗崩，朴與奉





使朱弁在燕共議制服，弁欲先請，朴曰：「爲臣子聞君父喪，當致其哀，尙何請。設請而不許，奈何？」遂服斬衰，朝夕哭。金人亦義而不問。又遣朱松年間行，以金人情實歸報。宋因王倫出使，持黃金賜朴。倫還，言金命朴爲行臺左丞，朴辭而止，益重之。後卒於眞定。訃聞，詔稱其忠節顯著，贈兵部尙書，謚曰忠潔。

李及字幼幾，其先范陽人，後徙鄭州。父覃，左拾遺。及舉進士，再調昇州觀察推官。寇準薦其才，擢大理寺丞、知興化軍。以殿中丞通判曹州。州民趙諫者，素無賴，持郡短長，縱爲奸利。及受命，諫在京師，乃謁及，及不之見，慢罵而去，投匿名書誣及，因以毀朝政。會上封者發諫事，命轉運使與及察其狀。及條上諫前後所爲不道，詔御史劾得其實，斬於都市，及由是知名。擢知隴州。

初，置提點刑獄，內出及與陳綱二人名付中書。明日，以綱使河北，及使陝西，特遷一官。還判三司磨勘司，出知鳳翔府，徙延州，除三司戶部副使，爲淮南轉運使，累遷太常少卿、知秦州。議者以及謹厚，非守邊才。及至秦州，州將吏亦頗易之。會有禁卒白晝攫婦人金釵於市，吏執以來。及方坐觀書，召之使前，略加詰問，其人服罪。及亟命斬之，觀書

如故，於是將士皆驚服。改左司郎中、樞密直學士，以右諫議大夫召還，勾當三班院，再遷尚書工部侍郎，歷知杭州鄆州、應天河南府，召拜御史中丞。卒，年七十。特贈禮部尚書，謚恭惠。

及資質清介，所治簡嚴，喜慰薦下吏，而樂道人之善。在杭州，惡其風俗輕靡，不事宴游。一日，冒雪出郊，衆謂當置酒召客，乃獨造林逋清談，至暮而歸。居官數年，未嘗市吳中物。比去，唯市白樂天集。在河南，杜衍爲提點刑獄，間與衍會，而具甚疏薄。他日，中貴人用事者至，亦無加品，衍歎其清德。娶張氏，性嫉悍。及嘗生子，鞠之外舍，張固請歸保養之，乃會親屬，以子擊堂柱，碎其首。及遂無子，以弟之子爲後。

燕肅字穆之，青州益都人。父峻，慷慨任俠，楊光遠反時，率其屬迎符彥卿，遂家曹州。肅少孤貧，游學。舉進士，補鳳翔府觀察推官。寇準知府事，薦改秘書省著作佐郎、知臨邛縣。縣民嘗苦吏追擾，肅削木爲牘，民訟有連逮者，書其姓名，使自召之，皆如期至。知考城縣，通判河南府。召爲監察御史，準方知河南，奏留之。遷殿中侍御史〔二〕、提點廣南西路刑獄，遷侍御史，徙廣南東路。還，爲丁謂所惡，出知





越州。徙明州，俗輕悍喜鬥，肅下令獨罪先毆者，於是鬥者爲息。直昭文館，爲定王府記室參軍，判尚書刑部。建言：「京師大辟一覆奏，而州郡之獄有疑及情可憫者上請，多爲法司所駁，乃得不應奏之罪。願如京師，死許覆奏。」遂詔疑獄及情可憫皆上請，語在刑法志。其後大辟上請者多得貸，議自肅始。

擢龍圖閣待制、權知審刑院、知梓州，還，同糾察在京刑獄，再判刑部，累遷左諫議大夫、知亳州，徙青州〔三〕。屬歲歉，命兼京東安撫使。入判太常寺兼大理寺，復知審刑。肅言：「舊太常鐘磬皆設色，每三歲親祠，則重飾之。歲既久，所塗積厚，聲益不協。」乃詔與李照、宋祁同按王朴律，即刬滌考擊，合以律準，試於後苑，聲皆協。又詔與章得象、馮元詳刻漏。進龍圖閣直學士、知潁州，徙鄧州。官至禮部侍郎致仕，卒。

肅喜爲詩，其多至數千篇。性精巧，能畫，入妙品，圖山水罨布濃淡，意象微遠，尤善爲古木折竹。嘗造指南、記里鼓二車及欹器以獻，又上蓮花漏法。詔司天臺考於鐘鼓樓下，云不與崇天曆合。然肅所至，皆刻石以記其法，州郡用之以候昏曉，世推其精密。在明州，爲海潮圖，著海潮論二篇。子度，孫瑛。

度字唐卿。登進士第，知陳留縣。京東蝗，年飢盜發，度勸邑豪出粟六萬以濟民，又行保伍法以察盜，善狀日聞。通判永興軍。三司使王堯臣舉爲戶部判官，以伐閱淺，始命權發遣，遂爲故事。

出知滑。滑與黎陽對境，河埽下臨魏都，霖潦暴至，薪芻不屬。度曰：「魏實爲河朔根本，不可坐視成敗。」悉以所儲茭楗禦之，埽賴以不潰。復爲戶部判官。歲皇祐甲午，益州言：「歲在甲午，蜀再亂，今又值之，民爲戚戚。」乃命度出使備不虞，還奏無足慮。權河北轉運副使，六塔河決，坐貶秩知蔡州，徙福州。閩故多盜，度請假事權制摠一道，遂加兵馬鈐轄。入爲戶部副使，以右諫議大夫知潭州。卒，年七十。

度有心計，凡六佐大農。慶曆中，三司請榷河北鹽。度言：「川峽不榷酒，河北不禁鹽，此祖宗順民俗，不易之制也，榷之非是。」會張方平亦論之，議遂寢。

瑛字仁叔，以蔭爲瑕丘尉。縣人習爲盜，瑛榜諭曰：「今平民或呼以盜，必怒見詞色，顧乃舍耕稼本業，爲人所不肯爲者。及陷於罪，則終身不齒於鄉閭，尉不忍以是待汝。」盜感悟，爲稍弭。累遷太府丞、開封少尹。歷廣東轉運判官，進副使，加直秘閣。時方尚老氏教，瑛言：「守臣任滿考課，乞以興崇教法、拯葺道宮爲善最。」從之。連進直龍圖閣。

時瑛在嶺嶠七年，括南海犀珠、香藥，奉宰相內侍，人目之爲「香燕」。遂以徽猷閣待制





提舉醴泉觀，拜戶部侍郎。徽宗賜書「仁人義士之家」以表之，蓋取王安石頌其曾大父肅詩語也。轉開封尹，賜進士出身，兼侍讀，且將大用。後以御史言瑛不能撥煩戢奸吏，致賊殺不辜，罷爲龍圖閣直學士。未數月，爲戶部尚書。

靖康初，以龍圖閣學士知河陽。金兵入寇，三城當兵衝，瑛至，未及備，而兵騎大集，乘銳攻城，瑛不能禦，將出奔，爲亂兵所害，年五十。建炎初，賜端明殿學士。

蔣堂字希魯，常州宜興人。擢進士第，爲楚州團練推官。滿歲，吏部引對，眞宗覽所試判，善之，特授大理寺丞、知臨川縣。縣富人李甲多爲不法，前令莫能制，堂戒諭不悛，白州以兵索其家，得僭乘輿物，置于死。

歷通判眉、許、吉、楚州，以太常博士知泗州，召爲監察御史。禁中火，有司請究所起，多引宮人屬吏。堂言：「火起無迹，安知非天意也，陛下宜修德應變。有司乃欲歸咎宮人，以之屬吏，何求不可，而遂賜之死，是重天譴也。」詔原之。論奏郭皇后不當廢，坐贖。再遷侍御史、判三司度支勾院，出爲江南東路轉運使，徙淮南，兼江、淮發運事。

時廢發運使，上封者屢以爲非便。堂言：「唐裴耀卿、劉晏、第五琦、李巽、裴休，皆嘗爲

江淮、河南轉運使，不聞別置使名。國朝卞衮、王嗣宗、劉師道，亦止爲轉運兼領發運司事，而歲輸京師常足。」時雖用其議，後卒復。在江、淮，歲薦部吏二百人。或謂曰：「一有謬舉，且得罪，何以多爲？」堂曰：「十得二三，亦足報國。」坐失按蘄州王蒙正故入部吏死罪，降知越州。州之鑑湖，馬臻所爲，溉田八千頃，食利者萬家，前守建言聽民自占，多爲豪右所侵，堂奏復之。

徙蘇州，入判刑部，徙戶部勾院，歷戶部、度支、鹽鐵副使，安撫梓夔路，擢天章閣待制、江淮制置發運使。先是，發運使上計，造大舟數十，載江、湖物入遺京師權貴，堂曰：「吾豈爲此，歲入自可附驛奏也。」前後五年，未嘗一至京師。就除河東路都轉運使，未行，知洪州。改應天府，累遷左司郎中、知杭州，以樞密直學士知益州。

慶曆初，詔天下建學。漢文翁石室在孔子廟中，堂因廣其舍爲學宮，選屬官以教諸生，士人翕然稱之。楊日嚴在蜀，有能名，堂素不樂之。於是節遊宴，減廚傳，專尚寬縱，頗變日嚴之政。又建銅壺閣，其制宏敞，而材不預具，功既半，乃伐喬木于蜀先主惠陵、江瀆祠，又毀后土及劉禪祠，蜀人浸不悅，獄訟滋多。久之，或以爲私官妓，徙河中府，又徙杭州、蘇州。以尚書禮部侍郎致仕，卒，特贈吏部侍郎。

堂爲人清修純飭，遇事毅然不屈，貧而樂施。好學，工文辭，延譽晚進，至老不倦，尤





嗜作詩，有吳門集二十卷。

劉夔字道元，建州崇安人。進士中第，補廣德軍判官，累遷尚書屯田員外郎，權侍御史。李照改製大樂鐘磬，夔以爲：「樂之大本，與政化通，不當輕易其器。願擇博學之士以補卿、丞，凡四方妄獻說以要進者，請一切罷之。」帝善其言。

歷三司戶部判官，判度支勾院，江西、兩浙、淮南轉運使，加直史館、知陝州，改太常少卿、知廣州。所至有廉名。權三司度支副使。桂陽監蠻唐和寇邊，以右諫議大夫、龍圖閣直學士知潭州，兼湖南安撫使。初至，遣人諭蠻酋使降；不從，乃舉兵擊敗和于銀江源，進破其巢穴，蠻逃遁遠去。前將以帛購蠻首，至是有持首取購者，按問，乃輒殺平民，誅之而罷購，州境獲安。還，權判吏部流內銓、知審刑院。

河北大水，民流入京東爲盜，詔增京東守備。帝問誰可守鄆者，宰相以夔對，進給事中、樞密直學士以往。至鄆，發廩振飢，民賴全活者甚衆，盜賊衰息，賜書褒諭。大臣議欲修復河故道，夔極言其不可，遂罷。遷工部侍郎、知福州。請解官入武夷山爲道士，弗許。知建州，尋告老，遂以戶部侍郎致仕。英宗卽位，遷吏部。卒，年八十三。

夔嘗過江東，見二囚繫累年矣。問之，曰：「前此殺吉州掾徐咸，疑二人者。」夔爲言於朝，釋之，後果得眞盜。嘗遇隱者，得養生術，遂蔬食及獨居，退處一閤，家人罕見其面。至老，手足耳目強明，如少壯時。不治財產，所收私田有餘穀，則以振鄉里貧人。前死數日，自作遺表，以祿賜所餘分親族。告其家人曰：「某日，吾死矣。」如期而死。無子。

馬亮字叔明，廬州合肥人。舉進士，爲大理評事、知蕪湖縣，再遷殿中丞、通判常州。吏民有因緣亡失官錢，籍其貲猶不足以償，妻子連逮者至數百人。亮縱去，緩與之期，不踰月，盡輸所負。羅處約使江東，以亮治行聞，擢知濮州。

會諸路轉運司置糾察刑獄官，以福建路命亮，覆訊寃獄，全活者數十人。遷太常博士、知福州。蘇易簡薦亮才任繁劇，召還，同提點三司都勾院、磨勘憑由司。久之，出知饒州。州豪白氏多執吏短長，嘗殺人，以赦免，愈驁橫，爲閭里患，亮發其奸，誅之，部中畏慴。州有鑄錢監，匠多而銅錫不給，亮請分其工之半，別置監于池州，歲增鑄緡錢十萬。遷殿中侍御史。

眞宗卽位，上書言：「陛下初政，軍賞宜速，而所在不時給，請遣使分督之。又赦書蠲除州縣逋負，而有司趣責愈急，宜如赦推恩以寬民。故事，以親王尹開封，地尊勢重，嫌隙易





生，願鑒其絲，以示保全親愛之道。契丹仍歲南侵，河朔蕭然，請修好以息邊民。」帝善其言，以亮爲可用。

王均反，以爲西川轉運副使。賊平，主將邀功，誅殺不已，亮全活千餘人。城中米斗千錢，亮出廩米裁其價，人賴以濟。召問蜀事，會械送賊詿誤者八十九人至闕下，執政欲盡誅之。亮曰：「愚民脅從，此特百之一二，餘竄伏山林者衆。今不貸之，反側之人，聞風疑懼，一唱再起，是滅一均、生一均也。」帝悟，悉宥之。加直史館，復遣還部。

時諸州鹽井，歲久泉涸，而官督所負課，繫捕者州數百人。亮盡釋繫者，而奏廢其井，又除屬部舊逋官物二百餘萬。還知潭州，屬縣有亡命卒剽攻，爲鄉閭患，人共謀殺之。事覺，法當死者四人，亮咸貸之，曰：「爲民去害，而反坐以死罪，非法意也。」徙昇州。行次江州，屬歲旱民飢，湖湘漕米數十舟適至，亮移文守將，發以振貧民。因奏：「瀕江諸郡皆大歉，而吏不之救，願罷官糴，令民轉粟以相賙。」

以右諫議大夫知廣州。時宜州陳進初平，而澄海兵從進反者家屬二百餘人，法當配隸，亮悉置不問。鹽戶逋課，質其妻子於富室，悉取以還其家。海舶久不至，使招來之，明年，至者倍其初，珍貨大集，朝廷遣中使賜宴以勞之。是歲東封，亮敦諭大食陀婆離、蒲含沙貢方物泰山下。

歷知虔洪二州、江陵府，再遷尚書工部侍郎，復知昇州，徙杭州，加集賢院學士。先是，江濤大溢，調兵築堤而工未就，詔問所以捍江之策。亮禱伍員祠下[四]，明日，潮爲之却，出橫沙數里，隄遂成。入爲御史中丞。建言：「士民父祖未葬而析居，請自今未葬者，毋得輒析。」明年，改兵部侍郎、知廬州，徙江陵，又徙江寧府。仁宗初，拜尚書右丞，復知廬州，召判尚書都省兼知審刑院，遷工部尚書、知亳州，又遷江寧府，以太子少保致仕，卒，贈尚書右僕射。

亮有智略，敏於政事，然其所至無廉稱。呂夷簡少時，從其父蒙亨爲縣福州，亮見而奇之，妻以女。妻劉恚曰：「嫁女當與縣令兒邪？」亮曰：「非爾所知也。」陳執中、梁適爲京官，田況、宋庠及其弟祁爲童子時，亮皆厚遇之，曰：「是後必大顯。」世以亮爲知人。亮卒，時夷簡在相位，有司謚曰忠肅，人不以爲是也。子仲甫，爲天章閣待制。

陳希亮字公弼，其先京兆人。唐廣明中，違難遷眉州靑神之東山。希亮幼孤好學，年十六，將從師，其兄難之，使治錢息三十餘萬。希亮悉召取錢者，焚其券而去。業成，乃召兄子庸、諭使學，遂俱中天聖八年進士第，里人表其閭曰「三儁」。





初爲大理評事、知長沙縣。有僧海印國師，出入章獻皇后家，與諸貴人交通，恃勢據民地，人莫敢正視，希亮捕治寘諸法，一縣大聳。郴州竹場有僞爲劵給輸戶送官者，事覺，輸戶當死，希亮察其非辜，出之，已而果得其造僞者。再遷殿中丞，徙知鄠縣[五]。老吏曹腆侮法，以希亮年少，易之。希亮視事，首得其罪。腆叩頭出血，願自新，希亮戒而捨之，卒爲善吏。巫覡歲斂民財祭鬼，謂之春齋，否則有火災；民訛言有緋衣三老人行火。希亮禁之，民不敢犯，火亦不作。毀淫祠數百區，勒巫爲農者七十餘家。及罷去，父老送之出境，泣曰：「公去我，緋衣老人復出矣。」遷太常博士。有言郴獄活人死罪，賜五品服。

初，蜀人官蜀，不得通判州事。希亮以母老，願折資爲縣侍親，於是知臨津縣。母終，服除，爲開封府司錄司事。福勝塔火，官欲更造，度用錢三萬，希亮言：「陝西用兵，願以此餽軍。」詔罷之。青州民趙禹上書，言趙元昊必反，宰相以禹狂言，徙建州，元昊果反。禹訟所部，不受，亡至京自理，宰相怒，下開封獄。希亮言禹可賞不可罪，爭不已。上釋禹，賞爲徐州推官，且欲以希亮爲御史。會外戚沈元吉以奸盜殺人，希亮一問得實，自驚仆死，沈氏訴之，詔御史劾希亮及諸掾吏。希亮曰：「殺此賊者獨我耳。」遂引罪坐廢。

期年，盜起京西，殺守令，富弼薦希亮可用，起知房州。州素無兵備，民凜凜欲亡去，希亮以牢城卒雜山河戶，得數百人。日夜部勒，聲振山南，民恃以安。殿侍雷甲以兵百餘人

逐盜竹山，甲不能戢，所至爲暴。或疑爲盜，告希亮盜入境，且及門。希亮即勒兵阻水拒之，命持滿無得發，士皆植立如偶人。甲射之，不動，乃下馬拜請死，曰：「初不知公官軍也。」吏士皆欲斬甲以狥，希亮獨治爲暴者十餘人，使甲以捕盜自贖。

時劇賊党軍子方張，轉運使使供奉官崔德贇捕之。德贇既失党軍子，遂圍竹山民賊所嘗舍者曰向氏，殺父子三人，梟首南陽市。曰：「此党軍子也。」希亮察其寃，下德贇獄，未服。党軍子獲於商州，詔賜向氏帛，復其家，流德贇通州。或言華陰人張元走夏州，爲元昊謀臣。詔徙其族百餘口於房，幾察出入，飢寒且死。希亮曰：「元事虛實不可知，使誠有之，爲國者終不顧家，徒堅其爲賊耳。此又皆其疏屬，無罪。」乃密以聞，詔釋之。老幼哭希亮庭下曰：「今當還故鄉，然奈何去父母乎？」遂畫希亮像祠焉。

代還，執政欲以爲大理少卿，希亮曰：「法吏守文，非所願，願得一郡以自效。」乃以爲宿州。州跨汴爲橋，水與橋爭，常壞舟。希亮始作飛橋，無柱，以便往來。詔賜縑以褒之，仍下其法，自畿邑至于泗州，皆爲飛橋。

皇祐元年，移滑州。奏事殿上，仁宗勞之曰：「知卿疾惡，無懲沈氏子事。」未行，詔提舉河北便糴。都轉運使魏瓘劾希亮擅增損物價。已而瓘除龍圖閣學士、知開封府，希亮乞廷辨。既對，仁宗直希亮，奪瓘職知越州，且欲用希亮。希亮言：「臣與轉運使不和，不得爲無





罪。」力請還滑。會河溢魚池埽，且決，希亮悉召河上使者，發禁兵捍之。廬於所當決，吏民涕泣更諫，希亮堅臥不動，水亦去，人比之王尊。是歲，盜起宛句，晝劫張郭鎭，執濮州通判井淵。仁宗以爲憂，問執政可用者。未及對，仁宗曰：「朕得之矣。」乃以希亮爲曹州。不逾月，悉擒其黨。

淮南飢，安撫、轉運使皆言壽春守王正民不任職，正民坐免，詔希亮乘傳代之。轉運使調里胥米而蠲其役，凡十三萬石，謂之折役米。米翔貴，民益飢。希亮至，除之，且表其事，旁郡皆得除。又言正民無罪，職事辦治。詔復以正民爲鄂州。

久之，徙知廬州。虎翼軍士屯壽春者，以謀反誅，遷其餘不反者數百人於廬，皆自疑不安。一日，有竊入府舍將爲不利者。希亮笑曰：「此必醉耳。」貸而流之，盡以其餘給左右使令，且以守倉庫。人爲之懼，希亮益加親信，皆感德，指心誓爲希亮死。改提點刑獄江東，遷度支郎中，徙河北。

嘉祐二年，入爲開封府判官，改判三司戶部勾院。朝廷以三司事冗，簿書留滯，乃命希亮又兼開拆司。榮州鬻鹽凡十八井，歲久澹竭，有司責課如初，民破產籍沒者三百餘家。希亮爲言，還其所籍，歲蠲三十餘萬斤。三司簿書滯留者，自天禧以來，末帳六百有四，明道以來，生事二百一十二萬，希亮日夜課吏，凡九月，去其三之二。度支吏不時勾，希亮杖

之。副使以希亮擅決罰，由是事復滯。

會接伴契丹使還，自請補外，乃以爲京西轉運使，賜三品服。石塘河役兵叛，其首周元自稱周大王，震動汝、洛間。希亮聞之，卽日輕騎出按，吏請以兵從，希亮不許。其賊二十四人道遇希亮，以希亮輕出，意色閑和，不能測，遂相與列訴道周。希亮徐問其所苦，命一老兵押之，曰：「以是付葉縣，聽吾命。」既至，令曰：「汝以自首，皆無罪，然必有首謀者。」衆不敢隱，乃斬元以狥，流軍校一人，餘悉遣赴役如初。

遷京東轉運使。濰州〔六〕參軍王康赴官，道博平，大猾有號「截道虎」者，毆康及其女幾死，吏不敢問。希亮移捕甚急，卒流海島；又劾吏故縱，坐免者數人。徐州守暴苛，以細過籍民産數十家，獲小盜，使必自誣抵死。希亮言其狀，卒以廢去。

數上章請老，不允，移知鳳翔。倉粟支十二年，主者以腐敗爲憂，歲飢，希亮發十二萬石貸民。有司懼爲擅發，希亮身任之。是秋大熟，以新易舊，官民皆便。于闐使者入朝，過秦州，經略使以客禮享之。使者驕甚，留月餘，壞傳舍什器，縱其徒入市掠飲食，民戶皆晝閉。希亮聞之曰：「吾嘗主契丹使，得其情。使者初不敢暴横，皆譯者教之，吾痛繩以法，譯者懼，其使不敢動矣。况此小國乎？」乃使教練使持符告譯者曰：「入吾境，有秋毫不如法，吾且斬若。」取軍令狀以還。使者至，羅拜庭下，希亮命坐兩廊飲食之，護出其境，無一人



譁者。

英宗卽位，遷太常少卿。獄有盜，法當死，僚官持不可。久之，盜殺守吏遁去。希亮以前議讞于朝，而希亮之議是。僚官懼，欲以事中希亮，希亮自顧無有其事。始，州郡以酒相餉，例皆私有之，而法不可。希亮以遺游士之貧者，既而曰：「此亦私也。」以家財償之。遂借此上書自劾，求去不已，坐是分司西京。未幾致仕，卒，年六十四。希亮嘗夢異人按圖而告之年，至是果然。贈工部侍郎。

希亮爲人清勁寡欲，不假人以色，自王公貴人，皆嚴憚之。見義勇發，不計禍福。所至，奸民猾吏，易心改行，不改者必誅。然出於仁恕，故嚴而不殘。少與蜀人宋輔游，輔卒於京，母老，子端平幼，希亮養其母終身，以女妻端平，使同諸子學，卒登進士第。

四子。忱〔七〕，度支郎中。恪，滑州推官。恂，大理寺丞。慥字季常，少時使酒好劍，用財如糞土，慕朱家、郭解爲人，閭里之俠皆宗之。在岐下，嘗從兩騎挾二矢與蘇軾遊西山。鵲起於前，使騎逐而射之，不獲，乃怒馬獨出，一發得之。因與軾馬上論用兵及古今成敗，自謂一世豪士。稍壯，折節讀書，欲以此馳騁當世，然終不遇。洛陽園宅壯麗與公侯等，河北有田歲得帛千匹，晚年皆棄不取。遯於光、黄間，曰岐亭。庵居蔬食，徒步往來山中，妻子奴婢皆有自得之意，不與世相聞，人莫識也。見其所著帽方屋而高，曰：「此豈古方



山冠之遺像乎？」因謂之「方山子」。及蘇軾謫黄，過岐亭，識之，人始知爲慥云。

論曰：乘雅恬退，穎不阿貴戚，有儒者之風。摯淳靜而不矯，湜質易而長厚，肅議法平恕，及、堂、夔清修自守，蓋侍從之選也。希亮爲政嚴而不殘，其良吏與。馬亮饒才智而寡廉稱，士論以此惜之。

## 校勘記

〔一〕曲宴　原作「典宴」，長編卷一六〇作「曲燕」；趙升朝野類要卷一說：「有旨內苑留臣下賜宴，謂之曲宴，與大宴不同之義也。」作「曲宴」是。據改。

〔二〕殿中侍御史　「殿」字原脫，據本書卷一六四職官志、東都事略卷六〇本傳補。

〔三〕徙青州　「青州」原作「清州」。宋代清州在河北路，而於京東路置有青州，爲京東東路安撫使治所，見本書卷八五地理志。宋會要職官四一之七九：「凡諸路安撫之名，並以逐州知州充。」本傳下文有「屬歲歉，命兼京東安撫使。」則燕肅所徙當是青州無疑。據改。

〔四〕褏　原作「褎」。按琬琰集中編卷一晏殊馬亮墓誌銘記此事，作「公至部，例謁伍員之廟，躬袖詔



檢示於晬像」。「褎」當是「褏」之誤寫，漢書卷九三董賢傳顏師古注：「褏古袖字。」今改。

〔五〕鄠縣　當作「雩都」。按蘇軾蘇東坡集前集卷三三陳公弼傳、琬琰集中編卷三一陳希亮墓誌銘都作「雩都」，後者並明載是「虔州雩都」。鄠縣屬京兆府，雩都屬虔州，分別見本書卷八七、八八地理志。此誤。

〔六〕濰州　原作「維州」，蘇東坡集前集卷三三陳公弼傳、琬琰集中編卷三一陳希亮墓誌銘都作「濰州」。按本書卷八五地理志，濰州屬京東路，和陳希亮當時任職地區相符，據改。

〔七〕忱　原作「悅」，據蘇東坡集前集卷三三陳公弼傳、琬琰集中編卷三一陳希亮墓誌銘改。

# 宋史卷二百九十九

## 列傳第五十八

狄棐 子遵度　郎簡　孫祖德　張若谷　石揚休　祖士衡
李垂　張洞　李仕衡　李溥　胡則　薛顏　許元　鍾離瑾
孫沖　崔嶧　田瑜　施昌言

狄棐字輔之，潭州長沙人。少隨父官徐州，以文謁路振，振器愛之，妻以女。舉進士甲科，以大理評事知分宜縣。歷開封府司錄，知壁州。道長安，爲寇準所厚，準復入相，乃薦通判益州。擢開封府判官，歷京西益州路轉運、江淮制置發運使，累遷太常少卿、知廣州，加直昭文館。代還，不以南海物自隨，人稱其廉。拜右諫議大夫、龍圖閣直學士、權判吏部流內銓，出知滑州，進給事中，徙天雄軍。會給郊賞帛不善，士卒譁譟趣府門，棐不能治。事聞，命侍御史劉夔按視，未及境，衆不自安。棐馳白夔，請給以行河事。夔至，與轉運使李





絳誅首惡數人。棐坐罷懦，降知隨州，徙同州。勾當三班院，進樞密直學士，歷知陝鄭州、河中河南府，復判流內銓。出知揚州，未行，卒。

有狄國賓者，仁傑之後，分仁傑告身與棐，棐奏錄國賓一官，而自稱仁傑十四世孫。棐在河中時，有中貴人過郡，言將援棐於上前。棐答以他語，退謂所親曰：「吾湘潭一寒士，今官侍從，可以老而自汚耶？」其爲政愷悌，不爲表襮，死之日，家無餘貲。

子遵度，字元規。少穎悟，篤志於學。每讀書，意有所得，即仰屋瞪視，人呼之，弗聞也。少舉進士，一斥於有司，恥不復爲。以父任爲襄縣主簿，居數月，棄去。好爲古文，著春秋雜說，多所發明。嘗患時學靡敝，作擬皇太子册文、除侍御史制、裴晉公傳，人多稱之。尤嗜杜甫詩，嘗讚其集。一夕，夢見甫爲誦世所未見詩，及覺，纔記十餘字，遵度足成之，爲佳城篇。後數月卒。有集十二卷。

郎簡字叔廉，杭州臨安人。幼孤貧，借書錄之，多至成誦。進士及第，補試秘書省校書郎、知寧國縣，徙福淸令。縣有石塘陂，歲久湮塞，募民浚築，漑廢田百餘頃，邑人爲立生祠。調隨州推官。及引對，眞宗曰：「簡歷官無過，而無一人薦，是必恬於進者。」特改秘書省著作佐郎、知分宜縣，徙知竇州。縣吏死，子幼，贅壻僞爲券冒有其貲。及子長，屢訴不得直，乃訟于朝。下簡劾治，簡示以舊牘曰：「此爾翁書耶？」曰：「然。」又取僞券示之，弗類也，始伏罪。

徙藤州，興學養士，一變其俗，藤自是始有舉進士者。通判海州，提點利州路刑獄。官罷，知泉州。累遷尚書度支員外郎、廣南東路轉運使，擢秘書少監、知廣州，捕斬賊馮佐臣。入判大理寺，出知越州，復歸判尚書刑部，出知江寧府，歷右諫議大夫、給事中、知揚州，徙明州。以尚書工部侍郎致仕。祀明堂，遷刑部。卒，年八十有九，特贈吏部侍郎。

簡性和易，喜賓客。即錢塘城北治園廬，自號武林居士。道引服餌，晚歲顏如丹。尤好醫術，人有疾，多自處方以療之，有集驗方數十，行于世。一日，謂其子潔曰：「吾退居十五年，未嘗小不懌，今意倦，豈不逝歟？」就寢而絕。幼從學四明朱頔，長學文於沈天錫，既仕，均奉資之。後二人亡，又訪其子孫，爲主婚嫁。平居宴語，惟以宣上德、救民患爲意。孫沔知杭州，榜其里門曰德壽坊。然在廣州無廉稱，蓋爲潔所累。潔，終尚書都官員外郎。





孫祖德字延仲，濰州北海人。父航，監察御史、淮南轉運。祖德進士及第，調濠州推官、校勘館閣書籍。時校勘官不爲常職，滿歲而去。改大理寺丞、知楡次縣，上書言刑法重輕。以尚書屯田員外郎通判西京留守司。方冬苦寒，詔罷內外工作，而錢惟演督修天津橋，格詔不下。祖德曰：「詔書可稽留耶？」卒白罷役。

入爲殿中侍御史，遷侍御史。章獻太后春秋高，疾加劇，祖德請還政。已而疾少間，祖德大恐。及太后崩，諸嘗言還政者多進用，遂擢尚書兵部員外郎兼起居舍人、知諫院。言郭皇后不當廢，獲罪，以贖論。久之，遷天章閣待制。

時三司判官許申因宦官閻文應獻計，以藥化鐵成銅，可鑄錢，裨國用。祖德言：「僞銅，法所禁而官自爲，是敎民欺也。」固爭之，出知兗徐蔡州、永興軍。徙鳳翔府，請置鄕兵。改龍圖閣直學士、知梓州，累遷右諫議大夫、知河中府。歷陳許蔡路鄆亳州、應天府，以疾得潁州，除吏部侍郎致仕，卒。有論事七卷。

祖德少淸約，及致仕，娶富人妻，以規有其財。已而妻悍，反賚以財而出之。子珪，江東轉運使。

張若谷字德繇，南劍沙縣人。進士及第，爲巴州軍事推官。會蜀寇掠鄰郡，若谷攝州事，率衆爲守禦備，賊乃引去。調全州軍事推官。入見，眞宗識其名，顧曰：「是嘗在巴州禦賊者耶？」特改大理寺丞、知濛陽縣。三司言：「廣寧監歲鑄緡錢四十萬，其主監宜擇人。」乃以命若谷。歲餘，所鑄贏三十萬緡。擢知處州，歷江湖淮南益州路轉運、江淮制置發運使。入爲三司度支、鹽鐵副使，累遷右諫議大夫、知并州。

先是，麟、府歲以繒錦市蕃部馬，前守輒罷之。若谷以謂：互市，所以利戎落而通邊情，且中國得戰馬；亟罷之，則猜阻不安。奏復市如故，而馬入歲增。提舉諸司庫務，權判大理寺，進樞密直學士，歷知澶州、成德軍、揚州、江寧府，入知審官院，糾察在京刑獄，知通進銀臺司、應天府。改龍圖閣學士，徙杭州。會歲飢，斥餘廩爲糜粥賑救之。權判吏部流內銓、知洪州，累官至尚書左丞致仕。

若谷素爲宰相張士遜引拔，然所至亦自有循良跡，不激訐取名云。

石揚休字昌言，其先江都人。唐兵部郎中仲覽之後，後徙京兆。七代祖藏用，右羽林大將軍，明於曆數，嘗召家人謂曰：「天下將有變，而蜀爲最安處。」乃去依其親眉州刺史李



滈，遂爲眉州人。

揚休少孤力學，進士高第，爲同州觀察推官，遷著作佐郎、知中牟縣。縣當國西門，衣冠往來之衝也，地瘠民貧，賦役煩重，富人隸太常爲樂工，僥倖免役者凡六十餘家。揚休請悉罷之。改秘書丞，爲秘閣校理、開封府推官，累遷尙書祠部員外郎，歷三司度支、鹽鐵判官。坐前在開封嘗失盜，出知宿州。

頃之，召入爲度支判官，修起居注。初，記注官與講讀諸儒，皆得侍坐邇英閣。揚休奏：「史官記言動，當立以侍。」從其言。判鹽鐵勾院，以刑部員外郎知制誥、同判太常寺。初，內出香祠溫成廟，帝誤書名稱臣，揚休言：「此奉宗廟禮，有司承誤不以聞。」帝嘉之。兼勾當三班院，爲宗正寺修玉牒官。遷工部郎中，未及謝，卒。

揚休喜閑放，平居養猿鶴，玩圖書，吟詠自適，與家人言，未嘗及朝廷事。及卒，發楮中所得上封事十餘章，其大略：請增諫官以廣言路，置五經博士使學者專其業，出御史按察諸道以防壅蔽，復齒胄之禮以強宗室，擇守令，重農桑，禁奢侈，皆有補於時者。然揚休爲人愼默，世未嘗以能言待之也。至於誥命，尤非所長。

平生好殖財。因使契丹，道感寒毒，得風痺，謁告歸鄉，別墳墓。揚休初在鄉時，衣食不足，徒步去家十八年。後以從官還鄉里，疇昔同貧窶之人尙在，皆曰：「昌言來，必賙我矣。」揚休卒不揮一金，反遍受里中富人金以去。

祖士衡字平叔，蔡州上蔡人。少孤，博學有文，爲李宗諤所知，妻以兄子。楊億謂劉筠曰：「祖士衡辭學日新，後生可畏也。」舉進士甲科，授大理評事、通判蘄州，再遷殿中丞、直集賢院，改右正言、戶部判官。未幾，提舉在京諸司庫務，遷起居舍人、注釋御集檢閱官，遂知制誥，爲史館修撰，糾察在京刑獄，同知通進、銀臺司。

天聖初，以附丁謂，落職知吉州。言者又以在郡不修飭，復降監江州稅。士衡兒時過外家，有僧善相，見之，語人曰：「是兒神骨秀異，他日有名于時，若年過四十，當位極人臣。」年三十九，卒于官。

李垂字舜工，聊城人。咸平中，登進士第，上兵制、將制書。自湖州錄事參軍召爲崇文校勘，累遷著作郎、館閣校理。上導河形勝書三卷，欲復九河故道，時論重之。又累修起居注。丁謂執政，垂未嘗往謁。或問其故，垂曰：「謂爲宰相，不以公道副天下望，而恃權怙





勢。觀其所爲，必遊朱崖，吾不欲在其黨中。」謂聞而惡之，罷知亳州，遷潁、晉、絳三州。明道中，還朝，閤門祗候李康伯謂曰：「舜工文學議論稱於天下，諸公欲用爲知制誥，但宰相以舜工未嘗相識，盍一往見之。」垂曰：「我若昔謁丁崖州，則乾興初已爲翰林學士矣。今已老大，見大臣不公，常欲面折之，焉能趨炎附熱，看人眉睫，以冀推輓乎？道之不行，命也。」執政知之，出知均州。卒，年六十九。

五子，仲昌最知名，銳於進取，嘗獻計修六塔河無功，自殿中丞責英州文學參軍。

張洞字仲通，開封祥符人。父惟簡，太常少卿。洞爲人長大，眉目如畫，自幼開悟，卓犖不羣。惟簡異之，抱以訪里之卜者。曰：「郎君生甚奇，必在策名，後當以文學政事顯。」既誦書，日數千言，爲文甚敏。未冠，嘩然有聲，遇事慷慨，自許以有爲。時，趙元昊叛擾邊，關、隴蕭然，困於飛輓，且屢喪師。仁宗太息，思聞中外之謀。洞以布衣求上方略，召試舍人院，擢試將作監主簿。

尋舉進士中第，調漣水軍判官，遭親喪去，再調潁州推官。民劉甲者，強弟柳使鞭其婦，既而投杖，夫婦相持而泣。甲怒，逼柳使再鞭之，婦以無罪死。吏當夫極法，知州歐陽

脩欲從之。洞曰：「律以教令者爲首，夫爲從，且非其意，不當死。」衆不聽，洞卽稱疾不出，不得已讞於朝，果如洞言，脩甚重之。

晏殊知永興軍，奏管勾機宜文字。殊儒臣，喜客，游其門者皆名士，尤深敬洞。改大理丞、知鞏縣。會殊留守西京，復奏知司錄。殊晚節驟用刑，幕府無敢言。洞平居與殊賦詩飲酒，傾倒無不至，當事有官責，持議甚堅，殊爲沮止，洞亦自以不負其知。

樞密副使高若訥、參知政事吳育薦其文學，宜爲館職，召試學士院，充秘閣校理、判祠部。時天下戶口日蕃，民去爲僧者衆。洞奏：「至和元年，敕增歲度僧，舊敕諸路三百人度一人，後率百人度一人；又文武官、內臣墳墓，得置寺撥放，近歲滋廣。若以勳勞宜假之者，當依古給戶守冢，禁毋樵採而已。今祠部帳至三十餘萬僧，失不裁損，後不勝其弊。」朝廷用其言，始三分減一。知太常禮院，宰相陳執中將葬，洞與同列謚爲榮靈，其孫訴之，詔孫抃等復議，改曰恭。洞駁奏：「執中位宰相，無功德而罪戾多，生不能正法以黜之，死猶當正名以誅之。」竟從抃等議。

初，皇后郭氏忤旨得罪廢沒，後仁宗悔之，詔追復其號，二十餘年矣。至是，有司請祔於廟。知制誥劉敞以謂：「春秋書『禘于太廟，用致夫人』。致者，不宜致也。且古者不二嫡，當許其號，不許其禮。」洞奏：「后嘗母天下，無大過惡，中外所知。陛下既察其偶失恭順，洗





之於既沒，猶曰不許其禮，於義無當。且廢后立后，何嫌於嫡？此當時大臣護已然之失，乖正名之典，而敞復引春秋『用致夫人』。按左氏哀姜之惡所不忍道，而二傳有非嫡之辭，敞議非是。若從變禮，尙當別立廟。」不行。轉太常博士，判登聞鼓院。仁宗方嚮儒術，洞在館閣久，數有建明，仁宗以爲知經，會覆攷進士崇政殿，因賜飛白「善經」字寵之。洞獻詩謝，復賜詔獎諭。

出知棣州，轉尙書祠部員外郎。河北地當六塔之衝者，歲決溢病民田。水退，強者遂冒占，弱者耕居無所。洞奏一切官爲標給，蠲其租以綏新集。河北東路民富蠶桑，契丹謂之「綾絹州」，朝廷以爲內地不慮。洞奏：「今滄、景，契丹可入之道，兵守多缺，契丹時以販鹽爲名，舟往來境上，此不可不察。願度形勢，置帥、增屯戍以控扼之。」

時天下久安，薦紳崇尙虛名，以寬厚沉默爲德，於事無所補，洞以謂非朝廷福。又謂：「諫官持諫以震人主，不數年至顯仕，此何爲者。當重其任而緩其遷，使端良之士不亟易，而浮躁者絕意。」致書歐陽脩極論之。召權開封府推官。

英宗卽位，轉度支員外郎。英宗哀疚，或經旬不御正殿，洞上言：「陛下春秋鼎盛，初嗣大統，豈宜久屈剛健，自比沖幼之主。當躬萬機，攬羣材，以稱先帝付畀之意，厭元元之望。」大臣亦以爲言，遂聽政。命攷試開封進士，既罷，進賦，題曰孝慈則忠。時方議濮安懿王稱皇事，英宗曰：「張洞意諷朕。」宰相韓琦進曰：「言之者無罪，聞之者足以戒。」英宗意解。

詔訊祁國公宗說獄，宗說恃近屬，貴驕不道，獄具，英宗以爲辱國，不欲暴其惡。洞曰：「宗說罪在不宥。雖然，陛下將懲惡而難暴之，獨以其坑不辜數人，置諸法可矣。」英宗喜曰：「卿知大體。」洞因言：「唐宗室多賢宰相名士，蓋其知學問使然。國家本支蕃衍，無親疏一切厚稟之，不使知辛苦。婢妾聲伎，無多寡之限，至減禮義，極嗜欲。貸之則亂公共之法，刑之則傷骨肉之愛。宜因秩品立制度，更選老成教授之。」宗室緣是怨洞，痛詆訾言，上亦起藩邸，頗察之，不罪也。

轉司封員外郎、權三司度支判官。對便殿稱旨，英宗遂欲進用，大臣忌之，出爲江西轉運使。江西荐飢，徵民積歲賦，洞爲奏免之。又民輸紬絹〔一〕不中度者，舊責以滿匹，洞命計尺寸輸錢，民便之。移淮南轉運使，轉工部郎中。淮南地不宜麥，民艱於所輸，洞復命輸錢，官爲糴麥，不踰時而足。洞在棣時，夢人稱敕召者，既出，如拜官然，顧視旌旗吏卒羅于庭。至是，夢之如初。自以年不能永，教諸子部分家事。未幾卒，年四十九。





李仕衡字天均，秦州成紀人，後家京兆府。進士及第，調鄠縣主簿。田重進守京兆，命仕衡鞫死囚五人，活者四人。重進卽其家謂曰：「子有陰施，此門當高大之。」徙知彭山縣，就加大理評事，遷光祿寺丞。父益，以不法誅，仕衡亦坐除名。

後會赦，寇準薦其材，盡復其官，領渭橋輦運，通判邠州，再遷秘書丞，徙知劍州。王均反，仕衡度州兵不足守，卽棄城焚芻粟，輦金帛東守劍門。既而賊陷漢州，攻劍州，州空無所資，卽趨劍門。仕衡預招賊衆，得千餘人，待之不疑。賊將至，與鈐轄裴臻迎擊之，斬首數千級。乃乘驛入奏，擢尙書度支員外郎，賜服緋魚。已而使者言仕衡嘗棄城，降監虔州稅。

召還，判三司鹽鐵勾院。度支使梁鼎言：「商人入粟于邊，率高其直，而售以解鹽。商利益博，國用日耗。請調丁夫轉粟，而輦鹽諸州，官自鬻之，歲可得緡錢三十萬。」仕衡曰：「安邊無大於息民，今不得已而調斂之，又增以轉粟輓鹽之役，欲其不困，何可得哉！」不聽，遂行鼎議，而關中大擾。乃罷鼎度支使，以仕衡爲荊湖北路轉運使，徙陝西。初，歲出內帑緡錢三十萬，助陝西軍費。仕衡言歲計可自辦，遂罷給。

眞宗謁陵寢，因幸洛，仕衡獻粟五十萬斛，又以三十萬斛餽京西。朝廷以爲材，召爲度支副使。上言：「關右既弛鹽禁，而永興、同華耀四州猶率賣鹽，年額錢請減十之四。」詔悉除之。累遷司封郎中，爲河北轉運使。又奏罷內帑所助緡錢百萬。建言：「河北歲給諸

軍帛七十萬，而民艱於得錢，悉預假於里豪，出倍償之息，以是工機之利愈薄。方春民不足，請戶給錢，至夏輸帛，則民獲利而官用足矣。」詔優其直，仍推其法于天下。

封泰山，獻錢帛、芻糧各十萬，見于行宮，遷右諫議大夫。祀汾陰，又助錢帛三十萬，乃命同林特提舉京西、陝西轉運事〔三〕。權知永興軍，進給事中。踰月，以樞密直學士知益州。

頃之，河北闕軍儲，議者以謂仕衡前過助封祀費，眞宗聞之，以爲河北都轉運使。篤如亳州，又貢絲綿、縑帛各二十萬。後集粟塞下，至鉅萬斛。或言粟腐不可食，朝廷遣使取視之，而粟不腐也。棣州汚下苦水患，仕衡奏徙州西北七十里，既而大水沒故城丈餘。南郊，復進錢帛八十萬。先是，每有大禮，仕衡必以所部供軍物爲貢，言者以爲不實。仕衡乃條析進六十萬皆上供者，二十萬即其羨餘。帝不之罪，謂王旦曰：「仕衡應猝有材，人欲以此中之。然朝廷所須，隨大小即辦，亦其所長也。」明年旱蝗，發積粟賑民，又移五萬斛濟京西。

遷尚書工部侍郎、權知天雄軍。民有盜瓜傷主者，法當死，仕衡以歲饑，奏貸之。盜起淄、青間，遷刑部侍郎、知青州。前守捕羣盜妻子寘棘圍中，仕衡至，悉縱罷之使去。未幾，其徒有梟賊首至者。入爲三司使，帝作寬財利論以賜之。乃更陝西入粟法，使民得受錢與





茶。舊市羊及木，責吏送京師，而羊多道死，木至湍險處往往漂失，吏至破產不能償。仕衡乃許吏私附羊，免其算，使得補死者；聽民自採木輸官，用入粟法償其直。遷吏部侍郎。仁宗即位，拜尚書左丞，以足疾，改同州觀察使、知陳州。州大水，築大隄以障水患。徙穎州，復知陳州。曹利用，仕衡婿也。利用被罪，降仕衡左龍武軍大將軍，分司西京。歲餘，改左衞大將軍，卒。其後諸子訴其父有勞於國，非意左遷，詔追復同州觀察使。

仕衡前後管計事二十年，雖才智過人，然素貪，家貲至累鉅萬，建大第長安里中，嚴若官府。

子丕緒，蔭補將作監主簿。及仕衡歸老，丕緒時爲尚書虞部員外郎，請解官就養。朝廷以爲郞，故事不許，請削一官，乃聽。未幾，還之。居十餘年，仕衡死，服除，久之不出。大臣爲言，起僉書永興軍節度判官事。歷通判永興軍、同州，知解州、興元府、華州，累遷司農卿致仕，卒。丕緒居官廉靜，不爲矯激。家多圖書，集歷代石刻，爲數百卷藏之。

李溥，河南人。初爲三司小吏，陰狡多智數。時天下新定，太宗厲精政事，嘗論及財賦，欲有所更革，引三司吏二十七人對便殿，問以職事。溥詢其目，請退而條上。命至中書，列七十一事以聞，四十四事即日行之，餘下三司議可否。於是帝以溥等爲能，語輔臣曰：「朕嘗諭陳恕等，如溥輩雖無學，至於金穀利害，必能究知本末，宜假以色辭，誘令開陳。而恕等強愎自用，莫肯詢問。」呂端對曰：「耕當問奴，織當問婢。」寇準曰：「孔子入太廟，每事問。蓋以貴下賤，先有司之義也。」帝以爲然，悉擢溥等以官，賜錢幣有差。

溥爲左侍禁、提點三司孔目官，請著內外百官諸軍奉祿爲定式。加閤門祗候。催運陝西粮草，赴清遠軍，還，提舉在京倉草場，勾當北作坊。齊州大水，壞民廬舍，欲徙州城，未決，命溥往視，遂徙城而還。又與李仕衡使陝西，增酒榷緡錢歲二十五萬。三遷崇儀使。

景德中，茶法既弊，命與林特、劉承珪更定法，募人入金帛京師，入芻粟塞下，與東南茶皆倍其數，即以溥制置江、淮等路茶鹽礬稅兼發運事，使推行之。歲課緡錢，果增其舊，特等皆受賞。溥時已爲發運副使，遷爲使，仍改西京作坊使。然茶法行之數年，課復損於舊。江、淮歲運米輸京師，舊止五百餘萬斛，至溥乃增至六百萬，而諸路猶有餘畜。高郵軍新開湖水散漫多風濤，溥令漕舟東下者還過泗州，因載石輸湖中，積爲長隄，自是舟行無患。累遷北作坊使。

時營建玉清昭應宮，溥與丁謂相表裏，盡括東南巧匠遣詣京，且多致奇木怪石，以傅會帝意。建安軍鑄玉皇、聖祖，溥典其事，丁謂言溥蔬食者周歲，而溥亦數奏祥應，遂以爲迎





奉聖像都監、領順州刺史，遷獎州團練使。溥自言江、淮歲入茶，視舊額增五百七十餘萬斤。并言，漕舟舊以使臣若軍大將，人掌一綱，多侵盜，自溥併三綱爲一，以三人共主之，使更相司察。大中祥符九年，初運米一百二十五萬石，纔失二百石。會溥當代，詔留再任，特遷宮苑使。

初，譙縣尉陳齊論榷茶法，溥薦齊任京官，御史中丞王嗣宗方判吏部銓，言齊豪民子，不可用。眞宗以問執政，馮拯對曰：「若用有材，豈限貧富。」帝曰：「卿言是也。」因稱溥畏愼小心，言事未嘗不中利害，以故任之益不疑。然溥久專利權，內倚丁謂，所言輒聽。帝嘗語執政曰：「羣臣上書論事，法官輒沮之，云非有大益，無改舊章，然則何以廣言路。」王旦對曰：「法制數更，則詔令牴牾，故重於變易。」因言：「溥嘗請盜販茶鹽者贓仗皆沒官，已可之矣。」帝曰：「此特畏溥之強，不敢退卻，自今雖小吏言，亦宜詳究行之。」

溥既專且貪，繇是寖爲不法。發運使黃震條其罪狀以聞，罷知潭州。命御史鞫治，得溥私役兵爲姻家林特起第，附官舟販竹木，奸贓十數事。未論決，會赦，貶忠武軍節度副使。仁宗即位，起知淮陽軍，歷光、黃二州，復以贓敗，貶蔡州團練副使。久之，監徐州利國監，以千牛衞將軍致仕，卒。

胡則字子正，婺州永康人。果敢有材氣。以進士起家，補許田縣尉，再調憲州錄事參軍。時靈、夏用兵，轉運使索湘命則部送芻粮，爲一月計。則曰：「爲百日備，尚恐不支，奈何爲一月邪？」湘懼無以給，遣則遂入奏。太宗因問以邊策，對稱旨，顧左右曰：「州縣豈乏人？」命記姓名中書。後李繼隆討賊，久不解，湘語則曰：「微子幾敗我事。」一日，繼隆移文轉運司曰：「兵且深入，粮有繼乎？」則告湘曰：「彼師老將歸，欲以粮乏爲辭耳，姑以有餘報之。」已而果爲則所料。湘爲河北轉運使，奏改秘書省著作佐郎、僉書貝州觀察判官事。

後以太常博士提舉兩浙榷茶，就知睦州，徙溫州。歲餘，提舉江南路銀銅場、鑄錢監，得吏所匿銅數萬斤，吏懼且死，則曰：「馬伏波哀重囚而縱之，吾豈重貨而輕數人之生乎？」籍爲羨餘，不之罪。改江、淮制置發運使，累遷尚書戶部員外郎。眞宗幸亳還，擢三司度支副使。

初，丁謂舉進士，客許田，則厚遇之，謂貴顯，故則驟進用。至是，謂罷政事，出則爲京西轉運使，遷禮部郎中。部內民訛言相驚，至遣使安撫乃定。坐是，徙廣西路轉運使。有番舶遭風至瓊州，且告食乏，不能去。則命貸錢三百萬，吏白夷人狡詐，又風波不可期。則曰：「彼以急難投我，可拒而不與邪？」已而償所貸如期。又按宜州重辟十九人，爲辨活者九人。復爲發運使，累遷太常少卿。



乾興初〔三〕，坐丁謂黨，降知信州，徙福州，以右諫議大夫知杭州。入權吏部流內銓，坐失舉，復爲太常少卿、知池州。未行，復諫議大夫、知永興軍，徙河北都轉運使，以給事中權三司使，通京東西、陝西鹽法，人便之。初，則在河北，殿中侍御史王沿嘗就則假官舟販鹽，又以其子爲名祈買酒場。至是，張宗誨擿發之，按驗得實，出則知陳州。踰月，授工部侍郎、集賢院學士。劉隨上疏言：「則奸邪貪濫聞天下，比命知池州，不肯行，今以罪去，驟加美職，何以風勸在位？」後徙杭州，再遷兵部侍郎致仕，卒。

則無廉名，喜交結，尚風義。丁謂貶崖州，賓客隨散落，獨則間遣人至海上，饋問如平日。在福州時，前守陳絳嘗延蜀人龍昌期爲衆人講易，得錢十萬。絳既坐罪，遂自成都械昌期至。則破械館以賓禮，出俸錢爲償之。

昌期者，嘗注易、詩、書、論語、孝經、陰符經、老子，其說詭誕穿鑿，至詆斥周公。初用薦者補國子四門助教，文彥博守成都，召置府學，奏改秘書省校書郎，後以殿中丞致仕。著書百餘卷，嘉祐中，詔取其書。昌期時年八十餘，野服自詣京師，賜緋魚，絹百匹。歐陽脩言其異端害道，不當推奬，奪所賜服罷歸，卒。



薛顏字彥回，河中萬泉人。舉三禮中第，爲嘉州司戶參軍。代還引見，太宗顧問之，對稱旨，改將作監丞、監華州酒稅。以秘書省著作佐郎使夔、峽，疏決刑獄。還，改太子左贊善大夫、知雲安軍，徙渝、閬二州，擢三司鹽鐵判官，河北計置粮草。

初，丁謂招撫溪蠻，有威惠，部人愛之。留五年，詔謂自舉代，謂薦顏爲峽路轉運使，累遷尚書虞部員外郎。始，孟氏據蜀，徙夔州于東山，據峽以拒王師，而民居不便也，顏爲復其故城。宜州陳進反，命勾當廣南東、西路轉運司事。賊平，遷金部員外郎，改河東轉運使。

祀汾陰，徙陝西。河中浮橋歲爲水所敗，顏卽北岸釃上流爲支渠，以殺水怒，因取渠水溉其旁田，民頗利之。坊州募人鍊礬，歲久課益重，至有破產被繫不能償者。顏奏：「罷坊礬，則晉礬當大售。」後如其策。徙河北。歷知河陽、杭徐州，累遷光祿少卿，以少府監知江寧府。邏者晝劫人，反執平人以告。顏覘其色動，曰：「若眞盜也。」械之，果引伏。轉右諫議大夫、知河南府。

仁宗卽位，遷給事中。丁謂分司西京，以顏雅與善，徙知應天府，又徙耀州。部有豪姓李甲，結客數十人，號「沒命社」，少不如意，則推一人以死鬥之，積數年，爲鄉人患，莫敢發。顏至，大索其黨，會赦當免，特杖甲流海上，餘悉籍于軍。以光祿卿分司西京，卒于家。



嘗屬杜衍爲墓誌，衍却之。仁宗聞其事，他日，謂衍曰：「薛顏有醜行，卿不欲誌其墓，誠清識也。」孫向，自有傳。

許元字子春，宣州宣城人。以父蔭爲太廟齋郎，改大理寺丞，累遷國子博士，監在京榷貨務，三門發運判官。元爲吏強敏，尤能商財利。慶曆中，江、淮歲漕不給，京師乏軍儲，參知政事范仲淹薦元可獨倚辦，擢江、淮制置發運判官。至，則悉發瀕江州縣藏粟，所在留三月食，遠近以次相補，引千餘艘轉漕而西。未幾，京師足食，朝廷以爲任職，就遷副使。遂以尚書主客員外郎爲使，進金部，特賜進士出身，遷侍御史。

嘗欲與施昌言分行二浙、江南調發軍食。仁宗聞之，語輔臣曰：「東南歲比不登，民力匱乏，嘗詔損歲漕百萬石，而元與昌言乃更欲分道而出，是必誅求疲民以自爲功，非朕志也。」下詔戒飭。既而元欲專六路財賦，收羨餘以媚三司，憚諸部不從，請以六路轉運司自隸，既可之矣，而轉運使多論其罪，事遂寢。擢天章閣待制，再遷郎中，以疾請還。歷知揚、越、泰州〔四〕，卒。

元在江、淮十三年，以聚斂刻剝爲能，急於進取，多聚珍奇以賂遺京師權貴，尤爲王堯臣所知。發運使治所在眞州，衣冠之求官舟者，日數十輩。元視勢家貴族，立權巨艦與之；卽小官惸獨，伺候歲月，有不能得。人以是憤怨，而元自以爲當然，無所愧憚。

鍾離瑾字公瑜，廬州合肥人。舉進士，爲簡州推官，以殿中丞通判益州。建言：「州郡旣上雨，後雖凶旱，多隱之以成前奏，請令監司劾其不實者。」擢開封府推官，出提點兩浙刑獄。衢、潤州饑，聚餓者食之，頗廢農作，請發米二萬斛賑給，家毋過一斛。後徙淮南轉運副使，歷京西、河東、河北轉運使，改江、淮制置發運使。殿直王乙者，請自揚州召伯埭東至瓜州，濬河百二十里，以廢三埭。詔瑾規度，以工大不可就，止置牐召伯埭旁，人以爲利。累遷尚書刑部郎中，爲三司戶部副使，除龍圖閣待制、權知開封府。未踰月，得疾，仁宗封藥賜之，使未及門而卒。

孫沖字升伯，趙州平棘人。舉明經，歷古田青陽尉、鹽山麗水主簿。嘗併喪父母去官，有司循五代故事，必六年乃聽調，沖援古制，以書干宰相，不納。後舉進士，登甲科。授將





作監丞，歷通判晉、絳、保州，坐與保州守爭事，降監吉州酒，累遷太常博士。

河決棣州，知天雄軍寇準請徙州治河，命沖往按視。還言：「徙州動民，亦未免治堤，不若塞河爲便。」遂以沖知棣州，自秋至春，凡四決，沖皆塞之，就除殿中侍御史。準爲樞密使，卒徙州陽信〔五〕。而沖坐守護河堤過嚴，民輸送往來堤上者輒榜之，爲使者論奏，徙知襄州。沖復上疏論徙州非便，著河書以獻。

會京西蝗，眞宗遣中使督捕，至襄，怒沖不出迎，乃奏蝗唯襄爲甚，而州將日置酒，無卹民意。帝怒，命卽州置獄。沖得屬縣言歲稔狀，馳驛上之。時使者猶未還，帝悟，爲追使者笞之。以侍御史爲京西轉運。塞滑州決河，權知滑州。參知政事魯宗道總河事，用太常博士李渭策，欲盛夏興役。沖言徒費薪楗，困人力，雖塞必決。遂罷知河陽。累遷刑部郎中，歷湖北、河東轉運使。

會南郊賞賜軍士，而汾州廣勇軍所得帛不逮他軍，一軍大譟，捽守佐堂下劫之，約與善帛乃免。城中戒備，遣兵圍廣勇營。沖適至，命解圍弛備，置酒張樂，推首惡十六人斬之，遂定。初，守佐以亂軍所約者上聞，詔給善帛。使者至潞，沖促之還，曰：「以亂而得所欲，是愈誘之亂也。」卒留不與。入判登聞鼓院，以目疾改兵部郎中、直史館、知河中府，徙潞州，復爲河東轉運使，遷太常少卿，擢右諫議大夫，復知潞州，遷翰林院學士。及徙同州，權西京留司御史臺，遷給事中。喪明，卒。

沖爲吏，所至以強幹稱，能任鉤距，多得事情，然無家法，晚節尤寡廉聲。孫永，自有傳。

崔嶧字之才，京兆長安人。進士及第，累官尚書職方員外郎、知遂州。建議瞿塘峽置關如劍門，以察奸人。事旣施行，徙提點刑獄。嘉陵江歲調民丁治堤堰，嶧更用州兵代其役。文州番卒數剽攻邊戶，守臣盧生事，多以牛酒和遣。嶧請守臣歲時得行邊，益募勇壯，伺其發，一切捕擊之，後無復內寇。就除轉運使。歷三司戶部判官，河東轉運使。會更錢法，潞州民大擾，推其首惡誅之，人心遂定。

後爲戶部副使，以右諫議大夫爲河東都轉運使，遷給事中，還，糾察在京刑獄。諫官、御史言宰相陳執中縱嬖妾殺婢，命按治。嶧以爲執中自以婢不恪笞之死，非妾殺之，頗左右執中，卽授龍圖閣待制、知慶州。羌井坑族亂，潛兵討平。歷知同州、鳳翔府，改工部侍郎、集賢院學士、知河中府。

嶧所至貪奸，比老益甚。在鳳翔，轉運使薛向按之急，不得已至河中。請老，以刑部侍郎致仕，卒。





田瑜字資忠，河南壽安人。舉進士，歷袁、鄆、合三州軍事推官，遷大理寺丞，知鹿邑、建陽縣，徙知濠、江二州，累遷尚書司封員外郎、提點廣南西路刑獄。慶曆中，區希範誘溪洞環州蠻叛，上以瑜習知南方事，就除荆湖北路轉運使。瑜檄屬郡募民擊賊，又督轉粟以守要害，故兵所至皆不乏食，賊勢大挫。

徙兩浙轉運按察使。杭州龍山堤歲決，水冒民居，輒賦芻塞之。瑜與民約，每芻十束，更輸石一尺。率五歲，得石百萬，爲石堤，堤固而歲不調民。加直史館、益州路轉運使，改江、淮制置發運使，擢天章閣待制、知廣州，累遷諫議大夫、權三司戶部副使。

儂智高犯邕，瑜條上用兵禦賊十事。智高平，召對便殿，具言南方山川險要，所以備守之策，乃以爲廣南東路體量安撫使。還，糾察刑獄，同判吏部流內銓，除龍圖閣直學士、知青州。城中有殺人投屍井中者，吏以其無主名，不以聞。瑜廉得之，大出金帛購賊，後數日，鄰州民執賊以告。屬歲凶多盜，瑜立賞罰，設方略捕格之，境中肅然。徙知澶州，背發疽卒。

瑜謹厚少文，而於吏事頗盡心，然御下急，無廉稱。

施昌言字正臣，通州靜海人。舉進士高第，授將作監丞、通判滁州。後以太常博士召試館職，不中選，遷尚書屯田員外郎、知太平州。上政論三十篇。入爲殿中侍御史、開封府判官。安撫淮南，還，以禮部員外郎兼侍御史知雜事，遷三司度支副使，除天章閣待制、河北都轉運使。言事者以爲濱、棣等六州河可涉，宜有城守如邊，以待契丹。詔昌言與宦官楊懷敏往視。懷敏以爲當城如邊，昌言曰：「六州地千里，又河數移徙，城之甚難而無利。契丹未渝盟先自困，非便也。」或請於麟、府立十二砦以拓境，又詔昌言與明鎬、張元度可否，昌言獨以爲：「麟、府在河外，於國家無毫髮入，而至今餽守者，徒以畏蹙國之虛名。今不當又事無利之砦，以重困財力。」就除知慶州。在州所爲不法，語徹朝廷。昌言疑通判陳湜言之，追發湜罪，湜坐廢，昌言亦降知華州。

歷知滄州、河陽，移河北都轉運使。議塞商胡埽決河，令復故道，與北京留守賈昌朝果論。徙江、淮發運使，加龍圖閣直學士、知應天府，又知延州。召還，會塞六塔河，以爲都大修河制置使，辭，弗許，加樞密直學士、知澶州，以便役事。河決，奪一官知滑州，又





加龍圖閣學士，復知滑州。以老求罷，乃以知越州。至京師，卒。

昌言爲發運使時，召范仲淹後堂，出婢子爲優，雜男子慢戲，無所不言。仲淹怪問之，則皆昌言子也，仲淹大不懌而去。其治家如此。

論曰：狄棐、郎簡、孫祖德、張若谷、石揚休、祖士衡並以文辭高第，累侍從，歷方州，始爲名臣，終鮮大過，考其行事可見也。李垂寧去華近，不肯見宰相；張洞以直言正論爲大臣所忌，則其抱負從可知矣。若李仕衡而下十人，皆能任劇繁，然或寡廉稱，或有醜行，君子恥之。

校勘記

〔一〕紬絹　原作「油絹」，雞肋集卷六二張洞傳作「紬絹」。按宋代賦稅中有紬、絹二品，見宋會要食貨七〇賦稅雜錄，通常都以「紬絹」連稱。據改。

〔二〕提舉京西陝西轉運事　「京西」二字原倒，據長編卷七四、范仲淹范文正公集卷一一李仕衡神道碑銘乙正。

〔三〕乾興　原作「乾寧」。按宋無「乾寧」年號；本書卷九仁宗紀，乾興元年六月，丁謂罷爲太子少保，分司西京，本書卷二八三丁謂傳、長編卷九八、編年綱目卷八都說謂黨多人皆因而落職補外；此「乾寧」當爲「乾興」之誤。據改。

〔四〕泰州　原作「秦州」。按歐陽修歐陽文忠公集卷三三許元墓誌銘作「泰州」，下文也說「元在江、淮十三年」，以「泰州」爲是。據改。

〔五〕陽信　原倒。按本書卷九一河渠志，大中祥符八年，徙棣州於陽信之八方寺。長編卷八四所載同。據改。

# 宋史卷三百

## 列傳第五十九

楊偕　王沿子鼎　杜杞　楊畋　周湛　徐的　姚仲孫
陳太素馬䲷　杜曾附　李虛己　張傳　俞獻卿　陳從易
楊大雅

楊偕字次公，坊州中部人。唐左僕射於陵六世孫。父守慶，仕廣南劉氏，歸朝，爲坊州司馬，因家焉。偕少從种放學於終南山，舉進士，釋褐坊州軍事推官、知汧源縣，再調漢州軍事判官。道遇術士曰：「君知世有化瓦石爲黃金者乎？」就偕試之，旣驗，欲授以方。偕曰：「吾從吏祿，安事化金哉？」術士曰：「子志若此，非吾所及也。」出戶，失所之。

在官，數上書論時政，又上所著文論。召試學士院，不中，改永興軍節度推官。又上書論陝西邊事，復召試，不赴，即還秘書省著作佐郎，爲審刑院詳議官，再遷太常博士。宋綬





薦爲監察御史，改殿中侍御史。與曹脩古連疏，言劉從德遺奏恩太濫，貶太常博士、監舒州稅。以尙書祠部員外郎知光州，改侍御史，爲三司度支判官。

時郭皇后廢，偕與孔道輔、范仲淹力爭。道輔、仲淹既出，偕止罰金。乃言願得與道輔等皆貶，不報。富民陳氏女選入宮，將以爲后，偕復上疏諫止。以尙書戶部員外郎兼侍御史知雜事。馬季良以罪斥置滁州，自言得致仕。偕以謂致仕用優賢者，不當以寵罪人，又數論陞降之弊，仁宗嘉納之。判吏部流內銓，徙三司度支副使，擢天章閣待制、河北轉運使。按知定州夏守恩贓數萬，守恩流嶺南。明年，丁母憂，願終制，不許，進龍圖閣直學士、知河中府。

元昊反，劉平、石元孫戰沒。偕聞，乃僞爲書馳告延州曰：「朝廷遣救兵十萬至矣。」命傍郡縣大具芻粮、什器以俟。比書至，賊已解去。夏竦爲陝西經略使，請增置土兵，易戍兵歸衞京師。偕言：「方關中財用乏，復增土兵，徒耗國用。今賊勢方盛，雖大增土兵，亦未能減戍兵東歸，第竦懼敗事，欲以兵少爲解爾。」竦復奏偕不忠，沮邊計，偕爭愈力。時陝西議立五保，偕又以爲擾民，疏請罷之。徙陝州，又徙河東都轉運使。詔大選三路之民，募爲兵。偕復言：「方今兵不爲少，苟多而不練，則其勢易以敗，又困國而難供。」時論者惟務多兵，而偕論常如此。

進樞密直學士、知幷州。及元昊入寇，密詔偕選強壯萬人，策應麟、府。偕奏：「出師臨陣，無紀律則士不用命。今發農卒赴邊，慮在路逃逸及臨陣退縮、不禀號令，請以軍法從事。」詔如所請。幷人大驚畏，都轉運使文彥博奏罷之。有中官預軍事素橫，前帥優遇之。偕至，一繩以法，命率所部兵從副總管赴河外，戒曰：「遇賊將戰，一禀副總管節度。」中人不服，捧檄訴。偕叱曰：「汝知違主帥命即斬首乎？」監軍怖汗，不覺墮笏，翌日告疾，未幾遂卒。於是軍政肅然。

元昊大掠河北，詔修寧遠砦。偕言：「寧遠砦在河外，介麟、豐二州之間，無水泉可守。請建新麟州於嵐州，有白塔地可建砦屯兵。謂「遷有五利，不遷有三害。省國用，惜民力，利一也。內禦岢嵐、石府州沿河一帶賊所出路，利二也。我據其要，則河冰雖合，賊不敢逾河而東，利三也。商旅往來以通貨財，利四也。方河凍時，得所屯兵馬五七千人以張軍勢，利五也。今麟州轉輸束芻斗粟，費直千錢，若因循不遷，則河東之民，困於調發無已時，害一也。以孤壘餌敵，害二也。道路艱阻，援兵難繼，害三也。且州之四面，屬羌遭賊驅脅，蕩然一空，止存孤壘，猶四支盡廢，首面心腹獨存也。今契丹又與西賊共謀，待冰合來攻河東，若朝廷不思禦捍之計而修寧遠砦，是求虛名而忽大患也。況豐、夏二州皆漢、唐郡，一旦棄之，一麟州何足惜哉！」書奏，帝謂輔臣曰：「麟州，古郡也。咸平中，嘗經寇兵攻圍，非





不可守，今遽欲棄之，是將退而以河爲界也。宜諭偕速修復寧遠，以援麟州。」

明年，改左司郎中、本路經略安撫招討使，賜錢五十萬。偕列六事于朝：一、罷中人預軍事；二、徙麟州；三、以便宜從事；四、出冗師；五、募武士；六、專捕援。且曰：「能用臣言則受命，不然則已。」朝廷不從，偕累奏不已，乃罷知邢州，徙滄州。求面論兵事，召還，令閤日入對。

偕在幷州日，嘗論八陣圖及進神楯、劈陣刀，其法外環以車，內比以楯。至是，帝命以步卒五百，如其法布陣于庭，善之，乃下其法於諸路。其後王吉果用偕刀楯敗元昊於兔毛川。久之，遷翰林侍讀學士、知審官院，復以爲左司郎中。元昊乞和而不稱臣，偕以謂連年出師，國力日蹙，宜權許之，徐圖誅滅之計。諫官王素、歐陽脩、蔡襄累章劾奏：「偕職爲從官，不思爲國討賊，而助元昊不臣之請，罪當誅。陛下未忍加戮，請出之，不宜留處京師。」帝以其章示偕，偕不自安，乃求知越州，道改杭州。時襄謁告過杭而輕遊里市，或謂偕合言於朝。對曰：「襄嘗緣公事抵我，我豈可以私報耶？」又上太平可致十象圖。

還，判太常、司農寺，改右諫議大夫。請老，以尙書工部侍郎致仕。於其歸，特賜宴。嘗召問，賜不拜。卒，遺奏兵論一篇，帝憐之，特贈兵部侍郎。偕性剛而忠朴，敢爲大言，數上書論天下事，議者以爲迂闊難用。與人少合，尤喜古今兵法，有兵書十五卷，集十卷。子

忱、慥，皆有儁才，蚤卒。

王沿字聖源，大名館陶人。少治春秋。中進士第，試秘書省校書郎，歷知彭城、新昌二縣，改相州觀察推官，知宗城縣。張知白薦其才，擢著作佐郎，入爲審刑院詳議官，再遷太常博士。上書論：

漢、唐之初，兵革纔定，未暇治邊圉，則屈意以講和。承平之後，我力有餘，而外侮不已，則以兵治之，孝武之於匈奴，太宗之於突厥頡利是也。宋興七十年，而契丹數侵深、趙、貝、魏之間，先朝患征調之不已也，故屈己與之盟。然彼以戈矛爲耒耜，以剽虜爲商賈；而我壘不堅，兵不練，而規規於盟歃之間，豈久安之策哉？

夫善禦敵者，必思所以務農實邊之計。河北爲天下根本，其民儉嗇勤苦，地方數千里，古號豐實。今其地，十三爲契丹所有，餘出征賦者，七分而已。魏史起鑿十二渠，引漳水溉斥鹵之田，而河內饒足。唐至德後，渠廢，而相、魏、磁、洺之地並漳水者，累遭決溢，今皆斥鹵不可耕。故沿邊郡縣，數蠲租稅，而又牧監芻地，占民田數百千頃。是河北之地，雖十有其七，而得賦之實者，四分而已。以四分之力，給十萬防秋之





師，生民不得不困也。且牧監養馬數萬，徒耗芻豢，未嘗獲其用。請擇壯者配軍，衰者徙之河南，孳息者養之民間。罷諸坰牧，以其地爲屯田，發役卒、刑徒田之，歲可用獲穀數十萬斛。夫漳水一石，其泥數斗，古人以爲利，今人以爲害，繫乎用與不用爾。願募民復十二渠，渠復則水分，水分則無奔決之患。以之灌溉，可使數郡瘠鹵之田，變爲膏腴，如是，則民富十倍，而帑廩有餘矣。以此馭敵，何求而不可。

詔河北轉運使規度，而通判洺州王軫言：「漳河岸高水下，未易疏導；又其流濁，不可溉田。」沿方遷監察御史，卽上書駮軫說，帝雖嘉之而不卽行，語在河渠志。時樞密副使晏殊以笏擊從者折齒，知開封府陳堯咨、判官張宗誨日嗜酒惰事，沿皆彈奏之。天聖五年，安撫關陝，減諸縣秋稅十二三。還，爲開封府推官。又體量河朔饑民，所至不俟詔，發官廩濟之。就除轉運副使。上言：

本朝制兵刑，未幾於古。自契丹通好三十年，二邊常屯重兵，坐耗國用，而未知所以處之。請敎河北強壯，以代就糧禁卒之闕；罷招賵軍，以其冗者隸作屯田。行之數年，禁卒當漸銷減，而強壯悉爲精兵矣。

古者「刑平國，用中典」，而比者以敕處罪，多重於律。以絹估罪者，敕以緡直代之，律坐髡鈦而役者，敕黥竄以爲卒。比諸州上言，讁卒太多，衣食不足，願勿復讁者七十餘州。以律言之，皆不至是，是以繁文罔之而寘于理也。誠願削深文而用正律，以錢定罪者，悉從絹估；黥竄爲卒者，止從髡鈦。此所謂勝殘去殺，無待百年者也。

被詔鞫曹汭獄于眞定府，遷殿中侍御史。母喪服除，改尙書工部員外郎、知邢州，復起爲河北轉運使。奏罷二牧監，以地賦民。導相、衞、邢、趙水下天平、景祐諸渠，溉田數萬頃。因詣闕奏事，上所著春秋集傳十五卷，復上書以春秋論時事。授直昭文館，爲三司戶部副使，徙鹽鐵，遷兵部員外郎、天章閣待制、陝西都轉運使。時朝廷將減卒戍，就食內地，詔與知州、總管、鈐轄等議。沿卽奏減卒數萬，知樞密院李諮以爲不可，復下沿邊都監議。沿上疏曰：「兵機當在廊廟之上，豈可取責小人哉！」諮惡其言，奏罷之，降知滑州，徙成德軍。建學校，行鄉飮酒禮。

遷刑部郎中、河東都轉運使，加龍圖閣直學士、知幷州。時元昊數寇河東，建議徙豐州，不報，已而州果陷。進樞密直學士、右司郎中，爲涇原路經略、安撫、招討使兼知渭州〔一〕。增屯兵，城中隘甚，乃築西關城五里。改涇州觀察使。元昊入寇，副都總管葛懷敏率兵出捍，沿敎懷敏率兵據瓦亭待之。懷敏進兵鎭戎，沿以書戒勿入，第背城爲砦，以羸師誘賊，賊至，發伏擊之可有功。懷敏不聽，進至定川，果爲所敗。賊乘勝犯渭州，沿率州人乘城，多張旗幟爲疑兵，賊遂引去。坐懷敏敗，復爲龍圖閣直學士、刑部郎中、知虢州，尋降天章閣





待制，而爲權御史中丞賈昌朝所奏，落待制。未幾，徙知成德軍，復待制，又徙河中府，卒。

沿好建明當世事，而其論多齟齬。初興河北水利，導諸渠溉民田，論者以爲無益。已而邢州民有爭渠水至殺人者，然後人知沿所建爲利。嘗論以春秋法斷事，然眞定之獄，人以爲沿傅致之。有文集二十卷，唐志二十一卷。子鼎。

鼎字鼎臣，以進士第，累遷太常博士。王堯臣領三司，舉勾當公事，數上書論時政得失。時天子患吏治多弛，監司不舉職，而范仲淹等方執政，擇諸路使者令按舉不法，以鼎提點江東刑獄。與轉運使楊紘、判官王綽競擿發吏，至微隱罪無所貸。於是所部官吏怨之，目爲「三虎」。仁宗聞之，不說，後傳惟幾奉使江東，戒以毋效「三虎」爲也。仲淹等罷，鼎與紘、綽皆爲人所言，時鼎提點兩浙刑獄，降知深州。

王則以貝州反，深卒龐旦與其徒，謀以元日殺軍校，劫庫兵應之。前一日，有告者。鼎夜出檄，遣軍校攝事外邑，而陰爲之備。翌日，會僚吏置酒如常，叛黨愕不敢動。鼎刺得實，徐捕首謀十八人送獄。獄具，俟轉運使至審決。未至，軍中恟恟謀劫囚。鼎因謂僚吏曰：「吾不以累諸君。」獨命取囚桀驁者數人，斬于市，衆皆失色，一郡帖然。轉運使至，囚未決者半，訊之，皆伏誅。

明年，河北大饑，人相食，鼎經營賑救，頗盡力。徙建州，其俗生子多不舉，鼎爲條教禁止。時盜販茶鹽者衆，一切杖遣之，監司數以爲言，鼎弗爲變。徙提點河北刑獄，治奸贓益急，所劾舉，不避貴勢。召爲開封府判官，改鹽鐵判官，累遷司封員外郎、淮南兩浙荆湖制置發運副使。內侍楊永德奏請沿汴置鋪挽漕舟，歲可省卒六萬，鼎議以爲不可。永德橫猾，執政重違其奏，乃令三司判官一員將永德就鼎議，發八難，永德不能復。鼎因疏言：「陛下幸察用臣，不宜過聽小人，妄有所改，以誤國計。」於是永德言不用。

居二年，遂以爲使。前使者多漁市南物，因奏計京師，持遺權貴。鼎一無所市，獨悉意精吏事，事無大小，必出於己。凡調發綱吏，度漕路遠近，定先後爲成法，於是勞逸均，吏不能爲重輕。官舟禁私載，舟兵無以自給，則盡盜官米爲奸。有能居販自贍者，市人持以法，不肯償所逋。鼎爲移州縣督償之，舟人有以自給，不爲奸，而所運米未嘗不足也。入爲三司鹽鐵副使。數與包拯爭議，不少屈。拯素強，然無如之何。遷刑部郎中、天章閣待制、河北都轉運使，徙使河東，卒。

鼎性廉不欺，嘗任其子，族人欲增年以圖速仕，鼎不可。父死，分諸子以財，鼎悉推與其弟。嘗知臨邛縣，轉運使選攝新繁，新繁多職田，斗粟不以自入。奉使契丹，得千縑，散之族人，一日盡。所至不擾，唯市飲食日用物，增直以償。事繼母孝，教育孤姪甚至，自奉養





儉約。當官明敏，強直不可撓。所薦士多知名，有終身不識者。然性猜忌，其行部，至於糵餌，皆手自扃鐍。至潞州八義館〔二〕，疾作，不知人事，左右遑遽，發糵奩，悉無題識，莫敢進，以迄於卒。初，鼎與弟豫皆有才氣，好上書言事，仁宗稱之，以爲豫孟浪，鼎所言多可用。豫爲人不事羈檢，以大理寺丞〔三〕知伊闕縣，有異政。棄官浮游江、湖間，殖貨自給以卒。

杜杞字偉長。父鎬，蔭補將作監主簿，知建陽縣。強敏有才。閩俗，老而生子輒不舉。杞使五保相察，犯者得重罪。累遷尚書虞部員外郎、知橫州。時安化蠻寇邊，殺知宜州王世寧，出兵討之。杞言：「嶺南諸郡，無城郭甲兵之備，牧守非才。橫爲邕、欽、廉三郡咽喉，地勢險阻，可屯兵爲援。邕管內制廣源，外控交阯，願擇文臣識權變練達嶺外事者，以爲牧守，使經制邊事。」改通判眞州，徙知解州，權發遣度支判官。盜起京西，掠商、鄧、均、房，焚光化軍，授京西轉運、按察使。居數月，賊平。

會廣西區希範誘白崖山蠻蒙趕反，有衆數千，襲破環州、帶溪普義鎭寧砦，嶺外騷然。擢刑部員外郎、直集賢院、廣南西路轉運按察安撫使。行次眞州，先遣急遞以書諭蠻，聽其自新。次宜州，蠻無至者。杞得州校，出獄囚，脫其械，使入洞說賊，不聽。乃勒兵攻破白崖、黃坭、九居山砦及五峒，焚毀積聚，斬首百餘級，復環州。賊散走，希範走荔波洞，杞遣使誘之，趕來降。杞謂將佐曰：「賊以窮蹙降我，威不足制則恩不能懷，所以數叛，不如盡殺之。」乃擊牛馬，爲曼陀羅酒，大會環州，伏兵發，誅七十餘人。後三日，又得希範，醢之以遺諸蠻，因老病而釋者，纔百餘人。御史梅摯劾杞殺降失信，詔戒諭之，爲兩浙轉運使。明年，徙河北，拜天章閣待制、環慶路經略安撫使、知慶州。杞上言：「殺降者臣也，得罪不敢辭。將吏勞未錄，臣未敢受命。」因爲行賞。蕃酋率衆千餘內附，夏人以兵索酋而劫邊戶，掠馬牛，有詔責杞。杞言：「彼違誓舉兵，酋不可與。」因移檄夏人，不償所掠，則酋不可得，既而兵亦罷去。

杞性強記，博覽書傳，通陰陽數術之學，自言吾年四十六死矣。一日據廁，見希範與趕在前訴冤，叱曰：「爾狂僭叛命，法當誅，尚敢訴邪！」未幾卒。有奏議十二卷。

兄植，以文雅知名，累任監司，終少府監。弟樞，亦強敏，爲比部員外郎。有張彥方者，溫成皇后母越國夫人客也。坐奸利論死，語連越國夫人。開封不敢窮治，執政以后故，亦不復詰。獄上，中書遣樞慮問，樞揚言將駁正；亟改用諫官陳升之，權倖切齒於樞。前此，御史中丞王舉正留百官班論張堯佐除宣徽使，樞嘗出班問其故。至是，蓋累月矣，坐是罪樞，絀監衡州稅，卒。





楊畋字樂道，保靜軍節度使重勳之曾孫。進士及第，授秘書省校書郎、幷州錄事參軍，再遷大理寺丞、知岳州。慶曆三年，湖南徭人唐和等劫掠州縣，擢殿中丞、提點本路刑獄，專治盜賊事。乃募才勇，深入峒討擊。然南方久不識兵，士卒多畏懾。及戰孤漿峒，前軍衂，大兵悉潰，畋踣巖下，藉淺草得不死。卒厲衆平六峒，以功，遷太常博士。未幾，坐部將胡元戰死，降知太平州。歲餘，賊益肆。帝遣御史按視，還言：「畋嘗戰山下，人樂爲用，今欲殄賊，非畋不可。」乃授東染院使、荆湖南路兵馬鈐轄。賊聞畋至，皆恐畏，踰嶺南遁。又詔往韶、連等州招安之。乃約賊使出峒，授田爲民，而轉運使欲授以官與貲，納貲使還。畋曰：「賊剽攻湖、廣七年，所殺不可勝計，今使飽貲粮、據峒穴，其勢不久必復亂。」明年春，賊果復出陽山。畋即領衆出嶺外，涉夏、秋，凡十五戰，賊潰，畋感瘴疾歸。蠻平，願還舊官，改尚書屯田員外郎、直史館、知隨州。

召還，爲三司戶部判官，奉使河東。丁父憂，會儂智高陷邕州，召至都門外，辭以喪服不敢見。仁宗賜以服飾御巾，入對便殿。即日，除起居舍人、知諫院、廣南東西路體量安撫、經制賊盜。畋至韶州，會張忠戰死，智高自廣州回軍沙頭，將濟。畋令蘇緘棄英州，蔣

偕焚糧儲，及召开贇(四)、岑宗閔、王從政退保韶州。賊勢愈熾，畋不能抗，遂殺蔣偕、王正倫，敗陳曙，復據邕州。畋坐是落知諫院、知鄂州，再降爲屯田員外郎、知光化軍。明年，又降爲太常博士，歲終，徙邠州。

復起居舍人，爲河東轉運使。入爲三司戶部副使，遷吏部員外郎。奉使契丹，以曾伯祖業嘗陷虜，辭不行。河北舊以土絹給軍裝，三司使張方平易以他州絹。畋既同書奏聞，外議籍籍，又密陳其不可。久之，擢天章閣待制兼侍讀，判吏部流內銓。上言：「願擇宗室之賢者，使侍膳禁中，爲宗廟計。」

嘉祐三年冬，河北地震。明年，日食正旦。復上疏曰：「漢成帝時，日食地震，哀、平之世，嫡嗣屢絕，此天所以示戒也。陛下宜早立皇嗣，以答天意。」改知制誥。李珣自防禦使遷觀察，劉永年自團練使遷防禦，畋當草制，封還詞頭。因言：「祖宗故事，郭進戍西山，董遵誨、姚內斌守環、慶，與強寇對壘，各十餘年，未嘗轉官移鎮，重名器也。今珣等無尺寸功，特以外戚故除之，恐非祖宗意。」不報，詔他舍人草制。而范鎮言：「朝廷如以畋言爲是，當罷珣等所遷官；倘以爲非，乞復令畋命詞。」不允。進龍圖閣直學士，復知諫院。

嘉祐六年，京師大水，畋上言：「洪範五行傳：『簡宗廟則水不潤下。』又曰：『聽之不聰，厥罰常水。』去年夏秋之交，久雨傷稼，澶州河決，東南數路，大水爲沴。陛下臨御以來，容





受直諫，非聽之不聰也。以孝事親，非簡於宗廟也。然而災異數見，臣愚殆以爲萬機之聽，必有失於審者；七廟之享，必有失於順者，惟陛下積思而矯正之。」乃下其章禮官并兩制考議，咸言南郊三聖並侑，溫成皇后立廟，皆違經禮。於是詔：「自今南郊以太祖皇帝定配，改溫成廟爲祠殿。」

舊制，內侍十年一遷官。樞密院以爲僥倖，乃更定歲數倍之。畋言：「文臣七遷，而內侍始得一磨勘，爲不均。宜如文武官僚例，增其歲考。」遂詔南班以上仍舊制，無勞而嘗坐罪徙者(五)，卽倍其年。議者謂畋以士人比閹寺爲失。卒，贈右諫議大夫。

畋出於將家，折節喜學問，爲士大夫所稱。在山下討蠻，家問至，卽焚之，與士卒同甘苦，破諸峒。及用之嶺南，以無功斥，名稱遂衰。性清介謹畏，每奏事，必發封數四而後上之。自奉甚約，爲郡待客，雖監司，菜果數器而已。及卒，家無餘貲，特賜黃金二百兩。其後端午(六)賜講讀官，御飛白書扇，遣使特賜置其柩。

周湛字文淵，鄧州穰人。進士甲科，爲開州推官。中身言書判，改秘書省著作佐郎、通判戎州。俗不知醫，病者以祈禳巫祝爲事，湛取古方書刻石教之，禁爲巫者，自是人始用醫藥。累遷尙書都官員外郎、知虔州，提點廣南東路刑獄。

初，江、湖民略良人，鬻嶺外爲奴婢。湛至，設方略搜捕，又聽其自陳，得男女二千六百人，給飲食還其家。徙京西路，鄧州美陽堰歲役工數十萬，溉州縣職田，而利不及民，湛奏罷之。爲鹽鐵判官，三司帳籍浩煩，吏胥離析爲弊欺。湛爲立勘同法，歲減天下計帳七千。爲江南西路轉運使，州縣簿領案牘，淆混無紀次，且多亡失，民訴訟無所質，至久不能決。湛爲立號，以月日比次之，詔下其法諸路。又以稅賦不均，百姓巧於避匿，因條其詭名挾佃之類十二事，且許民自言，凡括隱戶三十萬。

還爲戶部判官，又爲夔州路轉運使。雲安鹽井歲賦民薪茅，至破產責不已，湛爲蠲鹽課而省輸薪茅。判鹽鐵勾院，以太常少卿直昭文館，爲江、淮制置發運使。陛辭，仁宗誡以毋納包苴于京師。湛惶恐對曰：「臣蒙聖訓，不敢苟附權要，以謀進身。」湛治煩劇，能得其要，所至喜條上利害，前後至數十百事。天資強記，吏胥滿前，一見輒識其姓名。大江歷舒州長風沙，其地最險，謂之石牌灣，湛役三十萬工，鑿河十里以避之，人以爲利。

除度支副使。舊制，發運司保任軍將至三司，不得考覆而皆遷之。至是，以名上者三十五人，湛盡覆其濫者。拜右諫議大夫。使契丹，辭不行。



知襄州，襄人不善陶瓦，率爲竹屋，歲久侵據官道，簷廡相逼，火數爲害。湛至，度其



所侵，悉毀徹之，自是無火患。然豪姓不便，提點刑獄李穆奏湛擾人，徙知相州。右司諫吳及疏曰：「湛裁損居民第，爲官也，百姓侵官而主司禁之，其職然也。況聞湛明著律令，約民以信，乃奉法行事，百姓自知罪不敢訴。郡從事高直溫，夏竦子壻也。竦邸店最廣，故加譖於穆，且謂湛伐木若干株。昔之民居侵越官道，木在道側，既正其侵地，則木在中衢，固宜翦去。又湛種楸桐千餘本，課戶貯水，以嚴火禁。又於民居得衆汲舊井四，廢而復興，人得其利。道傍之井，反在民居之下，其侵越豈不白乎？望詔執政大臣辨正湛、穆是非，明垂獎黜。若謂湛已行之命，憚於追改，是傷風敗俗，貽患於後，不若追改之愈也。湛守大郡，於湛不爲重輕，但國家舉錯有所未安，奉職者將何以勸邪？」未幾卒。湛爲人脫易，少威儀，然善射弩，雖隔屋亦中的云。

徐的字公準，建州建安人。擢進士第，補欽州軍事推官。欽土煩鬱，人多死瘴癘。的見轉運使鄭天監，請曰：「徙州瀕水可無患，請轉而上聞。」從之，天監因奏留的使辦役。的短衣持梃，與役夫同勞苦，築城郭，立樓櫓，以備戰守。畫地居軍民，爲府舍、倉庫、溝渠、廛肆之類，民皆便之。

遷大理寺丞、知吳縣，移梁山軍，通判常州。屬歲饑，出米爲糜粥以食餓者。累遷尙書屯田員外郎、知臨江軍，擢廣南西路提點刑獄。安化州蠻攻殺將吏，所部卒畏誅，謀欲叛。的馳至宜州，慰曉之曰：「爾曹亡憚，能出力討賊，猶可立功以自贖。若朝叛則夕死，非計也。」衆皆斂手聽命。奏復澄海、忠敢軍，後皆獲其用。改知舒州，徙荆湖北路轉運使。辰州蠻彭士羲爲寇，的開示恩信，蠻黨悔過自歸。

攝江陵府事，城中多惡少年，欲爲盜，輒夜縱火，火一夜十數發。的籍其惡少年姓名，使相保任，曰：「爾輩遞相察，不然，皆爾罪也。」火遂息。太子洗馬歐陽景猾橫不法，爲里人害，的發其奸，竄之嶺外。以兵部員外郎爲淮南、江、浙、荆湖制置發運副使。奏通泰州海安、如皋縣漕河，詔未下，的以便宜調兵夫濬治之，出滯鹽三百萬，計得錢八百萬緡。遂爲制置發運使。

軍賊王倫起山東，轉掠淮南，的團兵待之。會靑州改遣裨將傅永吉追殺入歷陽，的與賞，遷工部郎中。復治泰州西溪河，發積鹽，加直昭文館。區希範、蒙趕寇衡湘，命的招撫之。既至，再宿，會蠻酋相繼出降。三司以郊祠近，宜召還計事，既還，蠻復叛。除度支副使、荆湖南路安撫使，至桂陽，降者復衆。其欽景、石硋、華陰、水頭諸洞不降者，的皆討平之，斬其酋熊可淸等千餘級。卒於桂陽。





論曰：宋承平時，書生知兵者蓋寡，偕、沿數上書言邊事，策畫論議，有得有失，固皆一時之俊。畋由將家子力學第進士，再討傜賊，前勝後敗，兵家之常也。杞、的俱以征宜州蠻立功，杞則殺降失信，的則招徠以恩，其優劣槪可見矣。湛強敏，所至有治績，史稱善射，抑亦文臣之習武事者歟。鼎性孝友，自奉甚約，而踈於財，居官淸辨，土俗有生子不舉者輒禁之，獨發擿吏奸貽衆怨，或以「虎」目之，豈其然乎？

姚仲孫字茂宗，本曹南著姓，曾祖仁嗣，陳州商水令，因家焉。父曄，舉進士第一，官至著作佐郎。仲孫早孤，事母孝。擢進士第，補許州司理參軍。民婦馬氏夫被殺，指里胥嘗有求而其夫不應，以爲里胥殺之，官捕繫辭服。仲孫疑其枉，知州王嗣宗怒曰：「若敢以身任之耶？」仲孫曰：「幸毋遽決，冀得徐辨。」後兩月，果得殺人者。

調邢州推官，徙資州。轉運使檄仲孫詣富順監按疑獄，全活數十人。資州吏二守，皆惛老，事多決於仲孫。改大理寺丞、知建昌縣。初，建昌運茶抵南康，或露積于道，間爲霖潦所敗，主吏至破產不能償。仲孫爲券，吏民輸山木，即高阜爲倉，邑人利之。徙通判彭州。嘗以天下久無事，不可以弛兵備，因上前世禦戎料敵之策，名防邊龜鑑。通判睦州，徙滁州。歲旱饑，有詔發官粟以賑民，而主吏不時給。仲孫旣至州，立劾主吏，夜索丁籍盡給之。累遷尙書屯田員外郎。

王曙守益州，辟通判州事。召爲右司諫。入內都知閻文應求爲都知，仲孫數其罪，白上曰：「方帝齋宿太廟，而文應叱醫官，聲聞行在。郭皇后暴薨，中外莫不疑文應寘毒者。」出文應爲泰州兵馬鈐轄，又稱疾留，復論奏，乃亟去。

以起居舍人知諫院，管勾國子監，以尙書戶部員外郎兼侍御史知雜事。時諫議大夫十二員，仲孫曰：「諫議大夫蓋朝廷之選，不宜以歲月序進。今諸寺卿至前行郎中三十五員，貼近職者猶不在數，若以年勞授，則數年之外，諫議大夫員益多。請艱其選，以處材望之臣，餘悉次補卿監。」乃詔當選者奏聽旨。先是，諸路復提點刑獄，選朝多擢爲省府官。仲孫請第其課爲三等升黜之，即詔仲孫司考課之法。

歷三司戶部、度支、鹽鐵副使，進天章閣待制、河北都轉運使。大修城壘兵備，仁宗賜詔褒之。權知澶州，河壞明公埽，絕浮橋，仲孫親總役堤上，埽一夕復完。權知大名府，夜領禁兵塞金堤決河。是歲，澶、魏雖大水，民不及患。進禮部郎中、龍圖閣學士，徙陝西





轉運使，未行，權三司使事。屬西北備邊，募兵益屯及賞賜、聘問之費，不可勝計。仲孫悉心經度，雖病，未嘗輒廢事。坐小吏詐爲文符，出知蔡州。因母憂喪一目，卒。

陳太素字仲華，河南緱氏人。中進士第。嘗爲大理詳斷官〔七〕，入審刑爲詳議官，權大理少卿，又判大理事。任刑法二十餘年，朝廷有大獄疑，必召與議。太素爲推原人情，以傅法意，衆皆釋然，自以爲不及。雖號明習法令，然所論建，亦或有不中。每臨案牘，至忘寢食，大寒暑不變。子弟或止之，答曰：「囹圄之苦，豈不甚於我也。」歷知江陰軍、兗州、明州，有治跡。在大理，耳疾，數求罷，執政以爲任職，弗許。累官至尙書兵部郎中，卒。

太素家行修治，尤喜論刑名。常以爲有司議法，當據文直斷，不可求曲當法；求曲當法，所以亂也。

同時有馬尋者，須城人。舉毛詩學究，累判大理寺，以明習法律稱。歷提點兩浙陝西刑獄，廣東淮南兩浙轉運使，知湖、撫、汝、襄、洪、宜、鄧、滑八州。襄州饑，人或羣入富家掠囷粟，獄吏鞠以強盜，尋曰：「此脫死爾，其情與強盜異。」奏得減死，論著爲例。終司農卿。

又有杜曾者，濮州人。爲吏號知法，嘗言：「國朝因唐大中制，故殺，人雖已傷未死、已死更生，皆論如已殺。夫殺人者死，傷人者刑，先王不易之典。律雖謀殺已傷則絞，蓋甚其處心積慮，陰致賊害爾。至於故殺，初無殺意，須其已死，乃有殺名；苟無殺名而用殺法，則與謀殺孰辨？自大中之制行，不知殺幾何人矣。請格勿用。」又言：「近世赦令，殺人已傷未死者，皆得原減，非律意。請傷者從律保辜法，死限內者論如已殺，勿赦。」皆著爲令。

李虛己字公受，五世祖盈，自光州從王潮徙閩，遂家建安。父寅，有清節，仕江南李氏，至諸司使。江南國除，授殿前承旨，辭不拜。時僞官皆入留京師，而寅母獨在江南，乃遣其長子歸養。舉進士，起家爲衢州司理參軍。母老，棄官以歸。虛己亦中進士第，歷沈丘縣尉，知城固縣，改大理評事，累遷殿中丞，提舉淮南茶場。召知榮州，未行，改遂州。

時太宗勵精政事，嘗手書累二十餘紙，曰：「公勤潔己，奉法除奸，惠愛臨民者，乃可書爲勞績，月給奉以實錢。」命有司擇羣臣以治最聞者賜之，仍諭曰：「除奸之要，在乎奉法，不





可因以生事。」時虛己被賜，因獻詩自陳父子遭遇，榮及祖母。帝悅，爲批其紙尾曰：「虛己學古入官，榮親事生，奉書爲郡，欲布新規，朕得良二千石矣。」遂賜五品服，又賜其祖母錢五十萬，命翰林學士張洎會兩制、三館儒臣徧閱所批詔。其後以南郊恩封羣臣母妻，虛己又請罷其妻封以授祖母，詔悉封之，世以爲榮。

會遣使察川峽吏能否，而州多不治，唯虛己與薛顏、邵曄、査道數人，以能任職稱。再遷尚書屯田員外郎。以便親，請通判洪州。是時寅已謝歸，春秋高，寅母尚無恙，虛己雙轝迎侍。寅至豫章，樂其山水，曰：「此可以終吾身也。」遂臨州之東湖，築第宇以居。虛己爲侍御史，出提點荊湖南路刑獄，徙淮南轉運副使，累遷兵部郎中，爲龍圖閣待制，歷判大理寺。久之，求補外，眞宗稱其儒雅循謹，特遷右諫議大夫。數月，出知河中府。召權御史中丞。未幾，以疾辭，進給事中、知洪州。遷尚書工部侍郎，徙池州。求分司南京，卒。初，寅之請老，年未六十。虛己分司而歸，年六十九。其季虛舟仕至餘干縣令，坐法免官，不復言仕。

初，太宗旣賜虛己錢，翌日，以語宰相曰：「虛己詩思可嘉，予錢五十緡矣。」宰相對以所予乃五十萬，帝知其誤，由是詔羣臣以章獻者閤門勿受，皆由中書門下閱而上之。然論者謂虛己父子篤行，家甚貧，雖人主一時之誤，殆天賜也。寅事親孝，治家有法，閨門之內肅如也。虛己、虛舟又以孝友淸愼世其家。虛舟之子寬，爲尚書金部郎中；定，爲司農少卿，爲吏頗有能名。

虛己喜爲詩，數與同年進士曾致堯及其壻晏殊唱和。初，致堯謂曰：「子之詞詩雖工，而音韻猶啞。」虛己未悟。後得沈休文所謂「前有浮聲，則後須切響」，遂精於格律。有雅正集十卷。

張傳字巖卿，唐初功臣公謹之裔。祖播，爲亳州團練副使，子孫因爲譙人。傳進士及第，稍遷秘書省著作佐郎、知奉符縣。時方修會眞宮、天書觀及增治岳祠，以辦事稱，賜錢二十萬。宰相向敏中冊東岳帝號還，薦之，知楚州。會歲饑，貽書發運使求貸粮，不報。因歎曰：「民轉死溝壑矣，報可待邪？」乃發上供倉粟賑貸，所活以萬計，因拜章待罪，詔獎之。提點江西刑獄，徙江東，就除轉運使，入權三司鹽鐵判官。會河決濟北，民多被害，命安撫京東。累遷工部郎中，出爲兩浙轉運使，改荊湖北路，復爲鹽鐵判官，再遷兵部，爲陝西轉運使，徙江、淮發運使，未至，召還。屬西京奏兵食乏，因言馮翊、華陰積粟多，可運二十萬石，繇三門下濟之。遂留爲侍御史知雜事，判吏部流內銓，進三司度支副使。以疾請





外，遷太常少卿、知應天府。逾月，爲右諫議大夫，徙青州，遷給事中、知鄆州，復知應天府，遂以工部侍郎致仕，卒。

傳強力治事，七爲監司，所至審覈簿書，勾擿奸隱，州縣憚之。傳曰：「奚爲我憚哉。吾所以事事致察者，正所以愛州縣也。吏不敢慢，則州縣不復犯法矣。」人亦以爲然。天禧中，有術士自言數百歲，少時嘗游秦悼王家，歷見唐肅宗、代宗朝，由是出入禁中，見尊重，人無敢詰其僞。傳見之，訊以唐事，術士語屈。

俞獻卿字諫臣，歙人。少與兄獻可以文學知名，皆中進士第。獻可有吏稱，歷吏部郎中、龍圖閣待制。獻卿起家補安豐縣尉。有僧貴寧，積財甚厚，其徒殺之，詣縣紿言師出遊矣。獻卿曰：「吾與寧善，不告而去，豈有異乎？」其徒色動，因執之，得其所瘞尸，一縣大驚。再調昭州軍事推官，會宜州陳進亂，象州守不任事，轉運使檄獻卿往佐之。及至，守謀棄城，獻卿曰：「臨難苟免，可乎？賊至，尚當力擊；不勝，有死而已，奈何棄去。」初，昭州積緡錢鉅萬，獻卿盡用平糴，至積穀數萬，及是大兵至，賴以饋軍。改大理寺寺丞，爲本寺詳斷官。歷知愼、仁和二縣，再遷太常博士、知南雄州，徙潮州。

除殿中侍御史，爲三司鹽鐵判官。上言：「天下穀帛日益耗，物價日益高，欲民力之不屈，不可得也。今天下穀帛之直，比祥符初增數倍矣。人皆謂稻苗未立而和糴，桑葉未吐而和買。自荆湖、江、淮間，民愁無聊，轉運使務刻剝以增其數，歲益一歲。又非時調率營造，一切費用，皆出於民，是以物價積高，而民力積困也。陛下誠以景德中西、北二邊通好最盛之時一歲之用，較之天禧五年，凡官吏之要冗，財用之盈縮，力役之多寡，賊盜之增減，較然可知其利害也。況自天禧以來，日侈一日，又甚于前。夫卮不盈者漏在下，木不茂者蠹在內。陛下宜知其有損於彼，無益於此，與公卿大臣，朝夕圖議而救正之。」帝納其言，爲罷諸宮觀兵衞，又命官除無名之費以鉅萬計。

淮、浙鹽利不登，命獻卿往經度之，更立新法，歲增鹽課緡錢甚衆。會其兄爲鹽鐵副使，徙開封府判官。朝廷擇陝西轉運使，宰相連進數人，不稱旨。他日，獻卿在所擬中。帝曰：「此可以除陝西轉運使。」時邊吏多因事邀功，涇原路鈐轄擅於武延川〔八〕鑿邊壕、置堡砦，獻卿度必招寇患，亟檄罷之。未幾，賊果至，殺將士，塞所鑿壕而去。徙京西。因入對，甚言趙振堪將帥，范仲淹、明鎬可大用，及條上邊策甚備。

除福建轉運使，還判三司鹽鐵勾院，累遷尚書刑部郎中、直史館、知荆南，歷戶部、度支、鹽鐵副使，以右諫議大夫、集賢院學士知杭州。暴風，江潮溢決堤，獻卿大發卒鑿西山，





作堤數十里，民以爲便。還，勾當三班院，知通進、銀臺司，最後知應天府，以刑部侍郎致仕，卒。

陳從易字簡夫，泉州晉江人。進士及第，爲嵐州團練推官，再調彭州軍事推官。王均盜據成都，連陷綿、漢諸郡，彭人謀殺兵馬都監以應之。時從易攝州事，斬其首謀者，召餘黨曉以禍福，貰之，衆皆呼悅。乃率厲將吏，修嚴守械，戒其家僮積薪舍後，曰：「吾力不足以守，當死於此。」賊聞其有備，不敢入境。賊平，安撫使王欽若以狀聞，召爲秘書省著作佐郎、大理寺詳斷官。遷太常博士，出知邵武軍。預修册府元龜，改監察御史。眞宗宴近臣崇和殿，召從易預，賦詩稱旨。遷侍御史，改刑部員外郎、直史館、知虔州。會歲大饑，有持杖盜取民穀者，請一切減死論，凡生者千餘人。

天禧中，坐薦送別頭進士失實，降工部員外郎。以父老，求鄉郡。宰相寇準惡其疎己，除吉州，從易因對自言改福州。未行，遭父喪，服除，糾察在京刑獄，出爲湖南轉運使，徙知荆南，擢太常少卿、直昭文館、知廣州。又坐嘗課校太清樓書字非僞謬而從易妄判竄之，降直史館。明年復職。在廣三年，以淸德聞。入爲左司郎中、知制誥。

初，景德後，文士以雕靡相尙，一時學者鄉之，而從易獨守不變。與楊大雅相厚善，皆好古篤行，時朝廷矯文章之弊，故並進二人，以風天下。兼史館修撰，遷左諫議大夫。命使契丹，以年老，辭不行。又辭職請補郡，進龍圖閣直學士、知杭州，卒。

從易好學強記，爲人激直少容，喜別白是非，多面折人，或尤其過，從易終不變。王欽若最善之，嘗謂人曰：「數日不見簡夫，輒忽忽不懌。」及廢居南京，時丁謂方用事，人畏謂，無敢往見欽若者。從易將使湖南，欲過之，遇汴水旱涸，遂告謂曰：「從易願使湖外者，非獨爲貧也，亦以王公在宋，故就省之爾。今汴涸，義不可從他道進，幸公許少留。」謂卽大喜曰：「王公之門，獨君爲知我者。」留權糾察刑獄，從易不敢當，乃聽歸館，須汴通乃行。時寇準貶道州，謂又謂從易曰：「廬陵之事，可以釋憾矣。」從易對曰：「當以故相事之爾。」謂有愧色。其行志多類此。所著泉山集二十卷、中書制稿五卷、西淸奏議三卷。

楊大雅字子正，唐靖恭諸楊虞卿之後。虞卿孫承休，唐天祐初，以尙書刑部員外郎爲吳越國册禮副使，楊行密據江、淮，道阻不克歸，遂家錢塘。大雅，承休四世孫也。錢俶歸朝，挈其族寓宋州。大雅素好學，日誦數萬言，雖飲食不釋卷。進士及第，歷新息、鄢陵縣





主簿，改光祿寺丞、知新昌縣，徙知潯州，監在京商稅，再遷秘書丞。

咸平中，交趾獻犀，因奏賦，召試，遷太常博士。久之，又上書自薦，獻所爲文，復召試，直集賢院，出知筠、袁二州，提舉開封府界諸縣鎭事，爲三司鹽鐵判官，知越州，提點淮南路刑獄。還，考試國子監生，坐失薦，迭降監陳州酒。徙知常州，判三司都磨勘司、戶部勾院。遷集賢殿修撰、知應天府。還，糾察在京刑獄，以兵部郎中知制誥。大雅初名侃，至是，避眞宗藩邸諱，詔改之。居二歲，拜右諫議大夫、集賢院學士、知亳州，卒。

大雅朴學自信，無所阿附，直集賢院二十五年不遷，有出其後者，往往致榮顯。或笑其違世自守，大雅嘆曰：「吾不學乎世，而學乎聖人，由是以至此。吾之所有，不敢以薦於人，而嘗自獻乎天子矣。」天禧中，使淮南，循江按部，過金陵境上，遇風覆舟，得傍卒拯之，及岸，冠服盡喪。時丁謂鎭金陵，遣人遺衣一襲，大雅辭不受，謂以爲歉。宰相王欽若亦不悅之。晚與陳從易並命知制誥。大雅嘗因轉對，上原治十七篇。所著大隱集三十卷、西垣集五卷、職林二十卷、兩漢博聞十二卷。

論曰：仲孫以才力自奮於時，論事著效，號爲能吏。太素、尋、曾能知法意，理官之良

也。虛已、獻卿立朝雖微，卓犖大節，及爲他官，所至有吏稱。若從易拒釋憾之言，大雅辭襲衣之遺，卒使權奸愧歎，抑又可尙哉。

## 校勘記

〔一〕涇原路經略安撫招討使兼知渭州　「渭州」原作「滑州」。按涇原路經略安撫使治所在渭州，見本書卷八七地理志；宋代安撫使例以守臣兼任，則王沿所兼知的當是渭州，下文有「賊乘勝犯渭州，沿率州人乘城」語可證。長編卷一二九正作「渭州」，據改。

〔二〕潞州八義館　「潞州」原作「路州」。按宋無「路州」，而河東路有潞州。金史卷二六地理志「潞州」條，上黨縣有八義鎮。今改。

〔三〕大理寺丞　「寺」原作「事」。按本書卷一六五職官志，有大理寺丞，無「大理事丞」，「事」是「寺」字之訛，今改。

〔四〕开賓　殿、局本作「玕賓」，疑當作「亓賓」，參見本書卷一五神宗紀校勘記〔四〕。

〔五〕無勞而嘗坐罪徒者　「徒」原作「徙」，據長編卷一九五、編年綱目卷一六改。

〔六〕端午　原作「端平」。按宋代大臣生日，正旦、端午、重陽、冬至等節，例有賞賜。端午在夏日，故仁宗常用飛白體書扇贈給大臣。宋會要崇儒六之六說：「〔天聖〕四年五月端午，遣內侍賜中書、





樞密院御書飛白扇子各一合。」可證。長編卷一九六載楊畋此事作「端午」，「端平」係「端午」之訛，據改。

〔七〕詳斷官　原作「評斷官」。按本書卷一六五職官志，大理寺無評斷官而有詳斷官；本卷俞獻卿、陳從易傳，兩人都做過大理寺詳斷官，「評」是「詳」字之訛。據改。

〔八〕武延川　原作「武英州」，據劉敞公是集卷五三俞獻卿墓誌銘、武經總要前集卷一八改。

二十四史

# 宋史

元　脱脱等撰

第二九册

卷三〇一至卷三一五（傳）

中華書局

# 宋史卷三百一

## 列傳第六十

邊肅　梅詢　馬元方　薛田　寇瑊　楊日嚴　李行簡
章頻　陳琰　李宥　張秉　張擇行　鄭向　郭稹　趙賀
高覿　袁抗　徐起　張旨　齊廓　鄭驤

邊肅字安國，應天府楚丘人。進士及第，除大理評事、知於潛縣，累遷太常博士。三司使魏羽薦爲戶部判官，祀南郊，超薦尚書度支員外郎。帝以三司鉤取無法，至道初，置行帳司，以會財用之數，命肅主之。帳成，遷工部郎中。

眞宗幸大名府，命肅經度行在糧草。改判開拆司，出知曹州，徙邢州。會契丹大入，先是地屢震，城堞摧圮，無守備，帝在澶州，密詔肅：「若州不可守，聽便宜南保他城。」肅匿詔不發，督丁壯乘城而闔諸門，悉所部兵陣以代之。騎傳城下，肅與戰小勝，契丹莫測也，



居三日，引去。時鎭、魏、深、趙、磁、洺六州閉壁不出，老幼趨城者，肅悉開門納之。

擢樞密直學士，徙宣州。車駕朝陵，徙河南府。還，勾當三班院。出知天雄軍，徙眞定府，累遷給事中。以王嗣宗代肅。嗣宗與肅有舊隙，諷通判東方慶訟肅前在州，私以公錢貿易規利，遣吏彊市民羊，買女口自入。嗣宗上其事，帝以肅近臣，不欲屬吏，遣劉綜、任中正以章示之，肅引伏。以守城功，止奪三官，貶岳州團練副使。久之，徙武昌、安遠軍節度副使，起知光州，以泰寧軍節度副使徙泗州，又徙泰州，卒。

子諷，終尚書兵部員外郎、福建路轉運使。

梅詢字昌言，宣州宣城人。少好學，有辭辨。進士及第，爲利豐監判官。後以秘書省著作佐郎、御史臺推勘官，預考進士於崇政殿，眞宗過殿廬，奇其占對詳敏，召試中書，除集賢院。

李繼遷攻靈州急，吳淑上書請遣使諭秦、隴以西諸戎，使攻繼遷。詢亦請以朔方授潘羅支，使自攻取。帝問誰可使羅支者，詢請行，未至而靈州陷。還，爲三司戶部判官。詢自以爲遇主知，屢上書陳論西北事。時契丹數侵河北，詢請遣大臣臨邊督戰，募遊手擊賊。



又論曹瑋、馬知節才可用，傅潛、楊瓊敗當誅，田紹斌、王榮等可責其效以贖過，凡數十事，其言甚壯。

帝欲命知制誥，李沆力言其險薄望輕，不可用。後斷田訟失實，降通判杭州，知蘇州，就徙兩浙轉運副使，判三司開拆司。坐議天書，出知濠州。爲湖北轉運使，擅假驛馬與邵曄子省親疾而馬死，奪官一級，降通判襄州。知鄂州，徙蘇州，爲陝西轉運使。坐薦舉朱能，貶懷州團練副使。又以善寇準，徙池州。起知廣德軍，歷楚、壽、陝州。復直集賢院，改直昭文館、知荆南，擢龍圖閣待制，糾察在京刑獄。歷龍圖閣直學士、樞密直學士，知通進銀臺司，判流內銓，爲翰林侍讀學士、羣牧使。累遷給事中、知審官院。

仁宗御邇英閣，讀正說養民篇，覽歷代戶口登耗之數，顧謂侍臣曰：「今天下民籍幾何？」詢對曰：「先帝所作，蓋述前代帝王恭儉有節，則戶口充羨；賦斂無藝，則版圖衰減。炳然在目，作鑒後王。自五代之季，生齒彫耗，太祖受命，而太宗、眞宗休養百姓，天下戶口之數，蓋倍於前矣。」因詔三司及編修院檢閱以聞。病足，出知許州，卒。故事，侍讀學士無出外者。

天禧中，張知白罷參知政事，領此職，始出知大名府。非歷二府而出者自詢始。

詢性卞急好進，而侈於奉養，至老不衰。然數爲朝廷言兵。在濠州，夢人告曰：「呂丞相至矣。」既而呂夷簡通判州事，故待之甚厚。其後，援詢於廢斥中，以至貴顯，夷簡力也。



馬元方字景山，濮州鄄城人。父應圖，嘗知頓丘縣，太宗攻幽州，應圖部芻糧，沒虜中。元方去髮爲浮屠，間行求父尸，不得，訴於朝。上哀之，爲官其兄元吉。

元方，淳化三年進士及第，爲韋城縣主簿，改大理寺評事、知萬年縣。諸將討李繼遷，關輔轉餉踰瀚海，多失亡，獨元方所部全十九。以勞，遷本寺丞，爲御史臺推勘官，遷殿中丞。戶部使陳恕奏爲判官，元方言：「方春民貧，請預貸庫錢，至夏秋，令以絹輸官。」行之，公私果便，因下其法諸路。

知徐州，改太常博士、梓州路轉運使。後知鄆州，量括牧地數千頃。爲京東轉運副使，遷轉運使。按部至濮州，被酒毆知州蔣信，降知宿州，下詔切責之。徙滑州，爲京西轉運使，知應天府，累遷太常少卿。擢右諫議大夫、權三司使公事，衆論不以爲允。眞宗謂宰臣曰：「元方在三司，何多謗也？」王旦曰：「元方盡心營職，然其性卞急，且不納僚屬議，而醜言詆之，所以賈怨。」帝曰：「僚屬顧不有賢俊邪！」歲餘，以煩苛罷。進給事中、權知開封府。以樞密直學士知幷州，留再任，賜白金五百兩，詔中書諭以委屬之意。官至兵部侍郎，卒。

二十四史

薛田字希稷，河中河東人。少師事种放，與魏野友善。進士，起家丹州推官。李允正知延州，辟爲從事，向敏中至，亦薦其材。改著作佐郎、知中江縣。眞宗祀汾陰，田時居父喪，經度制置使陳堯叟奏起通判陝州。還，拜監察御史，以母憂去。會祀太清宮，又用丁謂奏，起通判亳州。遷殿中侍御史、權三司度支判官，改侍御史、益州路轉運使。民間以鐵錢重，私爲券以便交易，謂之「交子」，而富家專之，數致爭訟。田請置交子務，以榷其出入，未報。及寇瑊守益州，卒奏用其議，蜀人便之。

就除陝西轉運使，進直昭文館、知河南府，復入度支爲副使。使契丹還，擢龍圖閣待制、知天雄軍。未幾，擢知開封府，以樞密直學士知益州，累遷左司郎中。代還，知審刑院。羌人內寇，特遷右諫議大夫、知延州。久之，以疾徙同州，又徙永興軍，辭不行，卒。

田性頗和厚，初以幹敏數爲大臣所稱，後屢更任使，所治無赫赫名。

寇瑊字次公，汝州臨汝人。初，母夢神人授珠，吞之而娠，生而眉目美秀。擢進士，授





蓬州軍事推官。李順餘黨謝才盛等復起爲盜，瑊設方略，擒送京師。徙開封推官。會施州蠻叛，轉運使移瑊權領施州。先是，戍兵仰他州餽糧，瑊至，請募人入米，償以鹽，軍食遂足，而民力紓。復招諭高州刺史田彥伊子承寶入朝，得給印紙爲高州官族。未幾，溪南蠻復內寇，瑊率衆擒其酋領戮之，以白芀子弟數百人築柵，守其險要。

就除大理寺丞、知開州，遷殿中丞、通判河南府。坐解送諸料失實，降監晉州稅。以太常博士通判幷州，改監察御史。眞宗祀汾陰，王嗣宗知永興，辟權通判，專領祠事。遷殿中侍御史，爲開封府判官。嘗奏事，帝詢施州備禦之術，因諭之曰：「東川控蠻夷，爾功已試，其爲朕鎭撫之。」命爲梓州路轉運使。

晏州多剛縣酋斗望刼瀘州，燒淯井監，殺官吏。瑊趨富順監，命部兵多張旗幟，踰山西北趨戎州，盡取公私舟載糧甲，具音樂，合兩路兵至江安，誘納溪、藍、順史箇松〔一〕，南廣移、悅等州刺史及八姓烏蠻首領，使斷賊徑。用夷法，植竹爲誓門，橫竹繫猫、犬、鷄各一於其上，老夷人執刀劍，謂之打誓，呼曰：「誓與漢家同心擊賊。」即刺牲血和酒而飲。瑊給鹽及酒食、針梳、衣服等，付以大榜，約大軍至，揭榜以別逆順，「不殺汝老少，不燒汝欄柵。」夷人大喜。

帝遣內殿崇班王懷信議攻討招輯之宜，瑊奏：「夷人嘗於二年春燒淯井監，殺吏民。既赦貸其罪，復來寇邊，聲言朝廷且招安，得酒食衣服矣。若不討除，則戎、瀘、資、榮、富順監諸夷競起爲邊害矣。」詔發陝西兵，益以白芀子弟合六千三百人，緣淯井溪轉門，凡十一陣，破之。夷人相率來附，納牛羊、銅鼓、器械甚衆，而斗望猶旅拒不從。瑊命懷信分兵拔其柵，與都巡檢使符承順進戰思晏江口，斗望等始驚遽，勢稍却。明日，復分三道來拒王師，懷信等格戰，瑊乘其後，大破之。斗望衆萬餘，囂不能軍，溺死者衆，遂降。因籍軍之勇悍千人，分五都以隸禁軍，爲寧遠指揮，使守淯井監。更建砦柵，濬三壕以環之。就加侍御史，召爲三司鹽鐵判官，踰月，出爲河北轉運使。

天禧中，河決澶淵。瑊視役河上，隄墊數里，衆皆奔潰，而瑊獨留自若。須臾，水爲折去，衆頗異之。遷工部郎中，上言：「契丹約和以來，河北減戍卒之半，而復刺士兵，其實益三分之一，而塞下軍儲不給。請行入中、鑿頭、便糴三說之法。」入爲三司度支副使。未幾，以右諫議大夫、集賢院學士知益州。

仁宗即位，遷給事中。瑊與丁謂厚善，帝謂輔臣曰：「瑊有吏幹，毋深譴也。」徙鄧州，坐失舉，降少府監、知金州，復右諫議大夫。會河決，徙知滑州，總領修河。既而以歲飢罷役，瑊言：「病民者特楗芻耳，幸調率已集，若積之經年，則朽腐爲棄物，後復興工斂之，是重





困也。」乃再詔塞河。河平，擢樞密直學士。

明年，復給事中、知秦州，又坐失舉奪一官。召權三司使，復其官如故。時有議茶法者，帝訪以利害，瑊曰：「議者未知其要爾。河北入中兵食，皆仰給於商旅。若官盡其利，則商旅不行，而邊民困於餽運，茶法豈可以數更？」帝然之。權知開封府，戚里有毆妻至死，更赦事發者。太后怒曰：「夫婦齊體，奈何毆致死邪？」瑊對曰：「傷居限外，事在赦前，有司不敢亂天下法。」卒免死。天聖末，再使契丹，未行而卒。

瑊少孤，鞠於祖母王氏，及登朝，以妻封邑回授之，朝臣得回封祖母自瑊始。性頗疎財，通音律，知術數。初附丁謂，故少達，及謂敗左遷，鬱鬱不自得，秘書丞彭齊賦喪家狗以刺之。

楊日嚴字垂訓，河南人。進士及第，試秘書省校書郎、知安丘縣。三司辟爲檢法官，遷大理寺丞，又爲本寺檢法官，監都進奏院，通判亳、陳二州，判吏部南曹兼登聞鼓院。出知襄州，徙廬、鄆二州〔二〕，入爲開封府判官。

使契丹還，爲兩浙轉運副使。未行，會青、徐饑，改京東轉運使。因請江、淮、陝西轉粟

中華書局

五十萬，以賑貧民；又開淸河八十里抵畯水河，並堤起倉廩，以便漕運。加直史館，徙益州轉運使，又徙江、淮制置發運使。還，歷三司戶部、度支、鹽鐵副使。累遷太常少卿，以右諫議大夫、集賢院學士知河中府，加樞密直學士、知益州。

時用兵伐元昊，三司急財用，有詔析戶版爲十等，第賦役；民以歲租占佃官田廬者，高其估，募輸錢就市爲已業，人苦其擾。又陝西奏收市益、梓、利路溪洞馬，而不知其實無馬也。日嚴皆奏罷之。遷勾當三班院、知通進銀臺司。聞後爲守者，其政不便蜀人，因進對，猶從容言：「遠方所宜撫安之，無容變法以生事。」遷給事中，以龍圖閣學士知澶州。召權知開封府，吏械囚不謹，囚自殺，坐是罷府事。判太常、司農寺，同知審官院，卒。

日嚴初爲益州轉運使，無他治能，及知益州，頗爲蜀人所信愛。兄日華，歷官至太常少卿、三司副使。

李行簡字易從，同州馮翊人。家貧，刻志於學，讀六經每至夜分，寒暑不易。又聚木葉學書，筆法遒勁。與里中富人楊士元同學，既而同時中進士第，士元資遺行簡，謝不取。起家隴州司理參軍，徙彭州軍事推官。





陵州富民陳子美父死，繼母詐爲父書逐出之，累訴不得直，轉運使檄行簡劾正其獄。改秘書省著作郎，再遷太常博士、知坊州。御史中丞王嗣宗薦爲監察御史，王旦數稱其才，眞宗雅亦知之，再遷侍御史。

陝西旱蝗，命往安撫，發倉粟救乏絕，又蠲耀州積年逋租。還，擢龍圖閣待制，歷尙書刑部郎中。帝數幸龍圖閣，命講周易，問訪大臣能否，行簡所對無怨昵，各道其所長，人以爲長者。久之，拜右諫議大夫、集賢院學士。乾興初，改給事中，以足疾請外，得知河中府，徙虢州，卒。

章頻字簡之，建州浦城人。與弟頔皆以進士試禮部預選，會詔兄弟毋並舉，頻卽推其弟，棄去。後六年，乃擢第。自試秘書省校書郎、知南昌縣，改大理寺丞、知九隴縣，遷殿中丞。

眉州大姓孫延世僞爲券奪族人田，久不能辨，轉運使使按治之。頻視券墨浮朱上，曰：「是必先盜印然後書。」既引伏，獄未上，而其家人復訴于轉運使，更命知華陽縣黃夢松覆按，無所異。夢松用此入爲監察御史，頻坐不時具獄，降監慶州酒，徙知長洲縣。

天禧初，增置諫官、御史十二人，頻以選得召對，稱旨，擢監察御史。陳、亳間民訛言兵起，老幼皆奔，命安撫京西。還，爲三司度支判官。青州廂士瑤殺從子温裕，并其財，遣按治，士瑤伏誅。又詔鞫邛州牙校訟鹽井事。皇城使劉美依倚后家受賕，使人市其獄，頻請捕繫，眞宗以后故不問。忤旨，出知宣州，改殿中侍御史，遷侍御史。

頻雅善丁謂，謂貶，左遷尙書比部員外郎、監饒州酒。起知信州，進刑部員外郎、知福州。王氏時，賦民官田，歲輸租稅而已。至是，或謂鬻之可得緡錢二十餘萬，頻疏以爲不可。徙知潭州。改廣西轉運使，擿宜州守貪暴不法，既罷去，反訟頻子許嘗被刑，而冒奏爲秘書省校書郎，頻坐謫知饒州。復入爲度支判官，累遷刑部郎中。

使契丹，至紫濛館卒。契丹遣內侍就館奠祭，命接伴副使吳克荷護其喪，以錦車駕橐駝載至中京，斂以銀飾棺，又具鼓吹羽葆，吏士持甲兵衞送至白溝。詔遣其子訪乘傳扈其柩以歸。訪官三班奉職，卽許也。

陳琰字伯玉，澶州臨河人。進士及第，歷溧陽、欒城縣主簿，遷大理寺丞、監眞定府稅，知金堂、夏津二縣。再遷太常博士。轉運使盧士倫，曹利用壻也，怙勢聽獄不以直，訟





者不已，付琰評決，琰直之。御史知雜韓億聞其事，奏爲監察御史。丁父喪，哀毀，墳木連理。憂除，遷殿中侍御史。

天聖五年祀南郊，中外以爲丁謂復還，琰上疏曰：「亂常肆逆，將而必誅，陰懷姦惡，有殺無赦。丁謂因緣險佞，據竊公台。賄賂包苴，盈於私室；威權請謁，行彼公朝。引巫師妖術，厭魅宮闈；易神寢龍岡，冀消王氣。今禋柴展禮，渙汗推恩，必慮謂潛輸琛貨，私結要權，假息遐荒，冀移善地。李德裕止因朋黨，不獲生還；盧多遜曲事王藩，卒無牽復。請不原赦。」帝然之。

爲三司度支判官，遷侍御史。歷京西、河東、河北轉運副使，三司戶部、度支、鹽鐵副使。汴倉納粮綱，槪量不實，操舟者坐亡失所載，或杖背徒重役。琰始奏選官監視，謂之「定計斗面」。積遷至尙書工部郎中，卒。

李宥字仲嚴，唐之後裔，自吳徙青，遂爲靑人。祖咸，五代末，以詩酒遊公卿間，善摹寫山水，至得意處，疑非筆墨所成。人欲求者，先爲置酒，酒酣落筆，烟景萬狀，世傳以爲寶。父覺，見儒林傳。

宥幼孤，不好弄，長讀書屬文，不雜交游。舉進士，調火山軍判官。入館校勘書籍，遷集賢校理，遂直院。知蘄州，歲凶人散，委嬰孩而去者，相屬于道。宥令吏收取，計口給穀，俾營婦均養之，每旬閱視，所活甚衆。或殺人，以米十石給傭者，使就獄，曰：「我重賄吏，爾必不死。」宥得其情，論如法。

提點荆湖刑獄，權戶部判官，利州轉運使，判戶部勾院，知制誥，糾察在京刑獄，同判太常寺。舊宗廟五饗，輔臣攝事，中廢且久，止差從官。宥因對力言，遂復故事。以諫議大夫知江寧府。民有告人殺其子者，曰：「吾子去家時，巾若巾，今巾是矣。」民自誣服。宥疑，召問，卒伸其枉。府舍火，宥畏兵亂，闔門不救，降秘書監致仕。起分司南京，改太子賓客，判留司御史臺，卒。

宥性清介，然與物無忤，好獎拔士人。外族甚貧，宥有別業，以券畀之。既死，家無餘財，官賜錢十萬。

張秉字孟節，歙州新安人。父謂，字昌言，南唐秘書丞、通判鄂州。宋師南伐，與州將許昌裔叶議歸款，太祖召見，勞賜良厚，授右贊善大夫。蜀平，選知閬州。太平興國中，即





除西川轉運副使。先是，士人罕習舟楫，取峽江中競渡者給漕運役，覆溺常十四五。謂建議置威棹軍分隸管勾，自是無覆舟之患。累遷荆湖、江、浙等道制置茶鹽副使，卒。

秉舉進士，儀狀豐麗，屬詞敏速，善書翰，太宗喜之，擢寘甲科。解褐將作監丞、通判宣州。遷監察御史，深爲宰相趙普所器，以弟之子妻之。會有薦其才，得知鄭州。召還，直昭文館，遷右司諫。會以趙昌言爲制置茶鹽使，秉與薛映副之。入爲右計司河南西道判官，俄換鹽鐵判官、度支員外郎、知制誥、判吏部銓、知審官院。唐朝故事，南省首曹罕兼掌誥，多退爲行內諸曹郎。至是，用此制，其後進改，多優遷首曹，遂隳舊制矣。遷工部郎中，依前知制誥。

眞宗嗣位，進秩兵部郎中、判昭文館。時草敍用官制，有「頃因微累，謫於遐荒」之語，上覽之曰：「若此，則是先朝失刑矣。」遂除秉左諫議大夫，連知潁、襄二州。徙鳳翔府，訴以母老貧窶，詔給裝錢，未行，改江陵。丁母憂，起復，知河南府。景德初，徙河陽，換澶州。車駕將幸河上，又徙知滑州。道出韋城，秉迎謁境上，俾預從官侍食；遣與齊州馬應昌、濮州張晟往來河上，部丁夫鑿凌，以防契丹南渡。

召歸闕，復判吏部銓〔三〕，拜工部侍郎、同知審官院、通進銀臺司，糾察在京刑獄。復與周起同試東封路服勤辭學、經明行修舉人。出知永興軍府，會祀汾陰，爲東京留守判官，轉禮部侍郎，加樞密直學士，復知并州。將行，懇求御詩爲餞，上爲作五言賜之。徙相州。九年〔四〕，復糾察在京刑獄，暴疾卒。

秉典藩府，無顯赫譽，及再至太原，臨事少斷，多與賓佐博弈。雖久踐中外，然無儀檢，好諧戲，人不以宿素稱之。好飭衣服，潔饌具，每公宴及朋友家集會，多自挈肴膳而往。家甚貧，常質衣以給費焉。

張擇行字行先，青州益都人。進士起家，歷北海、臨沂主簿，自宣州觀察推官爲大理寺丞。初，石亭縣掾檄將陵塞決河〔五〕，衆欲登舟以濟，擇行獨以爲不可，皆笑其怯。既而舟果覆，擇行坐堤上董役，埽卒不潰。

除監察御史、殿中侍御史，改言事御史、右司諫。與唐介、包拯共論張堯佐除節度、宣徽〔六〕兩使不當，語甚切。又論河北兵多、財不足，願分兵就食內地，不報。遷侍御史知雜事，擢天章閣待制、知諫院，累遷吏部員外郎。御史皆言宰相陳執中嬖妾笞小婢，死外舍。擇行以爲主命妾笞婢，於律不當坐，御史固迫之，因中風不能語。除戶部郎中、集賢殿修撰，提舉兗州仙源縣景靈宮，踰年而卒。





鄭向字公明，開封陳留人。舉進士中甲科，爲大理評事、通判蔡州，累遷尚書屯田員外郎、知濠州，徙蔡州。召試集賢院，未幾，除三司戶部判官，修起居注。遷度支員外郎，爲鹽鐵判官。出爲兩浙轉運副使，疏潤州蒜山漕河抵于江，人以爲便。復爲鹽鐵判官，擢知制誥、同勾當三班院。使契丹，再遷兵部郎中、提點諸司庫務，以龍圖閣直學士知杭州，卒。五代亂亡，史冊多漏失，向著開皇紀三十卷，摭拾遺事，頗有補焉。

郭稹字仲微，開封祥符人。世寓鄭州，舉進士中甲科，爲河南縣主簿。除國子監直講，議者以其資淺，罷還河南。時孫奭、馮元判監事，因奏稹學問通博，他選莫能及，乃得留。居二歲，陳堯咨知大名，辟簽書府判官事，改大理寺丞。奭等復薦爲直講。奭出知兗州，又薦稹與賈昌朝赴中書試講說，而稹固辭。召試學士院，爲集賢校理。馮元知河陽，辟爲通判，徙通判河南府。入爲三司度支、戶部判官，累遷尚書刑部員外郎，同修起居注。

康定元年使契丹，告用兵西鄙。契丹厚禮之，與同出觀獵，延稹射。稹一發中走兔，衆

皆愕視，契丹主遺以所乘馬及他物甚厚。既還，轉兵部，知制誥，判吏部流內銓，擢龍圖閣直學士、權知開封府。暴感風眩卒。

穎性和易，文思敏贍，尤刻意於賦，好用經語對，頗近於諧。聚古書畫，不計其貲購求之。婦張悍妒，無子。初，穎幼孤，母邊更嫁王氏，既而母亡，穎解官服喪。知禮院宋祁〔七〕言穎服喪爲過禮，詔下有司博議，用馮元等奏，聽解官申心喪，語在禮志。

論曰：肅之守邢，以羸兵却勍敵，開門納避難之民，功在王府。元方爲并州，有勤留之命，其宜民可知。宥在蘄，則活饑氓；在江寧，則直冤獄。吏之良者歟，然皆不能無小累也。日嚴、行簡臨政，視秉、擇行、向、穎雖無瑕可指，亦皆無赫赫名。詢以厚呂夷簡，復致貴顯；瑊，頻坐善丁謂，並遭斥謫，固無足議者。琰言謂姦邪，不當用南郊恩牽復，與唐袁高論執盧杞正相類，識者韙之。

趙賀字餘慶，開封封丘人。少時，嘗喪明，久之，遇異醫輒愈。喜飲酒，至終日不亂。事





繼母至孝。舉毛詩及第，補臨朐縣主簿。賀有幹力，知州寇準且知賀。淳化中，調丁壯塞澶州決河，衆多逸去，獨賀全所部而歸。臨朐父老張樂迎賀，準使由譙門過，曰：「旌賀之能也。」改大理評事。鹽池吏欺緡錢，選賀往解州鉤校出入，賀悉得其姦。

契丹入寇，眞宗決策澶淵，遣使八人省州縣，賀以太子中舍安撫京東。改殿中丞，歷通判明州、宿州。徙知漢州，蜀吏喜弄法，而賀精明，吏不敢欺，事更賀所，多被究詰，人目爲「趙家關」，謂如關梁不可越也。

召權三司戶部判官，眞補度支判官，出爲京東轉運副使，徙京西。又徙益州路轉運使，尋糾察在京刑獄，累遷尚書工部郎中、提舉諸司庫務，爲江、淮制置發運使。發運司占隸三司軍將，分部漕舡，舊皆由主吏白遣〔八〕，受賕不平，或數得詣富饒郡，因以商販，貧者至不能堪其役。賀乃籍諸州物產厚薄，分劇易爲三等，視其功過自裁定，由是吏巧不得施，歲漕米溢常數一百七十萬。

蘇州太湖塘岸壞，及並海支渠多湮廢，水侵民田。詔賀與兩浙轉運使徐奭兼領其事，伐石築堤，浚積潦，自吳江東赴海。流民歸占者二萬六千戶，歲出苗租三十萬。遷刑部郎中，歷三司戶部、度支、鹽鐵副使，知延同秦三州、江陵府，累遷光祿卿，入判大理寺，以右諫議大夫知永興軍，徙鄧州。歲餘，判宗正寺，出知越州。坐失舉，降知濠州，改廬州。遷給事中，復判宗正寺，知鄭、蔡、壽三州，卒。

在臨朐時，用轉運使李中庸薦改官。中庸沒，無子，賀爲主葬，圖其象，歲時祠于家。子宗道，終集賢校理。

高覿字會之，宿州蘄人。進士起家，爲嘉興縣主簿。後以孫奭薦，改秘書省著作佐郎，累遷尚書屯田員外郎、通判泗州。詔定淮南場茶法，覿陳說利害，不報。擢提點利州路刑獄，召爲三司戶部判官，安撫河北。還，爲京西轉運使。徙益州。彭州廣碃、麗水二峽地出金，宦者挾富人請置場，募人夫採取之。覿曰：「聚衆山谷間，與夷獠雜處，非遠方所宜，且得不償失。」奏罷之。王蒙正恃章獻太后親，多占田嘉州，詔勿收賦，覿又極論其不可。坐失察嘉州守張約受賕，貶通判杭州，徙知福州。入爲三司鹽鐵判官，歷陝西、河北轉運使，累遷兵部郎中，復入戶部、鹽鐵爲副使，遷右諫議大夫、河東都轉運使，加集賢院學士，判尚書刑部，進給事中、知單州，卒。

子秉常，爲梓州路轉運使。





袁抗字立之，洪州南昌人。舉進士，得同學究出身，調陽朔縣主簿，薦補桂州司法參軍。撫水蠻寇融州，轉運使俞獻可檄抗權融州推官，督兵糧與謀軍事。蠻治舟且至，抗即楊梅、石門兩隘建水柵二，據其衝，賊不得入，後因置戍不廢。事平，特遷衡州推官，改大理寺丞，累遷國子博士、知南安軍，擢提點廣南東路刑獄。浙東叛卒鄂鄰鈔閩、越，轉南海，與廣州兵逆戰海中。値大風，有告鄰溺死者，抗獨曰：「是日風勢趣占城，鄰未必死。」後果得鄰於占城。

還爲度支三司判官，以尚書金部員外郎爲梓州路轉運使，徙益州路。時三司歲市上供綾錦、鹿胎萬二千匹，抗言：「蜀民困憊，願少紓其力，以備秦中他日之用。」是年郊祀，蠲其數之半。黎州歲售蠻馬，詔擇不任戰者卻之。抗奏：「朝廷與蠻夷互市，非所以取利也。今山前後五部落仰此爲衣食，一旦失利侵侮，不知費直幾馬也。臣念蜀久安，不敢奉詔。」尋如舊制。除江、淮發運使，召爲三司鹽鐵副使。時抗老矣，爲御史所劾，罷知宣州。累遷光祿少卿，分司南京。明堂覃恩，改少府監，卒。

抗喜藏書，至萬卷，江西士大夫家鮮及也。抗子陟，少刻厲好學，善爲詩，終殿中丞。

徐起字豫之，濮州鄄城人。舉進士，試祕書省校書郎、知隰川縣，積官尚書都官員外、知楚州。樞密直學士張宗象薦之，擢提點廣南西路刑獄。入判三司開拆司，歷開封、三司度支判官。館伴契丹使，還奏：「所過州縣，使者既去，官吏將校皆出郊旅賀，燕飲久之，城邑爲之空。」乃下約束禁止之。出爲荊湖北路轉運使，部有戍卒殺人繫獄，其徒欲刼之。起聞，亟往按誅之，分其徒隸他州。

徙江西，知徐州，就爲轉運使。募富室得米十七萬斛，振餓殍，又移粟以贍河北、京西者，凡三百萬。與安撫使劉夔不相能，徙京西。又徙江東，起請開長淮舊浦，以便漕運。知洪州，徙兗州。有都巡檢虐所部，而部兵百餘人，持兵至庭下。州人大恐，起不爲動，以禍福開諭之，衆感泣聽命。因按致其首，奏罷都巡檢。復爲度支判官，累遷秘書監、知湖州，卒。

張旨字仲微，懷州河內人。父延嘉，頗讀書，不願仕，州上其行，賜號嵩山處士。旨進保定軍司法參軍，上書轉運使鍾離瑾，願補一縣尉，捕劇賊以自效。瑾壯其請，爲奏徙安平



尉，前後捕盜二百餘人。嘗與賊鬥，流矢中臂，不顧，猶手殺數十人。擢試祕書省校書郎、知遂城縣，遷著作佐郎。

明道中，淮南饑，自詣宰相陳救禦之策。命知安豐縣，大募富民輸粟，以給餓者。既而浚淠河三十里，疏泄支流注芍陂，爲斗門，溉田數萬頃，外築堤以備水患。再遷太常博士、知尉氏縣，徙通判忻州。

元昊反，特遷尚書屯田員外郎、通判府州。州依山無外城，旨將築之，州將曰：「吾州據險，敵必不來。」旨不聽。城垂就，寇大至，乃聯巨木補其罅，守以強弩。中外不相聞者累日，人心震恐。庫有雜綵數千段，旨矯詔賜守城卒，卒皆東望呼萬歲，賊疑以救至也。州無井，民取河水以飲，賊斷其路。旨夜開門，率兵擊賊少卻，以官軍壓兩旁，使民出汲。復以渠泥覆積草，賊望見，以爲水有餘。督居民乘城力戰，賊死傷者衆，隨解去。以功遷都官員外郎，徙知萊州。

葉清臣舉材堪將帥，召對，改知邢州，擢提點河東路刑獄。范仲淹、歐陽脩復言其驁武有謀略，除閤門使，固辭。進工部郎中、知鳳翔府，加直史館、知梓州，以直龍圖閣知荊南。入判尚書刑部，累遷光祿卿，知潞、晉二州。以老疾，權判西京御史臺，尋卒。



齊廓字公闢，越州會稽人。舉進士第，自梧州推官累遷太常博士、知審刑詳議官，知通、泰州。提點荊湖南路刑獄。潭州鞫繫囚七人爲強盜，當論死。廓訊得其狀非強，付州使劾正，乃悉免死。平陽縣自馬氏時稅民丁錢，歲輸銀二萬八千兩，民生子，至壯不敢束髮，廓奏蠲除之。歷三司度支、開封府判官，出爲江西、淮南轉運使。時初兼按察，同時奉使者，競爲苛刻邀聲名，獨廓奉法如平時，人以爲長厚。入判鹽鐵勾院，加史館〔九〕、知荊南府，徙明、舒、湖三州，積官光祿卿、直祕閣，以疾分司南京，改祕書監，卒。

廓寬柔恭謹，人犯之不校。弟唐，爲吉州司理參軍，博覽彊記，嘗舉賢良方正，對策入等。越州蔣堂奏廓及唐父母垂老，窮居鄉里，二子委而之官，唐復久不歸省。於是罷唐，令歸侍養。廓方使湖南，雖置不問，然士論薄之。

鄭驤字士龍，河南人。登進士第，更慶、汝、鄭、秦州推官，改祕書省著作郎、知垣曲縣。康繼英辟簽書衞州判官事，劉從德代繼英，又表驤有善狀，進一官。尋監左藏庫，遷太常博士、知乾州，提點益州路刑獄，爲三司度支判官。建言：「蜀人引江水溉田，率有禁，歲旱利



不均，宜弛其禁。」又言：「京西旱，舊禁粟無出國門，可且勿禁。」

慶曆中，與魚周詢刺陝西民兵十餘萬。除陝西轉運、按察使兼三門發運使，加直史館、河北轉運使，入爲度支副使。河決德州，入王紀口，議欲徙州，詔驤往視之，還言州不當徙，已而州果無患。又爲河北轉運使。王則反，討平之。除天章閣待制、知鳳翔府。先是，皇甫泌、夏安期皆爲轉運使，泌先謫去，安期後至，不及賞，驤因辭不受，願命推功與二人。復爲河北都轉運使，累遷尚書工部郎中，以疾知華州，卒。

論曰：歷觀數子，風跡雖不同，其爲政愛民，謙己利物，有古道焉。若旨浚淠河，觀罷探金，抗論互市，起振窮戢暴，驤推功與人，皆無所愧矣。趙賀不忘李中庸，而齊廓兄弟棄親以徇榮，用心何其不同哉！

## 校勘記

〔一〕納溪藍順史箇松　「納」字原脫。按長編卷八一作「納溪、藍順州刺史史个松」；宋會要蕃夷五之一七同長編，但「个」作「介」。補「納」字。

〔二〕徙廬鄆二州　按宋無「鄆州」，「鄆」疑爲「蘄」字之訛。

〔三〕復判吏部銓　「判」原作「拜」。按本書卷一六三職官志「吏部」條：「判流內銓二人，以御史知雜以上充掌。」上文已說張秉「判吏部銓」，此句亦當作「復判吏部銓」。「拜」是「判」字之訛，據改。

〔四〕九年　承上文此當是景德九年，但景德只有四年。上文祀汾陰係大中祥符四年事，見本書卷八眞宗紀，此「九年」當是大中祥符九年，此處失書紀元。

〔五〕石亭縣掾檄將陵塞決河　按宋縣無「石亭」，此句疑有誤。

〔六〕宣徽　原作「宣撫」，據本書卷四六三張堯佐傳、長編卷一六九、綱目備要卷一四改。

〔七〕宋祁　原作「宋郊」，據本書卷一二五禮志、宋會要禮三六之一〇改。

〔八〕舊晉由主吏白遣　「白遣」，長編卷一〇一作「自遣」。

〔九〕加史館　據本卷張旨、鄭驤傳例，「加」下當脫一「直」字。



# 宋史卷三百二

## 列傳第六十一

王臻　魚周詢　賈黯　李京 吳鼎臣附　呂景初 馬遵附　吳及
范師道　李絢　何中立　沈邈

王臻字及之，潁州汝陰人。始就學，能文辭。曾致堯知壽州，有時名，臻以文數十篇往見，致堯覽之，歎曰：「潁、汝固多奇士。」舉進士中第，爲大理評事，歷知舒城、會昌縣，通判徐、定二州，以殿中丞知兗州，特遷監察御史。

中使就營景靈宮、太極觀，臻佐助工費有勞，遷殿中侍御史，擢淮南轉運副使。時發運司建議濬淮南漕渠，廢諸堰，臻言：「揚州召伯堰，實謝安爲之，人思其功，以比召伯，不可廢也。濬渠亦無所益。」召爲三司度支判官，而發運司卒濬渠以通漕，臻坐前異議，降監察御史、知睦州。道復官，徙福州。閩人欲報仇，或先食野葛，而後趨仇家求鬥，即死其處，以誣





仇人。臻辨察格鬥狀，被誣者往往釋去，俗爲之少變。又民間數以火訛相驚，悉捕首惡杖之，流海上，民乃定。

仁宗即位，遷提舉在京諸司庫務，歷三司戶部、度支副使，擢龍圖閣待制、權知開封府，累遷尚書工部郎中。姦人僞爲皇城司刺事卒，嚇民以取賕，臻購得其主名，黥竄三十餘人，都下肅然。以右諫議大夫權御史中丞，建言：「三司、開封府諸曹參軍及赤縣丞尉，率用貴游子弟，驕惰不習事。請易以孤寒登第、更仕宦書考無過者爲之。」又言：「在京百司吏人入官，請如長定格，歸司三年。」皆可其奏。未幾，卒。臻剛嚴善決事，所至有風迹。

魚周詢字裕之，開封雍丘人。早孤，好學。舉進士中第，爲大理評事，歷知南華、分宜、靜海三縣，遷太常博士、通判漢州。城中夜有火，部衆救之，植劍于前曰：「擅一物者斬！」火止，民無所失亡。以尚書屯田員外郎知眞州，徙提點荆湖南路刑獄。求便郡，知安州，徙蔡州，召爲侍御史。陝西用兵，科斂煩數，命安撫京西路，還賜緋衣銀魚。爲開封府判官，又使陝西刺民兵，判三司理欠、憑由司。進起居舍人、知諫院，固辭，乃以尚書戶部員外郎兼侍御史知雜事，爲三司鹽鐵副使。時渭州城水洛，尹洙、鄭戩爭未決，詔周詢與都轉運使程

戩相利害。周詢是戩議，遂城之。遷吏部員外郎，擢天章閣待制、知成德軍，徙河北都轉運使，拜右諫議大夫、權御史中丞。

慶曆八年，手詔近臣訪天下之務。周詢對曰：

陛下患西陲禦備，天下繹騷，趣募兵士，急調軍食，雖常賦有增，而經用不足。臣以謂唐季及五代，彊臣專地，中國所制，疆域非廣。及祖宗有天下，俘吳、楚、蜀、晉，北捍獯粥，西服羌戎，所用甲兵，所入租賦，比之于今，其數尚寡。然而摧堅震敵，軍府無空虛之弊，縣官無煩費之勞，蓋賞信罰必，將選兵精之效也。

近元昊背惠，西方宿師。朝廷用空疏闒茸者爲偏裨，以游惰怯懦者備行伍，故大舉即大敗，小戰輒小奔。徒日費千金，度支不給，賣官鬻爵，淆雜仕流，以鐵爲錢，隳壞國法。而又官立鹽禁，驅民齎葦，蕩析恆產，怨咨盈路。去秋水旱繼作，今春饑饉相屬，生靈重困，於茲爲劇。今元昊幼子新立，迺朝廷寬財用、惜民力之時也，速宜經度，以紓匱乏。願委安撫使與本路守邊、掌計臣僚同議，裁減冗兵，節抑浮費，禁止橫斂，廩假貧民，去武臣之庸懦，出守宰之貪殘。仍冀特發宸衷，出內帑錢助關陝費，使通鹽商之利，改錢幣之法，宣布德澤，與民休息。然後勸勉農桑，隱括稅籍，收遺利，抑兼幷，則公有羨財，私有餘力矣。





陛下患承平寖久，仕進多門，人汚政濫，員多闕少，滋長奔競，靡費廩祿。臣以謂國家於制舉、進士、明經之外，復有任子、流外之補，負瑕釁、服輿臺者，亦寘班列。歷年既久，紛猥塞路，求人任事，適用者鮮，而又亟更數易，交錯道塗，類置有常，詔除無限，凡守一闕，動踰再期。預閭籍、服武弁者，坐費水衡之給，虛計歲考之期，赴銓調、守選格者，居多困乏之嘆，行寡廉恥之風。官冗之弊，一至於此！願陛下特詔，進士先取策論，諸科兼通經義，中第解褐，無令過多。其文武班奏薦幷流外出官者，權停五七年，自然名器不濫，奔競衰息矣。

陛下患牧守之職，罕聞奏最。臣聞漢宣帝勉厲二千石，其有治效者，增秩賜金，或爵至關內侯，公卿缺，則以次用之，故良吏爲盛。國家鑒諸侯專地之患，一切郡守治之。而班行寖冗，序遷者衆。迺有地處藩宣，秩爲卿監，而未歷省府提轉，則爲沈抑。內重外輕，何以求治？改絃易轍，正在此時。願詔兩府大臣，選委兩制、臺諫官參舉，如兩任通判可充知州軍京朝官，依次除補。若治狀尤異，即升省府提轉。其常例入知州者，一切停罷，則進擢得人，牧守重矣。

陛下患將帥之任，艱於稱職。臣聞晏子薦司馬穰苴曰：「文能附衆，武能威敵。」是知將帥之材，非文武兼備，則不可爲。我朝自二邊款附，久不用兵。近歲有西北之警，補授帥臣，出於遽猝，非自卒伍，即恩澤侯。無信義以結士心，無莊嚴以正師律，退則奔北，進則被擒，虧損威靈，取侮夷狄，命將之失，未有若今之甚也。願擇名臣，選舉深博有謀、知兵練武之士，不限資級，試以邊任，臨軒敦遣，假以威權，如祖宗朝任郭進、李漢超輩，閫外之事，俾得專之，無以謗讒輒有遷徙，使其足以取重，則安有不稱職之憂乎？

陛下患西北多故，邊情叵測，獻奇譎空言者多，陳悠久實效者少，備豫不虞，理當先物。臣聞國家和約北戎，爵命西夏，偃革止戈，踰四十載。而守邊多任庸人，不嚴武備，因循姑息，爲敵所窺，致元昊悖逆，耶律張皇。未免屈己爲民，息兵講好，皆用苟安之謀，而無經遠之策。此班固所謂「不選武略之臣，恃吾所以待寇而行貨賂，割剝百姓以奉寇讎」者也。願陛下特議減三路兵馬之驚冗者，以紓經費，以息科斂。然後選將帥，擇偏裨，使戢肅驕兵，飭利戎器，識山川形勝，用兵奇正。河朔曠平，可施車陣，亦宜講求其法。雖二邊異時侵軼，恃吾有以待之，庶幾無患矣。

時執政及近臣所對多疏闊，仁宗頗嘉周詢詳敏。知恩州張得一誅，坐失舉，出知永興軍。數日，改知成德軍，未行，卒。帝嗟悼之，特贈尚書工部侍郎。

周詢性和易，閑見該洽，明吏事。在安州時，園吏見大蛇垂闌楯，即視之，乃周詢醉而假寐，世傳其異。





賈黯字直孺，鄧州穰人。擢進士第一，起家將作監丞、通判襄州。還爲祕書省著作佐郎、直集賢院，遷左正言、判三司開拆司。

黯自以年少遭遇，備位諫官，果於言事。首論韓琦、富弼、范仲淹可大用。杜樞覆張彥方獄，將駁正，忤執政意，執政以他罪絀樞。黯言：「樞無罪，且旨從中出，不因臣下彈奏。恐自此貴幸近習，言一得入，則將陰肆讒毀，害及善良，不可不察。」時言者或論事亡狀，輒戒勵窮詰。黯奏：「諫官、御史，迹既疏遠，未嘗預聞時政，不免採於傳聞，一有失言，而詰難沮辱隨之，非所以開廣言路。請如唐太宗用王珪、魏徵故事，每執政奏事，聽諫官一人隨入。」執政又患言事官旅進，論議上前不肯止。乃詔：「凡欲合班上殿者，皆稟中書俟旨。」黯論以爲：「今得進見言事者，獨諫官、御史，若然，言路將壅，陛下不得聞外事矣。請如故便。」皆弗許。

儂智高反，余靖知桂州，楊畋安撫廣南東、西路，皆許便宜行事。黯言：「二人臨事，指蹤不一，則下將無所適從。又靖專節制西路，若畋東嚮，則非靖所統，無以使衆，不若幷付靖經制兩路。」從之。皇祐四年，同修起居注，徙判鹽鐵勾院，遷左司諫。建言天下復置義倉，下其說諸路，而論者不一，黯亦反復辨析，卒不果行。宰相劉沆請中外薦舉陳乞，一切以詔令從事，毋用例。論者以爲非便，黯奏罷之。狄青除樞密副使，黯言：「國初武臣宿將，扶建大業，平定列國，有忠勳者，不可勝數。然未有以卒伍登帷幄者。」不報。會靈觀災，又言：「天意所欲廢，當罷營繕，赦守衞者罪，以示儆懼修省之意。」擢知制誥。

初，仁宗視事退，御邇英閣，召侍臣講讀，而修起居注官獨先出。黯言：「君臣訪對，動關政體，而史臣不得預聞，請幷召侍經筵。」許之。初，邇英、延義二閣，講讀官自有記注。至是，乃罷焉。直龍圖閣錢延年擢天章閣待制，黯當命辭，卽詆延年不才，不宜汚侍從，封詞目還中書，命遂寢。

判吏部流內銓。益州推官桑澤〔一〕父留鄉里，死三年矣。澤爲弗知者而調京師，既覺而去。黯奏劾，廢終身。福州推官劉抃挾數術，言人禍福，多遊公卿門，黯奏以爲靈臺郎。

時詔兩制、兩省官惟公事許至中書、樞密院見執政，羣臣心知其非，而嫌於自言。後黯知許州，乃言：「他官皆得見執政，而侍從近臣，反疏斥疑間如此。嘗聞先朝用王禹偁請，百官候謁宰相，並於政事堂；樞密使亦須聚坐接見，以防請託。令下，左正言謝泌上書，以謂非人主推赤心待大臣，大臣展四體報人主之誼。」卽時追寢前詔。

徙襄州，迎父之官，而父有故人在部中，遣直廳卒致問。黯輒笞卒，父恚，一夕歸鄉里。他日，疾且亟，黯內懷不自安，請徙郡及解官就養。不報，乃棄官去。而御史吳中復等劾黯輒委州印，撓朝廷法，絀知郢州。未及行，父死。服除，勾當三班院，爲翰林學士。唐介等坐言陳升之不當柄用，皆外補。黯奏介等敢言，請寬之。以疾請郡，改侍讀學士、知鄧州。未行，疾愈，復以爲翰林學士、知審官院。

時官吏有以祖父嫌名，援律爲請授他官。黯言：「禮不諱嫌名，二名不偏諱，律：『府號、官稱犯祖父名而冒榮居之，又上書若奏事犯祖廟諱，罪皆有差。』又曰：『若嫌名及二名偏犯者，不坐。』今官吏許避嫌名，則或有如此而不自言者，可坐以冒榮之律乎？國朝雍熙中，嘗詔：『除官犯私諱者，三省御史臺五品、文班四品以上，許用式奏改，餘不在此制。』請約雍熙詔書，自某品而上，以禮律從事。」詔非嫌名及二名，不以品秩高下皆聽避。

累遷尙書左司郞中、權知開封府。兩軍獄囚歲瘐死者衆，而吏不任其責。黯言：「吏或怠於視囚，飢渴疾病，因以致死，請歲計死者多少而賞罰之。」府吏額七百人，以罪廢復敍者，皆數外補之，黯請敍者須有闕乃補。然所斷治，或出己見，人不以爲允。御史中丞王疇與其屬陳經、呂誨、傅堯俞，諫官司馬光、龔鼎臣、王陶，皆言黯剛愎自任，赦書下府，罪應釋者反重行之。罷爲同提舉在京諸司庫務。



英宗卽位，遷中書舍人。受詔撰仁宗實錄，權知審刑院，爲羣牧使。時封拜皇子，並除檢校太傅。黯言：「太師、太傅、太保，是爲三師，天子之所師法。子爲父師，於義不可，蓋前世因循弗思之過。請自今皇子及宗室屬卑者，皆毋兼師傅官，隨其遷序，改授三公。」下兩制議，請如黯奏。而中書亦謂：「自唐以來，親王無兼師傅者。國朝以三師、三公皆虛名，故因而授之，宜正其失。」詔可。

遷給事中、權御史中丞。未幾，以呂誨知雜事，誨嘗彈治黯，遂巡引避。黯言嘗薦誨爲御史，知其方正謹厚，一時公言，非有嫌怨，願終與共事，誨乃就職。

時帝初卽位，王廣淵、周孟陽以藩邸之舊，數召對。黯言：「俊乂滿朝，未有一被召者，獨親近一二舊人，示天下以不廣。請如太宗故事，召侍從館閣之臣，以備顧問。」帝嘗從容謂黯曰：「朕欲用人，少可任者。」黯對：「天下未嘗乏人，顧所用如何爾。」退而上五事：一、知人之明，二、養育以漸，三、材不求備，四、以類薦舉，五、擇取自代。

後與兩制合議，請以濮王爲皇伯，執政弗從，數詣中書爭論。會大雨水，時黯已被疾，疏言：「簡宗廟〔二〕，逆天時，則水不潤下。今二三執政，知陛下爲先帝後，乃阿諛容說，違背經義，建兩統貳父之說，故七廟神靈震怒，天降雨水，流殺人民。」既病，求出，以翰林侍讀學士知陳州。未行，卒，年四十四。口占遺奏數百言，猶以濮王議爲請。贈尙書禮部侍郞。

初，黯母陳歸宗，繼母史在堂，後迎陳歸，二母不相善，黯能安以事之。黯修潔自喜，在朝數言事，或從或否，人稱其介直。然卞急，初通判襄州，疑優人戲己，以人菌啗之。在開封，爲罪人所詈，又啗以人菌，言者亦以是詆之。

李京字伯升，趙州人。進士中第，歷平定軍判官、冀州推官，改大理寺丞、知魏縣。奉法嚴正，吏不便，欲以苛中京，遂相率逋去。監司果議以苛刻斥京，知府任布曰：「如此，適墮吏計中。」京賴以免。徙永昌縣，通判趙州。王拱辰薦爲監察御史裏行，遷監察御史。

時，太史言日當食不食，羣臣皆賀。京上疏曰：「陛下因天之戒，恐懼修省，避正殿，減常膳，故精意感格，日當食而陰雲蔽虧。雖宋景公之熒惑退舍，商大戊之桑穀並枯，無以異也。然臣區區竊有所疑者，自寶元初，定襄地震，壞城郭，覆廬舍，壓死者以數萬人。殆今十年，震動不已，豈非西、北二邊，有窺中國之意乎？二月雷發聲，在易爲豫，言萬物出地，皆悅豫也。八月收聲，在易爲歸妹，言雷聲入地，避羣陰之害也。今孟夏雷未發聲，豈非號令不信乎？願陛下飭邊臣備夷狄，戒輔臣慎出命，以厭禍于未形。又尙美人棄外館多年，比聞復召入，臣慮假媚道以爲蠱惑，宜亟絕之。苗繼宗嬪御子弟，乃緣恩私，爲府界提點。

宜割帷薄之愛，重名器之分，庶幾不累聖政。」仁宗嘉納，授右正言、直集賢院、同管勾國子監，加史館修撰。

數上書論事，宰相賈昌朝不悅。京嘗屬侍御史吳鼎臣薦推直官李寔，鼎臣希昌朝意，以告中丞高若訥。若訥爲鼎臣上京簡，謫京太常博士、監鄂州稅。既至，引令狐峘、錢徽事言：「臣爲御史諫官，首尾五年，凡六上章、四親對，自陳疾故，懇求外補。臣之出處，粗有本末。向者在臺，見入閤圖，三院御史立班各異。聞元日將入閤，而御史王贄、何郯皆謁告歸。會推直官李寔歲將滿，因簡鼎臣宜留寔補御史，鼎臣亦謂議協公望，不意逾兩月，乃誣臣與寔爲朋黨。臣初被黜，閱諸橐中，鼎臣所遺私書別紙故在，臣令男諶亟悉焚毀。臣與寔僚友，鼎臣鄉曲之舊，鼎臣爲御史，臣延譽推引，實有力焉。待之不疑，因以誠告，豈謂傾險包藏，甘爲鷹犬，惟陛下察之。」未幾，卒官。詔錄諶爲郊社齋郎。

鼎臣，棣州人。既逐京，會昌朝罷，夏竦自北京召爲相。鼎臣先論竦在并州杖殺私僕，復與諫官、御史言竦論議與陳執中異，不可共事。竦既罷，遂以刑部員外郎知諫院。上言：「朝廷方與契丹保誓約，而楊懷敏增廣塘水，輒生事，民或怨叛，雖斬懷敏，無及矣。」遂爲河北體量安撫，令經度塘水利害，而鼎臣更顧望，依違不能決。昌朝與都轉運使施昌言議河



事不合，鼎臣自度支副使拜天章閣待制，代昌言，數月卒。

呂景初字沖之，開封酸棗人。以父蔭試秘書省校書郎，舉進士，歷汝州推官，改著作佐郎、知夏陽縣，僉書河南府判官，通判并州。高若訥薦爲殿中侍御史。張貴妃薨，有司請依荊王故事，輟視朝五日，或欲更增日，聽上裁，乃增至七日。景初言：「妃一品當輟朝三日，禮官希旨，使恩禮過荊王，不可以示天下。」妃既追册爲皇后，又詔立忌，景初力爭，乃罷。

時兵冗，用度乏，景初奏疏曰：「聖人在上，不能無災，而有救災之術。今百姓困窮，國用虛竭，利源已盡，惟有減用度爾。用度之廣，無如養兵。比年招置太多，未加揀汰。若兵皆勇健，能捍寇敵，竭民膏血以啗之，猶爲不可，況羸疾老怯者，又常過半，徒費粟帛，戰則先奔，致勇者亦相牽以敗。當祖宗時，四方割據，中國纔百餘州，民力未完，耕植未廣，然用度充足者，兵少故也，而所征皆克。自數十年來，用數倍之兵，所嚮必敗。以此，知兵在精，不在衆也。議者屢以爲言，陛下不卽更者，由大臣媮安避怨，論事之臣，又復緘默，則此弊何時而息。望詔中書、樞密院，議罷招補，而汰冗濫。」



又言：「坐而論道者，三公也。今輔臣奏事，非留身求罷免，未嘗從容獨見，以評講治道。雖願治如堯、舜，得賢如稷、契，而未至於治者，抑由此也。願陛下於輔臣、侍從、臺諫之列，擇其忠信通治道者，屢詔而數訪之，幸甚！」又與言事御史馬遵、吳中復奏彈梁適與劉宗孟連姻，而宗孟與冀州富人共商販。下開封府劾治，所言不實，皆坐謫，景初通判江寧府。

徙知衡州，復召還臺。

嘉祐初，大雨水，景初曰：「此陰盛陽微之誡也。」乃上疏稱：「商、周之盛，並建同姓；兩漢皇子，多封大國；有唐宗室，出爲刺史；國朝二宗，相繼尹京。是欲本支盛強，有磐石之安，則姦雄不敢內窺，而天下有所倚望矣。願擇宗子之賢者，使得問安侍膳於宮中，以消奸萌，或尹京典郡，爲夾輔之勢。」時狄青爲樞密使，得士卒心，議者憂其爲變。景初奏疏曰：「天象譴見，妖人訛言，權臣有虛聲，爲兵衆所附，中外爲之恟恟。此機會之際，間不容髮，蓋以未立皇子，社稷有此大憂。惟陛下蚤爲之計，則人心不搖，國本固矣。」數詣中書白執政，請出青。文彥博以青忠謹有素，外言皆小人爲之，不足置意。景初曰：「青雖忠，如衆心何，蓋爲小人無識，則或以致變。大臣宜爲朝廷慮，毋牽閭里恩也。」知制誥劉敞亦論之甚力，卒出青知陳州。

李仲昌以河事敗，內遣中人置獄。景初意賈昌朝爲之，卽言：「事無根原，不出政府，恐



陰邪用此，以中傷善良。」乃更遣御史同訊。遷右司諫，安撫河北。還，奏比部員外郎鄭平占籍眞定，有田七百餘頃，因請均其徭役，著限田令。以戶部員外郎兼侍御史知雜事，判都水監，改度支副使，遷吏部員外郎，擢天章閣待制、知諫院，以病，未入謝而卒。

馬遵者字仲塗，饒州樂平人。嘗以監察御史爲江、淮發運判官，就遷殿中侍御史爲副使。入爲言事御史，謫知宣州，後復爲右司諫，以禮部員外郎兼侍御史知雜事，改吏部，直龍圖閣，卒。性樂易，善議論，其言事不爲激訐，故多見推行，杜衍、范仲淹皆稱道之。

吳及字幾道，通州靜海人。年十七，以進士起家，爲候官尉。閩俗多自毒死以誣仇家，官司莫能辨，及悉爲讞正，前後活五十三人，提點刑獄移其法於一路。辟大理寺檢法官，從審刑院詳議，累遷太常博士。

是時，仁宗春秋既高，無子，及因推言閹寺，以及繼嗣事。至和元年，上疏曰：

臣聞「官師相規，工執藝事以諫。」臣幸得待罪法吏，輒原刑法之本，以効愚忠。切惟前世肉刑之設，斷支體，刻肌膚，使終身不息。漢文感緹縈之言，易之鞭箠，然已死

而答未止，外有輕刑之意，其實殺人。祖宗鑒既往之弊，蠲除煩苛，始用折杖之法，新天下耳目，茲蓋曠古聖賢，思所未至。陛下深惻民隱，親覽庶獄。歷世用刑，無如本朝之平恕，宜乎天降之祥。而方當隆盛之時，未享繼嗣之慶，臣竊惑焉。

或者宦官太多，而陛下未悟也。何則？肉刑之五，一曰宮，古人除之，重絕人之世。今則宦官之家，競求他子，勦絕人理，希求爵命。童幼何罪，陷於刀鋸，因而夭死者，未易悉數。夫有疾而夭，治世所羞，況無疾乎？有罪而宮，前王不忍，況無罪乎？臣聞漢永平之際，中常侍四員，小黃門十人爾。唐太宗定制，無得踰百員。且以祖宗近事較之，祖宗時宦官凡幾何人，今凡幾何人？臣愚以謂胎卵傷而鳳凰不至，宦官多而繼嗣未育也。伏望順陽春生育之令，濬發德音，詳爲條禁。進獻宦官，一切權罷，擅宮童幼，寘以重法。若然，則天心必應，聖嗣必廣，召福祥、安宗廟之策，無先於此。

書奏，帝異其言，欲用爲諫官，而及以父憂去。

嘉祐三年，始擢秘閣校理，踰月，改右正言。復上疏曰：「帝王之治，必敦骨肉之愛，而以至親夾輔王室。詩曰：『懷德惟寧，宗子惟城。』故同姓者，國家之屏翰；儲副者，天下之根本。陛下以海宇之廣，宗廟之重，而根本未立，四方無所係心，上下之憂，無大於此。謂宜發自聖斷，擇宗室子以備儲副。以服屬議之，則莫如親；以人望言之，則莫如賢。既兼



親賢，然後優封爵以寵異之，選重厚樸茂之臣以教導之，聽入侍禁中，示欲爲後，使中外之人悚然瞻望，曰：『宮中有子矣。』陛下他日有嫡嗣，則異其恩禮，復令歸邸，於理無嫌，於義爲順，弭覬覦之心，屬天下之望，宗廟長久之策也。」既而又言：「開寶詔書：『內侍臣年三十無養父者，聽養一子爲嗣，并以名上宣徽院，違者抵死。』比年此禁益弛，夭絕人理，陰累聖嗣。願詔大臣明示舊制，上順天意，以綏福祜。」明年，遂權罷內臣進養子。

管勾登聞檢院。又上書論政事，謂：「倉廩空虛，內外匱乏，其弊在於官多兵冗。請汰冗兵，省冗官，然後除民之疾苦。」因條上十餘事，多施用之。建請擇館職，分校館閣書，并求遺書於天下，語在藝文志。

明年，日食三朝，及言：「日食者，陰侵陽之戒。在人事，則臣陵君，妻乘夫，四夷侵中國。今大臣無姑息之政，非所謂臣陵君，失在陛下淵默臨朝，使陰邪未盡屏也。后妃無權橫之家，非所謂妻乘夫，失在左右親倖，驕縱亡節也。疆埸無虞，非所謂四夷侵中國，失在將帥非其人，爲敵所輕也。」因言孫沔在并州，苛暴不法，燕飲無度；龐籍前在并州，輕動寡謀，輒興堡砦，屈野之衄，爲國深恥。沔繇此坐廢。

又言：「春秋有告糴，陛下恩施動植，視人如傷。然州郡官司各專其民，擅造閉糴之令，一路饑，則鄰路爲之閉糴；一郡饑，則鄰郡爲之閉糴。夫二千石以上，所宜同國休戚，而坐視流離，豈聖朝子育兆民之意哉！」遂詔：「隣州、隣路災傷而輒閉糴，論如違制律。」

久之，遷右司諫、管勾國子監。在職數年，以勁正稱，遇事無小大輒言。嘗請毋納羣臣上尊號，出後宮私身及非執事人，毋以御寶白劄子賜近倖家人冠帔及比丘尼紫衣；并責執政大臣因循苟簡，畏避怨謗，宜用唐李吉甫故事，選拔賢俊，約杜預遺法，旌擢守令；復置將作監官屬，專領營造；論入內都知任守忠陵轢駙馬都尉李瑋及干求內降。

會諫官陳升之建請裁節班行補授，下兩制、臺諫官集議。主鐵冶者，舊得補班行。至是，議罷之。既定稿，及與御史沈起輒增注興國軍磁湖鐵冶如舊制。主磁湖冶者，大姓程叔良也。翰林學士胡宿等卽劾及與起職在臺諫，而爲程氏經營占錮恩例，請詔問狀，皆引伏。及出爲工部員外郎、知廬州，進戶部，直昭文館、知桂州。卒，錄其弟齊爲太廟齋郎。

及當官有守，初爲檢法官，三司請重鑄鐵錢法至死。下有司議，及爭不可，主者恚曰：「立天下法，當由一檢法邪？」及曰：「義理爲先，安有高下？」卒不爲詘。



范師道字貫之，蘇州長洲人。進士及第，爲撫州判官，後知廣德縣。縣有張王廟，民歲祠神，殺牛數千，師道禁絕之。通判許州，累遷都官員外郎，吳育舉爲御史。奏請罷內降推恩，擇宰相久其任，選宗室賢者養宮中備儲貳。



初，皇祐中，賈昌朝上議置五輔郡，設京畿轉運使、提點刑獄，號爲「拱輔京師」，而論者謂宦官謀廣親事親從兵，欲取京畿財賦贍之，因以收事柄。師道力奏非便，遂復舊制。又以四年貢舉，士苦淹久，請易爲三年。宰相劉沆護葬溫成皇后，禮官議稱「陵」，師道以爲非典制，數以爭，沆惡之，引著令「臺官滿二年當補外」，出知常州。臺諫官共言師道不當去，不報。徙廣南東路轉運使。舊補攝官皆委吏胥，無先後遠近之差，師道爲置籍次第之。召爲鹽鐵判官，道改兩浙轉運使，遷起居舍人、同知諫院，管勾國子監。

後宮周氏、董氏生公主，諸閤女御多遷擢。師道上疏曰：「禮以制情，義以奪愛，常人之所難，惟聰明睿哲之主然後能之。近以宮人數多而出之，此盛德事也。然而事有係風化治亂之大，而未以留意，臣敢爲陛下言之。竊聞諸閤女御，以周、董育公主，御寶白劄並爲才人，不自中書出誥。而掖庭覬覦遷拜者甚多，周、董之遷可矣，女御何名而遷乎？才人品秩既高，古有定員，唐制止七人而已。祖宗朝宮闈給侍不過二三百，居五品之列者無幾，若使諸閤皆遷，則不復更有員數矣。外人不能詳知，止謂陛下於寵幸太過，恩澤不節耳。夫婦人女子，與小人之性同，寵幸太過，則瀆慢之心生，恩澤不節，則無厭之怨起，御之不可不以其道也。且用度太煩，須索太廣，一才人之奉，月直中戶百家之賦，歲時賜予不在

焉。况詰命之出，不自有司，豈盛時之事耶？恐斜封、墨勑，復見於今日矣。」

時大星隕東南，有聲如雷。又上疏曰：「漢、晉天文志：『天狗所下，爲破軍殺將，伏尸流血。』甘氏圖：『天狗移，大賊起。』今朝廷非無爲之時也，而備邊防盜，未見其至。雖有將帥，不老則愚，士卒雖多，勁勇者少。小人思亂，伺隙乃作，必有包藏險心，投隙而動者。宜揀拔將帥，訓練卒伍，詔天下預爲備禦。」仁宗晚年尤恭儉，而四方無事，師道言雖過，每優容之。遷兵部員外郎，兼侍御史知雜事、判都水監。與諫官、御史數奏樞密副使陳升之不當用，升之罷，師道亦出知福州。頃之，以工部郎中入爲三司鹽鐵副使。感風眩，遷戶部，直龍圖閣、知明州，卒。

師道厲風操，前後在言責，有聞卽言，或獨爭，或列奏。如陳執中家人殺婢，卒坐免；奪王拱辰宣徽使、李淑翰林學士；及王德用、程戡領樞密，宦官石全彬、閻士良升進，皆嘗奏數其罪焉。

李絢字公素，邛州依政人。少放蕩亡檢，兄絇教之書，嚴其課業而出，絢遨自若，比暮絇歸，絢徐取書視之，一過輒誦數千言，絇奇之。稍長，能屬文，尤工歌詩。嘗以事被繫，既





而逸去。

擢進士第，再授大理評事、通判邠州。元昊犯延州，並邊皆恐。邠城陴不完，絢方攝守，卽發民治城，僚吏皆謂當言上俟報，絢不聽。帝聞之喜，因詔他州悉治守備。還爲太子中允、直集賢院，歷開封府推官、三司度支判官，爲京西轉運使。是時，范雍知河南，王舉正知許州，任中師知陳州，任布知河陽，並二府舊臣，絢皆以不才奏之。

未幾，召修起居注，糾察在京刑獄。時宰相杜衍各拔知名士寘臺省，惡衍者指絢爲其黨。絢嘗舉陸經，經坐贓貶；而任布又言絢在京西苛察，出知潤州。改太常丞，徙洪州。時五溪蠻寇湖南，擇轉運使，帝曰：「有館職善飲酒者爲誰，今安在？」輔臣未論，帝曰：「是往歲城邠州者，其人才可用。」輔臣以絢對，遂除湖南轉運使。絢乘驛至邵州，戒諸部按兵毋得動，使人諭蠻以禍福，蠻罷兵受約束。

復修起居注，權判三司鹽鐵勾院，復糾察在京刑獄。以右正言、知制誥奉使契丹，知審官院，遷龍圖閣直學士、起居舍人、權知開封府，治有能名。絢夜醉，晨奏事酒未解，帝曰：「開封府事劇，豈可沉湎於酒邪？」改提舉在京諸司庫務，權判吏部流內銓。初，慈孝寺亡章獻太后神御物，盜得，而絢誤釋之，詘知蘇州，未行，卒。

絢疏明樂易，少周遊四方，頗練世務。數上書言便宜。仁宗春秋高，未有繼嗣，絢因祀高禖還獻賦，大指言宜遠嬖寵，近賢良，則神降之福，子孫繁衍，帝嘉納之。性嗜酒，終以疾死。

何中立字公南，許州長社人。幼警邁，與狄遵度遊，遵度曰：「美才也！」其父棐遂以女妻之。進士及第，授大理評事，歷僉書鎭安、武勝二鎭節度判官，遷殿中丞，召試學士院，爲集賢校理。改太常博士、修起居注，遷祠部員外郎、知制誥，權發遣開封府事。

初，有盜慈孝寺章獻皇太后神御服器者，既就縶，李絢以屬吏，考掠不得其情，輒釋去。中立至，人復執以來，中立曰：「此眞盜也。」窮治之，卒伏罪。遷兵部員外郎，糾察在京刑獄。除龍圖閣直學士、知秦州。言者以爲非治邊才，改慶州。奏曰：「臣不堪於秦，則不堪於慶矣，願守汝。」不報。戍卒有告大校受贓者，中立曰：「是必挾他怨也。」鞭卒竄之。或曰：「貸姦可乎？」中立曰：「部曲得持短長以制其上，則人不自安矣。」還判太常寺，遷刑部郎中，進樞密直學士、知許州，改陳州。訛言大水至，居人皆恐，中立捕誅之。又徙杭州，暴中風卒。

中立頗以文詞自喜，然嗜酒無行。慶曆中，集賢校理蘇舜欽監進奏院，爲賽神會，預者





皆一時知名士，中立亦在召中。已而辭不往，後舜欽等得罪，中立有力焉。

沈邈字子山，信州弋陽人。進士及第，起家補大理評事、知候官縣，通判廣州，累遷都官員外郎，歷知眞州、福州。慶曆初，爲侍御史。

時呂夷簡罷相，輔臣皆進官，邈言：「爵祿所以勸臣下，非功而授則爲濫。今邊鄙屢警，未聞廟堂之謀有以折外侮，無名進秩，臣下何勸焉。」又論：「夏竦除樞密使，而竦陰交內侍劉從愿。使從愿內濟狡謫，竦外專機務，姦黨得計，人主之權去矣。」其言甚切。權鹽鐵判官，轉兵部員外郎。時選諸路轉運加按察使，邈與張昷之、王素首被選。邈加直史館，使京東。歲餘，入爲侍御史知雜事。未幾，擢天章閣待制、知澶州，徙河北都轉運使，又徙陝西，歲中，加刑部郎中、知延州，卒。

邈疏爽有治才，然性少檢。在廣州時，歲遊劉王山，會賓友縱酒，而與閭里婦女，笑言無間。

論曰：慶曆以來，任諫官、御史，名有風采，見推於時者，蘇舜、京之輩，凡數十人，觀其所陳，蓋不虛得。及之論閹宦，眞仁人之言，其最優乎！絢、中立、邈亦有美才，致位通顯，然皆以酒失自累，故不能無貶焉。

校勘記

〔一〕桑澤　原作「乘澤」，據長編卷一七六、劉攽彭城集卷三四賈黯行狀改。

〔二〕簡宗廟　原作「簡宗室」，據長編卷二〇六、王珪華陽集卷三八賈黯墓誌銘改。



# 宋史卷三百三

## 列傳第六十二

張昷之 魏瓘 弟琰 滕宗諒 劉越附 李防 趙湘 唐肅 子詢
張述 黃震 胡順之 陳貫 子安石 范祥 子育 田京

張昷之字景山。父秘，自有傳。昷之進士及第，補樂清尉，潤州觀察推官，校勘館閣書籍，遷集賢校理，通判常州，知溫州。

蔡齊薦其材可用，擢提點淮南路刑獄。楊崇勳知亳州，恃恩爲不法，誣蒙城知縣王申罪，械送獄。昷之廉得寃狀，乃出申，配姦吏若干人。徙廣南東路轉運使。夷人有犯，其酋長得自治而多慘酷，請一以漢法從事。權度支判官，爲京西轉運使，加直史館，徙河北。被邊諸州發卒斬西山木，卒逃入契丹者歲數百人，敵既利其所開地，又得亡卒，故不爭。昷之戒斬伐毋得深入北地，卒亦不敢逃。





還，爲鹽鐵副使，擢天章閣待制、河北都轉運按察使。保州、廣信、安肅軍自五代以來別領兵萬人，號緣邊都巡檢司，亦曰策先鋒，以知州、軍爲使，置副二人，分所領卒爲三部，使援隣道。太祖嘗用之有功，詔每出巡別給糧錢以優之。其後州將不復出，內侍爲副，數出巡，部卒偏得廩賜，軍中以爲不均。通判保州石待舉言於昷之，請合三部兵更出入，季一出卽別給錢糧，餘悉罷，仍請以武臣代內侍。時楊懷敏方任邊事，尤不悅巡檢司。雲翼卒惡石待舉，遂殺之以作亂。昷之自魏馳至城下，召諸將部分攻城，使人請懷敏曰：「不卽來，當以軍法從事。」既至，又以兵自衞，昷之曰：「諸將方集，獨敢以兵隨，將欲反邪！」叱去衞者。城開，田況潛殺降兵數百人，昷之預知其謀。除戶部副使，既而坐前事奪職，知虢州。

王則反貝州，有言昷之在河北捕得妖人李教不殺，使得逸去，今乃爲則主謀，事平，無其人。會冀州人段得政詣闕，自言「嘗爲叔父屯田郎中曇賕免緣坐」，且言「曇以書屬昷之」，乃下御史按劾，雖不得書，猶奪三官，監鄂州稅。知漢陽軍，稍遷刑部郎中，復待制、知湖州，徙揚州。以光祿卿致仕，卒。昷之喜吏事，所至有聲。退居築家廟，率子弟歲時奉祠。

魏瓘字用之。父羽奏補秘書省校書郎、監廣積倉，知開封府倉曹參軍。持法精審，明吏事。上元起綵山，闕前張燈，與宦者護作，宦者挾氣，視瓘年少，輒誅索侵擾。瓘密以聞，詔杖宦者遣之。

瓘門人魏綱上疏詆天書，流海島，瓘亦坐是停官。復監鄧州稅、鄂州茶，以大理寺丞知衡山縣，通判壽州，歷知循、隨、安州，提點廣南西路刑獄。邕州獠戶緣逋負沒婦女爲傭者一千餘人，悉奏還其家。就除轉運使。劉鋹時計口以稅，雖舟居皆不免，至是而雷、化、欽、廉、高州猶未除，瓘爲除之。減柳州無名役四百人。召權度支判官。尋以罪降知洪州，徙梓州路轉運使，還知蔡州、潭州，爲京西轉運使，江、淮制置發運使，自主客郎中遷太常少卿，知廣州。築州城環五里，疏東江門，鑿東西澳爲水閘，以時啓閉焉。拜右諫議大夫，再任臨江軍判官。

史沆性險詖，嘗爲瓘所劾免。會廣州封送貢餘椰子煎等餉京師，輒邀留之，飛奏指以爲珍貨，詔遣內侍發驗無有，沆坐不實廢，瓘亦降知鄂州。未踰年，復爲陝西轉運使，徙河北。以給事中知開封府，政事嚴明，吏民憚之。內東門索命婦車，得賂遺掖庭物，付府驗治，獄未上，內降釋罪。諫官吳奎言法當執奏，而瓘不即奏行，請以廢法論，降知越州。

儂智高寇廣東、西，獨廣州城堅守不能下。於是論築城功，遷工部侍郎、集賢院學士，復知廣州，兼廣東經略安撫使，給禁卒五千，聽以便宜從事。屬狄青已破賊，召還，糾察在





京刑獄。議者請開六塔河，塞商胡北流，宰相主其說，命瓘按視，還奏以爲不可塞。下溪州蠻彭士羲叛，將發兵討除。進龍圖閣直學士、知荊南。瓘以爲「五溪之險，師行鳥道，諸將貪功生事，於國家何所利？」因條上三策，以招徠爲上，守禦爲下，功取爲失。不報。後卒如瓘議。徙澶州、滑州。又徙鄧州，不行，請老，以吏部侍郎致仕，卒。

瓘所至整辦，與人置對未嘗屈。史沆、王逵以善訟名天下，瓘既廢沆，又嘗奏抵逵罪，專任機數，不稱循吏。弟琰。

琰字子浩，以父恩授秘書省正字，爲吏強敏，名齊于瓘。嘗通判陳州，適歲饑，百姓相率強取人粟，坐死者甚衆，琰曰：「此迫於窮餓，豈得已者。」坐其首黥之。歷知壽、潤、滁、安州。壽州盜殺寺童子，有司執僧笞服，琰廉其非罪，命脫械縱去，一府爭以爲不可，後數日得眞盜。富人犯法當死而死獄中，琰曰：「是嘗欺匿異籍孤弱者財，所以自斃，覬不可窮治爾，其吏受賕而爲之謀乎？」後有告者如琰所料。累官司農卿、知福州，徙廣州。以疾告，得知江寧府。晚昏眊，縱私人亂法，日笞扑無罪吏卒。監司劾奏，召判刑部，乃致仕，進衞尉卿，卒。

滕宗諒字子京，河南人。與范仲淹同年舉進士，其後仲淹稱其才，乃以泰州軍事推官召試學士院。改大理寺丞，知當塗、邵武二縣，遷殿中丞，代還。會禁中火，詔劾火所從起，宗諒與秘書丞劉越皆上疏諫。宗諒曰：「伏見掖庭遺燼，延爇宮闈，雖沿人事，實繫天時。詔書亟下，引咎滌瑕，中外莫不感動。然而詔獄未釋，鞫訊尙嚴，恐違上天垂戒之意，累兩宮好生之德。且婦人柔弱，箠楚之下，何求不可，萬一懷冤，足累和氣。祥符中，宮掖火，先帝嘗索其類寘之法矣，若防患以刑而止，豈復有今日之虞哉。況變警之來，近在禁掖，誠願修政以禳之，思患以防之。凡逮繫者特從原免，庶災變可銷而福祥來格也。」疏奏，仁宗爲罷詔獄。時章獻太后猶臨朝，宗諒言國家以火德王，天下火失其性由政失其本，因請太后還政，而越亦上疏。太后崩，擢嘗言還政者，越已卒，贈右司諫，而除宗諒左正言。

劉越者字子長，大名人。少孤貧，有學行，亦宗諒同年進士。嘗知襄城、固始二縣，有能名。既贈官，又官其一子，賜其家錢十萬。

宗諒後遷左司諫，坐言宮禁事不實，降尙書祠部員外郎、知信州。與范諷雅相善，及諷貶，宗諒降監池州酒。久之，通判江寧府，徙知湖州。元昊反，除刑部員外郎、直集賢院、知涇州。葛懷敏軍敗於定川〔一〕，諸郡震恐，宗諒顧城中兵少，乃集農民數千戎服乘城，又募





勇敢，諜知寇遠近及其形勢，檄報旁郡使爲備。會范仲淹自環慶引蕃漢兵來援，時天陰晦十餘日，人情憂沮，宗諒乃大設牛酒迎犒士卒；又籍定川戰沒者於佛寺祭酹之，厚撫其孥，使各得所，於是邊民稍安。

仲淹薦以自代，擢天章閣待制，徙慶州。上言：「朝廷既授范仲淹、韓琦四路馬步軍都總管、經略安撫招討使，而諸路亦帶招討稱號，非所宜。」詔罷之。御史梁堅劾奏宗諒前在涇州費公錢十六萬貫，及遣中使檢視，乃始至部日，以故事犒賚諸部屬羌，又間以饋遺遊士故人。宗諒恐連逮者衆，因焚其籍以滅姓名。仲淹時參知政事，力救之，止降一官，知虢州。御史中丞王拱辰論奏不已，復徙岳州，稍遷蘇州，卒。

宗諒尙氣，倜儻自任，好施與，及卒，無餘財。所蒞州喜建學，而湖州最盛，學者傾江、淮間。有諫疏二十餘篇。

李防字智周，大名內黃人。舉進士，爲莫州軍事推官。隨曹彬入契丹，授忠武軍節度推官。括磁、相二州逃戶田，增租賦十餘萬。因請均定田稅，又請縣有破逃五十戶者令佐降下考，百戶殿三選，二百戶停所居官，能招攜者旌賞之。改秘書省著作佐郎、通判潞州，

遷秘書丞。體量二浙民饑，建言逃戶田宜卽召人耕種，使人不敢輕去畎畝，而官賦常在。又請京師置折中倉，聽人入粟，以江、浙、荊湖物償之。擢開封府推官，請與判官間三五日卽府司軍巡院察冤獄。出爲峽路轉運副使。先是沿江水遞，歲役民丁甚衆，頗廢農作，防悉以城卒代之。會分川、峽爲四路，徙防梓州路轉運使，累遷尙書工部員外郎，爲三司戶部判官。

景德初，江南旱，詔與張知白分東、西路安撫。上言：「秦羲嘗增江、淮、兩浙、荊湖榷酤錢，民頗煩擾。江南以歲饑權罷，而淮南、荊湖未被德音。」詔悉罷之，仍詔羲等毋得復增榷酤之利。遂爲江南轉運。淮南舊不禁鹽，制置司請禁鹽而官自鬻之，使兵夫輦載江上，且多漂失之患。防請令商人入錢帛京師，或輸芻糧西北邊，而給以鹽，則公私皆利，後采用之。徙知應天府，鑿府西障口爲斗門，洩汴水，淤旁田數百畝，民甚利之。又徙興元府，入爲三司鹽鐵判官，失舉免官。後起通判河南府，徙知宿、延、亳三州，爲利州路轉運使，累遷兵部郎中、糾察刑獄，擢右諫議大夫、知永興軍，進給事中，復知延州，更耀、潞二州，卒。

防好建明利害，所至必有論奏，朝廷頗施行之。其精力過人。防在江南，晏殊以童子謁見，防命賦詩，使還薦之，後至宰相。





趙湘字巨源，華州人。進士甲科，歷彰武、永興、昭武三軍節度推官，遷秘書省著作佐郎、知新繁縣。以吏最，命知商州，徙隴州、興元府，再遷太常博士。上補政忠言十篇，召判宗正寺，賜白金二百兩。久之，上書言：「元德李太后母育聖躬，請祔太宗廟室。」後用其說。冊趙德明，假尙書禮部員外郎，爲官告副使。

擢殿中侍御史，權判三司勾院，上言：「漢章帝以月令冬至之後有順陽助生之文，而無鞫獄斷刑之政，遂定令毋以十一月、十二月報囚。今季冬誕聖之月而決大辟不廢。願詔有司，自仲冬留大辟弗決，俟孟春臨軒閱視，情可矜惻者貸之，他論如法。」眞宗曰：「此固善矣，然慮繫囚益淹久，吏或因緣爲姦爾。」湘又上書請封禪。未幾，命管勾南宮北宅事。東封泰山，爲東京留守推官，禮成，遷侍御史。昇州火，命湘往致祠，兼問民疾苦。還言轉運使劉紹弛職不按部，知洪州馬景病不任事，皆罷黜之。

糾察刑獄，改尙書刑部員外郎兼侍御史知雜事。湘又言：「舊制文武常參官日趨朝，並赴待漏院俟禁門闢。今則辰漏上始放外朝，故朝者多後時乃入。望敕正衙門主者察晚至，以懲其慢。若風雨寒暑託病不朝者罪之。」時帝親製五箴以自儆，湘因言：「宗室風化所本，宜有以訓厲，願特製銘以賜南北邸。」帝悅，爲製宗室座右銘，賜寧王元偓以下幷及湘，

且諭之曰：「卿宗姓也，故賜卿。」

祀汾陰，爲考制度副使，請如周官置土訓，錄所過州縣山川與俗好惡，日上奏御。兼判宗正寺。歷三司戶部、度支副使。祀太清宮，管勾留司三司事。爲鹽鐵副使，再遷工部郎中、直昭文館，出知河南府，徙河中府，爲京西轉運使。又徙鳳翔府、延州，遷太常少卿、知襄州。又知應天府，進右諫議大夫，復知河南，爲集賢院學士，以疾徙虢州，卒。

唐肅字叔元，杭州錢塘人。當錢俶時，始七歲，能誦五經，名聞其國中。後與孫何、丁謂、曹商游，學者慕之。舉進士，調鄮縣主簿，徙泰州司理參軍。有商人寓逆旅，而同宿者殺人亡去，商人夜聞人聲，往視之，血沾商人衣，爲捕吏所執，州趣獄具。肅探知其冤，持之，後數日得殺人者。後守雷有終就辟爲觀察推官。遷秘書省著作佐郎，歷知聞喜、福昌縣，通判陝州。召拜監察御史。或薦肅爲羣牧判官，眞宗曰：「朕欲別用肅。」遂提點梓州路刑獄。遷殿中侍御史，入爲三司戶部判官，出知舒州。遷侍御史，爲福建路轉運使，判三司開拆司。再遷工部郎中、知洪州。尋爲江南東路轉運使，擢三司度支副使。奉使契丹，還，遷刑部。爲龍圖閣待制、登聞檢院，知審刑院，卒。子詢。





詢字彥猷，以父任爲將作監主簿。天聖中，詔許天下士獻文章，應詔者百數，有司第其善者，詢數人而已，詔賜進士及第、知長興縣。

後以太常博士知歸州，用翰林學士吳育薦爲御史，未至，喪母。服除，育方參政事，宰相賈昌朝與詢有親嫌，育數與昌朝言，詢用故事當罷御史，昌朝欲留詢，不得已，以知廬州。凡官外徙者皆放朝辭，而詢獨不用，比入見，中丞張方平乃奏留詢，育爭不能得，詢由是怨育而附昌朝。昌朝雅不善育，詢希其旨上奏曰：「賢良方正、直言極諫、茂才異等科，漢、唐皆不常置。若天見災異，政有闕失，則詔在位薦之，不可與進士同時設科。若因災異非時舉擢，宜如漢故事親策當世要務，罷秘閣之試。」育亦奏言：「三代以來，取士之盛，莫如漢、唐。漢詔舉賢良文學直言極諫之士，非有災異而舉。唐制科之盛，固不專於災異也。況災異之出，或稱年所無，則此舉奚設？或頻歲而有，則於事太煩。令禮部進士數年一舉，因以制科隨之，則事與時宜。又從而更張之，使遺材絕望，非所以廣賢路也。」仁宗是育言，詔禮部：「自今制科隨進士貢舉，其著爲令。」時育由制科進，帝以爲得人，故詢力肆排詆，意在育不在制科也。

育弟婦故駙馬都尉李遵勖妹，有六子而寡。詢又奏育弟婦久寡不使更嫁，欲用此附李

氏自進。後詢終以故事罷御史，除尚書工部員外郎、直史館、知湖州，徙江西轉運使。會詔淮南、江、浙、荆湖六路轉運司移文發運使如所屬，詢爭以爲不可，乃移福建路。還，爲三司戶部判官，又判磨勘司，出爲江東轉運使。上言：「執政純取科名頗者修起居注，非故事。」未幾，起居注闕人，帝特用詢，遂知制誥。以參知政事曾公亮親嫌，出知蘇州，徙杭、靑二州，進翰林侍讀學士，累遷右諫議大夫。召還，勾當三班院，判太常寺，進給事中，卒，贈禮部侍郎。有集三十卷。

詢少刻勵自修，已而不固所守，及知湖州，悅官妓取以爲妾。好畜硯，客至輒出而玩之，有硯錄三卷。子坰，附王安石爲監察御史裏行，自有傳。

論曰：宋承平日久，吏多以嚴刻爲治。昷之辨冤獄，配姦吏；瓘奏還婦女爲備者若干人；琰吏事不下於瓘，脫械縱囚，審知姦弊，何其明且決也。宗諒、劉越以孤生立朝，請太后還政。越年不逮用，聲名與宗諒同矣。昉請罷榷酤，興水利，湘廉問疾苦，按不稱職者，䌸明於獄訟：皆不多見也。然昷之以殺降而奪官，瓘以能置對而興謗，詢傅會喜進，竊非其據，雖列侍從，君子所不與也。





張述字紹明，遂州小溪人。舉進士，調咸陽縣主簿，改大理寺丞，遷太常博士。皇祐中，仁宗未有嗣，述上書曰：「生民之命，繫於宗廟社稷，而繼嗣爲之本。匹夫有百金之產，猶能定謀託後，事出于素，況有天下者哉。陛下承三聖之業，傳之千萬年，斯爲孝矣。宗廟社稷未有託焉，此臣所以夙夜彷徨而爲陛下憂也。謂宜慎擇宗親才而賢者，異其禮秩，試以職務，俾內外知聖心有所屬，則天下大幸。」至和元年，復上疏曰：「臣聞『明兩作離，大人以繼明照四方』。離爲日，君象也。二明相繼故能久照，東昇西沒，晝夜迭運，數之常也。陛下御天下且三紀矣，是日之正中也，而未聞以繼照爲慮，臣竊疑之。歷觀前世或令出宮闈，或謀起閹寺，或姦臣首議，利幼主以專政，假後宮以盜權，安危之機發於頃刻。朝議恬然，曾不爲計，此臣拳拳爲陛下言也。」述前後七上疏，最後語尤激，仁宗終不以爲罪。

述慷慨喜論事，歷通判延州，知泗州，皆有政跡。後以尚書職方員外郎爲江、浙、荆湖、福建、廣南路提點坑冶鑄錢事〔一〕，行至萬州，道病卒。

黃震字伯起，建州浦城人。進士及第，累遷著作佐郎，通判遂州。嘗給兩川軍士緡錢，詔至西川，而東川獨不及，軍士謀爲變。震白主者曰：「朝廷豈忘東川邪？殆詔書稽留爾。」卽開州帑給錢如西川，衆乃定，明日詔至。累遷尚書都官員外郎，提點湖北路刑獄，還，判三司磨勘司，擢江、淮發運使。

先是，李溥自三司小吏爲發運使十餘年，姦贓狼籍，丁謂黨之，無敢言者。震將行，上書自陳，辭頗憤激，眞宗知其意在溥也，諭之曰：「卿當與人和。」震對曰：「廉正公忠，臣職也。負陛下任使者，臣不敢與之和。」既至，發溥姦贓數十事，溥坐廢；而震亦爲溥訟，奪一官。罷，畏謂權，不敢自直，及謂貶，乃復官，知饒州，徙廣東轉運使。廣南歲進異花數千本，至都下枯死者十八九，道路苦其煩擾，震奏罷之。震在眞宗朝數論事，既卒，詔進其官一等。

胡順之字孝先，原州臨涇人。登進士第，試秘書省校書郎、知休寧縣。民有汪姓者豪橫，縣不能制，歲租賦常不入，適以訟逮捕，不肯出。順之曰：「令不行何以爲政。」命積薪環而焚之，豪大駭，少長趨出，叩頭伏辜，推其長械送州，致之法。爲青州從事。高麗入貢，中貴人挾以爲重，使州官旅拜於郊。順之曰：「靑，大鎭也。在唐押新羅、渤海，奈何卑屈如





此？」獨不拜。大姓麻士瑤陰結貴侍，匿兵械，服用擬尙方，親黨僕使甚多，州縣被陵蔑，莫敢發其姦。會士瑤殺兄子溫裕，其母訴于州，衆相視曰：「孰敢往捕者？」順之持檄徑去，盡得其黨。有詔鞫問，士瑤論死，其子弟坐流放者百餘人。改著作佐郎、知常熟縣，遷秘書丞，分司南京。

仁宗卽位，遷太常博士。天聖、明道間，再上宰相書，乞太后還政，宰相匿不以聞。太后崩，順之附疾置自言，求其書，出宰相家。仁宗嘉其忠，特遷尙書屯田員外郎。其後數論朝廷事，仲淹愛其才，然挾術尙權，喜縱橫捭闔。以目失明廢，州里皆憚焉。

陳貫字仲通，其先相州安陽人，後葬其父河陽，因家焉。少倜儻，數上疏言邊事。舉進士，眞宗識貫名，擢置高第。爲臨安縣主簿，以秘書省著作佐郎爲刑部詳覆官，改秘書丞，爲審刑院詳議官，歷知衞州、涇州。督察盜賊，禁戢不肖子弟，簿書完庫，賦租出入，皆自檢覈。嘗謂僚屬曰：「視縣官物如己物，容有姦乎？」州人憚其嚴。擢利州路轉運使。歲飢，出職田粟賑飢者，又帥富民令計口占粟，悉發其餘。徙陝西，累遷尙書度支員外郎，入爲三司鹽鐵判官。領河北轉運使，請疏徐、鮑、曹、易四水，興屯田。徙河東，歷三司戶部、鹽鐵

副使，以刑部郎中直昭文館，知相州。還朝卒。

貫喜言兵，咸平中，大將楊瓊、王榮喪師而歸，貫上書曰：「前日不斬傅潛、張昭允，使瓊輩畏死不畏法，請自今合戰而奔者，主校皆斬；大將戰死，裨校無傷而還，與奔軍同。軍衂城圍，別部力足救而不至者，以逗留論。」眞宗嘉納之。又嘗上形勢、選將、練兵論三篇，大略言：

地有六害。今北邊既失古北之險，然自威虜城東距海三百里，沮澤磽确，所謂天設地造，非敵所能輕入。由威虜西極狼山不百里，地廣平，利馳突，此必爭之地。凡爭地之利，先居則佚，後起則勞，宜有以待之。

昔李漢超守瀛州，契丹不敢視關南尺寸地。今將帥大抵用恩澤進，雖謹重可信，卒與敵遇，方略何從而出邪？故敵勢益張，兵折於外者二十年。

方國家收天下材勇以備禁旅，賴廩給賜予而已，恬于休息，久不識戰，可以衞京師，不可以戍邊境。請募土人隸本軍，籍丁民爲府兵，使北捍契丹，西捍夏人。敵之情僞，地勢之險易，彼皆素知，可不戰而屈人之兵矣。

後以疾卒。著兵略，世頗稱之。子安石。

安石字子堅，以蔭鎖廳及第。嘉祐中，爲夔、峽轉運判官。民蓄蠱毒殺人，捕誅其魁并



得良藥圖，由是遇毒者得不死。提點陝西刑獄，攝帥鄜延，能用諜者，敵動靜輒先聞。嘗救邊民戒嚴，既而數萬騎奄至，無所獲而去，璽書嘉之。歷使京西、河東、淮南、京東，知蘇州、邠州、河中府。戶部副使韓絳鎭太原，議行鹽法，與監司多不合，加安石集賢殿修撰，爲河東都轉運使，議始定。謂其僚曰：「興事當有漸，急則擾。」乃出鹽付民而俾之券，使隨所得貿易，鬻畢而歸券，私販爲減。進天章閣待制。

官軍西征時，遣縣令佐督餉，安石謂文吏畏怯，武人邀功，乃但取敢行者。中約束以防衆潰，曰：「事不豫警，俟其犯而誅之，是罔民也。」王中正帥東師而西，報安石持四十日糧，而師駐白草平彌月。安石深念曰：「吾頓兵益久，而秦甲未至，倘不足於食，將以乏軍興罪我。」即擅發民再餉，乃以聞。李舜舉劾其專，詔置獄於潞，安石自麟州會逮，俄而他路餽糧多不繼，神宗察其無罪赦之。

尙書省初建，召爲戶部侍郎。嘗與右曹李定同奏事，帝目留之曰：「卿豈非在淮南日不肯保李定持服者乎？」對曰：「詔問臣，臣不敢不以實奏。」帝曰：「以實事君，朕所與也。」進吏部侍郎。選人將改京官，須次久，臨當引對，率困於刑寺審問，或沮以微文，則一跌不復。安石則罷再問，以絕囊弊，遂爲後法。出知永興軍、鄧襄陳鄭州、河陽，至龍圖閣直學士。紹聖元年，卒，年八十一。



范祥字晉公，邠州三水人。進士及第，自乾州推官稍遷殿中丞、通判鎭戎軍。元昊圍城急，祥帥將士拒退之。請築劉璠堡、定川砦，從之。歷知慶、汝、華三州，提舉陝西銀銅坑冶鑄錢。祥曉達財利，建議變鹽法，後人不敢易，稍加損益，人輒不便，語在食貨志。提點本路刑獄，制置解鹽，累遷度支員外郎，權轉運副使。古渭砦〔三〕距秦州三百里，道經啞兒峽，邊城數請城之，朝廷以餽餉之艱不許。祥權領州事，驟請修築，未報，輒自興役。蕃部驚擾，青唐族羌攻破廣吳嶺堡，圍啞兒峽砦，官軍戰死者千餘人，坐削一官，知唐州。後復官，提舉陝西緣邊青、白鹽，改制置解鹽使，卒。

嘉祐中，包拯言：「祥通陝西鹽法，行之十年，歲減榷貨務使緡錢數百萬，其勞可錄。」官其子孫景郊社齋郎。熙寧中，平洮、岷、疊、宕、河州數千里，置郡縣，以古渭爲通遠軍。權陝西轉運副使張詵奏：「朝廷復洮、隴故地，自將帥至裨佐悉有功賞。臣見洮、渭父老言，皇祐中，轉運使祥因熟羌數被寇掠，其部族願輸土置城以爲守禦，乃即古渭爲砦。祥此舉足以消沮邊隙，可謂知攻守之利矣。兵出少挫，身黜謀廢，臣竊悲之。冀推原舊功，少賜褒衈，使天下知祥死猶被恩，且舒祥忠義之氣。」詔贈秘書，錄一子未官者。子育。



育字巽之，舉進士，爲涇陽令。以養親謁歸，從張載學。有薦之者，召見，授崇文校書、監察御史裏行。神宗喩之曰：「書稱『堲讒說殄行』，此朕任御史之意也。」育請用大學誠意、正心以治天下國家，因薦載等數人。西夏入環慶，詔育行邊，還言：「寶元、康定間，王師與夏人三大戰而三北，今再舉亦然。豈中國之大，不足以支夏人數郡乎？由不察彼己，妄舉而驟用之爾。昨荔原之役，夏人聲言：『我自修壘，不與漢爭。』三犯之，然後掩殺，雖追奔亦不至境。由是觀之，其情大可見矣。」

又使河東，論韓絳築囉兀二砦：「始調外郡稍遠邊城前後三十萬夫，遼州最爲窮僻，然猶上戶配夫四百三十四，僦直計三千緡，下者十六人，其直十萬。輦運所經二十二驛，宣撫司不先告期，轉運使臨時督辦，致民皆破產，上下莫敢言。獨遼守李宏能約民力所勝，而餽不失期，顧以訴其實，翻令鞫罪。願貸被劾官吏，其芻糧在道者隨所至受之，使已困之民咸蒙德澤。」神宗皆從之。坐劾李定親喪匿服，罷御史，檢正中書戶房，固辭，乃知韓城縣。

詔往鄜延議畫地界，育言：「保疆不如持約，持約不如敦信。前日疆埸嘗嚴矣，一旦約敗兵拏，鬥者跌於前，耕者侵於後，是封溝不足恃也。使人左去而兵革右興，金繒朝委而烽烟夕舉，是持約不足恃也。今我見利而加兵，當講好之後，復自立界，不亦愧乎！」安南行

營郭逵、趙卨以兵十萬伐交阯，行及長沙，病死相屬，逵、卨又不輯睦，育疏其不便，不從。久之，知河中府，加直集賢院，徙鳳翔，以直龍圖閣鎮秦州。

元祐初，召爲太常少卿，改光祿卿、樞密都承旨。劉安世暴其閨門不肅，出知熙州。時又議棄質孤、勝如兩堡，育爭之曰：「熙河以蘭州爲要塞，此兩堡者蘭州之蔽也。棄之則蘭州危，蘭州危則熙河有腰膂之憂矣。」又請城李諾平、汝遮川，曰：「此趙充國屯田古榆塞之地也。」不報。入爲給事中、戶部侍郎，卒。高宗紹興中，採其抗論棄地及進築之策，贈寶文閣學士。

田京字簡之，世居滄州，其後徙亳州鹿邑。舉進士，調蜀州司法參軍，自秦州觀察推官改秘書省著作佐郎，爲大理寺詳斷官。

趙元昊反，侍讀學士李仲容薦京知兵法，召試中書，擢通判鎮戎軍。夏守贇爲陝西經略使，奏兼管勾隨軍糧料。入對，陳方略，賜五品服。尋爲經略安撫判官。守贇既罷，以武略應運籌決勝科，及試秘閣，與他科偕試六論，京自以記誦非所長，引去。

又參夏竦軍事。會遣翰林學士晁宗愨即軍中問攻守孰便，衆欲大舉入討，京曰：「夏人

列傳第六十二　田京　一〇五一

宋史卷三百三　一〇五二

之不道久矣，未易破也。今欲驅不習之師，深入敵境，與之角勝負，此兵家所忌，師出必敗。」或曰：「不如講和。」京曰：「敵兵未嘗挫，安肯降我哉？」未幾，元昊使黃延德叩延州乞降，以奇兵出原、渭，敗大將任福。夏竦素不悅京，坐是改通判廬州，徙知邵武軍，提點河北路刑獄事。乃上言：「請擇要官守滄、衞，鑿西山石臼廢道以限戎馬，義勇聚教，復給糧，置卒守烽燧，用奇正法訓兵，徙戰馬內地以息邊費。」凡十餘事，仁宗頗嘉納之。

入爲開封府判官，坐械囚送獄道死，出知蔡州，徙相、邢二州，復提點河北刑獄事。王則據恩州反，京縋城趣南關，入驍健營撫士卒。保州振武兵焚民居欲應賊，京捕斬之乃定。賊遣其黨崔象僞出降，京以其持妖言惑衆，又斬以徇，由是營兵二十六指揮在外者皆懾服，不敢叛。州之南關，民衆多如城中，得不陷賊，京有功焉。京督士攻城甚力，賊係京妻子乘城迫使呼曰：「毋亟攻，城中將屠我輩矣。」京叱諸軍益進攻，注矢仰射，殺其家四人。賊知京無所顧，乃牽妻子去，恩州平。以不能預察賊，降監鄆州稅。

先是，駐泊都監田斌亦以賊發不能捕，待罪兵間，及城破，從諸將入，以功遷宮苑副使，而京獨被譴。御史言失察賊過輕，忘家爲國義獨重，不宜左遷，乃徙通判兗州。又徙知江陰軍，知密州，歷提點淮南刑獄事、京西轉運使，累遷兵部員外郎、直史館、知滄州轉運使。京能招輯流民，爲之給田除稅租，凡增戶萬七千，特遷工部郎中。然傳者謂流民之數多不實，又強爲人田非其所樂，侵民稅地，倣古屯田法，其後法不成，所給種錢牛價，民多不償，鞭笞督責，至累年不能平，公私皆患之。擢天章閣待制、陝西都轉運使，改兵部郎中，復知滄州，拜右諫議大夫，卒。

京喜論議，然語繁而迂，頗通兵戰、曆算、雜家之術。爲人尚氣節，少時與常山董士廉、汾陰郭京相友善，俱以倜儻聞。著天人流術、通儒子十數書，又有奏議十卷。

論曰：人臣之職，當奮不顧身，而庸人怯夫於國事則噎喑而不言，若胡越肥瘠之不相干，如張述者其亦忠且果矣。黃震指李溥忤權臣，胡順之擊強宗，爲衆人所不敢爲；陳貫論兵事，范祥畫邊計，皆一時儁士。妖盜竊發，京出孤力保城南，置妻孥之憂，先登示賊，其勇蓋可壯也。

## 校勘記

〔一〕定川　原作「定州」，據本書卷二八九葛懷敏傳、范仲淹范文正公集卷一三滕宗諒墓誌銘改。下同。

列傳第六十二　校勘記　一〇五三

宋史卷三百三　一〇五四

〔二〕提點坑冶鐵錢事　據宋會要職官四三之一一九「舊坑冶、鑄錢隸轉運司，元豐初間以他官兼領，至元祐元年以坑冶、鑄錢通爲一司。」同上書職官四三之一二〇：崇寧時有「江、淮、荆、浙、福建、廣南路提點坑冶鑄錢司」，疑「鐵」爲「鑄」之誤。

〔三〕古渭砦　原作「古渭州」，據下文及本書卷八七地理志改。

# 宋史卷三百四

## 列傳第六十三

周渭　梁鼎　范正辭 子諷　劉師道　王濟　方偕　曹穎叔
劉元瑜　楊告　趙及　劉湜　王彬　仲簡

周渭字得臣，昭州恭城人。幼孤，養于諸父。力學，工爲詩。劉鋹據五嶺，昭州皆其地也，政繁賦重，民不聊生。渭率鄉人六百踰嶺，將避地零陵。未至，賊起，斷道絕糧，復還恭城，則廬舍煨燼，遂奔道州。爲盜所襲，渭脫身北上。建隆初，至京師，爲薛居正所禮。上書言時務，召試，賜同進士出身，解褐白馬主簿。縣大吏犯法，渭即斬之。上奇其才，擢右贊善大夫。時魏帥符彥卿專恣，朝廷選常參官強幹者莅其屬邑，以渭知永濟縣。彥卿郊迎，渭揖于馬上，就館始與相見，略不降屈。縣有盜傷人而逸，渭捕獲，并暴慶匿者按誅之，不以送府。





乾德中，通判興州。州領直口砦多戍兵，監軍傲狠，縱其下爲暴，居人苦之。渭馳往諭以禍福，斬其軍校，衆皆懾服。詔書嘉獎，命兼本砦鈐轄。開寶元年，鳳州七房冶主吏盜隱官銀，擇渭往代。周歲，羨課數倍，賜緋魚，又遷知棣州。殿直傅延翰爲監軍，謀作亂走契丹，爲部下所告，渭擒之以聞；命械至闕下，鞫得實，斬於西市。渭在郡以簡肅稱，及還，吏民遮道泣留，優詔賜錢百萬。

太平興國二年，爲廣南諸州轉運副使。初，渭之入中原，妻子留恭城。開寶三年，平廣南，詔昭州訪求，賜錢米存卹之。及是，渭始還故里，鄉人以爲榮。渭奏去劉鋹時稅算之繁者，重定田賦，興學校。遷殿中丞。屬有事交阯，主將逗撓無功。有二敗卒擐甲先至邕州市，奪民錢，渭捕斬之。後至者悉令解甲以入，訖無敢犯。移書交阯，諭朝廷威信，將刻日再舉。黎桓懼，即遣使入貢。就加監察御史，在嶺南凡六年。徙知揚州，進殿中侍御史，改兩浙東、西路轉運使，入爲鹽鐵判官。遷侍御史，歷判戶部、度支二勾院，出知亳州，賜金紫，俄換宋州。加職方員外郎，爲益州轉運使。坐從子違詔市馬，黜爲彰信軍節度副使。咸平二年，眞宗聞其清節，召還，將復用，詔下而卒，年七十七。上閔其貧不克葬，賻錢十萬，以其子建中爲乘氏主簿。

渭妻莫荃，賢婦人也。渭北走時，不暇與荃訣，二子孩幼，荃尚少，父母欲嫁之。荃泣誓曰：「渭非久困者，今違難遠適，必能自奮。」於是親蠶績碓舂，以給朝夕，二子皆畢婚娶。凡二十六年，復見渭，時人異之。朱昂著莫節婦傳紀其事。

梁鼎字凝正，益州華陽人。祖鉞，仕蜀爲劍門關使。父文獻，乘氏令。鼎，太平興國八年進士甲科，解褐大理評事、知秭歸縣，再遷著作佐郎。端拱初，獻聖德徽號頌萬餘言，試文，遷殿中丞、通判歙州，以能聲聞，有詔嘉獎。徙知吉州，民有蕭甲者，豪猾爲民患，鼎暴其凶狀，杖脊黥面徙遠郡。太宗尤賞其強幹，代還，賜緋魚，舊例當給銀寶瓶帶，太宗特以犀帶賜之，記其名於御屏。

淳化中，上言曰：「書云：『三載考績，三考黜陟幽明。』此乃堯、舜氏所以得賢人治天下也。三代而下，典章尚存，兩漢以還，沿革可見。至於唐室，此道尤精，有考功之司，明考課之令，下自簿尉，上至宰臣，皆歲計功過，較定優劣，故人思激厲，績効著聞。五代兵革相繼，禮法陵夷，顧惟考課之文，祗拘州縣之輩，黜陟既異，名存實亡。且夫今之知州，即古之刺史，治狀顯著者，朝廷不知；方略蔑聞者，任用如故。大失勸懲之理，寖成苟且之風。是致水旱薦臻，獄訟塡溢，欲望天下承平，豈可得也。伏惟陛下繼二聖之丕圖，爲億兆之司





牧，念百官之未乂，思四海之未康，特詔有司，申明考績之法，庶幾官得其人，民受其賜矣。」

俄爲開封府判官，遷太常博士、三司右計判官，又爲總計判官，會復三部，換度支判官。至道初，鼎洎陳堯叟建議興三白渠，及陳、許、鄧、潁、蔡、宿、亳數州用水利墾田，事具食貨志。遷都官員外郎、江南轉運副使，就改起居舍人，徙陝西。二年，五將分道擊李繼遷，李繼隆擅出赤檉路無功，還奏軍儲失期，鼎坐削三任。復爲殿中丞，領職如故。以母老求郡，歷知徐、密二州。眞宗踐位，復舊官。咸平四年，遷兵部員外郎、知制誥，賜金紫。時三司督逋負嚴急，有久被留繫者，命鼎與薛映按籍詳定，多所蠲免。踰月，拜右諫議大夫、度支使。

時西鄙未寧，建議陝西禁解池鹽，所在官鬻，詔從之。以鼎爲制置使，楊覃爲轉運使，張賀副之，又以內殿崇班杜承睿同制置鹽事。議者多言：「邊民舊食青鹽，其價甚賤。洎禁青鹽以困賊，令商賈入粟，運解鹽於緣邊，價直與蕃鹽不相遠，故蕃部齎鹽至者，不能貨鬻。今若禁解池鹽，與內地同價，則民必冒禁復市青鹽，乃資盜糧也。」時劉綜爲陝西轉運使，鼎奏罷之。綜歸朝，亦密陳其非便。鼎既行，即移文禁止鹽商，所在約束乖當，延州劉廷偉、慶州鄭惟吉皆不從規畫。

又鼎奏運咸陽倉粟以實邊，粟已陳腐，鼎即與民，俟秋收易新粟，朝廷聞而止之，上封

章密陳其煩擾者甚衆，鼎始謀多沮，遂令林特乘傳與永興張詠會鼎等同議可否，於是依舊通鹽商。鼎坐首議改作非是，詔罷度支使，守本官。未幾，丁內艱，起復。景德初，知三班院、通進銀臺司兼門下封駮事，出知鳳翔府。以居憂哭泣傷目，表求判西京留司御史臺。三年，卒，年五十二，賜二子出身。

鼎偉姿貌，磊落尙氣，有介節，居官峻厲，名稱甚茂。好學，工篆、籀、八分。嘗著隱書三卷，史論二十篇，學古詩五十篇。子申甫、吉甫。

范正辭字直道，齊州人。父勞謙，獲嘉令。正辭治春秋公羊、穀梁，登第，調補安陽主簿。開寶中，判入等，遷國子監丞、知戎州，改著作佐郎。代還，治逋欠於淄州，轉運使稱其能，轉左贊善大夫，就知淄州。太宗征河東，諸州部糧多不及期，正辭所部長山縣吏張秀督民輸，受錢二千，卽杖殺之，郡中畏服。

太平興國中，改殿中丞，通判棣、深二州，遷國子博士。御史中丞劉保勳奏充臺直，會有言饒州多滯訟，選正辭知州事，至則宿繫皆決遣之，胥吏坐淹獄停職者六十三人。會詔令料州兵送京師，有王興者，懷土憚行，以刃故傷其足，正辭斬之。興妻詣登聞上訴，太





宗召見正辭，廷辨其事。正辭曰：「東南諸郡，饒實繁盛，人心易動。興敢扇搖，苟失控馭，則臣無待罪之地矣。」上壯其敢斷，特遷膳部員外郎，充江南轉運副使，賜錢五十萬。

饒州民甘紹者，積財鉅萬，爲羣盜所掠，州捕繫十四人，獄具，當死。正辭按部至，引問之，囚皆泣下，察其非實，命徙他所訊鞫。既而民有告羣盜所在者，正辭潛召監軍王愿掩捕之。愿未至，盜遁去，正辭卽單騎出郭二十里，追及之。賊控弦持矟來逼，正辭大呼，以鞭擊之，中賊雙目，執之。賊自刃不殊，餘賊渡江散走，追之不獲，旁得所棄贓。賊尙有餘息，正辭卽載歸，令醫傅藥，創既愈，按其姦狀伏法，而前十四人皆得釋。

端拱二年，代歸，與洛苑副使綦仁澤、西京作坊副使尹宗諤同監折中倉。先是，令商人輸米豆而以茶鹽酬其直，謂之「折中」，復有言其弊，罷之，至是復置焉。遷倉部員外郎，同知幕府州縣官考課，改判刑部，歷戶部、鹽鐵二判官，遷考功員外郎，通判定、揚、杭三州。眞宗卽位，遷膳部郎中，召判三司勾院，俄復爲鹽鐵判官。咸平二年，出爲河東轉運使。三年，以本官兼侍御史知雜事。

時，李昌齡自忠武行軍起知梓州，董儼知壽州，王德裔、楊緘皆任轉運使，後失官宰畿邑。正辭上言：「昌齡貪墨著聞，願陛下罷其民政。」詔追還儼敕，餘悉代之。又言：「治民之官，牧宰爲急。」舉吳奮等五人堪任大郡，復請令奮等各舉知縣、縣令，從之。坐鞫任懿獄，貶滁州團練副使。會赦，復爲倉部考功員外郎、通判鄆州，知淮陽軍，復膳部郎中，以年老，求監兗州商稅。大中祥符三年四月，卒，年七十五。子識、諷，並進士及第。

諷字補之，以蔭補將作監主簿，獻東封賦，遷太常寺奉禮郎。又獻所爲文，召試入等，出知平陰縣。會河決王陵埽，水去而土肥，失阡陌，田訟不能決，諷分別疆畔，著爲券，民持去不復爭。諷辨數激昂，喜爲名聲，然亦操持在己，吏不敢欺。爲縣存視貧弱，至豪猾大家，峻法治之。

舉進士第，遷大理評事、通判淄州。歲旱蝗，他穀皆不立，民以蝗不食菽，猶可藝，而患無種，諷行縣至鄒平，發官廩貸民。縣令爭不可，諷曰：「有責，令無預也。」卽出貸三萬斛；比秋，民皆先期而輸。徙知梁山軍，以母老不行，得通判鄆州。時知州李迪貶衡州副使，宰相丁謂戒使者持詔書促上道，諷輒留迪數日，爲治裝祖行。詔塞決河，州募民入芻揵，而城邑與農戶等，諷曰：「貧富不同而輕重相若，農民必大困。且詔書使度民力，今則均取之，此有司悞也。」卽改符，使富人輸三之二，因請下諸州以鄆爲率，朝廷從其言。

徙知廣濟軍，民避水堤居，凡給傜於官者，諷悉縱使護其家，奏除其租賦。累遷太常博士，以疾監舒州靈仙觀。尙御藥張懷德至觀齋祠，諷頗要結之，懷德薦于章獻太后，遂召





還。問所欲言，對曰：「今權臣驕悍，將不可制。」蓋指曹利用也。利用貶，拜右司諫、三司度支判官。百官轉對，敕近臣閱視其可行者，類次以聞。諷奏曰：「非上親覽決可否，則誰肯爲陛下極言者。」玉清昭應宮災，下有司治火所起，諷曰：「此天之戒告，乃復置獄以窮治之，非所以應天也。」獄由是得解。議者疑復修，諷上書諫：「山木已盡，人力已竭，宮必不成。臣知朝廷亦不爲此，其如疑天下何。宜詔示四方，使明知之。」於是下詔罷修。改尙書禮部員外郎兼侍御史知雜事。

錢惟演自許州來朝，圖相位，諷奏：「惟演嘗爲樞密使，以皇太后姻屬罷之，示天下以不私，固不可復用。」遂以惟演守河南。使契丹，道過幽州北，見原野平曠，慨然曰：「此爲戰地，不亦信哉。」遼人相目不敢對。擢天章閣待制、知審刑院，出知青州，再遷戶部郎中。時山東饑，宰相王曾，青人，家積粟多，諷發取數千斛濟饑民，因請遣使安撫京東。入爲右諫議大夫、權御史中丞。又請益漕江、淮米百萬，自河陽、河陰東下以賑貸之。錢惟演倡議獻、懿二太后宜祔眞宗廟室，諷彈奏之；及言其在太后時權寵甚盛，且與后族連姻，請絀去。仁宗不聽，諷袖告身以對曰：「陛下不聽臣言，臣今奉使山陵，而惟演守河南，臣早暮憂刺客。願納此，不敢復爲御史中丞矣。」帝不得已可之，諷乃趨出，遂貶惟演隨州。

陳堯佐罷參知政事，有王文吉者，告堯佐謀反，仁宗遣中官訊問，復以屬諷。夜中被旨

究詰，且得其誣狀奏之。時上章懿皇后謚，宰相張士遜、樞密使楊崇勳日中不赴慰班，諷彈士遜與崇勳，俱罷。諷嘗侍對，帝語及郭后亡子。諷言亡子大義當廢，陰合帝旨，以龍圖閣直學士權三司使。時狄棐爲直學士已久，諷盛氣凌棐，宰相李迪右之，遂特詔班棐上，論者非之。尋轉閣學士，以疾免三司使，改翰林侍讀學士、管勾祥源觀。徙會靈觀，復改閣學士、給事中、知兗州。

既至郡，而龐籍爲廣南東路轉運使，未行，上言：「嚮爲侍御史，嘗奏彈諷以三司使曲爲左藏監庫吳守則奏課遷官。尚美人同父弟娶守則女，諷以銀鞍勒遺守則相結納。既出兗州，乃給言貧，假翰林白金器數千兩自隨，而增產於齊州，市官田虧平估。」置獄于南京劾之，諷坐方聽旨擅馳驛還兗州，當贖。籍所奏有不實，當免官。宰相呂夷簡嫉諷詭激，特貶諷武昌軍節度行軍司馬；貸籍，止降官知臨江軍。由是宰相李迪等坐親善諷皆斥。

歲中徙保信軍，聽居舒州持母喪，又許歸齊州。日飲酒自縱，爲時所譏。服除，改將作少監、知淮陽軍，遷光祿卿、知陝州，道改潞州。入見帝言：「元昊不可擊，獨以兵守要害，捍侵掠，久當自服。倘內修百度，躬節儉，如祖宗故事，則疆事不足憂。」復給事中，卒。

諷嘗建議朝廷當差擇能臣，留以代大臣之不稱職者。大臣聞而惡之。又數短參知政事王隨于帝前，因奏：「外人謂臣逐隨將取其位，願先出臣，爲陛下引姦邪去，而朝廷清矣。」



又嘗與張士遜議事不合，諷曰：「世謂大事未易可議，小事不足爲，所爲終何事邪？」及爲龐籍訟，人謂大臣陰諷籍焉。

諷類曠達，然捭闔圖進，不守名檢，所與游者輒慕其所爲，時號「東州逸黨」。山東人顏太初作逸黨詩刺之，而姜潛者又嘗貽書以疏其過云。

子寬之，終尚書刑部郎中、知濠州。

劉師道字損之，一字宗聖，開封東明人。父澤，右補闕。師道，雍熙二年舉進士，初命和州防禦推官，歷保寧、鎮海二鎮從事，凡十年。王化基、呂祐之、樂史薦于朝，擢著作佐郎，纔一月，會考課，又遷殿中丞，出知彭州，就加監察御史。轉運使劉錫、馬襄上其治跡，召歸。會浦洛之敗，奉詔劾白守榮輩，獄成，太宗獎其勤，面賜緋魚。

川峽豪民多旁戶，以小民役屬者爲佃客，使之如奴隸，家或數十戶，凡租調庸斂，悉佃客承之。時有言李順之亂，皆旁戶鳩集，請擇旁戶爲三耆長迭主之，疇歲勞則授以官，詔師道使兩川議其事。師道以爲迭使主領則爭忿滋多，署以名級又重增擾害，廷奏非便，卒罷之。改祠部員外郎，出爲京東轉運使。眞宗嗣位，進秩度支。咸平初，范正辭薦其材



堪長民，徙知潤州。三年，改淮南轉運副使兼淮南、江、浙、荆湖發運使。四年，以漕事入奏，特遷司封，俄爲正使，改工部郎中，代査道爲三司度支副使。七月，擢樞密直學士，掌三班。俄權三司使〔一〕，從幸澶淵，判隨駕三司，充都轉運使。

師道弟幾道，舉進士禮部奏名，將廷試，近制悉糊名較等，陳堯咨嘗爲考官，教幾道於卷中密爲識號。幾道既擢第，事泄，詔落其籍，永不預舉。師道固求辨理，詔曹利用、邊肅、閻承翰詣御史府推治之。坐論奏誣罔，責爲忠武軍行軍司馬，堯咨免所居官，爲鄆州團練副使〔二〕。二年〔三〕，以郊祀恩，起爲工部郎中、知復州，換秀州。

大中祥符二年，以兵部郎中知潭州，遷太常少卿。師道敏於吏事，所至有聲，吏民畏愛。長沙當湖、嶺都會，剖煩析滯，案無留事。歲滿，復加樞密直學士，換左司郎中，留一任。七年，李應機代還。應機未至郡，六月，師道暴病卒，年五十四。錄幾道爲試秘書省校書郎。

師道性慷慨尚氣，善談世務，與人交敦篤。工爲詩，多與楊億輩酬唱，當時稱之。

王濟字巨川。其先眞定人，祖卿，有詞辨，趙王鎔召置幕府。鎔政衰，卿懼禍，避地深州饒陽，遂爲縣人。父恕，後唐時童子及第，開寶中，知秀州。會盜起，城陷，爲盜所殺，將



并害濟。濟伏柩號慟，謂賊曰：「吾父已死，吾安用生爲，但恨力不能殺汝，以報父讎爾！」賊義之，捨去。濟攜父骨匿山谷間。既而官軍大集，濟脫身謁其帥朱乙，陳討賊之計。乙嘉之，遺以束帛，奏假驛置遺歸。

先是，濟母終於岳陽，權瘞佛舍。至是，乃併護二喪還饒陽。州將以聞，太祖召見，以其尙少，且俾就學。雍熙中，上書自陳死事之孤，得試學士院，補龍溪主簿。時調福建輸鶴翎爲箭羽。鶴非常有物，有司督責急，一羽至直數百錢，民甚苦之。濟諭民取鵝翎代輸，仍驛奏其事，因詔旁郡悉如濟所陳。縣有陂塘數百頃，爲鄉豪幹其利，會歲旱，濟悉導之，分溉民田。汀州以銀冶搆訟，十年不決，逮繫數百人，轉運使使濟鞫之，纔七日情得，止坐數人。

再調胙城尉，徙臨河主簿。轉運使王嗣宗被詔舉法官，以濟名聞。遷光祿寺丞、權大理丞，改刑部詳覆官、通判鎭州。牧守多勳舊武臣，倨貴陵下，濟未嘗撓屈。戍卒頗恣暴不法，夜或焚民舍爲盜。一夕，報有火，濟部壯士數十潛往偵伺，果得數輩并所盜物，即斬之。馳奏其事，太宗大悅。都校孫進使酒無賴，毆折人齒，濟不俟奏，杖脊送闕下，繇是軍城畏肅。就遷太子中舍，詔書獎勞。召判登聞鼓院，拜監察御史。上疏陳統天下之術、節民物之道，大者有十：擇左右，別賢愚，正名器，去冗食，加奉祿，謹政教，選良將，分兵戍，修民事，開仕進。其言切於時，詞多不載。

咸平初，濟以刑網尙繁，建議請刪定制敕，乃命張齊賢領其事，濟預焉。刑統舊條：持仗行刼，不以贓有無，悉抵死。齊賢議貸不得財者，濟曰：「刑，期於無刑。以死懼之，尙不畏，況緩其死乎？」因與齊賢廷爭數四。濟詞氣甚厲，目齊賢爲腐儒。然卒從齊賢議，人以濟爲刻。改鹽鐵判官。

車駕巡師大名，調丁夫十五萬修黃、汴河，濟以爲勞民，詔濟馳往經度，還奏省十六七。齊賢時爲相，以河決爲憂。因對，幷召濟見，齊賢請令濟署狀保河不決，濟曰：「河決亦陰陽災沴，宰相苟能和陰陽，弭災沴，爲國家致太平，河之不決，臣亦可保。」齊賢曰：「若是，則今非太平邪？」濟曰：「北有契丹，西有繼遷，兩河、關右歲被侵擾。以陛下神武英略，苟用得其人，可以馴致，今則未也。」上動容，獨留濟問邊事。濟曰：「陛下承二聖之基，擁百萬之衆，蠢茲醜虜，敢爾憑陵，蓋謀謨當國之人未有如昔之比。臣謂國家所恃，獨一洪河耳！此誠急賢之秋；不然，臣懼敵人將飲馬於河渚矣。」又著備邊策十五條以獻。

三年，選官判大理寺，上曰：「法寺宜擇當官不回者，苟非其人，或有寃濫，卽感傷和氣。王濟近數言事，似有操持，可試之。」遂令濟權判大理寺事。福津尉劉鑾集倫舍，屠狗羣飲，杖一倫官致死，濟論以大辟，遇赦從流。時王欽若知審刑，與濟素不相得，又以濟嘗忤齊賢，乃奏鑾當以德音原釋。齊賢、王欽若議濟坐故入，停官。逾年，復爲監察御史、通判河





南府。

景德初，徙知河中府。契丹南侵，上幸澶淵，詔緣河斷橋梁，毀船舫，稽緩者論以軍法。濟曰：「陝西有關防隔閡，舳艫遠屬，軍儲數萬，一旦沉之，可惜；又動搖民心。」因密奏寢其事，上深嘉歎，遣使褒諭。

未幾，召拜工部員外郞兼侍御史知雜事。三年，判司農寺。時周伯星見，濟乘間言曰：「昔唐太宗以豐年爲上瑞。臣願陛下日愼一日，居安慮危，則天下幸甚。」受詔與劉綜改定茶法，頗易舊制，由是忤丁謂、林特、劉承規輩，因與欽若迭詆訾之。

四年，拜本曹郞中，出知杭州。上面加慰諭，仍戒以朝廷闕失許密上言。遷刑部郞中。郡城西有錢塘湖，溉田千餘頃，歲久湮塞。濟命工濬治，增置斗門，以備潰溢之患，仍以白居易舊記刻石湖側，民頗利之。睦州有狂僧突入州廨，出妖言，與轉運使陳堯佐按其實，斬之，上嘉其能斷。大中祥符三年，徙知洪州，兼江南西路安撫使。屬歲旱民饑，躬督官吏爲糜粥，日親嘗而給之；錄饑民爲州兵，全活甚衆。是歲卒，年五十九，遺奏大旨以進賢退諛佞、罷土木不急之費爲言。

濟頗涉經史，好讀左氏春秋，性剛直，無所畏避。少時，深州刺史念金鎖一見器之，且託後於濟。金鎖沒，濟撫其孤，援寘祿仕。素與內臣裴愈有隙，愈坐事，上怒甚，命憲府鞫之，濟適知雜事，力爲辨理，遂獲輕典。子孝傑，國子博士。

論曰：渭有淸節，臨事多從便文。鼎好規畫。師道喜論世務。正辭按貪吏，辨寃獄。濟議論挺特，無所畏避。五臣者，仕不過監司、郡守，而名稱甚茂，可尙哉。

方偕字齊古，興化莆田人。年二十，及進士第，爲溫州軍事推官。歲饑，民欲隸軍就廩食，州不敢擅募。偕乃詣提點刑獄呂夷簡曰：「民迫流亡，不早募之，將聚而爲盜矣。」夷簡從之，籍爲軍者七千人。後遷汀州判官，權知建安縣。縣產茶，每歲先社日，調民數千鼓譟山旁，以達陽氣。偕以爲害農，奏罷之。

遷秘書省著作佐郞，歷知福淸、資陽縣。累遷尙書屯田員外郞，爲御史臺推直官。澧州逃卒傭民家自給，一日，誣告民事摩駝神，歲殺十二人以祭。州逮其族三百人繫獄，久不決。偕被詔就劾，令卒疏所殺主名，按驗皆亡狀，事遂辨，卒以誣告論死。知雜事龐籍薦爲御史裏行，再遷侍御史。南京鴻慶宮災，偕引漢罷原廟故事，請勿復修。





元昊寇塞門，鄜延副總管趙振逗撓不出救，詔偕往按之，法當斬。偕奏：「兵寡不敵，苟出以餌賊，無益也。」振由是得不死。爲開封府判官、江南安撫。三司歲出乳香、綿綺下州郡配民，偕奏罷之。更鹽鐵判官，遷兵部員外郞兼御史知雜事，言：「以罪謫監當者，監司勿得差權親民官。」判大理寺，改度支副使，擢天章閣待制、江淮制置發運使、知杭州，遷刑部郞中。

偕以吏事進，治杭州有能聲。喜飲酒，至酣宴無節。數月，暴中風，以太常少卿分司西京，遷光祿卿，卒。

曹穎叔字秀之，亳州譙人。初名熙，嘗夢之官府，見穎叔名，遂更名穎叔。進士及第，歷威勝軍判官、渭州軍事推官。御史中丞蔡齊薦爲臺主簿，改大理寺丞。韓億知亳州，辟僉書節度判官事，通判儀州。韓琦、文彥博薦其才，徙夔州路轉運判官。夔、峽尙淫祠，人有疾，不事醫而專事神，穎叔悉禁絕之，乃敎以醫藥。提點陝西路刑獄，夏人納款，詔與戶部副使夏安期、轉運使柳灝減戍卒吏員之冗者。爲開封府判官，時御史宋禧鞫衞士獄于內侍省，禧不能辨，及獄具，內侍使禧自爲牒，穎叔言禧爲制使辱命，請寘之法。元昊死，爲夏

國祭奠使。除直史館、知鳳翔府，徙益州路轉運使，權度支副使。

儂智高寇嶺南，朝議以閩中久弛兵備，擢天章閣待制、知福州。累遷右司郎中，爲陝西都轉運使。自慶曆鑄大鐵錢行陝西，民盜鑄不已，三司上榷鐵之議。潁叔曰：「鐵錢輕而貨重，不可久行，況官自榷鐵乎？請罷鑄諸郡鐵錢，以三鐵錢當銅錢之一。」從之。兩川和買絹給陝西兵，而蜀人苦於煩斂，潁叔爲歲出本路緡錢五十萬，以易軍衣之餘者，兩川之民始無擾焉。進龍圖閣直學士、知永興軍；然年老，漸昏耄，事頗壅積，人或嘲誚之，卒于官。

劉元瑜字君玉，河南人。進士及第，補舞陽縣主簿，改祕書省著作佐郎、知雍丘縣，通判隰、并二州，知鄆州。以太常博士爲監察御史，上言：「考課之法，自朝廷至員外郎、郎中、少卿，須清望官五人保任始得遷，故浮薄輩日趨權門，非所以養廉恥也。」詔罷之。

提舉河北便糴。會永寧雲翼軍士謀爲變，吏窮捕，黨與謀劫囚以反，百姓竊知多逃避。元瑜馳至，斬爲首者，其餘皆釋去不問。歷京西、河東轉運使，遷右司諫。劾奏「集賢校理陸經謫官在河南日，杖死爭田寡婦，且貸民錢，監司列薦其才，投託權要，遂復館職，請重寘於法，并坐保薦者。」詔屬吏，遂竄經袁州。





又疏「李用和、曹琮、李昭亮不可典軍；梁適不當除翰林學士；范仲淹以非罪貶，既復天章閣待制，宜在左右；尹洙、余靖、歐陽脩皆以朋黨斥逐。此小人惡直醜正者也。」既而與靖等相失，反言：「前除夏竦爲樞密使，諫臣數人摭其舊過，召至都門而罷之。自此以進退大臣爲己任，激訐陰私爲忠直，薦延輕薄，列之館閣，以唱和爲朋比。近除兩府，出自聖斷，獨黨人以進用不出於己，議論紛然，臣恐復被疏罷矣。前日孫甫薦葉清臣，毀丁度，效此也。」因論：「靖知制誥不宜兼領諫職，且奉使契丹，對契丹主效六國語，辱國命，請加罪。」脩、靖深惡之，繇是論者以元瑜爲奸邪。

後除三司鹽鐵副使，以天章閣待制知潭州。徭人數爲寇，元瑜使州人楊謂入梅山，說酋長四百餘人出聽命，因厚犒之，籍以爲民，凡千二百戶。徙桂州，固辭，降知鄧州。坐在潭州擅補畫工易元吉爲畫助教，降知隨州。又失保任，改信州，徙襄州。富人子張銳少孤弱，同里車氏規取其財，乃取銳父棄妾他姓子養之。比長，使自訴，陰賕吏爲助，州斷使歸張氏，銳莫敢辨。既同居踰年，車即導令求析居。元瑜察知，窮治得姦狀，黥車竄之，人伏其明。歷河中府，以左諫議大夫知青州，卒。

元瑜性貪，至竊販禁物，親與小人爭權，時論鄙之。

楊告字道之，其先漢州綿竹人。父允恭，西京左藏庫使，數任事有功。既死，賜告同學究出身，調廬江尉。時張景咨吏死而吏捕急，逃歸告，懼告不見納，告曰：「君勿憂也，吾死生以之。」景卒免。改豐城主簿，邑有賊殺人，投屍于江，人知主名，而畏不敢言。告聞，親往擒賊。有言賊欲報怨者，告不爲動。既而果乘夜欲刺告，告又捕得，致於法，境內肅然。

再調南劍州判官，知南安、六合、錢塘、寧國縣，改大理寺丞、通判江寧州〔四〕。盜殺商人，鑿舟沉屍江中。有被誣告者咨服，獄具，告疑其無狀，後數日，果得眞盜。徙知池州，累遷尙書司封員外郎、開封府推官、開拆司。爲趙元昊旌節官告使，元昊專席自尊大，告徙坐即賓位，莫之屈也。除京西轉運副使。屬部歲饑，所至發公廩，又募富室出粟賑之。民伐桑易粟，不能售，告命高其估以給酒，官民獲濟者甚衆。以疾，權管勾西京留臺。頃之，判三司憑由、理欠司，爲淮南轉運使，徙制置發運使，除三司戶部副使，更度支，安撫河東，改鹽鐵副使。歷祠部、度支、司封郎中，以少府監復爲制置發運使。拜右諫議大夫、知鄭州，徙江寧府、壽州。

告曉法令，頗知財利，而不務苛刻，時號能吏，然喜事權貴以要進。一子，力學有文，數爲近臣薦，召試，賜同進士出身，未幾卒。告悲傷之，尋卒。





趙及字希之，其先幽州良鄉人。父的，事契丹爲蔚州靈丘令，雍熙中，王師北征，乃歸，授偃師令，因家焉。及舉進士，爲慈州軍事推官，徙廣信軍判官，改祕書省著作佐郎、知魏縣，徙九隴，以母老監葉縣稅，歷黃河、御河催綱，通判青州、大名府，累遷尙書屯田員外郎，被舉爲殿中侍御史、權宗正丞。詔劾夏守恩獄，內侍岑守中用賄撓法，及劾正其罪。遷侍御史，夏守贇經略西鄙還，及言其無功，不可復樞府。又疏罷郭承祐團練使。

未幾，請知懷州，徙徐州，還爲三司戶部判官，遷兵部員外郎、京東轉運按察使。知萊州張周物貪暴，及劾奏，貶周物嶺外。擢兼侍御史知雜事，數論時政，權判吏部流內銓。初，銓吏匿員闕，與選人爲市，及奏闕至即牓之，吏部牓闕自及始。遷戶部副使，以疾，改刑部郎中、直昭文館、知衞州，召爲鹽鐵副使。又以疾，請知汝州，歲餘，復召爲副使，不赴。徙知河中府，特拜天章閣待制、右司郎中。祀明堂，遷右諫議大夫。還判大理寺、流內銓。出知徐州，疾甚，求解近職，還州事，乃以本官管勾南京留司御史臺，未赴，卒。

及和厚謙退，內行尤篤，所治有聲，民吏愛之。

劉湜字子正，徐州彭城人。舉進士，爲濮州觀察推官，再調湖南節度推官，改秘書省著作佐郎、知益都縣，徙陰平。再遷太常博士、通判劍州。審閬州獄，活死囚七人。王堯臣安撫陝西，薦之，擢知耀州。富平有盜掠人子女者，既就擒，陽死，伺間逸去；捕得，復陽死，守者以報，湜趣焚其屍。拜監察御史，王德用自隨州詔還，近臣言其有反相，湜保右之。歷開封府推官、三司鹽鐵判官，遷殿中侍御史。上言：「轉運使掎摭郡縣，苛束官吏，人不得騁其材，宜稍寬假，不爲改者繩治之。」詔詰渭州劾尹洙私用公使錢，頗傳致重法，以故洙坐廢。還，爲尙書禮部員外郎兼侍御史知雜事，同判吏部流內銓，除鹽鐵副使。議者謂湜探宰相意，深致洙罪，故得優擢焉。

明年，宴紫宸殿，副使當坐殿東廡，湜不卽坐，趣出。閤門奏之，坐謫知沂州，徙兖州。又坐沂州誤出囚死罪，降知海州。起爲河東轉運使，遷戶部員外郎，復爲鹽鐵副使兼領河渠事。汴水絕，鑿河陰新渠，通漕運如故。

會江南饑，擢天章閣待制、知江寧府，奏運蘇州米五十萬斛，以貸饑民。除戶部郎中、知廣州。儂智高初平，湜練士兵，葺械器，作鐵鎖斷江路。有盜據山，赦貸罪招之，不肯降。湜知並山民資之食，卽徙民絕餉，盜困蹙乞降，民安之。居二年，母老求內徙，遂徙徐州。





湜喜曰：「昔布衣隨計，今以侍從官三品復典鄉郡，過始望矣。」又以左司郎中知鄆州，遷龍圖閣直學士、知慶州。

湜少賤，母更嫁營卒，旣登第，具袍笏趨卒舍迎母，里人觀歎。然嗜酒，持法少恕；改知密州，以病卒。

王彬，光州固始人。祖彥英，父仁偘，從其族人潮入閩。潮有閩土，彥英頗用事，潮惡其逼，陰欲圖之。彥英覺之，挈家浮海奔新羅。新羅長愛其材，用之，父子相繼執國政。

彬年十八，以賓貢入太學。淳化三年，進士及第，歷雍丘尉。皇城司陰遣人下畿縣刺史，多厲民，令佐至與爲賓主。彬至，捕鞫之，得所受賂，致之法，自是詔親事官毋得出都城。易右班殿直，辭不受。後以秘書省著作佐郎通判鎬州，歷知撫州。

撫州民李甲、饒英恃財武斷鄉曲，縣莫能制。甲從子詈縣令，人告甲語斥乘輿。彬按治之，索其家得所藏兵械，又得服器有龍鳳飾，甲坐大逆棄市。幷按英嘗強取人孥，配嶺南，州里肅然。

擢提點荆湖南路刑獄，徙知潭州，入判三司戶部勾院，出爲京西轉運使，徙河北。部吏馬崇正倚章獻太后姻家豪橫不法，彬發其姦贓，下吏。忤太后意，徙京東，又徙河東、陝西。復爲三司鹽鐵判官，判都理欠、憑由司，累遷太常少卿，卒。

仲簡字畏之，揚州江都人。以貧，傭書楊億門下，億教以詩賦，遂舉進士。歷通判鄭州、河南府推官。改秘書省著作佐郎、知蕪湖縣，通判楚州，累遷尙書都官員外郎。改侍御史、安撫京東，遷知眞州，入爲三司度支判官。經制陝西糧草，就遷兵部員外郎、直史館、知陝州。徙江東轉運使，除侍御史知雜事，爲三司鹽鐵副使、工部郎中。奉使陝西，多任喜怒，以馬箠擊軍士流血，仁宗面詰之，不能對，出爲河東轉運使。

逾年，復爲鹽鐵副使，再遷兵部，擢天章閣待制、知廣州。儂智高犯邕州，沿江而下，人告急，簡輒囚之，仍牓于道，敢妄言惑衆者斬，以是人不復爲避賊計。比智高至，始令民入城，民爭道，競以金帛遺閽者，相蹂踐至死者甚多，其不得入者，皆附賊。賊旣去，以其能守城，徙知荆南。旣而言者論之，遂落職，又降刑部郎中、知鎬州。復爲兵部郎中，徙洪州，卒。





論曰：士抱一藝者，思奮勵以功名自效，況其設施見於政事者乎？方偕、曹穎叔、楊告、趙及、王彬之流皆文吏，能推恩行利，剗煩去蠹，其治不下古人。劉元瑜、劉湜輩亦不減此數人，然而元瑜譏詆余靖，湜文致尹洙，公議所不與也。仲簡小才，所謂斗筲之器也，何足道哉！

## 校勘記

〔一〕權三司使 「權」字原脫，據長編卷五七、宋史全文卷五補。

〔二〕鄆州團練副使 隆平集卷五陳堯咨傳同；本書二八四陳堯咨傳、長編卷五九都作「單州團練副使」。疑此處「鄆州」爲「單州」之誤。又本書卷七眞宗紀作「單州團練使」，「使」前當脫「副」字。

〔三〕二年 按長編卷五九、六一，陳堯咨貶單州事在景德二年四月，十一月舉行郊祀，宋大詔令集卷一二〇有景德二年南郊赦天下制。此上失書「景德」紀元。

〔四〕江寧州 按宋無此州，疑當作「江寧府」。

# 宋史卷三百五

## 列傳第六十四

### 楊億 弟偉 從子紘 晁迥 子宗慤 劉筠 薛映

楊億字大年，建州浦城人。祖文逸，南唐玉山令。億將生，文逸夢一道士，自稱懷玉山人來謁。未幾，億生，有毛被體，長尺餘，經月乃落。能言，母以小經口授，隨即成誦。七歲，能屬文，對客談論，有老成風。雍熙初，年十一，太宗聞其名，詔江南轉運使張去華就試詞藝，送闕下。連三日得對，試詩賦五篇，下筆立成。太宗深加賞異，命內侍都知王仁睿送至中書，又賦詩一章，宰相驚其俊異，削章為賀。翌日，下制曰：「汝方髫齓，不由師訓，精爽神助，文字生知。越景絕塵，一日千里，予有望於汝也。」即授祕書省正字，特賜袍笏。俄丁外艱，服除，會從祖徽之知許州，億往依焉。務學，晝夜不息，徽之間與語，歎曰：「興吾門者在汝矣。」





淳化中，詣闕獻文，改太常寺奉禮郎，仍令讀書祕閣。獻二京賦，命試翰林，賜進士第，遷光祿寺丞。屬後苑賞花曲宴，太宗召命賦詩于坐側；又上金明池頌，太宗誦其警句于宰相。明年三月，苑中曲宴，億復以詩獻。太宗訝有司不時召，宰相言：「舊制，未貼職者不預。」即以億直集賢院。表求歸鄉里，賜錢十五萬。至道初，太宗親製九絃琴、五絃阮，文士奏頌者衆，獨稱億為優，賜緋魚。二年春，遷著作佐郎，帝知其貧，屢有霑賚，嘗命為越王生辰使。時公卿表疏，多假文於億，名稱益著。

眞宗在京府，徽之為首僚，邸中書疏，悉億草定。即位初，超拜左正言。詔錢若水修太宗實錄，奏億參預，凡八十卷，而億獨草五十六卷。書成，乞外補就養，知處州。眞宗稱其才長於史學，留不遣，固請，乃許之任。郡人周啓明篤學有文，深加禮待。召還，拜左司諫、知制誥，賜金紫。

咸平中，西鄙未寧，詔近臣議靈州棄守之事。億上疏曰：

臣嘗讀史，見漢武北築朔方之郡，平津侯諫，以為罷獘中國，以奉無用之地，願罷之。上使辯士朱買臣等發十策以難平津，平津不能對。臣以為平津為賢相，非不能折買臣之舌，蓋所以將順人君之意爾。舊稱朔方，地在要荒之外，聲教不及。元朔中，大將軍衞青奮兵掠地，列置郡縣。今靈州蓋朔方之故墟，僻介西鄙，數百里間無有水草，烽火亭障不相望。當其道路不壅，饋餉無虞，猶足以張大國之威聲，為中原之扞蔽。自邊境屢驚，兇黨猖熾，爵賞之而不恭，討罰之而無獲。自曹光實、白守榮、馬紹忠及王榮之敗，資糧屝屨，所失至多，將士丁夫，相枕而死。以至募商人輸帛入穀，償價數倍；孤壘築城，邊民繹騷，國帑匱乏，不能制邊人之命，及濟靈武之急。數年之間，兇黨逾盛。靈武危堞，巋然僅存，河外五城，繼聞陷沒。但堅壁清野，坐食糗糧，閉壘枕戈，苟度朝夕，未嘗出一兵馳一騎，敢與之角。此靈武之存無益，明矣。平津所言罷獘中國以奉無用之地，正今日謂也。

臣以為存有大害，棄有大利，國家輓粟之勞，士卒流離之苦，悉皆免焉。堯、舜、禹，聖之盛者也，地不過數千里，而明德格天，四門穆穆。武丁、成王，商、周之明主也，然地東不過江、黃，西不過氐、羌，南不過蠻荆，北不過太原，而頌聲並作，號為至治。及秦、漢窮兵拓土，肝腦塗地，校其功德，豈可同年而語哉！昔西漢賈捐之建議棄朱崖，當時公卿，亦有異論，元帝力排衆說，奮乎獨見，下詔廢之，人頌其德。故其詔曰：「議者以棄朱崖羞威不行，夫通于時變，即憂萬民之飢餓，危孰大焉。且宗廟之祭，凶年不備，况乎避不嫌之辱哉？」臣以為類于靈武也。必以失地為言，即燕薊八州，河湟五郡，所失多矣，何必此為？





臣竊惟太祖命姚內斌領慶州，董遵誨領環州，統兵裁五六千，悉付以閫外之事，士卒効命，疆埸晏然，朝廷無旰食之憂，疆埸無羽書之警。臣乞還將臨邊，賜給廩賦，資以策略，許以便宜而行。儻寇擾內屬，撓之以勁兵，示之以大信，懷荒振遠，諭以賞格，彼則奔潰衆叛，安能與大邦為敵哉？若欲謀成廟堂，功在漏刻，臣以為彼衆方黠，積財猶豐，未可以歲月破也。直須棄靈州，保環慶，然後以計困之爾。如臣之策，得驍將數人，提銳兵一二萬，給數縣賦以資所用，令分守邊城，則寇可就擒，而朝廷得以無虞矣。

景德初，以家貧，乞典郡江左，詔令知通進、銀臺司兼門下封駁事。時以吏部銓主事前宜黃簿王太沖為大理評事，億以丞吏之賤，不宜任清秩，即封詔還。未幾，太沖補外。俄判史館，會修册府元龜，億與王欽若同總其事。其序次體制，皆億所定，羣僚分撰篇序，詔經億竄定方用之。三年，召為翰林學士，又同修國史，凡變例多出億手。大中祥符初，加兵部員外郎、戶部郎中。

五年，以疾在告，遣中使致太醫視之，億拜章謝，上作詩批紙尾，有「副予前席待名賢」之句。以久疾，求解近職，優詔不許，但權免朝直。億剛介寡合，在書局，唯與李維、路振、刁衎、陳越、劉筠輩厚善。當時文士，咸賴其題品，或被貶議者，退多怨誹。王欽若驟貴，億素薄其人，欽若銜之，屢抉其失；陳彭年方以文史售進，忌億名出其右，相與毀訾。上素重億，皆不惑其說。億有別墅在陽翟，億母往視之，因得疾，請歸省，不待報而行。上親緘藥劑，加金帛以賜。億素體羸，至是，以病聞，請解官。有嗾憲官劾億不俟命而去，授太常少卿，分司西京，許就所居養療。嘗作君可思賦，以抒忠憤。冊府元龜成，進秩祕書監。

七年，病愈，起知汝州。會加上玉皇聖號，表求陪預，即代還，以爲參詳儀制副使，知禮儀院，判祕閣、太常寺。天禧二年冬，拜工部侍郎。明年，權同知貢舉，坐考較差謬，降授祕書監。丁內艱，屬行郊禮，以億典司禮樂，未卒哭，起復工部侍郎，令視事。四年，復爲翰林學士，受詔注釋御集，又兼史館修撰、判館事，權景靈宮副使。十二月，卒，年四十七。錄其子紘爲太常寺奉禮郎。

億天性穎悟，自幼及終，不離翰墨。文格雄健，才思敏捷，略不凝滯，對客談笑，揮翰不輟。精密有規裁，善細字起草，一幅數千言，不加點竄，當時學者，翕然宗之。而博覽強記，尤長典章制度，時多取正。喜誨誘後進，以成名者甚衆。人有片辭可紀，必爲諷誦。手集當世之述作，爲筆苑時文錄數十篇。重交游，性耿介，尙名節。多周給親友，故廩祿亦隨而盡。留心釋典禪觀之學，所著括蒼武夷穎陰韓城退居汝陽蓬山冠鼇等集、內外制、刀筆，共一百九十四卷。弟倚，景德中舉進士，得第三等及第；以億故，升爲第二等。億無子，以





從子紘爲後。弟偉。

偉字子奇，幼學于億。天禧元年獻頌，召試學士院，賜進士及第。以試祕書省校書郎知衢州龍游縣，再補蘄州錄事參軍，國子監薦爲直講。駙馬都尉李遵勗守澶州，辟簽書鎭寧軍節度判官事。遷大理寺丞、知河間縣，再遷太常博士。用近臣薦，爲集賢校理、通判單州。會巡檢部卒李素合州卒二百餘人，謀殺巡檢使，入鼓角門，州將不敢出。偉挺身往問曰：「若屬何爲而反？」俱曰：「將有訴于州，非反也。」偉曰：「持兵來，非反而何？若屬皆有父母妻子，以一朝忿而欲魚肉之乎？」悉令投兵，坐籍首惡得十餘人，斬之。徙知祥符縣、提點開封府界諸縣鎭公事，權開封府判官，又判三司開拆司，累遷尙書兵部員外郎、同修起居注。

偉清愼，無治劇才，常秉小笏以朝。知制誥缺，中書以偉名進。仁宗曰：「此非秉小笏者邪？」遂命知制誥，權諫院。嘗曰：「諫臣宜陳列大事，細故何足論。」然當時譏其亡補。遷刑部郎中，爲翰林學士。祀明堂，遷右司郎中、判太常寺，爲羣牧使兼侍讀學士，進中書舍人。卒，贈尙書禮部侍郎。

紘字望之，以蔭歷官知鄞縣。鄞濱海，惡少販魚鹽者，羣居洲島，或掠商人財物入海，吏不能禁。紘至，設方略，使識者質惡少船，及歸，始給還，且戒諭之，由是不敢爲盜。以億文獻，賜進士出身。通判越州，知筠州，提點江東刑獄，除轉運、按察使。江東饑，紘開義倉振之，吏持不可。紘曰：「義倉，爲民也，稍稽，人將殍矣。」

紘御下急，常曰：「不法之人不可貸。去之，止不利一家爾，豈可使郡邑千萬家，俱受害邪？」聞者望風解去，或過期不敢之官。與王鼎、王綽號「江東三虎」。坐降知衡州，徙越州。爲荊南轉運使，徙福建，不赴，知湖州，復爲江東轉運使。官至太常少卿，卒。紘性嚴，雖家居，兒女不敢妄言笑。聚書數萬卷，手抄事實，名窺豹篇。

晁迥字明遠，世爲澶州清豐人，自其父佺，始徙家彭門。迥舉進士，爲大理評事，歷知岳州錄事參軍，改將作監丞，稍遷殿中丞。坐失入囚死罪，奪二官。復將作丞，監徐、婺二州稅，遷太常丞。眞宗即位，用宰相呂端、參知政事李沆薦，擢右正言、直史館。獻咸平新書五十篇，又獻理樞一篇。召試，除右司諫、知制誥，判尙書刑部。

帝北征，雍王元份留守京師，加右諫議大夫，爲判官，進翰林學士。未幾，知審官院，爲





明德、章穆二園陵禮儀使，同修國史。知大中祥符元年貢舉。封泰山，祀汾陰，同太常詳定儀注，累遷尙書工部侍郎。使契丹，還，奏北庭記，加史館修撰、知通進銀臺司。獻玉清昭應宮頌，其子宗操繼上景靈宮慶成歌。帝曰：「迥父子同獻歌頌，搢紳間美事也。」

史成，擢刑部侍郎，進承旨。時朝廷方修禮文之事，詔令多出迥手。嘗夜召對，帝令內侍持燭送歸院。方盛暑，爲鎖宿直，令三五日一至院；迥辭以非故事，乃聽俟秋還直。遷兵部侍郎，請分司西京，特拜工部尙書、集賢院學士、判西京留司御史臺。賜一子官河南，以就養。

仁宗即位，遷禮部尙書。居臺六年，累章請老，以太子少保致仕，給全奉，歲時賜賚如學士。天聖中，迥年八十一，召宴太清樓，免舞蹈。子宗慤爲知制誥，侍從同預宴。迥坐御史中丞之南，與宰臣同賜御飛白大字。既罷，所以寵賚者甚厚，進太子少傅。後復召對延和殿，帝訪以洪範雨暘之應。對曰：「比年災變荐臻，此天所以警陛下。願陛下修飭王事，以當天心，庶幾轉亂而爲祥也。」既而獻斧扆、愼刑箴，大順、審刑、無盡燈頌，凡五篇。及感疾，絕人事，屛醫藥，具冠服而卒，年八十四。罷朝一日，贈太子太保，謚文元。

迥善吐納養生之術，通釋老書，以經傳傅致，爲一家之說。性樂易寬簡，服道履正，雖貴勢無所屈，歷官臨事，未嘗挾情害物。眞宗數稱其好學長者。楊億嘗謂迥所作書命無過

褒，得代言之體。喜質正經史疑義，摽括字類。有以術命語迥，迥曰：「自然之分，天命也。樂天不憂，知命也。推理安常，委命也。何必逆計未然乎？」所著翰林集三十卷，道院集十五卷，法藏碎金錄十卷，耆智餘書、隨因紀述、昭德新編各三卷。子宗慤。

宗慤字世良，以父蔭爲祕書省校書郎。屢獻歌頌，召試，賜進士及第。又除館閣校勘，三遷大理寺丞、集賢校理兼注釋御集檢閱官。迥領西臺，宗慤求便養，通判許州。仁宗卽位，遷殿中丞、同修起居注。天聖中，百官轉對，宗慤請減上供，墾閒田，擇獄官，令監司舉縣令。累遷尚書祠部員外郎、知制誥。宋綬嘗謂：「自唐以來，唯楊於陵身見其子嗣復繼掌書命，今始有晁氏焉。」父憂，奪喪，管勾會靈觀，入翰林爲學士。母亡，又起復，兼龍圖閣學士、權發遣開封府事，辨雪疑獄有能名。

元昊反，關中久宿師，以宗慤安撫陝西，與夏竦議攻守策。未還，道拜右諫議大夫、參知政事。會朝廷以金飾胡牀及金汲器賜唃厮羅，宗慤曰：「仲叔于奚辭邑請繁纓，孔子曰：『不如多與之邑。』繁纓，諸侯之馬飾，猶不可與陪臣，況以乘輿之器賜外臣乎？必欲優其禮，不若加賜金帛。」後從帝郊祠感疾，數求罷，除資政殿學士、給事中。數日，卒。贈工部尚書，謚文莊。





宗慤性敦厚，事父母孝，篤於故舊，凡任子恩皆先其族人。在翰林，一夕草將相五制，褒揚訓戒，人得所宜。嘗密詔訪邊策，陳七事，頗施用之。

劉筠字子儀，大名人。舉進士，爲館陶縣尉。還，會詔知制誥楊億試選人校太淸樓書，擢筠第一，以大理評事爲祕閣校理。眞宗北巡，命知大名府觀察判官事。自邊鄙罷兵，國家閒暇，帝垂意篇籍，始集諸儒考論文章，爲一代之典。筠預修圖經及冊府元龜，推爲精敏。眞宗將祀汾脽，屢得嘉雪，召筠及監察御史陳從易崇和殿賦歌詩，帝數稱善。車駕西巡，又命筠纂土訓。是時四方獻符瑞，天子方興禮文之事，筠數上賦頌。及冊府元龜成，進左正言、直史館、修起居注。嘗屬疾，予告滿，輒再予，積三百日，每詔續其奉。

還左司諫、知制誥，加史館修撰，出知鄧州，徙陳州。還，糾察在京刑獄，知貢舉，遷尚書兵部員外郎。復請鄧州，未行，進翰林學士。初，筠嘗草丁謂與李迪罷相制，既而謂復留，令別草制，筠不奉詔，乃更召晏殊。筠自院出，遇殊樞密院南門，殊側面而過，不敢揖，蓋內有所愧也。帝久疾，謂浸擅權，筠曰：「姦人用事，安可一日居此。」請補外，以右諫議大夫知廬州。

仁宗卽位，遷給事中，復召爲翰林學士。踰月，拜御史中丞。先是，三院御史言事，皆先白中丞。筠牓臺中，御史自言事，毋白丞雜。知天聖二年貢舉，數以疾告，進尚書禮部侍郎、樞密直學士、知潁州。召還，復知貢舉，進翰林學士承旨兼龍圖閣直學士、同修國史、判尚書都省。祀南郊，爲禮儀使，請宿齊太廟日，罷朝饗玉淸昭應宮，俟禮成，備鑾駕恭謝。從之。筠素愛廬江，遂築室城中，構閣藏前後所賜書，帝飛白書曰「眞宗聖文祕奉之閣」。再知廬州，營冢墓，作棺，自爲銘刻之。既病，徙于書閣，卒。

筠，景德以來，居文翰之選，其文辭善對偶，尤工爲詩。初爲楊億所識拔，後遂與齊名，時號「楊劉」。凡三入禁林，又三典貢部，以策論升降天下士，自筠始。性不苟合，臨事明達，而其治尚簡嚴。然晚爲陽翟同姓富人奏求恩澤，淸議少之。著冊府應言、榮遇、禁林、肥川、中司、汝陰、三入玉堂凡七集。一子早卒，田廬沒官。包拯少時，頗爲筠所知。及拯顯，奏其族子爲後，又請還所沒田廬云。

薛映字景陽，唐中書令元超八世孫，後家於蜀。父允中，事孟氏爲給事中。歸朝，爲尚書都官郎中。映進士及第，授大理評事，歷通判綿、宋、昇州，累遷太常丞。王化基薦爲監





察御史、知開封縣。太宗召對，爲江南轉運使，改左正言、直昭文館，爲江、淮、兩浙茶鹽制置副使。改京東轉運使，徙河東，兼河西隨軍。求便親，知相州。再領漕京東，積遷尚書禮部郎中，擢知制誥，權判吏部流內銓兼制置羣牧使。同梁顥安撫河北〔一〕，還，權判度支。

映以右諫議大夫知杭州。映臨決蠢銳，庭無留事。轉運使姚鉉移屬州：「當直司毋得輒斷徒以上罪。」映卽奏：「徒、流、笞、杖，自有科條，苟情狀明白，何必繫獄，以累和氣。請詔天下，凡徒流罪於長吏前對辨，無所異，聽遣決之。」朝廷施用其言。與鉉既不協，遂發鉉納部內女口及鬻銀器抑取其直，又廣市綾羅不輸稅。眞宗遣御史臺推劾官儲拱劾鉉，得實，貶連州文學。映坐嘗召人取告鉉狀，當贖金，帝特貰之。

在杭五年，入知通進、銀臺司兼門下封駁事。封泰山，爲東京留守判官，遷給事中、勾當三班院，出知河南府。祀汾陰還，駐蹕西京，以映有治狀，賜御書嘉獎。

遷尚書工部侍郎、集賢院學士、判尚書都省，進樞密直學士、知昇州。建言：「州以牛賦民出租，牛死，租不得蠲。」帝覽章矍然，曰：「此朝廷豈知邪？」因令諸州條奏，悉蠲之。頃之，糾察在京刑獄，再判都省。歷尚書左丞、知揚州。徙幷州，又徙永興軍，拜工部尚書兼御史中丞。仁宗卽位，遷禮部，再爲集賢院學士、判院事、知曹州，分司南京。卒，贈右僕射，謚文恭。

映好學有文，該覽彊記，善筆札，章奏尺牘，下筆立成。爲治嚴明，吏不能欺。每五鼓冠帶，黎明據案決事，雖寒暑，無一日異也。子耀卿祕閣校理，孫紳直龍圖閣。

論曰：自唐末詞氣浸敝，迄于五季甚矣。先民有言：「政厖土裂，大音不完，必混一而後振。」宋一海內，文治日起。楊億首以辭章擅天下，爲時所宗，蓋其清忠鯁亮之氣，未卒大施，悉發於言，宜乎雄偉而浩博也。劉筠後出，能與齊名，氣象似爾，至於文體之今古，時習使然，遑暇議是哉。晁迥寬易，與物無忤，父子先後典書命，稱爲名臣。薛映學藝、吏術俱優，而挾忿以抉人之私，君子病之。

## 校勘記

〔一〕兼制置羣牧使同梁顥安撫河北　「同」原作「司」。按薛映於咸平四年代陳堯叟爲制置羣牧使，見宋會要職官二三之五。是冬，河北饑，命映與梁顥分爲東、西路巡檢使，「發倉廩賑流民」，見本書卷二九六梁顥傳、長編卷五〇。「司」字顯係「同」字之訛。據改。



# 宋史卷三百六

## 列傳第六十五

謝泌　孫何 弟僅　朱台符　戚綸　張去華 子師德　樂黃目　柴成務

謝泌字宗源，歙州歙人。自言晉太保安二十七世孫。少好學，有志操。賈黃中知宣州，一見奇之。太平興國五年進士，解褐大理評事、知清川縣，徙彰明，遷著作佐郎。端拱初，爲殿中丞，獻所著文十編、古今類要三十卷，召試中書，以直史館賜緋。時言事者衆，詔閤門非涉僥望乃許受之。繇是言路稍壅。泌抗疏陳其不可，且言：「邊鄙有事，民政未乂，狂夫之言，聖人擇焉。苟詰而拒之，四聰之明，將有所蔽。願采其可者，拒其不可者，庶顒顒之情，得以上達。」復言：「國家圖書，多失次序。唐景龍中，嘗分經、史、子、集爲四庫，命薛稷、沈佺期、武平一、馬懷素分掌，望遵復故事。」遂令直館分典四部，以泌知集庫。改左正言，





使嶺南採訪。

淳化二年，久旱，復上言時政得失。時王禹偁上言：「請自今庶官候謁宰相，並須朝罷於政事堂，樞密使預坐接見，將以杜私請。」詔從之。泌上言曰：「伏覩明詔，不許宰相、樞密使見賓客，是疑大臣以私也。書曰：『任賢勿貳，去邪勿疑。』張說謂姚元崇曰：『外則疏而接物，內則謹以事君。此眞大臣之體。』今天下至廣，萬幾至繁，陛下以聰明寄於輔臣，自非接下，何以悉知外事？若令都堂候見，則庶官請見咨事，略無解衣之暇。今陛下囊括宇宙，總攬英豪，朝廷無巧言之士，方面無姑息之臣，奈何疑執政，爲衰世之事乎。王禹偁昧於大體，妄有陳述。」太宗覽奏，卽追還前詔，仍以泌所上表送史館。

嘗修正殿，頗施采繪，泌復上疏。亟命代以丹堊，且嘉其忠藎。拜左司諫，賜金紫、錢三十萬。一日，得對便殿，太宗稱其任直敢言，泌奏曰：「陛下從諫如流，故臣得以竭誠。昔唐季孟昌圖者，朝疏諫而夕去位，鑒於前代，取亂宜矣。」太宗動色久之。時，羣臣升殿言事者，旣可其奏，得專達于有司，頗容巧妄。泌請自今凡政事送中書，機事送樞密，金穀送三司，覆奏而行，從之。

俄判三司鹽鐵勾院。奉詔解送國學舉人，黜落既多，羣聚喧詬，懷甓以伺泌出。泌知之，潛由他塗入史館，數宿不敢出，請對自陳。太宗問：「何官騶導嚴肅，都人畏避？」有以

臺雜對者，卽授泌虞部員外郎兼侍御史知雜事。上元觀燈，泌特預召，自是爲例。轉金部員外郎，充鹽鐵副使。頃之，魏羽爲使，卽泌之外舅，以親嫌，改度支副使。因郊祀，條上軍士賞給之數。太宗曰：「朕惜金帛，止備賞賜爾。」泌因曰：「唐德宗朱泚之亂，後唐莊宗馬射之禍，皆賞軍不豐所致。今陛下薄於躬御，賞賜特優，實歷代之所難也。」俄與王沔同磨勘京朝官。太宗孜孜爲治，每御長春殿視事罷，復卽崇政殿臨決，日旰未進御膳。泌言：「請自今長春罷政，旣膳後御便坐。」不報。俄知三班、通進銀臺司，出知湖州。再遷主客郎中、知虢州。

眞宗初，邊人屢寇，泌上疏曰：

臣竊惟聖心所切者，欲天下朝夕太平爾。雍熙末，趙普錄唐姚崇太平十事以獻。未幾，普復相，時稱致治之策，無出於此。尋普病，又遼騎擾邊，因循未行。今北邊謐寧，繼遷請命，則可行於今日矣。臣以爲先朝未盡行者，俟陛下爾。陛下自臨大寶，邊不加兵，西北肅然，民安歲登，則太平之象，復何遠哉。至於省不急之務，削煩苛之政，抑奔競，來直言，斯皆致太平之術，又豈讓唐開元之治也。

議者或謂方今用兵，異於開元，且開元邊戎孔熾，明皇卒與之和。至如漢高祖亦然。此皆屈己以寧天下，豈以輕大國而競小忿乎。請以近事言，往歲討交阯，王師一



動，南方幾搖。先皇以爲得之無用，棄之實便，及授官爲蕃屏，則至今鼠伏。石晉之末，恥講和契丹，遂致天下橫流，豈得爲強？或者有言，敵所嗜者禽色，所貪者財利，餘無他智計。先朝平晉之後，若不舉兵臨之，但與財帛，則幽薊不日納土矣。察此，乃知其情古猶今也，漢祖、明皇所用之計，正可以餌其心矣。

臣伏覩近詔，以不逞之徒所陳述，皆闊闇事。臣聞古先哲王詢于芻蕘，察於邇言者，蓋慮視聽之蔽，故採此以達物情，亦罕行其事也。先朝有侯莫陳利用、陳廷山、鄭昌嗣、趙贊之徒，喋喋利口，賴先帝聖聰，尋翦除之，然爲患已深矣。

臣又聞輔時佐主，建萬世之基，立不拔之策者，必倚老成之人。至如成、康刑措，由任周、召；文、景清靜，不易蕭、曹；明皇太平，亦資姚、宋。夫精練國政，斟酌王度，未聞市井之胥，走塵之吏，可當其任也。惟陛下察往古用賢致治之道，則賢者亦必盡忠竭力，以輔成太平之治矣。

咸平二年，徙知同州。代還，知鼓司、登聞院。五年，與陳恕同知貢舉，復知通進、銀臺司，加刑部，出爲兩浙轉運使。近制，文武官告老，皆遷秩，令錄授朝官，并給半奉。泌言：「請自今七十以上求退者，許致仕；因疾及歷任犯贓者，聽從便。」詔可。徙知福州，代還，民懷其愛，刻石以紀去思。轉兵部郎中，復知審官院，直昭文館。知荊南府，改襄州，遷太常



少卿、右諫議大夫、判吏部銓。大中祥符五年，卒，年六十三。

泌性端直，然好方外之學，疾革，服道士服，端坐死。帝聞而嗟異，遣使臨問恤賜，錄其子衍爲太常寺奉禮郎，衎將作監主簿。衍爲太子中舍。

孫何字漢公，蔡州汝陽人。祖鎰，唐末秦宗權據州，強以賓佐起之。鎰僞疾不應，還家，以講授爲業。父庸，字鼎臣，顯德中，獻贊聖策九篇，引唐貞觀所行事，以魏玄成自況。世宗奇其言，命中書試，補開封兵曹掾。建隆初，爲河南簿。太平興國六年，鴻臚少卿劉章薦其材，改左贊善大夫。歷殿中丞、知龍州而卒。

何十歲識音韻，十五能屬文，篤學嗜古，爲文必本經義，在貢籍中甚有聲。與丁謂齊名友善，時輩號爲「孫丁」。王禹偁尤推重之。嘗作兩晉名臣贊、宋詩二十篇、春秋意、尊儒教議，聞於時。淳化三年舉進士，開封府、禮部俱首薦，及第又得甲科，解褐將作監丞、通判陝州。召入直史館，賜緋，遷祕書丞、京西轉運副使。歷右正言，改右司諫。

眞宗初，何獻五議：其一，請擇儒臣有方略者統兵；其二，請世祿之家肄業太學，寒儁



之士州郡推薦，而禁投贄自媒者；其三，請復制舉；其四，請行鄉飲酒禮；其五，請以能授官，勿以恩慶例遷。上覽而善之。咸平二年，舉入閣故事，何次當待制，獻疏曰：

六卿分職，邦家之大柄也。有吏部辨考績而育人材，有兵部簡車徒而治戎備，有戶部正版圖而阜貨財，有刑部謹紀律而誅暴強，有禮部祀神示而選賢俊，有工部繕宮室而修隄防，六職舉而天下之事備矣。故周之會府，漢之尚書，立庶政之根本，提百司之綱紀。令、僕率其屬，丞、郎分其行，二十四司粲焉星拱，郎中、員外判其曹，主事、令史承其事。四海九州之大，若網在綱。

唐之盛時，亦不聞別分利權，創使額，而軍須取足。及玄宗侈心既萌，召發既廣，租調不充，於是蕭景、楊釗始以地官判度支，而宇文融爲租調地稅使，始開利孔，以構禍階。至于肅、代，則有司之職盡廢，而言利之臣，攘臂於其間矣。於是叛亂相仍，經費不充，迫於軍期，切於國計，用救當時之急，率以權宜裁之。五代短促，曾莫是思。

今國家三聖相承，五兵不試，太平之業，垂統立制，在此時也。所宜三部使額，還之六卿，愼擇戶部尚書一人，專掌鹽鐵使事，俾金部郎中、員外郎判之。又擇本行侍郎二人，分掌度支、戶部使事，各以本曹郎中、員外郎分判之，則三使洎判官，雖省猶不省也。仍命左右司郎中、員外總知帳目，分勾稽違。職守有常，規程既定，則進無掊克之

慮，迨有詳練之名，周官唐式，可以復矣。茲事非艱，在陛下行之爾。」

是多，從幸大名，詔訪邊事。何疏曰：

陛下嗣位以來，訓師擇將，可謂至多，以高祖之大度，兼蕭王之赤心，神武冠於百王，精兵倍於前代。分閫仗鉞者，固當以身先士卒爲心，賊遺君父爲恥。而列城相望，堅壁自全，手握強兵，坐違成算，遂使腥羶得計，虵豕肆行，焚劫我郡縣，係累我黎庶。陛下攄人神之憤怒，憫河朔之生靈，爰御六師，親幸澶、魏，天聲一振，敵騎四逃，雖鎭、定道路已通，而德、棣烽塵未息，此殆將帥或未得人，邊奏或有壅閼，鄰境不相救援，糗糧須俟轉輸之所致也。

將帥者何？或恃勇無謀，或忌功玩寇，但全城堡，不恤人民。邊奏者何？護塞之臣，固祿守位，城池焚劫，不以實聞，老幼殺傷，託言他盜。不救援者何？緣邊州縣，城壘參錯，如輔車脣齒之相依，若頭目手足之相衞，託稱兵少不出，或待奏可乃行。俟輦輸者何？敵騎往還，猋馳鳥逝，嬴糧景從，萬兩方行，迨乎我來，寇已遁去。此四者，當今急務。擇將帥，則莫若文武之內，參用謀臣；防壅閼，則莫若凡奏邊防，陛見庭問；合救援，則莫若督以軍令，聽其便宜；運糗糧，則莫若輕齎疾驅，角彼趫捷。

今大駕既駐鄴下，契丹終不敢萌心南牧，所慮芻食者，惟東北無備之城，繕完周





防，不可不愼。且蜂蠆有毒，豺狼無厭。今契丹西畏大兵，北無歸路，獸窮則搏，物不可輕，餘孽尙或稽誅，奔突亦宜預備。大河津濟，處處有之，亦望量屯禁兵，扼其要害，則請和之使，不日可待。

眞宗覽而嘉之。及傅潛逗撓無功，何又請斬潛以徇。俄權戶部判官，出爲京東轉運副使，又獻疏請擇州縣守宰，省三司冗員，遴選法官，增秩益奉。未幾，徙兩浙轉運使，加起居舍人。景德初，代還，判太常禮院。俄與晁迥、陳堯咨並命知制誥，賜金紫，掌三班院。何先已被疾，勉強親職，一日，奏事上前，墜奏牘於地，俯而取之，復墜笏。有司劾以失儀，詔釋之。何懇，上章求改少卿監，分司西京養疾，上不許，第賜告，遣醫診視。醫勉其然艾，何答曰：「死生有命。」卒不聽。是多，卒，年四十四。上在澶淵，聞之憫惜，錄其子言爲大理評事。

何樂名教，勤接士類，後進之有詞藝者，必爲稱揚。然性卞急，不能容物。在浙右專務峻刻，州郡病焉。好學，著駁史通十餘篇，有集四十卷。弟僅。

僅字鄰幾。少勤學，與何俱有名于時。咸平元年，進士甲科，兄弟連冠貢籍，時人榮之。解褐舒州團練推官，會詔舉賢良方正之士，趙安仁以僅名聞。策入第四等，擢光祿寺丞、直集賢院，俄知浚儀縣。景德初，拜太子中允、開封府推官，賜緋。北邊請盟，遣使交聘，僅首爲國母生辰使。改本府判官，遷右正言、知制誥，賜金紫，同知審官院。是多，永興孫全照求代，眞宗思擇循良任之，御書邊肅洎僅二名示宰相。或言僅嘗倅京府，諳民政，乃命知永興軍府。僅純厚長者，爲政頗寬，嘗詔戒焉。大中祥符元年，加比部員外郞。代還，知審刑院。頃之，拜右諫議大夫、集賢院學士、權知開封府。改左諫議大夫，出知河中府。歸朝，復領審刑院。久次，進給事中。天禧元年正月，卒，年四十九。錄其子大理評事和爲衞尉寺丞。

僅性端愨，中立無競，篤於儒學，士大夫推其履尙，有集五十卷。僅弟侑亦登進士第，至殿中丞。

朱台符字拱正，眉州眉山人。父賦，舉拔萃，歷度支判官，卒于殿中丞。台符少聰穎，十歲能屬辭，嘗作黃山樓記，士友稱之。及長，善詞賦。時太宗廷試貢士，多擢敏速者，台符與同輩課試，以尺晷成一賦。淳化三年，進士登甲科，解褐將作監丞、通判青州。召入直史館，賜緋魚，再遷祕書丞、知浚儀縣。





咸平元年，與楊礪、李若拙、梁顥同知貢舉，俄以京府舊僚，擢太常博士，出爲京西轉運副使。時北邊爲梗，台符上言曰：

臣聞蠻夷猾夏，帝典所載，商、周而下，數爲邊害，或振旅薄伐，或和親修好，歷代經營，斯爲良策。至於秦築長城而黔首叛，漢絕大漠而海內虛，逞志一時，貽笑萬代，此商鑒不遠也。頃者，晉氏失御，中原亂離，太祖深鑒往古，酌取中道，與民休息，遣使往來。二十年間，罕聞入寇，大省戍邊之卒，不興出塞之兵。關防謐寧，府庫充溢，信深得制禦之道也。

幽薊之地，實維我疆，尙隔混同，所宜開拓。太宗平晉之後，因其兵勢，將遂取之。人雖協謀，天未厭亂，螗斧拒轍，用稽靈誅。重興弔伐之師，又作遷延之役。自茲厥後，大肆兇鋒，殺略軍民，攻拔城砦，長驅深入，莫可禁止。當是時也，以河爲塞，而趙、魏之間，幾非國家所有。既阻歡盟，乃爲備禦，屯士馬，益將帥，芻粟之飛輓，金帛之委輸，贍給賞賜，不可勝數。繇是國家之食貨，匱於河朔矣。

陛下自天受命，與物更始，繼遷授節，黎桓加爵，咸命使者鎭撫其邦。惟彼契丹，未加渥澤，非所以柔遠能邇，昭王道之無偏也。今祥禫將終，中外引頸觀聽德音。臣愚以爲宜於此時赦契丹罪，擇文武才略習知邊境辨說之士，爲一介使，以嗣位服除，修

好鄰國，往告諭之。彼十年以來，不復犯塞，以臣計之，力有不足，志欲歸嚮，而未得其間也。今若垂天覆之仁，假來王之便，必歡悅慕義，遣使朝貢。因與之盡捐前惡，復尋舊盟，利以貨財，許以關市，如太祖故事，使之懷恩畏威。則兩國既和，無北顧之憂，可以專力西鄙，繼遷自當革心而束手矣，是一舉而兩得也。

台符又自請往使，時論韙之。

咸平二年春，旱，詔求直言。台符上疏，請重農積穀，任將選兵，愼擇守令，考課黜陟，輕傜節用，均賦愼刑，責任大臣，與圖治道。奏入，優詔褒答。入爲鹽鐵判官，改判戶部勾院，拜工部員外郎，換度支判官。景德初，鄭文寶爲陝西轉運，或言其張皇生事，徙台符代之，仍賜金紫。

台符俊爽好譏，然頗以剗碎爲舉職。與楊覃聯事，覃頗欲因仍舊貫，台符則更革煩擾，議事違戾，交相掎奏，以不協聞，命御史視其狀。九月，徙台符知鄆州，覃知隨州。三年，召還，會執政有不喜者，復出知洪州，卒於舟次，年四十二。賜其子公佐同學究出身，賻錢二十萬。

台符好學，敏於屬辭，喜延譽後進，有集三十卷。公佐及台符弟昌符，大中祥符中，舉進士，廷試並得第五人。初，昌符登科，宰相言昌符卽台符弟，上因言台符有文學及著述可





採，甚嗟悼之。公佐卒，又以次子壽隆試將作監主簿。昌符爲屯田員外郎。

戚綸字仲言，應天楚丘人。父同文，字文約，自有傳。綸少與兄維以文行知名，篤於古學，喜談名教。太平興國八年舉進士，解褐沂水主簿。按版籍，得逋戶脫口漏租者甚衆。徙知太和縣。同文卒於隨州，綸徒步奔訃千里餘。俄詔起復涖職，就加大理評事。江外民險悍多構訟，爲諭民詩五十篇，因時俗耳目之事，以申規誨，老幼多傳誦之。每歲時必與獄囚約，遣歸祀其先，皆如期而還。遷光祿丞，坐鞫獄陳州失實，免官。著理道評十二篇，錢若水、王禹偁深所賞重。久之，復授大理評事、知永嘉縣。境有陂塘之利，浚治以備水旱。復爲光祿寺丞，轉運使又上其政績，連詔褒之。

眞宗卽位，轉著作佐郎、通判泰州。將行，祕書監楊徽之薦其文學純謹，宜在館閣，命爲祕閣校理。受詔考校司天臺職官，定州縣職田條制。詔館閣官以舊文獻，上嘉綸所著，特改太常丞，俄判鼓司、登聞院。出內府緡帛市邊糧，詔綸乘傳往均市之。

景德元年，判三司開拆，賜緋魚，改鹽鐵判官。上疏言邊事，甚被嘉獎。十月，拜右正言、龍圖閣待制，賜金紫。時初建是職，與杜鎬並命，人皆榮之。綸久次州縣，留意吏事，每便殿請對，語必移晷，或夜中召見，多所敷啓。俄上奏曰：「夫出納獻替，王臣之任；章疏奏議，諫者之職。臣屢蒙召對，皆延數刻，屈萬乘之尊，接一介之士，聖德淵深，包納荒穢，體其至愚，不罪觸犯，安敢循嘿不言。謹摭十事該治本者附于章左：一曰王畿關輔，二曰五等封建，三曰復制科，四曰崇國學，五曰闢曠土，六曰修貢舉，七曰任大臣，八曰置平糴，九曰益廂軍、減禁兵，十曰修六典令式。」詞頗深切，上爲嘉獎。

二年，與趙安仁、晁迥、陳充、朱巽同知貢舉，綸上言取士之法，多所規制，並納用焉。預修册府元龜，會置官總在京諸司之務，凡百三十司，命綸與劉承珪同領其事。判鴻臚寺。先是，羣臣詔葬，公私所費無定式。綸言其事，詔同晁迥、朱巽、劉承珪校品秩之差，定爲制度，遂遵行之。綸以三公、尙書、九列之任，唐末以來，有司漸紊，綱目不一，請宜采通禮、六典令式，比類沿革，著爲大典，時論稱之。進秩右司諫、兵部員外郎。時詔禁羣臣匿名上封及非次升殿奏事，綸謂「忠讜之入，當開獎言路，若疏遠之士，尤艱請對」，上頗嘉之。

大中祥符元年，掌吏部選事。上初受靈文，綸上疏曰：「臣遐稽載籍，歷考祕文，驗靈應之垂祥，顧天人之相接。陛下紹二聖丕業，啓萬世鴻基，勤行企道，恭默思玄，上天降鑒，瑞諜昭錫，丕示臨民之戒，用恢奕葉之祥。乞詔有司，速修大祀，載命侍從，摹寫祥符，勒於嘉玉，藏之太廟，別以副本秘於中禁，傳示萬葉，無敢怠荒。然臣恐流俗幻惑狂謀，以人鬼之





妖辭，亂天書之眞旨。伏望端守玄符，凝神正道，以答天貺，以惠烝黎。」

是冬，封泰山，命綸同計度發運事。禮成，遷戶部郎中、直昭文館，待制如故。被詔，同編東封祥瑞封禪記。會峻待制之秩，又兼集賢殿修撰。建議修釋奠儀，頒于天下；立常平倉，隸司農寺，以平民糴，皆從之。嘗宴餞种放于龍圖閣，詔近臣爲序，上覽綸所作，稱其有史才。

三年，擢樞密直學士，上作詩寵之。祀汾陰，復領發運之職。居無何，出知杭州，就加左司郎中。屬江潮爲患，乃立埽岸，以易柱石之制，雖免水患，而衆頗非其變法。胡則時領發運，嘗居杭州，肆縱不檢，厚結李溥，綸素惡之。通判吳耀卿，則之黨也，伺綸動靜，密以報則。則時爲當塗者所昵，因共措摭綸過，徙知揚州。惟揚亦溥、則巡內，持之益急，求改僻郡，徙徐州。

八年，與劉綜並罷學士，授左諫議大夫。代還，復知青州。歲饑，發公廩以救餓殍，全安甚衆。徙鄆州，王遵誨爲勸農副使，嘗任西邊，寓家永興，閨門不肅，事將發，知府寇準爲平之。綸因戲謔語及準，遵誨恚怒，以爲訐己，遂奏綸謗訕，坐左遷岳州團練副使，易和州。天禧四年，改保靜軍副使。是冬，以疾求歸故里，改太常少卿，分司南京。五年，卒，年六十八。

綸篤於古學，善談名理，喜言民政，頗近迂闊。事兄維友愛甚厚，維卒，訃聞，哀慟不食者數日。與交遊故舊，以信義著稱。士子謁見者，必詢其所業，訪其志尙，隨才誘誨之。嘗云：「歸老後，得十年在鄉閭講習，亦可以恢道濟世。」大中祥符中，繼修禮文之事，綸悉參其議，與陳彭年並職，屢召對，多建條式，恩寵甚盛。樂於薦士，每一奏十數人，皆當時知名士。晚節爲權倖所排，遂不復振。善訓子弟，雖至清顯，不改其純儉。既沒，家無餘貲。張知白時知府事，輟奉以助其喪。家人於几閣間，得遺戒一篇，大率皆誘勸爲學。有集二十卷。又前後奏議，有機務利害、備邊均田之策，別爲論思集十卷，分上下篇。天聖中，其子舜賓獻之，詔贈左諫議大夫。舜賓，官太子中舍。

張去華字信臣，開封襄邑人。父誼，字希賈。好學，不事產業。既孤，諸父使督耕隴上，他日往視之，見閱書于樹下，怒其不親穡事，詬辱之。誼謂其兄曰：「若不就學於外，素志無成矣。」遂潛詣洛陽龍門書院，與宗人沆、鸞、湜結友，故名聞都下。長興中，和凝掌貢舉，誼舉進士，調補耀州團練推官。



晉天福初，代還。會凝由內署拜端明殿學士，署門不接賓客，誼聞之，卽日致書于凝，以爲「切近之職，實當顧問，四方利害，所宜詢訪，若不接賓客，聾瞽耳目，坐虧職業，雖爲自安計，其可得乎？」凝大奇之，他日，薦于宰相桑維翰曰：「凝門生中有張誼者，性介直，頗涉辭藝，可備諫職。」未幾，超拜左拾遺。誼以晉室新造，典禮未完，數上章請復有唐故事。又言契丹有援立之助，所宜敦信謹備，不可自逸，以啓釁端。改右補闕，充集賢殿修撰，歷禮部員外郎、侍御史。改倉部、知制誥，加禮部郎中。

乾祐初，眞拜中書舍人。時蘇逢吉、楊邠、王章輩攀附漢祖，驟得大用，搢紳多附之，誼不爲屈，故共嫉之。遣誼爲吳越宣諭使，與兵部郎中馬承翰同往賜官告。浙人每迓朝使，必列步騎以自誇詫，誼與承翰竊笑之。又乘酒，言詞有輕發者，錢俶甚恥之，乃奏誼擅籠防援官。又夜集，與承翰使酒，語相侵，坐貶均州司戶，改房州司馬，歲餘卒。

去華幼勵學，敏於屬辭，以蔭補太廟齋郎。周世宗平淮南，去華時年十八，慨然歎曰：「兵戰未息，民事不修，非歐國持久之術。」因著南征賦、治民論，獻于行在。召試，授御史臺主簿。屬三院議事，不得預坐，謂所親曰：「簿領之職，非壯夫所爲。」卽棄官歸鄭州，杜門不出者三載。

建隆初，始攜文遊京師，大爲李昉所稱。明年，舉進士甲科，卽拜秘書郎、直史館。以歲滿不遷，上章自訴，因言制誥張澹、盧多遜、殿中侍御史師頌文學膚淺，願得校其優劣。太祖立召澹輩與去華臨軒策試，命陶穀等考之。澹以所對不應問，降秩，卽擢去華爲右補闕，賜襲衣、銀帶、鞍勒馬。朝議薄其躁進，以是不遷秩者十六年。嘗得對便殿，詢及家世，遂訴父始忤權貴，因權重貶。宰相薛居正亦爲言之，太祖爲之動容，且曰：「漢室不道，姦臣擅權，此朕所親見也。」荆湖平，命通判道州。去華上言：「桂管爲五嶺衝要，今劉鋹保境固守，賴之爲扞蔽，若大軍先克其城，以趣番禺，如踐無人之境。」且言桂州可取之狀，有詔嘉獎。代還，知磁、乾二州，選爲益州通判，遷起居舍人、知鳳翔府。

從太宗征太原，監隨駕左藏庫，就命爲京東轉運使。歷左司員外郎、禮部郎中。太平興國七年，爲江南轉運使。雍熙中，王師討幽州，去華督宋州饋運至拒馬河，就命掌河北轉運事。三年，知陝州，未行，著大政要錄三十篇以獻，上覽而嘉之，詔書褒美，賜綵五十匹，因留不遣。

會許王尹京，命爲開封府判官，殿中侍御史陳載爲推官，並賜金紫。謂曰：「卿等皆朝之端士，特加選用，其善佐吾子。」各賜錢百萬。踰歲，就拜左諫議大夫，又令樞密使王顯傳旨，諭以輔成之意。未幾，有廬州尼道安訟弟婦不實，府不爲治，械繫送本州。弟婦卽徐鉉妻之甥。道安伐登聞鼓，言鉉以尺牘求請，去華故不爲治。上怒，去華坐削一任，貶安州司





馬。歲餘，召授將作少監、知興元府，未行，改晉州。遷秘書少監、知許州。眞宗嗣位，復拜左諫議大夫。未幾，遷給事中、知杭州。兩浙自錢氏賦民丁錢，有死而不免者，去華建議請除之，有司以經費所仰，固執不許。咸平二年，徙蘇州。頃之，以疾求分司西京。在洛葺園廬，作中隱亭以見志。景德元年，改工部侍郎致仕。三年，卒，年六十九。

去華美姿貌，善談論，有蘊藉，頗尙氣節。在營道得父同門生何氏二子，敎其學問。受代，攜之京師，慰薦館穀，並登仕籍。嘗獻元元論，大旨以養民務穡爲急，眞宗深所嘉賞，命以縑素寫其論爲十八軸，列置龍圖閣之四壁。然不飾邊幅，頗爲清議所貶，以是不登顯用。有集十五卷。子師古至國子博士，師錫殿中丞，師顏國子博士。

師德，字尙賢。去華十子，最器師德。嘗欲任以官，辭不就。去華曰：「此兒必繼吾志。」眞宗祀汾陰，知河南府薛映薦其學行，又獻汾陰大禮頌于行在。是歲，舉進士亦爲第一，時人榮之。除將作監丞、通判耀州。遷秘書省著作郎、集賢校理、判三司都理欠憑由司。建言：「有逋負官物而被繫，本非侵盜，若惸獨貧病無以自償，願特蠲之。」帝用其言。嘗奏事殿中，帝訪以時事，而條對甚備。帝喜曰：「朕藩邸知卿父名，今又知卿才。」其後每

遣使，帝輒曰：「張師德可用。」契丹、高麗使來，多以師德主之。天禧初，安撫淮南，苦風眩，改判司農寺。擢右正言、知制誥，判尙書刑部。頃之，出知潁州，遷刑部員外郎、判大理寺，爲羣牧使、景靈宮判官，再遷吏部郎中。以疾，知鄧州，徙汝州，拜左諫議大夫，罷知制誥。師德孝謹有家法，不交權貴，時相頗不悅之。然亦多病，在西掖九年不遷，卒于官。有文集十卷。子景憲，爲太中大夫。

樂黃目字公禮，撫州宜黃人。世仕江左李氏。

父史，字子正。齊王景達鎭臨川，召掌牋奏，授秘書郎。入朝，爲平原主簿。太平興國五年，與顏明遠、劉昌言、張觀並以見任官舉進士。太宗惜科第不與，但授諸道掌書記。史得佐武成軍，旣而復賜及第。上書言事，擢爲著作佐郎、知陵州。獻金明池賦，召爲三館編修。

雍熙三年，獻所著貢舉事二十卷，登科記三十卷，題解二十卷，唐登科文選五十卷，孝弟錄二十卷，續卓異記三卷。太宗嘉其勤，遷著作郎、直史館。轉太常博士、知舒州，遷水部員外郎。淳化四年春，與司封員外郎、直昭文館李蕤同使兩浙巡撫，加都官，知黃州。又



獻廣孝傳五十卷，總仙記一百四十一卷。詔秘閣寫本進內。史好著述，然博而寡要，以五帝、三王，皆云仙去，論者嗤其詭誕。

咸平初，遷職方，復獻廣孝新書五十卷，上淸文苑四十卷。出知商州。史前後臨民，頗以賄聞。俄以老疾爲言，聽解職，分司西京。五年，郊祀畢，奉留守司表入賀，因得召對。上見其矍鑠不衰，又知篤學，盡取所著書藏祕府，復授舊職，與黃目同在文館，人以爲榮。出掌西京磨勘司，黃目爲京西轉運。改判留司御史臺。車駕幸洛，召對，賜金紫。史久在洛，因卜居，有亭榭竹樹之勝，優游自得。未幾卒，年七十八。所撰又有太平寰宇記二百卷，總記傳百三十卷，坐知天下記四十卷，商顏雜錄、廣卓異記各二十卷，諸仙傳二十五卷，宋齊丘文傳十三卷，杏園集、李白別集、神仙宮殿窟宅記各十卷，掌上華夷圖一卷。又編己所著爲仙洞集百卷。

黃目淳化三年舉進士，補伊闕尉。遷大理寺丞、知壽安縣。咸平中，徙知壁州，未行，上章言邊事，召對，拜殿中丞。久之，直史館、知浚儀縣。俄上言曰：「伏以從政之原，州縣爲急；親民之任，牧宰居先。今朝官以數任除知州，簿尉以兩任入縣令，雖功過易見，而能否難明。伏見唐開元二年選羣官，有宏才通識，堪致理化者，授刺史、都督。又引新授縣令於宣政殿，試理人策一道，惟鄠城令袁濟及格，擢授醴泉令，餘二百人，且令赴任，十餘人並



放令習學。臣欲望自今審官院差知州，銓曹注縣令，候各及三二十人，一次引見於御前，試時務策一道。察言觀行，取其才識明於吏治、達於教化者充選；其有不分曲直、罔辨是非者，或黜之釐務，或退守舊資。如此，則官得其人，事無不治。」上頗嘉其好古。歷度支、鹽鐵判官，遷太常博士、京西轉運使。丁內艱，時眞宗將幸洛，以供億務繁，起令涖職。史尋卒，上復詔權奪。

大中祥符中，使契丹還，改工部員外郎、廣南西路轉運使。就拜起居郎，改陝西轉運使，賜金紫。陳堯咨知永興，好以氣凌黃目，因表求解職，不許。堯咨多縱恣不法，有密言其事者，詔黃目察之，得實以聞，堯咨坐罷龍圖閣職，徙知鄧州。八年，黃目入判三司三勾院。天禧初，馬元方奏黃目職事不舉，遂分三勾院，以三人掌之。黃目罷任，奉朝請。踰月，拜兵部員外郎、知制誥，充會靈觀判官。黃目屬辭淹緩，朝議以爲不稱職。時以盛度知京府，辭不拜，即遷黃目右諫議大夫、權知開封府，度爲會靈觀判官，兩換其任。

仁宗升儲，拜給事中兼左庶子。入內副都知張繼能，嘗以公事請託黃目，至是未申謝，事敗，降左諫議大夫、知荆南府。明年，復爲給事中，徙潭州。長沙月給，減於荆渚，特詔增之，又諭以兵賦繁綜寄任之意。五年，代還，知審官院。黃目以風疾題品乖當，改知通進、銀臺司兼門下封駮事。數月，求外任，得知亳州。俄而幼子死，聞訃慟絕，所疾加甚，卒，年



五十六。錄其子理國爲衞尉寺丞，定國爲大理評事。

黃目面柔簡默，爲吏處劇，亦無敗事。有集五十卷，又撰學海搜奇錄四十卷，聖朝郡國志二十卷。黃目兄黃裳，弟黃庭，黃裳孫滋，並進士及第。黃裳、黃庭皆至太常博士。

柴成務字寶臣，曹州濟陰人也。父自牧，舉進士，能詩，至兵部員外郎。成務乾德中京府拔解，太宗素知其名，首薦之，遂中進士甲科，解褐峽州軍事推官。改曹、單觀察推官，遷大理寺丞。太平興國五年，轉太常丞，充陝西轉運副使〔一〕，賜緋，再遷殿中侍御史。八年，與供奉官葛彥恭使河南，案行遙隄。歷知果、蘇二州，就爲兩浙轉運使，改戶部員外郎、直史館，賜金紫。入爲戶部判官，遷本曹郎中。太宗選郎官爲少卿監，以成務爲光祿少卿。

俄奉使高麗，遠俗尙拘忌，以月日未利拜恩，稽留朝使。成務貽書，往反開諭大體，國人信服，事具高麗傳。淳化二年，爲京東轉運使。會宋州河決，成務上言：「河水所經地肥潤，願免其租稅，勸民種藝。」從之。召拜司封郎中、知制誥，賜錢三十萬。時呂蒙正爲宰相，嘗與之聯外姻，避嫌辭職，不許。俄與魏庠同知京朝官考課。四年，又與庠同知給事中事，凡制敕有所不便者，許封駮以聞。



中華書局

蜀寇平，使峽路安撫，改左諫議大夫、知河中府。時銀、夏未寧，蒲津當餽輓之衝，事皆辦集，得脫戶八百家以附籍。府城街陌頗隘狹，成務曰：「國家承平已久，如事駕臨幸，何以駐千乘萬騎邪？」乃奏撤民廬以廣之。其後祀汾陰，果留蹕河中，衢路顯敞，咸以爲便。眞宗即位，還給事中、知梓州。未幾代還，又遣知青州，表求侯永熙陵復土畢之任。旋受詔與錢若水等同修太宗實錄，書成，知揚州。入判尙書刑部，本司小吏倨慢，成務怒而笞之，吏擊登聞鼓訴冤，有詔問狀。成務歎曰：「忝爲長官，杖一胥而被劾，何面目據堂決事邪！」乃求解職。景德初，卒，年七十一。

成務有詞學，博聞稽古，善談論，好諧笑，士人重其文雅。然爲郡乏廉稱，時論惜之。文集二十卷。成務年六十六始有子，比卒，裁六歲，授奉禮郎，名貽範，後爲國子博士。

論曰：泌述唐、漢之治，台符陳商、周之鑒，歷布腹心，奏議反覆論當世事，盡言無隱。何建五議，綸摭十事，皆切於輔治。何勸接士類，綸樂於薦士，皆足以儀表當世者也。去華頗尙氣節，而能作成後進；黃目屬辭淹緩，而著述浩瀚；成務寡清白之操，而專對不辱，俱有足稱者焉。



## 校勘記

〔一〕陝西轉運副使　「陝西」，楊億武夷新集卷一〇柴成務墓誌銘、卷一一柴成務行狀都作「峽路」。此處疑有誤。



# 宋史卷三百七

## 列傳第六十六

喬維岳 王陟附　張雍　董儼　魏廷式　盧琰　宋摶　淩策
楊覃　陳世卿　李若拙 子繹　陳知微

喬維岳字伯周，陳州南頓人。治三傳。周顯德初登第，授太湖主簿。四年，遷平輿令。開寶中，右拾遺劉蟠薦其才，擢爲太子中舍、知高郵軍，通判揚州，徙常州。金陵平，又移昇州，改殿中丞。太平興國初，徙襄州，俄丁內艱。三年，陳洪進表納疆土，以其子文顯爲泉州留後，朝廷議擇能臣關掌郡事，即起維岳爲通判。會盜起仙遊莆田縣、百丈鎭，衆十餘萬攻城，城中兵裁三千，勢甚危急。監軍何承矩、王文寶欲盡屠其民，燔府庫而遁。維岳挺然抗議，以爲：「朝廷寄以綏遠，今惠澤未布，盜賊連結，反欲屠城，豈詔意哉。」承矩等因復堅守，既而轉運使楊克讓率福州兵破賊，圍遂解，詔褒之。



歸朝，爲淮南轉運副使，遷右補闕，進爲使。淮河西流三十里曰山陽灣，水勢湍悍，運舟多罹覆溺。維岳規度開故沙河，自末口至淮陰磨盤口，凡四十里。又建安北至淮澨，總五堰，運舟所至，十經上下，其重載者皆卸糧而過，舟時壞失糧，綱卒緣此爲姦，潛有侵盜。維岳始命創二斗門于西河第三堰，二門相距踰五十步，覆以廈屋，設縣門積水，俟潮平乃泄之。建橫橋岸上，築土累石，以牢其址。自是弊盡革，而運舟往來無滯矣。

嘗按部至泗州，慮獄，法掾誤斷囚至死。維岳詰之，法掾俯伏，且泣曰：「有母年八十餘，今獲罪，則母不能活矣。」維岳憫之，因謂曰：「他日朝制按問，第云轉運使令處茲罪。」卒如其言，獲免；維岳坐贖金百二十斤，罷使職，權知楚州。還戶部員外郎。代還，爲度支判官，轉本曹郎中，出爲兩浙轉運使，歷知懷州、滄州。

會考課京朝官，召還。屬眞宗以壽王尹京，精擇府僚，留爲開封府推官。或言維岳在淮南，決獄不平允，左右有知其事者辨之，太宗特加賞異。儲闈建，兼左諭德，轉太常少卿。京府事繁，維岳評處詳敏。有王陟爲司錄，眞宗亦稱其明幹。及踐祚，即命維岳與畢士安權知開封府，拜給事中、知審官院。維岳體肥年衰，艱於拜趨，陳乞外遷小州。上嘉其靜退，特授海州刺史。

咸平初，知蘇州。素病風，上以吳中多食魚蟹，乃徙壽州，仍命太醫馳療之。四年，卒，年七十六。贈兵部侍郎，官給其葬。大中祥符中，錄其孫世昌、獻之，並賜同學究出身。維岳明習吏事，有治劇才。在懷州，王欽若始舉進士，維岳知其貴；又善待陳彭年，自剌郡連奏爲通判，皆稱薦之。

王陟者，潞州上黨人。淳化三年舉進士，補嵐州團練推官。內侍羅懷嗣言其督運有勞，遷晉州觀察推官。至道初，度支判官李擇言薦爲著作佐郎、同判大名府，留知開封府司錄參軍。前司錄閻仲卿喜云爲，屢升殿奏事，眞宗尹京時頗不悅。及陟代之，以謹幹聞，尤被待遇。卽位，召賜緋魚袋，改著作郎、開封府推官，乘傳陝西，與轉運使督餽靈武芻糧。咸平初，遷太常博士，出爲河東轉運使，賜金紫。時趙保吉納款，屢遣與內侍張崇貴裁度邊事，正其經界，又副崇貴使夏州賜告命。代歸，會溫仲舒知貢舉，命陟與刑部員外郎董龜正同考試及封印卷首。俄改工部員外郎、知棣州。

五年，召歸，判三司鹽鐵勾院。初，上以京府之舊，頗隆眷遇，將加擢用。會有言其在貢部，舉子有納賄成名者，恃恩寵，希顯要，僦大第以居，事遂寢。六年，卒。上甚憫之，錄其子若拙爲奉禮郎，若谷爲太廟齋郎。後陟妻卒，又命給其子奉，使終喪制。若拙官國子博士。





張雍，德州安德縣人。治毛氏詩。開寶六年中第，釋褐東關尉。太平興國初，有薦其材者，召歸，改將作監丞、知南雄州。遷太子右贊善大夫、知開封府司錄參軍事，俄爲祕書丞，充推官。

京城民王元吉者，母劉早寡，有姦狀，爲姻族所知，憂悸成疾。又懼元吉告之，遂遣侍婢訴元吉寘堇食中以毒己，病將死。事下右軍巡按之，未得實；移左軍巡，推吏受劉賂掠治，元吉自誣伏。俄而劉死，府慮囚，元吉始以實對。又移付司錄，盡捕元推吏，稍見誣構之跡。且以逮捕者衆，又獄已累月未能決，府中懼其淹，列狀引見，詔免死決徒〔一〕。元吉大呼曰：「府中官吏悉受我賂，反使我受刑乎？」府不敢決，元吉歷陳所受賂主名，又令妻張擊登聞鼓訴之。上召張臨軒顧問，盡得其枉狀，立遣中使捕元推官吏，付御史鞫治。時滕中正爲中丞，雍妻父也，詔供奉官蔚進別鞫之。雍坐與知府劉保勳、判官李繼凝初慮問，元吉稱冤，徙左軍巡；雍戒吏止令鞫其毒母狀，致吏訊掠慘暴。上怒，雍及左右軍巡判官韓昭裔、宋廷煦悉坐免所居官，保勳、繼凝各奪一季奉，左右軍巡使殿直龐則、王榮並降爲殿前承旨。雍熙初，雍復爲祕書丞、御史臺推直官，改鹽鐵推官，遷右補闕，充判官。端拱初，轉工部郎中、判度支勾院。未幾，又爲鹽鐵判官兼判勾院。逾年，以本官兼侍御史知雜事。月餘，出爲淮南轉運使。淳化初，選爲太府少卿。二年，加右諫議大夫，徙兩浙轉運使，入知審刑院。三年，充戶部使，出知梓州。就命爲西川轉運使，俄復知梓州。

五年，蜀州青城民王小波、李順作亂，衆至萬人。雍訓練士卒，得城中兵三千餘人，又募彊勇千餘守城，輦綿州金帛以實帑藏。推官陳世卿治戎器，掌書記施謂、榷鹽院判官謝濤伐山木爲竿，銷銅鍾爲箭鏑，紐布爲索，守械悉備。遣推官盛梁請兵于朝。

未幾，益綿邛彭漢州、永康軍悉陷于賊。順入成都，僭號大蜀王，勢甚盛，遣其黨楊廣將十萬衆寇劍門，相里貴〔二〕帥衆十萬圍梓潼。雍與監軍盧斌登堞望之，賊所出兵，皆老弱疲憊，無鎧甲，斌笑請開北門擊之，雍曰：「不可，賊或詐見老弱，設伏伺我。」又城中吏民心未定，脫爲伏兵所突，則墮其姦計，非良策也。」言未畢，果有卒依敵樓呼嘯，與外應和，雍亟斬以徇。賊大設梯衝火車，晝夜鼓譟，攻城益急，城中大恐，雍命發機石碎之，火箭雜下。賊稍退，復治攻具城西北隅，雍紿曰：「軍士趣治裝，吾將開東門擊賊。」陽遣步騎五百臨東門。賊升牛頭山瞰城內，信然，伏精兵萬餘山之東隅以待我。雍卽召敢死士百輩縋而下，盡焚其攻具，自午達申殆盡，賊以爲神。凶黨數乘城進戰，皆不利。一日，北風晝晦，賊乘風縱火，急攻北門。雍與盧斌等領兵據門，立矢石間，固守不動，賊爲之少卻。長圍八十餘





日，會王繼恩遣石知顒來援，賊始潰去。遣施謂入奏，上手詔褒美，擢雍給事中，斌西京作坊使、領成州刺史〔三〕，世卿掌書記，謂節度判官，濤觀察推官。又以通判將作監丞趙賀爲太子中舍，監軍供奉官辛規爲內殿崇班。

至道二年，改工部侍郎。明年召歸，復知永興軍，轉禮部侍郎，改刑部，充度支使。咸平四年，遷鹽鐵使。上以雍齪齪小心，三司事重，宜有裁制，乃用王嗣宗代之。又以其無過，特拜戶部侍郎，復知審刑院，出知秦州，徙鳳翔府。

景德初，權知開封府事。上覽奏獄，京府囚二百餘人，以爲淹繫，遣給事中董儼、直昭文館韓國華同慮問，決遣之。三年，改兵部侍郎、同知審官院。明年，車駕朝陵，判留司尚書省，出知鄧州。大中祥符元年，請老，以尚書右丞致仕，告命未至而卒，年七十。

雍性鄙吝，蒞事勤恪，善爲米鹽苛察以肅下，恃其清幹，受遇於時，益矯厲以取名譽。所至藩鎭宴犒，率皆裁節；聚公錢爲羨餘，以輸官帑；集會賓佐，糲食而已。在三司置簿籍，有「椄前急」、「馬前急」、「急中急」之目，頗爲時論所誚。雍姿貌魯朴，始登科，爲滕中正壻，中正子錫、世寧咸笑之。中正曰：「此人異日必顯達壽考，非汝曹所及。」錫兄弟雖有名，然終不越郎署，亦無耆年者。子太沖，官殿中丞。

董儼字望之，河南洛陽人。太平興國三年進士，解褐大理評事、通判饒州，加著作佐郎。五年，授左拾遺、直史館。轉右補闕，充淮南西路轉運副使。會罷使，就命知光州。儼狂躁務進，不樂外郡，上書乞還京師。太宗怒，降爲祕書丞，削史館職，徙知忠州。復爲右補闕，俄復直史館。會併水陸發運爲一，儼與王繼昇同領其事，就轉刑部員外郎。

端拱初，進郎中、三司度支副使。坐翟馬周事，左授海州團練副使，移知泰州。踰年，以戶部員外郎知泉州，召爲京東轉運使。時三司改易制度，置三計使，因留拜右諫議大夫，充右計使。使罷，出知揚州，遷右諫議大夫。徙潭州，轉給事中，歷知廣岳洪三州、江陵府。景德中，歸朝。會開封府繫囚二百餘人，朝議以其稽滯，命儼與韓國華、張雍同慮問，裁決之。俄判吏部銓，加工部侍郎。時黃觀罷西川轉運歸闕，儼與知雜御史王濟姻家，因託濟言於觀，求薦己知益州。未幾，觀復領陝西轉運，得對便殿，儼謂其必薦己。他日，面陳：「自以孤直不爲權要所容，況黃觀庸淺無操持，恐爲執政所使，妄有論薦，俾臣遠適，惟陛下察之。」眞宗不之詰。數日，王濟得對，因述儼嘗有私託，且言：「儼性本矯詐，臣語觀不可許之。」眞宗不欲暴其事，乃出儼知靑州。儼復請對，言爲權臣所擠，上慰遣之，久而不去，乃謂之曰：「爾自告黃觀求知益州，復有何人排斥乎？」儼卽嬰然，且言：「觀、濟嘗議益



州須得臣往彈壓之。」上以其詞不類，因令條析以聞，復遣使陝西質問黃觀。觀具述儼託王濟求薦之事，且言儼素待臣非厚。初，淳化中，儼爲計使，觀爲判官。儼知觀不飲酒，一日聚食，親酌以勸觀，觀爲強飲之。有頃，都監趙贊召觀議事，觀卽往。贊曰：「飲酒耶？」觀以實對。翌日，儼與贊密奏觀嗜酒廢職，故觀因是及之。乃詔樞密直學士劉綜與御史雜治之，儼方引伏，坐責授山南東道節度行軍司馬，不署州事。

大中祥符初，會赦，起知郢州，病疽卒，年五十四。儼俊辯有才幹，不學無操行，所至厚納貨賂。嘗令引贊吏改製朱衣，每夕納儼第，而潛以輕帛製衣易之。在銓司，命胥吏市物，及請其直，則呵責之，其鄙屑如此。又廣畜姬媵，頗事豪侈。用傾狡圖位，終以是敗，士大夫醜之。東封恩，復其官。子仲容、仲宗，並爲太子中舍。兄偉至殿中丞致仕。

魏廷式字君憲，大名宗城人。少明法學。嘗客遊趙州，舍于監軍魏咸美之廨，廨有西堂，素凶，咸美知廷式有膽氣，命居之，卒無恙。來京師，咸美弟咸信延置館舍，以同宗善待之。太平興國五年中第，釋褐朗州法曹掾。轉運使李惟淸以其吏材奏，知桃源縣，遷將作監丞。端拱初，改著作佐郎、通判潁州。



淳化二年，始命李昌齡判審刑院，以廷式明練刑章，奏爲詳議官。屢進對，太宗悅其明辨，遷太子左贊善大夫。時初較廷臣殿最，命廷式與樞密都承旨趙鎔、李著同勾當三班，多所規制。越王生日，令持禮物賜之，超拜主客員外郎、判三司都勾院，換河南東道判官，改戶部員外郎、知利州。

李順爲盜，就命充陝西至益州路轉運使。後入奏事，太宗謂曰：「有事當白中書。」廷式曰：「臣三千七百里外乘驛而至，以機事上聞，願取斷宸衷，非爲宰相來也。」卽不時召對，問方略稱旨，賜錢五十萬，令還任。賊平，知寧州，未至，召入判大理寺。

至道初，乘傳河朔決獄，復出知宋、潭二州。湖南地土衍沃，民喜訟產，有根柢巧僞難辨者，廷式立裁之，吏民咸服。轉吏部員外郎、知桂州，歷工部郎中。眞宗卽位，改刑部。會王繼恩有罪下吏，命廷式同按之，踰宿而獄具。俄知審官院、通進銀臺封駁司，拜右諫議大夫、知審刑院，出知涇州。咸平二年卒，年四十九。錄其子攝太常寺太祝舜卿爲太祝，禹卿同學究出身。

廷式所至，以嚴明稱，剛果敢言，爲人主厚遇，然性傾險，喜中傷人，士君子憚其口而鄙其行。



盧琰字錫圭，淄州淄川人。父浚，右諫議大夫。琰，太平興國八年進士舉，解褐歷城主簿。歷大理評事、知安吉縣。三遷太常丞、通判幷州。至道中，就加太常博士。咸平二年，選爲開封府判官，與推官李防並命。眞宗謂宰相曰：「人之有材，難得盡知，但歷試而後可見。」占謝日，特升殿，諭以天府事繁愼選之意，仍賜緡錢。會獄空，有詔獎之。遷工部員外郎，爲河北轉運副使。

時北鄙未寧，調發軍儲，糧道不絕。以職務修舉，召入，遷秩刑部，賜金紫，復遣之任。會城祁州，命專董其役。契丹入邊，車駕幸澶州，琰自定州隨軍至大名，卽單騎赴行在。召對，勞問久之。其子士宗時爲隰州推官，特遷大理寺丞。契丹請和，琰上言領職六年，求歸闕，許之。以使勞，優拜吏部員外郎、判三司三勾院。會宋摶使契丹，命權戶部副使。時議東封，又權京東轉運使，往營頓置。加戶部郎中，復判三勾院。

大中祥符二年，以本官兼侍御史知雜事。數月，授三司度支副使。祀汾陰歲，命與鮑中和同判留守司三司，加吏部郎中，俄拜右諫議大夫、知永興軍府。五年，再爲河北轉運使。琰勤於吏職，所至以幹集聞。頗知命，嘗語親舊曰：「官五品，服三品，天不與者壽爾。」明年被疾，詔遣中使將太醫診視。六年，卒，年五十九。時琰母八十餘，無恙，上憫之，以士

宗爲太常博士，特命知懷州；又以次子祕書丞士倫爲太常博士，給祿終喪。士倫至工部郎中、度支副使，士宗自有傳。

宋摶字鵬舉，萊州掖人。治毛氏詩。開寶八年，宋準典貢部，得第，調補遂寧尉。歷濰州司理參軍，改白龍令。膳部員外郎鞠礪薦其能，遷右贊善大夫、知利豐監，徙知藤州。改殿中丞、通判洪州。復有薦者，召還，命提點河北西路刑獄，未行，改監左藏庫。遷國子博士、通判西京留守司，得對便坐，賜錢三十萬。久之，徙江南轉運使，就遷度支員外郎。眞宗嗣位，遷司封員外郎、河東轉運使。上言：「大通監冶鐵盈積，可備諸州軍數十年鼓鑄，願權罷採以紓民。」又請科諸州丁壯爲兵，以增戎備。在任凡十一年。河東接西北境，時邊事未息，屯師甚廣，摶經制漕運，以幹治稱。連他徙，州郡輒乞留，有詔褒飭。兩至夏州界部發居民，數詣闕奏事稱旨。屢以秩滿請代，朝議以摶善職，就加祠部郎中，賜金紫。嘗薦代州承受使臣王白，上以本置此職，止於視軍政、察邊事，摶不應保奏。因詔諸路，自今勿得舉承受使臣。景德四年，入判三司勾院，踰月，爲戶部副使。大中祥符初，進秩刑部郎中，俄使契丹，





會疾，契丹主以車迎之。二年，卒，年六十六。子可法至太子中舍，舜元登進士第。摶卒，舜元自鎬州判官改著作佐郎。又賜其孫出身。

凌策字子奇，宣州涇人。世給事州縣。策幼孤，獨厲志好學，宗族初不加禮，因決意渡江，與姚鉉同學於廬州。雍熙二年舉進士，起家廣安軍判官。改西川節度推官，以彊幹聞。淳化三年，就命爲光祿寺丞，簽書兩使判官。代還，拜左贊善大夫、通判定州，賜朱衣、銀章、御書曆，給以實奉。李順之亂，川峽選官多憚行，策自陳三莅蜀境，諳其民俗，即命知蜀州。又以巴西當益之衝道，徙綿州，加太常博士。

還朝，會命爲廣南西路轉運使，進屯田員外郎。入爲戶部判官，遷都官。先是，嶺南輸香藥，以郵置卒萬人，分鋪二百，負檐抵京師，且以煩役爲患。詔策規制之，策請陸運至南安，汎舟而北，止役卒八百，大省轉送之費。盧之翰任廣州，無廉稱，以策有幹名，拜職方員外郎、直史館，命代之，賜金紫。廣、英路自吉河趣板步二百里，當盛夏時瘴起，行旅死者十八九。策請由英州大源洞伐山開道，直抵曲江，人以爲便。代還，知靑州。東封，以供億之勤，超拜都官郎中，入判三司三勾院，出知揚州。屬江、淮歲儉，頗有盜賊，以策領淮南東路安撫使。駕旋，使停，進秩司封。時洪州水，知州李玄病，上與宰相歷選朝士，將徙策代之。上曰：「南昌水潦艱殆，長吏當便宜從事，不必稟於外計也。」王旦言：「策莅事和平，可寄方面，望即以江南轉運使授之，仍詔諭差選之意。」饒州産金，嘗禁商市鬻，或有論告，逮繫滿獄。策請縱民販市，官責其算，人甚便之。五年，召拜右諫議大夫、集賢殿學士、知益州。初，策登第，夢人以六印加劍上遺之，其後往劍外凡六任，時以爲異。策勤吏職，處事精審，所至有治迹。

九年，自蜀代還，上頗有意擢用，會已病，命知通進、銀臺司兼門下封駁事，糾察在京刑獄。眞宗嘗對王旦言：「策有才用，治蜀敏而有斷。」旦曰：「策性淳質和，臨事彊濟。」上深然之。是秋，拜給事中、權御史中丞。時榷茶之法弊甚，詔與翰林學士李迪、知雜御史呂夷簡同議經制，稍寬其舊。

明年疾甚，不能朝謁，累遣中使挾醫存問，賜名藥。復表求典益，尋遷工部侍郎，從其請。天禧二年三月，卒，年六十二。錄其子將作監主簿瓘、琬並爲奉禮郎，續給其奉。策兄簡，官國子博士，分司南京。





楊覃字中錫，漢太尉震之後。唐有京兆尹憑居履道坊，僕射於陵居新昌坊，刑部尚書汝士居靖恭坊，時稱「三楊」，皆爲盛門，而靖恭尤著。汝士弟虞卿、漢公、魯士皆顯名。虞卿至工部侍郎、京兆尹，生堪，爲太子少師。堪生承休，昭宗朝，以兵部員外郎使吳越，會楊行密據淮甸，絕其歸路，因留浙中。承休生巖，即覃祖也，署爲鎭海軍節度副使，奏領春州刺史。巖生郁，早卒。

覃少獻書於嗣王俶，俶私署著作佐郎，從俶歸朝，爲禹城尉。太平興國八年，舉進士擢第，授徐州觀察推官，改著作佐郎、知戎州。再遷太常博士，使陝西，擿逋負。覃本名蟫，至是，太宗爲改焉。淳化中，轉屯田員外郎、同判壽州。巡撫使潘愼修上其政績，有詔嘉奬，就命知州事。數月，召還，未上道，會丁內艱，州民列狀乞留，轉運使以聞，有詔奪情。

時田重進爲永興節度，選覃與林特同判軍府事，賜覃緋魚，仍賜御書曆，給以實奉。重進不法，覃事多抗執，重進頗不悅，形於辭色。覃表求徙任，不許，就轉都官員外郎。時討李繼遷，調發芻糧，覃、特皆以苛急促辦爲務。覃令鉗手，特令即械頸，雖衣冠舊族不免，人用怨嗟。改職方員外郎。

咸平初，遷屯田郎中、三門發運使。呂蒙正在河南，薦其材，詔入判三司磨勘、憑由、理欠司。四年春，旱，覃上言：「古之用刑，皆避三統之月，漢舊章斷獄報重，盡三冬之月。又唐

太宗凡斷重刑日，勑減膳徹樂。今春物方盛，時雨尙愆，輦轂之下，獄係甚繁。望詔有司，死罪未得論決，俟雨降，乃復常典。仍望自今凡決重刑日，依唐故事，以彰至仁之德。」嘗獻時務策五篇：一曰禦戎，二曰用兵，三曰爲政，四曰選賢，五曰刑罰。文多不載。

明年，權同知貢舉，出爲陝西轉運使，賜金紫。會邊臣言繼遷死，願乘此時深入致討。覃建議：「伐喪非禮，且其子尙在，當爲之備。請詔邊臣謹守疆候，毋得輕舉，俟其衆叛親離，則亡無日矣。」時西鄙屯兵，調役甚繁，副使朱台符務有爲，而覃務循舊，且言邊事不宜更張。初，寇準知青州，台符爲通判。至是，準作相，覃意台符憑恃僚舊，密以上聞。坐不協，徙知隨州。王超節制漢東，覃移唐州。

景德二年，召歸。屬河北兵革之後，命覃詣澶、濱、棣、德、博州巡撫振給之。出知潭州，王師討宜賊，軍須多出長沙，曹利用以聞，詔書褒勞，加刑部郎中。大中祥符二年，代馮亮爲淮南、江、浙、荊湖制置發運使。月餘，改太常少卿、直昭文館、知廣州。

覃勤於吏事，所至以幹濟稱。南海有蕃舶之利，前後牧守或致謗議，惟覃以廉著，遠人便之。加右諫議大夫。四年，卒，年五十四。遣其長子奉禮郎文友乘傳赴喪，詔本州護柩還其家，官給所費。錄其次子文敏爲揚州司士參軍。覃從弟蛻及從子侃、傅，並登進士第。蛻官司封員外郎，侃後名大雅，自有傳。



陳世卿字光遠，南劍人。雍熙二年，登進士第，解褐衡州推官。再調東川節度推官。會李順寇兩川，知州張雍以州兵馬爲數部，使官分領。世卿素善射，當城一面，親射中數百人。賊寖盛，同幕皆謀圖全計。世卿正色曰：「食君祿，當委身報國，奈何欲避難爲他圖耶？」亟出白雍曰：「此徒皆懦儒，存之適足惑衆，不若遣出求援。」雍從之。賊既引去，世卿適丁外艱，雍表其材，詔追出視事，就改掌書記。凡七年，歸朝，爲祕書郎，遷太常丞、知新安縣。或薦其堪任臺憲，卽召歸，會張鑑出知廣州，表爲通判。將行，召見，賜緋，加太常博士。

景德初，徙知建州。眞宗知其材幹，逾月，授福建轉運使，規畫南劍州安仁等銀場，歲增課羨，詔奬之。俄代姚鉉爲兩浙路轉運使，歷祠部員外郎，判三司三勾院。大中祥符四年，改度支員外郎，出爲荊湖北路轉運使。屬澧州慈利縣下溪等四州蠻人侵縣境地四百餘里，朝命世卿與閤門祗候史方、知澧州劉仁霸同領兵討之，遂還所侵地，標正經界，取其要領，又令納所掠漢口千餘，復置澧川、武口等砦以控制之，自是平定，有詔嘉奬。還朝，屢述溪洞利害，召對，眞宗器其材，復自言願效用於煩劇。會邵曄知廣州，被疾，乃授世卿祕書少監代之，加賜金紫。郡有計口買鹽之制，人多不便；至，卽奏除之。九年，卒，年六十



四。錄其子南安主簿儼爲太祝。

李若拙字藏用，京兆萬年人。父光贊，貝、冀觀察判官。若拙初以蔭補太廟齋郎，復舉拔萃，授大名府戶曹參軍。時符彥卿在鎭，光贊居幕下，若拙得以就養。俄又舉進士，王祐典貢舉，擢上第，授密州防禦推官。登賢良方正直言極諫科，太祖嘉其敏贍，改著作佐郎。故事，制策中選者除拾遺、補闕。若拙以恩例不及，上書自陳，執政惡之，出監商州阬冶。遷太子左贊善大夫，以官稱與父名同，辭，不許。太平興國二年，知乾州，會李飛雄詐乘驛稱詔使，事敗伏法。太宗以若拙與飛雄父若愚連名，疑其昆弟，命殿直盧令珣卽捕繫州獄，乃與若愚同宗，通家非親，不知其謀，猶坐削籍流海島。歲餘，起授衞尉寺丞、知隴州。

四年，復舊官。以政聞，超授監察御史、通判泰州。同帥宋偓年老政弛，又徙若拙通判焉。未幾，御史中丞滕中正薦之，召歸臺。頃之，改右補闕。時諸王出閤，若拙獻頌稱旨，召見，賜緋魚，同勾當河東轉運兼雲、應等八州事。嘗詣闕言邊事，太宗嘉之。又同掌水陸發運司。

雍熙三年，假祕書監使交州。先是，黎桓制度踰僭。若拙既入境，卽遣左右戒以臣禮，



繇是桓聽命，拜詔盡恭。燕饗日，以奇貨異物列于前，若拙一不留眄。取先陷蠻使鄧君辯以歸，禮幣外，不受其私覿。使還，上謂其不辱命。遷起居舍人，充鹽鐵判官。

淳化二年，出爲兩浙轉運使。契丹寇邊，改職方員外郎，徙河北路，賜金紫。五年，直昭文館，遷主客郎中、江南轉運使。若拙質狀魁偉，尙氣有幹才，然臨事太緩。宰相以爲言，罷使知涇州。至道二年，黎桓復侵南鄙，又詔若拙充使，至，則桓復稟命。使還，眞宗嗣位，召見慰問，進秩金部郎中。召試學士院，改兵部郎中，充史館修撰，俄知制誥。咸平初，同知貢舉，被疾，改右諫議大夫。車駕北巡，判留司御史臺。明年，使河朔按邊事，知昇、貝二州。四年，卒，年五十八。子繹。

繹字縱之，幼謹願自修。初，以父使交阯有勞，補太廟齋郎，改太常寺太祝。舉進士中第，除將作監丞。累遷尙書屯田員外郎、知華州。蒲城民李蘊訴人盜其從子亡去，繹問曰：「若有仇耶？」曰：「無有。」曰：「有失亡邪？」曰：「無有。」繹揮蘊去，因密刺蘊。蘊有陰罪，姪覺之，懼事暴，殺之以滅口。遂收蘊致法。擢提點河北刑獄，權知貝州。歲旱，繹爲酒務，市民薪草溢常數，餓者皆以樵採自給，得不死，官入亦數倍。邊民歲輸防城火牛草十餘萬，委積久，輒腐敗，繹奏罷之。三遷本曹郎中，爲利州路轉運使。

河北經費不支，仁宗問誰可任者，參知政事薛奎薦繹，遂徙河北。進刑部郎中、直史館、知延州，改兵部，爲江、淮制置發運使。內出絹五十萬匹，責貿於東南。繹曰：「百姓飢，不宜重擾。」輒奏罷之。甫半年，漕課視常歲增五之一。遷太常少卿，再知延州。繹所至頗稱治，自以久宦在外，意不自得，作五知先生傳，謂知時、知難、知命、知退、知足也。嘗兩知鳳翔府，至是，又徙鳳翔。尋爲右諫議大夫，卒。

陳知微字希顏，高郵人。咸平五年，進士甲科，解褐將作監丞、通判歙州。擢爲著作佐郎、直史館，俄充三司戶部判官。奉使契丹，遷太常博士、判三司都磨勘司，再爲戶部判官，出爲京東轉運副使，奏還東平監所侵民田六百八十家。又決古廣濟河通運路，罷夾黃河歲減夫役數萬計。

遷右司諫，徙荊湖南路轉運使。召還，拜比部員外郎、知制誥。淮南饑，遣知微巡撫，所至按視儲糧，察諸官吏能否。使還，判吏部銓，兼刑部。知微詞藻雖無奇采，而平雅適用。一日，進改羣官，除目紛委，適當知微次直，思亦敏速。又判司農寺，糾察在京刑獄。天禧二年，加玉清昭應宮判官，俄以疾聞，眞宗遣中貴挾太醫往視之。卒，年五十。錄其子





舜卿爲太常寺奉禮郎，給奉終喪，又假官船載其柩還鄉里。

知微儀狀甚偉，沉厚有材幹，不務皦察，時人許其處劇，惜其母老不克終養。有集三十卷。子堯卿，大中祥符五年，進士及第。

論曰：維岳明習吏事，才足以治劇，而能曲全法掾，其仁恕藹然。雍雖素稱鄙吝，而勤恪清幹，觀其捍守，亦可見矣。儼務進瀆貨，廷式傾險忌刻，自不容於清議。若琰、搏經制漕運有方，策之處事精詳，治迹昭著，覃之律身廉潔，兼勤吏事，世卿之安遠，若拙之專對，皆爲時論所許。繹以謹愿，克世其家，知微敦實有材幹，不辱其職，亦可尙也。至若王陟以謹幹稱，而取士以謗致汙，惜哉！

校勘記

〔一〕詔免死決徒　「徒」原作「徙」，據本書卷二〇〇刑法志、宋會要刑法五之二改。

〔二〕相里貴　本書卷三〇八盧斌傳同；長編卷三六、長編紀事本末卷一三都作「相貴」。

〔三〕成州刺史　「成州」原作「誠州」，據本書卷五太宗紀、長編卷三六改。

# 宋史卷三百八

## 列傳第六十七

上官正　盧斌　周審玉　裴濟　李繼宣　張旦　張煦　張佶

上官正字常淸，開封人。少舉三傳，後爲鄜州攝官。雍熙中，召授殿前承旨，屢遣鞫獄，遷供奉官、閤門祗候、天雄監軍。淳化中，轉作坊副使、劍門都監。李順之亂，分其黨趨劍門，時疲兵數百人，正奮勵士氣以禦之。會成都監軍宿翰領兵援劍門，與正兵合，因迎擊，大破賊數千衆，斬馘殆盡。奏至，太宗嘉之，詔書奬飭，並賜襲衣、金帶，超正爲六宅使、劍州刺史、充劍門部署，翰自供奉官擢崇儀使、領昭州刺史。數月，正被疾，請尋醫，至闕。疾愈，入對，上勞問久之，復遣還任所，賜以金丹、良藥、衣帶、白金千兩、馬三匹，授以方略，令招撫殘孽，慰勉遣之。





初，川賊甚盛，朝議深以棧路爲憂，正以孤軍力戰挫賊鋒，自是閣道無壅，王師得以長驅而入。賊衆三百餘，敗歸成都，順怒其驚衆，盡斬之，然自此沮氣矣。後賊既誅，餘寇匿山谷，恃險結集，剽刼爲患。王繼恩百計召誘不至，正諭以朝廷恩信，皆相率出降。未幾，加峯州團練使，與雷有終並爲西川招安使，代王繼恩。

正木彊好凌人，自謂平賊有勞，受人主知，無所顧忌。數面攻兩川官吏之短而暴揚之，衆積怨怒，多上章訴其不法者。太宗謂近臣曰：「人臣可任用者，朕常欲保全。正婞直而失於謙和，每謗書至，朕雖力與明辯，然衆怒難犯，恐其不能自全。」乃賜手札戒諭曰：「言者，君子之樞機，樞機之發，榮辱之主，不可不愼也。夫遇事輒發，悔不可及。儻自恃無瑕，而好面攻人之短，豈謂喜怒不形於色耶？當以和輯遠民爲念，斯盡善矣。」正上表謝。

眞宗卽位，改莊宅使。是秋，廣武叛卒劉旴嘯聚數千輩，逐都巡檢使韓景祐，略漢蜀邛州、懷安永康軍。正與鈐轄馬知節領兵趨新津，抵方井，擊敗之，斬旴，平其黨。遷南作坊使，賜錦袍、金帶。咸平初，召還，擢拜東上閤門使、勾當軍頭引見司，俄權戶部使。二年，出知滄州，徙高陽關副都部署，眞拜洺州團練使。車駕北巡，以爲行營先鋒鈐轄。

尋知青州，未行，會王均叛蜀，命爲峽路都鈐轄，移知梓州。又歷滄、瀛、鎭、貝四州，高陽關部署。以足疾，求知磁州，手詔慰勉。會邢州地震，民居不安，徙正典之。移潞州。景

德中，以河北新經兵革，愼擇守臣，以正知貝州，遷洛州防禦使，復知滄州，移同州。再表引年，授左龍武軍大將軍、平州防禦使，分司西京。尋以本官致仕，賜全奉，仍以見緡給之。四年，卒，年七十五。子璨至內殿崇班。

盧斌，開封人。以筆札事晉邸，太宗卽位，補殿直。雍熙中，領兵屯霸州。會大舉北伐，令以五千騎隨曹彬抵祁溝。時契丹據河，王師乏水，斌請以千弩斫砦，契丹遁去，遂移軍夾河。既克涿州，令斌以萬人戍守，會食盡，大兵將還，斌因懇言：「涿州深在北境，外無援兵，內無資糧，丁籍殘失，守之無利。今若還師，必須結陣而去，以一陣之役，比於固守，其利百矣。」復慮遼人乘便剽襲，宜爲之備。彬以爲然，遂令斌擁城中老幼，並狼山南還易州。彬之旋也，無復行伍，果爲契丹所乘。諸將皆以失律被譴，斌亦下樞密院問狀，太宗聞其嘗建議棄涿州，遂釋不問。以爲霸州破虜軍緣邊巡檢。

端拱中，又爲永興軍、華州巡檢。時大賊侯和尙、劉渥劫興平、櫟陽，殺捕賊官二人。斌率兵掩襲，且追且鬥，薄南山，渡渭水，抵鳳翔，復至耀州，擒斬並盡。以勞，改供奉官。召還，面加獎慰，授閤門祗候，又賜白金、緡錢、衣帶。尋爲梓、遂十二州都巡檢使，太宗諭





之曰：「川峽人情易搖，設有寇攘，雖他境亦當襲逐，仍許便宜從事，不須中覆。」淳化二年，賊任誘等寇昌、合州。斌率兵頓昌州南牛門山，偵知賊在龍水鎭，値大雨，斌馳馬四十里，騎從數十人，遂斬誘等百餘級，賊衆悉平。

三年，富順監蠻掠榮州，斌晨夜倍道以赴，得州兵千人，畧隨軍糧料以張其勢。蠻乃遁，追至地頭鎭東南八十里，樹柵，招其酋甫光一阿奴綱，諭以朝旨，歃血刻石爲盟而遣之。俄而榮戎資州、富順監賊十五隊鈔鄉邑，斌擒三百人，部送闕下，餘悉臨敵斬戮。

四年，賊王盡復起榮、資，斌擊滅之，盡縛以獻。遷內殿崇班。是冬，李順爲亂，斌卽率兵六百抵成都，鬥戰連月，殺數萬人。明年，成都不守，斌還梓州，集十州兵赴援，知州張雍委以監護之任。會江水汎溢，毀子城。斌勸諭州民，翌日，畚鍤大集，自城西大濠中掘塹深丈，決西河水，注之以環城。二月，賊渠相里貴衆二十一萬傅城下，城中兵裁三千。斌曰：「軍法倍兵不戰，然狂醜烏合，非訓練之師，以吾仗天子威靈，必可殲蕩。」卽感厲士伍，負土塞南北門，爲固守之計。又突出與賊戰，擊刺三十餘合，賊稍却。俄復大設機石、連弩、衝車、雲梯，四面鼓譟乘城，矢石亂下，斌與州將隨機設備。長圍八十日，會王繼恩令石知顒率兵來援，斌出東門迎勞王師，賊不戰而潰。斌乘勝追斬及納降二萬餘。五月，賊數萬圍閬州，斌領千兵赴之，斬首五千，圍遂解。又至蓬州老鴉山，賊衆三千爲陣拒斌，斌擊敗之，

乘城下，賊復大集，斬三千級。蓬州平，斌傳詔安撫蓬、閬、渠、達四州，擢授西京作坊使，領成州刺史〔一〕。

斌在川峽六年，以孤軍禦寇，累立戰功，表求入奏。太宗遣使諭之曰：「俟妖孽盡殄，當召汝。」既而賊黨集梓、緜、漢三州境上，斌往平之。未幾，代還，太宗親加勞問。拜東上閤門使、檢校左僕射，加食邑三百戶，賜白金千兩、袍笏、金帶。上言：「葭萌路出師討賊，可直入利州。若寇焚棧道，劍門之險不足固也，請置砦柵。」從之。

尋命爲銀、夏兵馬鈐轄，遣與李繼隆等五路出師討李繼遷。斌求對，懇言曰：「羌夷之族，馬驕兵悍，往來無定，敗則走他境，疾戰沙漠，非天兵所利。不若堅保靈州，於內地多積芻糧，以師援送。苟其至也，會兵首尾擊之，庶幾無枉費，而不失固圉之策矣。」時業已出師，不從其議。改授靈環路鈐轄，領兵二萬爲前鋒，令於烏、白池與諸軍會。斌謂李繼隆曰：「靈州抵烏、白池，月餘方至。若白環州橐駝路，裁十日程。」卽不俟詔而往，與諸將失期，不見賊而還。俄徙屯寧州，以疾召歸，勾當軍頭引見司。咸平初，卒，年五十。子文質殿中丞。





周審玉，開封人。父勳，以親校事唐明宗，累立戰功，太平興國中，至隰州團練使。周顯德初，審玉蔭補殿直，從世宗平瓦橋關，甚見親信。太祖受禪，爲供奉官，未幾，加閤門祗候。累遷崇儀、洛苑副使，西京作坊使。雍熙中，契丹犯塞，潘美屯師定州，審玉爲監軍。嘗與敵戰，而先鋒劉緒陷賊，審玉躍馬趣擊，拔緒而還，以勇敢聞。

淳化中，知貝州。有驍捷卒戍州者三十七人，同謀殺審玉，刼庫兵而叛，推虞候趙咸雍爲首。審玉覺之，與轉運使王嗣宗率兵悉擒其黨，斬十五級，磔咸雍於市。先是，咸雍父鏻，晉天福中，嘗誘契丹屠州城。至是五十年，而其子戮於都市，舊老猶記其事，咸異之。審玉以功領順州刺史。

至道初，徙幷州鈐轄。咸平初，知鳳翔府。有桑門乘傳而西，以市木爲名，威動府縣。審玉曰：「此有所倚而爲也。」因按詰之，盡得其姦狀，杖其背，械送闕下。以目疾，代還，奉朝請，俄丁內艱。既而謂親友曰：「僕齒髮遲暮，而未能辭祿仕者，良以慰母心爾，今可行其志矣。」乃拜章請老，得千牛衞大將軍致仕。三年，卒，年七十四。審玉晚年，好讀神農本草，留意方術。少長兵間，習知攻守之法。眞宗嘗召至便坐，示以攻戰器。方奏對，疾作，詔遣使就第，賜白金慰恤之。子允迪，爲虞部員外郎。

裴濟字仲溥，絳州聞喜人。唐相耀卿八世孫，後徙家河中。濟少事晉邸，同輩有恔悍者，濟屢糾其過失，被譖，出補太康鎮將。未幾，譖濟者坐法。太宗知濟可任，會即位，補殿直，爲天威軍兵馬監押。及平太原，征幽薊，濟迎謁陪扈，令監軍易州，契丹攻城不能下。以勞，遷西頭供奉官。

太平興國末，江表盜起，命爲巡檢，遷崇儀副使。召還，遷崇儀使。監戍兵於威虜軍，塗次鎮州，夜有賊騎扣城門，大呼曰：「官軍至矣。」州將然之，促守吏開關，濟遽止之曰：「此必妄也。」及旦，果有敵兵遯去。太宗嘉之，遷西上閤門使、定州都監，就加行營鈐轄，尋知定州。契丹三萬騎來攻，濟逆擊於徐河，斬數千級，獲牛馬、鎧仗甚衆。

淳化初，與周瑩同判四方館，未幾，爲鎮州行營鈐轄。又與李繼隆擊賊於唐河，濟短兵陷陣，賊大敗走，優詔褒美。初，繼隆以濟性剛，不悅之；及是役，撫濟恨相知之晚。改四方館使，復知定州，徙天雄軍鈐轄。遷客省使，復知定州。

至道二年，改內客省使、知鎮州。立春日，出土牛以祭，酌奠始畢，有卒挾牛去。濟察其舉止，知欲爲變，亟命擒之，果有竊發者數十人，已刼鄽閈矣，悉蒐捕腰斬之，軍民肅然。濟在鎮、定凡十五年，威績甚著。召還，知天雄軍。





咸平初，李繼遷叛，以濟領順州團練使、知靈州兼都部署。至州二年，謀緝八鎮，興屯田之利，民甚賴之。其年，清遠軍陷，夏人大集，斷饟道，孤軍絕援，濟刺指血染奏，求救甚急，兵不至，城陷，死之。上聞嗟悼，特贈鎮江軍節度。三子並優進秩。濟在諸使中甚有聲望，及沒，夏人皆惜之。景德中，濟妻永泰郡君景氏卒，特詔追封平陽郡夫人，諸子給奉終喪。

子德谷虞部郎中，德基至如京使，德豐殿中丞。濟兄麗澤，弟麗正，並進士及第。麗澤至右補闕，麗正至金部員外郎。麗正子德輿，爲殿中丞。

李繼宣，開封浚儀人。乾德中，補右班殿直，令與御帶更直，裁十七歲。嘗命往陝州捕虎，殺二十餘，生致二虎、一豹以獻。太平興國初，掌南作坊使，改供奉官，出爲邢、寧、慶三州巡檢、都監。繼宣本名繼隆，與明德皇后兄同姓名。至是，太宗爲改焉。

五年，召還，承受定州路奏事。奉詔修長城口、平塞威虜靜戎軍、保州，又領兵入敵境，獲老幼千餘，牛畜數百。又率兵扞契丹于乾寧泥姑海口。契丹寇靜戎軍，從崔彥進過拒馬河接戰，自午至申，大敗之。又爲貝州監軍。

雍熙三年，曹彬北征，繼宣從先鋒李繼隆至方城，力戰三日，大軍繼至，遂克固州。進壁涿州東，又與敵鬭，乘勝攻北門，克之。日領輕騎度涿河，覘敵勢，又將五千騎援米信，因率勁騎追至新城北，大敗之，斬其酋賀恩相公，繼宣亦中流矢。大軍還雄州取芻糧，遇契丹新城，疾戰至暮，繼宣中十創，劍及兜鍪。明日復戰，繼隆爲敵所邀，繼宣以所部拔之，且戰且行，奪涿河，數口，乃至涿州。及棄州保岐溝關，又戰拒馬上，追奔至孤山，契丹乃引去。留屯滿城，俄還貝州。

召入，以功超授崇儀使，代王繼恩爲易州駐泊都監，賜錢五十萬，白金五百兩。又領騎兵五千戍北平，押大陣東偏，受田重進節度，屯長城口。敵至大溝，繼宣進滿城。敵至定州，奪唐河橋，重進召繼宣洎田紹斌赴援，紹斌爲敵所敗，繼宣獨按部轉鬭入定州。敵兵北去，重進命將五千騎躡其後，抵拒馬河。及敵據楊疃，繼宣徑掩擊之，遂焚廬舍而遁。

雍熙四年，爲高陽關行營都監。端拱初，契丹騎至瀛、鎮，繼宣率步騎萬人入敵境，抵勝務，焚聚落，獲生口，契丹乃引還。時易州候騎不至，繼宣於易州、平塞軍、長城口、威虜靜戎順安軍至高陽，爲望櫓七所，舉烽以候警急。二年，爲鎮、定、高陽關三路排陣都監，押大陣西偏。與李繼隆部芻糧抵威虜，還度徐河，爲敵追襲。繼宣駐軍輿門，殺獲甚衆。又領騎二千，敗契丹於保州西射城，追薄西山，有詔褒美。





淳化三年，徙知保州，又轉莊宅使。築關城，浚外濠，葺營舍千五百區；造船二百艘，入雞距泉以運糧，人咸便之。數月，徙定州行營都監，戍深州，改高陽關行營都監。課軍中勁弩，爲入陣之備。五年，領高州刺史。會契丹泛海刼千乘縣，繼宣請於海口置砦以禦之。

至道三年，遷北作坊使，俄召還，加南作坊使，出爲鎮州行營鈐轄。契丹寇定州，命主無地分馬。敵至懷德橋，繼宣領兵三千掩襲之。至，則契丹已壞橋，繼宣橫木而度，追奔五十餘里。契丹焚鎮州中渡、常山二橋，繼宣領兵趣之，契丹保豐隆山砦，繼宣伐木治常山橋，契丹聞之，大懼，拔砦遁走。

繼宣銳於追襲，傅潛爲部署，繼宣詣潛請行，頗爲所抑。及召潛屬吏，詔繼宣與高瓊同主軍事，逐敵越拒馬河，復爲鎮州鈐轄。受詔按視緣邊城砦，權知威虜軍，敵騎至城下，屢出兵設伏，斬獲甚衆。俄還鎮州。

咸平四年，拜西上閤門使，領康州刺史，爲前陣鈐轄，與秦翰、楊延昭、楊嗣分屯靜戎、威虜。敵至，會師于威虜，延昭、嗣輕騎先赴羊山，繼宣與翰分左右隊各整所部，翰全軍亦往，繼宣留壁赤虜，止以二騎繼進。至，則延昭、嗣適爲敵所乘。繼宣即召赤虜之師，與翰師合勢大戰，敵走上羊山。繼宣逐之，環山麓至其陰。繼宣馬連中矢斃，凡三易騎，進至牟山谷，大克捷。延昭、嗣、翰之師，初頓赤虜，既而退保威虜，繼宣以所部獨與敵角，薄暮，始至威虜。詔書稱獎，特加檢校官及食邑。

明年，徙定州鈐轄，扞契丹于唐河。會緣邊都巡檢使楊延昭、楊嗣禦敵師敗，詔繼宣與內殿崇班王汀代之。望都之敗，敵騎剽郡縣，繼宣壁徐河，契丹數十隊薄威虜，威虜魏能與戰，走之，久而繼宣始至。又寇靜戎，汀請分兵自將襲契丹，繼宣拒之，雖日出遊騎偵敵勢，屢徙砦而未嘗出戰。爲能、汀所發，召還，令樞密院問狀，降爲如京副使。

景德初，加如京使、鎭州鈐轄。契丹乘秋來攻，時桑贊病足，鄭誠赴定州，繼宣獨主鎭州全師，屢屯邢、趙。及與契丹和，命爲高陽關鈐轄。是冬，復爲西上閤門使，領康州刺史。三年，兼知瀛州。繼宣罕識字，上以河間郡事繁，慮獄訟有枉，命高繼勳代之，止爲鈐轄。大中祥符初，徙鎭、定兩路鈐轄，進秩東上閤門使。召還，改鄆州部署，加四方館使。以疾，授西京水南都巡檢使，每夕罕巡警，爲留司所舉，特詔增巡檢一員，專主夜巡。六年，疾甚，求至京師尋醫，卒，年六十四。子守忠，左侍禁、閤門祗候。

張旦，趙州人。勇敢善射，以經學中第，至國子博士。淳化中，知陵州。時李順構亂，





遶下城邑。賊黨數萬攻陵州，州兵不滿三百，舊不設城塹。旦修完戰具，置鹿角砦，驅市人進戰，大敗之，殺五千餘人，獲器械萬計。詔書襃之，特遷水部員外郎，賜緋魚，由是知名。數月，西川招安使上官正言：「雅州密邇蠻蜑，在於鎭撫須得其人，伏見水部員外郎張旦，前守陵州，以孤軍抗羣寇，保全壁壘，至今劍外伏其威名。望改授諸司使，令知州事。」上以省郎之重，不欲換他職，乃授刑部員外郎，賜金紫。乘傳之任，寇不敢犯。眞宗卽位，遷兵部員外郎，改尙食使、知德淸軍。景德中，契丹入寇，陷軍壁。旦與其子利涉率衆奮擊，並戰沒。上聞之驚悼，特贈左衞大將軍、深州團練使，利涉崇儀副使。錄其四子官。時有上封事者，言朝廷宜優加恩典，以勸忠臣。詔以恤旦事告諭天下。

又虎翼都虞候胡福戍軍城，率兵力戰，金創徧體，猶奮劍轉鬬，矢無虛發，麾下已盡，獨挺刃殺數十人。副指揮使尙祚能逞大檛，所斬首拉脅者，亦百餘人，衆寡不敵，遂與指揮使張睿劉福、都頭輔能等四人並死之。眞宗嘉歎其忠勇，遣使訪遺骸，唯得福尸，命其子厚葬之。贈福洺州團練使，祚濱州刺史，睿演州刺史，劉福臨州刺史，能等並爲諸衞率府副率。

又邯鄲令李晦辭赴任，値道梗，留德淸同拒敵；侍禁夏承皓部兵至大名界遇敵，皆戰沒。贈晦辭工部員外郎，承皓崇儀使。

時又贈受事河朔而沒者，殿直劉超供備庫使，入內高班內品李知順爲六宅副使，奉職胡度等三人爲內殿崇班，仍各錄其子，及賜其家金帛。

張煦字輔暘，開封人。開寶末，補府中牙職。雍熙二年，自陳太宗尹京嘗事左右，命爲殿前承旨，遷殿直、欽州監軍。兇人黃行達弟坐法抵死，行達誣州將故入其罪，詔宣州通判姚鉉與煦鞫之，卽日決遣。還擢供奉官、閤門祗候。占謝日，又改內殿崇班、鎭定邢趙山西十門路都巡檢使。契丹騎兵剽境上，煦以所部斬首數十，走之。葛霸、周瑩、李繼宣稱其幹舉，有詔嘉獎。代還，拜供備庫副使，權知環州。數月，改嵐軍使，又知保安軍。咸平中，王均亂蜀，以煦爲綿、漢、劍門路都巡檢使。又與雷有終進攻成都，煦主東砦，焚其郛及樓堞，均突圍而遁。賊平，以功就遷正使，徙益州都監，與知州宋太初同提總本路諸軍事。有戰艦卒將謀擾動，煦卽日斬之。

夏人寇邊，改涇原儀渭都鈐轄。又爲邠寧環慶路鈐轄兼巡檢、安撫都監，累蹋寇入賊中，掩殺甚衆，有詔嘉獎。會遣王超、張凝、秦翰援靈武，命煦爲西路行營都監。至鎭戎，聞靈武已陷，復還本任。與張凝入西夏境，出白豹鎭，至柔遠川，夏人七百餘邀戰，煦與慶州





監軍張綸擊殺甚衆。淸遠故城有酋長，請以甲騎三萬來降。煦語凝曰：「此詐也。」亟嚴兵以待之，果然。凝按部歸環州，道爲敵所邀。煦聞之，領所部銳兵自慶州赴之，一昔與凝會，射殺其大將，與凝同還。

景德元年，加領賀州刺史，復爲涇原儀渭鎭戎軍鈐轄，再知環州。四年，宜州戍卒陳進反，命副曹利用爲廣東西路安撫使。賊衆擁判官宜州盧均，僭號南平王，圍象州，煦以兵會利用斬之。初與利用同署紙，人持百枚，備給立功將士。及破賊，利用在前軍無所給，煦在後而所給過半，眞宗謂其太過。賊平，改如京使，知懷州。東封歲，權河陽鈐轄，遷文思使、知曹州。會江、淮災歉，分命大藩長吏綏撫，以煦爲江南西路安撫都監。俄還濟陰，加北作坊使，又徙滄州，就轉宮苑使，領康州刺史。大中祥符九年，加領昭州團練使、知鄆州。未幾，復知滄州。天禧三年，拜西上閤門使，徙幷代鈐轄。以老疾求近郡，得知磁州。四年，卒，年七十三。煦明術數，善相宅，時稱其妙。

張佶字仲雅，本燕人，後徙華州渭南。初名志言，後改焉。父昉，殿中少監。佶少有志節，始用蔭補殿前承旨，以習儒業，獻文求試，換國子監丞。遷著作佐郎、監三白渠、知涇陽

縣。端拱初，爲太子右贊善大夫。曹州民有被誣殺人者，詔往按之，發擿姦伏，寃人得雪。尋通判忻州，遷殿中丞，兼御河督運。

至道中，通判陝州，再部送芻糧赴靈武，就改國子博士。咸平初，擢爲陝西轉運副使，賜緋魚。至延安，遇夏人入寇，親督兵擊敗之。三年，徙西川轉運副使。時詔討王均，以餽餉之勞，遷虞部員外郎。賊平，分川峽爲四路，以佶爲利州路轉運使。有薦其武幹者，召還，授如京使、涇原鈐轄兼知鎭戎軍。徙麟府路鈐轄，夏人來寇，佶率兵與戰，親射殺酋帥，俘獲甚衆，餘黨遁去。詔書褒之，賜錦袍、金帶。景德中，徙益州鈐轄，加宜州刺史，遷文思使。佶御軍撫民，甚有威惠，蜀人久猶懷之。

大中祥符四年，車駕祀汾陰，以爲西京舊城巡檢、鈐轄。禮成，加授北作坊使，充趙德明官告使。又爲鄜延鈐轄。會秦州李濬暴卒，上語近臣曰：「天水邊要，宜速得人。」馬知節稱佶可任，上然之，遂改左騏驥使，就命知秦州。至州，置四門砦，開拓疆境，邊部頗怨。又臨渭置采木場，戎人不之爭，移帳而去。佶不甚存撫，亦不奏加賚賜，邊人追悔，引衆劫掠，佶深入掩擊，敗走之。議者又欲加恩宗哥、立遵等族，以扼平夏，佶請拒絕之，事具吐蕃傳。朝廷始務寧邊，以佶輕信易事，徙邠寧路鈐轄。天禧初，召爲契丹國信副使，再任邠寧，兼知邠州，遷宮苑使。未逾月，擢拜西上閤門使，復爲涇原鈐轄。四年，卒，年六十九。



佶涉獵書史，好吟詠，勇敢善射，有方略，其總戎護塞，以威名自任。子宗象，兵部員外郎、直史館、度支判官。



論曰：自古盛德之世，未嘗無邊圉之患，要在得果毅之臣以扞禦之。昔人有言「誰能去兵」，漢祖亦云「安得猛士」，蓋爲此也。李順叛蜀，攻陷郡邑，正扞劍門，斌守梓潼，其績最多。契丹入寇，審玉、繼宣，拔陷將於重圍之中，固有餘勇，佶、煦宣力西南，勤幹威惠，亦皆可取。濟、旦以孤城扞強寇，援絕戰死，一代死事之表表者，其可泯諸。

校勘記

〔一〕領成州刺史　「成州」原作「誠州」，誤。參考本書卷三〇七校記〔三〕改。

# 宋史卷三百九

## 列傳第六十八

王延德　常延信　程德玄　王延德　魏震　張質　楊允恭

秦羲　謝德權　閻日新　靳懷德

王延德，開封東明人。曾祖芝，濮陽令。祖璋，相州錄事參軍。父溫。晉末契丹內寇，溫率鄉豪捍蔽境內，里人德之。宣祖掌畿甸兵，與溫厚善，延德方總角，宣祖愛其謹重，召置左右。太宗尹京，署爲親校，專主庖膳，尤被倚信。

太平興國初，授御廚副使，數月，遷正使。從征太原，未幾，加尚食使，賜浚儀縣壽昌坊宅一區。俄領薊州刺史，兼掌武德司，改皇城使，掌御輦院、左藏庫。延德所領凡五印，因對懇讓，遂罷左藏、御廚。八年，兼充親王諸宮使。延德素謹慎，以舊恩，每延訪外事。端拱初，領本州團練使。淳化中，當進秩，延德與王繼恩、杜彥鈞使額已極，特置昭宣使，以延德等爲之。至道二年，加領平州防禦使。



眞宗嗣位，改領懷州。永熙復土，提點緣路供頓。咸平初，出知華州，占謝日，面請罷昭宣使，從之。實以禦侮正秩，奉給優厚故也。上幸大名，爲東京舊城都巡檢使。明年，以風痺請告，遣還本郡，是冬卒，年六十四。贈邕州觀察使。

延德所至，好撰集近事。掌御廚則爲司膳錄，掌皇城司則爲皇城紀事錄，從郊祀爲行宮使則爲南郊錄，奉詔修內則爲版築記，從靈駕則爲永熙皇堂錄、山陵提轄諸司記，及治郡則爲下車奏報錄。先是，詔史官修太祖、太宗實錄，多以國初事訪延德，又上太宗南宮事迹三卷。子應昌，莊宅使、端州團練使。



常延信，并州平晉人。祖思，仕周歷昭義、歸德、平盧三鎭節度，延信皆補牙職，領和州刺史。思卒，入爲六宅使，領郡如故。

建隆初，改領平州，坐與妻族相訟，左授右監門衞副率，領護滑州黃河隄。開寶中，爲京新城外汴河南巡檢，出爲潼關監軍。延信以關路巖險，奏易道路及塡禁阬，役工四十餘萬。又監通許鎭兵，改梓、遂十二州都巡檢使，賜袍帶、錢百萬。太平興國初，秩滿，留冉任，賜錢四十萬。時亡命卒多以山林爲寇，延信嘗領徒捕殺三百餘人。又爲唐、鄧都巡檢使，代還，繼改右清道、右司禦二副率。

雍熙三年，命督鎭州以北至軍前芻糧。是冬，爲全、邵六州都巡檢使，令疾置之任。就充羊狀六砦都鈐轄，遷右衞副率。會誠州蠻歸款，命延信馳入溪洞，索其要領。又逐蠻直趣古鎭，過西延、大木諸洞，蠻人慴伏。

淳化中，歷襄、鄧、宋、曹等州都巡檢使，改左監門衞將軍，屢部徒修護河防，改左領軍、左屯衞二將軍，充西京水南都巡檢使。有盜掠彭婆鎭及甲馬營，延信馳以往，悉擒之。咸平中，歷太康、鞏縣二監軍。景德二年，卒，年六十四。

程德玄字禹錫，鄭州滎澤人。善醫術。太宗尹京邑，召置左右，署押衙，頗親信用事。太祖大漸之夕，德玄宿信陵坊，夜有扣關疾呼趣赴宮邸者。德玄遽起，不暇盥櫛，詣府，府門尚關。方三鼓，德玄不自悟，盤桓久之。俄頃，見內侍王繼恩馳至，稱遺詔迎太宗即位。德玄因從以入，拜翰林使。

太平興國二年，陳洪進來朝，命德玄迎勞之。船艦度淮，暴風起，衆恐，皆請勿進。德





玄曰：「吾將君命，豈避險？」以酒祝而行，風浪遽止。三年，遷東上閤門使，兼翰林司事。是秋，領代州刺史。從征太原，爲行宮使，師還，以功改判四方館事。俄遷領本州團練使，又加領本州防禦使。

五年，坐市秦、隴竹木聯筏入京師，所過矯制免算，又高其估以入官，爲王仁贍所發，責授東上閤門使，領本州刺史。陝府西南轉運使、左拾遺韋務昇，京西轉運使、起居舍人程能，判官、右贊善大夫時載，坐縱德玄等於部下私販鬻，務昇洎能並責授右贊善大夫，載將作監丞。是冬，車駕幸魏府，命總御營四面巡檢，掌給諸軍資糧。

德玄攀附至近列，上頗信其言，繇是趨附者甚衆。或言其交游太盛，遂出爲崇信軍節度行軍司馬。踰年，復拜慈州刺史，移知環州。時西鄙酋豪相繼內附，詔以空名告敕百道付德玄，得便宜補授。頃之，以疾求致仕，優詔不許。淳化三年，改本州團練使、知邠州。未半歲，復典環州。李順之寇西蜀，移知鳳州，兼領鳳、成、階、文等州駐泊兵馬事，徙慶州。咸平中，入朝，眞宗命坐撫勞，訪以邊事。俄出知并州兼并代副都部署，移鎭州，受代歸闕。景德初，卒，年六十五。大中祥符中，其子繼宗上章，懇祈贈典，上憫之，特贈鄭州防禦使。

兄德元同仕王府，至內酒坊副使。繼宗，東頭供奉官、閤門祗候，次子繼忠，內殿崇班。德元子賁，大中祥符五年舉進士，累遷太常博士。

王延德，大名人。少給事晉邸。太平興國初，補殿前承旨，再遷供奉官。六年，會高昌國遣使朝貢，太宗以遠人輸誠，遣延德與殿前承旨白勳使焉。自夏州渡河，經沙磧，歷伊州，望北庭萬五千里。雍熙二年，使還，撰西州程記以獻，授崇儀副使，掌御廚。明年，拜正使，出知慶州。

淳化三年，代還，監折博倉。延德與張齊賢善，因國子博士朱貽業通言齊賢，求免掌庾，希進用。齊賢爲言之，上怒曰：「延德願掌倉以自效，未踰月，又禱宰相求免，何也？」因召延德詰責，自言未嘗遣貽業詣相府有所求請。上疑齊賢不實，召貽業至，貽業又諱之，齊賢恥自辨，因頓首稱罪。上怒，即以延德領懿州刺史以寵之。五年，提點三司衙司，磨勘憑由司。未幾，拜左屯衞大將軍、樞密都承旨，俄授度支使。

眞宗即位，轉左千牛衞上將軍，充使如故。延德前使西域，冒寒不汗，得風痺疾，艱於步履。咸平初，出爲舒州團練使、知鄆州，徙青州，坐市物有剩利，降授左武衞將軍。久病落籍，遣家人代詣登聞鼓院求休致，上以其久事先帝，復授左千牛衞上將軍致仕。景德三年，卒，年六十八。





延德以攀附得官，傾險好進，時人惡之。兄延之，乾德六年進士，至屯田郎中致仕。

魏震，不知何許人。祖浩，瞻國軍榷鹽制置使。父鉞，蒲臺令。震初用祖蔭，當補廷職，自以習詞業，不屑就。姚恕嘗與鉞蒲臺交代，及爲皇子教授，太宗在藩邸，恕嘗稱震之材，因召賓邸中。即位，補殿直、廬壽八州巡檢。從征河東，掌行在左藏庫，改供奉官。雍熙初，溫州進瑞木成文，震作詩賦以獻，拜崇儀副使，賜白金二千兩，掌內弓箭庫。出知保州，會諸將北伐，爲幽州西北路鈐轄。下飛狐、蔚州，以功就遷崇儀使、知蔚州。復知保州，移秦州鈐轄。端拱中，召拜西上閤門使，俄知廬州，徙澶州。淳化二年，進東上閤門使、知鳳州，坐事免。至道初，起爲洛苑使、知洪州。二年，復爲東上閤門使，知定、代二州並兼行營鈐轄。咸平元年，卒。子致恭，殿中丞。

張質字守朴，博州高唐人。少孤，養于兄贊。贊爲樞密院典謁，質因得隸兵房，頗爲趙普、曹彬所知。太宗征河東，還駐鎭陽，彬方典樞務。一夕，議調發屯兵，時，軍載簿領，阻

留在道。質潛計兵數，部分軍馬，及得兵籍較之，悉無差謬。淳化中，累遷本房副都承旨。咸平初，授左監門衞將軍、樞密副都承旨。先是，樞密吏皆以年勞次補，有至主事而懵其職者。景德三年夏，內出公事三條，令主事以下詳決之，命質與禮房副承旨尹德潤宿御書院考第。翌日，上親臨閱視，凡選補四十餘人，不中式除崇班、供奉官、奉職者十餘人。以質爲左屯衞大將軍，加給月奉，歷右神武軍、右衞二大將軍。大中祥符七年，轉都承旨。在樞要僅五十年，練習事程，精敏端慤，未嘗有過。舊，本院吏罕有遷至都承旨者，上素知質廉謹，故以授之。嘗召問五代以降洎國初軍籍更易之制，且命條具利害，質纂爲三篇，目曰兵要以進，上覽而稱善。

好養生之術，老而不衰，以是多接隱人方士，然語不及公家事。每大祀巡幸，質多爲行宮使，或領巡檢提點供頓之務。天禧元年九月，方候對承明殿，暴中風眩，輿歸卒，年七十四。錄其子大理評事純爲衞尉寺丞，孫思道爲三班奉職。

楊允恭，漢州綿竹人。家世豪富，允恭少倜儻任俠。乾德中，王師平蜀，羣盜竊發，允恭裁弱冠，率鄉里子弟砦于清泉鄉，爲賊所獲，將殺之。允恭曰：「苟活我，當助爾。」賊素聞





其豪宗，乃釋之。陰結賊帥子，日與飲博，陽不勝，償以貲，使伺賊。賊將害允恭，其子以告，因遁去。內客省使丁德裕討賊至州，允恭以策干之，署綿、漢招收巡檢，賊平，補殿前承旨。

太平興國中，以殿直掌廣州市舶。自南漢之後，海賊子孫相襲，大者及數百人，州縣苦之。允恭因部運入奏其事，太宗即命爲廣、連都巡檢使。又以海鹽盜入嶺北，民犯者衆，請建大庾縣爲軍，官鬻鹽市之。詔建爲南安軍，自是冒禁者少。賊有葉氏者，衆五百餘，往來海上。允恭集水軍，造輕舠，掩襲其首，斬之。餘黨棄船走，伏匿山谷，允恭伐木開道，悉殲焉。賊寇每遇風濤，則遯止洲島間。允恭領衆涉海，捕之殆盡，賊皆望風奔潰。又抵潭、泉賊所止處，盡奪先所刧男女六十餘口還其家。詔書嘉獎，賜錢十萬，轉供奉官。詔歸，改內殿崇班。

時緣江多賊，命督江南水運，因捕寇黨。行及臨江軍，擇驍卒挐輕舟伺下江賊所止，夜發軍城，三鼓，遇賊百餘，拒敵久之，悉梟其首。又趣通州境上蹑海賊，賊係衆舟，張幕，發勁弩、短礮。允恭兵刃所向，多爲幕所縈，礮中允恭左肩，流血及袖，容色彌壯。徐遣善泅者以繩連鐵鉤散擲之，壞其幕，士卒爭進，賊赴水死者太半，擒數百人。自是江路無剽掠之患。以功轉洛苑副使，江、淮、兩浙都大發運、擘畫茶鹽捕賊事；賜紫袍、金帶、錢五十萬。

先是，三路轉運使各領其職，或廩庾多積，而軍士舟楫不給，雖以官錢雇丁男挽舟，而土人憚其役，以是歲上供米，不過三百萬。允恭盡籍三路舟卒與所運物數，令諸州擇牙吏，悉集，允恭乃辨數授之。江、浙所運，止于淮、泗，由淮、泗輸京師，行之一歲，上供者六百萬。

淳化五年，轉西京作坊使。初，產茶之地，民輸賦者悉計其直，官售之，精麤不校，咸輸榷務。商人弗肯售，久即焚之。允恭曰：「竭民利而取之，積腐而棄之，非善計也。」至道初，劉式建議請廢緣江榷務，許商人過江，聽私貨鬻。允恭以爲諸州新陳相糅，兩河諸州風土各有所宜，非雜以數品，即商人少利。請依舊江北置務，均色號，以年次給之。事下三司，鹽鐵使陳恕等以允恭議爲是，詔從之。即命允恭爲發運使，始改「擘畫」爲「制置」，以西京作坊副使李廷遂〔一〕、著作佐郎王子輿並爲同發運使。

巢、廬江二縣舊隸廬州，道遠多寇，民輸勞費。允恭請以二縣建軍，詔許之，以無爲爲額。淮南十八州軍，其九禁鹽地〔二〕，則上下其直，民利商鹽之賤，故販者益衆，至有持兵器往來爲盜者。允恭以爲行法宜一，即奏請悉禁，而官遣吏主之。事下三司，三司言其不可，允恭再三爲請，太宗始從之。是歲，收利巨萬。允恭與王子輿、秦羲同主茶鹽之任，多作條制，遂變新法。

眞宗即位，改西京左藏庫使。又言川峽鐵錢之弊，曰：「凡民田之稅，昔輸銅錢之一，今





輸鐵錢亦一；而吏卒奉舊給銅錢之一，今給鐵錢五；及行用交易，則鐵錢之十，爲銅錢之一。且民入田稅，以一爲十，官失其九矣；吏卒奉給，增一爲五，官又失其四矣；吏卒得五用十，復失其半矣。臣在先朝，嘗陳其事，願變法以革其弊，先帝方議行之，會賊順叛擾而止。今陛下繼成先烈，可遂建其法，使民不失所。且饒、信之銅，積數千萬，若遣運于荆，達于蜀，蜀素多銅，俾夔、益，遂各置監鼓鑄，歲用均給，不十年，悉用銅錢矣。」議雖未用，然自是吏卒奉給，始改用十鐵錢易銅錢之一。

俄知通利軍，兼黃、御河發運使。會議減西鄙屯兵，以息轉餉，召允恭與崇儀副使竇神寶、閤門祗候李允則馳往經度，圖上郡縣山川之形勝。允恭因建議曰：「自環州入積石、抵靈武七日程，芻粟之運，其策有三。然以人以驢，其費頗煩，而所載數尠。莫若用諸葛亮木牛之制，以小車發卒分鋪運之。每一車四人挽之，旁設兵衞，加戈刃于其上，寇至則聚車於中，合士卒之力，禦寇于外。」尋爲議者所沮而止。復遣之任，又議，江、淮鹽鐵使陳恕力爭，詔從允恭之議。加領康州刺史。

咸平初，以北邊賣馬，未有定直，命允恭主平其估，乃置估馬司，鑄印以爲常制。王均之亂，上慮南方有聚寇，命允恭爲荆湖、江、浙都巡檢使，內殿崇班楊守遵副之，賜與甚厚。二年夏，以疾聞，遣其子大理評事可乘傳侍疾。七月，卒于昇州，年五十六。賜其次子告

同學究出身，賻錢二十萬、絹百匹。又以錢五萬、帛五十匹給其家。命揚州官造第一區賜之。

允恭有膽幹，能以方略捕賊。王小波之亂也，李順之兄自榮據綿竹，士人多被脅從。允恭兄允升、弟允元，率鄉里子弟併力破之；又爲王師鄉導，執自榮詣劍門以獻。王繼恩表其事，詔賜允升學究出身，授本縣令，允元什邡令。明年，召赴闕，授允升右贊善大夫，允元大理評事。

可，咸平元年進士，喜屬文，有吏幹，累召試，歷戶部、鹽鐵判官，知洪、宣、潤、壽、潭州，至都官員外郎。告，虞部員外郎。

秦羲字致堯，江寧人。世仕江左。曾祖本，岳州刺史。祖進遠，寧國軍節度副使。父承裕，建州監軍使、知州事。李煜之歸朝也，承裕遣羲詣闕上符印，太祖召見，悅其趨對詳謹，補殿直，令督廣濟漕船。太平興國中，有南唐軍校馬光璉等亡命荊楚，結徒爲盜。羲受詔，縛光璉以獻，太宗壯之。積勞改西頭供奉官，決獄于淮南諸州。淳化中，又督洛南採銅。雷有終稱其有心計，遣監興國軍茶務。會楊允恭改茶鹽法，





薦羲掌眞州榷務，尋提點淮南西路茶鹽，得羨餘十餘萬，遂與允恭同爲江、淮制置，擢授閤門祗候，兼制置礬稅。

咸平初，入奏，眞宗面加慰勞。淮南榷鹽，二歲增錢八十三萬餘貫，以勞改內殿崇班，又兼制置荊湖路。江南羣盜久爲民患，羲討捕皆盡。四年，領發運使事，改供備庫副使，獻議增榷酤歲十八萬緡，所增既多，尤爲刻下。會歲旱，詔罷之。景德初，遷供備庫使、知江陵府。坐舉官不如狀，削秩。

大中祥符初，起授供備庫副使、宿州監軍，稍遷東染院副使。明年，廣州言澄海兵嘗捕宜賊，頗希恩桀驁，軍中不能制，部送闕下。上以遠方大鎭，宜得材幹之臣鎭撫之。宰相歷言數人，皆不稱旨。上曰：「秦羲可當此任。」復授供備庫使，充廣州鈐轄。歷東染院使、知蘇州，改崇儀使、提舉在京諸司庫務。因對，求典藩郡，遷內園使、知泉州。天禧四年，代還。道病卒，年六十四。

羲知書，好爲詩，喜賓客，頗有士風。歷財貨之任，凡十餘年，精勤練習，號爲稱職。

謝德權字士衡，福州人。父文節，初仕王氏，爲候官令。後入南唐，爲忠烈都虞候、饒州團練使，以驍勇聞。周世宗南征，文節獨擐甲度大江，潛覘敵壘，吳人號爲「鐵龍」。後守鄂州，拒宋師，戰沒。

德權初以父死事，李煜署莊宅副使。歸宋，詣登聞檢院自薦，補殿前承旨，遷殿直、陝西巡檢，以勞就改右侍禁。咸陽浮橋壞，轉運使宋太初命德權規畫，乃築土實岸，聚石爲倉，用河中鐵牛之制，纜以竹索，繇是無患。

咸平二年，宜州溪蠻叛，命陳堯叟往經度之，德權預其行，以單騎入蠻境，諭以朝旨，衆咸聽命。堯叟以聞，加閤門祗候、廣韶英雄連賀六州都巡檢使。代歸，提點京城倉草場。先是，廥積多患地下濕，德權累甓爲臺以藉之，遂無敗腐。

京城衢巷狹隘，命德權廣之。既受詔，則先撤貴要邸舍，羣議紛然。有詔止之，德權面請曰：「臣已受命，不可中止。今沮事者皆權豪輩，吝屋室僦資耳，非有他也。」上從之。因條上衢巷廣袤及禁鼓昏曉之制。

會有兇人劉曄、僧澄雅訟執政與許州民陰構西夏爲叛者，詔溫仲舒、謝泌鞫問，令德權監之。既而按驗無狀，翌日，對便殿，具奏其妄。泌獨曰：「追攝大臣，獄狀乃具。」德權曰：「泌欲陷大臣耶！若使大臣無罪受辱，則人君何以使臣，臣下何以事君？」仲舒曰：「德權所奏甚善。」上乃可之。





六年，命城新樂縣，遷供奉官。又命浚北平砦濠，葺蒲陰城。一日，遽乘傳詣闕求對，且言：「邊民多挈族入城居止。前歲契丹入塞，傅潛閉壘自固，康保裔被擒，王師未有勝捷。臣以爲今歲契丹必寇內地，令邊兵聚屯一處，尤非便利，願速分戍鎭、定、高陽三路。天雄城壘闊遠，請急詔甃之，仍葺澶州城，北治德清軍城壍，以爲豫備。臣實慮蒲陰工作未訖，寇必暴至。」上慰遣之，既而契丹果圍蒲陰。及聞有詔修河北行宮，德權又驛奏，請車駕毋度河，及至澶州，德權單馬間道赴行在。

未幾，遷內殿崇班、提轄三司衙司。德權爲設條制，均其差使。有大將隸內侍主藏，內侍爲奏留，規免煩重之役。德權攜奏白上，極言僥倖，上稱其有守。又命提總京城四排岸，領護汴河兼督輦運。前是，歲役浚河夫三十萬，而主者因循，隄防不固，但挑沙擁岸址，或河流汎濫，即中流復塡淤矣。德權須以沙盡至土爲垠，棄沙隄外，遣三班使者分地以主其役。又爲大錐以試築隄之虛實，或引錐可入者，即坐所轄官吏，多被譴免者。植樹數十萬以固岸。建議廢京師鑄錢監，徙西窰務于河陰，大省勞費。改崇儀副使，兼領東西八作司。

先時，每營造患工少，至終歲不成。德權按其役，皆尅日而就。

大中祥符元年，議東封，命與劉承珪、戚綸同計度發運，遷供備庫使。預修玉清昭應宮。時，累徙民舍以廣宮地。劉承珪議掘地及丈，加築以壯基址。德權患其勞役過甚，日與忿

爭，不能奪，遂求罷，復領京城倉草場。導金水河，自皇城西環太廟，凡十餘里。三年，出知泗州，占謝日，自陳：「臣久領京務，頗慮中外觀聽，謂臣負譴外遷，願稍進其秩。」詔改西染院使遣之。至任，踰月卒，年五十八。以其子坪為定遠主簿，給奉終喪。

德權清苦幹事，好興功利，多所經畫。見官吏徇私者，必面斥之，所至整肅。然喜采察纖微，以聞于上，朝論惡之。

閻日新，宿州臨渙人。少為本州牙職，補三司使役吏。淳化中，選隸壽王府，主邸中記簿。真宗即位，擢為供奉官，提點雄、霸、靜戎軍榷場。咸平元年，遷內殿崇班、永興軍駐泊都監，徙劍門關兼知劍門縣，就加供備庫副使、慶州都監。景德初，命管勾邠、寧、環州駐泊兵馬。時，部署張凝屢入邊界焚族帳，日新皆提兵應援。俄知涇州，未幾，移慶州。上言：「野溪、三門等族恃嶮隘，桀黠難制，請開古川道，東至樂業鎮，西出府城。」從之。就轉供備庫使、知環州兼邠寧環慶路鈐轄、緣邊都巡檢使、安撫都監。俄換涇原儀渭路。二年，遷如京使、領萬州刺史。上朝陵、東封，皆命為行宮使。

大中祥符初，改文思使。日新起胥史，好云為以進取，嘗上言：「羣臣子弟以蔭得官，往





往未童齓以受奉，望自今年二十以上，乃給稟。又京城百官早朝，而學士、丞、郎、舍人以上，導從呵止太盛，難於趨避，望令裁減。」又屢請對，多所建白。且自陳筋力尚壯，願正授刺郡，守邊城以効用。

俄真拜坊州刺史、知渭州兼涇原路駐泊鈐轄。將祀汾陰，故改知同州事，儼信〔三〕頓即日新所部，車駕至，迎謁獻方物。勞問久之，遂從祀脽上〔四〕，賜以襲衣、金帶。還過新市鎮，又設綵樓樂伎以迎駕。明年，徙知徐州。代還，以足疾，改右領軍衞大將軍〔五〕、昭州團練使、知單州。疾益甚，許還京師。天禧初，卒，年六十八。

靳懷德，博州高唐人。祖昌範，殿中丞。父隱，禹城令。懷德太平興國中明法，解褐廣安軍判官。秩滿，授鴻臚寺丞，歷著作佐郎、太子左贊善大夫、通判相州，改殿中丞、通判廣州，遷國子博士、通判滄州。歷虞部、比部員外郎，又通判莫州，知德州。

咸平中，契丹入寇，懷德固守城壁，又轉運使劉通言其善政，連有詔褒之。徙知密州，會留後孔守正之鎮，代還。鹽鐵使陳恕、判官王濟薦其武幹，換如京使、知邛州。懷德本名湘，素遊寇準之門，準父名湘，景德中，準方為相，懷德乃改名焉。俄知滄州。大中祥符初，召還，復遣之任，吏民詣轉運使李士衡借留懷德，士衡以聞。未幾，遷文思使。三年秋，以江左旱歉，命為洪、虔十州安撫都監。未至任，改知曹州。

明年春，選為益州鈐轄，加領長州刺史。懷德歷官以強幹稱，然酗酒多失，將行，別詔戒勗。真宗又面諭之，就遷北作坊使。在劍外，軍民甚畏愛之。復以善職入拜西上閤門使，改領昭州刺史、知澶州。是州居水陸之要，懷德悉心撫治，頗著政績，使車往復，多稱譽焉。又知陝州，踰年，歸闕而卒，時天禧元年，年七十三。

論曰：世乏全材，則各錄其所長而用焉，亦皆可以集事功。允恭有心計，好言事，是時摘山煮海，方舟之漕，規制未備，故因其建白而從之，利甚博焉。羲亦精心敏幹，士大夫許其醞藉。德權清廉強忮，矯名好威，然其斥謝泌以大臣非可受辱，識堂陛之分，長者之言哉。延德而下，遭會進陟，迭居事任，其指使治迹，各有可取者焉。

## 校勘記

〔一〕李廷遂 原作「李延遂」，據宋會要食貨三〇之二、職官分紀卷四七改。





〔二〕其九禁鹽地 此句當有脫文。宋會要食貨二三之二三作：「其九禁鹽，餘不禁。商人由海上販鹽，官倍數而取之，至禁鹽地」，長編卷四〇略同。本傳缺去商人由海上販鹽一節，則下文云云便無所據。

〔三〕儼信 疑為「嚴信」之訛。按長編卷七五記真宗祀汾陰，「出潼關，渡渭河，次嚴信倉。」宋會要食貨四二之一二有嚴信渡務，所收課利見錢可赴「地里近便」的同州送納。當即其地。

〔四〕脽上 原作「睢上」，按史記卷一二孝武本紀說：「始立后土祠汾陰脽上。」本書卷一〇四禮志正作「脽上」，據改。

〔五〕右領軍衞大將軍 「右」原作「又」。按通考卷五八職官考，「宋承前代之制，有左右金吾、左右衞上將軍，左右驍衞、屯衞、領軍衞、監門衞、千牛衞上將軍，諸衞大將軍、諸衞將軍，無定員。」宋朝事實卷八有「左右領軍衞大將軍」。據改。

# 宋史卷三百一十

## 列傳第六十九

李迪 子柬之(一) 肅之 承之 及之 孫孝基 孝壽 孝稱　王曾 弟子融

張知白　杜衍

李迪字復古，其先趙郡人，後徙幽州。曾祖在欽，避五代亂，又徙家濮。迪深厚有器局，嘗攜其所爲文見柳開，開奇之曰：「公輔材也。」舉進士第一，授將作監丞，歷通判徐、兗州。改秘書省著作郎、直史館，爲三司鹽鐵判官。東封泰山，復通判兗州，坐嘗解開封府進士失當，謫監海州稅。改右司諫，起知鄆州，召糾察在京刑獄，遷起居舍人，安撫江、淮，以尚書吏部員外郎爲三司鹽鐵副使，擢知制誥。眞宗幸亳，爲留守判官，遂知亳州。亡卒羣剽城邑，發兵捕之，久不得。迪至，悉罷所發兵，陰聽察知賊區處，部勒驍銳士，擒賊，斬以徇。代歸，會唃厮囉叛，帝憂關中，召對長



春殿，進右諫議大夫、集賢院學士、知永興軍。城中多無賴子弟，喜犯法，迪奏取其甚者，部送闕下。徙陝西都轉運使，入爲翰林學士。

嘗歸沐，忽傳詔對內東門，出三司使馬元方所上歲出入材用數以示迪。時頻歲蝗旱，問何以濟，迪請發內藏庫以佐國用，則賦斂寬，民不勞矣。帝曰：「朕欲用李士衡代元方，俟其至，當出金帛數百萬借三司。」迪曰：「天子於財無內外，願下詔賜三司，以示恩德，何必曰借。」帝悅。又言：「陛下東封時，敕所過毋伐木除道，即驛舍或州治爲行宮，裁令加塗塈而已。及幸汾、亳，土木之役，過往時幾百倍。今蝗旱之災，殆天意所以儆陛下也。」帝深然之。

他日，又召對龍圖閣，命迪草詔，徐謂迪曰：「曹瑋在秦州，屢請益兵，未及遣，遽辭州事，第怯耳。誰可代瑋者？」迪對曰：「瑋知唃厮囉欲入寇，且窺關中，故請益兵爲備，非怯也。且瑋有謀略，諸將皆非其比，何可代？陛下重發兵，豈非將上玉皇聖號，惡兵出宜秋門邪？今關右兵多，可分兵赴瑋。」帝因問關右兵幾何，對曰：「臣向在陝西，以方寸小冊書兵糧數備調發，今猶置佩囊中。」帝令自探取，目黃門取紙筆，具疏某處當留兵若干，餘悉赴塞下。帝顧曰：「眞所謂頗、牧在禁中矣。」未久，唃厮囉果犯邊。秦州方出兵，復召迪問曰：「瑋此舉勝乎？」對曰：「必勝。」居數



日，奏至，瑋與敵戰三都谷，果大勝。帝曰：「卿何以知瑋必勝？」迪曰：「唃厮囉兵遠來，使諜者聲言以某日下秦州會食，以激怒瑋。瑋勒兵不動，坐待敵至，是以逸待勞也。臣用此知其勝。」帝益重之，自是欲大用矣。

初，上將立章獻后，迪屢上疏諫，以章獻起於寒微，不可母天下。章獻深銜之。天禧中，拜給事中、參知政事。周懷政之誅，帝怒甚，欲責及太子，羣臣莫敢言。迪從容奏曰：「陛下有幾子，乃欲爲此計。」上大寤，由是獨誅懷政等。仁宗爲皇太子，除太子太傅，迪辭以太宗時未嘗立保傅，止兼太子賓客，詔皇太子禮賓客如師傅。加禮部侍郎。寇準罷，帝欲相迪，迪固辭。一日，對滋福殿，有頃，皇太子出拜曰：「陛下用賓客爲宰相，敢以謝。」帝顧謂迪曰：「尚可辭邪！」拜吏部侍郎兼太子少傅、同中書門下平章事、景靈宮使、集賢殿大學士。

初，眞宗不豫，寇準議皇太子總軍國事，迪贊其策，丁謂以爲不便，曰：「即日上體平，朝廷何以處此？」迪曰：「太子監國，非古制邪？」力爭不已。於是皇太子於資善堂聽常事，他皆聽旨。準既貶，謂寖擅權用事，至除吏不以聞。迪憤然語同列曰：「迪起布衣至宰相，有以報國，死猶不恨，安能附權倖爲自安計邪！」自此不協。時議二府皆進秩兼東宮官，迪以爲不可。謂又欲引林特爲樞密副使，而遷迪中書侍郎兼尚書左丞。故事，宰相無爲左丞



者。既而帝御長春殿，內出制書置榻前，謂輔臣曰：「此卿等兼東宮官制書也。」迪進曰：「東宮官屬不當增置，臣不敢受此命。宰相丁謂罔上弄權，私林特、錢惟演而嫉寇準。特子殺人，事寢不治，準無罪罷斥，惟演姻家使預政，曹利用、馮拯相爲朋黨。臣願與謂俱罷，付御史臺劾正。」帝怒，留制不下，左遷迪戶部侍郎。謂再對，傳口詔入中書復視事，出迪知鄆州。

仁宗即位，太后預政，貶準雷州，以迪朋黨傅會，貶衡州團練副使。謂使人迫之，或諷謂曰：「迪若貶死，公如士論何？」謂曰：「異日諸生記事，不過曰『天下惜之』而已。」謂敗，起爲秘書監、知舒州，歷江寧府、兗州、青州，復兵部侍郎、知河南府。來朝京師，時太后垂簾，語迪曰：「卿向不欲吾預國事，殆過矣。今日吾保養天子至此，卿以爲何如？」迪對曰：「臣受先帝厚恩，今日見天子明聖，臣不知皇太后盛德，乃至于此。」太后亦喜。以尚書左丞知河陽，遷工部尚書。太后崩，召爲資政殿學士、判尚書都省。未幾，復拜同中書門下平章事、集賢殿大學士。

景祐中，范諷得罪，迪坐姻黨，罷爲刑部尚書，知亳州，改相州。既而爲資政殿大學士、翰林侍讀學士，留京師。迪素惡呂夷簡，因奏夷簡私交荆王元儼，嘗爲補門下僧惠清爲守闕鑒義。夷簡請辨，詔訊之，乃迪在中書所行事，夷簡以齋祠不預。降太常卿、知密州。復

刑部尚書、知徐州。迪奏所部鄰兗州，欲行縣因祠岳爲上祈年、禱皇子。仁宗語輔臣曰：「大臣當爲百姓訪疾苦，祈禱非迪所宜，其毋令往。」久之，改戶部尚書、知兗州，復拜資政殿大學士。

元昊攻延州，武事久弛，守將或爲他名以避兵。迪願守邊，詔不許，然甚壯其意。除彰信軍節度使、知天雄軍，徙青州。踰年，之本鎮。請老，以太子太傅致仕，歸濮州。後其子柬之爲侍御史知雜事，奉迪來京師。帝數遣使問勞，欲召見，以疾辭。薨，年七十七。贈司空、侍中，謚文定。帝篆其墓碑曰遺直之碑，又改所葬鄧侯鄉曰遺直鄉。子柬之、肅之、承之、及之，孫孝壽、孝基、孝稱。

柬之字公明，曉國朝典故。獻文，召試，賜進士出身，爲館閣校勘、宣化軍使。境上有慶河故道，官收行者稅，謂之「乾渡錢」，奏除之。進直集賢院，判吏部南曹、開封府推官、鹽鐵判官，歷知邢漢廬州、鳳翔府，京東、陝西轉運使，擢侍御史知雜事。

柬之自少受知於寇準，至是論準保護之功。仁宗惻然，即賜其碑曰旌忠。拜天章閣待制、河北都轉運使，加龍圖閣直學士。建言補蔭之門太廣，遂詔裁定，自二府而下，通三歲減入仕者二千人。知荊南、河陽、澶州，改集賢院學士，判西京留司御史臺。





英宗即位，富弼薦其學行，復舊職，兼侍讀。帝勞之曰：「卿通議耆儒，方咨訪以輔不逮，豈止經術而已。」帝頗欲肅正宮省，柬之諫曰：「陛下，長君也，立自宗藩，衆方觀望，願曲爲容覆。」賜潁王生日禮物，故事，王拜賜竟，即退。帝諭王令留柬之食，冀其從容也。王即位未幾，柬之請老，自工部尚書拜太子少保致仕[二]。舊無閤門謝辭式，特賜對延和，命之坐，仍置宴資善堂，遣使諭之曰：「以先帝梓宮在殯，朕不得爲詩。」令講讀官皆賦詩，勸勞甚渥，又敕王珪敍其事。柬之出都門，即幅巾白衣以見客。再遷少師。熙寧六年，卒，年七十八。

有李受者，字益之，長沙之瀏陽人也。仕於治平中，至右諫議大夫、天章閣待制兼侍讀。屢以老乞骸骨，不聽。神宗立，進給事中、龍圖閣直學士。復言：「臣在先帝時，年已七十，不敢竊祿以自安。今又加數年，筋力憊矣，惟陛下哀之。」於是拜刑部侍郎致仕，賜宴賦詩及序，如柬之禮。相去數月，故時稱「二李」。卒年八十，贈工部尚書。

肅之字公儀，迪弟子也。以迪蔭，監大名府軍資庫。大河溢，府檄修冠氏隄，功就弗擾，民悅之，請爲宰。邑多盜，時出害人。肅之令比戶置鼓，有盜，輒擊鼓，遠近皆應，盜爲之衰止。爲御河催綱。橫隴之決，使者檄護金隄，滿歲無河患。

通判澶州。契丹泛使將過郡，而樓堞壞圮，肅之謂郡守曰：「吾州爲景德破敵之地，當示雄鎮，今保郛若是，且奈何？」遂鳩工搆城屋，凡千區。已而中貴人銜命來視，規置一新，驚賞嗟異，聞之朝。擢知德州，提點開封府界內縣鎮，夔路、湖南刑獄。儂蠻暴嶺外，肅之親扞諸境，會蔣偕失利，亟率兵往躡于臨賀，賊引去。狄青、孫沔交薦之，徙湖北轉運使。辰陽彭仕義叛，討平之，猶以過左遷，知齊州。改江東、兩浙、河北轉運使，進度支副使、江淮發運使。

神宗初即位，諒祚寇大順城。肅之入奏，帝訪以西夏事，奏對稱旨。以爲右諫議大夫、知慶州；數日，徙瀛州。大雨地震，官舍民廬摧陷，肅之出入泥潦中，結草囷以儲庾粟之暴露者，爲茇舍以居民，啓廩振給，嚴儆盜竊，一以軍法從事。天子聞而嘉之，遣使勞賜。遷天章閣待制、知開封府，出知定州。還，權三司使，又出爲永興軍、青齊二州。元豐二年，復知開封，爲樞密都承旨，加龍圖閣直學士、知鄆州。四年，提舉太極觀。卒，年八十二。

肅之內行修飭，母喪，廬墓三年，不入城郭。季弟承之，生而孤，鞠育誨道，至於成人，遂相繼爲侍從。帝稱其一門忠孝云。





承之字奉世，性嚴重，有忠節。從兄柬之將仕以官，辭不受，而中進士第，調明州司法參軍。郡守任情骫法，人莫敢忤，承之獨毅然力爭之。守怒曰：「曹掾敢如是邪？」承之曰：「事始至，公自爲之則已，既下有司，則當循三尺之法矣。」守憚其言。

嘗建免役議，王安石見而稱之。熙寧初，以爲條例司檢詳文字，得召見。神宗語執政曰：「承之言制置司事甚詳，非他人所及也。」改京官。他日，謂之曰：「朕即位以來，不輕與人改秩，今以命汝，異恩也。」

檢正中書刑房，察訪淮浙常平、農田水利、差役事，還奏役書二十篇，加集賢校理。又察訪陝西，時郡縣昧於奉法，斂羨餘過制。承之曰：「是豈朝廷意邪？」悉裁正其數。遷集賢殿修撰，擢寶文閣待制，爲同羣牧使，糾察在京刑獄兼樞密都承旨，出知延州，入權三司使。蔡確治相州獄，多引朝士，皆望風自折服。承之爲帝言其險詖之狀，帝意始悟，趣使詰竟。遷龍圖閣直學士，懇辭，乞授兄肅之，曰：「臣少鞠於兄，且兄爲待制十年矣。」帝曰：「卿兄弟孝友，足厲風俗。肅之亦當遷也。」即並命焉。

商人犯禁貨北珠，乃爲公主售，三司久不敢決。承之曰：「朝廷法令，畏王姬乎？」亟索之。帝聞之曰：「有司當如此矣。」進樞密直學士。坐補吏不當，降待制、知汝州。未幾，爲陝西都轉運使，召拜給事中、吏部侍郎、戶部尚書，復以樞密直學士知青州。歷應天府、河陽、陳鄆揚州而卒。

及之字公達，亦迪弟之子。由蔭登第，通判安肅軍。康定中，夏人犯邊，契丹復發兵並塞，疆候戒嚴。及之言：「契丹以與夏人甥舅之故，特此慰其心，且姑張虛勢以疑我，必不失誓好，願毋過虞。」已而果然。

徙通判河南府。亡卒張海倚山嘯聚，白晝掠城市。及之督捕，單騎與海語，諭使歸命，當奏貸其死。海感動弛備，奏方上，而衆兵集，悉獲之。知信州，靈鷲山浮屠，犯法者衆，及之治其姦，流數十人，乃自劾。朝廷嘉之，釋不問。入判刑部。嘗撰次唐史有益治體者，爲君臣龜鑑八十卷。王堯臣上其書，并表其學行，韓琦亦以館職薦之。召試，除直秘閣，歷開封府判官、知涇晉陝三州。

及之吏事精明，所居官皆稱職。以太中大夫致仕，再轉正議大夫。卒，年八十五。

柬之子孝基，及之子孝壽、孝稱。

孝基字伯始。進士高第，唱名至墀下，仁宗顧侍臣曰：「此李迪孫邪？能世其家，可尚也。」晏殊、富弼薦其材任館閣，欲一見之。孝基曰：「名器可私謁邪？」竟不往。

知汝陰、雍丘縣，通判閬州、舒州，知隨州。所治雖劇，然事來亟斷，不爲證左回枉，甫日中，庭已空矣。或問其術，曰：「無他，省事耳。」閬中江水齧城幾沒，郡吏多引避，孝基率其



下決水歸旁谷，城賴以全。舒吏受賂鬻獄，以殺人罪加平民，孝基劾治三日，得其情，迺抵吏罪。以親須養，求監崇福宮，判西京國子監。凡就閑十年，累官光祿卿，與父柬之同謝事，纔年五十，士大夫美之，以比二疏。

孝基爲人沖澹，善養生，平居輕安。弟孝稱進對，帝問起居狀，歎曰：「度越常人遠矣。」後十一年，無疾卒。

孝壽字景山，爲開封府戶曹參軍。元符中，呂嘉問知府事，受章惇、蔡卞指，鍛鍊上書人，命孝壽攝司錄事，成其獄。徽宗即位，嘉問先已得罪，孝壽亦削秩。蔡京爲政，以爲府推官，遷大理、太僕卿，擢顯謨閣待制，爲開封尹。

前此，閭里亡賴子，自斷截臂腕，託廢疾淩良民，無所憚畏。孝壽悉搜出之，部付旁郡，一切治理。加直學士，出知興仁、開德府。京起蘇州章綖獄，還孝壽開封，使往即訊。至蘇州，窮治鑄錢，逮繫踰千數，方冬慘掠囚，墮指脫足不可計，死則投于垣外。日夜鍛鍊，款未就，京猶嫌其緩，召使還。其後，綖兄弟竟用此黥竄。又知虢、兗二州。坐守興仁日與巡檢戲射狂人張立死，除名。居無何，起知蘇州。

政和初，拜刑部侍郎，復改開封尹。奉宸庫吏呂壽盜金，繫獄而逃，孝壽盡執守兵，論



爲故縱，非任事之吏與不上直者，亦以不即追掩繩之。凡配隸四十人，陰賂杖者使加重，六七人纔出關而死。帝聞之，命悉還餘人。於是諫議大夫毛注論其殘忍苛虐，乞加譴，不聽。孝壽猶以獄空上表賀。

孝壽雖亡狀，亦時有可觀。有舉子爲僕所淩，忿甚，具牒欲送府，同舍生勸解，久乃釋。戲取牒效孝壽花書判云：「不勘案，決杖二十。」僕明日持詣府，告其主倣尹書判私用刑。孝壽即追至，備言本末，孝壽幡然曰：「所判正合我意。」如數與僕杖，而謝舉子。時都下數千人，無一僕敢肆者，時以此稱之。明年，以疾，罷爲龍圖閣學士、提舉醴泉觀。卒，贈正奉大夫。

孝稱字彥聞，以蔭登朝。値郊恩得封父，及之已官通議大夫，有司限以格，孝稱言，恐非朝廷所以推恩優老之意，詔特許之，遂爲著令。

崇寧中，提舉湖北、京西常平，提點京西南路刑獄。蔡京之姻宋喬年爲京畿轉運使，有囚逸，捕得之。孝稱上其功，喬年受賞，而孝稱用是得工部員外郎。不閱月，遷大理少卿。連奏獄空，進爲卿，且數增秩，擢工部、戶部二侍郎，爲開封尹。

陳瓘之子正彙在杭州上書，告京不利社稷。郡守蔡薿執送京師，併逮瓘詣獄。孝稱脅



使證其子，瓘不可。暨獄上，竟竄正彙海島。京愈德之，進刑部尚書，而以其兄孝壽代爲尹。孝稱請班兄下，不許。避親嫌，徙工部。卒，贈光祿大夫。

王曾字孝先，青州益都人。少孤，鞠於仲父宗元，從學於里人張震，善爲文辭。咸平中，由鄉貢試禮部、廷對皆第一。楊億見其賦，歎曰：「王佐器也。」以將作監丞通判濟州。代還，當召試學士院，宰相寇準奇之，特試政事堂，授秘書省著作郎、直史館、三司戶部判官。

景德初，始通和契丹，歲遣使致書稱南朝，以契丹爲北朝。曾曰：「從其國號足矣。」業已遣使，弗果易。遷右正言、知制誥兼史館修撰。時瑞應沓至，曾嘗入對，帝語及之。曾奏曰：「此誠國家承平所致，然願推而弗居，異日或有災沴，則免輿議。」及帝既受符命，大建玉清昭應宮，下莫敢言者，曾陳五害以諫。舊用郎中官判大理寺，帝欲重之，特命曾。且謂曾曰：「獄，重典也，今以屈卿。」曾頓首謝。仍賜錢三十萬，因請自辟僚屬，著爲令。遷翰林學士。帝嘗晚坐承明殿，召對久之，既退，使內侍諭曰：「嚮思卿甚，故不及朝服見卿，卿勿以我爲慢也。」其見尊禮如此。

知審刑院。舊違制無故失，率坐徒二年，曾請須親被旨乃坐。既而有犯者，曾乃以失論。帝曰：「如卿言，是無復有違制者。」曾曰：「天下至廣，豈人人盡曉制書，如陛下言，亦無復有失者。」帝悟，卒從曾議。再遷尚書主客郎中，知審官院、通進銀臺司，勾當三班院〔三〕，遂以右諫議大夫參知政事。

時宮觀皆以輔臣爲使。王欽若方挾符瑞，傅會帝意，又陰欲排異己者，曾當使會靈，因以推欽若，帝始疑曾自異。及欽若相，會曾市賀皇后家舊第，其家未徙去，而曾令人舁土置門外，賀氏訴禁中。明日，帝以語欽若，乃罷曾爲尚書禮部侍郎、判都省，出知應天府。天禧中，民間訛言有妖起若飛帽，夜搏人，自京師以南，人皆恐。曾令夜開里門，敢倡言者即捕之，卒無妖。徙天雄軍，復參知政事，遷吏部侍郎兼太子賓客。

眞宗不豫，皇后居中預政，太子雖聽事資善堂，然事皆決於后，中外以爲憂。錢惟演，后戚也，曾密語惟演曰：「太子幼，非宮中不能立。加恩太子，則太子安；太子安，所以安劉氏也。」惟演以爲然，因以白后。帝崩，曾奉命入殿廬草遺詔：「以明肅皇后輔立皇太子，權聽斷軍國大事。」丁謂入，去「權」字。曾曰：「皇帝沖年，太后臨朝，斯已國家否運。稱『權』，猶足示後。且增減制書有法，表則之地，先欲亂之邪？」遂不敢去。仁宗立，遷禮部尚書。羣臣議太后臨朝儀，曾請如東漢故事，太后坐帝右，垂簾奏事。丁謂獨欲帝朔望見羣臣，大



事則太后召對輔臣決之，非大事令入內押班〔四〕雷允恭傳奏禁中，畫可以下。曾曰：「兩宮異處，而柄歸宦官，禍端兆矣。」謂不聽。既而允恭坐誅，謂亦得罪。自是兩宮垂簾，輔臣奏事如曾議。

謂初敗，任中正言：「謂被先帝顧託，雖有罪，請如律議功。」曾曰：「謂以不忠得罪宗廟，尚何議邪！」時眞宗初崩，內外洶洶，曾正色獨立，朝廷倚以爲重。拜中書侍郎兼本官、同中書門下平章事、集賢殿大學士、會靈觀使。王欽若卒，曾以門下侍郎兼戶部尚書爲昭文館大學士、監修國史、玉淸昭應宮使。曾以帝初即位，宜近師儒，即召孫奭、馮元勸講崇政殿。天聖四年夏，大雨。傳言汴口決，水且大至，都人恐，欲東奔。帝問曾，曾曰：「河決奏未至，第民間妖言爾，不足慮也。」已而果然。陝西轉運使置醋務，以榷其利，且請推其法天下，曾請罷之。

曾方嚴持重，每進見，言利害事，審而中理，多所薦拔，尤惡僥倖。帝問曾曰：「比臣僚請對，多求進者。」曾對曰：「惟陛下抑奔競而崇恬靜，庶幾有難進易退之人矣。」曹利用惡曾班已上，嘗怏怏不悅，語在利用傳。及利用坐事，太后大怒，曾爲之解。太后曰：「卿嘗言利用強橫，今何解也？」曾曰：「利用素恃恩，臣故嘗以理折之。今加以大惡，則非臣所知也。」太后意少釋，卒從輕議。



始，太后受册，將御大安殿，曾執以爲不可，及長寧節上壽，止共張便殿。太后左右姻家稍通請謁，曾多所裁抑，太后滋不悅。會玉淸昭應宮災，乃出知青州。以彰德軍〔五〕節度使復知天雄軍，契丹使者往還，斂車徒而後過，無敢譁者。人樂其政，爲畫像而生祠之。改天平軍節度使、同中書門下平章事、判河南府。景祐元年，爲樞密使。明年，拜右僕射兼門下侍郎、平章事、集賢殿大學士，封沂國公。

曾進退士人，莫有知者。范仲淹嘗問曾曰：「明揚士類，宰相之任也。公之盛德，獨少此耳。」曾曰：「夫執政者，恩欲歸己，怨使誰歸？」仲淹服其言。初，呂夷簡參知政事，事曾謹甚，曾力薦爲相。及夷簡位曾上，任事久，多所專決，曾不能堪，論議間有異同，遂求罷。仁宗疑以問曾曰：「卿亦有所不足邪？」時外傳知秦州王繼明納賂夷簡，曾因及之。帝以問夷簡，曾與夷簡交論帝前。曾言亦有過者，遂與夷簡俱罷，以左僕射、資政殿大學士判鄆州。寶元元年冬，大星晨墜其寢，左右驚告。曾曰：「後一月當知之。」如期而薨，年六十一。贈侍中，謚文正。

曾資質端厚，眉目如畫。在朝廷，進止皆有常處，平居寡言笑，人莫敢干以私。少與楊億同在侍從，億喜談謔，凡僚友無不狎侮。至與曾言，則曰：「余不敢以戲也。」平生自奉甚儉，有故人子孫京來告別，曾留之具饌，食後，合中送數軸簡紙，啓視之，皆它人書簡後裁取



者也。皇祐中，仁宗爲篆其碑曰旌賢之碑，後又改其鄉曰旌賢鄉。大臣賜碑篆自曾始。仁宗既祔廟，詔擇將相配享，以曾爲第一。曾無子，養子曰繂。又以弟子融之子繹爲後，尚書兵部郎中、秘閣校理致仕，卒。

子融字熙仲。初以曾奏，爲將作監主簿。祥符進士及第，累遷太常丞、同知禮院。獻所爲文，召試，直集賢院。嘗論次國朝以來典禮因革，爲禮閣新編上之。以其書藏太常。權三司度支、鹽鐵判官。任布請鑄大錢，行之京城。三司使程琳集官議，子融曰：「今軍營半在城外，獨行大錢城中，可乎？」事遂寢。權同糾察刑獄、知河陽。又集五代事，爲唐餘錄六十卷以獻。進直龍圖閣，累遷太常少卿、權判大理寺。迺取讞獄輕重可爲準者，類次以爲斷例。

拜天章閣待制、尚書吏部郎中、知荆南。盜張海縱掠襄、鄧，至荆門，子融閱州兵，將迎擊之，賊引去。遷右諫議大夫、知陝州，徙河中府。既而勾當三班院，遷給事中，以尚書工部侍郎、集賢院學士知兗州。不赴，改刑部侍郎致仕。英宗即位，進兵部，卒。

本名皞，字子融。元昊反，請以字爲名。性儉嗇，街道卒除道，侵子融邸店尺寸地，至自詣開封府訴之。然教飭子孫，嚴厲有家法。晚學佛氏，從僧懷璉遊。

張知白字用晦，滄州清池人。幼篤學，中進士第，累遷河陽節度判官。咸平奏疏，言當今要務，眞宗異之，召試舍人院，權右正言。獻鳳扆箴，出知劍州。逾年，召試中書，加直史館，面賜五品服，判三司開拆司。

江南旱，與李防分路安撫。及還，權管勾京東轉運使事。周伯星見，司天以瑞奏，羣臣伏閤稱賀。知白以爲人君當修德應天，而星之見伏無所繫，因陳治道之要。帝謂宰臣曰：「知白可謂乃心朝廷矣。」東封，進右司諫。又言：「咸平中，河湟未平，臣嘗請罷郡國所上祥瑞。今天下無事，靈貺並至，望以泰山諸瑞圖實玉淸昭應宮，其副藏秘閣。」

陝西饑，命按巡之。尋知鄧州。會關右流傭至境，知白旣發倉廩，又募民出粟以濟。擢龍圖閣待制、知審官院，再遷尚書工部郎中，使契丹。知白以朝廷制官，重內輕外，爲引唐李嶠議還臺閣典藩郡，乃自請補外，不許，遂命糾察在京刑獄，固請，知青州。還京師，求領國子監。帝曰：「知白豈倦於處劇邪？」宰臣言：「知白更踐中外，未嘗爲身謀。」乃遷右諫議大夫、權御史中丞，拜給事中、參知政事。

郊禮成，遷尚書工部侍郎。時同列王曾遷給事中，猶班知白上，知白心不能平，累表辭



之。曾亦固請列知白下，乃加知白金紫光祿大夫，復爲給事中、判禮儀院。曾罷，還所辭官。時王欽若爲相，知白論議多相失，因稱疾辭位，罷爲刑部侍郎、翰林侍讀學士、知大名府。及欽若分司南京，宰相丁謂素惡欽若，徙知白南京留守，意其報怨。旣至，待欽若加厚。謂怒，復徙知白亳州，遷兵部。仁宗卽位，進尚書右丞，爲樞密副使，以工部尚書同中書門下平章事、會靈觀使、集賢殿大學士。時進士唱第，賜中庸篇，中書上其本，乃命知白進讀，至修身治家之道，必反復陳之。

知白在相位，愼名器，無毫髮私。常以盛滿爲戒，雖顯貴，其淸約如寒士。然體素羸，憂畏日侵，在中書忽感風眩，輿歸第。帝親問疾，不能語，薨。爲罷上巳宴，贈太傅、中書令。禮官謝絳議謚文節，御史王嘉言言〔六〕：「知白守道徇公，當官不撓，可謂正矣，謚文正。」王曾曰：「文節，美謚矣。」遂不改。

知白九歲，其父終邢州，殯於佛寺。及契丹寇河北，寺宇多頹廢，殯不可辨。知白旣登第，徒行訪之，得佛寺殿基，怳然識其處。旣發，其衣衾皆可驗，衆歎其誠孝。嘗過陝州，與通判孫何遇，讀道旁古碑凡數千言，及還，知白略無所遺。天聖中，契丹大閱，聲言獵幽州，朝廷患之。帝以問二府，衆曰：「備粟練師，以備不虞。」知白曰：「不然，契丹修好未遠，今其舉者，以上初政，試觀朝廷耳，豈可自生釁邪！若終以爲疑，莫如因今河決，發兵以防河爲



名，彼亦不虞也。」未幾，契丹果罷去。無子，以兄子子思後，仕至尚書工部侍郎致仕。

杜衍字世昌，越州山陰人。父遂良，仕至尚書度支員外郎。衍總髮苦志厲操，尤篤于學。擢進士甲科，補揚州觀察推官，改秘書省著作佐郎、知平遙縣。使者薦之，通判晉州。

詔舉良吏，擢知乾州。陳堯咨安撫陝西，有詔藩府乃賜宴，堯咨至乾州，以衍賢，特賜宴，仍徙衍權知鳳翔府。及罷歸，二州民邀留境上，曰：「何奪我賢太守也？」以太常博士提點河東路刑獄，遷尚書祠部員外郎。按行潞州，折寃獄，知州王曙爲作辨獄記。高繼昇知石州，人告繼昇連蕃族謀變，逮捕繫治，久不決，衍辯其誣，抵告者罪。寧化軍守將鞫人死罪，不以實，衍覆正之。守將不伏，訴之，詔爲置獄，果不當死。徙京西路，又徙知揚州。有司奏衍辨獄法當賞，遷刑部。章獻太后遣使安撫淮南，使還，未及他語，問杜衍安否，使者以治狀對。太后歎曰：「吾知之久矣。」

徙河東轉運副使、陝西轉運使。召爲三司戶部副使，擢天章閣待制、知江陵府。未行，會河北乏軍費，選爲都轉運使，遷工部郎中，不增賦于民而用足。還，爲樞密直學士。求補外，以右諫議大夫知天雄軍。



始，衍爲治謹密，不以威刑督吏，然吏民亦憚其淸整。仁宗特召爲御史中丞。奏言：「中書、樞密，古之三事大臣，所謂坐而論道者也。比隻日對前殿，何以盡天下之事？宜迭召見，賜坐便殿，以極獻替可否，其他，不必親煩陛下也。」又議常平法曰：「歲有豐凶，穀有貴賤，官以法平之，則農有餘利矣。今豪商大賈，乘時賤收，水旱，則稽伏而不出，冀其翔踴，以圖厚利，而困吾民也。請量州郡遠近，戶口衆寡，嚴賞罰，課責官吏，出納無壅，增損有宜。公糴未充，則禁爭糴以規利者；糴畢而儲之，則察其以供軍爲名而假借者。州郡闕母錢，願出官帑助之。否則勸課之官，家至日見，亦奚益於事哉。」

兼判吏部流內銓。選補科格繁長，主判不能悉閱，吏多受賕，出縮爲姦。衍旣視事，卽敕吏函銓法，問曰：「盡乎？」曰：「盡矣。」力閱視，具得本末曲折。明日，令諸吏無得升堂，各坐曹聽行文書，銓事悉自予奪，由是吏不能爲姦利。數月，聲動京師。改知審官院，其裁制如判銓時。遷尚書工部侍郎、知永興軍。民有晝亡其婦者，爲設方略捕，立得殺人賊，發所瘞屍，并得賊殺他婦人屍二，秦人大驚。徙幷州。元昊反，以太原要衝，加龍圖閣學士。

寶元二年，遷刑部侍郎、復知永興軍。時方用兵，民苦調發，吏因緣爲姦。衍區處計畫，量道里遠近，寬其期會，使民得次第輸官，比他州費，省錢過半。召還，權知開封府，權近聞衍名，莫敢干以私。拜同知樞密院事，改樞密副使。夏竦上攻守策，宰相欲用出師。

衍曰：「僥倖成功，非萬全計。」爭議久之，求罷不許，賜手詔敦勉。為河東宣撫使，拜吏部侍郎、樞密使。每內降恩，率寢格不行，積詔旨至十數，輒納帝前。諫官歐陽脩入對，帝曰：「外人知杜衍封還內降邪？凡有求於朕，每以衍不可告之而止者，多於所封還也。」

契丹與元昊戰黃河外，參知政事范仲淹宣撫河東，欲以兵自從。衍曰：「二國方交鬥，勢必不來，我兵不可妄出。」仲淹爭議帝前，詆衍，語甚切。仲淹嘗父行事衍，衍不以為恨。契丹壻劉三嘏避罪來歸，輔臣議厚館之，以詰契丹陰事。諫官歐陽脩亦請留三嘏，帝以問衍。衍曰：「中國主忠信，若自違誓約，納叛亡，則不直在我。且三嘏為契丹近親，而逋逃來歸，其謀身若此，尚足與謀國乎！納之何益，不如還之。」乃還三嘏。拜同平章事、集賢殿大學士兼樞密使。

衍好薦引賢士，而沮止僥倖，小人多不悅。其壻蘇舜欽，少年能文章，論議稍侵權貴，監進奏院，循前例，祠神以伎樂娛賓。集賢校理王益柔為衍所知，或言益柔嘗戲作傲歌，御史皆劾奏之，欲因以危衍。諫官孫甫言：「丁度因對求大用，請屬吏。」度知甫所奏誤，力求置對。衍以甫方奉使契丹，寢甫奏，度深銜之。及衍罷，度草制指衍為朋比。時范仲淹、富弼欲更理天下事，與用事者不合，仲淹、弼既出宣撫，言者附會，益攻二人之短。帝欲罷仲淹、弼政事，衍獨左右之，然衍平日議論，實非朋比也。以尚書左丞出知兗州。慶曆七年，





衍甫七十，上表請還印綬，乃以太子少師致仕。

衍為宰相，賈昌朝不喜，議者謂故相一上章得請，以三少致仕，皆非故事，蓋昌朝抑之也。皇祐元年，特遷太子太保，召陪祀明堂，仍詔應天府敦遣就道，都亭驛設帳具几杖待之，稱疾固辭。進太子太傅，賜其子同進士出身，又進太子太師。知制誥王洙諭告歸應天府，有詔撫問，封祁國公。

衍清介不殖私產，既退，寓南都凡十年，第室卑陋，才數十楹，居之裕如也。出入從者十許人，烏帽、皂綈袍、革帶。或勸衍為居士服，衍曰：「老而謝事，尚可竊高士名邪！」善為詩，正書、行、草皆有法。病革，帝遣中使賜藥，挾太醫往視，不及。卒，年八十。贈司徒兼侍中，謚正獻。戒其子努力忠孝，斂以一枕一席，小壙庳冢以葬。自作遺疏，其略曰：「無以久安而忽邊防，無以既富而輕財用，宜早建儲副，以安人心。」語不及私。

論曰：李迪、王曾、張知白、杜衍，皆賢相也。四人風烈，往往相似。方仁宗初立，章獻臨朝，頗挾其才，將有專制之患。迪、曾正色危言，能使宦官近習，不敢窺覦；而仁宗君德日就，章獻亦全令名，古人所謂社稷臣，於斯見之。知白、衍勁正清約，皆能斬惜名器，裁抑僥倖，凜然有大臣之概焉。宋之賢相，莫盛於眞、仁之世，漢魏相，唐宋璟、楊綰，豈得專美哉！

## 校勘記

〔一〕柬之 原作「東之」，據東都事略卷五一本傳、王安石王文公文集卷一〇刑部侍郎充集賢院學士李柬之改兵部侍郎加食邑食實封制、王珪華陽集卷三四送太子少保致仕李柬之歸西京詩序改。下文同。

〔二〕拜太子少保致仕 「少保」原作「太保」，據同上東都事略、華陽集同卷同篇改。

〔三〕勾當三班院 「勾當」原作「勾院」。按宋官制三班院的主管稱勾當官，據長編卷八〇、宋祁景文集卷八五王曾墓誌銘改。

〔四〕入內押班 「押班」原作「押排」，據本書卷六八雷允恭傳、長編卷八七改。

〔五〕彰德軍 原作「彰信軍」，據琬琰集中編卷四四王曾行狀、東都事略卷五一本傳改。

〔六〕御史王嘉言 「言」字原脫，與長編卷一〇六所載不合。按本書卷二九三王禹偁傳，王嘉言為禹偁子，官殿中侍御史。據補。

# 宋史卷三百一十一

## 列傳第七十

晏殊　龐籍 孫恭孫　王隨　章得象　呂夷簡 子公綽　公弼　公孺

張士遜

晏殊字同叔，撫州臨川人。七歲能屬文，景德初，張知白安撫江南，以神童薦之。帝召殊與進士千餘人並試廷中，殊神氣不懾，援筆立成。帝嘉賞，賜同進士出身。宰相寇準曰：「殊江外人。」帝顧曰：「張九齡非江外人邪？」後二日，復試詩、賦、論，殊奏：「臣嘗私習此賦，請試他題。」帝愛其不欺，既成，數稱善。擢祕書省正字，祕閣讀書。命直史館陳彭年察其所與遊處者，每稱許之。

明年，召試中書，遷太常寺奉禮郎。東封恩，遷光祿寺丞，爲集賢校理。喪父，歸臨川，奪服起之，從祀太清宮。詔修寶訓，同判太常禮院。喪母，求終服，不許。再遷太常寺丞，



擢左正言、直史館，爲昇王府記室參軍。歲中，遷尚書戶部員外郎，爲太子舍人，尋知制誥，判集賢院。久之，爲翰林學士，遷左庶子。帝每訪殊以事，率用方寸小紙細書，已答奏，輒并稿封上，帝重其愼密。

仁宗卽位，章獻明肅太后奉遺詔權聽政。宰相丁謂、樞密使曹利用，各欲獨見奏事，無敢決其議者。殊建言：「羣臣奏事太后者，垂簾聽之，皆毋得見。」議遂定。遷右諫議大夫兼侍讀學士，太后謂東宮舊臣，恩不稱，加給事中。預修眞宗實錄。進禮部侍郎，拜樞密副使。上疏論張耆不可爲樞密使，忤太后旨。坐從幸玉清昭應宮從者持笏後至，殊怒，以笏撞之折齒，御史彈奏，罷知宣州。數月，改應天府，延范仲淹以教生徒。自五代以來，天下學校廢，興學自殊始。召拜御史中丞，改資政殿學士、兼翰林侍讀學士，兵部侍郎、兼祕書監，爲三司使，復爲樞密副使，未拜，改參知政事，加尚書左丞。太后謁太廟，有請服衮冕者，太后以問，殊以周官后服對。太后崩，以禮部尚書罷知亳州，徙陳州，遷刑部尚書，以本官兼御史中丞，復爲三司使。陝西方用兵，殊請罷內臣監兵，不以陣圖授諸將，使得應敵爲攻守；及募弓箭手敎之，以備戰鬭。又請出宮中長物助邊費，凡他司之領財利者，悉罷還度支。悉爲施行。康定初，知樞密院事，遂爲樞密使。進同中書門下平章事。慶曆中，拜集賢殿學士、同平章事，兼樞



密使。

殊平居好賢，當世知名之士，如范仲淹、孔道輔皆出其門。及爲相，益務進賢材，而仲淹與韓琦、富弼皆進用，至於臺閣，多一時之賢。帝亦奮然有意，欲因羣材以更治，而小人權倖皆不便。殊出歐陽脩爲河北都轉運，諫官奏留，不許。孫甫、蔡襄上言：「宸妃生聖躬爲天下主，而殊嘗被詔誌宸妃墓，沒而不言。」又奏論殊役官兵治僦舍以規利。坐是，降工部尚書、知潁州。然殊以章獻太后方臨朝，故誌不敢斥言；而所役兵，乃輔臣例宜借者，時以謂非殊罪。

徙陳州，又徙許州，稍復禮部、刑部尚書。祀明堂，遷戶部，以觀文殿大學士知永興軍，徙河南府，遷兵部。以疾，請歸京師訪醫藥。既平，復求出守，特留侍經筵，詔五日一與起居，儀從如宰相。踰年，病寖劇，乘輿將往視之。殊卽馳奏曰：「臣老疾，行愈矣，不足爲陛下憂也。」已而薨。帝雖臨奠，以不視疾爲恨，特罷朝二日，贈司空兼侍中，謚元獻，篆其碑首曰「舊學之碑」。

殊性剛簡，奉養淸儉。累典州，吏民頗畏其悁急。善知人，富弼、楊察，皆其壻也。殊爲宰相兼樞密使，而弼爲副使，辭所兼，詔不許，其信遇如此。文章贍麗，應用不窮，尤工詩，閑雅有情思，晚歲篤學不倦。文集二百四十卷，及刪次梁、陳以後名臣述作，爲集選



一百卷。

子知止，爲朝請大夫。

龐籍字醇之，單州成武〔一〕人。及進士第，爲黃州司理參軍，知州夏竦以爲有宰相器。調開封府兵曹參軍，知府薛奎薦爲法曹。遷大理寺丞、知襄邑縣。

預修天聖編敕，爲刑部詳覆官。擢羣牧判官，因轉對言：「舊制不以國馬假臣下，重武備也。樞密院以帶甲馬借內侍楊懷敏，羣牧覆奏，乃賜一馬，三日，迺復借之，數日而復罷。樞密掌機命，反覆乃如此。平時，百官奏事上前，不自批章，止送中書、樞密院。近歲璽書內降，寖多於舊，無以防偏請、杜倖門矣。往者，王世融以公主子毆府吏，法當贖金，特停任。近作坊物料庫〔二〕主吏盜官物，輒自逃避。以宮掖之親，三司遽罷追究。今日聖斷乃異於昔，臣竊惑焉。祥符令檢下稍嚴，胥吏相率空縣而去，令坐罷免。若是，則清彊者沮矣。」

久之，出知秀州。召爲殿中侍御史，章獻太后遺誥：章惠太后議軍國事；籍請下閤門，取垂簾儀制盡燔之。又奏：「陛下躬親萬幾，用人宜辨邪正、防朋黨，擢進近列，願採公論，毋令出於執政。」孔道輔謂人曰：「言事官多觀望宰相意，獨龐醇之，天子御史也。」爲開封府

判官，尙美人遣內侍稱教旨免工人市租。籍言：「祖宗以來，未有美人稱教旨下府者，當杖內侍。」詔有司：「自今宮中傳命，毋得輒受。」數劾范諷罪，諷善李迪，皆寢不報，反坐言宮禁事不得實，以祠部員外郎罷爲廣南東路轉運使。又言范諷事有不盡如奏，諷坐貶，籍亦降太常博士、知臨江軍。尋復官，徙福建轉運使。

景祐三年，爲侍御史，改刑部員外郎、知雜事，判大理寺，進天章閣待制。元昊反，爲陝西體量安撫使。坐令開封府吏馮士元市女口，降知汝州。徙同州，就除陝西都轉運使。文彥博鞫黃德和獄，未上，詔籍同案。籍言曰：「德和退怯當誅。劉平力戰而沒，宜加恤其子孫。」又建言：「頻歲災異，天久不雨。宮中費用奢靡，出納不嚴，須索煩多，有司無從鉤校虛實。臣竊謂凡乘輿所費，宮中所用，宜務加裁抑，取則先帝，修德弭災之道也。今宿兵西鄙，將士力戰，弗獲功賞；而內官、醫官、樂官，無功勞，享豐賜，天下指目，謂之『三官』。願少裁損，無厚賚予，專勵戰功，寇不足平也。」

進龍圖閣直學士、知延州，俄兼鄜延都總管、經略安撫緣邊招討使。明年，改延州觀察使，力辭，換左諫議大夫。自元昊陷金明、承平、塞門、安遠、栲栳砦，破五龍川，邊民焚掠殆盡，籍至，稍葺治之。戍兵十萬無壁壘，皆散處城中，畏籍，莫敢犯法。金明西北有渾州川，土沃衍。川尾曰橋子谷，寇出入之隘道。使部將狄青將萬餘人，築招安砦于谷旁，數募





民耕種，收粟以贍軍。周美襲取承平砦，王信築龍安砦，悉復所亡地，築十一城。及開亂名、平戎道，通永和、烏仁關，更東西陣法爲方陣，頗損益兵械。元昊遣李文貴齎野利旺榮書來送款，籍曰：「此詐也。」乃屯兵青澗城。後數月，果大寇定川，籍召文貴開諭之，遣去。既而元昊又以旺榮書來，會帝厭兵，因招懷之，遣籍報書，使呼旺榮爲太尉。籍曰：「太尉三公，非陪臣所得稱，使旺榮當之，則元昊不得臣矣。今其書自稱『寧令』或『謨寧令』，皆其官名也，於義無嫌。」朝廷從之。

會敵新破涇原城砦，方議修復。使者往返，踰年，又遣賀從勗來，改名曰曩霄，稱男不稱臣。籍不敢聞，從勗曰：「子事父，猶臣事君也。若得至京師，天子不許，更歸議之。」籍送使者闕下，因陳便宜，言：「羌久不通和市，國人愁怨。今辭理寖順，必有改事中國之心，請遣使者申諭之。」朝廷采用其策。

元昊既臣，召籍爲樞密副使。籍言：「自陝西用兵，公私俱困，請併省官屬，退近塞之兵就食內地。」從之，於是頗省邊費。改參知政事，拜工部侍郎、樞密使，遷戶部，拜同中書門下平章事、昭文館大學士、監修國史。籍初入相，且獨員，而遽爲昭文館大學士，出殊拜也。

儂智高反，師數不利，遣狄青爲宣撫使。諫官韓絳謂武人不宜專任，帝以問籍。籍曰：「青起行伍，若以文臣副之，則號令不專，不如不遣。」詔嶺南諸軍，皆受青節度。既而捷書至，帝喜曰：「青破賊，卿之力也。」遂欲以青爲樞密使、同平章事，籍力爭之，不聽。嶺南平，二廣舉人推恩者六百九十一人，論者以爲過。

頃之，齊州學究皇甫淵以捕賊功，法當賞錢，數上書求用。道士趙清貺與籍姊家親，給爲淵白籍，迺與堂吏共受淵賂。小吏訴之，下開封府，捕清貺，刺配遠州，道死。韓絳言籍陰諷府杖殺清貺以滅口，覆之無狀。言不已，乃罷知鄆州。居數月，加觀文殿大學士。拜昭德軍節度使、知永興軍，改并州。

仁宗不豫，籍嘗密疏，請擇宗室之賢者爲皇子，其言甚切。坐擅聽麟州築堡白草平，而州將武戡等爲夏人所敗，復爲觀文殿大學士、戶部侍郎、知青州。遷尙書左丞，不拜。徙定州，召還京師，上章告老，尋以太子太保致仕，封潁國公。薨，年七十六。時仁宗不豫，廢朝、臨奠皆不果，第遣使弔賻其家。贈司空，加侍中，謚莊敏。

籍曉律令，長於吏事。持法深峭，軍中有犯，或斷斬刳磔，或累笞至死，以故士卒畏服。治民頗有惠愛，及爲相，聲望減於治郡時。子元英，朝散大夫。孫恭孫。

恭孫字德孺，以蔭，補通判施州。崇寧中，部蠻向文彊叛，詔轉運使王蘧領州事致討，





恭孫說降文彊而斬之。蘧上其功，進三秩，知涪州，遂以開邊爲己任。誘珍州駱文貴、承州駱世華納土，費不貲。轉運判官朱師古劾恭孫生事，詔黜師古而以恭孫代，於是溱、播、溪、思、費等州相繼降。每開一城，輒褒遷，五年間，至徽猷閣待制。威州守乞逋保、霸二州，進恭孫直學士、知成都府，委以招納。未幾，其酋董舜咨、董彥博來納土，詔趨赴闕，皆拜承宣使，賜第京師，更名保州祺州、霸州亨州，使恭孫進築之。言者論其貪縱，究治如章，謫保靜軍節度副使。才踰月，起知陳州，復待制，帥瀘州。又以築思州，進學士。前後在西南二十年，所得州縣，多張名簿，實瘠鹵不毛地，繕治轉餉，爲蜀人病，無幾時皆廢。宣和中，卒。

王隨字子正，河南人。登進士甲科，爲將作監丞、通判同州，遷祕書省著作郎、直史館判三司磨勘司。

爲京西轉運副使，陛辭，且言曰：「臣父母家洛中，乃在所部，得奉湯藥，聖主之澤也。」眞宗因賜詩寵行，以羊酒束帛令過家爲壽。遷淮南轉運使，父憂，起復。時歲比饑，隨敕屬部出庫錢，貸民市種糧，歲中約輸絹以償，流庸多復業。徙河東轉運使，三遷刑部員外郎兼侍御史知雜事。擢知制誥，以不善制辭，出知應天府。一日，帝謂宰相曰：「隨治南京太

寬。」王旦曰：「南京，都會之地，隨臨事汗漫，無以彈壓。」改知揚州。再加右諫議大夫、權知開封府。

仁宗爲太子，拜右庶子，仍領府事。周懷政誅，隨自陳嘗假懷政白金五十兩，奪知制誥，改給事中、知杭州。乾興初，復降祕書少監，徙通州。以州少學者，徙孔子廟，起學舍，州人意，遣子弟就學。母喪，起復光祿卿、知潤州，徙江寧府。歲大饑，轉運使移府發常平倉米，計口日給一升，隨置不聽，曰：「民所以饑者，由兼幷閉糴，以邀高價也。」乃大出官粟，平其價。

復給事中，爲龍圖閣直學士、知秦州。秦卒有負罪逃入蕃部者，戎人輒奴畜之，小不如意，復執出求賞，前此坐法多死。隨下教能自歸者免死，聽復隸軍籍，由是多來歸者。又建請增蕃落卒，給廢陷馬地，募民耕種。坐事，徙河南府。入爲御史中丞，同知禮部貢舉，遷尚書禮部侍郎、翰林侍讀學士。

明道中，爲江淮安撫使，還拜戶部侍郎、參知政事，請與同列日獻前代名臣規諫一事。議者謂非輔弼之職，其事遂寢。加吏部侍郎、知樞密院事，爲莊惠皇太后園陵監護使，拜門下侍郎、同中書門下平章事、昭文館大學士、監修國史。自薛居正後，故事，初相無越遷門下侍郎者，學士丁度之失也。





頃之，以疾在告，詔五日一朝，入中書視事。爲相一年，無所建明。與陳堯佐、韓億、石中立同執政，數爭事。會災異屢發，諫官韓琦言之，四人俱罷。隨以彰信軍節度使、同中書門下平章事判河陽。薨，贈中書令，謚章惠，後改文惠。

隨外若方嚴，而治失於寬。晚更卞急，輒嫚罵人。性喜佛，慕裴休之爲人，然風跡弗逮也。

章得象字希言，世居泉州。高祖仔鈞，事閩爲建州刺史，遂家浦城。得象母方娠，夢登山，遇神人授以玉象〔三〕；及生，父奐復夢家庭積笏如山。長而好學，美姿表，爲人莊重。進士及第，爲大理評事、知玉山縣，遷本寺丞。

眞宗將東封泰山，以殿中丞簽書兗州觀察判官事，知台州，歷南雄州，徙洪州。楊億以爲有公輔器，薦之。或問之，億曰：「閩士輕狹，而章公深厚有容，此其貴也。」得象嘗與億戲博李宗諤家，一夕負錢三十萬，而酣寢自如。他日博勝，得宗諤金一奩；數日博又負，即反奩與宗諤，封識未嘗發也。其度量宏廓如此。

未幾，召試，爲直史館、安撫京東，權三司度支判官，累遷尚書刑部郎中，使契丹，遂以兵部郎中知制誥。踰年，爲翰林學士，遷右諫議大夫，以給事中爲羣牧使，遷禮部侍郎兼龍圖閣學士，進承旨兼侍講學士，擢同知樞密院事，遷戶部侍郎，遂拜同中書門下平章事、集賢殿大學士。帝謂得象曰：「向者太后臨朝，羣臣邪正，朕皆默識之。卿清忠無所附，且未嘗有所干請，今日用卿，職此也。」

陝西用兵，加中書侍郎兼工部尚書兼樞密使，辭所加官。明年，以工部尚書爲昭文館大學士。慶曆五年，拜鎭安軍節度使、同平章事，封郇國公，徙判河南府，守司空致仕，薨。故事，致仕官乘輿不臨奠，帝特往焉。贈太尉兼侍中，謚文憲。皇祐中，改謚文簡。

得象在翰林十二年，章獻太后臨朝，宦官方熾，太后每遣內侍至學士院，得象必正色待之，或不交一言。在中書凡八年，宗黨親戚，一切抑而不進。仁宗銳意天下事，進用韓琦、范仲淹、富弼，使同得象經畫當世急務，得象無所建明，御史孫抗數言之，得象居位自若。既而章十上請罷，帝不得已，許之。初，閩人謠曰：「南臺江合出宰相。」至得象相時，沙湧可涉云。

論曰：殊、籍、隨、得象皆起孤生，致位宰相。籍通曉法令，隨練習民事，皆能用其所長。





然籍終至紲免，隨數遭譴斥，何其才之難得也。得象渾厚有容，殊喜薦拔人物，樂善不倦，方之諸人，殊其最優乎！

呂夷簡字坦夫，先世萊州人。祖龜祥知壽州，子孫遂爲壽州人。夷簡進士及第，補絳州軍事推官，稍遷大理寺丞。祥符中，試材識兼茂明於體用科，或言六科所以求闕政，今封禪告成，何闕政之求，罷之。通判通州，徙濠州，再遷太常博士。

河北水，選知濱州。代還奏：「農器有算，非所以勸力本也。」遂詔天下農器皆勿算。擢提點兩浙刑獄，還尚書祠部員外郎。時京師大建宮觀，伐材木于南方。有司責期會，工徒至有死者，誣以亡命，收繫妻子。夷簡請緩其役，從之。又言：「盛冬挽運艱苦，須河流漸通，以卒番送。」眞宗曰：「觀卿奏，有爲國愛民之心矣。」擢刑部員外郎兼侍御史知雜事。蜀賊李順叛，執送闕下，左右稱賀。既而屬御史臺按之，非是，賀者趣具順獄，夷簡曰：「是可欺朝廷邪？」卒以實奏，忤大臣意。歲蝗旱，夷簡請責躬修政，嚴飭輔相，思所以共順天意；及奏彈李溥專利罔上。寇準判永興，黥有罪者徙湖南，道由京師，上準變事。夷簡曰：「準治下急，是欲中傷準爾，宜勿問，益徙之遠方。」從之。趙安仁爲御史中丞，夷簡以親嫌，改起居舍人、同勾當通進司兼銀臺封駁事。使契丹，還，知制誥。兩川饑，爲安撫使，進龍圖閣直學士，再遷刑部郎中、權知開封府。治嚴辦有聲，帝識姓名于屏風，將大用之。

仁宗卽位，進右諫議大夫。雷允恭擅徙永定陵地，夷簡與魯宗道驗治，允恭誅，以給事中參知政事，因請以祥符天書內之方中。眞宗祔廟，太后欲具平生服玩如宮中，以銀罩覆神主。夷簡言：「此未足以報先帝。今天下之政在兩宮，惟太后遠姦邪，獎忠直，輔成聖德，所以報先帝者，宜莫若此也。」故事，郊祠畢，輔臣遷官，夷簡與同列皆辭之，後爲例。遷尚書禮部侍郎、修國史，進戶部，拜同中書門下平章事、集賢殿大學士、景靈宮使。玉淸昭應宮災，太后泣謂大臣曰：「先帝尊道奉天而爲此，今何以稱遺旨哉。」夷簡意其將復營構也，乃推洪範災異以諫，太后默然。因奏罷二府兼宮觀使。進吏部，拜昭文館大學士、監修國史，史成，辭進官。

天聖末，加中書侍郎。章懿太后爲順容，薨，宮中未治喪，夷簡朝奏事，因曰：「聞有宮嬪亡者。」太后矍然曰：「宰相亦預宮中事邪？」引帝偕起。有頃獨出，曰：「卿何間我母子也？」夷簡曰：「太后他日不欲全劉氏乎？」太后意稍解。有司希太后旨，言歲月葬未利。夷簡請發哀成服，備儀仗葬之。

大內火，百官晨朝，而宮門不開。輔臣請對，帝御拱辰門，百官拜樓下，夷簡獨不拜。帝



使人問其故，曰：「宮庭有變，羣臣願一望淸光。」帝舉簾見之，乃拜。詔以爲修大內使。內成，進尚書右僕射兼門下侍郎，辭僕射，乃兼吏部尚書。

初，荆王子養禁中，既長，夷簡請出之。太后欲留使從帝誦讀，夷簡曰：「上富春秋，所親非儒學之臣，恐無益聖德。」卽日命還邸中。太后崩，帝始親政事，夷簡手疏陳八事，曰：正朝綱，塞邪徑，禁貨賂，辨佞壬，絕女謁，疏近習，罷力役，節冗費。其勸帝語甚切。

帝始與夷簡謀，以張耆、夏竦皆太后所任用者也，悉罷之，退告郭皇后。后曰：「夷簡獨不附太后邪？但多機巧、善應變耳。」由是夷簡亦罷爲武勝軍節度使、檢校太傅、同中書門下平章事、判陳州。及宣制，夷簡方押班，聞唱名，大駭，不知其故。而夷簡素厚內侍副都知閻文應，因使爲中詗，久之，乃知事由皇后也。歲中而夷簡復相。

初，劉渙上疏請太后還政，太后怒，使投嶺外，屬太后疾革，夷簡請留之。至是，渙以前疏自言，帝擢渙右正言，顧謂夷簡：「向者樞密院亟欲投渙，賴卿以免。」夷簡謝，因曰：「渙由疏外故敢言，大臣或及此，則太后必疑風旨自陛下，使子母不相安矣。」帝以夷簡爲忠。

郭后以怒尚美人，批其頰，誤傷帝頸。帝以爪痕示執政大臣，夷簡以前罷相故，遂主廢后議。仁宗疑之，夷簡曰：「光武，漢之明主也，郭后止以怨懟坐廢，況傷陛下頸乎？」夷簡將廢后，先敕有司，無得受臺諫章奏。於是御史中丞孔道輔、右司諫范仲淹率臺諫詣閤門



請對，有旨令臺諫詣中書，夷簡乃貶出道輔等，后遂廢。宗室子益衆，爲置大宗正糾率，增教授員。加右僕射，封申國公。

王曾與夷簡數爭事，不平，曾斥夷簡納賂市恩。夷簡乞置對，帝問曾，曾語屈，於是二人皆罷。夷簡以鎭安軍節度使、同平章事判許州，徙天雄軍。未幾，以右僕射復入相，逾年，進位司空，辭不拜，徙許國公。時方飭兵備，以判樞密院事，而諫官田況言總判名太重，改兼樞密使。

契丹聚兵幽薊，聲言將入寇，議者請城洛陽。夷簡謂：「契丹畏壯侮怯，遽城洛陽，亡以示威，景德之役，非乘輿濟河，則契丹未易服也。宜建都大名，示將親征以伐其謀。」或曰：「此虛聲爾，不若修洛陽。」夷簡曰：「此子囊城郢計也。使契丹得渡河，雖高城深池，何可恃耶？」乃建北京。

未幾，感風眩，詔拜司空、平章軍國重事。疾稍間，命數日一至中書，裁決可否。夷簡力辭，復降手詔曰：「古謂髭可療疾，今翦以賜卿。」三年春，帝御延和殿召見，敕乘馬至殿門，命內侍取兀子輿以前。夷簡引避久之，詔給扶毋拜。乃授司徒、監修國史，軍國大事與中書、樞密同議。固請老，以太尉致仕，朝朔望。既薨，帝見羣臣，涕下，曰：「安得憂國忘身如夷簡者！」贈太師、中書令，謚文靖。



自仁宗初立，太后臨朝十餘年，天下晏然，夷簡之力爲多。其後元昊反，四方久不用兵，師出數敗；契丹乘之，遣使求關南地。頗賴夷簡計畫，選一時名臣報使契丹、經略西夏，二邊以寧。然建募萬勝軍，雜市井小人，浮脆不任戰鬭。用宗室補環衞官，驟增奉賜，又加遺契丹歲繒金二十萬，當時不深計之，其後費大而不可止。郭后廢，孔道輔等伏閤進諫，而夷簡謂伏閤非太平事，且逐道輔。其後范仲淹屢言事，獻百官圖論遷除之敝，夷簡指爲狂肆，斥于外。時論以此少之。

夷簡當國柄最久，雖數爲言者所詆，帝眷倚不衰。然所斥士，旋復收用，亦不終廢。其於天下事，屈伸舒卷，動有操術。後配食仁宗廟，爲世名相。始，王旦奇夷簡，謂王曾曰：「君其善交之。」卒與曾並相。後曾家請御篆墓碑，帝因慘然思夷簡，書「懷忠之碑」四字以賜之。有集二十卷。

子公綽、公弼、公著、公孺。公著自有傳。

公綽字仲裕，蔭補將作監丞、知陳留縣。天聖中，爲館閣對讀。召試，直集賢院，辭，改校理，遷太子中允。夷簡罷相，復爲直集賢院、同管勾國子監，出知鄭州。嘗問民疾苦，父老曰：「官籍民產，第賦役重輕，至不敢多畜牛，田疇久蕪穢。」公綽爲奏之，自是牛不入籍。

還判吏部南曹，累遷太常博士、同判太常寺。請復太醫局，及請設令、丞、府史如天官醫師。鈞容直假太常旌纛、羽籥，爲優人戲，公綽執不可，遂罷之。

糾察在京刑獄。虎翼卒劉慶告變，下吏案驗，乃慶始謀，衆不從，慶反誣衆以邀賞。因言：「京師衞兵百萬，不痛懲之，則衆心搖。」遂斬慶以徇。遷尚書工部員外郎，爲史館修撰。時夷簡雖謝事，猶領國史，公綽辭修撰。夷簡薨，還兵部員外郎，復爲修撰。服除，復同判太常寺兼提舉修祭器。

公綽以郊廟祭器未完，制度多違禮，請悉更造。故事，薦新諸物，禮官議定迺薦，或後時陳敗。公綽採月令諸書，以四時新物及所當薦者，配合爲圖。又以歲大、中、小祠凡六十一，禘祫二，祼獻興俯，玉帛尊彝，菁茆醯醢，鍾石歌奏，集爲郊祀總儀上之。又言：「古者，天地、宗廟、日月、五方、百神之祀，咸有尊罍，五齊三酒，分實其中，加明水、明酒，以達陰陽之氣。今有司徒設尊罍，而酌用一尊，非禮神之意。宜按周禮實齊酒，取火於日，取水於月，因天地之潔氣。」又言：「祖宗配郊，當正位，今側鄉之，非所以示尊嚴也。」初，謚諸后，皆繫祖宗謚，而眞宗五后獨曰『莊』。公綽曰：「婦人從夫之謚，眞宗謚章聖，而后曰『莊』，非禮也，願更爲『章』。」多施行之。



歷知制誥、龍圖閣直學士、集賢殿修撰、知永興軍，改樞密直學士、知秦州。安遠砦、古渭州諸羌來獻地，公綽顧其屬曰：「天下之大，豈利區落尺寸地以爲廣邪？」卻之。弓箭手馬多闕，公綽諭諸砦戶爲三等，凡十丁爲社，至秋成，募出金帛市馬，馬少，則先後給之。祀明堂，遷刑部郎中，召爲龍圖閣學士、權知開封府。歲餘，願罷府事，進翰林侍讀學士、知審刑院兼判太常寺。

初，公綽在開封府，宰相龐籍外屬道士趙清貺受賂，杖脊道死。至是，御史以爲公綽受籍旨，杖殺清貺以滅口，左遷龍圖閣學士、知徐州。方杖清貺時，實非公綽所臨。頃之，公綽亦自辨，復侍讀學士，徙河陽，留侍經筵。時久不雨，帝顧問：「何以致雨？」曰：「獄久不決，卽有冤者，故多旱。」帝親慮囚，已而大雨。遷右司郎中，未拜，卒。贈左諫議大夫。

公綽通敏有才，父執政時，多涉干請，喜名好進者趨之。嘗漏洩除拜以市恩，時人比之竇申。

公弼字寶臣。賜進士出身，積遷直史館、河北轉運使。自寶元、慶曆以來，宿師備邊。既西北撤警，而將屯如故，民疲餽餉。公弼始通御河，漕粟實塞下；冶鐵以助經費；移近邊屯兵就食京東；增城卒，給板築；蠲冗賦及民逋數百萬。夷簡之亡也，仁宗思之，問知公弼名，識于殿柱。至是，益材其爲。擢都轉運使，加龍圖閣直學士、知瀛州，入權開封府。



嘗奏事退，帝目送之，謂宰相曰：「公弼甚似其父。」

改同羣牧使，以樞密直學士知渭、延二州，徙成都府。其治尚寬，人疑少威斷。營卒犯法當杖，扞不受，曰：「寧以劍死。」公弼曰：「杖者國法，劍汝自請。」杖而後斬之，軍府肅然。英宗罷三司使蔡襄，召公弼代之。初，公弼在羣牧時，帝居藩，得賜馬頗劣，欲易不可。至是，帝謂曰：「卿曩歲不與朕馬，是時固已知卿矣。蔡襄主計，訴訟不時決，故多留事。卿繼其後，將何以處之？」公弼頓首謝，對曰：「襄勤於事，未嘗有曠失，恐言之者妄耳。」帝以爲長者。

拜樞密副使。時言事者數與大臣異議去，公弼諫曰：「諫官、御史，爲陛下耳目，執政爲股肱。股肱耳目，必相爲用，然後身安而元首尊。宜考言觀事，視其所以而進退之。」彗出營室，帝憂之，同列請飭邊備。公弼曰：「彗非小變，陛下宜側身修德，以應天戒，臣恐患不在邊也。」

神宗立，司馬光劾內侍高居簡，帝未決。公弼曰：「光與居簡，勢不兩立。居簡，內臣耳，而光中執法，願陛下擇其重者。」帝曰：「然則當奈何？」公弼曰：「遷居簡一官，而解其近職，光當無爭。」從之。進樞密使。議者欲併環慶、鄜延爲一路，公弼曰：「自白草西抵定遠，中間相去千里，若合爲一路，猝有緩急，將何以應？」又欲下邊臣使議之，公弼曰：「廟堂之上不處決，而諉邊吏，可乎？」乃止。



王安石知政事，嫌公弼不附己，白用其弟公著爲御史中丞以偪之。公弼不自安，立上章避位，不許。陳升之建議，衞兵年四十以上，稍不中程者，減其牢廩，徙之淮南。公弼以爲非人情，帝曰：「是當退爲剩員者，今故爲優假，何所害？」對曰：「臣不敢生事邀名，正恐誤國耳。既使去本土，又削其廩，儻二十萬衆皆反側，爲之奈何？」韓絳議復肉刑，公弼力陳不可，帝皆爲之止。

安石立新法，公弼數言宜務安靜，又將疏論之。從孫嘉問竊其稿示安石，安石先白之，帝不樂，遂罷爲觀文殿學士、知太原府。韓絳宣撫秦、晉，將取囉兀城，令河東發兵二萬，趣神堂新路。公弼曰：「虜必設覆以待我。永和關雖回遠，可安行無患。」乃由永和。既而新路援兵果遇覆，詔褒之。麟州無井，唯沙泉在城外，欲拓城包之，而土善陷，夏人每至圍城，人皆憂渴死。公弼用其僚鄧子喬計，做古拔軸法，去其沙，實以末炭，墐土於其上，板築立，遂包泉於中。自是城堅不陷，而州得以守。

俄以疾，請知鄭州。王韶取熙河，朝廷謀秦鳳帥，帝曰：「公弼在河東，方出師倉卒時，有綏御之能，宜使往。」乃拜宣徽南院使、判秦州。帝疑其不肯行，公弼聞命卽治裝，帝喜，召之入對，慰勞而遣之。既赴鎭，羌董氈輒治書稱敕，公弼卻之，曰：「藩臣安得妄稱敕？」董氈懼，自是不復敢。纔旬月，復以疾求解，爲西太一宮使。薨，年六十七。贈太尉，謚曰惠穆。

公孺字稚卿。任爲奉禮郎，賜進士出身，判吏部南曹。占對詳敏，仁宗以爲可用。知澤、潁、廬、常四州，提點福建、河北路刑獄，入爲開封府推官。民鬻薪爲盜所奪，逐之遭傷，尹包拯命笞盜。公孺曰：「盜而傷主，法不止笞。」執不從，拯善其守。及使三司，而公孺爲判官，事皆咨決之。判都水監，未幾，改陝西轉運使。

神宗得綏州，遣使議守棄之便，久未決。命公孺往，與郭逵議合，遂存綏州。常平法行，公孺請以青苗、免役歸提刑司。徙知渭州，再徙鄆州。坐失入死刑，責知蔡州。

元豐初，帝召公孺，慰之曰：「長安謀帥，無以易卿。」命知永興軍。徙河陽，洛口兵千人，以久役思歸，奮斧鍤排關，不得入，西走河橋，觀聽洶洶。諸將請出兵掩擊，公孺曰：「此皆亡命，急之，變且生。」即乘馬東去，遣牙兵數人迎諭之曰：「汝輩誠勞苦，然豈得擅還？一度橋，則罪不赦矣！太守在此，願自首者止道左。」皆佇立以俟。公孺索倡首者，黥一人，餘復送役所。語其校曰：「若復偃蹇者，斬而後報。」衆帖息。乃自劾專命，詔釋之。

知審官東院，出知秦州。李憲以詔出兵，欲盡駐原、渭，公孺不可，與憲相論奏，坐徙相州，更陳、杭、鄭、瀛四州。元祐初，加龍圖閣直學士，復以爲秦州，固辭，改祕書監。遷刑部侍郎、知開封府，爲政明恕。幕人遷黼坐設，毀其角，法當徙，公孺請罪，數十人皆以杖免。原



廟亡珠，繫治典吏久，公孺曰：「主者番代不一，曷嘗以珠數相授受，歲時諱日，宮嬪狎至，奈何顯指吏卒乎？」請之，得釋。擢戶部尚書，以病，提舉醴泉觀。卒，年七十。贈右光祿大夫。公孺廉儉，與人寡合。嘗護曹佾喪，得厚餉，辭不受，談者清其節焉。

張士遜字順之。祖裕，嘗主陰城鹽院，因家陰城。士遜生百日始啼。淳化中，舉進士，調鄖鄉主簿，遷射洪令。轉運使檄移士遜治郪，民遮馬首不得去，因聽還射洪。安撫使至梓州，問屬吏能否，知州張雍曰：「射洪令，第一也。」改襄陽令，爲祕書省著作佐郎、知邵武縣，以寬厚得民。前治射洪，以旱，禱雨白崖山陸使君祠〔四〕，尋大雨，士遜立廷中，須雨足乃去。至是，邵武旱，禱歐陽太守廟，廟去城過一舍，士遜徹蓋，雨霑足始歸。改祕書丞、監折中倉，歷御史臺推直官。

翰林學士楊億薦爲監察御史。貢舉初用糊名法，士遜爲諸科巡鋪官，以進士有姻黨，士遜請避去，眞宗記名于御屏，自是有親嫌者皆移試，著爲令。中書擬人充江南轉運使，再擬輒見卻，帝獨用士遜。再遷侍御史，徙廣東，又徙河北。河侵棣州，詔徙州陽信，議者患糧多，不可遷。士遜視瀕河數州方艱食，即計餘以貸貧者，期來歲輸陽信，公私利之。



仁宗出閤，帝選僚佐，謂宰臣曰：「翊善、記室，府屬也，王皆受拜。今王尙少，宜以士遜爲友，令王答拜。」於是以戶部郎中直昭文館，爲壽春郡王友，改昇王府諮議參軍，遷右諫議大夫兼太子右庶子，改左庶子。士遜言：「詣資善堂，升階列拜，而皇太子猶跪受，宜詔皇太子坐受之。」帝不許。詔士遜等遇太子侍駕出入許陪從。判史館，知審刑院，以太子賓客、樞密直學士判集賢院。既而二府大臣皆領東宮官，遂換太子詹事，擢樞密副使，遷給事中兼詹事，累遷尙書左丞，遂拜禮部尙書、同中書門下平章事、集賢殿大學士。

曹汭獄事起，宦者羅崇勳、江德明方用事，因譖利用。帝疑之，問執政，衆顧望未有對者。士遜徐曰：「此獨不肖子爲之，利用大臣，宜不知狀。」太后怒，將罷士遜。帝以其東宮舊臣，加刑部尙書、知江寧府，解通犀帶賜之。後領定國軍節度使、知許州。

明道初，復入相，進中書侍郎兼兵部尙書。明年，進門下侍郎、昭文館大學士、監修國史。是歲旱蝗，士遜請如漢故事册免，不許。及帝自損尊號，士遜又請降官一等，以荅天變，帝慰勉之。羣臣上章懿謚册，退而入慰，士遜與同列過楊崇勳園飲，日中不至。御史中丞范諷劾士遜，以尙書左僕射判河南府，崇勳亦以使相判許州。翌日入謝，班崇勳下。帝問其故，士遜曰：「崇勳爲使相，臣官僕射，位當下。」遂爲山南東道節度使、同中書門下平章事、判許州，以崇勳知陳州。時士遜罷已累日，制猶用宰相銜，有司但奉行制書，不復追改。徙河南府。



寶元初，復以門下侍郎、兵部尙書入相，封郢國公。士遜與輔臣奏事，帝從容曰：「朕昨放宮人，不獨閔幽閉，亦省浮費也。近復有獻孿女者，朕卻而弗受。」士遜曰：「此盛德事也。」帝徐曰：「近言者至有毀大臣、揭君過者。」士遜曰：「陛下審察邪正，則憸許之人，宜自戒懼矣。」馮士元獄既具，帝以決獄問士遜。士遜曰：「臺獄阿徇，非出自宸斷，何以厭中外之論邪。」帝曰：「君子小人各有黨乎？」士遜曰：「有之，第公私不同爾。」帝曰：「法令必行，邪正有別，則朝綱舉矣。」

康定初，士遜言禁兵久戍邊，其家在京師，有不能自存者。帝命內侍條指揮使以下爲差等，出內藏緡錢十萬賜之。士遜又請遣使安撫陝西，帝命遣知制誥韓琦以行。於是詔樞密院，自今邊事，並與士遜等參議。及簡輦官爲禁軍，輦官攜妻子遮宰相、樞密院喧訴，士遜方朝，馬驚墮地。時朝廷多事，士遜亡所建明，諫官韓琦論曰：「政事府豈養病之地邪。」士遜不自安，累上章請老，迺拜太傅，封鄧國公致仕。詔朔望朝見及大朝會，綴中書門下班，與一子五品服。士遜辭朔望。間遣中使勞問，御書飛白「千歲」字賜之，士遜因建千歲堂。嘗請買城南官園，帝以賜士遜。宰相得謝，蓋自士遜始。就第凡十年，卒，年八十六。帝臨奠，贈太師、中書令，謚文懿，御篆其墓碑曰「舊德之碑」。

士遜生七日，喪母，其姑育養之。既長，事姑孝謹，姑亡，爲行服，徒跣扶柩以葬，追封

南陽縣太君。初，陳堯佐罷參知政事，人有挾怨告堯佐謀反，復有誣諫官陰附宗室者。士遜曰：「憸人構陷善良，以搖朝廷，姦僞一開，亦不能自保矣。」帝悟，抵告者以罪，誣諫官事亦不下。然曹利用在樞府，藉寵肆威，士遜居其間，無所可否，時人以「和鼓」目之。士遜嘗納女口宮中，爲御史楊偕所劾。

子友直字益之。初補將作監主簿，再遷爲丞。士遜爲請館閣校勘，仁宗曰：「館閣所以待英俊，不可。」乃令館閣讀書，詔校勘毋得增員。後編三館書籍，遷祕閣校理、同知禮院，賜進士出身，知襄州。坐軍賊張海剽刼不能制，罷歸。後除史館修撰，御史何郯言：「史館修撰，故事，皆試知制誥，友直不當得。」改集賢殿修撰。以天章閣待制知陝州，同勾當三班院。侍宴集英殿，猶衣緋衣，仁宗顧見之，迺賜金紫。累遷工部郎中、知越州。州民每春斂財，大集僧道士女，謂之「祭天」，友直下令禁絕，取所斂財，建學以延諸生。卒官。士遜嘗記帝東宮舊事，而史官未之見，友直纂爲資善錄上之。

幼子友正字義祖，杜門不治家事，居小閣學書，積三十年不輟，遂以書名。神宗評其草書，爲本朝第一。





論曰：呂夷簡、張士遜皆以儒學起家，列位輔弼。仁宗之世，天下承平，因時制官，濟以寬厚，相臣預有力焉。士遜練習民事，風蹟可紀，而依違曹利用以取譏。方夷簡在下僚，諸父蒙正以宰相才期之。及其爲相，深謀遠慮，有古大臣之度焉。在位日久，頗務收恩避怨，以固權利，郭后之廢，遂成其君之過舉，咎莫大焉。雖然，呂氏更執國政，三世四人，世家之盛，則未之有也。

## 校勘記

〔一〕成武　二字原倒。本書卷八五地理志單州有成武縣，無「武成」地名，據司馬光溫國文正司馬公文集卷七六龐籍墓誌銘、王珪華陽集卷三五龐籍神道碑乙正。

〔二〕作坊物料庫　「物料」二字原倒，據本書卷一六五職官志、宋會要食貨五二之四乙正。

〔三〕玉象　原作「玉像」，據隆平集卷五、東都事略卷五六本傳改。

〔四〕陸使君祠　「使」原作「史」，胡宿文恭集卷四〇張士遜行狀作「使」。「使君」爲州郡長官的尊稱，此處的陸使君指唐陸弼，長編卷八一：「唐瀘州刺史陸弼，有廟在射洪縣之白崖山。」卽此。行狀是，據改。

# 宋史卷三百一十二

## 列傳第七十一

韓琦 子忠彥　曾公亮 子孝寬 孝廣 孝蘊　陳升之　吳充
王珪 從父罕 從兄琪

韓琦字稚圭，相州安陽人。父國華，自有傳。琦風骨秀異，弱冠舉進士，名在第二。方唱名，太史奏日下五色雲見，左右皆賀。授將作監丞、通判淄州，入直集賢院、監左藏庫。時方貴高科，多徑去爲顯職，琦獨滯筦庫，衆以爲非宜，琦處之自若。禁中需金帛，皆內臣直批旨取之，無印可驗，琦請復舊制，置傳宣合同司，以相防察。又每綱運至，必俟內臣監涖，始得受，往往數日不至，暴露廡下。衙校以爲病，琦奏罷之。

歷開封府推官、三司度支判官，拜右司諫。時宰相王隨、陳堯佐，參知政事韓億、石中立，在中書罕所建明，琦連疏其過，四人同日罷。又請停內降，抑僥倖。凡事有不便，未嘗





不言，每以明得失、正紀綱、親忠直、遠邪佞爲急，前後七十餘疏。王曾爲相，謂之曰：「今言者不激，則多畏顧，何補上德？如君言，可謂切而不迂矣。」曾聞望方崇，罕所獎與，琦聞其語，益自信。權知制誥。

益、利歲饑，爲體量安撫使。異時郡縣督賦調繁急，市上供綺繡諸物不予直，琦爲緩調蠲給之，逐貪殘不職吏，汰冗役數百，活飢民百九十萬。趙元昊反，琦適自蜀歸，論西師形勢甚悉，卽命爲陝西安撫使。劉平與賊戰，敗，爲所執，時宰入他誣，收繫平子弟，琦辨直其冤。

進樞密直學士，副夏竦爲經略安撫、招討使。詔遣使督出兵，琦亦欲先發以制賊，而合府固爭，元昊遂寇鎮戎。琦畫攻守二策馳入奏，仁宗欲用攻策，執政者難之。琦言：「元昊雖傾國入寇，衆不過四五萬人，吾逐路重兵自爲守，勢分力弱，遇敵輒不支。若併出一道，鼓行而前，乘賊驕惰，破之必矣。」乃詔鄜延、涇原同出征。既還營，元昊來求盟。琦曰：「無約而請和者，謀也。」命諸將戒嚴，賊果犯山外。琦悉兵付大將任福，令自懷遠城趨德勝砦出賊後，如未可戰，卽據險置伏，要其歸。及行，戒之至再。又移檄申約，苟違節度，雖有功，亦斬。福竟爲賊誘，沒于好水川。竦使人收散兵，得琦檄於福衣帶間，言罪不在琦。琦亦上章自劾，猶奪一官，知秦州，尋復之。

會四路置帥，以琦兼秦鳳經略安撫、招討使〔二〕。慶曆二年，與三帥皆換觀察使，范仲淹、龐籍、王沿不肯拜，琦獨受不辭。未幾，還舊職，爲陝西四路經略安撫、招討使，屯涇州。琦與范仲淹在兵間久，名重一時，人心歸之，朝廷倚以爲重，故天下稱爲「韓范」。東兵從宿衞來，不習勞苦，琦奏增土兵以代戍，建德順軍以蔽蕭關、鳴沙之道。方謀取橫山，規河南，而元昊稱臣，召爲樞密副使。

元昊介契丹爲援，強邀索無厭，宰相晏殊等厭兵，將一切從之。琦陳其不便，條所宜先行者七事：一曰清政本，二曰念邊計，三曰擢材賢，四曰備河北，五曰固河東，六曰收民心，七曰營洛邑。繼又陳救弊八事，欲選將帥，明按察，豐財利，遏僥倖，進能吏，退不才，謹入官，去冗食。謂：「數者之舉，謗必隨之，願委計輔臣，聽其注措。」帝悉嘉納。遂宣撫陝西，討平羣盜張海、郭邈山；禁卒羸老不任用者，悉汰之；盡修鄜延城障，須敵悉歸所侵地，乃許和。歸陳西北四策，以爲：「今當以和好爲權宜，戰守爲實務。請繕甲厲兵，營修都城，密定討伐之計。」

時二府合班奏事，琦必盡言，雖事屬中書，亦指陳其實。同列或不悅，帝獨識之，曰：「韓琦性直。」琦與范仲淹、富弼皆以海內人望，同時登用，中外跂想其勳業。仲淹等亦以天下爲己任，羣小不便之，毀言日聞。仲淹、弼繼罷，琦爲辨析，不報。尹洙與劉滬爭城水洛



事，琦右洙，朝論不謂然。乃請外，以資政殿學士知揚州，徙鄆州、成德軍、定州。兼安撫使，進大學士，又加觀文殿學士。

初，定州兵狃平貝州功，需賞賚，出怨語，至欲謀城下。琦聞之，以爲不治且亂，用軍制勒習，誅其尤無良者。士死攻戰，則賞賻其家，籍其孤嫠繼廩之，威恩並行。又倣古三陣法，日月訓齊之，由是中山兵精勁冠河朔。京師發龍猛卒戍保州，在道爲人害，至定，琦悉留不遣，易素教者使之北，又振活飢民數百萬。璽書褒激，鄰道視以爲準。

拜武康軍節度使、知并州。承受廖浩然，怙中貴勢貪恣，既誣逐前帥李昭亮，所爲益不法，琦奏還之，帝命鞭諸本省。契丹冒占天池廟地，琦召其酋豪，示以曩日彼所求修廟檄，無以對，遂歸我斥地。既又侵耕陽武砦地，琦鑿塹立石以限之。始，潘美鎮河東，患寇鈔，令民悉內徙，而空塞下不耕，於是忻、代、寧化、火山之北多廢壤。琦以爲此皆良田，今棄不耕，適足以資敵，將皆爲所有矣。遂請距北界十里爲禁地，其南則募弓箭手居之，墾田至九千六百頃。久之，求知相州。

嘉祐元年，召爲三司使，未至，迎拜樞密使。三年六月，拜同中書門下平章事、集賢殿大學士。六年閏八月，遷昭文館大學士、監修國史，封儀國公。帝既連失三王，自至和中得疾，不能御殿。中外惴恐，臣下爭以立嗣固根本爲言，包拯、范鎮尤激切。積五六歲，依



違未之行，言者亦稍怠。至是，琦乘間進曰：「皇嗣者，天下安危之所係。自昔禍亂之起，皆由策不早定。陛下春秋高，未有建立，何不擇宗室之賢者，以爲宗廟社稷計？」帝曰：「後宮將有就館者，姑待之。」已又生女。一日，琦懷漢書孔光傳以進，曰：「成帝無嗣，立弟之子。彼中材之主，猶能如是，況陛下乎。願以太祖之心爲心，則無不可者。」又與曾公亮、張昪、歐陽脩極言之。會司馬光、呂誨皆有請，琦進讀二疏，未及有所啓，帝遽曰：「朕有意久矣，誰可者？」琦皇恐對曰：「此非臣輩所可議，當出自聖擇。」帝曰：「宮中嘗養二子，小者甚純，近不慧，大者可也。」琦請其名，帝以宗實告。宗實，英宗舊名也。琦等遂力贊之，議乃定。

英宗居濮王喪，議起知宗正。琦曰：「事若行，不可中止。陛下斷自不疑，乞內中批出。」帝意不欲宮人知，曰：「只中書行足矣。」命下，英宗固辭。帝復問琦，琦對曰：「陛下既知其賢而選之，今不敢遽當，蓋器識遠大，所以爲賢也。願固起之。」英宗既終喪，猶堅臥不起。琦言：「宗正之命初出，外人皆知必爲皇子，不若遂正其名。」乃下詔立爲皇子。明年，英宗嗣位，以琦爲仁宗山陵使，加門下侍郎，進封衞國公。

琦既輔立英宗，門人親客，或從容語及定策事，琦必正色曰：「此仁宗聖德神斷，爲天下計，皇太后內助之力，臣子何與焉。」英宗暴得疾，太后垂簾聽政。帝疾甚，舉措或改常度，



遇宦官尤少恩。左右多不悅者，乃共爲讒間，兩宮遂成隙。琦與歐陽脩奏事簾前，太后嗚咽流涕，具道所以。琦曰：「此病固爾，病已，必不然。子疾，母可不容之乎？」脩亦委曲進言，太后意稍和，久之而罷。後數日，琦獨見上，上曰：「太后待我無恩。」琦對曰：「自古聖帝明王，不爲少矣。然獨稱舜爲大孝，豈其餘盡不孝耶？父母慈愛而子孝，此常事不足道；惟父母不慈，而子不失孝，乃爲可稱。但恐陛下事之未至爾，父母豈有不慈者哉。」帝大感悟。及疾愈，琦請乘輿因禱雨具素服以出，人情乃安。太后還政，拜琦右僕射，封魏國公。

夏人寇大順，琦議停歲賜，絕和市，遣使問罪。樞密使文彥博難之，或舉寶元、康定事，琦曰：「諒祚，狂童也，非有元昊智計，而邊備過當時遠甚。亟詰之，必服。」既而諒祚上表謝，帝顧琦曰：「一如所料。」帝寢疾，琦入問起居，言曰：「陛下久不視朝，願早建儲，以安社稷。」帝頷之，卽召學士草制，立潁王。

神宗立，拜司空兼侍中，爲英宗山陵使。琦執政三世，或病其專。御史中丞王陶劾琦不赴文德殿押班爲跋扈。琦請去，帝爲黜陶。永厚陵復土，琦不復入中書，堅辭位。除鎮安武勝軍節度使、司徒兼侍中、判相州。入對，帝泣曰：「侍中必欲去，今日已降制矣。」賜興道坊宅一區，擢其子忠彥祕閣校理。琦辭兩鎮，乃但領淮南。

會种諤擅取綏州，西邊俶擾，改判永興軍，經略陝西。琦言：「邊臣肆意妄作，棄約甚

亂，願召二府亟決之。」琦入辭，曾公亮等方奏事，乞與琦同議。帝召之，琦曰：「臣前日備員政府，所當共議。今日，藩臣也，不敢預聞。」又言：「王陶指臣爲跋扈，今陛下乃舉陝西兵柄授臣，復有劾臣如陶者，則臣赤族矣。」帝曰：「侍中猶未知朕意邪？」琦初言綏州不當取，已而夏人誘殺楊定，琦復言：「賊旣如此，綏今不可棄。」樞密院以初議詰之，琦具論其故，卒存之。

熙寧元年七月，復請相州以歸。河北地震、河決，徙判大名府，充安撫使，得便宜從事。王安石用事，出常平使者散青苗錢，琦亟言之。帝袖其疏以示宰臣，曰：「琦眞忠臣，雖在外，不忘王室。朕始謂可以利民，今乃害民如此。且坊郭安得青苗，而亦強與之乎？」安石勃然進曰：「苟從其欲，雖坊郭何害。」明日，稱疾不出。當是時，新法幾罷，安石復出，持前議益堅。琦又懇奏，安石下之條例司，令其屬疏駮，刊石頒天下。琦申辨愈切，不克從。於是請解四路安撫使，止領一路，安石欲沮琦，卽從之。六年，還判相州。

契丹來求代北地，帝手詔訪琦，琦奏言：

臣觀近年以來，朝廷舉事，似不以大敵爲恤。彼見形生疑，必謂我有圖復燕南意，故引先發制人之說，造爲釁端。所以致疑，其事有七：高麗臣屬北方，久絕朝貢，乃因商舶誘之使來，契丹知之，必謂將以圖我。一也。強取吐蕃之地以建熙河，契丹聞之，必謂行將及我。二也。遍植楡柳於西山，冀其成長以制蕃騎。三也。創團保甲。四也。諸州築城鑿池。五也。置都作院，頒弓刀新式，大作戰車。六也。置河北三十七將。七也。契丹素爲敵國，因事起疑，不得不然。

臣昔年論靑苗錢事，言者輒肆厚誣，非陛下之明，幾及大戮。自此，聞新法日下，不敢復言。今親被詔問，事係安危，言及而隱，死有餘罪。臣嘗竊計，始爲陛下謀者，必曰治國之本，當先聚財積穀，募兵於民，則可以鞭笞四夷。故散青苗錢，使民出利；爲免役之法，次第取錢；迨置市易務，而小商細民，無所措手。新制日下，更改無常，官吏茫然，不能詳記，監司督責，以刻爲明。今農怨於畎畝，商歎於道路，長吏不安其職，陛下不盡知也。夫欲攘斥四夷，以興太平，而先使邦本困搖，衆心離怨，此則爲陛下始謀者大誤也。

臣今爲陛下計，謂宜遣使報聘，具言向來興作，乃修備之常，豈有他意；疆土素定，悉如舊境，不可持此造端，以隳累世之好。以可疑之形，如將官之類，因而罷去。益養民愛力，選賢任能，疏遠奸諛，進用忠鯁，使天下悅服，邊備日充。若其果自敗盟，則可一振威武，恢復故疆，攄累朝之宿憤矣。

疏上，會安石再入相，悉以所爭地與契丹，東西七百里，論者惜之。八年，換節永興軍，再任，未拜而薨，年六十八。前一夕，大星隕于治所，櫪馬皆驚。帝發哀苑中，哭之慟。輟朝三日，賜銀三千兩，絹三千匹，發兩河卒爲治冢，篆其碑曰「兩朝顧命定策元勳」。贈尙書令，謚曰忠獻，配享英宗廟庭。常令其子若孫一人官于相，以護丘墓。故事，三省長官，惟尙書令爲尤重，贈者必兼他官。至琦，乃單贈。後又詔，雖嘗追策，不復更加師保，蓋貴之也。

琦蚤有盛名，識量英偉，臨事喜慍不見于色，論者以重厚比周勃，政事比姚崇。其爲學士臨邊，年甫三十，天下已稱爲韓公。嘉祐、治平間，再決大策，以安社稷。當是時，朝廷多故，琦處危疑之際，知無不爲。或諫曰：「公所爲誠善，萬一蹉跌，豈惟身不自保，恐家無處所。」琦歎曰：「是何言也。人臣盡力事君，死生以之。至於成敗，天也，豈可豫憂其不濟，遂輟不爲哉。」聞者愧服。在魏都久，遼使每過，移牒必書名，曰：「以韓公在此故也。」忠彥使遼，遼主問知其貌類父，卽命工圖之，其見重於外國也如此。

琦天資朴忠，折節下士，無貴賤，禮之如一。尤以獎拔人才爲急，儻公論所與，雖意所不悅，亦收用之，故得人爲多。選飭羣司，皆使奉法循理。其所建請，第顧義所在，無適莫心。在相位時，王安石有盛名，或以爲可用，琦獨不然之。及守相，陛辭，神宗曰：「卿去，誰可屬國者，王安石何如？」琦曰：「安石爲翰林學士則有餘，處輔弼之地則不可。」上不答。

其鎭大名也，魏人爲立生祠。相人愛之如父母，有鬥訟，傳相勸止，曰：「勿撓吾侍中也。」與富弼齊名，號稱賢相，人謂之「富韓」云。徽宗追論琦定策勳，贈魏郡王。子五人：忠彥、端彥、純彥、粹彥、嘉彥。端彥右贊善大夫。純彥官至徽猷閣直學士。粹彥爲吏部侍郎，終龍圖閣學士。嘉彥尙神宗女齊國公主〔二〕，拜駙馬都尉，終瀛海軍承宣使。

忠彥字師朴，少以父任，爲將作監簿，復舉進士。琦罷政，忠彥以祕書丞召試館職，除校理、同知太常禮院，爲開封府判官、三司鹽鐵判官。出通判永寧軍，召還，爲戶部判官。琦薨，服除，爲直龍圖閣，擢天章閣〔三〕待制、知瀛州。朝廷以夏人囚廢其主秉常，用兵西方，旣下米脂等城砦數十，夏人求救于遼，遼人移書繼至。會遣使賀遼主生辰，神宗以命忠彥，遂以給事中奉使。遼遣趙資睦迓之，語及西事，忠彥曰：「此小役也，何問爲？」遼主使其臣王言敷燕于館，言敷問：「夏國胡罪，而中國兵不解？無失兩朝之懽，則善矣。」忠彥曰：「問罪西夏，於二國之好何預乎？」

使還。時官制行，章惇爲門下侍郎，奏：「給事中東省屬官，封駮宜先稟而後上。」忠彥奏：「朝廷之事，執政之所行也。事當封駮，則與執政固已異矣，尙何稟議之有。」詔從其請。左僕射王珪爲南郊大禮使，事之當下者，自從其所畫旨。忠彥以官制駮之曰：「今事于南郊者，大禮使既不從中書旨，處分出一時者，又不從中書奏審。官制之行，曾未期月，而廟堂自渝之，後將若之何？」乃詔事無鉅細，必經三省而後行。拜禮部尚書，以樞密直學士知定州。

元祐中，召爲戶部尚書，擢尚書左丞。弟嘉彥尚主，改同知樞密院事，還知院事。哲宗親政，更用大臣，言者觀望，爭言垂簾時事。忠彥言：「昔仁宗始政，當時亦多譏斥章獻時事，仁宗惡其持情近薄，下詔戒飭。陛下能法仁祖用心，則善矣。」以觀文殿學士知眞定府，移定州。忠彥在西府，以用兵西方非是，願以所取之地棄還之，以息民力。至是，言者以爲言，降資政殿學士，改知大名府。徽宗卽位，以吏部尚書召拜門下侍郎。忠彥陳四事：一曰廣仁恩，二曰開言路，三曰去疑似，四曰戒用兵。踰月，拜尚書右僕射兼中書侍郎。上用忠彥言，數下詔蠲天下逋責，盡還流人而甄敍之，忠直敢言若知名之士，稍見收用。

進左僕射兼門下侍郎，封儀國公。而曾布爲右相，多不協，言事者助布排忠彥，以觀文殿大學士知大名府。又以欽聖欲復廢后，爲忠彥罪，再降太中大夫，懷州居住。又論忠彥在相位，不應棄湟州，謫崇信軍節度副使，濟州居住。逮復湟、鄯，又謫磁州團練副使。復太中大夫，遂以宣奉大夫致仕。卒，年七十二。子治，徽宗時，爲太僕少卿，出知相州。以疾丐祠，命其子肖胄代之，別有傳。



論曰：琦相三朝，立二帝，厥功大矣。當治平危疑之際，兩宮幾成嫌隙，琦處之裕如，卒安社稷，人服其量。歐陽脩稱其「臨大事，決大議，垂紳正笏，不動聲色，措天下於泰山之安，可謂社稷之臣」。豈不信哉！忠彥世濟其美，繼登相位，宜矣。

曾公亮字明仲，泉州晉江人。舉進士甲科，知會稽縣。民田鏡湖旁，每患湖溢。公亮立斗門，泄水入曹娥江，民受其利。坐父買田境中，謫監湖州酒。久之，爲國子監直講，改諸王府侍講。歲滿，當用故事試館職，獨獻所爲文，授集賢校理、天章閣侍講、修起居注。擢天章閣待制，賜金紫。先是，待制不改服。仁宗面錫之，曰：「朕自講席賜卿，所以尊寵儒臣也。」遂知制誥兼史館修撰，爲翰林學士、判三班院。三班吏叢猥，非賕謝不行，貴游子弟，多倚勢請謁。公亮擬前後章程，視以從事，吏不能舉手。以端明殿學士知鄭州，爲政有能聲，盜悉竄他境，至夜戶不閉。嘗有使客亡橐中物，移書詰盜，公亮報：「吾境不藏盜，殆從者之廋耳。」索之，果然。復入爲翰林學士、知開封府。未幾，擢給事中、參知政事。加禮部侍郎，除樞密使。嘉祐六年，拜吏部侍郎、同中書門下平章事、集賢殿大學士。



公亮明練文法，更踐久，習知朝廷臺閣典憲，首相韓琦每咨訪焉。仁宗末年，琦請建儲，與公亮等共定大議。密州民田產銀，或盜取之，大理當以彊。公亮曰：「此禁物也，取之雖彊，與盜物民家有間矣。」固爭之，遂下有司議，比劫禁物法，盜得不死。初，東州人多用此抵法，自是無死者。

契丹縱人漁界河，又數通鹽舟，吏不敢禁，皆謂：與之校，且生事。公亮言：「萌芽不禁，後將奈何？雄州趙滋勇而有謀，可任也。」使諭以指意，邊害訖息。英宗卽位，加中書侍郎兼禮部尚書，尋加戶部尚書。帝不豫，遼使至不能見，命公亮宴于館，使者不肯赴。公亮質之曰：「錫宴不赴，是不虔君命也。人主有疾，而必使親臨，處之安乎？」使者卽就席。神宗卽位，加門下侍郎兼吏部尚書。

熙寧二年，進昭文館大學士，累封魯國公。以老避位，三年九月，拜司空兼侍中、河陽三城節度使、集禧觀使。明年，起判永興軍。先是，慶卒叛，既伏誅，而餘黨越佚，自陝以西皆警備。閱義勇，益邊兵，移內地租賦，人情騷然。公亮一鎭以靜，次第奏罷之，專務裁抑冗費。長安豪喜造飛語，聲言營卒怨減削，謀以上元夜結外兵爲亂，邦人大恐。或勸毋出游，公亮不爲動，張燈縱觀，與賓佐竟夕乃歸。居一歲，還京師。旋以太傅〔四〕致仕。元豐元年卒，年八十。帝臨哭，輟朝三日，贈太師、中書令，謚曰宣靖，配享英宗廟庭。及葬，御



篆其碑首曰「兩朝顧命定策亞勳之碑」。

公亮方厚莊重，沈深周密，平居謹繩墨，蹈規矩；然性吝嗇，殖貨至鉅萬。帝嘗以方張安世。初薦王安石，及同輔政，知上方向之，陰爲子孫計，凡更張庶事，一切聽順，而外若不與之者。嘗遣子孝寬參其謀，至上前略無所異，於是帝益信任安石。安石德其助己，故引擢孝寬至樞密以報之。蘇軾嘗從容責公亮不能救正，公亮曰：「上與介甫如一人，此乃天也。」世譏其持祿固寵云。子孝寬，從子孝廣、孝蘊。

孝寬字令綽，以蔭知桐城縣。選知咸平縣，民詣府訴雨傷麥，府以妄杖之。孝寬躬行田，辨其實，得蠲賦。除祕閣修撰、提點開封府界鎭縣。

保甲法行，民相驚言且籍爲兵。知府韓維上言，乞候農隙行之。孝寬牓十七縣，揭賞告捕扇惑者，民兵不敢訴，維之言不得行。入知審官東院、判刑部。

熙寧五年，遷樞密都承旨，承旨用文臣，自孝寬始。擢拜樞密直學士、簽書樞密院。丁父憂，除喪，以端明殿學士知河陽，徙鄆。鄆有孟子廟，孝寬請於朝，得封鄒國公，配享孔子。連徙鎭，以吏部尚書召，道卒，年六十六。贈右光祿大夫。

孝廣字仲錫。元豐末，爲北外都水丞。元祐中，大臣議復河故道，召孝廣問之，言不可，出通判保州。久之，復爲都水丞。前此，班行使臣部木柹至者，須校驗無所失亡，乃得迻銓，監吏領賕謝，不時遣。孝廣治籍疏姓名，謹其去留，一歲中，歸選者百輩。

除京西轉運判官，入爲水部員外郎。河決內黃，詔孝廣行視，遂疏蘇村，鑿鉅野，導河北流，紓澶、滑、深、瀛之害。遷都水使者。洛水頻歲溢涌，浸齧北岸，孝廣按河隄，得廢澾口遺迹，曰：「此昔人所以殺水勢也。」卽日濬決之，累石爲防，自是無水患。出提點永興路刑獄，陝西、京西轉運副使，還爲左司郎中，擢戶部侍郎，進尙書。坐錢帛不給費，罷爲天章閣待制、知杭州。又以前聘契丹失奉使體，奪職。尋復之，移知潭州，加顯謨閣直學士、知鄆州。

孝廣與胡安國、鄒浩善，皆大觀中忤時相，御史論之，復奪職知饒州。踰年，徙廣州，歷成德軍、太原府，得故職以卒，年六十，贈正議大夫。孝廣涖官以嚴稱，獲盜，輒碎其手焉。

孝蘊字處善。紹聖中，管幹發運司糶糴事，建言揚之瓜洲，潤之京口，常之犇牛，易堰爲牐，以便漕運、商賈。既成，公私便之。提舉兩浙常平，改轉運判官，知臨江軍，召爲左司員外郎，遷起居舍人。





時京邑有盜，徽宗怒，期三日不獲，坐尹罪。孝蘊奏：「求盜急則遁益遠，小緩當自出。」從其言，得盜。崇寧建殿中省，擢爲監。居數月，言者論其與張商英善，以集賢殿修撰出知襄州，徙江浙荊淮發運。泗州議開直河，以避漲溢沙石之害，孝蘊以淮、汴不相接，不可成。既而工役大集，竟成之，策勳第賞，辭不受。未幾，河果塞。召爲戶部侍郎，帝嘗問右曹儲物幾何，疾作不能對。徙工部，以顯謨閣待制知杭州。其後坐累，連削黜，至貶安遠軍節度副使。

宣和二年，始復天章閣待制、知歙州。方臘起青溪，孝蘊約敕郡內，無得奔擾，分兵守阸塞，有避賊來歸者，獲罪，使出境，人稍恃以安。會移靑州，既行而歙陷，道改杭州，時賊已破杭，孝蘊單車至城下。城既克復，軍士多殺人，孝蘊下令，脅從者得自首，無輒殺，皆束手不敢驚。論功，進顯謨閣直學士，又加龍圖閣學士。卒，年六十五，贈通議大夫。

陳升之字暘叔，建州建陽人。舉進士，歷知封州、漢陽軍，入爲監察御史、右司諫，改起居舍人、知諫院。時俗好藏去交親尺牘，有訟，則轉相告言，有司據以推詰。升之謂：「此告訐之習也，請禁止之。」又言：「三館爲搢紳華途，近者用人益輕，遂爲貴游進取之階，請嚴其選。」詔自今臣僚乞子孫恩者，毋得除館閣。

著作佐郎王瓘遇殿帥郭承祐於道，訶怒不下馬，執送府。升之言，京官不宜爲節度使下馬，因劾承祐驕恣，解其任。張堯佐緣後宮親，爲三司使，尋爲宣徽使；內侍王守忠領兩鎭留後，求升正班；御史張昪補郡，久不召；彭思永論事，令窮問所從來；唐介擊宰相，斥嶺南：升之皆極諫。遷侍御史知雜事。凡任言責五年，所上數十百事，然持論不堅，以故不盡施用。

擢天章閣待制、河北都轉運使，知瀛州、眞定府，加龍圖閣直學士，復知諫院。上言：「天下州縣治否，朝廷不能周知，悉付之轉運使。今選用不精，又無考課，非闒滯罷懦，則淩肆刻薄，所以疾苦愁歎，壅於上聞。必欲垂意元元，宜從此始。」乃詔翰林學士承旨孫抃、權御史中丞張昪，與升之同領磨勘轉運使及提點刑獄功務。

升之初爲諫官時，嘗請抑絕內降，詔許有司執奏勿下。至是，申言之。詔委三省劾正其罪，仍揭於朝堂(五)。文彥博乞罷相，升之慮樞密使賈昌朝復用，疏論其邪，昌朝卒罷去。遷樞密直學士、知開封府。歲餘，拜樞密副使。於是諫官御史唐介、范師道、呂誨、趙抃、王陶交章論升之陰結宦者，故得大用。仁宗以示升之，升之丐去。帝謂輔臣曰：「朕選用執政，豈容內臣預議邪。」乃兩罷之。以升之爲資政殿學士、知定州，徙太原府。





治平二年，復拜樞密副使。神宗立，以母老請郡，爲觀文殿學士、知越州。熙寧元年，徙許，中道改大名府，過闕，留知樞密院。故事，樞密使與知院事不並置。時文彥博、呂公弼既爲使(六)，帝以升之三輔政，欲稍異其禮，故特命之。明年，同制置三司條例司，與王安石共事。數月，拜中書門下平章事、集賢殿大學士。升之既相，遂請免條例司，其說以爲宰相無所不統，所領職事，豈可稱司。安石曰：「古之六卿，卽今之執政，有司馬、司徒、司空，各名一職，何害於理？」升之曰：「若制置百司條例則可，但今制置三司一官，則不可。」由是忤安石，稱疾歸臥逾十旬，帝數敦諭，乃出。會母喪，去位；終制，召爲樞密使。足疾不能立朝，七年，冬祀，又不能相禮。拜鎭江軍節度使、同平章事、判揚州，封秀國公。卒，年六十九。贈太保、中書令，諡曰成肅。

升之深狡多數，善傅會以取富貴。王安石用事，患正論盈庭，引升之自助。升之心知其不可，而竭力爲之用，安石德之，故使先己爲相。甫得志，卽求解條例司，又時爲小異，陽若不與之同者。世以是譏之，謂之「筌相」。升之初名旭，避神宗嫌名，改焉。

吳充字沖卿，建州浦城人。未冠，舉進士，與兄育、京、方皆高第。調穀熟主簿，入爲國子監直講、吳王宮教授。等輩多與宗室狎，充齒最少，獨以嚴見憚，相率設席受經。充作六箴以獻，曰視，曰聽，曰好，曰學，曰進德，曰崇儉。仁宗命繕寫賜皇族，英宗在藩邸，書之坐右。

除集賢校理、判吏部南曹。選人胡宗堯者，翰林學士宿之子，坐小累，不得改京官。判銓歐陽脩爲之請，仇家譖脩以爲黨宿，詔出脩同州。充言：「脩以忠直擢侍從，不宜用讒逐。若以爲私，則臣願與脩同貶。」於是脩復留，而充改知太常禮院。張貴妃薨，治喪越式，判寺王洙命吏以印紙行文書，不令同僚知。充移開封治吏罪，忤執政意，出知高郵軍。還爲羣牧判官、開封府推官，歷知陝州，京西、淮南、河東轉運使。

英宗立，數問充所在，會入覲，語其爲吳王宮教授時事，嘉勞之。尋權鹽鐵副使。熙寧元年，知制誥。神宗諭以任用意，曰：「先帝知卿久矣。」遂同知諫院。言：「士大夫親沒，或藁殯數十年，傷敗風化，宜限期使葬。」詔著爲令。河北水災、地震，爲安撫使。使還，王安石參知政事，充子安持，其壻也，引嫌解諫職，知審刑院，權三司使，爲翰林學士。三年，拜樞密副使。王韶取洮州，蕃酋木征遁去，充請招還故地，縻以爵秩，使自領所部，永爲外臣，無庸列置郡縣，殫財屈力。時方以開拓付韶，充言不用。

八年，進檢校太傅、樞密使。充雖與安石連姻，而心不善其所爲，數爲帝言政事不便。





帝察其中立無與，欲相之，安石去，遂代爲同中書門下平章事、監修國史。充欲有所變革，乞召還司馬光、呂公著、韓維、蘇頌，乃薦孫覺、李常、程顥等數十人。光亦以充可告語，與之書曰：「自新法之行，中外洶洶。民困於煩苛，迫於誅斂，愁怨流離，轉死溝壑。日夜引領，冀朝廷覺悟，一變敝法，幾年于茲矣。今日救天下之急，苟不罷青苗、免役、保甲、市易，息征伐之謀，而欲求成效，猶惡湯之沸，而益薪鼓橐也。欲去此五者，必先別利害，以悟人主之心。欲悟人主之心，必先開言路。今病雖已深，猶未至膏肓，失今不治，遂爲痼疾矣。」充不能用。

王珪與充並相，忌充，陰掣其肘。而充素惡蔡確，確治相州獄，捕安持及親戚、官屬考治，欲鉤致充語，帝獨明其亡他。及確預政，充與議變法於前，數爲所詘。安南師出無功，知諫院張璪又謂充與郭逵書，止其進兵，復置獄。充既數遭同列困毀，素病瘤，積憂畏，疾益侵。元豐三年三月，輿歸第，罷爲觀文殿大學士、西太一宮使。踰月，卒，年六十。贈司空兼侍中，謚曰正憲。

充內行修飭，事兄甚謹。爲相務安靜。性沉密，對家人語，未嘗及國家事，所言於上，人莫知者。將終，戒妻子勿以私事干朝廷，帝益悲之。世謂充心正而力不足，譏其知不可而弗能勇退也。子安詩、安持。安詩在元祐時爲諫官、起居郎。安持爲都水使者，遷工部侍郎，終天章閣待制。安詩子儲、安持子侔，官皆員外郎，坐與妖人張懷素通謀，誅死。

王珪字禹玉，成都華陽人，後徙舒。曾祖永，事太宗爲右補闕。吳越納土，受命往均賦，至則悉除無名之算，民皆感泣。使還，或言其多弛賦租。帝詰之，對曰：「使新附之邦，蒙天子仁恩，臣雖得罪，死不恨。」帝大悅。

珪弱歲奇警，出語驚人。從兄琪讀其所賦，嗜曰：「騏驥方生，已有千里之志，但蘭筋未就耳。」舉進士甲科，通判揚州。吏民皆少珪，有大校嫚不謹，捽置之法。王倫犯淮南，珪議出郊掩擊之，賊遁去。召直集賢院，爲鹽鐵判官、修起居注。接伴契丹使，北使過魏，舊皆盛服入。至是，欲便服，妄云衣冠在後乘。珪命取授之，使者愧謝。遂爲賀正旦使。進知制誥、知審官院，爲翰林學士、知開封府。遭母憂，除喪，復爲學士，兼侍讀學士。

先是，三聖並侑南郊，而溫成廟享獻同太室。珪言：「三后並配，所以致孝也，而瀆乎饗帝。後宮有廟，所以廣恩也，而僭乎饗親。」於是專以太祖侑于郊，而改溫成廟爲祠殿。嘉祐立皇子，中書召珪作詔，珪曰：「此大事也，非面受旨不可。」明日請對，曰：「海內望此舉久矣，果出自聖意乎？」仁宗曰：「朕意決矣。」珪再拜賀，始退而草詔。歐陽脩聞而歎曰：「眞





學士也。」帝宴寶文閣，作飛白書分侍臣，命珪識歲月姓名。再宴羣玉，又使爲序，以所御筆、墨、牋、硯賜之。

英宗立，當撰先帝謚，珪言：「古者賤不誄貴，幼不誄長，故天子稱天以誄之，制謚於郊，若云受之於天者。近制，唯詞臣撰議，庶僚不得參聞，頗違稱天之義。請令兩制共議。」從之。濮王追崇典禮，珪與侍從、禮官合議宜稱皇伯，三夫人改封大國，執政不以爲然。其後三夫人之稱，卒如初議。始，珪之請對而作詔也，有密譖之者。英宗在位之四年，忽召至蘂珠殿，傳詔令兼端明殿學士，錫之盤龍金盆，諭之曰：「祕殿之職，非直器卿于翰墨間，二府員缺，卽出命矣。曩有讒口，朕今釋然無疑。」珪謝曰：「非陛下至明，臣死無日矣。」神宗卽位，遷學士承旨。珪典內外制十八年，最爲久次，嘗因展事齋宮，賦詩有所感，帝見而憐之。熙寧三年，拜參知政事。九年，進同中書門下平章事、集賢殿大學士。

元豐官制行，由禮部侍郎超授銀青光祿大夫。五年，正三省官名，拜尙書左僕射兼門下侍郎，以蔡確爲右僕射。先是，神宗謂執政曰：「官制將行，欲新舊人兩用之。」又曰：「御史大夫，非司馬光不可。」珪、確相顧失色。珪憂甚，不知所出。確曰：「陛下久欲收靈武，公能任責，則相位可保也。」珪喜，謝確。帝嘗欲召司馬光，珪薦俞充帥慶，使上平西夏策。珪意以爲既用兵深入，必不召光，雖召，將不至。已而光果不召。永樂之敗，死者十餘萬人，

實珪啓之。

八年，帝有疾，珪白皇太后，請立延安郡王爲太子。太子立，是爲哲宗。進珪金紫光祿大夫，封岐國公。五月，卒於位，年六十七。特輟朝五日，賻金帛五千，贈太師，謚曰文恭。賜壽昌甲第。

珪以文學進，流輩咸共推許。其文閎侈瓌麗，自成一家，朝廷大典策，多出其手，詞林稱之。然自執政至宰相，凡十六年，無所建明，率道諛將順。當時目爲「三旨相公」，以其上殿進呈，云「取聖旨」；上可否訖，云「領聖旨」；退諭稟事者，云「已得聖旨」也。紹聖中，邢恕謗起，黃履、葉祖洽、劉拯交論珪元豐末命事，以爲當時兩府大臣，嘗議奏請建儲，珪輒語李清臣云：「他自家事，外庭不當管。」恕又誘教高遵裕〔七〕子士京上奏，言珪欲立雍王，遣士京故兄士充，傳道言語於禁中。珪由是得罪，追貶萬安軍司戶參軍，削諸子籍。徽宗即位，還其官封。蔡京秉政，復奪贈謚。政和中，又復之。珪季父罕，從兄琪。

罕字師言，以蔭知宜興縣。縣多湖田，歲訴水，輕重失其平。罕躬至田處，列高下爲圖，明年訴牒至，按圖示之，某戶可免，某戶不可免，衆皆服。范仲淹在潤，奏下其式于諸道。西方用兵，仍年科箭羽于東南，價踊貴，富室至豫貯以待鬻。罕白郡守，倍其直市之，而令





民輸錢。旁州聞之，皆願如常州法。累遷戶部判官。修太宗別廟，中貴人大盧材，將一新之。罕白是特歲久丹漆黯闇，但當致飾耳，榱櫨皆如故，唯易一楹，省緡錢十萬。

出爲廣東轉運使。儂智高入寇，罕行部在潮，廣州守仲簡自圍中遺書邀罕，罕報曰：「吾家亦受困，非不欲歸，顧獨歸無益，當求所以相濟者。」遂還惠州。州之惡少年正相率爲盜，里落驚擾，惠人要罕出城，及郊，遮道求救護者數千計。罕擇父老可語者問以策，曰：「吾屬皆有田客，欲給以兵，使相保聚。」罕曰：「有田客者如是，得矣，無者奈何？」乃呼耆長發里民，補壯丁，每長二百人；又令邑尉增弓手二千。巳時下令，約申而集。募有方略者，許以官秩、金帛，使爲甲首。久之，無至者。有婦人訴爲僕奪釵珥，捕得之，并執奪攘者十八輩，皆梟首決口置道左，傳曰：「此耆長發爲壯丁不肯行者也。」觀者始有怖色。至期，得六百人，尉所部亦至。於是染庫帛爲旗，授之。剸牛革爲盾形，柔之湯中，每盾削竹籤十六，穿于革，以木爲鼻，使持之自蔽。斷苦竹數千，銛其末，使操爲兵。悉出公私戎器。檄告屬城，倣而行之。

數日，衆大振，向之惡少年，皆隸行伍，無敢動。乃簡卒三千，方舟建旗，伐鼓作樂，順流而下。將至廣，悉衆登岸，斬木爲鹿角，積高數仞，營于南門。智高戴黃蓋臨觀，相去三十步，見已嚴備，不敢犯。罕徐開門而入，智高遂解去。時南道郵驛斷絕，罕上事，不得通；而提點刑獄鮑軻遁處南雄，數具奏。及賊平，軻受賞，罕謫監信州酒。安撫使孫沔言罕實有功，復以爲西路轉運使。或傳智高不死，走火峒，儂宗旦據險聚衆，邕守蕭注謀擊之。罕呼宗旦子日新謂之曰：「汝父內爲交阯所仇，外爲邊將希賞之餌，非計也。汝歸報，擇利而爲之。」於是父子俱降。

徙知潭州。擢戶部、度支副使，復爲潭州。爲政務適人情，不加威罰。有狂婦數訴事，出言無章，却之則勃罵，前守每叱逐之。罕獨引至前，委曲徐問，久稍可曉，乃本爲人妻，無子，夫死，妾有子，遂逐婦而據家貲，屢訴不得直，因憤恚發狂。罕爲治妾而反其貲，婦良愈，郡人傳爲神明。監司上治狀，敕書褒諭，賜絹三百。徙知明州。以光祿卿卒，年八十。兄之子珪少孤，罕教養有恩，後珪貴，每予書，必以盛滿爲戒云。

琪字君玉，兒童時已能爲歌詩。起進士，調江都主簿。上時務十二事，請建義倉，置營田，減度僧，罷鬻爵，禁錦綺、珠貝，行鄉飲、籍田，復制科，興學校。仁宗嘉之，除館閣校勘、集賢校理。

帝宴太清樓，命館閣臣作山水石歌，琪獨蒙褒賞。詔通判舒州。歲饑，奏發廩救民，未報，先振以公租，守以下皆不聽，琪挺身任之。知復州，民毆佃客死，吏論如律。琪疑之，留





未決，已而新制下，凡如是者聽減死。歷開封府推官、直集賢院、兩浙淮南轉運使、修起居注、鹽鐵判官、判戶部勾院、知制誥。嘗入對便殿，帝從容謂曰：「卿雅有心計，若三司缺使，當無以易卿。」

會奉使契丹，因感疾還，上介誣其詐，責信州團練副使。久之，以龍圖閣待制知潤州。轉運使欲浚常、潤漕河，琪陳其不便，詔寢役。而後議者卒請廢古城埭，破古函管而浚之，河反狹，舟不得方行，公私交病。徙知江寧。先是，府多火災，或託以鬼神，人不敢救。琪召令廂邏，具爲作賞捕之法，未幾，得姦人，誅之，火患遂息。復知制誥，加樞密直學士、知鄧州，徙揚州，入判太常寺，又出知杭州，復爲揚州、潤州。以禮部侍郎致仕。卒，年七十二。

琪性孤介，不與時合。數臨東南名鎭，政尙簡靜。每疾俗吏飾廚傳以沽名譽，故待賓客頗闊略。間造飛語起謗，終不自恤。葬于眞州。詔眞、揚二州發卒護其窆，蓋異數也。

論曰：公亮靜重鎭浮，練達典憲，與韓琦並相，號稱老成。升之自爲言官，即著直聲。然皆挾術任數，公亮疾琦專任，薦王安石以間之，升之陰助安石，陽爲異同，以避淸議，二人

措慮如此，豈誠心謀國者乎？新法之行，何望其能正救也。及安石去位，充、珪實代之，天下喁喁，思有所休息。充力不逮心，同僚左掣右伺，至鞅鞅以死，傷哉，其不足與有行也。珪容身固位，於勢何所重輕，而陰忌正人，以濟其患失之謀，鄙夫可與事君也與哉！

## 校勘記

〔一〕以琦兼秦鳳經略安撫招討使　「招討」原在「安撫」上，據上下文及長編卷一三四、一三八乙正。

〔二〕嘉彥尚神宗女齊國公主　按本書卷二四八公主傳、宋會要帝系八之三〇，神宗女唐國長公主降左衞將軍韓嘉彥，公主歷封溫、曹、冀、雍、越、燕六國。封齊國未見記載。

〔三〕天章閣　畢仲游西臺集卷一五丞相儀國韓公行狀、長編卷三〇六都作「寶文閣」。

〔四〕太傅　原作「太保」，據長編卷二三四、琬琰集中編卷五二曾肇曾公亮行狀改。

〔五〕詔委三省劾正其罪仍揭於朝堂　按琬琰集下編卷一五陳成肅公升之傳，作「乃下詔，凡僥求內降恩賞，委二府劾奏正其罪，仍榜御史臺、閤門」。

〔六〕時文彥博呂公弼既爲使　「呂公弼」原作「呂公著」。按本書卷一六二職官志記此事爲文彥博、呂公弼，卷二一一宰輔表同。呂公著此時尙未入樞府，其除同知樞密院事在元豐元年。作「呂公著」誤，據改。





〔七〕高遵裕　原作「高道裕」，據本書卷四七一邢恕傳、長編卷四八六改。

# 宋史卷三百一十三

## 列傳第七十二

### 富弼 子紹庭　文彥博

富弼字彥國，河南人。初，母韓有娠，夢旌旗鶴鴈降其庭，云有天赦，已而生弼。少篤學，有大度，范仲淹見而奇之，曰：「王佐才也。」以其文示王曾、晏殊，殊妻以女。

仁宗復制科，仲淹謂弼：「子當以是進。」舉茂材異等，授將作監丞、簽書河陽判官。仲淹坐爭廢后事貶，弼上言：「是一舉而二失也，縱未能復后，宜還仲淹。」不聽。通判絳州，遷直集賢院。趙元昊反，弼疏陳八事，乞斬其使者。召爲開封府推官、知諫院。康定元年，日食正旦，弼請罷宴徹樂，就館賜北使酒食。執政不可，弼曰：「萬一契丹行之，爲朝廷羞。」後聞契丹果罷宴，帝深悔之。時禁臣僚越職言事，弼因論日食，極言應天變莫若通下情，遂除其禁。





元昊寇鄜延，破金明，鈐轄盧守懃不救，內侍黃德和引兵走，大將劉平戰死，德和誣其降賊。弼請按竟其獄，德和坐要斬。夏守贇〔二〕爲陝西都部署，又以入內都知王守忠爲鈐轄。弼言：「用守贇既爲天下笑，今益以守忠，殆與唐監軍無異。守懃、德和覆車之轍，可復蹈乎！」詔罷守忠。又請令宰相兼領樞密院。時西夏首領二人來降，但補借奉職。弼言當厚賞以勸來者。事下中書，宰相初不知也。弼歎曰：「此豈小事，而宰相不知邪！」更極論之，於是從弼言。除鹽鐵判官、史館修撰，奉使契丹。慶曆二年，爲知制誥，糾察在京刑獄。堂吏有僞爲僧牒者，開封不敢治。弼白執政，請以吏付獄，呂夷簡不悅。

會契丹屯兵境上，遣其臣蕭英、劉六符來求關南地。朝廷擇報聘者，皆以其情叵測，莫敢行，夷簡因是薦弼。歐陽脩引顏眞卿使李希烈事，請留之，不報。弼卽入對，叩頭曰：「主憂臣辱，臣不敢愛其死。」帝爲動色，先以爲接伴。英等入境，中使迎勞之，英託疾不拜。弼曰：「昔使北，病臥車中，聞命輒起。今中使至而君不拜，何也？」英矍然起拜。弼開懷與語，英感悅，亦不復隱其情，遂密以其主所欲得者告曰：「可從，從之；不然，以一事塞之足矣。」弼具以聞。帝唯許增歲幣，仍以宗室女嫁其子。

進弼樞密直學士，辭曰：「國家有急，義不憚勞，奈何逆以官爵賂之。」遂爲使報聘。既至，六符來館客。弼見契丹主問故，契丹主曰：「南朝違約，塞鴈門，增塘水，治城隍，籍民兵，將以何爲？羣臣請舉兵而南，吾以謂不若遣使求地，求而不獲，舉兵未晚也。」弼曰：「北朝忘章聖皇帝之大德乎？澶淵之役，苟從諸將言，北兵無得脫者。且北朝與中國通好，則人主專其利，而臣下無獲；若用兵，則利歸臣下，而人主任其禍。故勸用兵者，皆爲身謀耳。」契丹主驚曰：「何謂也？」弼曰：「晉高祖欺天叛君，末帝昏亂，土宇狹小，上下離叛，故契丹全師獨克，然壯士健馬物故太半。今中國提封萬里，精兵百萬，法令修明，上下一心，北朝欲用兵，能保其必勝乎？就使其勝，所亡士馬，羣臣當之歟，抑人主當之歟？若通好不絕，歲幣盡歸人主，羣臣何利焉？」契丹主大悟，首肯者久之。弼又曰：「塞鴈門者，以備元昊也。塘水始於何承矩，事在通好前。城隍皆修舊，民兵亦補闕，非違約也。」契丹主曰：「微卿言，吾不知其詳。然所欲得者，祖宗故地耳。」弼曰：「晉以盧龍賂契丹，周世宗復取關南，皆異代事。若各求地，豈北朝之利哉？」

既退，六符曰：「吾主恥受金帛，堅欲十縣，何如？」弼曰：「本朝皇帝言，朕爲祖宗守國，豈敢妄以土地與人。北朝所欲，不過租賦爾。朕不忍多殺兩朝赤子，故屈己增幣以代之。若必欲得地，是志在敗盟，假此爲詞耳。澶淵之盟，天地鬼神實臨之。今北朝首發兵端，過不在我。天地鬼神，其可欺乎！」明日，契丹主召弼同獵，引弼馬自近，又言得地則歡好可久。弼反覆陳必不可狀，且言：「北朝既以得地爲榮，南朝必以失地爲辱。兄弟之國，豈可使





一榮一辱哉？」獵罷，六符曰：「吾主聞公榮辱之言，意甚感悟。今惟有結昏可議耳。」弼曰：「婚姻易生嫌隙。本朝長公主出降，齎送不過十萬緡，豈若歲幣無窮之利哉？」契丹主諭弼使歸，曰：「俟卿再至，當擇一受之，卿其遂以誓書來。」

弼歸復命，復持二議及受口傳之詞于政府以往。行次樂壽，謂副使張茂實曰：「吾爲使者而不見國書，脫書詞與口傳異，吾事敗矣。」啓視果不同，卽馳還都，以晡時入見，易書而行。及至，契丹不復求婚，專欲增幣，曰：「南朝遺我之辭當曰『獻』，否則曰『納』。」弼爭之，契丹主曰：「南朝既懼我矣，於二字何有？若我擁兵而南，得無悔乎！」弼曰：「本朝兼愛南北，故不憚更成，何名爲懼？或不得已至於用兵，則當以曲直爲勝負，非使臣之所知也。」契丹主曰：「卿勿固執，古亦有之。」弼曰：「自古唯唐高祖借兵於突厥，當時贈遺，或稱獻納。其後頡利爲太宗所擒，豈復有此禮哉！」弼聲色俱厲，契丹知不可奪，乃曰：「吾當自遣人議之。」復使劉六符來。弼歸奏曰：「臣以死拒之，彼氣折矣，可勿許也。」朝廷竟以「納」字與之。始受命，聞一女卒；再命，聞一子生，皆不顧。又除樞密直學士，遷翰林學士，皆懇辭，曰：「增歲幣非臣本志，特以方討元昊，未暇與角，故不敢以死爭，其敢受乎！」

三年，拜樞密副使，辭之愈力，改授資政殿學士兼侍讀學士。七月，復拜樞密副使。弼言：「契丹既結好，議者便謂無事，萬一敗盟，臣死且有罪。願陛下思其輕侮之恥，坐薪嘗膽，不忘修政。」以語納上前而罷。踰月，復申前命，使宰相諭之曰：「此朝廷特用，非以使遼故也。」弼乃受。帝銳以太平責成宰輔，數下詔督弼與范仲淹等，又開天章閣，給筆札，使書其所欲爲者；且命仲淹主西事，弼主北事。弼上當世之務十餘條及安邊十三策，大略以進賢退不肖、止僥倖、去宿弊爲本，欲漸易監司之不才者，使澄汰所部吏，於是小人始不悅矣。

元昊遣使以書來，稱男不稱臣。弼言：「契丹臣元昊而我不臣，則契丹爲無敵於天下，不可許。」乃却其使，卒臣之。四年，契丹受禮雲中，且發兵會元昊伐呆兒族，於河東爲近，帝疑二邊同謀。弼曰：「兵出無名，契丹不爲也。元昊本與契丹約相左右，今契丹獨獲重幣，元昊有怨言，故城威塞以備之。呆兒屢寇威塞，契丹疑元昊使之，故爲是役，安能合而寇我哉？」或請調發爲備，弼曰：「如此正墮其計，臣請任之。」帝乃止，契丹卒不動。夏竦不得志，中弼以飛語。弼懼，求宣撫河北，還，以資政殿學士出知鄆州。歲餘，讒不驗，加給事中，移青州，兼京東路安撫使。

河朔大水，民流就食。弼勸所部民出粟，益以官廩，得公私廬舍十餘萬區，散處其人，以便薪水。官吏自前資、待缺、寄居者，皆賦以祿，使卽民所聚，選老弱病瘠者廩之，仍書其勞，約他日爲奏請受賞。率五日，輒遣人持酒肉飯糗慰藉，出於至誠，人人爲盡力。山林陂





澤之利可資以生者，聽流民擅取。死者爲大冢葬之，目曰「叢冢」。明年，麥大熟，民各以遠近受糧歸，凡活五十餘萬人，募爲兵者萬計。帝聞之，遣使褒勞，拜禮部侍郎。弼曰：「此守臣職也。」辭不受。前此，救災者皆聚民城郭中，爲粥食之，蒸爲疾疫，及相蹈藉，或待哺數日不得粥而仆，名爲救之，而實殺之。自弼立法簡便周盡，天下傳以爲式。

王則叛，齊州禁兵欲應之，或詣弼告。齊非弼所部，恐事泄變生，適中貴人張從訓銜命至青，弼度其可用，密付以事，使馳至齊，發吏卒取之，無得脫者。卽自劾顓擅之罪，帝益嘉之，復以爲禮部侍郎，又辭不受。遷大學士，徙知鄭、蔡、河陽，加觀文殿學士，改宣徽南院使、判并州。至和二年，召拜同中書門下平章事、集賢殿大學士，與文彥博並命。宣制之日，士大夫相慶於朝。帝微覘知之，以語學士歐陽脩曰：「古之命相，或得諸夢卜，豈若今日人情如此哉？」脩頓首賀。帝弗豫，大臣不得見，中外憂懼。弼、彥博入問疾，因託禳禬事止宿連夕，每事皆關白乃行，宮內肅然，語在彥博傳。嘉祐三年，進昭文館大學士、監修國史。

弼爲相，守典故，行故事，而傅以公議，無容心於其間。當是時，百官任職，天下無事。六年三月，以母憂去位，詔爲罷春宴。故事，執政遭喪皆起復。帝虛位五起之，弼謂此金革變禮，不可施於平世，卒不從命。英宗立，召爲樞密使。居二年，以足疾求解，拜鎮海軍節

度使、同中書門下平章事、判揚州，封祁國公，進封鄭。

熙寧元年，徙判汝州。詔入覲，許肩輿至殿門。神宗御內東門小殿，令其子掖以進，且命毋拜，坐語，從容訪以治道。弼知帝果於有爲，對曰：「人主好惡，不可令人窺測；可測，則姦人得以傅會。當如天之監人，善惡皆所自取，然後誅賞隨之，則功罪無不得其實矣。」又問邊事，對曰：「陛下臨御未久，當布德行惠，願二十年口不言兵。」帝默然。至日昃乃退。欲以集禧觀使留之，力辭赴郡。明年二月，召拜司空兼侍中，賜甲第，悉辭之，以左僕射、門下侍郎同平章事。

時有爲帝言災異皆天數，非關人事得失所致者。弼聞而歎曰：「人君所畏惟天，若不畏天，何事不可爲者！此必姦人欲進邪說，以搖上心，使輔拂諫爭之臣，無所施其力。是治亂之機，不可以不速救。」即上書數千言，力論之。又言：「君子小人之進退，繫王道之消長，願深加辨察，勿以同異爲喜怒、喜怒爲用捨。陛下好使人伺察外事，故姦險得志。又多出親批，若事事皆中，亦非爲君之道；脫十中七八，積日累月，所失亦多。今中外之務漸有更張，大抵小人惟喜生事，願深燭其然，無使有悔。」是時久旱，羣臣請上尊號及用樂，帝不許，而以同天節契丹使當上壽，故未斷其請。弼言此盛德事，正當以此示之，乞幷罷上壽。帝從之，即日雨。弼又上疏，願益畏天戒，遠姦佞，近忠良。帝手詔褒答之。



王安石用事，雅不與弼合。弼度不能爭，多稱疾求退，章數十上。神宗將許之，問曰：「卿卽去，誰可代卿者？」弼薦文彥博，神宗默然，良久曰：「王安石何如？」弼亦默然。拜武寧節度使、同中書門下平章事、判河南，改亳州。青苗法出，弼以謂如是則財聚於上，人散於下，持不行。提舉官趙濟劾弼格詔旨，侍御史鄧綰又乞付有司鞫治，乃以僕射判汝州。安石曰：「弼雖責，猶不失富貴。昔鯀以方命殛，共工以象恭流，弼兼此二罪，止奪使相，何由沮姦？」帝不答。弼言：「新法，臣所不曉，不可以治郡。願歸洛養疾。」許之。遂請老，加拜司空，進封韓國公致仕。弼雖家居，朝廷有大利害，知無不言。郭逵討安南，乞詔逵擇利進退，以全王師；契丹爭河東地界，言其不可許；星文有變，乞開廣言路；又請速改新法，以解倒縣之急。帝雖不盡用，而眷禮不衰，嘗因安石有所建明，卻之曰：「富弼手疏稱『老臣無所告訴，但仰屋竊歎』者，卽當至矣。」其敬之如此。

元豐三年，王堯臣之子同老上言：「故父參知政事時，當仁宗服藥，嘗與弼及文彥博議立儲嗣，會翌日有瘳，其事遂寢。」帝以問彥博，對與同老合，帝始知至和時事。嘉弼不自言，以爲司徒。六年八月，薨，年八十。手封遺奏，使其子紹庭上之。其大略云：

陛下卽位之初，邪臣納說圖任之際，聽受失宜，上誤聰明，浸成禍患。今上自輔臣，下及多士，畏禍圖利，習成敝風，忠詞讜論，無復上達。臣老病將死，尙何顧求？特



以不忍上負聖明，輒傾肝膽，冀哀憐愚忠，曲垂采納。

去年永樂之役，兵民死亡者數十萬。今久戍未解，百姓困窮，豈諱過恥敗不思救禍之時乎？天地至仁，寧與羌夷校曲直勝負？願歸其侵地，休兵息民，使關、陝之間稍遂生理。兼陝西再團保甲，又葺教場，州縣奉行，勢侔星火，人情惶駭，難以復用，不若寢罷以綏懷之。臣之所陳，急於濟事。若夫要道，則在聖人所存，與所用之人君子、小人之辨耳。陛下審觀天下之勢，豈以爲無足慮邪？

帝覽奏震悼，輟朝三日，內出祭文致奠，贈太尉，謚曰文忠。

弼性至孝，恭儉好修，與人言必盡敬，雖微官及布衣謁見，皆與之亢禮，氣色穆然，不見喜慍。其好善嫉惡，出於天資。常言：「君子與小人並處，其勢必不勝。君子不勝，則奉身而退，樂道無悶。小人不勝，則交結搆扇，千岐萬轍，必勝而後已。迨其得志，遂肆毒於善良，求天下不亂，不可得也。」其終身皆出於此云。元祐初，配享神宗廟庭。哲宗篆其碑首曰「顯忠尙德」，命學士蘇軾撰文刻之。紹聖中，章惇執政，謂弼得罪先帝，罷配享。至靖康初，詔復舊典焉。

紹庭字德先，性靖重，能守家法。弼薨，兩女與壻及甥皆同居，紹庭待之與父時不殊，



一家之事毫髮不敢變，族里稱焉。歷宗正丞、提舉三門白波輦運、通判絳州。建中靖國初，除提舉河北西路常平，辭曰：「熙寧變法之初，先臣以不行青苗被罪，臣不敢爲此官。」徽宗嘉之，擢祠部員外郎。未幾，出知宿州。卒，年六十八。子直柔，紹興中，同知樞密院事，別有傳。

文彥博字寬夫，汾州介休人。其先本敬氏，以避晉高祖及宋翼祖諱改焉。少與張昪、高若訥從潁昌史炤學，炤母異之，曰：「貴人也。」待之甚厚。及進士第，知翼城縣，通判絳州〔二〕，爲監察御史，轉殿中侍御史。

西方用兵，偏校有臨陣先退、望敵不進者，大將守著令皆申覆。彥博言：「此可施之平居無事時爾。今擁兵數十萬，而將權不專，兵法不峻，將何以濟？」仁宗嘉納之。黃德和之誣劉平降虜也，以金帶賂平奴，使附己說以證。平家二百口皆械繫。詔彥博置獄于河中，鞫治得實。德和黨援盛，謀翻其獄，至遣他御史來。彥博拒不納，曰：「朝廷慮獄不就，故遣君。今案具矣，宜亟還，事或弗成，彥博執其咎。」德和幷奴卒就誅。以直史館爲河東轉運副使。麟州〔三〕餉道回遠，銀城河外有唐時故道，廢弗治，彥博父洎爲轉運使日，將復之，未

及而卒。彥博嗣成父志，益儲粟。元昊來寇，圍城十日，知有備，解去。遷天章閣待制、都轉運使，連進龍圖閣、樞密直學士、知秦州[四]，改益州。嘗擊毬鈐轄廨，聞外喧甚，乃卒長杖一卒，不伏。呼入問狀，令引出與杖，又不受，復呼入斬之，竟毬乃歸。召拜樞密副使、參知政事。

貝州王則反，明鎬討之，久不克。彥博請行，命爲宣撫使，旬日賊潰，檻則送京師。拜同中書門下平章事、集賢殿大學士。薦張瓌、韓維、王安石等恬退守道，乞褒勸以厲風俗。與樞密使龐籍議省兵，凡汰爲民及給半廪者合八萬，論者紛然，謂必聚爲盜，帝亦疑焉。彥博曰：「今公私困竭，正坐兵冗。脫有難，臣請死之。」其策訖行，歸兵亦無事。進昭文館大學士。御史唐介劾其在蜀日以奇錦結宮掖，因之登用。介既貶，彥博亦罷爲觀文殿大學士、知許州，改忠武軍節度使、知永興軍。至和二年，復以吏部尚書同中書門下平章事、昭文館大學士，與富弼同拜，士大夫皆以得人爲慶，語見弼傳。

三年正月，帝方受朝，疾暴作，扶入禁中。彥博呼內侍史志聰問狀，對曰：「禁密不敢漏言。」彥博叱之曰：「爾曹出入禁闥，不令宰相知天子起居，欲何爲邪？自今疾勢增損必以告，不爾，當行軍法。」又與同列劉沆、富弼謀啓醮大慶殿，因留宿殿廬。志聰曰：「無故事。」彥博曰：「此豈論故事時邪？」知開封府王素夜叩宮門上變，不使入；明旦言，有禁卒告都



虞候欲爲亂。沆欲捕治，彥博召都指揮使許懷德，問都虞候何如人，懷德稱其愿可保。彥博曰：「然則卒有怨，誣之耳。當亟誅之以靖衆。」乃請沆判狀尾，斬於軍門。

先是，弼用朝士李仲昌策，自澶州商胡河穿六漯渠，入橫壠故道[五]。北京留守賈昌朝素惡弼，陰約內侍武繼隆，令司天官二人俟執政聚時，於殿庭抗言國家不當穿河于北方，致上體不安。彥博知其意有所在，然未有以制之。後數日，二人又上言，請皇后同聽政，亦繼隆所敎也。史志聰以其狀白執政。彥博視而懷之，不以示同列，而有喜色，徐召二人詰之曰：「汝今日有所言乎？」曰：「然。」彥博曰：「天文變異，汝職所當言也。何得輒預國家大事？汝罪當族！」二人懼，色變。彥博曰：「觀汝直狂愚耳，未忍治汝罪，自今無得復然。」二人退，乃出狀示同列。同列皆憤怒曰：「奴敢爾僭言，何不斬之？」彥博曰：「斬之，則事彰灼，於中宮不安。」衆皆曰：「善。」既而議遣司天官定六漯方位，復使二人往。繼隆白請留之，彥博曰：「彼本不敢妄言，有敎之者耳。」繼隆默不敢對。二人至六漯，恐治前罪，更言六漯在東北，非正北也。帝疾愈，彥博等始歸第。當是時，京師業業，賴彥博、弼持重，衆心以安。沆密白帝曰：「陛下違豫時，彥博擅斬告反者。」彥博聞之，以沆判呈，帝意乃解。御史吳中復乞召還唐介。彥博因言，介頃爲御史，言臣事多中臣病，其間雖有風聞之誤，然當時責之太深，請如中復奏。時以彥博爲厚德。久之，以河陽三城節度使同平章事、判河南府，



封潞國公，改鎭保平、判大名府。又改鎭成德，遷尙書左僕射、判太原府。俄復鎭保平、判河南。丁母憂，英宗卽位，起復成德軍節度使，三上表乞終喪，許之。

初，仁宗之不豫也，彥博與富弼等乞立儲嗣。仁宗許焉，而後宮將有就館者，故其事緩。已而彥博去位，其後弼亦以憂去。彥博既服闋，復以故官判河南，有詔入覲。英宗曰：「朕之立，卿之力也。」彥博竦然對曰：「陛下入繼大統，乃先帝聖意，皇太后協贊之力，臣何力之有？兼陛下登儲纂極之時，臣方在外，皆韓琦等承聖志受顧命，臣無與焉。」帝曰：「備聞始議，卿於朕有恩。」彥博遜避不敢當。帝曰：「暫煩西行，卽召還矣。」尋除侍中，徙鎭淮南、判永興軍，入爲樞密使、劍南西川節度使。

熙寧二年，相陳升之，詔：「彥博朝廷宗臣，其令升之位彥博下，以稱遇賢之意。」彥博曰：「國朝樞密使，無位宰相上者，獨曹利用嘗在王曾、張知白上。臣忝知禮義，不敢效利用所爲，以紊朝著。」固辭乃止。夏人犯大順，慶帥李復圭以陳圖方略授鈐轄李信等，趣使出戰。及敗，乃妄奏信罪。彥博暴其非，宰相王安石曲誅信等，秦人冤之。慶州兵亂，彥博言於帝曰：「朝廷行事，務合人心，宜兼采衆論，以靜重爲先。陛下厲精求治，而人心未安，蓋更張之過也。祖宗法未必皆不可行，但有偏而不舉之敝爾。」安石知爲己發，奮然排之曰：「求去民害，何爲不可？若萬事隳脞，乃西晉之風，何益於治？」御史張商英欲附安石，摭樞



密使他事以搖彥博，坐不實貶。彥博在樞府九年，又以極論市易司監賣果實，損國體斂民怨，爲安石所惡，力引去。拜司空、河東節度使、判河陽，徙大名府。身雖在外，而帝眷有加。

時監司多新進少年，轉運判官汪輔之輒奏彥博不事事，帝批其奏以付彥博曰：「以侍中舊德，故煩臥護北門，細務不必勞心。輔之小臣，敢爾無禮，將別有處置。」未幾，罷去。初，選人有李公義者，請以鐵龍爪治河，宦者黃懷信沿其制爲濬川杷，天下指笑以爲兒戲，安石獨信之，遣都水丞范子淵行其法。子淵奏用杷之功，水悉歸故道，退出民田數萬頃。詔大名核實，彥博言：「河非杷可濬，雖甚愚之人，皆知無益，臣不敢雷同罔上。」疏至，帝不悅，復遣知制誥熊本等行視，如彥博言。子淵乃請覲，言本等見安石罷，意彥博復相，故傅會其說。御史蔡確亦論本奉使無狀。本等皆得罪，獨彥博勿問。尋加司徒。

元豐三年，拜太尉，復判河南。於是王同老言至和中議儲嗣事，彥博適入朝，神宗問之，彥博以前對英宗者復于帝曰：「先帝天命所在，神器有歸，實仁祖知子之明，慈聖擁佑之力，臣等何功？」帝曰：「雖云天命，亦繫人謀。卿深厚不伐善，陰德如丙吉，眞定策社稷臣也。」彥博曰：「如周勃、霍光，是爲定策。自至和以來，中外之臣獻言甚衆，臣等雖嘗有請，弗果行。其後韓琦等訖就大事，蓋琦功也。」帝曰：「發端爲難，是時仁祖意已定，嘉祐之末，

止申前詔爾。正如丙吉、霍光，不相揜也。」遂加彥博兩鎮節度使，辭不拜。將行，賜宴瓊林苑，兩遣中謁者遺詩祖道，當世榮之。

王中正經制邊事，所過稱受密旨募禁兵，將之而西。彥博以無詔拒之，中正亦不敢募而去。久之，請老，以太師致仕，居洛陽。元祐初，司馬光薦彥博宿德元老，宜起以自輔。宣仁后將用爲三省長官，而言事者以爲不可，乃命平章軍國重事，六日一朝，一月兩赴經筵，恩禮甚渥。然彥博無歲不求退，居五年，復致仕。紹聖初，章惇秉政，言者論彥博朋附司馬光，詆毀先烈，降太子少保。卒，年九十二。崇寧中，預元祐黨籍。後特命出籍，追復太師，謚曰忠烈。

彥博逮事四朝，任將相五十年，名聞四夷。元祐間，契丹使耶律永昌、劉霄來聘，蘇軾館客，與使入覲，望見彥博於殿門外，却立改容曰：「此潞公也邪？」問其年，曰：「何壯也！」軾曰：「使者見其容，未聞其語。其綜理庶務，雖精練少年有不如；其貫穿古今，雖專門名家有不逮。」使者拱手曰：「天下異人也。」既歸洛，西羌首領温溪心有名馬，請於邊吏，願以餽彥博，詔許之。其爲外國所敬如此。

彥博雖窮貴極富，而平居接物謙下，尊德樂善，如恐不及。其在洛也，洛人邵雍、程顥兄弟皆以道自重，賓接之如布衣交。與富弼、司馬光等十三人，用白居易九老會故事，置酒



賦詩相樂，序齒不序官，爲堂，繪像其中，謂之「洛陽耆英會」，好事者莫不慕之。神宗導洛通汴，而主者遏絕洛水，不使入城中，洛人頗患苦之。彥博因中使劉惟簡至洛，語其故，惟簡以聞。詔令通行如初，遂爲洛城無窮之利。

彥博八子，皆歷要官。第六子及甫，初以大理評事直史館，與邢恕相善。元祐初，爲吏部員外郎，以直龍圖閣知同州。彥博平章軍國，及甫由右司員外郎引嫌改衞尉、光祿少卿。彥博再致仕，及甫知河陽，召爲太僕卿，權工部侍郎，罷爲集賢殿修撰、提舉明道宮。蔡渭、邢恕持及甫私書造梁燾、劉摯之謗，逮詣詔獄，及甫有憾於元祐，從而實之，亦坐奪職。未幾，復之，卒。

論曰：國家當隆盛之時，其大臣必有耆艾之福，推其有餘，足芘當世。富弼再盟契丹，能使南北之民數十年不見兵革。仁人之言，其利博哉！文彥博立朝端重，顧盼有威，遠人來朝，仰望風采，其德望固足以折衝禦侮於千里之表矣。至於公忠直亮，臨事果斷，皆有大臣之風，又皆享高壽於承平之秋。至和以來，共定大計，功成退居，朝野倚重。熙、豐而降，弼、彥博相繼以老，憸人無忌，善類淪胥，而宋業衰矣！書曰：「番番良士，膂力既愆，我尚有之。」豈不信然哉！



## 校勘記

〔一〕夏守贇　「贇」原作「斌」，據本書卷二九〇本傳、長編卷一二七改。

〔二〕通判絳州　按東都事略卷六七本傳、琬琰集下編卷一三文潞公彥博傳都說他「改太常博士、通判兗州」。疑此有誤。

〔三〕麟州　原作「鄜州」，據同上二書同卷同傳改。

〔四〕秦州　原作「泰州」，據同上二書同卷同傳改。

〔五〕自澶州商胡河穿六漯渠入横壠故道　「商胡」原作「商湖」，據本書卷九一河渠志、長編卷一八一改。「六漯渠」，當作「六塔渠」。編年綱目卷一五：至和二年「十二月，修六塔渠」。注云「道河入横隴故道」。「渠」，本書卷九一河渠志、長編卷一八一作「河」；「漯」，各書都作「塔」。下文同。

# 宋史卷三百一十四

## 列傳第七十三

### 范仲淹 子純祐〔一〕 純禮 純粹　范純仁 子正平

范仲淹字希文，唐宰相履冰之後。其先，邠州人也，後徙家江南，遂爲蘇州吳縣人。仲淹二歲而孤，母更適長山朱氏，從其姓，名說。少有志操，既長，知其世家，迺感泣辭母，去之應天府，依戚同文學。晝夜不息，冬月憊甚，以水沃面；食不給，至以糜粥繼之，人不能堪，仲淹不苦也。舉進士第，爲廣德軍司理參軍，迎其母歸養。改集慶軍節度推官，始還姓，更其名。

監泰州西溪鹽稅，遷大理寺丞，徙監楚州糧料院，母喪去官。晏殊知應天府，聞仲淹名，召寘府學。上書請擇郡守，舉縣令，斥游惰，去冗僭，愼選舉，撫將帥，凡萬餘言。服除，以殊薦，爲祕閣校理。仲淹汎通六經，長於易，學者多從質問，爲執經講解，亡所倦。嘗推





其奉以食四方遊士，諸子至易衣而出，仲淹晏如也。每感激論天下事，奮不顧身，一時士大夫矯厲尚風節，自仲淹倡之。

天聖七年，章獻太后將以冬至受朝，天子率百官上壽。仲淹極言之，且曰：「奉親于內，自有家人禮，顧與百官同列，南面而朝之，不可爲後世法。」且上疏請太后還政，不報。尋通判河中府，徙陳州。時方建太一宮及洪福院，市材木陝西。仲淹言：「昭應、壽寧，天戒不遠。今又侈土木，破民產，非所以順人心、合天意也。宜罷修寺觀，減常歲市木之數，以蠲除積負。」又言：「恩倖多以內降除官，非太平之政。」事雖不行，仁宗以爲忠。

太后崩，召爲右司諫。言事者多暴太后時事，仲淹曰：「太后受遺先帝，調護陛下者十餘年，宜掩其小故，以全后德。」帝爲詔中外，毋輒論太后時事。初，太后遺誥以太妃楊氏爲皇太后，參決軍國事。仲淹曰：「太后，母號也，自古無因保育而代立者。今一太后崩，又立一太后，天下且疑陛下不可一日無母后之助矣。」

歲大蝗旱，江、淮、京東滋甚。仲淹請遣使循行，未報。乃請間曰：「宮掖中半日不食，當何如？」帝惻然，迺命仲淹安撫江、淮，所至開倉振之，且禁民淫祀，奏蠲廬舒折役茶、江東丁口鹽錢，且條上救敝十事。

會郭皇后廢，率諫官、御史伏閤爭之，不能得。明日，將留百官揖宰相廷爭，方至待漏院，有詔出知睦州。歲餘，徙蘇州。州大水，民田不得耕，仲淹疏五河，導太湖注之海，募人興作，未就，尋徙明州，轉運使奏留仲淹以畢其役，許之。拜尚書禮部員外郎、天章閣待制，召還，判國子監，遷吏部員外郎、權知開封府。

時呂夷簡執政，進用者多出其門。仲淹上百官圖，指其次第曰：「如此爲序遷，如此爲不次，如此則公，如此則私。況進退近臣，凡超格者，不宜全委之宰相。」夷簡不悅。他日，論建都之事，仲淹曰：「洛陽險固，而汴爲四戰之地，太平宜居汴，卽有事必居洛陽。當漸廣儲蓄，繕宮室。」帝問夷簡，夷簡曰：「此仲淹迂闊之論也。」仲淹迺爲四論以獻，大抵譏切時政。且曰：「漢成帝信張禹，不疑舅家，故有新莽之禍。臣恐今日亦有張禹，壞陛下家法。」夷簡怒訴曰：「仲淹離間陛下君臣，所引用，皆朋黨也。」仲淹對益切，由是罷知饒州。

殿中侍御史韓瀆希宰相旨，請書仲淹朋黨，揭之朝堂。於是祕書丞余靖上言曰：「仲淹以一言忤宰相，遽加貶竄，況前所言者在陛下母子夫婦之間乎？陛下既優容之矣，臣請追改前命。」太子中允尹洙自訟與仲淹師友，且嘗薦己，願從降黜。館閣校勘歐陽修以高若訥在諫官，坐視而不言，移書責之。由是，三人者偕坐貶。明年，夷簡亦罷，自是朋黨之論興矣。仲淹既去，士大夫爲論薦者不已。仁宗謂宰相張士遜曰：「向貶仲淹，爲其密請建立皇太弟故也。今朋黨稱薦如此，奈何？」再下詔戒敕。





仲淹在饒州歲餘，徙潤州，又徙越州。元昊反，召爲天章閣待制、知永興軍，改陝西都轉運使。會夏竦爲陝西經略安撫、招討使，進仲淹龍圖閣直學士以副之。夷簡再入相，帝諭仲淹使釋前憾。仲淹頓首謝曰：「臣鄉論蓋國家事，於夷簡無憾也。」

延州諸砦多失守，仲淹自請行，遷戶部郎中兼知延州。先是，詔分邊兵：總管領萬人，鈐轄領五千人，都監領三千人。寇至禦之，則官卑者先出。仲淹曰：「將不擇人，以官爲先後，取敗之道也。」於是大閱州兵，得萬八千人，分爲六，各將三千人，分部教之，量賊衆寡，使更出禦賊。時塞門、承平諸砦既廢，用种世衡策，城青澗以據賊衝，大興營田，且聽民得互市，以通有無。又以民遠輸勞苦，請建鄜城爲軍，以河中、同、華中下戶稅租就輸之。春夏徙兵就食，可省糴十之三，他所減不與。詔以爲康定軍。

明年正月，詔諸路入討，仲淹曰：「正月塞外大寒，我師暴露，不如俟春深入，賊馬瘦人饑，勢易制也。況邊備漸修，師出有紀，賊雖猖獗，固已懾其氣矣。鄜、延密邇靈、夏，西羌必由之地也。第按兵不動，以觀其釁，許臣稍以恩信招來之。不然，情意阻絕，臣恐偃兵無期矣。若臣策不效，當舉兵先取綏、宥，據要害，屯兵營田，爲持久計，則茶山、橫山之民，必羣族來歸矣。拓疆禦寇，策之上也。」帝皆用其議。仲淹又請修承平、永平等砦，稍招還流亡，定堡障，通斥候，城十二砦，於是羌漢之民，相踵歸業。

久之，元昊歸陷將高延德，因與仲淹約和，仲淹爲書戒喻之。會任福敗於好水川，元昊答書語不遜，仲淹對來使焚之。大臣以爲不當輒通書，又不當輒焚之，宋庠請斬仲淹，帝不聽。降本曹員外郎、知耀州，徙慶州，遷左司郎中，爲環慶路經略安撫、緣邊招討使。初，元昊反，陰誘屬羌爲助，而環慶酋長六百餘人，約爲鄉道，事尋露。仲淹以其反復不常也，至部卽奏行邊，以詔書犒賞諸羌，閱其人馬，爲立條約：「若讎已和斷，輒私報之及傷人者，罰羊百、馬二，已殺者斬。負債爭訟，聽告官爲理，輒質縛平人者，罰羊五十、馬一。賊馬入界，追集不赴隨本族，每戶罰羊二，質其首領。賊大入，老幼入保本砦，官爲給食；卽不入砦，本家罰羊二；全族不至，質其首領。」諸羌皆受命，自是始爲漢用矣。

改邠州觀察使，仲淹表言：「觀察使班待制下，臣守邊數年，羌人頗親愛臣，呼臣爲『龍圖老子』，今退而與王興、朱觀爲伍，第恐爲賊輕矣。」辭不拜。慶之西北馬鋪砦，當後橋川口，在賊腹中。仲淹欲城之，度賊必爭，密遣子純祐與蕃將趙明先據其地，引兵隨之。諸將不知所向，行至柔遠，始號令之，版築皆具，旬日而城成，卽大順城是也。賊覺，以騎三萬來戰，佯北，仲淹戒勿追，已而果有伏。大順旣城，而白豹、金湯皆不敢犯，環慶自此寇益少。

明珠、滅臧勁兵數萬，仲淹聞涇原欲襲討之，上言曰：「二族道險，不可攻，前日高繼嵩





已喪師。平時且懷反側，今討之，必與賊表裏，南入原州，西擾鎭戎，東侵環州，邊患未艾也。若北取細腰、胡蘆衆泉爲堡障，以斷賊路，則二族安，而環州、鎭戎徑道通徹，可無憂矣。」其後，遂築細腰、胡蘆諸砦。

葛懷敏敗於定川，賊大掠至潘原，關中震恐，民多竄山谷間。仲淹率衆六千，由邠、涇援之，聞賊已出塞，乃還。始，定川事聞，帝按圖謂左右曰：「若仲淹出援，吾無憂矣。」奏至，帝大喜曰：「吾固知仲淹可用也。」進樞密直學士、右諫議大夫。仲淹以軍出無功，辭不敢受命，詔不聽。

時已命文彥博經略涇原，帝以涇原傷夷，欲對徙仲淹，遣王懷德喻之。仲淹謝曰：「涇原地重，第恐臣不足當此路。與韓琦同經略涇原，並駐涇州，琦兼秦鳳，臣兼環慶。涇原有警，臣與韓琦合秦鳳、環慶之兵，掎角而進；若秦鳳、環慶有警，亦可率涇原之師爲援。臣當與琦練兵選將，漸復橫山，以斷賊臂，不數年間，可期平定矣。願詔龐籍兼領環慶，以成首尾之勢。秦州委文彥博，慶州用滕宗諒總之。孫沔亦可辦集。渭州，一武臣足矣。」帝采用其言，復置陝西路安撫、經略、招討使〔二〕，以仲淹、韓琦、龐籍分領之。仲淹與琦開府涇州，而徙彥博帥秦，宗諒帥慶，張亢帥渭。

仲淹爲將，號令明白，愛撫士卒，諸羌來者，推心接之不疑，故賊亦不敢輒犯其境。元昊請和，召拜樞密副使。王舉正懦默不任事，諫官歐陽修等言仲淹有相材，請罷舉正用仲淹，遂改參知政事。仲淹曰：「執政可由諫官而得乎？」固辭不拜，願與韓琦出行邊。命爲陝西宣撫使，未行，復除參知政事。會王倫寇淮南，州縣官有不能守者，朝廷欲按誅之。仲淹曰：「平時諱言武備，寇至而專責守臣死事，可乎？」守令皆得不誅〔三〕。

帝方銳意太平，數問當世事，仲淹語人曰：「上用我至矣，事有先後，久安之弊，非朝夕可革也。」帝再賜手詔，又爲之開天章閣，召二府條對，仲淹皇恐，退而上十事：

一曰明黜陟。二府非有大功大善者不遷，內外須在職滿三年，在京百司非選舉而授，須通滿五年，乃得磨勘，庶幾考績之法矣。二曰抑僥倖。罷少卿、監以上乾元節恩澤；正郎以下若監司、邊任，須在職滿二年，始得蔭子；大臣不得薦子弟任館閣職，任子之法無冗濫矣。三曰精貢舉。進士、諸科請罷糊名法，參考履行無闕者，以名聞。進士先策論，後詩賦，諸科取兼通經義者。賜第以上，皆取詔裁。餘優等免選注官，次第人守本科選。進士之法，可以循名而責實矣。四曰擇長官。委中書、樞密院先選轉運使、提點刑獄、大藩知州；次委兩制、三司、御史臺、開封府官、諸路監司舉知州、通判；知州通判舉知縣、令。限其人數，以舉主多者從中書選除。刺史、縣令，可以得人矣。五曰均公田。外官廩給不均，何以求其爲善耶？請均其入，第給之，使有以自養，





然後可以責廉節，而不法者可誅廢矣。六曰厚農桑。每歲預下諸路，風吏民言農田利害，堤堰渠塘，州縣選官治之。定勸課之法以興農利，減漕運。江南之圩田，浙西之河塘，隳廢者可興矣。七曰修武備。約府兵法，募畿輔彊壯爲衞士，以助正兵。三時務農，一時教戰，省給贍之費。畿輔有成法，則諸道皆可舉行矣。八曰推恩信。赦令有所施行，主司稽違者，重置於法；別遣使按視其所當行者，所在無廢格上恩者矣。九曰重命令。法度所以示信也，行之未幾，旋卽釐改。請政事之臣參議可以久行者，删去煩冗，裁爲制敕行下，命令不至於數變更矣。十曰減徭役。戶口耗少而供億滋多，省縣邑戶少者爲鎭，併使、州兩院爲一，職官白直，給以州兵，其不應受役者悉歸之農，民無重困之憂矣。

天子方信嚮仲淹，悉采用之，宜著令者，皆以詔書畫一頒下；獨府兵法，衆以爲不可而止。

又建言：「周制，三公分兼六官之職，漢以三公分部六卿，唐以宰相分判六曹。今中書，古天官冢宰也，樞密院，古夏官司馬也；四官散於羣有司，無三公兼領之重。而二府惟進擬〔四〕差除，循資級，議賞罰，檢用條例而已。上非三公論道之任，下無六卿佐王之職，非治法也。臣請倣前代，以三司、司農、審官、流內銓、三班院、國子監、太常、刑部、審刑、大理、羣牧、殿前馬步軍司，各委輔臣兼判其事。凡官吏黜陟、刑法重輕、事有利害者，並從輔臣

予奪，其體大者，二府僉議奏裁。臣請自領兵賦之職，如其無補，請先黜降。」章得象等皆曰不可。久之，乃命參知政事賈昌朝領農田，仲淹領刑法，然卒不果行。

初，仲淹以忤呂夷簡，放逐者數年，士大夫持二人曲直，交指爲朋黨。及陝西用兵，天子以仲淹士望所屬，拔用之。及夷簡罷，召還，倚以爲治，中外想望其功業。而仲淹以天下爲己任，裁削倖濫，考覈官吏，日夜謀慮興致太平。然更張無漸，規摹闊大，論者以爲不可行。及按察使出，多所舉劾，人心不悅。自任子之恩薄，磨勘之法密，僥倖者不便，於是謗毀稍行，而朋黨之論浸聞上矣。

會邊陲有警，因與樞密副使富弼請行邊。於是，以仲淹爲河東、陝西宣撫使，賜黃金百兩，悉分遺邊將。麟州新罹大寇，言者多請棄之，仲淹爲修故砦，招還流亡三千餘戶，蠲其稅，罷榷酤予民。又奏免府州商稅，河外遂安。比去，攻者益急，仲淹亦自請罷政事，迺以爲資政殿學士、陝西四路安撫使（五）、知邠州。其在中書所施爲，亦稍稍沮罷。

以疾請鄧州，進給事中。徙荆南，鄧人遮使者請留，仲淹亦願留鄧，許之。尋徙杭州，再遷戶部侍郎，徙青州。會病甚，請潁州，未至而卒，年六十四。贈兵部尚書，謚文正。初，仲淹病，帝常遣使賜藥存問，既卒，嗟悼久之。又遣使就問其家，既葬，帝親書其碑曰「褒賢之碑」。





仲淹內剛外和，性至孝，以母在時方貧，其後雖貴，非賓客不重肉。妻子衣食，僅能自充。而好施予，置義莊里中，以贍族人。汎愛樂善，士多出其門下，雖里巷之人，皆能道其名字。死之日，四方聞者，皆爲歎息。爲政尚忠厚，所至有恩，邠、慶二州之民與屬羌，皆畫像立生祠事之。及其卒也，羌酋數百人，哭之如父，齋三日而去。四子：純祐、純仁、純禮、純粹。

純祐字天成，性英悟自得，尚節行。方十歲，能讀諸書；爲文章，籍籍有稱。父仲淹守蘇州，首建郡學，聘胡瑗爲師。瑗立學規良密，生徒數百，多不率教，仲淹患之。純祐尚未冠，輒白入學，齒諸生之末，盡行其規，諸生隨之，遂不敢犯。自是蘇學爲諸郡倡。寶元中，西夏叛，仲淹連官關陝，皆將兵。純祐與將卒錯處，鉤深擿隱，得其才否。由是仲淹任人無失，而屢有功。仲淹帥環慶，議城馬鋪砦，砦偪夏境，夏懼扼其衝，侵撓其役。純祐率兵馳據其地，夏衆大至，且戰且役，數日而成，一路恃之以安。純祐事父母孝，未嘗違左右，不應科第。及仲淹以讒罷，純祐不得已，蔭守將作監（六）主簿，又爲司竹監，以非所好，即解去。從仲淹之鄧，得疾昏廢，臥許昌。富弼守淮西，過省之，猶能感慨道忠義，問弼之來公耶私耶，弼曰「公」。純祐曰「公則可」。凡病十九年卒，年四十九。子正臣，守太常寺太祝。

純禮字彝叟，以父仲淹蔭，爲祕書省正字，簽書河南府判官，知陵臺令兼永安縣。永昭陵建，京西轉運使配木石塼甓及工徒於一路，獨永安不受令。使者以白陵使韓琦，琦曰：「范純禮豈不知此？將必有說。」他日，衆質之，純禮曰：「陵寢皆在邑境，歲時繕治無虛日，今乃與百縣均賦，曷若置此，使之奉常時用乎。」琦是其對。還朝，用爲三司鹽鐵判官，以比部員外郎出知遂州。

瀘南有邊事，調度苛棘，純禮一以靜待之，辨其可具者，不取於民。民圖像于廬，而奉之如神，名曰「范公庵」。草場火，民情疑怖，守吏惕息俟誅。純禮曰：「草濕則生火，何足怪！」但使密償之。庫吏盜絲多罪至死，純禮曰：「以棼然之絲而殺之，吾不忍也。」聽其家趣買以贖，命釋其株連者。除戶部郎中、京西轉運副使。

元祐初，入爲吏部郎中，遷左司。又遷太常少卿，江淮荆浙發運使。以光祿卿召，遷刑部侍郎，進給事中。純禮凡所封駁，正名分紀綱，皆國體之大者。張耒（七）除起居舍人，病未能朝，而令先供職。純禮批敕曰：「臣僚未有以疾謁告，不赴朝參先視事者。未能供職，豈不能見君？壞禮亂法，所不當爲。」聞者皆悚動。御史中丞擊執政，將遂代其位，先以諷





純禮。純禮曰：「論人而奪之位，寧不避嫌邪？命果下，吾必還之。」宰相即徙純禮刑部侍郎，而後出命。轉吏部，改天章閣待制、樞密都承旨，去知亳州，提舉明道宮。

徽宗立，以龍圖閣直學士知開封府。前尹以刻深爲治，純禮曰：「寬猛相濟，聖人之訓。今處深文之後，若益以猛，是以火濟火也。方務去前之苛，猶慮未盡，豈有寬爲患也。」由是一切以寬處之。中旨鞫享澤村民謀逆，純禮審其故，此民入戲場觀優，歸途見匠者作桶，取而戴於首曰：「與劉先主如何？」遂爲匠擒。明日入對，徽宗問何以處之，對曰：「愚人村野無所知，若以叛逆蔽罪，恐辜好生之德，以不應爲杖之，足矣。」曰：「何以戒後人？」曰：「正欲外間知陛下刑憲不濫，足以爲訓爾。」徽宗從之。

拜禮部尚書，擢尚書右丞。侍御史陳次升乞除罷言官並自內批，不由三省進擬，右相曾布力爭不能得，乞降黜次升。純禮徐進曰：「次升何罪？不過防柄臣各引所親，且去不附己者爾。」徽宗曰：「然。」乃寢布議。

呂惠卿告老，徽宗問執政，執政欲許之。純禮曰：「惠卿嘗輔政，其人固不足重，然當存國體。」曾布奏：「議者多憂財用不足，此非所急也，願陛下勿以爲慮。」純禮曰：「古者無三年之蓄，曰國非其國。今大農告匱，帑庾枵空，而曰不足慮，非面謾邪？」因從容諫曰：「邇者朝廷命令，莫不是元豐而非元祐。以臣觀之，神宗立法之意固善，吏推行之，或有失當，

以致病民。宣仁聽斷，一時小有潤色，蓋大臣識見異同，非必盡懷邪爲私也。今議論之臣，有不得志，故挾此藉口。以元豐爲是，則欲賢元豐之人；以元祐爲非，則欲斥元祐之士。其心豈恤國事？直欲快私忿以售其姦，不可不深察也。」

又曰：「自古天下汩亂，繫於用人。祖宗於此，最得其要。太祖用呂餘慶，太宗用王禹偁，眞宗用張知白，皆從下列置諸要途。人君欲得英傑之心，固當不次飭拔。必待薦而後用，則守正特立之士，將終身晦迹矣。」左司諫江公望論繼述事當執中道，不可拘一偏。徽宗出示其疏，純禮贊之曰：「願陛下以曉中外，使知聖意所嚮，亦足以革小人徇利之情。乞褒遷公望，以勸來者。」

純禮沉毅剛正，曾布憚之，激駙馬都尉王詵曰：「上欲除君承旨，范右丞不可。」詵怒。會詵館遼使，純禮主宴，詵誣其輒斥御名，罷爲端明殿學士、知潁昌府，提舉崇福宮。崇寧中，啓黨禁，貶試少府監，分司南京。又貶靜江軍節度副使，徐州安置，徙單州。五年，復左朝議大夫，提舉鴻慶宮。卒，年七十六[八]。

純粹字德孺，以蔭遷至贊善大夫、檢正中書刑房，與同列有爭，出知滕縣，遷提舉成都諸路茶場。元豐中，爲陝西轉運判官。時五路出師伐西夏：高遵裕出環慶，劉昌祚出涇





原，李憲出熙河，种諤出鄜延，王中正出河東。遵裕怒昌祚後期，欲按誅之，昌祚憂恚病臥，其麾下皆憤焉。純粹恐兩軍不協，致生他變，勸遵裕往問昌祚疾，其難遂解。神宗責諸將無功，謀欲再舉。純粹奏：「關陝事力單竭，公私大困，若復加騷動，根本可憂。異時言者必職臣是咎，臣寧受盡言之罪于今日，不忍默默以貽後悔。」神宗納之，進爲副使。

吳居厚爲京東轉運使，數獻羨賦。神宗將以徐州大錢二十萬緡助陝西，純粹語其僚曰：「吾部雖急，忍復取此膏血之餘？」即奏：「本路得錢誠爲利，自徐至邊，勞費甚矣。」懇辭弗受。入爲右司郎中。哲宗立，居厚敗，命純粹以直龍圖閣往代之，盡革其苛政。時蘇軾自登州召還，純粹與軾同建募役之議，軾謂純粹講此事尤爲精詳。

復代兄純仁知慶州。時與夏議分疆界，純粹請棄所取夏地，曰：「爭地未棄，則邊隙無時可除。如河東之葭蘆、吳堡，鄜延之米脂、義合[九]、浮圖，環慶之安疆，深在夏境，於漢界地利形勢，略無所益。而蘭、會之地，耗蠹尤深，不可不棄。」所言皆略施行。純粹又言：「諸路策應，舊制也。自徐禧罷策應，若夏兵大舉，一路攻圍，力有不勝，而鄰路拱手坐觀，其不拔者幸爾。今宜修明戰守救援之法。」朝廷是之。及夏侵涇原，純粹遣將曲珍救之，曰：「本道首建應援牽制之策，臣子之義，忘軀徇國，無謂鄰路被寇，非我職也。」珍即日疾馳三百里，破之於曲律，擣橫山，夏衆遁去。元祐中，除寶文閣待制，再任，召爲戶部侍郎，又出知延州。

紹聖初，哲宗親政，用事者欲開邊釁，御史郭知章遂論純粹元祐棄地事，降直龍圖閣。明年，復以寶文閣待制知熙州。章惇、蔡卞經略西夏，疑純粹不與共事，改知鄧州。歷河南府、滑州，旋以元祐黨人奪職，知均州。徽宗立，起知信州，復故職，知太原，加龍圖閣直學士，再臨延州。改知永興軍。尋以言者落職，知金州，提舉鴻慶宮。又責常州別駕，鄂州安置，錮子弟不得擅入都。會赦，復領祠。久之，以右文殿修撰提舉太清宮。黨禁解，復徽猷閣待制，致仕。卒，年七十餘。

純粹沉毅有幹略，才應時須，嘗論賣官之濫，以爲：「國法固許進納取官，然未嘗聽其理選。今西北三路，許納三千二百緡買齋郎，四千六百緡買供奉職，並免試注官。夫天下士大夫服勤至于垂死，不霑世恩，其富民猾商，捐錢千萬，則可任三子，切爲朝廷惜之。」疏上，不聽。凡論事剴切類此。

純仁字堯夫，其始生之夕，母李氏夢兒墮月中，承以衣裾，得之，遂生純仁。資警悟，八歲，能講所授書。以父任爲太常寺太祝。中皇祐元年進士第，調知武進縣，以遠親不赴；易





長葛，又不往。仲淹曰：「汝昔日以遠爲言，今近矣，復何辭？」純仁曰：「豈可重於祿食，而輕去父母邪？雖近，亦不能遂養焉。」仲淹門下多賢士，如胡瑗、孫復、石介、李覯之徒，純仁皆與從游。晝夜肄業，至夜分不寢，置燈帳中，帳頂如墨色。

仲淹沒，始出仕，以著作佐郎知襄城縣。兄純祐有心疾，奉之如父，藥膳居服，皆躬親時節之。賈昌朝守北都，請參幕府，以兄辭。宋庠薦試館職，謝曰：「輦轂之下，非兄養疾地也。」富弼責之曰：「臺閣之任豈易得？何庸如是。」卒不就。襄城民不蠶織，勸使植桑，有罪而情輕者，視所植多寡除其罰，民益賴慕，後呼爲「著作林」。兄死，葬洛陽。韓琦、富弼貽書洛尹，使助其葬，既葬，尹訝不先聞。純仁曰：「私室力足辦，豈宜慁公爲哉？」

簽書許州觀察判官、知襄邑縣。縣有牧地，衞士牧馬，以踐民稼，純仁捕一人杖之。牧地初不隸縣，主者怒曰：「天子宿衞，令敢爾邪？」白其事于上，劾治甚急。純仁言：「養兵出於稅畝，若使暴民田而不得問，稅安所出？」詔釋之，且聽牧地隸縣。凡牧地隸縣，自純仁始。時旱久不雨，純仁籍境內賈舟，諭之曰：「民將無食，爾所販五穀，貯之佛寺，候食闕時吾爲糶之。」衆賈從命，所蓄十數萬斛。至春，諸縣皆饑，獨境內民不知也。

治平中，擢江東轉運判官，召爲殿中侍御史，遷侍御史。時方議濮王典禮，宰相韓琦、參知政事歐陽脩等議尊崇之。翰林學士王珪等議，宜如先朝追贈期親尊屬故事。純仁言：

「陛下受命仁宗而爲之子，與前代定策入繼之主異，宜如王珪等議。」繼與御史呂誨等更論奏，不聽。純仁還所授告敕，家居待罪。既而皇太后手書尊王爲皇，夫人爲后。純仁復言：「陛下以長君臨御，奈何使命出房闥，異日或爲權臣矯託之地，非人主自安計。」尋詔罷追尊，起純仁就職。純仁請出不已，遂通判安州，改知蘄州。歷京西提點刑獄、京西陝西轉運副使。

召還，神宗問陝西城郭、甲兵、糧儲如何，對曰：「城郭粗全，甲兵粗修，糧儲粗備。」神宗愕然曰：「卿之才朕所倚信，何爲皆言粗？」對曰：「粗者未精之辭，如是足矣。願陛下且無留意邊功，若邊臣觀望，將爲他日意外之患。」拜兵部員外郎，兼起居舍人、同知諫院。奏言：「王安石變祖宗法度，掊克財利，民心不寧。書曰：『怨豈在明，不見是圖。』願陛下圖不見之怨。」神宗曰：「何謂不見之怨？」對曰：「杜牧所謂『天下之人，不敢言而敢怒』是也。」神宗嘉納之，曰：「卿善論事，宜爲朕條古今治亂可爲監戒者。」乃作尚書解以進，曰：「其言，皆堯、舜、禹、湯、文、武之事也。治天下無以易此，願深究而力行之。」加直集賢院、同修起居注。

神宗切於求治，多延見疏逖小臣，咨訪闕失。純仁言：「小人之言，聽之若可采，行之必有累。蓋知小忘大，貪近昧遠，願加深察。」富弼在相位，稱疾家居。純仁言：「弼受三朝眷倚，當自任天下之重，而恤己深於恤物，憂疾過於憂邦，致主處身，二者胥失。弼與先臣素



厚，臣在諫省，不敢私謁以致忠告，願示以此章，使之自省。」又論呂誨不當罷御史中丞，李師中不可守邊。

及薛向任發運使，行均輸法於六路。純仁言：「臣嘗親奉德音，欲修先王補助之政。今乃效桑羊均輸之法，而使小人爲之，掊克生靈，斂怨基禍。安石以富國強兵之術，啓迪上心，欲求近功，忘其舊學。尚法令則稱商鞅，言財利則背孟軻，鄙老成爲因循，棄公論爲流俗，異己者爲不肖，合意者爲賢人。劉琦、錢顗等一言，便蒙降黜。在廷之臣，方大半趨附，陛下又從而驅之，其將何所不至。道遠者理當馴致，事大者不可速成，人材不可急求，積敝不可頓革。儻欲事功亟就，必爲憸佞所乘，宜速還言者而退安石，答中外之望。」不聽。遂求罷諫職，改判國子監，去意愈確。執政使諭之曰：「毋輕去，已議除知制誥矣。」純仁曰：「此言何爲至於我哉，言不用，萬鍾非所顧也。」

其所上章疏，語多激切。神宗悉不付外，純仁盡錄申中書，安石大怒，乞加重貶。神宗曰：「彼無罪，姑與一善地。」命知河中府，徙成都路轉運使。以新法不便，戒州縣未得遽行。安石怒純仁沮格，因讒者遣使欲捃摭私事，不能得。使者以他事鞭傷傳言者，屬官喜謂純仁曰：「此一事足以塞其謗，請聞于朝。」純仁既不奏使者之過，亦不折言者之非。後竟坐失察僚佐燕游，左遷知和州，徙邢州。未至，加直龍圖閣、知慶州。



過闕入對，神宗曰：「卿父在慶著威名，今可謂世職。卿隨父既久，兵法必精，邊事必熟。」純仁揣神宗有功名心，卽對曰：「臣儒家，未嘗學兵，先臣守邊時，臣尚幼，不復記憶，且今日事勢宜有不同。陛下使臣繕治城壘，愛養百姓，不敢辭；若開拓侵攘，願別謀帥臣。」神宗曰：「卿之才何所不能，顧不肯爲朕悉心爾。」遂行。

秦中方饑，擅發常平粟振貸。僚屬請奏而須報，純仁曰：「報至無及矣，吾當獨任其責。」或謗其所全活不實，詔遣使按視。會秋大稔，民讙曰：「公實活我，忍累公邪？」晝夜爭輸還之。使者至，已無所負。邠、寧間有叢冢，使者曰：「全活不實之罪，於此得矣。」發冢籍骸上之。詔本路監司窮治，迺前帥楚建中所封也。朝廷治建中罪，純仁上疏言：「建中守法，申請間不免有殍死者，已坐罪罷去。今緣按臣而及建中，是一罪再刑也。」建中猶贖銅三十斤。環州种古執熟羌爲盜，流南方，過慶呼寃，純仁以屬吏，非盜也。古避罪讙訟，詔御史治于寧州。純仁就逮，民萬數遮馬涕泗，不得行，至有自投于河者。獄成，古以誣告謫。亦加純仁以他過，黜知信陽軍。

移齊州。齊俗凶悍，人輕爲盜刼。或謂：「此嚴治之猶不能戢，公一以寬，恐不勝其治矣。」純仁曰：「寬出於性，若強以猛，則不能持久；猛而不久，以治凶民，取玩之道也。」有西司理院，繫囚常滿，皆屠販盜竊而督償者。純仁曰：「此何不保外使輸納邪？」通判曰：「此



釋之，復紊，官司往往待其以疾斃於獄中，是與民除害爾。」純仁曰：「法不至死，以情殺之，豈理也邪？」盡呼至庭下，訓使自新，卽釋去。期歲，盜減比年大半。

丐罷，提舉西京留司御史臺。時耆賢多在洛，純仁及司馬光，皆好客而家貧，相約爲眞率會，脫粟一飯，酒數行，洛中以爲勝事。復知河中，諸路閱保甲妨農，論救甚力。錄事參軍宋儋年暴死，純仁使子弟視喪，小殮，口鼻血出。純仁疑其非命，按得其妾與小吏姦，因會，寘毒鼈肉中。純仁問食肉在第幾巡，曰：「豈有既中毒而尚能終席者乎？」再訊之，則儋年素不食鼈，其曰毒鼈肉者，蓋妾與吏欲爲變獄張本，以逃死爾。實儋年醉歸，毒於酒而殺之。遂正其罪。

哲宗立，復直龍圖閣、知慶州。召爲右諫議大夫，以親嫌辭，改天章閣待制兼侍講，除給事中。時宣仁后垂簾，司馬光爲政，將盡改熙寧、元豐法度。純仁謂光：「去其泰甚者可也。差役一事，尤當熟講而緩行，不然，滋爲民病。願公虛心以延衆論，不必謀自己出；謀自己出，則諂諛得乘間迎合矣。役議或難回，則可先行之一路，以觀其究竟。」光不從，持之益堅。純仁曰：「是使人不得言爾。若欲媚公以爲容悅，何如少年合安石以速富貴哉。」又云：「熙寧按問自首之法，既已改之，有司立文太深，四方死者視舊數倍，殆非先王寧失不經之意。」純仁素與光同志，及臨事規正，類如此。初，种古因誣純仁停任。至是，純仁薦爲永

興軍路鈐轄，又薦知隰州。每自咎曰：「先人與种氏上世有契義，純仁不肖，爲其子孫所訟，寧論曲直哉。」

元祐初，進吏部尚書，數日，同知樞密院事。初，純仁與議西夏，請罷兵棄地，使歸所掠漢人，執政持之未決。至是，乃申前議，又請歸一漢人予十縑。事皆施行。邊俘鬼章以獻，純仁請誅之塞上，以謝邊人，不聽。議者欲致其子，收河南故地，故赦不殺。後又欲官之，純仁復固爭，然鬼章子卒不至。

三年，拜尚書右僕射兼中書侍郎。純仁在位，務以博大開上意，忠篤革士風。章惇得罪去，朝廷以其父老，欲畀便郡，旣而中止。純仁請置往咎而念其私情。鄧綰帥淮東，言者斥之不已。純仁言：「臣嘗爲綰誣奏坐黜，今日所陳爲綰也，左降不宜錄人之過太深。」宣仁后嘉納。因下詔：「前日希合附會之人，一無所問。」

學士蘇軾以發策問爲言者所攻，韓維無名罷門下侍郎補外。純仁奏軾無罪，維盡心國家，不可因譖黜官。及王覿言事忤旨，純仁慮朋黨將熾，與文彥博、呂公著辨於簾前，未解。純仁曰：「朝臣本無黨，但善惡邪正，各以類分。彥博、公著皆累朝舊人，豈容雷同罔上。昔先臣與韓琦、富弼同慶曆柄任，各舉所知。當時飛語指爲朋黨，三人相繼補外。造謗者公相慶曰：『一網打盡。』此事未遠，願陛下戒之。」因極言前世朋黨之禍，并錄歐陽脩朋黨論以進。



知漢陽軍吳處厚傳致蔡確安州車蓋亭詩，以爲謗宣仁后，上之。諫官欲寘於典憲，執政右其說，唯純仁與左丞王存以爲不可。爭之未定，聞太師文彥博欲貶於嶺嶠，純仁謂左相呂大防曰：「此路自乾興以來，荊棘近七十年，吾輩開之，恐自不免。」大防遂不敢言。及確新州命下，純仁於宣仁后簾前言：「聖朝宜務寬厚，不可以語言文字之間曖昧不明之過，誅竄大臣。今舉動宜與將來爲法，此事甚不可開端也。且以重刑除惡，如以猛藥治病，其過也，不能無損焉。」又與王存諫於哲宗，退而上疏，其略云：「蓋如父母之有逆子，雖天地鬼神不能容貸，父子至親，主於恕而已。若處之必死之地，則恐傷恩。」確卒貶新州。大防奏確黨人甚盛，不可不問。純仁面諫朋黨難辨，恐誤及善人。遂上疏曰：「朋黨之起，蓋因趣向異同，同我者謂之正人，異我者疑爲邪黨。旣惡其異我，則逆耳之言難至；旣喜其同我，則迎合之佞日親。以至眞僞莫知，賢愚倒置，國家之患，率由此也。至如王安石，止因喜同惡異，遂至黑白不分，至今風俗，猶以觀望爲能，後來柄臣，固合永爲商鑑。今蔡確不必推治黨人，旁及枝葉。臣聞孔子曰：『舉直錯諸枉，能使枉者直。』則是舉用正直，而可以化枉邪爲善人，不仁者自當屛迹矣。何煩分辨黨人，或恐有傷仁化。」司諫吳安詩、正言劉安世交章擊純仁黨確，純仁亦力求罷。



明年，以觀文殿學士知潁昌府。踰年，加大學士、知太原府。其境土狹民衆，惜地不葬。純仁遣僚屬收無主燼骨，別男女異穴，葬者三千餘。又推之一路，葬以萬數計。夏人犯境，朝廷欲罪將吏。純仁自引咎求貶。秋，有詔貶官一等，徙河南府，再徙潁昌。

召還，復拜右僕射。因入謝，宣仁后簾中諭曰：「或謂卿必先引用王覿、彭汝礪，卿宜與呂大防一心。」對曰：「此二人實有士望，臣終不敢保位蔽賢，望陛下加察。」純仁將再入也，楊畏不悅，嘗有言，純仁不知。至是，大防約畏爲助，欲引爲諫議大夫。純仁曰：「諫官當用正人，畏不可用。」大防曰：「豈以畏嘗言公邪？」純仁始知之。後畏叛大防，凡有以害大防者，無所不至。宣仁后寢疾，召純仁曰：「卿父仲淹，可謂忠臣。在明肅皇后垂簾時，唯勸明肅盡母道；明肅上賓，唯勸仁宗盡子道。卿當似之。」純仁泣曰：「敢不盡忠。」

宣仁后崩，哲宗親政，純仁乞避位。哲宗語呂大防曰：「純仁有時望，不宜去，可爲朕留之。」且趣入見，問：「先朝行青苗法如何？」對曰：「先帝愛民之意本深，但王安石立法過甚，激以賞罰，故官吏急切，以致害民。」退而上疏，其要以爲「青苗非所當行，行之終不免擾民也」。

是時，用二三大臣，皆從中出，侍從、臺諫官，亦多不由進擬。純仁言：「陛下初親政，四方拭目以觀，天下治亂，實本於此。舜舉皐陶，湯舉伊尹，不仁者遠。縱未能如古人，亦須極



天下之選。」又率小力排宣仁后垂簾時事，純仁奏曰：「太皇保佑聖躬，功烈誠心，幽明共監，議者不恤國事，一何薄哉。」遂以仁宗禁言明肅垂簾事詔書上之。曰：「望陛下稽倣而行，以戒薄俗。」

蘇轍論殿試策問，引漢昭變武帝法度事。哲宗震怒曰：「安得以漢武比先帝？」轍下殿待罪，衆不敢仰視。純仁從容言：「武帝雄才大略，史無貶辭。轍以比先帝，非謗也。陛下親事之始，進退大臣，不當如訶叱奴僕。」右丞鄧潤甫越次曰：「先帝法度，爲司馬光、蘇轍壞盡。」純仁曰：「不然，法本無弊，弊則當改。」哲宗曰：「人謂秦皇、漢武。」純仁曰：「轍所論，事與時也，非人也。」哲宗爲之少霽。轍平日與純仁多異，至是乃服謝純仁曰：「公佛地位中人也。」轍竟落職知汝州。

全臺言蘇軾行呂惠卿告詞，訕謗先帝，黜知英州。純仁上疏曰：「熙寧法度，皆惠卿附會王安石建議，不副先帝愛民求治之意。至垂簾之際，始用言者，特行貶竄，今已八年矣。言者多當時御史，何故畏避不即納忠，今乃有是奏，豈非觀望邪？」御史來之邵言高士敦任成都鈐轄日不法事，及蘇轍所謫太近。純仁言：「之邵爲成都監司，士敦有犯，自當按發。轍與政累年，之邵已作御史，亦無糾正，今乃繼有二奏，其情可知。」

純仁凡薦引人材，必以天下公議，其人不知自純仁所出。或曰：「爲宰相，豈可不牢籠

天下士，使知出於門下？」純仁曰：「但朝廷進用不失正人，何必知出於我邪？」哲宗既召章惇爲相，純仁堅請去，遂以觀文殿大學士加右正議大夫知潁昌府。入辭，哲宗曰：「卿不肯爲朕留，雖在外，於時政有見，宜悉以聞，毋事形迹。」徙河南府，又徙陳州。初，哲宗嘗言：「貶謫之人，殆似永廢。」純仁前賀曰：「陛下念及此，堯、舜用心也。」

既而呂大防等竄嶺表，會明堂肆赦，章惇先期言：「此數十人，當終身勿徙。」純仁聞而憂憤，欲齋戒上疏申理之。所親勸以勿爲觸怒，萬一遠斥，非高年所宜。純仁曰：「事至於此，無一人敢言，若上心遂回，所繫大矣。不然，死亦何憾。」乃疏曰：「大防等年老疾病，不習水土，炎荒非久處之地，又憂虞不測，何以自存。臣曾與大防等共事，多被排斥，陛下之所親見。臣之激切，止是仰報聖德。向來章惇、呂惠卿雖爲貶謫，不出里居。臣向曾有言，深蒙陛下開納，陛下以一蔡確之故，常軫聖念。今趙彥若已死貶所，將不止一蔡確矣。願陛下斷自淵衷，將大防等引赦原放。」疏奏，忤惇意，詆爲同罪，落職知隨州。

明年，又貶武安軍節度副使，永州安置。時疾失明，聞命怡然就道。或謂近名，純仁曰：「七十之年，兩目俱喪，萬里之行，豈其欲哉？但區區之愛君，有懷不盡，若避好名之嫌，則無爲善之路矣。」每戒子弟毋得小有不平，聞諸子怨章惇，純仁必怒止之。江行赴貶所，舟覆，扶純仁出，衣盡濕。顧諸子曰：「此豈章惇爲之哉？」既至永，韓維責均州，其子訴維





執政日與司馬光不合，得免行。純仁之子欲以純仁與光議役法不同爲請，純仁曰：「吾用君實薦，以至宰相。昔同朝論事不合則可，汝輩以爲今日之言，則不可也。有愧心而生者，不若無愧心而死。」其子乃止。

居三年，徽宗即位，欽聖顯肅后同聽政，即日授純仁光祿卿，分司南京，鄧州居住。遣中使至永賜茶藥，諭曰：「皇帝在藩邸，太皇太后在宮中，知公先朝言事忠直，今虛相位以待，不知目疾如何，用何人醫之。」純仁頓首謝。道除右正議大夫、提舉崇福宮。不數月，以觀文殿大學士、中太一宮使詔之。有曰：「豈唯尊德尚齒，昭示寵優；庶幾鯁論嘉謀，日聞忠告。」純仁以疾，捧詔而泣曰：「上果用我矣，死有餘責。」徽宗又遣中使賜茶藥，促入覲，仍宣渴見之意。

純仁乞歸許養疾，徽宗不得已許之。每見輔臣問安否，乃曰：「范純仁，得一識面足矣。」遂遣上醫視疾。疾小愈，丐以所得冠帔改服色酬醫。詔賜醫章服，令以冠帔與族姪。疾革，以宣仁后誣謗未明爲恨。呼諸子口占遺表，命門生李之儀次第之。其略云：「蓋嘗先天下而憂，期不負聖人之學，此先臣所以教子，而微臣資以事君。」又云：「惟宣仁之誣謗未明，致保佑之憂勤不顯。」又云：「未解疆場之嚴，幾空帑藏之積。有城必守，得地難耕。」凡八事。建中靖國改元之旦，受家人賀。明日，熟寐而卒，年七十五。詔賻白金三十兩，敕

許洛官給其葬，贈開府儀同三司，謚曰忠宣，御書碑額曰「世濟忠直之碑」。

純仁性夷易寬簡，不以聲色加人，誼之所在，則挺然不少屈。自爲布衣至宰相，廉儉如一，所得奉賜，皆以廣義莊；前後任子恩，多先疏族。沒之日，幼子、五孫猶未官。嘗曰：「吾平生所學，得之忠恕二字，一生用不盡。以至立朝事君，接待僚友，親睦宗族，未嘗須臾離此也。」每戒子弟曰：「人雖至愚，責人則明；雖有聰明，恕己則昏。苟能以責人之心責己，恕己之心恕人，不患不至聖賢地位也。」又戒曰：「六經，聖人之事也。知一字則行一字。要須『造次顚沛必於是』，則所謂『有爲者亦若是』爾。豈不在人邪？」

弟純粹在關陝，純仁慮其於西夏有立功意。與之書曰：「大輅與柴車爭逐，明珠與瓦礫相觸，君子與小人鬬力，中國與外邦校勝負，非唯不可勝，兼亦不足勝，不唯不足勝，雖勝亦非也。」親族有請教者，純仁曰：「惟儉可以助廉，惟恕可以成德。」其人書於坐隅。有文集五十卷，行于世。子正平、正思。

正平字子夷，學行甚高，雖庸言必援孝經、論語。父純仁卒，詔特增遺澤，官其子孫，正平推與幼弟。紹聖中，爲開封尉，有向氏於其墳造慈雲寺。戶部尚書蔡京以向氏后戚，規欲自結，奏拓四鄰田廬。民有訴者，正平按視，以爲所拓皆民業，不可奪；民又撾鼓上訴，





京坐罰金二十斤，用是蓄恨正平。

及當國，乃言正平矯撰父遺表。又謂李之儀所述純仁行狀，妄載中使蔡克明傳二聖虛佇之意，遂以正平逮之儀、克明同詣御史府。正平將行，其弟正思曰：「議行狀時，兄方營窀穸之事，參預筆削者，正思也，兄何爲哉？」正平曰：「時相意屬我，且我居長，我不往，兄弟俱將不免，不若身任之。」遂就獄，捶楚甚苦，皆欲誣服。獨克明曰：「舊制，凡傳聖語，受本於御前，請寶印出，注籍於內東門。」使從其家得永州傳宣聖語本有御寶，又驗內東門籍皆同。其遺表八事，諸子以朝廷大事，防後患，不敢上之，繳申潁昌府印寄軍資庫。自潁昌取至，亦實。獄遂解。

會赦，得歸潁昌。唐君益爲守，表其所居爲忠直坊，取所賜「世濟忠直」碑額也。正平告之曰：「此朝廷所賜，施於金石，揭於墓隧，假寵於范氏子孫則可；若於通塗廣陌中爲往來之觀，以聳動庸俗，不可也。」君益曰：「此有司之事，君家何預焉？」正平曰：「先祖先君功名，人所知也。十室之邑，必有忠信，異時不獨吾家詒笑，君亦受其責矣。」竟撤去之。正平退閒久，益工詩，尤長五言，著荀里退居編，以壽終。

論曰：自古一代帝王之興，必有一代名世之臣。宋有仲淹諸賢，無愧乎此。仲淹初在制中，遺宰相書，極論天下事，他日爲政，盡行其言。諸葛孔明草廬始見昭烈數語，生平事業備見於是。豪傑自知之審，類如是乎！考其當朝，雖不能久，然先憂後樂之志，海內固已信其有弘毅之器，足任斯責，使究其所欲爲，豈讓古人哉！

純仁位過其父，而幾有父風。元祐建議攻熙、豐太急，純仁救蔡確一事，所謂謀國甚遠，當世若從其言，元祐黨錮之禍，不至若是烈也。仲淹謂諸子，純仁得其忠，純禮得其靜，純粹得其略。知子孰與父哉！

## 校勘記

〔一〕純祐　據隆平集卷八、東都事略卷五九上范仲淹傳，和范文正公集尺牘卷上與中舍二子三監簿四太祝、范純仁范忠宣公集補編范純佑家傳、呂祖謙宋文鑑卷一三九富弼范純佑墓誌銘，當作「純佑」，下文同。

〔二〕復置陝西路安撫經略招討使　長編卷一三八作「陝西四路經略安撫招討使」。當是。

〔三〕守令皆得不誅　「得不」二字原倒。按東都事略卷五九上本傳，上文所謂「不能守者」，係指知高郵軍晁仲約。富弼時在樞府，議欲誅之。仲淹以爲「高郵無兵無械，仲約之義當勉力戰守，然





事有可恕，戮之恐非法意」。仁宗從之，仲約由此免死。據此，從本卷殿本考證乙正。

〔四〕進擬　原作「進擢」，據范仲淹范文正公集奏議上奏乞兩府兼判改。

〔五〕陝西四路安撫使　「安撫」原作「宣撫」，據本書卷二一一宰輔表、歐陽修歐陽文忠公文集卷二〇范仲淹神道碑銘改。

〔六〕將作監　原作「將作院」，據同上范純佑家傳、范純佑墓誌銘改。

〔七〕張耒　原作「張來」，據東都事略卷五九下范純禮傳改；本書卷四四四有張耒傳，曾任起居舍人。下文同。

〔八〕年七十六　「七」、「六」二字原倒，據東都事略卷五九下本傳、范忠宣公集補編范純禮家傳乙正。

〔九〕義合　原作「義合」，據范忠宣公集補編范純粹家傳，參考本書卷八七地理志改。

# 宋史卷三百一十五

## 列傳第七十四

### 韓億 子綜　韓絳 子宗師　韓維　韓縝 子宗武

韓億字宗魏，其先眞定靈壽人，徙開封之雍丘。舉進士，爲大理評事、知永城縣，有治聲。他邑訟不決者，郡守皇甫選輒屬億治之。通判陳州，會河決，治隄費萬計，億不賦民而營築之。眞宗嘗欲召試，而與王旦有親嫌，特召見，改一官知洋州。州豪李甲，兄死迫嫂使嫁，因誣其子爲他姓，以專其貲。嫂訴於官，甲輒賂吏掠服之，積十餘年，訴不已。億視舊牘未嘗引乳醫爲證，召甲出乳醫示之，甲亡以爲辭，寃遂辨。累遷尙書屯田員外郎、知相州。河北旱，轉運使不以實聞，億獨言歲饑，願貸民租。有誣其子綱請求受金者，億請自置獄按之，事雖辨，猶降通判大名府。尋爲殿中侍御史，還侍御史，安撫淮、浙，除開封府判官，出爲河北轉運使。





仁宗初，進直史館、知青州，以司封員外郎兼侍御史知雜事，判大理寺丞。吳植知臨江軍，使人納金於宰相王欽若，因牙吏至京師，審之，語頗洩，欽若知不可掩，執吏以聞。詔付臺治，而植自言未嘗納金，反誣吏誤以問所親語達欽若。億窮治之，蓋植以病懼廢，金未達而事已露也。植乃除名。并按欽若，詔釋不問。三司更茶法，歲課不登，億承詔劾之，由丞相而下皆坐失當之罰，其不撓如此。自薛奎後，億獨掌臺務者踰年。

除龍圖閣待制，奉使契丹。時副使者，章獻外姻也，妄傳皇太后旨於契丹，諭以南北歡好傳示子孫之意，億初不知也。契丹主問億曰：「皇太后卽有旨，大使何獨不言？」億對曰：「本朝每遣使，皇太后必以此戒之，非欲達於北朝也。」契丹主大喜，曰：「此兩朝生靈之福也。」人謂副使既失辭，而億更以爲恩意，甚推美之。

知亳州，召知審刑院，再還兵部郎中、同判吏部流內銓，以右諫議大夫、樞密直學士知益州。故事，益州歲出官粟六萬石，振糶貧民。是歲大旱，億倍數出粟，先期予民，民坐是不饑。又疏九升江口，下漑民田數千頃。維、茂州地接羌夷，蕃部歲至永康官場鬻馬，億慮其覘兩川，奏徙場黎州境上。拜御史中丞，請如唐制，置御史裏行。

景祐二年，以尙書工部侍郎同知樞密院事。時承平久，武備不戒，乃請二府各列上才任將帥者數十人，稍試用之。又言武臣宜知兵，而書禁不傳，請纂其要授之。於是帝親集

神武秘略，以賜邊臣。

唃廝囉與趙元昊相攻，來獻捷。朝廷議加唃廝囉節制。億曰：「彼皆蕃臣也，今不能諭令解仇，乃因而加賞，非所以綏御四方也。」議遂寢。元昊歲遣人至京師，出入民間無他禁，億請下詔爲除館舍禮之，官主貿易，外雖若煩擾，實羈防之。

知開封府范仲淹獻百官圖，指宰相呂夷簡差除不平，而陰薦億可用。仲淹既貶，帝以諭億。億曰：「仲淹舉臣以公，臣之愚陛下所知；舉臣以私，則臣委質以來，未嘗交託於人。」遂除戶部、參知政事。會忻州地大震，諫官韓琦言宰相王隨、陳堯佐非輔弼才，又言億子綜爲羣牧判官，不當自請以兄綱代之，遂與宰相皆罷，知應天府，尋加資政殿學士、知成德軍。改澶州，復知亳州，官至尚書左丞，以太子少傅致仕。卒，贈太子太保，謚忠憲〔一〕。

億性方重，治家嚴飭，雖燕居，未嘗有惰容。見親舊之孤貧者，常給其昏葬。每見天下諸路有奏擿拾官吏小過者，輒顏色不懌，曰：「天下太平，聖主之心，雖昆蟲草木，皆欲使之得所。今仕者大則望爲公卿，次亦望爲侍從、職司二千石，其下亦望京朝、幕職，奈何錮之於盛世？」八子：綱、綜、絳、繹、維、縝、緯、緬。

綱，尚書水部員外郎〔二〕。慶曆中，知光化軍，性苛急，不能撫循士卒。會盜張海剽刼至境上，綱帥禁兵乘城，給餅餌多不時，民具酒食犒軍，輒收其羊豕，市錢製兵器，士皆憤怒。



又嘗命軍校作陣圖，不成，將斬之，衆益駭。一日，士方食，軍校邵興叱衆起勿食。綱怒，執數人繫獄。興懼，帥衆劫庫兵爲亂，欲殺綱。綱攜妻子縋城，由漢江而下。興等遂縱火掠城中，引衆趨蜀道，爲官兵所敗，遂斬之，餘黨悉誅。綱坐棄城除名，編管英州。

綜字仲文。蔭補將作監主簿，遷大理評事。舉進士中第，通判鄧州、天雄軍。會河溢金堤，民依丘塚者數百家。綜令曰：「能濟一人，予千錢。」民爭操舟栰以救，已而丘塚多潰。呂夷簡自北京入相，薦爲集賢校理、同知太常院。歷開封府推官，數月，遷三司戶部判官、同修起居注。

使契丹，契丹主問其家世，綜言億在先朝嘗持禮來，契丹主喜曰：「與中國通好久，父子俱使我，宜酌我酒。」綜率同使者五人起爲壽，契丹主亦離席酧之，歡甚。既還，陳執中以爲生事，出知滑州，徙許州。

殿前指揮使許懷德從妹亡，有別產在陽翟，以無子，籍于官，懷德欲私有之，訟未決。因楊儀爲書屬綜，書至而轉運使已徙獄他州矣。綜坐得書不以聞，奪集賢校理，知袁州。未幾，復爲江東轉運使。還，再修起居注，累遷刑部員外郎、知制誥，卒。

綜嘗爲契丹館伴使，使者欲爲書稱北朝而去契丹號。綜曰：「自古未有建國而無號者。」



使慙，遂不復言。其後朝廷擇館伴契丹使者，帝曰：「孰有如韓綜者乎？」子宗道，爲戶部侍郎、寶文閣待制。

綱子宗彥，字欽聖。蔭補將作監主簿。舉進士甲科，累遷太常博士。以大臣薦，召試，爲集賢校理。歷提點京西、京東刑獄。應天府失入平民死罪，獄成未決，通判孫世寧辨正之。獄吏當坐法，而尹劉沆縱弗治；宗彥往按舉，沆復沮止之。宗彥疏沆于朝，抵吏罪。仁宗春秋高，未有嗣。宗彥上書曰：「漢章帝詔諸懷妊者賜胎養穀，人三斗，復其夫勿算一歲，著爲令。臣考尋世次，帝八子，長則和帝，而質、安以下諸帝皆其係冑，請修胎養之令。」且曰：「人君務蕃毓其民，則天亦昌衍其子孫矣。」以尚書兵部員外郎判三司鹽鐵勾院，卒。

綜子宗道，歷官至戶部侍郎、寶文閣待制。

韓絳字子華。舉進士甲科，通判陳州。直集賢院，爲開封府推官。有男子冷青，妄稱其母頃在掖庭得幸，有娠而出生己，府以爲狂，奏流汝州。絳言，留之在外將惑衆。追責窮治，蓋其母嘗執役宮禁，嫁民冷緒，生一女，乃生青，遂論棄市。



歷戶部判官。江南饑，爲體量安撫使，行便民事數十條；宣州守廖詢貪暴不法，下吏竄諸理，民大悅。使還，同修起居注，擢右正言。仁宗謂絳曰：「用卿出自朕，卿凡論事，不宜沽激，當存朝廷大體，要令可行，毋使朕爲不聽諫者。」

入內都都知王守忠兼判內侍省〔三〕，絳言：「判名太重，且國朝以來，未有兼判兩省者。」詔自今勿復除。道士趙清貺出入宰相龐籍家，以賂敗，開封杖流之，道死。絳言籍諷府殺之，籍與尹俱謫去。未幾復進，絳力爭不得，遂解言職。明年，知制誥，乞守河陽，召判流內銓。河決商胡，用李仲昌議，開六塔河而患茲甚，命絳安撫河北〔四〕。時宰主仲昌，人莫敢異。絳劾其蠹國害民，罪不可貸，仲昌遂竄嶺表。遷龍圖閣直學士〔五〕、知瀛州。歐陽脩率同列言：「絳宜在朝廷，瀛非所處也。」留知諫院，糾察在京刑獄。爲翰林學士、御史中丞。

帝禱茅山求嗣，絳草祝辭，因勸帝汰出宮人，及限內臣養子，以重絕人之世，皆從之。掖庭劉氏通請謁爲姦，絳以告帝。帝曰：「非卿言朕無由知。」不數日，出劉氏及他不謹者。眞定守呂溱犯法，從官通章請貰之，絳曰：「法行當自貴者始，更相請援，則公道廢矣。」并劾諸請者，溱遂絀。富弼用張茂實掌禁兵，絳言：「人謂茂實爲先帝子，豈宜用典宿衞？」不報，闔門待罪，自言不敢復稱御史中丞。詔召之，及出，不秉笏穿朝堂，諫官論之，罷知蔡州。

數月，以翰林侍讀學士知慶州。熟羌據堡爲亂，即日討平之。加端明殿學士、知成都府。張詠鎮蜀日，春糶米，秋糶鹽，官給券以惠貧弱，歷歲久，權歸豪右；中人奉使至蜀，使酒吏主貿易，因附益以取悅，絳悉奏罷之。召知開封府，爲三司使。請以川、陝職田穀輸常平倉，而隨其事任道里差次給直。帝歎曰：「衆方姑息，卿獨不能徇時邪！」卽行之。內諸司吏數干恩澤，絳輒執不可。爲帝言：「身犯衆怒，懼有飛語。」帝曰：「朕在藩邸日，頗聞有司以國事爲人情。卿所守固善，何憚於讒？」

神宗立，韓琦薦絳有公輔器，拜樞密副使。始請建審官西院，掌武臣升朝者，以息吏姦。神宗嘗問天下遺利，絳請盡地力。因言差役之弊，願更定其法，役議自此始矣。代陳升之同制置三司條例，王安石每奏事，必曰：「臣見安石所陳非一，皆至當可用，陛下宜省察。」安石恃以爲助。

熙寧三年，參知政事。夏人犯塞，絳請行邊，安石亦請往。絳曰：「朝廷方賴安石，臣宜行。」乃以爲陝西宣撫使。既，又兼河東，幾事不可待報者，聽便宜施行，授以空名告敕，得自除吏。十二月，卽軍中拜同中書門下平章事、昭文館大學士，開幕府於延安。絳素不習兵事，注措乖方，選蕃兵爲七軍，用知青澗城种諤策，欲取横山，令諸將聽命於諤，厚賚犒蕃兵，衆皆怨望。又奪騎兵馬以與之，有抱馬首以泣者。既城囉兀，又冒雪築撫寧堡，調發騷然。已而二城陷，趣諸道兵出援，慶卒遂作亂。議者罪絳，罷知鄧州。明年，以觀文殿學士





徙許州，進大學士，徙大名府。

七年，復代王安石相。既顓處中書，事多稽留不決，且數與呂惠卿爭論，乃密請帝再用安石。安石至，頗與絳異。有劉佐者，坐法免，安石欲抆拭用佐，絳不可。議帝前未決，卽再拜求去。帝驚曰：「此小事，何必爾？」對曰：「小事尚不伸，況大事乎！」帝爲逐佐。未幾，絳亦出知許州。

元豐元年，拜建雄軍節度使、知定州。入爲西太一宮使。六年，知河南府。夏，大雨，伊、洛間民被溺者十五六。絳發廩振恤，環城築隄，數月，水復至，民賴以免。哲宗立，更鎮江軍節度使、開府儀同三司，封康國公，爲北京留守。河決小吳，都水議傍魏城鑿渠東趣金隄，役甚棘。絳言：「功必不成，徒耗費國力，而使魏人流徙，非計也。」三奏，訖罷之。元祐二年，請老，以司空、檢校太尉致仕。明年，卒，年七十七。贈太傅，謚曰獻肅。

絳臨事果敢，不爲後慮。好延接士大夫，數薦司馬光可用，終以黨王安石復得政，是以清議少之。

子宗師，字傳道，以父任歷州縣職。既登第，王安石薦爲度支判官、提舉河北常平。累官至集賢殿修撰、知河中府，卒。初，宗師在神宗朝，數賜對，常弗忍去親側，屢辭官不拜，世以孝與之。

韓維字持國。以進士奏名禮部，方億輔政，不肯試大廷，受蔭入官。父沒後，閉門不仕。宰相薦其好古嗜學，安於靜退，召試學士院，辭不就。富弼辟河東幕府，史館修撰歐陽脩薦爲檢討、知太常禮院。禮官議祫享東向位，維請虛室以待太祖。溫成后立廟用樂，維以爲不如禮，請一切裁去。議陳執中謚，以爲張貴妃治喪皇儀殿，追册位號，皆執中所建，宜曰榮靈。詔謚曰恭，維曰：「責難於君謂之恭，執中何以得此？」議訖不行，乞罷禮院。以秘閣校理通判涇州。

神宗封淮陽郡王、潁王，維皆爲記室參軍。王每事咨訪，維悉心以對，至拜起進趨之容，皆陳其節。嘗與論天下事，語及功名。維曰：「聖人功名，因事始見，不可有功名心。」王拱手稱善。閒維引疾請郡，上章留之。時禁中遣使泛至諸臣家，爲王擇妃。維上疏曰：「王孝友聰明，動履法度，方嚮經學，以觀成德。今卜族授室，宜歷選勳望之家，謹擇淑媛，考古納采、問名之義，以禮成之，不宜苟取華色而已。」

左、右史闕，英宗訪除授例，執政曰：「用館閣久次及進士高第者。」帝曰：「第擇人，不必





專取高科。」執政以維對，遂同修起居注，侍邇英講。帝初免喪，簡默不言。維上疏曰：「邇英閣者，陛下燕閒之所也。侍於側者，皆獻納論思之臣。陳於前者，非經則史。可以博咨訪之義，窮仁義之道，究成敗之原。今禮制終畢〔六〕，臣下傾耳以聽玉音，陛下之言，此其時也。臣請執筆以俟。」進知制誥、知通進銀臺司。

御史呂誨等以濮議得罪，維諫曰：「誨等奮議守職，不過欲陛下盡如先王之法而止爾。請追還前詔，令百官詳議，以盡人情；復誨等職任，以全政體。」既而責命不由門下，維又言：「罷黜御史，事關政體，而不使有司與聞，紀綱之失，無甚於此。乞解銀臺司。」不從，遂闔門待罪。有詔舉臺官二人，維言：「呂誨、范純仁有已試之效，願復其職。」翰林學士范鎮作批答不合旨，出補郡。維言：「鎮所失只在文字，當涵容之。前黜錢公輔，中外以爲太重，連退二近臣，而衆莫知其所謂，自此誰敢盡忠者？」

潁王爲皇太子，兼右庶子。神宗卽位，維進言：「百執事各有職位，當責任，若代之行事，最爲失體。天下大事不可猝爲，人君設施，自有先後。」因釋滕文公問孟子居喪之禮，推後世禮文之變，以伸規諷，帝皆嘉納。除龍圖閣直學士。

御史中丞王陶彈宰相韓琦爲跋扈，罷爲翰林學士。維言：「中丞之言是，宰相安得無罪？若其非是，安得止罷臺職？今爲學士，是遷也。」參知政事吳奎論陶事，出知青州。維

言進退大臣，不當如是。詔還奎官。維又言：「執政罷免，則爲降黜；今復遷官，則爲褒進。二者理難並行，此與王陶罷中丞而加學士何以異？」章上，奎還就職。維援前言求去，知汝州。數月，召兼侍講、判太常寺。

初，僖祖主已遷，及英宗祔廟，中書以爲僖祖與稷、契等，不應毀其廟。維言：「太祖戡定大亂，子孫遵業，爲宋太祖，無可議者。僖祖雖爲高祖，然仰迹功業，非有所因，若以所事稷、契事之，懼有所未安，宜如故便。」王安石方主初議，持不行。

熙寧二年，遷翰林學士、知開封府。明年，爲御史中丞，以兄絳在樞府，力辭之。安石亦惡其言保甲事，復使爲開封。始分置八廂決輕刑，轂下清肅。時吳充爲三司使，帝曰：「維、充以文學進，及任煩劇，而皆稱職，可謂得人矣。」兼侍讀學士，充羣牧使。考試制舉人，孔文仲對策入等，以切直罷歸。維言：「陛下毋謂文仲爲一賤士，黜之何損。臣恐賢俊解體，忠良結舌，阿諛苟合者將窺隙而進，爲禍不細。」安石益惡之。

樞密使文彥博求去，帝曰：「密院事劇，當除韓維佐卿。」明日，維奏事殿中，以言不用，請郡。帝曰：「卿東宮舊人，當留以輔政。」對曰：「使臣言得行，賢於富貴；若緣攀附舊恩以進，非臣之願也。」遂出知襄州，改許州。

七年二月，召爲學士承旨。入對，帝曰：「天久不雨，朕日夜焦勞，奈何？」維曰：「陛下





憂閔旱災，損膳避殿，此乃舉行故事，恐不足以應天變。當痛自責己，廣求直言。」退，又上疏曰：「近畿內諸縣，督索青苗錢甚急，往往鞭撻取足，至伐桑爲薪以易錢貨，旱災之際，重罹此苦。若夫動甲兵，危士民，匱財用於荒夷之地，朝廷處之不疑，行之甚銳。至於蠲除租稅，寬裕逋負，以救愁苦之民，則遲遲而不肯發。望陛下奮自英斷行之，過於養人，猶愈過於殺人也。」上感悟，卽命維草詔求直言。其略曰：「意者聽納不得於理與？獄訟非其情與？賦斂失其節與？忠言讜論鬱於上聞，而阿諛壅蔽以成其私者衆與？」詔出，人情大悅。有旨體量市易、免行利病，權罷方田、保甲，是日乃雨。

王安石罷，會絳入相，加端明殿學士、知河陽，復知許州。帝幸舊邸，進資政殿學士。會鞏當制，稱其純明亮直，帝命改命詞。維知帝意，請提舉嵩山崇福宮。

帝崩，赴臨闕庭。宣仁后手詔勞問，維對曰：「人情貧則思富，苦則思樂，困則思息，鬱則思通。誠能常以利民爲本，則民富；常以憂民爲心，則民樂；賦役非人力所堪者去之，則勞困息；法禁非人情所便者蠲之，則鬱塞通。推此而廣之，盡誠而行之，則子孫觀陛下之德，不待敎而成矣。」

未幾，起知陳州，未行，召兼侍讀，加大學士。嘗言：「先帝以夏國主秉常廢，故興問罪之師。今既復位，有蕃臣禮，宜還其故地。」因陳兵不可不息者三，地不可不棄者五。又言：「仁宗選建儲嗣，一時忠勳皆被寵祿；范鎭首開此議，賞獨不及，願褒顯其功。」鎭於是復起用。

元祐更役法，命維詳定。時四方書疏多言其便，維謂司馬光曰：「小人議論，希意迎合，不可不察。」成都轉運判官蔡曚附會定差，維惡而劾之。執政欲廢王安石新經義，維以當與先儒之說並行，論者服其平。拜門下侍郎。御史張舜民以言事罷，王巖叟救之，折簡密詢上官均。語泄，詔巖叟分析。維曰：「臣下折簡聚談，更相督責，乃是相率爲善，何害於理？若瑣瑣責善，懼於國事無益也。」

維處東省踰年，有忌之者密爲讒愬，詔分司南京。尙書右司王存抗聲簾前曰：「韓維得罪，莫知其端，臣竊爲朝廷惜。」乃還大學士、知鄧州。兄絳爲之請，改汝州。久之，以太子少傅致仕，轉少師。

紹聖中，坐元祐黨，降左朝議大夫，再謫崇信軍節度副使，均州安置。諸子乞納官爵，聽父里居。哲宗覽奏惻然，許之。元符元年，以幸睿成宮，復左朝議大夫，是歲卒。年八十二。徽宗初，悉追復舊官。





韓縝字玉汝。登進士第，簽書南京判官。仁宗以水災求直言，縝上疏曰：「今國本未立，無以繫天下心，此陰盛陽微之應。」詞極剴切。劉沆薦其才，命編修三班敕。前此，武臣不執親喪。縝建言：「三年之服，古今通制；晉襄衰墨從戎，事出一時。」遂著令，自崇班以上聽持服。爲殿中侍御史。參知政事孫抃持祿充位；權陝西轉運副使薛向赴闕，樞密院輒諠旨除爲眞；劉永年以外戚除防禦使；內侍史志聰私役皇城親從：縝皆極論之。帝爲罷抃，寢向與永年之命，而正志聰罪。遷侍御史、度支判官，出爲兩浙、淮南轉運使，移河北。

夏諒祚死，子秉常嗣，遣使求封册。朝廷方責夏人不修職貢，欲擇人詰其使。縝適陛辭，神宗命之往。縝至驛問罪，使者引服，迨夜，奏上。帝喜，改使陝西。入知審官西院、直舍人院。以兄絳執政，改集賢殿修撰、鹽鐵副使，以天章閣待制知秦州。嘗宴客夜歸，指使傅勍被酒，誤隨入州宅，與侍妾遇，縝怒，令軍校以鐵裹杖箠殺之。勍妻持血衣，撾登聞鼓以訴，坐落職，分司南京。秦人語曰：「寧逢乳虎，莫逢玉汝。」其暴酷如此。久之，還待制、知瀛州。

熙寧七年，遼使蕭禧來議代北地界。召縝館客，遂報聘，令持圖牒致遼主，不克見而還。知開封府，禧再至，復館之。詔乘驛詣河東，與禧分畫，以分水嶺爲界。復命，賜襲衣、金帶，爲樞密都承旨，還龍圖閣直學士。元豐五年，官制行，易太中大夫、同知樞密，進知

院事。

哲宗立，拜尚書右僕射兼中書侍郎。首相蔡確與章惇謀誣東朝，及確爲山陵使，縝暴其姦狀，由是東朝及外廷悉知之。確使還，欲以其屬高遵惠、張璪、韓宗文爲美官。宣仁后以訪縝，縝曰：「遵惠爲太后從父；璪者，中書郎璪之弟；宗文，臣姪也。今擢用非次，則是君臣各私其親，何以示天下？」乃止。

元祐元年，御史中丞劉摯、諫官孫覺蘇轍王覿，論縝才鄙望輕，在先朝爲奉使，割地六百里〔七〕以遺契丹，邊人怨之切骨，不可使居相位。章數十上，罷爲觀文殿大學士、知潁昌府。移永興、河南，拜安武軍節度使、知太原府，易節奉寧軍。請老，爲西太一宮使，以太子太保致仕。紹聖四年卒，年七十九。贈司空，謚曰莊敏。

縝外事莊重，所至以嚴稱。雖出入將相而寂無功烈，厚自奉養，世以比晉何曾云。子宗武。

宗武，第進士，韓宗彥鎮瀛州，辟爲河間令。值河溢，增隄護城，吏率兵五百伐材近郊，雖墓木亦不免，父老遮道泣，宗武入府白罷之。徽宗即位，爲秘書丞，因日食上疏言：「近世事有微漸而不可不察者五：大臣不畏公論，小臣趨利附下，一也。人主怠於政事，威柄下



移，怨讟歸上，二也。左右無輔拂之士，守邊無禦侮之臣，三也。開境土以速邊患，耗賦財以弊民力，四也。歲穀不登，倉庾空竭，民人流亡，盜賊數起，五也。根治朋黨，追復私怨，正士黜廢，耆老殲亡，旋起大獄，害及善類。文章號令，衰於前世。大河決溢，饑饉荐臻。執政大臣，人懷異意，排去舊怨，以立新黨，徒爲紛紛，無憂國忘家之慮。誠願躬攬權綱，收還威柄，數言奏功，考察名實，不以侍御之好、鍾鼓之娛爲樂。仁祖惻怛至誠，以收天下之心；神宗厲精不息，以舉天下之事：皆所宜法。」不報。

哲宗將祔廟，中旨索省中書畫甚急。宗武言：「先帝祔廟，陛下哀慕方深，而丹青之玩，取索不已，播之于外，懼損聖德。陛下踐祚，如日初升，當講劘典訓，開廣聖學，好玩易志，正古人所戒也。」疏入，皇太后見之，怒曰：「是皆內侍數輩所爲爾。」欲盡加罰，帝委曲申救，乃已。明日，太后對宰相獎歎，令俟諫官員闕即用之。尋除都官員外郎，改開封府推官。丐外，爲淮南轉運判官。前使者貸上供錢，禁庭遣使來索。宗武奏具狀，詞極鯁切，坐貶秩，罷歸。久之，蔡京欲以知潁州。帝語祕書事，京不敢復言，遂致仕。官累太中大夫，年八十二卒。



論曰：王稱〔八〕曰：「昔袁安未嘗以贓罪鞫人，史氏以其仁心，足以覃乎後昆。韓億不擿人小過，而君子知其後必大，皆盛德事也。億有子位公府，而行各有適。絳適於同，維適於正，縝適於嚴。嗚呼，維其賢哉！」

校勘記

〔一〕忠憲　原作「忠獻」，據隆平集卷七本傳、張方平樂全集卷三七韓億神道碑銘改。

〔二〕綱尚書水部員外郎　據本段文字，疑卷目「韓億子綜」之「子」下當有「綱」字。

〔三〕入內都都知王守忠兼判內侍省　「知」上一「都」字原脫，「侍」原作「行」。按長編卷一七五說，皇祐五年九月「壬辰，入內都都知、延福宮使、武信軍留後王守忠爲入內內侍省、內侍省都都知，諫官韓絳言：『宦者兼判二省，國朝所未有也。』」宋會要職官三六之一〇，記王守忠除官事略同。據補改。

〔四〕命絳安撫河北　「安撫」原作「宣撫」，按嘉祐元年六月，韓絳以知制誥爲河北體量安撫使，見宋會要職官四一之九一。東都事略卷五八本傳亦作「以絳安撫河北」，據改。

〔五〕龍圖閣直學士　「直」字原脫，據東都事略卷五八本傳、范純仁范忠宣公集卷一五韓絳墓誌銘補。



〔六〕今禮制終畢　「禮制」原作「體制」，據東都事略卷五八、琬琰集下編卷一七韓侍郎維傳改。

〔七〕六百里　按琬琰集下編卷二〇韓太保縝傳作「七百里」，東都事略卷五八本傳、徐自明宰輔編年錄卷九引孫覺等奏疏都作「七百餘里」。

〔八〕王稱　原作「王偁」，據宋會要崇儒五之四〇、東都事略卷五八韓億傳論改。

二十四史

中華書局

# 宋史

元　脱脱　等撰

第三〇冊

卷三一六至卷三三一（傳）

中華書局

## 宋史卷三百一十六

### 列傳第七十五

包拯　吳奎　趙抃 子屼　唐介 子淑問　義問　孫恕

包拯字希仁，廬州合肥人也。始舉進士，除大理評事，出知建昌縣。以父母皆老，辭不就。得監和州稅，父母又不欲行，拯卽解官歸養。後數年，親繼亡，拯廬墓終喪，猶裵徊不忍去，里中父老數來勸勉。久之，赴調，知天長縣。有盜割人牛舌者，主來訴。拯曰：「第歸，殺而鬻之。」尋復有來告私殺牛者，拯曰：「何爲割牛舌而又告之？」盜驚服。徙知端州，遷殿中丞。端土產硯，前守緣貢，率取數十倍以遺權貴。拯命製者才足貢數，歲滿不持一硯歸。

尋拜監察御史裏行，改監察御史。時張堯佐除節度、宣徽兩使〔一〕，右司諫張擇行、唐介與拯共論之，語甚切。又嘗建言曰：「國家歲賂契丹，非禦戎之策，宜練兵選將，務實邊





備。」又請重門下封駮之制，及廢錮贓吏，選守宰，行考試補蔭弟子之法。當時諸道轉運加按察使，其奏劾官吏多摭細故，務苛察相高尙，吏不自安，拯於是請罷按察使。

去使契丹，契丹令典客謂拯曰：「雄州新開便門，乃欲誘我叛人，以刺疆事耶？」拯曰：「涿州亦嘗開門矣，刺疆事何必開便門哉？」其人遂無以對。

歷三司戶部判官，出爲京東轉運使，改尙書工部員外郎、直集賢院，徙陝西，又徙河北，入爲三司戶部副使。秦隴斜谷務造船材木，率課取於民；又七州出賦河橋竹索，恆數十萬，拯皆奏罷之。契丹聚兵近塞，邊郡稍警，命拯往河北調發軍食。拯曰：「漳河沃壤，人不得耕，邢、洺、趙三州民田萬五千頃，率用牧馬，請悉以賦民。」從之。解州鹽法率病民，拯往經度之，請一切通商販。

除天章閣待制、知諫院。數論斥權倖大臣，請罷一切內除曲恩。又列上唐魏鄭公三疏，願置之坐右，以爲龜鑒。又上言天子當明聽納，辨朋黨，惜人才，不主先入之說，凡七事；請去刻薄，抑僥倖，正刑明禁，戒興作，禁妖妄。朝廷多施行之。

除龍圖閣直學士、河北都轉運使。嘗建議無事時徙兵內地，不報。至是，請：「罷河北屯兵，分之河南兗、鄆、齊、濮、曹、濟諸郡，設有警，無後期之憂。借曰戍兵不可遽減，請訓練義勇，少給糇糧，每歲之費，不當屯兵一月之用，一州之賦，則所給者多矣。」不報。徙知

瀛州，諸州以公錢貿易，積歲所負十餘萬，悉奏除之。以喪子乞便郡，知揚州，徙廬州，遷刑部郎中。坐失保任，左授兵部員外郎、知池州。

復官，徙江寧府，召權知開封府，遷右司郎中。拯立朝剛毅，貴戚宦官爲之斂手，聞者皆憚之。人以包拯笑比黃河淸，童稚婦女，亦知其名，呼曰「包待制」。京師爲之語曰：「關節不到，有閻羅包老。」舊制，凡訟訴不得徑造庭下。拯開正門，使得至前陳曲直，吏不敢欺。中官勢族築園榭，侵惠民河，以故河塞不通，適京師大水，拯乃悉毀去。或持地券自言有僞增步數者，皆審驗劾奏之。

遷諫議大夫、權御史中丞。奏曰：「東宮虛位日久，天下以爲憂，陛下持久不決，何也？」仁宗曰：「卿欲誰立？」拯曰：「臣不才備位，乞豫建太子者，爲宗廟萬世計也。陛下問臣欲誰立，是疑臣也。臣年七十，且無子，非邀福者〔二〕。」帝喜曰：「徐當議之。」請裁抑內侍，減節冗費，條責諸路監司，御史府得自舉屬官，減一歲休暇日，事皆施行。

張方平爲三司使，坐買豪民產，拯劾奏罷之；而宋祁代方平，拯又論之；祁罷，而拯以樞密直學士權三司使。歐陽脩言：「拯所謂牽牛蹊田而奪之牛，罰已重矣，又貪其富，不亦甚乎！」拯因家居避命，久之乃出。其在三司，凡諸筦庫供上物，舊皆科率外郡，積以困民。拯特爲置場和市，民得無擾。吏負錢帛多縲繫，間輒逃去，并械其妻子者，類皆釋之。遷給



事中，爲三司使。數日，拜樞密副使。頃之，遷禮部侍郎，辭不受，尋以疾卒，年六十四。贈禮部尚書，謚孝肅。

拯性峭直，惡吏苛刻，務敦厚，雖甚嫉惡，而未嘗不推以忠恕也。與人不苟合，不僞辭色悅人，平居無私書，故人、親黨皆絕之。雖貴，衣服、器用、飲食如布衣時。嘗曰：「後世子孫仕宦，有犯贓者，不得放歸本家，死不得葬大塋中。不從吾志，非吾子若孫也。」初，有子名繶，娶崔氏，通判潭州，卒。崔守死，不更嫁。拯嘗出其媵，在父母家生子，崔密撫其母，使謹視之。繶死後，取媵子歸，名曰綖。有奏議十五卷。

吳奎字長文，濰州北海人。性強記，於書無所不讀。舉五經，至大理丞，監京東排岸。慶曆宿衞之變，奎上疏曰：「涉春以來，連陰不解，洪範所謂『皇之不極，時則有下伐上』者。今衞士之變，起於肘腋，流傳四方，驚駭羣聽。聞皇城司官六人，其五已受責，獨楊懷敏尙留。人謂陛下私近幸而屈公法，且獲賊之際，傳令勿殺，而左右輒屠之。此必其黨欲以滅口，不然，何以不奉詔？」遂乞召對面論，仁宗深器之。再遷殿中丞，策賢良方正入等，擢太常博士、通判陳州。



入爲右司諫，改起居舍人，同知諫院。每進言，惟勸帝禁束左右姦倖。內東門闌得賂遺物，下吏研治，而開封用內降釋之。奎劾尹魏瓘，出瓘越州。彭思永論事，詔詰所從受。奎言：「御史法許風聞，若窮核主名，則後誰敢來告以事？是自塗其耳目也。」上爲罷不問。郭承祐、張堯佐爲宣徽使，奎連疏其不當，承祐罷使，出堯佐河陽〔三〕。

皇祐中，頗多災異，奎極言其徵曰：「今冬令反燠，春候反寒，太陽虧明，五星失度，水旱作沴，饑饉荐臻，此天道之不順也。自東徂西，地震爲患，大河橫流，堆阜或出，此地道之不順也。邪曲害政，陰柔蔽明，羣小紛爭，衆情壅塞，西、北貳敵，求欲無厭，此人事之不和也。夫帝王之美，莫大於進賢退不肖。今天下皆謂之賢，陛下知之而不能進；天下皆謂之不肖，陛下知之而不能退。內寵驕恣，近習回撓，陰盛如此，寧不致大異乎？又十數年來下令及所行事，或有名而無實，或始是而終非，或橫議所移，或姦謀所破，故羣臣百姓，多不甚信，以謂陛下言之雖切而不能行，行之雖銳而不能久。臣願謹守前詔，堅如金石，或敢私撓，必加之罪，毋爲人所測度，而取輕於天下。」

唐介論文彥博，指奎爲黨，出知密州。加直集賢院，徙兩浙轉運使。入判登聞檢院，同修起居注、知制誥。奉使契丹，會其主加稱號，要入賀。奎以使事有職，不爲往。歸遇契丹使於塗，契丹以金冠爲重，紗冠次之。故事，使者相見，其衣服重輕必相當。至是，使者服紗



冠，而要奎盛服。奎殺其儀以見，坐是出知壽州。

至和三年，大水，詔中外言得失。奎上疏曰：「陛下在位三十四年〔四〕，而儲嗣未立。在禮，大宗無嗣，則擇支子之賢者。以昭穆言，則太祖、太宗之曾孫，所宜建立，以繫四海之望。俟有皇子則退之，而優其禮於宗室，誰曰不然？陛下勿聽姦人邪謀，以誤大事。若倉卒之際，柄有所歸，書之史册，爲萬世歎憤。臣不願以聖明之資，當危亡之比。此事不宜優游，願蚤裁定。定之不速，致宗祀無本，鬱結羣望，推之咎罰，無大于此。」帝感其言，拜翰林學士，權開封府。

奎達於從政，應事敏捷，吏不敢欺。富人孫氏辜權財利，負其息者，至評取物產及婦女。奎發孫宿惡，徙其兄弟於淮、閩，豪猾畏斂。居三月，治聲赫然。除端明殿學士、知成都府，以親辭，改鄆州。復還翰林，拜樞密副使。治平中，丁父憂，居喪毀瘠，廬於墓側，歲時潔嚴祭祀，不爲浮屠事。

神宗初立，奎適終制，以故職還朝。踰月，參知政事。時已召王安石，辭不至，帝顧輔臣曰：「安石歷先帝朝，召不赴，頗以爲不恭。今又不至，果病耶，有所要耶？」曾公亮曰：「安石文學器業，不敢爲欺。」奎曰：「臣嘗與安石同領羣牧，見其護前自用，所爲迂闊。萬一用之，必紊亂綱紀。」乃命知江寧。

奎嘗進言：「陛下在推誠應天，天意無他，合人心而已。若以至誠應，則和氣之感，自然而致。今民力困極，國用窘乏，必俟順成，乃可及他事。帝王所職，惟在於判正邪，使君子常居要近，小人不得以害之，則自治矣。」帝因言：「堯時，四凶猶在朝。」奎曰：「四凶雖在，不能惑堯之聰明。聖人以天下爲度，未有顯過，固宜包容，但不可使居要近地爾。」帝然之。御史中丞王陶，以論文德不押班事詆韓琦，奎狀其過。詔除陶翰林學士，奎執不可。陶又疏奎阿附。陶既出，奎亦以資政殿大學士知青州。司馬光諫曰：「奎名望清重，今爲陶絀奎，恐大臣皆不自安，各求引去。陛下新卽位，於四方觀聽非宜。」帝乃召奎歸中書。及琦罷相，竟出知青州。明年薨，年五十八。贈兵部尙書，謚曰文肅。

奎喜獎廉善，有所知輒言之，言之不從，不止也。少時甚貧，既通貴，買田爲義莊，以賙族黨朋友。沒之日，家無餘貲，諸子至無屋以居，當時稱之。

趙抃字閱道，衢州西安人。進士及第，爲武安軍節度推官。人有赦前僞造印，更赦而用者，法吏當以死。抃曰：「赦前不用，赦後不造，不當死。」讞而生之。知崇安、海陵、江原三縣，通判泗州。濠守給士卒糜賜不如法，譁欲變，守懼，日未入，輒閉門不出。轉運使檄



抃攝治之，抃至，從容如平時，州以無事。

翰林學士曾公亮未之識，薦爲殿中侍御史，彈劾不避權倖，聲稱凜然，京師目爲「鐵面御史」。其言務欲朝廷別白君子小人，以謂：「小人雖小過，當力遏而絕之；君子不幸詿誤，當保全愛惜，以成就其德。」溫成皇后之喪，劉沆以參知政事監護，及爲相，領事如初。抃論其當罷，以全國體。又言宰相陳執中不學無術，且多過失；宣徽使王拱辰平生所爲及奉使不法；樞密使王德用、翰林學士李淑不稱職：皆罷去。吳充、鞠眞卿、刁約以治禮院吏，馬遵、呂景初、吳中復以論梁適，相繼被逐。抃言其故，悉召還。呂溱、蔡襄、吳奎、韓絳既出守，歐陽脩、賈黯復求郡。抃言：「近日正人端士紛紛引去，侍從之賢如脩輩無幾，今皆欲去者，以正色立朝，不能諂事權要，傷之者衆耳。」脩、黯由是得留，一時名臣，賴以安焉。

請知睦州，移梓州路轉運使，改益州。蜀地遠民弱，吏肆爲不法，州郡公相餽餉。抃以身帥之，蜀風爲變。窮城小邑，民或生而不識使者，抃行部無不至，父老喜相慰，姦吏竦服。

召爲右司諫。內侍鄧保信引退兵董吉燒煉禁中，抃引文成、五利、鄭注爲比，力論之。陳升之副樞密，抃與唐介、呂誨、范師道言升之姦邪，交結宦官，進不以道。章二十餘上，升之去位。抃與言者亦罷，出知虔州。虔素難治，抃御之嚴而不苛，召戒諸縣令，使人自爲治。



令皆喜，爭盡力，獄以屢空。嶺外仕者死，多無以爲歸，抃造舟百艘，移告諸郡曰：「仕宦之家，有不能歸者，皆於我乎出。」於是至者相繼，悉授以舟，并給其道里費。

召爲侍御史知雜事，改度支副使，進天章閣待制、河北都轉運使。時賈昌朝以故相守魏，抃將按視府庫，昌朝使來告曰：「前此，監司未有按視吾藏者，恐事無比，若何？」抃曰：「舍是，則他郡不服。」竟往焉。昌朝不悅。初，有詔募義勇，過期不能辦，官吏當坐者八百餘人。抃被旨督之，奏言：「河朔頻歲豐，故應募者少，請寬其罪，以俟農隙。」從之。坐者獲免，而募亦隨足。昌朝始愧服。

加龍圖閣直學士、知成都，以寬爲治。抃向使蜀日，有聚爲妖祀者，治以峻法。及是，復有此獄，皆謂不免。抃察其亡他，曰：「是特酒食過耳。」刑首惡而釋餘人，蜀民大悅。會榮諲除轉運使，英宗諭諲曰：「趙抃爲成都，中和之政也。」

神宗立，召知諫院。故事，近臣還自成都者，將大用，必更省府，不爲諫官。大臣以爲疑，帝曰：「吾賴其言耳，苟欲用之，無傷也。」及謝，帝曰：「聞卿匹馬入蜀，以一琴一鶴自隨，爲政簡易，亦稱是乎？」未幾，擢參知政事。抃感顧知遇，朝政有未協者，必密啓聞，帝手詔褒答。

王安石用事，抃屢斥其不便。韓琦上疏極論青苗法，帝語執政，令罷之。時安石家居



求去，抃曰：「新法皆安石所建，不若俟其出。」既出，安石持之愈堅。抃大悔恨，卽上言：「制置條例司建使者四十輩，騷動天下。安石強辯自用，詆天下公論以爲流俗，違衆罔民，順非文過。近者臺諫侍從，多以言不聽而去；司馬光除樞密，不肯拜。且事有輕重，體有大小。財利於事爲輕，而民心得失爲重；青苗使者於體爲小，而禁近耳目之臣用捨爲大。今去重而取輕，失大而得小，懼非宗廟社稷之福也。」

奏入，懇乞去位，拜資政殿學士、知杭州，改青州。時京東旱蝗，青獨多麥，蝗來及境，遇風退飛，盡墮水死。成都以戍卒爲憂，遂以大學士復知成都。召見，勞之曰：「前此，未有自政府往者，能爲朕行乎？」對曰：「陛下有言，卽法也，奚例之問？」因乞以便宜從事。

既至蜀，治益尙寬。有卒長立堂下，呼諭之曰：「吾與汝年相若，吾以一身入蜀，爲天子撫一方。汝亦宜清謹畏戢以率衆，比戍還，得餘貲持歸，爲室家計可也。」人喜轉相告，莫敢爲惡，蜀郡晏然。劍州民私作僧度牒，或以爲謀逆告，抃不畀獄吏，以意決之，悉從輕比。謗者謂其縱逆黨，朝廷取具獄閱之，皆與法合。茂州夷剽境上，懼討乞降，乃縛奴將殺之，取血以受盟。抃使易用牲，皆讙呼聽命。

乞歸，知越州。吳越大饑疫，死者過半。抃盡救荒之術，療病埋死，而生者以全。下令修城，使得食其力。復徙杭，以太子少保致仕，而官其子屼提舉兩浙常平以便養。屼奉抃

遍遊諸名山，吳人以爲榮。元豐七年，薨，年七十七。贈太子少師，謚曰清獻。

抃長厚清修，人不見其喜慍。平生不治貲業，不畜聲伎，嫁兄弟之女十數、他孤女二十餘人，施德惸貧，蓋不可勝數。日所爲事，入夜必衣冠露香以告于天，不可告，則不敢爲也。其爲政，善因俗施設，猛寬不同，在虔與成都，尤爲世所稱道。神宗每詔二郡守，必以抃爲言。要之，以惠利爲本。晚學道有得，將終，與屼訣，詞氣不亂，安坐而沒。宰相韓琦嘗稱抃眞世人標表，蓋以爲不可及云。

屼字景仁。由蔭登第，通判江州，改温州，代還，得見。時抃已謝事，神宗命爲太僕丞，擢監察御史。以父老請外，提舉兩浙常平。元祐中，復爲御史。上疏言：「治平以前，大臣不敢援置親黨於要塗，子弟多處筦庫，甚者不使應科舉，與寒士爭進。自王安石柄國，持內舉不避親之說，始以子雱列侍從，由是循習爲常。資望淺者，或居事權繁重之地；無出身者，或預文字清切之職，今宜杜絕其源。」

又言：「臺諫之臣，或稍遷其位，而陰奪言責；或略行其言，而退與善地；或兩全並立，苟從講解；或置而不問，外示包容。使忠鯁之士，蒙羞難退，皆朝廷所宜深察也。」傅堯俞、王巖叟、梁燾、孫升以事去，屼言：「諸人才能學術，爲世推稱；忠言嘉謨，見於已試，宜悉召



還朝。」所言皆切時務。

避執政親嫌，改都官員外郎，出提點京東刑獄。元符中，歷鴻臚、太僕少卿。曾布知樞密院，將白爲都承旨，蔡卞撫其救傅堯俞事，遂不用。未幾卒。

初，抃廬母墓三年，縣榜其里曰「孝弟」。處士孫侔爲作孝子傳。及屼執父喪，而甘露降墓木。屼卒，子雲又以毀死，人稱其世孝。

唐介字子方，江陵人。父拱，卒漳州，州人知其貧，合錢以賻，介年尚幼，謝不取。擢第，爲武陵尉，調平江令〔五〕。民李氏貲而吝，吏有求不厭，誣爲殺人祭鬼。岳守捕其家，無少長楚掠，不肯承。更屬介訊之，無他驗。守怒白于朝，遣御史方偕徙獄別鞫之，其究與介同。守以下得罪，偕受賞，介未嘗自言。

知莫州任丘縣，當遼使往來道，驛吏以誅索破家爲苦。介坐驛門，令曰：「非法所應給，一切勿與。稍毀吾什器者，必執之。」皆帖伏以去。沿邊塘水歲溢，害民田，中人楊懷敏主之，欲割邑西十一村地豬漲潦，介築堤闌之，民以爲利。通判德州，轉運使崔嶧取庫絹配民而重其估。介留牒不下，且移安撫司責數之。嶧怒，數馳檄按詰，介不爲動。既而果不能



行。

入爲監察御史裏行，轉殿中侍御史。啓聖院造龍鳳車，內出珠玉爲之飾。介言：「此太宗神御所在，不可喧瀆；後宮奇靡之器，不宜過制。」詔亟毀去。張堯佐驟除宣徽、節度、景靈、羣牧四使，介與包拯、吳奎等力爭之，又請中丞王舉正留百官班廷論，奪其二使。無何，復除宣徽使、知河陽。介謂同列曰：「是欲與宣徽，而假河陽爲名耳，不可但已也。」而同列依違，介獨抗言之。仁宗謂曰：「除擬本出中書。」介遂劾宰相文彥博守蜀日造間金奇錦，緣閹侍通宮掖，以得執政；今顯用堯佐，益自固結，請罷之而相富弼。又言諫官吳奎表裏觀望，語甚切直。

帝怒，卻其奏不視，且言將遠竄。介徐讀畢，曰：「臣忠憤所激，鼎鑊不避，何辭於謫？」帝急召執政示之曰：「介論事是其職。至謂彥博由妃嬪致宰相，此何言也？進用冢司，豈應得預？」時彥博在前，介責之曰：「彥博宜自省，即有之，不可隱。」彥博拜謝不已，帝怒益甚。梁適叱介使下殿，修起居注蔡襄趨進救之。貶春州別駕，王舉正言以爲太重，帝旋悟，明日取其疏入，改置英州，而罷彥博相，吳奎亦出。又慮介或道死，有殺直臣名，命中使護之。梅堯臣、李師中皆賦詩激美，由是直聲動天下，士大夫稱眞御史，必曰唐子方而不敢名。



數月，起監郴州稅，通判潭州，知復州，召爲殿中侍御史。遣使賜告，趣詣闕下。入對，帝勞之曰：「卿遷謫以來，未嘗以私書至京師，可謂不易所守矣。」介頓首謝，言事益無所顧。他日請曰：「臣既任言責，言之不行將固爭，爭之重以累陛下，願得解職。」換工部員外郎、直集賢院，爲開封府判官，出知揚州，徙江東轉運使。御史吳中復言，介不宜久居外。文彥博再當國，奏：「介向所言，誠中臣病，願如中復言。」然但徙河東。

久之，入爲度支副使，進天章閣待制，復知諫院。帝自至和後，臨朝淵默。介言：「君臣如天地，以交泰爲理。願時延羣下，發德音，可否萬幾，以幸天下。」又論：宮禁干丐恩澤，出命不由中書，宜有以抑絕；賜予嬪御之費，多先朝時十數倍，日加無窮，宜有所朘損；監司薦舉，多得文法小吏，請令精擇端良敦朴之士，毋使與儉薄者同進；諸路走馬承受淩擾郡縣，可罷勿遣，以權歸監司；兗國公主夜開禁門，宜劾宿衞主吏，以嚴宮省。帝悉開納之。

御史中丞韓絳劾宰相富弼，弼家居求罷，絳亦待罪。介與王陶論絳以危法中傷大臣，絳罷。介嫌於右宰相，請外，以知荆南。敕過門下，知銀臺司何郯封還之，留權開封府。旋以論罷陳升之，亦出知洪州。加龍圖閣直學士、河北都轉運使，樞密直學士、知瀛州。

治平元年，召爲御史中丞。英宗謂曰：「卿在先朝有直聲，故用卿，非繇左右言也。」介曰：「臣無狀，陛下過聽，願獻愚忠。自古欲治之主，亦非求絕世驚俗之術〔六〕，要在順人情而



中華書局

已。祖宗遺德餘烈，在人未遠，願覽已成之業以爲監，則天下蒙福矣。」明年，以龍圖閣學士知太原府。帝曰：「朕視河東，不在中執法下，暫煩卿往耳。」夏人數擾代州邊，多築堡境上。介遣兵悉撤之，移諭以利害，遂不敢動。

神宗立，以三司使召。熙寧元年，拜參知政事。先時，宰相省閱所進文書於待漏舍，同列不得聞。介謂曾公亮曰：「身在政府而文書弗與知，上或有所問，何辭以對？」乃與同視，後遂爲常。帝欲用王安石，公亮因薦之，介言其難大任。帝曰：「文學不可任耶？吏事不可任耶？經術不可任耶？」對曰：「安石好學而泥古，故論議迂闊，若使爲政，必多所變更。」退謂公亮曰：「安石果用，天下必困擾，諸公當自知之。」中書嘗進除目，數日不決，帝曰：「當問王安石。」介曰：「陛下以安石可大用，卽用之，豈可使中書政事決於翰林學士？臣近每聞宣諭某事問安石，可卽行之，不可不行，如此則執政何所用，恐非信任大臣之體也。必以臣爲不才，願先罷免。」

安石既執政，奏言：「中書處分劄子，皆稱聖旨，不中理者十八九，宜止令中書出牒。」帝愕然。介曰：「昔寇準用劄子遷馮拯官不當，拯訴之，太宗謂：『前代中書用堂牒，乃權臣假此爲威福。太祖時以堂帖重於敕命，遂削去之。今復用劄子，何異堂帖？』張洎因言：『廢劄子，則中書行事，別無公式。』太宗曰：『大事則降敕，其當用劄子，亦須奏裁。』此所以稱聖



旨也。如安石言，則是政不自天子出，使輔臣皆忠賢，猶爲擅命，苟非其人，豈不害國？」帝以爲然，乃止。介自是數與安石爭論。安石強辯，而帝主其說。介不勝憤，疽發于背，薨，年六十。

介爲人簡伉，以敢言見憚。每言官缺，衆皆望介處之，觀其風采。神宗謂其先朝遺直，故大用之。然居政府，遭時有爲，而扼於安石，少所建明，聲名減於諫官、御史時。比疾亟，帝臨問流涕，復幸其第弔哭，以畫像不類，命取禁中舊藏本賜其家。贈禮部尙書，謚曰質肅。子淑問、義問，孫恕。

淑問字士憲。第進士，至殿中丞。神宗以其家世，擢監察御史裏行，諭以謹家法、務大體。淑問見帝初卽位，銳於治，因言：「中旨數下，一出特斷，當謹出納、別枉直，使命令必行。今詔書求直言，而久無所施用，必欲屈羣策以起治道，願行其言。」初，詔侍臣講讀。淑問言：「王者之學，不必分章句、飾文辭。稽古聖人治天下之道，歷代致興亡之由，延登正人，博訪世務，以求合先王，則天下幸甚。」河北饑，流人就食京師，官振廩給食，來者不止。淑問曰：「出粟不繼，是誘之失業而就死地也。」條三策上之。滕甫爲中丞，淑問力數其短，帝以爲邀名，乃詔避其父三司使，出通判復州。久之，知



眞州，提點湖北刑獄，言新法不便，乞解使事，黜知信陽軍，以病免。數年，起知宣州，徙湖州，入爲吏部員外郎。又引疾求外，帝以爲避事，降監撫州酒稅。哲宗立，司馬光薦其行己有耻，難進，召爲左司諫，以病致仕，數月卒。

義問字士宣。善文辭，鎖廳試禮部，用舉者召試祕閣，父介引嫌罷之。熙寧中，辟京西轉運司管勾文字。神宗覽本道章奏，知義問所爲。以其名訪輔臣，因黃好謙領使事，諭之曰：「唐義問風力強敏，行且用矣，可面詔之。」尋以爲司農管當公事。方行手實法，所在騷然。義問言：「今造簿甫二歲，民不堪命，不宜復改爲。」從曾孝寬使河東，還奏事，記利害綱目於笏，帝取而熟視之，歷舉以問，應析如流。帝喜曰：「欲見卿，非今日也。」擢湖南轉運判官。一路斂免役錢，又分戶五等，儲其羨爲別賦，號「家力錢」，義問奏除之。移使京西，文彥博守西都，義問求罷去。彥博告以再入相時，嘗薦其父，晚同爲執政，相得甚驩，故義問乃止。時陝西大舉兵，多亡卒，所至成聚。義問請令詣官自陳，給券續食，人以爲便。會有不悅之者，免歸。

元祐中，起知齊州，提點京東刑獄、河北轉運副使。屬邑尉因捕盜誤遺火，盜逸去，民家被焚，訟尉故縱火。郡守執尉，抑使服，義問辨出之，方旱而雨。用彥博薦，加集賢修



撰，帥荆南，請廢渠陽諸砦。蠻楊晟秀斷之以叛，卽拜湖北轉運使，討降之，復砦爲州。進直龍圖閣，以集賢殿修撰知廣州。章惇秉政，治棄渠陽罪，貶舒州團練副使。後七年，復故官，知潁昌府，卒。

恕，崇寧初，爲華陽令，以不能奉行茶法，忤使者，謝病免歸。其弟意方爲南陵令，亦以病自免，兄弟杜門躬耕。恕尋以宣教郎致仕。靖康元年，御史中丞許翰言其高行，詔起爲監察御史。意亦以宰相吳敏薦，召對，而貧不能行，竟餓死江陵山中。

論曰：拯爲開封，其政嚴明，人到于今稱之。而不尙苛刻，推本忠厚，非孔子所謂剛者乎？奎博學清重，君子人也。抃所至善治，民思不忘，猶古遺愛。介敢言，聲動天下，斯古遺直也。夫聽諫者，明君所難，以唐文皇猶弗終於魏徵，觀四臣面諍，鯁吭逆心，或不能堪，而仁宗容之無咈，誠盛德之主哉！屼世孝，淑問難進，義問強敏，恕高行不隕家聲，有足美云。

校勘記

〔一〕節度宣徽兩使　「宣徽」原作「宣撫」，據本書卷四六三張堯佐傳、東都事略卷七三包拯傳改。

〔二〕臣年七十且無子非邀福者　按包拯卒于嘉祐七年，年六十四，此包嘉祐三年語，時正六十，不當說「臣年七十」；東都事略卷七本傳作「臣行年六十」。又「邀」字下，東都事略本傳及編年綱目卷一五均有「後」字。疑此處有脫誤。

〔三〕出堯佐河陽　「河陽」原作「河中」，據本書卷四六三張堯佐傳、劉攽彭城集卷三七吳奎墓誌銘改。

〔四〕在位三十四年　「三」原作「二」。按此疏上於至和三年（公元一〇五六年），仁宗即位於乾興元年（公元一〇二二年），相距實爲三十四年，東都事略卷七三本傳正作「三十四年」，據改。

〔五〕平江令　當作「沅江令」。見東都事略卷七三本傳、劉摯忠肅集卷一五唐介神道碑等。

〔六〕亦非求絕世驚俗之術　「驚」字原脫，據王珪華陽集卷三七唐介墓誌銘補。



# 宋史卷三百一十七

## 列傳第七十六

### 邵亢 從父必　馮京　錢惟演 從弟易　易子彥遠　明逸　諸孫景諶　勰　即

邵亢字興宗，丹陽人。幼聰發過人，方十歲，日誦書五千言。賦詩豪縱，鄉先生見者皆驚偉之。再試開封，當第一，以賦失韻弗取。范仲淹舉亢茂才異等，時布衣被召者十四人，試崇政殿，獨亢策入等，除建康軍節度推官。或言所對策字少，不應式，宰相張士遜與之姻家，故得預選，遂報罷。而士遜子實娶它邵，與亢同姓耳。士遜既不能與直，亢亦不自言。

趙元昊叛，亢言：「用兵在於擇將，今天下久不知戰，而所任多儒臣，未必能應變。武人得長一軍，又已老，詎能身先矢石哉？問起故家恩倖子弟，彼安識攻守之計？況將與卒素不相附，又亡堅甲利兵之禦。此不待兩軍相當，而勝敗之機，固已形矣。」因獻兵說十篇。召試祕閣，授潁州團練推官。晏殊爲守〔一〕，一以事諉之。民稅舊輸陳、蔡，轉運使又





欲復折緡錢，且多取之。亢言：「民之移輸，勞費已甚。方仍歲水旱，又從而加取，無乃不可乎？」遂止。入爲國子監直講、館閣校勘、同知太常禮院。張貴妃薨，立園陵，禁京城一月，亢果疏罷之。進集賢校理。仁宗繼嗣未立，亢言：「國之外患在邊圉，然禦之之術，不過羈縻勿絕而已。內患則不然，繫社稷之安危，不可不蚤定也。」提點開封縣鎭公事。比有縱火者，一不獲則主吏坐罪，民或自燔其居以中吏。亢請非延及旁舍者，雖失捕，得勿坐。徙爲府推官，改度支判官。

契丹遣使賀乾元節，未至，仁宗崩。議者謂宜卻，或欲俟其及國門而諭使之還，亢請令奉書至柩前，使見嗣君。從之。選爲潁王府翊善，加直史館。召對羣玉殿，英宗訪以世事，稱之曰：「學士眞國器也。」擢同修起居注。建言：「陛下初政，欲治國者先齊家，潁王且授室，願采用古昏禮。公主下降，不宜厭舅姑之尊。」帝深納之。他日，諭王曰：「以翊善端直朴厚，輟爲諫官矣。」王出道帝語，遂以知制誥知諫院。東宮建，爲右庶子。

神宗立，遷龍圖閣直學士。有譖之者曰：「先帝大漸時，亢嘗建垂簾之議。」御史吳申即論之。帝知其妄，置不問。亢自訴曰：「方先帝不豫，羣臣莫得進見，臣無由面陳，必有章奏。乞索之禁中，若得之，臣當伏誅；不然，則讒臣者，豈宜但已，願下獄考實。」帝不許。時待制以上爲帥、守，每他徙必遷職秩，亢請未滿兩歲者勿推恩。王陶劾韓琦，吳奎與之辨。

亢詆奎所言顛倒，失大臣體，黃欲併撼琦。琦與奎竟同日去。

進樞密直學士、知開封府。亢遇事敏密，吏操辭牘至前，皆反覆閱之。人或以爲勞，亢曰：「決是非於須臾，正當爾。」初雖煩，後乃省也。籍里閭惡少年(三)與吏之廢停者，一有所犯，皆遷處之，畿下門訟爲之衰止。拜樞密副使。

夏人誘殺知保安軍楊定，朝廷謀西討。亢曰：「天下財力殫屈，未宜用兵，唯當降意撫納，俟不順命，則師出有名矣。」因條上其事。詔報之曰：「中國民力，大事也。兵興之後，不無掊率，人心一搖，安危所係。今動自我始，先違信誓，契丹聞之，將不期而自合，茲朕所深憂者。當悉如卿計。」未幾，夏主諒祚死，國人執殺定者來請和。或欲乘此更取塞門地，亢以爲幸人之喪，非義也，乃止。

亢在樞密踰年，無大補益，帝頗厭之，嘗與諫官孫覺言，欲以陳升之代亢，而使守長安。覺遽劾亢薦升之，帝怒其希指，黜覺，亢亦引疾辭，以資政殿學士知越州。歷鄭、鄆、亳三州。薨，年六十一。贈吏部尚書，即其鄉賜以居宅，謚曰安簡。從父必。

必字不疑。舉進士，爲上元主簿。國子監立石經，必善篆隸，召充直講。遷爲唐書編修官。必以史出衆手，非古人撰述之體，辭不就。進集賢校理、同知太常禮院。天子且親



祠，執事者習禮壇下。必言：「周官大宗伯：『凡王之禱祠，肄儀爲位。』鄭康成釋云：『若今肄司徒府。』古禮如此。今卽祠所習之，爲不敬。」乃徙於尚書省。張貴妃受册，禮官議命婦入賀儀未決，或曰：「妃爲修媛時，命婦已不敢亢禮，況今日乎？」必曰：「宮省事祕不可知。既下有司議，惟有外一品南省上事百官班見之儀，然禮無不答。」衆議乃定。

出知常州，召爲開封府推官。坐在常州日杖人至死，責監邵武稅，然杖者實不死。久之，知高郵軍，提點淮南刑獄，爲京西轉運使。必居官震厲風采，始至郡，惟一赴宴集；行部，但一受酒食之餽。以爲數會聚則人情狎，多受餽則不能行事，非使者體也。入修起居注、知制誥。

雄州種木道上，契丹遣人夜伐去，又數漁界河中。事聞，命必往使，必以理折契丹，屈之。還，知諫院。編仁宗御集成，遷寶文閣直學士、權三司使，加龍圖閣學士、知成都。卒於道，年六十四。遣中使護其喪歸。

馮京字當世，鄂州江夏人。少儁邁不羣，舉進士，自鄉舉、禮部以至廷試，皆第一。時猶未娶，張堯佐方負宮掖勢，欲妻以女。擁至其家，束之以金帶，曰：「此上意也。」頃之，宮



中持酒肴來，直出奩具目示之。京笑不視，力辭。出守將作監丞、通判荆南軍府事。還，直集賢院、判吏部南曹，同修起居注。與亢以論溫成皇后追册事，出知高郵，京疏亢言是，不當黜。劉沆請併斥京，仁宗曰：「京亦何罪？」但解其記注，旋復之。

試知制誥。避婦父富弼當國嫌，拜龍圖閣待制、知揚州。改江寧府，以翰林侍讀學士召還，糾察在京刑獄。爲翰林學士、知開封府。數月不詣丞相府，韓琦語弼，以京爲傲。弼使往見琦，京曰：「公爲宰相，從官不妄造請，乃所以爲公重，非傲也。」出安撫陝西，請城古渭，通西羌喚氏，畀木征官，以斷夏人右臂。除端明殿學士、知太原府。

神宗立，復爲翰林學士，改御史中丞。王安石爲政，京論其更張失當，累數千百言，安石指爲邪說，請黜之。帝以爲可用，擢樞密副使。河東麟、府、豐三州，城壘兵械不治，官吏皆受譴。京以先帥本道，上章自劾曰：「使諸路帥臣，知其雖一時脫去，後能僥竊名位者，猶必行法，將不敢復蹈惰曠職。」優詔不聽。進參知政事。

數與安石論辨，又薦劉攽、蘇軾掌外制。安石令保甲養馬，京謂必不可行。會選人鄭俠上書言時政，薦京可相，呂惠卿因是譖京與俠通，罷知亳州。未幾，以資政殿學士知渭州。茂州夷叛，徙知成都府。蕃部何丹方寇雞宗關(四)，聞京兵至，請降。議者遂欲蕩其巢窟，京請于朝，爲禁侵掠，給稼器，餉糧食，使之歸。夷人喜，爭出犬豕割血受盟，願世世爲



漢藩。

惠卿告安石罪，發其私書，有曰「勿令齊年知」，齊年謂京也，與安石同年生。帝以安石爲欺，復召京知樞密院。京以疾未至，帝中夕呼左右語曰：「適夢馮京入朝，甚慰人意。」乃賜京詔，有「渴想儀刑，不忘夢寐」之語。及入見，首以所夢告焉。頃之，以觀文殿學士知河陽。

哲宗卽位，拜保寧軍節度使、知大名府，又改鎭彰德。於是范祖禹言：「京再執政，初與王安石不合，後爲呂惠卿所傾，其中立不倚之操，爲先帝稱挹。且昭陵學士，獨京一人存，若付以樞密，必允公論。」時京已老，乃以爲中太一宮使兼侍讀(五)，改宣徽南院使，拜太子少師，致仕。紹聖元年，薨，年七十四。帝臨奠于第，贈司徒，謚曰文簡。

始，京鄉居，受恩通判南宮成，迨貴，以郊恩官其子。嘗過外兄朱适，出侍妾，詢知爲同年進士妻，亟請而嫁之。其爲郡守，諸縣公事至，卽歷究之，苟與縣牘合而處斷麗於法者，呼法吏決罪，不以付獄。報下捷疾，一無壅滯，人服其敏云。

錢惟演字希聖，吳越王俶之子也。少補牙門將，從俶歸朝，爲右屯衞將軍。歷右神武



中華書局

軍將軍。博學能文辭，召試學士院，以笏起草立就，眞宗稱善。改太僕少卿，獻咸平聖政錄。命直祕閣，預修册府元龜，詔與楊億分爲之序。除尚書司封郎中、知制誥，再遷給事中、知審官院。大中祥符八年，爲翰林學士，坐私謁事罷之。尋遷尚書工部侍郎，再爲學士、會靈觀副使。又坐貢舉失實，降給事中。復工部侍郎，擢樞密副使、會靈觀使兼太子賓客，更領祥源觀。累遷工部尚書。

仁宗即位，進兵部。王曾爲相，以惟演嘗位曾上，因拜樞密使。故事，樞密使必加檢校官，惟演止以尚書充使，有司之失也。初，惟演見丁謂權盛，附之，與爲婚。謂逐寇準，惟演與有力焉。及序樞密題名，獨刊去準，名曰「逆準」，削而不書。謂禍既萌，惟演慮并得罪，遂擠謂以自解。

宰相馮拯惡其爲人，因言：「惟演以妹妻劉美，乃太后姻家，不可與機政，請出之。」乃罷爲鎭國軍節度觀察留後，即日改保大軍節度使、知河陽。踰年，請入朝，加同中書門下平章事、判許州。未即行，冀復用，侍御史鞠詠奏劾之，惟演乃亟去。天聖七年，改武勝軍節度使。明年來朝，上言先壠在洛陽，願守宮鑰。即以判河南府，再改泰寧軍節度使。惟演雅意柄用，抑鬱不得志。及帝耕籍田，求侍祠，因留爲景靈宮使。太后崩，詔還河南。惟演不自安，請以莊獻明肅太后、莊懿太后並配眞宗廟室，以希帝意。惟演既與劉美





親，又爲其子曖娶郭后妹，至是，又欲與莊懿太后族爲婚。御史中丞范諷劾惟演擅議宗廟，且與后家通婚姻。落平章事，爲崇信軍節度使，歸本鎭。未幾，卒，特贈侍中。太常張瓌按，謚法敏而好學曰「文」，貪而敗官曰「墨」，請謚文墨。其家訴于朝，詔章得象等覆議，以惟演無貪黷狀，而晚節率職自新，有惶懼可憐之意，取謚法追悔前過曰「思」，改謚曰思。慶曆間，二太后始升祔眞宗廟室，子曖復訴前議，乃改謚曰文僖。

惟演出于勳貴，文辭清麗，名與楊億、劉筠相上下。於書無所不讀，家儲文籍侔祕府。尤喜獎厲後進。初，眞宗謚號稱「文」，惟演曰：「眞宗幸澶淵，禦契丹，盟而服之，宜兼謚『武』。」下有司議，乃加謚「武定」。所著典懿集三十卷，又著金坡遺事、飛白書敍錄、逢辰錄、奉藩書事。惟演嘗語人曰：「吾平生不足者，惟不得於黃紙上押字爾。」蓋未嘗歷中書故也。

子曖、晦、晅，從弟易。

晦字明叔，以大理評事娶獻穆大長公主女，累遷東上閤門使、貴州團練使。王守忠領兩使留後，移閤門定朝立燕坐位，晦因言：「天子大朝會，令宦者齒士大夫坐殿上，必爲外夷所笑。」守忠更欲以禮服進酒，晦又以爲不可。勾當三班院、羣牧都監，授忠州防禦使、知河中府。帝因戒曰：「陝西方罷兵，民困久矣。卿爲朕愛撫，毋縱酒樂，使人呼爲貴戚子弟也。」晦頓首謝。改潁州防禦使，爲秦鳳路馬步軍總管。復還三班院，同提舉集禧觀。歷霸州防禦使，爲羣牧副使，卒。

晅字載陽，以父蔭累官駕部郎中、知撫州，移台州。台城惡地下，秋潦暴集，輒圮溺人多即山爲居。晅爲增治城堞，壘石爲臺，作大隄扞之。進少府監、權鹽鐵副使。晅鈎考諸路逋租，兩浙轉運使負課當坐，晅上言：「浙部仍歲饑，故租賦不登籍，今使者獲罪，必亟斂於民，民不堪矣。」神宗即詔釋之。官制行，爲光祿卿，出知鄆州，拜寶文閣待制，卒。子景臻，尚秦、魯國大長公主。景臻子忱，在外戚傳。

易字希白。始，父倧嗣吳越王，爲大將胡進思所廢，而立其弟俶。俶歸朝，羣從悉補官，易與兄昆不見錄，遂刻志讀書。昆字裕之，舉進士，爲治寬簡便民，能詩，善草隸書，累官右諫議大夫，以祕書監于家〔五〕。

易年十七，舉進士，試崇政殿，三篇，日未中而就。言者惡其輕俊，特罷之。然自此以才藻知名。太宗嘗與蘇易簡論唐世文人，歎時無李白。易簡曰：「今進士錢易，爲歌詩殆不下白。」太宗驚喜曰：「誠然，吾當自布衣召置翰林。」値盜起劍南，遂寢。眞宗在東宮，圖山水扇，會易作歌，賞愛之。

易再舉進士，就開封府試第二。自謂當第一，爲有司所屈，乃上書言試朽索之馭六馬





賦，意涉譏諷。眞宗惡其無行，降第三。明年，第二人中第，補濠州團練推官。召試中書，改光祿寺丞、通判蘄州。奏疏曰：「堯放四罪而不言殺，彼四者之凶，尚惡言殺，非堯仁之至乎？古之肉刑者劓、椓、黥、刖皆非死，尚以爲虐。近代以來，斷人手足，鈎背烙筋，身見白骨而猶視息，四體分落乃方絕命。以此示人，非平世事也。今四方長吏競爲殘暴，婺州先斷賊手足，然後斬之以聞。壽州巡檢使磔賊於闤闠之中，其旁猶有盜物者。使嚴刑可誡於衆，則秦之天下，無叛民矣。臣以謂非法之刑，非所以助治，惟陛下除之。」帝嘉納其言。

景德中，舉賢良方正科，策入等，除祕書丞、通判信州。東封泰山，獻殊祥錄，改太常博士、直集賢院。祀汾陰，幸亳州，命修車駕所過圖經，獻宋雅一篇，遷尚書祠部員外郎。坐發國子監諸科非其人，降監潁州稅。數月，召還。久之，判三司磨勘司。上言：「官物在籍，而三司移文釐正，或其數細微，輒歷年不得報，徒擾州縣。自今官錢百、穀斗、帛二尺以下，非欺紿者除之。」眞宗雅眷詞臣，其典掌誥命，皆躬自柬拔。擢知制誥，判登聞鼓院，糾察在京刑獄。累遷左司郎中，爲翰林學士，儤直未滿，卒。仁宗憐之，召其妻盛氏至禁中，賜以冠帔。

易才學瞻敏過人，數千百言，援筆立就。又善尋尺大書行草，及喜觀佛書，嘗校道藏經，著殺生戒，有金閨、瀛州、西垣制集一百五十卷，青雲總錄、青雲新錄、南部新書、洞微志

一百三十卷。子彥遠、明逸，相繼皆以賢良方正應詔。宋興以來，父子兄弟制策登科者，錢氏一家而已。

彥遠字子高，以父蔭補太廟齋郎，累遷大理寺丞。舉進士第，以殿中丞爲御史臺推直官。通判明州，遷太常博士。舉賢良方正能直言極諫科，擢尙書祠部員外郎、知潤州。上疏曰：

陛下卽位以來，內無聲色之娛，外無畋漁之樂，而前歲地震，雄、霸、滄、登，旁及荆湖，幅員數千里，雖往昔定襄之異，未甚於此。今復大旱，人心嗷嗷，天其或者以陛下備寇之術未至，牧民之吏未良，天下之民未安，故出譴告以示之。苟能順天之戒，增修德業，宗社之福也。

今契丹據山後諸鎭，元昊盜靈武、銀、夏，衣冠車服，子女玉帛，莫不有之。往時，元昊內寇，出入五載，天下騷然。及納款賜命，則被邊長吏，不復銓擇，高冠大裾，恥言軍旅。一日契丹負恩，乘利入塞，豈特元昊之比耶？湖、廣蠻獠劫掠生民，調發督斂，軍須百出，三年于今，未聞分寸之效。惟陛下念此三方之急，講長久之計，以上答天戒。

時旱蝗，民乏食，彥遠發常平倉賑救之。部使者詰其專且擢價，彥遠不爲屈。召爲右



司諫，請勿數赦，擇牧守，增奉入以養廉吏，息土木以省功費。遷起居舍人、直集賢院、知諫院。會諸路奏大水，彥遠言陰氣過盛，在五行傳「下有謀上之象」，請嚴宮省宿衞。未幾，有挾刃犯譖門者。特賜五品服。又上疏曰：

農爲國家急務，所以順天養財，禦水旱，制蠻夷之原本也。唐開元戶八百九十餘萬，而墾田一千四百三十餘萬頃。今國家戶七百三十餘萬，而墾田二百一十五萬餘頃，其間逃廢之田，不下三十餘萬，是田疇不闢，而游手者多也。勸課其可不興乎？

本朝轉運使、提點刑獄、知州、通判，皆帶勸農之職，而徒有虛文，無勸導之實。宜置勸農司，以知州爲長官，通判爲佐，舉清強幕職、州縣官爲判官。先以墾田頃畝及戶口數、屋塘、山澤、溝洫、桑柘，著之於籍，然後設法勸課，除害興利。歲終農隙，轉運司考校之，第其賞罰。

楊懷敏妄言契丹主宗眞死，乃除入內副都知；內侍黎用信以罪竄海島，赦歸，遽得環衞官致仕；許懷德、愼鏞高年未謝事；楊景宗、郭承祐闒冗小人，宜廢不用。歷舉劾之，多見聽納。彥遠性豪邁，其任言職，數有建明。卒于官。

明逸字子飛。繇殿中丞策制科，轉太常博士。爲呂夷簡所知，擢右正言。首劾范仲淹、富弼：「更張綱紀，紛擾國經。凡所推薦，多挾朋黨。乞早罷免，使姦詐不敢效尤，忠實得以自立。」疏奏，二人皆罷；其夕，杜衍亦免相。明逸蓋希章得象、陳執中意也。

石元孫與夏人戰沒，以死事褒贈，既而生歸，朝廷釋不問。明逸請正其僨軍之罪，乃竄之遠方而奪其恩。進同修起居注、知制誥，擢知諫院，爲翰林學士。自登科至是，纔五年。加史館修撰、知開封府。妄人冷青自稱皇子，捕至府，明逸方正坐，青叱曰：「明逸安得不起？」明逸爲起，坐尹京無威望；又獄吏榜婦人酆氏墮足死，罷爲龍圖閣學士、知蔡州。歷揚青鄆曹州、應天府，還，判流內銓、知通進銀臺司，復出知成德軍、渭州。加端明殿學士、知秦州。

先是，于闐入貢，道邈川，唃廝囉留不遣。會其妻亡，前帥張方平請因而卹之，且誘其般次入貢，詔賻絹千匹。明逸言：「朝廷撫唃氏至厚，頃以招馬爲名，賂繒緼；邀請六事，既徇其五，而猶觖望。今壅遏荒服之貢，固有罪矣，豈可復加賜以辱國體？」從之。而于闐使與般次亦皆至。廝囉有子質于秦，別子木征居河州。殿侍程從簡私與之盟，令過洮河，許以官，且歸其質子。事不驗，木征怒，留貢使。明逸械從簡往詰，因斬之。木征惶懼，悉遣所留者。

治平初，復爲翰林學士。神宗立，御史論其傾險憸薄，頃附賈昌朝、夏竦以陷正人，文辭淺繆，豈應冒居翰院？乃罷學士。久之，知永興軍。熙寧四年，卒，年五十七。贈禮部尙



書，謚曰修懿。

藻字醇老，明逸之從子也。幼孤，刻厲爲學。第進士，又中賢良方正科，爲祕閣校理。慈聖后臨朝，藻三上書乞還政。同修起居注、知制誥。加樞密直學士、知開封府。平居樂易無崖岸，而居官獨立守繩墨，爲政簡靜有條理，不肯徇私取顯。數求退，改翰林侍讀學士、知審官東院。卒，年六十一。神宗知其貧，賻錢五十萬，贈太中大夫。

景諶，景臻之從兄也。繇殿直巡轄兩京馬遞，中進士第。初赴開封解試，時王安石得其文，以爲知道者。既薦送之，又推譽於公卿間，自是執弟子禮。安石提點府界，景諶爲屬主簿，又以文薦之。執喪居許，聞安石得政，喜，因事來京師謁之。方盛夏，安石與僧智緣臥於地，一最親者祖坐其側。顧景諶褫服脫帽，未及它語，卒然問曰：「青苗、助役如何？」景諶曰：「利少害多，異日必爲民患。」又問：「孰爲可用之人？」曰：「居喪不交人事，而知人尤難事也。」遂辭出。

後調官復來，安石已作相，又往詣之。安石令先與弟安國相見。安國亦與之善，謂景諶曰：「相君欲以館閣相處而任以事。」景諶曰：「百事皆可爲，所不知者新書、役法耳。」及見安石，安石欲令治峽路役書，且委以戎、瀘蠻事。景諶曰：「峽路民情，僕固不能知；而戎、

濫用兵，繫朝廷舉動、一路生靈休戚，願擇知兵愛人者。」安石大怒，坐上客數十人，皆爲之懼。退就謁舍，賞激之與詆以爲矯者參半。景諶笑曰：「自古以來，好利者衆，而顧義者寡，故天下萬事，皆由人而不在於己。苟爲利所動，而由於人，則盜亦可爲也。夫盜之所以爲盜者，利勝於義，而不知所以爲之者耳。吾又何憾焉？」遂與安石絕。熙寧末，從張景憲辟知瀛州，終身爲外官，僅至朝請郎而卒。

勰字穆父，彥遠之子也。生五歲，日誦千言。十三歲，制舉之業成。熙寧三年試應，既中祕閣選，廷對入等矣，會王安石惡孔文仲策，遷怒罷其科，遂不得第。以蔭知尉氏縣，授流內銓主簿。判銓陳襄嘗登進班簿，神宗稱之。襄曰：「此非臣所能，主簿錢勰爲之耳。」明日召對，將任以清要官。安石使弟安禮來見，許用爲御史。勰謝曰：「家貧母老，不能爲萬里行。」安石知不附己，命權鹽鐵判官，歷提點京西、河北、京東刑獄。元豐定官制，勰方居喪。帝於左司郎中格自書其姓名，須終制日授之。

奉使弔高麗，外意頗謂欲結之以北伐。勰入請使指，帝曰：「高麗好文，又重士大夫家世，所以選卿，無他也。」乃求呂端故事以行，凡餽餼非故所有者皆弗納。歸次紫燕島，王遣二吏追餉金銀器四千兩。勰曰：「在館時既辭之矣，今何爲者？」吏泣曰：「王有命，徒歸則死，且左





番已受。」勰曰：「左右番各有職，吾唯例是視，汝可死，吾不可受。」竟卻之。還，拜中書舍人。

元祐初，遷給事中，以龍圖閣待制知開封府。老吏畏其敏，欲困以事，導人訴牒至七百。勰隨卽剖決，簡不中理者，緘而識之，戒無復來。閱月聽訟，一人又至，呼詰之曰：「吾固戒汝矣，安得欺我？」其人譌曰：「無有。」勰曰：「汝前訴云云，吾識以某字。」啓緘示之，信然，上下皆驚咤。宗室、貴戚爲之斂手，雖丞相府謁吏干請，亦械治之。積爲衆所憾，出知越州，徙瀛州。召拜工部、戶部侍郎，進尚書，加龍圖閣直學士，復知開封，臨事益精。蘇軾乘其據案時遺之詩，勰操筆立就以報。軾曰：「電掃庭訟，響答詩筒，近所未見也。」

哲宗泣政，翰林缺學士，章惇三薦林希，帝以命勰，仍兼侍讀。以嘗行惇謫詞，懼而求去。帝曰：「豈非『鞅鞅非少主之臣，硜硜無大臣之節』者乎？朕固知之，毋庸避也。」嘗侍經幄，帝留與之語曰：「臺臣論徐邸事，其辭及鄭、雍，小人離間骨肉如此。若雍有請，當付卿以美詔慰安之。」既而雍章至，勰答詔云：「弗容羣枉，規欲動搖，朕察其厚誣，力加明辨，夫何異趣，乃爾乞身。」帝見之，謂能道所欲言者。惇因是極意排詆，諷全臺攻之，言不已。罷知池州，卒于官，年六十四。訃未至，帝猶卽其從弟景臻問安否。元符末，追復龍圖閣學士。

卽字中道，吳越王諸孫也。第進士，爲睦州推官。部使者有獄在衢，咲卽以薦牘，使往治。卽曰：「吾寧老冗選中，豈忍以數十人易一薦乎？」至，則平反之。辟鄜延幕府。崇寧中，爲陝西轉運判官。王師復銀州，轉餉最。徽宗召對，問曰：「靈武可取乎？」對曰：「夏人去來飄忽，不能持久，是其所短；然其民皆兵，居不爨飲食，動不勤轉餉，願敕邊臣先爲不可勝以待釁，庶可得志。」帝曰：「大砦泉可取否？」對曰：「是所謂瀚海也。臣聞其地皆舄鹵，無水泉，或以飲馬，口鼻皆裂，正得之無所用。」帝然之。

除直龍圖閣、知慶州。至鎭，築安邊城、歸德堡，包地萬頃，縱耕其中，歲得粟數十萬。徙知延安府，加集賢殿修撰，又進徽猷閣待制、顯謨閣直學士。在延五年，童貫宣撫陝西，得便宜行事。時長安百物踊貴，錢幣益輕，貫欲力平之，計司承望風旨，取市價率減什四，違者重置于法，民至罷市。徐處仁爭之，得罪。又行均糴法，賤入民粟，而高金帛估以賞，下至蕃兵、射士之授田者，咸被抑配，關內騷然，幾於生變。卽亦屢抗章，極陳其害，貶永州團練副使，然糴害亦寢。

數月，還待制、知興仁府，徙太原，以童貫宣撫本道辭，不許。居二年，以疾提舉洞霄宮，復直學士。睦寇作，起知宣州。卽自力上道，至則悉意應軍須。貫上其功，進龍圖閣學士。貫遂引爲河北、河東參謀，以老固辭，乃轉正奉大夫致仕。卒，贈金紫光祿大夫，謚曰忠定。





論曰：進士自鄉舉至廷試皆第一者纔三人，王曾、宋庠爲名宰相，馮京爲名執政，風節相映，不愧其科名焉。邵亢知太常，裁損張貴妃卹典，潁王授室、公主下嫁，請用古典，可謂不愧其官守矣。邵必亦習禮者也，預修唐書而能力辭，以爲史出衆手，非古人撰述之體，豈非名言乎？錢惟演敏思清才，著稱當時，然急於柄用，阿附希進，遂喪名節。錢氏三世制科，易、明逸皆掌書命，時人榮之。惜乎易以輕儁，明逸以傾險，並爲時論所憾云。

## 校勘記

〔一〕晏殊爲守　「守」原作「首」，據王珪華陽集卷三七邵亢墓誌銘改。本書卷三一一晏殊傳、長編卷一五二都說晏殊於慶曆中曾知潁州，和邵亢墓誌銘合，可以參證。

〔二〕少年　原倒，據華陽集卷三七邵亢墓誌銘乙正。

〔三〕雜宗關　「宗」原作「粽」，據本書卷八九地理志、長編卷二七四改。

〔四〕侍講　當作「侍讀」，見東都事略卷八一本傳、宋會要職官五四之八、長編卷四五四。

〔五〕以祕書監于家　按東都事略卷四八錢昆傳說：「以祕書監致仕，卒，年七十六。」疑此處「祕書監」下當有「卒」字。

# 宋史卷三百一十八

## 列傳第七十七

### 張方平　王拱辰　張昪[一]　趙槩　胡宿 子宗炎　從子宗愈　宗回

張方平字安道，南京人。少穎悟絕倫，家貧無書，從人假三史，旬日即歸之，曰：「吾已得其詳矣。」凡書皆一閱不再讀，宋綬、蔡齊以爲天下奇才。舉茂材異等，爲校書郎、知崑山縣。又中賢良方正，選遷著作佐郎、通判睦州。

趙元昊且叛，爲嫚書來，規得譴絕以激使其衆。方平請：「順適其意，使未有以發，得歲月之頃，以其間選將厲士，堅城除器，爲不可勝以待之。雖終於必叛，而兵出無名，吏士不直其上，難以決勝。小國用兵三年，而不見勝負，不折則破；我以全制其後，必勝之道也。」時天下全盛，皆謂其論出姑息，決計用兵。方平上平戎十策，以爲：「入寇當自延、渭，巢穴之守必虛。宜屯兵河東，卷甲而趨之，所謂攻其所必救，形格勢禁之道也。」宰相呂夷簡善





其策而不果行。當召試館職，仁宗曰：「是非兩策制科者乎？何試也？」命直集賢院，俄知諫院。

夏人寇邊，方平首乞合樞密之職于中書，以通謀議。帝然之，遂以宰相兼樞密使。時調諸道弓手，刺其壯者爲宣毅、保捷，方平連疏爭之，弗聽。既而兩軍驕甚，合二十餘萬，皆市人不可用，如方平言。

夏竦節制陝西并護諸將，四路以稟復失事機，且詔使出師，逗遛不行。及豐州陷，劉平等覆師，主帥皆坐譴，竦獨不預，方平劾罷之，而請四路帥臣，各自任戰守。西師久未解，元昊亦困弊，方平言：「陛下猶天地父母也，豈與犬豕豺狼較乎？願因郊赦，引咎示信，開其自新之路。」帝喜曰：「是吾心也。」是歲，改慶曆赦書，敕邊吏通其善意，元昊竟降。

既，以修起居注使契丹。契丹主顧左右曰：「有臣如此，佳哉！」騎而擊毬於前，酌玉巵飲之，且贈以所乘馬。還，知制誥，權知開封府。府事叢集，前尹率書板識之，方平獨默記決遣，無少差忘。進翰林學士。元昊既臣，而與契丹有隙，來請絕其使，議者不可。方平曰：「得新附之小羌，失久和之強敵，非計也。宜賜元昊詔，使之審處，但嫌隙朝除，則封册暮下。如此，於西、北爲兩得矣。」時韙其謀。拜御史中丞，改三司使。

初，王拱辰議榷河北鹽，方平見曰：「河北再榷鹽，何也？」帝曰：「始立法耳。」方平曰：「昔周世宗以鹽課均之稅中，今兩稅鹽錢是也[二]。豈非再榷乎？」帝驚悟，方平請直降手詔罷之。河朔父老迎拜於澶州，爲佛老會七日，以報上恩，事具食貨志。加端明殿學士、判太常寺。

禁中衞卒夜變，帝且語二府，獎張貴妃扈蹕功。夏竦即倡言：「當求所以尊異之禮。」方平聞之，謂陳執中曰：「漢馮倢伃身當猛獸，不聞有所尊異；且皇后在而尊貴妃，古無是事。果行之，天下之責，將萃於公矣。」執中瞿然而罷。

帝以豐財省費訪羣臣，方平既條對，又獨上數千言，大略以爲：「祥符以來，務爲姑息，漸失祖宗之舊。取士、任子、磨勘、遷補之法壞，命將養兵，皆非舊律。國用既窘，則政出多門；大商豪民乘隙射利，而茶鹽香礬之法亂。此治忽盛衰之本，不可以不急。」帝覽對甚悅，且大用，會判官楊儀得罪，坐與交，出知滁州。頃之，知江寧府，入判流內銓。

以侍講學士知滑州，徙益州。未至，或扇言儂智高在南詔，將入寇，攝守亟調兵築城，日夜不得息，民大驚擾。朝廷聞之，發陝西步騎兵仗，絡繹往戍蜀。詔趣方平行，許以便宜從事，方平曰：「此必妄也。」道遇戍卒，皆遣歸，他役盡罷。適上元張燈，城門三夕不閉，得邛部川譯人始造此語者，梟首境上，而流其餘黨，蜀人遂安。

復以三司使召。方西鄙用兵，兩蜀多所調發，方平爲奏免橫賦四十萬，減鑄鐵錢十餘





萬緡。又建言：「國家都陳留，當四通五達之道，非若雍、洛有山川足恃，特倚重兵以立國耳。兵恃食，食恃漕運，以汴爲主，汴帶引淮、江，利盡南海。天聖已前，歲調民浚之，故水行地中。其後，淺妄者爭以裁減役費爲功，汴日以塞，今仰而望焉，是利尺寸而喪丘山也。」乃畫上十四策。富弼讀其奏，漏盡十刻，帝稱善。弼曰：「此國計大本，非常奏也。」悉如其說行之。

遷尚書左丞、知南京。未幾，以工部尚書帥秦州。諜告夏人將壓境，方平料簡士馬，聲言出塞。已而寇不至，言者論其輕舉，曾公亮曰：「兵不出塞，何名輕舉？寇之不得至，有備故也。倘罪之，後之邊臣，將不敢爲先事之備矣。」方平不自安，請知南京。

英宗立，遷禮部尚書，請知鄆州。還，爲學士承旨。帝不豫，召至福寧殿，帝馮几言，言不可辨。方平進筆請，乃書云：「明日降詔，立皇太子。」方平抗聲曰：「必潁王也，嫡長而賢，請書其名。」帝力疾書之，乃退草制。

神宗即位，召見，請約山陵費，帝曰：「奉先可損乎？」對曰：「遺制固云，以先志行之，可謂孝矣。」又請差減錫賚，以乾興爲準，費省什七八。方平進詔草，帝親批之，曰：「卿文章典雅，煥然有三代風，又善以豐爲約，意博而辭寡，雖書之訓誥，殆無加也。」其見稱重如此。

拜參知政事。御史中丞司馬光疏其不當用，不聽。光解中丞，曾公亮議用王安石，方

平以爲不可。數日，遭父憂，服闋，以觀文殿學士留守西京。入覲，留判尚書都省，力請知陳州。

安石行新法，方平陛辭，極論其害，曰：「民猶水也，可以載舟，亦可以覆舟；兵猶火也，弗戢必自焚。若新法卒行，必有覆舟、自焚之禍。」帝憮然。

韓絳主西師，慶卒亂，京西轉運使令一路各會兵于州，民大駭。方平持檄不下而奏之，帝曰：「守臣不當爾邪！」命罷諸郡兵。召爲宣徽北院使，留京師。王安石深沮之，以爲青州。未行，帝問祖宗禦戎之要，對曰：「太祖不勤遠略，如靈夏、河西，皆因其酋豪，許之世襲；環州董遵誨、西山郭進、關南李漢超，皆優其祿賜，寬其文法。諸將財力豐而威令行，間諜精審，吏士用命，故能以十五萬人而獲百萬之用。及太宗謀取燕薊，又內徙李彝興、馮暉，於是朝廷始旰食矣。眞宗澶淵之克，與契丹盟，至今人不識兵革。三朝之事如此。近歲疆埸之臣，乃欲試天下於一擲，事成徼利，不成詒患，不可聽也。」帝曰：「慶曆以來，卿知之乎？元昊初臣，何以待之？」對曰：「臣時爲學士，誓詔封册，皆出臣手。」帝曰：「卿時已爲學士，可謂舊德矣。」

契丹泛使蕭禧來議疆事，臨當辭，臥驛中不起。方平謂樞密使吳充曰：「但令主者日致饋勿問，且使邊郡檄其國可也。」充啓從之，禧卽行。除中太一宮使。





王安石弛銅禁，姦民日銷錢爲器，邊關海舶不復譏錢出，錢日耗。方平極論其害，請詰安石：「舉累朝之令典，一旦削除之，其意安在？」帝頗采其言，而方平求去。進使南院，判應天府。帝曰：「朕欲卿與韓絳共事，而卿論政不同；欲寘卿樞密，而卿論兵復異。卿受先帝末命，訖無以副朕意乎？」遂行。

高麗使過府，長吏當送迎，方平言：「臣班視二府，不可爲陪臣屈。」詔但遣少尹。王師征安南，方平言：「舉西北壯士健馬，棄之炎荒，其患有不可勝言者。若師老費財，無功而還，社稷之福也。」後皆如其言。

新法鬻河渡坊場，司農幷及祠廟，宋閼伯、微子廟皆爲賈區。方平言：「宋王業所基，閼伯封於商丘，以主大火；微子爲始封之君，是二祠者，亦不得免乎？」帝震怒，批牘尾曰：「慢神辱國，無甚於斯！」於是天下祠廟皆得不鬻。數請老，以太子少師致仕。官制行，廢宣徽使，獨命領之如故。哲宗立，加太子太保。元祐六年，薨，年八十五。贈司空。遺令毋請謚，尚書右丞蘇轍爲請，乃謚曰文定。

方平慷慨有氣節，既告老，論事益切，至於用兵、起獄，尤反覆言之。且曰：「臣且死，見先帝地下，有以藉口矣。」平居未嘗以言徇物、以色假人。守蜀日，得眉山蘇洵與其二子軾、轍，深器異之。嘗薦軾爲諫官。軾下制獄，又抗章爲請，故軾終身敬事之，敘其文，以比孔融、諸葛亮。晚，受知神宗。王安石方用事，嶷然不小屈，以是望高一時。守宋都日，富弼自亳移汝，過見之曰：「人固難知也。」方平曰：「謂王安石乎？亦豈難知者！方平頃知皇祐貢舉，或稱其文學，辟以考校。既入院，凡院中之事，皆欲紛更。方平惡其人，檄使出，自是未嘗與語也。」弼有愧色，蓋弼素亦善安石云。

王拱辰字君貺，開封咸平人。元名拱壽，年十九，舉進士第一，仁宗賜以今名。通判懷州，入直集賢院，歷鹽鐵判官、修起居注、知制誥。慶曆元年，爲翰林學士。

契丹使劉六符嘗謂賈昌朝曰：「塘濼何爲者？一葦可杭，投箠可平；不然，決其堤，十萬土囊，卽可路矣。」仁宗以問拱辰，對曰：「兵事尚詭，彼誠有謀，不應以語我，此夸言爾。設險守國，先王不廢，而祖宗所以限敵人也。」至是，又使六符來，求關南十縣，斥太宗伐燕爲無名，舉朝莫知所答。拱辰曰：「王師征河東，契丹既通使，而寇石嶺關以援賊。太宗怒，遂回軍伐之，豈謂無名？」乃作報書曰：「既交石嶺之鋒，遂有薊門之役[三]。」契丹得報，遂繼好如初。帝喜，謂輔臣曰：「非拱辰深練故實，殆難答也。」

權知開封府，拜御史中丞。夏竦除樞密使，拱辰言：「竦經略西師，無功稱而歸。今置





諸二府，何以厲世？」因對，極論之。帝未省，遽起，拱辰前引裾，乃納其說，竦遂罷。又言：「滕宗諒在慶州，所爲不度，而但降秩守虢，懼邊臣則効，宜施重責。」未聽，卽家居，求自貶。乃徙宗諒岳州，敕拱辰赴臺。入見，帝曰：「言事官第自舉職，勿以朝廷未行爲沮己，而輕去以沽名。自今有當言者，宜力陳毋避。」

僧紹宗以鑄佛像惑衆，都人競投金冶中，宮掖亦出貲佐之。拱辰言：「西師宿邊，而財費於不急，動士心，起民怨。」詔亟禁之。蘇舜欽會賓客於進奏院，王益柔醉作傲歌，拱辰風其僚魚周詢[四]、劉元瑜舉劾之。兩人既竄廢，同席者俱逐。時杜衍、范仲淹爲政，多所更張，拱辰之黨不便。舜欽、益柔皆仲淹所薦，而舜欽，衍壻也，故因是傾之，由此爲公議所薄。

復以翰林學士權三司使。坐舉富民鄭旭，出知鄭州，徙澶、瀛、幷三州。數歲還，爲學士承旨兼侍讀。帝於邇英閣置太玄經、蓍草，顧曰：「朕每閱此。卿亦知其說乎？」拱辰具以對，且曰：「願陛下垂意六經，旁采史策，此不足學也。」

至和三年，復拜三司使。聘契丹，見其主混同江，設宴垂釣，每得魚，必酌拱辰酒，親鼓琵琶以侑飮。謂其相曰：「此南朝少年狀元也，入翰林十五年，故吾厚待之。」使還，御史趙抃論其輒當非正之禮，「異時北使援比以請，將何辭拒之？」湖南轉運判官李章、知潭州任顓

市死商眞珠，事敗，具獄上，拱辰悉入珠掖庭。抃幷劾之。除宣徽北院使，抃言：「宣徽之職，本以待勳勞者，唯前執政及節度使得爲之，拱辰安得汙此選？」乃以端明殿學士知永興軍，歷泰定二州、河南大名府，積官至吏部尙書。

神宗登極，恩當轉僕射，歐陽脩以爲此宰相官，不應序進，但遷太子少保。熙寧元年，復以北院使召還。王安石參知政事，惡其異己，乘二相有故，出爲應天府。八年，入朝，爲中太一宮使。

元豐初，轉南院使，賜金方團帶。再判大名，改武安軍節度使。三路籍民爲保甲，日聚而教之，禁令苛急，往往去爲盜，郡縣不敢以聞。拱辰抗言其害曰：「非止困其財力，奪其農時，是以法驅之，使陷於罪罟也。浸淫爲大盜，其兆已見。縱未能盡罷，願財損下戶以紓之。」主者指拱辰爲沮法，拱辰曰：「此老臣所以報國也。」上章不已。帝悟，於是第五等戶得免。

哲宗立，徙節彰德，加檢校太師。是年，薨，年七十四。贈開府儀同三司，謚懿恪。

論曰：方平、拱辰之才，皆較然有過人者，而不免司馬光、趙抃之論。豈其英發之氣，勇



於見得，一時趨鄉未能盡適於正與？及新法行，方平痛陳其弊，拱辰爭保甲，言尤剴切，皆諤諤不少貶，爲國老成，望始重矣。若方平譏王安石於辟校貢舉之時，而知其後必亂政，其先見之明，無忝呂誨云。

張昇字杲卿，韓城人。舉進士，爲楚丘主簿。南京留守王曾稱其有公輔器。累官度支員外郎。夏竦經略陝西，薦其才，換六宅使、涇原秦鳳安撫都監。未幾，以母老，求歸故官，得知絳州，改京西轉運使。知鄧州，又以母辭。或指爲避事，范仲淹言於朝曰：「張昇豈避事者？」乃許歸養。歷戶部判官、開封府推官，至知雜御史。

張堯佐緣恩驟用，知開封府；內侍楊懷敏夜直禁中，而衞士爲變，皆極論之。昇性質樸，不善擇言，至斥張貴妃爲一婦人，謂懷敏得志，將不減劉季述。仁宗讀之不懌，以語陳升之。升之曰：「此忠直之言，不激切，則聖意不可回矣。」帝乃解。以天章閣待制知慶州，改龍圖閣直學士、知秦州。

初，靑唐蕃部藺氈，世居古渭，積與夏人有隙，懼而獻其地。擢帥范祥無遠慮，亟城之。諸族畏其偪，舉兵叛。昇至，請棄勿城。詔戶部副使傅求審視之，以爲不可棄，與昇議殊。



先是，副總管劉渙討叛羌，逗撓不時進，昇命他將郭恩代之，羌乃潰去。渙黜其功，譖訟恩多殺老稚，以撼昇。朝廷命張方平守秦，徙渙涇原，亦徙昇靑州。將罪昇，方平辭曰：「渙、昇有階級，今互言而兩罷帥，不可爲也。」昇乃復留。

至和二年，召兼侍讀，拜御史中丞。劉沆在相位，以御史范師道、趙抃嘗攻其惡，陰欲出之。昇曰：「天子耳目之官，奈何用宰相怒而斥？」上章力爭之，沆竟罷去。帝見昇指切時事無所避，謂曰：「卿孤立，乃能如是。」對曰：「臣仰託聖主，致位侍從，是爲不孤。今陛下之臣，持祿養望者多，而赤心謀國者少，竊以爲如陛下乃孤立爾。」帝爲之感動。

契丹主宗眞遣使齎其畫像來，求帝畫像，未報而死。子洪基立，以爲請，詔昇報聘，諭使更致新主像(五)。契丹欲先得之，昇曰：「昔文成以弟爲兄屈，尙先致敬，況今爲伯父哉！」遂無以奪，乃復以洪基像來。嘉祐三年，擢樞密副使，遷參知政事、樞密使。昇愛惜官資，凡內降所與，多持不下。見帝春秋高，前後屢進言儲嗣事，卒與韓琦同決策。

英宗(六)立，請老，帝曰：「太尉勤勞王家，詎可遽去？」但令五日一至院，進見無蹈舞。司馬光上疏言：「近歲以來，大臣年高者皆不敢自安其位，言事者欲以爲名，又從而攻之。使其人無可取，雖少壯何爲？果有益於時，雖老何傷？昇爲人忠謹淸直，不可干以私，若使且居其位，於事亦未有曠廢也。」昇請不已，始賜告，令養疾，遂以彰信軍節度使、同中書門



下平章事判許州，改鎭河陽三城。拜太子太師致仕。熙寧十年，薨，年八十六。贈司徒兼侍中，謚曰康節。

趙槩字叔平，南京虞城人。少篤學自力，器識宏遠，爲一時名輩稱許。中進士第，通判海州，爲集賢校理、開封府推官。奏事殿中，仁宗面賜銀緋。

出知洪州，州城西南薄章江，有汎溢之虞，槩作石隄二百丈，高五丈，以障其衝，水不爲患。僚吏鄭陶、饒夷挾持郡事，爲不法，前守莫能制。州之歸化卒，皆故時羣盜。夷造飛語曰：「卒得廩米陳惡，有怨言，不更給善米，且生變。」槩不答。卒有自容州戍逃歸而犯夜者，斬之以徇，因收陶、夷抵罪，闔府股栗。

加直集賢院、知靑州。坐失舉澠池令張誥免，久乃起，監密州酒。知滁州，山東有寇李二過境上，告人曰：「我東人也，公嘗爲靑州，民愛之如父母，我不忍犯。」率衆去。

召修起居注。歐陽脩後至，朝廷欲驟用之，難於越次。槩聞，請郡，除天章閣待制、糾察在京刑獄，脩遂知制誥。踰歲，槩始代之。郊祀，當任子、進階爵，乞回其恩，封母郡太君。宰相謂曰：「君卽爲學士，擬封不久矣。」槩曰：「母年八十二，願及今拜君賜以爲榮。」



中華書局

乃許之，後遂爲例。

蘇舜欽等以群飲逐，槩言：「預會者皆館閣名士，舉而棄之，觖士大夫望，非國之福也。」不報。求知蘇州，終母喪，入爲翰林學士。聘契丹，契丹主會獵，請賦信誓如山河詩。詩成，親酌玉杯爲槩勸，且授侍臣劉六符素扇，寫之納袖中，其禮重如此。還，兼侍讀學士。諫官郭申錫論事忤旨，帝欲加罪，槩曰：「陛下始面諭申錫毋面從，今黜之，何以示天下？」乃止。

以龍圖閣學士知鄆州、應天府，代韓絳爲御史中丞。絳以論張茂實不宜典宿衞罷，槩至，首言之，茂實竟去。御藥院內臣有寄資至團練使者，謂之暗轉。槩請明限以年，詔俟出院優遷之，毋得累寄。擢樞密使、參知政事。數以老求去。熙寧初，拜觀文殿學士、知徐州。自左丞轉吏部尚書，前此執政遷官，未有也。以太子少師致仕，退居十五年，嘗集古今諫爭事，爲諫林百二十卷上之。神宗賜詔曰：「請老而去者，類以聲問不至朝廷爲高。唯卿有志愛君，雖退處山林，未嘗一日忘也。當置于坐右，時用省閱。」元豐六年，薨，年八十八。贈太子太師，謚曰康靖。

槩秉心和平，與人無怨怒。雖在事如不言，然陰以利物者爲不少，議者以比劉寬、婁師德。坐張誥貶六年，念之終不衰，誥死，卹其家備至。歐陽脩遇槩素薄，又躐知制誥，及





脩有獄，槩獨抗章明其罪，言爲仇者所中傷，不可以天下法爲人報怨。脩得解，始服其長者。爲鄆州時，吏按前守馮浩侵公使錢三十萬，當以職田租償。槩知其貧，爲代以己奉。其平生所爲類此。

槩初名禋，嘗夢神人金書名簿有「趙槩」，遂更云。

胡宿字武平，常州晉陵人。登第，爲揚子尉。縣大水，民被溺，令不能救，宿率公私船活數千人。以薦爲館閣校勘，進集賢校理。通判宣州，囚有殺人者，將抵死，宿疑而訊之，囚懼箠楚不敢言。辟左右復問，久乃云：「旦將之田，縣吏縛以赴官，莫知其故。」宿取具獄繙閱，探其本辭，蓋婦人與所私者殺其夫，而執平民以告也。

知湖州，前守滕宗諒大興學校，費錢數十萬。宗諒去，通判、僚吏皆疑以爲欺，不肯書曆。宿誚之曰：「君輩佐滕侯久矣，苟有過，盍不早正？乃陰拱以觀，俟其去而非之，豈昔人分謗之意乎？」坐者大慙謝。其後湖學爲東南最，宿之力爲多。築石塘百里，捍水患，民號曰胡公塘，而學者爲立生祠。

久之，爲兩浙轉運使。召修起居注、知制誥。入內都知楊懷敏坐衞士之變，斥爲和州都監，未幾，召入復故職。宿封還詞頭，且言：「懷敏得不窮治誅死，已幸，豈宜復在左右？」命遂寢。

慶曆六年，京東、兩河地震，登、萊尤甚。宿兼通陰陽五行災異之學，乃上疏曰：「明年丁亥，歲之刑德，皆在北宮。陰生於午，而極於亥。然陰猶強而未卽伏，陽猶微而不能勝，此所以震也。是謂龍戰之會，其位在乾。若西北二邊不動，恐有內盜起於河朔。又登、萊視京師，爲東北少陽之位，今二州置金坑，多聚民鑿山谷，陽氣耗洩，故陰乘而動。宜卽禁止，以寧地道。」時以爲迂闊。明年，王則果以貝州叛。

皇祐五年正月，會靈宮災，是歲冬至，郊，以三帝並配〔七〕。明年大旱，宿言：「五行，火，禮也。去歲火而今又旱，其應在禮，此殆郊丘並配之失也。」卽建言並配非古，宜用迭配如初。時議者謂士大夫言，七十當致仕，其不知止者，請令有司按籍舉行之。宿以爲非優老之義，當少緩其期法：武吏察其任事與否，勿斷以年；文吏使得自陳而全其節。及言皇祐新樂與舊樂難並用；禮部間歲一貢士不便，當用三年之制。皆如其言。

唐介貶嶺南，帝遣中使護以往。宿言：「事有不可測，介如不幸道死，陛下受殺直臣之名。」帝悟，追還使者。遷翰林學士，知審官、刑院〔八〕。李仲昌開六塔河，民被害，詔獄薄其罪。宿請斬以謝河北，仲昌由是南竄。兗國公主下降，將行冊禮。宿諫曰：「陛下昔封兩長





主，未嘗冊命，今施之愛女，殆非漢明帝所謂『我子豈得與先帝子等』之義也。」

涇州卒以折支不時給，出惡言，且欲相扇爲亂。既寘于法，乃命劾三司吏。三司使包拯護弗遣。宿曰：「涇卒固悖慢，然當給之物，越八十五日而不與，計吏安得爲無罪？拯不知自省，公拒制命，紀綱益廢矣。」拯懼，立遣吏。韓琦守并州，請復其節鎭。宿言：「參、商爲仇讎之星。國家受命於商丘，而參爲晉地。今欲崇晉，非國之利也。宋興削平四方，并最後服，故太宗不使列于方鎭，八十年矣，宜如故便。」議遂止。後琦秉政，卒復之。

拜樞密副使。曾公亮任雄州，趙滋顓治界河事。宿言於英宗曰：「憂患之來，多藏於隱微，而生於所忽。自滋守邊，北人捕魚伐葦，一切禁絕，由此常與鬥爭。南北通好六十載，內外無患，近年邊遽來上，不過侵誣尺寸，此城砦之吏移文足以辨詰，何至於興甲兵哉？今搢紳中有恥燕薊外屬者，天時人事未至，而妄意難成之福。願守兩朝法度，以惠養元元，天下幸甚。」宿以老，數乞謝事。治平三年，罷爲觀文殿學士、知杭州。明年，以太子少師致仕，未拜而薨，年七十二。贈太子太傅，謚曰文恭。

宿爲人清謹忠實，內剛外和，群居不譁笑，與人言，必思而後對。故臨事重慎，不輒發，發亦不可回止。居母喪三年，不至私室。其當重任，尤顧惜大體。在審官、刑院，擇詳議官，有在選中者，嘗監征榷，以水災負課。同列謂小累不足白，宿竟白之，而薦其才足用，

仁宗聽納。同列退而誚曰：「公固欲白上，倘緣是不用，奈何？」宿曰：「彼之得否，不過一詳議官。宿平生以誠事主，今白首矣，忍以毫髮欺乎？爲之開陳，聽吾君自擇爾。」少與一僧善，僧有秘術，能化瓦石爲黃金。且死，將以授宿，使葬之。宿曰：「後事當盡力，他非吾所冀也。」僧歎曰：「子之志，未可量也。」其篤行自勵，至於貴達，常如布衣時。

子宗炎，從子宗愈、宗回。

宗炎字彥聖，由將作監主簿鎖廳登第。爲國子大宗正丞、開封府推官、考功吏部郎中。舊制，選人改京官，舉將小絓吏議，輒尼不行。宗炎請先引見，俟舉者罪卽追止，從之。哲宗崩，遼使來吊祭，宗炎以鴻臚少卿迓境上。使者不易服，宗炎以禮折之，須其聽命，乃相見。暨還，升爲卿。初，父宿使遼，遼人重之。其後宗炎壻鄧忠臣迓客，客問：「中外嘗有充使者否？」忠臣以宿告，且言：「前使鴻臚，其子也。」客歎：「胡氏世不乏人。」俄以直龍圖閣知潁昌府，歷密州而卒。

宗炎善爲詩，藻思清婉。歐陽脩守亳，與客游郡圃，或誦其詩，脩賞味不已，以爲有鮑、謝風致。其重之如此。



宗愈字完夫，舉進士甲科，爲光祿丞。宿得請杭州，英宗問：「子弟誰可繼者？」以宗愈對。召試學士院。

神宗立，以爲集賢校理。久之，兼史館檢討，遂同知諫院。修內卒〔九〕盜皇城器物，宗愈言：「唐長孫無忌不解佩刀入東上閤門，校尉論當死。今禁卒爲盜，而入內都知不能覺察，願正其罪。」殿帥直廬在長慶門內，久而自置隸圃。宗愈曰：「嚴禁旅，所以杜姦宄也。奈何令私人得爲之？萬一凶黠者竄名其間，將不可悔。請易募老卒。」

王安石用李定爲御史，宗愈言：「御史當用學士及丞、雜論薦，又須官博士、員外郎。今定以幕職不因薦得之，是殆一出執政意，卽大臣不法，誰復言之？」蘇頌、李大臨不草制，坐絀；宗愈又爭之，安石怒，出通判眞州。歷提點河東刑獄、開封府推官、吏部右司郎中。

元祐初，進起居郎、中書舍人、給事中、御史中丞。時更定役法，書成，衙校募不足者，聽差入等戶。宗愈言：「法貴均一，若持兩端，則於文有害。是乃差法，非募法也。請刪之。」哲宗嘗問朋黨之弊，對曰：「君子指小人爲姦，則小人指君子爲黨。君子，蓋義之與比者。陛下能擇中立之士而用之，則黨禍熄矣。」明日，具君子無黨論以進。拜尚書右丞。於是諫議大夫王覿論其不當，而劉安世、韓川、孫覺等合攻之，朝廷依違。踰年，出覿潤州，而言者愈力。乃罷爲資政殿學士、知陳州，徙成都府，蜀人安其政。召爲禮部尚書，遷吏部，卒，



年六十六。贈左銀青光祿大夫。

宗回字醇夫，用蔭登第，爲編修敕令官、司農寺幹當公事、京西轉運判官、提點刑獄、京東陝西轉運使、吏部郎中。紹聖初，以直龍圖閣知桂州，進寶文閣待制。坐繫平民死，降集賢殿修撰、知隨州，改秦州、慶州，復爲待制。

先是，熙河將王贍下邈川有功，帥孫路不樂贍，奪其兵與王愍。朝廷知之，以宗回代路，加直學士。時青唐瞎征內附，而心牟欽氊勒兵立別酋隴拶，還其地，勢復張。瞎征大懼，自髡爲僧以祈免。王贍怨孫路，因言青唐不煩兵可下。至，則駐宗哥城不進。宗回怒，日夜檄趣之，且戒贍曰：「青唐兵甚弱，隴拶稚子，何能爲，而怯懦逗遛，吾將以軍法從事。」又遣王愍復至邈川，聲言代贍。贍懼，乃率步騎掩青唐，據之，隴拶降。詔以青唐爲鄯州，邈川爲湟州。未幾，屬羌郎阿章叛，拒官軍。宗回遣將王吉、魏釗討之，皆敗死。又遣鈐轄种朴往。朴言：「賊鋒方銳，且盛寒，宜少緩師。」宗回不聽，督之急。朴不得已，行，亦敗死。於是轉運判官秦希甫言湟、鄯難守，以爲棄之便。事下宗回，宗回持不可，希甫罷去。會徽宗棄鄯州，於是任伯雨再疏其罪，奪職知蘄州。

還，爲待制。歷慶、渭、陳、延、澶州。兄宗愈入黨籍，宗回亦罷郡。居亡何，錄其堅守



湟、鄯之議，起知秦州。進樞密直學士，徙永興、鄭州、成德軍，復坐事去。大觀中，卒，贈銀青光祿大夫。

胡氏自宿始大，及宗愈仍世執政，其後子孫至侍從、九卿者十數，遂爲晉陵名族。

論曰：張昪清忠諒直，趙槩雅量過人，胡宿學通天人之奧，攷其立朝大節，皆磊落，爲良執政。宗愈仍居右轄，而學術視宿則有間矣。宗回非邊將材，其守河湟之議，蓋以趣种朴於死，斷合上意，以解其責爾。若胡氏之世大也，殆脫萬人于水死，而陰德之所致與。

## 校勘記

〔一〕張昪　原作「張昇」，他書也有作「張昇」，或說「一作張昇」的。按本書卷一二仁宗紀、卷二一一宰輔表、東都事略卷七一本傳都作「張昪」；和張昪同時的王珪、胡宿、歐陽脩、王安石、蘇轍等人文集中，所載給張昪的制書都作「昪」；司馬光涑水紀聞卷三「張昪」條並注說，「昪」字「音更」，一本作「音便」，「昇」字無此兩音；本書卷二九一李淑傳、卷三一二韓琦傳等都作「昪」；今傳影宋本編年綱目卷一五、元刊宋史全文卷九也都作「昪」；長編和宋會要輯稿則「昪」、「昇」

互見，而以作「昪」爲多。可見「昇」當以作「昪」爲是。下文同。

〔三〕今兩稅鹽錢是也　「錢」原作「鐵」，據本書卷一八一食貨志、蘇軾蘇東坡集後集卷一七張方平墓誌銘改。

〔三〕遂有薊門之役　「有」字原脫，「薊門」原作「衡門」，據東都事略卷七四、琬琰集下編卷二〇本傳改。

〔四〕魚周詢　原作「魯周詢」，據本書卷四四二蘇舜欽傳、長編卷一五三改。

〔五〕諭使更致新主像　「主」原作「王」。按本書都稱契丹主，上下文及宋會要蕃夷二之一九也都作「主」，今改。

〔六〕英宗　原作「英帝」，據東都事略卷七一本傳改。

〔七〕以三帝並配　「三帝」原作「二帝」，據長編卷一七六改。東都事略卷七一本傳作「三聖並配」，義與此同。

〔八〕知審官刑院　原作「知審官制院」，按本書卷一六三職官志，吏部有審官院，刑部有審刑院，並無「審官制院」之名。歐陽修歐陽文忠公文集卷三四胡宿墓誌說他曾知審刑院，下文又有「在審官、刑院」語，「制」字當爲「刑」字之訛，據改。

〔九〕修內卒　東都事略卷七一本傳作「殿內卒」。



# 宋史卷三百一十九

## 列傳第七十八

### 歐陽脩 子發 棐　劉敞 弟攽 子奉世　曾鞏 弟肇

歐陽脩字永叔，廬陵人。四歲而孤，母鄭，守節自誓，親誨之學，家貧，至以荻畫地學書。幼敏悟過人，讀書輒成誦。及冠，嶷然有聲。

宋興且百年，而文章體裁，猶仍五季餘習。鎪刻駢偶，淟涊弗振，士因陋守舊，論卑氣弱。蘇舜元舜欽、柳開、穆脩輩，咸有意作而張之，而力不足。脩游隨，得唐韓愈遺稿於廢書簏中，讀而心慕焉。苦志探賾，至忘寢食，必欲并轡絕馳而追與之並。

舉進士，試南宮第一，擢甲科，調西京推官。始從尹洙游，爲古文，議論當世事，迭相師友，與梅堯臣游，爲歌詩相倡和，遂以文章名冠天下。入朝，爲館閣校勘。

范仲淹以言事貶，在廷多論救，司諫高若訥獨以爲當黜。脩貽書責之，謂其不復知人



間有羞恥事。若訥上其書，坐貶夷陵令，稍徙乾德令、武成節度判官。仲淹使陝西，辟掌書記。脩笑而辭曰：「昔者之舉，豈以爲己利哉？同其退不同其進可也。」久之，復校勘，進集賢校理。慶曆三年，知諫院。

時仁宗更用大臣，杜衍、富弼、韓琦、范仲淹皆在位，增諫官員，用天下名士，脩首在選中。每進見，帝延問執政，咨所宜行。既多所張弛，小人翕翕不便。脩慮善人必不勝，數爲帝分別言之。

初，范仲淹之貶饒州也，脩與尹洙、余靖皆以直仲淹見逐，目之曰「黨人」。自是，朋黨之論起，脩乃爲朋黨論以進。其略曰：「君子以同道爲朋，小人以同利爲朋，此自然之理也。臣謂小人無朋，惟君子則有之。小人所好者利祿，所貪者財貨，當其同利之時，暫相黨引以爲朋者，僞也。及其見利而爭先，或利盡而反相賊害，雖兄弟親戚，不能相保，故曰小人無朋。君子則不然，所守者道義，所行者忠信，所惜者名節。以之修身，則同道而相益，以之事國，則同心而共濟，終始如一，故曰惟君子則有朋。紂有臣億萬，惟億萬心，可謂無朋矣，而紂用以亡。武王有臣三千，惟一心，可謂大朋矣，而周用以興。蓋君子之朋，雖多而不厭故也。故爲君但當退小人之僞朋，用君子之眞朋，則天下治矣。」

脩論事切直，人視之如仇，帝獨獎其敢言，面賜五品服。顧侍臣曰：「如歐陽脩者，何處

得來？」同修起居注，遂知制誥。故事，必試而后命，帝知脩，詔特除之。

奉使河東。自西方用兵，議者欲廢麟州以省餽餉。脩曰：「麟州天險不可廢，廢之，則河內郡縣，民皆不安居矣。不若分其兵，駐並河內諸堡，緩急得以應援，而平時可省轉輸，於策爲便。」由是州得存。又言：「忻、代、岢嵐多禁地廢田，願令民得耕之，不然，將爲敵有。」朝廷下其議，久乃行，歲得粟數百萬斛。凡河東賦斂過重民所不堪者，奏罷十數事。

使還，會保州兵亂，以爲龍圖閣直學士、河北都轉運使。陛辭，帝曰：「勿爲久留計，有所欲言，言之。」對曰：「臣在諫職得論事，今越職而言，罪也。」帝曰：「第言之，毋以中外爲間。」賊平，大將李昭亮、通判馮博文私納婦女，脩捕博文繫獄，昭亮懼，立出所納婦。兵之始亂也，招以不死，既而皆殺之，脅從二千人，分隸諸郡。富弼爲宣撫使，恐後生變，將使同日誅之，與脩遇於內黃，夜半，屏人告之故。脩曰：「禍莫大於殺已降，況脅從乎？既非朝命，脫一郡不從，爲變不細。」弼悟而止。

方是時，杜衍等相繼以黨議罷去，脩慨然上疏曰：「杜衍、韓琦、范仲淹、富弼，天下皆知其有可用之賢，而不聞其有可罷之罪。自古小人讒害忠賢，其說不遠。欲廣陷良善，不過指爲朋黨，欲動搖大臣，必須誣以顓權，其故何也？去一善人，而衆善人尚在，則未爲小人之利；欲盡去之，則善人少過，難爲一一求瑕，唯指以爲黨，則可一時盡逐。至如自古大



臣，已被主知而蒙信任，則難以他事動搖，唯有顓權是上之所惡，必須此說，方可傾之。正士在朝，羣邪所忌，謀臣不用，敵國之福也。今此四人一旦罷去，而使羣邪相賀於內，四夷相賀於外，臣爲朝廷惜之。」於是邪黨益忌脩，因其孤甥張氏獄傅致以罪，左遷知制誥、知滁州。居二年，徙揚州、潁州。復學士，留守南京，以母憂去。服除，召判流內銓，時在外十一年矣。帝見其髮白，問勞甚至。小人畏脩復用，有詐爲脩奏，乞澄汰內侍爲姦利者。其羣皆怨怒，譖之，出知同州，帝納吳充言而止。遷翰林學士，俾修唐書。奉使契丹，其主命貴臣四人押宴，曰：「此非常制，以卿名重故爾。」

知嘉祐二年貢舉。時士子尚爲險怪奇澀之文，號「太學體」，脩痛排抑之，凡如是者輒黜。畢事，向之囂薄者伺脩出，聚譟於馬首，街邏不能制；然場屋之習，從是遂變。

加龍圖閣學士、知開封府，承包拯威嚴之後，簡易循理，不求赫赫名，京師亦治。旬月，改羣牧使。唐書成，拜禮部侍郎兼翰林侍讀學士。脩在翰林八年，知無不言。河決商胡，北京留守賈昌朝欲開橫壟故道，回河使東流。有李仲昌者，欲導入六塔河，議者莫知所從。脩以爲：「河水重濁，理無不淤，下流既淤，上流必決。以近事驗之，決河非不能力塞，故道非不能力復，但勢不能久耳。橫壟功大難成，雖成將復決。六塔狹小，而以全河注之，濱、棣、德、博必被其害。不若因水所趨，增隄峻防，疏其下流，縱使入海，此數十年之利也。」宰



相陳執中主昌朝，文彥博主仲昌，竟爲河北患。

臺諫論執中過惡，而執中猶遷延固位。脩上疏，以爲「陛下拒忠言，庇愚相，爲聖德之累」。未幾，執中罷。狄青爲樞密使，有威名，帝不豫，訛言籍籍，脩請出之於外，以保其終，遂罷知陳州。脩嘗因水災上疏曰：「陛下臨御三紀，而儲宮未建。昔漢文帝初卽位，以羣臣之言，卽立太子，而享國長久，爲漢太宗。唐明宗惡人言儲嗣事，不肯早定，致秦王之亂，宗社遂覆。陛下何疑而久不定乎？」其後建立英宗，蓋原於此。

五年，拜樞密副使。六年，參知政事。脩在兵府，與曾公亮考天下兵數及三路屯戍多少、地理遠近，更爲圖籍。凡邊防久缺屯戍者，必加蒐補。其在政府，與韓琦同心輔政。凡兵民、官吏、財利之要，中書所當知者，集爲總目，遇事不復求之有司。時東宮猶未定，與韓琦等協定大議，語在琦傳。英宗以疾未親政，皇太后垂簾，左右交構，幾成嫌隙。韓琦奏事，太后泣語之故。琦以帝疾爲解，太后意不釋，脩進曰：「太后事仁宗數十年，仁德著於天下。昔溫成之寵，太后處之裕如；今母子之間，反不能容邪？」太后意稍和，脩復曰：「仁宗在位久，德澤在人。故一日晏駕，天下奉戴嗣君，無一人敢異同者。今太后一婦人，臣等五六書生耳，非仁宗遺意，天下誰肯聽從。」太后默然，久之而罷。

脩平生與人盡言無所隱。及執政，士大夫有所干請，輒面諭可否，雖臺諫官論事，亦



必以是非詰之，以是怨誹益衆。帝將追崇濮王，命有司議，皆謂當稱皇伯，改封大國。脩引喪服記，以爲：「『爲人後者，爲其父母報〔一〕。』降三年爲期，而不沒父母之名，以見服可降而名不可沒也。若本生之親，改稱皇伯，歷考前世，皆無典據。進封大國，則又禮無加爵之道。故中書之議，不與衆同。」太后出手書，許帝稱親，尊王爲皇，三夫人爲后。帝不敢當。於是御史呂誨等詆脩主此議，爭論不已，皆被逐。惟蔣之奇之說合脩意，脩薦爲御史，衆目爲姦邪。之奇患之，則思所以自解。脩婦弟薛宗孺有憾於脩，造帷薄不根之謗摧辱之，展轉達於中丞彭思永，思永以告之奇，之奇卽上章劾脩。神宗初卽位，欲深譴脩。訪故宮臣孫思恭，思恭爲辨釋，脩杜門請推治。帝使詰思永、之奇，問所從來，辭窮，皆坐黜。脩亦力求退，罷爲觀文殿學士、刑部尚書、知亳州。明年，遷兵部尚書、知青州，改宣徽南院使、判太原府。辭不拜，徙蔡州。

脩以風節自持，既數被汙衊，年六十，卽連乞謝事，帝輒優詔弗許。及守青州，又以請止散青苗錢，爲安石所詆，故求歸愈切。熙寧四年，以太子少師致仕。五年，卒，贈太子太師，謚曰文忠。

脩始在滁州，號醉翁，晚更號六一居士。天資剛勁，見義勇爲，雖機穽在前，觸發之不顧。放逐流離，至于再三，志氣自若也。方貶夷陵時，無以自遣，因取舊案反覆觀之，見其

枉直乖錯不可勝數，於是仰天歎曰：「以荒遠小邑，且如此，天下固可知。」自爾，遇事不敢忽也。學者求見，所與言，未嘗及文章，惟談吏事，謂文章止於潤身，政事可以及物。凡歷數郡，不見治迹，不求聲譽，寬簡而不擾，故所至民便之。或問：「爲政寬簡，而事不弛廢，何也？」曰：「以縱爲寬，以略爲簡，則政事弛廢，而民受其弊。吾所謂寬者，不爲苛急；簡者，不爲繁碎耳。」脩幼失父，母嘗謂曰：「汝父爲吏，常夜燭治官書，屢廢而歎。吾問之，則曰：『死獄也，我求其生，不得爾。』吾曰：『生可求乎？』曰：『求其生而不得，則死者與我皆無恨。夫常求其生，猶失之死，而世常求其死也。』其平居教他子弟，常用此語，吾耳熟焉。」脩聞而服之終身。

爲文天才自然，豐約中度。其言簡而明，信而通，引物連類，折之於至理，以服人心。超然獨騖，衆莫能及，故天下翕然師尊之。奬引後進，如恐不及，賞識之下，率爲聞人。曾鞏、王安石、蘇洵、洵子軾、轍，布衣屏處，未爲人知，脩卽游其聲譽，謂必顯於世。篤於朋友，生則振掖之，死則調護其家。

好古嗜學，凡周、漢以降金石遺文、斷編殘簡，一切掇拾，研稽異同，立說於左，的的可表證，謂之集古錄。奉詔修唐書紀、志、表，自撰五代史記，法嚴詞約，多取春秋遺旨。蘇軾敍其文曰：「論大道似韓愈，論事似陸贄，記事似司馬遷，詩賦似李白。」識者以爲知言。



子發字伯和，少好學，師事安定胡瑗，得古樂鍾律之說，不治科舉文詞，獨探古始立論議。自書契以來，君臣世系，制度文物，旁及天文、地理，靡不悉究。以父恩，補將作監主簿，賜進士出身，累遷殿中丞。卒，年四十六。蘇軾哭之，以謂發得文忠公之學，漢伯喈、晉茂先之流也。

中子棐字叔弼，廣覽強記，能文詞。年十三時，見脩著鳴蟬賦，侍側不去。脩撫之曰：「兒異日能爲吾此賦否？」因書以遺之。用蔭，爲秘書省正字，登進士乙科，調陳州判官，以親老不仕。脩卒，代草遺表，神宗讀而愛之，意脩自作也。服除，始爲審官主簿，累遷職方員外郞、知襄州。曾布執政，其婦兄魏泰倚聲勢來居襄，規占公私田園，強市民貨，郡縣莫敢誰何。至是，指州門東偏官邸廢址爲天荒，請之。吏具成牘至，棐曰：「孰謂州門之東偏而有天荒乎？」卻之。衆共白曰：「泰橫於漢南久，今求地而緩與之，且不可，而又可卻邪？」棐竟持不與。泰怒，譖於布，徙知潞州，旋又罷去。元符末，還朝。歷吏部、右司二郎中，以直祕閣知蔡州。蔡地薄賦重，轉運使又爲覆折之令，多取於民，民不堪命。會有詔禁止，而佐吏憚使者，不敢以詔旨從事。棐曰：「州郡之於民，詔令苟有未便，猶將建請。今天子詔



意深厚，知覆折之病民，手詔止之。若有憚而不行，何以爲長吏？」命卽日行之。未幾，坐黨籍廢，十餘年卒。

論曰：三代而降，薄乎秦、漢，文章雖與時盛衰，而藹如其言，曄如其光，皦如其音，蓋均有先王之遺烈。涉晉、魏而弊，至唐韓愈氏振起之。唐之文，涉五季而弊，至宋歐陽脩又振起之。挽百川之頹波，息千古之邪說，使斯文之正氣，可以羽翼大道，扶持人心，此兩人之力也。愈不獲用，脩用矣，亦弗克究其所爲，可爲世道惜也哉！

劉敞字原父，臨江新喻人。舉慶曆進士，廷試第一。編排官王堯臣，其內兄也，以親嫌自列，乃以爲第二。通判蔡州，直集賢院，判尚書考功。夏竦薨，賜謚文正。敞言：「謚者，有司之事，竦行不應法。今百司各得守其職，而陛下侵臣官。」疏三上，改謚文莊。方議定大樂，使中貴人參其間。敞諫曰：「王事莫重於樂。今儒學滿朝，辨論有餘，而使若趙談者參之，臣懼爲袁盎笑也。」權度支判官，徙三司使。秦州與羌人爭古渭地。仁宗問敞：「棄守孰便？」敞曰：「若新城可以蔽秦州，長無羌人



之虞，傾國守焉可也。或地形險利，賊乘之以擾我邊鄙，傾國爭焉可也。今何所重輕，而殫財困民，捐士卒之命以規小利，使曲在中國，非計也。」議者多不同，秦州自是多事矣。

溫成后追册，有佞人獻議，求立忌。敞曰：「豈可以私昵之故，變古越禮乎？」乃止。吳充以典禮得罪，馮京救之，亦罷近職。敞因對極論之。帝曰：「充能官，京亦亡它，中書惡其太直，不相容耳。」敞曰：「陛下寬仁好諫，而中書乃排逐言者，是蔽君之明，止君之善也。臣恐感動陰陽，有日食、地震、風霾之異。」已而果然。因勸帝收攬威權，無使聰明蔽塞，以消災咎。帝深納之，以同修起居注。未一月，擢知制誥。宰相陳執中惡其斥己，沮止之，帝不聽。宦者石全彬領觀察使，意不愜，有慍言，居三日爲眞，敞封還除書，不草制。

奉使契丹，素習知山川道徑，契丹導之行，自古北口至柳河，回屈殆千里，欲夸示險遠。敞質譯人曰：「自松亭趨柳河，甚徑且易，不數日可抵中京，何爲故道此？」譯相顧駭愧曰：「實然。但通好以來，置驛如是，不敢變也。」順州山中有異獸，如馬而食虎豹，契丹不能識，問敞。敞曰：「此所謂駮也。」爲說其音聲形狀，且誦山海經、管子書曉之，契丹益歎服。使還，求知揚州。

狄青起行伍爲樞密使，每出入，小民輒聚觀，至相與推誦其拳勇，至壅馬足不得行。帝不豫，人心動搖，青益不自安。敞辭赴郡，爲帝言曰：「陛下幸愛青，不如出之，以全其終。」

帝頷之，使出諭中書，青迺去位。

揚之雷塘，漢雷陂也，舊爲民田。其後官取瀦水而不償以它田，主皆失業。然塘亦破決不可漕，州復用爲田。敞據唐舊券，悉用還民，發運使爭之，敞卒以予民。天長縣鞫王甲殺人，既具獄，敞見而察其冤，甲畏吏，不敢自直。敞以委戶曹杜誘，誘不能有所平反，而傅致益牢。將論囚，敞曰：「冤也。」親按問之。甲知能爲已直，乃敢告，蓋殺人者，富人陳氏也。相傳以爲神明。

徙鄆州。鄆比易守，政不治，市邑攘敚公行。敞決獄訟，明賞罰，境內肅然。客行壽張道中，遺一橐錢，人莫敢取，以告里長，里長爲守視，客還，取得之。又有暮遺物市中者，旦往訪之，故在。先是，久旱，地多蝗。敞至而雨，蝗出境。

召糾察在京刑獄。營卒桑達等醉鬥，指斥乘輿。皇城使捕送開封，棄達市。敞移府，問何以不經審訊。府報曰：「近例，凡聖旨及中書、樞密所鞫獄，皆不慮問。」敞奏請一準近格，樞密院不肯行，敞力爭之，詔以其章下府，著爲令。

嘉祐末，羣臣上尊號，宰相請撰表。敞說止不得，乃上疏曰：「陛下不受徽號且二十年。今復加數字，不足盡聖德，而前美並棄，誠可惜也。今歲以來，頗有災異，正當寅畏天命，深自挹損，豈可於此時迺以虛名爲累。」帝覽奏，顧侍臣曰：「我意本謂當爾。」遂不受。





蜀人龍昌期著書傳經，以詭僻惑衆。文彥博薦諸朝，賜五品服。敞與歐陽脩俱曰：「昌期違古畔道，學非而博，王制之所必誅，未使即少正卯之刑，已幸矣，又何賞焉。」乞追還詔書，毋使有識之士，窺朝廷深淺。」昌期聞之，懼不敢受賜。

敞以議論與衆忤，求知永興軍，拜翰林侍讀學士。大姓范偉爲姦利，冒同姓戶籍五十年，持府縣短長，數犯法，敞窮治其事，偉伏罪，長安中讙喜。未及受刑，敞召還，判三班院，偉即變前獄，至于四五，卒之付御史決。

敞侍英宗講讀，每指事據經，因以諷諫。時兩宮方有小人間言，諫者或訐而過直。敞進讀史記，至堯授舜以天下，拱而言曰：「舜至側微也，堯禪之以位，天地享之，百姓戴之，非有他道，惟孝友之德，光于上下耳。」帝竦體改容，知其以義理諷也。皇太后聞之，亦大喜。

積苦眩瞀，屢予告。帝固重其才，每燕見他學士，必問敞安否；帝食新橙，命賜之。疾少間，復求外，以爲汝州，旋改集賢院學士、判南京御史臺。熙寧元年，卒，年五十。

敞學問淵博，自佛老、卜筮、天文、方藥、山經、地志，皆究知大略。嘗夜視鎮星，謂人曰：「此於法當得土，不然，則生女。」後數月，兩公主生。又曰：「歲星往來虛、危間，色甚明盛，當有興於齊者。」歲餘而英宗以齊州防禦使入承大統。嘗得先秦彝鼎數十，銘識奇奧，皆案而讀之，因以考知三代制度，尤珍惜之。每曰：「我死，子孫以此蒸嘗我。」朝廷每有禮樂之事，必就其家以取決焉。爲文尤贍敏。掌外制時，將下直，會追封王、主九人，立馬却坐，頃之，九制成。歐陽脩每於書有疑，折簡來問，對其使揮筆，答之不停手，脩服其博。長於春秋，爲書四十卷，行於時。弟攽，子奉世。

攽字貢父，與敞同登科，仕州縣二十年，始爲國子監直講。歐陽脩、趙槩薦試館職，御史中丞王陶有夙憾，率侍御史蘇寀共排之，攽官已員外郎，纔得館閣校勘。熙寧中，判尚書考功、同知太常禮院。

詔封太祖諸孫行尊者爲王(二)，奉太祖後。攽言：「禮，諸侯不得祖天子，當自奉其國之祖。宜崇德昭、德芳之後，世世勿降爵，宗廟祭祀，使之在位，則所以褒揚藝祖者著矣。」後二王紹封，如攽議。

方更學校貢舉法，攽曰：「本朝選士之制，行之百年，累代將相名卿，皆由此出，而以爲未嘗得人，不亦誣哉。顧因舊貫，毋輕議改法。夫士修於家，足以成德，亦何待於學官程課督趣之哉。」

王安石在經筵，乞講者坐。攽曰：「侍臣講論於前，不可安坐，避席立語，乃古今常禮。君使之坐，所以示人主尊德樂道也；若不命而請，則異矣。」禮官皆同其議，至今仍之。考





試開封舉人，與同院王介爭詈，爲監察御史所劾罷。禮院廷試始用策，初，考官呂惠卿列阿時者在高等，訐直者反居下。攽覆考，悉反之。又嘗詒安石書，論新法不便。安石怒摭前過，斥通判泰州，以集賢校理、判登聞檢院、戶部判官知曹州。曹爲盜區，重法不能止。攽曰：「民不畏死，奈何以死懼之。」至，則治尚寬平，盜亦衰息。爲開封府判官，復出爲京東轉運使。部吏罷軟不逮者，務全安之。徙知兗、亳二州。吳居厚代爲轉運使，能奉行法令，致財賦，迺追坐攽廢弛，黜監衡州鹽倉。

哲宗初，起知襄州。入爲祕書少監，以疾求去，加直龍圖閣、知蔡州。於是給事中孫覺、胡宗愈，中書舍人蘇軾、范百祿言：「攽博記能文章，政事侔古循吏，身兼數器，守道不回，宜優賜之告，使留京師。」至蔡數月，召拜中書舍人。請復舊制，建紫微閣於西省。竟以疾不起，年六十七。

攽所著書百卷，尤邃史學。作東漢刊誤，爲人所稱。預司馬光修資治通鑑，專職漢史。爲人疏儁，不修威儀，喜諧謔，數用以招怨悔，終不能改。

奉世字仲馮，天資簡重，有法度。中進士第。熙寧三年，初置樞密院諸房檢詳文字，以太子中允居吏房。

先是，進奏院每五日具定本報狀，上樞密院，然後傳之四方。而邸吏輒先期報下，或矯爲家書，以入郵置。奉世乞革定本，去實封，但以通函騰報。從之。神宗稱其奉職不苟，加集賢校理、檢正中書戶房公事，改刑房，進直史館、國史院編修官。大理治相州獄，詳斷官竇革〔三〕以白奉世，奉世曰：「君自以法從事，毋庸白。」後蔡確以是文致奉世罪，謫降蔡州糧料院〔四〕。久之，爲吏部員外郎。

元祐初，歷度支左司郎中、起居郎、天章閣待制、樞密都承旨、戶部吏部侍郎、權戶部尚書。七年，拜樞密直學士，簽書院事。哲宗親政，用二內侍爲押班，中書舍人呂希純封還之。帝謂有近例，奉世曰：「雖有近例，奈人不可戶曉，願以率先施行爲非耳。」帝爲反命。

既而章惇當國，奉世乞免去。

紹聖元年，以端明殿學士知成德軍，改定州。踰年，知成都府。過都入覲，欲述朋黨傾邪之狀。帝將聽其來，曾布曰：「元祐變先朝法，無一當者，奉世有力焉，最爲漏網，恐不足見。」遂不許。明年，責光祿少卿，分司南京，居郴州。御史中丞邢恕劾奉世合劉摯傾害大臣，附呂大防、蘇轍，遂登政府，再貶隰州團練副使。

徽宗立，盡還其官職，知定州、大名府、鄆州。崇寧初，再奪職，責居沂、兗，以赦得歸。政和三年，復端明殿學士。薨，年七十三。



奉世優於吏治，尚安靜，文詞雅贍，最精漢書學。常云：「家世唯知事君，內省不愧，特士大夫公論而已。得喪，常理也，譬如寒暑加人，雖善攝生者不能無病，正須安以處之。」

曾鞏字子固，建昌南豐人。生而警敏，讀書數百言，脫口輒誦。年十二，試作六論，援筆而成，辭甚偉。甫冠，名聞四方。歐陽脩見其文，奇之。

中嘉祐二年進士第。調太平州司法參軍，召編校史館書籍，遷館閣校勘、集賢校理，爲實錄檢討官。出通判越州，州舊取酒場錢給募牙前，錢不足，賦諸鄉戶，期七年止；期盡，募者志於多入，猶責賦如初。鞏訪得其狀，立罷之。歲飢，度常平不足贍，而田野之民，不能皆至城邑。諭告屬縣，諷富人自實粟，總十五萬石，視常平價稍增以予民。民得從便受粟，不出田里，而食有餘。又貸之種糧，使隨秋賦以償，農事不乏。

知齊州，其治以疾姦急盜爲本。曲堤周氏擁貲雄里中，子高橫縱，賊良民，汙婦女，服器上僭，力能動權豪，州縣吏莫敢詰，鞏取寘於法。章丘民聚黨村落間，號「霸王社」，椎剽奪囚，無不如志。鞏配三十一人，又屬民爲保伍，使幾察其出入，有盜則鳴鼓相援，每發輒得盜。有葛友者，名在捕中，一日，自出首。鞏飲食冠裳之，假以騎從，輦所購金帛隨之，夸



徇四境。盜聞，多出自首。鞏外視章顯，實欲攜貳其徒，使之不能復合也。自是外戶不閉。

河北發民濬河，調及它路，齊當給夫二萬。縣初按籍三丁出夫一，鞏括其隱漏，至於九而取一，省費數倍。又弛無名渡錢，爲橋以濟往來。徙傳舍，自長清抵博州，以達于魏，凡省六驛，人皆以爲利。

徙襄州、洪州。會江西歲大疫，鞏命縣鎮亭傳，悉儲藥待求。軍民不能自養者，來食息官舍，資其食飲衣衾之具，分醫視診，書其全失、多寡爲殿最。師征安南，所過州爲萬人備。他吏暴誅亟斂，民不堪。鞏先期區處猝集，師去，市里不知。加直龍圖閣、知福州。南劍將樂盜廖恩〔五〕既赦罪出降，餘衆潰復合，陰相結附，旁連數州，尤桀者呼之不至，居人慴恐。鞏以計羅致之，繼自歸者二百輩。福多佛寺，僧利其富饒，爭欲爲主守，賕請公行。鞏俾其徒相推擇，識諸籍，以次補之。授帖於府庭，却其私謝，以絕左右徼求之弊。福州無職田，歲鬻園蔬收其直，自入常三四十萬。鞏曰：「太守與民爭利，可乎？」罷之。後至者亦不復取也。

徙明、亳、滄三州。鞏負才名，久外徙，世頗謂偃蹇不偶。一時後生輩鋒出，鞏視之泊如也。過闕，神宗召見，勞問甚寵，遂留判三班院。上疏議經費，帝曰：「鞏以節用爲理財之要，世之言理財者，未有及此。」帝以三朝、兩朝國史各自爲書，將合而爲一，加鞏史館修撰，



專典之，不以大臣監總，既而不克成。會官制行，拜中書舍人。時自三省百職事，選授一新，除書日至十數，人人舉其職，於訓辭典約而盡。尋掌延安郡王牋奏。故事命翰林學士，至是特屬之。甫數月，丁母艱去。又數月而卒，年六十五。

鞏性孝友，父亡，奉繼母益至，撫四弟、九妹於委廢單弱之中，宦學昏嫁，一出其力。爲文章，上下馳騁，愈出而愈工，本原六經，斟酌於司馬遷、韓愈，一時工作文詞者，鮮能過也。少與王安石游，安石聲譽未振，鞏導之於歐陽脩，及安石得志，遂與之異。神宗嘗問：「安石何如人？」對曰：「安石文學行義，不減揚雄，以吝故不及。」帝曰：「安石輕富貴，何吝也？」曰：「臣所謂吝者，謂其勇於有爲，吝於改過耳。」帝然之。呂公著嘗告神宗，以鞏爲人行義不如政事，政事不如文章，以是不大用云。弟布，自有傳。幼弟肇。

肇字子開，舉進士，調黃巖簿，用薦爲鄭州教授，擢崇文校書、館閣校勘兼國子監直講、同知太常禮院。太常自秦以來，禮文殘缺，先儒各以臆說，無所稽據。肇在職，多所釐正。親祠皇地祇於北郊，蓋自肇發之，異論莫能奪其議。

兄布以論市易事被責，亦奪肇主判。滯於館下，又多希旨窺伺者，衆皆危之，肇恬然無慍。

曾公亮薨，肇狀其行，神宗覽而嘉之。遷國史編修官，進吏部郎中，遷右司，爲神宗實錄檢討。元祐初，擢起居舍人。未幾，爲中書舍人。論葉康直知秦州不當，執政訝不先白，御史因攻之。肇求去，范純仁語於朝曰：「若善人不見容，吾輩不可居此矣。」力爲之言，乃得釋。

門下侍郎韓維奏范百祿事，太皇太后以爲譏毀，出守鄧。肇言：「維爲朝廷辨邪正是非，不可以疑似逐。」不草制。諫議大夫王覿，以論胡宗愈，出守潤，肇言：「陛下寄腹心於大臣，寄耳目於臺諫，二者相須，闕一不可。今覿論執政卽去之，是愛腹心而塗耳目也。」帝悟，加覿直龍圖閣。

太皇受册，詔遵章獻故事，御文德殿。肇言：「天聖初，兩制定議受册崇政，仁宗特改焉，此蓋一時之制。今帝述仁宗故事，以極崇奉孝敬之誠，可謂至矣。臣竊謂太皇當於此時特下詔揚帝孝敬之誠，而固執謙德，屈從天聖兩制之議，止於崇政，則帝孝愈顯，太皇之德愈尊矣。」坤成節上壽，議令百官班崇政。肇又言：「天聖三年，近臣班殿廷，百官止請內東門拜表。至九年，始御會慶。今太皇盛德，不肯自同章獻，宜如三年之制。」並從之。四年，春旱，有司猶講春宴。肇同彭汝礪上疏曰：「天菑方作，正君臣側身畏懼之時。乃相與飮食燕樂，恐無以消復天變。」翼日，有旨罷宴。蔡確貶新州，肇先與汝礪相約極論。





會除給事中，汝礪獨封還制書，言者謂肇賣友，略不自辨。以寶文閣待制知潁州，徙鄧、齊、陳州、應天府。

七年，入爲吏部侍郎。肇在禮院時，啓親祠北郊之議。是歲當郊，肇堅抗前說，旣而合祭天地，乃自劾，改刑部。請不已，出知徐州，徙江寧府。帝親政，更用舊臣，數稱肇議禮，趣入對。肇言：「人主雖有自然之聖質，必賴左右前後得人，以爲立政之本。宜於此時選忠信端良之士，寘諸近班，以參謀議，備顧問。與夫深處法宮，親近暬御，其損益相去萬萬矣。」貴近惡其語，出知瀛州，與兄布易地。時方治實錄譏訕罪，降爲滁州。稍復集賢殿修撰。歷泰州、海州。徽宗卽位，復召爲中書舍人。

日食四月朔，當降詔求言。肇具述帝旨，詔下，投匭者如織。章惇惡之，欲因事去肇，帝不聽。元祐臣僚被譴者，咸以赦恩甄敍。肇請倂錄死者，作訓詞，哀厚惻怛，讀者爲之感愴。遷翰林學士兼侍讀。諫官陳瓘、給事中龔原以言得罪，無敢救，肇極力論解。時論者謂元祐、紹聖，均爲有失，兄布傳帝命，使肇作詔諭天下。肇見帝言：「陛下思建皇極，以消弭朋黨，須先分別君子小人，賞善罰惡，不可偏廢。」開說備至。已而詔從中出。布之拜相，肇適當制，國朝學士弟草兄制，唯韓維與肇，爲衣冠榮。

建中靖國元年，太史奏日又當食四月。肇請對言：「比歲日食正陽，咎異章著。陛下簡儉淸淨之化，或衰於前；聲色服玩之好，或萌於心；忠邪賢不肖，或有未辨；賞慶刑威，或有未當。左右阿諛，壅蔽矯舉，民寃失職，鬱不得伸。此宜反覆循省，痛自克責，以塞天變。」言發涕下，帝悚然順納。

兄布在相位，引故事避禁職，拜龍圖閣學士、提舉中太一宮。未幾，出知陳州，歷太原、應天府、揚定二州。崇寧初，落職，謫知和州，徙岳州，繼貶濮州團練副使，安置汀州。四年，歸潤而卒，年六十一。

自熙寧以來四十年，大臣更用事，邪正相軋，黨論屢起，肇身更其間，數不合。兄布與韓忠彥並相，日夕傾危之。肇旣居外，移書告之曰：「兄方得君，當引用善人，翊正道，以杜惇、卞復起之萌。而數月以來，所謂端人吉士，繼迹去朝，所進以爲輔佐、侍從、臺諫，往往皆前日事惇、卞者。一旦勢異今日，必首引之以爲固位計，思之可爲慟哭。比來主意已移，小人道長。進則必論元祐人於帝前，退則盡排元祐者於要路。異時惇、卞縱未至，一蔡京足以兼二人，可不深慮。」布不能從。未幾，京得政，布與肇俱不免。

肇天資仁厚，而容貌端嚴。自少力學，博覽經傳，爲文溫潤有法。更十一州，類多善政。紹興初，諡曰文昭。子統，至左諫議大夫。





論曰：劉敞博學雄文，鄰於邃古，其爲考功，仁宗賜夏竦諡，上疏爭之，以爲人主不可侵臣下之官；及奉詔定樂，中貴預列，又諫曰：「臣懼爲袁盎所笑。」此豈事君爲容悅者哉。敞雖踈儁，文埒於敞。奉世克肖，世稱「三劉」。曾鞏立言於歐陽脩、王安石間，紆徐而不煩，簡奧而不晦，卓然自成一家，可謂難矣。肇以儒者而有能吏之才。宋之中葉，文學法理，咸精其能，若劉氏、曾氏之家學，蓋有兩漢之風焉。

## 校勘記

〔一〕爲其父母報　「報」原作「服」，據歐陽修歐陽文忠公文集卷一二三濮議劄子一首、儀禮喪服傳改。

〔二〕諸孫行尊者爲王　「王」原作「主」，按本書卷二四四秦王德芳傳：「乃下詔令中書門下考太祖之籍，以屬近而行尊者一人，裂土而王之。」卽紀此事。東都事略卷七六劉敞傳正作「王」，據改。

〔三〕竇革　本書卷三五五、東都事略卷九九上官均傳作「竇莘」。長編卷二八七、宋會要職官六六之三作「竇革」。

〔四〕蔡州糧料院　長編卷二九〇、宋會要職官六六之三都作「陳州糧料院」。

〔五〕南劍將樂盜廖恩　「南」字原脫，「恩」原作「思」。據曾鞏元豐類稿附錄曾鞏墓誌、長編卷二八三補改。

# 宋史卷三百二十

## 列傳第七十九

### 蔡襄 呂溱 王素 從子靖 從孫震 余靖 彭思永 張存

蔡襄字君謨，興化仙遊人。舉進士，爲西京留守推官、館閣校勘。范仲淹以言事去國，余靖論救之，尹洙請與同貶，歐陽脩移書責司諫高若訥，由是三人者皆坐譴。襄作四賢一不肖詩，都人士爭相傳寫，鬻書者市之，得厚利。契丹使適至，買以歸，張於幽州館。

慶曆三年，仁宗更用輔相，親擢脩、靖及王素爲諫官，襄又以詩賀，三人列薦之，帝亦命襄知諫院。襄喜言路開，而慮正人難久立也，乃上疏曰：「朝廷增用諫臣，脩、靖、素一日並命，朝野相慶。然任諫非難，聽諫爲難；聽諫非難，用諫爲難。三人忠誠剛正，必能盡言。臣恐邪人不利，必造爲禦之之說。其禦之之說不過有三，臣請爲陛下辨之。一曰好名。夫忠臣引君當道，論事唯恐不至，若避好名之嫌無所陳，則土木之人，皆可爲矣。二曰好進。前世諫者之難，激於忠憤，遭世昏亂，死猶不辭，何好進之有？近世獎拔太速，但久而勿遷，雖死是官，猶無悔也。三曰彰君過。諫爭之臣，蓋以司過舉耳，人主聽而行之，足以致從諫之譽，何過之能彰。至於巧者亦然，事難言則喑而不言，擇其無所忤者，時一發焉，猶或不行，則退而曰吾嘗論某事矣，此之謂好名。默默容容，無所愧恥，躡資累級，以挹顯仕，此之謂好進。君有過失，不救之於未然，傳之天下後世，其事愈不可掩，此之謂彰君過。願陛下察之，毋使有好諫之名而無其實。」





時有旱蝗、日食、地震之變，襄以爲：「災害之來，皆由人事。數年以來，天戒屢至。原其所以致之，由君臣上下皆闕失也。不顧聽斷，不攬威權，使號令不信於人，恩澤不及於下，此陛下之失也。持天下之柄，司生民之命，無嘉謀異畫以矯時弊，不盡忠竭節以副任使，此大臣之失也。朝有敝政而不能正，民有疾苦而不能去，陛下寬仁少斷而不能規，大臣循默避事而不能斥，此臣等之罪也。陛下既有引過之言，達於天地神祇矣，願思其實以應之。」疏出，聞者皆悚然。

進直史館，兼修起居注，襄益任職論事，無所回撓。開寶浮圖災，下有舊瘞佛舍利，詔取以入，宮人多灼臂落髮者。方議復營之，襄諫曰：「非理之福，不可徼幸。今生民困苦，四夷驕慢，陛下當修人事，奈何專信佛法？或以舍利有光，推爲神異，彼其所居尙不能護，何有於威靈。天之降災，以示儆戒，顧大興功役，是將以人力排天意也。」

呂夷簡平章國事，宰相以下就其第議政事，襄奏請罷之。元昊納款，始自稱「兀卒」，既又譯爲「吾祖」。襄言：「『吾祖』猶云『我翁』，慢侮甚矣。使朝廷賜之詔，而亦曰『吾祖』，是何等語邪？」

夏竦罷樞密使，韓琦、范仲淹在位，襄言：「陛下罷竦而用琦、仲淹，士大夫賀於朝，庶民歌於路，至飲酒叫號以爲歡。且退一邪，進一賢，豈遂能關天下輕重哉？蓋一邪退則其類退，一賢進則其類進。衆邪並退，衆賢並進，海內有不泰乎！雖然，臣切憂之。天下之勢，譬猶病者，陛下既得良醫矣，信任不疑，非徒愈病，而又壽民。醫雖良術，不得盡用，則病且日深，雖有和、扁，難責效矣。」

保州卒作亂，推懦兵十餘輩爲首惡，殺之以求招撫。襄曰：「天下兵百萬，苟無誅殺決行之令，必開驕慢暴亂之源。今州兵戕官吏、閉城門，不能討，從而招之，豈不爲四方笑。乞將兵入城，盡誅之。」詔從其議。

以母老，求知福州，改福建路轉運使，開古五塘溉民田，奏減五代時丁口稅之半。復修起居注。唐介擊宰相，觸盛怒，襄趨進曰：「介誠狂愚，然出於進忠，必望全貸。」既貶春州，又上疏以爲此必死之謫，得改英州。溫成后追册，請勿立忌，而罷監護園陵官。





進知制誥，三御史論梁適解職，襄不草制。後每除授非當職，輒封還之。帝遇之益厚，賜其母冠帔以示寵，又親書「君謨」兩字，遣使持詔予之。遷龍圖閣直學士、知開封府。襄精吏事，談笑剖決，破姦發隱，吏不能欺。

以樞密直學士再知福州。郡士周希孟、陳烈、陳襄、鄭穆以行義著，襄備禮招延，誨諸生以經學。俗重凶儀，親亡或祕不舉，至破產飯僧，下令禁止之。徙知泉州，距州二十里萬安渡，絕海而濟，往來畏其險。襄立石爲梁，其長三百六十丈，種蠣於礎以爲固，至今賴焉。又植松七百里以庇道路，閩人刻碑紀德。

召爲翰林學士、三司使，較天下盈虛出入，量力以制用。剗剔蠹敝，簿書紀綱纖悉皆可法。

英宗不豫，皇太后聽政，爲輔臣言：「先帝既立皇子，宦妾更加熒惑，而近臣知名者亦然，幾敗大事，近已焚其章矣。」已而外人遂云襄有論議，帝聞而疑之。會襄數謁告，因命擇人代襄。襄乞爲杭州，拜端明殿學士以往。治平三年，丁母憂。明年卒，年五十六。贈吏部侍郎。

襄工於書，爲當時第一，仁宗尤愛之，製元舅隴西王碑文命書之。及令書溫成后父碑〔一〕，則曰：「此待詔職耳。」不奉詔。於朋友尙信義，聞其喪，則不御酒肉，爲位而哭。嘗飲會靈東園，坐客誤射矢傷人，遽指襄。他日帝問之，再拜愧謝，終不自辨。蔡京與同郡而晚出，欲附名閥，自謂爲族弟。政和初，襄孫佃廷試唱名，居舉首，京侍殿上，以族孫引嫌，降爲第二，佃終身恨之。乾道中，賜襄謚曰忠惠。

呂溱字濟叔，揚州人。進士第一。通判亳州，直集賢院，同修起居注。坐預進奏院宴飲，出知蘄、楚、舒三州。復修起居注。儂智高寇嶺南，詔奏邸毋得輒報。溱言：「一方有警，使諸道聞之，共得爲備。今欲人不知，此何意也。」進知制誥，又出知杭州，入爲翰林學士。疏論宰相陳執中姦邪，仁宗還其疏。溱曰：「以口舌論人，是陰中大臣也。願出以示執中，使得自辨。」未幾，執中去，溱亦以侍讀學士知徐州，賜宴資善堂，遣使諭曰：「此特爲卿設，宜盡醉也。」詔自今由經筵出者視爲例。

徙成德軍，時方開六塔河，宰相主其議。會地震，溱請罷之以答天戒。溱豪侈自放，簡忽於事，與都轉運使李參不相能，還，判流內銓。參劾其借官麴作酒，以私貨往河東貿易，及違式受餽贐，事下大理議。溱乃未嘗受，而外廷紛然謂溱有死罪。帝知其過輕，但貶秩，



知和州。御史以爲未抵罪，分司南京。起知池州、江寧府，復集賢院學士，加龍圖閣直學士、知開封府。

時爲京尹者比不稱職，溱精識過人，辨訟立斷，豪惡斂迹。嘗以職事對，神宗察其有疾色，勉以近醫藥，已而果病。改樞密直學士、提舉醴泉觀，遂卒，年五十五。贈禮部侍郎。方帝悼念之，詔中書曰：「溱立朝最孤，知事君之節，絕迹權貴，故中廢十餘年，人無言者。方擢領要劇，而奄忽淪亡，家貧子幼，遭此大禍，必至狼狽。宜優給賻禮，官庀其葬，以厲臣節。」敕其婦兄護喪歸。

溱開敏，善議論，一時名輩皆推許。然自貴重，在杭州接賓客，不過數語，時目爲「七字舍人」云。

王素字仲儀，太尉旦季子也。賜進士出身，至屯田員外郎。御史中丞孔道輔薦爲侍御史。道輔貶，出知鄂州。仁宗思其賢，擢知諫院。素方壯年，遇事感發。嘗言：「今中外無名之費，倍蓰於前，請省其非急者。」適皇子生，將進百僚以官，惠諸軍以賞。素爭曰：「今西夏畔渙，契丹要求，縣官之須，且日急矣。宜留爵秩以賞戰功，儲金繒以佐邊費。」議遂已。



京師旱，素請帝禱于郊，帝曰：「太史言月二日當雨，今將以且日出禱。」素曰：「臣非太史，然度是日必不雨。」帝問故，曰：「陛下知其且雨而禱之，應天不以誠，故臣知不雨。」帝曰：「然則明日詣醴泉觀。」素曰：「醴泉之近，猶外朝耳，豈憚暑不遠出邪？」帝悚然。更詔詣西太一宮，諫官故不在屬車間，乃命素扈從。日甚熾，埃氛翳空，比輿駕還，未薄城，天大雷電而雨。

王德用進二女子，素論之，帝曰：「朕眞宗皇帝之子，卿王旦之子，有世舊，非他人比也。德用實進女，然已事朕左右，奈何？」素曰：「臣之憂正恐在左右爾。」帝動容，立命遣二女出。賜素銀緋，擢天章閣待制、淮南都轉運按察使。時新置按察，類多以苛爲明。素獨不擿細故，即有貪刻，必繩治窮竟，以故下吏愛而畏之。改知渭州，坐市木河東，有擾民狀，降華州，又奪職徙汝。

初，原州蔣偕建議築大蟲巉堡，宣撫使聽之。役未具，敵伺間要擊，不得成。偕懼，來歸死。素曰：「若罪偕，乃是墮敵計。」責偕使畢力自效。總管狄青曰：「偕往益敗，不可遣。」素曰：「偕敗則總管行，總管敗，素即行矣。」青不敢復言，偕卒城而還。以樞密直學士知開封府。至和秋，大雨，蔡河裂，水入城。詔軍吏障朱雀門，素曰：「皇上不豫，兵民廬舍多覆壓，衆心怦怦然，奈何更塞門以動衆。」違詔止其役，水亦不害。



出知定州、成都府。先是，牙校歲輸酒坊錢以供廚傳，日加厚，輸者轉困。素一切裁約之。鐵錢布滿兩蜀，而鼓鑄不止，幣益輕，商賈不行，命罷鑄十年，以權物價。凡爲政，務合人情，蜀人紀其目，號曰「王公異斷」。復知開封。素以三公子少知名，出入侍從將帥，久頗鞅鞅，厭倦劇煩，事多鹵莽不治，盜賊數發。御史糾其過，出知許州。

治平初，夏人寇靜邊砦。召拜端明殿學士，復知渭州。於是三鎭、涇原蕃夷故老皆歡賀，比至，敵解去。拓渭西南城，濬隍三周，積粟支十年。屬羌奉土地來獻，悉增募弓箭手。其居舊穿土爲室，寇至，老幼多焚死，爲築八堡使居之。其衆領於兩巡檢，人莫得自便。素曰：「是豈募民兵意邪？」聽散耕田里，有警則聚，故士氣感奮，精悍他道莫及。嘗宴堂上，邊民傳寇至，驚入城。諸將曰：「使姦人亦從而入，將必爲內應，合拒勿內。」素曰：「若拒之東去，關中必搖。吾在此，敵必不敢犯我，此當有姦言。」乃下令：「敢稱寇至者斬。」有頃，候騎從西來，人傳果妄，諸將皆服其明。

換澶州觀察使、知成德軍，改青州觀察使。熙寧初，還，以學士知太原府。汾河大溢，素曰：「若壞平晉，遂灌州城矣。」亟命具舟楫，築堤以捍之。一夕，水驟至，人賴以安。入知通進、銀臺司，轉工部尚書，仍故職致仕。故事，雖三公致仕，亦不帶職。朝廷方新法制，素首以學士就第。卒，年六十七，謚曰懿敏。子鞏，從子靖，從孫震。

鞏有雋才，長於詩，從蘇軾游。軾守徐州，鞏往訪之，與客游泗水，登魋山，吹笛飲酒，乘月而歸。軾待之於黃樓上，謂鞏曰：「李太白死，世無此樂三百年矣。」軾得罪，鞏亦竄賓州。數歲得還，豪氣不少挫。後歷宗正丞，以跌蕩傲世，每除官，輒爲言者所議，故終不顯。

靖字詹叔，蚤孤，自力於學，好講切天下利害。以祖蔭歷通判閬州、知滁州，主管北京御史臺。契丹數遣橫使來，靖疏言：「彼利中國賜遺，挾虛聲以濟其欲，漸不可長，宜有以折之。」又請復明經科，加試貢士以策，觀其所學，稍變聲律之習。

擢利州路轉運判官，提點陝西刑獄。鄉戶役于州縣者，優則願久留，勞則欲亟去，吏得權其遲速。靖一以歲月遣代，遂爲令。徙河東長子縣。賊殺人，捕治十數輩，不得實，皆釋去。靖閱其牘曰：「此眞盜也。」教吏曲折訊囚，果服罪。爲開封府推官。曹、濮盜害，官吏久不獲，靖受詔督捕，成擒者十八九。因言盜之不戢，由大姓爲囊橐，請幷坐之，著爲令。徙廣南轉運使。熙寧初，廣人訛言交阯且至，老幼入保。事聞，中外以爲憂。神宗曰：「王靖在彼，可無念。」即拜太常少卿、直昭文館、知廣州。居二年，入爲度支副使，卒。

子古，字敏仲，第進士。熙寧中，爲司農主簿，使行淮、浙振旱菑，究張若濟獄，劾轉運使王廷老、張靚失職，皆罷之。連提舉四路常平，王安禮欲用爲太常丞，神宗謂古好異論，





止以爲博士。加上仁宗、英宗謚，因升祔四后，初議不發册，古言：「發册之禮，雖爲祔廟節文，而升祔之重，乃由册而後顯。今既行升祔，則禮不可廢。」乃詔用竹册。又定諸神祠封額、爵號之序。

出爲湖南轉運判官，提點淮東刑獄，歷工部、吏部、右司員外郎，太府少卿。奉使契丹，異時北使所過，凡供張悉貸於民，古請出公錢爲之，民得不擾。

紹聖初，遷戶部侍郎，詳定役法，與尙書蔡京多不合。京言：「臣欲用元豐人額雇直，而古乃用司馬光法。」詔徙古兵部，尋以集賢殿修撰爲江、淮發運使，進寶文閣待制、知廣州。言者論其常指平歲爲凶年，妄散邦財，奪職知袁州。

徽宗立，復拜戶部侍郎，遷尙書。與御史中丞趙挺之偕領放欠，挺之言：「古蠲除太多，欲盡傾天下之財，不可用。」遂改刑部。攻不已，以寶文閣直學士知成都。墮崇寧黨籍，責衡州別駕，安置溫州。復朝散郎，尋卒。

震字子發，以父任試銓優等，賜及第。上諸路學制，神宗稱其才。以習學中書刑房公事，遂爲檢正。預修條例，加館閣校勘，檢正孔目吏房。

元豐官制行，震與吳雍從輔臣執筆入記上語，面授尙書右司員外郎，使自書除目，擧朝榮之。衆修市易敕，帝諭之曰：「朝廷造法，皆本先王之制，推行非人，故不能善後。且以錢貸民，有不能償，輒籍其家，豈善政也。宜計其負幾何，悉捐之。」震頓首奉詔。

進起居舍人，使行西邊，還爲中書舍人。元祐初，遷給事中，御史王巖叟劾之，以龍圖閣待制知蔡州，歷五郡。紹聖初，復爲給事中，權吏部尙書，拜龍圖閣直學士、知開封府。

震與章惇皆呂惠卿所薦，而素不相能。府奏獄空，哲宗疑不實。震謂惇抑己，於是潁昌蓋漸有訟，許賂惇子弟，震捕漸掠治，頗得蹤跡。惇懼，以獄付大理，而徙震爲樞密都承旨，遂坐折獄滋蔓、傾搖大臣奪職知岳州，卒。

余靖字安道，韶州曲江人。少不事羈檢，以文學稱鄉里。舉進士起家，爲贛縣尉，試書判拔萃，改將作監丞、知新建縣，遷祕書丞。數上書論事，建言班固漢書舛謬，命與王洙幷校司馬遷、范曄二史。書奏，擢集賢校理。

范仲淹貶饒州，諫官御史莫敢言。靖言：「仲淹以刺譏大臣重加譴謫，儻其言未合聖慮，在陛下聽與不聽耳，安可以爲罪乎？汲黯在廷，以平津爲多詐；張昭論將，以魯肅爲麤疏。漢皇、吳主熟聞訾毀，兩用無猜，豈損令德。陛下自親政以來，屢逐言事者，恐鉗天下





口，不可。」疏入，落職監筠州酒稅。尹洙、歐陽脩亦以仲淹故，相繼貶逐，靖繇是益知名。徙監泰州稅，知英州，遷太常博士，復爲校理、同知禮院。

慶曆中，仁宗銳意欲更天下敝事，增諫官員，使論得失，以靖爲右正言。時四方盜賊竊發，州郡不能制。靖言：「朝廷威制天下在賞罰，今官吏弛事，羣盜蜂起，大臣齷齪守常，不立法禁，可爲國家憂也。請嚴捕賊賞罰，及定爲賊劫質、亡失器甲除名追官之法。」

司天言太白犯歲星，又犯執法。靖上疏請責躬修德，以謝天變。使契丹，辭日，以所奏事書笏，各舉一字爲目，凡數十事。帝顧見之，命悉條奏，日幾昃，乃罷。進修進居注。

開寶寺靈感塔災，復上疏言：「五行之占，本是災變，朝廷所宜誠懼，以答天意。聞嘗詔取舊瘞舍利入禁中閱視，道路傳言，舍利在內廷有光怪，竊恐巧佞之人，推爲靈異，惑亂視聽，再圖營造。臣聞帝王之道，能勤儉厥德，感動人心，則雖有危難，後必安濟。今自西垂用兵，國帑虛竭，民亡儲蓄，十室九空。陛下若勤勞罪己，憂人之憂，則四民安居，海內蒙福。如不恤民病，廣事浮費，奉佛求福，非天下所望也。若以舍利經火不壞，遽爲神異，即本在土中，火所不及。若言舍利皆能出光怪，必有神靈憑之，此妄言也。且一塔不能自衞，爲火所毀，況藉其福以庇民哉？」

靖在職數言事，嘗論夏竦姦邪，不可爲樞密使；王擧正不才，不宜在政府；狄青武人，

使之獨守渭州，恐敗邊事；張堯佐以修媛故，除提點府界公事，非政事之美，且郭后之禍，起於楊、尚，不可不監。太常博士王翼西京治獄還，賜五品服，靖曰：「治獄而錫服，外人不知，必以爲翼深文重法，能希陛下意，以取此寵，所損非細事也。嘗有工部郎中呂覺以治獄賜對，祈易章綬，陛下諭之曰：『朕不欲因鞫囚與人恩澤。』覺退以告臣，臣嘗書之起居注。陛下前日諭覺是，則今日賜翼非矣。是非與奪之間，貴乎一體。小人望風希進，無所不至，幸陛下每於事端，抑其奔競。」其說多見納用。

會西鄙厭兵，元昊請和，議增歲賜。靖言：「景德中，契丹舉國興師，直抵澶淵，先帝北征渡河，止捐金繒三十萬與之。今元昊戰雖累勝，皆由將帥輕敵易動之故。數年選將練兵，始知守戰之備，而銳意解仇，所予至二十六萬。且戎事有機，國力有限，失之於始，雖悔何追。夫以景德之患，近在封域之內，而歲賜如彼；今日之警，遠在邊鄙之外，而歲賜如此。若元昊使還，益有所許，契丹聞之，寧不生心，無厭之求，自此始矣。儻移西而備北，爲禍更深。但思和與不和，皆有後患，則不必曲意俯徇，以貽國羞。」擢知制誥。

元昊既歸款，朝廷欲加封冊，而契丹以兵臨西境，遣使言：「爲中國討賊，請止毋和。」朝議難之。會靖數言契丹挾詐，不可輕許，卽遣靖往報，而留夏國封策不發。靖至契丹，卒屈其議而還。朝廷遂發夏冊，臣元昊。西師既解嚴，北邊亦無事。靖三使契丹，亦習外國語，





嘗爲蕃語詩，御史王平等劾靖失使者體，出知吉州。

靖爲諫官時，嘗劾奏太常博士茹孝標不孝，匿母喪，坐廢。靖既失勢，孝標詣闕言靖少遊廣州，犯法受榜。靖聞之不自得，求侍養去。改將作少監，分司南京，居曲江。已而授左神武軍大將軍、雅州刺史、壽州兵馬鈐轄，辭不就。再遷衞尉卿、知虔州，丁父憂去。

儂智高反邕州，乘勝掠九郡，以兵圍廣州。朝廷方顧南事，就喪次起靖爲祕書監、知潭州，改桂州，詔以廣南西路委靖經制。智高西走邕州，靖策其必結援交阯而脅諸峒以自固，乃約李德政會兵擊賊於邕州，備萬人糧以待之；而詔亦給緡錢二萬助德政興師，且約賊平更賞以緡錢三萬。又募儂、黃諸姓酋長，皆縻以職，使不與智高合。既而朝廷遣狄青、孫沔將兵共討賊。靑卻交阯援兵不用，賊平。就遷靖給事中。御史梁蒨言賞薄，又遷尙書工部侍郎。

初，靑兵未至前，戒部將勿戰。靖迫鈐轄陳曙出鬭，敗走。靑至，按軍法斬曙及指使袁用等於坐，靖矍然起拜。及諸將班師，獨留靖廣西，遣人入特磨道擒智高母子弟三人，生致之闕下。加集賢院學士，徙知潭州，又徙靑州。

交阯蠻申紹泰寇邕州，殺五巡檢。以靖安撫廣西，至則召交阯用事臣費嘉祐詰問之，嘉祐至，紿以近邊種落相侵報，誤犯官軍，願悉推治，還所掠及械罪人以自贖。靖信之，厚謝遣去，嘉祐遂歸，不復出。

知廣州，官至工部尙書，代歸，卒。三司使蔡襄爲靖言，特贈刑部尙書，謚曰襄。靖嘗夢神人告以所終官而死秦亭，故靖常畏西行。及卒，則江寧府秦淮亭也。

彭思永字季長，廬陵人。第進士，知南海、分寧縣，通判睦州。台州大水敗城，人多溺，往攝治焉。盡葬死者，作文祭之；民貧不能葺居，爲伐木以助之，數月，公私之舍皆具，城築高於前，而堅亦如之。

知潮州、常州。入爲侍御史，論內降授官賞之弊，謂斜封非盛世所當有，仁宗深然之。皇祐祀明堂前一日，有傳百官皆進秩者[一]，思永言不宜濫恩，以益僥倖。時張堯佐已貴而猶覬執政，王守忠已受寵而求旄節。思永率同列言之，或曰：「俟命出，未晚也。」思永曰：「先事而言，第得罪爾；命一出，不可止矣。」遂獨抗疏曰：「陛下覃此謬恩，豈爲天下孤寒哉。不過爲堯佐、守忠取悅衆人耳。外戚秉政，宦侍用權，非社稷之福也。」帝怒，中丞郭勸、諫官吳奎爲之請，乃以沉恩轉司封員外郎而解臺職，爲湖北轉運使。

下溪蠻彭仕羲作亂，先移書激罵辰州守。守將討之，思永按部適至，仕羲懼，遣使迎





謝，寢其謀。

加直史館，爲益州路轉運使。成都府吏盜公錢，付獄已三歲，出入自如。思永攝府事甫一日，卽具獄。民以楮券爲市，藏衣帶中，盜置刃於爪，捷取之，鮮敗者。思永得一人詰之，悉黥其黨隸兵間。中使歲祠峨眉，率留成都掊珍玩，價直數百萬錢，悉出於民。思永朘其三之一，使怒去，而不能有所中傷也。

尋爲戶部副使，擢天章閣待制、河北都轉運使、知瀛州。北俗以桑麻爲產籍，民懼賦不敢藝，日益貧，思永始奏更之。徙知江寧府。

治平中，召爲御史中丞。濮王有稱親之議，言事者爭之，皆斥去。思永更上疏極論曰：「濮王生陛下，而仁宗以陛下爲嗣，是仁宗爲皇考，而濮王於屬爲伯，此天地大義，生人大倫。如乾坤定位，不可得而變也。陛下爲仁廟子，曰考曰親，乃仁廟也；若更施於濮王，是有二親矣。使王與諸父夷等，無有殊別，則於大孝之心亦爲難安。臣以爲當尊爲濮國大王，祭告之辭，則曰『姪嗣皇帝書名昭告于皇伯父』。在王則極尊崇之道，而於仁廟亦無所嫌矣，此萬世之法也。」疏入，英宗感其切至，垂欲施行，而中書持之甚力，卒不果。

神宗卽位，御史蔣之奇糾歐陽脩陰事，挽思永自助。思永以爲帷薄之私，非外人所知，但其首建濮議，違典禮以犯衆怒，不宜更在政府。詔問語所從來，思永不肯對，而極陳大臣

專恣朋黨。乃出知黃州，改太平州。熙寧三年，以戶部侍郎致仕，卒，年七十一。

思永仁厚廉恕。爲兒時，旦起就學，得金釵於門外，默坐其處。須臾亡釵者來物色，審之良是，即付之。其人欲謝以錢，思永笑曰：「使我欲之，則匿金矣。」始就舉，持數釧爲資。同舉者過之，出而玩，或墜其一於袖間，衆相爲求索。思永曰：「數止此耳。」客去，舉手揖，釧墜于地，衆皆服其量。居母喪，窶甚，鄉人餽之，無所受。子衜，亦孝謹，以父老，棄官家居十餘年，族里稱之。

張存字誠之，冀州人。舉進士，爲安肅軍判官。天禧中，詔銓司以身言書判取士，才得二人，存預其選。改著作佐郎，知大名府朝城縣。寇準爲守，異待之。御史中丞王曙，屢薦爲殿中侍御史，遷侍御史。

仁宗初親政，罷百官轉對，存請復之。又言：「前者曹修古輩同忤旨廢黜，布衣林獻可因上封事竄惡地，恐自今忠直之言，與夫理亂安危之機，蔽而不達。」因歷引周昌、朱雲、辛慶忌、辛毗事，以開帝意。歷京東陝西河北轉運使、戶部度支副使。西邊動兵，以天章閣待制爲陝西都轉運使。





黃德和之誣劉平也，存奏言：「平與敵接戰，自旦至暮，殺傷相當，因德和引卻，以致潰敗。方賊勢甚張，非平搏戰，其勢必不沮；延州孤壘，非平解圍，其城必不守。身既陷沒，而不幸又爲讒狡所困，邊臣自此無復死節矣。」朝廷采其說，始遣文彥博按治，由是平得直，而德和誅。

元昊求款附，議者猶執攻討之策。存建言：「兵役不息，生民疲弊。敵既有悛心，雖名號未正，頗羈縻之。」遷龍圖閣直學士，知延州。以母老憚行，徙澤州，還爲待制。踰年，知成德軍，復學士。

契丹與元昊結昏，陰謀相首尾，聚兵塞上而求關南。存言：「河北城久不治，宜留意。」乃以爲都運使，盡城諸州。入知開封府，復使河北。王則反，坐失察，降知汀州。

存壻李꩸之弟李敎，因醉爲妖言，事覺自縊死。或言敎不死，在貝州，父母私屬以存故得免。御史案驗無狀，猶奪職知池州，又徙郴。久之，乃復職，以吏部侍郎致仕，凡十五年，積遷禮部尚書。

存性孝友，嘗爲蜀郡，得奇繒文錦以歸，悉布之堂上，恣兄弟擇取。常曰：「兄弟，手足也；妻妾，外舍人耳。奈何先外人而後手足乎？」收恤宗屬，嫁聘窮嫠，不使一人失所。家居矜莊，子孫非正衣冠不見。與賓友燕接，垂足危坐終日，未嘗傾倚。棗彊河決，勢逼冀城，或勸使他徙，曰：「吾家，衆所望也，苟輕舉動，使一州吏民何以自安。」訖不徙。卒，年八十八，謚恭安。

論曰：蔡襄、王素、余靖，皆昭陵賢御史也。襄數論治體，推韓琦、范仲淹之賢。素請罷不急之賞，論仁宗納二女子爲非。靖黜夏竦、王舉正爲不可用。蓋仁宗銳於求治，數君子提綱振紀而扶持之，卒成慶曆之治，良有以也。夫襄精於民事，吏不敢欺，靖用兵蠻徼，卒收功名；素在西邊多惠政，其尹開封，雖頗厭煩劇，再爲渭州，邊民老幼，至相率稱賀，其惠之在民者，深矣哉。若呂溱論陳執中，則不欲以口舌中人。彭思永名士，能識程頤之賢，而不能容歐陽脩之剛；蔣之奇之誣，竟坐是黜，士論憾之。劉平之死，衆莫敢言，張存獨處而明之。使忠義之氣，死而復生，較之諸人，亦無忝焉。

校勘記

〔一〕溫成后父碑　歐陽修歐陽文忠公文集卷三五蔡襄墓誌銘、蔡襄蔡忠惠公文集卷二二卷首引東越文苑都作「溫成皇后碑」。





〔二〕有傳百官皆進秩者　「百官」原作「百姓」。按此語，長編卷一六九作「有傳赦書百官皆遷官者」，二程文集卷三程顥彭思永行狀作「有傳赦語，百官皆得遷秩者」。據改。

中華書局

# 宋史卷三百二十一

## 列傳第八十

鄭獬 陳襄 錢公輔 孫洙 豐稷 呂誨 劉述 劉琦
錢顗 鄭俠

鄭獬字毅夫，安州安陸人。少負俊材，詞章豪偉峭整，流輩莫敢望。進士第一。通判陳州，入直集賢院、度支判官、修起居注、知制誥。

英宗卽位，治永昭山陵，悉用乾興制度。獬言：「今國用空乏，近者賞軍，已見橫斂，富室嗟怨，流聞京師。先帝節儉愛民，蓋出天性，凡服用器玩，極於朴陋，此天下所共知也。而山陵制度，乃欲效乾興最盛之時，獨不傷儉德乎？願飭有司，損其名數。」又言：「天子初卽位，郡國馳表稱賀，例官其人，此出五代餘習，因仍未改。今庶官猥衆，充溢銓曹。況前日羣臣進官，已布維新之澤，不須復行此恩，以開僥倖。」皆不報。



又上疏言：「陛下初臨御，恭默不言，所與共政者七八大臣而已，焉能盡天下之聰明哉？願申詔中外，許令盡言，有可采錄，召與之對。至於臣下進見，訪以得失，虛心求之，必能有益治道。」帝嘉納之。時詔諸郡敦遣遺逸之士，至則試之祕閣，命以官。頗有謬舉者，衆論喧譁，旋卽廢罷。獬言：「古之薦士，以謂拔十得五，猶得其半，況今所失未至十五，而遽以浮言廢之，可乎？願復此科，使豪俊無遺滯之歎。」未及行，出知荆南。

治平中，大水求言，獬上疏曰：「陛下側身思咎，念有以消復之，不知求忠言者，將欲用之邪，抑但舉故事邪？觀前世之君，因變異以求諫者甚衆，及考其實，則能用其言而載於行事者，蓋亦鮮矣。今詔發天下忠義之士，必有極其所蘊，以薦諸朝，一日萬機，勢未能盡覽，不過如平時下之中書、密院，至於無所行而後止。如是則與前世之爲空言者等爾。謂宜選官置屬，掌所上章，與兩府近臣從容講貫，可則行之，否則罷之，有疑焉，則廣詢而決之。羣臣得而衆事舉，此應天之實也。天下之進言也甚難，而上之受言也常忽。願陛下采羣臣之章疏，容而聽之，史册大書，以爲某年大水，詔求直言，用某人之辭而求某事，以出夫前世之爲空言者，無令徒掛牆壁爲虛文而已。」還，判三班院。

神宗初，召獬夕對內東門，命草吳奎知青州及張方平、趙抃參政事三制，賜雙燭送歸舍人院，外廷無知者。遂拜翰林學士。朝廷議納橫山，獬曰：「兵禍必起於此。」已而种諤取綏



州，獬言：「臣竊見手詔，深戒邊臣無得生事。今乃特尊用變詐之士，務爲掩襲，如戰國暴君之所尙，豈帝王大略哉！諤擅興，當誅。」又請因諒祚告哀，遣使立其嗣子，識者韙之。

權發遣開封府。民喻興與妻謀殺一婦人，獬不肯用按問新法，爲王安石所惡，出爲侍讀學士、知杭州。御史中丞呂誨乞還之，不聽。未幾，徙青州。方散青苗錢，獬言：「但見其害，不忍民無罪而陷憲網。」引疾祈閑，提舉鴻慶宮，卒，年五十一。家貧子弱，其柩藁殯僧屋十餘年，滕甫爲安州，乃克葬。

陳襄字述古，福州侯官人。少孤，能自立，出游鄉校，與陳烈、周希孟、鄭穆爲友。時學者沉溺於雕琢之文，所謂知天盡性之說，皆指爲迂闊而莫之講。四人者始相與倡道於海濱，聞者皆笑以驚，守之不爲變，卒從而化，謂之「四先生」。

襄舉進士，調浦城主簿，攝令事。縣多世族，以請託脅持爲常，令不能制。襄欲稍革其俗，每聽訟，必使數吏環立於前，私謁者不得發，老姦束手。民有失物者，賊曹捕偷兒至，數輩相撐拄，襄語之曰：「某廟鐘能辨盜，犯者捫之輒有聲，餘則否。」乃遣吏先引以行，自率同列詣鐘所祭禱，陰塗以墨，而以帷蔽之。命羣盜往捫，少焉呼出，獨一人手無所汚，扣之，乃



爲盜者，蓋畏鐘有聲，故不敢觸，遂服罪。

知河陽縣，始教民種稻。富弼爲郡守，一見卽禮遇之。襄留意教化，進縣子弟於學。或讒之於弼，謂其誘邑子以資過客，弼疑焉。人勸毀學舍以塞謗，不聽。久之，弼以語襄，襄曰：「自反而縮，雖千萬人往矣。公苟有惑志，何名知己。」益講說不少懈。弼由是愈益奇之，及入相，薦爲祕閣校理、判祠部。譯經僧死，遺表度十僧，列子廟三年度一道士，皆抑不行。

知常州，運渠橫遏震澤，積水不得北入江，爲常、蘇二州病。襄度渠之丈尺與民田步畝，定其數，授以浚法。未幾，遂刬望亭古堰，水不復積。入爲開封府推官、鹽鐵判官。神宗立，奉使契丹，以設席小異於常，不卽坐。契丹移檄疆吏，坐出知明州。明年，同修起居注，知諫院，改侍御史知雜事。論青苗法不便，曰：「臣觀制置司所議，莫非引經以爲言，而其實則稱貸以取利，事體卑削，貽中外譏笑。是特管夷吾、商鞅之術，非聖世所宜行。望貶斥王安石、呂惠卿以謝天下。」又乞罷韓絳政府，以杜大臣爭利而進者，且言韓維不當爲中丞，劉述、范純仁等無罪，宜復官。皆不聽，而召試知制誥。襄以言不行，辭不肯試，願補外。安石欲以爲陝西轉運使，帝惜其去，留修起居注。襄懇辭，手詔諭之，乃就職。踰年，爲知制誥，安石又欲出之，帝不許。尋直學士院，安石益忌之，擿其書詔小失，出知陳州，徙

杭州，以樞密直學士知通進、銀臺司兼侍讀，判尙書都省。卒，年六十四，贈給事中。

襄涖官所至，必務興學校。平居存心以講求民間利病爲急。旣亡，友人劉摯視其篋，得手書累數十幅，盈紙細書，大抵皆民事也。在經筵時，神宗顧之甚厚，嘗訪人材之可用者。襄以司馬光、韓維、呂公著、蘇頌、范純仁、蘇軾至于鄭俠三十三人對，謂光、維、公著皆股肱心膂之臣，不當久外；謂俠愚直敢言，發於忠義，投竄瘴癘，朝不謀夕，願使得生還。帝不能盡用。

錢公輔字君倚，常州武進人。少從胡翼之學，有名吳中。第進士甲科。通判越州，爲集賢校理，同判吏部南曹。歷開封府推官，戶部判官，知明州。衙前法以三等差次勞勤，應格者聽指酒場以自補，富者足欲而貧者日困，充募益鮮，額有不足，至役鄉民，破產不供費。公輔取酒場官鬻之，分輕重以給役者，不復調民。同修起居注，進知制誥。

英宗即位，陳治平十議，大要言采民政，分吏課，擇守宰，置二府官屬。又作帝問一篇上之。王疇爲翰林學士未久，擢副樞密。公輔謂疇素望淺，不草制。帝以初政用大臣，而公輔格詔，謫爲滁州團練使。議者以爲重，呂誨等上章救之，不得。踰年，起知廣德軍。神宗





立，拜天章閣待制、知鄧州，復知制誥。入見，帝勞苦之，使錄十議以進，命知諫院。嘗至中書白事，富弼謂曰：「上求治如飢渴，正賴君輩同心以濟。」公輔曰：「朝廷所爲是，天下誰敢不同！所爲非，公輔欲同之，不可得已。」

王安石雅與之善，旣得志，排異己者，出滕甫鄆州。公輔數於帝前言甫不當去。薛向更鹽法，安石主其議，而公輔謂向當黜，遂拂安石意，罷諫職，旋出知江寧府。明年，帝欲召還，安石言其助小人爲異議，不宜在左右，但徙揚州。以病乞越，改提舉崇福觀，卒，年五十二。

孫洙字巨源，廣陵人。羈丱能文，未冠擢進士。包拯、歐陽脩、吳奎舉應制科，進策五十篇，指陳政體，明白剴切。韓琦讀之，太息曰：「慟哭流涕，極論天下事，今之賈誼也。」再遷集賢校理、知太常禮院。

治平中求言，以洙應詔疏時弊要務十七事後多施行，兼史館檢討、同知諫院，乞增諫員以廣言路。凡有章奏，輒焚其稿，雖親子弟不得聞。王安石主新法，多逐諫官御史，洙知不可，而鬱鬱不能有所言，但力求補外，得知海州。免役法行，常平使者欲加斂緡錢，以取羸爲功，洙力爭之。方春旱，發運使調民濬漕渠以通鹽舸，洙持之不下，三上奏乞止其役。旱蝗爲害，致禱於朐山，徹奠，大雨，蝗赴海死。

尋幹當三班院。三班員過萬數，功罪籍不明，前後牴牾，吏左右出入，公爲欺姦。洙革其甚者八事，定爲令。同修起居注，進知制誥。先是，百官遷敍，用一定之詞，洙建言：「羣臣進秩，事理各異，而同用一詞，至或一門之內，數人拜恩，名體散殊，而格以一律。苟從簡便，非所以暢王言、重命令也。」詔自今封贈蔭補，每大禮一易，他皆隨等撰定。

元豐初，兼直學士院。澶州河平，作靈津廟，詔洙爲之碑，神宗獎其文。擢翰林學士，纔踰月，得疾。時參知政事闕，帝將用之，數遣中使、尙醫勞問。入朝期日，洙小愈，在家習肄拜跪，僨不能興，於是竟卒，年四十九。帝臨朝嗟惜，常賻外賜錢五十萬。

洙博聞強識，明練典故，道古今事甚有條理。出語皆成章，雖對親狎者，未嘗發一鄙語。文詞典麗，有西漢之風。士大夫共以丞輔期之，不幸早世，一時悯傷焉。

豐稷字相之，明州鄞人。登第，爲穀城令，以廉明稱。從安燾使高麗，海中大風，檣折，舟幾覆，衆惶擾莫知所爲，稷獨神色自若。燾歎曰：「豐君未易量也。」知封丘縣，神宗召對，





問：「卿昔在海中遭風波，何以不畏？」對曰：「巨浸連天，風濤固其常耳，憑仗威靈，尙何畏！」帝悅，擢監察御史。治參知政事章惇請託事，無所移撓，出惇陳州。徙著作佐郎、吏部員外郎，提點利州、成都路刑獄。

入爲殿中侍御史。上疏哲宗曰：「陛下明足以察萬事之統，而不可用其明；智足以應變曲當，而不可用其智。順考古道，二帝所以聖；儀刑文王，成王所以賢。願以洪範爲元龜，祖訓爲寶鑑，一動一言，思所以爲則於四海，爲法於千載，則教化行，習俗美，而中國安矣。」劉奉世册立夏國嗣子乾順，而乾順來賀坤成節，奉世遽出境，稷劾之，奉世以贖論，還右司諫。揚、荆二王爲天子叔父，尊寵莫並，密令蜀道織錦茵。稷於正衙論曰：「二聖以儉先天下，而宗王僭侈，官吏奉承，皆宜糾正。」旣退，御史趙屼謂曰：「聞君言，使屼汗流浹背。」

改國子司業、起居舍人，歷太常少卿、國子祭酒。車駕幸太學，命講書無逸篇，賜四品服，除刑部侍郎兼侍講。元祐八年春，多雪，稷言：「今嘉祥未臻，沴氣交作，豈應天之實未充，事天之禮未備，畏天之誠未孚歟？宮掖之臣，有關預政事，如天聖之羅崇勛、江德明，治平之任守忠者歟？願陛下昭聖德，祗天戒，總正萬事，以消災祥。」帝親政，召內侍居外者樂士宣等數人。稷言：「陛下初親萬機，未聞登進忠良，而首召近幸，恐上累大德。」

以集賢院學士知潁州、江寧府，拜吏部侍郎，又出知河南府，加龍圖閣待制。章惇欲困以道路，連歲亟徙六州。徽宗立，以左諫議大夫召，道除御史中丞。入對，與蔡京遇，京越班揖曰：「天子自外服召公中執法，今日必有高論。」稷正色答曰：「行自知之。」是日，論京姦狀，既而陳瓘、江公望皆言之，未能動。稷語陳師錫等曰：「京在朝，吾屬何面目居此？」擊之不已，京遂去翰林。又乞辨宣仁誣謗之禍，且言：「史臣以王安石日錄亂神宗實錄，今方修哲宗實錄，願申飭之。」時宦官漸盛，稷懷唐書仇士良傳讀於帝前，讀數行，帝曰：「已諭。」稷爲若不聞者，讀畢乃止。

曾布得助變暱，將拜相，稷約其僚共論之。俄轉工部尚書兼侍讀，布遂相。稷謝表有佞臣之語，帝問爲誰，對曰：「曾布也。陛下斥之外郡，則天下事定矣。」改禮部。論宋用臣不當賜美謚，不爲書敕。哲宗升祔，議功臣配享，稷以爲當用司馬光、呂公著。或謂二人嘗得罪，不可用。稷曰：「止論其有功於時爾，如唐五王豈非得罪於中宗，何嫌於配享？」又言：「陛下以『建中靖國』紀元，臣謂尊賢納諫，舍己從人，是謂『建中』；不作奇技淫巧，毋使近習招權，是謂『靖國』。以副體元謹始之義。」禁內織錦緣宮簾爲地衣，稷言：「仁宗衾褥用黃絁，服御用縑繒，宜守家法。」詔罷之。

稷盡言守正，帝待之厚，將處之尚書左丞，而積忤貴近，不得留，竟以樞密直學士守越。





蔡京得政，修故怨，貶海州團練副使、道州別駕，安置台州。除名徙建州，稍復朝請郎。卒，年七十五。建炎中，追復學士，謚曰清敏。

初，文彥博嘗品稷爲人似趙抃，及賜謚，皆以「清」得名。稷三任言責，每草疏，必密室，子弟亦不得見。退多焚稿，未嘗以時政語人。所薦士如張庭堅、馬涓、陳瓘、陳師錫、鄒浩、蔡肇，皆知名當世云。

論曰：熙寧行新法，輕進少年爭趨競進，老成知務者逡巡引退，何其見幾之明耶？獬議論剴切，精練民事，青苗法行，獬獨幡然求去，至窘迫不堪，弗卹也。襄奮起海隅，屢折不變，學者卒從而化，乃心民事，死猶不已。公輔以忤安石見黜，洙爲諫官不能言，至免役取贏，洙方力爭，所謂不揣其本者歟！稷劾蔡京，論司馬光、呂公著當配享廟庭，蓋亦名侍從也。

呂誨字獻可，開封人。祖端，相太宗、眞宗。誨性純厚，家居力學，不妄與人交。進士登第，由屯田員外郎爲殿中侍御史。時廷臣多上章訐人罪，誨言：「臺諫官許風聞言事，蓋欲廣采納以補闕政。苟非職分，是爲侵官。今乃詆斥平生，暴揚曖昧，刻薄之態浸以成風，請下詔懲革。」樞密副使程戡結貴倖，致位政地，誨疏其過，以宣徽使判延州。復上言：「戡以非才罷，不宜更委邊任；宣徽使地高位重，非戡所當得也。」兗國公主薄其夫，夜開禁門入訴。誨請并劾閣吏，且治主第宦者罪，悉逐之。御藥供奉官四人遙領團練使，御前忠佐當汰復留，誨劾樞密使宋庠陰求援助，徇私紊法。詔罷庠而用陳升之爲副使，誨又論之。升之既去，誨亦出知江州，時嘉祐六年也。

上疏請蚤建皇嗣，曰：「竊聞中外臣僚，以聖嗣未立，屢有密疏請擇宗人。唯陛下思忠言，奮獨斷，以遏未然之亂。又聞太史奏，彗躔心宿，請備西北。按天文志，心爲天王正位，前星爲太子，直則失勢，明則見祥。今既直且暗，而妖彗乘之，臣恐咎證不獨在西北也。自夏及秋，雨淫地震，陰盛之沴，固有冥符。近者宗室之中，訛言事露，流傳四方，人心眩惑，窺覦之志，可不防其漸哉！願爲社稷宗廟計，審擇親賢，稽合天意，宸謀已定，當使天下共知。萬一有姦臣附會其間，陽爲忠實，以緩上心，此爲患最大，不可不察也。」仁宗以誨章付中書韓琦，由此定議。

召爲侍御史，改同知諫院。英宗不豫，誨請皇太后日命大臣一員，與淮陽王視進藥餌。





都知任守忠用事久，帝之立非守忠意，數間諜東朝，播爲惡言，內外洶懼。誨上兩宮書，開陳大義，詞旨深切，多人所難言者。帝疾小愈，屢言乞親萬幾。太后歸政，誨言於帝曰：「后輔佐先帝歷年，閱天下事多矣。事之大者，宜關白咨訪然後行，示弗敢專。」遂論守忠平生罪惡，并其黨史昭錫竄之南方。內臣王昭明等爲陝西四路鈐轄，專主蕃部。誨言：「自唐以來，舉兵不利，未有不自監軍者。今走馬承受官品至卑，一路已不勝其害，況鈐轄乎？」卒罷之。

治平二年，遷兵部員外郎、兼侍御史知雜事。上言：「臺諫者，人主之耳目，期補益聰明，以防壅蔽。舊三院御史，常有二十員，而後益衰減，蓋執政者不欲主上聞中外之闕失。今臺闕中丞，御史五員，惟三人在職，封章十上，報聞者八九。諫官二人，一他遷，一出使，言路壅塞，未有如今日之甚者。竊爲陛下羞之。」帝覽奏，即命邵必知諫院。

於是濮議起，侍從請稱王爲皇伯，中書不以爲然，誨引義固爭。會秋大水，誨言：「陛下有過舉而災沴遽作，惟濮王一事失中，此簡宗廟之罰也。」郊廟禮畢，復申前議，七上章，不聽；乞解臺職，亦不聽。遂劾宰相韓琦不忠五罪，曰：「昭陵之土未乾，遽欲追崇濮王，使陛下厚所生而薄所繼，隆小宗而絕大宗。言者論辨累月，琦猶遂非，不爲改正，中外憤鬱，萬口一詞。願黜居外藩，以慰士論。」又與御史范純仁、呂大防共劾歐陽脩「首開邪議，以枉道說人主，以近利負先帝，陷陛下於過舉』。皆不報。已而詔濮王稱親，誨等知言不用，卽上還告敕，居家待罪，且言與輔臣勢難兩立。帝以問執政，脩曰：「御史以爲理難並立，若臣等有罪，當留御史。」帝猶豫久之，命出御史，既而曰：「不宜責之太重。」乃下遷誨工部員外郎、知蘄州。

神宗立，徙晉州，加集賢殿修撰、知河中府。召爲鹽鐵副使，擢天章閣待制，復知諫院，拜御史中丞。初，中旨下京東買金數萬兩，又令廣東市眞珠，傳云將備宮中十閤用度。誨言：「陛下春秋富盛，然聰明睿知，以天下爲心，必不留神於此，願亟罷之。」

王安石執政，時多謂得人。誨言其不通時事，大用之，則非所宜。著作佐郎章辟光上言，岐王顥宜遷居外邸。皇太后怒，帝令治其離間之罪。安石謂無罪。誨請下辟光吏，不從，遂上疏劾安石曰：「大姦似忠，大佞似信，安石外示朴野，中藏巧詐，陛下悅其才辨而委任之。安石初無遠略，惟務改作立異，罔上欺下，文言飾非，誤天下蒼生，必斯人也。如久居廟堂，必無安靜之理。辟光之謀，本安石及呂惠卿所導。辟光揚言：『朝廷若深罪我，我終不置此二人。』故力加營救。願察於隱伏，質之士論，然後知臣言之當否。」帝方注倚安石，還其章。誨求去，帝謂曾公亮曰：「若出誨，恐安石不自安。」安石曰：「臣以身許國，陛下處之有義，臣何敢以形跡自嫌，苟爲去就。」乃出誨知鄧州。蘇頌當制，公亮謂之曰：「辟



光治平四年上書時，安石在金陵，惠卿監杭州酒稅，安得而教之？」故制詞云：「黨小人交譖之言，肆罔上無根之語。」制出，帝以咎頌，以公亮之言告，乃知辟光治平時自言他事，非此也。

誨之將有言也，司馬光勸止之，誨曰：「安石雖有時名，然好執偏見，輕信姦回，喜人佞己。聽其言則美，施於用則疏；置諸宰輔，天下必受其禍。且上新嗣位，所與朝夕圖議者，二三執政而已，苟非其人，將敗國事。此乃腹心之疾，救之惟恐不逮，顧可緩耶？」誨既斥，安石益橫。光由是服誨之先見，自以爲不及也。

明年，改知河南，命未下而寢疾矣。旋提舉崇福宮，以疾表求致仕曰：「臣本無宿疾，醫者用術乖方，妄投湯劑，率任情意，差之指下，禍延四支。一身之微，固無足卹，奈九族之託何！」蓋以身疾諭朝政也。

誨三居言責，皆以彈奏大臣而去，一時推其鯁直。居病困，猶旦夕憤歎，以天下事爲憂。既革，司馬光往省之，至則目已瞑。聞光哭，蹶然而起，張目強視曰：「天下事尚可爲，君實勉之。」光曰：「更有以見屬乎？」曰：「無有。」遂卒，年五十八，海內聞者痛惜之。元祐初，呂大防、范純仁、劉摯表其忠，詔贈通議大夫，以其子由庚爲太常寺太祝。自誨罷去，御史劉述、劉琦、錢顗皆以言安石被黜。



劉述字孝叔，湖州人。舉進士，爲御史臺主簿，知溫、耀、眞三州，提點江西刑獄，累官都官員外郎，六年不奏考功課。知審官院胡宿言其沉靜有守，特遷兵部員外郎，改荊湖北、京西路轉運使，再以覃恩遷刑部郎中。

神宗立，召爲侍御史知雜事，又十一年不奏課。帝知其久次，授吏部郎中。嘗言去奢當自後宮始，章辟光宜誅，高居簡宜黜，張方平不當參大政，王拱辰不當除宣徽使。皆不報。滕甫爲中丞，述將論之。甫聞，先請對。甫退，述乃言甫爲言官無所發明，且擿其隱慝。帝曰：「甫遇事輒爭，裨益甚多，但外人不知耳。甫談卿美不輟口，卿無言也。」

王安石參知政事，帝下詔專令中丞舉御史，不限官高卑。趙抃爭之，弗得。述言：「舊制，舉御史官，須中行員外郎至太常博士，資任須實歷通判，又必翰林衆學士與本臺丞雜互舉。蓋衆議僉舉，則各務盡心，不容有偏蔽私愛之患。今專委中丞，則愛憎在於一己。若一一得人，猶不至生事；萬一非其人，將受權臣屬託，自立黨援，不附己者得以中傷，媒糵誣陷，其弊不一。夫變更法度，其事不輕，而止是參知政事二人，同書劄子。且宰相富弼暫謁告，曾公亮已入朝，臺官今不闕人，何至急疾如此！願收還前旨，俟弼出，與公亮同議，然



後行之。」弗聽。

述兼判刑部，安石爭謀殺刑名，述不以爲是。及敕下，述封還中書，奏執不已。安石白帝，詔開封府推官王克臣劾述罪。於是述率御史劉琦、錢顗共上疏曰：「安石執政以來，未踰數月，中外人情囂然胥動。蓋以專肆胸臆，輕易憲度，無忌憚之心故也。陛下任賢求治，常若飢渴，故置安石政府。必欲致時如唐、虞，而反操管、商權詐之術，規以取媚。遂與陳升之合謀，侵三司利柄，取爲己功；開局設官，用八人者分行天下，驚駭物聽，動搖人心。去年因許遵文過飾非，妄議自首按問之法，安石任一偏之見，改立新議，以害天下大公。章辟光獻岐邸遷外之說，疎間骨肉，罪不容誅。呂誨等連章論奏，乞加竄逐。陛下雖許其請，安石獨進譖言，熒惑聖聽。陛下以爲愛己，隱忍不行。先朝所立制度，自宜世世子孫，守而勿失；乃欲事事更張，廢而不用。安石自應舉歷官，尊尙堯、舜之道，以倡率學者，故士人之心靡不歸向，謂之爲賢。陛下亦聞而知之，遂正位公府。遭時得君如此之專，乃首建財利之議，務爲容悅，言行乖戾，一至於此。剛狠自任，則又甚焉。姦詐專權之人，豈宜處之廟堂，以亂國紀！願早罷逐，以慰安天下元元之心。曾公亮位居丞弼，不能竭忠許國，反有畏避之意，陰自結援以固寵，久妨賢路，亦宜斥免。趙抃則括囊拱手，但務依違大臣，事君豈當如是！」

疏上，安石奏先貶琦、顗監處、衢州鹽務。公亮疑太重，安石曰：「蔣之奇亦降監，當從之。」司馬光乃上疏曰：「臣聞孔子曰：『守道不如守官。』孟子曰：『有言責者，不得其言則去。』此古今通義，人臣之大節也。彼謀殺已傷自首刑名，天下皆知其非。朝廷既違衆議而行之，又以守官之臣而罪之，臣恐失天下之心也。夫紲食鷹鸇者〔一〕，求其鷙也，鷙而烹之，將安用哉！今琦、顗所坐，不過疏直，乃以迕犯大臣，猥加譴謫，恐臣下自此以言爲諱。乞還其本資，以靖羣聽。」不報。

開封獄具，逮三問不承。安石欲置之獄，光又與范純仁爭之，乃議貶爲通判。帝不許，以知江州。踰歲，提舉崇禧觀。卒，年七十二。紹興初，贈祕閣修撰。

劉琦字公玉，宣城人。博學強覽，立志峻潔。以都官員外郎通判歙州。召爲侍御史，建言：「自城綏州，數致羌寇，宜棄之。」浙西開漕渠，役甚小，使者張大其事，以功遷官。言者論其非，詔琦就劾，官吏人人惴恐。琦但按首謀二人而已。既貶，通判鄧州而卒，年六十一。





錢顗字安道，常州無錫人。初爲寧海軍節度推官，守孫沔用威嚴爲治，屬吏奔走聽命。顗當官而行，無所容撓，遇不可，必爭之，由是獨見器重。知贛、烏程二縣，皆以治行聞。

治平末，以金部員外郎爲殿中侍御史裏行。許遵議謀殺案問刑名，未定而入判大理，顗以爲：「一人偏詞，不可以汩天下之法，遵所見迂執，不可以當刑法之任。」不從。二年而貶，將出臺，於衆中責同列孫昌齡曰：「平日士大夫未嘗知君名，徒以昔官金陵，媚事王安石，宛轉薦君，得爲御史。亦當少思報國，奈何專欲附會以求美官？顗今當遠竄，君自謂得策邪？我視君犬彘之不如也。」即拂衣上馬去。

後自衢徙秀州。家貧母老，至丐貸親舊以給朝晡，而怡然無謫官之色。蘇軾遺以詩，有「烏府先生鐵作肝」之句，世因目爲「鐵肝御史」。卒，年五十三。

鄭俠字介夫，福州福清人。治平中，隨父官江寧，閉戶苦學。王安石知其名，邀與相見，稱奬之。進士高第，調光州司法參軍。安石居政府，凡所施行，民間不以爲便。光有疑獄，俠讞議傳奏，安石悉如其請。俠感爲知己，思欲盡忠。

秩滿，徑入都。時初行試法之令，選人中式者超京官，安石欲使以是進，俠以未嘗習法辭。三往見之，問以所聞。對曰：「青苗、免役、保甲、市易數事，與邊鄙用兵，在俠心不能無區區也。」安石不答。俠退不復見，但數以書言法之爲民害者。久之，監安上門。安石雖不悅，猶使其子雱來，語以試法。方置修經局，又欲辟爲檢討，更命其客黎東美諭意。俠曰：「讀書無幾，不足以辱檢討。所以來，求執經相君門下耳。而相君發言持論，無非以官爵爲先，所以待士者亦淺矣。果欲援俠而成就之，取其所獻利民便物之事，行其一二，使進而無愧，不亦善乎？」

是時，免役法出〔二〕，民商咸以爲苦，雖負水、捨髮、擔粥、提茶之屬，非納錢者不得販鬻。稅務索市利錢，其末或重於本，商人至以死爭，如是者不一。俠因東美列其事。未幾，詔小夫裨販者免征，商之重者十損其七，他皆無所行。

是時，自熙寧六年七月不雨，至于七年之三月，人無生意。東北流民，每風沙霾曀，扶攜塞道，羸瘠愁苦，身無完衣。並城民買麻糗麥麩，合米爲糜，或茹木實草根，至身被鎖械，而負瓦楬木，賣以償官，累累不絕。俠知安石不可諫，悉繪所見爲圖，奏疏詣閤門，不納。乃假稱密急，發馬遞上之銀臺司。其略云：「去年大蝗，秋冬亢旱，麥苗焦枯，五種不入，羣情懼死；方春斬伐，竭澤而漁，草木魚鼈，亦莫生遂。災患之來，莫之或禦。願陛下開倉





廩，賑貧乏，取有司掊克不道之政，一切罷去。冀下召和氣，上應天心，延萬姓垂死之命。今臺諫充位，左右輔弼又皆貪猥近利，使夫抱道懷識之士，皆不欲與之言。陛下以爵祿名器，駕馭天下忠賢，而使人如此，甚非宗廟社稷之福也。竊聞南征北伐者，皆以其勝捷之勢、山川之形，爲圖來獻，料無一人以天下之民質妻鬻子，斬桑壞舍，流離逃散，遑遑不給之狀上聞者。臣謹以逐日所見，繪成一圖，但經眼目，已可涕泣。而況有甚於此者乎！如陛下行臣之言，十日不雨，即乞斬臣宣德門外，以正欺君之罪。」

疏奏，神宗反覆觀圖，長吁數四，袖以入。是夕，寢不能寐。翌日，命開封體放免行錢，三司察市易，司農發常平倉，三衛具熙河所用兵〔三〕，諸路上民物流散之故。青苗、免役權息追呼，方田、保甲並罷，凡十有八事。民間讙叫相賀。又下責躬詔求言。越三日，大雨，遠近沾洽。輔臣入賀，帝示以俠所進圖狀，且責之，皆再拜謝。

安石上章求去，外間始知所行之由，羣姦切齒，遂以俠付御史，治其擅發馬遞罪。呂惠卿、鄧綰言於帝曰：「陛下數年以來，忘寐與食，成此美政，天下方被其賜；一旦用狂夫之言，罷廢殆盡，豈不惜哉？」相與環泣於帝前，於是新法一切如故。

安石去，惠卿執政，俠又上疏論之。仍取唐魏徵、姚崇、宋璟、李林甫、盧杞傳爲兩軸，題曰正直君子邪曲小人事業圖跡。在位之臣暗合林甫輩而反於崇、璟者，各以其類，復爲書

獻之。并言禁中有被甲、登殿等事。惠卿奏爲謗訕，編管汀州。御史臺吏楊忠信謁之曰：「御史緘默不言，而君上書不已，是言責在監門而臺中無人也。」取懷中名臣諫疏二帙授俠曰：「以此爲正人助。」惠卿暴其事，且嗾御史張琥并劾馮京爲黨與。俠行至太康，還對獄，獄成，惠卿議致之死。帝曰：「俠所言非爲身也，忠誠亦可嘉，豈宜深罪？」但徙英州。既至，得僧屋將壓者居之，英人無貧富貴賤皆加敬，爭遣子弟從學，爲築室以遷。

哲宗立，始得歸。蘇軾、孫覺表言之，以爲泉州教授。元符七年，再竄于英。徽宗立，赦之，仍還故官，又爲蔡京所奪，自是不復出。布衣糲食，屏處田野，然一言一話，未嘗忘君。

宣和元年，卒，年七十九。里人揭其閭爲鄭公坊，州縣皆祀之於學。紹熙初，詔贈朝奉郎。官其孫嘉正爲山陰尉。

論曰：誨以言三黜，逖、琦、顗窮厄至死，皆充然無悔，身雖不偶，而聲名則昭著於天下後世矣。俠以區區小官，雖未信而諫，能以片言悟主，殃民之法幾於一舉而空之，功雖不成，而此心亦足以白於天下後世。呂惠卿、鄧綰之罪，可勝誅哉！





## 校勘記

〔一〕夫紲食鷹鶻者　「紲」字原脫，據司馬光溫國文正司馬公文集卷四一論責降劉逖等箚子、東都事略卷七八劉逖傳補。

〔二〕是時免役法出　按本段內容係論免行錢事，與免役法無關，具見鄭俠西塘先生文集卷一免行錢事；通考卷二〇市糴考，熙寧六年「詳定行戶利害所言」條引鄭俠奏議跋，亦有詳述。疑此處「免役法」當是「免行法」之誤。

〔三〕三衙具熙河所用兵　此處敍熙河用兵事，「三衙」疑當作「三衛」。

# 宋史卷三百二十二

## 列傳第八十一

何郯　吳中復從孫擇仁　陳薦　王獵　孫思恭　周孟陽
齊恢　楊繪　劉庠　朱京

何郯字聖從，本陵州人，徙成都。第進士，由太常博士爲監察御史，轉殿中侍御史，言事無所避。王拱辰罷三司使守亳，已而留經筵，郯乞正其營求之罪。石介死，樞密使夏竦讒其詐，朝廷下京東體實，郯與張昪〔一〕極陳竦姦狀，事得寢。楊懷敏以衞卒之亂，猶爲副都知，郯又與昪及魚周詢論之。仁宗召諭云：「懷敏實先覺變，宜有所寬假。」郯等皆言不可，卒出之。郯爭辨尤力。帝曰：「古有碎首諫者，卿能之乎？」對曰：「古者君不從諫，則臣有碎首；今陛下受諫如流，臣何敢掠美而歸過君父。」帝欣納之。

夏竦倡張貴妃之功，諫官王贄遂言賊根本起於皇后閤，請究其事，冀搖動中宮，而陰





爲妃地。帝以語郯，郯曰：「此姦人之謀也。」乃止不究。竦負罪不去，郯等奏出知河南，竦乞留京師。郯言：「佞人在君側，爲善政累，願勿革前命。」竦遂行。

時詔羣臣陳左右朋邪、中外險詐，久而無所行。郯請閱實其是否，因言曰：「誠以待物，物必應以誠。誠與疑，治亂之本也，不可以一臣詐而疑衆臣，一士詐而疑衆士。且擇官者宰相之職，今用一吏，則疑其從私，故細務或勞於親決。分閫者將帥之任，今專一事，則疑其異圖，故多端而加羈制。博訪者大臣之體，今見一士，則疑其請託。相先後者士之常，今進其類，則疑爲朋黨。君臣交疑，而欲天下無否塞之患，不可得矣。」

都知王守忠以修祭器勞，遷景福殿使，給兩使留後奉。郯曰：「守忠勞薄賞重。舊制，內臣遙領止於廉察。今雖不授留後，而先給其祿；既得其祿，必得其官；若又從之，則何求不可。」既又詔許如正班。守忠移閤門，欲綴本品坐宴，郯又言：「祖宗之制，未有內臣坐殿上者。此弊一開，所損不細。」守忠聞之，不敢赴。知雜御史闕，執政欲進其黨，帝以郯不阿權勢，越次用之。郯遍歷三院，有直聲。晚節頗回畏，因地震言陰盛臣強，以譏切韓琦；又乞召還王陶以迎合上意，由是聲名損於御史時也。

以母老求西歸，加直龍圖閣、知漢州。將行，上疏言：「張堯佐緣後宮親，叨竊非據，外庭竊議，謂將處以二府。若此命一出，言事之臣，必以死爭之。倘罷堯佐則傷恩，黜言者則

累德，累德、傷恩，皆爲不可。臣謂莫若富貴堯佐而不假之以權，如李用和可也。」其後卒罷堯佐宣徽之命。進集賢殿修撰、知梓州，擢天章閣待制，還判銀臺司。時封駁之職廢，鄴乞準故事，凡詔敕並由門下，從之。唐介出荆南，敕過門下，鄴封還之，介復留諫院。遷龍圖閣直學士，爲河東都轉運使。故相梁適帥太原，病不能事，內臣蘇安靜鈐轄兵馬，怙寵不法，皆劾奏之。

歷知永興、河南。治平末，再知梓州。居三年，老而病，猶乞進用。神宗薄之，詔提舉成都玉局觀。從臣外祠自此始。遂以尚書右丞致仕。卒，年六十九。

吳中復字仲庶，興國永興人。父仲舉，仕李煜爲池陽令。曹彬平江南，仲舉嘗殺彬所招使者。城陷，彬執之，仲舉曰：「世祿李氏，國亡而死，職也。」彬義而不殺。

中復進士及第，知峨眉縣。邊夷民事淫祠太盛，中復悉廢之。廉於居官，代還，不載一物。通判潭州，御史中丞孫抃薦爲監察御史，初不相識也。或問之，抃曰：「昔人恥爲呈身御史，今豈有識面臺官耶？」遷殿中侍御史。彈宰相梁適，仁宗曰：「馬遵亦言之矣。」且問中復曰：「唐自天寶後治亂分，何也？」中復歷引姚、宋、九齡、林甫、國忠用舍以對。適罷，



中復亦通判虔州，未至，復還臺。

富弼主李仲昌開六漯河，內臣劉恢密告所斷岡與國姓上名同，賈昌朝陰助之，欲以搖弼。詔中復往治，促行甚急。中復言：「獄起姦臣，非盛世所宜有。」馳至，校其名，乃趙征村也，亦無岡勢，獄以故得止。又彈宰相劉沆，沆罷。改右司諫，同知諫院。遷御史知雜事、戶部副使，擢天章閣待制，知澤州、瀛州，移河東都轉運使，進龍圖閣直學士、知江寧府。鄆兵苦巡轄官苛刻，縶而鞭之。獄具，法不至死，中復以便宜戮首惡，流其餘，入奏爲令。歷成德軍、成都府、永興軍。

河北行青苗法，使者至，將先下州縣。中復檄之曰：「斂散自有期，今先事擾之，何也？」拒不聽，且以報。安撫司韓琦方疏諫青苗，錄其語以上。熙寧併省郡邑，以永康爲縣，中復言：「永康控威、茂，不可廢。」其後因夷竟復之。關內大旱，民多流亡。中復請加賑卹，執政惡之，遣使往視，謂爲不實，削一階，提舉玉隆觀。起知荆南，坐過用公使酒免。卒，年六十八。中復樂易簡約，好周人之急，士大夫稱之。從孫擇仁。

擇仁字智夫，以父任，爲開封雍丘主簿。元祐中，金水河隄壞，十六縣皆選屬吏役，得詣朝堂白事。宰相范純仁獨異之，曰：「簿領中乃有是人邪？」



建中靖國初，畿內饑，多盜，以擇仁知太康縣。始至，召令贓曹曰：「民窮而盜，非天性也，我以靜鎮之。若亡命椎埋故犯，我一切誅之，毋得貸。」羣盜相戒不入境。中貴人譚稹奴犯法，按致於理。稹羞恚造譖，徽宗召戶部郎中宋喬年往鞫。喬年，伉吏也，疾驅至。候者惶遽入白，擇仁著衣冠坐廡下。喬年慮囚擿隱，剔抉帑庾出入，不能得毫毛罪，乃歸傳舍。擇仁上謁，喬年迎笑曰：「所以來，爲蔡君罪，顧乃得一奇士，吾今薦君矣。」居數日，召詣闕。

方有事青唐，擢熙河路轉運判官，卽以直秘閣爲副使，從招討使王厚領兵深入，克蘭、廓城柵十三。加龍圖，進集賢殿修撰，爲京畿都轉運使。鄭州城惡，受命更築之。或讒於帝曰：「新城雜以沙土，反不如故，且速圮。」帝怒，密遣取塊城上，緘以來，令衞卒三投之，堅緻如削鐵，讒不能售。遂拜戶部侍郎兼知開封府。故事，尹以三日聽訟，右曹吏十輩列庭下，自占姓名，一人云「某人送某獄，某人當杖，某人去」，而尹無所可否。有竇鑑者，以捕盜寵，官諸司使，服金帶。擇仁視事，狃舊態來前，叱而械諸獄，一府大驚。賣珠人居民貨久不返，度事急，匿宦官楊戩第，擇仁跡取之，竄于遠。戩中以事，出爲顯謨閣直學士、知熙州，從永興軍〔三〕。走馬承受藍從熙言其擅改茶法，奪職，免。再閱歲，以徽猷閣待制領江、淮發運，還直學士、知渭州。以病提舉崇福宮，



起知青州，不克拜，卒，年六十六。

陳薦字彥升，邢州沙河人。舉進士，爲華陽尉。盜殺人，棄尸民田。薦出驗，有以移尸告者。田主又殺其母。縣欲聞致殺二人，以逭薦失盜之責。薦不可，曰：「焉有誣人以自貫者邪！」已而獲盜。

從韓琦定州、河東幕府。性木彊簡濟，獨琦知之最深，每語人曰：「廉於進，勇於退，嫌疑間毫髮不處，與人交久而不變，如彥升者，無幾也。」琦輔政，薦爲秘閣校理、判登聞檢院、知太常禮院。

英宗諸王出閤，選爲記室參軍，直集賢院。潁王爲皇太子，加右諭德；王卽位，拜天章閣待制，進知制誥、知諫院。薛向首謀取橫山，功不成，薦請以漢王恢之罪罪向。楊繪論曾公亮用人不當，言既行而遷侍讀，罷諫職。薦曰：「此乃宰相欲杜繪言爾，所言是，宜責宰相。」疏入不報。

除龍圖閣直學士、河北都轉運使。河決棗彊，水官議於恩、冀、深、瀛之間築堤三百六十里，期一月就功，役丁夫八萬。薦曰：「河未能爲數州害，民力方困，願以歲月爲之。」還，判

流內銓、太常寺。議學校貢舉法，請會三年貢士數均之諸路，計口察孝廉如漢制。權主管御史臺，言李定匿所生母喪，不宜爲御史。罷臺事。又以議典禮不合，出知蔡州。召爲寶文閣學士兼侍讀，進資政殿學士。

屢求退，以爲本州，命兩省燕餞資善堂。擢其子厚御史臺主簿。未幾，提舉崇福宮。卒，年六十九，贈光祿大夫。

王獵字得之，長垣人。累應進士不第，乃治生積錢，既而歎曰：「此敗吾志也。」悉以班諸親族。

慶曆用兵，詔求遺逸，范仲淹薦之，得出身爲永興藍田主簿。府使之掌學。諸生有犯法者，獵自責數，以爲教之不至，屏出之府。帥意其私，捕生下獄，獵前白曰：「此特年少不率教爾。致于理，不足以益美化，恐適貽士類辱。」帥悟而喜曰：「吾慮初不及此。」即釋生而待獵加敬。徙林慮令，縣依山，俗以蒐田爲生，不知學。獵立孔子廟，擇秀民誨之。漢杜喬墓在境中，往奠謁，建祠其旁。居官無絲髮擾，吏民愛信，共目爲淸長官。

入爲吳王潭王宮教授、睦親廣親宅講書、諸王侍講。凡在京藩十二年，宗室無高卑少



長，各得其歡如一日。英宗在邸，尊禮之；入爲皇子，即拜說書；及即位，拜天章閣待制兼侍講。方議濮王稱，以問獵，獵不可。帝曰：「王待侍講厚，亦持此說邪？」對曰：「臣荷皇恩厚，不敢以非禮名號加於王，所以報王也。」帝大悟，自是不復議。以疾請謝事，不許。疾愈入見，帝喜曰：「侍講乃欲捨朕去乎？」

神宗立，進龍圖閣直學士。求知襄州，未行，改滑州。自工部郎中爲本曹侍郎致仕，給全奉。後八年卒，年八十。詔賻絹千匹，官其二孫，賜家人冠帔，人以爲寵。

孫思恭字彥先，登州人。擢第後，即遭父喪，不肯復從官，二十年間纔三書吏考。爲宛丘令，轉運使以水災時調春夫，爭弗得，乃棄官去。吳奎薦其學行，補國子直講，加秘閣校理。事神宗藩邸爲說書，又爲侍講、直集賢院。以居中都久，力請補外，王奏留之。及即位，擢天章閣待制。

思恭性不忤物，犯而不校，篤於事上。有所見，必密疏以聞。帝亦間訪以政。歐陽脩初不知思恭，脩出政府，思恭盡力救解。出知江寧府、鄆州，以疾移單州，管幹南京留司御史臺。卒，年六十一。



思恭精關氏易，尤妙於大衍。嘗修天文院渾儀，著堯年至熙寧長曆，近世曆數之學，未有能及之者。

周孟陽字春卿，其先成都人，徙海陵。醇謹夷緩。第進士，爲潭王宮教授、諸王府記室。

英宗居環列，以其質厚，禮重之；會除知宗正寺，力辭，凡上十八表，皆孟陽爲文。又從容陳古事以諷，英宗悚然起拜；及爲皇子，愈堅臥不出。孟陽入見臥內，勸之曰：「天子知太尉賢，參以天人之助，乃發德音。何爲堅拒如此？」英宗曰：「非敢徼福，以避禍也。」孟陽曰：「今已有此跡，設固辭不拜，使中人別有所奉，遂得燕安無患乎？」時中使趣召十輩，又命宗諤傾一宮往請，不能動，及是，意乃決。

帝即位，命爲皇子位說書，以嘗侍藩邸，固辭。加直秘閣、同知太常禮院。數引對，訪以時務。最後，召至隆儒殿，在邇英苑中，羣臣未嘗至。人疑且大用，帝亦諭以不次進擢意。孟陽稱他人，使代己，乃遷集賢殿修撰、同判太常寺兼侍讀。神宗初立，入奏事，方升殿，帝望見慟哭，左右皆泣下。拜天章閣待制。卒，年六十九。詔特官其壻及子孫二人，除



其家負官緡錢數萬。

齊恢字熙業，蒲陰人。唐宰相映之裔也。第進士，歷通判陳州，提點成都府路刑獄三年，徙河東。凡公帑格外餽餉之物，一無所受。單車而東，入爲戶部判官。神宗出閤，精簡宮僚，韓琦薦其賢，以直昭文館，爲穎王府翊善，進太子左諭德。帝即位，拜天章閣待制，知通進、銀臺司。出知相州，召知審官西院，糾察在京刑獄。卒，年六十六。恢居鄉里，恂恂稱君子；臨政府，明白簡約，不苛擾，所至人愛之。帝念舊僚，自諫議大夫特贈工部侍郎。

楊繪字元素，綿竹人。少而奇警，讀書五行俱下，名聞西州。進士上第，通判荆南。以集賢校理爲開封推官，遇事迎刃而解，諸吏惟日不足，繪未午率沛然。仁宗愛其才，欲超寘侍從，執政見其年少，不用。以母老，請知眉州，徙興元府。吏請攝穿窬盜庫縑者，繪就視之，蹤跡不類人所出入，則曰：「我知之矣。」呼戲沐猴者詰於庭，一訊具伏，府中服其明。在郡獄無繫囚。

神宗立，召修起居注、知制誥、知諫院。詔遣內侍王中正、李舜舉等使陝西，繪言：「陛下新即位，天下拭目以觀初政。館閣、臺省之士，朝廷所素養者不之遣，顧獨遣中人乎？」向傳範安撫京東西路，繪請易之，以杜外戚干進之漸。執政曰：「不然，傳範久領郡，有政聲，故使守鄆，非由外戚也。」帝曰：「諫官言是，斯可窒異日妄求矣。」曾公亮請以其子判登聞鼓院，用所厚曾孶爲史官。繪爭曰：「公亮持國，名器視如己物。向者公亮官越，占民田，爲郡守綑治，時孶父易占亦官越，深庇之。用孶，私也。」帝爲寢其命。繪亦解諫職，改兼侍讀，繪固辭，滕甫言於帝。帝詔甫曰：「繪抗跡孤遠，立朝寡援，不畏強禦，知無不爲。朕一見許其忠藎，擢寘言職，信之亦篤矣。今日之除，蓋難與宰相並立於輕重之間，姑令少避爾，卿其論朕意。」繪曰：「諫官不得其言則去，經筵非姑息之地。」卒不拜。未閱月，復知諫院，擢翰林學士，爲御史中丞。

時安石用事，賢士多謝去。繪言：「老成之人，不可不惜。當今舊臣多引疾求去：范鎭年六十有三、呂誨五十有八、歐陽脩六十有五而致仕；富弼六十有八而引疾；司馬光、王陶皆五十而求散地，陛下可不思其故乎？」又言：「方今以經術取士，獨不用春秋，宜令學者以三傳解經。」免役法行，繪陳十害。安石使曾布疏其說。詔繪分析，冏執前議，遂罷爲侍讀學士、知亳州，歷應天府、杭州，再爲翰林學士。



議者欲加孔子帝號，繪以爲非禮，又言不宜用遼曆改置閏，悉從之。繪常薦屬吏王永年，御史蔡承禧言其私通饋賂，坐貶荊南節度副使。詳在竇卞傳。數月，分司南京，改提舉太平觀，起知興國軍。元祐初，復天章閣待制，再知杭州。卒，年六十二。

繪爲吏敏強，主愛利，而受性疏曠，訖以是見廢斥。然表裏洞達，一出於誠，爲范祖禹所咨重。爲文立就，有集八十卷。

劉庠字希道，彭城人。八歲能詩。蔡齊妻以子，用齊遺奏，補將作監主簿。復中進士第，爲高密廣平院教授。

英宗求直言，庠上書論時事。帝以示韓琦，琦對之「未識」，帝益嘉重，除監察御史裏行。日食甫數日，苑中張具待幸，庠言非所以祗天戒，詔罷之。會聖宮修仁宗神御殿，甚宏麗。庠言：「天子之孝，在繼先志，隆大業，不在宗廟之靡。宜損其制，以昭先帝儉德。」奉宸庫被盜，治守藏吏。庠言：「皇城幾察厲禁，實近侍主之，當幷按。」仁宗外家李珣犯銷金法，庠奏言，法行當自貴近始。帝不豫，儲嗣未正，庠拜疏謂：「太子，天下本。漢文帝於初元即爲無窮計。穎王長且賢，宜亟立，使日侍禁中，閱四方章奏。」帝皆行之。



神宗立，遷殿中侍御史，爲右司諫。言：「中國禦戎之策，守信爲上。昔元昊之叛，五來五得志，海內爲之困弊。今莫若示大信、捨近功，爲國家長利。」奉使契丹。故事，兩國忌日不相避。契丹張宴白溝，日當英宗祥祭，庠丐免，契丹義而聽之。除集賢殿修撰、河東轉運使。庠計一路之產，鐵利爲饒，請復舊冶鼓鑄，通隰州鹽礬，博易以濟用。又請募民入粟塞下，豫爲足食。進天章閣待制、河北都轉運使。契丹侵霸州土場，或言河北不可不備。庠上五策，料其必不動，已而果然。大河東流，議者欲徙而北。內侍程昉希功，請益兵濟役。庠請遲以歲月，徐觀其勢而順導之。朝廷是其議。移知眞定府，又爲河東都轉運使，召知開封府。

庠不肯屈事王安石。安石欲見之，戒典謁者曰：「今日客至勿納，惟劉尹來，即告我。」有語庠者曰：「王公意如此，盍一往見。」庠謂：「見之，何所言？自彼執政，未嘗一事合人情。脫問青苗、免役，將何辭以對？」竟不往。奏論新法，神宗諭之曰：「奈何不與大臣協心濟治乎？」庠曰：「臣子於君父各伸其志。臣知事陛下，不敢附安石。」會與蔡確爭廷參禮，遂以爲龍圖閣直學士、知太原府。請復憲州，募民子弟剽銳工技擊者，籍爲勇敢，倣漢謫戍法，貰流以下罪徙實河外。

契丹建牙雲中，遣騎涉內地，邊吏執之。契丹檄取紛然，又遣使議疆事。衆疑其造兵



端，欲大爲備。庠奏言：「雲朔歲儉，軍無見糧。契丹張形示彊，造端首禍，曲在彼不在我，願勿聽。宜先諭以理，然後飭兵觀釁。」帝嘉使者辭順，訖以黃嵬山分水嶺立新疆。遭母喪，服終，知成都府。乞禁西山六州與漢人婚姻，勿蹈吐蕃取維州之害。徙秦州。坐失舉，降知虢州，移江寧府、滁州，徙永興軍。時西征無功，關內騷動。庠過闕，力言虛內事外，恐搖根本，帝感納其忠。

元祐初，加樞密直學士、知渭州。卒，年六十四。宣仁聞之曰：「帥臣極難得，劉庠可惜也。」庠有吏能，淹通歷代史，王安石稱其博。卒後，蘇頌論庠治平建儲之功，詔褒錄其子。

朱京字世昌，南豐人。父軾，有隱德。京博學淹貫，登進士甲科。教授亳州、應天府，入爲太學錄。

神宗數召見論事，擢監察御史。時中丞及同僚多罷去，京抗疏曰：「御史假之則重，略之則輕。今耳目之官，屢進屢卻，則言者不若靜默爲賢，直者不若柔從爲智。偷安取容，雖得此百數，亦何益國邪？」他日入見，帝勞之曰：「昨覽奏疏，所補多矣。」京風神峻整，見者憚之，目爲眞御史。

初，臺臣奏事，必先移閤門，得班乃入。京嘗以名聞，翌旦既入，會有先之者，不及對而退。帝問京安在，左右以告，詔趣之入，辰漏且盡，爲留班以須。未幾，論大臣除擬有愛憎之私。中書言其失實，謫監興國軍鹽稅。歷太常博士、湖北京西江東轉運判官，提點淮西刑獄，司封員外郎。元符初，遷國子司業。京在元祐時，嘗爲幸太學頌，或摘其語有及先朝者，京亦固辭不拜。徽宗初立，復命之，踰月而卒。

論曰：何郯、吳中復，皆良御史也。郯出夏竦，阻王守忠，姦人庶幾少戢矣。中復恥誠面臺官，其所守可見矣。薦之論李定，思恭之右歐陽脩，繪請惜老成，庠不附新法，數子所見，何其同也。獬爲令而興孔子廟，孟陽以教授而參決大計，此其卓然者乎。恢臨政簡約，無可議者。京持論端確，竟以去位，君子惜之。

## 校勘記

〔一〕張昪　原作「張昇」，參看本書卷三一八本傳校勘記〔一〕。

〔二〕從永興軍　「從」，疑爲「徙」字之誤。



# 宋史卷三百二十三

## 列傳第八十二

蔚昭敏　高化　周美　閻守恭　孟元　劉謙　趙振　張忠
范恪　馬懷德　安俊　向寶

蔚昭敏字仲明，開封祥符人。父興，事周世宗，數戰伐有功，又從太宗平太原，終龍尉都虞候。眞宗爲襄王，昭敏自東班殿侍選隸襄王府。帝卽位，授西頭供奉官，累遷崇儀使、冀貝行營兵馬都監。契丹以五千騎突至冀州城南，昭敏帥部兵與戰，敗之，得其器甲，賊遁去，而師不失一人。

咸平四年，領順州刺史、定州行營鈐轄兼押大陣，又爲鎭、定、高陽關三路先鋒。契丹入寇，帝北巡至大名，契丹退趣莫州，昭敏與范廷召追至莫州東三十里，斬首萬餘級，擒生口甚衆，契丹委器甲遁去。拜唐州團練使，累遷至殿前副都指揮使，遷都指揮使、保靜軍節



度使。以足疾，命入謁無拜。卒，贈侍中。



高化字仲熙，眞定人。少沉勇有力，不事耕稼，學擊劍，善射。契丹犯河北，應募轉餉飛狐口。楊業留戲下，使捕賊酋大鵬翼，獲之。會契丹又犯眞定，乃辭業還家，家屬盡爲契丹所略去。從州將入京師，遂隸禁軍，選爲襄王牽鞴官。王尹京，命巡內外八廂，積獲姦盜甚衆。盜有遺化金帛者，化弗受。一日，王趣急召出府門，馬驚墮，化掖之而起。王曰：「微爾，吾幾殆。」益親信之。

眞宗卽位，擢御龍弩直雙員都頭，累遷御龍骨朵直都虞候。乾興初，授天武右第二軍都指揮使、榮州刺史，遷天武右廂都指揮使、蜀州團練使。天聖六年夏，大雨，命護汴堤。夜馳至城西，堤欲壞，督守兵負土不能遏。時夏守恩方典軍，積材木城隅，化盡取以塞堤，乃得無患。仁宗嘉之，進神龍衞四廂都指揮使、夔州防禦使，爲鄜延路馬步軍副都總管，徙涇原路，權知渭州，遷捧日、天武四廂都指揮使。

發兵襲明珠族，不利，降滑州總管。改興州防禦使、眞定路副都總管，徙高陽關路。修護章惠太后園陵，累拜殿前副都指揮使，歷建武軍節度使。以老，辭管軍。詔入朝，化又固

請，改武安軍節度使、知滄州，未行，改相州。部有大獄已具，皆當論死。化疑之，遣移訊，果出無罪者三人。踰年，復告老，以右屯衞上將軍致仕。卒，年八十。贈太尉，謚曰恭壯。

化謹質少過，馭軍有法。雖起身行伍，然頗知民事焉。

周美字之純，靈州回樂人。少隸朔方軍，以材武稱。趙保吉陷靈州，美棄其族，間走歸京師，天子召見，隸禁軍。契丹犯邊，眞宗幸澶州，禦城北門，美慷慨自陳，願假數騎縛契丹將至闕下，帝壯之，常令宿衞。

天聖初，德明部落寇平涼方渠，美以軍候戍邊，與州將追戰，破之于九井原、烏崙河，斬首甚衆。累遷天武都虞候。元昊反，陝西用兵，經略使夏竦薦其材，擢供備庫使、延州兵馬都監。夏人既破金明諸砦，美請于經略使范仲淹曰：「夏人新得志，其勢必復來。金明當邊衝，我之蔽也〔一〕，今不亟完，將遂失之。」仲淹因屬美復城如故。數日，賊果來，其衆數萬薄金明，陣于延安城北三十里。美領衆二千，力戰抵暮，援兵不至，乃徙軍山北，多設疑兵。夏人望見，以爲救至，即引去。既而復出艾蒿砦，遂至郭北平，夜鬬不解。美率衆使人持一炬從間道上山，益張旗幟，四面大譟，賊懼走。獲牛羊、橐駝、鎧甲數千計，遂募兵築萬安城



而還。敵復寇金明，美引兵由虜家堡並北山而下，敵即引卻。遷文思使，徙知保定軍。經略使龐籍表留之，改東路都巡檢使。敗敵于金湯城，焚其族部二十一。

元昊大入，據承平砦。諸將會兵議攻討，洛苑副使种世衡請齎三日糧直擣敵穴。美曰：「彼知吾來，必設伏待我。不如間道掩其不意。」世衡不聽。美獨以兵西出芙蓉谷，大破敵。世衡等果無功。未幾，敵復略土埠砦，美迎擊于野家店，追北至拓跋谷，大敗其衆。以功遷右騏驥使。軍還，築柵于葱梅官道谷，以據敵路。令士卒益種營田，歲收穀六千斛。復率衆繇廳子部西濟大理河，屠詺萬多移二百帳，焚其積聚以歸。籍、仲淹交薦之，除鄜延路兵馬都監，遷賀州刺史。

初，美自靈武來，上其所服精甲，詔藏軍器庫。至是，加飾黃金，遣使即軍中賜之。又破敵于無定河，乘勝至綏州，殺其酋豪，焚廬帳，獲牛馬、羊駝、器械三百計，因城龍口平砦。敵以精騎數千來襲，美從百餘騎馳擊破之。加本路鈐轄，遂爲副總管。遷龍神衞四廂都指揮使、通州刺史；進捧日、天武四廂都指揮使，陵州團練使。

慶曆中，又城清水、安定、黑水、佛堂、北橫山、乾谷、土明、柳谷、雕巢、盧兒、原安砦十一堡。安定之役，諜報敵數萬將大至，經略使遣管勾機宜楚建中分諸將兵，趣城黑水以待。諸將憚敵且至，不肯與兵。美曰：「兵常以寡擊衆，何自怯也。」卒以兵二千與建中，而敵亦



引去。每邊書至，諸將各擇便利，獨美未嘗辭難，然所向輒克，諸將以此服之。歷侍衞親軍馬軍殿前都虞候、眉州防禦使、步軍副都指揮使、遂州觀察使、鄜延副都總管。召還，授耀州觀察使，又進馬軍副都指揮使。卒，贈忠武軍節度使，謚忠毅。

自陝西用兵，諸將多不利，美前後十餘戰，平族帳二百，焚二十一，招種落內附者十一族，復城堡甚多。在軍中所得祿賜，多分其戲下，有餘，悉饗勞之。及死，家無餘貲。子蚤卒，以孫永清爲子，官至引進副使。

閻守恭，幷州楡次人。父榮，倜儻有志略，劉繼元欲召至帳下，辭以母老不就。守恭生而體貌奇偉，榮曰：「是必當事太平天子，吾無恨矣。」後十七年，劉氏平，徙太原民於大名府，因家焉。往來負販於幷、汾間，過西山，聞郭進爲都巡檢使，太宗甚寵遇之。乃慨然曰：「進不遇主，亦行伍爾，吾自度豈不及進邪？」遂應募，隸拱聖軍，擢殿前押班。

咸平中，從幸河北，以功爲捧日副指揮使，歷拱聖、龍衞、捧日指揮使，累遷左第二軍指揮使、乾州刺史。明道中，落軍職，以德州刺史爲永興軍兵馬鈐轄，徙幷代路。

守恭性沉勇，御軍嚴。雖家居如對賓客。常訪求士大夫，取郭進事而師法之。所得奉



祿悉散予人。在幷州，因春社會賓客曰：「守恭，太原一貧民爾。徒步位刺史，老復官鄉里，踰分多矣。今日與卿輩訣。」後十日卒。

孟元字善長，洛州人。性謹愿少過，頗喜讀書。少隸禁軍，以挽彊選補殿侍，累遷散都頭班指揮使，擢如京使、幷代州兵馬都監，改鈐轄，徙高陽關路，又徙眞定路。王則據貝州反，元赴城下攻戰，被數十創，又中機石，墜壕中。既出，戰愈力。更募死士由永濟渠穴地以進。賊平，改右騏驥使，徙大名府路鈐轄。河朔饑，權知滄州。民鬻鹽爲生，歲荒鹽多不售，民無以自給。元度軍食有餘，悉用易鹽，繇是民不轉徙。

御史中丞郭勸言其貝州功而賞未當，乃擢普州刺史，遷宮苑使，專管勾麟府軍馬事。護築永寧堡，敵不敢動。爲龍神衞四廂都指揮使、忠州團練使、高陽關馬步軍總管，遷天武、捧日四廂都指揮使，又遷步軍都虞候、眉州防禦使、幷代路副都總管。判北京賈昌朝奏爲大名府路副都總管，徙定州路，遷馬軍都虞候，徙鄜延路，行至鄭州卒，贈遂州觀察使。

劉謙字漢宗，開封人。少補衞士，數遷至捧日右廂都指揮使，領嘉州團練使兼京城巡檢。元昊反，改博州團練使、環慶路馬步軍總管兼知邠州。

謙不讀書，然門訟曲直，皆區處當理。前守者多強市民物以飾廚傳，謙獨無所撓，邠人頗愛之。夏竦奏爲涇原路總管，徙知涇州，未行，會賊寇鎮戎軍，謙引兵深入賊境，破其聚落而還。以功擢龍神衞四廂都指揮使、象州防禦使。暴疾卒，贈永清軍節度觀察留後。

趙振字仲威，雄州歸信人。景德中，從石普于順安軍，獲契丹陣圖，授三班借職。後數年，爲隰州兵馬監押，捕盜于青灰山，殺獲甚衆。

高平蠻叛，徙湖北都巡檢使兼制置南路。以南方暑濕，弓弩不利，別創小矢，激三百步，中輒洞穿，蠻遂駭散。

歲中，遷慶州沿邊都巡檢使。時，金湯李欽、白豹神木馬兒、高羅跛臧三族尤悍難制，振募降羌，啗以利，令相攻，破十餘堡。欽等詣振自歸。振爲置酒，先酹，取細仗，圍財數分，植百步外共射。欽等百發不中，振十矢皆貫，欽等皆驚，誓不復敢犯。

明年，涇原屬羌胡薩逋歌等叛，鈐轄王懷信以兵數千屬振游奕，屢捷。從數十騎詣懷



信，遇賊十倍，射殪數十，餘悉退散。數月，賊數萬圍平遠砦，都監趙士龍戰沒。振出別道，力戰抵砦，奪取水泉，率敢死士破圍，賊走，追斬數千級。徙涇原都監，歷知順安保安廣信軍、霸州，改京東都大提舉捉賊。明年，知環州，累遷象州防禦使。

元昊將反，爲金銀冠珮隱飾甲騎遺屬羌，振潛以金帛誘取之，以破其勢，得冠珮銀鞍三千、甲騎數百。告鄰部俾以環爲法，不聽，於是東茭、金明、萬劉諸族勝兵數萬，悉爲賊所有。及劉平等皆敗，唯環慶無患。

自本路馬步軍副總管擢龍神衞四廂都指揮使、鄜延路副都總管、知延州，代范雍。尋改捧日、天武四廂。振謂將吏曰：「今賊以我夷傷，必乘勝以進，勢宜固守。尚慮諸城不能皆如吾謀，苟延州弗支，則陝西未可測，此天下安危之幾也。」

未幾，賊寇塞門砦。振有兵幾八千，按甲不動。砦中兵纔千人，屢告急，被圍五月，才遣百餘人赴之，砦遂陷。砦主高延德、監押王繼元皆沒于賊。振坐擁兵不救，爲都轉運使龐籍所奏，貶白州團練使、知絳州。未行，會延德、繼元家復訴於朝，敕御史方偕就劾振。法當斬，再貶太子左清道率府率、潭州安置。踰年，復右武衞將軍、惠州團練使、并代路兵馬鈐轄，就遷副總管、祁州團練使。

元昊既破豐州，將襲近砦，振率鈐轄張亢、麥允言出麟州深柏堰，擊破之。兼領嵐、憲



六州軍事。河外饑，振設法通砦外商，得米數十萬斛，軍民以濟。進博州防禦使，改解州致仕。復起爲左神武軍大將軍，卒。

振剛強自負，有武力，便弓馬，喜謀畫，輕財尚氣，衆樂爲用。子珣、瑜，皆工騎射。

珣年十六，仁宗召試便殿，授三班借職。景祐中，有言珣藝益進，且習書史。復召見閱武伎，又試策略于中書，條對數千言。自殿直進閤門祗候，未幾，除濠州兵馬都監。

初，珣隨父在西邊，訪得五路徼外形勝利害，作聚米圖經五卷。詔取其書，并召珣至，又上五陣圖、兵事十餘篇。帝給步騎使按陣，既成，臨觀之。陳執中招討陝西，薦爲緣邊巡檢使。呂夷簡、宋庠爲奏曰：「用兵以來，策士之言以萬計，無如珣者。」即擢通事舍人、招討都監。珣自以年少新進，辭都監。授兵萬人，御賜鎧仗，令自擇偏裨、參佐，居涇原，兼治籠竿城。

藏氈、党留百餘帳處近塞爲暴，珣白府，引兵二萬，自靜邊歷揆吳抵木寧襲賊，俘獲數千計。靜邊將劉滬殿後，爲賊所掩。珣登阪望見，從騎數百復入，拔滬之衆以出，士皆歎服。瞎氈居龕谷無所屬，珣與書招之，遺以綈綿，瞎氈聽命。

改本路都監，詔追入朝。將行，適元昊大入，府檄留珣，會葛懷敏於瓦亭。懷敏已屯五



谷口西至馬欄城，聞夏人徙軍新壕外，議欲質明掩襲。珣謂懷敏曰：「敵遠來，衆倍鋒銳，莫若依馬欄城布柵以扼其路，守鎮戎城以便餉道，俟其衰擊之，此必勝之道也。不然，必爲賊所屠。」懷敏不聽，兵遂逼鎮戎城，越界壕，抵定川。未及陣，夏人引鐵騎來犯，珣居陣西北，瑜亦在軍中，戰甚力。東壁兵輒潰，中軍大擾，珣擁刀斧手前門，夏衆稍却，我軍復陣。懷敏詰朝退走，就食鎮戎。俄夏騎四合，珣被擒，瑜以身免。

珣美風儀，性勁特好學，恂恂類儒者。既沒，人多惜之。贈莫州刺史，後卒賊中。瑜弟璞，亦知名。

張忠字聖毗，開封人。先世業農，忠慷慨不事生產。初隸禁軍，累遷龍、神衞左第二軍指揮使。仁宗即位，遷天武左第三指揮使、融州刺史，改天武右廂指揮使、潮州團練使。未幾，眞拜齊州團練使，擢知滄州、本路鈐轄。

楊懷敏以忠御下急，因奏對言之，徙澶州總管。會河決商胡，詔留戍滿卒以助隄役，輒羣譟，將劫庫兵爲亂。州將恐，召忠議。忠潛捕倡前者數人，斬以徇。明年，以疾求醫京師，卒。

范恪字許國，開封人。初名全，少隸軍籍於許州，選入捧日軍，又選爲殿前指揮使，歷行門、龍旗直、散員押班〔二〕。康定元年，元昊數寇邊。試武伎，擢內殿崇班、慶州北路都巡檢使，與攻白豹城，破之。既還，夏人遣騎襲其後。恪設伏崖險，敵半度，邀擊之，斬首四百級，生獲七十餘人。以功遷內殿承制。

嘗會諸道兵攻十二盤暨咄當、迷子砦〔三〕，中流矢，督戰愈力。視砲石中有火爨者，恪取號於衆曰：「賊矢石盡，用竈下甓矣。」於是士卒爭奮，果先得城。遷供備庫副使。

恪有弓勝一石七斗，其箭鏃如錍，名曰錍弓。又於羽間識其官稱、姓氏，凡所發必中，至一箭貫二人。他日，取蕉蒿砦歸，恪獨殿後，爲數千騎所襲。恪視矢箙止有二錍，卽爲引滿之勢，賊遽卻。嘗與總管杜惟序、鈐轄高繼隆將兵分討漢乞、薛馬、都嵬等三砦，恪先破都嵬，而繼隆圍薛馬不能下，恪馳往取之，旣又援惟序下漢乞砦。改左騏驥副使。

虜犯大順城，諸將皆閉城自守。恪率兵一千餘，戰克之。改宮苑副使、環慶路兵馬都監，因特召見。仁宗謂曰：「適有邊奏，賊犯高平軍劉璠堡，可乘驛亟往。」遂遷禮賓使、榮州刺史、環慶路鈐轄，手詔令趣范仲淹麾下起兵赴援。恪晝夜兼行，比至平涼，賊已解。頃





之，遷洛苑使，權秦鳳路兵馬總管。

恪驍勇善射，臨難敢前，故數有戰功，自龍、神衞四廂都指揮使累遷至侍衞親軍馬步軍副都指揮使，歷坊州刺史、解州防禦、宣州觀察使、保信軍節度觀察留後，以疾出爲永興軍路副都總管，數月卒，贈昭化軍節度使。

馬懷德字得之，開封祥符人。父玉，東頭供奉官，言懷德可試引弓、擊劍、角觝，補三班奉職，爲延州南安砦主、東路巡檢。數以少擊西賊，敗其衆。范仲淹知延州，修青澗城，奏懷德爲兵馬監押，以所部兵入賊境，破遮應、要册二砦，親射殺其酋狗兒廂主，遷左班殿直。又率蕃漢燒蕩賊海溝、茶山、龍柏、安化十七砦三百餘帳，斬首數百級，虜馬駝牛羊萬數，遷右侍禁。

以范仲淹、韓琦薦，授閤門祗候，延州龐籍入奏爲東路都巡檢使。夷黑神、厥保等十八砦，賊以四萬騎犯邊，趨僕射谷。懷德以兵數千據谷旁高原待之，斬首二百級，得畜產、器械以千數。遷內殿崇班。又以兵修龍安城，虜不敢犯，遂爲鄜延路都監。又城綏平，破賊

元昊爲夏國主，命國子博士高良夫與懷德會西人畫界。龐籍具論其前後功，遷供備庫副使兼閤門通事舍人。時用兵久，民多亡散，懷德招輯有方，經略使梁適奏請推其法諸路。歷知保安軍、環州、環慶益利路鈐轄，累遷至四方館使、舒州團練使，徙鄜延路副都總管。

坐違法賂宦官閻士良，爲安撫呂景初奏，降四方館使、英州刺史。大名府路總管，侍衞親軍步軍都虞候、象州防禦使、鄜延路副都總管，遷馬軍都虞候，徙環慶路。環州蕃官蘇恩以其屬叛，往降之。又遷殿前都虞候、步軍副指揮使、隨州觀察使。

英宗卽位，遷靜難軍節度觀察留後，召還，卒，贈安遠軍節度使。嘗因戰，流矢中其顙，鏃入於骨，以弩弦繫鏃，發機而出之。

安俊字智周，其先太原人。祖贇，高州團練使。仁宗爲皇太子，俊以將家子謹厚，選爲資善堂祗候。及卽位，補右班殿直，累遷東頭供奉官、閤門祗候，爲環州都監。破趙元昊吃咀、井那等諸砦，安撫使韓琦上其功，遷內殿崇班、環慶路都監，徙涇原。契丹欲渝盟，與狄青、范恪同召至京師，將使備北邊，擢內園副使。翌日，改禮賓使。

會葛懷敏敗，命爲秦鳳路鈐轄，復徙涇原。因條上禦戎十三事，改原州，徙麟州，遷六





宅使、貴州刺史、知忻州，徙代州。爲帥臣誣奏，降京東路鈐轄。富弼知青州，爲之辨理，眞除虢州刺史，徙高陽關路，又遷原州刺史，知渝、涇、冀三州。秦州築古渭城，蕃部大擾，徙秦鳳路總管。歷龍神衞、捧日天武四廂都指揮使，果州團練使，環慶路副總管，遷侍衞步軍都虞候、陵州防禦使。卒，贈閬州觀察使。

俊久在邊，羌人識之。環州得俘虜，知州种世衡問之曰：「若屬於吾將孰畏？」曰：「畏安大保。」指俊于坐曰：「此長髯將軍是也。」

向寶，鎭戎軍人，爲御前忠佐，換禮賓使，涇原、秦鳳鈐轄。積勞，自皇城使帶御器械，歷眞定、鄜延副總管，遷龍神衞四廂都指揮使、嘉州團練使，卒。

寶善騎射，年十四，與敵戰，斬首二級。及壯，以勇聞。有虎踞五原卑邪州，東西百里斷人跡，寶一矢殪之。道過潼關，巨盜郭邈山多載關中金帛、子女，寶射走之，盡得其所掠。嘗至太原，梁適射弩再中的，授寶矢射之，四發三中。適曰：「今之飛將也。」神宗稱其勇，以比薛仁貴。及死，厚恤其家。

論曰：蔚昭敏、高化、周美，蓋皆有功於邊鄙者。化在蜀州，取軍中積材以塞水患，又能平反寃獄，脫人於死，蓋武人之知民事者。美敗夏人，焚族部，城堡砦，未嘗擇便利，而所向輒勝；所得祿賜，悉分與麾下，士亦樂爲之用，推古良將，何以加此。閻守恭慕郭進爲人，而慷慨自效，起徒步至刺史，其志亦豈小哉。孟元、劉謙、馬懷德、范恪皆經略西鄙，數戰有功。其初起自卒伍，而能練習民事、招輯散亡，不獨一武夫而已。趙振挽彊命中，精曉兵機。塞門之敗，振擁兵不救，何獨暗於此邪？子珣年少習書史，閱武技，用兵以來，人以爲無如珣者。籠竿一戰，西人奔走不暇，從容而拔劉滬於死，英風義烈，何可少哉！葛懷敏以不用珣計而取敗，珣亦力戰而沒，惜哉！安俊、向寶無多戰功，夏人皆識其名而畏之。張忠區區，較之諸人，未可同日語也。

## 校勘記

〔一〕我之蔽也 「蔽」原作「弊」，據長編卷一二八、編年綱目卷一一改。

〔二〕歷行門龍旗直散員押班 「散員」原作「散原」。隆平集卷一九本傳：「選行門，歷龍旗直、散員押班。」「散員」又見本書卷一八七兵志禁軍額。據改。





〔三〕曁咄當迷子砦 「曁」原作「既」，據隆平集卷一九本傳改。

# 宋史卷三百二十四

## 列傳第八十三

石普 張孜 許懷德 李允則 張亢 兄奎 劉文質 子渙 滬
趙滋

石普，其先幽州人，自言唐河中節度雄之後，徙居太原。祖全，事周爲鐵騎軍使。父通，事太宗於晉邸。

普十歲給事邸中，以謹信見親，補寄班祗候，再遷東頭供奉官。賊邢橐駝、賈禿指數百人寇掠永興諸縣，命普督兵往捕，悉獲之。遷內殿崇班、帶御器械。李順叛，普爲西川行營先鋒，與韓守英、馬知節誅斬之。遷西京作坊使、欽州刺史。順餘黨復寇邛蜀，僞稱邛南王。又爲西川都提舉捉賊使。時蜀民疑不自安，多欲爲盜者，普因馳入對，面陳：「蜀亂由賦斂苛急，農民失業，宜稍蠲減之，使自爲生，則不討而自平矣。」帝許之。普卽日還蜀，揭牓諭





之，莫不悅服。賊平，賜白金三千兩、襲衣、金帶、鞍勒馬。累遷洛苑使、富州團練使、延州緣邊都巡檢使。羌酋也羽內寇，普追殺之。

從眞宗幸大名，會王均叛，以爲川峽路招安巡檢使，佐雷有終率諸將進討。至天回鎭，賊出拒戰，普領前陣力擊破之。賊退保益州，王師圍城數月不下，普繕車砲，又爲地道攻城。城破，均夜半突圍由南門遁，普引兵追擊于富順監，均自殺，餘黨皆平。遷冀州團練使，賜黃金三百兩、白金三千兩。故事，正任不兼帶御器械，帝特以命普。

契丹犯邊，爲保州兵馬鈐轄、北面行營押策先鋒，與契丹戰廉良城，又戰長城口，獲俘馘器甲甚衆。徙定州路副都總管。靈州失守，益兵備關中，徙永興軍副都總管。時軍制疎略，凡號令進退，及呼召將佐、會合別屯，皆遣人馳告。普上請曰：「臣嘗將兵，輒破一錢，與別將各持半，用相合爲信。」帝爲置傳信牌，漆木長六寸，闊三寸，腹背刻字而中分之，置鑿枘令可合。又穿二竅，容筆墨，上施紙札，每臨陣則分持，或傳令則書其言，繫軍吏之頸〔一〕，至彼爲合契。又獻禦戎圖，請設塹以陷敵馬，并上所置戰械甚衆。徙爲莫州總管。

初，契丹南侵，敗我兵于望都。既而諜者言復欲大入寇，帝自畫軍事，以手詔示輔臣曰：「鎭、定、高陽三路兵宜會定州，夾唐河爲大陣，立栅以守，量寇遠近出軍。俟敵疲則先鋒出致師，用騎卒居中，環以步卒，接短兵而已，無遠離隊伍。

又分兵出三路：以六千騎屯威虜軍，魏能、白守素、張鋭領之；五千騎屯保州，楊延昭、張禧、李懷岊領之；五千騎屯北平寨，田敏、楊凝、石延福領之，以當賊鋒。始至勿輕鬥，待其氣衰，背城以戰。若南越保州，與大軍遇，則令威虜之師與延昭會，使腹背受敵。若不攻定州，縱軼南侵，則復會北平田敏，合勢入契丹界，邀其輜重，令雄、霸、破虜已來，互爲聲援。

又命孫全照、王德鈞、裴自榮將兵八千屯寧邊軍，李重貴、趙守倫、張繼旻將兵五千屯邢州，扼東西路。契丹將遁，則令定州大軍與三路騎兵會擊之，令普統軍一萬于莫州，盧文壽、王守俊監之，敵騎北去，則西趨順安軍襲擊〔三〕，斷西山之路。如河冰已合，敵由東路，則劉用、劉漢凝、田思明以兵五千會普、全照爲掎角，仍命石保吉將萬兵鎮大名，以張軍勢。

續圖以授諸將。

後數月，勅輔臣曰：「北邊已屯大兵，而邊奏至，敵未有釁，且聚軍虛費，民力何以給之？宜有制畫，以爲控遏。且靜戎、順安軍界，先開營田、河道，可以扼黑盧口、三臺、小李路，亦可通漕運至邊。宜乘此用衆浚治，使及軍城，彼或撓吾役，卽合兵擊之。」李沆等曰：「設險以制敵，守邊之利也。」遂詔內侍閻文慶與靜戎、順安知軍事王能、馬濟督其事，而徙普屯順安之西，與威虜魏能、保州楊延昭、北平田敏爲掎角。



內侍馮仁俊掌御劍于莫州，與普不叶。帝曰：「勿窮治以驕將帥。」第召仁俊還。又令普率所部屯乾寧軍，復遷普冀州團練使，徙本州總管。車駕幸澶淵，時王繼忠已陷契丹，契丹欲請和，因繼忠遣人持信箭爲書遺普，且通密表。事平，遷容州觀察使。向敏中爲鄜延路都總管，以普副之。趙德明納款，詔降制命，普言：「不宜授以押蕃落使，使之總制屬羌，則強橫不可制矣。」乃止兼管內蕃落使。

未幾，徙并代路，給公使錢二千五百緡，普援例歲給錢三千緡，樞密院言無此例。又言李漢超守河朔時，歲給以萬計，今并代屯軍多，不足以犒軍，帝不納。改桂州觀察使、鎭州路總管，遷保平軍節度觀察留後，赴本鎭。帝祀汾陰，還至陝西，普請駐蹕城中。因賜詩，令扈從至西京。拜河西軍節度使、知河陽，徙許州。築大流堰，引河通漕京師。上軍儀條目二卷、用將機宜要訣二圖。時方崇尚符瑞，而普請罷天下醮設，歲可省緡錢七十餘萬，以贍國用，繇是忤帝意。

大中祥符九年，上言九月下旬日食者三；又言：「商賈自秦州來言唃廝囉欲陰報曹瑋，請以臣所獻陣圖付瑋，可使瑋必勝。」帝以普言踰分，而樞密使王欽若言普欲以邊事動朝廷，帝怒，命知雜御史呂夷簡劾之。獄具，集百官參驗，九月下旬日不食。坐普私藏天文，下



百官雜議，罪當死。議以官當，詔除名，貶賀州，遣使縶送流所。帝謂輔臣曰：「普出微賤，性輕躁，干求不已。既憒文藝，而假手撰述，以揣摩時事。聞在縶所思其幼子，時時泣下，可聽挈家以行。」甫至賀州，授太子左淸道率府副率、房州安置，增房州屯兵百人護守。

稍復爲左千牛衞將軍，其妻表求普領小郡，遷左領軍衞大將軍。仁宗卽位徙安州，遷左屯衞大將軍，徙蔡州。坐失保任，降本衞將軍。歷遷左千牛、左領軍衞大將軍，起知信陽軍，徙光州。以私用孔子廟錢，貶太子左監門率府副率，滁州安置。以左衞將軍分司西京，給官第居蔡州，遷大將軍，卒。

普倜儻有膽略，凡預討伐，聞敵所在卽馳赴之。兩平蜀盜，大小數十戰，摧鋒與賊角，衆推其勇。頗通兵書、陰陽、六甲、星曆、推步之術。太宗嘗曰：「普性剛驁，與諸將少合。」然藉其善戰，每厚遇之。後以罪廢，每太宗忌日，必盡室詣佛寺齋薦，率以爲常。

張孜，開封人。母微時生孜，後入宮乳悼獻太子。孜方在襁褓，眞宗以付內侍張景宗曰：「此兒貌厚，汝謹視之。」景宗遂養以爲子。蔭補三班奉職、給事春坊司，轉殿直。

皇太子卽位，遷供奉官、閤門祗候。爲陳州兵馬都監，築堤袁家曲捍水，陳以無患。五



遷至供備庫使，領恩州團練使、眞定路兵馬鈐轄，歷知莫、貝、瀛三州。轉運使張昷之奏罷冀、貝驍捷軍士上關銀、鞵錢，事下孜議，孜言：「此界河策先鋒兵，有戰必先登，故平時賜予異諸軍，不可罷。」昷之猶執不已，遂奏罷保州雲翼別給錢糧，軍怨果叛。

契丹欲背盟，富弼往使，命孜爲副，議論雖出弼，然孜亦安重習事。以勞遷西上閤門使、知瀛州，拜單州團練使、龍神衞四廂都指揮使、并代副總管。河東更鐵錢法，人情疑貳，兵相率扣府欲訴，閉門不納。是日幾亂，孜策馬從數卒往諭之，皆散還營。遷濟州防禦使、侍衞馬軍都虞候，又遷殿前都虞候，加桂州管內觀察使，遷侍衞步軍副都指揮使。虎翼兵教不中程，指揮使問狀，屈強不肯對，乘夜，十餘人大譟，趣往將害人，孜禽首惡斬之然後聞。遷昭信軍節度觀察留後、馬軍副都指揮使。

孜長於宮禁中，內外頗涉疑似，言者請罷孜兵柄，乃出爲寧遠軍節度使、知潞州，徙陳州。仁宗以其無他，復召爲馬軍副都指揮使。御史中丞韓絳又言：「孜不當典兵，而宰相富弼薦引之，請黜弼。」弼引咎求罷政事。諫官御史皆言進擬不自弼。絳家居待罪，曰：「不敢復稱御史矣。」坐此謫知蔡州。而孜尋以罪罷，知曹州。卒，贈太尉，謚勤惠。孜初名茂實，避英宗舊名，改「孜」云。

許懷德字師古，開封祥符人。父均，磁州團練使。懷德長六尺餘，善騎射擊刺。少以父任爲東西班殿侍，累擢至殿前指揮使、左班都虞候。

元昊寇邊，選爲儀州刺史、鄜延路兵馬鈐轄，遷副總管。夏人三萬騎圍承平砦，懷德時在城中，率勁兵千餘人突圍，破之。夏人復陣，有出陣前據鞍嫚駡者，懷德引弓一發而踣，敵乃去。屠金明縣，復進圍延州。懷德遽還，夜遣裨將以步騎千餘人，出不意擊之，斬首二百級，遂解延州。遷鳳州團練使，專領延州東路葰村一帶公事。

徙秦鳳路，未行，坐夏人破塞門砦不赴援，降寧州刺史。頃之，擢龍神衞四廂都指揮使、陵州團練使、本路副都總管。遷康州防禦使，又坐當出討賊逗留不進，所部兵夫棄隨軍芻糧，更赦，徙秦鳳路副都總管，改捧日、天武四廂。又以賊侵掠屬羌，亡十餘帳，徙永興軍，又徙高陽關、并代路，歷殿前都虞候、遂州觀察使、侍衞親軍馬軍副都指揮使、武信軍節度觀察留後、殿前副都指揮使、寧遠軍節度使。會從妹亡，無子，懷德欲冒有其田，事覺，罷管軍，知亳州，徙徐州。歲餘，復爲殿前副都指揮使。祀明堂，進都指揮使，更保寧、建雄〔三〕二節度。

年八十猶生子，筋力過人。在宿衞十四年，數乞身，帝不許。懷德曰：「臣年過矣，倘爲



御史所彈，且不得善罷。」即詔爲減數歲。卒，贈侍中，謚榮毅。

懷德自初擢守邊，連以畏懦被謫，已而與功臣並進典軍，及坐請託得罪，去而復還。時遭承平，保寵終祿。故事，節度使移鎭加恩，皆別上表再辭，每降批答，遣內侍齎賜，必有所遺。懷德以祫享加恩，既又移鎭，乃共爲一表以辭。翰林學士歐陽脩劾其慢朝命，詔以脩章示之，懷德謝罪而已，不復別進表。其鄙吝如此。

李允則字垂範，濟州團練使謙溥子也。少以材略聞，蔭補衙內指揮使，改左班殿直。太平興國七年，幽薊還師，始置榷場于靜戎軍，允則典其事。還，使河東路決繫四，原治逋欠。又使荊湖察官吏，與轉運使檢視錢帛、器甲、刑獄，遂擢閤門祗候。濬治京師諸河，創水門，鄭州水磑。西川賊劉旰平，上官正議修城未決，命允則與王承衎、閻承翰往視。還，言西川以無城難守，宜如正議。又言兵分則緩急不爲用，請併屯要害，以便餽餉。高溪州蠻田彥伊入寇，遣詣辰州，與轉運使張素、荊南劉昌言計事。允則以蠻徼不足加兵，悉招輯之。

累遷供備庫副使、知潭州。將行，眞宗謂曰：「朕在南衙，畢士安嘗道卿家世，今以湖南



屬卿。」初，馬氏暴斂，州人出絹，謂之地稅。潘美定湖南，計屋輸絹，謂之屋稅。營田戶給牛，歲輸米四斛，牛死猶輸，謂之枯骨稅。民輸茶，初以九斤爲一大斤，後益至三十五斤。允則請除三稅，茶以十三斤半爲定制，民皆便之。湖湘多山田，可以藝粟，而民惰不耕。乃下令月所給馬芻，皆輸本色，繇是山田悉墾。湖南饑，欲發官廩先賑而後奏，轉運使執不可，允則曰：「須報踰月，則饑者無及矣。」明年荐饑，復欲先賑，轉運使又執不可，允則請以家貲爲質，乃得發廩賤糶。因募饑民堪役者隸軍籍，得萬人。轉運使請發所募兵禦邵州蠻，允則曰：「今蠻不擾，無名益戍，是長邊患也。且兵皆新募，饑瘠未任出戍。」乃奏罷之。陳堯叟安撫湖南，民列允則治狀請留，堯叟以聞。召還，連對三日，帝曰：「畢士安不謬知人者。」

遷洛苑副使、知滄州。允則巡視州境，濬浮陽湖，葺營壘，官舍間穿井。未幾，契丹來攻，老幼皆入保而水不乏，斲冰代砲，契丹遂解去。眞宗復召謂曰：「頃有言卿濬井葺屋爲勞民者，及契丹至，始見善爲備也。」轉西上閤門副使、鎭定高陽三路行營兵馬都監，押大陣東面。請對，自陳武藝非所長，不可以當邊劇。帝曰：「卿爲我運籌策，不必當矢石也。」賜白金二千兩，副以幃幄、什器，凡下諸路宣勑，必先屬允則省而後行。及王超敗，人心霣搖，允則勸超衰絰向師哭，以解衆忿。眞宗知允則始屢趣超進兵，手詔褒厲。



契丹通好，徙知瀛州，上言：「朝廷已許契丹和議，但擇邊將，謹誓約，有言和好非利者，請一切斥去。」眞宗曰：「茲朕意也。」遷西上閤門副使。何承矩爲河北緣邊安撫、提點榷場，及承矩疾，詔自擇代，乃請允則知雄州。初，禁榷場通異物，而邏者得所易珉玉帶。允則曰：「此以我無用易彼有用也，縱不治。」遷東上閤門使、獎州刺史。河北既罷兵，允則治城壘不輟，契丹主曰：「南朝尚修城備，得無違誓約乎？」其相張儉曰：「李雄州爲安撫使，其人長者，不足疑。」既而有詔詰之，允則奏曰：「初通好不即完治，恐他日頽圮因此廢守，邊患不可測也。」帝以爲然。

城北舊有甕城，允則欲合大城爲一。先建東嶽祠，出黃金百兩爲供器，道以鼓吹，居人爭獻金銀。久之，密自徹去，聲言盜自北至，遂下令捕盜，三移文北界，乃興版築，揚言以護祠。而卒就關城浚壕，起月隄，自此甕城之人，悉內城中。始，州民多以草覆屋，允則取材木西山，大爲倉廩營舍。始教民陶瓦甓，標里閈，置廊市、邸舍、水磑。城上悉累甓，下環以溝塹，蒔麻植榆柳。廣閻承翰所修屯田，架石橋，構亭榭，列隄道，以通安肅、廣信、順安軍。

歲修禊事，召界河戰棹爲競渡，縱北人遊觀，潛寓水戰。州北舊多設陷馬阬，城上起樓爲斥堠，望十里；自罷兵，人莫敢登。允則曰：「南北既講和矣，安用此爲？」命徹樓夷阬，爲諸軍蔬圃，浚井疏洫，列畦隴，築短垣，縱横其中，植以荊棘，而其地益阻隘。因治坊巷，

徙浮圖北原上，州民旦夕登望三十里。下令安撫司，所治境有隙地悉種榆，久之榆滿塞下。顧謂僚佐曰：「此步兵之地，不利騎戰，豈獨資屋材耶？」

上元舊不燃燈，允則結綵山，聚優樂，使民夜縱遊。明日，偵知北酋欲間入城中觀，允則與同僚伺郊外。果有紫衣人至，遂與俱入傳舍，不交一言，出奴女羅侍左右[四]，劇飲而罷。且置其所乘騾廡下，使遁去，即幽州統軍也。後數日，爲契丹所誅。

嘗宴軍中，而甲仗庫火。允則作樂行酒不輟，副使請救，不答。少頃火熄，命悉瘞所焚物，密遣吏持檄瀛州，以茗籠運器甲。不浹旬，兵數已完，人無知者。樞密院請劾不救火狀，眞宗曰：「允則必有謂，姑詰之。」對曰：「兵械所藏，儆火甚嚴，方宴而焚，必姦人所爲。舍宴而救，事或不測。」

又得諜，釋縛厚遇之，諜言燕京大王遣來，因出所刺緣邊金穀、兵馬之數。允則曰：「若所得謬矣。」呼主吏按籍書實數與之。諜請加緘印，因厚賜以金，縱還。未幾，諜遽至，還所與數，緘印如故，反出彼中兵馬、財力、地里委曲以爲報。

一日，民有訴爲契丹民毆傷而遁者。允則不治，與傷者錢二千，衆以爲怯。逾月，幽州以其事來詰，答以無有。蓋他諜欲以毆人爲質驗，比得報，以爲妄，乃殺諜。雲翼卒亡入契丹，允則移文督還，契丹報以不知所在。允則曰：「在某所。」契丹駭，不敢隱，即歸卒，乃





斬以徇。歷四方館引進使、高州團練使。天禧二年，以客省使知鎭州，徙潞州。仁宗即位，領康州防禦使。天聖六年，卒。

允則不事威儀，間或步出，遇民可語者，延坐與語，以是洞知人情。訟至，無大小面訊立斷。善撫士卒，皆得其用。盜發輒獲，人亦莫知所由。身無兼衣，食無重羞，不畜資財。在河北二十餘年，事功最多，其方略設施，雖寓於遊觀、亭傳間，後人亦莫敢隳。至於國信往來，費用儀式，多所裁定。晚年居京師，有自契丹亡歸者，皆命舍允則家。允則死，始寓樞密院大程官營。

張亢字公壽，自言後唐河南尹全義七世孫。家于臨濮。少豪邁有奇節，事兄奎甚謹。進士及第，爲廣安軍判官、應天府推官。治白沙、石梁二渠，民無水患。改大理寺丞、簽書西京判官事。

通判鎭戎軍，上言：「趙德明死，其子元昊喜誅殺，勢必難制，宜亟防邊。」因論西北攻守之計，章數十上，仁宗欲用之，會丁母憂。既而契丹聚兵幽、涿間，河北增備，遂起爲如京使、知安肅軍。因入對曰：「契丹歲享金帛甚厚，今其主孱而歲歉，懼中國見伐，特張言耳，非其實也。萬一倍約，臣請擐甲爲諸軍先。」

元昊反，爲涇原路兵馬鈐轄、知渭州，累遷右騏驥使、忠州刺史，徙鄜延路、知鄜州。上疏曰：

舊制，諸路總管、鈐轄、都監各不過三兩員，餘官雖高，止不過一路。總管、鈐轄不預本路事。今每路多至十四五員，少亦不減十員，皆兼本路分事，不相統制，凡有論議，互報不同。按唐總管、統軍、都統、處置、制置使，各有副貳，國朝亦有經略、排陣使，請約故事，別置使名，每路軍馬事，止以三兩員領之。

又涇原一路，自總管、鈐轄、都監、巡檢及城砦所部六十餘所，兵多者數千人，少者才千人，兵勢既分，不足以當大敵。若敵以萬人爲二十隊，多張聲勢以綴我軍，後以三五萬人大入奔突，則何以支？

又比來主將與軍伍移易不定，人馬強弱，配屬未均。今涇原正兵五萬，弓箭手二萬，鄜延正兵不減六七萬，若能預爲團結，明定節制，迭爲應援，以逸待勞，則烏合饑餒之衆，豈能窺我淺深乎？請下韓琦、范仲淹分按，逐路以馬步軍八千已上至萬人，擇才位兼高者爲總領。其下分爲三將：一爲前鋒，一爲策前鋒，一爲後陣。每將以使臣、忠佐三兩人，分屯要害之地，敵小入則一將出，大入則大將出。





又量敵數多少，使鄰路出兵應接，此所謂常山蛇勢也。今萬人已上爲一大將，一路又有主帥，延州領三大將，鄜州一大將，保安軍及西路巡檢、德靖砦共爲一大將，則鄜延路兵五萬人矣。原渭州、鎭戎軍各一大將，渭州山外及瓦亭各一大將，則涇原路五萬人矣。弓箭手、熟戶不在焉。昨延州之敗，蓋由諸將自守，不相應援。請令邊臣預定其法，敵寇某所，則某將爲先鋒，某將出某所爲奇兵，某將出某所爲聲援，某城砦相近出敢戰死士某所設覆，都、同巡檢則各扼要害。

又令鄰路取某路出應，仍潛用旗幟爲號。昨劉平救延州，前鋒陷賊者已二千騎，平猶不知。趙瑜部馬軍間道先進，而趙振與王逵趨塞門，至高頭平路，白馬報敵張青蓋駐山東，振麾兵掩襲，乃瑜也。臣在山外策應，未嘗用本指揮旗號，自以五行支干別爲引旗。若甲子日本軍相遇，則先見者張青旗，後見者以緋旗應之，此是干相生，其干相尅及支相生尅亦如之。蓋兵馬出入，晝則百步之外不能相知，若不預爲之號，必誤軍事。國家承平日久，失於訓練，今每指揮藝精者不過百餘人，餘皆瘦弱不可用。且官軍所恃者，步軍與強弩爾。臣知渭州日，見廣勇軍彍弩者三百五十人，引一石二斗者僅百人，餘僅及七八斗，正欲閱習時易爲力爾。臣以跳鐙弩試，皆不能張，閱習十餘日，裁得百餘人。又教以小坐法，亦十餘日，又教以帶甲小坐法，五十餘日始能服

熟。若安前弊以應新敵，其有必勝之理乎？

又兵官務張邊事，以媒進邀賞，劉平之敗，正繇貪功輕進。鎮戎軍最近賊境，每報賊騎至，不問多寡，凡主兵者皆出，至邊壕則賊已去矣。蓋權均勢埒，各不相下，若不出，則恐得怯懦之罪。且諸路騎兵不能馳險，計其芻粟，一馬之費，可養步軍五人。馬高不及格，宜悉還坊監，止留十之三，餘以步兵代之。又比來禁衞隊長，繇年勞換前班者，或爲諸司使副，白丁試武技，亦命以官，而諸路弓箭手生長邊陲，父祖效命，累世捍賊，乃無進擢之路，何以激勸邊民？

竊聞大帥議五路進師，且用兵以來，屢出無功，若一旦深入，臣切以爲未可也。山界諸州城砦，距邊止二三百里，夏兵器甲雖精利，其鬥戰不及山界部族，而財糧又盡出山界。若十月後令諸將分番出界，使夏人不得耕牧。然後出步兵，負十日糧，人日給米一升，馬日給粟四升、草五分，賊界有草地，以半資放牧，亦可減輓運之半。王師既行，使嗢廝囉及九姓回紇分制其後，必蕩覆巢穴。

又言：「陝西民調發之苦，數倍常歲，宜一切權罷，令安撫司與逐州長吏減省他役，顓應邊須。及選殿侍軍將各三十人，以駝、騾各二百，留其半河中，以運鄜、延、保安軍軍須，其半留乾州或永興軍，以運環、慶、原、渭、鎮戎軍軍須，分一轉運使專董其事。又鄜州四路



半當衝要，嘗以閑慢路遞鋪兵卒之半，貼衝要二路。驛百人，每三人挽小車，載二百五十斤至三百斤，若團併牽運，邊計亦未至失備，而民力可以寬矣。」

初，亢請乘驛入對，詔令手疏上之，後多施用。進西上閤門使，改都鈐轄，屯延州。又奏邊機軍政措置失宜者十事，言：

王師每出不利，豈非節制不立，號令不明，訓練不至，器械不精？或中敵詭計，或自我貪功；或左右前後自不相救，或進退出入未知其便；或兵多而不能用，或兵少而不能避；或爲持權者所逼，或因懦將所牽；或人馬困饑而不能奮，或山川險阻而不能通：此皆將不知兵之弊也。未聞深究致敗之由而爲之措置，徒益兵馬，未見勝術。一也。

去春敵至延州，諸路發援兵，而河東、秦鳳各踰千里，涇原、環慶不減十程。去秋賊出鎮戎，遠自鄜延發兵，千里遠鬥，銳氣已衰，如賊已退，乃是空勞師徒，異時更寇別路，必又如此，是謂不戰而自弊。二也。

今鄜延副都總管許懷德兼管勾環慶軍馬，環慶副總管王仲寶復兼鄜延，其涇原、秦鳳總管等亦兼鄰路，雖令互相策應，然環州至延州十四五驛，徑赴亦不下十驛；涇原至秦鳳千里，若發兵互援，而山路險惡，人馬之力已竭。三也。

四路軍馬各不下五六萬，朝廷罄力供億，而邊臣但言兵少，每路欲更增十萬人，亦



未見功效。且兵無節制一弊，無奇正二弊，無應援三弊，主將不一四弊，兵分勢弱五弊。有此五弊，如驅市人而戰，雖有百萬，亦無益於事。四也。

古人教習，須三年而後成，今之用兵已三年矣，將帥之材孰賢孰愚，攻守之術孰得孰失，累年敗衄，而居邊要者未知何謀。使更數年未罷兵，國用民力，何以克堪。若因之以饑饉，加之以他寇，則安危之策，未知如何。五也。

今言邊事者甚衆，朝廷或卽奏可，或再詳究以聞，或付有司。前條方行，後令卽變，胥史有鈔錄之勞，官吏無商略之暇，邊防軍政，一無定制。六也。

夏竦、陳執中皆朝廷大臣，凡有邊事，當付之不疑。今但主文書、守詔令，每有宣命，則翻錄行下；如諸處申稟，則令候朝旨。如是，則何必以大臣主事？七也。

前河北用兵，減冗官以省費，今陝西日以增員，如制置青白鹽使副、招撫蕃部使臣等十餘員〔五〕，所占兵士千餘人，請給歲約萬緡。復有都大提舉馬鋪器甲之類，諸州並募克敵、致勝、保捷、廣銳、宣毅等兵，久未曾團結訓練，但費軍廩，無益邊備。八也。

今軍有手藝者，管兵之官，每一指揮，抽占三之一。如延州諸將不出，卽有兵二萬，除五千守城之外，其餘止一萬五千。若有警急，三日內不能團集，況四十里外便是敵境，一有奔突，何以備之？九也。



陝西教集鄉兵，共十餘萬人。市井無賴，名挂尺籍，心薄田夫〔六〕，豈無姦盜雜於其中？苟無措置，他日爲患不細。十也。

既而復請面陳利害，不報。

會元昊益熾，以兵圍河外。康德輿無守禦才，屬戶豪乜囉叛去，導夏人自後河川襲府州，兵至近道纔覺，而蕃漢民被殺掠已衆。攻城不能下，引兵屯琉璃堡，縱遊騎鈔麟、府間，二州閉壁不出。民乏飲，黃金一兩易水一桮。時豐州已爲夏人所破，麟、府勢孤，朝廷議棄河外守保德軍未果，徙亢爲幷代都鈐轄、管勾麟府軍馬事。單騎叩城，出所授敕示城上，門啓，旣入，卽縱民出采薪芻汲澗谷。然夏人猶時出鈔掠，亢以州東焦山有石炭穴，爲築東勝堡；下城旁有蔬畦，爲築金城堡；州北沙阬有水泉，爲築安定堡，置兵守之。募人穫于外，腰鐮與衞送者均得。

其時禁兵皆敗北，無鬥志，乃募役兵敢戰者，夜伏隘道，邀擊夏人遊騎。比明，有持首級來獻者，亢以錦袍賜之，禁兵始慚奮曰：「我顧不若彼乎？」又縱使飲博，方窘乏幸利，咸願一戰。亢知可用，始謀擊琉璃堡，使諜伏敵砦旁草中，見老羌方炙羊髀占吉凶，驚曰：「明當有急兵，且趣避之。」皆笑曰：「漢兒皆藏頭膝間，何敢！」亢知無備，夜引兵襲擊，大破之。夏人棄堡去，乃築宣威砦于步駝溝〔七〕捍寇路。

時麟州餽路猶未通，勅亢自護賞物送麟州。敵既不得鈔，遂以兵數萬趨柏子砦來邀。亢所將才三千人，亢激怒之曰：「若等已陷死地，前鬥則生，不然，爲賊所屠無餘也。」士皆感厲。會天大風，順風擊之，斬首六百餘級，相蹂踐赴崖谷死者不可勝計，奪馬千餘匹。乃修建寧砦。夏人數出爭，遂戰于兎毛川。亢自抗以大陣，而使驍將張岊〔八〕伏短兵強弩數千于山後。亢陰易其旗以誤敵，敵果趣「東軍」，而值虎翼卒，搏戰良久，伏發，敵大潰，斬首二千級。不踰月，築淸塞、百勝、中候、建寧、鎭川五堡，麟、府之路始通。

亢復奏：「今所通特一徑爾，請更增並邊諸栅以相維持，則可以廣田牧，壯河外之勢。」議未下，會契丹欲渝盟，領果州團練使、知瀛州。葛懷敏敗，遷四方館使、涇原路經略安撫招討使、知渭州，亢聞詔即行，及至，敵已去。鄭戩統四路，亢與議不合，還引進使，徙幷代副都總管。御史梁堅劾亢出庫銀給牙吏往成都市易，以利自入，奪引進使，爲本路鈐轄。

及夏人與契丹戰河外，復引進使、副都總管，知代州兼河東沿邊安撫事。范仲淹宣撫河東，復奏亢前所增廣堡砦，宜使就總其事。詔既下，明鎬以爲不可，屢牒止之。亢曰：「受詔置堡砦，豈可得經略牒而止耶？坐違節度，死所甘心，堡砦必爲也。」每得牒，置案上，督役愈急。及堡成，乃發封自劾，朝廷置不問。蕃漢歸者數千戶，歲減戍兵萬人，河外遂爲





幷、汾屏蔽。

復知瀛州，因言：「州小而人衆，緩急無所容，若廣東南關，則民居皆在城中。」夏竦前在陝西，惡亢不附己，特沮其役，然卒城之。加領眉州防禦使，復爲涇原路總管、知渭州。會給郊賞，州庫物良而估賤，三司所給物下而估高，亢命均其直，以便軍人。轉運使奏亢擅減三司所估。會竦爲樞密使，奪防禦使，降知磁州。御史宋禧繼言亢嘗以庫銀市易，復奪引進使，爲右領衞大將軍、知壽州。

後陝西轉運使言亢所易庫銀非自入者，改將作監、知和州。坐失舉，徙筠州。久之，復爲引進使、果州團練使，又復眉州防禦使、眞定府路副都總管。遷客省使，以足疾知衞州，徙懷州。坐與鄰郡守議河事，會境上經夕而還，降曹州鈐轄。改河陽總管，以疾辭，爲秘書監。未幾，復客省使、眉州防禦使、徐州總管，卒。

亢好施輕財，凡燕犒餽遺，類皆過厚，至遣人貿易助其費，猶不足。以此人樂爲之用。同學生爲吏部，亢憐其老，薦爲縣令。後既爲所累，出筠州，還，所薦者復求濟，亢又贈金帛，終不以屑意。馭軍嚴明，所至有風跡，民圖像祠之。

奎字仲野，先亢中進士。歷幷、秀州推官，監衢州酒。徐生者毆人至死，繫婺州獄，再問輒言冤。轉運使命奎復治。奎視四籍印篆僞，深探之，乃獄吏竄易，卒釋徐生，抵吏罪，衆驚伏。同時薦者三十九人，改大理寺丞，知合淝縣，徙南充縣。

以殿中丞通判瀘州，罷歸。會秦州鹽課虧緡錢數十萬，事連十一州。詔奎往按，還奏三司發鈔稽緩，非諸州罪。因言：「鹽法所以足軍費，非仁政所宜行。若不得已，令商人轉貿流通，獨關市收其征，上下皆利。孰與設重禁壅閼之爲民病？」於是悉除所負。未幾，知江州，徙楚州，遷太常博士，召爲殿中侍御史、知滑州，徙邢州。母病，輒割股肉和藥以進，母遂愈。其後母卒，廬于墓，自負土植松柏。

服終，授度支判官，出爲京東轉運使，以侍御史爲河東轉運使，進刑部員外郎、知御史雜事。安撫京東，募民充軍凡十二萬，奏州縣吏能否數十人。還爲戶部副使。及分陝西爲四路，擢天章閣待制、環慶路經略安撫招討使、知慶州，以父名餘慶辭，不許。歷陝西都轉運使、知永興軍、河東都轉運使，加龍圖閣直學士，知澶、靑、徐、揚等州，再遷吏部郎中。

時李宥知江寧府，府廨盡焚。諫官言金陵始封之地，守臣視火不謹，宜擇才臣繕治之。遷右諫議大夫、知江寧府。奎簡材料工，一循舊制，不踰時復完。還，判吏部流內銓，徙審官院、知河南府。河南宮闕歲久頹摧圮，奎大加興葺。又按唐街陌，分牓諸坊。初，全義守洛四十年，洛人德之，有生祠。及見奎偉儀觀，曰：「眞齊王孫也。」因復興齊王祠。歲餘，以能





政聞，遷給事中，歸朝。京東盜起，加樞密直學士、知鄆州，數月，捕諸盜，悉平。

奎治身有法度，風力精強，所至有治跡，吏不敢欺，第傷苛細。亢豪放喜功名，不事小謹。兄弟所爲不同如此，然皆知名一時。子燾，龍圖閣直學士。

劉文質字士彬，保州保塞人，簡穆皇后從孫也。父審琦，虎牢關使，從討李重進戰死。

文質幼從母入禁中，太宗授以左班殿直，遷西頭供奉官、寄班祗候。帝頗親信之，數訪以外事。嘗謂內侍竇神興曰：「文質，朕之近親，又忠謹，其賜白金百斤。」出爲兩浙走馬承受公事，擢西京左藏庫副使、岢嵐軍使，賜金帶、名馬。徙知麟州，改麟府濁輪砦兵馬鈐轄。擊蕃酋萬保移，走之。越河破契丹，拔黃太尉砦，殺獲萬計，賜錦袍、金帶。徙知慶州。李繼遷入寇，文質將出兵，而官吏不敢發庫錢。乃以私錢二百萬給軍，士皆感奮，遂大破賊。徙涇州，充麟州、淸遠軍都監，又破敵于枝子平。咸平中，淸遠軍陷，坐逗撓奪官，雷州安置。久之，起爲太子率府率、杭州駐泊都監。封泰山，以內殿崇班爲靑、齊、淄、濰州巡檢。進禮賓副使、石隰緣邊同都巡檢使，徙秦州鈐轄。建小落門砦，親率士版築。會李濬知秦州，因就賜白金五百兩。

天禧中，知代州。先是，蕃部獲逃卒，給絹二匹、茶五斤，卒皆論死。時捕得百三十九人，文質取二十九人，以赦後論如法，餘悉配隸他州。再遷內園使、知邠州，數從曹瑋出戰，築堡障。復徙秦州鈐轄，領連州刺史，再知代州，卒。厚賻其家，官子三人。

文質以簡穆親，又父死事，故前後賜予異諸將。眞宗嘗問保塞之舊，文質上宣祖、太祖賜書五函。仁宗亦以書賜之。然性剛，喜訐刺短長，於貴近無所避，故不大顯。子十六人，渙、滬皆知名。

渙字仲章，以父任爲將作監主簿，監并州倉。天聖中，章獻太后臨朝久，渙謂天子年加長，上書請還政。后震怒，將黥隸白州，呂夷簡、薛奎力諫得免。仁宗親政，擢爲右正言。郭后廢，渙與孔道輔、范仲淹等伏閤爭之，皆罰金。會河東走馬承受奏，渙頃官并州，與營妓游，黜通判磁州，尋知遂州。

夏人叛，朝廷議遣使通河西唃氏，渙請行。間道走青唐，諭以恩信。唃氏大集庭帳，誓死扞邊，遣騎護出境，得其誓書與西州地圖以獻。加直昭文館，遷陝西轉運使，由工部郎中知滄州，改吉州刺史，知保州。州自戍卒叛後，兵益驕。渙至，虎翼軍謀舉城叛，民大恐。渙單騎徐叩營，械首惡者歸，斬之，一軍帖服。徙登州，益治刀魚船備海寇，寇不敢犯，詔嘉





獎之。

歷知邢、恩、冀、涇、澶五州。恩承賊蹂踐後，渙經理繕葺有敍，兵民犯法，一切用重典，威令大振。治平中，河北地震，民乏粟，率賤賣耕牛以苟朝夕。渙在澶，盡發公錢買之。明年，民無牛耕，價增十倍，渙復出所市牛，以元直與民，澶民賴不失業。歷秦鳳、涇原、眞定、定州路總管，四遷至鎭寧軍節度觀察留後。熙寧中，還，爲工部尚書致仕。

渙有才略，尙氣不羈，臨事無所避，然銳於進取。方開拓洮、岷，討安南，渙旣老，猶露章請自效，不報。卒，年八十一。

滬字子濬，頗知書傳，深沉寡言，有知略。以蔭補三班奉職，累遷右侍禁。康定中，爲渭州瓦亭砦監押，權靜邊砦，擊破党留等族，斬一驍將，獲馬牛槖駝萬計。時任福敗，邊城晝閉，居民畜產多爲賊所掠，滬獨開門納之。

遷左侍禁，韓琦、范仲淹薦授閤門祇候。又破穆寧生氐。西南去略陽[九]二百里，中有城曰水洛，川平土沃，又有水輪、銀、銅之利，環城數萬帳，漢民之逋逃者歸之，教其百工商賈，自成完國。曹瑋在秦州，嘗經營不能得。滬進城章川，收善田數百頃，以益屯兵，密使人說城主鐸廝那令內附。會鄭戩行邊，滬遂召鐸廝那及其酋屬來獻結公、水洛、路羅甘地，

願爲屬戶。戩即令滬將兵往受地。旣至而氐情中變，聚兵數萬合圍，夜縱火呼嘯，期盡殺官軍。滬兵才千人，前後數百里無援，滬堅臥，因令晨炊緩食，坐胡床指揮進退，一戰氐潰，追奔至石門，酋皆稽顙請服。因盡驅其衆隸麾下，以通秦、渭之路。又敗臨洮氐于城下。遷內殿崇班。

戩以三將兵遣董士廉助築城，功未半，會戩罷四路招討使，而涇原路尹洙以爲不便，令罷築，且召滬，不聽，日增版趣役。洙怒，使狄青械滬、士廉下獄。氐衆驚，收積聚，殺吏民爲亂，朝廷遣魚周詢、程戡往視，氐衆詣周詢，請以牛羊及丁壯助工役，復以滬權水洛城砦主。城成，終以違本路安撫使節制，黜一官，爲鎭戎軍西路都巡檢。復內殿崇班，瘍發首，卒。弟淵將以其柩東歸，居人遮道號泣請留，葬水洛，立祠城隅，歲時祀之。

經略司言，得熟戶蕃官牛裝等狀，願得滬子弟主其城。乃命其弟淳爲水洛城兵馬監押，城中有碑記滬事。

趙滋字子深，開封人。父士隆，天聖中，以閤門祇候爲邠寧環慶路都監，戰沒。錄滋三班奉職。





滋少果敢任氣，有智略。康定初，以右侍禁選捕京西叛卒有功，遷左侍禁，後爲涇原儀渭、鎭戎軍都巡檢。會渭州得勝砦主姚貴殺監押崔絢，劫宣武神騎卒千餘人叛，攻羊牧隆城。滋馳至，諭降八百餘人，貴窮，走出砦。招討使令滋給賜降卒及遷補將吏，滋以爲如是是誘其爲亂，藏其牒不用，還，爲招討使所怒，故賞弗行。

范仲淹、韓琦經略陝西，舉滋可將領，得閤門祇候，爲鎭戎軍西路都巡檢。時京西軍賊張海久未伏誅，命滋都大提舉陝西、京西路捉賊，數月賊平。後爲京東東路都巡檢。富弼爲安撫使，舉再任登州。乳山砦兵叛，殺巡檢，州將誅首惡數人，不窮按。滋承檄驗治，馳入其壘，次第推問，得黨與百餘人付獄，衆莫敢動。

在京東五年，數獲盜，不自言，弼爲言，乃自東頭供奉官超授供備庫副使、定州路駐泊都監。嘗因給軍食，同列言粟不善，滋叱之曰：「爾欲以是怒衆耶？使衆有一言，當先斬爾以徇。」韓琦聞而壯之，以爲眞將帥材。及琦在河東，又奏滋權并代路鈐轄，改管勾河東經略司公事。建言：「代州、寧化軍有地萬頃，皆肥美，可募人田作，教戰射，爲堡砦。」人以爲利。

累遷西上閤門副使，歷知安肅軍、保州。滋強力精悍，有吏能，所至稱治。會契丹民數違約，乘小舟漁界河中，吏憚生事，累歲莫敢禁。後又遣大舟十餘，自海口運鹽入界河。朝

廷患之，以滋可任，徙知雄州。滋戒巡兵，舟至，輒捕其人殺之，藉其舟，移文還涿州，漁者遂絕。契丹因使人以爲言，而知瀛州彭思永、河北轉運使唐介燕度，皆以滋生事，請罷之。朝廷更以爲能，擢龍神衞四廂都指揮使、嘉州團練使，遷天武、捧日四廂都指揮使。

英宗卽位，領端州防禦使、步軍都虞候，賜白金五百兩，留再任。未幾，卒，贈遂州觀察使。

滋在雄州六年，契丹憚之。契丹嘗大饑，舊，米出塞不得過三斗，滋曰：「彼亦吾民也。」令出米無所禁，邊人德之。馭軍嚴，戰卒嘗不服役，滋役之如廂兵，莫敢有言。繕治城壁、樓櫓，至於簿書、米鹽，皆有條法。性尤廉謹，月得公使酒，不以入家。然傲慢自譽，此其短也。



論曰：石普曉暢軍事，習知民庸，然揣摩時政，終以罪廢。張孜雖稱持重，跡其所長，無足取者。許懷德以愞不任事，數遭貶斥，其不及普遠矣。劉文質以私錢給軍，且脫人於死，仕雖偃蹇，聲名俱章章矣。渙以小官，能抗疏母后，輯暴弭姦，則其餘事也。滬，水洛之戰，從容退師，滬之才略，其最優者歟？趙滋有吏能，出米塞下以振契丹，亦仁人之用心。李允



則在河北二十年，設施方略，不動聲氣，契丹至以長者稱之。張亢起儒生，曉韜略，琉璃堡、兔毛川之捷，良快人意，區區書生，功名如此，何其壯哉！奎以治跡著稱，其視亢蓋所謂難爲兄難爲弟者歟？

## 校勘記

〔一〕繫軍吏之頸　「吏」原作「令」，據武經總要前集卷一五、長編卷五五改。

〔二〕則西趨順安軍襲擊　「安」字原脫，據下文及長編卷五四補。

〔三〕建雄　原作「進雄」，據隆平集卷一九、東都事略卷六二本傳改。

〔四〕出奴女羅侍左右　隆平集卷一六、東都事略卷二九本傳都作「出妓女列侍」。

〔五〕招撫蕃部使臣等十餘員　「等」字原脫，據文義和長編卷一三二補。

〔六〕心薄田夫　「心薄」原作「必簿」，據長編卷一三二改。

〔七〕乃築宣威砦于步毗溝　「溝」字原脫，據長編卷一三三、武經總要前集卷一七補。

〔八〕張岊　原作「孫岊」，據本書卷三二六張岊傳、卷二五五王凱傳、長編卷一三三改。

〔九〕路陽　原作「洛陽」，據東都事略卷六一本傳、長編卷一四四改。

# 宋史卷三百二十五

## 列傳第八十四

### 劉平 弟兼濟　郭遵附　任福 王珪　武英　桑懌　耿傅　王仲寶附

劉平字士衡，開封祥符人。父漢凝，從太宗征河東岢嵐、憲州，累遷崇儀使。平剛直任俠，善弓馬，讀書彊記。進士及第，補無錫尉，擊賊殺五人，擢大理評事。知鄢陵縣，徙南充。夷人寇淯井監，轉運使以平權瀘州事，平率土丁三千擊走之。祠汾陰，遷本寺丞。還，路由安州，遇賊十數人，平發矢斃三賊，餘賊散。以寇準薦，爲殿中丞、知瀘州，夷人懲前敗，不敢擾邊。

召拜監察御史，數上疏論事，爲丁謂所忌。久之，除三司鹽鐵判官、河北安撫，改殿中侍御史、陝西轉運使。與副使論事不合，徙知襄州。仁宗卽位，遷侍御史。

初，眞宗知其才，將用之。丁謂乘間曰：「平，將家子，素知兵，若使將西北，可以制敵。」





後章獻太后思謂言，特改衣庫使、知邠州〔一〕。屬戶明珠、磨糜族數反覆，平潛兵殺數千人，以功領賓州刺史、鄜延路兵馬鈐轄，徙涇原路，兼知渭州。胡則爲陝西都轉運使，平奏曰：「則，丁謂黨，今隸則部，慮掎摭致罪。」徙汝州，改淮南、江、浙、荆湖制置發運副使，行數驛，召還，眞拜信州刺史、知雄州。居四年，遷忻州團練使、知成德軍。

景祐元年，拜龍神衞四廂都指揮使、永州防禦使、知定州，徙環慶路副都總管，進侍衞親步軍都虞候。奏言：「元昊勢且叛，宜嚴備之。」尋坐被酒破鎖入甲仗庫，爲轉運使蘇耆所劾，落管軍，知同州。上疏自列，召入問狀，復爲步軍都虞候、知澶州。時議塞河，而平言不知河事，乃徙滄州副都總管。

時呂夷簡爲宰相，臺諫官數言政事闕失，平奏書曰：「臣見范仲淹等毀訾大臣，此必有要人授旨仲淹輩，欲逐大臣而代其位者。臣於眞宗朝爲御史，顧當時同列，未聞有姦邪黨與詐忠賣直，所爲若此。臣慮小臣以淺文薄伎，偶致顯用，不識朝廷典故，而論事浸淫，遂及管軍將校。且武人進退，與儒臣異路，若掎摭短長，妄有舉劾，則心搖而怨結矣。願明諭臺諫官，毋令越職，仍不許更相引薦。或闕員，則朝廷自擇忠純耆德用之。」論者以謂希夷簡意也。改高陽關副總管。

寶元元年，以殿前都虞候爲環慶路馬步軍副總管。會元昊反，遷邕州觀察使，爲鄜延

路副總管兼鄜延、環慶路同安撫使。頃之，兼管勾涇原路兵馬，進步軍副都指揮使、靜江軍節度觀察留後。獻攻守之策曰：

五代之末，中國多事，唯制西戎爲得之。中國未嘗遣一騎一卒，遠屯塞上，但任土豪爲衆所伏者，封以州邑，征賦所入，足以贍兵養士，由是無邊鄙之虞。太祖定天下，懲唐末藩鎭之盛，削其兵柄，收其賦入，自節度以下，第坐給奉祿，或方面有警，則總師出討，事已，則兵歸宿衞，將還本鎭。彼邊方世襲，宜異於此，而誤以朔方李彝興、靈武馮繼業一切亦徙內地。自此靈、夏仰中國戍守，千里運糧，兵民並困。

其後靈武失守，而趙德明懼王師問罪，願爲藩臣。于時若止棄靈、夏、綏、銀，與之限山爲界，則無今日之患矣。而以靈、夏兩州及山界蕃漢戶并授德明，故蓄甲治兵，漸窺邊隙，鄜延、環慶、涇原、秦隴所以不能弛備也。

今元昊嗣國，政刑慘酷，衆叛親離，復與唃廝囉搆怨，此乃天亡之時。臣聞寇不可玩，敵不可縱。或元昊不能自立，別有酋豪代之，西與唃廝囉復平，北約契丹爲表裏，則何以制其侵軼？今元昊國勢未彊，若乘此用鄜延、環慶、涇原、秦隴四路兵馬，分兩道，益以蕃漢弓箭手，精兵可得二十萬，三倍元昊之衆，轉粮二百里，不出一月，可收山界洪、宥等州。招集土豪，縻之以職，自防禦使以下、刺史以上，第封之，給以衣祿金



帛；又以土人補將校，使勇者貪於祿，富者安於家，不期月而人心自定。及遣使諭唃廝囉，授以靈武節度，使撓河外族帳，以窘元昊。復出麟、府、石州蕃漢步騎，獵取河西部族，招其酋帥，離其部衆，然後以大軍繼之，元昊不過鼠竄爲窮寇爾，何所爲哉！

且靈、夏、綏、銀地不產五穀，人不習險阻，每歲資糧，取足洪、宥。而洪、宥州羌戶勁勇善戰，夏人恃此以爲肘腋。我苟得之，以山爲界，憑高據險，下瞰沙漠，各列堡障，量以戎兵鎭守，此天險也。廟朝之謀，不知出此，而爭靈、夏、綏、銀，連年調發，老師費財，以致中國疲弊，小醜猖獗，此議臣之罪也。

今朝廷或貸元昊罪，更示含容，不惟宿兵轉多，經費尤甚。萬一元昊潛結契丹，互爲掎角，則我一身二疾，不可並治。必輕者爲先，重者爲後，如何減兵以應河北？請召邊臣，與二府定守禦長策。

疏奏未報。

屬元昊盛兵攻保安軍，時平屯慶州，范雍以書召平，平率兵與石元孫合軍趨土門。既又有告敵兵破金明、圍延州者，雍復召平與元孫救延州。平素輕敵，督騎兵晝夜倍道行，明日，至萬安鎭。平先發，步軍繼進，夜至三川口西十里止營，遣騎兵先趨延州爭門。時鄜延路駐泊都監黃德和將二千餘人，屯保安北碎金谷，巡檢万俟政、郭遵各將所部分屯，范雍皆



召之爲外援，平亦使人趣其行。詰旦，步兵未至，平與元孫還逆之。行二十里，乃遇步兵，及德和、万俟政、郭遵所將兵悉至，將步騎萬餘結陣東行五里，與敵遇。

時平地雪數寸，平與敵皆爲偃月陣相嚮。有頃，敵兵涉水爲橫陣，郭遵及忠佐王信薄之，不能入。官軍並進，殺數百人，乃退。敵復蔽盾爲陣，官軍復擊卻之，奪盾，殺獲及溺水死者幾千人。平左耳、右頸中流矢。日暮，戰士上首功及所獲馬，平曰：「戰方急，爾各誌之，皆當重賞汝。」語未已，敵以輕兵薄戰，官軍引卻二十步。黃德和居陣後，望見軍卻，率麾下走保西南山，衆從之，皆潰。平遣其子宜孫馳追德和，執轡語曰：「當勒兵還，併力抗敵，奈何先奔？」德和不從，驅馬遁赴甘泉。平遣軍校杖劍遮留士卒，得千餘人。轉鬬三日，賊退還水東。平率餘衆保西南山，立七柵自固。敵夜使人叩柵，問大將安在，士不應。復使人僞爲戍卒，遞文移平，平殺之。夜四鼓，敵環營譟曰：「如許殘兵，不降何待！」平旦，敵酋舉鞭麾騎，自山四出合擊，絕官軍爲二，遂與元孫皆被執。

初，德和言平降賊，朝廷發禁兵圍其家。及命殿中侍御史文彥博卽河中府置獄，遣龐籍往訊焉，具得其實。遂釋其家，德和坐腰斬。而延州吏民亦詣闕訴平戰沒狀，遂贈朔方軍節度使兼侍中，謚壯武，賜信陵坊第，封其妻趙氏爲南陽郡太夫人，子孫及諸弟皆優遷，未官者錄之。其後降羌多言平在興州未死，生子于賊中。及石元孫歸，乃知平戰時被執，



後沒于興州。弟兼濟。

兼濟字寶臣，以父蔭補三班奉職。善騎射，讀兵書知大旨。爲襄州兵馬監押。漢江暴漲，兼濟解衣涉水，率衆捍城，州賴以完。擢閤門祗候、雄霸州界河巡檢，徙晉、絳、澤、潞都巡檢使。歲饑，太行多盜，禽二百餘人。改左侍禁、鄜延路兵馬都監，權知保安軍，歷同提點陝西、河東刑獄，徙知籠竿城。

夏人寇邊，衆號數萬，兼濟將兵千餘，轉戰至黑松林，敗之。屬其兄平戰沒于三川口，特授內殿崇班、知原州。入辭，仁宗慰勉之曰：「國憂未弭，家仇未報，不可不力也。」屬戶明珠族叛，諸將欲亟討。兼濟第日縱飮擊鞠，繆爲不知，以疑其意。既而叛者自潰，乃追襲之，射殺其酋長，收餘衆以歸。徙寧州，破斬廝轙砦，徙鄜州。

元昊既稱藩，徙梓夔路鈐轄，又徙知鎭戎軍。兼濟御下嚴急，轉運使言士心多怨，請徙諸內地。改涇原路鈐轄，復知寧州，又知原州，徙冀州、廣信軍。累遷文思使、惠州刺史、河北緣邊安撫副使，擢西上閤門使、同管勾三班院，出知雄州。

先是，邊民避罪逃者，契丹輒納之，守將畏事不敢詰，兼濟悉移檄責還。徙冀州，踰月，改忻州，復管勾三班院，卒。

郭遵者，開封人也，家世以武功稱。遵少隸軍籍，稍遷殿前指揮使。乾興中，改左班殿直、并代路巡檢。遷右侍禁、慶州柔遠砦兵馬監押。召試騎射優等，遷左侍禁、閤門祇候。爲秦州三陽砦主〔三〕，徙延州西路都巡檢使。

元昊寇延州，遵以裨將屬劉平，遇敵，馳馬入敵陣，殺傷數十人。敵出驍將揚言當遵，遵揮鐵杵破其腦，兩軍皆大呼。復持鐵槍進，所向披靡。會黃德和引兵先潰，敵戰益急。遵奮擊，期必死，獨出入行間。軍稍卻，卽復馬以殿，又持大矟橫突之。敵知不可敵，使人持大絭索立高處迎遵馬，輒爲遵所斷。因縱遵使深入，攢兵注射之，中馬，馬蹶仆地，被殺。特贈果州團練使。以其父斌爲太子右清道率府副率；母賀，封仁壽郡君；妻尹，安康郡君；弟靑右侍禁，逵三班奉職。四子尙幼，仁宗悉爲賜名，忠嗣西頭供奉官，忠紹左侍禁，忠裔右侍禁，忠緒左班殿直。女舊爲尼，亦賜紫方袍。

遵用鐵杵、槍、矟共九十斤，其後耕者得其器于戰處，皇祐中，乃併與其衣冠葬之河南。逵自有傳。





任福字祐之，其先河東人，後徙開封。咸平中，補衞士，由殿前諸班累遷至遙郡刺史。元昊反，除莫州刺史、嵐石隰州緣邊都巡檢使。既辭，奏曰：「河東地介大河，斥堠疎闊，願嚴守備，以戒不虞。」仁宗善之，命知隴州，擢秦鳳路馬步軍副總管。詔陝西增城壘、器械，福受命四十日，而戰守之備皆具。以忻州團練使爲鄜延路副總管、管勾延州東路蕃部事。

尋知慶州，復兼環慶路副總管。上言：「慶州去蕃族不遠，願勒兵境上，按亭堡，謹斥堠。」因經度所過山川道路，以爲緩急攻守之備。帝益善之，聽便宜從事。夏人寇保安、鎭戎軍，福與子懷亮、姪壻成暠自華池鳳川鎭聲言巡邊，召諸將牽制敵勢。行至柔遠砦，犒蕃部，卽席部分諸將，攻白豹城。夜漏未盡，抵城下，四面合擊。平明，破其城，縱兵大掠，焚巢穴，獲牛馬、橐駝七千有餘，委聚方四十里，平骨咩等四十一族。以功拜龍神衞四廂都指揮使、賀州防禦使，改侍衞馬軍都虞候。

康定二年春，朝廷欲發涇原、鄜延兩路兵西討，詔福詣涇原計事。會安撫副使韓琦行邊趨涇原，聞元昊謀寇渭州，琦亟趨鎭戎軍，盡出其兵，又募敢勇得萬八千人，使福將之。以耿傅參軍事，涇原路駐泊都監桑懌爲先鋒，鈐轄朱觀、都監武英、涇州都監王珪各以所部從福節制。琦戒福等併兵，自懷遠城趨得勝砦，至羊牧隆城，出敵之後。諸砦相距纔四十里，道近糧餉便，度勢未可戰，則據險設伏，待其歸邀擊之。

福引輕騎數千，趨懷遠城捺龍川，遇鎭戎軍西路巡檢常鼎、劉肅，與敵戰于張家堡南，斬首數百。夏人棄馬羊橐駝佯北，懌引騎趨之，福踵其後。諜傳敵兵少，福等頗易之。薄暮，與懌合軍屯好水川，觀、英屯龍落川，相距隔山五里，約翌日會兵川口。路既遠，芻餉不繼，士馬乏食已三日。追奔至籠竿城北，遇夏軍，循川行，出六盤山下，距羊牧隆城五里結陣，諸將方知墮敵計，勢不可留，遂前格戰。懌馳犯其鋒，福陣未成列，賊縱鐵騎突之，自辰至午，陣動，衆傅山欲據勝地。俄伏發，自山背下擊，士卒多墜崖塹，相覆壓，懌、肅戰死。敵分兵數千，斷官軍後，福力戰，身被十餘矢。有小校劉進者，勸福自免。福曰：「吾爲大將，兵敗，以死報國爾。」揮四刃鐵簡，挺身決鬬，槍中左頰，絕其喉而死。

乃併兵攻觀、英。戰既合，王珪自羊牧隆城引兵四千，陣于觀軍之西；渭州駐泊都監趙津〔三〕將瓦亭騎兵二千繼至。珪屢出略陣，陣堅不可破，英重傷，不能視軍。敵兵益至，官軍遂大潰，英、津、珪、傅皆死；內殿崇班訾賓、西頭供奉官王慶、侍禁李簡李禹亨劉鈞亦戰沒；軍校死者數十人，士死者六千餘人。唯觀以兵千餘保民垣，四嚮縱射，會暮，敵引去，與福戰處相距五里，然其敗不相聞也。福子懷亮亦死之。

方元昊傾國入寇，福臨敵受命，所統皆非素撫之兵，既又分出趨利，故至於甚敗。奏至，帝震悼，贈福武勝軍節度使兼侍中，賜第一區，月給其家錢三萬，粟、麥四十斛。追封母爲隴西郡太夫人，妻爲琅邪郡夫人，錄其子及從子凡六人。





王珪，開封人也。少拳勇，善騎射，能用鐵杵、鐵鞭。年十九，隸親從官，累遷殿前第一班押班，擢禮賓副使、涇州駐泊都監。

康定初，元昊寇鎭戎軍，珪將三千騎爲策先鋒，自瓦亭至師子堡，敵圍之數重，珪奮擊披靡，獲首級爲多。叩鎭戎城，請益兵，不許。城中惟縋糗糧予之。師既飽，因語其下曰：「兵法，以寡擊衆必在暮，我兵少，乘其暮擊之，可得志也。」復馳入，有驍將持白幟植槍以詈曰：「誰敢與吾敵者！」槍直珪胸而傷右臂，珪左手以杵碎其腦。繼又一將復以槍進，珪挾其槍，以鞭擊殺之。一軍大驚，遂引去。珪亦以馬中箭而還，仁宗特遣使撫諭之；然以其下死傷亦多，止賜名馬二匹，黃金三十兩，裹創絹百匹；復下詔暴其功塞下，以厲諸將。

是歲，改涇原路都監。明年，爲本路行營都監，勒金字處置牌賜之，使得專誅殺。尋至黑山，焚敵族帳，獲首級、馬駝甚衆。會敵大入，以兵五千從任福屯好水川，連戰三日，諸將皆敗。任福陷圍中，望見麾幟猶在，珪欲援出之，軍校有顧望不進者，斬以徇。乃東望再拜曰：「非臣負國，臣力不能也，獨有死報爾。」乃復入戰，殺數十百人，鞭鐵撓曲，手掌盡裂，奮擊自若。馬中鏃，凡三易，猶馳擊殺數十人。矢中目，乃還，夜中卒。

珪少通陰陽術數之學〔五〕，始出戰，謂其家人曰：「我前後大小二十餘戰，殺敵多矣，今恐不得還。我死，可速去此，無爲敵所仇也。」及敵攻瓦亭，購甚急，果如所料。鎮戎之戰，以所得二槍植山上，其後邊人即其處爲立祠。贈金州觀察使，追封其妻安康郡君，錄其子光祖爲西頭供奉官、閤門祗候，後爲東上閤門使；光世，西頭供奉官；光嗣，左侍禁。

武英字漢傑，太原人。父密，隨劉繼元歸朝，仕至侍禁、鎮定同巡檢。與契丹戰，沒于望都，贈西京左坊使，錄英爲三班借職，以右班殿直爲忻、代州同巡檢。會州將出獵，因留帳飲，英曰：「今空郡而來，萬一敵乘間入城，奈何？」既而敵百餘騎果入寇，英領衆左右馳射，悉禽獲之。以功遷左班殿直、監雄州榷場，改右侍禁、閤門祗候，爲環州都巡檢使，徙洪德砦主，又徙慶州柔遠砦。

元昊寇延州，英主兵攻後橋，以分敵勢。擢內殿承制、環慶路駐泊都監。破黨平族，又從任福破白豹城，遷禮賓副使，尋兼涇原行營都監。與任福合諸將戰張家堡，斬首數千百，敵棄羊馬僞遁。諸將皆趨利爭進，英以爲前必有伏，衆不聽，已而伏發。福等既敗，英猶力





戰，自辰至申，矢盡遇害。贈邠州觀察使。錄其子三班奉職永符爲東頭供奉官、閤門祗候；永孚，西頭供奉官；永昌，左侍禁。姪永保，右班殿直；永錫，三班奉職。

桑懌，開封雍丘人。勇力過人，善用劍及鐵簡，有謀略。其爲人不甚長大，與人接，常祇畏若不自足，語言如不出其口，卒遇之，不知其勇且健也。兄慥，舉進士，有名。懌以再舉進士，不中。

嘗遭大水，有粟二廩，將以舟載之，見百姓走避水者，遂棄其粟而載之，得皆不死。歲饑，聚人共食其粟，盡而止。後徙居汝、潁間，耕龍城廢田數頃以自給。

諸縣多盜，懌自請補耆長，得往來察姦。因召里中惡少年戒曰：「盜不可爲，吾不汝容也。」有頃，里老父子死未斂，盜夜脫其衣去，父不敢告縣。懌疑少年王生者，夜入其家，得其衣，不使之知也。明日，見而問之曰：「爾許我不爲盜，今里中盜屍衣者，非爾邪？」少年色動，即推仆地，縛之，詰共盜者姓名，盡送縣，皆伏辜。

嘗之郟城，遇尉出捕盜，招懌飲酒。與俱行，至賊所藏，尉怯甚，陽爲不知，將去。懌曰：「賊在此，欲何之？」乃下馬，獨格殺數人，因盡縛之。又聞襄城有盜十許人，獨提一劍以往，殺數人，盡縛其餘，汝旁縣爲之無盜。京西轉運使奏其事，補郟城尉。

天聖中，河南諸縣多盜，轉運使奏移澠池尉。羣盜保青灰山，時出攘剽。有宿盜王伯者，尤爲民害，朝廷每授巡檢使，必疏姓名使捕之。懌至官，巡檢僞宣頭以示懌，牒招致之。懌不知其僞也，因挺身入賊中，與伯同臥起，十餘日，伯遂與懌出至山口，爲巡檢伏兵所執，懌幾不免。懌曰：「巡檢懼無功爾。」即以伯與巡檢，使自爲功。巡檢俘獻京師，而懌不復自言。朝廷知之，爲黜巡檢，擢懌右班殿直、永安縣巡檢。

明道末，京西旱蝗，有惡賊二十三人，樞密院召懌至京師，授以賊名姓，使往捕。懌曰：「盜畏吾名，必潰，潰則難得矣，宜先示之以怯。」至則閉柵，戒軍吏不得一人輒出。居數日，軍吏不知所爲，數請出自效，輒不許。夜，與數卒變爲盜服以出，跡盜所嘗行處。入民家，民皆走，獨一媼留，爲具飲食，如事羣盜。懌歸，閉柵三日，復往，自攜具就媼饌，而以餘遺媼，媼以爲眞盜。乃稍就媼，與語及羣盜，一媼曰〔六〕：「彼聞桑殿直來，皆遁去。近聞閉營不出，知其不足畏，今皆還矣，某在某處。」懌又三日往，厚遺之，遂以實告曰：「我桑殿直也，爲我察其實而愼勿泄。」後三日復來，於是媼盡得居處之實以告。懌明日部分軍士，盡擒諸盜。其尤強梁者，懌自馳馬以往，士卒不及從，惟四騎追之，遂與賊遇，手殺三人。凡二十三人者，一日皆獲。

還京師，樞密吏求銀，爲致閤門祗候。懌曰：「用賂得官，非我欲，況貧無銀；有，固不





可也。」吏怒，匿其功狀，止免其短使而已。除兵馬監押，未行，會宜州蠻叛，殺海上巡檢，官軍不能制，因命懌往，盡手殺之。還，乃授閤門祗候。懌曰：「是行也，非獨吾功，位有居吾上者，吾乃其佐也。今彼留而我還，我賞厚而彼輕，得不疑我蓋其功而自伐乎？受之，徒慚吾心。」將讓其賞以歸己上者。或譏以好名，懌歎曰：「士顧其心如何爾，當自信其心以行，若欲避名，則善皆不可爲也。」益辭之，不許。

寶元初，遷西頭供奉官、廣西駐泊都監。元昊反，參知政事宋庠薦其有勇略，遷內殿崇班、鄜延路兵馬都監。踰月，徙涇原路，屯鎮戎軍，與任福遇敵于好水川，力戰而死。贈解州防禦使，子湜皇城使。

耿傅〔七〕字公弼，河南人。祖昭化，爲蜀州司戶參軍。盜據城，欲脅以官，昭化大罵，至斷手足，不屈而死。

傅少喜俠尙氣，初以父蔭爲三班奉職，換伊陽縣尉，歷明州司理參軍，遷將作監丞、知永寧縣。河南守宋綬薦其材，遷通判儀州，徙慶州。時議進兵西討，以傅督一道糧饋。會元昊入寇，參任福行營軍事，遇敵姚家川，諸將失利，敵騎益至，武英勸傅避去，傅不答。英歎曰：「英當死，君文吏，無軍責，奈何與英俱死？」朱觀亦白傅少避賊鋒，而傅愈前，

指顧自若，被數創，乃死。

始，傳與觀營籠落川，夜作書遺福，以其日小勝(七)，前與敵大軍遇，深以持重戒之。自寫題觀名，以致福軍中。傳死後，韓琦得其書於隨軍孔目官彭忠，奏上之。詔贈傳右諫議大夫，官其子璦爲太常寺太祝，璩爲太常寺奉禮郎，瑋爲將作監主簿，珪試秘書省校書郎，琬同學究出身。

王仲寶字器之，密州高密人。初爲刑部史，補齊州章丘尉。以捕羣盜六十餘人有功，用開封府判官鞠仲謀薦，召對，改右班殿直，爲鎭、定、保、深、永寧、天雄六州軍巡檢。又以捕賊功，遷左班，徙河北西路提舉捉賊，擒磁州名賊王遇仙、博州孫流油輩，凡四十人。

夜有盜叩戶外乞降，左右欲殺之，爲首級論功，仲寶不可，納舍中使寢。擢閤門祗候，命乘驛捕登州海賊百餘人，獲之。還，爲河北提舉捉賊，又捕斬百餘人。知信安軍，復爲河北提舉捉賊。有盜百餘依西山，官軍不能捕，仲寶悉招出，隸軍籍，奏以自隨。徙澤潞晉絳慈隰、威勝軍巡檢使，至官才八日，獲太行山宿賊八十人。累賜金帛、緡錢。使契丹，積遷內殿承制。

天聖初，知鎭戎軍，改供備庫副使。破康奴族，獲首領百五十、羊馬七千，詔獎其功。





凡五年，還，巡護惠民河堤岸，遷供備庫使、鱗府路兵馬鈐轄、知麟州。會鎭戎軍蕃族內寇，徙涇原路鈐轄，復知鎭戎軍，又徙原、環二州。以西京左藏庫使、惠州刺史知利州，徙并、代州鈐轄，改西上閤門使。建言：「緣邊博糴，屬羌苦之，數逃去。請寬其法，使得復業，以捍邊境。」久之，遷東上閤門使。

元昊寇延州，仲寶將兵至賀蘭谷，以分兵勢，敗蕃將羅逋于長雞嶺。遷四方館使，領濮州團練使，爲涇原路總管，安撫副使兼管勾秦鳳路軍馬事。與西羌戰六盤山，俘馘數百人。

時任福大敗好水川，別將朱觀被圍于姚家堡，仲寶以兵救之，拔觀出圍，乘以從馬。時諸將皆沒，獨仲寶與觀得還。徙環慶路副都總管、知慶州。未幾，兼本路經略安撫、招討副使。破金湯城，復賜詔獎諭，徙澶州副總管。安撫使范仲淹以仲寶武幹未衰，奏留之。明年，以磁州防禦使知代州，除左屯衛大將軍致仕，卒。

論曰：元昊乘中國弛備，悉衆寇邊，王師大衂者三，夫豈天時不利哉？亦人謀而已。好水之敗，諸將力戰以死。噫，趣利以違節度，固失計矣；然秉義不屈，庶幾烈士者哉！

## 校勘記

(一) 知邠州　「邠州」原作「汾州」。按宋汾州在河東路，與下文所述地理上不合。據長編卷一〇一、東都事略卷一一〇本傳改。

(二) 秦州三陽砦主　「秦州」原作「泰州」。按本書卷八七地理志、武經總要前集卷一八，三陽砦屬秦州，「泰」字是「秦」字之訛，據改。

(三) 趙律　長編卷一三一、韓琦韓魏公集卷一一家傳、尹洙河南先生文集卷三憫忠都作「趙律」。

(四) 珪少通陰陽術數之學　「術數」二字原倒，據東都事略卷一一〇本傳、隆平集卷一九任福傳乙正。

(五) 一媼曰　「一」字當是衍文。按上文已說「獨一媼留」，此時又別無他媼，不得再說「一媼」。歐陽修歐陽文忠公文集卷六五桑懌傳即無「一」字。

(六) 耿傅　長編卷一三一、蔡襄蔡忠惠公文集卷二九耿諫議傳同；編年綱目卷一一、河南先生文集卷三辯誣、司馬光涑水紀聞卷一二都作「耿傳」，長編卷一三〇也作「耿傳」。疑作「傳」是。

(七) 以其日小勝　「日」原作「戒」，據河南先生文集卷三辯誣改。

# 宋史卷三百二十六

## 列傳第八十五

景泰　王信　蔣偕　張忠　郭恩　張岊　張君平　史方
盧鑑　李渭　王果　郭諮　田敏　侍其曙　康德輿
張昭遠

景泰字周卿，晉州人。進士起家，補坊州軍事推官。後以尙書屯田員外郎通判慶州，卽上言：「元昊雖稱臣，誠恐包藏禍心。當選主將，練士卒，修城池，儲資糧，以備不虞。」三疏不報。俄元昊反，又上邊臣要略二十卷。遷都官、知成州，奏平戎策十有五篇。

會有薦泰知兵者，召對稱旨，換左藏庫使、知寧州。任福敗，徙原州。元昊衆十萬，分二道，一出劉璠堡，一出彭陽城，入攻渭州。葛懷敏援劉璠，戰崆峒北，敗沒，敵騎逾平涼，至潘原。泰率兵五千，從間道赴原，而先鋒左班殿直張迴逗遛不進，泰斬以徇。遇敵彭陽



西，裨將夏侯觀欲退守彭陽，泰弗許，乃依山而陣。未成列，敵騎來犯，泰陰遣三百騎，分左右翼，張旗幟爲疑兵。敵欲遁去，將校請進擊，泰止之，遣士搜山，果得伏兵，與戰，斬首千餘級。以功遷西上閤門使、知鎭戎軍兼兵馬鈐轄。久之，領忠州刺史，徙秦鳳路馬步軍總管，卒。

子思立，熙寧中屢有戰功，爲引進使、忠州防禦使、知河州，與董氊部兵戰，沒。後思忠以左藏庫副使、遂州駐泊都監擊瀘州夷人，陷於羅箇暮山下。兄弟繼死王事，人皆憐其忠。

王信字公亮，太原人。家故饒財，少勇悍。大中祥符中，盜起晉、絳、澤、潞數州，信應募籍軍，與其徒生擒賊七十人，累以功補龍、神衞指揮使。部使者表薦，召閱其藝，遷御前忠佐，領河中府、同幹鄜延丹坊州慶成軍管界捉賊，又遷龍衞都虞候兼鄜延巡檢。

康定初，劉平、石元孫戰于三川，信以所部兵薄賊，斬首數十級。遷捧日都虞候，改西京作坊使、知鎭戎軍，徙保安軍兼鄜延路兵馬都監。始至之夕，敵衆號數萬傅城，軍吏氣懾。信領勁兵二千，夜出南門與戰，失其前鋒，因按軍不動。遲明，潛上東山整軍，乘勢而下，擊走之，獲首級、馬牛居多。遷鈐轄兼經略、安撫、招討都監，領貴州刺史。葛懷敏戰



敗，信出兵拒敵，俘斬甚衆。進保州刺史，就遷馬步軍都總管。四路置招討使，遂爲本路招討副使。累遷馬步軍都虞候、象州防禦使，徙高陽關路。

王則反貝州，用安撫使明鎬奏，爲貝州城下都總管。城破，則遁，信率兵執則而還，餘黨自焚死。拜感德軍節度觀察留後，召爲步軍副都指揮使，未至，卒。贈武寧軍節度〔一〕兼侍中。

蔣偕字齊賢，華州鄭縣人。幼貧，有立志。父病，嘗刲股以療，父愈，詰之曰：「此豈孝邪？」曰：「情之所感，實不自知也。」舉進士，補韶州司理參軍，以祕書省著作佐郎爲大理寺詳斷官。

密州豪人王澥使奴殺一家四人，偕當澥及奴皆大辟。宰相陳堯佐欲寬澥，判審刑院宋庠與偕持之不從，偕以是知名。陝西用兵，數上書論邊事，遷祕書丞、通判同州，計置陝西錢粮。逾年，爲沿邊計置青白鹽使。用龐籍、范仲淹薦，改北作坊副使、環慶路兵馬都監，歷知汾、涇二州，徙原州。邊民苦屬戶爲鈔盜，偕得數輩，腰斬境上，盜爲息。遷北作坊使兼本路鈐轄。明珠、康奴諸族



數爲寇，偕潛兵伺之，斬首四百，擒酋豪，焚帳落，獲馬、牛、羊千計。所俘皆刳割磔裂于庭下，坐客爲廢飲食，而偕語笑自若。徙華州兵馬鈐轄。

湖南蠻唐和內寇，徙潭州鈐轄。賊平，知忻州，徙冀州。坐擅率粮草，降知霸州。踰年，徙恩州，領韶州刺史。屬兵粮乏絕，朝廷方募民入粟，增虛直，給券詣京師射取錢貨，謂之交鈔，患未有應令者。偕使州倉謬爲入粟數，輒作鈔，遣屬官持至京師轉貿，得緡錢以補軍食。爲御史彈奏，降知坊州。

儂智高反，除宮苑使、韶州團練使，爲廣南東西路鈐轄。賊方圍廣州，偕馳傳十七日至城下。戰士未集，會儂智高徙軍沙頭，安撫楊畋檄偕焚粮儲，退保韶州。坐此，降潭州駐泊都監，再降北作坊使、忠州刺史。命未至，軍次賀州太平場，賊夜入營，襲殺之。贈武信軍節度觀察留後。

初，偕入廣州，卽數知州仲簡曰：「君留兵自守，不襲賊，又縱步兵馘平民以幸賞，可斬也。」簡曰：「安有團練使欲斬侍從官？」偕曰：「斬諸侯劍在吾手，何論侍從！」左右解之，乃止。卒以輕肆敗。



中華書局

張忠，開封人。初隸龍騎備征，選爲教駿。有軍校恣掊斂，忠毆殺之，坐配鼎州。既遁去爲盜，復招出，隸龍猛軍，以材武補三班借職、陝西總管司指使。數攻破堡砦，殺劇賊張海、郭邈山。從平恩州，功第一，累遷如京使、資州刺史，歷眞定府、定州、高陽關、京東西路兵馬鈐轄。

儂智高反，就移廣東，領英州團練使。初，智高圍廣州，時洪州駐泊都監蔡保恭及知英州蘇緘以兵八千人據邊渡村，扼賊歸路，忠奪而將之。謂其下曰：「我十年前一健兒，以戰功爲團練使，若曹勉之。」於是不介騎而前。會先鋒遇賊奔，忠手拉賊帥二人，馬陷濘，不能奮，遂中標槍死。錄其父率府副率致仕餘慶爲左監門衞大將軍，賜第一區，給半俸終身；封其母爲河內郡夫人；弟愿還右班殿直、閤門祗候；官其子永壽、永吉、永德及其壻劉鐔凡四人；封長女爲淸河縣君。

郭恩，開封人。初隸諸班，出爲左侍禁、閤門祗候，歷延州西路都巡檢、環州肅遠砦主，累遷內殿承制、秦鳳路兵馬都監。開古渭州路，爲前鋒，斬首九百餘級，擢崇儀副使。會掌烏族叛，又率兵攻討，斬首八十五級，遷六宅副使。累勞，補崇儀使，爲秦隴路兵馬鈐轄，徙





幷、代州鈐轄，管勾麟府軍馬事。

夏人歲侵屈野河西地，至耕穫時，輒屯兵河西以誘官軍。經略使龐籍每戒邊將，斂兵河東毋與戰。嘉祐二年，自正月出屯，至三月然後去。通判幷州司馬光行邊至河西白草平，數十里無寇跡。是時，知麟州武戡、通判夏倚已築一堡爲候望，又與光議曰：「乘敵去，出不意可更增二堡，以據其地。請還白經略使，益禁兵三千、役兵五百，不過二旬，壁壘可城。然後廢橫戎、臨塞二堡〔二〕，徹其樓櫓，徙其甲兵，以實新堡，列烽燧以通警急。從衙城紅樓之上，俯瞰其地，猶指掌也。有急，則州及橫陽堡出兵救之；敵來耕則驅之，種則踩踐之；敵盛則入堡以避。如是，則堡外必不敢耕種，州西五六十里之內晏然矣。」籍遂檄麟州如其議。

五月，恩及武戡、走馬承受公事內侍黃道元等以巡邊爲名，往按視之。會詗者言，敵兵盛屯沙黍浪，恩欲止不行。道元怒，以言脅恩，夜率步騎一千四百餘人，不甲者半，循屈野河北而行，無復部伍。夏人舉火臥牛峯，戡指以謂恩曰：「敵已知吾軍至矣。」道元曰：「此爾曹故欲沮我師。」及聞鼓聲，道元猶不信。行至谷口〔三〕，恩欲休軍，須曉乃登山。道元奮衣起曰：「幾年聞郭恩名，今日懦怯與賈逵何殊？」恩亦愠曰：「不過死耳！」乃行。比明，至忽里堆。敵數十人皆西走，相去數十步，止。恩等踞胡床，遣使騎呼之，敵不應，亦不動。俄

而起火，敵騎張左右翼，自南北交至。堆東有塹，其中有梁，謂之「斷道堰」。恩等東據梁口，與力戰，自旦至食。時敵自兩旁塹中攀緣而上，四面合擊，恩衆大潰。

夏倚方在紅樓，見敵騎自西山大下，與推官劉公弼率城中諸軍，閉門乘城。武戡走東山，趣城東，抉門以入。恩、道元及府州寧府砦兵馬都監劉慶皆被執，使臣死者五人，軍士三百八十七人，已馘耳鼻得還者百餘人，亡失器甲甚衆。恩不肯降，迺自殺。贈同州觀察使，封其妻爲京兆郡君，錄其子弟有差，給舊俸三年。武戡坐棄軍除名，編管江州。

張岊字子雲，府州府谷人。以貲爲牙將，有膽略，善騎射。天聖中，西夏觀察使阿遇有子來歸。阿遇寇麟州，虜邊戶，約還子然後歸所虜。麟州還其子，而阿遇輒背約。安撫使遣岊詰問，岊徑造帳中，以逆順諭阿遇，阿遇語屈，留岊共食。阿遇袖佩刀，貫大臠啗岊，岊引吻就刀食肉，無所憚。阿遇復弦弓張鏃，指岊腹而彀，岊食不輟，神色自若。阿遇撫岊背曰：「眞男子也。」翌日，又與岊縱獵，雙兔起馬前，岊發兩矢，連斃二兔。阿遇驚服，遺岊馬、橐駝，悉歸所虜。州將補爲來遠砦主。手殺僞首領，奪其甲馬。時年十八，名動一軍。元昊犯鄜延，詔麟府進兵。岊以都教練使從折繼閔破浪黃、党兒兩族，射殺數十人，斬





僞軍主敖保，以功補下班殿侍、三班差使。

時敵騎方熾，中人促賜軍衣，至麟州，不得前。康德輿管勾軍馬司事，遣岊馳騎五十往護之。至青眉浪，遇賊接戰，流矢貫雙頰，岊拔矢，鬥愈力，奪馬十二匹而還。賊兵攻府州甚急，城西南隅庳下，賊將登，衆囂曰：「城破矣！」岊乘陴大呼搏賊，賊稍却，飛矢中右目，下身被三創，晝夜督守。又帥死士開關，護州人汲于河，訖圍解，城中水不乏，以勞，遷右班殿直。

然賊嘗往來邀奪饋運，以岊爲麟、府州道路巡檢。至深柏堰，遇賊數千，分兵追擊，斬首百餘級，奪兵械、馬牛數百。近郊民田，比秋成未敢穫，岊以計干張亢，得步卒九百人護之〔四〕，大敗賊於龍門川。從諸將通麟州糧道，破賊於柏子砦。改左班殿直。

內侍宋永誠傳詔砦下，岊護永誠，遇賊三松嶺。賊以精騎挑戰，矢中岊臂，猶躍馬左右馳射，諸將乘勝而進，賊皆棄潰。特改西頭供奉官，又遷內殿崇班。賊破豐州，岊與諸將一日數戰，破容州刺史耶布移守貴叅砦，俘獲萬計。遷禮賓副使。

明鎬在河東，以岢嵐軍當雲、朔路，奏岊爲麟府路駐泊都監兼沿邊都巡檢使，駐岢嵐。張亢修並砦堡障，初議置安豐砦於石臺神，岊以爲非要害之地，遂徙砦於生地骨堆以扼賊。左右親信咸曰：「擅易砦地可乎？」岊曰：「苟利國家，得罪無憾也。」卒易之。已而本道上

言，左遷絳州兵馬都監。二州未解嚴，復麟府駐泊都監，屯安豐。累遷洛苑使。嘗從數騎夜入羌中偵機事，既還，羌覺追之，昭隨羌疾馳，効羌語，與羌俱數里，乃得脫。前後數中流矢，創發營間，卒。

張君平字士衡，磁州滏陽人。以父承訓與契丹戰死，補三班差使殿侍、黔州指揮使。獠兵屢入寇，君平引兵擊破之，以功遷奉職，除駐泊監押，徙容、白等州巡檢。又以捕賊功，遷右班殿直。

謝德權薦君平河陰審務，擢閤門祗候，管勾汴口。建言：「歲開汴口，當擇其地，得其地，則水湍駛而無留沙，歲可省功百餘萬。」又請沿河縣植楡柳，爲令佐、使臣課最，及瘞汴河流屍。悉從其言。

天聖初，議塞滑州決河，以君平習知河事，命以左侍禁簽書滑州事兼修河都監。既而河未塞，召同提點開封府界縣鎭公事。以嘗護滑州隄有功，特遷內殿崇班。

君平以京師數罹水災，請委官疏鑿近畿諸州古溝洫，久之，稍完，遂詔畿內及近畿州縣長吏，皆兼管勾溝洫河道。自畿至泗州，道路多羣寇，君平請兩驛增置使臣，專主捕盜，





而罷夾河巡檢，於是行者無患。復爲滑州修河都監，遷供備庫副使。河平，改西作坊使，就遷鈐轄，卒。

君平有吏材，尤明於水利，自議塞河，朝廷每訪以利害。河平，君平且死，論者惜之。錄三子官。子寀，皇祐中，以尚書虞部員外郎爲河陰發運判官，管勾汴口，嗣其父職云。

論曰：孔子謂：「暴虎馮河，死而無悔者，不與也。」老氏曰：「佳兵者不祥。」景泰輩或起書生，或奮行伍，或出亡命，非有將率之材也。泰、信以區區之卒，嘗摧西夏之彊鋒，頗知持重以制敵耳。蔣、張輕肆自用，竟殞于烏合之寇。恩恍道元之勢，身啗虎口，守義不屈，猶足尙也。昭之驍勇，固非臨事而懼者。君平死戰之子，洒明習水利，以吏材稱，亦可謂善變矣。

史方字正臣，開封人。應周易學究不中，補西第二班殿侍，再遷三班奉職，爲潭、澧、鼎沿邊同巡檢，改右班殿直、閤門祗候。會澧州民訴下溪州蠻侵其土地，遣乘驛往視。自竹踈驛至申文崖，復地四百餘里，得所掠五百餘人，又置澧州、武口、楊泉、索溪四砦，以扼賊衝。就知邵州，徙澧州，遷右侍禁。

天禧中，下溪州蠻彭仕漢寇辰州，殺巡檢王文慶。方勒兵入溪洞討捕，降其黨李順同等八百餘人，誅其尤惡者祉忽等十九人。遷西頭供奉官、知辰州兼沿邊溪洞都巡檢使，修南、北江五砦，徙慶州。

時富、順州蠻田彥晏寇施州，焚暗利砦〔五〕。方領兵直抵富、順，蕩其巢穴，窮追彥晏至七女柵，降之。遷內殿崇班，改內殿承制，奉使契丹，以供備庫副使知環州、環慶路兵馬都監。

先是，磨娟、浪查、托校、拔新、兀二、兀三六族內寇，方諭以恩信，乃傳箭牽羊乞和。減禁兵五千，徙內地以省邊費。徙慶州，遷禮賓使兼環慶路兵馬鈐轄，復知環州。歲餘，遷愛州刺史，爲益州鈐轄，徙秦鳳路，遷西京作坊使，卒。

盧鑑字正臣，金陵人。累舉進士不中，授三班奉職、監坊州酒稅，以右班殿直爲鄜延路走馬承受公事。李繼遷寇邊，與總管王榮敗走之；又與鈐轄張崇貴擊賊，焚其積聚，斬首





級而還。擢閤門祗候，爲本路兵馬都監。復出蕩族帳，獲羊牛萬計。徙鳳翔、秦隴階成等州提點賊盜公事，尋爲都巡檢使，徙利州都監。

初，繼遷聲言石隕帳前，有文曰：「天誡爾勿爲中國患。」鑑時爲承受，入奏事，眞宗問之，鑑曰：「此詐爲之以欺朝廷也，宜益爲備。」至是，繼遷陷靈武，帝思其言，特遷右侍禁、知儀州。州有制勝關，最號險要，繼遷欲乘虛襲取之，放言將由此大入。諜者以告，有詔徙老幼、芻粟于內地。鑑曰：「此姦謀也，且示虜弱，搖民心，臣不敢奉詔。」卒不徙，已而賊亦不至。再遷西頭供奉官、知利州。

會歲飢，以便宜發倉粟振民。秩滿，民請留，詔留一年。提點河東路刑獄，歷知保州、廣信軍、原州。就爲環慶路都監兼知慶州，徙環州。平磨媚族于合道鎭。坐事徙知丹州。累遷西京左藏庫使、恩州刺史，爲環慶路鈐轄兼知環州，改西上閤門使、秦州，卒。

李渭字師望，其先西河人，後家河陽。進士起家，爲臨潁縣主簿，累官至太常博士。會河決滑州，天聖初，上治河十策，參知政事魯宗道奉詔行河，奏渭換北作坊副使，與張君平並爲修河都監。未幾皆罷，以渭爲鄆州兵馬都監，徙知憲州，又知鳳州兼階、成州鈐轄。

初，屬戶寇陷階州沙灘砦，渭至，詰所以然者，乃都校趙釗擾之，奏流釗道州，以恩信諭酋帥，復其砦。遷軍器庫副使，歷知原、環、慶三州。時詔舉勇略任邊者，李諮以渭應詔。徙益利路兵馬鈐轄，領惠州刺史，遷東八作使，擢西上閤門使，徙鄜延路，再遷四方館使。寶元元年，元昊將山遇率其族來歸，且言元昊反狀，渭與知州郭勸謀，卻之。既而元昊果反。又與勸奏，以爲元昊表至猶稱臣，可漸屈以禮。朝廷初以渭兼知鄜州，坐是貶爲尙食使、知汝州，徙磁州。元昊犯邊，言者益歸罪于渭，復降右監門衞將軍、白波兵馬都監，卒。

王果字仲武，深州饒陽人。舉明法，歷大理寺詳斷官，遷光祿寺丞，以太子右贊善大夫爲審刑院詳議官，遷殿中丞。奏邊策，試舍人院，改衣庫副使、知永寧軍，更尙食使、知保州。

契丹謀致書求關南地，使未至，果購諜者先得其稿，奏之，擢領賀州刺史兼高陽關路兵馬鈐轄。中官楊懷敏領沿邊屯田事，大廣塘水，邊臣莫敢言，果獨抗辨水侵民田，無益邊備。懷敏怒，訴果以不法，左遷青州兵馬都監。歷永興軍兵馬鈐轄、知隴州。





俄詔還，遷皇城使、河北沿邊安撫副使，徙知定州兼眞定路兵馬鈐轄。叛卒據保州，果坐多傷士衆，徙知密州。又知忻州、鄜州，權秦鳳路兵馬總管，遷西上閤門使，徙知滄州，卒。

郭諮字仲謀，趙州平棘人。八歲始能言，聰敏過人。舉進士，歷通利軍司理參軍、中牟縣主簿，改大理寺丞、知濟陰縣。建言：「澶、滑堤狹，無以殺大河之怒，故漢以來河決多在澶、滑。且黎陽九河之原，今若引河出汝子山下，穿金堤，與橫壠合，以達于海，則害可息。」詔本道使者共議，弗合。部夫坐小法，監通利軍稅。

洺州肥鄉縣田賦不平，歲久莫治，轉運使楊偕遣諮攝令以往。既至，閉閤數日，以千步方田法四出量括，遂得其數，除無地之租者四百家，正無租之地者百家，收逋賦八十萬，流民乃復。偕奏其才，遷殿中丞、知館陶縣。

康定西征，諮上戰略，獻拒馬槍陣法〔六〕，其制利山川險隘，以騎士試上前，擢通判鎭戎軍，募兵教習。會三司議均稅法，知諫院歐陽脩言，惟諮方田法簡而易行，詔諮與孫琳均蔡州上蔡縣稅。以母憂免官。用宰相呂夷簡薦，起爲崇儀副使、提舉黃御河堤岸。

時富弼使契丹，諮入對，陳大水禦戎之要。詔與楊懷敏、郭保信行河，其議「決黎陽大河，下與胡蘆、滹沱、後唐河以注塘泊，混界河，使東北抵于海，上溢鶻鵲陂，下注北當城，南覗塘泊，界截虜疆，東至海口，西接保塞。惟保塞正西四十里，水不可到，請立堡砦，以兵戍之」。詔儲用興役，會契丹約和而止。知丹、利二州。

王則叛，文彥博薦諮知冀州，運糧助攻討。賊平，徙忻州，開渭渠，導汾水，興水利，置屯田。轉運使任顓言諮有巧思，自爲兵械皆可用。詔以所作刻漏、圓楯、獨轅弩、生皮甲來上，帝頗嘉之。除益州路兵馬鈐轄，累遷英州刺史，後爲契丹祭奠副使、知汾州。未行，言獨轅弩可試，改鄜延路兵馬鈐轄，許置弩五百，募士兵教之。既成，經略使夏安期言其便，詔立獨轅弩軍。以西上閤門使知潞州。言懷、保二郡旁山，可以植稻；定武唐河抵瀛、莫間，可興水田。又作鹿角車、陷馬槍，請廣獨轅弩於他道。

詔諮置弩千分給并、潞，諮因上疏曰：「臣自冠武弁，未嘗一日不思禦戎之計。頃使契丹，覩幽燕地方不及三百里，無十萬人一年之費，且烏合之衆，非二十萬不敢舉。若以術制之，使舉不得利，居無以給，不踰數年，必棄幽州而遁。臣慶曆初經畫河北大水，界斷敵疆，乃其術也。臣所創車弩可以破堅甲，制奔衝，若多設之，助以大水，取幽薊如探囊中物爾。」





時三司議均田租，召還，諮陳均括之法四十條。復上平燕議曰：「契丹之地，自瓦橋至古北口，地狹民少。自古北口至中原，屬奚、契丹，自中原至慶州，道旁纔七百餘家。蓋契丹疆土雖廣，人馬至少，儻或南牧，必率高麗、渤海、黑水、女眞、室韋等國會戰，其來既遠，其糧匱乏。臣聞以近待遠，以佚待勞，以飽待飢，用兵之善計。又聞得敵自至者勝，先據便地者佚。以臣所見，請舉慶曆之策，合衆河於塘泊之北界，以限戎馬，然後以景德故事，頓兵自守。步卒十二萬，騎卒三萬，彊壯三萬，歲計糧餉百八十三萬六千斛。又傍河郡邑，可以水運以給保州。然後以拒馬車三千，陷馬槍千五百，獨轅弩三萬，分選五將，臣可以備其一，來則戰，去則勿追。幽州糧儲既少，敵不可久留，不半年間，當遁沙漠。則進兵斷古北口，砦松亭關，傳檄幽薊，燕南自定。且彼之所恃者，惟馬而已。但能多方致力，使馬不獲伸用，則敵可破，幽燕可取。」帝壯其言，詔置獨轅弩二萬，同提舉百司及南北作坊，以完軍器。

諮嘗謂：作汴乘索河三十六陂之流，危京師，請自鞏西山七里店孤柏嶺下鑿七十里，導洛入汴，可以四時行運。詔都水監楊佐同往計度。歸，未及論功而卒。

田敏字子俊，本易州牙吏。雍熙中，王師討幽薊，曹彬進兵涿州，敵斷其後。王繼恩募勇士持書抵彬，敏應募，間行由祁溝關達涿州。彬得詔，選壯士五十人衞敏還，道遇賊，力戰，四十八人死，敏與兩人者，僅以身免。彬上其事，太宗召見，復令齎詔諭彬。師還，補敏易州靜砦指揮使。

端拱初，以所部兵屯定州。契丹攻唐河北[七]，大將李繼隆遣部將逆戰，爲敵所乘，奄至水南。敏以百騎奮擊，敵懼，退水北，遂引去。又出狼山，襲契丹，至滿城，獲首級甚衆。既而敵陷易州，敏失其家所在。帝擢敏本軍都虞候，賜白金三百兩，使間行求其父母，得之以歸。徙屯鎭州，而升其指揮爲內員僚直。

李繼隆討夏州，奏隸麾下。敏率兵至靈州橐駝口雙堆西，遇敵，斬首三千級，獲羊馬、橐駝、鎧仗數萬計。繼隆上其功，遷御前忠佐馬步軍副都軍頭。既而又從傅潛于定州。時契丹斷蒲陰路，城中有神勇軍士千餘人，屬敵兵盛，不敢戰，敏率輕銳援出之。眞宗幸天雄軍，詔敏隸高瓊，使追賊至寧遠軍，以功領涿州刺史。王均亂西川，從招安使雷有終敗賊於靈池山。賊平，遷馬步軍都軍頭。

咸平中，契丹復入寇，敏從王顯爲鎭、定先鋒，大敗契丹於遂城西羊山，斬其酋長。眞授單州刺史，後爲邢州兵馬鈐轄。未幾，從王起屯定州，遏契丹于望都，逆戰，斬首二千餘



級。徙北平砦兵馬鈐轄，領騎兵五千以當其衝。

先是，兩地供輸民多爲契丹鄉導，敏自魚臺北悉驅南徙，凡七百餘戶，送定州。遷北平砦總管，賜御劍，聽以便宜從事。至是，契丹復入寇，復與敵戰楊村，敗之。敏諜知契丹主去北平十里蒲陰駐砦，敏夜率銳兵，襲破其營帳。契丹主大驚，問撻覽曰：「今日戰者誰？」撻覽曰：「所謂田廂使者。」契丹主曰：「其鋒銳不可當。」遂引衆去。

敵攻瀛州不下，欲乘虛犯貝、魏，詔敏與魏能、張凝三路兵，入敵境縱擊，以牽其勢。敏出西路，抵易州南十里，屯師石村，虜獲人畜、鎧仗以萬計。尋詔三路兵還定州，敏遇敵于鎭州之北馬頭嶺，復大破之。契丹請和，乃徙敏鎭定路都鈐轄，遷本州團練使，充鎭定路總管。徙永興軍、陝州，歷鄜延、環慶、鳳翔三路，久之，爲環慶路都總管。

時後橋屬羌數擾邊，敏誅違命者十八族，又敗羅骨於三店川，遷鄭州防禦使、涇原路總管，後徙環慶。坐與部豪往還納賂爲不法，降左屯衞大將軍、昭州防禦使。既而以虢州團練使知隰州，復爲環慶路都總管、儀州防禦使，卒。敏在邊二十餘年，凡遷授，多以功伐，雖晚不自飭，而朝廷亦優容之。



侍其曙字景升。父穎，左監門衞大將軍。曙少舉進士，不第，以父任爲殿前承旨，改右班殿直。咸平中，以閤門祗候爲蘇、杭、湖、秀等州都巡檢使。遷左侍禁，領東西排岸司，與謝德權提舉在京倉草場。嘗於倉隙地牧牛羊，爲德權所訟。眞宗以問德權曰：「牛羊食倉粟邪？」曙聞而自劾，帝勉諭之。它日，召曙問：「汝才孰與德權？」對曰：「德權畏法愼事，臣乃敢於官倉牧牛羊，是不及也。」人多稱之。

鄂州男子聞人若挫，告其徒永興民李琰將作亂，命曙同度支判官李應機往按之。至則設方略，捕琰黨三十餘人，皆伏法。琰辭連已所不快者數十人，一切不問。青州卒龐德訟其校李緒謀以衆叛，帝疑其誣，又命曙至青州，與通判魏德昇同至劾，無驗，遂棄德市。知青州張齊賢奏曙擅戮人，帝曰：「不爾，無以安被告者。」曙還，奏德憚緒治軍嚴，故誣之。帝擢緒本軍虞候，而進曙東頭供奉官。初，太宗平河東，建塔于太原故城，塔毀，帝欲新之，遣內侍經度，計工二百萬。帝疑，命曙往，減費十九。改內殿崇班。

祥符二年，黎州夷人爲亂，詔曙乘驛往招撫，其酋首納款，殺牲爲誓。曙按行鹽井，夷人復叛。曙率部兵百餘，生擒首領三人，斬首數十級。因上言蠻阻險拒命，請必加討。詔知慶州孫正辭、環慶駐泊都監張繼勳領陝西兵，同曙俱進，所至皆降。曙又言：王師已至而方出，請誅之。眞宗謂王旦曰：「已降而殺之，何以信四夷？」不許。夷人平，遷內殿承制，



再遷如京副使、知登州。

會歲飢，請漕江、淮米以振貧乏，活者甚衆。累遷西京作坊使、惠州刺史、知桂州，徙滑州，遷西上閤門使，徙鄆州，提舉在京諸司庫務，卒。曙爲人沈敏，有幹略，善論利害事，朝廷數任使之。

康德輿字世基，河南洛陽人。父贊元，嘗以作坊使從曹光實襲李繼遷，獲其母妻，擢崇儀使、武州刺史。贊元死，眞宗追其功，錄德輿三班奉職，遷右班殿直、涇原路走馬承受，擢閤門祗候。河齧陽武埽，詔遣德輿完築。歷開封府西路都巡檢、勾當榷貨務，皆兼領埽事。改巡護開封府等六州黃河隄岸。

天聖中，使夏州，賜趙德明冬服。夏人謂曰：「前康將軍戰靈武者，非先世邪？」德輿懼其復仇，紿曰：「非也。」還，勾當汴口，改西頭供奉官。用樞密使曹利用薦，遷內殿崇班、河陰兵馬都監，建沿汴斗門以節水。會積雨，汴水將溢，德輿請自京西導水入護龍河，水得不溢。歷知原州、慶州，益州路兵馬鈐轄，久之，領昭州刺史，徙并代兵馬鈐轄、管勾麟府路軍馬事。

有蕃部也羅爲殿侍，求錦袍、驛料，德興不與，也羅頗出怨言。後有譖也羅與賊通，戰則反射漢人，也羅無以自明，乃謀附賊。指揮張昷聞之，召也羅與飲，也羅泣曰：「我豈附賊者邪？蓋逃死耳。」昷以告德興：「也羅叛，信矣，不可不殺。」元昊方屢入寇，德興不聽，曰：「今日豈殺蕃部時邪？」昷曰：「叛者特也羅，非衆所欲也。請爲君召與飲，仆崖谷中，聲言墮馬死，安知漢殺之？」德興猶豫不決，以問所親，所親惡昷，短毀之，昷計不得行。

知府州折繼閔聞賊將至，以告德興，德興怒曰：「君不召之，何以知其來也！」賊果以也羅爲嚮導，自後河川入襲府州。蕃漢欲入城，德興閉門不納，或降賊，或爲賊所殺，不可勝計。賊既圍府州，德興與馬步軍副總管王元、兵馬鈐轄楊懷忠按兵不出戰，但移文轉運司調軍食。轉運副使文彥博籍民輦運，至境以俟，而德興等終不出。及陷豐州，纔出屯州城數里，三日而還。居民望見，以謂寇復至，皆棄其所齎，入保城郭。然朝廷不悉聞，德興止坐不出戰，降爲東染院使、河陽兵馬都監。尋復昭州刺史、知保州，徙眞定府定州路總管，歷知代、石、儀三州，大名府路鈐轄，提舉金堤，累遷西上閤門使。

至和中，河決小吳埽，破東堤頓丘口，居民避水者趨堤上，而水至不得達，德興以巨艘五十，順流以濟之，遂免墊溺。復領果州團練使、知冀州，徙趙州。有告雲翼卒〔八〕謀以上元夜劫庫兵爲亂，德興會賓屬燕飲自若，陰遣人捕首謀誅之。徙陳州鈐轄，卒。





張昭遠字持正，滄州無棣人。父凝，殿前都虞候、寧州防禦使。契丹內寇，凝與康保裔伏兵瀛州，陷圍中。昭遠年十八，挺身掖出之，擢左班殿直、寄班祗候。每出使還，奏利害，多稱旨。爲忻州都巡檢，改閤門祗候、知火山軍，管勾河東緣邊安撫司，再遷內殿崇班。天禧初，閤門副使缺員，樞密院方奏擬人，眞宗曰：「朕有人矣。張昭遠知邊略，曹儀習朝儀，可並除西上閤門副使。」俄爲河北緣邊安撫副使，尋知瀛州，改東上閤門副使、知定州，以引進副使復知瀛州，遷西上閤門使、知雄州。獻言歲會四榷場入中銀，帝謂輔臣曰：「先朝置榷場，所以通貨，非所以計貿易之利也。」

會大雨，陂塘大溢，昭遠勒兵築長堤，以捍其衝。徙鄜延路兵馬鈐轄，進都鈐轄，築堡威平川。領忠州刺史、知成德軍，遷四方館使。滹沱河決，壞城郭，乃修五關城，外環以堤，民至今爲利。擢捧日天武四廂都指揮使、新州防禦使，歷步軍馬軍都虞候、嘉州防禦使、知代州。召還，改莫州防禦使，罷管軍，授左龍武軍大將軍、昭州防禦使，卒。特贈應州觀察使。

論曰：郭諮以其智巧材略，自見於功利之間，有足稱者。曙，抑其次也，餘皆碌碌者矣。如方之禦寇，鑑之料敵，王果持法峭深，治軍嚴辦，茲其長也。田敏屢有戰功，而貪墨敗度，幸容於時。李渭治無遠略，一失機會，關中兵禍，數年不解。德興閉城以棄其民，昭遠計榷場所入，焉知聖人懷柔之意哉。

## 校勘記

〔一〕武寧軍節度　原作「武密軍節度」，按宋無此軍額，宋會要儀制一一之一七說：「步軍副指揮使、感德軍節度觀察留後王信，慶曆八年八月，贈武寧軍節度使兼侍中。」據改。

〔二〕橫戎臨塞二堡　「臨塞」原作「臨砦」，據長編卷一八五、隆平集卷一九本傳改。

〔三〕行至谷口　「谷口」原作「砦口」，據長編卷一八五改。

〔四〕得步卒九百人護之　「護」，長編卷一三三作「擭」。

〔五〕富順州蠻田彥晏寇施州焚暗利砦　長編卷九九作「順州蠻田彥晏焚劫暗利寨」。

〔六〕拒馬槍陣法　「槍」原作「搶」。按拒馬槍是一種兵器，武經總要前集卷一三說：「拒馬槍，其制以竹若木三枝六首，交竿相貫，植地輒立。貫處以鐵爲索，更相勾聯。或布陣立營，拒險塞空，皆





宜設之。」郭諮蓋以此布陣，故名「拒馬槍陣法」。「搶」當爲「槍」字之譌，據改。

〔七〕契丹攻唐河北　「北」字原置「唐河」上，據長編卷二九、編年綱目卷四移正。

〔八〕雲翼卒　原作「雲冀卒」。按「雲翼」是駐河北路禁軍軍名，見本書卷一八七兵志，其駐在趙州的有三指揮，本傳所謂謀「劫庫兵爲亂者」當爲所屬。「冀」字係「翼」字之訛，據改。

# 宋史卷三百二十七

## 列傳第八十六

### 王安石 子雱 唐埛附　王安禮　王安國

王安石字介甫，撫州臨川人。父益，都官員外郎。安石少好讀書，一過目終身不忘。其屬文動筆如飛，初若不經意，既成，見者皆服其精妙。友生曾鞏攜以示歐陽脩，脩爲之延譽。擢進士上第，簽書淮南判官。舊制，秩滿許獻文求試館職，安石獨否。再調知鄞縣，起堤堰，決陂塘，爲水陸之利；貸穀與民，出息以償，俾新陳相易，邑人便之。通判舒州。文彥博爲相，薦安石恬退，乞不次進用，以激奔競之風。尋召試館職，不就。脩薦爲諫官，以祖母年高辭。脩以其須祿養言於朝，用爲羣牧判官，請知常州。移提點江東刑獄，入爲度支判官，時嘉祐三年也。

安石議論高奇，能以辨博濟其說，果於自用，慨然有矯世變俗之志。於是上萬言書，以爲：「今天下之財力日以困窮，風俗日以衰壞，患在不知法度，不法先王之政故也。法先王之政者，法其意而已。法其意，則吾所改易更革，不至乎傾駭天下之耳目，囂天下之口，而固已合先王之政矣。因天下之力以生天下之財，收天下之財以供天下之費，自古治世，未嘗以財不足爲公患也，患在治財無其道爾。在位之人才既不足，而閭巷草野之間亦少可用之才，社稷之託，封疆之守，陛下其能久以天幸爲常，而無一旦之憂乎？願監苟且因循之弊，明詔大臣，爲之以漸，期合於當世之變。臣之所稱，流俗之所不講，而議者以爲迂闊而熟爛者也。」後安石當國，其所注措，大抵皆祖此書。

俄直集賢院。先是，館閣之命屢下，安石屢辭；士大夫謂其無意於世，恨不識其面，朝廷每欲畀以美官，惟患其不就也。明年，同修起居注，辭之累日。閤門吏齎敕就付之，拒不受；吏隨而拜之，則避於廁；吏置敕於案而去，又追還之；上章至八九，乃受。遂知制誥，糾察在京刑獄，自是不復辭官矣。

有少年得鬭鶉，其儕求之不與，恃與之昵輒持去，少年追殺之。開封當此人死，安石駁曰：「按律，公取、竊取皆爲盜。此不與而彼攜以去，是盜也；追而殺之，是捕盜也，雖死當勿論。」遂劾府司失入。府官不伏，事下審刑、大理，皆以府斷爲是。詔放安石罪，當詣閤門謝。安石言：「我無罪。」不肯謝。御史舉奏之，置不問。




時有詔舍人院無得申請除改文字，安石爭之曰：「審如是，則舍人不得復行其職，而一聽大臣所爲，自非大臣欲傾側而爲私，則立法不當如此。今大臣之弱者不敢爲陛下守法；而彊者則挾上旨以造令，諫官、御史無敢逆其意者，臣實懼焉。」語皆侵執政，由是益與之忤。以母憂去，終英宗世，召不起。

安石本楚士，未知名於中朝，以韓、呂二族爲巨室，欲藉以取重。乃深與韓絳、絳弟維及呂公著交，三人更稱揚之，名始盛。神宗在潁邸，維爲記室，每講說見稱，輒曰：「此非維之說，維之友王安石之說也。」及爲太子庶子，又薦自代。帝由是想見其人，甫卽位，命知江寧府。數月，召爲翰林學士兼侍講。熙寧元年四月，始造朝。入對，帝問爲治所先，對曰：「擇術爲先。」帝曰：「唐太宗何如？」曰：「陛下當法堯、舜，何以太宗爲哉？堯、舜之道，至簡而不煩，至要而不迂，至易而不難。但末世學者不能通知，以爲高不可及爾。」帝曰：「卿可謂責難於君，朕自視眇躬，恐無以副卿此意。可悉意輔朕，庶同濟此道。」

一日講席，羣臣退，帝留安石坐，曰：「有欲與卿從容論議者。」因言：「唐太宗必得魏徵，劉備必得諸葛亮，然後可以有爲，二子誠不世出之人也。」安石曰：「陛下誠能爲堯、舜，則必有臯、夔、稷、禼；誠能爲高宗，則必有傅說。彼二子皆有道者所羞，何足道哉？以天下之大，人民之衆，百年承平，學者不爲不多。然常患無人可以助治者，以陛下擇術未明，推誠未至，雖有臯、夔、稷、禼、傅說之賢，亦將爲小人所蔽，卷懷而去爾。」帝曰：「何世無小人，雖堯、舜之時，不能無四凶。」安石曰：「惟能辨四凶而誅之，此其所以爲堯、舜也。若使四凶得肆其讒慝，則臯、夔、稷、禼亦安肯苟食其祿以終身乎？」

登州婦人惡其夫寢陋，夜以刃斮之，傷而不死。獄上，朝議皆當之死，安石獨援律辨證之，爲合從謀殺傷，減二等論。帝從安石說，且著爲令。

二年二月，拜參知政事。上謂曰：「人皆不能知卿，以爲卿但知經術，不曉世務。」安石對曰：「經術正所以經世務，但後世所謂儒者，大抵皆庸人，故世俗皆以爲經術不可施於世務爾。」上問：「然則卿所施設以何先？」安石曰：「變風俗，立法度，最方今之所急也。」上以爲然。於是設制置三司條例司，命與知樞密院事陳升之同領之。安石令其黨呂惠卿任其事。而農田水利、青苗、均輸、保甲、免役、市易、保馬、方田諸役相繼並興，號爲新法，遣提舉官四十餘輩，頒行天下。

青苗法者，以常平糴本作青苗錢，散與人戶，令出息二分，春散秋斂。均輸法者，以發運之職改爲均輸，假以錢貨，凡上供之物，皆得徙貴就賤，用近易遠，預知在京倉庫所當辦者，得以便宜蓄買。保甲之法，籍鄉村之民，二丁取一，十家爲保，保丁皆授以弓弩，教之戰陣。免役之法，據家貲高下，各令出錢雇人充役，下至單丁、女戶，本來無役者，亦一概輸錢，謂之助役錢。市易之法，聽人賒貸縣官財貨，以田宅或金帛爲抵當，出息十分之二，過期不輸，息外每月更加罰錢百分之二。保馬之法，凡五路義保願養馬者，戶一匹，以監牧見馬給之，或官與其直，使自市，歲一閱其肥瘠，死病者補償。方田之法，以東、西、南、北各千步，當四十一頃六十六畝一百六十步爲一方，歲以九月，令、佐分地計量，驗地土肥瘠，定其色號，分爲五等，以地之等，均定稅數。又有免行錢者，約京師百物諸行利入厚薄，皆令納錢，與免行戶祗應。自是四方爭言農田水利，古陂廢堰，悉務興復。又令民封狀增價以買坊場，又增茶鹽之額，又設措置河北糴便司，廣積粮穀于臨流州縣，以備饋運。由是賦斂愈重，而天下騷然矣。

御史中丞呂誨論安石過失十事，帝爲出誨，安石薦呂公著代之。韓琦諫疏至，帝感悟，欲從之，安石求去。司馬光答詔，有「士夫沸騰，黎民騷動」之語，安石怒，抗章自辨，帝爲巽辭謝，令呂惠卿諭旨，韓絳又勸帝留之。安石入謝，因爲上言中外大臣、從官、臺諫、朝士朋比之情，且曰：「陛下欲以先王之正道勝天下流俗，故與天下流俗相爲重輕。流俗權重，則天下之人歸流俗；陛下權重，則天下之人歸陛下。權者與物相爲重輕，雖千鈞之物，所加損不過銖兩而移。今姦人欲敗先王之正道，以沮陛下之所爲。於是陛下與流俗之權適爭輕重之時，加銖兩之力，則用力至微，而天下之權，已歸于流俗矣，此所以紛紛也。」上以



爲然。安石乃視事，琦說不得行。

安石與光素厚，光援朋友責善之義，三詒書反覆勸之，安石不樂。帝用光副樞密，光辭未拜而安石出，命遂寢。公著雖爲所引，亦以請罷新法出潁州。御史劉述、劉琦、錢顗、孫昌齡、王子韶、程顥、張戩、陳襄、陳薦、謝景溫、楊繪、劉摯〔一〕，諫官范純仁、李常、孫覺、胡宗愈皆不得其言，相繼去。驟用秀州推官李定爲御史，知制誥宋敏求、李大臨、蘇頌封還詞頭，御史林旦、薛昌朝、范育論定不孝，皆罷逐。翰林學士范鎮三疏言青苗，奪職致仕。惠卿遭喪去，安石未知所託，得曾布，信任之，亞於惠卿。

三年十二月，拜同中書門下平章事。明年春，京東、河北有烈風之異，民大恐。帝批付中書，令省事安靜以應天變，放遣兩路募夫，責監司、郡守不以上聞者。安石執不下。

開封民避保甲，有截指斷腕者，知府韓維言之，帝問安石，安石曰：「此固未可知，就令有之，亦不足怪。今士大夫睹新政，尚或紛然驚異；況於二十萬戶百姓，固有蠢愚爲人所惑動者，豈應爲此遂不敢一有所爲邪？」帝曰：「民言合而聽之則勝，亦不可不畏也。」

東明民或遮宰相馬訴助役錢，安石白帝曰：「知縣賈蕃乃范仲淹之壻，好附流俗，致民如是。」又曰：「治民當知其情僞利病，不可示姑息。若縱之使妄經省臺，鳴鼓邀駕，恃衆僥倖，則非所以爲政。」其強辯背理率類此。



帝用韓維爲中丞，安石憾曩言，指爲善附流俗以非上所建立，因維辭而止。歐陽脩乞致仕，馮京請留之，安石曰：「脩附麗韓琦，以琦爲社稷臣。如此人，在一郡則壞一郡，在朝廷則壞朝廷，留之安用？」乃聽之。富弼以格青苗解使相，安石謂不足以阻姦，至比之共、鯀。靈臺郎尤瑛言天久陰，星失度，宜退安石，卽黥隸英州。唐坰本以安石引薦爲諫官，因請對極論其罪，謫死。文彥博言市易與下爭利，致華嶽山崩。安石曰：「華山之變，殆天意爲小人發。市易之起，自爲細民久困，以抑兼并爾，於官何利焉。」閼其奏，出彥博守魏。於是呂公著、韓維，安石藉以立聲譽者也；歐陽脩、文彥博，薦己者也；富弼、韓琦，用爲侍從者也；司馬光、范鎮，交友之善者也：悉排斥不遺力。

禮官議正太廟太祖東嚮之位，安石獨定議還僖祖於祧廟，議者合爭之，弗得。上元夕，從駕乘馬入宣德門，衞士訶止之，策其馬。安石怒，上章請逮治。御史蔡確言：「宿衞之士，拱扈至尊而已，宰相下馬非其處，所應訶止。」帝卒爲杖衞士，斥內侍，安石猶不平。王韶開熙河奏功，帝以安石主議，解所服玉帶賜之。

七年春，天下久旱，饑民流離，帝憂形於色，對朝嗟嘆，欲盡罷法度之不善者。安石曰：「水旱常數，堯、湯所不免，此不足招聖慮，但當修人事以應之。」帝曰：「此豈細事，朕所以恐懼者，正爲人事之未修爾。今取免行錢太重，人情咨怨，至出不遜語。自近臣以至后族，無



不言其害。兩宮泣下，憂京師亂起，以爲天旱更失人心。」安石曰：「近臣不知爲誰，若兩宮有言，乃向經、曹佾所爲爾。」馮京曰：「臣亦聞之。」安石曰：「士大夫不逞者以京爲歸，故京獨聞此言，臣未之聞也。」監安上門鄭俠上疏，繪所見流民扶老攜幼困苦之狀，爲圖以獻，曰：「旱由安石所致。去安石，天必雨。」俠又坐竄嶺南。慈聖、宣仁二太后流涕謂帝曰：「安石亂天下。」帝亦疑之，遂罷爲觀文殿大學士、知江寧府〔二〕，自禮部侍郎超九轉爲吏部尚書。

呂惠卿服闋，安石朝夕汲引之，至是，白爲參知政事，又乞召韓絳代己。二人守其成模，不少失，時號絳爲「傳法沙門」，惠卿爲「護法善神」。而惠卿實欲自得政，忌安石復來，因鄭俠獄陷其弟安國，又起李士寧獄以傾安石。絳覺其意，密白帝請召之。八年二月，復拜相，安石承命，卽倍道來。三經義成，加尚書左僕射兼門下侍郎，以子雱爲龍圖閣直學士。雱辭，惠卿勸帝允其請，由是嫌隙愈著。惠卿爲蔡承禧所擊，居家俟命。雱風御史中丞鄧綰，復彈惠卿與知華亭縣張若濟爲姦利事，置獄鞫之，惠卿出守陳。

十月，彗出東方，詔求直言，及詢政事之未協於民者。安石率同列疏言：「晉武帝五年，彗出軫；十年，又有孛。而其在位二十八年，與乙巳占所期不合。蓋天道遠，先王雖有官占，而所信者人事而已。天文之變無窮，上下傅會，豈無偶合。周公、召公，豈欺成王哉。

其言中宗享國日久，則曰『嚴恭寅畏，天命自度，治民不敢荒寧』。其言夏、商多歷年所，亦曰『德』而已。裨竈言火而驗，欲禳之，國僑不聽，則曰『不用吾言，鄭又將火』。僑終不聽，鄭亦不火。有如裨竈，未免妄誕，況今星工哉？所傳占書，又世所禁，謄寫譌誤，尤不可知。陛下盛德至善，非特賢於中宗，周、召所言，則既閱而盡之矣，豈須愚瞽復有所陳。竊聞兩宮以此爲憂，望以臣等所言，力行開慰。」帝曰：「聞民間殊苦新法。」安石曰：「祁寒暑雨，民猶怨咨，此無庸恤。」帝曰：「豈若幷祁寒暑雨之怨亦無邪？」安石不悅，退而屬疾臥，帝慰勉起之。其黨謀曰：「今不取上素所不喜者暴進用之，則權輕，將有窺人間隙者。」安石是其策。帝喜其出，悉從之。時出師安南，諜得其露布，言：「中國作青苗、助役之法，窮困生民。我今出兵，欲相拯濟。」安石怒，自草敕牓詆之。

華亭獄久不成，雱以屬門下客呂嘉問、練亨甫共議，取鄧綰所列惠卿事，雜他書下制獄，安石不知也。省吏告惠卿于陳，惠卿以狀聞，且訟安石曰：「安石盡棄所學，隆尙縱橫之末數，方命矯令，罔上要君。此數惡力行於年歲之間，雖古之失志倒行而逆施者，殆不如此。」又發安石私書曰「無使上知」者。帝以示安石，安石謝無有，歸以問雱，雱言其情，安石咎之。雱憤恚，疽發背死。安石暴綰罪，云「爲臣子弟求官及薦臣壻蔡卞」，遂與亨甫皆得罪。綰始以附安石居言職，及安石與呂惠卿相傾，綰極力助攻惠卿。上頗厭安石所爲，綰



懼失勢，屢留之於上，其言無所顧忌；亨甫險薄，諂事雱以進，至是皆斥。

安石之再相也，屢謝病求去，及子雱死，尤悲傷不堪，力請解幾務。上益厭之，罷爲鎭南軍節度使、同平章事、判江寧府。明年，改集禧觀使，封舒國公。屢乞還將相印。元豐二年，復拜左僕射、觀文殿大學士。換特進，改封荆。哲宗立，加司空。

元祐元年，卒，年六十六〔三〕，贈太傅。紹聖中，謚曰文，配享神宗廟庭。崇寧三年，又配食文宣王廟，列于顏、孟之次，追封舒王。欽宗時，楊時以爲言，詔停之。高宗用趙鼎、呂聰問言，停宗廟配享，削其王封。

初，安石訓釋詩、書、周禮，既成，頒之學官，天下號曰「新義」。晚居金陵，又作字說，多穿鑿傅會。其流入於佛、老。一時學者，無敢不傳習，主司純用以取士，士莫得自名一說，先儒傳註，一切廢不用。黜春秋之書，不使列於學官，至戲目爲「斷爛朝報」。

安石未貴時，名震京師，性不好華腴，自奉至儉，或衣垢不澣，面垢不洗，世多稱其賢。蜀人蘇洵獨曰：「是不近人情者，鮮不爲大姦慝。」作辯姦論以刺之，謂王衍、盧杞合爲一人。

安石性強忮，遇事無可否，自信所見，執意不回。至議變法，而在廷交執不可，安石傅經義，出己意，辯論輒數百言，衆不能詘。甚者謂「天變不足畏，祖宗不足法，人言不足恤」。



罷黜中外老成人幾盡，多用門下儇慧少年。久之，以旱引去，洎復相，歲餘罷，終神宗世不復召，凡八年。子雱。

雱字元澤。爲人慓悍陰刻，無所顧忌。性敏甚，未冠，已著書數萬言。年十三，得秦卒言洮、河事，歎曰：「此可撫而有也。使西夏得之，則吾敵彊而邊患博矣。」其後王韶開熙河，安石力主其議，蓋兆於此。舉進士，調旌德尉。

雱氣豪，睥睨一世，不能作小官。作策三十餘篇，極論天下事，又作老子訓傳及佛書義解，亦數萬言。時安石執政，所用多少年，雱亦欲預選，乃與父謀曰：「執政子雖不可預事，而經筵可處。」安石欲上知而自用，乃以雱所作策及注道德經鏤板鬻于市，遂傳達於上。鄧綰、曾布又力薦之，召見，除太子中允、崇政殿說書。神宗數留與語，受詔撰詩、書義，擢天章閣待制兼侍講。書成，遷龍圖閣直學士，以病辭不拜。

安石更張政事，雱實導之。常稱商鞅爲豪傑之士，言不誅異議者法不行。安石與程顥語，雱囚首跣足，攜婦人冠以出，問父所言何事。曰：「以新法數爲人所阻，故與程君議。」雱大言曰：「梟韓琦、富弼之頭于市，則法行矣。」安石遽曰：「兒誤矣。」卒時纔三十三，特贈左諫議大夫。



唐坰者，以父任得官。熙寧初，上書云：「秦二世制於趙高，乃失之弱，非失之彊。」神宗悅其言。又云：「青苗法不行，宜斬大臣異議如韓琦者數人。」安石尤喜之，薦使對，賜進士出身，爲崇文校書。上薄其人，除知錢塘縣。安石欲留之，乃令鄧綰薦爲御史，遂除太子中允。數月，將用爲諫官，安石疑其輕脫，將背己立名，不除職，以本官同知諫院，非故事也。坰果怒安石易己，凡奏二十疏，論時事，皆留中不出。乃因百官起居日，扣陛請對，上令諭以他日，坰伏地不起，遂召升殿。坰至御坐前，進曰：「臣所言，皆大臣不法，請對陛下一一陳之。」乃搢笏展疏，目安石曰：「王安石近御坐，聽箚子。」安石遲遲，坰訶曰：「陛下前猶敢如此，在外可知！」安石悚然而進。坰大聲宣讀，凡六十條，大略以「安石專作威福，曾布等表裏擅權，天下但知憚安石威權，不復知有陛下。文彥博、馮京知而不敢言。王珪曲事安石，無異廝僕。」且讀且目珪，珪慚懼俛首。「元絳、薛向、陳繹，安石頤指氣使，無異家奴。張琥、李定爲安石爪牙，臺官張商英乃安石鷹犬。逆意者雖賢爲不肖，附己者雖不肖爲賢。」至詆爲李林甫、盧杞。上屢止之，坰慷慨自若，略不退慴。讀已，下殿再拜而退。侍臣衞士，相顧失色，安石爲之請去。閤門糾其瀆亂朝儀，貶潮州別駕。鄧綰申救之，且自劾繆舉。安石曰：「此素狂，不足責。」改監廣州軍資庫，後徙吉州酒稅，卒官。

論曰：朱熹嘗論安石「以文章節行高一世，而尤以道德經濟爲己任。被遇神宗，致位宰相，世方仰其有爲，庶幾復見二帝三王之盛。而安石乃汲汲以財利兵革爲先務，引用凶邪，排擯忠直，躁迫強戾，使天下之人，囂然喪其樂生之心。卒之羣姦嗣虐，流毒四海，至於崇寧、宣和之際，而禍亂極矣」。此天下之公言也。昔神宗欲命相，問韓琦曰：「安石何如？」對曰：「安石爲翰林學士則有餘，處輔弼之地則不可。」神宗不聽，遂相安石。嗚呼！此雖宋氏之不幸，亦安石之不幸也。

王安禮字和甫，安石之弟也。早登科，從河東唐介辟。熙寧中，鄜延路城囉兀，河東發民四萬負餉，宣撫使韓絳檄使佐役，後帥呂公弼將從之。安禮爭曰：「民兵不習武事，今敺之深入，此不爲寇所乘，則凍餓而死爾，宜亟罷遣。」公弼用其言，民得歸，而他路遇敵者，全軍皆覆。公弼執安禮手言曰：「四萬之衆，豈偶然哉。果有陰德，相與共之。」

初，絳專爵賞，既上最，多失實，公弼以狀聞。詔即河東議功，公弼將受之。安禮曰：




「宣撫使以宰相節制諸道，且許便宜，封授一有不韙，人猶得非之。公藩臣，乃欲隃進功狀于非其任邪？」公弼遽辭。遂薦安禮于朝，神宗召對，欲驟用之。安石當國，辭，以爲著作佐郎、崇文院校書。他日得見，命之坐，有司言八品官無賜坐者，特命之。遷直集賢院，出知潤州、湖州，召爲開封府判官。嘗偕尹奏事，既退，獨留訪以天下事，帝甚鄉納。直舍人院、同修起居注。

蘇軾下御史獄，勢危甚，無敢救者。安禮從容言：「自古大度之主，不以言語罪人。軾以才自奮，謂爵位可立取，顧錄錄如此，其心不能無觖望。今一旦致於理，恐後世謂陛下不能容才。」帝曰：「朕固不深譴也，行爲卿貰之。卿第去，勿漏言，軾方賈怨於衆，恐言者緣以害卿也。」李定、張璪皆擿使勿救，安禮不答，軾以故得輕比。

進知制誥。彗星見，詔求直言。安禮上疏曰：「人事失於下，變象見於上。陛下有仁民愛物之心，而澤不下究，意者左右大臣不均不直，謂忠者爲不忠，不賢者爲賢，乘權射利者，用力殫於溝瘠，取利究於園夫，足以干陰陽而召星變。願察親近之行，杜邪枉之門。至於祈禳小數，貶損舊章，恐非所以應天者。」帝覽數嘉歎，諭之曰：「王珪欲使卿條具，朕嘗謂不應沮格人言，以自壅障。今以一指蔽目，雖泰、華在前弗之見，近習蔽其君，何以異此，卿當益自信。」

以翰林學士知開封府，事至立斷。前滯訟不得其情，及具按而未論者幾萬人，安禮剖決，未三月，三獄院及畿、赤十九邑，囚繫皆空。書揭於府前，遼使過而見之，歎息誇異。帝聞之，喜曰：「昔秦內史廖從容俎豆，以奪由余之謀，今安禮能勤吏事，駭動殊鄰，於古無愧矣。」特升一階。

帝數失皇子，太史言民墓多迫京城，故不利國嗣，詔悉改卜，無慮數十萬計，衆洶懼。安禮諫曰：「文王卜世三十，其政先於掩骼埋胔，未聞遷人之冢以利其嗣者。」帝惻然而罷。

邏者連得匿名書告人不軌，所涉百餘家。帝付安禮曰：「亟治之。」安禮驗所指，皆略同，最後一書加三人，有姓薛者，安禮喜曰：「吾得之矣。」呼問薛曰：「若豈有素不快者耶？」曰：「有持筆來售者，拒之，缺缺去，其意似見銜。」即命捕訊，果其所爲也。即梟其首于市，不逮一人，京師謂爲神明。

宗室令騂以數十萬錢買妾，久而斥歸之，訴府督元直。安禮視妾，既火敗其面矣，即奏言：「妾之所以直數十萬者，以姿首也，今炙敗之，則不復可鬻，此與炮烙之刑何異。請勿理其直而加厚譴，以爲戒。」詔從之，仍奪令騂奉。

後宮造油箔，約三年損者反其價，纔一年有損者，中官持詣府，請如約，詞氣甚厲。安禮曰：「庸詎非置之不得其地，爲風雨燥濕所壞耶。苟如是，民將無復得直，約不可用也。」




卒不追。以是宗室、中貴人皆憚之。

元豐四年〔四〕，初分三省，置執政，拜中大夫、尚書右丞。轉左丞。王師問罪夏國，涇原承受梁同奏：「轉運使葉康直餉米，惡不可食。」帝大怒曰：「貴糴遠餉，反不可用，徒弊民力於道路，康直可斬也。」安禮曰：「此一梁同之言，疑未必實，當按之。」乃遣判官張大寧與同參覈，且械繫康直以俟。既而米可用者什八九，帝意解，赦康直。

是時，伐夏不得志，李憲又欲再舉。帝以訪輔臣，王珪曰：「向所患者用不足，朝廷今捐錢鈔五百萬緡，以供軍食有餘矣。」安禮曰：「鈔不可啖，必變而爲錢，錢又變爲芻粟。今距出征之期纔兩月，安能集事。」帝曰：「李憲以爲已有備，彼宦者能如是，卿等獨無意乎？唐平淮蔡，唯裴度謀議與主同。今乃不出公卿而出於閹寺，朕甚恥之。」安禮曰：「淮西，三州爾，有裴度之謀、李光顏李愬之將，然猶引天下之兵力，歷歲而後定。今夏氏之疆非淮蔡比，憲材非度匹，諸將非有光顏、愬輩，臣懼無以副聖志也。」帝悟而止。後欲除憲節度使，安禮又以爲不可。

御史中丞舒亶上章詆執政，且言：「尚書不置錄目，有旨按吏罪。」安禮請取臺錄以爲式，乃與省中同，遂并列亶他事，亶坐廢。徐禧計議邊事，安禮曰：「禧志大材疎，必誤國。」及永樂敗書聞，帝曰：「安禮每勸朕勿用兵，少置獄，蓋爲是也。」

久之，御史張汝賢論其過，以端明殿學士知江寧府，汝賢亦罷。元祐中，加資政殿學士，歷揚、青、蔡三州。又爲御史言，失學士，移舒州。紹聖初，還職，知永興軍。二年，知太原府。苦風痺，臥帳中決事，下不敢欺。卒，年六十二，贈右銀青光祿大夫。

安禮偉風儀，論議明辨，常以經綸自任，而闊略細謹，以故數詒口語云。

王安國字平甫，安禮之弟也。幼敏悟，未嘗從學，而文詞天成。年十二，出所爲詩、銘、論、賦數十篇示人，語皆警拔，遂以文章稱于世，士大夫交口譽之。於書無所不通，數舉進士，又舉茂材異等，有司考其所獻序言爲第一，以母喪不試，廬于墓三年。

熙寧初，韓絳薦其材行，召試，賜及第，除西京國子教授。官滿，至京師，上以安石故，賜對。帝曰：「卿學問通古今，以漢文帝爲何如主？」對曰：「三代以後未有也。」帝曰：「但恨其才不能立法更制爾。」對曰：「文帝自代來，入未央宮，定變故俄頃呼吸間，恐無才者不能。至用賈誼言，待羣臣有節，專務以德化民，海內興於禮義，幾致刑措，則文帝加有才一等矣。」帝曰：「王猛佐苻堅，以蕞爾國而令必行，今朕以天下之大，不能使人，何也？」曰：「猛教堅以峻刑法殺人，致秦祚不傳世，今刻薄小人，必有以是誤陛下者。願顓以堯、舜、三代





爲法，則下豈有不從者乎。」又問：「卿兄秉政，外論謂何？」曰：「恨知人不明，聚斂太急爾。」帝默然不悅，由是別無恩命，止授崇文院校書，後改秘閣校理。屢以新法力諫安石，又質責曾布誤其兄，深惡呂惠卿之姦。

先是，安國教授西京，頗溺於聲色，安石在相位，以書戒之曰：「宜放鄭聲。」安國復書曰：「亦願兄遠佞人。」惠卿銜之。及安石罷相，惠卿遂因鄭俠事陷安國，坐奪官，放歸田里。詔以諭安石，安石對使者泣下。既而復其官，命下而安國卒，年四十七。

論曰：安石惡蘇軾而安禮救之，昵惠卿而安國折之，議者不以咎二弟也，惟其當而已矣。安禮爲政，有足稱者。安國早卒，故不見於用云。

## 校勘記

〔一〕御史劉述劉琦錢顗孫昌齡王子韶程顥張戩陳襄陳薦謝景溫楊繪劉摯　「御史」原作「刺史」。按：劉述等當時都是御史，見本書卷一四、卷一五神宗紀及劉述等傳各卷。東都事略卷七九王安石傳作「御史」，據改。

〔二〕知江寧府　原作「知江陵府」，據東都事略卷七九本傳、長編卷二五二及王安石臨川先生文集卷五七觀文殿學士知江寧府謝上表改。

〔三〕年六十六　原作「年六十八」，據東都事略卷七九本傳、琬琰集下編卷一四王荆公安石傳改。

〔四〕元豐四年　當作「元豐五年」。按本書卷一六神宗紀，元豐五年四月新官制成，以翰林學士王安禮爲尚書右丞；卷二一一宰輔表，王安禮加中大夫守尚書右丞，也繫在元豐五年。此誤。

# 宋史卷三百二十八

## 列傳第八十七

李清臣 安燾 張璪 蒲宗孟 黃履 蔡挺 兄抗 王韶

子厚 寀 薛向 子嗣昌 章楶

李清臣字邦直，魏人也。七歲知讀書，日數千言，暫經目輒誦，稍能戲爲文章。客有從京師來者，與其兄談佛寺火，清臣從傍應曰：「此所謂災也，或者其蠹民已甚，天固儆之邪？」因作浮圖災解。兄驚曰：「是必大吾門。」韓琦聞其名，以兄之子妻之。

舉進士，調邢州司戶參軍、和川令。歲滿，薦者踰十數，應得京官。適舉將薛向有公事未竟，閡銓格，判銓張掞擿使自陳勿用。清臣曰：「人以家保己而己捨之，薄矣。」掞離席曰：「君能如是，未可量也。」應材識兼茂科，歐陽脩壯其文，以比蘇軾。治平二年，試祕閣，考官韓維曰：「荀卿氏筆力也。」試文至中書，脩迎語曰：「不置李清臣於第一，則謬



矣。」啓視如言。

時大雨霖，災異數見，論者歸咎濮議。及廷對，或謂曰：「宜以五行傳『簡宗廟，水不潤下』爲證，必擢上第。」清臣曰：「此漢儒附會之說也，吾不之信。民間豈無疾痛可上者乎？」即條對言：「天地之大，譬如人一身，腹心肺腑有所攻塞，則五官爲之不寧。民人生聚，天地之腹心肺腑也；日月星辰，天地之五官也。善止天地之異者，不止其異，止民之疾痛而已。」策入等，以祕書郎簽書平江軍判官，名聲籍甚。英宗知之，語王廣淵曰：「韓琦固忠臣，但避嫌太審。如李清臣者，公議皆謂可用，顧以親抑之可乎？」既而詔舉館閣，歐陽脩薦之，得集賢校理、同知太常禮院。

從韓絳使陝西。慶卒亂，家屬九指揮應誅，清臣請於絳，配隸爲奴婢。絳坐貶，清臣亦通判海州。久之，還故官，出提點京東刑獄。齊、魯盜賊爲天下劇，設耳目方略，名捕且盡。作韓琦行狀，神宗讀之曰：「良史才也。」召爲兩朝國史編修官，撰河渠、律曆、選舉諸志，文直事詳，人以爲不減史、漢。同修起居注，進知制誥、翰林學士。元豐新官制，拜吏部尙書。清臣官右正言，當易承議階，帝曰：「安有尙書而猶承議郎者？」乃授朝奉大夫。六年，拜尙書右丞。哲宗即位，轉左丞。

時熙、豐法度，一切釐正，清臣固爭之，罷爲資政殿學士、知河陽，徙河南、永興。召爲



吏部尙書，給事中姚勔駮之，改知眞定府。班行有王宗正者，致憾於故帥，使其妻詣使者，告前後饋餉過制，囚繫數百人。清臣至，立奏解其獄，而竄宗正。帝親政，拜中書侍郎，勔復駮之，不聽。

紹聖元年，廷試進士，清臣發策曰：「今復詞賦之選而士不知勸，罷常平之官而農不加富，可差可募之說雜而役法病，或東或北之論異而河患滋，賜土以柔遠也而羌夷之患未弭，弛利以便民也而商賈之路不通。夫可則因，否則革，惟當之爲貴，聖人亦何有必焉。」主意皆紬元祐之政，策士悟其指，於是紹述之論大興，國是遂變。

范純仁去位，清臣獨顓中書，亟復青苗、免役法，除諸路提舉官。覬爲相，顧蘇轍軋己，迺擿轍嘗以漢武比先帝激上怒，轍罷。時召章惇未至，清臣心益覬之。已而惇入相，復與爲異。惇既逐諸臣，并籍文彥博、呂公著以下三十人，將悉竄嶺表。清臣曰：「更先帝法度，不爲無過，然皆累朝元老，若從惇言，必大駭物聽。」帝曰：「是豈無中道耶？」合揭榜朝堂，置餘人不問。」鄜延亡金明砦，主將張輿〔一〕戰沒，惇怒，議盡戮全軍四千人。清臣曰：「將死亦多端，或先登爭利，或輕身入敵。今悉誅吏士，異時亡將必舉軍降虜矣。」於是但誅牙兵十六輩。

上幸楚王第，有狂婦人遮道叫呼，告清臣謀反，屬吏捕治，本澶州娼而爲清臣姑子田氏



外婦者。清臣不能引去，用御史言，以大學士知河南，尋落職知眞定府。

初，蔡確子渭上書訴父冤，造奇譖以危劉摯等，清臣心知其誣，弗之省，坐奪學士。徽宗立，入爲門下侍郎。僕射韓忠彥與之有連，惟其言是聽，出范純禮、張舜民，不使呂希純、劉安世入朝，皆其謀也。尋爲曾布所陷，出知大名府而卒，年七十一。贈金紫光祿大夫。爲清臣蚤以詞藻受知神宗，建大理寺，築都城，皆命作記，簡重宏放，文體各成一家。爲人寬洪，不忮害。嘗爲舒亶所劾，及在尙書，亶以贓抵罪，獨申救之，曰：「亶信亡狀，然謂之贓則不可。」再爲姚勔所駮，當紹聖議貶，或激使甘心，清臣爲之言曰：「勔以職事，所見或不同，豈應以臣故而加重？」帝悟，薄勔罪。起身窮約，以儉自持，至富貴不改。居官奉法，毋敢撓以私。然志在利祿，不公於謀國，一意欲取宰相，故操持悖謬，竟不如願以死。後朝議以復孟后罪，追貶武安軍節度副使，再貶雷州司戶參軍。

安燾字厚卿，開封人。幼警悟。年十一，從學里中，羞與羣兒伍，聞有老先生聚徒，往師之。先生曰：「汝方爲誦數之學，未可從吾游，當羣試省題一詩，中選乃置汝。」燾無難色。詩成，出諸生上，由是知名。

登第，調蔡州觀察推官，至太常丞、主管大名府路機宜文字。用歐陽脩薦，爲祕閣校理、判吏部南曹，荊湖北路轉運判官、提點刑獄兼常平、農田水利、差役事。時方興新法，奉行之吏，或迎合求進。司農符檄日夜下，如免役增寬賸，造簿供手實，青苗責保任，追胥苛切，其類旁午。燾平心奉法，列其泰甚於朝。移使京東路，過闕入見，神宗偉其儀觀，留檢正中書孔目房、修起居注。

元豐初，高麗新通使，假燾左諫議大夫往報之。高麗迎勞，館餼加契丹禮數等，使近臣言：「王遇使者甚敬，出誠心，非若奉契丹苟免邊患而已。」燾笑答曰：「尊中華，事大國，禮一也，特以罕至有加爾。朝廷與遼國通好久，豈復於此較厚薄哉！」使還，帝以爲知禮，即授所假官，兼直學士院。

知審刑院，決剖滯訟五百餘案。因言：「每蔽獄上省，輕重有疑，則必致駁，勢既不敵，故法官顧避稽停。請自今以疑獄讞者，皆得輕論。」從之。求知陳州，還，爲龍圖閣直學士、判軍器監。

命館遼使。方宴近郊，使者不令其徒分坐廡下，力爭之，使無以奪。至肄儀將見，又不使綴行分班，使者入，餘皆坐門外，燾請令門見而出，衆始愧悔。逮辭日，悉如儀。或謂細故無足較，燾曰：「契丹喜嘗試人，其漸不可長也。」俄權三司使，改戶部尚書。六年，同知樞密院。





夏人款塞，乞還侵疆。燾言：「地有非要害者固宜予，然羌情無厭，當使知吾宥過而息兵〔二〕，不應示以厭兵之意。」哲宗立，復仍前議，二府遂欲并棄熙河。燾固爭之，曰：「自靈武而東，皆中國故地。先帝有此武功，今無故棄之，豈不取輕於外夷？」於是但以葭蘆等四砦歸之。

蔡確輩更用事，燾循循其間，不能有所建明。元祐二年，進知院事。時復洮、河，擒鬼章青宜結，二邊少清，而並塞猶苦寇掠。燾言：「爲國者不可好用兵，亦不可畏用兵，好則疲民，畏則遺患。今朝廷每戒疆吏，非舉國入寇毋得應之，則固畏用兵矣。雖僅保障戍，實墮其計中，顧復講攻擾之策。且乾順幼豎，梁氏擅權，族黨酋渠多反側顧望。若有以離間之，未必不回戈而復怨，此一奇也。」其後夏人自相攜貳，使來修貢，悉如燾策。

宣仁太后患國用不足，頗裁冗費，宗室奉亦在議中。燾諫曰：「陛下雖痛抑外家，以示至公，然此舉不可不深思而熟計。」太后悟，遂止。

大河北流，宰相主水官議，必欲回之東注。燾以河流入濼淀，久必淤淺，恐河朔無以禦敵，遂上言曰：「自小吳未決之前，河雖屢徙，而盡在中國，故京師得以爲北限。今決而西，則河尾益北，如此不已，將南岸遂屬敵界。彼若建橋梁，守以州郡，竊兵河外，可爲寒心。今水官之議，不過論地形，較功費；而獻納之臣，不考利害輕重，徒便於治河，而以設險爲緩，非至計也。」帝雖然之，而回河之議紛起，東北蕭然煩費，功亦不就。

三年，同列皆序遷，且新用執政，燾獨如初。詔增其兩秩，燾懇辭曰：「是雖有故事，竊意以一時同列超升之故，特用是以慰安其心爾。今日願自臣革之，使朝廷不爲姑息，而大臣稍敦廉恥之風，庶或有補。」竟不受。以母憂去，卒喪，拜觀文殿學士、知鄭州，徙潁昌及河南府，入爲門下侍郎。

宣仁之喪，宗室既爲三年服，才越歲，章惇拜相，欲革爲期。燾爭之曰：「上以先后保佑之久，追崇如恐不盡，茲用明道故實耳。遽改之，播諸天下，非佳聲也。」乃止。燾與惇布衣交，覬其助己，燾不肯少下之。陽翟民蓋漸有財訟，而與諫官來之邵交通，開封得其事。惇右之邵，欲薄其罪，燾不可；復欲并劾開封，燾又不可，遂與惇隙。明堂齋祠，爲儀仗使，後官有絕馳道穿仗而過者，燾方舉劾，諫官常安民又言，教坊不當於相國寺作樂。帝怒，欲逐安民，燾爲救釋。惇遂譖其相表裏，出知鄭州，徙大名。

父日華，本三班院吏，以燾恩封光祿大夫，至是卒，年九十餘。燾免喪，徽宗立，復知樞密院。舊制，內侍出使，以所得旨言於院，審實乃得行。後多輒去，燾請按治之。都知閻守懃領他職，祈能不以告，亦劾之，帝敕守懃詣燾謝。郝隨得罪，或揣上意且起用，欲援赦爲階，亦爭之。





以老避位，帝將寵以觀文殿大學士，有間之者曰：「是宰相恩典也。」但以學士知河南。將行，上疏曰：「自紹聖、元符以來，用事之臣，持紹述之名，誑惑君父，上則固寵位而快恩讎，下則希進用而肆朋附。彼自爲謀則善矣，未嘗有毫髮爲公家計者也。大聽言之道，必以其事觀之。臣不敢高談遠引，獨以神考之事切於今者爲證。熙寧、元豐之間，中外府庫，無不充衍，小邑所積錢米，亦不減二十萬。紹聖以還，傾竭以供邊費，使軍無見糧，吏無月俸，公私虛耗，未有甚於此時，而反謂紹述，豈不爲厚誣哉！願陛下監之，勿使飾偏辭而爲身謀者復得行其說。」又言：「東京黨禍已萌，願戒履霜之漸。」語尤激切。

初，建青唐邈川爲湟州，戍守困於供億。燾在樞府，因議者以爲可棄，奏還之。崇寧元年議其罪，降端明殿學士，再貶寧國軍節度副使，漢陽軍安置。湟州復，又降祁州團練副使。鄯州之復，又移建昌軍，然棄鄯州時，燾居憂不預也，終不敢自明。閱再歲，始復通議大夫，還洛卒，年七十五。後五歲，悉還其官職。

子扶，靖康時爲給事中。金人入京師，責取金帛，扶與梅執禮、陳知質、程振皆見殺。

張璪初名琥，字邃明，滁州全椒人，洎之孫也。早孤，鞠於兄瓌，欲任以官，辭不就。未冠登第，歷鳳翔法曹、縉雲令。

王安石與環善，既得政，將用之，而環已老，乃引璪同編修中書條例，授集賢校理、知諫院、直舍人院。楊繪、劉摯論助役，安石使璪爲文詰之，辭，曾布請爲之，由是忤安石意。神宗欲命璪知制誥，安石薦用布，以璪同修起居注。自縣令至是，才歲餘。坐奏事不實，解三職，已而復之。

時建議武學，璪言：「古之太學，舞干習射，受成獻功，莫不在焉。文武之才，皆自此出，未聞偏習其一者也。請無問文武之士，一養于太學。」朝廷既復河、隴，欲因勢戡定夔、蜀、荆、廣諸夷，璪言：「先王務治中國而已。今生財未盡有道，用財未盡有禮，不宜遽及徂征之事。」皆不聽。以集賢殿修撰知蔡州，復知諫院兼侍御史知雜事。

盧秉行鹽法於東南，操持峻急，一人抵禁，數家爲黥徙，且破產以償告捕，二年中犯者萬人。璪條列其狀。又言：「行役法以來，最下戶亦每歲納錢，乞度寬羨數均損之，以惠貧弱。」後皆施行。

鄭俠事起，璪媚呂惠卿，劾馮京與俠交通有迹，深其辭，致京等於罪。判司農寺，出知河陽。元豐初，入權度支副使，遂知制誥、知諫院。判國子監，薦蔡卞可爲直講。建增博士弟子員，月書、季攷、歲校，以行藝次升，略倣周官鄉比之法，立齋舍八十二。學官之盛，近





代莫比，其議多自璪發之。

蘇軾下臺獄，璪與李定雜治，謀傅致軾於死，卒不克。詳定郊廟奉祀禮文，議者多以國朝未嘗躬行方澤之禮爲非正，詔議更制。璪請於夏至之日，備禮容樂舞，以冢宰攝事。帝曰：「在今所宜，無以易此。」卒行其說。爲翰林學士，詳定官制，以寄祿二十四階易前日省、寺虛名，而職事名始正。

四年，拜參知政事，改中書侍郎。哲宗立，諫官、御史合攻之，謂：「璪姦邪便佞，善窺主意，隨勢所在而依附之，往往以危機陷人。深交舒亶，數起大獄，天下共知其爲大姦。小人而在高位，德之賊也。」疏入，皆不報。最後，劉摯言：「璪初奉安石，旋附惠卿，隨王珪，黨章惇，諂蔡確，數人之性不同，而能探情變節，左右從順，各得其歡心。今過惡既章，不可不速去。」如是踰歲，乃以資政殿學士知鄭州，徙河南、定州、大名府，進大學士，知揚州以卒。贈右銀青光祿大夫，謚曰簡翼。

蒲宗孟字傳正，閬州新井人。第進士，調夔州觀察推官。治平中，水災地震，宗孟上書，斥大臣及宮禁、宦寺。熙寧元年，改著作佐郎。神宗見其名，曰：「是嘗言水災地震者邪！」召試學士院，以爲館閣校勘、檢正中書戶房兼修條例，進集賢校理。

時三司新置提舉帳司官，祿豐地要，人人欲得之。執政上其員，帝命與宗孟。命察訪荆湖兩路，奏罷辰、沅役錢及湖南丁賦，遠人賴之。呂惠卿制手實法，然猶許災傷五分以上不預。宗孟言：「民以手實上其家之物產而官爲注籍，以正百年無用不明之版圖而均齊其力役，天下良法也。然災傷五分不預焉。臣以爲使民自供，初無所擾，何待豐歲？願詔有司，勿以豐凶弛張其法。」從之，民於是益病矣。

俄同修起居注、直舍人院、知制誥，帝又稱其有史才，命同修兩朝國史，爲翰林學士兼侍讀。舊制，學士唯服金帶，宗孟入謝，帝曰：「學士職清地近，非他官比，而官儀未寵。」迺加佩魚，遂著爲令。樞密都承旨張誠一預書局事，頗肆橫，挾中旨以脅同列。宗孟持其語質帝前，皆非是，因叩頭白其姦。帝察其不阿，欲大用，拜尚書左丞。

帝嘗語輔臣，有無人才之歎，宗孟率爾對曰：「人才半爲司馬光邪說所壞。」帝不語，直視久之，曰：「蒲宗孟乃不取司馬光邪！未論別事，只辭樞密一節，朕自即位以來，唯見此一人；他人，則雖迫之使去，亦不肯矣。」宗孟慚懼，至無以爲容。僅一歲，御史論其荒于酒色及繕治府舍過制，罷知汝州。踰年，加資政殿學士，徙亳、杭、鄆三州。

鄆介梁山濼，素多盜，宗孟痛治之，雖小偷微罪，亦斷其足筋，盜雖爲衰止，而所殺亦





不可勝計矣。方徙河中，御史以慘酷劾，奪職知虢州。明年，復知河中，還其職。帥永興，移大名。宗孟厭苦易地，頗默默不樂，復求河中。卒，年六十六。

宗孟趣尚嚴整而性侈汰，藏帑豐，每旦刲羊十、豕十，然燭三百入郡舍。或請損之，愠曰：「君欲使我坐暗室忍饑邪？」常日盥潔，有小洗面、大洗面、小濯足、大濯足、小大澡浴之別。每用婢子數人，一浴至湯五斛。他奉養率稱是。嘗以書抵蘇軾云：「晚年學道有所得。」軾答之曰：「聞所得甚高，然有二事相勸：一曰慈，二曰儉也。」蓋鍼其失云。

黃履字安中，邵武人。少游太學，舉進士，調南京法曹，又爲高密、廣平王二宮教授、館閣校勘、同知禮院。擢監察御史裏行，辭御史，改崇政殿說書兼知諫院。

神宗嘗詢天地合祭是非，對曰：「國朝之制，冬至祭天圓丘，夏至祭地方澤，每歲行之，皆合於古。猶以有司攝事未足以盡，於是三歲一郊而親行之，所謂因時制宜者也，雖施之方今，爲不可易。惟合祭之非，在所當正。然今日禮文之失，非獨此也，願敕有司正羣祀，爲一代損益之制。」詔置局詳定，命履董之，北郊之議遂定。同修起居注，進知制誥、同修國史。遭母憂去，服除，以禮部尚書召。

時閩中患苦鹽法，獻言者衆，神宗謂履自閩來，特以爲決。履乃陳法甚便，遂不復革，鄉論鄙之。遷御史中丞。履以大臣多因細故罰金，遂言：「賈誼有云：『遇之以禮，則羣臣自喜。』羣臣且然，況大臣乎？使罪在可議，黜之可也；可恕，釋之可也，豈可罰以示辱哉！」時又制侍郎以下不許獨對，履言：「陛下博訪萬務，雖遠外微官，猶令獨對，顧於侍從乃弗得願也。」遂刊其制。御史翟思言事，有旨詰所自來。履諫曰：「御史以言爲職，非有所聞，則無以言。今乃究其自來，則人將懲之，臺諫不復有聞矣，恐失開言路之意。」事乃寢。

哲宗即位，徙爲翰林學士。履素與蔡確、章惇、邢恕相交結，每確、惇有所嫌惡，則使恕道風旨於履，履即排擊之。至是，更自謂有定策功。劉安世發其罪，以龍圖閣直學士知越州，坐舉御史不當，降天章閣待制。歷舒洪蘇鄂青州、江寧應天潁昌府。紹聖初，復龍圖閣直學士，爲御史中丞。極論呂大防、劉摯、梁燾垂簾時事，乞正典刑；又言司馬光變更先朝已行之法爲罪。

先是，北郊之論雖定，猶不果行，履又建言：「陽復陰消，各因其時。上圓下方，各順其體。是以聖人因天祀天，因地祀地，三代至漢，其儀不易。及王莽諂事元后，遂躋地位，同席共牢，歷世襲行，不能全革。逮神宗考古揆今，以正大典，嘗有意於茲矣。今承先志，當在陛下及二三執政。」哲宗詢諸朝，章惇以爲北郊止可謂之社。履曰：「天子祭天地。蓋郊





者交於神明之義，所以天地皆稱郊。故詩序云『郊祀天地』。若夫社者，土之神而已，豈有祭大祇亦謂之社乎？」哲宗可之，遂定郊議。拜尚書右丞。

會正言鄒浩以言事貶新州，履曰：「浩以親被拔擢之故，敢犯顏納忠，陛下遽斥之死地，人臣將視以爲戒，誰復敢爲陛下論得失乎？乞徙善地。」坐罷知亳州。徽宗立，召爲資政殿學士兼侍讀，復拜右丞。未踰年，求去，加大學士、提舉中太一宮，卒。

論曰：哲宗親政之初，見慮未定，范、呂諸賢在廷，左右弼謨，俾日邇忠讜，疏絕回遹，以端其志嚮，元祐之治業，庶可守也。清臣怙才躁進，陰覬柄用，首發紹述之說，以隙國是，羣姦洞之，衡決莫障，重爲薦紳之禍焉。至於興大獄以傾馮京、蘇軾者，操也；助成手實之法，以壞人材，譏司馬光者，宗孟也；訐垂簾之事，擊呂大防、劉摯等去之者，履也。清臣眞小人之靡，三子抑其亞乎。燾論議識趣，有可稱述，雖立朝無附，而依違蔡確、章惇間，無所匡建，非大臣之道也。

蔡挺字子政，宋城人。第進士，調虔州推官。秩滿，以父希言當官蜀，乞代行，遂授陵州團練推官。王堯臣安撫陝西，辟管勾文字。富弼使遼，奏挺從，至雄州，誓書有所更易，遣挺還白。仁宗欲知契丹事，召對便殿，挺時有父喪，聽以衫帽入。

范仲淹宣撫陝西、河東，奏挺通判涇州，徙鄜州。河北多盜，精擇諸郡守，以挺知博州。申飭屬縣嚴保伍，得居停姦盜者數人，弛其宿負，補爲吏，使之察警，盜每發輒得。均博平、聊城二縣稅，歲衍鉅萬。三司下其法於四方，然大抵增賦也。

爲開封府推官、提點府界公事。部修六漯河，用李仲昌議，塞北流，入于六漯。一夕復決，兵夫芟楗漂溺不可計。降知滁州，言者以爲輕，乃貶秩停官。

越數歲，稍起知南安軍，提點江西刑獄，提舉虔州鹽。自大庾嶺下南至廣，驛路荒遠，室廬稀疏，往來無所芘。挺兄抗時爲廣東轉運使，迺相與謀，課民植松夾道，以休行者。江、閩鹽賊率千百爲州縣害，挺論所部與期，使首納器甲，原其罪，得兵械萬計。官鹽惡而價貴，盜鹽善而價且下，故私販日滋。挺僑僚吏至淮轉新鹽，明殿賞，以官數之餘畀之，於是賊黨破散，宿弊遂絕，歲增賣鹽四十萬。

改陝西轉運副使，進直龍圖閣、知慶州，因上書論攻守大計。夏人大入，挺盡斂邊戶入保，戒諸砦無出戰。諒祚親帥軍數萬攻大順，挺料城堅不可破，而柔遠城惡，亟遣總管張玉





將銳師守之。先布鐵蒺藜大順城旁水中，騎渡水多躓，驚言有神。過三日不克，諒祚督帳下決戰，挺伏強弩壕外，飛矢貫其鎧，遂引卻。移寇柔遠，玉夜斫營，夏人驚擾潰去。環州熟羌思順舉族投諒祚，倚爲鄉導。挺宣言思順且復來，命葺其舊舍，出兵西爲迎候之舉。諒祚果疑思順，毒之死。挺築城馬練平爲荔原堡，分屬羌三千人守之。

神宗即位，加天章閣待制、知渭州。舉籍禁兵悉還府，不使有隱占。建勤武堂，五日一訓之，偏伍鉦鼓之法甚備。儲勁卒於行間，遇用奇，則別爲一隊。甲兵整習，常若寇至。又分義勇爲伍番，番三千人〔三〕，參正兵防秋與春，以八月、正月集，四十五日而罷，歲省粟帛、錢纘十三萬有奇。括並邊生地冒耕田千八百頃，募人佃種，以益邊儲。取邊民闌市蕃部田八千頃，以給弓箭手。又築城定戎軍爲熙寧砦，開地二千頃，募卒三千人耕守之。

諜告夏人集胡盧河，挺出奇兵迎擊之。夏人潰，分諸將躡而討之，蕩其七族。進右諫議大夫，賜金帛二千。夏人復犯諸砦，環慶兵不能禦，挺遣張玉以萬人往解其圍。慶州軍變，挺討平之，進龍圖閣直學士。廣銳卒徙營，衆憚遷，欲爲亂，城中震擾，挺推斬首惡十九人，訖徙營。蕃部歲饑，以田質於弓箭手，過期輒沒。挺爲貸官錢，歲息什一，後遂推爲蕃漢青苗、助役法。又自以意製渡河大索及兵械鐮槍，皆獲其用。

熙寧五年，拜樞密副使。帝問挺涇原訓兵之法，召部將按于崇政殿，善之，下以爲諸郡法。河州景思立戰死，帝開天章閣訪執政，挺請行。帝曰：「此小事，不足煩卿。河朔有警，卿當行矣。」契丹議雲中地，挺請罷沿邊戍人，示以無事，因乞置三十七將，皆行其策。七年冬，奏事殿中，疾作而仆，帝親臨賜藥。罷爲資政殿學士、判南京留司御史臺。元豐二年，薨，年六十六。贈工部尚書，謚曰敏肅。

挺譎而多知，人莫能窺其城府。初，爲富弼、范仲淹客，頗泄其機事於呂夷簡以自售。在渭久，鬱鬱不自聊，寓意詞曲，有「玉關人老」之歎。中使至，則使優伶歌之，以達于禁掖。神宗愍焉，遂有樞密之拜云。

抗字子直。中進士，調太平州推官。聞父疾，委官去。稍遷睦親宅講書。英宗在宮邸，器重之，請於安懿王，願得與游。每見，必衣冠盡禮，義兼師友。再遷太常博士、通判秦州，爲祕閣校理，乞知蘇州。州並江湖，民田苦風潮害，抗築長隄，自城屬崑山，亘八十里，民得立塍堨，大以爲利。

徙廣東轉運使。岑水銅冶廢，官給虛券爲市，久不償。人無所取資，聚而私鑄，抗盡給之，人得直以止。番禺歲運鹽英、韶，道遠，多侵竊雜惡。抗命十綱爲一運，擇攝官主之，歲



終會其殿最，增十五萬緡。

英宗立，召爲三司判官。廣部去京師遠，不即至，帝見南來者必問之。及入對，諭曰：「卿乃吾故人，朕望於卿者厚，勿以常禮自疎也。」以史館修撰同知諫院。方議安懿王典禮，抗引禮爲人後之誼，指陳切至，涕淚被面，帝亦感泣。都城大水，抗請見，帝迎問之，抗推原變異，守前說以對。大臣畏其諫，列白爲知制誥，遷龍圖閣直學士、知定州。帝惜其去，曰：「第行，且召矣。」

郡兵番戍，室家留營多不謹，夫歸輒首原，抗下令悉按以法，戍者感焉。帝不豫，趣命爲太子詹事，未至而神宗立，改樞密直學士、知秦州。過闕，帝見之，悲慟不自勝，曰：「先帝疾大漸，猶不忘卿。」遂赴鎮。

秦有質院，質諸羌百餘人，自少至老，局縶之，非死不出，抗皆縱釋，約毋得擅相仇殺。已而有犯者，斬以狥，莫敢奸令。居數日，夢英宗召語，眷如平生，欲退復留。覺爲家人言，感念歔欷。及靈駕發引之旦，東望號慟，見僚佐于便室，暴得疾卒，年六十。特贈禮部侍郎。又欲賜謚，吳奎曰：「抗以舊恩，自雜學士贈官，已踰常制。」遂止。



王韶字子純，江州德安人。第進士，調新安主簿、建昌軍司理參軍。試制科不中，客游陝西，訪采邊事。

熙寧元年，詣闕上平戎策三篇，其略以爲：「西夏可取。欲取西夏，當先復河、湟，則夏人有腹背受敵之憂。夏人比年攻青唐，不能克，萬一克之，必併兵南向，大掠秦、渭之間，牧馬于蘭、會，斷古渭境，盡服南山生羌，西築武勝，遣兵時掠洮、河，則隴、蜀諸郡當盡驚擾，瞎征〔四〕兄弟其能自保邪？今唃氏子孫，唯董氈粗能自立，瞎征、欺巴溫之徒，文法所及，各不過一二百里，其勢豈能與西人抗哉！武威之南，至于洮、河、蘭、鄯，皆故漢郡縣，所謂湟中、浩亹、大小楡、枹罕，土地肥美，宜五種者在焉。幸今諸羌瓜分，莫相統一，此正可幷合而兼撫之時也。諸種既服，唃氏敢不歸？唃氏歸則河西李氏在吾股掌中矣。且唃氏子孫，瞎征差盛，爲諸羌所畏，若招諭之，使居武勝或渭源城，使糾合宗黨，制其部族，習用漢法，異時族類雖盛，不過一延州李士彬、環州慕恩耳。爲漢有肘腋之助，且使夏人無所連結，策之上也。」神宗異其言，召問方略，以韶管幹秦鳳經略司機宜文字。

蕃部俞龍珂在青唐最大，渭源羌與夏人皆欲羈屬之，諸將議先致討。韶因按邊，引數騎直抵其帳，諭其成敗，遂留宿。明旦，兩種皆遣其豪隨以東。久之，龍珂率屬十二萬口內附，所謂包順者也。



韶又言：「渭源至秦州，良田不耕者萬頃，願置市易司，頗籠商賈之利，取其贏以治田。」帝從其言，改著作佐郎，仍命韶提舉。經略使李師中言：「韶乃欲指占極邊弓箭手地耳。又將移市易司於古渭，恐秦州自此益多事，所得不補所亡。」王安石主韶議，爲罷師中，以竇舜卿代，且遣李若愚按實。若愚至，問田所在，韶不能對。舜卿檢索，僅得地一頃，既地主有訟，又歸之矣。若愚奏其欺，安石又爲罷舜卿而命韓縝。縝遂附會實其事，師中、舜卿皆坐謫，而韶爲太子中允、祕閣校理。後帥郭逵上韶盜貸市易錢，安石以爲不足校，徙逵涇原。〔五〕

帝志復河、隴，築古渭爲通遠軍，以韶知軍事。五年七月，引兵城渭源堡及乞神平，破蒙羅角、抹耳水巴等族。初，羌保險，諸將謀置陣平地，韶曰：「賊不舍險來鬥，則我師必徒歸。今已入險地，當使險爲吾有。」乃徑趣抹邦山，壓敵軍而陣，令曰：「敢言退者斬！」賊乘高下鬥，師小却。韶躬擐甲冑，麾帳下兵逆擊之，羌大潰，焚其廬帳而還，洮西大震。會瞎征度洮爲之援，餘黨復集。韶戒別將由竹牛嶺路張軍聲，而潛師越武勝，遇瞎征首領瞎藥等，與戰破之，遂城武勝，建爲鎮洮軍。進右正言、集賢殿修撰。復擊走瞎征，降其部落二萬。更名鎮洮爲熙州，以熙、河、洮、岷、通遠爲一路，韶以龍圖閣待制知熙州。

六年三月，取河州，遷樞密直學士。降羌叛，韶回軍擊之。瞎征以其間據河州，韶進破

二十四史

中華書局

訶諸木藏城，穿露骨山，南入洮州境，道陿隘，釋馬徒行，或日至六七。瞎征留其黨守河州，自將尾官軍，韶力戰破走之，河州復平。連拔宕、岷二州，疊、洮羌酋皆以城附。軍行五十有四日，涉千八百里，得州五，斬首數千級，獲牛、羊、馬以萬計。進左諫議大夫、端明殿學士。七年，入朝，又加資政殿學士，賜第崇仁坊。

還至興平，聞景思立敗於踏白城，賊圍河州，日夜馳至熙。熙方城守，命撤之。選兵得二萬，議所向，諸將欲趨河州。韶曰：「賊所以圍城者，恃有外援也。今知救至，必設伏待我，且新勝氣鋭，未可與爭。當出其不意，以攻其所恃，此所謂『批亢擣虛，形格勢禁，則自爲解』者也。」乃直扣定羌城，破結河族，斷夏國通路，進臨寧河，分命偏將入南山。瞎征知援絕，拔柵去。

初，思立之覆師也，羌勢復熾，朝廷議棄熙河，帝爲之旰食，數下詔戒韶持重勿出。及是，帝大喜。韶還熙州，以兵循西山繞出踏白後，焚八千帳，瞎征窮蹙丐降，俘以獻。拜韶觀文殿學士、禮部侍郎。資政、觀文學士，非嘗執政而除者，皆自韶始。官其兄弟及兩子，前後賜絹八千匹。未幾，召爲樞密副使。

熙河雖名一路，而實無租入，軍食皆仰給他道。轉運判官馬瑊捃官吏細故，韶欲罷瑊；王安石右瑊，韶始沮，於是與安石異。數以母老乞歸，帝語安石勉留之。





安南之役，韶言：「洪里、廣源之建，臣以爲貪虛名而忘實禍，執政乃疑臣爲剌譏。方舉事之初，臣力爭極論，欲寬民力而省財用，但同列莫肯聽，至以熙河事折臣。臣本意不費朝廷而可以至伊吾盧甘，初不欲令熙河作路，河、岷作州也。今與衆異論，儻不求退，必致不容。」韶本鑿空開邊，驟躋政地，乃以勤兵費財歸曲朝廷，帝由是不悅，以故罷職知洪州，又坐謝表怨慢，落職知鄂州。元豐二年，還其職，復知洪州。四年，病疽卒，年五十二。贈金紫光祿大夫，謚曰襄敏。

韶起孤生，用兵有機略。臨出師，召諸將授以指，不復更問，每戰必捷。嘗夜臥帳中，前部遇敵，矢石已交，呼聲震山谷，侍者往往股栗，而韶鼻息自如。在鄂宴客，出家姬奏樂，客張績醉挽一姬不前，將擁之，姬泣以告。韶徐曰：「本出汝曹娛客，而令失歡如此。」命酌大盃罰之，談笑如故，人亦服其量。韶交親多楚人，依韶求仕，乃分屬諸將，或殺降羌老弱予以首爲功級。韶晚節言動不常，頗若病狂狀。既病疽，洞見五臟，蓋亦多殺徵云。子十人，厚、寀最顯。

厚字處道。少從父兵間，暢習羌事，官累通直郎。元祐棄河、湟，厚上疏陳不可，且詣政事堂言之，不聽。紹聖中，用薦者換禮賓副使、幹當熙河公事。

會羌酋瞎征、隴拶爭國，河州守將王贍與厚同獻議復故地。元符元年六月，師出塞。七月，下邈川，降瞎征。九月，次青唐，隴拶出迎，遂定湟、鄯。詔賜隴拶姓名曰趙懷德，進厚東上閤門副使、知湟州。既而他種叛，合兵來攻，厚不能支。朝廷度二州不可守，乃以畀懷德，而貶厚右內府率，再貶賀州別駕。

崇寧初，蔡京復開邊，還厚前秩，於是羌人多羅巴奉懷德之弟溪賒羅撒謀復國。懷德畏偪，奔河南，種落更挾之以令諸部。朝廷患衆羌扇結，命厚安撫洮西，遣內客省使童貫偕往。多羅巴知王師且至，集衆以拒。厚聲言駐兵而陰戒行，羌備益弛，乃與偏將高永年異道出。多羅巴三子以數萬人分據險，厚進擊破殺之，唯少子阿蒙中流矢去，道遇多羅巴，與俱遁。遂拔湟州。以功進威州團練使、熙河經略安撫。

三年四月，厚帥大軍次于湟，命永年將左軍循宗水而北，別將張誠將右軍出宗谷而南，自將中軍趨綏遠，期會宗哥川。羌置陳臨宗水，倚北山，溪賒羅撒張黃屋，建大旆，乘高指呼，望中軍旗鼓爭赴之。厚麾游騎登山攻其背，親帥強弩迎射，羌退走。右軍濟水擊之，大風從東南來，揚沙翳羌目，不得視，遂大敗，斬首四千三百餘級，俘三千餘人。羅撒以一騎馳去，其母龜茲公主與諸酋開鄯州降。厚計羅撒必且走青唐，將夜追之，童貫以爲不能及，遂止。師下青唐，知羅撒留一宿去，貫始悔之。厚將大軍趣廓州，酋落施軍令結以





衆降，遂入廓州。超拜厚武勝軍節度觀察留後。

明年，羅撒復入寇，永年戰死，羌焚大通河橋以叛，新疆大震。厚坐逗遛，降郢州防禦使。已而趙懷德約降未決，厚以書諭之，懷德即納款。還厚舊官。入朝，提舉醴泉觀，卒。贈寧遠軍節度使，謚曰莊敏。

寀字輔道。好學，工詞章。登第，至校書郎。忽若有所覩，遂感心疾，唯好延道流談丹砂、神仙事。得鄭州書生，託左道，自言天神可祈而下，下則聲容與人接。因習行其術，纔能什七八，須兩人共爲乃驗。外間譁傳，浸淫徹禁庭。

徽宗方崇道教，侍晨林靈素自度技不如，願與之游，拒弗許。戶部尚書劉昺，寀外兄也，久以爭進絕還往。神降寀家，使因昺以達，寀言其故，神曰：「第往與之言，汝某年月日在蔡京後堂談某事，有之否？」昺驚駭汗洽，不能對，蓋所言皆陰中傷人者。乃言之帝，即召。寀風儀既高，又善談論，應對合上指。帝大喜，約某日即內殿致天神。靈素求與共事，又弗許。或謂靈素，但勿令鄭書生偕，寀當立敗。即白帝曰：「寀父兄昔在西邊，密與夏人謀反國。遲至尊候神，且圖不軌。」帝疑焉。及是日，寀與書生至東華門，靈素戒閽卒獨聽寀入。帝齋潔敬待，越三夕無所聞，乃下寀大理，獄成，棄市，昺竄瓊州。

薛向字師正。以祖顔任太廟齋郎，爲永壽主簿，權京兆戶曹。有商胡齎銀二篋，出樞密使王德用書，云以與其弟。向適監税，疑之曰：「烏有大臣寄家問而諉胡人者？」鞫之，果妄。

爲邠州司法參軍。夏人叛，秦中治城，侍御史陳洎行邊，向詣洎陳三敝，言：「今板築暴興，吏持斧四出伐木，無問井閭丘隴，民不敢訴。必不得已，宜且葺邊城。函關，秦東塞，今西鄉設守，是爲棄關內乎？三司貸龍門富人錢，以百年全盛之天下，一方有警，卽稱貸於民，非義也。」洎上其說，悉從之。邠守貪沓，欲因事爲邪，并治子城，立表於市以撤屋，冀得賂免，向力爭罷之。

監在京権貨務，連歲羨緡錢，當遷秩，移與其兄。三司判官董沔議改河北便糴，行鈔法。向曰：「如此，則都內之錢不繼，茶、鹽、香、象將益不售矣。」有司主沔議，既而邊糴滯不行，沔坐黜。

以向知鄜州。大水冒城郭，沉室廬，死者相枕。郡卒戍延安，詣主將求歸視，弗得，皆亡奔。至，則家人無存者，聚謀爲盜，民大恐。向遣吏曉之曰：「冒法以赴急，人之常情，而



不聽若歸，此武將不知變之過也。亟往收溺尸，貰汝擅還之罪。」衆入庭下泣謝，一境乃安。

又論河北糴法之弊，以爲：「度支歲費錢緡五百萬，所得半直，其贏皆入賈販家。今當有以權之，遇穀貴，則官糴於澶、魏，載以給邊；新陳未交，則散糴價以救民乏；軍食有餘，則坐倉收之。此策一行，穀將不可勝食矣。」朝廷是向計，始置便糴司於大名，以向爲提點刑獄兼其事。武彊有盜殺人而逸，尉捕平民抑使承，向覆其冤，脫六囚於死。

入爲開封度支判官，權陝西轉運副使，制置解鹽。鹽足支十年，而歲調畦夫數千，向奏損其數。兼提舉買馬，監牧沙苑養馬，歲得駒三百，而費錢四千萬，占田千頃。向請斥閑田予民，收租入以市之。乃置場於原、渭，以羨鹽之直市馬，於是馬一歲至萬匹。

昭陵復土，計用錢粮五十萬貫石，三司不能供億，將移陝西緣邊入中子永安縣。向陳五不可，以爲失信商旅，遂舉所闕之數以獻。嘗夜至靈寶縣，先驅入驛，與客崔令孫爭舍。令孫正病臥，驚而死，罷知汝州。甫數月，復以爲陝西轉運副使，進爲使。厚陵役費，其助如永昭時。凡將漕八年，所入鹽、馬、芻、粟數累萬，民不益賦，其課爲最。

夏將嵬名山以綏州來歸，青澗城主种諤將往迎，詔向與議。諤不俟命，亟率所部出塞，遂城之。廷議劾諤擅興，將致法。向言：「諤今者之舉，蓋忘身以徇國，有如不稱，臣請坐



之。」諤既貶，向亦罷知絳州，再貶信州，移潞州。張靖使陝西還，陳向制置鹽、馬之失。詔向詣闕與辯，靖辭窮，卽罪之。

神宗知向材，以爲江、浙、荆、淮發運使。綱舟歷歲久，篙工利於盜貨，嘗假風水沉溺以滅迹。向募客舟分載，以相督察。官舟有定數，多爲主者冒占，悉奪畀屬州，諸運皆詣本曹受遣；以地有美惡，利有重輕，爲立等式，用所漕物爲誅賞。遷天章閣待制。環慶有疆事，帝以向習知地形，召詣中書。舊制，發運使上計毋得出入，唯止都門遣章奏。至是，弛其禁。熙寧四年，權三司使。明堂禮成，有司誤遷向右諫議大夫，詔罰吏而向官不奪。河、洮用兵，縣官費不可計，向未嘗乏供給。及解嚴，上疏乞戒將帥裁盜員，汰冗卒，省浮費，節横賦，手敕褒納。進龍圖閣直學士。

遼人求代北地，北邊擇牧，加樞密直學士、給事中、知定州。高陽關募兵，敵陰遣人應選。向諜知之，主者覺，縱使亡去，向遣邏捕取之，械送瀛州，戮於市。北使久留都亭，數出不遜語，而雲、應點兵，涿、易治道，僉謂必渝盟。向曰：「彼欲趣議速成，故多張虛勢以撼我。使者懼不如其請，故肆慢言以徼倖取成。兵來不除道，其亦無能爲也已。」後皆如向言。遷工部侍郎。向控辭，賜詔弗允。故事，前兩府辭官乃降詔，兩省得詔自向始。元豐元年，召同知樞密院。



向幹局絕人，尤善商財，計算無遺策，用心至到，然甚者不能無病民，所上課間失實。時方尚功利，王安石從中主之，御史數有言，不聽也。向以是益得展奮其材業，至於論兵帝所，通暢明決，遂由文俗吏得大用。及在政地，同列質以西北事，則養威持重，未嘗啓其端，非常所以屬望意〔六〕。會詔民畜馬，向既奉命，旋知民不便，議欲改爲。於是舒亶論向反覆無大臣體，斥知潁州，又改隨州，卒，年六十六。元祐中，錄其言，謚曰恭敏。子紹彭，有翰墨名。中子嗣昌。

嗣昌亦以吏材奮。崇寧中，歷熙河轉運判官，梓州、陝西轉運副使，直龍圖閣、集賢殿修撰，入爲左司郎中，擢徽猷閣待制、陝西都轉運使，知渭州，改慶州。監公使庫皇寘坐獄，嗣昌奏請之，遂以監臨自盜責安化軍節度副使，安置郢州。起知相州，復待制、知太原府。論築涇原三倉勞，加顯謨閣直學士；又以撫納西羌功，進延康、宣和殿學士，拜禮部、刑部尚書。坐啓擬反覆罷，提舉崇福宮。久之，遷延康殿學士、知延安府，賜第京師。當遷官，丐回授其子祖京秩。

嗣昌前後因事六七貶，多以欺罔獲罪。至是，言者併論之，降爲待制，卒。

先是，徽宗有意圖北方，遣譚稹銜命訪諸帥，韓粹彥、洪中孚皆力云不可，嗣昌乃潤飾

誅詞，以開邊隙。及論事帝前，語至興師，或感激流涕。造亂之咎，人皆歸責焉。

章楶字質夫，建州浦城人。祖頻，爲侍御史，忤章獻后旨黜官，仁宗欲用之而卒。楶以叔得象蔭，爲孟州司戶參軍。應舉入京，聞父對獄于魏，棄不就試，馳往直其冤。還，試禮部第一，擢知陳留縣，歷提舉陝西常平、京東轉運判官、提點湖北刑獄、成都路轉運使，入爲考功、吏部、右司員外郎。

元祐初，以直龍圖閣知慶州。時朝廷戢兵，戒邊吏勿妄動，且捐葭蘆、安疆等四砦予夏，使歸其永樂之人。夏得砦益驕。楶言：「夏嗜利畏威，不有懲艾，邊不得休息。宜稍取其土疆，如古削地之制，以固吾圉。然後諸路出兵，擇據要害，不一再舉，勢將自蹙矣。」遂乘便出討，以致其師，夏果入圍環州。楶先用間知之，遣驍將折可適伏兵洪德城。夏師過之，伏兵識其母梁氏旗幟，鼓譟而出，斬獲甚衆。又預毒於牛圈瀦水，夏人馬飲者多死。召權戶部侍郎。明年，除知同州。紹聖初，知應天府，加集賢殿修撰、知廣州，徙江、淮發運使。



哲宗訪以邊事，對合旨，命知渭州。至即上言城胡蘆河川，據形勝以偪夏。乃以三月及熙河、秦鳳、環慶四路之師，陽繕理他堡壁數十所，自示其怯。或以楶怯，請曰：「此夏必爭之地，夏方營石門峽，去我三十里，能奪而有之乎？」楶又陽謝之，陰具板築守戰之備，帥四路師出胡蘆河川，築二城于石門峽江口好水河之陰。二旬有二日成，賜名平夏城、靈平砦。方興役時，夏以其衆來乘，楶迎擊敗之。既而環慶、鄜延、河東、熙河皆相繼築城，進拓其境，夏人愕視不敢動。夏主遂奉其母合將數十萬兵圍平夏，疾攻十餘日，建高車臨城，塡塹而進，不能克，一夕遁去。夏統軍嵬名阿埋、西壽監軍妹勒都逋皆勇悍善戰，楶諜其弛備，遣折可適、郭成輕騎夜襲，直入其帳執之，盡俘其家，虜馘三千餘、牛羊十萬，夏主震駭。哲宗爲御紫宸殿受賀，累擢楶樞密直學士、龍圖閣端明殿學士，進階大中大夫。

楶在涇原四年，凡創州一、城砦九，薦拔偏裨，不間廝役，至於夏降人折可適、李忠傑、朱智用，咸受其馭。夏自平夏之敗，不復能軍，屢請命乞和，哲宗亦爲之寢兵。楶立邊功，爲西方最。

時章惇用事，楶與惇同宗，其得興事，頗爲世所疑。徽宗立，請老，徙知河南。入見，留拜同知樞密院事，俾其子縡爲開封推官以便養。踰年，力謝事罷，授資政殿學士、中太一宮使，未幾，卒。徽宗悼之，贈右銀青光祿大夫，謚曰莊簡，賻恤甚厚。

楶七子：縡、綜、綡、綰、綎、繽、縯。縡、綡最知名。縡繇推官爲戶部員外郎、提點淮南



東路刑獄、權知揚州兼提舉香鹽事。時方鑄崇寧大錢，令下，市區晝閉，人持錢買物，至日旰，皇皇無肯售。縡飾市易務致百貨，以小錢收之；且檄倉吏糶米，以大錢予之，盡十日止，民心遂安。未幾，新鈔法行，舊鈔盡廢，一時商賈束手，或自殺。縡得訴者所持舊鈔，爲錢以千計者三十萬，上疏言鈔法誤民，請如約以示大信。上怒，罷縡，降兩官。

綡第進士，歷陝西轉運判官，入爲戶部員外郎。中書侍郎劉逵之妻，綡姊也。逵漸復元祐之政，綡多贊之。蔡京欲擠逵，且惎綡不附己，使其黨攻之，出綡湖州。論者不已，差主管西京崇福宮。

綜歷通判常州，綰知丹徒縣，綎簽判西安州，繽簽判蘇州，楶孫茇承奉郎，藖監蘇州稅，俱列仕顯。

及京復相，遂興制獄，傾章氏。綎居蘇州，或得私鑄錢數巨罌，京風言者誣綎與州人郁寶所鑄。詔遣李孝壽、張茂直、沈畸、蕭服更往鞫之，連繫數百人，累月卒無實，獄多死者。京大怒，別遣孫傑鞫之，傅致如章，綎刺面配沙門島，追毀出身以來文字，除名勒停，籍入其家。竄縡台州，綜秀州，綡溫州，綰睦州，繽永州，茇處州，藖均州，官司降罷除名者十餘人，時論冤之。

孫傑擢龍圖閣直學士、知蘇州，張商英入相，始辨前獄，移綎常州，綡復朝奉郎、通判



秀州。頃之，綎改授內殿崇班，綡秘書省校書郎，遷倉部員外郎，出提點兩浙刑獄，以龍圖閣直學士知越州。譚稹宣撫燕山，請綡爲參謀，加右文殿修撰。金人破蔚州，背歸山後議，稹以錯置乖方罷。綡落職送吏部，會赦恩，上書告老，復龍圖閣直學士致仕，卒。

論曰：神宗奮英特之資，乘財力之富，銳然欲復河、湟，平靈、夏，而蔡挺、王韶、章楶輩起諸生，委褒衣，樹勳戎馬間。世非無材，顧上所趣尙磨厲奚如耳。觀挺之治兵，韶之策敵，楶之制勝，亦一時良將。薛向雖無三子勞，而董漕邊饟，不乏仰給，持重樞府，不啓事端，又其善也。若厚之降隴拶、瞎征，取湟、鄯、廓州，功足繼韶。而嗣昌造釁北伐，迺悖於向，可勝誅邪？雖然，佳兵好還，道家所戒，卒之宋以左道殺，綎以鑄錢陷，此非其驗也與。

## 校勘記

〔一〕張興 原作「張輿」，據編年綱目卷二四、晁補之雞肋集卷六二李清臣行狀改。

〔二〕當使知吾宥過而息兵 「當」原作「常」，據長編卷三三七、東都事略卷九六本傳改。

〔三〕番三千人 「番」字原脫，據本書卷一九一兵志、東都事略卷八二本傳補。

〔四〕瞎征 當作「木征」，本傳下文各條同。按本書卷四九二吐蕃傳載，宋神宗時居於洮、河的蕃族首領是木征；東都事略卷八二王韶傳、長編紀事本末卷八五、宋會要蕃夷六之七起，記載王韶開熙河時的對手，都作「木征」。瞎征是另一人，紹聖三年才嗣位，後此約二十年，卽本卷附王厚傳所載的瞎征。疑此誤。

〔五〕涇原 原作「涇源」，顯誤。據本書卷二九〇郭逵傳、卷八七地理志改。

〔六〕非常所以屬望意 長編卷三〇八說：「向在政府專以持重養威，無先開端爲言，非上所望於向者。」疑此處「常」字爲「上」字之訛。



# 宋史卷三百二十九

## 列傳第八十八

常秩 鄧綰 子洵武 李定 舒亶 蹇周輔 子序辰 徐鐸
王廣淵 弟臨 王陶 王子韶 何正臣 陳繹

常秩字夷甫，潁州汝陰人。舉進士不中，屏居里巷，以經術著稱。嘉祐中，賜束帛，爲潁州教授，除國子直講，又以爲大理評事；治平中，授忠武軍節度推官、知長葛縣，皆不受。

神宗卽位，三使往聘，辭。熙寧三年，詔郡「以禮敦遣，毋聽秩辭」。明年，始詣闕，帝曰：「先朝累命，何爲不起？」對曰：「先帝亮臣之愚，故得安閭巷。今陛下嚴詔趣迫，是以不敢不來，非有所決擇去就也。」帝悅，徐問之：「今何道免民於凍餒？」對曰：「法制不立，庶民食侯食，服侯服，此今日大患也。臣才不適用，願得辭歸。」帝曰：「既來，安得不少留？異日不





能用卿，乃當去耳。」卽拜右正言、直集賢院、管幹國子監，俄兼直舍人院，遷天章閣侍講、同修起居注，仍使供諫職。復乞歸，改判太常寺。

七年，進寶文閣待制兼侍讀，命其子立校書崇文院。九年，病不能朝，提舉中太一宮、判西京留司御史臺。還潁。十年，卒，年五十九，贈右諫議大夫。

秩平居爲學求自得。王回，里中名士也，每見秩與語，輒欿然自以爲不及。歐陽脩、胡宿、呂公著、王陶、沈遘、王安石皆稱薦之，翕然名重一時。

初，秩隱居，既不肯仕，世以爲必退者也。後安石爲相更法，天下沸騰，以爲不便，秩在閭閻，見所下令，獨以爲是，一召遂起。在朝廷任諫爭，爲侍從，低首抑氣，無所建明，聞望日損，爲時譏笑。秩長於春秋，至斥孫復所學爲不近人情。著講解數十篇，自謂「聖人之道，皆在於是」。及安石廢春秋，遂盡諱其學。

立，始命爲天平軍推官，秩死，使門人趙沖狀其行，云：「自秩與安石去位，天下官吏陰變其法，民受塗炭，上下循默，敗端內萌，莫覺莫悟。秩知其必敗。」紹聖中，蔡卞薦立爲祕書省正字、諸王府說書侍講，請用爲崇政殿說書，得召對，又請以爲諫官。卞方與章惇比，會布欲傾之，乘間爲哲宗言立附兩人，因暴其行狀事，以爲詆毀先帝。帝亟下史院取視，言其不遜，以責惇、卞，惇、卞懼，請貶立，乃黜監永州酒稅。

中華書局

鄧綰字文約，成都雙流人。舉進士，爲禮部第一。稍遷職方員外郎。熙寧三年冬，通判寧州。時王安石得君專政，條上時政數十事，以爲宋興百年，習安玩治，當事更化。又上書言：「陛下得伊、呂之佐，作青苗、免役等法，民莫不歌舞聖澤。以臣所見寧州觀之，知一路皆然；以一路觀之，知天下皆然。誠不世之良法，願勿移於浮議而堅行之。」其辭蓋媚王安石。又貽以書頌，極其佞諛。

安石薦於神宗，驛召對。方慶州有夏寇，綰敷陳甚悉。帝問安石及呂惠卿，以不識對。帝曰：「安石，今之古人；惠卿，賢人也。」退見安石，欣然如素交。宰相陳升之、馮京以綰練邊事，屬安石致齋，復使知寧州。綰聞之不樂，誦言：「急召我來，乃使還邪？」或問：「君今當作何官？」曰：「不失爲館職。」「得無爲諫官乎？」曰：「正自當爾。」明日，果除集賢校理、檢正中書孔目房。鄉人在都者皆笑且罵，綰曰：「笑罵從汝，好官須我爲之。」

尋同知諫院。獻所著洪範建極錫福論，帝曰：「洪範，天人、自然之大法，朕方欲舉而措諸天下，矯革衆敝。卿當盟淫朋比德之人，規以助朕。」綰頓首曰：「敢不力行所學，以奉聖訓。」明年，遷侍御史知雜事、判司農寺。





時常平、水利、免役、保甲之政，皆出司農，故安石藉綰以威衆。綰請先行免役於府界，次及諸道。利州路歲用錢九萬六千緡，而轉運使李瑜率三十萬，綰言：「均役本以裕民，今乃務聚斂，積寬餘，宜加重黜。」富弼在亳，不散青苗錢，綰請付吏究治。畿縣民訴助役，詔詢其便否兩行之，綰與曾布輒上還堂帖。中丞楊繪言未聞司農得繳奏者，不報。凡呂公著、謝景溫所置推直官、主簿，悉能去之，而引蔡確、唐坰爲御史。

五年春，擢御史中丞。國朝故事，未有臺雜爲中丞者，帝特命之。又加龍圖閣待制。建言：「頃時御史罷免，猶除省府職司，蓋厥初選用既審，則議論雖不合，人材亦不可遺。願籍前後諫官、御史得罪者姓名，以次甄錄，使於進退間與凡僚稍異，則人思竭盡矣。」

遼人來理邊地，屯兵境上，聲言將用師，於是兩河戒嚴，且令河北修城守之具。綰曰：「非徒無益，且大擾費。」帝從其言而止。又言：「遼妄爲地訟，意在窺我。去冬聚兵累月，逡巡自罷，其情僞可見。今當禦之以堅強，則不渝二國之平，平則彼不我疑，而我得以遠慮。苟先之以畏屈，彼或將力爭，則大爲中國之恥。」帝覽疏嘉之。

安石去位，綰頗附呂惠卿。及安石復相，綰欲彌前迹，乃發惠卿置田華亭事，出知陳州。又論三司使章惇協濟其姦，出知湖州。初，惠卿弟和卿創手實法，綰曰：「凡民養生之具，日用而家有之。今欲盡令疏實，則家有告訐之憂，人懷隱匿之慮，無所措手足矣。商賈通殖貨財，交易有無，不過服食、器用、米粟、絲麻、布帛之類，或春有之而夏以蕩析，或秋貯之而冬已散亡，公家簿書，何由拘錄，其勢安得不犯？徒使嚚訟者趨賞報怨以相告訐，畏怯者守死忍困而已。」詔罷其法。遷翰林學士，仍爲中丞。

綰慮安石去失勢，乃上言宜錄安石子及壻，仍賜第京師。帝以語安石，安石曰：「綰爲國司直，而爲宰臣乞恩澤，極傷國體，當黜。」又薦彭汝礪爲御史，安石不悅，遽自劾失舉。帝謂綰操心頗僻，賦性姦回，論事薦人，不循分守，斥知虢州。踰歲，爲集賢院學士、知河陽。元豐中，以待制知荆南、陳、陝，徙永興軍，改青州。奏言歲大稔，斗粟五七錢。帝知其佞，令提舉官酌市價以聞。進龍圖閣直學士、知鄧州。元祐初，徙揚州。言者論其姦，改滁州，未去鄧而卒，年五十九。子洵仁、洵武。洵仁，大觀中爲尙書右丞。

洵武字子常，第進士，爲汝陽簿。紹聖中，哲宗召對，爲秘書省正字、校書郞、國史院編修官，撰神宗史，議論專右蔡卞，詆誣宣仁后尤切，史禍之作，其力居多。遷起居舍人。徽宗初，改秘書少監，既而用蔡京薦，復史職。御史陳次升、陳師錫言：「洵武父綰在熙寧時以曲媚王安石，神宗數其邪僻姦回，今置洵武太史，豈能公心直筆，發揚神考之盛德，





而不掩其父之惡乎？且其人材凡近，學問荒繆，不足以汚此選。」不聽。遷起居郞。

時韓忠彥、曾布爲相，洵武因對言：「陛下乃先帝子，今相忠彥乃琦之子。先帝行新法以利民，琦嘗論其非，今忠彥爲相，更先帝之法，是忠彥能繼父志，陛下爲不能也。必欲繼志述事，非用蔡京不可。」京出居外鎭，帝未有意復用也，洵武爲帝言：「陛下方紹述先志，羣臣無助者。」乃作愛莫助之圖以獻。其圖如史記年表，列旁行七重，別爲左右，左曰元豐，右曰元祐，自宰相、執政、侍從、臺諫、郞官、館閣、學校各爲一重。左序助紹述者，執政中唯溫益一人，餘不過三四，若趙挺之、范致虛、王能甫、錢遹之屬而已。右序舉朝輔相、公卿、百執事咸在，以百數。帝出示曾布，而揭去左方一姓名。布請之，帝曰：「蔡京也。洵武謂非相此人不可，以與卿不同，故去之。」布曰：「洵武既與臣所見異，臣安敢豫議？」明日，改付溫益，益欣然奉行，請籍異論者，於是決意相京。進洵武中書舍人、給事中兼侍講，修撰哲宗實錄，遷吏部侍郞。

洵武疏言：「神宗稽古建官，既正省、臺、寺、監之職，而以寄祿階易空名矣。今在選七階，自兩使判官至主簿、尉，有帶知安州雲夢縣而爲河東幹當公事者，有河中司錄參軍而監楚州鹽場者，有瀛州軍事推官、知大名府元城縣充濮州教授者，殽亂紛錯，莫甚於此。謂宜造爲新名，因而制祿。」詔悉更之。遷刑部尙書，又請初出官人兼用刑法試，俾知爲吏之方。

崇寧三年，拜尚書右丞，轉左丞、中書侍郎。

妖人張懷素獄興，其黨有與洵武連昏者，坐出知隨州。提舉明道宮，復端明殿學士，知亳州、河南府，召爲中太一宮使，進觀文殿學士，爲大名尹。政和中，夏祭，入侍祠。以佑神觀使兼侍讀，留修國史，改保大軍節度使。未幾，知樞密院。

五谿蠻擾邊，即倣陝西弓箭手制，募邊民習知溪洞險易者，置所司教以戰陣，勸以耕牧，得勝兵幾萬人以鎭撫之。遷特進，拜少保，封莘國公，恩典如宰相。宣和元年，薨，年六十五，贈太傅，謚曰文簡。

鄧氏自綰以來，世濟其姦，而洵武阿二蔡尤力。京之敗亂天下，禍源自洵武起焉。

李定字資深，揚州人。少受學於王安石。登進士第，爲定遠尉、秀州判官。熙寧二年，孫覺薦之，召至京師，謁諫官李常，常問曰：「君從南方來，民謂青苗法何如？」定曰：「民便之，無不喜者。」常曰：「舉朝方共爭是事，君勿爲此言。」定即往白安石，且曰：「定但知據實以言，不知京師乃不許。」安石大喜，謂曰：「君且得見，盍爲上道之。」立薦對。神宗問青苗事，其對如褒言，於是諸言新法不便者，帝皆不聽。命定知諫院，宰相言前無選人除諫官之





比，遂拜太子中允、監察御史裏行。知制誥宋敏求、蘇頌、李大臨封還制書，皆罷去。

御史陳薦疏：「定頃爲涇縣主簿，聞庶母仇氏死，匿不爲服。」詔下江東、淮、浙轉運使問狀，奏云：「定嘗以父年老，求歸侍養，不云持所生母服。」定自辯言，實不知爲仇所生，故疑不敢服，而以侍養解官。曾公亮謂定當追行服，安石力主之，改爲崇政殿說書。御史林旦、薛昌朝言，不宜以不孝之人居勸講之地，并論安石，章六七上，安石又白罷兩人。定亦不自安，蘄解職，以集賢校理、檢正中書吏房、直舍人院同判太常寺。八年，加集賢殿修撰、知明州。

元豐初，召拜寶文閣待制、同知諫院，進知制誥，爲御史中丞。劾蘇軾湖州謝上表，擿其語以爲侮慢。因論軾自熙寧以來，作爲文章，怨謗君父，交通戚里。逮赴臺獄窮治。當會赦，論不已，竄之黃州。方定自鞫軾獄，勢不可回。一日，於崇政殿門外語同列曰：「蘇軾乃奇才也。」俱不敢對。

請復六案糾察之職，并諸路監司皆得鉤考，從之。彗出東方，求直言，太史謂有兵變，帝命宦者視衞士飲食。定言一飯不足市恩，適起小人之心，乃止。或議廢明堂祀，帝以訪定。定曰：「三歲一郊或明堂，祖宗以來，未之有改。誰爲此言，願治其妄。」帝曰：「聽卿言足矣。」遷翰林學士。坐論府界養馬事失實，罷知河陽。留守南京，召爲戶部侍郎。哲宗立，以龍圖閣學士知青州，移江寧府。言者爭暴其前過，又謫居滁州。元祐二年，卒。

定於宗族有恩，分財振贍，家無餘貲。得任子，先及兄息。死之日，諸子皆布衣。徒以附王安石驟得美官，又陷蘇軾於罪，是以公論惡之，而不孝之名遂著。

舒亶字信道，明州慈溪人。試禮部第一，調臨海尉。民使酒詈逐後母，至亶前，命執之，不服，即自起斬之，投劾去。王安石當國，聞而異之，御史張商英亦稱其材，用爲審官院主簿。使熙河括田，有績，遷奉禮郎。鄭俠既貶，復被逮，亶承命往捕，遇諸陳。搜俠篋，得所錄名臣諫草，有言新法事及親朋書尺，悉按姓名治之，竄俠嶺南，馮京、王安國諸人皆得罪。擢亶太子中允、提舉兩浙常平。

元豐初，權監察御史裏行。太學官受賂，事聞，亶奉詔驗治，凡辭語微及者，輒株連考竟，以多爲功。加集賢校理。同李定劾蘇軾作爲歌詩譏訕時事。亶又言：「王詵輩公爲朋比，如盛僑、周邠固不足論，若司馬光、張方平、范鎭、陳襄、劉摯，皆略能誦說先王之言，而所懷如此，可置而不誅乎？」帝覺其言爲過，但貶軾、詵，而光等罰金。

未幾，同修起居注，改知諫院。張商英爲中書檢正，遺亶手帖，示以子壻所爲文。亶具





以白，云商英爲宰屬而干請言路，坐責監江陵稅。始，亶以商英薦得用，及是，反陷之。進知雜御史、判司農寺，超拜給事中、權直學士院。踰月，爲御史中丞。舉劾多私，氣焰熏灼，見者側目，獨憚王安禮。

亶在翰林，受廚錢越法，三省以聞，事下大理。初，亶言尚書省凡奏鈔法當置籍，錄其事目。今違法不錄，既案奏，乃謾以發放曆爲錄目之籍，亶以爲大臣欺罔。而尚書省取臺中受事籍驗之，亦無錄目，亶遽雜他文書送省，於是執政復發其欺。大理鞫廚錢事，謂亶爲誤。法官吳處厚駁之，御史楊畏言亶所受文籍具在，無不承之理。帝曰：「亶自盜爲贓，情輕而法重；詐爲錄目，情重而法輕。身爲執法，而詐妄若是，安可置也！」命追兩秩勒停。亶比歲起獄，好以疑似排抵士大夫，雖坐微罪廢斥，然遠近稱快。十余年，始復通直郎。

崇寧初，知南康軍。辰溪蠻叛，蔡京使知荊南，以開邊功，由直龍圖閣進待制。明年，卒，贈直學士。

蹇周輔字磻翁，成都雙流人。少與范鎭、何郯爲布衣交。年未冠，試大廷，不第。鎭、郯既貴達，周輔始特奏名，再舉進士，知宜賓、石門二縣，通判安肅軍，爲御史臺推直官。善

於訊鞫，鉤索微隱，皆用智得情。嘗有詔獄，事連掖庭掌寶侍史，它司累月不能決，乃命周輔。度不可追逮，奏請以要辭示主者詰服之，時以爲知體。及治李逢獄竟，臺臣雜治無異辭，神宗稱其能，擢開封府推官，出爲淮南轉運副使。盜廖恩聚黨閩中，多害兵吏，改使福建，護諸將以討之，恩遂降。

元豐初，循唐制，歸百司獄于大理寺，選爲少卿，遷三司度支副使。先是，湖南例食淮鹽，周輔始請運廣鹽數百萬石，分鬻郴、全、道州；又以淮鹽增配潭、衡諸郡，湘中民愁困，法既行，遂領於度支。以集賢殿修撰爲河北都轉運使，進寶文閣待制，召爲戶部侍郎、知開封府，事多不決。授中書舍人，不拜，改刑部侍郎。元祐初，言者暴其立江西、福建鹽法，掊克欺誕，負公擾民，罷知和州〔一〕。徙廬州。卒，年六十六。

周輔彊學，善屬文，神宗嘗命作答高麗書，屢稱善。爲吏深文刻覈，故老而獲戾。子序辰。

序辰字授之，登第後數年，以泗州推官主管廣西常平。周輔方使閩，上言父子並祗命遠方，家無所託，蘄改一近地。乃易京西，旋提舉江西常平，繼父行鹽法。爲監察御史，遷殿中侍御史、右司諫。哲宗立，改司封員外郎。周輔得罪，以序辰成其惡，降簽書廬州判



官。起知楚州，提點江東刑獄。

紹聖中，還左司員外郎，進起居郎、中書舍人、同修國史。疏言：「朝廷前日正司馬光等姦惡，明其罪罰，以告中外。惟變亂典刑，改廢法度，訕讟宗廟，睥睨兩宮，觀事考言，實狀彰著。然蹤跡深秘，包藏禍心，相去八年之間，蓋已不可究質。其章疏案牘，散在有司，若不彙緝而藏之，歲久必致淪棄。願悉討姦臣所言所行，選官編類，入爲一帙，置之一府，以示天下後世大戒。」遂命序辰及徐鐸編類。由是搢紳之禍，無一得脫者。遷禮部尚書，與安惇看詳訴理事。以奉使遼國無狀，黜知黃州。閱四月，除龍圖閣待制、知揚州。

徽宗立，中書言序辰類元祐章牘，傅致語言，指爲謗訕。詔與惇並除名勒停，放歸田里。蔡京爲相，復拜刑部、禮部侍郎，爲翰林學士，進承旨。有言其在先帝遏密中以音樂自娛者，黜知汝州。二年，徙蘇州。坐縱部民盜鑄錢，謫單州團練副使、江州安置。又坐守蘇時以天寧節同其父忌日，輒於前一日設宴，及節日不張樂，移永州。會赦，復官中奉大夫，遂卒。序辰亦有文，善傅會，深文刻覈，似其父云。

徐鐸字振文，興化莆田人。熙寧進士第一，簽書鎮東軍判官。紹聖末，以給事中直學



士院。蹇序辰建議編類元祐諸臣章牘事狀，詔鐸同主之。凡一時施行文書，攟拾附著，纖悉不遺。遷禮部侍郎。鐸雖云封駁，而是時凡給事中不肯書讀者，輒命代行之。貢院獲舉人挾書，開封尹蔣之奇將以徒定罪，鐸爭不可，之奇爲從輕比。既上省，章惇怒，罰府吏，舉人竟坐刑，鐸不復敢有言，衆傳以爲笑。後議除御史中丞，或摭此事以爲無所執持，乃止。

徽宗立，以龍圖閣待制知青州。御史中丞豐稷論鐸編類事狀，率視章惇好惡爲輕重，存歿名臣，橫罹竄斥，序辰既放歸田里，鐸之罪不在其下。詔落職知湖州。崇寧中，拜禮部尚書。方議廟制，鐸請增爲九室。議者疑已祧之主不可復祔，鐸言：「唐之獻祖、中宗、代宗與本朝之僖祖，皆嘗祧而復。今宜存宣祖於當祧，復翼祖於已祧，禮無不稱。」從之。進吏部尚書，卒。

論曰：士學不爲己，而俯仰隨時，如挈皋居井上，求其立朝不撓，不可得已。常秩在嘉祐、治平時，三辭羔鴈之聘，若能隱居以求其志者。及王安石用事，一召卽至，容容歷年，曾無一嘉謨，而竊顯位。至定之黨附，亶之凶德，宜爲世所指名。綰及周輔二家，父子並同惡相濟，而序辰與鐸編類事狀，流毒元祐名臣，忠義之士，爲之一空，馴致靖康之禍，可勝嘆哉。



王廣淵字才叔，大名成安人。慶曆中，上曾祖明家集，詔官其後，廣淵推與弟廣廉，而以進士爲大理法直官、編排中書文字。裁定祖宗御書千卷，仁宗嘉之，以知舒州，留不行。

英宗居藩邸，廣淵因見昵，獻所爲文，及卽位，除直集賢院。諫官司馬光言：「漢衞綰不從太子飲，故景帝待之厚。周張美私以公錢給世宗，故世宗薄之。廣淵交結奔競，世無與比，當仁宗之世，私自託於陛下，豈忠臣哉？今當治其罪，而更賞之，何以厲人臣之節？」帝不聽，用爲羣牧、三司戶部判官，從容謂曰：「朕於洪範得高明沉潛之義，剛內以自強，柔外以應物，人君之體，無出於是。卿爲朕書之於欽明殿屏，以備觀省，非特開元無逸圖也。」加直龍圖閣。帝有疾，中外憂疑，不能寢食，帝自爲詔諭之曰：「朕疾少間矣。」廣淵宣言於衆。

神宗立，言者劾其漏泄禁中語，出知齊州，改京東轉運使，得於內省傳達章奏。曾公亮、王安石持不可，乃止。廣淵以方春農事興而民苦乏，兼并之家得以乘急要利，乞留本道錢帛五十萬，貸之貧民，歲可獲息二十五萬，從之。其事與青苗錢法合，安石始以爲可用，召至京師。御史中丞呂公著摭其舊惡，還故官。程顥、李常又論其抑配掊克，迎朝廷旨意

以因百姓。會河北轉運使劉庠不散青苗錢奏適至，安石曰：「廣淵力主新法而遭劾，劉庠故壞新法而不問，舉事如此，安得人無向背？」故顯與常言不行。徙使河東，擢寶文閣待制、知慶州。

宣撫使興師入夏境，檄慶會兵。方授甲，卒長吳逵以衆亂，廣淵亟召五營兵禦之。逵率二千人斬關出，廣淵遣部將姚兕、林廣追擊，降其衆。柔遠三都戍卒欲應賊，不果，廣淵陽勞之，使還戍，潛遣兵間道邀襲，盡戮之。猶以盜發所部，削兩秩。二年，進龍圖閣直學士、知渭州。

廣淵小有才而善附會，所辟置類非其人。帝謂執政曰：「廣淵奏辟將佐，非貴游子弟，即胥史輩，至於濮宮書吏亦預選，蓋其人與時君卿善。一路官吏不少，置而不取，乃用此輩，豈不誤朝廷事？已下詔切責，卿等宜貽書申戒之。」卒，年六十，贈右諫議大夫。元豐初，詔以其被遇先帝之故，弟臨自皇城使擢爲兵部郎中、直昭文館，子得君賜進士出身。

臨字大觀，亦起進士，簽書雄州判官。嘉祐初，契丹泛使至，朝論疑所應，臨言：「契丹方饑困，何能爲？然春秋許與之義，不可以不謹。彼嘗求馴象，可拒而不拒；嘗求樂章，可與而不與，兩失之矣。今橫使之來，或謂其求聖像，聖像果可與哉？」朝廷善其議。治平中，



詔求武略，用近臣薦，自屯田員外郎換崇儀使、知順安軍，改河北沿邊安撫都監。上備禦數十策，大略皆自治而已。

契丹剌兩輸人爲義軍，來歸者數萬。或請遣還，臨曰：「彼歸我而遣之，必爲亂，不如因而撫之。」詔從其請，自是來者益多，契丹悔失計。進安撫副使，歷知涇、鄜州、廣信安肅軍。召對，還文階，知齊州、滄州、荆南，入爲戶部副使，以寶文閣待制知廣州府、河中，卒。

王陶字樂道，京兆萬年人。第進士，至太常丞而丁父憂。陶以登朝在郊祀後，恩不及親，乞還所遷官，丐追贈。詔特聽之，仍俟服闋，除太子中允。

嘉祐初，爲監察御史裏行。衞卒入延福宮爲盜，有司引疏決恩降其罪。陶曰：「禁省之嚴，不應用外間會降爲比。」於是流諸海島，主者皆論罰。中貴人導煉丹者入禁廷，陶言：「漢、唐方士，名爲化黃金、益年壽以惑人主者，後皆就戮。請出之。」陳升之爲樞密副使，論其不當，升之去，陶亦知衞州，改蔡州。明年，復以右正言召。陶言：「臣與四人同補郡，今獨兩人召，請并還唐介、呂誨等。」

英宗知宗正寺，踰年不就職。陶上疏曰：「自至和中聖躬違豫之後，天下顒顒，無所寄



命，交章抗疏，請早擇宗室親賢，以建儲嗣，危言切語，動天感人。夫爲是議者，豈皆懷不忠孝、爲姦利附託之人哉？發於至誠，念宗廟社稷無窮大計而已。陛下順民欲而安人心，故親發德音，銳爲此舉，中外搖搖之心，一旦定矣。厥後浸潤稽緩，豈免憂疑？流言或云事由嬪御、宦侍姑息之語，聖意因而惑焉。婦人近幸，詎識遠圖？臣恐海內民庶，謂陛下始者順天意民心命之，今者聽左右姑息之言而疑之，使遠近姦邪得以窺間伺隙，可不惜哉！」因請對，仁宗曰：「今當別與一名目。」既而韓琦決策，遂立爲皇子。英宗即位，加直史館、修起居注、皇子位伴讀、淮陽潁王府翊善、知制誥，進龍圖閣學士、知永興軍，召爲太子詹事。

神宗立，遷樞密直學士，拜御史中丞。郭逵以簽書樞密宣撫陝西，詔令還都。陶言：「韓琦置逵二府，至用太祖故事，出師劫制人主，琦必有姦言惑亂聖德。願罷逵爲渭州。」帝曰：「逵先帝所用，今無罪黜之，是章先帝用人之失也，不可。」陶既不得逞，遂以琦不押文德常朝班奏劾之。陶始受知於琦，驟加獎拔。帝初臨御，頗不悅執政之專，陶料必易置大臣，欲自規重位，故視琦如仇，力攻之，琦閉門待罪。帝徙陶爲翰林學士，旋出知陳州，入權三司使。呂公著言其反覆不可近，又以侍讀學士知蔡州，歷河南府、許汝陳三州，以東宮舊臣加觀文殿學士。帝終薄其爲人，不復用。元豐三年，卒，年六十一，贈吏部尚書，謚曰文恪。

陶微時苦貧，寓京師教小學。其友姜愚氣豪樂施，一日大雪，念陶奉母寒餒，荷一鍤劚



雪，行二十里訪之。陶母子凍坐，日高無炊烟。愚亟出解所衣錦裘，質錢買酒肉、薪炭，與附火飲食，又捐數百千爲之娶。陶既貴，尹洛，愚老而喪明，自衞州新鄉往謁之，意陶必念舊哀己。陶對之邈然，但出尊酒而已。愚大失望，歸而病死。聞者益薄陶之爲人。

王子韶字聖美，太原人。中進士第，以年未冠守選，復游太學，久之乃得調。王安石引入條例司，擢監察御史裏行，出按明州苗振獄。安石惡祖無擇，子韶迎其意，發無擇在杭州時事，自京師逮對，而以振獄付張載，無擇遂廢。中丞呂公著等論新法，一臺盡罷。子韶出知上元縣，遷湖南轉運判官。御史張商英劾其不葬父母，貶知高郵縣。由司農丞提舉兩浙常平。入對，神宗與論字學，留爲資善堂修定說文官。官制行，爲禮部員外郎，以入省後期，改庫部。

元祐中，歷吏部郎中、衞尉少卿，遷太常諫官。劉安世言：「熙寧初，士大夫有『十鑽』之目，子韶爲『衙內鑽』，指其交結要人子弟，如刀鑽之利。又陷祖無擇於深文，搢紳所共鄙薄，豈宜汚禮樂之地！」改衞尉卿。安世復言：「七寺正卿班少常上，因彈擊而獲超遷，是啓僥倖也。」乃出知滄州。入爲祕書少監，迎伴遼使，御下苛刻，軍吏因被酒刃傷子韶及其



中華書局

子。又出知濟州，建言乞追復先烈以貽後法，復以太常少卿召，進秘書監，拜集賢殿修撰、知明州，卒。崇寧二年，子相錄元祐中所上疏稿聞于朝，詔贈顯謨閣待制。

何正臣字君表，臨江新淦人。九歲舉童子，賜出身，復中進士第。元豐中，用蔡確薦，爲御史裏行。遂與李定、舒亶論蘇軾，得五品服，領三班院。會正御史專六察，正臣言：「幸得備言路，以激濁揚清爲職，不宜兼治它曹。」神宗善之，爲悉罷御史兼局，而正臣解三班，加直集賢院，擢侍御史知雜事。

韓存寶討瀘夷無功，命治其獄，被以逗撓罪誅之。還，除寶文閣待制、知審官東院，尚書省建爲吏部侍郎。踰年，嫚於奉職，銓擬多牴牾。事聞，以制法未善爲解。王安禮曰：「法未善，有司所當請，豈得歸罪於法？」乃出知潭州。時詔州縣聽民以家貲易鹽，吏或推行失指。正臣條上其害，謂無益於民，亦不足以佐國用，遂寢之，民以爲便。後歷刑部侍郎、知宣州，卒。





陳繹字和叔，開封人。中進士第，爲館閣校勘、集賢校理，刊定前漢書，居母喪，詔卽家讎校。英宗臨政淵嘿，繹獻五箴，曰主斷、明徵、廣度、省變、稽古。同判刑部，獄訟有情法相忤者，讞之。或言刑曹唯知正是否，不當有所輕重。繹曰：「持法者貴審允，心知失刑，惡得坐視？」由是多所平反。帝稱其文學，以爲實錄檢討官。

神宗立，爲陝西轉運副使，入直舍人院、修起居注、知制誥，拜翰林學士，以侍講學士知鄧州。繹不能肅閨門，子與婦一夕俱殞於卒伍之手，傲然無慚色。召知通進、銀臺司，帝語輔臣曰：「繹論事不避權貴。」命權開封府。時獄有小疑，輒從中覆；至繹，特聽便宜處決。久之，還翰林，仍領府。治司農吏盜庫錢獄未竟，中書檢正張諤判寺事，懼失察，以帖詰稽留，繹遣吏示以成牘。言者論其徇宰屬、縱有罪，出知滁州。郊祀恩，復知制誥，言者再論之，得秘書監、集賢院學士。

元豐初，知廣州。庫有檀香佛像，繹以木易之。事覺，有司當爲官物有剩利。帝曰：「是以事佛麗重典矣。」時繹已加龍圖閣待制、知江寧府，乃貶建昌軍，奪其職。後復太中大夫以卒，年六十八。

繹爲政務摧豪黨，而行與貌違，暮年繆爲敦朴之狀，好事者目爲「熱熟顏回」。

論曰：王廣淵在仁宗時，因近昵獻文於英宗潛邸，固已有竊取功名之心，蓋爲臣之不忠者，雖列侍從，烏足道哉！王陶始爲韓琦所知，在御史時，頗能譏切時政。及爲中丞，則承望風旨，攻琦如仇讎，欲自取重位。其忘姜愚布衣之義，又不足責矣。王子韶之諂祖無擇，何正臣之論蘇軾，皆小人之盜名。陳繹希合用事，固無足道，然於獄事多所平反，惜乎閨門不肅，廉恥並喪，雖明曉吏事，亦何取焉。

## 校勘記

〔一〕罷知和州　「和州」原作「利州」，據東都事略卷九八本傳、宋會要職官六六之三二改。

# 宋史卷三百三十

## 列傳第八十九

任顓　李參　郭申錫　傅求　張景憲　竇卞　張瓌　孫瑜
許遵　盧士宗　錢象先　韓璹　杜純 弟紘　杜常　謝麟
王宗望　王吉甫

任顓字誠之，青州壽光人。舉進士，得同學究出身。至衞尉丞，上其文，乃賜第，擢鹽鐵判官。陝西鑄康定大銅錢，顓曰：「壞五爲一，以一當十，恐犯者衆。」卒如其言。

夏人納款，遣使要請十一事，甚者欲去臣稱男。顓押伴，一切曉以義，辭折而去。又再遣使來欲自買賣，且通青鹽，增歲賜。詔許置榷場，其議多顓所發。出爲京西轉運使，奏計京師。元昊爲下所殺，遣楊守素來告哀。守素，乃始爲元昊謀不稱臣、納賜節者也，仁宗記嘗屈其使者，復使押伴。顓問守素其主所以死，不能對，訖去，不敢肆。改知鳳翔府。帝語





輔臣，顓宜備朝廷委任，留判三司憑由司。爲諒祚册禮使，采摭西夏風物、山川、道里、出入攻取之要，爲治戎精要三篇上之。

進直史館，遷河東轉運使。帝嘗以禁帑金帛賜河北，亦欲與河東。顓辭曰：「受委制財用，而先有求，不敢。」顓爲使者，每行部，必擇僚佐之賢者一人與俱，凡事必與議，未嘗以胥吏自隨，人安其政。入爲鹽鐵副使，擢天章閣待制。

儂賊犯嶺外，以知潭州。宣撫司以宣毅卒有功，檄補軍校，顓察其色動，曰：「必有異志。」執按之，具服爲賊內應。蒐其家，得所記潭事甚悉，梟首以徇。詔書褒激，賜白金五百兩，進龍圖閣直學士、知渭州。坐在潭日賤市死商珠，降爲待制。時四路以邊警聞，渭獨無所上，朝廷疑斥候不密，顓力言無他虞，帝使覘之，信。乃還學士，徙徐州，以太子賓客致仕。積官戶部侍郎，卒，年七十八。

李參字淸臣，鄆州須城人。以蔭知鹽山縣。歲饑，諭富室出粟，平其直予民，不能糴者，給以糟粃，所活數萬。

通判定州，都部署夏守恩貪濫不法，轉運使使參按之，得其事，守恩謫死。知荆門軍，荆門歲以夏伐竹，并稅簿輸荆南造舟，積日久多蠹惡不可用，牙校破產不償責。參請冬伐竹，度其費以給，餘募商人與爲市，遂除其害。

歷知興元府，淮南、京西、陝西轉運使。部多戍兵，苦食少。參審訂其闕，令民自隱度麥粟之贏，先貸以錢，俟穀熟還之官，號「青苗錢」。經數年，廩有羨粮。熙寧青苗法，萌於此矣。

朝廷患邊費益廣，參建議輦錢邊郡，以平估糴，榷罷入中法。比其去，省榷貨錢千萬計。召爲鹽鐵副使，以右諫議大夫爲河北都轉運使。與安撫使郭申錫相視決河，議不協；又與眞定呂溱相惡，二人皆得罪，參移使河東，知荆南。

嘉祐七年，召爲三司使，參知政事孫抃曰：「參爲主計，外臺將承風刻剝天下，天下之民困矣。」乃改羣牧使。詔王安石、王陶置局經度國計，參言：「官各有職，臣若不任事，當從廢黜。不然，乞罷此局。」從之。

治平初，加集賢院學士、知瀛州，賜黃金百兩，帥臣有賜自參始。再遷樞密直學士、知秦州。蕃酋藥家族作亂，討平之，得良田五百頃，以募弓箭手。居鎮閱歲，未嘗以邊事聞。英宗遣使問故，對曰：「將在邊，期於無事而已，不敢妄以寇貽主憂。」以疾解邊任，判西京御史臺，起知曹、濮二州。神宗久知其才，書姓名於殿柱。以知永興軍，不行，卒，年七十四。





參無學術，然剛果嚴深，喜發擿姦伏，不假貸，事至即決，雖簿書纖悉不遺，時稱能吏。

郭申錫字延之，魏人。自言唐代公元振之後。第進士，爲晉陵尉。民訴弟爲人所殺，申錫察其色懼而哭不哀，曰：「吾得賊矣，非汝乎？」執而訊之，果然。久之，知博州。州兵出戍，有欲脅衆爲亂者，申錫戮一人，黥二人，乃定。奏至，仁宗曰：「小官臨事如此，豈易得？」即爲御史臺推直官。數上疏論事，大臣不便。鞫獄慶州。京東盜執濮州通判井淵，遷知州事，未閱月，悉擒凶黨，斬以徇。

召爲侍御史，遂知雜事。張貴妃追册、起園陵，張堯佐爲使相，陳執中嬖妾殺婢，余靖引胡恢有醜行，高若訥引范祥啓邊釁，申錫皆奏劾之。屢詆權倖無所避，帝謂之曰：「近世士大夫，方未達時，好指陳時事，及被進用則不然，是資言以進耳，卿勿爲也。」

諜稱契丹遣泛使，命體量安撫河北，還爲鹽鐵副使。相視決河，坐詆李參失實，黜知濠州。帝明榜朝堂，稱其欺誣，以儆在位。旋加直史館、知江寧府，再副鹽鐵，進天章閣待制、知鄧州河中。

种諤取綏州，申錫曰：「邊患將自此始。」及諒祚死，請捐前故，聽其子襲爵，且言曰：「二虜賴歲幣甚厚，渝平豈其所利，必有以致之。但得重將守邊，不要功生事，則善矣。」著邊鄙守禦策。以給事中致仕，卒，年七十七。

傅求字命之，考城人。進士甲科，通判泗州。淮水溢，毀城。朝廷遣中使護築，絕淮取土，道遠，度用兵六十萬。求相汴堤旁有高埠，夷之得土，載以回舟，省工費殆半。徙大名府，府守呂夷簡委以事。夷簡入相，薦其才，擢知宿州，提點江西、益州刑獄，爲梓州路轉運使。夷獠寇合江，鈐轄司會兵掩擊，求馳往按所以狀，乃縣吏冒取播州田，獠故恐而叛。即黜吏置嶺南，夷人聞之，散去。益州文彥博上其狀，進秩，徙陝西。

關中行當十鐵錢，盜鑄不可計，求請變法。時州縣已散二百八十萬緡，亟下令更爲當三。民出不意，蕩產失業，多自經死，然盜鑄遂止。自康定用兵，移稅輸邊，民力大困。求令輸本州，而轉錢以供邊糴，民受其惠，而兵食亦足。召爲戶部副使。

隴右蕃酋蘭氈獻古渭州地，秦州范祥納之，請繕城屯兵，又括熟戶田，諸羌靳之，相率叛。夏人欲得渭地久，移文來索。後帥張昇〔一〕以祥貪利生事，請棄之。詔求往視，求





以爲城已訖役，且已得而棄，非所以強國威。乃詔諭羌衆，反其田，報夏人以渭非其有，不應索，正其封疆而還，兵遂解。進天章閣待制、陝西都轉運使，加龍圖閣直學士、知慶州。

環之定邊砦蕃官蘇恩，以小過疑懼而遁，將佐議致討。涇原既出師境上，求謂恩非素攜二者，乘以兵，必起邊患。但遣裨將從十數卒扣其帳，開以禍福，恩感泣，還砦如初。入判太常寺，權發遣開封府，遷樞密直學士、知定州，復以龍圖閣學士權開封。

求本有吏能幹局，至是，春秋浸高，且病聵。三司大將錢吉密殺妹，爲鄰所告，求不能決，反坐告者；又斷獄數差失。御史言其不勝任，出知兗州。卒，年七十一。

張景憲字正國，河南人。以父師德任淮南轉運副使。山陽令鄭昉贓累巨萬，親戚多要人，景憲首案治，流之嶺外，貪吏望風引去。徙京西、東轉運使。王逵居鄆，專持吏短長，求請賄謝如所欲，景憲上其惡，編置宿州。熙寧初，爲戶部副使。

韓絳築撫寧、囉兀兩城，帝命景憲往視。始受詔，即言城不可守，固不待到而後知也。未幾，撫寧陷。至延安，又言：「囉兀邈然孤城，鑿井無水，將何以守。臣在道，所見師勞民困之狀非一，願罷徒勞之役，廢無用之城，嚴飭邊將爲守計。」令邊郡召生羌，與之金帛、官爵，恐黠羌多詐，緩急或爲內應，宜亟止之。」陝西轉運司議，欲限半歲令民悉納錢於官，而易以交子。景憲言：「此法可行於蜀耳，若施之陝西，民將無以爲命。」其後卒不行。

加集賢殿修撰，爲河東都轉運使。議者欲分河東爲兩路，景憲言：「本道地肥磽相雜，州縣貧富亦異，正宜有無相通，分之不便。」議遂寢。改知瀛州，上言：「比歲多不登，民積逋欠。今方小稔，而官督使併償，道路流言，其禍乃甚於凶歲。願以寬假。」帝從之，仍下其事。

元豐初年，知河陽。時方討西南蠻，景憲入辭，因言：「小醜跳梁，殆邊吏擾之耳。且其巢穴險阻，若勤兵遠征，萬一餽餉不繼，則我師坐困矣。」帝曰：「卿言是也，然朝廷有不得已者。」明年，徙同州，以太中大夫卒，年七十七。

景憲在仁宗朝爲部使者，時吏治尙寬，獨多舉刺；及熙寧以來，吏治峻急，景憲反濟以寬。方新法之行，不劾一人。居官不畏強禦，非公事不及執政之門。自負所守，於人少許可。母卒，一夕鬚髮盡白，世以此稱之。





竇卞字彥法，曹州冤句人。進士第二，通判汝州。秦悼王葬汝，宗室來祔者衆，役兵五千。郡守林濰以汝與其鄉近，因使輦薪芻、鐵石致其家。衆怨憤，謀殺濰，會日暮門閉，不果，遂挾大校叛。卞啓關招諭之，曰：「汝曹特醉酒狂呼爾，毋恐。」衆小定，乃密推首惡羈之，請於朝。詔濰致仕，悉配徙亂者。

加集賢校理、知太常院，知絳州，開封府推官。方禁銷金爲衣，皇城卒捕得之，屬卞治，以中禁爲言。奏曰：「眞宗行此制，自掖廷始，今不正以法，無以示天下，且非祖宗立法意。」英宗曰：「然。文王『刑于寡妻，至于兄弟，以御于家邦』，正謂是也。」從其請。

出知深州。熙寧初，河決滹沱，水及郡城，地大震。流民自恩、冀來，踵相接，卞發常平粟食之。吏白擅發且獲罪，卞曰：「俟請而得報，民死矣。吾寧以一身活數萬人。」尋以請，詔許之。外間訛言水大至，卞下令敢言者斬。一日，復報大水且至，吏請閉門，卞不可，既而果妄。時發六州卒築武疆，隸卒惰，主者笞之，不服。卞曰：「廂兵犯將校，法不至重，然興役聚工，不可拘以常法。」命斬之以聞，有詔嘉獎。還爲戶部判官、同修起居注，進天章閣待制，判昭文館、將作監。

始，卞官汝時，與殿直王永年者相接頗厚，及在京師，永年求監金曜門庫，卞爲薦提舉楊繪，繪薦爲之。永年置酒于家，延繪、卞至，出其妻侑飲，且時致薄餉。永年以事繫獄，死，

御史發其私，卞坐奪職，提舉靈仙觀。卒，年四十五。

張瓌字唐公，洎之孫也。舉進士，以婦父王欽若嫌，召試學士院，賜第，除秘閣校理、同知太常禮院。謚錢惟演曰文墨，其子搵登聞鼓上訴，仁宗使問狀，瓌條奏甚切，朝廷不能奪，乃賜謚曰思。温成廟祠享如神御，請殺其禮。

判吏部南曹，爲開封府推官、知洪州。嘗校督役苛急，其徒三百人將以夜殺之，求不獲，持臿譟于門，請易校。瓌召問諭遣，明日，推治黠十人，不爲易校。積閱當遷，十年不會課，文彥博爲言，特遷之。徙兩浙轉運使，加直史館、知潁州揚州，即拜淮南轉運使。三司下諸道責羨財，淮南獨上金九錢，三司使怒，移文譙切，瓌以賦歛民貧對。入修起居注、知制誥。草故相劉沆贈官制，頗言其附會取顯位。沆子瑾帥子弟婦女衰絰詣闕，哭訴瓌挾私怨，且醜詆其人。執政以褒贈乃恩典，瓌不當爲貶詞，出知黃州，然瑾亦竟不敢請父謚。還判流內銓。

英宗時，論第在先朝乞蚤定儲副者，進左諫議大夫、翰林侍讀學士。劉瑾又訟其判銓日調其子不應法，復出濠州。歷應天府、河南、河陽，請爲太平州。



瓌平生薦士，後雖不如所舉，未嘗以令自首，故再坐削階。當官遇事輒言，觸忤勢要，至屢黜，終不悔。卒，年七十。

孫瑜字叔禮，博平人。以父任爲將作監主簿，賈昌朝薦爲崇文檢討、同知禮院、開封府判官。

使契丹，適西討捷書至，館伴要入賀，啖以厚餉。瑜辭以奉使有指，不肯賀。加祕閣校理、兩浙轉運使。入辭，仁宗訪其家世，謂曰：「卿孫奭子邪？奭，大儒也，久以道輔朕。」因面賜金紫。

先是，郡縣倉庾以斗斛大小爲姦，瑜奏均其制，黜吏之亡狀者，民大喜。有言其變新器非便，下遷知曹州。尋有言瑜所作量法均一誠便者，乃還其元資。徙知蔡州，毀吳元濟像，以其祠事裴度。大水緣城隙入，瑜使囊沙數千扞其衝，城得弗壞。更相、兗、濰、單四州，累官工部侍郎，卒，年七十九。

始，奭之亡，朝廷錄其子孫，時瑜之子爲諸孫長，瑜曰：「吾忍因父喪而官吾子乎？」以兄之孤上之。瑜天資整敏，齊家以嚴稱。善與人交，一受知終身不易，所薦士有過，或教使



自言，曰：「已知之而復擿之，吾不爲也。」

論曰：宋至神宗，承平百餘年，風行政成，士皆守官稱職，雖上之化，亦下之氣習使然也。當時仕於朝廷，出守方岳，持節一道，專對四方者，各有其人，其政蹟且多可紀，自顯至瑜是已。顯能折夏人，屈元昊使者；參擊貪除害，乃心邊事；中錫除凶黨，詆權倖，求黠吏，禁盜鑄；卞以身活人；瓌不貢羨財；景憲因母死而髮白；孫瑜不忍以父喪而得官：此其行尤昭昭者歟。

許遵字仲塗，泗州人。第進士，又中明法，擢大理寺詳斷官、知長興縣。水災，民多流徙，遵募民出米振濟，竟以無患。益興水利，溉田甚博，邑人便利，立石紀之。爲審刑院詳議官、知宿州、登州。遵累典刑獄，強敏明恕。及爲登州，執政許以判大理，遵欲立奇以自鬻。會婦人阿云獄起。初，云許嫁未行，嫌壻陋，伺其寢田舍，懷刀斫之，十餘創，不能殺，斷其一指。吏求盜弗



得，疑云所爲，執而詰之，欲加訊掠，乃吐實。遵按云納采之日，母服未除，應以凡人論，讞於朝。有司當爲謀殺已傷，遵駁言：「云被問即承，應爲按問。審刑、大理當絞刑，非是。」事下刑部，以遵爲妄，詔以贖論。未幾，果判大理。恥用議法坐劾，復言：「刑部定議非直，云合免所因之罪。今棄敕不用，但引斷例，一切按而殺之，塞其自守之路，殆非罪疑惟輕之義。」詔司馬光、王安石議。光以爲不可，安石主遵，御史中丞滕甫、侍御史錢顗〔二〕皆言遵所爭戾法意，自是廷論紛然。安石既執政，悉罪異己者，遂從遵議。雖累問不承者，亦得爲按問。或兩人同爲盜劫，吏先問左，則按問在左；先問右，則按問在右。獄之生死，在問之先後，而非盜之情，天下益厭其說。熙寧間，出知壽州，再判大理寺，請知潤州，又請提舉崇禧宮。尋致仕，累官中散大夫。卒，年八十一。

盧士宗字公彥，濰州昌樂人。舉五經，歷審刑院詳議、編敕刪定官，提點江西刑獄。侍講楊安國以經術薦之，仁宗御延和殿，詔講官悉升殿聽其講易。明日，復命講泰卦，又召經筵官及僕射賈昌朝聽之。授天章閣侍講，賜三品服，加直龍圖閣、天章閣待制、判流

內銓。

李參、郭申錫有決河訟，詔士宗劾之。士宗言兩人皆爲時用，有罪當驗問，不宜逮鞫。於是但黜申錫爲州。進龍圖閣直學士、知審刑院，通進銀臺司。

仁宗神主祔廟，禮院請以太祖、太宗爲一世，而增一室以備天子事七世之禮。詔兩制與禮官考議，孫抃等欲如之。士宗以爲：「在禮，太祖之廟，萬世不毀；其餘昭穆，親盡即毀，示有終也。自漢以來，天子受命之初，太祖尚在三昭、三穆之次，祀四世或六世，其以上之主，屬雖尊於太祖，親盡則遷。故漢元帝之世，瘞太上廟主於國；魏明帝遷處士主於園邑，晉武、惠祔廟，遷征西、豫章府君〔三〕。大抵過六世則遷其主，蓋太祖已正東向之位，則并三昭三穆爲七世矣。唐高祖初祀四世，太宗增祀六世，太宗祔廟則遷弘農府君，高宗祔廟又遷宣宗〔四〕，皆前世成法，惟明皇九廟祀八世，於事爲不經。今大行祔廟，僖祖親盡當遷，於典禮爲合，不當添展一室。」詔抃等再議，卒從八室之說。議者咎之。

出知青州，入辭，英宗曰：「學士忠純之操，朕所素知，豈當久處外。」命再對，及見，論知人安民之要，勸帝守祖宗法。御史言其罕通吏事，且衰病，改沂州。熙寧初，以禮部侍郎致仕，卒，年七十一。士宗以儒者長刑名之學，而主於仁恕，故在刑部審刑，前後十數年。



錢象先字資元，蘇州人。進士高第，呂夷簡薦爲國子監直講，歷權大理少卿、度支判官、河北江東轉運使，召兼天章閣侍講。詳定一路敕成，當進勳爵，仁宗以象先母老，欲慰之，獨賜紫章服。進待制、知審刑院，加龍圖閣直學士，出知蔡州。

象先長於經術，侍邇英十餘年，有所顧問，必依經以對，反復諷諭，遂及當世之務，帝禮遇甚渥。故事，講讀官分日迭進，象先已得蔡，帝猶諭之曰：「大夫行有日矣，宜講徹一編。」於是同列罷進者浹日。徙知河南府、陳州，復兼侍講、知審刑院。

象先旁通法家說，故屢爲刑官，條令多所裁定。嘗以爲犯敕者重，犯令者輕，請移敕文入令者甚衆。又議告捕法，以爲罪有可去，有可捕，苟皆許捕，則姦人將倚法以害善良，因削去許捕百餘事。其持心平恕類此。復知許、潁、陳三州，以吏部侍郎致仕。卒，年八十一。

韓璹字君玉，衞州汲人。登進士第，知定州安喜縣。爲政彊力，能使吏不賄，守韓琦稱其才。爲開封司錄。嘉祐寬恤諸道，分遣使者。璹曰：「京師諸夏本，顧獨不蒙惠乎？」乃具徭役利害上之，詔司馬光、陳洙詳定條式，遂革大姓漁井之弊。提點利州路、河北刑獄，以開封府判官迎契丹使。使問：「南朝不閧打圍，何也？」璹曰：「我后仁及昆蟲，非時不爲耳。」

熙寧初，爲梓州路轉運使。朝廷命諸道議更役法，璹首建併綱減役之制，綱以數計者百二十有八，衙前以人計者二百八十有三，省役人五百。又請裁定諸州衙簿，於是王安石言：「璹所言皆久爲公私病，監司背公養譽，莫之或恤，而獨能體上意，宜加賞。」乃下褒詔，且賜帛二百。入爲鹽鐵副使，以右諫議大夫知澶州。坐失舉，降太常少卿。河決，晝夜扞禦。神宗念其勞，復故官太中大夫，判將作監，轉正議大夫致仕。卒，年七十七。

璹吏事絕人，閱按牘，終身不忘，澶州民懷思之。他日，郡守或欲有所爲，民必曰：「此已經韓太中矣。」以故輒止。

杜純字孝錫，濮州鄄城人〔五〕。少有成人之操，伯父沒官南海上，其孤弱，柩不能還。純白父請往，如期而喪至。



以蔭爲泉州司法參軍。泉有蕃舶之饒，雜貨山積。時官於州者私與爲市，價十不償一，惟知州關詠與純無私買，人亦莫知。後事敗，獄治多相牽繫，獨兩人無與。詠猶以不察免，且檄參對。純憤懣，陳書使者爲訟冤，詠得不坐。

熙寧初，以河西令上書言政，王安石異之，引寘條例司，數與論事，薦于朝，充審刑詳議官。或議復肉刑，先以刖代死刑之輕者，純言：「今盜抵死，歲不減五十，以死懼民，民常不畏，而況於刖乎？人知不死，犯者益衆，是爲名輕而實重也。」事遂寢。

秦帥郭逵與其屬王韶成訟，純受詔推鞫，得韶罪。安石主韶，變其獄，免純官。韓絳爲相，以檢詳三司會計。安石再來，乃請監池州酒。久之，爲大理正。上言：「朝廷非不惡告訐，而有覘事者以擿抉隱微，蓋京師聚萬姓，易以宿奸，於計當然，非擾人也。比來或徒隸觖望，或民相怨仇，或意冒告賞，但泛云某有罪，某知狀，官不識所逮之囚，囚不省見逮之故。若許有司先計其實，而坐爲欺者以誣告，當無不竟矣。」

隰州商尹奇貿温泉礬有羨數，云官潤之，寺欲械訊河東。純曰：「奇情止爾，若傅致其罪，恐自是民無復敢貨礬，則數百萬之儲，皆爲土石。請姑沒其羨而釋其人。」曹州民王坦避水患，以車載貨入京，征商者以爲匿稅，寺議黥坦，純復爭之，卿楊汲奏爲立異，又廢于家。

元祐元年，范純仁、韓維、王存、孫永交薦之，除河北轉運判官。初更役書，司馬光稱其論議詳盡，予之書曰：「足下在彼，朝廷無河北憂。」純因建言：「河防舊隸轉運，今乃領屬都水外丞，計其決溢之變，前日不加多，今日不加少。然出財之司，則常憂費而緩不急；用財之官，則寧過計而無不及，不如使之歸一。」後如其言。

召爲刑部員外郎、大理少卿，擢侍御史。言者詆其不由科第，改右司郎中，尋知相州，徙徐州，陝西轉運使。還，拜鴻臚、光祿卿，權兵部侍郎。謝病，以集賢院學士提舉崇福宮，改修撰。卒，年六十四。弟紘。

紘字君章，起進士，爲永年令。歲荒，民將他往，召諭父老曰：「令不能使汝必無行，若留，能使汝無飢。」皆喜聽命。乃官給印券，使稱貸於大家，約歲豐爲督償，於是咸得食，無徙者。明年稔，償不愆素。神宗聞其材，用爲大理詳斷官〔六〕、檢詳樞密刑房，修武經要略。以職事對，帝翌日語宰相，嘉其論奏明白，未果用。

紘每議獄，必傅經誼。民間有女幼許嫁，未行而養於婿氏，婿氏殺以誣人，吏當如昏法。紘曰：「禮，婦三月而廟見，未廟見而死，則歸葬于家，示未成婦也。律，定昏而夫犯，論同凡人。養婦雖非禮律，然未成婦則一也。」議乃定。又論：「天下囚應死，吏懦不行法，輒



以疑讞。夫殺人而以疑讞，是縱民爲殺之道也。請治妄讞者。」不從。

擢刑部郎中。元祐初，爲夏國母祭奠使。時夏人方修貢，入其國，禮猶倨，迓者至衣毛裘，設王人坐，蒙以黲，且不跪受詔。紘責之曰：「天王弔禮甚厚，今不可以加禮。」夏人畏懼加敬。他日，夏使至，請歸復侵疆。紘逆之至館，使欲入見有所陳，紘止之，答語頗不遜。紘曰：「國主設有請，必具表中，此大事也，朝廷肯以使人口語爲可否乎？」隨語連拄之，乃不敢言。

遷右司郎中、大理卿，以直秘閣知齊、鄧二州，復爲大理卿，權刑部侍郎，加集賢殿修撰，爲江淮發運使、知鄆州。獄繫囚三百人，紘至之旬日，處決立盡。又以刑部召，未至，還之鄆。

嘗有揭幟城隅，著妖言其上，期爲變，州民皆震。俄而草場白晝火，蓋所揭一事也，民又益恐。或請大索城中，紘笑曰：「奸計正在是，冀因吾膠擾而發，奈何墮其術中？彼無能爲也。」居無何，獲盜，乃奸民爲妖如所揣，遂按誅之。徙知應天府，卒，年六十二。

紘事兄純禮甚備。在鄆州聞訃，泣曰：「兄教我成立，今亡不得臨，死不瞑矣。」適詣闕，迎其柩於都門，哀動行路。悉以奉錢給寡嫂，推其子恩，官其子若孫一人。宦京師時，里人馬隨調選，病臥逆旅，紘載與歸，醫視之。隨竟死，爲治喪第中。或以爲嫌，不自恤，其風義



蓋天性云。

杜常字正甫，衞州人，昭憲皇后族孫也。折節學問，無戚里氣習。嘗跨驢讀書，驢嗜草失道，不之覺，觸桑木而墮，額爲之傷。

中進士第，調河陽司法參軍事，富弼禮重之。積遷河東轉運判官，提點河北刑獄，歷兵部左司郎中、太常少卿、太僕太府卿、戶工刑吏部侍郎，出知梓州、青鄆徐州、成德軍。崇寧中，至工部尚書，以龍圖閣學士知河陽軍。苦旱，及境而雨，大河決，直州西上埽，勢危甚。常親護役，徙處埽上，埽潰水溢，及常坐而止。於是役人盡力，河流遂退，郡賴以安。卒，年七十九。

謝麟字應之，建州甌寧人。登第，調會昌令。民被酒夜與仇鬥，既歸而所親殺之，因誣仇。麟知死者無子，所親利其財，一訊得實。再調石首令，縣苦江水爲患，隄不可禦，麟疊石障之，自是人得安堵，號「謝公隄」。



通判辰州。章惇使湖湘，拓沅州，薦麟爲守，由太常博士改西上閤門副使。猺賊犯辰溪，麟且捕且招，一方以寧。詔使經制宜州獠，降其種落四千八百人，納思廣洞民千四百室，得鎧甲二萬，褒賜甚渥。加果州刺史，知荊南、涇邠二州。

元祐初，復以朝議大夫、直祕閣知潭州，加直龍圖閣，歷徙江寧鳳翔府、渭桂二州。融江有夷警，將吏議致討，麟以計平之。戍兵從北來，不能水土，麟部土人使極南，而北兵止屯近郡，賴以全者甚衆。卒于官。

王宗望字磻叟，光州固始人。以蔭累擢夔州路轉運副使。哲宗即位，行赦賞軍，萬州彌旬不給。庖卒朱明因衆怒，白晝入府宅，傷守臣，左右驚散，他兵籍籍謀兆亂。宗望聞變，自夔疾驅至，先命給賞，然後斬明以徇，且竄視守傷而不救者。乃自劾，朝廷嘉之。歷倉部郎中、司農少卿、江淮發運使。

楚州沿淮至漣州〔七〕，風濤險，舟多溺。議者謂開支氏渠引水入運河，歲久不決，宗望始成之，爲公私利。代吳安持爲都水使者。自大河有東、北流之異，紛爭十年，水官無所適從。宗望謂回河有創立金隄七十里，索緡錢百萬，詔從之。右正言張商英論其誕謾，而宗

望奏已有成績，遂增秩三等，加直龍圖閣、河北都轉運使，擢工部侍郎，以集賢殿修撰知鄆州。卒，年七十七。元符中，治其導河東流事，以爲附會元祐，追所得恩典云。

王吉甫字邦憲，同州人。舉明經，練習法律，試斷刑入等，爲大理評事，累遷丞、正、刑部員外郎、大理少卿。

舒亶以官燭引至第，執政欲坐以自盜。吉甫謂不可，執政怒，移獄他所，吉甫亦就辨。亶乃用飲食論罪，不以燭也。南郊起幔城，役卒急於畢事，董役者責之曰：「此殆類白露屋耳。」卒訴之，吏當非所宜言論死。吉甫謂非咒詛不應死，遂求對。神宗怒曰：「得非爲白露屋事來邪？」吉甫從容敷陳，不少慴，帝爲霽怒，其人得釋。蘇軾南遷，所過，郡守有延館之者，走馬使上聞，詔鞫之。吉甫議當笞，宰相章惇不悅。吉甫曰：「法如是，難以增加成罪。」卒從笞。太倉火，議誅守者十餘人，亦爭之，皆得不死。其持論寬平，大抵類此。

請知齊州、梓州。梓在東川爲壯藩，戶口最盛。轉運使欲增折配以取羨餘，吉甫謂其僚曰：「民力竭矣，一增之後，不可復減，吾寧貽使者怒，忍爲國斂怨、爲民基禍哉。」竟却之。歷提點梓州路京畿刑獄、開封少尹、知同邢漢三州，以中大夫卒，年七十。





吉甫老於爲吏，廉介不回，但一於用法，士恨其少緣飾云。

論曰：宋取士兼習律令，故儒者以經術潤飾吏事，舉能其官。邊惠政及民，而緩登州婦獄，君子謂之失刑。士宗、象先皆執經勸講，其爲刑官，論法平恕，宜哉。璹吏事絕人，民懷其德。純以微官能著清節，紘議獄必傅經誼，風義藹然。常坐護危堞，麟定絳、滌，宗望弭萬州之變，皆靖至難之事於談笑間。吉甫一於用法，而廉介不回，有足稱云。

## 校勘記

〔一〕張昪　原作「張昇」，參考本書卷三一八校勘記〔一〕。

〔二〕錢顗　原作「錢覬」，據本書卷二〇一刑法志、卷三二一本傳改。

〔三〕豫章府君　「豫章」原作「豫州」，按晉書卷一九禮志說：「及武帝崩，則遷征西；及惠帝崩，又遷豫章。」豫章府君指晉宣帝的曾祖豫章太守司馬量，見同書卷一宣帝紀。據改。

〔四〕宣宗　當作「宣皇帝」，指唐高祖的四世祖李熙，見舊唐書卷一高祖紀。新唐書卷一三禮樂志說：「高宗崩，宣皇帝遷于夾室而祔高宗。」即指此。唐宣宗李忱是唐後期的統治者，與此事無涉。

〔五〕鄄城　原作「甄城」，晁補之鷄肋集卷六七杜紘墓誌銘說紘爲濮州鄄城人，紘乃純之弟，則杜純也是濮州鄄城人。本書卷八五地理志濮州有鄄城縣，無「甄城」，據改。

〔六〕大理詳斷官　「詳」原作「評」。按鷄肋集卷六七杜紘墓誌銘作「詳」；本書卷一六五職官志，大理寺有詳斷官，無「評斷官」，據改。

〔七〕漣州　疑當作「漣水」。按宋代無漣州，而在楚州沿淮一帶有漣水縣及漣水軍。本書卷九六河渠志說：元符元年「三月甲寅，工部言淮南開河所開修楚州支家河，導漣水與淮通，賜名通漣河。」王宗望所開的正是此河。

# 宋史卷三百三十一

## 列傳第九十

孫長卿　周沆　李中師　羅拯　馬仲甫　王居卿　孫構
張詵　蘇寀　馬從先　沈遘弟遼　從弟括　李大臨　呂夏卿
祖無擇　程師孟　張問陳舜俞　樂京　劉蒙附　苗時中　韓贄
楚建中　張頡　盧革子秉

孫長卿字次公，揚州人。以外祖朱巽任爲祕書省校書郎。天禧中，巽守雍，命隨所取浮圖像入見。仁宗方權聽天下事，嘉其年少敏占對，欲留侍東宮，辭以母疾。詔遷官知楚州糧料院。郡倉積米五十萬，陳腐不可食，主吏皆懼法，毋敢輕去，長卿爲酌新舊均渫之，吏罪得免。

通判河南府。秋，大雨，軍營壞，或言某衆將叛，洛中讙然。長卿馳諭之曰：「天雨敗屋





廬，未能葺，汝輩豈有欲叛意，得無有乘此動吾軍者邪？」推首惡一人誅之，留宿其所，衆遂定。詔汰三陵奉先卒，汰者羣譟府下，長卿矯制使還，而具言不可汰之故，朝廷爲止。知和州，民訴人殺弟，長卿察所言無理，問其貲，曰：「上等也。」家幾人？曰：「惟此弟爾。」曰：「然則汝殺弟也。」鞫之，服，郡人神明之。

提點益州路刑獄，歷開封鹽鐵判官、江東淮南河北轉運使、江浙荆淮發運使。歲漕米至八百萬，或疑其多，長卿曰：「吾非欲事羨贏，以備饑歲爾。」議者謂楚水多風波，請開盱眙河，自淮趣高郵，長卿言：「地阻山回繞，役大難就。」事下都水，調工數百萬，卒以不可成，罷之。時又將弛茶禁而收其征，召長卿議，長卿曰：「本祖宗榷茶，蓋將備二邊之糴，且不出都內錢，公私以爲便。今之所行，不足助邊糴什一，國用耗矣。」乃條所不便十五事，不從。改陝西都轉運使。踰年，知慶州。州據險高，患無水，蓋嘗疏引澗谷汲城中，未幾復絕。長卿鑿百井，皆及泉。泥陽有羅川、馬嶺，上構危棧，下臨不測之淵，過者惴恐。長卿訪得唐故道，闢爲通塗。加集賢院學士、河東都轉運使，拜龍圖閣直學士、知定州。

熙寧元年，河北地大震，城郭倉庾皆隤，長卿盡力繕補。神宗知其能，轉兵部侍郎，留再任。明年，卒，年六十六。

長卿無文學，而長於政事，爲能臣。性潔廉，不以一毫取諸人。定州當得園利八十萬，悉歸之公。既沒，詔中使護其喪歸葬。

周沆字子眞，青州益都人。第進士，知渤海縣。歲滿，縣人請留，既報可，而以親老求監州稅。通判鳳翔，初置轉運判官。沆使江西，求葬親，改知沂州。歷開封府推官。

湖南蠻唐、盤二族寇暴，殺居民，官軍數不利，以沆爲轉運使。沆言：「蠻驟勝方驕，未易鬥力，宜須秋多進兵。且其地險氣毒，人驍悍，善用鏟盾，北軍不能确。請選邕、宜、融三州卒三千人習知山川技藝者，徑擣其巢，布餘兵絡山足，出則獵取之。俟其勢窮力屈，乃可順撫。」朝廷用其策，二族皆降。加直史館、知潭州。他道兵來戍者，率兩期乃代，多死瘴癘，沆請以期爲斷，戍人便之。

徙河東轉運使。民盜鑄鐵錢，法不能禁，沆高估錢價，鑄者以無利，自息。入爲度支副使。

儂智高亂定，仁宗命安撫廣西，諭之曰：「嶺外地惡，非賊所至處，毋庸行。」對曰：「君命，仁也；然遠民罹塗炭，當布宣天子德澤。」遂往，遍行郡邑。民避寇棄業，吏用常法，滿半歲則聽人革佃。沆曰：「是豈與凶年詭征役者同科？」奏申其期。擢天章閣待制、陝西都





轉運使，改河北。

李仲昌建六塔河之議，以爲費省而功倍。詔沆行視，沆言：「近計塞商胡，本度五百八十萬工，用薪芻千六百萬；今纔用功一萬，薪芻三百萬。均一河也，而功力不相侔如是，蓋仲昌先爲小計，以來興役爾。況所規新渠，視河廣不能五之一，安能容受？此役若成，河必汎溢，齊、博、濱、棣之民其魚矣。」既而從初議，河塞復決，如沆言。

又徙河東轉運使，還龍圖閣直學士、知慶州。召知通進銀臺司、判太常寺。英宗既即位，契丹賀乾元節使至，沆館客，欲取書柩前，使者以非典故，不可。沆折之曰：「昔貴國有喪，吾使至柳河即反，今聽於几筵達命，恩禮厚矣，尚何云？」使者立授書。朝廷未知契丹主年，沆乘間雜他語以問，得其實，使者悔之曰：「今復應兄事南朝矣〔一〕。」

進樞密直學士、知成德軍。俗方棄親事佛，沆閱按，斥數千人還其家。以戶部侍郎致仕，卒，年六十九。

李中師字君錫，開封人。舉進士，陳執中薦爲集賢校理、提點開封府界。境多盜，中師立賞格，督吏分捕，盡得之。進秩，辭不受，乃擢度支判官，爲淮南轉運使。兩浙饑，移淮粟

振贍，僚屬議勿與，中師曰：「朝廷視民，淮、浙等爾。」卒與之。徙河東，入爲度支副使，拜天章閣待制、陝西都轉運使，知澶州、河南府。召權三司使、龍圖閣直學士，復爲河南。前此多大臣居守，委事掾幕，吏習弛緩，中師一以嚴整齊之，號爲治辦。然用法刻深，煩碎無大體，唯厚結中人。

初，神宗嘗對宰相稱其治狀，富弼曰：「陛下何從知之？」帝默然。中師銜弼沮已，及再至，弼已老，乃籍其戶，令出免役錢與富民等。又希司農指，多取餘，視他處爲重，洛人怨之。朝廷以中師率先推行，召爲羣牧使。乞廢河南、北監牧，省國費，而養馬於民，不報。後竟行其說，民不堪命。權發遣開封府，卒，年六十一。有女嫁陳執中子世儒，坐夫事誅死。

羅拯字道濟，祥符人。第進士，歷官知榮州。州介兩江間，每江漲，輒犯城郭，拯作東西二隄除其患。還知秀州，爲江西轉運判官、提點福建刑獄。泉州興化軍水壞廬舍，拯請勿征海運竹木，經一年，民居皆復其舊。

遷轉運使。邵武之光澤不榷酒，以課賦民，號「黃麴錢」，拯均之他三邑，人以爲便。改江、淮發運副使。江、淮故無積倉，漕船繫岸下，俟糴入乃得行，蓋官吏以淮南不受陳粟爲





逃譴計。拯始請凡米至而不可上供者，以廩軍；又貯浙西米于潤倉以時運，自是漕增而費省。轉爲使。

拯使閩時，泉商黃謹往高麗，館之禮賓省，其王云自天聖後職貢絕，欲命使與謹俱來。至是，拯以聞，神宗許之，遂遣金悌入貢。高麗復通中國自茲始。加天章閣待制。居職七年，徙知永興軍，青、穎、秦三州，卒，年六十五。

拯性和柔，不與人校曲直。爲發運使時，與副皮公弼不協。公弼徙他道，御史劾其貸官錢，拯力爲辨理。錢公輔爲諫官，嘗論拯短，而公輔姻黨多在拯部內，往往薦進之。或譏以德報怨，拯曰：「同僚不協，所見異也；諫官所言，職也。又何怨乎？」時論服其長者。

馬仲甫字子山，廬江人，太子少保亮之子也。舉進士，知登封縣。轘轅道險阸，遂傭民鑿平爲坦塗，人便其行，爲刻石頌美。通判趙州，知台州，爲度支判官。

內侍楊永德言漕舟淮、汴間，惟水遞鋪爲便。詔仲甫偕往訂可否，還言其害十餘條，議遂格。出爲夔路轉運使。歲饑，盜粟者當論死，仲甫請罪減一等，詔須奏裁。復言：「饑羸拘囚，比得報，死矣，請決而後奏。」

徙使淮南。眞、揚諸州地狹，出米少，官糴之多，價常踊登，濱江米狠戾，而農無所售。仲甫請移糴以紓其患，兩益於民，從之。遂繇戶部判官爲發運使。自淮陰徑泗上，浮長淮，風波覆舟，歲罹其患。仲甫建議鑿洪澤渠六十里，漕者便之。

拜天章閣待制、知瀛州秦州。古渭介青唐之南，夏人在其北，中通一徑，小警則路絕。仲甫得箪栗城故址，自雞川砦築堡，北抵南谷，環數百里爲內地，詔賜名甘谷堡。故時羌人入城貿易，皆僦邸，仲甫設館處之，陽示禮厚，實閑之也。

熙寧初，守亳、許、揚三州，糾察在京刑獄，知通進、銀臺司，復爲揚州，提舉崇禧觀，卒。

王居卿字壽明，登州蓬萊人。以進士至知齊州，提舉夔路京東刑獄、鹽鐵判官。建言商賈轉百貨市塞上者，聽以家貲抵於官，爲給長券，至實所，併輸征稅直，公私便之。出知揚州，改京東轉運使。青州河貫城中，苦泛溢爲病，居卿即城立飛梁，上設樓櫓，下建門，以時閉啟，人誦其智。徙河北路。河決曹村，居卿立軟橫二埽以遏怒流，而不與水爭。朝廷賞其功，建以爲都水法。召拜戶部副使、提舉市易，擢天章閣待制、河北都轉運使。知秦州、太原府，卒，年六十二。居卿俗吏，特以言利至從官。





孫構字紹先，博平人。中進士第，爲廣濟軍判官，歲入圭田粟六百石，構止受百石，餘以畀學官。久之，知黎州，夷年墨數擾邊，用間殺之。蜀帥呂公弼上其事，擢知眞州。凶歲得盜，令名指黨伍，悉置諸法，境內爲清。

遷度支判官。夔州部夷梁承秀、李光吉、王兗導生獠入寇，轉運判官張詵請誅之。選構爲使，倍道之官。至則遣渝州豪杜安行募千人往襲〔三〕，自督官軍及黔中兵擊其後，斬承秀，入討二族，火其居。餘衆保黑崖嶺，黔兵從間道夜譟而進，光吉墜崖死，兗自縛降。以其地建南平軍。錄功加直昭文館。

徙湖北轉運使。章惇興南、北江蠻事，構諭降懿、洽二州，納歸附州十四。初，渡辰溪，舟毀而溺，得援者僅免，神宗憫之，賜帛三百。北江酋彭師晏常持向背，構知向水酋彭儒武與有隙，檄使攻之，師晏降，得其下溪州地，五溪皆平。進集賢殿修撰，賜三品服。交阯入寇，拜右諫議大夫、知桂州，聲言將犄角擣其巢穴，寇聞引去。以疾提舉崇福宮，換太中大夫，卒，年六十四。

構喜功名，勇於建立，西南邊事自此始云。

張詵字樞言，建州浦城人。第進士，通判越州。民患苦衙前役，詵科別人戶，籍其當役者，以差人錢爲雇人充，皆以爲便。知襄邑縣，擢夔路轉運判官。錄辟士之功，加直集賢院，故陝西轉運副使。召對，帝曰：「朕未識卿，每閱章奏，獨卿與蔡挺有所論請，使人了然。尋當以帥事相屬。」及入辭，賜服金紫。

明年，直龍圖閣、知秦州。前此將吏貪功，多從羌地獵射，因起邊患。詵至，申令毋得犯，得一人，斬諸境上，羣羌感悅。遷天章閣待制、知熙州。董氈遣鬼章逼岷州，詵往討，董氈迎戰，破之于錯鑿城，斬首萬級。

元豐初，加龍圖閣直學士、知成都府，徙杭州。將行，復命權經略熙河事，趣使倍道行。時倉卒治戎，有司計產調夫，戶至累首，民多流亡。詵中塗訴其狀，乞敕劍外招攜之，不報。會靈武師罷，乃赴杭，道過京師，帝訪以西事，對曰：「彼勢雖弱，而我師未銳，邊備未飭，願以歲月圖功。」累官正議大夫，卒，年七十二。

詵性孝友，廉於財，平生不殖田業。既建拓瀘夷地被進用後，雖有善言可紀，終不宜清議云。





蘇寀字公佐，磁州滏陽人。擢第，調兗州觀察推官，受知於守杜衍。爲大理詳斷官。民有母改嫁而死，既葬，輒盜其柩歸祔，法當死。寀曰：「子取母祔父，豈與發冢取財等？」請而生之。

遷審刑院詳議、御史臺推直官，知單州，提點梓州益州路刑獄、利路轉運使。文州歲市羌馬，羌轉買蜀貨，猾駔上下物價，肆爲姦漁。寀議置折博務，平貨直以易馬，宿弊頓絕。入判大理寺，爲湖北、淮南、成都路轉運使，擢侍御史知雜事，判刑部。使契丹，還及半道，聞英宗晏駕，契丹置宴仍用樂，寀謂迓者曰：「兩朝兄弟國家，君臣之義，吾與君等一也。此而可忍，孰不可忍。」遂爲之徹樂。

進度支副使，以集賢殿修撰知鳳翔。還，糾察在京刑獄，又出知潭州、廣州，累轉給事中，知河南府，無留訟。入知審刑院，卒。寀長於刑名，故屢爲法官，數以讞議受詔獎焉。

馬從先字子野，祥符人。少盡力於學。父當任子，推以與其弟。由進士累官太常少卿、知宿州。宿在淮、汴間，素難治，從先取囊博者、重坐者厚賞以求盜。禁屠牛、鑄錢，嚴甚。大水，發廩振流亡，全活數十萬。代還，知壽州，以老辭，英宗諭遣之曰：「聞卿治行籍甚，壽尤重於宿，姑爲朕往。」既至，治如曩時。由太子賓客轉工部侍郎致仕。從先性整嚴，雖盛夏不袒跣。晚學佛，預言其終時，年七十六而卒。

論曰：長卿性務廉潔，以能臣稱，中師用法刻深，以治辨稱，雖均爲材吏，而優劣自見。拯及仲甫俱能爲國興利除害。構始開西南邊，詵遂拓瀘夷被進用，雖有他善，而不能逭清議。至於沆決河議，綏遠民，折鄰使，歷有可稱述者，其最優歟。

沈遘字文通，錢塘人。以蔭爲郊社齋郎。舉進士，廷唱第一，大臣謂已官者不得先多士，乃以遘爲第二。通判江寧府，歸，奏本治論。仁宗曰：「近獻文者率以詩賦，豈若此十篇之書爲可用也。」除集賢校理。頃之，修起居注，遂知制誥。以父扶坐事免，求知越州，徙杭州。





爲人疎雋博達，明於吏治，令行禁止。民或貧不能葬，給以公錢，嫁孤女數百人，倡優養良家子者，奪歸其父母。善遇僚寀，皆甘樂傾盡爲之耳目，刺閭巷長短，纖悉必知，事來立斷。禁捕西湖魚鼈，故人居湖上，蟹夜入其籬間，適有客會宿，相與食之，旦詣府，遘迎語曰：「昨夜食蟹美乎？」客笑而謝之。小民有犯法，情稍不善者，不問法輕重，輒刺爲兵，姦猾屏息。提點刑獄鞫眞卿將按其狀，遘爲稍弛，而刺者復爲民。

嘉祐遺詔至，爲次於外，不飲酒食肉者二十七日。召知開封府，遷龍圖閣直學士，治如在杭州。蚤作視事，逮午而畢，出與親舊還往，從容燕笑，沛然有餘暇，士大夫交稱其能。拜翰林學士、判流內銓。丁母憂，英宗閔其去，賚黃金百兩，仍命扶喪歸蘇州。既葬，廬墓下，服未竟而卒，年四十〔三〕，世咨惜之。弟遼，從弟括。

遼字叡達，幼挺拔不羣，長而好學尚友，傲睨一世。讀左氏、班固書，小摹倣之，輒近似，洒鉏植縱舍，自成一家。趣操高爽，縹縹然有物外意，絕不喜進取。用兄任監壽州酒稅。吳充使三司，薦監內藏庫。熙寧初，分審官建西院，以爲主簿，時方重此官，出則奉使持節。遼故受知於王安石，安石嘗與詩，有「風流謝安石，瀟洒陶淵明」之稱。至是當國，吏張法令，遼與之議論，寖咈意，日益見疎。於是坐與其長不相能，罷去。

久之，以太常寺奉禮郎監杭州軍資庫，轉運使攝華亭縣。他使者適有夙憾，思中以文法，因縣民忿爭相牽告，辭語連及，遂文致其罪。下獄引服，奪官流永州，遭父憂不得釋。更赦，始徙池州。留連江湖間累年，益偃蹇傲世。既至池，得九華、秋浦間，翫其林泉，喜曰：「使我自擇，不過爾耳。」卽築室於齊山之上，名曰雲巢，好事者多往游。

遼追悔平生不自貴重，悉謝棄少習，杜門隱几，雖筆硯亦埃塵竟日。間作爲文章，雄奇峭麗，尤長於歌詩，曾鞏、蘇軾、黃庭堅皆與唱酬相往來，然竟不復起。元豐末，卒，年五十四。

括字存中，以父任爲沭陽主簿。縣依沭水，乃職方氏所書「浸曰沂、沭」者，故跡漫爲汙澤，括新其二坊，疏水爲百渠九堰，以播節原委，得上田七千頃。擢進士第，編校昭文書籍，爲館閣校勘，删定三司條例。故事，三歲郊丘之制，有司按籍而行，藏其副，吏沿以干利。壇下張幔，距城數里爲園囿，植采木、刻鳥獸綿絡其間。將事之夕，法駕臨觀，御端門、陳仗衞以閱嚴警，游幸登賞，類非齋祠所宜。乘輿一器，而百工侍役者六七十輩。括考禮沿革，爲書曰南郊式。卽詔令點檢事務，執新式從事，所省萬計，神宗稱善。



遷太子中允、檢正中書刑房、提舉司天監，日官皆市井庸販，法象圖器，大抵漫不知。括始置渾儀、景表、五壺浮漏，招衞朴造新曆，募天下上太史占書，雜用士人，分方技科爲五，後皆施用。加史館檢討。

淮南饑，遣括察訪，發常平錢粟，疏溝瀆，治廢田，以救水患。遷集賢校理，察訪兩浙農田水利，遷太常丞、同修起居注。時大籍民車，人未諭縣官意，相挻爲憂；又市易司患蜀鹽之不禁，欲盡實私井而輦解池鹽給之。言者論二事如織，皆不省，括侍帝側，帝顧曰：「卿知籍車乎？」曰：「知之。」帝曰：「何如？」對曰：「敢問欲何用？」帝曰：「北邊以馬取勝，非車不足以當之。」括曰：「車戰之利，見於歷世。然古人所謂兵車者，輕車也，五御折旋，利於捷速。今之民間輜車重大，日不能三十里，故世謂之太平車，但可施於無事之日爾。」帝喜曰：「人言無及此者，朕當思之。」遂問蜀鹽事，對曰：「一切實私井而運解鹽，使一出於官售，誠善。然忠、萬、戎、瀘間夷界小井尤多，不可猝絕也，勢須列候加警，臣恐得不足償費。」帝頷之。明日，二事俱寢。擢知制誥，兼通進、銀臺司，自中允至是纔三月。

爲河北西路察訪使。先是，銀冶，轉運司置官收其利，括言：「近寶則國貧，其勢必然；人衆則囊橐姦僞何以檢頤〔四〕？」朝廷歲遺契丹銀數十萬〔五〕，以其非北方所有，故重而利之。昔曰銀城縣、銀坊城皆沒於彼，使其知鑿山之利，則中國之幣益輕，何賴歲餉，鄰釁將



自茲始矣。」時賦近畿戶出馬備邊，民以爲病，括言：「北地多馬而人習騎戰，猶中國之工强弩也。今舍我之長技，强所不能，何以取勝。」又邊人習兵，唯以挽彊定最，而未必能貫革，謂宜以射遠入堅爲法。如是者三十一事，詔皆可之。

遼蕭禧來理河東黃嵬地，留館不肯辭，曰：「必得請而後反。」帝遣括往聘。括詣樞密院閱故牘，得頃歲所議疆地書，指古長城爲境，今所爭蓋三十里遠，表論之。帝以休日開天章閣召對，喜曰：「大臣殊不究本末，幾誤國事。」命以畫圖示禧，禧議始屈。賜括白金千兩使行。至契丹庭，契丹相楊益戒來就議，括得地訟之籍數十，預使吏士誦之，益戒有所問，則顧吏舉以答。他日復問，亦如之。益戒無以應，謾曰：「數里之地不忍，而輕絕好乎？」括曰：「師直爲壯，曲爲老。今北朝棄先君之大信，以威用其民，非我朝之不利也。」凡六會，契丹知不可奪，遂舍黃嵬而以天池請。括乃還，在道圖其山川險易迂直，風俗之純龐，人情之向背，爲使契丹圖抄上之。拜翰林學士、權三司使。

嘗白事丞相府，吳充問曰：「自免役令下，民之詆訾者今未衰也，是果於民何如？」括曰：「以爲不便者，特士大夫與邑居之人習於復除者爾，無足恤也。獨微戶本無力役，而亦使出錢，則爲可念。若悉弛之，使一無所預，則善矣。」充然其說，表行之。



蔡確論括首鼠乖刺，陰害司農法，以集賢院學士知宣州。明年，復龍圖閣待制、知審官院，又出知青州，未行，改延州。至鎭，悉以別賜錢爲酒，命廛市良家子馳射角勝，有軼羣之能者，自起酌酒以勞之，邊人驩激，執弓傅矢，唯恐不得進。越歲，得徹札超乘者千餘，皆補中軍義從，威聲雄他府。以副總管种諤西討拔銀、宥功，加龍圖閣學士。朝廷出宿衞之師來戍，賞賚至再而不及鎭兵。括以爲衞兵雖重，而無歲不戰者，鎭兵也。今不均若是，且召亂。乃藏敕書，而矯制賜緡錢數萬，以驛聞。詔報之曰：「此右府頒行之失，非卿察事機，必擾軍政。」自是，事不暇請者，皆得專之。蕃漢將士自皇城使以降，許承制補授。

諤師次五原，值大雪，糧餉不繼，殿直劉歸仁率衆南奔，士卒三萬人皆潰入塞，居民怖駭。括出東郊餞河東歸師，得奔者數千，問曰：「副都總管遣汝歸取糧，主者爲何人？」曰：「在後。」卽諭令各歸屯。及暮，至者八百，未旬日，潰卒盡還。括出按兵，歸仁至，括曰：「汝歸取糧，何以不持軍符？」歸仁不能對，斬以狥。經數日，帝使內侍劉惟簡來詰叛者，具以對。

大將景思誼、曲珍拔夏人磨崖葭蘆浮圖城，括議築石堡以臨西夏，而給事中徐禧來，禧欲先城永樂。詔禧護諸將往築，令括移府並塞，以濟軍用。已而禧敗沒，括以夏人襲綏德，先往救之，不能援永樂，坐謫均州團練副使。元祐初，徙秀州，繼以光祿少卿分司，居潤八

年卒，年六十五。

括博學善文，於天文、方志、律曆、音樂、醫藥、卜算，無所不通，皆有所論著。又紀平日與賓客言者爲筆談，多載朝廷故實、耆舊出處，傳於世。

李大臨字才元，成都華陽人。登進士第，爲絳州推官。杜衍安撫河東，薦爲國子監直講、睦親宅講書。文彥博薦爲祕閣校理。考試舉人，誤收失聲韻者，責監滁州稅。未幾，還故職。

仁宗嘗遣使賜館閣官御書，至大臨家，大臨貧無皂隸，方自秣馬，使者還奏，帝曰：「眞廉士也。」以親老，請知廣安軍，徙邛州。還，爲羣牧判官、開封府推官。

神宗雅知其名，擢修起居注，進知制誥，糾察在京刑獄。言青苗法有害無益，王安石怒。會李定除御史，宋敏求、蘇頌相繼封還詞命，次至大臨，大臨亦還之。帝批：「去歲詔書，臺官不拘官職奏舉，後未審更制也。」頌、大臨合言：「故事，臺官必以員外郎、博士，近制但不限此，非謂選人亦許之也。定以初等職官超朝籍，躐憲臺，國朝未有。倖門一開，名器有限，安得人人滿其意哉。」復詔論數四，頌、大臨故爭不已，乃以累格詔命，皆歸班，大臨





以工部郎中出知汝州。

辰溪貢丹砂，道葉縣，其二篋化爲雙雉，鬭山谷間。耕者獲之，人疑爲盜，械送于府。大臨識其異，訊得實，釋耕者。徙知梓州，加集賢殿修撰，復天章閣待制。甫七十，致仕七年而卒。

大臨淸鑒有守，論議識大體，因爭李定後名益重，世幷宋敏求、蘇頌稱爲「熙寧三舍人」云。

呂夏卿字縉叔，泉州晉江人。舉進士，爲江寧尉。編修唐書成，直祕閣、同知禮院。仁宗選任大臣，求治道，夏卿陳時務五事，且言：「天下之勢，不能常安，當於未然之前救其弊；事至而圖之，恐無及已。」朝廷頗采其策。

英宗世，歷史館檢討、同修起居注、知制誥。帝嘗訪以政，對曰：「兩朝不惜金帛以和二邊，脫民鋒鏑之禍，古未有也。願勿失前好。」出知潁州，得奇疾，身體日縮，卒時纔如小兒，年五十三。

夏卿學長於史，貫穿唐事，博采傳記雜說數百家，折衷整比。又通譜學，創爲世系諸表，於新唐書最有功云。

祖無擇字擇之，上蔡人。進士高第。歷知南康軍、海州，提點淮南廣東刑獄、廣南轉運使，入直集賢院。時封孔子後爲文宣公，無擇言：「前代所封曰宗聖，曰奉聖，曰崇聖，曰恭聖，曰褒聖；唐開元中，尊孔子爲文宣王，遂以祖謚而加後嗣，非禮也。」於是下近臣議，改爲衍聖公。

出知袁州。自慶曆詔天下立學，十年間其廢徙文具，無命教之實。無擇首建學官，置生徒，郡國弦誦之風，由此始盛。同修起居注、知制誥，加龍圖閣直學士、權知開封府，進學士，知鄭、杭二州。

神宗立，知通進、銀臺司。初，詞臣作誥命，許受潤筆物。王安石與無擇同知制誥，安石辭一家所饋不獲，義不欲取，置諸院梁上。安石憂去，無擇用爲公費，安石聞而惡之。熙寧初，安石得政，乃諷監司求無擇罪。知明州苗振以貪聞，御史王子韶使兩浙，廉其狀，事連無擇。子韶，小人也，請遣內侍自京師逮赴秀州獄。蘇頌言無擇列侍從，不當與故吏對曲直，御史張戩亦救之，皆不聽。及獄成，無貪狀，但得其貸官錢、接部民坐及乘船過





制而已。遂謫忠正軍節度副使。安石猶爲帝言：「陛下遣一御史出，卽得無擇罪，乃知朝廷於事但不爲，未有爲之而無効者。」尋復光祿卿、祕書監、集賢院學士，主管西京御史臺，移知信陽軍，卒。

無擇爲人好義，篤於師友，少從孫明復學經術，又從穆脩爲文章。兩人死，力求其遺文彙次之，傳於世。以言語政事爲時名卿，用小累鍛鍊放棄，訖不復振，士論惜之。

論曰：沈遘以文學致身，而長於治才。沈括博物洽聞，貫乎幽深，措諸政事，又極開敏。呂夏卿號稱史才，尤精譜諜之學。宋之縉紳，士各精其能，學不苟且，故能然也。李大臨官居繳駁，克舉其職；祖無擇治郡所至，能修校官，是皆班班可紀者。然大臨以論李定絀，無擇以忤安石廢棄終身，卽是亦足以知二人之賢矣。

程師孟字公闢，吳人。進士甲科。累知南康軍、楚州，提點夔路刑獄。瀘戎數犯渝州，邊使者治所在萬州，相去遠，有警率浹日乃至，師孟奏徙于渝。夔部無常平粟，建請置倉，

適凶歲，振民不足，即矯發他儲，不俟報。吏懼，白不可。師孟曰：「必俟報，餓者盡死矣。」竟發之。

徙河東路。晉地多土山，旁接川谷，春夏大雨，水濁如黃河，俗謂之「天河」，可溉灌。師孟出錢開渠築堰，淤良田萬八千頃，裒其事爲水利圖經，頒之州縣。爲度支判官，知洪州，積石爲江隄，浚章溝，揭北牐以節水升降，後無水患。

判三司都磨勘司。接伴契丹使，蕭惟輔曰：「白溝之地當兩屬，今南朝植柳數里，而以北人漁界河爲罪，豈理也哉？」師孟曰：「兩朝當守誓約，涿郡有案牘可覆視，君舍文書，騰口說，遽欲生事耶？」惟輔愧謝。

出爲江西轉運使。盜發袁州，州吏爲耳目，久不獲。師孟械吏數輩送獄，盜即成擒。加直昭文館、知福州。築子城，建學舍，治行最東南。徙廣州。州城爲儂寇所毀，他日有警，民駭竄，方伯相踵至，皆言土疏惡不可築。師孟在廣六年，作西城。及交阯陷邕管，聞廣守備固，不敢東。時師孟已召還，朝廷念前功，以爲給事中、集賢殿修撰、判都水監。

賀契丹生辰，至涿州，契丹命席，迎者正南向，涿州官西向，宋使介東向。師孟曰：「是卑我也。」不就列。自日昃爭至暮，從者失色，師孟辭氣益厲，叱儐者易之，於是更與迎者東西向。明日，涿人餞于郊，疾馳過不顧；涿人移雄州，以爲言，坐罷歸班。復起知越州、靑





州，遂致仕，以光祿大夫卒，年七十八。

師孟累領劇鎭，爲政簡而嚴，罪非死者不以屬吏。發隱擿伏如神，得豪惡不逞跌宕者，必痛懲艾之，至勦絕乃已，所部肅然。洪、福、廣、越爲生立祠。

張問字昌言，襄陽人也。進士起家，通判大名府。羣牧地在魏，歲久冒入於民，有司按舊籍括之，地數易主，券不明，吏苟趣辦，持詔書奪人田，至毀室廬、發丘墓。問至，則曰：「是豈朝廷意耶？」其上以聞。仁宗諭大臣曰：「吏用心悉如問，何患赤子之不安也。」立罷之。

擢提點河北刑獄。大河決，議築小吳，問言：「曹村、小吳南北相直，而曹村當水衝，賴小吳隄薄，水溢北出，故南隄無患。若築小吳，則左彊而右傷，南岸且決，水並京畿爲害，獨可於孫、陳兩埽間起隄以備之耳。」詔付水官議，久不決，小吳卒潰。徙江東、淮南轉運使，加直集賢院、戶部判官，復爲河北轉運使。所部地震，河再決，議者欲調京東民三十萬，自澶築隄抵乾寧。問言：「隄未能爲益，災傷之餘，力役勞民，非計也。」神宗從之。問十年不奏考課，詔特遷其官，入爲度支副使，拜集賢殿修撰、河東轉運

使。坐誤軍須，貶知光化軍，未幾，復使河北。諸葛公權之亂，郡縣株蔓，連逮至數百千人，問上疏申理，止誅首惡。

熙寧末，知滄州。自新法行，問獨不阿時好。歲饑，爲帝言民苟免常平、助役之苦，反以得流亡爲幸，語切直驚人。元豐定官制，王安禮薦問可任六曹侍郎，帝以其好異論，不用。歷知河陽、潞州。元祐初，爲祕書監、給事中，累官正議大夫，卒，年七十五。

問處己廉潔，嘗仕鄜延幕府，與种世衡善，父喪，世衡遺汝州田十頃，辭弗受。使歸，未至而世衡卒。其子古，用父治命，亦不納田，無穢者三十年。後汝守請以給學，朝廷命反諸种氏。

熙寧時，有陳舜俞、樂京、劉蒙，亦以役法廢黜。

舜俞字令舉，湖州烏程人。博學強記。舉進士，又舉制科第一。熙寧三年，以屯田員外郎知山陰縣，詔俟代還試館職。舜俞辭曰：「爵祿名器，砥礪多士，宜示以至神，烏可要期如付劑契？」繳中書帖上之。

靑苗法行，舜俞不奉令，上疏自劾曰：「民間出舉財物，取息重止一倍，約償緡錢，而穀粟、布縷、魚鹽、薪蔌、耰鉏、釜錡之屬，得雜取之。朝廷募民貸取，有司約中熟爲價，而必償





緡錢，欲如私家雜償他物不可得，故愚民多至賣田宅、質妻孥。有識者老，戒其鄉黨子弟，未嘗不以貰貸爲苦。祖宗著令，以財物相出舉，任從書契，官不爲理。其保全元元之意，深遠如此。今誘之以便利，督之以威刑，方之舊法，異矣。詔謂振民乏絕而抑兼并，然使十戶爲甲，浮浪無根者毋得給俵，則乏絕者已不蒙其惠。此法終行，愈爲兼并地爾。何以言之？天下之有常平，非能人人計口受餉，但權穀價貴賤之柄，使積貯者不得深藏以邀利爾。今散爲靑苗，唯恐不盡，萬一饑饉荐至，必有乘時貴糶者，未知將何法以制之？官制既放錢取息，富室藏鏹，坐待鄰里逋欠之時，田宅妻孥隨欲而得，是豈不爲兼并利哉。雖分爲夏秋二科，而秋放之月與夏斂之期等，夏放之月與秋斂之期等，不過展轉計息，以給爲納，使吾民終身以及世世，每歲兩輸息錢，無有窮已。是別爲一賦以斂海內，非王道之舉也。」奏上，責監南康軍鹽酒稅，五年而卒。

舜俞始嘗棄官歸，居秀之白牛村，自號白牛居士。已而復出，遂貶死。蘇軾爲文哭之，稱其「學術才能，兼百人之器，慨然將以身任天下之事，而人之所以周旋委曲、輔成其天者不至。一斥不復，士大夫識與不識，皆深悲之」云。

京，荊南人。爲布衣時，鄉里稱其行義，事母至孝。妻張氏家絕，挾女弟自隨，京未嘗

見其面。妻死，京寢食于外，爲嫁之。嘉祐初，詔訪遺逸，以薦聞，得校書郎，爲湖陽、赤水二縣令。神宗求言，京上疏以畏天保民爲請。知長葛縣。助役法行，京曰：「提舉常平官言不便。」使之條析，又不報，且不肯治縣事，自列丐去。提舉官劾之，詔奪著作佐郎。經十年，乃復官，監黃州酒稅，以承議郎致仕。元祐初，召赴闕，不至，終于家。

蒙字子明，渤海人。恥爲詞賦，不肯舉進士；習茂才異等，又不欲自售。都轉運使劉庠舉遺逸，召試第一，知湖陽縣。常平使者召會諸縣令議免役法，蒙爲不便，不肯與議，退而條上其害，即投劾去，亦奪官。歸鄉教授，養親講學，從游甚衆。元豐二年，卒，纔年四十。門人朋友誄其行，號曰正思先生。元祐初，賜其家帛五十匹。

苗時中字子居，其先自壺關徙宿州。以蔭主寧陵簿。邑有古河久堙，請開導以溉田，爲利甚博，人謂之苗公河。

調潞州司法參軍。郡守欲入一囚於死，執不可。守怒，責甚峻，時中曰：「寧歸田里，法不可奪。」守悟而聽之。熙寧中，以司農丞使梓州路，密薦能吏十人，後皆進用，人卒莫





之知。

交人犯邊，擢廣西轉運副使。師討交人罪，次富良江，久不進。時中曰：「師無進討意，賊必從間道來，乘我不備，冀萬一之勝，勢窮然後降耳。」密備之，既而果從上流來，戰敗，始納款。

徙梓州轉運副使。韓存寶討蠻乞弟，逗遛不行。時中曰：「師老矣，將士暴露，非計之善者。」存寶不聽，卒坐誅。林廣代存寶。乞弟既降，復逸去，將士相視失色。及暮，刁斗不鳴，時中問廣，廣曰：「既失賊，故縱兵追之，不暇恤爾。」時中曰：「天子以十萬衆相付，豈以一死爲勇耶。今入異境，變且不測。」廣悟，亟止追者，整軍以進。會得詔班師，軍行，時中以粮道遠，創爲搉運法，食以不乏。遷兩階，爲發運副使、河東轉運使，加直龍圖閣、知桂州，進寶文閣待制，至戶部侍郎，卒。

韓贄字獻臣，齊州長山人。登進士第，至殿中侍御史。坐微累，黜監江州稅。道除知睦州，復爲侍御史。荆湖災，出持節安撫。湘中自馬氏擅國，計丁輸米，身死產竭不得免，贄奏除之。改知諫院，進天章閣待制。宰相梁適以私容姦，狄靑起卒伍、位樞密，內侍王守忠遷官不次，皆舉劾無所諱。

出知滄、瀛二州，遷龍圖閣直學士、河北都轉運使。河決商胡而北，議者欲復之。役將興，贄言：「北流既安定，驟更之，未必能成功。不若開魏金隄使分注故道，支爲兩河，或可紓水患。」詔遣使相視，如其策，才役三千人，幾月而畢。入判都水監，權開封府，政簡而治。知河南府，建永厚陵，費省而不擾，神宗稱之。還知審刑院、糾察在京刑獄，知徐州，以吏部侍郎致仕。

贄性行淑均，平居自奉至約，推所得祿賜買田贍族黨，賴以活者殆百數。退休十五年，謝絕人事，讀書賦詩以自娛。年八十五，卒。

楚建中字正叔，洛陽人。第進士，知滎河縣。民苦鹽稅不平，建中約田多寡以爲輕重。

主管鄜延經略機宜文字。夏人來正土疆，往涖其事。衆暴至，兩騎傅矢引滿向之，建中披腹使射，曰：「吾不憚死。」騎卽去，衆服其量。元昊歸款，建中白府請築安定、黑水八堡以控東道，夏人果來，聞有備，不敢入。累遷提點京東刑獄、鹽鐵判官。昭陵建，命裁定調度，省數十萬計。歷夔路、淮南、京西轉運使，進度支副使。





神宗用事西鄙，以建中嘗爲邊臣所薦，召欲用之，言不合旨，出知滄州。久之，爲天章閣待制、陝西都轉運使，知慶州、江寧、成德軍，以正議大夫致仕。元祐初，文彥博薦爲戶部侍郎，不拜。卒，年八十一。

張頡字仲舉，其先金陵人，徙鼎州桃源。第進士，調江陵推官。歲旱饑，朝廷遣使安撫，頡條獻十事，活數萬人。知益陽縣，縣接梅山溪峒，多蠻獠出沒，頡按禁地約束，召傜人耕墾，上其事，不報。累遷開封府判官、提點江西刑獄、廣東轉運使。

熙寧中，章惇取南江地，建沅、懿等州，克梅山，與楊光僭爲敵。頡居憂於鼎，移書朝貴，言南江殺戮過甚，無辜者十八九，浮屍蔽江，民不食魚者數月。惇疾其說，欲分功啖之，乃言曰：「頡昔令益陽，首建梅山之議，今日成功，權輿於頡。」詔賜絹三百匹。

尋擢江、淮制置發運副使，改知荆南，復徙廣西轉運使。時建廣源爲順州，將城之，頡謂無益，朝廷從其議。坐捽罵參軍沈竦罷歸。

未幾，以直集賢院知齊、滄二州，進直龍圖閣、知桂州。入覲，帝首言：「卿鄉者論順州不可守，信然。」時有獻言者謂：「海南黎人陳被蓋五洞酋領，異時盛強，且爲中國患。今請

出兵自効，宜有以撫納之。」命頡處其事。頡使一介往呼之，出，補以牙校，喜而去。詔問何賞之薄，對曰：「荒徼蠻蜑無他覬，得是足矣。」尋罷兵，海外訖無事。

久之，轉運使馬默劾其經理宜州蠻事失宜，罷職知均州。哲宗立，還故職，知鳳翔、廣州，召爲戶部侍郎。

頡所歷以嚴致理，而深文狡獪。右司諫蘇轍論其九罪，執政以頡雖無德而才可用，不報。踰年，以寶文閣待制出爲河北都轉運使，徙知瀛州。湖北溪傜畔，朝廷託頡素望，復徙知荆南，至都門，暴卒。

盧革字仲辛，湖州德清人。少舉童子，知杭州馬亮見所爲詩，嗟異之。秋，貢士，密戒主司勿遺革。革聞，語人曰：「以私得薦，吾恥之。」去弗就。後二年，遂首選；至登第，年才十六。

慶曆中，知龔州。蠻入寇，桂管騷動，革經畫軍須，先事而集。移書安撫使杜杞，請治諸郡城，及易長吏之不才者。又言：「嶺外小郡，合四五不當中州一大縣，無城池甲兵之備，將爲賊困，宜度遠近幷省之。」後儂智高來，九郡相繼不守，皆如革慮。





知婺、泉二州，提點廣東刑獄、福建湖南轉運使。復請外，神宗謂宰相曰：「革廉退如是，宜與嘉郡。」遂爲宣州。以光祿卿致仕。用子秉恩轉通議大夫，退居于吳十五年。秉爲發運使，得請歲一歸覲。後帥渭，乞解官終養。帝數賜詔慰勉，時以爲榮。卒，年八十二。

秉字仲甫，未冠，有雋譽。嘗謁蔣堂，坐池亭，堂曰：「亭沼粗適，恨林木未就爾。」秉曰：「亭沼如爵位，時來或有之；林木非培植根株弗成，大似士大夫立名節也。」堂賞味其言，曰：「吾子必爲佳器。」

中進士甲科，調吉州推官、青州掌書記、知開封府倉曹參軍，浮湛州縣二十年，人無知者。王安石得其壁間詩，識其靜退，方置條例司，預選中。奉使淮、浙治鹽法，與薛向究索利病，出本錢業鬻海之民，戒不得私鬻，還奏，遂爲定制。

檢正吏房公事，提點兩浙、淮東刑獄，顓提舉鹽事。持法苛嚴，追胥連保，罪及妻孥，一歲中犯者以千萬數。進制置發運副使。東南饑，詔損上供米價以糶。秉言：「價雖賤，貧者終艱得錢，請但償糴本，而以其餘振贍。」是歲上計，神宗問曰：「聞滁、和民捕蝗充食，有諸？」對曰：「有之，民饑甚，殍死相枕籍。」帝惻然曰：「前此獨趙抃爲朕言之耳。」先是，發運使多獻餘羨以希恩寵，秉言：「職在董督六路財賦，以時上之，安得羨。今稱羨者，率正數也。請自是罷獻，獨以七十萬緡償三司逋。」

加集賢殿修撰、知渭州。五路大出西討，唯涇原有功，進寶文閣待制。夏境胡盧川距塞二百里，恃險遠不設備，秉遣將姚麟、彭孫襲擊之，俘斬萬計。遷龍圖閣直學士。夏酋仁多嵬丁舉國入寇，犯熙河定西城，秉治兵瓦亭，分兩將駐靜邊砦，指夏人來路曰：「吾遲明坐待捷報矣。」及明果至，見宋師，驚曰：「天降也。」縱擊之，皆奔潰。或言嵬丁已死，有識其衣服者，諸將請以聞。秉曰：「幕府上功患不實，吾敢以疑似成欺乎？」他日物色之，嵬丁果死，詔褒賜服馬、金幣，且使上所獲器甲。

秉守邊久，表父革年老，乞歸。移知湖州，行三驛，復詔還渭，慰藉優渥。革聞，亦以義止其議。已而革疾亟，乃得歸。元祐中，知荆南。劉安世論其行鹽法虐民，降待制、提舉洞霄宮，卒。

論曰：宋室之人才亦盛矣。青苗法始行，滿朝耆壽故臣，法家拂士，引古今通誼，盡力爭之而不能止，往往多自引去。及數年之後，憲令既成，天下亦莫如之何。已而間守遠郡，尚能懇懇爲民有言。舜俞、京、蒙俱以區區一縣令，力抗部使者，視棄其官如弊屣，類非





畏威懷祿者能之。師孟活饑羸，興水利，擿姦誅惡，所歷可稱；逮使契丹，正坐席禮，毅然不少屈。時中止林廣縱兵追蠻，深達兵家之變。贄居諫省，舉劾無所避，允有直臣之風。建中雅量卻敵，辭嚴氣正，尤爲奇偉。頡雖有才，而深文狡獪，豈其天性然。革始終廉退，秉不免於阿徇時好，行鹽法以虐民，父子之習相遠哉。

## 校勘記

〔一〕今復應兄事南朝矣　「事」原作「弟」，據司馬光溫國文正司馬公集卷七八周沆神道碑、長編卷一九八改。

〔二〕至則遣渝州豪杜安行募千人往襲　「渝」原作「浯」，「行」字原脫。據本書卷四九六渝州蠻傳、長編卷二一九改補。

〔三〕年四十　王安石臨川先生文集卷九三沈邁墓誌銘作「年四十三」。

〔四〕何以檢頤　長編卷二六七作「何以檢察」。

〔五〕朝廷歲遺契丹銀數十萬　「十」原作「千」。按宋自澶淵之盟以後，歲遺契丹銀絹三十萬，事詳本書卷二八一寇準傳。其後於慶曆二年歲增金帛二十萬，事詳長編卷一三七。可見歲遺契丹幷無數千萬之巨。長編卷二六七作「朝廷歲遺單于銀以數十萬」，「千」字當爲「十」字之訛。據改。

元 脱脱 等撰

# 宋史

第三一册

卷三三二至卷三四七（傳）

中華書局

二十四史

中華書局



## 宋史卷三百三十二

### 列傳第九十一

滕元發 李師中 陸詵 子師閔 趙禼 孫路 游師雄 穆衍

滕元發初名甫，字元發。以避高魯王諱，改字爲名，而字達道，東陽人。將生之夕，母夢虎行月中，墮其室。性豪雋慷慨，不拘小節。九歲能賦詩，范仲淹見而奇之。舉進士，廷試第三，用聲韻不中程，罷，再舉，復第三。授大理評事、通判湖州。孫沔守杭，見而異之，曰：「奇才也，後當爲賢將。」授以治劇守邊之略。

召試，爲集賢校理、開封府推官、鹽鐵戶部判官、同修起居注。英宗書其姓名藏禁中，未及用。神宗卽位，召問治亂之道，對曰：「治亂之道如黑白、東西，所以變色易位者，朋黨汨之也。」神宗曰：「卿知君子小人之黨乎？」曰：「君子無黨，辟之草木，綢繆相附者必蔓草，非松柏也。朝廷無朋黨，雖中主可以濟；不然，雖上聖亦殆。」神宗以爲名言，太息久之。



進知制誥、知諫院。御史中丞王陶論宰相不押班爲跋扈，神宗以問元發，元發曰：「宰相固有罪，然以爲跋扈，則臣以爲欺天陷人矣。」拜御史中丞。种諤擅築綏州，且與薛向發諸路兵，環、慶、保安皆出剽掠，夏人誘殺將官楊定。元發上疏極言諒祚已納款，不當失信，邊隙一開，兵連民疲，必爲內憂。又中書、樞密制邊事多不合，中書賞戰功而樞密降約束，樞密詰修堡而中書降褒詔。元發言：「戰守，大事也，而異同如是，願敕二府必同而後下。」宰相以其子判鼓院，諫官謂不可。神宗曰：「鼓院傳達而已，何與於事。」元發曰：「人有訴宰相，使其子達之，可乎？」神宗悟，爲罷之。

京師郡國地震，元發上疏指陳致災之由，大臣不悅，出知秦州。神宗曰：「秦州，非朕意也。」留不遣。館伴契丹使楊興公，開懷與之語，興公感動，將去，泣之而別。河北地大震，命元發爲安撫使。時城舍多圮，吏民懼壓，皆幄寢茇舍，元發獨處屋下，曰：「屋摧民死，吾當以身同之。」瘞死食饑，除田租，修隄障，察貪殘，督盜賊，北道遂安。除翰林學士、知開封府。民王潁有金爲隣婦所隱，閱數尹不獲直。潁憤而致傴，扶杖訴于庭。元發一問得實，反其金，潁投杖仰謝，失傴所在。

夏國主秉常被篡，元發言：「繼遷死時，李氏幾不立矣。當時大臣不能分建諸豪，乃以全地王之，至今爲患。今秉常失位，諸將爭權，天以此遺陛下，若再失此時，悔將無及。請擇立一賢將，假以重權，使經營分裂之，可不勞而定，百年之計也。」神宗奇其策，然不果用。

元發在神宗前論事，如家人父子，言無文飾，洞見肝鬲。神宗知其誠藎，事無巨細，人無親疏，輒皆問之。元發隨事解答，不少嫌隱。王安石方立新法，天下詾詾。恐元發有言〔一〕，神宗信之也，因事，以翰林侍讀學士出知鄆州。徙定州。初入郡，言新法之害，且曰：「臣始以意度其不可耳，既爲郡，乃親見之。」歲旱求言，又疏奏：「新法害民者，陛下既知之矣，但下一手詔，應熙寧三年以來所行有不便者，悉罷之，則民心悅而天意解矣。」皆不聽。

歷青州、應天府、齊鄆二州。會婦黨李逢爲逆，或因以擠之，黜爲池州，未行，改安州。流落且十歲，猶以前過貶居筠州。或以爲復有後命，元發談笑自若，曰：「天知吾直，上知吾忠，吾何憂哉。」遂上章自訟，有曰：「樂羊無功，謗書滿篋；即墨何罪，毀言日聞。」神宗覽之惻然，即以爲湖州。

哲宗登位，徙蘇、揚二州，除龍圖閣直學士，復知鄆州。學生食不給，民有爭公田二十年不決者，元發曰：「學無食而以良田飽頑民乎？」乃請以爲學田，遂絕其訟。時淮南、京東饑，元發慮流民且至，將蒸爲癘疫。先度城外廢營地，召諭富室，使出力爲席屋，一夕成二





千五百間，井竈器用皆具。民至如歸，所全活五萬。徙眞定，又徙太原。

元發治邊凜然，威行西北，號稱名帥。河東十二將，其八以備西邊，分半番休。元發至之八月，邊遽來告，請八將皆防秋。元發曰：「夏若併兵犯我，雖八將不敵；若其不來，四將足矣。」卒遣更休。防秋將懼，扣閤爭之。元發指其頸曰：「吾已舍此矣，頭可斬，兵不可出。」是歲，塞上無風塵警。詔以四砦賜夏人，葭蘆在河東，元發請先畫境而後棄，且曰：「取城易，棄城難。」命部將訾虎領兵護邊，夏不敢近。夏既得砦，又欲以綏德城爲說，畫境出二十里外。元發曰：「是一舉而失百里，必不可。」九上章爭之。以老力求淮南，乃爲龍圖閣學士，復知揚州，未至而卒，年七十一，贈左銀青光祿大夫，謚曰章敏。

李師中字誠之，楚丘人。年十五，上封事言時政。父緯爲涇原都監，夏人十餘萬犯鎮戎，緯帥兵出戰，而帥司所遣別將郭志高逗遛不進，諸將以衆寡不敵，不敢復出，緯坐責降。師中詣宰相辯父無罪，時呂夷簡爲相，詰問不屈，夷簡怒，以爲非布衣所宜言。對曰：「師中所言，父事也。」由是知名。

舉進士，鄜延龐籍辟知洛川縣。民有罪，妨其農時者必遣歸，令農隙自詣吏。令當下者榜于民，或召父老諭之。租稅皆先期而集。民負官茶直十萬緡，追繫甚衆，師中爲脫桎梏，語之曰：「公錢無不償之理，寬與汝期，可乎？」皆感泣聽命。乃令鄉置一匱，籍其名，許日輸所負，一錢以上輒投之，書簿而去。比終歲，逋者盡足。官移諸郡粟於邊，已而反之，盛冬大雪，勞且費，至賤售予兼并家。師中令過縣願輸者聽，躬坐庾門，執契以須，數日，得萬斛。使下其法於他縣。嘗出鄉亭，見戎人雜耕，皆兵興時入中國，人藉其力，往往結爲婚姻，久而不歸。師中言若輩不可雜處，言之經略使，并索旁郡者，徙諸絕塞。

龐籍爲樞密副使，薦其才。召對，轉太子中允、知敷政縣，權主管經略司文字。夏人以歲賜緩，移邊曰：「願勿逾歲暮。」詔吏報許，師中更牒曰：「如故事。」樞密院劾爲擅改制書，師中曰：「所改者郡牒耳，非制也。」朝廷是之，薄其過。

提點廣西刑獄。桂州靈渠故通漕，歲久石窒舟滯，師中即焚石，鑿而通之。邕管有馬軍五百，馬不能夏，多死。師中謂地皆險阻，無所事騎，奏罷之。士人補攝官，銓授無法，權在吏。悉記其名，使待除于家。

初，邕州蕭注、宜州張師正謀啓邊釁，注欲以所管蠻峒酋豪往討交阯，云不用朝廷兵食。詔下經略使蕭固、轉運使宋咸，二人爲注所餌，合詞稱便，而師中至，詔以注奏付之。





師中邀注來，難之曰：「君以酋豪伐交阯，能保必勝乎？」曰：「不能。」師中曰：「既不能保必勝，脫有敗衄，奈何？」注知不可，遂罷議。會蠻徭申紹泰入追亡者，害巡檢宋士堯，注又張皇爲駭奏，仁宗爲之旰食。師中言無足憂，因劾注邀功生事，掊斂失衆心，卒致將卒敗覆，按法當斬。於是注責泰州安置，并按固、咸，皆坐貶。師中攝帥事。交阯耀兵於邊，聲言將入寇。師中方宴客，飲酒自若，草六榜揭境上，披以其情得，不敢動，即日貢方物。紹泰懼，委巢穴遁去。儂智高子宗旦保火峒，衆無所屬，前將規討以幸賞，遂固守。師中檄諭禍福，立率其族以地降。邊人化其德，多畫象立祠以事，稱爲桂州李大夫，不敢名。

還，知濟、兗二州。濟水堙塞久，師中訪故道，自兗城西南啓鑿之，功未半而去。遷直史館、知鳳翔府。种諤取綏州，師中言：「西夏方入貢，叛狀未明，恐彼得以藉口，徒啓其釁端也。」鄜延路覘知西夏駐兵綏、銀州，檄諸路當牽制，師中疏論牽制之害。時諸將皆請行，師中曰：「不出兵，罪獨在帥，非諸將憂也。」既而此舉卒罷。

熙寧初，拜天章閣待制、河東都轉運使。西人入寇，以師中知秦州。詔賜以班超傳，師中亦以持重總大體自處。前此多屯重兵於境，寇至則戰，嬰其銳鋒，而內無以遏其入。師中簡善守者列塞上，而使善戰者中居，令諸城曰：「即寇至，堅壁固守；須其去，出戰士尾襲之。」約束既熟，常以取勝。

中華書局

王韶築渭、涇上下兩城，屯兵以脅武勝軍，撫納洮、河諸部。下師中議，遂言：「今修築必廣發兵，大張聲勢，及令蕃部納土，招弓箭手，恐西蕃及洮、河、武勝軍部族生疑。今不若先招撫青唐、武勝及洮、河諸族，則西蕃族必乞修城砦，因其所欲，量發兵築城堡，以示斷絕夏人鈔略之患，部人必歸心。唐於西域，每得地則建爲州，其後皆陷失，以清水爲界。大抵根本之計未實，腹心之患未除，而勤遠略、貪土地者，未有不如此者。」詔師中罷帥事。

韶又請置市易，募人耕緣邊曠土，師中奏阻其謀。王安石方主韶，坐以奏報反覆罪，削職知舒州。徙洪、登、齊，復待制、知瀛州。又乞召司馬光、蘇軾等置左右。師中言時政得失，又自稱薦曰：「天生微臣，蓋爲聖世，有臣如此，陛下其舍諸。」呂惠卿駁其語，以爲罔上；遂貶和州團練副使安置。還右司郎中，卒，年六十六。

師中始仕州縣，邸狀報包拯參知政事，或云朝廷自此多事矣。師中曰：「包公何能爲，今鄞縣王安石者，眼多白，甚似王敦，他日亂天下，必斯人也。」後二十年，言乃信。

其志尚甚高，每進見，多陳天人之際、君臣大節，請以進賢退不肖爲宰相考課法。在官不貴威罰，務以信服人，至明而恕。去之日，民擁道遮泣，馬不得行。杜衍、范仲淹、富弼皆薦其有王佐才。然好爲大言，以故不容于時而屢黜，氣未嘗少衰。



陸詵字介夫，餘杭人。進士起家，簽書北京判官。貝州亂，給事不乏興；賊平，又條治其獄，無濫者。加集賢校理、通判秦州。范祥城古渭，詵主餽餉，具言：「非中國所恃，而勞師屯戍，且生事。」既而諸羌果怒爭，塞下大擾，經二歲乃定。

判太常禮院、吏部南曹，提點開封縣鎮。咸平龍騎軍皆故羣盜，牢廩不時得，毆泣給官，還營不自安，大校柴元煽使亂。詔詵往視，許元以不死，命取始禍者自贖，衆皆帖然。

提點陝西刑獄。時鑄錢法壞，議者欲變大錢當一，詵言：「民間素重小銅錢而賤大鐵錢，他日以一當三猶輕之，今減令均直，大錢必廢。請以一當二，則公私所損亡幾，而商賈可以通行；兼盜鑄者計其直無贏，將必自止。」從之。

徙湖南、北轉運使，直集英院，進集賢殿修撰、知桂州。奏言：「邕去桂十八驛，異時經略使未嘗行飭武備，臣願得一往，使羣蠻知省大將號令，因以聲震南交。」詔可。自儂傜定後，交人浸驕，守帥常姑息。詵至部，其使者黎順宗來，偃蹇如故態。詵絀其禮，召問折諭，導以所當爲，懾伏而去。詵遂至邕州，集左、右江四十五峒首詣麾下，閱簡工丁五萬，補置將吏，更鑄印給之，軍聲益張。交人滋益恭，遣使入貢。召爲天章閣待制、知諫院，命張田代之，英宗戒以毋得改詵法。



道除知延州，趣入覲，帝勞之曰：「卿在嶺外，施設無不當者。鄜延最當敵要，今將何先？」對曰：「邊事難以臆度，未審陛下欲安靜邪，將威之也？」帝曰：「大抵邊陲當安靜。昨王素爲朕言，惟朝廷與帥臣意如此；至如諸將，無不貪功生事者。卿謂何如？」詵曰：「素言是也。」諒祚寇慶州，以敗還，聲言益發人騎，且出嫚辭，復攻圍大順城。詵謂由積習致然，不稍加折詘，則國威不立。乃留止請時服使者及歲賜，而移宥州問故。帝喜曰：「固知詵能辦此。」諒祚聞之大沮，盤旋不敢入，乃報言：「邊吏擅興兵，今誅之矣。」朝廷遣何次公持詔書諭告，詵以爲未可。明年，又乞留賜多服及大行遺留二使，而自以帥牒告之故。諒祚始因詵謝罪，共貢職。

銀州監軍嵬名山與其國隙，扣青澗城主种諤求內附，諤以狀聞，遂欲因取河南地。詵曰：「數萬之衆納土容可受，若但以衆來，情僞未可知，且安所置之。」戒諤毋妄動。諤持之力，詔詵召諤問狀，與轉運使薛向議撫納。詵、向言：「名山誠能據橫山以扞敵，我以刺史世封之，使自爲守，故爲中國之利。今無益我而輕啓西釁，非計也。」乃共畫三策，令幕府張穆之入奏，而穆之陰受向指，詭言必可成。神宗意詵不協力，徙知秦、鳳。諤遂發兵取綏州，詵欲理諤不稟節制之狀，未及而徙。詵馳見帝，請棄綏州而上諤罪，帝愈不懌，罷知晉州。既諤抵罪，向、穆之皆坐貶，以詵知眞定，改龍圖閣學士、知成都。



青苗法出，詵言：「蜀峽刀耕火種，民常不足。今省稅科折已重，其民輕侈不爲儲積，脫歲儉不能償逋，適陷之死地，願罷四路使者。」詔獨置成都府一路。熙寧三年，卒，年五十九。子師閔。

師閔以父任爲官。熙寧末，李稷提舉成都路茶場，辟幹當公事；不三年，提舉本路常平，遂居稷職。在蜀茶額三十萬，稷既增而五之，師閔又衍爲百萬。稷死，師閔訟其前功，乞賜之土田。詔賜稷十頃，進師閔都大提舉成都、永興路榷茶，位視轉運使。又兼買馬、監牧，事權震灼，建請無不遂志，所行職事，他司莫預聞。

茶禍既被於秦、蜀，又欲延荊、楚、兩河，神宗不許。元祐初，用御史中丞劉摯言，遣黃廉入蜀訪察。右司諫蘇轍論其六害，謂：「李稷引師閔共事，增額置場，以金銀貨拘民間物折博，賤取而貴出之，其害過於市易。自法始行，至今四變，利益深，民益困。立法之虐，未有甚於此者。」廉奏至，如轍所陳。乃貶師閔主管東嶽廟。

久之，起知蘄州。會復置常平官，李清臣在中書，即以師閔使河北。尋加直祕閣，復領秦、蜀茶事，於是一切如初。又使掾屬詣闕奏券馬事，安燾[三]、韓忠彥議頗異，獨曾布以爲然，曰：「但行之一年，而以較綱馬，利害即可見矣。」師閔遂請令蕃漢商人願持馬受券者，於

二十四史

中華書局

熙、秦兩路印驗價給之，而請直于太僕，若此券盛行，則買馬場可罷。既用其策，明年，太僕會綱馬之籍，死者至什二，而券馬所損纔百分一。詔獎之，賜以金帛。改陝西轉運使，加集賢殿修撰、知秦州。

諸道方進築被爵賞，師閔在秦無所事，怏怏不釋。會布議使督本部兵赴熙河共攻，師閔承命踊躍，集兵四萬以待。而章惇陰諷熙帥鍾傳先出塞，敕師閔聽傳節制，築淺井，又築亂囉，皆不成而還。傳更檄會兵于癲耳關，未至復卻。秦鳳之師再出再返，勞且弊，言者乞加責，不聽。

旋進寶文閣待制，召爲戶部侍郎。未及拜，坐秦州詐增首虜事，落職知鄧。未幾，還之。歷河南、永興軍、延安府，卒。

趙禼字公才，邛州依政人。第進士，爲汾州司法參軍。郭逵宣撫陝西，辟掌機宜文字。种諤擅納綏州降人數萬，朝廷以其生事，議誅諤，反故地歸降人，以解仇釋兵。禼上疏曰：「諤無名興舉，死有餘責。若將改而還之，彼能聽順而亡絕納之心乎？不若諭以彼衆餓莩，投死中國，邊臣雖擅納，實無所利，特以往年俘我蘇立、景詢輩爾。可遣詢等來，與降人交





歸，各遵紀律，而疆埸寧矣。如其蔽而不遣，則我留橫山之衆，未爲失也。」

又徙逵帥鄜延，爲逵移書執政，請存綏州以張兵勢，先規度大理河川，建堡砦，畫稼穡之地三十里，以處降者。若棄綏不守，則無以安新附之衆。援种世衡招蕃兵部敵屯靑澗城故事。朝廷從之，活降人數萬，爲東路捍蔽。

熙寧初，夏人誘殺知保安軍楊定等，既而以李崇貴、韓道喜來獻，且請和。朝廷欲官其任事之酋，鐫歲賜以爲俸給，因使納塞門、安遠二砦而還綏州。禼言：「綏實形勢之地，宜增廣邊障，乃無窮之利。若存綏以觀其變，計之得也。」神宗召問狀，對曰：「綏之存亡，皆不免用兵。降二萬人入吾肝脾，壘隙已深，不可亡備。」神宗然之。除集賢校理。

夏人犯環慶，後復來賀正。禼請邊吏離其心腹，因以招橫山之衆，此不戰而屈人兵也。遷提點陝西刑獄。韓絳宣撫陝西，河東兵西討，禼爲絳言：「大兵過山界，皆砂磧，乏善水草，又亡險隘可以控扼，今切危之。若乘兵威招誘山界人戶，處之生地，當先經畫山界控扼之地，然後招降；不爾，勞師遠攻，未見其利。」絳欲取橫山，納种諤之策，遂城囉兀，以禼權宣撫判官。諤趣河東兵會銀川，規以後期斬將。禼白絳，令諤自往中路迎東兵。諤懼違節制，乃不敢逞。加直龍圖閣、知延州。

夏人屢欲款塞，每以虛聲搖邊。詔問方略，禼審計形勢，爲破敵之策以獻。遣裨將曲

珍、呂眞以兵千人分巡東西路。夏人方以四萬衆自間道欲取綏，道遇珍，皇駭亟戰，眞繼至，夏衆敗走。夏自失綏，意未能已。禼揣知其情，奏言：「夏使請和，必欲畫綏界，願聽本路經略司分畫；歲賜，則俟通和之日復焉。」明年，遂用禼策，以綏爲綏德城。

初，鄜延地皆荒瘠，占田者不出租賦，倚爲藩蔽。寶元用兵後，凋耗殆盡，其曠土爲諸酋所有。禼因招問曰：「往時汝族戶若干，今皆安在？」對：「大兵之後，死亡流散，其所存止此。」禼曰：「其地存乎？」酋無以對。禼曰：「聽汝自募丁，家使占田充兵，若何？吾所得者人爾，田則吾不問也。」諸酋皆感服歸募，悉補亡籍。又檢括境內公私閑田，得七千五百餘頃，募騎兵萬七千。禼以曩時蕃兵提空簿，漫不可攷，因議涅其手。屬歲饑，禼令蕃兵願刺手者，貸常平穀一斛，於是人人願刺，因訓練以時，精銳過於正兵。神宗聞而嘉之，擢天章閣待制。

交阯叛，詔爲安南行營經略、招討使，總九將軍討之，以中官李憲爲貳。禼與議不合，請罷憲。神宗問可代者，禼以郭逵老邊事，願爲裨贊，於是以逵爲宣撫使，禼副之。逵至，輒與禼異：禼欲乘兵形未動，先撫輯兩江峒丁，擇壯勇啖以利，使招徠攜貳，隳其腹心，然後以大兵繼之，逵不聽；禼又欲使人齎敕榜入賊中招納，又不聽。遂令燕達先破廣源，復還永平。禼以爲廣源間道距交州十二驛，趣利掩擊，出其不意，川途並進，三路致討，勢必分





潰，固爭不能得。賊乘緩遂據江列戰艦數百艘，官軍不能濟。禼分遣將吏伐木治攻具，機石如雨，其艦被擊，皆廢。徐以罷卒致賊，設伏擊之，斬首數千級，馘其渠酋，遂皆降。逵怍於玩寇，乃移疾先還〔三〕。逵既坐貶，禼亦以不卽平賊，降爲直龍圖閣、知桂州。後復天章閣待制、權三司使。

時西師大舉，五路並進，以禼爲河東轉運使，領降卒赴鄜延餉种諤軍。諤抵罪，禼又坐餽輓不給，黜知相州。既而鐫職知淮陽軍，居數月，盡復故職。

知慶州。羌哆名昌詭稱送幣，將入寇，禼知蕃主白信可使，信適以罪係獄。破械出之，告以其故，約期日使往，果縛取以歸。明年，夏人欲襲取新壘，大治攻械。禼具上撓夏計。及夏侵蘭州，禼遣曲珍將兵直抵鹽韋，俘馘千，驅孳畜五千。其酋嵬厥嵬名宿兵於賀蘭原，時出攻邊，禼遣將李照甫、蕃官歸仁各將兵三千左右分擊，耿端彥兵四千趍賀蘭原，戒端彥曰：「賀蘭險要，過嶺，則砂磧也。使敵入平夏，無緣破之。」又選三蕃官各輕兵五百，取間道出敵砦後，邀其歸路。端彥與戰賀羅平，敵敗，果趍平夏。千兵伏發，敵駭潰，斬馘甚衆，生擒嵬名，斬首領六，獲戰馬七百，牛羊、老幼三萬餘。遷龍圖閣直學士，復帥延安。

元祐初，梁乙埋數擾邊，禼知夏將入侵，檄西路將劉安、李儀曰：「夏卽犯塞門，汝徑以輕兵擣其腹心。」後果來犯，安等襲洪州，俘斬甚衆，夏遂入貢。既而以重兵壓境，諸將亟

中華書局

請益戍兵爲備，离徐諭之曰：「第謹斥堠、整戈甲，無爲寇先，戍兵不可益也。」因遣人詰夏，夏兵遂去。遷樞密直學士。

乙埋終不悛。使間以善意問乙埋：「何苦與漢爲仇。必欲寇，第數來，恐汝所得不能償所亡，洪州是也。能改之，吾善遇汝。」遺之戰袍、錦綵，自是乙埋不復窺塞。离乃縱間，國中疑而殺之。

五年，拜端明殿學士，遷太中大夫。夏遣使以地界爲請，朝廷許還葭蘆、米脂、浮屠、安疆四砦，以离領分畫之議。夏既得四砦，猶未有恭順意，未幾復犯涇原。會离卒，年六十五，贈右光祿大夫。紹聖四年，以离與元祐棄地議，係其名于黨籍。

孫路字正甫，開封人。進士及第。元豐中，爲司農丞。鄧潤甫薦爲御史，召對，其言不合新政，神宗語輔臣以爲不可用，下遷主簿。路鞅鞅不釋，求通判河州，徙蘭州。夏人入寇，論扞禦功，進五階，除陝西轉運判官。

元祐初，爲吏部、禮部員外郎，侍講徐王府。司馬光將棄河、湟，邢恕謂光曰：「此非細事，當訪之邊人，孫路在彼四年，其行止足信，可問也。」光亟召問，路挾輿地圖示光曰：「自通遠至熙州纔通一徑，熙之北已接夏境，今自北關辟土百八十里，瀕大河，城蘭州，然後可以扞蔽。若捐以予敵，一道危矣。」光幡然曰：「賴以訪君，不然幾誤國事。」議遂止。

遷右司郎中，以直龍圖閣知慶州。章惇柄國，復議取棄地。時諸道相視未進，路聲言修舊壘，載器甲樓鹵，頓大順城下，夜半趍安疆，遲明據之，六日而城完。加寶文閣待制，遂築興平、橫山。進龍圖閣直學士，徙知熙州。

涇原城西安，詔出師牽制其勢。路卽將來臨會州，遂建取青唐之策。大將王愍、王贍擣邈川，贍先至，下之。愍與爭功，路右愍，顓屬以兵；贍有請，輒弗應。贍訴諸朝，召拜路兵部尚書，以龍圖閣學士知成都。未行，坐他事削職，知興國軍。徽宗立，歷太原、河南、永興軍、河中府，卒。

游師雄字景叔，京兆武功人。學於張載，第進士。爲儀州司戶參軍，遷德順軍判官。鄜延將劉瑄與主帥議戰守策，欲自延安入安定、黑水，師雄以地薄賊境，懼有伏，請由他道。既而諜者言夏伏精騎於黑水傍，瑄謝曰：「微君言，吾不返矣。」

趙离帥延安，辟爲屬。時夏人擾邊，戍兵在別堡，龍安以北諸城兵力咸弱，离患之。師



雄請發義勇以守，多聚石城上，待其至。夏人知有備，不敢入，但襲荒堆、三泉而還。歲饑，行諸壘振貸，計口賦粮，人無殍亡。運石甃甲，深溝繕城，邊備益固。

元祐初，爲宗正寺主簿。執政將棄四砦，訪於師雄。師雄曰：「此先帝所立，以控制夏人者也，若何棄之，不惟示中國之怯，將起敵人無厭之求。儻瀘、戎、荆、粵視以爲請，亦將與之乎？萬一燕人遣一乘之使，來求關南十縣，爲之奈何？」不聽。因著分疆錄。遷軍器監丞。

吐蕃寇邊，其酋鬼章青宜結乘間脅屬羌構夏人爲亂，謀分據熙河。朝廷擇可使者與邊臣措置，詔師雄行，聽便宜從事。既至，諜知夏人聚兵天都山，前鋒屯通遠境。吐蕃將攻河州，師雄欲先發以制之，請於帥劉舜卿。舜卿曰：「彼衆我寡，奈何？」師雄曰：「在謀不在衆。脫事不濟，甘受首戮。」議三日乃定，遂分兵爲二，姚兕將而左，种誼將而右。兕破六逋宗城，斬首千五百級，攻講朱城，斷黃河飛梁，青唐十萬衆不得度。誼破洮州，擒鬼章及大首領九人，斬首千七百級。捷書聞，百僚表賀，遣使告永裕陵。將厚賞師雄，言者猶以爲邀功生事，止遷一官，爲陝西轉運判官、提點秦鳳路刑獄。

夏人侵涇原，復入熙河，師雄言：「蘭州距賊一舍，通遠不百里，非有重山複嶺之阻。宜於定西、通渭之間建汝遮〔四〕、納迷、結珠三栅，及護耕七堡〔五〕，以固藩籬，此無窮之利也。」詔付范育，皆如初議。

入拜祠部員外郎，加集賢校理，爲陝西轉運使。內地移粟於邊，民以輦僦爲病。師雄言：「往者邊土不耕，仰給於內，今積粟已多，軍食自足，宜令內地量轉輸致之直，以免大費。」報可。召詣闕，哲宗勞之曰：「洮州之役，可謂雋功，但恨賞太薄耳。」對曰：「皆上稟廟算，臣何力之有焉。唯當時將士勳勞未錄，此爲欠也。」因陳其本末。拜衞尉少卿。哲宗數訪邊防利病，師雄具慶曆以來邊臣施置之臧否，朝廷謀議之得失，及方今禦敵之要，凡六十事〔六〕，名曰紹聖安邊策，上之。

出知邠州，改河中府，進直龍圖閣、知秦州，未至，詔攝熙州。以夏人擾邊，詔使者與熙帥、秦帥共謀之。使者鋭於討擊，師雄謂：「進築城壘以自蔽，席卷之師未應深入也。」上章爭之，不報。既而使者知攻取之難，卒用師雄策。

自復洮州之後，于闐、大食、佛林、邈黎諸國皆懼，悉遣使入貢。朝廷令熙河限其二歲一進。師雄曰：「如此，非所以來遠人也。」未幾還秦，徙知陝州。卒，年六十。師雄慷慨豪邁，有志事功，議者以用不盡其材爲恨。

穆衍字昌叔，河內人，徙河中。第進士，調華池令。民牛爲仇家斷舌而不知何人，訟于縣，衍命殺之。明日，仇以私殺告，衍曰：「斷牛舌者乃汝耶？」訊之具服。

後知淳化，燿之屬縣。衍從韓絳宣撫陝西，遇慶卒潰亂，衍念母在燿，亟謁歸，信宿走七驛。比至，慶卒嘗戍華池，知衍名，不敢近。時諸郡捕賊兵糧糒無以給，遂擅發常平倉，且懼得罪。衍曰：「饑之不恤，則吾兵將爲慶卒矣。」衍考課爲一路最。

元豐中，种諤西征，參其軍事。諤第賞，以死事爲下。衍曰：「此非所以勸忠也。」力爭之。諤還入塞，詔往靈武援渭、慶兩軍。將行，衍曰：「吾兵惰，歸未及解甲，安能犯不測於千里外哉？」諤乃止。同幕畏罪，陽謝衍曰：「師不再舉，君之力也。」衍譏其意，曰：「全萬衆之命，以一身塞責，衍無憾焉。」

元祐初，大臣議棄熙、蘭，衍與孫路論疆事，以爲「蘭棄則熙危，熙棄則關中震。唐自失河、湟，西邊一有不順，則警及京都。今二百餘年，非先帝英武，孰能克復。若一旦委之，恐後患益前，悔將無及矣」。議遂止。改陝西轉運判官，金部、戶部員外郎。

熙河分畫未決，詔衍視之。還言：「質孤、勝如據兩川美田，實彼我必爭之地，自西關失利，遂廢不守。請界二壘之間，城李諾平以控要害，及他城堡皆起亭障，以通涇原。」明年，遂城李諾，名曰定遠。三遷左司郎中。





紹聖初，以直祕閣爲陝西轉運使，加直龍圖閣、知慶州，徙延安，又徙秦州，未行而卒。年六十三。敕河中官庀其葬，後追錄不棄蘭州議，官其一子。

論曰：自熙寧至於紹聖，四方之事多矣。夏人乍服乍叛，其地或予或奪，廟堂之上，論議有定，相爲短長，元發、師中輩七人，一時謀謨，蓋可考也。元發論君子小人，言簡而盡，足動人主，而神宗惑安石之言，竟弗之悟。師中豫識安石於鄞令，以爲目肖王敦，將亂天下，蓋又先於呂誨矣。詵能鎮撫西夏，又能靖交阯之難，誠有禦邊之才；其子師閔爲時籠利，無足取者。趙卨狃於西陲之勝，取敗南裔，後獲嵬名，庶足自贖。朝臣議棄河、湟，孫路以一言止之，使司馬光自悔幾於誤國；及取青唐，下邈川，可驗其能，然右王慼而困王贍，非大將之器也。游師雄之擒鬼章，復洮州，以致諸國入貢，校之諸將，其功獨爲儁偉。衍爲政得民心，既去而亂兵不忍驚其母，德之足以感人，有如是夫。

## 校勘記

〔一〕恐元發有言 「恐」原作「然」，據東都事略卷九一本傳改。

〔二〕安壽 疑爲「安燾」之訛。燾，本書卷三二八有傳。

〔三〕乃移疾先還 「還」字原脫，據東都事略卷九一趙卨傳補。

〔四〕汝遮 原作「安遮」，據本書卷四八六夏國傳、張舜民畫墁集補遺游師雄墓誌銘改。參考本書卷八七地理志。

〔五〕七堡 原作「七聖」，據同上書同卷同篇改。

〔六〕凡六十事 畫墁集補遺游師雄墓誌銘作「一十六事」。



中華書局

# 宋史卷三百三十三

## 列傳第九十二

楊佐 李兌從弟先 沈立 張掞 張燾 俞充 劉瑾
閻詢 葛宮 張田 榮諲 李載 姚渙 朱景子光庭
李琮 朱壽隆 盧士宏 單煦 楊仲元 余良肱 潘夙

楊佐字公儀，本唐靖恭諸楊後，至佐，家于宣。及進士第，爲陵州推官。州有鹽井深五十丈，皆石也，底用柏木爲榦，上出井口，垂綆而下，方能及水。歲久榦摧敗，欲易之，而陰氣騰上，入者輒死；惟天有雨，則氣隨以下，稍能施工，晴則亟止。佐教工人以木盤貯水，穴竅灑之，如雨滴然，謂之「雨盤」。如是累月，井榦一新，利復其舊。

累遷河陰發運判官，幹當河渠司。皇祐中，汴水殺溢不常，漕舟不能屬。佐度地鑿瀆以通河流，於是置都水監，命佐以鹽鐵判官同判。京城地勢南下，涉夏秋則苦霖潦，佐開永



通河，疏溝澮出野外，自是水患息。又議治孟陽河，議者謂不便。佐言：「國初歲轉京東粟數十萬，今所致亡幾，儻不濬復舊跡，後將廢矣。」乃從其策。

出爲江、淮發運使。孟陽之役，調民七、八千，夷丘墓百數，怨聲盈塞。詔開封鞫治，官吏獨捨佐不問。糾察刑獄劉敞請加貶黜，不聽。召爲鹽鐵副使，拜天章閣待制，復判都水，知審官院，權發遣開封府。

嘗使契丹，虜饋以方物，書獨稱名。英宗升遐，奉遺留物再往使，卒于道，年六十一。詔護喪歸，賻以黃金，恤其家。

李兌字子西，許州臨潁人。登進士第，由屯田員外郎爲殿中侍御史。按齊州叛卒，獄成，有欲夜篡囚者，兌以便宜斬之，人服其略。

張堯佐判河陽，兌言堯佐素無行能，不宜以戚里故用。改同知諫院。狄青宣撫廣西，入內都知任守忠爲副，兌言以宦者觀軍容，致主將掣肘，非計。仁宗爲罷守忠。太常新樂成，王拱辰以爲十二鐘磬一以黃鐘爲律，與古異，胡瑗及阮逸亦言聲不能諧。詔近臣集議，久而不決。兌言：「樂之道廣大微妙，非知音入神，詎容輕議。願參新舊，但取諧和近雅者，



合而用之。」進侍御史知雜事，擢天章閣待制、知諫院。轉運使制祿與郡守殊，時有用彈劾奪節及老疾請郡者，一切得仍奉稍。兌言非所以勸沮，乃詔悉依所居官格。兌在言職十年，凡所論諫，不自表襮，故鮮傳世。

出知杭州，帝書「安民」二字以寵。徙越州，加龍圖閣直學士、知廣州，南人謂自劉氏納土後，獨兌著清節。還知河陽，帝又寵以詩。徙鄧州。富人榜僕死，係頸投井中而以縊爲解。兌曰：「既赴井，復自縊，有是理乎？必吏受賕教之爾。」訊之果然。

兌歷守名郡，爲政簡嚴，老益精明。自鄧歸，泊然無仕宦意。對便殿，力丐退，英宗命無拜，以爲集賢院學士、判西京御史臺。積官尚書右丞，轉工部尚書致仕。卒，年七十六，謚曰莊。從弟先。

先字淵宗，起進士，爲虔州觀察推官，攝吉州永新令。兩州俗尚訟，先爲辨枉直，皆得其平。

知信州、南安軍，撫楚州，歷利、梓、江東、淮南轉運使。壽春民陳氏施僧田，其後貧弱，往丐食僧所而僧逐之，取僧園中筍，遂執以爲盜。先詰其由，奪田之半以還之。所至治官如家，人目以俚語：在信爲「錯安頭」，謂其無貌而有材也；在楚爲「照天燭」，稱其明也。楚



有民迫於輸賦，殺牛鬻之。里胥白于官，先愍焉，但令與杖。通判孫龍舒以爲徒刑，毀其校。明日龍舒來，先引囚曰：「汝罪應杖，以通判貸汝矣。」遣之出。

積官至祕書監致仕。兄兌尚無恙，事之彌篤。以子敍封，得太中大夫，閑居一紀卒，年八十三。子庭玉，年六十即棄官歸養。人賢其家法云。

沈立字立之，歷陽人。舉進士，簽書益州判官，提舉商胡埽。采摭大河事迹、古今利病，爲書曰河防通議，治河者悉守爲法。遷兩浙轉運使。蘇、湖水，民艱食，縣戒強豪民發粟以振，立亟命還之，而勸使自稱貸，須歲稔，官爲責償。茶禁害民，山場、榷場多在部內，歲抵罪者輒數萬，而官僅得錢四萬。立著茶法要覽，乞行通商法，三司使張方平上其議。後罷榷法，如所請；立召爲戶部判官。

奉使契丹，適行册禮，欲令從其國服，不則見於門。立折之曰：「往年北使講見儀，未嘗令北使易冠服，况門見邪？」契丹愧而止。

遷京西北轉運使。都水方興六塔河，召與議，立請止修五股等河及漳河，分殺水勢以省役，從之。加集賢修撰、知滄州，進右諫議大夫、判都水監，出爲江、淮發運使。居職辦

治，加賜金，數詔嘉之。知越州、杭州、審官西院、江寧府。

初，垍在蜀，悉以公粟售書，積卷數萬。神宗問所藏，垍上其目及所著名山水記三百卷。徙宣州，提舉崇禧觀。卒，年七十二。

張掞字文裕，齊州歷城人。父蘊，咸平初，監淄州兵。契丹入寇，游騎至淄、青間，州人將棄城，蘊拔刀遮止於門，力治守備，游騎爲之引去。郡守姚，始謀掠爲己功，反陷以罪，蘊受而不校。

掞幼篤孝，蘊病，刲股肉以療。舉進士，知益都縣。當督賦租，置里胥弗用，而民皆以時入。石介獻息民論，請以益都爲天下法。丁內艱，時隆寒，徒跣舉柩，叩首流血，與兄揆廬墓左。

明道中，京東饑，盜起，以御史中丞范諷薦，知萊州掖縣。民訴旱于州，拒之，掞自爲奏聞，詔除登、萊稅。通判永興軍，爲集賢校理，四遷爲龍圖閣直學士、知成德軍。宦者閻士良爲鈐轄，多撓帥權，用危法中軍校，掞直之，而劾士良。英宗登極，朝廷使來告，士良辭疾居家，宴客自若，奏抵其罪。入判太常、司農寺，累官戶部侍郎致仕。熙寧七年，卒，年八十。

掞忠篤誠慤，既老益康寧。少從劉潛、李冠游，及其死，率里人葬之，置田贍其孥。事揆如父，理家必諮而行，爲鄉黨矜式。





張燾字景元，樞密直學士奎之子也。舉進士，通判單州。州卒謀亂，期有日，燾得告者，徐詣營取首惡，置諸法。知沂、濰二州。沂產布，濰產絹，而有司科賦相反，燾始革之。濰多圭田，率計畝徵絹，而蠲河役，燾不肯踵例，廢法還其役，入損於舊五之四，且命吏曰：「吾知守己而已，無妨後人，汝勿著爲式。」

提點河北刑獄，攝領澶州，七日而商胡決。燾拯溺救飢，所全活者十餘萬，猶坐免。數年，復提點河東、陝西、京西刑獄，爲鹽鐵判官，淮南轉運使、江淮發運副使。泗州水，城且壞，燾悉力營護，詔寵其勞。入爲戶部副使。京師賦麴於酒，人有常籍，毋問售不售，或蹶產以償。燾請罷歲額，嚴禁令，隨所用麴多寡以售，自是課增溢。官修睦親宅，議取民居，燾言：「芳林園有餘地，宗室足自處，無庸起民居。」從之。孝嚴殿成，請圖乾興以來文武大臣像於壁。

遷天章閣待制、陝西都轉運使。蒲津浮橋壞，鐵牛皆沒水中，燾以策列巨木於岸以爲衡，繩石其杪，挽出之，橋復其初。保安二士豪善騎射，爲邊人所憚，故縱善馬誘使取之，而繩以漢法。燾按得其狀，俱以隸軍。加龍圖閣直學士、知成都府。蜀人苦多盜，燾嚴保伍，使不得隱，而申其捕限。南蠻寇黎、雅，討走之，罷磨刀崖戍卒。改知瀛州。

母喪服闋。故事，起執政以詔，近臣以堂帖，神宗特命賜詔。判太常寺，知鄧、許二州，復判太常，知通進、銀臺司，提舉崇福宮，由給事中易通議大夫。卒，年七十。

燾才智敏給，嘗從范仲淹使河東。至汾州，民遮道數百趣訴，仲淹以付。燾方與客弈，局未終，處決已竟。英宗時，三司前奏事，帝詰鑄錢本末，皆不能對，燾悉論無隱。帝是之，顧左右識其姓名，後欲以爲觀察使守邊，曰：「卿家世事也。」燾對曰：「臣叔父亢有大才，臣愚不可繼。」遂止。

俞充字公達，明州鄞人。登進士第。熙寧中爲都水丞，提舉沿汴淤泥溉田，爲上腴者八萬頃。檢正中書戶房，加集賢校理、淮南轉運副使，遷成都路轉運使。茂州羌寇邊，充上十策禦戎。神宗遣內侍王中正同經制，建三堡，復永康爲軍，因詐殺羌衆以爲中正功，與深





相結，至出妻拜之。中正還闕，舉充可任。召判都水監，進直史館。中書都檢正御史彭汝礪論其媚事中正，命遂寢。

河決曹村，充往救護，還，陳河防十餘事，概論「水衡之政不修，因循苟且，浸以成習。方曹村決時，兵之在役者僅十餘人，有司自取敗事，恐未可以罪歲也。」加集賢殿修撰、提舉市易，歲登課百四十萬。故事當賜錢，充曰：「奏課，職也，願自今罷賜。」詔聽之。

擢天章閣待制、知慶州。慶陽兵驕，小繩治輒肆悖，充嚴約束，斬妄言者五人於軍門。聞有病苦則巡撫勞餉，死不能舉者出私財以周其喪，以故莫不畏威而懷惠。環州田與夏境犬牙交錯，每穫必遭掠，多棄弗理，充檄所部復以時耕植。慕家族山夷叛，舉戶亡入西者且三百，充遣將張守約耀兵塞上，夏人亟反之。

充之帥邊，實王珪薦，欲以遏司馬光之入。充亦知帝有用兵意，屢倡請西征，後言：「夏酋秉常爲母梁所戕，或云雖存而囚，不得與國政。其母宣淫凶恣，國人怨嗟，實爲興師問罪之秋也。秉常亡，將有桀黠者起，必爲吾患。今師出有名，天亡其國，度如破竹之易。願得乘傳入覲，面陳攻討之略。」詔令擬屬入議，未及行，充暴卒，年四十九。

劉瑾字元忠，吉州人，沆之子也。第進士，爲館閣校勘。沆亡，得衮贈。知制誥張瓌草詞，語涉譏貶，瑾泣涕不能食，闔門衰絰，邀宰相自言。朝廷爲改書命，黜瓌爲州，瑾亦坐衰服入公門罷職。沒喪不就官，丐守墳墓。王素爲請，以伸孝子之志。詔復職，遷集賢校理、通判睦州，爲淮南轉運副使。

召修起居注，加史館修撰、河北轉運使，拜天章閣待制、知瀛州。坐與世居通問，徙明州。未行，改鎮廣州。與樞密院論戍兵不合，改虔州。戰櫂都監楊從先奉旨募兵不至，擅遣其子懋糾諸縣巡檢兵集郡下，瑾怒責之，遽發悖謬語，懋訴瑾于朝，遂廢于家。踰年，復待制、知江州，歷福州、秦州、成德軍，卒。

瑾素有操尚，所涖以能稱，然御下苛嚴，少縱舍，好面折人短，以故多致讐怨。

閻詢字議道，鳳翔天興人。少時以學問著聞，擢進士第，又中書判拔萃科。累遷祕書丞，爲監察御史裏行。詔治王素獄，坐有姻嫌不以聞，降監河陽酒稅，累遷爲鹽鐵判官。

使契丹。詢頗諳北方疆理，時契丹在靴淀，迓者王惠導詢由松亭往，詢曰：「此松亭路也，胡不徑葱嶺而迂枉若是，豈非夸大國地廣以相欺邪？」惠慚不能對。加直龍圖閣、知梓



州。徙河東轉運使，言：「三路土兵疲老者，聽其族以強壯者代。」從之。進集賢殿修撰、知河中府。大河漲，壞浮橋，詢易爲長橋。拜天章閣待制、知廣州，不即赴，罷職知商州。神宗轉右諫議大夫，改邠、同二州，提舉上清太平宮，卒，年七十九。

葛宮字公雅，江陰人。舉進士，授忠正軍〔一〕掌書記。善屬文，上太平雅頌十篇，眞宗嘉之，召試學士院，進兩階。又獻寶符閣頌，爲楊億所稱。知南充縣，東川饑，民艱食，部使者檄守資、昌兩州，以惠政聞。知南劍州。土豪彭孫聚黨數百，憑依山澤爲盜，出害吏民，不可捕，宮遣沙縣尉許抗諭降之。並溪山多產銅、銀，吏挾姦罔利，課歲不登，宮一變其法，歲羨餘六百萬。三司使聞於朝，論當賞。宮曰：「天地所產，吾顧盜之，又可爲功乎？」卒不言。徙知滁、秀二州，秀介江湖間，吏爲關涇瀆上，以征往來，間有昏葬，趨期者多不克，宮命悉毀之。積官祕書監、太子賓客。治平中，轉工部侍郎。熙寧五年，卒，年八十一。宮性敦厚，恤錄宗黨，撫孤婺，賴以存者甚衆。

宮弟密，亦以進士爲光州推官。豪民李新殺人，嫁其罪於邑民葛華，且用華之子爲證。



獄具，密得其情，出之。法當賞，密白州使勿言。仕至太常博士。天性恬靖，年五十，忽上章致仕，姻黨交止之，笑曰：「俟罪疾、老死不已而休官者，安得有餘裕哉。」即退居，號草堂逸老，年八十四乃終。平生爲詩慕李商隱，有西崑高致。

子書思，踵登第，調建德主簿。時密已老，欲迎以之官，密難之。書思曰：「曾子不肯一日去親側，豈以五斗移素志哉？」遂投劾歸養十年餘。近臣表其志行，以爲泗州教授，弗就。密不得已，許以他日偕行，始乞監新市鎮。居父喪，哀毀骨立，盛暑不釋苴麻，終禫不忍去冢舍。累年，乃出仕，歷封丘主簿、漣水〔二〕。時兄書元爲望江令，同隸淮南監司，有捨兄而薦己者，移書乞改薦兄，不許，則封檄還之。其篤行類皆若此。仕至朝奉郎，亦告老，父子歸休皆不待年。卒，年七十三，特謚曰清孝。子勝仲，孫立方，皆以學業至侍從，世爲儒家。勝仲自有傳。

論曰：佐、立擅水衡之政，爲時所稱。兌居官論諫，無所表襮，先克承之。揆之孝，燾之智，瑾之苛嚴，詢之辭令，皆著一時，自致顯官。俞充制軍禁暴，足爲能臣，而希時相之意，倡請西征，使其不死，邊陲之禍，其可既乎？葛氏自宮以下，簪纓相繼，盛哉。



張田字公載，澶淵人。登進士第，知應天府司錄。歐陽脩薦其才，通判廣信軍。夏竦、楊懷敏建策增七郡塘水，詔通判集議，田曰：「此非禦敵策也，壞良田，浸冢墓，民被其患，不爲便。」因奏疏極論，謫監郢州稅。

久之，通判冀州。內侍張宗禮使經郡，酗酒自恣，守貳無敢白者，田發其事，詔配西陵洒掃。擢度支判官。袷享太廟，又請自執政下差減賚賚，唐介論其虧損上恩，出知蘄州。俄提點湖南刑獄，介與司馬光又狀其傾險，改知湖州，徙廬州，治有善迹。

移桂州。異時蠻使朝貢假道，與方伯抗禮，田獨坐堂上，使引入拜於庭，而犒賄加腆。土豪劉紀、盧豹素爲邊患，訖田去，不敢肆。京師禁兵來戍，不習風土，往往病於瘴癘，田以兵法訓峒丁而奏罷戍。或告交阯李日尊兵九萬，謀襲特磨道，諸將請益兵，田曰：「交阯兵不滿三萬，必其國有故，張虛聲以嚇我耳。」諜既得實，果其兄弟內相殘，懼邊將乘之也。宜州人魏利安負罪亡命西南龍蕃，從其使入貢，凡十反。至是龍以烈來，復從之。田因其入謁，詰責之，梟其首，欲并斬以烈，叩頭流血請命。田曰：「汝罪當死，然事幸在新天子即位赦前，汝自從朝廷乞恩。」乃密請貸其死。



中華書局

熙寧初，加直龍圖閣、知廣州。廣舊無外郭，民悉野處，田始築東城，環七里，賦功五十萬，兩旬而成。初，役人相驚以白虎夜出，田迹知其僞，召戒邏者曰：「今夕有白衣人出入林間者，謹捕之。」如言而獲。城既就，東南微陷，往視之，暴卒，年五十四。

田爲人伉直自喜，好嫚罵，氣陵其下，故死無哀者。然臨政以清，女弟聘馬軍帥王凱，欲售珠犀于廣，顧曰：「南海富諸物，但身爲市舶使，不欲自汙爾。」作欽賢堂，繪古昔清刺史像，日夕師拜之。蘇軾嘗讀其書，以侔古廉吏。

榮諲字仲思，濟州任城人。父宗範，知信州鉛山縣。詔罷縣募民采銅，民散爲盜，宗範請復如故。眞宗嘉異，擢提點江、浙諸路銀銅坑冶，歷官九年。

諲舉進士，至鹽鐵判官。晉州産礬，京城大豪歲輸錢五萬緡，顓其利，諲請榷于官，自是數入四倍。爲廣東轉運使。廣有板步古河路絕險，林箐瘴毒。諲開眞陽峽，至洸口古徑，作棧道七十間抵清遠，趨廣州，遂爲夷塗。

復入爲開封府判官。太康民事浮屠法，相聚祈禳，號「白衣會」，縣捕數十人送府。尹賈黯疑爲妖，請殺其爲首者而流其餘，諲持不從，各具議上之。中書是諲議，但流其首而杖





餘人。加直史館、知澶州。

改京東轉運使。萊陽産銀砂，民有私採者，事露，安撫使欲論以劫盜。諲曰：「山澤之利，人得有之，所盜者豈民財耶？」貸免甚衆。又使成都府路，召爲戶部副使，以集賢殿修撰知洪州。以疾故，徙舒州，未至而卒。累官祕書監，年六十五。

李載字伯熙，黎陽人。少苦學，隆暑讀書，置足于水，雖得疾，不舍去。登進士第，調蜜州推官。知大名冠氏縣，府守呂夷簡入相，薦其材，知齊州。鈐轄趙瑜使酒歐載，乃扃戶避瑜。瑜得罪，載坐不舉劾，黜爲信陽軍。安撫使錢明逸等爲之申理，改常州。知祥符縣，有巫以井泉飲人，云可愈疾，趨者旁午，載杖巫，堙其井。歷知虢州、漣水軍。

載性篤孝，侍母病不解帶，至病亟不能食，載亦不食，母知之，爲強食。六爲州，一以寬厚稱。以光祿卿提舉仙源觀，卒，年七十四。

姚渙字虛舟，世家長安。隋開皇中，有景徹者，以討平瀘夷，策功爲普州刺史，卒，子孫遂家普州。渙第進士，監益州交子務，發姦隱萬緡，主吏皆當死，渙曰：「戮人以干澤，非吾志也，義不蔽姦而已。」請於使者，願不受賞，於是全活者衆。

知峽州。宜都民爲盜所殘，縣執囚訊服，以獄上。渙移劾於他有司，居亡何，眞盜獲。大江漲溢，渙前戒民徙儲積、遷高阜，及城沒，無溺者。因相地形築子城、埽臺，爲木岸七十丈，繚以長隄，樅以薪石，厥後江漲不爲害，民德之。徙知涪州，賓化夷多犯境，渙施恩信拊納，酋豪爭羅拜廷下，訖渙去無警。終光祿卿，年六十七。

朱景字伯晦，河南偃師人。舉進士，調滎澤簿。西方用兵，詔侍從館閣舉縣令，景預選，知隴州汧源縣。累遷知汝州。葉驛道遠，隸囚爲送者所虐，多死，俗傳爲「葉家關」，景重禁以絕其患。擢知壽州，秩祿視提點刑獄。始至，亟發廩振給，勸富者出積穀，所活數萬。城西居民三千室，建請築外郭環入之，公私稱便。再遷光祿卿。

熙寧初，病革，自占遺表，呼其子光庭操筆書之。其略云：「切聞河北水災、地震，陛下當減膳避殿，齋居加省，召二府大臣朝夕咨訪闕失，思所以弭咎。」凡數百言，無一語求恩。卒，年七十一。詔加賻贈，錄其子以官。





光庭字公掞，十歲能屬文。辭父蔭擢第，調萬年主簿。數攝邑，人以「明鏡」稱。歷四縣令。曾孝寬以才薦，神宗召見，問欲再舉安南之師。光庭對曰：「願陛下勿以人類畜之。蓋得其地不可居，得其民不可使，何益於廣土闢地也。」又問治何經，對曰：「少從孫復學春秋。」又問：「今中外有所聞乎？」對曰：「陛下更張法度，臣下奉行或非聖意，故有便有不便。誠能去其不便，則天下受福矣。」帝以其言爲疏闊，不用。簽書河陽判官，從呂大防於長安幕府。五路出師討西夏，雍爲都會，事倚以辦，調發期會甚急，光庭每執不從。使者怒，將加以乏興罪，光庭求免去，大防爲之解。

哲宗卽位，司馬光薦爲左正言，首乞罷提舉常平官、保甲青苗等法。論蔡確爲山陵使，而乃先靈駕而行，爲臣不恭。又言章惇欺罔肆辯，韓縝挾邪冒寵，言甚切。宣仁后嘉其守正，論令盡言，毋有所畏避。遷左司諫，又論「蘇軾試館職發策云：『今欲師仁祖之忠厚，而患百官有司不舉其職，或至於媮；欲法神考之厲精，而恐監司、守令不識其意，流入於刻。』臣謂仁宗難名之盛德，神考有爲之善志，而不當以『媮』、『刻』爲議論，望正其罪，以戒人臣之不忠者。」未幾，中丞傅堯俞、侍御史王巖叟相繼論列。宣仁后曰：「詳覽文意，是指今日百官有司、監司守令言之，非所以諷祖宗也。」遂止。

河北饑，遣持節行視，卽發廩振民；而議者以耗先帝積年兵食之蓄，改左司員外郎。遷太常少卿，拜侍御史。論蔡確怨謗之罪，確貶新州。拜右諫議大夫、給事中。乞補外，除集賢殿修撰、知亳州。數月召還，復爲給事中。

坐封還劉摯免相制，復落職守亳。歲餘，徙潞州，加集賢院學士。鄰境旱饑，流民入境者踵接，光庭日爲食以食之，常至暮，自不暇食，遂感疾，猶自力視事。出禱雨，拜不能興，再宿而卒，年五十八。紹聖中，追貶柳州別駕。元符初，又停錮其諸子。徽宗立，復其官。

光庭始學於胡瑗，瑗告以爲學之本在於忠信，故終身行之。

李琮字獻甫，江寧人。登進士第，調寧國軍推官。州庾積穀腐敗，轉運使移州散於民，俾至秋償新者。守將行之，琮曰：「穀不可食，強與民責而償之，將何以堪。」持不下，守愧謝而止。

呂公著尹開封，薦知陽武縣。役法初行，琮處畫盡理，旁近民相率撾登聞鼓，願視以爲則。徽宗召對，擢利州路、江東轉運判官。行部至宣城，按民田詭稱逃絕者九千戶，他縣皆然。言於朝，命以戶部判官使江、浙，選彊明吏立賞剔抉。吏幸賞，以多爲功，琮亦因是希





進，民患苦之，得緡錢百餘萬。進度支判官，頒職式於諸道。淮南賦入甲它部，以爲轉運副使，徙梓州路。

元祐初，言者論其括隱稅之害，黜知吉州。御史呂陶又言巴蜀科折已重，琮復強民輸稅，且無得以奇數併合，人尤咨怨。於是凡以括田受賞者悉奪之。歷相、洪、潞三州。潞有謀亂者，爲書期日揭道上，部使者聞之，懼，檄索姦甚亟。琮置不問，以是日置酒高會，訖無他。入爲太府卿，遷戶部侍郎，以寶文閣待制知杭州、永興軍、河南、瀛州。卒，年七十五。

琮長於吏治，而所至主於掊克，爲士論嗤鄙。子回，紹興初參知政事。

朱壽隆字仲山，密州諸城人。以蔭知九隴縣。吏告民一家七人以火死，壽隆曰：「寧有盡室就焚無一脫者，殆必有姦。」逾月獲盜，果殺其人而縱火也。知宿州，宿多劇盜，至白晝被甲剽攻，郡縣不能制。壽隆設方略耳目，捕斬千餘人。

擢提點廣西刑獄。嶺外新經儂寇，修營城障，貴州虐用其人，不能聊生。壽隆馳詣州，械守送獄，奏黜之。老稚婦女遭亂，流轉不能自還者，檄所在資送其還。舊制，溪蠻侵暴羈縻州，雖殺人無得讎報，壽隆請聽相償，蠻始畏戢。

歷鹽鐵度支判官、夔路轉運使。巴峽地隘，民困於役，免其不應法者千五百人。復爲鹽鐵判官、京東轉運使，賜三品服。歲惡民移，壽隆諭大姓富室畜爲田僕，舉貸立息，官爲置籍索之，貧富交利。以少府監知揚州，卒，年六十八。

壽隆爲人和厚，接談怡怡，必當於理，而不屈於權貴。狄青討賊，欲殺裨將不用命者數人，壽隆極論罪不當死。孫沔在坐，曰：「儂賊害民萬計，此何足惜。」壽隆曰：「王師之來以除民害，顧可效賊爲暴邪？」青感其言而止。

盧士宏字子高，新鄭人。以父任屢更州縣，所至著清名。知信陽軍。官捕爲妖術者，餘黨懼及，羣聚山谷間，士宏請滅其罪招之，卽相帥歸命。徙知漢州，校實民產，使力役不濫，人德之。又知洋州。先是，圭田多虛籍。士宏考校，令隨實以輸，自部使者而下，皆十損七八。文彥博、包拯以廉能薦，由三司開拆司擢夔州路轉運使，遂知廣州。或傳安南舟數百泊海中，將爲寇，嶺徼驚搖。士宏灼其非，是日，從賓客宴游爲樂，民賴以安。受代還，引疾丐便郡，知鄭州。未幾，以光祿卿致仕。卒，年七十三。凡衣衾棺槨之制，皆有遺命，





戒諸子勿爲銘誌。

單煦字孟陽，平原人。舉進士，知洛陽縣。民以妖幻傳相教授，煦迹捕戮三十餘人，當得上賞，不肯言。轉知昌州，時詔城蜀治，煦以蜀地負山帶江，一旦毀籬垣而興板築，其費巨萬，非民力所堪，請但築子城。轉運使卽移諸郡如其議。

徙清平軍使。有二盜殺人，捕治不承，煦縱使之食，甲食之既，乙不下咽，執而訊之，果殺人者。爲御史臺推直官，江南人誣轉運使呂昌齡以賄，中丞張昪訊而論之。鞠未就，敕煦往治，煦不肯阿其長，卒直昌齡。乞外遷，知濮、合二州。合居涪、漢間，夏秋患於淫潦，煦築東隄以禦之。赤水縣鹽井涸，奏蠲其賦。累官光祿卿，卒，年七十七。

煦友愛兄熙，兄嘗毆人至死，未有知者。煦曰：「家貧親老，仰兄以養，義當代之死。」卽趨詣門所以待捕。已而死者甦，驚問之，煦以情告。其人感歎，遂輟訟。

楊仲元字舜明，管城人。第進士，調宛丘主簿。民訴旱，守拒之，曰：「邑未嘗旱，狡吏導

民而然。」仲元白之曰：「野無青草，公日宴黃堂，宜不能知，但一出郊可見矣。狡吏非他，實仲元也。」竟免其稅。知澤州沁水縣，民持物來輸者，視其價稍增之，餘則下其估。官有所須，不強賦民，聽以所有與官爲入，度相當則止，率常先辦。河外用兵，督餫轉西界，夕宿洪谷口。仲元相其地，乃寇所由徑路，亟命去之。民以困乏爲辭，不聽，寇果夜出劫諸部，沁水獨免。後二十年，其子過縣，父老拜泣曰：「河西之役，非公無今日矣。」

初，軍期尙緩，而仲元督行良急。至則芻糧有不集者，皆可賤市，後期者物數倍其價，民始知其爲利。州買羊，斂民差出錢，獘滋蔓，病民爲甚，仲元更其令，戶纔費錢百。又遣吏市羔於他所，明年以供州，不科一錢。徙知鄖鄉縣，宰相張士遜先塋隸境內，將屬之，召不往。至則按籍均役之，雖堂帖求免，不爲減。

歷知光、虔、虢三州，官光祿卿，改中散大夫。戒諸子曰：「吾入官五十年，未嘗以私怒加人，雖杖刑之微，苟有兩比，不敢與輕法，以是爲報國耳。」卒，年七十五。

余良肱字康臣，洪州分寧人。第進士，調荊南司理參軍。屬縣捕得殺人者，既自誣服，良肱視驗屍與刃，疑之曰：「豈有刃盈尺而傷不及寸乎？」白府請自捕逮，未幾，果獲眞殺





人者。民有失財物逾十萬，逮平民數十人，方暑，搒掠號呼聞于外；或有附吏耳語，良肱陰知其爲盜，亟捕詰之，贓盡得。

改大理寺丞，出知湘陰縣。縣逋米數千石，歲責里胥代輸，良肱論列之，遂蠲其籍。通判杭州，江潮善溢，漂官民廬舍，良肱累石隄二十里障之，潮不爲害。時王陶爲屬官，常以氣犯府帥，吏或訴陶，帥挾憾欲按之，良肱不可曰：「使陶以罪去，是以直不容也。」帥遂已。後陶官于朝，果以直聞。知虔州，士大夫死嶺外者，喪車自虔出，多弱子寡婦。良肱悉力振護，孤女無所依者，出奉錢嫁之。以母老，得知南康軍。丁母憂，服除，爲三司使判官。方關、陝用兵，朝議貸在京民錢，良肱力爭之，會大臣亦以爲言，議遂格。內府出腐幣售三司，三司吏將受之，良肱獨曰：「若賦諸軍，軍且怨；不則貸諸民，民且病。請付文思，以奉帷幄。」

改知明州。朝廷方治汴渠，留提舉汴河司。汴水澱淤，流且緩，執政主狹河議。良肱謂：「善治水者不與水爭地。方冬水涸，宜自京左浚治，以及畿右，三年，可使水復行地中。」弗聽。又議伐汴隄木以資狹河。良肱言：「自泗至京千餘里，江、淮漕卒接踵，暑行多病暍，藉蔭以休。又其根盤錯，與隄爲固，伐之不便。」屢爭不能得，迺請不與其事。執政雖怒，竟不爲屈。改太常少卿、知潤州，還光祿卿、知宣州，治爲江東最。請老，提舉洪州玉隆觀，卒，年八十一。七子，卞、奭最知名。

卞字洪範，奭字甸龍，皆以任子恩試校書郎。卞博學多大略〔三〕，累爲唐州判官、湖北安撫司勾當機宜文字。討叛蠻有功，知沅州。蠻殺沿邊巡檢，卞設方略復平之，加奉議郎。先是，良肱爲鼎州推官，五溪蠻叛，良肱運糧境上，周知其利害，上書言：「此彈丸地，不足煩朝廷費，不如棄與而就撫之。」當時是其議，未果棄也。及蠻叛，斷渠陽道，扼官軍不得進，卞適使湖北，帥唐義問卽授卞節制諸將。陰選死士三千人，夜銜枚繞出賊背，伐山開道，漏未盡數刻，入渠陽。黎明整衆出，賊大駭，盡銳來戰，奮擊大破之。鼓行度險，賊七遇七敗，斬首數千級，蠻遂降。尋有詔廢渠陽軍爲砦，盡拔居人護出之。紹聖初，治棄渠陽罪，免歸。徽宗卽位，復奉議郎，管勾玉隆觀。未幾，復渠陽爲靖州，又論前事免，終於家。

奭尙氣自信，不少貶以合世。應元豐詔，上便宜十五事，言過訐切。元祐末，奭復極言請太皇太后還政事，章惇憾奭不附己，乃擿其言爲謗訕，以瀛州防禦推官除名，竄封州。久之，起知明州，未行，以言者罷，監東嶽廟。崇寧中，與卞俱入黨籍。

潘夙字伯恭，鄭王美從孫也。天聖中，上書論時政，授仁壽主簿。久之，知韶州，擢江





西轉運判官，提點廣西、湖北刑獄。邵州蠻叛，湖南騷動，遷轉運使，專制蠻事，親督兵破其團峒九十。徙知滑州，改湖北轉運使，知桂州。坐在湖北時匿名書誣判官韓繹，謫監隨州酒稅。起知光化軍。大臣以將帥才舉之，易端州刺史，再遷徙鄜州。召對，訪交、廣事，稱旨，還司封郎中、直昭文館，復知桂州。

交人敗於占城，僞表稱賀以爲大捷，神宗詔之曰：「智高之難方二十年，中人之情，燕安忽事，直謂山僻蠻獠，無可慮之理。殊不思禍生於所忽。唐六詔爲中國患，此前事之師也。卿本將家子，寄要蕃，宜體朕意，悉心經度。」夙遂上書陳交阯可取狀，且將發兵。未報，而徙河北轉運使，歷度支、鹽鐵副使，知河中府。章惇察訪荊湖，討南、北江蠻猺，陳夙憂邊狀，以知潭州。再遷光祿卿，知荊南、鄂州，卒，年七十。

論曰：士之宦斯世，有一善可稱，致生民咸被其澤於無窮者，故州郡之寄爲尤重。張田免禁兵毒於瘴厲，士宏考圭田出於實輸，朱景父子、譚、戢、煦、渙、士宏、壽隆輩，皆有德在民。仲元不以私怒加人，良肱明於折獄，夙以將家子而能留心邊務，用當其材，舉能其官。若琮也雖長於吏治，而所至掊克，君子奚取焉。

中華書局

校勘記

〔一〕忠正軍　原作「中正軍」，按本書卷八八地理志，忠正軍是壽州節度軍額；卷一六八職官志所列節度軍額，有「忠正」而無「中正」。「中」字當爲「忠」之訛。據改。

〔二〕歷封丘主簿漣水　據葛勝仲丹陽集卷一五葛書思行狀，「漣水」下脫「縣丞」二字。

〔三〕卞博學多大略　「卞」原作「爽」。按下文所敍都是余卞事蹟，長編卷四八〇、宋會要蕃夷五之九二都有「知沅州余卞」的紀載，和傳文相合。可見此處「爽」字實爲「卞」字之訛。據改。



# 宋史卷三百三十四

## 列傳第九十三

徐禧 李稷附　高永能　沈起　劉彝　熊本　蕭注　陶弼　林廣

徐禧字德占，洪州分寧人。少有志度，博覽周游，以求知古今事變、風俗利疚，不事科舉。熙寧初，王安石行新法，禧作治策二十四篇以獻。時呂惠卿領修撰經義局，遂以布衣充檢討。神宗見其所上策，曰：「禧言朝廷用經術變士，十已八九，然竊襲人之語，不求心通者相半，此言是也。宜試於有用之地。」卽授鎭安軍節度推官、中書戶房習學公事。歲餘召對，顧問久之，曰：「朕多閱人，未見有如卿者。」擢太子中允、館閣校勘、監察御史裏行。

與中丞鄧綰、知諫院范百祿雜治趙世居獄。李士寧者，挾術出入貴人間，嘗見世居母康，以仁宗御製詩贈之。又許世居以寶刀，且曰：「非公不可當此。」世居與其黨皆神之，曰：



「士寧，二三百歲人也。」解釋其詩，以爲至寶之祥。及鞫世居得之，逮捕士寧，而宰相王安石故與士寧善，百祿劾士寧以妖妄惑世居，致不軌。禧奏：「士寧遺康詩實仁宗製，今獄官以爲反，臣不敢同。」百祿言：「士寧有可死之狀，禧故出之以媚大臣。」朝廷以御史雜知、樞密承旨參治，而百祿坐報上不實貶，進禧集賢校理、檢正禮房。

安石與惠卿交惡，鄧綰言惠卿昔居父喪，嘗貸華亭富人錢五百萬買田事，詔禧參鞫。禧陰右惠卿，綰劾之，會綰貶官，獄亦解。禧出爲荊湖北路轉運副使。元豐初，召知諫院。惠卿在鄜延，欲更蕃漢兵戰守條約，諸老將不謂然，帝頗采聽，將推其法於他路，遣禧往經畫。禧是惠卿議，渭帥蔡延慶亦以爲不然，帝召延慶還，加禧直龍圖閣，使往代，以母憂不行。服除，召試知制誥兼御史中丞。官制行，罷知制誥，專爲中丞。鄧綰守長安，禧疏其過，帝知其以惠卿故，雖改綰青州，亦左遷禧給事中。

种諤西討，得銀、夏、宥三州而不能守。延帥沈括欲盡城橫山，瞰平夏，城永樂，詔禧與內侍李舜舉往相其事，令括總兵以從，李稷主餽餉。禧言：「銀州雖據明堂川、無定河之會，而故城東南已爲河水所吞，其西北又阻天塹，實不如永樂之形勢險阨。竊惟銀、夏、宥三州，陷沒百年，一日興復，於邊將事功，實爲俊偉，軍鋒士氣，固已百倍；但建州之始，煩費不貲。若選擇要會，建置堡柵，名雖非州，實有其地，舊來疆塞，乃在腹心。已與沈括議築砦堡各六〔一〕。砦之大者周九百步，小者五百步；堡之大者二百步，小者百步，用工二十三萬。」遂城永樂，十四日而成。禧、括、舜舉還米脂。

明日，夏兵數千騎趨新城，禧亟往視之。或說禧曰：「初被詔相城，禦寇，非職也。」禧不聽，與舜舉、稷俱行，括獨守米脂。先是，种諤還自京師，極言城永樂非計，禧怒變色，謂諤曰：「君獨不畏死乎？敢誤成事。」諤曰：「城之必敗，敗則死，拒節制亦死；死於此，猶愈於喪國師而淪異域也。」禧度不可屈，奏諤跋扈異議，詔諤守延州。

夏兵二十萬屯涇原北，聞城永樂，即來爭邊。人馳告者十數，禧等皆不之信，曰：「彼若大來，是吾立功取富貴之秋也。」禧亟赴之，大將高永亨曰：「城小人寡，又無水，不可守。」禧以為沮衆，欲斬之，既而械送延獄。比至，夏兵傾國而至，永亨兄永能請及其未陳擊之。禧曰：「爾何知，王師不鼓不成列。」禧執刀自率士卒拒戰。夏人益衆分陣，迭攻抵城下。曲珍兵陳於水際，官軍不利，將士皆有懼色。珍白禧曰：「今衆心已搖，不可戰，戰必敗，請收兵入城。」禧曰：「君為大將，柰何遇敵不戰，先自退邪？」俄夏騎卒度水犯陳。鄜延選鋒軍最為驍銳，皆一當百，銀槍錦襖，光彩耀日，先接戰而敗，奔入城，蹂後陳。夏人乘之，師大潰，死及棄甲南奔者幾半。

珍與殘兵入城，崖峻徑窄，騎卒緣崖而上，喪馬八千匹，遂受圍。水砦為夏人所據，掘



井不及泉，士卒渴死者太半。夏人蟻附登城，尚扶創拒鬭。珍度不可敵，又白禧，請突圍而南；永能亦勸李稷盡捐金帛，募死士力戰以出，皆不聽。戊戌夜大雨，城陷，四將走免，禧、舜舉、稷死之，永能沒于陳。

初，括奏夏兵來逼城，見官兵整，故還。帝曰：「括料敵疎矣，彼來未出戰，豈肯遽退邪？必有大兵在後。」已而果然。帝聞禧等死，涕泣悲憤，為之不食。贈禧金紫光祿大夫、吏部尚書，謚曰忠愍。官其家二十人。稷工部侍郎，官其家十二人。

禧疏曠有膽略，好談兵，每云西北可唾手取，恨將帥怯爾。呂惠卿力引之，故不次用。自靈武之敗，秦、晉困棘，天下企望息兵，而沈括、种諤陳進取之策。禧素以邊事自任，狂謀輕敵，猝與強虜遇，至於覆沒。自是之後，帝始知邊臣不可信倚，深自悔咎，遂不復用兵，無意於西伐矣。子俯自有傳。

李稷字長卿，邛州人。父絢，龍圖閣直學士。稷用蔭歷管庫，權河北西路轉運判官，修拓深、趙、邢三州城，役無愆素，然陗刻嚴忍。察訪使者以為言，都水丞程昉亦訴其越職。詔令件析。御史周尹又論稷父死二十年不葬，僅徙東路，俄提舉蜀部茶場。甫兩歲，羨課七十六萬緡，擢鹽鐵判官。詔推揚其功以勸在位，遂為陝西轉運使、制置解鹽。秦民作舍



道傍者，創使納「侵街錢」，一路擾怨，與李察皆以苛暴著稱。時人語曰：「寧逢黑殺，莫逢稷、察。」

种諤起興、靈議，稷聞之亦上言：「可令邊面諸將各出兵撓之，使不得耕種，則其國必困，國困衆離，取可決也。」及出境，稷督餉，民苦摺運，多散逸，稷令騎士執之，斷其足筋，死轉山谷間，凡數千人，累日乃得死。始，稷受旨得斬郡守以下，於是上下相臨以峻法，雖小吏護丁夫，亦斷戮不請。軍食竟不繼。諤謀斬稷，客呂大鈞引義責之，復使還取糧。既集，諤猶宣言稷乏軍興，致大功不就，坐削兩秩，貶為判官。

永樂既城，稷悉輦金、銀、鈔、帛充牣其中，欲夸示徐禧，以為城甫就而中已實。積金既多，故受圍愈急，而稷守之不敢去，以及于難。李舜舉別有傳。

高永能字君舉，世為綏州人。初，伯祖文岯舉州來歸，即拜團練使，已而棄之北遷，其祖文玉獨留居延川，至永能始家青澗。少有勇力，善騎射，由行伍補殿侍，稍遷供奉官。种諤取綏州，發永能兵六千先驅入囉兀，五戰皆捷，轉供備庫副使。治綏德城，闢地四千頃，增戶千三百，即知城事。



元豐初，為鄜延都監。秋，大稔，夏人屯二千騎於大會平，將取稼。永能簡精騎突過其營，騎卒驚潰，獲鈐轄二人。轉六宅使。夏人患之，令曰：「有得高六宅者，賞金等其身。」經略使呂惠卿行邊，永能伏騎谷中，以備侵軼。邊騎果至，馳出擊走之。夏兵二萬犯當川堡，永能以千騎與相遇，度不能支，依險設疑兵，且鬭且卻，而令後騎揚塵，若援兵至者，奮而前，遂解去。擢本路鈐轄。

四年，西討，永能為前鋒，圍米脂城。邊人十萬來援，永能謂弟永亨曰：「彼恃衆易吾軍，營當大川，宜嚴陳待其至，張左右翼擊之，可破也。」詰旦，鏖戰于無定河，斬首數千級，得馬三千、橐駝牛羊萬計。城猶未下，密遣諜說降其東壁守將，衣以文錦，導以鼓吹，耀諸城下，酋令介訛遇乃出降。進東上閤門使、寧州刺史，以年請老，不許，又進四方館使、榮州團練使。

永樂之役，獻謀皆不用。城既陷，其孫昌裔欲掖之從間道出，永能歎曰：「吾結髮從事西羌，戰未嘗挫，今年已七十，受國大恩，恨無以報，此吾死所也。」顧易一卒敝衣，戰而死。其子世亮與昌裔求得尸以歸。詔贈房州觀察使，錄世亮為忠州刺史，諸孫皆侍禁殿直。

永能家世州將，所領多故部曲，拊之有恩惠，遇敵則身先之。下有傷者，載以己副馬，故能得士死力。遠近言其事，稱之曰「老高」。及死，邊人無不痛惜。嘗過其遠祖唐綏州

刺史思祥淘沙川廟，得畫像及神道碑上之，詔即所在賜田三十頃，以奉祭祀。

永能之亡，延州將皇城使寇偉亦力戰而沒，贈均州防禦使。

沈起字興宗，明州鄞人。進士高第，調滁州判官，與監眞州轉般倉。聞父病，委官歸侍，以喪免，有司劾其擅去。終喪，薦書應格當遷用，帝謂輔臣曰：「觀過知仁。今由父疾而致罪，何以厚風敎而勸天下之爲人子者。」乃特遷之，知海門縣。

縣負海地卑，間歲海潮至，冒民田舍，民徙以避，棄其業。起爲築隄百里，引江水灌漑其中，田益闢，民相率以歸，至立祠以報。御史中丞包拯舉爲監察御史。吏部格，選吏以贓私絓法，無輕重終身不遷。起論其情可矜者，可限年敍用，遂著爲令。立縣令考課法，設河渠司領諸道水政，乞采漢故事，擇卿大夫子弟入宿衞，選賢良文學高第給事宮省，勿專任宦官，宗室祖免親令補外官，復府兵，汰冗卒，書數十上。以論興國鐵官事不合，出通判越州，改知蘄、楚二州。

京東歲飢盜起，除提點刑獄。至，則開首贖法擿其伍，盜內自睽疑，轉相束縛唯恐後。改開封府判官，爲湖南轉運使。凡羽毛、筋革、舟楫、竹箭之材，多出所部，取於民無側，吏





挾爲姦。起會其當用，自與商人貿易，所省什六七。召爲三司鹽鐵副使，直舍人院。

熙寧三年，韓絳使陝西，加起集賢殿修撰、陝西都轉運使。慶州軍變，將寇長安，起率兵討平之。會韓絳城綏州不利，起亦罷知江寧府。入知吏部流內銓。奉使契丹，至王庭，其位著乃與夏使等，起曰：「彼陪臣爾，不當與王人齒。」辭不就列，遂升東朝使者，自是爲定制。六年，拜天章閣待制、知桂州。

自王安石用事，始求邊功，王韶以熙河進，章惇、熊本亦因此求奮。是時，議者言交阯可取，朝廷命蕭注守桂經略之。注蓋造謀者也，至是，復以爲難。起言：「南交小醜，無不可取之理。」乃以起代注，遂一意事攻討。妄言密受旨，擅令疆吏入溪洞，點集土丁爲保伍，授以陣圖，使歲時肄習。繼命指使因督餉鹽之海濱，集舟師寓敎水戰。故時交人與州縣貿易，悉禁止之。於是交阯益貳，大集兵丁謀入寇。

蘇緘知邕州，以書抵起，請止保甲，罷水運，通互市。起不聽，劾緘沮議，起坐邊議罷。命劉彝代之以守廣，日遏絕其表疏，於是交人疑懼，率衆犯境，連陷廉、白、欽、邕四州，死者數十萬人。事聞，貶起團練使，安置郢州，徙越，又徙秀而卒。

起生平喜談兵，嘗以兵法謁范仲淹，仲淹器其材，注孫武書以自見，卒用此敗。

劉彝字執中，福州人。幼介特，居鄉以行義稱。從胡瑗學，瑗稱其善治水，凡所立綱紀規式，彝力居多。第進士，爲邵武尉，調高郵簿，移朐山令。治簿書，恤孤寡，作陂池，敎種藝，平賦役，抑姦猾，凡所以惠民者無不至。邑人紀其事，目曰「治範」。

熙寧初，爲制置三司條例官屬，以言新法非便罷。神宗擇水官，以彝悉東南水利，除都水丞。久雨汴漲，議開長城口，彝請但啓楊橋斗門，水即退。爲兩浙轉運判官。知虔州，俗尚巫鬼，不事醫藥。彝著正俗方以訓，斥淫巫三千七百家，使以醫易業，俗遂變。加直史館，知桂州。禁與交人互市，交阯陷欽、廉、邕三州，坐貶均州團練副使，安置隨州。又除名爲民，編隸涪州，徙襄州。

元祐初，復以都水丞召還，病卒于道，年七十。著七經中義百七十卷，明善集三十卷，居陽集三十卷。

論曰：兵，凶器也，雖聖人猶曰未學。輕敵寡謀，鮮有不自焚者。永樂之陷，安南之畔，死者百萬，罹禍甚慘，良由數人者不自量度，以開邊釁。禧、稷、永能之死，宜矣。起執議益





堅，妄意輕舉，雖貶官莫贖其責。彝不能行所學，而規規然蹈前車之轍，以濟其過，烏得無罪？

熊本字伯通，番陽人。兒時知學，郡守范仲淹異其文。進士上第，爲撫州軍事判官，稍遷秘書丞、知建德縣。縣令頃包魚池爲圭田，本弛以與民。

熙寧初，上書言：「陛下師用賢傑，改修法度，得稷、卨、皐、夔之佐。」由是提舉淮南常平、檢正中書禮房事。

六年，瀘州羅、晏夷〔二〕叛，詔察訪梓、夔，得以便宜治夷事。本嘗通判戎州，習其俗，謂：「彼能擾邊者，介十二村豪爲鄉導爾。」以計致百餘人，梟之瀘川，其徒股栗，願矢死自贖。本請于朝，寵以刺史、巡檢之秩，明示勸賞，皆踊躍順命，獨柯陰一酋不至。本合晏州十九姓之衆，發黔南義軍強弩，遣大將王宣、賈昌言率以進討。賊悉力旅拒，敗之黃葛下，追奔深入。柯陰窘乞降，盡籍丁口、土田及其重寶善馬，歸之公上，受貢職。於是烏蠻羅氏鬼主諸夷皆從風而靡，願世爲漢官奴。遷刑部員外郎、集賢殿修撰、同判司農寺。神宗勞之曰：「卿不傷財，不害民，一旦去百年之患，至於撽奏詳明，近時鮮儷焉。」賜三品服。西南

用兵蠻中始此。

蔡京時爲秀州推官〔三〕，本言其學行純茂，練習新法，薦爲幹當公事。河、湟初復，本爲秦鳳路都轉運使。熙河法禁闊略，蓄積不支歲月，本奏省冗官百四十員，歲減浮費數十萬。

瀘州南川獠木斗叛，詔本安撫。本進營銅佛埧，抗其亢，焚積聚，以破其黨。木斗氣索，舉溱州地五百里來歸，爲四砦九堡，建銅佛埧爲南平軍。初，熟獠王仁貴以木斗親繫獄，本釋其縛置麾下，至是推鋒先登。大臣議加本天章閣待制，帝曰：「本之文，朕所自知，當典書命。」遂知制誥。帝數稱其文有體，命院吏別錄以進。

又上疏云：「天下之治，有因有革，期於趣時適治而已。議者猥用持盈守成之說，文苟簡因循之治，天下之吏因以安常習故爲俗，奮言納忠者，悠悠之徒相與蹙額盱衡而詆罵之。陛下出大號，發大政，可謂極因革之理。然改制之始，安常習故之羣圜視四起，交驩而合譟，或諍於廷，或謗於市，或投劾引去者，不可勝數。陛下獨見至理，獨立不奪，今雖少定，彼將伺隙而逞。願陛下深念之，勿使譟讙之衆有以竊其間，而終萬世難就之業，天下幸甚。」本之意，專以媚王安石也。

范子淵創浚河之役，文彥博爭之，命本行視，議如彥博。安石白出本分司西京。居三



年，起知滁州，改廣州，召爲工部侍郎。宜州蠻擾邊，道除龍圖閣待制、知桂州。至則諭溪洞酋長，戒邊吏勿生事，請選將練兵代戍，益市馬以足騎兵，宜州遂無事。民蔡寶玷扇龍蕃與峒戶相仇殺，欲引兵致討以爲功。本質之，色動，縛而投之海。蠻夷以爲神。

諜告交人明年將入寇，使者實其言，詔訪，本曰：「使者在道，安得此？藉使有謀，何自先知之？」已而果妄。是時，既以順州賜李乾德，疆畫未正，交人緣是輒暴勿陽地而逐儂智會。智會來乞師，本檄問狀，乾德斂兵謝本，因請以宿桑八洞不毛之地賜之，南荒遂安。

轉運判官許彥先議通湖南鹽於西廣，計口授民，度可得息三十萬。本言：「桂管民貧地瘠，恐不堪命。」議遂格。入爲吏部侍郎。踰年，力請外，仍待制、知洪州。言者謂本棄八洞爲失謀，奪一官，徙杭州、江寧府，再知洪州。召還，卒于道。有文集、奏議共八十卷。

蕭注字巖夫，臨江新喻人。磊落有大志，尤喜言兵。常言：「四方有事，吾將兵數萬，鼓行其間，戰必勝，攻必取，豈不快哉！」

舉進士，攝廣州番禺令。儂智高圍州數月，方舟數百攻城南，勢危甚。注自圍中出募海濱壯士，得二千人，乘大舶集上流，因颶風起，縱火焚賊舟，破其衆。即日發縣門納援兵，民持牛酒、芻糧相繼入，城中人始有生意。自是每戰以勝歸。蔣偕上其功，擢禮賓副使、廣南駐泊都監。賊還據邕管，余靖患其嘯誘諸洞，以屬注。注挺身入蠻中，施結恩信。狄靑師次賓州，召會諸將，疑注倚賊聲勢爲姦利，欲誅之。注覺，託爲游辭，不肯往。賊破，靑始聞注前功，以知邕州。

智高走大理國，母與二弟寓特磨道。注帥師往討，獲一裨將。引致臥內，與之語，具得賊情，悉擒送闕下。拜西上閤門副使。募死士使入大理取智高，至則已爲其國所殺，函首歸獻。轉爲使。

居邕數年，陰以利啗廣源羣蠻，密繕兵甲，乃上疏曰：「交阯雖奉朝貢，實包禍心，常以蠶食王土爲事。往天聖中，鄭天益爲轉運使，嘗責其擅賦雲河洞。今雲河乃落蠻數百里，蓋年侵歲吞，馴致於是。臣已盡得其要領，周知其要害。今不取，異日必爲中國憂。願馳至京師，面陳方略。」未報，而甲洞申紹泰犯西平，五將被害。諫官論注不法致寇，罷爲荊南鈐轄、提點刑獄。李師中又劾其沮威嗜利，略智高閹民爲奴，發洞丁采黃金無帳籍可考。中使按驗頗有實，貶泰州團練副使。淮南轉運使言：「注椎牛屠狗，招集游士，部勒爲兵，敎之騎射，請徙大州以縻之。」詔改鎭南軍節度副使。

近臣有訟注廣州功者，起爲右監門將軍、邠州都監。熙寧初，以禮賓使知寧州。環慶



李信之敗，列城皆堅壁，注獨啓關夜宴如平時。復閤門使，管幹麟府軍馬。辭云：「身本書生，差長拊納，不閑戰鬭，懼無以集事。」時有言「交人挫於占城，衆不滿萬，可取也」。遂以注知桂州。

入覲，神宗問攻取之策，對曰：「昔者臣有是言，是時溪洞之兵，一可當十；器甲堅利，親信之人皆可指呼而使。今兩者不如昔，交人生聚敎訓十五年矣，謂之『兵不滿萬』，妄也。」既至桂，種酋皆來謁。注延訪山川曲折，老幼安否，均得其驩心，故李乾德動息必知之。然有獻征南策者，輒不聽。會沈起以平蠻自任，帝使代注而罷，注歸，卒于道，年六十一。詔優錄其子，賻絹三百。

注有膽氣，嗜殺，而能相人。自陝西還，帝問注：「韓絳爲安撫使，施設何如？」對曰：「廟算深遠，臣不能窺。然知絳當位極將相。」帝喜曰：「果如卿言，絳必成功。」問王安石，曰：「安石牛目虎顧，視物如射，意行直前，敢當天下大事。然不如絳得和氣爲多，惟氣和能養萬物爾。」王韶爲建昌參軍，注曰：「君他日類孫沔，但壽不及。」後皆如其言。

陶弼字商翁，永州人。少倜儻，放宕吳中。行山間，有雙鯉戲溪水上，竚觀之。傍一老

父顧曰：「此龍也，行且鬥，君宜亟去。」去百步許，雷大震而雨，岸圮木拔。又出大雲，倉卒遇風暴怒，二十七艘同時溺，獨弼舟得濟，人以是異之。一見丁謂，謂妻以宗女，因從學兵法，能持論縱橫。

慶曆中，楊畋討湖南傜，弼上謁，畋授之兵使往襲，大破之。以功得陽朔主簿。

儂智高犯南海，畋爲安撫使，辟參軍謀。使下英江會諸將議擊，未至，智高解去。弼舍舟，從其徒數十人，間關步出赴畋。次臨賀，大將蔣偕適戰死，餘衆畏亡將被誅，多降賊。弼數與之遇，亟矯畋命揭榜道上，諭使歸，許以不死，凡得千五百人。府罷，調陽朔令。課民植木官道旁，夾數百里，自是行者無夏秋暑暍之苦，它郡縣悉効之。攝興安令。移書說桂守蕭固浚靈渠以通漕，不聽；至李師中，卒浚之。師征安南，餽餉於是乎出，大爲民利。

知賓、容、欽三州，換崇儀副使，還爲使，知邕州。邕經儂寇，井隧蕩然，人不樂其生。弼綏輯惠養，至忘其勤。諸峒獻土物求內附，弼降意撫答，謝其贄，皆感悅無犯邊者。邕地卑下，水易集，夏大雨彌月，弼登城以望，三邊皆漫爲陂澤，亟窒垠江三門，諭兵民卽高避害。城雖不壞，而人皆乏食，則爲發廩以振於內，方舟以餽於外，水不及女牆者三板，旬有五日乃退，公私一無所失亡。自橫、潯以東數州皆沒。弼久於邕，請便郡徙鼎州。章惇經理五溪蠻





事，薦爲辰州，遷皇城使。降北江彭師宴，授忠州刺史。

郭逵南征，轉弼康州團練使，復知邕州。民再罹禍亂，散匿山谷，弼率百騎深入左江峒，民知其至，扶老攜幼以歸。逵帥官軍臨富良江，使弼殿。交人納款，逵欲班師，恐爲所襲。乃以計夜起，軍不整，騎步相蹈藉亂行。賊隔江陰伺覘，知弼殿，弗敢追。弼中令帳下毋動，遲明，結隊徐行，逵賴以善還。建所得廣源峒爲順州，桄榔爲縣。進弼西上閤門使，留知順州。

州去邕二千里，多毒草瘴霧，戍卒死者什七八，弼亦疾甚，然蚤暮勞軍，視其良苦，意氣激揚，士莫不感泣，彊奮起爲用。交人襲取桄榔，揚聲欲圖州，獨難弼。弼素得人心，賊動息皆先知。獲間諜不殺，諭以逆順，縱之去，恩威兩施，以是終弼在不敢犯。加東上閤門使，未拜而卒。詔錄其家五人。

弼能爲詩，好士樂施，所得奉祿，悉以與人，家至貧不恤也。既死，妻在鄉里，僦屋以居。

林廣，萊州人。以捧日軍卒爲行門，授內殿崇班，從環慶蔡挺麾下。李諒祚寇大順城，廣射中之。李信敗於荔原，廣引兵西入，破十二盤，攻白豹、金湯，皆先登。夜過洛河，夏人來襲，廣揚聲選彊弩列岸側，實卷甲疾趨，夏人疑不敢渡。嘗護中使臨邊，將及烏雞川，遽率衆循山行。道遇熟羌以險告，廣不答，夏人果伏兵於川，計不行而去。告者乃諜也。

夏人圍柔遠城，廣止守，戒士卒卽有變毋得輕動。火夜起積薪中，衆屯守自若。明日，敵至馬平川，大持攻具來。廣被甲啓他門鼓而出，若將奪其馬，敵舍城救馬，廣復入，益修守備，夜募死士斫其營。夏人數失利，始引退。果遷禮賓使。韓絳奏爲本道將。

慶兵據北城叛，廣在南城，望其衆進退不一，曰：「是不舉軍亂也。」挺身縋城出其後，諭以逆順，皆投兵聽命。出者財三百人，廣語餘衆曰：「亂者去矣，汝曹事我久，能聽我，不唯得活，仍有功。」得百餘人。激厲要束，使反攻城下兵，禽戮皆盡，遂平北城。出追亂者，至石門山與之遇，諭之不肯降；縱兵尾擊，敵知不得免，始請命。廣曰：「不從吾言，今窮而就死，非降也。」悉斬之。遷本路都監。

詔入對，神宗獎金湯、石門之功，慰賜甚厚，將使開熙河。辭以不習洮、隴事，乃遷鈐轄使，還徙鄜延。攻踏白城，功最，遷皇城使。進討洮羌，加帶御器械、環慶副都總管。安南用師，詣闕請行。帝曰：「南方卑濕。知卿病足，西邊方開拓，宜復歸。」擢龍神衞四廂都指





揮使、英州刺史。邊臣或言：「往者劉平因救鄰道戰沒，今宜罷援兵。」廣曰：「此乃制賊長計也。使賊悉力寇一路，而他道不救，雖古名將亦無能爲已。平之所以敗，非出援罪。」乃止。

再轉步軍都虞候。韓存寶討瀘蠻乞弟，逗撓不進，詔廣代之。廣至，閱兵合將，覈人材勇怯，三分之，日夕肄習，間椎牛享犒，士心皆奮。遣使開曉乞弟，仍索所亡卒。乞弟歸卒七人，奏書降而身不至。乃決策深入，陳師瀘水，率將吏東鄉再拜。誓之曰：「朝廷以存寶用兵亡狀，使我代之，要以必禽渠魁。今孤軍遠略，久駐賊境，退則爲戮，冒死一戰，勝負未可知。縱死，猶有賞，愈於退而死也。與汝等戮力而進，可乎？」衆皆踊躍。

廣挾所得渠帥及質子在軍，而令以次酋護餉，以是入箐道而無鈔略之患。師行有二途，從納溪抵江門近而險，從寧遠抵樂共垻遠而平。蠻意官軍必出江門，盛兵阻隘；而師趨樂共，蠻不能支，皆遁去。廣分兵繞帽溪，掩江門後，破其險，水陸皆通行，益前進，每戰必捷。次落婆遠，乞弟遣叔父阿汝約降求退舍，又約不解甲。廣策其有異，除阜爲壇，距中軍五十步，且設伏。明日，乞弟擁千人出降，匿弩士氈裘，猶豫不前謝恩。廣發伏擊之，蠻奔潰，斬阿汝及大酋二十八人。乞弟以所乘馬授弟阿字，大將王光祖追斬之，軍中爭其尸，乞弟得從江橋下脫走。得其種落三萬，進次歸徠州，窮探巢穴，發故酋甫望箇恕塚。天寒，

士多隋指，而乞弟竟不可得。監軍先受密詔，聽引兵還，遂班師。

拜衞州防禦使、馬軍都虞候。西兵未解，上疏求面陳方略。及入見，言：「韓存寶雖有罪，功亦多，以今日朝廷待諸將，存寶不至死。」廣還部，至閿鄉，疽發斷頸卒，年四十八。

廣爲人有風義，輕財好施，學通左氏春秋。臨事持重，長於料敵，以智損益八陣圖，又撰約束百餘條列上，邊地頗推行之。其名聞於西夏。秉常母梁氏將內侮，論中國將帥，獨畏廣，聞其南征，乃舉兵。然在瀘以敕書招蠻，既降而殺之，此其短也。遄被惡疾死，或以爲殺降之報云。

論曰：宋太宗既厭兵，一意安邊息民，海內大治。眞宗、仁宗深仁厚澤，涵煦生民，然仁文有餘，義武不足，蓋是時中國之人，不見兵革之日久矣。於是契丹、西夏起爲邊患，乃不吝繒帛以成和好。神宗撫承平之運，銳焉有爲，積財練兵，志在刷耻。故一時材智之士，各得暴其所長，以興立事功，若熊本、蕭注、陶弼、林廣實然。本、注起身科第，弼能詩好士，廣學通左氏春秋。昔孫權勸呂蒙學，文武豈二致哉！本上書以媚時相，廣之征蠻，發塚殺降，君子疵之。





校勘記

〔一〕議築砦堡各六 「堡」字原脫，據下文和長編卷三一八補。

〔二〕瀘州羅晏夷 「瀘州」原作「瀘川」。按本書卷四九六瀘州蠻傳、長編卷二四五記載此事，都作「瀘州」。據改。

〔三〕蔡京時爲秀州推官 按本書卷四七二蔡京傳，京曾任舒州推官，未任秀州推官。

# 宋史卷三百三十五

## 列傳第九十四

### 种世衡 子古 諤 誼 孫朴 師道 師中

种世衡字仲平，放之兄子也。少尙氣節，昆弟有欲析其貲者，悉推與之，惟取圖書而已。以放蔭補將作監主簿，累遷太子中舍。

嘗知涇陽縣，里胥王知謙以姦利事敗，法當徒〔一〕，遁去。比郊赦輒出，世衡曰：「送府則會赦」，杖其脊而請罪于府，知府李諮奏釋之。後通判鳳州。州將王蒙正，章獻后姻家也，所爲不法。嘗干世衡以私，不聽，蒙正怒，乃誘知謙訟寃而陰助之，世衡坐流竇州，徙汝州。弟世材上一官以贖，爲孟州司馬。久之，龍圖閣直學士李紘爲辨其誣，宋綬、狄棐繼言之，除衞尉寺丞，歷監隨州酒，簽書同州、鄜州判官事。

西邊用兵，守備不足。世衡建言，延安東北二百里有故寬州，請因其廢壘而興之，以當





寇衝，右可固延安之勢，左可致河東之粟，北可圖銀、夏之舊。朝廷從之，命董其役。夏人屢出爭，世衡且戰且城之。然處險無泉，議不可守。鑿地百五十尺，始至于石，石工辭不可穿，世衡命屑石一畚酬百錢，卒得泉。城成，賜名靑澗城。

遷內殿崇班、知城事。開營田二千頃，募商賈，貸以本錢，使通貨贏其利，城遂富實。間出行部族，慰勞酋長，或解與所服帶。嘗會客飲，有得敵情來告者，卽以飲器予之，繇是屬羌皆樂爲用。再遷洛苑副使、知環州。

蕃部有牛家族奴訛者，素屈彊，未嘗出謁郡守，聞世衡至，遽郊迎。世衡與約，明日當至其帳，往勞部落。是夕大雪，深三尺。左右曰：「地險不可往。」世衡曰：「吾方結諸羌以信，不可失期。」遂緣險而進。奴訛方臥帳中，謂世衡必不能至，世衡蹵而起，奴訛大驚曰：「前此未嘗有官至吾部者，公乃不疑我耶！」率其族羅拜聽命。

羌酋慕恩部落最強，世衡嘗夜與飲，出侍姬以佐酒。既而世衡起入內，潛於壁隙中窺之。慕恩竊與侍姬戲，世衡遽出掩之，慕恩慙懼請罪。世衡笑曰：「君欲之耶？」卽以遺之，由是得其死力。諸部有貳者，使討之無不克。有兀二族，世衡招之不至，卽命慕恩出兵誅之。其後百餘帳皆自歸，莫敢貳。因令諸族置烽火，有急則舉燧，介馬以待。葛懷敏敗，率羌兵數千人以援涇原，無敢後者。嘗課吏民射，有過失，射中則釋其

罪；有辭某事，請某事，輒因中否而與奪之。人人自厲，皆精於射，繇是數年敵不敢近環境。遷東染院使、環慶路兵馬鈐轄。范仲淹檄令與蔣偕築細腰城，世衡時臥病，即起，將所部甲士晝夜興築，城成而卒。

初，世衡在青澗城，元昊未臣，其貴人野利剛浪唛、遇乞兄弟有材謀，皆號大王。親信用事，邊臣欲以謀間之。慶曆二年，鄜延經略使龐籍，兩爲保安軍守劉拯書，賂蕃部破丑以達野利兄弟，而涇原路王沿、葛懷敏亦遣人持書及金寶以遺遇乞。會剛浪唛令浪埋、賞乞、媚娘等三人詣世衡請降，世衡知其詐，曰：「與其殺之，不若因以爲間。」留使監商稅，出入騎從甚寵。

有僧王光信者，趫勇善騎射，習知蕃部山川道路。世衡出兵，常使爲鄉導，數盪族帳，奏以爲三班借職，改名嵩。世衡爲蠟書，遣嵩遺剛浪唛，言浪埋等已至，朝廷知王有向漢心，命爲夏州節度使，奉錢月萬緡，旌節已至，趣其歸附，以棗綴畫龜，喻其早歸之意。剛浪唛得書大懼，自所治執嵩歸元昊。元昊疑剛浪唛貳己，不得還所治，且錮嵩穽中。使其臣李文貴以剛浪唛旨報世衡，且言不達所遺書意，或許通和，願賜一言。世衡以白籍。時朝廷已欲招拊，籍召文貴至，諭以國家寬大開納意，縱使還報。元昊得報，出嵩，禮之甚厚，



使與文貴偕來。自是繼遣使者請降，遂稱臣如舊。

世衡聞野利兄弟已誅，爲文越境祭之。籍疏嵩勞，具言元昊未通時，世衡晝策遣嵩冒艱險間其君臣，遂成猜貳，因此與中國通，請優進嵩官。遷三班奉職。後嵩因對自陳，又進侍禁、閤門祗候。

世衡死，籍爲樞密使。世衡子古上書訟父功，爲籍所抑。古復上書，遂贈世衡成州團練使，詔流內銓授古大縣簿尉，押還本貫。籍既罷，古復辯理，下御史考驗，以籍前奏王嵩疏爲定。詔以其事付史官，聽古從官便郡。

世衡在邊數年，積穀通貨，所至不煩縣官益兵增饋。善撫養士卒，病者遣一子專視其食飲湯劑，以故得人死力。及卒，羌酋朝夕臨者數日，青澗及環人皆畫象祠之。子古、諤、診，皆有將材。關中號曰「三种」。誼，其幼子也。孫朴、師道、師中。

古字大質，少慕從祖放爲人，不事科舉。當任官，辭以與弟，時稱「小隱君」。世衡卒，錄古爲天興尉，累轉西京左藏庫副使、涇原路都監、知原州。

羌人犯塞，古禦之，斬級數百。築城鎭戎之北，以據要害。神宗召對，遷通事舍人，官其三弟。與弟診破環州折薑會，斬首二千級，遷西上閤門副使。民有損直鬻田於熟羌以避役



者，古按其狀，得良田三千頃，丁四千，悉刺爲民兵。歷環慶、永興軍路鈐轄。

坐訟范純仁不當，奪一官，知寧州，徙鎭戎軍。熙河師十萬道境上，須芻糧，僚佐以他路爲言。古曰：「均王師也。」命給之。又徙鄜、隰二州，卒，年七十。

古明達孝義。弟諤坐擅興繫獄，乞納官贖其罪。世衡遣張問田千畝，問返之，而世衡死，古終不復受。然世衡受知於范仲淹，因立青澗功，而古以私憾訟純仁，士論少之。

諤字子正，以父任累官左藏庫副使，延帥陸詵薦知青澗城。

夏酋令唛內附，詵恐生事，欲弗納，諤請納之。夏人來索，詵問所以報，諤曰：「必欲令唛，當以景詢來易。」乃止。詢者，中國亡命至彼者也。

夏將嵬名山部落在故綏州，其弟夷山先降，諤使人因夷山以誘之，賂以金盂，名山小吏李文喜受而許降，而名山未之知也。諤即以聞，詔轉運使薛向及陸詵委諤招納。諤不待報，悉起所部兵長驅而前，圍其帳。名山驚，援槍欲鬥，夷山呼曰：「兄已約降，何爲如是？」文喜因出所受金盂示之，名山投槍哭，遂舉衆從諤而南。得酋領三百、戶萬五千、兵萬人。

將築城，詵以無詔出師，召諤還。軍次懷遠，晨起方櫛，敵四萬衆坌集，傅城而陳。諤開門以待，使名山帥新附百餘人挑戰，諤兵繼之，鼓行而出。至晉祠據險，使偏將燕達、劉



甫爲兩翼，身爲中軍，乃閉壘，悉老弱乘城鼓譟以疑賊。已而合戰，追擊二十里，俘馘甚衆，遂城綏州。

詵劾諤擅興，且不稟節制，欲捕治，未果而詵徙秦。言者交攻之，遂下吏，貶秩四等，安置隨州。會侯可以言水利入見，神宗問其事，對曰：「种諤奉密旨取綏而獲罪，後何以使人？」帝亦悔，復其官。

韓絳宣撫陝西，用爲鄜延鈐轄。絳城囉兀，規橫山，令諤將兵二萬出無定川，命諸將皆受節度，起河東兵會銀州。城成而慶卒叛，詔罷師，棄囉兀，責授汝州團練副使。再貶賀州別駕，移單州，又移華州。絳再相，訟其前功，復禮賓副使、知岷州。董氈將鬼章聚兵于洮、岷，新羌多叛，諤討襲誅之。從李憲出塞，收洮州，下浦宗、講珠、東宜諸城，掩擊至大河，斬首七千級。

遷東上閤門使、文州刺史、知涇州，徙鄜延副總管。上言：「夏主秉常爲其母所囚，可急因本路官擣其巢穴。」遂入對，大言曰：「夏國無人，秉常孺子，臣往持其臂以來耳。」帝壯之，決意西討，以爲經略安撫副使，諸將悉聽節制。諤即次境上，帝以諤先期輕出，使聽令於王中正。敵屯兵夏州，諤率本路幷畿內七將兵攻米脂，三日未下。夏兵八萬來援，諤禦之無定川，伏兵發，斷其首尾，大破之，降守將令介訛遇。捷書聞，帝大喜，羣臣稱賀，遣中使諭

獎，而罷中正。

諤留千人守米脂，進次銀、石、夏州，不見敵。始，被詔當會靈武，諤迂枉不進，士卒飢憊，欲以糧運不繼歸罪轉運使李稷。駐軍廝家平，大校劉歸仁以衆潰，詔令班師。猶遷鳳州團練使、龍神衞四廂都指揮使。

諤謀據橫山之志未已，遣子朴上其策。帝召朴問狀，擢爲閤門祗候。將進城橫山，命徐禧、李舜舉使鄜延計議。諤言：「橫山延袤千里，多馬宜稼，人物勁悍善戰，且有鹽鐵之利，夏人恃以爲生；其城壘皆控險，足以守禦。今之興功，當自銀州始。其次遷宥州，又其次修夏州，三郡鼎峙，則橫山之地已囊括其中。又其次修鹽州，則橫山彊兵戰馬、山澤之利，盡歸中國。其勢居高，俯視興、靈，可以直覆巢穴。」而禧與沈括定議移銀州，城永樂，與諤始謀異，乃奏留諤守延。既而永樂受圍，諤觀望不救，帝冀其後效，置不問，且虞賊至，就命知延州。疽發背卒，年五十七。

諤善馭士卒，臨敵出奇，戰必勝，然詐誕殘忍，左右有犯立斬，或先刳肺肝，坐者掩面，諤飲食自若。敵亦畏其敢戰，故數有功。李稷之餽軍也，且入諤營，軍吏鳴鼓聲喏。諤呼問吏曰：「軍有幾帥？要當借汝頭以代運使。」即叱斬之。稷惶怖遽出。嘗渡河，猝遇敵，紿門下客曰：「事急矣，可衣我衣，乘我馬，從旗鼓千騎，亟趨大軍。」客信之，敵以爲諤，追之，





幾不免。自熙寧首開綏州，後再舉西征，皆其兆謀，卒致永樂之禍。議者謂諤不死，邊事不已。

誼字壽翁。熙寧中，古入對，神宗問其家世，命誼以官。從高遵裕復洮、岷，又平山後羌，至熙河副將。

使靑唐，董氊遣鬼章迎候境上，取道故爲回枉，以夸險遠。誼固習其地里，誚之曰：「爾跳梁坎井間，謂我不知遠近邪？」命趣便道。鬼章怒，脅以兵，誼聲氣不動，卒改塗。外爲路都監。自蘭州渡河討賊，斬首六百，累轉西京使。

元祐初，知岷州。鬼章誘殺景思立，後益自矜，大有窺故土之心，使其子詣宗哥請益兵入寇，且結屬羌爲內應。誼刺得其情，上疏請除之。詔遣游師雄就商利害，遂與姚兕合兵出討。羌迎戰，擊走之，追奔至洮州。誼亟進攻，晨霧蔽野，跬步不可辨。誼曰：「吾軍遠來，彼固不知厚薄，乘此可一鼓而下也。」遂親鼓之。有頃，霧霽，先登者已得城，鬼章就執。誼戲問之曰：「別後安否？」不能對，徐謂人曰：「我生惡种使，今日果爲所擒。天不使我復有故土，命也。」遂俘以歸。拜西上閤門使、康州刺史，徙知鄜州。

夏人犯延安，趙卨使誼統諸將。敵聞誼至，皆潰去。延人謂：「得誼，勝精兵二十萬。」

進熙河鈐轄、知蘭州。蘭與通遠皆絕塞，中間保障不相接，腴田多棄不耕，誼請城李諾平以扼衝要。會遷東上閤門使、保州團練使，卒，年五十五。

誼倜儻有氣節，喜讀書。莅軍整嚴，令一下，死不敢避；遇敵，度不勝不出，故每戰未嘗負敗。岷羌酋包順、包誠恃功驕恣，前守務姑息，誼至，厚待之。適有小過，叱下吏，將置法，順、誠叩頭伏罪，願效命以贖，乃使輸金出之，羣羌畏慴。及洮州之役，二人功最多。

朴以父任右班殿直，積勞，遷至皇城使、昌州刺史，徙熙河蘭會鈐轄兼知河州，安撫洮西沿邊公事。

河南蕃部叛，屬羌阿章率他族拒官軍，熙帥胡宗回使朴出討。時朴至州才二日，以賊鋒方銳，且盛寒，欲姑徐之，而宗回馳檄至六七，不得已，遂出兵。羌知朴來，伏以待。朴遇伏，首尾不相應，朴殊死戰，爲賊所殺，以馬負其尸去。

羌乘勝追北。師還遇隘，壅迮不得行。偏將王舜臣者善射，以弓掛臂，獨立敗軍後。羌來可萬騎，有七人介馬而先。舜臣念此必羌酋之尤桀黠者，不先殪之，吾軍必盡。乃宣言曰：「吾令最先行者眉間插花。」引弓三發，隕三人，皆中面；餘四人反走，矢貫其背。萬騎愕眙莫敢前，舜臣因得整衆。須臾，羌復來。舜臣自申及酉，抽矢千餘發，無虛者。指裂，血





流至肘。薄暮，乃得踰隘。將士氣奪，無敢復言戰。當是時，微舜臣則師殲矣。事聞，贈朴雄州防禦使，官其後十人。

師道字彝叔。少從張載學，以蔭補三班奉職，試法，易文階，爲熙州推官、權同谷縣。縣吏有田訟，彌二年不決。師道繙閱案牘，窮日力不竟，然所訟止母及兄而已。引吏詰之曰：「母、兄，法可訟乎。汝再期擾鄉里足未？」吏叩頭服罪。

通判原州，提舉秦鳳常平。議役法忤蔡京旨，換莊宅使、知德順軍。又謂其詆毀先烈，罷入黨籍，屛廢十年。以武功大夫、忠州刺史、涇原都鈐轄知懷德軍。夏國畫境，其人焦彥堅必欲得故地，師道曰：「如言故地，當以漢、唐爲正，則君家疆土益蹙矣。」彥堅無以對。

童貫握兵柄而西，翕張威福，見者皆旅拜，師道長揖而已。召詣闕，徽宗訪以邊事，對曰：「先爲不可勝，來則應之。妄動生事，非計也。」貫議徙內郡弓箭手實邊，而指爲新邊所募。帝復訪之，對曰：「臣恐勤遠之功未立〔二〕，而近擾先及矣。」帝善其言，賜襲衣、金帶，以爲提舉秦鳳弓箭手。時五路並置官，帝謂曰：「卿，吾所親擢也。」貫滋不悅，師道不敢拜，以請，得提舉崇福宮。久之，知西安州。

夏人侵定邊，築佛口城，率師往夷之。始至渴甚，師道指山之西麓曰：「是當有水。」命

工求之，果得水滿谷。累遷龍神衞四廂都指揮使、洛州防禦使、知渭州。督諸道兵城席葦平〔三〕，土賦工，敵至，堅壁葫蘆河。師道陳于河滸，若將決戰者。陰遣偏將曲充徑出橫嶺，揚言援兵至，敵方駭顧，楊可世潛軍其後，姚平仲以精甲衷擊之，敵大潰，斬首五十級〔四〕，獲橐駝、馬牛萬計，其酋僅以身免。卒城而還。

又詔帥陝西、河東七路兵征臧底城，期以旬日必克。既薄城下，敵守備甚固。官軍小怠，列校有據胡床自休者，立斬之，尸于軍門。令曰：「今日城不下，視此。」衆股栗，譟而登城，城即潰，時兵至纔八日。帝得捷書喜，進侍衞親軍馬軍副都指揮使、應道軍承宣使。

從童貫爲都統制，拜保靜軍節度使。貫謀伐燕，使師道盡護諸將。師道諫曰：「今日之舉，譬如盜入鄰家不能救，又乘之而分其室焉，無乃不可乎？」貫不聽。既次白溝，遼人譟而前，士卒多傷。師道先令人持一巨梃自防，賴以不大敗。

遼使來請曰：「女眞之叛本朝，亦南朝之所甚惡也。今射一時之利，棄百年之好，結豺狼之鄰，基他日之禍，謂爲得計可乎？救災恤鄰，古今通義，惟大國圖之。」貫不能對，師道復諫宜許之，又不聽，密劾其助賊。王黼怒，責爲右衞將軍致仕，而用劉延慶代之。延慶敗績于盧溝，帝思其言，起爲憲州刺史、知環州，俄還保靜軍節度使，復致仕。

金人南下，趣召之，加檢校少保、靜難軍節度使、京畿河北制置使，聽便宜檄兵食。師





道方居南山豹林谷，聞命即東。過姚平仲〔五〕，有步騎七千，與之俱北。至洛陽，聞斡離不已屯京城下，或止勿行曰：「賊勢方銳，願少駐汜水，以謀萬全。」師道曰：「吾兵少，若遲回不進，形見情露，祗取辱焉。今鼓行而前，彼安能測我虛實？都人知吾來，士氣自振，何憂賊哉！」揭榜沿道，言种少保領西兵百萬來〔六〕。遂抵城西，趨汴水南，徑逼敵營。金人懼，徙砦稍北，斂游騎，但守牟駝岡，增壘自衞。

時師道春秋高，天下稱爲「老种」。欽宗聞其至，喜甚，開安上門，命尚書右丞李綱迎勞。時已議和，入見，帝問曰：「今日之事，卿意如何？」對曰：「女眞不知兵，豈有孤軍深入人境而能善其歸乎？」帝曰：「業已講好矣。」對曰：「臣以軍旅之事事陛下，餘非所敢知也。」拜檢校少傅、同知樞密院、京畿兩河宣撫使，諸道兵悉隸焉。以平仲爲都統制。

師道時被病，命毋拜，許肩輿入朝。金使王汭在廷頡頏，望見師道，拜跪稍如禮。帝顧笑曰：「彼爲卿故也。」京城自受圍，諸門盡閉，市無薪菜。師道請啓西、南壁，聽民出入如常。金人有擅過偏將馬忠軍者，忠斬其六人。金人來訴，師道付以界旗，使自爲制，後無有敢越佚者。又請緩給金幣，使彼惰歸，扼而殲諸河，執政不可。

种氏、姚氏皆爲山西巨室，平仲父古方以熙河兵入援。平仲慮功名獨歸种氏，乃以士不得速戰爲言達于上。李綱主其議，令城下兵緩急聽平仲節度。帝日遣使趣師道戰，師道

欲俟其弟秦鳳經略使師中至，奏言過春分乃可擊。時相距纔八日，帝以爲緩，竟用平仲斫營，以及于敗。既敗，李邦彥議割三鎭，師道爭之不得。

李綱罷，太學諸生、都人伏闕願見种、李，詔趣使彈壓。師道乘車而來，衆褰簾視之，曰：「果我公也。」相率聲喏而散。

金師退，乃罷爲中太一宮使。御史中丞許翰見帝，以爲不宜解師道兵柄。上曰：「師道老矣，難用，當使卿見之。」令相見於殿門外。師道不語，翰曰：「國家有急，詔許訪所疑，公勿以書生之故不肯談。」師道始言：「我衆彼寡，但分兵結營，控守要地，使彼粮道不通，坐以持久，可破也。」翰嘆味其言，復上奏謂師道智慮未衰，尙可用。於是加檢校少師，進太尉，換節鎭洮軍，爲河北、河東宣撫使，屯滑州，實無兵自隨。

師道請合關、河卒屯滄、衞、孟、滑，備金兵再至。朝論以大敵甫退，不宜勞師以示弱，格不用。既而師中戰死，姚古敗，朝廷震悚，召師道還。太原陷，又使巡邊。次河陽，遇王汭，揣敵必大舉，亟上疏請幸長安以避其鋒。大臣以爲怯，復召還。既至，病不能見。十月，卒，年七十六〔七〕。帝臨奠，哭之慟，贈開府儀同三司。

京師失守，帝搏膺曰：「不用种師道言，以至于此！」金兵之始退也，師道申前議，勸帝乘半濟擊之，不從，曰：「異日必爲國患。」故追痛其語。建炎中，加贈少保，謚曰忠憲。





師中字端孺。歷知環濱邠州、慶陽府、秦州，侍衞步軍馬軍副都指揮使、房州觀察使、奉寧軍承宣使。

金人內侵，詔提秦鳳兵入援，未至而敵退，乃以二萬人守滑。遣副姚古爲河北制置使，古援太原，師中援中山、河間。或謂師中自磁、相而北，金人若下太行，則勢不能自還，此殷凝師于河上比也。時大臣立議矛盾，樞密主破敵，而三省令護出之。師中渡河，即上言：「黏罕已至澤州，臣欲由邢、相間捷出上黨，擣其不意，當可以逞。」朝廷疑不用。

斡離不還，師中逐出境。黏罕至太原，悉破諸縣，爲鎖城法困之，內外不相通。姚古雖復隆德、威勝，扼南北關，而不能解圍。於是詔師中由井陘道出師，與古掎角，進次平定軍，乘勝復壽陽、榆次，留屯眞定。

時黏罕避暑雲中，留兵分就畜牧，覘者以爲將遁，告諸朝。知樞密院許翰信之，數遣使督師中出戰，且責以逗撓。師中歎曰：「逗撓，兵家大戮也。吾結髮從軍，今老矣，忍受此爲罪乎！」即日辦嚴，約古及張灝俱進，輜重賞犒之物，皆不暇從行。五月，抵壽陽之石坑，爲金人所襲。五戰三勝，回趨榆次，去太原百里，而古、灝失期不至，兵飢甚。敵知之，悉衆攻，右軍潰而前軍亦奔。師中獨以麾下死戰，自卯至巳，士卒發神臂弓射退金兵，而賞賚不

及，皆憤怨散去，所留者纔百人。師中身被四創，力疾鬥死。

師中老成持重，爲時名將，諸軍自是氣奪。劉韐言：「師中閫命卽行，奮不顧身，雖古忠臣，不過也。」請加優贈，以勸死國者。詔贈少師，謚曰莊愍。

論曰：宋懲五季藩鎭之弊，稍用逢掖治邊陲、領介冑。然兵勢國之大事，非素明習，而欲應變決策於急遽危難之際，豈不仆哉。种氏自世衡立功靑澗，撫循士卒，威動羌、夏，諸子俱有將材，至師道、師中已三世，號山西名將。徽宗任宦豎起邊釁，師道之言不售，卒基南北之禍。金以孤軍深入，師道請遲西師之至而擊之，長驅上黨，師中欲出其背以搤之，可謂至計矣。李綱、許翰顧以爲怯緩逗撓，動失機會，遂至大衂，而國隨以敗，惜哉！

校勘記

〔一〕法當徒　「徒」原作「徙」。按本書卷一九九刑法志無徙刑而有徒刑，東都事略卷六一本傳正作「徒」，據改。

〔二〕臣恐勳遠之功未立　「勳」原作「動」，據北盟會編卷六〇折彥質种師道行狀、東都事略卷一〇七本傳改。





〔三〕督諸道兵城席葦平　「平」字原脫，據本書卷八七地理志、北盟會編卷六〇种師道行狀補。

〔四〕斬首五十級　「五十」，北盟會編卷六〇种師道行狀、東都事略卷一〇七本傳都作「五千」。

〔五〕過姚平仲　北盟會編卷三〇、東都事略卷一〇七本傳都作「遇」。

〔六〕言种少保領西兵百萬來　「西兵」原作「兩兵」。按种師道等所領之兵，是涇原、秦鳳路兵，當時稱爲西兵。本傳論曰：「師道請遲西兵之至而擊之。」北盟會編卷三〇敍述种等先遣軍到達東京時說：「遊騎知西兵至，退走。」「兩」字當爲「西」字之訛，據改。

〔七〕年七十六　原作「年六十七」，據北盟會編卷六〇种師道行狀、東都事略卷一〇七本傳改。

# 宋史卷三百三十六

## 列傳第九十五

### 司馬光 子康　呂公著 子希哲　希純

司馬光字君實，陝州夏縣人也。父池，天章閣待制。光生七歲，凜然如成人，聞講左氏春秋，愛之，退爲家人講，卽了其大指。自是手不釋書，至不知飢渴寒暑。羣兒戲於庭，一兒登甕，足跌沒水中，衆皆棄去，光持石擊甕破之，水迸，兒得活。其後京、洛間畫以爲圖。仁宗寶元初，中進士甲科。年甫冠，性不喜華靡，聞喜宴獨不戴花，同列語之曰：「君賜不可違。」乃簪一枝。

除奉禮郎，時池在杭，求簽蘇州判官事以便親，許之。丁內外艱，執喪累年，毀瘠如禮。服除，簽書武成軍判官事，改大理評事，補國子直講。樞密副使龐籍薦爲館閣校勘，同知禮院。





中官麥允言死，給鹵簿。光言：「繁纓以朝，孔子且猶不可。允言近習之臣，非有元勳大勞，而贈以三公官，給一品鹵簿，其視繁纓，不亦大乎。」夏竦賜謚文正，光言：「此謚之至美者，竦何人，可以當之？」改文莊。加集賢校理。

從龐籍辟，通判幷州。麟州屈野河西多良田，夏人蠶食其地，爲河東患。籍命光按視，光建：「築二堡以制夏人，募民耕之，耕者衆則糴賤，亦可漸紓河東貴糴遠輸之憂。」籍從其策；而麟將郭恩勇且狂，引兵夜渡河，不設備，沒於敵，籍得罪去。光三上書自引咎，不報。籍沒，光升堂拜其妻如母，撫其子如昆弟，時人賢之。

改直祕閣、開封府推官。交趾貢異獸，謂之麟，光言：「眞僞不可知，使其眞，非自至不足爲瑞，願還其獻。」又奏賦以風。修起居注，判禮部。有司奏日當食，故事食不滿分，或京師不見，皆表賀。光言：「四方見、京師不見，此人君爲陰邪所蔽；天下皆知而朝廷獨不知，其爲災當益甚，不當賀。」從之。

同知諫院。蘇轍答制策切直，考官胡宿將黜之，光言：「轍有愛君憂國之心，不宜黜。」詔寘末級。

仁宗始不豫，國嗣未立，天下寒心而莫敢言。諫官范鎭首發其議，光在幷州聞而繼之，且貽書勸鎭以死爭。至是，復面言：「臣昔通判幷州，所上三章，願陛下果斷力行。」帝沉思久之，曰：「得非欲選宗室爲繼嗣者乎？此忠臣之言，但人不敢及耳。」光曰：「臣言此，自謂必死，不意陛下開納。」帝曰：「此何害，古今皆有之。」光退未聞命，復上疏曰：「臣向者進說，意謂卽行，今寂無所聞，此必有小人言陛下春秋鼎盛，何遽爲不祥之事。小人無遠慮，特欲倉卒之際，援立其所厚善者耳。『定策國老』、『門生天子』之禍，可勝言哉？」帝大感動曰：「送中書。」光見韓琦等曰：「諸公不及今定議，異日禁中夜半出寸紙，以某人爲嗣，則天下莫敢違。」琦等拱手曰：「敢不盡力。」未幾，詔英宗判宗正，辭不就，遂立爲皇子，又稱疾不入。光言：「皇子辭不貲之富，至于旬月，其賢於人遠矣。然父召無諾，君命召不俟駕，願以臣子大義責皇子，宜必入。」英宗遂受命。

兗國公主嫁李瑋，不相能，詔出瑋衞州，母楊歸其兄璋，主入居禁中。光言：「陛下追念章懿太后，故使瑋尙主。今乃母子離析，家事流落，獨無雨露之感乎？瑋既黜，主安得無罪？」帝悟，降主沂國，待李氏恩不衰。

進知制誥，固辭，改天章閣待制兼侍講、知諫院。時朝政頗姑息，胥史諠譁則逐中執法，輦官悖慢則退宰相，衞士凶逆而獄不窮治，軍卒詈三司使而以爲非犯階級。光言皆陵遲之漸，不可以不正。

充媛董氏薨，贈淑妃，輟朝成服，百官奉慰，定謚，行册禮，葬給鹵簿。光言：「董氏秩本



微，病革方拜充媛。古者婦人無謚，近制惟皇后有之。鹵簿本以賞軍功，未嘗施於婦人。唐平陽公主有舉兵佐高祖定天下功，乃得給。至韋庶人始令妃主葬日皆給鼓吹，非令典，不足法。」時有司定後宮封贈法，后與妃俱贈三代，光論：「妃不當與后同，袁盎引却愼夫人席，正爲此耳。天聖親郊，太妃止贈二代，而況妃乎？」

英宗立，遇疾，慈聖光獻后同聽政。光上疏曰：「昔章獻明肅有保佑先帝之功，特以親用外戚小人，負謗海內。今攝政之際，大臣忠厚如王曾，淸純如張知白，剛正如魯宗道，質直如薛奎者，當信用之；猥鄙如馬季良，讒諂如羅崇勳者，當疏遠之，則天下服。」

帝疾愈，光料必有追隆本生事，卽奏言：「漢宣帝爲孝昭後，終不追尊衞太子、史皇孫；光武上繼元帝，亦不追尊鉅鹿、南頓君，此萬世法也。」後詔兩制集議濮王典禮，學士王珪等相視莫敢先，光獨奮筆書曰：「爲人後者爲之子，不得顧私親。王宜準封贈期親尊屬故事，稱爲皇伯，高官大國，極其尊榮。」議成，珪卽命吏以其手稿爲按〔一〕。既上與大臣意殊，御史六人爭之力，皆斥去。光乞留之，不可，遂請與俱貶。

初，西夏遣使致祭，延州指使高宜押伴，傲其使者，侮其國主，使者訴於朝。光與呂誨乞加宜罪，不從。明年，夏人犯邊，殺略吏士。趙滋爲雄州，專以猛悍治邊，光論其不可。至是，契丹之民捕魚界河，伐柳白溝之南，朝廷以知雄州李中祐爲不材，將代之。光謂：「國家



當戎夷附順時，好與之計較末節，及其桀驁，又從而姑息之。近者西禍生於高宜，北禍起於趙滋；時方賢此二人，故邊臣皆以生事爲能，漸不可長。宜敕邊吏，疆場細故輒以矢刃相加者，罪之。」

仁宗遺賜直百餘萬，光率同列三上章，謂：「國有大憂，中外窘乏，不可專用乾興故事。若遺賜不可辭，宜許侍從上進金錢佐山陵。」不許。光乃以所得珠爲諫院公使錢，金以遺舅氏，義不藏於家。后還政，有司立式，凡后有所取用，當覆奏乃供。光云：「當移所屬使立供已，乃具數白后，以防矯僞。」

曹佾無功除使相，兩府皆遷官。光言：「陛下欲以慰母心，而遷除無名，則宿衞將帥、內侍小臣，必有覬望。」已而遷都知任守忠等官，光復爭之，因論〔二〕：「守忠大姦，陛下爲皇子，非守忠意，沮壞大策，離間百端，賴先帝不聽；及陛下嗣位，反覆交構，國之大賊。乞斬於都市，以謝天下。」責守忠爲節度副使，蘄州安置，天下快之。

詔刺陝西義勇二十萬，民情驚撓，而紀律疏略不可用。光抗言其非，持白韓琦。琦曰：「兵貴先聲，諒祚方桀驁，使驟聞益兵二十萬，豈不震慴？」光曰：「兵之貴先聲，爲無其實也，獨可欺之於一日之間耳。今吾雖益兵，實不可用，不過十日，彼將知其詳，尙何懼？」琦曰：「君但見慶曆間鄉兵刺爲保捷，憂今復然，已降敕榜與民約，永不充軍戍邊矣。」光曰：



「朝廷嘗失信，民未敢以爲然，雖光亦不能不疑也。」琦曰：「吾在此，君無憂。」光曰：「公長在此地，可也；異日他人當位，因公見兵，用之運糧戍邊，反掌間事耳。」琦嘿然，而訖不爲止。不十年，皆如光慮。

王廣淵除直集賢院，光論其姦邪不可近：「昔漢景帝重衞綰，周世宗薄張美。廣淵當仁宗之世，私自結於陛下，豈忠臣哉？宜黜之以厲天下。」進龍圖閣直學士。

神宗卽位，擢爲翰林學士，光力辭。帝曰：「古之君子，或學而不文，或文而不學，惟董仲舒、揚雄兼之。卿有文學，何辭爲？」對曰：「臣不能爲四六。」帝曰：「如兩漢制詔可也；且卿能進士取高第，而云不能四六，何邪？」竟不獲辭。

御史中丞王陶以論宰相不押班罷，光代之，光言：「陶由論宰相罷，則中丞不可復爲。臣願俟既押班，然後就職。」許之。遂上疏論修心之要三：曰仁，曰明，曰武；治國之要三：曰官人，曰信賞，曰必罰。其說甚備。且曰：「臣獲事三朝，皆以此六言獻，平生力學所得，盡在是矣。」御藥院內臣，國朝常用供奉官以下，至內殿崇班則出；近歲暗理官資，非祖宗本意。因論高居簡姦邪，乞加遠竄。章五上，帝爲出居簡，盡罷寄資者。既而復留二人，光又力爭之。張方平參知政事，光論其不叶物望，帝不從。還光翰林兼侍讀學士。

光常患歷代史繁，人主不能遍覽，遂爲通志八卷以獻。英宗悅之，命置局祕閣，續其書。

至是，神宗名之曰資治通鑑，自製序授之，俾日進讀。

詔錄潁邸直省官四人爲閤門祗候，光曰：「國初草創，天步尚艱，故御極之初，必以左右舊人爲腹心耳目，謂之隨龍，非平日法也。閤門祗候在文臣爲館職，豈可使廝役爲之。」

西戎部將嵬名山欲以橫山之衆，取諒祚以降，詔邊臣招納其衆。光上疏極論，以爲：「名山之衆，未必能制諒祚。幸而勝之，滅一諒祚，生一諒祚，何利之有；若其不勝，必引衆歸我，不知何以待之。臣恐朝廷不獨失信諒祚，又將失信於名山矣。若名山餘衆尚多，還北不可，入南不受，窮無所歸，必將突據邊城以救其命。陛下不見侯景之事乎？」上不聽，遣將种諤發兵迎之，取綏州，費六十萬〔三〕，西方用兵，蓋自此始矣。

百官上尊號，光當答詔，言：「先帝親郊，不受尊號。末年有獻議者，謂國家與契丹往來通信，彼有尊號我獨無，於是復以非時奉册。昔匈奴冒頓自稱『天地所生日月所置匈奴大單于』，不聞漢文帝復爲大名以加之也。願追述先帝本意，不受此名。」帝大悅，手詔獎光，使善爲答辭，以示中外。

執政以河朔旱傷，國用不足，乞南郊勿賜金帛。詔學士議，光與王珪、王安石同見，光曰：「救災節用，宜自貴近始，可聽也。」安石曰：「常袞辭堂饌，時以爲袞自知不能，當辭位不當辭祿。且國用不足，非當世急務，所以不足者，以未得善理財者故也。」光曰：「善理財者，





不過頭會箕斂爾。」安石曰：「不然，善理財者，不加賦而國用足。」光曰：「天下安有此理？天地所生財貨百物，不在民，則在官，彼設法奪民，其害乃甚於加賦。此蓋桑羊欺武帝之言，太史公書之以見其不明耳。」爭議不已。帝曰：「朕意與光同，然姑以不允答之。」會安石草詔，引常袞事責兩府，兩府不敢復辭。

安石得政，行新法，光逆疏其利害。邇英進讀，至曹參代蕭何事，帝曰：「漢常守蕭何之法不變，可乎？」對曰：「寧獨漢也，使三代之君常守禹、湯、文、武之法，雖至今存可也。漢武取高帝約束紛更，盜賊半天下；元帝改孝宣之政，漢業遂衰。由此言之，祖宗之法不可變也。」

呂惠卿言：「先王之法，有一年一變者，『正月始和，布法象魏』是也；有五年一變者，巡守考制度是也；有三十年一變者，『刑罰世輕世重』是也。光言非是，其意以風朝廷耳。」帝問光，光曰：「布法象魏，布舊法也。諸侯變禮易樂者，王巡守則誅之，不自變也。刑新國用輕典，亂國用重典，是爲世輕世重，非變也。且治天下譬如居室，敝則修之，非大壞不更造也。公卿侍從皆在此，願陛下問之。三司使掌天下財，不才而黜可也，不可使執政侵其事。今爲制置三司條例司，何也？宰相以道佐人主，安用例？苟用例，則胥吏矣。今爲看詳中書條例司，何也？」惠卿不能對，則以他語詆光。帝曰：「相與論是非耳，何至是。」光曰：「平民舉錢出息，尚能蠶食下戶，况縣官督責之威乎！」惠卿曰：「青苗法，願取則與之，不願不強也。」光曰：「愚民知取債之利，不知還債之害，非獨縣官不強，富民亦不強也。昔太宗平河東，立糴法，時米斗十錢，民樂與官爲市。其後物貴而和糴不解，遂爲河東世世患。臣恐異日之青苗，亦猶是也。」帝曰：「坐倉糴米何如？」坐者皆起，光曰：「不便。」惠卿曰：「糴米百萬斛，則省東南之漕，以其錢供京師。」光曰：「東南錢荒而粒米狼戾，今不糴米而漕錢，棄其有餘，取其所無，農末皆病矣！」侍講吳申起曰：「光言，至論也。」

它日留對，帝曰：「今天下洶洶者，孫叔敖所謂『國之有是，衆之所惡』也。」光曰：「然。陛下當論其是非。今條例司所爲，獨安石、韓絳、惠卿以爲是耳，陛下豈能獨與此三人共爲天下邪？」帝欲用光，訪之安石。安石曰：「光外託劘上之名，內懷附下之實。所言盡害政之事，所與盡害政之人，而欲寘之左右，使與國論，此消長之大機也。光才豈能害政，但在高位，則異論之人倚以爲重。韓信立漢赤幟，趙卒氣奪，今用光，是與異論者立赤幟也。」

安石以韓琦上疏，臥家求退。帝乃拜光樞密副使，光辭之曰：「陛下所以用臣，蓋察其狂直，庶有補於國家。若徒以祿位榮之，而不取其言，是以天官私非其人也。臣徒以祿位自榮，而不能救生民之患，是盜竊名器以私其身也。陛下誠能罷制置條例司，追還提舉官，不行青苗、助役等法，雖不用臣，臣受賜多矣。今言青苗之害者，不過謂使者騷動州縣，爲





今日之患耳。而臣之所憂，乃在十年之外，非今日也。夫民之貧富，由勤惰不同，惰者常乏，故必資於人。今出錢貸民而斂其息，富者不願取，使者以多散爲功，一切抑配。恐其逋負，必令貧富相保，貧者無可償，則散而之四方；富者不能去，必責使代償數家之負。春算秋計，展轉日滋，貧者既盡，富者亦貧。十年之外，百姓無復存者矣。又盡散常平錢穀，專行青苗，它日若思復之，將何所取？富室既盡，常平已廢，加之以師旅，因之以饑饉，民之羸者必委死溝壑，壯者必聚而爲盜賊，此事之必至者也。」抗章至七八，帝使謂曰：「樞密，兵事也，官各有職，不當以他事爲辭。」對曰：「臣未受命，則猶侍從也，於事無不可言者。」安石起視事，光乃得請，遂求去。

以端明殿學士知永興軍。宣撫使下令分義勇戍邊，選諸軍驍勇士，募市井惡少年爲奇兵；調民造乾糒，悉修城池樓櫓，關輔騷然。光極言：「公私困敝，不可舉事，而京兆一路皆內郡，繕治非急。宣撫之令，皆未敢從，若乏軍興，臣當任其責。」於是一路獨得免。徙知許州，趣入覲，不赴；請判西京御史臺歸洛，自是絕口不論事。而求言詔下，光讀之感泣，欲嘿不忍，乃復陳六事，又移書責宰相吳充，事見充傳。

蔡天申爲察訪，妄作威福，河南尹、轉運使敬事之如上官；嘗朝謁應天院神御殿，府獨爲設一班，示不敢與抗。光顧謂臺吏曰：「引蔡天申立監竹木務官富

贊善之下。天申窘沮，即日行。

元豐五年，忽得語澀疾，疑且死，豫作遺表置臥內，即有緩急，當以畀所善者上之。官制行，帝指御史大夫曰：「非司馬光不可。」又將以爲東宮師傅。蔡確曰：「國是方定，願少遲之。」資治通鑑未就，帝尤重之，以爲賢於荀悅漢紀，數促使終篇，賜以穎邸舊書二千四百卷。及書成，加資政殿學士。凡居洛陽十五年，天下以爲眞宰相，田夫野老皆號爲司馬相公，婦人孺子亦知其爲君實也。

帝崩，赴闕臨，衞士望見，皆以手加額曰：「此司馬相公也。」所至，民遮道聚觀，馬至不得行，曰：「公無歸洛，留相天子，活百姓。」哲宗幼沖，太皇太后臨政，遣使問所當先，光謂：「開言路。」詔榜朝堂。而大臣有不悅者，設六語云：「若陰有所懷；犯非其分；或扇搖機事之重；或迎合已行之令；上以徼倖希進；下以眩惑流俗。若此者，罰無赦。」后復命示光，光曰：「此非求諫，乃拒諫也。人臣惟不言，言則入六事矣。」乃具論其情，改詔行之，於是上封者以千數。

起光知陳州，過闕，留爲門下侍郎。蘇軾自登州召還，緣道人相聚號呼曰：「寄謝司馬相公，毋去朝廷，厚自愛以活我。」是時天下之民，引領拭目以觀新政，而議者猶謂「三年無改於父之道」，但毛舉細事，稍塞人言。光曰：「先帝之法，其善者雖百世不可變也。若安



石、惠卿所建，爲天下害者，改之當如救焚拯溺。況太皇太后以母改子，非子改父。」衆議甫定。遂罷保甲團敎，不復置保馬；廢市易法，所儲物皆鬻之，不取息，除民所欠錢；京東鐵錢及茶鹽之法，皆復其舊。或謂光曰：「熙、豐舊臣，多憸巧小人，他日有以父子義間上，則禍作矣。」光正色曰：「天若祚宗社，必無此事。」於是天下釋然，曰：「此先帝本意也。」元祐元年復得疾，詔朝會再拜，勿舞蹈。時青苗、免役、將官之法猶在，而西戎之議未決。光嘆曰：「四患未除，吾死不瞑目矣。」折簡與呂公著云：「光以身付醫，以家事付愚子，惟國事未有所託，今以屬公。」乃論免役五害，乞直降敕罷之。諸將兵皆隸州縣，軍政委守令通決。廢提舉常平司，以其事歸之轉運、提點刑獄。邊計以和戎爲便。謂監司多新進少年，務爲刻急，令近臣於郡守中選舉，而於通判中舉轉運判官。又立十科薦士法。皆從之。

拜尚書左僕射兼門下侍郎，免朝覲，許乘肩輿，三日一入省。光不敢當，曰：「不見君，不可以視事。」詔令子康扶入對，且曰：「毋拜。」遂罷青苗錢，復常平糴法。兩宮虛己以聽。遼、夏使至，必問光起居，敕其邊吏曰：「中國相司馬矣，毋輕生事，開邊隙。」光自見言行計從，欲以身徇社稷，躬親庶務，不舍晝夜。賓客見其體羸，舉諸葛亮食少事煩以爲戒，光曰：「死生，命也。」爲之益力。病革，不復自覺，諄諄如夢中語，然皆朝廷天下事也。



是年九月薨，年六十八。太皇太后聞之慟，與帝即臨其喪，明堂禮成不賀，贈太師、溫國公，襚以一品禮服，賻銀絹七千。詔戶部侍郎趙瞻、內侍省押班馮宗道護其喪，歸葬陝州。謚曰文正，賜碑曰忠清粹德。京師人罷市往弔，鬻衣以致奠，巷哭以過車。及葬，哭者如哭其私親。嶺南封州父老，亦相率具祭，都中及四方皆畫像以祀，飲食必祝。

光孝友忠信，恭儉正直，居處有法，動作有禮。在洛時，每往夏縣展墓，必過其兄旦，旦年將八十，奉之如嚴父，保之如嬰兒。自少至老，語未嘗妄，自言：「吾無過人者，但平生所爲，未嘗有不可對人言者耳。」誠心自然，天下敬信，陝、洛間皆化其德，有不善，曰：「君實得無知之乎？」

光於物澹然無所好，於學無所不通，惟不喜釋、老，曰：「其微言不能出吾書，其誕吾不信也。」洛中有田三頃，喪妻，賣田以葬，惡衣菲食以終其身。

紹聖初，御史周秩首論光誣謗先帝，盡廢其法。章惇、蔡卞請發冢斲棺，帝不許，乃令奪贈謚，仆所立碑。而惇言不已，追貶淸遠軍節度副使，又貶崖州司戶參軍。徽宗立，復太子太保。蔡京擅政，復降正議大夫，京撰姦黨碑，令郡國皆刻石。長安石工安民當鐫字，辭曰：「民愚人，固不知立碑之意。但如司馬相公者，海內稱其正直，今謂之姦邪，民不忍刻也。」府官怒，欲加罪，泣曰：「被役不敢辭，乞免鐫安民二字於石末，恐得罪於後世。」聞者



愧之。

靖康元年，還贈謚。建炎中，配饗哲宗廟庭。

康字公休，幼端謹，不妄言笑，事父母至孝。敏學過人，博通羣書，以明經上第。光修資治通鑑，奏檢閱文字。丁母憂，勺飲不入口三日，毀幾滅性。光居洛，士之從學者退與康語，未嘗不有得。塗之人見其容止，雖不識，皆知其爲司馬氏子也。以韓絳薦，爲祕書，由正字遷校書郎。光薨，治喪皆用禮經家法，不爲世俗事。得遺恩，悉以與族人。服除，召爲著作佐郎兼侍講。

上疏言：「比年以來，旱暵爲虐，民多艱食。若復一不稔，則公私困竭，盜賊可乘。自古聖賢之君，非無水旱，惟有以待之，則不爲甚害。願及今秋熟，令州縣廣糴，民食所餘，悉歸於官。今冬來春，令流民就食，候鄉里豐穰，乃還本土。凡爲國者，一絲一毫皆當愛惜，惟於濟民則不宜吝。誠能捐數十萬金帛，以爲天下大本，則天下幸甚。」拜右正言，以親嫌未就職。

爲哲宗言前世治少亂多，祖宗創業之艱難，積累之勤勞，勸帝及時嚮學，守天下大器，且勸太皇太后每於禁中訓迪，其言切至。邇英進講，又言：「孟子於書最醇正，陳王道尤明

白，所宜觀覽。」帝曰：「方讀其書。」尋詔講官節以進。

康自居父喪，居廬疏食，寢於地，遂得腹疾，至是不能朝謁。賜優告。疾且殆，猶具疏所當言者以待，曰：「得一見天子極言而死無恨。」使召醫李積于兗。積老矣，鄉民聞之，往告曰：「百姓受司馬公恩深，今其子病，願速往也。」來者日夜不絕，積遂行；至，則不可爲矣。年四十一而卒。公卿嗟痛於朝，士大夫相弔於家，市井之人，無不哀之。詔贈右諫議大夫。

康爲人廉潔，口不言財。初，光立神道碑，帝遣使賜白金二千兩，康以費皆官給，辭不受。不聽。遣家吏如京師納之，乃止。

論曰：熙寧新法病民，海內騷動，忠言讜論，沮抑不行；正人端士，擯棄不用。聚斂之臣日進，民被其虐者將二十年。方是時，光退居於洛，若將終身焉。而世之賢人君子，以及庸夫愚婦，日夕引領望其爲相，至或號呼道路，願其毋去朝廷，是豈以區區材智所能得此於人人哉？德之盛而誠之著也。

一旦起而爲政，毅然以天下自任，開言路，進賢才。凡新法之爲民害者，次第取而更張之，不數月之間，剗革略盡。海內之民，如寒極而春，旱極而雨，如解倒懸，如脫桎梏，如出





之水火之中也。相與咨嗟歎息，驩欣鼓舞，甚若更生，一變而爲嘉祐、治平之治。君子稱其有旋乾轉坤之功，而光於是亦老且病矣。天若祚宋，憖遺一老，則姦邪之勢未遽張，紹述之說未遽行，元祐之臣固無恙也。人衆能勝天，靖康之變，或者其可少緩乎？借曰有之，當不至如是其酷也。詩曰：「哲人云亡，邦國殄瘁。」嗚呼悲夫！

康濟美象賢，不幸短命而死，世尤惜之。然康不死，亦將不免於紹聖之禍矣。

呂公著字晦叔，幼嗜學，至忘寢食。父夷簡器異之，曰：「他日必爲公輔。」恩補奉禮郎，登進士第，召試館職，不就。通判潁州，郡守歐陽脩與爲講學之友。後脩使契丹，契丹主問中國學行之士，首以公著對。判吏部南曹，仁宗獎其恬退，賜五品服。除崇文院檢討、同判太常寺。壽星觀營眞宗神御殿，公著言：「先帝已有三神御，而建立不已，殆非祀無豐昵之義。」進知制誥，三辭不拜。改天章閣待制兼侍讀。

英宗親政，加龍圖閣直學士。方議追崇濮王，或欲稱皇伯考，公著曰：「此眞宗所以稱太祖，豈可施於王。」及下詔稱親，且班諱，又言：「稱親則有二父之嫌，王諱但可避於上前，不應與七廟同諱。」呂誨等坐論濮王去，公著言：「陛下卽位以來，納諫之風未彰，而屢絀言者，何以風示天下？」不聽。遂乞補外，帝曰：「學士朕所重，其可以去朝廷？」請不已，出知蔡州。

神宗立，召爲翰林學士、知通進銀臺司。司馬光以論事罷中丞，還經幄。公著封還其命曰：「光以舉職賜罷，是爲有言責者不得盡其言也。」詔以告直付閤門。公著又言：「制命不由門下，則封駁之職，因臣而廢。願理臣之罪，以正紀綱。」帝諭之曰：「所以徙光者，賴其勸學耳，非以言事故也。」公著請不已，竟解銀臺司。

熙寧初，知開封府。時夏秋淫雨，京師地震。公著上疏曰：「自昔人君遇災者，或恐懼以致福，或簡誣以致禍。上以至誠待下，則下思盡誠以應之，上下至誠而變異不消者，未之有也。惟君人者去偏聽獨任之弊，而不主先入之語，則不爲邪說所亂。顏淵問爲邦，孔子以遠佞人爲戒。蓋佞人惟恐不合於君，則其勢易親；正人惟恐不合於義，則其勢易疎。惟先格王正厥事，未有事正而世不治者也。」禮官用唐故事，請以五月御大慶殿受朝，因上尊號。公著曰：「陛下方度越漢、唐，追復三代，何必於陰長之日，爲非禮之會，受無益之名？」從之。

二年，爲御史中丞。時王安石方行青苗法，公著極言曰：「自古有爲之君，未有失人心而能圖治，亦未有能脅之以威、勝之以辯而能得人心者也。昔日之所謂賢者，今皆以此舉爲非，而生議者一切詆爲流俗浮論，豈昔皆賢而今皆不肖乎？」安石怒其深切。帝使舉呂





惠卿爲御史，公著曰：「惠卿固有才，然姦邪不可用。」帝以語安石，安石益怒，誣以惡語，出知潁州。

八年，彗星見，詔求直言。公著上疏曰：「陛下臨朝願治，爲日已久，而左右前後，莫敢正言。使陛下有欲治之心，而無致治之實，此任事之臣負陛下也。夫士之邪正、賢不肖，既素定矣。今則不然，前日所舉，以爲天下之至賢；而後日逐之，以爲天下至不肖。其於人材既反覆不常，則於政事亦乖戾不審矣。古之爲政，初不信於民者有之，若子產治鄭，一年而人怨之，三年而人歌之。陛下垂拱仰成，七年于此，然輿人之誦，亦未有異於前日，陛下獨不察乎？」

起知河陽，召還，提舉中太一宮，遷翰林學士承旨，改端明殿學士、知審官院。帝從容與論治道，遂及釋、老，公著問曰：「堯、舜知此道乎？」帝曰：「堯、舜豈不知？」公著曰：「堯、舜雖知此，而惟以知人安民爲難，所以爲堯、舜也。」帝又言唐太宗能以權智御臣下。對曰：「太宗之德，以能屈己從諫爾。」帝善其言。

未幾，同知樞密院事。有欲復肉刑者，議取死囚試劓、刖，公著曰：「試之不死，則肉刑遂行矣。」乃止。夏人幽其主，將大舉討之。公著曰：「問罪之師，當先擇帥，苟未得人，不如勿舉。」及兵興，秦、晉民力大困，大臣不敢言，公著數白其害。



中華書局

元豐五年，以疾丐去位，除資政殿學士、定州安撫使。俄永樂城陷，帝臨朝嘆曰：「邊民疲弊如此，獨呂公著爲朕言之耳。」徙揚州，加大學士。將立太子，帝謂輔臣，當以呂公著、司馬光爲師傅。

哲宗卽位，以侍讀還朝。太皇太后遣使迎，問所欲言，公著曰：「先帝本意，以寬省民力爲先。而建議者以變法侵民爲務，與己異者一切斥去，故日久而弊愈深，法行而民愈困。誠得中正之士，講求天下利病，協力而爲之，宜不難矣。」至則上言曰：「人君初卽位，當正始以示天下，修德以安百姓。修德之要，莫先於學。學有緝熙於光明，則日新以底至治者，學之力也。謹昧死陳十事，曰畏天、愛民、修身、講學、任賢、納諫、薄斂、省刑、去奢、無逸。」又乞備置諫員，以開言路。拜尙書左丞、門下侍郎。

元祐元年，拜尙書右僕射兼中書侍郎。三省並建，中書獨爲取旨之地。乃請事于三省者，與執政同進呈，取旨而各行之。又執政官率數日一聚政事堂，事多決於其長，同列莫得預。至是，始命日集，遂爲定制。與司馬光同心輔政，推本先帝之志，凡欲革而未暇與革而未定者，一一舉行之。民讙呼鼓舞，咸以爲便。光薨，獨當國，除吏皆一時之選。時科舉罷詞賦〔四〕，專用王安石經義，且雜以釋氏之說。凡士子自一語上，非新義不得用，學者至不誦正經，唯竊安石之書以干進，精熟者轉上第，故科舉益弊。公著始令禁主司不得出題老、



莊書，舉子不得以申、韓、佛書爲學，經義參用古今諸儒說，毋得專取王氏。復賢良方正科。右司諫賈易以言事訐直詆大臣，將峻責，公著以爲言，止罷知懷州。退謂同列曰：「諫官所論，得失未足言。顧主上春秋方盛，慮異時有進諛說惑亂者，正賴左右爭臣耳，不可豫使人主輕厭言者也。」衆莫不歎服。

吐蕃首領鬼章青宜結久爲洮、河患，聞朝廷弭兵省戍，陰與夏人合謀復取熙、岷。公著白遣軍器丞游師雄以便宜諭諸將，不踰月，生致於闕下。

帝宴近臣於資善堂，出所書唐人詩分賜。公著乃集所講書要語明白、切於治道者，凡百篇進之，以備游意翰墨，爲聖學之助。

三年四月，懇辭位，拜司空、同平章軍國事。宋興以來，宰相以三公平章重事者四人，而公著與父居其二，士豔其榮。詔建第於東府之南，啓北扉，以便執政會議。凡三省、樞密院之職，皆得總理。間日一朝，因至都堂，其出不以時，蓋異禮也。

明年二月薨，年七十二。太皇太后見輔臣泣曰：「邦國不幸，司馬相公既亡，呂司空復逝。」痛閔久之。帝亦悲感，卽詣其家臨奠，賜金帛萬。贈太師、申國公，謚曰正獻，御書碑首曰純誠厚德。

公著自少講學，卽以治心養性爲本，平居無疾言遽色，於聲利紛華，泊然無所好。暑不



揮扇，寒不親火，簡重淸靜，蓋天稟然。其識慮深敏，量閎而學粹，遇事善決，苟便於國，不以私利害動其心。與人交，出於至誠，好德樂善，見士大夫以人物爲意者，必問其所知與其所聞，參互考實，以達于上。每議政事，博取衆善以爲善，至所當守，則毅然不回奪。神宗嘗言其於人材不欺，如權衡之稱物。尤能避遠聲跡，不以知人自處。

始與王安石善，安石兄事之，安石博辯騁辭，人莫敢與亢，公著獨以精識約言服之。安石嘗曰：「疵吝每不自勝，一詣長者，卽廢然而反，所謂使人之意消者，於晦叔見之。」又謂人曰：「晦叔爲相，吾輩可以言仕矣。」後安石得志，意其必助己，而數用公議，列其過失，以故交情不終。於講說尤精，語約而理盡。司馬光曰：「每聞晦叔講，便覺己語爲煩。」其爲名流所敬如此。

紹聖元年，章惇爲相，以翟思、張商英、周秩居言路，論公著更熙、豐法度，削贈謚，毀所賜碑，再貶建武軍節度副使、昌化軍司戶參軍。徽宗立，追復太子太保。蔡京擅政，復降左光祿大夫，入黨籍，尋復銀青光祿大夫。紹興初，悉還贈謚。子希哲、希純。

希哲字原明，少從焦千之、孫復、石介、胡瑗學，復從程顥、程頤、張載游，聞見由是益廣。以蔭入官，父友王安石勸其勿事科舉，以僥倖利祿，遂絕意進取。安石爲政，將寘其子



雱於講官，以希哲有賢名，欲先用之。希哲辭曰：「辱公相知久，萬一從仕，將不免異同，則疇昔相與之意盡矣。」安石乃止。

公著作相，二弟已官省寺，希哲獨滯管庫，久乃判登聞鼓院，力辭。公著歎曰：「當世善士，吾收拾略盡，爾獨以吾故置不試，命也夫！」希哲母賢明有法度，聞公著言，笑曰：「是亦未知其子矣。」

終公著喪，始爲兵部員外郎。范祖禹，其妹壻也，言於哲宗曰：「希哲經術操行，宜備勸講，其父常稱爲不欺暗室。臣以婦兄之故，不敢稱薦，今方將引去，竊謂無嫌。」詔以爲崇政殿說書。其勸導人主以修身爲本，修身以正心誠意爲主。其言曰：「心正意誠，則身修而天下化。若身不能修，雖左右之人且不能諭，況天下乎？」

擢右司諫，辭，未聽，私語祖禹曰：「若不得請，當以楊畏、來之邵爲首。」既而不拜。會紹聖黨論起，御史劉拯論其進不由科第，以祕閣校理知懷州。中書舍人林希又言：「呂大防由公著援引，故進希哲以酬私恩。凡大防輩欺君賣國，皆公著爲之唱；而公著之惡，則希哲導成之，豈宜汚華職。」於是但守本秩，俄分司南京，居和州。

徽宗初，召爲祕書少監，或以爲太峻，改光祿少卿。希哲力請外，以直祕閣知曹州。旋遭崇寧黨禍，奪職知相州，徙邢州，罷爲宮祠。羈寓淮、泗間，十餘年卒。

希哲樂易簡儉，有至行，晚年名益重，遠近皆師尊之。子好問，有傳。

希純字子進，登第，爲太常博士。元祐祀明堂，將用皇祐故事，並饗天地百神，皆以祖宗配。希純言：「皇祐之禮，事不經見，嘉祐既已釐正。至元豐中，但以英宗配上帝，悉罷從祀羣神，得嚴父之義，請循其式。」從之。

歷宗正、太常、祕書丞。哲宗議納后，希純請考三代昏禮，參祖宗之制，博訪令族，參求德配。凡世俗所謂勘婚之書，淺陋不經，且一切屏絕，以防附會。遷著作郎，以父諱不拜。擢起居舍人，權太常少卿。

宣仁太后崩，希純慮姦人乘間進說搖主聽，卽上疏曰：「自元祐初年，太皇聽斷，所用之人皆宿有時望，所行之事皆人所願行。唯是過惡得罪之徒，日伺變故，捭闔規利，今必以更改神宗法度爲說。臣以爲先帝之功烈，萬世莫掩。間有數事，爲小人所誤，勢雖頗有損益，在於聖德，固無所虧。且英宗、神宗何嘗不改眞宗、仁宗之政，亦豈盡用太祖、太宗之法乎？小人既誤先帝，復欲誤陛下，不可不察。」未幾，拜中書舍人、同修國史。

內侍梁從政、劉惟簡除內省押班，希純以親政之始，首錄二人，無以示天下，持不行。由是閹寺側目，或於庭中指以相示曰：「此繳還二押班詞頭者也。」





章惇既相，出爲寶文閣待制、知亳州。諫官張商英憾希純，攻之力。又以外親嫌，連徙睦州、歸州。自京東而之浙西，自浙西而上三峽，名爲易地，實困之也。公著追貶，希純亦以屯田員外郎分司南京，居金州。又責舒州團練副使，道州安置。建中靖國元年，還爲待制、知瀛州。徽宗聞其名，數稱之。曾布忌希純，因其請覲，未及見，亟以邊，遽趣遣之。俄改潁州，入崇寧黨籍。卒，年六十。

論曰：公著父子俱位至宰相，俱以司空平章軍國事，雖漢之韋、平，唐之蘇、李，榮盛孰加焉。夷簡多智數，公著則一切持正，以應天下之務，嗚呼賢哉。其論人才，如權衡之稱物，故一時賢士，收拾略盡。司馬光疾甚，諄諄焉以國事爲託，當時廷臣，莫公著若也審矣。追考其平生事業，蓋守成之良相也。然知子之賢而不能薦，殆猶未免於避嫌，而有愧於從祖云。希哲、希純世濟其美，然皆陷於崇寧黨禍，何君子之不幸歟！

## 校勘記

〔一〕珪卽命吏以其手稿爲按　「以其」原作「其以」。蘇軾東坡七集正集卷三六司馬光行狀作：「珪卽敕吏以公手稿爲案。」東都事略卷八七上司馬光傳作：「珪卽敕吏以光手稿爲案。」「其以」當倒，今乙正。

〔二〕因論　「因」原作「國」，據東坡七集正集卷三六司馬光行狀、東都事略卷八七上本傳改。

〔三〕六十萬　東坡七集正集卷三六司馬光行狀、東都事略卷八七上本傳都作「六十萬萬」。疑此處當脫一「萬」字。

〔四〕時科舉能詞賦　「時」字原脫，據琬琰集下編卷一〇呂正獻公公著傳、東都事略卷九〇本傳補。

# 宋史卷三百三十七

## 列傳第九十六

### 范鎮 從子百祿 從孫祖禹

范鎮字景仁，成都華陽人。薛奎守蜀，一見愛之，館於府舍，俾與子弟講學。鎮益自謙退，每步行趨府門，踰年，人不知其爲帥客也。及還朝，載以俱。有問奎入蜀何所得，曰：「得一偉人，當以文學名世。」宋庠兄弟見其文，自謂弗及，與爲布衣交。

舉進士，禮部奏名第一。故事，殿廷唱第過三人，則首禮部選者，必越次抗聲自陳，率得置上列。吳育、歐陽脩號稱耿介，亦從衆。鎮獨不然，同列屢趣之，不爲動。至第七十九人，乃隨呼出應，退就列，無一言，廷中皆異之。自是舊風遂革。

調新安主簿，西京留守宋綬延置國子監，薦爲東監直講。召試學士院，當得館閣校理，主司妄以爲失韻，補校勘。人爲忿鬱，而鎮處之晏如。經四年，當遷，宰相龐籍言：「鎮有異





材，不汲汲於進取。」超授直祕閣，判吏部南曹、開封府推官。擢起居舍人、知諫院。上疏論：「民力困斂〔一〕，請約祖宗以來官吏兵數，酌取其中爲定制，以今賦入之數什七爲經費，儲其三以備水旱非常。」又言：「周以冢宰制國用，唐以宰相判鹽鐵、度支。今中書主民，樞密主兵，三司主財，各不相知。財已匱，樞密益兵無窮；民已困，三司取財不已。請使二府通知兵民大計，與三司同制國用。」

契丹使至，虛聲示疆，大臣益募兵以塞責，歲費百千萬。鎮言：「備契丹莫若寬三晉之民，備靈夏莫若寬秦民，備西南莫若寬越、蜀之民，備天下莫若寬天下之民。夫兵所以衞民而反殘民，臣恐異日之憂不在四夷，而在冗兵與窮民也。」

商人輸粟河北，取償京師，而権貨不即予鈔，久而鬻之，十才得其六。或建議出內帑錢，稍增價與市，歲可得羨息五十萬。鎮謂：「外府內帑，均爲有司。今使外府滯商人，而內帑乘急以牟利，至傷國體。」仁宗遽止之。

葬溫成后，太常議禮，前謂之園，後謂之陵，宰相劉沆前爲監護使，後爲園陵使。鎮曰：「背060法吏舞法矣，未聞禮官舞禮也。請詰前後議禮異同狀。」集賢校理刁約論擴中物侈麗，吳充、鞠眞卿爭論禮，並補外，皆上章留之。石全斌〔二〕護葬，轉觀察使，他吏悉優遷兩官。鎮言：「章獻、章懿、章惠三后之葬，推恩皆無此比。」乞追還全斌等告敕。」副都知任守忠、鄧保吉同日除官，內臣無故改官者又五六人。時有敕，凡內降非準律令者，並許執奏。曾未一月，大臣輒廢不行。鎮乞正中書、樞密之罪，以示天下。

帝天性寬仁，言事者競爲激訐，至汚人以帷箔不可明之事。鎮獨務引大體，非關朝廷安危，生民利疚，則闊略不言。陳執中爲相，鎮論其無學術，非宰相器。及嬖妾笞殺婢，御史劾奏，欲逐去之。鎮言：「今陰陽不和，財匱民困，盜賊滋熾，獄犴充斥，執中當任其咎。御史捨大責細，暴揚燕私，若用此爲進退，是因一婢逐宰相，非所以明等級，辨堂陛。」議者韙之。

文彥博、富弼入相，詔百官郊迎。鎮曰：「隆之以虛禮，不若推之以至誠。陛下用兩人爲相，舉朝皆謂得人。然近制，兩制不得詣宰相居第，百官不得間見，是不推之以誠也。願罷郊迎，除謁禁，則於御臣之術爲兩得矣。」議減任子及每歲取士，皆自鎮發之。又乞令宗室疏屬補外官，帝曰：「卿言是也。顧恐天下謂朕不能睦族耳。」鎮曰：「陛下甄別其賢者用之，不沒其能，乃所以睦族也。」雖不行，至熙寧初，卒如其言。

帝在位三十五年，未有繼嗣。嘉祐初，暴得疾，中外大小之臣，無不寒心，莫敢先言者。鎮獨奮曰：「天下事尙有大於此者乎？」卽拜疏曰：「置諫官者，爲宗廟社稷計。諫官而不以宗廟社稷計事陛下，是愛死嗜利之人，臣不爲也。方陛下不豫，海內皇皇莫知所爲，陛下獨以祖宗後裔爲念，是爲宗廟之慮，至深且明也。昔太祖舍其子而立太宗，天下之大公也。





眞宗以周王薨，養宗子於宮中，天下之大慮也。願以太祖之心，行眞宗故事，拔近屬之尤賢者，優其禮秩，置之左右，與圖天下事，以繫億兆人心。」

疏奏，文彥博使客問何所言，以實告，客曰：「如是，何不與執政謀？」鎮曰：「自分必死，故敢言。若謀於執政，或以爲不可，豈得中輟乎？」章累上，不報。執政諭之曰：「奈何效希名干進之人。」鎮貽以書曰：「比天象見變，當有急兵，鎮義當死職，不可死亂兵之下。此乃鎮擇死之時，尙何顧希名干進之嫌哉？」又言：「陛下得臣疏，不以留中而付中書，是欲使大臣奉行也。臣兩至中書，大臣皆設辭拒臣，是陛下欲爲宗廟社稷計，而大臣不欲也。臣竊原大臣畏避之意，恐行之而陛下中變耳。中變之禍，不過一死。國本不立，萬一有如天象所告急兵之變，死且有罪，其爲計亦已疏矣。願以臣章示大臣，使其自擇死所。」聞者股栗。

除兼侍御史知雜事，鎮以言不從，固辭。執政諭鎮曰：「今間言已入，爲之甚難。」鎮復書執政曰：「事當論其是非，不當問其難易。諸公謂今日難於前日，安知異日不難於今日乎？」凡見上面陳者三，言益懇切。鎮泣，帝亦泣，曰：「朕知卿忠，卿言是也，當更俟三二年。」章十九上，待命百餘日，鬚髮爲白。朝廷知不能奪，乃罷知諫院，改集賢殿修撰，糾察在京刑獄，同修起居注，遂知制誥。鎮雖解言職，無歲不申前議。見帝春秋益高，每因事及之，冀以感動帝意。至是，因入謝，首言：「陛下許臣，今復三年矣，願早定大計。」又因祫享，

獻賦以諷。其後韓琦遂定策立英宗。

遷翰林學士。中書議追尊濮王，兩制、臺諫與之異，詔禮官檢詳典禮。鎭判太常寺，率其屬言：「漢宣帝於昭帝爲孫，光武於平帝爲祖，其父容可稱皇考，議者猶非之，謂其以小宗合大宗之統也。今陛下既以仁宗爲考，又加於濮王，則其失非特漢二帝比。凡稱帝若考，若寢廟，皆非是。」執政怒，召鎭責曰：「方令檢詳，何遽列上！」鎭曰：「有司得詔，不敢稽留，即以聞，乃其職也。奈何更以爲罪乎？」會草制，誤遷宰相官，改侍讀學士。

明年，還翰林，出知陳州。陳方饑，視事三日，擅發錢粟以貸。監司繩之急，即自劾，詔原之。是歲大熟，所貸悉還。神宗即位，復爲翰林學士兼侍讀、知通進銀臺司。故事，門下封駁制旨，省審章奏，糾擿違滯，皆著所授敕，後乃刊去。鎭始請復之，使知所守。

王安石改常平爲青苗，鎭言：「常平之法，起於漢盛時，視穀貴賤發斂，以便農末，最爲近古，不可改。而青苗行於唐之衰世，不足法。且陛下疾富民之多取而少取之，此正百步、五十步之間耳。今有兩人坐市貿易，一人故下其直以相傾，則人皆知惡之，可以朝廷而行市道之所惡乎？」呂惠卿在邇英言：「今預買紬絹，亦青苗之比。」鎭曰：「預買，亦敝法也。若府庫有餘，當并去之，豈應援以爲比。」韓琦極論新法之害，送條例司疏駁，李常乞罷青苗錢，詔令分析，鎭皆封還。詔五下，鎭執如初。





司馬光辭樞密副使，詔許之，鎭再封還。帝以詔直付光，不由門下。鎭奏曰：「由臣不才，使陛下廢法，有司失職，乞解銀臺司。」

舉蘇軾諫官，御史謝景温奏罷之；舉孔文仲制科，文仲對策，論新法不便，罷歸故官。鎭皆力爭之，不報。即上疏曰：「臣言不行，無顏復立於朝，請謝事。臣言青苗不見聽，一宜去；薦蘇軾、孔文仲不見用，二宜去。李定避持服，遂不認母，壞人倫，逆天理，而欲以爲御史，御史臺爲之罷陳薦，舍人院爲之罷宋敏求、呂大臨、蘇頌，諫院爲之罷胡宗愈。王韶上書肆意欺罔，以興造邊事，事敗，則置而不問，反爲之罪帥臣李師中。及御史一言蘇軾，則下七路掎摭其過；孔文仲則遣之歸任。以此二人況彼二人，事理孰是孰非，孰得孰失，其能逃聖鑒乎？言青苗有見效者，不過歲得什百萬緡錢，緡錢什百萬，非出於天，非出於地，非出於建議者之家，蓋一出於民耳。民猶魚也，財猶水也，養民而盡其財，譬猶養魚而竭其水也。」

疏五上，其後指安石用喜怒爲賞罰，曰：「陛下有納諫之資，大臣進拒諫之計；陛下有愛民之性，大臣用殘民之術。臣知言入觸大臣之怒，罪且不測。然臣職獻替而無一言，則負陛下矣。」疏入，安石大怒，持其疏至手顫，自草制極詆之。以戶部侍郎致仕，凡所得恩典，悉不與。鎭表謝，略曰：「願陛下集羣議爲耳目，以除壅蔽之姦；任老成爲腹心，以養和平之福。」天下聞而壯之。安石雖詆之深切，人更以爲榮。既退，蘇軾往賀曰：「公雖退，而名益重矣！」鎭愀然曰：「君子言聽計從，消患於未萌，使天下陰受其賜，無智名，無勇功；吾獨不得爲此，使天下受其害而吾享其名，吾何心哉！」日與賓客賦詩飲酒，或勸使稱疾杜門，鎭曰：「死生禍福，天也，吾其如天何！」同天節乞隨班上壽，許之，遂爲令。軾得罪，下臺獄，索與鎭往來書文甚急，猶上書論救。久之，徙居許。

哲宗立，韓維言：「鎭在仁宗時，首啓建儲之議，未嘗以語人，人亦莫爲言者。」具以十九疏上之。拜端明殿學士，起提舉中太一宮兼侍讀，且欲以爲門下侍郎。鎭雅不欲起，從孫祖禹亦勸止之，遂固辭，改提舉崇福宮。祖禹謁告歸省，詔賜以龍茶，存勞甚渥。復告老，以銀青光祿大夫再致仕，累封蜀郡公。

鎭於樂尤注意，自謂得古法，獨主房庶以律生尺之說。司馬光謂不然，往復論難，凡數萬言。初，仁宗命李照改定大樂，下王朴樂三律。皇祐中，又詔胡瑗等考正。神宗時詔鎭與劉几定之。鎭曰：「定樂當先正律。」神宗曰：「然，雖有師曠之聽，不以六律不能正五音。」鎭作律尺、龠合、升斗、豆區、鬴斛，欲圖上之，又乞訪求眞黍，以定黃鍾。而劉几即用李照樂，加用四清聲而奏樂成。詔罷局，賜賚有加。鎭曰：「此劉几樂也，臣何與焉。」至是，乃請太府銅爲之，逾年而成，比李照樂下一律有奇。帝及太皇太后御延和殿，召執政同





閱視，賜詔嘉獎。下之太常，詔三省、侍從、臺閣之臣，皆往觀焉。鎭時已屬疾，樂奏三日而薨，年八十一。贈金紫光祿大夫，謚曰忠文。

鎭平生與司馬光相得甚驩，議論如出一口，且約生則互爲傳，死則作銘。光生爲鎭傳，服其勇決；鎭復銘光墓云：「熙寧姦朋淫縱，險詖憸猾，賴神宗洞察于中。」其辭陗峻。光子康屬蘇軾書之，軾曰：「軾不辭書，懼非三家福。」乃易他銘。

鎭清白坦夷，遇人必以誠，恭儉愼默，口不言人過。臨大節，決大議，色和而語壯，常欲繼之以死，雖在萬乘前，無所屈。篤於行義，奏補先族人而後子孫，鄉人有不克婚葬者，輒爲主之。兄鎡，卒于隴城，無子，聞其有遺腹子在外，鎭時未仕，徒步求之兩蜀間，二年乃得之，曰：「吾兄異於人，體有四乳，是兒亦必然。」已而果然，名曰百常。少受學於鄉先生龐直温，直温子昉卒于京師，鎭娶其女爲孫婦，養其妻子終身。

其學本六經，口不道佛、老、申、韓之說。契丹、高麗皆傳誦其文。少時賦長嘯，却胡騎，晚使遼，人相目曰：此「長嘯公」也。兄子百祿亦使遼，遼人首問鎭安否。

百祿字子功，鎭兄鍇之子也。第進士，又舉才識兼茂科。時治平水災，大臣方議濮禮，百祿對策曰：「簡宗廟、廢祭祀，則水不潤下。昔漢哀尊共皇，河南、潁川大水；孝安尊德皇，

京師、郡國二十九大水。蓋大宗隆，小宗殺；宗廟重，私祀輕。今宜殺而隆，宜輕而重，是悖先王之禮。禮一悖，則人心失而天意睽，變異所由起也。」對入三等。

熙寧中，鄧綰舉爲御史，辭不就。提點江東、利、梓路刑獄，加直集賢院。利州武守周永懿以賄敗，百祿請復至道故事，用文吏領兵，以轄邊界，從之。熊本治瀘蠻事，有夷酋力屈請降，裨將賈昌言欲殺以爲功，百祿論之不聽，往謂本曰：「殺降不祥，活千人者封子孫。奈何容驕將橫境內乎？」本矍然，即檄止之。

七年，召知諫院。屬歲旱，請講求急務，收還法令之未便者，以救將死之民。論手實法曰：「造簿手實，許令告匿。戶令雖有手實之文，而未嘗行。蓋謂使人自占，必不以實告，而明許告訐，人將爲仇。然則禮、義、廉、恥之風衰矣。」五路置三十七將，專督所部兵，至許辟置布衣參軍謀。百祿察其中，或以恩澤市，或以瘝敗收，或未歷邊方，或起於羣盜，疏列其亡狀者十四人，請仍舊制，將佐顓教閱，餘付之州縣，事多施行。

與徐禧治李士寧獄，奏士寧熒惑童婦，致不軌生心，罪死不赦。禧右士寧，以爲無罪。執政主禧，貶百祿監宿州酒。元豐末，入爲司門吏部郎中、起居郎。

哲宗立，遷中書舍人。司馬光復差役法，患吏受賕，欲加流配。百祿固爭曰：「民今日執事，受謝於人，明日罷役，則以財賂人。苟繩以重典，黥面赭衣，必將充塞道路。」光悟曰：



「微君言，吾不悉也。」遂已。

元祐元年，爲刑部侍郎。諸郡以故鬥殺情可矜者請讞，法官曰：「宜貸。」光曰：「殺人不死，法廢矣。」百祿曰：「謂之殺人，則可；若制刑以爲無足疑，原情以爲無足憫，則不可。今概之死，則二殺之科，自是遂無足疑憫者矣。」時又詔天下獄不當讞而輒讞者抵罪。有司重於請，至枉情以求合法。百祿曰：「熙寧之法，非可疑可憫而讞者免駁劾，元豐則刊之，近則有奏劾之詔，故官吏畏避，不憚論殺。」因條五年死貸之數以聞。門下省猶駮正當貸者，又例在有司者還中書，百祿又爭之，後悉從其請。

改吏部侍郎。議者欲汰胥吏，呂大防趣廢其半，百祿曰：「不可。廢半則失職者衆，不若以漸消之，自今闕吏勿補，不數歲，減斯過半矣。」不聽。

都水王孝先議回河故道，大防意向之，命百祿行視。百祿以東流高仰，而河勢順下，不可回，即馳奏所以然之狀，且取神宗詔令勿塞故道者并上之。大防猶謂：「大河東流，中國之險限。今塘濼既壞，界河淤淺，河且北注矣。」百祿言：「塘濼有限寇之名，無禦寇之實。借使河徙而北，敵始有下流之憂，乃吾之利也。先帝明詔具在，奈何妄動搖之。」乃止。

俄兼侍讀，進翰林學士。爲帝言分別邪正之目，凡導人主以某事者爲公正，某事者爲姦邪，以類相反，凡二十餘條。願概斯事以觀其情，則邪正分矣。



以龍圖閣學士知開封府。勤於民事，獄無繫囚。僚吏欲以圄空聞，百祿曰：「千里之畿，無一人之獄，此至尊之仁，非尹功也。」不許。經數月，復爲翰林學士，拜中書侍郎。是歲郊祀，議合祭天地，禮官以「昊天有成命」爲言。百祿曰：「此三代之禮，奈何復欲合祭乎？『成命』之頌，祀天祭地，均歌此詩，亦如春夏祈穀而歌噫嘻，亦豈爲一祭哉？」爭久不決，質於帝前。宰相曰：「百祿之言，禮經也；今日之用，權制也。陛下始郊見，宜以並事天地爲恭。」於是合祭。

熙河范育言：「阿里骨酷暴且病，溫溪心八族皆思內附，可以計納。」百祿曰：「中國以信撫四夷，阿里骨未有過，溪心虛實未可知，無釁而動，非策也。」又請進築納迷等三城。百祿曰：「是皆良田，爲必爭之地，我既城之，若賊騎時出，我何以耕？後雖欲棄之，爲費已甚，亦不能矣。」帝皆從之。右僕射蘇頌坐稽留除書免，百祿以同省罷爲資政殿學士、知河中，徙河陽、河南。薨，年六十五，贈銀青光祿大夫。

子祖述，監潁州酒稅，攝獄掾，閱具獄，活兩死囚，州人以爲神。知鞏縣，鑿南山導水入洛，縣無水患，文彥博稱其能。以父墮黨籍，監中岳廟。久之，通判涇州。知台州，奏罷黃甘、葛蕈之貢。主管西京御史臺。靖康多難，避地至汝州。汝守趙子櫟邀與共守，於是旁郡盡陷，汝獨全。累官朝議大夫，卒。從弟祖禹。



祖禹字淳甫，一字夢得。其生也，母夢一偉丈夫被金甲入寢室，曰：「吾漢將軍鄧禹。」既寤，猶見之，遂以爲名。幼孤，叔祖鎭撫育如己子。祖禹自以既孤，每歲時親賓慶集，慘怛若無所容，閉門讀書，未嘗預人事。既至京師，所與交游，皆一時聞人。鎭器之曰：「此兒，天下士也。」

進士甲科。從司馬光編修資治通鑑，在洛十五年，不事進取。書成，光薦爲祕書省正字。時王安石當國，尤愛重之。王安國與祖禹友善，嘗諭安石意，竟不往謁。富弼致仕居洛，素嚴毅，杜門罕與人接，待祖禹獨厚；疾篤，召授以密疏，大抵論安石誤國及新法之害，言極憤切。弼薨，人皆以爲不可奏，祖禹卒上之。

神宗崩，祖禹上疏論喪服之制曰：「先王制禮，君服同於父，皆斬衰三年，蓋恐爲人臣者不以父事其君。自漢以來，不惟人臣無服，人君遂不爲三年之喪。國朝自祖宗以來，外廷雖用易月之制，宮中實行三年服。君服如古典，而臣下猶依漢制，故十二日而小祥，期而又小祥，二十四日而大祥，再期而又大祥。既以日爲之，又以月爲之，此禮之無據者也。古者再期而大祥，中月而禫。禫，祭之名，非服之色。今乃爲之慘服三日然後禫，此禮之不經者也。服既除，至葬又服之，祔廟後即吉，纔八月而遽純吉，無所不佩，此又禮之無漸者也。

朔望，羣臣朝服以造殯宮，是以吉服臨喪；人主衰服在上，是以先帝之服爲人主之私喪，此二者皆禮之所不安也。」

哲宗立，擢右正言。呂公著執政，祖禹以婿嫌辭，改祠部員外郎，又辭。除著作佐郎、修神宗實錄檢討，遷著作郎兼侍講。

神宗既祥，祖禹上疏宣仁后曰：「今卽吉方始，服御一新，奢儉之端，皆由此起。凡可以蕩心悅目者，不宜有加於舊。皇帝聖性未定，覩儉則儉，覩奢則奢，所以訓導成德者，動宜有法。今聞奉宸庫取珠，戶部用金，其數至多，恐增加無已，願止於未然。崇儉敦朴，輔養聖性，使目不視靡曼之色，耳不聽淫哇之聲，非禮勿言，非禮勿動，則學問日益，聖德日隆，此宗社無疆之福。」故事，服除當開樂置宴，祖禹以爲因除服而開樂設宴，則似除服而慶賀，非君子不得已而除之之意，不可。

夏暑權罷講，祖禹言：「陛下今日之學與不學，係他日治亂。如好學，則天下君子欣慕，願立於朝，以直道事陛下，輔佐德業，而致太平；不學，則小人皆動其心，務爲邪諂，以竊富貴。且凡人之進學，莫不於少時，今聖質日長，數年之後，恐不得如今日之專，竊爲陛下惜也。」遷起居郎，又召試中書舍人，皆不拜。呂公著薨，召拜右諫議大夫。首上疏論人主正心修身之要，乞太皇太后日以天下之勤勞、萬民之疾苦、羣臣之邪正、政事之得失，開導上



心，曉然存之於中，使異日衆說不能惑，小人不能進。

蔡確既得罪，祖禹言：「自乾興以來，不竄逐大臣六十餘年，一旦行之，流傳四方，無不震聳。確去相已久，朝廷多非其黨，間有偏見異論者，若一切以爲黨確去之，懼刑罰失中，而人情不安也。」

蔡京鎭蜀，祖禹言：「京小有才，非端良之士。如使守成都，其還，當使執政，不宜崇長。」時大臣欲於新舊法中有所創立。祖禹以爲朝廷既察王安石之法爲非，但當復祖宗之舊，若出於新舊之間，兩用而兼存之，紀綱壞矣。遷給事中。

吳中大水，詔出米百萬斛、緡錢二十萬振救。諫官謂訴災者爲妄，乞加驗考。祖禹封還其章，云：「國家根本，仰給東南。今一方赤子，呼天赴愬，開口仰哺，以脫朝夕之急。奏災雖小過實，正當略而不問。若稍施懲譴，恐後無復敢言者矣。」

兼國史院修撰，爲禮部侍郎。論擇監司守令曰：「祖宗分天下爲十八路，置轉運使、提點刑獄，收鄉長、鎭將之權悉歸於縣，收縣之權歸於州，州之權歸於監司，監司之權歸於朝廷。上下相維，輕重相制，建置之道，最爲合宜。監司付以一路，守臣付以一州，令宰付以一縣，皆與天子分土而治，其可不擇乎？祖宗嘗有考課之法，專察諸路監司，置簿於中書，以稽其要。今宜委吏部尚書，取當爲州者，條別功狀以上三省，三省召而察之，苟其人可



任，則以次表用之。至官，則令監司考其課績，終歲之後，可以校優劣而施黜陟焉。如此則得人必多，監司、郡守得人，縣令不才，非所患也。」

聞禁中覓乳媼，祖禹以帝年十四，非近女色之時，上疏勸進德愛身，又乞宣仁后保護上躬，言甚切至。既而宣仁諭祖禹，以外議皆虛傳，祖禹復上疏曰：「臣言皇帝進德愛身，宜常以爲戒。太皇太后保護上躬，亦願因而勿忘。今外議雖虛，亦足爲先事之戒。臣侍經左右，有聞於道路，實懷私憂，是以不敢避妄言之罪。凡事言於未然，則誠爲過；及其已然，則又無所及，言之何益？陛下寧受未然之言，勿使臣等有無及之悔。」拜翰林學士，以叔百祿在中書，改侍講學士。百祿去，復爲之。范氏自鎭至祖禹，比三世居禁林，士論榮慕。

宣仁太后崩，中外議論洶洶，人懷顧望，在位者畏懼，莫敢發言。祖禹慮小人乘間害政，乃奏曰：「陛下方攬庶政，延見羣臣，此國家隆替之本，社稷安危之機，生民休戚之端，君子小人進退消長之際，天命人心去就離合之時也，可不畏哉？先后有大功於宗社，有大德於生靈，九年之間，始終如一。然羣小怨恨，亦爲不少，必將以改先帝之政、逐先帝之臣爲言，以事離間，不可不察也。先后因天下人心，變而更化。既改其法，則作法之人有罪當退，亦順衆言而逐之。是皆上負先帝，下負萬民，天下之所讎疾而欲去之者也，豈有憎惡於其間哉？惟辨析是非，深拒邪說，有以姦言惑聽者，付之典刑，痛懲一人，以警羣慝，則帖然



無事矣。此等既誤先帝，又欲誤陛下，天下之事，豈堪小人再破壞邪？」初，蘇軾約俱上章論列，諫草已具，見祖禹疏，遂附名同奏，曰：「公之文，經世之文也。」竟不復出其稿。

祖禹又言：「陛下承六世之遺烈，當思天下者祖宗之天下，人民者祖宗之人民，百官者祖宗之百官，府庫者祖宗之府庫。一言一動，如臨之在上，質之在傍，則可以長享天下之奉。先后以大公至正爲心，罷安石、惠卿所造新法，而行祖宗舊政。故社稷危而復安，人心離而復合，乃至遼主亦戒其臣勿生事曰：『南朝專行仁宗之政矣。』外夷之情如此，中國之人心可知。先后日夜苦心勞力，爲陛下立太平之基。願守之以靜，恭己以臨之，虛心以處之，則羣臣邪正，萬事是非，皆了然於聖心矣。小人之情專爲私，故不便於公；專爲邪，故不便於正；專好動，故不便於靜。惟陛下痛心疾首，以爲刻骨之戒。」章累上，不報。

忽有旨召內臣十餘人，祖禹言：「陛下親政以來，四海傾耳，未聞訪一賢臣，而所召者乃先內侍，必謂陛下私於近習，望卽賜追改。」因請對，曰：「熙寧之初，王安石、呂惠卿造立新法，悉變祖宗之政，多引小人以誤國，勳舊之臣屏棄不用，忠正之士相繼遠引。又用兵開邊，結怨外夷，天下愁苦，百姓流徙。賴先帝覺悟，罷逐兩人，而所引羣小，已布滿中外，不可復去。蔡確連起大獄，王韶創取熙河，章惇開五溪，沈起擾交管，沈括、徐禧、俞充、种諤興造西事，兵民死傷皆不下二十萬。先帝臨朝悼悔，以謂朝廷不得不任其咎。以至吳居

厚行鐵冶之法於京東，王子京行茶法於福建，蹇周輔行鹽法於江西，李稷、陸師閔行茶法、市易於西川，劉定教保甲於河北，民皆愁痛嗟怨，比屋思亂。賴陛下與先后起而救之，天下之民，如解倒縣。惟是向來所斥逐之人，窺伺事變，妄意陛下不以修改法度爲是，如得至左右，必進姦言。萬一過聽而復用之，臣恐國家自此陵遲，不復振矣。」又論：「漢、唐之亡，皆由宦官。自熙寧、元豐間，李憲、王中正、宋用臣輩用事總兵，權勢震灼。中正兼幹四路，口敕募兵，州郡不敢違，師徒凍餒，死亡最多；憲陳再舉之策，致永樂摧陷；用臣興土木之工，無時休息，罔市井之微利，爲國斂怨。此三人者，雖加誅戮，未足以謝百姓。憲雖已亡，而中正、用臣尚在，今召內臣十人，而憲、中正之子皆在其中。二人既入，則中正、用臣必將復用，願陛下念之。」

時紹述之論已興，有相章惇意。祖禹力言惇不可用，不見從，遂請外。上且欲大用，而內外梗之者甚衆，乃以龍圖閣學士知陝州。言者論祖禹修實錄詆誣，又摭其諫禁中雇乳媼事，連貶武安軍節度副使，昭州別駕，安置永州、賀州，又徙賓、化而卒，年五十八。

祖禹平居恂恂，口不言人過。至遇事，則別白是非，不少借隱。在邇英守經據正，獻納尤多。嘗講尚書至「內作色荒，外作禽荒」六語，拱手再誦，却立云：「願陛下留聽。」帝首肯再三，乃退。每當講前夕，必正衣冠，儼如在上側，命子弟侍，先按講其說。開列古義，參之





時事，言簡而當，無一長語，義理明白，粲然成文。蘇軾稱爲講官第一。

祖禹嘗進唐鑑十二卷，帝學八卷，仁皇政典六卷。而唐鑑深明唐三百年治亂，學者尊之，目爲「唐鑑公」云。建炎二年，追復龍圖閣學士。子沖，紹興中仕至翰林侍讀學士，儒林有傳。

論曰：「熙寧、元豐之際，天下賢士大夫望以爲相者，鎮與司馬光二人，至稱之曰君實、景仁，不敢有所軒輊。光思濟斯民，卒任天下之重；鎮嶷然如山，確乎其不可拔。君子之道，或出或處，易地則皆然，未易以功名優劣論也。百祿受學於鎮，故其議論操修，粹然一出於正。祖禹長於勸講，平生論諫，不啻數十萬言。其開陳治道，區別邪正，辨釋事宜，平易明白，洞見底蘊，雖賈誼、陸贄不是過云。

## 校勘記

〔一〕民力困敝 原作「民田困敝」，據蘇軾東坡七集正集卷三九范景仁墓誌銘改。

〔二〕石全斌 「斌」原作「賓」，據東坡七集正集卷三九范景仁墓誌銘、長編卷一七七改。下同。

# 宋史卷三百三十八

## 列傳第九十七

### 蘇軾 子過

蘇軾字子瞻，眉州眉山人。生十年，父洵游學四方，母程氏親授以書，聞古今成敗，輒能語其要。程氏讀東漢范滂傳，慨然太息，軾請曰：「軾若爲滂，母許之否乎？」程氏曰：「汝能爲滂，吾顧不能爲滂母邪？」

比冠，博通經史，屬文日數千言，好賈誼、陸贄書。既而讀莊子，歎曰：「吾昔有見，口未能言，今見是書，得吾心矣。」嘉祐二年，試禮部。方時文磔裂詭異之弊勝，主司歐陽脩思有以救之，得軾刑賞忠厚論，驚喜，欲擢冠多士，猶疑其客曾鞏所爲，但置第二；復以春秋對義居第一，殿試中乙科。後以書見脩，脩語梅聖俞曰：「吾當避此人出一頭地。」聞者始譁不厭，久乃信服。





丁母憂。五年，調福昌主簿。歐陽脩以才識兼茂，薦之祕閣。試六論，舊不起草，以故文多不工。軾始具草，文義粲然。復對制策，入三等。自宋初以來，制策入三等，惟吳育與軾而已。

除大理評事、簽書鳳翔府判官。關中自元昊叛，民貧役重，岐下歲輸南山木栰，自渭入河，經砥柱之險，衙吏踵破家。軾訪其利害，爲修衙規，使自擇水工以時進止，自是害減半。

治平二年，入判登聞鼓院。英宗自藩邸聞其名，欲以唐故事召入翰林，知制誥。宰相韓琦曰：「軾之才，遠大器也，他日自當爲天下用。要在朝廷培養之，使天下之士莫不畏慕降伏，皆欲朝廷進用，然後取而用之，則人人無復異辭矣。今驟用之，則天下之士未必以爲然，適足以累之也。」英宗曰：「且與修注如何？」琦曰：「記注與制誥爲鄰，未可遽授。不若於館閣中近上帖職與之，且請召試。」英宗曰：「試之未知其能否，如軾有不能邪？」琦猶不可，及試二論，復入三等，得直史館。軾聞琦語，曰：「公可謂愛人以德矣。」

會洵卒，賻以金帛，辭之，求贈一官，於是贈光祿丞。洵將終，以兄太白早亡，子孫未立，妹嫁杜氏，卒未葬，屬軾。軾既除喪，即葬姑。後官可蔭，推與太白曾孫彭。

熙寧二年，還朝。王安石執政，素惡其議論異己，以判官告院。四年，安石欲變科舉、興學校，詔兩制、三館議。軾上議曰：

得人之道，在於知人；知人之法，在於責實。使君相有知人之明，朝廷有責實之政，則胥史皂隸未嘗無人，而況於學校貢舉乎？雖因今之法，臣以爲有餘。使君相不知人，朝廷不責實，則公卿侍從常患無人，而況學校貢舉乎？雖復古之制，臣以爲不足。夫時有可否，物有廢興，方其所安，雖暴君不能廢，及其既厭，雖聖人不能復。故風俗之變，法制隨之，譬如江河之徙移，彊而復之，則難爲力。

慶曆固嘗立學矣，至于今日，惟有空名僅存。今將變今之禮，易今之俗，又當發民力以治宮室，斂民財以食游士。百里之內，置官立師，獄訟聽于是，軍旅謀于是，又簡不率教者屏之遠方，則無乃徒爲紛亂，以患苦天下邪？若乃無大更革，而望有益於時，則與慶曆之際何異？故臣謂今之學校，特可因仍舊制，使先王之舊物，不廢於吾世足矣。至於貢舉之法，行之百年，治亂盛衰，初不由此。陛下視祖宗之世，貢舉之法，與今爲孰精？言語文章，與今爲孰優？所得人才，與今爲孰多？天下之事，與今爲孰辦？較此四者之長短，其議決矣。

今所欲變改不過數端：或曰鄉舉德行而略文詞，或曰專取策論而罷詩賦，或欲兼采譽望而罷封彌，或欲經生不帖墨而考大義，此皆知其一，不知其二者也。願陛下留意於遠者、大者，區區之法何預焉。臣又切有私憂過計者。夫性命之說，自子貢不得聞，





而今之學者，恥不言性命，讀其文，浩然無當而不可窮；觀其貌，超然無著而不可挹，此豈眞能然哉！蓋中人之性，安於放而樂於誕耳。陛下亦安用之？

議上，神宗悟曰：「吾固疑此，得軾議，意釋然矣。」卽日召見，問：「方今政令得失安在？雖朕過失，指陳可也。」對曰：「陛下生知之性，天縱文武，不患不明，不患不勤，不患不斷，但患求治太急，聽言太廣，進人太銳。願鎭以安靜，待物之來，然後應之。」神宗悚然曰：「卿三言，朕當熟思之。凡在館閣，皆當爲朕深思治亂，無有所隱。」軾退，言於同列。安石不悅，命權開封府推官，將困之以事。軾決斷精敏，聲聞益遠。會上元敕府市浙燈，且令損價。軾疏言：「陛下豈以燈爲悅？此不過以奉二宮之歡耳。然百姓不可戶曉，皆謂以耳目不急之玩，奪其口體必用之資。此事至小，體則甚大，願追還前命。」卽詔罷之。

時安石創行新法，軾上書論其不便，曰：

臣之所欲言者，三言而已。願陛下結人心，厚風俗，存紀綱。人主之所恃者人心而已，如木之有根，燈之有膏，魚之有水，農夫之有田，商賈之有財。失之則亡，此理之必然也。自古及今，未有和易同衆而不安，剛果自用而不危者。陛下亦知人心之不悅矣。

祖宗以來，治財用者不過三司。今陛下不以財用付三司，無故又創制置三司條例一司，使六七少年，日夜講求於內，使者四十餘輩，分行營幹於外。夫制置三司條例司，求利之名也；六七少年與使者四十餘輩，求利之器也。造端宏大，民實驚疑；創法新奇，吏皆惶惑。以萬乘之主而言利，以天子之宰而治財，論說百端，喧傳萬口，然而莫之顧者，徒曰：「我無其事，何恤於人言。」操罔罟而入江湖，語人曰「我非漁也」，不如捐罔罟而人自信。驅鷹犬而赴林藪，語人曰「我非獵也」，不如放鷹犬而獸自馴。故臣以爲欲消讒慝而召和氣，則莫若罷條例司。

今君臣宵旰，幾一年矣，而富國之功，茫如捕風，徒聞內帑出數百萬緡，祠部度五千餘人耳。以此爲術，其誰不能？而所行之事，道路皆知其難。汴水濁流，自生民以來，不以種稻。今欲陂而清之，萬頃之稻，必用千頃之陂，一歲一淤，三歲而滿矣。陛下遂信其說，卽使相視地形，所在鑿空，訪尋水利，妄庸輕剽，率意爭言。官司雖知其疎，不敢便行抑退，追集老少，相視可否。若非灼然難行，必須且爲興役。官吏苟且順從，眞謂陛下有意興作，上糜帑廩，下奪農時。隄防一開，水失故道，雖食議者之肉，何補於民！臣不知朝廷何苦而爲此哉？

自古役人，必用鄉戶。今者徒聞江、浙之間，數郡顧役，而欲措之天下。單丁、女戶，蓋天民之窮者也，而陛下首欲役之，富有四海，忍不加恤！自楊炎爲兩稅，租調與





庸既兼之矣，奈何復欲取庸？萬一後世不幸有聚斂之臣，庸錢不除，差役仍舊，推所從來，則必有任其咎者矣。青苗放錢，自昔有禁。今陛下始立成法，每歲常行。雖云不許抑配，而數世之後，暴君汙吏，陛下能保之與？計願請之戶，必皆孤貧不濟之人，鞭撻已急，則繼之逃亡，不還，則均及鄰保，勢有必至，異日天下恨之，國史記之，曰「青苗錢自陛下始」，豈不惜哉！且常平之法，可謂至矣。今欲變爲青苗，壞彼成此，所喪逾多，虧官害民，雖悔何及！

昔漢武帝以財力匱竭，用賈人桑羊之說，買賤賣貴，謂之均輸。于時商賈不行，盜賊滋熾，幾至於亂。孝昭既立，霍光順民所欲而予之，天下歸心，遂以無事。不意今日此論復興。立法之初，其費已厚，縱使薄有所獲，而征商之額，所損必多。譬之有人爲其主畜牧，以一牛易五羊。一牛之失，則隱而不言；五羊之獲，則指爲勞績。今壞常平而言青苗之功，虧商稅而取均輸之利，何以異此？臣竊以爲過矣。議者必謂：「民可與樂成，難與慮始。」故陛下堅執不顧，期於必行。此乃戰國貪功之人，行險僥倖之說，未及樂成，而怨已起矣。臣之所願陛下結人心者，此也。

國家之所以存亡者，在道德之淺深，不在乎強與弱；曆數之所以長短者，在風俗之薄厚，不在乎富與貧。人主知此，則知所輕重矣。故臣願陛下務崇道德而厚風俗，

不願陛下急於有功而貪富強。愛惜風俗，如護元氣。聖人非不知深刻之法可以齊衆，勇悍之夫可以集事，忠厚近於迂闊，老成初若遲鈍。然終不肯以彼易此者，知其所得小，而所喪大也。仁祖持法至寬，用人有敍，專務掩覆過失，未嘗輕改舊章。考其成功，則曰未至。以言乎用兵，則十出而九敗；以言乎府庫，則僅足而無餘。徒以德澤在人，風俗知義，故升遐之日，天下歸仁焉。議者見其末年吏多因循，事不振舉，乃欲矯之以苛察，齊之以智能，招來新進勇銳之人，以圖一切速成之效。未享其利，澆風已成。多開驟進之門，使有意外之得，公卿侍從跬步可圖，俾常調之人舉生非望，欲望風俗之厚，豈可得哉？近歲樸拙之人愈少，巧進之士益多。惟陛下哀之救之，以簡易爲法，以清淨爲心，而民德歸厚。臣之所願陛下厚風俗者，此也。

祖宗委任臺諫，未嘗罪一言者。縱有薄責，旋即超升，許以風聞，而無官長。言及乘輿，則天子改容；事關廊廟，則宰相待罪。臺諫固未必皆賢，所言亦未必皆是。然須養其銳氣，而借之重權者，豈徒然哉？將以折姦臣之萌也。今法令嚴密，朝廷清明，所謂姦臣，萬無此理。然養猫以去鼠，不可以無鼠而養不捕之猫；畜狗以防盜，不可以無盜而畜不吠之狗。陛下得不上念祖宗設此官之意，下爲子孫萬世之防〔一〕？臣聞長老之談，皆謂臺諫所言，常隨天下公議。公議所與，臺諫亦與之；公議所擊，臺諫亦擊



之。今者物論沸騰，怨讟交至，公議所在，亦知之矣。臣恐自茲以往，習慣成風，盡爲執政私人，以致人主孤立，紀綱一廢，何事不生！臣之所願陛下存紀綱者，此也。

軾見安石贊神宗以獨斷專任，因試進士發策，以「晉武平吳以獨斷而克，苻堅伐晉以獨斷而亡，齊桓專任管仲而霸，燕噲專任子之而敗，事同而功異」爲問。安石滋怒，使御史謝景温論奏其過，窮治無所得，軾遂請外，通判杭州。高麗入貢，使者發幣於官吏，書稱甲子。軾却之曰：「高麗於本朝稱臣，而不稟正朔，吾安敢受！」使者易書稱熙寧，然後受之。時新政日下，軾於其間，每因法以便民，民賴以安。徙知密州。司農行手實法，不時施行者以違制論。軾謂提舉官曰：「違制之坐，若自朝廷，誰敢不從？今出於司農，是擅造律也。」提舉官驚曰：「公姑徐之。」未幾，朝廷知法害民，罷之。

有盜竊發，安撫司遣三班使臣領悍卒來捕，卒凶暴恣行，至以禁物誣民，入其家爭鬭殺人，且畏罪驚潰，將爲亂。民奔訴軾，軾投其書不視，曰：「必不至此。」散卒聞之，少安，徐使人招出戮之。

徙知徐州。河決曹村，泛于梁山泊，溢于南清河，匯于城下，漲不時洩，城將敗，富民爭出避水。軾曰：「富民出，民皆動搖，吾誰與守？吾在是，水決不能敗城。」驅使復入。軾詣武衞營，呼卒長曰：「河將害城，事急矣，雖禁軍且爲我盡力。」卒長曰：「太守猶不避塗潦，吾儕小人，當效命。」率其徒持畚鍤以出，築東南長堤，首起戲馬臺，尾屬于城。雨日夜不止，城不沈者三版。軾廬於其上，過家不入，使官吏分堵以守，卒全其城。復請調來歲夫增築故城，爲木岸，以虞水之再至。朝廷從之。

徙知湖州，上表以謝。又以事不便民者不敢言，以詩託諷，庶有補於國。御史李定、舒亶、何正臣〔二〕摭其表語，並媒蘖所爲詩以爲訕謗，逮赴臺獄，欲置之死，鍛鍊久之不決。神宗獨憐之，以黃州團練副使安置。軾與田父野老，相從溪山間，築室於東坡，自號「東坡居士」。

三年，神宗數有意復用，輒爲當路者沮之。神宗嘗語宰相王珪、蔡確曰：「國史至重，可命蘇軾成之。」珪有難色。神宗曰：「軾不可，姑用曾鞏。」鞏進太祖總論，神宗意不允，遂手札移軾汝州，有曰：「蘇軾黜居思咎，閱歲滋深，人材實難，不忍終棄。」軾未至汝，上書自言飢寒，有田在常，願得居之。朝奏，夕報可。

道過金陵，見王安石，曰：「大兵大獄，漢、唐滅亡之兆。祖宗以仁厚治天下，正欲革此。今西方用兵，連年不解，東南數起大獄，公獨無一言以救之乎？」安石曰：「二事皆惠卿啓之，安石在外，安敢言？」軾曰：「在朝則言，在外則不言，事君之常禮耳。上所以待公者非常禮，公所以待上者，豈可以常禮乎？」安石厲聲曰：「安石須說。」又曰：「出在安石口，入在



子瞻耳。」又曰：「人須是知行一不義，殺一不辜，得天下弗爲，乃可。」軾戲曰：「今之君子，爭減半年磨勘，雖殺人亦爲之。」安石笑而不言。

至常，神宗崩，哲宗立，復朝奉郎、知登州，召爲禮部郎中。軾舊善司馬光、章惇。時光爲門下侍郎，惇知樞密院，二人不相合，惇每以謔侮困光，光苦之。軾謂惇曰：「司馬君實時望甚重。昔許靖以虛名無實，見鄙於蜀先主，法正曰：『靖之浮譽，播流四海，若不加禮，必以賤賢爲累。』先主納之，乃以靖爲司徒。許靖且不可慢，況君實乎？」惇以爲然，光賴以少安。

遷起居舍人。軾起於憂患，不欲驟履要地，辭於宰相蔡確。確曰：「公徊翔久矣，朝中無出公右者。」軾曰：「昔林希同在館中，年且長。」確曰：「希固當先公耶？」卒不許。元祐元年，軾以七品服入侍延和，即賜銀緋，遷中書舍人。

初，祖宗時，差役行久生弊，編戶充役者不習其役，又虐使之，多致破產，狹鄉民至有終歲不得息者。王安石相神宗，改爲免役，使戶差高下出錢雇役，行法者過取，以爲民病。司馬光爲相，知免役之害，不知其利，欲復差役，差官置局，軾與其選。軾曰：「差役、免役，各有利害。免役之害，掊斂民財，十室九空，斂聚於上而下有錢荒之患。差役之害，民常在官，不得專力於農，而貪吏猾胥得緣爲姦。此二害輕重，蓋略等矣。」光曰：「於君何如？」軾

曰：「法相因則事易成，事有漸則民不驚。三代之法，兵農爲一，至秦始分爲二，及唐中葉，盡變府兵爲長征之卒。自爾以來，民不知兵，兵不知農，農出穀帛以養兵，兵出性命以衞農，天下便之。雖聖人復起，不能易也。今免役之法，實大類此。公欲驟罷免役而行差役，正如罷長征而復民兵，蓋未易也。」光不以爲然。軾又陳於政事堂，光忿然。軾曰：「昔韓魏公刺陝西義勇，公爲諫官，爭之甚力，韓公不樂，公亦不顧。軾昔聞公道其詳，豈今日作相，不許軾盡言耶？」光笑之。尋除翰林學士。

二年，兼侍讀。每進讀至治亂興衰、邪正得失之際，未嘗不反覆開導，覬有所啓悟。哲宗雖恭默不言，輒首肯之。嘗讀祖宗寶訓，因及時事，軾歷言：「今賞罰不明，善惡無所勸沮；又黃河勢方北流，而彊之使東；夏人入鎮戎，殺掠數萬人，帥臣不以聞。每事如此，恐寖成衰亂之漸。」

軾嘗鎖宿禁中，召入對便殿，宣仁后問曰：「卿前年爲何官？」曰：「臣爲常州團練副使。」曰：「今爲何官？」曰：「臣今待罪翰林學士。」曰：「何以遽至此？」曰：「遭遇太皇太后、皇帝陛下。」曰：「非也。」曰：「豈大臣論薦乎？」曰：「亦非也。」軾驚曰：「臣雖無狀，不敢自他途以進。」曰：「此先帝意也。先帝每誦卿文章，必嘆曰『奇才，奇才！』但未及進用卿耳。」軾不覺哭失聲，宣仁后與哲宗亦泣，左右皆感涕。已而命坐賜茶，徹御前金蓮燭送歸院。





三年，權知禮部貢舉。會大雪苦寒，士坐庭中，噤未能言。軾寬其禁約，使得盡技。巡鋪內侍每摧辱舉子，且持暧昧單詞，誣以爲罪，軾盡奏逐之。

四年，積以論事，爲當軸者所恨。軾恐不見容，請外，拜龍圖閣學士、知杭州。未行，諫官言前相蔡確知安州，作詩借郝處俊事以譏太皇太后。大臣議遷之嶺南。軾密疏：「朝廷若薄確之罪，則於皇帝孝治爲不足；若深罪確，則於太皇太后仁政爲小累。謂宜皇帝敕置獄逮治，太皇太后出手詔赦之，則於仁孝兩得矣。」宣仁后心善軾言而不能用。軾出郊，用前執政恩例，遣內侍賜龍茶、銀合，慰勞甚厚。

既至杭，大旱，饑疫並作。軾請於朝，免本路上供米三之一，復得賜度僧牒，易米以救飢者。明年春，又減價糶常平米，多作饘粥藥劑，遣使挾醫分坊治病，活者甚衆。軾曰：「杭，水陸之會，疫死比他處常多。」乃裒羨緡得二千，復發橐中黃金五十兩，以作病坊，稍畜錢糧待之。

杭本近海，地泉鹹苦，居民稀少。唐刺史李泌始引西湖水作六井，民足於水。白居易又浚西湖水入漕河，自河入田，所溉至千頃，民以殷富。湖水多葑，自唐及錢氏，歲輒浚治，宋興，廢之，葑積爲田，水無幾矣。漕河失利，取給江潮，舟行市中，潮又多淤，三年一淘，爲民大患，六井亦幾於廢。軾見茅山一河專受江潮，鹽橋一河專受湖水，遂浚二河以通漕。復造堰牐，以爲湖水畜洩之限，江潮不復入市。以餘力復完六井，又取葑田積湖中，南北徑三十里，爲長堤以通行者。吳人種菱，春輒芟除，不遺寸草。且募人種菱湖中，葑不復生。收其利以備修湖，取救荒餘錢萬緡、糧萬石，及請得百僧度牒以募役者。堤成，植芙蓉、楊柳其上，望之如畫圖，杭人名爲蘇公堤。

杭僧淨源，舊居海濱，與舶客交通，舶至高麗，交譽之。元豐末，其王子義天來朝，因往拜焉。至是，淨源死，其徒竊持其像，附舶往告。義天亦使其徒來祭，因持其國母二金塔，云祝兩宮壽。軾不納，奏之曰：「高麗久不入貢，失賜予厚利，意欲求朝，未測吾所以待之厚薄，故因祭亡僧而行祝壽之禮。若受而不答，將生怨心；受而厚賜之，正墮其計。今宜勿與知，從州郡自以理却之。彼庸僧猾商，爲國生事，漸不可長，宜痛加懲創。」朝廷皆從之。未幾，貢使果至，舊例使所至吳越七州，費二萬四千餘緡。軾乃令諸州量事裁損，民獲交易之利，無復侵撓之害矣。

浙江潮自海門東來，勢如雷霆，而浮山峙於江中，與漁浦諸山犬牙相錯，洄洑激射，歲敗公私船不可勝計。軾議自浙江上流地名石門，並山而東，鑿爲漕河，引浙江及谿谷諸水二十餘里以達于江。又並山爲岸，不能十里以達龍山大慈浦，自浦北折抵小嶺，鑿嶺六十五丈以達嶺東古河，浚古河數里達于龍山漕河，以避浮山之險，人以爲便。奏聞，有惡軾





者，力沮之，功以故不成。

軾復言：「三吳之水，瀦爲太湖，太湖之水，溢爲松江以入海。海日兩潮，潮濁而江清，潮水常欲淤塞江路，而江水清駛，隨輒滌去，海口常通，則吳中少水患。昔蘇州以東，公私船皆以篙行，無陸挽者。自慶曆以來，松江大築挽路，建長橋以扼塞江路，故今三吳多水，欲鑿挽路、爲千橋，以迅江勢〔三〕。」亦不果用，人皆以爲恨。軾二十年間再涖杭，有德於民，家有畫像，飲食必祝。又作生祠以報〔四〕。

六年，召爲吏部尚書，未至。以弟轍除右丞，改翰林承旨。轍辭右丞，欲與兄同備從官，不聽。軾在翰林數月，復以讒請外，乃以龍圖閣學士出知潁州。先是，開封諸縣多水患，吏不究本末，決其陂澤，注之惠民河，河不能勝，致陳亦多水。又將鑿鄧艾溝與潁河並，且鑿黃堆欲注之於淮。軾始至潁，遣吏以水平準之，淮之漲水高於新溝幾一丈，若鑿黃堆，淮水顧流潁地爲患。軾言於朝，從之。

郡有宿賊尹遇等，數劫殺人，又殺捕盜吏兵。朝廷以名捕不獲，被殺家復懼其害，匿不敢言。軾召汝陰尉李直方曰：「君能禽此，當力言於朝，乞行優賞；不獲，亦以不職奏免君矣。」直方有母且老，與母訣而後行。乃緝知盜所，分捕其黨與，手戟刺遇，獲之。朝廷以小不應格，推賞不及。軾請以己之年勞，當改朝散郎階，爲直方賞，不從。其後吏部爲軾當

中華書局

遷，以符會其考，軾謂已許直方，又不報。

七年，徙揚州。舊發運司主東南漕法，聽操舟者私載物貨，征商不得留難。故操舟者輒富厚，以官舟爲家，補其弊漏，且周船夫之乏，故所載率皆速達無虞。近歲一切禁而不許，故舟弊人困，多盜所載以濟飢寒，公私皆病。軾請復舊，從之。未閱歲，以兵部尚書召兼侍讀。

是歲，哲宗親祀南郊，軾爲鹵簿使，導駕入太廟。有赭繖犢車幷青蓋犢車十餘爭道，不避儀仗。軾使御營巡檢使問之，乃皇后及大長公主。時御史中丞李之純爲儀仗使，軾曰：「中丞職當肅政，不可不以聞之。」純不敢言，軾於車中奏之。哲宗遣使齎疏馳白太皇太后，明日，詔整肅儀衞，自皇后而下皆毋得迎謁。尋遷禮部兼端明殿、翰林侍讀兩學士，爲禮部尙書。高麗遣使請書，朝廷以故事盡許之。軾曰：「漢東平王請諸子及太史公書，猶不肯予。今高麗所請，有甚於此，其可予乎？」不聽。

八年，宣仁后崩，哲宗親政。軾乞補外，以兩學士出知定州。時國是將變，軾不得入辭。既行，上書言：「天下治亂，出於下情之通塞。至治之極，小民皆能自通；迨於大亂，雖近臣不能自達。陛下臨御九年，除執政、臺諫外，未嘗與羣臣接。今聽政之初，當以通下情、除壅蔽爲急務。臣日侍帷幄，方當戍邊，顧不得一見而行，況疏遠小臣欲求自通，難矣。



然臣不敢以不得對之故，不效愚忠。古之聖人將有爲也，必先處晦而觀明，處靜而觀動，則萬物之情，畢陳于前。陛下聖智絕人，春秋鼎盛。臣願虛心循理，一切未有所爲，默觀庶事之利害，與羣臣之邪正。以三年爲期，俟得其實，然後應物而作。使既作之後，天下無恨，陛下亦無悔。由此觀之，陛下之有爲，惟憂太蚤，不患稍遲，亦已明矣。臣恐急進好利之臣，輒勸陛下輕有改變，故進此說，敢望陛下留神，社稷宗廟之福，天下幸甚。」

定州軍政壞弛，諸衞卒驕惰不教，軍校蠶食其廩賜，前守不敢誰何。軾取貪汙者配隸遠惡，繕修營房，禁止飲博，軍中衣食稍足，乃部勒戰法，衆皆畏伏。然諸校業業不安，有卒史以贓訴其長，軾曰：「此事吾自治則可，聽汝告，軍中亂矣。」立決配之，衆乃定。會春大閱，將吏久廢上下之分，軾命舉舊典，帥常服出帳中，將吏戎服執事。副總管王光祖自謂老將，恥之，稱疾不至。軾召書吏使爲奏，光祖懼而出，訖事，無一慢者。定人言：「自韓琦去後，不見此禮至今矣。」契丹久和，邊兵不可用，惟沿邊弓箭社與寇爲鄰，以戰射自衞，猶號精銳。故相龐籍守邊，因俗立法。歲久法弛，又爲保甲所撓。軾奏免保甲及兩稅折變科配，不報。

紹聖初，御史論軾掌內外制日，所作詞命，以爲譏斥先朝。遂以本官知英州，尋降一官，未至，貶寧遠軍節度副使，惠州安置。居三年，泊然無所蔕芥，人無賢愚，皆得其歡心。



又貶瓊州別駕，居昌化。昌化，故儋耳地，非人所居，藥餌皆無有。初僦官屋以居，有司猶謂不可，軾遂買地築室，儋人運甓畚土以助之。獨與幼子過處，著書以爲樂，時時從其父老游，若將終身。

徽宗立，移廉州，改舒州團練副使，徙永州。更三大赦，遂提舉玉局觀，復朝奉郎。軾自元祐以來，未嘗以歲課乞遷，故官止於此。建中靖國元年，卒于常州，年六十六。

軾與弟轍，師父洵爲文，既而得之於天。嘗自謂：「作文如行雲流水，初無定質，但常行於所當行，止於所不可不止。」雖嬉笑怒罵之辭，皆可書而誦之。其體渾涵光芒，雄視百代，有文章以來，蓋亦鮮矣。洵晚讀易，作易傳未究，命軾述其志。軾成易傳，復作論語說；後居海南，作書傳；又有東坡集四十卷、後集二十卷、奏議十五卷、內制十卷、外制三卷、和陶詩四卷。一時文人如黃庭堅、晁補之、秦觀、張耒、陳師道，舉世未之識，軾待之如朋儔，未嘗以師資自予也。

自爲舉子至出入侍從，必以愛君爲本，忠規讜論，挺挺大節，羣臣無出其右。但爲小人忌惡擠排，不使安於朝廷之上。

高宗卽位，贈資政殿學士，以其孫符爲禮部尙書。又以其文寘左右，讀之終日忘倦，謂爲文章之宗，親製集贊，賜其曾孫嶠。遂崇贈太師，謚文忠。軾三子：邁、迨、過，俱善爲文。



邁，駕部員外郎。迨，承務郎。

過字叔黨。軾知杭州，過年十九，以詩賦解兩浙路，禮部試下。及軾爲兵部尙書，任右承務郎。軾帥定武，謫知英州，貶惠州，遷儋耳，漸徙廉、永，獨過侍之。凡生理晝夜寒暑所須者，一身百爲，不知其難。初至海上，爲文曰志隱，軾覽之曰：「吾可以安於島夷矣。」因命作孔子弟子別傳。軾卒於常州，過葬軾汝州郟城小峨眉山，遂家潁昌，營湖陰水竹數畝，名曰小斜川，自號斜川居士。卒，年五十二。

初監太原府稅，次知潁昌府郾城縣，皆以法令罷。晚權通判中山府。有斜川集二十卷。其思子臺賦、颶風賦早行於世。時稱爲「小坡」，蓋以軾爲「大坡」也。其叔轍每稱過孝，以訓宗族。且言：「吾兄遠居海上，惟成就此兒能文也。」七子：籥、籍、節、笈、箄、篴、箾。

論曰：蘇軾自爲童子時，士有傳石介慶曆聖德詩至蜀中者，軾歷舉詩中所言韓、富、杜、范諸賢以問其師。師怪而語之，則曰：「正欲識是諸人耳。」蓋已有頡頏當世賢哲之意。弱冠，父子兄弟至京師，一日而聲名赫然，動於四方。既而登上第，擢詞科，入掌書命，出典方州。器識之閎偉，議論之卓犖，文章之雄雋，政事之精明，四者皆能以特立之志爲之主，而以邁往之氣輔之。故意之所向，言足以達其有猷，行足以遂其有爲。至於禍患之來，節義足以固其有守，皆志與氣所爲也。仁宗初讀軾、轍制策，退而喜曰：「朕今日爲子孫得兩宰相矣。」神宗尤愛其文，宮中讀之，膳進忘食，稱爲天下奇才。二君皆有以知軾，而軾卒不得大用。一歐陽脩先識之，其名遂與之齊，豈非軾之所長不可掩抑者，天下之至公也，相不相有命焉，嗚呼！軾不得相，又豈非幸歟？或謂：「軾稍自韜戢，雖不獲柄用，亦當免禍。」雖然，假令軾以是而易其所爲，尙得爲軾哉？

## 校勘記

〔一〕下爲子孫萬世之防　蘇軾東坡七集奏議集卷一上皇帝書作「下爲子孫立萬一之防」。

〔二〕何正臣　原作「何正言」。本書卷三二九何正臣傳說：「爲御史裏行，遂與李定、舒亶論蘇軾。」可見和李、舒同論蘇軾的當是何正臣。孔平仲孔氏談苑卷一也作何正臣。據改。

〔三〕欲鑿挽路爲千橋以迅江勢　「千橋」，原作「十橋」。據蘇轍欒城集後集卷二二亡兄子瞻端明墓誌銘、東坡七集奏議集卷九進單鍔吳中水利書狀改。

〔四〕又作生祠以報　「作生」二字原倒，據欒城集後集卷二二亡兄子瞻端明墓誌銘乙正。



# 宋史卷三百三十九

## 列傳第九十八

### 蘇轍　族孫元老

蘇轍字子由，年十九，與兄軾同登進士科，又同策制舉。仁宗春秋高，轍慮或倦於勤，因極言得失，而於禁廷之事，尤爲切至。曰：

陛下即位三十餘年矣，平居靜慮，亦嘗有憂於此乎，無憂於此乎？臣伏讀制策，陛下既有憂懼之言矣。然臣愚不敏，竊意陛下有其言耳，未有其實也。往者寶元、慶曆之間，西夏作難，陛下晝不安坐，夜不安席，天下皆謂陛下憂懼小心，如周文王。然自西方解兵，陛下棄置憂懼之心，二十年矣。古之聖人，無事則深憂，有事則不懼。夫無事而深憂者，所以爲有事之不懼也。今陛下無事則不憂，有事則大懼，臣以爲憂樂之節易矣。臣疏遠小臣，聞之道路，不知信否？





近歲以來，宮中貴姬至以千數，歌舞飲酒，優笑無度，坐朝不聞咨謨，便殿無所顧問。三代之衰，漢、唐之季，女寵之害，陛下亦知之矣。久而不止，百蠱將由之而出。內則蠱惑之所汚，以傷和伐性；外則私謁之所亂，以敗政害事。陛下無謂好色於內，不害外事也。今海內窮困，生民愁苦，而宮中好賜不爲限極，所欲則給，不問有無。司會不敢爭，大臣不敢諫，執契持敕，迅若兵火。國家內有養士、養兵之費，外有契丹、西夏之奉，陛下又自爲一阱以耗其遺餘，臣恐陛下以此得謗，而民心不歸也。

策入，轍自謂必見黜。考官司馬光第以三等，范鎭難之。蔡襄曰：「吾三司使也。司會之言，吾愧之而不敢怨。」惟考官胡宿以爲不遜，請黜之。仁宗曰：「以直言召人，而以直言棄之，天下其謂我何？」宰相不得已，寘之下等，授商州軍事推官。時父洵被命修禮書，兄軾簽書鳳翔判官。轍乞養親京師。三年，軾還，轍爲大名推官。逾年，丁父憂。服除，神宗立已二年，轍上書言事，召對延和殿。

時王安石以執政與陳升之領三司條例，命轍爲之屬。呂惠卿附安石，轍與論多相牾。安石出青苗書使轍熟議，曰：「有不便，以告勿疑。」轍曰：「以錢貸民，使出息二分，本以救民，非爲利也。然出納之際，吏緣爲姦，雖有法不能禁；錢入民手，雖良民不免妄用；及其納錢，雖富民不免踰限。如此，則恐鞭箠必用，州縣之事不勝煩矣。唐劉晏掌國計，未嘗有所

中華書局

假貸。有尤之者，晏曰：『使民僥倖得錢，非國之福；使吏倚法督責，非民之便。吾雖未嘗假貸，而四方豐凶貴賤，知之未嘗逾時。有賤必糴，有貴必糶，以此四方無甚貴、甚賤之病，安用貸爲？』晏之所言，則常平法耳。今此法見在而患不修，公誠能有意於民，舉而行之，則晏之功可立俟也。」安石曰：「君言誠有理，當徐思之。」自此逾月不言青苗。

會河北轉運判官王廣廉〔一〕奏乞度僧牒數千爲本錢，於陝西漕司私行青苗法，春散秋斂，與安石意合，於是青苗法遂行。安石因遣八使之四方，訪求遺利。中外知其必迎合生事，皆莫敢言。轍往見陳升之曰：「昔嘉祐末，遣使寬恤諸路，各務生事，還奏多不可行，爲天下笑。今何以異此？」又以書抵安石，力陳其不可。安石怒，將加以罪，升之止之，以爲河南推官。會張方平知陳州，辟爲教授。三年，授齊州掌書記。又三年，改著作佐郎。復從方平簽書南京判官。居二年，坐兄軾以詩得罪，謫監筠州鹽酒稅，五年不得調。移知績溪縣。

哲宗立，以祕書省校書郎召。元祐元年，爲右司諫。宣仁后臨朝，用司馬光、呂公著，欲革弊事，而舊相蔡確、韓縝，樞密使章惇皆在位，窺伺得失，轍皆論去之。呂惠卿始諂事王安石，倡行虐政以害天下。及勢鈞力敵，則傾陷安石，甚於仇讎，世尤惡之。至是，自知不免，乞宮觀以避貶竄。轍具疏其姦，以散官安置建州。



司馬光以王安石雇役之害，欲復差役，不知其害相半於雇役。轍言：「自罷差役僅二十年，吏民皆未習慣。況役法關涉衆事，根芽盤錯，行之徐緩，乃得審詳。若不窮究首尾，忽遽便行，恐既行之後，別生諸弊。今州縣役錢，例有積年寬剩，大約足支數年，且依舊雇役，盡今年而止。催督有司審議差役，趁今冬成法，來年役使鄉戶。但使既行之後，無復人言，則進退皆便。」

光又以安石私設詩、書新義考試天下士，欲改科舉，別爲新格。轍言：「進士來年秋試，日月無幾，而議不時決。詩賦雖小技，比次聲律，用功不淺。至於治經，誦讀講解，尤不輕易。要之，來年皆未可施行。乞來年科場，一切如舊，惟經義兼取注疏及諸家論議，或出己見，不專用王氏學。仍罷律義，令舉人知有定論，一意爲學，以待選試，然後徐議元祐五年以後科舉格式，未爲晚也。」光皆不能從。

初，神宗以夏國內亂，用兵攻討，乃於熙河增蘭州，於延安增安疆、米脂等五砦。二年，夏遣使賀登位，使還，未出境，又遣使入境。朝廷知其有請蘭州、五砦地意，大臣議棄守未決。轍言曰：「頃者西人雖至，疆埸之事，初不自言。朝廷知其有請蘭州、五砦地意，度其狡心，蓋知朝廷厭兵，確然不請，欲使此議發自朝廷，得以爲重。朝廷深覺其意，忍而不予，情得勢窮，始來請命，一失此機，必爲後悔。彼若點集兵馬，屯聚境上，許之則畏兵而予，不復爲恩；不予則邊釁一開，禍難



無已。間不容髮，正在此時，不可失也。況今日之事，主上妙年，母后聽斷，將帥吏士，恩情未接，兵交之日，誰使效命？若其羽書沓至，勝負紛然，臨機決斷，誰任其責？惟乞聖心以此反覆思慮，早賜裁斷，無使西人別致猖狂。」於是朝廷許還五砦，夏人遂服。遷起居郎、中書舍人。

朝廷議回河故道，轍爲公著言：「河決而北，自先帝不能回。今不因其舊而修其未至，乃欲取而回之，其爲力也難，而爲責也重，是謂智勇勢力過先帝也。」公著悟，竟未能用。進戶部侍郎。轍因轉對，言曰：「財賦之原，出於四方，而委於中都。故善爲國者，藏之於民，其次藏之州郡。州郡有餘，則轉運司常足；轉運司既足，則戶部不困。唐制，天下賦稅，其一上供，其一送使，其一留州。比之於今，上供之數可謂少矣。然每有緩急，王命一出，舟車相銜，大事以濟。祖宗以來，法制雖殊，而諸道蓄藏之計，猶極豐厚。是以斂散及時，縱捨由己〔二〕，利柄所在，所爲必成。自熙寧以來，言利之臣，不知本末之術，欲求富國，而先困轉運司。轉運司既困，則上供不繼；上供不繼，而戶部亦憊矣。兩司既困，故內帑別藏，雖積如丘山，而委爲朽壤，無益於算也。」

尋又言：

臣以祖宗故事考之，今日本部所行，體例不同，利害相遠，宜隨事措置，以塞弊



原。謹具三弊以聞：其一曰分河渠案以爲都水監，其二曰分胄案以爲軍器監，其三曰分修造案以爲將作監。三監皆隸工部，則本部所專，其餘無幾，出納損益，制在他司。頃者，司馬光秉政，知其爲害，嘗使本部收攬諸司利權。當時所收，不得其要，至今三案猶爲他司所擅，深可惜也。

蓋國之有財，猶人之有飲食。飲食之道，當使口司出納，而腹制多寡。然後分布氣血，以養百骸，耳目賴之以爲聰明，手足賴之以爲力。若不專任口腹，而使手足、耳目得分治之，則雖欲求一飽不可得矣，而況於安且壽乎！今戶部之在朝廷，猶口腹也，而使他司分治其事，何以異此？自數十年以來，羣臣每因一事不舉，輒入建他司。利權一分，用財無藝。他司以辦事爲效，則不恤財之有無；戶部以給財爲功，則不問事之當否。彼此各營一職，其勢不復相知，雖使戶部得材智之臣，終亦無益，能否同病，府庫卒空。今不早救，後患必甚。

昔嘉祐中，京師頻歲大水，大臣始取河渠案置都水監。置監以來，比之舊案，所補何事？而大不便者，河北有外監丞，侵奪轉運司職事。轉運司之領河事也，郡之諸埽，埽之吏兵、儲蓄，無事則分，有事則合。水之所向，諸埽趨之，吏兵得以併功，儲蓄得以併用。故事作之日，無暴斂傷財之患，事定之後，徐補其闕，兩無所妨。自有監丞，據

法責成，緩急之際，諸埽不相爲用，而轉運司不勝其弊矣。此工部都水監爲戶部之害，一也。

先帝一新官制，並建六曹，隨曹付事，故三司故事多隸工曹，名雖近正而實非利。昔胄案所掌，今內爲軍器監而上隸工部，外爲都作院而上隸提刑司，欲有興作，戶部不得與議。訪聞河北道近歲爲羊渾脫，動以千計。渾脫之用，必軍行乏水〔三〕，過渡無船，然後須之。而其爲物，稍經歲月，必至蠹敗。朝廷無出兵之計，而有司營戕，不顧利害，至使公私應副，虧財害物。若專在轉運司，必不至此。此工部都作院爲戶部之害，二也。

昔修造案掌百工之事，事有緩急，物有利害，皆得專之。今工部以辦職爲事，則緩急利害，誰當議之？朝廷近以箔場竹箔，積久損爛，創令出賣，上下皆以爲當。指揮未幾，復以諸處營造，歲有科制，遂令般運堆積，以破出賣之計。臣不知將作見工幾何，一歲所用幾何？取此積彼，未用之間，有無損敗，而遂爲此計。本部雖知不便，而以工部之事，不敢復言。此工部將作監爲戶部之害，三也。

凡事之類此者多矣，臣不能遍舉也。故願明詔有司，罷外水監丞，舉河北河事及諸路都作院皆歸轉運司〔四〕，至於都水、軍器、將作三監，皆兼隸戶部，使定其事之可



否，裁其費之多少，而工部任其功之良苦，程其作之遲速。苟可否、多少在戶部，則傷財害民，戶部無所逃其責矣。苟良苦、遲速在工部，則敗事乏用，工部無所辭其譴矣。制出于一，而後天下貧富，可責之戶部矣。

哲宗從之，惟都水仍舊。

朝廷以吏部元豐所定吏額，比舊額數倍，命轍量事裁減。吏有白中孚曰：「吏額不難定也。昔之流內銓，今侍郎左選也，事之煩劇，莫過此矣。昔銓吏止十數，而今左選吏至數十，事不加舊而用吏至數倍，何也？昔無重法、重祿，吏通賕賂，則不欲人多以分所得。今行重法，給重祿，賕賂比舊爲少，則不忌人多而幸於少事。此吏額多少之大情也。舊法，日生事以難易分七等，重者至一分，輕者至一釐以下，積若干分而爲一人。今若取逐司兩月事定其分數，則吏額多少之限，無所逃矣。」轍曰：「此羣吏身計所係也。若以分數爲人數，必大有所損，將大致紛訴，雖朝廷亦不能守。」乃具以白宰執，請據實立額，俟吏之年滿轉出，或事故死亡者勿補，及額而止。不過十年，羨額當盡。功雖稍緩，而見吏知非身患，不復怨矣。呂大防命諸司吏任永壽與省吏數人典之，遂背轍議以立額，日裁損吏員，復以好惡改易諸局次。永壽復以贓刺配，大防略依轍議行之。代軾爲翰林學士，尋權吏部尚書。使契丹，館客者侍讀學士王師儒能誦洵、軾之文及轍茯苓賦，恨不得見全集。使還，爲御史



中丞。

自元祐初，一新庶政，至是五年矣。人心已定，惟元豐舊黨分布中外，多起邪說以搖撼在位，呂大防、劉摯患之，欲稍引用，以平夙怨，謂之「調停」。宣仁后疑不決，轍面斥其非，復上疏曰：

臣近面論，君子小人不可並處，聖意似不以臣言爲非者。然天威咫尺，言詞迫遽，有所不盡，臣而不言，誰當救其失者！親君子，遠小人，則主尊國安；疏君子，任小人，則主憂國殆。此理之必然。未聞以小人在外，憂其不悅而引之於內，以自遺患也。故臣謂小人雖不可任以腹心，至於牧守四方，奔走庶務，無所偏廢可也。若遂引之於內，是猶患盜賊之欲得財，而導之於寢室，知虎豹之欲食肉，而開之以坰牧，無是理也。且君子小人，勢同冰炭，同處必爭。一爭之後，小人必勝，君子必敗。何者？小人貪利忍恥，擊之則難去，君子潔身重義，沮之則引退。古語曰：「一薰一蕕，十年尚猶有臭。」蓋謂此矣。

先帝聰明聖智，疾頹靡之俗，將以綱紀四方，比隆三代。而臣下不能將順，造作諸法，上逆天意，下失民心。二聖因民所願，取而更之，上下忻慰。則前者用事之臣，今朝廷雖不加斥逐，其勢亦不能復留矣。尙賴二聖慈仁，宥之於外，蓋已厚矣。而議者



惑於說，乃欲招而納之，與之共事，謂之「調停」。此輩若返，豈肯但已哉？必將戕害正人，漸復舊事，以快私忿。人臣被禍，蓋不足言，臣所惜者，祖宗朝廷也。惟陛下斷自聖心，勿爲流言所惑，勿使小人一進，後有噬臍之悔，則天下幸甚。

疏入，宣仁后命宰執讀於簾前，曰：「轍疑吾君臣兼用邪正，其言極中理。」諸臣從而和之，「調停」之說遂已。

轍又奏曰：

竊見方今天下雖未大治，而祖宗綱紀具在，州郡民物粗安。若大臣正己平心，無生事要功之意，因弊修法，爲安民靖國之術，則人心自定，雖有異黨，誰不歸心？向者異同反覆之心，蓋亦不足慮矣。但患朝廷舉事，類不審詳。曩者，黃河北流，正得水性，而水官穿鑿，欲導之使東，移下就高，汨五行之理。及陛下遣使按視，知不可爲，猶或固執不從。經今累歲，回河雖罷，減水尙存，遂使河朔生靈，財力俱困。今者西夏、青唐，外皆臣順，朝廷招來之厚，惟恐失之。而熙河將吏創築二堡，以侵其膏腴，議納醇忠，以奪其節鉞，功未可覬，爭已先形。朝廷雖知其非，終不明白處置，若遂養成邊釁，關陝豈復安居？如此二事，則臣所謂宜正己平心，無生事要功者也。

昔嘉祐以前，鄉差衙前，民間常有破產之患。熙寧以後，出賣坊場以雇衙前，民間

不復知有衙前之苦。及元祐之初，務於復舊，一例復差。官收坊場之錢，民出衙前之費，四方驚顧，衆議沸騰。尋知不可，旋又復雇。去年之秋，又復差法。又熙寧雇役之法，三等人戶，並出役錢，上戶以家產高強，出錢無藝，下戶昔不充役，亦遣出錢。故此二等人戶，不免咨怨。至於中等，昔既已自差役，今又出錢不多，雇法之行，最爲其便。罷行雇法，上下二等，欣躍可知，唯是中等則反爲害。且如畿縣中等之家，例出役錢三貫，若經十年，爲錢三十貫而已。今差役既行，諸縣手力，最爲輕役(五)，農民在官，日使百錢，最爲輕費。然一歲之用，已爲三十六貫，二年役滿，爲費七十餘貫(六)。罷役而歸，寬鄉得閑三年，狹鄉不及一歲。以此較之，則差役五年之費，倍於雇役十年。賦役所出，多在中等。如此條目，不便非一，故天下皆思雇役而厭差役，今五年矣。如此二事，則臣所謂宜因弊修法，爲安民靖國之術者也。

臣以闇見淺狹，不能盡知當今得失。然四事不去，如臣等輩猶知其非，而況於心懷異同，志在反覆，幸國之失，有以藉口者乎？臣恐如此四事，彼已默識於心，多造謗議，待時而發，以搖撼衆聽矣。伏乞宣諭宰執，事有失當，改之勿疑，法或未完，修之無倦。苟民心既得，則異議自消。陛下端拱以享承平，大臣逡巡以安富貴，海內蒙福，上下攸同，豈不休哉！





大臣恥過，終莫肯改。

六年，拜尚書右丞，進門下侍郎。初，夏人來賀登極，相繼求和，且議地界。朝廷許約，地界已定，付以歲賜。久之，議不決。明年，夏人以兵襲涇原，殺掠弓箭手數千人，朝廷忍之不問，遣使往賜策命。夏人受禮倨慢，以地界爲辭，不復入謝，再犯涇原。四年，來賀坤成節，且議地界。朝廷先以歲賜予之，地界又未決。夏人乃於疆事多方侵求，熙河將佐范育、种誼等，遂背約侵築質孤、勝如二堡(七)，夏人即平盪之。育等又欲以兵納趙醇忠，及擅招其部人千餘，朝廷却而不受，西邊騷然。轍乞罷育、誼，別擇老將以守熙河。宣仁后以爲然，大臣竟主育、誼，不從。

轍又面奏：「人君與人臣，事體不同。人臣雖明見是非，而力所不加，須至且止；人君於事，不知則已，知而不能行，則事權去矣。臣今言此，蓋欲陛下收攬威柄，以正君臣之分而已。若專聽所謂，不以漸制之，及其太甚，必加之罪，不免逐去。事至如此，豈朝廷美事？故臣欲保全大臣，非欲害之也。」

六年，熙河奏：「夏人十萬騎壓通遠軍境，挑掘所爭崖巉，殺人三日而退。乞因其退，急移近裏堡砦於界，乘利而往，不須復守誠信。」下大臣會議。轍曰：「當先定議欲用兵耶，不用耶？」呂大防曰：「如合用兵，亦不得不用。」轍曰：「凡用兵，先論理之曲直。我若不直，兵決不當用。朝廷須與夏人議地界(八)，欲用慶曆舊例，以彼此見今住處當中爲直，此理最簡直。夏人不從，朝廷遂不固執。蓋朝廷臨事，常患先易後難，此所謂先易者也。既而許於非所賜城砦，依綏州例，以二十里爲界，十里爲堡鋪，十里爲草地。要約纔定，朝廷又要兩砦界首侵夏地，一抹取直，夏人見從。又要夏界更留草地十里，夏人亦許。凡此所謂後難者也。今欲於定西城與隴諾堡一抹取直，所侵夏地凡百數十里。隴諾祖宗舊疆，豈所謂非所賜城砦耶？此則不直，致寇之大者也。」劉摯曰：「不用兵雖美，然事有須用兵者，亦不可不用也。」轍奏曰：「夏兵十萬壓熙河境上，不於他處，專於所爭處殺人、掘崖巉，此意可見，此非西人之罪，皆朝廷不直之故。熙河輒敢生事，不守誠信，臣欲詰責帥臣耳。」後屢因邊兵深入夏地，宣仁后遂從轍議。

時三省除李清臣吏部尚書，給事中范祖禹封還詔書，且言姚勔(九)亦言之。三省復除蒲宗孟兵部尚書。轍奏：「前除清臣，給諫紛然，爭之未定。今又用宗孟，恐不便。」宣仁后曰：「奈闕官何？」轍曰：「尚書闕官已數年，何嘗闕事？今日用此二人，正與去年用鄧溫伯無異。此三人者，非有大惡，但昔與王珪、蔡確輩並進，意思與今日聖政不合。見今尚書共闕四人，若並用似此四人，使黨類互進，恐朝廷自是不安靜矣。」議遂止。

紹聖初，哲宗起李清臣爲中書舍人，鄧潤甫爲尚書左丞。二人久在外，不得志，稍復言





熙、豐事以激怒哲宗意。會廷試進士，清臣撰策題，即爲邪說。轍諫曰：

伏見御試策題，歷詆近歲行事，有紹復熙寧、元豐之意。臣謂先帝以天縱之才，行大有爲之志，其所設施，度越前古，蓋有百世不可改者。在位近二十年，而終身不受尊號。裁損宗室，恩止袒免，減朝廷無窮之費。出賣坊場，顧募衙前，免民間破家之患。黜罷諸科誦數之學，訓練諸將慵惰之兵。置寄祿之官，復六曹之舊，嚴重祿之法，禁交謁之私。行淺攻之策以制西夏，收六色之錢以寬雜役。凡如此類，皆先帝之睿算，有利無害。而元祐以來，上下奉行，未嘗失墜也。至於其他，事有失當，何世無之。父作之於前，子救之於後，前後相濟，此則聖人之孝也。

漢武帝外事四夷(一〇)，內興宮室，財用匱竭，於是修鹽鐵、榷酤、均輸之政，民不堪命，幾至大亂。昭帝委任霍光，罷去煩苛，漢室乃定。光武、顯宗以察爲明，以讖決事，上下恐懼，人懷不安。章帝即位，深鑒其失，代之以寬厚，愷悌之政，後世稱焉。本朝眞宗右文偃武，號稱太平，而群臣因其極盛，爲天書之說。章獻臨御，攬大臣之議，藏書梓宮，以泯其迹；及仁宗聽政，絕口不言。英宗自藩邸入繼，大臣創濮廟之議。及先帝嗣位，或請復舉其事，寢而不答，遂以安靜。夫以漢昭、章之賢，與吾仁宗、神宗之聖，豈其薄於孝敬而輕事變易也哉？臣不勝區區，願陛下反覆臣言，愼勿輕事改易。

若輕變九年已行之事，擢任累歲不用之人，人懷私忿，而以先帝爲辭，大事去矣。」哲宗覽奏，以爲引漢武方先朝，不悅。落職知汝州。居數月，元豐諸臣皆會於朝，再責知袁州。未至，降朝議大夫、試少府監，分司南京，筠州居住。三年，又責化州別駕，雷州安置，移循州。徽宗即位，徙永州、岳州，已而復太中大夫，提舉鳳翔上清太平宮。崇寧中，蔡京當國，又降朝請大夫，罷祠，居許州，再復太中大夫致仕。築室于許，號潁濱遺老，自作傳萬餘言，不復與人相見。終日默坐，如是者幾十年。政和二年，卒，年七十四。追復端明殿學士。淳熙中，謚文定。

轍性沉靜簡潔，爲文汪洋澹泊，似其爲人，不願人知之，而秀傑之氣終不可掩，其高處殆與兄軾相迫。所著詩傳、春秋傳、古史、老子解、欒城文集並行於世。三子：遲、适、遜。族孫元老。

元老字子廷。幼孤力學，長於春秋，善屬文。軾謫居海上，數以書往來。軾喜其爲學有功，轍亦愛獎之。黃庭堅見而奇之，曰：「此蘇氏之秀也。」舉進士，調廣都簿，歷漢州教授、西京國子博士、通判彭州。





政和間，宰相喜開邊西南，帥臣多啖誘近界諸族使納土，分置郡縣以爲功，致茂州蠻叛，帥司遽下令招降。元老嘆曰：「威不足以服，則恩不足以懷。」乃移書成都帥周燾曰：「此蠻跳梁山谷間，伺間竊發。彼之所長，我之所短，惟施、黔兩州兵可與爲敵。若檄數千人，使倍道往赴，賢於官軍十萬也。其次以爲夔、陝兵大集，先以夔兵誘其前，陝兵從其後，不十日，賊必破。彼降而我受焉，則威懷之道得。今不討賊，既招而還，必復叛，不免重用兵矣。」燾得書，即召與計事。元老又策：「茂有兩道，正道自濕山趨長平，絕嶺而上，其路險以高；間道自青崖關趨刁溪，循江而行，其路夷以徑。當使正兵陣濕山，而陰出奇兵擣刁溪，與石泉并力合攻，賊腹背受敵，擒之必矣。」燾皆不能用，竟得罪。後帥至，如元老策，蠻勢蹙，乃降。

除國子博士，歷祕書正字、將作少監、比部考功員外郎，尋除成都路轉運副使，爲軍器監，司農、衞尉、太常少卿。

元老外和內勁，不妄與人交。梁師成方用事，自言爲軾外子，因緣欲見之，且求其文，拒不答。言者遂論元老蘇軾從孫，且爲元祐邪說，其學術議論，頗倣軾、轍，不宜在中朝。罷爲提點明道宮。元老歎曰：「昔顏子附驥尾而名顯，吾今以家世坐累，榮矣。」未幾卒，年四十七。有詩文行于時。

論曰：蘇轍論事精確，修辭簡嚴，未必劣於其兄。王安石初議青苗，轍數語柅之，安石自是不復及此，後非王廣廉傅會，則此議息矣。轍寡言鮮慾，素有以得安石之敬心，故能爾也。若是者，軾宜若不及，然至論軾英邁之氣，閎肆之文，轍爲軾弟，可謂難矣。元祐秉政，力斥章、蔡，不主調停；及議回河、雇役，與文彥博、司馬光異同，西邊之謀，又與呂大防、劉摯不合。君子不黨，於轍見之。轍與兄進退出處，無不相同，患難之中，友愛彌篤，無少怨尤，近古罕見。獨其齒爵皆優於兄，意者造物之所賦與，亦有乘除於其間哉！

## 校勘記

〔一〕王廣廉　原作「王廣兼」，據本書卷一七六食貨志、東都事略卷九三下蘇轍傳、蘇轍欒城集後集卷一二潁濱遺老傳上改。

〔二〕縱捨由己　「捨」原作「合」，據欒城集後集卷一二潁濱遺老傳上、欒城集卷四〇轉對狀改。

〔三〕必單行乏水　「乏」原作「之」，據欒城集後集卷一二潁濱遺老傳上、欒城集卷四〇請戶部復三司諸案箚子改。

〔四〕舉河北河事及諸路都作院皆歸轉運司　「河北」的「河」字原竝「都作院」下，據同上書同卷同篇改。





〔五〕諸縣手力最爲輕役　「縣」原作「役」，欒城集後集卷一三潁濱遺老傳下、長編卷四四三都作「縣」字，於義爲長，據改。

〔六〕爲錢七十餘貫　「七十」原作「七千」，與上文「一歲之用，已爲三十六貫」之數不合。據欒城集後集卷一三潁濱遺老傳下、欒城集卷四三論分別邪正箚子改。

〔七〕質孤勝如二堡　「質孤」原作「買孤」，據欒城集後集卷一三潁濱遺老傳下、欒城集卷四六論西邊商量地界箚子改。長編卷四四二作「智固」，音同。

〔八〕朝廷須與夏人議地界　「須」，長編卷五六〇作「頃」，於義較長。

〔九〕姚勔　原作「姚覸」，據欒城集後集卷一三潁濱遺老傳下、長編卷四六五改。

〔一〇〕四夷　原作「四征」，據編年綱目卷二四、東都事略卷九三下本傳改。

# 宋史卷三百四十

## 列傳第九十九

### 呂大防 兄大忠 弟大鈞 大臨 劉摯 蘇頌

呂大防字微仲，其先汲郡人。祖通，太常博士。父賁，比部郎中。通葬京兆藍田，遂家焉。大防進士及第，調馮翊主簿、永壽令。縣無井，遠汲於澗，大防行近境，得二泉，欲導而入縣，地勢高下，衆疑無成理。大防用考工水地置泉之法以準之，不旬日，果疏爲渠，民賴之，號曰「呂公泉」。

遷著作佐郎、知青城縣。故時，圭田粟入以大斗而出以公斗，獲利三倍，民雖病不敢訴。大防始均出納以平其直，事轉聞，詔立法禁，命一路悉輸租于官概給之。青城外控汶川，與敵相接。大防據要置邏，密爲之防，禁山之樵采，以嚴障蔽。韓絳鎭蜀，稱其有王佐才。入權鹽鐵判官。





英宗卽位，改太常博士。御史闕，內出大防與范純仁姓名，命爲監察御史裏行。首言：「紀綱賞罰，未厭四方之望者有五：進用大臣而權不歸上；大臣疲老而不得時退；外國驕蹇而不擇將帥；議論之臣裨益闕失，而大臣沮之；疆埸左右之臣，有敗事而被賞、舉職而獲罪者。」又言：「富弼病足請解機務，章十餘上而不納；張昪〔一〕年幾八十，聰明已耗，哀乞骸骨而不從；吳奎有三年之喪，以其子召之者再，遣使召之者又再；程戡辭老不能守邊，恐死塞上，兗以尸柩還家爲請，亦不許。陛下欲盡君臣之分，使病者得休，喪者得終，老者得盡其餘年，則進退盡禮，亦何必過爲虛飾，使四人之誠，不得自達邪？」

是歲，京師大水，大防曰：「雨水之患，至入宮城廬舍，殺人害物，此陰陽之沴也。」卽陳八事，曰：主威不立，臣權太盛，邪議干正，私恩害公，遼、夏連謀，盜賊恣行，羣情失職，刑罰失平。會執政議濮王稱考，大防上言：「先帝起陛下爲皇子，館於宮中，憑几之命，緒言在耳，皇天后土，實知所託。設使先帝萬壽，陛下猶爲皇子，則安懿之稱伯，於理不疑。豈可生以爲子，沒而背之哉？夫人君臨御之始，宜有至公大義厭服天下，以結其心。今大臣首欲加王以非正之號，使陛下顧私恩而違公義，非所以結天下之心也。」章累十數上，出知休寧縣。

神宗立，通判淄州。熙寧元年，知泗州，爲河北轉運副使。召直舍人院。韓絳宣撫陝西，命爲判官，又兼河東宣撫判官，除知制誥。四年，知延州。大防欲城河外荒堆砦，衆謂不可守，大防留戍兵修堡障，有不從者斬以徇。會環慶兵亂，絳坐黜，大防亦落知制誥，以太常博士知臨江軍。

數月，徙知華州。華嶽摧，自山屬渭河，被害者衆。大防奏疏，援經質史，以驗時事。其略曰：「『畏天之威，于時保之』，先王所以興也；『我生不有命在天』，後王所以壞也。書云：『惟先格王，正厥事。』願仰承天威，俯酌時變，爲社稷至計。」除龍圖閣待制、知秦州。

元豐初，徙永興。神宗以彗星求言，大防陳三說九宜：曰治本，曰緩末，曰納言。養民、教士、重穀，治本之宜三也；治邊、治兵，緩末之宜二也；廣受言之路，寬侵官之罰，恕誹謗之罪，容異同之論，此納言之宜四也。累數千言。時用兵西夏，調度百出，有不便者輒上聞，務在寬民。及兵罷，民力比他路爲饒，供億軍須亦無乏絕。進直學士。居數年，知成都府。

哲宗卽位，召爲翰林學士、權開封府。有僧誣民取財，因訟至廷下。驗治得情，命抱具獄，卽其所杖之，他挾姦者皆遁去。館伴契丹使。其使黠，語頗及朝廷，大防密擿其隱事，詰之曰：「北朝試進士至心獨運賦〔二〕，不知此題於書何出？」使錯還不能對，自是不敢復出嫚詞。





遷吏部尚書。夏使來，詔訪以待遇之計，且曰：「向者所得邊地，雖建立城堡，終慮孤絕難保。棄之則弱國，守之又有後悔，爲當奈何？」大防言：「夏本無能爲，然屢遣使而不布誠款者，蓋料我急於議和耳。今使者到闕，宜令押伴臣僚，扣其不賀登極，以覘厥意，足以測情僞矣。新收疆土，議者多言可棄，此慮之不熟也。至於守禦之策，惟擇將帥爲先。太祖用姚內斌、董遵誨守環、慶，西人不敢入侵。昔以二州之力，禦敵而有餘；今以九州之大，奉邊而不足。由是言之，在於得人而已。」

元祐元年，拜尚書右丞，進中書侍郎，封汲郡公。西方息兵，靑唐羌以爲中國怯，使大將鬼章靑宜結犯邊。大防命洮州諸將乘間致討，生擒之。

三年，呂公著告老，宣仁后欲留之京師。手札密訪至于四五，超拜大防尚書左僕射兼門下侍郎，提舉修神宗實錄。大防見哲宗年益壯，日以進學爲急，請敕講讀官取仁宗邇英御書解釋上之，寘于坐右。又摭乾興以來四十一事足以爲勸戒者，分上下篇，標曰仁祖聖學，使人主有欣慕不足之意。

哲宗御邇英閣，召宰執、講讀官讀寶訓，至「漢武帝籍南山提封爲上林苑」，仁宗曰：『山澤之利當與衆共之，何用此也。』丁度曰：『臣事陛下二十年，每奉德音，未始不及於憂勤，此蓋祖宗家法爾。』」大防因推廣祖宗家法以進，曰：「自三代以後，唯本朝百二十年中外無事，

二十四史

中華書局

蓋由祖宗所立家法最善，臣請舉其略。自古人主事母后，朝見有時，如漢武帝五日一朝長樂宮。祖宗以來事母后，皆朝夕見，此事親之法也。前代大長公主用臣妾之禮。本朝必先致恭，仁宗以姪事姑之禮見獻穆大長公主，此事長之法也。前代宮闈多不肅，宮人或與廷臣相見，唐入閤圖有昭容位。本朝宮禁嚴密，內外整肅，此治內之法也。前代外戚多預政事，常致敗亂。本朝母后之族皆不預，此待外戚之法也。前代宮室多尙華侈。本朝宮殿止用赤白，此尙儉之法也。前代人君雖在宮禁，出輿入輦。祖宗皆步自內庭，出御後殿。豈乏人力哉，亦欲涉歷廣庭，稍冒寒暑，此勤身之法也。前代人主，在禁中冠服苟簡。祖宗以來，燕居必以禮。竊聞陛下昨郊禮畢，具禮謝太皇太后，此尙禮之法也。前代多深於用刑，大者誅戮，小者遠竄。惟本朝用法最輕，臣下有罪，止於罷黜，此寬仁之法也。至於虛己納諫，不好畋獵，不尙翫好，不用玉器，不貴異味，此皆祖宗家法，所以致太平者。陛下不須遠法前代，但盡行家法，足以爲天下。」哲宗甚然之。

大防朴厚惷直，不植黨朋，與范純仁並位，同心戮力，以相王室。立朝挺挺，進退百官，不可干以私，不市恩嫁怨，以邀聲譽，凡八年，始終如一。

懇乞避位，宣仁后曰：「上方富於春秋，公未可卽去，少須歲月，吾亦就東朝矣。」未果而后崩。爲山陵使，復命以觀文殿大學士、左光祿大夫知潁昌府。尋改永興軍，使便其鄉社。





入辭，哲宗勞慰甚渥，曰：「卿暫歸故鄉，行卽召矣。」未幾，左正言上官均論其隳壞役法，右正言張商英、御史周秩、劉拯相繼攻之，奪學士，知隨州，貶秘書監，分司南京，居郢州。言者又以修神宗實錄直書其事爲誣詆，徙安州。

兄大忠自渭入對，哲宗詢大防安否，且曰：「執政欲遷諸嶺南，朕獨令處安陸，爲朕寄聲問之。大防朴直爲人所賣，三二年可復相見也。」大忠泄其語於章惇，惇懼，繩之愈力。紹聖四年，遂貶舒州團練副使，安置循州。至虔州信豐而病，語其子景山曰：「吾不復南矣！吾死汝歸，呂氏尙有遺種。」遂薨，年七十一。大忠請歸葬，許之。

大防身長七尺，眉目秀發，聲音如鐘。自少持重，無嗜好，過市不左右游目，燕居如對賓客。每朝會，威儀翼如，神宗常目送之。與大忠及弟大臨同居，相切磋論道考禮，冠昏喪祭一本於古，關中言禮學者推呂氏。嘗爲鄉約曰：「凡同約者，德業相勸，過失相規，禮俗相交，患難相卹，有善則書于籍，有過若違約者亦書之，三犯而行罰，不悛者絕之。」

徽宗卽位，復其官。高宗紹興初，又復大學士，贈太師、宣國公，謚曰正愍。

大忠字進伯。登第，爲華陰尉、晉城令。韓絳宣撫陝西，以大忠提舉永興路義勇。改秘書丞，檢詳樞密院吏、兵房文字。令條義勇利害。大忠言：「養兵猥衆，國用日屈，漢之屯田，唐之府兵，善法也。弓箭手近於屯田，義勇近於府兵，擇用一焉，兵屯可省矣。」爲簽書定國軍判官。

熙寧中，王安石議遣使諸道，立緣邊封溝，大忠與范育被命，俱辭行。大忠陳五不可，以爲懷撫外國，恩信不洽，必致生患。罷不遣。令與劉忱使契丹，議代北地，會遭父喪，起復，知代州。契丹使蕭素、梁穎至代，設次，據主席，大忠與之爭，乃移次於長城北。換西上閤門使、知石州。

大忠數與素、穎會，凡議，屢以理折之，素、穎稍屈。已而復使蕭禧來求代北地，神宗召執政與大忠、忱議，將從其請。大忠曰：「彼遣一使來，卽與地五百里，若使魏王英弼來求關南，則何如？」神宗曰：「卿是何言也？」對曰：「陛下旣以臣言爲不然，恐不可啓其漸。」忱曰：「大忠之言，社稷大計，願陛下熟思之。」執政知不可奪，議卒不決，罷忱還三司，大忠亦終喪制。其後竟以分水嶺爲界焉。

元豐中，爲河北轉運判官，言：「古者理財，視天下猶一家。朝廷者家，外計者兄弟，居雖異而財無不同。今有司惟知出納之名，有餘不足，未嘗以實告上。故有餘則取之，不足莫之與，甚大患也。」乃上生財、養民十二事。徙提點淮西刑獄。時河決，飛蝗爲災，大忠入對，極論之，詔歸故官。





元祐初，歷工部郎中、陝西轉運副使、知陝州，以直龍圖閣知秦州，進寶文閣待制。夏人自犯麟府、環慶後，遂絕歲賜，欲遣使謝罪，神宗將許之。大忠言：「夏人彊則縱，困則服，今陽爲恭順，實懼討伐。宜且命邊臣詰其所以來之辭，若惟請是從，彼將有以窺我矣。」

時郡糴民粟，豪家因之制操縱之柄。大忠選僚寀自旦入倉，雖斗升亦受，不使有所壅閼。民喜，爭運粟于倉，負錢而去，得百餘萬斛。

馬涓以進士舉首入幕府，自稱狀元。大忠謂曰：「狀元云者，及第未除官之稱也，旣爲判官則不可。今科舉之習旣無用，修身爲己之學，不可不勉。」又敎以臨政治民之要，涓自以爲得師焉。謝良佐敎授州學，大忠每過之，聽講論語，必正襟斂容曰：「聖人言行在焉，吾不敢不肅。」

嘗獻言：「夏人戍守之外，戰士不過十萬，吾三路之衆，足以當之矣。彼屢犯王略，一不與校，臣竊羞之。」紹聖二年，加寶文閣直學士、知渭州，付以秦、渭之事，奏言：「關、陝民力未裕，士氣沮喪，非假之歲月，未易枝梧。」因請以職事對。大抵欲以計徐取橫山，自汝遮殘非迤邐進築，不求近功。

旣而鍾傳城安西，王文郁亦用事，章惇、曾布主之，大忠議不合；又乞以所進職爲大防量移，惇、布陳其所言與元祐時異，徙知同州，旋降待制致仕。卒，詔復學士官，佐其葬。

大鈞字和叔。父蕡，六子，其五登科，大鈞第三子也。中乙科，調秦州右司理參軍，監延州折博務。改光祿寺丞、知三原縣。請代蕡入蜀，移巴西縣。蕡致仕，大鈞亦移疾不行。韓絳宣撫陝西、河東，辟書寫機密文字。府罷，移知候官縣，故相曾公亮鎮京兆，薦知涇陽縣，皆不赴。丁外艱，家居講道。數年，起爲諸王宮教授。求監鳳翔船務，制改宣義郎。

會伐西夏，鄜延轉運司檄爲從事。既出塞，轉運使李稷餽餉不繼，欲還安定取粮，使大鈞請於种諤。諤曰：「吾受命將兵，安知粮道！萬一不繼，召稷來，與一劍耳。」大鈞性剛直，卽曰：「朝廷出師，去塞未遠，遂斬轉運使，無君父乎？」諤意折，彊謂大鈞曰：「君欲以此報稷，先稷受禍矣！」大鈞怒曰：「公將以此言見恐邪？吾委身事主，死無所辭，正恐公過耳。」諤見其直，乃好謂曰：「子乃爾邪？今聽汝矣！」始許稷還。是時，微大鈞盛氣誚諤，稷且不免。未幾，道得疾，卒，年五十二。

大鈞從張載學，能守其師說而踐履之。居父喪，衰麻葬祭，一本於禮。後乃行於冠昏、膳飲、慶弔之間，節文粲然可觀，關中化之。尤喜講明井田兵制，謂治道必自此始，悉撰次爲圖籍，可見於用。雖皆本於載，而能自信力行，載每歎其勇爲不可及。



大臨字與叔。學于程頤，與謝良佐、游酢、楊時在程門，號「四先生」。通六經，尤邃於禮。每欲掇習三代遺文舊制，令可行，不爲空言以拂世駭俗。

其論選舉曰：「古之長育人才者，以士衆多爲樂；今之主選舉者，以多爲患。古以禮聘士，常恐士之不至；今以法待士，常恐士之競進。古今豈有異哉，蓋未之思爾。夫爲國之要，不過得人以治其事，如爲治必欲得人，惟恐人才之不足，而何患於多。如治事皆任其責，惟恐士之不至，不憂其競進也。今取人而用，不問其可任何事；任人以事，不問其才之所堪。故入流之路不勝其多，然爲官擇士則常患乏才；待次之吏歷歲不調，然考其職事則常患不治。是所謂名實不稱，本末交戾。如此而欲得人而事治，未之有也。今欲立士規以養德厲行，更學制以量才進藝，定試法以區別能否，修辟法以興能備用，嚴舉法以覈實得人，制考法以責任考功，庶幾可以漸復古矣。」

富弼致政于家，爲佛氏之學。大臨與之書曰：「古者三公無職事，惟有德者居之，內則論道于朝，外則主教于鄉。古之大人當是任者，必將以斯道覺斯民，成己以成物，豈以爵位進退、體力盛衰爲之變哉？今大道未明，人趨異學，不入于莊，則入于釋。疑聖人爲未盡善，輕禮義爲不足學，人倫不明，萬物憔悴，此老成大人惻隱存心之時。以道自任，振起壞俗，在公之力，宜無難矣。若夫移精變氣，務求長年，此山谷避世之士獨善其身者之所好，豈世之所以望於公者哉？」弼謝之。

元祐中，爲太學博士，遷秘書省正字。范祖禹薦其好學修身如古人，可備勸學，未及用而卒。



劉摯字莘老，永靜東光人。兒時，父居正課以書，朝夕不少間。或謂：「君止一子，獨不可少寬邪？」居正曰：「正以一子，不可縱也。」十歲而孤，鞠於外氏，就學東平，因家焉。

嘉祐中，擢甲科，歷冀州南宮令。縣比不得人，俗化凋敝，其賦甚重，輸絹匹折稅錢五百，綿兩折錢三十，民多破產。摯援例旁郡，條請裁以中價。轉運使怒，將劾之。摯固請曰：「獨一州六邑被此苦，決非法意，但朝廷不知耳。」遂告於朝。三司使包拯奏從其議，自是絹爲錢千三百，綿七十有六。民歡呼至泣下，曰：「劉長官活我！」是時，摯與信都令李沖、清河令黃莘皆以治行聞，人稱爲「河朔三令」。

徙江陵觀察推官，用韓琦薦，得館閣校勘。王安石一見器異之，擢檢正中書禮房，默默非所好也。才月餘，爲監察御史裏行，欣然就職，歸語家人曰：「趣裝，毋爲安居計。」未及



陛對，卽奏論：「亳州獄起不止[三]，小人意在傾富弼以市進，今弼已得罪，願少寬之。」又言：「程昉開漳河，調發猝迫，人不堪命。趙子幾擅升畿縣等，使納役錢，縣民日數千人遮訴宰相，京師喧然，何以示四方？張靚、王廷老擅增兩浙役錢，督賦嚴急，人情嗟怨。此皆欲以羨餘希賞，願行顯責，明朝廷本無聚斂之意。」

及入見，神宗面賜褒諭。因問：「卿從學王安石邪？安石極稱卿器識。」對曰：「臣東北人，少孤獨學，不識安石也。」退而上疏曰：「君子小人之分，在義利而已。小人才非不足用，特心之所向，不在乎義。故希賞之志，每在事先；奉公之心，每在私後。陛下有勸農之意，今變而爲煩擾；陛下有均役之意，今倚以爲聚斂。其有愛君之心，憂國之言者，皆無以容於其間。今天下有喜於敢爲，有樂於無事。彼以此爲流俗，此以彼爲亂常。畏義者以進取爲可恥，嗜利者以守道爲無能。此風浸成，漢、唐黨禍必起矣。惟君子爲能通天下之志。臣願陛下虛心平聽，審察好惡，前日意以爲是者，今更察其非；前日意以爲短者，今更用其長。稍抑虛譁輕僞、志近忘遠、幸於苟合之人，漸察忠厚愼重、難進易退、可與有爲之士。收過與不及之俗，使會於大中之道，則施設變化，惟陛下號令之而已。」

又論率錢助役、官自雇人有十害，其略曰：「天下州縣戶役，虛實重輕不同。今等以爲率，則非一法所能齊；隨其所宜，各自立法，則紛擾散殊，何以統率？一也。新法謂版籍不

二十四史 中華書局

實，故令別立等第。且舊籍既不可信，今何以得其無失？不獨搔擾生事患，將使富輸少，貧輸多，二也。天下上戶少，中戶多。上戶役數而重，故以助錢爲幸。中戶役簡而輕，下戶役所不及。今概使輸錢，則爲不幸，三也。有司欲多得雇錢，而患上戶之寡，故不用舊籍，臨時升降，使民何以堪命？四也。歲有豐凶，而役人有定數，助錢不可闕。非若稅賦有倚閣、減放之期，五也。穀、麥、布、帛，歲有所出，而助法必輸見錢，六也。二稅科買，色目已多，又概率錢以竭其所有，斯民無有悅而願爲農者，戶口當日耗失，七也。僥倖者又將緣法生姦，如近日兩浙倍科錢數，自以爲功，八也。差法近者十餘年，遠或二十年，乃一充役，民安習之久矣。今官自雇人，直重則民不堪，輕則人不願，不免以力毆之就役，九也。且役人必用鄉戶，家有常產，則必知自愛；性既愚實，則罕有盜欺。今一切雇募，但得輕猾浮僞之人，巧詐相資，何所不至？十也。」

會御史中丞楊繪亦言其非，安石使張琥作十難以詰之，琥辭不爲，司農曾布請爲之。既作十難，且劾摯、繪欺誕懷向背。詔問狀，繪懼謝罪。摯奮曰：「爲人臣豈可壓於權勢，使天子不知利害之實！」即條對所難，以伸其說。且曰：「臣待罪言責，采士民之說以聞於上，職也。今有司遽令分析，是使之較是非，爭勝負，交口相直，無乃辱陛下耳目之任哉！所謂向背，則臣所向者義，所背者利；所向者君父，所背者權臣。願以臣章并司農奏宣示百官，





考定當否。如臣言有取，幸早施行，若稍涉欺罔，甘就竄逐。」不報。

摯明日復上疏曰：「陛下起居言動，躬蹈德禮，夙夜厲精，以親庶政。天下未至於安且治者，誰致之耶？陛下注意以望太平，而自以太平爲己任，得君專政者是也。二三年間，開闔動搖，舉天下無一物得安其所者。蓋自青苗之議起，而天下始有聚斂之疑；青苗之議未允，而均輸之法行；均輸之法方擾，而邊鄙之謀動；邊鄙之禍未艾，而助役之事興。至於求水利，行淤田，併州縣，興事起新，難以徧舉。其議財，則市井屠販之人，皆召至政事堂。其征利，則下至歷日，而官自鬻之。推此而往，不可究言。輕用名器，淆混賢否；忠厚老成者，擯之爲無能；狹少儇辯者，取之爲可用；守道憂國者，謂之流俗；敗常害民者，謂之通變。凡政府謀議經畫，除用進退，獨與一掾屬決之，然後落筆。同列預聞，反在其後。故奔走乞丐之人，其門如市。今西夏之款未入，反側之兵未安，三邊瘡痍，流潰未定。河北大旱，諸路大水，民勞財乏，縣官減耗。聖上憂勤念治之時，而政事如此，皆大臣誤陛下，而大臣所用者，誤大臣也。」疏奏，安石欲竄之嶺外，神宗不聽，但謫監衡州鹽倉。繪出知鄭州，琥亦落職。摯乞詣鄆遷葬，然後奔赴貶所，許之。

先是，倉吏與綱兵姦利相市，鹽中雜以僞惡，遠人未嘗食善鹽。摯悉意核視，且儲其羨以爲賞，弊減什七。父老目爲「學士鹽」。久之，簽書南京判官。會司農新令，盡斥賣天下祠廟，依坊場河渡法收淨利。南京閼伯廟歲錢四十六貫，微子廟十三貫。摯歎曰：「一至於此！」往見留守張方平曰：「獨不能爲朝廷言之耶？」方平瞿然，托摯爲奏曰：「閼伯遷商丘，主祀大火，火爲國家盛德所乘，歷世尊爲大祀。微子，宋始封之君，開國此地，本朝受命，建號所因。又有雙廟者，唐張巡、許遠孤城死賊，能捍大患。今若令承買小人規利，冗褻瀆慢，何所不爲，歲收微細，實損大體。欲望留此三廟，以慰邦人崇奉之意。」從之。又見方平傳。

入同知太常禮院。元豐初，改集賢校理、知大宗正寺丞，爲開封府推官。神宗開天章閣，議新官制，除至禮部郎中，曰：「此南宮舍人，非他曹比，無出劉摯者。」即命之。俄遷右司郎中。

初，宰掾每於執政分廳時，請間白事，多持兩端伺意指。摯始請以公禮聚見，共決可否。或不便摯所請，坐以開封不置曆事罷歸。明年，起知滑州。哲宗即位，宣仁后同聽政，召爲吏部郎中，改祕書少監，擢侍御史。上疏曰：「昔者周成王幼沖踐祚，師保之臣，周公、太公其人也。仁宗皇帝盛年嗣服，用李維、晏殊爲侍讀，孫奭、馮元爲侍講，聽斷之暇，召使入侍。陛下春秋鼎盛，在所資養。願選忠信孝悌、惇茂老成之人，以充勸講進讀之任，便殿燕坐，時賜延對，執經誦說，以廣睿智，仰副善繼求治之志。」





他日講筵進讀，至仁宗不避庚戌臨奠張士遜，侍讀曰：「國朝故事，多避國音。國朝角音，木也，故畏庚辛。」哲宗問：「果當避否？」摯進曰：「陰陽拘忌，聖人不取，如正月祈穀必用上辛，此豈可改也？漢章帝以反支日受章奏，唐太宗以辰日哭張公謹，仁宗不避庚戌日，皆陛下所宜取法。」哲宗然之。

摯又言：「諫官御史員缺未補，監察雖滿六員，專以察治官司公事，而不預言責。臣請增補臺諫，並許言事。」時蔡確、章惇在政地，與司馬光不相能。摯因久旱上言：「洪範：『庶徵肅，時雨若。』五行傳：『政緩則冬旱。』今廟堂大臣，情志乖暌，議政之際，依違排狠，語播於外，可謂不肅。政令二三，舒緩不振。比日日青無光，風霾昏曀，上天警告，皆非小變。願進忠良，通壅塞，以答天戒。」

蔡確爲山陵使，神宗靈駕發引前夕不入宿，摯劾之，不報。及使回，既朝即視事，摯又奏確不引咎自劾。無何，確上表自陳，嘗請收拔當世之耆艾，以陪輔王室，蠲省有司之煩碎，以慰安民心。摯謂：「使確誠有是請，不言於先朝，爲不忠之罪；言於今日，爲取容之計。誠無是請，則欺君莫大於此。」又疏確過惡大略有十，論章惇凶悍輕侻，無大臣體，皆罷去。

初，神宗更新學制，養士以千數，有司立爲約束，過於煩密。摯上疏曰：「學校爲育材首

善之地，教化所從出，非行法之所。雖羣居衆聚，帥而齊之，不可無法，亦有禮義存焉。先帝體道制法，超漢軼唐，養士之盛，比隆三代。然而比以太學屢起獄訟，有司緣此造爲法禁，煩苛愈於治獄，條目多於防盜，上下疑貳，以求苟免。甚可怪者，博士、諸生禁不相見，教諭無所施，質問無所從，月巡所隸之齋而已。齋舍既不一，隨經分隸，則又易博士兼巡禮齋，詩博士兼巡書齋，所至備禮請問，相與揖諾，亦或不交一言而退，以防私請，以杜賄賂。學校如此，豈先帝所以造士之意哉？治天下者，遇人以君子、長者之道，則下必有君子、長者之行而應乎上。若以小人、犬彘遇之，彼將以小人、犬彘自爲，而況以此行於學校之間乎？願罷其制。」

又請雜用經義、詩賦取士，復賢良方正科，罷常平、免役，引朱光庭、王巖叟爲言官。執憲數月，正色彈劾，多所貶黜，百僚敬憚，時人以比包拯、呂晦。元祐元年，擢御史中丞。摯上疏曰：「上之所好，下必有甚。朝廷意在總覈，下必有刻薄之行；朝廷務在寬大，下必有苟簡之事。習俗懷利，迎意趨和，所爲近似，而非上之意本然也。今因革之政本殊，而觀望之俗故在。昨差役初行，監司已有迎合爭先，不校利害，一概定差，一路爲之騷動者。朝廷察其如此，固已黜之矣。以是觀之，大約類此。向來黜責數人者，皆以非法掊克，市進害民，然非欲使之漫不省事。昧者不達，矯枉過正，顧可不爲





之禁哉？請立監司考績之制。」

拜尚書右丞，進左丞、中書侍郎，遷門下侍郎。胡宗愈除右丞，諫議大夫王覿疏其非是，宣仁后怒，將加深譴。摯開救甚力，簾中厲聲曰：「若有人以門下侍郎爲姦邪，甘受之否？」摯曰：「陛下審察毀譽每如此，天下幸甚！然願顧大體，宗愈進用，自有公議，必致貶諫官而後進，恐宗愈亦所未安。」宣仁后意解，覿得補郡去。

摯與同列奏事論人才，摯曰：「人才難得，能否不一。性忠實而才識有餘，上也；才識不逮而忠實有餘，次也；有才而難保，可藉以集事，又其次也。懷邪觀望，隨時勢改變，此小人也，終不可用。」哲宗及宣仁后曰：「卿常能如此用人，國家何憂！」六年，拜尚書右僕射。

摯性陗直，有氣節，通達明銳，觸機輒發，不爲利怵威誘。自初輔政至爲相，修嚴憲法，辨白邪正，專以人物處心，孤立一意，不受謁請。子弟親戚入官，皆令赴銓部以格調選，未嘗以干朝廷。與呂大防同位，國家大事，多決於大防，惟進退士大夫，實執其柄。然持心少恕，勇於去惡，竟爲朋讒奇中。

先是，邢恕謫官永州，以書抵摯〔四〕。摯故與恕善，答其書，有「永州佳處，第往以俟休復」之語。排岸官茹東濟，傾險人也，有求於摯，不得，見其書，陰錄以示御史中丞鄭雍、侍御史楊畏。二人方交章擊摯，遂箋釋其語上之，曰：「『休復』者，語出周易，『以俟休復』者，俟他日太皇太后復子明辟也。」又章惇諸子故與摯之子游，摯亦間與之接。雍、畏謂延見接納，爲牢籠之計，以冀後福。宣仁后於是面喻摯曰：「言者謂卿交通匪人，爲異日地，卿當一心王室。若章惇者，雖以宰相處之，未必樂也。」摯皇懼退，上章自辨，執政亦爲之言。宣仁后曰：「垂簾之初，摯排斥姦邪，實爲忠直。但此二事，非所當爲也。」以觀文殿學士罷知鄆州。給事中朱光庭駁云：「摯忠義自奮，朝廷擢之大位，一旦以疑而罷，天下不見其過。」光庭亦罷。七年，徙大名，又爲雍等所遏，徙知青州。

紹聖初，來之邵、周秩論摯變法、棄地罪，奪職知黃州，再貶光祿卿，分司南京，蘄州居住。將行，語諸子曰：「上用章惇，吾且得罪。若惇顧國事，不遷怒百姓，但責吾曹，死無所恨。正慮意在報復，法令益峻，奈天下何！」憂形於色，無一言及遷謫意。四年，陷邢恕之謗，貶鼎州團練副使，新州安置。惟一子從。家人涕泣願侍，皆不聽。至數月，以疾卒，年六十八。

初，摯與呂大防爲相，文及甫居喪，在洛怨望，服除，恐不得京官，抵書邢恕曰：「改月遂除，入朝之計未可必。當塗猜怨於鷹揚者益深，其徒實繁。司馬昭之心，路人所知也，濟之以『粉昆』，必欲以眇躬爲甘心快意之地，可爲寒心。」其謂司馬昭者，指呂大防獨當國久





「粉昆」者，世以駙馬都尉爲「粉侯」，韓嘉彥尙主，以兄忠彥爲「粉昆」也。恕以書示蔡碩、蔡渭，渭上書訟摯及大防等十餘人陷其父確，謀危宗社，引及甫書爲證。時章惇、蔡卞誣造元祐諸人事不已，因是欲殺摯及梁燾、王巖叟等。以爲摯有廢立之意，遂起同文館獄，用蔡京、安惇雜治，逮問及甫。及甫元祐末德大防除權侍郎，又忠彥雖龍，哲宗眷之未衰，乃託其亡父嘗說司馬昭指劉摯，「粉」謂王巖叟面白如粉，「昆」謂梁燾字況之，「況」猶「兄」也。又問實狀，但云：「疑其事勢如此。」會摯卒，京奏不及考驗，遂免其子官，與家屬徙英州，凡三年，死於瘴者十人。

徽宗立，詔反其家屬，用子跂請，得歸葬。跂又伏闕訴及甫之誣，遂貶及甫并渭於湖外，復摯中大夫。蔡京爲相，降朝散大夫。後又復觀文殿大學士、太中大夫。紹興初，贈少師，謚曰忠肅。

摯嗜書，自幼至老，未嘗釋卷。家藏書多自讎校，得善本或手抄錄，孜孜無倦。少好禮學，其究三禮，視諸經尤粹。晚好春秋，考諸儒異同，辨其得失，通聖人經意爲多。其教子孫，先行實，後文藝。每曰：「士當以器識爲先，一號爲文人，無足觀矣。」

跂能爲文章，遭黨事，爲官拓落，家居避禍，以壽終。

蘇頌字子容，泉州南安人。父紳，葬潤州丹陽，因徙居之。第進士，歷宿州觀察推官、知江寧縣。時建業承李氏後，稅賦圖籍，一皆無藝，每發斂，高下出吏手。頌因治訊他事，互問民鄰里丁產，識其詳。及定戶籍，民或自占不悉，頌詧之曰：「汝有某丁某產，何不言？」民駭懼，皆不敢隱。遂剗剔夙蠹，成賦一邑，簡而易行，諸令視以爲法，至領其民拜庭下以謝。凡民有忿爭，頌喻以鄉黨宜相親善，若以小忿而失歡心，一旦緩急，將何賴焉。民往往謝去，或半途思其言而止。時監司王鼎、王綽、楊紘於部吏少許可，及觀頌施設，則曰：「非吾所及也。」

調南京留守推官，留守歐陽脩委以政，曰：「子容處事精審，一經閱覽，則脩不復省矣。」時杜衍老居睢陽，見頌，深器之，曰：「如君，眞所謂不可得而親疏者。」衍又自謂平生人罕見其用心處，遂自小官以至爲侍從、宰相所以施設出處，悉以語頌，曰：「以子相知，且知子異日必爲此官，老夫非以自矜也。」故頌後歷政，略似衍云。

皇祐五年，召試館閣校勘，同知太常禮院。至和中，文彥博爲相，請建家廟，事下太常。頌議以爲：「禮，大夫士有田則祭，無田則薦，是有士者乃爲廟祭也。有田則有爵，無士無爵，則子孫無以繼承宗祀，是有廟者止於其躬，子孫無爵，祭乃廢也。若參合古今之制，依





約封爵之令，爲之等差，錫以土田，然後廟制可議。若猶未也，即請考案唐賢寢堂祠饗儀，止用燕器常食而已。」

嘉祐中，詔禮院議立故郭皇后神御殿于景靈宮，頌謂：「敕書云：『向因忿鬱，偶失謙恭。』此則無可廢之事。又云：『朕念其自歷長秋，僅周一紀，逮事先后，祗奉寢園。』此則有不當廢之悔。又云：『可追復皇后，其祔廟謚册並停。』此則有合祔廟及謚册之義。請祔郭皇后於后廟，以成追復之道。」衆論未定，宰相曾公亮問曰：「郭后，上元妃，若祔廟，則事體重矣。」頌曰：「國朝三聖，賀、尹、潘皆元妃，事體正相類。今止祔后廟，則豈得有同異之言。」公亮曰：「議者以謂陰逼母后，是恐萬歲後配祔之意。」頌曰：「若加一『懷』、『哀』、『愍』之謚，則不爲逼矣。」公亮歎重。

遷集賢校理，編定書籍。頌在館下九年，奉祖母及母，養姑姊妹與外族數十人，甘旨融怡，昏嫁以時。妻子衣食常不給，而處之晏如。富弼嘗稱頌爲古君子，及與韓琦爲相，同表其廉退，以知潁州。通判趙至忠本邊徼降者，所至與守競，頌待之以禮，具盡誠意。至忠感泣曰：「身雖夷人，然見義則服，平生誠服者，唯公與韓魏公耳。」

仁宗崩，建山陵，有司以不時難得之物厲諸郡。頌曰：「遺詔務從儉約，豈有土不產而可強賦乎？量其有無，事亦隨集。」英宗即位，召提點開封府界諸縣鎭公事。頌言：「周制六軍出於六鄉，在三畿四郊之地；唐設十二衞，亦散布畿內郡縣，又以關內諸府分隸之，皆所以臨制四方，爲國藩衞。國朝禁兵，多屯京師及畿內東南諸縣，雖饋運爲便〔五〕，而西邊武備殊闕。今中牟、長垣都門要衝，二鄙驛置皆由此，而舊不屯兵，闃無防守，請置營益兵，以備非常。」明年，飢民果乘虛犯長垣，戕官吏，如頌慮。頌又請以獲盜多寡爲縣令殿最法，以謂：「巡檢、縣尉，但能捕盜，而不能使人不爲盜；能使其不爲盜者，縣令也。且民罹剽劫之害，而長官不任其責，可乎？」

遷度支判官。送契丹使，宿恩州，驛舍火，左右請出避，頌不動。州兵欲入救，閉門不納，徐使防卒撲滅之。初火時，郡人洶洶，唱使者有變，救兵亦欲因而生事，賴頌安靜而止。遂聞京師，神宗疑焉，頌使還，入奏，稱善久之。命爲淮南轉運使。召修起居注〔六〕，擢知制誥、知通進銀臺司、知審刑院。

時知金州張仲宣坐枉法贓罪至死，法官援李希輔例，杖脊黥配海島。頌奏曰：「希輔、仲宣均爲枉法，情有輕重。希輔知台，受賕數百千，額外度僧。仲宣所部金坑，發檄巡檢體究，其利甚微，土人憚興作，以金八兩屬仲宣〔七〕不差官比校，止係違令，可比恐喝條，視希輔有間矣。」神宗曰：「免杖而黥之，可乎？」頌曰：「古者刑不上大夫，仲宣官五品，今貸死而黥之，使與徒隸爲伍，雖其人無可矜，所重者，汚辱衣冠耳。」遂免杖黥，流海外，遂爲定法。





又言：「提舉青苗官不能體朝廷之意，邀功爭利，務爲煩擾。且與諸司不相臨統，文移同異，州縣莫知適從。乞與常平、衆役一切付之監司，改提舉爲之屬，則事有統一，而於更張之政無所損也。」不從。

大臣薦秀州判官李定，召見，擢太子中允，除監察御史裏行。宋敏求知制誥，封還詞頭。復下，頌當制，頌奏：「祖宗朝，天下初定，故不起孤遠而登顯要者。眞宗以來，雖有幽人異行，亦不至超越資品。今定不由銓考，擢授朝列；不緣御史，薦寘憲臺。雖朝廷急於用才，度越常格，然隳紊法制，所益者小，所損者大，未敢具草。」次至李大臨，亦封還。神宗曰：「去年詔，臺官有闕，委御史臺奏舉，不拘官職高下。」頌與大臨對曰：「從前臺官，於太常博士以上、中行員外郎以下舉充。後爲難得資敍相當，故朝廷特開此制。止是不限博士、員郎，非謂選人亦許奏舉。若不拘官職高下，幷選人在其間，則是秀州判官亦可爲裏行，不必更改中允也。今定改京官，已是優恩，更處之憲臺，先朝以來，未有此比。倖門一啓，則士塗奔競之人，希望不次之擢，朝廷名器有限，焉得人人滿其意哉！」執奏不已，於是並落知制誥，歸工部郎中班，天下謂頌及敏求、大臨爲「三舍人」。

歲餘，知婺州。方泝桐廬，江水暴迅，舟橫欲覆，母在舟中幾溺矣，頌哀號赴水救之，舟忽自正。母甫及岸，舟乃覆，人以爲純孝所感。徙亳州，有豪婦罪當杖而病，每旬檢之，未

愈，譙簿鄧元孚謂頌子曰：「尊公高明以政稱，豈可爲一婦所紿。但論醫如法檢，自不誣矣。」頌曰：「萬事付公議，何容心焉。若言語輕重，則人有觀望，或致有悔。」既而婦死，元孚歎曰：「我輩狹小，豈可測公之用心也。」

加集賢院學士、知應天府。呂惠卿嘗語人曰：「子容，吾鄉里先進，苟一詣我，執政可得也。」頌聞之，笑而不應。凡更三赦，大臨還侍從，頌纔授秘書監、知通進銀臺司。吳越饑，選知杭州。一日，出遇百餘人，哀訴曰：「某以轉運司責逋市易緡錢，夜囚晝繫，雖死無以償。」頌曰：「吾釋汝，使汝營生，奉衣食之餘，悉以償官，期以歲月而足，可乎？」皆謝不敢負，果如期而足。

頌宴客有美堂，或告將兵欲亂，頌密使捕渠領十輩，荷校付獄中，迨夕會散，坐客不知也。及修兩朝正史，轉右諫議大夫。使契丹，遇多至，其國曆後宋曆一日。北人問孰爲是，頌曰：「曆家筭術小異，遲速不同，如亥時節氣交，猶是今夕；若踰數刻，則屬子時，爲明日矣。或先或後，各從其曆可也。」北人以爲然。使還以奏，神宗嘉曰：「朕嘗思之，此最難處，卿所對殊善。」因問其山川、人情向背，對曰：「彼講和日久，頗竊中國典章禮義，以維持其政，上下相安，未有離貳之意。昔漢武帝自謂：『高皇帝遺朕平城之憂，雖久勤征討，而匈奴終不服。』至宣帝，呼韓單于稽首稱藩。唐自中葉以後，河湟陷于吐蕃，憲宗每讀貞觀政



要，慨然有收復意。至宣宗時，乃以三關、七州歸于有司。由此觀之，外國之叛服不常，不繫中國之盛衰也。」頌意蓋有所諷，神宗然之。

元豐初，權知開封府，頗嚴鞭朴。謂京師浩穰，須彈壓，當以柱後惠文治之，非亳、潁臥治之比。有僧犯法，事連祥符令李純，頌置不治。御史舒亶糾其故縱，貶秘書監、知濠州。

初，頌在開封，國子博士陳世儒妻李惡世儒庶母，欲其死，語羣婢曰：「博士一日持喪，當厚餉汝輩。」既而母爲婢所殺，開封治獄，法吏謂李不明言使殺姑，法不至死。或譖頌欲寬世儒夫婦，帝召頌曰：「此人倫大惡，當窮竟。」對曰：「事在有司，臣固不敢言寬，亦不敢諭之使重。」獄久不決。至是，移之大理。意頌前次請求，移御史臺逮頌對。御史曰：「公速自言，毋重困辱。」頌曰：「誣人死，不可爲已，若自誣以獲罪，何傷乎？」卽手書數百言伏其咎。帝覽奏牘，以爲疑，反覆究實，乃大理丞賈種民增減其文傳致也，由是事得白。同列猶以嘗因人語及世儒帷薄事，頌應曰：「然。」以是爲泄獄情，罷郡。

未幾，知河陽，改知滄州。入辭，帝曰：「朕知卿久，然每欲用，輒爲事奪，命也夫！卿直道，久而自明。」頌頓首謝。召判尚書吏部兼詳定官制。唐制，吏部主文選，兵部主武選；神宗謂三代、兩漢本無文武之別，議者不知所處。頌言：「唐制吏部有三銓之法，分品秩而



掌選事。今欲文武一歸吏部，則宜分左右曹掌之，每選更以品秩分治。」於是吏部始有四選法。

因陛對，神宗謂頌曰：「欲修一書，非卿不可。契丹通好八十餘年，盟誓、聘使、禮幣、儀式，皆無所考據，但患修書者遷延不早成耳。然以卿度，此書何時可就？」頌曰：「須一二年。」曰：「果然，非卿不能如是之敏也。」及書成，帝讀序引，喜曰：「正類序卦之文。」賜名魯衞信錄。

帝嘗問宗子主祭、承重之義，頌對曰：「古者貴賤不同禮，諸侯、大夫世有爵祿，故有大宗、小宗、主祭、承重之義，則喪服從而異制，匹士庶人亦何預焉。近代不世爵，宗廟因而不立，尊卑亦無所統，其長子孫與衆子孫無以異也。今五服敕，嫡孫爲祖、父爲長子猶斬衰三年，生而情禮則一，死而喪服獨異，恐非先王制禮之本意。世俗之論，乃以三年之喪爲承重，不知爲承大宗之重也。臣聞慶曆中，朝廷議百僚應任子者，長子與長孫差優與官，餘皆降殺，亦近古立宗之法。乞詔禮官、博士參議禮律，合承重者，酌古今收族主祭之禮，立爲宗子繼祖者，以異於衆子孫之法。士庶人不當同用一律，使人知尊祖，不違禮教也。」除吏部侍郎，遷光祿大夫。遭母喪，帝遣中貴人唁勞，賜白金千兩。

元祐初，拜刑部尚書，遷吏部兼侍讀。奏：「國朝典章，沿襲唐舊，乞詔史官采新、舊唐書



中君臣所行，日進數事，以備聖覽。」遂詔經筵官遇非講讀日，進漢、唐故事二條。頌每進可爲規戒、有補時事者，必述已意，反復言之。又謂：「人主聰明，不可有所嚮，有則偏，偏則爲患大矣。今守成之際，應之以無心，則無不治。」每進讀至弭兵息民，必援引古今，以動人主之意。

既又請別製渾儀，因命頌提舉。頌既邃於律曆，以吏部令史韓公廉曉算術，有巧思，奏用之。授以古法，爲臺三層，上設渾儀，中設渾象，下設司辰，貫以一機，激水轉輪，不假人力。時至刻臨，則司辰出告。星辰躔度所次，占候則驗，不差晷刻，晝夜晦明，皆可推見，前此未有也。

頌前後掌四選五年，每選人改官，吏求垢瑕，故爲稽滯。頌敕吏曰：「某官緣某事當會某處，仍引合用條格，具委無漏落狀同上。」自是吏不得逞。每訴者至，必取按牘使自省閱，訴者服，乃退；其不服，頌必往復詰難，度可行行之，苟有疑，則爲奏請，或建白都堂。故選官多感德，其不得所欲者，亦心服而去。

遷翰林學士承旨。五年，擢尚書左丞。嘗行樞密事。邊帥遣种朴入奏：「得諜言，阿里骨已死，國人未知所立。契丹官趙純忠者，謹信可任，願乘其未定，以勁兵數千，擁純忠入其國立之。」衆議如其請。頌曰：「事未可知，其越境立君，使彼拒而不納，得無損威重乎？

徐觀其變，俟其定而撫輯之，未晚也。」已而阿里骨果無恙。

七年，拜右僕射兼中書門下侍郎〔八〕。頌爲相，務在奉行故事，使百官守法遵職。量能授任，杜絕僥倖之原，深戒疆埸之臣邀功生事。論議有未安者，毅然力爭之。賈易除知蘇州，頌言：「易在御史名敢言，既爲監司矣，今因赦令，反下遷爲州，不可。」爭論未決。諫官楊畏、來之邵謂稽留詔命，頌遂上章辭位，罷爲觀文殿大學士、集禧觀使，繼出知揚州。徙河南，辭不行，告老，以中太一宮使居京口。紹聖四年，拜太子少師致仕。

方頌執政時，見哲宗年幼，諸臣太紛紜，常曰：「君長，誰任其咎耶？」每大臣奏事，但取決於宣仁后，哲宗有言，或無對者。惟頌奏宣仁后，必再稟哲宗；有宣諭，必告諸臣以聽聖語。及貶元祐故臣，御史周秩劾頌。哲宗曰：「頌知君臣之義，無輕議此老。」徽宗立，進太子太保，爵累趙郡公。建中靖國元年夏至，自草遺表，明日卒，年八十二。詔輟視朝二日，贈司空。

頌器局閎遠，不與人校短長，以禮法自持。雖貴，奉養如寒士。自書契以來，經史、九流、百家之說，至於圖緯、律呂、星官、算法、山經、本草，無所不通。尤明典故，喜爲人言，亹亹不絕。朝廷有所制作，必就而正焉。





嘗議學校，欲博士分經；課試諸生，以行藝爲升俊之路。議貢舉，欲先行實而後文藝，去封彌、謄錄之法，使有司參考其素，行之自州縣始，庶幾復鄉貢里選之遺範。論者韙之。

論曰：大防重厚，摯骨鯁，頌有德量。三人者，皆相於母后垂簾聽政之秋，而能使元祐之治，比隆嘉祐，其功豈易致哉！大防疏宋家法八事，言非溢美，是爲萬世矜式。摯正邪之辨甚嚴，終以直道慍於羣小，遂與大防並死於貶，士論冤之。頌獨巋然高年，未嘗爲姦邪所汚，世稱其明哲保身。然觀其論知州張仲宣受金事，犯顏辨其情罪重輕，又陳刑不上大夫之義，卒免仲宣於黥。自是宋世命官犯贓抵死者，例不加刑，豈非所爲多雅德君子之事，造物者自有以相之歟？

## 校勘記

〔一〕張昪　原作「張昇」，參考本書卷三一八校勘記〔一〕。

〔二〕至心獨運賦　琬琰集下編卷一六呂汲公大防傳作「聖心獨悟賦」。

〔三〕亳州獄起不止　「不」字原脫，「止」原作正。按劉摯忠肅集卷三乞結絕亳州獄奏，有「遂成大獄，……而起獄不止」句；劉安世忠肅集序也說：「卽上疏論亳州獄起不止，小臣意在傾故相富弼以市進。」今補改。

〔四〕以書抵摯　「摯」原作「處」，據本書卷三四二鄭雍傳、琬琰集下編卷一三劉右丞摯傳改。

〔五〕雖餽運爲便　「便」原作「使」，據文義和東都事略卷八九本傳改。

〔六〕召修起居注　「修」字原脫，據同上書同卷同篇補。

〔七〕仲宣　原作「仲容」，此處所記係張仲宣事，則受金者當卽仲宣；「容」字當爲「宣」字之訛。同上書同卷同篇正作「仲宣」，據改。

〔八〕拜右僕射兼中書門下侍郎　按宋大詔令集卷五七右丞蘇頌拜右僕射制：蘇頌「可特授右光祿大夫、守尚書右僕射兼中書侍郎」。宋會要職官七八之二七：「八年三月七日，光祿大夫、尚書右僕射兼中書侍郎蘇頌罷。」本書卷二一二宰輔表、宋宰輔編年錄卷一〇亦都無「門下」二字。疑「門下」二字衍。

# 宋史卷三百四十一

## 列傳第一百

### 王存 孫固 趙瞻 傅堯俞

王存字正仲，潤州丹陽人。幼善讀書，年十二，辭親從師于江西，五年始歸。時學者方尙雕篆，獨爲古文數十篇，鄉老先生見之，自以爲不及。

慶曆六年，登進士第，調嘉興主簿，擢上虞令。豪姓殺人，久莫敢問，存至，按以州吏受賕，豪賂他官變其獄，存反爲罷去。久之，除密州推官。修潔自重，爲歐陽脩、呂公著、趙槩所知。治平中，入爲國子監直講，遷祕書省著作佐郎，歷館閣校勘、集賢校理、史館檢討、知太常禮院。存故與王安石厚，安石執政，數引與論事，不合，即謝不往。存在三館歷年，不少貶以干進。嘗召見便殿，累上書陳時政，因及大臣，無所附麗，皆時人難言者。

元豐元年，神宗察其忠實無黨，以爲國史編修官、修起居注。時起居注雖日侍，而奏事



必稟中書俟旨。存乞復唐貞觀左右史執筆隨宰相入殿故事，神宗韙其言，聽直前奏事，自存始也。

明年，以右正言、知制誥、同修國史兼判太常寺。論圜丘合祭天地爲非古，當親祠北郊如周禮。官制行，神宗切於用人，存請自熙寧以來羣臣緣論事得罪，或詿誤被斥而情實納忠非大過者，隨材召擢，以備官使。語合神宗意，收拔者甚衆。又言：「赦令出上恩，而比歲議法治獄者，多乞不以赦降原減。官司謁禁，本防請託，而弔死問疾，一切杜絕，皆非便也。」執政不悅。

五年，遷龍圖閣直學士、知開封府。京師並河居人，盜鑿汴隄以自廣，或請令培築復故，又按民廬侵官道者使撤之。二議出自中人，既有詔矣。存曰：「此吾職也。」入言之。即日弛其役，都人讙呼相慶。進樞密直學士，改兵部尙書，轉戶部。神宗崩，哲宗立，永裕陵財費，不踰時告備，宰相乘間復徙之兵部。太僕寺請內外馬事得專達，毋隸駕部。存言：「如此，官制壞矣。先帝正省、臺、寺、監之職，使相臨制，不可徇有司自便，而隳已成之法。」元祐初，還戶部，固辭不受。二年，拜中大夫、尙書右丞。三年，遷左丞。

有建議罷敎畿內保甲者，存言：「今京師兵籍益削，又廢保甲不敎，非國家根本久長之計。且先帝不憚艱難而爲之，既已就緒，無故而廢之，不可。」門下侍郎韓維罷，存言：「去



一正人，天下失望，忠黨沮氣，讒邪之人爭進矣。」又論杜純不當罷侍御史，王覿不當罷諫官。

四方奏讞大辟，刑部援比請貸，都省屢以無可矜恕却之。存曰：「此祖宗制也。有司欲生之，而朝廷破例殺之，可乎？」又言：「比廢進士專經一科，參以詩賦，失先帝黜詞律、崇經術之意。」河決而北幾十年，水官議還故道，存爭之曰：「故道已高，水性趨下，徒費財力，恐無成功。」卒輟其役。蔡確以詩怨訕，存與范純仁欲薄其罪，確再貶新州，存亦罷，以端明殿學士知蔡州。始，存之徙兵部，確力也。至是，爲確罷，士大夫善其能損怨。歲餘，加資政殿學士、知揚州。揚、潤相去一水，用故相例，得歲時過家上冢，出賜錢給鄰里，又具酒食召會父老，親與酬酢，鄉黨傳爲美談。

召爲吏部尙書。時，在廷朋黨之論寖熾，存爲哲宗言：「人臣朋黨，誠不可長，然或不察，則濫及善人。慶曆中，或指韓琦、富弼、范仲淹、歐陽脩爲黨，賴仁宗聖明，不爲所惑。今日果有進此說者，願陛下察之。」由是復與任事者戾，除知大名府，改知杭州。

紹聖初，請老，提舉崇禧觀，遷右正議大夫致仕。舊制，當得東宮保傅，議者指存嘗議還西夏侵地，故殺其恩典，既而降通議大夫。存嘗悼近世學士貴爲公卿，而祭祀其先，但循庶人之制。及歸老築居，首營家廟。建中靖國元年，卒，年七十九。贈左銀青光祿大夫。



存性寬厚，平居恂恂，不爲詭激之行，至其所守，確不可奪。司馬光嘗曰：「並馳萬馬中能駐足者，其王存乎！」

孫固字和父，鄭州管城人。幼有立志，九歲讀論語，曰：「吾能行此。」徂徠石介一見，以公輔期之。擢進士第，調磁州司戶參軍。從平貝州，爲文彥博言脅從罔治之義，與彥博意協，故但誅首惡，餘無所及。轉霍邑令，遷祕書丞，爲審刑詳議官。宰相韓琦知其賢，諭使來見，固不肯往。琦益器重之，引爲編修中書諸房文字。

治平中，神宗爲潁王，以固侍講，及爲皇太子，又爲侍讀。至即位，擢工部郎中、天章閣待制、知通進銀臺司。种諤取綏州，固知神宗志欲經略西夏，欲先事以戒，即上言：「待遠人宜示之信，今無名舉兵，非計之得。願以漢韓安國魏相、唐魏徵論兵之略，參校同異，則是非炳然矣。兵，凶器也，動不可妄，妄動將有悔。」大臣惡其說，出知澶州。

還知審刑院，復領銀臺，封駁兼侍讀，判少府監。神宗問：「王安石可相否？」對曰：「安石文行甚高，處侍從獻納之職，可矣。宰相自有其度，安石狷狹少容。必欲求賢相，呂公著、司馬光、韓維其人也。」凡四問，皆以此對。及安石當國，更法度，固數議事不合，青苗

法出，又極陳其不便。及韓琦疏至，神宗感動，謂固曰：「朕熟計之，誠不便。」固出語執政曰：「及上有意，宜亟圖之，以福天下。」既而竟從安石。固復領銀臺司。

孔文仲對制策忤時政，報罷。固言：「陛下以名求士，而士以實應，今反過之，何哉？今謂文仲之言以惑天下，臣恐天下不惑文仲之言，以文仲之黜爲惑也。」胡宗愈坐言事逐，蘇頌、陳薦以論李定罷，固皆引誼爭之。

時議尊僖祖爲始祖，固議曰：「漢高以得天下與商、周異，故太上皇不得爲始封；光武中興，不敢祖舂陵而祖高帝。宋有天下，傳之萬世，太祖功也，不當替其祀；請以爲始祖，而爲僖祖別立廟。禘祫之日，奉其祧主東向以伸其尊，合所謂祖以孫尊、孫以祖屈之意。」韓琦見而歎曰：「孫公此議，足以不朽矣。」

加龍圖閣直學士、知眞定府。遼人盜耕解子平地，歲且久，吏爭弗能還。固徼得其要領，折愧之，正疆地二百里。熙寧末，以樞密直學士知開封府。元豐初，同知樞密院事。時征安南，建順州，其地瘴癘不堪守，固請棄之，內徙者二萬戶。

諜者告夏人幽其主，神宗欲西討，固數言舉兵易，解禍難。神宗曰：「夏有釁不取，則爲遼人所有，不可失也。」固曰：「必不得已，請聲其罪薄伐之，分裂其地，使其酋長自守焉。」神宗笑曰：「此眞酈生之說爾。」時執政有言便當直度河，不可留行。固曰：「然則孰爲陛下



任此者？」神宗曰：「朕已屬李憲。」固曰：「伐國，大事也，豈可使宦官爲之！今陛下任李憲，則士大夫孰肯爲用乎？」神宗不悅。他日，固又曰：「今五路進師而無大帥，就使成功，兵必爲亂。」神宗曰：「大帥誠難其人。」呂公著曰：「既無其人，曷若已之。」固曰：「公著言是也。」

初議五路入討，會于靈州，李憲由熙河入，輒不赴靈州，乃自開蘭、會，欲以弭責。固曰：「兵法期而後至者斬。今諸路皆進，而憲獨不行，雖得蘭、會，罪不可赦。」神宗不聽，其後師果無功。神宗曰：「朕始以孫固言爲迂，今悔無及矣。」

改太中大夫、樞密副使，進知院事，以疾避位，拜觀文殿學士、知河陽，尋提舉嵩山崇福宮。哲宗卽位，以正議大夫知河南府，徙鄭州。元祐二年，召除侍讀、提舉中太一宮，遂拜門下侍郎。哲宗與太皇太后矜其年高，每朝會豫節拜儀，聽休於幄次。固數乞骸骨，太皇太后曰：「卿，先帝在東宮時舊臣。今帝新聽政，勉留輔導；或體中未安，取文書於家治之可也。」固感激，強起視事，復知樞密院事，累官右光祿大夫。五年，卒，年七十五。哲宗、太皇太后皆出聲泣。時文彥博致仕歸洛，將宴餞崇政殿，以固在殯，罷之。輟視朝二日，贈開府儀同三司，謚曰温靖。

固宅心誠粹，不喜矯亢，與人居久而益信，故更歷夷險，而不爲人所疾害。嘗曰：「人當以聖賢爲師，一節之士，不足學也。」又曰：「以愛親之心愛其君，則無不盡矣。」司馬光退處，



固每勸神宗召歸；及光爲陳州，過鄭，固與論天下大事至數十，曰：「公行且相，宜視先後緩急審處之。」傅堯俞銘其墓曰：「司馬公之淸節，孫公之淳德，蓋所謂不言而信者也。」世以爲確論。紹聖時奪遺澤，元符二年，奪所贈官，列元祐黨籍。政和中，徽宗以固嘗爲神宗宮僚，特出籍，悉還所奪。

趙瞻字大觀，其先亳州永城人。父剛，太子賓客，徙鳳翔之盩厔。瞻舉進士第，調孟州司戶參軍，移萬泉令。捐圭田修學宮，士自遠而至。改知夏縣，作八監堂，書古賢令長治迹以自監。又以祕書丞知永昌縣，築六堰灌田，歲省科斂數十萬，水訟咸息，民以比召、杜。

升太常博士，知威州。瞻以威、茂雜羣獠，險而難守，不若合之而建郡於汶川〔一〕，條著其詳，爲西山別錄。後熙寧中，朝廷經理西南，就瞻取其書考焉。

遷尙書屯田員外郎。英宗治平初，自都官員外郎除侍御史。上疏曰：「英斷獨化，人主至權也。審至權者，當主以天下之大公，揆以天下之正論，如是而後權可一也。若夫積久之敝，陛下其思焉。刑賞施設之失，可革則革；號令言動之過，可止則止。輔相賴其用，宜責其効；臺諫知其才，宜信其說。兵柄宜削諸宦官，邊議宜付諸宿將。蓋權不可矯而爲



也，以從天下之望耳。」英宗稱善。

久之，詔遣內侍王昭明等四人爲陝西諸路鈐轄，招撫諸部。瞻以唐用宦者爲觀軍容、宣慰等使，後世以爲至戒，宜追還內侍，責成守臣，章三上，言甚激切。會文彥博、孫沔經略西夏，別遣馮京安撫諸路，瞻又請罷京使，專委宿將。夏人入侵王官，慶帥孫長卿不能禦，加長卿集賢院學士，瞻言長卿當黜不宜賞，賞罰倒置。京東盜賊數起，瞻請易置曹、濮守臣之不才者，未報。乃求退〔二〕，力言追還昭明等，英宗改容，納其言。

二年秋，京師大水，詔百官言事，多留中，瞻請「悉出章疏，付兩省詳擇以聞」，從之。時議追崇濮安懿王，瞻引漢師丹、董宏事，謂其屬薛温其曰：「事將類此，吾必以死爭，固吾所也。」中書請安懿王稱親，瞻爭曰：「仁宗既下明詔子陛下，議者顧惑禮律所生所養之名，妄相訾難，彼明知禮無兩父貳斬之義，敢裂一字之詞，以亂厥眞。且文有去婦出母者，去已非婦，出不爲母，辭窮直書，豈足援以斷大議哉？臣請與之庭辨，以定邪正。」已而皇太后手書尊王爲皇，瞻歎曰：「向者太后切責大臣，議乃得罷。今邪臣與中官交締，歸過至尊而自爲之地，吾與首議之臣，不並生矣！」因復力陳。

會假太常少卿接契丹賀正使，入對，英宗問前事，對曰：「陛下爲仁宗子，而濮王又稱皇考，則是二父，二父非禮。」英宗曰：「御史嘗見朕欲皇考濮王乎？」瞻曰：「此乃大臣之議，陛

下未嘗自言。」英宗曰：「是中書過耳，朕自數歲時，先帝養爲子，豈敢稱濮考？」瞻曰：「臣請退諭中書，作詔以曉天下。」時連日晦冥，英宗指天示瞻曰：「天道如此，安敢妄爲褒尊。朕意已決，無庸宣告。」瞻曰：「陛下祇畏天戒，不以私妨公，甚盛德也。」及使還，聞呂誨等諫濮議皆罷去，乞與同貶，不報。趣入對，英宗曰：「卿欲就龍逄、比干之名，孰若効伊尹、傅說哉？」瞻皇懼，言：「臣不敢奉詔，使朝廷有同罪異罰之譏。」遂通判汾州。

神宗即位，遷司封員外郎、知商州，又除提點陝西刑獄。熙寧三年，爲開封府判官。神宗問：「卿知青苗法便乎？」對曰：「青苗法，唐行之於季世擾攘中，掊民財誠便。今欲爲長久計，愛養百姓，誠不便。」

初，王安石欲瞻助己，使其黨餌以知雜御史。瞻不應，由是不得留京師，出爲陝西轉運副使，改永興軍轉運使。以親老，請知同州。七年，朝廷患錢重，議以交子權之，命瞻制置。瞻曰：「有本錢足恃，法乃可行，如多出空券，是罔民也。」議不合，移京西轉運使；又以親老不行，徙陝州，請還鄉里，除提舉鳳翔太平宮。丁外艱，服除，易朝請大夫、知滄州。

哲宗立，轉朝議大夫，召爲太常少卿，遷戶部侍郎。元祐三年，擢樞密直學士、簽書樞密院事。明年，以中大夫同知院事。因進對言：「機政所急，人才而已。今臣選武臣難遽盡知，請詔諸路安撫、轉運使舉使臣，科別其才，第爲三等，籍之以備選注。」





初，元豐中，河決小吳，北注界河，東入于海。神宗詔，東流故道淤高，理不可回，其勿復塞。乃開大吳以護北都。至是，都水王令圖請還河故道，下執政議。瞻曰：「自河決已八年，未有定論。今遽興大役，役夫三十萬，用木二千萬，臣竊憂焉。朝廷方遣使相視，若以東流未便，宜亟從之；若以爲可回，宜爲數歲之計，以緩民力。」議者又謂河入界河而北，則失中國之險，昔澶淵之役，非河爲限，則北兵不止。瞻曰：「王者恃德不恃險。昔堯、舜都蒲、冀，周、漢都咸、鎬，皆歷年數百，不聞以河障外國。澶淵之役，蓋廟社之靈，章聖之德，將相之智勇，故敵帥授首，豈獨河之力哉？」後使者以東流非便，水官復請塞北流，瞻固爭之，卒詔罷役，如瞻所議。

洮、河諸族以青唐首領寖弱可制，欲倚中國兵威以廢之，邊臣亟請興師。瞻曰：「不可。御外國以大信爲本，且既爵命之，彼雖失衆心，無犯王略之罪，何辭而伐之？若其不克，則兵端自此復起矣。」乃止。瞻又奏廢渠陽軍，以紓荆湖之力；乞詔諭西夏使歸永樂遺民，夏人聽命。

五年，卒，年七十二。太皇太后語輔臣曰：「惜哉，忠厚君子也。」車駕親臨，輟視朝二日。贈銀青光祿大夫，謚曰懿簡。紹聖中，言者以傅會元祐諸臣，追奪所贈官，列于黨籍。

瞻著春秋論三十卷，史記牴牾論五卷，唐春秋五十卷，奏議十卷，文集二十卷，西山別錄一卷。四子：孝諶，瀛州錄事參軍；獻誠，唐城令；某，蚤卒；彥詒，太康主簿。

傅堯俞字欽之，本鄆州須城人，徙孟州濟源。十歲能爲文，及登第，猶未冠。石介每過之，堯俞未嘗不在，介曰：「君少年決科，不以游戲爲娛，何也？」堯俞曰：「性不喜囂雜，非有他爾。」介歎息奇之。嘗監西京稅院事，留守晏殊、夏竦皆謂曰：「子有清識雅度，文約而理盡，卿相才也。」

知新息縣，累遷太常博士。嘉祐末，爲監察御史。兗國公主下嫁李瑋，爲家監梁懷吉、張承照所間，與夫不相中。仁宗斥二人於外，未幾，復還主家，出瑋知衞州。堯俞言：「主恃愛薄其夫，陛下爲逐瑋而還隸臣，甚悖禮，爲四方笑，後何以誨諸女乎？」

皇城邏卒吳清誣奏富民殺人，鞫治無狀，有司須清辨，內侍主者不遣。堯俞言：「陛下惜清，恐不復聞外事矣。臣以爲不若使付外，暴其是非而行賞罰焉，則事之上聞者皆實，乃所以廣視聽也。縱而不問，則讒者肆行，民無所措手足，尚欲求治，得乎？」

內侍李允恭、朱晦屈法任其子，趙繼寵越次管當天章閣，蔡世寧掌內藏，而以珠私示內人。堯俞以爲嬖寵恩倖過失，當防之於漸，悉劾之。





時乏國用，言利者爭獻富國計。堯俞奏曰：「今度支歲用不足，誠不可忽，然欲救其弊，在陛下宜自儉刻，身先天下，無奪農時，勿害商旅，如是可矣。不然，徒欲紛更，爲之無益，聚斂者用，則天下殆矣。」

仁宗春秋高，皇嗣未立，堯俞請建宗室之賢，以慰天下望。及英宗爲皇子，有司闕供餽，仁宗未知。堯俞言：「陛下既以宗社之重建皇嗣，宜以家人禮，使皇子朝夕侍膳左右，以通慈孝之誠。今禮遇有闕，非所以隆親親、重國本也。」於是詔有司供具甚厚。

英宗即位，轉殿中侍御史，遷起居舍人。皇太后與英宗同聽政，英宗有疾，既平，堯俞上書皇太后，請還政。久之，聞內侍任守忠有讒間語，堯俞諫皇太后曰：「外間物論紛惑，兩宮之情未通。臣謂天下之可信者，無大於以天下與人，亦無大於受天下以公，況皇帝以明睿之資，貫通古今，而受人之天下乎？如誅竄讒人，則慈孝之聲並隆矣。」於是皇太后還政，逐守忠。堯俞言於英宗曰：「皇太后給事左右之人，宜頗錄其勤勞，少加恩惠，上慰母后，下安反側。且守忠已去，其餘不問可也。」

遷右司諫、同知諫院。英宗眷遇堯俞，嘗雪中賜對，堯俞自東廡升，英宗傾身東向以待，每奏事退，多目送之。嘗問曰：「多士盈庭，孰忠孰邪？」堯俞曰：「大忠大佞，固不可移；中人之性，繫上所化。」英宗納其言。

時英宗初躬庶政，猶謙讓任大臣，堯俞言：「大臣之言非是，陛下偶以爲然而行之可也；審其非矣，從而徇之，則人主之柄安在？顧君臣之際，是是非非，毋相面從。總覽衆議，無所適莫，則威柄歸陛下矣。」嘗因論事，英宗曰：「卿何不言蔡襄？」對曰：「若襄有罪，陛下何不自正典刑，安用臣言？」英宗曰：「欲使臺諫言，以公議出之。」對曰：「若付之公議，臣但見襄辦山陵事有功，不見其罪。臣身爲諫官，使臣受旨言事，臣不敢。」

陝西言，近邊熟戶頗逃失。詔以內侍李若愚等爲陝西四路鈐轄，專使招納，歲一入奏事。堯俞言：「此安撫、經略使職也。且若愚等，陛下不信其言，則如不用，言必見從，則邊帥之權，移於四人矣。」尋罷之。

大臣建言濮安懿王宜稱皇考，堯俞曰：「此於人情禮文，皆大謬戾。」與侍御史呂誨同上十餘疏，其言極切。主議者知悔不可遏，遂易「考」稱「親」。堯俞又言：「『親』，非父母而何？亦不可也。夫恩義存亡一也，先帝既以陛下爲子，當是時，設濮王尙無恙，陛下得以父名之乎？」又因水災言：「簡宗廟，則水不潤下。今以濮王爲皇考，於仁宗之廟，簡孰甚焉。」

俄命堯俞與趙瞻使契丹，比還，呂誨、呂大防、范純仁皆以諫濮議罷，復除堯俞侍御史知雜事。堯俞拜疏必求罷去，英宗面留之。堯俞言：「誨等已逐，臣義不當止。」因再拜辭，英宗愕然，曰：「是果不可留也。」遂出知和州。通判楊洙乘間問曰：「公以直言斥居此，何爲





未嘗言及御史時事？」堯俞曰：「前日言職也，豈得已哉。今日爲郡守，當宣朝廷美意，而反呫呫追言前日之闕政，與誹謗何異？」

神宗即位，徙知廬州。熙寧三年，至京師。王安石素與之善，方行新法，謂之曰：「舉朝紛紛，俟君來久矣，將以待制、諫院處君。」堯俞曰：「新法世以爲不便，誠如是，當極論之。平生未嘗好欺，敢以爲告。」安石愠之，但授直昭文館、權鹽鐵副使，俄出爲河北轉運使，改知江寧府。陛辭，言：「仁廟一室，與藝祖、太宗並爲百代不遷之主。」

徙許州、河陽、徐州，再歲六移官，困於道路，知不爲時所容，請提舉崇福宮。先是，徐人告有談天文休咎者，堯俞以事未白，不受辭。談者後伏誅，堯俞坐不即捕，削官職。稍起，監黎陽縣倉草場，郡掾行縣，堯俞從衆出迎盡禮。守爲遣他吏代主出納，堯俞不可，曰：「居其官安得曠其職。」雖寒暑，必日至庾中治事，凡十年。

哲宗立，自知明州召爲祕書少監兼侍講，擢給事中、吏部侍郎、御史中丞。奏言：「人才有能有不能，如使臣補闕拾遺以輔盛德，明善正失以平庶政，舉直措枉以正大臣，臣雖不才，敢不盡力。若使窺人陰私，抉人細故，則非臣所能，亦非臣之志也。」御史張舜民以言事罷，詔堯俞更舉御史，堯俞封還詔書，請留舜民。不聽，即以堯俞爲吏部侍郎，堯俞不可，遂以龍圖閣待制知陳州。未幾，復爲吏部侍郎、御史中丞。

前宰相蔡確坐詩誹謗，貶新州，宰執、侍從以下，罷者七八人，御史府爲之一空。堯俞曰：「確之黨，其尤者固宜逐，其餘可以一切置之。」且言：「以陛下盛德，而乃於此不能平？願聽之如蚊虻之過耳，無使有纖微之忤，以奸太和之氣。事至，以無心應之，聖人所以養至誠而御遐福也。」

水官李偉議大河可從孫村導之還故道。堯俞言：「河事雖不可臆度，然比遣使按之，皆言非便。而偉又繆悠不肯任責，豈可以遽興大役。」朝廷遂寢偉議。進吏部尙書兼侍讀。元祐四年，拜中書侍郎。六年，卒，年六十八。哲宗〔三〕與太皇太后哭臨之，太皇太后語輔臣曰：「傅侍郎清直一節，終始不變，金玉君子也。方倚以相，遽至是乎！」贈銀青光祿大夫，謚曰獻簡。紹聖中，以元祐黨人，奪贈謚，著名黨籍。後黨錮解，下詔褒贈，錄其後。

堯俞厚重寡言，遇人不設城府，人自不忍欺。論事君前，略無回隱，退與人言，不復有矜異色。初，自諫官補郡，衆疑法令有未安者，必有所不從，堯俞一切遵之，曰：「君子素其位而行，諫官有言責也，爲郡知守法而已。」徐前守侵用公錢，堯俞至，爲償之，未足而去。後守移文堯俞使償，久之，攷實非堯俞所用，卒不辯。司馬光嘗謂河南邵雍曰：「清、直、勇三德，人所難兼，吾於欽之畏焉。」雍曰：「欽之清而不耀，直而不激，勇而能溫，是爲難爾。」從孫察，見忠義傳。





論曰：存、固、瞻、堯俞，初皆善王安石；及其秉政，未嘗受所誘餌，與論新法，終不詭隨。及元祐區別正邪，其論蔡確詩謗之罪恐爲已甚，將啓朋黨之禍，豈非先知之明乎？他有更張，隨事諫止，不少循默。然無矯枉過中之失，故能不亟不徐，進退有道，在元祐諸臣中，身名俱全，亦難矣哉。

## 校勘記

〔一〕汝川　原作「文川」，據范祖禹范太史集卷四一趙瞻神道碑銘、本書卷八九地理志改。

〔二〕乃求退　按范太史集卷四一趙瞻神道碑銘作「乃求對」；長編卷二〇三則作：「瞻又因入對，力請追還昭明等。」可見趙瞻未嘗求退，「求退」乃「求對」之譌。

〔三〕哲宗　原作「神宗」，據上文傳堯俞死於元祐六年，元祐是哲宗的年號，當以作「哲宗」爲是，據改。

# 宋史卷三百四十二

## 列傳第一百一

### 梁燾　王巖叟　鄭雍　孫永

梁燾字況之，鄆州須城人。父蒨，兵部員外郎、直史館。燾以蒨任，爲太廟齋郎。舉進士中第，編校祕閣書籍，遷集賢校理、通判明州，檢詳樞密五房文字。

元豐時久旱，上書論時政曰：

陛下日者閔雨，靖惟政事之闕，惕然自責。丁卯發詔，癸酉而雨，是上天顧聽陛下之德言，而喜其有及民之意也。當四方仰雨十月之久，民刻於新法，嗷嗷如焦，而京師尤甚，閭閻細民，罔不失職，智愚相視，日有大變之憂。陛下既惠以詔音，又施之行事，講除刻文，蠲損緡算，一日之間，歡聲四起。距誕節三日而膏澤降，是天以雨壽陛下之萬年，感聖心於大寤，有以還其仁政也。





然法令乖戾，爲毒於民者，所變纔能萬一。人心之不解，故天意亦未釋，而雨不再施。陛下亦以此爲戒，而夙夜慮之乎？今陛下之所知者，市易事耳。法之爲害，豈特此耶？曰青苗錢也，助役錢也，方田也，保甲也，淤田也。兼是數者，而天下之民被其害。青苗之錢未及償，而責以免役；免役之錢未暇入，而重以淤田；淤田方下，而復有方田；方田未息，而迫以保甲。是徒擾百姓，使不得少休於聖澤。其爲害之實，雖一有言之者，必以下主吏，主吏妄報以無是，則從而信之，恬不復問，而反坐言者。雖間遣使循行，而苟且寵祿，巧爲妄誕，成就其事，至請遍行其法，上下相隱，習以成風。臣謂天下之患，不患禍亂之不可去，患朋黨蔽蒙之俗成，使上不得聞所當聞，故政日以敝，而禍亂卒至也。陛下可不深思其故乎？

疏入，不省。

內侍王中正將兵出疆，干賞不以法。燾爭之不得，請外，出知宣州。入辭，神宗曰：「樞臣云卿不肯安職，何也？」對曰：「臣居官五年，非敢不安職，恐不勝任使，故去耳。」神宗曰：「王中正功賞文書，何爲獨不可？」曰：「中正罔冒僥覬，臣不敢屈法以負陛下。」未幾，提點京西刑獄。哲宗立，召爲工部郎中，遷太常少卿、右諫議大夫。有請宣仁后御文德殿服袞冕受册者，燾率同列諫，引薛奎諫章獻明肅皇后不當以王服見太廟事，宣仁后欣納。又論市易已廢，乞蠲中下戶逋負；又乞欠青苗下戶，不得令保人備償。

文彥博議遣劉奉世使夏國，御史張舜民論其不當遣，降通判虢州。燾言：「御史持紀綱之官，得以犯顏正論，況臣下過失，安得畏忌不言哉？今御史敢言大臣者，天下之公議；大臣不快御史者，一夫之私心。罪天下敢言之公議，便一夫不快之私心，非公朝盛事也。」時同論者傅堯俞、王巖叟、朱光庭、王覿、孫升、韓川，凡七人，悉召至都堂，勅諭以「事當權其輕重，故不惜一新進御史，以慰老臣」。燾又言：「若論年齡爵祿，則老臣爲重；若論法度綱紀，則老臣爲輕。御史者，天子之法官也，不可以大臣鞅鞅而斥去。願還舜民，以正國體。」章十上，不聽。

燾又面責給事中張問不能駁還舜民制命，以爲失職。坐詬同列，出爲集賢殿修撰、知潞州，辭不拜，曰：「臣本論張舜民不當罷，如以爲非，卽應用此受斥。今乃得以徼罪冒美職，守劇郡，如此則朝廷命令，不能明辨曲直，以好惡示天下矣。」不報。至潞，值歲饑，不待命發常平粟振民。流人聞之，來者不絕，燾處之有條，人不告病。

明年，以左諫議大夫召。甫就道，民攀轅不得行，踰太行，抵河內乃已。既對，上書言：「帝富於春秋，未專宸斷；太皇保佑聖主，制政簾帷，姦人易爲欺蔽。願正綱紀，明法度，采用忠言，講求仁術。」兩宮嘉納焉。





前宰相蔡確作詩怨謗，燾與劉安世交攻之。燾又言：「方今忠於確者，多於忠朝廷之士；敢爲姦言者，多於敢正論之人。以此見確之氣燄凶赫，根株牽連，賊化害政，爲患滋大。」確卒竄新州。燾進御史中丞。鄧潤甫除吏部尚書，燾論潤甫柔佞不立，巧爲進取。不聽。改權戶部尚書，不拜，以龍圖閣直學士知鄭州。旬日，入權禮部尚書，爲翰林學士。

元祐七年，拜尚書右丞，轉左丞。蔡京帥蜀，燾曰：「元豐侍從，可用者多；惟京輕險貪愎，不可用。」又與同列議夏國地界，不能合，遂丐去。哲宗遣近臣問所以去意，且令密訪人才。燾曰：「信任不篤，言不見聽，而詢問人才，非臣所敢當也。」使者再至，乃言：「人才可大任者，陛下自知之。但須識別邪正；公天下之善惡，圖任舊人中堅正純厚有人望者，不牽左右好惡之言以移聖意，天下幸甚。」

以疾，罷爲資政殿學士、同醴泉觀使。故事，非宰相不除使，遂置同使以寵之。力辭，改知潁昌府。既出京，哲宗遣中貴諭以復用之旨。紹聖元年，知鄆州。朋黨論起，哲宗曰：「梁燾每起中正之論，其開陳排擊，盡出公議，朕皆記之。」以故最後責，竟以司馬光黨黜知鄂州。三年，再貶少府監，分司南京。明年，三貶雷州別駕，化州安置。三年卒〔二〕，年六十四。徙其子於昭州。徽宗立，始得歸。

燾自立朝，一以引援人物爲意。在鄂作薦士錄，具載姓名。客或見其書，曰：「公所植桃李，乘時而發，但不向人開耳。」龐笑曰：「龐出入侍從，至位執政，八年之間所薦，用之不盡，負愧多矣。」其好賢樂善如此。

王巖叟字彥霖，大名清平人。幼時，語未正已知文字。仁宗患詞賦致經術不明，初置明經科，巖叟年十八，鄉舉、省試、廷對皆第一。調欒城簿、涇州推官，甫兩月，聞弟喪，棄官歸養。

熙寧中，韓琦留守北京，以爲賢，辟管勾國子監，又辟管勾安撫司機宜文字，監晉州折博、煉鹽務。韓絳代琦，復欲留用。巖叟謝曰：「巖叟，魏公之客，不願出他門也。」士君子稱之。後知定州安喜縣，有法吏罷居鄉里，導人爲訟，巖叟捕撻於市，衆皆竦然。定守呂公著歎曰：「此古良吏也。」有詔近臣舉御史，舉者意屬巖叟而未及識，或謂可一往見。巖叟笑曰：「是所謂呈身御史也。」卒不見。

哲宗卽位，用劉摯薦，爲監察御史。時六察尚未言事，巖叟入臺之明日，卽上書論社稷安危之計，在從諫用賢，不可以小利失民心。遂言役錢斂法太重，民力不勝，願復差法如嘉祐時。又言河北榷鹽法尙行，民受其弊，貧者不復食。錄大名刻石仁宗詔書以進上，以河





北天下根本，自祖宗以來，推此爲惠，願復其舊。

江西鹽害民，詔遣使者往視。巖叟言：「一方病矣，必待使還而後改爲，恐有不及被德澤而死者。願亟罷之。」又極陳時事，以爲「不絕害本，百姓無由樂生；不屏羣邪，太平終是難致」。時下詔求民疾苦，四方爭以其情赴愬，所司憚於省錄，頗成壅滯。巖叟言：「不問則已，言則必行之。不然，天下之人必謂陛下以空言說之，後有詔令，孰肯取信？」李定不持所生母仇氏服，巖叟論其不孝，定遂分司。

宰相蔡確爲裕陵復土使，還朝，以定策自居。巖叟言：「陛下之立，以子繼父，百王不易之道。且太皇太后先定於中，而確敢貪天自伐。章惇讒賊狠戾，罔上蔽明，不忠之罪，蓋與確等。近簾前爭役法，詞氣不遜，無事上之禮。今聖政不出房闥，豈宜容此大姦猶在廊廟！」於是二人相繼退斥。

遷左司諫兼權給事中。時並命執政，其間有不協時望者，巖叟卽繳錄黃，上疏諫。既而命不由門下省以出，巖叟請對，言之益切。退就閤門上疏曰：「臣爲諫官既當言，承乏給事又當駁，非臣好爲高論，喜忤大臣，恐命令斜出，尤損紀綱。」疏凡八上，命竟寢。又言：「三省胥吏，月饗厚奉，歲累優秩。而朝廷每舉一事，輒計功論賞，不知平日祿賜，將焉用之？姑息相承，流弊已極。望飭厲大臣，事爲之制。」卽詔裁抑僥倖，定爲十七條。

遷侍御史。兩省正言久闕，巖叟上疏曰：「國朝倣近古之制，諫臣纔至六員，方之先王，已爲至少。今復虛而不除，臣所未諭。豈以爲治道已清，而無事於言邪？人材難稱，不若虛其位邪？二者，皆非臣所望於今日也。願趣補其闕，多進正人以壯本朝；正人進，則小人自消矣。」

諸路水災，朝廷行振貸，戶部限以災傷過七分、民戶降四等，始許之。巖叟言：「中戶以上，蓋亦艱食。乞毋問分數、等級，皆得貸，庶幾王澤無間，以召至和矣。」坐張舜民事，改起居舍人，不拜，以直集賢院知齊州。請河北所言鹽法，行之京東。明年，復以起居舍人召。嘗侍邇英講，進讀寶訓，至節費，巖叟曰：「凡言節用，非偶節一事，便能有濟。當每事以節儉爲意，則積久累日，國用自饒。」讀仁宗知人事，巖叟曰：「人主常欲虛心平意，無所偏係，觀事以理，則事之是非，人之邪正，自然可見。」

司馬康講洪範，至「乂用三德」，哲宗曰：「止此三德，爲更有德。」蓋哲宗自臨御，淵默不言，巖叟喜聞之，因欲風諫，退而上疏曰：「三德者，人君之大本，得之則治，失之則亂，不可須臾去者也。臣請別而言之。夫明是非於朝廷之上，判忠邪於多士之間，不以順己而忘其惡，不以逆己而遺其善，私求不徇於所愛，公議不還於所憎。竭誠盡節者，任之當勿貳；罔上盜寵者，棄之當勿疑。惜紀綱，謹法度，重典刑，戒姑息，此人主之正直也。遠聲色之好，





絕盤遊之樂，勇於救天下之弊，果於斷天下之疑，邪說不能移，非道不能說，此人主之剛德也。居萬乘之尊而不驕，享四海之富而不溢，聰明有餘而處之若不足，俊傑並用而求之如不及，虛心以訪道，屈己以從諫，懼若臨淵，怯若履薄，此人主之柔德也。三者足以盡天下之要，在陛下力行何如耳。」

巖叟因侍講，奏曰：「陛下退朝無事，不知何以消日？」哲宗曰：「看文字。」對曰：「陛下以讀書爲樂，天下幸甚。聖賢之學，非造次可成，須在積累。積累之要，在專與勤。屏絕它好，始可謂之專；久而不倦，始可謂之勤。願陛下特留聖意。」哲宗然之。

巖叟館伴遼賀正旦使耶律寬，寬求觀元會儀，巖叟曰：「此非外國所宜知。」止錄笏記與之，寬不敢求。進權吏部侍郎、天章閣待制、樞密都承旨。湖北諸蠻互出擾邊，無有寧歲，巖叟請專以疆事委荆南唐義問。遂自草檄文，喻義問以朝廷方敦尙恩信，勿爲徼倖功賞之意，後遂安輯。

初，夏人遣使入貢，及爲境上之議，故爲此去彼來，牽致勞苦，每違期日。巖叟請預戒邊臣，夏違期，一不至則勿復應，自後不復敢違。質孤、勝如二堡，漢趙充國留屯之所，自元祐講和，在蘭州界內，夏以爲形勝膏腴之地，力爭之。二堡若失，則蘭州、熙河遂危。延帥欲以二堡與夏，蘇轍主其議。及熙河、延安二捷同報，轍奏曰：「近邊奏稍頻，西人意在得二

中華書局

堡。今盛夏猶如此,入秋可虞,不若早定議。」意在與之也。巖叟曰:「形勢之地,豈可輕棄,不知既與,還不更求否?」太皇太后曰:「然。」議遂止。

夏人數萬侵定西之東、通遠之北,壞七厓嶮堡,掠居人,轉侵涇原及河外鄜、府州,衆遂至十萬。熙帥范育偵伺夏右廂種落大抵趣河外,三疏請乘此進堡砦,築龕谷、勝如、相照、定西而東徑隴諾城。朝議未一,或欲以七嶮經毀之地,皆以與夏。巖叟力言不可與,彼計得行,後患未已。因請遣官諭熙帥,卽以戶部員外郎穆衍行視,築定遠以據要害。其調兵貲費,一從便宜,不必中覆。定遠遂城,皆巖叟之力。

拜中書舍人。滕甫帥太原,爲走馬承受所撼,徙潁昌。巖叟封還詞頭,言:「進退帥臣,理宜重慎。今以小臣一言易之,使後人畏憚不自保,此風浸長,非委任安邊之福。」乃止。

復爲樞密都承旨、權知開封府。舊以推、判官二人分左右廳,共治一事,多爲異同,或累日不竟,吏疲於咨稟。巖叟創立逐官分治之法,自是署爲令。都城羣偷所聚,謂之「大房」,每區容數十百人,淵藪詭僻,不可勝究。巖叟令掩捕撤毀,隨輕重決之,根株一空。供備庫使曹續以產貿萬緡,市儈逾年負其半,續盡力不可取。一日啓戶,則所負皆在焉。驚扣其故,儈曰:「王公今日知府矣。」初,曹氏之隸韓絢與同隸訟,事連其主,就逮之。曹氏者,慈聖后之族也。巖叟言:「部曲相訟,不當論其主。今不惟長告訐之風,且傷孝治。慈聖仙遊未遠,一旦因厮役之過,使其子孫對吏,殆聖情有所不忍。」詔竄絢而絕其獄。巖叟常謂:「天下積欠多名,催免不一,公私費擾,乞隨等第立多寡爲催法。」朝廷乃定五年十科之令。

元祐六年,拜樞密直學士、簽書院事。入謝,太皇太后曰:「知卿才望,不次超用。」巖叟又再拜謝,進曰:「太后聽政以來,納諫從善,務合人心,所以朝廷淸明,天下安靜。願信之勿疑,守之勿失。」復少進而西,奏哲宗曰:「陛下今日聖學,當深辨邪正。正人在朝,則朝廷安,邪人一進,便有不安之象。非謂一夫能然,蓋其類應之者衆,上下蔽蒙,不覺養成禍胎爾。」又進曰:「或聞有以君子小人參用之說告陛下者,不知果有之否?此乃深誤陛下也。自古君子小人,無參用之理。聖人但云:『君子在內、小人在外則泰,小人在內、君子在外則否。』小人既進,君子必引類而去。若君子與小人競進,則危亡之基也。此際不可不察。」兩宮深然之。

上淸儲祥宮成,太皇太后謂輔臣曰:「此與皇帝皆出閤中物營之,以成先帝之志。」巖叟曰:「陛下不煩公,不勞民,眞盛德事。然願自今以土木爲戒。」又以宮成將肆赦,巖叟曰:「昔天禧中,祥源成,治平中,醴泉成,皆未嘗赦。古人有垂死諫君無赦者,此可見赦無益於聖治也。」




哲宗方選后,太皇太后曰:「今得狄諮女,年命似便,然爲是庶出過房,事須評議。」巖叟進曰:「按禮經問名篇,女家答曰:『臣女,夫婦所生。』及外氏官諱,不識今者狄氏將何辭以進?」議遂寢。哲宗選后既定,太皇太后曰:「帝得賢后,有內助功,不是小事。」巖叟對曰:「內助雖后事,其正家須在皇帝。聖人言:『正家而天下定。』當愼之於始。」太皇太后以是語哲宗者再。巖叟退取歷代后事可爲法者,類爲中宮懿範上之。

宰相劉摯、右丞蘇轍以人言求避位,巖叟曰:「元祐之初,排斥姦邪,緝熙聖治,摯與轍之功居多。願深察讒毀之意,重惜腹心之人,無輕其去就。」兩宮然之。後摯竟爲御史鄭雍所擊,巖叟連上疏論救。摯去位,御史遂指爲黨,罷爲端明殿學士、知鄭州。言者猶未厭,太皇太后曰:「巖叟有大功,今日之命,出不獲已耳。」

明年,徙河陽,數月卒,年五十一。贈左正議大夫。紹聖初,追貶雷州別駕。司馬光以其進諫無隱,稱之曰:「吾寒心栗齒,憂在不測,公處之自如,至于再三,或累十數章,必行其言而後已。」爲文語省理該,深得制誥體。有易、詩、春秋傳行于世。

鄭雍字公肅,襄邑人。進士甲科,調兗州推官。韓琦上其文,召試祕閣校理、知太常禮院。英宗之喪,論宗室不當嫁娶,與時相忤,通判峽州,知池州,復還太常禮院,歷開封府判官。

熙寧、元豐間,更制變令,士大夫多違己以求合,雍獨靜默自守。改嘉王、岐王府記室參軍。神宗末年,二王既長,猶居禁中,雍獻四箴規戒,且諷使求出外邸。凡在邸七年,用久次,以轉運使秩留。宣仁后知其賢,及臨政,擢爲起居郞,進中書舍人。

鄧潤甫除翰林承旨,雍當制。制未出,言事者五人交章攻之,換爲侍讀學士。雍言:「二職皆天下精選,以潤甫之過薄,不當革前命;以爲姦邪,不當在經幄。今中外咸謂朝廷姑以是塞言者,如此則邪正何由可辨,善惡何由可明?若每事必待人言,是賞罰之柄,不得已而行,非所以示信天下也。」潤甫仍爲承旨。周穜乞以王安石配享神宗廟,雍言:「安石持國政,不能上副屬任,非先帝神明,遠而弗用,則其所敗壞,可勝言哉!今穜以小臣輒肆橫議,願正其罪。」從之。

使契丹還,徙左諫議大夫,言:「朝廷重內輕外,選用牧伯,罕輟從班,以閥閱輕淺者充員,不復爲來日慮。願自今稍積資望,以漸試之。」吳中大饑,方議振恤,以民習欺誕,敕本部料檢,家至戶到。雍言:「此令一布,吏專料民而不救災,民皆死於飢。今富有四海,奈何謹圭撮之濫,而輕比屋之死乎?」哲宗悟,追止之。

侍御史賈易沽激自喜，中丞趙彥若懦不自立，雍幷論之，遂罷易，左轉彥若，以雍爲中丞。雍辭曰：「中丞以臣言去而身承其乏，非所以厚風俗也。」不許。時二府禁謁加嚴，雍歎曰：「旁招俊乂，列于庶位，宅百揆職也。彼有足不及公卿之門者，猶當物色致之，奈何設禁若是！且二府皆天子所改容而禮貌之者，乃復防閑其私如此乎？」於是援賈誼廉恥節行之說以諫，詔弛其禁。

刑部讞囚，宰執論殺之，有司以爲可生，不奉詔，得罪。雍言：「是固可罪，然究其用心，在於廣好生之德耳，若遽以爲罪，臣恐鄰於嗜殺。今使有司欲殺而朝廷生之，猶恐仁恩德意不白於天下，而況反是者哉！」哲宗嘉納，囚遂得生。

初，邢恕以書抵宰相劉摯，摯答之，有「自愛以俟休復」之語，排岸司茹東濟錄書示雍與殿中侍御史楊畏，雍、畏釋其語曰：「『俟休復』者，俟他日太后復辟也。」遂並以此事論摯威福自恣，乞罷之以收主柄。又論王巖叟、朱光庭、梁燾等三十人皆爲摯黨，以閉其援。及摯出知鄆州，光庭方爲給事中，繳還摯麻詞，巖叟、燾力救之，哲宗以先入之言，不納。雍之攻摯，人以爲附左相呂大防也。又有請暴摯陰事者，雍曰：「吾爲國擊宰相，非仇摯也。彼之陰事，何有於國哉？」置不以聞。

拜尚書右丞，改左丞。雍在政地，哲宗稱其事上有禮。紹聖初，治元祐衆臣，雍頓首自



列，哲宗明其亡他心，諭使勿去。周秩乘隙抵之，謂雍初爲侍從時，因徐王私於權臣以進。哲宗怒曰：「此是何言也！使徐王聞之，豈能自安？」黜秩知廣德軍，敕銀臺毋受雍辭去奏章，東府吏毋聽雍妻子輒出，且令學士錢勰善爲留詔。二年，始以資政殿學士知陳州，徙北京留守。

初，章惇以白帖貶謫元祐臣僚，安燾爭論不已，哲宗疑之。雍欲爲自安計，謂惇曰：「熙寧初，王安石作相，常用白帖行事。」惇大喜，取其案牘懷之，以白哲宗，遂其姦。雍雖以此結惇，然卒罷政，坐元祐黨，奪職知鄭州。數日，改成都府。元符元年，提舉崇福宮，歸，未至而卒，年六十八。政和中，復資政殿學士。

孫永字曼叔，世爲趙人，徙長社。年十歲而孤，祖給事中沖，列爲子行，蔭將作監主簿，肄業西學，羣試常第一。沖戒之曰：「洛陽英雋所萃，汝年少，不宜多上人。」自是不復試。沖卒，喪除，復列爲孫，換試銜，擢進士第，調襄城尉、宜城令，至太常博士。御史中丞賈黯薦爲御史，以母老不就。韓琦讀其詩，歎譽之，引爲諸王府侍讀。神宗爲潁王，出新錄韓非子畀宮僚讎定，永曰：「非險薄刻核，其書背六經之旨，願毋留意。」王曰：「廣藏書之數耳，非所



好也。」及爲皇太子，進舍人；卽位，擢天章閣待制，安撫陝西。民景詢外叛，詔捕送其孥，勿以赦原。永言：「陛下新御極，曠澤流行，惡逆者猶得斷除。今緣坐者弗宥，非所以示信也。」

歷河北、陝西都轉運使。時邊用不足，以解鹽、市馬別爲一司，外臺不得與。永奏曰：「鹽、馬，國之大計，使主者專其柄，既無以統隸，苟爲非法，孰從而制之？」

加龍圖閣直學士、知秦州。王韶以布衣入幕府，建取熙河策，永折之曰：「邊陲方安靜，無故騷動，恐變生不測。」會新築劉家堡失利，衆請戮偏裨以塞責。永曰：「居敵必爭之地，軍孤援絕，兵法所謂不得而守者也。尤人以自免，於我安乎？」竟用是降天章閣待制、知和州。以詳定編敕知審官東院召還，神宗問：「青苗、助役之法，於民便否？」對曰：「法誠善，然彊民出息輸錢代徭，不能無重斂之患。若用以資經費，非臣所知也。」時倉法峻密，庾吏受百錢，則黥爲卒，府史亦如之。神宗又問：「此法既下，吏尙爲姦乎？」對曰：「強盜罪死，犯者猶衆，況配隸邪？使人畏法而不革心，雖在府史，臣亦不敢必其無犯也。」議復肉刑，事下永。永奏曰：「刻人肌膚，深害仁政，漢文帝所不忍，陛下忍之乎？」神宗曰：「事固未決，待卿始定耳。」不果行。

復學士，知瀛州。河決，于貝、瀛、冀尤甚，民租以災免者，州縣擢常平法，徵催如故。永連章論止，神宗從之，仍命發廩粟以振。白溝巡檢趙用以遼人漁界河，擅引兵北度，蕩其



族帳，遼持此兆釁，數暴邊上。神宗遣使問故，永請正用罪以謝，未報。遼屯兵連營亙四十里，永好諭之曰：「疆吏冒禁，已寘之獄矣，今何爲者？」敵意解，但求醪糒犒師而旋。

進樞密直學士、知開封府。呂嘉問言，吏欲使都人列肆輸錢以免直。下府詢究，曹椽以爲便。永占書紙尾，不暇省。既乃行市易抵當法，貸民錢而爲之期，有不能償而死者。神宗頗知之，嘉問妄變其名以罔聽。神宗慮立法未盡，詔永及韓維究實。永奏言：「市算下逮錐刀，爲人患苦。」御史張琥劾永棄同卽異，罷爲提舉中太一宮。

元豐中，判軍器監。有司病皮革不給，嚴隱匿之科，亡賴輩肆情爲訐，至婦人冠飾亦不免。永請聽人以所藏之善者售于官，得貨其餘，訐訟旣息，國用亦濟。

出知太原，且行，神宗訪以時務，永言：「近者造戎器倍常，外間謂將有事於征討。兵非輕用之物，願軫不戢自焚之戒。」神宗曰：「此備豫不虞，若四方安平，豈有輕動之理？卿言是也。」忻、代產鹽，苦惡不堪食，轉運使必欲理之，以盜販闌越之罪罪兵吏。永言：「鹽，民食也，不可禁；兵，武備也，不可闕。願以惡鹽累防兵，非計也。」詔弛其禁。

入判將作，進端明殿學士。病不能朝，神宗遣上醫調視，六命近侍問安否，至虛樞密位以待。辭去益力，提舉崇福宮。踰年，起知陳州，徙潁昌。永裕起陵，許、汝當運粟數十萬斛於陵下，調民牛數萬，永請而免。哲宗召拜工部尚書。太皇太后下詔求言，永陳保馬、保

甲、免役三事最敝，願一切罷去，復修監牧、保伍、差徭之法。太皇太后皆納之。元祐元年，遷吏部，又屬疾，改資政殿學士兼侍讀，提舉中太一宮，未拜而卒，年六十八。贈銀青光祿大夫，賻金帛二千，謚曰康簡。

永外和內勁，論議常持平，不求詭異。事或悖于理，雖逼以勢，亦不爲屈。未嘗以矯亢形于色辭，與人交，終身無怨仇。范純仁、蘇頌皆稱之爲國器。

論曰：宋之衰也，人才尙多。梁燾、王巖叟盡忠事上，凡有過舉，知無不言，雖或從或違，而隱然有虎豹在山之勢矣。第以新州之舉，於是爲過。故他日紹聖復以藉口，使元祐衆賢皆罹其禍，由是再變而爲宣、政之姦臣，國日危矣。鄭雍易其所守，肆擊劉摯，波及者三十人，欲結章惇以取容，然而終亦不免。小人反覆，專務自全，竟何益哉？孫永之爲人，庶得其中焉。

## 校勘記

〔一〕三年卒　按宋會要職官六七之一五，梁燾責授雷州別駕、化州安置，事在紹聖四年二月；東都





事略卷九〇本傳，燾於「紹聖三年，責少府監，分司。明年，遂貶雷州別駕，化州安置，卒於貶所」；長編紀事本末卷一〇七、編年綱目卷二四都繫燾死於紹聖四年十一月。疑此處有誤，或「三年」當爲「是年」。

# 宋史卷三百四十三

## 列傳第一百二

元絳　許將　鄧潤甫　林希 弟旦　蔣之奇　陸佃　吳居厚　溫益

元絳字厚之，其先臨川危氏。唐末，曾祖仔倡聚衆保鄉里，進據信州，爲楊氏所敗，奔杭州，易姓曰元。祖德昭，仕吳越至丞相，遂爲錢塘人。絳生而敏悟，五歲能作詩，九歲謁荊南太守，試以三題，上諸朝，貧不能行。長，舉進士，以廷試誤賦韻，得學究出身。再舉登第，調江寧推官，攝上元令。

民有號王豹子者，豪占人田，略男女爲僕妾，有欲告者，則殺以滅口。絳捕寘于法。甲與乙被酒相毆擊，甲歸臥，夜爲盜斷足，妻稱乙，告里長，執乙詣縣，而甲已死。絳敕其妻曰：「歸治而夫喪，乙已伏矣。」陰使信謹吏迹其後，望一僧迎笑，切切私語。絳命取僧繫廡





下，詰妻姦狀，卽吐實。人問其故，絳曰：「吾見妻哭不哀，且與傷者共席而襦無血汚，是以知之。」

安撫使范仲淹表其材，知永新縣。豪子龍聿誘少年周整飲博，以技勝之，計其貲折取上腴田，立券。久而整母始知之，訟于縣，縣索券爲證，則母手印存，弗受。又訟于州、于使者，擊登聞鼓，皆不得直。絳至，母又來訴，絳視券，呼謂聿曰：「券年月居印上，是必得周母他牘尾印，而撰僞券續之耳。」聿駭謝，卽日歸整田。

知通州海門縣。淮民多盜販鹽，制置使建言，滿二十斤者皆坐徙。絳曰「海濱之人，恃鹽以爲命，非羣販比也。」笞而縱之。擢江西轉運判官、知台州。州大水冒城，民廬蕩析。絳出庫錢，卽其處作室數千區，命人自占，與期三歲償費，流移者皆復業。又甓其城，因門爲牐，以禦湍漲，後人守其法。入爲度支判官。

儂智高叛嶺南，宿軍邕州而歲漕不足。絳以直集賢院爲廣東轉運使，建瀕江水砦數十，以待逋寇；繕治十五城，樓堞械器皆備，軍食有餘。以功遷工部郎中，歷兩浙、河北轉運使，召拜鹽鐵副使，擢天章閣待制、知福州，進龍圖閣直學士，徙廣、越、荊南，爲翰林學士、知開封府，拜三司使、參知政事。數請老，神宗命其子耆寧校書崇文院，慰留之。

會太學虞蕃訟博士受賄，事連耆寧，當下獄。絳請上還職祿，而容耆寧卽訊於外，從

之。於是御史至第薄責絳，絳一不自辨，罷知亳州。入辭，帝謂曰：「朕知卿，一歲即召矣。卿意欲陳訴乎？」絳謝罪，願得潁，即以爲潁州。明年，加資政殿學士、知青州，過都，留提舉中太一宮，力疾入謁，曰：「臣疾憊子弱，儻一旦不幸死，則遺骸不得近先人丘墓。」帝惻然曰：「朕爲卿辨護，雖百子何以加。」詔毋多拜，乘輿行幸勿扈從。又明年，以太子少保致仕。

絳所至有威名，而無特操，少儀矩。仕已顯，猶謂遲晚。在翰林，諂事王安石及其子弟，時論鄙之。然工於文辭，爲流輩推許。景靈宮作神御十一殿，夜傳詔草上梁文，遲明，上之。雖在中書，而蕃夷書詔，猶多出其手。既得謝，帝眷眷命之曰：「卿可營居京師，朕當資金幣，且便耆寧仕進。」絳曰：「臣有田廬在吳，乞歸營之，即築室都城，得望屬車之塵，幸矣。敢冀賜邪。」既行，追賚白金千兩，敕以蚤還。絳至吳踰歲，以老病奏，恐不能奉詔。三年而薨，年七十六。贈太子少師，謚曰章簡。

許將字沖元，福州閩人。舉進士第一。歐陽脩讀其賦，謂曰：「君辭氣似沂公，未可量也。」簽書昭慶軍判官，代還，當試館職，辭曰：「起家爲官，本代耕爾，願以守選餘日，讀所未





見書。」宰相善其志，以通判明州。神宗召對，除集賢校理、同知禮院，編修中書條例。自太常丞當轉博士，超改右正言；明日，直舍人院；又明日，判流內銓：皆神宗特命，舉朝榮之。

初，選人調擬，先南曹，次考功。綜核無法，吏得緣文爲姦，選者又不得訴長吏。將奏罷南曹，闢公舍以待來訴者，士無留難。進知制誥，特敕不試而命之。

契丹以兵二十萬壓代州境，遣使請代地，歲聘之使不敢行，以命將。將入對曰：「臣備位侍從，朝廷大議不容不知。萬一北人言及代州事，不有以折之，則傷國體。」遂命將詣樞密院閱文書。及至北境，居人跨屋棟聚觀，曰：「看南朝狀元。」及肄射，將先破的。契丹使蕭禧館客，禧果以代州爲問，將隨問隨答。禧又曰：「界濠未定，顧和好體重，吾且往大國分畫矣。」將曰：「此事，申飭邊臣豈不可，何以使爲？」禧慙不能對。歸報，神宗善之，以將知審官西院、直學士院、判尙書兵部。

時河北保甲、陝西河東弓箭社、閩楚槍仗手雖有名籍，其多少與年月不均，以致閱按無法，將一切整攝之。進翰林學士、權知開封府，爲同進所忌。會治太學虞蕃訟，釋諸生無罪者，蔡確、舒亶因陷之，逮其父子入御史府，踰月得解，黜知蘄州。

明年，以龍圖閣待制起知秦州，改揚州，又改鄆州。上元張燈，吏籍爲盜者繫獄，將曰：「是絕其自新之路也。」悉縱遣之，自是民無一人犯法，三圄皆空。父老歎曰：「自王沂公後五十六年，始再見獄空耳。」鄆俗士子喜聚肆以謗官政，將雖弗禁，其俗自息。

召爲兵部侍郎。上疏言：「兵措於形勢之內，最彰而易知；隱於權用之表，最徼而難能。此天下之至機也。是以治兵有制，名雖不同，從而橫之，方而圓之，使萬衆猶一人；車馬有數，用雖不同，合而分之，散而斂之，取四方猶跬步；制器有度，工雖不同，左而右之，近而遠之，運衆算猶掌握。非天下之至神，孰能與此？」又條奏八事，以爲「兵之事有三：曰禁兵，曰廂兵，曰民兵。馬之事有三：曰養馬，曰市馬，曰牧馬。兵器之事有二：曰繕作，曰給用。」及西方用兵，神宗遣近侍問兵馬之數，將立具上之；明日，訪樞臣，不能對也。

以龍圖閣直學士知成都府。元祐三年，再爲翰林學士。四年，拜尙書右丞。將自以在先朝爲侍從，每討熙、豐舊章以聞。中旨用王文郁、姚兕領軍，執政復議用張利一、張守約。將始與執政同議，復密疏利一不可用。言者論其窺伺主意，銜直賣友。罷爲資政殿學士、知定州，移揚州，又移大名府。

會黃河東、北二議未決，將曰：「度今之利，謂宜因梁村之口以行東，因內黃之口以行北，而盡閉諸口，以絕大名諸州之患。俟水大至，觀故道足以受之，則內黃之口可塞；不足以受之，則梁村之口可以止；兩不能相奪，則各因其自流以待之。」





紹聖初，入爲吏部尙書，上疏乞依元豐詔，定北郊夏至親祀。拜尙書左丞、中書侍郎。章惇爲相，與蔡卞同肆羅織，貶謫元祐諸臣，奏發司馬光墓。哲宗以問將，對曰：「發人之墓，非盛德事。」方黨禍作，或舉漢、唐誅戮故事，帝復問將，對曰：「二代固有之，但祖宗以來未之有，本朝治道所以遠過漢、唐者，以未嘗輒戮大臣也。」哲宗皆納之。

將嘗議正夏人罪，以涇原近夏而地廣，謀帥尤難，乞用章楶，楶果有功。崇寧元年，進門下侍郎，累官金紫光祿大夫，撫定鄯、廓州。邊臣欲舉師渡河，朝議難之，將獨謂：「外國不可以爽信，而兵機有不可失，既已戒期，願遂從之。」未幾，捷書至，將以復河、湟功轉特進，凡居政地十年。

御史中丞朱諤取將舊謝章表，析文句以爲謗，且謂：「將左顧右視，見利則回，幡然改圖，初無定論。元祐間嘗爲丞轄，則盡更元豐之所守。紹聖初復秉鈞軸，則陰匿元祐之所爲。逮至建中，尙此冒居，則紹聖之所爲已皆非矣。強顏今日，亦復偷安，則建中之所爲亦隨改焉。」遂以資政殿大學士知河南府。言者不已，降資政殿學士、知潁昌府，移大名，加觀文殿學士、奉國軍節度使。在大名六年，數告老，召爲佑神觀使。政和初，卒，年七十五。贈開府儀同三司，謚曰文定。

子份，龍圖閣學士。

鄧潤甫字溫伯，建昌人。嘗避高魯王諱，以字爲名，別字聖求，後皆復之。第進士，爲上饒尉、武昌令。舉賢良方正，召試不應。熙寧中，王安石以潤甫爲編修中書條例、檢正中書戶房事。神宗覽其文，除集賢校理、直舍人院，改知諫院、知制誥。同鄧綰、張琥治鄭俠獄，深致其文，入馮京、王安國、丁諷、王堯臣於罪。

擢御史中丞。上疏曰：「向者陛下登用儁賢，更易百度，士狃於見聞，蔽於俗學，競起而卒非之，故陛下排斥異論，以圖治功。然言責之路，反爲壅抑；非徒抑之，又或疑之。論䘏民力，則疑其違道干譽；論補法度，則疑其同乎流俗；論斥人物，則疑其訐以爲直。故敢言之氣日以折，而天下事變，有不得盡聞。曩變法之初，勢自當爾。今法度已就緒，宜有以來天下論議。至於淫辭詖行，有挾而發，自當屏棄。如此，則善言不伏，而眞大治也。」

李憲措置熙河邊事，潤甫率其屬周尹、蔡承禧、彭汝礪上書切諫，其略云：「自唐開元以來，用楊思勗、魚朝恩、程元振、吐突承璀爲將。有功，則負勢驕恣，陵轢公卿；無功，則挫損國威，爲四國笑。今陛下使憲將兵，功之成否，非臣等所能預料。然以往事監之，其有害必矣。陛下仁聖神武，駕御豪桀，雖憲百輩，顧何能爲，獨不長念卻慮，爲萬世之計乎？豈





可使國史所書，以中人將兵，自陛下始？後世沿襲故迹，視以爲常，進用其徒握兵柄，則天下之患，將有不可勝言者矣！」不聽。

又言：「興利之臣，議前代帝王陵寢，許民請射耕墾，而司農可之。唐之諸陵，因此悉見芟劉，昭陵喬木，翦伐無遺。熙寧著令，本禁樵采，遇郊祀則敕吏致祭，德意可謂遠矣。小人掊克，不顧大體。願絀創議之人，而一切如令。」從之。

遷翰林學士。因論奏相州獄，爲蔡確所陷，落職知撫州。移杭州，以龍圖閣直學士知成都府。召復翰林學士兼掌皇子閤牋記，一時制作，獨倚潤甫焉。哲宗立，惟潤甫在院，一夕草制二十有二。進承旨，修撰神宗實錄。以母喪去，終制，爲吏部尙書。梁燾論其草蔡確制，妄稱有定策功，乃以龍圖閣學士知亳州。閱歲，復以承旨召。數月，除端明殿學士、禮部尙書。請郡，得知蔡州，移永興軍。

元祐末，以兵部尙書召。紹聖初，哲宗親政，潤甫首陳武王能廣文王之聲，成王能嗣文、武之道，以開紹述。遂拜尙書左丞。章惇議重譴呂大防、劉摯，潤甫不以爲然，曰：「俟見上，當力爭。」無何，暴卒，年六十八。輟視朝二日。以嘗掌均邸牋奏，優贈開府儀同三司，諡曰安惠。

林希字子中，福州人。舉進士，調涇縣主簿，爲館閣校勘、集賢校理。神宗朝，同知太常禮院。皇后父喪，太常議服淺素，希奏：「禮，后爲父降服期。今服淺素，不經。」及遣使高麗，希聞命，懼形於色，辭行。神宗怒，責監杭州樓店務。歲餘，通判秀州，復知太常禮院，遷著作佐郎、禮部郎中。元豐六年，詔修兩朝寶訓，上之。元祐初，歷祕書少監、起居舍人、起居郎，進中書舍人。言者疏其行誼浮僞，士論羞薄，不足以玷從列。以集賢殿修撰知蘇州，更宣、湖、潤、杭、亳五州，加天章閣待制。

紹聖初，進寶文閣直學士、知成都府。道闕下，會哲宗親政，章惇用事，嘗曰：「元祐初，司馬光作相，用蘇軾掌制，所以能鼓動四方，安得斯人而用之？」或曰：「希可。」惇欲使希典書命，逞毒於元祐諸臣，且許以爲執政。希亦以久不得志，將甘心焉，遂留行。復爲中書舍人，修神宗實錄兼侍讀。

哲宗問：「神宗殿曰宣光，前代有此名乎？」希對曰：「此石勒殿名也。」乃更爲顯承。時方推明紹述，盡黜元祐羣臣，希皆密豫其議。自司馬光、呂公著大防、劉摯、蘇軾轍等數十人之制，皆希爲之，詞極其醜詆，至以「老姦擅國」之語陰斥宣仁，讀者無不憤歎。一日，希草制罷，擲筆于地曰：「壞了名節矣。」





遷禮部吏部尙書、翰林學士，擢同知樞密院。始，惇疑曾布在樞府間己，使希爲貳，以相伺察。希日爲布所誘，且恐惇不引爲執政，遂叛惇。會邢恕論希罪，惇因幷去之，罷知亳州，移杭州，布不能救也。旋以端明殿學士知太原府。

徽宗立，徙大名。上河東邊計三策，朝廷以其詞命醜正之罪，奪職知揚州，徙舒州。未幾卒，年六十七。追贈資政殿學士，諡曰文節。弟旦。

旦，第進士，熙寧中，由著作佐郎主管淮南常平，擢太子中允、監察御史裏行。居臺五月，以論李定事罷守故官。久之，幹當奏院；陳繹領門下封駁，又摭其前論罷之。累年，乃簽書淮南判官。入爲太常博士，工部、考功員外郎。

元祐元年，拜殿中侍御史。甫涖職，卽上疏曰：「廣言路然後知得失，達民情然後知利病。竊見去歲五月，詔求讜言，士民爭欲自獻。及詳觀詔語，名雖求諫，實欲拒言，約束丁寧，使不得觀望迎合，犯令干譽，終之以必行黜罰以恐懼之。於是人人相戒，言將出而復止；至於再申諭告，方達天聽。聞初詔乃蔡確、章惇造端，其詞盡出於惇。今二人既去，其餘黨常懷醜正惡直之心，願深留宸慮，以折邪謀。」遂論呂惠卿、鄧綰，謂「綰雖罷揚州，猶涖小郡，小郡之民奚罪焉？乞投之散地，以謝天下」。又言：「近彈王中正、石得一等，雖已薄

責，得一所任肘腋小人，如翟勍之徒，亦宜編削。」詔並降支郡簪校。又論崔台符、賈種民舞文深酷之罪，皆逐之。出爲淮南轉運副使，歷右司郎中、祕書少監、太僕卿，終河東轉運使。

子膚，坐元符上書，陷於黨籍。

蔣之奇字穎叔，常州宜興人。以伯父樞密直學士堂蔭得官。擢進士第，中春秋三傳科，至太常博士。又舉賢良方正，試六論中選，及對策，失書問目，報罷。英宗覽而善之，擢監察御史。

神宗立，轉殿中侍御史，上謹始五事：一曰進忠賢，二曰退姦邪，三曰納諫諍，四曰遠近習，五曰閉女謁。神宗顧之曰：「斜封、墨敕必無有，至於近習之戒，孟子所謂『觀遠臣以其所主』者也。」之奇對曰：「陛下之言及此，天下何憂不治。」

初，之奇爲歐陽脩所厚，制科旣黜，乃詣脩盛言濮議之善，以得御史。復懼不爲衆所容，因脩妻弟薛良孺得罪怨脩，誣脩及婦吳氏事，遂劾脩。神宗批付中書，問狀無實，貶監道州酒稅，仍榜朝堂。至州，上表哀謝，神宗憐其有母，改監宣州稅。

新法行，爲福建轉運判官。時諸道免役推行失平，之奇約僦庸費，隨算錢高下均取之，





民以爲便。遷淮東轉運副使。歲惡民流，之奇募使修水利以食流者。如揚之天長三十六陂，宿之臨渙橫斜三溝，尤其大也，用工至百萬，溉田九千頃，活民八萬四千。

歷江西、河北、陝西副使。之奇在陝西，經賦入以給用度，公私用足。比其去，庫緡八十餘萬，邊粟皆支二年。移淮南，擢江、淮、荊、浙發運副使。元豐六年，漕粟至京，比常歲溢六百二十萬石，錫服三品。請鑿龜山左肘至洪澤爲新河，以避淮險，自是無覆溺之患。詔增二秩，加直龍圖閣，升發運使。凡六年，其所經度，皆爲一司故事。

元祐初，進天章閣待制、知潭州。御史韓川孫升、諫官朱光庭皆言之奇小人，不足當斯選。改集賢殿修撰、知廣州。妖人岑探善幻，聚黨二千人，謀取新興，略番禺，包據嶺表，羣不逞借之爲虐，其勢張甚。之奇遣鈐轄楊從先致討，生擒之。加寶文閣待制。南海饒寶貨，爲吏者多貪聲，之奇取前世牧守有清節者吳隱之、宋璟、盧奐、李勉等，繪其象，建十賢堂以祀，冀變其習。

徙河北都轉運使、知瀛州。遼使耶律迪道死，所過郡守皆再拜致祭。之奇曰：「天子方伯，奈何爲之屈膝邪！」奠而不拜。入爲戶部侍郎。未幾，復出知熙州。夏人論和，請畫封境。之奇揣其非誠心，務修守備，謹斥候，常若敵至。終之奇去，夏人不敢犯塞。

紹聖中，召爲中書舍人，改知開封府，進龍圖閣直學士，拜翰林學士兼侍讀。元符末，鄒浩以言事得罪，之奇折簡別之，責守汝州。閱月，徙慶州。

徽宗立，復爲翰林學士，拜同知樞密院。明年，知院事。沅州蠻擾邊，之奇請遣將討之，以其地爲徽、靖二州。崇寧元年，除觀文殿學士、知杭州。以棄河、湟事奪職，由正議大夫降中大夫。以疾告歸，提舉靈仙觀。三年，卒，年七十四。後錄其嘗陳紹述之言，盡復官職。

之奇爲部使者十二任，六典會府，以治辦稱。且孜孜以人物爲己任，在閩薦處士陳烈，在淮南薦孝子徐積，每行部至，必造之。特以畔歐陽脩之故，爲清議所薄。

子璐至侍從，曾孫芾別有傳。

陸佃字農師，越州山陰人。居貧苦學，夜無燈，映月光讀書。躡屩從師，不遠千里。過金陵，受經於王安石。熙寧三年，應舉入京。適安石當國，首問新政，佃曰：「法非不善，但推行不能如初意，還爲擾民，如青苗是也。」安石驚曰：「何爲乃爾？吾與呂惠卿議之，又訪外議。」佃曰：「公樂聞善，古所未有，然外間頗以爲拒諫。」安石笑曰：「吾豈拒諫者？但邪說營營，顧無足聽。」佃曰：「是乃所以致人言也。」明日，安石召謂之曰：「惠卿云：『私家





取債，亦須一雞半豚。』已遣李承之使淮南質究矣。」既而承之還，詭言於民無不便，佃說不行。

禮部奏名爲舉首。方廷試賦，遽發策題，士皆愕然；佃從容條對，擢甲科。授蔡州推官。初置五路學，選爲鄆州教授，召補國子監直講。安石以佃不附己，專付之經術，不復咨以政。安石子雱用事，好進者坌集其門，至崇以師禮，佃待之如常。

同王子韶修定說文。入見，神宗問大裘襲衮〔一〕，佃考禮以對。神宗悅，用爲詳定郊廟禮文官。時同列皆侍從，佃獨以光祿丞居其間。每有所議，神宗輒曰：「自王、鄭以來，言禮未有如佃者。」加集賢校理、崇政殿說書，進講周官，神宗稱善，始命先一夕進稿。同修起居注。元豐定官制，擢中書舍人、給事中。哲宗立，太常請復太廟牙盤食。博士呂希純、少卿趙令鑠皆以爲當復。佃言：「太廟，用先王之禮，於用俎豆爲稱；景靈宮、原廟，用時王之禮，於用牙盤爲稱，不可易也。」卒從佃議。

是時，更先朝法度，去安石之黨，士多諱變所從。安石卒，佃率諸生供佛，哭而祭之，識者嘉其無向背。遷吏部侍郎，以修撰神宗實錄徙禮部。數與史官范祖禹、黃庭堅爭辨，大要多是安石，爲之晦隱。庭堅曰：「如公言，蓋佞史也。」佃曰：「盡用君意，豈非謗書乎！」

進權禮部尚書。鄭雍論其穿鑿附會，改龍圖閣待制、知潁州。佃以歐陽脩守潁有遺

愛，爲建祠宇。實錄成，加直學士，又爲韓川、朱光庭所議，詔止增秩，徙知鄧州。未幾，知江寧府。甫至，祭安石墓。句容人盜嫂害其兄，別誣三人同謀。既皆訊服，一囚父以冤訴，通判以下皆曰：「彼怖死耳，獄已成，不可變。」佃爲閱實，三人皆得生。紹聖初，治實錄罪，坐落職，知泰州，改海州。朝論灼其情，復集賢殿修撰，移之蔡。

徽宗即位，召爲禮部侍郎。上疏曰：「人君踐祚，要在正始，正始之道，本於朝廷。近時學士大夫相傾競進，以善求事爲精神，以能訐人爲風采，以忠厚爲重遲，以靜退爲卑弱。相師成風，莫之或止，正而救之，實在今日。神宗延登眞儒，立法制治，而元祐之際，悉肆紛更。紹聖以來，又皆稱頌。夫善續前人者，不必因所爲，否者廢之，善者揚焉。元祐紛更，是知廢之而不知揚之之罪也；紹聖稱頌，是知揚之而不知廢之之過也。願咨謀人賢，詢考政事，惟其當之爲貴，大中之期，亦在今日也。」徽宗遂命修哲宗實錄。

遷吏部尚書，報聘于遼，歸，半道聞遼主洪基喪，送伴者赴臨而返，誚佃曰：「國哀如是，漢使殊無弔唁之儀，何也？」佃徐應曰：「始意君匍匐哭踊而相見，即行弔禮；今偃然如常時，尙何所弔？」伴者不能答。

拜尙書右丞。將祀南郊，有司欲飾大裘匣，度用黃金多，佃請易以銀。徽宗曰：「匣必用飾邪？」對曰：「大裘尙質，後世加飾焉，非禮也。」徽宗曰：「然則罷之可乎？」數日來，豐稷





屢言之矣。」佃因贊曰：「陛下及此，盛德之舉也。」徽宗欲親祀北郊，大臣以爲盛暑不可，徽宗意甚確。朝退，皆曰：「上不以爲勞，當遂行之。」李清臣不以爲然。佃曰：「元豐非合祭而是北郊，公之議也。今反以爲不可，何耶？」清臣乃止。

御史中丞趙挺之以論事不當，罰金。佃曰：「中丞不可罰，罰則不可爲中丞。」諫官陳瓘上書，曾布怒其尊私史而壓宗廟。佃曰：「瓘上書雖無取，不必深怒，若不能容，是成其名也。」佃執政與曾布比，而持論多近恕。每欲參用元祐人才，尤惡奔競。嘗曰：「天下多事，須不次用人；苟安寧時，人之才無大相遠，當以資歷序進。少緩之，則士知自重矣。」又曰：「今天下之勢，如人大病向愈，當以藥餌輔養之，須其安平；苟爲輕事改作，是使之騎射也。」

轉左丞。御史論呂希純、劉安世復職太驟，請加鐫抑，且欲更懲元祐餘黨。佃爲徽宗言不宜窮治，乃下詔申諭，揭之朝堂。議者用是詆佃，曰：「佃名在黨籍，不欲窮治，正恐自及耳。」遂罷爲中大夫、知亳州，數月卒，年六十一。追復資政殿學士。

佃著書二百四十二卷，於禮家、名數之說尤精，如埤雅、禮象、春秋後傳皆傳於世。

吳居厚字敦老，洪州人。第嘉祐進士，熙寧初，爲武安節度推官。奉行新法，盡力覈閑田，以均給梅山猺，計勞，得大理丞，轉補司農屬。元豐間，提舉河北常平，增損役法五十一條，賜銀緋，爲京東轉運判官，升副使。

天子方興鹽、鐵，居厚精心計，籠絡鉤稽，收羨息錢數百萬。即萊蕪、利國二冶官自鑄錢，歲得十萬緡。詔褒揭其能。擢天章閣待制、都轉運使。前使者皆以不任職蒙譴，居厚與河北蹇周輔、李南公會境上，議鹽法，搜剔無遺。居厚起州縣凡流，無閥閱勳庸，徒以言利得幸，不數歲，至侍從，嗜進之士從風羨美。又請以鹽息買絹，資河東馬直；發大鐵錢二十萬貫，佐陝西軍興；且募民養保馬。當時商功利之臣，所在成聚，居厚最爲掊克。

劇盜王沖因民不忍，聚衆數千，欲乘其行部至徐，篡取投諸冶。居厚聞知，間道遁去。元祐治其罪，責成州團練副使，安置黃州。章惇用事，起爲江、淮發運使。疏支家河通漕，楚、海之間賴其利。召拜戶部侍郎、尙書，以龍圖閣學士知開封府，爲永泰陵橋道頓遞使。坐積雨留滯，罷知和州。

崇寧初，復尹開封，拜尙書右丞，進中書門下侍郎。以老避位，爲資政殿學士、東太一宮使，恩許仍服方團金毬文帶。自是，前執政在京師者視此。出爲亳州、洪州，徙太原，道都門，留使佑神觀，復還政府，遷知樞密院。政和三年，以武康軍〔三〕節度使知洪州，卒，年七





十九。贈開府儀同三司。

居厚在政地久，以周謹自媚，無赫赫顯惡，唯一時聚斂，推爲稱首。

溫益字禹弼，泉州人。第進士，歷大宗正丞、利州路湖南轉運判官、工部員外郎。紹聖中，由諸王府記室出知福州，徙潭州。鄒浩南遷過潭，暮投宿村寺，益即遣州都監將數卒夜出城，逼使登舟，竟凌風絕江而去。他逐臣在其境內，若范純仁、劉奉世、韓川、呂希純、呂陶，率爲所侵困，用事者悅之。未及用，而徽宗以藩邸恩，召爲太常少卿，遷給事中兼侍讀，陳瓘指言其過，謂不宜列侍從，處經帷，不報。改龍圖閣待制，知開封府，猶兼侍讀。時執政倡言，帝當爲哲宗服兄弟之服。會肇在邇英讀史記舜紀，因言：「昔堯、舜同出黃帝，世數已遠，然舜爲堯喪三年者，以嘗臣堯故也。」益意附執政，進曰：「史記世次不足信，堯、舜非同出。」遷吏部尙書。

建中靖國元年，拜尙書右丞。鄧洵武獻愛莫助之圖，帝初付曾布，布辭。改付益，益得藉手以爲宜相蔡京，天下之善士，一切指爲異論，時人惡之。布與京爭事帝前，辭頗厲，益叱曰：「曾布安得無禮！」帝不樂，布由是得罪，而京遂爲相。進益中書侍郎。

益仕宦從徽至著，無片善可紀，至其狡謟傅合，蓋天稟然。及是，乃時有立異。京一日除監司、郡守十人，益稍不謂然。京知中書舍人鄭居中與益厚，使居中自從其所問之，居中以告。益曰：「君在西掖，每見所論事，舍人得舉職，侍郎顧不許耶？今丞相所擬錢龢而下十人，皆其姻黨耳，欲不逆其意得乎？」京聞而頗憚焉。踰年，卒，年六十六。

子萬石至尚書。

論曰：王安石爲政，一時士大夫之素知名者，變其所守而從之，比比皆然；元絳所洊，咸有異政，亦諂事之，陋矣。許將嘗力止發司馬光墓，此爲可稱；而言者謂其仕於元祐、紹聖以至建中，左右視利，幡然改圖，初無定論。鄧潤甫初掌陵記，盛有文名，而首贊紹述之謀，又表章蔡確定策之功，雖有他長，無足觀矣。林希草制，務醜詆正人，自知隳壞名節，擲筆而悔，又何晚也；弟旦反其所爲，糾劾亘姦，善惡豈相掩哉！蔣之奇始慫濮議，晚摭飛語，擊舉主以自文，小人之魁傑者也。吳居厚奉行新法，剝下媚上，溫益阿附二蔡，物議不容。陸佃雖受經安石，而不主新法，元祐黨人之罪，請一施薄罰而已，猶差賢於衆人焉。





## 校勘記

〔一〕大裘襲衮 「大裘」原作「大喪」，據本書卷一五一輿服志、陸佃陶山集卷五元豐大裘議改。

〔二〕武康軍 原作「武寧軍」，據本書卷二一二宰輔表、葛勝仲丹陽集卷一二吳居厚墓誌銘改。

# 宋史卷三百四十四

## 列傳第一百三

孫覺 弟覽 李常 孔文仲 弟武仲 平仲 李周 鮮于侁 顧臨
李之純 從弟之儀 王覿 子俊義 馬默

孫覺字莘老，高郵人。甫冠，從胡瑗受學。瑗之弟子千數，別其老成者爲經社，覺年最少，儼然居其間，衆皆推服。登進士第，調合肥主簿。歲旱，州課民捕蝗輸之官，覺言：「民方艱食，難督以威。若以米易之，必盡力，是爲除害而享利也。」守悅，推其說下之他縣。嘉祐中，擇名士編校昭文書籍，覺首預選，進館閣校勘。神宗卽位，直集賢院，爲昌王記室，王問終身之戒，爲陳諸侯之孝，作富貴二箴。擢右正言。

神宗將大革積弊，覺言：「弊政固不可不革，革而當，其悔乃亡。」神宗稱其知理。嘗從容語及知人之難，覺曰：「堯以知人爲難，終享其易。蓋知人之要，在於知言。人主用臣之





道，任賢使能而已。賢能之分既殊，任使之方亦異。至於所知有限量，所能有彼此，是功用之士也，可以處外而不可以處內，可以責之事而不可責之言。陛下欲興太平之治，而所擢數十人者，多有口才，而無實行。臣恐日浸月長，彙征牆進，充滿朝廷之上，則賢人日遠，其爲患禍，尚可以一二言之哉。願觀詩、書之所任使，無速於小利近功，則王道可成矣。」

邵亢在樞府，無所建明，神宗語覺，欲出之，用陳升之以代。覺退，卽奏疏如所言，神宗以爲希旨，奪官兩級。執政曰：「諫官有出外，無降官之理。」神宗曰：「但降官，自不能任。」覺連章丐去云：「去歲有罰金御史，今茲有貶秩諫官，未聞罰金貶秩，而猶可居位者。」乃通判越州，復右正言，徙知通州。熙寧二年，詔知諫院，同修起居注，知審官院。

王安石早與覺善，驟引用之，將援以爲助。時呂惠卿用事，神宗詢於覺，對曰：「惠卿卽辯而有才，過於人數等，特以爲利之故，屈身於安石，安石不悟，臣竊以爲憂。」神宗曰：「朕亦疑之。」其後王、呂果交惡。

靑苗法行，首議者謂：「周官泉府，民之貸者，至輸息二十而五，國事之財用取具焉。」覺奏條其妄，曰：「成周賒貸，特以備民之緩急，不可徒與也，故以國服爲之息。然國服之息，說者不明。鄭康成釋經，乃引王莽計贏受息，無過歲什一爲據，不應周公取息，重於莽時。況載師所任地，漆林之征特重，所以抑末作也。今以農民乏絕，將補耕助斂，顧比末作而征

之，可乎？國事取具，蓋謂泉府所領，若市之不售，貨之滯於民用，有買有予，并賒貸之法而舉之。儻專取具於泉府，則冢宰九賦，將安用邪？聖世宜講求先王之法，不當取疑文虛說以圖治。今老臣疎外而不見聽，輔臣遷延而不就職，門下執正而不行，諫官請罪而求去。臣誠恐姦邪之人，結黨連伍，乘衆情之洶洶，動搖朝廷，釣直干譽，非國家之福也。」

安石覽之，怒，覺適以事詣中書，安石以語動之曰：「不意學士亦如此！」始有逐覺意。會曾公亮言畿縣散常平錢，有追呼抑配之擾，安石因請遣覺行視虛實。覺既受命，復奏疏辭行，且言：「如陳留一縣，前後曉示，情願請錢，卒無一人至者，故陳留不散一錢。以此見民實不願與官中相交。所有體量，望賜寢罷。」遂以覺爲反覆，出知廣德軍，徙湖州。松江隄沒，水爲民患。覺易以石，高丈餘，長百里，隄下化爲良田。

徙廬州，改右司諫。以祖母喪求解官，下太常議，不可。詔知潤州，覺已持喪矣。服除，知蘇州，徙福州。閩俗厚於婚喪，其費無藝。覺裁爲中法，使資裝無得過百千。令下，嫁娶以百數，葬埋之費亦率減什伍。連徙亳、揚、徐州。徐多盜，捕得殺人者五，其一僅勝衣，疑而訊之，曰：「我耕於野，與甲遇，彊以梃與我，夜挾我東，使候諸門，不知其他也。」問吏：「法何如？」曰：「死。」覺止誅其首，後遂爲例。

知應天府，入爲太常少卿，易祕書少監。哲宗即位，兼侍講，遷右諫議大夫。時諫官、



御史論事有限，毋得越職。覺請申唐六典及天禧詔書，凡發令造事之未便，皆得奏陳。論宰相蔡確、韓縝進不以德，確自訟有功無罪，覺隨所言折之，確竟去。縝自遷覺給事中，辭曰：「間者，執政畏人議己，則遷官以餌之，願與縝俱罷。」踰月，縝去。

進吏部侍郎，領右選，在選萬五千員，闕纔五之二，至有三年不得調者。覺請自軍功、保甲進者補指使，宗室袒免從員外置，一日得闕數千。改主左選，請磨勘歲以百人爲限。擢御史中丞，數月，以疾請罷，除龍圖閣學士兼侍講，提舉醴泉觀，求舒州靈仙觀以歸。哲宗遣使存勞，賜白金五百兩。卒，年六十三。

覺有德量，爲王安石所逐。安石退居鍾山，覺枉駕道舊，爲從容累夕；迨其死，又作文以誄，談者稱之。紹聖中，以覺爲元祐黨，奪職追兩官。徽宗即位，復官職。有文集、奏議六十卷，春秋傳十五卷。弟覽。

覽字傳師。擢第，知尉氏縣。有屯將遇下虐，士卒謀因大閱殺之以叛。覽聞之，馳往，士猶羣語不顧，覽呼諭之曰：「將誠無狀，然天子何負汝輩，乃欲致族滅邪？」皆感謝去就列。屯將徐至，覽命吏趣具奏，衆意遂安。神宗壯其材，以爲司農主簿。舒亶判寺且兼諫院，欲引覽自助，覽拒不答。亶怒，用帳籍違事劾之。出提舉利州、湖南常平，改京西轉運判官，



入爲右司員外郎。荆湖開疆，命往相其便。覽言：「沅州所招溪洞百三十，宜從本郡隨事要束，勿建官置戍以爲民困。自誠州至融江口，可通西廣鹽，以省北道餉餽。」悉從之。

使還，爲河東、河北轉運副使，加直龍圖閣，歷知河中應天府、江淮發運使。進寶文閣待制，由桂徙廣，又改渭州。夏人入邊，檄大將苗履禦之，履稱疾移告，立按正其罪，竄諸房陵，轅門肅然。召知開封府，至則拜戶部侍郎。與蔡京論役法不合，以龍圖閣直學士知太原。夏人據橫山，並河爲寨，秦、晉之路皆塞。覽謀復取葭蘆戍，阻險不得前。夏人數萬屯境上，覽下令吾兵少，須滿五萬。及西夏人聞而濟師，覽不爲動，相持益久，忽令具糗糧，嚴兵械，曰：「敵至矣！」居數日，果大入，覽奮擊敗之，遂城葭蘆而還。策勳，加樞密直學士。

覽雖立邊功，議論多觸執政，屢遭絀削，歷知河南、永興，徙成都。辭不行，降爲寶文閣待制。卒，年五十九。

李常字公擇，南康建昌人。少讀書廬山白石僧舍。既擢第，留所抄書九千卷，名舍曰李氏山房。調江州判官、宣州觀察推官。發運使楊佐將薦改秩，常推其友劉琦，佐曰：「世無



此風久矣。」并薦之。

熙寧初，爲祕閣校理。王安石與之善，以爲三司條例檢詳官，改右正言、知諫院。安石立新法，常預議，不欲青苗收息。至是，疏言：「條例司始建，已致中外之議。至於均輸、青苗，斂散取息，傅會經義，人且大駭，何異王莽猥析周官片言，以流毒天下！」安石見之，遣所親密諭意，常不爲止。又言：「州縣散常平錢，實不出本，勒民出息。」神宗詰安石，安石請令常具官吏主名，常以非諫官體，落校理，通判滑州。歲餘復職，知鄂州，徙湖、齊二州。齊多盜，論報無虛日。常得黠盜，刺爲兵，使在麾下，盡知囊括處，悉發屋破柱，拔其根株，半歲間，誅七百人，姦無所匿。徙淮南西路提點刑獄。元豐六年，召爲太常少卿，遷禮部侍郎。

哲宗立，改吏部，進戶部尚書。或疑其少幹局，慮不勝任，質於司馬光。光曰：「用常主邦計，則人知朝廷不急於征利，聚斂少息矣。」常轉對，上七事，曰崇廉恥，存鄉舉，別守宰，廢貪贓，審疑獄，擇儒師，修役法。時役法差、免二科未定，常謂：「法無新陳，便民者良；論無彼己，可久者確。今使民俱出賦則貧者難辦，俱出力則富者難堪，各從其願，則可久爾。」乃折衷條上之。赦恩，蠲市易逋負不滿二百緡者，常請息過其數亦勿取。

拜御史中丞，兼侍讀，加龍圖閣直學士。論取士，請分詩賦、經義爲兩科，以盡所長。初，

河決小吳，議者欲自孫村口導還故處，及是，役興，常言：「京東、河北饑困，不宜導河。」詔罷之。諫官劉安世以吳處厚繳蔡確詩爲謗訕，因力攻確。常上疏論以詩罪確，非所以厚風俗。安世幷劾常，徙兵部尚書，辭不拜，出知鄧州。徙成都，行次陝，暴卒，年六十四。有文集、奏議六十卷，詩傳十卷，元祐會計錄三十卷。

常長孫覺一歲，始與覺齊名，俱受知於呂公著。其論議趣舍，大略多同；所終官職又同，其死，先後一夕云。

孔文仲字經父，臨江新喻人。性狷直，寡言笑，少刻苦問學，號博洽。舉進士，南省考官呂夏卿，稱其詞賦贍麗，策論深博，文勢似荀卿、楊雄，白主司，擢第一。調餘杭尉。恬介自守，不事請謁。轉運使在杭，召與議事，事已，馳歸，不詣府。人問之，曰：「吾於府無事也。」再轉台州推官。

熙寧初，翰林學士范鎭以制舉薦，對策九千餘言，力論王安石所建理財、訓兵之法爲非是，宋敏求第爲異等。安石怒，啓神宗，御批罷歸故官。齊恢〔一〕、孫固封還御批，韓維、陳薦、孫永皆力言文仲不當黜，五上章，不聽。范鎭又言：「文仲草茅疏遠，不識忌諱。且以直





言求之，而又罪之，恐爲聖明之累。」亦不聽。蘇頌歎曰：「方朝廷求賢如飢渴，有如此人而不見錄，豈其論太高而難合邪，言太激而取怨邪？」

吳充爲相，欲寘之館閣，又有忌之者，僅得國子直講。學者方用王氏經義進取，文仲不習其書，換爲三班主簿，出通判保德軍。時征西夏，衆數十萬皆道境上，久不解，邊人厭苦。文仲陳三不便曰：「大兵未出，而丁夫預集；河東顧夫，勞民而損費；諸路出兵，首尾不相應。虞、夏、商、周之盛，未嘗無外侮，然懷柔制禦之要，不在彼而在此也。」

元祐初，哲宗召爲祕書省校書郎，進禮部員外郎。有言：「皇族唯楊、荆二王得稱皇叔，餘宜各系其祖，若唐人稱諸王孫之比。」文仲曰：「上新即位，宜廣敦睦之義，不應疏間骨肉。」議遂寢。遷起居舍人，擢左諫議大夫。日食七月朔，上疏條五事，曰邪說亂正道，小人乘君子，遠服侮中國，斜封奪公論，人臣輕國命，宜察此以消厭兆祥。論青苗、免役，首困天下，保甲、保馬、茶鹽之法，爲遺螫留蠹。改中書舍人。

三年，同知貢舉。文仲先有寒疾，及是，晝夜不廢職。同院以其形瘵，勸之先出，或居別寢。謝曰：「居官則任其責，敢以疾自便乎！」於是疾益甚，還家而卒，年五十一。士大夫哭之皆失聲。蘇軾拊其柩曰：「世方嘉軟熟而惡崢嶸，求勁直如吾經父者，今無有矣！」詔厚恤其家，命弟平仲爲江東轉運判官，視其葬。

初，文仲與弟武仲、平仲皆以文聲起江西，時號「三孔」。後追貶梅州別駕。元符末，復其官。有文集五十卷。

武仲字常父。幼力學，舉進士，中甲科。調穀城主簿，選教授齊州，爲國子直講。喪二親，毀瘠特甚，右肱爲不舉。元祐初，歷祕書省正字、校書，集賢校理，著作郎，國子司業。嘗論科舉之弊，詆王氏學，請復詩賦取士。又欲罷大義，而益以諸經策，御試仍用三題。進起居郎兼侍講邇英殿，除起居舍人，數月，拜中書舍人，直學士院。

初，罷侍從轉對，專責以論思。武仲言：「苟不持之以法，則言與不言，將各從其意。願輪二人次對。」時議祠北郊，久不決。武仲建用純陰之月親祠，如神州地祇。擢給事中，遷禮部侍郎，以寶文閣待制知洪州。請：「從臣爲州者，杖以下公坐止劾官屬，俟獄成，聽大理約法，庶幾刑不逮貴近，又全朝廷體貌之意。」遂著爲令。

徙宣州，坐元祐黨奪職，居池州。卒，年五十七。元符末，追復之。所著詩書論語說〔二〕、金華講義、內外制、雜文共百餘卷。

平仲字義甫。登進士第，又應制科。用呂公著薦，爲祕書丞、集賢校理。文仲卒，歸葬





南康。詔以平仲爲江東轉運判官護葬事，提點江浙鑄錢、京西刑獄。紹聖中，言者詆其元祐時附會當路，譏毀先烈，削校理，知衡州。提舉董必劾其不推行常平法，陷失官米之直六十萬，置獄潭州。平仲疏言：「米貯倉五年半，陳不堪食，若非乘民闕食，隨宜泄之，將成棄物矣。儻以爲非，臣不敢逃罪。」乃徙韶州。又坐前上書之故，責惠州別駕，安置英州。徽宗立，復朝散大夫，召爲戶部、金部郎中，出提舉永興路刑獄，帥鄜延、環慶。黨論再起，罷，主管兗州景靈宮，卒。平仲長史學，工文詞，著續世說、釋稗〔三〕、詩戲諸書傳於世。

李周字純之，馮翊人。登進士第，調長安尉。歲饑，官爲粥以食餓者，民坌集不可禁，縣以屬周，周設梐枑，間老少男女，無一亂者。都巡檢趙瑜詰盜南山，諸尉皆屬焉，瑜悍急，多行無禮，獨於周不敢肆。

轉洪洞令。民有世絕而官錄其產者，其族晚得遺券，周取以還之。郡吏咎周，周曰：「利民，所以利國也。」縣之南有澗，支流溢入，歲賦菑楗，調徒遏之。周始築新隄，民不告病。改知雲安縣，蠲鹽井之征且百萬。通判施州。州介羣獠，不習服牛之利，爲辟田數千畝，選謫戍知田者，市牛使耕，軍食賴以足。

中華書局

司馬光將薦爲御史，欲使來見，周曰：「司馬公之賢，吾固願見，但聞薦而往，所謂『呈身御史』也。」卒不往。神宗詔近臣舉士，孫固以周聞。神宗召對，謂曰：「知卿不游權門，識今執政乎？」對曰：「不識也。」「識司馬光乎？」曰：「不識也。」訪禦邊之術，曰：「四邊，手足爾。若疲中國以勤遠略，致百姓窮困，聚爲盜賊，懼成腹心之憂。」神宗頷之，翼日，語固曰：「李周，樸忠之士也。朕且以爲御史。」執政意其異己，請試以事。除提點京西刑獄。

時方興水利，或請釃湍河爲六渠，以益鉗盧陂水，度用工八十萬。周曰：「湍河原高委下，捍以隄，猶患決溢，若又導之，必致爲害。」乃疏言：「渠成未可必，而費已不貲。盍姑鑿其一而試之，儻可以足用，行之。」渠卒無功。明年，河溢，鄧城幾沒，始思其議。竟以直道罷，判西京國子監。慈聖后復土，庀職陵下，中貴人至者旁午，次舍帟幕，競爲華靡。周曰：「臣子執喪，不能寢苫枕塊，奈何又從而侈乎？」訖役，山陵使第功載，人人自言，周獨否。

哲宗立，召爲職方郎中。朝廷議和西夏，畀以侵地，至欲棄蘭州。周曰：「隴右故爲嗢氏所有，常爲吾藩籬。今嗢氏破滅，若棄之，必歸夏人。彼以區區河南，百年爲勍敵，苟益以河湟，是盡得吐蕃之地，非秦、蜀之利也。」遂不果棄。遷太常少卿、祕書少監，以直龍圖閣爲陝西轉運使，復入爲太常少卿，進權工部侍郎，旋以集賢院學士知邠州，恩禮如待制。徙鳳翔府、河中府、陝州，提舉崇福宮，改集賢殿修撰。卒，年八十。紹聖中，追貶賀州別





駕，後復舊職。

周自爲小官，沉晦自匿，未嘗私謁執政，有公事，公詣中書白之。薛向使三司，欲辟爲屬，及相見，卒不敢言，退而歎曰：「若人未易屈也。」以是不偶於世。

鮮于侁字子駿，閬州人。唐劍南節度使叔明裔孫也。性莊重，力學。舉進士，爲江陵右司理參軍。慶曆中，天下旱，詔求言，侁推災變所由興，又條當世之失有四，其語剴切。唐介與同鄉里，稱其名於上官，交章論薦。侁盛言左參軍李景陽、枝江令高汝士之美，乞移與之，介益以爲賢。調黟令，攝治婺源。姦民汪氏富而狠，橫里中，因事抵法，羣吏羅拜曰：「汪族敗前令不少，今不舍，後當詒患。」侁怒，立杖之，惡類屏跡。

通判綿州。綿處蜀左，吏狃貪成風，至課卒伍供薪炭、芻豆，鬻果蔬多取贏直。侁一切弗取，郡守以下效之。趙抃使蜀，薦於朝，未及用。從何郯辟，簽書永興軍判官。萬年令不任職，繫囚累百，府使往治，數日，空其獄。神宗詔求直言，侁爲蔡河撥發，應詔陳十六事，神宗愛其文。詔近臣舉所知，范鎭以侁應選，除利州路轉運判官。

初，王安石居金陵，有重名，士大夫期以爲相。侁惡其沽激要君，語人曰：「是人若用，必壞亂天下。」至是，乃上書論時政，曰：「可爲憂患者一，可爲太息者二，其他逆治體而召民怨者，不可概舉。」其意專指安石。安石怒，毀短之。神宗曰：「侁有文學，可用。」安石曰：「陛下何以知之？」神宗曰：「有章奏在。」安石乃不敢言。

初，助役法行，詔諸路各定所役緡錢。利州轉運使李瑜定四十萬，侁爭之曰：「利州民貧地瘠，半此可矣。」瑜不從，各以其事聞。時諸路役書皆未就，神宗是侁議，諭司農曾布使頒以爲式。因黜瑜，而升侁副使，仍兼提舉常平。部民不請青苗錢，安石遣吏廉按，且詰侁不散之故。侁曰：「青苗之法，願取則與，民自不願，豈能彊之哉！」

左藏庫使周永懿守利州，貪虐不法，前使者畏其兇，莫敢問。侁捕械于獄，流之衡湘，因請更以文臣爲守，併易班行領縣事。凡居部九年，治所去閬中近，姻戚旁午，待之無所私，各得其歡心。蘇軾稱侁上不害法，中不廢親，下不傷民，以爲「三難」。二稅輸絹綿，侁奏聽民以畸零納直。其後有李元輔者，輒變而多取之，父老流涕曰：「老運使之法，何可改？」蓋侁之姪師中亦居是職，故稱「老」以別之。

徙京東西路。河決澶淵，議欲勿塞，侁言：「東州匯澤惟兩濼，夏秋雨淫，猶溢而害，若縱大河注其中，民爲魚矣。」作議河書上之，神宗嘉納。後兩路合爲一，以侁爲轉運使。

時王安石、呂惠卿當路，正人多不容。侁曰：「吾有薦舉之權，而所列非賢，恥也。」故凡





所薦如劉摯、李常、蘇軾、蘇轍、劉攽、范祖禹，皆守道背時之士。元豐二年召對，命知揚州。神宗曰：「廣陵重鎭，久不得人，今朕自選卿往，宜善治之。」蘇軾自湖州赴獄，親朋皆絕交。道揚，侁往見，臺吏不許通。或曰：「公與軾相知久，其所往來書文，宜焚之勿留，不然，且獲罪。」侁曰：「欺君負友，吾不忍爲，以忠義分譴，則所願也。」爲舉吏所累，罷主管西京御史臺。

哲宗立，念東國困於役，吳居厚掊斂虐害，竄之，復以侁使京東。司馬光言於朝曰：「以侁之賢，不宜使居外。顧齊魯之區，凋斁已甚，須侁往救之，安得如侁百輩，布列天下乎？」士民聞其重臨，如見慈父母。召爲太常少卿。侍從議神宗廟配享，有欲用王安石、吳充者，侁曰：「先朝宰相之賢，誰出富弼右？」乃用弼。拜左諫議大夫。

侁見哲宗幼沖，首言君子小人消長之理甚備。又言：「制舉，誠取士之要，國朝尤爲得人。王安石用事，諱人詆訾新政，遂廢其科。今方搜羅俊賢，廓通言路，宜復六科之舊。」又乞罷大理獄，許兩省、諫官相往來，減特奏名舉人〔四〕，嚴出官之法，京東鹽得通商，復三路義勇以寬保甲，罷戎、瀘保甲以寬民力，事多施行。在職三月，以疾求去。除集賢殿修撰、知陳州。詔滿歲進待制。居無何，卒，年六十九。

侁刻意經術，著詩傳、易斷，爲范鎭、孫甫推許。孫復與論春秋，謂今學者不能如之。

作詩平澹淵粹，尤長於楚辭，蘇軾讀九誦，謂近屈原、宋玉，自以爲不可及也。

顧臨字子敦，會稽人。通經學，長於訓詁。皇祐中，舉說書科，爲國子監直講，遷館閣校勘、同知禮院。熙寧初，神宗以臨喜論兵，詔編武經要略。初命都副承旨提舉，神宗謂臨館職，改提舉曰館幹。且召臨問兵，對曰：「兵以仁義爲本，動靜之機，安危所繫，不可輕也。」因條十事以獻。出權湖南轉運判官，提舉常平。議事戾執政意，罷歸。改同判武學，進集賢校理、開封府推官，請知潁州。入爲吏部郎中、祕書少監，以直龍圖閣爲河東轉運使。

元祐二年，擢給事中。朝廷方事回河，拜臨天章閣待制、河北都轉運使。於是，翰林學士蘇軾與李常、王古、鄧溫伯、孫覺、胡宗愈言：「臨資性方正，學有根本，慷慨中立，無所回撓。自處東省，封駁論議，凜然有古人之風。僥倖之流，側目畏憚。忽去朝廷，衆所嗟惜，宜留寘左右，以補闕遺，別選深知河事者往使河北。」諫議大夫梁燾亦言：「都漕之職，在外豈無其人，在朝求如臨者，恐不易得。」皆不報。臨至部，請因河勢回使東流。復以給事中召還。歷刑、兵、吏三部侍郎兼侍讀，爲翰林學士。





紹聖初，以龍圖閣學士知定州，徙應天、河南府。中人梁惟簡坐嘗事宣仁太后得罪，過洛，轉運使郭茂恂狥時宰意，劾臨與之宴集，奪職知歙州，又以附會黨人，斥饒州居住。卒，年七十二。徽宗立，追復之。

李之純字端伯，滄州無棣人。登進士第。熙寧中，爲度支判官、江西轉運副使。御史周尹劾廣西提點刑獄許彥先受邕吏金，命之純往究其端，乃起於出婢之口。之純以爲蕪俚之言，不治，彥先得免。

徙成都路轉運使。成都歲發官米六千石，損直與民，言者謂惠民損上，詔下其議。之純曰：「蜀郡人恃此爲生百年，奈何一旦奪之。」事遂已。秩滿復留，凡數歲，始還朝。神宗勞之曰：「遐方不欲數易大吏，使劍外安靖，年穀屢豐，以彰朝廷綏遠之意，汝知之乎？」以爲右司郎中，轉太僕卿。

元祐初，加直龍圖閣、知滄州，召爲戶部侍郎。未至，改集賢殿修撰、河北都轉運使，進寶文閣待制、知瀛州。俄以直學士知成都府，還爲戶部，三遷御史中丞。建言：「朝廷事下六部，但隨省吏視其前後批，以制緩急之序，是爲胥吏顓處命令也。若大臣不暇省，宜令列曹長貳隨其所承，當行卽行，當止卽止，必稟而後決，毋拘於文，則吏不得舞權，而下情達矣。」又言：「衆賢和於朝，則萬物和於野。燮理陰陽，輔相之職。間者，國論稍虧雍睦，語言播傳，動係觀望，不可以不謹。」

董敦逸、黃慶基論蘇軾託詞命以毀先帝，蘇轍以名器私所親，皆以監司罷，之純疏其誣罔，乃更黜之。以疾，改工部尚書。紹聖中，劉拯劾其阿附轍，出知單州。卒，年七十五。從弟之儀。

之儀字端叔。登第幾三十年，乃從蘇軾於定州幕府。歷樞密院編修官，通判原州。元符中，監內香藥庫。御史石豫言其嘗從蘇軾辟，不可以任京官，詔勒停。徽宗初，提舉河東常平。坐爲范純仁遺表，作行狀，編管太平，遂居姑熟，久之，徙唐州，終朝請大夫。之儀能爲文，尤工尺牘，軾謂入刀筆三昧。

王覿字明叟，泰州如皋人。第進士。熙寧中，爲編修三司令式刪定官。不樂久居職，求潤州推官。二浙旱，郡遣吏視苗傷，承監司風旨，不敢多除稅。覿受檄覆按，嘆曰：「旱勢





如是，民食已絕，倒廩贍之，猶懼不克濟，尙可責以賦邪？」行數日，盡除之。監司怒，捃摭百出。會朝廷遣使振貸，覿請見，爲言民間利病。使者喜，歸薦之，除司農寺主簿，轉爲丞。司農時爲要官，進用者多由此選。覿拜命一日，卽求外，韓絳高其節，留檢詳三司會計。絳出潁昌，辟簽書判官。坐在潤公免，屛居累年，起爲太僕丞，徙太常。

哲宗立，呂公著、范純仁薦其可大任，擢右正言，進司諫。上疏言：「國家安危治亂，係於大臣。今執政八人，而姦邪居半，使一二元老，何以行其志哉？」因極論蔡確、章惇、韓縝、張璪朋邪害正。章數十上，相繼斥去。又劾竄呂惠卿。朝論以大姦旣黜，慮人情不安，將下詔慰釋之，且戒止言者。覿言：「誠出於此，恐海內有識之士，得以輕議朝廷。舜罪四凶而天下服，孔子誅少正卯而魯國治。當是之時，不聞人情不安，亦不聞出命令以悅其黨也。蓋人君之所以御下者，黜陟二柄而已。陟一善而天下之爲善者勸，黜一惡而天下之爲惡者懼。豈以爲惡者懼而朝廷亦爲之懼哉？誠爲陛下惜之。」覿言雖切，然不能止也。

夏主新立，有輕中國心。覿曰：「小羌窺我厭兵，故桀驁若是。然所當憂者，不在今秋而在異日，所當謹者，不在邊備而在廟謨。翕張取予之權，必持重而後可。」洮東擒鬼章，檻至闕下，覿曰：「老羌雖就擒，其子統衆如故，疆土種落未滅於前，安可遽戮以賈怨。宜處之洮、岷、秦、雍間，以示含容好生之德，離其石交而壞其死黨。」又言：「今民力凋瘵，邊費亡

極，不可不深爲之計。」於是疏將帥非其人者請易之，茶鹽之害民者請革之，至逋債、振贍、賦斂、科須，皆指陳其故。

差役法復行，觀以爲朝廷意在便民，而議者遂謂免役法無一事可用。夫法無新舊，惟善之從。因采掇數十事於差法有助可以通行者上之。遂論青苗之害，乞盡罷新令，而復常平舊法，曰：「聚斂之臣，惟知罔利自媒，不顧後害。以國家之尊，而與民爭錐刀之利，何以示天下？」又言：「刑罰世輕世重。熙寧大臣，謂刑罰不重，則人無所憚。今法令已行，可以適輕之時，願擇質厚通練之士，載加芟正。」於是置局編彙，俾觀預焉。大抵皆用中典，元祐敕是也。

神宗復唐制，諫官分列兩省。至是，大臣議徙之外門，而以其直舍爲制敕院，名防漏泄，實不欲使與給舍相通。觀爭之曰：「制敕院，吏舍也。奪諫省以廣吏舍，信胥吏而疑諍臣，何示不廣也。」乃不果徙。

觀在言路，欲深破朋黨之說。朱光庭訐蘇軾試館職策問，呂陶辯其不然，遂起洛、蜀二黨之說。觀言：「軾之辭，不過失輕重之體爾。若悉考同異，深究嫌疑，則兩歧遂分，黨論滋熾。夫學士命詞失指，其事尚小；使士大夫有朋黨之名，大患也。」帝深然之，置不問。

尋改右司員外郎，未幾，拜侍御史、右諫議大夫。坐論尚書右丞胡宗愈，出知潤州，加



直龍圖閣、知蘇州。州有狡吏，善刺守將意以撓權，前守用是得譏議。觀窮其姦狀，寘于法，一郡肅然。民歌詠其政，有「吏行水上，人在鏡心」之語。徙江、淮發運使，入拜刑、戶二部侍郎，與豐稷偕使遼，爲遼人禮重。

紹聖初，以寶文閣直學士知成都府。蜀地膏腴，畝千金，無閑田以葬，觀索侵耕官地，表爲墓田。江水貫城中爲渠，歲久湮塞，積苦霖潦而多水災，觀疏治復故，民德之，號「王公渠」。徙河陽，貶少府少監，分司南京，又貶鼎州團練副使。

徽宗卽位，還故職，知永興軍。過闕，留爲工部侍郎，遷御史中丞。改元詔下，觀言：「『建中』之名，雖取皇極。然重襲前代紀號，非是，宜以德宗爲戒。」時任事者多乖異不同，觀言：「堯、舜、禹相授一道，堯不去四凶而舜去之，堯不舉元凱而舜舉之，事未必盡同；文王作邑于豐而武王治鎬，文王關市不征，澤梁無禁，周公征而禁之，不害其爲善繼、善述。神宗作法于前，子孫當守于後。至於時異事殊，須損益者損益之，於理固未爲有失也。」當國者忿其言，遂改爲翰林學士。

日食四月朔，帝下詔責躬，觀當制，有「惟德弗類，未足以當天心」之語，宰相去之，乃力請外。以龍圖閣學士知潤州，徙海州，罷主管太平觀，遂安置臨江軍。

觀清修簡濬，人莫見其喜慍。持正論始終，再罹譴逐，不少變。無疾而卒，年六十八。



紹興初，追復龍圖閣學士。從子俊義。

俊義字堯明。游學京師，資用乏，或薦之童貫，欲厚聘之，拒不答。林靈素設講席寶籙宮，詔兩學選士問道。車駕將臨視推恩，司成以俊義及曹偉應詔，俊義辭焉。人曰：「此顯仕捷逕也，不可失。」俊義曰：「使辭不獲命，至彼亦不拜。倘見困辱，則以死繼之。」逮至講所，去御幄跬步，內侍呼姓名至再，俊義但望幄致敬，不肯出；次呼曹偉，偉回首，俊義目之，亦不出。既罷，皆爲之懼，俊義處之恬然。

以太學上舍選，奏名列其下，徽宗親程其文，擢爲第一。及賜第，望見容貌甚偉，大說，顧侍臣曰：「此朕所親擢也，眞所謂『俊義』矣。自古未有人主自爲主司者，宜卽超用。」蔡京邀使來見，曰：「一見我，左右史可立得。」俊義不往，僅拜國子博士。居二年，乃得改太學博士。

鄆王謁先聖，有司議諸生門迎。俊義曰：「此豈可施於人臣哉？禮如見宰相足矣。」乃序立敦化堂下，及王至，猶辭不敢當。進吏部員外郎。嘗入對，帝問：「卿知前所以親擢乎？蓋主司之意不一，是以天子自提文衡也。衞膚敏、吳安國今安在？」具以對，卽召爲館職，而遷俊義右司員外郎。爲王黼所惡，以直祕閣知岳州。卒，年四十七。



俊義與李祁友善，首建正論於宣和間。當是時，諸公卿稍知分別善惡邪正，兩人力也。祁字肅遠，亦知名士，官不顯。

馬默字處厚，單州成武人。家貧，徒步詣徂徠從石介學。諸生時以百數，一旦出其上。旣而將歸，介語諸生曰：「馬君他日必爲名臣，宜送之山下。」

登進士第，調臨濮尉，知須城縣。縣爲鄆治所，鄆吏犯法不可捕，默趨府，取而杖之客次，闔府皆驚。曹佾守鄆，心不善也，默亦不爲屈。後守張方平素貴，掾屬來前，多閉目不與語。見默白事，忽開目熟視久之，盡行其言，自是諉以事。治平中，方平還翰林，薦爲監察御史裏行，遇事輒言無顧。方平間遣所親儆之曰：「言太直，得無累舉者乎？」默謝曰：「辱知之深，不敢爲身謀，所以報也。」

時議尊崇濮安懿王，臺諫呂誨等力爭以爲不可，悉出補外。默請還之，不報。遂上言：「濮王生育聖躬，人誰不知。若稱之爲親，義無可據，名之不正，失莫大焉。願蔽自宸心，明詔寢罷，以感召和氣，安士廟之神靈，是一舉而衆善隨之也。」又言：「致治之要，求賢爲本。仁宗以官人之權，盡委輔相，數十年間，賢而公者無幾。官之進也，不由實績，不自實聲，但

趨權門，必得顯仕。今待制以上，數倍祖宗之時，至謀一帥臣，則協於公議者十無三四。庶僚之衆，不知幾人，一有難事，則曰無人可使。豈非不才者在上，而賢不肖混淆乎？願陛下明目達聽，務旣其實，歷試而超升之，以幸天下。」

刑部郎中張師顏提舉諸司庫務，繩治不法，衆吏懼搖，飛語讒去之。默力陳其故，以爲：「惡直醜正，實繁有徒。今將去積年之弊，以興太平，必先官舉其職。宜崇獎師顏，厲以忠勤，則尸素括囊之徒，知所勸矣。」

西京會聖宮將創仁宗神御殿，默言：「事不師古，前典所戒。漢以諸帝所幸郡國立廟，知禮者非之。況先帝未嘗幸洛，而創建廟祀，實乖典則。願以禮爲之節，義爲之制，亟止此役，以章清靜奉先之意。」會地震河東、陝西郡，默以爲陰盛，慮爲邊患，宜備之。後數月，西夏果來侵。

神宗卽位，以論歐陽脩事，通判懷州。上疏陳十事：一曰攬威權，二曰察姦佞，三曰近正人，四曰明功罪，五曰息大費，六曰備凶年，七曰崇儉素，八曰久任使，九曰擇守宰，十曰禦邊患。攬威權，則天子勢重，而大臣安矣；察姦佞，則忠臣用，而小人不能幸進矣；近正人，則諫諍日聞，而聖性開明矣；明功罪，則朝廷無私，而天下服矣；息大費，則公私富，而軍旅有積矣；備凶年，則大恩常施，而禍亂不起矣；崇儉素，則自上化下，而民樸素矣；久



任使，則官不虛授，而職事舉矣；擇守宰，則庶績有成，而民受賜矣；禦邊患，則四遠畏服，而中國彊矣。

除知登州。沙門島囚衆，官給粮者纔三百人，每益數，則投諸海。砦主李慶以二年殺七百人，默責之曰：「人命至重，恩旣貸其生，又從而殺之，不若卽時死鄉里也。汝胡不以乏粮告，而顓殺之如此？」欲按其罪，慶懼，自縊死。默爲奏請，更定配島法凡二十條，溢數而年深無過者移登州，自是多全活者。其後蘇軾知登州，父老迎於路曰：「公爲政愛民，得如馬使君乎？」

徙知曹州，召爲三司鹽鐵判官。以默與富弼善，且論新法不便，出知濟、兗二州。還，提舉三司帳司。爲神宗言用兵形勢，及指畫河北山川道里，應對如流。神宗喜，將用之，大臣滋不悅，以提點京東刑獄。

默性剛嚴疾惡，部吏有望風投檄去者。金鄉令以賄著，其父方執政，詒書曰：「馬公素剛，汝有過，將不免。」令懼，悉取不義之物焚撤之。改廣西轉運使，會安化等蠻歲饑內寇，默上平蠻方略，以爲「勝負不在兵而在將。富良脅遁，郭逵怯懦；邕城陷沒，蘇緘老謬；歸仁鋪覆軍，陳曙先走；崑崙關喪師，張守節不戰；儂智高破亡，因狄青之智勇；歐希範之誅滅，乃杜杞之方略，此足驗矣。」



以疾求歸，知徐州。屬城利國監苦吳居厚之虐，默皆革之。召爲司農少卿。司馬光爲相，欲盡修祖宗法，問默以復鄉差衙前法如何？默曰：「不可。如常平，自漢爲良法，豈宜盡廢？去其害民者可也。」其後役人立爲一州一縣法，常平提舉官省歸提刑司，頗自默發之。

除河東轉運使。時議棄葭蘆、吳堡二砦，默奏控扼險阻，敵不可攻，棄之不便。由是二砦得不棄。移兗州，請褒錄石介後，詔官其孫。東州荐饑，流民大集，所振活數萬計。入拜衞尉卿，權工部侍郎，轉戶部。告老，以寶文閣待制復知徐州，改河北都轉運使。

初，元豐間，河決小吳，因不復塞，縱之北流。元祐議臣以爲東流便，水官遂與之合。默與同時監司上議，以北流爲便。御史郭知章復請從東流，於是作東西馬頭，約水復故道，爲長堤壅河之北流者，勞費甚大。明年，復決而北，竟不能使之東。

久之，告老，提舉鴻慶宮。紹聖時，坐附司馬光，落待制致仕。元符三年，復之。卒，年八十。紹興中，以其子純請，贈開府儀同三司，加贈太保。

論曰：詩云：「時靡有爭，王心載寧。」王安石之爲相，可謂致天下之爭，而君心不寧矣。孫覺、李常力諍新法，寧失故人之意，毅然去之而無悔，賢哉。孔文仲之策制科，以微官慷



慨論事，言雖不聽，而名徹上聽。安石旣斥其人，又廢其科，何遷怒之甚耶！鮮于侁早識安石敗事，與呂誨同見幾先。馬默用張方平薦爲御史，至於盡言而不諱，方平止之而不聽，斯爲不負知己矣。李周之耿介，顧臨之用兵，李之純、王覿再黜而不改其正，亦足以見一時之多賢焉。

## 校勘記

〔一〕齊恢　原作「齊惔」，據本書卷二〇一刑法志、長編卷二一五改。齊恢，本書卷三三二有傳。

〔二〕詩書論語說　「說」字原脫，據本書卷二〇二藝文志、東都事略卷九四本傳補。

〔三〕釋稗　原作「釋解稗」。按現存諸家書目無此書名；本書卷二〇六藝文志小說類有孔平仲釋稗一卷，遂初堂書目小說類有釋稗一書。據刪。

〔四〕減特奏名舉人　「名」原作「言」，據秦觀淮海集卷三六鮮于子駿行狀、宋會要選舉一三之二至三改。宋史卷一五五選舉志：「凡士貢于鄉而屢絀于禮部，或廷試所不錄者，積前後舉數，參其年而差等之。遇親策士，則別籍其名以奏，徑許附試，故曰特奏名。」

# 宋史卷三百四十五

## 列傳第一百四

### 劉安世 鄒浩 田晝 王回 曾誕附 陳瓘 任伯雨

劉安世字器之，魏人。父航，第進士，歷知虞城、犀浦縣。虞城多姦猾，喜寇盜；犀浦民弱而馴。航爲政，寬猛急緩不同，兩縣皆治。知宿州。押伴夏使，使者多所要請，執禮不遜，且欲服毬文金帶入見，航皆折正之。以羣牧判官爲河南監牧使。持節册夏主秉常，凡例所遺寶帶、名馬，却弗受。還，上禦戎書，大略云：「辨士好爲可喜之說，武夫徼冀不貲之寵，或爲所誤，不可不戒。」爲河北西路轉運使。熙寧大旱求言，航論新政不便者五，又上書言：「人主不可輕失天下心，宜乘時有所改爲，則人心悅而天意得矣。」不報。乃請提舉崇福宮，起知涇、相二州。王師西征，徙知陝府。時倉卒軍興，餽餉切急，縣令佐至荷校督民，民多棄田廬，或至自盡。航獨期會如平日，事更以辦。終太僕卿。





安世少時持論已有識。航使監牧時，文彥博在樞府，有所聞，每呼安世告之。安世從容言：「王介甫求去，外議謂公且代其任。」彥博曰：「安石壞天下至此，後之人何可爲？」安世拱手曰：「安世雖晚進，竊以爲未然。今日新政，果順人所欲而爲人利乎？若不然，公當去所害，興所利，反掌間耳。」彥博默不應，他日見航，嘆奬其堅正。

登進士第，不就選。從學於司馬光，咨盡心行己之要，光教之以誠，且令自不妄語始。調洺州司法參軍，司戶以貪聞，轉運使吳守禮將按之，問於安世，安世云：「無之。」守禮爲止。然安世心常不自安，曰：「司戶實貪而吾不以誠對，吾其違司馬公教乎！」後讀揚雄法言「君子避礙則通諸理」，意乃釋。

光入相，薦爲祕書省正字。光薨，宣仁太后問可爲臺諫于呂公著，公著以安世對。擢右正言。時執政頗與親戚官，安世言：「祖宗以來，大臣子弟不敢受內外華要之職。自王安石秉政，務快私意，累聖之制，掃地不存。今廟堂之上，猶習故態。」因歷疏文彥博以下七人，皆耆德魁舊，不少假借。

章惇以強市崑山民田罰金，安世言：「惇與蔡確、黃履、邢恕素相交結，自謂社稷之臣，貪天之功，徼幸異日，天下之人指爲『四凶』。今惇父尚在，而別籍異財，絕滅義理，止從薄罰，何以示懲？」會吳處厚解釋確安州詩以進，安世謂其指斥乘輿，犯大不敬，與梁燾等極論之，竄之新州。宰相范純仁至于御史十人，皆緣是去。

遷起居舍人兼左司諫，進左諫議大夫。有旨暫罷講筵，民間讙傳宮中求乳婢，安世上疏諫曰：「陛下富於春秋，未納后而親女色。願太皇太后保祐聖躬，爲宗廟社稷大計，淸閒之燕，頻御經帷，仍引近臣與論前古治亂之要，以益聖學，無溺於所愛而忘其可戒。」哲宗俛首不語。后曰：「無此事，卿誤聽爾。」明日，后留呂大防告之故。大防退，召給事中范祖禹使達旨。祖禹固嘗以諫，於是兩人合辭申言之甚切。

鄧溫伯爲翰林承旨，安世言其「出入王、呂黨中，始終反覆。今之進用，實係君子小人消長之機。乞行免黜」。不報。遂請外，改中書舍人，辭不就。以集賢殿修撰提舉崇福宮，才六月，召爲寶文閣待制、樞密都承旨。

范純仁復相，呂大防白后欲令安世少避。后曰：「今既不居言職，自無所嫌。」又語韓忠彥曰：「如此正人，宜且留朝廷。」乃止。呂惠卿復光祿卿，分司，安世爭以爲不可，不聽。出知成德軍。章惇用事，尤忌惡之。初黜知南安軍，再貶少府少監，三貶新州別駕，安置英州。

同文館獄起，蔡京乞誅滅安世等家，讒雖不行，猶徙梅州。惇與蔡卞將必寘之死，因使者入海島誅陳衍，諷使者過安世，脅使自裁。又擢一土豪爲轉運判官，使殺之。判官疾馳





將至梅，梅守遣客來勸安世自爲計。安世色不動，對客飲酒談笑，徐書數紙付其僕曰：「我即死，依此行之。」顧客曰：「死不難矣。」客密從僕所視，皆經紀同貶當死者之家事甚悉。判官未至二十里，嘔血而斃，危得免。

昭懷后正位中宮，惇、卞發前諫乳婢事，以爲爲后設。時鄒浩既貶，詔應天少尹孫鼛以檻車收二人赴京師。行數驛而徽宗即位赦至，鼛乃還。移衡及鼎，然後以集賢殿修撰知鄆州、眞定府。曾布又忌之，不使入朝。蔡京既相，連七謫至峽州羈管。稍復承議郎，卜居宋都。宣和六年，復待制，中書舍人沈思封還之。明年卒，年七十八。

安世儀狀魁碩，音吐如鐘。初除諫官，未拜命，入白母曰：「朝廷不以安世不肖，使在言路。倘居其官，須明目張膽，以身任責，脫有觸忤，禍譴立至。主上方以孝治天下，若以老母辭，當可免。」母曰：「不然，吾聞諫官爲天子諍臣，汝父平生欲爲之而弗得，汝幸居此地，當捐身以報國恩。正得罪流放，無問遠近，吾當從汝所之。」於是受命。在職累歲，正色立朝，扶持公道。其面折廷爭，或帝盛怒，則執簡却立，伺怒稍解，復前抗辭。旁侍者遠觀，蓄縮悚汗，目之曰「殿上虎」，一時無不敬懾。

家居未嘗有惰容，久坐身不傾倚，作字不草書，不好聲色貨利。其忠孝正直，皆則象

司馬光。年既老，羣賢凋喪略盡，巋然獨存，而名望益重。梁師成用事，能生死人，心服其賢，求得小吏吳默嘗趨走前後者，使持書來，啖以即大用，默因勸爲子孫計，安世笑謝曰：「吾若爲子孫計，不至是矣。吾欲爲元祐全人，見司馬光于地下。」還其書不答。死葬祥符縣。後二年，金人發其冢，貌如生，相驚語曰：「異人也！」爲之蓋棺乃去。

鄒浩字志完，常州晉陵人。第進士，調揚州、潁昌府教授。呂公著、范純仁爲守，皆禮遇之。純仁屬撰樂語，浩辭。純仁曰：「翰林學士亦爲之。」浩曰：「翰林學士則可，祭酒、司業則不可。」純仁敬謝。

元祐中，上疏論事，其略曰：「人材不振，無以成天下之務。陛下視今日人材，果有餘邪，果不足邪？以爲不足，則中外之百執事未嘗不備。以爲有餘，則自任以天下之重者幾人？正色昌言不承望風旨者幾人？持刺舉之權以肅清所部者幾人？承流宣化而使民安田里者幾人？民貧所當富也，則曰水旱如之何；官冗所當澄也，則曰民情不可擾；人物所當求也，則曰從古不乏材；風俗所當厚也，則曰不切於時變，是皆不明義理之過也。」

蘇頌用爲太常博士，來之邵論罷之。後累歲，哲宗親擢爲右正言。有請以王安石三經義發題試舉人者，浩論其不可而止。陝西奏邊功，中外皆賀，浩言：「先帝之志而陛下成之，善矣。然兵家之事，未戰則以決勝爲難，既勝則以持勝爲難，惟其時而已。苟爲不然，將棄前功而招後患。願申敕將帥，毋狃屢勝，圖惟厥終。」





京東大水，浩言：「頻年水異繼作，雖盈虛之數所不可逃，而消復之方尤宜致謹。書曰：『惟先格王正厥事。』不以爲數之當然，此消復之實也。」

蹇序辰看詳元祐章奏，公肆詆欺，輕重不平。浩言：「初旨但分兩等，謂語及先帝并語言過差而已；而今所施行，混然莫辨。以其近似難分之迹，而典刑輕重隨以上下，是乃陛下之威福操柄下移於近臣。願加省察，以爲來事之監。」

章惇獨相用事，威虐震赫，浩所言每觸惇忌，仍上章露劾，數其不忠慢上之罪，未報。

而賢妃劉氏立，浩言：

立后以配天子，安得不審。今爲天下擇母，而所立乃賢妃，一時公議，莫不疑惑，誠以國家自有仁祖故事，不可不遵用之爾。蓋郭后與尚美人爭寵，仁祖既廢后，并斥美人，所以示公也。及立后，則不選于妃嬪而卜于貴族，所以遠嫌，所以爲天下萬世法也。陛下之廢孟氏，與郭后無以異。果與賢妃爭寵而致罪乎，抑其不然也？二者必居一於此矣。孟氏罪廢之初，天下孰不疑立賢妃爲后。及讀詔書，有「別選賢族」之語；又聞陛下臨朝慨嘆，以爲國家不幸；至於宗景立妾，怒而罪之，於是天下始釋然不疑。今竟立之，豈不上累聖德？

臣觀白麻所言，不過稱其有子，及引永平、祥符事以爲證。臣請論其所以然：若曰有子可以爲后，則永平貴人未嘗有子也，所以立者，以德冠後宮故也。祥符德妃亦未嘗有子，所以立者，以鍾英甲族故也。又況貴人實馬援之女，德妃無廢后之嫌，迥與今日事體不同。頃年冬，妃從享景靈宮，是日雷變甚異。今宣制之後，霖雨飛雹，自奏告天地宗廟以來，陰淫不止。上天之意，豈不昭然！考之人事既如彼，求之天意又如此，望不以一時改命爲難，而以萬世公議爲可畏，追停冊禮，如初詔行之。

帝謂：「此亦祖宗故事，豈獨朕邪？」對曰：「祖宗大德可法者多矣，陛下不之取，而效其小疵，臣恐後世之責人無已者紛紛也。」帝變色，猶不怒，持其章躊躇四顧，凝然若有所思，付外。明日，章惇詆其狂妄，乃削官，羈管新州。蔡卞、安惇、左膚繼請治其祖送者王回等，語在他傳。

徽宗立，亟召還，復爲右正言，遷左司諫。上疏謂：「孟子曰：『左右諸大夫皆曰賢，未可也；國人皆曰賢，然後察之，見賢焉，然後用之。左右諸大夫皆曰不可，勿聽；國人皆曰不可，然後察之，見不可焉，然後去之。』於是知公議不可不恤，獨斷不可不謹。蓋左右非不親





也，然不能無交結之私；諸大夫非不貴也，然不能無恩讎之異。至於國人皆曰賢，皆曰不可，則所謂公議也。公議之所在，概已察之，必待見賢然後用，見不可然後去，則所謂獨斷也。惟恤公議於獨斷未形之前，謹獨斷於公議已聞之後，則人君所以致治者，又安有不善乎？伏見朝廷之事，頗異於即位之初，相去半年，遽已如是，自今以往，將如之何？願陛下深思之。」

改起居舍人，進中書舍人。又言：「陛下善繼神宗之志，善述神宗之事，孝德至矣。尚有五朝聖政盛德，願稽考而繼述之，以揚七廟之光，貽福萬世。」遷兵、吏二部侍郎，以寶文閣待制知江寧府，徙杭、越州。

初，浩還朝，帝首及諫立后事，獎嘆再三，詢諫草安在。對曰：「焚之矣。」退告陳瓘，瓘曰：「禍其在此乎。異時姦人妄出一緘，則不可辨矣。」蔡京用事，素忌浩，乃使其黨爲僞疏，言劉后殺卓氏而奪其子。遂再責衡州別駕，語在獻愍太子傳。尋竄昭州，五年始得歸。

初，浩除諫官，恐貽親憂，欲固辭。母張氏曰：「兒能報國，無愧於公論，吾顧何憂？」及浩兩謫嶺表，母不易初意。稍復直龍圖閣。瘴疾作，危甚。楊時過常，往省之。薾然僅存餘息，猶眷眷以國事爲問，語不及私。卒，年五十二。高宗即位，詔曰：「浩在元符間，任諫爭，危言讜論，朝野推仰。」復其待制，又贈寶文閣直學士，賜謚忠。

中華書局

浩所與游田晝、王回、曾誕，皆良士也。

晝字承君，陽翟人。樞密使況之從子，以任爲校書郎。調磁州錄事參軍，知西河縣，有善政，民甚德之。議論慨慷，有前輩風。與鄒浩以氣節相激勵。元符中，浩爲諫官，晝監京城門，往見浩曰：「平生與君相許者何如，今君爲何官？」浩曰：「上遇羣臣，未嘗假以辭色，獨於浩差若相喜。天下事固不勝言，意欲待深相信而後發，貴有益也。」晝然之。既而以病歸許，邸狀報立后，晝謂人曰：「志完不言，可以絕交矣。」浩得罪，晝迎諸塗。浩出涕，晝正色責曰：「使志完隱默官京師，遇寒疾不汗，五日死矣。豈獨嶺海之外能死人哉？願君毋以此舉自滿，士所當爲者，未止此也。」浩茫然自失，歎謝曰：「君之贈我厚矣。」建中靖國初，入爲大宗正丞。曾布數羅致之，不爲屈；欲與提舉常平官，亦辭。請知淮陽軍，歲大疫，日挾醫問病者藥之，遇疾卒。淮陽人祀以爲土神云。

回字景深，仙遊人。第進士，調松滋令。荆、沔俗用人祭鬼，回捕治甚嚴，其風遂革。知鹿邑縣，入爲宗正寺簿。元符中，葉祖洽薦爲睦親宅講書。與鄒浩友善，皇后劉氏立，浩





將論之，密告回，回曰：「事寧有大於此者乎？子雖有親，然移孝爲忠，亦太夫人素志也。」浩南遷，人莫敢顧。回斂交游錢與治裝，往來經理，且慰安其母。邏者以聞，逮詣詔獄，衆爲之懼，回居之晏然。御史詰之，對曰：「實嘗預議，不敢欺也。」因誦浩所上章，幾二千言。獄上，除名停廢。即徒步出都門，行數十里，其子追及，問以家事，不答。祖洽亦坐黜。

徽宗立，召還舊官，擢監察御史。數日卒，年五十三。岑象求、王覿、賈易上章，乞錄其子，恤其家，以獎勸忠義。詔除子渙老郊社齋郎，蔡京爲相，奪之，仍列名黨籍。

誕，公亮從孫也。孟后之廢，誕三與浩書，勸力請復后，浩不報。及浩以言南遷，誕著玉山主人對客問以譏之，其略曰：「客問：鄒浩可以爲有道之士乎？主人曰：浩安得爲知道。雖然，予於此時議浩，是天下無全人也。言之倘足爲來世戒。易曰：『知幾其神乎？』又曰：『知進退存亡而不失其正者，其惟聖人乎？』方孟后之廢，人莫不知劉氏之將立，至四年之後而册命未行，是天子知清議之足畏也。使當其時，浩力言復后，能感悟天子，則無今日劉氏之事，貽朝廷於過舉，再三言而不聽，則義亦當矣。使是時得罪，必不若是酷以貽老母之憂矣。嗚呼！若浩者，雖不得爲知幾之士，然百世之下，頑夫廉，懦夫有立志，尙不失爲聖人之清也。」其書既出，識者或以比韓愈諍臣論。誕仕亦不顯。

陳瓘字瑩中，南劍州沙縣人。少好讀書，不喜爲進取學。父母勉以門戶事，乃應舉，一出中甲科。調湖州掌書記，簽書越州判官。守蔡卞察其賢，每事加禮，而瓘測知其心術，常欲遠之，屢引疾求歸，章不得上。檄攝通判明州。卞素敬道人張懷素，謂非世間人，時且來越，卞留瓘小須之，瓘不肯止，曰：「子不語怪力亂神，斯近怪矣。州牧既信重，民將從風而靡。不識之，未爲不幸也。」後二十年而懷素誅。明州職田之入厚，瓘不取，盡棄於官以歸。

章惇入相，瓘從衆道謁。惇聞其名，獨邀與同載，詢當世之務，瓘曰：「請以所乘舟爲喻：偏重可行乎？移左置右，其偏一也。明此，則可行矣。」天子待公爲政，敢問將何先？」惇曰：「司馬光姦邪，所當先辨，勢無急於此。」瓘曰：「公誤矣。此猶欲平舟勢而移左以置右，果然，將失天下之望。」惇厲色曰：「光不務纘述先烈，而大改成緒，誤國如此，非姦邪而何？」瓘曰：「不察其心而疑其迹，則不爲無罪；若指爲姦邪，又復改作，則誤國益甚矣。爲今之計，唯消朋黨，持中道，庶可以救弊。」意雖忤惇，然亦驚異，頗有兼收之語。





至都，用爲太學博士。會卞與惇合志，正論遂絀。卞黨薛昂、林自官學省，議毀資治通鑑，瓘因策士題引神宗所製序文以問，昂、自意沮。

遷祕書省校書郎。紹述之說盛，瓘奏哲宗言：「堯、舜、禹皆以『若稽古』爲訓。『若』者，順而行之；『稽』者，考其當否，必使合於民情，所以成帝王之治。天子之孝，與士大夫之孝不同。」帝反復究問，意感悅，約瓘再入見。執政聞而憾之，出通判滄州，知衞州。徽宗即位，召爲右正言，遷左司諫。瓘論議持平，務存大體，不以細故藉口，未嘗及人晻昧之過。嘗云：「人主託言者以耳目，誠不當以淺近見聞，惑其聰明。」惟極論蔡卞、章惇、安惇、邢恕之罪。

御史龔夬擊蔡京，朝廷將逐夬，瓘言：「紹聖以來，七年五逐言者，常安民、孫諤、董敦逸、陳次升、鄒浩五人者，皆與京異議而去。今又罷夬，將若公道何。」遂草疏論京，未及上，時皇太后已歸政，瓘言外戚向宗良兄弟與侍從希寵之士交通，使物議籍籍，謂皇太后今猶預政。由是罷監揚州糧料院。瓘出都門，繳四章奏之，幷明宣仁誣謗事。帝密遣使賜以黃金百兩，后亦命勿遽去，畀十僧牒爲行裝，改知無爲軍。

明年，還爲著作郎，遷右司員外郎兼權給事中。宰相曾布使客告以將即眞，瓘語子正彙曰：「吾與丞相議事多不合，今若此，是欲以官爵相餌也。若受其薦進，復有異同，則公議私恩，兩有愧矣。吾有一書論其過，將投之以決去就，汝其書之。但郊祀不遠，彼不相容，

則澤不及汝矣，能不介於心乎？」正彙願得書。且持入省，布使數人邀相見，甫就席，遽出書，布大怒。爭辨移時，至箕踞詐語，瓘色不爲動，徐起白曰：「適所論者國事，是非有公議，公未可失待士禮。」布矍然改容。信宿，出知泰州。崇寧中，除名竄袁州、廉州，移郴州，稍復宣德郎。

正彙在杭，告蔡京有動搖東宮迹。杭守蔡薿執送京師，先飛書告京俾爲計。事下開封府制獄，併逮瓘。尹李孝稱逼使證其妄，瓘曰：「正彙聞京將不利社稷，傳於道路，瓘豈得預知？以所不知，忘父子之恩而指其爲妄，則情有所不忍；挾私情以符合其說，又義所不爲。京之姦邪，必爲國禍。瓘固嘗論之於諫省，亦不待今日語言間也。」內侍黃經臣涖鞫，聞其辭，失聲歎息，謂曰：「主上正欲得實，但如言以對可也。」獄具，正彙猶以所告失實流海上，瓘亦安置通州。

瓘嘗著尊堯集，謂紹聖史官專據王安石日錄改修神宗史，變亂是非，不可傳信；深明誣妄，以正君臣之義。張商英爲相，取其書，既上，而商英罷，瓘又徙台州。宰相徧令所過州出兵甲護送；至台，每十日一徙告；且命凶人石悈知州事，執至庭，大陳獄具，將脅以死。瓘揣知其意，大呼曰：「今日之事，豈被制旨邪！」悈失措，始告之曰：「朝廷令取尊堯集爾。」瓘曰：「然則何用許。使君知『尊堯』所以立名乎？蓋以神考爲堯，主上爲舜，助舜尊



堯，何得爲罪？時相學術淺短，爲人所愚。君所得幾何，乃亦不畏公議，干犯名分乎？」悈慚，揖使退。所以窘辱之百端，終不能害。宰相猶以悈爲怯而罷之。

在台五年，乃得自便。纔復承事郎，帝批進目，以爲所擬未當，令再敍一官，仍與差遣，執政持不行。卜居江州，復有譖之者，至不許輒出城。旋令居南康，纔至，又移楚。瓘平生論京、卞，皆披擿其處心，發露其情慝，最所忌恨，故得禍最酷，不使一日少安。宣和六年卒，年六十五。

瓘謙和不與物競，閑居矜莊自持，語不苟發。通於易，數言國家大事，後多驗。靖康初，詔贈諫議大夫，召官正彙。紹興二十六年，高宗謂輔臣曰：「陳瓘昔爲諫官，甚有讜議。近覽所著尊堯集，明君臣之大分，合於易天尊地卑及春秋尊王之法。王安石號通經術，而其言乃謂『道隆德駿者，天子當北面而問焉』，其背經悖理甚矣。瓘宜特賜諡以表之。」諡曰忠肅。

任伯雨字德翁，眉州眉山人。父孜，字遵聖，以學問氣節推重鄉里，名與蘇洵埒，仕至光祿寺丞。其弟伋〔一〕，字師中，亦知名，嘗通判黃州，後知瀘州。當時稱「大任」、「小任」。



伯雨自幼，已嶄然不羣，邃經術，文力雄健。中進士第，調施州清江主簿。郡守檄使涖公庫，笑曰：「里名勝母，曾子不入，此職何爲至我哉？」拒不受。知雍丘縣，御吏如束濕，撫民如傷。縣枕汴流，漕運不絕，舊苦多盜，然未嘗有獲者，人莫知其故。伯雨下令綱舟無得宿境內，始猶不從，則命東下者斧斷其纜，趣京師者護以出，自是外戶不閉。

使者上其狀，召爲大宗正丞，甫至，擢左正言〔二〕。時徽宗初政，納用讜論，伯雨首擊章惇，曰：「惇久竊朝柄，迷國罔上，毒流搢紳，乘先帝變故倉卒，輒逞異意，睥睨萬乘，不復有臣子之恭。向使其計得行，將寘陛下與皇太后〔三〕於何地！若貸而不誅，則天下大義不明，大法不立矣。臣聞北使言，去年遼主方食，聞中國黜惇，放箸而起，稱甚善者再，謂南朝錯用此人。北使又問，何爲只若是行遣？以此觀之，不獨孟子所謂『國人皆曰可殺』，雖蠻貊之邦，莫不以爲可殺也。」章八上，貶惇雷州。繼論蔡卞六大罪，語在卞傳。

建中靖國改元，當國者欲和調元祐、紹聖之人，故以「中」爲名。伯雨言：「人才固不當分黨與，然自古未有君子小人雜然並進可以致治者。蓋君子易退，小人難退，二者並用，終於君子盡去，小人獨留。唐德宗坐此致播遷之禍，建中乃其紀號，不可以不戒。」

時議者欲西北典郡專用武臣，伯雨謂：「李林甫致祿山之亂者，此也。」又論鍾傳、王贍生湟、鄯邊事，失與國心，宜棄其地，以安邊息民；張耒、黃庭堅、晁補之、歐陽棐、劉唐老等



宜在朝廷。上書皇太后，乞暴蔡京之惡，召還陳瓘，以全定策之勳。

時以正月朔旦有赤氣之異，詣火星觀以禳之，伯雨上疏言：「嘗聞修德以弭災，未有禳祈以消變。洪範以五事配五行，說者謂視之不明，則有赤眚、赤祥。乞攬權綱以信賞罰，專威福以殊功罪，使皇明赫赫，事至必斷，則乖氣異象，轉爲休祥矣。」又言：「比日內降寖多，或恐矯傳制命。漢之鴻都賣爵，唐之墨敕斜封，此近監也。」

王覿除御史中丞，仍兼史官，伯雨謂：「史院宰相監修，今中丞爲屬，非所以重風憲，遠嫌疑。」已而覿除翰林，伯雨復論曰：「學士爵秩位序，皆在中丞上。今覿爲之，是諫官論事，非特朝廷不行，適足以爲人遷官爾。」

伯雨居諫省半歲，所上一百八疏，大臣畏其多言，俾權給事中，密諭以少默即爲眞。伯雨不聽，抗論愈力，且將劾曾布。布覺之，徙爲度支員外郎，尋知虢州。崇寧黨事作，削籍編管通州。爲蔡卞所陷，與陳瓘、龔夬、張庭堅等十三人皆南遷，獨伯雨徙昌化。姦人猶未甘心，用匿名書復逮其仲子申先赴獄，妻適死于淮，報訃俱至。伯雨處之如平常，曰：「死者已矣，生者有負于朝廷，亦當從此訣。如其不然，天豈殺無辜耶！」申先在獄，鍛鍊無所傳致，乃得釋，居海上三年而歸。宣和初，卒，年七十三。

長子象先，登世科，又中詞學兼茂舉，有司啓封，見爲黨人子，不奏名，調秦州戶曹

掾。聞父諱，棄官歸養。王安中辟燕山宣撫幕，勉應之，道引疾還，終身不復仕。申先以布衣特起至中書舍人。

紹興初，高宗詔贈伯雨直龍圖閣，又加諫議大夫，采其諫章，追貶章惇、蔡卞、邢恕、黃履，明著誣宣仁事以告天下。淳熙中，賜謚忠敏。

論曰：劉安世復文彥博之言，時年尚少，然其言即元祐之初政，而司馬光之用心也。鄒浩諫立劉后，反復曲折，極人所難言。二人除言官，俱入白其母，母俱勉以盡忠報國，無分毫顧慮後患意。嗚呼，賢哉！陳瓘、任伯雨抗迹疏遠，立朝寡援，而力發章惇、曾布、蔡京、蔡卞羣姦之罪，無少畏忌，古所謂剛正不撓者歟！

## 校勘記

〔一〕其弟佽　「佽」原作「汲」，據東都事略卷一〇〇本傳、秦觀淮海集卷三三任佽墓表改。

〔二〕左正言　原作「右正言」，東都事略卷一〇〇本傳「右」作「左」；宋會要職官六七之三三建中靖國元年二月二十六日：「武昌軍節度副使潭州安置章惇責授雷州司戶參軍員外安置，以左正言





任伯雨累章數其罪，乞行誅戮故也。」作「左」是，據改。

〔三〕皇太后　「皇太」二字原倒。按此是指神宗欽聖獻肅向皇后，本書卷二四三后本傳，「哲宗立，尊爲皇太后」；卷一九徽宗紀，徽宗即位時，「皇太后權同處分軍國事」；下文又有「上書皇太后」語。今乙正。

# 宋史卷三百四十六

## 列傳第一百五

陳次升　陳師錫　彭汝礪弟汝霖　汝方　呂陶　張庭堅
龔夬　孫諤　陳軒　江公望　陳祐　常安民

陳次升字當時，興化仙游人。入太學，時學官始得王安石字說，招諸生訓之，次升作而曰：「丞相豈秦學邪？美商鞅之能行仁政，而爲李斯解事，非秦學而何？」坐屏斥。既而第進士，知安丘縣。轉運使吳居厚以聚斂進，檄尉罔征稅於遠郊，得農家敗絮，捕送縣，次升縱遣之。居厚怒，將被以文法，會御史中丞黃履薦，爲監察御史。

哲宗立，使察訪江、湖。先是，蹇周輔父子經畫江右鹽法，爲民害，次升舉劾之。還言：「額外上供之數未除，異日必有非法之斂，願從熙寧以來創行封樁名錢悉賜豁免。又役法未定，人情熒惑，乞速定差顧及均數之等，先爲之節而審行之。」提點淮南、河東刑獄。





紹聖中，復爲御史，轉殿中。論章惇、蔡卞植黨爲姦，乞收還威福之柄。禁中火，彗出西方，次升請修德求言，以弭天變。掖庭鞫厭魅獄，次升言：「事關中宮，宜付外參治。今屬於閹寺之手，萬一有冤濫，貽後世譏。」濟陽郡王宗景請以妾爲妻，論其以宗藩廢禮，爲聖朝累。

初，惇、卞以次升在元祐間外遷，意其不能無怨望，卞又與同鄉里，故延寘憲府，欲使出力爲助，擠排衆賢，而一無所附。時方編元祐章疏，毒流搢紳。次升言：「陛下初即位，首下詔令，導人使諫；親政以來，又揭敕牓，許其自新。今若考一言之失，致於譴累，則前之詔令適所以誤天下，後之敕牓適所以誑天下，非所以示大信也。」又論卞客周穜貪鄙，鄭居中憸佞。由是惇、卞交惡之，使所善太府少卿林顏致己意，嘗以美官。次升曰：「吾知守官而已，君爲天子卿士，而爲宰相傳風旨邪？」惇、卞益不樂，乘間白爲河北轉運使，帝曰：「漕臣易得耳，次升敢言，不當去。」更進左司諫。

宣仁有追廢之議，次升密言：「先太后保佑聖躬，始終無間，願勿聽小人銷骨之謗。」帝曰：「卿安所聞？」對曰：「臣職許風聞，陛下毋詰其所從來可也。」呂升卿察訪廣南，次升言：「陛下無殺流人之意，而遣升卿出使。升卿資性慘刻，喜求人過，今使逞志釋憾，則亦何所不至哉？」乃止不遣。

次升累章劾章惇,皆留中。帝嘗謂曰:「章惇文字勿令絕。」次升退告王鞏,鞏曰:「君胡不云:諫臣,耳目也;帝王,心也。心所不知,則耳目爲之傳達;既知之,何以耳目爲?」居數日,復入見,帝申前旨,乃以鞏語對。帝曰:「然。顧未有代之者爾。」訖不克去。京師富家乳婢怨其主,坐兒於上而嵩呼者三。邏繫獄。次升乞戒有司無得觀望。帝問大臣何謂,蔡卞曰:「正謂觀望陛下爾。」誣其毀先烈,擬謫監全州酒稅,帝以爲遠,改南安軍。

徽宗立,召爲侍御史。極論惇、卞、曾布、蔡京之惡,竄惇於雷,居卞於池,出京於江寧。遷右諫議大夫。獻體道、稽古、修身、仁民、崇儉、節用六事,言多規切。崇寧初,以寶文閣待制知潁昌府,降集賢殿修撰,繼又落修撰,除名徙建昌,編管循州,皆以論京、卞故。政和中,用赦恩復舊職。卒,年七十六。

次升三居言責,建議不苟合,劉安世稱其有功於元祐人,謂能遏呂升卿之行也。它所言曾肇、王覿、張庭堅、賈易、李昭玘、呂希哲、范純禮、蘇軾等,公議或不謂然。

陳師錫字伯修,建州建陽人。熙寧中,游太學,有儁聲。神宗知其材,及廷試,奏名在甲乙間,帝偶閱其文,屢讀屢歎賞,顧侍臣曰:「此必陳師錫也。」啓封果然,擢爲第三。調




昭慶軍掌書記,郡守蘇軾器之,倚以爲政。軾得罪,捕詣臺獄,親朋多畏避不相見,師錫獨出餞之,又安輯其家。

知臨安縣,爲監察御史。上言:「宋興,享國長久號稱太平者,莫如仁宗,切考致治之本,不過延直言,御羣下,進善退邪而已。明道中,親覽萬幾,見政事之多辟,輔佐之失職,自呂夷簡、張耆、夏竦、陳堯佐、范雍、晏殊等,一日罷去。寶元初,多雷地震,用諫官韓琦之言,王隨、陳堯佐、韓億、石中立同時見黜。其後,不次擢用杜衍、范仲淹、富弼、韓琦,以成慶曆、嘉祐之治。願稽皇祖納諫、御臣之意,以興治功。」帝善其言。

時詔進士習律,師錫言:「陛下方大闢學校,用經術訓迪士類,不應以刑名之學亂之。夫道德,本也;刑名,末也。教之以本,人猶趨末,況教之以末乎?望追寢其制,使得悉意本業。」用事者謂倡爲詖說,出知宿遷縣。

元祐初,蘇軾三上章,薦其學術淵源,行己潔素,議論剛正,器識靖深,德行追蹤於古人,文章冠絕於當世。乃入爲秘書省校書郎,遷工部員外郎,加祕閣校理,提點開封縣鎮。建言:「銓法,選人用舉者遷升,而歲有定額。今請託者溢數,而寒畯有不足之患,請爲之限約。」畿內將官苛慘失士心,方大閱,羣卒譁譟,將吏莫知所爲。師錫馳至軍,推首惡者致諸法,按閱如初,而劾斥其將,縣人歎服。樞密院猶以事不先白爲罪,罷知解州。歷考功員外郎,知宣州、蘇州。

徽宗立,召拜殿中侍御史。疏言:「元豐之末,中外洶洶矣。宣仁聖后再安天下,委國而治者,司馬光、呂公著爾。章惇誣其包藏禍心,至於追貶。天相陛下,發潛繼統,而惇猶據高位,光等贈謚未還,墓碑未復。願早擄宸略,以慰中外之望。」

蔡京爲翰林學士,師錫言:「京與弟卞同惡,迷國誤朝。而京好大喜功,銳於改作,日夜交結內侍、戚里,以覬大用。若果用之,天下治亂自是而分,祖宗基業自是而隳矣。京援引死黨至數百人,鄧洵武內行汚惡,搢紳不齒,豈可滓穢史筆?向宗回、宗良亦陰爲京助。是皆國之深患,爲陛下憂,爲宗廟憂,爲賢人君子憂。若出之于外,社稷之福也。」帝曰:「此於東朝有礙,卿爲我處之。」對曰:「審爾,臣當具白太后。」遂上封事言:「自昔母后臨朝,危亂天下,載在史册,可考而知。至於手書還政,未有如聖母,退抑謙遜,眞可爲萬世法。而蔡京陰通二向,妄言宮禁預政,以誣聖德,不可不察也。」

詔索祕閣圖畫,師錫言:「六經載道,諸子言理,歷代史籍,祖宗圖畫,天人之蘊,性命之妙,治亂安危之機,善惡邪正之迹在焉。望留意於此,以唐山水圖代無逸爲監。」

俄改考功郎中,師錫抗章言曰:「臣在職數月,所言皆當今急務。若以爲非,陛下方開納褒獎;若以爲是,則不應遽解言職。如蔡京典刑未正,願受竄貶。」於是出知潁、廬、滑三




州。坐黨論,監衡州酒;又削官置郴州。卒,年六十九。師錫始與陳瓘同論京、卞,時號「二陳」。紹興〔一〕中,贈直龍圖閣。

彭汝礪字器資,饒州鄱陽人。治平二年,舉進士第一。歷保信軍推官、武安軍掌書記、潭州〔二〕軍事推官。王安石見其詩義,補國子直講,改大理寺丞,擢太子中允,既而惡之。御史中丞鄧綰將舉爲御史,召之不往;既上章,復以失舉自列。神宗怒,逐綰,用汝礪爲監察御史裏行。首陳十事:一正己〔三〕,二任人,三守令,四理財,五養民,六振救,七興事,八變法,九青苗,十鹽事。指擿利害,多人所難言者。又論呂嘉問市易聚斂非法,當罷;俞充諂中人王中正,至使妻拜之,不當檢正中書五房事。神宗爲罷充,詰其語所從,汝礪曰:「如此,非所以廣聽明也。」卒不奉詔。及中正與李憲主西師,汝礪言不當以兵付中人,因及漢、唐禍亂之事。神宗不懌,語折之。汝礪拱立不動,伺間復言,神宗爲改容,在廷者皆歎服。宗室以女賣婚民間,有司奏罷之。汝礪言:「此雖疏屬,皆天家子孫,不可使閭閻之賤得以貨取,願更著婚法。」

元豐初,以館閣校勘爲江西轉運判官,陛辭,復言:「今不患無將順之臣,患無諫諍之

中華書局

臣，不患無敢爲之臣，患無敢言之臣。」神宗嘉其忠蓋。代還，提點京西刑獄。

元祐二年，召爲起居舍人。時相問新舊之政，對曰：「政無彼此，一於是而已。今所更大者，取士及差役法，行之而士民皆病，未見其可。」踰年，遷中書舍人，賜金紫。詞命雅正，有古人風。其論詩賦、回河事尤力，大臣有持平者，頗相左右，一時進取者病之，欲排去其類，未有以發。

會知漢陽軍吳處厚得蔡確安州詩上之，傅會解釋，以爲怨謗。諫官交章請治之，又造爲危言，以激怒宣仁后，欲實之法。汝礪曰：「此羅織之漸也。」數以白執政，不能救，遂上疏論列，不聽。方居家待罪，得確謫命除目草詞，曰：「我不出，誰任其責者。」卽入省，封還除目，辨論愈切。諫官指汝礪爲朋黨，宣仁后曰：「汝礪豈黨確者，亦爲朝廷論事爾。」及確貶新州，又須汝礪草詞，遂落職知徐州。初，汝礪在臺時，論呂嘉問事，與確異趣，徙外十年，確爲有力。後治嘉問它獄，以不阿執政，坐奪二官。至是，又爲確得罪，人以此益賢之。

加集賢殿修撰，入權兵、刑二部侍郎。有獄當貸，執政以特旨殺之，汝礪持不下。執政怒，罰其屬。汝礪言：「制書有不便，許奏論，法也。屬又何罪？」遂自劾請去，章四上。詔免屬罰，徙汝礪禮部，眞拜吏部侍郎。

哲宗躬聽斷，修熙寧、元豐政事，人皆爭獻所聞，汝礪獨無建白。或問之，答曰：「在前





日則無敢言，於今則人人能言之矣。」進權吏部尚書。言者謂嘗附會劉摯，以寶文閣直學士知成都府。未行，章數上，又降待制、知江州。將行，哲宗問所欲言，對曰：「陛下今所復者，其政不能無是非，其人不能無賢否。政惟其是，則無不善；人惟其賢，則無不得矣。」

至郡數月而病卒〔四〕。其遺表略云：「土地已有餘，願撫以仁；財用非不饒，願節以禮。佞人初若可悅，而其患在後；忠言初若可惡，而其利甚博。」至於恤河北流移，察江南水旱，凡數百言。朝廷方以樞密都承旨〔五〕命之而已卒，乃以告賜其家。年五十四。

汝礪讀書爲文，志於大者，言動取舍，必合於義，與人交，必盡誠敬。兄無子，爲立後，官之。少時師事桐廬倪天隱，旣死，并其母妻葬之，且衣食其女。同年生宋渙死，經理其後，不啻如子。所著易義、詩義、詩文凡五十卷。弟汝霖、汝方。

汝霖字巖老。第進士，以曾布薦，爲秘書丞，擢殿中侍御史，由是附布。時紹述之論復興，都水丞李夷行乞復詩賦，汝霖劾之。韓忠彥議權合祭，汝霖言其非禮。遷侍御史。門下侍郎李清臣與布異，布先諷江公望使擊之，將處以諫議大夫，公望弗聽。汝霖竟逐清臣，果得諫議。

鞫趙諗反獄，窮其黨與。元祐禍再興，吳材、王能甫排斥不已，汝霖言：「諸人罪狀，已經紹聖出削，案籍具在，但可據以行，不必俟指名彈擊。」於是司馬光以下復貶。布失位，汝霖罷知泰州，又謫濮州團練副使。後以顯謨閣待制卒。

汝方字宜老。以汝礪蔭爲滎陽尉、臨城主簿。汝礪卒，棄官歸葬。豐稷留守南京，辟司錄。宣和初，通判衢州，使者疏其治狀，擢知州事。

方臘起睦之青溪，與衢接境。寇至，無兵可禦，衆望風奔潰。汝方獨與其僚段約介守孤城，三日而陷，罵賊以死，年六十六。徽宗褒歎之，超贈龍圖閣直學士、通議大夫，諡曰忠毅，官其家七人。

呂陶字元鈞，成都人。蔣堂守蜀，延多士入學，親程其文，嘗得陶論，集諸生誦之，曰：「此賈誼之文也。」陶時年十三，一坐皆驚。由是禮諸賓筵。一日，同遊僧舍，共讀寺碑，酒闌，堂索筆書碑十紙，行斷句闕，以示陶曰：「老夫不能盡憶，子爲我足之。」陶書以獻，不繆一字。

中進士第，調銅梁令。民龐氏姊妹三人冒隱幼弟田，弟壯，愬官不得直，貧至庸奴於





人。及是又愬，陶一問，三人服罪，弟泣拜，願以田半作佛事以報。陶曉之曰：「三姊皆汝同氣，方汝幼時，適爲汝主之爾；不然，亦爲他人所欺。與其捐半供佛，曷若遺姊，復爲兄弟，顧不美乎？」弟又拜聽命。

知太原壽陽縣。府帥唐介辟簽書判官，暇日促膝晤語，告以立朝事君大節，曰：「君廊廟人也。」以介薦，應熙寧制科。時王安石從政，改新法，陶對策枚數其過，大略謂：「賢良之旨，貴犯不貴隱。臣愚，敢忘斯義。陛下初卽位，願不惑理財之說，不間老成之謀，不興疆埸之事。陛下措意立法，自謂庶幾堯、舜，然陛下之心如此，天下之論如彼，獨不反而思之乎？」及奏第，神宗顧安石取卷讀，讀未半，神色頗沮。神宗覺之，使馮京竟讀，謂其言有理。司馬光、范鎭見陶，皆曰：「自安石用事，吾輩言不復效，不意君及此，平生聞望，在茲一舉矣。」

安石旣怒孔文仲，科亦隨罷，陶雖入等，纔通判蜀州。張商英爲御史，請廢永康軍，下旁郡議，陶以爲不可。及知彭州，威、茂夷入寇，陶召大姓瀋具守備，城門啓閉如平時，因以永康前議上于朝，軍遂不廢。

王中正爲將，蜀道畏事之甚謹，而其所施悉謬盭，陶奏召還之。李杞、蒲宗閔來榷茶，西州騷動。陶言：「川蜀產茶，視東南十不及一，諸路旣皆通商，兩川獨蒙禁榷。茶園本是

稅地，均出賦租，自來敷賣以供衣食，蓋與解鹽、晉礬不同。今立法太嚴，取息太重，遂使良民枉陷刑辟，非陛下仁民愛物之意也。」宗閔怒，劾其沮敗新法，責監懷安商稅。或往弔之，陶曰：「吾欲假外郡之虛名，救蜀民百萬之實禍。幸而言行，所濟多矣，敢有榮辱進退之念哉。」起知廣安軍，召爲司門郎中。

元祐初，擢殿中侍御史，首獻邪正之辨曰：「君子小人之分辨，則王道可成，雜處於朝，則政體不純。今蔡確、韓縝、張璪、章惇，在先朝，則與小人表裏，爲賊民害物之政，使人主德澤不能下流；在今日，則觀望反覆，爲異時子孫之計。安燾、李淸臣又依阿其間，以伺勢之所在而歸之。昔者負先帝，今日負陛下。願亟加斥逐，以淸朝廷。」於是數人相繼罷去。

時議行差役，陶言：「郡縣風俗異制，民之貧富不均，當此更法之際，若不預設防禁，則民間雖無納錢之勞，反有偏頗之害。莫若以新舊二法，裁量厥中。」會陶謁告歸，詔於本道定議。陶考究精密，民以爲便。還朝，遂正兩路轉運使李琮、蒲宗閔之罪；又奏十事，皆利害切於蜀者。

蘇軾策館職，爲朱光庭所論，軾亦乞補郡，爭辨不已。陶言：「臺諫當徇至公，不可假借事權以報私隙。議者皆謂軾嘗戲薄程頤，光庭乃其門人，故爲報怨。夫欲加軾罪，何所不





可，必指其策問以爲譏謗，恐朋黨之敝，自此起矣。」由是兩置之。

陶與同列論張舜民事不合，傅堯俞、王巖叟攻之，太皇太后不納，遷陶左諫議，繼出爲梓州、淮西、成都路轉運副使。入拜右司郎中、起居舍人。大臣上殿，有乞屏左右及史官者，陶曰：「屏左右已不可，況史官乎？大臣奏事而史官不得聞，是所言私也。」詔定爲令。遷中書舍人。奉使契丹歸，乞修邊備。哲宗喜曰：「臣僚言邊事，惟及陝西，不及河北。殊不知河北有警，則十倍陝西矣！卿言甚善。」進給事中。

哲宗始親政，陶言：「太皇太后〔六〕保祐九年，陛下所深知，尊而報之，惟恐不盡。然臣猶以無可疑爲疑，不必言而言，萬一有姦邪不正之謀，上惑淵聽，謂某人宜復用，某事宜復行，此乃治亂安危之機，不可不察也。」俄以集賢院學士知陳州，徙河陽、潞州，例奪職，再貶庫部員外郎，分司。徽宗立，復集賢殿修撰、知梓州，致仕。卒，年七十七。

張庭堅字才叔，廣安軍人。進士高第，調成都觀察推官，爲太學春秋博士。紹聖經廢，通判漢州。入爲樞密院編修文字，坐折簡別鄒浩免。徽宗召對，除著作佐郎，擢右正言。帝方銳意圖治，進延忠鯁，庭堅與鄒浩、龔夬、江公望、常安民、任伯雨皆在諫列，一時翕然稱得人。

庭堅在職逾月，數上封事，其大要言：「世之論孝，必曰紹復神考，然後謂孝。夫前後異宜，法亦隨變，而欲纖悉必復，然則將敝於一偏，久必有不便於民而招怨者，如此而謂之孝，可乎？司馬光因時變革，以便百姓，人心所歸，不爲無補於國家；陳瓘執義論諍，將以去小人，士論所推，不爲無益於宮禁。乞盡復光贈典以悅人心，召還瓘言職以慰士論。又士大夫多以繼志述事勸陛下者，臣恐必有營私之人，欲主其言以自售，謂復紹先烈非其徒不可，將假名繼述，而實自肆焉。今遠略之耗於內者，棄不以爲守，則兵可息；特旨之重於法者，刪不以爲例，則刑可省。近以靑唐反叛，棄鄯守湟。既以鄯爲可棄，則區區之湟，亦安足守？臣謂幷棄湟州便。」庭堅言論深切，退輒焚稿。

是時，議者往往指元祐舊臣在廷者太多。庭堅爲帝言司馬光、呂公著之賢，且曰：「陛下踐阼以來，合人心事甚衆，惟夫邪正殊未差別。如光、公著甄敍，但用赦恩，初未嘗別其無罪也。」又薦蘇軾、蘇轍可用，頗忤旨。曾布因稱其所論不當，帝命徙爲郎，俄出爲京東轉運判官。任伯雨言庭堅立身有本末，不應罷言職。庭堅亦辭新命，改知汝州，又送吏部。伯雨復爭之，乞以庭堅章付外，考其所言，毋使言者爲三省所脅。李淸臣從而擠之，改通判陳州。





初，蔡京守蜀，庭堅在幕府與相好。及京還朝，欲引以爲己用，先令鄉人諭意，庭堅不肯往。京大恨，後遂列諸黨籍。又坐嘗談璐華非辜事，編管虢州，再徙鼎州、象州。久之，復故官。卒，年五十七。紹興初，詔贈直徽猷閣。

龔夬字彥和，瀛州人。淸介自守，有重名。進士第三，簽書河陽判官。從曾布於瀛。紹聖初，擢監察御史，以親老，求通判相州，知洺州。

徽宗立，召拜殿中侍御史。始上殿，卽抗疏請辨忠邪，曰：「好惡未明，則人迷所向；忠邪未判，則衆必疑。今聖政日新，遠近忻悅，進退人材，皆出睿斷，此甚盛之舉也。然姦黨既破，必將早夜熟計，廣爲身謀。或遽革面以求自文，或申邪說以拒正論，或詭稱禍福以動朝廷，或託言祖宗以脅人主。巧事貴戚，陰結左右，變亂是非，姦計百出，幸其既敗復用，已去復留。君子直道而行，則必墮其術中。然則天下治忽，未可知也。故宜洞察忠邪，行之以決。若小不忍，則害大政。臣願陛下明好惡以示之，使遠近知進賢退姦之意，太平之治，不難致也。」又言：「朝廷累下赦令，洗滌元祐愆負被坐之人，至於官職資廕，多未給還。願申詔有司，亟爲施行，以伸先帝寬仁之意。」

時章惇、蔡卞用事，夬首論其惡，大略以爲：「昔日丁謂當國，號爲恣睢，然不過陷一寇準而已。及至於惇，而故老、元輔、侍從、臺省之臣，凡天下之所謂賢者，一日之間，布滿嶺海，自有宋以來，未之聞也。當是時，惇之威勢震於海內，此陛下所親見。蓋其立造不根之語，文致悖逆之罪，是以人人危懼，莫能自保，俾其朽骨銜冤於地下，子孫禁錮於炎荒，忠臣義士，憤悶而不敢言，海內之人，得以歸怨先帝。其罪如此，尙何俟而不正典刑哉？卞事上不忠，懷姦深阻，凡惇所爲，皆卞發之，爲力居多。望采之至公，昭示譴黜。」

又論：「蔡京治文及甫獄，本以償報私仇，始則上誣宣仁，終則歸咎先帝，必將族滅無辜，以逞其欲。臣料當時必有案牘章疏，可以見其鍛鍊附會。如方天若之凶邪，而京收寘門下，賴其傾險，以爲腹心，立起犴獄，多斥善士，天下冤之，皆京與天若爲之也。願考證其實，以正姦臣之罪。」於是三人者皆去。

又上疏乞正元祐后册位號，及元符后不當並立，書報聞。已而元祐后册再廢，言者論夬首尾建言，詔削籍，編管房州。繼徙象，又徙化。徙步適貶所，持扇乞錢以自給。逢赦令得歸，政和元年卒，年五十五。紹興元年，贈直龍圖閣。六年，再贈右諫議大夫，官其後二人。

弟大壯，少有重名，清介自立。從兄官河陽，曾布欲見之，不可得，乃往謁夬，邀之出，





從容竟日，題詩壁間，有「得見兩龔」之語。夬爲御史，大壯勸使早去，夬以爲畏友。不幸早卒。

孫諤字元忠，睢陽人。父文用，以信厚稱鄉里，死謚慈靜居士。諤少挺特不羣，爲張方平所器。登進士第，調哲信(七)主簿，選爲國子直講。陷虞蕃獄，免。

元祐初，起爲太常博士，遷丞。哲宗卜后，太史惑陰陽拘忌之說，諤上疏太皇太后言：「家人委巷之語，不足以定大計，願斷自聖慮。」出爲利、梓路轉運判官，召拜禮部員外郎、左正言。

紹聖治元祐黨，諤言：「漢、唐朋黨之禍，其監不遠。」蹇序辰編類章疏，諤又言：「朝廷當示信，以靜安天下，請如前詔書，一切勿問。」嘗侍對，論星文變咎，願修省消復，罷幸西池及寢內降除授。帝每患臺諫乏人，諤曰：「士豈乏於世，顧陛下不知爾。」立疏可用者二十二人。章惇惡其拂己，出知廣德軍，徙唐州，提點湖南刑獄。

徽宗立，復爲右司諫，首論大臣邪正、政事可廢置因革者，帝稱其鯁直。議者欲以羣臣封事付外詳定，諤言：「君不密則失臣，是將速忠臣之禍矣，不宜宣泄。」乃止。遷左司諫，俄以疾卒。

諤與彭汝礪以氣節相尙，汝礪亡，諤誄所知曰：「吾居言責，不愧器資於地下矣。」及再入諫省，不能旬月，時論惜之。

陳軒字元輿，建州建陽人。進士第二，授平江軍節度推官。元祐中，爲禮部郎中、徐王翊善，再遷中書舍人。上疏言：「祖宗舊制，諸道帥守、使者辭見之日，並召對便殿，非特可以周知利害，亦可觀閱人才。今視朝數刻而退，惟執政大臣得在帝所，或經旬閱月，臺諫官乃得覲，餘皆無因而前，殆非所謂廣覽兼聽之道。願詔有司，使如故事。」又言：「所在巡檢，招惰游惡少以隸土軍，習暴橫，爲田野患，請使以廂卒代。」皆從之。高麗入貢，軒館客，其使求市歷代史、策府元龜，抄鄭、衞曲譜，皆爲上聞。禮部尙書蘇軾劾其失體，以龍圖閣待制知廬州，徙杭州、江寧潁昌府。

徽宗立，爲兵部侍郎兼侍讀。論監司、守臣數易之弊，如江、淮發運使，十五年間至更三十二人，願稍久其任。又言：「比更定役法，欲以寬民力，而有司生事，急切苟營贏羨。散靑苗以抑兼并，拯艱困，不當以散多予賞。」入侍經闈，每勸帝以治貴淸淨，願法文、景之恭





儉，帝頗聽行之。加龍圖閣直學士、知成都府，不行，改杭州、福州。卒，年八十四。

江公望字民表，睦州人。舉進士。建中靖國元年，由太常博士拜左司諫。時御史中丞趙挺之與戶部尙書王古用赦恩理逋欠，古多所蠲釋，挺之劾古傾天下之財以爲私惠。公望以爲天子登極大赦，將與天下更始，故一切與民，豈容古行私惠於其間，乃上疏曰：「人君所以知時政之利病，人臣之忠邪，無若諫官、御史之爲可信。若挾情肆誣，快私忿以罔上聽，不可不察也。臣聞挺之與古論事每不相合，屢見於辭氣，懷不平之心，有待而發。俚語有之，『私事官讎』，此小人之所不爲，而挺之安爲之，豈忠臣乎？」

又上疏曰：「自哲宗有紹述之意，輔政非其人，以媚於己爲同，忠於君爲異。一語不合時學，必目爲流俗，一談不侔時事，必指爲橫議。借威柄以快私隙，必以亂君臣父子之名分感動人主，使天下騷然，泰陵不得盡繼述之美。元祐人才，皆出於熙寧、元豐培養之餘，遭紹聖竄逐之後，存者無幾矣。神考與元祐之臣，其先非有射鉤斬袪之隙也，先帝信仇人而黜之。陛下若立元祐爲名，必有元豐、紹聖爲之對，有對則爭興，爭興則黨復立矣。陛下改元詔旨，亦稱思建皇極，蓋嘗端好惡以示人，本中和而立政，皇天后土，實聞斯言。今

若欲渝之，奈皇天后土何？」

內苑稍畜珍禽奇獸，公望力言非初政所宜。它日入對，帝曰：「已縱遣之矣，唯一白鷴畜之久，終不肯去。」先是，帝以柱杖逐鷴，鷴不去，乃刻公望姓名於杖頭，以識其諫。蔡王似府史以語言疑似成獄，公望極言論救，出知淮陽軍。未幾，召爲左司員外郎，以直龍圖閣知壽州。蔡京爲政，編管南安軍。遇赦還家，卒。建炎中，與陳瓘同贈右諫議大夫。

陳祐字純益，仙井人。第進士。元符末，以吏部員外郎拜右正言。上疏徽宗曰：「有旨令臣與任伯雨論韓忠彥援引元祐臣僚事。按賈易、岑象求、豐稷、張來(六)、黃庭堅、龔原、晁補之、劉唐老、李昭玘人才均可用，特迹近嫌疑而已。今若分別黨類，天下之人，必且妄意陛下逐去元祐之臣，復興紹聖政事。今紹聖人才比肩於朝，一切不問；元祐之人數十，輒攻擊不已，是朝廷之上，公然立黨也。」

遷右司諫。言：「林希紹聖初掌書命，草呂大防、劉摯、蘇轍、梁燾等制，皆務求合章惇之意。陛下頃用臣言褫其職，自大名移揚州，而希謝表具言皆出於先朝。大抵姦人詆毀善類，事成則攄己所憤，事敗則歸過於君。至如過失未形而訓辭先具，安得爲責人之實？歷





辨詆誣而上侵聖烈，安得爲臣子之誼？不一二年，致位樞近，而希尙敢忿躁不平，謝章慢上不敬，此而可忍，孰可不忍！」希再降知舒州。又論章惇、蔡京、蔡卞、郝隨、鄧洵武，忤旨，通判滁州。卞乞貶伯雨等，祐在數中，編管澧州，徙歸州。復承議郎，卒。

常安民字希古，邛州人。年十四，入太學，有俊名。熙寧以經取士，學者翕然宗王氏，安民獨不爲變。春試，考第一，主司啓封，見其年少，欲下之。判監常秩不可，曰：「糊名較藝，豈容輒易？」具以白王安石。安石稱其文，命學者視以爲準，由是名益盛。安石欲見之，不肯往。登六年進士舉，神宗愛其策，將使魁多士。執政謂其不熟經學，列之第十。

授應天府軍巡判官，選成都府教授。與安惇爲同僚，惇深刻姦詐，嘗偕謁府帥，輒毀素所厚善者。安民退謂惇曰：「若人不厚於君乎？何詆之深也。」惇曰：「吾心實惡之，姑以爲面交爾。」安民曰：「君所謂匿怨而友其人，乃李林甫也。」惇笑曰：「直道還君，富貴輸我。」安民應之曰：「處厚貴，天下事可知，我當歸山林，豈復與君校是非邪！第恐累陰德爾。」後惇貴，遂陷安民，而惇子坐法誅死，如安民言。秩滿寓京師。妻孫氏與蔡確之妻，兄弟也。確時爲相，安民惡其人，絕不相聞。確夫人使招其妻，亦不往。

調知長洲縣，以主信爲治，人不忍欺。縣故多盜，安民籍嘗有犯者，書其衣，揭其門，約能得它盜乃除，盜爲之息。追科不下吏，使民自輸，先它邑以辦。轉運使許懋、孫昌齡入境，邑民頌其政，皆稱爲古良吏。元祐初，李常、孫覺、范百祿、蘇軾、鮮于侁連章論薦，擢大理、鴻臚丞。

是時，元豐用事之臣，雖去朝廷，然其黨分布中外，起私說以搖時政。安民竊憂之，貽書呂公著曰：「善觀天下之勢，猶良醫之視疾，方安寧無事之時，語人曰『其後必將有大憂』，則衆必駭笑。惟識微見幾之士，然後能逆知其漸。故不憂於可憂，而憂之於無足憂者，至憂也。今日天下之勢，可爲大憂。雖登進忠良，而不能搜致海內之英才，使皆萃于朝，以勝小人，恐端人正士，未得安枕而臥也。故去小人不爲難，而勝小人爲難。陳蕃、竇武協心同力，選用名賢，天下想望太平，然卒死曹節之手，遂成黨錮之禍。張柬之五王中興唐室，以謂慶流萬世，及武三思一得志，至於竄移淪沒。凡此者皆前世已然之禍也。今用賢如倚孤棟，拔士如轉巨石，雖有奇特瓌卓之才，不得一行其志，甚可歎也。猛虎負嵎，莫之敢攖，而卒爲人所勝者，人衆而虎寡也。故以十人而制一虎則人勝，以一人而制十虎則虎勝，奈何以數十人而制千虎乎？今怨忿已積，一發其害必大，可不謂大憂乎。」及章惇作相，其言遂驗。





歷太常博士，轉爲丞。與少卿朱光庭論不合，出爲江西轉運判官，不行，改宗正丞。蘇轍薦爲御史，宰相不樂，除開封府推官。紹聖初，召對，爲哲宗言：「今日之患，莫大於士不知恥。願陛下獎進廉潔有守之士，以厲風俗。元祐進言者，以熙、豐爲非，今之進言者反是，皆爲偏論。願公聽並觀，擇其中而歸於當。」拜監察御史。論章惇顓國植黨，乞收主柄而抑其權，反復曲折，言之不置。惇遣所親信語之曰：「君本以文學聞於時，奈何以言語自任，與人爲怨？少安靜，當以左右相處。」安民正色斥之曰：「爾乃爲時相游說邪？」惇益怒。

中官裴彥臣建慈雲院，戶部尙書蔡京深結之，彊毀人居室。訴於朝，詔御史劾治。安民言：「事有情重而法輕者，中官豪橫，與侍從官相交結，同爲欺罔，此之姦狀，恐非法之所能盡。願重爲降責，以肅百官。」獄具，惇主之甚力，止罰金。安民因論京：「姦足以惑衆，辨足以飾非，巧足以移奪人主之視聽，力足以顚倒天下之是否。內結中官，外連朝士，一不附己，則誣以黨於元祐；非先帝法，必擠之而後已。今在朝之臣，京黨過半，陛下不可不早覺悟而逐去之。他日羽翼成就，悔無及矣。」是時，京之姦始萌芽，人多未測，獨安民首發之。

又言：「今大臣爲紹述之說，皆借此名以報復私怨，朋附之流，遂從而和之。張商英在元祐時上呂公著詩求進，諛佞無恥，近乞毀司馬光及公著神道碑。周秩爲博士，親定光謚爲文正，近乃乞斲棺鞭尸。陛下察此輩之言，果出於公論乎？」章疏前後至數十百上，度終

不能回，遂丐外，帝慰勉而已。

大饗明堂，劉賢妃從侍齋宮。安民以爲萬衆觀瞻，虧損聖德，語頗切直，帝微怒。曾布始以安民數憾章惇，意其附己，屢稱之於朝。其後併論，曾布亦恨，於是與惇比而排之，乃取其所貽呂公著書白于帝。它日，帝謂安民曰：「卿所上宰相書，比朕爲漢靈帝，何也？」安民曰：「姦臣指擿臣言，推其世以文致臣爾，雖辨之，何益？」

董敦逸再爲御史，欲劾蘇軾兄弟，安民謂二蘇負天下文章重望，恐不當爾。至是，敦逸奏之，詔與知軍，惇徑擬監滁州酒稅。至滁，日親細務。郡守曾肇約爲山林之游，曰：「謫官例不治事。」安民謝曰：「食焉而怠其事，不可。」滿三歲，通判溫州。

徽宗立，朝論欲起爲諫官，曾布沮之，以提點永興軍路刑獄。蔡京用事，入黨籍，流落二十年。政和末，卒，年七十。建炎四年，贈右諫議大夫。子同，爲御史中丞，自有傳。

論曰：次升從容一言，止呂升卿之使嶺南，大有功於元祐諸臣。師錫謂蔡京若用，天下治亂自是而分，惜其言不行於當時，而徒有驗於其後。汝礪辨救蔡確，以直報怨。陶言榷茶爲西南害，毅然觸蒲、李之鋒。庭堅論紹復未足以盡孝道。鸎言世非乏士，患上不知，乃薦可用者二十有二人，號稱鯁直，裨益尤多。軒力陳青苗貽害，願以清淨爲治。祜擊林希，且論惇、京、卞輩，斥死弗悔。公望謂神宗於元祐諸臣非有射鉤斬袪之隙，而終不能移姦邪先入之言。決擊逐章惇，蔡京、蔡卞于外，亦足少泄四海臣民之憤；然京、卞既仆即起，已去復來，至於阽危不悟也。庸暗之主，可與言哉！安民人虎多少之喻，惴惴焉懼不足以勝小人。不幸而羣姦相繼用事，在廷忠直之臣，動因事而斥去之，馴致靖康之禍，其所由來遠矣。小人之得政，可畏夫！

## 校勘記

〔一〕紹興　原作「紹聖」，據宋會要儀制一一之一三、繫年要錄卷四三改。

〔二〕潭州　原作「彰州」，按宋無「彰州」，據琬琰集中編卷三一曾肇彭汝礪墓誌銘改。

〔三〕正己　疑當作「正本」，見同上書同卷同篇和東都事略卷九四本傳。

〔四〕至郡數月而病卒　「卒」原作「去」。按琬琰集彭汝礪墓誌銘，「洒以寶文閣待制知江州，……至郡數月，得疾，……公終于正寢」；東都事略本傳，此語作「知江州卒」。「去」字當爲「卒」字之誤，據改。

〔五〕樞密都承旨　「承」原作「丞」，據本書卷一六二職官志、琬琰集彭汝礪墓誌銘改。





〔六〕太皇太后　「太后」二字原脫，據編年綱目卷二三、東都事略本傳補。

〔七〕哲信　按宋代無此縣，九域志卷五、輿地廣記卷二〇泗州有招信縣，疑爲「招信」之訛。

〔八〕張來　此人身世不詳。按本書卷四四四張耒傳，耒於元祐八年擢起居舍人，後坐黨籍徙宣州，與二蘇、黃庭堅、晁補之等齊名。疑陳祐所論當是其人。

# 宋史卷三百四十七

## 列傳第一百六

孫鼛　吳時　李昭玘　吳師禮　王漢之（弟渙之）　黃廉　朱服
張舜民　盛陶　章衡　顏復　孫升　韓川　龔鼎臣　鄭穆
席旦　喬執中

孫鼛字叔靜，錢塘人。父直言，徙揚之江都。鼛年十五，游太學，蘇洵、滕甫稱之。用父任，調武平尉，捕獲名盜數十，謝賞不受。再調越州司法參軍，守趙抃薦其材。知偃師縣，蒲中優人詭僧服隱民間，以不語惑衆，相傳有異法，奔湊其門。鼛收按姦狀，立伏辜。韓縝鎭長安，辟入府；縝去，後來者仍挽之使留，居五年，簽書西川判官。或薦於朝，召對，擢提舉廣東常平。徽宗初，徙兩浙。由福建轉運判官召爲屯田員外。鼛徽時與蔡京善，常曰：「蔡子，貴人也；然才不勝德，恐貽天下憂。」至是，京還朝，遇



諸塗。既見，京逆謂曰：「我若用於天子，願助我。」鼛曰：「公誠能謹守祖宗之法，以正論輔人主，示節儉以先百吏，而絕口不言兵，天下幸甚。鼛何爲者。」京默然。既相，出提點江東刑獄。

未幾，入爲少府少監、戶部郎中。縣官用度無藝，鼛與尙書曾孝廣、侍郎許幾謀曰：「日增一日，歲增一歲，天下之財豈能給哉？」共疏論之。當國者不樂，孝廣、幾由是罷，徙鼛開封。遷太僕卿、殿中少監。

四輔建，以顯謨閣待制知曹州。論經始規畫之勞，轉太中大夫，徙鄆州。邑人子爲「草祭」之謠，指切蔡京。鼛以聞，京怒，使言者誣以它謗，提舉鴻慶宮。起知單州，遂致仕。靖康二年卒，年八十六。贈銀青光祿大夫，謚曰通靖。

鼛篤於行義，在廣東時，蘇軾謫居惠州，極意與周旋。二子娶晁補之、黃庭堅女，黨事起，家人危懼，鼛一無所顧。時人稱之。

吳時字伸道，邛州人。初舉進士，得學究出身；再試，中甲科。知華州鄭縣，轉運使檄州糴米五萬輸長安，鄭獨當三萬。時貽書使者曰：「會三萬斛之費，以車則千五百乘，以



卒則五萬夫，縣民可役者纔二百五十八戶耳。古者用師則贏粮以養兵，無事則移兵以就食，誠能移兵於華，則前費可免。華、雍相去百六十里，一旦欲用，朝發而夕至矣。」使者從其言。

陸師閔幹秦、蜀茶馬，辟爲屬。章楶欲以御史薦，力辭之。徽宗求言，遠臣上章，封識多不能如式，有司悉卻之，時建言，乃得達。爲睦親宅教授，提舉永興軍路學事。華州諸生有觸忌諱者，教授欲上之，曰：「是間言語，皆臣子所不忍聞。」時即火其書，曰：「臣子不忍聞，而令君父聞乎？」

召爲工部員外郎，改禮部，兼辟雍司業。大觀興算學，議以黃帝爲先師。時言：「今祠祀聖祖，祝板書臣名，而釋奠孔子，但列中祀。數學，六藝之一耳，當以何禮事之？」乃止。遷太僕少卿。

張商英罷相，言者指時爲黨，出知耀州，又降通判鼎州；未赴，提舉河東常平。歲饑，發公粟以振民。童貫經略北方，每訪以邊事，輒不答。還爲大晟典樂，擢中書舍人、給事中。內侍何訢謫監衡州酒，猶領節度使，時奏奪之。

又因進對及取燕事，曰：「祖宗盟血未乾，渝之必速亂。」蔡攸聞之，以告王黼，黼怒，斥爲腐儒。時求去，以徽猷閣待制兼侍讀，俄提舉上淸太平宮。西歸，遇其里人趙雍，爲言：



「取燕必召禍。吾老，得不遭其變，幸矣。」果歲而卒，年七十八。

時敏於爲文，未嘗屬稿，落筆已就，兩學目之曰「立地書廚」。

李昭玘字成季，濟南人。少與晁補之齊名，爲蘇軾所知。擢進士第，徐州教授。守孫覺深禮之，每從容講學及古人行己處世之要，相得驩甚。用李淸臣薦，爲祕書省正字、校書郎〔一〕，加祕閣校理。

通判潞州，潞民死多不葬，昭玘斥官地，畫兆竁，具棺衾，作文風曉之，俗爲一變。入爲祕書丞、開封推官，俄提點永興、京西、京東路刑獄，坐元符黨奪官。

徽宗立，召爲右司員外郎，遷太常少卿。韓忠彥欲用爲起居舍人，曾布持之，布使山陵，命始下。爲陳次升所論，出知滄州。崇寧初，詔以昭玘嘗傾搖先烈，每改元豐敕條，倡從寬之邪說，罷主管鴻慶宮，遂入黨籍中。居閑十五年，自號樂靜先生。寓意法書、圖畫，貯於十囊，命曰「燕游十友」，爲之序，以爲：「與今之人友，或趨附而陷於禍，吾寧與十者友，久益有味也。」

初，昭玘校試高密，得侯蒙。蒙執政，思顧舊恩，使人致己意，昭玘唯求祕閣法帖而已。

使陝西時，延安小將車吉者被誣爲盜，昭玘察知無它。吉後立戰功，至皇城使，遇昭玘京師，拜于前曰：「感公生存之恩，願以名馬爲獻。」笑卻之。晚知歙州，辭不行。靖康初，復以起居舍人召，而已卒。紹興初，追復直徽猷閣。

吳師禮字安仲，杭州錢塘人。太學上舍賜第，調涇縣主簿，知天長縣。召太學博士、祕書省正字，預餞鄒浩，免。徽宗初，爲開封府推官。蔡王似宮吏有不順語，下之府，師禮主治。獄成，不使一詞及王；吏雖有死者，亦不被以指斥罪。擢右司諫，改右司員外郎。師禮工翰墨，帝嘗訪以字學，對曰：「陛下御極之初，當志其大者，臣不敢以末伎對。」聞者獎其得體。以直祕閣知宿州，卒。

師禮游太學時，兄師仁爲正，守春秋學。它學官有惡之者，條其疑問諸生，師禮悉以兄說對。學官怒，鳴鼓坐堂上，衆質之，師禮引据三傳，意氣自如。江公望時在旁，心竊喜。後相遇於泌陽，公望謂曰：「子異日得志，當如何？」曰：「但爲人作豐年耳。」遂定交。師仁字坦求。篤學厲志，不事科舉。喪親，廬墓下，日倩旁寺僧造飯一鉢以充飢，不復置庖爨及蓄僮僕。郡守陳襄、鄧潤甫、蒲宗孟皆以遺逸薦于朝。元祐初，召爲太學正，遷博



士，十年無它除。後爲潁川、吳王宮教授，卒。

王漢之字彥昭，衢州常山人。父介，舉制科，以直聞，至祕閣校理。漢之進士甲科，調秀州司戶參軍，知金華、澠池二縣，爲鴻臚丞，知眞州。時詔諸道經畫財用上諸朝，漢之言：「所在無都籍，是以不能周知而校其登耗以待用。願令郡縣先置籍，總之諸道，則天下如指諸掌矣。」從之。入爲開封府推官，歷工、吏、禮三部員外郎，太常少卿。

蔡京置講議司。漢之，其客也，引爲參詳官。擢禮部侍郎，轉戶部，以顯謨閣待制知瀛州。言：「自何承矩規塘濼之地屯田，東達于海。其後又修保塞五州爲隄道，備種所宜木至三百萬本，此中國萬世之利也。今寖失其道，願講行之。」雄州歸信、容城災，兩輸戶請蠲稅，吏不聽。漢之言：「雄州規小利，失大體，萬一契丹蠲之，爲朝廷羞。」

徙江寧、河南府，不至，而爲蘇、潭、洪三州。召拜兵部侍郎，復以顯謨閣直學士知成都，又不至，連徙五州，入爲工部侍郎。奉使契丹，還，言其主不恤民政，而掊克荒淫，亡可跂而待也。徽宗悅，以知定州。久之，徙江寧。

方臘之亂，錄奏報禦捕功，加龍圖閣直學士，又進延康殿學士。卒，年七十。弟渙之。



渙之字彥舟。未冠，擢上第，有司疑年未及銓格，特補武勝軍節度推官。方新置學官，以爲杭州教授，知潁上縣。元祐中，爲太學博士，校對黃本祕書。通判衞州，入編修兩朝魯衞信錄。

徽宗立，以日食求言。渙之用大臣交薦召對，因言：「求言非難，聽之難；聽之非難，察而用之難。今國家每下求言之詔，而下之報上，乃或不然，以指陳闕失爲訕上，以阿諛佞諂爲尊君，以論議趨時爲國是，以可否相濟爲邪說。志士仁人知言之無益也，不復有言，而小人肆爲詭譎可駭之論，苟容偷合。願陛下虛心公聽，言無逆遜，唯是之從；事無今昔，唯當爲貴；人無同異，唯正是用。則人心說，治道成，天意得矣。」帝欣然延納，欲任以諫官、御史。辭曰：「臣由大臣薦，不可以居是官。」乃拜吏部員外郎，遷左司員外郎、起居舍人，擢中書舍人。趨省之日，詞頭三十三，下筆卽就。

崇寧初，進給事中、吏部侍郎，以寶文閣待制知廣州。言者論渙之當元祐之末，與陳瓘、龔夬、張庭堅游，既棄於紹聖，而今復之，有害初政。解職知舒州，入黨籍。尋知福州，未至，復徙廣州。蕃客殺奴，市舶使据舊比，止送其長杖笞，渙之不可，論如法。

召詣闕，言者復拾故語以沮之，罷爲洪州。改滁州，歷潭、杭、揚三州。張商英相，爲給



事中、吏部侍郎。商英去，亦出守。越八年，知中山府，加寶文閣直學士。朝廷議北伐，渙之以疾提舉明道宮。又四年卒，年四十五〔三〕。

渙之性淡泊，恬於仕進，每云：「乘車常以顚墜處之，乘舟常以覆溺處之，仕宦常以不遇處之，則無事矣。」其歸趣如此。

黃廉字夷仲，洪州分寧人。第進士，歷州縣。熙寧初，或薦之王安石。安石與之言，問免役事，廉据舊法以對，甚悉。安石曰：「是必能辨新法。」白神宗，召訪時務，對曰：「陛下意在便民，法非不良也，而吏非其人。朝廷立法之意則一，而四方推奉，紛然不同，所以法行而民病，陛下不盡察也。河朔被水，河南、齊、晉旱，淮、浙飛蝗，江南疫癘，陛下不盡知也。」帝卽命廉體量振濟東道，除司農丞。還報合旨，擢利州路轉運判官，復丞司農。

爲監察御史裏行，建言：「成天下之務，莫急於人才，願令兩制近臣及轉運使各得舉士。」詔各薦一人。繼言：「寒遠下僚，既得名聞於上，願令中書審其能而表用，則急才之詔，不虛行於天下矣。」又言：「比年水旱，民蒙支貸倚閣之恩，今幸歲豐，有司悉當舉催。久飢初稔，累給併償，是使民遇豐年而思歉歲也，請令諸道以漸督取之。」

論俞充結王中正致宰屬，并言中正任使太重。帝曰：「人才蓋無類，顧駕御之何如耳。」對曰：「雖然，臣慮漸不可長也。」

河決曹村，壞田三十萬頃、民廬舍三十八萬家。受詔安撫京東，發廩振飢，遠不能至者，分遣吏移給，擇高地作舍以居民，流民過所毋征算，轉行者賦粮，貿私牛而與之錢，養男女棄于道者，丁壯則役其力，凡所活二十五萬。

相州獄起，鄧温伯〔三〕、上官均論其冤，得譴去，詔廉詰之，竟不能正。未幾獄成，始悔之。加集賢校理，提點河東刑獄。

遼人求代北地，廉言：「分水畫境，失中國險固，啓豺狼心。」其後契丹果包取兩不耕地，下臨鴈門，父老以爲恨。王中正發西兵，用一而調二，轉運使又附益之，廉曰：「民肢剝至骨，斟酌不乏興，足矣！忍自竭根本邪？」即奏云：「師必無功，盍有以善其後？」既，大軍潰歸，中正嫁罪於轉餉。廉詣上黨對理，坐貶秩。

元祐元年，召爲戶部郎中。陸師閔茶法爲川、陝害，遣廉使蜀按察，至則奏罷其泰甚者。且言：「前所爲誠病民，若悉以予之，則邊計不集，蜀貨不通，園畦將受其敝。請榷熙、秦茶勿改，而許東路通商；禁南茶毋入陝西，以利蜀貨。定博馬歲額爲萬八千匹。」朝廷可其議，使以直祕閣提舉。





明年，還，爲左司郎中，遷起居郎、集賢殿修撰、樞密都承旨。上官均論其往附蔡確爲獄，改陝西都轉運使。拜給事中，卒，年五十九。

朱服字行中，湖州烏程人。熙寧進士甲科，以淮南節度推官充修撰、經義局檢討，歷國子直講、祕閣校理。元豐中，擢監察御史裏行。參知政事章惇遣所善袁默、周之道見服，道薦引意以市恩，服舉劾之。惇補郡，免默、之道官。

受詔治朱明之獄。故事，制獄許上殿，非本章所云者皆取旨。服論其非是，罷之。俄知諫院，遷國子司業、起居舍人，以直龍圖閣知潤州，徙泉、婺、寧、廬、壽五州。廬人飢，守便宜振護，全活十餘萬口。明年大疫，又課醫持善藥分拯之，賴以安者甚衆。

當元祐時，未嘗一日在朝廷，不能無少望。值紹聖初政，因表賀，乃力詆變亂法度之故。召爲中書舍人。使遼，未反而母死，詔以其家貧，賜帛三百。喪除，拜禮部侍郎。湖守馬城言其居喪疏几筵而獨處它室，謫知萊州。

徽宗即位，加集賢殿修撰，再爲廬州；越兩月，徙廣州。哲宗既祥，服賦詩有「孤臣正泣龍髯草」之語，爲部使者所上，黜知袁州。又坐與蘇軾游，貶海州團練副使，蘄州安置。

改興國軍，卒。

張舜民字芸叟，邠州人。中進士第，爲襄樂令。王安石倡新法，舜民上書言：「裕民所以窮民，強內所以弱內，辟國所以蹙國。以堂堂之天下，而與小民爭利，可恥也。」時人壯之。元豐中，朝廷討西夏，陳留縣五路出兵，環慶帥高遵裕辟掌機宜文字。王師無功，舜民在靈武詩有「白骨似沙沙似雪」，及官軍斫受降城柳爲薪之句，坐謫監邕州鹽米倉；又追赴鄜延詔獄，改監郴州酒稅。

會赦北還，司馬光薦其才氣秀異，剛直敢言，以館閣校勘爲監察御史。上疏論西夏疆臣爭權，不宜加以爵命，當興師問罪，因及文彥博，左遷監登聞鼓院。臺諫交章乞還職，不聽。通判虢州，提點秦鳳刑獄。召拜殿中侍御史，固辭，改金部員外郎。進祕書少監，使遼，加直祕閣、陝西轉運使，知陝、潭、青三州。元符中，罷職付東銓，以爲坊州、鳳翔，皆不赴。

徽宗立，擢右諫議大夫，居職才七日，所上事已六十章。陳陝西之弊曰：「以庸將而御老師，役饑民而爭曠土。」極論河朔之困，言多剴峭。徙吏部侍郎，旋以龍圖閣待制知定州，





改同州。坐元祐黨，謫楚州團練副使，商州安置。復集賢殿修撰，卒。

舜民慷慨喜論事，善爲文，自號浮休居士。其使遼也，見其太孫禧好音樂、美姝、名茶、古畫，以爲他日必有如唐張義潮挈十三州來歸者，不四十年當見之。後如其言。紹興中，追贈寶文閣直學士。

盛陶字仲叔，鄭州人。第進士。熙寧中，爲監察御史。神宗問河北事，對曰：「朝廷以便民省役，議廢郡縣，誠便。然沿邊地相屬，如北平至海不過五百里，其間列城十五，祖宗之意固有所在，願仍舊貫。」慶州李復圭輕敵敗國，程昉開河無功，籍水政以擾州縣，皆疏其過。二人實王安石所主，陶不少屈，出簽書隨州判官。

久之，入爲太常博士、考功員外郎、工部右司郎中，至侍御史。陳官冗之敝，謂恩澤舉人，宜取嘉祐、治平之制；選人改官，宜準熙寧、元豐之法。諫官劉安世等攻蔡確爲謗詩，陶曰：「確以弟碩有罪，但坐罷職，不應懷恨。注釋詩語，近於捃摭，不可以長告訐之風。」安世疏言：「陶居風憲地，目覩無禮於君親之人，而附會觀望，紀綱何賴。」出知汝州，徙晉州，召爲太常少卿。

議合祭天地，請從先帝北郊之旨；既而合祭，陶即奉行，亦不復辨執也。進權禮部侍郎、中書舍人，以龍圖閣待制知應天府、順昌府、瀛州。元符中，例奪職，卒，年六十七。

論曰：王氏、章、蔡之當國也，士大夫知拂之必斥，附之必進也，而孫礱正言蔡京，不肯爲之助；吳時卻童貫，忤王黼，乃幸於罷歸；昭玘辭侯蒙之延致；朱服發章惇之薦引；舜民詆新法；而盛陶不屈於安石：其大節皆可取。獨漢之爲京客，黃廉附蔡確獄，有媿礱等多矣。易曰：「介于石，不終日，貞吉。」故君子貴乎知幾。

章衡字子平，浦城人。嘉祐二年，進士第一。通判湖州，直集賢院，改鹽鐵判官，同修起居注。物有掛空籍者，奏請蠲之。又言：「三司經費，取領而無多寡，率不預知。急則斂於民，倉卒趣迫，故苦其難供。願敕三部判官，簿正其數，卽有所賦，先期下之，使公私皆濟。」三司使忌其能，出知汝州、潁州。

熙寧初，還判太常寺。建言：「自唐開元纂禮書，以『國恤』一章爲豫凶事，刪而去之。故



不幸遇事，則招摭墜殘，茫無所据。今宜爲厚陵集禮，以貽萬世。」從之。出知鄭州，奏罷原武監，弛牧地四千二百頃以予民。復判太常，知審官西院。使遼，燕射連發破的，遼以爲文武兼備，待之異於他使。歸復命，言遼境無備，因此時可復山後八州。不聽。

衡患學者不知古今，纂歷代帝系，名曰編年通載，神宗覽而善之，謂可冠冕諸史；且念其嘗先多士，進用獨後，面賜三品服。判吏部流內銓，嘗有員闕，既擬注，而三班院輒用之，反訟吏部。宰相主其說，衡連奏疏與之辨。或曰宰相之勢，恐不可深校，衡不爲止，至訴於御前。神宗命內侍偕至中書，宰相見之怒，衡曰：「衡爲朝廷法耳。」以狀上請而視之，相悟曰：「若爾，吏部是矣。」乃罪三班。

未幾，知通進銀臺司、直舍人院，拜寶文閣待制、知澶州。神宗曰：「卿爲仁宗朝魁甲，寶文藏御集之處，未始除人，今以之處卿。」衡拜謝。至郡，會官立法禁民販鹽，衡言：「民恃鹽以生，生之所在，雖犯法不顧。空令犴獄日繁，請如故便。」徙知成德軍，坐事免。元祐中，歷秀、襄、河陽、曹、蘇州，加集賢院學士，復以待制知揚、廬、宣、潁州，卒，年七十五。



顏復字長道，魯人，顏子四十八世孫也。父太初，以名儒爲國子監直講，出爲臨晉簿。嘉祐中，詔郡國敦訪遺逸，京東以復言。凡試於中書者二十有二人，考官歐陽脩奏復第一。賜進士，爲校書郎，知永寧縣。熙寧中，爲國子直講。王安石更學法，取士率以己意，使常秩等校諸直講所出題及所考卷，定其優劣，復等五人皆罷。

元祐初，召爲太常博士。建言：「士民禮制不立，下無矜式。請令禮官會萃古今典範爲五禮書。又請攷正祀典，凡干讖緯曲學、汙條陋制、道流醮謝、術家厭勝之法，一切芟去。俾大小羣祀盡合聖人之經，爲後世法。」遷禮部員外郎。孔宗翰請尊奉孔子祠，復因上五議，欲專其祠饗，優其田祿，蠲其廟幹，司其法則，訓其子孫。朝廷多從之。

兼崇政殿說書，進起居舍人兼侍講，轉起居郎。請擇經行之儒，補諸縣教官；凡學者攷其志業，不由教官薦，不得與貢舉、升太學。拜中書舍人兼國子監祭酒。言：「太學諸生，有誘進之法，獨教官未嘗旌別，似非嚴師勸士之道。」未踰年，以疾改天章閣待制，未拜而卒，年五十七。王巖叟等言復學行超特，宜加優賻，詔賜錢五十萬。子岐，建炎中爲門下侍郎。



孫升字君孚，高郵人。第進士，簽書泰州判官。哲宗立，爲監察御史。朝廷更法度，逐姦邪，升多所建明。嘗上疏曰：「自二聖臨御，登用正人，天下所謂忠信端良之士，豪傑俊偉之材，俱收並用，近世得賢之盛，未有如今日者。君子日進而小人日退，正道日長而邪慝日消，在廷濟濟有成周之風，此首開言路之効也。願於耳目之臣，論議之際，置黨附之疑，杜小人之隙；疑間一開，則言者不安其職矣。言者不安其職，則循默之風熾，而壅蔽之患生，非朝廷之福也。」遷殿中侍御史。

梁燾責張問，升從而擊之，執政指爲附燾，出知濟州。踰年，提點京西刑獄，召爲金部員外郎，復拜殿中侍御史，進侍御史。時翰林承旨鄧溫伯爲臺臣所攻，升與賈易論之尤力。謂草蔡確制，稱其定策功比漢周勃，欺天負國，豈宜親承密命？不報。由起居郎擢中書舍人，直學士院，以天章閣待制知應天府。董敦逸、黃廷基摭升過，改集賢院學士。

紹聖初，翟思、張商英又劾之，削職，知房州、歸州；貶水部員外郎，分司；又貶果州團練副使，汀州安置。卒，年六十二。

升在元祐初，嘗言：「王安石擅名世之學，爲一代文宗。及進居大位，出其私智，以蓋天下之聰明，遂爲大害。今蘇軾文章學問，中外所服，然德業器識，有所不足。爲翰林學

士，已極其任矣；若使輔佐經綸，願以安石爲戒。」世譏其失言。

韓川字元伯，陝人。進士上第，歷開封府推官。元祐初，用劉摯薦，爲監察御史。極論市易之害，以爲：「雖曰平均物直，而其實不免貨交以取利，就使有獲，尚不可爲，況所獲不如所亡，果何事也？願量留官吏，與之期，使趣罷此法。」從之。

遷殿中侍御史。疏言：「朝廷於人才，常欲推至公以博采，及其弊也，則幾於利權勢而抑孤寒；常欲收勤績以赴用，要其終也，則莫不收虛名而廢實效。近制太中大夫以上歲舉守臣，遇大州闕，則選諸所表；他雖考課上等，皆莫得預。推原旨意，固欲得人。然所謂太中大夫以上，率在京師，唯馳騖請求者，得之爲多；至於淹歷郡縣治狀應法者，顧出其下，則是謹身修潔之人，不若營求一章之速化也。」於是詔吏部更立法。

張舜民論西夏事，乞停封冊，朝廷以爲開邊隙，罷其御史。梁燾等爲舜民爭之。川與呂陶、上官均謂舜民之言，實不可行。燾等去，川亦改太常少卿，不拜，加集賢校理、知潁州。還爲侍御史、樞密都承旨，進中書舍人、吏、禮二部侍郎，以龍圖閣待制復守潁，徙虢州。與孫升同受責，由坊州、郢州貶屯田員外郎，分司，岷州團練副使，道州安置。徽宗立，得故





官，知青、襄二州，卒。

龔鼎臣字輔之，鄆之須城人。父誘吏，武陵令。鼎臣幼孤自立，景祐元年第進士，爲平陰主簿，疏泄瀦水，得良田數百千頃。調孟州司法參軍，以薦，爲泰寧軍節度掌書記。徂徠石介死，讒者謂介北走遼，詔兗州劾狀。郡守杜衍會問，掾屬莫對，鼎臣獨曰：「介寧有是，願以闔門證其死。」衍探懷出奏稿示之，曰：「吾既保介矣，君年少見義如是，未可量也。」舉爲秘書省著作佐郎、知萊蕪縣。大臣薦試館職，坐與石介善，不召。徙知濮陽縣，轉秘書丞。丁母憂，服除，知安丘縣。以賢良方正召試秘閣，轉太常博士，賜五品服，知渠州。渠故僻陋無學者，鼎臣請于朝，建廟學，選邑子爲生，日講說，立課肄法，人大勸，始有登科者。郡人繪像事之。

召入編校史館書籍，轉都官，擢起居舍人、同知諫院。歲多旱，將錫春宴，鼎臣曰：「旱菑太甚，非君臣同樂之時，請罷宴以答天戒。」日當食，陰雲不見，鼎臣曰：「陽精既虧，四方必見，爲異益大，願精思力行，進賢遠佞，以應皇極。」又論內侍都知鄧保信罪狀，不應出入禁中；蘇安靜年未五十，不應超押班；妃嬪贈三代，僭后禮；董淑妃賜謚，非是；凡大禮赦，請準太平興國詔書，前期下禁約，後有犯不原，以杜指赦爲姦者，宜著爲令；開封三司於法外斷獄，朝廷多曲徇其請，願先付中書審畫。仁宗悉從之。

尋兼管勾國子監，判登聞檢院，詳定寬恤民力奏議。淮南災，以鼎臣體量安撫，蠲逋振貸，全活甚衆。爲遼正旦使，鼎臣奏：「景德中，遼犯淄、青，臣祖母、兄、姊皆見略，義不忍往。」許之，仍詔後子孫並免行焉。

俄拜戶部員外郎兼侍御史知雜事，賜三品服。轉吏、禮二部郎中。論宗室宜歲試補外官，請汰濫官冗兵，蓄財用，禁奢靡。連劾薛向姦暴，鬻鹽、市馬皆罔上。英宗登位，屢乞延訪臣下，親決國事。上疏勸皇太后早還政；及卷簾而御璽未復，又極論。謂昭陵宜儉葬，景靈神御殿不宜增修，以彰先帝恭德。鼎臣在言路累歲，闊略細故，至大事，無所顧忌。然其言優游和平，不爲峻激，使人主易聽，退亦未嘗語人，故其事多施行。

改集賢殿修撰、知應天府，徙江寧。召還，判太常寺兼禮儀事。神宗即位，判吏部流內銓、太常寺。選人得官，待班謝辭，率皆留滯。鼎臣奏易爲門謝辭，甚便之。明堂議侑帝，或云以眞宗，或云以仁宗。鼎臣曰：「嚴父莫大於配天，未聞以祖也。」乃奉英宗配。王安石侍講，欲賜坐。事下禮官，鼎臣言不可，安石不悅。求補外，知兗州。

是時，諸道方田使者希功賞，概取稅虛額及嘗所蠲者，加舊籍以病民。鼎臣獨按籍差





次爲十等，一無所增，兗人德之。改吏部，提舉西京崇福宮。復判太常寺，留守南京。陛辭，神宗顧語移晷，喜曰：「人言卿老不任事，精明乃爾，行且用卿矣。」

時河決曹村，流殍滿野，鼎臣勞來振拊，歸者不勝計。拜諫議大夫、京東東路安撫使、知青州，改太中大夫，請老，提舉亳州太清宮。尋以正議大夫致仕，年七十七，元祐元年卒。

鄭穆字閎中，福州侯官人。性醇謹好學，讀書至忘櫛沐，進退容止必以禮。門人千數，與陳襄、陳烈、周希孟友，號「四先生」。舉進士，四冠鄉書，遂登第，爲壽安主簿。召爲國子監直講，除編校集賢院書籍。歲滿，爲館閣校勘，積官太常博士。乞納一秩，先南郊追封考妣，從之。改集賢校理，求外補，通判汾州。

熙寧三年，召爲岐王侍講。嘉王出閤，改諸王侍講。府僚闕員，御史陳襄請擇人，神宗曰：「如鄭穆德行，乃宜左右王者。」凡居館閣三十年，而在王邸一紀，非公事不及執政之門。講說有法，可爲勸戒者，必反復擿誦，岐、嘉二王咸敬禮焉。

元豐三年，出知越州，加朝散大夫。先是，鑑湖旱乾，民因田其中，延袤百里，官籍而稅

中華書局

之。既而連年水溢，民逋官租積萬緡，穆奏免之。未滿告老，管勾杭州洞霄宮。元祐初，召拜國子祭酒。每講㑹，無問寒暑，雖童子必朝服廷接，以禮送迎。諸生皆尊其經術，服其教訓。故人張景晟者死，遺白金五百兩，託其孤，穆曰：「恤孤，吾事也，金於何有？」反金而收其子，長之。三年，揚王、荆王請爲侍講，罷祭酒，除直集賢院，復入王府。荆王薨，爲揚王翊善。太學生乞爲師，復除祭酒，兼徐王翊善。四年，拜給事中兼祭酒；五年，除寶文閣待制，仍祭酒。

六年，請老，提舉洞霄宮。敕過門下，給事中范祖禹言：「穆雖年出七十，精力尙強。古者大夫七十而致仕，有不得謝，則賜之几杖。祭酒居師資之地，正宜處老成，願毋輕聽其去。」不報。太學之士數千人，以狀詣司業，又詣宰相請留，亦不從。於是公卿大夫各爲詩贈其行。空學出祖汴東門外，都人觀者如堵，歎未嘗見。明年卒，年七十五。子璆，軍事推官。

席旦字晉仲，河南人。七歲能詩，嘗登沉黎嶺，得句警拔，觀者驚異。元豐中，舉進士；禮部不奏名。時方求邊功，旦詣闕上書言：「戰勝易，守勝難，知所以得之，必知所以守之。」





神宗嘉納，令廷試賜第。歷齊州司法參軍、鄭州河陽教授、敕令所删定官。徽宗召對，擢右正言，遷右司諫。御史中丞錢遹率同列請廢元祐皇后而册劉氏爲太后，旦面質爲不可。遹劾旦陰佐元祐之政，左轉吏部員外郎。改太常少卿，遷中書舍人、給事中。新建殿中省，命爲監，俄拜御史中丞兼侍講。

內侍郝隨驕橫，旦劾罷之，都人誦其直。帝以其章有「媚惑先帝」之語，嫌爲指斥，旋改吏部侍郎，以顯謨閣待制知宣州。召爲戶部侍郎，還吏部。郝隨復入侍，乃以顯謨閣直學士知成都府。

自趙諗以狂謀誅後，蜀數有妖言，議者遂言蜀土習亂。或導旦治以峻猛，旦政和平，徙鄭州。入見，言：「蜀人性善柔，自古稱兵背叛，皆非其土俗，願勿爲慮。」遂言：「蜀用鐵錢，以其艱於轉移，故權以楮券，而有司冀贏羨，爲之益多，使民不敢信。」帝曰：「朕爲卿損數百萬虛券，而別給緡錢與本業，可乎？」對曰：「陛下幸加惠遠民，不愛重費以救敝法，此古聖王用心也。」自是錢引稍仍故。

坐進對淹留，黜知滁州。久之，帝思其治蜀功，復知成都。朝廷開西南夷，黎州守詣幕府白事，言雲南大理國求入朝獻，旦引唐南詔爲蜀患，拒卻之。已而威州守焦才叔言，欲誘保、霸二州內附。旦上章劾才叔爲姦利斂困諸蕃之狀，宰相不悅，代以龐恭孫，而徙旦永興。恭孫俄罷去，加旦述古殿直學士，復知成都。時郅永壽、湯延俊〔四〕納土，樞密院用以訹旦，旦曰：「吾以爲朝廷悔開疆之禍，今猶自若邪？」力辭之。卒于長安，年六十二，贈太中大夫。

旦立朝無所附徇，第爲中丞時，蔡王似方以疑就第，旦糾其私出府，請推治官吏，議者哂之。子益，字大光，紹興初，參知政事。

喬執中字希聖，高郵人。入太學，補五經講書，五年不謁告。王安石爲羣牧判官，見而器之，命子弟與之游。擢進士，調須城主簿。時河役大興，部役者不得人，一夕，譟而潰，因致大獄。執中往代，終帖然。富民路吏，將創橋所居以罔市利，執中疏其害，使者入吏言使成之，執中曰：「官可去，橋不可創也。」卒不能奪。

王安石爲政，引執中編修熙寧條例，選提舉湖南常平。章惇討五溪，檄執中取大田、離子二峒。峒路險絕，期迫，執中但走一校諭其酋，即相率歸命。錄功當遷秩，辭以及父母。

就徙轉運判官，召爲司農丞、提點開封縣鎭。諸縣牧地，民耕歲久，議者將取之，當夷





丘墓，伐桑柘，萬家相聚而泣。執中請於朝，神宗詔復予民。改提點京西北路刑獄。時河決廣武，埽危甚，相聚莫敢登。執中不顧，立其上，衆隨之如蟻附，不日埽成。

元祐初，爲吏部郎中，請選人由縣令、錄事參軍致仕者，升朝籍，得封其親。兼徐王府侍講、翊善，遷起居舍人、起居郎，權給事中。有司以天下讞獄失出入者同坐，執中駁之曰：「先王重入而輕出，恤刑之至也。今一旦均之，恐自是法吏不復肯與生比，非好生洽民之意也。」進中書舍人。邢恕遇赦甄復，執中言：「恕深結蔡確，鼓唱扇搖，今復其官，懼疑中外。」遷給事中、刑部侍郎。

紹聖初，上官均擿執中爲呂大防所用，以寶文閣待制知鄆州。執中寬厚有仁心，屢典刑獄，雪活以百數。明年，夢神人畀以騎都尉，詰旦爲客言之，少焉，談笑而逝，年六十三。

論曰：宋之人才，自祖宗涵養，至於中葉，盛矣。顏復、鄭穆醇然儒者，宜居師表。龔鼎臣、喬執中始終不渝厥守，豈易得哉。章衡欲復山後八州，爲國啓釁；孫升以蘇軾比王安石爲人；韓川詆張舜民之言不可行；席旦以蔡王見疑，因而擠之。然瑕不掩瑜，它善蓋亦有可稱者。古稱「才難不其然」者，其斯之謂歟？

## 校勘記

〔一〕校書郎 「郎」原作「部」。按宋會要職官一八之一〇、長編卷四四五都說元祐五年七月，李昭玘自祕書省正字除校書郎，據改。

〔二〕年四十五 疑當作「年六十五」。按程俱北山小集卷三〇王渙之墓誌銘作「享年六十五」，並載渙之死於宣和六年（公元一一二四年），中元豐二年（公元一〇七九年）進士，中間相去已四十五年，渙之終年當在四十五以上。疑以墓誌銘爲是。

〔三〕鄧溫伯 原作「鄧伯溫」。按此處係指鄧潤甫，溫伯乃潤甫字，見本書卷三四三、東都事略卷九六鄧潤甫傳；「伯溫」二字倒，本卷孫升傳卽作「鄧溫伯」，今乙正。

〔四〕湯延俊 原作「陽延俊」，據本書卷八九地理志、卷四九六威茂渝州蠻傳改。



二十四史

# 宋史

元 脫脫等撰

第三二冊

卷三四八至卷三六四（傳）

中華書局

中華書局

# 宋史卷三百四十八

## 列傳第一百七

傅楫 沈畸 蕭服附 徐勣 張汝明 黃葆光 石公弼 張克公附
毛注 洪彥昇 鍾傳 陶節夫 毛漸 王祖道 張莊
趙遹

傅楫字元通，興化軍仙遊人。少自刻厲，從孫覺、陳襄學。第進士，調揚州司戶參軍，擢天長令，發擿隱伏，姦猾屏跡。轉福清丞，知龍泉縣。孫覺爲御史中丞，語之曰：「朝廷欲用君，盍少留！」楫曰：「仕宦所以樂居中者，免外臺督責耳。今俯首權門，與外臺奚擇？且外官，已所當得也。」遂去不顧。

道除太學博士，居四年，未嘗一跡大臣門。既滿，徑赴銓曹。楫丞福清時，受知郡守曾鞏，鞏弟布方執政，由是薦爲太常博士。徽宗以端王就資善堂學，擇師傅爲說書，升楫





記室參軍，進侍講，翊善。中人涖事于府者，多與宮僚狎，楫獨漠然不可親，一府嚴憚之。五年不遷。鄒浩得罪貶，楫以贐行免官。

徽宗即位，召爲司封員外郎，歷監察御史、國子司業、起居郎，拜中書舍人。時曾布當國，自以於楫有汲引恩，冀爲之用。楫略無所傾下，凡命令有不當，用人有未厭，悉極論之，雖屢卻不爲奪，布大失望。帝以舊學故，多所延訪，楫每以遵祖宗法度、安靜自然爲言。他日，李清臣勸帝清心省事，帝曰：「近臣中唯傅楫嘗道此。」

楫在朝歲餘，見時事寖異，竊歎曰：「禍其始此乎！」聞者甚之，楫笑曰：「後當信吾言。」遂上疏丐去，以龍圖待制知亳州〔一〕。卒，年六十一。帝念其藩邸舊臣，賜絹三百匹。

沈畸字德侔，湖州德清人。第進士，歷官州、縣。崇寧中，爲尚書議禮局編修官，召對，擢監察御史。畸至臺，欲有所論建，而六察無言事法，乃詣匭上十事，言花石擾民，土木弊國，冗費多，恩澤濫，議論異同，下情睽隔。其論當十、夾錫錢最爲剴當，略曰：「小錢之便於民，久矣。古者軍興用乏，或以一當百，至于當千，此權時之術，非可行於無事之世。今當十之議，固足紓目前，然使游手鼓鑄，無故有倍稱之息，何憚而不爲？雖日加斷斬，勢不可止。恐未能期歲，東南小錢輕，錢輕則物重，物重則民愈困，此盜賊所由起也。陝西舊無銅錢，故以夾錫爲貴，一切改鑄，則猶前日鐵錢耳。今東南方私鑄，又將使西北倣之，是導民犯法也。」

進殿中侍御史。嘗經國子監門，有小內侍從數騎絕道衝過，騶卒追問不爲止，臺檄諸司捕之不獲。畸曰：「風憲之地，可但已乎？」入言之，徽宗下內省跡治，竟抵罪。

蔡京興蘇州錢獄，欲陷章綖兄弟，遣開封尹李孝壽、御史張茂直鞫之。株逮至千百，強抑使承盜鑄罪，死者甚衆，京猶以爲緩。帝獨意其非辜，遣畸及御史蕭服往代。京將啖以顯仕，自爲左正言，又擢侍御史。畸至蘇，即日決釋無左證者七百人，歎曰：「爲天子耳目司，而可傅會權要，殺人以苟富貴乎？」遂閱實平反以聞。京大怒，削畸三秩，貶監信州酒稅，未幾，卒。既而獄事竟，復羈管明州。使者持敕至家，將發棺驗實，畸子濬泣訴，乃止。建炎初，贈龍圖閣直學士。濬官至右正言。

蕭服字昭甫，廬陵人。第進士，調望江令，治以教化爲本。訪古跡，得王祥臥冰池、孟宗泣筍臺，皆爲築亭。又刻唐縣令鞠信陵文于石，俾民知所嚮。已而邑人朱氏女刲股愈母疾，人頌傳之，以爲治化所致。知高安縣，尉獲凶盜，獄具矣，服審其辭，疑之，且視其刀室





不與刃合，頃之而殺人者得，囚蓋平民也。徙知康州，未行，改親賢宅教授。提舉淮西常平，召爲將作少監。

以使事得入對，論人主聽言之要，以謂唐、虞盛世，猶畏巧言而堲讒說。纚纚數百言，徽宗謂有爭臣風，擢監察御史。奉詔作崇寧備官記，帝稱善，詔輔臣曰：「服文辭勁麗，宜居翰苑。朕愛其鯁諤，顧臺諫中何可闕此人？」俄偕沈畸使鞫獄，坐羈管處州，踰歲得歸。張商英當國，引爲吏部員外郎。送遼使，得疾於道，遂致仕。既愈，還舊職，以父老，得請知蘄州。卒，年五十六。

徐勣字元功，宣州南陵人。舉進士，調吳江尉，選桂州教授。王師討交阯，轉運使檄勣從軍。餉路瘴險，民當役者多避匿，捕得千餘人，使者使勣杖之，勣曰：「是固有罪，然皆飢羸病乏，不足勝杖，姑涅臂以戒，亦可已。」使者怒，欲并劾勣，勣力爭不變，使者不能奪。郭逵宿留不進，勣謂副使趙卨曰：「師出淹時，而主帥無討賊意，何由成功？」因具蠻人情狀疏于朝，謂斷者人主之利器，今諸將首鼠不進，惟斷自上意而已。既而逵、卨果皆以無功貶。

舒亶聞其名，將以御史薦，勣惡亶爲人，辭不答。求知建平縣，入爲諸王宮教授，通判通州。瀕海有捍隄，廢不治，歲苦漂溺。勣躬督防卒護築之，隄成，民賴其利。復教授廣陵、申王院，改諸王府記室參軍。哲宗見其文，諭奬之，欲俟滿歲以爲左右史，未及用。

徽宗立，擢寶文閣待制兼侍講，遷中書舍人，修神宗史。時紹聖黨與尚在朝，人懷異意，以沮新政。帝謂勣曰：「朕每聽臣僚進對，非詐則諛；惟卿鯁正，朕所倚賴。」因論擇相之難，云已召范純仁、韓忠彥。勣頓首賀曰：「得人矣！」詔與蔡京同校五朝寶訓。勣不肯與京聯職，固辭；奏京之惡，引盧杞爲喻。遷給事中、翰林學士。上疏陳六事，曰時要，曰任賢，曰求諫，曰選用，曰破朋黨，曰明功罪。

國史久不成，勣言：「神宗正史，今更五閏矣，未能成書。蓋由元祐、紹聖史臣好惡不同，范祖禹等專主司馬光家藏記事，蔡京兄弟純用王安石日錄，各爲之說，故論議紛然。當時輔相之家，家藏記錄，何得無之？臣謂宜盡取用，參訂是非，勒成大典。」帝然之，命勣草詔戒史官，俾盡心去取，毋使失實。

帝之初政，銳欲損革新法之害民，曾布始以爲然，已乃密陳紹述之說。帝不能決，以問勣，勣曰：「聖意得非欲兩存乎？今是非未定，政事未一，若不考其實，姑務兩存，臣未見其可也。」又因論棄湟州，請「自今勿妄興邊事，無邊事則朝廷之福，有邊事則臣下之利。自古



失於輕舉以貽後悔，皆此類也。」

勣與何執中偕事帝於王邸，蔡京以宮僚之舊，每曲意事二人，勣不少降節。謁歸視親病，或言翰林學士未有出外者，帝曰：「勣謁告歸爾，非去朝廷也，奈何輒欲奪之！」俄而遭憂。京入輔，執中亦預政，擿勣行章惇詞，以爲詆先烈。服闋，以主管靈仙觀，入黨籍中。起知江寧府，言者復論爲元祐姦朋，必不能推行學政，罷歸。

大觀三年，知太平州。召入覲，極論茶鹽法爲民病，帝曰：「以用度不足故也。」對曰：「生財有道，理財有義，用財有法。今國用不足，在陛下明詔有司，推講而力行之耳。」帝曰：「不見卿久，今日乃聞嘉言。」加龍圖閣直學士，留守南京。

蔡京自錢塘召還，過宋見勣，微言撼之曰：「元功遭遇在伯通右，伯通既相矣。」勣笑曰：「人各有志，吾豈以利祿易之哉？」京慙不能對，勣亦終不復用。以疾，除顯謨閣學士致仕。卒，年七十九。贈資政殿學士、正奉大夫。勣挺挺持正，尤爲帝所禮重，而不至大用，時議惜之。

張汝明字舜文，世爲廬陵人，徙居眞州。兄侍御史汝賢，元豐中以論尙書左丞王安禮，



與之俱罷。未幾，卒。汝明少嗜學，刻意屬文，下筆輒千百言。入太學，有聲一時。國子司業黃隱將以子妻之，汝明約無飾華侈，協力承親歡，然後受室。

登進士第，歷衡、眞、江陰、宜黃、華陰四縣主簿，杭州司理參軍，亳州鹿邑丞。母病疽，更數醫不效，汝明刺血調藥，傅之而愈。江陰尉貧且病，市物不時予直，部使者欲繩以法，汝明爲鬻囊中裝，代償之。華陰修嶽廟，費鉅財窘，令以屬汝明。汝明嚴與爲期，民德其不擾，相與出力佐役，如期而成。他廟非典祀，妖巫憑以惑衆者，則毀而懲其人。滯州縣二十年，未嘗出一語干進，故無薦者。

大觀中，或言其名，召寘學制局，預考貢士，去取皆有題品。値不悅者誣以背王氏學，詔究其事，得所謂去取錄，徽宗覽之曰：「考校盡心，寧復有此？」特改宣教郎。

擢監察御史。嘗攝殿中侍御史，卽日具疏劾政府市恩招權，以蔡京爲首。帝奬其介直。京頗憚之，徙司門員外郎，猶慮其復用，力排之，出通判寧化軍。地界遼，文移數往來，汝明名觸其諱，遼以檄暴於朝。安撫使問故，衆欲委罪於吏，汝明曰：「詭辭欺君，吾不爲也。」坐責監壽州麻步場。遇赦，簽書漢陽判官。田法行，受牒按境內。時主者多不親行，汝明使四隅日具官吏所至，而躬臨以閱實，雖雨雪不渝，以故吏不得通賕謝，而稅均於一路最。晚知岳州，屬邑得古編鍾，求上獻。汝明曰：「天子命我以千里，懼不能仰承德意，敢



越職以幸賞乎？」卒於官，年五十四。

汝明事親孝，執喪，水漿不入口三日，日飯脫粟，飲水，無醯鹽草木之滋。寖病羸，行輒踣。夢父授以服天南星法，用之，驗，人以爲孝感。汝明學精微，研象數，貫穿經史百家，所著書不蹈襲前人語，有易索書、張子卮言、大究經傳於世。

黃葆光字元暉，徽州黟人。應舉不第，以從使高麗得官，試吏部銓第一，賜進士出身。由齊州司理參軍爲太學博士，遷祕書省校書郎，擢監察御史、左司諫。始涖職，卽言：「三省吏猥多，如還補、升轉、奉入、賞勞之類，非元豐舊制者，其大弊有十，願一切革去。」徽宗卽命釐正之，一時士論翕然。而蔡京怒其異己，密白帝，請降御筆云：「當豐亨豫大之時，爲衰亂減損之計。」徙葆光符寶郎。省吏醵錢入寶籙宮，作千道齋報上恩，帝思其忠，明年，復拜侍御史。

遼人李良嗣來歸，上平夷書規進用，擢祕書丞。葆光論其五不可，大概言「良嗣凶黠忿驁，犯不赦之罪於鄰國，逃命逭死，妄作平夷等書，萬一露泄，爲患不細。中祕圖書之府，豈宜以畀人爲之？宜厚其祿賜，寘諸畿甸之外。」又言：「君尊如天，臣卑如地。剛健者君之德，而其道不可屈；柔順者臣之常，而其分不可亢。苟致屈以求合，則是傷仁，非所以馭下

也；苟矯亢以求伸，則是犯分，非所以尊君也。」帝感悟，命近臣讀其奏於殿中。

自崇寧後，增朝士，兼局多，葆光以爲言。乃命蔡京財定，京陽請一切廢罷，以激怒士大夫。葆光言：「如禮制局詳議官至七員，檢討官至十六員，製造局至三十餘員，豈不能省去一二，上副明天子之意？」時皆壯之。

政和末，歲旱，帝以爲念。葆光上疏曰：「陛下德足以動天，恩足以感人，檢身治事，常若不及，而不能感召和氣，臣所以不能無疑也。蓋人君有屈己逮下之心，而人臣無歸美報上之意者，能致陰陽之變；人君有慈惠惻怛之心，而人臣無將順欽承之意者，能致陰陽之變。陛下恭儉敦朴以先天下，而太師蔡京侈大過制，非所以明君臣之分；陛下以紹述爲心，而京所行乃背元豐之法，彊悍自專，不肯上承德意。太宰鄭居中、少宰余深依違畏避，不能任天下之責。此天氣下而地不應，大臣不能尙德以應陛下之所求者如此。」疏入不報。

且欲再上章，京權勢震赫，舉朝結舌，葆光獨出力攻之。京懼，中以它事，貶知昭州立山縣。又使言官論其附會交結，泄漏密語，詔以章揭示朝堂，安置昭州。京致仕，召爲職方員外郎，改知處州。州當方臘殘亂之後，盡心牧養，民列上其狀。加直祕閣，再任，卒，年五十八，州人祠之。



葆光善論事，會文切理，不爲橫議所移，時頗推重。本出鄭居中門，故極論蔡京無所顧，然其他不能不迎時好。方作神霄萬壽宮，溫州郭敦實、泗州葉點皆坐是得罪。葆光遂疏建昌軍陳丼、秀州蔡崈、岳州傳惟肖、祁門令葛長卿不卽奉行制書，存留僧寺形勝、佛像，及決罰道流，乞第行竄黜，遂悉坐停廢，議者尤之。



石公弼字國佐，越州新昌人。登進士第，調衞州司法參軍。淇水監牧馬逸，食人稻，爲田主所傷。時牧法至密，郡守韓宗哲欲坐以重辟。公弼當此人無罪，宗哲曰：「人傷官馬，奈何無罪？」公弼曰：「禽獸食人食，主者安得不禦，禦之豈能無傷？使上林虎豹絕檻害人，可無殺乎？今但當懲圉者，民不可罪。」宗哲怒，以屬吏。既而使者來慮囚，如公弼議。獲嘉民甲與乙鬥，傷指，病小愈，復與丙鬥，病指流血死。郡吏具獄，兩人以他物傷人，當死。公弼以爲疑，敺而鞠之，乃甲捽丙髮，指脫痕中風死，非由擊傷也。兩人皆得免。

章惇求太學官，或薦公弼，使往見。謝曰：「丞相資侮人，見者阿意苟容，所不忍也。」再調漣水丞。供奉高公備綱舟行淮，以溺告。公弼曰：「數日無風，安有是？」使尉核其所載，錢失百萬。呼舟人物色之，乃公備與寓客妻通，殺其夫，畏事覺，所至竊官錢賂其下，故詭爲此說。卽收捕窮治，皆服辜。

知廣德縣，召爲宗正寺主簿。入見，言：「朝廷比日所爲，直詞罕聞，頌聲交至，未有爲陛下廷爭可否者。願崇忠正以銷諛佞，通諫爭以除壅蔽。」徽宗善之。擢監察御史，進殿中侍御史。三舍法行，士子計等第，頗事告訐。公弼言：「設學校者，要以仁義漸摩，欲人有士君子之行。顧使之相告訐，非所以建學本意也。」又言：「刪定敕令官、寺監丞簿，比多以執政近臣子弟爲之，未有資考，不習政事。請一切汰遣，以開寒畯之路。」從之。

由右正言改左司諫。論東南軍政之敝，以爲「有兵之籍，無兵之技。以太牢之賦，養無用之兵，異日懼有未然之患。」其後睦盜起，如其言。太史保章正朱汝楫冒奉得罪，而內侍失察者皆不坐。公弼言：「是皆矯稱詔旨，安得勿論？請自今中旨雖不當覆者，亦令有司審奏。」

遷侍御史[二]。蘇杭造作局工盛，公弼陳擾民之害，請革技巧之靡麗者，稍罷進奉，帝納之。蔡京始與公弼有連，故因得進用，至是，意寖異，京忌焉。徙太常少卿，遷起居郎，兼定王、嘉王記室。故事，初至宮，例得金繒之賜二百萬，公弼辭不受。

大觀二年，拜御史中丞。執政言：「國朝未有由左史爲中執法者。」帝曰：「公弼嘗爲侍御史矣。」時斥賣元豐庫縑帛，賤估其直，許朝士分售，皆有定數，從官至二千匹。公弼得券，上還之。宰相有已取萬匹者，卽日反其故。



水官趙霆建開直河議，謂自此無水憂，已而決壞鉅鹿，法當斬。霆善交結，但削一官，猶爲太僕少卿。公弼論爲失刑，霆坐貶。京西轉運使張徽言欲因方田籍增立汝、襄、鄧三州稅，公弼以爲「方田之制，奠天下之地征，正欲均其賦耳，而徽言掊克重斂，民何以堪？」詔罷之。遂劾蔡京罪惡，章數十上，京始罷。又言吏員猥冗，戾元豐舊制。於是堂選歸吏部者數千員，罷宮廟者千員，都水知埽六十員，縣非大郡悉省丞，在京茶事歸之戶部，諸道市舶歸之轉運司，仕塗爲淸。

京雖上相印，猶提舉修實錄。公弼復言：「京盤旋京師無去志，其餘威震於羣臣。願持必斷之決，以消後悔。」又因星變言之，竟出京杭州。及劉逵主國柄，公弼復論其廢紹述良法，啓用元祐邪黨學術，人以是知其非一意於正者。進兵部尚書兼侍讀。上疏言：「崇寧以來，臣下專務生事，開邊興利，營繕侈役，蹶民根本，因之飢饉。汴西挽運花石，農桑廢業，徒弊所有，以事無用。宜使之休息，以承天意。」

張商英入相，欲引爲執政，何執中、吳居厚交沮之。以樞密直學士知揚州。羣不逞爲俠於閭里，自號「亡命社」。公弼取其魁桀痛治，社遂破散。江賊巢穴蒹葭中，白晝出剽，吏畏不敢問。公弼嚴賞罰督捕，盡除之。改述古殿直學士、知襄州。蔡京再輔政，羅致其罪，責秀州團練副使，台州安置。踰年，遇赦歸。卒，年五十五。後三歲，復其官。



二十四史

中華書局

公弼初名公輔，徽宗以與楊公輔同名，改爲公弼云。

張克公字介仲，潁昌陽翟人。起進士。大觀中，爲監察御史，遷殿中侍御史。蔡京再相，克公與中丞石公弼論其罪，京罷，克公徙起居舍人。踰月，進中書舍人，改右諫議大夫。京猶留京師，會星文變，克公復論之，中其隱慝，語在京傳。京致仕，張商英爲相，與鄭居中不合。克公由兵部侍郎拜御史中丞，治堂吏訟，歸曲商英，且疏其罪十。商英罷，京復召，銜克公弗置。徽宗知之，爲徙吏部尚書。京欲以銓綜稽違中克公，既又擿其知貢舉事，帝以爲所取得人，不問也。居吏部六年，卒，贈資政殿學士。

毛注字聖可，衢州西安人。舉進士，知南陵、高苑、富陽三縣，皆以治辦稱。大觀中，御史中丞吳執中薦爲御史，詔賜對，未及而執中罷，注辭焉。徽宗固命之，既見，謂曰：「今士大夫方寡廉鮮恥，而卿獨知義命，故特召卿。」即以爲主客員外郎，俄擢殿中侍御史。蔡京免相留京師，注疏其擅持威福，動搖中外，以葉夢得爲腹心，交植黨與。帝爲遜





夢得，而遷注侍御史。遂極論京「受孟翊妖姦之書，與逆人張懷素游處，引凶朋林攄置政府，用所親宋喬年尹京。其門人播傳，咸謂陛下恩眷不衰，行且復用。」於是論者相繼，京遂致仕。

四年，彗再見，注又言：「臣累論蔡京罪積惡大，天人交譴，雖罷相致政，猶怙恩恃寵，偃居賜第，以致上天威怒。推原其咎，實在於京。考京之罪，蓋不可以縷數，陛下去黨碑以開自新之路，京疾其異己而別爲防禁；陛下頒明詔以來天下之言，京惡其議己而重致於法；以嚴刑峻罰脅持海內，以美官重祿交結人心，錢鈔屢更而商賈不行，邊事數興而國力大匱。聲焰所爨，中外憤疾，宜早令去國，消弭災咎。」奏上，京始出居錢塘。

注復采當世之急務，曰省邊事，足財用，收士心，禁技巧。大概謂：「近年以來，邊民僥倖苟得，昔所入貢者，今必城爲郡縣；昔所羈縻者，今盡納其土疆。以內地金帛，而事窮荒不可計之費。今黔南已有處分，如夔、瀘新邊，宜在裁省。運鹽昔主於漕計，今移於它司；常平昔積於外州，今輸於都下。經費安得不匱，財貨何以轉移？願詔有司，悉講復元豐舊制。湯之遭旱，以士失職爲辭。今學校養士，蓋有常額，額外之人，不復可預教養，歲貢之餘，略無可進之地。願留貢籍三分，暫存科舉，以待學外之士，使無失職。東南造作奇玩、花石綱舟，與後苑工徒、京城營繕，並宜暫罷，以抑末敦本。凡此，皆聖政之所當先，人心悅則天意解矣。」注所論切於世務類此。

遷左諫議大夫。張商英爲相，言者攻之力，注亦言其無大臣體，然訖以與之交通，罷提舉洞霄宮，居家數歲，卒。建炎末，追復諫議大夫。

洪彥昇字仲達，饒州樂平人。登第，調常熟尉。奉母之官，既至，前尉欲申期三月以規薦，而中分奉入。彥昇處僧舍，卻奉不納，如約，始交印。歷郴州判官，簽書鎮東軍節度判官。

彥昇嘗辟廣西經略府，或稱其才，擢提舉常平。御史中丞石公弼薦新提舉廣西學事幸羲可御史，及陛辭，適與同日，徽宗兩留之，遂爲監察御史，遷殿中侍御史。彥昇孤立，任言責閱五年，論：「蔡京再居元宰，假紹述之名，一切更張，敗壞先朝法度，朋姦誤國，公私困弊。既已上印，而偃蹇都城，上懣眷顧之恩，中懷跋扈之志。願早賜英斷，遣之出京。」「何執中緣潛邸之舊，德薄位尊，當軸處中，殊不事事，見利忘義，唯貨殖是圖。願解其機政，以全晚節。」「呂惠卿與張懷素厚善，序其所注般若心經云：『我遇公爲黃石之師。』且張良師黃石之策，爲漢祖定天下，惠卿安得輒以爲比？」他如鄧洵仁、蔡嶷、劉拯、李孝稱、許光凝、許





幾、盛章、李讜、任熙明之流，皆條摭其過，一不爲回隱。

右僕射張商英與給事中劉嗣明爭曲直，事下御史。彥昇薄罪商英，商英去。又累疏抨郭天信以談命進用，交結竄斥；因請禁士大夫毋語命術，毋習釋教。

先是，詔諸道監司具法令未備，若未便於民者，久而弗上。彥昇言：「吏狃於勢，隨時俯仰，不能上承德音，因緣爲姦者衆。有因追科而欲害熙寧保伍之法，因身丁而故搖崇寧學校之政，省事原情，當有勸沮。宜遣官編彙，辨其邪正，以行賞罰。」皆從之。遷給事中。嘗謁告一日，而張商英復官之旨經門下，言者以爲顧避封駁，出知滁州。尋加右文殿修撰，進徽猷閣待制，知吉州。久之，知潭州，未行，卒，年六十三。贈太中大夫。

論曰：蔡京用事，焱燄熾然，其勢莫敢遏。此數子者，迺力數其罪而連攻之，似矣。然葆光、克公主鄭居中，公弼、注朋張商英，皆非端直士也。若楫先見，畸、服不阿，汝明不欺，彥昇孤立，其賢乎！唯勱宮邸舊學，人望攸屬，而不使躋政地；至京則暫罷亟起，始終倚任焉。善善而不能用，惡惡而不能去，徽宗以之，此齊桓公所以嗤於郭亡也。

鍾傳字弱翁，饒州樂平人。本書生，用李憲薦，爲蘭州推官。坐對獄不實，羈管郴州。紹聖中，章惇興邊事，奏還其官。得入對，爲哲宗言：「兵貴智而不貴力，夏衆黟而勇，難以一舉滅。但當擇城險要，以正不朝削地之法，坐待其斃。」帝然之，命幹當熙河、涇原、秦鳳三路公事。

夏人陷金明，渭帥毛漸出兵攻其沒煙砦，傳合擊破之，又與熙州王文郁進築安西城[三]，論功加祕閣校理。章楶帥渭，命傳所置將苗履統衆會涇原之靈平，夏人悉力來拒，傳步騎二萬，出不意造河梁以濟師，遂作金城關，又獻白草原捷，連進集賢殿修撰、知熙州。傳自始仕至此，僅再歲。遂擅帥熙、秦騎四萬出塞，無功而還。惇方主其議，不加罪。

初，傳請合三路兵從青南訥心或顛耳關築天都城，以包淺井、乩囉、和市。工既集，復言水源不壯，不可興役。朝論以所奏乖異，將罷傳，曾布爲言，但褫職。俄而白草原詐增首虜事覺，責監永州稅，再貶連州別駕。崇寧中，復起知河中府，歷鄆、瀛、渭三州，擢顯謨閣待制。建言：「河南要地，靈武爲根本。其西十五州，六爲王土。其東由清遠距羅山走靈州不及百里，夏以五監軍統焉。若選將簡師先擊之，以趨韋州，可斷其右臂。徐當拊納離畔，漸規進取，訖城蕭關，可斷其左臂。」乃條上十四事，未報。





詔諸道進討，傳遣將折可適領銳騎出蕭關，至靈州川，有功。進龍圖閣直學士。會別將高永年沒於西，而可適遇雨失道，爲虜所乘，乃班師。傳以稽違逗撓，黜知汝州，奪學士。未幾，復爲杭州、眞定、永興、太原、延安府，以故職卒。贈端明殿學士。傳從布衣致通顯，所行事大氐欺妄，故屢起屢僨云。

陶節夫字子禮，饒州鄱陽人，晉大司馬侃之裔也。第進士，起家爲廣州錄事參軍。楊元寇暴山谷間，捕繫獄，屢越以逸，且不承爲盜，既累年。節夫詰以數語，元卽吐服，將適市，與諸囚訣曰：「陶公長者，雖死可無憾。」知新會縣，廣守章楶重其材，楶帥涇原，辟入府。

崇寧初，爲講議司檢討官，進虞部員外郎，遷陝西轉運副使，徙知延安府。以招降羌有功，加集賢殿修撰。築石堡等四城。石堡以天澗爲隍，可趨者唯一路，夏人窖粟其間，以千數。既爲宋有，其酋驚曰：「漢家取我金窟堝！」亟發鐵騎來爭。節夫分部將士遮禦之，斬獲統軍以下數十百人。夏人度不可得，斂兵退。進擢顯謨閣待制、龍圖閣直學士。

方議城銀州，諜告夏人已東。節夫料必西趨涇原，官屬不肯從。節夫曰：「吾計之熟矣。」乃遣裨將耿端彥疾驅至銀州，五日城成，夏人果從涇原至，則城備已固，遂遁去。進樞密直學士。

節夫在延安日久，蔡京、張康國從中助之，故唯京意是徇。夏人欲款塞，拒弗納。放牧者執殺之，夏人怨怒，大入鎭戎軍，殺鹵數萬口。節夫尋領經制環慶、涇原、河東邊事，言：「今既得石堡，又城銀州，西夏洪、宥皆在吾顧盼中。橫山之地，十有七八，興州巢穴淺露，直可以計取。」遂陳取興、靈之策。加龍圖閣學士。會朝廷罷經制司，且棄所城地，節夫乃求內郡。徙洪州，改江寧府，歷青秦二州、太原府。

羣盜李勉起遂州、北平之間，河東、河北騷動，兩路帥臣、憲臣皆罪去，至出臺郎督捕之。節夫請悉罷所遣兵，卒以計獲勉。坐上疏乞留本道兵勿移戍，降爲待制知永興軍，數月，卒。追復龍圖閣學士。

毛漸字正仲，衢州江山人。第進士，知寧鄉縣。熙寧經理五溪，漸條利害以上察訪使，使者諉以區畫，遂建新化、安化二縣。漸用是得著作佐郎、知安化縣。召爲司農丞，提舉京西南路常平。

元祐初，知高郵軍，遷廣東轉運判官。渠陽蠻擾邊，近臣言漸習知蠻事，徙荊湖北路轉





運判官。時朝廷議棄地，漸曰：「蠻徭畔服不常，非稍威以兵，未易懷德。今一犯邊卽棄地，非計也。」不報。渠陽既棄，蠻復大入鈔略，覆官軍，荊土爲大擾。

漸歷提點江西刑獄、江東兩浙轉運副使。浙部水溢，詔賜緡錢二百萬以振之。漸言：「數州被害卽捐二百萬，儻仍歲如之，將何以繼？」乃案錢氏有國時故事，起長安堰至鹽官，徹淸水浦入于海；開無錫蓮蓉河，武進廟堂港，常熟疎涇、梅里入大江；又開崐山七耳、茜涇、下張諸浦，東北道吳江，開大盈、顧匯、柘湖，下金山小官浦以入海。自是水不爲患。

加集賢校理，入爲吏部右司郎中。以祕閣校理爲陝西轉運使，攝渭、秦、熙三州。未幾，復攝帥涇原。日夜治兵，乘夏人犯邊，遣將擣其虛，遂破沒煙砦。進直龍圖閣、知渭州，命下，卒，年五十九。優贈龍圖閣待制。

王祖道字若愚，福州人。第進士，又舉制科，會罷，調韓城尉，知松陽、白馬二縣。爲司農丞、監察御史。數言事，以論樞密承旨張誠一試補吏挾私、延州呂惠卿遣禁卒餽徐禧公使物非是，改司封員外郎、知汀、泉、福三州。歷使諸路，入爲戶部、吏部員外郎，左司諫。言陝西兵未可減，徽宗謂其論事無足行，依阿苟容，出知海州。拜祕書少監，再爲福州。加

直龍圖閣、知桂州。

蔡京開邊，祖道欲乘時徼富貴，誘王江酋楊晟免等使納土，夸大其辭，言：「向慕者百二十峒、五千九百家、十餘萬口，其旁通江洞之衆，尙未論也。王江在諸江合流之地，山川形勢，據諸峒要會，幅員二千里。宜開建城邑，控制百蠻，以武臣爲守，置溪峒司主之。」詔以爲懷遠軍，且頒諸司使至殿侍軍將告命，使第補其首領。置二砦，爲立學。

又言：「黎人爲患六十年，道路不通。今願爲王民，得地千五百里。」遂以安口隘爲允州，中古州地爲格州，增提舉溪峒官三員。又言羈縻知地州羅文誠、文州羅更晏、蘭州韋晏鬧、那州羅更從皆內附，請於黎母山心立鎭州，爲下都督府，賜軍額曰靜海，知州領海南安撫都監，徙萬安軍於水口。南丹州莫公佞獨拒命，發兵討擒之，遂築懷遠軍爲平州，格州爲從州，南丹爲觀州，幷允、地、文、蘭、那五州置黔南路。擢祖道顯謨閣待制，進龍圖閣直學士。

召爲兵部尚書，未行，與融州張莊謀，使莊奏言海南一千二十峒皆已團結，所未得者百七十峒，今黎人款化，則未得者才十之一耳。於是傜、黎渠帥不勝忿，蜂起侵剽，圍新萬安軍及觀州，殺官吏。初，祖道徙城時，言黎人伐木助役。及是詔問，不能對。京芘之，猶除端明殿學士、知福州，復以刑部尚書召。大觀二年，卒，贈宣奉大夫。





祖道在桂四年，厚以官爵金帛挑諸夷，建城邑，調兵鎭戍，輦輸內地錢布、鹽粟，無復齊限。地瘴癘，戍者歲亡什五六，實無尺地一民益於縣官。蔡京既自以爲功，至謂：「混中原風氣之殊，當天下輿圖之半。」祖道用是超取顯美。張商英爲相，治其誕罔，追貶昭信軍節度副使。京再輔政，復還之。然其所創名州縣，不旋踵皆罷。是後龐恭孫、張莊、趙遹、程鄰皆以拓地受上賞，大氐皆規模祖道。祖道起冗散，驟取美官，而朝廷受其敝云。

張莊，應天府人也。元豐三年，擢進士第。歷提舉司、講議司檢討官，出提舉荆湖、夔州等路香鹽事。改提舉荆湖北路常平、本路提點刑獄，進龍圖閣直學士、廣南西路轉運副使。王祖道既請立朱崖諸州縣，徙萬安軍，詔莊按覆相度，實與祖道相表裏。祖道召爲兵部尚書，授莊集賢殿修撰、知桂州。祖道既留，以莊知融州。已而祖道徙福州，莊復知桂州。奏：「安化上三州一鎭地土，及恩廣監洞蒙光明、落安知洞程大法、都丹團黃光明等納土，共五萬一千一百餘戶，二十六萬二千餘人，幅員九千餘里。」尋又奏：「寬樂州、安沙州、譜州、四州、七源等州納土，計二萬人，一十六州、三十三縣、五十餘峒，幅員萬里。」蔡京帥百官表賀，進莊兼黔南路經略安撫使、知靖州。

王子武者，惠恭皇后族子也。靖州界接平、允、從三州，子武欲通之，因請復元祐所棄渠陽軍。渠陽既城，迺上言：「湖北至廣西，繇湖南則迂若弓背，自渠陽而往，猶弓弦耳。」因以利啗諸蠻使納土，立里堠。莊忌之，且欲蠻之多屬廣西爲己功，因誘復水蠻石盛唐毀其烽表、橋梁。渠陽蠻酋楊惟聰請討之，子武以聞，朝議謂其生事，罷子武。

未幾，安化蠻納土，莊遣黃忱往築州城。忱，蠻將也，知蠻情僞，力言不可。莊怒，遣忱護築溪州，別遣胡超、儂昌等築安化城，果爲蠻所拚，超等沒者幾千人。中書舍人宇文粹中言：「祖道及莊擅興師旅，啓釁邀功，妄言諸蠻效順，納款得地。當時柄臣攬爲綏撫四夷之功，奏賀行賞，張皇其事。自昔欺君，無大於此。」朝廷既追貶祖道，莊責舒州團練副使，永州安置，再貶連州，移和州。

起知荆南府，徙江寧。復進徽猷閣直學士，歷知渭亳襄州、鎭江東平府。宣和六年，坐繕治東平城不加功輒復摧圮，降兩官，提舉嵩山崇福宮。卒，贈宣奉大夫。

趙遹，開封人。大觀初，以發運司勾當公事爲梓州路轉運司判官。瀘、戎諸夷納土，命遹相置，以建立純州縣、砦勞，加直祕閣。升轉運副使，俄授龍圖閣直學士，爲正使。





政和五年，晏州夷酋卜漏反，陷梅嶺堡，知砦高公老遁。公老之妻，宗女也，常出金玉器飲卜漏等酒，漏心豔之。會瀘帥賈宗諒以斂竹木擾夷部，且誣致其酋斗箇旁等罪，夷人咸怨。漏遂相結，因上元張燈襲破砦，虜公老妻及其器物，四出剽掠。遹行部昌州，聞之，倍道趣瀘州。賊分攻樂共城、長寧軍、武寧縣，宗諒皆遣將拒卻之。已而樂共城監押潘虎誘殺羅始党族首領五十人，其族蠻憤怒，合漏等復攻樂共城。遹幷劾之，詔斬虎，罷宗諒，代以康延魯，而聽遹節制。遹陰有專討意，兵端益大矣。於是詔發陝西軍、義軍、土軍、保甲三萬人，以遹爲瀘南招討使。遹與別將馬覺、張思正分道出，期會于晏州。思峨州近而固，遹遣王育先破之，村囤諸落相繼而克，因其積穀食士卒。

既抵晏州，覺、思正各以兵來會。漏據輪縳大囤，其山崛起數百仞，林箐深密，夷奔潰者悉赴之。乃壘石爲城，外樹木柵，當道穿阬穽，仆巨枿，布渠荅，夾以守障，俯瞰官軍。矢石所中皆靡碎，遹軍不能進。間從巡檢种友直、田祐恭按視，其旁山崖壁特峭絕，賊恃之無守備。遹欲襲取，命友直、祐恭軍其下，而身當賊衝，番軍迭攻之。未旦，鼓而進，迨夕則止，賊幷力拒戰，不得息。

友直所部多思、黔土丁，習山險，而山多生猱，遹遣土丁捕之。伐去蒙密，緣崩石挽藤葛而上，得猱數十頭，束麻作炬，灌以膏蠟，縛於猱背。暮夜，復遣土丁負繩梯登崖顚，迺縋梯引下，人人銜枚，挈猱蟻附而上。比雞鳴，友直、祐恭與其衆悉登，擁刀斧穿箐入。及賊柵，出火然炬，猱熱狂跳，賊廬舍皆茅竹，猱竄其上，火輒發，賊號呼奔撲，猱益驚，火益熾。官軍鼓譟破柵，遹望見火，麾軍躡雲梯攻其前。兩軍相應，賊擾亂，不復能抗，赴火墮崖死者不可計，俘斬數千人。卜漏突圍走，至輪多囤，追獲之。晏州平，諸夷落皆降，拓地環二千里。遹爲建城砦，畫疆畝，募人耕種，且習戰守，號曰「勝兵」。詔置沿邊安撫司，以轉運副使孫羲叟爲安撫使。高公老妻不辱而死，詔贈節義族姬。

加遹龍圖閣直學士、熙河蘭湟經略安撫使〔四〕。遹以疾請祠，不許。既入對，賜上舍出身，拜兵部尚書。遹與童貫有隙，力請去，以提舉醴泉觀兼詳定一司敕令。六年，出知成德軍，拜延康殿學士，賜其子永裔上舍出身、祕書省校書郎。

淶水人董才得罪亡命，因聚衆爲賊，攻敗城邑，遼人不能制。中山帥府陰與才通，誘使來歸，才尋爲遼所破，遂上書請取全燕以自效。王黼、童貫大喜，將許之，遹言不可。客或以沮朝廷密謀止遹，遹曰：「帥臣所部，封境雖異，事無異也。且論思獻納，侍從之職，遹今以侍從備帥臣，而眞定、中山邊接，隙苟一開，吾境得無事乎？」疏奏，上然之，乃斥還才書。才窮蹙，轉入河東。詔以問遹，遹復具疏極論其害。洎遹徙熙州，黼等卒納才，又慮遹過闕入見有所陳，趣使便道赴鎭。諸蕃聞遹至，相賀曰：「吾父來，朝廷眞欲無事矣！」爭出



鉏耨，牛價爲頓高。

時議更陝西大鐵錢，價與銅錢輕重等。遹上言曰：「銅重鐵輕，自然之理，今反其理，民誰信之？以人奪天，雖厲其禁，終不可行也。」居數月，以疾乞致仕，命提舉嵩山崇福宮。起知中山、順昌、應昌府〔五〕。金人舉兵，召遹赴闕，尋卒。

永裔歷知眉州。言者論遹欺罔朝廷以軍功，永裔遂放罷。

論曰：夏人時蹈寇，逐之使出則已。章惇、蔡京故撓之用兵，塗邊人肝腦于地，以倖己功，不亦僨乎？諸蠻溪峒，茅瘴非人域，鵂鼬與居，況無敢闖吾圉。京迺使祖道、張莊之徒鑿空爲功，舉中國重貲，棄諸不毛，而文飾姦慝，鋪張表賀，徽宗亦偃然受其欺。好大黷武之心一侈，而燕朔之謀作矣。詩曰：「池之竭矣，不云自頻；泉之竭矣，不云自中。」徽之耗內貪外，馴召禍敗，跡所從來，此其本也。嗚呼，可不戒哉！

## 校勘記

〔一〕亳州　原作「博州」，據編年綱目卷二六、汪藻浮溪集卷二六傅楫墓誌銘改。



〔二〕遷侍御史　「侍」字原脫，東都事略卷一〇五本傳作「侍御史」；下文也有「公弼嘗爲侍御史」語。據改。

〔三〕安西城　「安西」二字原倒，據本書卷一八哲宗紀、卷三五〇王文郁傳乙正。

〔四〕熙河蘭湟經略安撫使　「河」原作「州」。按宋代所建之路此時實名「熙河蘭湟」，見本書卷二〇徽宗紀、宋會要方域六之一，據改。

〔五〕應昌府　按宋代無「應昌府」，疑此有誤。

# 宋史卷三百四十九

## 列傳第一百八

郝質 賈逵 竇舜卿 劉昌祚 盧政 燕達 姚兕弟麟 楊燧〔一〕 劉舜卿 宋守約子球

子雄 古

郝質字景純，汾州介休人。少從軍，挽彊爲第一。充殿前行門，換供奉官，爲府州駐泊都監，主管麟府軍馬。與田朏將兵護軍須餽麟州，道遇西夏數千騎寇鈔，質先驅力戰，斬首、獲馬數百。又與朏行邊，至柏谷，敵塹道以阻官軍，質禦之於塞嶺下，轉鬥逐北，遂修復寧遠諸栅，以扼賊衝。宣撫使杜衍、安撫使明鎬連薦之，且條上前後功狀，超遷內殿承制、并代路都監。大名賈昌朝又薦爲路鈐轄。

使討貝州，文彥博至，命部城西面。河上有亭甚壯，彥博慮爲賊焚，遣小校閻千守，而質使千往他營度戰具，千辭，質曰：「亭焚，吾任其責。」千去而亭焚。彥博將斬千，質趨至帳





下曰：「千之去，質實使之，罪乃在質，願代千死。」彥博壯其義，兩釋之。質自此益知名。

賊平，遷六宅使，歷高陽關、定州、并代鈐轄，駐泊副都部署，龍神衞、捧日天武都指揮使，馬軍殿前都虞候，加領賀州刺史、英州團練、眉州防禦使。奉詔城豐州，進步軍副都指揮使、宿州觀察使。召還宿衞，改馬軍。英宗立，遷武昌軍節度觀察留後，加安德軍節度使，爲殿前副指揮使。神宗立，易節安武軍，爲都指揮使。元豐元年，卒，帝親臨其喪，贈侍中，謚曰武莊。

質御軍有紀律，犯者不貸，而享犒豐渥，公錢不足，出己奉助之。平居自奉簡儉，食不重肉，篤于信義。田朏不振而死，爲表揭前功，官其一孫。在并州，與朝士董熙善，約爲婚姻。熙死，家貧無依，質已爲節度使，竟以女歸董氏。自爲官，不上伐閱，從微至貴，皆以功次遷云。

賈逵，眞定藁城人。隸拱聖爲卒，至殿前班副都知，換西染院副使。從狄青征儂智高，戰於歸仁驛。既陳，青誓衆曰：「不待令而舉者斬！」時左將孫節戰死，逵爲右先鋒將，私念所部兵數困易衄，兵法先據高者勝，苟復待命而賊乘勝先登，吾事去矣。卽日引軍趨山。

既定，賊至，逵麾衆馳下，仗劍大呼，斷賊爲二。賊首尾不相救，遂潰。逵詣青請罪，青拊其背勞謝之。邕州城空，青使逵入括公私遺墜，固辭。是時，將校多以搜城故匿竊金寶，獨逵無所犯。遷西染院使、嘉州刺史、秦鳳路鈐轄。

初，逵少孤，厚賂繼父，得其母奉以歸。至是，以母老辭，不許，而賜母冠帔。秦山多巨木，與夏人錯壤，逵引輕兵往采伐。羌酋馳至，畫地立表約決勝負。逵引弓連三中的，酋下馬拜伏，從逵取盈而歸。徙并代路，專主管麟府軍馬。熟戶散處邊關，苦於寇略，逵差度遠近，聚爲二十七堡，次第相望，自是害乃息。畫鐵爲的，激種豪使射，久皆成勁兵。一夕，烽火屢發，左右白當起，逵臥不應。旦而謂人曰：「此必妄也。」脫有警，可夜出乎？」徐問之，果邊人燭遺物也。復徙秦鳳，去之十日，而代者郭恩敗。朝廷以逵爲能，連擢捧日天武四廂都指揮使、馬步殿前都虞候，歷涇原、高陽關、鄜延路〔二〕副都總管，以利州觀察使入爲步軍副都指揮使。

都城西南水暴溢，注安上門，都水監以急變聞。英宗遣逵督護，亟囊土塞門，水乃止。議者欲穴隄以泄其勢，逵請觀水所行，諭居民徙高避水，然後決之。軍校營城外者，每常朝，卽未曉啓門鑰，或輟朝失報，啓鑰如平時。逵言：「禁城當謹啓閉，不宜憑報者。」乃冶鐵鑄「常朝」字，俾持以示信。





遷馬軍副都指揮使，復總鄜延兵。延州舊有夾河兩城，始，元昊入寇據險，城幾不能守。逵相伏龍山、九州臺之間可容窺覘，請於其地築保障，與城相望，延人以爲便。轉昭信軍節度觀察留後。逵言：「种諤處綏州降人於東偏，初云萬三千戶，今乃千二百戶耳，逋逃之餘，所存纔八百。蕃漢兩下殺傷，皆不啻萬計。自延州運粟至懷寧，率以四百錢致一石。而緣邊居人，壯者但日給一升，罔冒何啻太半。諤徒欲妄興邊事以自爲功，不可不察也。」元豐初，拜建武軍節度使、殿前都指揮使。請不俟郊赦贈三世官，神宗曰：「逵武人，能有念親之志，其特聽之。」數月而卒，年六十九。贈侍中，謚曰武恪。

竇舜卿字希元，相州安陽人。以蔭爲三班奉職，監平鄉縣酒稅。有僧欲授以化汞爲白金之術，謝曰：「吾祿足養親，不願學也。」辟府州兵馬監押。夏人犯塞，舜卿欲襲擊，舉烽求援於大將王凱，凱弗應。舜卿度事急，提州兵出戰，勝之。明日，經略使問狀，凱懼，要以同出爲報。舜卿驩然相許，不自以爲功。爲青淄路都監。海盜行劫，執博昌鎭官吏，肆剽掠，舜卿募士三百，悉擒之。使契丹，主客馬祜言：「昔先公客省善射，君當傳家法。」置酒請射，舜卿發輒中。祜使奴持二弓示之，一挽皆折。

湖北蠻徭彭仕羲叛，徙爲鈐轄，兼知辰州。建請築州城，不擾而辦。帥師取富州，蠻將萬年州據石狗崖。舜卿選壯卒奮擊，蠻矢石交下，卒蒙盾直前，發強弩射，萬年州斃于崖下，遂拔之。左右欲盡勦其衆，舜卿不許，曰：「仕羲願內附，特爲此輩所脅，今死矣，何以多殺爲？」引兵入北江，仕羲降。擢康州刺史，加龍神衞、捧日天武四廂指揮使，馬軍殿前都虞候，三遷邕州觀察使，歷邠寧環慶路副都總管。熙寧中，十上章求退，且丐易文階。改刑部侍郎，提舉嵩山崇福宮。以光祿大夫致仕，再轉金紫光祿大夫。卒，年八十八。謚曰康敏。

劉昌祚字子京，眞定人。父貿，戰沒于定川。錄爲右班殿直，主秦州威遠砦。青唐（二）聚兵鹽井，經年不散。昌祚奉帥命往詰之，諸酋曰：「聞漢家欲取吾鹽井。」昌祚曰：「國家富有四海，何至與汝爭此邪？」與酋俱來，犒賚之，歡然帥衆去。遷西路都巡檢。使遼還，神宗臨試馳射，授通事舍人。夏人寇劉溝堡，昌祚領騎二千出援。虜伏萬騎於黑山而僞遁，卒遇之，戰不解。薄暮，大酋突而前，昌祚抽矢，一發殪之，餘衆悉遁。帥李師中上其功曰：「西事以來，以寡抗衆，未有如昌祚者。」知階州，討平毋家等族，又平疊州。轉作坊使，爲熙河路都監。





從王中正入蜀，破篳篥羌。加皇城使、榮州刺史、秦鳳路鈐轄，又加西上閤門使、果州團練使，知河州。元豐四年，爲涇原副都總管。王師西征，詔與總管姚麟率蕃漢兵五萬，受環慶高遵裕節制。令兩路合軍以出，旣入境，而慶兵不至。昌祚出胡盧川，次磨齊隘，夏衆十萬扼險不可前。昌祚挾兩盾先登，夏人小卻，師乘之，斬首千七百級。進次鳴沙川，取其窖粟，遂薄靈州。城未及闔，先鋒奪門幾入，遵裕馳遣使止之，昌祚曰：「城不足下，脫朝廷謂我爭功，奈何？」命按甲勿攻。是夕，慶兵始距城三十里而軍，遇敵接戰，昌祚遣數千騎赴之。遲明，賊已退，遂謁遵裕，遵裕訝應援之緩，有誅昌祚意。旣見，問下城如何，昌祚曰：「比欲攻城，以幕府在後未敢。前日磨齊之戰，夏衆退保東關，若乘銳破之，城必自下。」遵裕弗內，曰：「吾夜以萬人負土囊傅壘，至旦入矣。」怒未解，欲奪其兵付姚麟，麟不敢受，乃已。明日，遣昌祚巡營，凡所得馬糧，悉爲慶兵所取，涇師忿譟。遵裕圍城十八日，不能下，夏人決七級渠以灌遵裕師，軍遂潰。卽南還，復命涇師爲殿。昌祚手劍水上，待衆濟然後行，爲虜所及，戰退之。至渭州，粮盡，士爭入，無復行伍，坐貶永興軍鈐轄。

明年，復徙涇原，加龍、神衞四廂都指揮使，知延州。時永樂方陷，士氣不振，昌祚先修馬政，令軍中校按擊，優者乃給焉。自義合至德靖砦，綿亙七百里，堡壘疏密不齊，烽燧不相應。昌祚度屯戍險易、地望遠近、事力彊弱，立爲定式，上諸朝。夏人寇塞門、安遠砦，拒破之，殺其統軍葉悖麻、咩吪埋二人，蓋始謀攻永樂者。圖其形以獻。帝喜，遣近侍勞軍。

哲宗立，進步軍都虞候、雄州團練使、知渭州，歷馬軍殿前都虞候。渭地宜牧養，故時弓箭手人授田二頃，有馬者復增給之，謂之「馬口分地」。其後馬死不補，而據地自若。昌祚按舉其法，不二年，耗馬復初。又括隴山閑田得萬頃，募士五千，別置將統之，勁悍出諸軍右。朝廷歸夏人四砦，昌祚以爲不可。再遷殿前副都指揮使、冀州觀察使、武康軍節度使。卒，年六十八。贈開府儀同三司，謚曰毅肅。

昌祚氣貌雄偉，最善騎射，箭出百步之外。夏人得箭以爲神，持歸事之。所著射法行於世。

盧政，太原文水人。以神衞都頭從劉平與夏人戰延州。虜薄西南隅，兵不得成列，政引數騎挑戰，發伏弩二百射卻之。日且暮，政說平曰：「今處山間，又逼汚澤，宜速退保後山，須明決鬥。不然，彼夜出，乘高蹙我，何以禦之？」平不聽，遂敗。政脫身歸，黃德和誣平降賊，仁宗引政問狀，政言：「平被執，非降也。」因自陳失主將當死。帝義其言，赦之，以爲供奉官、德州兵馬監押。預討貝州，率勇敢數百人，飛緪絓堞而登，守者莫能亢，大軍乘之以





入。遷內殿承制。南征儂智高，亦有功。

歷秦鳳、高陽關都鈐轄。治平、熙寧中，爲捧日、天武四廂都指揮使，三衞都虞候、副都指揮使，涇原、定州、幷代、眞定四路副都總管，累轉邠州團練、昌州防禦、黔州觀察使。拜武泰軍節度使，政時年七十五，氣貌不衰，侍立殿下，雖久無惰容，能上馬踴躍，觀者壯之。早朝暴卒，贈開府儀同三司。

燕達字逢辰，開封人。爲兒時，與儕輩戲，輒爲軍陳行列狀，長老異之。旣長，容體魁梧，善騎射。以材武隸禁籍，授內殿崇班，爲延州巡檢，戍懷寧砦。夏人三萬騎薄城，戰竟日不決，達所部止五百人，躍馬奮擊，所向披靡。擢鄜延都監，數帥兵深入敵境，九戰皆以勝歸。囉兀之棄也，遣達援取戍卒輜重，爲賊所邀，且戰且南，失亡頗多。神宗以達孤軍遇敵，所全亦不爲少，累遷西上閤門使、領英州刺史，爲秦鳳副總管。討破河州羌，遂降木征。遷東上閤門使、副都總管，眞拜忠州刺史、龍神衞四廂都指揮使。

郭逵招討安南，爲行營馬步軍副都總管。入辭，神宗諭之曰：「卿名位已重，不必親矢石，第激勉將士可也。」達頓首謝曰：「臣得憑威靈滅賊，雖死何憚！」初度嶺，聞前鋒遇敵

苦戰，欲往援，偏校有言當先爲家基然後進者，達曰：「彼戰已危，詎忍爲自全計。」下令敢言安營者斬。乃卷甲趨之，士皆自奮，傳呼太尉來，蠻驚潰，卽定廣源。師次富良江，蠻檥門舸於南岸，欲戰不得，達默計曰：「兵法致人而不致於人，吾示之以虛，彼必來戰。」已而蠻果來，擊之，大敗，乃請降。師還，拜榮州防禦使。以主帥得罪而獨蒙賞，乞同責，不聽。

元豐中，遷金州觀察使，加步軍都虞候，改馬軍，超授副都指揮使。以訓閱精整，除一子閤門祗候。數被詔奬，進殿前副都指揮使、武康軍節度使。哲宗立，遷爲使，徙節武信。卒，贈開府儀同三司，諡曰毅敏。

達起行伍，喜讀書，神宗以其忠實可任，每燕見，未嘗不從容。嘗問：「用兵當何先？」對曰：「莫如愛。」帝曰：「威克厥愛可乎？」達曰：「威非不用，要以愛爲先耳。」帝善之。

姚兕字武之，五原人。父寶，戰死定川，兕補右班殿直，爲環慶巡檢。與夏人戰，一矢斃其酋，衆潰，因乘之，遂破蘭浪。敵大舉寇邊，諸砦皆受圍。兕時駐荔原堡，先羌未至，據險張疑兵，伺便輒出。有悍酋臨陣甚武，兕前射中其目，斬首還，一軍驩呼。明日，來攻益急，兕手射數百人，裂指流血。又遣子雄引壯騎馳掩其後，所向必克。敵度不可破，乃退攻





大順城。兕復往救，轉門三日，凡斬級數千，卒全二城。慶軍叛，兕以親兵守西關，盜衆不得入而奔。兕追及，下馬與語，皆感泣羅拜，誓無復爲亂。

神宗聞其名，召入覲，試以騎射，屢中的，賜銀槍、袍帶。遷爲路都監，徙鄜延、涇原。從攻河州，飛矢貫耳，戰益力。河州既得，又爲鬼章所圍，兕曰：「解圍之法，當攻其所必救。」乃往擊隴宗，圍遂解。累遷皇城使，進鈐轄。從攻交阯有功，領雅州刺史。破乞弟，領忠州團練使，進副總管，遷東上閤門使，徙熙河。與种誼合兵討鬼章於洮州，破六逋宗城，夜斷浮橋，援兵不得度，遂擒鬼章。眞拜通州團練使。卒於鄜延總管，贈忠州防禦使。

兕幼失父，事母孝，凡圖畫器用，皆刻「仇讎未報」字。力學兵法，老不廢書，尤喜顏眞卿翰墨，曰：「吾慕其人耳。」弟麟，亦有威名，關中號「二姚」。子雄、古。

麟字君瑞，兄兕攻河州時，俱在兵間。中矢透骨，鏃留不去，以彊弩出之，笑語自若。積功至皇城使，爲秦鳳副總管。從李憲討生羌，擒冷鷄朴。再轉東上閤門使、英州刺史。元豐西討，以涇原副總管從劉昌祚出戰，勝於磨哆隘。轉戰向鳴沙，趨靈州，而高遵裕敗還，降爲皇城使、永興軍路鈐轄，復爲涇原副總管。夏人修貢，且乞蘭會壤土，麟言：「夏人囚其主，王師是征。今秉常不廢，卽爲順命，可因以息兵矣。獨蘭會不可與。願戒將帥飭邊備，示進討之形，以絕其望。」從之。督諸將討堪哥平，經略使盧秉上其功狀，賜金帛六百。

元祐初，擢威州團練使、龍神衞四廂都指揮使，歷步軍殿前都虞候、步軍馬軍副都指揮使。紹聖三年，以建武軍節度觀察留後出知渭州。安燾請留之，曾布曰：「臣嘗訪麟禦邊之策及熙河疆域，俱不能知。顧加敕儆，使之盡力。」韓忠彥曰：「奏對語言，非所以責此輩。」哲宗乃留麟不遣。尋拜武康軍節度使、殿前副都指揮使。王贍取靑唐，麟以爲朝廷討伐方息肩，奈何復生此大患。已而贍果敗。徽宗立，進都指揮使，節度建雄、定武軍，檢校司徒。卒，帝詣其第臨奠，贈開府儀同三司。

麟爲將沈毅，持軍不少縱捨。宿衞士嘗犯法，詔釋之，麟杖之于庭而後請拒詔之罪，故所至肅然。

雄字毅夫，少勇鷙有謀，年十八卽佐父征伐。從討金湯，以百騎先登奪隘，又成荔原之功。韓絳薦其材，閤試延和殿。安南、瀘川之役，皆在軍行。歷涇原、秦鳳將，駐甘谷城，知通遠鎭戎軍、岷州，官累左騏驥使。紹聖中，渭帥章楶城平夏，雄部熙河兵策援，夏人傾國來，與之鏖鬥，流矢注肩，戰彌厲，賊引卻，追躡大破之，斬首三千級，俘虜數萬。先五日，折





可適敗於沒煙，士氣方沮，雄賈勇得雋，諸道始得并力。城成，擢東上閤門使、秦州刺史。

明年，虜攻平夏，勢銳甚，城幾不守。雄與弟古合兵卻之。徙知會州，領熙河鈐轄。王贍略地靑唐，羌人攻湟、鄯，詔雄與苗履援之。邈川方急，雄適至，羌望見塵起，驚而潰。圍既解，遂趨鄯州。履後期乃至，贍言蘭溪宗有遺寇，宜席勝平之。履卽往，雄諫不聽，戒所部嚴備以待。俄而履師退，賊追及，雄整衆迎擊，破之，獻馘二千。哲宗遣中使持詔勞問，徙河州。种朴戰沒，王贍軍陷敵中，雄自鄯至湟，四戰皆捷，拔出之。遂築安鄉關，夾河立堡，以護浮梁，通湟水漕運，商旅負販入湟者，始絡繹於道。加復州防禦使。

建中靖國初，議棄湟州，詔訪雄利害。雄以爲可棄，遂以賜趙懷德，徙雄知熙州，進華州觀察使。蔡京用王厚復河湟，治棄地罪，停雄官，光州居住。三年〔四〕，得自便。後論爲責輕，復竄金州。明年，乃聽歸。高永年死，西寧諸戍阻絕，起雄權經略熙河、安輯復新邊使。知滄州，加捧日、天武四廂都指揮使，復爲熙州，遷安德軍節度觀察留後、步軍副都指揮使，拜武康軍節度使。召詣闕，爲中太一宮使。引疾納節鉞，改左金吾衞上將軍，又以武康節知熙州。熙河十八年間更十六帥，唯雄三至，凡六年。未幾，以檢校司空、奉寧軍節度使致仕。卒，贈開府儀同三司，諡武憲。

古亦以邊功，官累熙河經略。靖康元年，金兵逼京城，古與秦鳳經略种師中及折彥質、折可求等俱勤兵勤王。時朝命种師道爲京畿、河北路制置使，趣召之，師道與古子平仲先已率兵入衞。欽宗拜師道同知樞密院、宣撫京畿、河北、河東，平仲爲都統制。上方倚師道等卻敵，而种氏、姚氏素爲山西巨室，兩家子弟各不相下。平仲恐功獨歸种氏，忌之，乃以士不得速戰爲言，欲夜劫斡离不營。謀泄，反爲所敗。

既而議和，金兵退，詔古與种師中、折彥質、范瓊等領兵十餘萬護送之。粘罕陷隆德府，以古爲河東制置，种師中副之。古總兵援太原，師中援中山、河間諸郡。粘罕圍太原，內外不相通。古進兵復隆德府、威勝軍，阨南北關，與金人戰，互有勝負。太原圍不解，詔古與師中猗角，師中進次平定軍，乘勝復壽陽、榆次等縣。朝廷數遣使趣戰，師中約古及張灝兩軍齊進，而二人失期不至。師中回趨榆次，兵敗而死。金人進兵迎古，遇于盤陀，古兵潰，退保隆德。詔以解潛代之。古之屯威勝軍也，帳下統制官焦安節妄傳寇至以動軍情，既又勸古遁去，故兩郡皆潰。李綱召安節，斬于瓊林苑。中丞陳過庭奏古罪不可恕，詔安置廣州。





楊遂，開封人。善騎射，應募隸軍籍，從征貝州，穴城以入。賊平，功第一，補神衞指揮使。又從征儂蠻，數挑戰，手殺數十人，衆乘之而捷。擢萬勝都指揮使，遷榮州團練使、京城左廂巡檢。救濮宮火，英宗識其面，及卽位，以爲鄧州防禦使、步軍都虞候。歷環慶、涇原、鄜延三路副都總管，至馬軍副都指揮使，由容州觀察使拜寧遠軍節度、殿前副都指揮使。卒，贈侍中，謚曰莊敏。

遂初穴貝州城時，爲叛兵所傷，同行卒劉順救之，得免。及貴，順已死，訪恤其家甚至。故人妻子貧不能活者，一切收養之。人推其義。

劉舜卿字希元，開封人。父鈞，監鎭戎兵馬，慶曆中，與子堯卿戰死於好水。舜卿年十歲，錄爲供奉官，歷昌州駐泊都監。論降瀘水蠻八百人，誅其桀驁者。知水洛城。

神宗經略西邊，近臣薦其能，召問狀，對曰：「自元昊稱臣，秦中不復戒嚴。今宜先自治。」帝善之，命訓京東將兵。一年，入閤於內殿，帝歎曰：「坐作有度，其可用也。爾無忘世讎，勉思忠孝，期以盡敵。」舜卿泣謝，卽日加通事舍人。

環慶有警，詔帥長安兵赴之，乃單騎馳往慶州，至則難已解。知原州，改秦鳳鈐轄。襲擊西市城，先登有功，遷皇城副使。久之，知代州，加客省副使。遼遣諜盜西關鎖，舜卿密易舊鑰而大之。數日，虜以鎖來歸，舜卿曰：「吾未嘗亡鎖也。」引視，納之不能受，遂慚去，誅諜者。

轉西上閤門使、知雄州。始視事，或告契丹游騎大集，請甲以俟，舜卿不爲動，乃妄也。契丹繫州民，檄索之，不聽。會有使者至，因捕取其一以相當，必得釋乃遣。在雄六年，恩信周浹。

元祐初，進龍神衞四廂都指揮使、高州刺史、知熙州。夏人聚兵天都，連西羌鬼章青宜結，先城洮州，將大舉入寇，舜卿欲乘其未集擊之，會諸將議方略。使姚兕部洮西，領武勝兵合河州熟羌燾講珠城，遣人間道焚河橋以絕西援；种誼部洮東，由哥龍谷宵濟邦金川，黎明，至臨洮城下，一鼓克之，俘鬼章并首領九人，斬馘數千計。遷馬軍都虞候，再遷徐州觀察使、步軍副都指揮使、知渭州。召還宿衞，未上道，卒，贈奉國軍節度使，謚曰毅敏。

舜卿知書，曉吏事，謹文法，善料敵，著名北州。

宋守約，開封酸棗人。以父任爲左班殿直，至河北緣邊安撫副使，選知恩州。仁宗諭





以亂後撫御之意，對曰：「恩與他郡等耳，而爲守者猶以反側待之，故人心不自安。臣願盡力。」徙益州路鈐轄，累遷文州刺史、康州團練使、知雄州，歷龍神衞、捧日天武都指揮使，馬步殿前都虞候。

入宿衞，遷洋州觀察使。衞兵以給粟陳譁譟，執政將付有司治，守約曰：「御軍安用文法！」遣一牙校語之曰：「天子太倉粟，不請何爲？我不貸汝。」衆懼而聽命。進步軍副都指揮使、威武軍留後。神宗以禁旅驕惰，爲簡練之法，屯營可併者併之。守約率先推行，約束嚴峻，士始怨終服。或言其持軍太急，帝密戒之，對曰：「臣爲陛下明紀律，不忍使恩出於臣，而怨歸陛下。」帝善之，欲擢寘樞府，宰相難之，乃止。故事，當郊之歲，先期籍士卒之兇悍者，配下軍以讋衆，當受糧而倩人代負者罰，久而寖弛，守約悉舉行之。所居肅然無人聲，至蟬噪於庭亦擊去，人以爲過。涖職十年卒，年七十一。贈安武軍節度使，謚曰勤毅。

子球，以蔭幹當禮賓院。條秦、川券馬四弊，羣牧使用其議，馬商便之。再使高麗，密訪山川形勢、風俗好尙，使還，圖紀上之，神宗稱善，進通事舍人。帝崩，告哀契丹，至，則使易吉服，球曰：「通和歲久，憂患是同，大國安則爲之。」契丹不能奪。積遷西上閤門使、樞

密副都承旨。爲人謹密，朝日所聞上語，雖家人不以告。卒於官。

論曰：自郝質至宋守約，皆悃直忠篤，爲一時名將。遭世承平，邊疆少警，擁節旄，立殿陛，高爵重祿，以壽考終，宜也。姚氏世用武奮，兕與弟麟並有威名，關中號「二姚」。兕之子雄，亦以戰功至節度使，而古竟以敗貶，其才否可見已。

## 校勘記

〔一〕楊遂　原作「楊燧」。按編年綱目卷一四記他從狄青出戰儂智高，本書卷一五神宗紀、長編卷二九六記他除寧遠軍節度使，宋會要儀制一一之一六記他贈侍中，都作「楊遂」。東都事略卷八四有楊遂傳，宋大詔令集卷一〇一有楊遂寧遠軍節度使殿前副都指揮使制和加恩制。據改。下文同。

〔二〕鄜延路　原作「麟延路」，按宋無此路名，本書卷八七地理志有鄜延路，東都事略卷八四本傳正作「鄜延路」，據改。

〔三〕青唐　原作「青塘」，按本書卷四九二吐蕃傳，青唐是吐蕃邈川大首領唃廝囉的居地，本卷姚





麟、姚雄傳都載有此名；東都事略卷八四本傳記此事，正作「青唐」，據改。

〔四〕三年　承上文此當指建中靖國三年，但建中靖國無三年，長編紀事本末卷一三九繫此事於崇寧三年，此處失書「崇寧」紀元。

# 宋史卷三百五十

## 列傳第一百九

苗授 子履　王君萬 子贍　張守約　王文郁　周永清
劉紹能　王光祖　李浩　和斌 子詵　劉仲武　曲珍
劉闃　郭成　賈嵓　張整　張蘊　王恩　楊應詢　趙隆

苗授字授之，潞州人。父京，慶曆中，以死守麟州抗元昊者也。少從胡翼之學，補國子生，以蔭至供備庫副使。

王韶取鎮洮，授爲先鋒，破香子城，拔河府。羌雖敗，氣尚銳，輒圍香子以迎歸師。韶遣將田瓊救之，瓊死，乃簡騎五百屬授，授奮擊敗之。休士二日，羌復要於架麻平，注矢如雨，衆懼，授令曰：「第進毋恐！禝牌數百且至。」行前者傳呼，羌驚亂。力戰數十，斬首四千級。又破之於牛精谷，取珂諾城，盡得河湟地。





知德順軍，三遷西上閤門使。鬼章寇河州，詔授往，一戰克撒宗，論功第一，遂知州事。加四方館使、榮州刺史。從燕達取銀川，降木征，獻之京師，加引進使、果州團練使、涇原都鈐轄。

召使契丹，神宗勞之曰：「曩香子之役，非汝以寡擊衆，幾敗吾事。」以爲秦鳳副總管，徙熙河，復知河州。鄜李憲討生羌於露骨山，斬首萬級，獲其大酋冷雞朴，羌族十萬七千帳內附，威震洮西。拜昌州團練使、龍神衞四廂都指揮使，徙知雄州、熙州。

元豐西討，授出古渭取定西，蕩禹藏花麻諸族，降戶五萬。城蘭州，遇賊數萬於女遮谷，登山逆戰，敗退伏壘中，半夜遁去。授踰天都山，焚南牟，屯沒煙，凡師行百日，轉鬥千里，始入塞。

授遇事持議不苟合。初在德順，或議城錢南，授曰：「地阻大河，糧道不濟，非萬全計也。」役卽止。師征靈武，詔令授高遵裕，卽條上進退利害甚切。歷進步軍副都指揮使、威武軍節度觀察留後。元祐三年，遷武泰軍節度使、殿前副都指揮使。踰歲，以保康節度知潞州，提舉上清太平宮，復使殿前。薨，年六十七，贈開府儀同三司，謚曰莊敏。子履。

履束髮從戎。授之降木征也，履護送至京，得閤門祗候。歷熙、延、渭、秦四路鈐轄，知

鎮戎軍。及其父時，已官四方館使、吉州防禦使矣，以事竄房州，起爲西上閤門副使、熙河都監。又責右清道率府率，監峽州酒稅。元符初，悉還其官，以熙河蘭會都鈐轄知蘭州。

詔同王贍取青唐，與姚雄合兵討巉羌錢羅結〔一〕。贍將李忠戰敗，羅結大集衆，宣言欲圍青唐。履、雄將至，羌列陣以待，勢甚盛。履叱軍士納弓於鞬，拔刀而入。羌恃巢穴殊死鬭，梟將陳迪、王亨輩皆反走，履獨駐馬不動。有酋青袍白馬突而前，手劍擊履，帳下王拱以弓格之，僅免。復繞出履背，欲斷軍爲二，別將高永年率所部力戰數十合，羌退，乘勝圍蘭宗堡，弗能拔。日暮，收兵入營，羌宵潰。明日，縱兵四掠，焚其族帳而還。

既而阿章叛，詔履與种朴過河討蕩，辭以兵少，朴遂陷。錄履前功，擢龍神衛四廂都指揮使、成州團練使，知慶州，徙渭州，進捧日、天武都指揮使。是後史失其傳。子傅，在叛臣傳。

王君萬，秦州寧遠人。以殿侍爲秦鳳指揮使。王韶開邊，青唐大酋俞龍珂歸國，獨別羌新羅結不從。經略使韓縝期諸將一月取之。君萬詐爲獵者逐禽至其居，稍相親狎，與同獵，乘間摑之，墜馬，斬首馳歸以獻。甫及一月，積功得閤門祗候。





王師定武勝，首領欒厮遁邀劫于闐貢物，帥師討焉。君萬出南山，履險略地。羌潛伏山谷間，忽一騎躍出，橫矛將及，君萬亟側身避之，回首奮擊，斬以徇。其衆驚號，相率聽命，所斬乃欒厮遁也。復破北關、南市，功最多，擢熙河路鈐轄，進領英州刺史、達州團練使，賜絹五百。

洮西羌叛，圍河州，君萬請於王韶，以爲南撒宗城小而堅，彊勇所聚，若併兵破之，圍當自解。韶用其計，圍果解。累官客省使，爲副總管。坐貸結糴錢數萬緡，爲轉運使孫迥所糾，貶秩一等。討西山、鐵城有功，復故官職。君萬怨孫迥，使番官木丹訟之，鞫于秦、隴，又貶爲鳳翔鈐轄，籍家貲償逋，遂以憤卒。子贍。

贍始因李憲以進。立戰功，積官至皇城使，領開州團練使。元符中，知河州。熙帥鍾傳以冒白草原賞，獄治于秦，詔轉運使張詢論諸將得自首。贍具伏詐增首級，因說詢云：「青唐人有叛瞎征意，可取也。」詢信之，即具奏言已令贍結約起兵。哲宗與輔臣罪其狂妄專輒，亟罷詢，而命孫迥究實。獄上，奪贍十一官，猶令領州。

贍欲以功贖過，乃密畫取青唐之策，遣客詣章惇言狀。惇下其事於孫路，路以爲可取。贍遂引兵趣邈川。路知贍狡獪難制，使總管王愍統軍，而以贍副。贍爲前鋒渡河，先下隴朱黑城。忌愍分其功，紿之曰：「晨食畢乃發。」愍信之。夜半，贍忽傳發。平明，入邈川，據府庫，徑上捷書，不以白軍府。愍過午始至，以事訴於路，路亦怒，頵以兵柄付愍，而留贍屯邈川。

宗哥酋舍欽脚求內附，贍遣裨將王詠率五千騎〔二〕赴之。既入，而諸羌變，詠馳書告急，王厚使高永年救之，乃免。贍與愍交訟，又訴路指畫相違。惇主贍而不直路，曰：「首謀者贍也，路欲掩其功，故抑贍。」乃徙路河南，罷愍統制，以胡宗回爲帥。

時瞎征已來降，青唐戍將惟心牟欽氊父子百餘人在。贍不即取，二羌遂迎溪巴溫之子隴拶入守。始，孫路乞先全邈川及河南北諸城，然後進師。贍怨路，因言青唐不煩大兵可下，而路逗遛失機會。暨宗回至，乃云夏人謀攻邈川，當爲守備，青唐未可取。宗回責其反覆，日夜督出師，遣使威以軍法，且聲言欲使王愍代將。贍懼，急進攻隴拶及心牟等，皆出降。贍入據其城。詔建爲鄯州，進贍四方館使、榮州防禦使，知州事。黃履謂賞薄，乃拜維州團練使，爲路鈐轄。

贍縱所部剽斂，羌衆攜貳，心牟等結諸族帳謀復青唐，其在山南者先發。贍遣將李賓領二千騎掩襲心牟以下，自守西城與羌鬭。賓踰南山入保敦谷討蕩，羌戰敗奔北，四山皆空。贍戮心牟等九人，悉捕斬城中羌，積級如山。





初，贍諷諸酋籍勝兵者涅其臂，無應者。錢羅結請歸帥本路爲唱，贍聽之去，遂嘯集外叛，以數千人圍邈川，夏衆十萬助之，城中危甚。苗履、姚雄來援，圍始解。

已而王吉、魏釗、种朴相繼敗沒，將士奪氣。書聞，帝震駭，於是轉運使李譓、秦希甫劾贍盜取二城財物，因此致變；又殺心牟欽氊以滅口。曾布言贍創造事端以生邊害，萬死不塞責。詔貶右千牛將軍，房州安置。言者論之不已，熙河又奏青唐諸族怨贍入骨髓，日圖報復，樞密院乞斬贍以謝一方。詔配昌化軍，行至穰縣而縊。

崇寧初，蔡京入相，錢遹訟贍功；及王厚平鄯、廓，於是追贈保平軍節度觀察留後，除其子珏通事舍人。

張守約字希參，濮州人。以蔭主原州截原砦，招羌酋水令逋等十七族萬一千帳。爲廣南走馬承受公事，當儂寇之後，二年四詣闕，陳南方利害，皆見納用。歐陽脩薦其有智略、知邊事，擢知融州。峒將吳儂恃險爲邊患，捕誅之。脩復薦守約可任將帥，爲定州路駐泊都監，徙秦鳳。居職六年，括生羌隱土千頃以募射手，築硤石堡、甘谷城，第功最多。

夏人萬騎來寇，守約適巡邊，與之遇，不解鞍，簡兵五百逆戰，衆寡不侔，勢小卻。夏

二十四史

中華書局

人張兩翼來，守約挺身立陣前，自節金鼓，發彊弩殪其酋，敵遂退。

神宗開拓熙河，召問曰：「王韶能辦事否？」對曰：「以天威臨之，當無不濟；但董氊忠勤效順，恐不宜侵逼。」因請名古渭爲軍，以根本隴右。帝從之，建爲通遠軍。加通事舍人、熙河鈐轄，仍統秦鳳羌兵駐通遠。

河州羌率衆三萬屯于敦波，欲復舊地，守約度洮水擊破之，取窖粟食軍。羌老弱畜產走南山，左右欲邀之，云可獲萬萬。守約曰：「彼非敢迎戰，逃死耳，輒出者斬！」鬼章圍岷州，守約提敢死士鳴鼓張幟高山上，賊驚顧而遁，遂知岷州，降其首領千七百人。遷西上閤門使、知鎮戎軍，徙環州。

慕家族頡佷難制，搖動種落，勒兵討擒之，餘遁入夏國。守約駐師境上，檄取不置，居數日，械以來，斬於市。

從征靈武，至清遠軍，言於高遵裕曰：「此去靈州不三百里，用以前軍先出，直擣其城。今夏人以一方之力，應五路之師，橫山無人，靈州城中惟僧道數百。若裹十日糧，疾馳三日可至，軍無事矣。」又勸高遵裕令士衆護糧餉，以防抄掠，不聽，果以敗還。守約有捍海南鹹平之功，亦不錄。

進爲環慶都鈐轄、知邠州，徙涇原、鄜延、秦鳳副總管，領康州刺史。夏人十萬屯南牟，





畏其名，引去。知涇州，涇水善暴城，每春必增治隄堰，費不貲。適歲饑，罷其役。或曰：「如水害何？」守約曰：「歉歲勞民，甚於河患，吾且徐圖之。」河神祠故在南壖，禱而遷諸北，以殺河怒。一夕雷雨，明日，河徙而南，其北遂爲沙磧。以龍、神衞四廂都指揮使召還，道卒，年七十五。

守約典七州，皆有惠愛可紀。神宗嘗謂武臣可任者，以燕達、劉昌祚、姚麟、王崇極、劉舜卿等對，其後皆爲名將，時稱知人。

王文郁字周卿，麟州新秦人。以供奉官爲府州巡檢。韓琦薦其材，加閤門祗候、麟府駐泊都監。

熙寧討夏國，文郁敗之吐渾河。其將香崖夜遣使以劍爲信，欲舉衆降，許之。旦而至，與偕行，衆情忽變，譟以出。文郁擊之，追奔二十里。據險大戰，矢下如雨，文郁徐引度河，謂吏士曰：「前追彊敵，後背天險，韓信驅市人且破趙，況爾曹皆百戰驍勇邪？」士感奮進擊，夏人大潰，降其衆二千。遷通事舍人。夏人踰屈野河掠塞上，文郁追至長城坂，盡奪所掠而還。

神宗召見，問曰：「向者招納香崖，羣議不一，其爲朕言之。」對曰：「此乃致敵上策，恨未能多爾。並邊生羌善馳突，識鄉導，儻能撫柔之，所謂以外夷而攻外夷也。」帝於是決意招納，多獲其用。知文郁善左射，并招其子弟閱肄殿庭，文郁九發八中，詔官其二子。

知鎮戎、德順軍，預定洮、河，遷左騏驥副使、知麟州。夏衆踐稼，襲敗之，部使者劾爲生事，奪郡印。

未幾，爲熙河將。李憲討靈武，文郁得羌戶萬餘，遷路鈐轄。夏人圍蘭州，已奪兩關門，文郁募死士夜縋而下，持短兵突賊，卽掃營去。擢東上閤門使〔三〕、知蘭州。諜知夏人將大入，清野以俟，果舉國趨皋蘭，文郁乘城禦之，殺傷如積，圍九日而解，收其尸爲京觀。加榮州團練使，以捧日、天武都指揮使爲副都總管，以殿前都虞候知河州。築安西城、金城關，進秦州防禦、冀州觀察使。卒，年六十六。

周永清字肅之，世家靈州，州陷，祖美歸京師。永清以蔭從仕，宰相龐籍言其忠勇，加閤門祗候。押時服賜夏國，至宥州，夏人受賜不跪，詰之，恐而跪。遷通事舍人、渭州鈐轄。渭兵勁而陳伍不講，永清訓以李靖法。帥蔡挺嘉其整，圖上之，詔推於諸道。





知德順軍，夏衆入寇，擊擒其酋呂效忠。又募勇士夜馳百里，擣賊巢穴，斬首三百級，俘數千人，獲橐駝、甲馬萬計，城中無知者。並砦禁地三百里，盜耕不可禁，永清拓籍數千頃，置射士二千，聲聞敵廷。降者引入帳下，待之不疑，多得其死力。

徙秦鳳鈐轄、河北沿邊安撫副使、知代州。契丹無名求地，朝廷命韓縝分畫，永清貳焉，入對言：「疆境不可輕與人，臣職守土，不願行。」固遣之，復上章陳利害，竟以母病辭。歷高陽關、定州、涇原路鈐轄，知涇州、保州，又爲定州路副總管，終東上閤門使。

劉紹能字及之，保安軍人。世爲諸族巡檢，父懷忠，官內殿崇班、閤門祗候。元昊叛，厚以金幣及王爵招之，懷忠毀印斬使，洎入寇，力戰以死。錄紹能右班殿直，賜以名，爲軍北巡檢。擊破夏右樞密院党移賞粮數萬衆於順寧。夏人圍大順城，紹能爲軍鋒，毀其柵，至奈王川，邀擊於長城嶺；熙寧中，又敗夏人於破囉川，皆策功最。累遷洛苑使、英州刺史、鄜延兵馬都監。舊制，內屬者不與漢官齒，至是，悉如之，仍以其子襲故職。

元豐西討，召詣闕，神宗訪以計，對曰：「師旅遠征，儲偫不繼爲大患。若俟西成後，因粮深入，乃可以得志。」帝以爲然，命統兩軍進討。紹能世世邊將，爲敵所忌，每設疑以間

之。帝獨明其不然，手詔云：「紹能戰功最多，忠勇第一，此必夏人畏忌，爲間害之計耳。」紹能捧詔感泣。嘗坐譏逮對，按驗卒無實。守邊圉四十七年，大小五十戰，以皇城使、簡州團練使卒。

王光祖字君俞，開封人。父珪，爲涇原勇將，號「王鐵鞭」，戰死好水川。錄光祖爲供奉官、閤門祗候。

熙寧中，同提點河北刑獄，改沿邊安撫都監，進副使。界河巡檢趙用擾北邊，契丹以兵數萬壓境，造浮橋，如欲度者。光祖在舟中，對其衆盡徹戶牖。或謂：「契丹方陣，而以單舟臨之，如不測何？」光祖曰：「彼所顧者，信誓也；其來，欲得趙用耳。避之則勢張，吾死不足塞責。」

已而契丹欲相與言，光祖即命子襄往。兵刃四合，然語唯在用，襄隨機折塞之。其將蕭禧遽揮兵去，且邀襄食，付所戴青羅泥金笠以爲信，即上之。時已有詔罷光祖矣，吳充曰：「向非光祖以身對壘，又使子冒白刃取從約，則事未可知。宜賞而黜，何以示懲勸？」乃除眞定鈐轄。





徙梓夔。渝獠叛，詔熊本安撫，而命內藏庫使楊萬、成都鈐轄賈昌言、梓夔都監王宣與光祖同致討，皆受本節度。本疑光祖不爲用，分三道進師，使光祖將後軍，出黃沙坎。比發，日已暮，士以杖索塗，相挽而前，夜半，抵絕頂。賓明，獠望見，大駭，一鼓而潰。萬等困於松谿，又亟往援。出石門，敓其險，促黔兵先登襲賊，賊舍去。光祖夜泊松嶺上，且始遇萬等，與俱還。本愧謝，上其功第一。

吐蕃圍茂州，光祖領兵三千，會王中正破雞宗關，賊據石鼓村，扼其半道。中正召諸將問計，光祖獨請行。既抵石鼓，擇銳兵分襲吐蕃背，出其不意，皆驚遁，遂會中正于茂。

瀘夷乞弟殺王宣，詔從韓存寶討之，軍于梅嶺。夷數萬衆出駐落箇棧，欲老我師。霖雨不止，光祖勸存寶早決戰，不聽。林廣至，復從征，蕩其巢窟。積功至四方館使、知瀘州。置瀘南安撫使，俾兼領，邊事聽顓決。遷客省使、嘉州刺史。歷涇原、河東、定州路副總管，卒。

李浩字直夫，家本綏州，徙西河。浩務學，通兵法，以父定蔭，從軍破儂智高。韓絳城囉兀，領兵戰賞堡嶺川，殺大首領訛革多移，斬首千三百餘級。積官供備庫副使、廣西都監。

裒西北疆事著安邊策，謁王安石。安石言之神宗，召對，改管幹麟府兵馬。未行，又從章惇於南江，引兵由三路屯鎮江，入敘州，討舒光貴，破盈口柵，下天府，會于洽州，入懿州。蠻酋田元猛、元喆合狤狑拒官軍，浩分兵擊之，殺狤狑，降元猛、元喆，遂城懿州。進討黔江蠻，復城黔江。惇上其功，謂不當與他將比，擢引進副使、熙河鈐轄。

李憲討山後羌，浩將右軍至合龍嶺會戰，遣降羌乞嚨輕騎突敵帳，俘其酋冷雞朴、李密撒，馘三千。遷東上閤門使，爲副總管、知河州、安撫洮西。五路大舉，浩將前軍，復蘭州。遷引進使、隴州防禦使〔四〕、知蘭州兼熙河涇原安撫副使。坐西關失守及報上不實，再貶秩。旋以戰吃囉、瓦井連立功，復之。

哲宗即位，拜忠州防禦使、捧日天武都指揮使、馬軍都虞候，進黔州觀察使，歷鄜延、太原、永興、環慶路副都總管，再知蘭州。卒，贈安化軍留後。

和斌字勝之，濮州鄄城人。選隸散直，爲德順軍指揮使，凡五年，數扞敵，被重創十餘。知軍事劉兼濟以兄平敗沒，執送京師，并逮其家。斌慰安調護，爲寓金帛他所，密告兼濟勿以家爲恤。平冤既伸，兼濟獲免，家賴以全。定川之役，將曹倛喪所乘馬，斌輟騎與之，且戰且行，與俱免。





狄青南征，使部騎兵爲前鋒。青駐賓州十日以怠寇，既乃倍道兼行。斌以兵疲於險，利在速戰，即日度關。鏖賊歸仁驛，孫節死，斌引騎血戰，繞出賊後，遂敗之。師還，張破賊陳形於殿廷，仁宗拊勞，擢文思副使、權廣西鈐轄。改秦鳳，廣西以蠻事乞留，秦州亦請之，詔留廣西。

累歲，徙涇原。召對，議者謂交州可取，斌盛言有害無益，願戒邊臣無妄動。神宗歎曰：「卿質直如此，乃知兩路爭卿，爲不誣矣。」進帶御器械。渭部饑，帥王廣淵命吏賑給，斌曰：「救之無術，是殺之耳。」廣淵以委斌，斌擇地營居，養視有法，所活以萬數。

安南入寇，復徙廣西。累遷皇城使、昭州刺史。撫水蠻羅世念犯宜州，守將戰死。斌提步騎三千進討，方暑，晝夜趣兵，至懷遠寨，曰：「此要害之地，得之則生。」或曰：「奈何背龍江邪？」笑曰：「是所以生也。」因示弱驕之，蠻果大至，斌還將迎敵，戒以遇之則走，誘至平坂，列八陣以待之。張疑兵左右山上，蠻登嶺望見，始大驚。斌分騎翼其旁，自被甲步出，爲衆士先，殊死戰。蠻大敗，世念率酋黨四千八百內附。遂以榮州團練使知宜州，還西上閤門使、知邕州，以老請還，除高陽關副總管，歷永興軍路。召拜龍、神衞四廂都指揮，至步軍都虞候，卒，年八十。贈寧州防禦使。

斌老於爲將，以恩信得邊人心，嶺南珍貨，一無所畜。邊吏欲希功造事，皆憚不敢發；

或巧爲諜報啓釁，亦必折其姦謀。故所至無事，士大夫稱之。

子詵，以蔭爲河北副將，累官至右武大夫、威州刺史、知雄州。上制勝強遠弓式，能破堅於三百步外，邊人號爲「鳳凰弓」。進相州觀察使。在雄十年，頗能偵敵。童貫攻燕，召詵計事，悅之。分麾下兵俾以副統制，從种師道軍于白溝，旬有二日而退。追兵至，北風，大雨雹，師不能視。契丹以背盟譙責，薄暮，始得還。於是貫以契丹尙盛未可圖，劾詵覘候不實，貶濠州團練副使，筠州安置。

詵始興取燕之謀，見事勢寖異，則又以爲不宜取，故平燕肆赦，獨不得還。後復官，卒。

劉仲武字子文，秦州成紀人。熙寧中，試射殿庭異等，補官。數從軍，累轉禮賓使，爲涇原將。夏人謀犯天聖砦，渭帥檄諸將會兵，約曰：「過某日賊不至，卽去。」仲武諜得的期，乞緩分屯。帥不樂，但留一將及仲武軍，如期而敵至，力戰卻之。遷皇城使、熙河都監。復湟州，(五)進東上閤門使、知河州。





吐蕃趙懷德、狠阿章衆數萬叛命，仲武相持數日，潛遣二將領千騎扣其營，戒曰：「彼出，勿與戰，亟還，伏兵道左。」二將還，羌果追之，遇伏大敗，斬首三千級，復西寧州。未幾，懷德、阿章降。累進客省使、榮州防禦使。

副高永年西征。仲武欲持重固壘，永年易賊輕戰，遂大敗。仲武引咎自劾，坐流嶺南。命未下，與夏人戰，傷足。朝廷閔之，貸其罰，以爲西寧都護。

童貫招誘羌王子臧征僕哥，收積石軍，邀仲武計事。仲武曰：「王師入，羌必降；或退伏巢穴，可乘其便。但河橋功力大，非倉卒可成，緩急要預辦耳。若稟命待報，慮失事機。」貫許以便宜。僕哥果約降，而索一子爲質。仲武卽遣子錫往，河橋亦成。仲武帥師渡河，挈與歸。貫掩其功，仲武亦不自言。徽宗遣使持羢至邊，賜獲王者。訪得仲武，召對，帝勞之曰：「高永年以不用卿言失律，僕哥之降，河南綏定，卿力也。」問幾子，曰：「九人。」悉命以官，錫閤門祗候。

仲武知西寧州，徙渭州，召爲龍、神衞都指揮使，復出熙州、秦州，遷步軍副都指揮使。熙帥劉法死，又以熙、渭都統制羈之。歷拜徐州觀察使、保靜軍承宣使、瀘川軍節度使。以老，提舉明道宮，再起爲熙州。卒于官，年七十三。贈檢校少保，謚曰威肅。子錡，別有傳。

曲珍字君玉，隴干人，世爲著姓。寶元、康定間，夏人數入寇，珍諸父糾集族黨禦之，敵不敢犯。於是曲氏以材武長雄邊關。

珍好馳馬試劍，嘗與叔父出塞游獵，猝遇夏人，陷其圍中，馳擊大呼，衆披靡，得出，顧叔不至，復持短兵還決鬥，遂俱脫。秦鳳都鈐轄劉溫潤奇其材，一日，出寶劍令曰：「能射一錢於百步外者，與之。」諸少年百發不能中，珍後至，一矢破之。從溫潤城古渭，與羌戰，先登陷陳。爲綏德城監押，提孤軍拒寇，斬其大酋，加閤門祗候。有功洮西，遷內殿崇班。

郭逵、趙卨南征，爲第一將。進自右江，撫接廣源(六)三州十二縣，降僞守已下百六十人，老稚三萬六千口。是行也，功最諸將，遷西染院使。得疾，輿還京師，神宗遣使臨問，少間，令入對。珍念二帥不和睦，上問必及之，言之必形曲直，將何以對，乃以餘疾未平爲解。帝復使獎勞，賜之弓劍、鞍勒，命有司蠲其鄉徭賦，擢鄜延鈐轄，進副總管。

從种諤攻金湯、永平川，斬二千級。累遷客省使，拜懷州防禦使、龍神衞四廂都指揮使。徐禧城永樂，珍以兵從。版築方興，羌數十騎濟無定河覘役，珍將追殺之，禧不許。諜言夏人聚兵甚急，珍請禧還米脂而自居守。明日果至，禧復來，珍白：「敵兵衆甚，公宜退處內柵，檄諸將促戰。」禧笑曰：「曲侯老將，何怯邪？」夏兵且濟，珍欲乘其未集擊之，又不許。及攻城急，又勸禧曰：「城中井深泉嗇，士卒渴甚，恐不能支。宜乘兵氣未衰，潰圍而出，使





人自求生。」禧曰：「此城據要地，奈何棄之？且爲將而奔，衆心搖矣。」珍曰：「非敢自愛，但敕使、謀臣同沒于此，懼辱國耳。」數日城陷，珍縋而免，子弟死者六人。亦坐貶皇城使。帝察其無罪，諭使自安養，以圖後效。

元祐初，爲環慶副總管。夏人寇涇原，號四十萬，珍擣虛馳三百里，破之曲律山，俘斬千八百人，解其圍。進東上閤門使、忠州防禦使。卒，年五十九。珍善撫士卒，得其死力。雖不知書，而忠朴好義，本於天性。

劉闃字靜叔，青州北海人。以拳力爲軍校，從延州軍出塞遇敵，矢貫左耳，戰不顧，衆服其勇。從文彥博討貝州，次城下，攀壘欲登，賊以曲戟鉤其甲，闃裂之而墜。議者欲穿地道入，闃曰：「穴地積土，賊且知之。城瀕河，若晝囊土而夜投諸河，宜無知者。」彥博以爲然。穴成，闃持短兵先入，衆始從，遂登陴，引繩而上，遲明，師畢入。貝州平，功第一，擢虎翼指揮使。累遷宣武神衞都指揮使、昭州刺史、辰州團練使。

韓絳宣撫陝西，詔闃自河東爲犄角。至鐵冶溝，夏人大集。衆懼，闃自殿後，率銳騎搏戰，飛矢蔽體不爲卻，敵解去。

爲冀州駐泊總管。河水漲，隄防墊急，閿請郡守開青楊道口以殺水怒，莫敢任其責。閿躬往濬決，水退，冀人賴之。以左金吾大將軍致仕。卒，年八十五。

郭成字信之，德順中安堡人也。從軍，得供奉官。王師趨靈武，成將涇原兵擊破夏人於漫咩隘。至城下，有羌乘白馬馳突陣前，大將劉昌祚曰：「誰能取此者？」成躍馬梟其首以獻，進秩四等。

朝廷築平夏城，置將戍之，又環以五砦。渭帥章楶問可守者於諸將，皆曰：「非郭成不可。」遂使往守。夏人恚失地，空國入爭，謀曰：「平夏〔七〕視諸壘最大，郭成最知兵。」遂自沒煙峽連營百里，飛石激火，晝夜不息。成與折可適議乘勝深入，以萬騎異道並進，遂俘阿埋、都遣二大酋。捷聞，進雄州防禦使、涇原鈐轄。徽宗詔諸軍并力築綏戎、懷戎二堡，成獨當合流之役，暴露雪中，感疾卒。帝悼之甚，賻以金帛，官其子壻。

成輕財好施，名震西鄙。既沒，廉訪使者王孝竭白於朝，帝手書報曰：「郭成盡忠報國，有功于民，宜載祀典。」榜其廟曰「仁勇」云。子浩，紹興中爲西邊大將，至節度使。



賈嵓字民瞻，開封人。少時，善騎射，喟然歎曰：「大丈夫生世，要當自奮，揚名顯親可也。」遂起家從戎。神宗選材武，以爲內殿承制、慶州荔原堡都監。林廣討瀘夷，辟將前鋒。又爲河東將，敗西夏兵於明堂川。累功轉莊宅副使，遷路監。紹聖中，夏兵數萬圍麟州神堂砦甚急，嵓以數百騎往援，令其下曰：「國家無事時，不惜厚祿養汝輩，正以待一旦之用耳。今力雖不敵，吾誓以死報！」衆感厲，即循屈野河行，且五里，據北攔坡嶺上，一矢殪其酋，衆駭潰。哲宗嘉歎，賜以袍帶。知皇城使、威州刺史，遷路鈐轄。嵓在兵間二十年，有智略，能拊御士卒，所鄉輒勝。時以良將入對，留擢龍、神衞四廂都指揮使，遷步軍都虞候、濠州團練使。卒，年五十二，贈雄州防禦使。

張整字成伯，亳州酇陽人。初隸皇城司御龍籍，補供奉官，爲利、文州都巡檢使。邊夷歲鈔省地，吏習不與校，至反遺之物，留久乃去。整惡其貪暴無已，密募死士，時其來，掩擊幾盡。有司劾生事，神宗壯之，不問。調荊湖將領，拓溪蠻地，築九城，董兵鎮守。又破蠻於大田，歲中三遷。猺猞萬衆乘舟



屯托口，迫黔江城，時守兵才五百，人情大恐。整伏其半於托口旁，戒曰：「須吾旦度金斗崖，舉幟，則譟而前。」及旦，率其半，縛纜艫，建旗鼓，泝流急趨。賊望見大笑。幟舉伏發，前後合擊，人人殊死鬭，蠻騰踐投江中，殺獲不可計。爲廣西鈐轄，坐殺降猺，責監江州酒稅。復爲涇原、眞定、京東、環慶鈐轄。

整治軍嚴明，哲宗嘗訪於輔臣，召之對，擢爲龍神衞四廂都指揮使、管幹馬軍司。卒，官至威州刺史。

張蘊字積之，開封將家子也。從軍爲小校，隸劉昌祚。至靈州，遇敵中矢，拔鏃復戰，以功賜金帶。從征安南，次富良江，諸將猶豫未進，蘊褰裳先濟，衆隨之。蠻遯走，使巫被髮登崖爲厭勝，蘊射之，應弦而斃，一軍讙譟。

歷京西、涇原將，知綏德、懷寧、順寧軍等六城，儲粟至三十萬斛。將兵取宥州，破夏人於大吳神流堆。宥州監軍引鐵騎數千趨松林堡，蘊諜知之，頓兵長城嶺以待，戒諸部曰：「賊遠來氣盛，少休必困，困而擊之，必捷。」果以勝歸。夏人寇順寧，蘊置伏陘中，約聞呼則起，俘斬數百十人，獲馬、械甚衆。累遷皇城使、榮州刺史、成州團練使、通州防禦使，開德、河



陽馬步軍副總管。

顯肅皇后母自鄭氏再適蘊，徽宗屢欲以恩進其官，輒力辭不敢受，人以爲賢。卒，年七十三，贈感德軍節度使，謚曰榮毅。

王恩字澤之，開封人。以善射入羽林，神宗閱衞士，挽彊中的，且偉其貌，補供備庫副使。爲河州巡檢，夏羌寇蘭州，恩搏戰城下，中兩矢，拔去復鬭，意氣彌厲。遷涇原將。嘗整軍出萬惠嶺，士饑欲食，恩倍道兼行，衆洶洶。已而遇敵數萬，引兵先入壁，井竈皆具，諸將始服。羌扣壁願見，恩單騎徑出，遙與語，一夕，羌引去。

哲宗召見，語左右曰：「先帝時宿衞人，皆傑異如此。」留爲龍、神衞都指揮使，遷馬軍都虞候。契丹使來，詔陪射〔八〕，使者問：「聞涇原有王騎將，得無是乎？」應曰：「然。」射三發皆中，使以下相視皆歎息。

出爲涇原副都總管，並護秦、渭、延、熙四路兵，城西安，築臨羌、天都十餘壘。羌圍平夏，諸校欲出戰，恩曰：「賊傾國遠寇，難以爭鋒，宜以全制其敝。彼野無所掠，必攜，攜而遇伏，必敗。」乃先行萬人設伏，羌既退師，果大獲。





中華書局

徽宗立，以衞州防禦使徙熙河，改知渭州。括隱地二萬三千頃，分弓箭士耕屯，爲三十一部，以省餽餉。邊臣獻車戰議，帝以訪恩，恩曰：「古有之，偏箱〔九〕、鹿角，今相去益遠，人非所習，恐緩急難用。夫操不習之器，與敵周旋，先自敗耳。」帝善其對。遷馬步軍都指揮使、殿前都指揮使、武信軍節度使。

嘗汰禁卒數十人，樞密請命都承旨覆視，恩言：「朝廷選三帥，付以軍政，今去數十冗卒而不足信，卽其他無可爲者。」帝立爲罷之。睠顧甚寵，賜居宅，又賜城西地爲園囿。屬疾，以檢校司徒致仕。薨，年六十二，贈開府儀同三司。

楊應詢字仲謀，章惠皇后族孫也。歷知信安保定軍、霸州。塘濼之間地沮洳，水潦易集，居人浮板以濟。應詢增隄防爲長衢，濬其旁以泄流，民利賴之。爲河北沿邊安撫使。徽宗以歸信、容城兩縣弓手爲契丹所憚，欲增爲千人，或恐生事，應詢曰：「吾欲備他盜，彼安能禁我？」卒增之。

知雄州，朝廷多取西夏地，契丹以姻婭爲言，遣使乞還之，不得，擁兵並塞，中外恟疑。應詢曰：「是特爲虛聲嚇我耳。顧治兵積粟示有備，彼將閧亂自戢。」明年，果還兵。復遣其





相臣蕭保先、牛温舒來請，詔應詢逆于境。既至，帝遣問所以來，應詢對：「願固守前議。」尋兼高陽關路鈐轄。

邊人捕得北盜呂儀兒，契丹謂略執平民，有詔使縱釋。應詢言：「吾知執盜耳，因其求而遂與之，是示以怯也。」不與。遂質我民，固索之。應詢以違詔貶秩，再遷洋州觀察使。入提舉萬壽觀。館契丹使，當賜柑而貢未至，有司代以他物，使不受，應詢以言折之，乃下拜。復爲定州、眞定、大名副總管。卒，年六十三，贈昭化軍節度使，謚曰康理。

趙隆字子漸，秦州成紀人。以勇敢應募，從王韶取熙河。大將姚麟出戰，被重創，謂曰：「吾渴欲死，得水尚可活。」時已暮，有泉近賊營，隆獨身潛往，潰衣泉中。賊覺，隆且鬥且行，得歸，持衣裂水以飲麟，麟乃甦。又從李憲破西市。師討鬼章，外河諸羌皆以兵應之。隆率衆先至，斧其橋，鬼章失援，乃成擒。

爲涇原將，戰平夏川，功最多。崇寧中，鈐轄熙河兵，將前軍出邈川，預復鄯、廓。夏人寇涇原，詔熙河深入分其兵，無令專鄉東方。師至鐵山，隆先登，士皆殊死戰，夏人解去。召詣闕，徽宗慰勞之曰：「鐵山之戰，卿力也。」

童貫與論燕雲事，隆極言不可。貫曰：「君能共此，當有殊拜。」隆曰：「隆武夫，豈敢干賞以敗祖宗二百年之好？異時起釁，萬死不足謝責。」貫知不可奪，白以知西寧州，充隴右都護。羌豪信服，十二種戶三萬六千，願比內地。

帥劉法西討，隆以奇兵襲羌，羌潰，城震武。遷温州防禦使，龍神衞、捧日天武都指揮使，仍爲本道馬步副都總管。卒，贈鎭潼軍節度使，命詞臣製碑，帝篆額曰旌忠。

論曰：有國家者不可忘武備，故高祖以馬上得天下，而猶有「安得猛士守四方」之歎。然所貴爲將領者，非取其武勇而已也，必忠以爲主，智以爲本，勇以爲用。及其成功，雖有小大之殊，俱足以尊主庇民也。苗授策錢南之不可城，履不肯討阿章，永清不以地與敵，文郁撫納香崖，紹能之忠勇，珍之忠朴好義，光祖、應詢明於料敵，守約及整御衆嚴明，斌、浩之善戰，嵩、恩之善射，閩之出則先登，入則殿後，其材雖殊，其可以任奔走禦侮之責於四境則一也。咸以捍衞邊陲，服勤致死，明詔褒飭，廟食一方，宜哉。君萬挾誣報怨，瞻狡譎喜功，國有常罰，父子論死，亦宜也。詵首取燕，終變其說，既黜旋復，爲失刑矣。至若仲武敗則引咎責己，勝則不自言功，隆不敢啓釁干賞，蘊甘分而辭榮，有士君子之行焉，尤





武士之所難能也。

## 校勘記

〔一〕籛羅結　原作「鑀羅結」，據本卷王贍傳、本書卷四九二吐蕃傳、編年綱目卷二五改。

〔二〕五千騎　長編卷五一四作「五十騎」；注文並引曾布日錄作「五十餘騎」。疑當作「五十騎」。

〔三〕東上閤門使　當作「西上閤門使」，見本書卷一六神宗紀、長編卷三三三。

〔四〕隴州防禦使　當作「隴州團練使」，見同上書同卷、宋會要職官六六之一二。

〔五〕湟州　原作「湟川」。按東都事略卷一〇四本傳作「湟州」；長編紀事本末卷一三九收復湟州條，通川堡之役，劉仲武充任前鋒。此處蓋指元符二年宋人進攻湟州事，作「湟州」是，據改。

〔六〕廣源　「源」原作「原」。本書卷四九五廣源州蠻傳「源」字從「水」，並說州在邕州西南鬱江之源，與本傳合。據改。

〔七〕平夏　原倒，據上文和本書卷八七地理志改。

〔八〕陪射　「射」原作「謝」。按宋代用宴射接待契丹使者時，有「伴射」之官。本書卷一一九禮志和趙昇朝野類要卷一都有記載。「陪射」卽「伴射」，因據改。

〔九〕偏箱　原作「偏籍」，據武經總要卷四、邵伯溫聞見後錄卷二一、長編卷二五五改。

# 宋史卷三百五十一

## 列傳第一百一十

趙挺之　張商英兄唐英　劉正夫　何執中　鄭居中
張康國　朱諤　劉逵　林攄　管師仁　侯蒙

趙挺之字正夫，密州諸城人。進士上第。熙寧建學，選教授登、棣二州，通判德州。哲宗即位，賜士卒緡錢，郡守貪耄不時給，卒怒譟，持白梃突入府。守趨避，左右盡走。挺之坐堂上，呼問狀，立發庫錢，而治其爲首者，衆即定。魏境河屢決，議者欲徙宗城縣。轉運使檄挺之往視，挺之云：「縣距高原千歲矣，水未嘗犯。今所遷不如舊，必爲民害。」使者卒徙之，財二年，河果壞新城，漂居民略盡。

召試館職，爲祕閣校理，遷監察御史。初，挺之在德州，希意行市易法。黃庭堅監德安鎭，謂鎭小民貧，不堪誅求。及召試，蘇軾曰：「挺之聚斂小人，學行無取，豈堪此選。」至是，





劾奏軾草麻有云「民亦勞止」，以爲誹謗先帝。既而坐不論蔡確，通判徐州，俄知楚州。入爲國子司業，歷太常少卿，權吏部侍郎，除中書舍人、給事中。使遼，遼主嘗有疾，不親宴，使近臣即館享客。比歲享乃在客省，與諸國等，挺之始爭正其禮。

徽宗立，爲禮部侍郎。哲宗祔廟，議遷宣祖，挺之言：「上於哲宗兄弟，同一世；宣祖未當遷。」從之。拜御史中丞，爲欽聖后陵儀仗使。曾布以使事聯職，知禁中密指，諭使建議紹述，於是挺之排擊元祐諸人不遺力。由吏部尚書拜右丞，進左丞、中書門下侍郎。時蔡京獨相，帝謀置右輔，京力薦挺之，遂拜尚書右僕射。

既相，與京爭權，屢陳其姦惡，且請去位避之。以觀文殿大學士、中太一宮使留京師。乞歸青州，將入辭，會彗星見，帝默思咎徵，盡除京諸蠹法，罷京，召見挺之曰：「京所爲，一如卿言。」加挺之特進，仍爲右僕射。京在崇寧初，首興邊事，用兵連年不息。帝臨朝，語大臣曰：「朝廷不可與四夷生隙，隙一開，禍拏不解，兵民肝腦塗地，豈人主愛民恤物意哉！」挺之退謂同列曰：「上志在息兵，吾曹所宜將順。」已而京復相，挺之仍以大學士使佑神觀。未幾卒，年六十八。贈司徒，謚曰淸憲。

張商英字天覺，蜀州新津人。長身偉然，姿采如峙玉。負氣俶儻，豪視一世。調通川〔一〕主簿。渝州蠻叛，說降其酋。辟知南川縣。章惇經制夔夷，狎侮郡縣吏，無敢與共語。部使者念獨商英足抗之，檄至夔。惇詢人才，使者以商英告，即呼入同食。商英著道士服，長揖就坐。惇肆意大言，商英隨機折之，落落出其上。惇大喜，延爲上客。歸，薦諸王安石，因召對，以檢正中書禮房擢監察御史。

臺獄失出劫盜，樞密檢詳官劉奉世駁之，詔糾察司劾治。商英奏：「此出大臣私忿〔二〕，願收還主柄，使耳目之官無爲近臣所脅。」神宗爲置不治。商英遂言奉世庇博州失入囚，因摭院吏徇私十二事，語侵樞臣，於是文彥博等上印求去。詔責商英監荆南稅，更十年，乃得館閣校勘、檢正刑房。商英嘗薦舒亶可用，至是，亶知諫院，商英以壻王潙之所業示之，亶繳奏，以爲事涉干請，責監赤岸鹽稅。

哲宗初，爲開封府推官，屢詣執政求進。朝廷稍更新法之不便於民者，商英上書言：「『三年無改於父之道，可謂孝矣。』今先帝陵土未乾，即議變更，得爲孝乎？」且移書蘇軾求入臺，其庾詞有「老僧欲住烏寺，呵佛罵祖」之語。呂公著聞之，不悅。出提點河東刑獄，連使河北、江西、淮南。

哲宗親政，召爲右正言、左司諫。商英積憾元祐大臣不用己，極力攻之，上疏曰：「先帝





盛德大業，跨絕今古，而司馬光、呂公著、劉摯、呂大防援引朋儔，敢行譏議。凡詳定局之所建明，中書之所勘當，戶部之所行遣，百官之所論列，詞臣之所作命，無非指擿抉揚，鄙薄嗤笑，翦除陛下羽翼於內，擊逐股肱於外，天下之勢，岌岌殆矣。今天清日明，誅賞未正，願下禁省檢索前後章牘，付臣等看詳，簽揭以上，陛下與大臣斟酌而可否焉。」遂論內侍陳衍以搖宣仁，至比之呂、武；乞追奪光、公著贈謚，仆碑毀冢；言文彥博背負國恩，及蘇軾、范祖禹、孫升、韓川諸人，皆相繼受譴。又言：「願陛下無忘元祐時，章惇無忘汝州時，安燾無忘許昌時，李淸臣、曾布無忘河陽時。」其觀望捭闔，以險語激怒當世，槪類此。

惇、燾交惡，商英欲助惇，求所以傾燾者。陽翟民蓋氏養子漸，先爲祖母所逐，以家貲屬其女，經元豐訴理不得直。商英論其寃，導漸使遮執政，及詣御史府訐燾姻家與蓋女爲道地。哲宗不直商英，徙左司員外郎。既，與漸交關事皆露，責監江寧酒。起知洪州，爲江、淮發運副使，入權工部侍郎，遷中書舍人。謝表歷詆元祐諸賢，衆益畏其口。徽宗出爲河北都轉運使，降知隨州。

崇寧初，爲吏部、刑部侍郎，翰林學士。蔡京拜相，商英雅與之善，適當制，過爲褒美。尋拜尚書右丞，轉左丞。復與京議政不合，數詆京「身爲輔相，志在逢君」。御史以爲非所宜言，且取商英所作元祐嘉禾頌及司馬光祭文，斥其反覆。罷知亳州，入元祐黨籍。

京罷相，削籍知鄂州。京復相，以散官安置歸、峽兩州。大觀四年，京再逐，起知杭州。過闕賜對，奏曰：「神宗修建法度，務以去大害、興大利，今誠一一舉行，則盡紹述之美。法若有弊，不可不變，但不失其意足矣。」留爲資政殿學士、中太一宮使。頃之，除中書侍郎，遂拜尚書右僕射。京久盜國柄，中外怨疾，見商英能立同異，更稱爲賢，徽宗因人望相之。時久旱，彗星中天，是夕，彗不見，明日，雨。徽宗喜，大書「商霖」二字賜之。商英爲政持平，謂京雖明紹述，但借以劫制人主，禁錮士大夫爾。於是大革弊事，改當十錢以平泉貨，復轉般倉以罷直達，行鈔法以通商旅，蠲橫斂以寬民力。勸徽宗節華侈，息土木，抑僥倖。帝頗嚴憚之，嘗葺升平樓，戒主者遇張丞相導騎至，必匿匠樓下，過則如初。楊戩除節度使，商英曰：「祖宗之法，內侍無至團練使。有勳勞當陟，則別立昭宣、宣政諸使以寵之，未聞建旄鉞也。」訖持不下，論者益稱之。

然意廣才疏，凡所當爲，先於公坐誦言，故不便者得預爲計。何執中、鄭居中日夜醞織其短，先使言者論其門下客唐庚，竄之惠州。有郭天信者，以方技隸太史，徽宗潛邸時，嘗言當履天位，自是稍眷寵之。商英因僧德洪、客彭几與語言往來，事覺，鞫于開封府。御史中丞張克公疏擊之，以觀文殿大學士知河南府，旋貶崇信軍節度副使，衡州安置。天信亦斥死。京遂復用。



未幾，太學諸生誦商英之冤，京懼，乃乞令自便。繼復還故官職。宣和三年卒，年七十九。贈少保。

商英作相，適承蔡京之後，小變其政，譬饑者易爲食，故蒙忠直之名。靖康褒表司馬光、范仲淹，而商英亦贈太保。紹興中，又賜謚文忠，天下皆不謂然。兄唐英。

唐英字次功。少攻苦讀書，至經歲不知肉味。及進士第，翰林學士孫抃得其正議五十篇，以爲馬周、魏元忠不足多。薦試賢良方正，不就。調穀城令。縣圃歲畦蔬，貸種與民，還其陳，復配賣取息，銓曹指爲富縣。唐英至，空其圃，植千株柳，作柳亭其中，聞者咨羨。英宗繼大統，唐英上謹始書云：「爲人後者爲子，懼他日必有引漢定陶故事以惑宸聽者，願杜其漸。」既而濮議果起。帝不豫，皇太后垂簾，又上書請立潁王爲皇太子。神宗即位，知其人，擢殿中侍御史。入對，帝問何尚衣綠，對曰：「前者固得之，回授臣父。」帝嘉其孝，賜五品服。

帝方厲精圖治，急於用人，唐英言：「知江寧府王安石經術道德，宜在陛下左右。」又論宗室祿多費鉅，宜以服爲差殺；天下苦差役不均，盍思所以寬民力、代民勞者。其後略施行。帝方欲用之，以父憂去，未幾卒。

唐英有史材，嘗著仁宗政要、宋名臣傳、蜀檮杌行于世。

劉正夫字德初，衢州西安人。未冠入太學，有聲，與范致虛、吳材、江嶼號「四俊」。元豐八年，南省奏名在優選，而犯高魯王諱，凡五人皆當黜。宣仁后曰：「外家私諱頒未久，不可以妨寒士。」命寘末級。久之，爲太學錄、太常博士。母服闋，御史中丞石豫薦之，召赴闕，道除左司諫。

時方究蔡邸獄，正夫入對，徽宗語及之，徐引淮南「尺布、斗粟」之謠以對。帝感動，解散其獄，待蔡王如初。他日，謂正夫曰：「兄弟之間，人所難言，卿獨能及此，後必爲公輔。」又言：「元祐、紹聖所修神宗史，互有得失，當折中其說，傳信萬世。」遂詔刊定，而以起居舍人爲編修官。不閱月，遷中書舍人，進給事中、禮部侍郎。

蔡京據相位，正夫欲附翼之，奏言：「近命官纂錄紹述先志及施行政事，願得陳力其間。」詔俾閱詳焉。京罷，正夫又與鄭居中陰援京。京憾劉逵次骨，而逵善正夫，京雖賴其助，亦惡之。因章綖鑄錢獄辭及正夫，時使遼還，京諷有司追逮之。帝知其情，第貶兩秩。京又出之成都，入辭，留爲翰林學士。京愈不能平，謀中以事。作春宴樂語，有「紫宸朝罷



袞衣閑」之句，京黨張康國密白帝曰：「袞衣豈可閑？」竟改龍圖閣直學士、知河南府。

召爲工部尚書，拜右丞，進中書侍郎。太學諸生習樂成，京欲官之。正夫曰：「朝廷長育人材，規爲時用，而使與伶官齒，策名以是，得無爲士子羞乎？」東封儀物已具，正夫請間，力陳不可，帝皆爲之止，益喜其不與京同。

政和六年，擢拜特進、少宰。才半歲，屬疾，三上章告老，除安化軍節度使、開府儀同三司致仕。病小愈，丐東歸，詔肩輿至內殿，長子阜民掖入坐。從容及燕雲事，曰：「臣起書生，軍旅之事未之學，然兩朝信誓之久，四海生靈之衆，願深留聖思。」明日，徙節安靜軍，起充中太一宮使，封康國公。將行，賜之詩及硯筆、圖畫、藥餌、香茶之屬甚厚。正夫獻詩謝，帝又屬和以榮其歸。至盱眙，病亟，命子弟作遺牘，自書「留神根本，深戒持盈」八字，遂卒，年五十六。贈太保，謚文憲，再贈太傅。

正夫由博士入都，馴致宰相，能迎時上下，持祿養權。性吝嗇，惟恐不足於財。晚年，築第杭州萬松嶺，以建閣奉御書爲名，悉取其旁軍營民舍，議者譏之。帝眷念不衰，以阜民爲兵部侍郎；少子阜民，徽猷閣待制。

何執中字伯通，處州龍泉人。進士高第，調台、亳二州判官。亳數易守，政不治。會罣至，頗欲振起之，顧諸僚無可仗信者，執中一見合意，事無纖鉅，悉委以剸決。有妖獄久不竟，株連寖多。執中訊諸囚，聽其相與語，謂牛羊之角皆曰「股」，扣其故，閉不肯言，而相視色變。執中曰：「是必爲師張角諱耳。」即扣頭引伏。蔣之奇使淮甸，號彊明，官吏望風震慴，見執中喜曰：「二州六邑，賴有君爾。」知海鹽縣，爲政識後先，邑人紀其十異。

入爲太學博士，以母憂去，寓蘇州。比隣夜半火，執中方索居，遑遑不能去，拊柩號慟，誓與俱焚。觀者悲其孝而危其難，有頃火卻，柩得存。紹聖中，五王就傅，選爲記室，轉侍講。端王即位，是爲徽宗，超拜寶文閣待制，遷中書舍人、兵部侍郎、工部吏部尚書兼侍讀。

蔡京籍上書人爲邪等，初無朝覲及入都之禁，執中申言之，且請任在京職秩者皆罷遣。四選案籍，吏多藏于家，以舞文取賄。執中請置庫架閣，命官莅之，是後六曹皆倣其法。辟雍成，執中請開學殿，使都人士女縱觀，大爲士論所貶。

崇寧四年，拜尚書右丞〔三〕。大觀初，進中書、門下侍郎，積官金紫光祿大夫。一意謹事京，三年，遂代爲尚書左丞〔四〕，加特進。制下，太學諸生陳朝老詣闕上書曰：「陛下知蔡京姦，解其相印，天下之人鼓舞，有若更生。及相執中，中外默然失望。執中雖不敢肆爲非法若京之蠹國害民，然碌碌庸質，初無過人。天下敗壞至此，如人一身，臟府受沴已深，豈





庸庸之醫所能起乎？執中貪緣攀附，致位二府，亦已大幸，遽俾之經體贊元，是猶以蚊負山，多見其不勝任也。」疏奏不省，而眷注益異。初，賜第信陵坊，以爲淺隘，更徙金順坊甲第。建嘉會成功閣，帝親書鉅額以示寵。

執中與蔡京並相，凡營立皆預議，略無所建明。及張商英任事，執中惡其出己上，與鄭居中合擠之。陳瓘在台州，執中起遷人石悈知州事，使脅取尊堯集，謀必死瓘；瓘不死，執中怒罷悈。

政和二年，大長公主喪，罷上元端門觀燈，執中言：「不宜以長主故閡衆情，願特爲徙日，以昭與民同樂之意。」帝重逆其請，爲申五日期。用提舉修哲宗史紀恩，加少保。入宴太清樓，錫白玉帶。會正宰相官名，轉少傅，爲太宰；又遷少師，封榮國公。

執中輔政一紀，年益高。五年，臥疾甚，賜寬告。他日造朝，命止赴六參起居，退治省事。明年，乃以太傅就第，許朝朔望，儀物廩稍，一切如居位時。入見，帝曰：「自相位致爲臣，數十年無此矣。」對曰：「昔張士遜亦以舊學際遇，用太傅致仕，與臣適同。」帝曰：「當時恩禮，恐未必爾。」執中頓首謝。其在政府，嘗戒邊吏勿生事，重改作，惜人材，寬民力。雖居富貴，未嘗忘貧賤時。斥緡錢萬置義莊，以贍宗族。性復謹畏，至於迎順主意，贊飾太平，則始終一致，不能自克。

卒，年七十四。帝即幸其家，以不及視其病爲恨，輟視朝三日，贈太師，追封清源郡王，謚曰正獻。

鄭居中字達夫，開封人。登進士第。崇寧中，爲都官禮部員外郎、起居舍人，至中書舍人、直學士院。初，居中自言爲貴妃從兄弟，妃從藩邸進，家世微，亦倚居中爲重，由是連進擢。會妃父紳客祝安中者，上書涉謗訕，言者幷及居中，罷知和州，徙潁州。明年，歸故官，遷給事中、翰林學士。大觀元年，同知樞密院。時妃寵冠後宮，於居中無所賴，乃用宦官黃經臣策，以外戚秉政辭。改資政學士、中太一宮使兼侍讀。

蔡京以星文變免，趙挺之相，與劉逵謀盡改京所爲政。未幾，徽宗頗悔更張之暴，外莫有知者。居中往來紳所，知之，即入見言：「陛下建學校、興禮樂，以藻飾太平；置居養、安濟院，以周拯窮困，何所逆天而致威譴乎？」帝大悟。居中退語禮部侍郎劉正夫，正夫繼請對，語同。帝意乃復向京。京再得政，兩人之助爲多。

居中厚責報，京爲言樞密本兵之地，與三省殊，無嫌於用親。經臣方持權，力抗前說，京言不效。居中疑不已援，始怨之，乃與張康國比而間京。都水使者趙霖得龜兩首於





黃河，獻以爲瑞。京曰：「此齊小白所謂『象罔』，見之而霸者也。」居中曰：「首豈宜有二？人皆駭異，而京獨主之，殆不可測。」帝命棄龜金明池，謂「居中愛我」，遂申前命，進知院事。四年，京又罷。居中自許必得相，而帝覺之，不用。妃正位中宮，復以嫌，罷爲觀文殿學士。

政和中，再知樞密院，官累特進。時京總治三省，益變亂法度。居中每爲帝言，帝亦惡京專，尋拜居中少保、太宰，使伺察之。居中存紀綱，守格令，抑僥倖，振淹滯，士論翕然望治。丁母憂，旋詔起復。踰年，加少傅，得請終喪。服除，以威武軍節度使佑神觀。還領樞密院，加少師，連封崇、宿、燕三國公。

朝廷遣使與金約夾攻契丹，復燕雲，蔡京、童貫主之。居中力陳不可，謂京曰：「公爲大臣，國之元老，不能守兩國盟約，輒造事端，誠非妙算。」京曰：「上厭歲幣五十萬，故爾。」居中曰：「公獨不思漢世和戎用兵之費乎？使百萬生靈肝腦塗地，公實爲之。」由是議稍寢。其後金人數攻，契丹日蹙，王黼、童貫復議舉兵，居中又言：「不宜幸災而動，待其自斃可也。」不聽。燕山平，進位太保，自陳無功，不拜。

入朝，暴遇疾歸舍，數日卒，年六十五。贈太師、華原郡王，謚文正。帝親表其隧曰：「政和寅亮醇儒宰臣文正鄭居中之墓。」

居中始仕，蔡京卽薦其有廊廟器。既不合，遂因蔡渭理其父確功狀，追治王珪。居中，珪壻也，故借是撼之，然卒不能害。

子脩年、億年，皆至侍從。億年遭靖康之難，沒入于金。後遣事劉豫，晚得南歸，秦檜以婦氏親擢爲資政殿大學士，位視執政。檜死，亦竄死撫州。

時又有安堯臣者，亦嘗上書論燕雲之事，其言曰：

宦寺專命，倡爲大謀，燕雲之役興，則邊釁遂開；宦寺之權重，則皇綱不振。

昔秦始皇築長城，漢武帝通西域，隋煬帝遼左之師，唐明皇幽薊之寇，其失如彼。周宣王伐玁狁，漢文帝備北邊，元帝納賈捐之之議，光武斥臧宮、馬武之謀，其得如此。藝祖撥亂反正，躬擐甲冑，當時將相大臣，皆所與取天下者，豈勇略智力，不能下幽燕哉？蓋以區區之地，契丹所必爭，忍使吾民重困鋒鏑！章聖澶淵之役，與之戰而勝，乃聽其和，亦欲固本而息民也。

今童貫深結蔡京，同納趙良嗣以爲謀主，故建平燕之議。臣恐異時脣亡齒寒，邊境有可乘之釁，狼子蓄銳，伺隙以逞其欲，此臣所以日夜寒心。伏望思祖宗積累之艱難，鑒歷代君臣之得失，杜塞邊隙，務守舊好，無使外夷乘間窺中國，上以安宗廟，下以



慰生靈。

徽宗然之，命堯臣以官；後竟爲姦謀所奪。堯臣嘗舉進士不第，蓋惇之族子也。

論曰：君子小人，猶冰炭不可一日而處者也。趙挺之爲小官，薄有才具，熙寧新法之行，迎合用事，元祐更化，宜爲諸賢鄙棄。至於紹聖，首倡紹述之謀，觝排正人，靡所不至。其論蔡京，不過爲攘奪權寵之計而已，所謂「楚固爲失，齊亦未爲得」也。徽宗知京不可顓任，乃以張商英、鄭居中輩敢與京爲異者參而用之。殊不知二人者，向背離合，覩利所在，亦何有於公議哉？商英以傾詖之行，竊忠直之名，沒齒猶見褒稱，其欺世如此！何執中貪緣舊學，致位兩府，無所建明，惟務媢嫉，至用石械脅陳瓘取尊堯集，欲因以殺瓘，何爲者耶？宣、政命相，得若而人，尙望治乎？劉正夫生平所爲，睒睗出沒正邪之間，商英之徒也。唐英有淸才而寡失德，獨薦王安石爲可咎；然安石未相，正人端士孰不與之，又何責乎唐英！



張康國字賓老，揚州人。第進士，知雍丘縣。紹聖中，戶部尙書蔡京整治役法，薦以參詳利害，使提舉兩浙常平推行之，豪猾望風斂服。發倉救荒，江南就食者活數萬口。徙福建轉運判官。崇寧元年，入爲吏部、左司員外郎，起居郎。二年，爲中書舍人。徽宗知其能詞章，不試而命。遷翰林學士。三年，進承旨，拜尙書左丞，而以其兄康伯代爲學士。尋知樞密院事。康國自外官爲郎，不三歲至此。

始因蔡京進，京定元祐黨籍，看詳講議司，編彙章牘，皆預密議，故汲汲引援之，帝亦器重焉。及得志，寖爲崖異。帝惡京專愎，陰令沮其姦，嘗許以相。是時，西北邊帥多取部內好官自辟置，以力不以才。康國曰：「並塞當擇人以紓憂顧，奈何欲私所善乎？」乃隨闕選用，定爲格。

京使御史中丞吳執中擊康國，康國先知之。旦奏事，留白帝曰：「執中今日入對，必爲京論臣，臣願避位。」既而執中對，果陳其事，帝叱去之。他日，康國因朝退，趨殿廬，暴得疾，仰天吐舌，舁至待漏院卒，或疑中毒云。年五十四。贈開府儀同三司，諡曰文簡。康伯，仕終吏部尙書。



朱諤字聖與，秀州華亭人，初名紱。進士第二，調忠正軍推官。崇寧初，由太常丞擢殿中侍御史，遷侍御史、給事中。以同黨籍人姓名，故改名。進御史中丞，入謝，徽宗曰：「今朝廷肅淸，上下無事，宜審重以稱朕意。」對曰：「前此中執法類不知職守，言事多妄，至過天津橋，見汴隄一角墊陷，乞修葺。如許細故，何足論哉？」帝曰：「然。比石豫、許敦仁妄發，皆如是。」諤遂奏：「願如神宗故事，聽政之餘，開內閣，延羣臣，從容論道。」

又言：「陛下手詔屢下，惻怛願治。然吏奉行者多安於苟簡，或懷二三，梔匿不行，使德音善教，無由下達。願分命使者刺舉諸道，有受令而不行及行令而不盡者，論如古留令、虧令之罪，則令出而朝廷尊矣。元祐紛更，凡得罪于熙寧、元豐者，不問是否，輒陳寃訴，自歸無過之地，彰先朝之失刑，希合姦臣，規求進用。門下侍郎許將頃下御史獄，抗章云：『絲毫自知其無事，父子相係而爲囚，追屬吏十有六人，繫病者百有三日，終無可坐之罪，遂加不實之刑。』夫以追屬吏如是之多，繫病者如是之久，卒之於無可坐，則先帝所用之刑爲何哉？將於哲廟表，泛爲平詞；至宣仁太后[五]之前，則銜寃負痛。其辭如此，於陛下紹述成功，得無少損乎？」詔出將河南。

六察官彈治稽違，近歲察事多者輒推賞，有僥求之敝。諤乞罷賞，使各安職分，從之。俄兼侍讀，徙兵、禮、吏三部尙書。大觀元年，拜右丞[六]。居三月卒，年四十。贈光祿大夫，



中華書局

謚忠靖。

謂出蔡京門，善附合，不能有所建白。既死，京爲誌其墓。

劉逵字公路(七)，隨州隨縣人。進士高第，調越州觀察判官。入爲太學、太常博士，禮部、考功員外郎，國子司業。崇寧中，連擢祕書少監、太常少卿、中書舍人、給事中、戶部侍郎。使高麗，還尙書。繇兵部同知樞密院，拜中書侍郎。

逵無他才能，初以附蔡京故躐進。京以彗星見去相，而逵貳中書，首勸徽宗碎元祐黨碑，寬上書邪籍之禁。凡京所行悖理虐民事，稍稍澄正。逵與趙挺之同心，然挺之多智，慮後患，每建白，務開其端，而使逵終其說。逵欲自以爲功，直情不顧。未滿歲，帝疑逵擅政，而鄭居中、劉正夫之策售矣。

帝意既移，於是御史余深、石公弼論逵專恣反覆，乘間抵巇，盡廢紹述良法；愚視丞相，陵蔑同列；凡所啓用，多取爲邪黨學術者及邪籍中子弟；庇其婦兄章綖，使之盜鑄。罷知亳州。

京復相，再責鎭江節度副使，安州居住。京再以星變去，稍起知杭州，加資政殿學士。





以醴泉觀使召，及都而卒，年五十。贈光祿大夫。

林攄字彥振(八)，福州人，徙蘇。父邵，顯謨閣直學士。攄用蔭至敕令檢討官。蔡京講明熙寧、元豐故事，引以爲屬，遷屯田、右司員外郎。

時遣朝士察諸道，攄使河北。入辭，言大府宜擇帥，邊州宜擇守，西山木不宜采伐，保甲有藝者宜貢諸朝，驕兵宜使更戍，錢貨、文書闌出疆外者宜遏絕。徽宗喜曰：「卿所陳，已盡河朔利害，毋庸行。」賜進士第，擢起居舍人，進中書舍人。俄直學士院，禁林官不乏，帝特命，遂爲翰林學士。

初，朝廷數取西夏地，夏求援於遼，遼爲請命。攄報聘，京密使激怒之以啓釁。入境，盛氣以待迓者，小不如儀，輒辨詰。及見遼主，始跪授書，即抗言數夏人之罪，謂北朝不能加責而反爲之請。禮出不意，遼之君臣不知所答。及辭，遼使攄附奏，求還進築夏人城柵。攄答語復不巽，遼人大怒，空客館水漿，絕煙火，至舍外積潦亦汚以矢溲，使饑渴無所得。如是三日，乃遣還，凡饔餼、祖犒皆廢。歸復命，議者以爲怒隣生事，猶除禮部尙書。既而遼人以失禮言，出知潁州。

尋召爲開封尹。大理負賈錢久不償，一日，盡輦當十錢來，賈疑不納，理訟之。攄馳詣蔡京，問曰：「錢法變乎？」京色動曰：「方議之，未決也。」攄曰：「令未布而賈人先知，必有與爲表裏者。」退鞫之，得省吏主名，寘于法。

張懷素妖事覺，攄與御史中丞余深及內侍雜治，得民士交關書疏數百，攄請悉焚蕩，以安反側，衆稱爲長者，而京與懷素游最密，攄實爲京地也。京深德之，用鞫獄明允，加秩二等。改兵部尙書，進同知樞密院，尙書左丞、中書侍郎。自大觀元年春至二年五月，繇朝散大夫九遷至右光祿大夫。

集英臚唱貢士，攄當傳姓名。不識「甄盎」字，帝笑曰：「卿誤邪？」攄不謝，而語詆同列。御史論其寡學，倨傲不恭，失人臣禮，黜知滁州。言者不厭，罷，提舉洞霄宮。起爲越州、永興軍，皆以親年高辭。拜端明殿學士，久之，知揚州，政以察察聞，鉏大俠，繩汚吏，下不敢欺。有行商寓逆旅，晨出不反，館人以告，攄曰：「此當不遠，或利其貨殺之耳。」指蹤物色，得屍溝中，果城民張所爲也。

徙大名府。道過闕，爲帝言：「頃使遼，見其國中攜貳，若兼而有之，勢無不可。」攄蓋以曩辱，故修怨焉。其後北伐，蓋兆於此。加觀文殿學士，拜慶遠軍節度使。言者復論罷之。還姑蘇，瘍生於首而卒，年五十九。帝念其奉使之勤，申贈開府儀同三司，錄子偉直祕閣。





數月偉死，嗣遂絕。靖康元年，以京死黨，追貶節度副使。

管師仁字元善，處州龍泉人。中進士第，爲廣親、睦親宅教授。通判澧州，知建昌軍，有善政。擢右正言、左司諫。論蘇軾、蘇轍深毀熙寧之政，其門下士吏部員外郎晁補之輩不宜在朝廷，遂去之。河北濱、棣諸州歲被水患，民流未復，租賦故在，師仁請悉蠲減，以綏徠之，一方賴其賜。遷起居郎、中書舍人、給事中、工部侍郎。選曹吏多撓法爲過，師仁暫攝領，發其姦，抵數人於罪，士論稱之。改吏部，進刑部尙書，以樞密直學士知鄧州，未行，改揚州，又徙定州。

時承平百餘年，邊備不整，而遼橫使再至，爲西人請侵疆。朝廷詔師仁設備，至則下令增陴浚湟，繕葺甲胄。僚吏懼，不知所裁。師仁預爲計度，一日而舉衆十萬，轉盼迄成，外間無知者。於是日與賓客燕集，以示閒暇，使敵不疑。帝手書詔奬激。召爲吏部尙書，俄同知樞密院。才兩月，病。拜資政殿學士、佑神觀使，卒，年六十五。贈正奉大夫。



中華書局

侯蒙字元功,密州高密人。未冠,有俊聲,急義好施,或一日揮千金。進士及第,調寶雞尉,知柏鄉縣。民訟皆決于庭,受罰者不怨。轉運使黃湜聞其名,將推轂之,召詣行臺白事,蒙以越境不肯往。湜怒,他日行縣,閱理文書,欲繇致其罪;既而無一疵可指,始以賓禮見,曰:「君眞能吏也。」率諸使者合薦之。徙知襄邑縣,擢監察御史,進殿中侍御史。

崇寧星變求言,蒙疏十事,曰去冗官,容諫臣,明嫡庶,別賢否,絕倖冀,戒濫恩,寬疲民,節妄費,戚里毋預事,閹寺毋假權。徽宗聽納,有大用意。遷侍御史。

西將高永年死于羌,帝怒,親書五路將帥劉仲武等十八人姓名,敕蒙往秦州逮治。既行,拜給事中。至秦,仲武等囚服聽命,蒙曉之曰:「君輩皆侯伯,無庸以獄吏辱君,第以實對。」案未上,又拜御史中丞。蒙奏言:「漢武帝殺王恢,不如秦繆公赦孟明;子玉縊而晉侯喜,孔明亡而蜀國輕。今羌殺吾一都護,而使十八將繇之而死,是自艾其支體也。欲身不病,得乎?」帝悟,釋不問。

遷刑部尙書,改戶部。比歲郊祭先期告辦,尙書輒執政。至是,帝密諭之。對曰:「以財利要君而進,非臣所敢。」母喪,服除,歸故官,遂同知樞密院。進尙書左丞、中書侍郎。先是,御史中丞蔡薿詆張商英私事甚力,有旨令廷辨。蒙曰:「商英雖有罪,宰相也;蔡薿雖言官,從臣也。使之廷辨,豈不傷國體乎?」帝以爲然。一日,帝從容問:「蔡京何如人?」對曰:「使京能正其心術,雖古賢相何以加。」帝頷首,且使密伺京所爲。京聞而銜之。





大錢法敝,朝廷議改十爲三,主藏吏來告曰:「諸府悉輦大錢市物于肆,皆疑法當變。」蒙曰:「吾府之積若干?」曰:「八千緡。」蒙叱曰:「安有更革而吾不知!」明日,制下。又嘗有幾事蒙獨受旨,京不知也;京偵得之,白于帝,帝曰:「侯蒙亦如是邪?」罷知亳州。旋加資政殿學士。

宋江寇京東,蒙上書言:「江以三十六人橫行齊、魏,官軍數萬無敢抗者,其才必過人。今青溪盜起,不若赦江,使討方臘以自贖。」帝曰:「蒙居外不忘君,忠臣也。」命知東平府,未赴而卒,年六十八。贈開府儀同三司,謚文穆。

論曰:崇寧、宣和之間,政在蔡京,罷不旋踵輒起,姦黨日蕃。一時貪得患失之小人,度徽宗終不能去之,莫不趨走其門。若張康國、朱諤、劉逵、林攄者,皆是也。康國、逵中雖異京,然其材智皆非京敵,卒爲京黨所擊。攄奉京姦謀,激怒鄰國,滁納啓釁,罪莫大焉。易曰:「開國承家,小人勿用。」其謂是歟!管師仁執政僅兩月,引疾求去,斯可尙已。侯蒙逮治五路將帥,力爲申理,十八人者繇之而免,其仁人利溥之言乎?

## 校勘記

〔一〕通川　原作「通州」,據琬琰集下編卷一六張少保商英傳、東都事略卷一〇二本傳改。

〔二〕出大臣私忿　「忿」原作「分」。琬琰集下編卷一六張少保商英傳作「忿」,據改。

〔三〕尙書右丞　當作「尙書左丞」,見本書卷二〇徽宗紀、東都事略卷一〇二本傳。

〔四〕尙書左丞　當作「尙書左僕射」,見同上書同卷同篇。

〔五〕宣仁太后　原作「宣和太后」。按宣和太后是宋高宗之母,見本書卷二四三韋賢妃傳。朱諤上書在崇寧時,討論的是元祐時事,不應提到韋后。元祐時,宣仁太后垂簾聽政。此處「和」字係「仁」字之訛,據改。

〔六〕右丞　「丞」下原衍「相」字,據本書卷二〇徽宗紀、東都事略卷一〇三本傳刪。

〔七〕公路　東都事略卷一〇三本傳、宋宰輔編年錄卷一一都作「公達」。

〔八〕彥振　東都事略卷一〇三林攄傳、宋宰輔編年錄卷一二都作「彥福」。

# 宋史卷三百五十二

## 列傳第一百一十一

唐恪 李邦彥 余深 薛昂 吳敏 王安中 王襄

趙野 曹輔 耿南仲 王寓附

唐恪字欽叟，杭州錢塘人。四歲而孤，聞人言其父，輒悲泣。以蔭登第，調郴尉。縣民有被害而尸不獲，吏執其鄰人，抑使自誣，令以爲信。恪爭之，令曰：「否將爲君累。」恪曰：「吾爲尉而盜不能捕，更俾亡辜死乎？」躬出訪求，夕，若有告者，且而得尸，遂獲盜。知楡次，縣豪子雄於鄉，萃逋庇姦，不輸公賦，前後莫敢詰。恪以理善曉之，悟而自悔，折節爲長者。最聞，擢提舉河東常平、江東轉運判官。

大觀中，牂牁內附，召爲屯田員外郎，持節招納夷人。夷始恫疑，吏甲以逆，恪盡去兵衞，從數十卒單行。夷望見懽呼，投兵聽命。以奉使稱職，遷右司員外郎、起居舍人。迎遼





使還，言河北邊備弛廢，宜及今無事，以時治之。徽宗壯之，曰：「非卿誰宜爲者。」命爲都轉運使，加集賢殿修撰。中貴人稱詔有所市，恪不答，憤而歸，中以它事，降直龍圖閣、知梓州。

歷五年，徙滄州。河決，水犯城下，恪乘城救理。都水孟昌齡移檄索船與兵，恪報水勢方惡，舡當以備緩急；滄爲極邊，兵非有旨不敢遣。昌齡怒，劾之，恪不爲動，益治水。水去，城得全，詔書嘉獎。乃上疏請暫免保甲、保馬呈閱及復諸縣租，等第振貸，以寬被水之民。未報，悉便宜罷行之，民大悅。

進龍圖閣待制、知揚州，召拜戶部侍郎。京師暴水至，汴且溢，付恪治之。或請決南隄以紓宮城之患，恪曰：「水漲隄壞，此亡可奈何，今決而浸之，是魚鼈吾民也。」亟乘小舟，相水源委，求所以利導之，乃決金隄注之河。浹旬水平，入對，帝勞之曰：「宗廟社稷獲安，卿之力也。」恪再拜，因上疏言：「水，陰類也，至犯京闕，天其或者以陰盛之沴儆告陛下乎？願垂意時事，益謹天戒。」

宣和初，遷尙書，帝許以二府。爲宰相王黼所陷，罷知滁州。言者論其治第歷陽，擾民踰制，提舉鴻慶宮。五年，起知靑州；未行，召爲吏部尙書，徙戶部。復請外，以延康殿學士知潭州，請往錢塘掃墓，然後之官，遂改杭州。

靖康初，金兵入汴，李邦彥薦之，拜同知樞密院事，至則爲中書侍郎。時進見者多論宣和間事，恪言於欽宗曰：「革弊當以漸，宜擇今日之所急者先之。而言者不顧大體，至毛舉前事，以快一時之憤，豈不傷太上道君之心哉。京、攸、黼、貫之徒既從竄斥，姑可已矣，他日邊事既定，然後白道君，請下一詔，與天下共棄之，誰曰不可。」帝曰：「卿論甚善，爲朕作詔書，以此意布告在位。」因賜東宮舊書萬卷，且用近比除子璟直祕閣，力辭之。

八月，進拜少宰兼中書侍郎，帝注禮之甚渥。然恪爲相，無濟時大略。金騎再來，邀割三鎭，恪集廷臣議，以爲當與者十九，恪從之。使者既行，於是諸道勤王兵大集，輒諭止令勿前，皆反旆而去。洎金兵薄城下，始悔之，密言於帝曰：「唐自天寶而後屢失而復興者，以天子在外可以號召四方也。今宜舉景德故事，留太子居守而西幸洛，連據秦、雍，領天下親征，以圖興復。」帝將從其議，而開封尹何㮚入見，引蘇軾所論，謂周之失計，未有如東遷之甚者。帝幡然而改，以足頓地曰：「今當以死守社稷。」擢㮚門下侍郎，恪計不用。

從帝巡城，爲都人遮擊，策馬得脫，遂臥家求去。御史胡舜陟繼劾其罪，謂「恪之智慮不能經畫邊事，但長於交結內侍，今國勢日蹙，誠不可以備位」。乃以觀文殿大學士、中太一宮使兼侍讀罷，㮚代爲相。

京城不守，車駕至金帥營，恪曰：「計失矣。一入，將不得還。」既而還宮，恪迎拜道左，





請入覲，㮚不可。二年正月，復幸，恪曰：「一之謂甚，其可再乎？」及金人逼百官立張邦昌，令吳幵、莫儔入城取推戴狀，恪既書名，仰藥而死。

李邦彥字士美，懷州人。父浦，銀工也。邦彥喜從進士游，河東舉人入京者，必道懷訪邦彥。有所營置，浦亦罷工與爲之，且復資給其行，由是邦彥聲譽奕奕。入補太學生，大觀二年，上舍及第，授祕書省校書郞，試符寶郞。

邦彥俊爽，美風姿，爲文敏而工。然生長閭閻，習猥鄙事，應對便捷；善謳謔，能蹴鞠，每綴街市俚語爲詞曲，人爭傳之，自號李浪子。言者劾其游縱無檢，罷符寶郞，復爲校書郞。俄以吏部員外郞領議禮局，出知河陽，召爲起居郞。邦彥善事中人，爭薦譽之，累遷中書舍人、翰林學士承旨。

宣和三年，拜尙書右丞；五年，轉左丞。浦死，贈龍圖閣直學士，諡曰宣簡。邦彥起復，與王黼不協，酒陰結蔡攸、梁師成等，譖黼罷之。明年，拜少宰，無所建明，惟阿順趨諂充位而已，都人目爲「浪子宰相」。

徽宗內禪，命爲龍德宮使，升太宰。知衆議不與，外患日偪，抗疏丐宮祠。金人既薄都

城，李綱、种師道罷，邦彥堅主割地之議。太學生陳東數百人伏宣德門上書，言邦彥及白時中、張邦昌、趙野、王孝迪、蔡懋、李梲之徒爲社稷之賊，請斥之。邦彥退朝，羣指而大詬，且欲毆之，邦彥疾驅得免。迺以特進、觀文殿大學士充太一宮使。不旬日，吳敏爲請，復起爲太宰。人皆駭愕，言者交論之。出知鄧州，遂請持餘服，提舉亳州明道宮。建炎初，以主和誤國，責建武軍節度副使，潯州安置。

方蔡京、王黼用事，附麗者多援引入政府，若余深、薛昂、吳敏、王安中、趙野，史皆逸其事，因附著於此云。

余深，福州人。元豐五年，進士及第。崇寧元年，爲太常博士、著作佐郎，改司封員外郎，拜監察御史、殿中侍御史，試辟雍司業。

累官御史中丞兼侍讀。治張懷素獄，事連蔡京，與開封尹林攄曲爲掩覆，獄辭有及京者，輒焚之。京遂力引深與攄，驟至執政。大觀二年，以吏部尚書拜尚書左丞。三年，轉中書侍郎；四年，轉門下侍郎。京既致仕，深不自安，累疏請罷，乃以資政殿學士知青州。政和二年，京復赴都堂治事，於是深復入爲門下侍郎。七年，拜少宰。宣和元年，爲太





宰，進拜少保，封豐國公。再封衞國，加少傅。時福建以取花果擾民，深爲言之，徽宗不悅。遂請罷，出爲鎮江軍節度使、知福州。靖康初，加恩特進、觀文殿大學士。故事，凡僕射、使相，宣徽使皆判州府，深以少傅、節度知福州，有司失之也。

深諂附蔡京，結爲死黨。京姦謀詭計得助多者，深爲首，攄次之。言者累章劾深，深益懼，丐致仕。建炎二年，降中大夫，臨江軍居住。尋以渡江赦恩，還鄉里，卒。子日章，亦以言者罷徽猷閣待制。

薛昂，杭州人，登元豐八年進士第。崇寧初，歷太學博士、校書郎、著作佐郎，爲殿中侍御史，試起居郎，改中書舍人兼侍講，升給事中兼大司成。

昂寡學術，士子有用史記、西漢語，輒黜之。在哲宗時，常請罷史學，哲宗斥爲俗佞。拜翰林學士，以不稱職改刑部尚書，轉兵部。大觀三年，拜尚書左丞。明年，請補外，出知江寧，徙河南。久之，提舉嵩山崇福宮。

政和三年，蔡京復用事，昂復自尚書右丞爲左丞，遷門下侍郎。尋請罷，授彰化軍節度使、佑神觀使，改特進，充資政殿大學士、知應天府。昂與余深、林攄始終附會蔡京，至舉家爲京諱。或誤及之，輒加笞責，昂嘗誤及，卽自批其口。靖康初，言者斥其罪，詔以金紫光祿大夫致仕。杭州軍亂，昂不請命領州事，責徽州居住。

昂主王氏學，嘗在安石坐，圍棋賭詩，局敗，昂不能作，安石代之，時人以爲笑云。

吳敏字元中[一]，眞州人。大觀二年，辟雍私試首選。蔡京喜其文，欲妻以女，敏辭。因擢浙東學事司幹官，爲祕書省校書郎，京薦之充館職。中書侍郎劉正夫以敏未嘗過省，不可，京乃請御筆特召上殿，除右司郎官。御筆自此始，違者以大不恭論，繇是權倖爭請御筆，而繳駁之任廢矣。升中書舍人、同修國史，改給事中。敏爲蔡京所引，鄭居中方秉政，敏數言其失，居中銜之。坐駁盜當死者，罷爲右文殿修撰、提舉南京鴻慶宮。久之，復爲給事中，權直學士院兼侍講。

徽宗將內禪，蔡攸探知上意，引敏入對。宰臣執政皆在，敏前奏事，且曰：「金人渝盟，舉兵犯順，陛下何以待？」上蹙然曰：「奈何！」時東幸計已定，命戶部尚書李梲先出守金陵。敏退，詣都堂言曰：「朝廷便爲棄京師計，何理也？此命果行，須死不奉詔。」宰執以爲言，梲遂罷行。皇太子除開封尹，上去意益決，敏因奏對得請，遂薦李綱。綱嘗語敏以上宜





傳位，如唐天寶故事，故薦之，冀上或有所問也。明日，宰臣奏事，徽宗獨留李邦彥，語敏所對。命除門下侍郎，輔太子。敏辭曰：「臣旣畫計，當從陛下巡幸。陛下且傳位，而臣受不次之擢，臣曷敢？」上曰：「不意卿乃爾敢言。」於是命敏草傳位詔。

欽宗旣立，上皇出居龍德宮，敏與蔡攸同爲龍德宮副使，遷知樞密院事，拜少宰。敏主和議，與太宰徐處仁議不合，紛爭上前。御史中丞李回劾之，與處仁俱罷，爲觀文殿大學士、醴泉觀使。頃之，言者論其芘蔡京父子，出知揚州，再貶崇信軍節度副使，涪州安置。建炎初，移柳州。俄用范宗尹薦，起知潭州，敏辭免，丐宮祠，乃提舉洞霄宮。紹興元年，復觀文殿大學士，爲廣西、湖南宣撫使，卒于官。

王安中字履道，中山陽曲人。進士及第，調瀛州司理參軍、大名縣主簿，歷祕書省著作郎。政和間，天下爭言瑞應，廷臣輒箋表賀，徽宗觀所作，稱爲奇才。他日，特出制詔三題使具草，立就，上卽草後批：「可中書舍人。」未幾，自祕書少監除中書舍人，擢御史中丞。開封邏卒夜跡盜，盜脫去，民有驚出與卒遇，縛以爲盜；民訟諸府，不勝考掠之慘，遂誣服。安中廉知之，按得冤狀，卽出民，抵吏罪。

有徐禋者，以增廣鼓鑄之說媚于蔡京，京奏遣禋措置東南九路銅事，且令搜訪寶貨。禋圖繪阬冶，增舊幾十倍，且請開洪州嚴陽山阬，迫有司承歲額數十兩。其所烹煉，實得銖兩而已。禋術窮，乃妄請得希世珍異與古之寶器，乞歸書藝局，京主其言。安中獨論禋欺上擾下，宜令九路監司覆之，禋竟得罪。

時上方鄉神仙之事，蔡京引方士王仔昔以妖術見，朝臣戚里寅緣關通。安中疏請自今招延山林道術之士，當責所屬保任，宣召出入，必令察視其所經由，仍申嚴臣庶往還之禁；并言京欺君僭上、蠹國害民數事。上悚然納之。已而再疏京罪，上曰：「本欲卽行卿章，以近天寧節，俟過此，當爲卿罷京。」京伺知之，大懼，其子攸日夕侍禁中，泣拜懇祈。上爲遷安中翰林學士，又遷承旨。

宣和元年，拜尚書右丞；三年，爲左丞。金人來歸燕，謀帥臣，安中請行。王黼贊於上，授慶遠軍節度使、河北河東燕山府路宣撫使〔二〕、知燕山府，遼降將郭藥師同知府事。藥師跋扈，府事皆專行，安中不能制，第曲意奉之，故藥師愈驕。俄加檢校少保，改少師。時山後諸州俱陷，唯平州爲張覺所據。金人入燕，以覺爲臨海軍節度使。其後叛金，金人攻之，覺敗奔燕。金人來索急，安中不得已，縊殺之，函其首送金。郭藥師宣言曰：「金人欲覺卽與，若求藥師，亦將與之乎？」安中懼，奏其言，因力求罷。藥師自是解體，金人終以是





啓釁。安中以上清寶籙宮使兼侍讀召還，除檢校太保、建雄軍節度使、大名府尹兼北京留守司公事。

靖康初，言者論其締合王黼、童貫及不幾察郭藥師叛命，罷爲觀文殿大學士、提舉嵩山崇福宮；又責授朝議大夫、祕書少監、分司南京，隨州居住；又貶單州團練副使，象州安置。高宗卽位，內徙道州，尋放自便。紹興初，復左中大夫。子辟章知泉州，迎安中往，未幾卒，年五十九。

安中爲文豐潤敏拔，尤工四六之製。徽宗嘗宴睿謨殿，命安中賦詩百韻以紀其事。詩成，賞歎不已，令大書于殿屏，凡侍臣皆以副本賜之。其見重如此。有初寮集七十六卷傳于世。

王襄初名寧，鄧州南陽人，擢進士第。崇寧二年，以軍器監主簿言事稱旨，擢庫部員外郎，改光祿少卿，出察訪陝西。還，爲顯謨閣待制、權知開封府。府事浩穰，訟者株蔓千餘人，縲繫滿獄。襄晝夜決遣，四旬俱盡；又閱月，獄再空。遷龍圖閣直學士、吏部侍郎，出知杭州；未至，改海州，又改應天府，徙鄆州。召爲禮部尚書，移兵部，出知潁州，改永興軍。蒲城妖賊王寧適同姓名，請更名宓。爲左司諫石公弼所劾，徙汝州，俄奪學士，提舉南京鴻慶宮。

大觀三年，以集賢殿修撰知潭州，改兵部侍郎，使高麗。還對稱旨，詔賜名襄。歷工部、吏部尚書，拜同知樞密院事。坐薦引近侍，以延康殿學士罷知亳州；又坐交通郭天信落職，提舉嵩山崇福宮。久之，起知鄆州，復學士秩，尋加資政殿學士，徙知淮寧府。以言事忤王黼，復提舉崇福宮。

宣和六年，起爲河南尹。金人再入，出爲西道都總管，張杲副之。高宗開大元帥府，襄以所部兵會于虞城縣。卽位，命襄知河南府。襄初與趙野分總西北道諸軍，金人圍京師，徵兵入援，二人故迂道宿留。至是，降寧遠軍節度副使，永州安置，卒。

趙野，開封人。登政和二年進士第。歷監察御史、殿中侍御史，試起居舍人兼太子舍人，俄遷中書舍人、給事中、大司成，拜刑部尚書、翰林學士。時蔡京、王黼更秉政，植黨相擠，一進一退，莫有能兩全者，野處之皆得其心，京、黼亦待之不疑。宣和七年，拜尚書右丞，升左丞。





靖康初，爲門下侍郎。徽宗東幸，詔野爲行宮奉迎使。以左司諫陳公輔言，罷野行，出爲北道都總管，顏岐副之。已而落職，提舉嵩山崇福宮。元帥府建，命與范訥爲宣撫司，守東京，尋帥師屯宛亭，以待王師。王襄既責，野亦降安遠軍節度副使，邵州安置。建炎元年，復起知密州。時盜賊充斥山東，車駕如淮南，命令阻絕，野棄城去。軍校杜彥等乘間作亂，追野以歸。彥坐堂上數之曰：「汝知州而攜家先遁，此州之人，誰其爲主？」野不能應，遂見殺。家屬悉爲賊所分，唯子學老得免。

曹輔字載德，南劍州人。第進士。政和二年，以通仕郎中詞學兼茂科〔三〕，歷祕書省正字。自政和後，帝多微行，乘小轎子，數內臣導從。置行幸局，局中以帝出日謂之有排當，次日未還，則傳旨稱瘡痍，不坐朝。始，民間猶未知。及蔡京謝表有「輕車小輦，七賜臨幸」，自是邸報聞四方，而臣僚阿順，莫敢言。輔上疏略曰：

陛下厭居法宮，時乘小輿，出入廛陌之中、郊坰之外，極游樂而後反。道塗之言始猶有忌，今乃談以爲常，某日由某路適某所，某時而歸，又云輿飾可辨而避。臣不意陛下當宗廟社稷付託之重，玩安忽危，一至於此。夫君之與民，本以人合，合則爲腹心，

離則爲楚、越，畔服之際在於斯須，甚可畏也。昔者仁祖視民如子，憪然惟恐其或傷。一旦宮闈不禁，衞士輒踰禁城，幾觸寶瑟。荷天之休，帝躬保祐。俚語有之，『盜憎主人』，主人何負於盜哉？況今革冗員，斥濫奉，去浮屠，誅胥吏，蚩蚩之民，豈能一一引咎安分？萬一當乘輿不戒之初，一夫不逞，包藏禍心，發蠭蠆之毒，奮獸窮之計，雖神靈垂護，然亦損威傷重矣。又況有臣子不忍言者，可不戒哉！

臣願陛下深居高拱，淵默雷聲，臨之以穹昊至高之勢，行之以日月有常之度。及其出也，太史擇日，有司除道，三衞百官，以前以後。若曰省煩約費，以便公私，則臨時降旨，存所不可闕，損所未嘗用。雖非祖宗舊制，比諸微服晦跡，下同臣庶，堂陛陵夷，民生姦望，不猶愈乎？

上得疏，出示宰臣，令赴都堂審問。太宰余深曰：「輔小官，何敢論大事？」輔對曰：「大官不言，故小官言之。官有大小，愛君之心，則一也。」少宰王黼陽顧左丞張邦昌、右丞李邦彥曰：「有是事乎？」皆應以不知。輔曰：「茲事雖里巷細民無不知，相公當國，獨不知邪？曾此不知，焉用彼相！」黼怒其侵己，令吏從輔受辭。輔操筆曰：「區區之心，一無所求，愛君而已。」退，待罪於家。黼奏不重責輔，無以息浮言，遂編管郴州。輔將言，知必獲罪，召子紳來，付以家事，迺閉戶草疏。夕有惡鳥鳴屋極，聲若紡輪，心知其不祥，弗恤也。處





郴六年，黼當國不得移，輔亦怡然不介意。

靖康元年，召爲監察御史，守殿中侍御史，除左諫議大夫、御史中丞。不旬日，拜延康殿學士、簽書樞密院事。未幾，免簽書。金人圍汴都，要親王、大臣出盟，輔與尚書左丞馮澥出使粘罕軍。康王開元帥府于相州，金人請欽宗詔召之，乃遣輔往迓。至曹州，不見而復，遂從二帝留金軍中。張邦昌請歸輔，輔歸，乞奉祠，邦昌不從。康王次南京，邦昌遣輔來見。康王卽位，輔仍舊職。未幾卒，詔厚恤其家。

耿南仲，開封人。與余深同年登第，歷提舉兩浙常平，徙河北西路，改轉運判官、提點廣南東路及夔州路刑獄、荆湖江西兩路轉運副使，入爲戶部員外郎、辟雍司業，坐事罷知衢州。政和二年，以禮部員外郎爲太子右庶子，改定王、嘉王侍讀，俄試太子詹事、徽猷閣直學士，改寶文閣直學士。在東宮十年。

欽宗辭內禪，得疾，出臥福寧殿，宰相百官班俟，日暮不敢退。李邦彥曰：「皇太子素親耿南仲，可召之入。」南仲與吳敏至殿中侍疾。明日，帝卽位，拜資政殿大學士、簽書樞密院事。未幾，免簽書。帝以南仲東宮舊臣，禮重之，賜宅一區，升尚書左丞、門下侍郎。

金人再舉鄉京師，請割三鎭以和，議者多主戰守，唯南仲與吳幵堅欲割地。康王使軍前，請南仲偕。帝以其老，命其子中書舍人延禧代行。金人次洛陽，不復言三鎭，直請畫河爲界。於是議遣大臣往，南仲以老辭，聶昌以親辭。上大怒，卽令南仲出河東、昌出河北，議割地。

初，南仲自謂事帝東宮，首當柄用，而吳敏、李綱越次進，位居己上，不能平。因每事異議，擯斥不附己者。綱等謂不可和，而南仲力沮之，惟主和議，故戰守之備皆罷。康王在相州，南仲偕金使王汭往衞州。鄉兵危殺汭，汭脫去，南仲獨趣衞，衞人不納。走相州，以上旨喻康王，起河北兵入衞京師，因連署募兵榜揭之，人情始安。二帝北行，南仲與文武官吏勸進。

高宗既卽位，薄南仲爲人，因其請老，罷爲觀文殿大學士〔四〕、提舉杭州洞霄宮。延禧以龍圖閣直學士知宣州。已而言者論其主和誤國罪，詔鐫學士秩，延禧亦落職與祠。尋責南仲臨江軍居住。御史中丞張澂又言：「南仲趣李綱往救河東，以致師潰，蓋不恤國事，用此報讎。」帝曰：「南仲誤淵聖，天下共知，朕嘗欲手劍擊之。」命降授別駕，安置南雄，行至吉州卒。建炎四年，復觀文殿大學士〔五〕。





王寓字元忠，江州人。父易簡，資政殿大學士兼侍講。寓歷校書郎、著作佐郎、度支員外郎兼充編修官、國子司業，爲起居舍人，改中書舍人兼蕃衍宅直講。欽宗立，以給事中命兼邇英殿經筵侍講，轉吏部侍郎，升禮部尚書、翰林學士。

康王之使金也，以寓爲尚書左丞副之。寓憚行，假夢兆丐免，易簡亦上書以請。上震怒，追毀左丞命，降單州團練副使，新州安置，并易簡宮祠黜之。建炎四年，賊馬進破江州，易簡等三百人俱被害。

論曰：三代之後，有天下而長久者，漢、唐、宋爾。漢、唐末世，朋黨相确，小人在位，然猶有君子扶持遷延，浸微浸滅；未有純用小人，至於主辱國播，如宋中葉之烈也。蔡京以紹述爲羅，張端官、修士而盡之，上鉗下錮，其術巧矣。徽宗亦頗悟，間用鄭居中、王黼、李邦彥輩，覦京柄權。以不肖易不肖，猶去野葛而代烏喙也，庸愈哉！當是時，王、蔡二黨，階京者芘京，締黼者右黼，援麗省臺，迭相指嗾，徼功挑患，汴、洛既震，則恇縮無策，苟生匃和。彼邦彥、安中、深、敏輩誤國之罪，當正其僇，而欽、高二君徒從竄典，信失刑矣。恪旣預推戴，署狀乃死，無足贖者。輔以小臣劘上，面譏大臣，坐斥不變，獨終始無朋與，其賢矣乎。

## 校勘記

〔一〕元中　北盟會編卷五四引林泉野記和詩選、李幼武皇朝名臣言行續錄卷二吳敏條，都作「元忠」。

〔二〕河北河東燕山府路宣撫使　「東」原作「南」，據本書卷二二徽宗紀、宋會要職官四一之二〇改。

〔三〕詞學兼茂科　「詞」原作「問」，據宋會要選舉一二之七、皇朝名臣言行續錄卷二曹輔條改。

〔四〕觀文殿大學士　本書卷二一三宰輔表、繫年要錄卷五都作「觀文殿學士」，此處「大」字疑衍。

〔五〕觀文殿大學士　宋宰輔編年錄卷一四、繫年要錄卷三八都作「觀文殿學士」，此處「大」字疑衍。



# 宋史卷三百五十三

## 列傳第一百一十二

何㮚　孫傅　陳過庭　張叔夜　聶昌　張閣　張近　鄭僅
宇文昌齡 子常　許幾　程之邵　龔原　崔公度　蒲卣

何㮚字文縝，仙井人。政和五年進士第一，擢祕書省校書郎。踰年，提舉京畿學事，召爲主客員外郎、起居舍人，遷中書舍人兼侍講。

徽宗數從咨訪，欲付以言責。或論㮚與蘇軾鄉黨，宗其曲學，出知遂寧府。已而留爲御史中丞，論王黼姦邪專橫十五罪，黼既抗章請去，而尤豫未決。㮚繼上七章，黼及其黨胡松年、胡益〔一〕等皆罷，㮚亦以徽猷閣待制知泰州。

欽宗立，復以中丞召。閱月，爲翰林學士，進尚書右丞、中書侍郎。會王雲使金帥斡離不軍還，言金人怒割三鎮緩，卻禮幣弗納曰，兼旬使不至，則再舉兵。於是百官議從其請。





㮚曰：「三鎮，國之根本，奈何一旦棄之。況金人變詐罔測，安能保必信？割亦來，不割亦來。」宰相主割議，㮚論辨不已，曰：「河北之民，皆吾赤子。棄地則并其民棄之，豈爲父母意哉？」帝頗悟。㮚請建四道總管，使統兵入援，以胡直孺、王襄、趙野、張叔夜領之。兵既響應，而唐恪、耿南仲、聶昌信和議，相與謀曰：「方繼好息民而調發不已，使金人聞之，奈何？」亟檄止之。

㮚解政事，俄以資政殿大學士領開封尹。金兵長驅傅城下，帝罷恪相，而拜㮚爲尚書右僕射兼中書侍郎，始復三省舊制。時康王在河北，信使不通，㮚建議請以爲元帥，密草詔稿上之。乃以康王充天下兵馬大元帥，陳遘充兵馬元帥，宗澤、汪伯彥充副元帥。京城失守，從幸金帥營，遂留不返。既而議立異姓，金人曰：「唯何㮚、李若水毋得預議。」既陷朔庭，㮚仰天大慟，不食而死，年三十九。

建炎初，詔以爲觀文殿大學士、提舉玉局觀使，祿其家。訃聞，贈開府儀同三司，議者指其誤國，不行。秦檜自北還，具道其死時狀，乃改贈大學士，官其家七人。

孫傅字伯野，海州人。登進士第，中詞學兼茂科，爲祕書省正字、校書郎、監察御史、禮部員外郎。時蔡翛爲尚書，傅爲言天下事，勸其亟有所更，不然必敗。翛不能用。遷祕書少監，至中書舍人。

宣和末，高麗入貢，使者所過，調夫治舟，騷然煩費。傅言：「索民力以妨農功，而於中國無絲毫之益。」宰相謂其所論同蘇軾，奏貶蘄州安置。給事中許翰以爲傅論議雖偶與軾合，意亦亡他，以職論事而責之過矣。翰亦罷去。靖康元年，召爲給事中，進兵部尚書。上章乞復祖宗法度，欽宗問之，傅曰：「祖宗法惠民，熙、豐法惠國，崇、觀法惠姦。」時謂名言。十一月，拜尚書右丞，俄改同知樞密院。

金人圍都城，傅日夜親當矢石。讀丘濬感事詩，有「郭京楊適劉無忌」之語，於市人中訪得無忌，龍衞兵中得京。好事者言京能施六甲法，可以生擒二將而掃蕩無餘，其法用七千七百七十七人。朝廷深信不疑，命以官，賜金帛數萬，使自募兵，無問技藝能否，但擇其年命合六甲者。所得皆市井游惰，旬日而足。有武臣欲爲偏裨，京不許，曰：「君雖材勇，然明年正月當死，恐爲吾累。」其誕妄類此。

敵攻益急，京談笑自如，云：「擇日出兵三百，可致太平，直襲擊至陰山乃止。」傅與何㮚尤尊信，傾心待之。或上書見傅曰：「自古未聞以此成功者。正或聽之，姑少信以兵，俟有尺寸功，乃稍進任。今委之太過，懼必爲國家羞。」傅怒曰：「京殆爲時而生，敵中瑣微無



不知者。幸君與傅言，若告他人，將坐沮師之罪。」揖使出。又有稱「六丁力士」、「天關大將」、「北斗神兵」者，大率皆效京所爲，識者危之。京曰：「非至危急，吾師不出。」㮚數趣之，徙期再三，乃啓宣化門出，戒守陴者悉下城，無得竊覘。京與張叔夜坐城樓上。金兵分四翼譟而前，京兵敗退，墮於護龍河，塡屍皆滿，城門急閉。京遽白叔夜曰：「須自下作法。」因下城，引餘衆南遁。是日，金人遂登城。

二年正月，欽宗詣金帥營，以傅輔太子留守，仍兼少傅。帝兼旬不返，傅屢貽書請之。及廢立檄至，傅大慟曰：「吾惟知吾君可帝中國爾，苟立異姓，吾當死之。」金人來索太上、帝后、諸王、妃主，傅留太子不遣。密謀匿之民間，別求狀類宦者二人殺之[二]，幷斬十數死囚，持首送之，紿金人曰：「宦者欲竊太子出，都人爭鬥殺之，誤傷太子。因帥兵討定，斬其爲亂者以獻。苟不已，則以死繼之。」越五日，無肯承其事者。傅曰：「吾爲太子傅，當同生死。金人雖不吾索，吾當與之俱行，求見二酋面責之，庶或萬一可濟。」傅寓直皇城司，其子來省，叱之曰：「使汝勿來，而竟來邪！吾已分死國，雖汝百輩來何益！」揮使速去。子亦泣曰：「大人以身徇國，兒尚何言。」遂以留守事付王時雍而從太子出。至南薰門，范瓊力止之，金守門者曰：「所欲得太子，留守何預？」傅曰：「我宋之大臣，且太子傅也，當死從。」是夕，宿門下；明日，金人召之去。明年二月，死於朔廷。



紹興中，贈開府儀同三司，謚曰忠定。

陳過庭字賓王，越州山陰人。中進士第，爲館陶主簿、澶州教授、知中牟縣，除宗子博士。何執中、侯蒙器其才，薦之，擢祠部、吏部、右司員外郎。使契丹，過庭初名揚庭，辭曰，徽宗改賜今名。時人或傳契丹主苦風痺，又箭損一目，過庭歸證其妄，且勸帝以邊備爲念。遷太常少卿、起居舍人。

宣和二年，進中書舍人；纔七日，遷禮部侍郎；未盡一月，又遷御史中丞兼侍讀。睦寇竊發，過庭言：「致寇者蔡京，養寇者王黼，竄二人，則寇自平。又朱勔父子，本刑餘小人，交結權近，竊取名器，罪惡盈積，宜昭正典刑，以謝天下。」由是大與權貴迕，黼陷以不舉劾之罪，罷知蘄州。未半道，責海州團練副使，黃州安置。三年，得自便。

欽宗立，以集英殿修撰起知潭州；未行，以兵部侍郎召，在道除中丞。初入見，帝諭以國家多難，每事當悉意盡言。於是節度使范訥丐歸環衞，過庭因言：「自崇寧以來，建旄鉞者多不由勳績，請除宗室及將帥立功者，餘並如訥例。」又乞辨宣仁后誣謗。姚古擁兵不援太原，陳其可斬之罪七，竄諸嶺表。進禮部尚書，擢右丞、中書侍郎。議遣大臣割兩河與



金，耿南仲以老、聶昌以親辭，過庭曰：「主憂臣辱，願効死。」帝爲揮涕歎息，固遣南仲、昌。及城陷，過庭亦行，金人拘之軍中，因留不得還。建炎四年，卒于燕山，年六十，贈開府儀同三司，謚曰忠肅。

張叔夜字嵇仲，侍中耆孫也。少喜言兵，以蔭爲蘭州錄事參軍。州本漢金城郡，地最極邊，恃河爲固，每歲河冰合，必嚴兵以備，士不釋甲者累月。叔夜曰：「此非計也。不求要地守之，而使敵迫河，則吾既殆矣。」有地曰天都[三]者，介五路間，羌人入寇，必先至彼點集，然後議所向，每一至則五路皆竦。叔夜按其形勢，畫攻取之策，訖得之，建爲西安州，自是蘭無羌患。

知襄城、陳留縣，蔣之奇薦之，易禮賓副使、通事舍人、知安肅軍，言者謂太優，還故官。獻所爲文，知舒、海、泰三州[四]。大觀中，爲庫部員外郎、開封少尹。復獻文，召試制誥，賜進士出身，遷右司員外郎。

使遼，宴射，首中的。遼人歎詫，求觀所引弓，以無故事，拒不與。還，圖其山川、城郭、服器、儀範爲五篇，上之。從弟克公彈蔡京，京遷怒叔夜，摭司存微過，貶監西安草場。久之，

召爲祕書少監，擢中書舍人、給事中。時吏惰不虔，凡命令之出於門下者，預列銜，使書名而徐填其事，謂之「空黃」。叔夜極陳革其弊。進禮部侍郎，又爲京所忌，以徽猷閣待制再知海州。

宋江起河朔，轉略十郡，官軍莫敢嬰其鋒。聲言將至，叔夜使間者覘所向，賊徑趨海瀕，劫鉅舟十餘，載擄獲。於是募死士得千人，設伏近城，而出輕兵距海，誘之戰。先匿壯卒海旁，伺兵合，舉火焚其舟。賊聞之，皆無鬥志，伏兵乘之，擒其副賊，江乃降。

加直學士，徙濟南府。山東羣盜猝至，叔夜度力不敵，謂僚吏曰：「若束手以俟援兵，民無噍類，當以計緩之。使延三日，吾事濟矣。」乃取舊赦賊文，俾郵卒傳至郡，盜聞，果小懈。叔夜會飲譙門，示以閒暇，遣吏諭以恩旨。盜狐疑相持，至暮未決。叔夜發卒五千人，乘其惰擊之，盜奔潰，追斬數千級。以功進龍圖閣直學士、知青州。

靖康改元，金人南下，叔夜再上章乞假騎兵，與諸將并力斷其歸路，不報。徙鄧州。四道置帥，叔夜領南道都總管。金兵再至，欽宗手札趣入衞。即自將中軍，子伯奮將前軍，仲熊將後軍，合三萬人，翌日上道。至尉氏，與金游兵遇，轉戰而前。十一月晦，至都，帝御南薰門見之，軍容甚整。入對，言賊鋒方銳，願如唐明皇之避祿山，暫詣襄陽以圖幸雍。帝頷之。加延康殿學士。閏月，帝登城，叔夜陳兵玉津園，鎧甲光明，拜舞城下。帝益喜，進資





政殿學士，令以兵入城，俾簽書樞密院。連四日，與金人大戰，斬其金環貴將二人。帝遣使齎蠟書，以褒寵叔夜之事檄告諸道，然迄無赴者。城陷，叔夜被創，猶父子力戰。車駕再出郊，叔夜因起居叩馬而諫，帝曰：「朕爲生靈之故，不得不親往。」叔夜號慟再拜，衆皆哭。帝迴首字之曰：「嵇仲努力！」

金人議立異姓，叔夜謂孫傅曰：「今日之事，有死而已。」移書二帥，請立太子以從民望。二帥怒，追赴軍中，至則抗請如初，遂從以北。道中不食粟，唯時飲湯。既次白溝，馭者曰：「過界河矣。」叔夜乃矍然起，仰天大呼，遂不復語。明日，卒，年六十三。訃聞，贈開府儀同三司，謚曰忠文。

聶昌字賁遠，撫州臨川人。始繇太學上舍釋褐，爲相州教授。用蔡攸薦，召除祕書郎，擢右司員外郎。時三省大吏階官視卿監者，立都司上，昌以名分未正，極論之。詔自今至朝請大夫止。以直龍圖閣爲湖南轉運使，還爲太府卿、戶部侍郎，改開封尹，復爲戶部。昌本厚王黼，既而從蔡京，爲黼所中，罷知德安府。又以鄉人訟，謫崇信軍節度副使，安置衡州。

欽宗立，吳敏用事，以昌猛厲徑行爲可助己，自散地授顯謨閣直學士、知開德府，道拜兵部侍郎，進戶部尚書，領開封府。昌遇事奮然不顧，敢誅殺。敏度不爲用，始憚之，引唐恪、徐處仁等共政，獨遣昌。

李綱之罷，太學生陳東及士庶十餘萬人，撾鼓伏闕下，經日不退，遇內侍輒殺之，府尹王時雍麾之不去。帝顧昌俾出諭旨，即相率聽命。王時雍欲寘東等獄，昌力言不可，乃止。

昌再尹京，惡少年怙亂，晝爲盜，入官民家攘金帛；且去，輒自縛黨中三兩輩，聲言擒盜，持仗部走委巷，乃釋縛，分所掠而去。人不奠居。昌悉彈治正法，而縱博弈不之問，或謂令所禁，昌曰：「姑從所嗜，以懈其謀，是正所以禁其爲非爾。」昌舊名山，至是，帝謂其有周昌抗節之義，乃命之曰「昌」。

京師復戒嚴，拜同知樞密院。入謝，即陳扞敵之策，曰：「三關四鎮，國家藩籬也，聞欲以畀敵，一朝渝盟，何以制之？願勿輕與，而檄天下兵集都畿，堅城守以遏其衝，簡禁旅以備出擊，壅河流以斷歸路。前有堅城，後有大河，勁兵四面而至，彼或南下，墮吾網中矣。臣願激合勇義之士，設伏開關，出不意掃其營以報。」帝壯之，命提舉守禦，得以便宜行事。

會金人再議和，割兩河，須大臣報聘。詔耿南仲及昌往，昌言：「兩河之人忠義勇勁，萬一不從，必爲所執，死不瞑目矣。儻和議不遂，臣當分遣官屬，促勤王之師入衞。」許之。行





次永安，與金將黏罕遇，其從者稱閤門舍人，止昌徹繖，令用牓子贄名引見，昌不可，爭辨移時，卒以客禮見。昌往河東，至絳，絳人閉壁拒之。昌持詔抵城下，縋而登。州鈐轄趙子清麾衆害昌，抉其目而臠之，年四十九。

建炎四年，始贈觀文殿大學士，謚曰忠愍。父用之，年九十，以憂死。

昌爲人疎雋，喜周人之急，然恩怨太明，睚眦必報。王黼之死，昌實遣客刺之，棄屍道旁。遂附耿南仲取顯位，左右其說以誤國，卒至禍變，而身亦不免焉。

論曰：何㮚、孫傅、聶昌皆疎俊之士，而器質窳薄，使當重任於艱難之秋，宋事蓋可知矣。欽宗之再詣金營，㮚實誤之，一死不足償也。傅匿太子之謀甚疎，昌河東之行尤謬，效死弗當，徒傷勇爾。過庭因方臘之亂，乞誅蔡京、王黼、朱勔以謝天下，庶幾有敢諫之風焉。

張閣字臺卿，河陽人。第進士。崇寧初，由衞尉主簿遷祠部員外郎；資閱淺，爲掌制

者所議，蔡京主之，乃止。俄徙吏部，遷宗正少卿、起居舍人，屬疾不能朝，改顯謨閣待制提舉崇福宮。疾愈，拜給事中、殿中監，爲翰林學士。

河北諸帥以繕城訖役，降獎詔，有中貴人爲之地，將繼此策賞。閣言：「此牧伯常職，若獎之，恐開邀功生事之路。」徽宗曰：「卿言是也。」格不下。嘗夜盛寒草制稿進，帝猶坐，賞其警敏，賜詩以爲寵。京免相，閣當制，歷數其過，詞語遒拔，人士多傳誦之。

京復相，以龍圖閣學士知杭州。浙部和買絹，杭獨居十三，戶有至數百匹者，閣請均之他郡。杭久闕守，閣經理有敍，去惡少年之爲人害者，州以理聞。召拜兵部尚書兼侍讀，復爲學士，上日特賜敕詔，且有意大用，未幾，卒，年四十六。閣初出守杭，思所以固寵，辭日，乞自領花石綱事，應奉由是滋熾云。

張近字幾仲，開封人。第進士，累遷大理正、發運使。呂溫卿以不法聞，近受詔鞫治，哲宗諭之曰：「此出朕命，卿毋畏惠卿。」對曰：「法之所在，雖陛下不能使臣輕重，何惠卿也？」溫卿謾不肯置對，近言：「溫卿所坐明白，儻聽其蔓詞，懼爲株連者累。」詔以衆證定其罪。提舉河北東路常平、西路刑獄，入爲刑部員外郎、大理少卿，以集賢殿修撰知瀛州。



遼使爲夏人請命，而宿兵以臨我，近請亦出秦甲戍北道，伐其謀。邊人呂憹兒入瓦橋爲盜，吏執之，遼人因略宋民爲質。近言：「朝廷方繼好息民，當使曲在彼。一偷之得失，不足爲輕重，釋之便。」滄民漁於海，遼卒利其餚，而私舉網取魚。守兵與之鬥，斬級三十二，州將請賞之。或言所殺乃平人，宜論如律，議弗決。近言：「邊人貪利喜功，遂賞之，則爲國起怨；然彼挾兵涉吾地，謂之非盜可乎？如罪以擅興，他日將誰使禦敵？願兩置賞刑，略而不問。」從之。

出鎭高陽八年，累加顯謨閣待制、直學士，徙知太原府，以疾，提舉洞霄宮。先，承詔買馬三千給牧戶，近悉斂諸民而不予直，爲御史所劾，失學士。二年而復之。卒，年六十五。

鄭僅字彥能，徐州彭城人。第進士，爲大名府司戶參軍。留守文彥博以爲材，部使者檄往他郡，彥博曰：「如鄭參軍詎可令數出？」奏改司法，遷冠氏令。河決府西，檄夜下調夫急，僅方閱保甲，盡籍卽行，先他邑至，決遂塞。使者怒劾之，留守王拱辰爭於朝曰：「微冠氏，城民魚矣。」猶坐罰金。時河朔饑，盜起，獨冠氏無之，且不入境。他邑獲盜，詰治之，盜因言：「鄭冠氏仁，故相戒不犯爾。」知福昌縣，復值歲饑，悉意振貸，民不流亡。當第賞，不



肯自列。

提舉京東常平，入爲戶部員外郎，至太府卿，加直龍圖閣，爲陝西都轉運使。論餽餉河湟功，進集賢殿修撰、顯謨閣待制。僅請籍閑田爲官莊，是歲，鎭戎、德順收穀十餘萬。會西寧高永年戰沒熙河，帥臣歸咎官莊奪屬羌地，致其怨畔，詔罷之，議者以爲惜。

改知慶州，諸軍多殺老弱，持首要賞。僅下令非彊壯而能生致者，賞半之。有內附羌追寇，得老人，不忍殺，擒之，乃其父也，相持哭，一軍感動。時諸路爭進討奏捷，僅獨保境不生事，寇亦不犯。

徙秦州，復爲都轉運使，召拜戶部侍郎，改吏部侍郎、知徐州。以顯謨閣直學士、通議大夫卒，年六十七，贈光祿大夫，謚曰修敏。子望之，自有傳。

宇文昌齡字伯修，成都雙流人。進士甲科，調滎州推官。熊本經制梓夔，辟幹當公事。凡攻討招襲，建南平諸城砦，皆出其畫。遷大理丞。本歸闕，言其功，擢提舉秦鳳路常平，改兩浙。

神宗患司農圖籍不肅，選官釐整，昌齡以使夔路入辭，留爲寺主簿，遂拜監察御史。鄜



延帥奏所部劉紹能與西羌通，將爲患。帝察其不然，命昌齡卽鄜州鞫之，果妄也。昌齡因請深戒守臣，毋生事徼賞，以靖邊人之心。使還，賜五品服。

尙書省建，以爲比部員外郎。時官曹更新，統紀未立，昌齡悉力從事，雖抵暮亦程吏不止。具所立綱要，請於朝而行之。三司故吏狃玩弛，多不便，思有以中之。擿邏卒糾其宿直遣小吏取衾服事，大臣欲論以私役，帝以職事修飭，釋不問。改吏部員外郎，出京西轉運副使，召爲左司員外郎。

送遼使至雄州，當宴，從者不待揖而坐，昌齡誚其使曰：「兩朝聘好百年矣，入境置宴，非但今日，揖而後坐，此禮渠可闕邪？」使者陽若不服，而心悟其非，卒成禮去。

遷太常少卿，詔議郊祀合祭，論者不一。昌齡曰：「天地之數，以高卑則異位，以禮制則異宜，以樂舞則異數；至於衣服之章，器用之具，日至之時，皆有辨而不亂。夫祀者自有以感於無，自實以通於虛，必以類應類，以氣合氣，合然後可以得而親，可以冀其格。今祭地於圜丘，以氣則非所合，以類則非所應，而求高厚之來享，不亦難乎。」後竟用其議。改直祕閣、知梓州，歷壽州、河中府、鄆青三州。

徽宗立，召爲刑部侍郎，徙戶部侍郎。陝西餽芻糧於邊，舊制令內郡轉給，爲民病。昌齡建言止輸其州，而令量取道里費助邊糴，從之。歲省糴價五百萬，公私使之。以寶文閣待

制知開封府，復爲戶部侍郎，知青、杭、越三州。卒，年六十五，詔爲封傳護送歸，官給其葬費。子常。

常字權可。政和末，知黎州。有上書乞於大渡河外置城邑以便互市者，詔以訪常。常言：「自孟氏入朝，藝祖取蜀輿地圖觀之，畫大渡爲境，歷百五十年無西南夷患。今若於河外建城立邑，虜情攜貳，邊隙寖開，非中國之福也。」尋提舉成都路茶馬。自熙、豐以來，歲入馬蕃多；至崇、觀間，其法始壞。提舉官歲以所入進羨餘，吏緣爲姦，市馬裁十一二，且負其直，夷人皆怨。常盡革其弊，馬遂溢額。加直祕閣，改知夔州，進祕閣修撰。官累中大夫，卒。

許幾字先之，信州貴溪人。少以諸生謁韓琦於魏，琦勉入太學。擢第，調高安、樂平主簿，知南陵縣，還民之託僧尼爲姦者數百人。提舉京西常平，爲開封府推官，進至將作監。吏與匠比爲姦欺，凡斲削、塗塈、丹雘之工，當以次用，而始役即概給其廩，費亡藝而患不均。幾逆爲之程，費省工倍。再遷太僕卿、



戶部侍郎，以顯謨閣待制知鄆州。梁山濼多盜，皆漁者窟穴也。幾籍十人爲保，使晨出夕歸，否則以告，輒窮治，無脫者。幾有吏幹，善理財，由是四入戶部至尚書。嘗以搖泉布法罷，又以治染院事失實，知婺州。進樞密直學士、河北都轉運使，徙知成德軍、知太原府。張商英裁損吏祿，幾預其議，貶永州團練副使，安置袁州。遇恩，復中大夫，卒。

程之邵字懿叔，眉州眉山人。曾祖仁霸，治獄有陰德。之邵以父蔭爲新繁主簿。熙寧更募役法，常平使者欲概州縣民力，以羨乏相補。之邵曰：「此法乃成周均力遺意，當各以一邑之力供一邑之役，豈宜以此邑助他邑哉？」使者愧服，辟之邵爲屬，聽其所爲。熊本察訪蜀道歸，語諸朝曰：「役法初行，成都路爲最詳，之邵力也。」詔召見，成都守趙抃奏留之。入爲三司磨勘官，得隱匿數十萬緡。從副使蹇周輔計度江、嶺鹽，還，除廣東轉運判官。元祐初，提舉利、梓路常平，周輔得罪，亦罷知祥符縣。俄知泗州，爲夔路轉運判官。夔守彊很不奉法，劾正其罪。大寧井鹽爲利博，前議者輒儲其半供公上，餘鬻於民，使先輸錢，鹽不足給，民以病告。之邵盡發所儲與之，商賈既通，關征增數倍。除主管秦、蜀茶馬公事，革



黎州買馬之弊，歲以仲秋爲市，市四月止，以羨茶入熙、秦易戰騎，得良馬益多。

知鳳翔府，民負債無以償，自焚其居，而給曰遺火；有主藏吏殺四婢，人無知者。之邵發擿，岐人傳誦。徙鄭州。

元符中復主管茶馬，市馬至萬匹，得茶課四百萬緡。童貫用師熙、岷，不俟報，運茶往博糴，發錢二十萬億佐用度。連加直龍圖閣、集賢殿修撰，三進秩，爲熙河都轉運使。秦鳳出師，命之經制，即言已備十萬騎可食三百日矣。徽宗喜，擢顯謨閣待制。敵犯熙河，之邵攝帥事，屯兵行邊境，解去。俄得疾卒。方錄功轉太中大夫，不及拜，贈龍圖閣直學士，官護喪歸。子唐，至寶文閣學士。

龔原字深之，處州遂昌人。少與陸佃同師王安石。進士高第，元豐中爲國子直講，以虞蕃訟失官。哲宗即位，詣訴理所得直，爲國子丞、太常博士。方議祀北郊，原曰：「合祭，非理也。天子父天母地，既不爲寒而廢祠，其可爲暑而輟行？此漢儒陋說爾，願亟正之。」加祕閣校理，充徐王府記室，出爲兩浙轉運判官。紹聖初，召拜國子司業，入對，帝問曰：「卿歷徐邸官，何爲補外，得非大臣私意乎？」對



曰：「臣出使鄉部，獲知民間事宜，臣素知如是，不知其因也。」旋兼侍講，遷祕書少監、起居舍人，權工部侍郎。爲曾布所重，安惇論其直講時事，以集賢殿修撰知潤州。

徽宗初，入爲祕書監，進給事中。時除郎官五人，皆執政姻戚，悉舉駁之；又論郝隨得罪，不得居京師，鄧洵武不宜再入史院。朝論謂帝爲哲宗服，當循開寶故事，爲齊衰期。原曰：「三年之喪，自天子達于庶人，一也。」主議者斥其妄，黜知南康軍，改壽州。俄用三年之制，乃復修撰，知揚州。還朝，歷兵、工部二侍郎，除寶文閣待制、知廬州。陳瓘擊蔡京，原與瓘善，或謂原實使之，奪職居和州。起爲亳州，命下而卒，年六十七。

初，王安石改學校法，引原自助，原亦爲盡力。其後，司馬光召與語，譏切王氏，原反覆辨救不少衰。光嘆曰：「王氏習氣尚爾邪！」爲司業時，請以安石所撰字說、洪範傳及子雱論語、孟子義刊板傳學者。故一時學校舉子之文，靡然從之，其敝自原始。

崔公度字伯易，高郵人。口吃不能劇談，而內絕敏，書一閱即不忘。劉沆薦茂才異等，辭疾不應命。用父任，補三班差使，非其好也，益閉戶讀書。歐陽脩得其所作感山賦，以示韓琦，琦上之英宗，即付史館。授和州防禦推官，爲國子直講，以母老辭。

王安石當國，獻熙寧稽古一法百利論，安石解衣握手，延與語。召對延和殿，進光祿丞，知陽武縣。京官謁尹，故事當拜庭下，公度疑尹辱己，徑詣安石訴之，安石使鄧綰薦爲御史。未幾，爲崇文校書，删定三司令式，於是誦言京官庭謁尹非宜，安石爲下編敕所更其制。加集賢校理，知太常禮院。

公度起布衣，無所持守，惟知媚附安石，晝夜造請，雖踞廁見之，不屑也。嘗從後執其帶尾，安石反顧，公度笑曰：「相公帶有垢，敬以袍拭去之爾。」見者皆笑，亦恬不爲恥。請知海州。元祐、紹聖之間，歷兵禮部郎中、國子司業，除祕書少監、起居郎，皆辭不受。知潁、潤、宜、通四州，以直龍圖閣卒。

蒲卣字君錫，閬州人。母任知書，里中號「任五經」，卣幼以開敏聞。中進士第，歷利州司戶參軍、三泉主簿、知合江金水縣。通判文州，有獻議者欲開文州徑路達陝西，卣言：「洮、岷、積石至文爲甚邇，自文出江油，鄧艾取蜀故道也。異時鬼章欲從此窺蜀，爲其阻隘而止。夏人志此久矣，可爲之通道乎？」議遂寢。崇寧均田，轉運使以用不足，將度費以定稅，卣

爲睦親宅教授，提舉湖北、京西常平。





曰：「詔旨所以嘉惠元元，初不在增賦也。」宛、穰地廣沃，國初募民墾田，得爲世業，令人毋輒訴，蓋百年矣，好訟者稍以易佃法搖之，卣一切禁止。有持獻於權貴而降中旨給賜者，卣言：「地盈千頃，戶且數百，傳子至孫久，一旦改隸，衆將不安。先朝明詔具在，不可易也。」朝廷是其議。

提點湖南刑獄，知鼎、遼、隴、寧四州，復提舉潼川路刑獄。有議榷酤於瀘、敍間，云歲可得錢二十萬。卣言：「先朝念此地夷漢雜居，故弛其榷禁，以惠安邊人。今之所行，未見其利。」乃止。累官中大夫，卒，年七十二。

論曰：傳曰：「尺有所不逮，寸有所不覃。」觀二張之理郡，鄭僅之守藩，宇文父子之便邊糴、革馬政，許幾、程之邵之經制財運，蒲卣之議稅榷，皆有可稱道。若閻之固寵於花石，而龔原、崔公度主王氏學以諂事安石，則搢紳所不齒也。

## 校勘記

〔一〕胡益　東都事略卷一〇八何㮚傳作「盧益」。

〔二〕別求狀類宦者二人殺之　按東都事略卷一〇八本傳作「別以狀類太子者並宦者二人擊殺之」，靖康要錄卷一六同。此處當有脫文。

〔三〕天都　原作「大都」，據東都事略卷一〇八本傳、李幼武皇朝名臣言行續錄卷六張叔夜條改。

〔四〕知舒海泰三州　「泰」原作「秦」，據同上書同卷同篇改。



中華書局

# 宋史卷三百五十四

## 列傳第一百一十三

沈銖 弟錫 路昌衡 謝文瓘 陸蘊 黃寔 姚祐 樓异
沈積中 李伯宗 汪澥 何常 葉祖洽 時彥 霍端友
俞㮚 蔡薿

沈銖字子平，眞州揚子人。父季長，王安石妹壻也。銖少從安石學，進士高第，至國子直講。季長領監事，改審官主簿，坐虞蕃事免歸。元祐置訴理所，被罪者爭自列，銖獨不言。

紹聖初，起爲太學博士、秘書省正字、崇政殿說書，受旨同編類元祐臣僚章疏。以進講爲解，拜右司諫，辭，改起居郎、權中書舍人。吳居厚除戶部尚書，銖論其使京東時聚斂，詔具實狀，不能對，罰金。講詩南山有臺，至「萬壽無期」，以爲此太平之基，立而可久之應，



哲宗屢首肯之。眞拜中書舍人兼侍講，俄引疾，以龍圖閣待制知宣州卒。弟錫。

錫字子昭，以王安禮任，爲鄂州司戶參軍。崇寧初，爲講議司檢討。蔡京方銓次元符上書人，欲定罪，錫曰：「遠方之士，未能知朝廷好惡，若槪罪之，恐非敦世厲俗之道。」京不從。除衞尉丞，遷祠部員外郎，提點江東刑獄、知婺州。入爲左司員外郎，兼定、嘉二王侍講，進太常少卿，拜兵部侍郎，以徽猷閣待制知應天府，徙江寧。張懷素誅，朝廷疑其黨有脫者，江、淮間往往以誣告興獄。錫至郡，有告者，按之，則妄也。具疏于朝，由是他郡繫者皆得釋。歷知海、泰、汝、宣四州，以通議大夫致仕。卒，贈宣奉大夫。

路昌衡字持正，開封祥符人。起進士，至太常博士。參鞫陳世儒獄，逮治苛峻，至士大夫及命婦，皆不免。遷右司員外郎，歷江淮發運、陝西轉運副使，知廣州，徙荆南，又徙潭州，加直龍圖閣、知慶州。

紹聖中，召爲衞尉、大理卿，遷工部侍郎，俄以寶文閣待制知開封府。李清臣有狂婦人



之訴，昌衡致之重辟。出知瀛州，徙永興軍，進直學士、知成都。

徽宗立，應詔上書曰：「頻年以來，西方用兵，致興大役，利源害政，佞臣蔽主，四者皆陰之過盛。自陝以西，民力傷殘，人不聊生。災異之變，生於天地之不和，起於人心之怨望。故妖星出見，大河橫決，秋雨霖淫，諸路饑饉，殍死道路，妻子棄捐，破析貲儲，以應星火之令。勤勞憔悴，多不生還，人心如此，而欲其無怨，難矣。」

俄坐淸臣獄事，責司農少卿，分司，居郢州。明年，起爲滁州、定州，復直學士、知開封府。乞嚴告捕虛妄之法，以靖訐訴。徙南京留守，又坐前上書事落職，入黨籍，卒。宣和五年，贈龍圖閣學士。

謝文瓘字聖藻，陳州人。進士甲科，教授大名府。元豐中，上疏言：「臣下推行新法，多失本意，而榜笞禁錮，民受其虐，掊克聚斂，不勝多門。其不急之征，非理之取，宜罷減之。」大臣以爲訕朝廷，議置之罪。神宗曰：「彼謂奉法者非其人爾，匪訕也。」

哲宗時，御史中丞黃履薦爲主簿，三年不詣執政府。召對，除秘書省正字，考功、右司員外郎。紹聖末，都水使者議建廣武四埽石岸，朝廷命先治岸數十步，以驗其可否。黃流



湍悍，役人多死，一方甚病，功不可成，而使者申前說愈力。文瓘條別利害，罷其役。

徽宗立，擢起居舍人、給事中。詔修神宗寶訓，文瓘請擇當時大政事、大黜陟，節其要旨，而爲之說以進。然所論率是王安石，謂神宗能察衆多之謗，任之而不貳，於是朋黨消而威柄立，他皆放此。遼主洪基殂，使往弔之，令從者變服而入，貶秩二等。

崇寧元年，出知濮州。尋治黨事，坐元豐上疏及嘗詒呂公著書，再謫邵武軍，移處州。帝披黨籍曰：「朕究知文瓘本末。」命出籍，迺以爲集英殿修撰、知濟州，卒。子晛，宣和中，爲駕部員外郎、知汝州。欽宗時，上封事十篇，論事切至。使于金，還，提點京西北路刑獄。金人犯汝州，晛自襄陽領兵往援之，戰死。

陸蘊字敦信，福州候官人。少知名，登進士第，爲太學春秋博士。經廢員省，改國朝會要所檢閱文字。

崇寧中，提舉河北、兩浙學事，召對，言：「元祐異意俗學，旣不爲我用，近詔不以使一路，而猶得爲守令，臣愚未知其可。」遂拜禮部員外郎，轉吏部，遷辟雍司業、太常少卿。議原廟不合，黜知瑞金縣。還爲太常，進國子祭酒、中書舍人。請葺諸州天慶觀，立學事司考

課法。遷大司成，擢御史中丞。引門下侍郎余深親嫌自列，徽宗曰：「相避之法，防有司不能盡公爾，侍從吾所信任，豈得下同庶僚乎？」不許。

蘊頗論事，嘗言：「御筆一日數下，而前後相違，非所以重命令；輔相大臣，宦官戚里，賜第營築，縱撤民居，縣官市材於民，而不予直；貴游子弟以從官領閑局，奉朝請，爲員猥多，無益於事；又賜予過制，中外用度多於賦入；數幸私室，乖尊卑之分，亦非臣下之福。」其言皆中時病。

以龍圖閣待制知福州，改建州。時弟藻由列曹侍郎出爲泉州，過蘊，合樂燕款，閩人以爲盛事。加顯謨閣直學士，引疾，提舉鴻慶宮。方二浙用兵，旁郡皆繕治守備，蘊聞命就道，使者劾爲避事，奪職。稍復集英殿修撰，卒。

黃寔字師是，陳州人。登進士第，歷司農主簿，積官提舉京西、淮東常平。元豐末，議罷提舉官，命未布，寔舅章惇屬蔡確徙寔提點開封縣鎮。還提點梓州路、兩浙刑獄，京東、河北轉運副使。

哲宗以寔爲監司久，議召用，曾布陰沮之。林希曰：「寔兩女皆嫁蘇軾子，所爲不正，不





宜用。」乃以知陝州，爲江、淮發運副使。賀遼主登位，及境，迓者移牒來，稱爲賀登寶位使。寔報以受命無「寶」字，拒不受。還除太僕卿，再擢寶文閣待制、知瀛州，徙定州。朝旨籍民兵旁郡，因緣擾困，寔懷檄不下，而晝利害請之，事得寢。卒于官，贈龍圖閣直學士。

寔孝友敦睦，世稱其內行。蘇轍在陳與寔游，因結昏，其後又與軾友善。紹聖黨禍起，寔以章惇甥故獲免，然亦不得久於朝著焉。

姚祐字伯受，湖州長興人。元豐末，第進士。徽宗初，除夔州路轉運判官。且行，會帝幸禁苑御弓矢，祐奏聖武臨射賦。帝大悅，留爲右正言。歷陳紹述之說，遷左司諫。建議置輔郡以拱大畿，進殿中監。六尙局官制成，凡所以享上率屬、察舉稽違、殿最勤惰之法，皆祐裁定。以親老請郡，授顯謨閣待制、知江寧府。時召捕張懷素，祐追獲之，復爲殿中監。

踰歲，以直學士知鄭州，改秦州。或請調熙河弓箭士徙邊，以省更戍。祐謂人情懷土重遷，丐以二年爲更發之期，滿歲樂業而願留者，乃聽。且請擇熙、秦富民分丁授地，蠲役借粮，以勸耕植。益廣秦之東、西川，建城壁，嚴保障，以控熙河、涇原。皆從之。復爲殿中監，改吏部侍郎，命鎭蜀，用母老辭。遷工部尙書，加龍圖閣學士，爲大名尹，進延康殿學士，復爲工部尙書，徙禮部。母喪，除知太原府。

縣有小胥造冢逼其先墓者，祐疑爲厭己，請解官持服。先是，詔許祐悉買墓旁地，遂併徙他冢，小胥不從，故祐持以爲說。言者論其挾仇要君，乃止。以提舉上清寶籙宮卒，贈特進，謚曰文禧。

樓异字試可，明州奉化人。進士高第，調汾州司理參軍，從永興虞策幕府，監在京文繡院，知大宗正丞，遷度支員外郎。以養親求知泗州，復爲吏部右司員外郎、左司郎中、太府鴻臚卿，除直秘閣、知秀州。

政和末，知隨州，入辭，請於明州置高麗一司，創百舟，應使者之須，以遵元豐舊制。州有廣德湖，墾而爲田，收其租可以給用。徽宗納其說。改知明州，賜金紫。出內帑緡錢六萬爲造舟費，治湖田七百二十頃，歲得穀三萬六千。加直龍圖閣、秘閣修撰，至徽猷閣待制。郡資湖水灌溉，爲利甚廣，往者爲民包侵，异令盡泄之墾田。自是苦旱，鄉人怨之。

在郡五年，既請温之船官自隸以便役，又請越、台之鹽以佐費，詔責之曰：「郡自有鹽筴





不能興，而欲東取諸台，西取諸越，斯乃以鄰國爲壑也。」睦寇起，善理城戍有績，進徽猷閣直學士、知平江府，卒。

沈積中，常州人。賜進士出身，爲辟雍正、戶部員外郎，至秘閣修撰、河北轉運使，召拜戶部侍郎，進尙書，知河間、眞定府。

積中本王黼所引拔，黼方圖燕地，使覘邊隙。中書舍人程振語之曰：「當思異時覆族之禍。」積中感其戒，至鎭，以書謝振，盛言其不可，振宣告于朝。已而師敗於白溝，童貫還，罷積中提舉上清寶籙宮。既得燕山，又命以資政殿學士同知府，未行而卒，或曰爲盜所殺，或曰婢殺之，終亦不能明也。貫惡其讜言，追削官職。建炎中，宰相上其書，乃悉復之。

李伯宗字會之，河陽人。第進士，知內丘、咸陽、太康縣。建言：「朝廷行方田均稅之法，令以豐歲推行。今州縣吏，苟簡懷異者指熟爲災，而貪進幸賞者掩災爲熟，望深察其違戾，而寘諸罰。」括縣壯丁爲兵，得千人，上其名數與按閱之法。知樞密院蔡卞喜而薦之，提

舉京畿保甲，使行其說，增籍二萬。已而有訴者，陳隲至八百七十，左遷通判相州，提舉白波輦運，提點江、淮坑冶鑄錢，入爲將作少監。

開封民有賽神祠故帽飾以龍者，吏以爲乘輿服御，伯宗曰：「此無他，當坐不應爲爾。」尹不從，其以請，如伯宗議。歷大理卿，入對言：「今情重法輕者許奏請，而情輕法重者不得焉，恐非仁聖忠恕之意。」徽宗納之。遷刑部侍郎。與王黼不相能，用胥吏徼過罷，提舉崇福宮。

明年，知同州，徙陝西都轉運使。以通奉大夫、顯謨閣待制卒，贈光祿大夫，謚曰榮。

汪澥字仲容，宣州旌德人。少從胡瑗學易。又學於王安石，著三經義傳，澥與其議，又首傳其說。

熙寧太學成，分錄學政。登進士第，調鼎州司理參軍、知黟縣，入爲太學正，累遷國子祭酒，兼定、嘉二王翊善，擢中書舍人，爲大司成。議學制不合，以顯謨閣待制知婺州，改潁昌，又改陳、壽二州，徙應天府。上章辭行，提舉崇福宮。卒，贈宣奉大夫。

澥自布衣錄天子學，至爲正，爲司業、祭酒，迄于司成，官以儒名者三十年，一時人士推之。





何常字德固，京兆人。中進士第，爲開封府兵曹。紹聖初，或言蘇軾主文柄，取士之非毀宗廟者，常預其間，出通判原州。歷將作丞、陝西轉運判官、熙河轉運副使。議者欲貸民金帛，而使入粟塞下。常曰：「車牛轉輸，民力已病，然未至於死亡者，粟自官出，而民無害也。今彊以金帛，使自入粟，懼非貧弱之利。」熙帥及監軍劾之，貶秩，徙成都路。

中使持御札至，令織戲龍羅二千，繡旗五百。常奏：「旗者，軍器之飾，敢不奉詔。戲龍羅唯供御服，日衣一匹，歲不過三百有奇；今乃數倍，無益也。」詔獎其言，爲減四之三。

除直龍圖閣，加集賢殿修撰，爲使徙陝西，以顯謨閣待制知秦州，轉通議大夫。諜告夏人多築堡柵，朝議出兵牽制，常言：「羌人生長射獵，今困於版築，違所長，用所短，可以拱手待其弊，無煩有爲也。」從之。

鎮秦六歲，察訪方邵劾其越法貨酒，借米麴於官而毀其曆。獄具，責昭化軍節度副使。數月，復其官。終右文殿修撰，年七十三。

論曰：西漢之末，士大夫阿諛銷懦，遂底于亡。東都諸賢以風節相尚，激成黨禍。宋元祐類東都，崇、宣類西漢末世，蓋忠鯁獲罪，則相習容悅而已。君驕臣諂，此邦之所繇喪也。觀沈銖諸人，徒徇時軒輊，不能爲有亡，惡足以言士哉！

葉祖洽字敦禮，邵武人。熙寧初，策試進士，祖洽所對，專投合用事者，考官宋敏求、蘇軾欲黜之，呂惠卿擢爲第一。簽書奉國軍判官、判登聞檢院，由國子丞知湖州，留爲校書郎。元祐初，歷職方、兵部員外郎，加集賢校理，進禮部郎中。給事中趙君錫論其對策訕及宗廟，祖洽自辨，事下從官定議。蘇軾、劉攽言：「祖洽謂祖宗紀綱法度，因循苟簡，願朝廷與大臣合謀而新之。可以爲議論乖謬，若謂之訕則不可。」於是但出提點淮西刑獄。

紹聖中，入爲左司郎中、起居郎、中書舍人、給事中。祖洽性狠愎，喜諛附，密言王珪於冊立時有異論。哲宗曰：「宣仁聖烈，婦人之堯、舜也。其於社稷大計，聖意素定，朕已令作告命，明述此旨。」祖洽復言：「若以珪爲無迹，則黃履、劉拯相繼論之矣，願稽合羣情，決之獨斷。」珪遂追貶。又言：「司馬光、呂公著獲終牖下，恩禮隆縟；蔡確受遺定策，而貶死嶺





外，乞恤其孤。」其論率類此。林希薦祖洽，謂其最向正，帝言不可大用，乃已。坐舉王回出知濟州，徙洪州，以牟利黷貨聞。

祖洽與曾布厚，人目爲「小訓狐」。布用事，欲以吏部侍郎召，韓忠彥不可，白爲寶文閣待制，知青州。未赴，布竟引爲吏部。布罷，乃出知定州，且行，大言於上，至云：「當時蔡確稍失事機，王珪果遂姦謀，則神宗遂失正統，不知今日神器孰歸。臣爲朝廷宗社明確之功，正珪之罪，勸沮忠邪於千萬年，以此報神宗足矣。」徽宗怒其躁妄，降集賢殿修撰，提舉沖佑觀，自是不復用。久之，知洪州，改亳州，加徽猷閣直學士。政和末，卒。

時彥字邦美，開封人。舉進士第，簽書潁昌判官，入爲秘書省正字，累至集賢校理。紹聖中，遷右司員外郎。使遼失職，坐廢，旋復校理，提點河東刑獄。蹇序辰使遼還，又坐前受賜增拜，黜不言，復停官。

徽宗立，召爲吏部員外郎，擢起居舍人，改太常少卿，以直龍圖閣爲河東轉運使，加集賢殿修撰、知廣州。未行，拜吏部侍郎，徙戶部，爲開封尹。異時都城苦多盜，捕得，則皆亡卒，吏憚於移問，往往略之。彥始請一以公憑爲驗，否則拘繫之以俟報，坊邑少安，獄屢空。

數月，遷工部尚書，進吏部，卒。

霍端友字仁仲，常州武進人。徽宗即位，策進士第一，授宣義郎。不閱月，擢祕書省校書郎，遷著作佐郎、起居郎、中書舍人，服金紫。故事唯服黑角帶，帝顧見之，曰：「給事、舍人等爾，而服飾相絕如是。」始命犀帶佩魚。

進給事中、大司成、禮部侍郎。端友言：「朝廷尊安，重內輕外。可令內外侍從更出迭入，以奉禁闥，殿大邦，俾天下之勢如持衡，庶無首重尾輕之患。」疏入，即請補郡，迺以顯謨閣待制知平江。

改陳州，爲政以寬閒，不立聲威。陳地汙下，久雨則積潦，時疏新河八百里，而去淮尚遠，水不時洩。端友請益開二百里，徹于淮，自是水患遂去。內侍石燾傳詔索瑞香花數十本，端友不可，疏罷之。復以禮部召，轉吏部。官至通議大夫。卒，贈宣奉大夫。

俞㮚字祗若，江寧人。崇寧四年，以上舍生賜進士第，簽書鎮南軍判官。未赴，爲辟雍





博士、祕書省正字、吏部員外郎、起居舍人，兼定、嘉二王記室，擢中書舍人。居三月，進給事中、殿中侍御史。毛注建議罷增石炭場，㮚駁其非。除顯謨閣待制、知蔡州，明日復留。踰年，竟出爲襄州。還，拜給事中，上言：「學校，三代之學也。然崇寧四年以前，議者以爲是，五年，則非之；大觀三年以前，議者以爲是，四年，則非之。豈學校固若是哉？觀望者無定說爾。必使士有成才，人無異論，事之不美者不出於學校，然後爲得。」言頗見行。

蔡京再相，憾向所用士多畔己，葉夢得言㮚獨否，遂拜御史中丞。陳士風六弊，又發戶部尚書劉昞爲舉子時陰事。京方倚昞爲腹心，戾其意，改㮚翰林學士。遷兵部尚書，以樞密直學士知開德府。石公弼在襄州，以論商前事譖言者，謂㮚實倡之，罷，提舉崇禧觀。竟以毀紹聖法度，貶常州團練副使，安置太平州。行未至，復述古殿直學士、知江寧府，卒。

蔡嶷字文饒，開封人。崇寧五年，以諸生試策，揣蔡京且復用，即對曰：「熙、豐之德業，足以配天，不幸繼之以元祐；紹聖之纘述，足以永賴，不幸繼之以靖國。陛下兩下求言之詔，冀以聞至言、收實用也。而見於元符之末者，方且幸時變而肆姦言，乘間隙而投異意，詆誣先烈不以爲疑，動搖國是不以爲憚。願逆處其未至而絕其原。」於是擢爲第一，以所對頒天下。甫解褐，即除祕書省正字，遷起居舍人。未幾，爲中書舍人。自布衣至侍從，纔九月，前所未有也。

旋進給事中。一意附蔡京，敍族屬，尊爲叔父。京命攸、修等出見，嶷亟云：「向者大誤，公乃叔祖，此諸父行也。」遽列拜之。八寶赦恩，詔兩省差擇元祐黨人，情輕者出籍。嶷不肯書，言者論其不能推廣上恩，使歲久獲罪之人得以洗濯。出知和州。明年，加顯謨閣待制、知杭州。

始，嶷未第時，以書謁陳瓘，稱其諫疏似陸贄，剛方似狄仁傑，明道似韓愈。及對策，所持論頓異，遂欲害瓘以絕口。因其子正彙告蔡京不軌，執送京師。嶷復入爲給事中，又與宰相何執中謀，使石悈治瓘，幾不免，事具瓘傳。御史毛注言：「陛下修善政以應天，斥大姦以定國，而嶷巧言惑衆，造爲釁端。」疏入不報。

范柔中者，頃以上書入邪等，至是進階。嶷言：「柔中嘗毀神考，哲宗有弗共戴天之讎。自今春黨人復官，士論駭愕，有致疑於紹述者。乞削其敍遷，昭示好惡。」從之。張商英作相，常安民與之書，激使爲善。嶷弟萊剽其稿示嶷，即論之以搖商英。嶷遷翰林學士，坐妄議政事罷，提舉洞霄宮。起知建寧府。

方建神霄宮，嶷先一路奏辦，下詔褒獎，召爲學士承旨、禮部尚書。嘗陰附權倖，事覺，





徽宗令入對，將面詰之。踰月不奉詔，帝怒，命黜之。御史言：「嶷游太學，則挾詭計以鉗諸生；居侍從，則抉私事以脅宰輔；處門下，則借國法以快私忿；爲郡守，則妄尊大而蔑監司。召自金陵，偃然以丞轄自處，既升宗伯，乃懷不滿之心。宜重寘諸罰。」遂貶單州團練副使，房州安置。

宣和中，復龍圖閣直學士，再知杭州。爲政喜怒徇情，任刑大慘。方臘亂後，西北戍卒代歸，人得犒絹，嶷禁民與爲市，乃下其直，彊取之。卒怒，乘嶷夜飲客，縱火焚州治，須其出救，殺之。嶷知事勢洶洶，踰垣走，僅得免。詔奪職罷歸。明年，以徽猷閣待制卒。

論曰：自太宗歲設大科，致多士，居首選者躐取華要，有不十年至宰相，亦多忠亮雅厚，爲時名臣。治平更三歲之制，繼以王安石改新法，士習始變。哲、徽紹述，尚王氏學，非是無以得高第。熙寧而後，訖於宣和，首選十八人，唯何㮚、馬涓與此五人有傳，然時彥、端友齪齪，祖洽、俞㮚、蔡嶷憸邪小人。繇王氏之學不正，害人心術，橫潰爛漫，并邦家而覆之，如是其憯焉，此孟子所以必辯邪說、正人心也。

# 宋史卷三百五十五

## 列傳第一百一十四

賈易　董敦逸　上官均　來之邵　葉濤　楊畏　崔台符
楊汲　呂嘉問　李南公　董必　虞策 弟奕　郭知章

賈易字明叔，無爲人。七歲而孤。母彭，以紡績自給，日與易十錢，使從學。易不忍使一錢，每浹旬，輒復歸之。

年踰冠，中進士甲科，調常州司法參軍。自以儒者不閑法令，歲議獄，唯求合於人情，曰：「人情所在，法亦在焉。」訖去，郡中稱平。

元祐初，爲太常丞、兵部員外郎，遷左司諫。論呂陶不爭張舜民事，與陶交攻，遂劾陶黨附蘇軾兄弟，併及文彥博、范純仁。宣仁后怒其訐，欲謫之，呂公著救之力，出知懷州。御史言其謝表文過，徙廣德軍。明年，提點江東刑獄，召拜殿中侍御史。遂疏彥博至和建





儲之議爲不然，宣仁后命付史館，彥博不自安，竟解平章重事而去。蘇轍爲中丞，易引前嫌求避，改度支員外郎，孫升以爲左遷。又改國子司業，不拜，提點淮東刑獄。

復入，爲侍御史。上書言：

天下大勢可畏者五：一曰上下相蒙，而毀譽不得其眞。故人主聰明壅蔽，下情不得上達；邪正無別，而君子之道日消，小人之黨日進。二曰政事苟且，而官人不任其責。故治道不成，萬事隳廢，惡吏市姦而自得，良民受弊而無告；愁歎不平之氣，充溢宇宙，以干陰陽之和。三曰經費不充，而生財不得其道。故公私困弊，無及時預備之計，衣食之源日蹙；無事之時尙猶有患，不幸倉卒多事，則狼狽窮迫而禍敗至矣。四曰人材廢闕，而教養不以其方。故士君子無可用之實，而愚不肖充牣於朝；汙合苟容之俗滋長，背上欺君之風益扇，士氣寖弱，將誰與立太平之基。五曰刑賞失中，而人心不知所向。故以非爲是，以黑爲白，更相欺惑，以罔其上；爵之以高祿而不加勸，僇之以顯罰而不加懼，徼利苟免之姦，冒貨犯義之俗，將何所不有。

今二聖焦勞念治，而天下之勢乃如此，任事者不可以不憂。是猶寢於積薪之上，火未及然，而自以爲安，可不畏乎？

然則欲知毀譽眞僞之情，則莫若明目達聰，使下無壅蔽之患。欲官人皆任其責，則莫若詢事考言，循名責實。欲生財不逆其道，則莫若敦本業而抑末作，崇儉約而戒奢僭。欲教養必以其方，則莫若廣詳延之路，厲廉恥之節，使公卿大臣各舉所知，召對延問，以觀其能否，善者用之，不善者罷之。欲人心皆知所向，則莫若賞以勸善，刑以懲惡，不以親疏貴賤爲之輕重。則民志一定，而放僻邪侈不爲矣。

其言雖頗切直，然皆老生常談，志於抵阸時事，無他奇畫。

蘇軾守杭，訴浙西災潦甚苦。易率其僚楊畏、安鼎論軾姑息邀譽，眩惑朝聽，乞加考實。詔下，給事中范祖禹封還之，以謂正宜闊略不問，以活百姓。易遂言：「軾頃在揚州題詩，以奉先帝遺詔爲『聞好語』；草呂大防制云『民亦勞止』，引周厲王詩以比熙寧、元豐之政。弟轍蚤應制科試，文繆不應格，幸而濫進，與軾昔皆誹怨先帝，無人臣禮，至指李林甫、楊國忠爲喻。」議者由是薄易，出知宣州。除京西轉運副使，徙蘇州、徐州，加直祕閣。元符中，累謫保靜軍行軍司馬，邵州安置。

徽宗立，召爲太常少卿，進右諫議大夫。陳次升論其爲曾布客，改權刑部侍郎，歷工部、吏部，未滿歲爲眞。以寶文閣待制知鄧州，尋入黨籍。卒，年七十三。





董敦逸字夢授，吉州永豐人。登進士第，調連州司理參軍、知穰縣。時方興水利，提舉官調民鑿馬渡港，云可灌田二百頃，敦逸言於朝，以爲利不補害，核實如敦逸言。免役夫十六萬，全舊田三千六百頃。徙知弋陽縣，寶豐銅冶役卒多困於誘略，有致死者，敦逸推見本末，縱還鄉者數百人。稍遷梓州路轉運判官。

元祐六年，召爲監察御史，同御史黃慶基言：「蘇軾昔爲中書舍人，制誥中指斥先帝事，其弟轍相爲表裏，以紊朝政。」宰相呂大防奏曰：「敦逸、慶基言軾所撰制詞，以爲誇毀先帝。臣竊觀先帝聖意，本欲富國彊兵，鞭撻不庭，一時羣臣將順太過，故事或失當。及太皇太后與皇帝臨御，因民所欲，隨事救改，蓋事理當然爾。昔漢武帝好用兵，重斂傷民，昭帝嗣位，博采衆議，多行寢罷，明帝尙察，屢興慘獄，章帝改之以寬厚，天下悅服，未有以爲謗毀先帝者也。至如本朝眞宗卽位，弛放逋欠以厚民財；仁宗卽位，罷修宮觀以息民力。凡此皆因時施宜，以補助先朝闕政，亦未聞當時士大夫有以爲謗毀先帝者也。比惟元祐以來，言事官用此以中傷士人，兼欲動搖朝廷，意極不善。」轍復奏曰：「臣昨日取兄軾所撰呂惠卿告觀之，其言及先帝者，有曰：『始以帝堯之仁，姑試伯鯀；終然孔子之聖，不信宰予。』兄軾亦豈是謗毀先帝者邪？臣聞先帝末年，亦自深悔已行之事，但未暇改爾。元祐改更，蓋追述先帝美意而已。」宣仁后曰：「先帝追悔往事，至於泣下。」大防曰：「先帝一時過舉，非其

本意。」宣仁后曰：「皇帝宜深知。」於是敦逸、慶基並罷。敦逸出爲湖北運判〔一〕，改知臨江軍。

紹聖初，軾、轍失位，劉拯訟敦逸無罪。哲宗記其人，曰：「非前日白須御史乎？」復除監察御史。論常安民爲二蘇之黨，凡論議主元祐者，斥去之。改工部員外郎，遷殿中侍御史、左司諫、侍御史，入謝曰：「臣再汚言路，第恐擠逐，不能久奉彈糾之責。」哲宗曰：「卿能言，無患朕之不能聽；卿言而信，無患朕之不能行也。」

瑤華祕獄成，詔詣掖庭錄問。敦逸察知冤狀，握筆弗忍書，郝隨從旁脅之，乃不敢異。獄既上，於心終不安。幾兩旬，竟上疏，其略云：「瑤華之廢，事有所因，情有可察。詔下之日，天爲之陰翳，是天不欲廢之也；人爲之流涕，是人不欲廢之也。臣嘗閱錄其獄，恐得罪天下。」哲宗讀之怒，蔡卞欲加重貶，章惇、曾布以爲不可，曰：「陛下本以皇城獄出於近習，故使臺端錄問，冀以取信中外。今謫敦逸，何以解天下後世之謗。」哲宗意解而止。明年，用他事出知興國軍，徙江州。

徽宗卽位，加直龍圖閣、知荆南，召入，爲左諫議大夫，敦逸極言蔡京、蔡卞過惡。遷戶部侍郎。卒，年六十九。



上官均字彥衡，邵武人。神宗熙寧親策進士，擢第二，爲北京留守推官、國子直講。元豐中，蔡確薦爲監察御史裏行。時相州富人子殺人，讞獄爲審刑、大理所疑，京師流言法官竇莘〔二〕等受賕。蔡確引猜險吏數十人，窮治莘等慘酷，無敢明其冤。均上疏言之，乞以獄事詔臣參治，坐是，謫知光澤縣。莘等卒無罪，天下服其持平。有巫託神能禍福人，致貲甚富，均焚像杖巫，出諸境。還，監都進奏院。

哲宗卽位，擢開封府推官。元祐初，復爲監察御史。議者請兼用詩賦取士，宰相遂欲廢經義。均言：「經術以理爲主，而所根者本也；詩賦以文爲工，而所逐者末也。今不計本末，而欲襲詩賦之敝，未見其爲得也。」自熙寧以來，京師百司有謁禁。均言：「以誠待人，則人思竭忠；以疑遇物，則人思苟免。願除開封、大理外，餘皆釋禁，以明洞達不疑之意。」遂論青苗，以爲有惠民之名而無惠民之實，有目前之利而爲終歲之患，願罷之而復爲常平糴糶之法。

又言官冗之弊，請罷粟補吏，減任子員，節特奏名之濫，增攝官之舉數，抑胥史之幸進，以清入仕之源。詔有司議，久之不能有所省。復疏言：「今會議之臣，畏世俗之譏評，不計朝廷之利害，閔鄙耄之不進，不思才者之閑滯，非策之善也。」因請對，力陳之。宣仁后曰：「當從我家始。」乃自后屬而下至大夫，悉裁其數。

又言：「治天下道二，寬與猛而已。寬過則緩而傷義，猛過則急而傷恩。術雖不同，其蠹政害民，一也。間者，監司務爲慘核，郡縣望風趣辦，不暇以便民爲意。陛下臨御，務從寬大，爲吏者又復苟簡縱弛，猛寬二者胥失。願明詔四方，使之寬不縱惡，猛不傷惠，以起中和之風。」詔下其章。

蔡確弟碩盜貸官錢以萬計，獄既上，均論確爲宰相，挾邪撓法，當顯正其罪，以厲百官。張璪、李清臣執政，與正人異趣，相繼擊去之。監察御史張舜民論邊事，因及宰相文彥博，舜民左遷。均言：「風憲之任許風聞，所以廣耳目也。舜民之言是，當行之；其言非，當容之。願復舜民職。」不從。臺諫約再論，均謂事小不當再論，王巖叟遂劾均反覆，巖叟移官。均遷殿中侍御史，內不自安，引義丐去，改禮部員外郎。居三年，復爲殿中侍御史。

西夏自永樂之戰，怙勝氣驕，欲復故地。朝廷用趙卨計，棄四砦，至是，又請蘭州爲砦地。均上疏曰：「先王之御外國，知威之不可獨立，故假惠以濟威，知惠之不可獨行，故須威以行惠，然後外國且懷且畏，無怨望輕侮之心。今西夏所爭蘭州砦地，皆控扼要路，若輕以予之，恐夏人擣虛，熙河數郡，孤立難守。若繼請熙河故地，將何辭以拒之？是傅虎以翼，借寇以兵，不惟無益，祇足爲患。不如治兵積穀，畫地而守，使夏人曉然知朝廷意也。」



時傅堯俞爲中書侍郎，許將爲右丞，韓忠彥爲同知樞密院。三人者，論事多同異，俱求罷。均言：「大臣之任同國休戚，廟堂之上當務協諧，使中外之人，泯然不知有同異之迹。若悻悻然辨論，不顧事體，何以觀視百僚。堯俞等雖有辨論之失，然事皆緣公，無顯惡大過，望令就職。」詔從之。

御史中丞蘇轍等佾以爲言，均上疏曰：「進退大臣當，則天下服陛下之明，而大臣得以安其位。進退不當，則累陛下之哲，而言者自此得以朋黨，合謀併力，以傾搖大臣。天下之事，以是非爲主。所論若當，雖異，不害其爲善；所論若非，雖同，未免爲不善。今堯俞等但不能協和，實無大過。蘇轍乃以許將當時已定議，既而背同列之議，獨上論奏。臣以爲善則順之，惡則正之，豈在每事唯命，遂非不改，然後爲忠邪？將舍同列之議，上奉聖旨，是能將順其美，不當反以爲過惡也。若使不忠，雖與同列協和，是乃姦臣爾，非朝廷之利也。」

將罷，均又言：「呂大防堅彊自任，每有差除，同列不敢異，唯許將時有異同。轍素與大防善，盡力排將，期於必勝。臣恐綱紀法令，自此敗壞矣。」因論：「御史，耳目之任；中丞，風憲之長。轍當公是公非，別白善惡，而不當妄言也。」遂乞罷，出知廣德軍，改提點河北東路刑獄。



中華書局

紹聖初，召拜左正言。時大防、轍已罷政，均論大防、轍六罪，並再黜大防，史禍由此起。又奏罷詩賦，專以經術取士。宰相章惇欲更政事，專黜陟之柄，陰去異己，出吏部尚書彭汝礪知成都府，召朱服爲中書舍人。均言汝礪不可出，服不可用。惇怒，遷均爲工部員外郎。尋提點京東、淮東刑獄，歷梓州淮南轉運副使、知越州。

徽宗立，入爲祕書少監，遷起居郎，拜中書舍人、同修國史兼哲宗實錄修撰，遷給事中。太學生張寅亮應詔論事，得罪屏斥，均言：「寅亮雖不識忌諱，然志非懷邪。陛下既招其來，又罪其言，恐沮多士之氣。」寅亮得免。時宰相欲盡循熙、豐法度爲紹述以風均，均曰：「法度惟是之從，無彼此之辨。」由是不協，以龍圖閣待制知永興軍，徙襄州。崇寧初，與元祐黨籍，奪職，主管崇禧觀。政和中，復集賢院修撰、提舉洞霄宮。久之，復龍圖閣待制，致仕。卒，年七十八。

來之邵字祖德，開封咸平人。登進士第，由潞州司理參軍爲刑部詳斷官。元豐中，改大理評事，御史中丞黃履薦爲監察御史。未幾，買倡家女爲妾，履劾其汙行，左遷將作丞。哲宗即位，爲太府丞、提舉秦鳳常平、利州成都路轉運判官，入爲開封府推官，復拜監



察御史，遷殿中侍御史。之邵資性姦譎，與楊畏合攻蘇頌，論頌稽留賈易知蘇州之命。又論梁燾緣劉摯親黨，致位丞弼。又論范純仁不可復相，乞進用章惇、安燾、呂惠卿。

紹聖初，國事丕變，之邵逆探時指，先劾呂大防。惇既相，擢爲侍御史。王安石配食神宗，之邵又請加美謚。疏：「司馬光等畔道逆理，典刑未正，鬼得而誅。獨劉摯尚存，實天以遺陛下。」其阿忞無忌憚如此。

進刑部侍郎。陽翟民蓋漸以訟至有司，之邵二子皆娶蓋氏，誣漸非蓋氏子，以規其貲。諫官張商英論之，以直龍圖閣出知蔡州。卒，年四十八。蔡京爲相，特贈太中大夫。

葉濤字致遠，處州龍泉人。進士乙科，爲國子直講。虞蕃訟起，濤坐受諸生茶紙免官。濤，王氏壻也，即往從安石於金陵，學爲文詞。哲宗立，上章自理，得太學正，遷博士。紹聖初，爲祕書省正字，編修神宗史，進校書郎。曾布薦爲起居舍人，擢中書舍人。司馬光、呂公著、王巖叟追貶，呂大防、劉摯、蘇轍、梁燾、范純仁責官，皆濤爲制詞，文極醜詆。安燾降學士，濤封還命書，云：「燾在元祐時，嘗詆文彥博棄熙河，全先帝萬世之功，不宜加罪。」蔡京劾爲黨，罷知光州。又以訴理有過，爲范鏜所論，連三黜。曾布引爲給事中，居數月而



病，以龍圖閣待制提舉崇禧觀，卒。

楊畏字子安，其先遂寧人，父徙洛陽。畏幼孤好學，事母孝，不事科舉。黨友交勸之，乃擢進士第。調成紀主簿，不之官，刻志經術，以所著書謁王安石、呂惠卿，爲鄆州教授。自是尊安石之學，以爲得聖人之意。除西京國子監教授，舒亶薦爲監察御史裏行。時有御史中丞出爲郡守，監司薦之，畏言：「侍從賢否，上所素知，監司乃敢妄薦，蓋爲異日地爾，乞戒其觀望。」舒亶有盜學士院廚錢罪，爲王安禮所白，畏抗章辨論，以爲可謂之失，未可謂之故。亶罷，畏坐左轉宗正丞，出提點夔州路刑獄。

元祐初，請祠歸洛。畏恐得罪於司馬光，嘗曰：「畏官夔峽，雖深山羣獠，聞用司馬光，皆相賀，其盛德如此。」至光卒，畏復曰：「司馬光若知道，便是皋、夔、稷、契；以不知道，故於政事未盡也。」呂大防、劉摯爲相，俱與畏善，用畏爲工部員外郎，除監察御史，擢殿中侍御史。畏助大防攻摯十事，并言梁燾、王巖叟、劉安世、朱光庭皆其死黨，必與爲地。既而燾等果救摯，皆不納。摯罷，蘇頌爲相，畏復攻頌，以留賈易除書爲頌罪。頌罷，畏意欲蘇轍爲相。宣仁后外召范純仁爲右僕射，畏又攻純仁，不報。畏本附轍，知轍不相，復上疏詆



轍不可用。其傾危反覆如此，百僚莫不側目。

遷侍御史，畏言事之未治有四：曰邊疆，曰河事，曰役法，曰內外官政。時有旨令兩省官舉臺官，畏言：「御史與宰執，最爲相關之地。宰執既不自差，使其屬舉之，可乎？」太常博士朱彥以議皇地示祭不同，自列乞罷。畏言：「彥據經論理，若彥罷出，恐自是人務觀望，不敢以守官爲義。」

宣仁后崩，呂大防欲用畏諫議大夫，范純仁以畏非端士，不可，大防乃遷畏禮部侍郎。及大防爲宣仁后山陵使，畏首背大防，稱述熙寧、元豐政事與王安石學術，哲宗信之，遂薦章惇、呂惠卿可大任。廷試進士，李清臣發策有紹述意，考官第主元祐者居上，畏復考，悉下之，拔畢漸以爲第一。

惇入相，畏遣所親陰結之，曰：「畏前日度勢力之輕重，遂因呂大防、蘇轍以逐劉摯、梁燾。方欲逐呂、蘇，二人覺，罷畏言職。畏迹在元祐，心在熙寧，首爲相公開路者也。」惇至，徙畏吏部，引以自助。中書侍郎李清臣、知樞密院安燾與惇不合，畏復陰附安、李，惇覺其情，又曾布、蔡卞言畏平日所爲於惇，遂以寶文閣待制出知真定府。天下於是目爲「楊三變」，謂其進於元豐，顯於元祐，遷於紹聖也。

尋落職知虢州，入元祐黨。後知郢州，復集賢殿修撰、知襄州，移荊南，提舉洞霄宮，居

于洛。未幾，知鄧州，再丐祠，以言者論列落職，主管崇禧觀。

蔡京爲相，畏遣子姪見京，以元祐末論蘇轍不可大用等章自明，又因京黨河南尹薛昂致言於京，遂出黨籍。尋復寶文閣待制。政和二年，洛人詣闕，請封禪嵩山，畏上疏累千餘言，極其諛佞。方治行，得疾卒，年六十九。

畏頗爲縱橫學，有才辯而多捭闔，與邢恕締交，其好功名富貴亦同。然恕疎而多失，畏謀必中，其究俱爲搢紳禍云。

論曰：賈易初以剛直名，觀其再劾文彥博、范純仁，而斥蘇軾、蘇轍尤甚，何以剛直爲哉？董敦逸於元祐末與黃慶基誣二蘇，以開紹聖之禍，及紹聖則肆詆元祐諸臣，甚至璐華之冤不能持正，雖終悔而諫，亦何及焉。及見蔡京、蔡卞稔惡，乃論其過惡以自文，杯水不足以救車薪之火也。上官均諫切中時事，及不從紹述之議，其爲人若可觀，然論呂大防、蘇轍，以之再黜，是亦助紹述者也。楊畏傾危反覆，周流不窮，雖儀、秦縱橫，無以尙之，豈徒有三變而已。至於倡紹述以取信哲宗，又謂王安石之學有聖人意，可謂小人無忌憚也哉。來之邵盡擊時賢而進章惇、安燾、呂惠卿，又請加美謚於安石，其流惡不已，乃誣人非其子





而欲掩其貴，亦何所不至焉。葉濤在太學，已著汙迹，擢第之後，諂安石而從之學，後得會布之薦，凡元祐名賢貶責制辭，肆筆醜詆，雖有善猶不能自滌，況無可述者乎！

崔台符字平叔，蒲陰人。中明法科，爲大理詳斷官，校試殿帷，仁宗賜以「盡美」二字。熙寧中，文彥博薦爲羣牧判官，除河北監牧使，入判大理寺。初，王安石定按問欲舉法，舉朝以爲非，台符獨舉手加額曰：「數百年誤用刑名，今乃得正。」安石喜其附己，故用之。歷知審刑院，判少府監。復置大理獄，拜右諫議大夫，爲大理卿。時中官石得一以皇城偵邏爲獄，台符與少卿楊汲輒迎伺其意，所在以鍛鍊笞掠成之，都人惴栗，至不敢偶語。數年間，麗文法者且萬人。官制行，遷刑部侍郎，官至光祿大夫。元祐初，御史林旦、上官均發其惡，出知潞州，又貶秩徙相州。後兼監牧使。卒，年六十四。

舊制，武臣至內殿崇班，始蔭其族。台符言：「文吏州判司猶許用蔭，武臣五歲一遷，自借職四十年乃得通朝籍，輕重不相準。請自供奉官即用蔭。」從之。嘗使遼，至其朝，久立帳前，儐者不贊導。問其故，曰：「太子未至。」台符詰之曰：「安有君父臨軒而臣子偃蹇不至，久立使者禮乎？」儐者懼，贊導如儀。

楊汲字潛古，泉州晉江人。登進士第，調趙州司法參軍。州民曹濤者，兄遇之不善，兄子亦加侮焉。濤持刀逐兄子，兄挾之以走，濤曰：「兄勿避，自爲姪爾。」既就吏，兄子云：「叔欲紿吾父，止而殺之。」吏當濤謀殺兄，汲曰：「濤呼兄使勿避，何謂謀。若以意爲獄，民無所措手足矣。」州用其言，讞上，濤得不死。

主管開封府界常平，權都水丞，與侯叔獻行汴水淤田法，遂釃汴流漲潦以溉西部，瘠土皆爲良田。神宗嘉之，賜以所淤田千畝。提點淮西刑獄，提舉西路常平，修古芍陂，引漢泉灌田萬頃。召判都水監，爲大理卿，遷刑部、戶部侍郎。元祐初，以寶文閣待制知廬州。崔台符被劾，汲亦落職知黃州。歷徐、襄、越州。紹聖中，復爲戶部侍郎，卒。

呂嘉問字望之，以蔭入官。熙寧初，條例司引以爲屬，權戶部判官，筦諸司庫務，行連竈法於酒坊，歲省薪錢十六萬緡。王安石用魏繼宗議，即京城置市易務，命嘉問提舉。上建置十三事，其一欲於律外禁兼并之家輒取利，神宗去之，安石執不可。居二年，連以羨課





受賞。神宗聞其擾民，語安石。安石曰：「嘉問奉法不公，以是媒怨。」神宗曰：「免行錢所收細瑣，市易鬻及果實，大傷國體。」安石爲辨自解，至譏神宗爲叢脞，不知帝王大略，且曰：「非嘉問，孰敢不避左右近習？非臣，孰爲嘉問辨？」神宗曰：「即如是，士大夫何故以爲不便？」安石請言者姓名，令嘉問條析。

七年，旱，帝憂心惻怛，語韓維、孫永集市人問之，減坐賈錢千萬。安石遂持嘉問條析奏曰：「此皆百姓所願，不如人言也。」嘉問言：「朝廷所以許民輸錢免行者，蓋人情安於樂業，厭於追擾，若一切罷去，則無人祗承。又吏胥祿廩薄，勢不得不求於民，非重法莫禁。以薄廩申重法，則法有時而不行。縣官爲給事，則三司經費有限，今取民於鮮，而吏知自重，此臣等推行之本意也。議者乃欲除去，是殆不然。民未嘗不畏吏，方其以行役觸罪，雖欲出錢，亦不可得。今吏祿可謂厚矣，然未及昔日取民所得之半，市易所收免行錢，亦未足以償倉法所增之祿，以此推窮，則利害立見矣。」

初，市易隸三司，嘉問恃勢陵使薛向，出其上。曾布代向，懷不能平。會神宗出手札詢布，布訪於魏繼宗，繼宗憤嘉問掠其功，列其與初議異者。布得實，具上嘉問多收息干賞，挾官府而爲兼并之事。神宗將委布考之，安石言二人有私忿，於是詔布與呂惠卿同治。惠卿故憾布，至三司，召繼宗及市買問狀，其辭同，乃脅繼宗使誣布語言增加，繼宗不從。布

言惠卿不可共事，神宗欲聽之，安石不可。神宗遂詔中書曰：「朝廷設市易，本爲平準以便民，若周官泉府者。今顧使中人之家失業，宜蠲定其制。」布見神宗曰：「臣每聞德音，欲以王道治天下，今所爲駸駸乎間架、除陌矣。嘉問又請販鹽鬻帛，豈不詒四方笑？」神宗頷之。事未決，安石去位，嘉問持之以泣，安石勞之曰：「吾已薦惠卿矣。」惠卿既執政，前獄遂成，布得罪，嘉問亦出知常州。

明年，安石復相，召檢正中書戶房。安石罷，以知江寧府。歲餘，轉運使何琬劾嘉問營繕越法，徙潤州，復坐免。久之，入爲吏部郎中、光祿卿。言者交論市易之患，被於天下。本錢無慮千二百萬緡，率二分其息，十有五年之間，子本當數倍，今乃僅足本錢。蓋買物入官，未轉售而先計息取賞；至於物貨苦惡，上下相蒙，虧折日多，空有虛名而已。於是削嘉問三秩，黜知淮陽軍，悉罷前被賞者。

紹聖中，擢寶文閣待制、戶部侍郎，加直學士、知開封府。專附章惇、蔡卞，多殺不辜，焚去案牘以滅口。嘗薦鄒浩，浩南遷，坐罷知懷州。徽宗時，屢暴其宿惡，至分司南京，光州居住，郢州安置。然爲蔡氏所右，其壻劉逵蹇序辰、其死友鄧洵武羽翼之，故不久輒起。以龍圖閣學士、太中大夫卒，年七十七，贈資政殿學士。

初，嘉問竊從祖公弼論新法奏稿，以示王安石，公弼以是斥于外，呂氏號爲「家賊」，故





不得與呂氏同傳。

李南公字楚老，鄭州人。進士及第，調浦江令。郡猾吏恃守以陵縣，不輸負租，南公捕繫之。守怒，通判爲謝曰：「能按郡吏，健令也。」卒寘諸法。知長沙縣，有嫠婦攜兒以嫁，七年，兒族取兒，婦謂非前子，訟于官。南公問兒年，族曰九歲，婦曰七歲。問其齒，曰：「去年毀矣。」南公曰：「男八歲而齔，尚何爭？」命歸兒族。熙寧中，提舉京西常平、提點陝西河北刑獄、京西轉運副使，入爲屯田員外郎。南公有女皆適人，而同產女弟年三十不嫁，寄他妹家，爲御史所論，罷主管崇福宮。

爲河北轉運副使。先是，知澶州王令圖請開迎陽埽〔三〕舊河，於孫村置約回水東注，南公與范子奇以爲可行，且欲於大吳北進鋸牙約河勢歸故道。朝廷命使者行視，兩人復以前議爲非，云：「迎陽下瞰京師，孫村水勢不便。」又爲御史所論，詔罰金。

加直祕閣、知延安府。夏人犯涇原，南公出師擣其虛，夏人解去。進直龍圖閣，擢寶文閣待制、知瀛州，拜戶部吏部侍郎、戶部尚書。歷知永興軍、成都眞定河南府、鄭州，擢龍圖閣直學士。

初，哲宗主入廟，南公修奉，希執政指，請祔東夾室，禮官爭之不得。及更建廟室，坐前議弗當，奪學士；未幾，復之，遂致仕。卒，年八十三。

南公爲吏六十年，幹局明銳，然反覆詭隨，無特操，識者非之。子譓。

譓字智甫。第進士。紹聖間，知章丘縣。陝西麥熟，朝廷議遣官諸州，令民平價逋負，譓與余景在選中。將賜對，曾布言於哲宗曰：「豐凶未可知，譓、景皆刻薄，必因此暴斂，爲民之憂。陛下臨政以來，延見人士未多，如兩人者，擢不足以辱大對。」乃喻使戒飭。使還，爲河東轉運判官，徙陝西。進築京師，訖役，除祕閣校理。以母憂去。

方建永泰陵，起使京西。諫官任伯雨言：「祖宗之世，朝廷有大事，邊鄙有兵革，將相大臣召爲侍從，乃不得已奪情。今山陵事人皆可辦，何至以一譓壞事體哉？」命遂格。終制，以直龍圖閣知熙州。蔡京使王厚復河湟，譓與之異，召爲光祿卿。厚奏功，罷譓守虢。坐嘗言招納未便，停官。

後數年，爲陝西轉運使。京兆麥價踊貴，譓與府縣議從民和市，民弗肯損價。譓移府勒上戶閉糴，府帥徐處仁不聽，且責之。譓怒，上章言處仁沮格詔令，陵毀使者。詔黜處仁，而擢譓顯謨閣待制，代其任。鄜延帥錢昂奏：「處仁本以官糴麥損價，與譓爭，乃爲民久長





之論，不當黜。」詔以昂違道干譽，謫永州。譓又代任鄜延，復徙永興。僞爲蟾芝以獻，徽宗疑曰：「蟾，動物也，安得生芝？」命漬盆水，一夕而解。坐罔上，貶散官安置，三年復之。歷數郡，卒。

董必字子彊，宣州南陵人。嘗謁王安石於金陵，咨質諸經疑義，爲安石稱許。登進士第。紹聖中，提舉湖南常平。時相章惇方寘衆君子於罪。孔平仲在衡州，以倉粟腐惡，乘饑歲，稍損價發之。必即劾其戾常平法，置鞫長沙，以承惇意，無辜繫訊多死者。平仲坐徙韶州。

惇與蔡卞將大誅流人，遣呂升卿往廣東，必往廣西察訪。哲宗既止不治，然必所至，猶以慘刻按脅立威，爲五書歸奏。除工部員外郎，中書舍人郭知章封還其命；詔以付趙挺之，權給事中陳次升復封駁不下。必於是訟知章、次升爲元祐黨人。坐不當訟言者，出知江州，改湖南轉運判官、提點河北刑獄，召爲左司員外郎。

初，舒亶守荊南，起邊事，一切詐誕，云傜人款附，實亦不然，必蓋與之謀。及是，亶暴卒，加必直龍圖閣往代。乃城通道等六砦，置靖州折博市易，且移飛山營戍。公私煩費，荊

人病之。進集賢殿修撰、顯謨閣待制。卒，年五十六，贈龍圖閣待制。

虞策字經臣，杭州錢塘人。登進士第，調台州推官、知烏程縣、通判蘄州[四]。蔣之奇以江、淮發運上計，神宗訪東南人才，以策對。王安禮、李常繼薦之，擢提舉利州路常平、湖南轉運判官。

元祐五年，召爲監察御史，進右正言。數上書論事，謂人主納諫乃有福，治道以清靜爲本。西夏未順命，策言：「今邊備解弛，戎備不修。古之人，善鎭靜者謍備甚密，務持重者謀在其中，未有鹵莽闊疎，而曰吾鎭靜、吾持重者。」又乞詔內而省曹、寺監，外而監司、守令，各得以其職陳朝政闕失、百姓疾苦。星文有變，乞順天愛民，謍戒萬事，思治心修身之道，勿以宴安爲樂。哲宗納后，上正始要言。遷左司諫。

會肇以議北郊事，與朝論不合，免禮部侍郎，爲徐州。策時權給事中，還其命，以爲肇禮官也，不當以議禮得罪。不從。帝親政，條所當先者五十六事，後多施行。遷侍御史、起居郎、給事中，以龍圖閣待制知靑州，改杭州。過闕，留爲戶部侍郎。歷刑部、戶部尙書，拜樞密直學士，知永興軍、成都府。



入爲吏部尙書，奏疏徽宗，請均節財用，曰：「臣比在戶部，見中都經費歲六百萬，與天下上供之數略相當。嘗以祖宗故實攷之，皇祐所入總三千九百萬，而費纔三之一；治平四千四百萬，而費五之一；熙寧五千六十萬，而費盡之。今諸道隨一月所須，旋爲裒會，汲汲然不能終日。願深裁浮冗，以寬用度。」屬疾祈外，加龍圖閣學士、知潤州，卒于道，年六十六。贈左正議大夫。

策在元祐、紹聖時，皆居言職。雖不依人取進，亦頗持兩端，故黨議之興，已獨得免。弟奕。

奕字純臣。第進士。崇寧，提舉河北西路常平，洺、相饑，徙之東路。入對，徽宗問行期，對曰：「臣退卽行，流民不以時還，則來歲耕桑皆廢矣。」帝悅。既而西部盜起，復徙提點刑獄。時朝廷將遣兵逐捕，奕條上方略，請罷勿用，而自計討賊，不閱月可定。轉運使張搏以爲不可，宰相主搏策，數月不劾，卒用奕議，悉降之。擢監察御史。

親祭北郊，燕人趙良嗣爲祕書丞侍祠，奕白其長曰：「今親衞不用三路人，而良嗣以外國降子，顧得預祠事，可乎？」長用其言，具以請，不報。陽武民傭於富家，其室美，富子欲私之，弗得，怒殺之，而賂其夫使勿言。事覺，府縣及大理鞫獄，奕受詔鞫訊，皆伏辜。坐漏



泄語言罷去。

再踰年，還故職，提點河北刑獄。自何承矩創邊地爲塘濼，有定界。既中貴人典領，以屯田開拓爲功，肆侵民田，民上訴，屢出使者按治，皆不敢與直。奕曲折上之，疏其五不可，詔罷屯田。加直祕閣、淮南轉運副使。

入爲開封少尹。故時大理、開封治獄，得請實蔽罪，其後率任情棄法，法益不用。奕言：「廷尉持天下平，京師諸夏本，法且不行，何以示萬國。請自今非情法實不相當，毋得輒請。」從之。遷光祿卿、戶部侍郎。睦州亂，以龍圖閣直學士知鎭江府。寇平，論勞增兩秩。

還爲戶部。內侍總領內藏，予奪顓己，視戶部如僚屬。度支郎方討理滯，率中旨，令開封尹與總領者來。奕白宰相曰：「計臣不才，當去之而易能者，不可使他人侵其官。」卽自劾不稱職。詔爲罷內侍，而徙奕工部。

襲慶守張漴使郡人詣闕請登封，東平守王靚諫以京東歲凶多盜，不當請封。爲政者不悅，將罪靚，奕言：「靚憂民愛君，所當奬激，奈何用爲罪乎？」靚獲免。未幾卒，年六十，贈龍圖閣學士。



郭知章字明叔，吉州龍泉人。第進士，從劉彝廣西幕府，知浮梁、分寧縣。黃履薦爲御史，以憂不克拜，知海州、濮州，提點梓州路刑獄。復以鄭雍、顧臨薦，爲監察御史。

哲宗親政，上書請用淳化、天禧詔增諫官員，曰：「館職無所用，朝廷設之不疑；諫官最急，乃常不足。是急於所無用，緩其所當急也。又比歲選授監司，多繇寺監丞，不過知縣資序。外官莫重於部使者，豈宜輕用若是？宜稍限以節。如轉運判官擇實任通判者，提點刑獄擇實任郡守者，然後攷其治理，簡拔用之。」又言：「自大河東、北分流，生靈被害。今水之趨東者已不可遏，順而導之，閉北而行東，其利百倍矣。」

遷殿中侍御史，言：「先帝辟地進壤，建策四砦，據高臨下，扼西戎咽喉。元祐用事者委而棄之，願討蹟議奏，顯行黜罰。」史院究神宗實錄誣罔事，知章請貶治呂大防等。紹聖復制科，知章校試，言：「先朝既策進士，卽廢此科，近年復置，誠無所補。」遂復罷。又請復元豐役法，大抵迎合時好。

進左司員外郎，改左司諫。嘗言：「爵祿慶賞，以勸天下之善，願無以假借大臣，使行私恩；刑罰誅戮，以懲天下之惡，願無以假借大臣，使快私忿。忠於陛下者，必見忌大臣；黨於大臣者，必上負陛下。惟明主財察。」權工部侍郎，爲中書舍人。

遼使蕭德崇來爲夏人請還河西地，命知章報聘。德崇曰：「兩朝久通好，小國蕞爾疆士，還之可乎？」知章曰：「夏人累犯邊，法當致討，以北朝勸和之故，務爲優容。彼若恭順如初，當自有恩旨，非使人所能預知也。」歸未至，坐嘗主導河東流議，以集賢殿修撰知和州。

徽宗立，曾布用爲工部侍郎，加寶文閣直學士、知太原府。召拜刑部尚書、知開封府，爲翰林學士。言者又論河事，罷知鄧州，旋入黨籍。數年，復顯謨閣直學士。政和初，卒。

論曰：神宗好大喜功之資，王安石、呂惠卿出而與之遇合，流毒不能止也。哲、徽之世，一變而爲蔡確、章惇、曾布，又變而爲蔡京、蔡卞，日有甚之，而天下亡矣。乘時起而附之者甚衆，若崔台符、楊汲以獄殺民；呂嘉問以均輸困民；董必肆酷，欲害流人以取悅；李南公以反覆詭隨；虞策以心持兩端；郭知章迎合時好，且發實錄之誣。觀諸人所學與其從政，已多可尙，何樂而爲此惡哉？不過視一時君相之好尙，將以取富貴而已。設使神宗如仁宗之治，哲、徽承之，必無紹述之禍，雖安石輩亦將有所薰陶，而未必肆其情以至是，況此諸人乎？世道汚隆，士習升降，係於人主一念慮之趣向，可不戒哉！可不懼哉！



## 校勘記

〔一〕湖北運判　「湖北」原作「湖州」，長編卷四八四、東都事略卷九九本傳都說他罷爲荆湖北路轉運判官，「州」字當爲「北」字之誤。據改。

〔二〕寶莘　參考本書卷三一九校勘記〔三〕。

〔三〕迎陽埽　「埽」原作「歸」，據本書卷九一、九二河渠志改。

〔四〕通判蘄州　此下原衍「通判」二字。按旣說「通判蘄州」，二字不當複出；下文蔣之奇是江、淮發運副使，亦未做過通判，見本書卷三四三本傳。此二字自是衍文，據刪。



# 宋史卷三百五十六

## 列傳第一百一十五

劉拯　錢遹 石豫 左膚附　許敦仁　吳執中　吳材　劉昺
宋喬年 子昇　強淵明　蔡居厚　劉嗣明　蔣靜　賈偉節
崔鶠　張根 弟樸　任諒　周常

劉拯字彥修，宣州南陵人。進士及第。知常熟縣，有善政，縣人稱之。元豐中，爲監察御史，歷江東淮西轉運判官、提點廣西刑獄。

紹聖初，復爲御史，言：「元祐修先帝實錄，以司馬光、蘇軾之門人范祖禹、黃庭堅、秦觀爲之，竄易增減，誣毀先烈，願明正國典。」又言：「蘇軾貪鄙狂悖，無事君之義，嘗議罪抵死，先帝赦之，敢以怨忿形於詔誥，醜詆厚誣。策試館職，至及王莽、曹操之事，方異意之臣，分據要路，而軾問及此，傳之四方，忠義之士，爲之寒心扼腕。願正其罪，以示天下。」



時祖禹等已貶，軾謫英州，而拯猶鷙視不恤也。進右正言，累至給事中。

徽宗立，欽聖后臨朝，而欽慈后葬，大臣欲用妃禮。拯曰：「母以子貴，子爲天子，則母乃后也，當改園陵爲山陵。」又言：「門下侍郎韓忠彥，雖以德選，然不可啓貴戚預政之漸。」帝疑其阿私觀望，黜知濠州。改廣州，加寶文閣待制，以吏部侍郎召還。帝稱其議欽慈事，褒進兩秩，遷戶部尙書。

蔡京編次元祐姦黨，拯言：「漢、唐失政，皆分朋黨，今日指前人爲黨，安知後人不以今人爲黨乎？不若定爲三等，某事爲上，某事爲中，某事爲下，而不斥其名氏。」京不樂。又言戶部月賦入不足償所出。京益怒，徙之兵部。旋罷知蘄州，徙潤州。張商英入相，召爲吏部尙書。拯已昏憒，吏乘爲姦，又左轉工部，以樞密直學士知同州。時商英去位，侍御史洪彥昇併劾之，削職，提舉鴻慶宮，卒。

錢遹字德循，婺州浦江人。以進士甲科調洪州推官，累通判越州，至校書郎。

徽宗立，擢殿中侍御史。中丞豐稷論其回邪不可任風憲，不報。稷復言「必用遹則願罷臣」，乃以提舉湖北常平。崇寧初，召爲都官員外郎、殿中侍御史。劾曾布援元祐姦黨，





中華書局

擠紹聖忠賢，布去。

遷侍御史，閱兩月，進中丞。乞治元符末大臣嘗乞復孟后而廢劉后事，韓忠彥、曾布、李清臣、黃履及議者曾肇、豐稷、陳瓘、龔夬皆坐貶。遂與殿中侍御史石豫、左膚言：「元祐皇后得罪先朝，昭告宗廟，天下莫不知。哲宗上賓，太母聽政。當國大臣盡欲變亂紹聖之事，以逞私欲，因一布衣何大正狂言，復還廢后位號。當時物議固已洶洶，乃至疎遜小臣，詣闕上書，忠義激切，則天下公議從可知矣。今朝廷既已貶削忠彥等，及追褫大正誤恩，則元祐皇后義非所安。孔子曰：『必也正名乎，名不正則言不順。』夫在先朝則曰后，今日則謂之元祐皇后，於名爲不正；先朝廢而陛下復，於事爲不順。考之典禮，則古昔所無；稽之本朝，則故實未有；詢之師言，則大以爲不然。況既爲先朝所廢，則宗廟祭告，歲時薦饗，人事有嫌疑之迹，神靈萌厭斁之心，萬世之後，配祔將安所施。宜蚤正厥事，斷以大義，無牽於流俗非正之論，以累聖朝。」

明日，又言：「典禮所在，實朝廷治亂之所係，雖人主之尊不得而擅，又況區區臣下，敢輕變易者哉？元祐皇后得罪先朝，廢處瑤華，制誥一頒，天下無間然者。並后匹嫡，春秋譏之，豈宜明盛之朝，而循衰世非禮之事？」於是尚書右僕射京、門下侍郎將、中書侍郎尚書左丞挺之、右丞商英言：「元祐皇后再復位號，考之典禮，將來宗廟不可從享，陵寢不可配





祔。揆諸禮制，皆所未安，請如紹聖三年九月詔書旨。」后由是復廢。遹、豫遂言元符皇后名位未正，乃册爲崇恩太后。

遹章所言小臣上書者，昌州推官馮澥也。其書以謂：「先帝既終，則后無單立之義，稽之逆順，陛下無立嫂之禮；要之終始，皇太后亦不得伸慈婦之恩。雖已遂之事，難復之失，然感悟追正，何有不可？」澥用是得召對，除鴻臚主簿。

蔡京謀取青唐，遹助成其議。會籍元祐黨，遹以爲多漏略，給事中劉逵駁之，左轉戶部侍郎，俄遷工部尚書兼侍讀。踰年，以樞密直學士知潁昌府。言者疏其罪，黜爲滁州，稍復顯謨閣待制、直學士，徙宣州。復爲工部尚書，舉馮澥自代，謂：「澥趣操端勁，古人與稽，嘗建明典禮，忠義凛凛，搢紳歎服。」言者又疏其罪，以待制知秀州。中書舍人侯綬封還之，又奪待制。久之，還故職，改述古殿直學士。屏居十五年，方臘陷婺，遹逃奔蘭溪，爲賊所殺，年七十二。

石豫者，寧陵人。第進士。以安惇薦，爲監察御史。與左膚鞫鄒浩獄，文致重比，又使廣東鍾正甫逮治浩，欲致之死。豫論邊事，謂中國與四夷，相交爲君臣，相與爲賓客。徽宗以其言無倫理，且辱國，出爲淮南轉運判官。陳瓘又追論羅織鄒浩事，降通判亳州。崇寧元年，召拜殿中侍御史。遂同錢遹造廢元祐皇后議，亟遷侍御史，至中丞。請削去景靈宮繪像臣僚，自文彥博、司馬光、呂公著、呂大防、范純仁、劉摯、范百祿、梁燾、王巖叟以下。既，以論罷軍器監蔡碩，碩訟豫平生交通狀，黜知陳州，徙鄧州。過闕，留爲工部侍郎，進戶部，兼侍讀。以調度不繼，降秩一等，徙刑部。祖母死，用嫡孫承重去官，服未闋而卒。

膚，廬州人，亦用安惇薦爲御史，履歷大略與石豫同。遷侍御史，累至刑、兵、戶三尚書，以樞密直學士知河南府，改永興軍，卒。

許敦仁，興化人。第進士。崇寧初，入爲校書郎。蔡京以州里之舊，擢監察御史，亟遷右正言、起居郎，倚爲腹心。敦仁凡所建請，悉受京旨，言：「元符之末，姦臣用事，內外制詔，類多誣實。乞自今日以前，委中書舍人或著作局討論刪正。」起居郎、舍人，異時遇車駕行幸，惟當直者從，敦仁始請悉扈蹕。

遷殿中監，拜御史中丞。甫視事，即上章請五日一視朝。徽宗以其言失當，乖宵旰圖





治之意，命罰金，仍左遷兵部侍郎；他日，爲朱諤言，且欲逐敦仁，而京庇之甚力，敦仁亦處之自如。後二年卒。靖康中，諫官呂好問論蔡京使敦仁請五日一視朝，欲顓竊國命，蓋指此也。

吳執中字子權，建州崇安人。登嘉祐進士第，歷官州縣。同門壻呂惠卿方貴盛，不肯附以取進。凡三十餘年，始提舉河南常平，連徙河東、淮南、江東轉運判官，提點廣東刑獄，入爲庫部、吏部、右司郎中。

大觀初，擢兵部侍郎。二年，進御史中丞，論開封府、內侍省、京畿、秦鳳違法干請，詔獎其得風憲體。又言：「開封之治事，大理之決獄，將作之營繕，権貨之入中，皆職所當爲，乃妄以爲功，一歲遷官至五六，宜行抑損。」遂詔自今但賜束帛。鄭居中知樞密院，執中言外戚不宜在政地，帝還其章，而諭所以用居中之意。

初，蔡京忌張康國，故引執中居言路。執中先劾劉炳兄弟、宋喬年父子，皆京客也。帝嘗語執政，嘉其不阿。康國曰：「是乃爲逐臣地耳。」已而章果至。帝怒，黜知滁州。未幾，徙越州。石公弼以爲執中反覆得罪，未宜殿大府。改提舉洞霄宮，以集賢殿修撰知揚州，

加顯謨閣待制，知河南府。道過都，復拜中丞。

帝以星變逐蔡京，言者未已，執中謂進退大臣，當全體貌，於是爲京下詔，京得不重貶。龐恭孫、趙遹開梓、夔諸夷州，執中乞正其罪。又言：「八行之舉，所得皆鄉曲常人，不足以爲士，願下太學，攷其道藝而進退之。」所論多施行。遷禮部尚書。張商英罷，御史張克公言，執中與商英皆由郭天信以進，除樞密直學士、知越州。尋降待制，又奪職。卒于家。

吳材字聖取，處州龍泉人。中進士第，歷青溪主簿、咸平尉、知江都縣。入爲太學博士，以趙挺之薦，擢右正言，遷左司諫。

黨論復起，材首論范純禮爲朋附黨與，前日大臣變更神考法度，故引之執政，不宜復其職；程之元爲蘇軾心腹，不宜亞九卿；張舜民當初政時，猖狂無所顧忌，不宜以從官處鄉郡。其後受曾布指，與王能甫疏言：「元符之末，變神考之美政，逐神考之人材者，韓忠彥實爲之首。」忠彥遂罷。

材驚忍，疾視善類，所排逐最多。進起居郎，以憂去。蔡京用爲給事中、吏部侍郎，陛





見，有所陳，京不悅。以天章閣待制知光州。挺之作相，召拜工部侍郎，卒。

論曰：紹述說行，權臣顓假以攻元祐正士；網既盡矣，復假以攻異己。鷹犬外搏，鬼蜮內狙，宜小人得志而空朝廷也。故劉拯摭實錄以肆詆，錢遹斥孟后以偏刺，石豫指繪像以削諸賢，吳材擿黨論以揃善類；許敦仁五日一朝之請，吳執中體貌大臣之言，俱蔡京腹心計也。讒說殄行，虞帝攸聖；似是而非，孔聖惡佞。有國家者，可不監夫。

劉昺字子蒙，開封東明人，初名炳，賜今名。元符末，進士甲科，起家太學博士，遷祕書省正字、校書郎。

兄焯，通樂律。焯死，蔡京擢昺大司樂，付以樂正。遂引蜀人魏漢津鑄九鼎，作大晟樂。昺撰鼎書、新樂書，皆漢津妄出己意，而昺爲緣飾，語在樂志。累遷給事中。京置局議禮，昺又領之。爲翰林學士，改工部尚書。提舉紀元曆，有所損益，爲吳執中所論，以顯謨閣直學士知陳州。

昺與弟煥皆侍從，而親喪不葬，坐奪職罷郡，復以事免官。京再輔政，召爲戶部尚書，昺嘗爲京畫策，排鄭居中，故京力援昺，由廢黜中還故班。御史中丞俞㮚發其姦利事，京徙㮚他官。

徽宗所儲三代彝器，詔昺討定，凡尊爵、俎豆、盤匜之屬，悉改以從古，而載所制器於祀儀，令太學諸生習肄雅樂。閱試日，昺與大司成劉嗣明奏，有鶴翔宮架之上。再爲翰林學士，東宮建，爲太子賓客，又還戶部。

大理議戶絕法，若祖有子未娶而亡，不得養孫爲嗣。昺曰：「計一歲諸路戶絕，不過錢萬緡。使歲失萬緡而天下無絕戶，豈不可乎？」詔從其議。加宣和殿學士，知河南府，積官金紫光祿大夫。與王寀交通，事敗，開封尹盛章議以死，刑部尚書范致虛爲請，乃長流瓊州。死，年五十七。

宋喬年字仙民，宰相庠之孫也。父充國，刻意問學，以鄉書試禮部；既，自謂宰相子，輒罷舉。仁宗知之，召試學士院，賜進士出身，簽書河南判官，判登聞鼓院，知太常禮院。英宗祔廟，議者欲祧僖祖藏夾室，充國請配感生帝爲宋始祖，從之。東西府建，上二箴以戒





大臣，大臣不懌。會廟饗宿齋，其妻遣兩妾至寺，充國自劾，罷禮院，遂致仕。充國性剛介，孝於奉親，平居得微物，必先薦家廟，乃敢嘗。官至太中大夫，卒。

喬年用父蔭監市易，坐與倡女私及私役吏失官，落拓二十年。女嫁蔡京子攸。京當國，始復起用。崇寧中，提舉開封縣鎮、府界常平，改提點京西北路刑獄。賜進士第，加集賢殿修撰、京畿轉運副使，進顯謨閣待制，爲都轉運使，改開封尹，以龍圖閣學士知河南府。京罷相，諫議大夫毛注、御史中丞吳執中交擊之，貶保靜軍節度副使，蘄州安置。京復相，還舊官，知陳州。政和三年，卒，年六十七，謚曰忠文。子昪。

昪字景裕。崇寧初，由譙縣尉爲敕令刪定官，數年，至殿中少監。時喬年尹京，父子依憑蔡氏，陵轢士大夫，陰交諫官蔡居厚，使爲鷹犬。以徽猷閣待制知陳州。喬年貶，昪亦謫少府少監，分司南京，未幾，知應天府。

喬年卒，起復爲京西都轉運使，治葺西宮及修三山新河，擢至顯謨閣學士。方是時，徽宗議謁諸陵，有司預爲西幸之備。昪治宮城，廣袤十六里，創廊屋四百四十間，費不可勝。會髹漆，至灰人骨爲胎，斤直錢數千。盡發洛城外二十里古冢，凡衣冠壟兆，大抵遭暴掘。用是遷正議大夫、殿中監，又奉命補治三陵泄水坑澗，計役四百九十萬工。未幾，卒，贈金紫

光祿大夫、延康殿學士，謚曰恭敏。

強淵明字隱季，杭州錢塘人。父至，以文學受知韓琦，終祠部郎中。淵明進士第，調海州司法參軍，歷濟、杭二州教授，知蔡州確山縣，通判保定軍。入爲太府丞、軍器少監、國子司業。與兄浚明及葉夢得締蔡京爲死交，立元祐籍，分三等定罪，皆三人所建，遂濟成黨禍。淵明以故亟遷祕書少監、中書舍人、大司成、翰林學士。

大觀三年，京罷相，以龍圖閣直學士知永興軍，徙鄭、越二州。召爲禮部尚書，復拜學士，進承旨。翰林廣直廬，帝書「摛文堂」牓賜之。兼太子賓客。以疾，改延康殿學士、提舉醴泉觀兼侍讀、監修國史。卒，贈金紫光祿大夫、資政殿學士，謚曰文憲。浚明早死。

蔡居厚字寬夫，熙寧御史延禧子也。延禧嘗擊呂惠卿兄弟，有直名。居厚第進士，累官吏部員外郎。

大觀初，拜右正言，奏疏曰：「神宗造立法度，曠古絕儗，雖符、祐之黨力起相軋，而終不





能搖者，出於人心理義之所在也。陛下繼志賡聲，政事具舉，願如明詔敕有司勒爲成書，以明一代之制。」遷起居郎，進右諫議大夫。論東南兵政七弊，及言學官書局皆爲要途，宜公選實學多聞之士，無使庸常之徒，得以幸進。

河北、河東羣盜起，太原、眞定守皆以不能擒捕罪去。居厚言：「將帥之才，不儲養於平時，故緩急無所可用，宜令觀察使以上，各舉所知。」又言：「比來從事於朝者，皆姑息胥吏，吏彊官弱，浸以成風。蓋輦轂之下，吏習狡獪，故怯懦者有所畏，至用爲耳目，倚爲鄉導，假借色辭，過爲卑辱，浸淫及於侍從。今廟堂之上，稍亦爲之，願重爲之制。」改戶部侍郎。言者論其在諫省時，爲宋喬年父子用，以集賢殿修撰知秦州。降羌在州者逸入京師訴事，坐失察，削職罷。

蔡京再相，起知滄、陳、齊三州，加徽猷閣待制，爲應天、河南尹。初建神霄宮，度地汙下，爲道士交訴，徙汝州。久之，知東平府。復以戶部侍郎召，未至，又以知青州。病不能赴，未幾卒。

劉嗣明，開封祥符人。入太學，積以試藝，名出諸生右。崇寧中，車駕幸學，解褐補承事郎，歷校書郎至給事中。

張商英居相位，惡其不附己。時鄭居中雖以嫌去樞密，然陰殖黨與，窺伺益固。嗣明與之合，計傾商英。門下省吏張天忱貶秩，嗣明駁弗下，商英爭之。詔御史臺蔽曲直，商英以是罷。嗣明遂論商英引李士觀、尹天民入政典局，矯爲敕語，共造姦謀，三人俱坐責。

嗣明遷大司成。士子肄雅樂被恩，嗣明亦升班與學士等。已而言者論其取悅權貴，妄升國子生預舍法以抑寒士，黜知潁州。未幾，入爲工部侍郎、翰林學士、工部尚書。卒，贈資政殿學士、太中大夫。

蔣靜字叔明，常州宜興人。第進士，調安仁令。俗好巫，疫癘流行，病者寧死不服藥，靜悉論巫罪，聚其所事淫像，得三百軀，毀而投諸江。知陳留縣，與屯將不協，罷去。

徽宗初立，求言，靜上言，多詆元祐間事，蔡京第爲正等，擢職方員外郎；中書舍人吳伯舉封還之，京怒，黜伯舉。明年，遷國子司業。帝幸太學，命講書無逸篇，賜服金紫，進祭酒，爲中書舍人。以顯謨閣待制知壽州，徙江寧府。

茅山道士劉混康以技進，賜號「先生」。其徒倚爲姦利，奪民葦場，彊市廬舍，詞訟至府，





吏觀望不敢治，靜悉抵于法。徙睦州，移病，提舉洞霄宮。越九年，召爲大司成，出知洪州。復告歸，加直學士。卒，年七十一，贈通議大夫。

賈偉節，開封人。第進士，累擢兩浙轉運判官。條上民間利病，加直祕閣，爲江、淮發運副使。蔡京壞東南轉般法爲直達綱，偉節率先奉承，歲以上供物徑造都下，籍催諸道逋負，造巨船二千四百艘，非供奉物而輒運載者，請論以違制。花石、海錯之急切，自此而興。論功進秩，遂拜戶部侍郎，改刑部。歲餘，以顯謨閣直學士提舉醴泉觀，卒。

論曰：善乎歐陽脩之論朋黨也，其言曰：「君子以同道爲眞朋，小人以同利爲僞朋，同道則同心相益而共濟，小人見利則爭先，利盡則疎而相賊害矣。」蘇軾續脩說，謂：「君子不得志則奉身而退，樂道不仕；小人不得志則僥倖復用，唯怨之報，此所以不勝也。」秦觀亦言：「君子小人，不免有黨。人主不辨邪正，必至兩廢；或言兩存，則小人卒得志，君子終受害。」其說明甚，徽宗弗之察也。唯蔽於紹述之說，崇姦貶正，黨論滋起。於是紹聖指元祐

爲黨，崇寧指元符爲黨，而鄭居中、張商英、蔡京、王黼諸人互指爲黨，不復能辨。始以黨敗人，終以黨敗國，衣冠塗炭，垂三十年，其禍汰於東都、白馬，蓋至是而三子之言效焉。彼劉昺、强淵明、宋喬年、劉嗣明直斗筲耳，亦使攘臂恣睢，搪撞無忌，小人之爲術慝矣。嗚呼！朋黨之說，眞能空人之國如此哉。

崔鶠字德符，雍丘人。父毗，徙居潁州，遂爲陽翟人。登進士第，調鳳州司戶參軍、筠州推官。

徽宗初立，以日食求言，鶠上書曰：

臣聞諫爭之道，不激切不足以起人主意，激切則近訕謗。夫爲人臣而有訕謗之名，此讒邪之論所以易乘，而世主所以不悟，天下所以卷舌吞聲，而以言爲戒也。臣嘗讀史，見漢劉陶、曹鸞，唐李少良之事，未嘗不掩卷興嗟，殭然有山林不反之意。比聞國家以日食之異，詢求直言，伏讀詔書，至所謂「言之失中，朕不加罪」，蓋陛下披至情，廓聖度，以來天下之言如此，而私秘所聞，不敢一吐，是臣子負陛下也。

方今政令煩苛，民不堪擾，風俗險薄，法不能勝，未暇一二陳之，而特以判左右之





忠邪爲本。臣生於草萊，不識朝廷之士，特怪左右之人，有指元祐之臣爲姦黨者，必邪人也。使漢之黨錮，唐之牛、李之禍，將復見于今日，甚可駭也。

夫毀譽者，朝廷之公議。故責授朱崖軍司戶司馬光，左右以爲姦，而天下皆曰忠；今宰相章惇，左右以爲忠，而天下皆曰姦。此何理也？臣請略言姦人之迹：夫乘時抵巇以盜富貴，探微揣端以固權寵，謂之姦可也；包苴滿門，私謁踵路，陰交不逞，密結禁廷，謂之姦可也；以奇伎淫巧蕩上心，以倡優女色敗君德，獨操賞刑，自報恩怨，謂之姦可也；蔽遮主聽，排斥正人，微言者坐以刺譏，直諫者陷以指斥，以杜天下之言，掩滔天之罪，謂之姦可也。凡此數者，光有之乎？惇有之乎？

夫有其實者名隨之，無其實而有其名，誰肯信之？傳曰：「謂狐爲狸，非特不知狐，又不知狸。」是故以佞爲忠，必以忠爲佞，於是乎有繆賞濫罰。賞繆罰濫，佞人徜徉，如此而國不亂，未之有也。

光忠信直諒，聞於華夷，雖古名臣，未能遠過，而謂之姦，是欺天下也。至如惇狙詐凶險，天下士大夫呼曰「惇賊」。貴極宰相，人所具瞻，以名呼之，又指爲賊，豈非以其孤負主恩，玩竊國柄，忠臣痛憤，義士不服，故賊而名之，指其實而號之以賊邪。京師語曰「大惇小惇，殃及子孫」，謂惇與御史中丞安惇也。小人譬之蝮蝎，其兇忍害人，根乎天性，隨遇必發。天下無事，不過賊陷忠良，破碎善類；至緩急危疑之際，必有反覆賣國，跋扈不臣之心。

比年以來，諫官不論得失，御史不劾姦邪，門下不駁詔令，共持喑默，以爲得計。昔李林甫竊相位十有九年，海內怨痛，而人主不知。頃鄒浩以言事得罪，大臣拱而觀之，同列無一語者，又從而擠之。夫以股肱耳目，治亂安危所係，而一切若此，陛下雖有堯、舜之聰明，將誰使言之，誰使行之。

夫日者陽也，食之者陰也。四月正陽之月，陽極盛、陰極衰之時，而陰干陽，故其變爲大。惟陛下畏天威，聽明命，大運乾剛，大明邪正，毋違經義，毋鬱民心，則天意解矣。若夫伐鼓用幣，素服徹樂，而無修德善政之實，非所以應天也。

帝覽而善之，以爲相州教授。

後蔡京條籍上書人，以鶠爲邪等，免所居官。久之，調績溪令。移病歸，始居郟城，治地數畝，爲婆娑園。屏處十餘年，人無貴賤長少，悉尊師之。

宣和六年，起通判寧化軍，召爲殿中侍御史。既至而欽宗即位，授右正言。上疏曰：

六月一日詔書，詔諫臣直論得失，以求實是，有以見陛下求治之切也。數十年來，王公卿相，皆自蔡京出。要使一門生死，則一門生用；一故吏逐，則一故吏來。更持





政柄，無一人立異，無一人害己者，此京之本謀也。安得實是之言，聞於陛下哉？

諫議大夫馮澥近上章曰：「士無異論，太學之盛也。」澥尙敢爲此姦言乎。王安石除異己之人，著三經之說以取士，天下靡然雷同，陵夷至于大亂，此無異論之效也。京又以學校之法馭士人，如軍法之馭卒伍，一有異論，累及學官。若蘇軾、黃庭堅之文，范鎭、沈括之雜說，悉以嚴刑重賞，禁其收藏，其苛錮多士，亦已密矣。而澥猶以爲太學之盛，欺罔不已甚乎。原京與澥罪，乃天地否泰所係，國家治亂，由之以分，不可忽也。

仁宗、英宗選敦朴敢言之士以遺子孫，安石目爲流俗，一切逐去。司馬光復起而用之，元祐之治，天下安於泰山。及章惇、蔡京倡爲紹述之論，以欺人主。紹述一道德，而天下一於諂佞；紹述同風俗，而天下同於欺罔；紹述理財而公私竭；紹述造士而人材衰；紹述開邊而塞塵犯闕矣。元符應詔上書者數千人，京遣腹心考定之，同己爲正，異己爲邪，澥與京同者也，故列於正。京之術破壞天下，於茲極矣，尙忍使其餘蠹再破壞邪？京姦邪之計大類王莽，而朋黨之來則又過之，願斬之以謝天下。

累章極論，時議歸重。忽得攣疾，不能行。三求去，帝惜之，不許。呂好問、徐秉哲爲言，乃以龍圖閣直學士

主管嵩山崇福宫，命下而卒。鷗平生爲文至多，輒爲人取去，篋無留者。尤長於詩，淸峭雄深，有法度。無子，壻衞昂集其遺文，爲三十卷，傳於世。

張根字知常，饒州德興人。少入太學，甫冠，第進士。調臨江司理參軍、遂昌令。當改京秩，以四親在堂，冀以父母之恩封大父母，而貤妻封及母，遂致仕，得通直郎，如其志。時年三十一。鄉人之賢者彭汝礪序其事，自以爲不及。

屏處十年，曾布、曾肇、鄒浩及本道使者上其行義，徽宗召詣闕。爲帝言：「人主一日萬幾，所恃者是心耳。一累於物，則聰明智慮且耗，賢不肖混淆，綱紀不振矣。願陛下淸心省欲，以窒禍亂之原。」遂請罷錢塘製造局。帝改容嘉美，以爲親賢宅敎授。

未幾，通判杭州，提舉江西常平。內侍走馬承受舉劾一路以錢半給軍衣非是，自轉運使、郡守以下皆罷。根言：「東南軍法與西北殊，此事行之百五十年矣。帥守、監司，分朝廷憂，顧使有罪，猶當審處，豈宜以小奄尺紙空十郡吏哉？」詔皆令復還。又言：「本道去歲蠲租四十萬，而戶部責償如初。祖宗立發運上供額，而給本錢數百萬緡，使廣糴以待用。比希恩者乃獻爲羨餘，故歲計不足，至爲無名之斂。」詔貸所蠲租，而以糴本錢還之六路。



洪州失官錫，繫治兵吏千計。根曰：「此有司失於幾察之過也。今羅取無罪之人，責以不可得之物，何以召和氣？」乃罷其獄。

大觀中，入對言：「陛下幸滌煩苛，破朋黨，而士大夫以議論不一，觀望苟且，莫肯自盡。陛下毀石刻，除黨籍，與天下更始，而有司以大臣仇怨，廢錮自如。爲治之害，莫大於此，願思所以勵敕之。」卽命爲轉運副使，改淮南轉運使，加直龍圖閣。上書請：「常平止聽納息，以塞兼幷；下戶均出役錢，以絕姦僞；市易惟取淨利，以役商賈。雖名若非正，然與和買不讎其直什一，而使之倍輸額外無名無數之斂，有間矣。」又請：「分舉官爲三科：一縣令，二學官，三縣丞曹。州郡亦分三等。明言其人某材堪充某州、某官、某縣令，吏部據以注擬，則令選稍淸，視平配硬差遠矣。」詔吏部、戶部相度以聞。根又以水災多，乞蠲租賦，散洛口米、常平靑苗米，振貸流民。詔褒諭之。

徙兩浙，辭不行，乃具疏付驛遞奏。大略謂：「今州郡無兼月之儲，太倉無終歲之積，軍須匱乏，邊備缺然。東南水旱，盜賊間作，西、北二國窺伺日久，安得不豫爲之計？」因條列茶鹽、常平等利病之數，遂言：「爲今之計，當節其大者，而莫大於土木之功。今羣臣賜一第，或費百萬。臣所部二十州，一歲上供財三十萬緡耳，曾不足給一第之用。以寵元勳盛德，猶慮不稱，況出於閭閻干澤者哉。雖趙普、韓琦佐命定策所未有，願陛下靳之。其次如田園、邸店，雖不若賜第之多，亦願日削而月損之。如金帛好賜之類，亦不可不節也。又其次如錫帶，其直雖數百緡，亦必斂於數百家而後足，今乃下被僕隸，使混淆公卿間，賢不肖無辨。如以其左右趨走，不欲墨綬，當別爲制度，以示等威可也。」書奏，權倖側目，謀所以中傷之者，言交上，帝察根誠，不之罪也。

尋以花石綱拘占漕舟，官買一竹至費五十緡，而多入諸臣之家。因力陳其弊，益忤權倖，迺摘根所書奏牘注切草略，爲傲慢不恭，責監信州酒。既又言根非詆常平之法，以搖紹述之政，再貶濠州團練副使，安置郴州。尋以討淮賊功，得自便。以朝散大夫終于家，年六十。

根性至孝，父病蠱戒鹽，根爲食淡。母嗜河豚及蟹，母終，根不復食。母方病，每至雞鳴則少蘇，後不忍聞雞聲。子燾，自有傳。弟樸。

樸字見素。第進士。歷耀、淄、宿三州敎授、太學錄，升博士，改禮部員外郎。高麗遣子弟入學肄業，又兼博士，遷光祿、太常少卿，擢侍御史。

鄭居中去位，樸言：「朋黨分攻，非朝廷福，若不揃其尤，久則難圖。」於是宇文黃中、賈安宅等六人皆罷，凡蔡京所惡，亦指爲居中黨而逐。時郞員冗濫，至五十五人。徽宗喻樸使論列，乃擿其庸謬者十六人，疏斥諸外。





徐處仁議置裕民局，以京提舉，京不樂，樸言「國家法令明具，何嘗不裕民乎？今置局非是」，卒罷之。起復修製大樂局管勾官田爲大晟府典樂，樸論爲「貪濫不法，物論弗齒，且典樂在太常少卿之上，修製冗官不當超踰」，迺罷爲樂令。未幾，復前命，樸爭不已，改祕書少監。蔡攸引爲道史檢討官，召試中書舍人，卒。

任諒字子諒，眉山人，徙汝陽。九歲而孤，舅欲奪母志，諒挽衣泣曰：「豈有爲人子不能養其親者乎！」母爲感動而止。諒力學自奮，年十四，卽冠鄉書。登高第，調河南戶曹。以兵書謁樞密曾布，布使人邀詣闕，既見，覺不能合，徑去。布爲相，猶欲用之。諒予書，規以李德裕事，布始怒。蔣之奇、章楶在樞府，薦爲編修官，布持其奏不下，爲懷州敎授。徽宗見其所作新學碑，曰：「文士也。」擢提舉夔路學事，歷京西、河北、京東，改轉運判官。著河北根本籍，凡戶口之升降，官吏之增損，與一歲出納奇贏之數，披籍可見，上之朝。張商英見其書，謂爲天下部使者之最。

提點京東刑獄。梁山濼漁者習爲盜，蕩無名籍，諒伍其家，刻其舟，非是不得輒入。他縣地錯其間者，鑱石爲表。盜發，則督吏名捕，莫敢不盡力，跡無所容。加直祕閣，徙陝西轉運副使。降人李訛哆知邊廩不繼，陰闕地窖粟而叛，遺西夏統軍書，稱定邊可唾手取。諒諜知其謀，亟輸粟定邊及諸城堡，且募人發所窖，得數十萬石。訛哆果入寇，失藏粟，七日而退。他日，復圍觀化堡，而邊儲已足，訛哆遂解去。

加徽猷閣待制、江淮發運使。蔡京破東南轉般漕運法爲直達綱，應募者率游手亡賴，盜用乾沒，漫不可核，人莫敢言。諒入對，首論之，京怒。會汴、泗大水，泗州城不沒者兩板。諒親部卒築隄，徙民就高，振以米粟。水退，人獲全，京誣以爲漂溺千計，坐削籍歸田里。執政或言：「水災守臣職，發運使何罪？」帝亦知其枉，復右文殿修撰、陝西都轉運使。

尋復徽猷閣待制，進直學士。童貫更錢法，必欲鐵錢與銅錢等，物價率十減其九。詔諒與貫議，諒言爲六路害，寢其策。加龍圖閣直學士、知京兆府，徙渭州。以母憂去。

宣和七年，提舉上清寶籙宮、修國史。初，朝廷將有事於燕，諒曰：「中國其有憂乎。」乃作書貽宰相曰：「今契丹之勢，其亡昭然，取之當以漸，師出不可無名。宜別立耶律氏之宗，使散爲君長，則我有存亡繼絕之義，彼有瓜分輻裂之弱，與鄰崛起之金國，勢相萬也。」至是，又言郭藥師必反。帝不聽，大臣以爲病狂，出提舉嵩山崇福宮。是多，金人舉兵犯燕山，藥師叛降，皆如諒言。迺復起諒爲京兆，未幾，卒，年五十八。





周常字仲修，建州人。中進士第。以所著禮檀弓義見王安石、呂惠卿，二人稱之，補國子直講、太常博士。以養親，求敎授揚州。年未五十卽致仕。久之，御史中丞黃履薦其恬退，起爲太常博士，辭。元符初，復申前命，兼崇政殿說書，遷著作佐郎。疏言：「祖宗諸陵器物止用塗金，服飾又無珠玉，蓋務在質素，昭示訓戒。自裕陵至宣仁后寢宮，乃施金珠，願收貯景靈殿，以遵遺訓。」詔置之奉宸庫。擢起居舍人。鄒浩得罪，常於講席論救，貶監郴州酒。徽宗立，召爲國子祭酒、起居郎，從容言：「自古求治之主，未嘗不以尙志爲先。然溺於富貴逸樂，蔽於諂諛順適，則志隨以喪，不可不戒。元祐法度互有得失，人才各有所長，不可偏棄。」

時以天暑，令記注官卯漏正卽勿奏事，仍具爲令。常言：「本朝記注類多兼諫員，故凡言動，得以所聞見論可否。神宗皇帝時，修注官雖不兼諫職，亦許以史事於崇政、延和殿直前陳述。陛下於炎暵可畏之候，暫停進對，亦人情之常。若著爲定令，則必記於日錄，傳之史筆，使後人觀之，將以爲倦於聽納，而忘先帝之美意矣。」事遂寢。進中書舍人、禮部侍郎。蔡京用事，不能容，以寶文閣待制出知湖州。尋又奪職，居婺州。復集賢殿修撰。卒，年六十七。

論曰：徽宗荒于治，嬖倖塞朝，柄移權姦，不鳴者進，習爲腰熟。𪅴、根、諒、常氣節倜倜，指切時敝，能盡言不諱。卒不勝讒舌，根、常死外，𪅴、諒甫用而病奪之，可悲也已！金兵既舉，郭藥師已叛，朝廷猶弗知，矧能先見禍幾哉，毋惑乎狂諒之言也。

# 宋史卷三百五十七

## 列傳第一百一十六

### 何灌 李熙靖 王雲 譚世勣 梅執禮 程振 劉延慶

何灌字仲源，開封祥符人。武選登第，爲河東從事。經略使韓縝雖數試其材，而常沮抑之，不假借。久乃語之曰：「君奇士也，他日當據吾坐。」爲府州、火山軍巡檢〔二〕。盜蘇延福狡悍，爲二邊患，灌親梟其首。賈胡疃有泉，遼人常越境而汲，灌親申畫界堠，遏其來，忿而舉兵犯我。灌迎高射之，發輒中，或著崖石皆沒鏃，敵驚以爲神，逡巡斂去。後三十年，契丹蕭太師與灌會，道曩事，數何巡檢神射，灌曰：「即灌是也。」蕭矍然起拜。

爲河東將，與夏人遇，鐵騎來追，灌射皆徹甲，至洞胸出背，疊貫後騎，羌懼而引卻。知寧化軍、豐州，徙熙河都監，見童貫不拜，貫憾焉。張康國薦於徽宗，召對，問西北邊事，以笏畫御榻，指坐衣花紋爲形勢。帝曰：「敵在吾目中矣。」





提點河東刑獄，遷西上閤門使、領威州刺史、知滄州。以治城郭功，轉引進使。詔運粟三十萬石於並塞三州，灌言：「水淺不勝舟，陸當用車八千乘，沿邊方登麥，願以運費增價就糴之。」奏上，報可。安撫使忌之，劾云板築未畢而冒賞，奪所遷官，仍再貶秩，罷去。

未幾，知岷州，引邈川水溉閑田千頃，湟人號廣利渠。徙河州，復守岷，提舉熙河蘭湟弓箭手。入言：「漢金城、湟中穀斛八錢，今西寧、湟、廓即其地也，漢、唐故渠尚可考。若先葺渠引水，使田不病旱，則人樂應募，而射士之額足矣。」從之。甫半歲，得善田二萬六千頃，募士七千四百人，爲他路最。童貫用兵西邊，灌取古骨龍馬進武軍〔三〕，加吉州防禦使，改知蘭州。又攻仁多泉城，砲傷足不顧，卒拔城，斬首五千級。正拜廓州防禦使。

宣和初，劉法陷於敵，震武危甚，熙帥劉仲武使灌往救。灌以衆寡不敵，但張虛聲駭之，夏人宵遁。灌恐覘其實，遽反兵，仲武猶奏其逗遛，罷爲淮西鈐轄。從平方臘，獲賊帥呂師囊，遷同州觀察使、浙東都鈐轄，改浙西。

童貫北征，檄統制兵馬，涿、易平，以知易州，遷寧武軍承宣使、燕山路副都總管，又加龍、神衞都指揮使。斡离不取景州，圍薊州。貫諉以兵事，即復景城，釋薊圍。郭藥師統蕃、漢兵，灌曰：「頃年折氏歸朝，朝廷別置一司，專部漢兵，至于克行，乃許同營。今但宜令欒師主常勝軍，而以漢兵委灌輩。」貫不聽。召還，管幹步軍司。

陪遼使射玉津園，一發破的，再發則否。客曰：「太尉不能耶？」曰：「非也，以禮讓客耳。」整弓復中之，觀者誦歎，帝親賜酒勞之。遷步軍都虞候。

金師南下，悉出禁旅付梁方平守黎陽。灌謂宰相白時中曰：「金人傾國遠至，其鋒不可當。今方平掃精銳以北，萬有一不枝梧，何以善吾後，盍留以衞根本。」不從，明日，又命灌行，辭以軍不堪戰，彊之，拜武泰軍節度使、河東河北制置副使。未及行而帝內禪，灌領兵入衞。鄆王楷至門欲入，灌曰：「大事已定，王何所受命而來？」導者懼而退。灌竟行，援兵二萬不能足，聽募民充數。

靖康元年正月二日，次滑州，方平南奔，灌亦望風迎潰。黃河南岸無一人禦敵，金師遂直叩京城。灌至，乞入見，不許，而令控守西隅。背城拒戰凡三日，被創，沒于陣，年六十二。帳下韓綜、雷彥興，奇士也，各手殺數人，從以死。欽宗哀悼，賜金帛，命官護葬。已而言者論其不守河津，追削官秩。

長子薊，至閤門宣贊舍人。從父戰，箭貫左臂，拔出之，病創死。紹興四年，中子薢以灌事泣訴于朝，詔復履正大夫、忠正軍承宣使。





李熙靖字子安，常州晉陵人，唐衞公德裕九世孫也。祖均、父公弼皆進士第。公弼，崇寧初通判潞州，以議三舍法不便，使者劾其沮格詔令，坐削黜以死。熙靖擢第，又中詞學兼茂，選爲辟雍錄、太學正，升博士。以父老丐外，除提舉淮東學事便養，命下，乃得河東；而爲淮東者，臧祐之也。蓋省吏取祐之賂，輒易之。或教使自言，熙靖曰：「事君不擇地，吾其可發人之私，求自便也？」宰相聞而賢之，留爲兵部員外郎。遭父憂去，還，爲右司員外郎。

王黼以太宰領應奉司，又方事燕雲，立經撫房於中書獨專之，他執政皆不得預。熙靖與言曰：「應奉之職，非宰相所當預。尚書、樞密皆有兵房，足以治疆事，經撫何爲者哉？」黼積不樂。同列五人皆躐躋禁從，獨滯留四年。都水丞失職，移過於熙靖，貶其兩秩，又將左轉爲國子司業，執政交言不可，僅遷太常少卿。黼罷，乃拜中書舍人，蔡攸又惡之，出知拱州。

越兩月，復以故官召，入對言：「燕山雖定，宜益謹思患豫防之戒。」徽宗曰：「詩所謂『迨天之未陰雨，徹彼桑土，綢繆牖戶』者是也。」熙靖進曰：「孔子云：『爲此詩者，其知道乎！能治其國家，誰敢侮之？』願陛下爲無疆之計。」帝嘉之。

靖康初，同譚世勣事龍德宮，改顯謨閣待制、提舉醴泉觀。道君待之甚厚，常從容及內禪事，曰：「外人以爲與敏功，殊不知此自出吾意耳，吾苟不欲，人言且滅族，誰敢哉？或謂吾似唐睿宗上畏天戒，故爲之，吾有此心久矣。」熙靖再拜賀。敏聞而忌之，以進對不時受罰。

既拒張邦昌之命，憂憤廢食，家人進粥藥寬譬之，終無生意。故人視其病，相持啜泣，索筆書唐王維所賦「百官何日再朝天」之句，明日遂卒，年五十三，與世勣同贈端明殿學士〔三〕。

王雲字子飛，澤州人。父獻可，仕至英州刺史、知瀘州。黃庭堅謫於涪，獻可遇之甚厚，時人稱之。雲舉進士，從使高麗，撰雞林志以進。擢秘書省校書郎，出知簡州，遷陝西轉運副使。宣和中，從童貫宣撫幕，入爲兵部員外郎、起居中書舍人。

靖康元年，以給事中使斡离不軍，議割三鎮以和。使還，傳道斡离不之意，以爲黏罕得朝廷所與余覩蠟書，堅云中國不可信，欲敗和約。執政以爲不然，罷爲徽猷閣待制、知唐州。

金人陷太原，召拜刑部尚書，再出使，許以三鎮賦入之數。雲至眞定，遣從吏李裕還





言：「金人不復求地，但索五輅及上尊號，且須康王來，和好乃成。」欽宗悉從之，且命王及馮澥往。未行，而車輅至長垣，爲所卻，雲亦還。澥奏言雲誕妄誤國，雲言：「事勢中變，金人必欲得三鎮，不然，則進兵取汴都。」中外震駭，詔集百官議，雲固言：「康王舊與斡离不結歡，宜將命。」帝慮爲所留，雲曰：「和議既成，必無留王之理，臣敢以百口保之。」王遂受命，而雲以資政殿學士爲之副。

頃雲奉使過磁、相，勸兩郡徹近城民舍，運粟入保，爲清野之計，民怨之。及是，次磁州，又與守臣宗澤有憾。於是王出謁嘉應神祠，雲在後，民遮道諫曰：「肅王已爲金人所留，王不宜北去。」厲聲指雲曰：「清野之人，眞姦賊也。」王出廟行，或發雲笥，得烏絁短巾，蓋雲夙有風眩疾，寢則以護首者。民益信其爲姦，譟而殺之。王見事勢洶洶，乃南還相州。是役也，雲不死，王必北行，議者以是驗天命云。建炎初，贈觀文殿學士。

雲兄霽，崇寧時，爲謀議司詳議官〔四〕，上書告蔡京罪，黥隸海島。欽宗復其官，從种師中戰死。

譚世勣字彥成，潭州長沙人。第進士，教授郴州。時王氏學盛行，世勣雅不喜。或問之，曰：「說多而屢變，無不易之論也。」置其書不觀。又中詞學兼茂科，除祕書省正字。時相蔡京子攸領書局，同舍郎多翕附以取貴仕。世勣獨坐直廬，繙書竟日。梁師成之客與爲隣居，數致師成願交意，謝不答。

在館六年不遷，京罷，用久次爲司門員外郎。又三年，遷吏部。京復相，嫌不附己，罷提點太平宮。久之，復還吏部。倖臣妄引恩澤任子，持不與。吏白有某例，世勣曰：「豈當以暫例破成法！」已而取中旨行之。進少府監，擢中書舍人，以謹命令、惜名器、廣言路、吝賜予、正上供、省浮費六事言于上，又爲當路所嫉。以徽猷閣待制知婺州，未行，復留之。

徽宗禪位東幸，且還，使與李熙靖副執政奉迎，遂同主管龍德宮。請辨正宣仁國史之謗，述欽聖遺旨以復瑤華，大享神祖仍用富弼侑食，釋奠先聖不當以王安石配，後皆施行。

秋七月，彗出東方，大臣或謂此四夷將衰之兆，世勣面奏：「垂象可畏，當修德以應天，不宜惑諛說。」進給事中兼侍讀。內侍喧爭殿門，詔以贖論，世勣駮其不恭，因言：「童貫輩初亦甚微，小惡不懲，將馴至大患。」疏入，同類側目。何㮚建議分外郡爲四道，置都總管，事得顓決。世勣言：「裂天下以付四人，而王畿所治者纔十六縣，獨無尾大不掉之慮乎？」㮚不樂。改禮部侍郎。





金騎驟南下，世勣言：「守邊爲上策；今邊不得守，守河則京畿自固，中策也；巡幸江、淮，會東南兵以捍敵，下策也。」金人既渡河，又請遣大將秦元以所部京畿保甲，分護國門，使兵勢連屬，首尾相援，即金人不敢逼。孫傅深然之，又格於㮚議。再扈車駕至金帥帳，以十害說其用事者，言講解之利，詞意忠激，金人聳聽。

張邦昌僭國，令與李熙靖同直學士院，皆稱疾臥不起，以憂卒，年五十四。建炎初，褒其守節，贈端明殿學士。

梅執禮字和勝，婺州浦江人。第進士，調常山尉未赴，以薦爲敕令刪定官、武學博士。大司成強淵明賢其人，爲宰相言，相以未嘗識面爲慊。執禮聞之曰：「以人言而得，必以人言而失，吾求在我者而已。」卒不往謁。

歷軍器、鴻臚丞，比部員外郎。比部職勾稽財貨，文牘山委，率不暇經目。苑吏有持茶券至爲錢三百萬者，以楊戩旨意迫取甚急。執禮一閱，知其妄，欲白之，長貳疑不敢，乃獨列上，果詐也。改度支、吏部，進國子司業兼資善堂翊善，遷左司員外郎，擢中書舍人、給事中。

林攄以前執政赴闕宿留，冀復故職，執禮論去之。孟昌齡居鄆貿人屋，當贖不肯與，而請中旨奪之；外郡卒留役中都者萬數，肆不遑爲姦，詔悉令還；楊戩占不遣；內侍張佑董葺太廟，僭求賞，皆駁奏弗行。遷禮部侍郎。

素與王黼善，黼嘗置酒其第，夸示園池妓妾之盛，有驕色。執禮曰：「公爲宰相，當與天下同憂樂。今方臘流毒吳地，瘡痍未息，是豈歌舞宴樂時乎？」退又戒之以詩。黼愧怒，會孟饗原廟後至，以顯謨閣待制知蘄州，又奪職。

明年，徙滁州，復集英殿修撰。時賦鹽虧額，滁亦苦抑配。執禮曰：「郡不能當蘇、杭一邑，而食鹽乃倍粟數，民何以堪？」請於朝，詔損二十萬，滁人德之。

欽宗立，徙知鎮江府，召爲翰林學士，道除吏部尚書，旋改戶部。方軍興，調度不足，執禮請以禁內錢隸有司，凡六宮廩給，皆由度支乃得下。嘗有小黃門持中批詣部取錢，而封識不用璽，旣悟其失，復取之。執禮奏審，詔責典寶夫人而杖黃門。

金人圍京都，執禮勸帝親征，而請太上帝后、皇后、太子皆出避，用事者沮之。洎失守，金人質天子，邀金帛以數百千萬計，曰：「和議已定，但所需滿數，則奉天子還闕。」執禮與同列陳知質、程振、安扶皆主根索，四人哀民力已困，相與謀曰：「金人所欲無藝極，雖銅鐵亦不能給，盍以軍法結罪，儻塞其求。」而宦者挾宿怨語金帥曰：「城中七百萬戶，所取未百一，





但許民持金銀換粟麥，當有出者。」已而果然。酋怒，呼四人責之，對曰：「天子蒙塵，臣民皆願致死，雖肝腦不計，於金繒何有哉？顧比屋枵空，亡以塞命耳。」酋問官長何在，振恐執禮獲罪，遂前曰：「皆官長也。」酋益怒，先取其副胡舜陟、胡唐老、姚舜明、王俁，各杖之百。執禮等猶爲之請，俄遣還，將及門，呼下馬撾殺之，而梟其首，時靖康二年二月也。是日，天宇晝冥，士庶皆隕涕憤歎。

初，車駕再出，執禮與宗室子昉、諸將吳革等謀集兵奪萬勝門，夜擣金帥帳，迎二帝以歸。而王時雍、徐秉哲使范瓊泄其謀，故不克。死時，年四十九。高宗卽位，詔贈通奉大夫、端明殿學士。議者以爲薄，復加資政殿學士。

程振字伯起，饒州樂平人。少有軼材，入太學，一時名輩多從之游。徽宗幸學，以諸生右職除官，爲辟雍錄，升博士，遷太常博士，提舉京東、西路學事。請立廟于鄒祀孟軻，以公孫丑、萬章、樂正克等配食，從之。

提舉京西常平，入爲膳部員外郎、監察御史、辟雍國子司業、左司員外郎兼太子舍人。始至，卽言：「古者大祭祀登餕受爵，必以上嗣，旣禮經所載，且元豐彝典具存。昨天子展事明堂，而殿下不預，非所以尊宗廟、重社稷也。」太子矍然曰：「宮僚初無及此者。」由是特加獎異。

方臘起，振謂王黼宜乘此時建革天下弊事，以上當天意，下順人心。黼不懌，曰：「上且疑黼挾寇，奈何？」振知黼忌其言，趨而出，然太子薦之甚力，遂擢給事中。黼白振資淺，且雅長書命，請以爲中書舍人。侍郎馮熙載出知亳州，黼怨熙載，欲振詆以醜語，振不肯。黼使言者劾爲黨，罷提舉沖佑觀。居三年，復還故官。

靖康元年，進吏部侍郎，爲欽宗言：「柄臣不和，論議多駁，詔令輕改，失於事幾。金人交兵半歲，而至今不解者，以和戰之說未一故也。裁抑濫賞，如白黑易分，而數月之間，三變其議，以私心不除，各蔽其黨故也。今日一人言之，以爲是而行；明日一人言之，以爲非而止。或聖斷險度而不暇疇咨，或大臣偏見而遂形播告，所以動未必善，處未必宜，乃輒爲之反汗，其勢不得不爾也。」

時金兵至河北，振請糾諸道兵犄角擊之，曰：「彼猖獗如此，陛下尙欲守和議，而不使之少有懲艾乎？」上嗟味其言，而牽於外廷，不能用。拜開封尹。故時，大辟有情可矜，多奏取原貸；崇寧以來，議者謂輦轂先彈壓，率便文殺之。振請復舊制。詔捕亡命卒，得數千人，振請以隸步軍而除其罪。步軍司欲論如法，振曰：「方多事之際，而一日殺數千人，必大





駭觀聽。」乃盡釋之。改刑部侍郎。

金騎在郊，邀車駕出城，振爲何㮚言：「宜思所以折之之策。」㮚不從。未幾，及於難，年五十七。金人去，從子庭訪得其首歸葬之。初，王黼使其客沈積中圖燕，振戒以後禍，積中懼而言不可。旣而振乃用是死，聞者痛之。

初，宣和崇道家之說，振侍坐東宮，從容言：「孔子以鴟鴞之詩爲知道，其詞不過曰『迨天之未陰雨，綢繆牖戶』而已。老子亦云：『爲之於未有，治之於未亂。』今不固根本於無事之時，而事目前區區，非二聖人意。」他日，太子爲徽宗道之。徽宗寤，頗欲去健羨，疏左右近習，而宦寺楊戩輩方大興宮室，懼不得肆，因譖家令楊馮，以爲將輔太子幸非常。徽宗震怒，執馮誅之，而太子之言亦廢。振尹京時，兩宮方困於惎間，振極意彌縫，治龍德梁忻獄，寬其罪，不使有纖介可指。

高宗卽位，進秩七等，仍官其子及親屬三人，又贈端明殿學士。端平初，曾孫東請謚，賜謚剛愍。同時死者禮部侍郎陳知質，失其傳；給事中安扶，附見父安燾傳。

劉延慶，保安軍人。世爲將家，雄豪有勇，數從西伐，立戰功，積官至相州觀察使、龍神

衛都指揮使、鄜延路總管。遷泰寧軍節度觀察留後，改承宣使。破夏人成德軍，擒其酋賞屈，降王子益麻党征。拜保信軍節度使、馬軍副都指揮使。從童貫平方臘，節度河陽三城。又從北伐，以宣撫都統制督兵十萬，渡白溝。

延慶行軍無紀律，郭藥師扣馬諫曰：「今大軍跋涉行而不設備，若敵人置伏邀擊，首尾不相應，則望塵決潰矣。」不聽。至良鄉，遼將蕭幹帥衆來，延慶與戰，敗績，遂閉壘不出。藥師曰：「幹兵不過萬人，今悉力拒我，燕山必虛，願得奇兵五千，倍道襲取，令公之子三將軍簡師爲後繼。」延慶許之，遣大將高世宣與藥師先行，即入燕城，幹舉精甲三千巷戰。三將軍者，光世也。

渝約不至，藥師失援敗走，世宣死之。延慶營于盧溝南，幹分兵斷餽道，擒護糧將王淵，得漢軍二人，蔽其目，留帳中，夜半僞相語曰：「聞漢軍十萬壓吾境，吾師三倍，敵之有餘。當分左右翼，以精兵衝其中，左右翼爲應，殲之無遺。」陰逸其一人歸報。明旦，延慶見火起，以爲敵至，燒營而奔，相蹂踐死者百餘里。自熙、豐以來，所儲軍實殆盡。退保雄州，燕人作賦及歌誚之。朝議延慶喪師，不可不行法，坐貶率府率，安置筠州。契丹知中國不能用兵，由是輕宋。

未幾，復爲鎭海軍節度使。靖康之難，延慶分部守京城，城陷，引秦兵萬人奪開遠門





以出，至龜兒寺，爲追騎所殺。光世自有傳。

論曰：靖康之變，執禮、振不忍都人塗炭，拒彊敵無厭之欲，親逢其凶。熙靖、世勣不肯以一身事二姓，悲不食以終。灌、延慶戰敗而沒。此數人者，其所遭不同，至於死國難則一而已。雲之死，雖其有以取之，殆亦天未欲絕宋祀也；不然，是行也，康王其危哉！

## 校勘記

〔一〕府州火山軍巡檢　「火」原作「大」。按宋無「大山軍」，本書卷八六地理志有火山軍，與府州同屬河東路；東都事略卷一〇七本傳作「府州、黃河東岸巡檢」，火山軍正在黃河東岸。據改。

〔二〕灌取古骨龍馬進武軍　東都事略卷一〇七本傳作「取震武軍」；本書卷八七地理志，「政和六年，建築古骨龍城，賜名震武城，未幾改爲震武軍。」此句當脫誤，疑「馬」是「爲」字之訛，「進武」是「震武」之訛。

〔三〕贈端明殿學士　「端明殿」，本書卷四五三重出李熙靖傳作「延康殿」；繫年要錄卷三記李熙靖、宋會要儀制一一之一〇記譚世勣同。按本書卷一六二職官志，「建炎二年，都省言延康殿學士舊係端明殿學士，詔依舊。」下文譚世勣傳記贈官在建炎初，疑以作「延康殿」爲是。

〔四〕謀議司詳議官　當作「講議司詳議官」。按宋無「謀議司」，本書卷一六一職官志有講議司。長編紀事本末卷一三二載講議司有詳議官。東都事略卷一〇九和北盟會編卷六四王雲傳又說王雲爲講議司編修，疑爲一人先後充任不同官職。

# 宋史卷三百五十八

## 列傳第一百一十七

### 李綱上

李綱字伯紀，邵武人也，自其祖始居無錫。父夔，終龍圖閣待制。綱登政和二年進士第，積官至監察御史兼權殿中侍御史，以言事忤權貴，改比部員外郎，遷起居郎。宣和元年，京師大水，綱上疏言陰氣太盛，當以盜賊外患爲憂。朝廷惡其言，謫監南劍州沙縣稅務。

七年，爲太常少卿。時金人渝盟，邊報狎至，朝廷議避敵之計，詔起師勤王，命皇太子爲開封牧，令侍從各具所見以聞。綱上禦戎五策，且語所善給事中吳敏曰：「建牧之議，豈非欲委以留守之任乎？巨敵猖獗如此，非傳以位號，不足以招徠天下豪傑。東宮恭儉之德聞於天下，以守宗社可也。公以獻納論思爲職，曷不爲上極言之。」敏曰：「監國可乎？」綱





曰：「肅宗靈武之事，不建號不足以復邦，而建號之議不出於明皇，後世惜之。主上聰明仁恕，公言萬一能行，將見金人悔禍，宗社底寧，天下受其賜。」

翌日，敏請對，具道所以，因言李綱之論，蓋與臣同。有旨召綱入議，綱刺臂血上疏云：「皇太子監國，典禮之常也。今大敵入攻，安危存亡在呼吸間，猶守常禮可乎？名分不正而當大權，何以號召天下，期成功於萬一哉？若假皇太子以位號，使爲陛下守宗社，收將士心，以死捍敵，天下可保。」疏上，內禪之議乃決。

欽宗即位，綱上封事，謂：「方今中國勢弱，君子道消，法度紀綱，蕩然無統。陛下履位之初，當上應天心，下順人欲。攘除外患，使中國之勢尊；誅鋤內姦，使君子之道長，以副道君皇帝付託之意。」召對延和殿，上迎謂綱曰：「朕頃在東宮，見卿論水災疏，今尚能誦之。」李鄴使金議割地，綱奏：「祖宗疆土，當以死守，不可以尺寸與人。」欽宗嘉納，除兵部侍郎。

靖康元年，以吳敏爲行營副使，綱爲參謀官。金將斡离不兵渡河，徽宗東幸，宰執議請上暫避敵鋒。綱曰：「道君皇帝挈宗社以授陛下，委而去之可乎？」上默然。太宰白時中謂都城不可守，綱曰：「天下城池，豈有如都城者，且宗廟社稷、百官萬民所在，捨此欲何之？」上顧宰執曰：「策將安出？」綱進曰：「今日之計，當整飭軍馬，固結民心，相與堅守，以待勤王之師。」上問誰可將者，綱曰：「朝廷以高爵厚祿崇養大臣，蓋將用之於有事之日。白時中、李邦彥等雖未必知兵，然藉其位號，撫將士以抗敵鋒，乃其職也。」時中忿曰：「李綱莫能將兵出戰否？」綱曰：「陛下不以臣庸懦，儻使治兵，願以死報。」乃以綱爲尙書右丞。

宰執猶守避敵之議。有旨以綱爲東京留守，綱爲上力陳所以不可去之意，且言：「明皇聞潼關失守，即時幸蜀，宗廟朝廷毀于賊手，范祖禹以爲其失在於不能堅守以待援。今四方之兵不日雲集，陛下奈何輕舉以蹈明皇之覆轍乎？」上意頗悟。會內侍奏中宮已行，上色變，倉卒降御榻曰：「朕不能留矣。」綱泣拜，以死邀之。上顧綱曰：「朕今爲卿留。治兵禦敵之事，專責之卿，勿令有疎虞。」綱皇恐受命。

未幾，復決意南狩，綱趨朝，則禁衞擐甲，乘輿已駕矣。綱急呼禁衞曰：「爾等願守宗社乎，願從幸乎？」皆曰：「願死守。」綱入見曰：「陛下已許臣留，復戒行何也？今六軍父母妻子皆在都城，願以死守，萬一中道散歸，陛下孰與爲衞？敵兵已逼，知乘輿未遠，以健馬疾追，何以禦之？」上感悟，遂命輟行。綱傳旨語左右曰：「敢復有言去者斬！」禁衞皆拜伏呼萬歲，六軍聞之，無不感泣流涕。

命綱爲親征行營使，以便宜從事。綱治守戰之具，不數日而畢。敵兵攻城，綱身督戰，募壯士縋城而下，斬酋長十餘人，殺其衆數千人。金人知有備，又聞上已內禪，乃退。求遣





大臣至軍中議和，綱請行。上遣李梲，綱曰：「安危在此一舉，臣恐李梲怯懦而誤國事也。」上不聽，竟使梲往。金人須金幣以千萬計，求割太原、中山、河間地，以親王、宰相爲質。梲受事目，不措一辭，還報。綱謂：「所需金幣，竭天下且不足，況都城乎？三鎭，國之屏蔽，割之何以立國？至於遣質，卽宰相當往，親王不當往。若遣辯士姑與之議所以可不可者，宿留數日，大兵四集，彼孤軍深入，雖不得所欲，亦將速歸。此時而與之盟，則不敢輕中國，而和可久也。」宰執議不合，綱不能奪，求去。上慰諭曰：「卿第出治兵，此事當徐議之。」綱退，則誓書已行，所求皆與之，以皇弟康王、少宰張邦昌〔一〕爲質。

時朝廷日輸金幣，而金人需求不已，日肆屠掠。四方勤王之師漸有至者，种師道、姚平仲亦以涇原、秦鳳兵至。綱奏言：「金人貪婪無厭，兇悖已甚，其勢非用師不可。且敵兵號六萬，而吾勤王之師集城下者已二十餘萬；彼以孤軍入重地，猶虎豹自投檻穽中，當以計取之，不必與角一旦之力。若扼河津，絕饟道，分兵復畿北諸邑，而以重兵臨敵營，堅壁勿戰，如周亞夫所以困七國者。俟其食盡力疲，然後以一檄取誓書，復三鎭，縱其北歸，半渡而擊之，此必勝之計也。」上深以爲然，約日舉事。

姚平仲勇而寡謀，急於要功，先期率步騎萬人，夜斫敵營，欲生擒斡离不及取康王以歸。夜半，中使傳旨諭綱曰：「姚平仲已舉事，卿速援之。」綱率諸將旦出封丘門，與金人戰

中華書局

幕天坡，以神臂弓射金人，却之。平仲竟以襲敵營不克，懼誅亡去。金使來，宰相李邦彥語之曰：「用兵乃李綱、姚平仲，非朝廷意。」遂罷綱，以蔡懋代之。太學生陳東等詣闕上書，明綱無罪。軍民不期而集者數十萬，呼聲動地，恚不得報，至殺傷內侍。帝亟召綱，綱入見，泣拜請死。帝亦泣，命綱復爲尚書右丞，充京城四壁守禦使。

始，金人犯城者，蔡懋禁不得輒施矢石，將士積憤，至是，綱下令能殺敵者厚賞，衆無不奮躍。金人懼，稍稍引却，且得割三鎭詔及親王爲質，乃退師。除綱知樞密院事。綱奏請如澶淵故事，遣兵護送，且戒諸將，可擊則擊之。乃以兵十萬分道並進，將士受命，踴躍以行。先是，金帥粘罕圍太原，守將折可求、劉光世軍皆敗；平陽府義兵亦叛，導金人入南北關，取隆德府，至是，遂攻高平。宰相咎綱盡遣城下兵追敵，恐倉卒無措，急徵諸將還。諸將已追及金人於邢、趙間，遽得還師之命，無不扼腕。比綱力爭，復遣，而將士解體矣。詔議迎太上皇帝還京。初，徽宗南幸，童貫、高俅等以兵扈從。既行，聞都城受圍，乃止東南郵傳及勤王之師。道路籍籍，言貫等爲變。陳東上書，乞誅蔡京、蔡攸、童貫、朱勔、高俅、盧宗原等。議遣聶山爲發運使往圖之，綱曰：「使山所圖果成，震驚太上，此憂在陛下。萬一不果，是數人者，挾太上於東南，求劍南一道，陛下將何以處之？莫若罷山之行，請於太上去此數人，自可不勞而定。」上從其言。





徽宗還次南都，以書問改革政事之故，且召吳敏、李綱。或慮太上意有不測，綱請行，曰：「此無他，不過欲知朝廷事爾。」綱至，具道皇帝聖孝思慕，欲以天下養之意，請陛下早還京師。徽宗泣數行下，問：「卿頃以何故去？」綱對曰：「臣昨任左史，以狂妄論列水災，蒙恩寬斧鉞之誅，然臣當時所言，以謂天地之變，各以類應，正爲今日攻圍之兆。夫災異變故，譬猶一人之身，病在五臟，則發於氣色，形於脈息，善醫者能知之。所以聖人觀變於天地，而修其在我者，故能制治保邦，而無危亂之憂。」徽宗稱善。

又詢近日都城攻圍守禦次第，語漸浹洽。徽宗因及行宮止遞角等事，曰：「當時恐金人知行宮所在，非有他也。」綱奏：「方艱危時，兩宮隔絕，朝廷應副行宮，亦豈能無不至者，在聖度燭之耳。」且言：「皇帝仁孝，惟恐有一不當太上皇帝意者，每得詰問之詔，輒憂懼不食。臣竊譬之，家長出而彊寇至，子弟之任家事者，不得不從宜措置。長者但當以其能保田園大計而慰勞之，苟誅及細故，則爲子弟者，何所逃其責哉？皇帝傳位之初，陛下巡幸，適當大敵入攻，爲宗社計，庶事不得不小有更革。陛上回鑾，臣謂宜有以大慰安皇帝之心，勿問細故可也。」徽宗感悟，出玉帶、金魚、象簡賜綱，曰：「行宮人得卿來皆喜，以此示朕意，卿可便服之。」且曰：「卿輔助皇帝、扞守宗社有大功，若能調和父子間，使無疑阻，當遂書青史，垂名萬世。」綱感泣再拜。

綱還，具道太上意。宰執進迎奉太上儀注，耿南仲議欲屏太上左右，車駕乃進。綱言：「如此，是示之以疑也。天下之理，誠與疑、明與闇而已。自誠明而推之，可至於堯、舜；自疑闇而推之，其患有不可勝言者。耿南仲不以堯、舜之道輔陛下，乃闇而多疑。」南仲怫然曰：「臣適見左司諫陳公輔，乃爲李綱結士民伏闕者，乞下御史置對。」上愕然。綱曰：「臣與南仲所論，國事也。南仲乃爲此言，臣何敢復有所辨？願以公輔事下吏，臣得乞身待罪。」章十餘上，不允。

太上皇帝還，綱迎拜國門。翌日，朝龍德宮，退，復上章懇辭。上手詔諭意曰：「乃者敵在近郊，士庶伏闕，一朝倉猝，衆數十萬，忠憤所激，不謀同辭，此豈人力也哉？不悅者造言，致卿不自安，朕深諒卿，不足介懷。巨敵方退，正賴卿協濟艱難，宜勉爲朕留。」綱不得已就職。上備邊禦敵八事。

時北兵已去，太上還宮，上下恬然，置邊事於不問。綱獨以爲憂，與同知樞密院事許翰議調防秋之兵。吳敏乞置詳議司檢詳法制，以革弊政，詔以綱爲提舉官，南仲沮止之。綱奏：「邊患方棘，調度不給，宜稍抑冒濫，以足國用。謂如節度使至遙郡刺史，本以待勳臣，今皆以戚里恩澤得之；堂吏轉官止於正郎，崇、觀間始轉至中奉大夫，今宜皆復舊制。」執政揭其奏通衢，以綱得士民心，欲因此離之。會守禦司奏補副尉二人，御批有「大臣專權，浸





不可長」語。綱奏：「頃得旨給空名告敕，以便宜行事。二人有勞當補官，故具奏聞，乃遵上旨，非專權也。」

時太原圍未解，种師中戰沒，師道病歸，南仲曰：「欲援太原，非綱不可。」上以綱爲河東、北宣撫使，綱言：「臣書生，實不知兵。在圍城中，不得已爲陛下料理兵事，今使爲大帥，恐誤國事。」因拜辭，不許。退而移疾，乞致仕，章十餘上，不允。臺諫言綱不可去朝廷，上以其爲大臣遊說，斥之。或謂綱曰：「公知所以遣行之意乎？此非爲邊事，欲緣此以去公，則都人無辭耳。公堅臥不起，讒者益肆，上怒且不測，奈何？」許翰書「杜郵」二字遺綱，綱皇恐受命。上手書裴度傳以賜，綱言：「吳元濟以區區環蔡之地抗唐室，與金人彊弱固不相侔，而臣曾不足以望裴度萬分之一。然寇攘外患可以掃除，小人在朝，蠹害難去。使朝廷既正，君子道長，則所以扞禦外患者，有不難也。」因書裴度論元稹、魏洪簡章疏要語以進，上優詔答之。

宣撫司兵僅萬二千人，庶事未集，綱乞展行期。御批以爲遷延拒命，綱上疏明其所以未可行者，且曰：「陛下前以臣爲專權，今以臣爲拒命，方遣大帥解重圍，而以專權、拒命之人爲之，無乃不可乎？願乞骸骨，解樞筦之任。」上趣召數四，曰：「卿爲朕巡邊，便可還朝。」綱曰：「臣之行，無復還之理。昔范仲淹以參政出撫西邊，過鄭州，見呂夷簡。夷簡曰：『參

政豈可復還！』其後果然。今臣以愚直不容於朝，使既行之後，進而死敵，臣之願也。萬一朝廷執議不堅，臣當求去，陛下宜察臣孤忠，以全君臣之義。」上爲之感動。及陛辭，言唐恪、聶山之姦，任之不已，後必誤國。

進至河陽，望拜諸陵，復上奏曰：「臣總師出鞏、洛，望拜陵寢，潸然出涕。恭惟祖宗創業守成〔二〕，垂二百年，以至陛下。適丁艱難之秋，彊敵內侵，中國勢弱，此誠陛下嘗膽思報，厲精求治之日，願深考祖宗之法，一一推行之〔三〕。進君子，退小人，益固邦本，以圖中興，上以慰安九廟之靈，下爲億兆蒼生之所依賴，天下幸甚！」

行次懷州，有詔罷減所起兵，綱奏曰：「太原之圍未解，河東之勢甚危，秋高馬肥，敵必深入，宗社安危，殆未可知。使防秋之師果能足用，不可保無敵騎渡河之警。況臣出使未幾，朝廷盡改前詔，所團結之兵，悉罷減之。今河北、河東日告危急，未有一人一騎以副其求，甫集之兵又皆散遣，臣誠不足以任此。且以軍法勒諸路起兵，而以寸紙罷之，臣恐後時有所號召，無復應者矣。」疏上，不報。御批日促解太原之圍，而諸將承受御畫，事皆專達，宣撫司徒有節制之名。綱上疏，極諫節制不專之弊。

時方議和，詔止綱進兵。未幾，徐處仁、吳敏罷相而相唐恪，許翰罷同知樞密院而進聶山、陳過庭、李回等，吳敏復謫置涪州。綱聞之，歎曰：「事無可爲者矣！」卽上奏丐罷。乃





命种師道以同知樞密院事領宣撫司事，召綱赴闕。尋除觀文殿學士、知揚州，綱具奏辭免。未幾，以綱專主戰議，喪師費財，落職提舉亳州明道宮，責授保靜軍節度副使，建昌軍安置；再謫寧江。

金兵再至，上悟和議之非，除綱資政殿大學士，領開封府事。綱行次長沙，被命，卽率湖南勤王之師入援，未至而都城失守。先是，康王至北軍，爲金人所憚，求遣肅王代之。至是，康王開大元帥府，承制復綱故官，且貽書曰：「方今生民之命，急於倒垂，諒非不世之才，何以協濟事功。閣下學窮天人，忠貫金石，當投袂而起，以副蒼生之望。」

高宗卽位，拜尚書右僕射兼中書侍郎，趣赴闕。中丞顏岐奏曰：「張邦昌爲金人所喜，雖已爲三公、郡王，宜更加同平章事，增重其禮；李綱爲金人所惡，雖已命相，宜及其未至罷之。」章五上，上曰：「如朕之立，恐亦非金人所喜。」岐語塞而退。岐猶遣人封其章示綱，覬以沮其來。上聞綱且至，遣官迎勞，錫宴，趣見于內殿。綱見上，涕泗交集，上爲動容。因奏曰：「金人不道，專以詐謀取勝，中國不悟，一切墮其計中。賴天命未改，陛下總師于外，爲天下臣民之所推戴，內修外攘，還二聖而撫萬邦，責在陛下與宰相。臣自視闕然，不足以副陛下委任之意，乞追寢成命。且臣在道，顏岐嘗封示論臣章，謂臣爲金人所惡，不當爲相。如臣愚蠢，但知有趙氏，不知有金人，宜爲所惡。然謂臣材不足以任宰相則可，謂爲金人所惡不當爲相則不可。」因力辭。帝爲出范宗尹知舒州〔四〕，顏岐與祠。綱猶力辭，上曰：「朕知卿忠義智略久矣，欲使敵國畏服，四方安寧，非相卿不可，卿其勿辭。」綱頓首泣謝，云：

臣愚陋無取，荷陛下知遇，然今日扶顚持危，圖中興之功，在陛下而不在臣。臣無左右先容，陛下首加識擢，付以宰柄，顧區區何足以仰副圖任責成之意？然「靡不有初，鮮克有終」。臣孤立寡與，望察管仲害霸之言，留神於君子小人之間，使得以盡志畢慮，雖死無憾。昔唐明皇欲相姚崇，崇以十事要說，皆中一時之病。今臣亦以十事仰干天聽，陛下度其可行者，賜之施行，臣乃敢受命。

一曰議國是。謂中國之御四裔，能守而後可戰，能戰而後可和，而靖康之末皆失之。今欲戰則不足，欲和則不可，莫若先自治，專以守爲策，俟吾政事修，士氣振，然後可議大舉。

二曰議巡幸。謂車駕不可不一到京師，見宗廟，以慰都人之心，度未可居，則爲巡幸之計。以天下形勢而觀，長安爲上，襄陽次之，建康又次之，皆當詔有司預爲之備。

三曰議赦令。謂祖宗登極赦令，皆有常式。前日赦書，乃以張邦昌僞赦爲法，如赦惡逆及罪廢官盡復官職，皆汎濫不可行，宜悉改正以法祖宗〔五〕。





四曰議僭逆。謂張邦昌爲國大臣，不能臨難死節，而挾金人之勢易姓改號，宜正典刑，垂戒萬世。

五曰議僞命。謂國家更大變，鮮仗節死義之士，而受僞官以屈膝於其庭者，不可勝數。昔肅宗平賊，汙僞命者以六等定罪，宜倣之以勵士風。

六曰議戰。謂軍政久廢，士氣怯惰，宜一新紀律，信賞必罰，以作其氣。

七曰議守。謂敵情狡獪，勢必復來，宜於沿河、江、淮措置控禦，以扼其衝。

八曰議本政。謂政出多門，紀綱紊亂，宜一歸之於中書，則朝廷尊。

九曰議久任。謂靖康間進退大臣太速，功效蔑著，宜慎擇而久任之，以責成功。

十曰議修德。謂上始膺天命，宜益修孝悌恭儉，以副四海之望，而致中興。

翌日，班綱議于朝，惟僭逆、僞命二事留中不出。綱言：

二事乃今日政刑之大者。邦昌當道君朝，在政府者十年，淵聖卽位，首擢爲相。方國家禍難，金人爲易姓之謀，邦昌如能以死守節，推明天下戴宋之義，以感動其心，敵人未必不悔禍而存趙氏。而邦昌方自以爲得計，偃然正位號，處宮禁，擅降僞詔，以止四方勤王之師。及知天下之不與，不得已而後請元祐太后垂簾聽政，而議奉迎。邦昌僭逆始末如此，而議者不同，臣請備論而以春秋之法斷之。

夫都城之人德邦昌，謂因其立而得生，且免重科金銀之擾。元帥府恕邦昌，謂其不待征討而遣使奉迎。若天下之憤嫉邦昌者，則謂其建號易姓，而奉迎特出於不得已。都城德之，元帥府恕之，私也；天下憤嫉之，公也。春秋之法，人臣無將，將而必誅；趙盾不討賊，則書以弒君。今邦昌已僭位號，敵退而止勤王之師，非特將與不討賊而已。

劉盆子以漢宗室爲赤眉所立，其後以十萬衆降光武，但待之以不死。邦昌以臣易君，罪大於盆子，不得已而自歸，朝廷既不正其罪，又尊崇之，此何理也？陛下欲建中興之業，而尊崇僭逆之臣，以示四方，其誰不解體？又僞命臣僚，一切置而不問，何以厲天下士大夫之節？

時執政中有論不同者，上乃召黃潛善等語之。潛善主邦昌甚力，上顧呂好問曰：「卿昨在圍城中知其故，以爲何如？」好問附潛善，持兩端，曰：「邦昌僭竊位號，人所共知，既已自歸，惟陛下裁處。」綱言：「邦昌僭逆，豈可使之在朝廷，使道路指目曰『此亦一天子』哉！」因泣拜曰：「臣不可與邦昌同列，當以笏擊之。陛下必欲用邦昌，第罷臣。」上頗感動。伯彥乃曰：「李綱氣直，臣等所不及。」乃詔邦昌謫潭州，吳幵、莫儔而下皆遷謫有差。綱又言：「近世士大夫寡廉鮮恥，不知君臣之義。靖康之禍，能仗節死義者，在內惟李若水，在外惟霍安





國，願加贈恤。」上從其請，仍詔有死節者，諸路詢訪以聞。上謂綱曰：「卿昨爭張邦昌事，內侍輩皆泣涕，卿今可以受命矣。」綱拜謝。

有旨兼充御營使。入對，奏曰：

今國勢不逮靖康間遠甚，然而可爲者，陛下英斷於上，羣臣輯睦於下，庶幾靖康之弊革，而中興可圖。然非有規模而知先後緩急之序，則不能以成功。

夫外禦彊敵，內銷盜賊，修軍政，變士風，裕邦財，寬民力，改弊法，省冗官，誠號令以感人心，信賞罰以作士氣，擇帥臣以任方面，選監司、郡守以奉行新政，俟吾所以自治者政事已修，然後可以問罪金人，迎還二聖，此所謂規模也。至於所當急而先者，則在於料理河北、河東。蓋河北、河東者，國之屏蔽也。料理稍就，然後中原可保，而東南可安。今河東所失者忻、代、太原、澤、潞、汾、晉〔六〕，餘郡猶存也。河北所失者，不過眞定、懷、衞、濬四州而已，其餘二十餘郡，皆爲朝廷守。兩路士民兵將，所以戴宋者，其心甚堅，皆推豪傑以爲首領，多者數萬，少者亦不下萬人。朝廷不因此時置司、遣使以大慰撫之，分兵以援其危急，臣恐糧盡力疲，坐受金人之困。雖懷忠義之心，援兵不至，危迫無告，必且憤怨朝廷，金人因得撫而用之，皆精兵也。

莫若於河北置招撫司，河東置經制司，擇有材略者爲之使，宣諭天子恩德，所以不忍棄兩河於敵國之意。有能全一州、復一郡者，以爲節度、防禦、團練使，如唐方鎭之制，使自爲守。非惟絕其從敵之心，又可資其禦敵之力，使朝廷永無北顧之憂，最今日之先務也。

上善其言，問誰可任者，綱薦張所、傅亮。所嘗爲監察御史，在靖康圍城中，以蠟書募河北兵，士民得書，喜曰：「朝廷棄我，猶有一張察院能拔而用之。」應募者凡十七萬人，由是所之聲震河北。故綱以爲招撫河北，非所不可。傅亮者，先以邊功得官，嘗治兵河朔。都城受圍時，亮率勤王之兵三萬人，屢立戰功。綱察其智略可以大用，欲因此試之。上乃以所爲河北招撫使，亮爲河東經制副使。

皇子生，故事當肆赦。綱奏：「陛下登極，曠蕩之恩獨遺河北、河東，而不及勤王之師，天下觖望。夫兩路爲朝廷堅守，而赦令不及，人皆謂已棄之，何以慰忠臣義士之心？勤王之師在道路半年，擐甲荷戈，冒犯霜露，雖未效用，亦已勞矣。加以疾病死亡，恩恤不及，後有急難，何以使人乎？願因今赦廣示德意。」上嘉納。於是兩路知天子德意，人情翕然；間有以破敵捷書至者。金人圍守諸郡之兵，往往引去。而山砦之兵，應招撫、經制二司募者甚衆。

有許高、許亢者，以防河而遁，謫嶺南，至南康謀變，守倅戮之。或議其擅殺，綱曰：





「高、亢受任防河，寇未至而遁，沿途刼掠，甚於盜賊。朝廷不能正軍法，而一守倅能行之，眞健吏也。使受命捍賊而欲退走者，知郡縣之吏皆得以誅之，其亦少知所戒乎！」上以爲然，命轉一官。開封守闕，綱以留守非宗澤不可，力薦之。澤至，撫循軍民，修治樓櫓，屢出師以挫敵。

綱立軍法，五人爲伍，伍長以牌書同伍四人姓名。二十五人爲甲，甲正以牌書伍長五人姓名。百人爲隊，隊將以牌書甲正四人姓名。五百人爲部，部將以牌書隊將正副十人姓名。二千五百人爲軍，統制官以牌書部將正副十人姓名。命招置新軍及御營司兵，並依新法團結，有所呼召、使令，按牌以遣。三省、樞密院置賞功司，受賂乞取者行軍法，遇敵逃潰者斬，因而爲盜賊者，誅及其家屬。凡軍政申明改更者數十條。

又奏步不足以勝騎，騎不足以勝車，請以車制頒京東、西，製造而教閱之。又奏造戰艦，募水軍，及詢訪諸路武臣材略之可任者以備用。又進三疏：一曰募兵，二曰買馬，三曰募民出財以助兵費。諫議大夫宋齊愈聞而笑之，謂虞部員外郎張浚曰：「李丞相三議，無一可行者。」浚問之，齊愈曰：「民財不可盡括，西北之馬不可得，而東南之馬不可用，至於兵數，若郡增二千，則歲用千萬緡，費將安出？」齊愈將極論之。浚曰：「公受禍自此始矣。」

時朝廷議遣使于金，綱奏曰：「堯、舜之道，孝悌而已，孝悌之至，可以通神明。陛下以

二聖遠狩沙漠，食不甘味，寢不安席，思迎還兩宮，致天下養，此孝悌之至，而堯、舜之用心也。今日之事，正當枕戈嘗膽，內修外攘，使刑政修而中國彊，則二帝不俟迎請而自歸。不然，雖冠蓋相望，卑辭厚禮，恐亦無益。今所遣使，但當奉表通問兩宮，致思慕之意可也。」上乃命綱草表，以周望、傅雱爲二聖通問使，奉表以往。且乞降哀痛之詔，以感動天下，使同心協力，相與扶持，以致中興。又乞省冗員，節浮費。上皆從其言。是時，四方潰兵爲盜者十餘萬人，攻刼山東、淮南、襄漢之間，綱命將悉討平之。

一日，論靖康時事，上曰：「淵聖勤於政事，省覽章奏，至終夜不寐，然卒致播遷，何耶？」綱曰：「人主之職在知人，進君子而退小人，則大功可成，否則衡石程書，無益也。」因論靖康初朝廷應敵得失之策，且極論金人兩至都城，所以能守不能守之故；因勉上以明恕盡人言，以恭儉足國用，以英果斷大事。上皆嘉納。又奏：「臣嘗言車駕巡幸之所，關中爲上，襄陽次之，建康爲下。陛下縱未能行上策，猶當且適襄、鄧，示不忘故都，以係天下之心。不然，中原非復我有，車駕還闕無期，天下之勢遂傾不復振矣。」上爲詔諭兩京以還都之意，讀者皆感泣。

未幾，有詔欲幸東南避敵，綱極論其不可，言：「自古中興之主，起於西北，則足以據中原而有東南；起於東南，則不能以復中原而有西北。蓋天下精兵健馬皆在西北，一旦委





中原而棄之，豈惟金人將乘間以擾內地；盜賊亦將蠭起爲亂，跨州連邑，陛下雖欲還闕，不可得矣，況欲治兵勝敵以歸二聖哉？夫南陽光武之所興，有高山峻嶺可以控扼，有寬城平野可以屯兵；西鄰關、陝，可以召將士；東達江、淮，可以運穀粟；南通荊湖、巴蜀，可以取財貨；北距三都，可以遣救援。暫議駐蹕，乃還汴都，策無出於此者。今乘舟順流而適東南，固甚安便，第恐一失中原，則東南不能必其無事，雖欲退保一隅，不易得也。況嘗降詔許留中原，人心悅服，奈何詔墨未乾，遽失大信於天下！」上乃許幸南陽，而黃潛善、汪伯彥實陰主巡幸東南之議。客或有謂綱曰：「外論洶洶，咸謂東幸已決。」綱曰：「國之存亡，於是焉分，吾當以去就爭之。」初，綱每有所論諫，其言雖切直，無不容納，至是，所言常留中不報。已而遷綱尚書左僕射兼門下侍郎，黃潛善除右僕射兼中書侍郎。張所乞且置司北京，俟措置有緒，乃渡河。北京留守張益謙，潛善黨也，奏招撫司之擾，又言自置司河北，盜賊益熾。綱言：「所尚留京師，益謙何以知其擾？河北民無所歸，聚而爲盜，豈由置司乃有盜賊乎？」

有旨令留守宗澤節制傅亮，即日渡河。亮言：「措置未就而渡河，恐誤國事。」綱言：「招撫、經制，臣所建明；而張所、傅亮，又臣所薦用。今潛善、伯彥沮所及亮，所以沮臣。臣每鑒靖康大臣不和之失，事未嘗不與潛善、伯彥議而後行，而二人設心如此，願陛下虛心觀之。」既而詔罷經制司，召亮赴行在。綱言：「聖意必欲罷亮，乞以御筆付潛善施行，臣得乞身歸田。」綱退，而亮竟罷，乃再疏求去。上曰：「卿所爭細事，胡乃爾？」綱言：「方今人材以將帥爲急，恐非小事。臣昨議遷幸，與潛善、伯彥異，宜爲所嫉。然臣東南人，豈不願陛下東下爲安便哉？顧一去中原，後患有不可勝言者。願陛下以宗社爲心，以生靈爲意，以二聖未還爲念，勿以臣去而改其議。臣雖去左右，不敢一日忘陛下。」泣辭而退。或曰：「公決於進退，於義得矣，如讒者何？」綱曰：「吾知盡事君之道，不可，則全進退之節，患禍非所恤也。」

初，二帝北行，金人議立異姓。吏部尚書王時雍問於吳幵、莫儔，二人微言敵意在張邦昌，時雍未以爲然。適宋齊愈自敵所來，時雍又問之，齊愈取片紙書「張邦昌」三字，時雍意乃決，遂以邦昌姓名入議狀。至是，齊愈論綱三事之非，不報。擬章將再上，其鄉人嗛齊愈者，竊其草示綱。時方論僭逆附僞之罪，於是逮齊愈，齊愈不承，獄吏曰：「王尚書輩所坐不輕，然但遷嶺南，大諫第承，終不過踰嶺爾。」齊愈引伏，遂戮之東市。張浚爲御史，劾綱以私意殺侍從，且論其買馬招軍之罪。詔罷綱爲觀文殿大學士、提舉洞霄宮。尚書右丞許翰言綱忠義，捨之無以佐中興。會上召見陳東，東言：「潛善、伯彥不可任，綱不可去。」東坐誅。翰曰：「吾與東皆爭李綱者，東戮都市，吾在廟堂可乎？」遂求去。後有旨，綱落職居鄂州。





自綱罷，張所以罪去，傅亮以母病辭歸，招撫、經制二司皆廢。車駕遂東幸，兩河郡縣相繼淪陷，凡綱所規畫軍民之政，一切廢罷。金人攻京東、西，殘毀關輔，而中原盜賊蠭起矣。

## 校勘記

〔一〕少宰張邦昌　「少宰」原作「少保」。按本書卷四七五本傳，他爲質於金時是少宰，繫年要錄卷一所載同，據改。

〔二〕恭惟祖宗創業守成　「恭」字原脫，據李綱梁谿先生文集卷四八乞深考祖宗之法劄子、李綱靖康傳信錄卷下補。

〔三〕一一推行之　「一一」原作「一二」，據同上書同卷同篇改。

〔四〕舒州　原作「饒州」，據本書卷三六二本傳、繫年要錄卷六改。

〔五〕宜悉改正以法祖宗　「祖宗」二字原脫。按梁谿先生文集卷五八議赦令作「宜降詔改從祖宗之制」；李綱建炎時政記卷上「以法」下有「祖宗」二字；繫年要錄卷六載此條，謂「一切比附張邦昌僞赦，非是，宜改正以法祖宗」，據補。

〔六〕忻代太原澤潞汾晉　「忻」原作「恆」，據李綱建炎進退志卷二、繫年要錄卷六改。

# 宋史卷三百五十九

## 列傳第一百一十八

### 李綱下

紹興二年，除觀文殿學士、湖廣宣撫使兼知潭州。是時，荆湖江、湘之間，流民潰卒羣聚爲盜賊，不可勝計，多者至數萬人，綱悉蕩平之。上言：「荆湖，國之上流，其地數千里，諸葛亮謂之用武之國。今朝廷保有東南，控馭西北。如鼎、澧、岳、鄂若荆南一帶，皆當屯宿重兵，倚爲形勢，使四川之號令可通，而襄、漢之聲援可接，乃有恢復中原之漸。」議未及行，而諫官徐俯、劉斐劾綱，罷爲提舉西京崇福宮。

四年冬，金人及僞齊來攻，綱具防禦三策，謂：「僞齊悉兵南下，境內必虛。儻出其不意，電發霆擊，擣潁昌以臨畿甸，彼必震懼還救，王師追躡，必勝之理，此上策也。若駐蹕江上，號召上流之兵，順流而下，以助聲勢，金鼓旌旗，千里相望，則敵人雖衆，不敢南渡。然





後以重師進屯要害之地，設奇邀擊，絕其糧道，俟彼遁歸，徐議攻討，此中策也。萬一借親征之名，爲順動之計，使卒伍潰散，控扼失守，敵得乘間深入，州縣望風奔潰，則其患有不可測矣。往歲，金人利在侵掠，又方時暑，勢必還師，朝廷因得以還定安集。今僞齊導之而來，勢不徒還，必謀割據。姦民潰卒從而附之，聲勢鴟張，苟或退避，則無以爲善後之策。昔苻堅以百萬衆侵晉，而謝安以偏師破之。使朝廷措置得宜，將士用命，安知北敵不授首於我？顧一時機會所以應之者如何耳。望降臣章與二三大臣熟議之。」詔：綱所陳，今日之急務，付三省、樞密院施行。時韓世忠屢敗金人於淮、楚間，有旨督劉光世、張俊統兵渡河，車駕進發至江上勞軍。

五年，詔問攻戰、守備、措置、綏懷之方，綱奏：

願陛下勿以敵退爲可喜，而以仇敵未報爲可憤；勿以東南爲可安，而以中原未復、赤縣神州陷於敵國爲可恥；勿以諸將屢捷爲可賀，而以軍政未修、士氣未振而彊敵猶得以潛逃爲可虞。則中興之期，可指日而俟。

議者或謂敵馬既退，當遂用兵爲大舉之計，臣竊以爲不然。生理未固，而欲浪戰以僥倖，非制勝之術也。高祖先保關中，故能東嚮與項籍爭。光武先保河內，故能降赤眉、銅馬之屬。肅宗先保靈武，故能破安、史而復兩京。今朝廷以東南爲根本，將士暴露之久，財用調度之煩，民力科取之困，苟不大修守備，痛自料理，先爲自固之計，何以能萬全而制敵？

議者又謂敵人既退，當且保據一隅，以苟目前之安，臣又以爲不然。秦師三伐晉，以報殽之師；諸葛亮佐蜀，連年出師以圖中原，不如是，不足以立國。高祖在漢中，謂蕭何曰：『吾亦欲東。』光武破隗囂，既平隴，復望蜀。此皆以天下爲度，不如是，不足以混一區宇，戡定禍亂。況祖宗境土，豈可坐視淪陷，不務恢復乎？今歲不征，明年不戰，使敵勢益張，而吾之所糾合精銳士馬，日以損耗，何以圖敵？謂宜於防守既固、軍政既修之後，即議攻討，乃爲得計。此二者，守備、攻戰之序也。

至於守備之宜，則當料理淮南、荆襄，以爲東南屏蔽。夫六朝之所以能保有江左者，以彊兵巨鎮，盡在淮南、荆襄間。故以魏武之雄，苻堅、石勒之衆，宇文、拓拔之盛，卒不能窺江表。後唐李氏有淮南，則可以都金陵，其後淮南爲周世宗所取，遂以削弱。近年以來，大將擁重兵於江南，官吏守空城於江北，雖有天險而無戰艦水軍之制，故敵人得以侵擾窺伺。今當於淮之東西及荆襄置三大帥，屯重兵以臨之，分遣偏師，進守支郡，加以戰艦水軍，上運下接，自爲防守。敵馬雖多，不敢輕犯，則藩籬之勢盛而無窮之利也。有守備矣，然後議攻戰之利，分責諸路，因利乘便，收復京畿，以及故都。





斷以必爲之志而勿失機會，則以弱爲彊；取威定亂於一勝之間，逆臣可誅，彊敵可滅，攻戰之利，莫大於是。

若夫萬乘所居，必擇形勝以爲駐蹕之所，然後能制服中外，以圖事業。建康自昔號帝王之宅，江山雄壯，地勢寬博，六朝更都之。臣昔舉天下形勢而言，謂關中爲上，今以東南形勢而言，則當以建康爲便。今者，鑾輿未復舊都，莫若且於建康權宜駐蹕。願詔守臣治城池，修宮闕，立官府，創營壘，使粗成規模，以待巡幸。蓋有城池然後人心不恐，有官府然後政事可修，有營壘然後士卒可用，此措置之所當先也。

至於西北之民，皆陛下赤子，荷祖宗涵養之深，其心未嘗一日忘宋。特制於彊敵，陷於塗炭，而不能以自歸。天威震驚，必有結納來歸、願爲內應者。宜給之土田，予以爵賞，優加撫循，許其自新，使陷溺之民知所依怙，莫不感悅，益堅戴宋之心，此綏懷之所當先也。

臣竊觀陛下有聰明睿智之姿，有英武敢爲之志，然自臨御，迨今九年，國不闢而日蹙，事不立而日壞，將驕而難御，卒惰而未練，國用匱而無贏餘之蓄，民力困而無休息之期。使陛下憂勤雖至，而中興之效，邈乎無聞，則羣臣誤陛下之故也。

陛下觀近年以來所用之臣，慨然敢以天下之重自任者幾人？平居無事，小廉曲

譴，似可無過，怨有擾攘，則錯愕無所措手足，不過奉身以退，天下憂危之重，委之陛下而已。有臣如此，不知何補於國，而陛下亦安取此？夫用人如用醫，必先知其術業可以已病，乃可使之進藥而責成功。今不詳究其術業而姑試之，則雖日易一醫，無補於病，徒加疾而已。大概近年，閑暇則以和議爲得計，而以治兵爲失策；倉卒則以退避爲愛君，而以進禦爲誤國〔一〕。上下偷安，不爲長久之計。天步艱難，國勢益弱，職此之由。

今天啓宸衷，悟前日和議退避之失，親臨大敵。天威所臨，使北軍數十萬之衆，震怖不敢南渡，潛師宵奔。則和議之與治兵，退避之與進禦，其效概可覩矣。然敵兵雖退，未大懲創，安知其秋高馬肥，不再來擾我疆埸，使疲於奔命哉？

臣夙夜爲陛下思所以爲善後之策，惟自昔創業、中興之主，必躬冒矢石，履行陣而不避。故高祖既得天下，擊韓王信、陳豨、黥布，未嘗不親行。光武自卽位至平公孫述，十三年間，無一歲不親征。本朝太祖、太宗，定惟揚，平澤、潞，下河東，皆躬御戎輅；眞宗亦有澶淵之行，措天下於大安。此所謂始憂勤而終逸樂也。

若夫退避之策，可暫而不可常，可一而不可再，退一步則失一步，退一尺則失一尺。往時自南都退而至惟揚，則關陝、河北、河東失矣；自惟揚退而至江、浙，則京東、





西失矣。萬有一敵騎南牧，復將退避，不知何所適而可乎？航海之策，萬乘冒風濤不測之險，此又不可之尤者也。惟當於國家閒暇之時，明政刑，治軍旅，選將帥，修車馬，備器械，峙糗糧，積金帛。敵來則禦，俟時而奮，以光復祖宗之大業，此最上策也。臣願陛下自今以往，勿復爲退避之計，可乎？

臣又觀古者敵國善鄰，則有和親，仇讎之邦，鮮復遣使。豈不以釁隙既深，終無講好修睦之理故耶？東晉渡江，石勒遣使于晉，元帝命焚其幣而却其使。彼遣使來，且猶却之，此何可往？假道僭僞之國，其自取辱，無補於事，祗傷國體。金人造釁之深，知我必報，其措意爲何如？而我方且卑辭厚幣，屈體以求之，其不推誠以見信，決矣。器幣禮物，所費不貲，使軺往來，坐索士氣，而又邀我以必不可從之事，制我以必不敢爲之謀，是和卒不成，而徒爲此擾擾也。非特如此，於吾自治自彊之計，動輒相妨，實有所害。金人二十餘年，以此策破契丹、困中國，而終莫之悟。夫辨是非利害者，人心所同，豈眞不悟哉？聊復用此以僥倖萬一，曾不知爲吾害者甚大，此古人所謂幾何僥倖而不喪人之國者也。臣願自今以往，勿復遣和議之使，可乎？

二說既定，擇所當爲者，一切以至誠爲之。俟吾之政事修，倉廩實，府庫充，器用備，士氣振，力可有爲，乃議大舉，則兵雖未交，而勝負之勢已決矣。

抑臣聞朝廷者根本也，藩方者枝葉也，根本固則枝葉蕃。朝廷者腹心也，將士者爪牙也，腹心壯則爪牙奮。今遠而彊敵，近而僞臣，國家所仰以爲捍蔽者在藩方，所資以致攻討者在將士，然根本腹心則在朝廷。惟陛下正心以正朝廷百官，使君子小人各得其分，則是非明，賞罰當，自然藩方協力，將士用命，雖彊敵不足畏，逆臣不足憂，此特在陛下方寸之間耳。

臣昧死上條六事：一曰信任輔弼，二曰公選人材，三曰變革士風，四曰愛惜日力，五曰務盡人事，六曰寅畏天威。

何謂信任輔弼？夫興衰撥亂之主，必有同心同德之臣相與有爲，如元首股肱之於一身，父子兄弟之於一家，乃能協濟。今陛下選於衆以圖任，遂能捍禦大敵，可謂得人矣。然臣願陛下待以至誠，無事形跡，久任以責成功，勿使小人得以間之，則君臣之美，垂於無窮矣。

何謂公選人才？夫治天下者，必資於人才，而創業、中興之主，所資尤多。何則？繼體守文，率由舊章，得中庸之才，亦足以共治；至於艱難之際，非得卓犖瓌偉之才，則未易有濟。是以大有爲之主，必有不世出之才，參贊翊佐，以成大業。然自昔抱不羣之才者，多爲小人之所忌嫉，或中之以黯闇，或指之爲黨與，或誣之以大惡，或擿之





以細故。而以道事君者，不可則止，難於自進，恥於自明，雖負重謗、遭深讒，安於義命，不復自辨。苟非至明之主，深察人之情僞，安能辨其非辜哉？陛下臨御以來，用人多矣，世之所許以爲端人正士者，往往閑廢於無用之地；而陛下寤寐側席，有乏材之歎，盍少留意而致察焉！

何謂變革士風？夫用兵之與士風，似不相及，而實相爲表裏。士風厚則議正而是非明，朝廷賞罰當功罪而人心服，攷之本朝嘉祐、治平以前可知已。數十年來，奔競日進，論議徇私，邪說利口，足以惑人主之聽。元祐大臣，持正論如司馬光之流，皆社稷之臣也，而羣枉嫉之，指爲姦黨，顚倒是非，政事大壞，馴致靖康之變，非偶然也。竊觀近年士風尤薄，隨時好惡，以取世資，謪詘成風，豈朝廷之福哉？大抵朝廷設耳目及獻納論思之官，固許之以風聞，至於大故，必須覈實而後言。使其無實，則誣人之罪，服讒蒐慝，得以中害善良，皆非所以修政也。

何謂愛惜日力？夫創業、中興，如建大廈，堂室奧序，其規模可一日而成，鳩工聚材，則積累非一日所致。陛下臨御，九年于茲，境土未復，僭逆未誅，仇敵未報，尙稽中興之業者，誠以始不爲之規摹，而後不爲之積累故也。邊事粗定之時，朝廷所推行者，不過簿書期會不切之細務，至於攻討防守之策，國之大計，皆未嘗留意。夫天下無不

可爲之事，亦無不可爲之時。惟失其時，則事之小者日益大，事之易者日益難矣。

何謂務盡人事？天人之道，其實一致，人之所爲，卽天之所爲也。人事盡於前，則天理應於後，此自然之符也。故創業、中興之主，盡其在我，而以其成功歸之於天。今未嘗盡人事，敵至而先自退屈，而欲責功於天，其可乎？臣願陛下詔二三大臣，協心同力，盡人事以聽天命，則恢復土宇，剪屠鯨鯢，迎還兩宮，必有日矣。

何謂畏天威？夫天之於王者，猶父母之於子，愛之至，則所以爲之戒者亦至。故人主之於天戒，必恐懼修省，以致其寅畏之誠。比年以來，熒惑失次，太白晝見，地震水溢，或久陰不雨，或久雨不霽，或當暑而寒，乃正月之朔，日有食之。此皆天意眷佑陛下，丁寧反覆，以致告戒。惟陛下推至誠之意，正厥事以應之，則變災而爲祥矣。

凡此六者，皆中興之業所關，而陛下所當先務者。

今朝廷人才不乏，將士足用，財用有餘，足爲中興之資。陛下春秋鼎盛，欲大有爲，何施不可？要在改前日之轍，斷而行之耳。昔唐太宗謂魏徵爲敢言，徵謝曰：「陛下導臣使言，不然，其敢批逆鱗哉。」今臣無魏徵之敢言，然展盡底蘊，亦思慮之極也。惟陛下赦其愚直，而取其拳拳之忠。

疏奏，上爲賜詔褒諭。除江西安撫制置大使兼知洪州。有旨，赴行在奏事畢之官。六





年，綱至，引對內殿。朝廷方銳意大舉，綱陛辭，言今日用兵之失者四，措置未盡善者五，宜預備者三，當善後者二。

時宋師與金人、僞齊相持於淮、泗者半年，綱奏：「兩兵相持，非出奇不足以取勝。願速遣驍將，自淮南約岳飛爲掎角，夾擊之，大功可成。」已而宋師屢捷，劉光世、張俊、楊沂中大破僞齊兵於淮、淝之上。

車駕進發幸建康。綱奏乞益飭戰守之具，修築沿淮城壘，且言：「願陛下勿以去冬驟勝而自怠，勿以目前粗定而自安，凡可以致中興之治者無不爲，凡可以害中興之業者無不去。要以修政事，信賞罰，明是非，別邪正，招徠人材，鼓作士氣，愛惜民力，順導衆心爲先。數者既備，則將帥輯睦，士卒樂戰，用兵其有不勝者哉？」

淮西酈瓊以全軍叛歸劉豫，綱指陳朝廷有措置失當者、深可痛惜者及當監前失以圖方來者凡十有五事，奏之。張浚引咎去相位，言者引漢武誅王恢爲比。綱奏曰：「臣竊見張浚罷相，言者引武帝誅王恢事以爲比。臣恐智謀之士卷舌而不談兵，忠義之士扼腕而無所發憤，將士解體而不用命，州郡望風而無堅城，陛下將誰與立國哉？張浚措置失當，誠爲有罪，然其區區徇國之心，有可矜者。願少寬假，以責來效。」

時車駕將幸平江，綱以爲平江去建康不遠，徒有退避之名，不宜輕動。復具奏曰：

臣聞自昔用兵以成大業者，必先固人心，作士氣，據地利而不肯先退，盡人事而不肯先屈。是以楚、漢相距於滎陽、成皋間，高祖雖屢敗，不退尺寸之地；既割鴻溝，羽引而東，遂有垓下之亡。曹操、袁紹戰於官渡，操雖兵弱糧乏，荀彧止其退避；既焚紹輜重，紹引而歸，遂喪河北。由是觀之，今日之事，豈可因一叛將之故，望風怯敵，遽自退屈？果出此謀，六飛回馭之後，人情動搖，莫有固志，士氣銷縮，莫有鬥心。我退彼進，使敵馬南渡，得一邑則守一邑，得一州則守一州，得一路則守一路；亂臣賊子，黠吏姦氓，從而附之，虎踞鴟張，雖欲如前日返駕還轅，復立朝廷於荊棘瓦礫之中，不可得也。

借使敵騎衝突，不得已而權宜避之，猶爲有說。今疆場未有警急之報，兵將初無不利之失，朝廷正可懲往事，修軍政，審號令，明賞刑，益務固守。而遽爲此擾擾，棄前功，蹈後患，以自趨於禍敗，豈不重可惜哉！

八年，王倫使北還，綱聞之，上疏曰：

臣竊見朝廷遣王倫使金國，奉迎梓宮。今倫之歸，與金使偕來，乃以「詔諭江南」爲名，不著國號而曰「江南」，不云「通問」而曰「詔諭」，此何禮也？臣請試爲陛下言之。金人毀宗社，逼二聖，而陛下應天順人，光復舊業。自我視彼，則仇讎也；自彼視我，





則腹心之疾也，豈復有可和之理？然而朝廷遣使通問，冠蓋相望於道，卑辭厚幣，無所愛惜者，以二聖在其域中，爲親屈己，不得已而然，猶有說也。至去年春，兩宮凶問既至，遣使以迎梓宮，亟往遄返，初不得其要領。今倫使事，初以奉迎梓宮爲指，而金使之來，乃以詔諭江南爲名。循名責實，已自乖戾，則其所以罔朝廷而生後患者，不待詰而可知。

臣在遠方，雖不足以知其曲折，然以愚意料之，金以此名遣使，其邀求大略有五：必降詔書，欲陛下屈體降禮以聽受，一也。必有赦文，欲朝廷宣布，班示郡縣，二也。必立約束，欲陛下奉藩稱臣，稟其號令，三也。必求歲賂，廣其數目，使我坐困，四也。必求割地，以江爲界，淮南、荊襄、四川，盡欲得之，五也。此五者，朝廷從其一，則大事去矣。

金人變詐不測，貪婪無厭，縱使聽其詔令，奉藩稱臣，其志猶未已也。必繼有號令，或使親迎梓宮，或使單車入覲，或使移易將相，或改革政事，或竭取租賦，或朘削土宇。從之則無有紀極，一不從則前功盡廢，反爲兵端。以謂權時之宜，聽其邀求，可以無後悔者，非愚則誣也。使國家之勢單弱，果不足以自振，不得已而爲此，固猶不可；況土宇之廣猶半天下，臣民之心戴宋不忘，與有識者謀之，尚足以有爲，豈可忘祖宗之

大業，生靈之屬望，弗慮弗圖，遽自屈服，冀延旦暮之命哉？

臣願陛下特留聖意，且勿輕許，深詔羣臣，講明利害、可以久長之策，擇其善而從之。

疏奏，雖與衆論不合，上不以爲忤，曰：「大臣當如此矣。」

九年，除知潭州、荆湖南路安撫大使，綱具奏力辭，曰：「臣迂疎無周身之術，動致煩言。今者罷自江西，爲日未久，又蒙湔祓，畀以帥權。昔漢文帝聞季布賢，召之，既而罷歸，布曰：『陛下以一人之譽召臣，一人之毀去臣，臣恐天下有以窺陛下之淺深。』顧臣區區進退，何足少多。然數年之間，亟奮亟躓，上累陛下知人任使之明，實有係於國體。」詔以綱累奏，不欲重違，遂允其請。次年薨，年五十八。訃聞，上爲軫悼，遣使賻贈，撫問其家，給喪葬之費。贈少師，官其親族十人。

綱負天下之望，以一身用捨爲社稷生民安危。雖身或不用，用有不久，而其忠誠義氣，凜然動乎遠邇。每宋使至燕山，必問李綱、趙鼎安否，其爲遠人所畏服如此。綱有著易傳內篇十卷、外篇十二卷，論語詳說十卷，文章、歌詩、奏議百餘卷，又有靖康傳信錄、奉迎錄、建炎時政記、建炎進退志、建炎制詔表劄集、宣撫荆廣記、制置江右錄。

列傳第一百一十八　李綱下　校勘記　一一二七三

宋史卷三百五十九　一一二七四

論曰：以李綱之賢，使得畢力殫慮於靖康、建炎間，莫或撓之，二帝何至於北行，而宋豈至爲南渡之偏安哉？夫用君子則安，用小人則危，不易之理也。人情莫不喜安而惡危。然綱居相位僅七十日，其謀數不見用，獨於黃潛善、汪伯彥、秦檜之言，信而任之，恆若不及，何高宗之見，與人殊哉？綱雖屢斥，忠誠不少貶，不以用舍爲語默，若赤子之慕其母，怒呵猶嗷嗷焉挽其裳裾而從之。嗚呼，中興功業之不振，君子固歸之天，若綱之心，其可謂非諸葛孔明之用心歟？

## 校勘記

〔一〕而以進禦爲誤國　「以」字原脫，據梁谿先生文集卷七八奉詔條具邊防利害奏狀、同書附錄李綱行狀下補。

# 宋史卷三百六十

## 列傳第一百一十九

### 宗澤　趙鼎

宗澤字汝霖，婺州義烏人。母劉，夢天大雷電，光燭其身，翌日而澤生。澤自幼豪爽有大志，登元祐六年進士第。廷對極陳時弊，考官惡直，寘末甲。

調大名館陶尉。呂惠卿帥鄜延，檄澤與邑令視河埽，檄至，澤適喪長子，奉檄遽行。惠卿聞之，曰：「可謂國爾忘家者。」適朝廷大開御河，時方隆冬，役夫僵仆于道，中使督之急。澤曰浚河細事，乃上書其帥曰：「時方凝寒，徒苦民而功未易集，少需之，至初春可不擾而辦。」卒用其言上聞，從之。惠卿辟爲屬，辭。

調衢州龍游令。民未知學，澤爲建庠序，設師儒，講論經術，風俗一變，自此擢科者相繼。

列傳第一百一十九　宗澤　一一二七五

宋史卷三百六十　一一二七六

調晉州趙城令。下車，請升縣爲軍，書聞，不盡如所請。澤曰：「承平時固無虞，它日有警，當知吾言矣。」

知萊州掖縣。部使者得旨市牛黃，澤報曰：「方時疫癘，牛飲其毒則結爲黃。今和氣橫流，牛安得黃？」使者怒，欲劾邑官。澤曰：「此澤意也。」獨銜以聞。

通判登州。境內官田數百頃，皆不毛之地，歲輸萬餘緡，率橫取於民，澤奏免之。朝廷遣使由登州結女眞，盟海上，謀夾攻契丹，澤語所親曰：「天下自是多事矣。」退居東陽，結廬山谷間。

靖康元年，中丞陳過庭等列薦，假宗正少卿，充和議使。澤曰：「是行不生還矣。」或問之，澤曰：「敵能悔過退師固善，否則安能屈節北庭以辱君命乎。」議者謂澤剛方不屈，恐害和議，上不遣，命知磁州。

時太原失守，官兩河者率託故不行。澤曰：「食祿而避難，不可也。」即日單騎就道，從羸卒十餘人。磁經敵騎蹂躪之餘，人民逃徙，帑廩枵然。澤至，繕城壁，浚隍池，治器械，募義勇，始爲固守不移之計。上言：「邢、洺、磁、趙、相五州各蓄精兵二萬人，敵攻一郡則四郡皆應，是一郡之兵常有十萬人。」上嘉之，除河北義兵都總管。金人破眞定，引兵南取慶源，自李固渡渡河，恐澤兵躡其後，遣數千騎直扣磁州城。澤擐甲登城，令壯士以神臂弓射走之，開門縱擊，斬首數百級。所獲羊馬金帛，悉以賞軍士。

康王再使金，行至磁，澤迎謁曰：「肅王一去不反，今敵又詭辭以致大王，願勿行。」王遂回相州。

有詔以澤爲副元帥，從王起兵入援。澤言宜急會兵李固渡，斷敵歸路，衆不從，乃自將兵趨渡，道遇北兵，遣秦光弼、張德夾擊，大破之。金人旣敗，乃留兵分屯。澤遣壯士夜擣其軍，破三十餘砦。

時康王開大元帥府，檄兵會大名。澤履冰渡河見王，謂京城受圍日久，入援不可緩。會簽書樞密院事曹輔齎蠟封欽宗手詔，至自京師，言和議可成。澤曰：「金人狡譎，是欲款我師爾。君父之望入援，何啻饑渴，宜急引軍直趨澶淵，次第進壘，以解京城之圍。萬一敵有異謀，則吾兵已在城下。」汪伯彥等難之，勸王遣澤先行，自是澤不得預府中謀議矣。

二年正月，澤至開德，十三戰皆捷，以書勸王檄諸道兵會京城。又移書北道總管趙野、河東北路宣撫范訥、知興仁府曾楙合兵入援。三人皆以澤爲狂，不答。澤以孤軍進，都統陳淬言敵方熾，未可輕舉。澤怒，欲斬之，諸將乞貸淬，使得效死。澤命淬進兵，遇金人，敗之。金人攻開德，澤遣孔彥威與戰，又敗之。澤度金人必犯濮，先遣三千騎往援，金人果至，敗之。金人復向開德，權邦彥、孔彥威合兵夾擊，又大敗之。





澤兵進至衞南，度將孤兵寡，不深入不能成功。先驅云前有敵營，澤揮衆直前與戰，敗之。轉戰而東，敵益生兵至，王孝忠戰死，前後皆敵壘。澤下令曰：「今日進退等死，不可不從死中求生。」士卒知必死，無不一當百，斬首數千級。金人大敗，退却數十餘里。澤計敵衆十倍於我，今一戰而却，勢必復來，使悉其鐵騎夜襲吾軍，則危矣。乃暮徙其軍。金人夜至，得空營，大驚，自是憚澤，不敢復出兵。澤出其不意，遣兵過大河〔一〕襲擊，敗之。王承制以澤爲徽猷閣待制。

時金人逼二帝北行，澤聞，卽提軍趨滑，走黎陽，至大名，欲徑渡河，據金人歸路邀還二帝，而勤王之兵卒無一至者。又聞張邦昌僭位，欲先行誅討。會得大元帥府書，約移師近都，按甲觀變。澤復書于王曰：「人臣豈有服赭袍、張紅蓋、御正殿者乎？自古姦臣皆外爲恭順而中藏禍心，未有竊據寶位、改元肆赦、惡狀昭著若邦昌者。今二聖、諸王悉渡河而北，惟大王在濟，天意可知。宜亟行天討，興復社稷。」且言：「邦昌僞赦，或啓姦雄之意，望遣使分諭諸路，以定民心。」

又上書言：「今天下所屬望者在於大王，大王行之得其道，則有以慰天下之心。所謂道者，近剛正而遠柔邪，納諫諍而拒諛佞，尙恭儉而抑驕侈，體憂勤而忘逸樂，進公實而退私僞。」因累表勸進。

王卽帝位于南京，澤入見，涕泗交頤，陳興復大計。時與李綱同入對，相見論國事，慷慨流涕，綱奇之。上欲留澤，潛善等沮之。除龍圖閣學士、知襄陽府。

時金人有割地之議，澤上疏曰：「天下者，太祖、太宗之天下，陛下當兢兢業業，思傳之萬世，奈何遽議割河之東、西，又議割陝之蒲、解乎。自金人再至，朝廷未嘗命一將、出一師，但聞姦邪之臣，朝進一言以告和，暮入一說以乞盟，終致二聖北遷，宗社蒙恥。臣意陛下赫然震怒，大明黜陟，以再造王室。今卽位四十日矣，未聞有大號令，但見刑部指揮云『不得騰播赦文於河之東、西，陝之蒲、解』者，是褫天下忠義之氣，而自絕其民也。臣雖駑怯，當躬冒矢石爲諸將先，得捐軀報國恩足矣。」上覽其言壯之。改知青州，時年六十九矣。

開封尹闕，李綱言綏復舊都，非澤不可。尋徙知開封府。時敵騎留屯河上，金鼓之聲，日夕相聞，而京城樓櫓盡廢，兵民雜居，盜賊縱橫，人情恟恟。澤威望素著，旣至，首捕誅舍賊者數人。下令曰：「爲盜者，贓無輕重，並從軍法。」由是盜賊屏息，民賴以安。

王善者，河東巨寇也。擁衆七十萬、車萬乘，欲據京城。澤單騎馳至善營，泣謂之曰：「朝廷當危難之時，使有如公一二輩，豈復有敵患乎。今日乃汝立功之秋，不可失也。」善感泣曰：「敢不效力。」遂解甲降。時楊進號沒角牛，兵三十萬，王再興、李貴、王大郎等各擁衆





數萬，往來京西、淮南、河南北，侵掠爲患。澤遣人諭以禍福，悉招降之。上疏請上還京。俄有詔：荆、襄、江、淮悉備巡幸。澤上疏言：「開封物價市肆，漸同平時。將士、農民、商旅、士大夫之懷忠義者，莫不願陛下亟歸京師，以慰人心。其唱爲異議者，非爲陛下忠謀，不過如張邦昌輩，陰與金人爲地爾。」除延康殿學士、京城留守、兼開封尹。

時金遣人以使僞楚爲名，至開封府，澤曰：「此名爲使，而實覘我也。」拘其人，乞斬之。有詔所拘金使延置別館，澤曰：「國家承平二百年，不識兵革，以敵國誕謾爲可憑信，恬不置疑。不惟不嚴攻討之計，其有實欲買勇思敵所懷之人，士大夫不以爲狂，則以爲妄，致有前日之禍。張邦昌、耿南仲輩所爲，陛下所親見也。今金人假使僞楚，來覘虛實，臣愚乞斬之，以破其姦。而陛下惑於人言，令遷置別館，優加待遇，臣愚不敢奉詔，以彰國弱。」上乃親札諭澤，竟縱遣之。言者附潛善意，皆以澤拘留金使爲非。尙書左丞許景衡抗疏力辨，且謂：「澤之爲尹，威名政績，卓然過人，今之縉紳，未見其比。乞厚加任使，以成禦敵治民之功。」

眞定、懷、衞間，敵兵甚盛，方密修戰具爲入攻之計，而將相恬不爲慮，不修武備，澤以爲憂。乃渡河約諸將共議事宜，以圖收復，而於京城四壁，各置使以領招集之兵。又據形勢立堅壁二十四所於城外，沿河鱗次爲連珠砦，連結河東、河北山水砦忠義民兵，於是陝

西、京東西諸路人馬咸願聽澤節制。有詔如淮甸。澤上表諫，不報。

秉義郎岳飛犯法將刑，澤一見奇之，曰：「此將材也。」會金人攻汜水，澤以五百騎授飛，使立功贖罪。飛大敗金人而還，遂升飛爲統制，飛由是知名。

澤視師河北還，上疏言：「陛下尚留南都，道路籍籍，咸以爲陛下舍宗廟朝廷，使社稷無依，生靈失所仰戴。陛下宜亟回汴京，以慰元元之心。」不報。復抗疏言：「國家結好金人，欲以息民，卒之劫掠侵欺，靡所不至，是守和議果不足以息民也。當時固有阿意順旨以叨富貴者，亦有不相詭隨以獲罪戾者。陛下觀之，昔富貴者爲是乎？獲罪戾者爲是乎？今之言遷幸者，猶前之言和議爲可行者也；今之言不可遷者，猶前日之言和議不可行者也。惟陛下熟思而審用之。且京師二百年積累之基業，陛下奈何輕棄以遺敵國乎。」

詔遣官迎奉六宮往金陵，澤上疏曰：「京師，天下腹心也。兩河雖未敉寧，特一手臂之不信爾。今遽欲去之，非惟一臂之弗瘳，且并與腹心而棄之矣。昔景德間，契丹寇澶淵，王欽若江南人，即勸幸金陵，陳堯叟蜀人，即勸幸成都，惟寇準毅然請親征，卒用成功。臣何敢望寇準，然不敢不以章聖望陛下。」又條上五事，其一言黃潛善、汪伯彥贊南幸之非。澤前後建議，經從三省、樞密院，輒爲潛善等所抑，每見澤奏疏，皆笑以爲狂。

金將兀朮渡河，謀攻汴京。諸將請先斷河梁，嚴兵自固，澤笑曰：「去冬，金騎直來，正





坐斷河梁耳。」乃命部將劉衍趨滑、劉達趨鄭，以分敵勢，戒諸將極力保護河梁，以俟大兵之集。金人聞之，夜斷河梁遁去。

二年，金人自鄭抵白沙，去汴京密邇，都人震恐。僚屬入問計，澤方對客圍碁，笑曰：「何事張皇，劉衍等在外必能禦敵。」乃選精銳數千，使繞出敵後，伏其歸路。金人方與衍戰，伏兵起，前後夾擊之，金人果敗。

金將黏罕據西京，與澤相持。澤遣部將李景良、閻中立、郭俊民領兵趨鄭，遇敵大戰，中立死之，俊民降，景良遁去。澤捕得景良，謂曰：「不勝，罪可恕；私自逃，是無主將也。」斬其首以狥。既而俊民與金將史姓者及燕人何仲祖等持書來招澤，澤數俊民曰：「汝失利死，尚爲忠義鬼，今反爲金人持書相誘，何面目見我乎。」斬之。謂史曰：「我受此土，有死而已。汝爲人將，不能以死敵我，乃欲以兒女子語誘我乎。」亦斬之。謂仲祖脅從，貸之。

劉衍還，金人復入滑，部將張撝請往救，澤選兵五千付之，戒毋輕戰以需援。撝至滑迎戰，敵騎十倍，諸將請少避其鋒，撝曰：「避而偷生，何面目見宗公。」力戰死之。澤聞撝急，遣王宣領騎五千救之。撝死二日，宣始至，與金人大戰，破走之。澤迎撝喪歸，恤其家，以宣權知滑州，金人自是不復犯東京。

山東盜起，執政謂其多以義師爲名，請下令止勤王。澤疏曰：「自敵圍京城，忠義之士憤懣爭奮，廣之東西、湖之南北、福建、江、淮，越數千里，爭先勤王。當時大臣無遠識大略，不能撫而用之，使之饑餓困窮，弱者填溝壑，強者爲盜賊。此非勤王者之罪，乃一時措置乖謬所致耳。今河東、西不從敵國而保山砦者，不知其幾；諸處節義之夫，自黥其面而爭先救駕者，復不知其幾。此詔一出，臣恐草澤之士一旦解體，倉卒有急，誰復有願忠效義之心哉。」

王策者，本遼酋，爲金將，往來河上。澤擒之，解其縛坐堂上，爲言：「契丹本宋兄弟之國，今女眞辱吾主，又滅而國，義當協謀雪恥。」策感泣，願效死。澤因問敵國虛實，盡得其詳，遂決大舉之計，召諸將謂曰：「汝等有忠義心，當協謀勦敵，期還二聖，以立大功。」言訖泣下，諸將皆泣聽命。金人戰不利，悉引兵去。

澤疏諫南幸，言：「臣爲陛下保護京城，自去年秋冬至于今春，又三月矣。陛下不早回京城，則天下之民何所依戴。」除資政殿學士。

又遣子穎詣行闕上疏曰：「天下之事，見幾而爲，待時而動，則事無不成。今收復伊、洛而金酋渡河，捍蔽滑臺而敵國屢敗，河東、河北山砦義民，引領舉踵，日望官兵之至。以幾以時而言之，中興之兆可見，而金人滅亡之期可必，在陛下見幾乘時而已。」又言：「昔楚人城郢，史氏鄙之。今聞有旨於儀眞教習水戰，是規規爲偏霸之謀，非可鄙之甚者乎？傳聞四方，





必謂中原不守，遂爲江寧控扼之計耳。」

先是，澤去磁，以州事付兵馬鈐轄李侃，統制趙世隆殺之。至是，世隆及弟世興以兵三萬來歸，衆懼其變，澤曰：「世隆本吾一校爾，何能爲。」世隆至，責之曰：「河北陷沒，吾宋法令與上下之分亦陷沒邪？」命斬之。時世興佩刀侍側，衆兵露刃庭下，澤徐謂世興曰：「汝兄誅，汝能奮志立功，足以雪恥。」世興感泣。金人攻滑州，澤遣世興往救，世興至，掩其不備，敗之。

澤威聲日著，北方聞其名，常尊憚之，對南人言，必曰宗爺爺。

澤疏言：「丁進數十萬衆願守護京城，李成願扈從還闕，即渡河勦敵，楊進等兵百萬，亦願渡河，同致死力。臣聞『多助之至，天下順之』。陛下及此時還京，則衆心翕然，何敵國之足憂乎？」又奏言：「聖人愛其親以及人之親，所以教人孝；敬其兄以及人之兄，所以教人弟。陛下當與忠臣義士合謀肆討，迎復二聖。今上皇所御龍德宮儼然如舊，惟淵聖皇帝未有宮室，望改修寶籙宮以爲迎奉之所，使天下知孝於父、弟於兄，是以身教也。」上乃降詔擇日還京。

澤前後請上還京二十餘奏，每爲潛善等所抑，憂憤成疾，疽發于背。諸將入問疾，澤矍然曰：「吾以二帝蒙塵，積憤至此。汝等能殲敵，則我死無恨。」衆皆流涕曰：「敢不盡力！」

諸將出，澤歎曰：「『出師未捷身先死，長使英雄淚滿襟。』」翌日，風雨晝晦。澤無一語及家事，但連呼「過河」者三而薨。都人號慟。遺表猶贊上還京。贈觀文殿學士、通議大夫，謚忠簡。

澤質直好義，親故貧者多依以爲活，而自奉甚薄。常曰：「君父側身嘗膽，臣子乃安居美食邪！」始，澤招集羣盜，聚兵儲糧，結諸路義兵，連燕、趙豪傑，自謂渡河尅復可指日冀。有志弗就，識者恨之。

子潁，居戎幕，素得士心。澤薨數日，將士去者十五，都人請以潁繼父任。會朝廷已命杜充留守，乃以潁爲判官。充反澤所爲，頗失人心，潁屢爭之，不從，乃請持服歸。自是豪傑不爲用，羣聚城下者復去爲盜，而中原不守矣。潁官終兵部郎中。

趙鼎字元鎭，解州聞喜人。生四歲而孤，母樊教之，通經史百家之書。登崇寧五年進士第，對策斥章惇誤國。累官爲河南洛陽令，宰相吳敏知其能，擢爲開封士曹。

金人陷太原，朝廷議割三鎭地，鼎曰：「祖宗之地不可以與人，何庸議？」已而京師失守，二帝北行。金人議立張邦昌，鼎與胡寅、張浚逃太學中，不書議狀。





高宗卽位，除權戶部員外郎。知樞密院張浚薦之，除司勳郎官。上幸建康，詔條具防秋事宜，鼎言：「宜以六宮所止爲行宮，車駕所止爲行在，擇精兵以備儀衞，其餘兵將分布江、淮，使敵莫測巡幸之定所。」上納之。

久雨，詔求闕政。鼎言：「自熙寧間王安石用事，變祖宗之法，而民始病。假闢國之謀，造生邊患；興理財之政，窮困民力；設虛無之學，敗壞人才。至崇寧初，蔡京託紹述之名，盡祖安石之政。凡今日之患始於安石，成於蔡京。今安石猶配享廟廷，而京之黨未除，時政之闕無大於此。」上爲罷安石配享。擢右司諫，又遷殿中侍御史。

劉光世部將王德擅殺韓世忠之將，而世忠亦率部曲奪建康守府廨。鼎言：「德總兵在外，專殺無忌，此而不治，孰不可爲？」命鼎鞫德。鼎又請下詔切責世忠，而指取其將吏付有司治罪，諸將肅然。上曰「肅宗興靈武得一李勉，朝廷始尊。今朕得卿，無愧昔人矣。」中丞范宗尹言，故事無自司諫遷殿中者，上曰：「鼎在言路極舉職，所言四十事，已施行三十有六。」遂遷侍御史。

北兵至江上，上幸會稽，召臺諫議去留，鼎陳戰、守、避三策，拜御史中丞。請督王𤫊進軍宣州，周望分軍出廣德，劉光世渡江駐蘄、黃，爲邀擊之計。又言：「經營中原當自關中始，經營關中當自蜀始，欲幸蜀當自荊、襄始。吳、越介在一隅，非進取中原之地。荊、襄左顧川、陝，右控湖湘，而下瞰京、洛，三國所必爭。宜以公安爲行闕，而屯重兵于襄陽，運江、浙之粟以資川、陝之兵，經營大業，計無出此。」

韓世忠敗金人于黃天蕩，宰相呂頤浩請上幸浙西，下詔親征，鼎以爲不可輕舉。頤浩惡其異己，改鼎翰林學士，鼎不拜，改吏部尙書，又不拜，言：「陛下有聽納之誠，而宰相陳拒諫之說；陛下有眷待臺臣之意，而宰相挾挫沮言官之威。」堅臥不出，疏頤浩過失凡千言。上罷頤浩，詔鼎復爲中丞，謂鼎曰：「朕每聞前朝忠諫之臣，恨不之識，今於卿見之。」除端明殿學士、簽書樞密院事。

金人攻楚州，鼎奏遣張俊往援之。俊不行，山陽遂陷。金人留淮上，范宗尹奏敵未必能再渡，鼎曰：「勿恃其不來，恃吾有以待之。三省常以敵退爲陛下援人才、修政事，密院常虞敵至爲陛下申軍律、治甲兵，卽兩得之。」上曰：「卿等如此，朕復何憂。」鼎以楚州之失，上章丐去。會辛企宗除節度使，鼎言企宗非軍功，忤旨，出奉祠，除知平江府，尋改知建康，又移知洪州。

京西招撫使李橫欲用兵復東京，鼎言：「橫烏合之衆，不能當敵，恐遂失襄陽。」已而橫戰不利走，襄陽竟陷。召拜參知政事。宰相朱勝非言：「襄陽國之上流，不可不急取。」上問：「岳飛可使否？」鼎曰：「知上流利害無如飛者。」簽樞徐俯不以爲然。飛出師竟復襄陽。





鼎乞令韓世忠屯泗上，劉光世出陳、蔡。光世請入奏，俯欲許之，鼎不可。僞齊宿遷令來歸，俯欲斬送劉豫，鼎復爭之。俯積不能平，乃求去。朱勝非兼知樞密院，言者謂當國者不知兵，乞令參政通知。由是爲勝非所忌。除鼎知樞密院、川陝宣撫使，鼎辭以非才。上曰：「四川全盛半天下之地，盡以付卿，黜陟專之可也。」時吳玠爲宣撫副使，鼎奏言：「臣與玠同事，或節制之耶？」上乃改鼎都督川、陝諸軍事。

鼎所條奏，勝非多沮抑之。鼎上疏言：「頃張浚出使川、陝，國勢百倍於今。浚有補天浴日之功，陛下有礪山帶河之誓，君臣相信，古今無二，而終致物議，以被竄逐。今臣無浚之功而當其任，遠去朝廷，其能免於紛紛乎？」又言：「臣所請兵不滿數千，半皆老弱，所齎金帛至微，薦舉之人除命甫下，彈墨已行。臣日侍宸衷，所陳已艱難，況在萬里之外乎？」時人士皆惜其去，臺諫有留行者。會邊報沓至，鼎每陳用兵大計，及朝辭，上曰：「卿豈可遠去，當遂相卿。」九月〔三〕，拜尙書右僕射、同中書門下平章事兼知樞密院事。制下，朝士相慶。

時劉豫子麟與金人合兵大入，舉朝震恐。鼎論戰禦之計，諸將各異議，獨張俊以爲當進討，鼎是其言。有勸上他幸者，鼎曰：「戰而不捷，去未晚也。」上亦曰：「朕當親總六師，臨江決戰。」鼎喜曰：「累年退怯，敵志益驕，今聖斷親征，成功可必。」於是詔張俊以所部援韓世忠，而命劉光世移軍建康，且促世忠進兵。世忠至揚州，大破金人於大儀鎭。方奮報交馳，劉光世遣人諷鼎曰：「相公自入蜀，何事爲他人任患。」世忠亦謂人曰：「趙丞相眞敢爲者。」鼎聞之，恐上意中變，乘間言：「陛下養兵十年，用之正在今日。若少加退沮，卽人心渙散，長江之險不可復恃矣。」及捷音日至，車駕至平江，下詔聲逆豫之罪，欲自將渡江決戰。鼎曰：「敵之遠來，利於速戰，遽與爭鋒，非策也。且豫猶遣其子，豈可煩至尊耶？」帝爲止不行。未幾，簽書樞密院事胡松年自江上還，云北兵大集，然後知鼎之有先見也。

張浚久廢，鼎言浚可大任，乃召除知樞密院，命浚往江上視師。時敵兵久駐淮南，知南兵有備，漸謀北歸。鼎曰：「金人無能爲矣。」命諸將邀諸淮，連敗之，金人遁去。上謂鼎曰：「近將士致勇爭先，諸路守臣亦翕然自效，乃朕用卿之力也。」鼎謝曰：「皆出聖斷，臣何力之有焉。」或問鼎曰：「金人傾國來攻，衆皆恟懼，公獨言不足畏，何耶？」鼎曰：「敵衆雖盛，然以豫邀而來，非其本心，戰必不力，以是知其不足畏也。」上嘗語張浚曰：「趙鼎眞宰相，天使佐朕中興，可謂宗社之幸也。」鼎奏金人遁歸，尤當博采羣言，爲善後之計。於是詔呂頤浩等議攻戰備禦、措置綏懷之方。

五年，上還臨安，制以鼎守左僕射知樞密院事、張浚守右僕射兼知樞密院事，都督諸路軍馬。鼎以政事先後及人才所當召用者，條而置之座右，次第奏行之。制以貴州防禦使瑗爲保慶軍節度使，封建國公，於行宮門外建資善堂。鼎薦范冲爲翊善、朱震爲贊讀，朝論謂二人極天下之選。





建炎初，嘗下詔以姦臣誣衊宣仁保佑之功，命史院刊修，未及行，朱勝非爲相，上諭之曰：「神宗、哲宗兩朝史事多失實，非所以傳信後世，宜召范冲刊定。」勝非言：「神宗史增多王安石日錄，哲宗史經京、卞之手，議論多不正，命官刪修，誠足以彰二帝盛美。」會勝非去位，鼎以宰相監修二史，是非各得其正。上親書「忠正德文」四字賜鼎，又以御書尙書一帙賜之，曰：「書所載君臣相戒飭之言，所以賜卿，欲共由斯道。」鼎上疏謝。

劉豫遣子麟、猊分路入寇，時張俊屯盱眙，楊沂中屯泗，韓世忠屯楚，岳飛駐鄂，劉光世駐廬，沿江上下無兵，上與鼎以爲憂。鼎移書浚，欲令俊與沂中合兵剿敵。光世乞捨廬還太平，又乞退保采石，鼎奏曰：「豫逆賊也，官軍與豫戰而不能勝，或更退守，何以立國？今賊已渡淮，當亟遣張俊合光世之軍盡掃淮南之寇，然後議去留。」上善其策，詔二將進兵。俊軍至藕塘與猊戰，大破之。鼎命沂中趣合肥以援光世，光世已棄廬回江北。浚以書告鼎，鼎白上詔浚：有不用命者，聽以軍法從事。光世大駭，復進至淝河與麟戰，破之，麟、猊拔柵遁去。

浚在江上，嘗遣其屬呂祉入奏事，所言誇大，鼎每抑之。上謂鼎曰：「他日張浚與卿不和，必呂祉也。」後浚因論事，語意微侵鼎，鼎言：「臣初與浚如兄弟，因呂祉離間，遂爾睽異。今浚成功，當使展盡底蘊，浚當留，臣當去。」上曰：「俟浚歸議之。」浚嘗奏乞幸建康，而鼎與折彥質請回蹕臨安。暨浚還，乞乘勝攻河南，且罷劉光世軍政。鼎言：「擒豫固易耳，然得河南，能保金人不內侵乎？光世累世爲將，無故而罷之，恐人心不安。」浚滋不悅。鼎以觀文殿大學士知紹興府。

七年，上幸建康，罷劉光世，以王德爲都統制，酈瓊副之，並聽參謀、兵部尙書呂祉節制。瓊與德有宿怨，訴于祉，不得直，執祉以全軍降僞齊。浚引咎去位，乃以萬壽觀使兼侍讀召鼎，入對，拜尙書左僕射、同中書門下平章事兼樞密使，進四官。上言：「淮西之報初至，執政奏事皆失措，惟朕不爲動。」鼎曰：「今見諸將，尤須靜以待之，不然益增其驕蹇之心。」臺諫交論淮西無備，鼎曰：「行朝擁兵十萬，敵騎直來，自足抗之，設有他虞，鼎身任其責。」淮西迄無驚。

鼎嘗乞降詔安撫淮西，上曰：「俟行遣張浚，朕當下罪己之詔。」鼎言：「浚已落職。」上曰：「浚罪當遠竄。」鼎奏：「浚母老，且有勤王功。」上曰：「功過自不相掩。」已而內批出，浚謫置嶺南，鼎留不下。詰旦，約同列救解，上怒殊未釋，鼎力懇曰：「浚罪不過失策耳。凡人計慮，豈不欲萬全，儻因一失，便置之死地，後有奇謀秘計，誰復敢言者。此事自關朝廷，非獨私浚也。」上意乃解，遂以散官分司，居永州。





鼎既再相，或議其無所施設，鼎聞之曰：「今日之事如人患羸，當靜以養之。若復加攻砭，必傷元氣矣。」金人廢劉豫，鼎遣間招河南守將，壽、亳、陳、蔡之間，往往舉城或率部曲來歸，得精兵萬餘，馬數千。知廬州劉錡亦奏言：「淮北歸正者不絕，度今歲可得四五萬。」上喜曰：「朕常慮江、池數百里備禦空虛，今得此軍可無患矣。」

金人遣使議和，朝論以爲不可信，上怒。鼎曰：「陛下於金人有不共戴天之讎，今屈己請和，不憚爲之者，以梓宮及母后耳。羣臣憤懣之辭，出於愛君，不可以爲罪。陛下宜諭之曰：『講和非吾意，以親故，不得已爲之。但得梓宮及母后還，敵雖渝盟，吾無憾焉。』」上從其言，羣議遂息。

潘良貴以向子諲奏事久，叱之退。上欲抵良貴罪，常同爲之辨，欲併逐同。鼎奏：「子諲雖無罪，而同與良貴不宜逐。」二人竟出。給事中張致遠謂不應以一子諲出二佳士，不書黃，上怒，顧鼎曰：「固知致遠必繳駁。」鼎問：「何也？」上曰：「與諸人善。」蓋已有先入之言，由是不樂於鼎矣。秦檜繼留身奏事，既出，鼎問：「帝何言？」檜曰：「上無他，恐丞相不樂耳。」

御筆和州防禦使璩除節鉞，封國公。鼎奏：「建國雖未正名，天下皆知陛下有子，社稷大計也。在今禮數不得不異，所以繫人心不使之二三而惑也。」上曰：「姑徐之。」檜後留身，不知所云。

鼎嘗闢和議，與檜意不合，及鼎以爭璩封國事拂上意，檜乘間擠鼎，又薦蕭振爲侍御史。振本鼎所引，及入臺，劾參知政事劉大中罷之。鼎曰：「振意不在大中也。」振亦謂人曰：「趙丞相不待論，當自爲去就。」會殿中侍御史張戒論給事中勾濤，濤言：「戒之擊臣，乃趙鼎意。」因詆鼎結臺諫及諸將。上聞益疑，鼎引疾求免，言：「大中持正論，爲章惇、蔡京之黨所嫉。臣議論出處與大中同，大中去，臣何可留？」乃以忠武節度使出知紹興府，尋加檢校少傅，改奉國軍節度使。檜率執政往餞其行，鼎不爲禮，一揖而去，檜益憾之。

鼎既去，王庶入對，上謂庶曰：「趙鼎兩爲相，於國有大功，再贊親征皆能决勝，又鎮撫建康，回鑾無患，他人所不及也。」先是，王倫使金，從鼎受使指。問禮數，則答以君臣之分已定；問地界，則答以大河爲界。二者使事之大者，或不從則已。倫受命而行。至是，倫與金使俱來，以撫諭江南爲名，上歎息謂庶曰：「使五日前得此報，趙鼎豈可去耶？」

初，車駕還臨安，內侍移竹栽入內，鼎見，責之曰：「艮嶽花石之擾，皆出汝曹，今欲蹈前轍耶？」因奏其事，上改容謝之。有戶部官進錢入宮者，鼎召至相府切責之。翌日，問上曰：「某人獻錢耶？」上曰：「朕求之也。」鼎奏：「某人不當獻，陛下不當求。」遂出其人與郡。

鼎嘗薦胡寅、魏矼、晏敦復、潘良貴、呂本中、張致遠等數十人分布朝列。暨再相，奏



曰：「今清議所與，如劉大中〔三〕、胡寅、呂本中、常同、林季仲之流，陛下能用之乎？妬賢長惡，如趙霈、胡世將、周秘、陳公輔之徒，陛下能去之乎？」上爲徙世將，而公輔等尋補外。上嘗中批二人付廟堂升擢。鼎奏：「疎遠小臣，陛下何由得其姓名？」上謂：「常同實稱之。」鼎曰：「同知其賢，何不露章薦引？」

始，浚薦秦檜可與共大事，鼎再相亦以爲言。然檜機穽深險，外和而中異。浚初求去，有旨召鼎。鼎至越丐祠，檜惡其逼己，徙知泉州，又諷謝祖信論鼎嘗受張邦昌僞命，遂奪節。御史中丞王次翁論鼎治郡廢弛，命提舉洞霄宮。鼎自泉州歸，復上書言時政，檜忌其復用，諷次翁又論其嘗受僞命，乾沒都督府錢十七萬緡，謫官居興化軍。論者猶不已，移漳州，又責清遠軍節度副使，潮州安置。

在潮五年，杜門謝客，時事不掛口，有問者，但引咎而已。中丞詹大方誣其受賄，屬潮守放編置人移吉陽軍，鼎謝表曰：「白首何歸，悵餘生之無幾；丹心未泯，誓九死以不移。」檜見之曰：「此老倔強猶昔。」

在吉陽三年，潛居深處，門人故吏皆不敢通問，惟廣西帥張宗元時饋醪米。檜知之，令本軍月具存亡申。鼎遣人語其子汾曰：「檜必欲殺我。我死，汝曹無患；不爾，禍及一家矣。」先得疾，自書墓中石，記鄉里及除拜歲月。至是，書銘旌云：「身騎箕尾歸天上，氣作山



河壯本朝。」遺言屬其子乞歸葬，遂不食而死，時紹興十七年也，天下聞而悲之。明年，得旨歸葬。孝宗卽位，謚忠簡，贈太傅，追封豐國公。高宗祔廟，以鼎配享廟庭，擢用其孫十有二人。

鼎爲文渾然天成，凡高宗處分軍國機事，多其視草，有擬奏表疏、雜詩文二百餘篇，號得全集，行於世。論中興賢相，以鼎爲稱首云。

論曰：夫謀國用兵之道，有及時乘銳而可以立功者，有養威持重而後能有爲者，二者之設施不同，其爲忠一而已。方金人逼二帝北行，宗社失主，宗澤一呼，而河北義旅數十萬衆若響之赴聲，實由澤之忠忱義氣有以風動之，抑斯民目睹君父之陷於塗淖，孰無憤激之心哉。使當其時，澤得勇往直前，無或齟齬牽制之，則反二帝，復舊都，特一指顧間耳。黃潛善、汪伯彥嫉能而惎功，使澤不得信其志，發憤而薨，豈不悲哉！

及趙鼎爲相，則南北之勢成矣。兩敵之相持，非有灼然可乘之釁，則養吾力以俟時，否則，徒取危困之辱。故鼎之爲國，專以固本爲先，根本固而後敵可圖、讎可復，此鼎之心也。惜乎一見忌於秦檜，斥逐遠徙，卒齎其志而亡，君子所尤痛心也。



竊嘗論澤、鼎之終而益有感焉。澤之易簀也，猶連呼「渡河」者三；而鼎自題其銘旌，有「氣作山河壯本朝」之語。何二臣之愛君憂國，雖處死生禍變之際，而猶不渝若是！而高宗惑於憸邪之口，乍任乍黜，所謂「善善而不能用」，千載而下，忠臣義士猶爲之撫卷扼腕，國之不競，有以哉！

校勘記

〔一〕大河　繫年要錄卷三、宗澤忠簡公集卷七遺事均作「大溝河」。按此次衞南、韋城、南華之戰，戰區在當時黃河以南，疑「大溝河」是。

〔二〕九月　本書卷二七高宗紀、十朝綱要卷二二繫此事於紹興四年九月，此處失書紀年。

〔三〕劉大中　原作「劉大本」，據上文及李幼武四朝名臣言行別錄上集卷四改。

# 宋史卷三百六十一

## 列傳第一百二十

### 張浚 子栻

張浚字德遠,漢州綿竹人,唐宰相九齡弟九皐之後。父咸,舉進士、賢良兩科。浚四歲而孤,行直視端,無誑言,識者知爲大器。入太學,中進士第。靖康初,爲太常簿。張邦昌僭立,逃入太學中。聞高宗卽位,馳赴南京,除樞密院編修官,改虞部郎,擢殿中侍御史。駕幸東南,後軍統制韓世忠所部逼逐諫臣墜水死,浚奏奪世忠觀察使,上下始知有國法。遷侍御史。

時乘輿在揚州,浚言:「中原天下之根本,願下詔葺東京、關陝、襄鄧以待巡幸。」咈宰相意,除集英殿修撰、知興元府。未行,擢禮部侍郎,高宗召諭曰:「卿知無不言,言無不盡,朕將有爲,正如欲一飛沖天而無羽翼,卿勉留輔朕。」除御營使司參贊軍事[一]。浚度金人必



來攻,而廟堂晏然,殊不爲備,力言之宰相,黃潛善、汪伯彥皆笑其過計。

建炎三年春,金人南侵,車駕幸錢塘,留朱勝非于吳門捍禦,以浚同節制軍馬。已而勝非召,浚獨留。時潰兵數萬,所至剽掠,浚招集甫定。會苗傅、劉正彥作亂,改元赦書至平江,浚命守臣湯東野秘不宣。未幾,傅等以檄來,浚慟哭,召東野及提點刑獄趙哲謀起兵討賊。

時傅等以承宣使張俊爲秦鳳路總管,俊將萬人還,將卸兵而西。浚知上遇俊厚,而俊純實可謀大事,急邀俊,握手語故,相持而泣,因告以將起兵問罪。時呂頤浩節制建業,劉光世領兵鎭江,浚遣人齎蠟書,約頤浩、光世以兵來會,而命俊分兵扼吳江。上疏請復辟。傅等謀除浚禮部尚書,命將所部詣行在,浚以大兵未集,未欲誦言討賊,乃託云張俊驟回,人情震讋,不可不少留以撫其軍。

會韓世忠舟師抵常熟,張俊曰:「世忠來,事濟矣。」白浚以書招之。世忠至,對浚慟哭曰:「世忠與俊請以身任之。」浚因大犒俊、世忠將士,呼諸將校至前,抗聲問曰:「今日之舉,孰順孰逆?」衆皆曰:「賊逆我順。」浚曰:「聞賊以重賞購吾首,若浚此舉違天悖人,汝等可取浚頭去;不然,一有退縮,悉以軍法從事。」衆咸感憤。於是,令世忠以兵赴闕,而戒其急趨秀州,據糧道以竢大軍之至。世忠至秀,即大治戰具。



會傅等以書招浚,浚報云:「自古言涉不順,謂之指斥乘輿;事涉不遜,謂之震驚宮闕;廢立之事,謂之大逆不道,大逆不道者族。今建炎皇帝不聞失德,一旦遜位,豈所宜聞。」傅等得書恐,乃遣重兵扼臨平,亟除俊、世忠節度使,而誣浚欲危社稷,責郴州[二]安置。俊、世忠拒不受。會呂頤浩、劉光世兵踵至,浚乃聲傅、正彥罪,傳檄中外,率諸軍繼進。

初,浚遣客馮轓以計策往說傅等,會大軍且至,傅、正彥憂恐不知所出。轓知其可動,即以大義白宰相朱勝非,使率百官請復辟。高宗御筆除浚知樞密院事。浚進次臨平,賊兵拒不得前,世忠等搏戰,大破之,傅、正彥脫遁。浚與頤浩等入見,伏地涕泣待罪,高宗問勞再三,曰:「曩在睿聖,兩宮隔絕。一日啜羹,小黃門忽傳太母之命,不得已貶卿郴州。朕不覺羹覆于手,念卿被謫,此事誰任。」留浚,引入內殿,曰:「皇太后知卿忠義,欲識卿面,適垂簾,見卿過庭矣。」解所服玉帶以賜。高宗欲相浚,浚以晚進,不敢當。傅、正彥走閩中,浚命世忠追縛之以獻,與其黨皆伏誅。

初,浚次秀州,嘗夜坐,警備甚嚴,忽有客至前,出一紙懷中曰:「此苗傅、劉正彥募賊公賞格也。」浚問欲何如,客曰:「僕河北人,粗讀書,知逆順,豈以身爲賊用?特見爲備不嚴,恐有後來者耳。」浚下執其手,問姓名,不告而去。浚翌日斬死囚狥于衆,曰:「此苗、劉刺客



也。」私識其狀貌物色之,終不遇。

巨盜薛慶嘯聚淮甸,至數萬人。浚恐其滋蔓,徑至高郵,入慶壘,喻以朝廷恩意。慶感服下拜,浚留撫其衆。或傳浚爲賊所執,呂頤浩等遽罷浚樞筦。浚歸,高宗驚嘆,即日趣就職。

浚謂中興當自關陝始,慮金人或先入陝取蜀,則東南不可保,遂慷慨請行。詔以浚爲川、陝宣撫處置使,得便宜黜陟。將行,御營平寇將軍范瓊,擁衆自豫章至行在。先是,靖康城破,金人逼脅君、后、太子、宗室北行,多瓊之謀;又乘勢剽掠,左右張邦昌,爲之從衞。至是入朝,悖傲無禮,且乞貸逆黨傅、正彥等死罪。浚奏瓊大逆不道,乞伸典憲。翌日,召瓊至都堂,數其罪切責之,送棘寺論死。分其軍隸神武軍,然後行。與沿江襄、漢守臣議儲蓄,以待臨幸。

高宗問浚大計,浚請身任陝、蜀之事,置幕府於秦川,別遣大臣與韓世忠鎭淮東,令呂頤浩扈蹕來武昌,復以張俊、劉光世與秦川相首尾。議既定,浚行,未及武昌,而頤浩變初議。浚既抵興元,金人已取鄜延,驍將婁宿孛堇引大兵渡渭,攻永興,諸將莫肯相援。浚至,即出行關陝,訪問風俗,罷斥姦贓,以搜攬豪傑爲先務,諸將惕息聽命。

會諜報金人將攻東南,浚命諸將整軍向敵。已而金人大攻江、淮,浚即治軍入衞。至

房州，知金人北歸，復還關陝。

時金帥兀朮猶在淮西，浚懼其復擾東南，謀牽制之，遂決策治兵，合五路之師以復永興。金人大恐，急調兀朮等由京西入援，大戰於富平。涇原帥劉錡身率將士薄敵陳，殺獲頗衆。會環慶帥趙哲擅離所部，哲軍將校望見塵起，驚遁，諸軍皆潰。浚斬哲以狥，退保興州。命吳玠聚兵扼險于鳳翔之和尚原、大散關，以斷敵來路；關師古等聚熙河兵于岷州大潭，孫渥、賈世方等聚涇原、鳳翔兵于階、成、鳳三州，以固蜀口。浚上書待罪，帝手詔慰勉。

紹興元年，金將烏魯攻和尚原，吳玠乘險擊之，金人大敗走。兀朮復合兵至，玠及其弟璘復邀擊，大破之，兀朮僅以身免，亟鬄其須髯遁歸。始，粘罕病篤，語諸將曰：「自吾入中國，未嘗有敢攖吾鋒者，獨張樞密與我抗。我在，猶不能取蜀；我死，爾曹宜絕意，但務自保而已。」兀朮怒曰：「是謂我不能邪！」粘罕死，竟入攻，果敗。拜浚檢校少保、定國軍節度使。

浚在關陝三年，訓新集之兵，當方張之敵，以劉子羽爲上賓，任趙開爲都轉運使，擢吳玠爲大將守鳳翔。子羽慷慨有才略，開善理財，而玠每戰輒勝。西北遺民，歸附日衆。故關陝雖失，而全蜀按堵，且以形勢牽制東南，江、淮亦賴以安。



將軍曲端者，建炎中，嘗迫逐帥臣王庶而奪其印。吳玠敗于彭原，訴端不整師。富平之役，端議不合，其腹心張忠彥等降敵。浚初超用端，中坐廢，猶欲再用之，後卒下端獄論死。

會有言浚殺趙哲、曲端無辜，而任子羽、開、玠非是，朝廷疑之。三年，遣王似副浚。會金將撒离曷及劉豫叛黨聚兵入攻，破金州。子羽爲興元帥，約吳玠同守三泉。金人至金牛，宋師掩擊之，斬馘及墮溪谷死者，以數千計。浚聞王似來，求解兵柄，且奏似不可任。宰相呂頤浩不悅，而朱勝非以宿憾日毀短浚，詔浚赴行在。

四年初，辛炳知潭州，浚在陝，以檄發兵，炳不遣，浚奏劾之。至是，炳爲御史中丞，率同列劾浚，以本官提舉洞霄宮，居福州。浚既去國，慮金人釋川、陝之兵，必將併力窺東南，而朝廷已議講解，乃上疏極言其狀。未幾，劉豫之子麟果引金人入攻。高宗思浚前言，策免朱勝非；而參知政事趙鼎請幸平江，乃召浚以資政殿學士提舉萬壽觀兼侍讀。入見，高宗手詔辨浚前誣，除知樞密院事。

浚既受命，卽日赴江上視師。時兀朮擁兵十萬于揚州，約日渡江決戰。浚長驅臨江，召韓世忠、張俊、劉光世議事。將士見浚，勇氣十倍。浚既部分諸將，身留鎭江節度之。世忠遣麾下王愈詣兀朮約戰，且言張樞密已在鎭江。兀朮曰：「張樞密貶嶺南，何得乃在



此？」愈出浚所下文書示之。兀朮色變，夕遁。

五年，除尚書右僕射、同中書門下平章事兼知樞密院事，都督諸路軍馬，趙鼎除左僕射。浚與鼎同志輔治，務在塞倖門，抑近習。時巨寇楊么據洞庭，屢攻不克，浚以建康東南都會，而洞庭據上流，恐滋蔓爲害，請因盛夏乘其怠討之，具奏請行。至醴陵，釋邑囚數百，皆楊么諜者，給以文書，俾招諭諸砦，囚讙呼而往。至潭，賊衆二十餘萬相繼來降，湖寇盡平。上賜浚書，謂：「上流既定，則川陝、荆襄形勢接連，事力增倍，天其以中興之功付卿乎。」浚遂奏遣岳飛屯荆、襄以圖中原，乃自鄂、岳轉淮東，大會諸將，議防秋之宜。高宗遣使賜詔趣歸，勞問之曰：「卿暑行甚勞，湖湘羣寇既就招撫，成朕不殺之仁，卿之功也。」召對便殿，進中興備覽四十一篇，高宗嘉嘆，置之坐隅。

浚以敵勢未衰，而叛臣劉豫復據中原，六年，會諸將議事江上，榜豫僭逆之罪。命韓世忠據承、楚以圖淮陽；命劉光世屯合肥以招北軍；命張俊練兵建康，進屯盱眙；命楊沂中領精兵爲後翼以佐俊；命岳飛進屯襄陽以窺中原。浚渡江，徧撫淮上諸戍。時張俊軍進屯盱眙，岳飛遣兵入至蔡州，浚入覲，力請幸建康。車駕進發，浚先往江上，諜報劉豫與姪猊〔三〕挾金人入攻，浚奏：「金人不敢悉衆而來，此必豫兵也。」邊遽不一，俊、光世皆張大敵勢，浚謂：「賊豫以逆犯順，不剿除何以爲國？今日之事，有進無退。」且命楊沂中往屯濠州。



劉麟逼合肥，張俊請益兵，劉光世欲退師，趙鼎及簽書折彥質欲召岳飛兵東下。御書付浚，令俊、光世、沂中等還保江。浚奏：「俊等渡江，則無淮南，而長江之險與敵共矣。且岳飛一動，襄、漢有警，復何所恃乎？」詔書從之。沂中兵抵濠州，光世舍廬州而南，淮西洶動。浚聞，疾馳至采石，令其衆曰：「有一人渡江者斬！」光世復駐軍，與沂中接。劉猊攻沂中，沂中大破之，猊、麟皆拔柵遁。高宗手書嘉奬，召浚還，勞之。

時趙鼎等議回蹕臨安，浚奏：「天下之事，不倡則不起，三歲之間，陛下一再臨江，士氣百倍。今六飛一還，人心解體。」高宗幡然從浚計。鼎出知紹興府。浚以親民之官，治道所急，條具郡守、監司、省郎、館閣出入迭補之法；又以災異奏復賢良方正科。

七年，以浚卻敵功，制除特進。未幾，加金紫光祿大夫。問安使何蘚歸報徽宗皇帝、寧德皇后相繼崩殂，上號慟擗踊，哀不自勝。浚奏：「天子之孝，不與士庶同，必思所以奉宗廟社稷，今梓宮未返，天下塗炭，願陛下揮涕而起，斂髮而趨，一怒以安天下之民。」上乃命浚草詔告諭中外，辭甚哀切。浚又請命諸大將率三軍發哀成服，中外感動。浚退上疏曰：「陛下思慕兩宮，憂勞百姓。臣之至愚，獲遭任用，臣每感慨自期，誓殲敵讎。十年之間，親養闕然，爰及妻孥，莫之私顧，其意亦欲遂陛下孝養之心，拯生民於塗炭。昊天不弔，禍變忽生，使陛下抱無窮之痛，罪將誰執。念昔陝、蜀之行，陛下命臣曰：『我有大隙于北，刷此至

恥，惟爾是屬。』而臣終墮成功，使敵無憚，今日之禍，端自臣致，乞賜罷黜。」上詔浚起視事。浚再疏待罪，不許，乃請乘輿發平江，至建康。

浚總中外之政，幾事叢委，以一身任之。每奏對，必言讎恥之大，反復再三，上未嘗不改容流涕。時天子方厲精克己，戒飭宮庭內侍，無敢越度，事無巨細，必以咨浚，賜諸將詔，往往命浚草之。

劉光世在淮西，軍無紀律，浚奏罷光世，以其兵屬督府，命參謀兵部尚書呂祉往廬州節制。而樞密院以督府握兵爲嫌，乞置武帥，乃以王德爲都統制，即軍中取酈瓊副之。浚奏其不當，瓊亦與德有宿怨，列狀訴御史臺，乃命張俊爲宣撫使，楊沂中、劉錡爲制置判官以撫之。未至，瓊等舉軍叛，執呂祉以歸劉豫。祉不行，詈瓊等，碎齒折首而死。浚引咎求去位，高宗問可代者，且曰：「秦檜何如？」浚曰：「近與共事，方知其闇。」高宗曰：「然則用趙鼎。」檜由是憾浚。浚以觀文殿大學士提舉江州太平興國宮。

先是，浚遣人持手榜入僞地間劉豫，及酈瓊叛去，復遣間持蠟書遺瓊，金人果疑豫，尋廢之。臺諫交詆，浚落職，以秘書少監分司西京，居永州。九年，以赦復官，提舉臨安府洞霄宮。未幾，除資政殿大學士、知福州兼福建安撫大使。

金遣使來，以詔諭爲名，浚五上疏爭之。十年，金敗盟，復取河南。浚奏願因權制變，



則大勳可集，因大治海舟千艘，爲直指山東之計。十一年，除檢校少傅、崇信軍節度使，充萬壽觀使，免奉朝請。十二年，封和國公。

十六年，彗星出西方，浚將極論時事，恐貽母憂。母訝其瘠，問故，浚以實對。母誦其父對策之語曰：「臣寧言而死於斧鉞，不能忍不言以負陛下。」浚意乃決。上疏謂：「當今事勢，譬如養成大疽於頭目心腹之間，不決不止。惟陛下謀之於心，謹察情僞，使在我有不可犯之勢，庶幾社稷安全；不然，後將噬臍。」事下三省，秦檜大怒，令臺諫論浚，以特進提舉江州太平興國宮，居連州。二十年，徙永州。

浚去國幾二十載，天下士無賢不肖，莫不傾心慕之。武夫健將，言浚者必咨嗟太息，至兒童婦女，亦知有張都督也。金人憚浚，每使至，必問浚安在，惟恐其復用。

當是時，秦檜怙寵固位，懼浚爲正論以害己，令臺臣有所彈劾，論必及浚，反謂浚爲國賊，必欲殺之。以張柄知潭州，汪召錫使湖南，使圖浚。張常先使江西，治張宗元獄，株連及浚，捕趙鼎子汾下大理，令自誣與浚謀大逆，會檜死乃免。

二十五年，復觀文殿大學士、判洪州。浚時以母喪將歸葬。念天下事二十年爲檜所壞，邊備蕩弛，又聞金亮篡立，必將舉兵，自以大臣，義同休戚，不敢以居喪爲嫌，具奏論之。會星變求直言，浚謂金人數年間，勢決求釁用兵，而國家溺於宴安，蕩然無備，乃上疏極言。



而大臣沈該、万俟禼、湯思退等見之，謂敵初無釁，笑浚爲狂。臺諫湯鵬舉、凌哲論浚歸蜀，恐搖動遠方，詔復居永州。服除落職，以本官奉祠。

三十一年春，有旨自便。浚至潭，聞欽宗崩，號慟不食，上疏請早定守戰之策。未幾，亮兵大入，中外震動，復浚觀文殿大學士、判潭州。

時金騎充斥，王權兵潰，劉錡退歸鎭江，遂改命浚判建康府兼行宮留守。浚至岳陽，買舟冒風雪而行，遇東來者云：「敵兵方焚采石，煙炎漲天，愼無輕進。」浚曰：「吾赴君父之急，知直前求乘輿所在而已。」時長江無一舟敢行北岸者。浚乘小舟徑進，過池陽，聞亮死，餘衆猶二萬屯和州。李顯忠兵在沙上，浚往犒之，一軍見浚，以爲從天而下。浚至建康，卽牒通判劉子昂辦行宮儀物，請乘輿亟臨幸。

三十二年〔四〕，車駕幸建康，浚迎拜道左，衞士見浚，無不以手加額。時浚起廢復用，風采隱然，軍民皆倚以爲重。車駕將還臨安，勞浚曰：「卿在此，朕無北顧憂矣。」兼節制建康、鎭江府、江州、池州、江陰軍軍馬。

金兵十萬圍海州，浚命鎭江都統張子蓋往救，大破之。浚招集忠義，及募淮楚壯勇，以陳敏爲統制。且謂敵長於騎，我長於步，衞步莫如弩，衞弩莫如車，命敏專制弩治車。

孝宗卽位，召浚入見，改容曰：「久聞公名，今朝廷所恃唯公。」賜坐降問，浚從容言：「人



主之學，以心爲本，一心合天，何事不濟？所謂天者，天下之公理而已。必兢業自持，使清明在躬，則賞罰舉措，無有不當，人心自歸，敵讎自服。」孝宗悚然曰：「當不忘公言。」除少傅、江淮東西路宣撫使，進封魏國公。翰林學士史浩議欲城瓜洲、采石。浚謂不守兩淮而守江干，是示敵以削弱，怠戰守之氣，不若先城泗州。及浩參知政事，浚所規畫，浩必沮之。浚薦陳俊卿爲宣撫判官，孝宗召俊卿及浚子栻赴行在。浚附奏請上臨幸建康，以動中原之心；用師淮堧，進舟山東，以爲吳璘聲援。孝宗見俊卿等，問浚動靜飲食顏貌，曰：「朕倚魏公如長城，不容浮言搖奪。」金人以十萬衆屯河南，聲言規兩淮〔五〕，移文索海、泗、唐、鄧、商州及歲幣。浚言北敵詭詐，不當爲之動，以大兵屯盱眙、濠、廬備之，卒以無事。

隆興元年，除樞密使，都督建康、鎭江府、江州、池州、江陰軍軍馬。時金將蒲察徒穆及知泗州大周仁屯虹縣，都統蕭琦〔六〕屯靈壁，積糧修城，將爲南攻計。浚欲及其未發攻之。會主管殿前司〔七〕李顯忠、建康都統邵宏淵亦獻擣二邑之策，浚具以聞。上報可，召浚赴行在，命先圖兩城。乃遣顯忠出濠州，趨靈壁；宏淵出泗州，趨虹縣，而浚自往臨之。顯忠至靈壁，敗蕭琦；宏淵圍虹縣，降徒穆、周仁，乘勝進克宿州，中原震動。孝宗手書勞之曰：「近日邊報，中外鼓舞，十年來無此克捷。」

浚以盛夏人疲，急召李顯忠等還師。會金帥紇石烈志寧率兵至宿州，與顯忠戰。連日南

軍小不利，忽諜報敵兵大至，顯忠夜引歸。浚上疏待罪，有旨降授特進，更爲江、淮宣撫使。

宿師之還，士大夫主和者皆議浚之非，孝宗復賜浚書曰：「今日邊事倚卿爲重，卿不可畏人言而懷猶豫。前日舉事之初，朕與卿任之，今日亦須與卿終之。」浚乃以魏勝守海州，陳敏守泗州，戚方守濠州，郭振守六合。治高郵、巢縣兩城爲大勢，修滁州關山以扼敵衝，聚水軍淮陰、馬軍壽春，大飭兩淮守備。

孝宗復召栻奏事，浚附奏云：「自古有爲之君，腹心之臣相與協謀同志，以成治功。今臣以孤蹤，動輒掣肘，陛下將安用之。」因乞骸骨。孝宗覽奏，謂栻曰：「朕待魏公有加，不爲浮議所惑。」帝眷遇浚猶至，對近臣言，必曰魏公，未嘗斥其名。每遣使來，必令視浚飲食多寡，肥瘠何如。尋詔復浚都督之號。

金帥僕散忠義貽書三省、樞密院，索四郡及歲幣，不然，以農隙治兵。浚言：「金強則來，弱則止，不在和與不和。」時湯思退爲右相。思退，秦檜黨也，急於求和，遂遣盧仲賢持書報金。浚言仲賢小人多妄，不可委信。已而仲賢果以許四郡辱命。朝廷復以王之望爲通問使，龍大淵副之，浚爭不能得。未幾，召浚入見，復力陳和議之失。孝宗爲止誓書，留之望、大淵待命，而令通書官胡昉、楊由義往，諭金以四郡不可割；若金人必欲得四郡，當追還使人，罷和議。拜浚尚書右僕射、同中書門下平章事兼樞密使，都督如故；思退爲左僕射。





胡昉等至宿，金人械繫迫脅之，昉等不屈，更禮而歸之。孝宗諭浚曰：「和議之不成，天也，自此事當歸一矣。」二年，議進幸建康，詔之望等還。思退聞之大駭，陽爲乞祠狀，而陰與其黨謀爲陷浚計。

俄詔浚行視江、淮。時浚所招徠山東、淮北忠義之士，以實建康、鎭江兩軍，凡萬二千餘人，萬弩營所招淮南壯士及江西羣盜又萬餘人，陳敏統之，以守泗州。凡要害之地，皆築城堡；其可因水爲險者，皆積水爲匱；增置江、淮戰艦，諸軍弓矢器械悉備。時金人屯重兵于河南，爲虛聲脅和，有刻日決戰之語。及聞浚來，亟徹兵歸。淮北之來歸者日不絕，山東豪傑，悉願受節度。浚以蕭琦契丹望族，沈勇有謀，欲令盡領契丹降衆，且以檄諭契丹，約爲應援，金人益懼。思退乃令王之望盛毀守備，以爲不可恃；令尹穡論罷督府參議官馮方；又論浚費國不貲，奏留張深守泗不受趙廓之代爲拒命。浚亦請解督府，詔從其請。左司諫陳良翰、侍御史周操言浚忠勤，人望所屬，不當使去國。浚留平江，凡八章乞致仕，除少師、保信軍節度、判福州。浚辭，改醴泉觀使。朝廷遂決棄地求和之議。

浚既去，猶上疏論尹穡姦邪，必誤國事，且勸上務學親賢。或勉浚勿復以時事爲言，浚曰：「君臣之義，無所逃於天地之間。吾荷兩朝厚恩，久尸重任，今雖去國，猶日望上心感悟，苟有所見，安忍弗言。上如欲復用浚，浚當卽日就道，不敢以老病爲辭。如若等言，是誠何心哉！」聞者聳然。行次餘干，得疾，手書付二子曰：「吾嘗相國，不能恢復中原，雪祖宗之恥，卽死，不當葬我先人墓左，葬我衡山下足矣。」訃聞，孝宗震悼，輟視朝，贈太保，後加贈太師，謚忠獻。

浚幼有大志，及爲熙河幕官，徧行邊壘，覽觀山川形勢，時時與舊戍守將握手飲酒，問祖宗以來守邊舊法，及軍陣方略之宜。故一旦起自疏遠，當樞筦之任，悉能通知邊事本末。在京城中，親見二帝北行，皇族係虜，生民塗炭，誓不與敵俱存，故終身不主和議。每論定都大計，以爲東南形勢，莫如建康，人主居之，可以北望中原，常懷憤惕。至如錢塘，僻在一隅，易於安肆，不足以號召北方。與趙鼎共政，多所引擢，從臣朝列，皆一時之望，人號「小元祐」。所薦虞允文、汪應辰、王十朋、劉珙等爲名臣；拔吳玠、吳璘於行間，謂韓世忠忠勇，可倚以大事，一見劉錡奇之，付以事任，卒皆爲名將，有成功，一時稱浚爲知人。浚事母以孝稱，學邃於易，有易解及雜說十卷，書、詩、禮、春秋、中庸亦各有解，文集十卷，奏議二十卷。子二人：栻、杓。栻自有傳。

杓字定叟，以父恩授承奉郎，歷廣西經略司機宜、通判嚴州。方年少，已有能稱，浙西使者薦所部吏而不及杓，孝宗特令再薦。召對，差知袁州，戢豪彊，弭盜賊。尉獲盜上之州，





杓察知其枉，縱去，莫不怪之，未幾，果獲眞盜。改知衢州。

兄栻喪，無壯子，請祠以營葬事，主管玉局觀，遷湖北提舉常平。奏事，帝大喜，諭輔臣曰：「張浚有子如此。」改浙西，督理荒政，蘇、湖二州皆闕守，命兼攝焉。有執政姻黨閉糴，杓首治之，帝奬其不畏彊禦，遷兩浙轉運判官。

未幾，以直徽猷閣升副使，改知臨安府。奏除逋欠四萬緡，米八百斛，進直龍圖閣。都城浩穰，姦盜聚慝，杓晝分地以警捕，夜戶不閉。張師尹納女掖庭供給使，恃以恣橫，杓因事痛繩之，徙其家信州，其類帖伏。南郊禮成，賜五品服，權兵部侍郎，仍知臨安，加賜三品服。修三牐，復六井。府治火，延及民居，上疏自劾，詔削二秩。杓再疏乞罷，移知鎭江。尋改明州，辭，仍知鎭江。召爲戶部侍郎，面對言事，迕時相意。高宗崩，以集英殿修撰知紹興府，董山陵事。召還，爲吏部侍郎。

光宗卽位，權刑部侍郎，復兼知臨安府。紹熙元年，爲刑部侍郎，仍爲府尹。內侍毛伯益冒西湖茭地爲亭，外戚有殺其僕者，獄具，貪緣宣諭求免，杓皆執奏論如律。孝宗觀湖，杓以彈壓伏謁道左，孝宗止輦問勞，賜以酒炙。

京西諜帥，進煥章閣學士、知襄陽府，賜金二百兩，別賜金百兩，白金倍之。未幾，進徽猷閣學士、知建康府，繼復命還襄陽。寧宗嗣位，歸正人陳應祥、忠義人党琪等謀襲均州，副都

統馮湛間道疾馳以聞。㬇不爲動，徐部分掩捕，獄成，斬其爲首者二人，盡釋黨與，反側以安。升寶文閣學士、知平江府。未行，改知建康府。升龍圖閣學士、知隆興府兼江西安撫使。奉新縣舊有營田，募民耕之，畝賦米斗五升，錢六十，其後議臣請鬻之。始，征兩稅和買，且加折變，民重爲困，㬇悉奏蠲之。進端明殿學士，復知建康府。以疾乞祠，卒。

㬇天分高爽，吏材敏給，遇事不凝滯，多隨宜變通，所至以治辦稱。南渡以來，論尹京者，以㬇爲首。子忠純、忠恕，自有傳。

論曰：儒者之於國家，能養其正直之氣，則足以正君心，一衆志，攘凶逆，處憂患，蓋無往而不自得焉。若張浚者，可謂善養其氣者矣。觀其初逃張邦昌之議，平苗、劉之亂，其才識固有非偷懦之所敢望。及其攘卻勍敵，招降劇盜，能使將帥用命，所嚮如志。遠人伺其用舍爲進退，天下占其出處爲安危，豈非卓然所謂人豪者歟！羣言沸騰，屢奮屢躓，而辭氣慨然。嘗曰：「上如欲復用浚，當卽日就道，不敢以老病辭。」其言如是，則其愛君憂國之心，爲何如哉！時論以浚之忠大類漢諸葛亮，然亮能使魏延、楊儀終其身不爲異同，浚以吳玠故遂殺曲端，亮能容法孝直，浚不能容李綱、趙鼎而又詆之，玆所以爲不及歟！至於富平之



潰師，淮西之兵變，則成敗利鈍，雖亮不能逆睹也。

校勘記

〔一〕御營使司參贊軍事　「軍」原作「公」。按朝野雜記甲集卷一〇御營使條，御營使司有「參贊軍事，以從官兼」；繫年要錄卷一八，建炎二年十二月「禮部侍郎張浚兼御營使司參贊軍事」。此處「公」字當爲「軍」字之誤，據改。

〔二〕郴州　原作「柳州」，據本書卷二五高宗紀、朱熹朱文公文集卷九五上張浚行狀改，下文同。

〔三〕劉豫與姪猊　「姪」原作「子」。按劉猊是劉豫之姪，見本書卷二八高宗紀；張浚行狀和楊萬里誠齋集卷一一五張魏公傳都作「劉豫及其姪猊」，據改。

〔四〕三十二年　原作「二十二年」。按高宗至建康，張浚入見，事在紹興三十二年，見本書卷三二高宗紀、繫年要錄卷一九六，據改。

〔五〕聲言規兩淮　「規」，朱文公文集卷九五下張浚行狀、誠齋集卷一一五張魏公傳均作「窺」。

〔六〕都統蕭琦　「都統」原作「都督」，據本書卷三三孝宗紀、朝野雜記甲集卷二〇癸未甲申和戰本末條改。

〔七〕主管殿前司　「管」原作「宰」，據朱文公文集卷九五下張浚行狀、同上朝野雜記改。



# 宋史卷三百六十二

## 列傳第一百二十一

### 朱勝非　呂頤浩　范宗尹　范致虛　呂好問

朱勝非字藏一，蔡州人。崇寧二年，上舍登第。靖康元年，爲東道副總管，權應天府。金人攻城，勝非逃去。會韓世忠部將楊進破敵，勝非復還視事。逾年，諧濟州謂康王言，南京爲藝祖興王之地，請幸之以圖大計。王卽位南京。

建炎改元，試中書舍人兼權直學士院。時方草創，勝非憑敗鼓草制，辭氣嚴重如平時。上疏言：「仁義者，天下之大柄，中國持之，則外夷服而諸夏尊；苟失其柄，則不免四夷交侵之患。國家與契丹結好，百有餘年，一旦乘其亂弱，遠交金人爲夾攻計，是中國失其柄，而外侮所由招也。陛下卽位，宜壹明正始之道，思其合於仁義者行之，不合者置之，則可以攘卻四夷，紹復大業矣。」上嘉之。總制使錢蓋進職，勝非言蓋爲陝西制置使棄師誤國，封



還貼黃，蓋遂罷。諫官衞膚敏坐論元祐太后兄子徙官，勝非言以外戚故去諫臣，非所以示天下。

二年，除尚書右丞。時宰執蔭補多濫，勝非奏：「舊制，宰執子弟例不堂除，只就銓注，罷政不以罪，然後推恩。趙普子弟皆作武臣，普再相，長子授莊宅使；范純仁再相，子正平有文行，竟死選調；章惇子援及持皆高科，並爲州縣、幕職、監當。惟夏竦子安期累作邊帥，授待制、直學士；王安石薦子雱爲崇政殿說書，除待制。然安期猶有才幹，雱猶有學問。至蔡京子六人、孫四人，鄭居中、劉正夫子各二人，余深、王黼、白時中、蔡卞、鄧洵仁洵武子各一人，並列從班。宣和末，諫官疏謂：『尙從竹馬之遊，已造荷囊之列。』今不可以不戒。」遷中書侍郎。

三年，上自鎭江南幸，留勝非經理。未幾，命爲控扼使，已而拜宣奉大夫、尚書右僕射兼御營使。故事，命相進三官，勝非特遷五官。會王淵簽書樞密院事兼御營司都統制，內侍復用事恣横，諸將不悅。於是苗傅、劉正彥與其徒王鈞甫、馬柔吉、王世修謀，誣淵結宦官謀反。正彥手斬淵，分捕中官，皆殺之，擁兵至行宮門外。勝非趨樓上，詰專殺之由。上親御樓撫諭，傅、正彥語頗不遜，勝非乃從皇太后出諭旨。傅等請高宗避位，太后抱皇子聽政，太后不可。傅顧勝非曰：「今日正須大臣果決，相公何無一言耶？」勝非還告上曰：「王鈞

甫乃傅等腹心，適語臣云：『二將忠有餘，而學不足。』此語可爲後圖之緒。」於是太后垂簾，高宗退居顯忠寺，號睿聖宮。勝非因請降赦以安傅等。又奏：「母后垂簾，須二臣同對，此承平故事。今日事機有須密奏者，乞許臣僚獨對，而日引傅徒二人上殿，以弭其疑。」太后語上曰：「賴相此人，若汪、黃在位，事已狼籍矣。」

王鈞甫見勝非，勝非問：「前言二將學不足，如何？」鈞甫曰：「如劉將手殺王淵，軍中亦非之。」勝非因以言撼之曰：「上皇待燕士如骨肉，那無一人効力者乎？人言燕、趙多奇士，徒虛語耳。」鈞甫曰：「不可謂燕無人。」勝非曰：「君與馬參議皆燕中名人，嘗獻策滅契丹者。今金人所任，多契丹舊人，若渡江，禍首及君矣。盍早爲朝廷協力乎！」鈞甫唯唯。王世修來見，勝非諭之曰：「國家艱難，若等立功之秋也。誠能奮身立事，從官豈難得乎。」世修喜，時往來道軍中情實。擢世修爲工部侍郎。

傅、正彥乞改年號及移蹕建康，勝非以白太后，因議恐盡廢其請，則倉卒變生，乃改元明受。以詔示世修曰：「已從若請矣。」傅等欲挾上幸徽、越，勝非諭之以禍福而止。傅聞韓世忠起兵，取其妻子爲質。勝非紿傅曰：「今當啓太后召二人慰撫，使報知平江，諸君益安。」傅許諾。勝非喜曰：「二凶眞無能爲也。」諸將將至，傅等懼，勝非因謂之曰：「勤王之師未進者，使是間自反正耳。不然，下詔率百官六軍請上還宮，公等置身何地乎？」卽召學士



李邴、張守作百官章及太后手詔。

四月朔，勝非率百官詣睿聖宮，親掖上乘馬還宮。苗傅請以王世修爲參議，勝非曰：「世修已爲從官，豈可復從軍？」上既復辟，勝非曰：「臣昔遇變，義當卽死，偷生至此，欲圖今日之事耳。」乃乞罷政。上問誰可代者，勝非曰：「呂頤浩、張浚。」問孰優，曰：「頤浩練事而暴，浚喜事而疎。」上曰：「浚太年少。」勝非曰：「臣向被召，軍旅錢穀悉付浚，此舉浚實主之。」御史中丞張守論勝非不能預防，致賊猖獗，宜罷。不報。授觀文殿大學士、知洪州，尋除江西安撫大使兼知江州。

紹興元年，馬進陷江州，侍御史沈與求論九江之陷，由勝非赴鎭太緩。降授中大夫，分司南京，江州居住。二年，呂頤浩薦兼侍讀，又薦都督江、淮、荆、浙諸軍事，給事中胡安國、侍御史江躋〔一〕交章論罷之。頤浩力引其入，再除兼侍讀，尋拜尚書右僕射、同中書門下平章事。丁母憂去，起復右僕射兼知樞密院事，上吏部七司敕令格式一百八十卷。

時員外郎江端友請營宗廟，議者非之，以爲國家期於恢復，不當厭居，勝非方主和議，遂白上營宗廟于臨安。徐俯罷參政，勝非薦胡松年。侍御史常同劾松年乃王黼客，勝非徙同左史。莫儔謫曲江，其家蒼頭奴爲勝非治疽而愈，奴爲儔請，得復官。姻家劉式嘗言爲兵官獲盜，勝非不以付部用，特旨改官。會久雨，勝非累章乞免，且自論當罷者十一事。魏



矼亦劾其罪，遂罷。

五年，應詔言戰守四事，起知湖州，引疾歸。勝非與秦檜有隙，檜得政，勝非廢居八年，卒，謚忠靖。

勝非，張邦昌友壻也。始，邦昌僭位，勝非嘗械其使，及金人過江，勝非請奪禮邦昌，錄其後以謝敵。苗、劉之變，保護聖躬，功居多。既去，力薦張浚。然李綱罷，勝非受黃潛善風旨草制，極言其狂妄。再相，忌趙鼎，鼎宜撫川、陝，欲重使名以制吳玠，勝非曰：「元樞出使，豈論此耶？」蓋因事出鼎而輕其權。人以此少之。及著閑居錄，亦多其私說云。

呂頤浩字元直，其先樂陵人，徙齊州。中進士第。父喪家貧，躬耕以贍老幼。後爲密州司戶參軍，以李清臣薦，爲邠州教授。除宗子博士，累官入爲太府少卿、直龍圖閣、河北轉運副使，升待制徽猷閣、都轉運使。

伐燕之役，頤浩以轉輸隨种師道至白溝。既得燕山，郭藥師衆二萬，契丹軍萬餘，皆仰給縣官，詔以頤浩爲燕山府路轉運使。頤浩奏：「開邊極遠，其勢難守，雖窮力竭財，無以善後。」又奏燕山、河北危急五事，願博議久長之策。徽宗怒，命褫職貶官，而領職如故；尋復



焉。進徽猷閣直學士。金人入燕，郭藥師劫頤浩與蔡靖等以降。敵退得歸，復以爲河北都轉運使，以病辭，提舉崇福宮。

高宗卽位，除知揚州。車駕南幸，頤浩入見，除戶部侍郎兼知揚州，進戶部尙書。劇賊張遇衆數萬屯金山，縱兵焚掠。頤浩單騎與韓世忠造其壘，說之以逆順，遇黨釋甲降。進吏部尙書。

建炎二年，金人逼揚州，車駕南渡鎭江，召從臣問去留。頤浩叩頭願且留此，爲江北聲援；不然，敵乘勢渡江，事愈急矣。駕幸錢塘，拜同簽書樞密院事、江淮兩浙制置使，還屯京口。金人去揚州，改江東安撫、制置使兼知江寧府。

時苗傅、劉正彥爲逆，逼高宗避位。頤浩至江寧，奉明受改元詔赦，會監司議，皆莫敢對。頤浩曰：「是必有兵變。」其子抗曰：「主上春秋鼎盛，二帝蒙塵沙漠，日望拯救，其肯遽遜位于幼沖乎？灼知兵變無疑也。」頤浩卽遣人寓書張浚曰：「時事如此，吾儕可但已乎？」浚亦謂頤浩有威望，能斷大事，書來報起兵狀。頤浩乃與浚及諸將約，會兵討賊。時江寧士民洶懼，頤浩乃檄楊惟忠留屯，以安人心。且恐苗傅等計窮挾帝繇廣德渡江，戒惟忠先爲控扼備。俄有旨，召頤浩赴院供職。上言：「今金人乘戰勝之威，羣盜有蠭起之勢，興衰撥亂，事屬艱難，豈容皇帝退享安逸？請亟復明辟，以圖恢復。」遂以兵發江寧，舉鞭誓衆，士

皆感厲。

將至平江，張浚乘輕舟迓之，相持而泣，咨以大計。頤浩曰：「頤浩曩諫開邊，幾死宦臣之手，承乏漕挽，幾陷腥膻之域。今事不諧，不過赤族，爲社稷死，豈不快乎？」浚壯其言，即舟中草檄，進韓世忠爲前軍，張俊翼之，劉光世爲游擊，頤浩、浚總中軍，光世分軍殿後。頤浩發平江，傅黨託旨請頤浩單騎入朝。頤浩奏：所統將士，忠義所激，可合不可離。傅等恐懼，乃請高宗復辟。師次秀州，頤浩勉勵諸將曰：「今雖反正，而賊猶握兵居內。事若不濟，必反以惡名加我，翟義、徐敬業可鑒也。」次臨平，苗傅等拒戰。頤浩被甲立水次，出入行陣，督世忠等破賊，傅、正彥引兵遁。頤浩等以勤王兵入城，都人夾道聳觀，以手加額。朱勝非罷相，以頤浩守尚書右僕射、中書侍郎兼御營使，改同中書門下平章事。車駕幸建康，聞金人復入，召諸將問移蹕之地，頤浩曰：「金人謀以陛下所至爲邊面，今當且戰且避，奉陛下於萬全之地，臣願留常、潤死守。」上曰：「朕左右不可以無相。」乃以韓世忠守鎮江，劉光世守太平。駕至平江，聞杜充敗績，上曰：「事迫矣，若何？」頤浩遂進航海之策。

初，建炎御營使本以行幸總齊軍政，而宰相兼領之，遂專兵柄，樞府幾無所預。頤浩在位尤顓恣，趙鼎論其過。四年，移鼎爲翰林學士、吏部尚書。鼎辭，且攻頤浩，章十數上，頤





浩求去。除鎮南軍節度、開府儀同三司、醴泉觀使，詔以頤浩倡義勤王，故從優禮焉。

奉化賊蔣璉乘亂爲變，劫頤浩寘軍中，高宗以頤浩故，赦而招之。尋除江東安撫、制置大使兼知池州。頤浩請兵五萬屯建康等處，又請王𤫉、巨師古兵自隸。將之鎮，而李成遣將馬進圍江州。乃駐軍鄱陽，會楊惟忠兵，請與俱趣南康，遣師古救江州。賊衆鏖戰，頤浩、惟忠失利，師古敗奔洪州。頤浩乞濟師討李成，高宗曰：「頤浩奮不顧身，爲國討賊，羣臣所不及，但輕進，其失也。」詔王𤫉以萬人速往策應。頤浩復軍左蠡，又得閤門舍人崔增之衆萬餘，軍勢復振。命𤫉、增擊賊敗之，乘勝至江州，則馬進已陷城矣。朝廷命張俊爲招討使，俊既至，遂敗馬進。進遁，成以餘衆降劉豫。

詔以淮南民未復業，須威望大臣措置，以頤浩兼宣撫，領壽春府、滁廬和州、無爲軍。招降趙延壽于分寧，得其精銳五千，分隸諸將。張琪自徽犯饒州，有衆五萬。時頤浩自左蠡班師，帳下兵不滿萬人，郡人皇駭。頤浩命其將閻皐、姚端、崔邦弼列陣以待。琪犯皐軍，皐力戰，端、邦弼兩軍夾擊，大破之。拜少保、尚書左僕射、同中書門下平章事兼知樞密院事。

二年[二]，上自越州還臨安。時桑仲在襄陽，欲進取京城，乞朝廷舉兵爲聲援。頤浩乃大議出師，而身自督軍北向。高宗諭頤浩、秦檜曰：「頤浩治軍旅，檜理庶務，如種、蠡分職可也。」二人同秉政，檜知頤浩不爲公論所與，多引知名士爲助，欲傾之而擅朝權。高宗乃下詔以戒朋黨，除頤浩都督江、淮、荊、浙諸軍事，開府鎮江。頤浩辟文武士七十餘人，以神武後軍及御前忠銳崔增、趙延壽二軍從行，百官班送。頤浩次常州，延壽軍叛，劉光世殲其衆。又聞桑仲已死，遂不進，引疾求罷。詔還朝，以知紹興府朱勝非同都督諸軍事。

頤浩既還，欲傾秦檜，乃引勝非爲助。給事中胡安國論勝非必誤大計，勝非復知紹興府，尋以醴泉觀使兼侍讀。安國持錄黃不下，頤浩持命[三]檢正諸房文字黃龜年書行。安國以失職求去，罷之。檜上章乞留安國，不報。侍御史江躋、左司諫吳表臣皆以論救安國罷，程瑀、胡世將、劉一止、張燾[四]、林待聘、樓炤亦坐論檜黨斥，臺省一空，遂罷檜相。

頤浩獨秉政，屢請興師復中原，謂：「太祖取天下，兵不過十萬，今有兵十六七萬矣。然自金人南牧，莫敢嬰其鋒。比年韓世忠、張俊、陳思恭、張榮[五]屢奏，人有戰心，天將悔禍。又金人以中原付劉豫，三尺童子知其不能立國。願睿斷早定，決策北向。今之精銳皆中原人，恐久而消磨，他日難以舉事。」時盜賊稍息，頤浩請遣使循行郡國，平獄訟，宣德意。李綱宣撫湖南，頤浩言綱縱暴無善狀，請罷諸路宣撫之名，綱止爲安撫使。時李光在江東，與頤浩書，言綱有大節，四夷畏服。頤浩稱光結黨，言者因論光罷之。時方審量濫賞，頤浩時有縱舍，右司郎官王岡持不可，曰：「公秉國鈞，不平謂何。」





頤浩再秉政凡二年，高宗以水旱、地震，下詔罪己求言，頤浩連章待罪。高宗一日謂大臣曰：「國朝四方水旱，無不上聞。近蘇、湖地震，泉州大水，輒不以奏，何也？」侍御史辛炳、殿中常同論其罪，遂罷頤浩爲鎮南軍節度使、開府儀同三司、提舉洞霄宮，改特進、觀文殿大學士。五年，詔問宰執以戰守方略，頤浩條十事以獻，除湖南安撫，制置大使兼知潭州。時郴、衡、桂陽盜起，頤浩遣人悉平之。帝在建康，除頤浩少保、浙西安撫制置大使、知臨安府、行宮留守。明堂禮成，進封成國公。

八年，上將還臨安，除少傅、鎮南定江軍節度使、江東安撫制置大使兼知建康府、行宮留守。頤浩引疾求去，除醴泉觀使。九年，金人歸河南地，高宗欲以頤浩往陝西，命中使召赴行在。頤浩以老病辭，且條陝西利害，謂金人無故歸地，其必有意。召趣赴闕，既至，以疾不能見，乃聽歸。未幾，卒，贈太師，封秦國公，謚忠穆。

頤浩有膽略，善鞍馬弓劍，當國步艱難之際，人倚之爲重。自江東再相，胡安國以書勸其法韓忠獻，以至公無我爲先，報復恩讎爲戒，頤浩不能用。時軍用不足，頤浩與朱勝非創立江、浙、湖南諸路大軍月樁錢，於是郡邑多橫賦，大爲東南患云。

中華書局

范宗尹字覺民，襄陽鄧城人。少篤學，工文辭。宣和三年，上舍登第。累遷侍御史、右諫議大夫。王雲使北還，言金人必欲得三鎭。宗尹請棄之以紓禍，言者非之，宗尹罷歸。張邦昌僭位，復其職，遣同路允迪詣康王勸進。

建炎元年，李綱拜右僕射，宗尹論其名浮於實，有震主之威。不報，出知舒州。言者論宗尹嘗汚僞命，責置鄂州。既，召爲中書舍人，遷御史中丞，拜參知政事。呂頤浩罷相，宗尹攝其位。時諸盜據有州縣，朝廷力不能制。宗尹言：「太祖收藩鎭之權，天下無事百五十年，可謂良法。然國家多難，四方帥守單寡，束手環視，此法之弊。今當稍復藩鎭之法，裂河南、江北數十州之地，付以兵權，俾蕃王室。較之棄地夷狄，豈不相遠？」上從其言。授宗尹通議大夫、守尚書右僕射、同中書門下平章事兼御營使，時年三十〔六〕。近世宰相年少，未有如宗尹者。

宗尹奏以京畿東西、淮南、湖北地並分爲鎭，授諸將，以鎭撫使爲名；軍興，聽便宜從事。然李成、薛慶、孔彥舟、桑仲輩起於羣盜，翟興、劉位土豪，李彥光、郭仲威皆潰將，多不能守其地。宗尹請有司討論崇、觀以來濫賞，修書、營繕、應奉、開河、免夫、獄空之類，皆釐正之。宣靖執政、圍城、明受僞命之人，反用赦申雪；徐秉哲、吳幵、莫儔等並量移；吳敏、王孝迪、耿南仲、孫覿、蔡懋等並敍復。侍郎季陵希宗尹意，乞詔宰執於罪累中選眞



材實能，量付以事。沈與求劾陵，因及宗尹，宗尹求去。上爲罷與求，宗尹乃復視事。

初，宗尹廷對，詳定官李邦彥特取旨寘宗尹乙科，宗尹德之，贈邦彥觀文殿大學士。樞密院副都承旨闕，宗尹擬邢煥、藍公佐、辛道宗三人，煥戚里，公佐管客省，道宗不知兵，人以此咎宗尹。密院計議官王俁結公佐，宗尹請除俁爲宗正丞，侍御史張延壽劾之，上罷俁。

紹興元年二月辛巳，日有黑子，宗尹以輔政無狀請免，上不許。魏滂爲江東通判，諫官言其貪盜官錢，滂遂罷；李弼孺領營田，諫官言其媚事朱勔，弼孺亦罷：二人皆宗尹所薦。台州守臣晁公爲儲峙豐備，論者以爲擾民，宗尹陰佑之。會公爲妻受囚金事覺，上罷公爲〔七〕，宗尹不自安。時明堂覃恩，宗尹請舉行討論之事，上手劄云：「朕不欲歸過君父，斂怨士大夫。」始，宗尹建此議，秦檜力贊之，及見上意堅，反擠宗尹。上亦惡其與辛道宗兄弟往來，遂罷。沈與求奏其罪狀，落職，未幾，命知溫州。退居天台，卒，年三十七。

宗尹有才智，當北敵肆行之衝，毅然自任，建議分鎭，以是得相位。然其置帥多授劇盜，又無總率統屬，且不遺援，不通餉，故諸鎭守鮮能久存者。及爲政多私，屢爲議者所詆云。



范致虛字謙叔，建州建陽人。舉進士，爲太學博士。鄒浩以言事斥，致虛坐祖送獲罪，停官。徽宗嗣位，召見，除左正言，出通判郢州。崇寧初，以右司諫召，道改起居舍人，進中書舍人。蔡京建請置講議司，引致虛爲詳定官，議不合，改兵部侍郎。自是入處華要，出典大郡者十五年。以附張商英，貶通州。政和七年，復官，入爲侍讀、修國史，尋除刑部尚書、提舉南京鴻慶宮。

初，致虛在講議司，延康殿學士劉昺嘗乘蔡京怒擠之。後王寀坐妖言繫獄，事連昺論死，致虛爭之，昺得減竄，士論賢之。遷尚書右丞，進左丞。母喪踰年，起知東平府，改大名府。入見，時朝廷欲用師契丹，致虛言邊隙一開，必有意外之患。宰相謂其懷異。致虛乞終喪，從之。免喪，知鄧州，改河南府。中人規景華苑，欲奪故相富弼園宅。致虛言：「弼和戎有大功，使朝廷享百年之安，乃不保數畝之居邪？」弼園宅得不取。復移鄧州，提舉亳州明道宮。帝方好老氏，致虛希時好，營飭道宇，賜名鍊眞宮。

靖康元年，召赴闕，道除知京兆府。時金人圍太原，聲震關中，致虛修戰守備甚力。朝廷命錢蓋節制陝西，除致虛陝西宣撫使。金人分道再犯京師，詔致虛會兵入援。錢蓋兵十



萬至潁昌，聞京師破而遁，西道總管王襄南走。致虛獨與西道副總管孫昭遠合兵，環慶帥臣王似、熙河帥臣王倚以兵來會。致虛合步騎號二十萬，以右武大夫馬昌祐統之，命杜常將民兵萬人趨京師，夏俶將萬人守陵寢。

有僧趙宗印者，喜談兵，席益薦之。致虛以便宜假官，俾充宣撫司參議官兼節制軍馬。致虛以大軍遵陸，宗印以舟師趨西京。金人破京師，遣人持登城不下之詔，以止入援之師，致虛斬之。

初，金人守潼關，致虛奪之，作長城，起潼關迄龍門，所築僅及肩。宗印又以僧爲一軍，號「尊勝隊」，童子行爲一軍，號「淨勝隊」。致虛勇而無謀，委己以聽宗印。宗印徒大言，實未嘗知兵。至是，宗印舟師至三門津，致虛使整兵出潼關。金守臣高世由謂其帥粘罕曰：「致虛儒者，不知兵，遣斥候三千，自足殺之。」致虛軍出武關，至鄧州千秋鎭，金將婁宿以精騎衝之，不戰而潰，死者過半。杜常、夏俶先遁，致虛斬之。孫昭遠、王似、王倚等留陝府，致虛收餘兵入潼關。方致虛之鼓行出關也，裨將李彥仙曰：「行者利速，多爲支軍，則舍不至淹，敗不至覆。若衆羣聚而出殽、澠，一蹴於險，則皆潰矣。」致虛不聽，遂底于敗。

高宗卽位，言者論其逗撓不進，徙知鄧州。尋加觀文殿學士，復知京兆府；致虛力辭，而薦席益、李彌大、唐重自代。詔以重守京兆，致虛復知鄧州。次年，宗印領兵出武關，與

致虛合。會金將銀朱兵壓境，致虛遁，宗印兵不戰走，轉運使劉汲力戰死焉。致虛坐落職，責授安遠軍節度副使，英州安置。高宗幸建康，召復資政殿學士、知鼎州。行至巴陵卒，贈銀青光祿大夫。

呂好問字舜徒，侍講希哲子也。以蔭補官。崇寧初，治黨事，好問以元祐子弟坐廢。兩監東嶽廟，司揚州儀曹。時蔡卞爲帥，欲扳附善類，待好問特異。好問以禮自持，卞不得親。及卞得政，當時據屬拔擢略盡(九)，獨好問留滯，卞諷之曰：「子少親我，卽階顯列矣。」好問笑不答。

靖康元年，以薦召爲左司諫、諫議大夫，擢御史中丞。欽宗諭之曰：「卿元祐子孫，朕特用卿，令天下知朕意所嚮。」先是，徽宗將內禪，詔解黨禁，除新法，盡復祖宗之故。而蔡京黨戚根據中外，害其事，莫肯行。好問言：「時之利害，政之闕失，太上皇詔旨備矣。雖使直言之士抗疏論列，無以過此，願一一施行之而已。」又言：「陛下宵衣旰食，有求治之意；發號施令，有求治之言。逮今半載，治效邈邈，良由左右前後，不能推廣德意，而陛下過於容養。臣恐淳厚之德，變爲頹靡，且今不盡革京、貫等所爲，太平無由可致。」欽宗嚮納。好問





疏蔡京過惡，乞投海外，黜朋附之尤者以厲其餘。又建白削王安石王爵，正神宗配饗，褒表江公望、張庭堅、任伯雨、龔夬等，除青苗之令，瀹元符上書獲譴者，章前後疏十上。每奏對，帝雖當食，輒使畢其說。

時金人既退，大臣不復顧慮，武備益弛。好問言：「金人得志，益輕中國，秋冬必傾國復來，禦敵之備，當速講求。今邊事經畫旬月，不見施設，臣僚奏請皆不行下，此臣所深懼也。」及邊警急，大臣不知所出，遣使講解。金人佯許而攻略自如，諸將以和議故，皆閉壁不出。好問言：「彼名和而實攻，朝廷不謀進兵遣將，何也？請亟集滄、滑、邢、相之戍，以遏奔衝，而列勤王之師于畿邑，以衛京城。」疏上不省。

金人陷眞定，攻中山，上下震駭，廷臣狐疑相顧，猶以和議爲辭。好問率臺屬劾大臣畏懦誤國，出好問知袁州。欽宗憫其忠，下遷吏部侍郎。既而金人薄都城，欽宗思好問言，進兵部尚書。都城失守，召好問入禁中，軍民數萬斧左掖門求見天子，好問從帝御樓諭遣之。衞士長蔣宣帥其徒數百，欲邀乘輿犯圍而出，左右奔竄，獨好問與孫傅、梅執禮侍，宣抗聲曰：「國事至此，皆宰相信任姦臣，不用直言所致。」傅呵之。宣以語侵傅，好問曉之曰：「若屬忘家族，欲冒重圍衞上以出，誠忠義。然乘輿將駕，必甲乘無闕而後動，詎可輕邪？」宣詘服曰：「尚書眞知軍情。」麾其徒退。

帝再幸金營，好問扈從，帝既留，遣好問還，尉拊都城。已而金人立張邦昌，以好問爲事務官。邦昌入居都省，好問曰：「相公眞欲立邪，抑姑塞敵意而徐爲之圖爾？」邦昌曰：「是何言也？」好問曰：「相公知中國人情所向乎？特畏女眞兵威耳。女眞既去，能保如今日乎？大元帥在外，元祐皇太后在內，此殆天意，盍亟還政，可轉禍爲福。且省中非人臣所處，宜寓直殿廬，毋令衞士侠陛。敵所遺袍帶，非戎人在旁，毋服。車駕未還，所下文書，不當稱聖旨。」以好問攝門下省。好問既繫銜，仍行舊職。時邦昌雖不改元，而百司文移，必去年號，獨好問所行文書，稱「靖康二年」。吳幵、莫儔請邦昌見金使於紫宸、垂拱殿，好問曰：「宮省故吏驟見御正衙，必將憤駭，變且不測，奈何？」邦昌矍然止。王時雍議肆赦，好問曰：「四壁之外，皆非我有，將誰赦？」乃先赦城中。

始，金人謀以五千騎取康王，好問聞，卽遣人以書白王，言：「大王之兵，度能擊則邀擊之，不然，卽宜遠避。」且言：「大王若不自立，恐有不當立而立者。」既，又語邦昌曰：「天命人心，皆歸大元帥，相公先遣人推戴，則功無在相公右者。若撫機不發，他人聲義致討，悔可追邪？」於是邦昌謀遣謝克家奉傳國寶往大元帥府，須金人退乃發。金將將還，議留兵以衞邦昌。好問曰：「南北異宜，恐北兵不習風土，必不相安。」金人曰：「留一勃堇統之可也。」好問曰：「勃堇貴人，有如觸發致疾，則負罪益深。」乃不復留兵。金人既行，好問趣遣使詣





大元帥府勸進，請元祐太后垂簾，邦昌易服歸太宰位。太后自延福宮入聽政。

高宗卽位，太后遣好問奉手書詣行在所，高宗勞之曰：「宗廟獲全，卿之力也。」除尚書右丞。丞相李綱以羣臣在圍城中不能執節，欲悉按其罪。好問曰：「王業艱難，政宜含垢，繩以峻法，懼者衆矣。」侍御史王賓論好問嘗汙僞命，不可以立新朝。高宗曰：「邦昌僭號之初，好問募人齎白書，具道京師內外之事。金人甫退，又遣人勸進。考其心跡，非他人比。」好問自慚，力求去，且言：「邦昌僭號之時，臣若閉門潔身，實不爲難。徒以世被國恩，所以受賢者之責，冒圍齎書於陛下。」疏入，除資政殿學士、知宣州，提舉洞霄宮，以恩封東萊郡侯。避地，卒于桂州。

子本中、揆中、弸中、用中、忱中。孫祖謙、祖儉。本中、祖謙、祖儉別有傳。

論曰：朱勝非、呂頤浩處苗、劉之變，或巽用其智，或震奮其威，其於復辟討賊之功，固有可言矣。然李綱、趙鼎當世之所謂賢者，而勝非、頤浩視之若冰炭然，其中之所存，果何如哉。范宗尹忍於汙張邦昌之僞命，而誣李綱以震主之威，何其繆於是非也。范致虛佞附權臣，大誼已失，其總勤王之師，輕而寡謀，以底于敗，宜哉。若呂好問處艱難之際，其跡與

宗尹同，而屈己就事，以規興復，亦若勝非之處苗、劉，其心有足亮云。

## 校勘記

〔一〕江躋　原作「張躋」。按本卷下文呂頤浩傳作「江躋」，本書卷四三五胡安國傳、中興聖政卷一二同。據改。

〔二〕二年　上文已記建炎四年，此處不應又出「二年」。按高宗自越州（卽紹興府）返臨安，事在紹興二年，見本書卷二七高宗紀、繫年要錄卷五一，此處失書「紹興」紀元。

〔三〕持命　繫年要錄卷五七、中興聖政卷一二皆作「特命」。

〔四〕張燾　原作「張壽」，據中興聖政卷一二、繫年要錄卷五七改。

〔五〕張榮　原作「張崇」，據繫年要錄卷六〇、中興小紀卷一二改。

〔六〕時年三十　按范宗尹做宰相時的年齡，各書記載不同。朝野雜記甲集卷九本朝未三十知制誥未四十拜相者條，記爲三十一；徐度卻掃編卷中、莊季裕鷄肋編卷中，爲三十二；中興聖政卷七、繫年要錄卷三三，爲三十三。

〔七〕上罷公爲　「爲」字原脫，據上文及繫年要錄卷四六補。

〔八〕當時據屬拔擢略盡　按上文說呂司揚州儀曹，而蔡卞爲帥，呂正是蔡的掾屬。此處「據屬」當爲「掾屬」之譌。





# 宋史卷三百六十三

## 列傳第一百二十二

### 李光 子孟傳　許翰　許景衡　張慤　張所　陳禾　蔣猷

李光字泰發，越州上虞人。童稚不戲弄，父高稱曰：「吾兒雲間鶴，其興吾門乎！」親喪，哀毁如成人，有致賻者，悉辭之。及葬，禮皆中節。服除，遊太學，登崇寧五年進士第。調開化令，有政聲，召赴都堂審察，時宰不悅，處以監當。改秩，知平江府常熟縣。朱勔父沖倚勢暴橫，光械治其家僮。沖怒，風部使者移令吳江，光不爲屈。改京東西學事司管勾文字。

劉安世居南京，光以師禮見之。安世告以所聞於温公者曰：「學當自無妄中入。」光欣然領會。除太常博士，遷司封。首論士大夫諛佞成風，至妄引荀卿「有聽從，無諫諍」之說，以杜塞言路；又言怨嗟之氣，結爲妖沴。王黼惡之，令部注桂州陽朔縣。安世聞光以論事眩，貽書偉之。李綱亦以論水災去國，居義興，伺光于水驛〔一〕，自出呼曰：「非越州李司封船乎？」留數日，定交而別。除司勳員外郎，遷符寶郎。

郭藥師叛，光知徽宗有內禪意，因納符，謂知樞密院蔡攸曰：「公家所爲，皆咈衆心。今日之事，非皇太子則國家俱危。」攸矍然，不敢爲異。欽宗受禪，擢右司諫。上皇東幸，愉人間兩宮，光請集議奉迎典禮。又奏：「東南財用，盡於朱勔；西北財用，困於李彥；天下根本之財，竭於蔡京、王黼。名爲應奉，實入私室，公家無半歲之儲，百姓無旬日之積。乞依舊制，三省、樞密院通知兵民財計，與戶部量一歲之出入，以制國用，選吏考核，使利源歸一。」

金人圍太原，援兵無功。光言：「三鎭之地，祖宗百戰得之，一旦舉以與敵，何以爲國？望詔大臣別議攻守之策，仍間道遣使檄河東、北兩路，盡起強壯策應，首尾掩擊。」遷侍御史。

時言者猶主王安石之學，詔榜廟堂。光又言：「祖宗規摹宏遠，安石欲盡廢法度，則謂人主制法而不當制於法；欲盡逐元老，則謂人主當化俗而不當化於俗。蔡京兄弟祖述其說，五十年間，毒流四海。今又風示中外，鼓惑民聽，豈朝廷之福？」

蔡攸欲以扈衞上皇行宮因緣入都，光奏：「攸若果入，則百姓必致生變，萬一驚犯屬車





中華書局

之塵，臣坐不預言之罪。望早黜責。」時已葺擷景園爲寧德宮，而太上皇后乃欲入居禁中。光奏：「禁中者，天子之宮。正使陛下欲便溫凊，奉迎入內，亦當躬稟上皇，下有司討論典禮。」乃下光章，使兩宮臣奏知，於是太上皇后居寧德宮。

金人逼京城，士大夫委職而去者五十二人，罪同罰異，士論紛然，光請付理寺公行之。太原圍急，奏：「乞就委折彥質盡起晉、絳、慈、隰、澤、潞、威勝、汾八州民兵〔二〕及本路諸縣弓手，俾守令各自部轄。其土豪、士人願爲首領者，假以初官，應副器甲，協力赴援。女眞劫質親王，以三鎭爲辭，勢必深入，請大修京城守禦之備，以伐敵人之謀。」

又言〔三〕：「朱勔託應奉脅制州縣，田園第宅，富擬王室。乞擇淸強官置司，追攝勔父子及奉承監司、守令，如胡直孺、盧宗原、陸寘、王仲閔、趙霖、宋晦等，根勘驅磨，計資沒入，其強奪編戶產業者還之。」

李會、李擢復以諫官召。光奏：「蔡京復用，時會、擢迭爲臺官，禁不發一語；金人圍城，與白時中、李邦彥專主避敵割地之謀。時中、邦彥坐是落職，而會、擢反被召用，復預諫諍之列。乞寢成命。」不報。光丐外，亦不報。彗出寅、艮間，耿南仲輩皆謂應在外夷，不足憂。光奏：「孔子作春秋，不書祥瑞者，蓋欲使人君恐懼修省，未聞以災異歸之外夷也。」疏奏，監汀州酒稅。



高宗卽位，擢祕書少監，除知江州；未幾，擢侍御史，皆以道梗不赴。建炎三年，車駕自臨安移蹕建康，除知宣州。時范瓊將過軍，光先入視事，瓊至則開門延勞，留三日而去，無敢譁者。光以宣密邇行都，乃繕城池，聚兵糧，籍六邑之民，保伍相比，謂之義社。擇其健武者，統以土豪，得保甲萬餘，號「精揀軍」。又柵險要二十三所謹戍之，鰲城止爲十地分，分巡內外，晝則自便，夜則守城，有警則戰。苗租歲輸邑者，悉命輸郡。初譁言不便，及守城之日，贍軍養民，迄賴以濟。事聞，授管內安撫，許便宜從事，進直龍圖閣。

杜充以建康降，金人奪馬家渡。御營統制王𤫊、王珉素不相能，至是，擁潰兵砦城外索門。光親至營，諭以先國家後私讎之義，皆感悟解去。時奔將、散卒至者，光悉厚賞給遣。有水軍叛于繁昌，逼宣境，卽遣兵援擊，出賊不意，遂宵遁。進右文殿修撰。光奏：「金人雖深入江、浙，然違天時地利，臣已移文劉光世領大兵赴州，併力攻討。乞速委宣撫使周望，約日水陸並進。」

潰將邵青自眞州擁舟數百艘，剽當塗、蕪湖兩邑間，光招諭之，遺米二千斛。青喜，謂使者曰：「我官軍也，所過皆以盜賊見遇，獨李公不疑我。」於是秋毫無犯。他日，舟過繁昌，或給之曰：「宣境也。」乃掠北岸而去。

劇盜戚方破寧國縣，抵城下，分兵四擊。光募勇敢扨之，賊驚擾，自相屠蹂。朝廷遣統



制官巨師古、劉晏兼程來援。賊急攻朝京門，纜竹木爲浮梁以濟。須臾，軍傅城，列砲具，立石對樓。光命編竹若簾揭之，砲至卽反墜，不能傷。取桱木爲撞竿，倚女牆以禦對樓，賊引卻。劉晏率赤心隊直擣其砦，賊陽退，晏追之，伏發遇害。師古以中軍大破賊，賊遁去。初，戚方圍宣，與其副並馬巡城，指畫攻具。光以書傅矢射其副馬前，言：「戚方窮寇，天誅必加，汝爲將家子，何至附賊。」二人相疑，攻稍緩，始得爲備，而援師至矣。嘗寘匕首枕匣中，與家人約曰：「城不可必保，若使人取匕首，我必死。汝輩宜自殺，無落賊手。」除徽猷閣待制、知臨安府。

紹興元年正月，除知洪州，固辭，提舉臨安府洞霄宮。除知婺州，甫至郡，擢吏部侍郎。光奏疏極論朋黨之害：「議論之臣，各懷顧避，莫肯以持危扶顚爲己任。駐蹕會稽，首尾三載。自去秋迄今，敵人無復南渡之意，淮甸咫尺，了不經營，長江千里，不爲限制，惴惴焉日爲乘桴浮海之計。晉元帝區區草創，猶能立宗社，修宮闕，保江、浙。劉琨、祖逖與逆胡拒戰於幷、冀、兗、豫、司、雍諸州，未嘗陷沒也。石季龍重兵已至歷陽，命王導都督中外諸軍以禦之，未聞專主避狄如今日也。陛下駐蹕會稽，江、浙爲根本之地，使進足以戰，退足以守者，莫如建康。建康至姑熟一百八十里，其險可守者有六：曰江寧鎭，曰碙砂夾，曰采石，曰大信，其上則有蕪湖、繁昌，皆與淮南對境。其餘皆蘆蓧之場，或碕岸水勢湍悍，



難施舟楫。莫若預於諸險屯兵積粟，命將士各管地分，調發旁近鄕兵，協力守禦。乞明詔大臣，參酌施行。」

時有詔，金人深入，諸郡守臣相度，或守或避，令得自便。光言：「守臣任人民、社稷之重，固當存亡以之。若預開遷避之門，是誘之遁也，願追寢前詔。」上欲移蹕臨安，被旨節制臨安府見屯諸軍，兼戶部侍郎、督營繕事。光經營撙節，不擾而辦。奏蠲減二浙積負及九邑科配，以示施德自近之意。戚方以管軍屬節制，甚懼，拜庭下。光握手起之，曰：「公昔爲盜，某爲守，分當相直，今俱爲臣子，當共勉力忠義，勿以前事爲疑。」方謝且泣。兼侍讀，因奏：「金人內寇，百姓失業爲盜賊，本非獲已，尚可誠感。自李成北走，羣盜離心，儻因斯時顯用一二酋豪，以風厲其黨，必更相效慕，以次就降。」擢吏部尚書。

大將韓世清本苗傅餘黨，久屯宣城，擅據倉庫，調發不行。光請先事除之，乃授光淮西招撫使。光假道至郡，世清入謁，縛送闕下伏誅。初，光於上前面稟成算，宰相以不預聞，怒之。未至，道除端明殿學士、江東安撫大使、知建康府、壽春滁濠廬和無爲宣撫使。時太平州卒陸德囚守臣據城叛，光多設方略，盡擒其黨。

秦檜既罷，呂頤浩、朱勝非並相，光議論素與不合。言者指光爲檜黨，落職奉祠。尋復寶文閣待制、知湖州，除顯謨閣直學士，移守平江，除禮部尚書。光言：「自古創業中興，必

有所因而起。漢高因關中，光武因河內，駐蹕東南，兩浙非根本所因之地乎？自冬及春，雨雪不已，百姓失業，乞選臺諫察實以聞。兼比歲福建、湖南盜作，范汝爲、楊么相挺而起，朝廷發大兵誅討，殺戮過當。今諸路旱荒，流丐滿路，盜賊出入。宜選良吏招懷撫納，責諸路監司按貪贓，恤流殍。」

議臣欲推行四川交子法於江、浙，光言：「有錢則交子可行。今已謂樁辦若干錢，行若干交子，此議者欲朝廷欺陛下，使陛下異時不免欺百姓也。若已樁辦見錢，則目今所行錢關子，已是通快，何至紛紛？其工部鑄到交子務銅印，臣未敢給降。」除端明殿學士，守台州，俄改温州。

劉光世、張俊連以捷聞。光言：「觀金人布置，必有主謀。今已據東南形勢，敵人萬里遠來，利於速戰，宜戒諸將持重以老之。不過數月，彼食盡，則勝算在我矣。」除江西安撫、知洪州兼制置大使，擢吏部尚書；踰月，除參知政事。

時秦檜初定和議，將揭榜，欲藉光名鎭壓。上意不欲用光，檜言：「光有人望，若同押榜，浮議自息。」遂用之。同郡楊煒上光書，責以附時相取尊官，墮黠虜姦計，隳平時大節。光本意謂但可因和而爲自治之計。既而檜議徹淮南守備，奪諸將兵權，光極言戎狄狠子野心，和不可恃，備不可徹。檜惡之。檜以親黨鄭億年爲資政殿學士，光於榻前面折之；又





與檜語難上前，因曰：「觀檜之意，是欲壅蔽陛下耳目，盜弄國權，懷姦誤國，不可不察。」檜大怒。明日，光丐去。高宗曰：「卿昨面叱秦檜，舉措如古人。朕退而歎息，方寄卿以腹心，何乃引去？」光曰：「臣與宰相爭論，不可留。」章九上，乃除資政殿學士、知紹興府，改提舉臨安府洞霄宮。

十一年冬，中丞万俟禼論光陰懷怨望，責授建寧軍節度副使，藤州〔四〕安置。越四年，移瓊州。居瓊州八年〔五〕，仲子孟堅坐陸升之誣以私撰國史，獄成；呂愿中又告光與胡銓詩賦倡和，譏訕朝政，移昌化軍。論文考史，怡然自適。年踰八十，筆力精健。又三年〔六〕，始以郊恩，復左朝奉大夫，任便居住。至江州而卒。孝宗卽位，復資政殿學士，賜諡莊簡。

孟傳字文授，光幼子也。光南遷之日，才六歲。以光遺表恩，累官至太府丞。韓侂胄願見之，孟傳曰：「行年六十，去計已決，不敢聞也。」由是出知江州。以朝請大夫、直寶謨閣致仕。卒，年八十。有磐溪詩二十卷，文稿三十卷，宏辭類稿十卷，左氏說十卷，讀史十卷，雜誌十卷。博學多聞，持身甚嚴，時推能世其家。

許翰字崧老，拱州襄邑人。中元祐三年進士第。宣和七年，召爲給事中。爲書抵時相，謂百姓困弊，起爲盜賊，天下有危亡之憂。願罷雲中之師，修邊保境，與民休息。高麗入貢，調民開運河，民間騷然。中書舍人孫傅論高麗於國無功，不宜興大役，傅坐罷。翰謂傅不當黜，時相怒，落職，提舉江州太平觀。

靖康初，復以給事中召。時金人攻京師甫退，翰造闕，卽日賜對，除翰林學士，尋改御史中丞。上疏言邊事，因陳決勝之策。張邦昌爲太宰，翰上疏力爭之。种師道罷爲中太一宮使，翰言：「師道名將，沉毅有謀，山西士卒，人人信服，不可使解兵柄。」欽宗謂其老難用，翰曰：「秦始皇老王翦而用李信，兵辱於楚；漢宣帝老趙充國，而卒能成金城之功。自呂望以來，用老將收功者，難一二數。以古揆今，師道雖老，可用也。」且謂：「金人此行，存亡所係，令一大創，使失利去，則中原可保，四夷可服。不然，將來再舉，必有不救之憂。宜起師道邀擊之。」上不能用。擢中大夫、同知樞密院，論益不合，以病去，除延康殿學士、知亳州，坐言者落職，提舉南京鴻慶宮。

高宗卽位，用李綱薦，召復延康殿學士。既至，拜尙書右丞兼權門下侍郎。時建炎大變之後，河北山東大盜李成、孔彥舟等，聚衆各數十萬，皆以勤王爲名，願得張所爲帥。所爲御史，嘗論黃潛善姦邪不可用，由此得罪。李綱爲相，乃以所爲河北等路招撫使，率成等





衆渡河，號召諸路，爲興復計。潛善力沮之。宗澤論車駕不宜南幸，宜還京師，且詆潛善等。潛善等請罷澤，翰極論以爲不可。李綱罷，翰言：「綱忠義英發，捨之無以佐中興，今罷綱，臣留無益。」力求去，高宗未許。時潛善奏誅陳東，翰謂所親曰：「吾與東，皆爭李綱者。東戮東市，吾在廟堂可乎？」求去益力，章八上，以資政殿大學士提舉洞霄宮。復以言者落職。

紹興元年，召復端明殿學士、提舉萬壽觀，辭不至。二月，復資政殿學士。三年五月，卒，贈光祿大夫。

翰通經術，正直不撓，歷事三朝，致位政府，徒以黼、攸、潛善輩薰蕕異味，橫遭口語，志卒不展。綱雖力引之，不旋踵去，翰亦斥逐而死。所著書有論語解、春秋傳。

許景衡字少伊，温州瑞安人。登元祐九年進士第。宣和六年，召爲監察御史，遷殿中侍御史。是時，王黼、蔡攸用事，景衡言：「尙書省比闕長官，而同知樞密院亦久闕。雖三公通治三省，然文昌政事之本，樞密總兵之地〔七〕，各有攸屬，安可久虛其位？願博採公議，遴選忠賢，以補政府之闕。」遂大忤黼意。朝廷用童貫爲河東、北宣撫使，將北伐，景衡論其貪

繆不可用者數十事，不報。

睦寇平，江、浙郡縣殘燬，而茶鹽比較之法如故。景衡奏：「茶鹽之法，當以食之衆寡爲歲額之高下。今收復之後，戶版半耗，民力蕭然，而茶鹽比較不減於昔。民欲無困得乎？」奏上，詔兩浙、江東路權免茶鹽比較，賊平日仍舊。

朝廷既興燕雲之師，調度不繼，誅求益急。景衡奏：「財力匱乏在節用，民力困弊在恤民。今不急之務，若營繕諸役，花石綱運，其名不一。吏員猥多，軍額冗濫。又無名功賞，非常賜予，皆食緣僥倖，干請無厭，宜節以祖宗之制而省去之。」且極論和買、和糴、鹽法之害，不報。會知洋州吳巖夫以私書抵執政子，道景衡之賢。因從子壻符寶郎周離亨以達，離亨繆以其書誤致王黼，黼用是中景衡，逐之。

欽宗卽位，以左正言召，旋改太常少卿兼太子諭德，遷中書舍人。侍御史李光、正言程瑀以鯁亮忤執政斥，景衡爲辨白，坐落職予祠。

高宗卽位，以給事中召，既至，除御史中丞。宗澤爲東京留守，言者附黃潛善等，多攻其短，欲逐去之。景衡奏曰：「臣自浙渡淮，以至行在。聞澤之爲尹，威名政事，卓然過人，雖不識其人，竊用歎慕。臣以爲去冬京城內，有赤心爲國如澤等數輩，其禍變未至如是之酷。今若較其小短，不顧盡忠狥國之節，則不恕已甚。且開封宗廟社稷所在，苟欲罷澤，別



遣留守，不識搢紳中威名政事有加於澤者乎？」疏入，上大悟，封以示澤，澤乃安。

杭州叛卒陳通作亂，權浙西提刑趙叔近招降之，請授以官。景衡曰：「官吏無罪而受誅，叛卒有罪而蒙賞，賞罰倒置，莫此爲甚。」卒奏罷之。除尚書右丞。有大政事，必請間極論。潛善、伯彥以景衡異己，共排沮之。或言正、二月之交，乃太一正遷之日，宜於禁中設壇望拜。高宗以問景衡，曰：「修德愛民，天自降福，何迎拜太一之有？」

初，李綱議建都，以關中爲上，南陽次之，建康爲下。綱既相，遂主南陽之議。景衡爲中丞，奏：「南陽無險阻，且密邇盜賊，漕運不繼，不若建康天險可據，請定計巡幸。」潛善等傾綱使去，南陽之議遂格。至是，諜報金人攻河陽、氾水，景衡又奏請南幸建康。已而有詔還京，罷景衡爲資政殿學士〔八〕、提舉杭州洞霄宮。至瓜洲，得暍疾，及京口卒，年五十七，謚忠簡。

景衡得程頤之學，志慮忠純，議論不與時俯仰。建炎初，李綱議幸南陽，宗澤請還京，景衡乃請幸建康。黃潛善等素惡其異己，暨車駕駐揚州，怵於傳聞，不得已下還京之詔，遂借渡江之議罪之，斥逐而死。既沒，高宗思之曰：「朕自卽位以來，執政忠直，遇事敢言，惟許景衡。」詔賜景衡家溫州官舍一區。



張慤字誠伯，河間樂壽人。登元祐六年進士第。累遷龍圖閣學士、計度都轉運使。

高宗爲兵馬大元帥，募諸道兵勤王，慤飛輓踵道，建議卽元帥府印給鹽鈔，以便商旅。不閱旬，得緡錢五十萬以佐軍。高宗器重之，命以便宜權大名尹兼北京留守、馬步軍都總管。慤初聞二帝北行，率副總管顏岐等三上牋勸進。最後，慤上書，極論中原不可一日無君，高宗爲之感悟。

建炎改元，爲戶部尙書，除同知樞密院事、措置戶部財用兼御營副使。建言：「三河之民，怨敵深入骨髓，恨不殲殄其類，以報國家之仇。請依唐人澤潞步兵、雄邊子弟遺意，募民聯以什伍，而寓兵於農，使合力抗敵，謂之巡社。」爲法精詳，前此論民兵者莫及也。詔集爲書行之。遷尙書左丞，官至中書侍郎。

慤善理財，論錢穀利害，猶指諸掌。在朝諤諤有大臣節，然論議可否，不形辭色，未嘗失同列之歡。卒，謚忠穆。上每念之，謂慤謀國盡忠，遇事敢諫，古之遺直也。

張所，青州人。登進士第，歷官爲監察御史。高宗卽位，遣所按視陵寢，還，上疏言：



「河東、河北，天下之根本。昨者誤用姦臣之謀，始割三鎭，繼割兩河，其民怨入骨髓，至今無不扼腕。若因而用之，則可藉以守；不則兩河兵民，無所係望，陛下之事去矣。」且論還京師有五利，謂國之安危，在乎兵之強弱、將相之賢不肖，不在乎都之遷不遷。又條上兩河利害。上欲以其事付所，會所言黃潛善姦邪不可用，恐害新政。乃罷所御史，改兵部郎中。尋責所鳳州團練副使，江州安置。

後李綱入相，欲薦所經略兩河，以其嘗言潛善故，難之。一日，與潛善從容言曰：「今河北未有人，獨一張所可用，又以狂言抵罪。不得已拔拭用之，使爲招撫，冒死立功以贖過，不亦善乎？」潛善許諾，乃借所直龍圖閣，充河北招撫使。賜內府錢百萬緡，給空名告千餘道；以京西卒三千爲衞，將佐官屬，許自辟置，一切以便宜從事。所入見，條上利害。上賜五品服遣行，命直祕閣王圭爲宣撫司參謀官佐之。

河北轉運副使張益謙附黃潛善意，奏所置司北京非是；且言自置招撫，河北盜賊愈熾，不若罷之，專以其事付帥司。李綱言：「張所今留京師，招集將佐，尙未及行，益謙何以知其擾？朝廷以河北民無所歸，聚而爲盜，故置司招撫，因其力而用之，豈由置司乃有盜賊乎？今京東、西羣盜公行，攻掠郡縣，亦豈招撫司過耶？時方艱危，朝廷欲有所經理，益謙小臣，乃以非理沮抑，此必有使之者。」上乃命益謙分析〔九〕，命下樞密院，汪伯彥猶用其奏詰責招

撫司。李綱與伯彥爭於上前，伯彥語塞。所方招來豪傑，以王彥爲都統制，岳飛爲準備將，而李綱已罷相。朝廷以王圭代之，所落直龍圖閣，嶺南安置。卒于貶所。子宗本，以岳飛奏補官。

陳禾字秀實，明州鄞縣人。舉元符三年進士。累遷辟雍博士。時方以傳注記問爲學，禾始崇尚義理，黜抑浮華。入對契旨，擢監察御史、殿中侍御史。蔡京遣酷吏李孝壽窮治章綖鑄錢獄，連及士大夫甚衆，禾奏免孝壽。京子儵爲太常少卿，何執中壻蔡芝爲將作監，皆疏其罪，罷之。天下久平，武備寬弛，東南尤甚。禾請增戍、繕城壁，以戒不虞。或指爲生事，格不下。其後盜起，人服其先見。遷左正言，俄除給事中。

時童貫權益張，與黃經臣胥用事，御史中丞盧航表裏爲姦，搢紳側目。禾曰：「此國家安危之本也。吾位言責，此而不言，一遷給舍，則非其職矣。」未拜命，首抗疏劾貫。復劾經臣：「怙寵弄權，誇衒朝列。每云詔令皆出其手，言上將用某人，舉某事，已而詔下，悉如其言。夫發號施令，國之重事，黜幽陟明，天子大權，奈何使宦寺得與？臣之所憂，不獨經臣，



此塗一開，類進者衆，國家之禍，有不可遏，願亟竄之遠方。」

論奏未終，上拂衣起。禾引上衣，請畢其說。衣裾落，上曰：「正言碎朕衣矣。」禾言：「陛下不惜碎衣，臣豈惜碎首以報陛下？此曹今日受富貴之利，陛下他日受危亡之禍。」言愈切，上變色曰：「卿能如此，朕復何憂？」內侍請上易衣，上却之曰：「留以旌直臣。」翌日，貫等相率前愬，謂國家極治，安得此不祥語。盧航奏禾狂妄，謫監信州酒。遇赦，得自便還里。

初，陳瓘歸自嶺外，居于鄞，與禾相好，遣其子正彙從學。後正彙告京罪，執詣闕，瓘亦就逮。經臣涖其獄，檄禾取證，禾答以事有之，罪不敢逃。或謂其失對，禾曰：「禍福死生，命也，豈可以死易不義耶？願得分賢者罪。」遂坐瓘黨停官。

遇赦，復起知廣德軍，移知和州。尋遭內艱，服除，知秀州。王黼新得政，禾曰：「安能出黼門下？」力辭，改汝州。辭益堅，曰：「寧餓死。」黼聞而銜之。禾兄秉時爲壽春府教授，禾侍兄官居。適童貫領兵道府下，謁不得入，餽之不受。貫怒，歸而譖之，上曰：「此人素如此，汝不能容邪？」久之，知舒州，命下而卒，贈中大夫，謚文介。

禾性不苟合，立朝挺挺有風操。有易傳九卷，春秋傳十二卷，論語、孟子解各十卷。



蔣猷字仲遠，潤州金壇縣人。舉進士。政和四年，拜御史中丞兼侍讀，有直聲。嘗論士風浮薄，廷臣伺人主意，承宰執風旨向背，以特立不回者爲愚，共嗤笑之，此風不可長；輔臣奏事殿上，雷同唱和，略無所可否，非論道獻替之禮；內侍省不隸臺察，紊元豐官制；楊戩不當除節度使；趙良嗣不宜出入禁中。上皆嘉納，至揭其章內侍省，且詔自今無得規圖節鉞。又疏孟昌齡、徐鑄等姦狀。遷兵部尚書兼禮制局詳議官。七年，知貢舉，改工部、吏部尚書。

以徽猷閣直學士知婺州。明年，請祠歸。宣和末，召爲刑部尚書兼資善堂翊善。靖康初，奉上表起居太上皇帝於淮陰，且特詔貶童貫。猷奏貫得罪天下，願黜遠之。太上以爲然，亟令宣詔，趣貫赴貶所。遂奉太上還京，移兵部尚書，累官正議大夫。引疾，授徽猷閣直學士、提舉嵩山崇福宮。卒，贈特進。

論曰：夫拯溺救焚之際，必以任人爲急。靖康、建炎之禍變，亦甚於焚溺矣。當時非乏人才也，然而國恥卒不能雪者，豈非任之之道有所未至歟？夫以李光之才識高明，所至有



聲；許翰、許景衡之論議剴切；張慤之善理財；張所之習知河北利害：皆一時之雋也。是數臣者，使其言聽計從，不爲讒邪所抑，得以直行其志，其效宜可待也。然或斥遠以死，或用之不竟其才，世之治亂安危，雖非人力所爲，君子於此，則不能無咎於時君之失政焉。蔣猷歷仕五朝，當建炎初，避地而終，則無足稱也。陳禾引裾盡言，有古諫臣之風，其行事在宣和之前，孝宗以後乃加褒謚云。

## 校勘記

〔一〕伺光于水驛　「伺光」二字原倒。按李慈銘越縵堂日記光緒乙酉六月初二日記，謂「光伺」二字誤，當作「伺光」。並謂：據李綱傳，忠定未嘗爲司封；忠定邵武人，不得稱「越州」；忠定早謫外，莊簡亦不得候之於水驛，是爲忠定出候莊簡無疑。「忠定」謂李綱，「莊簡」謂李光，據乙正。

〔二〕晉絳慈隰澤潞威勝汾八州民兵　「澤」字原脫，只得七州軍；「慈」原作「磁」，磁州在河北，於地理上不合。據李光莊簡集卷九乞用河東土豪捍太原劄子補改。

〔三〕又言　本句以下至「還之」一段，莊簡集奏議門中未見此疏，其卷八論制國用劄子雖亦論及朱勔等，而內容並不相同；靖康要錄卷四載元年三月十八日御史中丞許翰上言，則與此文略同。疑此是誤將許翰奏語竄入。

〔四〕藤州　原作「瓊州」，據中興聖政卷二七、宋會要職官七〇之二四和本書卷二九高宗紀改。
〔五〕越四年移瓊州居瓊州八年　按李光紹興十一年貶藤州，十四年轉移至瓊州，見繫年要錄卷一五二，在藤只有三年。紹興二十年又移昌化軍，見同書卷一六一，居瓊實只六年。此處作「四年」、「八年」，疑誤。
〔六〕又三年　據繫年要錄卷一七〇、卷一八〇，李光復官是在紹興二十八年；而在二十五年秦檜死後，尚有內遷至郴州的經歷，距復官恰爲三年。此上疑失書量移郴州事。
〔七〕樞密總兵之地　「總」原作「本」，據胡寅斐然集卷二六許景衡墓誌銘改。
〔八〕資政殿學士　「殿」上原衍「大」字，據本書卷二一三宰輔表、斐然集卷二六許景衡墓誌銘刪。
〔九〕上乃命益謙分析　「析」原作「折」，據繫年要錄卷八、北盟會編卷一一二改。



# 宋史卷三百六十四

## 列傳第一百二十三

### 韓世忠 子彥直

韓世忠字良臣，延安人。風骨偉岸，目瞬如電。早年鷙勇絕人，能騎生馬駒。家貧無產業，嗜酒尚氣，不可繩檢。日者言當作三公，世忠怒其侮己，毆之。年十八，以敢勇應募鄉州，隸赤籍，挽強馳射，勇冠三軍。

崇寧四年，西夏騷動，郡調兵捍禦，世忠在遣中。至銀州，夏人嬰城自固，世忠斬關殺敵將，擲首陴外，諸軍乘之，夏人大敗。既而以重兵次蒿平嶺，世忠率精銳鏖戰，解去。俄復出間道，世忠獨部敢死士殊死鬭，敵少卻，顧一騎士銳甚，問俘者，曰：「監軍駙馬兀啰也。」躍馬斬之，敵衆大潰。經略司上其功，童貫董邊事，疑有所增飾，止補一資，衆弗平。從劉延慶築天降山砦，爲敵所據，世忠夜登城斬二級，割護城氈以獻。繼遇敵佛口砦，





又斬數級，始補進義副尉〔一〕。至藏底河，斬三級，轉進勇副尉。

宣和二年，方臘反，江、浙震動，調兵四方，世忠以偏將從王淵討之。次杭州，賊奄至，勢張甚，大將惶怖無策。世忠以兵二千伏北關堰，賊過，伏發，衆蹂亂，世忠追擊，賊敗而遁。淵嘆曰：「眞萬人敵也。」盡以所隨白金器賞之，且與定交。時有詔能得臘首者，授兩鎭節鉞。世忠窮追至睦州清溪峒，賊深據巖屋爲三窟，諸將繼至，莫知所入。世忠潛行溪谷，問野婦得徑，卽挺身仗戈直前，渡險數里，擣其穴，格殺數十人，禽臘以出。辛興宗領兵截峒口，掠其俘爲己功，故賞不及世忠。別帥楊惟忠還闕，直其事，轉承節郎。

三年〔二〕，議復燕山，調諸軍，至則皆潰。世忠往見劉延慶，與蘇格等五十騎俱抵滹沱河。逢金兵二千餘騎，格失措，世忠從容令格等列高岡，戒勿動。屬燕山潰卒舟集，卽命艤河岸，約鼓譟助聲勢。世忠躍馬薄敵，迴旋如飛。敵分二隊據高阜，世忠出其不意，突二執旗者，因奮擊，格等夾攻之，舟卒鼓譟，敵大亂，追斬甚衆。時山東、河北盜賊蠭起，世忠從王淵、梁方平討捕，禽戮殆盡，積功轉武節郎。

欽宗卽位，從梁方平屯濬州。金人壓境，方平備不嚴，金人迫而遁，王師數萬皆潰。世忠陷重圍中，揮戈力戰，突圍出，焚橋而還。欽宗聞，召對便殿，詢方平失律狀，條奏甚悉。轉武節大夫。詔諸路勤王兵領所部入衞，會金人退，河北總管司辟選鋒軍統制。

時勝捷軍張師正敗，宣撫副使李彌大斬之，大校李復鼓衆以亂，淄、青之附者合數萬人，山東復擾。彌大檄世忠將所部追擊，至臨淄河，兵不滿千，分爲四隊，布鐵蒺藜自塞歸路，令曰：「進則勝，退則死，走者命後隊剿殺。」於是莫敢返顧，皆死戰，大破之，斬復，餘黨奔潰。乘勝逐北，追至宿遷，賊尚萬人，方擁子女椎牛縱酒。世忠單騎夜造其營，呼曰：「大軍至矣，亟束戈卷甲，吾能保全汝，共功名。」賊駭慄請命，因跪進牛酒。世忠下馬解鞍，飲啖之盡，於是衆悉就降。黎明，見世忠軍未至〔三〕，始大悔失色。以功遷左武大夫、果州團練使。

詔入朝，授正任單州團練使，屯滹沱河。時眞定失守，世忠知王淵守趙，遂亟往。金人至，聞世忠在，攻益急，糧盡援絕，人多勉其潰圍去，弗聽。會大雪，夜半，以死士三百擣敵營。敵驚亂，自相擊刺，及旦盡遁。後有自金國來者，始知大酋是日被創死，故衆不能支。遷嘉州防禦使。

還大名，趙野辟爲前軍統制。時康王如濟州，世忠領所部勸進。金人縱兵逼城〔四〕，人心恟懼，世忠據西王臺力戰，金人少卻。翌日，酋帥率衆數萬至，時世忠麾下僅千人，單騎突入，斬其酋長，遂大潰。

康王即皇帝位，授光州觀察使、帶御器械。世忠請移都長安，下兵收兩河，時論不從。





初建御營，爲左軍統制。是歲，命王淵、張俊討陳州叛兵，劉光世討黎驛叛兵，喬仲福討京東賊李昱，世忠討單州賊魚臺。世忠已破魚臺，又擊黎驛叛兵敗之，皆斬以獻。於是羣盜悉平，入備宿衞。而河北賊丁順、楊進等皆赴招撫司，宗澤收而用之。

建炎二年〔五〕，升定國軍承宣使。帝如揚州，世忠以所部從。時張遇自金山來降，抵城下，不解甲，人心危懼，世忠獨入其壘，曉以逆順，衆悉聽命。李民衆十萬亦降，比至，有反覆狀。王淵遣世忠諭旨，世忠知其黨劉彥異議，即先斬彥，毆李民出〔六〕，縛小校二十九人，送淵斬之。事定，授京西等路捉殺內外盜賊。

金人再攻河南，翟進合世忠兵夜襲悟室營，不克，反爲所敗。會丁進失期，陳思恭先遁，世忠被矢如棘，力戰得免。還汴，詰一軍之先退者皆斬，左右懼〔七〕。進由是與世忠有隙，尋以叛誅。

召世忠還，授鄜延路副總管，加平寇左將軍，屯淮陽，會山東兵拒敵。粘罕聞世忠扼淮陽，乃分兵萬人趨揚州，自以大軍迎世忠戰。世忠不敵，夜引歸，敵躡之，軍潰于沭陽，閤門宣贊舍人張遇死之。

三年〔八〕，帝召諸將議移蹕，張俊、辛企宗請往湖南，世忠曰：「淮、浙富饒，今根本地，詎可舍而之他？人心懷疑，一有退避，則不逞者思亂，重湖、閩嶺之遙，安保道路無變乎？淮、江當留兵爲守，車駕當分兵爲衞，約十萬人，分半扈江、淮上下，止餘五萬，可保防守無患乎？」在陽城收合散亡，得數千人，聞帝如錢塘，即繇海道赴行在。

苗傅、劉正彥反，張浚等在平江議討亂，知世忠至，更相慶慰，張俊喜躍不自持。世忠得俊書，大慟，舉酒酹神曰：「誓不與此賊共戴天！」士卒皆奮。見浚曰：「今日大事，世忠願與張俊身任之，公無憂。」欲即進兵。浚曰：「投鼠忌器，事不可急，急則恐有不測，已遣馮轓甘言誘賊矣。」

三月戊戌，以所部發平江。張俊慮世忠兵少，以劉寶兵二千借之。舟行載甲士，綿亙三十里。至秀州，稱病不行，造雲梯，治器械，傅等始懼。初，傅、正彥聞世忠來，檄以其兵屯江陰。世忠以好語報之，且言所部殘零，欲赴行在。傅等大喜，許之至，矯制除世忠及張俊爲節度使，皆不受。

時世忠妻梁氏及子亮爲傅所質，防守嚴密。朱勝非紿傅曰：「今白太后，遣二人慰撫世忠，則平江諸人益安矣。」於是召梁氏入，封安國夫人，俾迓世忠，速其勤王。梁氏疾驅出城，一日夜會世忠於秀州。

未幾，明受詔至，世忠曰：「吾知有建炎，不知有明受。」斬其使，取詔焚之，進兵益急。傅等大懼。次臨平，賊將苗翊、馬柔吉負山阻河爲陣，中流植鹿角，梗行舟。世忠舍舟力



戰，張俊繼之，劉光世又繼之。軍少卻，世忠復舍馬操戈而前，令將士曰：「今日當以死報國，面不被數矢者皆斬。」於是士皆用命。賊列神臂弩持滿以待，世忠瞋目大呼，挺刃突前，賊辟易，矢不及發，遂敗。傅、正彥擁精兵二千，開湧金門以遁。

世忠馳入，帝步至宮門，握世忠手慟哭曰：「中軍吳湛佐逆爲最，尚留朕肘腋，能先誅乎？」世忠即謁湛，握手與語，折其中指，戮于市；又執賊謀主王世修以屬吏。詔授武勝軍節度使、御營左軍都統制。請于帝曰：「賊擁精兵，距甌、閩甚邇，儻成巢窟，卒未可滅，臣請討之。」於是以爲江、浙制置使，自衢、信追擊，至漁梁驛，與賊遇。世忠步走挺戈而前，賊望見，咋曰：「此韓將軍也！」皆驚潰。擒正彥及傅弟翊送行在，傅亡建陽，追禽之，皆伏誅。世忠初陛辭，奏曰：「臣誓生獲賊，爲社稷刷恥，乞殿前二虎賁護俘來獻。」至是，卒如其言。帝手書「忠勇」二字，揭旗以賜。授檢校少保、武勝昭慶軍節度使〔九〕。

兀朮將入侵，帝召諸將問移蹕之地，張俊、辛企宗勸自鄂、岳幸長沙，世忠曰：「國家已失河北、山東，若又棄江、淮，更有何地？」於是以世忠爲浙西制置使，守鎭江。既而兀朮分道渡江，諸屯皆敗，世忠亦自鎭江退保江陰。杜充以建康降敵，兀朮自廣德破臨安，帝如浙東。世忠以前軍駐青龍鎭，中軍駐江灣，後軍駐海口，俟敵歸邀擊之。帝召至行在，奏：「方留江上截金人歸師，盡死一戰。」帝謂輔臣曰：「比呂頤浩在會稽，嘗建此策，世忠不謀而

同。」賜親札，聽其留。

會上元節，就秀州張燈高會，忽引兵趨鎭江。及金兵至，則世忠軍已先屯焦山寺。金將李選降，受之。兀朮遣使通問，約日大戰，許之。戰將十合，梁夫人親執桴鼓，金兵終不得渡。盡歸所掠假道，不聽；請以名馬獻，又不聽。撻辣在濰州，遣孛堇太一趨淮東以援兀朮，世忠與二酋相持黃天蕩者四十八日。太一孛堇軍江北，兀朮軍江南，世忠以海艦進泊金山下，預以鐵綆貫大鉤授驍健者。明旦，敵舟譟而前，世忠分海舟爲兩道出其背，每縋一綆，則曳一舟沉之。兀朮窮蹙，求會語，祈請甚哀。世忠曰：「還我兩宮，復我疆土，則可以相全。」兀朮語塞。

又數日求再會，言不遜，世忠引弓欲射之，亟馳去，謂諸將曰：「南軍使船如使馬，奈何？」募人獻破海舟策。閩人王某者，教其舟中載土，平版鋪之，穴船版以櫂槳，風息則出江，有風則勿出。海舟無風，不可動也。又有獻謀者曰：「鑿大渠接江口，則在世忠上流。」兀朮一夕潛鑿渠三十里，且用方士計，刑白馬，剔婦人心，自割其額祭天。次日風止，我軍帆弱不能運，金人以小舟縱火，矢下如雨。孫世詢、嚴允皆戰死，敵得絕江遁去。世忠收餘軍還鎭江。

初，世忠謂敵至必登金山廟，觀我虛實。迺遣兵百人伏廟中，百人伏岸滸，約聞鼓聲，





岸兵先入，廟兵合擊之。金人果五騎闖入，廟兵喜，先鼓而出，僅得二人。逸其三，中有絳袍玉帶，既墜而復馳者，詰之，乃兀朮也。是役也，兀朮兵號十萬，世忠僅八千餘人。帝凡六賜札，褒獎甚寵。拜檢校少師〔一〇〕、武成感德軍節度使、神武左軍都統制。

建安范汝爲反，辛企宗等討捕未克，賊勢愈熾。以世忠爲福建、江西、荆湖宣撫副使，世忠曰：「建居閩嶺上流，賊沿流而下，七郡皆血肉矣。」亟領步卒三萬，水陸並進。次劍潭，賊焚橋，世忠策馬先渡，師遂濟。賊盡塞要路拒王師，世忠命諸軍偃旗仆鼓，徑抵鳳凰山，瞰城邑，設雲梯火樓，連日夜併攻，賊震怖叵測。五日城破，汝爲竄身自焚，斬其弟岳、吉以徇，禽其謀主謝嚮、施逵及裨將陸必強等五百餘人。

世忠初欲盡誅建民，李綱自福州馳見世忠曰：「建民多無辜。」世忠令軍士馳城上毋下，聽民自相別，農給牛穀，商賈弛征禁，脅從者汰遣，獨取附賊者誅之。民感更生，家爲立祠。捷聞，帝曰：「雖古名將何以加。」賜黃金器皿。

世忠因奏江西、湖南寇賊尚多，乞乘勝討平。廣西賊曹成擁餘衆在郴、邵。世忠既平閩寇，旋師永嘉，若將就休息者。忽由處、信徑至豫章，連營江濱數十里，羣賊不虞其至，大驚。世忠遣人招之，成以其衆降，得戰士八萬，遣詣行在。遂移師長沙。時劉忠有衆數萬，據白面山，營柵相望。世忠始至，欲急擊，宣撫使孟庾不可，世忠曰：「兵家利害，策之審矣，非參政所知，請期半月效捷。」遂與賊對壘，弈棋張飲，堅壁不動，衆莫測。一夕，與蘇格聯騎穿賊營，候者呵問，世忠先得賊軍號，隨聲應之，周覽以出，喜曰：「此天錫也。」夜伏精兵二千於白面山，與諸將拔營而進。賊兵方迎戰，所遣兵已馳入中軍，奪望樓，植旗蓋，傳呼如雷，賊回顧驚潰，麾將士夾擊，大破之，斬忠首，湖南遂平。授太尉，賜帶、笏，仍勑樞密以功頒示內外諸將。師還建康，置背嵬軍，皆勇鷙絕倫者。九月，爲江南東、西路宣撫使，置司建康。

三年〔一一〕三月，進開府儀同三司，充淮南東、西路宣撫使〔一二〕，置司泗州。時聞李橫進師討僞齊，議遣大將，以世忠忠勇，故遣之。仍賜廣馬七綱，甲千副，銀二萬兩，帛二萬匹；又出錢百萬緡，米二十八萬斛，爲半歲之用。命戶部侍郎姚舜明詣泗州，總領錢糧；倉部郎官孫逸如平江府、常秀饒州，督發軍食。李橫兵敗還鎭，世忠不果渡淮。

四年，以建康、鎭江、淮東〔一三〕宣撫使駐鎭江。是歲，金人與劉豫合兵，分道入侵。帝手札命世忠飭守備，圖進取，辭旨懇切。世忠受詔，感泣曰：「主憂如此，臣子何以生爲！」遂自鎭江濟師，俾統制解元守高郵，候金步卒；親提騎兵駐大儀，當敵騎，伐木爲柵，自斷歸路。

會遣魏良臣使金，世忠撤炊爨，紿良臣有詔移屯守江，良臣疾馳去。世忠度良臣已出





境，卽上馬令軍中曰：「眂吾鞭所嚮。」於是引軍次大儀，勒五陣，設伏二十餘所，約聞鼓卽起擊。良臣至金軍中，金人問王師動息，具以所見對。聶兒孛堇聞世忠退，喜甚，引兵至江口，距大儀五里；別將撻孛也擁鐵騎過五陣東。世忠傳小麾鳴鼓，伏兵四起，旗色與金人旗雜出，金軍亂，我軍迭進。背嵬軍各持長斧，上揕人胸，下斫馬足。敵被甲陷泥淖，世忠麾勁騎四面蹂躪，人馬俱斃，遂擒撻孛也等二百餘人。

所遣董旼亦擊金人於天長縣之鴉口，擒女眞四十餘人。解元至高郵，遇敵，設水軍夾河陣，日合戰十三，相拒未決。世忠遣成閔將騎士往援，復大戰，俘生女眞及千戶等。世忠復親追至淮，金人驚潰，相蹈藉，溺死甚衆。

捷聞，羣臣入賀，帝曰：「世忠忠勇，朕知其必能成功。」沈與求曰：「自建炎以來，將士未嘗與金人迎敵一戰，今世忠連捷以挫其鋒，厥功不細。」帝曰：「第優賞之。」於是部將董旼、陳桷、解元、呼延通等皆峻擢有差。論者以此舉爲中興武功第一。

時撻辣屯泗州，兀朮屯竹塾鎭，爲世忠所扼，以書幣約戰，世忠許之，且使兩伶人以橘、茗報聘。會雨雪，金饋道不通，野無所掠，殺馬而食，蕃漢軍皆怨。兀朮夜引軍還，劉麟、劉猊棄輜重遁。

五年，進少保。六年，授武寧安化軍節度使、京東淮東路宣撫處置使，置司楚州。世忠

披草萊，立軍府，與士同力役。夫人梁親織薄爲屋。將士有怯戰者，世忠遺以巾幗，設樂大宴，俾婦人粧以恥之，故人人奮厲。撫集流散，通商惠工，山陽遂爲重鎮。劉豫兵數入寇，輒爲世忠所敗。

時張浚以右相視師，命世忠自承、楚圖淮陽。劉豫方聚兵淮陽，世忠卽引軍渡淮，旁符離而北，至其城下。爲賊所圍，奮戈一躍，潰圍而出，不遺一鏃。呼延通與金將牙合孛堇搏戰，扼其吭而禽之，乘銳掩擊，金人敗去。既而圍淮陽，賊堅守不下，約曰：「受圍一日，則舉一烽。」至是，六烽具舉，兀朮與劉猊皆至。世忠求援於張俊，俊以世忠有見吞意，不從。世忠勒陣向敵，遣人語之曰：「錦衣驄馬立陣前者，韓相公也。」或危之，世忠曰：「不如是，不足以致敵。」敵果至，殺其導戰二人，遂引去。尋詔班師，復歸楚州，淮陽之民，從而歸者以萬計。

三月，除京東、淮東宣撫處置使兼節制鎮江府，仍楚州置司。四月，賜號「揚武翊運功臣」，加橫海、武寧、安化三鎮節度使。九月，帝在平江，世忠自楚州來朝。

十月，邊報急，劉光世欲棄廬州還太平，張俊亦請益兵。都督張浚曰：「今日之事，有進擊，無退保。」於是世忠引兵渡淮，與金將訛里也力戰。劉猊將寇淮東，爲世忠兵扼，不得進。七年，築高郵城，民益安之。



初，世忠移屯山陽，遣間結山東豪傑，約以緩急爲應，宿州馬秦及太行羣盜，多願奉約束者。金人廢劉豫，中原震動，世忠謂機不可失，請全師北討，招納歸附，爲恢復計。會秦檜主和議，命世忠徙屯鎮江。世忠言：「金人詭詐，恐以計緩我師，乞留此軍蔽遮江、淮。」又力陳和議之非，願效死節，率先迎敵；若不勝，從之未晚。又言王倫、藍公佐交河南地界，乞令明具無反覆文狀爲後證。章十數上，皆慷慨激切，且請單騎詣闕面奏，帝率優詔褒答。後金果渝盟，咸如其言。

金使蕭哲之來，以詔諭爲名，世忠聞之，凡四上疏言：「不可許，願舉兵決戰，兵勢最重處，臣請當之。」又言：「金人欲以劉豫相待，舉國士大夫盡爲陪臣，恐人心離散，士氣凋沮。」且請馳驛面奏，不許。既而伏兵洪澤鎮，將殺金使，不克。

九年，授少師。十年，金人敗盟，兀朮率撒離曷、李成等破三京，分道深入。八月，世忠圍淮陽，金人來救，世忠迎擊於泇口鎮，敗之。又遣解元擊金人於潭城〔四〕，劉寶擊於千秋湖，皆捷。親隨將成閔從統制許世安奪淮陽門而入，大戰門內。世安中四矢，閔被三十餘創，復奪門出。世忠奏其功，擢武德大夫，閔由是知名。世忠進太保，封英國公，兼河南、北諸路招討使〔五〕。

十一年，兀朮恥順昌之敗，復謀再入，詔大合兵於淮西以待。既而金敗於柘皐，復圍濠



州。世忠受詔救濠，以舟師至招信縣，夜以騎兵擊金人於聞賢驛，敗之。金人攻濠州，五日而破。破三日，世忠至，楊沂中軍已南奔。世忠與金人戰于淮岸，夜遣劉寶泝流將劫之，金人伐木塞赤龍洲，扼其歸路，世忠知之，全師而還。金人自渦口渡淮北去，自是不復入侵。世忠在楚州十餘年，兵僅三萬，而金人不敢犯。

秦檜收三大將權，四月，拜樞密使，遂以所積軍儲錢百萬貫，米九十萬石，酒庫十五歸於國。世忠既不以和議爲然，爲檜所抑。及魏良臣使金，世忠又力言：「自此人情消弱，國勢委靡，誰復振之？北使之來，乞與面議。」不許，遂抗疏言檜誤國。檜諷言者論之，帝格其奏不下。世忠連疏乞解樞密柄，繼上表乞骸。十月，罷爲醴泉觀使、奉朝請，進封福國公，節鉞如故。自此杜門謝客，絕口不言兵，時跨驢攜酒，從一二奚童，縱游西湖以自樂，平時將佐罕得見其面。

十二年，改潭國公。顯仁皇后自金還，世忠詣臨平朝謁。后在北方聞其名，慰問者良久。十三年，封咸安郡王。十七年，改鎮南、武安、寧國節度使。二十一年八月薨，進拜太師，追封通義郡王。孝宗朝，追封蘄王，謚忠武，配饗高宗廟庭。

世忠初得疾，勑尙醫視療，將吏臥內問疾，世忠曰：「吾以布衣百戰，致位王公，賴天之靈，保首領沒於家，諸君尙哀其死邪？」及死，賜朝服、貂蟬冠、水銀、龍腦以斂。



世忠嘗戒家人曰：「吾名世忠，汝曹毋諱『忠』字，諱而不言，是忘忠也。」性戇直，勇敢忠義，事關廟社，必流涕極言。岳飛冤獄，舉朝無敢出一語，世忠獨攖檜怒，語在檜傳。又抵排和議，觸檜尤多，或勸止之，世忠曰：「今畏禍苟同，他日瞑目，豈可受鐵杖於太祖殿下？」時一二大將，多曲狥檜苟全，世忠與檜同在政地，一揖外未嘗與談。

嗜義輕財，錫賚悉分將士，所賜田輸租與編戶等。持軍嚴重，與士卒同甘苦，器仗規畫，精絕過人，今克敵弓、連鎖甲、狻猊鍪，及跳澗以習騎，洞貫以習射，皆其遺法也。嘗中毒矢入骨，以彊弩括取之，十指僅全四，不能動，刀痕箭瘢如刻畫。然知人善獎用，成閔、解元、王勝、王權、劉寶、岳超起行伍，秉將旄，皆其部曲云。解兵罷政，臥家凡十年，澹然自如，若未嘗有權位者。晚喜釋、老，自號清涼居士。

子彥直、彥質、彥古，皆以才見用。彥古戶部尙書。

彥直字子溫。生期年，以父任補右承奉郎，尋直祕閣。六歲，從世忠入見高宗，命作大字，卽拜命跪書「皇帝萬歲」四字。帝喜之，拊其背曰：「他日，令器也。」親解孝宗丱角之繻傳其首，賜金器、筆研、監書、鞍馬。年十二，賜三品服。

紹興十七年，中兩浙轉運司試。明年，登進士第，調太社令。二十一年，世忠薨，服

除，秦檜素銜世忠不附和議，出彥直爲浙東安撫司主管機宜文字。檜死，拜光祿寺丞。二十九年，遷屯田員外郎兼權右曹郎官、工部侍郎。張浚都督江、淮軍馬，檄權計議軍事。督府罷，奉祠。

乾道二年，遷戶部郎官、主管左曹，總領淮東軍馬錢糧。會大軍倉給糧，徑乘小輿往察之，給米不如數，捕吏寘于理。初，代者以乏興罷，交承，爲緡錢僅二十萬，明年奏計乃四倍，且以其贏獻諸朝。帝嘉之。拜司農少卿，進直龍圖閣、江西轉運兼權知江州。

時朝廷還岳飛家貲產多在九江，歲久業數易主，吏緣爲姦。彥直搜剔隱匿，盡還岳氏。復爲司農少卿，總領湖北、京西軍馬錢糧，尋兼發運副使。會時相不樂，密啓換武，授利州觀察使、知襄陽府，充京西南路安撫使。

七年，授鄂州駐劄御前諸軍都統制。條奏軍中六事，乞備器械、增戰馬、革濫賞、厲奇功、選勇略、充親隨等，朝廷多從之。先是，軍中騎兵多不能步戰，彥直命騎士被甲徒行，日六十里，雖統制官亦令以身帥之，人人習於勞苦，馳騁如飛。事聞，詔令三衙、江上諸軍倣行之。

八年，丐歸文班，乃授左中奉大夫，充敷文閣待制、知合州。丐祠養親，提舉佑神觀、奉朝請。進對言：「頃自岳飛爲帥，身居鄂渚，遙領荆襄，田師中繼之，始分鄂渚爲二軍，乞復



舊。」又乞併京西、湖北轉運爲一司，分官置司襄陽，可一事體，帝善之。遷刑部侍郎。

明年，兼工部侍郎，同列議：大辟三鞫之弗承，宜令以衆證就刑，欲修立爲令。彥直持不可，白丞相梁克家曰：「若是，則善類被誣，必多冤獄。且笞杖之刑，猶引伏方決，況人命至重乎？」議卒格。以議奪吳名世改正過名不當，降兩官。

會當遣使于金，在廷相顧莫肯先，帝親擇以往，聞命慨然就道。方入境，金使蒲察問接國書事，論難往復數十，蒲察理屈，因笑曰：「尚書能力爲主。」既至，幾罹禍者數，守節不屈，金卒禮遣之，帝嘉歎。遷吏部侍郎，尋權工部尚書，復中大夫，改工部尚書兼知臨安府。方控辭，以言罷，提舉太平興國宮，尋提舉佑神觀、奉朝請。

尋知濕州〔二六〕，首捕巨猾王永年窮治之，杖徙他州。奏免民間積逋，以郡餘財代輸之，然以累欠內帑坊場錢不發，鐫一官。海寇出沒大洋劫掠，勢甚張，彥直授將領土豪等方略，不旬日，生禽賊首，海道爲淸。樞密奏功，進敷文閣學士，以弟彥質爲兩浙轉運判官，引嫌易泉府。丐祠奉親，差提舉佑神觀，仍奉朝請，特令佩魚，示異數也。

入對，乞搜訪靖康以來死節之士，以勸忠義。又上薦舉乞選人已經關升、實歷六考、無贓私罪犯者，雜試以經術法律，限其員額，定其高下，俾孤寒者得以自達，定爲改官之制。又乞令州郡守臣任滿日，開具本州實在財賦數目，具公移與交代者，幷達臺省，庶可覈實，



以戢姦弊，帝悉嘉納。

淳熙十年夏旱，應詔言，邇者濫刑，爲致旱之由。明年，入對，論三衙皆所以拱扆宸居，而司馬乃遠在數百里外，乞令歸司。久之，再爲戶部尚書。會歲旱，乞廣糴爲先備。又乞追貶部曲曾誣陷岳飛者，以慰忠魂。以言降充敷文閣學士。帝追感世忠元勛，遣使諭彥直，且謂彥直有才力，言者誣之。彥直感泣奏謝。尋提舉萬壽觀，有疾，帝賜之藥。進顯謨閣學士、提舉萬壽觀。

嘗摭宋朝事，分爲類目，名水心鏡，爲書百六十七卷。禮部尚書尤袤修國史，白于朝，下取是書以進，光宗覽之，稱善。進龍圖閣學士、提舉萬壽觀，轉光祿大夫致仕。卒，特贈開府儀同三司，賜銀絹九百，爵至蘄春郡公。

論曰：古人有言：「天下安，注意相；天下危，注意將。」宋靖康、建炎之際，天下安危之機也，勇略忠義如韓世忠而爲將，是天以資宋之興復也。方兀朮渡江，惟世忠與之對陣，以閑暇示之。及劉豫廢，中原人心動搖，世忠請乘時進兵，此機何可失也？高宗惟姦檜之言是聽，使世忠不得盡展其才，和議成而宋事去矣。暮年退居行都，口不言兵，部曲舊將，不與



相見，蓋懲岳飛之事也。昔漢文帝思頗、牧於前代，宋有世忠而不善用，惜哉！

## 校勘記

〔一〕進勇副尉　琬琰集上編卷三趙雄韓忠武王碑作「進武副尉」，按本書卷一六九職官志，進義副尉在進勇副尉之上、進武副尉之下；世忠以進義副尉轉官，不應反爲進勇副尉，疑以碑文爲是。

〔二〕三年　按上文方臘被俘事在宣和三年四月，見本書卷二二徽宗紀。此「三年」二字當移前。

〔三〕見世忠軍未至　按章穎宋南渡十將傳卷五韓世忠傳，此句無「未」字。琬琰集韓忠武王碑記此事作「黎明，見王所部止此，始悔之，而業已解甲，莫不相顧失色」。

〔四〕金人縱兵瀕城　按琬琰集韓忠武王碑作「復自濟陽攻南京，虜縱兵逼城」。句上當有脫文。

〔五〕建炎二年　按韓世忠升定國軍承宣使，和高宗南逃揚州，都在建炎元年，見繫年要錄卷八、卷一〇。疑此處有誤。

〔六〕毆李民出　「李民」原作「平民」，琬琰集韓忠武王碑作「驅李民以出」；宋南渡十將傳卷五韓世忠傳作「敺李民出」。「平」字是「李」字之譌，據改。

〔七〕詰一軍之先退者皆斬左右懼　按繫年要錄卷一五、琬琰集韓忠武王碑都作「詰先退者一軍，皆斬左右趾以徇」。

〔八〕三年　按上文粘罕陷徐州，世忠潰於沭陽，本書卷二五高宗紀都繫於建炎三年正月，繫年要錄卷一九同。此「三年」二字當移前。

〔九〕武勝昭慶軍節度使　「勝」原作「寧」，據本書卷二五高宗紀、琬琰集韓忠武王碑改。

〔一〇〕檢校少師　「少師」原作「少保」，據本書卷二六高宗紀、琬琰集韓忠武王碑改。

〔一一〕三年　承上文此當指建炎三年。但下文所記諸事，據繫年要錄卷六三、北盟會編卷一五五，都在紹興三年，此處失書「紹興」紀元。

〔一二〕充淮南東西路宣撫使　按本書卷二七高宗紀、繫年要錄卷六三、琬琰集韓忠武王碑都無「西」字，疑衍。

〔一三〕淮東　原作「江東」，據繫年要錄卷七七、琬琰集韓忠武王碑改。

〔一四〕潭城　繫年要錄卷一三七、宋會要兵一四之三一都作「譚城」，北盟會編卷二〇四作「郯城」。

〔一五〕河南北諸路招討使　「南」字原脫，據繫年要錄卷一三六、琬琰集韓忠武王碑補。

〔一六〕濕州　按宋代無此州，據下文「海寇出沒大洋」語，疑是「溫州」之訛。



元　脫脫等撰

# 宋史

第三三册

卷三六五至卷三八〇（傳）

中華書局

# 宋史卷三百六十五

## 列傳第一百二十四

### 岳飛 子雲

岳飛字鵬舉，相州湯陰人。世力農。父和，能節食以濟饑者。有耕侵其地，割而與之；貰其財者不責償。飛生時，有大禽若鵠，飛鳴室上，因以爲名。未彌月，河決內黃，水暴至，母姚抱飛坐甕中，衝濤及岸得免，人異之。

少負氣節，沈厚寡言，家貧力學，尤好左氏春秋、孫吳兵法。生有神力，未冠，挽弓三百斤，弩八石。學射於周同，盡其術，能左右射。同死，朔望設祭於其家。父義之，曰：「汝爲時用，其徇國死義乎。」

宣和四年，眞定宣撫劉韐募敢戰士，飛應募。相有劇賊陶俊、賈進和〔一〕，飛請百騎滅之。遣卒僞爲商入賊境，賊掠以充部伍。飛遣百人伏山下，自領數十騎逼賊壘。賊出戰，



飛陽北，賊來追之，伏兵起，先所遣卒擒俊及進和以歸。

康王至相，飛因劉浩見，命招賊吉倩，倩以衆三百八十人降。補承信郞。以鐵騎三百往李固渡嘗敵，敗之。從浩解東京圍，與敵相持於滑南，領百騎習兵河上。敵猝至，飛麾其徒曰：「敵雖衆，未知吾虛實，當及其未定擊之。」乃獨馳迎敵。有梟將舞刀而前，飛斬之，敵大敗。遷秉義郞，隸留守宗澤。戰開德、曹州皆有功，澤大奇之，曰：「爾勇智才藝，古良將不能過，然好野戰，非萬全計。」因授以陣圖。飛曰：「陣而後戰，兵法之常，運用之妙，存乎一心。」澤是其言。

康王卽位，飛上書數千言，大略謂：「陛下已登大寶，社稷有主，已足伐敵之謀，而勤王之師日集，彼方謂吾素弱，宜乘其怠擊之。黃潛善、汪伯彥輩不能承聖意恢復，奉車駕日益南，恐不足繫中原之望。臣願陛下乘敵穴未固，親率六軍北渡，則將士作氣，中原可復。」書聞，以越職奪官歸。

詣河北招討使張所，所待以國士，借補修武郞，充中軍統領。所問曰：「汝能敵幾何？」飛曰：「勇不足恃，用兵在先定謀，欒枝曳柴以敗荊，莫敖采樵以致絞，皆謀定也。」所矍然曰：「君殆非行伍中人。」飛因說之曰：「國家都汴，恃河北以爲固。苟馮據要衝，峙列重鎭，一城受圍，則諸城或撓或救，金人不能窺河南，而京師根本之地固矣。招撫誠能提兵壓境，



飛唯命是從。」所大喜，借補武經郞。

命從王彥渡河，至新鄉，金兵盛，彥不敢進。飛獨引所部鏖戰，奪其纛而舞，諸軍爭奮，遂拔新鄉。翌日，戰侯兆川，身被十餘創，士皆死戰，又敗之。夜屯石門山下，或傳金兵復至，一軍皆驚，飛堅臥不動，金兵卒不來。食盡，走彥壁乞糧，彥不許。飛引兵益北，戰于太行山，擒金將拓跋耶烏。居數日，復遇敵，飛單騎持丈八鐵槍，刺殺黑風大王，敵衆敗走。飛自知與彥有隙，復歸宗澤，爲留守司統制。澤卒，杜充代之，飛居故職。

二年，戰胙城，又戰黑龍潭，皆大捷。從閭勍保護陵寢，大戰汜水關，射殪金將，大破其衆。駐軍竹蘆渡，與敵相持，選精銳三百伏前山下，令各以薪芻交縛兩束，夜半，爇四端而舉之。金人疑援兵至，驚潰。

三年，賊王善〔二〕、曹成、孔彥舟等合衆五十萬，薄南薰門。飛所部僅八百，衆懼不敵，飛曰：「吾爲諸君破之。」左挾弓，右運矛，橫衝其陣，賊亂，大敗之。又擒賊杜叔五、孫海于東明。借補英州刺史。王善圍陳州，飛戰于清河，擒其將孫勝、孫淸，授眞刺史。

杜充將還建康，飛曰：「中原地尺寸不可棄，今一舉足，此地非我有，他日欲復取之，非數十萬衆不可。」充不聽，遂與俱歸。師次鐵路步，遇賊張用，至六合遇李成，與戰，皆敗之。成遣輕騎劫憲臣犒軍銀帛，飛進兵掩擊之，成奔江西。時命充守建康，金人與成合寇烏江，



充閉門不出。飛泣諫請視師，充竟不出。金人遂由馬家渡渡江，充遣飛等迎戰，王𤫉先遁，諸將皆潰，獨飛力戰。

會充已降金，諸將多行剽掠，惟飛軍秋毫無所犯。兀朮趨杭州，飛要擊至廣德境中，六戰皆捷，擒其將王權，俘簽軍首領四十餘。察其可用者，結以恩遣還，令夜斫營縱火，飛乘亂縱擊，大敗之。駐軍鍾村，軍無見糧，將士忍饑，不敢擾民。金所籍兵相謂曰：「此岳爺爺軍。」爭來降附。

四年，兀朮攻常州，宜興令迎飛移屯焉。盜郭吉聞飛來，遁入湖，飛遣王貴、傅慶追破之，又遣辯士馬臯、林聚盡降其衆。有張威武者不從，飛單騎入其營，斬之。避地者賴以免，圖飛像祠之。

金人再攻常州，飛四戰皆捷；尾襲於鎭江東，又捷；戰于淸水亭，又大捷，橫屍十五里。兀朮趨建康，飛設伏牛頭山待之。夜，令百人黑衣混金營中擾之，金兵驚，自相攻擊。兀朮次龍灣，飛以騎三百、步兵二千馳至新城，大破之。兀朮奔淮西，遂復建康。飛奏：「建康爲要害之地，宜選兵固守，仍益兵守淮，拱護腹心。」帝嘉納。兀朮歸，飛邀擊于靜安，敗之。

詔討戚方，飛以三千人營于苦嶺。方遁，俄益兵來，飛自領兵千人，戰數十合，皆捷。

會張俊兵至，方遂降。范宗尹言張俊自浙西來，盛稱飛可用，遷通、泰鎮撫使兼知泰州。飛辭，乞淮南東路一重難任使，收復本路州郡，乘機漸進，使山東、河北、河東、京畿等路次第而復。

會金攻楚急，詔張俊援之。俊辭，乃遣飛行，而命劉光世出兵援飛。飛屯三墪爲楚援，尋抵承州，三戰三捷，殺高太保，俘酋長七十餘人。光世等皆不敢前，飛師孤力寡，楚遂陷。詔飛還守通、泰，有旨可守卽守，如不可，但於沙洲保護百姓，伺便掩擊。飛以泰無險可恃，退保柴墟，戰于南霸橋，金大敗。渡百姓於沙上，飛以精騎二百殿，金兵不敢近。飛以泰州失守待罪。

紹興元年，張俊請飛同討李成。時成將馬進犯洪州，連營西山。飛曰：「賊貪而不慮後，若以騎兵自上流絕生米渡，出其不意，破之必矣。」飛請自爲先鋒，俊大喜。飛重鎧躍馬，潛出賊右，突其陣，所部從之。進大敗，走筠州。飛抵城東，賊出城，布陣十五里，飛設伏，以紅羅爲幟，上刺「岳」字，選騎二百隨幟而前。賊易其少，薄之，伏發，賊敗走。飛使人呼曰：「不從賊者坐，吾不汝殺。」坐而降者八萬餘人。進以餘卒奔成于南康。飛夜引兵至朱家山，又斬其將趙萬。成聞進敗，自引兵十餘萬來。飛與遇於樓子莊，大破成軍，追斬進。成走蘄州，降僞齊。





張用寇江西，用亦相人，飛以書諭之曰：「吾與汝同里，南薰門、鐵路步之戰，皆汝所悉。今吾在此，欲戰則出，不戰則降。」用得書曰：「果吾父也。」遂降。

江、淮平，俊奏飛功第一，加神武右軍副統制，留洪州，彈壓盜賊，授親衞大夫、建州觀察使。建寇范汝爲陷邵武，江西安撫李回檄飛分兵保建昌軍及撫州，飛遣人以「岳」字幟植城門，賊望見，相戒勿犯。賊黨姚達、饒青逼建昌，飛遣王萬、徐慶討擒之。升神武副軍都統制。

二年，賊曹成擁衆十餘萬，由江西歷湖湘，據道、賀二州。命飛權知潭州，兼權荊湖東路安撫都總管，付金字牌、黃旗招成。成聞飛將至，驚曰：「岳家軍來矣。」卽分道而遁。飛至茶陵，奉詔招之，成不從。飛奏：「比年多命招安，故盜力強則肆暴，力屈則就招，苟不略加剿除，蠭起之衆未可遽殄。」許之。

飛入賀州境，得成諜者，縛之帳下。飛出帳調兵食，吏曰：「糧盡矣，奈何？」飛陽曰：「姑反茶陵。」已而顧諜若失意狀，頓足而入，陰令逸之。諜歸告成，成大喜，期翌日來追。飛命士蓐食，潛趨遶嶺，未明，已至太平場，破其砦。成據險拒飛，飛麾兵掩擊，賊大潰。成走據北藏嶺、上梧關，遣將迎戰，飛不陣而鼓，士爭奮，奪二隘據之。成又自桂嶺置砦至北藏嶺，連控隘道，親以衆十餘萬守蓬頭嶺。飛部才八千，一鼓登嶺，破其衆，成奔連州。飛謂張憲等曰：「成黨散去，追而殺之，則脅從者可憫，縱之則復聚爲盜。今遣若等誅其酋而撫其衆，愼勿妄殺，累主上保民之仁。」於是憲自賀、連，徐慶自邵、道，王貴自郴、桂，招降者二萬，與飛會連州。進兵追成，成走宣撫司降。時以盛夏行師瘴地，撫循有方，士無一人死癘者，嶺表平。授武安軍承宣使，屯江州。甫入境，安撫李回檄飛捕劇賊馬友、郝通、劉忠、李通、李宗亮、張式，皆平之。

三年春，召赴行在。江西宣諭劉大中奏：「飛兵有紀律，人恃以安，今赴行在，恐盜復起。」不果行。時虔、吉盜連兵寇掠循、梅、廣、惠、英、韶、南雄、南安、建昌、汀、邵武諸郡，帝乃專命飛平之。飛至虔州，固石洞賊彭友悉衆至雩都迎戰，躍馬馳突，飛麾兵卽馬上擒之，餘酋退保固石洞。洞高峻環水，止一徑可入。飛列騎山下，令皆持滿，黎明，遣死士疾馳登山，賊衆亂，棄山而下，騎兵圍之。賊呼丐命，飛令勿殺，受其降。授徐慶等方略，捕諸郡餘賊，皆破降之。初，以隆祐震驚之故，密旨令飛屠虔城。飛請誅首惡而赦脅從，不許；請至三四，帝乃曲赦。人感其德，繪像祠之。餘寇高聚、張成犯袁州，飛遣王貴平之。

秋，入見，帝手書「精忠岳飛」字，製旗以賜之。授鎭南軍承宣使、江南西路沿江制置使，又改神武後軍都統制，仍制置使，李山、吳全、吳錫、李橫、牛皐皆隸焉。

僞齊遣李成挾金人入侵，破襄陽、唐、鄧、隨、郢諸州及信陽軍，湖寇楊么亦與僞齊通，





欲順流而下，李成又欲自江西陸行，趨兩浙與么會。帝命飛爲之備。

四年，除兼荊南、鄂岳州制置使。飛奏：「襄陽等六郡爲恢復中原基本，今當先取六郡，以除心膂之病。李成遠遁，然後加兵湖湘，以殄羣盜。」帝以諭趙鼎，鼎曰：「知上流利害，無如飛者。」遂授黃復州、漢陽軍、德安府制置使。飛渡江中流，顧幕屬曰：「飛不擒賊，不涉此江。」抵郢州城下，僞將京超號「萬人敵」，乘城拒飛。飛鼓衆而登，超投崖死，復郢州，遣張憲、徐慶復隨州。飛趣襄陽，李成迎戰，左臨襄江，飛笑曰：「步兵利險阻，騎兵利平曠。成左列騎江岸，右列步平地，雖衆十萬何能爲。」舉鞭指王貴曰：「爾以長槍步卒擊其騎兵。」指牛皐曰：「爾以騎兵擊其步卒。」合戰，馬應槍而斃，後騎皆擁入江，步卒死者無數，成夜遁，復襄陽。劉豫益成兵屯新野，飛與王萬夾擊之，連破其衆。

飛奏：「金賊所愛惟子女金帛，志已驕惰；劉豫僭僞，人心終不忘宋。如以精兵二十萬，直擣中原，恢復故疆，誠易爲力。襄陽、隨、郢地皆膏腴，苟行營田，其利爲厚。臣候糧足，卽過江北剿戮敵兵。」時方重深入之舉，而營田之議自是興矣。

進兵鄧州，成與金將劉合孛堇列砦拒飛。飛遣王貴、張憲掩擊，賊衆大潰，劉合孛堇僅以身免。賊黨高仲退保鄧城，飛引兵一鼓拔之，擒高仲，復鄧州。帝聞之，喜曰：「朕素聞岳飛行軍有紀律，未知能破敵如此。」又復唐州、信陽軍。

襄漢平，飛辭制置使，乞委重臣經畫荆襄，不許。趙鼎奏：「湖北鄂、岳最爲上流要害，乞令飛屯鄂、岳，不惟江西藉其聲勢，湖、廣、江、浙亦獲安妥。」乃以隨、郢、唐、鄧、信陽並爲襄陽府路隸飛，飛移屯鄂，授清遠軍節度使、湖北路、荆、襄、潭州制置使，封武昌縣開國子。

兀朮、劉豫合兵圍廬州，帝手札命飛解圍，提兵趨廬，僞齊已驅甲騎五千逼城。飛張「岳」字旗與「精忠」旗，金兵一戰而潰，廬州平。飛奏：「襄陽等六郡人戶闕牛、糧，乞量給官錢，免官私逋負，州縣官以招集流亡爲殿最。」

五年，入覲，封母國夫人；授飛鎭寧、崇信軍節度使，湖北路、荆襄潭州制置使，進封武昌郡開國侯；又除荆湖南北、襄陽路制置使，神武後軍都統制，命招捕楊么。飛所部皆西北人，不習水戰，飛曰：「兵何常，顧用之何如耳。」先遣使招諭之。賊黨黃佐曰：「岳節使號令如山，若與之敵，萬無生理，不如往降。節使誠信，必善遇我。」遂降。飛表授佐武義大夫，單騎按其部，拊佐背曰：「子知逆順者。果能立功，封侯豈足道？欲復遣子至湖中，視其可乘者擒之，可勸者招之，如何？」佐感泣，誓以死報。

時張浚以都督軍事至潭，參政席益與浚語，疑飛玩寇，欲以聞。浚曰：「岳侯，忠孝人也，兵有深機，胡可易言？」益慙而止。黃佐襲周倫砦，殺倫，擒其統制陳貴等。飛上其功，





遷武功大夫[三]。統制任士安不稟王𤫊令，軍以此無功。飛鞭士安使餌賊，曰：「三日賊不平，斬汝。」士安宣言：「岳太尉兵二十萬至矣。」賊見止士安軍，併力攻之。飛設伏，士安戰急，伏四起擊賊，賊走。

會召浚還防秋，飛袖小圖示浚，浚欲俟來年議之。飛曰：「已有定畫，都督能少留，不八日可破賊。」浚曰：「何言之易？」飛曰：「王四廂以王師攻水寇則難，飛以水寇攻水寇則易。水戰我短彼長，以所短攻所長，所以難。若因敵將用敵兵，奪其手足之助，離其腹心之託，使孤立，而後以王師乘之，八日之內，當俘諸酋。」浚許之。

飛遂如鼎州。黃佐招楊欽來降，飛喜曰：「楊欽驍悍，既降，賊腹心潰矣。」表授欽武義大夫，禮遇甚厚，乃復遣歸湖中。兩日，欽說余端、劉詵[四]等降，飛詭罵欽曰：「賊不盡降，何來也？」杖之，復令入湖。是夜，掩賊營，降其衆數萬。么負固不服，方浮舟湖中，以輪激水，其行如飛，旁置撞竿，官舟迎之輒碎。飛伐君山木爲巨筏，塞諸港汊，又以腐木亂草浮上流而下，擇水淺處，遣善罵者挑之，且行且罵。賊怒來追，則草木壅積，舟輪礙不行。飛亟遣兵擊之，賊奔港中，爲筏所拒。官軍乘筏，張牛革以蔽矢石，舉巨木撞其舟，盡壞。么投水，牛皐擒斬之。飛入賊壘，餘酋驚曰：「何神也！」俱降。飛親行諸砦慰撫之，縱老弱歸田，籍少壯爲軍，果八日而賊平。浚嘆曰：「岳侯神算也。」初，賊恃其險曰：「欲犯我者，除是飛來。」至是，人以其言爲讖。獲賊舟千餘，鄂渚水軍爲沿江之冠。詔兼蘄、黃制置使，飛以目疾乞辭軍事，不許，加檢校少保，進封公。還軍鄂州，除荆湖南北、襄陽路招討使。

六年，太行山忠義社梁興等百餘人，慕飛義率衆來歸。飛入覲，面陳：「襄陽自收復後，未置監司，州縣無以按察。」帝從之，以李若虛爲京西南路提舉兼轉運、提刑，又令湖北、襄陽府路自知州、通判以下賢否，許飛得自黜陟。

張浚至江上會諸大帥，獨稱飛與韓世忠可倚大事，命飛屯襄陽，以窺中原，曰：「此君素志也。」飛移軍京西，改武勝、定國軍節度使，除宣撫副使，置司襄陽。命往武昌調軍。居母憂，降制起復，飛扶櫬還廬山，連表乞終喪，不許，累詔趣起，乃就軍。又命宣撫河東，節制河北路。首遣王貴等攻虢州，下之，獲糧十五萬石，降其衆數萬。張浚曰：「飛措畫甚大，令已至伊、洛，則太行一帶山砦，必有應者。」飛遣楊再興進兵至長水縣，再戰皆捷，中原響應。又遣人焚蔡州糧。

九月，劉豫遣子麟、姪猊分道寇淮西[五]，劉光世欲舍廬州，張俊欲棄盱眙，同奏召飛以兵東下，欲使飛當其鋒，而已得退保。張浚謂：「岳飛一動，則襄漢何所制？」力沮其議。帝慮俊、光世不足任，命飛東下。飛自破曹成、平楊么，凡六年，皆盛夏行師，致目疾，至是，甚；聞詔卽日啓行，未至，麟敗。飛奏至，帝語趙鼎曰：「劉麟敗北不足喜，諸將知尊朝廷爲可





喜。」遂賜札，言：「敵兵已去淮，卿不須進發，其或襄、鄧、陳、蔡有機可乘，從長措置。」飛乃還軍。時僞齊屯兵窺唐州，飛遣王貴、董先等攻破之，焚其營。奏圖蔡以取中原，不許。飛召貴等還。

七年，入見，帝從容問曰：「卿得良馬否？」飛曰：「臣有二馬，日啖芻豆數斗，飲泉一斛，然非精潔則不受。介而馳，初不甚疾，比行百里始奮迅，自午至酉，猶可二百里。褫鞍甲而不息不汗，若無事然。此其受大而不苟取，力裕而不求逞，致遠之材也。不幸相繼以死。今所乘者，日不過數升，而秣不擇粟，飲不擇泉，攬轡未安，踊躍疾驅，甫百里，力竭汗喘，殆欲斃然。此其寡取易盈，好逞易窮，駑鈍之材也。」帝稱善，曰：「卿今議論極進。」拜太尉，繼除宣撫使兼營田大使。從幸建康，以王德、酈瓊兵隸飛，詔諭德等曰：「聽飛號令，如朕親行。」

飛數見帝，論恢復之略。又手疏言：「金人所以立劉豫於河南[六]，蓋欲荼毒中原，以中國攻中國，粘罕因得休兵觀釁。臣欲陛下假臣月日，便則提兵趨京、洛，據河陽、陝府、潼關，以號召五路叛將。叛將既還，遣王師前進，彼必棄汴而走河北，京畿、陝右可以盡復。然後分兵濬、滑，經略兩河，如此則劉豫成擒，金人可滅，社稷長久之計，實在此舉。」帝答曰：「有臣如此，顧復何憂，進止之機，朕不中制。」又召至寢閤命之曰：「中興之事，一以委卿。」

命節制光州。

飛方圖大舉，會秦檜主和，遂不以德、瓊兵隸飛。詔詣都督府與張浚議事，浚謂飛曰：「王德淮西軍所服，浚欲以爲都統，而命呂祉以督府參謀領之，如何？」飛曰：「德與瓊素不相下，一旦揠之在上，則必爭。呂尚書不習軍旅，恐不足服衆。」浚曰：「張宣撫如何？」飛曰：「暴而寡謀，尤瓊所不服。」浚曰：「然則楊沂中爾？」飛曰：「沂中視德等爾〔七〕，豈能馭此軍？」浚艴然曰：「浚固知非太尉不可。」飛曰：「都督以正問飛，不敢不盡其愚，豈以得兵爲念耶？」即日上章乞解兵柄，終喪服，以張憲攝軍事，步歸，廬母墓側。浚怒，奏以張宗元爲宣撫判官，監其軍。

帝累詔趣飛還職，飛力辭，詔幕屬造廬以死請，凡六日，飛趨朝待罪，帝慰遣之。宗元還言：「將和士銳，人懷忠孝，皆飛訓養所致。」帝大悅。飛奏：「比者寢閣之命，咸謂聖斷已堅，何至今尚未決？臣願提兵進討，順天道，因人心，以曲直爲老壯，以逆順爲強弱，萬全之効可必。」又奏：「錢塘僻在海隅，非用武地。願陛下建都上游，用漢光武故事，親率六軍，往來督戰。庶將士知聖意所向，人人用命。」未報而酈瓊叛，浚始悔。飛復奏：「願進屯淮甸，伺便擊瓊，期於破滅。」不許，詔駐師江州爲淮、浙援。

飛知劉豫結粘罕，而兀朮惡劉豫，可以間而動。會軍中得兀朮諜者，飛陽責之曰：「汝





非吾軍中人張斌耶？吾向遣汝至齊，約誘至四太子，汝往不復來。吾繼遣人問，齊已許我，今冬以會合寇江爲名，致四太子于清河。汝所持書竟不至，何背我耶？」諜冀緩死，即詭服。乃作蠟書，言與劉豫同謀誅兀朮事，因謂諜曰：「吾今貸汝。」復遣至齊，問舉兵期，刲股納書，戒勿泄。諜歸，以書示兀朮，兀朮大驚，馳白其主，遂廢豫。飛奏：「宜乘廢豫之際，擣其不備，長驅以取中原。」不報。

八年，還軍鄂州。王庶視師江、淮，飛與庶書：「今歲若不舉兵，當納節請閑。」庶甚壯之。秋，召赴行在，命詣資善堂見皇太子。飛退而喜曰：「社稷得人矣，中興基業，其在是乎？」會金遣使將歸河南地，飛言：「金人不可信，和好不可恃，相臣謀國不臧，恐貽後世譏。」檜銜之。

九年，以復河南，大赦。飛表謝，寓和議不便之意，有「唾手燕雲，復讎報國」之語。授開府儀同三司，飛力辭，謂：「今日之事，可危而不可安，可憂而不可賀；可訓兵飭士，謹備不虞，而不可論功行賞，取笑敵人。」三詔不受，帝溫言獎諭，乃受。會遣士㒋謁諸陵，飛請以輕騎從洒埽，實欲觀釁以伐謀。又奏「金人無事請和，此必有肘腋之虞，名以地歸我，實寄之也。」檜白帝止其行。

十年，金人攻拱、亳，劉錡告急，命飛馳援，飛遣張憲、姚政赴之。帝賜札曰：「設施之方，一以委卿，朕不遙度。」飛乃遣王貴、牛皐、董先、楊再興、孟邦傑、李寶等，分布經略西京、汝、鄭、潁昌、陳、曹、光、蔡諸郡；又命梁興渡河，糾合忠義社，取河東、北州縣。又遣兵東援劉錡，西援郭浩，自以其軍長驅以闞中原。將發，密奏言：「先正國本以安人心，然後不常厥居，以示無忘復讎之意。」帝得奏，大褒其忠，授少保，河南府路、陝西、河東北路招討使，尋改河南、北諸路招討使。未幾，所遣諸將相繼奏捷。大軍在潁昌，諸將分道出戰，飛自以輕騎駐郾城，兵勢甚銳。

兀朮大懼，會龍虎大王議，以爲諸帥易與，獨飛不可當，欲誘致其師，併力一戰。中外聞之，大懼，詔飛審處自固。飛曰：「金人伎窮矣。」乃日出挑戰，且罵之。兀朮怒，合龍虎大王、蓋天大王與韓常之兵逼郾城。飛遣子雲領騎兵直貫其陣，戒之曰：「不勝，先斬汝！」鏖戰數十合，賊屍布野。

初，兀朮有勁軍，皆重鎧，貫以韋索，三人爲聯，號「拐子馬」，官軍不能當。是役也，以萬五千騎來，飛戒步卒以麻札刀入陣，勿仰視，第斫馬足。拐子馬相連，一馬仆，二馬不能行，官軍奮擊，遂大敗之。兀朮大慟曰：「自海上起兵，皆以此勝，今已矣！」兀朮益兵來，部將王剛以五十騎覘敵，遇之，奮斬其將。飛時出視戰地，望見黃塵蔽天，自以四十騎突戰，敗之。





方郾城再捷，飛謂雲曰：「賊屢敗，必還攻潁昌，汝宜速援王貴。」既而兀朮果至，貴將遊奕、雲將背嵬戰于城西。雲以騎兵八百挺前決戰，步軍張左右翼繼之，殺兀朮婿夏金吾、副統軍粘罕索孛堇，兀朮遁去。

梁興會太行忠義及兩河豪傑等，累戰皆捷，中原大震。飛奏：「興等過河，人心願歸朝廷。金兵累敗，兀朮等皆令老少北去，正中興之機。」飛進軍朱仙鎮，距汴京四十五里，與兀朮對壘而陣，遣驍將以背嵬騎五百奮擊，大破之，兀朮遁還汴京。飛檄陵臺令行視諸陵，葺治之。

先是，紹興五年，飛遣梁興等布德意，招結兩河豪傑，山砦韋銓、孫謀等斂兵固堡，以待王師，李通、胡清、李寶、李興、張恩、孫琪等舉衆來歸。金人動息，山川險要，一時皆得其實。盡磁、相、開德、澤、潞、晉、絳、汾、隰之境，皆期日興兵，與官軍會。其所揭旗以「岳」爲號，父老百姓爭挽車牽牛，載糗糧以饋義軍，頂盆焚香迎候者，充滿道路。自燕以南，金號令不行，兀朮欲簽軍以抗飛，河北無一人從者。乃嘆曰：「自我起北方以來，未有如今日之挫衄。」金帥烏陵思謀素號桀黠，亦不能制其下，但諭之曰：「毋輕動，俟岳家軍來即降。」金統制王鎭、統領崔慶、將官李覬崔虎華旺等皆率所部降，以至禁衞龍虎大王下忔查千戶高勇之屬，皆密受飛旗牓，自北方來降。金將軍韓常欲以五萬衆內附。飛大喜，語其下曰：「直抵

黃龍府，與諸君痛飲爾！」

方指日渡河，而檜欲畫淮以北棄之，風臺臣請班師。飛奏：「金人銳氣沮喪，盡棄輜重，疾走渡河，豪傑向風，士卒用命，時不再來，機難輕失。」檜知飛志銳不可回，乃先請張俊、楊沂中等歸，而後言飛孤軍不可久留，乞令班師。一日奉十二金字牌，飛憤惋泣下，東向再拜曰：「十年之力，廢於一旦。」飛班師，民遮馬慟哭，訴曰：「我等戴香盆、運糧草以迎官軍，金人悉知之。相公去，我輩無噍類矣。」飛亦悲泣，取詔示之曰：「吾不得擅留。」哭聲震野，飛留五日以待其徙，從而南者如市，亟奏以漢上六郡閑田處之。

方兀朮棄汴去，有書生叩馬曰：「太子毋走，岳少保且退矣。」兀朮曰：「岳少保以五百騎破吾十萬，京城日夜望其來，何謂可守？」生曰：「自古未有權臣在內，而大將能立功於外者，岳少保且不免，況欲成功乎？」兀朮悟，遂留。飛既歸，所得州縣，旋復失之。飛力請解兵柄，不許，自廬入覲，帝問之，飛拜謝而已。

十一年，諜報金分道渡淮，飛請合諸帥之兵破敵。兀朮、韓常與龍虎大王疾驅至廬，帝趣飛應援，凡十七札。飛策金人舉國南來，巢穴必虛，若長驅京、洛以擣之，彼必奔命，可坐而斃。時飛方苦寒嗽，力疾而行。又恐帝急於退敵，乃奏：「臣如擣虛，勢必得利，若以爲敵方在近，未暇遠圖，欲乞親至蘄、黃，以議攻卻。」帝得奏大喜，賜札曰：「卿苦寒疾，乃爲朕





行，國爾忘身，誰如卿者？」師至廬州，金兵望風而遁。飛還兵于舒以俟命，帝又賜札，以飛小心恭謹，不專進退爲得體。兀朮破濠州，張俊駐軍黃連鎮，不敢進；楊沂中遇伏而敗，帝命飛救之。金人聞飛至，又遁。

時和議既決，檜患飛異己，乃密奏召三大將論功行賞。韓世忠、張俊已至，飛獨後，檜又用參政王次翁計，俟之六七日。既至，授樞密副使，位參知政事上，飛固請還兵柄。五月，詔同俊往楚州措置邊防，總韓世忠軍還駐鎮江。

初，飛在諸將中年最少，以列校拔起，累立顯功，世忠、俊不能平，飛屈己下之，幕中輕銳教飛勿苦降意。金人攻淮西，俊分地也，俊始不敢行，師卒無功。飛聞命即行，遂解廬州圍，帝授飛兩鎮節，俊益恥。楊么平，飛獻俊、世忠樓船各一，兵械畢備，世忠大悅，俊反忌之。淮西之役，俊以前途糧乏訹飛，飛不爲止，帝賜札褒諭，有曰：「轉餉艱阻，卿不復顧。」俊疑飛漏言，還朝，反倡言飛逗遛不進，以乏餉爲辭。至視世忠軍，俊知世忠忤檜，欲與飛分其背嵬軍，飛義不肯，俊大不悅。及同行楚州城，俊欲修城爲備，飛曰：「當戮力以圖恢復，豈可爲退保計？」俊變色。

會世忠軍吏景著〔七〕與總領胡紡言：「二樞密若分世忠軍，恐至生事。」紡上之朝，檜捕著下大理寺，將以扇搖誣世忠。飛馳書告以檜意，世忠見帝自明。俊於是大憾飛，遂倡言飛議棄山陽，且密以飛報世忠事告檜，檜大怒。

初，檜逐趙鼎，飛每對客嘆息，又以恢復爲己任，不肯附和議。讀檜奏，至「德無常師，主善爲師」之語，惡其欺罔，恚曰：「君臣大倫，根於天性，大臣而忍面謾其主耶！」兀朮遺檜書曰：「汝朝夕以和請，而岳飛方爲河北圖，必殺飛，始可和。」檜亦以飛不死，終梗和議，己必及禍，故力謀殺之。以諫議大夫万俟卨與飛有怨，風卨劾飛，又風中丞何鑄、侍御史羅汝檝交章彈論，大率謂：「今春金人攻淮西，飛略至舒、蘄而不進，比與俊按兵淮上，又欲棄山陽而不守。」飛累章請罷樞柄，尋還兩鎮節，充萬壽觀使、奉朝請。檜志未伸也，又諭張俊令劫王貴、誘王俊誣告張憲謀還飛兵。

檜遣使捕飛父子證張憲事，使者至，飛笑曰：「皇天后土，可表此心。」初命何鑄鞫之，飛裂裳以背示鑄，有「盡忠報國」四大字，深入膚理。既而閱實無左驗，鑄明其無辜。改命万俟卨。卨誣：飛與憲書，令虛申探報以動朝廷，雲與憲書，令措置使飛還軍；且言其書已焚。

飛坐繫兩月，無可證者。或教卨以臺章所指淮西事爲言，卨喜白檜，簿錄飛家，取當時御札藏之以滅迹。又逼孫革等證飛受詔逗遛，命評事元龜年取行軍時日雜定之，傅會其獄。歲暮，獄不成，檜手書小紙付獄，即報飛死，時年三十九。雲棄市。籍家貲，徙家嶺南。幕屬于鵬等從坐者六人。





初，飛在獄，大理寺丞李若樸、何彥猷、大理卿薛仁輔並言飛無罪，卨俱劾去。宗正卿士㒟請以百口保飛，卨亦劾之，竄死建州。布衣劉允升上書訟飛冤，下棘寺以死。凡傅成其獄者，皆遷轉有差。

獄之將上也，韓世忠不平，詣檜詰其實，檜曰：「飛子雲與張憲書雖不明，其事體莫須有。」世忠曰：「『莫須有』三字，何以服天下？」時洪皓在金國中，蠟書馳奏，以爲金人所畏服者惟飛，至以父呼之，諸酋聞其死，酌酒相賀。

飛至孝，母留河北，遣人求訪，迎歸。母有痼疾，藥餌必親。母卒，水漿不入口者三日。家無姬侍。吳玠素服飛，願與交驩，飾名姝遺之。飛曰：「主上宵旰，豈大將安樂時？」卻不受，玠益敬服。少豪飲，帝戒之曰：「卿異時到河朔，乃可飲。」遂絕不飲。帝初爲飛營第，飛辭曰：「敵未滅，何以家爲？」或問天下何時太平，飛曰：「文臣不愛錢，武臣不惜死，天下太平矣。」

師每休舍，課將士注坡跳壕，皆重鎧習之。子雲嘗習注坡，馬躓，怒而鞭之。卒有取民麻一縷以束芻者，立斬以徇。卒夜宿，民開門願納，無敢入者。軍號「凍死不拆屋，餓死不鹵掠。」卒有疾，躬爲調藥；諸將遠戍，遣妻問勞其家；死事者哭之而育其孤，或以子婿其女。凡有頒犒，均給軍吏，秋毫不私。

嘗以少擊衆。欲有所舉，盡召諸統制與謀，謀定而後戰，故有勝無敗。猝遇敵不動，故敵爲之語曰：「撼山易，撼岳家軍難。」張俊嘗問用兵之術，曰：「仁、智、信、勇、嚴，闕一不可。」調軍食，必蹙額曰：「東南民力，耗敝極矣。」荆湖平，募民營田，又爲屯田，歲省漕運之半。帝手書曹操、諸葛亮、羊祜三事賜之。飛跋其後，獨指操爲姦賊而鄙之，尤檜所惡也。

張所死，飛感舊恩，鞠其子宗本，奏以官。李寶自楚來歸，韓世忠留之，寶痛哭願歸飛，世忠以書來諗，飛復曰：「均爲國家，何分彼此？」世忠嘆服。襄陽之役，詔光世爲援，六郡既復，光世始至，飛奏先賞光世軍。好賢禮士，覽經史，雅歌投壺，恂恂如書生。每辭官，必曰：「將士効力，飛何功之有？」然忠憤激烈，議論持正，不挫於人，卒以此得禍。

檜死，議復飛官。万俟卨謂金方願和，一旦錄故將，疑天下心，不可。及紹興末，金益猖獗，太學生程宏圖上書訟飛冤，詔飛家自便。初，檜惡岳州同飛姓，改爲純州，至是仍舊。中丞汪澈宣撫荆、襄，故部曲合辭訟之，哭聲雷震。孝宗詔復飛官，以禮改葬，賜錢百萬，求其後悉官之。建廟於鄂，號忠烈。淳熙六年，謚武穆。嘉定四年，追封鄂王。

五子：雲、雷、霖、震、霆。

雲，飛養子。年十二，從張憲戰，多得其力，軍中呼曰「贏官人」。飛征伐，未嘗不與，數





立奇功，飛輒隱之。每戰，以手握兩鐵椎，重八十斤，先諸軍登城。攻下隨州，又攻破鄧州，襄漢平，功在第一，飛不言。踰年，銓曹辯之，始遷武翼郎。楊么平，功亦第一，又不上。張浚廉得其實，曰：「岳侯避寵榮，廉則廉矣，未得爲公也。」奏乞推異數，飛力辭不受。嘗以特旨遷三資，飛辭曰：「士卒冒矢石立奇功，始沾一級，男雲遽躐崇資，何以服衆？」累表不受。潁昌大戰，無慮十數，出入行陣，體被百餘創，甲裳爲赤。以功遷忠州防禦使，飛又辭；命帶御器械，飛又力辭之。終左武大夫、提舉醴泉觀。死年二十三。孝宗初，與飛同復元官，以禮祔葬，贈安遠軍承宣使。

雷，忠訓郎、閤門祗候，贈武略郎。霖，朝散大夫、敷文閣待制，贈太中大夫。初，飛下獄，檜令親黨王會搜其家，得御札數篋，束之左藏南庫，霖請於孝宗，還之。霖子珂，以淮西十五御札辯驗彙次，凡出師應援之先後皆可考。嘉定間，爲籲天辯誣集五卷、天定錄二卷上之。震，朝奉大夫、提舉江南東路茶鹽公事。霆，修武郎、閤門祗候。

論曰：西漢而下，若韓、彭、絳、灌之爲將，代不乏人，求其文武全器、仁智并施如宋岳飛者，一代豈多見哉。史稱關雲長通春秋左氏學，然未嘗見其文章。飛北伐，軍至汴梁之朱仙鎮，有詔班師，飛自爲表答詔，忠義之言，流出肺腑，眞有諸葛孔明之風，而卒死於秦檜之手。蓋飛與檜勢不兩立，使飛得志，則金讎可復，宋恥可雪；檜得志，則飛有死而已。昔劉宋殺檀道濟，道濟下獄，嗔目曰：「自壞汝萬里長城！」高宗忍自棄其中原，故忍殺飛，嗚呼冤哉！嗚呼冤哉！

## 校勘記

〔一〕賈進和　岳珂金陀粹編卷四行實編年、章穎宋南渡十將傳卷二岳飛傳都作「賈進」。

〔二〕王善　原作「黃善」，據本書卷二五高宗紀、繫年要錄卷一九改；下文同。

〔三〕武功大夫　金陀粹編卷六行實編年作「武經大夫」。按黃佐原是武義大夫，本書卷一六九職官志載，武義大夫至武功大夫相差六階，黃佐由此功而驟升六階可疑，似以遷一階作武經大夫近是。

〔四〕余端劉詵　本書卷二八高宗紀、金陀粹編卷六行實編年都作「全琮、劉詵」。

〔五〕劉豫遣子麟姪猊分道寇淮西　「姪」字原脫。按劉猊是劉豫之姪，金陀粹編卷七行實編年、宋南渡十將傳卷二岳飛傳「猊」上都有「姪」字，據補。

〔六〕河南　原作「江南」，顯誤；金陀粹編卷一一乞出師箚子作「河南」，據改。

〔七〕沂中視德等爾　「德」原作「事」，據金陀粹編卷七行實編年、宋南渡十將傳卷二岳飛傳改。





〔八〕景著　金陀粹編卷八行實編年、宋南渡十將傳卷二岳飛傳都作「耿著」，疑是。

# 宋史卷三百六十六

## 列傳第一百二十五

### 劉錡　吳玠　吳璘 子挺

劉錡字信叔，德順軍人，瀘川軍〔一〕節度使仲武第九子也。美儀狀，善射，聲如洪鐘。嘗從仲武征討，牙門水斛滿，以箭射之，拔箭水注，隨以一矢窒之，人服其精。宣和間，用高俅薦，特授閤門祗候。

高宗卽位，錄仲武後，錡得召見，奇之，特授閤門宣贊舍人，差知岷州，爲隴右都護。與夏人戰屢勝，夏人兒啼，輒怖之曰：「劉都護來！」張浚宣撫陝西，一見奇其才，以爲涇原經略使兼知渭州。浚合五路師潰于富平，慕洧以慶陽叛，攻環州。浚命錡救之，留別將守渭，自將救環。未幾，金攻渭，錡留李彥琪捍洧，親率精銳還救渭，已無及，進退不可，乃走德順軍。彥琪遁歸渭，降金。錡貶秩知緜州兼沿邊安撫。



紹興三年復官，爲宣撫司統制〔二〕。金人攻拔和尚原，乃分守陝、蜀之地。會使者自蜀歸，以錡名聞。召還，除帶御器械，尋爲江東路副總管。六年，權提舉宿衞親軍。帝駐平江，解潛、王彥兩軍交鬥，俱罷，命錡兼將之。錡因請以前護副軍及馬軍，通爲前、後、左、右、中軍與游奕，凡六軍，每軍千人，爲十二將。前護副軍，卽彥八字軍也。於是錡始能成軍，扈從赴金陵。七年，帥合肥；八年，戍京口。九年，擢果州團練使、龍神衞四廂都指揮使，主管侍衞馬軍司。

十年，金人歸三京，充東京副留守，節制軍馬。所部八字軍纔三萬七千人，將發，益殿司三千人，皆攜其孥，將駐于汴，家留順昌。錡自臨安泝江絕淮，凡二千二百里。至渦口，方食，暴風拔坐帳，錡曰：「此賊兆也，主暴兵。」卽下令兼程而進，未至，五月，抵順昌三百里，金人果敗盟來侵。

錡與將佐舍舟陸行，先趨城中。庚寅，諜報金人入東京。知府事陳規見錡問計，錡曰：「城中有糧，則能與君共守。」規曰：「有米數萬斛。」錡曰：「可矣。」時所部選鋒、遊奕兩軍及老稚輜重，相去尚遠，遣騎趣之，四鼓乃至。及旦得報，金騎已入陳〔三〕。

錡與規議斂兵入城，爲守禦計，人心乃安。召諸將計事，皆曰：「金兵不可敵也，請以精銳爲殿，步騎遮老小順流還江南。」錡曰：「吾本赴官留司，今東京雖失，幸全軍至此，有城可



守，奈何棄之？吾意已決，敢言去者斬！」惟部將許清號「夜叉」者奮曰：「太尉奉命副守汴京，軍士扶攜老幼而來，今避而走，易耳。然欲棄父母妻子則不忍；欲與偕行，則敵翼而攻，何所逃之？不如相與努力一戰，於死中求生也。」議與錡合。錡大喜，鑿舟沉之，示無去意。寘家寺中，積薪於門，戒守者曰：「脫有不利，卽焚吾家，毋辱敵手也。」分命諸將守諸門，明斥堠，募土人爲間探。於是軍士皆奮，男子備戰守，婦人礪刀劍，爭呼躍曰：「平時人欺我八字軍，今日當爲國家破賊立功。」

時守備一無可恃，錡於城上躬自督厲，取僞齊所造癡車，以輪轅埋城上；又撤民戶扉，周匝蔽之；城外有民居數千家，悉焚之。凡六日粗畢，而游騎已涉潁河至城下。壬寅，金人圍順昌，錡豫於城下設伏，擒千戶阿黑等二人，詰之，云：「韓將軍營白沙渦，距城三十里。」錡夜遣千餘人擊之，連戰，殺虜頗衆。既而三路都統葛王褎以兵三萬，與龍虎大王合兵薄城。錡令開諸門，金人疑不敢近。

初，錡傅城築羊馬垣，穴垣爲門。至是，與清等蔽垣爲陣，金人縱矢，皆自垣端軼著于城，或止中垣上。錡用破敵弓〔四〕翼以神臂、強弩，自城上或垣門射敵，無不中，敵稍卻。復以步兵邀擊，溺河死者不可勝計，破其鐵騎數千。特授鼎州觀察使、樞密副都承旨、沿淮制置使。



時順昌受圍已四日，金兵益盛，乃移砦於東村，距城二十里。錡遣驍將閻充募壯士五百人，夜斫其營。是夕，天欲雨，電光四起，見辮髮者輒殲之。金兵退十五里。錡復募百人以往，或請銜枚，錡笑曰：「無以枚也。」命折竹爲嘂，如市井兒以爲戲者，人持一以爲號，直犯金營。電所燭則皆奮擊，電止則匿不動，敵衆大亂。百人者聞吹聲卽聚，金人益不能測，終夜自戰，積屍盈野，退軍老婆灣。

兀朮在汴聞之，卽索靴上馬，過淮寧留一宿，治戰具，備糗糧，不七日至順昌。錡聞兀朮至，會諸將於城上問策，或謂今已屢捷，宜乘此勢，具舟全軍而歸。錡曰：「朝廷養兵十五年，正爲緩急之用，況已挫賊鋒，軍聲稍振，雖衆寡不侔，然有進無退。且敵營甚邇，而兀朮又來，吾軍一動，彼躡其後，則前功俱廢。使敵侵軼兩淮，震驚江、浙，則平生報國之志，反成誤國之罪。」衆皆感動思奮，曰：「惟太尉命。」

錡募得曹成等二人，諭之曰：「遣汝作間，事捷重賞，第如我言，敵必不汝殺。今置汝綽路騎中，汝遇敵則佯墜馬，爲敵所得。敵帥問我何如人，則曰：『太平邊帥子，喜聲伎，朝廷以兩國講好，使守東京圖逸樂耳。』」已而二人果遇敵被執，兀朮問之，對如前。兀朮喜曰：「此城易破耳。」卽置鵝車砲具不用。翌日，錡登城，望見二人遠來，縋而上之，乃敵械成等歸，以文書一卷繫于械，錡懼惑軍心，立焚之。

兀朮至城下，責諸將喪師，衆皆曰：「南朝用兵，非昔之比，元帥臨城自見。」錡遣耿訓以書約戰，兀朮怒曰：「劉錡何敢與我戰，以吾力破爾城，直用靴尖趯倒耳。」訓曰：「太尉非但請與太子戰，且謂太子必不敢濟河，願獻浮橋五所，濟而大戰。」兀朮曰：「諾。」乃下令明日府治會食。遲明，錡果爲五浮橋於潁河上，敵由之以濟。

錡遣人毒潁上流及草中，戒軍士雖渴死，毋得飲于河者；飲，夷其族。敵用長勝軍嚴陣以待，諸酋各居一部。衆請先擊韓將軍，錡曰：「擊韓雖退，兀朮精兵尚不可當，法當先擊兀朮。兀朮一動，則餘無能爲矣。」

時天大暑，敵遠來疲敝，錡士氣閑暇，敵晝夜不解甲，錡軍皆番休更食羊馬垣下。敵人馬饑渴，食水草者輒病，往往困乏。方晨氣清涼，錡按兵不動，逮未、申間，敵力疲氣索，忽遣數百人出西門接戰。俄以數千人出南門，戒令勿喊，但以銳斧犯之。統制官趙撙、韓直身中數矢，戰不肯已，士殊死鬬，入其陣，刀斧亂下，敵大敗。是夕大雨，平地水深尺餘。乙卯，兀朮拔營北去，錡遣兵追之，死者萬數。

方大戰時，兀朮被白袍，乘甲馬，以牙兵三千督戰，兵皆重鎧甲，號「鐵浮圖」；戴鐵兜牟，周匝綴長簷。三人爲伍，貫以韋索，每進一步，卽用拒馬擁之，人進一步，拒馬亦進，退不可卻。官軍以槍標去其兜牟，大斧斷其臂，碎其首。敵又以鐵騎分左右翼，號「拐子馬」，皆





女眞爲之，號「長勝軍」，專以攻堅，戰酣然後用之。自用兵以來，所向無前；至是，亦爲錡軍所殺。戰自辰至申，敵敗，遽以拒馬木障之，少休。城上鼓聲不絕，乃出飯糗，坐餉戰士如平時，敵披靡不敢近。食已，撤拒馬木，深入斫敵，又大破之。棄屍斃馬，血肉枕藉，車旗器甲，積如山阜。

初，有河北軍告官軍曰：「我輩元是左護軍，本無鬬志，所可殺者兩翼拐子馬爾。」故錡兵力擊之。兀朮平日恃以爲強者，什損七八，至陳州，數諸將之罪，韓常以下皆鞭之，乃自擁衆還汴。捷聞，帝喜甚，授錡武泰軍節度使、侍衞馬軍都虞候、知順昌府、沿淮制置使。

是役也，錡兵不盈二萬，出戰僅五千人。金兵數十萬營西北，亙十五里，每暮，鼓聲震山谷，然營中讙譁，終夜有聲。金遣人近城竊聽，城中肅然，無雞犬聲。兀朮帳前甲兵環列，持燭照夜，其衆分番假寐馬上。錡以逸待勞，以故輒勝。時洪皓在燕密奏：「順昌之捷，金人震恐喪魄，燕之重寶珍器，悉徙而北，意欲捐燕以南棄之。」故議者謂是時諸將協心，分路追討，則兀朮可禽，汴京可復；而王師亟還，自失機會，良可惜也。

七月，命爲淮北宣撫判官，副楊沂中，破敵兵於太康縣。未幾，秦檜請令沂中還師鎭江，錡還太平州，岳飛以兵赴行在，出師之謀寖矣。

十一年，兀朮復簽兩河兵，謀再舉。帝亦測知敵情，必不一挫遂已，乃詔大合兵于淮西以待之。金人攻廬、和二州，錡自太平渡江，抵廬州，與張俊、楊沂中會。而敵已大入，錡據東關之險以遏其衝，引兵出清溪，兩戰皆勝。行至柘皋，與金人夾石梁河而陣。河通巢湖，廣二丈，錡命曳薪疊橋，須臾而成，遣甲士數隊路橋臥槍而坐〔三〕。會沂中、王德、田師中、張子蓋之軍俱至。

翌日，兀朮以鐵騎十萬分爲兩隅，夾道而陣。德薄其右隅，引弓射一酋斃之，因大呼馳擊，諸軍鼓譟。金人以拐子馬兩翼而進。德率衆鏖戰，沂中以萬兵各持長斧奮擊之，敵大敗；錡與德等追之，又敗於東山。敵望見曰：「此順昌旗幟也。」卽退走。

錡駐和州，得旨，乃引兵渡江歸太平州。時並命三帥，不相節制。諸軍進退多出於張俊，而錡以順昌之捷驟貴，諸將多嫉之。俊與沂中爲腹心，而與錡有隙，故柘皋之賞，錡軍獨不與。

居數日，議班師，而濠州告急。俊與沂中、錡趨黃連埠援之，距濠六十里，而南城已陷。沂中欲進戰，錡謂俊曰：「本救濠，今濠已失，不如退師據險，徐爲後圖。」諸將曰：「善。」三帥鼎足而營，或言敵兵已去，錡又謂曰：「敵得城而遽退，必有謀也，宜嚴備之。」俊不從，命沂中與德將神勇步騎六萬人，直趨濠州，果遇伏敗還。

遲明，錡軍至藕塘，則沂中軍已入滁州，俊軍已入宣化。錡軍方食，俊至，曰：「敵兵已





近，奈何？」錡曰：「楊宣撫兵安在？」俊曰：「已失利還矣。」錡語俊：「無恐，錡請以步卒禦敵，宣撫試觀之。」錡麾下皆曰：「兩大帥軍已渡，我軍何苦獨戰？」錡曰：「順昌孤城，旁無赤子之助，吾提兵不滿二萬，猶足取勝；況今得地利，又有銳兵邪？」遂設三覆以待之。俄而俊至，曰：「諜者妄也，乃戚方殿後之軍爾。」錡與俊益不相下。

一夕，俊軍士縱火劫錡軍，錡擒十六人，梟首槊上，餘皆逸。錡見俊，俊怒謂錡曰：「我爲宣撫，爾乃判官，何得斬吾軍？」錡曰：「不知宣撫軍，但斬劫砦賊爾。」俊曰：「有卒歸，言未嘗劫砦。」呼一人出對。錡正色曰：「錡爲國家將帥，有罪，宣撫當言于朝，豈得與卒伍對事？」長揖上馬去。已，皆班師，俊、沂中還朝，每言岳飛不赴援，而錡戰不力。秦檜主其說，遂罷宣撫判官，命知荆南府。岳飛奏留錡掌兵，不許，詔以武泰之節提舉江州太平觀。

錡鎭荆南凡六年，軍民安之。魏良臣言錡名將，不當久閑。乃命知潭州，加太尉，復帥荆南府。江陵縣東有黃潭，建炎間，有司決水入江以禦盜，由是夏秋漲溢，荆、衡間皆被水患。錡始命塞之，斥膏腴田數千畝，流民自占者幾千戶。詔錡遇大禮許奏文資，仍以其姪汜爲江東路兵馬副都監。

三十一年，金主亮調軍六十萬，自將南來，彌望數十里，不斷如銀壁，中外大震。時宿將無在者，乃以錡爲江、淮、浙西制置使，節制逐路軍馬。八月，錡引兵屯揚州，建大將旗





中華書局

鼓，軍容甚肅，觀者歎息。以兵駐清河口，金人以氈裹船載糧而來，錡使善沒者鑿沉其舟。錡自楚州退軍召伯鎭，金人攻眞州，錡引兵還揚州，帥劉澤以城不可守，請退軍瓜洲。金萬戶高景山攻揚州，錡遣員琦拒于皂角林，陷圍力戰，林中伏發，大敗之，斬景山，俘數百人。捷奏，賜金五百兩、銀七萬兩以犒師。

先是，金人議留精兵在淮東以禦錡，而以重兵入淮西。大將王權不從錡節制，不戰而潰，自清河口退師揚州，以舟渡眞、揚之民于江之南，留兵屯瓜洲。錡病，求解兵柄，留其姪汜以千五百人塞瓜洲渡，又令李橫以八千人固守。詔錡專防江，錡遂還鎭江。

十一月，金人攻瓜洲，汜以克敵弓射卻之。時知樞密院事葉義問督師江、淮，至鎭江，見錡病劇，以李橫權錡軍。義問督鎭江兵渡江，衆皆以爲不可，義問強之。汜固請出戰，錡不從，汜拜家廟而行。金人以重兵逼瓜洲，分兵東出江皐，逆趨瓜洲。汜先退，橫以孤軍不能當，亦卻，失其都統制印，左軍統制魏友、後軍統制王方死之，橫、汜僅以身免。

方諸軍渡江而北也，錡使人持黃、白幟登高山望之，戒之曰：「賊至舉白幟，合戰舉二幟，勝則舉黃幟。」是日二幟舉，踰時，錡曰：「黃幟久不舉，吾軍殆矣。」錡憤懣，病益甚。都督府參贊軍事虞允文自采石來，督舟師與金人戰。允文過鎭江，謁錡問疾。錡執允文手曰：「疾何必問。朝廷養兵三十年，一技不施，而大功乃出一儒生，我輩愧死矣！」





召詣闕，提舉萬壽觀。錡假都亭驛居之。金之聘使將至，留守湯思退除館以待，遣黃衣諭錡徙居別試院，錡疑汜累己，常懼有後命。三十二年閏二月，錡發怒，嘔血數升而卒。贈開府儀同三司，賜其家銀三百兩，帛三百匹。後謚武穆。

錡慷慨深毅，有儒將風。金主亮之南也，下令有敢言錡姓名者，罪不赦。枚舉南朝諸將，問其下孰敢當者，皆隨姓名其答如響，至錡，莫有應者。金主曰：「吾自當之。」然錡卒以病不能成功。世傳錡通陰陽家行師所避就，錡在揚州，命盡焚城外居屋，用石灰盡白城壁，書曰：「完顏亮死於此。」金主多忌，見而惡之，遂居龜山，人衆不可容，以致是變云。

吳玠字晉卿，德順軍隴干人。父葬水洛城〔六〕，因徙焉。少沉毅有志節，知兵善騎射，讀書能通大義。未冠，以良家子隸涇原軍。政和中，夏人犯邊，以功補進義副尉，稍擢隊將。從討方臘，破之；及擊河北羣盜，累功權涇原第十將。靖康初，夏人攻懷德軍，玠以百餘騎追擊，斬首百四十級，擢第二副將。

建炎二年春，金人渡河，出大慶關，略秦雍，謀趨涇原。都統制曲端守麻務鎭，命玠爲前鋒，進據青溪嶺，逆擊大破之，追奔三十里，金人始有懼意。權涇原路兵馬都監兼知懷德軍。金人攻延安府，經略使王庶召曲端進兵，端駐邠州不赴，且曰：「不如蕩其巢穴，攻其必救。」端遂攻蒲城，命玠攻華州，拔之。

三年冬，劇賊史斌寇漢中，不克，引兵欲取長安，曲端命玠擊斬之，遷忠州刺史。宣撫處置使張浚巡關陝，參議軍事劉子羽誦玠兄弟才勇，浚與玠語，大悅，卽授統制，弟璘掌帳前親兵。

四年春，升涇原路馬步軍副總管。金帥婁宿與撒離喝長驅入關，端遣玠拒于彭原店〔七〕，而擁兵邠州爲援。金兵來攻，玠擊敗之，撒離喝懼而泣，金軍中目爲「啼哭郎君」。金人整軍復戰，玠軍敗績。端退屯涇原，劾玠違節度，降武顯大夫，罷總管，復知懷德軍。張浚惜玠才，尋以爲秦鳳副總管兼知鳳翔府。時兵火之餘，玠勞來安集，民賴以生。轉忠州防禦使。

九月，浚合五路兵，欲與金人決戰，玠言宜各守要害，須其弊而乘之。及次富平，都統制又會諸將議戰，玠曰：「兵以利動，今地勢不利，未見其可。宜擇高阜據之，使不可勝。」諸將皆曰：「我衆彼寡，又前阻葦澤，敵有騎不得施，何用他徙？」已而敵驟至，輿柴囊土，藉淖平行，進薄玠營。軍遂大潰，五路皆陷，巴蜀大震。玠收散卒保散關東和尚原，積粟繕兵，列柵爲死守計。或謂玠宜退屯漢中，扼蜀口以





安人心。玠曰：「我保此，敵決不敢越我而進，堅壁臨之，彼懼吾躡其後，是所以保蜀也。」玠在原上，鳳翔民感其遺惠，相與夜輸芻粟助之。玠償以銀帛，民益喜，輸者益多。金人怒，伏兵渭河邀殺之，且令保伍連坐；民冒禁如故，數年然後止。

紹興元年，金將沒立自鳳翔，別將烏魯折合自階、成出散關，約日會和尚原。烏魯折合先期至，陣北山索戰，玠命諸將堅陣待之，更戰迭休。山谷路狹多石，馬不能行，金人舍馬步戰，大敗，移砦黃牛，會大風雨雹，遂遁去。沒立方攻箭筈關，玠復遣將擊退之，兩軍終不得合。

始，金人之入也，玠與璘以散卒數千駐原上，朝問隔絕，人無固志。有謀劫玠兄弟北去者，玠知之，召諸將歃血盟，勉以忠義。將士皆感泣，願爲用。張浚錄其功，承制拜明州觀察使。居母喪，起復，兼陝西諸路都統制。

金人自起海角，狃常勝，及與玠戰輒北，憤甚，謀必取玠。婁宿死，兀朮會諸道兵十餘萬，造浮梁跨渭，自寶雞結連珠營，壘石爲城，夾澗與官軍拒。十月，攻和尚原。玠命諸將選勁弓強弩，分番迭射，號「駐隊矢」，連發不絕，繁如雨注。敵稍卻，則以奇兵旁擊，絕其糧道。度其困且走，設伏於神坌以待。金兵至，伏發，衆大亂。縱兵夜擊，大敗之。兀朮中流矢，僅以身免。張浚承制以玠爲鎭西軍節度使，璘爲涇原路馬步軍副總管。兀朮既敗，遂

自河東歸燕山；復以撒離喝爲陝西經略使，屯鳳翔，與玠相持。

二年，命玠兼宣撫處置使司都統制，節制興、文、龍三州。金久窺蜀，以璘駐兵和尚原扼其衝，不得逞，將出奇取之。時玠在河池，金人用叛將李彥琪駐秦州，睨仙人關以綴玠；復令游騎出熙河以綴關師古，撒離喝自商於直擣上津。三年正月，取金州。二月，長驅趨洋、漢，興元守臣劉子羽急命田晟守饒風關，以驛書招玠入援。

玠自河池日夜馳三百里，以黃柑遺敵曰：「大軍遠來，聊用止渴。」撒離喝大驚，以杖擊地曰：「爾來何速耶！」遂大戰饒風嶺。金人被重鎧，登山仰攻，一人先登則二人擁後；先者既死，後者代攻。玠軍弓弩亂發，大石摧壓，如是者六晝夜，死者山積而敵不退。募敢死士，人千銀，得士五千，將夾攻。會玠小校有得罪奔金者，導以祖溪閒路，出關背，乘高以瞰饒風。諸軍不支，遂潰，玠退保西縣。敵入興元，劉子羽退保三泉，築潭毒山以自固，玠走三泉會之。

未幾，金人北歸，玠急遣兵邀于武休關，掩擊其後軍，墮澗死者以千計，盡棄輜重去。金人始謀，本謂玠在西邊，故道險東來，不虞玠馳至。雖入三郡，而失不償得。進玠檢校少保，充利州路、階成鳳州制置使。

四年二月，敵復大入，攻仙人關。先是，璘在和尚原，餉饋不繼，玠又謂其地去蜀遠，



命璘棄之，經營仙人關右殺金平，創築一壘，移原兵守之。至是，兀朮、撒離喝及劉夔率十萬騎入侵，自鐵山鑿崖開道，循嶺東下。玠以萬人當其衝。璘率輕兵由七方關倍道而至，與金兵轉戰七晝夜，始得與玠合。

敵首攻玠營，玠擊走之。又以雲梯攻壘壁，楊政以撞竿碎其梯，以長矛刺之。璘拔刀畫地，謂諸將曰：「死則死此，退者斬！」金分軍爲二，兀朮陣于東，韓常陣于西。璘率銳卒介其間，左縈右繞，隨機而發。戰久，璘軍少憊，急屯第二隘。金生兵踵至，人被重鎧，鐵鉤相連，魚貫而上。璘以駐隊矢迭射，矢下如雨，死者層積，敵踐而登。撒離喝駐馬四視曰：「吾得之矣。」翌日，命攻西北樓，姚仲登樓酣戰，樓傾，以帛爲繩，挽之復正。金人用火攻樓，以酒缶撲滅之。玠急遣統領田晟以長刀大斧左右擊，明炬四山，震鼓動地。明日，大出兵。統領王喜、王武率銳士，分紫、白旗入金營，金陣亂。奮擊，射韓常，中左目，金人始宵遁。玠遣統制官張彥劫橫山砦，王俊伏河池扼歸路，又敗之。以郭震戰不力，斬之。是役也，金自元帥以下，皆攜孥來。劉夔乃豫之腹心。本謂蜀可圖，既不得逞，度玠終不可犯，則還據鳳翔，授甲士田，爲久留計，自是不妄動。

捷聞，授玠川、陝宣撫副使。四月，復鳳、秦、隴三州。七月，錄仙人關功，拜檢校少師、奉寧保定軍節度使，璘自防禦使升定國軍承宣使，楊政以下遷秩有差。六年，兼營田大使，



易保平、靜難節。七年，遣裨將馬希仲攻熙州，敗績，又失鞏州，玠斬之。

玠與敵對壘且十年，常苦遠餉勞民，屢汰冗員，節浮費，益治屯田，歲收至十萬斛。又調戍兵，命梁、洋守將治褒城廢堰，民知灌溉可恃，願歸業者數萬家。九年，金人請和。帝以玠功高，授特進、開府儀同三司，遷四川宣撫使，陝西階、成等州皆聽節制。遣內侍奉親札以賜，至，則玠病已甚，扶掖聽命。帝聞而憂之，命守臣就蜀求善醫，且飭國工馳視，未至，玠卒於仙人關，年四十七。贈少師，賜錢三十萬。

玠善讀史，凡往事可師者，錄寘座右，積久，牆牖皆格言也。用兵本孫、吳，務遠略，不求小近利，故能保必勝。御下嚴而有恩，虛心詢受，雖身爲大將，卒伍至下者得以情達，故士樂爲之死。選用將佐，視勞能爲高下先後，不以親故、權貴撓之。

玠死，胡世將問玠所以制勝者，璘曰：「璘從先兄有事西夏，每戰，不過一進卻之頃，勝負輒分。至金人，則更進迭退，忍耐堅久，令酷而下必死，每戰非累日不決，勝不遽追，敗不至亂。蓋自昔用兵所未嘗見，與之角逐滋久，乃得其情。蓋金人弓矢，不若中國之勁利；中國士卒，不及金人之堅耐。吾常以長技洞重甲於數百步外，則其衝突固不能相及。於是選據形便，出銳卒更迭撓之，與之爲無窮，使不得休暇，以沮其堅忍之勢。至決機於兩陣之間，則璘有不能言者。」



晚節頗多嗜欲，使人漁色於成都，喜餌丹石，故得咯血疾以死。方富平之敗，秦鳳皆陷，金人一意睨蜀，東南之勢亦棘，微玠身當其衝，無蜀久矣。故西人至今思之。謚武安，作廟于仙人關，號思烈。淳熙中，追封涪王。子五人：拱、扶、撝、擴、揔。拱亦握兵云。

吳璘字唐卿，玠弟也。少好騎射，從玠攻戰，積功至閤門宣贊舍人。紹興元年，箭筈關之戰，斷沒立與烏魯折合兵，使不得合，金人遁，璘功居多，超遷統制和尚原軍馬。於是玠駐師河池，璘專守原。及兀朮大入，玠兄弟以死守之。敵陣分合三十餘，璘隨機而應，至神坌伏發，金兵大敗，兀朮中流矢遁。張浚承制以璘爲涇原路馬步軍副都總管，升康州團練使。

三年，遷榮州防禦使、知秦州，節制階、文。是歲，玠敗於祖溪嶺，時璘猶在和尚原，玠命璘棄原別營仙人關，以防金人深入。四年，兀朮、撒離喝果以大兵十萬至關下，璘自武階路入援。先以書抵玠，謂殺金平地闊遠，前陣散漫，須後陣阻隘，然後可以必勝。玠從之，急修第二隘。璘冒圍轉戰，會於仙人關。敵果極力攻第二隘，諸將有請別擇形勝以守者，璘奮曰：「兵方交而退，是不戰而走也，吾度此敵去不久矣，諸君第忍之。」震鼓易幟，血

中華書局

戰連日。金兵大敗，二酋自是不敢窺蜀者數年。

露布獻捷，遷定國軍承宣使、熙河蘭廓路經略安撫使、知熙州。六年，新置行營兩護軍，璘爲左護軍統制。九年，升都統制〔八〕，尋除秦鳳路經略安撫使、知秦州。玠卒，授璘龍、神衞四廂都指揮使。

時金人廢劉豫，歸河南、陝西地。樓炤使陝，以便宜欲命三帥分陝而守，以郭浩帥鄜延，楊政帥熙河，璘帥秦鳳，欲盡移川口諸軍於陝西。璘曰：「金人反覆難信，懼有他變。今我移軍陝右，蜀口空虛，敵若自南山要我陝右軍，直擣蜀口，我不戰自屈矣。當且依山爲屯，控其要害，遲其情見力疲，漸圖進據。」炤從之，命璘與楊政兩軍屯內地保蜀，郭浩一軍屯延安以守陝。

既而胡世將以四川制置權宣撫司事，至河池，璘見之曰：「金大兵屯河中府，止隔大慶一橋爾，騎兵疾馳，不五日至川口。吾軍遠在陝西，緩急不可追集，關隘不葺，糧運斷絕，此存亡之秋也。璘家族固不足恤，如國事何！」時朝廷恃和忘戰，欲廢仙人關。於是世將抗奏謂：「當外固歡和，內修守禦。今日分兵，當使陝、蜀相接，近兵宮賀仔諜知撒離喝密謀曰：『要入蜀不難，棄陝西不顧，三五歲南兵必來主之，道路吾已熟知，一發取蜀必矣。』敵情如是，萬一果然，則我當爲伐謀之備，仙人關未宜遽廢，魚關倉亦宜積糧。」於是璘僅以牙校





三隊赴秦州，留大軍守階、成山砦，戒諸將毋得撤備。世將尋眞除宣撫，置司河池。

十年，金人敗盟，詔璘節制陝西諸路軍馬。撒離喝渡河入長安，趨鳳翔，陝右諸軍隔在敵後，遠近震恐。時楊政在鞏，郭浩在鄜延，惟璘隨世將在河池。世將急召諸將議，惟涇原帥田晟與楊政同至，參謀官孫渥謂河池不可守，欲退保仙人原，璘厲聲折之曰：「懦語沮軍，可斬也！璘請以百口保破敵。」世將壯之，指所居帳曰：「世將誓死於此！」乃遣渥之涇原，命田晟以三千人迎敵。璘又遣姚仲拒于石壁砦，敗之。詔同節制陝西諸路軍馬。

璘以書遺金將約戰，金鶻眼郎君以三千騎衝璘軍，璘使李師顏以驍騎擊走之。鶻眼入扶風，復攻拔之，獲三將及女眞百十有七人。撒離喝怒甚，自戰百通坊，列陣二十里。璘遣姚仲力戰破之，授鎭西軍節度使，升侍衞步軍都虞候。十一年，與金統軍胡盞戰剡家灣，敗之，復秦州及陝右諸郡。

初，胡盞與習不祝合軍五萬屯劉家圈，璘請討之。世將問策安出，璘曰：「有新立疊陣法：每戰，以長槍居前，坐不得起；次最強弓，次強弩，跪膝以俟；次神臂弓。約賊相搏至百步內，則神臂先發；七十步，強弓併發；次陣如之。凡陣，以拒馬爲限，鐵鉤相連，俟其傷則更代之。遇更代則以鼓爲節。騎，兩翼以蔽於前，陣成而騎退，謂之『疊陣』」。諸將始猶竊議曰：「吾軍其殲於此乎？」璘曰：「此古束伍令也，軍法有之，諸君不識爾。得車戰餘意，無出於此，戰士心定則能持滿，敵雖銳，不能當也。」及與二酋遇，遂用之。

二酋老於兵，據險自固，前臨峻嶺，後控臘家城，謂我必不敢輕犯。先一日，璘會諸將問所以攻，姚仲曰：「戰于山上則勝，山下則敗。」璘以爲然，乃告敵請戰，敵笑之。璘夜半遣仲及王彥銜枚截坡，約二將上嶺而後發火。二將至嶺，寂無人聲，軍已畢列，萬炬齊發。敵駭愕曰：「吾事敗矣。」習不祝善謀，胡盞善戰，二酋異議。璘先以兵挑之，胡盞果出塵戰。璘以疊陣法更休迭戰，輕裘駐馬亟麾之，士殊死鬥，金人大敗。降者萬人，胡盞走保臘家城，璘圍而攻之。城垂破，朝廷以驛書詔璘班師，世將浩歎而已。明年，竟劃和尙原以與敵。撤戍割地，皆秦檜主之也。

十二年，入覲，拜檢校少師、階成岷鳳四州經略使，賜漢中田五十頃。十四年，朝議析利州路爲東西路，以璘爲西路安撫使，治興州，階、成、西和、鳳、文、龍、興七州〔九〕隸焉。時和議方堅，而璘治軍經武，常如敵至。十七年，徙奉國軍節度使，改行營右護軍爲御前諸軍都統制，安撫使如故。二十一年，以守邊安靜，拜少保〔一〇〕。二十六年，領興州駐箚御前諸軍都統制職事，改判興州。渡江以來未有使相爲都統制者，時璘已爲開府儀同三司，故改命之。

三十一年，金主亮叛盟，拜四川宣撫使。秋，亮渡淮，遣合喜爲西元帥，以兵扼大散關，





遊騎攻黃牛堡。璘卽肩輿上殺金平，駐軍青野原，益調內郡兵分道而進，授以方略。制置使王剛中來會璘計事，璘尋移檄契丹、西夏及山東、河北，聲金人罪以致討。未幾，兼陝西、河東招討使。璘以病還興州，總領王之望馳書告執政，謂璘多病，猝有緩急，蜀勢必危。請移璘姪京襄帥拱歸蜀，以助西師。凡五書未報。璘已力疾，復上仙人關。

三十二年，璘遣姚仲取鞏，王彥屯商、虢、陝、華，惠逢取熙河。或久攻不下，或既得復失，竟無成功。金人據大散關六十餘日，相持不能破。仲舍鞏攻德順已踰四旬，璘以知夔州李師顏代之，遣子挺節制軍馬。挺與敵戰於瓦亭，敗之。璘自將至城下，守陴者聞呼「相公來」，觀望咨嗟，矢不忍發。璘按行諸屯，預治黃河戰地〔一一〕，斬不用命者，先以數百騎嘗敵。敵一鳴鼓，銳士空壁躍出突璘軍。璘軍得先治地，無不一當十。至暮，璘忽傳呼「某將戰不力」，人益奮搏，敵大敗，遁入壁。黎明，師再出，敵堅壁不動。會天大風雷〔一二〕，金人拔營去，凡八日而克。璘入城，市不改肆，父老擁馬迎拜不絕。璘尋還河池。

四月，原州受圍，璘命姚仲以德順之兵往援，璘自趨鳳翔視師。諸將雖力戰，敵攻益急，增兵至七萬。五月，仲與敵戰于原州之北嶺，仲敗績。初，仲自德順至原，由九龍泉上北嶺，令諸軍持滿引行。以盧士敏兵爲前陣，所統軍六千爲四陣，姚志兵爲後拒。隨地便

利以列，與敵鏖戰，開合數十。會輜重隊隨陣亂行，敵兵衝之，軍遂大潰，失將三十餘人。始，璘出師，王之望嘗言：「此行士卒銳氣，不及前時，仲年來數奇，不可委以要地。」及仲至原，璘亦貽仲書，謂原圍未卽解，且還德順。書未達而仲敗，璘亦無功還。尋奪仲兵，欲斬之，或勸而止，械繫河池獄。

孝宗受禪，賜璘札，命兼陝西、河東路宣撫招討使。璘策金人必再爭德順，亟馳赴城下，而完顏悉烈等兵十餘萬果來攻。萬戶豁豁復領精兵自鳳翔繼至。璘築堡東山以守，敵極力爭之，殺傷太半，終不能克。時議者以爲兵宿於外，去川口遠，恐敵襲之，欲棄三路。遂詔璘退師。敵乘其後，璘將士死亡者甚衆，三路復爲敵有。拜少傅。隆興二年冬，金人侵岷州，璘提兵至祁山，金人聞之，退師，遣使來告曰：「兩國已講和矣。」會詔至，俱解去。沈介爲四川安撫、制置使，與璘議不協，兵部侍郎胡銓上書，語頗及璘。璘抗章請朝，上親札報可。未半道，請罷宣撫使及致仕，皆不允。乾道元年詣闕，遣中使勞問，召對便殿，許朝德壽宮。高宗見璘，歎曰：「朕與卿，老君臣也，可數入見。」璘頓首謝。兩宮存勞之使相踵，又命皇子入謁。拜太傅，封新安郡王。越數日，詔仍領宣撫使，改判興元府。及還鎮，兩宮宴餞甚寵。璘入辭德壽宮，泣下。高宗亦爲之悵然，解所佩刀賜之，曰：「異時思朕，視此可矣。」



璘至漢中，修復褒城古堰，溉田數千頃，民甚便之。三年，卒，年六十六。贈太師，追封信王。上震悼，輟視朝兩日，賻贈加等。高宗復賜銀千兩。初，璘病篤，呼幕客草遺表，命直書其事曰：「願陛下毋棄四川，毋輕出兵。」不及家事，人稱其忠。

璘剛勇，喜大節，略苛細，讀史曉大義。代兄爲將，守蜀餘二十年，隱然爲方面之重，威名亞於玠。高宗嘗問勝敵之術，璘曰：「弱者出戰，強者繼之。」高宗曰：「此孫臏三駟之法，一敗而二勝也。」

嘗著兵法二篇，大略謂：「金人有四長，我有四短，當反我之短，制彼之長。四長曰騎兵，曰堅忍，曰重甲，曰弓矢。吾集蕃漢所長，兼收而并用之，以分隊制其騎兵，以番休迭戰制其堅忍；制其重甲，則勁弓強弩；制其弓矢，則以遠尅近，以強制弱。布陣之法，則以步軍爲陣心、左右翼，以馬軍爲左右肋，拒馬布兩肋之間；至帖撥增損之不同，則係乎臨機。」知兵者取焉。

王剛中嘗談劉錡之美，璘曰：「信叔有雅量、無英槪，天下雷同譽之，恐不能當逆亮，璘竊憂之。」剛中不以爲然，錡果無功，以憂憤卒。璘選諸將率以功。有薦才者，璘曰：「兵官非嘗試，難知其才。以小善進之，則僥倖者獲志，而邊人宿將之心怠矣。」子挺。



挺字仲烈，以門功補官。從璘爲中郎將，部西兵詣行在。高宗問西邊形勢、兵力與戰守之宜，挺占對稱旨，超授右武郎、浙西都監兼御前祗候，賜金帶。尋差利路鈐轄，改利州東路前軍同統制，繼改西路。

紹興三十一年，金人渝盟，璘以宣撫使總三路兵禦之，挺願自力軍前，璘以爲中軍統制。王師既復秦州，金將合喜孛堇介叛將張中彥以兵來爭，挺破其治平砦。已而南市城賊亦掎角爲援，轉戰竟日。挺令前軍統制梅彥麾衆直擣城門，衆弗喩，彥亦懼力不敵。挺督之，彥出兵殊死戰，挺率背嵬騎盡易黃旗繞出敵後，憑高突之。敵譁曰：「黃旗兒至矣！」遂驚敗。挺不自爲功，狀彥第一，士頗多之。璘亦引嫌，併匿其功。擢榮州刺史，尋拜熙河經略、安撫使。

明年，挺被檄與都統制姚仲率東西路兵攻德順。金左都監空平涼之衆以援合喜，又遣精兵數萬自鳳翔來會。仲駐軍六盤，挺獨趨瓦亭，身冒矢石，衆從之。金人捨騎操短兵奮鬥，挺遣別將盡奪其馬，金衆遂潰。挺勒兵追之，禽千戶耶律九斤、孛堇等百三十七人。

金人懲前衂，悉兵趨德順。璘自秦州來督師，先壁於險，且治夾河戰地。金人果大至，挺誘致之，至所治戰地，盛兵蹙之，敵不能支，一夕遁去。鞏州久不下，挺以選鋒至城下，諸將咸曰：「西北坡陀地易攻，若分兵各當一面，宜得利。」挺曰：「西北雖卑而土堅，東南并河多沙礫善圮。且兵分則少，以少當堅城，可得而下乎？」乃命悉衆擊東南陬。不二日，樓櫓俱盡。夜半，其將雷千戶約降，黎明，城破。以功授團練使，又以瓦亭功授郢州防禦使。



孝宗卽位，加璘兼陝西、河東路招討宣撫使。璘慮敵必再爭德順，至自河池，金人果合兵十餘萬列栅以拒。有大酋引騎數千睨東山，璘命挺領騎迎擊，卻之。遂據東山，築堡以守。敵不能爭，乃益修攻具，爲大車匿戰士其中，將塡隍而進。挺命掄大木植中道，車至不得前。拜武昌軍承宣使，尋加龍神衞四廂都指揮使、熙河路經略安撫使中軍統制，時年二十五。會朝廷主議和，詔西師解嚴，父子遂旋軍。

乾道元年，升本軍都統制。三年，以父命入奏，拜侍衞親步軍指揮使，節制興州軍馬。璘卒，起復金州都統、金房開達安撫使，改利州東路總管。挺力求終喪，服除，召爲左衞上將軍。朝廷方議置神武中軍五千人以屬御前，命挺爲都統制。挺力陳不當輕變祖宗法，事遂寢。拜主管侍衞步軍司公事。

挺每燕見從容，嘗論兩淮形勢曠漫，備多力分，宜擇勝地扼以重兵，敵仰攻則不克，越西南又不敢，我以全力乘其弊，蔑不濟者。帝頗嘉納。淳熙元年，改興州都統，拜定江軍節度使。初，軍中自置互市於宕昌，以來羌馬，西路騎兵遂雄天下。自張松典榷牧，奏絕軍中互市，自以馬給之，所得多下駟。挺至，首陳利害以聞，乞歲市五百匹，詔許七百匹。

始，武興所部就餉諸郡，漫不相屬。挺奏以十軍爲名，自北邊至武興列五軍，曰踏白、摧鋒、選鋒、策選鋒、遊奕；武興以西至縣爲左、右、後三軍；而駐武興者前軍、中軍。營部於是始井井然。四年，入覲，除知興州、利州西路安撫使。密修皂郊堡，增二堡，繕戎器，儲于兩庫，敵終不覺。

十年冬，特加檢校少保。成州、西和歲大侵，挺力爲振恤，諭總賦者分軍儲以佐之，全活殆數千萬。蜀自諸軍宿師，凡廩賜，官率糴三之一，視價高下給之，名曰「折估」，隨所屯地相爲乘除。歲久屯他徙，廩賜不易舊，至有同部伍而廩相倍蓰者，挺裒爲中制上之。

光宗卽位，御筆奬勞。而西和、階、成、鳳、文、龍六州器械弗繕，挺節冗費，屯工徒，悉創爲之。御軍雖嚴，而能時其緩急，士以不困。郡東北有二谷水，挺作二隄以捍之。紹熙〔一三〕二年，水暴發入城。挺旣振被水者，復增築長隄，民賴以安。詔問備邊急務，卽建增儲之策，由是糧糗不乏。四年春，以疾乞致仕，詔加太尉。卒，年五十六。贈少師、開府儀同三司。

挺少起勳閥，弗居其貴，禮賢下士，雖遇小官賤吏，不敢怠忽。拊循將士，人人有恩。璘故部曲拜於庭下，輒降答之，卽失律，誅治無少貸。璘嘗對孝宗言，諸子中惟挺可任。孝宗亦曰：「挺是朕千百人中選者。」歲時問勞不絕，被遇尤深厚。光宗賜內府珍奇，以示殊



禮。子五人，曦，其次也。曦仕至太尉、昭信軍節度使，以叛誅，見別傳。



論曰：劉錡神機武略，出奇制勝，順昌之捷，威震敵國，雖韓信泜上之軍，無以過焉。或謂其英槪不足，雅量有餘，豈其然乎？吳玠與弟璘智勇忠實，戮力協心，據險抗敵，卒保全蜀，以功名終，盛哉！挺累從征討，功效甚著，有父風矣。然玠晚頗荒淫，璘多喪敗，豈狃于常勝，驕心侈歟！抑三世爲將，釀成逆曦之變，覆其宗祀，蓋有由焉。

## 校勘記

〔一〕瀘川軍　「川」原作「州」。按瀘州的軍額是「瀘川」，見本書卷八九地理志；本書卷三五〇劉仲武傳作「瀘川軍」，據改。

〔二〕宣撫司統制　「司」原作「使」。按本書卷一六七職官志「諸軍都統制」條說：「神武五軍及川陝宣撫司、都督府、樞密院皆置。」章穎宋南渡十將傳卷一劉錡傳作「宣撫司」，據改。

〔三〕金騎已入陳　「陳」原作「陣」。按此處指的是陳州，見繫年要錄卷一三五、北盟會編卷二〇一，不得和「陣」字通，據改。

〔四〕破敵弓　宋南渡十將傳卷一劉錡傳、北盟會編卷二〇一作「破胡弓」。

〔五〕遣甲士數隊路橋臥槍而坐　「路」，繫年要錄卷一三九、北盟會編卷二〇五作「過」。

〔六〕水洛城　原作「永洛城」，據琬琰集上編卷一二明庭傑吳武安玠功蹟記、本書卷八七地理志改。

〔七〕彭原店　本書卷二六高宗紀作「彭原」，北盟會編卷一九五載王綸吳玠墓誌銘及同書卷一三七都作「彭店原」，琬琰集吳武安玠功蹟記作「彭店」。

〔八〕六年新置行營兩護軍璘爲左護軍統制九年升都統制　琬琰集上編卷一四王曮吳武順王碑作：「六年，創軍名行營右護軍，爲行營右護軍統制軍馬。……九年春，改行營右護軍都統制。」下文也說：「十七年，……改行營右護軍爲御前諸軍都統制。」疑此處「左」當作「右」。

〔九〕階成西和鳳文龍興七州　「西」字原脫，琬琰集吳武順王碑七州中無「西和」而有「岷」。按岷州紹興十四年三月改西和州，見本書卷三〇高宗紀，此處「和」當作「西和」。繫年要錄卷一五二正作「西和」，據補。

〔一〇〕二十一年以守邊安靜拜少保　按吳璘本年未拜少保而是加拜太尉；直至二十九年始除少保，見琬琰集吳武順王碑、宋會要職官一之五及一三。此誤。

〔一一〕預治黃河戰地　「黃河」，於地里上不合，吳武順王碑、本卷吳挺傳、繫年要錄卷一九八都作「夾河」。





〔一二〕會天大風雷　「雷」，琬琰集吳武順王碑、繫年要錄卷一九八都作「雪」。

〔一三〕紹熙　原作「紹興」。按此處所記是光宗時事，不應用紹興紀元，今改。

# 宋史卷三百六十七

## 列傳第一百二十六

### 李顯忠 楊存中 郭浩 楊政

李顯忠，綏德軍青澗人也。初名世輔，南歸，賜名顯忠。由唐以來，世襲蘇尾九族巡
檢。初，其母當產，數日不能免，有僧過門曰：「所孕乃奇男子，當以劍、矢寘母旁，即生。」已
而果生顯忠，立於蓐，咸異之。

年十七，授效用，隨父永奇出入行陣。金人犯鄜延，經略王庶命永奇募間者，得張琦；
更求一人，顯忠請行。永奇曰：「汝未涉歷，行必累琦。」顯忠曰：「顯忠年小，膽氣不小，必不
累琦，當與琦俱。」有敵人夜宿陶穴，顯忠縋穴中，得十七人，皆殺之，取首二級，馬二匹，餘
馬悉折其足。庶大奇之，補承信郎，充隊將，由是始知名。轉武翼郎，充副將。

金人陷延安，授顯忠父子官。永奇聚泣曰：「我宋臣也，世襲國恩，乃爲彼用邪！」會劉



豫令顯忠帥馬軍赴東京，永奇密戒之曰：「汝若得乘機，即歸本朝，無以我故貳其志。事成，
我亦不朽矣。」顯忠至東京，劉麟喜之，授南路鈐轄，乃密遣其客雷燦以蠟書赴行在。已而
豫廢，兀朮以萬騎馳獵淮上，與顯忠獨立馬圃場間。顯忠戒與俊往探淮水可度馬處，欲執
兀朮歸朝。俊還，顯忠馳問之，爲竹刺傷馬而止。兀朮授顯忠承宣使、知同州。

顯忠至鄜省侍，永奇教顯忠曰：「同州入南山，乃金人往來驛路，汝可於此擒其酋，渡
洛、渭，由商、虢歸朝。第報我知，我當以兵取延安而歸。」顯忠赴同州，即遣黃士成等持書
由蜀至興，報歸朝事。元帥撒里曷來同州，顯忠以計執之，馳出城。至洛河，舟船後期不得
渡，與追騎屢戰，皆勝。顯忠憩高原，望追騎益多，乃與撒里曷折箭爲誓，不得殺同州人，不
得害我骨肉，皆許之，遂推之下山崖，追兵爭救得免。顯忠攜老幼長驅而北，至鄜城縣，急
遣人告永奇。永奇即挈家出城，至馬翅谷口，爲金人所及，家屬二百口皆遇害。是日，天昏
大雪，延安人聞之皆泣下。

顯忠僅以二十六人奔夏國。夏人問故。顯忠泣，具言父母妻子之亡，切齒疾首，恨不即
死，願得二十萬人生擒撒里曷，取陝西五路歸于夏。顯忠亦得報不共戴天之讎。夏主曰：
「爾能爲立功，則不靳借兵。」時有酋豪號「靑面夜叉」者，久爲夏國患，乃令顯忠圖之。請三
千騎，晝夜疾馳，奄至其帳，擒之以歸。夏主大悅，即出二十萬騎，以文臣王樞、武臣哆訛爲



陝西招撫使，顯忠爲延安招撫使，時紹興九年二月十四日也。

顯忠引兵至延安，總管趙惟清大呼曰：「鄜延路今復歸宋矣，已有赦書。」顯忠與官吏觀
赦書列拜，顯忠大哭，衆皆哭，百姓哭聲不絕。乃以舊部八百餘騎往見王樞、哆訛，諭之曰：
「顯忠已得延安府，見講和赦書，招撫可以本部軍歸國。」哆訛不從，曰：「初，經略乞兵來取
陝西。今既到此，乃令我歸耶？」顯忠知勢不可，乃出刀斫哆訛，不及，擒王樞縛之。夏人以
鐵鷂子軍來。顯忠以所部拒之，馳揮雙刀，所向披靡，夏兵大潰，殺死蹂踐無慮萬人，獲馬
四萬疋。顯忠揭榜招兵，以「紹興九年」爲文書。每得一人，予馬一匹，旬日間得萬人，皆驍
勇少壯。又擒害其父母弟姪者，皆斬于東城之內。行至鄜州，已有馬步軍四萬餘。撒里曷
在耀州，聞顯忠來，一夕遁去。

四川〔一〕宣撫吳玠遣張振來撫諭云：「兩國見議和好，不可生事，可量引軍赴行在。」遂
至河池縣見玠，玠撫之曰：「忠義歸朝，惟君第一。」從行使臣崔皋等六百餘人列拜庭下，玠
又撫之，犒以銀絹，詣行府受告敕、金帶，除指揮使、承宣使。至行在，高宗撫勞再三，賜名
加賚，又賜田鎮江，以崔皋輩充將佐。

兀朮犯河南，命顯忠爲招撫司前軍都統制，與李貴同破靈壁縣。兀朮犯合肥，手詔以
軍與張俊會。顯忠至孔城鎮，與敵戰，敗之。兀朮謂韓常曰：「李世輔歸宋，不曾立功，此人



敢勇，宜且避之。」乃焚廬江而走。顯忠欲追之與死戰，俊以奉旨監護，慮失顯忠，遂各以
軍還。

太后至臨安，顯忠入覲，加保信軍節度使、浙東副總管。顯忠熟西邊山川險易，因上恢
復策，忤秦檜意。金使言顯忠私遣人過界，遂降官奉祠，台州居住。復寧國軍節度使，升都
統制。

二十九年，金渝盟，詔顯忠以本部捍禦。遣統制官韋永壽等以二百騎至安豐軍，與金
將小韓將軍兵五千人戰于大人洲，敗之。俄又增兵萬餘來，顯忠率騎軍出，自旦至午，氣
百倍，以大刀斫敵陣，敵不能支，殺獲甚衆，擁入淮者不可計。

金主亮犯淮西，朝廷命王權拒于合肥。權退保和州，又棄軍渡江，和州失守。金主親
統細軍駐和之鷄籠山，將濟采石。朝廷詔以顯忠代權，命虞允文趣顯忠交軍，軍中大喜，於
是有采石之捷，語在允文傳。顯忠退軍沙上，得楊存中報：「車駕至平江，可速進兵。」顯忠
選銳士萬人渡江，盡復淮西州郡。軍至橫山澗，與金射鵰軍戰，統制頓遇重傷，韋永壽死
之，敵兵敗走。金主亮切責諸將不用命，諸將弑之而還。

是役也，顯忠所將一萬九千八百六人行賞有差，張振功爲最。詔賜顯忠五子金帶。授
顯忠淮西制置使〔二〕、京畿等處招討使，擢太尉、寧國軍節度使、主管侍衞馬軍司公事，赴

行在。

孝宗即位，賜田百頃，兼權池州駐箚御前諸軍都統制，節制軍馬。隆興元年，兼淮西招撫使。時金主褒新立，山東、河北豪傑蠭起，耶律諸種兵數十萬據數郡之地，太行山忠義耿京、王世隆輩皆欲挈地還于朝。金懼，亟請和。顯忠陰結金統軍蕭琦爲內應，請出師自宿、亳趨汴，由汴京以通關陝；關陝既通，則鄜延一路熟知顯忠威名，必皆響應；且欲起其舊部曲，可得數萬人，以取河東。

時張浚開都督府，四月，命顯忠渡江督戰。乃自濠梁渡淮，至陡溝，琦背約，用拐子馬來拒，與戰，敗之。琦復背城列陣，顯忠躬率將士鏖戰，琦敗走，遂復靈壁，入城，宣布德意，不戮一人，中原歸附者踵接。時邵宏淵圍虹縣未下，顯忠遣靈壁降卒開諭禍福，金貴戚大周仁及蒲察徒穆皆出降。宏淵恥功不自己出；又有降千戶訴宏淵之卒奪其佩刀，顯忠立斬之，由是二將益不相能。

六月，兵傅宿州城，金人來拒，顯忠敗之，斬其左翼都統及首虜數千人，追奔二十餘里。宏淵至，謂顯忠曰：「招撫眞關西將軍也。」顯忠閉營休士，爲攻城計，宏淵等不從。顯忠引麾下楊椿上城，開北門，不踰時拔其城。宏淵等殿後，趣之，乃始渡濠登城。城中巷戰，又斬首虜數千人，擒八十餘人，遂復宿州。舉寄居官劉時攝州事。捷聞，授顯忠開府儀同三





司、殿前都指揮使，妻周氏封國夫人。宏淵欲發倉庫犒士卒，顯忠不可，移軍出城，止以見錢犒士，士皆不悅。

金帥孛撒自南京率步騎十萬來，晨薄城，列大陣。顯忠親帥軍遇于城南，戰數十合，孛撒大敗，遂退走。統制李福、統領李保各以所部退避，皆斬以徇。翼日，敵益兵至。顯忠謂宏淵并力夾擊，宏淵按兵不動，顯忠獨與所部力戰百餘合，殺左翼都統及千戶、萬戶，斬首虜五千餘人。俄增兵復來逼城，顯忠用克敵弓射卻之。

宏淵顧衆曰：「當此盛夏，搖扇於淸涼猶不堪，況烈日中被甲苦戰乎？」人心遂搖，無鬥志。至夜，中軍統制周宏鳴鼓大譟，陽謂敵兵至，與邵世雍、劉侁各以所部兵遁；繼而統制左士淵、統領李彥孚亦遁。顯忠移軍入城，殿司前軍統制張訓通、馬司統制張師顏、池州統制荔澤、建康統制張淵各遁去。

金人乘虛復來攻城，顯忠竭力捍禦，斬首虜二千餘人，積屍與羊馬牆平。城東北角敵兵二十餘人已上百餘步，顯忠取軍所執斧斫之，敵始退卻。顯忠曰：「若使諸軍相與掎角，自城外掩擊，則敵兵可盡，金帥可擒，河南之地指日可復矣。」宏淵又言：「金添生兵二十萬來，儻我軍不返，恐不測生變。」顯忠知宏淵無固志，勢不可孤立，歎咤曰：「天未欲平中原耶？何沮撓若此！」是舉，所喪軍資器械殆盡，幸而金不復南。顯忠以軍還，見浚，納印待罪。責授果州團練副使，潭州安置。後朝廷知其故，移撫州。

乾道改元，乃還會稽，復防禦使，觀察使、浙東副總管，賜銀三萬兩，絹三萬匹，綿一萬兩。提舉台州崇道觀。召除威武軍節度使、左金吾衞上將軍，賜第京師。上奇其狀貌魁傑，命繪像閣下。復太尉。乞祠，提舉興國宮，紹興府居住，歲賜米二千石。

淳熙四年，召赴行在，提舉萬壽觀，奉朝請。入見，給眞奉，賜內庫金，再葺前所賜第賜之。七月卒，年六十九。贈開府儀同三司，謚忠襄。

楊存中本名沂中，字正甫，紹興間賜名存中，代州崞縣人。祖宗閔，永興軍路總管，與唐重同守永興，金人陷城，迎戰死之。父震，知麟州建寧砦，金人來攻，亦死於難。存中魁梧沈鷙，少警敏，誦書數百言，力能絕人。慨然語人曰：「大丈夫當以武功取富貴，焉用俯首爲腐儒哉！」於是學孫、吳法，善射騎。宣和末，山東、河北羣盜四起，存中應募擊賊，積功至忠翊郎。

靖康元年，金人再圍汴京，諸道兵勤王，存中與張俊、田師中從信德府守臣梁揚祖以萬兵入援，後隸張俊部曲。上問將於俊，俊以存中對。召見，賜袍帶。時元帥府草創，存中晝





夜扈衛寢幄，不頃刻去側。帝知其忠謹，親信之。劇賊李昱據任城，久不克，存中以數騎入，擊殺數百人。帝乘高望見，介胄盡赤，意其被重創。召視之，皆汚賊血，壯之，飲以酒，曰：「酌此血漢。」存中請復往，帝止之。存中曰：「此賊膽碎，即成擒矣。」遂大破之，復任城，遷閤門祗候。

建炎二年，討賊徐明于嘉興，先登。主帥將屠城，存中力諫止之，戮其渠魁而已，郡賴以全。遷榮州刺史。高宗南渡，以勝捷軍從張俊守吳門；苗、劉之變，又從俊赴難。遷貴州團練使，尋爲御前右軍統領。金人攻明州，又從俊與田師中、趙密殊死戰，破之。以奇功遷文州防禦使、御前中軍統制。

紹興元年，從俊討李成。諸將議，多欲分道進，存中曰：「賊勢如此，兵分則力弱，又諸將位均勢敵，非招討督之，必不相爲用。」俊然之。整軍至豫章，存中率兵數千，首破賊于玉隆觀，追至筠州。賊驍將以衆十萬來援，夾河而營。存中謂俊曰：「彼衆我寡，擊之當用奇，願以騎見屬，公以步兵居前。」俊從之。存中夜銜枚渡筠河，出西山，馳下擊賊，俊以步兵夾攻，俘八千人。諸將夜見存中曰：「戰未休，降卒多，忽有變，奈何？非盡殲之不可。」存中曰：「殺降吾不忍。」諸將轉告俊，竟夜坑之。乘勝追至九江，成遂遁去。遷宣州觀察使。

二年春，進神武中軍統制，宰相呂頤浩袖敕以授存中。俊奏留存中軍中，上曰：「宿衞

之帥，朕所選，爲不可易也。」存中亦固辭，且謂：「神武諸帥如韓世忠、張俊，皆貴擁旄鉞，名望至重，如臣么麽，一旦位與之抗，實不自安。」不許，遣中使宣押，乃視事。兼提舉宿衞親兵。時中軍卒不滿五千，疲癃者居半。存中請拘神武卒借出於外者歸軍中，由是軍政寖修。

三年，嚴州妖賊繆羅據白馬源，殺王官，存中討平之。除帶御器械，加保信軍承宣使、權發遣鄜延路馬步軍副總管。

六年，爲龍神衞四廂都指揮使、密州觀察使。先是，張浚〔三〕視師，謀渡淮以圖劉豫，倚韓世忠爲用。世忠圍淮陽，從浚乞張俊將趙密爲助，俊拒之。趙鼎語浚曰：「世忠所欲者趙密爾，存中武勇，不減於密，盍令存中助之。」浚請於朝，故有是命。於是存中以八隊萬人，邏督府助世忠。

十月，存中與劉猊戰于藕塘，大破之。猊之初入也，淮西宣撫使劉光世欲棄廬州，退保太平。賊衆十萬已次濠、壽間，浚命張俊拒之，使存中往泗州與俊合。及至泗，則光世已舍廬去。浚遣人諭之曰：「一人渡江，卽斬以狥。」光世不得已還廬駐兵，與存中相應。賊先犯定遠縣，存中以兵二千襲敗于越家坊。既而與猊兵遇藕塘，賊據山列陣，矢下如雨。存中急擊之，且使統制吳錫以勁騎五千突其陣。陣亂，存中鼓大軍乘之，自以精騎衝其脅，大呼



曰：「破賊矣！」賊錯愕駭視。前軍統制張宗顏自泗來，乘背擊之，賊大敗。猊以首抵謀主李愕〔四〕曰：「適見髯將軍，銳不可當，果楊殿前也。」卽以數騎遁去。餘黨萬人僵立失措，存中躍馬叱之，皆怖而降。麟在順昌，孔彥舟方圍光州，聞之皆拔砦遁去，北方大恐。所得賊舟數百艘，車數千兩。

捷聞，帝遣中使勞賜，謂宰執曰：「卿輩始知朕得人也。」除保成軍節度使、殿前都虞候，尋兼領馬步帥。存中奏：「祖宗置三衙，鼎列相制，今令臣獨總，非故事也。」不允。七年，爲淮南西路制置使，將以撫定酈瓊諸軍，不果行，語在王德傳。九年，遷殿前副都指揮使。

十年，金人叛盟取河南，命存中爲淮北宣撫副使，引兵至宿州，以步軍退屯于泗。金人詭令來告敵騎數百屯柳子鎭。存中欲卽擊之，或以爲不可，存中不聽。留王滋、蕭保以千騎守宿，自將五百騎夜襲柳子鎭，黎明，不見敵而還。金人以精兵伏歸路，存中知之，遂橫奔而潰。參議官曹勛不知存中存亡，以聞，朝廷震恐，於是有權宜退保之命。既而存中自壽春渡淮歸泗，人心始安。冬，引兵還行在。

十一年，兀朮恥順昌之敗，復謀來侵。詔大合兵于淮西以待之。於是存中以殿司兵三萬卒戍淮，與金人戰于柘皐，敗之。時張俊爲宣撫使，存中爲副使，劉錡爲判官，王德爲都統制，田師中、張子蓋爲統制官。金人以拐子馬翼進，存中曰：「敵恃弓矢，吾有以屈之。」使



萬人操長斧，如牆而進，諸軍鼓譟奮擊，金人大敗，退屯紫金山。是役也，失將士九百人，金人死者以萬計，而濠圍猶未解。

俊與存中、錡先議班師。會有云濠路已通者，俊謂錡曰：「吾欲與楊太尉耀兵淮上，安撫濠梁之民，取宣化歸金陵，楊太尉則渡瓜洲還臨安。」明日，命二帥行。諜報金攻濠甚急，倉皇復回，邀錡會于黃連埠，距濠六十里，聞城陷矣，召存中、錡謀之。錡謂存中：「何以處此？」存中曰：「戰爾，相公與太尉在後，存中當居前。」錡曰：「本來救濠，濠既已失，進無所依，人懷歸心，勝氣已索，此危道也。不若退師據險，俟其去，爲後圖。」諸將皆曰：「善。」鼎足而營，遣人俟敵，曰：「已去矣。」俊自以爲功，謂錡毋往，命存中與德偕至濠。列陣未定，煙起城中，金人伏騎萬餘分兩翼出。存中顧德曰：「何如？」德曰：「德小將，焉敢預事？」存中以策麾軍曰：「那回！」諸軍以爲令其走也，遂散亂南奔，無復紀律，金人追殺甚衆。後一日，韓世忠大軍至，已無及矣。存中乃自宣化渡江歸行在。加檢校少保、開府儀同三司，兼領殿前都指揮使，蓋錄柘皐之功而揜濠梁之敗也。

十二年，徽宗梓宮攢永固陵，命存中都護。竣事，拜少傅，以保傅爲管軍自存中始。十四年，存中請詣太學謁先聖，帝曰：「學校既興，武人亦知崇尚，如漢羽林士皆通孝經，況其他乎？」二十年，封恭國公。二十八年，拜少師，恩數視樞密使。存中以凡重地皆有統制官，



獨荆、襄無之，請于朝，於是荆南、襄陽初置諸統制。

存中在殿巖凡二十五載，權寵日盛，太常寺主簿李浩、敕令所删定官陸游、司封員外郎王十朋、殿中侍御史陳俊卿相繼以爲言。三十一年，罷爲太傅、醴泉觀使，進封同安郡王，賜玉帶，朝朔望。

時金主亮有南侵意，存中上備敵十策。步帥趙密謀奪存中權，因指爲喜功生事。存中聞之，上章乞免，密竟代之。未幾，邊聲日急，九月，詔存中爲御營宿衞使。劉汜戰敗于瓜洲，命存中往京口，爲守江計。虞允文自采石來會，存中與之協力拒敵，敵不能濟。金主亮死，與允文輕舟渡江以伺敵。及金人請和，存中奏俟彼得新主之命，無遽許之。

帝如建康，詔存中扈蹕，因語宰相曰：「楊存中唯命東西，忠無與二，朕之郭子儀也。」金使復請和，存中請拘之江口，移書審問，若能歸我族屬，還舊壤，損歲幣，復白溝之界，以通兄弟之好，如是則和議可從；不然，請斬其使，亟圖恢復。會駕還，以存中爲江、淮、荆、襄路宣撫使，給、舍不書黃，命遂寢。未幾，仍奉祠。

隆興元年，王師潰于符離，復起存中爲御營使。二年，金人再入關，議割蜀之和尚原以界之。存中入對，曰：「和尚原，隴右之藩要也。敵得之，則可以睥睨漢川；我得之，則可以下兵秦雍。曩議予金人，吳璘力爭不從。今璘在遠，不及知。臣若不言，非特負陛下，亦有

媿於隣。近者，王師盡銳而後得，願毋棄。」

未幾，金人復攻淮甸，詔存中同都督江、淮事。湯思退罷，升都督，陛辭，賜坐，賜玉鞍勒。時諸軍各守分地，不相統一，存中集諸將調護之，於是始更相爲援。帝親札賜之曰：「諸帥協和，互相策應，卿之力也。」會金兵已深入，朝議欲舍淮保江，存中持不可，乃已。金兵在揚州，或勸存中擊之。存中不敢渡，獨臨江固壘以老之。

金人尋請盟。乾道元年班師，加昭慶軍節度使，復奉祠。時興屯田，存中獻私田在楚州者三萬九千畝。二年，卒，年六十五。以太師致仕，追封和王，謚武恭。高宗追念舊臣，爲之出涕，賻錢十萬。高宗假借諸將，眷存中尤深，嘗曰：「朕於存中，撫綏之過於子弟。」趙密代領殿帥，則舉唐崔祐甫奪王駕鶴兵權事，豫戒大臣。及竣事，又曰：「楊存中之罷，朕不安寢者三夕。」

存中天資忠孝敢勇，大小二百餘戰，身被五十餘創。宿衞出入四十年，最寡過。孝宗以爲舊臣，尤禮異之，常呼郡王而不名。父、祖及母皆死難，存中既顯，請于朝，宗閔謚忠介，震謚忠毅，賜廟曰顯忠，曰報忠。又以家廟、祭器爲請，遂許祭五世，前所無也。祖母劉流落蜀、隴，存中日夜禱祠訪問，間關數千里，卒迎以歸。御軍寬而有紀，所用將士，專以才勇選，不私部曲之舊。李顯忠以罪斥，存中奏爲統制官，後爲名將。嘗以尅敵弓雖勁而蹶





張難，遂以意創馬皇弩，思巧製工，發易中遠，人服其精。嘗營居鳳山，十年而就，極山川之勝，後獻於朝廷，更築室焉。又葺園亭于湖山之間，高宗爲書「水月」二字。所居建閣以藏御書，孝宗題曰「風雲慶會之閣」。

子，偰工部侍郎；倓簽書樞密院事、昭慶軍節度使。

郭浩字充道，德順軍隴干人〔五〕。父任三班奉職。徽宗時，充環慶路第五將部將，嘗率百騎抵靈州城下，夏人以千騎追之，浩手斬二騎，以首還。充渭州兵馬都監。從种師道進築葺平砦，敵據塞水源，以渴我師，浩率精騎數百奪之。敵攻石尖山，浩冒陣而前，流矢中左脇，怒不拔，奮力大呼，得賊乃已；諸軍從之，敵遁去，由是知名。累遷中州〔六〕刺史。

欽宗即位，進安州團練使。以种師道薦，召對，奏言：「金人暴露，日久思歸，乞給輕兵間道馳滑臺，時其半度，可擊也。」會和戰異議，不能用。帝問西事，浩曰：「臣在任已聞警，慮夏人必乘間盜邊，願選將設備。」已而果攻涇原路，取西安州、懷德軍。紹聖開拓之地，復盡失之。种師中制置河東，辟以自隨。

建炎元年，知原州。二年，金人取長安，涇州守臣夏大節棄城遁，郡人亦降。浩適夜半至郡，所將財二百人，得金人不殺，使之還，曰：「爲語汝將曰，我郭浩也，欲戰即來決戰。」金人遂引去。升本路兵馬鈐轄、知涇州、權主管鄜延路經略安撫。

時二敵交侵，鄜延之東皆金人，西北即夏境，其屬朝廷者惟保安一軍、德靜一砦。浩間道之德靜，置司招收散亡，與敵對壘，一年，敵不能犯。再除涇原路兵馬鈐轄、知涇州。浩去，夏人復來，權帥耿友諒僅以身免，一路盡陷。

張浚爲宣撫處置使，以浩爲秦鳳路提點刑獄、權經略使、知秦州。時浚經略陝西，有言敵可討者，浚意向之。諸帥恥於不武，莫敢出言。浚檄五路帥悉所部兵會于富平，浩獨謂敵鋒方銳，且當分守其地，掎角相援，俟釁而動。浚不聽，師出果敗，五路俱陷，帥府皆徙置他所。浚復以浩舊官移知鳳翔府，寓治寶鷄縣，又退保和尙原。金人抵原下，浩與吳玠隨方捍禦，蜀以安全。第功，遷正任防禦使。

紹興元年，金人破饒風嶺，盜梁、洋，入鳳州，攻和尙原。浩與吳璘往援，斬獲萬計。遷邠州觀察使，徙知興元府。飢民相聚米倉山爲亂，浩討平之。徙知利州。金人以步騎十餘萬破和尙原，進窺川口，抵殺金平，浩與吳玠大破之。遷彰武軍承宣使。玠按本路提點刑獄宋萬年陰與敵境通，利所鞫不同，由是與浩意不協，朝廷乃徙浩知金州兼永興軍路經略使。





金州殘弊特甚，戶口無幾，浩招輯流亡，開營田，以其規置頒示諸路。他軍以匱急仰給朝廷，浩獨積贏錢十萬緡以助戶部，朝廷嘉之，凡有奏請，得以直達。九年，改金、洋、房州節制。

金人還河南地，以浩爲龍、神衞四廂都指揮使，充陝西宣諭使、知金州。樓炤行關中，辟浩樞密院都統制、節制陝西軍馬。十年，拜奉國軍節度使。五路陷，徙知夔州，未行，移知金州，仍永興路經略安撫使、節制陝西河東兼措置河東路忠義軍馬。十一年，金人內侵，宣撫使胡世將召浩及吳璘、楊政會仙人原，授以攻取之策。浩遣裨將設伏破之。

十四年，召見，拜檢校少保，還鎭，賜以御府金器、繡鞍，仍官一子文資，賜田五十頃。浩辭曰：「臣父子起身行陣，不敢忘本，願還文資。」帝嘉其意，別與一子閤職。是歲，分利州爲東西兩路，以浩爲金房開達州經略安撫使兼知金州、樞密院都統制，屯金州，仍建帥府。十五年，卒，年五十九。贈檢校少師，謚恭毅。淳熙元年，賜立廟金州。

楊政字直夫，原州臨涇人。崇寧三年，夏人舉國大入，父忠戰歿，政甫七歲，哀號如成人。其母奇之，曰：「孝於親者必忠於君，此兒其大吾門乎？」宣和末，應募爲弓箭手。靖康

初，因拒夏人，稍知名。建炎間，從吳玠擊金人，九戰九捷。累功至武顯郎。

紹興元年春，金人趨和尚原，又攻箭筈關，政引兵大破之，斬千戶一、酋長二。遷右武大夫。十月，金兵大集，號十萬，自寶鷄列栅至原下。吳玠與相持累日，以政統領將兵迎敵，日數十合，士卒無不一當百。復出奇兵斷其糧道，敵少卻，遮擊之，獲萬戶及首領三百餘人、甲士八百六十人。拜恭州刺史。時有嫉政者，以母妻尚留北境，不宜屬以兵權，玠不聽，政益感奮。

二年，金合步騎數千栅魚龍川口，政帥精兵劫破之。升隴州團練使，移知方山原，軍儲芻穀在其中。三月，金大軍來攻，城且下，政擊敗之。還知鳳州。三年，金攻饒風關，政從玠戰關下，凡六日。改明州觀察使。

四年，撒离喝哀精兵十萬，欲道仙人關入蜀，至上奢田。玠築壘于關外，政曰：「此地爲蜀阨塞，當堅守，時出奇擊之。」玠用其言。金人變態多端，政隨機應之，連日百餘戰。敵帥督戰益急，政命卒以神臂弓射之；又選甲士千餘出山谷，斷其兵，使不得進退；又出敵不意，夜斫其營。敵遂遁去，追至河池而還。授龍神衞四廂都指揮使、環慶路經略安撫使。

五年，金人攻淮，玠命政帥師乘機牽制，至秦州，一戰而拔，撫定居民，秋毫無犯。改經略安撫涇原兼帥環慶、利路。三鎮事叢集，剖決無滯。母留敵境，間遣人省視之，母惟勉



以忠義。九年春，和議成，始得迎母及兄弟歸。乞祠以便養，不許。詔封其母感義郡夫人，以政爲熙河蘭鞏路經略安撫使、知熙州，進武康軍承宣使。

十年，徙利州，又徙興元。會金人渝盟，政建迎敵之策，兼川、陝宣撫副使司都統制。政偕統制楊從義劫金人于鳳翔府城南砦，敗之，獲戰馬數百。母卒，起復，遂帥師趣寶雞渭水上，以拒敵衝，凡大戰七，斬獲甚多。川、陝宣撫副使胡世將奏：「鳳翔之捷，政奮不顧身，功效顯著。」拜武當軍節度使。

十一年秋，金將胡盞、習不祝合軍五萬來攻，政與吳璘、郭浩會于仙人原。世將授以攻取之策，政出和尚原，浩出商州以爲援，璘駐秦州。政引兵夜入隴州界，遂趨吳山，與金人對壘，又敗金萬戶通檢于寶雞。時通檢居渭北，政欲攻拔其城，通檢將精甲萬衆出，政帥勇士鏖戰，遣裨將突出陣後，登山執幟。金軍見之，大呼曰：「伏發矣！」乃驚潰。政乘勝掩殺，通檢走至城門而橋已絕，遂擒之。

和議成，帝召政還，軍民詣部使者借留。及入見，條奏詳明，帝善之。十三年，還鎮，加檢校少保，賜田五十頃。十四年，分利州爲東西兩路，政屯興元府。久之，拜太尉。二十七年，卒，年六十。贈開府儀同三司，謚襄毅。

政守漢中十八年，六堰久壞，失灌溉之利，政爲修復。漢江水決爲害，政築長堤捍之。凡利於民者不敢以軍旅廢。休兵十餘年，未嘗升遷將士，上下安之。政故爲吳璘裨將，及與璘分道建帥，執門下之禮益恭，世頗賢之。

論曰：李顯忠生而神奇，立功異域，父子破家狥國，志復中原，中罹讒構，屢遭廢黜，傷哉！楊存中出入淮甸，無大勝負，典兵最久，貴寵獨隆，然頗能知幾，不阽禍敗，其亦有天幸者歟？郭浩、楊政克左右玠、璘兄弟，保全川蜀。數君子皆人所屬倚以成功者，奈何撓於和議，頻失事機，人心沮喪，不得如吉甫、方叔，受祉振旅以成中興之業，惜哉！



## 校勘記

〔一〕四川　原作「四州」，據本書卷三六六吳玠傳、章穎宋南渡十將傳卷三李顯忠傳改。

〔二〕淮西制置使　「淮西」原作「淮南」，據本書卷三二高宗紀、繫年要錄卷一九四改。

〔三〕張浚　原作「張俊」，據繫年要錄卷九九、北盟會編卷一六九改。

〔四〕李愕　繫年要錄卷一〇六、十朝綱要卷二三都作「李諤」。

〔五〕德順軍隴干人　「德順」二字原倒。按宋無「順德軍」；本書卷八七地理志「德順軍」條：「慶曆三



年，即渭州隴干城建爲軍。」據改。

〔六〕中州　按宋無中州，本書卷八九地理志夔州路有忠州，疑「中」乃「忠」字之訛。

# 宋史卷三百六十八

## 列傳第一百二十七

### 王德 王彥 魏勝 張憲 楊再興 牛皐 胡閎休

王德字子華，通遠軍熟羊砦人。以武勇應募，隸熙帥姚古。會金人入侵，古軍懷、澤間，遣德諜之，斬一酋而還。補進武校尉。古曰：「能復往乎？」德從十六騎徑入隆德府治，執僞守姚太師，左右驚擾，德手殺數十百人，衆愕眙莫敢前。古械姚獻于朝，欽宗問狀，姚曰：「臣就縛時，止見一夜叉耳。」時遂呼德爲「王夜叉」。

建炎元年，以勤王師倍道趨闕，改隸劉光世，平濟南寇李昱、池陽寇張遇。光世將先鋒討李成，德以百騎覘賊，至蔡州上蔡驛口橋，賊疑爲誘騎，擁衆欲西。德麾騎大呼曰：「王師大至矣！」賊駭遁，追殺甚衆。成奔新息，收散卒復戰。賊見光世張蓋行陳，不介胄，知爲主帥，併兵圍之。德突圍擁光世還軍，遂襲敗李成。授武略大夫。





三年春，遷前軍統領，屯天長。金人攻揚州，西軍多潰，德趨宣化。會叛將張昱、張彥圍和州，太守張績求援於德，德兵傅城下，賊不意其至，大潰。遲明接戰，斬昱，俘其兵騎萬數，濟自采石。

光世方謀討苗、劉之逆，迎至建康，謂德曰：「江都之擾，諸軍不寘則盜。公可仗義夜涉大江，徇國急變。」遂以軍屬光世。會苗、劉走閩中，詔德追擊，隸韓世忠。德欲自致功名，而世忠必欲德爲之使，遣親將陳彥章邀德於信州。彥章拔佩刀擊德，德殺彥章，尸諸市。德至浦城，斬苗瑀，擒馬柔吉送行在。世忠訟其擅殺，下臺獄，侍御史趙鼎按德當死，帝命特原之，編管郴州。

時光世屯九江，得楊惟忠所失空頭黃敕，即以便宜復德前軍統制，遣平信州妖賊王念經。行次饒州，會賊劉文舜圍城，德引兵赴之，文舜請降。德納而誅之，自餘不戮一人。謂諸校曰：「念經聞吾宿留，必不爲備。」倍道而趨，一鼓擒之，獻俘于朝。詔還舊秩，加武顯大夫、榮州刺史。

四年，光世鎭京口，以德爲都統制。金兵復南，光世將退保丹陽，德請以死捍江，諸將恃以自彊。分軍扼險，渡江襲金人，收眞、揚數郡。既而又遇敵于揚州北，有被重鎧突陣者，德馳叱之；重鎧者直前刺德，德揮刀迎之，即墮馬。衆褫駭，因麾騎乘之，所殺萬計。

紹興元年，平秀州水賊邵青。初，德與戰于崇明沙，親執旗麾兵拔栅以入，青軍大潰。他日，餘黨復索戰，諜言將用火牛，德笑曰：「是古法也，可一不可再，今不知變，此成擒耳。」先命合軍持滿，陳始交，萬矢齊發，牛皆返奔，賊衆殲焉。青自縛請命，德獻俘行在。帝召見便殿問勞，褒賞特異。遷中亮大夫、同州觀察使。

三年，光世宣撫江、淮，當移屯建康，命韓世忠代之。德從數十騎自京口逆世忠，度將及麾下，徒步立道左，抗言曰：「擅殺陳彥章，王德迎馬頭請死。」世忠下馬握其手曰：「知公好漢，鄉來纖介不足置懷。」乃設酒盡歡而別。是冬，知翠州、熙河蘭廓路兵馬鈐轄。

明年春，知蘭州，徙屯池陽及當塗，爲行營左護軍前軍統制。金兵掠江北，破滁州。德越江襲奪之，追至桑根，擒女眞萬戶盧孛一人，千戶十餘人。五年，改環慶副總管。

六年冬，劉豫遣麟、猊驅鄉兵三十萬，分東西道入寇，中外甚恐，議欲爲保江計。殿帥楊沂中、統制張宗顏、田師中及德等分兵禦之，大敗猊兵于藕塘，猊挺身走；麟在順昌聞之，亦拔砦遁。德追至壽春，弗及，獲其糧舟四百艘。第功，除武康軍承宣使，眞拜相州觀察使。

七年，改熙河蘭廓路副總管、行營左護軍都統制，駐師合肥。會光世罷宣撫，詔德盡護其衆，以酈瓊副之。瓊與德故等夷，恥屈其下，率衆叛從劉豫。八年，命隸張俊，名其軍曰「銳勝」。





十年，解潁昌圍，俊檄德就取宿州。德倍道自壽春馳至蘄縣，與敵游騎遇，遂入城，偃旗臥鼓，騎引去。因潛師宿州，夜半，薄賊營。敵將高統軍詰朝壓汴而陳，僞守馬秦、同知耶律溫以三千人阻水邀戰。德策馬先濟，步騎從之，遙謂賊曰：「吾與金人大小百戰，雖名王貴酋，莫不糜碎，爾何爲者。」賊遂投兵降。馬秦、耶律溫馳入，閉門城守。德至，呼秦諭以逆順，乃自縋而下。德叱其子順先登，秦率溫降，遣詣行在。德乘勝趣亳州，俊會于城父。時叛將酈瓊屯亳，聞德至，謂三路都統制曰：「夜叉未易當也。」遂遁。德入亳州，白俊曰：「今兵威已振，請乘破竹之勢，進取東都。」俊難之，乃班師。策功第一，拜興寧軍承宣使、龍神衞四廂都指揮使，再遷侍衞親軍馬步軍都虞候，封隴西郡侯。

十一年，金人自合肥入侵，游騎及江。俊議分軍守南岸，德曰：「淮者，江之蔽也，棄淮不守，是謂唇亡齒寒也。敵數千里遠來，餉道決不繼，及其未濟急擊之，可以奪氣；若遲之，使稍安，則淮非吾有矣。」俊猶豫未許。德請益堅，曰：「願父子先越江，俟和州下，然後宣撫北渡。」俊乃許德即渡采石，俊督軍繼之。宿江中，德曰：「明旦，當會食歷陽。」已而夜拔和州，晨迎俊入。敵退保昭關，又擊走之，追至柘皐，與金人夾河而軍。

諸將帥皆集，惟張俊後至，統制田師中欲待之，德怒曰：「事當機會，復何待！」徑上馬。

兀朮以鐵騎十餘萬夾道而陣，德曰：「賊右陣堅，我當先擊之。」麾軍渡橋，首犯其鋒。一酋被甲躍馬始出，德引弓一發而斃，乘勝大呼，令萬兵持長斧，如牆而進。敵大敗，退屯紫金山，德復尾擊之。劉錡〔一〕謂德曰：「昔聞公威略如神，今果見之，請以兄禮事。」召拜清遠軍節度使、建康府駐劄御前諸軍都統制，歷浙東福建總管、荆南副都統制。二十五年，卒，贈檢校少保，再贈少傅。二子珙、順，亦以驍勇聞。

王彥字子才，上黨人〔二〕。性豪縱，喜讀韜略。父奇之，使詣京師，隸弓馬子弟所。徽宗臨軒閱試，補下班祗應，爲清河尉。從涇原路經略使种師道兩入夏國，有戰功。

金人攻汴京，彥慨然棄家赴闕，求自試討賊。時張所爲河北招撫使，異其才，擢爲都統制。使率裨將張翼、白安民、岳飛等十一將，部七千人渡河，與金人戰。敗之，復衞州新鄉縣，傳檄諸郡。

金人以爲大軍至，率數萬衆薄彥壘，圍之數匝。彥以衆寡不敵，潰圍出。諸將散歸，彥獨保共城西山，遣腹心結兩河豪傑，圖再舉。金人購求彥急，彥慮變，夜寢屢遷。其部曲覺之，相率刺面，作「赤心報國，誓殺金賊」八字，以示無他意。彥益感勵，撫愛士卒，與同甘



苦。未幾，兩河響應，忠義民兵首領傅選、孟德、劉澤、焦文通等皆附之，衆十餘萬，綿亘數百里，皆受彥約束。金人患之，召其首領，俾以大兵破彥壘。首領跪而泣曰：「王都統砦堅如鐵石，未易圖也。」金人乃間遣勁騎撓彥糧道，彥勒兵待之，斬獲甚衆。益治兵，刻日大舉，告期於東京留守宗澤。

澤召彥會議，乃將兵萬餘渡河，金人以重兵襲其後而不敢擊。既至汴京，澤大喜，令彥宿兵近甸，以衞根本。彥即以所部兵馬付留守司，量帶親兵趨行在。時已遣宇文虛中爲祈請使議和。彥見黃潛善、汪伯彥，力陳兩河忠義延頸以望王師，願因人心，大舉北伐。言辭憤激，大忤時相意，遂降旨免對，以彥爲武翼郎、閤門宣贊舍人，差充御營平寇統領。時范瓊爲平寇前將軍，彥知瓊有逆節，稱疾不就，乞致仕，許之。

知樞密院事張浚宣撫川、陝，奏彥爲前軍統制。浚與金酋婁宿相持于富平，欲大舉，初至漢中，會諸將議，彥獨以爲不可，曰：「陝西兵將上下之情，皆未相通，若少不利，則五路俱失。不若且屯利、閬、興、洋，以固根本，敵入境，則檄五路兵來援，萬一不捷，未大失也。」浚幕府不然其言。彥即請爲利路鈐轄，俄改金均房州安撫使、知金州。

時中原盜賊蠭起，加以饑饉，無所資食；惟蜀富饒，巨盜往往窺覬。桑仲既陷淮安、襄陽，乘勢西向，均、房失守，直擣金州白土關，衆號三十萬。仲，彥舊部曲也，以申櫝請於彥



曰：「仲於公無敢犯，願假道入蜀就食耳。」彥乃遣統領官門立爲先鋒擊之。賊銳甚，立戰死。將士失色，或請避之。彥叱曰：「樞相張公方有事關陝，若仲越金而至梁、洋，則腹背受敵，大事去矣。敢言避者斬！」即勒兵趨長沙平，阻水據山，設伏以待。賊見官軍少，蟻附搏戰。彥執幟一麾，士殊死鬭，賊敗走。彥休士進擊，追奔至白磧，復房州。

紹興元年九月，權京西南路副總管李忠反，擾京西，遂攻金州諸關。賊衆皆河朔人，驍果善戰，彥與戰不利，關陷。彥退屯秦郊，令將士盡伏山谷間，焚秦郊積聚，僞若遁者。秦郊距郡城二十里，路坦夷，彥募敢死士易麾幟，設奇以待。閱再宿，賊至秦郊，官軍逆戰，大敗之，追襲至秦嶺，遂復乾祐縣以歸。忠走降劉豫。

初，桑仲既敗還襄陽，乃鳩集散亡陷鄧州，凶焰復熾。南攻德安，西據均陽，分衆三道：一攻住口關〔三〕，一出馬郎嶺，一擣洵陽，前軍去金州不三十里。彥曰：「仲以我寡彼衆，故分三道以離吾勢，法當先破其堅，則脆者自走。」遣副將焦文通禦住口，自以親兵營馬郎。相持一月，大戰六日，賊大敗，仲爲其下所殺。又有王闢、董貴、祁守中阻兵窺蜀，勢雖不及桑仲，然小者猶不減數萬，彥悉討平之。

是冬，僞齊秦鳳經略使郭振以數千騎掠白石鎭，彥與關師古併兵禦之，賊大敗，獲振，復秦州。張浚承制以彥節制商、虢、陝、華州軍馬。



三年正月，兀朮入侵，浚召彥與吳玠、劉子羽會于興元。撒離曷自上津疾馳，不一日至洵陽。統制官郭進死之，彥退保石泉縣。金人入金、均，彥趣西鄉。二月，金人攻饒風關，彥與吳玠禦之，不能卻，關破，彥收餘兵奔達州。五月，彥遣兵至漢陰縣，與劉豫將周貴戰，大敗之，復金州。浚承制進彥保康軍承宣使〔四〕兼宣撫司參議，彥不受。

五年四月，差知荆南府，充歸、峽、荆門公安軍安撫使。彥因荆南曠土措置屯田，自蜀買牛千七百頭，授官兵耕，營田八百五十頃，分給將士有差。六年二月，知襄陽府、京西南路安撫使，彥以岳飛嫌辭。浚奏彥爲行營前護副軍都統制，督府參謀軍事。

六月，以八字軍萬人赴行在。至鎭江，聞母喪，上疏乞解官，不許。詔免喪服，趣入對，遂以爲浙西、淮東沿海制置副使，以所部屯通州之料角。七年正月，彥因遣將捕亡者於解潛軍中，軍士交鬥於市，言者論其軍政不肅，貶秩二等。彥不自安，乞終餘服。二月，復洪州觀察使、知邵州。彥入辭，帝撫勞甚厚，曰：「以卿能牧民，故付卿便郡，行即召矣。」九年，卒于官，年五十。

彥稱名將，當建炎初，屢破大敵，威聲振河朔。時方撓於和議，遽召之還，又奪其兵柄而使之治郡，士議惜之。彥事親孝，居官廉，子弟有戰功，不與推賞。將死，召其弟姪，以家財均給之。

魏勝字彥威，淮陽軍宿遷縣人。多智勇，善騎射，應募爲弓箭手，徙居山陽。紹興三十一年，金人將南侵，聚芻糧，造器械，籍諸路民爲兵。勝躍曰：「此其時也。」聚義士三百，北渡淮，取漣水軍，宣布朝廷德意，不殺一人，漣水民翕然以聽。

遂取海州。郡守渤海高文富〔五〕聞勝起，遣兵來捕勝。距海州南八十里大伊，與金兵遇，勝迎擊走之，追至城下。衆驚傳水陸悉有兵，城中大恐，文富閉門守，驅民上城禦之。勝令城外多張旗幟，舉煙火爲疑兵；又遣人向諸城門，諭以金人棄信背盟，無名興師，本朝寬大愛民之意。城上民聞之，卽開門，勝遣勇銳者登城樓，餘自門入，莫有禦者。獨文富與其子安仁率牙兵拒守，勝整軍與安仁父子戰譙門內，殺安仁及州兵千餘，擒文富，民皆按堵。

勝權知州事，遣人諭朐山、懷仁、沭陽、東海諸縣，皆定。乃蠲租稅，釋罪囚，發倉庫，犒戰士；分忠義士爲五軍，紀律明肅，部分如宿將。勝自兼都統制，益募忠義以圖收復，遠近聞之響應，旬日，得兵數千。卽具其事報境上帥守，冀給軍裝器甲。時帥守雖知金人將渝盟，未有發其端者，莫敢以聞。





左軍統制董成謀出西北取沂州，勝先遣間還，知金兵數萬至沂，以我軍器甲未備，戒成勿動。成不從勝，率所部千餘人直入沂州巷戰，殺其守及軍士三千餘，衆悉降，得器甲數萬。金人生兵復集，競登屋擲瓦擊之，成軍幾敗。勝欲斬成，以其驍勇，釋之。

金人遣同知海州事蒙恬鎮國以兵萬餘取海州，抵州北二十里新橋。勝帥兵出迎之，設伏于隘，陣以待。衆殊死戰，伏發，賊大敗，殺鎮國，馘千人，降三百人，軍聲益振。山東之民咸欲來附，勝傳檄招諭，結集以待王師之至。

沂民壓蒼山者數十萬，金人圍之，久不下，砦首滕救告急於勝。勝提兵往救之，陣于山下。金人多伏兵，勝兵遇伏，皆赴砦。金人襲之，勝單騎而殿，以大刀奮擊。金人望見勝，知其爲將也，以五百騎圍之數重。勝馳突四擊，金陣開復闔。戰移時，身被數十槍，冒刃出圍。金兵追之，馬中矢踣，步而入砦，無敢當者。金人又急攻，絕其水，砦中食乾糒，殺牛馬飲血，勝默禱而雨驟作。

金人攻益急，周山爲營，勝度其必復攻海州，因間出砦趨城中。金人果解蒼山圍，自新橋抵城下，勝出戰皆捷。金分兵四面攻之，勝募士登城以禦，矢石如雨者七日，金兵死傷多，遁去。勝嘗出戰，矢中鼻貫齒，不能食，猶親禦戰。

勝起義久，朝廷尙未知。沿海制置使李寶遣其子公佐由海道覘敵，至州，始遣忠義將朱震、褚道詣行在，白勝姓名于執政，始知勝之功焉。

金主亮舉兵渡淮，慮勝睨其後，分軍數萬來攻。會李寶帥舟師往膠西，破金人舟艦，勝遣人邀之，同擊金人于新橋，大敗之。金兵未退，寶知金舟將遁，復以兵登舟備海道。金主初命造海艦，欲分軍入蘇、杭，悉以中原民操舟檝。民家迸衣裘者相告語，俟王師至卽背之。及寶舟入島中，適北風勁，舟不進。有頃反風，金人艤舟于岸，操舟者望見寶舟，謬云此金國兵也，俾皆入舟中。舟忽至，金人不知，寶縱火焚其舟。舟以赤油絹爲帆，風順火熾，操舟者皆登岸走。金兵在舟中者，坐以待縛，載之檻車，悉獲其舟。

寶既捷，勝亦還州爲捍禦計。金兵至，營于城北砂巷，列陣將攻關門，先遣人說勝使降。勝開門出諭之曰：「汝主叛盟失信，無故興兵，我以仁義之師，來復舊疆，汝主渡淮必敗。爾等宜早來歸，必獲爵賞。」時金兵已逼關，勝登關門張樂飮酒，犒軍士，令固守勿出戰。金兵攻之踰時，乃少遣士出，憑險隘擊之。金人知不可攻，率軍轉而渡河，襲關後。勝斂兵入城，金兵追將及，勝獨乘馬逐之，叱曰：「魏勝在此！」聞之皆辟易，士卒後入者不復敢追。

勝軍已入城，金兵徑趨城東，欲過砂堰圍城爲營。勝先已據堰備之，金軍不得過，拒戰竟日，終不能近。有新募士守河者，不知兵〔六〕，金兵遽過河，勝恐絕河路，亟收軍入城。金





兵追至東門外黃土坂，勝單騎逐之，大叱之，金兵五百皆望風退。勝又追十數里，士得入城；有不得入者，由城南入西門。金兵復自西南來襲，勝從後叱之，金兵駭散，手殺數人。奏功授閤門祗候，差知海州兼山東路忠義軍都統。遣其子昌同峒峿山首領張榮，持旗榜往結山東忠義。

金兵自新橋、關子門、砂堰之敗，殺傷者衆。一日黎明，乘昏霧，四面薄城急攻。勝激厲士卒，竭力捍禦，矢石交下。城上鎔金液，投火牛。金兵不能前，多死傷，乃拔砦走。距海州爲長垣，包州城于中，使不能出。及亮死，乃解去。

勝善用大刀，能左右射，旗揭曰「山東魏勝」，金人望見卽退走。勝爲旗十數，書其姓名，密付諸將，遇鏖戰卽揭之，金兵悉避走。初，勝起義時，無州郡糧餉之給，無府庫倉廩之儲。勝經畫市易，課酒榷鹽，勸糶豪右。環海州度視敵兵攻取處，築城浚隍，塞關隘，在軍，未嘗一日懈弛，恆如寇至。方糾集遠邇，犒勞士卒，期約有日，會金主亮被弒，金兵北歸，王師亦南還矣。

初，亮聞勝在海州，知不可取，曰：「少須，他時取之易耳。」亮既殞，勝益得自治軍旅，人皆精銳。獲金諜者，犒以酒食，厚賂遣還。有自北方來歸者，與之同臥起，共飮食，示以不疑；周其寠貧，使之感激。自是山東、河北歸附者衆，得金人虛實，悉以上聞。又第其忠義

士功能，假授官資，因李寶轉達于朝，悉如所請。

金人遣山東路都統、總管以兵十萬攻海州。時寶帥海舟水陸幷進，抵城北砂巷，勝率衆合寶軍大破之，斬首不可計，堰水爲之不流，餘悉奔潰。勝獨率兵追北二十里，至新橋，又破之，盡獲其鞍馬器甲。寶亦駐海州，爲進取計。

金人復遣五斤太師發諸路兵二十餘萬來攻海州，先遣一軍自州西南斷勝軍餉道。勝擇勇悍士三千餘騎，拒于石闥堰，金軍不能進。逮夜始還，留千人備險隘。金兵十萬來奪，勝率衆鏖戰，殺數千人，餘皆遁去，下令守險勿追。報寶，寶以防海道，登舟，不復發兵。金兵盛集，勝力拒之，自旦至暮，金兵不能奪。勝令步卒整隊前行，自爲殿。

時百姓以寶既登舟，懼金兵大至，皆欲入城，統制郭蔚閉城門不納。人民牛馬蔽野，呼號動地，城中亦懼。勝入城，諭以賊勢退怯之狀，固守可保無虞，乃開門盡納之。居無何，金兵環城圍數重，勝與郭蔚分兵備禦，偃旗仆鼓，寂若無人。金軍驚疑，數日不敢攻，已乃植雲梯，置砲石，四面合圍，負土塡壕。勝俟其近城，鳴鼓張旗，矢石俱發，繼以火牛、金液，凡三晝夜，金兵竟不能近。於是罷攻，修營壘，絕河道，謀爲固守。勝俟其不備掩擊，或獨出擾之，使不得休息。又間夜發兵劫其營，或焚其攻具。

既而金人併力急攻，勝告急於李寶。寶以聞，還報城中，已命張子蓋率兵來解圍。金





人亦知子蓋軍且至，已有退意。頃之，子蓋先帥騎兵至，勝出與子蓋議戰事，且促其步卒。勝出軍城北砂巷，與金軍大戰，斬首不可計，追數十里，餘兵皆遁。勝與子蓋議進討，子蓋曰：「受詔解圍，不知其他。」遂率軍還。城中疑懼，欲隨王師出，勝親邀於道而諭之，至漣水軍，與偕還。

時都督張浚在建康，招勝，詢以軍務。轉閤門宣贊舍人，差充山東路忠義軍都統制兼鎭江府駐劄御前前軍統制，仍知海州。勝還。

隆興元年，詔以鎭江御前同統制魏全來守海州，督府亦遣賈和仲充山東、河北路招撫使，節制本路軍馬，海州駐劄。和仲忌勝，陰誘忠義軍使不安。勝與辨是非，和仲又讒勝於都督，惑之。呼勝至鎭江計事，罷其職，改京東路馬步軍副總管、都督府統制，建康府駐劄。既而督府知和仲所誣，罷之，復勝舊職，仍遣鎭江御前後軍屯海州，代前軍還鎭江。

勝既還海州，鎭撫一方，民安其政。改忠州刺史。海州城西南枕孤山，敵至，登山瞰城中，虛實立見，故西南受敵最劇。勝築重城，圍山在內，寇至則先據之，不能害。

勝嘗自創如意戰車數百兩，砲車數十兩，車上爲獸面木牌，大槍數十，垂氈幕軟牌，每車用二人推轂，可蔽五十人。行則載輜重器甲，止則爲營，掛搭如城壘，人馬不能近；遇敵又可以禦箭簇。列陣則如意車在外，以旗蔽障，弩車當陣門，其上寘床子弩，矢大如鑿，一矢能射數人，發三矢可數百步。砲車在陣中，施火石砲，亦二百步。兩陣相近，則陣間發弓弩箭砲，近陣門則刀斧槍手突出，交陣則出騎兵，兩嚮掩擊，得捷拔陣追襲，少卻則入陣間稍憩。士卒不疲，進退俱利。伺便出擊，慮有拒遏，預爲解脫計，夜習不使人見。以其製上于朝，詔諸軍遵其式造焉。

二年，以議和撤海州戍，命勝知楚州，以本州官吏及部兵赴新治。詔勝同淮東路安撫使劉寶、知高郵軍劉敏措置盱眙軍、楚州一帶，勝專一措置淸河口。時和議尙未決，金兵乘其懈，以舟載器甲糗糧自淸河出，欲侵邊。勝覘知之，身帥忠義士拒于淸河口。金兵詐稱欲運糧往泗州，由淸河口入淮。勝知其謀，欲禦之，都統制劉寶以方議和，不許。金騎軼境，勝率諸軍拒於淮陽，自卯至申，勝負未決。金軍增生兵來，勝與之力戰，又遣人告急於寶。寶在楚州，相距四十里，堅謂方講和，決無戰事，迄不發一兵。勝矢盡，救不至，猶依土阜爲陣，謂士卒曰：「我當死此，得脫者歸報天子。」乃令步卒居前，騎爲殿，至淮陰東十八里，中矢，墜馬死，年四十五。

事聞，贈保寧軍節度使，諡忠壯。時淮南未平，詔於鎭江府江口鎭立廟，賜號襃忠，仍俟事定更祠於戰沒處。且令有司刻木以斂，葬于鎭江。官其二子，郊武功大夫、忠州刺史，昌承信郎。賜銀千兩，絹千匹，宅一區，田百頃。其後使者過淮東，始得其詳，還言于朝。





以劉寶不出救兵，削兩鎭節鉞，沒入家貲，貶瓊州死。勝所糾集忠義，有爲賈和仲誘隸別屯及撤戍隔絕者，尙五千餘人，入京口屯駐前軍。

郊，添差揚州兵馬鈐轄。淳熙十五年，孝宗語樞臣曰：「魏勝之子，當與優異。」又曰：「人材須用而後見，使魏勝不因邊釁，何以見其才？」詔郊添差兩浙西路馬步軍副總管。

張憲，飛愛將也。飛破曹成，憲與徐慶、王貴招降其黨二萬。有郝政率衆走沅州，首被白布，爲成報讎，號「白巾賊」，憲一鼓擒之。

飛遣憲復隨州，敵將王嵩不戰而遁。進兵鄧州，距城三十里，遇賊兵數萬迎戰。與王萬、董先各出騎突擊，賊衆大潰，遂復鄧州。

十年，金人渝盟入侵，憲戰潁昌、戰陳州皆大捷，復其城。兀朮頓兵十二萬于臨潁縣，楊再興與戰，死之。憲繼至，破其潰兵八千，兀朮夜遁。憲將徐慶、李山復捷于臨潁東北，破其衆六千，獲馬百匹，追奔十五里，中原大震。

會秦檜主和，命飛班師，憲亦還。未幾，檜與張俊謀殺飛，密誘飛部曲，以能告飛事者，寵以優賞，卒無人應。聞飛嘗欲斬王貴，又杖之，誘貴告飛。貴不肯，曰：「爲大將寧免以賞

罰用人，苟以爲怨，將不勝其怨。」檜、俊不能屈，俊劫貴以私事，貴懼而從。時又有王俊者，善告訐，號「鵰兒」，以姦貪屢爲憲所裁。檜使人諭之，俊輒從。

檜、俊謀以憲、貴、俊皆飛將，使其徒自相攻發，因及飛父子，庶主上不疑。俊自爲狀付王俊，妄言憲謀還飛兵，令告王貴，使貴執憲。憲未至，俊預爲獄以待之。屬吏王應求白張俊，以爲密院無推勘法。俊不聽，親行鞫煉，使憲自誣，謂得雲書，命憲營還兵計。憲被掠無全膚，竟不伏。俊手自具獄成，告檜械憲至行在，下大理寺。

檜奏召飛父子證憲事。帝曰：「刑所以止亂，勿妄追證，動搖人心。」檜矯詔召飛父子至。万俟卨誣飛使于鵬〔七〕、孫革致書憲、貴，令虛申警報以動朝廷，雲與憲書規還飛軍。其書皆無有，乃妄稱憲、貴已焚之矣，但以衆證具獄。語在飛傳。憲坐死，籍家貲。紹興三十二年，追復龍神衞四廂都指揮使、閬州觀察使，贈寧遠軍承宣使，錄其家。

楊再興，賊曹成將也。紹興二年，岳飛破成，入莫邪關。第五將韓順夫解鞍脫甲，以所虜婦人佐酒。再興率衆直入其營，官軍卻，殺順夫，又殺飛弟飜。成敗，再興走躍入澗，張憲欲殺之，再興曰：「願執我見岳公。」遂受縛。飛見再興，奇其貌，釋之，曰：「吾不汝殺，





汝當以忠義報國。」再興拜謝。

飛屯襄陽以圖中原，遣再興至西京長水縣之業陽，殺孫都統及統制滿在，斬五百餘人，俘將吏百人，餘黨奔潰。明日，再戰于孫洪澗，破其衆二千，復長水，得糧二萬石以給軍民盡復西京險要。又得僞齊所留馬萬匹，芻粟數十萬。中原響應。復至蔡州，焚賊糧。

飛敗金人于郾城，兀朮怒，合龍虎大王、蓋天大王及韓常兵逼之。飛遣子雲當敵，鏖戰數十合，敵不支。再興以單騎入其軍，擒兀朮不獲，手殺數百人而還。兀朮憤甚，併力復來，頓兵十二萬于臨潁。再興以三百騎遇敵于小商橋，驟與之戰，殺二千餘人，及萬戶撒八孛堇、千戶百人。再興戰死，後獲其屍，焚之，得箭鏃二升。

牛皐字伯遠，汝州魯山人。初爲射士，金人入侵，皐聚衆與戰，屢勝，西道總管翟興表補保義郎。杜充留守東京，皐討劇賊楊進于魯山，三戰三捷，賊黨奔潰。累遷榮州刺史、中軍統領。金人再攻京西，皐十餘戰皆捷。加果州團練使。京城留守上官悟辟爲同統制兼京西南路提點刑獄。金人攻江西者，自荆門北歸，皐潛軍于寶豐之宋村，擊敗之。轉和州防禦使，充五軍都統制。又與孛堇戰魯山鄧家橋，敗之。轉西道招撫使。僞齊乞師于金入寇，

皐設伏要地，自屯丹霞以待。敵兵悉衆來，伏發，俘其酋豪鄭務兒。還安州觀察使，尋除蔡唐州信陽軍鎭撫使、知蔡州。遇敵戰輒勝，加親衞大夫。

會岳飛制置江西、湖北，將由襄、漢規中原，命皐隸飛軍。飛喜甚，卽辟爲唐鄧襄郢州安撫使，尋改神武後軍中部統領。僞齊使李成合金人入寇，破襄陽六郡。敵將王嵩在隨州，飛遣皐行，裹三日糧。糧未盡，城已拔，執嵩斬之，得卒五千，遂復隨州。李成在襄陽，飛遣皐以騎兵擊破之，復襄陽。

金人攻淮西，飛遣皐渡江，自提兵與皐會。時僞齊驅甲騎五千薄廬州，皐遙謂金將曰：「牛皐在此，爾輩胡爲見犯？」衆皆愕然，不戰而潰。飛謂皐曰：「必追之，去而復來，無益也。」皐追擊三十餘里，金人相踐及殺死者相半，斬其副都統及千戶五人，百戶數十人，軍聲大振。

廬州平，進中侍大夫。從平楊么，破之。么投窮，舉鍾子儀投于水，繼乃自仆。皐投水擒么，飛斬首函送都督行府。除武泰軍承宣使，改行營護聖中軍統制，尋充湖北、京西宣撫司左軍統制，加龍、神衞四廂都指揮使。

金人渝盟，飛命皐出師戰汴、許間，以功最，除捧日天武四廂都指揮使、成德軍承宣使，樞密行府以皐兼提舉一行事務。宣撫司罷，改鄂州駐劄御前左軍統制，升眞定府路馬步軍





副統總管，轉寧國軍承宣使、荆湖南路馬步軍副總管。

紹興十七年上巳日，都統制田師中大會諸將，皐遇毒，亟歸，語所親曰：「皐年六十一，官至侍從，幸不啻足。所恨南北通和，不以馬革裹屍，顧死牖下耳。」明日卒。或言秦檜使師中毒皐云。

初，檜主和，未幾，金渝盟入侵，帝手札賜飛從便措置。飛乃命皐及王貴、董先、楊再興、孟邦傑、李寶等經略東西京、汝、鄭、潁、陳、曹、光、蔡諸郡；又遣梁興渡河，糾合忠義社取河東、北州縣。未幾，李寶捷于曹州，捷于宛亭，捷于渤海廟；董先、姚政捷于潁昌，劉政捷于中牟。張憲復潁昌、淮寧府；王貴之將楊成復鄭州；張應、韓淸復西京。皐及傅選捷于京西，捷于黃河上。孟邦傑復永安軍，其將楊遇復南城軍，又與劉政捷于西京。梁興會太行忠義及兩河豪傑趙雲、李進、董榮、牛顯、張峪等破金人于垣曲，又捷于沁水〔八〕，追至孟州之邵原，金張太保、成太保等以所部降，又破金高太尉兵于濟源。喬握堅等復趙州；李興捷于河南府，捷于永安軍；梁興在河北取懷、衞二州，大破兀朮軍，斷山東、河北金帛馬綱之路，金人大擾。未幾，岳飛還朝，下獄死，世以爲恨云。

胡閎休字良弼，開封人。宣和初，入太學。時方諱兵，閎休著兵書二卷。靖康初，創知兵科，閎休應試，中優等，補承信郎。

金人圍城，閎休分地而守。二帝詣金營，閎休欲結義士劫之，何㮚禁止之。二帝北遷，范瓊散勤王師，閎休曰：「勤王師可進不可退。」檄令隨軍而無靖康年號，閎休得之泣下，懷檄而走，從辛道宗勤王。南渡，以忠義進兩官。湖湘盜起，或曰招之便，或曰討之便，閎休作致寇、弭寇二篇，言天地之氣，先春後秋，招之不伏則討之。於是以岳飛爲招討使，飛辟閎休爲主管機宜文字。以誅鍾子儀功，進成忠郎。

飛被誣死，閎休發憤杜門，佯疾十年，卒。有勤王忠義集藏于家。孫照，德安太守。

論曰：王德素有威略，蚤隸劉光世，審其不可恃，晚從張俊，竟以功名顯，其知所擇哉。王彥棄家赴國，果破堅敵，威振河朔，晚奪兵柄，使之治郡，用違其材，惜矣。魏勝崛起，無甲兵糧餉之資，提數千烏合之衆，抗金人數十萬之師，卒完一州，名震當時，壯哉！然見忌于諸將，無援而戰死，亦可惜矣。張憲等五人皆岳飛部將，爲敵所畏，亦一時之傑也。然或以戰沒，或以憤卒，而憲以不證飛獄冤死，悲夫！





## 校勘記

〔一〕劉錡　原作「劉琦」，據繫年要錄卷一三九、北盟會編卷二〇五改。

〔二〕上黨人　繫年要錄卷八、北盟會編卷一九八載王彥行狀都作「河內人」。前書又說：「世爲高平大姓，後徙居覃懷。」上黨、高平皆屬河東路。覃懷即懷州，宋爲河內郡防禦。

〔三〕住口關　原作「注口關」，據繫年要錄卷五〇、北盟會編卷一四九、卷一九八改。下同。

〔四〕保康軍承宣使　按繫年要錄卷六六、北盟會編卷一九八王彥行狀都作「保大軍承宣使」；王彥除保康軍承宣使在紹興六年，見繫年要錄卷九八及同上行狀。疑此有誤。

〔五〕高文富　章穎宋南渡十將傳卷四魏勝傳、李幼武四朝名臣言行錄別集卷一三魏勝條都作「高文多」。

〔六〕不知兵　「兵」字原脫，據宋南渡十將傳卷四魏勝傳補。

〔七〕于鵬　原作「子鵬」，據繫年要錄卷一四三、岳珂金陀粹編卷八行實編年改。

〔八〕沁水　原作「心水」，據北盟會編卷二〇七、金陀續編卷二二襄陽石刻事蹟之一改。

# 宋史卷三百六十九

## 列傳第一百二十八

### 張俊　從子子蓋　張宗顏　劉光世　王淵　解元　曲端

張俊字伯英，鳳翔府成紀人。好騎射，負才氣。起於諸盜，年十六，爲三陽弓箭手。政和七年，從討南蠻，轉都指揮使。宣和初，從攻夏人仁多泉，始授承信郎。平鄆州賊李太及河朔、山東武胡寇，功最，進武德郎。

靖康元年，以守東明縣功，轉武功大夫。金人攻太原，城守，命制置副使种師中〔一〕往援，屯榆次。金人以數萬騎壓之。俊時爲隊將，進擊，殺傷甚衆，獲馬千匹，請乘勝要戰。師中以日不利，急令退保。金人諜俊計不行，悉兵合圍，攻益急。榆次破，師中死之。俊與所部數百人突圍而出，且行且戰，至烏河川，再與敵遇，斬五百級。

金人圍汴京，高宗時爲兵馬大元帥，俊勒兵從信德守臣梁揚祖勤王。高宗見俊英偉，





擢元帥府後軍統制，累功轉榮州刺史。建炎元年正月，從高宗至東平府。時劇賊李昱據兗州，命俊爲都統制討之。與數騎突圍挑戰，諸軍爭奮，賊遂殲。進桂州團練使，尋加貴州防禦使〔二〕。

中書舍人張澂，自汴京齎蠟詔，命高宗以兵付副帥還京，高宗問大計，俊曰：「此金人詐謀爾。今大王居外，此天授，豈可徒往？」因請進兵，高宗許之，遂如濟州。

開啓乾龍節，迫夜，有告高宗，欲俟元帥謁香劫以叛。羣議集諸軍屯備，俊曰：「元帥不出，姦謀自破。」遂徙州治。賊術窮，黎明，引軍北遁，俊勒兵追殺之。進徐州觀察使。

高宗以俊忠勞日積，遷拱衞大夫。既而汴京破，二帝北遷，人心皇皇，俊懇辭勸進，高宗涕泣不許。俊曰：「大王皇帝親弟，人心所歸，當天下洶洶，不早正大位，無以稱人望。」且白耿南仲奏之，表三上。高宗發濟州，俊便道扈行。至應天府，高宗始即位。初置御營司，以俊爲御營前軍統制，遣還京迎隆祐太后。權秦鳳兵馬鈐轄。尋奉太后及六宮以歸，除帶御器械。

時江、淮羣盜蜂起，俊討杜用于淮寧，趙萬、郭青于鎮江，陳通于杭州，蔣和尚等于蘭溪，皆平之。落階官，除正任觀察使。二年，升秦鳳路馬步軍副總管，尋破秀州賊數萬，縛徐明斬之。進武寧軍承宣使。

帝如揚州，召諸將議恢復，俊曰：「今敵勢方張，宜且南渡，據江爲險；練兵政，安人心，俟國勢定，大舉未晚。」俊又請移左藏庫于鎭江。既而敵掩至，已逼近甸，俊亟奏飭甲乘，從帝如臨安。

苗傅、劉正彥反，俊時屯兵吳江縣。傅等矯詔加俊捧日、天武四廂都指揮使，以三百人赴秦鳳，命他將領餘兵。俊知其僞，拒不受。三軍洶洶，俊諭之曰：「當詣張侍郎求決。」卽引所部八千人至平江。張浚語俊以傅等欲危社稷，泣數行下，俊大慟。浚諭以決策起兵問罪，俊泣拜，且曰：「此須侍郎濟以機術，毋驚動乘輿。」呂頤浩至，俊見之，亦涕泣曰：「今日惟以一死報國。」劉光世以所部至，俊釋舊憾。韓世忠來自海上，俊借一軍與之俱。世忠爲前軍，俊以精兵翼之，光世次之。戰于臨平，傅等兵敗，開城以出。世忠、俊、光世入城，見于內殿，帝嘉勞久之，拜鎭西軍節度使、御前右軍都統制，尋爲浙東制置使。

金人分兵深入，渡江攻浙，杜充棄建康，韓世忠自鎭江退保江陰。帝如明州，俊自越州引兵至。兀朮攻臨安，帝御樓船如溫州，留俊於明州以拒敵。帝賜親札曰：「朕非卿，則倡義誰先；卿捨朕，則前功俱廢。宜戮力共扞敵兵，一戰成功，當封王爵。」癸卯除夕，金兵至城下，俊使統制劉寶與戰，兵少卻，其將党用、丘橫死之，於是統制楊沂中、田師中、統領趙密皆殊死戰。沂中舍舟登岸力戰，殿帥李質以班直來助，守臣劉洪道率州兵射其旁，大破



之，殺數千人。金呼人至砦計事，俊令小校往。金人與語，欲如越州請降，俊拒之。戒將士毋驕惰，慮敵必再至，下令清野，多以輕舟伏弩，閉關自守。

四年正旦，忽西風起，金人乘之，果復攻明州。俊與劉洪道坐城樓上，遣兵掩擊，殺傷大當。金人奔北，死於江者無數，夜拔砦去，屯餘姚，且請濟師於兀朮。後七日，敵再至，俊引兵趨入台州，明州居民去者十七八。

未幾，江、浙羣盜蠭起，授俊兩浙西路、江南東路制置使，以所部招收羣盜，命後軍統制陳思恭隸之，且令兩浙宣撫使周望以兵屬俊，劉光世、韓世忠之外，諸將皆受節度。六月，改御前五軍爲神武軍，俊卽本軍爲神武右軍都統制，除檢校少保、定江昭慶軍節度使。十月，浙西羣盜悉平，改江南招討使。

紹興元年，帝至會稽。時金人殘亂之餘，孔彥舟據武陵，張用據襄漢，李成尤悍，彊據江、淮、湖湘十餘州，連兵數萬，有席卷東南意，多造符讖蠱惑中外，圍江州久未解，時方患之。范宗尹請遣將致討，俊慨然請行，遂改江、淮路招討使。

成黨馬進在筠州。豫章介江、筠之間，俊聞命就道，急趨豫章，且曰：「我已得洪州，破賊決矣。」乃斂兵，若無人者，金鼓不動，令將士登城者斬。居月餘，進以大書牒來索戰，俊以細書狀報之，賊以俊爲怯。俊諜知賊怠，乃議戰。岳飛爲先鋒，楊沂中由上流徑絕生米



渡，出賊不意，追奔七十里，至筠州。賊背筠河而陣，俊用楊沂中計，親以步兵當其前，精騎數千授沂中及陳思恭，俾從山後夾擊，以午爲期。俊與賊鏖戰至午，精騎自山馳下，賊駭亂退走，大敗。

既復筠州、臨江軍，捷奏，帝賜御筆，謂：「宜乘賊勢已衰，當官軍已振，驅除剿戮，速收全功。」俊未拜親詔，已追至北奉新樓子莊。賊黨商元據草山，挾險設伏，俊遣步兵從間道直趨山椒，殺伏奪險，乘勝追至江州。成勢迫，絕江而遁，號俊爲「張鐵山」。復江州。已而興國軍等處羣盜聞俊兵至，皆遁去。俊引兵渡江至黃梅縣，親與成戰。成懲奉新失險之敗，據石幢坡，憑山以木石投人。俊先遣游卒進退，若爭險狀以誑賊，俊親冒矢石，帥衆攻險，賊衆數萬俱潰，馬進爲追兵所殺，成北走降劉豫，諸郡悉平。拜太尉。

四年十月，金人與劉豫分道入侵。先是諜至，舉朝震恐，或請他幸。俊謂趙鼎曰：「避將何之？惟向前進一步，庶可脫。當聚天下兵守平江，徐爲計。」鼎曰：「公言避非策，是也；以天下兵守一州，非也。公但堅前議足矣。」遂以俊爲兩浙西路、江南東路宣撫使，屯建康。既而改淮西宣撫使。瀕江相距逾月，敵不得入。俊遣張宗顏潛渡至六合，出其背。敵將引去，俊繼遣王進曰：「敵旣無留心，必逕渡淮去，可速及其未濟擊之。」進往，敵果北渡，遂薄諸淮，大敗之，獲其酋程師回、張延壽以獻。



五年，劉麟入寇，俊與楊沂中合兵拒于泗州。六年，改崇信、奉寧軍節度使。劉麟兵十餘萬犯濠、壽，詔併以淮西屬俊，楊存中亦聽節制，與俊合兵拒敵。俊分遣存中與張宗顏、王𤧟、田師中等，自定遠軍次越家坊，遇劉猊左右軍，擊走之。俊率大軍鼓行而前，至李家灣遇猊大兵，與戰，殺獲略盡，降者萬餘人，猊僅以身免。拜少保，加鎭洮、崇信、奉寧軍節度使。帝曰：「卿議論持重，深達敵情；兼聞挽強之士數萬，報國如此，朕復何慮。」又曰：「羣臣謂朕待卿獨厚，其仰體眷懷，益思勉勵。」

七年，改淮南西路宣撫使〔三〕，置司盱眙。俊與韓世忠入見，議移屯。秦檜奏：「臣嘗語世忠、俊，陛下倚此二大將，譬如兩虎，固當各守藩籬，使寇不敢近。」帝曰：「正如左右手，豈可一手不盡力邪？」命俊自盱眙屯廬州。八年，金人請寢兵，許之。賜俊「安民靖難功臣」，拜少傅〔四〕。

九年冬〔五〕，金復渝盟，再破河南，圖順昌府，命俊策應劉錡。俊督軍渡江，金人引退。繼而金人三路都統自東、南兩京分道來侵，抵亳州北渡河，俊收宿、亳諸軍擊之，盡復衞眞、鹿邑等地，師還。十年，酈瓊在亳州，俊以大軍至城父，都統制王德下符離，乘勝趨亳與俊合。俊引軍入城，金人棄城遁，父老列香花迎俊，遂復亳州，留統制宋超守之。俊引軍還壽春，進少師，封濟國公。



中華書局

十一年二月，兀朮入合肥，漸攻歷陽，江東制置大使葉夢得見俊，請速出軍。俊遣兵渡江，諭諸將曰：「先得和州者勝。」王德願爲諸軍先，士鼓譟而行。敵已據之，德率衆渡采石先登，俊宿中流。德抵城下，金人退屯昭關。後三日，復敗金將韓常于含山。命關師古復巢縣，遂復昭關。使左軍統制趙密偃兵篁竹，出六丈河以分金勢。張守忠以五百騎敗金人於全椒。未幾，敵斷石梁以拒俊，俊疾作，力疾引衆涉流登岸，追擊之。王德與楊存中、劉錡會兵，敗金人于柘臯。拜樞密使。俊知朝廷欲罷兵，首請納所統兵。議賞宿、亳功，俊部將王德、田師中、劉寶、李横、馬立、張澥六人同日首受上賞。

俊力贊和議，與秦檜意合，言無不從。薦士大夫監司、郡守者甚衆，雖劉子羽自謫籍起家，亦俊力也。加太傅，封廣國公，尋進益國公。十二年十一月，以殿中侍御史江邈論之，罷爲鎮洮、寧武、奉寧軍節度使，充醴泉觀使。初，檜以俊助和議，德之，故盡罷諸將，以兵權付俊。歲餘，俊無去意，故檜使邈攻之。尋進封清河郡王，奉朝請。

十三年，敕修甲第，遣中使就第賜宴，侑以教坊樂部。十六年，改鎮靜江、寧武、靜海軍。二十一年冬，帝幸其第，拜太師，以其姪清海軍承宣使子蓋爲安德軍節度使，其他子弟遷秩者十三人。

南渡後，俊握兵最早，屢立戰功，與韓世忠、劉錡、岳飛並爲名將，世稱張、韓、劉、岳。





然濠、壽之役，俊與錡有隙，獨以楊沂中爲腹心，故有濠梁之衂。岳飛冤獄，韓世忠救之，俊獨助檜成其事，心術之殊也，遠哉！帝於諸將中眷俊特厚，然警敕之者不絕口。自淮西入見，則教其讀郭子儀傳；召入禁中，戒以毋與民爭利，毋興土木。

二十四年六月薨，年六十九。輟視朝三日，斂以一品服，帝臨奠哭之慟。追封循王。子五人：子琦、子厚、子顏、子正、子仁。

子蓋字德高。父宏，應募從俊軍河上。金人破開德府，宏戰死。子蓋初從韓世忠討苗傅，補承信郎，累功遷武功郎。

紹興六年，劉猊大舉入寇，過定遠縣，將趨宣化窺江，詔遣俊會劉光世軍剿之。子蓋從俊擊猊于藕塘，授閤門宣贊舍人。明年，改昌州刺史、江南東路馬步軍都總管。十年，金人再取河南，以興復宿、亳功，遷登州防禦使兼宣撫司衙兵副統制。

十一年二月，兀朮入廬州，攻含山縣，漸攻歷陽。俊遣兵渡江，子蓋從王德馳入和州，金人退屯昭關。會劉錡自東關引兵出清溪邀擊金人，俊遣子蓋與錡會，大戰於柘臯，敗之，軍勢赫張。兀朮復攻濠州，子蓋又敗之于周梁橋，除興寧軍承宣使。和議成，改建康府駐箚御前諸軍都統制。十三年，授龍神衞四廂都指揮使、兩浙西路馬步軍都總管。帝幸俊第，授子蓋安德軍節度使。

三十二年春，金人攻海州急，以子蓋爲鎮江府都統往援之，即日渡江，馳至楚州。淮東漕臣龔濤謂之曰：「敵衆十倍，兵力不支，宜張虛聲攻淮陽，使之必救，則海州可解。」子蓋曰：「彼若不救，將如之何？」乃亟趨漣水，取便道以進。次石湫堰，金人陳萬騎於河東，子蓋率精銳數千騎擊之，謂麾下曰：「彼衆我寡，利在速戰。」遣統制張玘略陣，玘中流矢，子蓋曰：「事急矣！」奮臂大呼，馳入陣，諸將繼之殊死戰。賊大敗，擁溺石湫河死者半，圍遂解。金人復整軍來戰，子蓋再率精銳擊之，獲其車馬、鎧仗萬計，退屯泗州。

孝宗即位，召對，賜鞍馬、鎧甲、束帶，且令招集勇敢，相時而動。子蓋受命還，招金大將蕭鷓巴、耶律造哩將其衆來降。尋以疾還鎮江，授檢校少保、淮東招撫使，未上，卒，年五十一。贈太尉，謚恭壯。

子蓋從俊征討藕塘、柘臯，雖多奏功，未能出諸將右，惟海州一捷可稱云。

張宗顏字希賢，延安人。父吉，爲涇原將，解宣威城圍，死之。宗顏以父恩補三班借職，監閿鄉酒稅，積官至涇原副將、權殿前司統轄。御營軍統制張俊選爲統領，從俊討浙西寇。





秀州軍校徐明以城叛，宗顏夜襲其城，明遁。轉忠州刺史，遷御前中軍統制。

金人攻明州，宗顏破其前軍。盜楊勍破松溪，命宗顏及李捧、陳思恭討之。宗顏次浦城不進，勍又掠建州。宗顏趨南劍州，與勍遇，遂歸。盜猶未平，謬言已擊退。侍御史沈與求劾宗顏三將並出，不能平數千之潰卒，何以示敵。貶二秩。從俊討李成，與成將馬進戰玉隆觀，敗之。遷環慶路馬步軍副總管、神武右軍統制，改麟州觀察使。

僞齊挾金人攻宣化鎮，俊遣宗顏潛渡江，出其後襲之，不勝。俊庇之，以捷聞，遂加沂州防禦使。繼以兵襲擊淮北，復遷崇信軍承宣使、宣撫司前軍統制。僞齊入寇，詔張俊解淮西急。督府張浚遣楊沂中與俊合，檄宗顏自泗州爲後繼。與猊遇于李家灣，大破之，橫屍滿野，猊僅以身遁。擢龍神衞四廂都指揮使、武信軍承宣使。

八年，知廬州，總帥事。敵數百騎抵城下，宗顏以騎百餘禦之，敵退。有至自淮北者，傳金人言曰：「此張鐵山弟也。」紹興九年卒，年四十四。贈保靜軍節度使，謚壯敏。

劉光世字平叔，保安軍人，延慶次子。初以蔭補三班奉職，累陞鄜延路兵馬都監、蘄州防禦使。方臘反，延慶爲宣撫司都統，遣光世自將一軍趨衢、婺，出其不意破之。賊平，授耀州觀察使，陞鄜延路兵馬鈐轄。

時有事燕薊，光世從延慶取易州，授奉國軍承宣使。金將郭藥師降，除威武、奉寧軍承宣使。延慶遣諸將擣盧趨燕，以光世爲後繼。光世不至，諸將失援而潰，降三官。河北賊張迪掠濬州境，詔光世討之。光世曰：「賊烏合，非有紀律，佯北以邀之，其亂可取也。」卽麾騎退。賊競進，光世引騎貫其中，賊大潰。復承宣使，充鄜延路馬步軍副總管。靖康元年，金兵攻汴京，夏人乘間寇杏子堡。堡有兩山對峙，地險阨，光世據之，敵至敗去。擢侍衞馬軍都虞候。金再攻汴京，光世入援，聞范致虛傳檄諸路，議引兵會之。會有詔止勤王兵，光世以爲宜速進，不可以詔示衆。既而潰兵至，具言京城事。衆懼，光世矯以蕃官來自汴京，謂二帝決圍南去，衆稍安，進屯陝府。致虛欲合五路兵進與金戰，光世離之，別道趨虢，遂至濟州謁康王，命爲五軍都提舉。

王卽皇帝位，命爲省視陵寢使，尋爲提舉御營使司一行事務、行在都巡檢使。斬山東賊李昱，遷奉國軍節度使。平鎭江叛兵，改滁濠太平州、無爲軍、江寧府制置使。討張遇於池州，遇望其陣曰：「官軍不整，可破也。」時湖水涸，賊越湖出官軍後，官軍亂，光世幾被執，王德救之得免。遇循江而上，光世整兵追至江州，斷其後軍破之。遇復東下，又追擊於江寧。

二年，以功加檢校少保，命討李成。光世以王德爲先鋒，與成遇於上蔡驛口橋，敗之。





成收散卒再戰，光世以儒服臨軍，成遙見白袍靑蓋，併兵圍之，德潰圍拔光世以出。下令得成者以其官爵與之。士爭奮，再戰皆捷，成遁，執其謀主陶子思。加檢校少傅。

帝在揚州，金騎掩至天長，光世迎敵，未至而軍潰。帝倉卒渡江，命光世爲行在五軍制置使，屯鎭江府，控扼江口。尋加檢校太保、殿前都指揮使。

苗、劉爲亂，素憚光世，遷光世爲太尉、淮南制置使。張浚在平江，馳書諭以勤王，光世不從；呂頤浩遣使至鎭江說之，乃引兵會于丹陽。兵進，光世以選卒爲游擊，仍分軍殿後，遇苗翊、馬柔吉軍于臨平，與韓世忠等破之。至行在，遷太尉、御營副使。光世遣王德助喬仲福追傅至崇安縣，盡降其衆，傅僅以身免。逆將范瓊被執，張浚使光世撫定其衆，又招賊靳賽降之。命光世爲江東宣撫使，守太平及池州，受杜充節制。光世言受充節制有不可者六，帝怒，詔毋入光世殿門，光世始受命。

隆祐太后在南昌，議者謂金人自蘄、黃渡江，陸行二百里可至，命光世移屯江州爲屛蔽。光世既至，日置酒高會。金人自黃州渡江，凡三日，無知之者。比金人至，遂遁，太后退保虔州。馮檝貽書光世，言：「賊深入，最兵家之忌。進則距山，退則背江，百無一利，而敢如此橫行者，以前無抗拒，後無襲逐也。太尉儻選精兵自將來洪，而開一路令歸，伏兵掩之，可使匹馬不還。」光世不能用，自信州引兵至南康。酈瓊圍固始縣，光世遣人招降之，又遣王德擒妖賊王念經于信州。

時光世部曲無所隸，號「太尉兵」，侍御史沈與求論其非宜。會御營司廢，乃以「巡衞」名其軍，命充御前巡衞軍都統制。召赴行在，授浙西安撫大使、知鎭江府。光世言：「安撫控制一路，若但守鎭江，則他郡有警，不可離任。望別除守臣，光世專充安撫使，從便置司。」時光世慮金人必過江，故預擇便地，帝覺之，止許增辟通判。右諫議大夫黎確疏其擇便求佚，中外所憤，帝釋不問，加寧武軍節度使、開府儀同三司以遣之。光世乞便宜行事，不許。時韓世忠、張俊兼領浙西制置使，光世復言本路兵火之餘，不任三處需求，遂罷世忠、俊兼領。

時金兵留淮東，光世頗畏其鋒，楚州被圍已百日，帝手札趣光世援楚者五，竟不行；但遣王德、酈瓊將輕兵以出，時奏殺獲而已。楚州破，命光世節制諸鎭，力守通、泰。完顏昌屯承、楚，光世知其衆思歸，欲攜貳之。乃鑄金銀銅錢，文曰「招納信寶」。獲敵不殺，令持錢文示其徒，有欲歸者，扣江執錢爲信。歸者不絕，因創「奇兵」、「赤心」兩軍，昌遂拔砦去。

紹興元年，金人渡淮，眞、揚州皆闕守，命光世兼淮南、京東路宣撫使，置司揚州，措置屯田，迄不行。張俊討李成，又命光世分兵往舒、蘄擣其巢穴，光世以江北盜未平爲辭。命兼淮南宣撫使，領眞揚通承楚州、漣水軍。郭仲威謀據淮南以通劉豫，光世遣王德擒之，并





其衆。范宗尹言：「光世軍多冗費，請汰其罷軟者。」帝曰：「俟作手書與之，如家人禮，庶幾不疑。」

光世以枯秸生穗爲瑞，聞于朝。帝曰：「歲豐人不乏食，朝得賢輔佐，軍有十萬鐵騎，乃可爲瑞，此外不足信。」淮北人多歸附者，命光世兼海、泗宣撫使以安輯之。五湖捕魚人夏寧聚衆千餘，掠人爲食，郭仲威餘黨出沒淮南，邵青據通州，光世皆招降之。光世請鑄淮東宣撫使印，給錢糧，增將吏，皆從其請。仍給鎭江府、常州、江陰軍苗米三十七萬斛，爲軍中一歲費。

二年，復命移屯揚州，時至鎭江視師。光世不奉詔，入朝言：鄰寇有疑，或致生事，願仍領浙西爲根本計。右司諫方孟卿劾之，乞召宰執與議，使之必往，光世猶以乏糧爲辭。光世之來，以繒帛、方物爲獻，帝命分賜六宮，中丞沈與求以爲不可，命還之。

呂頤浩與光世有故怨，頤浩將出視師，首言光世兵冗不練，乞移其軍還闕。帝曰：「光世軍糧不足，若驟移，必潰，先犒軍而後料簡可也。」頤浩至鎭江，光世軍果告乏，頤浩奏光世軍月費二千萬緡，乞差官考覈。詔御史江躋、度支胡蒙至軍點校，終不得實。帝方倚其成功，尋詔兩漕臣措置鎭江酒稅務，助其軍費；又罷織御服羅，省七百萬緡以助之。加寧武、寧國軍節度使。光世奏部將喬仲福、靳賽防江有勞，詔進一官，許回授。

光世固乞轉行，給事中程瑀持不可，又言光世兵未渡江，金人或渡淮，江、浙必震。光世方遣人按行宜興湖洑之間，以備退保。詔以章示之，光世遷延如故。

三年，命光世與韓世忠易鎭，同召赴闕，授檢校太傅、江東宣撫使。世忠既至鎭江城下，姦人入城焚府庫，光世擒之，皆云世忠所遣。世忠屯登雲門，光世引兵出，懼其扼己，改途趨白鷺店。世忠遣兵襲其後，光世以聞。帝遣使和解，仍書賈復、寇恂傳賜之。命爲江東、淮西宣撫使，置司池州，賜錢十萬緡。

劉豫將王彥先揚兵淮上，有渡江意〔六〕。光世扼馬家渡，遣酈瓊屯無爲軍，爲濠、廬援，賊乃退。光世奏酈延李佾充閤門祗候，言者論其涉私，罷之。金人、劉豫入侵，時光世、張俊、韓世忠權相敵，且持私隙，帝遣侍御史魏矼至軍中，諭以滅怨報國。光世乃移書二帥，二帥皆復書致情。光世始移軍太平州以援世忠。金兵退，光世入覲，遷少保。帝曰：「卿與世忠以少嫌不釋，然烈士當以氣義相許，先國家而後私讐。」復諭以光武分寇恂、賈復之事。光世泣謝，請以所置淮東田易淮西田，給事中晏敦復言其擾民而止；又請並封其三妾爲孺人，南渡後，諸大將封妾自此始。會改神武軍爲行營護軍，以光世所部稱左護軍。劉豫築劉龍城〔七〕以窺淮西，光世遣王師晟破之，加保靜軍節度使，遂領三鎭。

張浚撫淮上諸屯，劉豫挾金人分道入侵，命光世屯廬州以招北軍，與韓世忠、張俊鼎



立，楊沂中將精卒爲後距。劉猊驅鄉民僞爲金兵，布淮境。光世奏廬難守，密干趙鼎，欲還太平州。浚命呂祉馳往軍中督師，光世已舍廬州退，浚遣人厲其衆曰：「若有一人渡江，卽斬以徇。」光世不得已，駐兵與沂中相應，遣王德、酈瓊領兵自安豐出謝步，遇金將三戰，皆敗之。張浚入對，言光世驕惰不戰，不可爲大將，請罷之。帝命與趙鼎議，鼎曰：「光世將家子孫，將卒多出其門，罷之恐拂人心。」遂遷護國、鎭安、保靜軍節度使。

右司諫陳公輔劾其不守廬州，張浚言其沈酣酒色，不恤國事，語以恢復，意氣怫然，乞賜罷斥。光世引疾請罷軍政，又獻所餘金穀于朝。拜少師，充萬壽觀使，奉朝請，封榮國公，賜甲第一區，以兵歸都督府。公輔又言光世雖罷，而遷少師，賞罰不明；中書舍人勾龍如淵又繳還賜第之命。帝曰：「光世罷兵柄，若恩禮稍加，則諸將知有後福，皆效力矣。」卒賜之。初，光世麾下多降盜，素無紀律；至是，督府命呂祉節制其軍。酈瓊殺祉，驅諸軍降劉豫。

九年，用講和恩，賜號「和衆輔國功臣」，進封雍國公、陝西宣撫使。弟光遠疏其短于言路，如淵時爲中丞，再論光世不可遣而止。十年，金人圍順昌，拜太保，爲三京招撫處置使，以援劉錡。光世請李顯忠爲前軍都統，又請王德自隸。德不願受其節制；顯忠行至宿、泗，軍多潰。進至和州，秦檜主罷兵，召還。光世入見，爲萬壽觀使，改封楊國公。疾革，乞免



其家科役，中書舍人張廣格不下。卒，年五十四。贈太師，官其子孫、甥姪十四人，謚武僖。乾道八年，追封安城郡王。開禧元年，追封鄜王。

光世在諸將中最先進。律身不嚴，馭軍無法，不肯爲國任事，逋寇自資，見詆公論。嘗入對，言：「願竭力報國，他日史官書臣功第一。」帝曰：「卿不可徒爲空言，當見之行事。」建炎初，結內侍康履以自固。又蚤解兵柄，與時浮沈，不爲秦檜所忌，故能竊寵榮以終其身，方之韓、岳遠矣。

王淵字幾道，熙州人，後徙環州。善騎射。應募擊夏國，屢有功，累遷熙河蘭湟路第三將部將、權知鞏州寧遠砦。諸羌入寇，經略司討之，表淵總領岷山蕃兵將，興師城澤州。羌悉衆來爭，淵奮擊，大破之，追至邈川城〔八〕。移同總領湟州蕃兵將兼知臨宗砦，坐法免。

宣和三年，劉延慶討方臘，以淵爲先鋒。賊將據錢塘，勢張甚。淵諭小校韓世忠曰：「賊謂我遠來，必易我。明日爾逆戰而僞遁，我以強弩伏數百步外，必可得志。」世忠如其言，賊果追之，伏弩卒發，應弦而倒。逐北至淳安，賊據幫源峒，遂圍而平之。授閤門宣贊舍人、權京畿提舉保甲兼權提點刑獄公事。



繼從延慶攻契丹。重兵壁盧溝南，遣淵等數千人護餉道，戰敗爲敵所獲。已而逃歸，猶以出塞遷武功大夫、果州團練使。又從楊惟忠、辛興宗破羣盜高托山等，遷拱衞大夫、寧州觀察使。

靖康元年，爲眞定府總管，就遷都統制。吳湛據趙州叛，淵討平之。金人攻汴京，河東、北宣撫使范訥統勤王兵屯雍丘，以淵爲先鋒。尋以所部歸康王府。

明年，張邦昌僭立，康王如濟州，命淵以三千人入衞宗廟。淵至汴都，以朝服見邦昌，納謁曰：「參冢宰相公。」邦昌始易紫袍延之政事堂，淵慟哭宣教。康王卽皇帝位，淵與楊惟忠、韓世忠以河北兵，劉光世以陝西兵，張俊、苗傅等以帥府及降羣盜兵，皆在行朝，不相統一。始置御營司，以淵爲都統制，扈從累月不釋甲。帝如揚州，授龍、神衞四廂都指揮使，尋改捧日、天武四廂都指揮使，進保大軍承宣使。

時羣盜蠭起，以淵爲制置使平杭賊，提兵四出，所向皆捷。平軍賊趙萬於鎭江，誅杭賊陳通於杭州，降張遇於楊子橋；期年，羣盜略盡。遷嚮德軍節度使。惟趙萬、陳通等已招其降，而復盡誅之。

建炎三年二月，金人攻揚州，帝倉卒渡江，淵與內侍康履從至鎭江。奉國軍節度使劉光世見帝泣告：「淵專管江上海船，每言緩急決不誤事。今臣所部數萬，二千餘騎，皆不能

濟。」淵忿其言，斬江北都巡檢皇甫佐以自解。中書侍郎朱勝非馳見淵督之，乃始經畫，已無所及，自是淵失諸將心。

帝欲如鎭江以援江北，羣臣亦固請。淵獨言：「鎭江止可捍一面，若金人自通州渡〔九〕，先據姑蘇，將若之何？不如錢塘有重江之險。」議遂決。命淵守姑蘇，言戎器全缺，兵匠甚少，乞括民匠營繕。尋自平江赴行在，拜簽書樞密院事，仍兼都統制。命下，諸將籍籍。帝聞之，乃命兔奏事簽書，仍解都統制，以慰衆心。

先是，統制官苗傅自負世將，以淵驟用，頗觖望；劉正彥嘗招巨盜丁進，亦以賞薄怨淵。而內侍康履頗用事，及淵入樞府，傅、正彥以其由宦官薦，愈不平。俟淵入朝，伏兵殺之，併殺康履，遂成明受之變。淵時年五十三。

淵爲將輕財好義，家無宿儲，每言：「朝廷官人以爵，祿足代耕，若事錐刀，我何愛爵祿，曷若爲富商大賈邪？」初，帝在南京，聞淵疾，遣中使曾澤問疾。澤還，言其帷幔茵褥皆不具，帝輟所御紫茸茵以賜。然其平羣盜多殺降，與康履深交，故及於禍。贈開府儀同三司，累加少保，官其子孫八人。紹興四年，又官二人。乾道六年，謚襄愍。子倚。





解元字善長，保安軍德清砦人。疎眉俊目，猿臂，善騎射。起行伍，爲清澗都虞候。建炎三年，隸大將韓世忠麾下，擢偏將。世忠出下邳，聞金兵大至，士皆駭愕。元領二十騎擒其生口，知敵動息。俄逢騎數百，身自陷陣，橫刺酋長墜馬，餘皆遁去。授閤門宣贊舍人。苗傅、劉正彥之變，從世忠追至臨平與戰，賊勢既衰，擒于浦城。

四年三月，金人攻浙西，世忠治兵京口，邀其歸路，以海艦橫截大江。金人出小舟數十，以長鈎扳艦。元在別舸躍入敵舟，以短兵擊殺數十人，擒其千戶。授忠州團練使，統制前軍。繼從討閩寇范汝爲，轉討湖外諸盜。時劉忠據白面山，憑險築壘。世忠討之，距賊營三十里而陣。元獨跨馬涉水薄賊砦，四顧周覽。賊因山設望樓，從高瞰下，以兵守之，屯壯銳于四山，視其指呼而出戰。元既得其形勢，歸告世忠曰：「易與爾，若奪據其望樓，則技窮矣。」世忠然之，遣元率兵五百，長戟居中，翼以弓矢，自下趨高，賊衆莫支。乃據望樓，立赤幟，四面並進，賊遂平。改相州觀察使。

紹興四年，金人、僞齊合兵入侵。世忠自鎭江趨揚州，命元屯承州。金人至近郊，元度翌日必至城下，遣百人伏要路，百人伏嶽廟，自以四百人伏路隅。令曰：「俟金人過，我當先出掩之。伏要路者，視我麾旂，則立幟以待，金人必自嶽廟走，伏者背出。」又決河岸遏其歸路。金人果走城下，伏發，金人進退無路，乃走嶽廟，元追之，獲百四十八人，止遺二人。

時城中兵不滿三千，金萬戶黑頭虎直造城下約降。元匿其兵，以微服出，僞若降者。金人稍懈，俄伏發，擒黑頭虎。未幾，金兵四集，元戰卻之，追北數十里，金人赴水死者甚衆。改同州觀察使。六年，從世忠出下邳，以數百騎破敵伏兵，授保順軍承宣使。

十年，略地淮陽，至劉冷莊〔一〇〕，騎纔三百，當敵騎數千。元揮戈大呼，衆爭奮，敵披靡。俄而救至，後部疑懼，元回顧曰：「我在此，若等無慮。」衆乃安。轉戰自辰至午，敵退，成列而還。加龍、神衞四廂都指揮使。

明年，世忠罷兵柄爲樞密使，以元爲鎭江府駐箚御前諸軍都統制，以統其衆。又明年，進侍衞親軍馬步軍都虞候，尋授保信軍節度使。卒，年五十四。贈檢校少保。

曲端字正甫，鎭戎人。父渙，任左班殿直，戰死。端三歲，授三班借職。警敏知書，善屬文，長於兵略。歷秦鳳路隊將、涇原路通安砦兵馬監押，權涇原路第三將。

夏人入寇涇原，帥司調統制李庠捍禦，端在遣中。庠駐兵柏林堡，斥堠不謹，爲夏人所薄，兵大潰，端力戰敗之，整軍還。夏人再入寇，西安州、懷德軍相繼陷沒。鎭戎當敵要衝，無守將，經略使席貢疾柏林功，奏端知鎭戎軍兼經略司統制官。





建炎元年十二月，婁宿攻陝西。二年正月，入長安、鳳翔，關、隴大震。二月，義兵起，金人自鞏東還。端時治兵涇原，招流民潰卒，所過人供糧秸，道不拾遺。金游騎入境，端遣副將吳玠據清溪嶺，與戰大破之。端乘其退，遂下兵秦州，而義兵已復長安、鳳翔。統領官劉希亮自鳳翔歸，端斬之。六月，以集英殿修撰知延安府。

王庶爲龍圖閣待制，節制陝西六路軍馬。遂授端吉州團練使，充節制司都統制，端雅不欲屬庶。九月，金人攻陝西，庶召端會雍、耀間，端辭以未受命。庶以鄜延兵先至龍坊，端又稱已奏乞回避，席貢別遣統制官龐世才將步騎萬人來會。庶無如之何，則檄貢勒端還舊任，遣陝西節制司將官賀師範趨耀，別將王宗尹趨白水，且令原、慶出師爲援，二帥各遣偏將劉仕忠、寇鱓來與師範會。庶欲往耀督戰，已行，會龐世才兵至邠，端中悔，以狀白庶，言已赴軍前，庶乃止。師範輕敵不戒，卒遇敵于八公原，戰死，二將各引去，端遂得涇原兵柄。

十一月，金諜知端、庶不協，併兵攻鄜延。時端盡統涇原精兵，駐淳化。庶日移文趣其進，又遣使臣、進士十數輩往說端，端不聽。庶知事急，又遣屬官魚濤督師，端陽許而實無行意。權轉運判官張彬爲端隨軍應副，問以師期。端笑謂彬曰：「公視端所部，孰與李綱救太原兵乎？」彬曰：「不及也。」端曰：「綱召天下兵，不度而往，以取敗。今端兵不滿萬，不幸而敗，則金騎長驅，無陝西矣。端計全陝西與鄜延一路孰輕重，是以未敢卽行，不如蕩賊巢穴，攻其必救。」乃遣吳玠攻華州，拔之。端自分蒲城而不攻，引兵趨耀之同官，復迂路由邠之三水與玠會襄樂。

金攻延安急，庶收散亡往援。溫州觀察使、知鳳翔府王𤫊將所部發興元，比庶至甘泉，而延安已陷。庶無所歸，以軍付𤫊，自將百騎與官屬馳赴襄樂勞軍。庶猶以節制望端，欲倚以自副，端彌不平。端號令素嚴，入壁者，雖貴不敢馳。庶至，端令每門減其從騎之半，及帳下，僅數騎而已。端猶虛中軍以居庶，庶坐帳中，端先以戎服趨于庭，既而與張彬及走馬承受公事高中立同見帳中。良久，端聲色俱厲，問庶延安失守狀，曰：「節制固知愛身，不知愛天子城乎？」庶曰：「吾數令不從，誰其愛身者？」端怒曰：「在耀州屢陳軍事，不一見聽，何也？」因起歸帳。庶留端軍，終夕不自安。

端欲卽軍中殺庶，奪其兵。夜走寧州，見陝西撫諭使謝亮，說之曰：「延安五路襟喉，今已失之，春秋大夫出疆得以專之，請誅庶歸報。」亮曰：「使事有指，今以人臣擅誅于外，是跋扈也，公爲則自爲。」端意阻，復歸軍。明日，庶見端，爲言已自劾待罪。端拘縻其官屬，奪其節制使印，庶乃得去。

王𤫊將兩軍在慶陽，端召之，𤫊不應。會有告𤫊過邠軍士劫掠者，端怒，命統制官張中孚率兵召𤫊，謂中孚曰：「𤫊不聽，則斬以來。」中孚至慶陽，𤫊已去，遽遣兵要之，不及而止。





初，叛賊史斌圍興元不克，引兵還關中。義兵統領張宗諤誘斌如長安而散其衆，欲徐圖之。端遣吳玠襲斌擒之，端自襲宗諤殺之。

三年九月，遷康州防禦使、涇原路經略安撫使。時延安新破，端不欲去涇原，乃以知涇州郭浩權鄜延經略司公事。自謝亮歸，朝廷聞端欲斬王庶，疑有叛意，以御營司提舉召端，端疑不行。議者喧言端反，端無以自明。會張浚宣撫川、陝，入辭，以百口明端不反。浚自收攬英傑，以端在陝西屢與敵角，欲仗其威聲。承制築壇，拜端爲威武大將軍、宣州觀察使、宣撫處置使司都統制、知渭州。端登壇受禮，軍士歡聲如雷。

浚雖欲用端，然未測端意，遣張彬以招塡禁軍爲名，詣渭州察之。彬見端問曰：「公常患諸路兵不合，財不足；今兵已合，財已備，婁宿以孤軍深入吾境，我合諸路攻之不難。萬一粘罕併兵而來，何以待之？」端曰：「不然，兵法先較彼己，今敵可勝，止婁宿孤軍一事；然將士精銳，不減前日。我不可勝，亦止合五路兵一事；然將士無以大異於前。況金人因糧於我，我常爲客，彼常爲主。今當反之，按兵據險，時出偏師以擾其耕穫。彼不得耕，必取糧河東，則我爲主，彼爲客，不一二年必自困斃，可一舉而滅也。萬一輕舉，後憂方大。」彬以端言復命，浚不主端說。

四年春，金人攻環慶，端遣吳玠等拒于彭原店，端自將屯宜祿，玠先勝。既而金軍復振，玠小卻，端退屯涇州，金乘勝焚邠州而去。玠怨端不爲援，端謂玠前軍已敗，不得不據險以防衝突，乃劾玠違節制。

是秋，兀朮窺江、淮，浚議出師以撓其勢。端曰：「平原廣野，賊便於衝突，而我軍未嘗習水戰。金人新造之勢，難與爭鋒，宜訓兵秣馬保疆而已，俟十年乃可。」端既與浚異，浚積前疑，竟以彭原事罷端兵柄，與祠，再責海州團練副使、萬州安置〔一〕。

是年，浚爲富平之役，軍敗，誅趙哲，貶劉錫。浚欲慰人望，下令以富平之役，涇原軍馬出力最多，既卻退之後，先自聚集，皆緣前帥曲端訓練有方。敍端左武大夫，興州居住。

紹興元年正月，敍正任榮州刺史，提舉江州太平觀，徙閬州。於是浚自興州移司閬州，欲復用端。玠與端有憾，言曲端再起，必不利於張公；王庶又從而間之。浚入其說，亦畏端難制。端嘗作詩題柱曰：「不向關中興事業，却來江上泛漁舟。」庶告浚，謂其指斥乘輿，於是送端恭州獄。

武臣康隨者嘗忤端，鞭其背，隨恨端入骨。浚以隨提點夔路刑獄，端聞之曰：「吾其死矣！」呼「天」者數聲；端有馬名「鐵象」，日馳四百里，至是連呼「鐵象可惜」者又數聲，乃赴逮。既至，隨令獄吏縶維之，糊其口，燔之以火。端乾渴求飲，予之酒，九竅流血而死，年四十一。陝西士大夫莫不惜之，軍民亦皆悵悵，有叛去者。浚尋得罪，追復端宣州觀察使，謚





壯愍。

端有將略，使展盡其才，要未可量。然剛愎，恃才淩物，此其所以取禍云。

論曰：南渡諸將以張、韓、劉、岳並稱，而俊爲之冠。然夷考其行事，則有不然者。俊受心膂爪牙之寄，其平苗、劉，雖有勤王之績，然既不能守越，又棄四明，負亦不少。矧其附檜主和，謀殺岳飛，保全富貴，取媚人主，其負戾又如何哉？光世自恃宿將，選沮卻畏，不用上命，師律不嚴，卒致酈瓊之叛。迎合檜意，首納軍權，雖得善終牖下，君子不貴也。二人方之韓、岳益遠矣。然子蓋、宗顏號俊子弟，著海之功，泗上之捷，亦足稱焉。王淵以總率扈從有勞，遂至驕盈，失將士心，自取覆敗。況結托康履與光世一轍，烏足道哉。解元始由韓世忠進，其攻城野戰，未嘗敗衄，有可稱者。不幸早世，惜哉！曲端剛愎自用，輕視其上，勞效未著，動違節制，張浚殺之雖冤，蓋亦自取焉爾。

## 校勘記

〔一〕制置副使种師中　「副」字原脫。按本書卷二三欽宗紀靖康元年五月：「河北、河東路制置副使

种師中與金人戰於榆次，死之。」靖康要錄卷七所載略同。據補。

〔二〕貴州防禦使　「貴州」原作「桂州」，據周麟之海陵集卷二三張俊神道碑、章穎宋南渡十將傳卷六本傳改。

〔三〕淮南西路宣撫使　「宣」原作「安」，據繫年要錄卷一一三、宋南渡十將傳本傳改。

〔四〕賜俊安民靖難功臣拜少傅　按張俊拜少傅和賜功臣號，事在紹興九年正月，見本書卷二九高宗紀、繫年要錄卷一二五；海陵集張俊神道碑也繫於「九年」。此處繫於「八年」之下，誤。

〔五〕九年冬　按本書卷二九高宗紀，「金人叛盟」，「兀朮入東京」，「金人陷南京」，「金人陷西京」，都是紹興十年五月間事；「張俊棄亳州，引軍還壽春」，是閏六月間事。海陵集張俊神道碑記本條事也在十年。此「九年冬」誤。

〔六〕王彥先揚兵淮上有渡江意　「王彥先」原作「王彥光」。按本書卷二七高宗紀紹興三年十月作「王彥先」；卷四七五劉豫傳同年十月，也有「賊將王彥先自亳引兵至壽春，將窺江南」語。據改。

〔七〕劉龍城　「劉」字原脫，據本書卷四七五劉豫傳、繫年要錄卷一〇〇補。

〔八〕邈川城　原作「邈州城」。按本書卷八七地理志，熙河蘭湟路無「邈州城」而有邈川城，卽湟州；下文之「臨宗砦」也屬湟州，此「邈州」當爲「邈川」之誤。據改。

〔九〕通州　原作「通川」，據繫年要錄卷二〇改





〔一〇〕劉冷莊　原作「劉令莊」，據琬琰集上編卷一三韓忠武王碑、宋會要兵一四之三〇改。

〔一一〕海州團練副使萬州安置　「副」字原脫，「萬」下原衍「安」字，據本書卷二六高宗紀、繫年要錄卷三六刪補。

# 宋史卷三百七十

## 列傳第一百二十九

王友直　李寶　成閔　趙密　劉子羽　呂祉　胡世將　鄭剛中

王友直字聖益，博州高平人。父佐，以材武稱。友直年十二，隨父游，諳兵法。紹興三十一年，金人渝盟，友直結豪傑，志恢復。謂其衆曰：「權所以濟事，權歸於正，何害於理。」迺矯制自擬承宣使、河北等路安撫制置使，餘擬官有差，徧諭州縣勤王。未幾，得衆數萬，制爲十三軍，軍置都統制、提舉、提點、提轄、訓練統之。九月戊子，進攻大名，一鼓而克，撫定衆庶，諭以紹興年號。乃與王任、馮穀、張昇、牛汝霖列奏于朝，欲領衆南歸。時金人尚在揚州，久不報。

友直將由壽春涉淮而濟，道拜敕書，勉以率衆擣敵腹心，掎角應援。除友直檢校少保、





天雄軍節度使，王任天平軍節度使，馮穀左通議大夫、徽猷閣直學士，張昇右朝奉大夫、直祕閣，牛汝霖通直郎、直祕閣，職任各從舊，得便宜行事。時三十二年正月一日也。

旋與敵遇，相拒淮北；敵兵來益衆，友直卽率所部渡淮。既而審金主亮已斃，所遇乃歸師，悔不襲擊之。高宗視師江上，見于金陵，賜金帶、章服，錫賚及二子。友直恥前功不遂，自陳，改復州防禦使，以忠義軍統制隸鎭江都統司。

越四月，詔偕統制張子蓋援海州。方接戰，友直張一旗，大書「宋忠義將河北王九郎」以自表。潛由小逕背敵陣，因其輜重，扼歸道橋，左右枕水。張子蓋知友直已乘敵後，麾軍進擊，敵潰走，盡溺死，圍遂解。轉宜州觀察使。

孝宗受禪，友直與統制宋寧數出奇轉戰。張浚都督江、淮，一見喜之，辟建康前軍統制。隆興二年九月，金人犯邊，宣諭使王之望命以前軍戍昭關，友直不踰時卽行。他軍同戍者，敵至，輒退保和州，友直孤軍堅守。金兵駐黃山，鼓柝相聞，益整暇自持。

乾道元年，移鎭江御前諸軍統制，俄改步司左軍統制兼左驍衞上將軍。初，淮北之戰，友直母子相失，至是，訪得之，乃與其妻李攜二女自淮而還，錫予加厚。又明年，除御前諸軍統制，請祠，手詔慰勞。四年，繇京口入覲，進神、龍衞四廂都指揮使，主管步司公事，遷侍衞親步軍都指揮使。朝廷議遣馬、步二司移屯重地，丞相虞允文欲先發步司，友直請以

馬司先。及馬帥李顯忠屯金陵，友直奏馬軍道途轉徙，困斃已甚。有旨免移步司。八年，轉承宣使，旋除殿前副都指揮使。

淳熙元年，授奉國軍節度使。四年，總殿步司大閱于茅灘，鎧仗精明，號令閑肅。明年，進殿前指揮使，賜第中都，賜田平江，燕射咸預。晚節宴安，軍政稍失律，授宜州觀察使。尋罷宮觀，徙居信州。以郊祀恩內徙，三奉祠，復武寧軍承宣使。卒，年六十一，追復節度使，贈檢校少保。

李寶，河北人。嘗陷金，拔身從海道來歸。金主亮渝盟，淮、浙姦民倪詢、梁簡等〔一〕教金造舟，且爲鄉導。金使蘇保衡造舟于潞河。明年，以保衡爲統軍，將繇海道襲浙江。諜聞，高宗謂宰臣曰：「李寶頃因召對，詢以北事，歷歷如數。且以一介脫身還朝，陛對無一毫沮懾，是必能事者。」迺授浙西路馬步軍副總管，駐劄平江，令與守臣督海舟捍禦。高宗問：「舟幾何？」曰：「堅全可涉風濤者，百二十艘。」「兵幾何？」曰：「僅三千，皆閩、浙弓弩手，非正兵也。旗幟甲仗亦粗備。事急矣，臣願亟發。」賜寶衣帶、鞍馬、尙方弓刀、戈甲及銀絹萬數。





八月，次江陰，先遣其子公佐，謂曰：「汝爲潛伺敵動靜虛實，毋誤。」公佐受命，卽與將官邊士寧偕往。寶將啓行，軍士爭言西北風力尙勁，迎之非利。寶下令，敢沮大計者斬。遂發蘇州，大洋行三日，風甚惡，舟散不可收。寶忼慨顧左右曰：「天以是試李寶邪？寶心如鐵石，不變矣。」酹酒自誓，風卽止。明日，散舟復集。

士寧自密州回，得敵耗甚悉，且言公佐已挾魏勝得海州。寶喜曰：「吾兒不負乃翁矣。」士氣百倍，趣衆乘機進。適大風復作，海濤如山，寶神色不爲動；風少殺，始縱舟泊抵東海。敵已雲合，圍海州，旌麾數十里。寶麾兵登岸，以劍畫地，令曰：「此非復吾境，力戰與否在汝等。」因握槊前行，遇敵奮擊，將士賈勇，無不一當十。敵出不意，亟引去。勝出城迎，寶獎其忠義，勉以共立功名，勝感泣。乃維舟犒士，遣辯者四出招納降附，聲振山東。豪傑如王世修〔二〕輩各署旗，集義勇，爭應援，多者數萬人。寶列名上諸朝，檄所部會密之膠西，命公佐以郡事畀勝，與俱發。

至膠西石臼島，敵舟已出海口，泊唐島，相距僅一山。時北風盛，寶禱于石臼神。俄有風自柂樓中來，如鍾鐸聲，衆咸奮，引舟握刃待戰。敵操舟者皆中原遺民，遙見寶船，紿敵兵入舟中，使不知王師猝至。風駛舟疾，過山薄虜，鼓聲震疊，海波騰躍。敵大驚，掣矴舉帆，帆皆油纈，彌亙數里，風浪捲聚一隅，窘束無復行次。寶亟命火箭環射，箭所中，煙焰旋起，延燒數百艘。火所不及者猶欲前拒，寶叱壯士躍登其舟，短兵擊刺，殪之舟中。餘所謂簽軍，盡中原舊民，皆登島垠，脫甲歸命，以故不殺。然倉卒，舟不獲艤，溺死甚衆。俘大漢軍三千餘人，斬其帥完顏鄭家奴等六人，禽倪詢等上于朝，獲其統軍符印與文書、器甲、糧斛以萬計。餘物衆不能舉者，悉焚之，火四晝夜不滅。

寶將乘勢席卷，公佐切諫，以爲金主亮方濟淮，聞通、泰已陷，得遠失近，且有腹背憂。乃還軍駐東海，視緩急爲表裏援。遣曹洋輕舟報捷。上喜曰：「朕獨用李寶，果立功，爲天下倡矣。」詔奬諭，書「忠勇李寶」四字，表其旗幟。除靜海軍節度使、沿海制置使，賜金器、玉帶。

亮聞膠西之敗，大怒，召諸酋約以三日渡江，於是內變殺亮。向微唐島之捷，則亮之死未可期，錢唐之危可憂也。寶之功亦大矣。

寶戰具精利，宰臣陳康伯取其長槍、克敵弓弩，俾所司爲式製之。卒，贈檢校少保。

成閔字居仁，邢州人。靖康初，劉韐爲眞定帥，募勇士捍金兵，閔在麾下。高宗卽位，





閔領數百騎至揚州。會上南渡，韓世忠追苗傅及襲兀朮、討范汝爲，閔皆在戎行，又以力戰卻敵，積功至武功大夫、忠州刺史。

從世忠入見，世忠指閔曰：「臣在南京，自謂天下當先，使當時見此人，亦避一頭矣。」上嘉歎勞勉。旋以取海州功，擢磁州團練使。召見，賜袍帶、錦帛，加贈玉束帶。時方與金盟，世忠罷兵，入爲樞密使，詔進閔棣州防禦使、殿前遊奕軍統制，歷還保寧軍承宣使。

紹興二十四年，拜慶遠軍節度使。尋丁母憂，詔起復，贈其母鄭國夫人。金主亮將敗盟，詔閔提禁旅三萬鎭武昌，命湖北守、漕創砦屋三萬間以待之，發折帛米錢茶引共百四十餘萬緡、義倉和糴米六十三萬石備軍用，仍賜金器、劍甲臨遣之。閔至鄂，未幾，進屯應城縣。

八月，除湖北、京西制置使，節制兩路軍馬。九月，兼京西、河北招討使。十一月，詔回援淮西。閔喜於得歸，冒雨兼程趨建康，士卒多道死，朝廷所給犒師物奄歸己，不及士卒。士卒有怨言，閔斬之。未幾，除淮東制置使，駐鎭江。既而言者論諸軍皆聚鎭江，恐敵出不意擣上流，於是詔閔發鄂州張威、華旺軍回駐鄂。

亮死，閔引兵渡江趨揚州。及金人自盱眙渡淮北去，閔列兵南岸，軍士喏聲相聞。金人笑之曰：「寄聲成太尉，有勸護送。」時虜氣已奪，日虞王師之至，委棄戈甲，粟米山積，諸

軍多仰以給。惟閔軍多浙人，素不食粟，死者甚衆。

閔至泗州，奏已克復淮東。尋入朝，凡侍從、卿監、閤門、內侍，皆有賂遺。左正言劉度劾之，獨超拜太尉，主管殿前司公事。尋復爲御史論列，罷太尉，婺州居住，奪慶遠節。乾道初，聽自便，歸湖州；尋詔復節，都統鎮江諸軍。九年，請祠，致仕，治園第于平江。淳熙元年卒，年八十一。贈開府儀同三司。子十一人。

趙密字微叔，太原清源〔三〕人。政和四年，用材武試崇政殿，授河北隊將，戍燕。高宗以大元帥開府，檄統先鋒援京師。

建炎元年，從張俊討任城寇李昱，俊輕騎先行，遇伏，密奔射斃數人，乃脫。擢閤門祗候。俊置靖勝軍，以密統之。平賊董青、趙萬、徐明等，累功轉武節郎、左軍統領。金兵陷揚州，士民隨乘輿渡江，衆數萬，密露立水濱，麾舟濟之。苗傅之變，破赤心軍于臨平。金人犯明州，俊遣密及楊沂中與殊死戰，敗之，進武功大夫，陞統制。

紹興元年，李成、馬進擾江、淮，俊復遣密大破之，成、進皆北遁。賜金帶，轉親衛大夫、康州刺史，總管涇原馬步軍。平張莽蕩，尋詔入衛。十年，金犯亳、宿，從俊營合肥，出西





路。時水潦暴漲，涉六晝夜始達宿，與敵遇，敗之。

明年，敵分兵犯滁、濠，密進擊之，且命張守忠以五百騎出全椒縣，伏篁竹間，敵疑，宵遁。密乃引兵出六丈河，斷其歸路，又敗之。進中衛、協忠大夫，和州團練、防禦使。尋拜宣州觀察使，爲龍、神衞四廂都指揮使，主管侍衞步軍。

海寇朱明暴横，密授張守忠方略曰：「海與陸異，窮之則日月相持，非策之善，要在拊定之耳。」守忠用其計，明降。進定江軍承宣使、崇信軍節度使，以年勞轉太尉，拜開府儀同三司。明年，領殿前都指揮使，獻本軍酒方六十六所，積錢十萬緡，銀五萬兩助軍用，詔奬之。上疏告老，以萬壽觀使奉朝請。

隆興二年，進少保致仕。俄報金復犯淮，詔密再爲殿前都指揮使。初，敵聲言航海，朝論選從官視舟師，徹禁旅防守，密不爲動，迄如所料。和議成，罷爲醴泉使。

乾道元年九月，致仕。卒，年七十一。贈少傅。

劉子羽字彥修，建之崇安人，資政殿學士韐之長子也。宣和末，韐帥浙東，子羽以主管機宜文字佐其父。破睦賊，入主太府、太僕簿，遷衞尉丞。韐守眞定，子羽辟從。會金人入，父子相誓死守，金人不能拔而去，由是知名。除直祕閣。京城不守，韐死之，既免喪，除祕閣修撰、知池州。

以書抵宰相，論天下兵勢，當以秦、隴爲根本。改集英殿修撰、知秦州。未行，召赴行在，除樞密院檢詳文字。

建炎三年，大將范瓊擁強兵江西，召之弗來，來又不肯釋兵。知樞密院事張浚，與子羽密謀誅之。一日，命張俊以千兵渡江，若備他盜者，使皆甲而來。因召俊、瓊及劉光世赴都堂議事，爲設飲食，食已，諸公相顧未發。子羽坐廡下，恐瓊覺，取黃紙趨前，舉以麾瓊曰：「下，有敕，將軍可詣大理置對。」瓊愕不知所爲，子羽顧左右擁置輿中，衞以俊兵，送獄。光世出撫其衆，數瓊在圍城中附金人迫二帝出狩狀。且曰：「所誅止瓊爾，汝等固天子自將之兵也。」衆皆投刃曰：「諾。」有旨分隸御營五軍，頃刻而定。瓊竟伏誅。浚以此奇其材。

浚宣撫川、陝，辟子羽參議軍事。至秦州，立幕府，節度五路諸將，規以五年而後出師。明年，除徽猷閣待制。金人窺江、淮急，浚念禁衞寡弱，計所以分撓其兵勢者，遂合五路之兵以進。子羽以非本計，爭之。浚曰：「吾寧不知此？顧今東南之事方急，不得不爲是耳。」遂北至富平，與金人遇，戰不利。金人乘勝而前，宣撫司退保興州，人情大震。





官屬有建策徙治夔州者，子羽叱之曰：「孺子可斬也！四川全盛，敵欲入寇久矣，直以川口有鐵山、棧道之險，未敢遽窺耳。今不堅守，縱使深入，而吾僻處夔、峽，遂與關中聲援不相聞，進退失計，悔將何及。今幸敵方肆掠，未逼近郡。宣司但當留駐興州，外繫關中之望，內安全蜀之心；急遣官屬出關，呼召諸將，收集散亡，分布險隘，堅壁固壘，觀釁而動。庶幾猶或可以補前愆而贖後咎，奈何乃爲此言乎？」浚然子羽言，而諸參佐無敢行者。子羽即自請奉命北出，復以單騎至秦州，召諸亡將。諸亡將聞命大喜，悉以其衆來會。子羽命吳玠柵和尙原，守大散關，而分兵悉守諸險塞。金人知有備，引去。

明年，金人復聚兵來攻，再爲玠所敗。浚移治閬州，子羽請獨留河池，調護諸將，以通內外聲援，浚許之。明年，玠以秦鳳經略使戍河池，王彥以金、均、房鎮撫使戍金州。二鎮皆饑，興元帥臣閉糴，二鎮病之。玠、彥皆願得子羽守漢中，浚乃承制拜子羽利州路經略使兼知興元府。子羽至漢中，通商輸粟，二鎮遂安。除寶文閣直學士。

是冬，金人犯金州。三年正月〔四〕，王彥失守，退保石泉。子羽亟移兵守饒風嶺，馳告玠。玠大驚，即越境而東，日夜馳三百里至饒風，列營拒守。金人悉力仰攻，死傷山積，更募死士，由間道自祖溪關入，繞出玠後。玠遽邀子羽去，子羽不可，而留玠同守定軍山。玠難之，遂西。

子羽焚興元，退守三泉縣，從兵不滿三百，與士卒取草牙、木甲食之，遺玠書訣別。玠時在仙人關，其愛將楊政大呼軍門曰：「節使不可負劉待制，不然，政輩亦舍節使去矣。」玠乃間道會子羽，子羽留玠共守三泉。玠曰：「關外蜀之門戶，不可輕棄。」復往守仙人關。子羽以潭毒山形斗拔，其上寬平有水，乃築壁壘，十六日而成。金人已至，距營十數里〔五〕。子羽據胡床，坐于壘口。諸將泣告曰：「此非待制坐處。」子羽曰：「子羽今日死于此。」敵尋亦引去。

自金人入梁、洋，四蜀復大震。張浚欲移潼川，子羽遺浚書，言己在此，金人必不南，浚乃止。撒離曷由斜谷北去，子羽謀邀之於武休，不及，既回鳳翔，遣十人持書旗招子羽，子羽盡斬之，而留其一，縱之還，曰：「爲我語賊，欲來即來，吾有死爾，何可招也！」先是，子羽預徙梁、洋公私之積，至是，金人深入，餽不繼，又腹背爲子羽、玠所攻，死傷十五六，疫癘且作，亟遁去。子羽出師掩擊，墮溪澗死者不可勝計，餘兵不能自拔者，悉降。

始，金人攻蜀，所選士卒千取百，百取十；戰被重鎧，登山攻險，每一人前，輒二人推其後，前者死，後者被其甲以進，又死，則又代之，其爲必取計如此。浚雖屾師，卒全蜀，子羽之力居多。子羽還興元。四年，坐富平之役，與浚俱罷。尋爲言者所論，責授單州團練副使，白州安置〔六〕。





新除川、陜宣撫副使吳玠，始爲裨將，未知名。子羽獨奇之，言於浚，浚與語大悅，使盡護諸將。至是，上疏論子羽之功，請納節贖其罪。詔聽子羽自便。明年，復元官，提舉江州太平觀。

張浚還朝，議合兵大舉，乃請召子羽，令諭旨西帥，以集英殿修撰知鄂州。未幾，權都督府參議軍事，與主管機宜文字熊彥詩同撫諭川、陜。時吳玠屢言軍前乏糧，故令子羽見玠諭指，且與都轉運使趙開計事，併察邊備虛實以聞，時五年冬也。明年秋，與彥詩同還朝。子羽言：「金人未可圖，宜益兵屯田，以俟機會。」時張浚以淮西安撫使劉光世驕惰不肅，密奏請罷之，而以其兵屬子羽。子羽辭，乃以徽猷閣待制知泉州。

七年，淮西酈瓊叛，張浚罷相。八年，御史常同論子羽十罪，上批出「白州安置」。趙鼎曰：「章疏中論及結吳玠事，今方倚玠，恐不自安。」同疏再上，以散官安置漳州。十一年，樞密使張浚薦子羽復元官，知鎭江府兼沿江安撫使。金人入寇，子羽建議淸野，淮東之人，皆徙鎭江，撫以恩信，雖兵民雜居，無敢相侵者。既而金人不至，浚問子羽，子羽曰：「異時金人入寇，飄忽如風雨，今久遲回，必有他意。」蓋金人以柘皐之敗，欲急和也。未幾，果遣使議和。復徽猷閣待制。秦檜風諫官論罷之，復提舉太平觀。

十六年，卒。子珙，自有傳。吏部郎朱松以子熹託子羽，子羽與弟子翬篤敎之，異時卒爲大儒云。

呂祉字安老，建州建陽人。宣和初，上舍釋褐。建炎二年，爲右正言，以論事忤執政，通判明州。

紹興元年，盜起湖南、北，爲荆湖提刑，祉既至，招捕有方，踰年盜平。進直祕閣，尋召赴行在。淮南宣撫使韓世忠將出師，辟祉議軍事，除直徽猷閣，充參議官，辭不行。

三年，陞直龍圖閣、知建康府。祉到官，與通判府事吳若、安撫司準備差遣陳充共議，作東南防守利便三卷上之，大略謂：「立國於東南者，當聯絡淮甸、荆、蜀之勢，今臨安僻在海隅，移蹕江上，然後可以繫南北離散之心。」

四年冬，金人攻淮，江左戒嚴，獨韓世忠統銳卒在高郵。金既陷漣水，破山陽、盱眙，遂犯承州。祉上章言：「宜遣兵爲世忠援。」既而援兵不至，世忠退保鎭江。祉再上言：「置江北於度外，非命帥宣撫兩淮之意，且恐失中原心。唯當急遣諸將，且乞親御六師，庶幾上下協心，可以不戰而勝。」於是降詔親征。車駕至平江，金人退師。

五年，召爲中書門下省檢正諸房文字，尋除兵部侍郎兼戶部侍郎、給事中。六年，遷刑





部侍郎、都督府參議軍事，俄遷吏部侍郎。劉豫分道入寇，時車駕駐平江，或請回臨安，且令守江防海。祉獨抗言：「士氣當振，賊鋒可挫，不可遽退以示弱。」劉麟衆十萬，已次濠、壽。劉光世在合肥，欲移屯太平州，軍已行，乃命祉馳往軍前，督其還。七年，遷兵部尚書，陞督府參謀軍事，往淮西撫諭諸軍。

浚以劉光世持不戰之論，罷之，乃命行營左護軍前統制王德爲都統制，又以統制官酈瓊爲之副。瓊與德素不協，祉還朝，瓊與德交訟于都督府及御史臺，乃命德還建康，以其軍隸督府。八月，復命祉往廬州節制之。祉至廬州，瓊等復訟德。祉諭之曰：「若以君等爲是，則大相誑。然張丞相但喜人向前，儻能立功，雖有大過亦闊略，況此小嫌乎？當力爲諸公辨之，保無他慮。」瓊等感泣。

事小定，祉乃密奏乞罷瓊及統制官靳賽兵權。其書吏漏語於瓊，瓊令人遮祉所遣郵置，盡得祉所言，大怨怒。會朝廷命張俊爲淮西宣撫使，置司盱眙；楊存中爲淮西制置使，劉錡爲副，置司廬州；召瓊赴行在。瓊懼，遂叛。諸將晨謁祉，坐定，瓊袖出文書，示中軍統制官張璟曰：「諸兵官有何罪，張統制乃以如許事聞之朝廷邪？」祉見之大驚，欲返走，不及，爲瓊所執。璟及兵馬鈐轄喬仲福，統制劉永、衡友死之。瓊遂率全軍〔七〕四萬人渡淮降劉豫，擁祉次三塔，距淮三十里。祉下馬曰：「劉豫逆臣，我豈可見之？」衆逼祉上馬，祉罵

曰：「死則死於此！」又語其衆曰：「劉豫逆臣，爾軍中豈無英雄，乃隨酈瓊去乎？」衆頗感動，凡千餘人環立不行。瓊恐搖動衆心，急策馬先渡，祉遇害。

時有得祉括髮之帛歸吳中者，其妻吳氏持帛自縊以徇葬，聞者哀之。慶元間，詔立廟賜額，以旌其忠云。

胡世將字承公，常州晉陵人，宿之曾孫。登崇寧五年進士第。范汝爲寇閩，以世將爲監察御史、福建路撫諭使。入境，韓世忠已平賊。還尚書右司員外郎，又遷起居郎，遷中書舍人，賜三品服，兼修政局。坐言者落職奉祠。未幾，除徽猷閣待制、知鎮江府，入爲禮部侍郎，改刑部，出知洪州，兼江西安撫、制置使。屬建昌兵變，殺守倅，嬰城以叛，世將以便宜發兵討平之。除兵部侍郎，復知鎮江。

未幾，召爲給事中兼侍講，直學士院，復還兵部侍郎。尋以樞密直學士出爲四川安撫、制置使，兼知成都府。宣撫吳玠以軍無糧，奏請踵至。世將既被命入境，約玠會議。蜀之饟運，遡嘉陵江千餘里，半年始達。於是奏用轉般摺運之法，軍儲稍充，公私便之。

紹興九年，玠卒，以世將爲寶文閣學士、宣撫川、陝。時關陝初復，朝廷分軍移屯熙、





秦、鄜延諸道。明年夏，金人陷同州，入長安，諸路皆震。蜀兵既分，聲援幾絕，乃遣大將吳璘、田晟出鳳翔，郭浩出奉天，楊政由赤谷歸河池。不數日，璘捷于石壁及扶風，金人逡巡不敢度隴，分屯之軍得全師而還。詔除端明殿學士。

十一年秋，朝廷復用兵。會母喪，命起復。遂復隴州，破岐下諸屯，又取華、虢，兵威稍振。未幾，瘍發於首。除資政殿學士致仕，恩數視簽書樞密院事。卒，年五十八，命有司給葬事。

鄭剛中字亨仲，婺州金華人。登進士甲科，累官爲監察御史，遷殿中侍御史。剛中由秦檜薦于朝，檜主和議，剛中不敢言。移宗正少卿，請去，不許，改祕書少監。

金歸侵疆，檜遣剛中爲宣諭司參謀官；及還，除禮部侍郎。復遣剛中爲川、陝宣諭使，諭諸將罷兵，尋充陝西分畫地界使。金使烏陵贊謨入境，欲盡取階、成、岷、鳳、秦、商六州，剛中力爭不從；又欲姑取商、秦，於大散關立界，剛中又堅不從。繼除川、陝宣撫副使。兀朮遣人力求和尚原，剛中恐敗和好，以和尚原自紹興四年後不係吳玠地分，於是割秦、商之半，棄和尚原以與金。朝廷命剛中去「陝」字，爲四川宣撫副使。剛中治蜀，頗有方略。宣撫司舊在綿、閬間，及胡世將代吳玠，就居河池，饋餉不繼。剛中奏：利州在潭毒關內，與興、洋諸關聲援相接，乞移司利州。自是省費百萬。剛中始至，即欲移屯一軍，大將楊政不從，呼政語之曰：「剛中雖書生，不畏死！」聲色俱厲，政即聽命。

都統每入謁，必庭參然後就坐。吳璘陞檢校少師來謝，語閽吏，乞講鈞敵之禮。剛中曰：「少師雖尊，猶都統制耳，儻變常禮，是廢軍容。」行禮如故。

奏蠲四川雜征，又請減成都府路對糴及宣撫司激賞錢。時剛中於階、成二州營田，抵秦州界，凡三千餘頃，歲收十八萬斛。先是，川口屯兵十萬，分隸三大將：吳璘屯興州，楊政屯興元府，郭浩屯金州，皆建帥節；而統制官知成州王彥、知階州姚仲、知西和州程俊、知鳳州楊從儀亦領沿邊安撫。剛中請分利州爲東、西路，以興元府、利閬洋巴劍州、大安軍七郡爲東路，治興元，命政爲安撫；以興、階、成、西和、文、隴、鳳七州爲西路，治興州，命璘爲安撫；而命浩爲金、房、開、達州安撫；諸裨將領安撫者皆罷。從之。弛夔路酒禁，復利州錢監爲紹興監。時軍已罷，移屯內郡，剛中言逐路各有漕司，都漕宜罷。從之。

秦檜怒剛中在蜀專擅，令侍御史汪勃奏置四川財賦總領官，以趙不棄爲之，不隸宣撫司。不棄牒宣撫司，剛中怒，由是有隙。不棄頗求剛中陰事言於檜，檜陽召不棄歸，因召剛中。剛中語人曰：「孤危之迹，獨賴上知之耳。」檜聞愈怒，遂罷，責桂陽軍居住；再責濠





州團練副使，復州安置；再徙封州，卒。

論曰：自紹興和議成，材武善謀之士，無所用其力。若王友直之矯制起兵，李寶之立功膠西，成閔、趙密皆足以斬將搴旗，劉子羽轉戰屢勝，呂祉不從劉豫，胡世將、鄭剛中威震巴蜀，皆中道以歿，是以知宋不克興復也。

## 校勘記

〔一〕倪詢梁簡等　繫年要錄卷一九三、中興小紀卷四〇、四朝名臣言行錄別集下卷李寶條都作「倪荀、商簡、梁三兒等」。

〔二〕王世修　按中興小紀卷四〇記此事說：「時山東豪傑王世隆、明椿、劉異輩，皆各以義旗聚衆，爭爲應援。」又北盟會編卷二三七記李寶敗金人於陳家島事說：「先是有劉邕彪、溫皐、趙開、李幾四人，聚衆于京東，與王世隆合，共攻成陽軍。」「修」字疑爲「隆」字之訛。

〔三〕太原清源人　「清源」原作「清河」。李幼武四朝名臣言行錄別集下卷一二趙密條作「清源」。按清河屬河北路恩州，清源屬河東路太原府，見本書卷八六地理志。據改。

〔四〕三年正月　按本書卷二七高宗紀載，金人陷金州、入興元以至去興元，都繫在紹興三年，此處失書「紹興」紀元。

〔五〕距營十數里　朱熹朱文公文集卷八八劉子羽神道碑作「營數十里間」；中興戰功錄作「距我師數十里」。

〔六〕白州安置　「白州」原作「泉州」，據本書卷二七高宗紀、琬琰集下編卷二三劉子羽墓誌銘改。

〔七〕全軍　原作「金軍」，據本書卷三六〇趙鼎傳、繫年要錄卷一一三注改。



# 宋史卷三百七十一

## 列傳第一百三十

### 白時中　徐處仁　馮澥　王倫　宇文虛中　湯思退

白時中字蒙亨，壽春人。登進士第，累官爲吏部侍郎。坐事，降秩知鄆州，已而復召用。政和六年，拜尚書右丞、中書門下侍郎。宣和六年，除特進、太宰兼門下，封崇國公，進慶國。

始，時中嘗爲春官，詔令編類天下所奏祥瑞，其有非文字所能盡者，圖繪以進。時中進政和瑞應記及贊。及爲太宰，表賀翔鶴、霞光等事。圜丘禮成，上言休氣充應，前所未有，乞宣付祕書省。時燕山日告危急，而時中恬不爲慮。金人入攻，京城修守備，時中謂宇文粹中曰：「萬事須是涉歷，非公嘗目擊守城之事，吾輩豈知首尾邪？」

欽宗即位，召大臣決策守京師，問誰可將者。李綱言：「朝廷高爵厚祿蓄養大臣，蓋將



用之有事之日。時中輩雖書生，然撫將士以抗敵鋒，乃其職也。」時中勃然曰：「李綱莫能將兵出戰乎？」綱曰：「陛下儻使臣，當以死報。」於是以綱爲右丞，充守禦使。時中尋罷爲觀文殿學士、中太一宮使。御史劾時中孱懦不才，詔落職。未幾，卒。

徐處仁字擇之，應天府穀熟縣人。中進士甲科，爲永州東安縣令。蠻人叛，處仁入峒，開示恩信，蠻感泣，誓不復反。知濟州金鄉縣。以薦者召見，徽宗問京東歲事，處仁以旱蝗對。問：「邑有盜賊乎？」曰：「有之。」上謂處仁不欺，除宗正寺丞、太常博士。

時初置算學，議所祖，或以孔子贊易知數。處仁言：「仲尼之道無所不備，非專門比。黃帝迎日推策，數之始也，祖黃帝爲宜。」擢監察御史，遷殿中、右正言、給事中。攝開封府，裁決如流，囚繫常空。進戶部尚書，繼拜中大夫、尚書右丞。丁母憂，免喪，以資政殿學士知青州，徙知永興軍。

童貫使陝西，欲平物價，處仁議不合，曰：「此令一傳，則商賈弗行，而積藏者弗出，名爲平價，適以增之。」轉運使阿貫意，劾其格德音，倡異論，侵辱使者。詔處仁赴闕。尋改知河陽，落職知蘄州。久之，以顯謨閣直學士知潁昌府。民有得罪宮掖者，雖赦不原，處仁爲奏

上童貫乘是擿之，奪職，提舉鴻慶宮。復延康殿學士、知汝州，再奉鴻慶祠、知徐州，召爲醴泉觀使。

徽宗訪以天下事，處仁對曰：「天下大勢在兵與民，今水旱之餘，賦役繁重，公私凋弊，兵民皆困，不及今謀之，後將有不勝圖者。」上曰：「非卿不聞此言。」明日，除侍讀。進讀罷，理前語，處仁言：「昔周以冢宰制國用，於歲之杪，宜會朝廷一歲財用之數，量入爲出，節浮費，罷橫斂，百姓既足，軍儲必豐。」上稱善，詔置裕民局討論振兵裕民之法。蔡京不悅，言者謂：「今設局曰『裕民』，豈平日爲不裕民哉？」乃罷局，出處仁知揚州。未幾，以疾奉祠歸南都。

方臘爲亂，處仁亟見留守薛昂，爲畫守戰之策。因語昂曰：「睢陽蔽遮江、淮，乃國家受命之地，脫有非常，吾助君死守。」語聞于朝，起爲應天尹。河北盜起，徙大名尹。前尹王革慘而怯，盜無輕重悉抵死，小有警，輒閉城以兵自衞。處仁至，卽大開城門，徹牙內甲兵，人情遂安。

徽宗賜手詔曰：「金人雖約和，然狼子野心，易扇以變，有當行事以聞。」處仁上備邊禦戎十策。進觀文殿學士，召爲寶籙宮使，特陞大學士。舊制，大觀文非宰相不除，前二府得除，自處仁始。



欽宗卽位，金人犯京師，處仁儲糧列備，合銳兵萬人勤王；奏乞下詔親征，以張國威。奏至，朝廷適下親征詔書，以李綱爲行營使。卽移書綱，言備禦方略。金人請和而歸，處仁奏宜伏兵濬、滑，擊其半濟，必可成功。召爲中書侍郎。入見，欽宗問割三鎭，處仁言：「國不競亦陵，且定武陛下之潛藩，不當棄。」與吳敏議合。敏薦處仁可相，拜太宰兼門下侍郎。

童貫部勝捷軍衞徽宗東巡，貫旣貶，軍士有惡言。徽宗將還，都人洶懼，或請爲備。處仁曰：「陛下仁孝，思奉晨昏，屬車西還，天下大慶，宜郊迎稱賀。軍士妄言，臣請身任之。」乃以處仁爲扈駕禮儀使，統禁旅從出郊，迄二聖還宮，部伍肅然。

初，處仁爲右丞，言：「六曹長貳，皆異時執政之選，而部中事一無所可否，悉稟命朝廷。夫人才力不容頓異，豈有前不能決一職而後可共政者乎？乞詔自今尚書、侍郎不得輒以事諉上，有條以條決之，有例以例決之，無條例者酌情裁決；不能決，乃申尚書省。」會處仁以憂去，不果行，及當國，卒奏行之。

聶山爲戶部尚書兼開封尹，庫有美珠，山密語寧德宮宦者，用特旨取之。處仁奏：「陛下鑾近患，事必由三省。今以珠爲道君太上皇后壽，誠細故，且美事；然此端一開，則前日應奉之徒復縱，臣爲陛下惜之。」乃抵主藏吏罪。



處仁言論，初與吳敏、李綱合，尋亦有異議。嘗與敏爭事，擲筆中敏面，鼻額爲黑。唐恪、耿南仲、聶山欲排去二人而代之位，諷言者論之，與敏俱罷，處仁以觀文殿大學士爲中太一宮使。尋知東平府，提舉崇福宮。高宗卽位，起爲大名尹、北道都總管，卒于郡。

處仁在宣和間，數請寬民力以弭盜賊。尹大名，以剛廉稱。及爲首相，無大建明，方進言以金人出境，社稷再安，皆由聖德儉勤，致有天人之助。种師道請合諸道兵屯河陽諸州，爲防秋計，處仁謂金人豈能復來，不宜先自擾以示弱。南都受圍時，處仁在圍城中，都人指爲姦細，殺其長子庚。幼子度，吏部侍郎。

馮澥字長源，普州安岳人。父山，熙寧末，爲秘書丞、通判梓州，鄧綰薦爲臺官，不就，退居二十年，范祖禹薦於朝，官終祠部郎中。澥登進士第，歷官入朝，以言事再謫。

靖康元年，澥爲左諫議大夫。金人圍太原，朝廷命李綱宣撫兩河，澥奏罷之。金人要割三鎭，高宗自康邸出使，除澥知樞密院事，充副使，不果行，尋除尚書左丞。金人犯闕，詔宗室郡王爲報謝使，澥與曹輔以樞密爲副，留金營三日歸，詔暫權門下侍郎。欽宗詣金營，澥扈從。張邦昌僭位，與澥有舊，取之歸，以澥康邸舊臣，命爲奉迎使，爲總領迎駕儀物使。



建炎初，除資政殿學士、知潼川府。言者論澥嘗汙僞命，奪職，已而復官。紹興三年，以資政殿學士致仕，卒。

澥爲文師蘇軾，論西事與蔡京忤。郡人張庭堅以言事斥象州死，妻子流離，澥力振其家，及入諫省，奏官其一子。然議論主熙、豐、紹聖，而排鄒浩、李綱、楊時，君子少之。

王倫字正道，莘縣人，文正公旦弟勗玄孫也。家貧無行，爲任俠，往來京、洛間，數犯法，幸免。汴京失守，欽宗御宣德門，都人喧呼不已，倫乘勢徑造御前曰：「臣能彈壓之。」欽宗解所佩夏國寶劍以賜，倫曰：「臣未有官，豈能彈壓？」欽宗取片紙書曰：「王倫可除兵部侍郎。」倫下樓，挾惡少數人，傳旨撫定，都人乃息。宰相何㮚以倫小人無功，除命太峻，奏補修職郎，斥不用。

建炎元年，選能專對者使金，問兩宮起居，遷朝奉郎，假刑部侍郎，充大金通問使，閤門舍人朱弁副之。見金左副元帥宗維議事，金留不遣。

有商人陳忠，密告倫二帝在黃龍府，倫遂與弁及洪晧以金遺忠往黃龍府潛通意，由是兩宮始知高宗已卽位矣。久之，粘罕使烏陵思謀卽驛見倫，語及契丹時事。倫曰：「海上之



中華書局

盟，兩國約爲兄弟，萬世無變。雲中之役，我實饋師，贊成厥功。上國之臣，嘗欲稱兵南來，先大聖惠顧盟好，不許。厥後舉兵以禍吾國，果先大聖意乎？況亘古自分南北，主上恭勤，英俊并用，期必復古。盍思久遠之謀，歸我二帝、太母，復我土疆，使南北赤子無致塗炭，亦足以慰先大聖之靈，幸執事者贊之。」思謀沉思曰：「君言是也，歸當盡達之。」已而粘罕至，曰：「比上國遣使來，問其意指，多不能對。思謀傳侍郎語欲議和，決非江南情實，特侍郎自爲此言耳。」倫曰：「使事有指，不然來何爲哉？人定者勝天，天定亦能勝人，惟元帥察之。」粘罕不答。是後，宇文虛中、魏行可、洪皓、崔縱、張邵相繼入使，皆拘之。

紹興二年，粘罕忽自至館中與倫議和，縱之歸報。是秋，倫至臨安，入對，言金人情僞甚悉，帝優獎之。除右文殿修撰，主管萬壽觀，官其二弟一姪。時方用兵討劉豫，和議中格。三年，韓肖胄使金還，金遣李永壽、王翊繼至。二人驕倨，以倫充伴使，倫與道雲中舊故，驕倨少損，遂拜詔。訖事，倫復請祠。劉光世求倫參議軍事，辭。宰相趙鼎請召倫赴都堂稟議，倫陳進取之策，不合，復請祠。

七年春，徽宗及寧德后訃至，復以倫爲徽猷閣待制，假直學士，充迎奉梓宮使，以朝請郎高公繪副之。入辭，帝使倫謂金左副元帥昌曰：「河南地，上國既不有，與其付劉豫，曷若見歸？」倫奉詔以行，因附進太后、欽宗黄金各二百兩，仍以金帛賜宇文虛中、朱弁、孫傅、





張叔夜家屬之在金國者。

倫至睢陽，劉豫館之，疑有他謀，移文取國書。倫報曰：「國書須見金主面納，若所銜命，則祈請梓宮也。」豫脅取不已。會迓者至，渡河見撻懶於涿州，具言豫邀索國書無狀，且謂：「豫恐背本朝，他日安保其不背大國。」

是年冬，豫廢。倫及高公繪還，左副元帥昌送倫等曰：「好報江南，自今道塗無壅，和議可以平達。」倫入對，言金人許還梓宮及太后，又許歸河南地，且言廢豫之謀由己發之。帝大喜，賜予特異。

初，倫既見昌，昌遣使偕倫入燕見金主亶，首謝廢豫，次致使指。金主始密與羣臣定議許和，遂遣倫還，且命太原少尹烏陵思謀、太常少卿石慶(二)來議事。至行在，倫往來館中計事。八年秋，以端明殿學士再使金國，知閤門事藍公佐爲之副，申問諱日，期還梓宮。倫辭，引至都堂授使指二十餘事。既至金國，金主亶爲設宴三日，遣簽書宣徽院事蕭哲、左司郎中張通古爲江南詔諭使，偕倫來。

朝論以金使肆嫚，抗論甚喧，多歸罪倫。十一月，倫至行在，引疾請祠，不許，趣赴內殿奏事。時哲等驕倨，受書之禮未定。御史中丞勾龍如淵詣都堂與秦檜議，召倫責曰：「公爲使通兩國好，凡事當於彼中反覆論定，安有同使至而後議者？」倫泣曰：「倫涉萬死一生，往來虎口者數四，今日中丞乃責倫如此。」檜等共解之曰：「中丞無他，亦欲激公了此事耳。」倫曰：「此則不敢不勉。」倫見通古，以一二策動之。通古恐，遂議以檜見金使于其館，受書以歸。金許歸梓宮、太母及河南地。

九年春，賜倫同進士出身，端明殿學士、簽書樞密院事，充迎梓宮、奉還兩宮、交割地界使，既又以倫爲東京留守兼開封尹。倫至東京，見金右副元帥兀朮，交割地界，兀朮還燕。五月，倫自汴京赴金國議事。初，兀朮還，密言於金主曰：「河南地本撻懶、宗磐主謀割之與宋，二人必陰結彼國。今使已至汴，勿令踰境。」倫有雲中故吏隸兀朮者潛告倫，倫即遣介具言于朝，乞爲備。兀朮遂命中山府拘倫，殺宗磐及撻懶。

十月，倫始見金主于御子林，致使指。金主悉無所答，令其翰林待制耶律紹文爲宣勘官，問倫：「知撻懶罪否？」倫對：「不知。」又問：「無一言及歲幣，反來割地，汝但知有元帥，豈知有上國邪？」倫曰：「比蕭哲以國書來，許歸梓宮、太母及河南地，天下皆知上國尋海上之盟，與民休息，使人奉命通好兩國耳。」既就館，金主復遣紹文諭倫曰：「卿留雲中已無還期，及貸之還，曾無以報，反間貳我君臣耶？」乃遣藍公佐先歸，論歲貢、正朔、誓表、册命等事，拘倫以俟報。已而遷之河間，遂不復遣。

十年，金渝盟，兀朮等復取河南。倫居河間六載，至十四年，金欲以倫爲平灤三路都轉





運使，倫曰：「奉命而來，非降也。」金益脅以威，遣使來趣，倫拒益力。金杖其使，俾縊殺之。倫厚賂使少緩，遂冠帶南鄉，再拜慟哭曰：「先臣文正公以直道輔相兩朝，天下所知。臣今將命被留，欲汙以僞職，臣敢愛一死以辱命！」遂就死，年六十一。於是河間地震，雨雹三日不止，人皆哀之。詔贈通議大夫，賜其家金千兩、帛千匹。子述與從兄遵間入金境，至河間，得倫骨以歸，官給葬事。後謚愍節。

宇文虛中字叔通，成都華陽人。登大觀三年進士第，歷官州縣，入爲起居舍人、國史編修官，同知貢舉，遷中書舍人。

宣和間，承平日久，兵將驕惰，蔡攸、童貫貪功開邊，將興燕雲之役，引女直夾攻契丹，以虛中爲參議官。虛中以廟謨失策，主帥非人，將有納侮自焚之禍，上書言：「用兵之策，必先計強弱，策虛實，知彼知己，當圖萬全。今邊圉無應敵之具，府庫無數月之儲，安危存亡，係茲一舉，豈可輕議？且中國與契丹講和，今踰百年，自遭女眞侵削以來，嚮慕本朝，一切恭順。今捨恭順之契丹，不羈縻封殖，爲我蕃籬，而遠踰海外，引強悍之女眞以爲鄰域。女眞藉百勝之勢，虛喝驕矜，不可以禮義服，不可以言說誘，持卞莊兩鬥之計，引兵踰境。以

百年怠惰之兵，當新銳難抗之敵；以寡謀安逸之將，角逐於血肉之林。臣恐中國之禍未有寧息之期也。」王黼大怒，降集英殿修撰，督戰益急。虛中建十一策，上二十議，皆不報。

斡離不、粘罕分道入侵，童貫聞之，憂懣不知所爲，即與虛中及范訥等謀，以赴闕稟議爲遁歸之計，以九月至汴京。是日，報粘罕迫太原，帝顧虛中曰：「王黼不用卿言，今金人兩路並進，事勢若此，奈何？」虛中奏：「今日宜先降詔罪己，更革弊端，俾人心悅，天意回，則備禦之事，將帥可以任之。」即命虛中草詔，略曰：「言路壅蔽，面諛日聞，恩倖持權，貪饕得志，上天震怒而朕不悟，百姓怨懟而朕不知。」又言出宮人、罷應奉等事。帝覽詔曰：「今日不吝改過，可便施行。」虛中再拜泣下。

時守禦難其人，欲召熙河帥姚古與秦鳳帥种師道，令以本路兵會鄭、洛，外援河陽，內衞京城。帝顧謂虛中曰：「卿與姚古、師道如兄弟，宜以一使名護其軍。」遂以虛中爲資政殿大學士、軍前宣諭使。虛中檄趣姚古、師道兵馬，令直赴汴京應援。金騎至城下，放兵掠至鄭州，爲馬忠所敗，遂收斂爲一。西路稍通，師道、姚古及其他西兵並得達汴京。虛中亦馳歸，收合散卒，得東南兵二萬餘人。以便宜起致仕官李邈，令統領於汴河上從門外駐兵。

會姚平仲劫金營失利，西兵俱潰，金人復引兵逼城下，虛中縋而入。欽宗欲遣人奉使，辨劫營非朝廷意，乃姚平仲擅興兵，大臣皆不肯行。虛中承命即往都亭驛，見金使王汭〔三〕，





因持書復議和。渡濠橋，道逢甲騎如水，雲梯、鵝洞蔽地，冒鋒刃而進。既至敵營，露坐風埃，自巳至申，金人注矢露刃，周匝圍繞，久乃得見康王于軍中。次日，侍王至金幕，見二太子者語不遜，禮節倨傲。抵暮，遣人隨虛中入城，要越王、李邦彥、吳敏、李綱、曹晟及金銀、騾馬之類，又欲御筆書定三鎮界至，方退軍。

令虛中再往，必請康王歸。虛中再出，明日，從康王還，除簽書樞密院事。自是又三往，金人固要三鎮，虛中泣下不言，金帥變色，虛中曰：「太宗殿在太原，上皇祖陵在保州，詎忍割棄。」諸酋曰：「樞密不稍空，我亦不稍空。」如中國人稱「脫空」，遂解兵北去。言者劾以議和之罪，罷知青州，尋落職奉祠。建炎元年，竄韶州。

二年，詔求使絕域者，虛中應詔，復資政殿大學士，爲祈請使，楊可輔副之。尋又以劉誨爲通問使，王貺爲副。明年春，金人並遣歸，虛中曰：「奉命北來祈請二帝，二帝未還，虛中不可歸。」於是獨留。虛中有才藝，金人加以官爵，即受之，與韓昉輩俱掌詞命。明年，洪皓至上京，見而甚鄙之。累官翰林學士、知制誥兼太常卿，封河內郡開國公，書金太祖睿德神功碑，進階金紫光祿大夫，金人號爲「國師」。然因是而知東北之士皆憤恨陷北，遂密以信義結約，金人不覺也。

金人每欲南侵，虛中以費財勞人，遠征江南荒僻，得之不足以富國。王倫歸，言：「虛中奉使日久，守節不屈。」遂詔福州存卹其家，仍命其子師瑗添差本路轉運判官。檜慮虛中沮和議，悉遣其家往金國以牽制之。金皇統四年，轉承旨，加特進，遷禮部尙書，承旨如故。

虛中恃才輕肆，好譏訕，凡見女眞人，輒以「礦鹵」目之，貴人達官，往往積不平。虛中嘗撰宮殿牓署，本皆嘉美之名，惡之者擿其字以爲謗訕，由是媒蘖成其罪，遂告虛中謀反。鞫治無狀，乃羅織虛中家圖書爲反具。虛中曰：「死自吾分。至於圖籍，南來士大夫家家有之，高士談圖書尤多於我家，豈亦反邪？」有司承順風旨，并殺士談。虛中與老幼百口同日受焚死，天爲之晝晦。淳熙間，贈開府儀同三司，謚肅愍，賜廟仁勇，且爲置後，是爲紹節，官至簽書樞密院事。開禧初，加贈少保，賜姓趙氏。有文集行于世。

湯思退字進之，處州人。紹興十五年，以右從政郎授建州政和縣令，試博學宏詞科，除祕書省正字。自是登郎曹，貳中祕，秉史筆。

二十五年，繇禮部侍郎除端明殿學士、簽書樞密院事，未幾參大政。先是，秦檜當國，惡直醜正，必不異和議，不擿己過，始久於用。時思退名位日進，檜病篤，招參知政事董德





元及思退至臥內，屬以後事，各贈黃金千兩。德元慮其以我爲自外，不敢辭，思退慮其以我期其死，不敢受。高宗聞之，以思退不受金，非檜黨，信用之。二十六年，除知樞密院事。明年，拜尙書右僕射；又二年，進左僕射。明年，侍御史陳俊卿論其「挾巧詐之心，濟傾邪之術，觀其所爲，多效秦檜，蓋思退致身，皆檜父子恩也。」遂罷，以觀文殿大學士奉祠。

隆興元年，符離師潰，召思退復相。諫議大夫王大寶上章論之，不報。金帥紇石烈志寧遺書三省、樞密院，索海、泗、唐、鄧四郡。思退欲與和，遣淮西安撫司幹辦公事盧仲賢加樞密院計議、編修官，持報書以往。既行，上戒勿許四郡。仲賢至宿州，僕散忠義懼之以威，仲賢皇恐，言歸當稟命，遂以忠義爲三省、樞密院書來。上猶欲止割海、泗，思退遽奏以吏部侍郎王之望爲通問使，知閤門事龍大淵副之，將割棄四州。張浚在揚州聞之，遣其子栻入奏仲賢辱國無狀。上怒，會侍御周操論仲賢不應擅許四郡，下大理究問，召浚赴行在。十二月，拜思退左僕射，浚右僕射。

二年，浚以金未可與和，請上幸建康，圖進兵。上手批王之望等幷一行禮物並回，詔荆、襄、川、陝嚴邊備，竄仲賢郴州。思退恐，奏請以宗社大計，奏稟上皇而後從事。上批示三省曰：「金無禮如此，卿猶欲言和。今日敵勢，非秦檜時比，卿議論秦檜不若。」思退大駭，陰謀去浚，遂令之望、大淵驛疏兵少糧乏，樓櫓、器械未備，人言委四萬衆以守泗州，非

計。上頗惑之，乃命浚行邊，還兵罷招納。浚力乞罷政，許之。上命思退作書，許金四郡。既而金專事殺戮，上意中悔，思退復密令孫造諭敵以重兵脅和。上聞有敵兵，命建康都統王彥等禦之，仍命思退督江、淮軍，辭不行。僕散忠義自清河口渡淮，言者極論思退急和徹備之罪，遂罷相，尋責居永州。於是太學生張觀等七十二人上書，論思退、王之望、尹穡等姦邪誤國，招致敵人，請斬之。思退憂悸死。

思退始終與張浚不合，浚以雪恥復讎爲志，思退每借保境息民爲口實，更勝迭負，思退之計迄行，然終以不免。敵既得海、泗、唐、鄧，又索商、秦，皆思退力也。

論曰：以白時中之孱佞，徐處仁之姦細，馮澥之邪枉，湯思退之巧詐，而排楊時，誤李綱，異張浚，其識趣可見矣，雖有小善，何足算哉。王倫雖以無行應使，往來虎口，屢被拘留，及金人脅之以官，竟不受，見迫而死，悲夫！較之虛中卽受其命，爲之定官制，草赦文，享富貴者，大有間矣。卒以輕肆譏誣，覆其家族，眞不知義命者哉。雖云寃死，亦自取焉。律以豫讓之言，益可愧哉。





## 校勘記

〔一〕石慶　按本書卷二九高宗紀、卷三七三朱弁傳作「石慶充」，樓鑰攻媿集卷九五王倫神道碑、熊克中興小紀卷二四作「石慶元」，繫年要錄卷一二〇作「石慶克」。

〔二〕王汭　原作「王芮」，據本書卷二三欽宗紀、靖康要錄卷二改。

# 宋史卷三百七十二

## 列傳第一百三十一

朱倬　王綸　尹穡　王之望　徐俯　沈與求　翟汝文
王庶　辛炳

朱倬字漢章，唐宰相敬則之後，七世祖避地閩中，爲閩縣人。世學易，入太學。宣和五年〔一〕，登進士第，調常州宜興簿。金將犯邊，居民求避地，倬爲具舟給食，衆賴以濟。未幾，民告澇于郡，郡檄倬考實，乃除田租什九，守怒，不能奪。張浚薦倬，召對，除福建、廣東西財用所屬官。宣諭使明橐再薦于朝，時方以劉豫爲憂，倬因賜對，策其必敗。高宗大喜，詔改合入官。與丞相秦檜忤，出教授越州。用張守薦，除諸王府教授。檜惡言兵，倬論掩骼事，又忤之。

梁汝嘉制置浙東，表攝參謀。有羣寇就擒，屬倬鞫問，獨寘二人，餘釋不問。曰：「吾大





父尉崇安日，獲寇二百，坐死者七十餘人。大父謂此饑民剽食爾，烏可盡繩以法？悉除其罪，不以徼賞。吾其可愧大父乎？」通判南劍。建寇阿魏衆數千，劍鄰於建，兵懦不可用，倬重賞募卒擒獲，境內迄平。

除知惠州。陛辭，因言嘗策劉豫必敗，高宗記其言，問：「卿久淹何所？」倬曰：「厄於檜。」上憮然慰諭，目送之。旬日間，除國子監丞，尋除浙西提舉，且命自今在內除提舉官，令朝辭上殿，蓋爲倬設也。既對，上曰：「卿以朕親擢出爲部使者，使咸知內外任均。」又曰：「人不知卿，朕獨知卿。」除右正言，累遷中丞。嘗言：「人主任以耳目，非報怨任氣之地，必上合天心。」每上疏，輒夙興露告，若上帝鑒臨。奏疏凡數十，如發倉廩，鐲米價，減私鹽，嚴軍食，率焚稿不傳。知貢舉，還參知政事。

紹興三十一年，拜尚書右僕射。金兵犯江，倬陳戰、備、應三策，且謂兵應者勝，上深然之。又策敵三事：上焉者爲耕築計，中焉者守備，下則妄意絕江，金必出下策。果如所料。史浩、虞允文、王淮、陳俊卿、劉珙之進用，皆倬所薦也。

高宗自建康回鑾，有內禪意。倬密奏曰：「靖康之事正以傳位太遽，盍姑徐之。」心不自安，屢求去。詔以觀文殿學士〔二〕提舉江州太平興國宮。孝宗卽位，諫臣以爲言，降資政殿學士。明年致仕，卒。復元職，恤典如宰相，贈特進。孫著，淳熙十四年登第，仕至吏部

尙書。

王綸字德言，建康人。幼穎悟，十歲能屬文。登紹興五年進士第，授平江府崑山縣主簿，歷鎭江府、婺州、臨安府教授，權國子正。

時初建太學，亡舊規，憑吏省記，吏緣爲姦。綸釐正之，其弊稍革。遷敕令所删定官、諸王宮大小學教授兼權兵部郎官。言：「孔門弟子與後世諸儒有功斯文者，皆得從祀先聖，今闢庠序，修禮樂，宜以其式頒諸郡縣。」

二十四年，以御史中丞魏師遜薦，爲監察御史，與秦檜論事，忤其意，師遜遂劾綸，且言：「智識淺昧，不能知綸。」由此罷去。踰年，知興國軍。檜死，召爲起居舍人兼崇政殿說書，尋兼權禮部侍郎。

二十六年，試中書舍人。高宗躬親政事，收攬威柄，召諸賢於散地，詔命填委，多綸所草。綸奏守臣裕民事，乞毋拘五條，從之。兼侍講。上喜讀春秋左氏傳，綸進講，與上意合。嘗同講讀官薦興化軍鄭樵學行，召對命官，且給筆札，錄其所著史。兼直學士院，遷工部侍郎，仍兼直院。撰吳玠神道碑，稱上旨，賜宸翰褒寵。





二十八年，除同知樞密院事。金將渝盟，邊報沓至，宰相沈該未敢以聞。綸率參知政事陳康伯、同知樞密院事陳誠之共白其事，乞備禦。已而綸病肺喝，告請祠，上遣御醫診視，且賜白金五百兩。

二十九年六月，朝論欲遣大臣爲泛使覘敵，且堅盟好。綸請行，乃以爲稱謝使，曹勛副之。至金，館禮甚隆。一日，急召使人，金主御便殿，惟一執政在焉，連發數問，綸條對，金主不能屈。九月，還朝入見，言：「鄰國恭順和好，皆陛下威德所致。」宰臣湯思退等皆賀。然當時金已謀犯江，特以善意紿綸爾。

綸舊疾作，力丐外，除資政殿大學士知福州，上解所御犀帶賜之。明年，知建康府兼行宮留守。敵犯江，綸每以守禦利害驛聞，上多從之。三十一年八月，卒。贈左光祿大夫，謚章敏。無子，以兄綽之子爲後。

尹穡字少稷。建炎中興，自北歸南。紹興三十二年，與陸游同爲樞密院編修官。權知院史浩、同知王祖舜薦其博學有文，召對稱旨，二人並賜進士出身。孝宗獎用西北之士，隆興元年，除穡監察御史，尋除右正言。二年五月，除殿中侍御史。歷遷諫議大夫，未幾而罷。

初，符離師潰，湯思退復相，金帥移書索地，詔侍從臺諫集議。穡時爲監察御史，以爲國家事力未備，宜與敵和，惟增歲幣，勿棄四州，勿請陵寢，則和議可成。旣而盧仲賢出使，爲金所脅，又將遣王之望，張浚極言其不可。穡爲右正言，懼和議弗就，因劾浚跋扈，未幾罷政。後將割四郡，再易國書，歲幣如所索之數，而敵分兵入寇。上意中悔。穡爲侍御史，乞置獄，取不肯撤備及棄地者劾其罪，牽引凡二十餘人。

時方以和爲急，擢穡爲諫議大夫。敵勢浸張，遠近震動，都督、同都督相繼辭行。上書者攻和議之失，且言：「穡專附大臣爲鷹犬，如張浚忠誠爲國，天下共知，穡不顧公議，妄肆詆誹。凡大臣不悅者皆逐之，相與表裏，以成姦謀，皆可斬。」上雖怒言者，而一時主議之臣與穡，皆相繼廢黜。先是，胡銓力言主和非是，大臣不悅，命銓與穡分往浙東西措置海道。二人挈家以行，爲言者所劾，遂皆罷，語在陳康伯傳。

王之望字瞻叔，襄陽穀城人，後寓居台州。父綱，登元符進士第，至通判徽州而卒。之望初以蔭補，紹興八年，登進士第。教授處州，入爲太學錄，遷博士。久之，出知荆門軍，提





舉湖南茶鹽，改潼川府路轉運判官，尋改成都府路計度轉運副使、提舉四川茶馬。朝臣薦其才，召赴行在，除太府少卿，總領四川財賦。金人渝盟，軍書旁午，調度百出，之望區畫無遺事。第括民質劑未稅者，搜抉隱匿，得錢爲緡四百六十八萬，衆咸怨之。後陞太府卿。

孝宗卽位，除戶部侍郎，充川、陝宣諭使。先是，敵帥合喜寇鳳州之黄牛堡，吳璘擊走之，遂取秦州，連復商、陝、原、環等十七郡。敵以璘精兵皆在德順，力攻之。時陳康伯秉政，方議罷德順戍，虞允文爲宣諭使，力爭不從，上以手札命璘退師。之望旣代允文宣諭使，贊璘命諸將棄德順，倉卒引退。敵乘其後，正兵三萬，還者僅七千人，將校所存無幾，連營慟哭，聲震原野。上聞而悔之。

隆興初，右諫議大夫王大寶疏之望罪，除集英殿修撰、提舉江州太平興國宮。未幾，權戶部侍郎，江淮都督府參贊軍事。之望雅不欲戰，請朝，因奏：「人主論兵與臣下不同，惟奉承天意而已。竊觀天意，南北之形已成，未易相兼，我之不可絕淮而北，猶敵之不可越江而南也。移攻戰之力以自守，自守旣固，然後隨機制變，擇利而應之。」有旨留中。俄兼直學士院。

湯思退力主息兵，奏除之望吏部侍郎、通問使。尋議先遣小使覘敵，召之望還。之望首

以守備不足恃爲告，上亟罷都督府，以之望爲淮西宣諭使，甫拜命，又擢右諫議大夫。之望因上章極言廷臣執偏見爲身謀，乞明詔在庭，平其心於議論之際。時思退主和議，浚主恢復，之望言似善，實陰爲思退地也。

既而視師江上。金復犯邊，遂上和、戰二策，且言措置守禦之備，疏奏未達，拜參知政事。既入，俄兼同知樞密院事。敵兵交至，濠、楚守將或棄城遁，上命湯思退督江、淮師；未行，復令之望督視，改同都督。力辭不行。會太學諸生上書，上怒，欲加罪，之望救解之。遂以參知政事勞師江、淮。

之望先嘗貽書敵帥。至是，王抃使敵軍，丼割商、秦地；許歸被俘人，惟叛亡不預；世爲叔姪之國。敵皆聽許，講解而罷。上聞敵師退，令督府擇利擊之，之望下令諸將不得妄進。朝廷趣行，之望言：「王抃既還，不可冒小利，害大計。」言者論罷爲端明殿學士、提舉江州太平興國宮，居天台。乾道元年，起知福州、福建路安撫使。捕海賊王大老，捷聞，加資政殿大學士，移知溫州，尋復罷。六年冬，卒。

之望有文藝幹略，當秦檜時，落落不合，或謂其有守。紹興末年，力附和議，與思退相表裏，專以割地啖敵爲得計，地割而敵勢益張，之望迄以此廢焉。



徐俯字師川，洪州分寧人。以父禧死國事，授通直郎，累官至司門郎。靖康中，張邦昌僭位，俯遂致仕。時工部侍郎何昌言與其弟昌辰避邦昌，皆改名。俯買婢名昌奴，遇客至，卽呼前驅使之。建炎初，落致仕，奉祠。

內侍鄭諶識俯於江西，重其詩，薦于高宗。胡直孺在經筵，汪藻在翰苑，迭薦之，遂以俯爲右諫議大夫。中書舍人程俱言：「俯以前任省郎遽除諫議，自元豐更制以來未之有。考之古今，非陽城、种放，則未嘗不循序而進，願姑以所應者命之。昔元稹在長慶間，擢知制誥，眞不忝矣。緣其爲荆南判司，命從中出，召爲省郎，便知制誥，遂喧朝論，時謂荆南監軍崔潭峻實引之。近亦傳俯與宦寺倡酬，稱其警策，恐或者不知陛下得俯之由。」不報，俱遂罷。

紹興二年，賜進士出身，兼侍讀。三年，遷翰林學士，俄擢端明殿學士、簽書樞密院事。四年，兼權參知政事。宰相朱勝非言：「襄陽上流，所當先取。」帝曰：「盍就委岳飛？」參政趙鼎曰：「知上流利害，無如飛者。」俯獨持不可，帝不聽。會劉光世乞入奏，鼎言：「方議出師，大將不宜離軍。」俯欲許之，鼎固爭，俯乃求去，提舉洞霄宮。

九年，知信州。中丞王次翁論其不理郡事，予祠。明年，卒。俯才俊，與曾幾、呂本中游，有詩集六卷。



沈與求字必先，湖州德清人。登政和五年進士第，累遷至明州通判。以御史張守薦，召對，除監察御史。上疏論執政，遷兵部員外郎，自劾以爲言苟不當，不應得遷。上乃行其言，除殿中侍御史。

上在會稽，或勸幸饒、信，有急則入閩。與求以爲今日根本正在江、浙，宜進都建康，以圖恢復。論范宗尹年少爲相，恐誤國事。上不悅，以直龍圖閣知台州。宗尹罷，召還，再除侍御史。

時軍儲窘乏，措置諸鎭屯田，與求取古今屯田利害，爲集議二卷上之，詔付戶部看詳。江西安撫、知江州朱勝非未至，而馬進寇江州陷之，與求論九江之陷，由勝非赴鎭太緩，勝非罷去。時方多事，百司稽違，與求援元豐舊制，請許臺諫官彈奏，上從之。與求再居言路，或疑凡范宗尹所引用者，將悉論出之。與求曰：「近世朋黨成風，人才不問賢否，皆視宰相出處爲進退。今當別人才邪正而言之，豈可謂一時所用皆不賢哉？」人服其言。

呂頤浩再相，御營統制辛永宗、樞密富直柔、右司諫韓璜屢言其短。與求劾直柔附會永宗兄弟，爲致身之資。上遂出永宗，而璜、直柔亦相繼罷黜。



遷御史中丞。時禁衞寡弱，諸將各擁重兵，與求言：「漢有南北軍，唐用府兵，彼此相維，使無偏重之勢。今兵權不在朝廷，雖有樞密院及三省兵房、尚書兵部，但行文字而已。願詔大臣益修兵政，助成中興之勢。」浙西安撫劉光世來朝，以繒帛、方物爲獻，上已分乞六宮，與求奏：「今爲何時而有此。」時已暮，疏入，上命追取斥還。內侍馮益請別置御馬院，自領其事，又擅穿皇城便門。與求劾益專恣，請治其罪。

諜報劉豫在淮陽造舟，議者多欲於明州向頭設備。與求言：「使賊舟至此，則入吾腹心之地。臣聞海舟自京東入浙，必由泰州石港、通州料角崇明鎭等處，次至平江南北洋，次至秀州金山，次至向頭。又聞料角水勢湍險，必得沙上水手方能轉運。宜於石港、料角等處拘收水手，優給錢糧而存養之，以備緩急。」

兩浙轉運副使徐康國自溫州進發宣和間所製間金、銷金屏障什物，與求奏曰：「陛下儉侔大禹，今康國欲以微物累盛德，乞斥而焚之，仍顯黜康國。」從之。與求歷御史三院，知無不言，前後幾四百奏，其言切直，自敵己已下有不能堪者。上時有所訓敕，每曰：「汝不識沈中丞邪？」移吏部尚書兼權翰林學士兼侍讀，遂出爲荆湖南路安撫使、知潭州。引疾丐祠，許之。

四年〔三〕，出知鎭江府兼兩浙西路安撫使。復以吏部尚書召，除參知政事。金人將入寇，上諭輔臣曰：「朕當親總六軍。」與求贊之曰：「今日親征，皆由聖斷。」上意決親征，書車攻詩以賜。上曰：「朕以二聖在遠，屈己通和。今豫逆亂如此，安可復忍？」與求曰：「和親乃金人屢試之策，不足信也。」因奏：「諸將分屯江岸，而敵人往來淮甸，當遣岳飛自上流取間道乘虛擊之，彼必有反顧之憂。」上曰：「當如此措置。」

五年，兼權知樞密院事。時張浚視師江上，以行府爲名，言知泰州邵彪及具營田利害事，乞送尚書省。有旨從之。與求不能平，曰：「三省、樞密院乃奉行行府文書邪？」六年，張浚復欲出視師，不告之同列。及得旨，乃退而歎曰：「此大事也，吾不與聞，何以居位？」遂丐祠，罷，出知明州。

七年，上在平江，召見，除同知樞密院事；從至建康，遷知樞密院事。薨，贈左銀青光祿大夫，謚忠敏。

翟汝文字公巽，潤州丹陽人。登進士第，以親老不調者十年。擢議禮局編修官，召對，徽宗嘉之，除祕書郎。三館士建議東封，汝文曰：「治道貴清淨。今不啓上述三代禮樂，而師秦、漢之侈心，非所願也。」責監宿州稅。久之，召除著作郎，遷起居郎。





皇太子就傅，命汝文勸講，除中書舍人。言者謂汝文從蘇軾、黃庭堅游，不可當贊書之任，出知襄州，移知濟州，復知唐州，以謝章自辨罷。未幾，起知陳州。召拜中書舍人，外制典雅，一時稱之。命同修哲宗國史，還給事中。高麗使入貢，詔班侍從之上，汝文言：「春秋之法，王人雖微，序諸侯上。不可卑近列而尊陪臣。」上遂命如舊制。內侍梁師成強市百姓墓田，廣其園圃。汝文言於上，師成諷宰相黜汝文，出守宣州。

召爲吏部侍郎，出知廬州，徙密州。密負海產鹽，蔡京屢變鹽法，盜販者衆，有司窮治黨與。汝文曰：「祖宗法度，獲私商不詰所由，欲靖民也。今繫而虐之，將爲厲矣。」悉縱之。密歲貢牛黃，汝文曰：「牛失黃輒死，非所以惠農，宜輸財市之，則其害不私於密。」上從之。欽宗卽位，召爲翰林學士，改顯謨閣學士、知越州兼浙東安撫使。

建炎改元，上疏言：「陛下卽位赦書，上供常數，後爲獻利之臣所增者，當議裁損。如浙東和預買絹歲九十七萬六千匹，而越州乃二十萬五百匹，以一路計之，當十之三。如杭州歲起之額蓋與越州等，杭州去年已減十二萬匹，獨越州尙如舊，今乞視戶等第減罷。」楊應誠請使高麗，圖迎二帝，汝文奏：「應誠欺罔君父，若高麗辭以大國假道以至燕雲，金人却請問津以窺吳越，將何辭以對？」後高麗果如汝文言。上將幸武昌，汝文疏請幸荊南，不從。

紹興元年，召爲翰林學士兼侍講，除參知政事、同提舉修政局。時秦檜相，四方奏請塡委未決，吏緣爲姦。汝文語檜，宜責都司程考吏牘，稽違者懲之。汝文嘗受辭牒，書字用印，直送省部；入對，乞治堂吏受賂者。檜怒，面劾汝文專擅。右司諫方孟卿因奏汝文與長官立異，豈能共濟國事？罷去以卒。

先是，汝文在密，檜爲郡文學，汝文薦其才，故檜引用之。然汝文性剛不爲檜屈，對案相詬，至目檜爲「濁氣」。汝文風度翹楚，好古博雅，精於篆籀，有文集行于世。

王庶字子尙，慶陽人。崇寧五年，舉進士第，改秩，知涇州保定縣。以种師道薦，通判懷德軍。契丹爲金人所破，舉燕雲地求援，詔師道受降。庶謂師道曰：「國家與遼人百年之好，今坐視其敗亡不能救，乃利其土地，無乃基女直之禍乎？」不聽。宣和七年，金果入寇。太宰李邦彥夜召庶問計，庶曰：「宿將無如种師道，且夷虜畏服，宜付以西兵，使之入援。」邦彥以語蔡攸，攸不然。以庶爲陝西運判兼制置解鹽事。疆事益棘，欽宗欲幸襄、鄧，先命席益爲京西安撫使，益求庶自副。高宗卽位，除直龍圖閣、鄜延經略使兼知延安府。累立戰功，進集英殿修撰，陞龍圖閣待制，節制陝西六路軍馬。





先是，河東經制使王𤫊既遁歸，東京留守宗澤承制以庶權陝西制置使。會宣諭使謝亮入關，庶移書曰：「夏人之患小而緩，金人之患大而迫，秋高必大舉，盍杖節率兵舉義，驅逐渡河，徐圖恢復。」亮不能從。金人大入，庶調兵自沿河至馮翊，據險以守。金人先已乘冰渡河犯晉寧，侵丹州，又渡清水河，破潼關，秦、隴皆震。庶傳檄諸路，會期討賊。涇原統制曲端雅不欲屬庶，以未受命辭；居數日，告身至，又辭。金人知端與庶不協，併兵寇鄜延。庶在坊州聞之，夜趨鄜延以遏其衝。端盡統涇原勁兵，庶屢督其進，端訖不行，遂陷延安。語在端傳。

初，庶聞圍急，自收散亡往援。觀察使王𤫊亦將所部發興元。庶至甘泉而延安已不守，既無所歸，遂以軍付𤫊，而自將百騎馳至襄樂勞軍，倚端爲助。庶至，端令每門減從騎之半，比至帳下，僅數騎。端厲聲問庶延安失守狀，且曰：「節制固知愛身，不知爲天子愛城乎？」庶曰：「吾數令不從，誰其愛身者！」端怒，謀卽軍中誅庶而奪其兵，乃夜走寧州，見謝亮曰：「延安，五路襟喉，今既失矣。春秋大夫出疆之義得以專之，請誅庶。」亮曰：「使事有指，今以人臣而擅誅于外，是跋扈也，公則自爲之。」端沮而歸，乃奪庶節制使印，又拘縻其官屬。會詔庶守京兆，庶先以失律自劾得罷。丁內艱。

時張浚自富平敗歸，始思庶及端之言可用，乃並召之。庶地近先至，力陳撫秦保蜀之策，勸浚收熙河、秦鳳之兵，扼關、隴以爲後圖。浚不納。求終制，不許，乃版授參議官。浚念端與庶必不相容，端未至，但復其官，移恭州。庶因謂浚曰：「端有反心。」浚亦畏端得士，始有殺端意矣。語在端傳。

紹興五年，起復知興元府、利夔路制置使。庶以士卒單寡，籍興、洋諸邑及三泉縣强壯，兩丁取一，三丁取二，號「義士」，日閱於縣，月閱於州，厚犒之，不半年，有兵數萬。浚言于朝，陞徽猷閣直學士。有讒於浚者，徙庶知成都，改嘉州。明年，浚劾庶輕率傾險，落職奉祠。尋起知遂寧，固避得請。

六年，除湖北安撫使、知鄂州。趣闕，上因燕見，庶言：「陛下欲保江南，無所事；如曰紹復大業，都荆爲可。荆州左吳右蜀，利盡南海，前臨江、漢，出三川，涉大河，以圖中原，曹操所以畏關羽者也。」上大異之。復顯謨閣待制、知荆南府、湖北經略安撫使，又復直學士。

七年十月，以兵部侍郎召。明年春，入對，上曰：「召卿之日，張浚已去，趙鼎未來，此朕親擢，非有左右之助。」庶頓首謝，因奏：「恢復之功十年未立，其失在偏聽，在欲速，在輕爵賞，是非邪正混淆。誠能賞功罰罪，其誰不服？昔漢光武以兵取天下，不以不急奪其費，不知兵者不可使言兵。」又口陳手畫秦、蜀利害。上大喜，即日遷本部尚書。閱月，拜樞密



副使。

議者乞遣重臣行邊，遂命庶措置江、淮邊防。京、湖宣撫使岳飛聞庶行邊，遺書曰：「今歲若不出師，當納節請閒。」庶壯之。庶還朝，論金人變詐，自渝海上之盟，因及飛納節之語。當是時，秦檜再相，以和戎爲事。金使烏陵思謀至，詔趣庶還。庶力詆和議，乞誅金使，其言甚切。金又遣張通古〔四〕來許割地，還梓宮，歸太后。庶曰：「和議之事，臣所不知。」凡七疏乞免官，乃以資政殿學士知潭州。

御史中丞勾龍如淵劾庶本趙鼎所薦，欺君罔上。庶罷歸，至九江，被命奪職，徙家居焉。十三年，御史胡汝明論庶譏訕朝政，責嚮德軍節度副使，道州安置。至貶所卒。孝宗思庶言，追復其官，謚敏節。子六人，之奇，乾道中，知樞密院事。

辛炳字如晦，福州侯官縣人。登元符三年進士第，累官至監察御史兼權殿中侍御史。先是，蔡京廢發運司轉般倉爲直達綱，舟入，率侵盜，沈舟而遁，戶部受虛數，人畏京莫敢言。炳極疏其弊，且以變法後兩歲所得之數，較常歲虧欠一百三十有二萬，支益廣而入寖微，乞下有司計度。徽宗以問京，京怒，以炳爲沮撓，責監南劍州新豐場，尋提舉洞霄宮，



起知袁州，移無爲軍。靖康初，召爲兵部員外郎。

高宗即位，除左司員外郎，辭；未幾，起直龍圖閣、知潭州。明年，張浚調兵潭州，以炳懦怯不能，罷之，尋以起居舍人召，辭。紹興二年，復以侍御史召。首言今日公道壅塞，風俗頹薄，速疏三省所行乖失數十事，請論大臣勿廢都堂公見之禮。時福建八州添差至百八十餘員，炳言：「艱危多事之時，冗食之官無益，當罷。」從之。

蘇、湖地震，下詔求言。炳言：「大臣無畏天之心，何事不可爲？」其言甚峻，由是宰執呂頤浩居家待罪，炳劾罷頤浩。知樞密院事張浚召赴行在，炳論其敗事誤國，浚坐落職。

除御史中丞。時方遣使議和，炳方言：「金人無信，和議不可恃，宜講求守禦攻戰之策。」以疾請外，除顯謨閣直學士、知潭州，未赴而卒。詔：炳任中執法，操行清修，今其云亡，貧無以葬，賜銀帛賻其家，贈通議大夫。

論曰：秦檜晚薦士以收人望，然一時知名之士，亦豈盡可籠絡者哉！朱倬論事輒不合，王綸代言辭合體要，若尹穡、王之望人品雖不同，其附和議則一爾。徐俯末與趙鼎爭辨，沮抑岳飛，異哉。沈與求止和親之議，翟汝文善料事，而檜以爲異己。王庶論都荆州，



當時諸臣之慮皆不及此。考夫祈寬之事，庶蓋忠義人也。辛炳雅志清修，又豈多見也歟。

校勘記

〔一〕宣和五年　鶴山先生大全文集卷七四朱倬神道碑同本傳。查本書卷二二徽宗紀是年無貢舉；其賜進士及第出身八百五人，繫於宣和六年，通考卷三二選舉考引載宋登科記總目同。通考並載六年榜狀元爲沈晦；而陳騤南宋館閣錄卷七載，朱倬正是沈晦榜進士。可見朱倬登進士第當在宣和六年，此誤。

〔二〕觀文殿學士　「學士」上原衍「大」字，據本書卷二一三宰輔表、鶴山先生大全文集卷七四朱倬神道碑刪。

〔三〕四年　據本書卷二七高宗紀、卷二一三宰輔表，「四年」上失書「紹興」紀元。

〔四〕張通古　原作「蕭通古」。按本書卷二九高宗紀、繫年要錄卷一二二都作「張通古」；金史卷八三有張通古傳，據改。



中華書局

# 宋史卷三百七十三

## 列傳第一百三十二

### 朱弁　鄭望之　張邵　洪皓 子适 遵 邁

朱弁字少章，徽州婺源人。少穎悟，讀書日數千言。既冠，入太學，晁說之見其詩，奇之，與歸新鄭，妻以兄女。新鄭介汴、洛間，多故家遺俗，弁遊其中，聞見日廣。靖康之亂，家碎于賊，弁南歸。

建炎初，議遣使問安兩宮，弁奮身自獻，詔補修武郎，借吉州團練使，爲通問副使。至雲中，見粘罕，邀說甚切。粘罕不聽，使就館，守之以兵。弁復與書，言用兵講和利害甚悉。

紹興二年，金人忽遣宇文虛中來，言和議可成，當遣一人詣元帥府受書還。虛中欲弁與正使王倫探策決去留，弁曰：「吾來，固自分必死，豈應今日覬倖先歸。願正使受書歸報



天子，成兩國之好，蚤申四海之養於兩宮，則吾雖暴骨外國，猶生之年也。」倫將歸，弁請曰：「古之使者有節以爲信，今無節有印，印亦信也。願留印，使弁得抱以死，死不腐矣。」倫解以授弁，弁受而懷之，臥起與俱。

金人迫弁仕劉豫，且訹之曰：「此南歸之漸。」弁曰：「豫乃國賊，吾嘗恨不食其肉，又忍北面臣之，吾有死耳。」金人怒，絕其餼遺以困之。弁固拒驛門，忍饑待盡，誓不爲屈。金人亦感動，致禮如初。久之，復欲易其官，弁曰：「自古兵交，使在其間，言可從從之，不可從則囚之、殺之，何必易其官？吾官受之本朝，有死而已，誓不易以辱吾君也。」且移書耶律紹文等曰：「上國之威命朝以至，則使人夕以死，夕以至則朝以死。」又以書訣後使洪皓曰：「殺行人非細事，吾曹遭之，命也，要當舍生以全義爾。」乃具酒食，召被掠士夫飲，半酣，語之曰：「吾已得近郊某寺地，一旦畢命報國，諸公幸瘞我其處，題其上曰『有宋通問副使朱公之墓』，於我幸矣。」衆皆泣下，莫能仰視。弁談笑自若，曰：「此臣子之常，諸君何悲也？」金人知其終不可屈，遂不復強。

王倫還朝，言弁守節不屈，帝爲官其子林，賜其家銀帛。會粘罕等相繼死滅，弁密疏其事及金國虛實，曰：「此不可失之時也。」遣李發等間行歸報。其後，倫復歸，又以弁奉送徽宗大行之文爲獻，其辭有曰：「歎馬角之未生，魂消雪窖；攀龍髯而莫逮，淚灑冰天。」帝讀



之感泣，官其親屬五人，賜吳興田五頃。帝謂丞相張浚曰：「歸日，當以禁林處之。」八年，金使烏陵思謀、石慶充至，稱弁忠節，詔附黃金三十兩以賜。

十三年，和議成，弁得歸。入見便殿，弁謝且曰：「人之所難得者時，而時之運無已；事之不可失者幾，而幾之藏無形。惟無已也，故來遲而難遇；惟無形也，故動微而難見。陛下與金人講和，上返梓宮，次迎太母，又其次則憐赤子之無辜，此皆知時知幾之明驗。然時運而往，或難固執；幾動有變，宜鑑未兆。盟可守，而詭詐之心宜嘿以待之；兵可息，而銷弭之術宜詳以講之。金人以黷武爲至德，以苟安爲太平，虐民而不恤民，廣地而不廣德，此皆天助中興之勢。若時與幾，陛下既知於始，願圖厥終。」帝納其言，賜金帛甚厚。弁又以金國所得六朝御容及宣和御書畫爲獻。秦檜惡其言敵情，奏以初補官易宣教郎、直祕閣。有司校其考十七年，應遷數官，檜沮之，僅轉奉議郎。十四年，卒。

弁爲文慕陸宣公，援據精博，曲盡事理。詩學李義山，詞氣雍容，不蹈其險怪奇澀之弊。金國名王貴人多遣子弟就學，弁因文字往來說以和好之利。及歸，述北方所見聞忠臣義士朱昭、史抗〔一〕、張忠輔、高景平、孫益、孫谷、傅偉文、李舟、五臺僧寶眞、婦人丁氏、晏氏、小校閻進、朱勣等死節事狀，請加褒錄以勸來者。有聘遊集四十二卷、書解十卷、曲洧舊聞三卷、續骫骳說一卷、雜書一卷、風月堂詩話三卷、新鄭舊詩一卷、南歸詩文一卷。



鄭望之字顧道，彭城人，顯謨閣直學士僅之子也。望之少有文名，山東皆推重。登崇寧五年進士第，自陳留簿累遷樞密院編修官，歷開封府儀、工、戶曹，以治辦稱。臨事勁正，不受請託。宦寺有強占民田者，奏歸之。蔡京子欲奪人妻，使人諭意，望之拒不受。除駕部員外郎兼金部。

靖康元年，金人攻汴京，假尚書工部侍郎，俾爲軍前計議使。既還，金人遣吳孝民與望之同入見。望之言金人意在金幣，且要大臣同議，迺命同知樞密院事李梲與望之再使。斡离不以朝廷受歸朝官及賜平州張覺手詔爲辭，遣蕭三寶奴偕梲等還，以書求割三鎮，欲得宰相交地，親王送大軍過河。

時高宗在康邸，慷慨請行，遂與張邦昌乘筏渡濠，自午至夜分，始達金砦。又除望之戶部侍郎，同梲再至金營，仍以珠玉遺金人。金人拘留望之踰旬。會姚平仲夜劫砦不克，斡离不以用兵詰責諸使者，邦昌恐懼涕泣，王不爲動。金人遂不欲留王，更請肅王，乃以兵送望之詣國王砦詰問。會再遣宇文虛中持割地詔至，望之得還，因盛言敵勢強大，我兵削弱，不可不和。既而金兵退，朝廷以議和非策，罷望之提舉亳州明道宮。



中華書局

建炎初，李綱以望之張皇敵勢，沮損國威，以致禍敗，責海州團練副使，連州居住。綱罷，詔望之爲戶部侍郎，尋轉吏部侍郎。論王雲之冤，帝爲感動，復雲元官，與七子恩澤。尋兼主管御營司參贊軍事。論航海不便，忤旨，以集英殿修撰再領亳州明道宮。起知宣州，踰年，以言章罷。

紹興二年，會赦，復徽猷閣待制致仕。七年，落致仕，召赴行在。望之以衰老辭，帝謂大臣曰：「望之，朕故人也。」於是升徽猷閣直學士，復致仕。三十一年，卒，年八十四。贈中大夫。

張邵字才彥，烏江人。登宣和三年上舍第。建炎元年，爲衢州司刑曹事。會詔求直言，邵上疏曰：「有中原之形勢，有東南之形勢。今縱未能遽爭中原，宜進都金陵，因江、淮、蜀、漢、閩、廣之資，以圖恢復，不應退自削弱。」

三年，金人南侵，詔求可至軍前者，邵慨然請行，轉五官，直龍圖閣，假禮部尙書，充通問使，武臣楊憲副之，卽日就道。至濰州，接伴使置酒張樂，邵曰：「二帝北遷，邵爲臣子，所不忍聽，請止樂。」至于三四，聞者泣下。翌日，見左監軍撻攬〔二〕，命邵拜，邵曰：「監軍與邵





爲南北朝從臣，無相拜禮。」且以書抵之曰：「兵不在強弱，在曲直。宣和以來，我非無兵也，帥臣初開邊隙，謀臣復啓兵端，是以大國能勝之。厥後僞楚僭立，羣盜蠭起，曾幾何時，電掃無餘，是天意人心未厭宋德也。今大國復裂地以封劉豫，窮兵不已，曲有在矣。」撻攬怒，取國書去，執邵送密州，囚于祚山砦〔三〕。

明年，又送邵于劉豫，使用之。邵見劉豫，長揖而已，又呼爲「殿院」，責以君臣大義，詞氣俱厲。豫怒，械置于獄，楊憲遂降。豫知邵不屈，久之，復送于金，拘之燕山僧寺，從者皆莫知所之。後又作書，爲金言「劉豫挾大國之勢，日夜南侵，不勝則首鼠兩端，勝則如養鷹，飽則颺去，終非大國之利」，守者密以告，金取其書去，益北徙之會寧府，距燕三千里。金嘗大赦，許宋使者自便還鄉，人人多占籍淮北，冀幸稍南。惟邵與洪皓、朱弁言家在江南。

十三年，和議成，及皓、弁南歸。八月，入見，奏前後使者如陳過庭、司馬朴、滕茂實、崔縱、魏行可皆歿異域未褒贈者，乞早頒恤典。邵併攜崔縱柩歸其家。升祕閣修撰，主管佑神觀。左司諫詹大方論其奉使無成，改台州崇道觀。移書時相，勸其迎請欽宗與諸王后妃。十九年，以敷文閣待制提舉江州太平興國宮。知池州，再奉祠卒，年六十一。累贈少師。

邵負氣，遇事慷慨，常以功名自許，出使囚徙，屢瀕於死。其在會寧，金人多從之學。喜

誦佛書，雖異域不廢。初，使金時，遇秦檜於濰州。及歸，上書言檜忠節，議者以是少之。後弟祁下大理獄，將株連邵，會檜死得免。有文集十卷。

子孝覽、孝曾、孝忠。孝曾後亦以出使歿于金，金人知爲邵子，尙憐之。

洪皓字光弼，番易人。少有奇節，慷慨有經略四方志。登政和五年進士第。王黼、朱勔皆欲婚之，力辭。宣和中，爲秀州司錄。大水，民多失業，皓白郡守以拯荒自任，發廩損直以糶。民坌集，皓恐其紛競，乃別以青白幟，涅其手以識之，令嚴而惠徧。浙東綱米過城下，皓白守邀留之，守不可，皓曰：「願以一身易十萬人命。」人感之切骨，號「洪佛子」。其後秀軍叛，縱掠郡民，無一得脫，惟過皓門曰：「此洪佛子家也。」不敢犯。

建炎三年五月，帝將如金陵，皓上書言：「內患甫平，外敵方熾，若輕至建康，恐金人乘虛侵軼。宜先遣近臣往經營，俟告辦，回鑾未晚。」時朝議已定，不從，既而悔之。他日，帝問宰輔近諫移蹕者謂誰，張浚以皓對。時議遣使金國，浚又薦皓於呂頤浩，召與語，大悅。皓方居父喪，頤浩解衣巾，俾易墨衰經入對。帝以國步艱難、兩宮遠播爲憂。皓極言：「天道好還，金人安能久陵中夏！此正春秋邲、郢之役，天其或者警晉訓楚也。」帝悅，遷皓五官，





擢徽猷閣待制，假禮部尙書，爲大金通問使，龔璹副之。令與執政議國書，皓欲有所易，頤浩不樂，遂抑遷官之命。

時淮南盜賊踵起，李成甫就招，卽命知泗州羈縻之。乃命皓兼淮南、京東等路撫諭使，俾成以所部衞皓至南京。比過淮南，成方與耿堅共圍楚州，責權州事賈敦詩以降敵，實持叛心。皓先以書抵成，成以汴涸，虹有紅巾賊，軍食絕，不可往。皓聞堅起義兵，可撼以義，遣人密諭之曰：「君數千里赴國家急，山陽縱有罪，當稟命于朝；今擅攻圍，名勤王，實作賊爾。」堅意動，遂強成斂兵。

皓至泗境，迎騎介而來，龔璹曰：「虎口不可入。」皓遂還。上疏言：「成以朝廷餽餉不繼，有『引衆建康』之語。今靳賽據揚州，薛慶據高郵，萬一三叛連衡，何以待之？此含垢之時，宜使人諭意，優進官秩，畀之以京口綱運，如晉明帝待王敦可也。」疏奏，帝卽遣使撫成，給米伍萬石。頤浩惡其直達而不先白堂，奏皓託事稽留，貶二秩。皓遂請出滁陽路，自壽春由東京以行。至順昌，聞羣盜李闔羅、小張俊者梗潁上道。皓與其黨遇，譬曉之曰：「自古無白頭賊。」其黨悔悟，皓使持書至賊巢，二渠魁聽命，領兵入宿衞。

皓至太原，留幾一年，金遇使人禮日薄。及至雲中，粘罕迫二使仕劉豫，皓曰：「萬里銜命，不得奉兩宮南歸，恨力不能磔逆豫，忍事之邪！留亦死，不卽豫亦死，不願偷生鼠狗間，

顧就鼎鑊無悔。」粘罕怒，將殺之。旁一酋唶曰：「此眞忠臣也。」目止劍士，爲之跪請，得流遞冷山。流遞，猶編竄也。惟璹至汴受豫官。

雲中至冷山行六十日，距金主所都僅百里，地苦寒，四月草生，八月已雪，穴居百家，陳王悟室聚落也。悟室敬皓，使教其八子。或二年不給食，盛夏衣麤布，嘗大雪薪盡，以馬矢然火煨麪食之。或獻取蜀策，悟室持問皓，皓力折之。悟室銳欲南侵，曰：「孰謂海大，我力可乾，但不能使天地相拍爾。」皓曰：「兵猶火也，弗戢將自焚，自古無四十年用兵不止者。」又數爲言所以來爲兩國事，既不受使，乃令深入教小兒，非古者待使之禮也。悟室或答或默，忽發怒曰：「汝作和事官，而口硬如許，謂我不能殺汝耶？」皓曰：「自分當死，顧大國無受殺行人之名，願投之水，以墜淵爲名可也。」悟室義之而止。

和議將成，悟室問所議十事，皓條析甚至。大略謂封册乃虛名，年號本朝自有；金三千兩景德所無，東南不宜蠶，絹不可增也；至於取淮北人，景德載書猶可覆視。悟室曰：「誅投附人何爲不可？」皓曰：「昔魏侯景歸梁，梁武帝欲以易其姪蕭明於魏，景遂叛，陷臺城，中國決不蹈其覆轍。」悟室悟曰：「汝性直不誑我，吾與汝如燕，遣汝歸議。」遂行。會莫將北來，議不合，事復中止。留燕甫一月，兀朮殺悟室，黨類株連者數千人，獨皓與異論幾死，故得免。





方二帝遷居五國城，皓在雲中密遣人奏書，以桃、梨、粟、麪獻，二帝始知帝卽位。皓聞祐陵訃，北嚮泣血，旦夕臨，諱日操文以祭，其辭激烈，舊臣讀之皆揮涕。紹興十年，因諜者趙德，書機事數萬言，藏故絮中，歸達于帝。言：「順昌之役，金人震懼奪魄，燕山珍寶盡徙以北，意欲捐燕以南棄之。王師亟還，自失機會，今再舉尙可。」十一年，又求得太后書，遣李微持歸，帝大喜曰：「朕不知太后寧否幾二十年，雖遣使百輩，不如此一書。」是冬，又密奏書曰：「金已厭兵，勢不能久，異時以婦女隨軍，今不敢也。若和議未決，不若乘勢進擊，再造反掌爾。」又言：「胡銓封事此或有之，金人知中國有人，益懼。張丞相名動異域，惜置之散地。」又問李綱、趙鼎安否，獻六朝御容、徽宗御書。其後梓宮及太后歸音，皓皆先報。

初，皓至燕，宇文虛中已受金官，因薦皓。金主聞其名，欲以爲翰林直學士，力辭之。皓有逃歸意，乃請于參政韓昉，乞於眞定或大名以自養。昉怒，始易皓官爲中京副留守，再降爲留司判官。趣行屢矣，皓乞不就職，昉竟不能屈。金法，雖未易官而曾經任使者，永不可歸，昉遂令皓校雲中進士試，蓋欲以計墮皓也。皓復以疾辭。未幾，金主以生子大赦，許使人還鄉，皓與張邵、朱弁三人在遣中。金人懼爲患，猶遣人追之，七騎及淮，而皓已登舟。

十二年七月〔四〕，見于內殿，力求郡養母。帝曰：「卿忠貫日月，志不忘君，雖蘇武不能過，豈可捨朕去邪！」請見慈寧宮，帝人設簾，太后曰：「吾故識尙書。」命撤之。皓自建炎己酉出使，至是還，留北中凡十五年。同時使者十三人，惟皓、邵、弁得生還，而忠義之聲聞于天下者，獨皓而已。皓既對，退見秦檜，語連日不止，曰：「張和公金人所憚，乃不得用。錢塘暫居，而景靈宮、太廟皆極土木之華，豈非示無中原意乎？」檜不懌，謂皓子适曰：「尊公信有忠節，得上眷。但官職如讀書，速則易終而無味，須如黃鐘、大呂乃可。」八月，除徽猷閣直學士、提舉萬壽觀兼權直學士院。

金人來取趙彬等三十人家屬，詔歸之。皓曰：「昔韓起謁環于鄭，鄭，小國也，能引義不與。金既限淮，官屬皆吳人，宜留不遣，蓋慮知其虛實也。彼方困於蒙兀，姑示強以嘗中國，若遽從之，謂秦無人，益輕我矣。」檜變色曰：「公無謂秦無人。」既而復上疏曰：「恐以不與之故，或致渝盟，宜告之曰：『俟淵聖及皇族歸，乃遣。』」又言：「王倫、郭元邁以身徇國，棄之不取，緩急何以使人？」檜大怒，又因言室撚寄聲，檜怒益甚，語在檜傳。翌日，侍御史李文會劾皓不省母，出知饒州。

明年，大水，中官白鍔宣言：「燮理乖盩，洪尙書名聞天下，胡不用？」檜聞之愈怒，繫鍔大理獄，尋流嶺表。諫官詹大方遂論皓與鍔爲刎頸交，更相稱譽，罷皓提舉江州太平觀。鍔初不識皓，特以從太后北歸，在金國素知皓名爾。





尋居母喪，他言者猶謂皓睥睨鈞衡。終喪，除饒州通判。李勤又附檜誣皓作欺世飛語，責濠州團練副使，安置英州。居九年，始復朝奉郎，徙袁州，至南雄州卒，年六十八。死後一日，檜亦死。帝聞皓卒，嗟惜之，復敷文閣直學士〔五〕，贈四官。久之，復徽猷閣直學士〔六〕，謚忠宣。

皓雖久在北廷，不堪其苦，然爲金人所敬，所著詩文，爭鈔誦求鋟梓。既歸，後使者至，必問皓爲何官、居何地。性急義，當艱危中不少變。懿節后之戚趙伯璘隸悟室戲下，貧甚，皓賙之。范鎭之孫祖平爲傭奴，皓言於金人而釋之。劉光世庶女爲人豢豕，贖而嫁之。他貴族流落賤微者，皆力拔以出。惟爲檜所嫉，不死於敵國，乃死於讒慝。

皓博學強記，有文集五十卷及帝王通要、姓氏指南、松漠紀聞、金國文具錄等書。子适、遵、邁。

适字景伯，皓長子也。幼敏悟，日誦三千言。皓使朔方，适年甫十三，能任家事。以皓出使恩，補修職郎。紹興十二年，與弟遵同中博學宏詞科。高宗曰：「父在遠方，子能自立，此忠義報也，宜升擢。」遂除敕令所删定官。後三年，弟邁亦中是選，由是三洪文名滿天下。改祕書省正字。

甫數月，皓歸，忤秦檜，出知饒州，适亦出爲台州通判。垂滿，皓謫英州，适復論罷，往來嶺南省侍者九載。檜死皓還，道卒，服闋，起知荆門軍。應詔上寬恤四事：輕茶額錢，它州代貢禮物，闢試闈以復舊額，蠲官田令不種者輸租。改知徽州，尋提舉江東路常平茶鹽，首言役法不均之弊。

會完顏亮來侵，上親征，适覲金陵，言：「本路旱，百姓逐食于淮，復遭金兵，今各懷歸而田產爲官鬻，請聽其估贖之。」及亮斃，适上疏曰：「大定僭號，諸國未必服從，宜多遺密詔傳論中原義士，各取州縣，因以界之。王師但留屯淮、泗，募兵積粟，以爲聲援。俟蜀、漢、山東之兵數道皆集，見可而進，庶幾兵力不頓，可以萬全。」升尚書戶部郎中，總領淮東軍馬錢糧。孝宗卽位，海州解圍，符離用兵，饋餉繁夥，适究心調度，供億無闕。遷司農少卿。

隆興二年二月，召貳太常兼權直學士院。上欲除諸將環衞官，詔討論其制。适具唐及本朝沿革十一條上之，且言：「太祖、太宗朝，常以處諸將及降王之君臣，自後多以皇族爲之，故國史以爲官存而事廢。陛下修飭戎備，不必遠取唐制，祖宗故事蓋可法則。今徑行換授，恐有減奉之患，乞如閤職兼帶節度，至刺史帶上將軍，橫行遙郡帶大將軍，正使帶將軍，副使帶中郎將〔七〕，又以下則帶左右郎將，其官府人吏，令有司相度以聞。」除中書舍人。時金人再犯淮，羽檄沓至，書詔塡委，咨訪酬答率稱上旨，自此有大用意。金既尋盟，首爲



賀生辰使。金遣同簽書樞密院事高嗣先接伴，自言其父司空有德於皓，相與甚驩，得其要領以歸。

乾道元年五月，遷翰林學士，仍兼中書舍人。秦塤久廢，忽予祠，适奏曰：「李林甫死後，諸子皆流配嶺南。秦檜稔惡自斃，不肖之孫官職仍舊，可謂幸矣。宮觀雖小，塤得之，則人以除用之漸，恐檜黨牽連而進。」其命遂寢。時巫伋復召，莫汲〔八〕擢樞密院編修官，余堯弼復龍圖閣學士，适謂其皆檜黨也，隨命繳之。

六月，除端明殿學士、簽書樞密院事。上諭參政錢端禮、虞允文曰：「三省事與洪适商量。」東西府始同班奏事。八月，拜參知政事。諫議大夫林安宅以銅錢多入北境，請禁之，卽蜀中取鐵錢行之淮上。事既行，适言其不可。上問之，适曰：「今每州不得千緡，一州以萬戶計之，每家才得數百，恐民間無以貿易。且客旅無回貨，鹽場有大利害。」上以爲然，乃寢前命，但於蜀中取十五萬緡，行之廬、和二州而已。

十二月，拜尚書右僕射、同中書門下平章事兼樞密使。未幾，春霖，适引咎乞退，林安宅抗疏論适，既而臺臣復合奏。三月，除觀文殿學士、提舉江州太平興國宮。尋起知紹興府、浙東安撫使。再奉祠。淳熙十一年薨，年六十八，謚文惠。

适以文學聞望，遭時遇主，自兩制一月入政府，又四閱月居相位，又三月罷政，然無大



建明以究其學。家居十有六年，兄弟鼎立，子孫森然，以著述吟詠自樂，近世備福鮮有及之。或謂适黨湯思退，又謂适來自淮東，言張浚妄費，浚以此罷相。子九人：槻、柲、槢、㰖、櫰、桴、楹、槺、梠。

遵字景嚴，皓仲子也。自兒時端重如成人，從師業文，不以歲時寒暑輟。父留沙漠，母亡，遵孺慕擗踊。既葬，兄弟卽僧舍肄詞業，夜枕不解衣。以父蔭補承務郎，與兄适同試博學宏詞科，中魁選，賜進士出身。高宗以皓遠使，擢爲祕書省正字。中興以來，詞科中選卽入館，自遵始。宰相秦檜子熺爲官長，譽欬爲人輕重，遵恬然不附麗。二年弗遷。

皓南還，與朝論異，出守。遵遂乞外，通判常、婺、越三州。紹興二十五年，湯思退薦之，復入爲正字。八月，兼權直學士院。湯鵬舉副臺端，密薦爲御史。方賜對而父訃聞。二十八年，免喪，召對，極陳父冤，曰：「先臣與龔璹同出疆，璹仕於劉豫，以妄殺兵官爲豫所誅，而秦檜贈以節旄，擢用其子。先臣拒金人之命，留十五歲乃得歸，顧南竄嶺外，臣兄弟屛跡在外。檜不分忠逆如此。」高宗悉爲道謗語所起，且曰：「卿再登三館，嘗典書命，今以修注處卿。」遂拜起居舍人。

奏乞以經筵官除罷及封章進對、宴會錫予、講讀問答等事，萃爲一書，名之曰邇英記



注。其後乾道間又有祥曦殿記注，實自遵始。又因面對，論鑄錢利害，帝嘉納之。遷起居郎兼權樞密院都承旨。舊制，修注官、經筵官許留身奏事，而近例無有。遵奏請復舊制，且言起居注未修者十五年，請除見修月進外，每月帶修，皆從之。

二十九年，拜中書舍人。殿前裨將輔逵轉防禦使，王綱〔九〕轉團練使，遵言：「近制管軍官十年始一遷，今兩人不滿歲，安得爾？」時勳臣子孫多躐居臺省，遵極言乞明有所止。高宗曰：「正立法，自今功臣子孫序遷至侍從，並令久任在京宮觀。」遵曰：「侍從，朝廷高選，非如磨勘階官，安有遷序之制？」退而上奏言：「今內外將家無慮二十人，若以序遷，不出十年，西清次對皆可坐致。太祖開國功臣子孫不過諸司，惟曹彬之子琮、瑋以功名自奮，遂爲節度，初不聞有遞遷侍從之例。今旨一出，使穆清之地類皆將種，非所以示天下。望收還前詔。」又言：「瑞昌、興國之間茶商失業，聚爲盜賊。望揭牓開諭，許其自新，願充軍者塡刺，願爲農者放還。」上皆可其奏。

論者欲復鄱陽永平、永豐兩監鼓鑄，詔給、舍議，遵曰：「唐有鼓鑄使，國朝或以漕臣兼領，或分道置使，釐爲三司。自中興來，置都大提點，官屬太多，動爲州縣之害。間者亟行廢罷，又無一定之論，初委運使，又委提刑，又委郡守、貳，號令不一，鼓鑄益少。竊以爲復置便。」

三十年正月，試吏部侍郎。舊時選人詣曹改秩，吏倚爲市，毫毛不中節，必巧生沮閡；須賂餉滿欲乃止。适明與約，苟於大體無害，先行後審，薦員有定限，而舉者周遮重複，或同時一章而巧爲兩牘，或當薦五員而輒踰十數，或當舉職官而詭爲京狀，或身係常調而妄稱職司，或東西分曹而交錯攙補，或已予復奪而指云事故，件析枚數，請凡如是者得通劾之。舊制，致仕任子，隨所在審勑牒即請行。是時，從議者請，必令于元州判奏。适言：「士大夫或遊宦粵、蜀，數千里外，不幸以死。臨終謝事，其家獲歸故里已爲至難，今復因此齟齬，反復稽延，是明與惡吏爲地也。」乃止仍舊貫。

平江、湖、秀三州水，無以輸秋苗，有司抑令輸麥。适言：「麥價殊不在米下，民困如是，奈何指夏以爲秋，衍一以爲二，使擠溝壑乎？願量取其半，而被水害者悉免之。」金人來索絳陽郭小的、安化劉孝恭二百家，适以蜀之李特可爲至戒，願以根集未足爲解，淹引日月報之。遷翰林學士兼吏部尚書。汪澈論湯思退罷相，适行制無貶詞，澈以爲言。遂丐去，以徽猷閣直學士提舉太平興國宮。

三十一年，金主完顏亮命其尚書蘇保衡由海道窺二浙，朝廷以浙西副總管李寶禦之。寶駐兵平江，守臣朱翌素與寶異，朝議以适嘗薦寶，乃命适知平江。及寶以舟師擣膠西，凡資糧、器械、舟楫皆适供億，寶成功而歸，适之助爲多。車駕幸金陵，禁衞士丐索無藝，它郡





隨與不饜。至吳，乃相告曰：「內翰在此，汝毋復然。」先是，朝廷慮商舶爲賊得，悉拘入官，既而不返，並海縣團萃亘艦及募水手、民兵，皆縶留未得去。适因對論之，以船還商，而聽水手自便，吳人德之。

孝宗即位，拜翰林學士承旨兼侍讀。詔問宰執、侍從、臺諫曰：「敵人來索舊禮，從之則不忍屈，不從則邊患未已。中原歸正人源源不絕，納之則東南力不能給，否則絕向化之心。宜指陳定論以聞。」适與給事中金安節、中書舍人唐文若、起居郎周必大共爲一議，其略謂：「不宜直情徑行，亦未可遽爲之屈，謂宜遣金繒如前日之數，或許稍歸侵地如海、泗之類，則彼亦可藉口而來議矣。」

知隆興元年貢舉，拜同知樞密院事〔10〕。壽康殿産金芝十二，同列議表賀，适引李文靖奏災異故事風止之。薦眉山李燾、永嘉鄭伯熊及林光朝，未及用，會湯思退爲左相，而次相張浚罷，御史周操策适且超遷，上章致劾，上亟徙寘他官。适不能安位，連章乞免，訖與御史俱去。是年七月，以端明殿學士提舉太平興國宮。

乾道六年，起知信州。徙知太平州。前守周操以嘗論适，聞适來，不俟合符馳去。适追餞至十里，勞苦如平時，曰：「君當官而行，我何怨？」聞者以爲盛德。圩田壞，民失業，适鳩民築圩凡萬數。方冬盛寒，适躬履其間，載酒食親餉饁，恩意傾盡，人忘其勞。運使張松忌功，妄奏圩未嘗決，民未嘗轉徙，必責圩戶自圍築，且裁省募工錢米之半。适連疏爭，至乞遣朝臣覆按。於是將作少監馬希言、監察御史陳舉善狎至，黜松言，圩遂成，合四百五十有五。松無所泄其忿，則別治溧水永豐圩，來調丁、米、木，數甚廣。适曰：「郡當歲儉，方振恤流移，勸分乞糴，如自刲其股以充喉，不暇食，況能飽他人腹哉。」執不從。

楚地旱，旁縣振贍者慮不早，施置失後先，或得米而亡以炊，或闔戶莩藉而廩不至。适簡賓佐，隨遠近壯老以差賦給，蠲租至十九，又告糴于江西，得活者不啻萬計。戍兵乘時盜利，曹伍剽于野，盡執拘以歸其軍。故當大札瘥而邑落晏然。徙知建康府、江東安撫使兼行宮留守。孝宗諭當制舍人范成大，褒其治績，且許入覲。

時虞允文當國，有北征志。先調侍衞馬軍出屯，其在府者五軍，悉送其孥，謀築營砦，無慮萬竈。張松用不能罷，特勑适同宰執赴選德殿奏事。适奏外臣不敢尾二府後，願需班退別引，上弗許。進資政殿學士以行。至則揭牓，民苗米唯輸正不輸耗，聽民自持斛槩，庾人不能輕重其手。徧行郊野卜砦地，求不妨民居、不夷冢墓者，踰年始得之。營卒醉，妄言搖衆，斬之，磔于市，三軍無敢譁。有晝入旗亭挺刃椎壚者，械付獄，驛上奏未下，統帥懼得譴，請自治之。孝宗怒，罷統帥，适亦坐貶兩秩。未幾，五營成，復元官，仍拜資政殿學士。淳熙元年，提舉洞霄宮。十一月，薨，年五十有五，謚文安。





邁字景盧，皓季子也。幼讀書日數千言，一過目輒不忘，博極載籍，雖稗官虞初，釋老傍行，靡不涉獵。從二兄試博學宏詞科，邁獨被黜。紹興十五年始中第，授兩浙轉運司幹辦公事，入爲勑令所删定官。皓忤秦檜投閑，檜憾未已，御史汪勃論邁知其父不靖之謀，遂出添差教授福州。累遷吏部郎兼禮部。

上居顯仁皇后喪，當孟饗，禮官未知所從，邁請遣宰相分祭，奏可。除樞密檢詳文字。建議令民入粟贖罪，以紓國用，又請嚴法駕出入之儀。

三十一年，議欽宗謚，邁曰：「淵聖北狩不返，臣民悲痛，當如楚人立懷王之義，號懷宗，以係復讎之意。」不用。吳璘病篤，朝論欲徙吳拱代之。邁曰：「吳氏以功握蜀兵三十年，宜有以新民觀聽，毋使尾大不掉。」知樞密院事葉義問出視師，奏以邁參議軍事，至鎮江，聞瓜洲官軍與金人相持，遑遽失措。會建康走驛告急，義問遽欲還，邁力止之曰：「今退師，無益京口勝敗之數，而金陵聞返旆，人心動搖，不可。」遷左司員外郎。

三十二年春，金主褒遣左監軍高忠建來告登位，且議和，邁爲接伴使，知閤門張掄副之。上謂執政曰：「向日講和，本爲梓宮、太后，雖屈己卑辭，有所不憚。今兩國之盟已絕，名稱以何爲正，疆土以何爲準，朝見之儀，歲幣之數，所宜先定。」及邁、掄入辭，上又曰：

「朕料此事終歸於和，欲首議名分，而土地次之。」邁於是奏更接伴禮數，凡十有四事。自渡江以來，屈己含忍多過禮，至是一切殺之，用敵國體，凡遠迎及引接金銀等皆罷。既而高忠建有責臣禮及取新復州郡之議〔二〕，邁以聞，且奏言：「土疆實利不可與，禮際虛名不足惜。」禮部侍郎黃中聞之，亟奏曰：「名定實隨，百世不易，不可謂虛。土疆得失，一彼一此，不可謂實。」兵部侍郎陳俊卿亦謂：「先正名分，名分正則國威張，而歲幣亦可損矣。」

進起居舍人。時議遣使報金國聘，三月丁巳，詔侍從、臺諫各舉可備使命者一人。初，邁之接伴也，既持舊禮折伏金使，至是，慨然請行。於是假翰林學士，充賀登位使，欲令金稱兄弟敵國而歸河南地。夏四月戊子，邁辭行，書用敵國禮，高宗親札賜邁等曰：「祖宗陵寢，隔闊三十年，不得以時洒掃祭祀，心實痛之。若彼能以河南地見歸，必欲居尊如故，正復屈己，亦何所惜。」邁奏言：「山東之兵未解，則兩國之好不成。」至燕，金閤門見國書，呼曰：「不如式。」抑令使人於表中改陪臣二字，朝見之儀必欲用舊禮。邁初執不可，既而金鎖使館，自旦及暮水漿不通，三日乃得見。金人語極不遜，大都督懷忠議欲質留，左丞相張浩持不可，乃遣還。七月，邁回朝，則孝宗已卽位矣。殿中侍御史張震以邁使金辱命，論罷之。明年，起知泉州。

乾道二年，復知吉州。入對，遂除起居舍人，直前言：「起居注皆據諸處關報，始加修



纂，雖有日曆、時政記，亦莫得書。景祐故事，有邇英延義二閣注記〔三〕，凡經筵侍臣出處、封章進對、宴會賜予，皆用存記。十年間稍廢不續，陛下言動皆罔聞知，恐非命侍本意。乞令講讀官自今各以日得聖語關送修注官，令講筵所牒報，使謹錄之，因今所御殿名曰祥曦記注。」制可。

三年，遷起居郎，拜中書舍人兼侍讀、直學士院，仍參史事。父忠宣、兄适、遵皆歷此三職，邁又踵之。邁奏：「三省事無巨細，必先經中書書黃，宰執書押，當制舍人書行，然後過門下，給事中書讀，如給、舍有所建明，則封黃具奏，以聽上旨。惟樞密院既得旨，卽書黃過門下，例不送中書，謂之『密白』，則封駁之職似有所偏，況今宰相兼樞密，因而釐正，不爲有嫌。望詔樞密院，凡已被制勅，並關左右省依三省書黃，以示重出命之意。」報可。

六年，除知贛州，起學宮，造浮梁，士民安之。郡兵素驕，小不如欲則跋扈，郡歲遣千人戍九江，是歲，或怵以至則留不復返，衆遂反戈。民訛言相驚，百姓恟懼。邁不爲動，但遣一校婉說之，俾歸營，衆皆聽，垂櫜而入，徐詰什五長兩人，械送潯陽，斬于市。辛卯歲饑，贛適中熟，邁移粟濟鄰郡。僚屬有諫止者，邁笑曰：「秦、越瘠肥，臣子義耶？」尋知建寧府。富民有睚眦殺人衷刃篡獄者，久拒捕，邁正其罪，黥流嶺外。

十一年〔三〕，知婺州，奏：「金華田多沙，勢不受水，五日不雨則旱，故境內陂湖最當繕



治。命耕者出力，田主出穀，凡爲公私塘堰及湖，總之爲八百三十七所。」婺軍素無律，春給衣，欲以緡易帛，吏不可，則羣呼嘯聚于郡將之治，郡將惴恐，姑息如其欲。邁至，衆狃前事，至以飛語謗譟門。邁以計逮捕四十有八人，置之理，黨衆相蹙，鬨擁邁轎，邁曰：「彼罪人也，汝等何預？」衆逡巡散去。邁戮首惡二人，梟之市，餘黥撻有差，莫敢譁者。事聞，上語輔臣曰：「不謂書生能臨事達權。」特遷敷文閣待制。

明年，召對，首論淮東邊備六要地：曰海陵，曰喻泇，曰鹽城，曰寶應，曰淸口，曰盱眙。謂宜修城池，嚴屯兵，立游椿，益戍卒。又言：「許浦宜開河三十六里，梅里鎭宜築二大堰，作斗門，遇行師，則決防送船。」又言：「馮湛創多槳船，底平檣浮，雖尺水可運。今十五六年，修葺數少，不足用。」謂宜募瀕海富商入船予爵，招善操舟者以補水軍，上嘉之。以提舉佑神觀兼侍講、同修國史。

邁初入史館，預修四朝帝紀，進敷文閣直學士、直學士院。講讀官宿直，上時召入，談論至夜分。十三年九月，拜翰林學士，遂上四朝史，一祖八宗百七十八年爲一書。紹熙〔四〕改元，進煥章閣學士、知紹興府。過闕奏事，言新政宜以十漸爲戒。上曰：「浙東民困於和市，卿往，爲朕正之。」邁再拜曰：「誓盡力。」邁至郡，覈實詭戶四萬八千三百有奇，所減絹以匹計者，略如其數。提舉玉隆萬壽宮。明年，再上章告老，進龍圖閣學士。尋



以端明殿學士致仕，是歲卒，年八十。贈光祿大夫，謚文敏。

邁兄弟皆以文章取盛名，躋貴顯，邁尤以博洽受知孝宗，謂其文備衆體。邁考閱典故，漁獵經史，極鬼神事物之變，手書資治通鑑凡三。有容齋五筆、夷堅志行於世，其他著述尤多。所修欽宗紀多本之孫覿，附耿南仲，惡李綱，所紀多失實，故朱熹舉王允之論，言佞臣不可使執筆，以爲不當取覿所紀云。

論曰：孔子云：「使於四方，不辱君命，可謂士矣。」當建炎、紹興之際，凡使金者，如探虎口，能全節而歸，若朱弁、張邵、洪皓其庶幾乎，望之不足議也。皓留北十五年，忠節尤著，高宗謂蘇武不能過，誠哉。然竟以忤秦檜謫死，悲夫！其子适、遵、邁相繼登詞科，文名滿天下，适位極台輔，而邁文學尤高，立朝議論最多，所謂忠義之報，詎不信夫。

## 校勘記

〔一〕史抗　原作「史玩」，據本書卷四四六本傳、繫年要錄卷一四九改。

〔二〕提攬　按北盟會編卷二二二張邵行實、周益國文忠公集卷六五張邵神道碑、金史卷七七都作

「撻懶」。

〔三〕祚山砦　北盟會編卷二二二張邵行實、周益國文忠公集卷六五張邵神道碑都作「柞山砦」，疑是。

〔四〕十二年七月　本書卷三〇高宗紀、繫年要錄卷一四九都繫此事於十三年八月，此誤。

〔五〕敷文閣直學士　「直」字原脫，據洪适盤洲文集卷七四先君述、繫年要錄卷一七九補。

〔六〕徽猷閣直學士　「直」字原脫，據盤洲文集卷七四先君述、宋會要職官七六之六九補。

〔七〕中郎將　「將」字原脫，據盤洲文集卷四三討論環衞官劄子、本書卷一六六職官志補。

〔八〕莫汲　原作「莫伋」，據盤洲文集卷四七繳莫汲編修官劄子、同書附錄周必大洪适神道碑改。莫汲見紹興十八年同年小錄。

〔九〕王綱　周益國文忠公集卷六九洪遵神道碑、繫年要錄卷一八二都作「王剛」，疑是。

〔一〇〕知隆興元年貢舉拜同知樞密院事　「元年」原作「二年」。按通考卷三二選舉考引宋登科記總目隆興元年有貢舉，二年無；本書卷三九五樓鑰傳，隆興元年試南宮，知貢舉洪遵；本書卷二一三宰輔表，洪遵同知樞密院事在隆興元年。「二」字爲「元」字之訛，據改。

〔一一〕責臣禮及取新復州郡之議　「責」原作「貴」，據繫年要錄卷一九八改。

〔一二〕邇英延義二閣注記　「義」原作「曦」，據本書卷二八五賈昌朝傳、宋會要職官二之二一改。





〔一三〕十一年　承上文此當指乾道十一年，但乾道無十一年；下文明年提舉佑神觀兼侍講、同修國史，十三年遂上四朝史，宋會要職官一八之五九、六〇分別在淳熙十二、三年；邁於淳熙十三年拜翰林學士，也見何異宋中興學士院題名錄。此處當失書「淳熙」紀元。

〔一四〕紹熙　原作「淳熙」。按上文已敍至淳熙十三年，此處不應又說「淳熙改元」。據嘉泰會稽志卷二，洪邁知紹興府在紹熙元年；洪邁夷堅志乙集序有「紹熙庚戌臘，予從會稽西歸」語。「淳」字爲「紹」字之訛，據改。

# 宋史卷三百七十四

## 列傳第一百三十三

### 張九成　胡銓　廖剛　李迨　趙開

張九成字子韶，其先開封人，徙居錢塘。游京師，從楊時學。權貴託人致幣曰：「肯從吾游，當薦之館閣。」九成笑曰：「王良尙羞與嬖奚乘，吾可爲貴游客耶？」

紹興二年，上將策進士，詔考官，直言者置高等。九成對策略曰：「禍亂之作，天所以開聖人也。願陛下以剛大爲心，無以憂驚自沮。臣觀金人有必亡之勢，中國有必興之理。夫好戰必亡，失其故俗必亡，人心不服必亡，金皆有焉。劉豫背叛君親，委身夷狄，黠雛經營，有同兒戲，何足慮哉。前世中興之主，大抵以剛德爲尙。去讒節慾，遠佞防姦，皆中興之本也。今閭巷之人皆知有父兄妻子之樂，陛下貴爲天子，多不得溫，夏不得凊，昏無所定，晨無所省，感時遇物，悽惋于心，可不思所以還二聖之車乎？」又言：「閹寺聞名，國之不祥也，今此





曹名字稍稍有聞，臣之所憂也。當使之安掃除之役，凡結交往來者有禁，干預政事者必誅。」擢置首選。楊時遺九成書曰：「廷對自中興以來未之有，非剛大之氣，不爲得喪回屈，不能爲也。」

授鎭東軍簽判，吏不能欺。民冒鹺禁，提刑張宗臣欲逮捕數十人，九成爭之。宗臣曰：「此事左相封來。」九成曰：「主上屢下恤刑之詔，公不體聖意而觀望宰相耶？」宗臣怒，九成即投檄歸。從學者日衆，出其門者多爲聞人。

趙鼎薦于朝，遂以太常博士召。既至，改著作佐郎，遷著作郎，言：「我宋家法，曰仁而已。仁之發見，尤在於刑。陛下以省刑爲急，而理官不以恤刑爲念。欲詔理官，活幾人者與減磨勘。」從之。除浙東提刑，力辭，乃與祠以歸。

未幾，召除宗正少卿、權禮部侍郎兼侍講，兼權刑部侍郎。法寺以大辟成案上，九成閱始末得其情，因請覆實，囚果誣服者。朝論欲以平反爲賞，九成曰：「職在詳刑，可邀賞乎？」辭之。

金人議和，九成謂趙鼎曰：「金實厭兵，而張虛聲以撼中國。」因言十事，彼誠能從吾所言，則與之和，使權在朝廷。鼎既罷，秦檜誘之曰：「且成檜此事。」九成曰：「九成胡爲異議，特不可輕易以苟安耳。」檜曰：「立朝須優游委曲。」九成曰：「未有枉己而能直人。」上問以和

議，九成曰：「敵情多詐，不可不察。」因在經筵言西漢災異事，檜甚惡之，謫守邵州。既至，倉庫虛乏，僚屬請督酒租宿負、苗絹未輸者，九成曰：「縱未能惠民，其敢困民耶？」是歲，賦入更先他時。中丞何鑄言其矯僞欺俗，傾附趙鼎，落職。

丁父憂，旣免喪，秦檜取旨，上曰：「自古朋黨畏人主知之，此人獨無所畏，可與宮觀。」先是，徑山僧宗杲善談禪理，從游者衆，九成時往來其間。檜恐其議己，令司諫詹大方論其與宗杲謗訕朝政，謫居南安軍。在南安十四年，每執書就明，倚立庭磚，歲久雙趺隱然。廣帥致籯金，九成曰：「吾何敢苟取。」悉歸之。檜死，起知溫州。戶部遣吏督軍糧，民苦之，九成移書痛陳其弊，戶部持之，九成即丐祠歸。數月，病卒。

九成研思經學，多有訓解，然早與學佛者游，故其議論多偏。寶慶初，特贈太師，封崇國公，謚文忠。

胡銓字邦衡，廬陵人。建炎二年，高宗策士淮海，銓因御題問「治道本天，天道本民」，答云：「湯、武聽民而興，桀、紂聽天而亡。今陛下起干戈鋒鏑間，外亂內訌，而策臣數十條，





皆質之天，不聽於民。」又謂：「今宰相非晏殊，樞密、參政非韓琦、杜衍、范仲淹。」策萬餘言，高宗見而異之，將冠之多士，有忌其直者，移置第五。授撫州軍事判官，未上，會隆祐太后避兵贛州，金人躡之，銓以漕檄攝本州幕，募鄉丁助官軍捍禦，第賞轉承直郎。丁父憂，從鄉先生蕭楚學春秋。

紹興五年，張浚開督府，辟湖北倉屬，不赴。有詔赴都堂審察，兵部尚書呂祉以賢良方正薦，賜對，除樞密院編修官。

八年，宰臣秦檜決策主和，金使以「詔諭江南」爲名，中外洶洶。銓抗疏言曰：

臣謹案，王倫本一狎邪小人，市井無賴，頃緣宰相無識，遂舉以使虜。專務詐誕，欺罔天聽，驟得美官，天下之人切齒唾罵。今者無故誘致虜使，以「詔諭江南」爲名，是欲臣妾我也，是欲劉豫我也。劉豫臣事醜虜，南面稱王，自以爲子孫帝王萬世不拔之業，一旦豺狼改慮，捽而縛之，父子爲虜。商鑑不遠，而倫又欲陛下効之。夫天下者，祖宗之天下也，陛下所居之位，祖宗之位也。奈何以祖宗之天下爲金虜之天下，以祖宗之位爲金虜藩臣之位！陛下一屈膝，則祖宗廟社之靈盡汙夷狄，祖宗數百年之赤子盡爲左衽，朝廷宰執盡爲陪臣，天下士大夫皆當裂冠毀冕，變爲胡服。異時豺狼無厭之求，安知不加我以無禮如劉豫也哉？

夫三尺童子至無識也，指犬豕而使之拜，則怫然怒。今醜虜則犬豕也，堂堂大國，相率而拜犬豕，曾童孺之所羞，而陛下忍爲之耶？倫之議乃曰：「我一屈膝則梓宮可還，太后可復，淵聖可歸，中原可得。」嗚呼！自變故以來，主和議者誰不以此說啗陛下哉！然而卒無一驗，則虜之情僞已可知矣。而陛下尚不覺悟，竭民膏血而不恤，忘國大讎而不報，含垢忍恥，舉天下而臣之甘心焉。就令虜決可和，盡如倫議，天下後世謂陛下何如主？況醜虜變詐百出，而倫又以姦邪濟之，梓宮決不可還，太后決不可復，淵聖決不可歸，中原決不可得，而此膝一屈不可復伸，國勢陵夷不可復振，可爲痛哭流涕長太息矣！

向者陛下間關海道，危如累卵，當時尚不忍北面臣虜，況今國勢稍張，諸將盡銳，士卒思奮。只如頃者醜虜陸梁，僞豫入寇，固嘗敗之於襄陽，敗之於淮上，敗之於渦口，敗之於淮陰，校之往時蹈海之危，固已萬萬，儻不得已而至於用兵，則我豈遽出虜人下哉？今無故而反臣之，欲屈萬乘之尊，下穹廬之拜，三軍之士不戰而氣已索。此魯仲連所以義不帝秦，非惜夫帝秦之虛名，惜天下大勢有所不可也。今內而百官，外而軍民，萬口一談，皆欲食倫之肉。謗議洶洶，陛下不聞，正恐一旦變作，禍且不測。臣竊謂不斬王倫，國之存亡未可知也。





雖然，倫不足道也，秦檜以腹心大臣而亦爲之。陛下有堯、舜之資，檜不能致君如唐、虞，而欲導陛下爲石晉。近者禮部侍郎曾開等引古誼以折之，檜乃厲聲責曰：「侍郎知故事，我獨不知！」則檜之遂非愎諫，已自可見，而乃建白令臺諫、侍臣僉議可否，是蓋畏天下議己，而令臺諫、侍臣共分謗耳。有識之士皆以爲朝廷無人，吁，可惜哉！

孔子曰：「微管仲，吾其被髮左衽矣。」夫管仲，霸者之佐耳，尚能變左衽之區，而爲衣裳之會。秦檜，大國之相也，反驅衣冠之俗，而爲左衽之鄉。則檜也不唯陛下之罪人，實管仲之罪人矣。孫近傅會檜議，遂得參知政事，天下望治有如饑渴，而近伴食中書，漫不敢可否事。檜曰虜可和，近亦曰可和；檜曰天子當拜，近亦曰當拜。臣嘗至政事堂，三發問而近不答，但曰：「已令臺諫、侍從議矣。」嗚呼！參贊大政，徒取充位如此。有如虜騎長驅，尚能折衝禦侮耶？臣竊謂秦檜、孫近亦可斬也。

臣備員樞屬，義不與檜等共戴天，區區之心，願斷三人頭，竿之藁街，然後羈留虜使，責以無禮，徐興問罪之師，則三軍之士不戰而氣自倍。不然，臣有赴東海而死爾，寧能處小朝廷求活耶！

書旣上，檜以銓狂妄凶悖，鼓衆劫持，詔除名，編管昭州，仍降詔播告中外。給、舍、臺諫及朝臣多救之者，檜迫於公論，乃以銓監廣州鹽倉。明年，改簽書威武軍判官。十二年，

諫官羅汝楫劾銓飾非橫議，詔除名，編管新州。十八年，新州守臣張棣訐銓與客唱酬，謗訕怨望，移謫吉陽軍。

二十六年，檜死，銓量移衡州。銓之初上書也，宜興進士吳師古鋟木傳之，金人募其書千金。其謫廣州也，朝士陳剛中以啓事爲賀。其謫新州也，同郡王廷珪以詩贈行。皆爲人所訐，師古流袁州，廷珪流辰州，剛中謫知虔州安遠縣，遂死焉。三十一年，銓得自便。

孝宗即位，復奉議郎、知饒州。召對，言修德、結民、練兵、觀釁，上曰：「久聞卿直諒。」除吏部郎官。隆興元年，遷秘書少監，擢起居郎，論史官失職者四：一謂記注不必進呈，庶人主有不觀史之美；二謂唐制二史立螭頭之下，今在殿東南隅，言動未嘗得聞；三謂二史立後殿，而前殿不立，乞於前後殿皆分日侍立；四謂史官欲其直前，而閤門以未嘗預牒，以今日無班次爲辭。乞自今直前言事，不必預牒閤門，及以有無班次爲拘。詔從之。兼侍講、國史院編修官。因講禮記，曰：「君以禮爲重，禮以分爲重，分以名爲重，願陛下無以名器輕假人。」

又進言乞都建康，謂：「漢高入關中，光武守信都。大抵與人鬥，不搤其亢，拊其背，不能全勝。今日大勢，自淮以北，天下之亢與背也，建康則搤之拊之之地也。若進據建康，下臨中原，此高、光興王之計也。」



詔議行幸，言者請紓其期，遂以張浚視師圖恢復，侍御史王十朋贊之。克復宿州，大將李顯忠私其金帛，且與邵宏淵忿爭，軍大潰。十朋自劾。上怒甚，銓上疏願毋以小衄自沮。

時旱蝗、星變，詔問政事闕失，銓應詔上書數千言，始終以春秋書災異之法，言政令之闕有十，而上下之情不合亦有十，且言：「堯、舜明四目，達四聰，雖有共、鯀，不能塞也。秦二世以趙高爲腹心，劉、項橫行而不得聞；漢成帝殺王章，王氏移鼎而不得聞；靈帝殺竇武〔一〕、陳蕃，天下橫潰而不得聞；梁武信朱异，侯景斬關而不得聞；隋煬帝信虞世基，李密稱帝而不得聞；唐明皇逐張九齡，安、史胎禍而不得聞。陛下自即位以來，號召逐客，與臣同召者張燾、辛次膺、王大寶、王十朋，今燾去矣，次膺去矣，十朋去矣，大寶又將去，惟臣在爾。以言爲諱，而欲塞災異之源，臣知其必不能也。」

銓又言：「昔周世宗爲劉旻所敗，斬敗將何徽等七十人，軍威大震，果敗旻，取淮南，定三關。夫一日戮七十將，豈復有將可用？而世宗終能恢復，非庸懦者去，則勇敢者出耶！近宿州之敗，士死于敵者滿野，而敗軍之將以所得之金賂權貴以自解，上天見變昭然，陛下非信賞必罰以應天不可。」其論納諫曰：「今廷臣以箝默爲賢，容悅爲忠。馴至興元之幸〔二〕，所謂『一言喪邦』。」上曰：「非卿不聞此。」



金人求成，銓曰：「金人知陛下銳意恢復，故以甘言款我，願絕口勿言『和』字。」上以邊事全倚張浚，而王之望、尹穡專主和排浚，銓廷責之。兼權中書舍人、同修國史。張浚之子栻賜金紫，銓繳奏之，謂不當如此待勳臣子。浚雅與銓厚，不顧也。

十一月，詔以和戎遣使，大詢于庭，侍從、臺諫預議者凡十有四人。主和者半，可否者半，言不可和者銓一人而已，乃獨上一議曰：「京師失守自耿南仲主和，二聖播遷自何㮚主和，維揚失守自汪伯彥、黃潛善主和，完顏亮之變自秦檜主和。議者乃曰：『外雖和而內不忘戰。』此向來權臣誤國之言也。一溺於和，不能自振，尚能戰乎？」除宗正少卿，乞補外，不許。

先是，金將蒲察徒穆、大周仁以泗州降，蕭琦以軍百人降，詔並爲節度使。銓言：「受降古所難，六朝七得河南之地，不旋踵而皆失；梁武時侯景以河南來奔，未幾而陷臺城；宣、政間郭藥師自燕雲來降，未幾爲中國患。今金之三大將內附，高其爵祿，優其部曲，以繫中原之心，善矣。然處之近地，萬一包藏禍心，或爲內應，後將噬臍，願勿任以兵柄，遷其衆於湖、廣以絕後患。」

二年，兼國子祭酒，尋除權兵部侍郎。八月，上以災異避殿減膳，詔廷臣言闕政急務。銓以振災爲急務，議和爲闕政，其議和之書曰：



自靖康迄今凡四十年，三遭大變，皆在和議，則醜虜之不可與和，彰彰然矣。肉食鄙夫，萬口一談，牢不可破。非不知和議之害，而爭言爲和者，是有三說焉：曰偷懦，曰苟安，曰附會。偷懦則不知立國，苟安則不戒酖毒，附會則覬得美官，小人之情狀具於此矣。

今日之議若成，則有可弔者十；若不成，則有可賀者亦十。請爲陛下極言之。何謂可弔者十？

眞宗皇帝時，宰相李沆謂王旦曰：「我死，公必爲相，切勿與虜講和。吾聞出則無敵國外患，如是者國常亡，若與虜和，自此中國必多事矣。」旦殊不以爲然。既而遂和，海內乾耗，旦始悔不用文靖之言。此可弔者一也。

中原謳吟思歸之人，日夜引領望陛下拯溺救焚，不啻赤子之望慈父母，一與虜和，則中原絕望，後悔何及。此可弔者二也。

海、泗今日之藩籬咽喉也，彼得海、泗，且決吾藩籬以瞰吾室，扼吾咽喉以制吾命，則兩淮決不可保。兩淮不保，則大江決不可守；大江不守，則江、浙決不可安。此可弔者三也。

紹興戊午，和議既成，檜建議遣二三大臣如路允迪等，分往南京等州交割歸地。

一旦叛盟，劫執允迪等，遂下親征之詔，虜復請和。其反覆變詐如此，檜猶不悟，奉之如初，事之愈謹，賂之愈厚，卒有逆亮之變，驚動輦轂。太上謀欲入海，行朝居民一空，覆轍不遠，忽而不戒，臣恐後車又將覆也。此可弔者四也。

紹興之和，首議決不與歸正人，口血未乾，盡變前議。凡歸正之人一切遣還，如程師回、趙良嗣等聚族數百，幾爲虀牆憂。今必盡索歸正之人，與之則反側生變，不與則虜決不肯但已。夫反側則肘腋之變深，虜決不肯但已，則必別起釁端，猝有逆亮之謀，不知何以待之。此可弔者五也。

自檜當國二十年間，竭民膏血以餌犬羊，迄今府庫無旬月之儲，千村萬落生理蕭然，重以蝗蟲水潦。自此復和，則蠹國害民，殆有甚焉者矣。此可弔者六也。

今日之患，兵費已廣，養兵之外又增歲幣，且少以十年計之，其費無慮數千億。而歲幣之外，又有私覿之費；私覿之外，又有賀正、生辰之使；賀正、生辰之外，又有泛使。一使未去，一使復來，生民疲於奔命，帑廩涸於將迎，瘠中國以肥虜，陛下何憚而爲之。此其可弔者七也。

側聞虜人嫚書，欲書御名，欲去國號「大」字，欲用再拜。議者以爲繁文小節不必計較，臣切以爲議者可斬也。夫四郊多壘，卿大夫之辱；楚子問鼎，義士之所深恥；



「獻納」二字，富弼以死爭之。今醜虜橫行與多壘孰辱？國號大小與鼎輕重孰多？「獻納」二字與再拜孰重？臣子欲君父屈己以從之，則是多壘不足辱，問鼎不必恥，「獻納」不必爭。此其可弔者八也。

臣恐再拜不已必至稱臣，稱臣不已必至請降，請降不已必至納土，納土不已必至銜璧，銜璧不已必至輿櫬，輿櫬不已必至如晉帝青衣行酒然後爲快。此其可弔者九也。

事至於此，求爲匹夫尚可得乎？此其可弔者十也。

竊觀今日之勢，和決不成，儻乾剛獨斷，追回使者魏杞、康湑等，絕請和之議以鼓戰士，下哀痛之詔以收民心，天下庶乎其可爲矣。如此則有可賀者亦十：省數千億之歲幣，一也；專意武備，足食足兵，二也；無書名之恥，三也；無去「大」之辱，四也；無再拜之屈，五也；無稱臣之忿，六也；無請降之禍，七也；無納土之悲，八也；無銜璧、輿櫬之酷，九也；無青衣行酒之冤，十也。

去十弔而就十賀，利害較然，雖三尺童穉亦知之，而陛下不悟。春秋左氏謂無勇者爲婦人，今日舉朝之士皆婦人也。如以臣言爲不然，乞賜流放竄殛，以爲臣子出位犯分之戒。



自符離之敗，朝論急於和戎，棄唐、鄧、海、泗四州與虜矣。金又欲得商、秦地，邀歲幣，留使者魏杞，分兵攻淮。以本職措置浙西、淮東海道。

時金使僕散忠義、紇石烈志寧之兵號八十萬，劉寶棄楚州，王彥棄昭關，濠、滁皆陷，惟高郵守臣陳敏拒敵射陽湖，而大將李寶預求密詔爲自安計，擁兵不救。銓劾奏之，曰：「臣受詔令范榮備淮，李寶備江，緩急相援。今寶視敏弗救，若射陽失守，大事去矣。」寶懼，始出師掎角。時大雪，河冰皆合，銓先持鐵鎚鎚冰，士皆用命，金人遂退。久之，提舉太平興國宮。

乾道初，以集英殿修撰知漳州，改泉州。趣奏事，留爲工部侍郎。入對，言：「少康以一旅復禹績，今陛下富有四海，非特一旅，而卽位九年，復禹之効尚未赫然。」又言：「四方多水旱，左右不以告，謀國者之過也，宜令有司速爲先備。」乞致仕。

七年，除寶文閣待制，留經筵。求去，以敷文閣直學士與外祠。陛辭，猶以歸陵寢、復故疆爲言，上曰：「朕志也。」且問今何歸，銓曰：「歸廬陵，臣向在嶺海嘗訓傳諸經，欲成此書。」特賜通天犀帶以寵之。

銓歸，上所著易、春秋、周禮、禮記解，詔藏秘書省。尋復元官，升龍圖閣學士、提舉太平興國宮，轉提舉玉隆萬壽宮〔三〕，進端明殿學士〔四〕。六年，召歸經筵，銓引疾力辭。七



年，以資政殿學士致仕。薨，謚忠簡。有澹庵集一百卷行于世。孫槻、榘，皆至尙書。

廖剛字用中，南劍州順昌人。少從陳瓘、楊時學。登崇寧五年進士第。宣和初，自漳州司錄除國子錄，擢監察御史。時蔡京當國，剛論奏無所避。以親老求補外，出知興化軍。欽宗卽位，以右正言召。丁父憂，服闋，除工部員外郎，以母疾辭。

紹興元年，盜起旁郡，官吏悉逃去，順昌民以剛爲命。剛諭從盜者使反業，既而他盜入順昌，部使者檄剛撫定。剛遣長子遲諭賊，賊知剛父子有信義，亦散去。除本路提點刑獄。

尋召爲吏部員外郎，言：「古者天子必有親兵自將，所以備不虞而強主威，漢北軍、唐神策之類也。祖宗軍制尤嚴。願稽舊制，選精銳爲親兵，居則以爲衞，動則以爲中軍，此強幹弱枝之道。」又言：「國家艱難已極，今方圖新，若會稽誠非久駐之地。請經營建康，親擁六師往爲固守計，以杜金人窺伺之意。」遷起居舍人、權吏部侍郎兼侍講，除給事中。

丁母憂，服闋，復拜給事中。剛言：「國不可一日無兵，兵不可一日無食。今諸將之兵備江、淮，不知幾萬，初無儲蓄，日待哺於東南之轉餉，浙民已困，欲救此患莫若屯田。」因獻

三說，將校有能射耕，當加優賞，每耕田一頃，與轉一資；百姓願耕，假以糧種，復以租賦。上令都督府措置。

時朝廷推究章惇、蔡卞誤國之罪，追貶其身，仍詔子孫毋得官中朝。至是章傑自崇道觀知婺州，章僅自太府丞提舉江東茶鹽事。剛封還詔書，謂即如此，何以示懲，乃並與祠。權戶部侍郎，尋遷刑部侍郎。求補外，除徽猷閣直學士、知漳州。

七年二月，日有食之，詔內外官言事。剛言：「陛下有建國之封，所以承天意、示大公於天下後世者也，然而未遂正名者，豈非有所待耶？有所待，則是應天之誠未至也。願陛下昭告藝祖在天之靈，正建國儲君之號，布告中外，不匿厥旨。異時雖百斯男，不復更易，天下孰敢不服。」上讀之聳然，即召剛趣至闕，拜御史中丞。剛言：「臣職糾姦邪，當務大體，若掊摭細故，則非臣本心。」又奏經費不支，盜賊不息，事功不立，命令不孚，及兵驕官冗之弊。

時徽宗已崩，上遇朔望猶率羣臣遙拜淵聖，剛言：「禮有隆殺，兄爲君則君之，已爲君則兄之可也。」從之。

殿前司強刺民爲兵，及大將恃功希恩，所請多廢法。剛知無不言，論列至於四五，驕橫者肅然。



鄭億年與秦檜有連而得美官，剛顯疏其惡，檜銜之。金人叛盟，剛乞起舊相之有德望者，處以近藩，檜聞之曰：「是欲置我何地耶？」改工部尚書，而以王次翁爲中丞。初，邊報至，從官會都堂，剛謂億年曰：「公以百口保金人，今已背約，有何面目尙在朝廷乎？」億年奉祠去。次翁與右諫議何鑄劾剛薦劉昉、陳淵，相爲朋比，以徽猷閣直學士提舉亳州明道宮。明年致仕。以紹興十三年卒。

子四人：遲、過、遂、遽，仕皆秉麾節，邦人號爲「萬石廖氏」。

李迨，東平人也。曾祖參，仕至尙書右丞。迨未冠入太學，因居開封。以蔭補官，初調渤海縣尉。

時州縣團結民兵，民起田畝中，不閑坐作進退之節，或譁不受令，迨立賞罰以整齊之，累月皆精練，部伍如法。部刺史按閱，無一人亂行伍者，遂薦之朝，改合入官。累遷通判濟州。

時高宗以大元帥過濟，郡守自以才不及，遜迨行州事，迨應辦軍須無闕。會大元帥府勸進，乘輿儀物皆未備，迨諳熟典故，裁定其制，不日而辦。上深嘆賞，即除隨軍轉運。



上即位於南京，授山東輦運，改金部郎。從駕至維揚，敵犯行在所，即取金部籍有關於國家經賦之大者載以行，及上于鎭江。時建炎三年二月也。宰相呂頤浩言于上，即日召見。

未幾，丁父喪，詔起復，以中散大夫直龍圖閣，爲御營使司參議官兼措置軍前財用。苗傅、劉正彥叛，呂頤浩、張浚集勤王之師，迨流涕謂諸將曰：「君第行，無慮軍食。」師行所至，食皆先具。事平，同趙哲等入對，上慰勞之。詔轉三官，辭不拜，除權戶部侍郎。

四年，加顯謨閣待制，爲淮南、江、浙、荆湖等路制置發運使。尋以軍旅甫定，乞持餘服，詔許之。紹興二年，知筠州。明年，移信州，尋提舉江州太平觀。

五年十月，以舊職除兩浙路轉運使，言：「祖宗都大梁，歲漕東南六百餘萬斛，而六路之民無飛挽之擾，蓋所運者官舟，所役者兵卒故也。今駐蹕浙右，漕運地里不若中都之遠，而公私苦之，何也？以所用之舟太半取於民間，往往鑿井沉船以避其役。如温、明、虔、吉州等處所置造船場，乞委逐州守臣措置，募兵卒牽挽，使臣管押，庶幾害不及民，可以漸復漕運舊制。」詔工部措置。尋加徽猷閣直學士，升龍圖閣直學士，爲四川都轉運使兼提舉成都等路茶事，并提舉陝西等路買馬。

自熙、豐以來，始即熙、秦、戎、黎等州置場買馬，而川茶通於永興四路，故成都府、秦州皆有榷茶司。至是關陝既失，迨請合爲一司，名都大提舉茶馬司，以省冗費，從之。踰年，詔迨以每歲收支之數具旁通驛奏，迨乃考其本末，具奏曰：



紹興四年，所收錢物三千三百四十二萬餘緡，比所支闕五十一萬餘緡[五]。五年，收三千六十萬緡，比所支闕一千萬餘緡。六年，未見。七年，所收三千六百六十萬餘緡[六]，比所支闕一百六十一萬餘緡。自來遇歲計有闕，即添支錢引補助。紹興四年，添印五百七十六萬道。五年，添印二百萬道。六年，添印六百萬道。見今汎料太多，引價頓落，緣此未曾添印。兼歲收錢物內有上供、進奉等窠名一千五百九十九萬，係四川歲入舊額。其勸諭、激賞等項窠名錢物共二千六十八萬，係軍興後來歲入所增，比舊額已過倍，其取於民可謂重矣。

臣嘗考劉晏傳，是時天下歲入緡錢千二百萬，而管榷居其半。今四川榷鹽榷酒歲入一千九十一萬，過於晏所榷多矣。諸窠名錢已三倍劉晏歲入之數，彼以一千二百萬贍中原之軍而有餘，今以三千六百萬貫贍川、陝一軍而不足。又如折估及正色米一項，通計二百六十五萬石。止以紹興六年朝廷取會官兵數，計六萬八千四百四十九人，決無一年用二百六十五萬石米之理。數內官員一萬一千七員，軍兵五萬七百四十九人，官員之數比軍兵之數約計六分之一。軍兵請給錢比官員請給不及十分之一，即

中華書局

是冗濫在官員，不在軍兵也。計司雖知冗濫，力不能裁節之，雖是寬剩，亦未敢除減，此朝廷不可不知也。

蜀人所苦甚者，糴買、般運也。蓋糴買不科敷則不能集其事，苟科敷則不能無擾；般運事稍緩則船戶獨受其弊，急則稅戶皆被其害。欲省漕運莫如屯田，漢中之地約收二十五萬餘石，若將一半充不係水運去處歲計米，以一半對減川路糴買，般發歲計米〔七〕，亦可少寬民力。兼臣已委官於興元、洋州就糴夏麥五十萬石，岷州欲就糴二十萬石，兼用營田所收一半之數十二萬石，三項共計五十七萬石。每年水運應付閬、利州以東計米五十八萬石，若得此三項，可盡數免川路糴買、般運，此乃恤民之實惠，守邊之良策也。

降詔獎諭。以與吳玠不合，與祠。

九年，金人歸我三京，命迨為京畿都轉運使。孟庾時為權東京留守，潛通北使。迨察其隱微，庾不能平，訟于朝，且使人告迨曰：「北人以兵至矣。」迨曰：「吾家食國家祿二百年，荷陛下重任，萬死不足報。吾老矣，豈能下穹廬之拜乎？首可斷而膝不可屈也。如果然，吾將極罵以死。」告者悚然而去。降聖節，庾失於行禮，為迨所持，庾自劾，迨因此求罷去，乃落職與祠歸，而庾以京師降於金人。





迨尋復龍圖閣待制、知洪州。十六年，以疾丐祠。十八年卒。

趙開字應祥，普州安居人。登元符三年進士第。大觀二年，權辟廱正。用舉者改秩，即盡室如京師，買田尉氏，與四方賢俊遊，因詗知天下利病所當罷行者。如是七年，慨然有通變救弊志。

宣和初，除禮制局校正檢閱官。數月局罷，出知鄢陵縣。七年，除講議司檢詳官。開善心計，自檢詳罷，除成都路轉運判官，遂奏罷宣和六年所增上供認額綢布十萬匹，減綿州下戶支移利州水脚錢十分之三，又減蒲江六井元符至宣和所增鹽額，列其次第，謂之「鼠尾帳」，揭示鄉戶歲時所當輸折科等實數，俾人人具曉，鄉胥不得隱匿竄寄。

嘗言：「財利之源當出於一，祖宗朝天下財計盡歸三司，諸道利源各歸漕計，故官省事理。併廢以還，漕司則利害可以參究，而無牽掣窒礙之患矣。」因指陳榷茶、買馬五害，大略謂：「黎州買馬，嘉祐歲額纔二千一百餘。自置司榷茶，歲額四千，且獲馬兵踰千人〔八〕，猶不足用，多費衣糧，為一害。嘉祐以銀絹博馬，價皆有定。今長吏旁緣為姦，不時歸貨，以空券給夷人，使待資次，夷人怨恨，必生邊患，為二害。初置司榷茶，借本錢於轉運司五十二萬緡，於常平司二十餘萬緡。自熙寧至今幾六十年，舊所借不償一文，而歲借乃準初數，為三害。榷茶之初，預俵茶戶本錢，尋於數外更增和買，或遂抑預俵錢充和買，茶戶坐是破產，而官買歲增。茶日濫雜，官茶既不堪食，則私販公行，刑不能禁，為四害。承平時，蜀茶之入秦者十幾八九，猶患積壓難售。今關、隴悉遭焚蕩，仍拘舊額，竟何所用？茶兵官吏坐縻衣糧，未免科配州縣，為五害。請依嘉祐故事，盡罷榷茶，仍令轉運司買馬，即五害並去，而邊患不生。如謂榷茶未可遽罷，亦宜併歸轉運司，痛減額以蘇茶戶，輕立價以惠茶商，如此則私販必衰，盜賊消弭，本錢既常在，而息錢自足。」

朝廷是其言，即擢開都大提舉川、陝茶馬事，使推行之。時建炎二年也。於是大更茶馬之法，官買官賣茶並罷，參酌政和二年東京都茶務所創條約，印給茶引，使茶商執引與茶戶自相貿易。改成都舊買賣茶場為合同場買引所，仍於合同場置茶市，交易者必由市，引與茶必相隨。茶戶十或十五共為一保，并籍定茶鋪姓名，互察影帶販鬻者。凡買茶引，每一斤春為錢七十，夏五十，舊所輸市例頭子錢並依舊。茶所過每一斤征一錢，住征一錢半。其合同場監官除驗引、秤茶、封記、發放外，無得干預茶商、茶戶交易事。

舊制買馬及三千匹者轉一官，比但以所買數推賞，往往有一任轉數官者。開奏：「請推賞必以馬到京實收數為格，或死於道，黜降有差。」比及四年冬，茶引收息至一百七十餘萬緡，買馬乃踰二萬匹。





張浚以知樞密院宣撫川蜀，素知開善理財，即承制以開兼宣撫處置使司隨軍轉運使，專一總領四川財賦。開見浚曰：「蜀之民力盡矣，錙銖不可加，獨榷貨稍存贏餘，而貪猾認為已有，互相隱匿。惟不恤怨詈，斷而敢行，庶可救一時之急。」浚銳意興復，委任不疑，於是大變酒法，自成都始。先罷公使賣供給酒，即舊撲買坊場所置隔槽，設官主之，麴與釀具官悉自買，聽釀戶各以米赴官場自釀，凡一石米輸三千，并頭子雜用等二十二。其釀之多寡，惟錢是視，不限數也。明年，遂徧四路行其法。又法成都府法，於秦州置錢引務，興州鼓鑄銅錢，官賣銀絹，聽民以錢引或銅錢買之。凡民錢當入官者，並聽用引折納，官支出亦如之。民私用引為市，於一千并五百上許從便增高其直，惟不得減削。法既流通，民以為便。

初，錢引兩料通行纔二百五十萬有奇，至是添印至四千一百九十餘萬，人亦不厭其多，價亦不削。

宣司獲偽引三十萬，盜五十人，浚欲從有司議當以死，開白浚曰：「相君誤矣。使引偽，加宣撫使印其上即為眞。黥其徒使治幣，是相君一日獲三十萬之錢，而起五十人之死也。」浚稱善，悉如開言。

最後又變鹽法，其法實視大觀東南、東北鹽鈔條約，置合同場鹽市，與茶法大抵相類。鹽引每一斤納錢二十五，土產稅及增添等共納九錢四分，所過每斤征錢七分，住征一錢五分，若以錢引折納，別輸稱提勘合錢共六十。初變榷法，怨詈四起，至是開復議更鹽法，言者遂奏其不便，乞罷之以安遠民，且曰：「如謂大臣建請，務全事體，必須更制，即乞箚與張浚照會。」詔以其章示浚，浚不爲變。

時浚荷重寄，治兵秦川，經營兩河，旬犒月賞，期得士死力，費用不貲，盡取辦於開。開悉知慮於食貨，算無遺策，雖支費不可計，而贏貲若有餘。

吳玠爲四川宣撫副使，專治戰守，於財計盈虛未嘗問，惟一切以軍期趣辦，與開異趣。玠數以餉饋不繼訴于朝，開亦自劾老憊，丐去。朝廷未許，乃特置四川安撫制置大使之名，命席益爲之。益前執政，詔位宣撫司上，朝論恐未安，仍詔張浚視師荊、襄、川、陝。

六年，罷綿州宣撫司，玠仍以宣撫治兵事，軍馬聽玠移撥，錢物則委開拘收。尋除開徽猷閣待制，加玠兩鎮節鉞。復降旨，都轉運使不當與四路漕臣同繫銜，成都、潼川兩路漕臣與都轉運使坐應副軍支錢物愆期，各貶二秩。朝廷故抑揚之，使之交解間隙、趣辦餉饋也。而開復與席益不和，抗疏乞將舊來宣撫司年計應副軍期，不許他司分擘支用。又指陳宣撫司截都漕運司錢，就果、閬糴米非是。又言應副吳玠軍須，紹興四年總爲錢一千九百五十





五萬七千餘緡，五年視四年又增四百二十萬五千餘緡。蜀今公私俱困，四向無所取給，事屬危急，實甚可憂，乞許以茶馬司奏計詣闕下，盡所欲言。

朝廷既知開與玠及席益有隙，乃詔開赴行在，以李迨代之。會疾作不行，提舉江州太平觀。七年，復右文殿修撰、都大主管川陝茶馬。開已病，累疏丐去，詔從所乞，提舉太平觀。十一年卒。

論曰：秦檜執國柄，其誤宋大計，固無以議爲也。張九成之策，胡銓之疏，忠義凜然。廖剛請復用德望之人，豈苟阿時好者哉？李迨、趙開所謂可使治其賦也歟？

## 校勘記

〔一〕竇武　原作「何武」。按何武爲西漢人，漢書卷八六有傳，此誤；應作「竇武」，竇武事見後漢書卷六九本傳，據改。

〔二〕馴至興元之幸　按楊萬里誠齋集卷一一八胡銓行狀、李幼武四朝名臣言行錄別集上卷一三胡銓條，此係指唐德宗所謂「賨直」事，句上當有脫文。

〔三〕玉隆萬壽宮　原作「玉龍萬壽宮」，據誠齋集卷一一八胡銓行狀、周益國文忠公集卷三〇胡銓神道碑改。

〔四〕進端明殿學士　此下原衍「提舉」二字，據誠齋集卷一一八胡銓行狀、周益國文忠公集卷三〇胡銓神道碑刪。

〔五〕比所支闕五十一萬餘緡　「比所支闕」，原作「此所支關」。繫年要錄卷一一一作「比所支計闕」，「此」爲「比」字之誤，「關」爲「闕」字之誤，據改。下五年、七年條同。

〔六〕三千六百六十萬餘緡　按繫年要錄卷一一一作「三千六百六十七萬餘緡」。

〔七〕若將一半充不係水運去處歲計米以一半對減川路糴買般發歲計米　「米以」二字原倒。按繫年要錄卷一一一作「若將一半樁充自來不係水運應副去處歲計米，一半對減川路糴買、般發歲計米」，據改。

〔八〕且獲馬兵踰千人　按琬琰集卷三二趙開墓誌銘作「別置牽馬兵又踰千人」。

# 宋史卷三百七十五

## 列傳第一百三十四

### 鄧肅　李邴　滕康　張守　富直柔　馮康國

鄧肅字志宏，南劍沙縣人。少警敏能文，美風儀，善談論。李綱見而奇之，相倡和，爲忘年交。居父喪，哀毀踰禮，芝產其廬。入太學，所與游皆天下名士。時東南貢花石綱，肅作詩十一章，言守令搜求擾民，用事者見之，屏出學。

欽宗嗣位，召對便殿，補承務郎，授鴻臚寺簿。金人犯闕，肅被命詣敵營，留五十日而還。

張邦昌僭位，肅義不屈，奔赴南京，擢左正言。

先是，朝廷賜金國帛一千萬，肅在其營，密覘，均與將士之數，大約不過八萬人，至是爲上言之，且言：「金人不足畏，但其信賞必罰，不假文字，故人各用命。朝廷則不然，有同時立功而功又相等者，或已轉數官，或尙爲布衣，輕重上下，只在吏手。賞既不明，誰肯自勸？欲





望專立功賞一司，使凡立功者得以自陳。若功狀已明而賞不行，或功同而賞有輕重先後者，並置之法。」上從之。

朝臣受僞命者衆，肅請分三等定罪。上以肅在圍城中，知其姓名，令具奏。肅言：「叛臣之上者，其惡有五：諸侍從而爲執政者，王時雍、徐秉哲、吳幵、呂好問、莫儔、李回是也；諸庶官及宮觀而起爲侍從者，胡思、朱宗、周懿文、盧襄、李擢、范宗尹是也；撰勸進文與赦書者，顏博文、王紹是也；朝臣之爲事務官者，私結十友講册立邦昌之儀者是也；因張邦昌改名者，何昌言改爲善言、其弟昌辰改爲知辰是也。乞置之嶺外。所謂叛臣之次者，其惡有三：諸執政、侍從、臺諫稱臣於僞庭，執政馮澥、曹輔是也，侍從者已行遣，獨李會尙爲中書舍人，臺諫中有爲金人根括而被杖，一以病得免者，其餘無不在僞楚之庭；以庶官而升擢者，不可勝數，乞委留守司按籍考之，則無有遺者；願爲奉使者，黎確、李健、陳戩是也，乞於遠小處編管。若夫庶官在位供職不廢者，但苟祿而已，乞赦其罪而錄其名，不復用爲臺諫、侍從。」上以爲然。

耿南仲得祠祿歸，其子延禧爲郡守，肅劾：「南仲父子同惡，沮渡河之戰，遏勤王之兵，今日割三鎭，明日截兩河。及陛下欲進援京城，又爲南仲父子所沮。誤國如此，乞正典刑。」南仲嘗薦肅於欽宗，肅言之不恤，上嘉其直，賜五品服。

范訥留守東京，肅言：「訥出師兩河，望風先遁，今語人曰：『留守之說有四，戰、守、降、走而已。戰無卒，守無糧，不降則走。』且漢得人傑，乃守關中，奔軍之將，豈宜與此。」訥遂罷。內侍陳良弼肩輿至橫門外，開封買入內女童，肅連章論之。時官吏多託故而去，肅建議削其仕版，而取其祿以給禁衞，若夫先假指揮徑徙江湖者，乞追付有司以正其罪。

因入對，言：「外夷之巧在文書簡，簡故速；中國之患在文書煩，煩故遲。」上曰：「正此討論，故併三省盡依祖宗法。」及建局討論祖宗官制，兩月不見施行，肅言：「太祖、太宗之時，法嚴而令速，事簡而官清，未嘗旁搜曲引以稽賞罰，故能以十萬精兵混一六合。自時厥後，羣臣無可議者，今日獻一策，明日獻一言，煩冗瑣碎，惟恐不備，此文書所以益煩，而政事所以益緩也。今兵戈未息，豈可揖遜進退，尙循無事之時？欲乞限以旬日，期於必至，庶幾法嚴事簡，賞罰之權不至濡滯。」肅在諫垣，遇事感激，不三月凡抗二十疏，言皆切至，上多採納。

會李綱罷，肅奏曰：「綱學雖正而術疎，謀雖深而機淺，固不足以副聖意。惟陛下嘗顧臣曰：『李綱眞以身徇國者。』今日罷之，而責詞甚嚴，此臣所以有疑也。且兩河百姓無所適從，綱措置不一月間，民兵稍集，今綱既去，兩河之民將如何哉？僞楚之臣紛紛在朝，李綱先乞逐逆臣邦昌，然後叛黨稍能正罪，今綱既去，叛臣將如何哉？叛臣在朝，政事乖矣，兩河





無兵，外夷驕矣，李綱於此，亦不可謂無一日之長。」執政怒，送肅吏部，罷歸居家。

紹興二年，避寇福唐，以疾卒。

李邴字漢老，濟州任城縣人。中崇寧五年進士第，累官爲起居舍人，試中書舍人。北方用兵，酬功第賞，日數十百，邴辭命無留難。除給事中、同修國史兼直學士院，遷翰林學士。嘗與禁中曲宴，徽宗命賦詩，高麗使入貢，邴爲館伴，徽宗遣中使持示，使者請傳錄以歸。未幾，坐言者罷，提舉南京鴻慶宮。

欽宗卽位，除徽猷閣待制、知越州。久之，再落職，提舉西京嵩山崇福宮。高宗卽位，復徽猷閣待制。踰歲，召爲兵部侍郎兼直學士院。

苗傅、劉正彥迫上遜位，上顧邴草詔，邴請得御札而後敢作。朱勝非請降詔赦，邴就都堂草之。除翰林學士。初，邴見苗傅，面諭以逆順禍福之理，且密勸殿帥王元俾以禁旅擊賊，元唯唯不能用，卽詣政事堂白朱勝非，適正彥及其黨王世修在焉，又以大義責之，人爲之危，邴不顧也。時御史中丞鄭瑴又抗疏言睿聖皇帝不當改號，於是邴、瑴爲端明殿學士、同簽書樞密院事。邴與張守分草百官章奏，三奏三答，及太后手詔與復辟赦文，一日

而具。

四月，拜尚書右丞，未幾，改參知政事。上巡江寧，太后六宮往豫章，命邴爲資政殿學士、權知行臺三省樞密院事。以與呂頤浩論不合，乞罷，遂以本職提舉杭州洞霄宮。未閱月，起知平江府。會兄鄴失守越州，坐累落職。明年，卽引赦復之，又升資政殿學士。

紹興五年，詔問宰執方略，邴條上戰陣、守備、措畫、綏懷各五事。戰陣之利五，曰出輕兵、務遠略、儲將帥、責成功、重賞格，大略謂：「關陝爲進取之地，淮南爲保固之地。關陝雖利於進取，然不用師於京東以牽制其勢，則彼得一力以拒我。今大將統兵者數人，皆所恃以爲根本，萬一失利，將不可復用。偏裨中如牛臯、王進、楊珪、史康民〔一〕皆京東土人，知地險易，可各配以部曲三五千人，或出淮陽，或出徐、泗，彼將奔命之不暇，此不動而分陝西重兵之一端也。關陝今雖有二宣撫，其體尙輕，非遣大臣不可。呂頤浩氣節高亮，李綱識量宏遠，威名素著，願擇其一而用之，必有以報陛下。」又言：「陛下卽位之初，韓世忠、劉光世、張俊威名隱然爲大將，今又有吳玠、岳飛者出矣。願詔大將，於所部擧智謀忠勇可以馭衆統師各兩三人，朝廷籍記。遇有事宜，使當一隊，毋隸大將，則諸人競奮才智，皆飛、玠之儔矣。大將爵位已崇，難相統一，自今用兵，第可授以成算，使自爲戰而已，愼勿遣重臣臨之，以輕其權而分其功。今卻敵退師之後，必論功行賞，願因此詔



有司預定賞格，謂如得城邑及近上首領之類，自一命至節度使，皆差次使足相當。」

所謂守備之宜有五，曰固根本、習舟師、防他道、講遣策、列長戍，大略謂：「江、浙爲今日根本，欲保守則失進取之利，欲進取則慮根本之傷。古之名將，內必屯田以自足，外必因糧於敵。誠能得以功名自任如祖逖者，擧淮南而付之，使自爲進取，而不至虛內以事外。臣聞朝廷下福建造海船七百隻，必如期而辦，乞倣古制，建伏波、下瀨、樓船之官，以敎習水戰，俾近上將佐領之，自成一軍，而專隸於朝廷。無事則散之緣江州郡，緩急則聚而用之。臣度敵人他年入寇，懲創今日之敗，必先以一軍來自淮甸，爲築室反耕之計，以綴我師。然後由登、萊泛海窺吳、越，以出吾左，由武昌渡江窺江、池，以出吾右，一處不支則大事去矣。願預講左支右吾之策。夫兵之形無窮，願詔臨江守臣，凡可設奇以誤敵者，如吳人疑城之類，皆預爲措畫。今長江之險，綿數千里，守備非一，苟制得其要，則用力少而見功多。願差次其最緊處，屯軍若干人，一將領之，聽其郡守節制；次緊稍緩處差降焉，有事則以大將兼統之。旣久則諳熟風土，緩急可用，與旋發之師不侔矣。」

所謂措畫之方有五，曰親大閱、補禁衞、講軍制、訂使事、降勑榜，大略謂：「因秋冬之交，闢廣場，會諸將，取士卒才藝絕特者而爵賞之。建炎以來，禁衞單寡，乃藉五軍以爲重，臣常寒心。願擇忠實嚴重之將以爲殿帥，稍補禁衞之闕，使隱然自成一軍，則其馭諸將也



若臂之使指矣。今諸郡廂禁冗占私役者，大郡二三千人，小郡亦數百人。臣願講求，除郡守兵將官自禁軍給事外，餘傔從衣糧使自僦人以役。大抵殺廂軍三分之二，而以其衣糧之數盡募禁軍。金人自用兵以來，未嘗不以和好爲言，此決不可恃。然二聖在彼，不可遂已，姑以餘力行之耳。臣謂宜專命一官，如古所謂行人者，或止左右司領之，當遣使人，擧成法而授之，庶免臨時斟酌之勞，而朝廷得以專意治兵矣。劉豫僭叛，理必滅之，謂宜降勑榜，明著豫僭逆之罪，曉諭江北士民，此亦兵家所謂伐謀伐交者。」

所謂綏懷之略有五，曰宣德意、先振恤、通關津、選材能〔二〕、務寬貸，大略謂：「山東大姓結爲山砦以自保，今雖累年，勢必有未下者。願募有心力之人，密往詔諭。應淮北遺民來歸者，令淮南州郡給以行由，差船津濟，量差地分人護送，毋得邀阻。有官人先次注授差遣，無官而貧乏者，令沿江州郡以官舍居之，仍量給錢米三兩月，其能自營爲生乃止。內有才智可用之人，隨宜任使，勿但縻以爵秩而已。凡諸將行師入境，敢抗拒者，固在勦戮。其有善良、老弱之人，皆從寬貸，使之有更生之望。」不報。

邴閑居十有七年，薨于泉州，年六十二，謚文敏。有草堂集一百卷。



滕康字子濟，應天府宋城人。登崇寧五年進士第，又中詞學兼茂科，除祕書省正字，遷著作佐郎、尙書工部禮部員外郎、國子司業。

靖康二年，元帥府聞康習憲章，召至濟州。康率羣臣勸進，除太常少卿，使定登極禮儀。凡告天及肆赦之文，皆康爲之，辭意激切，聞者感動。除起居舍人、權給事中，進起居郎兼討論祖宗法度檢討官，試中書舍人。

會顯謨閣學士孟忠厚乞用父任減年遷官〔三〕，康言：「忠厚，隆祐太后之姪也，太宗以來，凡母后兄弟之子無爲侍從者。」武義大夫康義用登極恩，遷遙郡刺史，康又封還詞頭，言：「恩例遷官一等，謂於階官上進一階。今康義得特旨轉一官，自武義大夫躐上遙郡刺史，名爲遷一官，實升五等，紊法之甚也。自古召亂之源，非外戚撓法，則內侍干政，漢、唐可鑑。」凡再降旨，竟不肯行。

後軍統制韓世忠以不能戢所部，坐贖金。康言：「世忠無赫赫功，祇緣捕盜微勞，遂亞節鉞。今其所部卒伍至奪御器，逼諫臣於死地，乃止罰金，何以懲後？」詔降世忠一官。

知江州陳彥文用劉光世奏，錄其守城功，遷龍圖閣待制。康以光世所上彥文功狀前後牴牾，閣而未下。宰相力主彥文，趣康行詞，康論不已，宰相銜之。會布衣省試卷子不合式，康以其文取之，諫官李處遯論奏，遂以集英殿修撰提舉杭州洞霄宮。

未幾，移蹕錢塘，再除中書舍人，奏曰：「去歲郊禮前日食，而日官不以聞，廷臣不以告，使陛下所以應天者未至，故逆臣敢萌不軌者，無先事之戒也。陛下即位，行再歲矣，惻怛愛民之政徒爲空言，而百姓不被其恩；哀痛責躬之詔不著事實，四方不以爲信。忠佞並馳，而多士解體；刑賞失當，而三軍沮氣。臣願陛下取建炎初元以來所下詔書，所舉政事，熟思審度，得無一二不類臣言者乎？望參稽得失而罷行之。」上再三褒諭，稱其有諫臣風。除左諫議大夫。旬日間，封章屢上，遂擢翰林學士。翌日，除端明殿學士、同簽書樞密院事。

建炎三年，宰相呂頤浩議幸武昌爲趨陝之計，既移蹕建康，又議欲盡棄中原，徙居民於東南。康力持不可，上悟而止。未幾，上請太后奉神主如江西，以參知政事李邴權知三省樞密院事，康爲資政殿學士，同從衞以行。邴辭疾，又命康權知，以劉珏爲貳。賜康褒詔，許綴宰執班奏事。

康從衞至洪州，劉光世護江不密，金人絕而渡，康等倉卒奉太后趨虔州。殿中侍御史張延壽論康與珏無憂國之心，至使太后涉險，爲敵人追迫，責授康秘書少監，分司南京，永州居住。未幾，許自便，復左朝請大夫，提舉明道宮。

紹興二年九月卒，年四十八。八年，追復龍圖閣學士。有文集二十卷。



張守字子固，常州晉陵人。家貧無書，從人假借，過目輒不忘。登崇寧元年進士第，中詞學兼茂科。除詳定九域圖志編修官。以省員罷，改宣德郎，擢爲監察御史。丁內艱去。

建炎元年冬，召還，改官，賜五品服。上在維揚，粘罕將自東平歷泗、淮以窺行在，宰臣汪伯彥、黃潛善以爲李成餘黨不足畏，上召百官各言所見。葉夢得請上南巡，阻江爲守，張俊亦奏敵勢方張，宜且南渡。守獨抗疏，上防淮渡江利害六事，又別疏言金人犯淮甸之路有四，宜擇四路帥守繕兵儲粟以捍禦之。疏再上，又請詔大臣惟以選將治兵爲急，凡不急之務，付之都司、六曹。二相滋不悅，遂建議遣守撫諭京城，守聞命即就道。

三年正月，還，奏金人必來，願早爲之圖，上惻然。除起居郎兼直學士院。金人果渡淮，上幸臨安。遷御史中丞。

苗、劉既平，詔赦百官，表奏皆守與李邴分爲之。守論宰相朱勝非不能思患預防，致賊猖獗，乞罷政，疏留中不出，既而勝非竟罷政。

呂頤浩初相，舉行司馬光之言，欲併合三省，詔侍從、臺諫集議。守言光之所奏，較然可行，若更集衆，徒爲紛紜。既而悉無異論，竟合三省爲一。

上幸建康，呂頤浩、張浚叶議將奉上幸武昌爲趨陝之計。時方拜浚爲宣撫處置使，身任陝、蜀，守與諫議大夫滕康皆持不可，曰：「東南今日根本也，陛下遠適，則姦雄生窺伺之心。況將士多陝西人，以蜀近關陝，可圖西歸，自爲計耳，非爲陛下與國家計也。」守又陳十害，至殿廬謂康曰：「幸蜀之事，吾曹當以死爭之。」上曰：「朕固以爲難行。」議遂寢。



六月，久雨恆陰，呂頤浩、張浚皆謝罪求去，詔郎官以上言闕政。初，守爲副端時嘗上疏曰：「陛下處宮室之安，則思二帝、母后穹廬毳幕之居；享膳羞之奉，則思二帝、母后羶肉酪漿之味；服細煖之衣，則思二帝、母后窮邊絕塞之寒苦；操與奪之柄，則思二帝、母后語言動作受制於人；享嬪御之適，則思二帝、母后誰爲之使令；對臣下之朝，則思二帝、母后誰爲之尊禮。思之又思，兢兢栗栗，聖心不倦，而天不爲之助順者，萬無是理也。」至是復申前說，曰：「今罪己之詔數下，而天未悔禍，實有所未至耳。」且曰：「天時人事至此極矣，陛下覩今日之勢與去年孰愈？而朝廷之措置施設，與前日未始異也。俟其如維揚之變而後言之，則雖斥逐大臣，無救於禍。漢制災異策免三公，今任宰相者，雖有勳勞，然其器識不足以斡旋機務。願更擇文武全材、海內所共推者，親擢而並用之。上書論事，或有切直，宜加褒擢以來言路。」

先是，守嘗論呂頤浩不可獨任，張浚不可西去，與上意異，乞補外。除禮部侍郎，不拜，上命呂頤浩至政事堂，諭以正人端士不宜輕去，守始受命。殿中侍御史趙鼎入對，論守無故下遷，上曰：「以其資淺。」鼎曰：「言事官無他過，願陛下毋沮其氣。」於是遷翰林學士、知制誥。九月，拜端明殿學士、同簽書樞密院事。扈從由海道至永嘉，回至會稽。



四年五月，除參知政事，守嘗薦汪伯彥，沈與求劾其短，以資政殿學士提舉洞霄宮。未幾，知紹興府。尋以內祠兼侍讀，守力辭，改知福州。時右司員外郎張宗臣請令福建築城，守奏：「福州城於晉太康三年，僞閩增廣至六千七百餘步，國初削平已久，公私困弊，請俟他年。」遂止。尋以變易度牒錢百萬餘緡輸之行在，助國用。

時劉豫導金人寇淮，上次平江，諸將獻俘者相踵，守聞之，上疏曰：「今以獻俘誠皆金人，或借諸國，則戮之可也。至如兩河、山東之民，皆陛下赤子，驅迫以來，豈得已哉？且諭以恩信，貸之使歸，願留者亦聽，則賊兵可不戰而潰。」金人既遁，詔諸將渡江追擊，守復上疏，以敵情難測，願留劉光世控禦諸渡。

上既還臨安，又詔問守以攻戰之利、守備之宜、綏懷之略、措置之方，守言：

明詔四事，臣以爲莫急於措置，措置茍當，則餘不足爲陛下道矣。臣請言措置之大略，其一措置軍旅，其二措置糧食。

神武中軍當專衞行在，而以餘軍分戍三路，一軍駐于淮東，一軍駐于淮西，一軍駐鄂、岳或荊南，擇要害之處以處之。使北至關輔，西抵川、陝，血脈相通，號令相聞，有脣齒輔車之勢，則自江而南可奠枕而臥也。然今之大將皆握重兵，貴極富溢，前無祿利之望，退無誅罰之憂，故朝廷之勢日削，兵將之權日重。而又爲大將者，萬一有稱病而賜罷，或卒然不諱，則所統之衆將安屬耶？臣謂宜拔擢麾下之將，使爲統制，每將不過五千人，棋布四路，朝廷號令徑達其軍，分合使令悉由朝廷，可以有爲也。

何謂措置軍食？諸軍既分屯諸路，則所患者財穀轉輸也。祖宗以來，每歲上供六百餘萬，出於東南轉輸，未嘗以爲病也。今宜舉兩浙之粟以餉淮東，江西之粟以餉淮西，荆湖之粟以餉鄂、岳、荆南。量所用之數，責漕臣將輸，而歸其餘於行在，錢帛亦然，恐未至於不足也。錢糧無乏絕之患，然後戒飭諸將，不得侵擾州縣，以復業之民戶口多寡，爲諸將殿最〔四〕，歲覈實而黜陟之。如是措置既定，俟至防秋，復遣大臣爲之統督，使諸路之兵首尾相應，綏懷之略亦在是矣。究其本原，則在陛下內修德而外修政耳。

閩自范汝爲之擾，公私赤立，守在鎭四年，撫綏彫瘵，且請于朝，蠲除福州所貸常平緡錢十五萬。累請去郡，以提舉萬壽觀兼侍讀召還，甫兩月，復引病丐去，知平江府，力丐祠以歸。

六年十二月，召見，卽日除參知政事，明日兼權樞密院事。七年，張浚罷劉光世兵柄，





而欲以呂祉往淮西撫諭諸軍，守以爲不可，浚不從，守曰：「必曰改圖，亦須得聞望素高、能服諸將之心者乃可。」浚不聽，遂有酈瓊之變。及臺諫交章論浚，御批安置嶺表，趙鼎不卽行，守力解上曰：「浚爲陛下捍兩淮，罷劉光世，正以其衆烏合不爲用，今其驗矣，羣臣從而媒蘖其短，臣恐後之繼者，必以浚爲鑒，誰肯爲陛下任事乎？」浚謫永州，守亦引咎請去，弗許。

八年正月，上自建康將還臨安，守言：「建康自六朝爲帝王都，江流險闊，氣象雄偉，且據都會以經理中原，依險阻以捍禦彊敵，可爲別都以圖恢復。」鼎持不可，守力求去，以資政殿大學士知婺州，尋改洪州，兼江南西路安撫使。入對，時江西盜賊未息，上問以弭盜之策，守曰：「莫先德政，伺其不悛，然後加之以兵。」因請出師屯要害。既至部，揭榜郡邑，開諭禍福，約以期限，許之自新，不數月盜平。

後徙知紹興府。會朝廷遣三使者括諸路財賦，所至以鞭撻立威，韓球在會稽，所斂五十餘萬緡。守既視事，卽求入覲，爲上言之，詔追還三使。時秦檜當國，不悅，守亦不自安，復奉祠。

建康謀帥，上曰：「建康重地，用大臣有德望者，惟張守可。」至鎭數月薨。

守嘗薦秦檜於時宰張浚，及檜爲樞密使，同朝。一日，守在省閣執浚手曰：「守前者誤公矣。今同班列，與之朝夕相處，觀其趨向，有患失之心，公宜力陳於上。」守在江右，以郡縣供億科擾，上疏請蠲和買，罷和糴。上欲行之，時秦檜方損度支爲月進，且日憂四方財用之不至，見守疏，怒曰：「張帥何損國如是？」守聞之，嘆曰：「彼謂損國，乃益國也。」卒謚文靖。孫抑，戶部侍郎。

富直柔字季申，宰相弼之孫也。以父任補官。少敏悟，有才名。靖康初，晁說之奇其文，薦于朝，召賜同進士出身，除祕書省正字。

建炎二年，召近臣舉所知，禮部侍郎張浚以直柔應。詔授著作佐郎，尋除禮部員外郎、起居舍人，遷右諫議大夫。范致虛自謫籍中召入，直柔力言致虛不當復用，出知鼎州。

遷給事中。醫官、團練使王繼先以覃恩轉防禦使，法當回授，得旨特與換武功大夫。直柔論：「繼先以計換授，既授之後，轉行官資，除授差遣，更無所礙。且武功大夫惟有戰功、歷邊任、負材武者乃遷，不可以輕授。」上謂宰相范宗尹曰：「此除出自朕意。今直柔抗論，朕屈意從之，以伸直言之氣。」

四年，遷御史中丞。直柔請罷右司侯延慶，而以蘇遲代之，上曰：「臺諫以拾遺補過爲





職，不當薦某人爲某官。」於是延慶改禮部員外郎，而遲爲太常少卿。

十月，除端明殿學士、簽書樞密院事。故事，簽書有以員外郎爲之，而無三丞爲之者。中書言非舊典，時直柔爲奉議郎，乃特遷朝奉郎。自是寄祿官三丞除二府者，遷員外郎，自直柔始，遂爲例。

紹興元年，詔禮部太常寺討論隆祐太后册禮，范宗尹曰：「太母前後廢斥，實出章惇、蔡京，人皆知非二聖之過。」直柔曰：「陛下推崇隆祐，天下以爲當，然人亦不以爲非哲廟與上皇意，願陛下勿復致疑。」乃命禮官討論典禮。既而王居正言：「太后隆名定位，已正於元符，宜用欽聖詔，奏告天地宗廟，其典禮不須討論。」議遂定。

上虞縣丞婁寅亮上書言宗社大計，欲選太祖諸孫「伯」字行下有賢德者視秩親王，使牧九州，以待皇嗣之生，退處藩服。疏入，上大歎悟，直柔從而薦之，召赴行在，除監察御史。於是孝宗立爲普安郡王，以寅亮之言也。

除同知樞密院事。侍御史沈與求論直柔附會辛道宗、永宗兄弟得進，並論其所薦右司諫韓璜。先是，直柔嘗短呂頤浩於上前，頤浩與秦檜皆忌之，由是二人俱罷，璜責監潯州酒稅，而直柔以本官提舉洞霄宮。

六年，丁所生母憂。起復資政殿學士、知鎭江府，辭不赴。起知衢州。以失入死罪，落職

奉祠。尋復端明殿學士。徜徉山澤，放意吟詠，與蘇遲、葉夢得諸人游，以壽終于家。

馮康國字元通，本名輻，遂寧府人。爲太學生，負氣節。建炎中，高宗次杭州，禮部侍郎張浚以御營參贊軍事留平江。苗、劉作亂，浚外倡帥諸將合兵致討，念傅等居中，欲得辯士往說之。時輻客浚所，慷慨請行，浚遣之至杭，說傅、正彥曰：「自古宦官亂政，根株相連，若誅鋤必受禍。今二公一旦爲國家去數十年之患，天下蒙福甚大。然主上春秋鼎盛，天下不聞其過，豈可遽傳位于襁褓之子？且前日名爲傳位，其實廢立，二公本心爲國，柰何以此負謗天下？」傅按劍大怒，輻辭氣不屈。正彥乃善諭之曰：「張侍郎欲復辟固善，然須用面議。」乃遣輻還，約浚至杭。

浚復遣輻移書傅等，告以禍福使改。既又復傅書，誦言其罪。輻至，傅黨馬柔吉訹之曰：「昨張侍郎書不委曲，二公大怒，已發兵出杭矣，君尚敢來耶？」輻曰：「畏則不來，來則不畏。」王世修欲拘留輻，會浚謬爲書遺輻云：「適有客自杭來，方知二公於社稷初無不利之心，甚悔前書之輕易也。」傅等見之喜，輻得免。

俄勤王之兵大集，傅等始懼，輻知其可動，乃說宰相朱勝非，以今日之事，當以淵聖皇



帝爲主，睿聖皇帝宜復爲大元帥，少主爲皇太姪，太后垂簾。勝非令與傅、正彥議，皆許諾。輻又請褒傅、正彥如趙普故事，遂皆賜鐵券。詔補輻奉議郎、守兵部員外郎，賜五品服，更名康國。

高宗反正，以張浚宣撫川、陝，浚辟康國主管機宜文字。浚至蜀，遣康國入奏事，詔進兩官，爲荆湖宣諭使。康國之行也，上幸浙東，不暇降詔旨，康國以自意爲之，言者劾以擅造制書，坐貶秩二等。紹興三年，浚召還，與康國俱赴行在。浚既黜，御史常同因論康國，罷之。起知萬州、湖北轉運判官。

浚相，入爲都官員外郎。康國言：「四川稅色，祖宗以來，正稅重者科折輕，正稅輕者科折重，科折權衡與稅平准，故無偏重。近年監司總漕悉改舊法，取數務多，失業逃亡皆由於此。盍從舊法。」詔以其言下四川憲司察不如法者。又言：「蜀苦陸運，當諭吳玠，非防秋月，分兵就糧；兼選守牧治梁、洋，招集流散，耕鑿就緒，則漕運可省。此保蜀之良策也。」

浚去相位，康國乞補外。趙鼎言於高宗曰：「自張浚罷，蜀士不自安，今留者十餘人，臣恐臺諫以浚故有論列，望陛下察之。」高宗曰：「朝廷用人，止當論其才與否耳。頃臺諫好以朋黨論士大夫，如罷一宰相，則凡所薦引，不問才否一時罷黜，乃朝廷使之爲朋黨，非所以愛人才、厚風俗也。」遷右司員外郎，除直顯謨閣、知夔州。丁母憂，起復，撫諭吳玠軍，除都



大主管川陝茶馬，卒。

論曰：鄧肅、李邴、滕康當危急存亡之秋，皆侃侃正色，知無不言。張守論事明遠，富直柔阨於秦檜、呂頤浩，馮康國說折二凶，皆有用之才也。

## 校勘記

〔一〕史康民　原作「史康明」，據繫年要錄卷八七、北盟會編卷一三八改。

〔二〕選材能　「選」原作「遣」，據繫年要錄卷七改。

〔三〕乞用父任減年遷官　「任」字原脫，據汪藻浮溪集卷二六滕子濟墓誌銘補。

〔四〕爲諸將殿最　「諸將」原作「諸州」，據張守毘陵集卷一應詔論事劄子、李幼武四朝名臣言行錄別集下卷一張守條改。

# 宋史卷三百七十六

## 列傳第一百三十五

### 常同 張致遠 薛徽言 陳淵 魏矼 潘良貴 呂本中

常同字子正，邛州臨邛人，紹聖御史安民之子也。登政和八年進士第。靖康初，除大理司直，以敵難不赴，辟元帥府主管機宜文字，尋除太常博士。

高宗南渡，辟浙帥機幕。建炎四年，詔：「故監察御史常安民、左司諫江公望，抗節剛直，觸怒權臣，擯斥至死。今其子孫不能自振，朕甚憫之。」召同至行在，至則爲大宗丞。

紹興元年，乞郡，得柳州。三年，召還，首論朋黨之禍：「自元豐新法之行，始分黨與，邪正相攻五十餘年。章惇唱於紹聖之初，蔡京和於崇寧之後，元祐臣僚，竄逐貶死，上下蔽蒙，豢成夷虜之禍。今國步艱難，而分朋締交、背公死黨者，固自若也。恩歸私門，不知朝廷之尊；重報私怨，寧復公議之顧。臣以爲欲破朋黨，先明是非，欲明是非，先辨邪正，則



公道開而奸邪息矣。」上曰：「朋黨亦難破。」同對：「朋黨之結，蓋緣邪正不分，但觀其言行之實，察其朋附之私，則邪正分而朋黨破矣。」上曰：「君子小人皆有黨。」同又對曰：「君子之黨，協心濟國；小人之黨，挾私害公。爲黨則同，而所以爲黨則異。且如元祐臣僚，中遭讒謗，竄殛流死，而後禍亂成。今在朝之士，猶謂元祐之政不可行，元祐子孫不可用。」上曰：「聞有此論。」同對以：「禍亂未成，元祐臣僚固不能以自明。今可謂是非定矣，尙猶如此，蓋今日士大夫猶宗京、黼等傾邪不正之論。朋黨如此，公論何自而出？願陛下始終主張善類，勿爲小人所惑。」

又奏：「自古禁旅所寄，必參錯相制。漢有南北軍，周勃用南軍入北軍以安劉氏，唐李晟亦用神策軍以復京師，是其效也。今國家所仗，惟劉光世、韓世忠、張俊三將之兵耳。陛下且無心腹禁旅，可備緩急，頃者苗、劉之變，亦可鑒矣。」除殿中侍御史。

時韓世忠屯鎭江，劉光世屯建康，以私忿欲交兵。同奏：「光世等不思待遇之恩，而驕狠尙氣，無所忌憚，一旦有急，其能相爲脣齒乎？望分是非，正國典。昔漢諸侯王有過，猶責師傅，今兩軍幕屬贊畫無狀，乞先黜責。」上以章示兩軍。

呂頤浩再相，同論其十事，且曰：「陛下未欲遽罷頤浩者，豈非以其有復辟之功乎？臣謂功出衆人，非一頤浩之力。縱使有功，宰相代天理物，張九齡所謂不以賞功者也。」頤浩



罷相。論知樞密院宣撫川陝張浚喪師失地，遂詔浚福州居住。同與辛炳在臺同好惡，上皆重之。

金使李永壽等入見，同言：「先振國威，則和戰常在我；若一意議和，則和戰常在彼。」上因語及武備曰：「今養兵已二十萬。」同奏：「未聞二十萬兵而畏人者也。」

僞齊宿遷令張澤以二千人自拔來歸，泗州守徐宗誠納之，韓世忠以聞。朝論令世忠却澤等，而械宗誠赴行在。同奏：「敵雖議和，而兩界人往來未嘗有禁，僞齊尙能置歸受館，立賞以招吾民，今乃却澤，人心自此離矣。況宗誠起土豪，不用縣官財賦，募兵自養，爲國障捍，今因受澤而械之，以沮士氣，非策也。」詔處來歸者於淮南，釋宗誠罪。

四年，除起居郎、中書舍人、史館修撰。先是，同嘗上疏論神、哲二史曰：「章惇、蔡京、蔡卞之徒積惡造謗，痛加誣詆，是非顚倒，循致亂危。在紹聖時，則章惇取王安石日錄私書改修神宗實錄；在崇寧後，則蔡京盡焚毀時政記、日曆，以私意修定哲宗實錄。其間所載，悉出一時姦人之論，不可信於後世。恭惟宣仁保佑之德，豈容異辭，而蔡確貪天之功，以爲己力，厚誣聖后，收恩私門。陛下卽位之初，嘗下詔明宣仁安社稷大功，令國史院摭實刊修，又復悠悠。望精擇史官，先修哲宗實錄，候書成，取神宗朱墨史考證修定，庶毀譽是非皆得其實。」上深嘉納。至是，命同修撰，且諭之曰：「是除以卿家世傳聞多得事實故也。」一



日奏事，上愀然曰：「向昭慈嘗言，宣仁有保佑大功，哲宗自能言之，正爲宮中有不得志於宣仁者，因生誣謗。欲辨白其事，須重修實錄，具以保立勞效，昭示來世，此朕選卿意也。」同乞以所得聖語宣付史館，仍記于實錄卷末。

張俊乞復其田產稅役，令一卒持書瑞昌，而凌悖其令郭彥參，彥參繫之獄。俊訴于朝，命罷彥參，同併封還二命。俄除集英殿修撰、知衢州，以疾辭，除徽猷閣待制、提舉江州太平觀。

七年秋，以禮部侍郎召還。未數日，除御史中丞。車駕自建康回臨安，同奏：「旋蹕之初，去淮益遠，宜遣重臣出按兩淮，詢人情利病，察官吏侵擾，縱民耕墾，勿收租稅。數年之後，田野加闢，百姓足而國亦足矣。」乃遣樞密使王庶視師，同乞以此奏付庶，詢究罷行。又言：「江、浙困於月椿錢，民不聊生。」上爲減數千緡。又言：「吳玠屯師興、利，而西川人力已困。玠頃年嘗講屯田，願聞其積穀幾何，減饋運幾何，趙開、李迨相繼爲都漕，先後饋運各幾何，令制、漕、帥司條具以聞，然後按實講究，以紓民力。」又言：「國家養兵，不爲不多，患在於偏聚而不同力，自用而不同心。今韓世忠在楚，張俊在建康，岳飛在江州，吳玠在蜀，相去隔遠，情不相通。今陛下遣樞臣王庶措置邊防，宜令庶會集將帥，諭以國體，協心共議禦敵，常令諸軍相接以常山蛇勢，一意國家，無分彼此，緩急應援，皆有素定之術。」詔



中華書局

付王庶出示諸將。

同乞郡，除顯謨閣直學士、知湖州。復召，請祠，詔提舉江州太平觀。紹興二十年卒。

張致遠字子猷，南劍州沙縣人。宣和三年，中進士第。宰相范宗尹薦其才，召對，擢爲樞密院計議官。建寇范汝爲已降，猶懷反側，而招安官謝嚮、陸棠受賊賂，陰與之通。致遠謁告歸，知其情，還白執政，請鋤其根株，於是捕嚮、棠及制置司屬官施宜生付獄。詔參知政事孟庾爲福州宣撫使討賊，韓世忠副之，辟致遠爲隨軍機宜文字。賊平，除兩浙轉運判官，改廣東轉運判官。招撫劇盜曾袞等，賊衆悉降。

紹興四年，以監察御史召。未至，除殿中侍御史。時江西帥胡世將請增和買絹折納錢，致遠上疏言：「折納絹錢本欲少寬民力，而比舊增半，是欲乘民之急而厚其斂也。」從之。金人與劉豫分道入寇，宰相趙鼎勸高宗親征，朝士尙以爲疑，白鼎審處。致遠入對，獨贊其決。遷侍御史。言：「聚財養兵，皆出民力，善理財者，宜固邦本。請罷榷酤建鹽，精擇三司使、副，以常平茶鹽合爲一官，令計經常，量入爲出，先務省節，次及經理。」詔戶部講究。





五年，除戶部侍郎，進吏部侍郎，尋復爲戶部侍郎。言：「陛下欲富國強兵，大有爲於天下，願詔大臣力務省節，明禁僭侈，自宮禁始，自朝廷始。額員可減者減之，司屬可併者併之。使州縣無妄用，歸其餘於監司；監司無妄用，歸其餘於朝廷；朝廷無橫費，日積月聚，惟軍須是慮，中興之業可致也。」除給事中。

尋以老母丐外，以顯謨閣待制知台州。朝廷以海寇鄭廣未平，改知福州。六年八月，廣等降，致遠選留四百人，置營城外，餘遣還業。復遣廣討他郡諸盜，數月悉平。

八年正月，再召爲給事中。出知廣州。尋以顯謨閣待制致仕。十七年卒，年五十八。

致遠鯁亮有學識，歷臺省、侍從，言論風旨皆卓然可觀。趙鼎嘗謂其客曰：「自鼎再相，除政府外，從官如張致遠、常同、胡寅、張九成、潘良貴、呂本忠、魏矼皆有士望，他日所守當不渝。」識者謂鼎爲知人云。

薛徽言字德老，溫州人。登進士第，爲樞密院計議官。紹興二年，遣使分行諸路，徽言在選中，以權監察御史宣諭湖南。時郴、道、桂陽旱飢，徽言請于朝，不待報即諭漕臣發衡、永米以振，而以經制銀市米償之，所刺舉二十人。使還，他使皆進擢，宰相呂頤浩以徽言擅易守臣，而移用經制銀，出知興國軍。入爲郎，遷右司，擢起居舍人。

時秦檜與金人議和，徽言與吏部侍郎晏敦復等七人同拜疏爭之。一日，檜於上前論和，徽言直前引義固爭，反復數刻。中寒疾而卒。高宗念之，賻絹百匹，特與遺表恩。

陳淵字知默，南劍州沙縣人也。紹興五年，給事中廖剛、中書舍人胡寅朱震，權戶部侍郎張致遠言：「淵乃瓘之諸孫，有文有學，自瓘在時，器重特甚，垂老流落，負材未試。」充樞密院編修官。會李綱以前宰相爲江南西路安撫制置大使，辟爲制置司機宜文字。

七年，詔侍從舉直言極諫之士，胡安國以淵應。召對，改官，賜進士出身。九年，除監察御史，尋遷右正言。入對，論：「比年以來，恩惠太濫，賞給太厚，頒賚賜予之費太過。所用既衆，而所入實寡，此臣所甚懼也。周官『唯王及后、世子不會』，說者謂不得以有司之法治之，非周公作法開後世人主侈用之端也。臣謂冢宰以九式均節財用，有司雖不會，冢宰得以越式而論之。若事事以式，雖不會猶會也。臣願陛下凡有錫賚，法之所無而於例有疑者，三省得以共議，戶部得以執奏，則前日之弊息矣。」

淵面對，因論程頤、王安石學術同異，上曰：「楊時之學能宗孔、孟，其三經義辨甚當





理。」淵曰：「楊時始宗安石，後得程顥師之，乃悟其非。」上曰：「以三經義解觀之，具見安石穿鑿。」淵曰：「穿鑿之過尙小，至於道之大原，安石無一不差。推行其學，遂爲大害。」上曰：「差者何謂？」淵曰：「聖學所傳止有論、孟、中庸，論語主仁，中庸主誠，孟子主性，安石皆暗其原。仁道至大，論語隨問隨答，惟樊遲問，始對曰：『愛人。』愛特仁之一端，而安石遂以愛爲仁。其言中庸，則謂中庸所以接人，高明所以處己。孟子七篇，專發明性善，而安石取揚雄善惡混之言，至於無善無惡，又溺於佛，其失性遠矣。」

鄭億年復資政殿學士，奉朝請，召見于內殿。淵言：「億年故相居中之子，雖爲從官，而有從賊之醜，乞寢其職名。」不報。億年，右僕射秦檜之親黨也，由是檜怒之。除秘書少監兼崇政殿說書，以祖名辭。改宗正少卿，以何鑄論罷。主管台州崇道觀。十五年，卒。

魏矼字邦達，和州歷陽人，唐丞相知古後也。少穎悟。時方尙王氏新說，矼獨守所學。宣和三年，上舍及第。建炎四年，召赴闕，詔改宣教郎，除詳定一司敕令所刪定官。

紹興元年，遷樞密院計議官，遷考功郎。會星變，矼因轉對，言：「治平間，彗出東方，英宗問輔臣所以消弭之道，韓琦以明賞罰爲對。比年以來，賞之所加，有未參選而官已升朝

者，有未經任而輒爲正郎者，罰之所加，有未到任而例被銜替者，有罪犯同而罰有輕重者。」力言大臣黜陟不公，所以致異。上識其忠，擢監察御史，遷殿中侍御史。

臨安火，延燒數千家，獻諛者謂非災異。矼言：「春秋定、哀間數言火災，說者謂孔子有德而魯不能用，季孫有惡而不能去，故天降之咎。今朝廷之上有姦慝邪佞之人未逐乎？百執事之間有朋附奔競之徒未汰乎？搢紳有公忠宿望及抱道懷藝、有猷有守之士未用乎？在位之人，畏人軋己，方且蔽賢，未聞推誠盡公，旁招俊乂。宜鑒定、哀之失，甄別邪正，亟加進用。」

內侍李廙歐韓世忠家，刃傷弓匠，事下廷尉。矼言：「內侍出入宮禁，而狠戾發於盃酒，乃至如此，豈得不過爲之慮？建炎詔令禁內侍不得交通主兵官及預朝政，違者處以軍法。乞申嚴其禁，以謹履霜之戒。」於是廙杖脊配瓊州。遷侍御史，賜矼五品服。

時朱勝非獨相，矼論：「勝非無所建明，惟知今日進呈一二細故，明日啓擬一二故人，而機務不決，軍政不修，除授挾私，賢士解體。」又疏其五罪，詔令勝非持餘服。又言：「國家命令之出，必先錄黃。其過兩省，則給舍得以封駮；其下所屬，則臺諫得以論列。此萬世良法也。竊聞近時三省、樞密院，間有不用錄黃而直降指揮者，亦有雖書黃而不下六部者，望並依舊制。」





劉豫挾金人入寇，宰相趙鼎決親征之議，矼請扈從，因命督江上諸軍。時劉光世、韓世忠、張俊三大將權均勢敵，又懷私隙，莫肯協心。矼首至光世軍中，諭之曰：「賊衆我寡，合力猶懼不支，況軍自爲心，將何以戰？爲諸公計，當思爲國雪恥，釋去私隙，不獨有利於國，亦將有利其身。」光世許之，遂勸其貽書二帥，示以無他，二帥復書交歡。光世以書聞，由此衆戰屢捷，軍聲大振。

上至平江，魏良臣、王繪〔二〕使金回，約再遣使，且有恐迫語。矼請罷「講和」二字，飭厲諸將，力圖攻取。會金屢敗遁去，使亦不遣。遷秘書少監。

矼在職七閱月，論事凡百二十餘章。尋乞補外，除直龍圖閣、知泉州，以親老辭，知建州。尋召還，丐祠，不允，除權吏部侍郎。

八年，金使入境，命矼充館伴使，矼言：「頃任御史，嘗論和議之非，今難以專論。」秦檜召矼至都堂，問其所以不主和之意，矼具陳敵情難保，檜諭之曰：「公以智料敵，檜以誠待敵。」矼曰：「相公固以誠待敵，第恐敵人不以誠待相公耳。」檜不能屈，乃改命吳表臣。

詔金使入境，欲屈己就和，令侍從、臺諫條奏來上。矼言：「臣素不熟敵情，不知使人所需者何禮，陛下所以屈己者何事。賊豫爲金人所立，爲之北面，陛下承祖宗基業，天命所歸，何藉於金國乎？傳聞奉使之歸，謂金人悉從我所欲，必無難行之禮，以重困我，陛下何過自取侮乎？如或不可從之事，儻輕許之，他時反爲所制，號令廢置將出其手，一有不從，便生兵隙。予奪在彼，失信在我，非計之得也。雖使還我空地，如之何而可保？雖欲寢兵，如之何而可寢？雖欲息民，如之何而可息？非計之得也。陛下既欲爲親少屈，更願審思天下治亂之機，酌之羣情，擇其經久可行者行之，其不可從者，以國人之意拒之，庶無後悔。所謂國人者，不過萬民、三軍爾。搢紳與萬民一體，大將與三軍一體，今陛下詢于搢紳，民情大可見矣。欲望速召大將，各帶近上統制官數人同來，詳加訪問，以塞他日意外之憂。大將以爲不可，則其氣益堅，何憂此敵。」

未幾，丁父憂。免喪，除集英殿修撰、知宣州，不就。改提舉太平興國宮，自是奉祠，凡四任。丁內艱以卒。

潘良貴字子賤，婺州金華人。以上舍釋褐爲辟雍博士，遷秘書郎。時宰相蔡京與其子攸方以爵祿鉤知名士，良貴屹然特立，親故數爲京致願交意，良貴正色謝絕。除主客郎中，尋提舉淮南東路常平。

靖康元年，召還。賜對，欽宗問孰可秉鈞軸者，良貴極言：「何㮚、唐恪等四人不可用，





他日必誤社稷。陛下若欲扶危持顚之相，非博詢於下僚，明揚於徽陋，未見其可。」語徹于外，當國者指爲狂率，黜監信州汭口排岸。

高宗卽位，召爲左司諫。既見，請誅僞黨，使叛命者受刃國門，卽敵人不敢輕議宋鼎。又乞封宗室賢者於山東、河北，以壯國體，巡幸維揚，養兵威以圖恢復。黃潛善、汪伯彥惡其言，改除工部。良貴以不得其言，求去，主管明道宮。

越數年，除提點荆湖南路刑獄，主管江州太平觀，除考功郎，遷左司。宰相呂頤浩從容謂良貴曰：「且夕相引入兩省。」良貴正色對曰：「親老方欲乞外，兩省官非良貴可爲也。」退語人曰：「宰相進退一世人才，以爲賢邪，自當擢用，何可握手密語，先示私恩。若士大夫受其牢籠，又何以立朝。」卽日乞補外，以直龍圖閣知嚴州。到官兩月，請祠，主管亳州明道宮。起爲中書舍人。

會戶部侍郎向子諲入見，語言煩褻，良貴故善子諲，是日攝起居，立殿上，徑至榻前厲聲曰：「子諲以無益之談久煩聖聽！」子諲欲退，高宗顧良貴曰：「是朕問之。」又論子諲且款語。子諲復語，久不止，良貴叱之退者再。高宗色變，閤門併彈之，於是二人俱待罪。有旨良貴放罪，子諲無罪可待。

良貴求去，以集英殿修撰提舉江州太平觀。起知明州。期年，除徽猷閣待制、提舉亳

州明道宮。既歸，不出者十年。李光得罪，良貴坐嘗與通書，降三官。卒，年五十七。

良貴剛介清苦，壯老一節。爲博士時，王黼、張邦昌俱欲妻以女，拒之。晚家居貧甚，秦檜諷令求郡，良貴曰：「從臣除授合辭免，今求之於宰相，辭之於君父，良貴不敢爲也。」其諫疏多焚藁，僅存雜著十五卷，新安朱熹爲之序。

呂本中字居仁，元祐宰相公著之曾孫，好問之子。幼而敏悟，公著奇愛之。公著薨，宣仁太后及哲宗臨奠，諸童稚立庭下，宣仁獨進本中，摩其頭曰：「孝於親，忠於君，兒勉焉。」祖希哲師程頤，本中聞見習熟。少長，從楊時、游酢、尹焞遊，三家或有疑異，未嘗苟同。以公著遺表恩，授承務郎。紹聖間，黨事起，公著追貶，本中坐焉。元符中，主濟陰簿、秦州士曹掾〔二〕，辟大名府帥司幹官。宣和六年，除樞密院編修官。靖康改元，遷職方員外郎，以父嫌奉祠。丁父憂，服除，召爲祠部員外郎，以疾告去。再直秘閣，主管崇道觀。

紹興六年，召赴行在，特賜進士出身，擢起居舍人兼權中書舍人。內侍李琮失料曆，上以潛邸舊人，不用保任特給之。本中言：「若以異恩別給，非所謂『宮中府中當爲一體』者。」





上見繳還，甚悅，令宰臣諭之曰：「自今有所見，第言之。」

監階州草場苗亘以贓敗，有詔從黥，本中奏：「近歲官吏犯贓，多至黥籍，然四方之遠，或有枉濫，何由盡知？異時察其非辜，雖欲抆拭，其可得乎？若祖宗以來此刑嘗用，則紹聖權臣當國之時，士大夫無遺類久矣。願酌處常罰，毋令姦臣得以藉口於後世。」從之。

七年，上幸建康，本中奏曰：「當今之計，必先爲恢復事業，求人才，卹民隱，講明法度，詳審刑政，開直言之路，俾人人得以盡情。然後練兵謀帥，增師上流，固守淮甸，使江南先有不可動之勢，伺彼有釁，一舉可克。若徒有恢復之志，而無其策，邦本未強，恐生他患。今江南、兩浙科須日繁，閭里告病，倘有水旱乏絕，姦宄竊發，未審朝廷何以待之？近者臣庶勸興師問罪者，不可勝數，觀其辭固甚順，考其實不可行。大抵獻言之人，與朝廷利害絕不相侔，言不酬，事不濟，則脫身而去。朝廷施設失當，誰任其咎？鷙鳥將擊，必匿其形，今朝廷於進取未有秋毫之實，所下詔命，已傳賊境，使之得以爲備，非策也。」又奏：「江左形勢如九江、鄂渚、荊南諸路，當宿重兵，臨以重臣。吳時謂西陵、建平，國之藩表，願精擇守帥，以待緩急，則江南自守之計備矣。」

內侍鄭諶落致仕，得兵官。本中言：「陛下進臨江滸，將以有爲，今賢士大夫未能顯用，巖穴幽隱未能招致，乃起諶以統兵之任，何邪？」命遂寢。引疾乞祠，直龍圖閣、知台州，不就，主管太平觀。召爲太常少卿。

八年二月，遷中書舍人。三月，兼侍講。六月，兼權直學士院。金使通和，有司議行人之供，本中言：「使人之來，正當示以儉約，客館芻粟若務充悅，適啓戎心。且成敗大計，初不在此，在吾治政得失，兵財強弱，願詔有司令無乏可也。」

初，本中與秦檜同爲郎，相得甚歡。檜既相，私有引用，本中封還除目，檜勉其書行，卒不從。趙鼎素主元祐之學，謂本中公著後，又范沖所薦，故深相知。會哲宗實錄成，鼎遷僕射，本中草制，有曰：「合晉、楚之成，不若尊王而賤霸；散牛、李之黨，未如明是以去非。」檜大怒，言于上曰：「本中受鼎風旨，伺和議不成，爲脫身之計。」風御史蕭振劾罷之。提舉太平觀，卒。學者稱爲東萊先生，賜謚文清。

有詩二十卷得黃庭堅陳師道句法，春秋解一十卷、童蒙訓三卷、師友淵源錄五卷，行于世。

論曰：傳有之：「不有君子，其何能國。」紹興之世，呂頤浩、秦檜在相位，雖有君子，豈得盡其志，宋之不能圖復中原，雖曰天命，豈非人事乎？若常同、張致遠、薛徽言、陳淵、魏矼、





潘良貴、呂本中，其才猷皆可以經邦，其風節皆可以厲世，然皆論議不合，奉祠去國，可爲永嘅矣。

## 校勘記

〔一〕王繪　原作「王綸」，據本書卷二七高宗紀、繫年要錄卷八一改。

〔二〕元符中主濟陰簿秦州士曹掾　按李幼武四朝名臣言行錄別集下卷七呂本中條作：「元符中復官，政和五年調興仁濟陰簿，繼爲秦州士曹。」疑此處有脫誤。

# 宋史卷三百七十七

## 列傳第一百三十六

向子諲 陳規 季陵 盧知原 弟法原 陳桷 李璆 李朴
王庠 王衣

向子諲字伯恭，臨江人，敏中玄孫，欽聖憲肅皇后再從姪也。元符三年，以后復辟恩，補假承奉郎，三遷知開封府咸平縣。豪民席勢犯法，獄具上，尹盛章方以獄空覬賞，却不受，子諲以聞，詔許自論決。章大怒，劾以他事勒停。

宣和初，復官，除江、淮發運司主管文字。淮南仍歲旱，漕不通，有欲濬河與江、淮平者，內侍主其議，無敢可否，發運司檄子諲行。子諲言：「自江至淮數百里，河高江、淮數丈，而欲濬之使平，决不可。曩有司三日一啓閘，復作澳儲水，故水不乏。比年行直達之法，加以應奉往來，啓閉無節，堰閘率不存。今復故制，嚴禁約，則無患。」使者用其言，漕復通，進





秩一等。召對，除淮南轉運判官。以戶部奏諸路起發上供不及數，降一官。

七年，入爲右司員外郎，不就，以直祕閣爲京畿轉運副使，尋兼發運副使。建炎元年，金人犯亳州，子諲自勤王所以書遺金人，言兵勢逆順，令退保河外。金人遽以亳、宋等州守禦所牒報之，約日索戰，語極不遜，諸道兵畏縮不進。時康王次濟州，子諲遣進士李植獻金帛及本司錢穀之在濟州者，以助軍費。張邦昌僭位，遣人持赦書往廬州問其家安否，子諲檄郡守馮詢，提舉范仲使拘之以俟王命。邦昌又使其甥劉達賫手書來，子諲不啓封焚之，械繫達于獄。遣子澹請康王率諸將渡河，出其不意以救二帝；遣將王儀統勤王兵至城下。

遷直龍圖閣、江淮發運副使。子諲言：「去歲劉順奉淵聖蠟詔，令監司帥守募兵勤王，臣卽鏤板徧檄所部，而六路之間漠無應者；間有團結起發者，類如兒戲，姑以避責而已。惟淮東一路，臣親率諸司，粗成紀律。然諸司猶有占吝錢物，莫肯供億，殊不念君父幽處圍城之中，臣當時恨無利刃以加其頸。今京城失守，二帝播遷，儻賞罰不行，恐金人再爲邊患，陛下復欲起天下之兵，而諸路翫習故常，恬不知畏，將何恃以濟艱難哉？願明詔大臣按劾諸路監司向承蠟詔廢格不勤王，及名爲勤王而稽緩者，悉加顯黜。」命諸路提刑司究實以聞。九月，子諲罷，以素爲李綱所善，故黃潛善斥之。

明年，知襲慶府，道梗不能赴。初，邦昌爲平章軍國事，子諲乞致仕避之，坐言者降三

官，起復知潭州。禁卒爲亂，縱火掠市，出瀏陽縣，子諲遣通判孟彥卿等追及攸縣平之。

金人破江西，移兵湖南，子諲聞警報，率軍民以死守。宗室成忠郎聿之隸東壁，子諲巡城，顧謂曰：「君宗室，不可效此曹苟簡。」聿之感激流涕。金人圍八日，登城縱火，子諲率官吏奪南楚門遁，城陷。坐敵至失守落職罷。轉運副使賈收言子諲督兵巷戰，又收潰卒復入治事，帝亦以子諲與他守臣望風遁者殊科，詔復職。

紹興元年，移鄂州，主管荆湖東路安撫司。劇盜曹成據攸縣，子諲軍于安仁，遣使招之，成聽命。子諲又遣將西扼衡陽，南守宜章，成逡巡不敢南向者百餘日，諸郡遂得割穫。既而援兵不至，成忿子諲扼己，擁衆而南，子諲率親兵拒之。會官軍潰，度不可遏，單騎入賊中，諭以國家威靈。成不服，執子諲歸。會宣撫司都統制馬擴〔一〕遣人持與敏檄諭成，成許受招，始釋子諲。

詔提舉江州太平觀。胡安國方避地湖南，以書抵秦檜，言：「子諲忠節，可以扶持三綱，願憐其無救而陷于賊，復加收用。」起知廣州。時恐賊度嶺，故就用子諲守之。又以言者罷，遂致仕。尋起知江州，改江東轉運使，進祕閣修撰。江東當餉劉光世軍，適劉豫入寇，光世軍合淝，以乏餉告，亟退師。子諲馳至合淝，具見糧以聞，光世由是得罪。進徽猷閣待制，徙兩浙路爲都轉運使，除戶部侍郎。





入見，論京都舊事，頗及珍玩。起居郎潘良貴故善子諲，聞其言甚怒。既而子諲奏金國報聘及奠朱震事，反復良久。良貴徑至榻前厲聲叱之曰：「子諲不宜以無益之談久煩聖聽。」子諲欲退，上謂良貴曰：「是朕問之也。」又論子諲款語。子諲復語，久不止，良貴叱之退者再。上色變，欲抵良貴罪。中丞常同言：「良貴無罪，願許子諲補外。」上併怒同。張九成言：「士大夫所以嘉子諲者，以其能眷眷於善類。今以子諲故逐柱史，又逐中司，非所以愛子諲也。」上意稍解，批諭同，同言不已，於是三人俱罷。子諲以徽猷閣直學士知平江府。金使議和將入境，子諲不肯拜金詔，乃上章言：「自古人主屈己和戎，未聞甚於此時，宜却勿受。」忤秦檜意，乃致仕。

子諲相家子，能修飭自見於時。友愛諸弟，置義莊，贍宗族貧者。初，漕淮南時，張邦昌僞詔至，虹縣令已下迎拜宣讀如常式，獨武尉徐端益不拜而走。事定，子諲言於朝，易端益文資。退閑十五年，號所居曰「薌林」。卒，年六十八。

陳規字元則，密州安丘人。中明法科。靖康末，金人入侵，殺鎭海軍節度使劉延慶，其徒祝進、王在去爲盜，犯隨、郢、復等州。規爲安陸令，以勤王兵赴汴，至蔡州，道梗而還。

中華書局

會祝進攻德安府，守棄城遁，父老請規攝守事。規遣射士張立率兵討進，却之。既而在復與進合，以砲石鵝車攻城東，規連戰敗之，二人懼，引衆去。

建炎元年，除直龍圖閣、知德安府。李孝義、張世以步騎數萬薄城，陽稱受詔招，規登城視其營壘，曰：「此詐也。」亟爲備。夜半，孝義兵圍城，遂大敗之。與羣盜楊進相持十八日，進技窮，以百人自衞，抵濠上求和。規出城與交臂語，進感之，折箭爲誓而去。董平引衆窺城，遣其黨李居正、黃進入城求犒，規斬進，授居正兵爲前鋒，大破之。升祕閣修撰。尋除德安府、復州、漢陽軍鎭撫使，賜三品服，俄升徽猷閣待制。

時桑仲剽略襄、漢間，其副霍明屯兵郢上，規請于朝，就以明守郢。張浚都督行蜀道，仲引兵窺之，爲王彥所敗。仲怒，從數百騎來譙明，明殺之，奔劉豫，以書招規，規械其使以聞。李橫圍城，造天橋，塡濠，鼓譟臨城。規帥軍民禦之，砲傷足，神色不變，圍急糧盡，出家財勞軍，士氣益振。橫遣人來，願得妓女罷軍，規不許。諸將曰：「圍城七十日矣，以一婦活一城，不亦可乎？」規竟不予。會濠橋陷，規以六十人持火槍自西門出，焚天橋，以火牛助之，須臾皆盡，橫拔砦去。

升徽猷閣直學士，詔赴行在，改顯謨閣直學士，徙知池州、沿江安撫使。入對，首言：「鎭撫使當罷，諸將跋扈，請用偏裨以分其勢。」上皆納之。遷龍圖閣直學士，改知廬州，尋





又召赴行在，以疾辭，提舉江州太平觀。復起知德安府，坐失察吏職，鐫兩官。

金人歸河南地，改知順昌府，葺城壁，招流亡，立保伍。會劉錡領兵赴京留守過郡境，規出迎，坐未定，傳金人已入京城，卽告錡城中有粟數萬斛，勉同爲死守計。相與登城區畫，分命諸將守四門，且明斥候，募土人鄉導間諜。布設粗畢，金遊騎已薄城矣。既至，金龍虎大王者提重兵踵至，規躬擐甲冑，與錡巡城督戰，用神臂弓射之，稍引退，復以步兵邀擊，溺于河者甚衆。規曰：「敵志屢挫，必思出奇困我，不若潛兵斫營，使彼晝夜不得休，可養吾銳也。」錡然之，果劫中其砦，殲其兵甚衆。金人告急於兀朮。規大饗將士，酒半問曰：「兀朮擁精兵且至，策將安出？」諸將或謂今已累捷，宜乘勢全師而歸。規曰：「朝廷養兵十五年，正欲爲緩急用，况屢挫其鋒，軍聲稍振。規已分一死，進亦死，退亦死，不如進爲忠也。」錡叱諸將曰：「府公文人猶誓死守，况汝曹耶！」兼金營近三十里，兀朮來援，我軍一動，金人追及，老幼先亂，必至狼狽，不獨廢前功，致兩淮侵擾，江、浙震驚。平生報君，反成誤國，不如背城一戰，死中求生可也。」

已而兀朮至，親循城，責諸酋用兵之失，衆跪曰：「南兵非昔比。」兀朮下令晨飯府庭，且折箭爲誓，幷兵十餘萬攻城，自將鐵浮屠軍三千遊擊。規與錡行城，勉激諸將，流矢及衣無懼色，軍殊死鬥。時方劇暑，規謂錡毋多出軍，第更除易器，以逸制勞，蔑不勝矣。每清晨輒堅壁不出，伺金兵暴烈日中，至未申，氣力疲，則城中兵爭奮，斬獲無算，兀朮宵遁。錡奏功，詔褒諭之，遷樞密直學士。規至順昌，卽廣糴粟麥實倉廩。會計議司移粟赴河上，規請以金帛代輸，至是得其用，成錡功者，食足故也。

移知廬州兼淮西安撫，既至，疾作。有旨修郡城，規在告，吏抱文書入臥內，規力疾起曰：「帥事，機宜董之；郡城，通判董之。」語畢而卒，年七十。贈右正議大夫。有攻守方略傳于世。

初，規守德安時，嘗條上營屯田事宜，欲倣古屯田之制，合射士民兵，分地耕墾。軍士所屯之田，皆相險隘立堡砦，寇至則堡聚捍禦，無事則乘時田作，射士皆分半以耕屯田。民戶所營之田，水田畝賦粳米一斗，陸田賦麥豆各五升。滿三年無逋輸，給爲永業。流民自歸者以田還之。凡屯田事，營田司兼行，營田事，府縣官兼行，皆不更置官吏，條列以聞，詔嘉奬之，仍下其法於諸鎭。自紹興以來，文臣鎭撫使有威聲者，惟規而已。

規端毅寡言笑，然待人和易。以忠義自許，尤好振施，家無贏財。嘗爲女求從婢，得一婦甚閑雅，怪而詢之，乃雲夢張貢士女也，亂離夫死無所託，鬻身求活，規卽輟女奩嫁之，聞者感泣。規功名與諸將等，而位不酬勞，時共惜之。乾道八年，詔刻規德安守城錄頒天下爲諸守將法。立廟德安，賜額「賢守」，追封忠利侯，後加封智敏。





季陵字延仲，處之龍泉人。登政和二年上舍第，三遷太學博士。論學術邪正異同，長官怒，謂之執政，謫知舒城縣。未幾，除太常寺簿，遷比部員外郎。高宗卽位，從至揚州。建炎二年，守尚書右司員外郎、太常少卿。金人南侵，帝幸杭州，朝廷儀物皆委棄之，陵奉九廟神主負之以行，拜起居郎，遷中書舍人。

三年六月，淫雨，詔求直言。陵言：「金人累歲侵軼，生靈塗炭，怨氣所積，災異之來，固不足怪。惟先格王，正厥事，則在我者其可忽邪？臣觀廟堂無擅命之臣，惟將帥之權太盛；宮閫無女謁之私，惟宦寺之習未革。今將帥擁兵自衞，浸成跋扈，苗、劉竊發。勤王之師一至，凌轢官吏，莫敢誰何？此將帥之權太盛有以干陽也。宦寺縱橫，上下共憤，卒碎賊手，可爲戒矣。比聞復召藍珪，黨與相賀，聞者切齒，此宦寺之習未革有以干陽也。洪範休徵曰，肅時雨若，謀時寒若；咎徵曰，狂恆雨若，急恆寒若。自古天子之出，必載廟主行，示有尊也。前日倉卒迎奉，不能如禮。既至錢塘，置太廟於道宮，薦享有闕；留神御於河滸，安奉後時。不肅之咎，臣意宗廟當之。比年盜賊例許招安，未幾再叛，反墮其計。忠臣之憤不雪，赤子之寃莫報，不謀之咎，臣意盜賊當之。道路之言謂鑾輿不久居此，自臣騰

度，決無是事，假或有之，不幾於狂乎？軍興以來，既結保甲，又改巡社，既招弓手，又募民兵，民力竭矣，而猶誅求焉，不幾於急乎？此皆陰道太盛所致。」帝嘉納之。

時除梁揚祖爲發運使，給事中劉寧止言其不可，乃以起居郎綦崇禮權給事中，書讀，陵封還錄黃。又言：「防秋已迫，願陛下先定兵衞及扈從之臣，萬一敵勢猖獗，便當整駕親按營壘，召諸道兵以爲援，留將相大臣，相率死守，勿效前日百官跣足奔竄，以扈蹕爲名，棄城池以予敵，使生靈墮塗炭，財用塡溝壑。」

時張浚爲川、陝等路宣撫處置使，陵論其太專，忤旨，罷爲徽猷閣待制、知太平州，未行，落職與祠。數月，復職，除知溫州，又改中書舍人，皆力辭。

范宗尹薦其才，命知臨安府，復爲中書舍人。入對，言：「事有可深慮者四，尙可恃者一：大駕未有駐蹕之地，賢人皆無經世之心，兵柄分而將不和，政權去而主益弱；所恃以僅存者，人心未厭而已。前年議渡江，人以爲可，朝廷以爲不可，故諱言南渡而降詔回鑾。去年議幸蜀，人以爲不可，朝廷以爲可，故弛備江、淮，經營關、陝。以今觀之，孰得孰失？惟揚之變，朝廷不及知而功歸宦寺；錢塘之變，朝廷不能救而功歸將帥，是致此曹有輕朝士之心。黃潛善好自用不能用人，呂頤浩知使能不知任賢。自張愨、許景衡飲恨而死，凡知幾自重者，往往卷懷退縮。今天下不可謂無兵，劉光世、韓世忠、張俊各招亡命以張軍勢，



各効小勞以報主恩。然勝不相遜，敗不相救，大敵一至，人自爲謀耳。周望在浙西，人能言之；張浚在陝右，無敢言者。夫軍事恐失機會，便宜可也，乃若自降詔書，得無竊命之嫌邪？官吏責以辦事，便宜可也，乃若安置從臣，得無忌器之嫌邪？以至賜姓氏，改寺額，此皆傷於太專，臣恐自陝以西不知有陛下矣。惟祖宗德澤在人心未忘，所望以中興者此耳，陛下宜有以結之。今欲薄斂以裕民財，而用度方闕；輕徭以紓民力，而師旅方興。罪己之詔屢降，憂民之言屢聞，丁寧切至，終莫之信。臣謂動民以行不以言，陛下爵當賢，祿當功，刑當罪，施設注措無不當理，天下不心服者未之有也。」

朱勝非除江西帥，未行。陵言：「金人往年休士馬於燕山，次年移河北，又次年移京東，今寓淮甸，無復去意，患在朝夕，可謂急矣。若頤浩既去，勝非未至，敵人南向，兵不素練，糧不素積，又不設險，何以禦之？臣願陛下更擇賢副，預爲經畫以待。今日非論安危，實論存亡，朝謀夕行，當如拯溺，豈可不惜分陰。」詔劉洪道趣往池州，措置防江。除戶部侍郎。

范宗尹嘗仕僞楚，故凡受僞命者皆錄用。陵因上疏曰：「前日士大夫名節不立，論事者皆喜攻之，瑕疵既彰，不復可用，縱加拔拭，攻者踵來，雖君相制命，亦不能爲之地。臣試舉其罪大者言之，崇寧、大觀以來，黨助巨奸，由詭道以饕寵榮者不知幾何人？邦昌亂朝，不



能死節者不知幾何人？苗、劉專殺，拱手受制不知幾何人？以義責之固不容誅，以情恕之亦不幸耳。弄筆墨者，文致其罪，既得惡名，誰敢引薦。臣願明詔宰執，於罪戾中選擇實能，量付以事，勿因一眚廢其終身，仍詔臺諫爲國愛人，勿復言。」詔牓其疏於朝堂。侍御史沈與求劾陵承望宰執風旨，罷官，提舉杭州洞霄宮。

紹興元年，復右文殿脩撰。二年，詔內外官言事。陵言：「軍興以來，朝廷誥牒，非彊以予民則莫售；師旅糧草，非彊取於民則莫給。舊例和買，無本可支者久矣，新行和糴，能償其直幾何？一遇軍興，事事責辦，有不足者，預借後年之賦。雖名曰『借』，其實奪之。兵將衣食不取其飽煖，取其豐美；器械不取其堅利，取其華好。務末勝本，初無鬥心，賊至則僞言退保，賊去則盛言收復，遇敗以千爲一，遇勝以一爲千。今乘輿服御之費十去七八，百官有司之費十去五六，猶無益於國者，軍太冗也。張浚一軍以川、陝贍之，劉光世一軍以淮、浙贍之，李綱一軍以湖廣贍之，上供之物得至司農、太府者無幾。夫彊兵不在冗食，今統領家口隨行，一聞賊至，擇精銳者護送老小，其自隨者祗辦走耳，當議者一。虜掠婦女，軍中多有，養既不足，寧免作過，當議者二。所至州軍，邀求犒賞，守令憚生事，竭取民以奉之，當議者三。詭名虛劵，隨在批請，枉費官物，當議者四。或假關節，或行賄賂，寄名軍籍，規冒功賞，當議者五。願詔有司專意講求，革因循以作士氣，則軍政



立。」復徽猷閣待制，帥廣。

先是，惠州有狂男子聚衆數千，僭號作亂。陵入境，誘其徒魯袞，令以功贖罪，不旬日擒之。在官三年卒，年五十五，贈中大夫。有文集十卷。

陵善言事，奏疏可觀。然附范宗尹，則謂凡受僞命者皆當進用，臺諫不當復以爲言；攻張浚，則謂在蜀失於太專，自陝以西將不知有陛下。君子皆不謂然也。幸醫王繼先授榮州防禦使，陵草其制，時論亦以此少之。

盧知原字行之，湖州德淸人。以父任知歙縣，因近臣薦，赴都堂審察，累遷梓州路轉運副使。時承平既久，戎備皆弛，知原招補兵籍，築城亙二十餘里。王黼當國，費出無藝，知原因疏言之，黼怒，罷去。久之，起提點京東刑獄，改江西轉運副使，過闕入奏，徽宗勉之曰：「卿在蜀道，功效甚休。」遂賜三品服。

先是，綱運阻於重江，吏卒並緣爲姦。知原悉意經理，故先諸道上京師，進一官，尋除直祕閣，爲江、淮、荆、浙等路發運使。升祕閣脩撰，提舉河北。以言者劾，褫職歸吏部。高宗卽位，復龍圖閣、知溫州。時葉濃陷建州，揚勍陷處州，知原繕甲兵，增城浚隍，聲

勢隱然。帝東幸，知原繇海道轉粟及金繒十餘萬至台州。召見，稱奬，擢右文殿脩撰、管內安撫使。在郡四年，民繪像祠之。

王師討范汝爲，召爲添差兩浙轉運使。罷，提舉太平觀。都督孟庾辟爲參謀，改徽猷閣待制、知臨安府。諫官唐煇言：「知原爲政乖謬。」詔復爲都督府參謀官。章再上，遂以舊職奉祠。紹興十一年十月卒。弟法原。

法原字立之。自知雍丘縣積官太府少卿，賜同上舍出身。使遼還，遷司農卿，賜三品服。爲吏部尚書，以官秩次第履歷總爲一書，功過殿最，開卷瞭然，吏不能欺。坐王黼累，罷爲顯謨閣待制。

紹興元年，提舉臨安洞霄宮。張浚承制起知夔州，尋爲龍圖閣學士、川陝等路宣撫處置副使，進端明殿學士、川陝宣撫副使。

金人攻關輔，叛將史斌陷興州，諸郡多應者。法原命諸將堅壁，言戰者斬，衆以爲怯。未幾，河東經制使王𤫊以乏食班師，法原開關納之，與𤫊同破斌，復興州。方巨盜充斥，秦、隴叛兵欲窺蜀，法原極意拊循，嚴爲備禦，傳檄諸路，人心稍安。視山川險阻分地置將：自洮、岷至階、成，關師古主之，屯通川；文、龍至威、茂，劉錡主之，屯巴西。前後屢捷，上所



倚重。

會兀朮攻關爲吳玠所敗。法原素與玠不睦，玠因奏功詆法原不濟師，不餽糧，不銓錄立功將士。帝手詔詰問，法原自辯甚力，上頗不直之，憂恚，卒于軍。始，法原爲川、陝宣撫使，上從容謂知原曰：「朕方以川、陝付法原。」蓋兄弟皆以材見稱於世，故並用之也。

陳桷字季壬，溫州平陽人。以上舍貢辟雍。政和二年，廷對第三，授文林郎、冀州兵曹參軍，累遷尙書虞部員外郎。

宣和七年，提點福建路刑獄。福州調發防秋兵，資糧不滿望，殺帥臣，變生倉卒，吏民奔潰，闔城震駭。桷入亂兵中，諭以禍福，賊氣沮，邀桷奏帥臣自斃，桷詭從其請，間道馳奏，以前奏不實待罪，朝廷以桷知變，釋之。叛兵既調行，乃道追殺首惡二十餘人，一方以安。建炎四年五月，復除福建路提刑，尋以疾乞祠，主管江州太平觀。

紹興三年，召爲金部員外郎，升郎中。時言事者率毛舉細務，略大利害。桷抗言：「今當專講治道之本，脩政事以攘敵國，不當以細故勤聖慮如平時也。」又言：「刺史縣令滿天



下，不能皆得人，乞選監司，重其權，久其任。」除太常少卿。又陳攻守二策，在於得人心，脩軍政。

五年，除直龍圖閣、知泉州。明年，改兩浙西路提刑。乞置鄉縣三老以厚風俗，凡宮室、車馬、衣服、器械定爲差等，重侈靡之禁。八年，遷福建路轉運副使。

十年，復召爲太常少卿。適編類徽宗御書成，詔藏敷文閣，桷以爲：「舊制自龍圖至徽猷皆設學士、待制，雜壓著令，龍圖在朝請大夫之上，至徽猷在承議郎之上，每閣相去稍遠，議者疑其不倫。直敷文閣者綴徽猷則與諸閣小異，降之則班列太卑，欲參酌取中，並爲一列，不必相遠，庶幾名位有倫，仰稱陛下嚴奉祖宗謨訓之意。」又言：「祫祭用太牢，此祀典之常。駐蹕之初，未能備禮，止用一羊，乞檢會紹興六年詔旨，復用太牢。」

十一年，除權禮部侍郎，賜三品服。普安郡王出閤，奉詔與吏部、太常寺討論典故。桷等議以國本未立，宜厚其禮以繫天下望，乃以皇子出閤禮例上之，或以爲太重。詔以不詳具典故，專任己意，懷姦附麗，與吏部尚書吳表臣、禮部尚書蘇符、郎官方雲翼丁仲寧、太常屬王普蘇籍並罷。尋以桷提舉江州太平觀。

十五年，知襄陽府，充京西南路安撫使。襄、漢兵火之餘，民物凋瘵，桷請于朝，以今之戶數視承平時纔二十之一，而賦須尙多，乞重行蠲減。明年，金、房兵叛，桷遣將平之而後以



聞。漢水決溢，漂蕩廬舍，躬率兵民捍築隄岸，賴以無虞。以疾乞祠，除祕閣脩撰、提舉江州太平興國宮。二十四年，改知廣州，充廣南東路經略安撫使，未至而卒，年六十四。

桷寬洪醞籍，以誠接物，而恬於榮利。當秦檜用事，以永嘉爲寓里，士之貪緣攀附者，無不躐登顯要。桷以立螭之舊，爲人主所知，出入頓挫，晚由奉常少卿擢權小宗伯，復以議禮不阿忤意，遽罷，其節有足稱。自號「無相居士」。有文集十六卷。子汝楫、汝賢、汝諧。孫峴，以詞學擢第，官中書舍人、直學士院。

李璆字西美，汴人。登政和進士第，調陳州教授，入爲國子博士，出知房州。時既榷官茶，復彊民輸舊額，貧無所出，被繫者數百人，璆至，即日盡釋之。

宣和三年，廷議將取燕，璆聞之，曰：「百辟卿士，一倡共和，國家安危，其幾在是。」上疏切諫，大略謂：「太祖以聖武得天下，將士皆百戰之餘，以是而取燕雲，宜易爲力。然趙普輩無敢贊其決者，蓋識天下大勢，且重民命故也。今承太平之業，父老幸不識兵，雖不得燕雲地，何關於漢。」疏奏不省。及燕既平，責監英州湞溪鎭。

明年，赦還爲郎，尋試中書舍人。建言元祐名臣子孫、久被廢錮，宜少寬之。宦官譚稹

出師河北，以無功廢，將復進用，璆不肯書行。會山東盜起，州縣不能制，至河北無見糧，軍士洶洶。璆條奏十事，忤大臣意，罷。紹興四年，以集英殿脩撰知吉州。江西兵素剽悍，璆始視事，有相挻爲亂者，亟捕誅首謀者，撫循其餘，大布恩信，境內遂安。

累遷徽猷閣直學士、四川安撫制置使。成都舊城多毀圮，璆至，首命修築。俄水大至，民賴以安。三江有堰，可以下灌眉田百萬頃，久廢弗修，田萊以荒。璆率部刺史合力修復，竟受其利，眉人感之，繪像祠于堰所。間遭歲饑，民徙，發倉振活，無慮百萬家，治蜀之政多可紀。有清溪集二十卷。

李朴字先之，虔之興國人。登紹聖元年進士第，調臨江軍司法參軍，移西京國子監教授，程頤獨器許之。移虔州教授。以嘗言隆祐太后不當廢處瑤華宮事，有詔推鞫。忌者欲擠之死，使人危言動之，朴泰然無懼色。旋追官勒停，會赦，注汀州司戶。

徽宗即位，翰林承旨范純禮自言待罪四十六日，不聞玉音，謂朴曰：「某事豈便於國乎？某事豈便於民乎？」朴曰：「承旨知而不言，無父風也。」純禮泣下。

右司諫陳瓘薦朴，有旨召對，朴首言：「熙寧、元豐以來，政體屢變，始出一二大臣所學不同，後乃更執圓方，互相排擊，失今不治，必至不可勝救。」又言：「今士大夫之學不求諸己，而惟王氏之聽，敗壞心術，莫大於此。願詔勿以王氏爲拘，則英材輩出矣。」蔡京惡朴鯁直，他執政三擬官，皆持之不下，復以爲虔州教授。又唆言者論朴爲元祐學術，不當領師儒，罷爲肇慶府四會令。

有奸民言邑東地產金寶，立額買撲，破田疇，發墟墓，厚賂乃已，朴至，請罷之。改承事郎，知臨江軍清江縣，廣東路安撫司主管機宜文字。欽宗在東宮聞其名，及即位，除著作郎，半歲凡五遷至國子祭酒，以疾不能至。高宗即位，除祕書監，趣召，未至而卒，年六十五。贈寶文閣待制，官其子孫二人。

朴自爲小官，天下高其名。蔡京將覊致之，俾所厚道意，許以禁從，朴力拒不見，京怒形於色，然終不害也。中書侍郎馮熙載欲邂逅見朴，朴笑曰：「不能見蔡京，焉能邂逅馮熙載邪？」居官所至有聲。在廣南，止其帥孫竢以文具勤王，不若發常賦助邊。破漕使鄭良引眞臘取安南之計，以息邊患，人稱其智。朴嘗自誌其墓曰：「以天爲心，以道爲體，以時爲用，其可已矣。」蓋敍其平生云。有章貢集二十卷行于世。




王庠字周彥，榮州人。累世同居，號「義門王氏」。祖伯琪，以義聲著于鄉州。有鹽井籍民煎輸，多至破産，惟有祿之家得免。伯琪請於州，均之官戶，而仕者誣訴之，賫恨以歿。父夢易，登皇祐第，力成父志，言於州縣不聽，言於刺史，言於三司，三司以聞，還籍沒者三百五十五家，蠲歲額三十萬斤。嘗攝興州，改川茶運，置茶鋪免役民，歲課亦辦。部刺史恨其議不出己，以他事中之，鐫三秩，罷歸而卒。母向氏，欽聖憲肅后之姑也。

庠幼穎悟，七歲能屬文，儼如成人。年十三，居父喪，哀憤深切，謂弟序曰：「父以直道見擠，母撫柩誓言，期我兄弟成立贈復父官，乃許歸葬，相與勉之。且制科先君之遺意也，吾有志焉。」遂閉戶，窮經史百家書傳注之學，尋師千里，究其旨歸。蚤歲上范純仁、蘇轍、張商英書，皆持中立不倚之論，呂陶、蘇轍皆器重之。嘗以經說寄蘇軾，謂：「二帝三王之臣皆志於道，惟其自得之難，故守之至堅。自孔、孟作六經，斯道有一定之論，士之所養，反不逮古，乃知後世見六經之易，忽之不行也。」軾復曰：「經說一篇，誠哉是言。」

元祐中，呂陶以賢良方正直言極諫科薦之，庠以宋邦傑學成未有薦者，推使先就，陶聞而益加敬。未幾，當紹聖諸臣用事，遂罷制科，庠嘆曰：「命也，無愧先訓，以之行己足矣。」

崇寧壬午歲，應能書，爲首選。京師蝗，庠上書論時政得失，謂：「中外壅蔽，將生寇戎之患。」張舜民見之，歎其危言。下第徑歸，奉親養志，不應舉者八年。

大觀庚寅，行舍法於天下，州復以庠應詔。庠曰：「昔以母年五十二求侍養，不復願仕，今母年六十，乃奉詔，豈本心乎？」時嚴元祐黨禁，庠自陳：「蘇軾、蘇轍、范純仁爲知己，呂陶、王吉嘗薦舉，黃庭堅、張舜民、王鞏、任伯雨爲交游，不可入舉求仕，願屏居田里。」以弟序升朝，贈父官，始克葬，葬而母卒。

終喪復舉八行，事下太學，大司成考定爲天下第一，詔旌其門。朝廷知其不可屈，賜號「處士」。尋改潼川府教授，賜出身及章服，一日四命俱至，竟力辭不受。雖處山林，唱酬賦詠，皆愛君憂國之言。太后念其姑，嘗欲官，庠以遜其弟、姪及甥，且以田均給庶兄及前母之姊。庠卒，孝宗謚曰賢節。

序，宣和間以恩倖至徽猷閣直學士。庠浮沉其間，各建大第，或者謂其晚節隱操少衰云。

王衣字子裳，濟南歷城人。以門蔭仕，中明法科，歷深、冀二州法曹掾，入爲大理評事，升寺正。林靈素得幸，將毀釋氏以逞其私。襄州僧杜德寶毀體然香，有司觀望靈素意，捕以聞。衣閼之曰：「律自傷者杖而已。」靈素求內批，坐以害風教竄流之，停衣官，尋予祠。爲陝西都轉運司主管文字、詳定一司敕令所删定官、通判襲慶府、知濠州，未行，召爲刑部員外郎。

建炎初，爲司勳郎中，遷大理少卿。三年，韓世忠執苗傅、劉正彥，獻俘，檻車幾百兩，先付大理獄，將盡尸諸市。衣奏曰：「此曹在律當誅，顧其中婦女有顧買及鹵掠以從者。」高宗矍然曰：「卿言極是，朕慮不及此也。」卽詔自傅、正彥妻子外皆釋之。范瓊有罪下大理寺，衣奉詔鞫之。瓊不伏，衣責以靖康圍城中逼遷上皇，擅殺吳革，迎立張邦昌事，瓊稱死罪。衣顧吏曰：「囚詞服矣。」遂賜死，釋其親屬將佐。

四年，升大理卿。初，帶御器械王球爲龍德宮都監，盡盜本宮寶玉器玩，事覺，帝大怒，欲誅之。衣曰：「球固可殺，然非其所隱匿，則盡爲敵有，何從復歸國家乎？」乃寬之。

先是，百司愈戾，付寺劾之，至三問取伏狀，被劾者懼對，莫敢辨。衣奏曰：「伏與辨二事也，若一切取伏，是以威迫之，不使自直，非法意也。乞三問未承者，聽辨。」從之。同詳定一司敕令，删雜犯死罪四十七條，書成，帝嘉其議法詳明。

紹興元年，權刑部侍郎。二年，除集英殿脩撰，奉祠。既而趙令時廌詔薦之，復召爲刑部侍郎，爲言者所格。四年，卒于家。衣質直和易，持法不阿，議者賢之。



論曰：向子諲以相家之子克飭臣節，陳規以文儒之臣有聲鎭守，可謂拔乎流俗者焉。李朴季陵言事不諱，二盧兄弟並用，以材見稱，陳桷守禮知變，李璆爲政有惠，咸足紀焉。李朴不詘權威，王庠志高而晚節頗衰，王衣明恕而用刑不刻，雖或器識不齊，亦皆不曠其職也歟！

## 校勘記

〔一〕馬擴　原作「馬廣」，據北盟會編卷一五〇、繫年要錄卷五一改。



# 宋史卷三百七十八

## 列傳第一百三十七

### 衞膚敏　劉珏　胡舜陟　沈晦　劉一止 弟寧止　胡交修　綦崇禮

衞膚敏字商彥，華亭人。以上舍生登宣和元年進士第，授文林郎、南京宗子博士，尋改教授。

六年，召對，改宣教郎、祕書省校書郎，命假給事中賀金主生辰。膚敏奏曰：「彼生辰後天寧節五日，金人未聞入賀，而反先之以失國體，萬一金使不來，爲朝廷羞。請至燕山候之，彼若不來，則以幣置境上而已。」帝可其奏。既至燕，金賀使果不至，遂置幣而返。七年，復假給事中以行，及慶源府，逢許亢宗還，語金國事，曰：「彼且大入，其勢不可往。」膚敏至燕，報愈急，衆懼不敢進，膚敏叱曰：「吾將君命以行，其可止乎？」既至金國，知其兵已舉，殊不



爲屈。及將還，金人所答國書，欲以押字代璽，膚敏力爭曰：「押字豈所以交鄰國。」論難往復，卒易以璽。及受書，欲令雙跪，膚敏曰：「雙跪乃北朝禮，安可令南朝人行之哉！」爭辨踰時，卒單跪以受。金人積不說，中道羈留且半年。

至涿州新城，與斡離不遇，遣人約相見，拒之不可，遂語之曰：「必欲相見，其禮當如何？」曰：「有例。」膚敏笑曰：「例謂趨伏羅拜，此禮焉可用？北朝止一君耳，皇子郎君雖貴，人臣也，一介之使雖賤，亦人臣也。兩國之臣相見，而用君臣之禮，是北朝一國有二君也。」金人氣折，始曰：「唯所欲。」膚敏長揖而入。既坐，金人出誓書示之，膚敏却不視，曰：「遠使久不聞朝廷事，此書眞僞不可知。」因論用兵事，又以語折之，幾復爲所留。

靖康初，始還，進三官，遷吏部員外郎。會高麗遣使來賀，命假太常少卿往接之。朝論欲改稱宣問使，膚敏曰：「國家厚遇高麗久矣，今邊事方作，不可遽削其禮，失遠人心，願姑仍舊。」乃復稱接伴使。既至明州，會京師多難，乃便宜稱詔厚賜使者，遣還。

建炎元年，復命，自劾矯制之罪，高宗嘉賞。遷衞尉少卿。建議「兩河諸郡宜降蠟書，許以世襲，使各堅守。陝西、山東、淮南諸路，並令增陴浚隍，徙民入城爲淸野計。命大臣留守汴京，車駕早幸江寧。」帝頗納之。

遷起居舍人，言：「前日金人憑陵，都邑失守，朝臣欲存趙氏者不過一二人而已，其他皆

屈節受辱，不以爲恥，甚者爲敵人斂金帛，索妃嬪，無所不至，求其能詐楚如紀信者無有也。及金人僞立叛臣，僭竊位號，在廷之臣逃避不從及約寇退歸位趙氏者，不過一二人而已。其他皆委質求榮，不以爲愧，甚者爲叛臣稱功德，說符命，主推戴之議，草勸進之文，無所不爲，求其擊朱泚如段秀實者無有也。今陛下踐祚之初，苟無典刑，何以立國？凡前日屈節敵人，委質僞命者，宜差第其罪，大則族，次則誅，又其次竄殛，下則斥之遠方，終身不齒，豈可猶畀祠祿，使塵班列哉？」又言：「今二帝北遷，寰宇痛心，願陛下愈自貶損，不忘報雪，卑宮室，菲飲食，惡衣服，減嬪御，斥聲樂，以至歲時上壽，春秋錫宴，一切罷之，雖饗郊廟亦不用樂。必俟兩宮還闕，然後復常，庶幾精誠昭格天地，感動人心。」拜右諫議大夫兼侍讀，言：「行在頗興土木之役，非所以示四方，乞罷築承慶院、升暘宮〔一〕。」又奏：「凡黜陟自中出者，皆由三省乃得奉行，或戾祖宗成憲者，皆許執奏。」時內侍李志道以赦恩復保慶軍承宣使，添差入內都知，膚敏極論罷之。初，欽宗內侍昭慶軍承宣使容機，圍城中時乞致仕，高宗卽位，命起之。膚敏言：「自古帝王未有求閹寺於閑退而用者。」遂寢。后父邢煥除徽猷閣待制，太后兄子孟忠厚顯謨閣直學士。膚敏言：「非祖宗法。」煥尋換武職，忠厚自若。

俄遷膚敏中書舍人，膚敏懇奏曰：「昔司馬光論張方平不當參知政事，自御史中丞遷翰林學士。光言：『以臣爲是，則方平當罷；以臣爲非，則臣當貶。今兩無所問而遷臣，臣所





未論。』臣雖不肖，願附於司馬光。」又言：「事母后莫若孝，待戚屬莫若恩，勸臣下莫若賞。今陛下順太母以非法非所謂孝，處忠厚以非分非所謂恩，不用臣言而遷其官非所謂賞，一舉而三失矣。」帝命宰相諭膚敏曰：「朝廷以次遷官，非因論事也。」膚敏猶不拜，居家逾月，及忠厚改承宣使，詔后族勿除從官，膚敏始拜命。又言：「中書根本之地，舍人所掌，不特演綸而已。」凡命令不合公議者，率封還之。

會膚敏知貢舉，有進士何烈對省試策，謬稱「臣」，諫官李處遯乞正考官鹵莽之罪，以集英殿修撰提舉洞霄宮。或謂膚敏在後省論事，爲黃潛善、汪伯彥所惡，故因事斥之。

三年春，召赴行在。時帝次平江。膚敏入見，言及時事泣下，帝亦泣曰：「卿今宜知無不言，有請不以時對。」膚敏謝曰：「臣頃嘗三爲陛下言，揚州非駐蹕之地，乞早幸江寧。今錢塘亦非帝王之都，宜須事定亟還金陵。」因陳所以守長江之策，帝善其言。翌日，再對，歸得疾，然猶力疾扈蹕至臨安。俄除刑部侍郎，未拜，謁告歸華亭就醫，許之，遷禮部侍郎。

初，膚敏久疾臥舟中，不能朝，時苗、劉之變，帝未反正，宰相朱勝非言於隆祐太后，以「膚敏稱疾坐觀成敗，無人臣節」。及卒，始明其非僞云。年四十九，特贈大中大夫。子仲英、仲傑、仲循。

劉珏字希范，湖州長興人。登崇寧五年進士第。初游太學，以書遺中書舍人鄒浩曰：「公始爲博士論取士之失，免所居官，在諫省斥宮掖之非，遠遷嶺表，豈逆計禍福，邀後日報哉，固欲蹈古人行也。今庶政豈盡修明，百官豈盡忠實，從臣繼去，豈盡非才，言官屢逐，豈盡有罪！信任踰曩昔而拱默不言，天下之士竊有疑焉，願有以慰塞羣望。」浩得書愧謝之。宣和四年，擢監察御史，坐言事知舒州，留爲尚書主客員外郎。

靖康初，議皇帝朝謁上皇儀，欲以家人禮見於內庭，珏請皇帝設大小次，俟上皇御坐，宰臣導皇帝升自東階，拜於殿上，則有君之尊，有父之敬。又謂：「君於大臣或賜劍履上殿，或許子孫扶掖。皇帝朝謁，宜令環衞士卒侍立於殿西，宰執、三衙、侍從等官扶侍於殿上。如請帝坐，卽宰執等退立西隅。」遷太常少卿。討論皇帝受册寶故事，珏言：「唐太宗、明皇皆親受父命，未嘗再行册禮，肅宗卽位於靈武，故明皇遣韋見素就册之，宣政授傳國璽，羣臣上尊號，至德宗踵行之，後世以爲非。」議遂寢。

除中書舍人。陳十開端之戒曰：「陛下卽位罷御筆，止營繕，登俊乂，詘虛誕，戢內侍之權，開言者之路，命令既當，未嘗數改，任用既公，率皆稱職，賞必視功，政必核實，此天下所以指日而徯太平也。比者內降數出，三省罕有可否，此御筆之開端也。教子弟既有其





所，又徹而新之，長入祗候之班，勢若可緩，亟而成之，此營繕之開端也。河陽付之庸才，涇原委之貪吏，此任用失當之開端也。花石等濫賞，既治復止，馬忠統兵，累行累召，此命令數易之開端也。三省、密院議論各有所見，啓擬各舉所知，持不同不比之說，忘同寅協恭之議，此大臣不和之開端也。內路之帥擅作聖旨指揮，行郡之守稱爲外任監當，此臣下誕謾之開端也。董局務者廣辟官屬，侍帷幄者分爭殿廬，此內侍恣橫之開端也。兩省繳奏多命以次行下，或戒以不得再繳，臺諫言事失當，率責爲遠小監當，此言路壅塞之開端也。恤民之詔累下，未可行者多，是爲空文無實德，此政事失信之開端也。隨龍第賞，冠帶之工亦推恩，金兵扣闕，禮房之吏亦進秩，此爵賞僭濫之開端也。是十者雖未若前日之甚，其端已見，杜而止之，可以馴致治平，因而循之，雖有智者不能善其後矣。」

詹度都堂稟議，中書舍人安扶持不可，改命珏書行，珏言：「伐燕之役，度以書贊童貫大舉，去秋蔡靖屢以金人點集爲言，度獨謂不應有此，遂不設備，請竄度嶺表。」詔予宮祠。李綱以觀文殿學士知揚州，安扶又持不可，珏言：「韓琦好水之敗，韓絳西州之敗，皆不免黜責。綱勇於報國，銳於用兵，聽用不審，數有敗衄，宜降黜以示懲戒。」綱改宮祠。吏部侍郎馮澥言珏持兩端，爲綱游說，提舉亳州明道宮。

建炎元年，復召爲中書舍人，至泗州，上書言：「金人尙有屯河北者，萬一猖獗而南，六

飛豈能無警，乞早賜行幸。西兵驍勇，宜留以爲衞。西京舟船，恐金人藉以爲用，並令東下。」時李綱已議營南陽，珏未知也。既至，極言南陽兵弱財單，乘輿無所取給，乞駐蹕金陵以待敵。汪伯彥、黃潛善皆主幸東南，帝遂如揚州。潛善兄潛厚除戶部尚書，珏言兄弟不可同居一省，帝遣張慤諭旨，珏論如初。詔潛厚提舉醴泉觀。

遷給事中，論內降、營繕二事曰：「陛下以前朝房院而建承慶院，議者以爲營造寖廣；以隆祐太后時有御筆，議者以爲內降數出。蓋除授不歸中書，工役領之內侍，此人言所以籍籍也。營繕悉歸有司，中旨皆許執奏，則衆論息矣。」孟忠厚除顯謨閣直學士，邢煥徽猷閣待制，珏封還，言舊制外戚未有爲兩禁官者，詔煥換武階。帝曰：「忠厚乃隆祐太后族，宜體朕優奉太后之意。」珏持益堅，忠厚尋亦換武階。

遷吏部侍郎，同修國史，言：「淮甸備敵，兵食爲先，今以降卒爲見兵，以糴本爲見糧，無一可恃，維揚城池未修，軍旅多闕，卒有不虞，何以待之？」已而金人果乘虛大入，帝亟如臨安，以珏爲龍圖閣直學士、知宣州。俄復爲吏部侍郎。

以久雨詔求言，珏疏論消天變、收人心數事，詞極激切，並陳荆、陝、江、淮守禦之略：「願申詔大臣，悉屏細務，唯謀守禦。自京及荆、淮之郡，置大帥，屯勁兵。命沿江之守，各上措畫之方，明斥堠，設險阻，節大府之出，廣大農之入，檢察戰艦而習之，則守禦詳盡，人心安，





天意回，大業昌矣。」遷吏部尚書。

隆祐太后奉神主如江西，詔珏爲端明殿學士、權同知三省樞密院事從行。時詔元祐黨籍及上書廢錮人，追復故官，錄用子孫，施行未盡者，珏悉奏行之。又言常安民、張克公嘗論蔡京罪，乞厚加恩。至洪州，疏言修治巡幸道路之役，略曰：「陛下遭時艱難，躬履儉約，前多幸淮甸，供帳弊舊，道路險狹，未嘗介意。今聞衢、信以來，除治道路，科率民丁，急如星火，廣市羊豕，備造服用，使農夫不得穫，齊民不得休，非陛下儉以避難之意也。」乞降詔悉罷。金人攻吉州，分兵追太后，舟至太和縣，衞兵皆潰，珏奉太后退保虔州。監察御史張延壽論珏罪，珏亦上書自劾，踰嶺俟命，落職，提舉江州太平觀。延壽論不已，責授祕書少監，貶衡州。紹興元年，許自便。明年，以朝散大夫分司西京。卒于梧州，年五十五。官其二子。八年，追復龍圖閣學士。有吳興集二十卷、集議五卷、兩漢蒙求十卷。

胡舜陟字汝明，徽州績溪人。登大觀三年進士第，歷州縣官，爲監察御史。奏：「御史以言爲職，故自唐至本朝皆論時事，擊官邪，與殿中侍御史同。崇寧間，大臣欲便己，遂變祖宗成憲，南臺御史始有不言事者。多事之時，以開言路爲急。乞下本臺，增入監察御史言事之文，以復祖宗之制。」以內艱去。

服闋，再爲監察御史。奏：「河北金兵已遁，備禦尤不可不講。」欽宗即位，又言：「今結成邊患，幾傾社稷，自歸明官趙良嗣始，請戮之以快天下。」遂誅良嗣。又奏：「今邊境備禦之計，兵可練，粟可積，獨將爲難得。請詔內外之臣，並舉文武官才堪將帥者。」又奏：「上殿班先臺後諫，祖宗法也，今臺臣在諫臣下，乞今後臺諫同日上殿，以臺諫雜壓爲先後。」

遷侍御史。奏：「向者晁說之乞皇太子講孝經、讀論語，間日讀爾雅而廢孟子。夫孔子之後深知聖人之道者，孟子而已。願詔東宮官遵舊制，先讀論語，次讀孟子。」又奏：「涪陵譙定受易於郭雍，究極象數，逆知人事，洞曉諸葛亮八陣法，宜厚禮招之。」

高宗即位，舜陟論宰相李綱之罪，帝不聽。言者論其嘗事僞廷，除集英殿修撰、知廬州。時淮西盜賊充斥，廬人震恐，日具舟楫爲南渡計。舜陟至，修城治戰具，人心始安。濠州雲騎卒孫琪聚兵爲盜，號「一海蝦」，至廬，舜陟乘城拒守。琪邀資糧，舜陟不與，衆請以粟遺之，舜陟曰：「吾非有所愛，顧賊心無厭，與之則示弱，彼無能爲也。」乃時出兵擊其抄掠者，琪宵遁，舜陟伏兵邀擊，得其輜重而歸。濟南僧劉文舜聚黨萬餘，保舒州投子山縱剽，舜陟遣介使招降之。時丁進、李勝合兵爲盜蘄、壽間，舜陟遣文舜破之。





張遇自濠州奄至梁縣，舜陟使毀竹里橋，伏兵河西，伺其半渡擊敗之。又請以身守江北，以遮行宮。帝壯其言，擢徽猷閣待制，充淮西制置使。范瓊自壽春渡淮，貽書責贍軍錢帛，舜陟諭以逆順，瓊乃去。

自軍興後，淮西八郡，羣盜攻蹂無全城，舜陟守廬二年，按堵如故，以徽猷閣待制知建康府，充沿江都制置使。踰年，改知臨安府，復爲徽猷閣待制，充京畿數路宣撫使。尋罷，遷廬、壽鎮撫使，改淮西安撫使。至廬州，潰兵王全與其徒來降，舜陟散財發粟，流民漸歸。改知靜江府，詔措置市戰馬。御史中丞常同奏舜陟兇暴傾險，罷之。後十八年，復爲廣西經略。以知邕州俞儋有贓，爲運副呂源所按，事連舜陟，提舉太平觀。先是，舜陟與源有隙，舜陟因討郴賊，劾源沮軍事，源以書抵秦檜，訟舜陟受金盜馬，非訕朝政。檜素惡舜陟，入其說，奏遣大理寺官袁柟、燕仰之往推劾，居兩旬，辭不服，死獄中。

舜陟有惠愛，邦人聞其死，爲之哭。妻江氏訴于朝，詔通判德慶府洪元英究實。元英言：「舜陟受金盜馬，事涉曖昧，其得人心，雖古循吏無以過。」帝謂檜曰：「舜陟從官，又罪不至死，鞫官不可不懲。」遂送柟、仰之吏部。

沈晦字元用，錢塘人，翰林學士沈遘孫。宣和間進士廷對第一，除校書郎，遷著作佐郎。金人攻汴京，借給事中從肅王樞出質斡離不軍。金人再攻也，與之俱南。京城陷，邦昌僞立，請金人歸馮澥等，晦因得還，眞爲給事中。

高宗卽位，言者論晦雖使金艱苦，而封駁之職不可以賞勞，除集英殿修撰、知信州。帝如揚州，將召爲中書舍人，侍御史張守論晦爲布衣時事，帝曰：「頃在金營見其慷慨，士人細行，豈足爲終身累邪？」不果召。知明州，移處州。

帝如會稽，移守婺州。賊成皋入寇，晦用教授孫邦策，率民兵數百出城與戰，大敗，晦欲斬邦〔一〕，已而釋之。時浙東防遏使傅崧卿在城中，單騎往說皋，皋遂降。進徽猷閣待制。以言者論晦妄用便宜指揮行事，降集英殿修撰、提舉臨安府洞霄宮。尋復徽猷閣待制、知宣州，移知建康府。甫踰月，以御史常同論罷。

紹興四年，起知鎭江府、兩浙西路安撫使，過行在面對，言：「藩帥之兵可用。今沿江千餘里，若令鎭江、建康、太平、池、鄂五郡各有兵一二萬，以本郡財賦易官田給之，敵至，五郡以舟師守江，步兵守險，彼難自渡。假使能渡，五郡合擊，敵雖善戰，不能一日破諸城也。若困五郡，則兵分勢弱，或以偏師綴我大軍南侵，則五郡尾而邀之，敵安敢遠去。此制稍



定，三年後移江北，糧餉、器械悉自隨。」又自乞「分兵二千及召募敢戰士三千，參用昭義步兵法，期年後，京口便成強藩」。時方以韓世忠屯軍鎭江，不果用。

劉麟入寇，世忠拒于揚州，晦乞促張俊兵爲世忠援。趙鼎稱晦議論激昂，帝曰：「晦誠可嘉，然朕知其人言甚壯，膽志頗怯，更觀臨事，能副所言與否？」然晦不爲世忠所樂，尋提舉臨安府洞霄宮，起爲廣西經略兼知靜江府。

先是，南州蠻酋莫公晟歸朝，歲久，用爲本路鈐轄羈縻之，後遁去，旁結諸峒蠻，歲出爲邊患。晦選老將羅統戍邊，招誘諸酋，喻以威信，皆詣府請降。晦犒遣之，結誓而去。自是公晟孤立，不復犯邊。晦在郡，歲買馬三千匹，繼者皆不能及。進徽猷閣直學士，召赴行在，除知衢州，改潭州，提舉太平興國宮，卒。

晦膽氣過人，不能盡循法度，貧時尤甚，故累致人言。然其當官才具，亦不可掩云。

劉一止字行簡，湖州歸安人。七歲能屬文，試太學，有司欲舉八行，一止曰：「行者士之常。」不就。登進士第，爲越州教授。參知政事李邴薦爲詳定一司敕令所刪定官。

紹興初，召試館職，其略曰：「事不克濟者，患在不爲，不患其難，聖人不畏多難，以因難



而圖事耳。如其不爲，俟天命自回，人事自正，敵國自屈，盜賊自平，有是哉？」高宗稱善，且諭近臣以所言剴切知治道，欲驟用，執政不樂，除祕書省校書郎。考兩浙類試，以科舉方變，欲得通時務者，同列皆患無其人，一止出一卷曰：「是宜爲首。」啓號乃張九成也，衆皆厭服。

遷監察御史。上疏謂：「天下之治，衆君子成之而不足，一小人敗之而有餘。君子雖衆道則孤，小人雖寡勢易蔓，不加察，則小人伺隙而入以敗政矣。」又言：「陛下憫宿蠹未除，頹綱未振，民困財竭，故置司講究，然未聞有所施行，得無有以疑似之說欺陛下，曰『如此將失人心』。夫所謂失人心者，必刑政之苛，賦役之多，好惡之不公，賞罰之不明，若皆無是，則所失者小人之心耳，何病焉。」

時庶事草創，有司以吏所省記爲法，吏並緣爲奸，一止曰：「法令具在，吏猶得舞文，矧一切聽其省記，所欲與則陳與例，欲奪則陳奪例，與奪在其牙頰，患可勝言哉！請以省記之文刊定頒行，庶幾絕姦吏弄法受賕之弊。」從之。踰年而書成。

秦檜請置修政局，一止言：「宣王內修政事，修其外攘之政而已。今之所修，特簿書獄訟，官吏遷降，土木營建之務，未見所當急也。」又謂：「人才進用太遽，仕者或不由銓選，朝士入而不出，外官雖有異能，不見召用，非軍事而起復，皆倖門不塞之故。請遴近臣曉財



利者，倣劉晏法，瀕江置司以制國用，鄉村置義倉以備水旱，增重監司之選。」後多採用其言。

遷起居郎。奏事，帝迎語曰：「朕親擢也，繇六察遷二史，祖宗時有幾？」一止謝：「先朝惟張激、李棁耳。」因極陳堂吏宦官之蠹，執政植私黨，無憂國心。翌日罷，主管台州崇道觀。

召爲祠部郎、知袁州，改浙東路提點刑獄，爲祕書少監，復除起居郎，擢中書舍人兼侍講。莫將賜出身除起居郎，一止奏：「將以上書助和議，驟自太府丞綴從班，前此未有，臣乃與將同命，願併臣罷之。」不報。

遷給事中。徐偉達者，嘗事張邦昌爲郎，得知池州，一止言：「偉達旣仕僞廷，今付以郡，無以示天下。」孟忠厚乞試郡，一止言：「后族業文如忠厚雖可爲郡，他日有援例者，何以卻之？」汪伯彥知宣州入觀，詔以元帥府舊人，特依見任執政給奉，一止言：「伯彥誤國之罪，天下共知，以郡守而例執政，殆與異時非待制而視待制，非兩府而視兩府者類矣。」帝皆爲罷之。於凡貴近之請，雖小事亦論執不置。御史中丞廖剛謂其僚曰：「臺當有言者，皆爲劉君先矣。」

居瑣闥百餘日，繳奏不已，用事者始忌，奏：「一止同周葵薦呂廣問，迎合李光。」罷，提

舉江州太平觀。進敷文閣待制。御史中丞何若奏：「一止朋附光，偃蹇慢上。」落職，罷祠。後八年，請老，復職，致仕。秦檜死，召至國門，以病不能拜，力辭，進直學士，致仕。卒年八十三。

一止冲澹寡欲，嘗誨其子曰：「吾平生通塞，聽於自然，唯機械不生，故方寸自有樂地。」博學無不通，爲文不事織刻，制誥坦明有體，書詔一日數十輒辦，嘗言：「訓誥者，賞善罰惡詞也，豈過情溢美、怒鄰駡坐之爲哉。」其草顏魯公孫特命官制甚偉，帝歎賞，爲手書之。詩自成家，呂本中、陳與義讀之曰：「語不自人間來也。」有類藁五十卷。子巒、嶅，從弟寧止。

寧止字無虞，登宣和進士甲科，除太學錄、校書郎。建炎初，爲浙西安撫大使司參議，改兩浙轉運判官。苗傅、劉正彥之變，寧止自毗陵馳詣京口、金陵，見呂頤浩、劉光世，勉以忠義，退而具軍須以佐勤王。除左司郎官，辭。帝復位，除右司郎官、給事中。梁揚祖爲發運使，寧止再疏論駁。

以添差江、淮、荆湖制置發運副使扈從隆祐太后幸江西，尋爲兩浙轉運副使。錄勤王功，直龍圖閣，進祕閣修撰，主管崇道觀，提點江、淮等路坑冶鑄錢，知鎭江府兼沿江安撫，進





右文殿修撰。寧止言：「京口控扼大江，爲浙西門戶，請分常州、江陰軍及崑山、常熟二縣隸本司，庶防秋時沿江號令歸一，可以固守。」權戶部侍郎，總領三宣撫司錢糧。張浚都督諸軍，以爲行府屬。除吏部侍郎，進徽猷閣直學士、知秀州，升顯謨閣，提舉太平觀，卒。

寧止有文名，慷慨喜論事。當艱難時，上疏言闕失，指切隱微，多人所難言。乞禁王安石日錄，復賢良方正科，用司馬光十科薦士法，倣唐制宰執論事以諫官侍立，皆其顯顯者。勤王之舉，呂頤浩紀其有輸忠贊謀之勞。寧止與一止、岑皆羣從昆弟，帝嘗稱寧止忠、一止清、岑敏云。有敎忠堂類藁十卷。

胡交修字已楙，常州晉陵人。登崇寧二年進士第，授泰州推官，試詞學兼茂科。給事中翟汝文同知貢舉，得其文曰：「非吾所能及也。」置之首選，除編類國朝會要所檢閱文字。政和六年，遷太常博士、都官郎，徙祠部，遷左司官，拜起居舍人、起居郎。昭慈太后垂簾聽政，除右文殿修撰、知湖州。

建炎初，以中書舍人召，辭不至，改徽猷閣待制、提舉杭州洞霄宮。三年，復以舍人召，詔守臣津發，尋進給事中、直學士院兼侍講。入對，首論天下大勢曰：「淮南當吾膺，將士遇敵先奔，無藩籬之衞。湖、廣帶吾脅，羣盜乘間竊發，有腹心之憂。江、浙肇吾基，根本久未立。秦、蜀張吾援，指臂不相救。宜詔二三大臣修政事，選將帥，蒐補卒乘，以張國勢，撫綏疲瘵，以固國本。」

帝又出手詔，訪以弭盜保民、豐財裕國、強兵禦戎之要，交修疏言：「昔人謂甑有麥飯，床有故絮，雖儀、秦說之不能使爲盜，惟其凍餓無聊，日與死迫，然後忍以其身棄之於盜賊。陛下下寬大之詔，開其自新之路，禁苛慝之暴，豐其衣食之源，則悔悟者更相告語歡呼而歸。其不變者，黨與攜落，亦爲吏士所係獲，而盜可弭，盜弭則可以保民矣。沃野千里，殘爲盜區，皆吾秔稻之地。操弓矢，帶刀劍，椎牛發冢，白晝爲盜，皆吾南畝之民。陛下撫而納之，反其田里，無急征暴斂，啓其不肯之心，耕桑以時，各安其業，穀帛不可勝用，而財可豐，財豐則可以裕國矣。日者翟興連西路，董平據南楚，什伍其人，爲農爲兵，不數年，積粟充牣，雄視一方。盜賊猶能爾，況以中興二百郡地，欲強兵以禦寇，不能爲翟興輩之所爲乎？」世以爲名言。

李成盜江、淮，廷議欲親征，交修謂：「羣盜猖狂，天子自將，勝之則不武，不勝則貽天下笑。此將帥之責，何足以辱王師？」議遂格，盜尋遁。

周杞守常州，坐殘虐免。會大旱，帝問交修致旱之由，對以殆杞佚罰之故，乃以杞屬





吏。杞疑爲交修所譏，上書告其罪，遣大理寺丞胡蒙詣常按驗。交修無所絓，然羣從多抵罪。尋以徽猷閣待制提舉太平觀。

六年〔三〕，召爲給事中、刑部侍郎、翰林學士、知制誥兼侍讀。久之，遷刑部尚書。汀州寧化縣論大辟十人，獄已上，知州事鄭強驗問，無一人當死，交修乞治縣令冒賞殺無辜罪。江東留獄追逮者尙六百人，交修言：「若待六百人俱至，則瘐死者衆矣，請以罪狀明白者論如律，疑則從輕。」詔皆如其言。

朝論欲以四川交子行之諸路，交修力陳其害，謂：「崇寧大錢覆轍可鑒，當時大臣建議，人皆附和，未幾錢分兩等，市有二價，姦民盜鑄，死徙相屬。以今交子校之大錢，無銅炭之費，無鼓鑄之勞，一夫挾紙日作十數萬，眞贋莫辨，售之不疑，一觸憲網，破家壞產，以賞告捕，禍及無辜。歲月之後，公私之錢盡歸藏鏹之家，商賈不行，市井蕭條，比及悔悟，恐無及矣。」時議大舉，交修曰：「今妄言無行之徒，爲迎合可喜之論，吾無以考驗其實，遽信之以舉事，豈不誤國哉？」帝覽之矍然。翌日，出其奏示大臣曰：「交修眞一士之諤諤也。」

蜀帥席益既去，帝問交修孰可守蜀者，對以臣從子世將可用，遂以世將爲樞密直學士、四川安撫制置使。世將在蜀五年，號爲名帥。

自重兵聚關外以守蜀，餉道險遠，漕舟自嘉陵江而上，春夏漲而多覆，秋冬涸而多膠。

紹興初，宣撫副使吳玠始行陸運，調成都、潼川、利州三路夫十萬，縣官部送，徼賞爭先，十斃三四。至是交修言：「養兵所以保蜀也，民不堪命則腹心先潰，何以保蜀？臣愚欲三月以後、九月以前，第存守關正兵，餘悉就糧他州，如此則守關者水運可給，分戍者陸運可免。」帝命學士院述交修意，詔玠行之。

議徽宗配享功臣，交修奏：「韓忠彥建中靖國初爲相，賢譽翕然，時號『小元祐』。」從之，人大允服。

八年夏，以親老，除寶文閣學士、知信州。入辭，上欲留侍經筵，力言母老，願奉祠里中以便養。帝曰：「卿去，行復召矣。」改提舉江州太平興國宮。九年六月召還，除兵部尚書、翰林學士兼侍講。時河南新復，交修奏：「京西、陝右取士之法，乞如祖宗時設諸科之目，以待西北之士；別爲號於南宮，以收五路之才。」詔令禮部討論。逾年，復請補外，除端明殿學士、知合州。却私請，免上供以萬計，領州數月卒。

交修簡重寡言，進止有度，爲文不事琢雕，坦然明白，在詞苑號爲稱職。自其從祖宿、從父宗愈至交修、世將，皆在禁林。中興以後，學士三入者自交修始。交修裒次爲書，號四世絲綸集，以侈一門之遇。至於事繼母以孝聞，撫二弟極其友愛，遇恩以次補官，若交修者，其文行之兼副者歟！



綦崇禮字叔厚，高密人，後徙濰之北海[四]。祖及父皆中明經進士科。崇禮幼穎邁，十歲能作邑人墓銘，父見大驚曰：「吾家積善之報，其在茲乎！」

初入太學，諸生溺於王氏新說，少能詞藝者。徽宗幸太學，崇禮出二表，祭酒與同列大稱其工。登重和元年上舍第，調淄縣主簿，爲太學正，遷博士，改宣教郎、祕書省正字，除工部員外郎，尋爲起居郎、攝給事中。召試政事堂，爲制誥三篇，不淹晷而就，辭翰奇偉。拜中書舍人，賜三品服，進用之速，近世所未有，高宗猶以爲得之晚。

車駕如平江，有旨鄒浩追復龍圖閣待制，崇禮當行詞，推帝所以襃恤遺直之意，有曰：「處心不欺，養氣至大。言期寤意，引裾嘗犯於雷霆；計不顧身，去國再還於嶺徼。羣臣動色，志士傾心。」又曰：「英爽不忘，想生氣之猶在；姦諛已死，知朽骨之尚寒。」同列推重，除試尚書吏部侍郎，時從官惟崇禮與汪藻，尋兼直學士院。以徽猷閣直學士知漳州，其俗悍強，號難治，屬有巨寇起建州，聲撼鄰境，人心動搖，崇禮牧民禦衆，一如常日，訖盜息，環城內外按堵如故。

徙知明州，召爲吏部侍郎兼權直學士院。時有詔侍從官日輪一員，具前代及本朝事關



治體者一二事進入，崇禮言：「祖宗以來選用儒臣，以奉講讀。若令從官一例獻其所聞，既非舊典，且又越職，望令講讀官三五日一進。」乃命學士與兩省官如前詔。又言：「駐蹕臨安，以浙西爲根本，宜固江、淮之守，然後可以圖興復。蜀在萬里外，當召用其士大夫，慰安遠人之心。」時兵革後，省曹簿書殘毀幾盡，崇禮再執銓法，熟於典故，討論沿革，援據該審，吏不得容其私。後有詔重刊七司條敕，崇禮所建明，悉著爲令。

移兵部侍郎，仍進直學士院。御筆處分召至都堂，令條具進討固守利害。崇禮奏：「諜傳金人併兵趣川、陝，蓋以向來江左用兵非敵之便，故二三歲來悉力窺蜀。其意以謂蜀若不守，江、浙自搖，故必圖之，非特報前日吳玠一敗而已。今日利害，在蜀兵之勝負。」又奏：「君之有臣，所以濟治。臣効實用，則君享其功；臣竊虛名，則君受其弊。實用之利在國，虛名之美在身。忠於國者，不計一己之毀譽，惟天下之治亂是憂；潔其身者，不顧天下之治亂，惟一己之毀譽是恤。然效力於國，其實甚難，世未必貴；竊名於己，其爲則易，且以得譽。二者有關於風俗甚大，是不可不察也。」

九月，御筆除翰林學士，自靖康後，從官以御筆除拜自此始。楊惟忠、邢煥以節度使致仕，告由舍人院出，崇禮言：「祖宗時，凡節鉞臣僚得謝，不以文武，並納節別除一官致仕。熙寧間，富弼以元勳始令特帶節鉞致仕，其後繼者曾公亮、文彥博，他人豈可援以爲例。」詔自今如祖宗故典。



進兼侍讀兼史館修撰。時有旨重修神宗、哲宗正史。兵火之後，典籍散亡，崇禮奏：「神宗實錄墨本，元祐所修已是成書，朱本出蔡卞手，多所附會，乞將朱墨本參照修定。哲宗實錄，崇寧間蔡京提舉編修，增飾語言，變亂是非，難以便據舊錄修定，欲乞訪求故臣之家文獻事迹參照。」又奏：「知湖州汪藻編類元符庚辰至建炎己酉三十年事迹，乞下藻以已成文字赴本所。」並從之。先是，藻奉詔訪求甚備，未及修纂，崇禮取而專之。

嘗進唐太宗錄刺史姓名於屏風故事，曰：「連千里之封得一良守，則千里之民安；環百里之境得一良令，則百里之民說。牧民之吏咸得其良，則治功成矣。苟能効當時之事，以守令姓名詳列于屏，簡在帝心，則人知盡心職業。」再入翰林凡五年，所撰詔命數百篇，文簡意明，不私美，不寄怨，深得代言之體。

以寶文閣直學士知紹興府。劉豫導金人入侵，揚、楚震擾，高宗躬御戎衣次吳會。崇禮以近臣承寧方面，謂：「浙東一道爲行都肘腋之地，備禦不可不謹。」密疏於朝，得便宜從事。於是繕城郭，厲甲兵，輸錢帛以犒王師，簡舟艦以扼海道，疚心夙夜，殆廢食寢。及春，帝還，七州晏然不知羽檄之遽。期年，上印綬，退居台州。卒年六十，贈左朝議大夫。

崇禮妙齡秀發，聰敏絕人，不爲崖岸斬絕之行。廉儉寡欲，獨覃心辭章，洞曉音律，酒

酣氣振，長歌慷慨，議論風生，亦一時之英也。中年頓踣場屋，晚方登第，以縣主簿驟升華要，極潤色論思之選。端方亮直，不憚強禦，秦檜罷政，崇禮草詞顯著其惡無所隱，檜深憾之。及再相，矯詔下台州就崇禮家索其藁，自於帝前納之，且將修怨。會崇禮已沒，故身後所得恩澤，其家畏懼不敢陳，士大夫亦無敢為其任保。樓鑰嘗敍其文，以為氣格渾然天成，一旦當書命之任，明白洞達，雖武夫遠人曉然知上意所在云。

論曰：建炎、紹興之際，網羅俊彥，布于庶職，如衞膚敏以下七人者，其論議時政，指陳闕失，雖或好惡多不同，亦皆一時之表表者。朔一止、寧止兄弟之忠清，交修、崇禮之詞翰，又有助於治化者焉。

## 校勘記

〔一〕升暘宮　原作「昇陽宮」，據汪藻浮溪集卷二五衞膚敏墓誌銘、李幼武四朝名臣言行錄別集下卷五衞膚敏條、繫年要錄卷一一改。

〔二〕晦欲斬邦　此下原衍「策」字，據上文及繫年要錄卷三〇刪。





〔三〕六年　承上文，當指建炎六年，但建炎無六年。據繫年要錄卷六九、七七、八五、九五、一〇〇及宋中興學士院題名錄，下文胡交修歷任各職分別在紹興三年、四年、五年、六年，此處紀年有脫誤。下文「八年」，應為「紹興八年」。

〔四〕後徙濰之北海　「濰」原作「維」，據本書卷八五地理志、元豐九域志卷一改。

# 宋史卷三百七十九

## 列傳第一百三十八

章誼　韓肖胄　陳公輔　張觷　胡松年　曹勛　李稙
韓公裔

章誼字宜叟，建州浦城人。登崇寧四年進士第，補懷州司法參軍，歷潭、台二州教授、杭州通判。建炎初，陳通寇錢塘，城閉，部使者檄誼聚杭州七縣弓兵，以張聲勢。會王淵討賊，誼隨淵得入城，賊平，旋加撫定，人皆德之。

帝幸臨安，苗、劉為變，帝御樓，宰臣百執事咸在，人心恟恟。帝問羣臣曰：「今日之事何如？」浙西安撫司主管機宜文字時希孟輒曰：「乞問三軍。」誼越班斥之曰：「問三軍何義？若將鼓亂邪？」希孟却立屏息，帝嘉之。事定，竄希孟吉陽軍，誼遷二秩，擢倉部員外郎。奉使二浙，貿易祠牒以濟軍用，以稽遲罷。未幾，召為駕部員外郎，遷殿中侍御史。





張浚宣撫陝西，誼奏：「自趙哲退敗，事任已重，處斷太專，當除副貳，使之自助。」何㮚贈官，誼論其「折衝無謀，守禦無策，乃中國招禍之首」，乞寢免。

邵青自太平乘舟抵平江，所至刼掠。誼請置水軍於駐蹕之地，且言：「古者師有三等，大為陣脚，次為戰船，小為傳令，皆可為戰守之備。」詔淮南三宣撫措置。誼又獻戰守四策，謂：「金人累歲南侵，我亦累歲奔走，蓋謀國之臣誤陛下也。比者駐蹕揚州，有兵數十萬，可以一戰。斥候不明，金人奄至，踰江而東，此宰相黃潛善、汪伯彥過也。前年，移蹕建康，兵練將勇，據長江之險，可守矣。舟師不設，二相異意，金人未至，遵海而南，此宰相呂頤浩過也。不知今年守戰之策安所從出？執政大臣誰為陛下任此事者？臣愚謂有江海，必資舟檝戰守之具；有險阻，必資郡縣防守之力；有兵將，必駕馭撫循，不可為將帥自衞之資；有糧賦，必漕運轉輸，不可為盜賊侵據之用。四者各付能臣，分路以辦，重賞嚴罰，誰敢不用命哉！」

詔問保民、弭盜、遏寇、生財之策，誼對曰：「去姦貪殘虐之吏，則民可保；用循良廉平之吏，則盜可弭；敵寇未遏，以未得折衝禦侮之臣；財賦未裕，以未得掌財心計之臣。凡此四者，任人不任法，則政治可得而治矣。」

詔集議明堂配享，胡直儒〔一〕等請合祭天地，而以太祖、太宗配。誼言：「稽之經旨則未合，參之典故則未盡，施之事帝則未爲簡嚴。今國家既以太祖配天於郊，比周之后稷，則太宗宜配帝於明堂，以比周之文王。仁宗皇祐二年，始行明堂合祭天地，並配祖宗，乃一時變禮。至嘉祐七年，再行宗祀，已悟皇祐之非，乃罷配享，仍徹地示之位，故有去並侑煩文之詔。如嘉祐之詔，則太祖地示已不與祭；元豐正祀典之詔，則悉罷羣祀。臣等謂將來明堂大饗，宜專祀昊天上帝，而以太宗配。」後不果行。

紹興二年，除大理卿。宰相奏知平江府，帝曰：「誼儒者，賴其奏讞平恕，使民不寃，勿令補外。」尋除權吏部侍郎，乞：「詔有司編類四選通知之條，與一司專用之法，兼以前後續降指揮，自成一書。如此則銓曹有可守之法，姦吏無舞文之弊，書成而吏銓有所執守矣。」

改刑部侍郎兼詳定一司敕令，誼奏：「比修紹興敕令格式，其忠厚之意，則本於祖宗；其綱條之舉，則仍於舊貫。今在有司，爲日既久，州縣推行，漸見牴牾。欲承疑邈用，則衆聽惑而不孚；欲因事申明，則法屢變而難守。乞詔監司、郡守與承用官司，參考祖宗舊典，各摭新書之闕遺，條具以聞，然後命官審訂刪去，著爲定法。」

遷徽猷閣直學士、樞密都承旨，誼奏：「漢有南北兩屯，唐有南北兩衞，皆天子自將之兵。祖宗所置殿班親軍，處禁門之內，皆極天下之選。今日神武兵萃於五軍，多逃亡之餘，市井之人，殿班親軍，倚以侍衞者，曾無千百。願陛下酌漢、唐南北禁衞之意，修本朝遴選



班直之法，選五軍及諸州各爲一衞，合取萬人，分爲兩衞，則禁衞增嚴，王室大競矣。」

四年，金遣李永壽、王翊來，求還劉豫之俘，及西北人在東南者，又欲畫江以益劉豫。時議難之，欲遣大臣爲報使。參政席益以母老辭，薦誼爲代，加誼龍圖閣學士，充軍前奉表通問使，給事中孫近副之。誼至雲中，與粘罕、兀室論事，不少屈。金人諭亟還，誼曰：「萬里銜命，兼迎兩宮，必俟得請。」金人乃令蕭慶授書，併以風聞事責誼，誼詰其所自，金人以實告，乃還。至南京，劉豫留之，以計得歸。帝嘉勞之，擢刑部尚書。

是冬，帝親征，王師大捷於淮陰，誼扈從。還臨安，遷戶部尚書，誼言：「祖宗設官理財，內則戶部，外則諸路轉運使、副，東南委輸最盛，則又置發運，以督諸路供輸之入，皆有移用補助之法，戶部仰以不乏者也。今川、廣、荆湖土貢歲輸，不入王府者累年矣，皆發運使失職之罪也。頃因定都汴京，故發運使置司眞、泗，今駐吳會，則發運當在荆湖南、北之間。望討論發運置司之地，選能臣以充其任。」又言：「戶部左右曹之設，諸路運司則左曹之屬也，提舉則右曹之屬也。若復發運司，於諸路各置轉運使副二員，以一員檢察常平，以應右曹之選，則戶部財用無陷失矣。」

五年，以疾請郡，除龍圖閣學士、知溫州。適歲大旱，米斗千錢，誼用劉晏招商之法，置場增直以糴，米商輻輳，其價自平。部使者以狀聞，詔遷官一等。六年，移守平江。時將臨



幸，供億繁夥，誼處之皆當於理。召對，賜帶笏，帝曰：「此不足以償卿之勞，其勿謝。」

明年，移蹕建康，復爲戶部尚書。誼奏營田之策，謂：「京西、湖北、淮南東西失業者最多，朝廷必欲家給牛種、人給錢糧以勸耕，則財力不足。今三大將各屯一路，如各捐數縣地均給將士，收其餘以省轉輸，非小補也。」

七年，帝還臨安，以誼爲端明殿學士、江南東路安撫大使、知建康府兼行宮留守。未幾，提舉亳州明道宮，代還。八年卒，年六十一，謚忠恪。

誼寬厚長者，故事臺官言事，非挾怨以快已私，卽用仇家言爲人報復，誼獨存大體，士論歸之。立朝論事，奏疏無慮數十百篇，皆經國濟時之策。初，席益薦誼使金，帝曰：「誼亦母老，朕當自諭之。」誼聞命，略無難色，戒其家人勿使母知。將行，告母曰：「是行不數月卽歸，大似往年太學謁告時爾。」及還，母竟不知其使金也。誼卒，母年九十二。子八人：䮾、駒、駟、驔、騂、駉、馳、駰。

韓肖胄字似夫，相州安陽人。曾祖琦，祖忠彥，再世爲相。父治。肖胄以蔭補承務郎，歷開封府司錄。與府尹同對殿中，徽宗問其家世，賜同上舍出身，除衞尉少卿，賜三品服。



尋假給事中、充賀遼國生辰使。旣還，時治守相州，請祠。肖胄因乞補外侍疾，詔除直秘閣、知相州，代其父任。陛辭，帝曰：「先帝詔韓氏世官于相，卿父子相代，榮事也。」在相四年，王師傅燕，肖胄策幽薊且有變，宜陰爲守備。已而金騎入境，野無所掠而去。

建炎二年，知江州，入爲祠部郎，遷左司。嘗言：「中原未復，所恃長江之險，淮南實爲屏蔽。沃野千里，近多荒廢，若廣修農事，則轉餉可省，兵食可足。」自是置局建康，行屯田於江淮。又應詔陳五事，曰：遠斥堠，戢戍兵，防海道，援中原，修軍政。擢工部侍郎。

時川、陝馬綱路通塞不常，肖胄請於廣西邕州置司，互市諸蕃馬，詔行之。時召侍從問戰守計，肖胄條奏千餘言，帝稱其所對事理簡當。吏部尚書席益歎曰：「援古證今，切於時用，非世官不能也。」

紹興二年，詔百官各言省費裕國、強兵息民之策，肖胄言：「天下財賦窠名，舊悉隸三司，今戶部惟有上供之目而已。問諸路窠名於戶部，戶部不能悉，問諸州窠名於漕司，漕司不能悉，失一窠名，則此項遂亡。願詔諸路漕司，括州縣出納，可罷罷之，可併併之，立爲定籍。漕司總諸州，戶部總諸路，則無失陷矣。經費之大，莫過養兵。今人亡而冒請者衆，願立諸軍覈實之法，重將帥冒請之罪，則兵數得實，餉給不虛，省費裕國，此其大者。生民常賦之外，迫以軍期，吏緣爲姦，斂取百端。復爲寇所迫逐，田桑失時，寇去復業，未及息肩，催科

之吏已呼其門矣。願詔郡邑，招集流散，官貸之種，俟及三年，始責其賦，置籍書之，以課殿最，強兵息民，此其先者。」時多所采納。又請復天地、日月、星辰、社稷之祀，於是下有司定一歲祭禮。

遷吏部侍郎，時條例散失，吏因爲姦，肖胄立重賞，俾各省記，編爲條目，以次行之，舞文之弊始革。陣亡補官，得占射差遣，而在部常調人，守待不能注授，且有短使重難。肖胄請陣亡惟許本家用恩例，異姓候經任收使，遂無不均，且嚴六部出入之禁，而請託不行。

三年，拜端明殿學士、同簽書樞密院事，充通問使，以胡松年副之，肖胄慨然受命。時金酋粘罕專執政，方恃兵強，持和戰離合之策，行人皆危之。肖胄入奏曰：「大臣各循己見，致和戰未有定論。然和乃權時之宜，他日國家安彊，軍聲大振，誓當雪此讎恥。今臣等行，或半年不返命，必復有謀，宜速進兵，不可因臣等在彼而緩之也。」將行，母文語之曰：「汝家世受國恩，當受命即行，勿以我老爲念。」帝稱爲賢母，封榮國夫人。

肖胄至金國，金人知其家世，甚重之，往返纔半年。自帝即位，使者凡六七年未嘗報聘，至是始遣人偕來。肖胄先北使入對，與朱勝非議不合，力求去，以舊職知溫州，提舉臨安府洞霄宮。



五年，詔問前宰執戰守方略，肖胄言：「女眞等軍皆畏服西兵勁銳善戰〔三〕，今三帥所統



多西人，吳玠繼有捷奏，軍聲益振，敵意必搖，攻戰之利，臣固知之。自荆、襄至江、淮，綿亘數千里，不若擇文武臣僚按行計度，求險阻之地，屯兵積糧，則形勢相接。今淮東、西雖命宣撫使，然將屯置司，乃在江上，所遣偏裨分守，不過資以輕兵，勢孤力弱，難以責其固志。當移二將於江北，使藩籬可固。」又言：「諸大將之兵，自主庭戶，更相讎疾。若欲並遣進攻，宜先命總帥，分以精銳，自成一軍，號令既一，則諸將疇敢不聽命。畿甸、山東、關河之民怨金人入骨，當以安集流亡，招懷歸附爲先，今淮南、江東西荒田至多，若招境上之人，授田給糧，捐其賦租，必將接跡而至。」又奏：「江之南岸，曠土甚多，沿江大將各分地而屯，軍士舊爲農者十之五六，擇其非甚精銳者，使之力耕，農隙則試所習之技藝，秋成則均以所種之禾麥，或募江北流徙及江南無業願還之人分給之，創爲營屯。止則固守，出則攻討。」起知常州，召赴行在，提舉萬壽觀，尋除簽書樞密院事。

和議已定，復命肖胄爲報謝使。接伴者逆於境，謂當稱謝恩使。肖胄論難三四反，遂語塞。既至，金遣人就館議事，肖胄隨問隨答，衆皆聳聽。其還，給氈車及頓遞宴設，自肖胄始。

除資政殿學士、知紹興府。尋奉祠，與其弟膺胄寓居于越幾十年。事母以孝聞，弟不至不食，所得恩澤，皆先給宗族。卒，年七十六，謚元穆。

琦守相，作晝錦堂，治作榮歸堂，肖胄又作榮事堂，三世守鄉郡，人以爲榮。

陳公輔字國佐，台州臨海人。政和三年，上舍及第，調平江府教授。朱勔方變倖，當官者奴事之，公輔絕不與交。勔有兄喪，諸生欲往弔，公輔不予告。勔不悅，諷權要移公輔越州。累遷權應天府少尹，除秘書郎。

靖康初，二府多宣和舊人，公輔言：「蔡京、王黼用事二十餘年，臺諫皆緣以進，唐重、師驤爲太宰李邦彥引用，謝克家、孫覿爲纂修蔡攸引用，及邦彥作相，又附麗以進。此四人者，處臺諫之任，臣知其決不能言宰相大臣之過。願擇人臣中朴茂純直，能安貧守節、不附權倖、慷慨論事者，列之臺諫，則所任得人，禮義廉恥稍稍振起，敵國聞之，豈不畏服哉！」時吳敏、李綱不協，公輔奏：「陛下初臨萬機，正賴其同心合謀，而二臣不和，已有其跡，願諭以聖訓，俾務一心以安國家。」

徽宗渡江未還，人情疑懼，公輔力陳父子之義，宜遣大臣迎奉。欽宗嘉之，擢爲右司諫。孟夏享景靈宮，遂幸陽德、佑神觀。公輔諫不當如平時事宴游，論：「蔡京父子懷奸誤國，終未行遣。今朝廷公卿百執事半出其門，必有庇之者。」詔謫京崇信軍節度副使，德安





府安置。又奏：「朱勔罪惡，都城之民皆謂已族滅其家，乞勿許其子姪隨上皇入京。」

時有指公輔爲李綱之黨，鼓唱士庶伏闕者。公輔自列，因辭位，後陳三事：其一言李綱書生，不知軍旅，遣援太原，乃爲大臣所陷，必敗事。其二言余應求不當以言遠謫。其三言方復祖宗法度，馮澥不宜更論熙寧、元豐之政。語觸時宰，遂與應求、程瑀、李光俱得罪，斥監合州稅。

高宗即位，召還，除尚書左司員外郎。明年，始達維揚。初，李綱得政，公輔自外除郎，未至而綱罷，改南劍州，尋予宮觀。紹興六年，召爲吏部員外郎。疏言：「今日之禍，實由公卿大夫無氣節忠義，不能維持天下國家，平時既無忠言直道，緩急詎肯伏節死義，豈非王安石學術壞之邪？議者尚謂安石政事雖不善，學術尚可取。臣謂安石學術之不善，尤甚於政事，政事害人才，學術害人心，三經、字說詆誣聖人，破碎大道，非一端也。春秋正名分，定褒貶，俾亂臣賊子懼，安石使學者不治春秋；史、漢載成敗安危、存亡理亂，爲聖君賢相、忠臣義士之龜鑑，安石使學者不讀史、漢。王莽之篡，揚雄不能死，又仕之，更爲劇秦美新之文。安石乃曰：『雄之仕，合於孔子無可無不可之義。』五季之亂，馮道事四姓八君，安石乃曰：『道在五代時最善避難以存身。』使公卿大夫皆師安石之言，宜其無氣節忠義也。」復授左司諫，言：「中興之治在

得天得人，以孝感天，以誠得民。」帝喜其深得諫臣體，賜三品服，令尚書省寫圖進入，以便觀覽。

公輔感帝知遇，益罄忠鯁，言：「正心在務學，治國在用人，朝廷之禍在朋黨。」仍乞增輪對官，令審計、官告、糧料、榷貨、監倉及茶場等官，有己見，許面對。時有詔將駐蹕建康，公輔上疏陳攻守之策，且乞選大臣鎭淮西，增兵將守要害，使西連鄂、岳，東接楚、泗，皆有掎角之形。

徽宗訃至，公輔請宮中行三年之喪，視朝服淡黃，羣臣未可純吉服，明堂未當以徽宗配，宜罷臨軒策士。又乞權罷講筵，事不行。

遷尙書禮部侍郎。會趙鼎言進退人才乃其職分，疏稍侵公輔，因力請祠。除集英殿修撰、提舉江州太平觀，尋知處州。升徽猷閣待制，乃提舉太平觀。卒，年六十六，贈太中大夫。有文集二十卷、奏議十二卷，行於世。公輔論事剴切，疾惡如讎，惟不右程頤之學，士論惜之。

張觷字柔直，福州人。舉進士，爲小官，不與世詭隨。時蔡京當國，求善訓子弟者，觷適到部，京族子應之以觷薦，觷再三辭，不獲，遂卽館，京亦未暇與之接。觷嚴毅聳拔，意





度凝然，異於他師，諸生已不能堪，忽謂之曰：「汝曹會學走乎？」諸生駭而問曰：「嘗聞先生敎令讀書徐行，未聞敎以走也。」觷曰：「天下被而翁破壞至此，旦夕賊來，先至而家，汝曹惟有善走，庶可逃死爾。」諸子大驚，亟以所聞告京，曰：「先生心恙。」京矍然曰：「此非汝所知也。」卽見觷深語，觷慷慨言曰：「宗廟社稷，危在旦夕。」京斂容問計，觷曰：「宜亟引耆德老成置諸左右，以開道上心。羅天下忠義之士，分布內外，爲第一義爾。」京因扣其所知，遂以楊時薦，於是召時。

觷後守南劍州，遷福建路轉運判官。未行，會范汝爲陷建州，遣葉徹擁衆寇南劍。時統制官任士安駐軍城西，不肯力戰，觷獨率州兵與之戰，分爲數隊，令城中殺羊牛豕作肉串，仍多具飯。將戰，則食第一隊人，既飽，遣之入陣，便食第二隊人，度所遣兵力將困，卽遣第三隊人往代，第四至五六隊亦如之。更迭交戰，士卒飽而力不乏。徹中流矢死，衆敗走。觷知士安懼無功，卽函徹首與之，州兵皆憤，觷曰：「賊必再至，非與大軍合力不能破也。」士安得之大喜，遂馳報諸司，謂已斬徹。未幾，徹二子果引衆聲言復父讎，縞素來攻。於是士安與州兵夾攻，大敗之，城賴以全。

再知處州，嘗欲造大舟，幕僚不能計其直，觷敎以造一小舟，量其尺寸，而十倍算之。又有欲築紹興園神廟垣，召匠計之，云費八萬緡，觷敎之自築一丈長，約算之可直二萬，卽以二萬與匠者。董役內官無所得，乃奏紹興空乏難濟，太后遂自出錢，費三十二萬緡。以直龍圖閣知虔州[三]，蕩平餘寇，進秘閣脩撰，卒。後廟食邵武。

胡松年字茂老，海州懷仁人。幼孤貧，母粥機織，資給使學，讀書過目不忘，尤邃於易。政和二年，上舍釋褐，補濰州敎授。八年，賜對便殿，徽宗偉其狀貌，改校書郎兼資善堂贊讀。爲殿試參詳官，以沈晦第一，徽宗大悅曰：「朕久聞晦名，今乃得之。」遷中書舍人。

時方有事燕雲，松年累章謂邊釁一開，有不勝言者。咈時相意，提舉太平觀。建炎間，密奏中原利害，召赴行在，出知平江府。未入境，貪吏解印斂跡，以興利除害十七事揭于都市，百姓便之。加徽猷閣待制。奏防江利害：一曰立國無藩籬之固，二曰遣將無首尾之援，三曰不攻敵技之所短。

召爲中書舍人。言武昌、九江、建昌、京口、吳江、錢塘、明、越宜各屯水戰士三千以爲備。唐恪追復觀文殿學士，松年繳奏曰：「靖康之禍，何㮚輕脫寡謀，宜爲罪首。去年秦檜還朝，力稱其抗義守正，遂被褒贈，已大咈士論。今恪子琢自陳其父不獲伸迎請二帝之謀，飲藥而死。此事凜然，追蹤古人。宜詔有司詳考實狀，庶不爲虛美，以示激勸。」





除給事中。會選將帥，松年奏：「富貴者易爲善，貧賤者難爲功，在上之人識擢何如爾。願陛下親出勞軍，卽行伍蒐簡之，必有可爲時用者。」又奏：「恢復中原，必自山東始，山東歸附，必自登、萊、密始，不特三郡民俗忠義，且有通、泰飛艘往來之便。」除兼侍講。

王倫使金還，言金人欲再遣重臣來計議，以松年試工部尙書爲韓肖胄副，充大金奉表通問使。時使命久不通，人皆疑懼，松年毅然而往。至汴京，劉豫令以臣禮見，肖胄未答，松年曰：「聖主萬壽。」豫曰：「聖意何在？」松年曰：「主上之意，必復故疆而後已。」使還，拜吏部尙書。

岳飛收復襄、漢，令松年籌度守禦事。松年奏：「乞飛班師，徐窺劉豫意向，若豫置不問，其情叵測，當飭將士謹疆場可也。」又條戰艦四利：一曰張朝廷深入之軍勢，二曰固山東欲歸之民心，三曰震疊強敵，使不敢窺江、浙，四曰牽制劉豫不暇營襄、漢。

除端明殿學士、簽書樞密院事。首奏八事：立規摹以定中興之基，振紀綱以尊朝廷之勢，馭將帥使知畏，撫士卒使知勸，收予奪之柄，察毀譽之言，無以小疵棄人才，無以虛文廢實效。又薦張敵萬：「向在淮南誘敵深入，步騎四集，悉陷於淖，無得解者，金人至今膽落。乞令統率軍馬別爲任使，庶幾外閫漸多名將，不獨仗倚三四人而已。」

諜報劉豫於登、萊、海、密具舟楫，淮陽、順昌積芻粟，欲憑藉金人侵我邊鄙。議者謂

韓、劉、岳各當一面，可保無虞。松年奏：「三人聲勢初不相屬，緩急必不相救。況海道闊遠，蘇、秀、明、越〔四〕最爲要衝，乞選精兵萬人，命一大臣往駐建康，親督世忠、光世守采石、馬家渡，以張兩軍之勢，仍以兵五千屯明州、平江，控禦江海。或無人可遣，臣願疾馳以赴其急。」詔遣松年往江上，與諸將會議進討，因覘賊情。帝決意親征，遂次平江，命松年權參知政事，專治戰艦，張浚專治軍器。松年曰：「議論既定，力行乃有效，若今日行，明日止，徒紛紛無益。」

俄以疾提舉洞霄宮，卜居陽羨，雖居閒不忘朝廷事，屢言和糴科斂、防秋利害，帝皆嘉納。十六年，病革，呼其子曰：「大化推移，有所不免。」乃就枕，鼻息如雷，有頃卒，人謂不死也。年六十。

松年平生不喜蓄財，每除官例賜金帛，以軍興費廣，一無所陳請，或勸其白于朝，曰：「弗請則已，白之是沽名也。」喜賓客，奉入不足以供費，或請節用爲子孫計。松年曰：「賢而多財，則損其志，況俸廩，主上所以養老臣也。」自持囊至執政，所舉自代，皆一時聞人，所薦一以至公，權勢莫能奪。

方秦檜秉政，天下識與不識，率以疑忌置之死地，故士大夫無不曲意阿附爲自安計。松年獨鄙之，至死不通一書，世以此高之。





曹勛字公顯，陽翟人。父組，宣和中，以閤門宣贊舍人爲睿思殿應制，以占對開敏得幸。勛用恩補承信郎，特命赴進士廷試，賜甲科，爲武吏如故。

靖康初，爲閤門宣贊舍人、勾當龍德宮，除武義大夫。從徽宗北遷，過河十餘日，謂勛曰：「不知中原之民推戴康王否？」翌日，出御衣書領中曰：「可便卽眞，來救父母。」并持韋賢妃、邢夫人信，命勛間行詣王。又諭勛：「見康王第言有淸中原之策，悉舉行之，毋以我爲念。」又言「藝祖有誓約藏之太廟，不殺大臣及言事官，違者不祥」。勛自燕山遁歸。建炎元年七月，至南京，以御衣所書進入。高宗泣以示輔臣。勛建議募死士航海入金國東京，奉徽宗由海道歸，執政難之，出勛于外，凡九年不得遷秩。紹興五年，除江西兵馬副都監，勛以遠次爲請，改浙東，言者論其不閑武藝，專事請求，竟奪新命。

十一年，兀朮遣使議和，授勛成州團練使，副劉光遠報之。及淮，遇兀朮，遣還，言當遣尊官右職持節而來，蓋欲亟和也。勛還，遷忠州防禦使。金使蕭毅等來，命勛爲接伴使。未幾，落階官爲容州觀察使，充金國報謝副使，召入內殿，帝洒泣，諭以懇請親族之意。及見金主，正使何鑄伏地不能言，勛反覆開諭，金主首肯許還梓宮及太后。勛歸，金遣高居安等衞送太后至臨安，命勛充接伴使。遷保信軍承宣使、樞密副都承旨。

二十九年，拜昭信軍節度使，副王綸〔五〕爲稱謝使。時金主亮已定侵淮計，勛與綸還，言鄰國恭順，和好無他，人譏其妄。孝宗朝加太尉、提舉皇城司、開府儀同三司。淳熙元年卒，贈少保。

李椬字元直，泗州臨淮人。幼明敏篤學，兩舉于鄉。從父中行客蘇軾門，太史晁無咎見之曰：「此國士也。」以女妻焉。

靖康初，高宗以康王開大元帥府。湖南向子諲轉運京畿，時羣盜四起，餉道阨絕，環視左右無足遣者。有以椬薦，遂借補迪功郎，使督四百艘，總押犒師銀百萬、糧百萬石，招募忠義二萬餘衆，自淮入徐趨濟，凡十餘戰，卒以計達。時高宗駐師鉅野，聞東南一布衣統衆而至，士氣十倍，首加勞問。椬占對詳敏，高宗大悅，親賜之食，曰：「得一士如獲拱璧，豈特軍餉而已。」承制授承直郎，留之幕府。

椬三上表勸進：「願蚤正大寶，以定人心，以應天意。」三降手札奬諭。椬感激知遇，言





無不盡，爲汪伯彥、黃潛善所忌。高宗既卽位，爲東南發運司幹辦公事，尋以奉議郎知潭州湘陰。縣經楊么蕩析，椬披荆棘，立縣治，發廩粟，振困乏，專以撫摩爲急。

丞相張浚督師江上，知椬才，薦爲朝奉郎、鄂州通判。大盜馬友、孔彥舟未平，椬請修戰艦，習水戰，分軍馬爲左右翼，大破彥舟伏兵，誅馬友，二盜平。浚以破賊功上於朝，轉朝奉大夫、通判荆南府。秩滿，除尙書戶部員外郎。

時秦檜當國，凡帥府舊僚率皆屛黜，浚亦去國。椬卽丐祠奉親，寓居長沙之醴陵十有九年，杜門不仕。

檜死，子諲以戶部尙書居邇列，語及龍飛舊事，識椬姓名，除戶部郎中。椬始入見，帝曰：「朕故人也。」方有意大用，以母老，每辭，願便養，除知桂陽軍。丁母憂，歸葬，哀毀廬墓，有白鷺朱草之祥。劉錡遺之書曰：「忠臣孝子，元直兼之矣。」服闋，參政錢端禮薦差知瓊州。陛辭，帝慨然曰：「卿老矣，瓊管遠在海外。」改知徽州。徽俗崇尙淫祠，椬首以息邪說、正人心爲事，民俗爲變。轉朝請大夫、直秘閣，改知鎭江府，遷江、淮、荆湘都大提點坑冶鑄錢公事。

踰年，金人敗盟，朝廷將大舉，以椬漕運有才略，授直敷文閣、京西河北路計度轉運使。椬措畫有方，廷議倚重。乾道元年，遷提刑江西。二年，直寶文閣、江南東路轉運使兼知建

康軍府兼本路安撫使，主管行宮留守司事。

植上書極言防江十策，其略曰：「保荆、襄之障，以固本根；審中軍所處，以俟大舉；蒐選强壯，以重軍勢；度地險阨，以保居民；避敵所長，擊其所短；金人降者宜加賞勸。」皆直指事宜，不爲浮泛。疏上，帝嘉其言，以太府卿召赴闕，有疾不克上道，遂以中奉大夫、寶文閣學士致仕，遷湘。

時胡安國父子家南嶽下，劉錡家湘潭，相與往還講論，言及國事，必憂形于色，始終以和議爲恨。年七十有六卒。有文集十卷，題曰臨淮集，廬陵胡銓爲之序。謚忠襄。

子五人，汝虞知桃源縣，汝士朝奉大夫、知黄州，汝工知昌化軍。

韓公裔字子扆，開封人。初以三館吏補官，掌韋賢妃閣牋奏，尋充康王府內知客。金兵犯京，王出使，公裔從行。渡河，將官劉浩、吳湛私鬥，公裔論之乃解。次磁州，軍民戕奉使王雲，隨王車入州廨，公裔復諭退之。王之將南也，與公裔謀，間道潛師夜起，遲明至相，磁人無知者，自是親愛愈篤。及兵退，張邦昌遣人同王舅韋淵來獻傳國璽。時淵自稱僞官，議者又謂邦昌不可信，王怒將誅淵，公裔曰：「神器自歸，天命也。」王遂受璽，命



公裔掌之。公裔力救淵，釋其罪。

元祐后詔王入承大統，府僚謂金兵尚近，宜屯彭城。公裔言：「國家肇基睢陽，王亦宜於睢陽受命。」時前軍已發，將趨彭城，會天大雷電，不能前，王異之，夜半抗聲語公裔曰：「明日如睢陽，決矣。」既即帝位，公裔累遷武功大夫、貴州防禦使。

後以事忤黄潛善，適帝幸維揚，公裔丐去，潛善以爲避事，遂降三官，逐吏部。帝幸越，念其舊勞，召復故官，幹辦皇城司，仍帶御器械，累遷至廣州觀察使、提舉佑神觀。

公裔給事藩邸三十餘年，恩寵優厚，每置酒慈寧宮，必召公裔。會修玉牒，元帥府事多放佚，秦檜以公裔帥府舊人，奏令修書官就質其事。俄除保康軍承宣使，檜疑其捨己而求于帝，銜之。右諫議大夫汪勃希檜意，劾罷公裔，遂與外祠，在外居住，而帝眷之不衰。檜死，即復提舉佑神觀，賜第和寧門西，帝曰：「朕與東朝欲常見卿，故以自近耳。」升華容軍節度使，尋致仕。後華容軍復爲岳陽軍，公裔遂換岳陽軍節度使。高宗既內禪，嘗與孝宗語其忠勞，因詔所居郡善視之。乾道二年卒，年七十五，贈太尉，謚恭榮，官其親族八人。高宗賜金帛甚厚。

公裔律身稍謹，不植勢，不市恩，又敢與黄潛善、秦檜異，斯亦足取云。



論曰：章誼有蹇諤之節，脊胄席父祖之蔭，二人多所論建，奉使不辱，亦可取矣。陳公輔得諫臣之體，其劾蔡京、王黼之黨，論吳敏、李綱之隙，是矣。然既辨安石學術之害，而不尚程頤之學，何邪？張闡斥蔡京之禍，薦楊時之賢，其趣操正矣，况乎寇有術，而不自以爲功乎？松年鄙秦檜而不交，知命通方，固不易得。而曹勛崎嶇兵間，稍著勞勣，然金人入侵之計已決，猶曰鄰國恭順無他，何其見幾之不早邪？若李植、韓公裔早著忠藎，爲天子故人，能與黄潛善、秦檜爲異，閉門不出，待時而動，斯亦知所向方者哉！

## 校勘記

〔一〕胡直儒 宋會要禮二五之八四、繫年要錄卷四三作「胡直孺」。

〔二〕善戰 「善」原作「喜」，據繫年要錄卷八七改。

〔三〕虔州 原作「處州」，據繫年要錄卷一一二、一二〇改。

〔四〕越 原作「趙」。按本書卷八六地理志，趙州屬河北西路，與胡松年奏請控禦江海以防劉豫南侵無關；卷八八地理志兩浙路有蘇、秀、明、越四州，當時分別爲沿江沿海要地，越州更有「航甌舶閩，浮鄞達吳，浪槳風帆，千艘萬艫」之稱（輿地紀勝卷一〇引王十朋賦），正與胡奏所謂海道要



衝相合，「趙」當爲「越」之誤，因改。

〔五〕王綸 原作「王倫」，據本書卷三二高宗紀、卷三七二王綸傳改，下文「勛與綸還」語同。

# 宋史卷三百八十

## 列傳第一百三十九

何鑄 王次翁 范同 楊愿 樓炤 勾龍如淵 薛弼
羅汝楫 子願附 蕭振

何鑄字伯壽，餘杭人。登政和五年進士第，歷官州縣，入爲諸王宮大小學教授、秘書郎。御史中丞廖剛薦鑄操履勁正，可備拾遺補闕之選。即命對。鑄首陳：「動天之德莫大於孝，感物之道莫過於誠。誠孝既至，則歸梓宮於陵寢，奉兩宮於魏闕，紹大業，復境土，又何難焉。」帝嘉納之。

拜監察御史，尋遷殿中侍御史。上疏論：「士大夫心術不正，徇虛以掠名，託名以規利。言不由中而首尾鄉背，行險自售而設意相傾者，爲事君之失。懷險巇之謀，行刻薄之政，輕假不莊，慢易無禮者，爲行己之失。乞大明好惡，申飭中外，各務正其心術，毋或敢誕。」蓋



有所指也。時遷溫州諸宮殿神像于湖州，有司迎奉，所過騷然。鑄言：「孝莫大於寧神，寧神莫大於得四海之歡心。浙東旱荒，若加勤動，恐道路怨咨。乞務從簡約，不得過爲騷擾。」疏奏，其事遂已。擢右諫議大夫。論：「中興之功，在於立志，天下之事濟與否，在於思與不思。願陛下事無大小，精思熟慮，求其至當而行。如是，則事無過舉矣。」尋拜御史中丞。

先是，秦檜力主和議，大將岳飛有戰功，金人所深忌，檜惡其異己，欲除之，脅飛故將王貴上變，逮飛繫大理獄，先命鑄鞫之。鑄引飛至庭，詰其反狀。飛袒而示之背，背有舊涅「盡忠報國」四大字，深入膚理。既而閱實俱無驗，鑄察其冤，白之檜。檜不悅曰：「此上意也。」鑄曰：「鑄豈區區爲一岳飛者，強敵未滅，無故戮一大將，失士卒心，非社稷之長計。」檜語塞，改命万俟卨。飛死獄中，子雲斬於市。

檜銜鑄。時金遣蕭毅、邢具瞻來議事，檜言：「先帝梓宮未反，太后鑾輿尚遷朔方，非大臣不可祈請。」乃以鑄爲端明殿學士、簽書樞密院事爲報謝使。鑄曰：「是行猶顏眞卿使李希烈也，然君命不可辭。」既返命，檜諷万俟卨使論鑄私岳飛爲不反，欲竄諸嶺表，帝不從，止謫徽州。

時有使金者還，言金人問鑄安在，曾用否。於是復使知溫州。未幾，以端明殿學士提舉萬壽觀兼侍讀，召赴行在，力辭。乃再遣使金，使事秘而不傳。既歸報，帝復許以大用，



又力請祠，除資政殿學士、知徽州。居數月，提舉江州太平興國宮。卒，年六十五。

鑄孝友廉儉。既貴，無屋可居，止寓佛寺。其辨岳飛之冤，亦人所難。然紹興己未以後，偏歷臺諫，所論如趙鼎、李光、周葵、范沖、孫近諸人，未免迎望風旨，議者以此少之。至於慈寧歸養，梓宮復還，雖鑄祈請之力，而金謀蓋素定矣。

先是，金諸將皆已厭兵欲和，難自己發，故使檜盡室航海而歸，密有成約。紹興以後，我師屢捷，金欲和益堅。至是，遣鑄銜命，蓋檜之陰謀，以鑄嘗爭岳飛之獄，而飛竟死，使金知之而其議速諧也。

鑄死四十餘年，謚通惠，其家辭焉。嘉定初，改謚恭敏。

王次翁字慶曾，濟南人。聚徒授業，齊、魯多從游者。入太學，貧甚，夜持書就旁舍借燈讀之。禮部別頭試第一，授恩州司理參軍，歷婺州教授、辟雍博士，出知道州。燕雲之役，取免夫錢不及期，輒以乏興論。次翁檄取屬邑丁籍，視民產高下以爲所輸多寡之數，約期受輸，不擾而集。除廣西轉運判官。時劇盜馬友、孔彥舟、曹成更據長沙，帥檄漕司預鳩糧斛三十萬以備調發，次翁即以具報，吏愕眙，次翁曰：「兵未必發，先擾民可



乎？吾以一路常平上供計之，不啻三十萬。」已而賊不犯境。召對，論事不合，出知處州，乞祠，歸寓于婺。

呂頤浩帥長沙，辟爲參謀官。頃之，力乞致仕。秦檜召還，道出婺，次翁見之。樓炤言：「頤浩與次翁同郡，頤浩再相，次翁貧困至此。」檜笑曰：「非其類也。」檜居朝，遂以爲吏部員外郎，遷秘書少監，除起居舍人，遷中書舍人。劉光世除使相，奏以文資蔭其子，次翁執奏繳還。

除工部侍郎兼侍講。蜀闕帥，宰執擬次翁以聞。帝以次翁明經術，留兼資善堂翊善。改御史中丞。論趙鼎不法，罷知泉州。部差李泗爲鄂州巡檢，而湖北宣撫使不可，次翁言：「法令沮于下，而不知朝廷之尊，漸不可長。」帝命詰宣撫司。宣贊舍人陳諤、孫崇節即閤門受旨升轉，次翁言：「閤門徑自畫旨，不由三省，非祖宗法。」寢弗命。呼延通因內教出不遜語，次翁乞斬通以肅軍，且言：「著令，寸鐵入皇城者有常刑。」遂罷內教。

韓世忠與劉光世、張俊與劉錡皆不相能，次翁言：「世忠於光世因言議有隙，俊於錡由措置有睽。竊恐錡保一孤壘，光世軍處窮，獨俊與世忠不肯急援。願遣使切責，因用郭子儀、李光弼以忠義泣別相勉者感動之。」

金人敗盟入侵，次翁爲秦檜言於帝曰：「前日國是，初無主議，事有小變則更用他相，後

來者未必賢於前人，而排斥異黨，收召親故，紛紛非累月不能定，於國事初無補。願陛下以爲至戒，無使小人異議乘間而入。」檜德之。先是，檜兄子與其內兄王㬇皆以恩幸得官，檜初罷政，二人擯斥累年。至是，次翁希檜旨，言：「吏部之有審量，皆暴揚君父過舉，得無傷陛下孝治。乞悉罷建炎、紹興前後累降指揮。」由是二人驟進。

初，次翁既論罷趙鼎，鼎歸會稽，上書言時政。檜忌鼎復用，乃令次翁又言之，乞顯置于法。且言：「特進乃宰相階官，鼎雖謫降，而階官如故，是未嘗罷相也。」遂降散官，謫居興化軍。右諫議大夫何鑄又論鼎罪重罰輕，降朝奉大夫，移漳州。檜意猶未厭，次翁又論：「鼎聞邊警，喜見顏色。繩以漢法，當伏不道之誅；責以春秋，當坐誅意之罰。雖再行貶責，然朝奉大夫視中大夫品秩不相遼，漳州比興化尤爲善地，以此示罰，人將玩刑。」再移潮州安置。

次翁除參知政事。兩浙轉運司牒試，主司觀望，檜與次翁子姪預選者數人，士論大駭。金人敗于柘皐，帝曰：「將帥成不戰劫敵之功，乃輔弼奇謀指縱之力。」除一子職名。檜召三大將論功行賞，岳飛未至。檜與次翁謀，以明日率世忠、俊置酒湖上，欲出，則語直省官曰：「姑待岳少保來。」益令堂廚豐其燕具，如此展期以待者六七日。飛既至，皆除樞密使，罷兵柄。次翁歸語其子伯庠曰：「吾與秦相謀之久矣。」





太后回鑾，次翁爲奉迎扈從禮儀使。初，太后貸金于金使以犒從者，至境，金使責償乃入。次翁以未得檜命，且懼檜疑其私相結納，欲擁其位，堅不肯償，相持境上凡三日，中外憂慮，副使王㬇裒金與之。太后歸，泣訴于帝曰：「王次翁大臣，不顧國家利害，萬一有變，則我子母不相見矣。」帝震怒，欲暴其罪誅之。次翁先白檜謂所以然者，以未嘗稟命，故不敢專。檜大喜，力爲營救，奏爲報謝使以避帝怒。

使還，帝立中宮，奏爲册寶副使，帝終惡之。檜諭次翁辭位，遂以資政殿學士奉祠，引年歸，居明州。檜憐之，餽問不絕。十九年，卒，年七十一，贈宣奉大夫，諸子壻親戚族人添差浙東者又數人，皆檜爲開陳也。檜擅國十九年，凡居政府者，莫不以微忤出去，終始不二者，惟次翁爾。

范同字擇善，建康人。登政和五年第，再中宏詞科，累官至吏部員外郞。與秦檜力主和議。紹興八年，假太常少卿接伴金使蕭哲、張通古入境，同北向再拜，問金主起居，軍民見者多流涕。除中書門下省檢正諸房公事，權吏部侍郎兼實錄院修撰，遷給事中。十一年，檜再主和議，患諸將難制，同獻計於檜，請皆除樞府，罷其兵權。檜喜，乃密奏以柘皐之捷，召三大將赴行在，論功行賞。同入對，帝命與林待聘分草三制，世忠、俊樞密使，飛副使，並宣押赴樞府治事。張俊與檜意合，且覺朝廷欲罷兵權，卽首納所統兵。帝召同入對，復以同爲翰林學士，俄拜參知政事兼修實錄。

同始贊和議，爲檜所引，及在政府，或自奏事，檜忌之。万俟卨因論：「同貳政之初，首爲遷葬之議，自建康至信州，調夫治道，怨嗟籍籍。近朝廷收天下兵柄，歸之宥密，同輒於稠人中貪天功以爲己有。」遂罷與祠。檜意未已，卨再論，責授左朝奉郎、秘書少監，謫居筠州。

十四年，復朝奉大夫，提舉江州太平觀，移池州。十八年，復太中大夫、知太平州。卒，年五十二。

楊愿字原仲。宣和末，補太學錄。二帝北遷，金人聞愿名，索之，愿匿民間。上書執政，請迎復元祐皇后。又奔濟州元帥府勸進，辟爲屬。

高宗卽位，以元帥府結局恩，授修職郞，御營司辟機宜文字。歷新昌縣丞、越州判官。秦檜薦之，召改樞密院編脩官。登紹興二年進士第，遷計議官。召試館職，罷。主管崇道





觀，復除秘書郞。議者謂外任未終，故通判明州。

檜旣專政，召爲秘書丞。未幾，拜監察御史。臺長言愿資淺，當先歷郞官，改司封員外郞，遷右司，起居舍人兼權中書舍人。初脩玉牒，特以命愿，愿言：「玉牒當載靖康推戴趙氏事，以秦檜建議本末書之。」

十三年，權直學士院，充金國賀正旦接伴使。金使完顏曄〔二〕入境，猶欲據主席，中使傳宣，曄不迎拜，愿以禮折之，皆聽服。及還，就充送伴使。十四年，爲御史中丞。踰月，升端明殿學士、簽書樞密院事兼參知政事，仍兼脩玉牒。

十五年罷，提舉太平觀。初，愿與張擴並居西掖，一時書命，藉擴潤色。擴詠二毫筆詩，愿以爲誚己，訴于檜，諷御史李文會劾之。高閌侍經筵，帝問張九成安否，翌日，又問檜，檜曰：「九成以唱異惑衆，爲臺臣所論，予郡，乃力乞祠。觀其意，終不爲陛下用。」帝曰：「九成清貧，不可無祿。」檜疑閌薦之，以語愿，愿又嗾文會攻閌去。藤州守臣言遷客李光作詩諷刺時政，愿在中司，傅會其說，謂：「光縱橫傾險，子弟賓客往來吳、越，誘人上書，動搖國是。」光再移謫瓊海。文會旣升西府，愿覘檜意稍厭，卽數其害政，罷之。後二日，愿遂補其處。帝與檜論事，因曰：「朕謂進用士大夫，一相之責也。一相旣賢，則所薦皆賢。」愿曰：「陛下任相如此，蓋得治道之要。」又論史事，檜曰：「靖康圍城中，失節者相與作私史，公肆擠

排。」帝曰：「卿不推異姓，宜其不容。」愿曰：「檜非獨是時不肯雷同，宣和間耿延禧爲學官，以其父在東宮，勢傾一時，士皆靡然從之，以徼後福，獨檜守正不易。」蓋自檜再居相位，每薦執政，必選世無名譽、柔佞易制者。愿希檜意迎合，附下罔上，至是斥去，天下快之。

又三年，起知宣州。玉牒書成，加資政殿學士，移建康府。二十二年，卒，年五十二。

初，愿守宣城，表弟汪炎調蘄水令，過之，醉中謂愿曰：「嘗於呂丞相處得公頃歲所通書，其間頗及秦丞相之短，尚記憶否？」愿聞之，色如死灰，遂留炎不聽去。會愿移守金陵，寘監司，大合樂，守卒皆怠，炎即青溪得客舟以行，愿憂撓而卒。

樓炤字仲暉，婺州永康人。登政和五年進士第，調大名府戶曹，改西京國子博士、辟雍錄、淮寧府司儀曹事，改尚書考功員外郎。

帝在建康，炤謂：「今日之計，當思古人量力之言，察兵家知己之計。力可以保淮南，則以淮南爲屏蔽，權都建康，漸圖恢復。力未可以保淮南，則因長江爲險阻，權都吳會，以養國力。」於是移蹕臨安。擢右司郎中。時銓曹患員多闕少，自倅貳以下多添差。炤言：「光武併省吏員，今縱未能損其所素有，安可置其所本無乎？」





紹興二年，秦檜罷相，炤亦以言者論去。六年，召爲左司員外郎，尋遷殿中侍御史。明年，遷起居郎。言：「今暴師日久，財用匱乏。考唐故事，以宰相領鹽鐵轉運使，或判戶部，或兼度支。今宰相之事難行，若參倣唐制，使戶部長貳兼領諸路漕權，何不可之有？內則可以總大計之出入，外則可以制諸道之盈虛，如劉晏自按租庸，以知州縣錢穀利病。」詔三省相度措置，卒施行之。又言：「監司、郡守，係民甚切。乞令侍從官各舉通判資序或嘗任監察御史以上可任監司、郡守者一二人。」詔從之，命中書、門下置籍。

七年，宰相張浚之兄滉賜出身與郡，中書舍人張燾封還，乃命炤行，炤又封還，而竟爲權起居舍人何掄書黃行下。於是燾與炤皆請補外，以秘閣脩撰知溫州。未幾，除中書舍人，與勾龍如淵並命。如淵入對，帝謂之曰：「卿與樓炤皆朕所親擢。」尋遷給事中兼直學士院。

九年，以金人來和肆赦，炤草其文，曰：「乃上穹開悔禍之期，而大金報許和之約。割河南之境土，歸我輿圖，戢宇內之干戈，用全民命。」尋兼侍讀，除端明殿學士、簽書樞密院事。繼命往陝西宣諭德意。炤奏：「京城統制吳革、知環州田敢、成忠郎盧大受皆以節義，革爲范瓊所害，敢、大受爲劉豫所殺，乞賜褒恤。」又奏：「陝西諸路陷劉豫，郡縣有不從僞之人，所籍貲產，並令勘驗給還。」炤至東京，檢視宮室，尋詣永安軍謁陵寢，遂至長安。

會李世輔自夏國欲歸朝，炤以書招之，世輔以二千人赴行在。尋至鳳翔，以便宜命郭浩帥鄜延，楊政帥熙河蘭鞏，吳璘帥鳳翔。炤欲盡移川口諸軍於陝西，璘曰：「金人反覆難信，今移軍陝右，則蜀口空虛。金若自南山擣蜀，要我陝右軍，則我不戰自屈。當依山爲屯，控守要害。」於是璘、政二軍獨屯內地。炤又會諸路監司于鳳翔，皆言蜀邊屯駐大軍之久，坐困四川民力，乃下其議，語在胡世將傳。

炤還朝，以親老求歸省于明州，許之，命給假迎侍，仍賜以金帶。十四年，以資政殿學士知紹興府，過闕入見，除簽書樞密院事兼權參知政事。尋爲李文會、詹大方所劾，與祠。久之，除知宣州，徙廣州，未行而卒，年七十三。後謚襄靖。

炤早附蔡京改秩，爲臺諫所論。其後立朝至位二府，皆與秦檜同時。其宣諭陝西，妄自尊大，或者論其好貨失將士心云。

勾龍如淵字行父，永康軍導江人(二)。勾姓本出古勾芒，高宗即位，避御名，更勾龍氏。政和八年，登上舍第。沉浮州縣二十年，以張浚薦，召試館職。紹興六年，除秘書省校書郎。歷著作佐郎、祠部員外郎兼禮部、起居舍人。嘗進所爲文三





十篇，帝曰：「卿文極高古，更令平易盡善。」後因進對，帝復言：「文章平易者多淺近，淵深者多艱澀，惟用意淵深而造語平易，此最難者。」

八年，兼給事中，同知貢舉，除中書舍人兼侍讀，兼直學士院。面命草趙鼎罷相制，如淵言：「陛下既罷鼎，則用人才須聳動四方，當速召君子，顯黜小人。」帝曰：「君子謂誰？」曰：「孫近、李光。」「小人謂誰？」曰：「呂本中。」先是，祠臣曾開以老病辭不草國書，帝欲用如淵代之，而趙鼎薦本中，故如淵憾之。

又言：「臣觀朝廷事，非君臣情通，未易能濟。大臣於事稍有過差，陛下訓飭之可也。陛下所欲爲，勢有未可，大臣亦當明白辯論。然必陛下先與大臣言及此意，若不先言，即大臣論一事不從，尚未之覺，至再至三，遂以爲陛下疏之，或疑他人有以間之。既以懷疑，即不能盡誠，陛下察其不誠，又從而疑之，安有君臣之間，動相疑間而能久於其位者？願陛下明諭之。」帝曰：「前此未嘗有以此告朕者，卿見秦檜亦宜語此。」時檜方得君，如淵猶恐委檜未專，故及之。除御史中丞。

先是，檜力主和，執政、侍從及內外諸臣皆以爲非是，多上書諫止者，檜患之。如淵爲檜謀曰：「相公爲天下大計，而邪說橫起，盍不擇人爲臺諫，使盡擊去，則相公之事遂矣。」檜大喜，即擢如淵中司。

如淵言：「凡事必有初，及其初而爲之則易，無其端而發之則難。陛下卽位，一初也；渡江，二初也；移蹕建康，三初也；自建康復還臨安，四初也。自趙鼎相，劉大中、王庶相繼去，今復獨任一相，召一二名士，凡事有當行而弊有當去者，又一初也。臣願以正紀綱、辨邪正、明賞罰、謹名器、審用度、厚風俗、去文具七者爲獻。」

又言：「孟庾召節在途，士論不與。」帝曰：「朕欲遣令使金國，在廷莫更有小人否？」對曰：「如趙鼎爲相，盡隳紀綱，乃以和議不合，賣直而去。劉大中以不孝得罪，乃竊賢相之名而去。」帝曰：「卿胡不論？」對曰：「目今士論見孟庾之召，王庶之去，已有『一解不如一解』之語。願陛下不惜孟庾一人，以正今日公論，其他容臣一一爲陛下別白之。」於是出庾知嚴州。又連論庶、大中，皆罷之。

金國遣二使來議和，許歸河南地。使者踞甚，議受書之禮不決，外議洶洶。如淵建議取其書納禁中。於是同諫長請對，又呼臺吏問：「朝廷有大議論，許臺諫見宰執商議乎？」吏曰：「有。」遂赴都堂與宰執議取書事，宰執皆以爲然。帝親筆召如淵、李誼入對。明日，詔宰執就館見金使，受其書納入，人情始安。

九年，奏召還曾開、范同，而罷施庭臣、莫將，以謂：「開、同之出，雖曰語言之過，而其心實出於愛君；庭臣、將之遷，雖曰議論之合，而其迹終近於希進。今國論既定，好惡黜陟，





所宜深謹。」又論張邦昌時僞臣因赦復職非是。帝曰：「卿言是也，朕亦欲置此數匹夫不問。」對曰：「將恐無以示訓。」其後卒不行。

忽一日，如淵言：「和議之際，臣粗自效，如臣到都堂，若不遏朝廷再遣使之議，則和議必至於壞，而宣對之日，稍有將順，則遂至於屈。臣於二者，粗有報國之忠。臣親老，願求歸。」帝不許。如淵疑帝有疏之之意，又奏曰：「臣向薦君臣腹心之論，陛下大以爲然。其後秦檜在和議可否未決之間欲求去，陛下頗罪之，臣再三爲檜辨析。今陛下與檜君臣如初，而臣反若有讒愬於其間者。」帝曰：「朕素不喜讒，卿其勿疑。」如淵嘗與施庭臣忿爭，庭臣謂如淵有指斥語，帝謂秦檜曰：「以朕觀之，庭臣之罪小，如淵之罪大。」檜請斥庭臣而徙如淵，待其求去然後補外。帝不可，於是與庭臣皆罷。

初，如淵與莫將及庭臣皆力主和議，如淵緣此擢中司，而將及庭臣緣此皆峻用。張燾、晏敦復上疏專以三人爲言。如淵入言路，卽劾二人，至是與庭臣俱罷。其後檜擬如淵知遂寧府，帝曰：「此人用心不端。」遂已。兩奉祠，卒，年六十二。

如淵始以張浚薦召，而終乃翼秦檜擠趙鼎，讎呂本中，逐劉大中、王庶，心迹固可見矣。子佃、僎、似。

薛弼字直老，溫州永嘉人。登政和二年進士第，調懷州刑曹、杭州教授。初頒五禮新書，定著釋奠先聖譔用下丁，弼據禮是正，州以聞，詔從其議。監左藏東庫。內侍王道使奴從旁視絹美惡，多取之，弼白版曹窮治，人嚴憚之。

靖康初，金兵攻汴京，李綱定議堅守，衆不悅。弼意與綱同，圍解，遷光祿寺丞。嘗言：「姚平仲不可恃。」未幾而敗。綱敎太原，弼言：「金必再至，綱不當去，宜先事河北。」金人果再入。始命刑部侍郎宋伯友提舉河防，弼以點檢糧草從之，爲計畫甚切，皆不能用，乃乞罷歸，改三門、白波輦運，尋主管明道宮，提舉淮東鹽事，改湖南運判。

楊么據洞庭，寇鼎州，王𤫉久不能平，更命岳飛討之。么陸耕水戰，樓船十餘丈，官軍徒仰視不得近。飛謀益造大舟，弼曰：「若是，則未可以歲月勝矣。且彼之所長，可避而不可門也。今大旱，湖水落洪，若重購舟首，勿與戰，逐筏斷江路，藁其上流，使彼之長坐廢，而精騎直擣其壘，則破壞在目前矣。」飛曰：「善。」兼旬，積寇盡平，進直秘閣。時道殣相望，弼以聞，帝惻然，命給錢六萬緡、廣西常平米六萬斛、鄂州米二十萬斛振之，且使講求富弼青州荒政，民賴以甦。

王彥自荆移襄，遷延不卽赴。彥所將八字軍皆中原勁卒，朝廷患其恣橫，以弼直徽猷





閣代之。彥殊不意，弼徑入府受將吏謁，大駭。弼曲折譬曉，彥感悟，卽日出境。

除岳飛參謀官。飛母死，遁於廬山，張宗元攝飛事。飛將張憲移疾，部曲洶洶，生異語。弼謂諸將曰：「太尉力乞張公，而詔使隨至，岳軍素整，今而譁鬨，是汝曹累太尉也。」諸將以諗憲，憲佯悟曰：「相公腹心，惟參謀知之。」衆乃定。除戶部郎官，再知荆南。

桃源劇盜伍俊既招安，復謀叛，提點刑獄万俟卨不能制，乃以委弼，弼許俊以靖州。俊喜曰：「我得靖，則地過桃源遠矣。」俊至，則斬以徇。遷秘閣修撰、陝西轉運使，以左司郎官召知虔州，移黃州。

時福州大盜有號「管天下」、「伍黑龍」、「滿山紅」之屬，其衆甚盛，鈐轄李貴爲賊所獲，民作山砦自保。守臣莫將議委漳、泉、汀、建，募強壯游手各千人爲效用，與殿司統制張淵同措置。未及行，詔升弼集英殿修撰，與將兩易。弼至郡，漕臣以游手易聚難散，恐爲他日患，聞于朝。事下弼議，弼謂：「昔守章貢，有武夫周虎臣、陳敏者，丁壯各數百，皆能戰，視官軍可一當十。」乃奏虎臣爲副將，敏爲巡檢，選丁壯千人，號「奇兵」，日給糗糧，責以滅賊。自是歲費錢三萬六千餘緡、米九千石，凡四年而賊平。弼知廣州，擢敷文閣待制。卒，年六十三。

初，秦檜居永嘉，弼游其門。弼在湖北除盜，歸功于万俟卨。檜誣岳飛下吏，卨以中司

鞫獄，飛父子及憲皆死。朱芾、李若虛亦坐嘗爲飛謀議，奪職，惟弼得免，且爲檜用，屢更事任，通籍從官，世以此少之。

羅汝楫字彥濟，徽州歙縣人。登政和二年進士第，監登聞鼓院，遷大理丞、刑部員外郎。奏命官犯公罪，勿取特旨以終惠臣子，又戶口凋耗，宜少寬養子之禁。拜監察御史。未踰月，遷殿中侍御史。與中丞何鑄交章論岳飛，罷其樞筦。朱芾、李若虛嘗爲飛議曹，主帥有異意而不能諫；又言[四]，飛獄具，寺官聚斷，咸謂死有餘罪，寺丞何彥猷、李若樸獨喧然以衆議爲非，欲從輕典。皆坐黜。王庶謫道州，郡丞孫行儉以官廨居之，汝楫劾其無忌憚當斥，且令庶徙居。劉子羽知鎭江，上言：「和好非久遠計，宜及閑暇爲備。」檜怒，風汝楫論罷之。

時撫州有兩陳四繫獄，誤論輕罪者死，汝楫訟其冤，且言：「獨罪獄官而守倅不坐，非祖宗法。」於是詔天下斷死刑，守以下引囚問姓名、鄉里然後決。又言：「國家駐蹕臨安，淮南不可置度外，當重防海之寄，守長江之要，革竄名賞籍以勸有功。」

遷起居郎兼侍講。帝問：「或謂春秋有貶無褒，此誼是否？」對曰：「春秋上法天道，春



生秋殺，若貶而無褒，則天道不具矣。」帝稱善，嘗曰：「自王安石廢春秋學，聖人之旨寖以不明。近世得其要者，惟胡安國與卿耳。」兼權中書舍人，除右諫議大夫。

有南雄守奏對：「太后之歸，和議之力也，當盡按前言和不便者。」時相是之，驟用爲臺官，中外悚懼，多束裝待遣。汝楫言：「皆不當罪，宜以崇寧事黨爲戒。」議遂寢。遷御史中丞。舊例，中丞、侍御史不並置，乃更侍御史。汝楫求去益力，遷吏部尙書，充國信使。除龍圖閣學士、知嚴州。秩滿，請祠，居喪未終而卒，年七十。累贈開府儀同三司。子顥、顯、頡、頌、願、頫，皆有文。

願字端良，博學好古。法秦、漢爲詞章，高雅精鍊，朱熹特稱重之。有小集七卷、爾雅翼二十卷。知鄂州，有治績，以父故不敢入岳飛廟。一日，自念吾政善，姑往祠之，甫拜，遽卒于像前。人疑飛之憾不釋云。

蕭振字德起，温州平陽人。幼莊重，不好弄。稍長，能自謀學。嘗奉父命董農役隴畝，手不釋卷，其師謂其父曰：「此兒遠大器也。」未冠，游郡庠，既冠，升太學。時有號「三賢」者，推



振爲首。登政和八年進士第，調信州儀曹。

時州郡奉神霄宮務侈靡，振不欲費財勞民，與守議不合。會方臘寇東南，距信尤近，守欲危振，檄振攝貴溪、弋陽二邑。既而王師至衢，又檄振督軍餉，振治辦無闕。大將劉光世見而喜之，欲以軍中俘馘授振爲賞，振辭曰：「豈可不冒矢石而貪人之功乎！」諸邑盜未息，守復檄振如初。振悉意區處，許其自新，賊多降者。守以贓去，振獨爲辦行，守愧謝之。

調婺州兵曹兼功曹。時振婦翁許景衡以給事中召，振祝之曰：「公至朝幸勿見薦。」景衡詢其故，振曰：「今執政多私其親，願爲時革弊。」景衡然之。

時盜賊所在猖獗，婺卒揚言欲叛以應賊，官吏震恐。振選諸邑士兵強勇者幾千人，日習武以備，蓄異謀者稍懼。有一兵官素得軍士心，守疑而罷之，羣卒數百人被甲挺刃，斬儀門入。振聞卽往，羣卒皆羅拜呼曰：「某等屈抑，願兵曹理之。」振使之言，厲色叱曰：「細事耳。車駕南巡，大兵咫尺，汝速死耶！可急釋械，當爲汝言。」衆拜謝而去。郡守由是益相信，事悉與謀。嘗議城守，振請以錢數萬緡庸工板築，未數月，城壘屹然，一毫無擾。任滿歸，告其親曰：「家世業農，幸有田可力以奉甘旨，振不願仕。」或薦于朝，授婺州教授，改秩，乞祠。

以執政薦召對，敷奏數事，皆中時病，帝大喜，拜監察御史。明年冬，以親老乞補外，章



七上，不許。面奏曰：「臣事親之日短，事陛下之日長。」指心自誓：「今日之事父母，乃他日之事陛下也。」遂除提點浙西刑獄，尋召爲宗正少卿，俄擢侍御史。

振本趙鼎所薦，後因秦檜引入臺，時劉大中與鼎不主和議，振遂劾大中以搖鼎。大中既出，振謂人曰：「如趙丞相不必論，盍自爲去就。」鼎遂罷。

後振知紹興府，改兵部，除徽猷閣待制、知湖州。陛辭，奏曰：「國家講和，恐失諸將心，宜遣使撫諭，示以朝廷息兵寬民意。雖兩國通好，戰禦之備宜勿弛。」帝曰：「卿欲奉親求便，豈不知朕有親哉？」振曰：「臣之親所係者一夫也，陛下之親所係者天下也。陛下以天下爲心，聖孝愈光矣。」帝歎其忠。將行，白檜曰：「宰相如一元氣，不可有私，私則萬物爲之不生。」檜不悅。

振至州，檜欲取羨餘，振遺檜書，謂：「財用在天下，如血氣之在一身，移左以實右，則病矣。」檜屬以私事，又不克盡從。以親老乞祠，提舉太平觀。後知台州。海寇勢張，振至，克之。二十二年[五]，以楊煒在獄供涉，鐫徽猷待制，謫居池州。

初，煒將上書，責李光徇秦檜議和。時振爲侍御史，煒見振道書意，振然其言。及振知台州，而煒治邑有聲，每大言無顧忌，振擊節稱善，遂薦煒改秩，又移書於檜從子秦昌時，俾同薦之。屬吏密語振曰：「煒嘗以書責李參政及太師，昌時義不當舉，待制亦不可舉。」振

曰：「吾業已許之，豈可中輟。」遂因焯獄中供前事而貶。

明年，詔除敷文閣待制、知成都府、安撫制置使〔六〕。軍儲適闕，倉吏以窘告，振奏留對糴米八萬斛以足軍食，以其直歸計所。總計者利在掊克，卽先告檜，謂振唱爲闕乏之語，風御史劾振要譽，復謫池陽。而總計者以譖得蜀帥，旣而專用羅織掊克其民，民益思振。檜死，語得聞，帝大感悟，亟遣振還成都，父老懽呼蜀道。振至，一切以寬治。或問其故，振曰：「承縱弛，革之當嚴，今繼苛劾，非寬則民力瘁矣。」帝嘉振治行，謂宰臣沈該、湯思退曰：「四川善政，前有胡世將，今有蕭振。」進秩四等，加敷文閣學士。卒于成都府治，年七十二。振兩爲蜀守，威行惠孚，死之日，民無老稚，相與聚哭於道。遺表至，帝悼惜之，賻銀五百兩、絹五百匹，贈四官。

振好獎善類，端人正士多所交識，其間有卓然拔出者，迄爲名臣。振居瀕江，自父徽時，見過客與掌渡者爭，多溺死。振造大舟，傭工以濟，人感其德，相與名其江爲蕭家渡云。有文集二十卷。子諴、忱。

論曰：何鑄、王次翁以下數人者，附麗秦檜，斥逐忠良，以饕富貴，而次翁尤爲柔媚，故檜獨憐之，其在位最久。孔子所謂鄙夫患得患失無所不至者，此輩是已。鑄能伸岳飛之枉，雖爲可尚，然又爲之使金而通問焉，蓋墮其術而不悟者，檜之計深哉。





校勘記

〔一〕完顏曄　原作「完顏畢」，據本書卷三〇高宗紀、繫年要錄卷一五〇改。

〔二〕導江　原作「道江」，據本書卷八九地理志「永康軍」條、輿地紀勝卷一五一改。

〔三〕綱救太原　「救」原作「求」，據葉適水心先生文集卷二二薛公墓誌銘、本書卷三五八李綱傳改。

〔四〕又言　按繫年要錄卷一四四，上文論朱李，下文論何李，都是羅汝檝所言，此二字疑在上文「朱芾李若虛嘗爲飛曹」語上。

〔五〕二十二年　按繫年要錄卷一六三、十朝綱要卷二四都作紹興二十二年十月庚辰，此處失書紹興紀元。

〔六〕安撫制置使　「制置」二字原倒，據本書卷三一高宗紀、繫年要錄卷一六四改。

# 宋史

元　脱脱　等撰

第三四册

卷三八一至卷三九六（傳）

中華書局

# 宋史卷三百八十一

## 列傳第一百四十

范如圭　吳表臣　王居正　晏敦復　黃龜年　程瑀　張闡
洪擬　趙逵

范如圭字伯達〔一〕，建州建陽人。少從舅氏胡安國受春秋。登進士第，授左從事郎、武安軍節度推官。始至，帥將斬人，如圭白其誤，帥爲已署不易也。如圭正色曰：「節下奈何重易一字而輕數人之命？」帥矍然從之。自是府中事無大小悉以咨焉。居數月，以憂去。辟江東安撫司書寫機宜文字。近臣交薦，召試秘書省正字，遷校書郎兼史館校勘。

秦檜力建和議，金使來，無所於館，將虛秘書省以處之。如圭亟見宰相趙鼎曰：「秘府，謨訓所藏，可使仇敵居之乎？」鼎竦然爲改館。既而金使至悖傲，議多不可從，中外憤鬱。如圭與同省十餘人合議，并疏爭之，既具草，駭遽引却者衆。如圭獨以書責檜以曲學倍師、忘讎



辱國之罪，且曰：「公不喪心病狂，奈何爲此，必遺臭萬世矣！」檜怒。草奏與史官六人上之。金歸河南地，檜方自以爲功。如圭輪對，言：「兩京之版圖既入，則九廟、八陵瞻望咫尺，今朝修之使未遣，何以慰神靈、萃民志乎？」帝泫然曰：「非卿不聞此言。」卽日命宗室士㒟及張燾以行。檜以不先白己，益怒。

如圭謁告去，奉柩歸葬故鄉，既窆，差主管台州崇道觀。杜門十餘歲，起通判邵州，又通判荆南府。荆南舊戶口數十萬，寇亂後無復人迹，時蠲口錢以安集之，百未還一二也。議者希檜意，遽謂流庸浸復而增之，積逋二十餘萬緡，他負亦數十萬，版曹日下書責償甚急。如圭白帥，悉奏蠲之。

檜死，被旨入對，言：「爲治以知人爲先，知人以淸心寡慾爲本。」語甚切。又論：「東南不舉子之俗，傷絕人理，請舉漢胎養令以全活之，抑亦勾踐生聚報吳之意也。」帝善其言。又奏：「今屯田之法，歲之所穫，官盡征之。而田卒賜衣廩食如故，使力穡者絕贏餘之望〔二〕，惰農者無飢餓之憂，貪小利，失大計，謀近效，妨遠圖，故久無成功。宜籍荆、淮曠土，畫爲丘井，倣古助法，別爲科條，令政役法，則農利修而武備飭矣。」

以直祕閣提舉江西常平茶鹽，移利州路提點刑獄，以病請祠。時宗藩並建，儲位未定，道路竊有異言。如圭在遠外，獨深憂之，掇至和、嘉祐間名臣奏章凡三十六篇，合爲一書，



囊封以獻，請深考羣言，仰師成憲，斷以至公勿疑。或以越職危之，如圭曰：「以此獲罪，奚憾！」帝感悟，謂輔臣曰：「如圭可謂忠矣。」卽日下詔以普安郡王爲皇子，進封建王。復起如圭知泉州。

南外宗官寄治郡中，挾勢爲暴，占役禁兵以百數，如圭以法義正之，宗官大沮恨，密爲浸潤以去如圭，遂以中旨罷，領祠如故。僦舍邵武以居，士大夫高之，學者多從之質疑。卒年五十九。

如圭忠孝誠實，得之於天。其學根於經術，不爲無用之文。所草具屯田之目數千言，未及上，張浚視師日，奏下其家取之，浚罷，亦不果行。有集十卷，皆書疏議論之語，藏于家。子念祖、念德、念兹。

吳表臣字正仲，永嘉人。登大觀三年進士第，擢通州司理。陳瓘謫居郡中，一見而器之。盛章者，朱勔黨也，嘗市婢，有武臣彊取之，章誣以罪，繫獄。表臣方鞫之，郡將曰：「知有盛待制乎？」表臣佯若不知者，卒直其事。累官監察御史，遷右正言。

高宗詔臺諫條陳大利害，表臣請措置上流以張形勢，安輯淮甸以立藩蔽，擇民兵以守



險阻，集海舶以備不虞。其策多見用。帝方鄉儒術，表臣乞選講官以裨聖德，且於古今成敗、民物情僞、邊防利害，詳熟講究。由是詔開經筵。邇臣有請用蔡京、王黼之黨者，侍御史沈與求乞明指其人，顯行黜責，執政不悅，奪其言職。表臣爭曰：「臺諫爲天子耳目，所以防壅蔽、杜姦邪，若咎其切直而黜之，後誰敢言，非國家福也。」請還與求以開言路。

時防秋，議選守邊者，患乏才。表臣曰：「唐蕭復言於德宗，陳少游任兼將相，首敗臣節，韋皐幕府下僚，獨建忠義，以皐代少游鎭淮南。善惡著明，則天下知逆順之理，初不以皐名賤官卑爲疑。今取忠義不屈有已試之驗者，不次而用，豈特可以勸，扞禦方略，亦堪倚仗。」於是陳敏等十數人寖以錄用。久之，以病請補外，以直祕閣知信州。

紹興元年，召爲司勳郎中，遷左司。詔百官陳裕國彊兵之策，表臣條十事以獻，曰：蠲稅役以墾閑田，汰懦卒以省兵費，罷添差以澄冗員，停度牒以蓄生齒，拘佃租以防乾沒，委計臣以制邦用，獎有功以厲將帥，招弓手以存舊籍，嚴和買以絕弊倖，簡法令以息瘡痍。

宰相擬表臣爲檢正，帝曰：「朕將自用之。」遂除左司諫。給事中胡安國以論事不合罷，表臣上疏留之。前宰相朱勝非同都督江、淮軍馬，表臣力言都督不可罷。除侍讀，又累疏爭之，不聽，遂罷。表臣送吏部。授台州黃巖丞，尋除提點浙西刑獄，召爲秘書少監，同修哲宗實錄。

帝如建康，詔表臣兼留司參議官，除中書舍人、給事中、兵部侍郎。建、崇二國公就外傅，兼翊善。帝曰：「二國公誦習甚進，卿力也。」徙禮部侍郎，遷吏部尚書兼翰林學士。時秦檜欲使使金議地界，指政事堂曰：「歸來可坐此。」表臣不答。又以議大禮忤意，罷去。俄起知婺州。會大水，發常平米振貸之，然後以聞，郡人德之。課最，除敷文閣待制。三歲請祠，進直學士，提舉江州太平興國宮。家居數年，卒，年六十七。表臣晚號湛然居士，自奉無異布衣時，鄉論推其清約。

王居正字剛中，揚州人。少嗜學，工文辭。入太學，時習新經、字說者，主司輒置高選，居正語人曰：「窮達自有時，心之是非，可改邪？」流落十餘年，司業黃齊得其文，曰：「王佐才也。」及同知貢舉，欲擢爲首，以風多士，他考官持之，置次選。調饒州安仁丞、荆州教授，皆不赴。大名、鎭江兩帥交辟教授府學，亦不就。

范宗尹薦于朝，召至，謂宗尹曰：「時危如此，公不極所學，拔元元塗炭中，尙誰待？居正避寇陽羨山間，勉出見公，一道此意爾。」宗尹愧謝。入對，奏：「昔人有云：『君以爲難，易將至矣。』今日之事，朝廷皆曰難，則當有易爲之理。然國勢日弱，敵氣日驕，何邪？蓋昔人



於難者勉強爲之，今以爲難，不復有所爲，以俟天意自回，強敵自斃也。宣和末，以爲難者十五六，至靖康與宣和孰難？靖康末，以爲難者十八九，至建炎與靖康孰難？由此而言，今日雖難於前日，安知他日不難於今日？蓋宣和以爲難，故有靖康之禍；靖康以爲難，故有今日之憂。今而亦云，臣有所不忍聞。」高宗嘉之，諭宗尹曰：「如王居正人才，歲月間得一人亦幸矣。」

除太常博士，遷禮部員外郎。建議合祭天地於明堂，請奉太祖、太宗配，宗尹是之，議遂定，天地復合祭。侍御史沈與求劾宗尹，因及居正，宗尹去，居正乞補外，不許。撫州守高衞言甘露降于州之祥符觀，爲圖以獻。居正論今日恐非天降祥瑞之時，却其圖。

試太常少卿兼修政局參議，遷起居郎。帝方鄉規諫，居正次前世聽納事爲集諫十五卷，以廣帝意。詔以時務訪羣臣，居正獻疏數千言，論省費尤切，曰：「宋興百七十三年矣，所行多彌文之事。今陛下所至曰行在，於一日二日少駐蹕之頃，欲盡爲向者百七十三年之事，非所謂知變也。夫不知隨時以省事，而乃隨事以省費，故今日例有減半之說，究其實未始不重費。願詔大臣計百事之實而論定之，苟非禦寇備敵，任賢使能，振恤百姓，一切姑置，則費省而國裕。」

居正素與秦檜善，檜爲執政，與居正論天下事甚銳，既相，所言皆不酬。居正疾其詭，



見帝言曰：「秦檜嘗語臣：『中國人惟當着衣噉飯，共圖中興。』臣心服其言。又自謂『使檜爲相數月，必聳動天下。』今爲相施設止是，願陛下以臣所聞問檜。」檜銜之，出居正知婺州。州貢羅，舊制歲萬匹，崇寧後增五倍，建炎中減爲二萬。至是，主計者請復崇寧之數，居正力言于朝，戶部督趣愈峻，居正置檄不行，語其屬曰：「吾願身坐，不以累諸君。」呼吏爲文書付之曰：「即有譴，以此自解。」復手疏「五不可」以聞。詔如建炎中數。漕司市御炭，須胡桃文、鵓鴿色者，居正曰：「民以炭自業者，率居山谷，安知所謂胡桃文、鵓鴿色耶？」入朝以聞，詔止之。

召爲太常少卿，遷起居舍人兼權中書舍人、史館修撰。帝欲遷趙令懬大中大夫，居正奏：「官非侍從不可轉，此祖宗法，若令懬以庶官得遷，則宗室爲承宣者，不旋踵求爲節度，何以却之？」遂寢其命。上書人陳東、歐陽澈已贈官，居正乞重貶黃潛善、汪伯彥，以彰二子殺身成仁之美。大將張俊遣卒至彭澤，卒故縣吏，怙俊勢侵辱令，令郭彥恭械之，俊訴于朝，帝爲罷彥恭。居正言：「彥恭不畏彊禦，無可罪。」俊又乞免徭役，居正言：「兵興以來，士大夫及勳戚家賦役與編戶均，蓋欲貴賤上下，共濟國事，以寬民力，俊反不能體此乎？」和州請蠲進奉大禮絹，居正言：「大禮進奉，乃臣子享上之誠，初非朝廷取於百姓之物，若察民力無所從出，不能預降旨蠲之，至使州縣自陳，已爲非是，乞速如所請。」除目有自中出者，



居正奏：「近習請託，進擬不自朝廷，所繫非輕。」因錄皇祐詔書以進。帝皆嘉納。

兼權直學士院，又除兵部侍郎。入對，以所論王安石父子之言不合於道者，裒得四十二篇，名曰辨學，上之。又曰：「陛下惡安石之學，嘗於聖心灼見，其弊安在？」帝曰：「安石之學，雜以伯道，欲效商鞅富國彊兵，今日之禍，人徒知蔡京、王黼之罪，而不知生於安石。」居正曰：「安石得罪萬世者不止此。」因陳安石釋經無父無君者。帝作色曰：「是豈不害名教邪？孟子所謂邪說，正謂是矣。」居正退，序帝語繫於辨學首。

出知饒州，尋改吉州[三]。侍御史謝祖信劾居正凶暴詭詐，傾陷大臣，罷官，屏居括蒼三載。其弟駕部郎居修入對，帝曰：「卿兄今安在？行大用矣。」中書舍人劉大中侍帝，論制誥，帝曰：「王居正極得詞臣體。」侍御史蕭振論守令賢否，帝舉居正守婺免貢羅、御炭事，曰：「守臣愛百姓皆如此，朕復何憂。」

起知溫州。是時檜專國，居正自知不爲所容，以目疾請祠，杜門，言不及時事，客至談論經、史而已。檜終忌之，風中丞何鑄劾居正爲趙鼎汲引，欺世盜名，奪職奉祠，凡十年。檜死，復故職。紹興二十一年卒，年六十五。

居正儀觀豐偉，聲音洪暢。奉祿班兄弟宗族，無留者。郊祀恩以任其弟居厚，及卒，季子猶布衣。其學根據六經，楊時器之，出所著三經義辨示居正曰：「吾舉其端，子成吾志。」

中華書局

居正感厲，首尾十載爲書辨學十三卷，詩辨學二十卷，周禮辨學五卷，辨學外集一卷。居正既進其書七卷，而楊時三經義辨亦列祕府，二書既行，天下遂不復言王氏學。

晏敦復字景初，丞相殊之曾孫。少學于程頤，頤奇之。第進士，爲御史臺檢法官。紹興初，大臣薦，召試館職，不就。特命祠部郎官，遷吏部，以守法忤呂頤浩，出知貴溪縣。會有爲敦復直其事者，改通判臨江軍，召爲吏部郎官、左司諫、權給事中，爲中書門下省檢正諸房公事。

淮西宣撫使劉光世請以淮東私田易淮西田，帝許之。敦復言：「光世帥一道，未聞爲朝廷措置毫髮，乃先易私畝。比者岳飛屬官以私事干朝廷，飛請加罪，中外稱美，謂有古賢將風。光世自處必不在飛下，乞以臣言示光世，且令經理淮南，收撫百姓，以爲定都建康計，中興有期，何患私計之未便。」權吏部侍郎兼詳定一司敕令。

渡江後，庶事草創，凡四選格法多所裁定。敦復素剛嚴，居吏部，請謁不行，銓綜平允，除給事中。冬至節，旨下禮部，取度牒四百充賜予。敦復奏：「兵興費廣，凡可助用度者尤當惜，矧兩宮在遠，陛下當此令節，欲奉一觴爲萬歲壽不可得，有司乃欲舉平時例行慶賜



乎？」遂寢。有卒失宣帖，得中旨給據，太醫吳球得旨免試，敦復奏：「一卒之微，乃至上瀆聖聽，醫官免試，皆壞成法。自崇寧、大觀以來，姦人欺罔，臨事取旨，謂之『暗贏指揮』，紀綱敗壞，馴致危亂，正蹈前弊，不可長也。」汪伯彥子召嗣除江西監司，敦復論：「伯彥姦庸誤國，其子素無才望，難任澄淸。」改知袁州。又奏：「召嗣既不可爲監司，亦不可爲守臣。」居右省兩月，論駁凡二十四事，議者憚之。復爲吏部侍郎。

彗星見，詔求直言。敦復奏：「昔康澄以『賢士藏匿，四民遷業，上下相徇，廉恥道消，毁譽亂眞，直言不聞，爲深可畏』。臣嘗即其言考已然之事，多本於左右近習及姦邪以巧佞轉移人主之意。其惡直醜正，則能使賢士藏匿；其造爲事端，則能使四民遷業；其委曲彌縫，則能使上下相徇；其假寵竊權，簧鼓流俗，則能使廉恥道消；其誣人功罪，則能使毁譽亂眞；其壅蔽聰明，則能使直言不聞。臣願防微杜漸，以助應天之實。」又論：「比來百司不肯任責，瑣屑皆取決朝省，事有不當，上煩天聽者，例多取旨。由是宰執所治煩雜，不減有司，天子聽覽，每及細務，非所以爲政。願詳其大，略其細。」

八年，金遣使來要以難行之禮，詔侍從、臺諫條奏所宜。敦復言：「金兩遣使，直許講和，非畏我而然，安知其非誘我也。且謂之屈己，則一事既屈，必以他事來屈我。今所遣使以詔諭爲名，儻欲陛下易服拜受，又欲分廷抗禮，還可從乎？苟從其一二，則此後可以號令



我，小有違異，即成釁端，社稷存亡，皆在其掌握矣。」時秦檜方力贊屈己之說，外議羣起，計雖定而未敢行。勾龍如淵說檜，宜擇人爲臺官，使擊去異論，則事遂矣。於是如淵、施廷臣、莫將皆擢要地，人皆駭愕。敦復同尚書張燾上疏言：「前日如淵以附會和議得中丞，今施廷臣又以此躋橫榻，衆論沸騰，方且切齒，莫將又以此擢右史。夫如淵、廷臣庸人，但知觀望，將則姦人也。陛下奈何與此輩斷國論乎？乞加斥逐，杜羣枉門，力爲自治自彊之策。」既又與燾等同班入對，爭之。檜使所親諭敦復曰：「公能曲從，兩地旦夕可至。」敦復曰：「吾終不爲身計誤國家，況吾薑桂之性，到老愈辣，請勿言。」檜卒不能屈。

胡銓謫昭州，臨安遣人械送貶所。敦復往見守臣張澄曰：「銓論宰相，天下共知，祖宗時以言事被謫，爲開封者必不如是。」澄媿謝，爲追還。始檜拜相，制下，朝士相賀，敦復獨有憂色曰：「姦人相矣。」張致遠、魏矼聞之，皆以其言爲過。至是竄銓，敦復謂人曰：「頃言秦之姦，諸君不以爲然，今方專國便敢爾，他日何所不至耶？」

權吏部尚書兼江、淮等路經制使。故事，侍從過宰相閤，既退，宰相必送數步。敦復見檜未嘗送，每曰：「人必自侮而後人侮之。」尋請外，以寶文閣直學士知衢州，提舉亳州明道宮。閑居數年卒，年七十一。

敦復靜默如不能言，立朝論事無所避。帝嘗謂之曰：「卿鯁峭敢言，可謂無忝爾祖矣。」



黃龜年字德邵，福州永福人。登崇寧五年進士第，調洺州司理參軍，累官河北西路提舉學士[四]。呂頤浩見而奇之，入爲太常博士。

靖康元年，除吏部員外郎，拜監察御史，尋除尚書左司員外郎、中書門下檢正諸房公事，充修政局檢討官。乞令檢正官察通進司，帝從其請。時頤浩再相，植黨傾秦檜，引朱勝非奉京祠兼侍讀，恐中書舍人胡安國持錄黃不下，特命龜年書行，議者譏其侵官。

遷殿中侍御史。會邊報王倫來歸，龜年劾檜專主和議，沮止恢復，植黨專權，漸不可長。乃上書曰：「臣聞一言而盡事君之道曰忠，罪莫大於欺君；一言而盡輔政之道曰公，罪莫大於私己。臣人者背公而徇私，則刑賞僭濫。慮人主之照其姦，則合黨締交，相與比周，熒惑主聽。故附下罔上之黨盛，而威福之柄下移，禍有不可勝言者。伏見秦檜還自金國，陛下驟任，不一年而超至宰輔，乃不顧國家，盜威福在己，欲永塞言路。」書上，檜罷，併劾檜黨王喚、王昞、王守道，皆罷之。檜乃授觀文殿大學士、提舉江州太平觀，官如故。龜年又奏：「比論檜徇私欺君，合正典刑，投諸裔土，以禦魑魅。今乃任便居住，雖陛下曲全大臣之禮，秦檜姦狀暴露，復寵以儒學最上職名，俾優游琳館，聽其自如。律斷羣盜，必分首從，爲之

從者皆已伏誅，獨置渠魁可乎？」又曰：「臣聞恩莫隆於父子，義莫重於君臣。不義則後其君，不仁則遺其親。君親既然，則何忌憚而不爲。檜厚貌深情，矯言僞行，進迫君臣之勢，陽爲面從；退恃朋比之姦，陰謀沮格。上不畏陛下，中不畏大臣，下不畏天下之議，無忌憚如此。欺君私己，有一卽可黜，況檜之欺與私顯著者爲多乎？」章凡三上，遂褫檜職。復上章曰：「檜行詭而言譎，外緡而中邪，以巧詐取相位，姦回竊國柄，收召險佞，蟠結黨與。陛下以智臨而辨之早，以剛決而去之速，故端人正士，舉手相慶，蓋以公天下之同惡耳。臣願陛下發明詔，以檜潛慝隱惡暴白於天下，使知陛下數易相位眞不得已也；又所以破爲臣姦膽，庶朋比之風不復作矣。」除太常少卿，累遷起居舍人、中書舍人兼給事中。

侍御史常同言龜年陰結大臣，致身要地，又交結諸將，趣操不正，罷歸。司諫詹大方希檜意劾龜年附麗匪人，搢紳不齒，落職，本貫居住。卒，六十三。

龜年微時，永福簿李朝旌奇之，許妻以女。龜年既登第，而朝旌已死，家貧甚。或勸龜年別娶，龜年正色曰：「吾許以諾，死而負之，何以自立。」遂娶之。任子恩，先奏其弟之子，人皆義之。子衡，仕至湖南提舉。





程瑀字伯寓，饒州浮梁人。其姑臧氏婦，養瑀爲子，姑沒，始復本姓。少有聲太學，試爲第一，累官至校書郎。爲臧氏父母服，服闋，除兵部員外郎。適高麗使回，充送伴使。先是，使者往返江、浙間，調挽舟夫甚擾，有詔禁止。提舉人舡王珣晝別敕，遇風逆水澁許調夫。瑀渡淮，見民丁挽舟如故，遂劾珣，珣反奏瑀違御筆。詔命淮南提舉潘良貴核實，良貴奏珣言非是。

金人入侵，求可使者，瑀請往。未行，會欽宗卽位，議割三鎭，命瑀往河東，秦檜往河中。瑀奏：「臣願奉使，不願割地。」不報。至中山，諸將已得密諭，城守不下。瑀與金使王汭俱至燕山。還，除左正言，卽言股肱大臣莫肯以身任天下事，且論：「欲慕祖宗而遹追無術，欲斥奄宦而寵任益堅，欲鋤姦惡而薄示典刑，欲汰濫繆而苟容僥倖，兼聽而不能行其言，委任而不能責其效，苟且之習復成，黨與之私寖廣，最時病之大者。」帝曰：「朕非不知此，慮有未盡，決意行之有失耳。」瑀曰：「事固當熟慮，然優柔不斷，實隳事功。」帝問：「李綱宣撫兩路，外議謂何？」瑀曰：「僉論固以爲宜。然綱前與大臣議論不合，須賴聖明照察其心，任之無疑可也。」

金酋斡离不、粘罕爭功，故斡离不欲和，粘罕欲戰，朝廷遣人齎蠟書約余覩，皆爲粘罕所得。瑀因言：「金兵圍我重鎭，數月不能解，豈能出塞共謀人之國。莫若遣使議和，然謹飭邊備，徐觀其變。」使未行。瑀復言：「徐處仁庸俗，吳敏昏懦，唐恪傾險，政事所以不振。請盡黜免，別選英賢，共圖大計。」帝嘉納之。

時御史李光言星變，帝疑以問瑀，對言：「陛下毋問有無，第正事修德，則變異可消。」瑀嘗論蔡京罪，帝因言吳敏庇京，又疑光黨京，謂瑀曰：「須卿作文字來。」瑀辭。改屯田郎官，謫添監潭州鹽稅。

高宗卽位，召爲司封員外郎，遷光祿少卿、國子司業。請祠，主管亳州明道宮。尋召赴行在，疏十事以獻。除直秘閣、提點江東刑獄，召爲太常少卿，遷給事中兼侍講。

建修政局，其目曰省費裕國、彊兵息民。瑀條上十四事，皆切時務。時三衙單弱，五軍多出於盜，瑀言：「李捧、崔增輩各將其徒，張俊、王瓌本無兵機，今呂頤浩出征，卽捧、增輩便可使隸戎行。」帝因言：「頤浩熟於軍事，在外總諸將，檜在朝廷，庶幾內外相應，然檜誠實，但太執耳。」瑀曰：「如求機警能順旨者，極不難得，但不誠實，則終不可倚。」帝然之。

權邦彥除簽書樞密院，瑀言邦彥五罪，疏三上，不報。求罷，除兵部侍郎，不拜，以敷文閣待制知信州。待御史江公躋、左司諫方公孟卿〔三〕言瑀不可去，復以爲給事中。久之，復命知信州。胡安國、劉一止言：「瑀忠信可以備獻納，正直可以司風憲，不宜去。」遂復留。頤浩薦席益，既得旨，以御批示後省官。瑀曰：「益爲人公豈不知，何必用？」頤浩曰：「給事





不見御批耶？」瑀曰：「已見矣。公不能執奏，乃先示瑀輩，欲使不敢論駁耶？然益之來，非公福也。」頤浩赧然，卽劾益。未幾，以言者罷，提舉亳州明道宮，尋復徽猷閣待制、知撫州，無何，提舉江州太平興國宮。

居父母喪，服除，知嚴州，徙宣州，復奉祠。俄召赴行在，除兵部侍郎兼侍讀。因論：「鄧禹嘗言『興衰在德厚薄，初不論大小』。光武不數年定大業，禹言如合符契。今英俊滿朝，豈無爲陛下畫至計者，願厲志而已。」尋遷翊善。論金人入侵，未嘗一大衄，有輕我心，豈可保其不背盟。宜省費抑末，常賦外一毫不取於民，民日益厚，兵日益彊，使金人不敢窺爲長計。」帝曰：「且作十年。」瑀再拜曰：「十年之說，願陛下早夜毋忘。」除兵部尚書。

檜既主和，瑀議論不專以和爲是，檜忌之，改龍圖閣學士、知信州。會大水，檜見瑀奏牘，謂同列曰：「堯之洪水，不至如是。」瑀遂稱疾，提舉江州太平興國宮。坐通書李光，降朝議大夫，卒，年六十六。

瑀在朝無詭隨，嘗爲論語說，至「弋不射宿」，言孔子不欲陰中人。至「周公謂魯公」，則曰可爲流涕。洪興祖序述其意，檜以爲譏己，逐興祖。魏安行鋟版京西漕司，亦奪安行官，籍其家，毀版。檜死，瑀子孫乃免錮云。有奏議六卷。

張闡字大猷，永嘉人。幼力學，博涉經史，善屬文。將命名，夢神人大書「闡」字曰：「以是名爾。」父異之，力勉其爲學。未冠，由舍選貢京師。

登宣和六年進士第，調嚴州兵曹掾兼治右獄。時方臘作亂，闡倡守禦計。有義士請身督戰，既戰，稍却，州將怒，付闡治，將殺之，闡力爭曰：「是士以義請戰，官軍却，勢不得獨前，非首奔者，殺之何罪？」州將意解，士得免。

李回帥江西，席益帥湖南，皆辟置幕下。羣盜據洞庭，官軍多西北人，不閑水戰。闡建策造戰艦，以大艦爲營，小艦出戰，乘水涸直擣賊巢，賊勢以衰。諸司交薦，改秩，吏部以微文沮之，闡弗辯，求嶽祠歸。歷鄂、台二州教授。

紹興十年，詔侍從各舉所知，給事中林待聘以闡聞，召對。時金人議和，歸關中地。闡首言：「關中必爭之地，古號天府，願固守以蔽巴蜀，圖中原。」次言監司、郡守薦舉之弊。又乞嚴禁遏糴，以濟江、浙水患。召試館職，除秘書省正字，遷校書郎兼吳、益王府教授。時諸將恃功邀爵賞，有過則姑息，又兵布於外，禁衞單寡，闡上疏極論之。後稍進退諸將必當其實，且召諸道兵以益禁旅，皆如闡言。

十三年，遷秘書郎兼國史院檢討官。秦檜每薦臺諫，必先諭以己意，嘗謂闡曰：「秘書





久次，欲以臺中相處何如？」闡謝曰：「丞相見知，得老死秘書幸矣！」檜默然，竟罷，主管台州崇道觀，歷泉、衢二州通判。

二十五年冬，帝躬攬萬機，起闡提舉兩浙路市舶，入爲御史臺檢法官，升吏部員外郎。孝宗在王邸，帝妙選宮僚，謂「莊重老成無踰闡者」，改命祠部兼建王府贊讀。

三十一年春，大雨，無麥苗，荆、浙盜起，詔侍從、臺諫條陳弭災、禦盜之術。闡上疏曰：「和議以來，歲有聘幣，民不堪命，臣願陛下毋以金人困中國可乎？歸正人時有遣還之命，怨聲聞道路，臣願陛下毋使金人得以甘心可乎？州縣吏職卑地遠，漁奪之禍被于編籍，臣願陛下嚴贓吏之誅可乎？蠲租之令，已赦復征，寬大之澤例爲虛文，臣願陛下申詔令之禁可乎？是數者能次第行之，則足以動天地，召和氣，災異、盜賊不足慮也。」又言：「金主亮將入侵，宜守要害，防海道，三邊不可無良將，督視不可無大帥。」疏奏，帝嘉納，面諭曰：「卿所言深中時病，但遣人北歸，已載約書，朕不忍渝也。」遷將作監，進宗正少卿。

三十二年，孝宗卽位，闡權工部侍郎兼侍講，入謝，言：「諸將以敗爲捷，冒受爵秩，州廂禁軍因罣霈鼓譟，希厚賞，不可不正其罪。」時悉爲施行。

金主亮死，葛王褎復求和，再議遣使。闡言：「宜嚴遣使之命，正敵國之禮，彼或不從，則有戰爾。如是，則中國之威可以復振。」帝曰：「使者報聘，故事也，舊約不從，朕志定矣。」是多，給札侍從、臺諫條具時務，闡上十事皆剴切。當時應詔數十人，惟闡與國子司業王十朋指陳時事，斥權倖，無所回隱。明日，召兩人對內殿，帝大加稱賞，賜酒及御書。時進太上皇帝、太上皇后册寶，工部例進官，闡辭。或曰：「公轉一階，則澤可以及子孫，奈何辭？」闡笑曰：「寶册非吾功也，吾能爲子孫冒無功賞乎？」

隆興元年，眞拜工部侍郎。闡奏：「臣去冬乞守禦兩淮，陛下謂春首行之，夏秋當畢，今其時矣。」帝曰：「江、淮事盡付張浚，朕倚浚爲長城。」會督府請受蕭琦降，詔問闡，闡請受其降。俄報王師收復靈壁縣，闡慮大將李顯忠、邵宏淵深入無援，奏請益兵殿後。已而王師果失利，衆論歸罪於戰。闡曰：「陛下出師受降是也。諸將違節度且無援而敗，當矯前失，安可遽沮銳氣。」帝壯其言，益出御前器甲付諸軍，手詔勞浚，軍聲復振。

時數易臺諫，闡力言之，請增廣諫員。帝曰：「臺諫好名，如某人但欲得直聲而去。」闡曰：「唐德宗疑姜公輔爲賣直，陸贄切諫，願陛下深以爲鑒。」帝再三嘉獎。

金人求和，帝與闡議，闡曰：「彼欲和，畏我耶？愛我耶？直款我耳。」力陳六害不可許。帝曰：「朕意亦然，姑隨宜應之。」帝記「賣直」之語，謂：「胡銓亦及此。朕非拒諫者，辨是非耳。」闡曰：「聖度當如天，奈何與臣下爭名。」帝曰：「卿言是也。」頃之，除工部尙書兼侍讀。





金副元帥紇石烈志寧以書諭通好，所請三事，國書、歲幣之議已定，惟割唐、鄧、海、泗未決，將遣王之望、龍大淵通問，而衆言紛紛不已。闡謂：「不與四州乃可通和，議論先定乃可遣使，今彼爲客，我爲主，我以仁義撫天下，彼以殘酷虐吾民，覩金勢已衰，何必先示以弱。」朝論韙之。

帝用眞宗故事，命經筵官二員遞宿學士院，以備顧問，闡入對尤數。屢引疾乞骸骨，帝不忍其去。二年，闡請益力，迺除顯謨直學士、提舉太平興國宮。陛辭，帝問所欲言，闡奏：「許和則忘祖宗之讎，棄四州則失中原之心，遣歸正人則傷忠義之氣。惟陛下毋忘老臣平昔之言。」其指時事尤諄切，帝眷益篤。諭以秋涼復召，加賜金犀帶，特許佩魚。居家踰月卒，年七十四。特贈端明殿學士。

朱熹嘗言：「秦檜挾敵要君，力主和議，羣言勃勃不平。檜既摧折忠臣義士之氣，遂使士大夫懷安成習。至癸未和議，則知其非者鮮矣。朝論間有建白，率雜言利害，其言金人世讎不可和者，惟胡右史銓、張尙書闡耳。」子叔椿。

洪擬字成季，一字逸叟，鎭江丹陽人。本弘姓，其先有名璆者，嘗爲中書令，避南唐

諱，改今姓。後復避宣祖廟諱，遂因之。

擬登進士甲科。崇寧中爲國子博士，出提舉利州路學事，尋改福建路。坐譴，通判鄆州，復提舉京西北路學事，歷湖南、河北東路。宣和中，爲監察御史，遷殿中，進侍御史。時王黼、蔡京更用事，擬中立無所附會。殿中侍御史許景衡罷，擬亦坐送吏部，知桂陽軍，改海州。時山東盜起，屢攻城，擬率兵民堅守。

建炎間，居母憂，以秘書少監召，不起。終喪，爲起居郎、中書舍人，言：「兵興累年，饋餉悉出於民，無屋而責屋稅，無丁而責丁稅，不時之須，無名之斂，殆無虛日，所以去而爲盜。今關中之盜不可急，宜求所以弭之；江西之盜不可緩，宜求所以滅之。夫豐財者政事之本，而節用者又豐財之本也。」高宗如越，執政議移蹕饒、信間，擬上疏力爭，謂「舍四通五達而趨偏方下邑，不足以示形勢、固守禦。」

遷給事中、吏部尚書，言者以擬未嘗歷州縣，以龍圖閣待制知溫州。宣撫使孟庾總師討閩寇，過郡，擬趣使赴援。庾怒，命擬犒師。擬借封樁錢用之，已乃自劾。賊平，加秩一等，召爲禮部尚書，遷吏部。

渡江後，法無見籍，吏隨事立文，號爲「省記」，出入自如。至是修七司敕令，命擬總之，以舊法及續降指揮詳定成書，上之。





金人再攻淮，詔日輪侍從赴都堂，給札問以攻守之策。擬言：「國勢彊則戰，將士勇則戰，財用足則戰；我爲主、彼爲客則戰。陛下移蹕東南，前年幸會稽，今年幸臨安，興王之居，未有定議，非如高祖在關中、光武在河內也。以國勢論之，可言守，未可言戰。」擬謂時相姑議戰以示武，實不能戰也。

紹興三年，以天旱地震詔羣臣言事，擬奏曰：「法行公，則人樂而氣和；行之偏，則人怨而氣乖。試以小事論之：比者監司、守臣獻羨餘則黜之，宣撫司獻則受之，是行法止及疏遠也。有自庶僚爲侍從者，臥家視職，未嘗入謝，遂得美職而去，若鼓院官移疾廢朝謁，則斥罷之，是行法止及冗賤也。榷酤立法甚嚴，犯者籍家財充賞，大官勢臣連營列障，公行酤賣則不敢問，是行法止及孤弱也。小事如此，推而極之，則怨多而和氣傷矣。」尋以言者罷爲徽猷閣直學士、提舉江州太平觀。始，擬兄子駕部郎官興祖與擬上封事侵在位者，故父子俱罷。起知溫州，提舉亳州明道宮。卒，年七十五，謚文憲。

初，擬自海州還居鎮江。趙萬叛兵逼郡，守臣趙子崧戰敗，遁去。擬挾母出避，遇賊至，欲兵之，擬曰：「死無所避，願勿驚老母。」賊舍之。他賊又至，臨以刃，擬指其母曰：「此吾母也，幸勿怖之。」賊又舍去。有淨智先生集及注杜甫詩二十卷。

趙逵字莊叔，其先秦人，八世祖處榮徙蜀，家於資州。逵讀書數行俱下，尤好聚古書，考歷代興衰治亂之迹，與當代名人鉅公出處大節，根窮底究，尙友其人。紹興二十年，類省奏名，明年對策，論君臣父子之情甚切，擢第一。時秦檜意有所屬，而逵對獨當帝意，檜不悅。卽罷知舉王曮，授逵左承事郎、簽書劍南東川。帝嘗問檜，趙逵安在？檜以實對。久之，帝又問，除校書郎。逵單車赴闕，征稅者希檜意，搜行橐皆書籍，才數金而已。既就職，未嘗私謁，檜意愈恨。

逵賡御製芝草詩，有「皇心未敢宴安圖」之句，檜見之怒曰：「逵猶以爲未太平耶？」又謂逵曰：「館中祿薄，能以家來乎？」逵曰：「親老不能涉險遠。」檜徐曰：「當以百金爲助。」逵唯唯而已。又遣所親申前言，諷逵往謝，逵不答，檜滋怒，欲擠之，未及而死。

帝臨哭檜還，卽遷逵著作佐郎兼權禮部員外郎。帝如景靈宮，秘省起居惟逵一人。帝屢目逵，卽日命引見上殿，帝迎謂曰：「卿知之乎？始終皆朕自擢。自卿登第後，爲大臣沮格，久不見卿。秦檜日薦士，未嘗一語及卿，以此知卿不附權貴，眞天子門生也。」詔充普安郡王府教授。逵奏：「言路久不通，乞廣賜開納，勿以微賤爲間，庶幾養成敢言之氣。」帝嘉納之。普安府勸講至戾太子事，王曰：「於斯時也，斬江充自歸於武帝，何如？」逵曰：「此非





臣子所能。」王意蓋有所在也。

二十六年，遷著作郎，尋除起居郎。入謝，帝又曰：「秦檜炎炎，不附者惟卿一人。」逵曰：「臣不能效古人抗折權姦，但不與之同爾，然所以事宰相禮亦不敢闕。」又曰：「受陛下爵祿而奔走權門，臣不惟不敢，亦且不忍。」明年同知貢舉，盡公考閱，以革舊弊，遂得王十朋、閻安中。

始，逵未出貢闈，蔣璨除戶部侍郎，給事中辛次膺以璨交結希進，還之。帝怒，罷次膺，付逵書讀，逵不可，璨以此出知蘇州，次膺仍得次對，逵兼給事中。未幾，除中書舍人，登第六年而當外制，南渡後所未有也。帝語王綸曰：「趙逵純正可用，朕於蜀士未見其比。朕所以甫二歲令至此，報其不附權貴也。」

先是，逵嘗薦杜莘老、唐文若、孫道夫皆蜀名士，至是奉詔舉士，又以馮方、劉儀鳳、李石、鄭次雲應詔，宰執以聞。帝曰：「蜀人道遠，其間文學行義有用者，不因論薦無由得知。前此蜀中宦游者多隔絕，不得一至朝廷，甚可惜也。」自檜顓權，深抑蜀士，故帝語及之。

逵以疾求外，帝命國醫王繼先視疾，不可爲矣。卒年四十一。帝爲之抆淚嘆息。逵嘗自謂：「司馬溫公不近非色，不取非財，吾雖不肖，庶幾慕之。」

方檜權盛時，忤檜者固非止逵一人，而帝亟稱逵不附麗，又謂逵文章似蘇軾，故稱爲

「小東坡」，未及用而遽死，惜其論建不傳于世。有棲雲集三十卷。

論曰：如圭師于安國，居正師于楊時，敦復師于程頤，表臣交于陳瓘，其師友淵源有自來矣。故其議論讜直，剛嚴鯁峭，不惑異說，不畏彊禦，大略相似。若夫居正辨王氏三經之繆，龜年首劾秦檜主和之非，程瑀力排蔡京之黨，尤爲有功於名教。張闡論事無避，洪擬朴實端亮，趙逵純正善文，皆一時之良，爲檜所忌而不撓者。語曰：「歲寒然後知松柏之後凋。」信哉！

## 校勘記

〔一〕范如圭字伯達　原作「伯逵」，據朱文公文集卷九四范直閣墓記、李幼武四朝名臣言行錄別集下卷一〇范如圭條改。

〔二〕使力穡者絕贏餘之望　「絕」原作「有」，據朱文公文集卷八九范公神道碑改。

〔三〕吉州　按四朝名臣言行錄別集下卷八王居正條作「台州」。

〔四〕提舉學士　按本書卷一六七職官志記提舉學事司，「崇寧二年置，宣和三年罷。」並無「提舉學





士」職官，疑「士」爲「事」字之誤。

〔五〕左司諫方公孟卿　「方公孟卿」原作「方公孟」。按繫年要錄卷五二、中興聖政卷一一，紹興二年爲殿中侍御史者是江躋，爲右司諫者爲方孟卿，此處脫「卿」字，據補；又「左司諫」當爲「右司諫」之誤。

# 宋史卷三百八十二

## 列傳第一百四十一

### 張燾　黃中　孫道夫　曾幾 兄開　勾濤　李彌遜 弟彌大〔一〕

張燾字子公，饒之德興人，祕閣修撰根之子也。政和八年〔二〕進士第三人，嘗爲辟雍錄、祕書省正字。靖康元年，李綱爲親征行營使，辟燾入幕。綱貶，親知坐累者十七人，燾亦貶。

建炎初，起通判湖州。明受之變，賊矯詔俾燾撫諭江、浙，燾不受。上既復辟，詔求言。燾上書略曰：「人主戡定禍亂，未有不本於至誠而能有濟者。陛下踐祚以來，號令之發未足以感人心，政事之施未足以慰人望，豈非在我之誠有未修乎？天下治亂，在君子小人用舍而已。小人之黨日勝，則君子之類日退，將何以弭亂而圖治？」又言措置江防非計，徒費民財、損官賦，不適於用。又言：「侍從、臺諫觀望意指，毛舉細務，至國家大事，坐視不言。」又





言：「巡幸所至，營繕困民，越棲會稽，似不如是。」

紹興二年，呂頤浩薦，除司勳員外郎〔三〕，遷起居舍人。言：「自古未有不知敵人之情而能勝者，願詔大臣、諸將，厚爵賞，募可任用者往伺敵動靜。既審知之，則戰守進退，在我皆備，彼尚安得出不意犯吾行闕。」詔以付都督府及沿邊諸帥。遷中書舍人。

呂祉之撫諭淮西也，燾謂張浚曰：「祉書生，不更軍旅，何可輕付。」浚不從，遂致酈瓊之變。七年，張滉特賜進士出身。滉，浚兄也，將母至行在，上引對而命之。燾言：「宣和以來，姦臣子弟濫得儒科。陛下方與浚圖回大業，當以公道革前弊。今首賜滉第，何以塞公議？」上念浚功，欲慰其母心，乃命起居郎樓炤行下，炤又封還。著作郎兼起居舍人何掄曰：「賢良之子，宰相之兄，賜科第不爲過。」乃與書行。燾不自安，與炤皆求去，不許，言者論之，以集英殿修撰提舉江州太平觀〔四〕。

明年，以兵部侍郎召，詔引對，上曰：「卿去止緣張滉。」燾曰：「臣苟有所見，不敢不言。如內侍王鑑，陛下所親信，臣尚論列，豈有宰相親兄自賜出身，公論不與。臣若不言，豈惟負陛下，亦負張浚。」上因問：「朕圖治一紀，收効蔑然，其弊安在？」燾曰：「自昔有爲之君，未有不先定規模而能收効者，臣紹興初首以是爲言，今七年。往者進臨大江，退守吳會，未期月而或進或却，豈不爲敵所窺乎？今陛下相與斷國論者，二三大臣而已。一紀之間，

十四命相，執政遞遷無慮二十餘。日月逝矣，大計不容復誤，願以先定規模爲急。」

尋權吏部尚書。徽猷閣待制黎確卒，詔贈官推恩，燾言：「確素號正人，一旦臨變，失臣節，北面邦昌之庭，且爲將命止勤王之師。今曲加贈恤，何以示天下？」詔追奪職名。

時金使至境，詔欲屈己就和，令侍從、臺諫條上。燾言：「金使之來，欲議和好，將歸我梓宮，歸我淵聖，歸我母后，歸我宗社，歸我土地人民，其意甚美，其言甚甘，廟堂以爲信然，而羣臣、國人未敢以爲信然也。蓋事關國體，臣請推原天意爲陛下陳之。傳曰：『天將興之，誰能廢之？』臣考人事以驗天意，陛下飛龍濟州，天所命也。敵騎屢犯行闕，不能爲虞。是蓋甲寅一戰敗敵師，丙辰再戰却劉豫，丁巳酈瓊雖叛，實爲僞齊廢滅之資，皆天所贊也。是蓋陛下躬履艱難，側身修行，布德立正，上副天意，而天祐之之所致也。臣以是知上天悔禍有期，中興不遠矣。願益自修自彊，以享天心，以俟天時。時之既至，吉無不利，則何戰不勝，何功不立。今此和議，姑爲聽之，而必無信之可恃也。彼使已及境，勢難固拒。使其果願和好，如前所陳，是天誘其衷，必不復強我以難行之禮。如其初無此心，二三其說，責我以必不可行之禮，要我以必不可從之事，其包藏何所不有，便當以大義絕之。謹邊防，厲將士，相時而動。願斷自淵衷，毋取必於彼而取必於天而已。乃若略國家之大恥，置宗社之深讐，躬率臣民，屈膝于金而臣事之，而覬和議之必成，非臣所敢知也。」上覽奏，愀然變色



曰：「卿言可謂忠，然朕必不至爲彼所紿，方且熟議，必非詐僞而後可從，不然，當再使審虛實，拘其使人。」燾頓首謝。

金使張通古、蕭哲至行在，朝議欲上拜金詔。燾曰：「陛下信王倫之虛詐，發自聖斷，不復謀議，便欲行禮，羣臣震懼罔措。必已得梓宮，已得母后，已得宗族，始可議通好經久之禮。今彼特以通好爲說，意謂割地講和而已，陛下之所願欲而切於聖心者，無一言及之，其情可見，奈何遽欲屈而聽之。一屈之後，不可復伸，廷臣莫能正救，曾魯仲連之不如，豈不獲罪於天下萬世。」

既而監察御史施廷臣抗章力贊和議，擢爲侍御史。司農寺丞莫將忽賜第，擢爲起居郎。朝論大駭。燾率吏部侍郎晏敦復上疏曰：「仰惟陛下痛梓宮未還，兩宮未復，不憚屈己與敵議和，特以衆論未同，故未敢輕屈爾。幸小大之臣，無復異議，從容獻納，庶幾天聽爲回，卒不敢屈，此宗社之福也。彼施廷臣乃務迎合，輒敢抗章，力贊此議，姑爲一身進用之資，不恤君父屈辱之恥，罪不容誅，乃由察官超擢柱史。夫御史府朝廷紀綱之地，而陛下耳目之司，前日勾龍如淵以附會而得中丞，衆論固已喧鄙之矣。今廷臣又以此而躋橫榻，一臺之中，長貳皆然，既同鄉曲，又同心腹，惟相朋附，變亂是非，豈不紊紀綱而蔽陛下之耳目乎？衆論沸騰，方且切齒，而莫將者又以此議由寺丞擢右史。如淵、廷臣庸人也，初無所



長，但知觀望，而將則姦人也，考其平昔無所不爲，此輩烏可與之斷國論乎？望加斥逐，庶幾少杜羣枉之門。至於和議，則王倫實爲謀主，彼往來敵中至再四矣，陛下恃以爲心腹，信之如蓍龜，今其爲言自已二三，事之端倪，蓋亦可見。更望仰念祖宗付託之重，俯念億兆愛戴之誠，貴重此身，無輕於屈。但務雪恥以思復讎，加禮其使，厚資遣發，諭以必得事實之意，告以國人皆曰不可之狀。使彼悔禍，果出誠心，惟我所欲，盡歸于我，然後徐議報之之禮，亦未晚也。如其變詐，誘我以虛詞，則包藏終不可測，便當厲將士，保疆埸，自治自彊，以俟天時，何爲不成？伏願陛下少忍而已。自朝廷有屈己之議，上下解體，儻遂成屈己之事，則上下必至離心，人心既離，何以立國？伏願戒之重之。」於是將、廷臣皆不敢拜。燾又面折如淵曰：「達觀其所舉，君薦七人，皆北面張邦昌，今囁嚅附會，墮敵計，他日必背君親矣。」

燾既力詆拜詔之議，秦檜患之，燾亦自知得罪，託疾在告。檜使樓炤諭之曰：「北扉闕人，欲以公爲直院。」燾大駭曰：「果有此言，愈不敢出矣。」檜不能奪，乃止。

和議成，范如圭請遣使朝八陵，遂命判大宗正士㒟與燾偕行，且命修奉，令荊湖帥臣岳飛濟其役。燾與士㒟道武昌，出蔡、潁，河南百姓懽迎夾道，以喜以泣曰：「久隔王化，不圖今日復爲宋民。」九年五月，至永安諸陵，朝謁如禮。陵前石澗水久涸，二使垂至忽湧溢，父



老驚歎，以爲中興之兆。

燾等入柏城，披鉏荊棘，隨所葺治，留二日而還，自鄭州歷汴、宋、宿、泗、淮南以歸。即奏疏曰：「金人之禍，上及山陵，雖殄滅之，未足以雪此恥、復此讎也。陛下聖孝天至，豈勝痛憤，顧以梓宮、兩宮之故，方且與和，未可遽言兵也。祖宗在天之靈，震怒既久，豈容但已，異時恭行天罰，得無望於陛下乎？自古戡定禍亂，非武不可，狼子野心不可保恃久矣，伏望修武備，俟釁隙起而應之，電掃風驅，盡俘醜類以告諸陵。夫如是然後盡天子之孝，而爲人子孫之責塞矣。」上問諸陵寢如何？燾不對，唯言「萬世不可忘此賊」。上黯然。

燾因請永固陵不用金玉，大略謂：「金玉珍寶，聚而藏之，固足以動人耳目，又其爲物，自當流布於世，理必發露，無足怪者。」上覽疏，謂秦檜曰：「前世厚葬之禍，如循一軌。朕斷不用金玉，庶先帝神靈有萬世之安。」燾又言：「頃劉豫初廢，人情恟恟，我斥候不明，坐失機會。今又聞敵於淮陽作筏、造繩索，不知安用？諸將朝廷戒勿得遣間探〔五〕，遂不復遣，我之動息，敵無不知，敵之情狀，我則不聞。又見黃河船盡拘北岸，悉爲敵用，往來自若，無一人敢北渡者。願飭邊吏廣耳目，先事而防。」又言：「酈瓊部伍皆西陲勁兵，今在河南，倘可收用。新疆租賦已蠲，而使命絡繹，推恩費用猶循兵興時例，願加裁損，非甚不得已勿遣使，以寬民力。」又論：「陝西諸帥不相下，動輒喧爭，請置一大帥統之，庶首尾相應，緩急可

侍。」燾所言皆切中時病，秦檜方主和，惟恐少忤敵意，悉置不問。

成都謀帥，上諭檜曰：「張燾可，第道遠，恐其憚行。」檜以諭燾，燾曰：「君命也，焉敢辭。」十月，以寶文閣學士知成都府兼本路安撫使，付以便宜，雖安撫一路，而四川賦斂無藝者，悉得蠲減。陛辭，奏曰：「蜀民困矣，官吏從而誅剝之，去朝廷遠，無所赴愬。俟臣至所部，首宣德意，但一路咸霑惠澤。」上曰：「豈惟一路，四川恤民事悉委卿。」燾因言官吏害民者，請先罷後劾，上許之。又言：「軍興十餘年，日不暇給。今和議甫定，願汲汲以政刑爲先務。」上曰：「當書之座右。」十年三月，至成都。

在蜀四年，戢貪吏，薄租賦；撫雅州蕃部，西邊不驚；歲旱則發粟，民得不饑；暇則修學校，與諸生講論。會有詔令宣撫司納契丹降人，燾爲宣撫使胡世將言：「蜀地狹不能容，前朝常勝軍可爲戒。」世將奏寢其事。

燾乞祠，以李璆代之。燾自蜀歸，臥家凡十有三年。二十五年冬，檜死，舊人在者皆起，燾除知建康府兼行宮留守。金陵積歲負內庫錢帛鉅萬，悉爲奏免。池有義子與父爭訟，守昏謬，繫父，連年不決，燾移大理，出其守。居二年，進端明殿學士。二十九年，提舉萬壽觀兼侍讀，以衰疾力辭，不許。除吏部尚書。

初，上知普安郡王賢，欲建爲嗣，顯仁皇后意未欲，遲回久之。顯仁崩，上問燾方今大





計，燾曰：「儲貳者，國之本也，天下大計，無踰於此。」上曰：「朕懷此久矣，卿言契朕心，開春當議典禮。」又勸上省賜予，罷土木，減冗吏，止北貨。上嘉獎之。

金使施宜生來，燾奉詔館客。宜生本閩人，素聞燾名，一見顧副使曰：「是南朝不拜詔者。」燾以「首丘桑梓」動之，宜生於是漏敵情，燾密奏早爲備。

先是，御前置甲庫，凡乘輿所需圖畫什物，有司不能供者悉聚焉，日費不貲。禁中既有內酒庫，醲殊勝，酤賣其餘，頗侵大農。燾因對，言甲庫萃工巧以蕩上心，酒庫酤良醞以奪官課。且乞罷減教坊樂工人數。上曰：「卿言可謂責難於君。」明日悉詔罷之。

屢以衰疾乞骸。三十年，以資政殿學士致仕，尋還太中大夫，給眞奉。三十一年八月，落致仕，復知建康府。時金人窺江，建業民驚徙過半，聞燾至，人情稍安。尋詔沿江帥臣條上恢復事宜，燾首陳十事，大率欲預備不虞，持重養威，觀釁而動，期於必勝。

孝宗受禪，除同知樞密院，遣子埏入辭。詔肩輿至宮，給扶上殿，首問爲治之要，言內治乃可外攘。又乞命百執條弊事，詔從之，令侍從、臺諫集都堂給札以聞。隆興元年，還參知政事，以老病不拜，臺諫交章留之，除資政殿大學士、提舉萬壽觀兼侍讀。謁告將理，許之。及家，固求致仕。後二年卒，年七十五，謚忠定。

燾外和內剛，帥蜀有惠政，民祠之不忘。始論和議，歸之于天，士論歙然。洎緻駮施廷臣之奏，朝野復一辭歸重焉。

黃中字通老，邵武人。幼受書，一再輒成誦。初以族祖蔭補官。紹興五年廷試，言孝弟動上心，擢進士第二人，授保寧軍節度推官。二十餘年，秦檜死，乃召爲校書郎，歷遷普安、恩平府教授。中在王府時，龍大淵已親幸，中未嘗與之狎，見則揖而退，後他教授多蒙其力，中獨不徙官。

遷司封員外郎兼國子司業。芝草生武成廟，官吏請以聞，中不答，官吏陰畫圖以獻。宰相謂祭酒周綰與中曰：「治世之瑞，抑而不奏，何耶？」綰未對，中曰：「治世何用此爲？」綰退，謂人曰：「黃司業之言精切簡當，惜不爲諫官。」

充賀金生辰使，還，爲祕書少監，尋除起居郎，累遷權禮部侍郎。中使金回，言其治汴宮，必徙居見迫，宜早爲計。上矍然。宰相顧謂中曰：「沈介歸，殊不聞此，何耶？」居數日，中白宰相，請以妄言待罪。湯思退怒，語侵中。已乃除介吏部侍郎，徙中以補其處。中猶以備邊爲言，又不聽，遂請補外，上不許，曰：「黃中恬退有守。」除左史，且錫鞍馬。

金使賀天申節，遽以欽宗訃聞，朝論俟使去發喪，中馳白宰相：「此國家大事，臣子至





痛，一有失禮，謂天下後世何！」竟得如禮。中自使還，每進見輒言邊事，又獨陳禦備方略，高宗稱善。不數月，金亮已擁衆渡淮。中因入謝，論淮西將士不用命，請擇大臣督師。既而以殿帥楊存中爲御營使，中率同列力論不可遣。敵既臨江，朝臣爭遣家逃匿，中獨晏然。比敵退，唯中與陳康伯家屬在城中，衆慚服。

天申節上壽，議者以欽宗服除當舉樂。中言：「春秋君弒賊不討，雖葬不書，以明臣子之罪，況欽宗實未葬而可遽作樂乎？」事竟寢。兼給事中。內侍遷官不應法，諫官劉度坐論近習龍大淵忤旨補郡，已復罷之，中皆不書讀。羣小相與媒蘖，中罷去。尹穡希意詆中爲張浚黨。

乾道改元，中年適七十，卽告老，以集英殿修撰致仕，進敷文閣待制。居六年，上御講筵，顧侍臣曰：「黃中老儒，今居何許？年幾許？筋力或未衰耶？」召引對內殿，問勞甚渥，以爲兵部尚書兼侍讀。

中前在禮部，嘗諫止作樂事，中去，卒用之。至是又將錫宴，遂奏申前說。詔遣范成大使金以山陵爲請。中言：「陛下聖孝及此，天下幸甚，然欽廟梓宮置不問，有所未盡。」上善其言，不能用。

未滿歲，有歸志，乃陳十要道：以爲用人而不自用；以公議進退人才；察邪正；廣言

路；核事實；節用度；擇監司；懲貪吏；陳方略；考兵籍。」上亟稱善。中力求去，除顯謨閣〔六〕、提舉江州太平興國宮，賜犀帶、香茗。

除龍圖閣學士，致仕。凡邑里後生上謁，必訓以孝弟忠信。朱熹裁書以見，有曰：「今日之來，將再拜堂下，惟公坐而受之，俾進於門弟子之列，則某之志也。」其爲人敬慕如此。其後，上手書遣使訪朝政闕失，進職端明殿學士。屬疾，手草遺表，猶以山陵、欽宗梓宮爲言，深以人主之職不可假之左右爲戒。淳熙七年八月庚寅卒，年八十有五。九月，詔贈正議大夫。中有奏議十卷。謚簡肅。

孫道夫字太沖，眉州丹稜人。年十八貢辟雍。時禁元祐學，坐收蘇氏文除籍。再貢，入優等。張浚薦于高宗，召對，道夫奏：「願修德以回天意，定都以繫人心，任賢材、圖興復以雪國恥。」

上在越，浚遣道夫奏事，賜出身，改左承奉郎。再詔對，言：「漢中前瞰三秦，後蔽巴蜀，孔明、蔣琬出圖關輔，未有不屯漢中者。今欲進兵陝右，當先經營漢中。荆南東連吳會，北通漢沔，號用武之國，晉、宋以來，嘗倚爲重鎮。武帝亦以荆南居上流，故以諸子居之。今





守江當先措置荆南，時至則蜀漢師出秦關，荆楚師出宛洛，陛下親御六軍，由淮甸與諸將會咸陽，孰能禦之？」上嘉納，召試館職。上諭宰相：「自渡江以來，文氣未有如道夫者，涵養一二年，當命爲詞臣。」

除祕書正字、權禮部郎官。徽宗凶問禮儀，多所草定。尋權左司員外郎。上問蜀中水運陸運孰便？道夫奏：「水運遲而省費，陸運速而勞民。宣撫司初由水運，率石費錢十千，後以爲緩，從陸起丁夫十數萬，率石費五十餘千。」上曰：「水運便，行之。」

遷校書郎。出知懷安軍，乞罷都運司以寬民力，罷戍兵以弭亂階，罷泛使以省浮費。知資州，宣撫鄭剛中薦其治行第一。移知蜀州，盜不敢入境。州產綾，先是，守以軍匠置機買絲虧直，民病之，道夫斷其機。遇事明了，人目爲「水晶燈籠」。九年不遷，蓋非秦檜所樂也。

以吏部郎中入對，言蜀民二稅鹽酒茶額之弊，上納其言。除太常少卿，假禮部侍郎充賀金正旦使。金將敗盟，詰秦檜存亡，及關、陝買馬非約，道夫隨事折之。使還，擢權禮部侍郎。上曰：「卿自小官已爲朕知，第趙鼎與張浚相失後，蜀士仕于朝者，皆爲沮抑。繼自今有所見，可數求對。」

兼侍講，奏敵有窺江、淮意。上曰：「朝廷待之甚厚，彼以何名爲兵端？」道夫曰：「彼金人身弒其父兄而奪其位，興兵豈問有名，臣願預爲之圖。」宰相沈該不以爲慮，道夫每進對，輒言武事，該疑其引用張浚，忌之。道夫不自安，請出，除知綿州，致仕，卒，年六十六。

道夫居官，一意爲民，不可干以私。仕宦三十年，奉給多置書籍。然性剛直，喜面折，不容人之短，或以此少之云。

曾幾字吉甫，其先贛州人，徙河南府。幼有識度，事親孝，母死，蔬食十五年。入太學有聲。兄弼，提舉京西南路學事，按部溺死，無後，特命幾將仕郎。試吏部，考官異其文，置優等，賜上舍出身，擢國子正兼欽慈皇后宅教授。遷辟雍博士，除校書郎。

林靈素得幸，作符書號神霄錄，朝士爭趨之，幾與李綱〔七〕、傅崧卿皆稱疾不往視。久之，爲應天少尹，庭無留訟。閹人得旨取金而無文書，府尹徐處仁與之，幾力爭不得。

靖康初，提舉淮東茶鹽。高宗即位，改提舉湖北，徙廣西運判、江西提刑，又改浙西。會兄開爲禮部侍郎，與秦檜力爭和議，檜怒，開去，幾亦罷。逾月，除廣西轉運副使，徙荆南路〔八〕。盜駱科起郴之宜章，郴、桂皆澒洞，宣撫司調兵未至，諜以捷聞。幾疏其實，朝廷遣他將平之。請閒，得崇道觀。復爲廣西運判，固辭，僑居上饒七年。

檜死，起爲浙西提刑〔九〕、知台州，治尚清淨，民安之。黃巖令受賄爲兩吏所持，令械吏





寘獄，一夕皆死，幾詰其罪。或曰：「令，丞相沈該客也。」治之益急。

賀允中薦，召對，以疾辭，除直祕閣，歸故治。未幾，復召對，幾言：「士氣久不振，陛下欲起之於一朝，矯枉者必過直，雖有折檻斷鞅、牽裾還笏、若賣直干譽者，願加優容。」時帝懲檜擅權之弊，方開言路，應詔者衆，幾懼有獲戾者，先事陳之。帝大悅，授祕書少監。

幾承平時已爲館職，去三十八年而復至，須鬢皓白，衣冠偉然。每會同舍，多談前輩言行、臺閣典章，薦紳推重焉。詔修神宗寶訓，書成，奏薦，帝稱善。權禮部侍郎。兄楙、開皆嘗貳春官，幾復爲之，人以爲榮。

吳、越大水、地震，幾舉唐貞元故事反覆論奏，帝韙其言。他日謂幾曰：「前所進陸贄事甚切，已遣漕臣振濟矣。」引年請謝，上曰：「卿氣貌不類老人，姑爲朕留。」謝曰：「臣無補萬一，惟進退有禮，尚不負陛下拔擢。」上閔勞以事，提舉玉隆觀，紹興二十七年也。除集英殿修撰，又三年，升敷文閣待制。

金犯塞，中外大震，帝召楊存中偕宰執對便殿，諭以將散百官，浮海避之。左僕射陳康伯持不可。存中言：「敵空國遠來，已闖淮甸，此正賢智馳騖不足之時。臣願率先將士，北首死敵。」帝喜，遂定議親征，下詔進討。有欲遣使詣敵求緩師者，幾疏言：「增幣請和，無小益，有大害，爲朝廷計，正當嘗膽枕戈，專務節儉，經武外一切置之，如是雖北取中原可也。

且前日詔諸將傳檄數金君臣，如叱奴隸，何辭可與之和耶？」帝壯之。

孝宗受禪，幾又上疏數千言。將召，屢請老，乃遷通奉大夫，致仕，擢其子逮爲浙西提刑以便養。乾道二年卒，年八十二，謚文清。

幾三仕嶺表，家無南物，人稱其廉。早從舅氏孔文仲、武仲講學。初佐應天時，諫官劉安世亡恙，黨禁方厲，無敢窺其門者，幾獨從之，談經論事，與之合。避地衡嶽，又從胡安國游，其學益粹。爲文純正雅健，詩尤工。有經說二十卷、文集三十卷。

二子：逢仕至司農卿，逮亦終敷文閣待制，而逢最以學稱。

開字天游。少好學，善屬文。崇寧間登進士第，調眞州司戶，累遷國子司業，擢起居舍人，權中書舍人。掖垣草制，多所論駮，忤時相意，左遷太常少卿，責監大寧監鹽井，匹馬之官，不以自卑。召還，時相復用事，監杭州市易務。除直祕閣，知和州，徙知恩州。請祠，得鴻慶宮，判南京國子監。復爲中書舍人，罷。提舉洞霄宮。

欽宗即位，除顯謨閣待制、提舉萬壽觀、知潁昌府，兼京西安撫使。奪職，奉祠。建炎初，復職，知潭州、湖南安撫使。踰年求去，復得鴻慶宮，起知平江府、廣東經略安撫使。奉詔駐潮陽招捕虔寇，訖事，乃之鎭。居二年，盡平羣盜。提舉太平觀。



復以中書舍人召，首論：「自古興衰撥亂之主，必有一定之論，然後能成功。願講明大計，使議論一定，斷而必行，則功烈可與周宣侔矣。」又論：「車駕撫巡東南，重兵所聚，限以大江，敵未易遽犯，其所窺伺者全蜀也。一失其防，陛下不得高枕而臥矣。願擇重臣與吳玠協力固護全蜀。」屢請去，進寶文閣待制，知鎭江府兼沿江安撫使。召爲刑部侍郎。言：「太祖懲五季尾大不掉之患，畿甸屯營，倍于天下，周廬宿衞，領以三衙。今禁旅單弱，願參舊制增補之。」帝悉嘉納。

遷禮部侍郎兼直學士院。時秦檜專主和議，開當草國書，辨視體制非是，論之，不聽，遂請罷，改兼侍讀。檜嘗招開慰以溫言，且曰：「主上虛執政以待。」開曰：「儒者所爭在義，苟爲非義，高爵厚祿弗顧也。願聞所以事敵之禮。」檜曰：「若高麗之於本朝耳。」開曰：「主上以聖德登大位，臣民之所推戴，列聖之所聽聞，公當彊兵富國，尊主庇民，奈可自卑辱至此，非開所敢聞也。」又引古誼以折之。檜大怒曰：「侍郎知故事，檜獨不知耶？」他日，開又至政事堂，問「計果安出」？檜曰：「聖意已定，尙何言！公自取大名而去，如檜，第欲濟國事耳。」然猶以梓宮未還，母后、欽宗未復，詔侍從、臺諫集議以聞。開上疏略曰：「但當修德立政，嚴於爲備，以我之仁敵彼之不仁，以我之義敵彼之不義，以我之戒懼敵彼之驕泰，眞積力久，如元氣固而病自消，大陽升而陰自散，不待屈己，陛下之志成矣。不然，恐非在天之



靈與太后、淵聖所望於陛下者也。」檜曰：「此事大係安危。」開曰：「今日不當說安危，只當論存亡。」檜變然。

會樞密編修胡銓上封事，痛詆檜，極稱開，由是罷，以寶文閣待制知婺州。開言：「議論妄發，實緣國事。」力請歸。檜議奪職，同列以爲不可，提舉太平觀、知徽州。以病免，居閑十餘年。黃達如請籍和議同異爲士大夫升黜，即擢達如監察御史，首劾開，褫職。引年請還政，僅復祕閣修撰，卒，年七十一。檜死，始復待制，盡還致仕遺表恩數。

開孝友厚族，信于朋友。其守歷陽也，從游酢學，日讀論語，求諸言而不得，則反求諸心，每有會意，欣然忘食。其留南京，劉安世一見如舊，定交終身。故立朝遇事，臨大節而不可奪，師友淵源，固有所自云。

勾濤字景山，成都新繁人。登崇寧二年進士第，調嘉州法掾、川陝鑄錢司屬官。建炎初，通判黔州。田祐恭兵道境上，濤白守，燕勞之，祐恭感恩厲下，郡得以無犯。湖湘賊王闢破秭歸，桑仲、郭守忠攻茶務箭窠砦，將犯夔門。夔兵素單弱，宣司檄祐恭捍禦，濤帥黔兵佐之，賊潰去。宣撫張浚奏濤知巴州，不赴。



翰林侍讀學士范沖薦，召見，論五事，除兵部郎中。七年，遷右司郎官兼校正。日食，上言。八月，遷起居舍人，以足疾，命閤門賜墩待班。九月，兼權中書舍人。

時沿邊久宿兵，江、浙罷於餽餉，荆、襄、淮、楚多曠土，濤因進羊祜屯田故事，事下諸大將，於是邊方議行屯田。淮西都統制劉光世乞罷，丞相張浚欲以呂祉代之，濤謂：「祉疏庸淺謀，必敗事，莫若就擇將士素所推服者用之，否則劉錡可。」浚不納，祉至，果以輕易失士心，未幾，酈瓊叛，祉死於亂。浚聞之，夜半召濤愧謝。

時帝駐蹕建康，欲亟還臨安。濤入見曰：「今江、淮列戍十餘萬，苟付託得人，可無憂顧。適此危疑，詎宜輕退，以啓敵心。」因薦劉錡。帝即命以其衆鎭合肥。川、陝宣撫使吳玠言都轉運使李迨朘刻賞格，迨亦奏玠苛費，帝以問濤。濤曰：「玠忠在西蜀，縱費，寧可覈？第移迨他路可爾。」帝然之。

會金人廢劉豫，金、房鎭撫使郭浩遣其弟洧奏事。濤察洧警敏可仗，乞詔諭陝右諸叛將乘機南歸，帝命濤草詔，洧持以往，聞者流涕。十二月，除中書舍人。

八年，除史館修撰。重修哲宗實錄，帝諭之曰：「昭慈聖獻皇后病革，朕流涕問所欲言，后愴然謂朕曰：『吾逮事宣仁聖烈皇后，見其任賢使能，約己便民，憂勤宗社，疏遠外家，古今母后無與爲比。不幸姦邪罔上，史官蔡卞等同惡相濟，造謗史以損聖德，誰不切齒！在天之

靈亦或介介。其以筆屬正臣，亟從删削，以信來世。』朕痛念遺訓，未嘗一日輒忘，今以命卿。」濤奏：「數十年來，宰相不學無術，邪正貿亂，所以姦臣子孫得逞其私智，幾亂裕陵成書。非賴陛下聖明，則任申必先有過嶺之謫〔一〇〕，臣亦恐復蹈媒蘖之禍。」帝慰勉之。六月，實錄成，進一秩，就館賜宴。復修徽宗實錄，以中書舍人呂本中爲薦，丞相趙鼎諭旨宜婉辭紀載。濤曰：「崇寧、大觀大臣誤國，以稔今禍，藉有隱諱，如天下野史何？」

七月，除給事中。求去，以徽猷閣待制知池州，改提舉江州太平觀。俄除荆湖北路安撫使、知潭州。秦檜嘗令人諭意，欲與共政，濤以書謝之。檜諷言劾之，不報。

濤上書論時事之害政者：「大臣密諭王倫變易地界，一也；蔡攸之妻近居臨平，咫尺行都，略不畏避，二也；小大之臣，凡在謫籍，皆已甄敍，惡如京、黼，尙蒙寬宥，今侍從之臣，初無大過，理宜牽復，三也；河南故地復歸中國，新附之民，延頸德澤，承流之寄，當加精選，四也；臺諫爲耳目之司，今宰相引援，皆同舍之舊，倚爲鷹犬，五也。」帝歎其忠直，賜以緡綵、茶藥，且令事有大於此者，悉以聞。秩滿，提舉太平觀。

十一年，帝謂秦檜曰：「勾濤久閑，性喜泉石，可進職與一山水近郡。」檜對：「永嘉有天合、鴈蕩之勝。」帝曰：「永嘉太遠，其以湖州命之。」俄以疾卒，年五十九。遺表聞，帝震悼，顧近臣曰：「勾濤死矣，惜哉！」贈左太中大夫。



濤身長七尺，風貌偉然，頗以忠亮自許。國有大議，帝必委心延訪，往復酬詰，率漏下數刻始罷。料邊情如在目前，知名之士多所薦進。有文集十卷，西掖制書十卷，奏議十卷。

李彌遜字似之，蘇州吳縣人。弱冠以上舍登大觀三年第，調單州司戶，再調陽穀簿。政和四年，除國朝會要所檢閱文字。引見，特遷校書郎，充編修六典校閱，累官起居郎。以封事剴切，貶知廬山縣，改奉嵩山祠。廢斥隱居者八載。

宣和末，知冀州。金人犯河朔，諸郡皆警備，彌遜損金帛，致勇士，修城堞，決河護塹，邀擊其遊騎，斬首甚衆。兀朮北還，戒師毋犯其城。

靖康元年，召爲衞尉少卿，出知瑞州〔一一〕。二年，建康府牙校周德叛〔一二〕，執帥宇文粹中，殺官吏，嬰城自守，勢猖獗。彌遜以江東判運領郡事〔一三〕，單騎扣賊闉，以蠟書射城中招降。賊通款，開關迎之，彌遜諭以禍福，勉使勤王。時李綱行次建康，共謀誅首惡五十人，撫其餘黨，一郡帖然。

改淮南運副。後奉興國宮祠，知饒州，召對，首奏「當堅定規模，排斥姦言」。又謂：「朝廷一日無事，幸一日之安，一月無事，幸一月之安，欲求終歲之安，已不可得，況能定天下大計乎？」帝嘉其讜直。輔臣有不悅者，以直寶文閣知吉州。陛辭，帝曰：「朕欲留卿，大臣欲重試卿民事，行召卿矣。」

七年秋，還起居郎。彌遜自政和末以上封事得貶，垂二十年，及復居是職，直前論事，鯁切如初。冬，試中書舍人，奏六事曰：「固藩維以禦外侮，嚴禁衞以尊朝廷，練兵以壯國勢，節用以備軍食，收民心以固根本，擇守帥以責實效。」時駐蹕未定，有旨料舟給卒以濟宮人。彌遜繳奏曰：「六飛雷動，百司豫嚴，時方孔艱，宜以宗社爲心，不宜於內倖細故，更勤聖慮，事雖至微，懼傷大體。」帝嘉納之。試戶部侍郎。

秦檜再相，惟彌遜與吏部侍郎晏敦復〔一四〕有憂色。八年〔一五〕，彌遜上疏乞外甚力，詔不允。趙鼎罷相，檜專國，贊帝決策通和。金國遣烏陵思謀等入界，索禮甚悖，軍民皆不平，人言紛紛。檜於御榻前求去，欲要決意屈己從和。樞密院編修官胡銓上疏乞斬檜，校書郎范如圭以書責檜曲學背師，忘讎辱國，禮部侍郎曾開抗聲引古誼以折檜，相繼貶逐。

彌遜請對，言金使之請和，欲行君臣之禮，有大不可。帝以爲然，詔廷臣大議，即日入奏。彌遜手疏力言：「陛下受金人空言，未有一毫之得，乃欲輕祖宗之付託，屈身委命，自同下國而尊奉之，倒持太阿，授人以柄，危國之道，而謂之和可乎？借使金人姑從吾欲，假以目前之安，異時一有無厭之求，意外之欲，從之則害吾社稷之計，不從則釁端復開，是今日徒有屈身之辱，而後患未已。」又言：「陛下率國人以事讎，將何以責天下忠臣義士之氣？」力陳不可者三。



檜嘗邀彌遜至私第，曰：「政府方虛員，苟和好無異議，當以兩地相浼。」答曰：「彌遜受國恩深厚　何敢見利忘義。顧今日之事，國人皆不以爲然，獨有一去可報相公。」檜默然。次日，彌遜再上疏，言愈切直，又言：「送伴使揣摩迎合，不恤社稷，乞別選忠信之人，協濟國事。」檜大怒。彌遜引疾，帝諭大臣留之。時和議已決，附會其說者，至謂「向使明州時，主上雖百拜亦不問」，議論靡然。賴彌遜廷爭，檜雖不從，亦憚公論。再與金使者計，議和不受封册，如宰相就館見金使，受其書納入禁中，多所降殺，惟君臣之禮不得盡爭。

九年春，再上疏乞歸田，以徽猷閣直學士知端州〔一六〕，改知漳州。十年，歸隱連江西山。是歲，兀朮分四道入侵，明年，又侵淮西，取壽春，竟如彌遜言。

十二年，檜乘金兵既敗，收諸路兵，復通和好，追仇向者盡言之臣，喙言者論彌遜與趙鼎、王庶、曾開四人同沮和議。於是彌遜落職，十餘年間不通時相書，不請磨勘，不乞任子，不序封爵，以終其身，常憂國，無怨懟意。二十三年，卒。朝廷思其忠節，詔復敷文閣待制。有奏議三卷，外制二卷，議古三卷，詩十卷。弟彌大。

彌大字似矩，登崇寧三年進士第。以大臣薦召對，除校書郎，遷監察御史。假太常少卿充契丹賀正旦使。時傳聞燕民欲歸漢，徽宗遣彌大覘之。使還，奏所聞有二：「或謂彼主淫刑滅親，種類睥離，女眞侵迫，國勢危殆爲可取；或謂下詔罪己，擢用耆舊，招赦盜賊，國尙有人未可取；莫若聽其自相攻併。」遷起居郎，試中書舍人，同修國史。彌大繳奏，以爲邊報不童貫宣撫永興，走馬承受白鍔恃貫不報師期，朝廷止從薄責。彌大繳奏，以爲邊報不至，非朝廷福。鍔坐除名，彌大亦出知光州。移知鄂州。召爲給事中兼校正御前文籍詳定官，拜禮部侍郎。

金人大舉入侵，李綱定城守之策，命彌大爲參議，與綱不合，罷。未幾，除刑部尙書。初，朝廷許割三鎭界金人，既而遣种師道、師中援河北，姚古援河東，彌大上疏乞起河東西境麟、府諸郡及陝西兵以濟古之師，起河東路及京東近郡兵以濟師道、師中之師，爲腹背攻劫之圖。遂除彌大河東宣撫副使。張師正領勝捷軍敗於河東，潰歸，彌大誅之。復遣餘卒援眞定，餘卒叛。

宣撫罷，命彌大知陝州。河東破，小將李彥先來謁，言軍事，彌大壯之，留爲將，戍崤、澠間以遏敵。詔遣使召援，彌大未敢進。會永興帥范致虛糾兵勤王，檄彌大充諸道計議。行至方城，道阻，乃率衆赴大元帥府。



建炎元年，除知淮寧府。到郡未幾，杜用等夜叛，彌大縋城出，賊散乃還，坐貶秩。尋召爲吏部侍郎。帝如杭州，命權紹興府，試戶部尙書兼侍讀。呂頤浩視師，以彌大爲參謀官。彌大奏：「王導、謝安爲都督，未嘗離朝廷，今邊圉幸無他，頤浩不宜輕動。」又言：「已爲天子從官，非宰相可辟。乞於諸軍悉置軍正，如漢朝故事，以察官、郎官爲之。陛下必欲留臣，當別爲一司，伺察頤浩過失。」忤旨，出知平江府。

中丞沈與求劾彌大諜間君臣，妄自尊大，奪職歸。起知靜江府，奏廣西邊防利害。入爲工部尙書。未幾，罷去。廣西提刑韓璜劾其在靜江日斷強盜死罪，引絞入斬，貶兩秩。紹興十年卒，年六十一。

論曰：宋既南渡，日以徽宗梓宮及韋后爲念。秦檜主和，甘心屈己。張燾連章論列，謀深慮遠，其言取必於天，豈忘宗社之讎哉，亦曰相時而動耳！惜其利澤專於蜀也。黃中不黨不阿，明察料敵，立朝忠實，退不忘君。道夫受知張浚，憂國而不爲身謀。曾幾積學潔行，風節凜凜，陳嘗膽枕戈之言，以贊親征，亦壯矣哉！勾濤直節正論，不受檜私，潔身歸老。彌遜、曾開同沮和議，廢絀以沒，無怨懟心，所謂臨大節而不可奪者歟！



## 校勘記

〔一〕弟彌大　按筠谿集李彌遜家傳，李彌遜兄弟六人，長彌性，次彌綸，次彌大，「次郎公也」。又樓鑰筠谿集序，李彌遜昆仲六人，「兄尙書彌大」，此處「弟」爲「兄」字之誤。

〔二〕政和八年　原作「宣和八年」。按宣和無八年。周必大周益國文忠公集卷六一張燾神道碑：「政和八年，廷試，親擢第三，授文林郎，辟雍學錄。」又李幼武四朝名臣言行錄別集下卷三張燾條：「政和八年，廷試三人，授太學錄。」此處「宣和」乃「政和」之誤，據改。

〔三〕除司勳員外郎　按同上兩書同卷皆作「司封員外郎」。

〔四〕以集英殿修撰提舉江州太平觀　按周益國文忠公集卷六一張燾神道碑，紹興七年二月眞拜中書舍人，因論張浚事，「罷爲提舉台州崇道觀」，尋「加集英殿修撰」，「十三年冬始命提舉江州太平觀」。李幼武四朝名臣言行錄別集下卷三張燾條所記略同。此誤。

〔五〕諸將朝廷戒勿得遣間探　按繫年要錄卷一二九、中興聖政卷二五皆作「諸將以朝廷嘗有不得遣間探指揮」，疑此處「諸將」下脫「以」字。

〔六〕除顯謨閣　按朱熹朱文公文集卷九一黃中墓誌銘作「除顯謨閣學士」，疑此處脫「學士」二字。

〔七〕李綱　原作「李剛」，據陸游渭南文集卷三二曾文淸公墓誌銘改。



〔八〕荆南路　原作「京南路」。按渭南文集卷三二曾文淸公墓誌銘作「荆湖南路」，下文有「郴之宜章」語，據本書卷八八地理志，郴州宜章屬荆湖南路，此「京南路」當爲「荆南路」之誤，據改。

〔九〕起爲浙西提刑　按渭南文集卷三二曾文淸公墓誌銘，紹興二十五年十一月，起曾幾爲「提點兩浙東路刑獄」，「明年，知台州」。又寶慶續會稽志卷二提刑題名：「曾幾，紹興二十五年十二月，以左朝請大夫到任，二十六年三月，改知台州。」此處「浙西」當爲「浙東」之誤。

〔一〇〕任申必先有過嶺之謫　按本書卷三四五任伯雨傳，任伯雨論蔡卞誣罔宣仁皇后之罪，被卞所陷，謫昌化軍；其子任申先亦下獄，以無所傳致得釋。勾濤奉命修史爲宣仁辯誣，而對以此語，似係引任伯雨事爲鑑。此語疑是本書修纂者誤記爲任申先事，繕時又脫略爲「任申」，當作「任伯雨必先有過嶺之謫」。

〔一一〕瑞州　李彌遜筠谿集李彌遜家傳作「筠州」。據本書卷八八地理志：瑞州，本筠州，「寶慶元年避理宗諱改今名」。此處所載爲靖康時事，當作「筠州」。

〔一二〕建康府牙校周德叛　「建康府」，筠谿集李彌遜家傳作「江寧」。按九域志卷六：江寧府，「開寶八年爲昇州，天禧二年爲江寧府」；本書卷八八地理志：建炎三年「復爲建康府」。此處所載爲靖康時事，當作「江寧府」。

〔一三〕彌遜以江東判運領郡事　按筠谿集李彌遜家傳：「除公江東路轉運判官，就領郡事。」繫年要錄卷六亦作「江東轉運判官李彌遜」，此處「判運」當爲「運判」之誤。

〔一四〕晏敦復　原作「晏端復」，據本書卷三八一本傳、筠谿集李彌遜家傳改。

〔一五〕八年　據繫年要錄卷一一八、筠谿集李彌遜家傳，李彌遜試戶部侍郎及上疏乞外，都在紹興八年，此「八年」應置於上文「試戶部侍郎」之上。

〔一六〕端州　筠谿集李彌遜家傳作「筠州」。



# 宋史卷三百八十三

## 列傳第一百四十二

### 陳俊卿　虞允文　辛次膺

陳俊卿字應求，興化人。幼莊重，不妄言笑。父死，執喪如成人。紹興八年，登進士第，授泉州觀察推官。服勤職業，同僚宴集，恆謝不往。一日，郡中失火，守汪藻走視之，諸掾屬方飲某所，俊卿輿卒亦假之行，於是例以後至被詰，俊卿唯唯摧謝。已而知其實，問故，俊卿曰：「某不能止同僚之行，又資其僕，安得爲無過。時公方盛怒，其忍幸自解，重人之罪乎？」藻歎服，以爲不可及。

秩滿，秦檜當國，察其不附己，以爲南外睦宗院教授。尋添通判南劍州，未上而檜死，乃以校書郎召。孝宗時爲普安郡王，高宗命擇端厚靜重者輔導之，除著作佐郎兼王府教授。講經輒寓規戒，正色特立。王好鞠戲，因誦韓愈諫張建封書以諷，王敬納之。





累遷監察御史、殿中侍御史。首言：「人主以兼聽爲美，必本至公；人臣以不欺爲忠，必達大體。御下之道，恩威並施，抑驕將，作士氣，則紀綱正而號令行矣。」遂劾韓仲通本以獄事附檜，寃陷無辜，檜黨盡逐而仲通獨全；劉寶總戎京口，恣掊尅，且拒命不分戍：二人遂抵罪。湯思退專政，俊卿言：「冬日無雲而雷，宰相上不當天心，下不厭人望。」詔罷思退。

時災異數見，金人侵軼之勢已形。俊卿乃疏言：「張浚忠藎，白首不渝，竊聞讒言其陰有異志。夫浚之得人心、伏士論，爲其忠義有素。反是，則人將去之，誰復與爲變乎？」疏入，未報，因請對，力言之，上始悟。數月，以浚守建康。又言：「內侍張去爲陰沮用兵，且陳避敵計，搖成算，請按軍法。」上曰：「卿可謂仁者之勇。」除權兵部侍郎。

金主亮渡淮，俊卿受詔整浙西水軍，李寶因之遂有膠西之捷。亮死，詔俊卿治淮東堡砦屯田，所過安輯流亡。金主褒新立，申舊好，廷臣多附和議。俊卿奏：「和戎本非得已，若以得故疆爲實利，得之未必能守，是亦虛文而已。今不若先正名，名正則國威張，歲幣可損。」因陳選將練兵、屯田減租之策，擇文臣有膽略者爲參佐，俾察軍政、習戎務以儲將材。孝宗受禪，言：「爲國之要有三：用人、賞功、罰罪，所以行之者至公而已。願留聖意。」遷中書舍人。時孝宗志在興復，方以閫外事屬張浚。以俊卿忠義，沈靖有謀，以本職充江、淮宣撫判官兼權建康府事。奏曰：「吳璘孤軍深入，敵悉衆拒戰，久不決，危道也。兩淮事勢已急，盍分遣舟師直擣山東，彼必還師自救，而璘得乘勝定關中。我及其未至，潰其腹心，此不世之功也。」會主和議方堅，詔璘班師，亦召俊卿。奏陳十事：定規模，振紀綱，勵風俗，明賞罰，重名器，遵祖宗之法，蠲無名之賦〔一〕。

隆興初元，建都督府，俊卿除禮部侍郎參贊軍事。張浚初謀大舉北伐，俊卿以爲未可。已而邵宏淵果以兵潰，俊卿退保揚州。主和議者幸其敗，橫議搖之。浚上疏待罪，俊卿亦乞從坐，詔貶兩秩。諫臣尹穡附思退，議罷浚都督，改宣撫使治揚州。俊卿奏：「浚果不可用，別屬賢將；若欲責其後效，降官示罰，古法也。今削都督重權，置揚州死地，如有奏請，臺諫沮之，人情解體，尚何後效之圖？議者但知惡浚而欲殺之，不復爲宗社計。願下詔戒中外協濟，使浚自效。」疏再上，上悟，卽命浚都督，且召爲相，卒爲思退、穡所擠，遣視師江、淮。俊卿累章請罪，以寶文閣待制知泉州，請祠，提舉太平興國宮。

思退既竄，太學諸生伏闕下乞召俊卿。乾道元年，入對，上勞撫之，因極論朋黨之弊。除吏部侍郎、同修國史。論人才當以氣節爲主，氣節者，小有過當容之；邪佞者，雖有才當察之。錢端禮起戚里爲參政，窺相位甚急，館閣之士上疏斥之。端禮遣客密告俊卿，已



卽相，當引共政。深拒不聽。翌日，進讀寶訓，適及外戚，因言：「本朝家法，外戚不預政，有深意，陛下宜謹守。」上首肯，端禮憾之。知建康府〔二〕。逾年，授吏部尚書。

時上未能屏鞠戲，將游獵白石。俊卿引漢桓靈、唐敬穆及司馬相如之言力以爲戒。上喜曰：「備見忠讜，朕決意用卿矣。朕在藩邸，知卿爲忠臣。」俊卿拜謝。

受詔館金使，遂拜同知樞密院事。時曾覿、龍大淵怙舊恩，竊威福，士大夫頗出其門。及俊卿館伴，大淵副之，公見外，不交一語，大淵納謁，亦謝不接。洪邁白俊卿：「人言鄭聞除右史，某當除某官，信乎？」詰所從，邁以淵、覿告。具以邁語質於上，上曰：「朕曷嘗謀及此輩，必竊聽得之。」有旨出淵、覿，中外稱快。

金移文邊吏，取前所俘。俊卿請報以「誓書云：俘虜叛亡是兩事，俘虜發已多，叛亡不應遣。且本朝兩淮民，上國俘虜亡慮數萬，本朝未嘗以爲言，恐壞和議，使兩境民不安。或至交兵，則屈直勝負有在矣」。

鎭江軍帥戚方刻削軍士，俊卿奏：「內臣中有主方者，當併懲之。」卽詔罷方，以內侍陳瑤、李宗回付大理究贓狀。十一月，當郊而雷，上內出手詔，戒飭大臣，葉顒、魏杞坐罷。俊卿參知政事。時四明獻銀鑛，將召冶工卽禁中鍛之。俊卿奏：「不務帝王之大，而屑屑有司之細，恐爲有識所窺。」從官梁克家、莫濟俱求補外，俊卿奏：「二人皆賢，其去可惜。」於是劾



奏洪邁姦險讒佞，不宜在左右，罷之。減福建鈔鹽，罷江西和糴、廣西折米鹽錢，蠲諸道宿逋金穀錢帛以巨萬計，於是政事稍歸中書矣。

龍大淵死，上憐曾覿，欲召之。俊卿曰：「自出此兩人，中外莫不稱頌。今復召，必大失天下望。臣請先罷。」遂不召。殿前指揮使王琪被旨按視兩淮城壁還，薦和州教授劉甄夫，得召。俊卿言：「琪薦兵將官乃其職，教官有才，何預琪事。」會揚州奏琪傳旨增築城已訖事，俊卿請於上，未嘗有是命。俊卿曰：「若詐傳上旨，非小故。」奏言：「人主萬幾，豈能盡防閑，所恃者紀綱、號令、賞罰耳。不誅琪，何所不爲。」琪削秩罷官。

先是，禁中密旨直下諸軍，宰相多不預聞，內官張方事覺，俊卿奏：「自今百司承御筆處分事，須奏審方行。」從之。既而以內諸司不樂，收前命。俊卿言：「張方、王琪事，聖斷已明，忽諭臣曰：『禁中取一飲一食，必待申審，豈不留滯。』臣所慮者，命令之大，如三衙發兵，戶部取財，豈爲宮禁細微事。臣等備數，出內陛下命令耳。凡奏審欲取決陛下，非臣欲專之，且非新條，申舊制耳。已行復收，中外惶惑，恐小人以疑似激聖怒。」上曰：「朕豈以小人言疑卿等耶？」

同知樞密院事劉珙進對，爭辨激切，忤旨，既退，手詔除珙端明殿學士，奉外祠。俊卿卽藏去，密具奏：「前日奏劄，臣實草定，以爲有罪，臣當先罷。珙之除命，未敢奉詔。陛



下卽位以來，納諫諍，體大臣，皆盛德事。今珙以小事獲罪，臣恐自此大臣皆阿順持祿，非國家福。」上色悔久之，命珙帥江西。俊卿退自劾，上手札留之，且曰：「卿雖百請，朕必不從。」

四年十月，制授尚書右僕射、同中書門下平章事兼樞密使。俊卿以用人爲己任，所除吏皆一時選，奬廉退，抑奔競。或才可用，資歷淺，密薦於上，未嘗語人。每接朝士及牧守自遠至，必問以時政得失，人才賢否。

虞允文宣撫四川，俊卿薦其才堪相。五年正月，上召允文爲樞密使，至則以爲右相，俊卿爲左相。允文建議遣使金以陵寢爲請，俊卿面陳，復手疏以爲未可。上御弧矢，弦激致目眚，六月始御便殿。俊卿疏曰：「陛下經月不御外朝，口語籍籍，皆輔相無狀，不能先事開陳，虧損聖德。陛下憂勤恭儉，清靜寡欲，前代英主所不能免者皆屏絕，顧於騎射之末猶未能忘。臣知非樂此，志圖恢復，故俯而從事，以閱武備，激士氣耳。願陛下任智謀，明賞罰，恢信義，則英聲義烈，不越尊俎，固已震慴敵人於萬里之遠，豈待區區騎射於百步間哉。陛下一身，宗社生靈之休戚繫焉，願以今日之事，永爲後戒。」

曾覿官滿當代，俊卿預請處以浙東總管。上曰：「覿意似不欲爲此官。」俊卿曰：「前此陛下去二人，公論甚愜。願捐私恩，伸公議。」覿怏怏而去。樞密承旨張說爲親戚求官，憚

俊卿不敢言，會在告，請於允文，得之。俊卿聞敕已出，語吏留之。說皐恐，來謝，允文亦愧，猶爲之請，俊卿竟不與，說深憾之。吏部尚書汪應辰與允文議事不合，求去，俊卿數奏應辰剛毅正直，可爲執政。上初然之，後竟出應辰守平江。自是上意鄉允文，而俊卿亦數求去。

明年，允文復申陵寢之議，上手札諭俊卿，俊卿奏：「陛下痛念祖宗，思復故疆，臣雖疲駑，豈不知激昂仰贊聖謨，然於大事欲計其萬全，俟一二年間，吾之事力稍充乃可，不敢迎合意指誤國事。」卽杜門請去，以觀文殿大學士帥福州。陛辭，猶勸上遠佞親賢，修政攘敵，泛使未可輕遣。既去，允文卒遣使，終不得要領。曾覿亦召還，建節鉞，躋保傅，而士大夫莫敢言。

俊卿至福州，政尚寬厚，嚴於治盜，海道晏清，以功進秩。轉運判官陳峴建議改行鈔鹽法，俊卿移書宰執，極言福建鹽法與淮、浙異，遂不果行。明年，請祠，提舉洞霄宮。歸第，弊屋數楹，怡然不介意。

淳熙二年，再命知福州。累章告歸，除特進，起判建康府兼江東安撫。召對垂拱殿，命坐賜茶，因從容言曰：「將帥當由公選，臣聞諸將多以賄得。曾覿、王抃招權納賄，進人皆以中批行之。贓吏已經結勘，而內批改正，將何所勸懲？」上曰：「卿言甚當。」朝辭，奏曰：「去





國十年，見都城穀賤人安，惟士大夫風俗大變。」上曰：「何也？」俊卿曰：「向士大夫奔覿、抃之門，十纔一二，尙畏人知，今則公然趨附已七八，不復顧忌矣。人材進退由私門，大非朝廷美事。」上曰：「抃則不敢。覿雖時或有請，朕多抑之，自今不復從矣。」俊卿曰：「此曹聲勢既長，侍從、臺諫多出其門，毋敢爲陛下言，臣恐壞朝廷紀綱，廢有司法度，敗天下風俗，累陛下聖德。」命二府飲餞浙江亭。

俊卿去建康十五年，父老喜其再來。爲政寬簡，罷無名之賦。時御前多行「白劄」，用左右私人持送，俊卿奏非便，上手札獎諭。除少保，判建康府如故。八年上章告老[三]，以少師、魏國公致仕。十三年十一月薨，年七十四。方屬疾，手書示諸子云：「遺表止謝聖恩，勿祈恩澤及功德，勿請謚樹碑。」上聞嗟悼，輟視朝，贈太保，命本路轉運司給葬事，賜謚正獻。

俊卿孝友忠敬，得於天資，淸嚴好禮，終日無惰容。平居恂恂若不能言，而在朝廷正色危論，分別邪正，斥權勢無顧避。凡所奏請，關治亂安危之大者。雅善汪應辰、李燾，尤敬朱熹，屢嘗論薦。其薨也，熹不遠千里往哭之，又狀其行。有集二十卷。

子五人，宓有志于學，終承奉郎，朱熹爲銘其墓。宓自有傳。

虞允文字彬甫，隆州仁壽人。父祺，登政和進士第，仕至太常博士、潼川路轉運判官。允文六歲誦九經，七歲能屬文。以父任入官。丁母憂，哀毀骨立。既葬，朝夕哭墓側，墓有枯桑，兩烏來巢。念父之鰥且疾，七年不調，跬步不忍離左右。父死，紹興二十三年始登進士第[四]，通判彭州，權知黎州、渠州。

秦檜當國，蜀士多屛棄。檜死，高宗欲收用之，中書舍人趙逵[五]首薦允文，召對，謂人君必畏天，必安民，必法祖宗。又論士風之弊，以文章進必抑其輕浮，以言語進必黜其巧僞，以政事進必去其苛刻，庶可任重致遠。且極論四川財賦科納之弊。上嘉納之。

除祕書丞，累遷禮部郎官。金主亮修汴，已有南侵意。王綸還，言敵恭順和好。湯思退再拜賀，置邊備不問。及金使施宜生頗泄敵情，張燾密奏之。亮又隱畫工圖臨安湖山以歸。亮賦詩，情益露。允文上疏言：「金必敗盟，兵出有五道，願詔大臣豫思備禦。」時三十年正月也。十月，借工部尙書充賀正使，與館伴賓射，一發破的，衆驚異之。允文見運糧造舟者多，辭歸，亮曰：「我將看花洛陽。」允文還，奏所見及亮語，申言淮、海之備。

除中書舍人、直學士院。三衙管軍以宦寺充承受，允文言：「自古人主大權，不移於姦臣，則落於近倖。秦檜盜權十有八年，檜死，權歸陛下。邇來三衙交結中官，宣和、明受厥





鑒未遠。」上大悟，立罷之。

金使王全、高景山來賀生辰，口傳亮悖慢語，欲得淮南地，索將相大臣議事。於是召三衙大將趙密等議舉兵，侍從、臺諫集議。宰臣陳康伯傳上旨：「今日更不問和與守，直問戰當如何。」遣成閔爲京、湖制置使，將禁衞五萬禦襄、漢上流。允文曰：「兵來不除道，敵爲虛聲以分我兵，成其出淮姦謀爾。」不聽，卒遣閔。七月，金主亮徙汴，允文復語康伯：「閔軍約程在江、池，宜令到池者駐池，到江者駐江。若敵兵出上流，則荊湖之軍捍於前，江、池之軍援於後；若出淮西，則池之軍出巢縣，江州軍出無爲，可爲淮西援，是一軍而兩用之。」康伯然其說，而閔軍竟屯武昌。

九月，金主命李通爲大都督，造浮梁于淮水上。金主自將，兵號百萬，氊帳相望，鉦鼓之聲不絕。十月，自渦口渡淮。先是，劉錡措置淮東，王權措置淮西。至是，權首棄廬州，錡亦回揚州，中外震恐。上欲航海，陳康伯力贊親征。是月戊午，樞臣葉義問督江、淮軍，允文參謀軍事。權又自和州遁歸，錡回鎭江，盡失兩淮矣。

十一月壬申，金主率大軍臨采石，而別以兵爭瓜洲。朝命成閔代錡、李顯忠代權，錡、權皆召。義問被旨，命允文往蕪湖趣顯忠交權軍，且犒師采石，時權軍猶在采石。丙子，允文至采石，權已去，顯忠未來，敵騎充斥。我師三五星散，解鞍束甲坐道旁，皆權敗兵也。

允文謂坐待顯忠則誤國事，遂立招諸將，勉以忠義，曰：「金帛、告命皆在此，待有功。」衆曰：「今既有主，請死戰。」或曰：「公受命犒師，不受命督戰，他人壞之，公任其咎乎？」允文叱之曰：「危及社稷，吾將安避？」

至江濱，見江北已築高臺，對植絳旗二、繡旗二，中建黃屋，亮踞坐其下。諜者言，前一日刑白黑馬祭天，與衆盟，以明日濟江，晨炊玉麟堂，先濟者予黃金一兩。時敵兵實四十萬，馬倍之，宋軍纔一萬八千。允文乃命諸將列大陣不動，分戈船爲五，其二並東西岸而行，其一駐中流，藏精兵待戰〔七〕，其二藏小港，備不測。部分甫畢，敵已大呼，亮操小紅旗麾數百艘絕江而來，瞬息，抵南岸者七十艘，直薄宋軍，軍小卻。允文入陣中，撫時俊之背曰：「汝膽略聞四方，立陣後則兒女子爾。」俊即揮雙刀出，士殊死戰。中流官軍亦以海鰌船衝敵，舟皆平沉，敵半死半戰，日暮未退。會有潰軍自光州至，允文授以旗鼓，從山後轉出，敵疑援兵至，始遁。又命勁弓尾擊追射，大敗之，僵尸凡四千餘，殺萬戶二人，俘千戶五人及生女眞五百餘人。敵兵不死于江者，亮悉敲殺之，怒其不出江也。以捷聞，犒將士，謂之曰：「敵今敗，明必復來。」夜半，部分諸將，分海舟緝上流，別遣兵截楊林口。丁丑，敵果至，因夾擊之，復大戰，焚其舟三百，始遁去，再以捷聞。既而敵遣僞詔來諭王權，似有宿約。允文曰：「此反間也。」仍復書言：「權已寘典憲，新將李世輔也，願一戰以決雌雄。」亮得書大



怒，遂焚龍鳳車，斬梁漢臣及造舟者二人，乃趨瓜洲。漢臣，教亮濟江者也。

顯忠至自蕪湖，允文語之曰：「敵入揚州，必與瓜洲兵合，京口無備，我當往，公能分兵相助乎？」顯忠分李捧軍萬六千往京口，葉義問亦命楊存中將所部來會。允文還建康，即上疏言：「敵敗於采石，將徼幸於瓜洲。今我精兵聚京口，持重待之，可一戰而勝。乞少緩六飛之發。」

甲申，至京口。敵屯重兵滁河，造三牐儲水，深數尺，塞瓜洲口。時楊存中、成閔、邵宏淵諸軍皆聚京口，不下二十萬，惟海鰌船不滿百，戈船半之。允文謂遇風則使戰船，無風則使戰艦，數少恐不足用。遂聚材治鐵，改修馬船爲戰艦，且借之平江，命張深守滁河口，扼大江之衝，以苗定駐下蜀爲援。庚寅，亮至瓜洲，允文與存中臨江按試，命戰士踏車船中流上下，三周金山，回轉如飛，敵持滿以待，相顧駭愕。亮笑曰：「紙船耳。」一將跪奏：「南軍有備，未可輕，願駐揚州，徐圖進取。」亮怒，欲斬之，哀謝良久，杖之五十。乙未，亮爲其下所殺。

初，亮在瓜洲，聞李寶由海道入膠西，成閔諸軍方順流而下，亮愈怒。還揚州，召諸將約三日濟江，否則盡殺之。諸將謀曰：「進有渰殺之禍，退有敲殺之憂，柰何？」有萬戴者曰：「殺郎主，與南宋通和歸鄉則生矣。」衆曰：「諾。」亮有紫茸細軍，不臨陣，恆以自衞，衆忠



之，有蕭遮巴者給之曰：「淮東子女玉帛皆聚海陵。」且嗾使往，細軍去而亮死。

丙申，敵人退屯三十里，遣使議和。己亥，奏聞。召入對，上慰藉嘉歎，謂陳俊卿曰：「虞允文公忠出天性，朕之裴度也。」詔免扈從，往兩淮措置。允文至鎭江，奏收兩淮三策，不報。

明年正月，上至建康。尋議回鑾，詔以楊存中充江淮、荊襄路宣撫使，允文副之。給、舍繳存中除命，於是允文充川陝宣諭使。陛辭，言：「金亮既誅，新主初立，彼國方亂，天相我恢復也。和則海內氣沮，戰則海內氣伸。」上以爲然。允文至蜀，與大將吳璘議經略中原，璘進取鳳翔，復鞏州。金治兵爭陝西新復州郡，蜀士欲棄之，允文持不可。

孝宗受禪，朝臣有言西事者，謂官軍進討，東不可過寶雞，北不可過德順，且欲用忠義人守新復州郡，官軍退守蜀口。允文爭之不得，吳璘遂歸河池，蓋用參知政事史浩議，欲盡棄陝西，臺諫袁季、任古附和其說。允文再上疏，大略言：「恢復莫先於陝西，陝西五路新復州縣又係於德順之存亡，一旦棄之，則窺蜀之路愈多，西和、階、成，利害至重。」前後凡十五疏，且移書陳康伯，康伯牽於同列，不能回也。上將召允文問陝西事，執政忌其來，以顯謨閣直學士知夔州，尋又命奏事。

隆興元年入對，史浩既素主棄地，及拜相，亟行之，且親爲詔，有曰：「棄雞肋之無多，兒



猨心之未已。」允文入對言：「今日有八可戰。」上問及棄地，允文以笏畫地，陳其利害。上曰：「此史浩誤朕。」以敷文閣待制知太平州，尋除兵部尚書、湖北京西宣撫使，改制置使。

時朝廷遣盧仲賢使金議和，湯思退又欲棄唐、鄧、海、泗，手詔謂唐、鄧非險要，可寘度外，允文五上疏力爭。思退怒，即奏曰：「此皆以利害不切於己，大言誤國，以邀美名。宗社大事，豈同戲劇。」上意遂定。思退陽請召允文，實欲去之也。允文上印，猶以四州不可棄爲請，乞致仕。詔以顯謨閣學士知平江府。思退竟決和議，割唐、鄧。

二年，金兵復至，思退貶，上悔不用允文言。陳俊卿亦薦允文堪大用，除端明殿學士、同簽書樞密院事。

乾道元年，拜參知政事兼知樞密院事。是秋，金遣完顏仲有所議，偃蹇不敬，允文請斬之，廷有異論，不果。會錢端禮受李宏玉帶，事連允文，爲御史章服所論，罷政，奉祠西歸。

三年二月，召至闕，除知樞密院事兼參知政事。吳璘卒，議擇代，上諭允文曰：「吳璘既卒，汪應辰恐不習軍事，無以易卿。凡事不宜効張浚迂闊，軍前事，卿一一親臨之。」即拜資政殿大學士、四川宣撫使，尋詔依舊知樞密院事。歸蜀一月，召至闕，不數月復使蜀。太上賜御書聖主得賢臣頌，上又爲之製跋，陛辭，復以所御鞾履及甲冑賜焉。

過郢，奏築黃鷹山城。過襄陽，奏修府城。八月至漢中，又往沔陽。九月，至益昌。先被手詔戒九事，洎至蜀，悉奉而行，尤以軍政爲急。又奏閱實諸軍，第其壯怯爲三，上備戰，中下備輜重，老者少者不預。汰兵凡萬人，減緡錢四百萬。汰去兵有勞績者，置員闕處之。興、洋義士，民兵也，紹興初以七萬計，大散之戰，將不授甲，驅之先官軍，死亡略盡。命利帥晁公武覈實，得二萬三千九百餘人。又得陝西弓箭手法，參紹興制爲一書，俾將吏守之。以馬政付張松，奏依舊制分茶馬爲川、秦司。

初在樞府，蕭遮巴以刷軍中人爲言，允文嘗奏論三衙撫存之。至是，金、洋、興元歸正人二萬，遮道訴繫縲之苦，允文分給官田，俾咸振業。欲結敵將姜挺、白沂，遣御札募犂人王嗣祖結外蕃以圖金人，又得蕃僧六彪者偕往，竟無成說。時邛、蜀十四郡告饑，荒政凡六十五事〔七〕，劍倅獻羨錢五萬，卻之。

五年八月，拜右僕射、同中書門下平章事兼樞密使。允文多薦知名士，如洪适、汪應辰。及爲相，籍人才爲三等，有所見聞即記之，號材館錄。凡所舉，上皆收用，如胡銓、周必大、王十朋、趙汝愚、晁公武、李燾其尤章明者也。上以兵冗財匱爲憂，允文與陳俊卿議革三衙雜役，汰冗籍，三軍無怨言。

六年，陳俊卿以奏留龔茂良忤上意，上震怒甚，俊卿待命浙江亭，兩日不報。允文請





對，極論體貌之道，疊拜榻前，遂命判福州。

詔以范成大爲祈請使，爲陵寢故。金不從，且諜報欲以三十萬騎奉遷陵寢來歸，中外洶洶，荆、襄將帥皆請增戍。允文謂：「金方懲亮，決不輕動，不過以虛聲撼我耳。」遂奏止之。朝論紛然，允文屹不動，敵卒無他。

自莊文太子薨，儲位未定。允文上疏，且屢懇陳。七年正月，上兩宮尊號，議始定，下詔皇第三子恭王惇立爲皇太子，皇子愷以雄武、保寧軍節度使判寧國府。皇太子尋尹臨安。侍衞馬軍司牧地舊在臨安，允文謂地狹不利芻牧，請令就牧鎮江，緩急用騎過江便。三軍有怨語，其後言者以此爲言。

胡銓以臺評去，允文奏留之經筵。銓薦朱熹，上問允文識熹否？允文謂熹不在程頤下，遂召熹，熹不至。檢鼓院以六條抑上書人，允文力言不可，從之。

會慶節，金使烏林答天錫入見，金主壻也，驕倨甚，固請上降榻問金主起居，上不許，天錫跪不起，侍臣錯愕失措。允文請大駕還禁中，且諭之曰：「大駕既興，難再御殿，使人來且隨班上壽。」金使慚而退。

上以僕射名不正，改爲左、右丞相。八年二月，授允文特進、左丞相兼樞密使，梁克家爲右丞相。允文嘗舉克家自代，上不許。是月，以病乞解機政，又薦克家靖重有宰相器，至是始同相，手詔付允文曰：「朕方欲武臣爲樞密，曾勛如何？」允文謂勛人品卑凡，不可用。既而以張說簽書樞密院事，右正言王希呂與臺官交劾之。上怒希呂甚，手詔「與遠惡監當」。允文繳回，上益怒。梁克家曰：「希呂論張說，臺綱也，左相救希呂，國體也。」上怒稍解，卒薄希呂之罰。

四月，御史蕭之敏劾允文，允文上章待罪。上過德壽宮，太上曰：「采石之功，之敏在何許？毋聽其去。」上爲出之敏，且書扇製詩以留之。允文言之敏端方，請召歸以闢言路。上謂其言寬厚，命曾懷書之時政記。

上命選諫官，允文以李彥穎、林光朝、王質對，三人皆鯁亮，又以文學推重於時，故薦之，久不報。曾覿薦一人，賜第，擢諫議大夫。允文、克家爭之，不從。允文力求去，授少保、武安軍節度使、四川宣撫使，進封雍國公。陛辭，上諭以進取之方，期以某日會河南。允文言：「異時戒內外不相應。」上曰：「若西師出而朕遲回，即朕負卿；若朕已動而卿遲回，即卿負朕。」上御正衙，酌酒賦詩以遣之，且賜家廟祭器。

九年至蜀。大軍月給米一石五斗，不足贍其家，允文捐宣司錢三十萬易米，計口增給。立戶馬七條，括民馬，奏選良家子以儲戰用。初，北界有寇鱗者，擁衆數萬在商、虢間，允文秉政日納款，迨至蜀，復遣人致書允文，不報，羈縻之而已。既而鱗謀覺，金密遣人捕之。





葉衡奏聞，允文上疏自辨，因請納祿，不報。

上嘗謂允文曰：「丙午之恥，當與丞相共雪之。」又曰：「朕惟功業不如唐太宗，富庶不如漢文、景。」故允文許上以恢復。使蜀一歲，無進兵期，上賜密詔趣之，允文言軍需未備，上不樂。

淳熙元年薨。後四年，上幸白石大閱，見軍皆少壯，謂輔臣曰：「虞允文行沙汰之効也。」尋詔贈太傅，賜謚忠肅。

允文姿雄偉，長六尺四寸，慷慨磊落有大志，而言動有則度，人望而知爲任重之器。早以文學致身臺閣，晚際時艱，出入將相垂二十年，孜孜忠勤無二焉。嘗注唐書、五代史，藏于家。有詩文十卷，經筵春秋講義三卷，奏議二十二卷，內外志十五卷，行于世。

子三人：公亮、公著、杭孫。孫八人，皆好修，唯剛簡最知名，嘉定中，召不至，終利路提點刑獄。

辛次膺字起季，萊州人。幼孤，從母依外氏王聖美於丹徒。俊慧力學，日誦千言。甫冠，登政和二年進士第，歷官爲單父丞。

値山東亂，皐室南渡。屬閩寇范汝爲陷建州，宰相呂頤浩以次膺宰浦城〔九〕，遏賊衝。比至，寇黨熊志寧已焚其邑。於是披荆棘，坐瓦礫中，安輯吏民，料丁壯，治器械，阨險阻，號令不煩，邑民便之。數月，韓世忠破賊，復建州，除審計司。餘黨范黑龍破隣邑，閩帥張守檄次膺，俟賊平而後行。乃募鄉兵習彊弩，賊至，與之夾水而陣，矢齊發，賊奔潰，生致首領五人，餘悉宥之。

用參政孟庾薦，召對，奏用人貴於務實，施令在於必行。遷駕部。願敕郡邑省耕薄征，務農抑末。又奏：「中原之人，棄墳墓生業，從巡江左，饑寒殞仆。願加存拊，可以堅中原徯后之心。」遷吏部郎、湖北運判，中途召還，見高宗于建康行宮，首言救世之弊，上稱善，敕以所奏榜朝堂。

擢右正言。奏：「願閱兵將，親簡拔，攬恩威之柄，使人人知朝廷之尊。左右近習，久則干政，願杜其漸。兵連不解，十年于茲。一歲用錢三十萬、米四百萬石，諸路常賦僅足支其半，餘悉取諸民。乞罷不急之務，節姑息之澤，省冗官，汰慄兵。」

韓世忠男直祕閣，次膺奏曰：「攻城野戰，世忠功也，其子何與？石渠、東觀，圖書府也，武功何興？倖門一啓，援例者衆。」又奏：「今主議者見小利忽大計，偏師偶勝，遽思進討，便謂攻爲有餘；警奏稍聞，首陳退舍，便謂守爲不足。願嚴紀律，謹烽燧，明間探。」上皆信





納。聞韓世忠將自楚州移軍鎭江，復陳可慮者五。王倫使北請和，次膺言：「宣和海上之約，靖康城下之盟，口血未乾，兵隨其後。今日之事當識其詐。」

時秦檜在政府，爲其妻兄王仲薿敍兩官。次膺劾仲薿奴事朱勔，投拜金酋，罪在不赦。又劾知撫州王喚違法佃官田，不輸租。其父仲山，先知撫州，屈膝金人，喚繼其後，何顏見吏民？喚，檜之妻兄也。章留中。次膺再論之曰：「近臣奏二人，繼聞追寢除命，是皆檜容私營救，陛下曲從其欲，國之紀綱，臣之責任，一切廢格。借使貴連宮掖，親如肺附，寵任非宜，臣亦得論之，而大臣之姻婭，乃不得繩之耶？望陛下奮乾剛之威，戒蒙蔽之漸。」

求去，除直祕閣、湖南提刑。先是，湖南賊龍淵、李朝擁衆數萬，據衡之茶陵，檜匿不奏，乃以見闕處次膺。陛辭，上曰：「卿以將母爲請，朕不得留。湖湘風物甚佳，且無盜賊，職名異恩，卒歲當召。」既抵長沙，賊勢方張，戍將抽回，始悟檜欲陷之。卽單車趨茶陵，擒賊驍將戮之，募賊黨毛義、龍麟等，齎榜諭以朝廷抽回戍將，務欲招安，宜亟降，待以不死。龍淵、李朝相繼降，仍請料精銳，可得禁旅萬餘。次膺笑曰：「是皆吾民，正當棄兵甲，持鉏耰，趣令復業。」奏茶陵爲軍。

金好成，赦書至衡陽，次膺極陳其詐，略曰：「臣昨在諫列，嘗數論金人變詐無常，願陛下爲宗社生靈深慮。近觀邸報，樞密院編修官胡銓妄議和好，歷詆大臣，除名遠竄。已而得銓書藁，乃知朝廷遽欲屈己稱藩，臣未知其可。大臣懷姦固位，不恤國計，姢嬰趣和，謬以爲便，臣不知天下之人以爲便乎？『父之讎不與共戴天，兄弟之讎不反兵』。棄讎釋怨，盡除前事，降萬乘之尊，以求說於敵，天下之人，果能遂亡怨痛以從陛下之志乎？」書奏，不報。金陷三京。

次膺罷，奉祠。秦檜以其負重名，欲先移書，當稍收用，次膺笑而不答。閱十六年，貧益甚，亡毫髮求於人。檜死，起知婺州，三日被召。至國門，以足疾求去。加祕閣修撰，還郡。再召見，歷言仇怨當國，老母幾委溝壑，因奏國本未立，上改容曰：「誰可？」次膺曰：「知子莫若父。」上稱善。擢權給事中。蔣璨權戶部侍郎，次膺駁璨不守正，事交結，出璨知平江。御史中丞湯鵬舉劾次膺假權報怨，除待制、宮觀。起知泉州，移福建帥。丁母憂，乞納祿。

孝宗卽位，手詔趣召。既至，奏：「陛下用賢必考覈事功，勿以一人譽用之，一人毀去之，出令要無反汗，納善要知轉圜。練兵恤民，經理兩淮，使敵不能乘虛而入。」是日，除御史中丞。朝德壽宮，高宗一見，謂「惜間卿於彊健時」。

上將以春饗迎高宗詣延祥觀，幸玉津園。次膺奏：「欽宗服未終，方停策士，且金人嫚書甫至，意在交兵，剗原野間禁衞稀少，當過爲之慮，兼一出費十數萬緡，曷若以資兵食。」





時兩淮盡爲荒野，次膺奏：「乞集遺甿歸業，借種牛，或令在屯兵從便耕種，此足兵良法。」至若成閔之貪饕，湯思退之朋附，葉義問之姦罔，皆以次論劾。每章疏一出，天下韙之。上方厲精政事，次膺每以名實爲言，多所裨益，呼其官不名。

隆興改元三月，同知樞密院事。符離之師，捷奏日聞，次膺手疏千言，乞持重。未幾，軍果潰。及見，上顏色不樂，奏言：「師潰而歸，張浚彈壓必無他，此上天大儆戒於陛下。」上歎其先見。

拜參知政事，以疾力祈免。且奏曰：「王十朋除侍史，雖上親擢，天下皆知臣嘗薦其賢。湯思退召將至，亦知臣嘗疏其姦。臣不引避，人其謂何？」除資政殿學士、提舉洞霄宮。陛辭，賜茶，甚惜其去。次膺奏：「臣與思退，理難同列。」上曰：「有謂湯思退可用者。」次膺奏：「今日之事，恐非思退能辦。思退固不足道，竊恐誤國家事。」乾道六年閏五月卒，年七十九。

次膺孝友淸介，立朝謇諤。仕宦五十年，無絲毫挂吏議。爲政貴淸靜，先德化，所至人稱其不煩。善屬文，尤工於詩。

論曰：孝宗志恢復，特任張浚，俊卿斥姦黨，明公道，以爲之佐。洎居中書，知無不爲，言無不盡，蓋其立志一以先哲爲法，非他相可擬也。允文許國之忠，炳如丹青。金庶人亮之南侵，其鋒甚銳，中外倚劉錡爲長城，錡以病不克進師。允文儒臣，奮勇督戰，一舉而挫之，亮乃自斃。昔赤壁一勝而三國勢成，淮淝一勝而南北勢定。允文采石之功，宋事轉危爲安，實係乎此。及其罷相鎭蜀，受命興復，尅期而往，志雖未就，其能慷慨任重，豈易得哉？次膺力排羣邪，無負言責，涖政不煩，居約有守。晚再立朝，謇諤尤著，南渡直言之臣，宜爲首稱焉。

## 校勘記

〔一〕奏陳十事定規模振紀綱勵風俗明賞罰重名器遵祖宗之法蠲無名之賦　按云「奏陳十事」，但所舉只七事，據朱熹朱文公文集卷九六陳俊卿行狀，除上述七事外，尚有「杜邪枉之門」、「裁任子之恩」、「限改官之數」三事，楊萬里誠齋集卷一二三陳俊卿墓誌銘同，疑此有脫文。

〔二〕建康府　誠齋集卷一二三陳俊卿墓誌銘同，本書卷三八五錢端禮傳、朱文公文集卷九六陳俊卿行狀、宋史全文卷二四皆作「建寧府」。

〔三〕八年上章告老　「年」字原脫，據朱文公文集卷九六陳俊卿行狀、誠齋集卷一二三陳俊卿墓誌銘





補。

〔四〕紹興二十三年始登進士第　「二十三年」，誠齋集卷一二〇虞允文神道碑作「二十四年」。

〔五〕中書舍人趙逵　按十朝綱要卷二〇、宋高宗朝中書舍人有趙逵，而無「趙逵」；本書卷三八一趙逵傳、繫年要錄卷一七六、宋史全文卷二二下，趙逵嘗薦蜀士，並官至中書舍人，此「趙逵」疑爲「趙逵」之誤。

〔六〕藏精兵待戰　「待戰」原作「代戰」，據誠齋集卷一二〇虞允文神道碑、繫年要錄卷一四九改。

〔七〕時邛蜀十四郡告饑荒政凡六十五事　按邵經邦弘簡錄卷一一〇本傳，「荒政」上有一「上」字，疑是。

〔八〕浦城　原作「蒲城」，據李幼武四朝名臣言行錄別集下卷六辛次膺條、本書卷八九地理志「建寧府」條改。

# 宋史卷三百八十四

## 列傳第一百四十三

### 陳康伯　梁克家　汪澈　葉義問　蔣芾　葉顒　葉衡

陳康伯字長卿，信之弋陽人。父亨仲，提舉江東常平。康伯幼有學行。宣和三年，中上舍丙科。累遷太學正。丁內艱。貴溪盜將及其鄉，康伯起義丁逆擊，俘其渠魁，邑得全。建炎末，爲敕令删定官，預脩紹興敕令。尋通判衢州，攝郡事。盜發白馬原，康伯督州兵濟王師進討，克之。除太常博士，改提舉江東常平茶鹽。高宗進蹕建康，康伯以職事過闕，得對，因請擇將，上開納。

紹興八年，除樞密院大計議官。累遷戶部司勳郎中。康伯與秦檜太學有舊，檜當國，康伯在郎省五年，泊然無求，不偷合。十三年，始遷軍器監。借吏部尙書使金，至汴將晡，不供餉，閉戶臥勿問；入夜，館人扣戶謝不敏，亦不對。後因金使至，詔康伯舘伴，端午賜





扇帕，與論拜受禮，言者以生事論，罷知泉州。

海盜間作，朝廷遣劉寶、成閔逐捕，康伯以上意招懷，盜多出降，籍爲兵。久之，不逞者陰倡亂，康伯訊得實，論殺之，州以無事。秩滿，三奉祠，垂十年。

檜死，起知漢州，將出峽，召對，除吏部侍郎。康伯首請節用寬民，凡州縣取民無藝，許監司互察，臺諫彈劾。尋兼禮、戶部。乞約歲用，會所入，儲什之一二備水旱。奏上，議竟不決。兼刑部。前此有司希檜意興大獄，康伯平讞直寃，士大夫存歿多賴之。除吏部尙書。宰臣擬用「權尙書」出命，高宗顧曰：「朕且大用，何『權』爲？」尋拜參知政事。

自孫道夫使北還，已聞金以買馬非約爲言，朝廷特恃和，康伯與同知樞密院事王綸白發其端。綸使還，乃言和好無他，康伯持初論不變。九月，以通奉大夫守尙書右僕射、同中書門下平章事，例賜銀絹，康伯固辭，減半，又辭。兼史院。上嘗謂其「靜重明敏，一語不妄發，眞宰相也。」又命與湯思退輔政，事勿憚商論，惟其當而已。康伯言：「大臣事當盡公，若依阿植黨，此鄙夫患失者，臣非惟不敢，亦素不能。」高宗嘆其長者。普安郡王居潛藩，高宗一日謂康伯，當以使相封眞王，今宜冠以屬籍，於是詔以爲皇子，封建王，實三十年二月也。

明年三月，拜光祿大夫、尙書左僕射。五月，金遣使賀天申節，出嫚言，求淮、漢地，指

取將相大臣，且以淵聖凶問至。康伯主禮部侍郎黃中之論，持斬衰三年。先是，葉義問、賀允中使還，言金必敗盟，康伯請早爲之備，建四策：一，增劉錡荆南軍，以重上流；二，分畫兩淮地，命諸將結民社，各保其境；三，劉寶〔二〕獨當淮東，將驕卒少，不可倚；四，沿江諸郡脩城積粮，以固內地。至是，召三衙帥及楊存中至都堂議舉兵，又請侍從、臺諫集議，康伯傳上旨曰：「今日更不問和與守，直問戰當如何。」時上意雅欲視師，內侍省都知張去爲陰沮用兵，且陳退避策，中外妄傳幸閩、蜀，人情洶洶。右相朱倬無一語，同知樞密院事周麟之受命聘金，憚不欲行，康伯獨以爲己任，奏曰：「金敵敗盟，天人共憤，今日之事有進無退，聖意堅決，則將士之意自倍。願分三衙禁旅助襄、漢，待其先發應之。」康伯勉周麟之以國事，麟之語侵康伯，康伯曰：「使某不爲宰相，當自行，大臣與國存亡，雖死安避。」麟之竟以辭行罷，尋貶責。殿中侍御史陳俊卿言當用張浚，且乞斬張去爲以作士氣。康伯以俊卿振職，奏權兵部侍郎。

九月，金犯廬州，王權敗歸，中外震駭，朝臣有遣家豫避者。康伯獨具舟迎家入浙，且下令臨安諸城門扃鑰率遲常時，人恃以安。敵迫江上，召楊存中至內殿議之，因命就康伯議。康伯延之入，解衣置酒，上聞之已自寬。翌日，入奏曰：「聞有勸陛下幸越趨閩者，審爾，大事去矣，盍靜以待之。」



一日，忽降手詔：「如敵未退，散百官。」康伯焚之而後奏曰：「百官散，主勢孤矣。」上意既堅，請下詔親征，以葉義問督江、淮軍，虞允文參謀軍事。上初命朱倬爲都督，倬辭，乃命義問。允文尋敗敵於采石，金主亮爲其臣下所斃而還。

方亮之犯江，國人即立葛王褎。三十二年，始遣高忠建來告登位，議授書禮，康伯以誼折之，於是報書始用敵國禮。

高宗倦勤，有與子意，康伯密贊大議，乞先正名，俾天下咸知聖意，遂草立太子詔以進。及行內禪禮，以康伯奉册。孝宗即位，命兼樞密使，進封信國公，禮遇殊渥，但呼丞相而不名。

康伯自建康扈從回，即以病祈去位，不允。明年，改元隆興，請益堅，遂以太保、觀文殿大學士、福國公判信州。上慰勞甚勤，且曰：「有宣召，愼勿辭。」宰執即府餞別，百官班送都門外。已又辭郡，丐外祠，除醴泉觀使。

二年八月，起判紹興府，且令赴闕奏事，復辭。未幾，召陪郊祀。時北兵再犯淮甸，人情驚駭，皆望康伯復相。上出手札，遣使即家居召之。未出里門，拜尚書左僕射、同中書平章事兼樞密使，進封魯國公。親故謂康伯實病，宜辭，康伯曰：「不然。吾大臣也，今國家危，當輿疾就道，幸上哀而歸之爾。」道聞邊遽，兼程以進，至闕下，詔子安節、壻文好謙掖以見，



減拜賜坐。間日一會朝，許肩輿至殿門，仍給扶，非大事不署。敵師退，尋以目疾免朝謁，臥家，旬餘一奏事。

乾道元年正月上辛，有事南郊，康伯起陪祠，已即丐歸，章屢上，不許。一日出殿門，喘劇，輿至第薨，年六十有九。贈太師，謚文恭，擇日臨奠，子偉節固辭，乃止。命工部侍郎何俌護喪歸。

二子：偉節，除直祕閣；安節，賜同進士出身，五辭不受，上手札批諭，寄留省中以成其美，康伯薨，給還之。慶元初，配享孝宗廟庭，改謚文正。

梁克家字叔子，泉州晉江人。幼聰敏絕人，書過目成誦。紹興三十年，廷試第一，授平江簽判。時金主亮死，衆皆言可乘機進取，克家移書陳俊卿，謂：「敵雖遁，吾兵力未振，不量力而動，將有後悔。」俊卿歸以白丞相陳康伯，歎其遠慮。召爲祕書省正字，遷著作佐郎。

時災異數見，克家奏宜下詔求言，從之，令侍從、臺諫、卿監、郎官、館職疏闕失。克家條六事：一正心術，二立紀綱，三救風俗，四謹威柄，五定廟算，六結人心。其論定廟算，謂



今邊議不過三說，曰將、兵、財，語甚切直。累遷中書舍人。

使金，金以中朝進士第一，敬待之，即館宴射，連數十發中的。金人來賀慶會節，克家請令金使入朝由南門，百官由北門，從者毋輒至殿門外，以肅朝儀，詔定爲令。

郊祀有雷震之變，克家復條六事。遷給事中，凡三年，遇事不可，必執奏無隱。嘗奏：「陛下欲用實才，不喜空言，空言固無益，然以空言爲懲，則諫爭之路遂塞，願有以開導之。」上欣納，因命條具風俗之弊，克家列四條，曰欺罔、苟且、循默、奔競，上手筆奬諭。

乾道五年二月，拜端明殿學士、簽書樞密院事。明年，參知政事。又明年，兼知院事。初脩金好，金索所獲俘，啓釁未已。克家請築楚州城，環舟師于外，邊賴以安。在政府，與虞允文可否相濟，不苟同。皇太子初立，克家請選置官屬，增講讀員，遂以王十朋、陳良翰爲詹事，中外稱得人。允文主恢復，朝臣多迎合，克家密諫，數不合，力丐去。上曰：「兵終不可用乎？」克家奏：「用兵以財用爲先，今用度不足，何以集事？」上改容曰：「朕將思之。」詰朝，上面諭曰：「朕終夜思卿言，至當，毋庸去。」

八年，詔更定僕射爲左右丞相，拜克家爲右丞相兼樞密使。一日，上謂宰執曰：「近過德壽宮，太上頤養愈勝，天顏悅懌，朕退不勝喜。」克家奏：「堯未得舜以爲己憂，既得舜，固宜甚樂。」允文奏：「堯獨高五帝之壽以此。」上曰：「然。」允文既罷相，克家獨秉政，雖近戚權

倖不少假借，而外濟以和。張說入樞府，公議不與，襃命，俄復用。說怒士夫不附己，謀中傷之，克家悉力調護，善類賴之。

議金使朝見授書儀，時欲移文對境以正其禮，克家議不合，遂求去，以觀文殿大學士知建寧府〔二〕。陛辭，上以治效爲問，克家勸上無求奇功。既而三省、密院卒移牒泗州，敵不從，遣泛使來，舉朝震駭。後二年，湯邦彥坐使事貶，天下益服克家謀國之忠。

淳熙八年，起知福州〔三〕，在鎮有治績。趙雄奏欲令再任，降旨仍知福州。召除醴泉觀使。九年九月，拜右丞相，封儀國公。逾月而疾。十三年，命以內祠兼侍讀，賜第，在所存問不絕。十四年六月，薨，年六十。手書遺奏，上爲之垂涕，贈少師，謚文靖。

初，唱第時，孝宗由建邸入侍，愛其風度峻整，及登政府，眷寵尤渥。爲文渾厚明白，自成一家，辭命尤温雅，多行于世。

汪澈字明遠，自新安徙居饒州浮梁。第進士，教授衡州、沅州。用万俟卨薦，爲祕書正字、校書郎。輪對，乞令帥臣、監司、侍從、臺諫各舉將帥，高宗善之，行其言。除監察御史，進殿中侍御史，特賜鞍馬。時和戎歲久，邊防浸弛，澈陳養民養兵、自治豫備之說，累數





千言。

顯仁皇后攢宮訖役，議者欲廣四隅，士庶墳在二十里內皆當遷，命澈按視。還奏：「昭慈、徽宗、顯肅、懿節四陵舊占百步，已數十年，今日何爲是紛紛？漢長樂、未央宮夾樗里疾墓，未嘗遷。國朝宮陵儀制，在封堠界內，不許開故合祔，願遷出者聽，其意深矣。」高宗大悟，悉如舊。

葉義問使金還，頗知犯邊謀，澈言：「不素備，事至倉卒，靖康之變可鑑。今將驕卒惰，宜加蒐閱，使有鬥心。文武職事務選實才，不限資格。」除侍御史。左相湯思退不協人望，澈同殿中侍御史陳俊卿劾罷，又論鎮江大將劉寶十罪，詔奪節予祠。

三十一年，上元前一夕，風雷雨雪交作，澈言春秋魯隱公時大雷震電，繼以雨雪，孔子以八日之間再有大變，謹而書之。今一夕間二異交至，此陰盛之證，殆爲金人。今荆、襄無統督，江海乏備禦，因陳脩攘十二事。殿帥楊存中久握兵權，內結閹寺，王十朋、陳俊卿等繼論其罪，高宗欲存護使去，澈與俊卿同具奏，存中始罷。

會金使高景山來求釁端，澈言：「天下之勢，彊弱無定形，在吾所以用之。陛下屈己和戎，厚遺金繒，彼輒出惡言，以撼吾國。願陛下赫然睿斷，益兵嚴備，布告中外，將見上下一心，其氣百倍矣。」除御史中丞。

尋遣馬帥成閔以所部三萬人屯荆、襄〔四〕，以澈爲湖北、京西宣諭使，詔凡吏能否、民利病悉以聞。過九江，王炎見澈論邊事，辟爲屬，偕至襄陽撫諸軍。鄂帥田師中老而怯，立奏易之。時欲置襄守荆南，澈奏：「襄陽地重，爲荆楚門戶，不可棄。」敵將劉蕚擁衆十萬，揚聲欲取荆南，又欲分軍自光、黃擣武昌。朝廷以敵昔由此入江南，令吳拱嚴護武昌津渡。拱將引兵回鄂，澈聞之，馳書止拱，而自發鄂之餘兵戍黃州，俾拱留襄。敵騎奄至樊城，拱大戰漢水上，敵衆敗走。時唐、鄧、陳、蔡、汝、潁相次歸職方。未幾，金主亮死，澈乞出兵淮甸，與荆、襄軍夾擊其歸師。未報，而金新主罷兵請和，召澈入爲參知政事，與宰相陳康伯同贊內禪。

孝宗即位，鋭意恢復，首用張浚使江、淮，澈以參豫督軍荆、襄，將分道進討。趙撙守唐，王宣守鄧，招皇甫倜於蔡。襄、漢沃壤，荆棘彌望，澈請因古長渠築堰，募閑民、汰冗卒雜耕，爲度三十八屯，給種與牛，授廬舍，歲可登穀七十餘萬斛，民償種，私其餘，官以錢市之，功緒略就。

隆興元年，入奏，還武昌，而張浚尅期大舉，詔澈出師應之。澈以議不合，乞令浚併領荆、襄。諫議大夫王大寶論澈「無制勝策，皇甫倜以忠義結山砦，扼敵要衝，澈不能節制，坐視孤軍墮敵計。趙撙以千五百人救方城，敗散五百餘人，澈漫不加省。乞罷黜」。澈亦請





祠，除資政殿學士、提舉洞霄宮。大寶疏再上，落職，仍祠祿。

明年，知建康府，尋除樞密使。在位二年，以觀文殿學士奉洞霄祠，尋知鄂州兼安撫使。孝宗訪邊事，澈奏：「向者我有唐、鄧爲藩籬，又皇甫倜控扼陳、蔡，敵不敢窺襄。既失兩郡，倜復內徙，敵屯新野，相距百里爾。臣令趙撙、王宣築城儲糧，分備要害，有以待敵。至於機會之來，難以豫料。」孝宗善之。時議廢江州軍，澈言不可。知寧國府，改福州、福建安撫使，復請祠。尋致仕。卒，年六十三。贈金紫光祿大夫，謚莊敏。

澈爲殿中日，薦陳俊卿、王十朋、陳之茂爲臺官，高宗曰：「名士也，次第用之矣。」在樞府，孝宗密訪人材，薦百有十八人。嘗奏言：「臣起寒遠，所以報國惟無私不欺爾。」其自奉清約，雖貴猶布衣時。有文集二十卷、奏議十二卷。

葉義問字審言，嚴州壽昌人。建炎初，登進士第。調臨安府司理參軍。范宗尹爲相，義問與沈長卿等疏其姦。爲饒州教授，攝郡。歲旱，以便宜發常平米振民，提刑黃敦書劾之，詔勿問。前樞密徐俯門僧犯罪，義問繩以法，俯嘗舉義問，怒甚，乃袖薦書還之。

知江寧縣。召秦檜所親役，同僚不可，義問曰：「釋是則何以服他人。」卒役之。通判

江州。豫章守張宗元忤檜，或中以飛語，事下漕臣張常先。宗元道九江，常先檄義問拘其舟，義問投檄曰：「吾寧得罪，不爲不祥。」常先白檜，罷去。

檜死，湯思退薦之，上記其嘗言范宗尹，召至，言臺諫廢置在人主，檜親黨宜盡罷逐，以言得罪者宜敍復。擢殿中侍御史。樞密湯鵬舉效檜所爲，植其黨周方崇、李庚，置籍臺諫，鉏異己者。義問累章劾鵬舉，有「一檜死一檜生」之語，并方崇等皆罷之。又言：「凡擇將遇一闕，令樞密院具三名取上旨，則軍政盡出掌握。」遷侍御史。朱倬、沈虛中奉祠里居，義問劾其附秦檜，皆移居。郊祀赦，義問言：「頃歲附會告訐者，不應例移放。」從之。遷吏部侍郎兼史館脩撰，尋兼侍讀，拜同知樞密院事。

上聞金有犯邊意，遣義問奉使覘之，還奏：「彼造舟船，備器械，其用心必有所在，宜屯駐沿海要害備之。」金主亮果南侵。命視師，義問素不習軍旅，會劉錡捷書至，讀之至「金賊又添生兵」，顧吏曰：「『生兵』何物耶？」聞者掩口。至鎭江，聞瓜洲官軍與敵相持，大失措，乃役民掘沙溝，植木枝爲鹿角禦敵，一夕潮生，沙溝平，木枝盡去。會建康留守張燾遣人告急，義問乃遁陸，云往建康催發軍，市人皆媟罵之。又聞敵據瓜洲，采石兵甚衆，復欲還鎭江，諸軍喧沸曰：「不可回矣，回則有不測。」遂趨建康。已而金主亮被弑，師退，義問還朝，力請退，遂罷。



隆興元年，中丞辛次膺論義問「頃護諸將幾敗事，且以官私其親」。謫饒州。乾道元年，詔自便。六年卒，年七十三。

蔣芾字子禮，常州宜興人，之奇曾孫。紹興二十一年，進士第二人。孝宗卽位，累遷起居郎兼直學士院。時宦者梁珂事上潛邸，撓權，尹穡論珂，與祠，芾繳奏罷之。

簽書樞密院事，首奏加意邊防，又奏：「拔將才行伍間，識其姓名，一旦披籍可立取具。又料簡歸正人，仍以北人將之，或令深入山東，或令自荆、襄深入。」除權參知政事、同知國用事。芾奏：「方今財最費於養兵，藝祖取天下，不過十五萬人。紹興初，外有大敵，內有巨寇，然兵數亦不若今日之多。近見陳敏勇汰三千人，戚方汰四千人，然多是有官人，與以外任，請券錢、添借給如故，是減於內而添於外，何益？又招兵耗蠹愈甚，臣考覈在內諸軍，每月逃亡事故，常不下四百人。若權停招兵一年有半，俟財用稍足，招丁壯，不惟省費，又得兵精。」上悟。

一日，因進呈邊報，上顧芾曰：「將來都督非卿不可。」芾奏：「臣未嘗經歷兵間。」又奏：「方今錢穀不足，兵士不練，將帥與臣不相識，願陛下更審思其人。」南郊禮畢，宰相葉顒、魏



杞罷。芾採衆論，參己見，爲籌邊志上之。

明年，拜右僕射、同中書門下平章事兼樞密使。會母疾卒，詔起復，拜左僕射，芾力辭。有密旨欲今歲大舉，手詔廷臣議，或主和，或主恢復，使芾決之。芾奏：「天時人事未至。」拂上意。服闋，除觀文殿大學士、知紹興府、提舉洞霄宮。尋以言者論，落職，建昌軍居住。期年，有旨自便。再提舉洞霄宮，卒。

芾始以言邊事結上知，不十年間致相位，終以不能任兵事受責，豈優於論議而劣於事功歟？

葉顒字子昂，興化軍仙遊人。登紹興元年進士第，爲廣州南海縣主簿，攝尉。盜發，州檄巡、尉同捕，巡檢獲盜十餘人，歸其勞於顒，顒曰：「掠美、欺君、倖賞，三者皆罪，不忍爲也。」帥曾開大喜之。

知信州貴溪縣。時詔行經界，郡議以上中下三等定田稅，顒請分爲九等，守從之，令信之六邑以貴溪爲式。

知紹興府上虞縣。凡繇役，令民自推貲力甲乙，不以付吏，民欣然皆以實應。催租各書



其數與民，約使自持戶租至庭，親視其入，咸便之。帥曹泳令今歲夏租先期送什之八，顒請少紓其期，泳怒。及麥大熟，民輸租反爲諸邑最，泳大喜，許薦于朝，顒固辭。

賀允中〔三〕薦顒靜退，遂召見，顒論國讎未復，中原之民日企鑾輿之返，其語剴切，高宗嘉納。除將作監簿。知處州，靑田令陳光獻羨餘百萬，顒以所獻充所賦。湯思退之兄居處州，家奴屠酤犯禁，一繩以法，思退不悅。屬常州逋緡錢四十萬，守坐免，移顒知常州。

金犯邊，高宗視師建康，道毗陵，顒賜對舟次，因言：「恢復莫先於將相，故相張浚久謫無恙，是天留以相陛下也。」顒初至郡，無旬月儲，未一年餘緡錢二十萬。或勸獻羨，顒曰：「名羨餘，非重征則橫斂，是民之膏血也，以利易賞，心實恥之。」

召爲尙書郎，除右司。詔求直言，顒上疏謂：「陛下以手足之至親，付州郡之重寄，是利一人害一方也。」人稱其直。除吏部侍郎，復權尙書。時七司弊事未去，上疏言選部所以爲弊，乃與郎官編七司條例爲一書，上嘉之，令刻板頒示。

除端明殿學士，拜參知政事兼同知樞密院事。武臣梁俊彥請稅沙田、蘆場，帝以問顒，對曰：「沙田乃江濱地，田隨沙漲而出沒不常，蘆場則臣未之詳也。且辛巳軍興，蘆場田租並復，今沙田不勝其擾。」上曰：「誠如卿言。」顒至中書，召俊彥切責之曰：「汝言利求進，萬一爲國生事，斬汝不足以塞責。」俊彥皇恐汗下。是日，詔沙田、蘆場並罷。

御史林安宅請兩淮行鐵錢，顒力言不可，安宅不能平，既入樞府，乃上章攻顒云：「顒之子受宣州富人周良臣錢百萬，得監鎭江大軍倉。」御史王伯庠亦論之。顒乞下吏辯明，乃以資政殿學士提舉洞霄宮。上下其事臨安府，時王炎知臨安，上令炎親鞫置對，無秋毫跡。獄奏，上以安宅、伯庠風聞失實，並免所居官，仍貶安宅筠州，召顒赴闕。入見，上勞之曰：「卿之清德自是愈光矣。」

除知樞密院事，未拜，進尚書左僕射兼樞密使。顒首薦汪應辰、王十朋、陳良翰、周操、陳之茂、芮曄、林光朝等，可備執政、侍從、臺諫，上嘉納。又言：「自古明君用人，使賢使愚，使姦使盜，惟去泰甚。」上曰：「固然。虞有禹、臯，亦有共、驩；周有旦、奭，亦有管、蔡，在用不用。」顒曰：「誠如聖訓，但今日在朝雖未見有共、驩、管、蔡，然有竊弄威福者，臣不敢隱。」上問爲誰，顒以龍大淵對，語在陳俊卿傳。

上以國用未裕，詔宰相兼國用使，參政同知國用事，顒乃言：「今日費財養兵爲甚，兵多則有冗卒虛籍，無事則費財，有事則不可用。雖曰汰之，旋即招之，欲足國用，當嚴於汰、緩於招可也。孔子曰：『節用而愛人。』蓋節用，則愛人之政自行於其間，若欲生財，祇費民財爾。」上曰：「此至言也。」上曰：「建康劉源嘗路近習，朕欲遣王抃廉其姦。」顒曰：「臣恐廉者甚於姦者。」乃止。





乾道三年冬至，上親郊而雷，顒引漢故事上印綬，提舉太平興國宮。歸至家，不疾而薨，年六十八。以觀文殿學士致仕，贈特進，謚正簡。

顒爲人簡易清介，與物若無忤，至處大事毅然不可奪。友人高登嘗上書譏切時相，名捕甚急。顒與同邸，攝令逸去，登曰：「不爲君累乎？」顒曰：「以獲罪，固所願也。」即爲具舟，舟移乃去。自初仕至宰相，服食、僮妾、田宅不改其舊。

葉衡字夢錫，婺州金華人。紹興十八年進士第，調福州寧德簿，攝尉。以獲鹽寇改秩，知臨安府於潛縣。戶版積弊，富民多隱漏，貧弱困於陪輸，衡定爲九等，自五以下除其籍，而均其額於上之四等，貧者頓蘇。徵科爲期限榜縣門，俾里正諭民，不遣一吏而賦自足。歲災，蝗不入境。治爲諸邑最。郡以政績聞，即召對，上曰：「聞卿作縣有法。」遣還任。

擢知常州。時水潦爲災，衡發倉爲糜以食餓者。或言常平不可輕發，衡曰：「儲蓄正備緩急，可視民饑而不救耶？」疫大作，衡單騎命醫藥自隨，徧問疾苦，活者甚衆。檄晉陵丞李孟堅攝無錫縣，有政聲，衡薦于上，即除知秀州。上之信其言如此。

除太府少卿。合肥瀕湖有圩田四十里，衡奏：「募民以耕，歲可得穀數十萬，蠲租稅，二三年後阡陌成，做營田，官私各收其半。」從之。

除戶部侍郎。時鹽課大虧，衡奏：「年來課入不增，私販害之也，宜自黄鹽之地爲之制，司火之起伏，稽竈之多寡，亭戶本錢以時給之，鹽之委積以時收之，擇廉能吏察之，私販自絕矣。」仍命措置官三人：淮南於通州，浙東於明州，浙西於秀州。

丁母憂。起復，知廬州，未行，除樞密都承旨。奏馬政之弊，宜命統制一員各領馬若干匹，歲終計其數爲殿最。李垕應賢良方正對策，近訐直，入第四等，衡奏：「陛下赦其狂而取其忠，足以顯容諫之盛。」乃賜垕制科出身。有言江、淮兵籍僞濫，詔衡按視，賜以袍帶、鞍馬、弓矢，且命衡措置民兵，咸稱得治兵之要。訖事赴闕，上御便殿閱武士，召衡預觀，賜酒，灑宸翰賜之。

知荊南、成都、建康府，除戶部尚書，除簽書樞密院事，拜參知政事。衡奏二事：一，牧守將帥必擇材以稱其職，必久任以盡其材；二，令戶部取湖廣會子實數，盡以京會立限易之。從之。

拜右丞相兼樞密使。上銳意恢復，凡將帥、器械、山川、防守悉經思慮，奏對畢，從容賜坐，講論機密，或不時召對。時會子浸患折閱，手詔賜衡曰：「會子雖曰流通，終未盡愜人意，目即流使有二千二百餘萬。今用上下庫黄金、白金、銅錢九百萬，內藏庫五百萬，并蜀





中錢物七百萬，盡易會子之數，專命卿措置，日近而辦，卿眞宰相才也。」

一日，上曲宴宰執於凝碧，上曰：「自三代而下，至于漢、唐，治日常少，亂日常多，何也？」衡奏：「聖君不常有，周八百年，稱極治成、康而已。」上曰：「朕觀無逸篇，見周公爲成王歷言商、周之君享國長遠，眞萬世龜鑑。」衡奏：「願陛下常以無逸爲龜鑑，社稷之福。」上又言：「朝廷所用，正論其人如何，不可有黨。如唐牛、李之黨，相攻四十年，緣主聽不明至此。文宗曰：『去河北賊易，去朝中朋黨難。』朕嘗笑之。」衡奏：「文宗優游不斷，故有此語。陛下英明聖武，誠非難事。」

御寶實封令與臨安府竇思永改合入官，衡奏：「選人改官，非奏對稱旨，則用考舉磨勘，一旦特旨與之，非陛下愛惜人才之意。」上亟收前命。

上諭執政，選使求河南，衡奏：「司諫湯邦彥有口辨，宜使金。」邦彥請對，問所以遣，既知薦出於衡，恨衡擠己，聞衡對客有訕上語，奏之，上大怒。即日罷相，責授安德軍節度副使，郴州安置。邦彥使還，果辱命，上震怒，竄之嶺南，詔衡自便，復官與祠。年六十有二薨，贈資政殿學士。

衡負才足智，理兵事甚悉，由小官不十年至宰相，進用之驟，人謂出於曾覿云。

論曰：陳康伯以經濟自任，臨事明斷。梁克家才優識遠，謀國盡忠。至若汪澈之論事忠懇，薦達人才，葉義問直言正色，掃除秦檜餘黨，然不長於兵，臨敵失措，豈優議論而劣事功者歟？葉顒清儉正直，而衡才智有餘，蓋亦一時之選云。

校勘記

〔一〕劉寶　原作「劉實」，據繫年要錄卷一八五、李幼武四朝名臣言行錄別集下卷二陳康伯條改。

〔二〕建寧府　原作「建康府」，據本書卷三四孝宗紀、卷二一三宰輔表改。

〔三〕淳熙八年起知福州　按梁克家于淳熙六年知福州，八年乞宮祠，「降旨仍知福州」，見徐自明宰輔編年錄卷一七及中興聖政卷五九，勞格讀書雜識卷一一並有考證。此處「八年」疑爲「六年」之誤。

〔四〕荆襄　原作「京襄」，據周必大周益國文忠公集省齋文稿卷三〇汪澈神道碑、四朝名臣言行錄別集下卷三汪澈條改。

〔五〕賀允中　原作「賀正中」，據楊萬里誠齋集卷一一九葉顒行狀、林光朝艾軒集卷八葉公行狀改。



# 宋史卷三百八十五

## 列傳第一百四十四

葛邲　錢端禮　魏杞　周葵　施師點　蕭燧　龔茂良

葛邲字楚輔，其先居丹陽，後徙吳興。世以儒學名家，高祖密至邲五世登科第，大父勝仲至邲三世掌詞命。邲少警敏，葉夢得、陳與義一見稱爲國器。以蔭授建康府上元丞。會金人犯江，上元當敵衝，調度百出，邲不擾而辦，留守張浚、王綸皆器重之。登進士第。蕭之敏爲御史，薦其才，除國子博士。輪對，論州縣受納及鬻爵之弊，孝宗獎諭曰：「觀所奏，知卿材。」除著作郎兼學士院權直。

除正言，首疏言：「盈虛之理，隱於未然；治亂之分，生於所忽。宜專以畏天愛民爲先。」又論：「征榷歲增之害，如輦下都稅務，紹興間所趁茶鹽歲以一千三百萬緡爲額，乾道六年後增至二千四百萬緡。成都府一務，初額四萬八千緡，今至四十餘萬緡，通四川酒額





遂至五百餘萬緡，民力重困。至若租稅有定數，而暗耗日增，折帛益多，民安得不窮乎？願明詔有司，茶鹽酒稅比原額已增至一倍者，毋更立新額，官吏不增賞，庶少蘇疲甿。」上特召，復令條陳，邲以六事對，皆切中時病。除侍御史，論救荒三事，累遷中書舍人。

歲旱，詔求初政得失，邲應詔，大略謂：「虞允文制國用，南庫之積日以厚，戶部之入日以削，故近年以來，常有不足之憂。罷兵以來，諸將皆以賂得升，其勢必至於掊刻取償，益精其選。」遷給事中。張嶷以說之子除知閤，裴良琮以顯仁之姪女夫落階官，邲皆繳奏。廣西議更鹽法，邲言：「鈔法之行，漕臣嘗給羣商，沒入其貲。楮幣行之二廣，民必疑慮，且有後悔。」除刑部尚書。

邲爲東宮僚屬八年，孝宗書「安遇」字以賜，又出梅花詩命邲屬和，眷遇甚渥。光宗受禪，除參知政事。邲勸上專法孝宗，正風俗，節財用，振士氣，執中道，恤民力，選將帥，收人才，擇監司，明法令，手疏歷言之，上嘉納。除知樞密院事。紹熙四年，拜左丞相，專守祖宗法度，薦進人物，博采公論，惟恐其不聞之。未朞年，除觀文殿大學士、知建康府。改隆興，請祠。

寧宗卽位，邲上疏言：「今日之事莫先於脩身齊家，結人心，定規模。」判紹興府，簡稽期會，錢穀刑獄必親。或謂大臣均佚有體，邲曰：「崇大體而簡細務，吾不爲也。」嘗曰：「十二

中華書局

時中，莫欺自己。」其實踐如此。

改判福州，道行感疾，除少保，致仕。薨，年六十六。贈少師，諡文定，配饗光宗廟庭。有文集二百卷、詞業五十卷。

錢端禮字處和，臨安府臨安人。父忱〔一〕，瀘川軍〔二〕節度使。端禮以恩補官。紹興間，通判明州，加直秘閣，累遷右文殿脩撰，仕外服有聲。高宗材之，知臨安府。

御史中丞汪澈論版曹闕官，當遴選，權戶部侍郎兼樞密都承旨。端禮嘗建明用楮爲幣，於是專委經畫，分爲六務，出納皆有法，幾月易錢數百萬。

孝宗銳意恢復，詔張浚出師。會符離稍失利，湯思退遂倡和議，端禮奏：「有用兵之名，無用兵之實，買怨生事，無益於國。」思退大喜，奏除戶部侍郎。未幾，兼吏部。端禮與戶部尚書韓仲通同對，論經費，奏：「所入有限，兵食日增，更有調發，不易支吾。」上云：「須恢復中原，財賦自足。」仲通奏：「恢復未可必，且經度目前所用。」端禮奏：「仲通言是，乞采納。」

思退與張浚議和戰不決，浚方主戰，上意甚鄉之。思退詭求去，端禮請對乞留，又奏：





「兵者凶器，願以符離之潰爲戒，早決國是，爲社稷至計。」於是思退復留，命浚行邊，還戍兵，罷招納。以端禮充淮東宣諭使，王之望使淮西，端禮入奏：「兩淮名曰備守，守未必備；名曰治兵，兵未必精。有用兵不勝，僥倖行險，輕躁出師，大喪師徒者，必勝之說果如此，皆誤國明甚。」端禮既以是詆浚，右正言尹穡亦劾浚，罷都督，自此議論歸一矣。

端禮至淮還，極言守備疎略，恐召金兵，宜早定和議。遂除吏部侍郎，再往淮上，驛疏言：「遣使、發兵當並行，使以盡其禮，兵以防其變，不必待金書至而後遣使。書中或有見脅之語，不若先遣以釋其疑，於計爲得。」上云：「端禮所奏未是。」思退傳旨撤海、泗二州戍兵，語在思退傳。

金帥僕散忠義分兵入，上意中悔，令思退都督江、淮軍馬，端禮試兵部尚書，參贊軍事。思退畏怯不行，端禮赴闕，上曰：「前後廷臣議論，獨卿不變。」兼戶部尚書，俄拜端明殿學士、簽書樞密院事兼權參知政事。上嘗問：「欲遣楊由義持金帥書，而辭行甚力，誰可遣？」端禮請以王抃行，俾與金帥議，許割商、秦地，歸被俘人，惟叛亡者不與，餘誓目略同紹興，世爲叔姪之國，減銀絹五萬，易歲貢爲歲幣。及抃還，上見書，金皆聽許。端禮贊上如其式報之：「謀國當思遠圖，如與之和，則我得休息以脩內治，若爲忿兵，未見其可。」抃遂行。諜報北軍已回，端禮以和議既定，乞降詔。除參知政事兼權知樞密院事。

時久不置相，端禮以首參闚相位甚急。皇長子鄧王夫人，端禮女也，殿中侍御史唐堯封論端禮帝姻，不可任執政，不報，遷太常少卿。館閣士相與上疏排端禮，皆坐絀。刑部侍郎王弗陰附端禮，建爲「國是」之說以助其勢。吏部侍郎陳俊卿抗疏，力詆其罪，且謂本朝無以戚屬爲相，此懼不可爲子孫法。逮進讀寶訓，適及外戚，因言：「祖宗家法，外戚不與政，最有深意，陛下所宜守。」上納其言。端禮憾之，出俊卿知建寧府。

鄧王夫人生子，太上甚喜。先兩月，恭王夫人李氏亦生子，於是恭王府直講王淮白端禮云：「恭王夫人子是爲皇長嫡孫。」端禮不懌，翌日奏：「嫡庶具載禮經，講官當以正論輔導，不應爲此邪說。」遂指淮傾邪不正，與外任。鄧王立爲太子，端禮引嫌，除資政殿大學士、提舉德壽宮兼侍讀，改提舉洞霄宮。起知寧國府，移紹興，進觀文殿學士。

端禮籍人財產至六十萬緡，有詣闕陳訴者，上聞之，與舊祠。侍御史范仲芑劾端禮貪暴不悛，降職一等。淳熙四年八月，復元職。薨，贈銀青光祿大夫，後諡忠肅。孫象祖，嘉定元年爲左丞相，自有傳。

魏杞字南夫，壽春人。祖蔭入官。紹興十二年，登進士第。知宣州涇縣。從臣錢端禮





薦其才，召對，擢太府寺主簿，進丞。端禮宣諭淮東，杞以考功員外郎爲參議官，遷宗正少卿。

湯思退建和議，命杞爲金通問使，孝宗面諭：「今遣使，一正名，二退師，三減歲幣，四不發歸附人。」杞條上十七事擬問對，上隨事畫可。陛辭，奏曰：「臣若將指出疆，其敢不勉。萬一無厭，願速加兵。」上善之。

行次盱眙，金所遣大將僕散忠義、紇石烈志寧等方擁兵闖淮，遣權泗州趙房長問所以來意，求觀國書，杞曰：「書御封也，見主當廷授。」房長馳白僕散忠義，疑國書不如式，又求割商、秦地及歸正人，且欲歲幣二十萬。杞以聞，上命盡依初式，再易國書，歲幣亦如其數。忠義以未如所欲，遂與志寧分兵犯山陽。戰不利，驍將魏勝死之。

上怒金反覆，詔以禮物犒督府師，杞奏：「金若從約，而金繒不具，豈不膂國體、格事機乎？」乃以禮物行。至燕，見金主褒，具言：「天子神聖，才傑奮起，人人有敵愾意，北朝用兵能保必勝乎？和則兩國享其福，戰則將士蒙其利，昔人論之甚悉。」金君臣環聽拱竦。館伴張恭愈以國書稱「大宋」，脅去「大」字，杞拒之，卒正敵國禮，損歲幣五萬，不發歸正人北還。上慰藉甚渥。

守起居舍人，遷給事中、同知樞密院事，進參知政事、右僕射兼樞密使。時方借職田

助邊，降人蕭鷓巴賜淮南田，意不惬，以職田請，杞言：「圭租食功養廉，借之尚可，奪之不可。」上是其言。杞以使金不辱命，繇庶官一歲至相位。上銳意恢復，杞左右其論。會郊祀多雷，用漢制災異策免，守左諫議大夫、提舉江州太平興國宮。

六年，授觀文殿學士、知平江府。諫官王希呂論杞貪墨，奪職。後以端明殿學士奉祠，告老，復資政殿大學士。淳熙十一年十一月薨，贈特進。嘉泰中，謚文節。

周葵字立義，常州宜興人。少力學，自鄉校移籍京師，兩學傳誦其文。宣和六年，擢進士甲科。調徽州推官。高宗移蹕臨安，諸軍交馳境上，葵與判官攝郡事，應變敏速，千里帖然。教授臨安府，未上，吏部侍郎陳與義密薦之，召試館職。將試，復引對，高宗曰：「從班多說卿端正。」

除監察御史，徙殿中侍御史。在職僅兩月，言事至三十章，且歷條所行不當事凡二十條，指宰相不任責。高宗變色曰：「趙鼎、張浚肯任事，須假之權，柰何遽以小事形迹之？」葵曰：「陛下卽位，已相十許人，其初皆極意委之，卒以公議不容而去，大臣亦無固志。假如陛下有過，尙望大臣盡忠，豈大臣有過，而言者一指，乃便爲形迹，使彼過而不改，罪戾日





深，非所以保全之也。」高宗改容曰：「此論甚奇。」

張浚議北伐，葵三章力言「此存亡之機，非獨安危所係」。或言葵沮大計，罷爲司農少卿，以直祕閣知信州。未上，鼎罷，陳與義執政，改湖南提刑，以親老易江東，皆不就。

和議已定，被召，論：「爲國有道，戰則勝，守則固，和則久。不然，三者在人不在我矣。」除太常少卿。時秦檜獨相，意葵前論事去，必憾趙鼎。再除殿中侍御史。葵語人曰：「元鎭已貶，葵固不言，雖門下客亦不及之也。」內降差除四人，葵言：「願陛下以仁祖爲法，大臣以杜衍爲法。」檜始不樂。又論國用、軍政、士民三弊，高宗曰：「國用當藏之民，百姓足則國用非所患。」又言薦舉改官之弊，宜聽減舉員，詔吏部措置。

檜所厚權戶部尙書梁汝嘉將特賜出身，除兩府，汝嘉聞葵欲劾之，謂中書舍人林待聘曰：「副端將論君矣。」待聘乘檜未趨朝，亟告之，檜卽奏爲起居郎。葵方待引，檜下殿諭閤門曰：「周葵已得旨除起居郎。」隔下。八月庚辰也。

參政李光擬除呂廣問館職，檜不許。時有詔從官薦士，葵以廣問應，初不相知也。光既絀，葵以附會落職，主管玉隆觀。復直祕閣，起知湖州，移平江府。時金使絡繹于道，葵不爲禮，轉運李椿年希檜旨劾之，落職，主管崇道觀。屛居鄉閭，憂患頻仍，人不能堪，葵獨安之。

檜死，復直祕閣、知紹興府。過闕，權禮部侍郎，尋兼國子祭酒。奏：「科舉所以取士。比年主司迎合大臣意，取經傳語可諱者爲問目，學者兢逐時好。望詔國學幷擇秋試考官，精選通經博古之士，置之前列，其穿鑿乖謬者黜之。」

兼權給事中。侍御史湯鵬舉言：「葵以魏良臣薦，躐處侍從；呂廣問，葵之死黨。乞幷罷之。」太學生黃作、詹淵率諸生都堂投牒留葵。翌日，博士何俌等言于朝，乞懲戒，詔作、淵皆送五百里外州編管，葵出知信州，隨罷。

起知撫州〔三〕，引疾，改提舉興國宮，加直龍圖閣、知太平州。水壞圩堤，悉繕完，凡百二十里。傍郡圩皆沒，惟當塗歲熟。市河久堙，雨暘交病，葵下令城中，家出一夫，官給之食，併力浚導，公私便之。進集英殿修撰、敷文閣待制、知婺州。孝宗卽位，除兵部侍郎兼侍講，改同知貢舉兼權戶部侍郎。孝宗數手詔問錢穀出入，葵奏：「陛下勞心庶政，日有咨詢，若出人意表。今皆微文細故，此必有小人乘間欲售其私，不可不察。」蓋指龍大淵、曾覿也。孝宗色爲動。

金主亮爲其下所斃，張浚自督府來朝，密言：「敵失泗州，其懼罪者皆欲來歸，願遣軍渡淮赴之，此恢復之機也。」葵請對，謂不可輕舉，累數百言。及遣李顯忠、邵宏淵取靈壁、虹二縣，敗績。孝宗思其言，拜參知政事。葵始終守自治之說。





兼權知樞密院事。臺諫交章言議和太速，葵與陳康伯、湯思退乞令侍從、臺諫集議，衆益洶洶，諸公待罪乞罷，不許。葵獨留身固請，孝宗曰：「卿何請之力也？」曰：「自預政以來，每與宰相論事，有以爲然而從者；有不得以強從者；有絕不肯從者，十常四五。洎至榻前，陛下又或不然，大率十事之中，不從者七八，安得不愧於心，此臣所以欲去也。」

嘗乞召用侍從、臺諫，孝宗曰：「安得如卿直諒者。」遂薦李浩、龔茂良，孝宗皆以爲佳士，次第用之。太常奏郊牛斃，葵言：「春秋鼷鼠食牛角免郊，况邊虞未靖，請展郊以符天意。」詔從之。

虞允文、陳康伯相，葵卽求退，除資政殿學士、提舉洞霄宮。起知泉州，告老，加大學士致仕。閑居累年，不以世故縈心。淳熙元年正月，薨，年七十有七。上聞震悼，贈正奉大夫。後以子升朝，累贈太傅。

葵孝於事親，當任子，先孤姪。其薨也，幼子與孫尙未命。平生學問不泥傳注，作聖傳詩二十篇、文集三十卷、奏議五卷。晚號惟心居士。四年，有司請謚，賜謚曰惠簡。

施師點字聖與，上饒人。十歲通六經，十二能文。弱冠游太學，試每在前列，司業高宏

稱其文深醇有古風。尋授以學職，以舍選奉廷對，調復州教授。未上，丁內艱。服除，爲臨安府教授。

乾道元年，陳康伯薦，賜對，言：「歷年屢下詔恤民，而惠未加浹。陛下軫念，惟恐一夫失所；郡邑搜求，惟恐財賦不集。毋惑乎日降絲綸，恩不霑被。細民既困於倍輸，又困於非泛，重以歲惡，室且垂罄，租不如期，積多逋負。今明堂肆赦，戶自四等以下，逋自四年以前，願悉除免。」上曰：「非卿不聞此言。」詔從之。

八年，兼權禮部侍郎，除給事中。時太子詹事已除，上又特令增員爲二，命兼之。賜對，言：「比年人物骫骳，士氣耗薾，當廣儲人材以待用。」上曰：「觀卿所奏，公輔器也。」假翰林學士、知制誥兼侍讀使金。致命金廷，立班既定，相儀者以親王將至，命師點退位，師點屹立。相儀者請數四，師點正色曰：「班立已定，尙欲何爲。」不肯少動。在廷相顧駭愕，知其有守，不敢復以爲請。九年，使還，有言其事于上者，上嘉歎不已。及後金使賀正旦至闕，問館伴：「師點今居何官？」館伴宇文价於班列中指師點以示之，金使怳然曰：「一見正人，令人眼明。」

十年〔四〕，除端明殿學士、簽書樞密院事。入奏，控免，上曰：「卿靖重有守，識慮深遠，朕欲用卿久矣。」復詔兼參知政事，除參知政事兼同知樞密院事。師點嘗同宰相奏事退，復同樞





密周必大進呈，上曰：「適一二事卿等各陳所見，甚關大體。前此宰相奏事，執政不措辭，今卿等如此，深副所望。」必大奏：「祖宗時，宰執奏事自相可否，或至面相切責，退不相銜。自秦檜用事，執政畏避不敢言。今陛下虛心兼聽，若只宰相奏事，何用執政爲？」師點復奏：「臣敢不竭股肱之力。」上因諭之曰：「朕欲天下事日往來胸中，未嘗釋也。」

先是，州郡上供或不以時進，立歲終稽考法，及是，主計臣有喜爲督促者，乞不待歲終先期行之。畫命已下，師點矍然曰：「此策若行，上下逼迫，民不聊生。」或謂：「令已出矣。」師點曰：「事有爲天下病，惟恨更之不速。」卽追寢其議。樞密周必大舉手賀師點曰：「使天下赤子不被其毒者，公之賜也。」一日，入對後殿，上曰：「朕前飲冰水過多，忽暴下，幸卽平復。」師點曰：「自古人君當無事時，快意所爲，忽其所當戒，其後未有不悔者。」上深然之。

十三年，辭兼同知樞密院事。權提舉國史院，權提舉國朝會要。十四年，除知樞密院事。師點惓惓搜訪人才，手書置夾袋中，謂蜀去朝廷遠，人才難以自見，蜀士之賢者，俾各疏其所知，差次其才行、文學，每有除授，必列陳之。十五年春，以資政殿大學士知泉州，除提舉臨安府洞霄宮。

紹熙〔五〕二年，除知隆興府、江西安撫使。師點嘗謂諸子曰：「吾平生仕宦，皆任其升沉，初未嘗容心其間，不枉道附麗，獨人主知之，遂至顯用。夫人窮達有命，不在巧圖，惟忠孝乃吾事也。」三年，得疾薨，年六十九。贈金紫光祿大夫。有奏議七卷、制藁八卷、東宮講議五卷、易說四卷、史議五卷、文集八卷。

蕭燧字照鄰，臨江軍人。高祖固，皇祐初爲廣西轉運使，知儂智高凶狡，條上羈縻之策於樞府，不果用，智高後果叛。父增，紹興初嘗應制舉。

燧生而穎異，幼能屬文。紹興十八年，擢進士高第。授平江府觀察推官。時秦檜當國，其親黨密告燧，秋試必主文漕臺，燧詰其故，曰：「丞相有子就舉，欲以屬公。」燧怒曰：「初仕敢欺心耶！」檜懷之，既而被檄秀州，至則員溢，就院易一員往漕闈，秦熺果中前列。秩滿，當爲學官，避檜，調靜江府察推而歸。

燧未第時，夢神人示以文書，記其一聯云：「如火烈烈，玉石俱焚；在冬青青，松柏不改。」已而果符前事。未幾，丁憂。三十二年，授靖州教授。孝宗初，除諸王宮大小學教授。輪對，論「官當擇人，不當爲人擇官」。上喜，製用人論賜大臣。淳熙二年，累遷至國子司業兼權起居舍人，進起居郎。

先是，察官闕，朝論多屬燧，以未歷縣，遂除左司諫。上諭執政：「昨除蕭燧若何？」龔茂





良奏：「燧純實無華，正可任言責，聞除目下，外議甚允。」燧首論辨邪正然後可以治。上以外臺耳目多不稱職，時宦官甘昪之客胡與可、都承旨王抃之族叔秬皆持節于外，有所依憑，無善狀，燧皆奏罷之。

時復議進取，上以問燧，對曰：「今賢否雜揉，風俗澆浮〔六〕，兵未強，財未裕，宜臥薪嘗膽以圖內治。若恃小康，萌驕心，非臣所知。」上曰：「忠言也。」因勸上正紀綱；容直言；親君子，遠小人；近習有勞可賞以祿，不可假以權。上皆嘉納。擢右諫議大夫，入謝，上曰：「卿議論鯁切，不求名譽，糾正姦邪，不恤仇怨。」

五年，同知貢舉。有旨下江東西、湖南北帥司招軍，燧言：「所募多市井年少，利犒賚，往往捕農民以應數，取細民以充軍。乞嚴戒諸郡，庶得丁壯以爲用。」從之。

夔帥李景孠貪虐，參政趙雄庇之，臺臣謝廓然不敢論，燧獨奏罷之。雄果營救，復命還任。燧再論，并及雄。雄密奏燧誤聽景孠仇人之言，遂下臨安府捕恭州士人鍾京等置之獄，坐以罪，景孠復依舊職。燧乃自劾，詔以風聞不許，竟力求去。徙刑部侍郎，不拜，固請補外。出知嚴州，吏部尙書鄭丙、侍郎李椿上疏留之，上亦尋悔。

嚴地狹財匱，始至，官鏹不滿三千，燧儉以足用。二年之間，積至十五萬，以其羨補積逋，諸邑皆寬。先是，宣和庚子方臘盜起，甲子一周，人人憂懼，會遂安令朘士兵廩給，羣言

中華書局

惋惋。燧急易令，且呼卒長告戒，悉畏服。城中惡少睾擾市，燧密籍姓名，涅補軍額，人以按堵。上方靳職名，非功不予，詔燧治郡有勞，除敷文閣待制，移知婺州。父老遮道，幾不得行，迨出境者以千數。

婺與嚴鄰，人熟知條教，不勞而治。歲旱，浙西常平司請移粟于嚴，燧謂：「東西異路，不當與，然安忍於舊治坐視？」爲請諸朝，發太倉米振之。

八年，召還，言：「江、浙再歲水旱，願下詔求言，仍令諸司通融郡縣財賦，毋但督迫。」除吏部右選侍郎，旋兼國子祭酒。九年，爲樞密都承旨。近例，承旨以知閤門官兼，或怙寵招權，上思復用儒臣，故命燧以龍圖閣待制爲之。燧言：「債帥之風未殄，羣臣多迎合獻諛，強辨干譽，宜察其虛實。」上稱善。除權刑部尚書，充金使館伴。

十年，兼權吏部尚書。上言廣西諸郡民身丁錢之弊。兼侍講，升侍讀。言：「命令不可數易，憲章不可數改。初官不許恩例免試，今或竟令注授。既却羨餘之數，今反以出剩爲名。諸路錄大辟，長吏當親詰，若死囚數多，宜如漢制殿最以聞。」事多施行。慶典霈澤，丁錢減半，亦自燧發之。

高宗山陵，充按行使，除參知政事，尋充永思陵禮儀使，權監脩國史日曆。十六年，權知樞密院。以年及自陳，上留之，不可，除資政殿學士，與郡。復請閑，提舉臨安府洞霄宮。





紹熙四年卒，年七十七。謚正肅。

孝宗每稱其全護善類，誠實不欺，手書二十八將傳以賜。子逵(七)，登淳熙十四年進士第，唱名第四，孝宗曰：「逵才氣甚佳，父子高科，殊可喜。」逵累官至太常。

龔茂良字實之，興化軍人。紹興八年，進士第。爲南安簿、邵武司法。父母喪，哀號擗踊，鄰不忍聞。調泉州察推，以廉勤稱。改宣教郎，以同知樞密院事黃祖舜薦，召試館職，除祕書省正字。累遷吏部郎官。

張浚視師江、淮，茂良言：「本朝禦敵，景德之勝本於能斷，靖康之禍在於致疑，願仰法景德之斷，勿爲靖康之疑。」除監察御史。

江、浙大水，詔陳闕失，茂良疏曰：「水至陰也，其占爲女寵，爲嬖佞，爲小人專制。崇、觀、政和，小人道長，內則憸腐竊弄，外則姦回充斥，於是京城大水，以至金人犯闕。今進退一人，施行一事，命由中出，人心譁然，指爲此輩。臣願先去腹心之疾，然後政事闕失可次第言矣。」內侍梁珂、曾覿、龍大淵皆用事，故茂良及之。

遷右正言。會內侍李珂沒，贈節度，謚靖恭，茂良諫曰：「中興名相如趙鼎，勳臣如韓世忠，皆未有謚，如朝廷舉行，亦足少慰忠義之心。今施於珂爲可惜。」竟寢其謚。嘗論大淵、覿姦回，至是又極言之，曰：「今積陰弗解，淫雨益甚，熒惑入斗，正當吳分，天意若有所怒而未釋。二人害政，甚珂百倍。」上諭以「皆潛邸舊，非他近習比，且俱有文學，敢諫爭，未嘗預外事」。

翌日，再疏言：「唐德宗謂李泌：『人言盧杞姦邪，朕獨不知，何耶？』泌曰：『此其所以爲姦邪也。』今大淵、覿所爲，行道之人能言之，而陛下更頌其賢，此臣所以深憂。」疏入，不報，即家居待罪。章再上，除太常少卿，五辭不拜，除直祕閣、知建寧府。自以不爲羣小所容，請祠，不允。

上後知二人之姦，既逐于外，起茂良廣東提刑，就知信州。即番山之址建學，又置番禺南海縣學，既成，釋奠，行鄉飲酒以落之。城東舊有廣惠庵，中原衣冠沒於南者葬之，歲久廢，茂良訪故地，更建海會浮圖，藏寄暴露者皆揜藏無遺。召對崇政殿，左丞相陳俊卿欲留之，右相虞允文不樂。會俊卿亦罷，除直顯謨閣、江西運判兼知隆興府。

上以江西連歲大旱，知茂良精忠，以一路荒政付之。茂良戒郡縣免積稅，上戶止索逋，發廩振贍。以右文殿脩撰再任，疫癘大作，命醫治療，全活數百萬。進待制敷文閣，賞其救荒之功。召對，奏：「潢池弄兵之盜，即南畝負耒之民。今諸郡荒田極多，願詔監司守臣條





陳，募人從便請耕，民有餘粟，雖驅之爲寇，亦不從矣。」除禮部侍郎。

上亟用茂良，手詔問國朝典故有自從官徑除執政例，明日即拜參知政事。奏事，賜坐，上顧葉衡及茂良曰：「兩參政皆公議所與。」衡等起謝，上從容曰：「自今諸事毋循私，若鄉曲親戚，且未須援引。朕每存公道，設有誤，卿等宜力爭，君臣之間不可事形迹。」茂良曰：「大臣以道事君，遇有不可，自當啓沃，豈容迹見於外。」請詔有司刊定七司法。

淮南旱，茂良奏取封樁米十四萬，委漕帥振濟。或謂：「救荒常平事，今遽取封樁米，毋乃不可？」茂良以爲：「淮南咫尺敵境，民久未復業，饑寒所逼，萬一嘯聚，患害立見，寧能計此米乎？」他日，上獎諭曰：「淮南旱荒，民無饑色，卿之力也。」

潮州守奏通判不法，得旨，下帥臣體訪。通判，茂良鄉人也，同列密以省吏付棘寺推鞫，欲及茂良。奏事退，同列留身，出獄案進上，茂良不知也。上厲聲曰：「參政決無此！」茂良遜謝，不復辯。

葉衡罷，上命茂良以首參行相事。慶壽禮行，中外覬恩，茂良慨然歎曰：「此當以身任怨，不敢愛身以弊天下。若自一命以上覃轉，不知月添給奉與來歲郊恩奏補幾何，將何以給？」

宣諭獎用廉退，茂良奏：「朱熹操行耿介，屢召不起，宜蒙錄用。」除祕書郎。羣小乘間

譏毀，未幾，手詔付茂良，謂「虛名之士，恐壞朝廷」。熹迄不至。錢良臣侵盜大軍錢糧，累數十萬，茂良奏其事，手詔令具析。俄召良臣赴闕，駸駸柄用，其後茂良之貶，良臣與有力焉。

茂良之以首參行相事也，踰再歲，上亦不置相，因諭茂良：「史官近奏三台星不明，蓋實艱其選耳。」淳熙四年正月，召史浩於四明，茂良亦覺眷衰，因疾力求去。上曰：「朕以經筵召史浩，卿不須疑。」

時曾覿欲以文資禄其孫〔八〕，茂良以文武官各隨本色蔭補格法繳進。覿因茂良入堂道間，俾直省官賈光祖等當道不避。街司叱之，曰：「參政能幾時！」茂良奏：「臣固不足道，所惜者朝廷大體。」上諭覿往謝，茂良正色曰：「參知政事者，朝廷參知政事也。」覿慚退。上諭茂良先遣人於覿，銜替而後施行。茂良批旨，取賈光祖輩下臨安府撻之。手詔宣問施行太遽，茂良待罪。上使人宣諭委曲，令繳進手詔，且謂：「卿去雖得美名，置朕何地？」茂良即奉詔。

謝廓然賜出身，除殿中侍御史，廓然附曾覿者也。中書舍人林光輔繳奏，不書黃，遂補外。茂良力求去，上諭曰：「朕極知卿，不敢忘，欲保全卿去，俟議恢復，卿當再來。」是日，除職與郡，令內殿奏事，乃手疏恢復六事，上曰：「卿五年不說恢復，何故今日及此？」退朝甚





怒，曰：「福建子不可信如此！」謝廓然因劾之，乃落職放罷；尋又論茂良擅權不公，矯傳上旨，輒斷賈光祖等罪，遂責降，安置英州。父子卒于貶所。

覿與廓然死後，茂良家投匭訟冤，遂復通奉大夫。周必大獨相，進呈復職，上曰：「茂良本無罪。」遂復資政殿學士，謚莊敏。

茂良平生不喜言兵，去國之日乃言恢復事，或謂覿密令人訹之云：「若論恢復，必再留。」茂良信之。廓然論茂良，亦以此爲罪。茂良沒數年，朱熹從其子得副本讀之，則事雖恢復，而其意乃極論不可輕舉，猶平生素論也，深爲之歎息云。

論曰：葛邲在相位雖不久，而能守法度，進人才，其處己也，則以不欺爲本。錢端禮以戚屬爲相，周葵晚雖不附秦檜，而與龔茂良皆主和議。若乃魏杞奉使知尊國體，施師點之靖重有守，蕭燧忠實敢言，仕於紹興之間，可謂不幸矣。

## 校勘記

〔一〕忱　原作「沉」，據本書卷四六五錢忱傳、樓鑰攻媿集卷九二錢端禮行狀改。

〔二〕瀘川軍　原作「潼川軍」，據本書卷八九地理志、宋會要職官三三之八、靖康要錄卷五改。

〔三〕撫州　原作「信州」，據周必大周益國文忠公集平園續稿卷二三周葵神道碑、李幼武四朝名臣言行錄別集下卷一〇周葵條改。

〔四〕十年　按乾道無十年，葉適水心先生文集卷二四施師點神道碑作「淳熙十一年」。

〔五〕紹熙　原作「紹興」，據同上書同卷施師點墓誌銘改。

〔六〕風俗澆浮　「浮」原作「淳」，據周益國文忠公集平園續稿卷二七蕭燧神道碑改。

〔七〕逵　原作「達」，據周益國文忠公集平園續稿卷二七蕭燧神道碑、南宋館閣續錄卷八改。下同。

〔八〕時曾覿欲以文資禄其孫　「文」原作「大」，據本書卷四七〇曾覿傳改。

# 宋史卷三百八十六

## 列傳第一百四十五

### 劉珙　王藺　黃祖舜　王大寶　金安節　王剛中　李彥穎　范成大

劉珙字共父，子羽長子也。生有奇質，從季父子翬學。以蔭補承務郎，登進士乙科，監紹興府都稅務。請祠歸，杜門力學，不急仕進。主管西外敦宗院〔一〕，召除諸王宮大小學教授，遷禮部郎官。

秦檜欲追謚其父，召禮官會問，珙不至，檜怒，風言者逐之。檜死，召爲大宗正丞，遷吏部員外郎。置令式庭中，使選集者得自繙閱，與吏辨，吏無得藏其巧。兼權秘書少監，兼權中書舍人。金犯邊，王師北向，詔檄多出其手，詞氣激烈，聞者泣下。御史杜莘老劾宦者張去爲，忤旨左遷，珙不草制，莘老得不去。從幸建康，兼直學士院。車駕將還，軍務未有





所付，時張浚留守建康，衆望屬之。及詔出，以楊存中爲江、淮宣撫使，珙不書錄黃，仍論其不可。上怒，謂宰相曰：「劉珙父爲浚所知，此特爲浚地耳！」命再下，宰相召珙諭旨，且曰：「再繳則累張公。」珙曰：「某爲國家計，豈暇爲張公謀。」執奏如初，存中命乃寢。眞除中書舍人、直學士院。田師中死，其家請以沒入王繼先第爲賜，李珂關通近習，求爲督府掾，詔從中下，珙皆論罷之。出知泉州，改衢州。

湖南旱，郴州宜章縣李金爲亂，朝廷憂之，以珙知潭州、湖南安撫使。入境，聲言發郡縣兵討擊，而移書制使沈介，請以便宜出師，曰：「擅興之罪，吾自當之。」介即遣田寶、楊欽以兵至，珙知其暑行疲倦，發夫數程外迎之，代其負任，至則犒賜過望，軍士感奮。珙知欽可用，檄諸軍皆受節制，下令募賊徒相捕斬詣吏者，除罪受賞。欽與寶連戰破賊，追至莽山，賊黨曹彥、黃拱執李金以降。支黨匿者尚衆，珙諭欽等却兵，聽其自降，賊相率納兵，給據歸田里。第上諸將功狀有差，上賜璽書曰：「近世書生但務清談，經綸實才蓋未之見，朕以是每有東顧之憂。今卿既誅羣盜，而功狀詳實，諸將優劣，破賊先後，歷歷可觀，宜益勉副朕意。」

除翰林學士、知制誥兼侍讀，言於上曰：「世儒多病漢高帝不悅學，輕儒生，臣以爲高帝所不悅，特腐儒俗學耳。使當時有以二帝三王之學告之，知其必敬信，功烈不止此。」因陳「聖王之學所以明理正心，爲萬事之綱」。上亟稱善。

拜中大夫、同知樞密院事，辭不獲，因進言曰：「汪應辰、陳良翰、張栻學行才能，皆臣所不逮，而栻窮探聖微，曉暢軍務，曩幸破賊，栻謀爲多，願亟召用。」上可其奏。兼參知政事。奏除福建鈔鹽歲額二萬萬，罷江西和糴及廣西折米鹽錢，及蠲諸路累年逋負金錢穀帛巨億計。上嘗以久旱齋居禱雨，一夕而應，珙進言曰：「陛下誠心感格，其應如響，天人相與之際，眞不容髮，隱微纖芥之失，其應豈不亦猶是乎？臣願益謹其獨。」上竦然稱善。

龍大淵、曾覿既被逐，未幾，大淵死，上憐覿欲還之。珙言：「二人之去，天下方仰威斷。此曹奴隸耳，厚賜之可也，若引以自近，使與聞機事，進退人才，非所以光德業、振紀綱。」命遂止。

殿前指揮使王琪被旨，按視兩淮城壁，還，密薦和州教授劉甄夫。上諭執政召之，珙請曰：「此人名位微，何自知之？」上以琪告。珙退坐堂上，追琪至，詰其故，授牘使對。琪恐，請後不敢，乃叱使責戒勵狀而去。會揚州奏琪檄郡增築新城，珙遂奏罷琪，語在陳俊卿傳。珙時爭之尤力，殿中皆驚，以故獨罷爲端明殿學士，奉外祠。陳俊卿言：「珙正直有才，肯任怨，臣所不及，願留之。」詔改知隆興府、江西安撫使。入辭，猶以六事爲獻，上曰：「卿雖去國，不忘忠言，材美非他人所及，行召卿矣。」至鎭，首蠲稅務新額，及罷苗倉大斛。屬





邑奉新有復出租稅，窮民不能輸，相率逃去，反失正稅，幷奏除之。

除資政殿學士、知荊南府、湖北安撫使，以繼母憂去。起復同知樞密院事、荊襄安撫使。珙六上奏懇辭，引經據禮，詞甚切，最後言曰：「三年通喪，三代未之有改，漢儒乃有『金革無避』之說，已爲先王罪人。今邊陲幸無犬吠之驚，臣乃欲冒金革之名，以私利祿之實，不亦又爲漢儒之罪人乎？」

服闋，再除知潭州、湖南安撫使。過闕入見，極論時事，言甚切至，上再三加勞，進資政殿大學士以行。安南貢象，所過發夫除道，毀屋廬，數十州騷然。珙奏曰：「象之用於郊祀，不見於經，驅而遠之，則有若周公之典。且使吾中國之疲民，困於遠夷之野獸，豈仁聖之所爲哉！」湖北茶盜數千人入境，疆吏以告，珙曰：「此非必死之寇，緩之則散而求生，急之則聚而致死。」揭榜諭以自新，聲言兵且至，命屬州縣具數千人食，盜果散去，其存者無幾。珙乃遣兵，戒曰：「來毋亟戰，去毋窮追，不去者擊之耳。」盜意益緩，於是一戰敗之，盡擒以歸，誅首惡數十，餘隸軍籍。

淳熙二年，移知建康府、江東安撫使、行宮留守。會水且旱，首奏蠲夏稅錢六十萬緡、秋苗米十六萬六千斛。禁止上流稅米遏糴，得商人米三百萬斛。貸諸司錢合三萬〔二〕，遣官糴米上江，得十四萬九千斛。籍主客戶高下，給米有差。又運米村落，置場平價振糶，貧者不取

償〔三〕。起是年九月，盡明年四月，闔境數十萬人，無一人捐瘠流徙者。

進觀文殿學士，屬疾，請致仕。孝宗遣中使以醫來，疾革，草遺奏言：「恭、顯、伾、文，近習用事之戒，今以腹心耳目寄之此曹，朝綱以紊，士氣以索，民心以離，咎皆在此。陳俊卿忠良確實，可以任重致遠，張栻學問醇正，可以拾遺補闕，願亟召用之。」既又手書訣栻與朱熹，其言皆以未能爲國報雪讎恥爲恨。薨，年五十七。贈光祿大夫，謚忠肅。

珙精明果斷，居家孝，喪繼母卓氏，年已逾五十，盡哀致毁，內外功緦之戚，必素服以終月數。喜受盡言，事有小失，下吏言之立改。臨數鎮，民愛之若父母，聞訃，有罷市巷哭相與祠之者。

王藺字謙仲，廬江人。乾道五年，擢進士第。爲信州上饒簿、鄂州教授、四川宣撫司幹辦公事，除武學諭。孝宗幸學，藺迎法駕，立道周，上目而異之，命小黃門問知姓名，由是簡記。

遷樞密院編脩官，輪對，奏五事，讀未竟，上喜見顏色。明日，諭輔臣曰：「王藺敢言，宜加獎擢。」除宗正丞，尋出守舒州。陛辭，奏疏數條，皆極言時事之未得其正者，上曰：「卿議





論峭直。」尋出手詔：「王藺鯁直敢言，除監察御史。」一日，上袖出幅紙賜之，曰：「比覽陸贄奏議，所陳深切，今日之政恐有如德宗之弊者，可思朕之闕失，條陳來上。」藺即對曰：「德宗之失，在於自用遂非，疑天下士。」退即上疏，陳德宗之弊，并及時政闕失，上嘉納之。

遷起居舍人，言：「朝廷除授失當，臺諫不悉舉職，給、舍始廢繳駁，內官、醫官、藥官賜予之多，遷轉之易，可不思警懼而正之乎？」上竦然曰：「非卿言，朕皆不聞。磊磊落落，惟卿一人。」除禮部侍郎兼吏部。嘗因手詔「謀選監司，欲得剛正如卿者，可舉數人」。卽奏舉潘時、鄭嶠、林大中等八人，乞擢用。會以母憂去。服除，召還爲禮部尚書，進參知政事。

光宗卽位，遷知樞密院事兼參政，拜樞密使。光宗精厲初政，藺亦不存形迹，除目或自中出，未愜人心者，輒留之，納諸御坐。或議建皇后家廟，力爭以爲不可，因應詔上疏「願陛下先定聖志」，條列八事，疏入，不報。中丞何澹論之，以罷去。起帥閩，易鎮蜀，皆不就。後領祠，帥江陵。寧宗卽位，改帥湖南。臺臣論罷，歸里奉祠。七年薨。

藺盡言無隱，然嫉惡太甚，同列多忌之，竟以不合去。有奏議傳于世。

黃祖舜，福州福清人。登進士第，累任至軍器監丞。入對，言：「縣令付銓曹，專用資格，曷若委郡守，汰其尤無良者。」上然之。

權守尚書屯田員外郎，徙吏部員外郎，出通判泉州。將行，言：「抱道懷德之士，不應書千祿，老於韋布。乞自科舉外〔四〕，有學行脩明、孝友純篤者，縣薦之州，州延之庠序，以表率多士；其卓行尤異者，州以名聞，是亦鄉舉里選之意。」下其奏禮部，遂留爲倉部郎中，遷右司郎中、權刑部侍郎兼詳定敕令司兼侍講。進論語講義，上命金安節校勘，安節言其書詞義明粹，乃令國子監板行。薦李寶勇足以冠軍，智足以料敵，詔以寶爲帶御器械。

兼權給事中。張浚薨，其家奏留使臣五十餘人理資任，祖舜言：「武臣守闕者數年，今素食無代，坐進崇秩，曷以勸功？乞爲之限制。」遂詔勳臣家兵校留五之一。戶部奏以官田授汰去使臣，祖舜言：「使臣汰者一千六百餘人，臨安官田僅爲畝一千一百，計其請而給田，則不過數十人。」事不行。保義郎梁舜弼、漢弼，邦彥養孫也，並閤門祗候，祖舜言：「閤門不可以恩澤補遷。」知池州劉堯仁升右文殿修撰，知新州韓彥直升秘閣修撰，祖舜言：「脩撰本以待文學，不可倖得。」故資政殿學士楊愿家乞遺表恩，祖舜言：「愿陰濟秦檜，中傷善類。」皆寢其命。秦熺卒，贈太傅，祖舜言：「熺預其父檜謀議，今不宜贈帝傅之秩。」追奪之。

遷同知樞密院事。金主亮犯淮，劉汜敗，王權走，上將誅權以厲其餘，祖舜言：「權罪當誅，汜不容貸。劉錡有大功，聞其病已殆，權、汜誅，錡必媿忿以死，是國家一敗兵而殺三





將，得無怏於敵乎？」上嘉納。薨于官，謚莊定。

王大寶字元龜，其先繇温陵徙潮州。政和間，貢辟雍。建炎初，廷試第二，授南雄州教授。以祿不逮養，移病而歸。閱數年，差監登聞鼓院、主管台州崇道觀，復累年。

趙鼎謫潮，大寶日從講論語，鼎歎曰：「吾居此，平時所薦無一至者，君獨肯從吾游，過人遠矣。」知連州。張浚亦謫居，命其子栻與講學。時趙、張客貶斥無虛日，人爲累息，大寶獨泰然。浚奉不時得，大寶以經制錢給之，浚曰：「如累君何？」大寶不爲變。

代還，言連、英、循、惠、新、恩六州，居民纔數百，非懋遷之地，月輸免行錢宜蠲減。高宗謂大臣曰：「守臣上殿，令陳民事，遂得知田里疾苦，所陳五六，得一可行，其利亦不細矣。」乃命廣西諸司具減數聞。

知袁州，進詩、書、易解，上謂執政曰：「大寶留意經術，其書甚可采，可與內除。」執政擬國子司業，上喜曰：「適合朕意。」時經筵闕官，遂除國子司業兼崇政殿說書。奏：「江南諸州有月樁錢，無定名數，吏緣爲姦，刻剝民。又有折帛錢，方南渡兵興，物價翔貴，令下戶折納，務以優之，今市帛匹四千，而令輸六千。盍委監司覈月樁爲定制，減折帛惠小民。」詔戶部

中華書局

詳其奏。

直敷文閣、知溫州，提點福建刑獄。道臨漳，有峻嶺曰蔡岡，蓁薄蔽翳，山石犖确，盜乘間剽掠。大寶以橐金三十萬，募民抉薉甃道十餘里，行者便之。提點廣東刑獄。

孝宗卽位，除禮部侍郎。大寶言：「古致治之君，先明國是，而行之以果斷。自軍興以來，曰征曰和，浮議靡定。太上傳丕基於陛下，四方日徯恢復，國論未定，衆志未孚。願陛下果斷，則無不濟。」擢右諫議大夫，首論朱倬、沈該之罪，皆行其言。汪澈督師荆、襄，大寶劾其不能節制，坐視方城之敗，疏再上，澈落職謫台州。大寶嘗論及移蹕，上曰：「吾欲亟行。」大寶奏：「今日之勢殆未可，願少寬歲月。」

張浚復起爲都督，大寶力贊其議，符離失律，羣言洶洶。大寶言：「危疑之際，非果斷持重，何以息横議。」未幾，湯思退議罷督府，力請講和，大寶奏謂：「今國事莫大於恢復，莫讎於金敵，莫難於攻守，莫審於用人。宰相以財計乏，軍儲虛，符離師潰，名額不除，意在裂軍籍，減月給。臣恐不惟邊鄙之憂，而患起蕭牆矣。」章三上，除兵部侍郎。

胡銓爲起居郎，奏曰：「近日王十朋、王大寶相繼引去，非國之福。」上曰：「十朋力自引去，朕留之不能得。大寶論湯思退太早，令爲兵部侍郎，豈容復聽其去。」未幾，以敷文閣直學士提舉太平興國宮。他日，銓奏事，上復諭之曰：「大寶留之經筵，亦固求去，勢不兩立。」





銓奏：「自古臺諫論宰相多矣，若謂勢不兩立，則論宰相者皆當去。」大寶尋請致仕。督府既罷，撤邊防，棄四州，金復犯邊，詔思退都督軍馬，辭不行。上震怒，竄思退，中外以大寶前言不用爲恨。

乾道元年，落致仕，召爲禮部尚書。入對，言理財之道，當務本抑末。右正言程叔達奏大寶乞復免行錢非是，以舊職提舉太平興國宮。中書舍人閻安中欲留其行，叔達併劾之。詔大寶致仕。尋卒，年七十七。

金安節字彥亨，歙州休寧人。資穎悟，日記千言，博洽經史，尤精於易。宣和六年，繇太學擢進士第，調洪州新建縣主簿。紹興初，范宗尹引爲删定官。入對，言：「司馬光以財用乏，請用宰相領總計使，宜以爲法。」

除司農丞，又遷殿中侍御史。韓世忠子彥直直秘閣，安節言：「崇、觀以來，因父兄秉政而得貼職近制，皆在討論。今彥直復因父任而授，是自廢法也。」不報。任申先除待制致仕，安節劾其忿戾，乞追奪。秦檜兄梓知台州，安節劾其附麗梁師成，梓遂罷，檜銜之。未幾，丁母憂去，遂不出。

檜死，起知嚴州，除浙西提刑。入爲大理卿，首言：「治民之道，先德後刑，今守令慮不及遠，簿書期會，賦稅輸納，窮日力辦之，而無卓然以教化爲務者。願申飭守令，俾無專事法律，苟可以贊教化，必力行之。」時獲僞造鹽引者，大臣欲置之死，安節力爭，以爲事已十餘年，且自首無死法，因得減等。兩浙漕屬王悅道鞫仁和令楊績獄不實，事下大理，安節并逮悅道。悅道，幸醫王繼先子也，屢因人求免，安節不從。

遷宗正少卿。爲金使施宜生賀正，安節館伴。屬顯仁皇后喪，服黑帶，宜生曰：「使人以賀禮來，迓使安得服黑帶？」安節辭難再四，宜生屈服。遷禮部侍郎。明年，再充送伴使。至楚州，副使耶律翼奪巡檢王松馬不得，鞭笞之。安節遣人責翼，詞色俱厲，朝廷恐生事，坐削兩秩。葉義問使金，金主因言：「前日奪馬事，曲在翼，已笞二百，回日可詳奏。」乃復元官。

遷禮部侍郎。將祠明堂，時已聞欽宗升遐，安節言：「宮廟行禮，皆當以大臣攝事。」從之。遷侍講、給事中。殿院杜莘老論張去爲補外，安節言：「不可因內侍而去言官。」上遂留莘老。

金主亮犯淮，從幸建康。亮死，安節陳進取、招納、備守三策，而以備守爲進取、招納之本。上將還臨安，命楊存中宣撫江、淮、荆、襄，安節言：「存中頃以權太盛，人言籍籍，方解





軍政，復授茲職，非所以全之。」又言：「方今正當大明賞罰，乃首用劉寶、王權刻剝庸懦之人，何以激勸將士。」上皆納之。

楊存中議省江、淮州縣，安節言：「廬之合肥，和之濡須，皆昔人控扼孔道。魏明帝云：『先帝東置合肥，南守襄陽，西固祁山〔五〕，賊來輒破於三城之下。』孫權築濡須塢，魏軍累攻不克〔六〕，守將如甘寧等，常以寡制衆。蓋形勢之地，攻守百倍，豈有昔人得之成功，今日有之而反棄之耶？且濡須、巢湖之水，上接店步，下接江口，可通漕舟，乞擇將經理。」存中議遂格。

孝宗嗣位，給廷臣筆札陳當世事，安節請：「嚴內降之科，凡內侍省、御藥院、內東門司冗費，一切罷去。堂除省歸吏部，長官聽辟僚屬，以清中書之務。文武蔭補，各有定制，毋令易文資。臣僚致仕遺表恩澤，不宜奏異姓，使得高貲爲市。」上嘗對大臣稱其誠實。一日，因奏事面勞之曰：「近不見繳駁，有所見，但繳駁，朕無不聽。」

龍大淵、曾覿以潛邸舊恩，大淵除樞密都承旨，覿帶御器械，諫議大夫劉度仍累疏論之。隆興改元，大淵、覿並除知閤門事，宰相知安節必以爲言，使人諷之曰：「若書行，卽坐政府矣。」安節拒不納，封還錄黃。時臺諫相繼論列，奏入不出，上意未回，安節與給事中周必大奏：「陛下卽位，臺諫有所彈劾，雖兩府大將，欲罷則罷，欲貶則貶，獨於二臣乃爲遷就諱避。臣等若奉明詔，則臣等負中外之謗；大臣若不開陳，則大臣負中外之責；陛下若不

俯從，則中外紛紛未止也。」上怒，安節即自劾乞竄，上意解，命遂寢。潛邸舊人李珂擢編脩官，安節又奏罷之，上諭之曰：「朕知卿孤立無黨。」張浚聞之，語人曰：「金給事眞金石人也。」

拜兵部侍郎。金將僕散忠義遺三省、樞密院書，論和議，乃畫定四事，詔羣臣議。安節謂：「世稱姪國，國號不加『大』字及用『再拜』二字，皆不可從。海、泗、唐、鄧爲淮、襄屏蔽，不可與。必不得已，寧少增歲幣。欽宗梓宮當迎奉。陵寢地必不肯歸我，宜每因遣使恭謁。但講好之後，當益選將厲兵，以爲後圖。」已而請祠，得請。中書舍人胡銓繳奏，謂：「安節太上之舊人，而陛下之老成也。漢張蒼、唐張柬之、國朝富弼文彥博皆年八旬尙不聽其去，安節膂力未愆，有憂國心，豈宜從其引去。」上遂留之。

踰年，權吏部尙書兼侍讀。自是力請謝事，詔以敷文閣學士致仕。陛辭，上曰：「卿且暫歸，旦夕召卿矣。」去之日，縉紳相與嘆羨，以爲中興以來全名高節，鮮有其比。乾道六年卒，年七十七。遺表聞，贈通奉大夫，累贈開府儀同三司、少保。

安節至孝，居喪有禮。與兄相友愛，田業悉推與之，又以恩奏其孤子偰。初筮仕，未嘗求薦於人，及貴，有舉薦不令人知。其除司農丞，或語之曰：「公是命，張侍郎致遠爲中司時所薦，盍往謝之？」安節曰：「彼爲朝廷薦人，豈私我耶！」竟不往。薦晁公武、龔茂良可臺



諫，皆稱職，二人弗知也。與秦檜忤，不出者十八年，及再起，論事終不屈，人以此服之。有文集三十卷、奏議表疏、周易解。

王剛中字時亨，饒州樂平人。剛中博覽強記。紹興十五年，進士第二人。任某州推官，改左宣義郎。故事當召試，秦檜怒其不詣己，授洪州教授。檜死，召見，擢祕書省校書郎，遷著作佐郎。

孝宗爲普安郡王，剛中兼王府教授，每侍講，極陳古今治亂之故，君子小人忠佞之辨。遷中書舍人，言：「禦敵今日先務，敵強則犯邊，弱則請盟。今勿計敵人之強弱，必先自治，擇將帥，蒐戰士，實邊儲，備器械，國勢富強，將良士勇，請盟則爲漢文帝，犯邊則爲唐太宗。」上韙其言。會西蜀謀帥，上曰：「無以逾王剛中矣。」以龍圖閣待制知成都府、制置四川〔七〕。御便殿，臨遣錫金帶、象笏。進敷文閣直學士。

時吳璘累官閫至大帥，其下姚仲、王彥等亦建節雄一方。守帥以文治則玩於柔，而號令不行；以武競則窒於暴，而下情不通。惟剛中檢身以法，示人以禮，不立崖塹，馭吏恩威並行，羽檄紛沓，從容裁決，皆中機會。



敵騎度大散關，人情洶洶。剛中跨一馬，夜馳二百里，起吳璘於帳中，責之曰：「大將與國義同休戚，臨敵安得高枕而臥？」璘大驚。又以蠟書抵張正彥濟師。西師大集，金兵敗走。方議奏捷，剛中倍道馳還，謂其屬李燾曰：「將帥之功，吾何有焉。」燾嘆曰：「身督戰而功成不居，過人遠矣。」已乃差擇將士，衆所推者上之朝，備統帥選。又疏蜀名勝士與幕府之賢〔八〕，備部使者、州刺史之佐。目使頤指，內外響應。諸汰遣使臣困絕不能自存，剛中以爲冒刃於少壯之年，不可斥棄於既老之後，悉召詣府，有善射者復其祿秩，以禁軍闕額糧給之，其罷癃不堪事，則給以義倉米。

成都萬歲池廣袤十里，溉三鄉田，歲久淤澱，剛中集三鄉夫共疏之，累土爲防，上植榆柳，表以石柱，州人指曰：「王公之甘棠也。」府學禮殿，東漢興平中建，後又建新學，遭時多故，日就傾圮，屬九縣繕完，悉復其舊。葺諸葛武侯祠、張文定公廟，夷黃巢墓，表賢癉惡以示民。有女巫蓄蛇爲妖，殺蛇，黥之。

孝宗受禪，以宮僚進左朝奉大夫，召赴闕，以足疾請祠，提舉太平興國宮。歸次番陽，營圃植竹，號竹塢。

金犯淮，有旨趣剛中入見，陳戰守之策。除禮部尙書、直學士院兼給事中，爲鹵簿使，除端明殿學士、簽書樞密院事，進同知院事。剛中曰：「戰守者實事，和議者虛名，不可恃虛名



害實事。」又奏四事：開屯田、省浮費、選將帥、汰冗兵。居政府，屬疾卒，年六十三，贈資政殿大學士、光祿大夫，謚恭簡。

建炎間，詔階、成、岷、鳳四州刺壯丁爲兵，衆以爲憂。剛中建言五害罷之，免符下，民歡呼，聲震山谷。比去，蜀父老遮道，有追送數百里者。繇布衣至公卿，無他嗜好，公退惟讀書著文爲樂。有易說、春秋通義、仙源聖紀、經史辨、漢唐史要覽〔九〕、天人修應錄、東溪集、應齋筆錄，凡百餘卷。

李彥穎字秀叔，湖州德清人。少端重，強記覽。金犯浙西，父挾家人逃避，彥穎方十歲，追不及，敵已迫其後，能趣支徑，亂流獲濟。

紹興十八年，擢進士第，主餘杭簿。守曹泳豪敓酒家業爲官監，利其貲具，彥穎爭之。泳怒，戒吏煅煉，不得毫髮罪。調建德丞，改秩。時宰知其才，將處之學官，或勸使一見，彥穎恥自獻。調富陽丞。御史周操薦爲御史臺主簿。

金敗盟，張浚督師進討。上方向浚，執政堅主和，陳良翰、周操不以爲然。右正言尹穡陰符執政，薦引同己者，轉言和於上前。上惑之，罷督府，良翰、操相繼黜，而穡進殿中，遷



中華書局

諫議大夫。一日，檜以和、戰、守叩彥穎，彥穎曰：「人所見固不同。公既以和議爲是，曷不明陳於上前，以身任之，事成功歸於公，不成奉身而退。若欲享其利而不及其害，國事將誰倚？」檜大怒曰：「自爲諫官，前後百餘奏，曷嘗及一『和』字，而臺簿有是言！」自是銜彥穎，陰排之。

改國子博士，權吏部郎中，以父喪去。免喪，復爲吏部兼皇子恭王府直講，權右史兼兵部侍郎。經筵，張栻講葛覃，言先王正家之道，因及時事，語激切，上意不懌。彥穎曰：「人臣事君，豈不能阿諛取容？栻所以敢直言，正爲聖明在上，得盡愛君之誠耳。書曰：『有言逆于汝心，必求諸道。』」上意遽解，曰：「使臣下皆若此，人主應無過。」

立皇太子，兼左論德。首論建置宮僚，以爲詹事於東宮內外無所不當省，事須白詹事而後行。司馬光論皇太子講讀官有奏疏，錄以進。上大喜，行之。皇太子尹臨安，兼判官兼中書舍人。張說再登樞筦，彥穎論：「說無寸長，去年驟躋宥府，物議沸騰。今此命復出，中外駭然。臣恐六軍解體，人心不服。」未幾，權禮部侍郎兼侍講，因言：「士習委靡，不然則矯激，宜擇篤實鯁亮者用之。」升詹事，見上，言：「皇太子尹臨安已久，雖欲更嘗民事，然非便，宜一意講學。」他日以言於上者告太子，趣草奏辭尹事，三辭乃免。

兼吏部侍郎，權尙書兼侍讀。月食淫雨，言：「甲申歲以淫雨求言，今十年矣，中間非無





水旱，而不聞求言之詔，豈以言多沽激厭之耶？比歎蔽成風，侍從、臺諫猶愼嘿，況其他乎？陰沴之興，未必不由此。」時廷臣多以中批斥去，彥穎又言：「臣下有過，宜顯逐之，使中外知獲罪之由以爲戒。今譖毀潛行，斥命中出，在廷莫測其故，將恐陰邪得伸，善類喪氣，非盛世事也。」除吏部尙書。接送金賀正使還，言兩淮兵備城築及裁減接送浮費甚悉，上嘉納焉。

十二月，除端明殿學士、簽書樞密院事。二年閏九月，參知政事。金使至，上遣王抃諭金使稍變受書舊禮，議久不決。彥穎曰：「須於國體無損而事可濟，乃善，若如去年張子顏之行，不但無益。」時左司諫湯邦彥新進，冀僥倖集事，自許立節。彥穎言邦彥輕脫，必誤國。他日，對便殿，上復語及之。彥穎欲進說，上色動，宰相亟引退。遂以邦彥爲申議國信使，且命福建造海船，起兩淮民兵赴合肥訓練，并詔諸軍飭戎備，中外騷然。彥穎復言：「兩淮州縣去合肥，遠者千餘里，近亦二三百里。令民戶三丁起其二，限三月而罷，事未集，民先失業矣。」上作色曰：「卿欲盡撤邊備耶？」彥穎曰：「今不得已，令三百里內，家起一丁詣合肥，三百里外，就州縣訓習，日增給錢米，限一月罷，庶不大擾。」翌日，復執奏，從之。洎邦彥辱命而還，彥穎論其罪，貶新州。

彥穎在東府三歲，實攝相事，內降繳回甚多。內侍白劄籍名造器械并犒師，降旨發左藏、封樁諸庫錢，動億萬計。彥穎疏歲中經費以進，因言：「虞允文建此庫以備邊，故曰『封樁』，陛下方有意恢復，苟用之不節，徒啓他日妄費，失封樁初意。」上矍然曰：「卿言是，朕失之矣。」自是絕不支。

墜馬在告，力求去，以資政殿學士知紹興府，勤約有惠政。提舉洞霄宮，復參知政事，病羸，艱拜起，力辭，上曰：「老者不以筋力爲禮，孟享禮繁，特免卿。」諫官論其子毆人至死，奉祠鐫秩。起知婺州，禁民屠牛，捐屬縣稅十三萬三千緡。復知紹興府，進資政殿大學士，再奉祠，進觀文殿學士。

紹熙元年，致仕。家居凡十載，自奉澹約，食纔米數合。室無姬媵，蕭然永日，與州縣了不相聞。薨，年八十一，贈少保，謚忠文。

子沐，慶元中，與一時臺諫排趙汝愚，善類一空，公論醜之。

范成大字致能，吳郡人。紹興二十四年，擢進士第。授戶曹，監和劑局。隆興元年，遷正字。累遷著作佐郎，除吏部郎官。言者論其超躐，罷，奉祠。

起知處州。陛對，論力之所及者三，曰日力，曰國力，曰人力〔一〇〕，今盡以虛文耗之，上嘉





納。處民以爭役囂訟，成大爲創義役，隨家貧富輸金買田，助當役者，甲乙輪第至二十年，民便之。其後入奏，言及此，詔頒其法於諸路。處多山田，梁天監中，詹、南二司馬作通濟堰在松陽、遂昌之間，激溪水四十里，溉田二十萬畝。堰歲久壞，成大訪故迹，疊石築防，置堤閘四十九所，立水則，上中下溉灌有序，民食其利。

除禮部員外郎兼崇政殿說書。乾道令以絹計贓，估價輕而論罪重，成大奏：「承平時絹匹不及千錢，而估價過倍。紹興初年遞增五分，爲錢三千足。今絹實貴，當倍時直。」上驚曰：「是陷民深文。」遂增爲四千，而刑輕矣。

隆興再講和，失定受書之禮，上嘗悔之。遷成大起居郎，假資政殿大學士，充金祈請國信使。國書專求陵寢，蓋泛使也。上面諭受書事，成大乞併載書中，不從。金迎使者慕成大名，至求巾幘效之。至燕山，密草奏，具言受書式，懷之入。初進國書，詞氣慷慨，金君臣方傾聽，成大忽奏曰：「兩朝既爲叔姪，而受書禮未稱，臣有疏。」搢笏出之。金主大駭，曰：「此豈獻書處耶？」左右以笏標起之，成大屹不動，必欲書達。既而歸館所，金主遣伴使宣旨取奏。成大之未起也，金庭紛然，太子欲殺成大，越王止之，竟得全節而歸。

除中書舍人。初，上書崔寔政論賜輔臣，成大奏曰：「御書政論，意在飭綱紀，振積敝。而近日大理議刑，遞加一等，此非以嚴致平，乃酷也。」上稱爲知言。張說除簽書樞密院事，

成大當制，留詞頭七日不下，又上疏言之，說命竟寢。

知靜江府。廣西窘匱，專藉鹽利，漕臣盡取之，於是屬邑有增價抑配之敝，詔復行鈔鹽，漕司拘鈔錢均給所部，而錢不時至。成大入境，曰：「利害有大於此乎？」奏疏謂：「能裁抑漕司強取之數，以寬郡縣，則科抑可禁。」上從之。數年，廣州鹽商上書，乞復令客販，宰相可其說，大出銀錢助之〔一一〕。人多以爲非，下有司議，卒不易成大說。舊法馬以四尺三寸爲限，詔加至四寸以上，成大謂互市四十年，不宜驟改。

除敷文閣待制、四川制置使，疏言：「吐蕃、青羌兩犯黎州，而奴兒結、蕃列等尤桀黠，輕視中國。臣當教閱將兵，外修堡砦，仍講明教閱團結之法，使人自爲戰，三者非財不可。」上賜度牒錢四十萬緡。成大謂西南諸邊，黎爲要地，增戰兵五千，奏置路分都監〔一二〕。吐蕃入寇之路十有八，悉築栅分戍。奴兒結擾安靜砦，發飛山軍千人赴之，料其三日必遁，已而果然。白水砦將王文才私娶蠻女，常導之寇邊，成大重賞檄羣蠻使相疑貳，俄禽文才以獻，卽斬之。蜀北邊舊有義士三萬，本民兵也，監司、郡守雜役之，都統司又俾與大軍更戍，成大力言其不可，詔遵舊法。蜀知名士孫松壽年六十餘，樊漢廣甫五十九，皆掛冠不仕，表其節，詔召之，皆不起，蜀士由是歸心。凡人才可用者，悉致幕下，用所長，不拘小節，其傑然者露章薦之，往往顯于朝，位至二府。



召對，除權吏部尚書，拜參知政事。兩月，爲言者所論，奉祠。起知明州，奏罷海物之獻。除端明殿學士，尋帥金陵。會歲旱，奏移軍儲米二十萬振飢民，減租米五萬。水賊徐五竊發，號「靜江大將軍」，捕而戮之。以病請閑，進資政殿學士，再領洞霄宮。紹熙〔一三〕三年，加大學士。四年薨。

成大素有文名，尤工於詩。上嘗命陳俊卿擇文士掌內制，俊卿以成大及張震對。自號石湖，有石湖集、攬轡錄、桂海虞衡集行于世。

論曰：劉珙忠義世家，迨屬纊，以未雪讎恥爲深恨。王藺犯顏忠諫，剛腸嫉惡。方趙鼎、張浚非罪遠謫，朋交絕蹤，大寶獨從之游，逮斥權姦，了無顧忌。安節拒秦檜，排淵、覿，堅如金石，孤立無黨，死生禍福，曾不一動其心。當金兵犯大散關，剛中單騎星馳，夜赴吳璘，一戰却敵。成大致書北庭，幾於見殺，卒不辱命。俱有古大臣風烈，孔子所謂「歲寒然後知松柏之後凋」者歟？若祖舜奪楊愿恩，褫秦熺秩，誅檜惡於既死，彥穎論事激烈，披露忠藎，直氣亦可尙已。



校勘記

〔一〕敦宗院　原作「睦宗院」，據朱文公文集卷九七劉珙行狀、琬琰集下編卷二二劉珙劉珙行狀改。

〔二〕三萬　同上二書同卷同篇都作「三萬萬」。

〔三〕貸者不取償　「取」原作「敢」，據同上二書同卷改。

〔四〕乞自科舉外　「外」原作「後」，據繫年要錄卷一七三、熊克中興小紀卷三七改。

〔五〕祁山　原作「析山」，據三國志魏志卷三明帝紀、繫年要錄卷一九七改。

〔六〕累攻不克　「攻」原作「次」，據繫年要錄卷一九七改。

〔七〕制置四川　「制置」二字原倒。按南宋時四川嘗設制置使，據孫覿鴻慶居士集卷三八王剛中墓誌銘、繫年要錄卷一八〇乙正。

〔八〕幕府之賢　幕原作「募」，據鴻慶居士集卷三八王剛中墓誌銘改。

〔九〕經史辨漢唐史要覽　按鴻慶居士集卷三八王剛中墓誌銘作「經史辨疑、漢唐史評、唐史要覽」，疑是。

〔一〇〕人力　原作「天力」，據周必大周益國文忠公集平園續稿卷二二范成大神道碑改。

〔一一〕大出銀錢助之　原作「成大出銀錢助之」，衍「成」字，據同上書同卷同篇改。

〔一二〕路分都監　原作「都監路分」，據本書卷一六七職官志、周益國文忠公集平園續稿卷二二范成大神道碑改。

〔一三〕紹熙　原作「紹興」，據宰輔編年錄卷一八改。

# 宋史卷三百八十七

## 列傳第一百四十六

### 黃洽　汪應辰　王十朋　吳芾　陳良翰　杜莘老

黃洽字德潤，福州候官人。隆興元年，以太學生試春官第二，詔循故事，未臨軒，賜第二人及第。授紹興府觀察判官。秩滿，就銓選，不用前名例謁廟堂。宰相陳俊卿白于上，改宣義郎，除國子博士。

適有旨職事官無待次，改差浙東安撫司主管機宜文字。繼爲太學國子博士，樞密院編脩官，通判福州。奉祠，召爲太常丞。請外，孝宗方厲精求治，曰：「黃洽厚德，方任以事。」不許。當對，奏三事：備事莫若儲才，士卒當練其心，軍政必預爲謀。上矍然，洽徐奏：「願戒飭州郡，毋煩擾以致寇，毋輕易以玩寇。寇擾而後定，傷根本多矣。」繇祕書郎遷著作郎。上諭詞臣：「祕閣儲英俊爲異時公卿用，行黃洽詞，可及之。」





除右正言，首奏：「諫臣非具員，職在諫爭，朝政有闕，所當盡言。」上亦以爲端士，許其盡言無隱。除侍御史。會水旱頻仍，因祠祭上言：「此事全在一念，陛下夙興默想，專精在民，身雖法宮，心則壇壝，洋洋左右，理非漠然。洊歲荒歉之由，必有未盡契神示之心者。」一日特詔：「諸路奉行荒政不虔，差官按視安集。」洽亟奏：「使者一出，官吏必須知畏。其常平一司，所職何事？淮、浙、江東見有使，以五使分五路，尙慮不周知。今遣一人兼二三路，不過閱圖帳戶口多寡，地里遼邈，安能遍歷乎？若專責常平，名正而職舉，事分而察精。」又奏：「藝祖懲藩鎭偏重之失，不欲兵民之權聚於一夫之手。今使主兵官兼郡寄，是合兵民權爲一，且屬邊徼，偏重尤甚。」上皆嘉納。洽所論列，未嘗攟摭細故他慝以累其終身。

除右諫議大夫。上方銳志肄武，洽因風諫，言：「頤之大象：『君子以愼言語，節飲食。』言語飲食猶謹節之，況其他乎？凡筋力喘息之間，一有過差，皆非所以養其身也。」上曰：「卿言無非仁義忠孝，可爲萬世臣子之法，朕常念之。」洽在經筵，言：「宰相代天理物，要在爲國得人。人主之命相，任則勿疑。宰相重則朝廷尊，朝廷尊則廟社安。宰相掄才任職，當盡公心。君子進則庶職舉，庶職舉則天下治。」上首肯再三，乃曰：「卿如良金美玉，渾厚無瑕，天其以卿爲朕弼耶？」

除御史中丞，奏：「薦舉請託，必競於宰執、臺諫之門，若宰執、臺諫不爲人覔舉，使士大夫咸自率厲，以公道得之，豈不甚善。或果知其人，露章以薦，亦何不可。」潭州奏彊盜罪不至死應配者坐加役流，有旨具議。洽曰：「彊盜異他盜，以其故爲也。若止髠役，三年之後，圈檻一弛，豨突四出，善良受害，可勝數耶？況役時必去防閑之具，走逸結合，患尤甚焉。」上深然之。

除參知政事。上曰：「卿每告朕用人，今卿居用人之地，不可不勉。」上因商榷除目，洽罄竭無所顧避，上大喜曰：「五十年無此差除。」除知樞密院事。洽累章求去，許之，除資政殿大學士、知隆興府。

光宗受禪，特詔言事，洽奏：「用人爲萬世不易之論，臣前以此納忠壽皇，今復告于陛下。」屢乞歸田，尋畀提舉洞霄宮。方未得請也，人勸之治第，洽曰：「吾書生，蒙拔擢至此，未有以報國，而先營私乎？使吾一旦罪去，猶有先人敝廬可庇風雨，夫復何憂。」慶元二年致仕。

洽常言：「居家不欺親，仕不欺君，仰不欺天，俯不欺人，幽不欺鬼神，何用求福報哉！」六年七月，薨，年七十九。贈金紫光祿大夫。洽質直端重，有大臣體，兩朝推爲名臣。有文集、奏議八十五卷。





汪應辰字聖錫，信州玉山人。幼凝重異常童，五歲知讀書，屬對應聲語驚人，多識奇字。家貧無膏油，每拾薪蘇以繼晷。從人借書，一經目不忘。十歲能詩，游鄉校，郡博士戲之曰：「韓愈十三而能文，今子奚若？」應辰答曰：「仲尼三千而論道，惟公其然。」未冠，首貢鄉舉，試禮部，居高選。時趙鼎爲相，延之館塾，奇之。紹興五年，進士第一人，年甫十八。御策以吏道、民力、兵勢爲問，應辰答以爲治之要，以至誠爲本，在人主反求而已。上覽其對，意其爲老成之士，及唱第，乃年少子，引見者掖而前，上甚異之。鼎出班特謝。舊進士第一人賜以御詩，及是，特書中庸篇以賜。初名洋，與姓字若有語病，特改賜應辰。上欲卽除館職，趙鼎言：「且令歷外任，養成其材。」乃授鎭東軍簽判。故事，殿試第一人無待次者，至是，取一年半闕以歸。舍人胡寅行詞曰：「屬者延見多士，問以治道，爾年未及冠，而能推明帝王躬行之本，無曲學阿世之態。」

應辰少受知於喩樗，既擢第，知張九成賢，問之於樗，往從之游，所學益進。初任，趙鼎爲帥，幕府事悉諮焉。歲小旱，命應辰禱雨名山卽應，越人語之曰：「此相公雨。」鼎曰：「不然，乃狀元雨也。」

召爲祕書省正字。時秦檜力主和議，王倫使還，金人欲以河南地歸我。應辰上疏，謂：

「和議不諧非所患，和議諧矣，而因循無備之可畏。異議不息非所患，異議息矣，而上下相蒙之可畏。金雖通和，疆埸之上宜各戒嚴，以備他盜。今方且肆赦中外，褒寵將帥，以爲休兵息民自此而始。縱忘積年之恥，獨不思異時意外之患乎？此因循無備之所以可畏也。方朝廷力排羣議之初，大則竄逐，小則罷黜，至有一言迎合，則不次擢用。是以小人窺見間隙，輕躁者阿諛以希寵，畏懦者循默以備位，而忠臣正士乃無以自立於羣小之間，此上下相蒙之所以可畏也。臣願勿以和好之可無虞，而思患預防，常若敵人之至。」疏奏，秦檜大不悅，出通判建州，遂請祠以歸。寓居常山之永年院，蓬蒿滿逕，一室蕭然，饘粥不繼，人不堪其憂，處之裕如也，益以脩身講學爲事。自是凡三主管崇道觀，在隱約時，胸中浩然之氣凜然不可屈。

張九成謫邵州，交游皆絕，應辰時通問。及其喪父，言者猶攻之，而應辰不遠千里往弔，人皆危之。通判袁州，凡所予奪，人無異詞。始至，或以其書生易之，已乃知吏師所不能及。丞相趙鼎死朱崖，扶喪過郡，應辰爲文祭之曰：「惟公兩登上宰，皆直艱危之時；一斥南荒，遂爲死生之別。事已定於蓋棺，恩特容於歸骨。」吏付之火。其子借三兵以歸，道出衢州，章傑爲守，希檜意，指應辰爲阿附，爲死黨，符移訊鞫，徧搜行橐，求祭文不可得。時胡寅遺檜書，謂此事不足竟，事乃寢。



通判靜江府，踰期不得代，乃沿檄歸省其母。繼差通判廣州。時檜所深忌者趙鼎、張浚，鼎既死而浚獨存，未快其意。江西運判張常先箋注前帥張宗元與浚詩，言于朝，其詞連逮者數十家，將誣以不軌而盡去之。獄既具，檜死，應辰幸而免。

明年，召爲吏部郎官，遷右司。母老乞外，丞相苦留之曰：「方進用，未應爾。」應辰曰：「親老矣，不可緩。」乃出知婺州。郡積欠上供十三萬緡，朝廷命憲漕究治，應辰謂急則擾民，乃與諸邑蠲宿逋，去苛斂，定期會，窒滲漏，悉爲補發。尋丁內艱去，廬于墓側。服闋，除祕書少監，遷權吏部尚書。李顯忠冒具安豐軍功賞五千餘人，應辰奏駁之。權戶部侍郎兼侍講。應辰獨員當劇務，節冗費，常奏：「班直轉官三日，而堂吏增給食錢萬餘緡；工匠洗澤器皿僅給百餘千，而堂吏食錢六百千；塑顯仁神御，半年功未及半，而堂吏食錢已支三萬、銀絹六百匹兩。他皆類此。」上驚其費冗，命吏部裁之。

金渝盟，詔求足食足兵之策，應辰奏曰：「陸贄有云：『將非其人，兵雖多不足恃；操失其柄，將雖才不爲用。』臣之所憂，不在兵之不足，在乎軍政之不脩。自講和以來，將士驕惰，兵不閱習，敵未至則望風逃遁，敵既退則謾列戰功，不惟佚罰，且或受賞。方時無事，詔令有所不行，一旦有急，誰能聽命以赴國家之難。望發英斷，賞善罰惡，使人人洗心易慮，以聽上命，然後號令必行矣。」



三十二年建儲，以孝宗名與唐廬江王、晉楚王同，詔改爲「曄」，應辰以爲與唐昭宗同，白左相陳康伯，遂改今名。集議秀王封爵，應辰定其稱曰「太子本生之親」。議入，內降曰：「皇太子所生父，可封秀王。」暨內禪，擬於傳位日降赦，應辰言：「唐太宗受禪於高祖，明年正月始改元。」乃從其說。又議改元「重熙」，應辰謂契丹嘗以紀年，遂改隆興。一朝大典禮，多應辰所定。

議太上尊號，李燾、陳康伯密議以「光堯壽聖」爲稱。及集議，或謂：「尊號始自開元，罷於元豐，今不當復，況太上視天下如棄敝屣，豈復顧此？」應辰主之尤力。或又言：「主上奉親，烏得援元豐自却爲比？」於是議狀書者半，不書者半。明日，應辰復與金安節等十二人各陳所見，大概謂「光堯」近乎「神堯」，「壽聖」乃英宗誕節，嘗以名寺。御史周必大亦以爲問，應辰答以「堯」豈可「光」。是語有聞之德壽者，高宗因上過宮，云：「汪應辰素不樂吾。」於是有詔：尊號之議，已嘗奏知，不容但已。安節等遂奉詔。

應辰連乞補外，遂知福州。未幾，升敷文閣待制，舉朱熹自代。在鎮二年，會朝廷謀蜀帥，乃以敷文閣直學士爲四川制置使、知成都府。陛辭，特降詔撫諭。入境，以書與宣撫使吳璘，令以撫諭詔申嚴號令。既至，免利路民餉運，徙沿邊戍兵就糧內郡，縱保勝義士復業，存左藏所解白契二百萬以備不虞，悉奏行之。有謂蜀中綱馬驛程由梁、洋、金、房，山路



峻險，宜浮江而下，詔吳璘措置。執政、大將皆主其說，應辰與夔帥王十朋力言其不便，遂得中止。二稅勘合，每貫取二十錢，乾道詔旨嘗減三之一，有欲增之者，應辰與兩漕臣列奏，言：「勘合不以鈔計，而以貫石匹兩計，是陽爲減而陰實增之也。」以成都一路計之，歲入三十萬，今以所增爲六十萬，計以四路，不知幾倍。雖非興利者所便，而民受其賜多矣。

璘時駐蜀口武興，精兵爲天下冠，既老且病，應辰密奏以關陝大將係國安危，所當預圖。於是執政傳旨，若璘不起，令制司暫領其任。暨璘死，應辰遂攝宣撫之職，蜀道晏然。虞允文尋以知樞密院事宣撫四川，應辰援張浚例，乞罷制司，不許。總所牒委官覈四川匿契稅，應辰奏：「其不便者四，曰妨農廢業，曰縱吏擾民，曰違法害教，曰長姦起訟。比戶部已令人自首，州縣收併已不少，其未盡者，有見行法令，不宜爲此煩擾。」上曰：「論極有理，速罷止之。」

蜀大旱，詔問救荒之策，應辰奏：「利、閬、隰、梓軍馬糧料，隨民力均敷，官雖支糴錢，民不得半價，若選官就歲熟處糴之，可以寬民力，第無錢束手，乞給度牒。」上曰：「汪應辰治蜀甚有聲，且留意民事如此。」給度牒四百，永爲糴本振濟，遂移書諸路漕臣，亟救荒，且以縣劍和糴告之，而全蜀蒙惠。

劉珙拜同知樞密院事，進言曰：「汪應辰、陳良翰、張栻學行才能，臣所不及。」已，得旨召

還。邛之安仁年饑，挻起爲盜，害及旁郡，即具奏，且檄茶馬使招捕。旬月間，誅其渠魁，餘悉撫定。或白之虞允文曰：「汪帥得無掩盜事不上聞乎？」宣司乃密奏，使人給應辰曰：「邛寇事未敢奏，不審制司如何？」應辰以奏檢報之，允文內愧。將行，代納成都一府激賞絹估三萬三千九百八十四匹。

多，入覲，陛對，以畏天愛民爲言。上曰：「卿久在蜀，寬朕西顧憂，軍政民事革弊殆盡，蜀中除虛額，民間當被實惠。」應辰奏：「虛額去則州縣寬，尙有兩事，曰預借，曰對糴。預借乃州縣累歲相仍，對糴則以補州縣闕乏，民輸米一石，即就糴一石，或半價，或不支，且多取贏。陛下近捐百萬除預借之弊，對糴患止數州，願并除之，則弊革無餘矣。」除吏部尙書，尋兼翰林學士并侍讀。論愛民六事，廟堂議不合，不悅者衆。一日，陳良祐登對，上告以「汪應辰言卿在蜀多誕謾」。良祐奏：「臣與應辰昨同從班，應辰請外，得衢州，臣惜其去，同奏留之。時邊奏方急，臣不知應辰將爲便私計也。奏既上，應辰以此大憾，乃爲是說以中臣耳。」上曰：「乃爾邪！」

應辰在朝多革弊事，中貴人皆側目。德壽宮方甃石池，以水銀浮金鳧魚于上，上過之，高宗指示曰：「水銀正乏，此買之汪尙書家。」上怒曰：「汪應辰力言朕置房廊與民爭利，乃自販水銀邪？」應辰知之，力求去。會復出發運均輸之旨，歎曰：「吾不可留矣，但力辨羣枉，





則補外之請自得。」乃力論其事有害無利，遂以端明殿學士知平江府。

韓玉被旨揀馬，過郡，應辰簡其禮。玉歸，譖之於上曰：「臣所過州縣，未有若平江之不治者。」上怪之。平江米綱至，有折閱，事上，連貶秩。力疾請祠，自是臥家不起矣，以淳熙三年二月卒于家。

應辰接物溫遜，遇事特立不回，流落嶺嶠十有七年。檜死，始還朝，剛方正直，敢言不避。少從呂居仁、胡安國游，張栻、呂祖謙深器許之，告以造道之方。嘗釋克己之私如用兵克敵，易懲忿窒慾，書剛制于酒，懲窒、剛制皆克勝義，可不常省察乎？其義理之精如此。好賢樂善，出於天性，尤篤友愛，嘗以先疇遜其兄衢，雖無屋可居不顧也。子逵，繼登進士第，仕至吏部尙書、端明殿學士。

王十朋字龜齡，溫州樂清人。資穎悟，日誦數千言。及長，有文行，聚徒梅溪，受業者以百數。入太學，主司異其文。

秦檜死，上親政，策士，諭考官曰：「對策中有陳朝政切直者，並置上列。」十朋以「權」爲對，大略曰：「攬權者，非欲衡石程書如秦皇，傳餐聽政如隋文，彊明自任、不任宰相如唐德宗，精於吏事、以察爲明如唐宣宗，蓋欲陛下懲既往而戒未然，威福一出於上而已。嘗有鋪翠之禁，而以翠羽爲首飾者自若，是豈法令不可禁乎？抑宮中服澣濯之化，衣不曳地之風未形於外乎？法之至公者莫如選士，名器之至重者莫如科第。往歲權臣子孫、門客類竊巍科，有司以國家名器爲媚權臣之具，而欲得人可乎？願陛下正身以爲本，任賢以爲助，博采兼聽以收其效。」幾萬餘言。上嘉其經學淹通，議論醇正，遂擢爲第一。學者爭傳誦其策，以擬古晁、董。

上用其言，嚴銷金鋪翠之令，取交阯所貢翠物焚之。詔：「十朋乃朕親擢。」授紹興府簽判。既至，或以書生易之，十朋裁決如神，吏姦不行。時以四科求士，帥王師心謂十朋身兼四者，獨以應詔。召爲祕書郎兼建王府小學教授。先是，教授入講堂居賓位，十朋不可，皇孫特加禮而位教授中坐。

金將渝盟，十朋輪對，言：「自建炎至今，金未嘗不內相殘賊，然一主斃，一主生，曷嘗爲中國利？要在自備如何。禦敵莫急於用人，今有天資忠義、材兼文武可爲將相者，有長於用兵、士卒樂爲之用可爲大帥者，或投閑置散，或老於藩郡，願起而用之，以寢敵謀，以圖恢復。」蓋指張浚、劉錡也。又言：「今權雖歸於陛下，政復出於多門，是一檜死百檜生也。楊存中以三衙而交結北司，以盜大權。漢之禍起於恭、顯，王氏之相爲終始；唐之禍起於北





軍，藩鎭之相爲表裏。今以管軍位三公，利源皆入其門，陰結諸將，相爲黨援。樞密本兵之地，立班甘居其後。子弟親戚，布滿清要。臺諫論列，委曲庇護，風憲獨不行於管軍之門，何以爲國！至若清資加於噲伍；高爵濫於醫門；諸軍承受，威福自恣，甚於唐之監軍；皇城邏卒，旁午察事，甚於周之監謗；將帥剝下賂上，結怨三軍；道路捕人爲卒，結怨百姓：皆非治世事。」上嘉納，戢邏卒，罷諸軍承受，更定樞密、管軍班次，解楊存中兵權，其言大略施行。秦檜久塞言路，至是十朋與馮方、胡憲、查籥、李浩相繼論事，太學生爲五賢詩述其事。除著作郎。

三十一年正月，風雷雨雪交作，十朋以爲陽不勝陰之驗，遺陳康伯書，冀以春秋災異之說力陳于上，崇陽抑陰，以弭天變。遷大宗正丞，亟請祠歸。金犯邊，起劉錡爲江、淮、浙西制置，張浚帥金陵，悉如其言。

孝宗受禪，起知嚴州。召對，首言：「太皇非倦勤時，而以大器付陛下，賢於堯、舜，陛下當思以副太上者。今社稷之安危，生民之休戚，人才之進退，朝廷之刑賞，宜若舜之協堯，斷然行之，以盡繼述之道。」拜司封郎中，累遷國子司業。言：「今居位者往往職之不擧，宜有以革之。人主有大職三，任賢、納諫、賞罰是也。」上嘉之。除起居舍人，升侍講。時左右史失職久，十朋除起居郎，胡銓奏四事，語在胡銓傳。除侍御史，上謂胡銓曰：「比除臺官，外

議如何？」銓曰：「皆謂得人。」上曰：「卿與十朋皆朕親擢。」

十朋見上英銳，每見必陳恢復之計。及將北伐，上疏曰：「天子之孝莫大於光祖宗、安社稷，因前王盈成而守者，周成康、漢文景是也；承前世衰微而興者，商高宗、周宣王是也；先君有恥而雪之，漢宣帝臣單于、唐太宗俘頡利是也；先君有讎而復之，夏少康滅澆、漢光武誅莽是也。迹雖不同，其爲孝一也。靖康之禍，亙古未有，陛下英武，慨然志在興復。竊聞每對羣臣奏事，則曰：『當如創業時。』又曰：『當以馬上治之。』又曰：『某事當俟恢復後爲之。』比因宣召，語及陵寢，聖容惻然，曰：『四十年矣。』陛下之心眞少康、高宗、宣王、光武之心，奈何大臣不能仰副聖心？願戒在位者，去附和之私心，贊國家之大計，則中興日月可冀矣。」因論史浩八罪，曰懷奸、誤國、植黨、盜權、忌言、蔽賢、欺君、訕上，上爲出浩知紹興府。十朋再疏，謂：「陛下雖能如舜之去邪，未能如舜之正名定罪。紹興密邇行都，浩嘗爲屬吏，姦贓彰聞，亦何顏復見其吏民。」遂改與祠。

史正志與浩族異，拜浩而父事之，十朋論正志傾險姦邪，覩時求進，宜黜正志以正典刑。林安宅出入史浩、龍大淵門，盜弄威福，至是詐病求致仕，十朋幷疏其罪。皆罷去。

張浚出師復靈壁、虹縣，歸附者萬計，又復宿州。十朋奏：「王師以弔民爲主，先之以招納，不獲已而戰伐隨之，乞以此指戒浚。金將既降，宜速加爵賞，以勸來者。」上皆嘉納。



會李顯忠、邵宏淵不協，王師失律，張浚上表自劾，主和者乘此唱異議。十朋上疏言：「臣素不識浚，聞其誓不與敵俱生，心實慕之。前因輪對，言金必敗盟，乞用浚。陛下嗣位，命督師江、淮，今浚遣將取二縣，一月三捷，皆服陛下任浚之難。及王師一不利，橫議蠭起。臣謂今日之師，爲祖宗陵寢，爲二帝復讎，爲二百年境土，爲中原弔民伐罪，非前代好大生事者比。益當內脩，俟時而動。陛下恢復志立，固不以一衄爲羣議所搖，然異論紛紛，浚既待罪，臣其可尙居風憲之職！乞賜竄殛。」因言：「臣聞近日欲遣龍大淵撫諭淮南，信否？」上曰：「無之。」又言：「聞欲以楊存中充御營使。」上嘿然。

改除吏部侍郎，力辭，出知饒州。饒並湖，盜出沒其間，聞十朋至，一夕遁去。丞相洪适請故學基益其圃，十朋曰：「先聖所居，十朋何敢予人。」移知夔州，饒民走諸司乞留不得，至斷其橋，乃以車從間道去，衆葺斷橋，以「王公」名之。

移知湖州，召對，劉珙請留之，上曰：「朕豈不知王十朋，顧湖州被水，非十朋莫能鎭撫。」至郡，戶部責虛逋三十四萬，命吏持券往辨，不聽，卽請祠去。起知泉州，十朋前在湖割奉錢創貢闈，又爲泉建之，尤宏壯。

凡歷四郡，布上恩，恤民隱，士之賢者詣門，以禮致之。朔望會諸生學宮，講經詢政，僚屬間有不善，反復告戒，俾之自新。民輸租俾自槪量，聞者相告，宿逋亦願償。訟至庭，温



詞曉以理義，多退聽者。所至人繪而祠之，去之日，老稚攀留涕泣，越境以送，思之如父母。饒久旱，入境雨至；湖積霖，入境卽霽。凡禱必應，其至誠不獨感人，而亦動天地鬼神。

東宮建，除太子詹事，力辭，詔州郡禮致，遂力疾造朝，以足疾不能趨，詔給扶減拜。謁東宮，太子以其舊學，待遇有加。又詔免朝參，遣中使以告及襲衣、金帶就其家賜之。疾革，累章告老，以龍圖閣學士致仕，命下而卒，年六十。紹熙三年〔一〕，謚曰忠文。

十朋事親孝，終喪不處內，友愛二弟，郊恩先奏其名，沒而二子猶布衣。書室扁曰「不欺」，每以諸葛亮、顏眞卿、寇準、范仲淹、韓琦、唐介自比，朱熹、張栻雅敬之。

子聞詩、聞禮，皆篤學自立。聞詩知光州、提點江東刑獄；聞禮知常州、江東轉運判官，爲治能守家法，人亦思慕之。

吳芾字明可，台州仙居人。舉進士第，遷祕書正字。與秦檜舊故，至是檜已專政，芾退然如未嘗識。公坐旅進，揖而退，檜疑之，風言者論罷。通判處、婺、越三郡。知處州。處舊苦丁絹重，芾損之，以新丁補其額。

何溥薦芾材中御史，除監察御史。時金將敗盟，芾勸高宗：「專務脩德，痛自悔咎，延見



羣臣，俾陳闕失，求合乎天地，無愧乎祖宗，則人心悅服，天亦助順矣。」上韙其言。遷殿中侍御史。

兩淮戰不利，廷臣爭陳退避計，芾言：「今日之事，有進無退，進爲上策，退爲無策。」既而金主亮斃，上疏勸親征。車駕至建康，芾請遂駐蹕，以係中原之望，高宗納其說。會有密啓還東者，下侍從、臺諫議，芾言：「今欲控帶襄、漢，引輸湖、廣，則臨安不如建康便；經理淮甸，應接梁、宋，則臨安不如建康近。議者徒悅一時扈從思歸之人，非爲國計。臣恐回鑾之後，西師之聲援不接，北土之謳吟絕望矣。」又言：「去歲兩淮諸城望風奔潰，無一城能拒守者，此秦檜塹塞言路、挫折士氣之餘毒也。能反其道，則士氣日振，而見危授命者有人矣。」

知婺州。孝宗初卽位，陛辭，陳裴垍對唐憲宗「爲治先正其心」，以爲臨御之初，出治大原，無越於此。上嘉納。至郡，勸民義役。金華長仙鄉民十有一家，自以甲乙第其產，相次執役，幾二十年。芾與致十一人者，與合宴，更其鄉曰「循理」，里曰「信義」，以褒異之。

知紹興府。會稽賦重而折色尤甚，芾以攢宮在，奏免支移折變。鑑湖久廢，會歲大饑，出常平米募饑民浚治。芾去，大姓利於田，湖復廢。

權刑部侍郎，遷給事中，改吏部侍郎。以敷文閣直學士知臨安府。內侍家僮毆傷酒家

保，芾捕治之，徇于市，權豪側目。執政議以芾使金，復除吏部侍郎，且議以龍大淵爲副，芾曰：「是可與言行事者邪？」語聞，得罷不行。下遷禮部侍郎，力求去，提舉太平興國宮。

時芾與陳俊卿俱以剛直見忌，未幾，俊卿亦引去。中書舍人閻安中爲孝宗言二臣之去，非國之福。起知太平州。造舟以梁姑溪。歷陽築者久役潰歸，聲言欲趨郡境，芾呼至城下，厚犒遣之，而密捕倡亂者繫獄以聞，詔褒諭。知隆興府。

芾前後守六郡，各因其俗爲寬猛，吏莫容姦，民懷惠利。再奉太平祠，屢告老，以龍圖閣直學士致仕。後十年卒，年八十。嘗曰：「視官物當如己物，視公事當如私事。與其得罪於百姓，寧得罪於上官。」立朝不偶，晚退閑者十有四年，自號湖山居士。爲文豪健俊整，有表奏五卷、詩文三十卷。

陳良翰字邦彥，台州臨海人。蚤孤，事母孝。資莊重，爲文恢博有氣。中紹興五年進士第。知溫州瑞安縣。俗號強梗，吏治尚嚴，良翰獨撫以寬，催租不下文符，但揭示名物，民競樂輸，聽訟咸得其情。或問何術，良翰曰：「無術，第公此心如虛堂懸鏡耳。」殿中侍御史吳芾薦爲檢法官，遷監察御史。





孝宗初元，金主褒新立，求和，而中原舊人多求歸，詔問何以處此，良翰言：「議和，復納降，皆非是。必定計自治，而和不和，任之乃可。」張浚軍淮、泗以規進取，而議者爭獻防江策，良翰言：「當固藩籬，專委任。今捨淮防江，却地奪便，朝廷過聽，使督府不得專閫外事，誤矣。」除右正言。

金再移書求故疆，良翰言：「中原皆吾故土，況唐、鄧、海、泗〔三〕又金渝盟後以兵取之，安得以故疆爲言而歸之？」湯思退主遣小使盧仲賢、李栻，良翰言：「仲賢輕儇無恥，栻自北來難信。」又言：「廟堂督府論議不同，邊奏上聞，皆陽唯諾而陰沮敗之。萬一失事機，督府安得獨任其責？」上矍然稱善。

朝廷遣史正志至建康，與張浚議事乖牾，良翰劾之，上曰：「正志亦無罪。」良翰言：「陛下使浚守淮，則任浚爲重，一郎官爲輕，且正志居中，浚必爲去就。」上悟，出正志爲福建漕運。楊存中爲御營使，總殿前軍，良翰言：「存中久擅兵柄，太上皇罷就第，奈何復假使名？宜慎履霜之戒。」疏三上，存中竟罷。

李栻不敢涉淮，良翰奏奪其官。仲賢至汴，輒許金人以疆土、歲幣而還，上大怒，下仲賢吏，欲誅之，宰相叩頭懇請得免。復遣王之望、龍大淵，良翰言：「前遣使已辱命，大臣不悔前失，不謂秦檜復見今日！且金要我罷四郡屯兵以歸之，是不折一兵，而坐收四千里要害之地，決不可許。若歲幣，則俟得陵寢然後與，庶猶有名。今議未決而之望遂行，恐其辱國不止於仲賢，願先馳一介往，俟議決，行未晚也。」詔侍從、臺諫議，多是良翰，遂以胡昉、楊由義爲審議官，與敵議四郡不合，困辱而歸。

思退尚執前論，正言尹穡附思退以撼督府。良翰爲左司諫，疏論：「思退姦邪誤國，宜早罷黜，張浚精忠老謀，不宜以小人言搖之。」孝宗曰：「思退前議固失，然朕愛其謇敏，冀可効，卿其置之。若魏公則今日孰出其右，朕豈容有此意？縱有之，亦豈不謀卿等？此殆言者有異意，卿爲朕諭之。」良翰頓首謝曰：「陛下言及此，天下幸甚。宰相縱無全才，寧取樸實，緩急猶可倚賴。思退庸狡，小黠大癡，將誤國，且『謇敏』二字，恐非明主卜相之法。」既退，以上語諭同列，穡勃然變色，明日亦請對，遂罷良翰言職。

兩淮既撤備，金大入，孝宗始深悔。太學生數百人伏闕，乞召用良翰、胡銓、王十朋而斬思退等，思退由是始敗。

良翰在諫省，成恭皇后受册，官內外親屬二十五人，良翰論其冗，詔減七人。知建寧府、福建轉運副使，提點江東刑獄，移浙西，召爲宗正少卿、兵部侍郎，除右諫議大夫。良翰言：「以蜀漢之師下關陝，以荆、襄趍韓、魏，江、淮擣青、徐，此今日大計。四川既命大臣，而荆、淮未有任責者，亦當擇重臣臨之。」上稱善。





進給事中。大將成閔冒請眞奉，有司坐獲譴，閤門王抃矯詔遣妄人謝顯出境，顯既抵罪，置閔與抃不問，良翰皆駁議，請正典刑。遂改禮部侍郎，不拜，以敷文閣待制提舉江州太平興國宮。

召爲太子詹事，既見，上屬以調護之責。一日，召對選德殿，出手書唐太宗與魏徵論仁德功利之說，俾極陳今日所未至者。良翰退，上疏，略曰：「仁德治之本，功利治之效，務本而效自至。今承天意，結民心，任賢能，退小人，擇將帥，收軍情，擇監司，吏久任，皆行之有未至，誠能革此八弊，則仁德無累，功利自致矣。」上爲之嘉歎，詔兼侍講。

未幾，以疾告老，除敷文閣直學士、提舉太平宮。卒，年六十五。光宗立，特謚獻肅。

杜莘老字起莘，眉州青神人，唐工部甫十三世孫也。幼歲時，方禁蘇氏文，獨喜誦習。紹興間，第進士，以親老不赴廷對，賜同進士出身。授梁山軍教授，從游者衆。

秦檜死，魏良臣參大政，莘老疏天下利害以聞。良臣薦之，主管禮、兵部架閣文字。彗星見東方，高宗下詔求言，莘老上書，論：「彗，蠱氣所生，多爲兵兆。國家爲民息兵，而將驕卒惰，軍政不肅。今因天戒以脩人事，思患預防，莫大於此。」因陳時弊十事。時應詔者衆，上命擇其議論切當推恩以勸之，後省以莘老爲首，進一階，遷敕令删定官、太常寺主簿，升博士。輪對，論：「金將敗盟，宜飭邊備，勿恃其不來，恃吾有以待之。」上稱善再三。

南渡後，典秩散失，多有司所記省，至凶禮又諱不錄。顯仁皇后崩，議禮有疑，吏皆拱手，莘老以古義裁定。大斂前一日，宰相傳旨問含玉之制，莘老曰：「禮院故實所不載，請以周禮典瑞鄭玄注製之，其可。」因立具奏，上覽之曰：「眞禮官也。」及虞祭，或謂上哀勞，欲以宰相行事。莘老曰：「古今無是。」卒正之。

遷祕書丞，論江、淮守備，上曰：「卿言及此，憂國深矣。」擢監察御史。遷殿中侍御史，入對，上曰：「知卿不畏彊禦，故有此授，自是用卿矣。」陳俊卿既解言職，力求去，莘老因奏事，從容曰：「多事之際，令俊卿輩在論思之地，必有補益。」上以爲然，俊卿乃復留。

金遣使致嫚書，傳欽宗凶問，請淮、漢地，指索大臣。上決策親征，莘老疏奏贊上，且謂：「敵欺天背盟，當待以不懼，勿以小利鈍爲異議所搖，訣言所惰，則人心有恃而士氣振矣。宜不限早暮，延見大臣、侍從，謀議國事；申敕侍從、臺諫、監司、守臣，亟舉可用之才。」又言：「親征有期，而禁衞纔五千餘，羸老居半，至不能介胄者，願亟留聖慮。」事皆施行。

帶御器械劉炎筦禁中市易，通北賈，大爲姦利。一日，見莘老，輒及朝政，語狂悖，莘老以聞，斥監嘉州稅。知樞密院事周麟之初請使金，及嫚書至，聞金將盛兵犯邊，乃大恐，建





言不必遣使。莘老劾麟之：「挾姦罔上，避事辭難，恐懼至於掩泣，衆有『哭殺富鄭公』之誚。」尋與宮觀。疏再上，乃責瑞州。

幸醫承宣使王繼先怙寵干法，富浮公室，子弟直延閣，居第僭擬，別業、外帑徧畿甸，數十年無敢搖之者，聞邊警，亟輦重寶歸吳興爲避敵計。莘老疏其十罪，上曰：「初以太后餌其藥，稍假恩寵，不謂小人驕橫乃爾。」莘老曰：「繼先罪擢髮不足數，臣所奏，其大概耳。」上作而曰：「有恩無威，有賞無罰，雖堯舜不能治天下。」詔繼先福州居住，子孫皆勒停。籍其貲以千萬計，詔鬻錢入御前激賞庫，專以賞將士，天下稱快。

內侍張去爲取御馬院西兵二百髡其頂，都人異之，口語籍籍。莘老彈治，上疑其未審，不樂。莘老執奏不已，竟罷去爲御馬院，致仕，而莘老亦以直顯謨閣知遂寧府。給事中金安節、中書舍人劉珙封還制書，改司農少卿，尋請外，仍與遂寧。

始莘老自蜀造朝，不以家行。高宗聞其淸修獨處，甚重之，一日因對，褒諭曰：「聞卿出蜀，卽蒲團、紙帳如僧然，雖及也。」未幾，遂擢用。莘老官中都久，知公論所予奪，姦蠹者皆得其根本脈絡，嘗歎曰：「臺諫當論天下第一事，若有所畏，姑言其次，是欺其心不敬其君者也。」及任言責，極言無隱，取衆所指目者悉擊去，聲振一時，都人稱骨鯁敢言者必曰杜殿院云。治郡，課績爲諸州最。

孝宗受禪，莘老進三議，曰定國是、脩內政、養根本。尋卒，年五十八。

論曰：黃洽渾厚有守，應辰學術精醇，尤稱骨鯁。十朋、吳芾、良翰、莘老相繼在臺府，歷詆姦佞，直言無隱，皆事上忠而自信篤，足以當大任者，惜不盡其用焉。

## 校勘記

〔一〕紹熙三年　「紹熙」原作「紹興」。按汪應辰文定集卷二三王十朋墓誌銘，王十朋卒于孝宗乾道七年，此處「紹興」當爲「紹熙」之誤，據改。

〔二〕況唐鄧海泗　「海」原作「淮」，據朱熹朱文公文集卷九七陳良翰行狀、周必大周益國文忠公集平園續藁卷二六陳良翰神道碑改。

# 宋史卷三百八十八

## 列傳第一百四十七

周執羔　王希呂　陳良祐　李浩　陳槖　胡沂　唐文若　李燾

周執羔字表卿，信州弋陽人。宣和六年舉進士，廷試，徽宗擢爲第二。授湖州司士曹事，俄除太學博士。

建炎初，乘輿南渡，自京師奔詣揚州，不及，遂從隆祐太后于江西，還觀會稽。尋以繼母劉疾，乞歸就養，調撫州宜黃縣丞。時四境俶擾，潰卒相挺爲變，令大恐，不知所爲，執羔諭以禍福，皆斂手聽命。既又誅其黨，執首謀者斬以徇。邑人德之，至繪像立祠。

紹興五年，改秩，通判湖州。丁母憂，服闋，通判平江府。召爲將作監丞。明年春，遷





太常丞。會始議建明堂，大樂久廢不修，詔奉常習肄之，訪輯舊聞，庀閱工器，制作始備。累遷右司員外郎。

八月，擢禮部侍郎，充賀金生辰使。往歲奉使官得自辟其屬，賞典既厚，頤行者多納金以請，執羔始拒絕之。使還，兼權吏部侍郎。請賜新進士聞喜宴于禮部，從之。軍興廢此禮，至是乃復。同知貢舉。舊例，進士試禮部下，歷十八年得免舉，又四試禮部下，始特奏名推恩。秦檜既以科第私其子，士論讙譁，爲減三年以悅衆。執羔言祖宗法不可亂，繇此忤檜，御史劾罷之。

又六年，起知眉州，徙閬州，又改夔州，兼夔路安撫使。夔部地接蠻獠，易以生事。或告溱、播夷叛，其豪帥請遣兵致討，執羔謂曰：「朝廷用爾爲長，今一方繹騷，責將焉往，能盡力則賞爾，一兵不可得也。」豪懼，斬叛者以獻，夷人自是皆惕息。三十年，知饒州，尋除敷文閣待制。

乾道初，守婺州，召還，提舉佑神觀兼侍講。首進二說，以爲王道在正心誠意，立國在節用愛人。二年四月，復爲禮部侍郎。孝宗患人才難知，執羔曰：「今一介干進，亦蒙賜召，口舌相高，殆成風俗，豈可使之得志哉！」上曰：「卿言是也。」一日侍經筵，自言「學易知數，臣事陛下之日短」，已乃垂涕，上惻然。即拜本部尚書，升侍讀，固辭，不許。

方士劉孝榮言統元曆差，命執羔釐正之。執羔用劉羲叟法，推日月交食，考五緯贏縮，以紀氣朔寒溫之候，撰曆議、曆書、五星測驗各一卷上之。

上嘗問豐財之術，執羔以爲：「蠹民之本，莫甚於兵。古者興師十萬，日費千金。今尺籍之數，十倍於此，罷癃老弱者幾半，不汰之其弊益深。」論：「和糴本以給軍興，豫凶災。蓋國家一切之政，不得已而爲之。若邊境無事，妨於民食而務爲聚斂，可乎？舊糴有常數，比年每郡增至一二十萬石。今諸路枯旱之餘，蟲螟大起，無以供常稅，況數外取之乎？宜視一路一郡一縣豐凶之數，輕重行之，災甚者蠲之可也。」上矍然曰：「災異如此，乃無一人爲朕言者！」卽詔從之。

充安恭皇后菆宮按行使，日與閹人接，卒事未嘗交一談，閹亦服其長者，不怨也。拜疏求去，上謂輔臣曰：「朕惜其老成，宜以經筵留之。」除寶文閣學士，提舉佑神觀。上曰：「遂除龍圖可也。」經筵二年，每勸上以辨忠邪、納諫爭，上深知其忠。

明年三月，告老，上諭曰：「祖宗時，近臣有年踰八十尙留者，卿之齒未也。」命却其章。閏月，復申前請。上度不可奪，詔提舉江州太平興國宮，賜茶、藥、御書，恩禮尤渥，公卿祖帳都門外，搢紳榮之。時閩、粵、江西歲饑盜起，執羔陛辭以爲言，詔遣太府丞馬希言使諸路振救之。乾道六年卒，年七十七。





執羔有雅度，立朝無朋比。治郡廉恕，有循吏風。手不釋卷，尤通于易。

王希呂字仲行，宿州人。渡江後自北歸南，既仕，寓居嘉興府。乾道五年，登進士科。孝宗獎用西北之士，六年，召試，授祕書省正字。除右正言。時張說以攀援戚屬擢用，再除簽書樞密院事，希呂與侍御史李衡交章劾之。上疑其合黨邀名，責遠小監當，既而悔之，改授宮觀。方說之見用，氣勢熏赫，後省不書黃，學士院不草詔，皆相繼斥逐，而希呂復以身任怨，去國之日，屛徒御，躡履以行，恬不爲悔。由是直聲聞于遠邇，雖以此黜，亦以此見知。出知廬州。

淳熙二年，除吏部員外郎，尋除起居郎兼中書舍人。淮右擇帥，上以希呂已試有功，令知廬州兼安撫使。修葺城守，安集流散，兵民賴之。加直寶文閣、江西轉運副使。

五年，召爲起居郎，除中書舍人、給事中，轉兵部尙書，改吏部尙書，求去，乃除端明殿學士、知紹興府。尋以言者落職，處之晏如。

治郡百廢俱興，尤敬禮文學端方之士。天性剛勁，遇利害無回護意，惟是之從。嘗論近習用事，語極切至，上變色欲起，希呂挽御衣曰：「非但臣能言之，侍從、臺諫皆有文字來

矣。」佐漕江西，嘗作拳石記以示僚屬，一幕官舉筆塗數字，舉坐駭愕，希呂覽之，喜其不阿，薦之。

居官廉潔，至無屋可廬，由紹興歸，有終焉之意，然猶寓僧寺。上聞之，賜錢造第。後以疾卒于家。

陳良祐字天與，婺州金華人。年十九，預鄉薦，間歲入太學。紹興二十四年，擢進士第。調興國軍司戶，未上，有薦于朝者，召除太學錄、樞密院編修官。中丞汪澈薦除監察御史，累遷軍器監兼鄧王府直講。隆興元年，出爲福建路轉運副使。丁父憂，服闋，乾道三年，除起居舍人兼權中書舍人，遷起居郎。尋除左司諫。

首言會子之弊，願捐內帑以紓細民之急。上曰：「朕積財何用，能散可也。」慨然發內府白金數萬兩收換會子，收銅版勿造，軍民翕然。未幾，戶部得請，改造五百萬。又奏：「陛下號令在前，不能持半歲久，以此令民，誰能信之？豈有不印交子五百萬，遂不可爲國乎？」既而又欲造會子二千萬，屢爭之不得，遂請以五百萬換舊會，俟通行漸收之，常使不越千萬之數。



上銳意圖治，以唐太宗自比，良祐言：「太宗政要願賜省覽，擇善而從，知非而戒，使臣爲良臣，勿爲忠臣。」上曰：「卿亦當以魏徵自勉。」

又言：「陛下躬行節儉，弗殖貨利。或者託肺腑之親，爲市井之行；以公侯之貴，牟商賈之利。占田疇，擅山澤，甚者發舶舟，招蕃賈，貿易寶貨，糜費金錢。或假德壽，或託椒房，犯法冒禁，專利無厭，非所以維持紀綱，保全戚畹。願嚴戒敕，苟能改過，富貴可保，如其不悛，以義斷恩。」

時左相丁外艱，詔起復，良祐言：「起復非正禮，今無疆埸之事，宜使之終喪。」遂寢。遷右諫議大夫兼侍講，同知貢舉，除給事中，兼直學士院，遷吏部侍郎。尋除尚書。

時議遣泛使請地，良祐奏：「陛下恢復之志未嘗忘懷，然詢莫貴於僉同，不可不察；博訪歸於獨斷，不可不審。固有以用衆而興，亦有以用衆而亡；固有以獨斷而成，亦有以獨斷而敗。今遣使乃啓釁之端，萬一敵騎犯邊，則民力困於供輸，州郡疲於調發，兵拏禍結，未有息期。將帥庸鄙，類乏遠謀，對君父則言効死，臨戰陣則各求生。有如符離之役，不戰自潰，瓜洲之遇，望敵驚奔，孰可仗者？此臣所以未敢保其萬全。且今之求地，欲得河南，曩歲嘗歸版圖，不旋踵而又失，如其不許，徒費往來，若其許我，必邀重幣。經理未定，根本內虛，又將隨而取之矣。向之四郡得之亦勤，尙不能有，今又無故而求侵地，陛下度可以虛



聲下之乎？況止求陵寢，地在其中，曩亦議此，觀其答書，幾於相戲。凡此二端，皆是求釁。必須遣使，則祈請欽宗梓宮，猶爲有辭。內視不足，何暇事外？邇者未懷，豈能綏遠？」

奏入，忤旨，貶瑞州居住，尋移信州。九年，許令自便。淳熙四年，起知徽州，尋除敷文閣待制、知建寧府，卒。

李浩字德遠，其先居建昌，遷臨川。浩早有文稱。紹興十二年，擢進士第。時秦熺挾宰相子以魁多士，同年皆見之，或拉浩行，毅然不往。調饒州司戶參軍、襄陽府觀察推官，連丁內外艱，繼調金州教授，改太常寺主簿，尋兼光祿寺丞。

輪對，首陳無逸之戒，且言：「宿衞大將楊存中恩寵特異，待之過，非其福。」上悟，旋令就第。自秦檜用事，塞言路，及上總攬權綱，激厲忠讜，此習尙存，朝士多務愼默。至是命百官轉對，浩與王十朋、馮方、查籥、胡憲始相繼言事，聞者興起。

浩不安於朝，請祠，主管台州崇道觀以歸。孝宗卽位，以太常丞召。時張浚督師江、淮，宰相多抑之，浩引仁宗用韓琦、范仲淹詔章得象故事，乞戒諭令同心協濟。兼權吏部郎官。浩雅爲湯思退所厚，御史尹穡欲引之以共擠浚，因薦浩。及對，乃明示不同之意，二人



皆不樂。踰年，始除員外郎兼皇子恭王府直講。

在王府多所裨益，且因事以及時政，書之於册，幸上或見之，王亦素所愛重。他日外補，累年以歸，王喜曰：「李直講來矣。」未幾，宰相召爲郎者四人，將進用之，尤屬意浩。浩嘿然無一辭，同舍皆遷，浩獨如故。

踰年，浙河水災，詔郎官、館職以上條時政闕失，浩謂上憂勞如此，今何可不言，卽奏疏指論近臣，併及宰執惟奉行，臺諫多迎合，百執事顧忌畏縮。反覆數千言，傾倒罄竭，見者悚慄。上不以爲忤，執事者深忌之。

乞外，得台州。州有揀中禁軍五百人，訓練官貪殘失衆心，不逞者因謀作亂，忽露刃於庭，浩謂之曰：「汝等欲爲亂乎？請先殺我。」衆駭曰：「不敢。」乃徐推其爲首者四人黥徙之，迄無事。除直祕閣。並海有宿寇，久不獲，浩募其徒，自縛贖罪，卽得其魁。

里豪民鄭憲以貲給事權貴人門，囊橐爲姦，事覺，械繫之，死獄中，盡籍其家，徙其妻孥。權貴人教其家訟寃，且誣浩以買妾事，言者用是擠之。疏方上，權參政劉珙越次奏曰：「李浩爲郡，獲罪豪民，爲其所誣，臣考其本末甚白。」上顧曰：「守臣不畏強禦，豈易得邪？」且門章安在〔一〕，珙袖出之，遂留中不下。大理觀望，猶欲還其所沒貲，上批其後曰：「台州所斷至甚允當，鄭憲家資，永不給還，流徙如故。」浩始得安。

明年，除司農少卿。時朝廷和糴米八萬，董其事者賤糴濕惡，隱尅官錢，戶部不敢詰。浩白發其姦，下有司窮竟。戶部欲就支稽見數，大理附會之，浩爭曰：「非但惠姦，且虧軍食。」上是其言。會大理奏結他獄，上顧輔臣曰：「棘寺官得剛正如李浩者爲之。」已而卿缺，又曰：「無以易浩。」遂除大理卿。

時上英明，有大有爲之志，廷臣不能奉行，誕慢苟且，依違避事。浩前在司農，嘗因面對，陳經理兩淮之策，至是爲金使接伴還，奏曰：「臣親見兩淮可耕之田，盡爲廢地，心嘗痛之。條畫營屯，以爲恢復根本。」又言：「比日措置邊事甚張皇，願戒將吏嚴備禦，無規微利近功。日與大臣修治具，結人心，持重安靜，以俟敵釁。」上悉嘉納。

宰相議遣泛使，浩與辨其不可，至以官職訹之，浩怒，以語觸之，且力求外。以直寶文閣知靜江府兼廣西安撫。有尚書郎入對，論及擇帥事，上曰：「如廣西，朕已得李浩矣。」又論大臣曰：「李浩營田議甚可行。」大臣莫有應者。

浩至郡，舊有靈渠通漕運及灌溉，歲久不治，命疏而通之，民賴其利。邕管所隸安平州，其酋恃險，謀聚兵爲邊患，浩遣單使諭以禍福，且許其引赦自新，卽日叩頭謝過，焚徹水柵，聽太府約束。

治廣二年，召還，入對，論俗不美者八，其言曰：「陛下所求者規諫，而臣下專務迎合；



所貴者執守，而臣下專務順從；所惜者名器，而僥倖之路未塞；所重者廉恥，而趨附之門尚開；儒術可行，而有險詖之徒；下情當盡，而有壅蔽之患；期以氣節，而偷惰者得以苟容；責以實效，而誕慢者得以自售。」上問誕慢謂誰，浩具以實對。翌日，謂宰相曰：「李浩直諒。」遂除權吏部侍郎。時政府有怙寵竊權者，黨與非一，自浩之入，已相側目，且欲以甘言誘之，浩中立不倚，拒弗納。於是相與謀嗾諫議大夫姚憲論浩以強狠之資，挾奸詖之志，置之近列，變亂黑白。未及正謝而罷。

乾道九年，提舉太平興國宮。明年夏，夔路闕帥，命浩以祕閣修撰寵其行。夔有羈縻州曰思州，世襲爲守則田氏，與其猶子不協，將起兵相攻，浩草檄遣官爲勸解，二人感悟，歃血盟，盡釋前憾，邊得以寧。踰年，以疾請祠，提舉玉隆萬壽宮，命未至，以淳熙三年九月卒，年六十一。諸司奏浩盡瘁其職以死，詔特贈集英殿修撰。

浩天資質直，涵養渾厚，不以利害動其心。少力學爲文辭，及壯益沈潛理義。立朝慨然以時事爲己任，忠憤激烈，言切時弊，以此見忌於衆。平居未嘗假人以辭色，不知者以爲傲，或譖於上前，上謂：「斯人無他，在朕前亦如此，非爲傲者。」小人憚之，誘以祿利，正色不回，謀害之者無所不至，獨賴上察其衷，始終全之。爲郡尤潔己，自海右歸，不載南海一物。平生奉養如布衣時，風裁素高，人不敢干以私云。



陳槖字德應，紹興餘姚人。入太學有聲，登政和上舍第，教授寧州。以母老改台州士曹，治獄平允。更攝天台、臨海、黃巖三邑，易越州新昌令，皆以愷悌稱。

呂頤浩欲援爲御史，約先一見，槖曰：「宰相用人，乃使之呈身耶？」謝不往。趙鼎、李光交薦其才。紹興二年五月，召對，改秩。六月，除監察御史，論事不合。八月，詔以宰邑有治行，除江西運判。瑞昌令倚勢受賂，槖首劾罷之。期年，所按以十數，至有望風解印綬者。

以母年高，乞歸養，詔槖善撫字，移知台州。台有五邑，嘗攝其三，民懷惠愛，越境歡迎，不數月稱治。母喪，邦人巷哭，相率走行在所者千餘人，請起槖。詔槖清謹不擾，治狀著聞，其敕所在州賜錢三十萬。槖力辭，上謂近臣曰：「陳槖有古循吏風。」終喪，以司勳郎中召。

累遷權刑部侍郎。時秦檜力主和議，槖疏謂：「金人多詐，和不可信。且二聖遠狩沙漠，百姓肝腦塗地，天下痛心疾首。今天意既回，兵勢漸集，宜乘時掃清，以雪國恥；否亦當按兵嚴備，審勢而動。舍此不爲，乃遽講和，何以繫中原之望。」



既而金厚有所邀，議久不決，將再遣使，槖復言：「金每挾講和以售其姦謀。論者因其廢劉豫又還河南地，遂謂其有意於和，臣以爲不然。且金之立豫，蓋欲自爲捍蔽，使之南窺。豫每犯順，率皆敗北，金知不足恃，從而廢之，豈爲我哉？河南之地欲付之他人，則必以豫爲戒，故捐以歸我。往歲金書嘗謂歲幣多寡聽我所裁，曾未淹歲，反覆如此。且割地通和，則彼此各守封疆可也，而同州之橋，至今存焉。蓋金非可以義交而信結，恐其假和好之說，騁謬悠之辭，包藏禍心，變出不測。願深鑒前轍，亦嚴戰守之備，使人人激厲，常若寇至。苟彼通和，則吾之振飭武備不害爲立國之常。如其不然，決意恢復之圖，勿循私曲之說，天意允協，人心響應，一舉以成大勳，則梓宮、太后可還，祖宗疆土可復矣。」檜憾之。槖因力請去。未幾，金果渝盟。

除徽猷閣待制、知潁昌府。時河南新疆初復，無敢往者，槖卽日就道。次壽春則潁已不守。改處州，又改廣州。兵興後，廣東盜賊無寧歲，十年九易牧守。槖盡革弊政，以恩先之。留鎭三年，民夷悅服。

初，朝廷移韓京一軍屯循州，會郴寇駱科犯廣西，詔遣京討之。槖奏：「廣東累年困於寇賊，自京移屯，敵稍知畏。今悉軍赴廣西，則廣東危矣。」檜以槖爲京地，坐稽留機事，降秩。屢上章告老，改婺州，請不已，遂致仕。又十二年，以疾卒于家，年六十六。

橐博學剛介，不事產業，先世田廬，悉推予兄弟。在廣積年，四方聘幣一不入私室。既謝事歸剡中，僑寓僧寺，日糴以食，處之泰然。王十朋爲風土賦，論近世會稽人物，曰：「杜祁公之後有陳德應」云。

胡沂字周伯，紹興餘姚人。父宗伋，號醇儒，能守所學，不逐時好。沂穎異，六歲誦五經皆畢，不忘一字。紹興五年進士甲科，陞沉州縣幾三十載，至二十八年，始入爲正字。遷校書郎兼實錄院檢討官，吏部員外郎。轉右司，以憂去，終喪還朝。孝宗受禪，除國子司業、鄧王府直講，尋擢殿中侍御史。

有旨侍從、臺諫條具方今時務，沂言：「守禦之利，莫若令沿邊屯田。前歲淮民逃移，未復舊業，中原歸附，未知所處。俾之就耕，可贍給，省餉饋。東作方興，且慮敵人乘時驚擾，宜聚兵險隘防守。」詔行其言。

御史中丞辛次膺論殿帥成閔黷貨不恤士卒之罪，詔罷殿前司職事，與祠。沂再言其二十罪，遂落太尉，婺州居住。

沂又言：「將臣定十等之目，令其舉薦，施之擇將之頃則可，施之養士有素則未也。夫





設武舉，立武學，試之以弓馬，又試之以韜略之文、兵機之策，蓋將有所用也。除高等一二名，餘皆吏部授以榷酤、征商，所養非所用，所用非所養，願詔大臣詳議，中舉者定品格，分差邊將下準備差遣，則人人思奮，應上之求矣。」從之。

時龍大淵、曾覿以藩邸舊恩除知閤門事，張震、劉珙、周必大相繼繳回詞命。沂論其市權招士，請屏遠之，未聽，而諫官劉度坐抗論左遷。沂累章，益懇切，曰：「大淵、覿不屏去，安知無柳宗元、劉禹錫輩撓節以從之者。」好進者嫉其言，共排之，沂亦以言不行請去，遂以直顯謨閣主管台州崇道觀。

乾道元年冬，召爲宗正少卿兼皇子慶王府贊讀，尋兼侍講，進中書舍人、給事中。進對，論命令當謹之於造命之初，上曰：「三代盛時如此。卿職在繳駁，事有當然，勿謂拂君相不言。」除吏部侍郎兼權尚書。

沂奏：「七司法自紹興十三年纂修成書，歲且一紀，歷月閱時，不無牴牾。望令敕令所官討論章旨，此法可行不可行，此條當革不當革，將見行之法與當革之條輯爲一書，頒之中外，庶可戢吏胥之姦。」詔行之。尋以目疾丐祠。

六年，出爲徽猷閣待制、知處州。復引疾奉祠，提舉江州太平興國宮。八年，以待制除太子詹事，尋復拜給事中，進禮部尚書並兼領詹事，又改侍讀。上顧沂厚，有大用意，而沂資性恬退，無所依附，數請去。

虞允文當國，希旨建策復中原，沂極論金無釁，而我諸將未見可任此事者，數梗其議。遂以龍圖閣學士仍提舉興國宮。

淳熙元年卒，年六十八。方疾革，整容素冠不少惰，蓋其爲學所得者如此。諡獻肅。

唐文若字立夫，眉山人。父庚在文苑傳。文若少英邁不羣，爲文豪健。登進士第，分教潼川府。給事中勾濤薦自代，詔赴行在所，既至，而勾濤出，不得見。文若奏書闕下，略曰：「昔漢高慢士，四皓去之，而西鄙少廉恥之人；光武禮賢，嚴光友之，而東都多節義之士。陛下屈萬乘之尊，駐蹕東南，兩宮將歸，五路初復，正宜市朽骨，式怒蛙，以來豪傑，與之共治，寧遽惜此數刻之對耶？」書奏，翌日召對便殿，高宗大悅，特旨改合入官，通判洋州。洋西鄉縣產茶，亙陵谷八百餘里，山窮險，賦不盡括。使者韓球將增賦以市寵，園戶避苛斂轉徙，饑饉相藉，文若力爭之，賦迄不增。

再通判遂寧府。會大水，民多漂死，文若至城上，發庫錢募游者，振活甚衆。又力請于朝，除田租二萬一千頃，免場務稅二十餘所，築長堤以捍水勢，自是無水患。





秦檜死，上訪蜀士於魏良臣，以文若對。二十六年，以光祿丞召，改祕書郎，爲文思箴以獻，其略曰：「於赫我皇，兵既休矣。兵休如何？莫若治兵。居安思危，邦乃攸寧。爰整其旅，文王以興。載舞干羽，舜仁用成。向戌弭兵，春秋所懲。蕭俛去兵，禍亂乃萌。師則多矣，軍則強矣。縱弛不繩，猶曰無人。兵非以殘，以兵休兵。」凡千五百餘言。自檜主和，朝論諱言兵，故文若以此風焉。

遷起居郎。勸上收用西北人材以固根本，上深納之。將命以掌制，時有爲宣和執政請恩，爲司諫淩哲所彈，文若喜其直，作禾黍詩以美之。侍御史周方崇以爲譏己，劾文若狂誕，出知邵州。上屢爲近臣言唐文若無罪，可改近郡。

知饒州，興學宮，減田租奇耗二萬石，又請歲糴常平義倉之儲什三與民平市，農末俱利，而粟不腐，遂以著令。餘干嘗有劇盜，巡尉不能制，文若遣牙兵捕而戮之。加直敷文閣，移知溫州。三十一年，召爲宗正少卿。

金人犯邊，文若求對，首建大臣節制江上之議。上諭大臣以文若與虞允文、杜莘老、馬騏才皆可用，復除起居郎。時諸將北出，捷書日聞，上下有狃志，獨文若憂之，圖上元嘉北伐故事。上諭文若以創業所歷艱苦及敵情反覆甚悉，文若對曰：「願陛下深察大勢，邇策之長而避其短，無循前代軌轍，則大善。」

未幾，諸軍退守，金主自將，圍大將王權于歷陽，權遁，淮南盡沒。詔百官廷議，文若畫三策，一請上親征，二乞遣大臣勞軍，三乞起張浚。工部侍郞許尹是其言，衆遂列奏上之，不報。

文若尋面對，上問曰：「今計安出，卿熟張浚否？」文若曰：「浚守道篤學，天下屬望，今四十年，天不死浚嶺海，正爲今日。」上矍然曰：「援浚者多，非卿無以發此。」數日，遣楊存中護江上軍，緩親征之期，起浚知平江府，蓋上以浚雖忠藎，喜功，將士多不附。文若復言浚本以孤忠得衆，尋改浚鎭建康府，將以爲江、淮宣撫使，中沮之而止。

乘輿幸江表，以起居郞兼給事中，直學士院，同羣司居守。駕還，遷中書舍人。上將內禪，前數日手詔追崇皇太子所生父，文若既書黃，因過周必大誦聖德，而疑名稱未安，歸白宰相，請更黃，堂吏不可，文若執不已，宰相以聞。詔改稱本生親，尋又改宗室子偁，其後詔稱皇兄。

孝宗嗣位，張浚以右府都督江、淮軍事，文若時以疾請外，除敷文閣待制，知漢州，尋改都督府參贊軍事。浚使行邊按守備，多所罷行者。未還，除知鼎州，改江州。明年，浚入相，都督府罷。其冬，金復大入，官軍悉戍淮。文若謂上流當嚴兵備，以定民志，奏籍鄉丁五萬，訓練有法，人倚以固。解嚴，和糴大起，郡之數八萬，文若以民勞，堅





請得減什三。旋請祠，章三上未報。乾道元年卒，年六十。贈左通奉大夫。

李燾字仁甫，眉州丹稜人，唐宗室曹王之後也。父中登第，知仙井監。燾甫冠，憤金讎未報，著反正議十四篇，皆救時大務。紹興八年，擢進士第。調華陽簿，再調雅州推官。改秩，知雙流縣。仕族張氏子居喪而爭產，燾曰：「若忍墜先訓乎？盍歸思之。」三日復來，迄悔艾無訟。又有不白其母而鬻產者，燾置之理，豪強斂迹。於是以餘暇力學。

燾恥讀王氏書，獨博極載籍，搜羅百氏，慨然以史自任，本朝典故尤悉力研覈。倣司馬光資治通鑑例，斷自建隆，迄于靖康，爲編年一書，名曰長編，浩大未畢，仍效光體爲百官公卿表。史官以聞，詔給札來上。制置王剛中辟幹辦公事。

知榮州。榮因溪爲隍，夏秋率苦水潦，燾築防捍之。除潼川府路轉運判官，入境，劾守令不職者四人。縣多聚斂，燾括一路財賦額，通有無，酌三年中數，定爲科約，上之朝，頒之州縣。

乾道三年，召對，首舉藝祖治身、治家、治官、治吏典故，以爲恢復之法，乞增置諫官，許六察言事，請練兵，毋增兵，杜諸將私獻，覈軍中虛籍。

除兵部員外郞兼禮部郞中。會慶節上壽，在郊禮散齋內，議權作樂，燾言：「漢、唐祀天地，散齋四日，致齋三日，建隆初郊亦然。自崇寧、大觀法周禮祭天地，故前十日受誓戒。今既合祭，宜復漢、唐及建隆舊制，庶幾兩得。」詔垂拱上壽止樂，正殿爲北使權用。正除禮部郞中，言中興祭禮未備，請以開寶通禮、嘉祐因革禮、政和新儀令太常寺參校同異，修成祭法。

四年，上續通鑑長編，自建隆至治平，凡一百八卷。時乾道新曆成，燾言：「曆不差不改，不驗不用。未差無以知其失，未驗無以知其是。舊曆多差，不容不改，而新曆亦未有大驗，乞申飭曆官討論。」五年，遷祕書少監兼權起居舍人，尋兼實錄院檢討官。

子垕試賢良方正直言極諫科。燾素謂唐三百年不愧此科者惟劉去華，心慕之，嘗以所著通論五十篇見蜀帥張燾，欲應詔，不偶而止。其友晁公遡以書勉之，燾答以當修此學，必不從此舉。既不克躬試，於是命二子垕、塾習焉。至是，吏部尚書汪應辰薦垕文行可應詔，故有是命。

左相陳俊卿出知福州，右相虞允文任恢復事，更張舊典。宰相以燾數言事，不樂，燾遂請去。除直顯謨閣、湖北轉運副使，陛辭，以欲速變古爲戒。





又奏：「禹貢九州，荆田第八，賦乃在三，人功既修，遂超五等。今田多荒蕪，賦虧十八。」上命之條畫。既至，奏：「京湖之民結茅而廬，築土而坊，傭牛而犂，糴種而殖，穀苗未立，睥睨已多，有橫加科斂者。今宜寬侵冒之禁，依乾德詔書止輸舊稅，廣收募之術，如咸平、元豐故事，勸課有勞者推恩。」詔從之。總餉呂游問入奏燾攝其事。

歲饑，發鄂州大軍倉振之，僚屬爭執不可，燾曰：「吾自任，不以累諸君。」尋如數償之。游問返，果劾燾專，上止令具析，不之罪也。

八年，直寶文閣，帥潼川兼知瀘州，首葺石門堡以扼夷人，奏乞戒茶馬司市敍州羈縻馬毋溢額，戒官民毋於夷、漢禁山伐木造舟，奏移鎖水於開邊舊池，皆報可。

淳熙改元，被召，適城中火，上章自劾。提刑何熙志奏焚數不實，且言長編記魏王食肥彘，語涉誣謗，上曰：「憲臣按奏火數失實，職也，何預國史？」命成都提刑李蘩究火事，詔熙志貶二秩罷，燾止貶一秩。

燾及都門，乞祠，除江西運副，且許臨遣。或勸以方被譏，無及時事，燾曰：「聖主全度如此，竭忠所以爲報。」遂奏：「日食、地震皆陰盛，主敵國小人，不可不慮。」且申「無變古、無欲速」兩言。又上快箴，引太祖罷朝悔乘快決事以諫，上曰：「朕當揭之座右。」進祕閣修撰、權同修國史、權實錄院同修撰。

燾爲左史時，嘗乞復行明堂禮，謂「南郊、明堂初無隆殺，合祀圜壇，特免出郊浮費。」至是申言之，詔集議，嬖幸沮止。其後周必大爲禮部尙書，申其說，始克行。權禮部侍郎。

七月壬戌，雷震太祖廟柱，壞鴟尾，有司旋加修繕。燾奏非所以畏天變，當應以實。上論大臣：「燾愛朕，屢進讜言。」賜金紫。嘗請正太祖東向之位。

四年，駕幸太學，以執經特轉一官。燾論兩學釋奠：從祀孔子，當升范仲淹、歐陽脩、司馬光、蘇軾，黜王安石父子；從祀武成王，當黜李勣。衆議不叶，止黜王雱而已。眞拜侍郎，仍兼工部。

徽宗實錄置院已久，趣上奏篇，燾薦呂祖謙學識之明，召爲祕書郎兼檢討官。夜直宣引，奏：「近者蒙氣蔽日，厥占不肖者祿，股肱耳目宜謹厥與。」賜坐。欲起，又留賜飲、賜茶。尋詔監視太史測驗天文。

九月丁酉，日當夜食，燾爲社壇祭告官，伐鼓禮廢，特舉行。垕既中制科，爲祕書省正字，尋遷著作郎兼國史實錄院編修檢討官。父子同主史事，搢紳榮之。

燾感上知遇，論事益切，每集議，衆莫敢發言，獨條陳可否無所避。近臣復舉其次子塾應制科，以閣試不中程黜。垕偶考上舍試卷，發策問制科，爲御史所劾，語連及燾，垕罷，燾亦知常德府。





初，政和末，澧、辰、沅、靖四州置營田刀弩手，募人開邊，范世雄等附會擾民，建炎罷之。乾道間，有建請復置者，燾爲轉運使，嘗奏不當復，已而提刑尹機迫郡縣行之，田不能給。燾至是又申言之，請度田立額，且約帥臣張栻列奏，詔從之。境多茶園，異時禁切商賈，率至交兵，燾曰：「官捕茶賊，豈禁茶商？」聽其自如，訖無警。

累表乞閑，提舉興國宮。秋，明堂大禮成，以其首議，復除敷文閣待制。頃之，垕、塾繼亡，上欲以吏事紓燾憂，起知遂寧府。

七年，長編全書成，上之，詔藏祕閣。燾自謂此書寧失之繁，無失之略，故一祖八宗之事凡九百七十八卷，卷第總目五卷。依熙寧修三經例，損益修換四千四百餘事，上謂其書無愧司馬遷。燾嘗舉漢石渠、白虎故事，請上稱制臨決，又請冠序，上許之，竟不克就。

又奏：「陛下即位二十餘年，志在富強，而兵弱財匱，與『教民七年可以即戎者』異矣。」一日，召對延和殿，講臣方讀陸贄奏議，燾因言：「贄雖相德宗，其實不遇。今遇陛下，可謂千載一時。」遂舉贄所言切於今可舉而行者數十事，勸上力行之。上有功業不足之歎，燾曰：「功業見乎變通，人事既修，天應乃至。」進敷文閣直學士[二]，提舉佑神觀兼侍講、同修國史。薦尤袤、劉淸之十人爲史官。

十年七月，久旱，進祖宗避殿減膳求言故事，上亟施行。丁丑雨。一日宣對，燾言：「外議陛下多服藥，罕御殿，宮嬪無時進見，浮費頗多。」上曰：「卿可謂忠愛，顧朕老矣，安得此聲。近惟葬李婕妤用三萬緡，他無費也。」遂因轉對，乞用祖宗故事召宰執赴經筵。

太史言十一月朔，日當食心八分。燾復條上古今日食是月者三十四事，因奏之曰：「心，天王位，其分爲宋。十一月於卦爲復，方潛陽時，陰氣乘之，故比他食爲重，非小人害政，即敵人窺中國。」明日對延和殿，又及晉何曾議武帝無經國遠圖。

十一年春，乞致仕，優詔不允。上數問其疾增損，給事中宇文价傳上旨，燾曰：「臣子戀闕，非老病，忍乞骸骨。」因叩价時事，勉以忠藎。又聞四川乞減酒課額，猶手劄贊廟堂行之。

病革，除敷文閣學士，致仕。命下，喜曰：「事了矣。」口占遺表云：「臣年七十，死不爲夭，所恨報國缺然。願陛下經遠以藝祖爲師，用人以昭陵爲則。」辭氣舒徐，乃卒，年七十。

上聞嗟悼，贈光祿大夫。他日謂宇文价曰：「朕嘗許燾大書『續資治通鑑長編』七字，且用神宗賜司馬光故事，爲序冠篇，不謂其止此。」

燾性剛大，特立獨行。早著書，檜尙當路，檜死始聞于朝。暨在從列，每正色以訂國論。張栻嘗曰：「李仁甫如霜松雪柏。」無嗜好，無姬侍，不殖產。平生生死文字間。長編一書用力四十年，葉適以爲春秋以後纔有此書。





有易學五卷，春秋學十卷，五經傳授、尙書百篇圖、大傳雜說[三]、七十二子名籍各一卷，文集五十卷，奏議三十卷，四朝史藁五十卷，通論十卷，南北攻守錄三十卷，七十二候圖、陶潛新傳幷詩譜各三卷，歷代宰相年表、唐宰相譜、江左方鎭年表、晉司馬氏本支[四]、齊梁本支、王謝世表、五代將帥年表合爲四十一卷。諡文簡，累贈太師、溫國公。子垕、塈、塾、壁、壇。垕著作郎，塈夔州路提點刑獄，壁、壇皆執政，別有傳。

論曰：執羔宿德雅度，在經筵，忠忱啓沃，以口舌相高爲戒。希呂剛直懇切，有古引裾風。良祐力止汎使，懼開釁端，忤旨竄斥而甘心焉。李浩獨不造秦熺，陳橐以呈身爲恥，文若譏休兵，胡沂斥閹宦，其淸風苦節，終始弗渝。高、孝之世，李燾恥讀王氏書，掇拾禮文殘缺之餘，粲然有則，長編之作，咸稱史才，然所掇拾，或出野史，春秋傳疑傳信之法然歟！

## 校勘記

[一] 且門章安在 疑「門」字誤，錢士升南宋書卷三四本傳改作「且問章安在」，疑是。

〔二〕敷文閣直學士　「直」字原脫，據周必大周益國文忠公集平園續稾卷二六李燾神道碑、南宋館閣續錄卷九補。

〔三〕大傳雜說　此下原衍「各一卷」三字，據周益國文忠公集平園續稾卷二六李燾神道碑刪。

〔四〕晉司馬氏本支　「司馬氏」原作「司馬光」，據同上書同卷同篇、本書卷二〇四藝文志改。



# 宋史卷三百八十九

## 列傳第一百四十八

尤袤　謝諤　顏師魯　袁樞　李椿　劉儀鳳　張孝祥

尤袤字延之，常州無錫人。少穎異，蔣偕、施坰呼爲奇童。入太學，以詞賦冠多士，尋冠南宮。紹興十八年，擢進士第。嘗爲泰興令，問民疾苦，皆曰：「邵伯鎭置頓，爲金使經行也，使率不受而空厲民。漕司輸藁秸，致一束數十金。二弊久莫之去。」乃力請臺閫奏免之。縣舊有外城，屢殘於寇，頹毀甚，袤即脩築。已而金渝盟，陷揚州，獨泰興以有城得全。後因事至舊治，吏民羅拜曰：「此吾父母也。」爲立生祠。

注江陰學官，需次七年，爲讀書計。從臣以靖退薦，召除將作監簿。大宗正闕丞，人爭求之，陳俊卿曰：「當予不求者。」遂除袤。虞允文以史事過三館，問誰可爲祕書丞者，僉以袤對，亟授之。張栻曰：「眞祕書也。」兼國史院編脩官、實錄院檢討官，遷著作郎兼太子





侍讀。

先是，張說自閤門入西府，士論鼎沸，從臣因執奏而去者數十人，袤率三館上書諫，且不往見。後說留身密奏，於是梁克家罷相，袤與祕書少監陳騤各與郡。袤得台州，州五縣，有丁無產者輸二年丁稅，凡萬有三千家。前守趙汝愚修郡城工纔什三，屬袤成之。袤按行前築，殊鹵莽，亟命更築，加高厚，數月而畢。明年大水，更築之，塘正直水衝，城賴以不沒。

會有毀袤者，上疑之，使人密察，民誦其善政不絕口，乃錄其東湖四詩歸奏。上讀而歎賞，遂以文字受知。除淮東提舉常平，改江東。江東旱，單車行部，覈一路常平米，通融有無，以之振貸。

朱熹知南康，講荒政，下五等戶租五斗以下悉蠲之，袤推行於諸郡，民無流殍。進直祕閣，遷江西漕兼知隆興府。屢請祠，進直敷文閣，改江東提刑。

梁克家薦袤及鄭僑以言事去國，久于外，當召，上可之。召對，言：「水旱之備惟常平、義倉，願預飭有司隨市價糴科抑，則人自樂輸，必易集事。」除吏部郎官、太子侍講，累遷樞密檢正兼左諭德。輪對，又申言民貧兵怨者甚切。

夏旱，詔求闕失，袤上封事，大略言：「天地之氣，宣通則和，壅遏則乖；人心舒暢則悅，

抑鬱則憤。催科峻急而農民怨；關征苛察而商旅怨；差注留滯，而士大夫有失職之怨；廩給朘削，而士卒有不足之怨；奏讞不時報，而久繫囚者怨；幽枉不獲伸，而負累者怨；強暴殺人，多特貸命，使已死者怨；有司買納，不卽酬價，負販者怨。人心抑鬱所以感傷天和者，豈特一事而已。方今救荒之策，莫急於勸分，輸納既多，朝廷吝於推賞。乞詔有司檢舉行之。」

高宗崩前一日，除太常少卿。自南渡來，恤禮散失，事出倉卒，上下罔措，每有討論，悉付之袤，斟酌損益，便於今而不戾於古。

當定廟號，袤與禮官定號「高宗」，洪邁獨請號「世祖」。袤率禮官顏師魯、鄭僑奏曰：「宗廟之制，祖有功，宗有德。藝祖規創大業，爲宋太祖，太宗混一區夏，爲宋太宗，自眞宗至欽宗，聖聖相傳，廟制一定，萬世不易。在禮，子爲父屈，示有尊也。太上親爲徽宗子，子爲祖而父爲宗，失昭穆之序。議者不過以漢光武爲比，光武以長沙王後，布衣崛起，不與哀、平相繼，其稱無嫌。太上中興，雖同光武，然實繼徽宗正統，以子繼父，非光武比。將來祔廟在徽宗下而稱祖，恐在天之靈有所不安。」詔羣臣集議，袤復上議如初，邁論遂屈。詔從禮官議。衆論紛然。會禮部、太常寺亦同主「高宗」，謂本朝創業中興，皆在商丘，取「商高宗」，實爲有證。始詔從初議。建議事堂，令皇太子參決庶務。袤時兼侍讀，乃獻書，以爲：



「儲副之位，止於侍膳問安，不交外事；撫軍監國，自漢至今，多出權宜。乞便懇辭以彰殿下之令德。」

臺臣乞定喪制，袤奏：「釋老之教，矯誣褻瀆，非所以嚴宮禁、崇几筵，宜一切禁止。」靈駕將發引，忽定配享之議，洪邁請用呂頤浩、韓世忠、趙鼎、張俊。袤言：「祖宗典故，既祔然後議配享，今忽定於靈駕發引一日前，不集衆論，懼無以厭伏勳臣子孫之心。宜反覆熟議，以俟論定。」奏入，詔未預議官詳議以聞，繼寢之，卒用四人者。時楊萬里亦謂張浚當配食，爭之不從，補外。進袤權禮部侍郎兼同脩國史侍講，又兼直學士院。力辭，上聽免直院。

淳熙十四年，將有事于明堂，詔議升配，袤主紹興孫近、陳公輔之說，謂：「方在几筵，不可配帝，且歷舉郊歲在喪服中者凡四，惟元祐明堂用呂大防請，升配神考，時去大祥止百餘日，且祖宗悉用以日易月之制，故升侑無嫌。今陛下行三年之喪，高宗雖已祔廟，百官猶未吉服，詎可近違紹興而遠法元祐升侑之禮？請俟喪畢議之。」詔可。

孝宗嘗論人才，袤奏曰：「近召趙汝愚，中外皆喜，如王藺亦望收召。」上曰：「然。」一日論事久，上曰：「如卿才識，近世罕有。」次日語宰執曰：「尤袤甚好，前此無一人言之，何也？」兼權中書舍人，復詔兼直學士院，力辭，且薦陸游自代，上不許。時內禪議已定，猶未論大臣也。是日諭袤曰：「且夕制册甚多，非卿孰能爲者，故處卿以文字之職。」袤乃拜命，



內禪一時制册，人服其雅正。

光宗卽位，甫兩旬，開講筵，袤奏：「願謹初戒始，孜孜興念。」越數日，講筵又奏：「天下萬事失之於初，則後不可救。書曰：『愼厥終，惟其始。』」又歷舉唐太宗不私秦府舊人爲戒。又五日講筵，復論官制，謂：「武臣諸司使八階爲常調，橫行十三階爲要官，遙郡五階爲美職，正任六階爲貴品，祖宗待邊境立功者。近年舊法頓壞，使被堅執銳者積功累勞，僅得一階；權要貴近之臣，優游而歷華要，舉行舊法。」姜特立以爲議己，言者因以爲周必大黨，遂與祠。

紹熙元年，起知婺州，改太平州，除煥章閣待制，召除給事中。既就職，卽昌言曰：「老矣，無所補報。凡貴近營求內除小礙法制者，雖特旨令書請，有去而已，必不奉詔。」甫數日，中貴四人希賞，欲自正使轉橫行，袤繳奏者三，竟格不下。

兼侍講，入對，言：「願上謹天戒，下畏物情，內正一心，外正五事，澄神寡欲，保毓太和，虛己任賢，酬酢庶務。不在於勞精神、耗思慮、屑屑事爲之末也。」

陳源除在京宮觀，耶律适嘿除承宣使，陸安轉遙郡，王成特補官，謝淵、李孝友賞轉官，吳元充、夏永壽遷秩，皆論駮之，上並聽納。

韓侂胄以武功大夫、和州防禦使用應辦賞直轉橫行，袤繳奏，謂：「正使有止法，可回授



不可直轉。侂胄勳賢之後，不宜首壞國法，開攀援之門。」奏入，手詔令書行，袤復奏：「侂胄四年間已轉二十七年合轉之官，今又欲超授四階，復轉二十年之官，是朝廷官爵專徇侂胄之求，非所以爲摩厲之具也。」命遂格。

上以疾，一再不省重華宮，袤上封事曰：「壽皇事高宗歷二十八年如一日，陛下所親見，今不待倦勤以宗社付陛下，當思所以不負其託，望勿憚一日之勤，以解都人之惑。」後數日，駕卽過重華宮。

侍御史林大中以論事左遷，袤率左史樓鑰論奏，疏入，不報，皆封駮不書黃。耶律适嘿復以手詔除承宣使，一再繳奏，輒奉內批，特與書行。袤言：「天下者祖宗之天下，爵祿者祖宗之爵祿，壽皇以祖宗之天下傳陛下，安可私用祖宗爵祿而加於公議不允之人哉？」疏入，上震怒，裂去後奏，付前二奏出。袤以後奏不報，使吏收閣，命遂不行。

中宮謁家廟，官吏推賞者百七十有二人，袤力言其濫，乞痛裁節，上從之。嘗因登對，專論廢法用例之弊，至是復申言之。除禮部尚書。駕當詣重華宮，復以疾不出，率同列奏言：「壽皇有免到宮之命，願力請而往，庶幾可以慰釋羣疑，增光孝治。」後三日，駕隨出，中外歡呼。

兼侍讀，上封事曰：「近年以來，給舍、臺諫論事，往往不行，如黃裳、鄭汝諧〔一〕事遷延

一月，如陳源者奉祠，人情固已驚愕，至姜特立召，尤爲駭聞。向特立得志之時，昌言臺諫皆其門人，竊弄威福，一旦斥去，莫不誦陛下英斷。今遠召之，自古去小人甚難，譬除蔓草，猶且復生，況加封植乎？若以源、特立有勞，優以外任，或加錫賚，無所不可。彼其閑廢已久，含憤蓄怨，待此而發，儻復呼之，必將潛引黨類，力排異己，朝廷無由安靜。」

時上已屬疾，國事多舛，袤積憂成疾，請告，不報。疾篤乞致仕，又不報，遂卒，年七十。遺奏大略勸上以孝事兩宮，以勤康庶政，察邪佞，護善類。又口占遺書別政府。明年，轉正奉大夫致仕。贈金紫光祿大夫。

袤少從喻樗、汪應辰游。樗學於楊時，時，程頤高弟也。方乾道、淳熙間，程氏學稍振，忌之者目爲道學，將攻之。袤在掖垣，首言：「夫道學者，堯、舜所以帝，禹、湯、武所以王，周公、孔、孟所以設教。近立此名，詆訾士君子，故臨財不苟得所謂廉介，安貧守分所謂恬退，擇言顧行所謂踐履，行己有恥所謂名節，皆目之爲道學。此名一立，賢人君子欲自見於世，一舉足且入其中，俱無得免，此豈盛世所宜有？願徇名必責其實，聽言必觀其行，人才庶不壞於疑似。」孝宗曰：「道學豈不美之名，正恐假託爲姦，使眞僞相亂耳。待付出戒敕之。」袤死數年，侂胄擅國，於是禁錮道學，賢士大夫皆受其禍，識者以袤爲知言。

嘗取孫綽遂初賦以自號，光宗書扁賜之。有遂初小藁六十卷、內外制三十卷。嘉定五





年，謚文簡。子棐、槩。孫焴，禮部尙書。

謝諤字昌國，臨江軍新喻人。幼敏惠，日記千言，爲文立成。紹興二十七年，中進士第，調峽州夷陵縣主簿，未上，撫之樂安多盜，監司檄諤攝尉，條二十策，大要使其徒相糾而以信賞隨之，羣盜果解散。金渝盟，諸軍往來境上，還行縣事，有治辦聲。

改吉州錄事參軍。囚死者舊瘞以穌，往往暴骨。諤白郡，取船官棄材以棺斂之。郡民陳氏僮竊其篋以逃，有匿之者。陳于官，詞過其實，反爲匿僮者所誣。帥龔茂良怒，欲坐以罪，諤爲書白茂良，陳氏獲免，茂良亦以是知之。

歲大侵，饑民萬餘求廩，官吏罔措。諤植五色旗，分部給糶，頃刻而定。知袁州分宜縣。縣積負於郡數十萬，歲常賦外，又征緡錢二萬餘，諤乃疏其弊於諸監司，請免之。以母憂去。尋丁父憂，服闋，除幹辦行在諸司糧料院。遷國子監簿，尋擢監察御史。奏減袁州分宜、秀州華亭月樁錢。

諤里居時，創義役法，編爲一書，至是上之。詔行其法於諸路，民以爲便。遷侍御史，再遷右諫議大夫兼侍講。講尙書，言於上曰：「書，治道之本，故觀經者當以書爲本。」上曰：「朕最喜伊尹、傅說所學，得事君之道。」諤曰：「伊、傅固然，非成湯、武丁信用之，亦安能致治。」因論及邊事，上有乘機會之論，諤曰：「機會雖不可失，舉事亦不可輕。」上嘗問曰：「聞卿與郭雍遊，雍學問甚好，豈曾見程頤乎？」諤奏：「雍父忠孝嘗事頤，雍蓋得其傳於父。」上遂封雍爲頤正先生。

光宗登極，獻十箴，又論二節三近：所當節者曰宴飲，曰妄費；所當近者曰執政大臣，曰舊學名儒，曰經筵列職。除御史中丞，權工部尙書。請祠，以煥章閣直學士知泉州，又辭，提舉太平興國宮而歸。紹熙五年，卒，年七十四，贈通議大夫。

諤爲文倣歐陽脩、曾鞏。初居縣南之竹坡，名其燕坐曰艮齋，人稱艮齋先生。周必大薦士，及諤姓名，孝宗曰：「是謂艮齋者耶？朕見其性學淵源〔二〕五卷而得之」云。

顏師魯字幾聖，漳州龍溪人。紹興中，擢進士第，歷知莆田、福淸縣。嘗決水利滯訟，闢陂漑綿四十里。歲大侵，發廩勸分有方而不遏糴價，船粟畢湊，市糴更平。鄭伯熊爲常平使，薦于朝，帥陳俊卿尤器重之。召爲官告院，遷國子丞，除江東提舉。時天雨土，日靑無光，都人相驚，師魯陛辭，言：「田里未安，犴獄未淸，政令未當，忠邪未辨，天不示變，人主何





繇省悟！願詔中外，極陳得失，求所以答天戒，銷患未形。」上韙其言。

尋改使浙西。役法敝甚，細民至以雞豚畏楊折產力，遇役輒破家。師魯下教屬邑，預正流水籍，稽其役之序，寬比限，免代輸，咸便安之。鹽課歲百鉅萬，本錢久不給，亭竈私鬻，禁不可止，刑辟日繁。師魯撙帑緡，盡償宿負，戒官吏毋侵移，比旁路課獨最。上謂執政曰：「儒生能辦事如此。」予職直祕閣。農民有墾曠土成田未及受租者，姦豪多爲己利，師魯奏：「但當正其租賦，不應繩以盜種法，失勸農重本意。」奏可，遂著爲令。

入爲監察御史，遇事盡言，無所阿撓。有自外府得內殿宣引，且將補御史闕員，師魯亟奏：「宋璟召自廣州，道中不與楊思勗交一談。李鄘恥爲吐突承璀所薦，堅辭相位不拜。士大夫未論其才，立身之節，當以璟、鄘爲法。今其人朋邪爲迹，人所切齒，縱朝廷乏才，寧少此輩乎？臣雖不肖，羞與爲伍。」命乃寢。繼累章論除職帥藩者：「比年好進之徒，平時交結權倖，一紆郡紱，皆掊克以厚包苴，故昔以才稱，後以貪敗。」上出其疏袖中，行之。

十年，繇太府少卿爲國子祭酒。初，上諭執政擇老成端重者表率太學，故有是命。首奏：「宜講明理學，嚴禁穿鑿，俾廉恥興而風俗厚。」師魯學行素孚規約，率以身先，與諸生言，孳孳以治己立誠爲本，藝尤異者必加獎勸，由是人知飭勵。上聞之喜曰：「顏師魯到學未久，規矩甚肅。」除禮部侍郎，尋兼吏部。



中華書局

有旨改官班，特免引見。師魯獻規曰：「祖宗法度不可輕弛，願始終持久，自強不息。」因言：「賜帶多濫，應奉徼勞，皆得橫金預外朝廷會，如觀瞻何？且臣下非時之賜，過於優隆；梵舍不急之役，亦加錫賚。雖南帑封樁不與大農經費，然無功勞而槩與之，是棄之也。萬一有爲國制變禦侮，建功立事者，將何以旌寵之？」高宗喪制，一時典禮多師魯裁定，又與禮官尤袤、鄭僑上議廟號，語在袤傳。

詔充遺留禮信使。初，顯仁遺留使至金，必令簪花聽樂。師魯陛辭，言：「國勢今非昔比，金人或強臣非禮，誓以死守。」沿途宴設，力請徹樂。至燕山，復辭簪花執射。時孝宗以孝聞，師魯據經陳誼，反復慷慨，故金終不能奪。

遷吏部侍郎，尋除吏部尚書兼侍講，屢抗章請老，以龍圖閣直學士知泉州。臺諫、侍從相繼拜疏，引唐孔戣事以留行。內引，奏言：「願親賢積學，以崇聖德，節情制欲，以養清躬。」在泉因任，凡閱三年，專以恤民寬屬邑爲政，始至卽蠲舶貨，諸商賈胡尤服其清。再起知泉州，以紹熙四年卒于家，年七十五。

師魯自幼莊重若成人，孝友天至。初爲番禺簿，喪父以歸，扶柩航海，水程數千里，甫三日登于岸，而颶風大作，人以爲孝感。常曰：「窮達自有定分，枉道希世，徒喪所守。」故其大節確如金石，雖動與俗情不合，而終翕然信服。嘉泰二年，詔特賜謚曰定肅。



袁樞字機仲，建之建安人。幼力學，嘗以修身爲弓賦試國子監，周必大、劉珙皆期以遠器。試禮部，詞賦第一人，調溫州判官，教授興化軍。

乾道七年，爲禮部試官，就除太學錄，輪對三疏，一論開言路以養忠孝之氣，二論規恢復當圖萬全，三論士大夫多虛誕、僥榮利。張說自閤門以節鉞簽樞密，樞方與學省同僚共論之，上雖容納而色不怡。樞退詣宰相，示以奏疏，且曰：「公不恥與噲等伍邪？」虞允文愧甚。樞卽求外補，出爲嚴州教授。

樞常喜誦司馬光資治通鑑，苦其浩博，乃區別其事而貫通之，號通鑑紀事本末。參知政事龔茂良得其書，奏于上，孝宗讀而嘉歎，以賜東宮及分賜江上諸帥，且令熟讀，曰：「治道盡在是矣。」

他日，上問袁樞今何官，茂良以實對，上曰：「可與寺監簿。」於是以大宗正簿召登對，卽因史書以言曰：「臣竊聞陛下嘗讀通鑑，屢有訓詞，見諸葛亮論兩漢所以興衰，有『小人不可不去』之戒，大哉王言，垂法萬世。」遂歷陳往事，自漢武而下至唐文宗偏聽姦佞，致于禍亂。且曰：「固有詐僞而似誠實，憸佞而似忠鯁者，苟陛下日與圖事於帷幄中，進退天下士，臣恐必爲朝廷累。」上顧謂曰：「朕不至與此曹圖事帷幄中。」樞謝曰：「陛下之言及此，天下之福也。」



遷太府丞。時士大夫頗有爲黨與者。樞奏曰：「人主有偏黨之心，則臣下有朋黨之患。比年或謂陛下寵任武士，有厭薄儒生之心，猜疑大臣，親信左右，內庭行廟堂之事，近侍參軍國之謀。今雖總權綱，專聽覽，而或壅蔽聰明，潛移威福。願可否惟聽於國人，毀譽不私於左右。」上方銳意北伐，示天下以所向。樞奏：「古之謀人國者，必示之以弱，苟陛下志復金讎，臣願蓄威養銳，勿示其形。」復陳用宰執、臺諫之術。

時議者欲制宗室應舉鎖試之額，限添差嶽祠，減臣僚薦舉，定文武任子，嚴特奏之等，展郊禋之歲，緩科舉之期，樞謂：「此皆近來從窄之論，人君惟天是則，不可行也。」遂抗疏勸上推廣大以存國體。

兼國史院編修官，分修國史傳。章惇家以其同里，宛轉請文飾其傳，樞曰：「子厚爲相，負國欺君。吾爲史官，書法不隱，寧負鄉人，不可負天下後世公議。」時相趙雄總史事，見之嘆曰：「無愧古良史。」

權工部郎官，累遷兼吏部郎官。兩淮旱，命廉視眞、揚、廬、和四郡。歸陳兩淮形勢，謂：「兩淮堅固則長江可守，今徒知備江，不知保淮，置重兵於江南，委空城於淮上，非所以戒不虞。瓜洲新城，專爲退保，金使過而指議，淮人聞而嘆嗟。誰爲陛下建此策也？」



遷軍器少監，除提舉江東常平茶鹽，改知處州，赴闕奏事。樞之使淮入對也，嘗言：「朋黨相附則大臣之權重，言路壅塞則人主之勢孤。」時宰不悅。至是又言：「威權在下則主勢弱，故大臣逐臺諫以蔽人主之聽明；威權在上則主勢強，故大臣結臺諫以遏天下之公議。今朋黨之舊尙在，臺諫之官未正紀綱，言路將復荊榛矣。」

除吏部員外郎，遷大理少卿。通州民高氏以產業事下大理，殿中侍御史冷世光納厚賂曲庇之，樞直其事以聞，人爲危之。上怒，立罷世光，以朝臣劾御史，寔自樞始。手詔權工部侍郎，仍兼國子祭酒。因論大理獄案請外，有予郡之命，旣而貶兩秩，寢前旨。光宗受禪，敍復元官，提舉太平興國宮、知常德府。

寧宗登位，擢右文殿修撰、知江陵府。江陵瀕大江，歲壞爲巨浸，民無所託。楚故城楚觀在焉，爲室廬，徙民居之，以備不虞。種木數萬，以爲捍蔽，民德之。尋爲臺臣劾罷，提舉太平興國宮。自是三奉祠，力上請制，比之疏傳、陶令。開禧元年，卒，年七十五。

自是閑居十載，作易傳解義及辯異、童子問等書藏于家。

李椿字壽翁，洺州永年[三]人。父升，進士起家。靖康之難，升禦其父，以背受刃，與長子俱卒。椿年尚幼，藁殯佛寺，深竄而詳識之；奉繼母南走，艱苦備嘗，竭力以養。以父澤補迪功郎，歷官至寧國軍節度推官。治豪民僞券，還陳氏田，吏才精強，人稱之。

張浚辟爲制司準備差遣，常以自隨。椿奔走淮甸，綏流民，布屯戍，察廬、壽軍情，相視山水柴險要，周密精審，所助爲多。

隆興元年春，諸將有以北討之議上聞者，事下督府，椿方奉檄至巢，亟奏記浚曰：「復讎伐敵，天下大義，不出督府而出諸將，況藩籬不固，儲備不豐，將多而非才，兵弱而未練，議論不定，縱得其地，未易守也。」既而師出無功。浚嘗嘆實才之難，椿曰：「豈可厚誣天下無人，唯不惡逆耳而甘遜志，則庶其肯來耳。」浚復除右相，椿知事不可爲，勸之去。明年春，浚出視師，椿曰：「小人之黨已勝，公無故去朝廷，蹤跡必危。」復申前說甚苦。浚心是之，而自以宗臣任天下之重，不忍決去，未幾果罷。

監登聞鼓院，有所不樂，請通判廉州以歸。未上，召對，知鄂州。請行墾田，復戶數千，曠土大闢。

移廣西提點刑獄，獄未竟者，一以平決之，釋所疑數十百人。奏罷昭州金坑，禁仕者毋





市南物。移湖北漕，適歲大侵，官強民振糴，且下其價，米不至，益艱食。椿損所強糴數而不遏其直，未幾米舟湊集，價減十三。每行部，必前期戒吏具州縣所當問事列爲籍，單車以行，所至取吏卒備使令。凡以例致饋，一不受，言事者請下諸道爲式。

召爲吏部郎官，論廣西鹽法，孝宗是其說，遂改法焉。除樞密院檢詳。小吏持南丹州莫酋表，求自宜州市馬者，因簽書張說以聞。椿謂：「邕遠宜近，故遷之，豈無意？今莫氏方橫，奈何道之以中國地里之近？小吏妄作，將啓邊釁，請論如法。」說怒，椿因求去，上慰諭令安職。

遷左司，復請外，除直龍圖閣、湖南運副。兼請十三事，同日報可，大者減桂陽軍月樁錢萬二千緡，損民稅折銀之直，民刻石紀之。

除司農卿。椿會大農歲用米百七十萬斛，而省倉見米僅支一二月，歎曰：「眞所謂國非其國矣。」力請歲儲二百萬斛爲一年之蓄。

擇臨安守，椿在議中，執政或謂其於人無委曲，上曰：「正欲得如此人。」遂兼臨安府，視事三月，竟以權倖不便解去。椿在朝，遇事輒言，執政故不悅。及是轉對，又言：「君以剛健爲體而虛中爲用，臣以柔順爲體而剛中爲用。陛下得虛中之道，以行剛健之德矣。在廷之臣，未見其能以剛中守柔順而事陛下者也。」執政滋不悅，出知婺州。

會詔市牛筋，凡五千斤。椿奏：「一牛之筋纔四兩，是欲屠二萬牛也。」上悟，爲收前詔。

除吏部侍郎，又極言閹寺之盛，曰：「自古宦官之盛衰，係國家興亡。其盛也，始則人畏之，甚則人惡之，極則羣起而攻之。漢、唐勿論，靖康、明受之禍未遠，必有以裁制之，不使至極，則國家免於前日之患，宦官亦保其富貴。門禁宮戒之外，勿得預外事，嚴禁士大夫兵將官與之交通。」上聞靖康、明受語，蹙頞久之，曰：「幼亦聞此。」因納疏袖中以入。最後極言：「當預邊備，如欲保淮，則楚州、盱眙、昭信、濠梁、渦口、花靨[四]、正陽、光州皆不可以不守；如欲保江，則高郵、六合、瓦梁、濡須、巢湖、北峽亦要地也。」

以病請祠，不許，面請益力，乃除集英殿修撰、知寧國府，改太平州，賜尚方珍劑以遣。既至，力圖上流之備，請選將練習，緩急列艦，上可以援東關、濡須，下可以應采石。年六十九，上章請老，以敷文閣待制致仕。越再歲，上念湖南兵役之餘，欲鎭安之，謂椿重厚可倚，命待制顯謨閣、知潭州、湖南安撫使。累辭不獲，乃勉起，至則撫摩凋瘵，氣象一如盛時。復酒稅法，人以爲便。歲旱，發廩勸分，蠲租十一萬，糶常平米二萬，活數萬人。

潭新置飛虎軍，或以爲非便，椿曰：「長沙一都會，控扼湖、嶺，鎭撫蠻傜[五]，二十年間，





大盜三起，何可無一軍？且已費縣官緡錢四十二萬，何可廢耶？亦在馭之而已。」未滿歲，復告歸，進敷文閣直學士致仕，朝拜命，夕登舟，歸老野塘上。

椿年十五歲避地南來，貧無以爲養，不得專力於學。年三十始學易，其言於朝廷，措諸行事，皆易之用。嶷然有守，存心每主於厚，尤惡佛老邪說。淳熙十年，卒，年七十三。朱熹嘗銘其墓，謂其「逆知得失，不假蓍龜」，「不阿主好，不詭時譽」云。

劉儀鳳字韶美，普州人。少以文謁左丞馮澥，澥甚推許，遂知名。紹興二年，登進士第。抱負倜儻，不事生產，於仕進恬如也。擢第十年，始赴調，尉遂寧府之蓬溪，監資州資陽縣酒稅，爲果州、榮州掾。

紹興二十七年，有旨令侍從薦士，起居郎趙逵舉儀鳳，稱其「富有詞華，恬於進取」。宰執上其名，上曰：「蜀人道遠，文學行義有可用者，不由論薦，何緣知之？前此蜀仕宦者例多隔絕，不得一至朝廷，殊可惜也。」自秦檜專權，深抑蜀士，故上語及之。尋除諸王宮大小學教授。召試館職，辭以久離場屋，改國子監丞。宰相以其名士，遷祕書丞、禮部員外郎。所

草陵奏，以典雅稱。

孝宗受禪，議上「光堯壽聖」尊號册寶，有欲俟欽宗服除者，太常博士林栗謂：「唐憲宗上順宗册寶在德宗服中，不必避，備樂而不作可也。」儀鳳獨上議曰：「謹按上尊號事屬嘉禮，累朝必俟郊祀慶成然後舉行。太上皇帝爲欽宗備禮終制，見於詔書。議者引憲宗故事，考之唐史，自武德以來，皆用易月之制，與本朝事體大相遠也。乞候欽宗終制，檢舉以行，則國家盛美，主上事親情實稱矣。」議者雖是其言，然謂事親當權宜而從厚，竟用栗議，儀鳳復爭辨不已。尋兼國史院編修官兼權祕書少監。乾道元年，遷兵部侍郎兼侍講。

儀鳳在朝十年，每歸即匿其車騎，扃其門戶，客至，無親疏皆不得見，政府累月始一上謁，人尤其傲。奉入，半以儲書，凡萬餘卷，國史錄無遺者。御史張之綱論儀鳳錄四庫書本以傳私室，遂斥歸蜀。

三年十二月，輔臣進前侍從當復職者，上曰：「劉儀鳳無罪，可與復集英殿修撰。」起知邛州，未上，改漢州、果州，罷歸。淳熙二年十二月丙申，卒，年六十六。

儀鳳苦學，至老不倦，尤工於詩。然頗慕晉人簡傲之風，不樂與庸輩接，故平生多蹭蹬，一跌遂不振云。





張孝祥字安國，歷陽烏江人。讀書一過目不忘，下筆頃刻數千言。年十六，領鄉書，再舉冠里選。紹興二十四年，廷試第一。時策問師友淵源，秦塤與曹冠皆力攻程氏專門之學，孝祥獨不攻。考官已定塤冠多士，孝祥次之，曹冠又次之。高宗讀塤策皆秦檜語，於是擢孝祥第一，而塤第三，授承事郎、簽書鎭東軍節度判官。諭宰相曰：「張孝祥詞翰俱美。」

先是，上之抑塤而擢孝祥也，秦檜已怒，既知孝祥乃祁之子，祁與胡寅厚，檜素憾寅，且唱第後，曹泳揖孝祥于殿庭，以請婚爲言，孝祥不答，泳憾之。於是風言者誣祁有反謀，繫詔獄。會檜死，上郊祀之二日，魏良臣密奏散獄釋罪，遂以孝祥爲祕書省正字。故事，殿試第一人，次舉始召，孝祥第甫一年得召由此。

初對，首言乞總攬權綱以盡更化之美。又言：「官吏忤故相意，並緣文致，有司觀望鍛鍊而成罪，乞令有司即改正。」又言：「王安石作日錄，一時政事，美則歸己。故相信任之專，非特安石。臣懼其作時政記，亦如安石專用己意，乞取已修日曆詳審是正，黜私說以垂無窮。」從之。

遷校書郎。芝生太廟，孝祥獻文曰原芝，以大本未立爲言，且言：「芝在仁宗、英宗之室，天意可見，乞早定大計。」遷尙書禮部員外郎，尋爲起居舍人、權中書舍人。

初，孝祥登第，出湯思退之門，思退爲相，擢孝祥甚峻。而思退素不喜汪澈，孝祥與澈同爲館職，澈老成重厚，而孝祥年少氣鋭，往往陵拂之。至是澈爲御史中丞，首劾孝祥姦不在盧杞下，孝祥遂罷，提舉江州太平興國宮，於是湯思退之客稍稍被逐。

尋除知撫州。年未三十，莅事精確，老於州縣者所不及。孝宗即位，復集英殿修撰、知平江府。事繁劇，孝祥剖決，庭無滯訟。屬邑大姓並海囊橐爲姦利，孝祥捕治，籍其家得穀粟數萬。明年，吳中大饑，迄賴以濟。

張浚自蜀還朝，薦孝祥，召赴行在。孝祥既素爲湯思退所知，及受浚薦，思退不悅。孝祥入對，乃陳「二相當同心戮力，以副陛下恢復之志。且靖康以來惟和戰兩言，遺無窮禍，要先立自治之策以應之。」復言：「用才之路太狹，乞博采度外之士以備緩急之用。」上嘉之。除中書舍人，尋除直學士院兼都督府參贊軍事。俄兼領建康留守，以言者改除敷文閣待制，留守如舊。會金再犯邊，孝祥陳金之勢不過欲要盟。宣諭使劾孝祥落職，罷。

復集英殿修撰、知靜江府、廣南西路經略安撫使，治有聲績，復以言者罷。俄起知潭州，爲政簡易，時以威濟之，湖南遂以無事。復待制，徙知荆南、荆湖北路安撫使。築寸金隄〔六〕，自是荆州無水患，置萬盈倉以儲諸漕之運。

請祠，以疾卒，孝宗惜之，有用才不盡之歎。進顯謨閣直學士致仕，年三十八。





孝祥俊逸，文章過人，尤工翰墨，嘗親書奏箚，高宗見之，曰：「必將名世。」但渡江初，大議惟和戰，張浚主復讎，湯思退祖秦檜之說力主和，孝祥出入二人之門而兩持其說，議者惜之。

論曰：尤袤學本程頤，所謂老成典刑者，立朝抗論，與人主爭是非，不允不已，而能令終完節，難矣。謝諤、顏師魯、袁樞臨民則以治辨聞，立朝則啓沃忠諫，各舉乃職，爲世師表。李椿、劉儀鳳言論節槩，著於行事。張孝祥早負才畯，莅政揚聲，迨其兩持和戰，君子每歎息焉。

## 校勘記

〔二〕鄭汝諧　原作「鄭汝楷」，據本書卷三九三黃裳傳、樓鑰攻媿集卷二八繳鄭汝諧除權吏部侍郎改。

〔三〕性學淵源　原作「聖學淵源」，據楊萬里誠齋集卷一二一謝公神道碑、周必大周益國文忠公集卷六八謝諤神道碑改。

〔三〕永年　原作「永平」，據朱熹朱文公文集卷九四李椿墓誌銘、誠齋集卷一一六李侍郎傳改。

〔四〕花壓　原作「花壓」，據朱文公文集卷九四李椿墓誌銘、誠齋集卷一一六李侍郎傳改。

〔五〕鎮撫蠻徭　「徭」，誠齋集卷一一六李侍郎傳、朱文公文集卷九四李椿墓誌銘均作「徼」。

〔六〕寸金隄　原作「守金隄」，據本書卷三九七吳獵傳、張孝祥于湖居士文集附錄張安國傳及宣城張氏信譜傳改。



# 宋史卷三百九十

## 列傳第一百四十九

李衡　王自中　家愿　張綱　張大經　蔡洸　莫濛　周淙　劉章　沈作賓

李衡字彥平，江都人。高祖昭素仕至侍御史。衡幼善博誦，爲文操筆立就。登進士第，授吳江主簿。有部使者怙勢作威，侵刻下民，衡不忍以敲扑迎合，投劾于府，拂衣而歸。後知溧陽縣，專以誠意化民，民莫不敬。夏秋二稅，以期日榜縣門，鄉無吏迹，而輸送先他邑辦。因任歷四年，獄戶未嘗繫一重囚。

隆興二年，金犯淮堧，人相驚曰：「寇深矣！」官沿江者多送其孥，衡獨自浙右移家入縣，民心大安。盜蝟起旁境，而溧陽靖晏自如。帥汪澈、轉運使韓元吉等列上治狀，詔進一秩，尋召入爲監察御史。歷司封郎中、樞密院檢詳，出知溫、婺、台三州，惟婺嘗涖其治。加





直祕閣，而衡引年乞身，懇懇不休，上累卻其奏，除祕閣修撰致仕。上思其樸忠，旋召落致仕，除侍御史，以老固辭，不獲命。差同知貢舉。會外戚張說以節度使掌兵柄，衡力疏其事，謂「不當以母后肺腑爲人擇官」，廷爭移時。改除起居郎，衡曰：「與其進而負於君，孰若退而合於道。」章五上，請老愈力，上知不可奪，仍以祕撰致仕。時給事中莫濟不書敕，翰林周必大不草制，右正言王希呂亦與衡相繼論奏，同時去國，士爲四賢詩以紀之。衡後定居崑山，結茅別墅，杖屨徜徉，左右惟二蒼頭，聚書踰萬卷，號曰「樂菴」，卒，年七十九。

衡自宣和間入辟雍，同舍有趙孝孫者，洛人也，其父實師程頤，家學有源，勸衡讀論語曰：「學非記誦辭章之謂，所以學聖賢也，不可有絲毫僞實處，方可以言學。」衡心佩其訓，雖博通羣書而以論語爲根本。臨沒，沐浴冠櫛，翛然而逝。周必大聞之曰：「世謂潛心釋氏，乃能達死生，衡非逃儒入釋者，而臨終超然如此，殆幾孔門所謂聞道者歟。」

王自中字道甫，溫州平陽人。少負奇氣，自立崖岸，繇是忤世。乾道四年，議遣歸正人，自中伏麗正門爭論，且言：「今內空無賢，外空無兵，當搜羅豪俊，廣募忠力，以圖中原。」坐斥徽州，放還。淳熙中，登進士第，主舒州懷寧簿。嚴州分水令。

中華書局

樞密使王藺薦，召對，帝壯其言，將改秩爲籍田令，又俾舉所知，且嚮用矣，以諫疏罷。

自中本韓彥古客，王藺既薦之，上大喜。韓彥直、彥質輩恐其爲彥古報仇，力請交結於自中；而密達意近習，謂「自中受彥古賂，伏闕上書薦彥古爲相」。上遣人物色其事，中書舍人王信恆懼自中入臺將不利於王淮，知彥直輩譖已行，亟請對，探上意；退即走白右正言蔣繼周。繼周方敢劾奏，讀至「受賂伏闕」處，上曰：「卿可謂中其膏肓。」繼周奏：「臣非不知孤蹤忤王藺，但不敢曠職。」蓋欲併中藺以媚淮，上但喜繼周善論事，不知曲折如此。

通判郢州，道除知光化軍，改信州，丁內艱，服闋，還朝。光宗即位，迎謂曰：「朕得卿名於壽皇，留爲郎可乎？」言者不置。主管冲佑觀，起知邵州、興化軍，命下而自中已病，慶元五年八月，卒，年六十。

家愿字處厚，眉山人。父勤國，慶曆、嘉祐間與從兄安國、定國同從劉巨遊，與蘇軾兄弟爲同門友。王安石久廢春秋學，勤國憤之，著春秋新義。熙寧、元豐諸人紛更，而元祐諸賢矯枉過正，勤國憂之，爲築室，作室喻，二蘇讀之敬歎。

愿弱冠遊京師，以廣文館進士登第，時紹聖元年也。廷策進士，中書侍郎李淸臣擬進





策問，力詆元祐之政，愿答策惟以守九年之所已行者爲言。時門下侍郎蘇轍嘗上疏辨策問，舉漢武帝事，觸上怒待罪，愿未及知也，因見轍，誦所對，驚喜曰：「故人子道同志合，猶若是也。」楊畏覆考，專主熙寧、元豐，取畢漸爲第一，愿遂居下第。轍尋出守汝，而國論大變矣。

元符三年，以日食求言，愿時爲普州樂至令，應詔上言，極論時政凡萬言，其大要有十：一曰謹始以正本，二曰敬德以格天，三曰謹好惡以防小人，四曰審信任以辨君子，五曰開言路以來直諫，六曰詳聽言以觀事實，七曰破黨議以存至公，八曰登碩德以服天下，九曰從寬厚以盡人才，十曰崇名節以厚士風。疏上不報。崇寧元年，詔籍元祐、元符上書人姓名，愿以選人籍入邪下等，謫監華州西嶽廟。時當改京秩，迄不改，禁錮不調凡十年。大觀四年，孛星出，降赦，黨禁解，始改秩，調知雙流縣。通判文州。郡守鄭行純憑內侍勢自恣，罷蕃夷互市，啓邊隙。愿爭之，不從，徑下令復其舊。守怒，交章互奏，俱報罷。而愿以嘗入黨籍，謫英州酒稅，量移黃州，數年始予祠。興元帥臣王庶薦自代，通判果州。靖康初，左丞馮澥薦備諫列，除開封府工曹，京城失守，不克赴。高宗南渡，擢知閬州。會張浚謀大舉，愿謂浚厲兵足穀以俟機會，浚不悅，以便旨移彭州。有論邊防書，名曰罪言。守彭之明年，乞骸骨以歸，卒。

方蘇轍之讀愿策，謂愿少年能不爲進取計，異時當以直道聞，恨不及見，轍之言至是而驗。淳祐間，愿曾孫大酉侍講經筵，因從容及之，上改容嘉歎，宣取所上書，又親書「西社同門友，元符上書人」十大字以賜。

愿同郡楊恂，丹稜〔一〕人也，字信仲。元豐五年，登進士第。元符初，知廣都縣，與愿同時上書，語甚切直。越三年，亦同入黨籍邪下第五等。其書以火不存。

張綱字彥正，潤州丹陽人。入太學，以上舍及第。釋褐，徽宗知綱三中首選〔二〕，特除太學正，遷博士，除校書郎。入對，論：「君子小人溷殽，詢言試事則邪正自別。小人得志邀功生事，禍有不可勝言者。今用事者大言罔上，風俗侈靡，背本趨末，日甚一日。宜以祖考躬行之教爲法，天下有不難化矣。」上稱善。論事與蔡京不相合，擠之去，主管玉局觀。久之還故官，兼修國朝會要、校正御前文字。遷著作佐郎、屯田司勳郎。

初，朝議遣童貫、蔡攸使朔方，綱力論不可出師狀，不報。及金渝盟犯京闕，命綱分守四壁，旋解嚴，詔登陴足月者遷。綱曰：「主憂臣辱，義當爾，顧因此受賞邪？」卒不自言。出爲兩浙提刑，移江東。池將王進剽悍恣睢，曹官以小過違忤，遂釘手于門。事聞，詔綱乘





傳窮竟。時國勢未安，諸將往往易朝廷，進擁甲騎數百突至綱前，綱叱進階下，即按問，罪立具，自是無越法者。以左司召，權監察御史。請令郡邑月具繫囚存亡數，申提刑司，歲終校多寡行殿最。進起居舍人，改中書舍人。建言乞依祖宗法命大臣兼領史事，詔宰臣呂頤浩監修國史，著爲令。

試給事中。大將有以軍中田不均乞不收租，朝廷將從之，綱執不可。會推恩元祐黨籍家，有司無限制，自陳者紛至。綱建議以崇寧所刻九十八人爲正〔三〕。自軍興後，小人多乘時召亂，歷五年而怨家告訐者衆。綱謂非所以廣好生之德，乞自蔽囚，後有告勿受。宗室令廢特轉太中大夫，綱言：「庶官超轉侍從非法，且自崇寧以來官職不循資任，致綱紀大壞，今方丕變其俗，奈何以令廢故復違舊章。」詔以次官命詞，舍人王居正復執不行，命遂寢。宣撫使張俊駐師九江，遣營卒以書至瑞昌，縣令郭彥章揣知卒與獄囚通，乃械繫之。俊愬于朝，彥章坐免。綱言：「近時州縣吏多獻諛當路，彥章不隨流俗，是能奉法守職，今不奬而黜，何以示勸？」

除給事中。侍御史魏矼劾綱，提舉太平觀。進徽猷閣待制，引年致仕。秦檜用事久，綱臥家二十年絕不與通問。檜死，召爲吏部侍郎兼侍讀。初講詩關雎，因后妃淑女事，歷陳文王用人，寓意規戒。上曰：「久不聞博雅之言，今日所講析理精詳，深啓朕心。」綱言：

「比年監司資淺望輕，請擇七品以上清望官，或曾任郡守有治狀者爲之，庶位望既重，材能已試，可舉其職。」從之。權吏部尚書。時以彗出東方，詔求言。綱奏：「求言易，聽察難。宜命有司詳審章奏，必究極其情，無事苟簡。」除參知政事。高宗頻諭輔臣寬恤民力，蓋懲秦檜苛政，期安黎庶。綱乃摘其切於利民八十事，標以大指，乞鏤版宣布中外，於是人皆昭知上德意。告老，以資政殿學士知婺州，尋致仕。高宗幸建康，綱朝行宮。孝宗登極，召綱陪祀南郊，以老辭不至，詔嘉之，命所在州郡恆存問，仍賜羊酒，卒，年八十四。

綱常書坐右曰：「以直行己，以正立朝，以靜退高天下。」其篤守如此。初謚文定，吏部尚書汪應辰論駁之，孫釜再請，特賜曰章簡。釜，慶元間爲諫官，力排道學諸賢，累官至簽書樞密院事。

張大經字彥文，建昌南城人。紹興十五年，中進士第，宰吉之龍泉，有善政。諸司列薦，賜對便殿，出知儀眞。時兩淮監司、帥守多興事邀功，大經獨以平易近民，民咸德之。提舉湖南常平，提點湖北刑獄，尋移江東。他路有巨豪犯法，獄久不竟，命移屬大經。豪挾權勢求脫，大經卒正其罪。孝宗重風憲之選，命條上部使者十人，上獨可大經，召見，上曰：「朕





十人中得卿一人，以卿風力峻整。」遂除監察御史，命下，中外聳歎。

大經首陳士風掊克、媮惰、誕慢、浮虛四弊。時理官間多居外，大經奏非便，乃作舍寺庭。遷大理少卿，守殿中侍御史。言：「今日不治，由大臣不任責。」又言：「諸路荒政不實，飛蝗頗多。願益加恐懼，申飭大臣，俾內而百官有司輸忠讜、脩厥職，外而監司守臣察貪理寃、去苛斂、寬民力。」上皆嘉納。因論近習韓俁薦士，上曰：「此亦無害。昔楊得意爲狗監，亦嘗薦司馬相如。」大經奏：「彼何人斯，使得薦士，將恐無廉恥者望風希旨，傷毀士俗。」後數日，上謂大經曰：「卿前所論韓俁，朕思之誠是也。」又論宦者董璉暴橫，將命淮甸，所至誅求，且自號「董閻羅」。上曰：「然，人皆言之。」即依奏鐫罷，竄南康軍。除侍御史。上宣諭曰：「卿論事得體，且詳練。」大經遂言：「士風未厚，吏治未肅，民力未蘇，和氣未應，皆由人心未正。願察公正，明義利，以彰好惡，抑浮薄，去貪刻，則莫不靡然洗濯，一歸於正。」上稱善再三。又言：「監司治民之本，不可限以資格。」上納其言，即選四寺丞同時臨遣。試右諫議大夫兼侍講。請通漕臣之計，以補州郡之有無，拘戶絕之租，以廣常平之儲偫，嚴贓罪改正法，以懲貪黷，收外路辟闕歸吏部，以杜私謁而通孤寒。

秋旱，詔求言。大經極言：「人心不和有以致之。民力竭而愁歎多，軍士貧而怨嗟衆，二者當今大弊。州縣之間，絹帛多折其估，米粟過收其贏，關市苛征，榷酤峻禁。中外兵帥多出貴倖之門，營利自豐，素召衆怨，教閱滅裂，軍容不整。且近習甲第名園，越法踰制，別墅列肆，在在有之，非賂遺何以濟欲？願陛下疎斥憸腐，抑絕倖門，垂意人主之職，責成宰輔，一提其綱，則天下事必有能辦之者。」俄而池司郝政降充統制官，殿帥補外，蓋用其言也。

除禮部尚書兼侍讀。大經屢請祠，上曰：「卿公廉必能爲朕牧民。」以徽猷閣學士知建寧府。未幾，移鎮紹興，辭不拜，予祠。進龍圖閣學士，告老，以通奉大夫致仕。方主眷未衰，抗疏引去，人方之孔戣。壽逾八袠，紹熙五年，寧宗即位，進正議大夫，降詔撫問，賜銀奩藥茗。慶元四年七月，疾革，語諸子曰：「吾目可瞑，吾愛君憂國之心不可泯。」無一語及私。卒，年八十九。訃聞，上甚悼之，贈銀靑光祿大夫，謚簡肅。

蔡洸字子平，其先興化仙遊人，端明殿學士襄之後，徙雲川。父伸，左中大夫。洸以蔭補將仕郎，中法科，除大理評事，遷寺丞，出知吉州。召爲刑部郎，徙度支，以戶部郎總領淮東軍馬錢糧，知鎮江府。會西溪卒移屯建康，舳艫相銜。時久旱，郡民築陂瀦水灌溉，漕司檄郡決之，父老泣訴。洸曰：「吾不忍獲罪百姓也。」卻之。已而大雨，漕運通，歲亦大熟。民歌之曰：「我瀦我水，以灌以溉。俾我不奪，蔡公是賴。」就除司農少卿，言：「鎮江三邑稅





戶客戶輸丁各異，請爲一體，不得自爲同異。所輸丁絹，依和買之直，計尺折納，人給一鈔，官自買絹起發，公私皆便。」上嘉納。以戶部侍郎召，試吏部尚書，移戶部。上謂侍臣曰：「朕以版曹得人爲喜。」洸常言「財無滲漏則不可勝用」。未幾求去，除徽猷閣學士、知寧國府。陛辭賜坐，上慰勞曰：「卿面有火色，風證也，朕有二方賜卿。」洸謝，即奉祠以歸。卒，年五十七。

洸事親孝，曾祖襄未易名，力請于朝，賜謚忠惠。所得奉，每以振親戚之貧者，去朝之日，囊無餘資，至售所賜銀鞍轡治行，人服其清潔云。

莫濛字子蒙，湖州歸安人。以祖蔭補將仕郎，兩魁法科，累官至大理評事、提舉廣南市舶。張子華以贓敗，朝廷命濛往鞫之，濛正其罪。又言秦熺、鄭時中受子華賂，計直數千緡。還朝，除大理寺正。吏部火，連坐者數百人，久不決，命濛治之。濛察其最可疑者留于獄，出餘人爲耳目以蹤跡之，約三日復來，遂得其實，繫者乃得釋。黃州倅奏親擒盜五十餘人，上命濛窮竟，既至，咸以寃告。濛命囚去桎梏，引倅至庭，詢竊發之由，鬥敵之所，遠近時日悉皆牴牾，折之，語塞。濛具正犯數人奏上，餘釋之。上諭輔臣曰：「莫濛非獨曉刑獄，

二十四史

中華書局

可俾理金穀。」除戶部員外郎。

朝廷遣濠措置浙西、江淮沙田蘆場，上語之曰：「得此可助經費，歸日以版曹處卿。」濠多方括責，得二百五十三萬七千餘畝。言者論其丈量失實，徵收及貧民，責監饒州景德鎭。起知光化軍。諜知金渝盟，郡乏舟，衆以爲慮，濠力爲辦集，及敵犯境，民賴以濟。時餉餽急，除淮南轉運判官，濠遷延不之任，右司諫梁仲敏劾其慢命，罷官勒停。宣諭使汪澈爲言於上，復舊職，召見，上諭曰：「朕常記向措置沙田甚不易。」濠謝曰：「職爾，不敢避怨。」上曰：「使任責者人人如卿，天下何事不成。」

除湖北轉運判官。未幾，知鄂州，召除戶部左曹郎中，出知揚州。陛辭，上以城圮，命濠增築。濠至州，規度城闉，分授諸將各刻姓名甃堞間，縣重賞激勸，閱數月告成。除直寶文閣學士、大理少卿兼詳定司敕令官，兼權知臨安府。未幾，假工部尚書使金賀正旦。金庭錫宴，濠以本朝忌日不敢簪花聽樂，金遣人趣赴，濠堅執不從，竟不能奪。使還，除刑部侍郎，改工部侍郎兼臨安府少尹，以言者罷。起知鄂州。卒于官，年六十一，贈正奉大夫。

周淙字彥廣，湖州長興人。父需，以進士起家，官至左中奉大夫。淙幼警敏，力學，宣





和間以父任爲郎，歷官至通判建康府。紹興三十年，金渝盟，邊事方興，帥守難其選，士夫亦憚行。首命淙守滁陽，未赴，移楚州，又徙濠梁。淮、楚舊有並山水置砦自衞者，淙爲立約束，結保伍。金主亮傾國犯邊，民賴以全活者不可勝計。除直祕閣，再任。孝宗受禪，王師進取虹縣，中原之民翕然來歸，扶老攜幼相屬于道。淙計口給食，行者犒以牛酒，至者處以室廬，人人感悅。張浚視師，駐于都梁，見淙謀，輒稱歎，且曰：「有急，公當與我俱死。」淙亦感激，至謂「頭可斷，身不可去」。浚入朝，悉陳其狀，上嘉歎不已，進直徽猷閣，帥維揚。

會錢端禮以尚書宣諭淮東，復以淙薦，進直顯謨閣。時兩淮經踐蹂，民多流亡，淙極力招輯，按堵如故。勸民植桑柘，開屯田，上亦專以屬淙，屢賜親札。淙奉行益力，進直龍圖閣，除兩浙轉運副使。未幾，知臨安府，上言：「自古風化必自近始。陛下躬履節儉，以示四方，而貴近奢靡，殊不知革。」乃條上禁止十五事，上嘉納之，降詔獎諭，賜金帶。臨安駐蹕歲久，居民日增，河流湫隘，舟楫病之，淙請疏浚。工畢，除祕閣修撰，進右文殿修撰，提舉江州太平興國宮以歸。上念淙不忘，除敷文閣待制，起知寧國府，趣入奏，上慰撫愈渥。魏王出鎭，移守婺州。明年春，復奉祠，亟告老。十月卒，年六十，積階至右中奉大夫，封長興縣男。

劉章字文孺，衢州龍游人。少警異，日誦數千言，通小戴禮，四冠鄉舉。紹興十五年廷對，考官定其級在三，迨進御，上擢爲第一，授鎭江軍簽判。是冬，入省爲正字。明年，遷祕書郎兼普安、恩平兩王府教授，遷著作佐郎。事王邸四歲，盡忠誠，專以經誼文學啓迪掖導，受知孝宗自此始。秦檜當國，嗛不附己，風言者媒孽其罪，出倅筠州。檜死，召爲司封員外郎、檢詳樞密院文字兼玉牒檢討官。擢祕書少監、起居郎。使金還，除權工部侍郎，俄兼吏部、兼侍講。郊祀畢，侍從，上慶成詩。

初，章在祕省，嘗議郊廟禮文，當置局討論，詔行其說。正遷吏部，御史論章使胥長賈絹，高宗愕然曰：「劉章必無是事。」御史執不已，罷提舉崇道觀，舉朝嘆鬱。起居郎王佐訟其寃，亦坐絀。起知信州，未久，復請祠。孝宗受禪，念舊學，命知漳州，爲諫議大夫王大寶所格。尋除祕閣修撰、敷文閣待制，召提舉佑神觀兼侍讀，遂拜禮部侍郎。奏禁淫祀，仍於三朝史中删去道釋、符瑞志，大略以爲非春秋法。

朝廷議經略中原，調諸郡兵，民頗擾。少卿趙彥端指言非是。或譖彥端曰：「陛下究心大舉，凡所圖回，但資趙彥端一笑爾。」彥端懼不測。上因夜對問章曰：「聞卿監中有笑朕者。」章不知狀，從容對曰：「聖主所爲，人焉敢笑，若議論不同或有之。」上意頗解。彥端獲





免，人稱章長者。詔論唐太宗所問魏徵德仁功利優劣，章上疏諄複，且言：「太宗問徵在貞觀十六年，陛下宅天命十載于茲，願益加意，將越商、周紹唐、虞矣，太宗非難到也。」進權禮部尚書兼給事中。對選德殿，問章：「今年幾而容貌未衰，頗嘗學道否？」章拱對曰：「臣書生無他長，惟菲儉自度。晏嬰一狐裘三十年不易，人以爲難，臣以爲易。」上嘉歎久之。親洒宸翰以賜，俾安職。章力告歸，以顯謨閣學士食祠祿。

淳熙元年，子之衡由御史、檢法出守廣德軍，當陛辭，對便殿，問：「卿父學士安否？」撫勞再三，臨退復謂曰：「卿歸侍，爲朕致此意。」旋遣閤門祗候蘇曦至家宣問，拜端明殿學士，賜銀絹四百匹。四年，上表告老，以資政殿學士致仕，卒，年八十，贈光祿大夫，謚曰靖文。章容狀魁碩，以周密自守，出入兩朝，被顧遇，未嘗泄禁中一語。

沈作賓字賓王，世爲吳興歸安人。以父任入仕，監饒州永平監，冶鑄堅緻，又承詔造鴈翎刀，稱上意，連進兩資。中刑法科，歷江西提刑司檢法官，入爲大理評事。改秩，通判紹興府。帥守丘崈遇僚吏剛嚴，作賓從容裨贊，每濟以寬。秩滿，知台州，首訪民疾苦，弛鹽禁，寬租期，均徭役，更酒政，決滯獄，五十日間盡除前政之不便民者，邦人胥悅；而前守嫉

其勝己，巧媒糵之，罷去。民請于朝，借留不遂，爲立「留賢碑」。除大理正，親嫌，改太府丞，遷刑部郎。

慶元初，歷官至淮南轉運判官，以治辦聞。直華文閣，因其任。擢太府少卿，總領淮東軍馬錢糧，纔升爲卿。尋除直龍圖閣，帥浙東，知紹興府。入對，奏：「徽州、南康軍月椿不如期，朝廷科降額，比年曰『權免一次』，來年督促如初，適足啓吏姦、重民害，乞明詔示。又楚州武鋒一軍已招三千五百餘人，朝廷初欲減戍，數年未就紀律：一，主將望輕；二，郡守節制不爲禮；三，訓練不盡其能。願令本州少假借，責之練習，期以歲月，考績用成否，上于朝而黜陟之。」上嘉納。韓侂胄方用事，族有居越者，私醸公行，作賓逮捕置于獄，而竄其奴。又論紹興府和買事，語在食貨志。

除兩浙轉運副使。入對，奏：「攢宮一司，歲撥經、總制錢爲緡率四萬有奇，丹艧未弊，加之塗飾，牆壁具存，從而創易，妄費固不足計，亡謂驚黷，非所以妥神靈、彰聖孝。今後有合營繕，聞于朝，下守臣稽覈，畫旨而後興役。」上首肯再三，而修奉者不樂也。

除權工部侍郎，繼兼戶部侍郎。奏請修紹興三十一年以前故事，復敕令所刪修官五員以待選人有才者，又乞申嚴保伍法。以言者罷歸，起知鎭江府，除集英殿修撰，改知寧國府，除寶謨閣待制，知潭州，除戶部侍郎兼詳定敕令官。奏湖北當儲粟，湖南當增兵。未



幾，除龍圖閣待制，知平江府，請得節制許浦水軍，詔可。郡有使臣，故海盜也，作賓使招誘其黨，既至，慰勉之，錫衣物，又得強勇者幾千人，置將以統之，號曰「義士」；復募郡城內外惡少亦幾千人，號曰「壯士」。衣糧器械皆視官軍，而輕捷善鬥過之，於是海道不警，市井無譁。尋命參贊督府，兼權鎭江府。請留戍兵千人，又欲以江、閩新軍二千人易舊軍千人，備不虞。朝廷難之，遂請祠。言者繼及之，復召爲戶部侍郎。軍興之餘，國力殫耗，見存金穀，僅支旬日。作賓考逋負，梲吏姦，閱三月即有半年之儲。充館伴使，兼權工部尙書。

會臨安闕知府事，時相欲奏用作賓，力辭。除權戶部尙書，以母憂解，服闋，授顯謨閣直學士、知建寧府。入覲，乞申嚴詭戶之禁。除寶謨閣學士、江西安撫兼知隆興府。奏部內南安、南康、龍泉三縣，迫近溪峒，三縣令尉及近峒之砦曰秀洲，曰北鄉，曰蓮塘，幷永新縣之勝鄉砦，宜就委帥、憲兩司擇才辟置，量加賞格。又乞詔諸道監司分詣州郡，選禁軍，精練閱，改刺其懦弱者爲廂軍。在郡撙錢二十餘萬緡，僚屬請獻諸朝，作賓謂平生未嘗獻羨，以半歸帥司犒師，半隸本府。除煥章閣學士、提舉隆興府玉隆萬壽宮，進顯謨閣學士致仕，卒于家，贈金紫光祿大夫。



論曰：李衡進退雍容，幾於聞道。王自中、家愿奇邁危言，摧折弗悔，咸有可稱。嘗考宋之立國，元氣在臺諫。崇寧、大觀而後，姦佞擅權，爵賞冒濫，馴至覆亡。高、孝重綑糾封駁之司，張綱抑令應恩，大經劾韓俣、斥董璉，人人振揚風采，正氣稍伸矣。時則有若洸、濛、淙、章、作賓，班班有善，同傳亦宜。

## 校勘記

〔一〕丹稜　原作「丹陵」，據本書卷八九地理志一、太平寰宇記卷七四、輿地廣記卷二九改。

〔二〕三中首選　「三」原作「五」，據張綱華陽集卷四〇張綱行狀、洪邁華陽老人文集序改。

〔三〕綱建議以崇寧所刻九十八人爲正　「九」字原脫，據華陽集卷一八看詳元祐黨人狀、卷四〇張綱行狀補。

# 宋史卷三百九十一

## 列傳第一百五十

### 周必大　留正　胡晉臣

周必大字子充，一字洪道，其先鄭州管城人。祖詵，宣和中倅廬陵，因家焉。父利建，太學博士。必大少英特，父死，鞠於母家，母親督課之。紹興二十年，第進士，授徽州戶曹。中博學宏詞科，教授建康府。除太學錄，召試館職，高宗讀其策，曰：「掌制手也。」守秘書省正字。館職復召試自此始。兼國史院編修官，除監察御史。

孝宗踐祚，除起居郞。直前奏事，上曰：「朕舊見卿文，其以近作進。」上初御經筵，必大奏：「經筵非爲分章析句，欲從容訪問，裨聖德，究治體。」先是，左右史久不除，並記注壅積，必大請言動必書，兼修月進。乃命必大兼編類聖政所詳定官，又兼權中書舍人。侍經





筵，嘗論邊事，上以蜀爲憂，對曰：「蜀民久困，願詔撫諭，事定宜寬其賦。」應詔上十事，皆切時弊。

權給事中，繳駁不辟權倖。翟婉容位官吏轉行礙止法，爭之力，上曰：「意卿止能文，不謂剛正如此。」金索講和時舊禮，必大條奏，請正敵國之名，金爲之屈。曾覿、龍大淵得幸，臺諫交彈之，並遷知閤門事，必大與金安節不書黃，且奏曰：「陛下於政府侍從，欲罷則罷，欲貶則貶，獨於二人委曲遷就，恐人言紛紛未止也。」明日宣手詔，謂：「給舍爲人鼓扇，太上時小事，安敢爾！」必大入謝曰：「審爾，則是臣不以事太上者事陛下。」退待罪，上曰：「朕知卿舉職，但欲破朋黨、明紀綱耳。」旬日，申前命，必大格不行，遂請祠去。

久之，差知南劍州，改提點福建刑獄。入對，願詔中外舉文武之才，區別所長爲一籍，藏禁中，備緩急之用。除秘書少監、兼直學士院，兼領史職。鄭聞草必大制，上改竄其末，引漢宣帝事。必大因奏曰：「陛下取漢宣帝之言，親制贊書，明示好惡。臣觀西漢所謂社稷臣，乃鄙朴之周勃，少文之汲黯，不學之霍光。至於公孫弘、蔡義、韋賢，號曰儒者，而持祿保位，故宣帝謂俗儒不達時宜。使宣帝知眞儒，何至雜伯哉？願平心察之，不可有輕儒名。」上喜其精洽，欲與之日夕論文。

德壽加尊號，必大曰：「太上萬壽，而紹興末議文及近上表用嗣皇帝爲未安。按建炎遙拜徽宗表，及唐憲宗上順宗尊號册文，皆稱皇帝。」議遂定。趙雄使金，賚國書，議受書禮。必大立具草，略謂：「尊卑分定，或較等威；叔姪親情，豈嫌坐起！」上褒之曰：「未嘗諭國書之意，而卿能道朕心中事，此大才也。」

兼權兵部侍郞。奏請重侍從以儲將相，增臺諫以廣耳目，擇監司、郡守以補郞官。尋權禮部侍郞、兼直學士院，同修國史、實錄院同修撰。

一日，詔同王之奇、陳良翰對選德殿，袖出手詔，舉唐太宗、魏徵問對，以在位久，功未有成，治效優劣，苦不自覺，命必大等極陳當否。退而條陳：「陛下練兵以圖恢復而將數易，是用將之道未至；擇人以守郡國而守數易，是責實之方未盡。諸州長吏，倏來忽去，婺州四年易守者五，平江四年易守者四，甚至秀州一年而四易守，吏姦何由可察，民瘼何由可蘇！」上善其言，爲革二弊。江、湖旱，請捐南庫錢二十萬代民輸，上嘉之。

兼侍講，兼中書舍人。未幾，辭直學士院，從之。張說再除簽書樞密院，給事中莫濟封還錄黃，必大奏曰：「昨舉朝以爲不可，陛下亦自知其誤而止之矣。曾未周歲，此命復出。貴戚預政，公私兩失，臣不敢具草。」上批：「王曮疾速譔入。濟、必大予宮觀，日下出國門。」說露章薦濟、必大，於是濟除溫州，必大除建寧府。濟被命卽出，必大至豐城稱疾而歸，濟





聞之大悔。必大三請祠，以此名益重。

久之，除敷文閣待制兼侍讀、兼權兵部侍郞、兼直學士院。上勞之曰：「卿不迎合，無附麗，朕所倚重。」除兵部侍郞，尋兼太子詹事。奏言：「太宗儲才爲眞宗、仁宗之用，仁宗儲才爲治平、元祐之用。自章、蔡沮士氣，卒致裔夷之禍。秦檜忌刻，逐人才，流弊至今。願陛下儲才於閑暇之日。」

上日御毬場，必大曰：「固知陛下不忘閱武，然太祖二百年天下，屬在聖躬，願自愛。」上改容曰：「卿言甚忠，得非虞銜橛之變乎？正以讎恥未雪，不欲自逸爾。」升兼侍讀，改吏部侍郞，除翰林學士。

久雨，奏請減後宮給使，寬浙郡積逋，命省部議優恤。內直宣引，論：「金星近前星，武士擊毬，太子亦興，臣甚危之。」上俾語太子，必大曰：「太子人子也，陛下命以驅馳，臣安敢勸以違命，陛下勿命之可也。」

乞歸，弗許。上欲召人與之分職，因問：「呂祖謙能文否？」對曰：「祖謙涵養久，知典故，不但文字之工。」除禮部尙書兼翰林學士，進吏部兼承旨。詔禮官議明堂典禮，必大定圜丘合宮互舉之議。被旨撰選德殿記及皇朝文鑑序。必大在翰苑幾六年，制命温雅，周盡事情，爲一時詞臣之冠。或言其再入也，實曾覿所薦，而必大不知。

除參知政事，上曰：「執政於宰相，固當和而不同。前此宰相議事，執政更無語，何也？」必大曰：「大臣自應互相可否。自秦檜當國，執政不敢措一辭，後遂以爲當然。陛下虛心無我，大臣乃欲自是乎？惟小事不敢有隱，則大事何由蔽欺。」上深然之。久旱，手詔求言。宰相謂此詔一下，州郡皆乞振濟，何以應之，約必大同奏。必大曰：「上欲通下情，而吾儕阻隔之，何以塞公論。」

有介椒房之援求爲郎者，上俾諭給舍繳駁，必大曰：「臺諫、給舍與三省相維持，豈可諭意？不從失體，從則壞法。命下之日，臣等自當執奏。」上喜曰：「肯如此任怨耶？」必大曰：「當予而不予則有怨，不當予而不予，何怨之有！」上曰：「此任責，非任怨也。」除知樞密院。上曰：「每見宰相不能處之事，卿以數語決之，三省本未可輟卿也〔一〕。」

山陽舊屯軍八千，雷世方乞止差鎮江一軍五千，必大曰：「山陽控扼清河口，若今減而後增，必致敵疑。揚州武鋒軍本屯山陽者，不若歲撥三千，與鎮江五千同戍。」郭杲請移荆南軍萬二千永屯襄陽，必大言：「襄陽固要地，江陵亦江北喉襟。」於是留二千人。上諭以「金既還上京，且分諸子出鎮，將若何？」必大言：「敵恫疑虛喝，正恐我先動。當鎮之以靜，惟邊將不可不精擇。」

拜樞密使。上曰：「若有邊事，宣撫使惟卿可，他人不能也。」上諸軍升差籍，時點召一





二察能否，主帥悚激，無敢容私。創諸軍點試法，其在外解發而親閱之。池州李忠孝〔二〕自言正將二人不能開弓，乞罷軍。上曰：「此樞使措置之效也。」金州謀帥，必大曰：「與其私舉，不若明揚。」令侍從、管軍薦舉。或傳大石林牙將加兵於金，忽魯大王分據上京，邊臣結約夏國。必大皆屏不省，勸上持重，勿輕動。既而所傳果妄。上曰：「卿眞有先見之明。」

淳熙十四年二月，拜右丞相。首奏：「今內外晏然，殆將二紀，此正可懼之時，當思經遠之計，不可紛更欲速。」秀州乞減大軍總制錢二萬，吏請勘當，必大曰：「此豈勘當時耶？」立蠲之。封事多言大臣同異，必大曰：「各盡所見，歸於一是，豈可尙同？陛下復祖宗舊制，命三省覆奏而後行，正欲上下相維，非止奉行文書也。」

高宗升遐，議用顯仁例，遣三使詣金。必大謂：「今昔事殊，不當畏敵曲徇。」止之。賀正使至，或請權易淡黃袍御殿受書，必大執不可，遂爲縞素服，就帷幄引見。十五年，思陵發引，援熙陵呂端故事，請行，乃攝太傅，爲山陵使。明堂加恩，封濟國公。

十一月，留身乞去，上獎勞再三。忽宣諭：「比年病倦，欲傳位太子，須卿且留。」必大言：「聖體康寧，止因孝思稍過，何遽至倦勤。」上曰：「禮莫大於事宗廟，而孟饗多以病分詣；孝莫重於執喪，而不得自至德壽宮。欲不退休，得乎？朕方以此委卿。」必大泣而退。十二月壬申，密賜紹興傳位親札。辛卯，命留身議定。二月壬戌，又命預草詔，專以奉几筵、侍東朝爲意。拜左丞相、許國公。參政留正拜右丞相。壬子，上始以內禪意諭二府。二月辛酉朔，降傳位詔。翼日，上吉服御紫宸殿。必大奏：「陛下巽位與子，盛典再見，度越千古。顧自今不得日侍天顏。」因哽噎不能言，上亦泫然曰：「正賴卿等協贊新君。」

光宗問當世急務，奏用人、求言二事。三月，拜少保、益國公。李巘草二相制，抑揚不同，上召巘令帖麻改定，既而斥巘予郡。必大求去。

何澹爲司業，久不遷，留正奏遷之。澹憾必大而德正，至是爲諫長，遂首劾必大。詔以觀文殿大學士判潭州。澹論不已，遂以少保充醴泉觀使。判隆興府，不赴，復除觀文殿學士、判潭州，復大觀文。坐所舉官以賄敗，降滎陽郡公。復益國公，改判隆興，辭，除醴泉觀使。

寧宗即位，求直言，奏四事：曰聖孝，曰敬天，曰崇儉，曰久任。慶元元年，三上表引年，遂以少傅致仕。

先是，布衣呂祖泰上書請誅韓侂冑，逐陳自強，以必大代之。嘉泰元年，御史施康年劾必大首唱僞徒，私植黨與，詔降爲少保。自慶元以後，侂冑之黨立僞學之名，以禁錮君子，而必大與趙汝愚、留正實指爲罪首。





二年，復少傅。四年，薨，年七十有九。贈太師，謚文忠。寧宗題篆其墓碑曰「忠文耆德之碑」。

自號平園老叟，著書八十一種，有平園集二百卷。嘗建三忠堂於鄉，謂歐陽文忠修、楊忠襄邦乂、胡忠簡銓皆廬陵人，必大平生所敬慕，爲文記之，蓋絕筆也。一子，綸。

留正字仲至，泉州永春人。六世祖從效，事太祖，爲清遠軍節度使，封鄂國公。紹興十三年，第進士，授南恩州陽江尉、清海軍節度判官。

龔茂良守番禺，正言：「在法：劫盜贓滿五貫死，海盜加等。小民餌利，率身陷重辟。請鏤梓海上，使戶知之。」民始知避。用茂良薦，赴都堂審察。宰相虞允文奇之，薦于上。得對，正言：「國家右文而略武備，祖宗以天下全力用於西夏，承平日久，邊不爲備，至敵人長驅而不能支。今當改轍，使文武並用。」孝宗嘉歎，書劄中要語下三省施行。

知循州，陛辭，言：「士大夫名節不立，國家緩急無所倚仗。靖康金人犯闕，死義者少，因亂謀利者多。今欲恢復，當崇尙名節。」上益喜，明日諭輔臣：「留正奏事，議論耿耿，可與職事官。」除軍器監簿，歷官考功郎官。太常謚葉義問「恭簡」，正覆謚，言：「義問將兵出疆，不知敵人情僞，及金犯邊，督視寡謀，幾至敗事。」下太常更議，時論韙之。

擢起居舍人，尋權中書舍人。光宗自東宮朝，顧見正，謂左右曰：「修整如此，其人可知。」乃請于上，兼太子左諭德。正言：「記注進御，非設官本意。乞自今免奏御。」詔從之。爲中書舍人兼侍講，兼權兵部侍郎，除給事中。張說子薦往視鎮江戰艦，挾勢遊觀，沉舟溺卒，除知閤門事、樞密副承旨，正封還詞頭。洪邦直除御史，正言：「邦直爲邑人所訟，不宜任風憲。」

兼權吏部尚書，言：「用人莫先論相。陛下志在恢復，而相位不能任輔贊。望精選人才，與圖大計。」時相益不樂，以顯謨閣直學士出知紹興府。侍御史范仲芑劾前帥臓六十萬，有詔嚴責。正明其非辜，御史怒，并劾正，降顯謨閣待制、提舉玉隆萬壽宮。尋復職。知贛州，奏減上供米，不報。及爲相，蠲一萬八千石。知隆興府。

進龍圖閣直學士、四川制置使，兼知成都府。平四蜀折租價，歲減酒課三十八萬。乾道初，羌酋奴兒結越大渡河，據安靜砦，侵漢地幾百里。正密授諸將方略，擒奴兒結以歸，盡俘其黨，羌平。進敷文閣學士，尋詔赴行在。正在蜀以簡素化民，歸裝僅書數篋，人服其清。

除端明殿學士、簽書樞密院事，參知政事，同知樞密院事。孝宗密諭內禪意，拜右丞



相。一日奏事，皇太子參決侍立，上顧謂太子曰：「留正純誠可託。」

光宗受禪，主管左右春坊姜特立隨龍恩擢知閤門事，聲勢浸盛。正列其招權預政狀，乞斥逐，上意猶未決。會副參闕，特立謁正曰：「上以丞相在位久，欲遷左相，葉翥、張杓當擇一人執政，未知孰先？」正奏之，上大怒，詔特立提舉興國宮。孝宗聞之，曰：「眞宰相也。」

紹熙元年，進左丞相。正謹法度，惜名器，豪髮不可干以私。引趙汝愚首從班，卒與之共政。用黃裳爲皇子嘉王翊善，世號得人。嘉王感疾，正言：「陛下只有一子，隔在宮牆外非便，乃令蚤正元良之位，入居東宮，則朝夕相見甚順。」又奏：「太子，天下本。傳曰：『豫建太子，所以重宗廟社稷。』漢文帝即位，即建太子。本朝皇子居冢嫡，有未出閤而正儲位者。皇子嘉王既居冢嫡，出閤已久，宜早正儲位，以定天下本。」再月不報。檢漢文帝紀及本朝眞宗立仁宗典故，并呂誨、張方平兩奏，節其要語繳奏。

上不豫，外議洶洶，正與同列間至福寧殿奏事，處分得宜，人情以安。進封申國公。上疾浸平，正乞歸政，不許。

初，正帥蜀，慮吳氏世將，謀去之。至是，朝廷議更蜀帥，正言：「西邊三將，惟吳氏世襲兵柄，號爲『吳家軍』，不知有朝廷。」遂以戶部侍郎丘密行。及吳挺死，韓侂胄爲吳氏地，使吳曦世襲。正力請留曦環衛，遣張詔代挺。後數歲，曦入蜀，卒稔變。

壽皇聖政成，進少保，封衞國公。李端友以椒房親，手詔除郎，正繳還，上不納，復執奏曰：「昔館陶公主爲子求郎，明帝不許。今端友依憑內援，恐累聖德。」姜特立除浙東副總管，尋召赴行在，正引唐憲宗召吐突承璀事，乞罷相。上批：「成命已行，朕無反汗，卿宜自處。」正待罪六和塔，奏言：「陛下近年，不知何人獻把定之說，遂至每事堅執，斷不可回。天下至大，機務至煩，事出於是，則人無異詞，可以固執；事出於非，則衆論紛起，必須惟是之從。臣恐自此以往，事無是非，陛下壹持把定之說，言路遂塞。」因繳進前後錫賚及告敕，待罪范村，乞歸田里，不許。

壽聖太后將以冬至上尊號册寶，以正爲禮儀使，攝太傅。於是上遣左司徐誼諭旨，正復入都堂視事。是行也，待罪凡一百四十日。册寶禮成，拜少傅，封魯國公。正力辭。

五年正月，孝宗疾革，正數請車駕過宮。一日，上拂衣起，正引裾泣諫，隨至福寧殿門。正退上疏，言極激切。六月戊戌，孝宗崩，光宗以疾未能執喪，正率同列屢奏，乞早正嘉王儲位，又擬指揮付學士院降詔。尋有手詔：「朕歷事歲久，念欲退閑。」正得之始懼，請對，復不報。即出國門，上表請老，末曰：「願陛下速回淵鑒，追悟前非，漸收人心，庶保國祚。」

正始議以上疾未克主喪，宜立皇太子監國；若終喪未倦勤，當復辟。設議內禪，太子可



即位。時從臣鄭湜奏與正同。既而趙汝愚以內禪請于憲聖，正謂：「建儲詔未下，遽及此，他日必難處。」論既違，以肩輿逃去。及嘉王即位，尊皇帝爲太上皇帝，以正爲大行攢宮總護使。寧宗即位，入謝，復出。憲聖命速宣押，時汝愚亦以爲請，上親札，遣使召正還。

侍御史張叔椿請議正棄國之罰，乃徙叔椿吏部侍郎，而正復相。入賀，且請車駕一出，慰安都人心；及定壽康宮南向，撤去新增禁旅。詔悉從之。進少傅，屢辭不拜，奏言：「陛下勉徇羣情，以登大寶，當遇事從簡，示天下以不得已之意，實非頒爵之時。」

韓侂胄浸謀預政，數詣都堂，正使省吏諭之曰：「此非知閤日往來之地。」侂胄怒而退。會經筵晚講賜坐，正執奏以爲非，上不懌。侍御史黃度論馬大同罪，正擬度補外，上知其情，除度右正言。正請推恩隨龍人，上曰：「朕未見父母，可恩及下人耶？」積數事失上意，侂胄從而間之。八月，手詔正以少師、觀文殿大學士判建康府。尋又以諫議大夫張叔椿言，落職。

慶元元年六月，詔正以上皐付正手詔八字進入，宣付史館。復觀文殿大學士。初，劉德秀自重慶入朝，未爲正所知，謁正客范仲黼請爲言，正曰：「此人若留之班行，朝廷必不靜。」乃除大理簿，德秀憾之。至是爲諫議大夫，論正四大罪，褫職，自是彈劾無虛歲。以張釜言，責授中大夫、光祿卿，分司西京，邵州居住。明年，令自便。給事中謝源明

封還錄黃，量移南劍州，再許自便。

復光祿大夫，提舉洞霄宮。上章乞納祿，詔復元官職致仕。又以御史林采言，依舊官光祿大夫致仕。俄復觀文殿學士、金紫光祿大夫。嘉泰元年，進封魏國公，復少師、觀文殿大學士。開禧二年七月，薨，年七十八。贈太師。

正出處大致如紹熙去國，恥與姜特立並位而待罪近郊，五月復入，議者猶惜其去之不勇。首發大議，亟正嘉王儲位，遂致言者深文，指爲棄國，豈弘毅有所不足耶？或問范仲黼：「留、趙二公處變不同如何？」仲黼曰：「趙，同姓之卿也；留則異姓之卿，反復之而不聽，則去。」聞者以爲名言。

有詩文、奏議、外制二十卷行于世。寶慶三年，謚忠宣。子恭、丙、端，皆爲尙書郎。孫元英，工部侍郎；元剛，起居舍人。

胡晉臣字子遠，蜀州人。登紹興二十七年進士第，爲成都通判。制置使范成大以公輔薦諸朝，孝宗召赴行在。入對，疏當今士俗、民力、邊備、軍政四弊。試學士院，除秘書省校書郎，遷著作佐郎兼右曹郎官。





輪對，論三事：一，無忽講讀官，以仁宗爲法；二，責諫官以糾官邪，責宰相以抑奔競；三，廣聽納，通下情，以銷未形之患。又極論近倖，上覽奏色動。晉臣口陳甚悉，至論及兩稅折變，天威稍霽，首肯久之。

趙雄時秉政，手詔下中書問近倖姓名。晉臣翼日至中書，執政詰其故，晉臣曰：「近習招權，丞相豈不知之？」即條具大者以聞。上感悟，自是近習嚴憚。

晉臣以親年高，求外補，知漢州，除潼川路提點刑獄，以憂去。服除再召，以五事見，曰：選將帥，廣常平，治渠堰，更鹽法，通楮幣。上謂輔臣曰：「胡晉臣言可行。」除度支郎，累遷侍御史。朱熹除兵部郎官，以病足未供職。侍郎林栗與熹論易不合，因奏熹不即受印爲傲慢。晉臣上疏留熹而排栗，物論歸重。

光宗嗣位，遷工部侍郎，除給事中，每以裁濫恩、惜名器爲重，內降持不下，上嘉其有守，拜端明殿學士、簽書樞密院事。正謝日，上命條上軍政利害。既而朝重華宮，孝宗謂曰：「嗣君擢任二三大臣，深愜朕意，聞外庭亦無異詞。」晉臣拜謝。

除參知政事兼同知樞密院事。上自南郊後久不御朝，晉臣與丞相留正同心輔政，中外帖然。其所奏陳，以溫凊定省爲先，次及親君子、遠小人、抑僥倖、消朋黨，啓沃剴切，彌縫縝密，人無知者。未幾，薨于位，贈資政殿學士，謚文靖。

論曰：謀大事，決大議，非凝定有立者不能也。周必大、留正一時俱以相業稱，然必大純篤忠厚，能以善道其君，光、寧禪受之際，懼禍而去，其可爲有立乎哉？若胡晉臣爭論朱熹，則侃侃有守者也。

## 校勘記

〔一〕三省本未可綴卿也　「未」原作「末」，據周必大周益國文忠公集附錄卷二周必大行狀、樓鑰攻媿集卷九四周必大神道碑改。

〔二〕李忠孝　同上二書同卷同篇作「李思孝」。

# 宋史卷三百九十二

## 列傳第一百五十一

### 趙汝愚 子崇憲

趙汝愚字子直，漢恭憲王元佐七世孫，居饒之餘干縣。父善應，字彥遠，官終修武郎、江西兵馬都監。性純孝，親病，嘗刺血和藥以進。母畏雷，每聞雷則披衣走其所。嘗寒夜遠歸，從者將扣門，遽止之曰：「無恐吾母。」露坐達明，門啓而後入。家貧，諸弟未製衣不敢製，已製未服不敢服，一瓜果之微必相待共嘗之。母喪，哭泣嘔血，毀瘠骨立，終日俯首柩傍，聞雷猶起，側立垂涕。既終喪，言及其親，未嘗不揮涕，生朝必哭于廟。父終肺疾，每膳不忍以諸肺爲羞。母生歲値卯，謂卯兔神也，終其身不食兔。聞四方水旱，輒憂形于色。江、淮警報至，爲之流涕，不食累日；同僚會宴，善應悵然曰：「此寧諸君樂飲時耶！」衆爲失色而罷。故人之孤女，貧無所歸，善應聘以爲己子婦。





有嘗同僚者死不克葬，子傭食他所，善應馳往哭之，歸其子而予之貲，使葬焉。道見病者必收恤之，躬爲煑藥。歲饑，且夕率其家人輟食之半，以飼飢者。夏不去草，冬不破壤，懼百蟲之遊且蟄者失其所也。晉陵尤袤稱之曰：「古君子也。」既卒，丞相陳俊卿題其墓碣曰：「宋篤行趙公彥遠之墓。」

汝愚早有大志，每曰：「丈夫得汗靑一幅紙，始不負此生。」擢進士第一，簽書寧國軍節度判官，召試館職，除祕書省正字。孝宗方銳意恢復，始見，卽陳自治之策，孝宗稱善，遷校書郎。知閤門張說擢簽書樞密院事，汝愚不往見，率同列請祠，未報。會祖母訃至，卽日歸，因自劾，上不加罪。

遷著作郎、知信州，易台州，除江西轉運判官，入爲吏部郎兼太子侍講。遷祕書少監兼權給事中。內侍陳源有寵於德壽宮，添差浙西副總管。汝愚言：「祖宗以童貫典兵，卒開邊釁，源不宜使居總戎之任。」孝宗喜，詔自今內侍不得兼兵職。舊制，密院文書皆經門下省，張說在西府，託言邊機不宜泄。汝愚謂：「東西二府朝廷治亂所關，中書庶政無一不由東省，何密院不然？」孝宗命如舊制。

權吏部侍郎兼太子右庶子，論知閤王抃招權預政，出抃外祠。以集英殿修撰帥福建，陛辭，言國事之大者四，其一謂：「吳氏四世專蜀兵，非國家之利，請及今以漸抑之。」進直學士、制置四川兼知成都府。諸羌蠻相挻爲邊患，汝愚至，悉以計分其勢。孝宗謂其有文武威風，召還。光宗受禪，趣召未至，殿中侍御史范處義論其稽命，除知潭州，辭，改太平州。進敷文閣學士，知福州。

紹熙二年，召爲吏部尙書。先是，高宗以宮人黃氏侍光宗於東宮，及卽位爲貴妃，后李氏意不能平。是年冬十一月郊，有司已戒而風雨暴至，光宗震懼，及齋宿青城，貴妃暴甍，駕還，聞之恚，是夕疾作。內侍馳白孝宗，孝宗倉卒至南內，問所以致疾之由，不免有所戒責。及光宗疾稍平，汝愚入對。上常以五日一朝孝宗於重華宮，至是往往以傳旨免，至會慶節上壽，駕不出，冬至朝賀又不出，都人以爲憂。汝愚往復規諫，上意乃悟。汝愚又屬嗣秀王伯圭調護，於是兩宮之情通。光宗及后俱詣北內，從容竟日。

四年，汝愚知貢舉，與監察御史汪義端有違言。汝愚除同知樞密院事，義端言祖宗之法，宗室不爲執政，詆汝愚植黨沽名，疏上，不納。又論臺諫、給舍陰附汝愚，一切緘默，不報。論汝愚發策譏訕祖宗，又不報。汝愚力辭，上爲徙義端軍器監。給事中黃裳言：「汝愚事親孝，事君忠，居官廉，憂國愛民，出於天性。義端實忌賢，不可以不黜。」上乃黜義端補郡，汝愚不獲已拜命。未幾，遷知樞密院事，辭不拜，有旨趣受告。汝愚對曰：「臣非敢久辭。臣嘗論朝廷數事，其言未見用，今陛下過重華，留正復相，天下幸甚。惟武興未除帥，臣心





不敢安。」上遂以張詔代領武興軍，汝愚乃受命。

光宗之疾生於疑畏，其未過宮也，汝愚數從容進諫，光宗出聞其語輒悟，入輒復疑。五年春，孝宗不豫，夏五月，疾日臻。光宗御後殿，丞相率同列入，請上詣重華宮侍疾，從臣、臺諫繼入，閤門吏以故事止之，不退。光宗益疑，起入內。越二日，宰相又請對，光宗令知閤門事韓侂胄傳旨云：「宰執並出。」於是俱至浙江亭俟命。孝宗聞之憂甚，嗣秀王簡丞相傳孝宗意，令宰執復入。侂胄奏曰：「昨傳旨令宰執出殿門，今乃出都門。」請自往宣押，汝愚等乃還第。

六月丁酉，夜五鼓，重華大閹扣宰執私第，報孝宗崩，中書以聞，汝愚恐上疑，或不出視朝，持其劄不上。次日，上視朝，汝愚以提舉重華宮關禮狀進，上乃許過北內，至日昃不出，宰相率百官詣重華宮發喪。壬寅，將成服，留正與汝愚議，介少傅吳琚請憲聖太后垂簾暫主喪事，憲聖不許。正等附奏曰：「臣等連日造南內請對，不獲。累上疏，不得報。今當率百官恭請，若皇帝不出，百官相與慟哭于宮門，恐人情騷動，爲社稷憂。乞太皇太后降旨，以皇帝有疾，蹔就宮中成服。然喪不可無主，祝文稱『孝子嗣皇帝』，宰臣不敢代行。太皇太后，壽皇之母也，請攝行祭禮。」蓋是時正、汝愚之請垂簾也，以國本係乎嘉王，欲因簾前奏陳宗社之計，使命出簾幃之間，事行廟堂之上，則體正言順，可無後艱。而吳琚素畏愼，

且以后戚不欲與聞大計，此議竟格。

丁未，宰臣已下，待對和寧門，不報，乃入奏云：「皇子嘉王仁孝夙成，宜早正儲位以安人心。」又不報。越六日再請，御批云：「甚好。」明日，同擬旨以進，乞上親批付學士院降詔。是夕，御批付丞相云：「歷事歲久，念欲退閑。」留正見之懼，因朝臨佯仆于庭，密爲去計。汝愚自度不得辭其責，念故事須坐甲以戒不虞，而殿帥郭杲莫有以腹心語者。

會工部尚書趙彥逾至私第，語及國事，汝愚泣，彥逾亦泣，汝愚因微及與子意，彥逾喜。汝愚知彥逾善杲，因繆曰：「郭杲儻不同，奈何？」彥逾曰：「某當任之。」約明乃復命。汝愚曰：「此大事已出諸口，豈容有所俟乎？」汝愚不敢入私室，退坐屏後，以待彥逾之至。有頃，彥逾至，議遂定。明日，正以五更肩輿出城去，人心益搖，汝愚處之恬然。自吳琚之議不諧，汝愚與徐誼、葉適謀可以白意於慈福宮者，乃遣韓侂冑以內禪之意請于憲聖。侂冑因所善內侍張宗尹以奏，不獲命，明日往，又不獲命。侂冑逡巡將退，重華宮提舉關禮見而問之，侂冑具述汝愚意。禮令少俟，入見憲聖而泣。憲聖問故，禮曰：「聖人讀書萬卷，亦嘗見有如此時而保無亂者乎？」憲聖曰：「此非汝所知。」禮曰：「此事人人知之，今丞相已去，所賴者趙知院，旦夕亦去矣。」言與淚俱。憲聖驚曰：「知院同姓，事體與他人異，乃亦去乎？」禮曰：「知院未去，非但以同姓故，以太皇太后爲可恃耳。今定大計而不獲命，勢不得不去。



去，將如天下何？願聖人三思。」憲聖問侂冑安在，禮曰：「臣已留其俟命。」憲聖曰：「事順則可，令諭好爲之。」禮報侂冑，且云：「來早太皇太后於壽皇梓宮前垂簾引執政。」侂冑復命，汝愚始以其事語陳騤、余端禮，使郭杲及步帥閻仲夜以兵衞南北內，禮使其姻黨宣贊舍人傅昌朝密製黃袍。

是日，嘉王謁告不入臨，汝愚曰：「禫祭重事，王不可不出。」翌日，禫祭，羣臣入，王亦入。汝愚率百官詣大行前，憲聖垂簾，汝愚率同列再拜，奏：「皇帝疾，未能執喪，臣等乞立皇子嘉王爲太子，以繫人心。皇帝批出有『甚好』二字，繼有『念欲退閑』之語，取太皇太后處分。」憲聖曰：「既有御筆，相公當奉行。」汝愚曰：「茲事重大，播之天下，書之史册，須議一指揮。」憲聖允諾。汝愚袖出所擬太皇太后指揮以進，云：「皇帝以疾至今未能執喪，曾有御筆，欲自退閑。皇子嘉王擴可卽皇帝位，尊皇帝爲太上皇帝，皇后爲太上皇后。」憲聖覽畢曰：「甚善。」汝愚奏：「自今臣等有合奏事，當取嗣君處分。然恐兩宮父子間有難處者，須煩太皇太后主張。」又奏：「上皇疾未平，驟聞此事，不無驚疑，乞令都知楊舜卿提舉本宮，任其責。」遂召舜卿至簾前，面喻之。憲聖乃命皇子卽位，皇子固辭曰：「恐負不孝名。」汝愚奏：「天子當以安社稷、定國家爲孝。今中外人人憂亂，萬一變生，置太上皇何地？」衆扶入素幄，披黃袍，方却立未坐，汝愚率同列再拜。寧宗詣几筵殿，哭盡哀。須臾，立仗訖，催百官班。帝



衰服出就重華殿東廡素幄立，內侍扶掖乃坐。百官起居訖，行禫祭禮。汝愚卽喪次，召還留正長百僚，命朱熹待制經筵，悉收召士君子之在外者。侍御史張叔椿請議正棄國之罰，汝愚爲遷叔椿官。

是月，上命汝愚兼權參知政事。留正至，汝愚乞免兼職，乃除特進、右丞相。汝愚辭不拜，曰：「同姓之卿，不幸處君臣之變，敢言功乎？」乃命以特進爲樞密使，汝愚又辭特進。孝宗將欑，汝愚議欑宮非永制，欲改卜山陵，與留正議不合。侂冑因而間之，出正判建康，命汝愚爲光祿大夫、右丞相。汝愚力辭至再三，不許。汝愚本倚正共事，怒侂冑不以告，及來謁，故不見，侂冑慚忿。簽書樞密羅點曰：「公誤矣。」汝愚亦悟，復見之。侂冑終不懌，自以有定策功，且依託肺腑，出入宮掖，居中用事。朱熹進對，以爲言，又約吏部侍郎彭龜年同劾之，未果。熹白汝愚，當以厚賞酬勞，勿使預政，而汝愚謂其易制不爲慮。

右正言黃度欲論侂冑，謀泄，以內批斥去。熹因講畢，奏疏極言：「陛下卽位未能旬月，而進退宰執，移易臺諫，皆出陛下之獨斷，大臣不與謀，給舍不及議。此弊不革，臣恐名爲獨斷，而主威不免於下移。」疏入，遽出內批，除熹宮觀。汝愚袖批還上，且諫且拜，侂冑必欲出之，汝愚退求去，不許。吏部侍郎彭龜年力陳侂冑竊弄威福，爲中外所附，不去必貽患。又奏：「近日逐朱熹太暴，故欲陛下亦亟去此小人。」既而內批龜年與郡，侂冑勢益張。



侂冑恃功，爲汝愚所抑，日夜謀引其黨爲臺諫，以擯汝愚。汝愚爲人疎，不虞其姦。趙彥逾以嘗達意於郭杲，事定，冀汝愚引與同列，至是除四川制置，意不愜，與侂冑合謀。陛辭日，盡疏當時賢者姓名，指爲汝愚之黨，上意不能無疑。汝愚請令近臣舉御史，侂冑密諭中司，令薦所厚大理寺簿劉德秀，內批擢德秀爲察官，其黨率聯以進，言路遂皆侂冑之人。會黃裳、羅點卒，侂冑又擢其黨京鏜代點，汝愚始孤，天子益無所倚信。於是中書舍人陳傅良、監察御史吳獵、起居郎劉光祖各先後斥去，羣憸和附，視正士如仇讎，而衣冠之禍始矣。

侂冑欲逐汝愚而難其名，或教之曰：「彼宗姓，誣以謀危社稷，則一網無遺。」侂冑然之，擢其黨將作監李沐爲正言。沐，彥穎之子也，嘗求節度使於汝愚不得，奏：「汝愚以同姓居相位，將不利於社稷，乞罷其政。」汝愚出浙江亭待罪，遂罷右相，除觀文殿學士、知福州。臺臣合詞乞寢出守之命，遂以大學士提舉洞霄宮。

國子祭酒李祥言：「去歲國遭大戚，中外洶洶，留正棄相位而去，官僚幾欲解散，軍民皆將爲亂，兩宮隔絕，國喪無主。汝愚以樞臣獨不避殞身滅族之禍，奉太皇太后命，翊陛下以登九五，勳勞著於社稷，精忠貫於天地，乃卒受黯黜而去，天下後世其謂何？」博士楊簡亦以爲言。李沐劾祥、簡，罷之。太府丞呂祖儉亦上書訴汝愚之忠，詔祖儉朋比罔上，送韶州安置。太學生楊宏中、周端朝、張衢、林仲麟、蔣傅、徐範等伏闕言：「去歲人情驚疑，變在朝

夕。當時假非汝愚出死力，定大議，雖百李沐，罔知攸濟。當國家多難，汝愚位樞府，本兵柄，指揮操縱，何向不可，不以此時爲利，今上下安恬，乃獨有異志乎？」書上，悉送五百里外羈管。

侂胄忌汝愚益深，謂不重貶，人言不已。以中丞何澹疏，落大觀文。監察御史胡紘疏汝愚唱引僞徒，謀爲不軌，乘龍授鼎，假夢爲符。責寧遠軍節度副使，永州安置。初，汝愚嘗夢孝宗授以湯鼎，背負白龍升天，後翼寧宗以素服登大寶，蓋其驗也，而讒者以爲言。時汪義端行詞，用漢誅劉屈氂、唐戮李林甫事，示欲殺之意。迪功郎趙師召亦上書乞斬汝愚。汝愚怡然就道，謂諸子曰：「觀侂胄之意，必欲殺我，我死，汝曹尚可免也。」至衡州病作，爲守臣錢鍪所窘，暴薨，天下聞而冤之，時慶元二年正月壬午也。

汝愚學務有用，常以司馬光、富弼、韓琦、范仲淹自期。凡平昔所聞於師友，如張栻、朱熹、呂祖謙、汪應辰、王十朋、胡銓、李燾、林光朝之言，欲次第行之，未果。所著詩文十五卷、太祖實錄舉要若干卷、類宋朝諸臣奏議三百卷。汝愚聚族而居，門內三千指，所得廩給悉分與之，菜羹疏食，恩意均洽，人無間言。自奉養甚薄，爲夕郎時，大冬衣布裘，至爲相亦然。



汝愚既歿，黨禁寖解，旋復資政殿學士、太中大夫，已而贈少保。侂胄誅，盡復元官，賜謚忠定，贈太師，追封沂國公。理宗詔配享寧宗廟庭，追封福王，其後進封周王。子九人，崇憲其長子也。

崇憲字履常，淳熙八年以取應對策第一，時汝愚侍立殿上，降，再拜以謝。孝宗顧近臣曰：「汝愚年幾何？已有子如此。」越三年，復以進士對策，擢甲科。上謂執政曰：「此汝愚子，豈即前科取應第一人者耶？」

崇憲初仕爲保義郎、監饒州贍軍酒庫，換從事郎、撫州軍事推官。汝愚帥蜀，辟書寫機宜文字，改江西轉運司幹辦公事，監西京中岳廟。汝愚既貶死，海內憤鬱，崇憲闔門自處。居數年，復汝愚故官職，多勸以仕。

改奉議郎、知南昌縣事，奉行荒政，所活甚衆。升籍田令，制曰：「爾先人有功王室，中更讒毁，思其功而錄其子，國之典也。」崇憲拜命感泣，陳疏力辭，以爲「先臣之冤未悉昭白，而其孤先被寵光，非公朝所以勸忠孝、厲廉恥之意」。俄改監行在都進奏院，復引陳瓘論司馬光、呂公著復官事申言之，乞以所陳下三省集議：「若先臣心迹有一如言者所論，即近日恩典皆爲冒濫，先臣復官賜謚，與臣新命，俱合追寢。如公論果謂誣衊，乞昭示中外，使先臣之讒謗既辨，忠節自明，而憲聖慈烈皇后擁佑之功德益顯。然後申飭史官、改正誣史，垂萬世之公。」

又請正趙師召妄貢封章之罪，究蔡璉與大臣爲仇之姦，毁龔頤正續稽古錄之妄。詔兩省史官考訂以聞。已而吏部尚書兼修國史樓鑰等請施行如章，從之。及誣史未正，復進言，其略謂：「前日史官徒以權臣風旨，刊舊史、焚元稿，略無留難。今詔旨再三，莫有慨然奮直筆者，何小人敢於爲惡，而謂之君子者顧不能勇於爲善耶？」聞者愧之。其後玉牒、日曆所卒以重修龍飛事實進呈，因崇憲請也。

未幾，贈汝愚太師，封沂國公，擢崇憲軍器監丞，改太府監丞，遷祕書郎，辭，弗許。尋爲著作佐郎兼權考功郎官。嘗因閔雨求言，乃上封事，謂：「今日有更化之名，無更化之實。人才，國之元氣，而忠鯁擯廢之士，死者未盡省錄，存者未悉褒揚。言論，國之風采，其間輸忠亡隱，有所規益者，豈惟獎激弗加，蓋亦罕見施用；婾安取容，無所建明者，豈惟黜罰弗及，或乃遂階通顯。」至若勉聖學以廣聰明，教儲貳以固根本，戒宰輔大臣同寅盡瘁以濟艱難，責侍從臺諫思職盡規以宣壅蔽，防左右近習竊弄之漸，察姦憸餘黨窺伺之萌，皆懇懇爲上言之。

請外，知江州。郡民歲苦和糴，崇憲疏于朝，永蠲之。且轉糴旁郡穀別廩儲之，以備歲儉。



瑞昌民負茶引錢，新舊累積，爲緡十七萬有奇，皆困不能償，死則以責其子孫猶弗貸。會新券行，視舊價幾倍蓰，崇憲歎曰：「負茶之民愈困矣。」亟請以新券一償舊券二，詔從之。蓋受賜者千餘家，刻石以紀其事。修陂塘以廣溉灌，凡數千所。提舉江西常平兼權隆興府及帥漕司事，遷轉運判官仍兼帥事。

初，汝愚捐私錢百餘萬創養濟院，俾四方賓旅之疾病者得藥與食，歲久寖移爲它用。崇憲至，尋修復，立規約數十條，以愈疾之多寡爲賞罰。棄兒於道者，亦收鞠之。社倉久敝，訪其利害而更張之。

以兵部郎中召，尋改司封，皆固辭，遂直祕閣、知靜江府、廣西經略安撫。靜江之屬邑十，地肥磽略等，而陽朔、修仁、荔浦之賦獨倍焉。自張栻奏減之餘，人猶以爲病。崇憲請再加蠲減，詔遞損有差，三縣民立祠刻石。瓊守非才，激黎峒之變，乃劾去之，改辟能者代其任。蘿蔓峒者仍歲寇鈔爲暴，實民何嚮父子陰誘導之。崇憲捐金繒付小校使縶以來，寘之法。因嚴民夷交通之禁，使邊民相什伍，寇至則鳴鼓召衆，先後掩擊，俘獲者賞，不至者有懲。先是，部內郡邑有警，輒移統府兵戍之，在宜州者百人，古縣半之。崇憲謂根本單虛，非所以窒姦萌，迺於其地各置兵如戍兵之數，而斂戍者以歸。邕爲邊要害地，自狄青平儂智高，所以設扞防者甚至，歲久寖弛，而溪峒日彊。崇憲條上其議，朝廷頗采其言，然未及盡用也。

崇憲天性篤孝，居父喪，月餘始食食，小祥始茹果實，終喪不飲酒食肉，比御猶弗入者久之。

論曰：自昔大臣處危疑之地，而能免於禍難者蓋鮮矣。昔者周成王立而幼沖，周公以王室懿親爲宰輔，四國流言，而周公不免於居東之憂，非天降風雷之變，以彰周公之德而啓成王之衷，則所謂金縢之書，因無因而關於王之耳目，公之心果能以自明乎？公之心能自明，則天意之所以屬於周而綿八百載之丕祚者，實係于茲。不然，周其殆哉！

趙汝愚，宋之宗臣也，其賢固不及周公，其位與戚又非若周公之尊且昵也。方孝宗崩，光宗疾，大喪無主，中外洶洶，一時大臣有畏難而去者矣。汝愚獨能奮不慮身，定大計於頃刻，收召明德之士，以輔寧宗之新政，天下翕然望治，其功可謂盛矣。然不幾時，卒爲韓侂胄所構，一斥而遂不復返，天下聞而寃之。於此見天之所以眷宋者不如周，而宋之陵夷馴至于不可爲，信非人力之所能也。

汝愚父以純孝聞，而子崇憲能守家法，所至有惠政，亦可謂世濟其美者已。



# 宋史卷三百九十三

## 列傳第一百五十二

彭龜年 黃裳 羅點 黃度 周南附 林大中 陳騤 黃黼 詹體仁

彭龜年字子壽，臨江軍清江人。七歲而孤，事母盡孝。性穎異，讀書能解大義。及長，得程氏易讀之，至忘寢食，從朱熹、張栻質疑，而學益明。登乾道五年進士第，授袁州宜春尉、吉州安福丞。郞僑、張杓同薦，除太學博士。

殿中侍御史劉光祖以論帶御器械吳端，徙太府少卿，龜年上疏乞復其位，貽書宰相云：「祖宗嘗改易差除以伸臺諫之氣，不聞改易臺諫以伸倖臣之私。」兼魏王府教授，遷國子監丞。以侍御史林大中薦，爲御史臺主簿。改司農寺丞，進祕書郞兼嘉王府直講。

光宗嘗親郊，値暴風雨感疾，大臣希得進見。久之，疾平，猶疑畏不朝重華宮。龜年以





書譙趙汝愚，且上疏言：「壽皇之事高宗，備極子道，此陛下所親覩也。況壽皇今日止有陛下一人，聖心拳拳，不言可知。特遇過宮日分，陛下或遲其行，則壽皇不容不降免到宮之旨，蓋爲陛下辭責於人，使人不得以竊議陛下，其心非不願陛下之來。自古人君處骨肉之閒，多不與外臣謀，而與小人謀之，所以交鬬日深，疑隙日大。今日兩宮萬萬無此。然臣所憂者，外無韓琦、富弼、呂誨、司馬光之臣，而小人之中，已有任守忠者在焉，惟陛下裁察。」

又言：「使陛下虧過宮定省之禮，皆左右小人閒諜之罪。宰執侍從但能推父子之愛，調停重華；臺諫但能使父子之義，責望人主。至於疑閒之根，盤固不去，曾無一語及之。今內侍閒諜兩宮者固非一人，獨陳源在壽皇朝得罪至重，近復進用，外人皆謂離閒之機必自源始。宜亟發威斷，首逐陳源，然後肅命鑾輿，負罪引慝，以謝壽皇，使父子歡然，宗社有永，顧不幸歟？」居亡何，光宗朝重華，都人歡悅。尋除起居舍人，入謝，光宗曰：「此官以待有學識人，念非卿無可者。」

龜年述祖宗之法爲內治聖鑑以進。光宗曰：「祖宗家法甚善。」龜年曰：「臣是書大抵爲宦官、女謁之防，此曹若見，恐不得數經御覽。」光宗曰：「不至是。」他日，龜年奏：「臣所居之官，以記注人君言動爲職，車駕不過宮問安，如此書者又數十矣，恐非所以示後。」有旨幸玉津園，龜年奏：「不奉三宮，而獨出宴遊，非禮也。」又言：「陛下誤以臣充嘉王府講讀官，正

欲臣等教以君臣父子之道。臣聞有身教，有言教，陛下以身教，臣以言教者也，言豈若身之切哉。」

紹熙五年五月，壽皇不豫，疾寖革，龜年連三疏請對，不獲命。屬上視朝，龜年不離班位，伏地扣額久不已，血漬甃甓。光宗曰：「素知卿忠直，欲何言？」龜年奏：「今日無大於不過宮。」光宗曰：「須用去。」龜年言：「陛下屢許臣，一入宮則又不然。內外不通，臣實痛心。」同知樞密院余端禮曰：「扣額龍墀，曲致忠懇，臣子至此，爲得已邪？」上云：「知之。」

孝宗崩，寧宗受禪，是夕召對，寧宗蹙額云：「前但聞建儲之義，豈知遽踐大位，泣辭不獲，至今震悸。」龜年奏：「此乃宗祏所係，陛下安得辭，今日但當盡人子事親之誠而已。」因擬起居劄子，乞日進一通。又與翊善黃裳同奏往朝南內，因定過宮之禮，乞先一日入奏，率百官恭謝。寧宗朝泰安宮，至則寢門已閉，拜表而退。

時議欲別建泰安宮，而光宗無徙宮之意。龜年言：「古人披荆棘立朝廷，尙可布政出令，況重華一宮豈爲不足哉？陛下居狹處，太上居寬處，天下之人必有諒陛下之心者。」於是宮不果建。遷中書舍人。劉慶祖已帶遙郡承宣使，而以太上隨龍人落階官，龜年繳奏，寧宗批：「可與書行。」龜年奏：「臣非爲慶祖惜此一官，爲朝廷惜此一門耳。夫『可與書行』，近世弊令也，使其可行，臣卽書矣，使不可行，豈敢因再令而遂書哉？」寧宗嘗謂：「退朝無事，





恐自怠惰，非多讀書不可。」龜年奏：「人君之學與書生異，惟能虛心受諫，遷善改過，乃聖學中第一事，豈在多哉！」

一日，御筆書朱熹、黃裳、陳傅良、彭龜年、黃由、沈有開、李巘、京鏜、黃艾、鄧馹十人姓名示龜年云：「十人可充講官否？」龜年對曰：「陛下若招徠一世之傑如朱熹輩，方厭人望，不可專以潛邸學官爲之。」尋除侍講，遷吏部侍郎，升兼侍讀。龜年知事勢將變，會暴雨震雷，因極陳小人竊權，號令不時之弊。遣充金國弔祭接送伴使。

初，朱熹與龜年約共論韓侂胄之姦，會龜年護客，熹以上疏見絀，龜年聞之，附奏云：「始臣約熹同論此事。今熹既罷，臣宜併斥。」不報。迨歸，見侂胄用事，權勢重於宰相，於是條數其姦，謂：「進退大臣，更易言官，皆初政最關大體者。大臣或不能知，而侂胄知之，假託聲勢，竊弄威福，不去必爲後患。」上覽奏甚駭，曰：「侂胄朕之肺腑，信而不疑，不謂如此。」批下中書，予侂胄祠，已乃復入。

龜年上疏求去，詔侂胄與內祠，龜年與郡，以煥章閣待制知江陵府、湖北安撫使。龜年丐祠，慶元二年，以呂棐言落職；已而追三官，勒停。嘉泰元年，復元官〔一〕。起知贛州，以疾辭，除集英殿修撰、提舉沖佑觀。開禧二年，以待制寶謨閣致仕，卒。

龜年學識正大，議論簡直，善惡是非，辨析甚嚴，其愛君憂國之忱，先見之識，敢言之氣，皆人所難。晚既投閑，悠然自得，幾微不見於顏面。自僞學有禁，士大夫鮮不變者，龜年於關、洛書益加涵泳，扁所居曰止堂，著止堂訓蒙，蓋始終特立者也。聞蘇師旦建節，曰：「此韓氏之陽虎，其禍韓氏必矣。」及聞用兵，曰：「禍其在此乎？」所著書有經解、祭儀、五致錄、奏議、外制。

侂胄誅，林大中、樓鑰皆白其忠，寧宗詔贈寶謨閣直學士。章穎等請易名，賜謚忠肅。上謂穎等曰：「彭龜年忠鯁可嘉，宜得謚。使人人如此，必能納君於無過之地。」未幾，加贈龍圖閣學士，而擢用其子欽。

黃裳字文叔，隆慶府普成〔二〕人。少穎異，能屬文。登乾道五年進士第，調巴州通江尉。益務進學，文詞迥出流輩，人見之曰：「非復前日文叔矣。」時蜀中餉師，名爲和糴，實則取民。裳賦漢中行，諷總領李蘩，蘩爲罷糴，民便之。改興元府錄事參軍。以四川制置使留正薦，召對，論蜀兵民大計。遷國子博士，以母喪去。宰相進擬他官，上問裳安在，賜錢七十萬。除喪，復召。

時光宗登極，裳進對，謂：「中興規模與守成不同，出攻入守，當據利便之勢，不可不定





行都。富國彊兵，當求功利之實，不可不課吏治。捍內禦外，當有緩急之備，不可不立重鎭。」其論行都，以爲就便利之勢，莫若建康。其論吏治，謂立品式以課其功，計資考以久其任。其論重鎭，謂自吳至蜀，綿亙萬里，曰漢中，曰襄陽，曰江陵，曰鄂渚，曰京口，當爲五鎭，以將相大臣守之，五鎭彊則國體重矣。除太學博士，進祕書郎。

遷嘉王府翊善，講春秋「王正月」曰：「周之王，卽今之帝也。王不能號令諸侯，則王不足爲王；帝不能統御郡鎭，則帝不足爲帝。今之郡縣，卽古諸侯也。周之王惟不能號令諸侯，故春秋必書『王正月』，所以一諸侯之正朔。今天下境土，比祖宗時不能十之四，然猶跨吳、蜀、荆、廣、閩、越二百州，任吾民者，二百州守也，任吾兵者，九都統也，苟不能統御，則何以服之？」王曰：「何謂九都統？」裳曰：「唐太宗年十八起義兵，平禍亂。今大王年過之，而國家九都統之說猶有未知，其可不汲汲於學乎？」

他日，王擢用東宮舊人吳端，端詣王謝，王接之中節。裳因講左氏「禮有等衰」，問王：「比待吳端得重輕之節，有之乎？」王曰：「有之。」裳曰：「王者之學，正當見諸行事。今王臨事有區別，是得等衰之義矣。」王意益向學。於是作八圖以獻：曰太極，曰三才本性，曰皇帝王伯學術，曰九流學術，曰天文，曰地理，曰帝王紹運，以百官終焉，各述大旨陳之。每進言曰：「爲學之道，當體之以心。王宜以心爲嚴師，於心有一毫不安者，不可爲也。」且引前代

危亡之事以爲儆戒。王謂人曰：「黃翊善之言，人所難堪，惟我能受之。」他日，王過重華宮，壽皇問所讀書，王舉以對，壽皇曰：「數不太多乎？」王曰：「講官訓說明白，忱心樂之，不知其多也。」壽皇曰：「黃翊善至誠，所講須諦聽之。」

裳久侍王邸，每歲誕節，則陳詩以寓諷。初嘗製渾天儀、輿地圖，侑以詩章，欲王觀象則知進學，如天運之不息，披圖則思祖宗境土半陷於異域而未歸。其後又以王所講三經爲詩三章以進。王喜，爲置酒，手書其詩以賜之。王嘗侍宴宮中，從容爲光宗誦酒誥，曰：「此黃翊善所教也。」光宗詔勞裳，裳曰：「臣不及朱熹，熹學問四十年，若召置府寮，宜有裨益。」光宗嘉納。裳每勸講，必援古證今，即事明理，凡可以開導王心者，無不言也。

紹熙二年，遷起居舍人。奏曰：「自古人君不能從諫者，其蔽有三：一曰私心，二曰勝心，三曰忿心。事苟不出於公，而以己見執之，謂之私心；私心生，則以諫者爲病，而求以勝之，勝心生，則以諫者爲仇，而求以逐之。因私而生勝，因勝而生忿，忿心生，則事有不得其理者焉。如潘景珪，常才也，陛下固亦以常人遇之，特以臺諫攻之不已，致陛下庇之愈力，事勢相激，乃至於此。宜因事靜察，使心無所係，則聞臺諫之言無不悅，而無欲勝之心，待臺諫之心無不誠，而無加忿之意矣。」

三年，試中書舍人。時武備寖弛，裳上疏曰：「壽皇在位三十年，拊循將士，士常恨不得





效死以報。陛下誠能留意武事，三軍之士孰不感激願爲陛下用乎？」又論：「荆、襄形勢居吳、蜀之中，其地四平，若金人擣襄陽，據江陵，按兵以守，則吳、蜀中斷，此今日邊備之最可憂也。宜分鄂渚兵一二萬人屯襄、漢之間，以張形勢而壯重地。」時朝廷方宴安，裳所言多不省。

未幾，除給事中。趙汝愚除同知樞密院，監察御史汪義端言祖宗之法，宗室不爲執政，再疏醜詆汝愚，汝愚乞免官。裳奏：「汝愚事父孝，事君忠，居官廉，憂國愛民，出於天性，如青天白日，奴隸知其清明。義端所見，曾奴隸之不如，不可以居朝列。」於是義端與郡。

裳在瑣闥甫一月，封駁無慮十數。韓侂胄落階官，鄭汝諧除吏部侍郎，裳皆繳其命。改兵部侍郎，不拜，遂以顯謨閣待制充翊善。先是，光宗以憂疑成疾，不過重華宮，裳入疏請五日一朝，至是復苦言之。上曰：「內侍楊舜卿告朕勿過宮。」裳請斬舜卿，且以八事之目爲奏，曰念恩，釋怨，辨讒，去疑，責己，畏天，防亂，改過。不報。

裳嘗病疽，及是憂憤，創復作，又奏：

陛下之於壽皇，未盡孝敬之道，意者必有所疑也。臣竊推致疑之因，陛下毋乃以焚廩、浚井之事爲憂乎？夫焚廩、浚井，在當時或有之。壽皇之子惟陛下一人，壽皇之心，託陛下甚重，愛陛下甚至，故憂陛下甚切。違豫之際，炳香祝天，爲陛下祈禱。愛子如此，則焚廩、浚井之心，臣有以知其必無也，陛下何疑焉？又無乃以肅宗之事爲憂乎？肅宗卽位靈武，非明皇意，故不能無疑。壽皇當未倦勤，親挈神器授之陛下，揖遜之風，同符堯、舜，與明皇之事不可同日而語明矣，陛下何疑焉？又無乃以衞輒之事爲憂乎？輒與蒯聵，父子爭國。壽皇老且病，乃頤神北宮，以保康寧，而以天下事付之陛下，非有爭心也，陛下何疑焉？又無乃以孟子責善爲疑乎？父子責善，本生於愛，爲子者能知此理，則何至於相夷。壽皇願陛下爲聖帝，責善之心出於忠愛，非賊恩也，陛下何疑焉？

此四者，或者之所以爲疑，臣以理推之，初無一之可疑者。自父子之間，小有猜疑，此心一萌，方寸遂亂。故天變則疑而不知畏，民困則疑而不知恤，疑宰執專權則不禮大臣，疑臺諫生事則不受忠諫，疑嗜慾無害則近酒色，疑君子有黨則庇小人。事有不須疑者，莫不以爲疑。乃若貴爲天子，不以孝聞，敵國聞之，將肆輕侮，此可疑也，而陛下則不疑；小人將起爲亂，此可疑也，而陛下則不疑；中外官軍，豈無他志，此可疑也，而陛下則不疑。事之可疑者，反不以爲疑，顚倒錯亂，莫甚於此，禍亂之萌，近在旦夕。宜及今幡然改過，整聖駕，謁兩宮，以交父子之歡，則四夷向風，天下慕義矣。





會壽皇不豫，中外憂危，裳抗聲諫。上起入宮，裳挽其裾隨之至宮門，揮涕而出。乃連章請外，謂：「臣職有三：曰待制，曰侍講，曰翊善。今使供待制之職乎？則當日夕求對以捄主失，今不過宮，有虧子道，前後三諫而不加聽，是待制之職可廢也。將使供侍講之職乎？則當引經援古，勸君以孝，今不問安，不視疾，大義已喪，復講何書乎？是侍講之職可廢也。將使供翊善之職乎？當究義理，教皇子以孝，陛下不能以孝事壽皇，臣將何說以勸皇子乎？是翊善之職可廢也。」因出關待命。及聞壽皇遺詔，乃亟入臨。

寧宗卽位，裳病不能朝。改禮部尙書，尋兼侍讀。力疾入謝，奏曰：

孔子曰：「有始有卒者，其惟聖人乎。」又詩曰：「靡不有初，鮮克有終。」所謂「有始有卒」者，由其持心之一也；所謂「鮮克有終」者，由其持心之不一也。陛下今日初政固善矣，能保他日常如此乎？請略舉已行之事論之。

陛下初理萬機，委任大臣，此正得人君持要之道。使大臣得人，常如今日，則陛下雖終身守之可也。臣恐數年之後，亦欲出意作爲，躬親聽斷，左右迎合，因謂陛下事決外庭，權不歸上，陛下能不咈然於心乎？臣恐是時委任大臣，不能如今日之事矣。夫以萬機之衆，非一人所能酬酢，苟不委任大臣，則必借助左右，小人得志，陰竊主權，引用邪黨，其爲禍患，何所不至，臣之所憂者一也。

陛下奬用臺諫，言無不聽，此正得祖宗設官之意。使臺諫得人，常如今日，則陛下終身守之亦可也。然臣恐自今以往，臺諫之言日關聖聽，或斥小人之過，使陛下欲用之而不能，或暴近習之罪，使陛下欲親之而不可。逆耳之言，不能無厭，左右迎合，因謂陛下奬用臺諫，欲聞讜論，而其流弊，致使人主不能自由，陛下能不咈然於心乎？臣恐是時奬用臺諫，不能如今日之重矣。夫朝廷所恃以分別善惡者，專在臺諫，陛下苟厭其多言，則爲臺諫者，將咋舌閉口，無所論列。君子日退，小人日進，而天下亂矣，臣之所憂者二也。

二事，朝廷之大者。又以三事之切於陛下之身言之：曰篤於孝愛，勤於學問，薄於嗜好。陛下今皆行之矣，未知數年之後，能保常如今日乎？

又引魏徵十漸以爲戒，懇懇數千言。又奏言：「陛下近日所爲頗異前日，除授之際，大臣多有不知，臣聞之憂甚而病劇。」蓋是時韓侂冑已潛弄威柄，而宰相趙汝愚未之覺，故裳先事言之。及疾革，時時獨語，曰：「五年之功，無使一日壞之，度吾已不可爲，後之君子必有能任其責者。」遂口占遺表而卒，年四十九。上聞之驚悼，贈資政殿學士。

裳爲人簡易端純，每講讀，隨事納忠，上援古義，下揆人情，氣平而辭切，事該而理盡。篤於孝友，與人言傾盡底蘊。恥一書不讀，一物不知。推賢樂善，出乎天性。所爲文，明白



條達。有王府春秋講義及兼山集，論天人之理，性命之源，皆足以發明伊、洛之旨。嘗與其鄉人陳平父兄弟講學，平父，張栻之門人也，師友淵源，蓋有自來云。嘉定中，謚忠文。子瑾，大宗正丞兼刑部郎官。孫子敏，刑部郎官。

羅點字春伯，撫州崇仁人。六歲能文。登淳熙三年進士第，授定江節度推官。累遷校書郎兼國史院編修官。歲旱，詔求言，點上封事，謂：「今時姦諛日甚，議論凡陋。無所可否，則曰得體；與世浮沈，則曰有量；衆皆默，己獨言，則曰沽名；衆皆濁，己獨清，則曰立異。此風不革，陛下雖欲大有爲於天下，未見其可也。自旱暵爲虐，陛下禱羣祠，赦有罪，曾不足以感動。及朝求讜言，夕得甘雨，天心所示，昭然不誣。獨不知陛下之求言，果欲用之否乎？如欲用之，則願以所上封事，反覆詳熟，當者審而後行，疑者咨而後決，如此則治象日著，而亂萌自消矣。」遷祕書郎兼皇太子宮小學教授。

寧宗時以皇孫封英國公，點兼教授，入講至晡時不輟，左右請少憩，點曰：「國公務學不休，奈何止之。」又摭古事勸戒，爲鑑古錄以進。高宗崩，孝宗在諒闇，皇太子參決庶務，點時以戶部員外郎兼太子侍講，出使浙右，還起居舍人，改太常少卿兼侍立修注官，被命使金



告登寶位。會金有國喪，迫點易金帶，點曰：「登位吉事也，必以吉服從事。有死而已，帶不可易。」又詰點不當稱「寶位」，點曰：「聖人大寶曰位，不加『寶』字，何以別至尊。」金人不能奪。

上嘗謂點：「卿舊爲宮僚，非他人比，有所欲言，毋憚啓告。」點言：「君子得志常少，小人得志常多。蓋君子志在天下國家，而不在一己，行必直道，言必正論，往往不忤人主，則忤貴近，不忤當路，則忤時俗。小人志在一己，而不在天下國家，所行所言，皆取悅之道。用其所以取忤者，其得志鮮矣；用其所以取悅者，其不得志亦鮮矣。若昔明主，念君子之難進，則極所以主張而覆護之；念小人之難退，則盡所以燭察而隄防之。」

皇子嘉王年及弱冠，點言：「此正親師友、進德業之時，宜擇端良忠直之士，參侍燕閒。」遂除黃裳爲翊善。又言：「人主憂勤，則臣下協心；人主偷安，則臣下解體。今道塗之言，皆謂陛下每旦視朝，勉彊聽斷，意不在事。宰執奏陳，備禮應答，侍從庶僚，備禮登對，而宮中燕游之樂，錫賚奢侈之費，已騰於衆口。彊敵對境，此聲豈可出哉！」

紹熙三年十一月日長至，車駕將朝賀重華宮，既而中輟。點言：「自天子達庶人，節序拜親，無有闕者，三綱五常，所係甚大，不當以爲常事而忽之。」上過宮意未決，點奏：「陛下已涓日過宮，壽皇必引領以俟陛下。常人於朋友且不可以無信，況人主之事親乎？今陛下



久闕溫凊，壽皇欲見不可得，萬一憂思感疾，陛下將何以自解於天下？」

嘗召對便殿，點言：「近者中外相傳，或謂陛下內有所制，不能遽出，溺於酒色，不恤政事，果有之乎？」上曰：「無是。」點曰：「臣固知之。竊意宮禁間或有擾拂之事，姑以酒自遣耳。夫閭閻匹夫，處閨門逆境，容有縱酒自放者。人主宰制天下，此心如青天白日，當風雨雷電既霽之餘，湛然虛明，豈容復有纖芥停留哉？」上猶未過宮。點又奏：「竊聞嘉王生朝，稱壽禁中，以報劬勞之德，父子歡洽，寧不動心，上念兩宮延望之意。」十一月，點以言不見聽，求去，不許。十二月，試兵部尚書。

五年四月，上將幸玉津園，點請先過重華；又奏曰：「陛下爲壽皇子，四十餘年一無閒言，止緣初郊違豫，壽皇嘗至南內督過，左右之人自此讒間，遂生憂疑。以臣觀之，壽皇與天下相忘久矣。今大臣同心輔政，百執事奉法循理，宗室、戚里、三軍、萬姓皆無貳志，設有離間，誅之不疑。乃若深居不出，久虧子道，衆口謗讟，禍患將作，不可以不慮。」上曰：「卿等可爲朕調護之。」黃裳對曰：「父子之親，何俟調護。」點曰：「陛下一出，即當釋然。」上猶未行。點乃率講官言之，上曰：「朕心未嘗不思壽皇。」對曰：「陛下久闕定省，雖有此心，何以自白乎？」及壽皇不豫，點又隨宰執班進諫。閤門吏止之，點叱之而入。上拂衣起，宰執引上裾，點亟前泣奏曰：「壽皇疾勢已危，不及今一見，後悔何及。」羣臣隨上入至福寧殿，內侍闔

門，衆慟哭而退。越三日，點隨宰執班起居，詔獨引點入。點奏：「前日迫切獻忠，舉措失禮，陛下赦而不誅，然引裾亦故事也。」上曰：「引裾可也，何得輒入宮禁乎？」點引辛毗事以謝，且言：「壽皇止有一子，既付神器，惟恐見之不速耳。」

壽皇崩，點請上奔喪，許而不出，拜遺詔於重華宮。前後與侍從列奏諫請帝過宮者凡三十五疏，自上奏者又十六章，而奏疏重華、上書嘉王及面對口奏不預焉。寧宗嗣位，人心始定。拜點端明殿學士、簽書樞密院事。上有事明堂，點扈從齋宮，得疾卒，年四十五。贈太保，謚文恭。

點天性孝友，無矯激崖異之行，而端介有守，義利之辨皎如。或謂天下事非才不辦，點曰：「當先論其心，心苟不正，才雖過人，果何取哉！」宰相趙汝愚嘗泣謂寧宗曰：「黃裳、羅點相繼淪謝，二臣不幸，天下之不幸也。」

黃度字文叔，紹興新昌人。好學讀書，祕書郎張淵見其文，謂似曾鞏。隆興元年進士，知嘉興縣。入監登聞鼓院，行國子監簿。言：「今日養兵爲巨患，救患之策，宜使民屯田，陰復府衞以銷募兵。」具屯田、府衞十六篇上之。



紹熙四年，守監察御史。蜀將吳挺死，度言：「挺子曦必納賂求襲位，若因而授之，恐爲他日患，乞分其兵柄。」宰相難之。後曦割關外四州賂金人求王蜀，果如度言。

光宗以疾不過重華宮，度上書切諫，連疏極陳父子相親之義，且言：「太白晝見犯天關，熒惑、勾芒行入太微，其占爲亂兵入宮。」以諫不聽，乞罷去。又言：「以孝事君則忠。臣父年垂八十，菽水不親，動經歲月，事親如此，何以爲事君之忠。」蓋託己爲諭，冀因有以感悟上心。

又與臺諫官劾內侍陳源、楊舜卿、林億年三人爲今日禍根，罪大於李輔國。又言：「孔子稱『天下有道，則庶人不議。』夫人主有過，公卿大夫諫而改，則過不彰，庶人奚議焉。惟諫而不改，失不可蓋，使閭巷小人皆得妄議，紛然亂生，故勝、廣、黃巢之流議於下，國皆隨以亡。今天下無不議聖德者，臣竊危之。」上猶不聽。遂出脩門，上諭使安職。度奏：「有言責者，不得其言則去，理難復入。」寧宗卽位，詔復爲御史，改右正言。

韓侂冑用事，丞相留正去國，侂冑知度嘗與正論事不合，欲諷使擠之。度語同列曰：「丞相已去，擠之易耳，然長小人聲燄可乎？」侂冑驟竊政柄，以意所好惡爲威福。度具疏將論其姦，爲侂冑所覺，御筆遽除度直顯謨閣、知平江府。度言：「蔡京擅權，天下所由以亂。今侂冑假御筆逐諫臣，使俛首去，不得效一言，非爲國之利也。」固辭。丞相趙汝愚袖



其疏入白，詔以沖佑祿歸養。俄知婺州，坐不發覺縣令張元弼贓罪，降罷。自是紀綱一變，大權盡出侂冑，而黨論起矣。然侂冑素嚴憚度，不敢加害。起知泉州，辭，乃進寶文閣，奉祠如故。

侂冑誅，天子思而召之，除太常少卿，尋兼國史院編修官、實錄院檢討官。朝論欲函侂冑首以泗州五千人還金，度以爲辱國非之。權吏部侍郎兼修玉牒、同修國史、實錄院同修撰，屢移疾，以集英殿修撰知福州，遷寶謨閣待制。始至，訟牒日千餘，度隨事裁決，日未中而畢。

進龍圖閣、知建康府兼江、淮制置使，賜金帶以行。至金陵，罷科糴輸送之擾，活飢民百萬口，除見稅二十餘萬，擊降盜卞整，斬盜胡海首以獻，招歸業者九萬家。侂冑嘗募雄淮軍，已收剌者十餘萬人，別屯數千人未有所屬，度憂其爲患，人給錢四萬，復其役遣之。遷寶謨閣直學士。度以人物爲己任，推挽不休，每曰：「無以報國，惟有此耳。」十上引年之請，不許，爲禮部尚書兼侍讀。趣入覲，論藝祖垂萬世之統，一曰純用儒生，二曰務惜民力。上納其言。謝病丐去，遂以煥章閣學士知隆興府。歸越，提舉萬壽宮。嘉定六年十月卒，進龍圖閣學士，贈通奉大夫。

度志在經世，而以學爲本。作詩、書、周禮說。著史通，抑僭竊，存大分，別爲編年，不



用前史法。至於天文、地理、井田、兵法，卽近驗遠，可以據依，無迂陋牽合之病。又有藝祖憲監、仁皇從諫錄、屯田便宜、歷代邊防行於世。壻周南。

周南字南仲，平江人。年十六，游學吳下，視時人業科舉，心陋之。從葉適講學，頓悟捷得。爲文詞，雅麗精切，而皆達於時用，每以世道興廢爲己任。登紹熙元年進士第，爲池州教授。會度以言忤當路，御史劾度，并南罷之。度與南俱入僞學黨。開禧三年，召試館職。南對策詆權要，言者劾南，罷之，卒于家。

南端行拱立，尺寸有程準。自賜第授文林郎，終身不進官，兩爲館職，數月止。既絕意當世，弊衣惡食，挾書忘晝夜，曰：「此所以遺吾老，俟吾死也。」

林大中字和叔，婺州永康人。入太學，登紹興三十年進士第，知撫州金谿縣。郡督輸賦急，大中請寬其期，不聽，納告勑投劾而歸。已而主太常寺簿。

光宗受禪，除監察御史。大中謂：「國之大事在祀，沿襲不正，非所以嚴典禮，妥神明。」上疏言：「臣昨簿正奉常，實陪廟祀，見其祝于神者，或舛於文；稱於神者，或訛其字；所宜



中華書局

厚者，或簡不虔；所宜先者，或廢不用；更制器服，或歲月太疏；夙興行事，或時刻太早：是皆禮意所未順，人情所未安也。」一日，御札示大中，謂言事覺察，宜遵舊例。大中曰：「臺臣不當踰分守，固如聖訓，然必抗直敢言，乃爲稱職。」

遷殿中侍御史。奏言：「進退人才，當觀其趣向之大體，不當責其行事之小節。趣向果正，雖小節可責，不失爲君子；趣向不正，雖小節可喜，不失爲小人。」又論：「今日之事，莫大於讎恥之未復。此事未就，則此念不可忘。此念存於心，于以來天下之才，作天下之氣，倡天下之義。此義既明，則事之條目可得而言，治功可得而成矣。」陳賈以靜江守臣入奏，大中極論其「庸回亡識，嘗表裏王淮，創爲道學之目，陰廢正人。儻許入奏，必再留中，善類聞之，紛然引去，非所以靖國。」命遂寢。

紹熙二年春，雷電交作，有旨訪時政闕失。大中以事多中出，乃上疏曰：「仲春雷電，大雪繼作，以類求之，則陰勝陽之明驗也。蓋男爲陽，而女爲陰，君子爲陽，而小人爲陰。當辨邪正，毋使小人得以間君子。當思正始之道，毋使女謁之得行。」

司諫鄧馹以言事移將作監，大中言：「臺諫以論事不合而遷，臣恐天下以陛下爲不能容。」守侍御史兼侍講。知潭州趙善俊得旨奏事，大中上疏劾善俊，而言宗室汝愚之賢當召。上用其言，召汝愚而出善俊與郡。



時江、淮、荆、襄爲國巨屏，而權任頗輕。大中言：「宜選行實材略之人，付以江、淮、荆、襄經理之任。舊制河北、陜西分爲四路〔三〕，以文臣爲大帥，武臣副之。中興初，沿江置制置使。自秦檜罷三大將兵權，專歸武臣，而江東、荆、襄帥臣不復領制置之職。宜仍舊制置，而以諸將爲副，久其任，重其權，則邊防立而國勢張矣。」

江、浙四路民苦折帛和買重輸，大中曰：「有產則有稅，於稅絹而科折帛，猶可言也，如和買折帛則重爲民害。蓋自咸平馬元方建言於春預支本錢濟其乏絕，至夏秋使之輸納，則是先支錢而後輸絹。其後則錢鹽分給，又其後則直取於民，今又令納折帛錢，以兩縑折一縑之直，大失立法初意。」朝廷以其言爲減所輸者三歲。

馬大同爲戶部，大中劾其用法峻。上欲易置他部，大中曰：「是嘗爲刑部，固以深刻稱。」章三上不報。又論大理少卿宋之瑞，章四上，又不報。大中以言不行，求去，改吏部侍郎，辭不拜，乃除大中直寶謨閣，而大同、之瑞俱與郡。

初，占星者謂朱熹曰：「某星示變，正人當之，其在林和叔耶？」至是，熹貽書朝士曰：「聞林和叔入臺，無一事不中的，去國一節，風義凜然，當於古人中求之。」給事中尤袤、中書舍人樓鑰上疏云：「大中言官，當與被論者有別。」尋命知寧國府，又移贛州。寧宗卽位，召還，試中書舍人，遷給事中，尋兼侍講。知閤門事韓侂胄來謁，大中接之，無他語，陰請內



交，大中笑而却之，侂胄怨由此始。

會吏部侍郎彭龜年抗論侂胄，侂胄轉一官與內祠，龜年除煥章閣待制與郡。大中同中書舍人樓鑰繳奏曰：「陛下眷禮僚舊，一旦龍飛，延問無虛日。不三數月間，或死或斥，賴龜年一人尚留，今又去之，四方謂其以藎言得罪，恐傷政體。且一去一留，恩意不侔。去者日遠，不復侍左右。留者內祠，則召見無時。請留龜年經筵，而命侂胄以外任，則事體適平，人無可言者。」有旨：「龜年已爲優異，侂胄本無過尤，可並書行。」大中復同奏：「龜年除職與郡以爲優異，則侂胄之轉承宣使非優異乎？若謂侂胄本無過尤，則龜年論事實出於愛君之忱，豈得爲過？龜年既以決去，侂胄難於獨留，宜畀外任或外祠，以慰公議。」不聽。

太府寺丞呂祖儉以上書攻侂胄，謫置韶州，大中捄之。汪義端頃爲御史，以論趙汝愚去，至是侂胄引爲右史，大中駁之。改吏部侍郎，不拜，以煥章閣待制知慶元府。城南民田，潮溢不可種，大中捐公帑治石築之，民不知役而蒙其利。郡訛言夜有妖，大中謂此必黠賊所爲，立捕黥之，人情遂安。丐祠，得請。給事中許及之繳駁，遂削職。後提舉沖佑觀。乞休致，復元職。監察御史林采論列，再落職，尋復之。

大中罷歸，屏居十二年，未嘗以得喪關其心，作園龜潭之上，客至，擷杞菊，取溪魚，觴酒賦詩，時事一不以掛口。客或勸大中通侂胄書，大中曰：「吾爲夕郎時，一言承意，豈閑居



至今日耶？」客曰：「縱不求福，盍亦免禍。」大中曰：「福不可求而得，禍可懼而免耶？」侂胄既召兵釁，大中謂：「今日欲安民，非息兵不可；欲息兵，非去侂胄不可。」

及侂胄誅，卽召見，落致仕，試吏部尚書，言：「呂祖儉以言侂胄得罪，死於瘴鄉，雖贈官畀職，而公議未厭。彭龜年面奏侂胄過尤，朱熹論侂胄竊弄威柄，皆爲中傷，降官鐫職，卒以老死，宜優加旌表。其他因譏切侂胄以得罪者，望量其輕重而旌別之，以伸被罪者之寃。」除端明殿學士、簽書樞密院事。

嘉定改元，兼太子賓客。嘗議講和事，上曰：「朕不憚屈己爲民，講和之後，亦欲與卿等革侂胄弊政作家活耳。」大中頓首曰：「陛下言及此，宗社生靈之福也。」每語所親云：「吾年垂八十，豈堪勞勩，徒以和議未成，思體承聖訓，以革弊倖爲經久之計。儻初志略遂，卽乞身而歸矣。」是年六月卒，年七十有八，贈資政殿學士、正奉大夫，謚正惠。

大中清修寡欲，退然如不勝衣，及其遇事而發，凜乎不可犯。自少力學，趣向不凡。所著有奏議、外制、文集三十卷。

陳騤字叔進，台州臨海人。紹興二十四年，試春官第一，秦檜當國，以秦塤居其上。累



中華書局

官遷將作少監、守祕書少監兼太子諭德。太子尹臨安，騤謂：「儲宮下親細務，不得專于學，非所以毓德也。」太子矍然，亟辭。崔淵以外戚張說進，除祕書郎兼金部郎，騤封還詞頭。未幾，出知贛州，易秀州。召還，首言：「陛下銳意圖治，羣下急於自媒，爭獻疆兵理財之計，及畀以職，報效蔑聞。宜杜邪諂之路。」再歸故官，遷祕書監兼崇政殿說書。淳熙五年，試中書舍人兼侍講、同修國史。

上欲采晉、宋以下興亡理亂之大端，約爲一書，謂騤曰：「惟卿與周必大可任此事。」言者忌而攻之，上留章不下，授提舉太平興國宮。起知寧國府，改知太平州，加集英殿修撰。以言者罷。起知袁州。光宗受禪，召試吏部侍郎。紹熙元年，同知貢舉兼侍講。

二年春，雷雪，詔陳時政得失，騤疏三十條，如宮閫之分不嚴，則權柄移；內謁之漸不杜，則明斷息；謀臺諫於當路，則私黨植；咨將帥於近習，則賄賂行；不求讜論，則過失彰；不謹舊章，則取舍錯；宴飲不時，則精神昏；賜予無節，則財用竭。皆切於時病。

三年三月，權禮部尚書。六月，同知樞密院事。四年二月，參知政事。光宗以疾不朝重華宮，會慶節稱壽又不果往。騤三入奏，廷臣上疏者以百數，上感悟，以冬至日朝重華。五年正月朔旦，稱壽于慈福宮。孝宗崩，光宗以疾未臨喪，騤請正儲位以安人心。七月，攝行三省事。





寧宗卽位，知樞密院事兼參知政事。趙汝愚爲右丞相，騤素所不快，未嘗同堂語。汝愚擬除劉光祖侍御史，騤奏曰：「劉光祖舊與臣有隙，光祖入臺，臣請避之。」汝愚愕而止。時韓侂胄恃傳言之勞，潛竊國柄。吏部侍郎彭龜年論侂胄將爲國患，不報。於是龜年、侂胄俱請祠，騤曰：「以閤門去經筵，何以示天下？」龜年竟外補。侂胄語人曰：「彭侍郎不貪好官，固也，元樞亦欲爲好人耶？」遂以資政殿大學士與郡，辭，詔提舉洞霄宮。慶元二年，知婺州。告老，授觀文殿學士、提舉洞霄宮。嘉泰三年卒，年七十六。贈少傅，諡文簡。

黃黼字元章，臨安餘杭人也。少游太學，第進士，累遷太常博士。輪對，言：「周以輔翼之臣出任方伯，漢以牧守之最擢拜公卿，唐不歷邊任，不拜宰相，本朝不爲三司等屬，不除清望官。仁宗時，韓琦、范仲淹、龐籍皆嘗經略西事，久歷邊任，始除執政。邊奏復警，范仲淹至再請行。貝州之變，文彥博親自討賊。乞於時望近臣中，擇才略謀慮可以任重致遠者，或畀上流，或委方面，習知邊防利害，地形險阸，中外軍民亦孚其恩信，熟其威名。天下無事則取風績顯著者不次除拜，以尊朝廷。邊鄙有警，則任以重寄，俾制方面。出將入相，何所不可。」上嘉獎曰：「如卿言，可謂盡用人之道。」

行太常丞，進祕書郎、提舉江東常平茶鹽，召爲戶部員外郎。尋除直祕閣、兩浙路轉運判官，進直龍圖閣，升副使，辭，改直顯謨閣。浙東瀕海之田，以旱澇告，常平儲蓄不足，黼捐漕計貸之。毗陵飢民取糠粃雜草根以充食，郡縣不以聞，黼取民食以進，乞捐僧牒、緡錢振濟，所全活甚衆。

除中書門下檢正諸房公事，守殿中侍御史兼侍講，遷侍御史，行起居郎兼權刑部侍郎。以劉德秀論劾，奉祠而卒。

詹體仁字元善，建寧浦城人。父慥，與胡宏〔四〕、劉子翬游，調贛州信豐尉。金人渝盟，慥見張浚論滅金祕計，浚辟爲屬。體仁登隆興元年進士第，調饒州浮梁尉。郡上體仁獲盜功狀當賞，體仁曰：「以是受賞，非其願也。」謝不就。爲泉州晉江丞。宰相梁克家，泉人也，薦於朝。入爲太學錄，升太學博士、太常博士，遷太常丞，攝金部郎官。

光宗卽位，提舉浙西常平，除戶部員外郎、湖廣總領，就升司農少卿。奏蠲諸郡賦輸積欠百餘萬。有逃卒千人入大冶，因鐵鑄錢，剽掠爲變。體仁語戎帥：「此去京師千餘里，若





比上請得報，賊勢張矣。宜速加誅討。」帥用其言，羣黨悉散。

除太常少卿，陛對，首陳父子至恩之說，謂：「易於家人之後次之以睽，睽之上九曰：『見豕負塗，載鬼一車，先張之弧，後說之弧，匪寇婚媾，往，遇雨則吉。』夫疑極而惑，凡所見者皆以爲寇，而不知實其親也。孔子釋之曰：『遇雨則吉，羣疑亡也。』蓋人倫天理，有間隔而無斷絕，方其未通也，湮鬱煩憒，若不可以終日；及其醒然而悟，泮然而釋，如遇雨焉，何其和悅而條暢也。伏惟陛下神心昭融，聖度恢豁，凡厥疑情，一朝渙然若揭日月而開雲霧，丕敍彝倫，以承兩宮之歡，以塞兆民之望。」時上以積疑成疾，久不過重華宮，故體仁引易睽弧之義，以開廣聖意。

孝宗崩，體仁率同列抗疏，請駕詣重華宮親臨祥祭，辭意懇切。時趙汝愚將定大策，外庭無預謀者，密令體仁及左司郎官徐誼達意少保吳琚，請憲聖太后垂簾爲援立計。寧宗登極，天下晏然，體仁與諸賢密贊汝愚之力也。

時議大行皇帝諡，體仁言：「壽皇聖帝事德壽二十餘年，極天下之養，諒陰三年，不御常服，漢、唐以來未之有，宜諡曰『孝』。」卒用其言。孝宗將復土，體仁言：「永阜陵地勢卑下，非所以妥安神靈。」與宰相異議，除太府卿。尋直龍圖閣、知福州，言者竟以前論山陵事罷之。退居霅川，日以經史自娛，人莫窺其際。

始，體仁使浙右，時蘇師旦以胥吏執役，後倚侂冑躐躋大官，至是遣介通殷勤。體仁曰：「小人乘君子之器，禍至無日矣，烏得以汙我！」未幾，果敗。

復直龍圖閣、知靜江府，閣十縣稅錢一萬四千，蠲雜賦八千。移守鄂州，除司農卿，復總湖廣餉事。時歲凶艱食，卽以便宜發廩振捄而後以聞。

侂冑建議開邊，一時爭談兵以規進用。體仁移書廟堂，言兵不可輕動，宜遵養俟時。皇甫斌自以將家子，好言兵，體仁語僚屬，謂斌必敗，已而果然。開禧二年卒，年六十四。

體仁穎邁特立，博極羣書。少從朱熹學，以存誠慎獨爲主。爲文明暢，悉根諸理。周必大當國，體仁嘗疏薦三十餘人，皆當世知名士。郡人眞德秀早從其游，嘗問居官涖民之法，體仁曰：「盡心、平心而已，盡心則無愧，平心則無偏。」世服其確論云。

論曰：彭龜年、黃裳、羅點以靑宮師保之舊，盡言無隱。黃度、林大中亦能守正不阿，進退裕如。此數臣者，皆能推明所學，務引君以當道，可謂粹然君子矣。陳騤論事頗切時病，詹體仁深於理學，皆有足稱者。然騤嘗詆譏呂祖謙，至視趙汝愚、劉光祖爲仇，而體仁乃能以朱熹、眞德秀爲師友，卽其所好惡，而二人之邪正，於是可知焉。

校勘記

〔一〕嘉泰元年復元官　按嘉泰二年，開放黨禁，黨人之在籍者始先後復官。樓鑰攻媿集卷九六彭龜年神道碑作「嘉泰三年秋，復元官」。疑是。

〔二〕普成　原作「普城」，據攻媿集卷九九黃裳墓誌銘、本書卷八九地理志改。

〔三〕舊制河北陝西分爲四路　按攻媿集卷九八林大中神道碑，「慶曆中，分河北、陝西各爲四路」。又本書卷八六、八七地理志，河北東西兩路，在慶曆八年分爲四路；陝西路，在慶曆元年分爲四路。「分」疑爲「各」之誤。

〔四〕胡宏　原作「吳宏」。按眞德秀西山先生眞文忠公文集卷四七詹體仁行狀，體仁父慥「與五峯胡先生、屛山劉先生游」。「五峯胡先生」，指胡宏，本書卷四三五有傳，據改。



# 宋史卷三百九十四

## 列傳第一百五十三

胡紘　何澹　林栗　高文虎　陳自强　鄭丙　京鏜
謝深甫　許及之　梁汝嘉

胡紘字應期，處州遂昌人。淳熙中，舉進士。紹熙五年，以京鏜薦，監都進奏院，遷司農寺主簿、祕書郎。韓侂冑用事，逐朱熹、趙汝愚，意猶未快，遂擢紘監察御史。

紘未達時，嘗謁朱熹於建安，熹待學子惟脫粟飯，遇紘不能異也。紘不悅，語人曰：「此非人情。隻鷄尊酒，山中未爲乏也。」遂亡去。及是，劾趙汝愚，且詆其引用朱熹爲僞學罪首。汝愚遂謫永州。

汝愚初抵罪去國，搢紳大夫與夫學校之士，皆憤悒不平，疏論甚衆。侂冑患之，以汝愚之門及朱熹之徒多知名士，不便於己，欲盡去之，謂不可一一誣以罪，則設爲僞學之目以擯之。用何澹、劉德秀爲言官，專擊僞學，然未有誦言攻熹者。獨紘草疏將上，會改太常少卿，不果。沈繼祖以追論程頤得爲察官，紘遂以藁授之。繼祖論熹，皆紘筆也。

寧宗以孝宗嫡孫行三年服，紘言止當服期。詔侍從、臺諫、給舍集議釋服，於是徙紘太常少卿，使草定其禮。旣而親饗太廟。

紘旣解言責，復入疏云：「比年以來，僞學猖獗，圖爲不軌，動搖上皇，詆誣聖德，幾至大亂。賴二三大臣、臺諫出死力而排之，故元惡殞命，羣邪屛跡。自御筆有『救偏建中』之說，或者誤認天意，急於奉承，倡爲調停之議，取前日僞學之姦黨次第用之，以冀幸其他日不相報復。往者建中靖國之事，可以爲戒，陛下何未悟也。漢霍光廢昌邑王賀，一日而誅羣臣一百餘人；唐五王不殺武三思，不旋踵而皆斃於三思之手。今縱未能盡用古法，亦宜且令退伏田里，循省愆咎。」俄遷紘起居舍人。詔僞學之黨，宰執權住進擬，用紘言也。自是學禁益急。進起居郎，權工部侍郎，移禮部，又移吏部。坐同知貢舉、考宏詞不當而罷。未幾，學禁漸弛，紘亦廢棄，卒于家。

何澹字自然，處州龍泉人。乾道二年進士，累官至國子司業，遷祭酒，除兵部侍郎。光宗內禪，拜右諫議大夫兼侍講。

澮本周必大所厚，始爲學官，二年不遷，留正奏遷之。澮憾必大，及長諫垣，即劾必大，必大遂策免。澮嘗與所善劉光祖言之，光祖曰：「周丞相豈無可論，第其門多佳士，不可併及其所薦者。」澮不聽。

時姜特立、譙熙載以春坊舊恩頗用事。一日，光祖過澮，因語澮曰：「曾、龍之事不可再。」澮曰：「得非姜、譙之謂乎？」既而澮引光祖入便坐，則皆姜、譙之徒也，光祖始悟澮譏諾。明年，澮同知貢舉，光祖除殿中侍御史，首上學術邪正之章。及奏名，光祖被旨入院拆號，與澮席甫逼。澮曰：「近日風采一新。」光祖曰：「非立異也，但嘗爲大諫言者，今日言之耳。」既出，同院謂光祖曰：「何自然見君所上章，數夕恍惚，餌定志丸，他可知也。」進御史中丞。

澮有本生繼母喪，乞有司定所服，禮寺言當解官，澮引不逮事之文，乞下給、諫議之。太學生喬嘉、朱有成等移書於澮，謂：「足下自長臺諫，此綱常之所係也。四十餘年以所生繼母事之，及其終也，反以爲生不逮而不持心喪可乎？奉常禮所由出，顧以臺諫、給舍議之，識者有以闞之矣。」澮乃去。終制，除煥章閣學士、知泉州，移明州。

寧宗卽位，朱熹、彭龜年以論韓侂冑俱絀，澮還爲中丞，怨趙汝愚不援引。汝愚時已免





相，復詆其廢壞壽皇良法美意，汝愚落職罷祠。又言：「專門之學，流而爲僞。願風厲學者，專師孔、孟，不得自相標榜。」除同知樞密院事、參知政事，遷知樞密院。

吳曦賄通時宰，規圖帥蜀，未及賄澮，韓侂冑已許之，澮持不可。侂冑怒曰：「始以君肯相就，黜僞學，汲引至此，今顧立異耶？」以資政殿大學士提舉洞霄宮。起知福州。澮居外，常怏怏失意，以書祈侂冑，有曰：「迹雖東冶，心在南園。」南園，侂冑家園也。侂冑憐之。進觀文殿學士，尋移知隆興府。後除江、淮制置大使兼知建康府，移使湖北，兼知江陵。奉祠卒，贈少師。

澮美姿容，善談論，少年取科名，急於榮進，阿附權奸，斥逐善類，主僞黨之禁，賢士爲之一空。其後更化，兇黨俱逐，澮以早退幸免，優游散地幾二十年。

林栗字黃中，福州福清人。登紹興十二年進士第，調崇仁尉，教授南安軍。宰相陳康伯薦爲太學正，守太常博士。孝宗卽位，遷屯田員外郎、皇子恭王府直講。

時金人請和，約爲叔姪之國，且以歸疆爲請。栗上封事言：「前日之和，誠爲非計。然徽宗梓宮、慈寧行殿在彼，爲是而屈，猶有名焉。今日之和，臣不知其說也。宗廟之讎，而事之以弟姪，其忍使祖宗聞之乎！無唐、鄧，則荆、襄有齒寒之憂；無泗、海，則淮東之備達于眞、揚，海道之防偏于明、越矣。議者皆言和戎之幣少，養兵之費多，不知講和之後，朝廷能不養兵乎？今東南民力，陛下之所知也，朝廷安得而不較乎？且非徒無益而已。與之歲幣，是畏之矣。三軍之情，安得不懈弛；歸正之心，安得不攜貳。爲今日計，宜停使勿遣，還延其期。比至來春，別無動息，徐於境上移書，諭以兩國誓言。敗之自彼，信不由衷，雖盟無益。自今宜守分界，休息生靈，不煩聘使之往來，各保疆場之無事，焉用疲弊州縣，以奉犬羊之使乎？」

孝宗懲創紹興權臣之弊，躬攬權綱，不以責任臣下，栗言：「人主涖權，大臣審權，爭臣議權，王侯、貴戚善撓權者也，左右近習善竊權者也。權在大臣，則大臣重；權在邇臣，則邇臣重；權在爭臣，則爭臣重。是故人主常患權在臣下，必欲收攬而獨持之，然未有能獨持之者也。不使大臣持之，則王侯、貴戚得而持之矣；不使邇臣審之，爭臣議之，則左右近習得而議之矣。人主顧謂得其權而自執之，豈不誤哉。是故明主使人持權而不以權與之，收攬其權而不肯獨持之。」至有「以鹿爲馬、以鷄爲鸞」之語。方奉對時，讀至「人主常患權在臣下，必欲收攬而獨持之」，孝宗稱善，栗徐曰：「臣意尚在下文。」執政有訴於孝宗曰：「林栗謂臣等指鹿爲馬，臣實不願與之同朝。」乃出知江州。





有旨省併江州屯駐一軍，栗奏：「辛巳、甲申，金再犯兩淮，賴江州一軍分布防托，故舒、蘄、黃三州獨不被寇。本州上至鄂渚七百里，下至池陽五百里；平時屯戍，誠若無益，萬一有警，鄂渚之戍，上越荆、襄，池陽之師，下流增備，中間千里藩籬，誠爲虛闕。無以一夫之議，而廢長江千里之防。」由是軍得無動。

以吏部員外郎召。冬至，有事南郊，前期十日，百執事聽誓戒；會慶節，有旨上壽不用樂，迨宴金使，乃有權用樂之命。栗以爲不可，致書宰相，不聽，乃乞免充舉册官，以狀申朝廷曰：「若聽樂則廢齋，廢齋則不敢以祭。祖宗二百年事天之禮，今因一介行人而廢之。天之可畏，過於外夷遠矣。」不聽。

兼皇子慶王府直講，有旨令二王非時招延講讀官，相與議論時政，期盡規益。栗以爲不可，疏言：「漢武帝爲戾太子開博望苑，卒敗太子；唐太宗爲魏王泰立文學館，卒敗魏王。古者教世子與吾祖宗之所以輔導太子、諸王，惟以講經讀史爲事，他無預焉。若使議論時政，則是對子議父，古人謂之無禮，不可不留聖意。」

除右司員外郎，遷太常少卿。太廟祫享之制，始祖東向，昭南向，穆北向，別廟神主祔于祖姑之下，隨本室南北向而無西向之位。紹興、乾道間，懿節、安穆二后升祔，有司設幄西向。逮安恭皇后新祔，有司承前失，其西向之位，幾與僖祖相對。栗辨正之。

除直寶文閣、知湖州。栗朝辭，曰：「臣聞漢人賈誼號通達國體，其所上書至於痛哭流涕者，考其指歸，大抵以一身諭天下之勢。其言曰：『天下之勢方病大瘇。非徒瘇也，又苦蹠盭。又類辟，且病痱。』臣每見士大夫好論時事，臣輒舉以問之：今日國體，於四百四病之中名爲何病？能言其病者猶未必能處其方，不能言其病而輒處其方，其誤人之死，必矣。聞臣之言者不忿則默，間有反以詰臣，卽對之曰：今日之病，名爲風虛，其狀半身不隨是也。風者在外，虛者在內，眞氣內耗，故風邪自外而乘之，忽中於人，應時僵仆，則靖康之變是也。幸而元氣猶存，故仆而復起，則建炎之興是也。然元氣雖存，邪氣尙盛，自淮以北皆吾故壤，而號令不能及，正朔不能加，有異於半身不隨者乎？非但半身不隨而已，半身存者，凜凜乎畏風邪之乘而不能以自安也。今日論者，譬如痿人之不忘起，奚必賢智之士，然後與國同其願哉？而市道庸流，口傳耳受，苟欲嘗試以售其方，則蕩熨鍼石，雜然並進，非體虛之人所宜輕受也。聞之醫曰：『中風偏廢，年五十以下而氣盛者易治。蓋眞氣與邪氣相敵，眞氣盛則邪氣衰，眞氣行則邪氣去。然眞氣不充滿於半存之身，則無以及偏廢之體。故欲起此疾者，必禁其嗜欲，節其思慮，愛其氣血，養其精神，使半存之身，日以充實，則陽氣周流，脈絡宣暢，將不覺舍杖而行。若急於愈疾而不顧其本，百毒入口，五臟受風，風邪之盛未可卒去，而眞氣之存者日以耗亡，故中風再至者多不能救。』臣愚有感於斯言，竊謂





賈誼復生，爲陛下言，無以易此。」

知興化軍，又移南劍，除夔路提點刑獄，改知夔州，加直徽文閣。夔屬郡曰施州，其羈縻郡曰思州。施民譚汝翼者，與知思州田汝弼交惡，會汝弼卒，汝翼帥兵二千人伐其喪。汝弼之子祖周深入報復，兵交於三州之境，施、黔大震。汝翼復繕甲兵，料丁壯，以重幣借兵諸洞，而乞師於帥府。栗曰：「汝翼實召亂者。」移檄罷兵，乃選屬吏往攝兵職，以漸收汝翼之權。命兵馬鈐轄按閱諸州，密檄至施，就攝州事。汝翼不之覺，已乃皇遽遁入成都。事聞，孝宗親札賜栗及成都制置使陳峴曰：「田氏猶是羈縻州郡，譚氏乃夔路豪族，又且首爲釁端，帥閫不能彈壓，縱其至此。如尙不悛，未免加兵，除其元惡。」時汝翼在成都，聞之逃歸，調集家丁及役八砦義軍，列陳于沱河橋與官軍戰，潰，汝翼遁去，俘其徒四十有三人，獲甲鎧器仗三萬一千。栗取其巨惡者九人誅之。田祖周由是懼，與其母冉氏謀獻黔江田業，計錢九十萬緡以贖罪，釁徹遂安。

既而汝翼入都訴栗受田氏金，詔以汝翼屬吏，省劄下夔州。栗親書奏狀繳還，併辨其事。上大怒。會近臣有救解者，尋坐栗身爲帥臣，擅格上命，鐫職罷歸。既而理寺追究，事白，貸汝翼死，幽置紹興府。

居頃之，詔栗累更事任，淸介有聞，復直寶文閣、廣南西路轉運判官，就改提點刑獄，又改知潭州。除祕閣修撰，進集英殿修撰、知隆興府。召對便殿，奏乞倣唐制置補闕、拾遺左右各一員，不以糾彈爲責。從之。除兵部侍郎。朱熹以江西提刑召爲兵部郎官，熹既入國門，未就職。栗與熹相見，論易與西銘不合。至是，栗遣吏部趣之，熹以脚疾請告。栗遂論：「熹本無學術，徒竊張載、程頤之緒餘，爲浮誕宗主，謂之道學，妄自推尊。所至輒攜門生十數人，習爲春秋、戰國之態，妄希孔、孟歷聘之風，繩以治世之法，則亂人之首也。今采其虛名，俾之入奏，將置朝列，以次收用。而熹聞命之初，遷延道途，邀索高價，門生迭爲游說，政府許以風聞，然後入門。旣經陛對，得旨除郎，而輒懷不滿，傲睨累日，不肯供職，是豈張載、程頤之學教之然也？緣熹既除兵部郎官，在臣合有統攝，若不舉劾，厥罪惟均。望將熹停罷，姑令循省，以爲事君無禮者之戒。」

上謂其言過當，而大臣畏栗之強，莫敢深論。太常博士葉適獨上封事辯之曰：「考栗之辭，始末參驗，無一實者。其中『謂之道學』一語，無實最甚。蓋自昔小人殘害良善，率有指名，或以爲好名，或以爲立異，或以爲植黨。近忽創爲『道學』之目，鄭丙唱之，陳賈和之。居要路者密相付授，見士大夫有稍務潔修，粗能操守，輒以道學之名歸之，殆如喫菜事魔、影迹犯敗之類。往日王淮表裏臺諫，陰廢正人，蓋用此術。栗爲侍從，無以達陛下之德意志慮，而更襲鄭丙、陳賈密相傳授之說，以道學爲大罪。文致言語，逐去一熹，固未甚害，第





恐自此游辭無實，讒言橫生，善良受害，無所不有！願陛下正紀綱之所在，絕欺罔於既形，摧抑暴橫以扶善類，奮發剛斷以慰公言。」於是侍御史胡晉臣劾栗，罷之，出知泉州，又改明州。奉祠以卒，謚簡肅。

栗爲人強介有才，而性狷急，欲快其私忿，遂至攻詆名儒，廢絕師教，殆與鄭丙、陳賈、何澹、劉德秀、劉三傑、胡紘輩黨邪害正者同科。雖疇昔論事，雄辯可觀，不足以蓋晚節之謬也。

高文虎字炳如，四明人，禮部侍郎閌之從子。登紹興庚辰進士第，調平江府吳興縣主簿。

曾幾守官在吳，文虎從之游，故聞見博洽，多識典故。除國子正，遷太學博士。孝宗幸兩學，祭酒林光朝訪文虎具儀注，文虎輯國朝以來臨幸故事授之。兼國史院編修官，與修四朝國史。出知建昌軍，擢將作丞兼實錄院檢討官，修高宗實錄；又兼玉牒所檢討官，修神宗玉牒。自熙寧以來，史氏淆雜，人無所取信。文虎盡取朱墨本刊正繆妄，一一研覈。既奏御，又修徽宗玉牒，考訂宣和、崇、觀以來尤爲詳審。

寧宗即位，遷軍器少監兼將作監，遷國子司業兼學士院權直，遷祭酒、中書舍人，兼直學士院兼祭酒，升實錄院同修撰、同修國史。

韓侂胄用事，既逐趙汝愚、朱熹，以其門多知名士，設僞學之目以擯之，遂命文虎草詔曰：「向者權臣擅朝，僞邪朋附，協肆姦宄，包藏禍心。賴天之靈，宗廟之福，朕獲承慈訓，膺受內禪，陰謀壞散，國勢復安。嘉與士大夫厲精更始，凡曰淫朋比德，幾其自新，而歷載臻茲，弗迪厥化。締交合盟，窺伺間隙，毀譽舛迕，流言間發，將以傾國是而惑衆心。甚至竊附於元祐之衆賢，而不思實類乎紹聖之姦黨。國家秉德康寧，弗汝瑕殄，今惟自作弗靖，意者漸于流俗之失不可復反歟？將狃于國之寬恩而罰有弗及歟？何其未能洗濯以稱朕意也！朕既深詔二三大臣與夫侍從言議之官，益維持正論以明示天下矣，諭告所抵，宜各改視回聽，毋復借疑似之說以惑亂世俗。若其遂非不悔，怙終不悛，邦有常刑，必罰毋赦！」

西掖詞命，舊率以數人共一詞，文虎以爲非所以崇訓戒、贊人才也，迺人人各爲之。遷兵部侍郎兼中書舍人，又兼祭酒，拜翰林學士兼侍讀、實錄院修撰，修國史。除華文閣學士、知建寧府，力丐祠，提舉太平興國宮。以臺臣言奪職，卒。

文虎以博洽自負，與胡紘合黨，共攻道學，久司學校，專困遏天下士，凡言性命道德者皆絀焉。





陳自強者，福州閩縣人，字勉之。登淳熙五年進士第。慶元二年，入都待銓。自以嘗爲韓侂胄童子師，欲見之，無以自通，適儈居主人出入侂胄家，爲言於侂胄。一日，召自強，比至，則從官畢集，侂胄設褥于堂，鄉自強再拜，次召從官同坐。侂胄徐曰：「陳先生老儒，汩沒可念。」明日，從官交薦其才。除太學錄，遷博士，數月轉國子博士，又遷祕書郎。入館半載，擢右正言、諫議大夫、御史中丞。入臺未踰月，遂登樞府，由選人至兩地財四年。嘉泰三年，拜右丞相，歷封祁、衞、秦國公。

韓侂胄顓朝權，包苴盛行，自強尤貪鄙。四方致書餽，必題其緘云：「某物并獻」；凡書題無「并」字，則不開。縱子弟親戚關通貨賄，仕進干請，必諧價而後予。日押空名刺劄送侂胄家，須用乃塡，三省不與也。都城火，自強所貯，一夕爲煨燼。侂胄首遺之萬緡，執政及列郡聞之，莫不有助。不數月，得六十萬緡，遂倍所失之數。創國用司，自爲國用使，以費士寅、張巖爲同知國用事，掊克民財，州郡騷動。

方侂胄欲爲平章，猶畏衆議，自強首率同列援典故入奏。詔以侂胄爲平章軍國事。常語人曰：「自強惟一死以報師王。」每稱侂胄爲恩王、恩父，而呼堂吏史達祖爲兄、蘇師旦爲叔。

侂胄將用兵，遣使北行審敵虛實，自強薦陳景俊以往。金人有「不宜敗好」之語，景俊歸，自強戒使勿言，侂胄乃決恢復之議。吳曦有逆謀，求歸蜀，厚賂自強。自強語侂胄：「非曦不足以鎮坤維。」乃縱之歸，曦卒受金人命爲蜀王。侂胄姦兇，久盜國柄，自強實爲之表裏。

既開邊隙，朝野洶洶，三遣使請和。金人欲縛送首議用兵賊臣，侂胄恚憤，復欲用兵，中外大懼。史彌遠建議誅侂胄，詔以自強阿附充位，不恤國事，罷右丞相。未幾，詔追三官，永州居住，又責武泰軍節度副使〔一〕、韶州安置。中書舍人倪思繳奏，乞遠竄，籍其家，詔從之。再責復州團練副使、雷州安置。後死於廣州。

鄭丙字少融，福州長樂人。紹興十五年進士。積官至吏部尚書、浙東提舉。朱熹行部至台州，奏台守唐仲友不法事，宰相王淮庇之。熹章十上。丙雅厚仲友，且迎合宰相意，奏：「近世士大夫有所謂『道學』者，欺世盜名，不宜信用。」蓋指熹也。於是監察御史陳賈奏：「道學之徒，假名以濟其僞，乞擯斥勿用。」道學之目，丙倡賈和，其後爲慶元





學禁，善類被厄，丙罪爲多。

嘗知泉州，爲政暴急，或勸之尙寬，丙曰：「吾疾惡有素，豈以晚節易所守哉。」聞者哂之。丙官終端明殿學士，卒，諡簡肅。

京鏜字仲遠，豫章人也。登紹興二十七年進士第。龔茂良帥江西，見之曰：「子廊廟器也。」及茂良參大政，遂薦鏜入朝。孝宗詔侍從舉良縣令爲臺官，給事中王希呂曰：「京鏜蚤登儒級，兩試令，有聲。陛下求執法官，鏜其人也。」上引見鏜，問政事得失。時上初統萬機，銳志恢復，羣臣進說，多迎合天子意，以爲大功可旦暮致。鏜獨言：「天下事未有驟如意者，宜舒徐以圖之。」上善其言。鏜於是極論今日民貧兵驕，士氣頽靡，言甚切至。上說，擢爲監察御史，累遷右司郎官。

金遣賀生辰使來，上居高宗喪，不欲引見，鏜爲儐佐，以旨拒之。使者請少留闕下，鏜曰：「信使之來，以誕節也。誕節禮畢，欲留何名乎？」使行，上嘉其稱職。轉中書門下省檢正諸房公事。

金人遣使來弔，鏜爲報謝使。金人故事，南使至汴京則賜宴。鏜請免宴，郊勞使康元

竊等不從，鏜謂必不免宴，則請徹樂，遺之書曰：「鏜聞鄰喪者舂不相，里殯者不巷歌。今鏜銜命而來，繫北朝之惠弔，是荷是謝。北朝勤其遠而憫其勞，遣郊勞之使，蔵式宴之儀，德莫厚焉，外臣受賜，敢不重拜。若曰而必聽樂，是於聖經爲悖理，於臣節爲悖義，豈惟貽本朝之羞，亦豈昭北朝之懿哉？」相持甚久。鏜卽館，相禮者趣就席，鏜曰：「若不徹樂，不敢卽席。」金人迫之，鏜弗爲動，徐曰：「吾頭可取，樂不可聞也。」乃帥其屬出館門，甲士露刃向鏜，鏜叱退之。金人知鏜不可奪，馳白其主，主歎曰：「南朝直臣也。」特命免樂。自是恆去樂而後宴鏜。孝宗聞之喜，謂輔臣曰：「士大夫平居孰不以節義自許，有能臨危不變如鏜者乎？」

使還，入見，上勞之曰：「卿能執禮爲國家增氣，朕將何以賞卿？」鏜頓首曰：「北人畏陛下威德，非畏臣也。正使臣死於北庭，亦臣子之常分耳，敢言賞乎！」故事，使還當增秩。右相周必大言於上曰：「增秩常典爾，京鏜奇節，今之毛遂也，惟陛下念之。」乃命鏜權工部侍郎。

四川闕帥，以鏜爲安撫制置使兼知成都府。鏜到官，首罷征斂，弛利以予民。瀘州卒殺太守，鏜擒而斬之，蜀以大治。召爲刑部尚書。

寧宗卽位，甚見尊禮，由政府累遷爲左丞相。當是時，韓侂胄權勢震天下，其親幸者由





禁從不一二歲至宰輔；而不附侂胄者，往往沉滯不偶。鏜既得位，一變其素守，於國事謾無所可否，但奉行侂胄風旨而已。又薦引劉德秀排擊善類，於是有僞學之禁。後宦者王德謙除節度使，鏜乃請裂其麻，上曰：「除德謙一人而止可乎？」鏜曰：「此門不可啓。節鉞不已，必及三孤；三孤不已，必及三公。願陛下以眞宗不予劉承規爲法，以大觀、宣、政間童貫等冒節鉞爲戒。」上於是謫德謙而黜詞臣吳宗旦，或曰，亦侂胄意也。居無何，以年老請免相，薨，贈太保，謚文忠。後以監察御史倪千里言，改謚莊定。

謝深甫字子肅，台州臨海人。少穎悟，刻志爲學，積數年不寐，夕則置缾水加足於上，以警困怠。父景之識爲遠器，臨終語其妻曰：「是兒當大吾門，善訓迪之。」母攻苦守志，督深甫力學。

中乾道二年進士第，調嵊縣尉。歲饑，有死道旁者，一嫗哭訴曰：「吾兒也。傭于某家，遭掠而斃。」深甫疑焉，徐廉得嫗子他所，召嫗出示之，嫗驚伏曰：「某與某有隙，賂我使誣告耳。」

越帥方滋、錢端禮皆薦深甫有廊廟才，調崑山丞，爲浙曹考官，一時士望皆在選中。司業鄭伯熊曰：「文士世不乏，求具眼如深甫者實鮮。」深甫曰：「文章有氣骨，如泰山喬嶽，可望而知，以是得之。」

知處州青田縣。侍御史葛邲、監察御史顏師魯、禮部侍郎王藺交薦之。孝宗召見，深甫言：「今日人才，楞中侈外者多妄誕，矯訐沽激者多眩鬻。激昂者急於披露，然或鄰於好夸；剛介者果於植立，而或鄰於太銳；靜退簡默者寡有所合，或鄰於立異。故言未及酬而已齟齬，事未及成而已挫抑。於是趣時徇利之人，專務身謀，習爲軟熟，畏避束手，因循苟且，年除歲遷，亦至通顯，一有緩急，莫堪倚仗。臣願任使之際，必察其實，既悉其實，則涵養之以蓄其才，振作之以厲其氣，栽培封殖，勿使沮傷。」上嘉納。問當世人才，對曰：「薦士，大臣職也。小臣來自遠方，不足以奉明詔。」上頷之，諭宰臣曰：「謝深甫奏對雍容，有古人風。」除籍田令，遷大理丞。

江東大旱，擢爲提舉常平，講行救荒條目，所全活一百六十餘萬人。紹熙改元，除右正言，遷起居郎兼權給事中。光宗卽位，以左曹郎官借禮部尚書爲賀金國生辰使。知閤門事韓侂胄破格轉遙郡刺史，深甫封還內降云：「人主以爵祿磨厲天下之人才，固可重而不可輕；以法令隄防天下之僥倖，尤可守而不可易。今侂胄驀越五官而轉遙郡，僥倖一啓，攀援踵至，將何以拒之？請罷其命。」





進士俞古應詔言事，語涉詆訐，送瑞州聽讀。深甫謂：「以天變求言，未聞旌賞而反罪之，則是名求而實拒也。俞古不足以道，所惜者朝廷事體耳。」右司諫鄧馹論近習，左遷，深甫請還馹，謂：「不可以近習故變易諫官，爲清朝累。」

二年，知臨安府。三年，除工部侍郎。入謝，光宗面諭曰：「京尹寬則廢法，猛則厲民，獨卿爲政得寬猛之中。」進兼吏部侍郎，兼詳定敕令官。四年，兼給事中。陳源久以罪斥，忽予內祠，深甫固執不可。姜特立復詔用，深甫力爭，特立竟不得入。張子仁除節度使，深甫疏十一上，命遂寢。每禁庭燕私，左右有希恩澤者，上必曰：「恐謝給事有不可耳。」

寧宗卽位，除煥章閣待制、知建康府，改御史中丞兼侍讀。上言：「比年以來，紀綱不立。臺諫有所論擊，不與被論同罷，則反除以外任；給、舍有所繳駁，不命次官書行，則反遷以他官；監司有所按察，不兩置之勿問，則被按者反得美除。以奔競得志者，不復知有廉恥；以請屬獲利者，不復知有彝憲。貪墨縱橫，莫敢誰何；罪惡暴露，無所忌憚。隳壞紀綱，莫此爲甚。請風厲在位，革心易慮，以肅朝著。」禮官議祧僖祖，侍講朱熹以爲不可，深甫言：「宗廟重事，未宜遽革。朱熹攷訂有據，宜從熹議。」

慶元元年，除端明殿學士、簽書樞密院事，遷參知政事，再遷知樞密院事兼參知政事。內侍王德謙建節，深甫三疏力陳不可蹈大觀覆轍，德謙竟斥。進金紫光祿大夫，拜右丞相，

封中國公，進岐國公。光宗山陵，爲總護使。還，拜少保，力辭，改封魯國公。

嘉泰元年，累疏乞避位，寧宗曰：「卿能爲朕守法度，惜名器，不可以言去。」召坐賜茶，御筆書說命中篇及金幣以賜之。

有余嘉者，上書乞斬朱熹，絕僞學，且指蔡元定爲僞黨。深甫擲其書，語同列曰：「朱元晦、蔡季通不過自相與講明其學耳，果有何罪乎？余嘉蟣虱臣，乃敢狂妄如此，當相與奏知行遣，以厲其餘。」

金使入見不如式，寧宗起入禁中，深甫端立不動，命金使俟于殿隅，帝再御殿，乃引使者進書，迄如舊儀。

拜少保。乞骸骨，授醴泉觀使。明年，拜少傅，致仕。有星隕于居第，遂薨。後孫女爲理宗后，追封信王，易封衞、魯，謚惠正。

許及之字深甫，溫州永嘉人。隆興元年第進士，知袁州分宜縣。以部使者薦，除諸軍審計，遷宗正簿。乾道元年，林栗請增置諫員，乃倣唐制置拾遺、補闕，以及之爲拾遺，班序在監察御史之上。





高宗崩，及之言：「皇帝既躬三年之喪，羣臣難從純吉，當常服黑帶。」王淮當國久，及之奏：「陛下即位二十七年，而羣臣未能如聖意者，以苟且爲安榮，以姑息爲仁恕，以不肯任事爲簡重，以不敢任怨爲老成。敢言者指爲輕儇，鮮恥者謂之朴實。陛下得若人而相之，何補於治哉！」淮竟罷職予祠。

光宗受禪，除軍器監，遷太常少卿，以言者罷。紹熙元年，除淮南運判兼淮東提刑，以鐵錢濫惡不職，貶秩，知廬州。召除大理少卿。寧宗即位，除吏部尚書兼給事中。及之早與薛叔似同擢遺、補，皆爲當時所予。黨事既起，善類一空，叔似累斥逐，而及之諂事侂胄，無所不至。嘗值侂胄生日，朝行上壽畢集，及之後至，閽人掩關拒之，及之俯僂以入。爲尚書，二年不遷，見侂胄流涕，序其知遇之意及衰遲之狀，不覺膝屈。侂胄惻然憐之曰：「尚書才望，簡在上心，行且進拜矣。」居亡何，同知樞密院事。當時有「由竇尚書、屈膝執政」之語，傳以爲笑。

嘉泰二年〔二〕，拜參知政事，進知樞密院事兼參政。兵端開，侂胄欲令及之守金陵，及之辭。侂胄誅，中丞雷孝友奏及之實贊侂胄開邊，及守金陵，始詭計免行。降兩官，泉州居住。嘉定二年，卒。

梁汝嘉字仲謨，處州麗水人。以外祖太宰何執中任入官，調中山府司議曹事〔三〕。建炎初，知常州武進縣。守薦其治狀，擢通判州事，加直祕閣，歷官至轉運副使。

臨安闕守，火盜屢作，命汝嘉攝事。汝嘉修火政，嚴巡徼，盜發輒得，火災亦息。遂命爲眞，加直龍圖閣。以稱職，擢徽猷閣待制，試戶部侍郎兼知臨安府。累遷戶部侍郎，進權尚書兼江、淮、荆、廣經制使。

汝嘉素善秦檜，殿中侍御史周葵將按之。汝嘉聞，給中書舍人林待聘曰：「副端將論君。」待聘亟告檜，徙葵起居郎。葵入後省，出疏示待聘曰：「梁仲謨何其幸也。」待聘始知爲汝嘉所賣，士大夫以是薄汝嘉。汝嘉求去，以寶文閣直學士提舉太平觀。未幾，升學士、知明州，兼浙西沿海制置使，更溫、宣、鼎三郡，復奉祠以歸。紹興二十三年，卒。汝嘉長於吏治，在臨安風績尤著。

論曰：君子之論人，亦先觀其大者而已矣。忠孝，人之大節也，胡紘導其君以短喪，不得謂之忠；何澹疑所生繼母之服，士論紛紜而後去，不可以爲孝。彼於其大者且忍爲之，





則其協比權姦，誣搆善類，亦何憚而不爲乎？謝深甫出處，舊史泯其迹，若無可議爲者。然慶元之初，韓侂胄設僞學之禁，網羅善類而一空之，深甫秉政，適與之同時，諉曰不知，不可也。況於一劾陳傅良，再劾趙汝愚，形於深甫之章，有不可揜者乎？陳自強、鄭丙、許及之輩，狐媚苟合，以竊貴寵，斯亦不足論已。若林栗之有治才，善論事，高文虎之自負該洽，京鏜之仗義秉禮，志信於敵國，抑豈無足稱者。然栗以私忿詆名儒，不爲淸議所與，而文虎草僞學之詔，以是爲非，以正爲邪，變亂白黑，以欺當世，其人可知也。鏜暮年得政，朋姦取容，既愧其初服矣，況僞學之目，識者以爲鏜實發之乎？士君子立身行事，一失其正，流而不知返，遂爲千古之罪人，可不懼哉！可不懼哉！

## 校勘記

〔一〕武泰軍節度副使　「副」字原脫，據兩朝綱目卷一〇、宋史全文卷二九補。

〔二〕嘉泰二年　「嘉泰」原作「嘉定」。按本書卷二一三宰輔表，嘉泰二年十一月，「許及之參知政事」，兩朝綱目卷七同。「嘉定」爲「嘉泰」之誤，據改。

〔三〕調中山府司議曹事　「議曹」，周必大周益國文忠公集卷六九梁汝嘉神道碑作「儀曹」。本書卷一六六職官志，開封府有「儀曹」，爲六曹之一，疑「議」爲「儀」字之誤。

# 宋史卷三百九十五

## 列傳第一百五十四

樓鑰　李大性　任希夷　徐應龍　莊夏　王阮　王賓
陸游　方信孺　王柟

樓鑰字大防，明州鄞縣人。隆興元年，試南宮，有司偉其辭藝，欲以冠多士，策偶犯舊諱，知貢舉洪遵奏，得旨以冠末等。投贄謝諸公，考官胡銓稱之曰：「此翰林才也。」試教官，調温州教授，爲敕令所刪定官，修淳熙法。議者欲降太學釋奠爲中祀，鑰曰：「乘輿臨幸，於先聖則拜，武成則肅揖，其禮異矣，可鈞敵乎？」

改宗正寺主簿，歷太府、宗正寺丞，出知温州。屬縣樂清倡言方臘之變且復起，邑令捕數人歸于郡。鑰曰：「罪之則無可坐，縱之則惑民。」編隸其爲首者，而驅其徒出境，民言遂定。堂帖問故，鑰曰：「蘇洵有言：『有亂之形，無亂之實，是謂將亂。不可以有亂急，不可以





無亂弛。』」丞相周必大心善之。

光宗嗣位，召對，奏曰：「人主初政，當先立其大者。至大莫如恢復，然當先強主志，進君德。」又曰：「今之網密甚矣，望陛下軫念元元，以設禁爲不得已，凡有創意增益者，寢而勿行，所以保養元氣。」

除考功郎兼禮部。吏銓並緣爲姦，多所壅底。鑰曰：「簡要清通，尚書郎之選。」盡革去之。改國子司業，擢起居郎兼中書舍人。代言坦明，得制誥體，繳奏無所回避。禁中或私請，上曰：「樓舍人朕亦憚之，不如且已。」刑部言，天下獄案多所奏裁，中書之務不清，宜痛省之。鑰曰：「三宥制刑，古有明訓。」力論不可。會慶節上壽，扈從班集，乘輿不出。已而玉牒、聖政、會要書成，將進重華，又屢更日。鑰言：「臣累歲隨班，見陛下上壽重華宮，歡動宸極。嘉王日趨朝謁，恪勤不懈，竊料壽皇望陛下之來，亦猶此也。」又奏：「聖政之書，全載壽皇一朝之事。玉牒、會要足成淳熙末年之書，幸速定其日，無復再展，以全聖孝。」於是上感悟，進書成禮。

試中書舍人，俄兼直學士院。光宗內禪詔書，鑰所草也，有云：「雖喪紀自行於宮中，而禮文難示於天下。」薦紳傳誦之。遷給事中。乞正太祖東嚮之位，別立僖祖廟以代夾室，順祖、翼祖、宣祖之主皆藏其中，祫祭即廟而饗。從之。

朱熹以論事忤韓侂冑，除職與郡。鑰言：「熹鴻儒碩學，陛下閔其耆老，當此隆寒，立講不便，何如俾之內祠，仍令修史，少俟春和，復還講筵。」不報。趙汝愚謂人曰：「樓公當今人物也，直恐臨事少剛決耳。」及見其持論堅正，歎曰：「吾於是大過所望矣。」

寧宗受禪，侂冑以知閤門事與聞傳命，頗有弄權之漸，彭龜年力攻之。侂冑轉一官，與在京宮觀，龜年除待制，與郡。鑰與林大中奏，乞留龜年於講筵，或命侂冑以外祠。龜年竟去，鑰遷爲吏部尚書，以顯謨閣學士提舉江州太平興國宮。尋知婺州，移寧國府，罷，仍奪職。告老至再，許之。

侂冑嘗副鑰爲館伴，以鑰不附己，深嗛之。侂冑誅，詔起鑰爲翰林學士，遷吏部尚書兼翰林侍講。時鑰年過七十，精敏絕人，詞頭下，立進草，院吏驚詫。入朝，陛楯舊班諦視鑰曰：「久不見此官矣。」時和好未定，金求韓侂冑函首，鑰曰：「和好待此而決，姦兇已斃之首，又何足恤。」詔從之。

趙汝愚之子崇憲奏雪父冤，鑰乞正趙師召之罪，重蔡璉之誅，毀龔頤正續稽古錄以白誣謗。除端明殿學士、簽書樞密院事，升同知，進參知政事。位兩府者五年，累疏求去，除資政殿學士、知太平州，辭，進大學士，提舉萬壽觀。嘉定六年薨，年七十七，贈少師，謚宣獻。





鑰文辭精博，自號攻媿主人，有集一百二十卷。

李大性字伯和，端州四會人。其先積中，嘗爲御史，以直言入元祐黨籍，始家豫章。大性少力學，尤習本朝典故。以父任入官，因參選，進藝祖廟謨百篇及公私利害百疏。又言：「元豐制，六察許言事，章惇爲相始禁之，乞復舊制，以廣言路。」從臣力薦之，命赴都堂審察，僅遷一秩，爲湖北提刑司幹官。未幾，入爲主管吏部架閣文字。丁母艱，服闋，進典故辨疑百篇，皆本朝故實，蓋網羅百氏野史，訂以日歷、實錄，核其正舛，率有據依，孝宗讀而褒嘉之。

擢大理司直，遷敕令所刪定官，添差通判楚州。郡守吳曦與都統劉超合議，欲撤城移他所，大性謂：「楚城實晉義烏問所築，最堅，奈何以脆薄易堅厚乎？」持不可。臺臣將劾其沮撓，不果。會從官送北客，朝命因俾廉訪，具以實聞，遂罷戎帥，召大性除太府寺丞，遷大宗正丞兼倉部郎，尋改工部。

陳傅良以言事去國，彭龜年、黃度、楊方相繼皆去。大性抗疏言：「朝廷清明，乃使言者無故而去，臣所甚惜也。數人之心，皆本愛君，知其愛君，任其去而不顧，恐端人正士之去者

將不止此。孟子曰：『不信仁賢，則國空虛。』臣所以爲之寒心也。」

孝宗崩，光宗疾，未能執喪。大性復上疏言：「今日之事，顚倒舛逆，況金使祭奠當引見于北宮素帷，不知是時猶可以不出乎？檀弓曰：『成人有兄死而不喪者，聞子皐將爲成宰，遂爲衰。成人曰：「兄則死而子皐爲之衰。」』蓋言成人畏子皐之來方爲制服，其服乃子皐爲之，非爲兄也。若陛下必待使來然後執喪，則恐貽譏中外，豈特如成人而已哉。」遷軍器少監，權司封郎，提舉浙東常平，改浙東提刑兼知慶元府。召爲吏部郎中，四遷爲司農卿。明年，兼戶部侍郎。

出知紹興府，甫一歲，召爲戶部侍郎，升尙書。朝論將用兵，大性條陳利害，主不宜輕舉之說，忤韓侂胄意，出知平江，移知福州，又移知江陵，充荆湖制置使。江陵當用兵後，殘燬饑饉，繼以疾疫，大性首議振貸，凡三十八萬緡有奇。前官虛羨，凡十有四萬五千緡，率蠲放不督，民流移新復業者，皆奏免征傕。邊郡武爵，本以勵士，冒濫滋衆，大性劾兩路戎司冒受逃亡付身，凡三千四百九十有七道，率繳上毀抹，左選爲之一清。江陵舊使銅鑼，錢重楮輕，民持貲入市，有終日不得一錢者。大性奏乞依襄、郢例通用鐵錢，於是泉貨流通，民始復業。除刑部尙書兼詳定敕令，尋遷兵部。

時金國分裂，不能自存，有舉北伐之議者，大性上疏以和戰之說未定，乞令朝臣集議，





從之。尋以端明殿學士知平江府，引疾丐祠，卒于家，年七十七，贈開府儀同三司，謚文惠。

李氏自積中三世官于朝，父子兄弟相師友，而大性與弟大異、大東並躋從列，爲名臣云。

任希夷字伯起，其先眉州人。四世祖伯雨爲諫議大夫，其後仕閩，因家邵武。希夷少刻意問學，爲文精苦。登淳熙三年進士第，調建寧府浦城簿。從朱熹學，篤信力行，熹器之曰：「伯起，開濟士也。」

開禧初，主太常寺簿，奏：「紹熙以來，禮書未經編次，歲月滋久，恐或散亡，乞下本寺修纂。」從之。遷禮部尙書兼給事中。謂：「周惇頤、程顥、程頤爲百代絕學之倡，乞定議賜謚。」其後惇頤謚元，顥謚純，頤謚正，皆希夷發之。

進端明殿學士、簽書樞密院事兼權參知政事。史彌遠柄國久，執政皆具員，議者頗譏其拱默。尋提舉臨安洞霄宮，薨，贈少師，謚宣獻。

徐應龍字允叔。淳熙二年第進士，調衡州法曹、湖南檢法官。潭獲劫盜，首謀者已繫獄，妄指逸者爲首，吏信之，及獲逸盜，治之急，遂誣服。吏以成憲讞于憲司，應龍閱實其辭，謂：「首從不明，法當奏。」時周必大判潭州，提刑盧彥德不欲反其事，將置逸盜于死，應龍力與之辨。先是，彥德許應龍京削，至是怒曰：「君不欲出我門邪？」應龍曰：「以人命傅文字，所不忍也。」彥德不能奪，聞者多其有守，交薦之。

改秩，知瑞州高安縣。呂祖儉言事忤韓侂胄，謫死高安，應龍爲之經紀其喪，且爲文誄之。有勸之避禍者，應龍曰：「呂君吾所敬，雖緣此獲譴，亦所願也。」朱熹貽書應龍曰：「高安之政，義風凜然。」主淮西機宜文字，知南恩州。

陳自強當國，乃舊同舍，應龍丐雷州而去。召監都進奏院，遷國子博士、守工部員外郎，進戶部侍郎，遷國子司業兼實錄院檢討官、崇政殿說書、守祕書少監兼權工部侍郎。

時金主徙汴，應龍言：「金人窮而南奔，將溢出而蹈吾之境。金亡，更生新敵，尤爲可慮。」兼侍講，言：「人主不能盡知天下人材，當責之宰相；宰相不能盡知天下人材，當採之公論。李吉甫爲相，號稱得人，而三人之薦，乃出於裴垍之疏。」

遷吏部侍郎，進刑部尙書兼侍讀。應龍在講筵，多指陳時政。一日讀吳起爲卒吮疽事，應龍奏：「起恤士卒如此，故能得其死力。今軍將得以賄遷，專事掊克，未免多怨。」上驚曰：「債帥之風，今猶未除邪？」宰相史彌遠聞而惡之，免侍讀。未幾，兼太子詹事。會景獻





太子薨，請老，上不許，徙吏部尙書。以煥章閣學士提舉嵩山崇福宮。嘉定十七年卒，贈開府儀同三司，謚文肅。

子榮叟，官至參知政事，謚文靖；深叟，官終將作監丞；清叟，知樞密院事兼參知政事。各有傳。

莊夏字子禮，泉州人。淳熙八年進士。慶元六年，大旱，詔求言。夏時知贛州興國縣，上封事曰：「君者陽也，臣者君之陰也。今威福下移，此陰勝也。積陰之極，陽氣散亂而不收，其弊爲火災，爲旱蝗。願陛下體陽剛之德，使後宮戚里、內省黃門，思不出位，此抑陰助陽之術也。」

召爲太學博士。言：「比年分藩持節，詔墨未乾而改除，坐席未溫而易地，一人而歲三易節，一歲而郡四易守，民力何由裕？」遷國子博士。召除吏部員外郎，遷軍器監、太府少卿。出知漳州，爲宗正少卿兼國史院編修官，尋權直學士院兼太子侍讀。時流民來歸，夏言：「荆襄、兩淮多不耕之田，計口授地，貸以屋廬牛具。吾乘其始至，可以得其欲；彼幸其不死，可以忘其勞。兵民可合，屯田可成，此萬世一時也。」

試中書舍人兼太子右庶子、左諭德，言：「今戰守不成，而規模不定，則和好之說，得以乘間而入。今日之患，莫大於兵冗。乞行下將帥，令老弱自陳，得以子若弟姪若壻強壯及等者收刺之，代其名糧。」上曰：「兵卒子弟與召募百姓不同，卿言是也。」除兵部侍郎、煥章閣待制，與祠歸。嘉定十年卒。

王阮字南卿，江州人。曾祖韶，神宗時，開熙河，擒木征，祖厚，繼闢湟、鄯；父彥傳，靖康勤王：皆有功。阮少好學，尚氣節。常自稱將種，辭辯奮發，四坐莫能屈。嘗謁袁州太守張栻，栻謂曰：「當今道在武夷，子盍往求之。」阮見朱熹于考亭，熹與語，大說之。登隆興元年進士第。

時孝宗初卽位，欲成高宗之志，首詔經理建業以圖進取，而大臣異儒幸安，計未決。阮試禮部，對策曰：

臨安蟠幽宅阻，面湖背海，膏腴沃野，足以休養生聚，其地利於休息。建康東南重鎭，控制長江，呼吸之間，上下千里，足以虎視吳、楚，應接梁、宋，其地利於進取。建炎、紹興間，敵人乘勝長驅直擣，而我師亦甚憊也。上皇遵養時晦，不得與平，乃駐臨安，





所以爲休息計也。已三十年來，闕者全，壞者修，弊者整，廢者復，較以曩昔，倍萬不侔。主上獨見遠覽，舉而措諸事業，非固以臨安爲不足居也。戰守之形既分，動靜進退之理異也。

古者立國，必有所恃，謀國之要，必負其所恃之地。秦有函谷，蜀有劍閣，魏有成皐，趙有井陘，燕有飛狐，而吳有長江，皆其所恃以爲國也。今東南王氣，鍾在建業，長江千里，控扼所會，輟而弗顧，退守幽深之地，若將終身焉，如是而曰謀國，果得爲善謀乎？且夫戰者以地爲本，湖山回環，孰與乎龍盤虎踞之雄？胥潮奔猛，孰與乎長江之險？今議者徒習吳、越之僻固，而不知秣陵之通達，是猶富人之財，不布於通都大邑，而匣金以守之，愚恐半夜之或失也。儻六飛順動，中原在跬步間，況一建康耶？古人有言：「千里之行，起於足下。」人患不爲爾。

知貢舉范成大得而讀之，歎曰：「是人傑也。」

調南康都昌主簿，以廉聲聞，移永州教授。獻書闕下，請罷吳、楚牧馬之政，而積馬於蜀茶馬司，以省往來綱驛之費，歲時分牧之資，凡數千言。紹熙中，知濠州，請復曹瑋方田，修种世衡射法，日講守備，與邊民親訪北境事宜。終阮在濠，金不敢南侵。改知撫州。韓侂胄宿聞阮名，特命入奏，將誘以美官，夜遣密客詣阮，阮不答，私謂所親曰：「吾聞公卿擇士，士亦擇公卿。劉歆、柳宗元失身匪人，爲萬世笑。今政自韓氏出，吾肯出其門哉？」陛對畢，拂衣出關。侂胄聞之大怒，批旨予祠。阮於是歸隱廬山，盡棄人間事，從容觴詠而已。朱熹嘗惜其才氣術略過人，而留滯不偶云。嘉定元年卒。

王質字景文，其先鄆州人，後徙興國。質博通經史，善屬文。游太學，與九江王阮齊名。阮每云：「聽景文論古，如讀酈道元水經，名川支川，貫穿周匝，無有間斷，咳唾皆成珠璣。」

質與張孝祥父子游，深見器重。孝祥爲中書舍人，將薦質舉制科，會去國不果。著論五十篇，言歷代君臣治亂，謂之朴論。中紹興三十年進士第，用大臣言，召試館職，不就。明年，金主完顏亮南侵，御史中丞汪澈宣諭荆、襄，又明年，樞密使張浚都督江、淮，皆辟爲屬。入爲太學正。

時孝宗屢易相，國論未定，質乃上疏曰：

陛下卽位以來，慨然起乘時有爲之志，而陳康伯、葉義問、汪澈在廷，陛下皆不以爲才，於是先逐義問，次逐澈，獨徘徊康伯，難於進退，陛下意終鄙之，遂決意用史浩，





而浩亦不稱陛下意，於是決用張浚，而浚又無成，於是決用湯思退。今思退專任國政，又且數月，臣度其終無益於陛下。

夫宰相之任一不稱，則陛下之志一沮。前日康伯持陛下以和，和不成；浚持陛下以戰，戰不驗；浚又持陛下以守，守既困；思退又持陛下以和。陛下亦嘗深察和、戰、守之事乎？李牧在鴈門，法主於守，守乃有戰。祖逖在河南，法主於戰，戰乃有和。羊祜在襄陽，法主於和，和乃有守。何至分而不使相合？

今陛下之心志未定，規模未立。或告陛下，金弱且亡，而吾兵甚振，陛下則勃然有勒燕然之志；或告陛下，吾力不足恃，而金人且來，陛下卽委然有盟平涼之心；或告陛下，吾不可進，金不可入，陛下又寒然有指鴻溝之意。使臣爲陛下謀，會三者爲一，天下烏有不治哉？

天子心知質忠，而忌者共譏質年少好異論，遂罷去。會虞允文宣撫川、陝，辟質偕行。一日令草檄契丹文，援毫立就，辭氣激壯。允文起執其手曰：「景文天才也。」入爲敕令所刪定官，遷樞密院編修官。允文當國，孝宗命擬進諫官，允文以質鯁亮不回，且文學推重於時，可右正言。時中貴人用事，多畏憚質，陰沮之，出通判荆南府，改吉州，皆不行，奉祠山居，絕意祿仕。淳熙十五年卒。

陸游字務觀，越州山陰人。年十二能詩文，蔭補登仕郎。鎖廳薦送第一，秦檜孫塤適居其次，檜怒，至罪主司。明年，試禮部，主司復置游前列，檜顯黜之，由是爲所嫉。檜死，始赴福州寧德簿，以薦者除敕令所删定官。

時楊存中久掌禁旅，游力陳非便，上嘉其言，遂罷存中。中貴人有市北方珍玩以進者，游奏：「陛下以『損』名齋，自經籍翰墨外，屏而不御。小臣不體聖意，輒私買珍玩，虧損聖德，乞嚴行禁絕。」

應詔言：「非宗室外家，雖實有勳勞，毋得輒加王爵。頃者有以師傅而領殿前都指揮使，復有以太尉而領閤門事，瀆亂名器，乞加訂正。」遷大理寺司直兼宗正簿。

孝宗卽位，遷樞密院編修官兼編類聖政所檢討官。史浩、黃祖舜薦游善詞章，諳典故，召見，上曰：「游力學有聞，言論剴切。」遂賜進士出身。入對，言：「陛下初卽位，乃信詔令以示人之時，而官吏將帥一切玩習，宜取其尤沮格者，與衆棄之。」

和議將成，游又以書白二府曰：「江左自吳以來，未有捨建康他都者。駐蹕臨安出於權宜，形勢不固，饋餉不便，海道逼近，凜然意外之憂。一和之後，盟誓已立，動有拘礙。今當





與之約，建康、臨安皆係駐蹕之地，北使朝聘，或就建康，或就臨安，如此則我得以暇時建都立國，彼不我疑。」

時龍大淵、曾覿用事，游爲樞臣張燾言：「覿、大淵招權植黨，熒惑聖聽，公及今不言，異日將不可去。」燾遽以聞，上詰語所自來，燾以游對。上怒，出通判建康府，尋易隆興府。言者論游交結臺諫，鼓唱是非，力說張浚用兵，免歸。久之，通判夔州。

王炎宣撫川、陝，辟爲幹辦公事。游爲炎陳進取之策，以爲經略中原必自長安始，取長安必自隴右始。當積粟練兵，有釁則攻，無則守。吳璘子挺代掌兵，頗驕恣，傾財結士，屢以過誤殺人，炎莫誰何。游請以玠子拱代挺。炎曰：「拱怯而寡謀，遇敵必敗。」游曰：「使挺遇敵，安保其不敗。就令有功，愈不可駕馭。」及挺子曦僭叛，游言始驗。

范成大帥蜀，游爲參議官，以文字交，不拘禮法，人譏其頹放，因自號放翁。後累遷江西常平提舉。江西水災，奏：「撥義倉振濟，檄諸郡發粟以予民。」召還，給事中趙汝愚駮之，遂與祠。起知嚴州，過闕，陛辭，上諭曰：「嚴陵山水勝處，職事之暇，可以賦詠自適。」再召入見，上曰：「卿筆力回斡甚善，非他人可及。」除軍器少監。

紹熙元年，遷禮部郎中兼實錄院檢討官。嘉泰二年，以孝宗、光宗兩朝實錄及三朝史未就，詔游權同修國史、實錄院同修撰，免奉朝請，尋兼祕書監。三年，書成，遂升寶章閣待制，致仕。

游才氣超逸，尤長於詩。晚年再出，爲韓侂胄撰南園閱古泉記，見譏清議。朱熹嘗言：「其能太高，迹太近，恐爲有力者所牽挽，不得全其晚節。」蓋有先見之明焉。嘉定二年卒，年八十五。

方信孺字孚若，興化軍人。有雋材，未冠能文，周必大、楊萬里見而異之。以父崧卿蔭，補番禺縣尉。盜劫海賈，信孺捕之，盜方沙聚分鹵獲，惶駭欲趨舟，信孺已使人負盜舟去矣，乃悉縛盜，不失一人。

韓侂胄舉恢復之謀，諸將僨軍，邊釁不已。朝廷尋悔，金人亦厭兵，乃遣韓元靚來使，而都督府亦再遣壯士遺敵書，然皆莫能得其要領。近臣薦信孺可使，自蕭山丞召赴都，命以使事。信孺曰：「開釁自我，金人設問首謀，當何以答之？」侂胄矍然。假朝奉郎、樞密院檢詳文字，充樞密院參謀官，持督帥張巖書通問于金國元帥府。

至濠州，金帥紇石烈子仁止于獄中，露刃環守之，絕其薪水，要以五事。信孺曰：「反俘、歸幣可也，縛送首謀，於古無之，稱藩、割地，則非臣子所忍言。」子仁怒曰：「若不望生還





耶？」信孺曰：「吾將命出國門時，已置生死度外矣。」

至汴，見金左丞相、都元帥完顏宗浩，出就傳舍。宗浩使將命者來，堅持五說，且謂：「稱藩、割地，自有故事。」信孺曰：「昔靖康倉卒割三鎭，紹興以太母故暫屈，今日顧可用爲故事耶？此事不獨小臣不敢言，行府亦不敢奏也。請面見丞相決之。」將命者引而前，宗浩方坐幄中，陳兵見之，云：「五事不從，兵南下矣。」信孺辯對不少詘。宗浩叱之曰：「前日興兵，今日求和，何也？」信孺曰：「前日興兵復讎，爲社稷也。今日屈己求和，爲生靈也。」宗浩不能詰，授以報書曰：「和與戰，俟再至決之。」

信孺還，詔侍從、兩省、臺諫官議所以復命。衆議還俘獲，罪首謀，增歲幣五萬，遣信孺再往。時吳曦已誅，金人氣頗索，然猶執初議。信孺曰：「本朝謂增幣已爲卑屈，況名分地界哉？且以曲直校之，本朝興兵在去年四月，若貽書誘吳曦，則去年三月也，其曲固有在矣。如以強弱言之，若得滁、濠，我亦得泗、漣水。若夸胥浦橋之勝，我亦有鳳凰山之捷。若謂我不能下宿、壽，若圍廬、和、楚果能下乎？五事已從其三，而猶不我聽，不過再交兵耳。」

金人見信孺忠懇，乃曰：「割地之議姑寢，但稱藩不從，當以叔爲伯，歲幣外，別犒師可也。」信孺固執不許。宗浩計窮，遂密與定約。復命，再差充通謝國信所參謀官，奉國書誓

中華書局

草及許通謝百萬緡抵汴。宗浩變前說，怒信孺不曲折建白，遽以誓書來，有「誅戮禁錮」語。信孺不爲動，將命曰：「此事非犒軍錢可了。」別出事目。信孺曰：「歲幣不可再增，故代以通謝錢。今得此求彼，吾有隕首而已。」將命曰：「不爾，丞相欲留公。」信孺曰：「留於此死，辱命亦死，不若死於此。」會蜀兵取散關，金人益疑。

信孺還，言：「敵所欲者五事：割兩淮一，增歲幣二，犒軍三，索歸正等人四，其五不敢言。」侂胄再三問，至厲聲詰之，信孺徐曰：「欲得太師頭耳。」侂胄大怒，奪三秩，臨江軍居住。

信孺自春至秋，使金三往返，以口舌折強敵，金人計屈情見，然憤其不屈，議用弗就。已而王柟出使，定和議，增幣、函首，皆前信孺所持不可者。柟白廟堂：「信孺辯折敵酋於強愎未易告語之時，信孺當其難，柟當其易。柟每見，金人必問信孺安在，公論所推，雖敵人不能掩也。」乃詔信孺自便。

尋知韶州，累遷淮東轉運判官兼提刑。知眞州，即北山匯水築石堤，袤二十里，人莫知其所爲。後金人薄儀眞，守將決水匯以退敵，城乃獲全。山東初內附，信孺言：「豪傑不可以虛名羈馭，武夫不可以弱勢彈壓，宜選威望重臣，將精兵數萬，開幕山東，以主制客，以重馭輕，則可以包山東，固江北，而兩河在吾目中矣。」坐責降三秩，再奉祠，稍復官。





信孺性豪爽，揮金如糞土，所至賓客滿其後車。使北時，年財三十。既齟齬歸，營居室巖竇，自放於詩酒。後貲用竭，賓客益落，信孺尋亦死矣。

王柟字汝良，大名人。祖倫，同簽書樞密院事。倫使北死，孝宗訪求其孫之未祿者三人官之，柟其一也。調通州海門尉。乘輕舟入海濤，捕劇賊小奐郎，并其徒十七人獲之，獄成，不受賞。

韓侂胄以恢復起兵端，天子思繼好息民，凡七遣使無成。續遣方信孺往，將有成說矣，坐白事忤侂胄得辜。欲再遣使，顧在廷無可者，近臣以柟薦，擢監登聞鼓院，假右司郎中，使持書北行。柟歸白其母，母曰：「而祖以忠死國，故恩及子孫。汝其勉旃，毋以吾老爲念。」乃拜命，疾驅抵敵所。

金將烏骨論等四人列坐，問：「韓侂胄貴顯幾年矣？」柟對：「已十餘年，平章國事財二年耳。」又問：「今欲去此人可乎？」柟曰：「主上英斷，去之何難。」四人相顧而笑。有完顏天寵者，袖出文書，云：「王柟雖持韓侂胄書，乃朝廷有旨遣其來元帥府議和，宜詳議以報。」於是金人知侂胄已誅，和議遂決。

柟持金人牒歸，求函侂胄首，以起居郎許奕爲通謝使，柟爲通謝所參謀官。柟自軍前再還，議以侂胄首易淮、陝侵地，從之。柟奏：「和約之成，皆方信孺備嘗險阻再三將命之功，臣因人成事，乞錄信孺功而鐲其過。」朝論以柟不掩人揚己多之。守軍器少監，知楚州，累官至太府卿。告歸，以右文殿修撰知太平州，加集英殿修撰，致仕。卒，贈寶章閣待制。

論曰：樓鑰渾厚正大，李大性直言不愧其先，任希夷請謚先儒，徐應龍在經筵多所裨益，莊夏、王阮、王質皆負其有爲之才，卒奉祠去國。陸游學廣而望隆，晚爲韓侂胄著堂記，君子惜之，抑春秋責賢者備也。方信孺年少奉使，而以意氣折金人。王柟北歸，請錄信孺之功，長者哉！

# 宋史卷三百九十六

## 列傳第一百五十五

### 史浩 王淮 趙雄 權邦彥 程松 陳謙 張巖

史浩字直翁，明州鄞縣人。紹興十四年登進士第，調紹興餘姚縣尉，歷温州教授，郡守張九成器之。秩滿，除太學正，升國子博士。因轉對，言：「普安、恩平二王宜擇其一以係天下望。」高宗頷之。翌日，語大臣曰：「浩有用才也。」除秘書省校書郎兼二王府教授。三十年，普安郡王爲皇子，進封建王，除浩權建王府教授。詔建王府置直講、贊讀各一員，浩守司封郎官兼直講。一日講周禮，言：「膳夫掌膳羞之事，歲終則會，惟王及后、世子之膳羞不會。至酒正掌飲酒之事，歲終則會，惟王及后之飲酒不會，世子不與焉。以是知世子膳羞可以不會，世子飲酒不可以無節也。」王作而謝曰：「敢不佩斯訓。」



三十一年，遷宗正少卿。會金主亮犯邊，下詔親征。時兩淮失守，廷臣爭陳退避計，建王抗疏請率師爲前驅。浩爲王力言：「太子不可將兵，以晉申生、唐肅宗靈武之事爲戒。」王大感悟，立俾浩草奏，請扈蹕以供子職，辭意懇到。高宗方怒，覽奏意頓釋，知奏出於浩，語大臣曰：「眞王府官也。」既而殿中侍御史吳芾乞以皇子爲元帥，先視師。浩復遺大臣書，言：「建王生深宮中，未嘗與諸將接，安能辦此。」或謂使王居守，浩復以爲不可。上亦欲令王徧識諸將，遂扈蹕如建康。

三十二年，上還臨安，立建王爲皇太子，浩除起居郎兼太子右庶子。孝宗受禪，遂以中書舍人遷翰林學士、知制誥。張浚宣撫江、淮，將圖恢復，浩與之異議，欲城瓜洲、采石。浚奏：「不守兩淮而守江，不若城泗州。」除參知政事。有詔議應敵定論，洪遵、金安節、唐文若等相繼論列，宰執獨無奏。上以問浩，浩奏：「先爲備禦，是謂良規。儻聽淺謀之士，興不教之師，寇去則論賞以邀功，寇至則斂兵而遁跡，謂之恢復得乎？」薦樞密院編修官陸游、尹穡，召對，並賜出身。隆興元年，拜尚書右僕射，首言趙鼎、李光之無罪，岳飛之久冤，宜復其官爵，祿其子孫。悉從之。

李顯忠、邵宏淵奏乞引兵進取，浩奏：「二將輒乞戰，豈督府命令有不行耶？」浚請入覲，乞即日降詔幸建康，上以問浩，浩陳三說不可，退，又以詰浚曰：「帝王之兵，當出萬全，



豈可嘗試以圖僥倖。」復辨論於殿上，浚曰：「中原久陷，今不取，豪傑必起而收之。」浩曰：「中原決無豪傑，若有之，何不起而亡金？」浚曰：「彼民間無寸鐵，不能自起，待我兵至爲內應。」浩曰：「勝、廣以鉏櫌棘矜亡秦，必待我兵，非豪傑矣。」浚因內引奏：「浩意不可回，恐失幾會，乞出英斷。」省中忽得宏淵出兵狀，始知不由三省，徑檄諸將。浩語陳康伯曰：「吾屬俱兼右府，而出兵不與聞，焉用相哉！不去尙何待乎？」因又言：「康伯欲納歸正人，臣恐他日必爲陛下子孫憂。浚銳意用兵，若一失之後，恐陛下終不得復望中原。」御史王十朋論之，出知紹興。

先是，浩因城瓜洲，白遣太府丞史正志往視之，正志與浚論辯。十朋亦疏史正志朋比，併及浩，遂與祠，自是不召者十三年。起知紹興府、浙東安撫使。持母喪歸，服闋，知福州。淳熙初，上問執政：「久不見史浩，無他否？」遂除少保、觀文殿大學士、醴泉觀使兼侍讀。五年，復爲右丞相。上曰：「自葉衡罷，虛席以待卿久矣。」浩奏：「蒙恩再相，唯盡公道，庶無朋黨之弊。」上曰：「宰相豈當有黨，人主亦不當以朋黨名臣下。朕但取賢者用之，否則去之。」

樞密都承旨王抃建議以殿、步二司軍多虛額，請各募三千人充之。已而殿前司輒捕市人，京城騷動，被掠者多斷指，示不可用。軍人怙衆，因奪民財。浩奏：「盡釋所捕，而禽軍民



首謹呶者送獄。」獄成議罪，欲取兵民各一人梟首以徇。浩曰：「諸軍掠人奪貨至於鬨，則始釁者軍人也，軍法從事固當。若市人陸慶童特與抗鬥爾，可同罰乎？陛下恐軍人有語，故一其罪以安之。夫民不得其平，言亦可畏，『等死，死國可乎（一）？』是豈軍人語。」上怒曰：「是比朕爲秦二世也。」浩徐進曰：「自古民怨其上者多矣，『時日曷喪，予及汝偕亡』，豈二世事。」尋求去，拜少傅、保寧軍節度使，充醴泉觀使兼侍讀。後有言慶童之寃者，上曰：「史浩嘗力爭，坐此求去，至今悔之。」

趙雄嘗薦劉光祖試館職，光祖答策，論科場取士之道，進入，上親批其後，略曰：「用人之弊，人君乏知人之哲，宰相不能擇人。國朝以來，過於忠厚，宰相而誤國，大將而敗軍，未嘗誅戮。要在人君必審擇相，相必當爲官擇人，懋賞立乎前，誅戮設乎後，人才不出，吾不信也。」手詔既出，中外大聳。議者謂曾覿視草，爲光祖甲科發也。上遣覿持示浩，浩奏：「唐、虞之世，四凶極惡，止於流竄，三考之法，不過黜陟，未嘗有誅戮之科。誅戮大臣，秦、漢法也。太祖制治以仁，待臣下以禮，列聖傳心，迨仁宗而德化隆洽，本朝之治，與三代同風，此祖宗家法也。聖訓則曰『過於忠厚』。夫爲國而底於忠厚，豈有所謂過哉？臣恐議者以陛下自欲行刻薄之政，歸過祖宗，不可不審也。」

及自經筵將告歸，乃於小官中薦江、浙之士十五人，有旨令升擢，皆一時選也。如薛叔

似、楊簡、陸九淵、石宗昭、陳謙、葉適、袁燮、趙靜之、張子智，後皆擢用，不至通顯者六人而已。

十年，請老，除太保致仕，封魏國公。晚治第鄞之西湖上，建閣奉兩朝賜書，又作堂，上爲書「明良慶會」名其閣、「舊學」名其堂。光宗御極，進太師。紹熙五年薨，年八十九，封會稽郡王。寧宗登極，賜謚文惠，御書「純誠厚德元老之碑」賜焉。嘉定十四年，追封越王，改謚忠定，配享孝宗廟庭。

浩喜薦人才，嘗擬陳之茂進職與郡，上知之茂嘗毀浩，曰：「卿豈以德報怨耶？」浩曰：「臣不知有怨，若以爲怨而以德報之，是有心也。」莫濟狀王十朋行事，詆浩尤甚，浩薦濟掌內制，上曰：「濟非議卿者乎？」浩曰：「臣不敢以私害公。」遂除中書舍人兼直學士院，待之如初。蓋其寬厚類此。子彌大、彌正、彌遠、彌堅。彌遠嘉定初爲右丞相，有傳。

王淮字季海，婺州金華人。幼穎悟，力學屬文。登紹興十五年進士第，爲台州臨海尉。郡守蕭振一見奇之，許以公輔器。振帥蜀，辟置幕府。振出，衆欲留，淮曰：「萬里將母，豈爲利祿計。」皆服其器識，遷校書郎。





高宗命中丞舉可爲御史者，朱倬舉淮，除監察御史，尋遷右正言。首論：「大臣養尊，小臣持祿，以括囊爲智，以引去爲高。願陛下正心以正朝廷，正朝廷以正百官。」宰相湯思退無物望，淮條其罪數十，於是策免。至於吏部侍郎沈介之欺世盜名，都司方師尹之狡險，大將劉寶掊克結權倖，皆劾罷之。又奏：「自治之策，治內有三：正心術，寶慈儉，去壅蔽。治外有四：固封守，選將帥，明賞罰，儲財用。」上深嘉歎。

除秘書少監兼恭王府直講。時恭王生子挺，淮白于丞相，曰：「恭王夫人李氏生皇嫡長孫，乞討論典禮。」錢端禮怒其名稱，奏：「淮有年鈞以長之說。」上曰：「是何言也，豈不啓邪心？」出淮知建寧府，改浙西提刑。入見，陳閩中利病甚悉。帝褒嘉之，且令一至東宮，皇太子待以師儒，特施拜禮。尋召，除太常少卿，除中書舍人兼直學士院。龍大淵贈太師，仍畀儀同三司恩數，張說除太尉、在京宮觀，皆封還詔書。除翰林學士、知制誥，訓詞深厚，得王言體。上命擇文學行誼之士，淮薦鄭伯熊、李燾、程叔達，皆擢用。

淳熙二年，除端明殿學士、簽書樞密院事。辛棄疾平茶寇，上功太濫。淮謂：「不核眞僞，何以勸有功。」文州蕃部擾邊，吳挺奏：「庫彥威失利，靖州夷人擾邊。」楊倓奏：「田淇失利。」淮謂：「二將戰歿，若罪之，何以勸來者。」上嘗諭曰：「樞密臨事盡公，人無間言，差除能守法甚善。」薦軍帥吳拱、郭田、張宣。除同知樞密院事、參知政事。

時宰相久虛，淮與李彥穎同行相事。淮謂：「授官當論賢否，不事形迹。誠賢，不敢以鄉里故舊廢之；非才，不敢以己私庇之。」上稱善。擢知院事、樞密使。上言武臣嶽祠之員宜省，淮曰：「有戰功者，壯用其力，老而棄之，可乎？」趙雄言：「北人歸附者，畀以員外置，宜令詣吏部。」上曰：「姑仍舊。」淮曰：「上意卽天意也。」雄又奏言：「宗室嶽祠八百員，宜罷。」淮曰：「堯親睦九族，在平章百姓之先；骨肉之恩疏，可乎？」時辛棄疾平江西寇，王佐平湖南寇，劉焞平廣西寇，淮皆處置得宜，論功惟允。上深嘉之，謂：「陳康伯雖有人望，處事則不及卿。」

八年，拜右丞相兼樞密事。先是，自夏不雨至秋，是日甘雨如注，士大夫相賀，上亦喜命相而雨，乃命口算諸郡絹錢蠲一年，爲緡八十餘萬。

趙雄罷相，蜀士之在朝者皆有去意。淮謂：「此唐季黨禍之胎也，豈聖世所宜有。」皆以次進遷，蜀士乃安。樞密都承旨王抃怙寵爲姦，淮極陳其罪，謂：「人主受謗，鮮不由此。」上卽斥之，且曰：「丞相直諒無隱，君臣之間正宜如此。」章穎論事狂直，上將黜之，淮曰：「陛下樂聞直言，士大夫以言相高，此風可賀也。黜之適成其名。」上說，穎復留。

時以荒政爲急，淮言：「李椿〔三〕老成練達，擬除長沙帥，朱熹學行篤實，擬除浙東提舉，以倡郡國。」其後推賞，上曰：「朱熹職事留意。」淮言：「修舉荒政，是行其所學，民被實惠，欲





與進職。」上曰：「與升直徽猷閣。」成都闕帥，上加訪問，淮以留正對。上曰：「非閩人乎？」淮曰：「立賢無方，湯之執中也。必曰閩有章子厚、呂惠卿，不有曾公亮、蘇頌、蔡襄乎？必曰江、浙多名臣，不有丁謂、王欽若乎？」上稱善。拜左丞相。

天長水害七十餘家，或謂不必以聞，淮曰：「昔人謂人主不可一日不聞水旱盜賊，記曰：『四方有敗，必先知之。』豈可不以聞？」鎭江饑民彊借菽粟，執政請痛懲之，淮曰：「令甲，饑民罪不至死。」進士八人求以免舉恩爲升等，淮曰：「八人得之，則百人援之。」龔頤以執政之客補官，求詣銓曹，淮以此門不可啓，絕其請。嘗言跅弛之士，緩急能出死力，乃以周極知安豐軍，辛棄疾與祠。

上章力求去，以觀文殿大學士判衢州。淮力辭，改提舉洞霄宮。光宗嗣位，詔詢初政，淮以盡孝進德，奉天敬民，用人立政，罔不在初。母亡，居喪如禮。得疾，忽語家人曰：「易卦六十四，吾年亦然。」淳熙十六年薨。訃聞，上哀悼，輟視朝，贈少師，謚文定。

初，朱熹爲浙東提舉，劾知台州唐仲友。淮素善仲友，不喜熹，乃擢陳賈爲監察御史，俾上疏言：「近日道學假名濟僞之弊，請詔痛革之。」鄭丙爲吏部尚書，相與叶力攻道學，熹由此得祠。其後慶元僞學之禁始於此。

趙雄字溫叔，資州人。爲隆興元年類省試第一。虞允文宣撫四蜀，辟幹辦公事，入相，薦于朝。乾道五年，召見便殿，孝宗大奇之，即日手詔除正字。

范成大使金，將行，雄當登對，允文招與之語。既進見，雄極論恢復。孝宗大喜曰：「功名與卿共之。」即除右史，兩月除舍人。金使耶律子敬賀會慶節，雄館伴。子敬披露事情不敢隱，邏者以聞。上夜召雄，雄具以子敬所言對，上喜。金使入辭，故事當用樂，雄奏：「卜郊有日，天子方齋，樂不可用。」上難之，遣中使諭雄，雄奏：「金使必不敢不順，即有他，臣得引與就館。」上大喜。雄請復置恢復局，日夜講磨，條具合上意，除中書舍人。自選人入館至此，未滿歲也。

時金將起河南之役，議盡以諸陵梓宮歸于我。上命雄出使賀生辰，仍止奉遷陵寢及正受書儀。雄既見金主，爭辨數四。其臣屢喝起，雄辭益力，卒得請乃已，金人謂之「龍門」。嘗上疏論恢復計，大略謂：「莫若由蜀以取陝西，得陝西以臨中原，是秦制六國之勢也。」八年，以母憂去。

淳熙二年，召爲禮部侍郎，除端明殿學士、簽書樞密院事。一日奏事，上曰：「今夏蠶麥甚熟，絲米價平可喜。」雄奏：「孟子論王道始於不饑不寒。」上曰：「近世士大夫好高論，恥言農





事，微有西晉風。豈知周禮與易言理財，周公、孔子未嘗不以理財爲務？且不獨此，士夫諱言恢復，不知其家有田百畝，內五十畝爲人所據，亦投牒理索否？」雄曰：「陛下志在大有爲，敢不布堯言，書之時政記。」十一月，同知樞密院事。五年三月，參知政事。十一月，拜右丞相。每進見，必曰「二帝在沙漠」，未嘗離諸口也。

朱熹累召不出，雄請處以外郡，命知南康軍。熹極論時事，上怒，諭雄令分析。雄奏：「熹狂生，詞窮理短，罪之適成其名。若天涵地育，置而不問可也。」會周必大亦力言之，乃止。紹興帥張津獻羨餘四十萬緡，雄乞降旨下紹興，以其錢爲民代輸和買身丁折帛錢之半，使取諸民者，民復得之，足以見聖主之德。

自雄獨相，蜀人在朝者僅十數。及眷衰，有言其私里黨者，上疑之。已而陳峴爲四川制置，王渥爲茶馬，命從中出。雄求去，詔勉留，曰：「丞相任事不避怨，選才無鄉舊。」蓋有所激也。祖宗時蜀人未嘗除蜀帥，雄請外，除觀文殿大學士、四川制置使。王藺爲御史，以故事不可，上疏論之。雄乞免，改知瀘南安撫使。上思雄不忘，改知江陵府。江陵無險可恃，雄請城江陵，城成，民不告擾。

張栻再被召，論恢復固當，第其計非是，卽奏疏。孝宗大喜，翌日以疏宣示，且手詔云：「恢復當如栻所陳方是。」卽除侍講，云：「且得直宿時與卿論事。」虞允文與雄之徒不樂，遂沮抑之。廣西橫山買馬，諸蠻感悅，爭以善馬至。上知栻治行，甚嚮栻，衆皆忌嫉。洎栻復出荆南，雄事沮之。時司天奏相星在楚地，上曰：「張栻當之。」人愈忌之。

光宗將受禪，召雄，雄上萬言書，陳脩身齊家以正朝廷之道，言甚剴切。詔授寧武軍節度使、開府儀同三司，進衞國公，改帥湖北。疾甚，改判資州，又除潼川府，改隆興府。紹熙四年薨，年六十五，贈少師。嘉定二年，謚文定。

權邦彥字朝美，河間人。登崇寧四年太學上舍第，調滄州〔二〕教授，入爲太學博士，改宣教郎，除國子司業。宣和二年，使遼。明年，抗表請帝臨雍。爲學官積十餘年，改都官郎中、直秘閣、知易州，移相州，復召爲都官郎中。與王黼議不合，錮職，知冀州。

金人再入，高宗開大元帥府，起兩河兵衞汴京，邦彥提所部兵二千五百人，與宗澤自澶淵趣韋城，據刀馬河，諸道兵莫有進者。會敵兵大至，移屯南華。二帝北遷，邦彥與澤五表勸進。

建炎元年五月，召還，命知荆南府，改東平府。時東州半已入金，至是圍益急，邦彥誓以死守，居數月城破，猶力戰不已。民義而從之，突圍以出，遂奔行在。有司議失守罪，將





重坐之，帝以其父母妻子皆沒於敵，緫貶二秩。俄除寶文閣直學士兼知江州、本路制置使。既抵鎮，三年冬，聞父死，乃解官。

四年，起復，知建康府，辭，不許。劇盜張琪殘徽州，邦彥遣裨將平之。改江、淮等路制置發運使，以治辦稱。言者論：「三年天下之通喪，後世有從權奪服者，所以徇國家之急。比年如權邦彥、姜仲謙，至幕職亦起復，幾習宣、政之風，望革其弊，以明人倫、厚風俗。」詔邦彥任軍賦，宜如舊，餘悉罷之。

紹興元年，召爲兵部尚書兼侍讀。二年，除端明殿學士、簽書樞密院事。初，邦彥獻十議以圖中興，大略謂：「宜以天下爲度，進圖洪業，恢復土宇，勿苟安於東南。駕御諸將，當威之以法，而限之以爵。命讀講之臣，取累朝訓典及三代、漢、唐中興故事，日陳于前，以裨聖學。又監觀傷善妨賢之讒，偷安苟容之佞，市恩立威之姦，懷諼罔上之欺，聽其言，察其事，則忠邪判。愛民先愛其力，寬民先節其用。朘己奉以佐國，當自執政始。分閫而屬大事，類非偏裨之所能爲，必得賢臣大將然後可。制置一官可省，宜令沿江州縣各備境內，總以漕帥，上自荆、鄂、江、池，下至采石、京口，委任得人，乃防秋上策。宗室中豈無傑然有人望，可以濟艱難、贊密勿、留宿衞者，願求其人置諸左右。人事盡則天悔禍，不可獨歸之數。」

呂頤浩素善邦彥，薦用之。給事中程瑀劾邦彥五罪，三疏不報。邦彥在樞密，又言：「宜乘機者三，譬奕之爭先，安可隨應隨解，不制人而制於人哉？」尋兼權參知政事。帝嘗對輔臣言湖南事，頤浩言：「李綱縱暴，恐治潭無善狀。」帝曰：「綱在宣和間論水災，以得時望。」邦彥曰：「綱元無章疏，第略虛名耳。」蓋助頤浩以排綱也。三年，卒。

邦彥與政幾一年，碌碌無所建明，充位而已。無子，以姪嗣衍爲後。有遺藁十卷，號瀛海殘編，藏於家。

程松字多老，池州青陽人。登進士第，調湖州長興尉。章森、吳曦使北，松爲傔從。慶元中，韓侂胄用事，曦爲殿帥。時松知錢塘縣，諂事曦以結侂胄。侂胄以小故出愛姬，松聞，以百千市之，至則盛供帳，舍諸中堂，夫婦奉之謹。居無何，侂胄意解，復召姬，姬具言松謹待之意，侂胄大喜，除松幹辦行在諸軍審計司、守太府寺丞。未閱旬，遷監察御史，擢右正言、諫議大夫。

呂祖泰上書，乞誅侂胄、蘇師旦，松與陳讜〔四〕劾祖泰當誅，祖泰坐貞決，流嶺南。松滿歲未遷，意殊怏怏，乃獻一妾于侂胄，曰「松壽」。侂胄訝其名，問之，答曰：「欲使疵賤姓名



常蒙記憶爾。」除同知樞密院事，自宰邑至執政財四年。

開禧元年，以資政殿大學士知成都府、四川制置使。侂胄決議開邊，期以二年四月分道進兵，命松爲宣撫使，興元都統制吳曦副之，尋加曦爲陝西招撫使，許便宜從事。松將東軍三萬駐興元，曦將西軍六萬駐河池。松至益昌，欲以執政禮責曦庭參，曦聞之，及境而返。松用東西軍一千八百人自衞，曦多抽摘以去，松殊不悟。曦遣其客納款于金，獻關外四州地，求爲蜀王。有告曦叛者，松哂其狂。及金人取成州，守將棄關遁，吳曦焚河池還興州。松以書從曦求援兵，曦答以「鳳州非用騎之地，漢中平衍，可騎以驅馳，當發三千騎往。」蓋紿之也。

未幾，金人封曦爲蜀王。曦遣松書諷使去，松不知所爲。興元帥劉甲、茶馬范仲任見松，謀起兵誅曦，松恐事泄取禍，即揖二人起去。會報金人且至，百姓奔走相蹂躪，一城如沸。松亟望米倉山遁去，由閬州順流至重慶，以書抵曦，丐贐禮買舟，稱曦爲蜀王。曦遣使以匣封致餽，松望見大恐，疑其劍也，亟逃奔。使者追及，松不得已啓視之，則金寶也。松乃兼程出峽，西向掩淚曰：「吾今獲保頭顱矣。」曦誅，詔落職，降三官，筠州居住，再降順昌軍節度副使，澧州安置。又責果州團練副使、賓州安置。死賓州。



陳謙字益之，温州永嘉人。乾道八年進士，授福州戶曹、主管刑工部架閣文字，遷國子錄、敕令所删修官、樞密院編修官。陳中興五事，至李綱議建鎭事，上曰：「綱何足道。」謙曰：「陛下用大臣，審出綱上，宜如聖訓。今顧出綱下遠甚，奈何？」上蹙然，遂極論踰數刻。

孝宗內禪，通判江州，知常州，提舉湖北常平。平辰州峒傜，加直煥章閣，除戶部郎中，總領湖、廣財賦。謙乃丞相趙汝愚客，會黨論起坐斥。後數年，起爲提點成都府路刑獄，移京西運判，復直煥章閣。

韓侂胄謀擾金人，令獻馬者補官，七州民相扇爲盜。謙移書侂胄曰：「今若倚羣盜行剽掠之策，豈得以敗亡爲戲乎？」既而屢論襄帥皇甫斌、李奕罪，且求罷。上諭旨薛叔似協和之。遷司農少卿、湖廣總領，除宣撫司參謀官。

金兵深入，陷應城，焚漢川，漢陽空城走，武昌震懼。謙以寶謨閣待制副宣撫，即日置司北岸，命士豪趙觀覆之中流，士馬溺死甚衆，餘兵皆返走。未幾，奪職，罷。後復知江州。侂胄死，和議已決，謙復罷，奉祠。卒，年七十三。

謙有雋聲，早爲善類所予。晚坐僞禁中廢，首稱侂胄爲「我王」，士論繇是薄之。



張巖字肖翁，大梁人，徙家揚州，紹興末渡江，居湖州。爲人機警，柔回善諧。登乾道五年進士第，歷官爲監察御史，與張釜、陳自強、劉三傑、程松等阿附時相韓侂胄，誣逐當時賢者，嚴道學之禁。

進殿中侍御史，累遷給事中，除參知政事。以言者罷爲資政殿學士、知平江府，旋升大學士、知揚州。時邊釁方開，詔巖與程松分帥兩淮，已而召還，爲參知政事兼同知國用事。開禧二年，遷知樞密院事。明年，除督視江、淮軍馬。

時方信孺使金議和，值吳曦以蜀叛，議未決，曦伏誅。金人尋前議，信孺再行。侂胄趣巖遣畢再遇、田琳合兵剿敵，且募生擒僞帥。未幾，川、陝戰屢衄，大散關陷，敵情復變。巖開督府九閱月，費耗縣官錢三百七十餘萬緡，見和議反復，乃言不知兵，固求去。

侂胄誅，御史章燮論巖與蘇師旦朋姦誤國，奪兩官。寧宗謂兵釁方開，巖嘗言其不可，許自便，復元官，奉祠。以銀青光祿大夫致仕，薨，贈特進。

論曰：史浩宅心平恕，而不能相其君恢復之謀。王淮爲僞學之禁，毒痛善類。趙雄與虞允文協謀用兵，而舊史謂二人沮抑張栻，何哉？邦彥守城力戰，惜乎助呂頤浩攻李綱，君子少之。程松、陳謙、張巖諛諛之徒，何足算哉！

## 校勘記

〔一〕死國可乎　「死」字原脫，據樓鑰攻媿集卷九三史浩神道碑、史記卷四八陳涉世家改。

〔二〕李椿　原作「李椿年」，「年」字衍，據攻媿集卷八七王淮行狀、本書卷三八九李椿傳刪。

〔三〕滄州　楊萬里誠齋集卷一二四權邦彥墓誌銘、李幼武四朝名臣言行錄別錄下卷一權邦彥條都作「青州」。

〔四〕陳讜　原作「陳黨」，據本書卷四五五呂祖泰傳、慶元黨禁改。



---

元　脫脫等撰

# 宋史

第三五册

卷三九七至卷四一四（傳）

中華書局



中華書局

# 宋史卷三百九十七

## 列傳第一百五十六

徐誼　吳獵　項安世　薛叔似　劉甲　楊輔　劉光祖

徐誼字子宜，一字宏父，温州人。乾道八年進士，累官太常丞。孝宗臨御久，事皆上決，執政惟奉旨而行，羣下多恐懼顧望。誼諫曰：「若是則人主日聖，人臣日愚，陛下誰與共功名乎？」及論樂制，誼對以「宮亂則荒，其君驕；商亂則陂，其官壞」。上遽改容曰：「卿可謂不以官自惰矣。」

知徽州，陛辭，屬光宗初受禪，誼奏：「三代聖王，有至誠而無權術，至誠不息，則可以達天德矣。」至郡，歙縣有妻殺夫繫獄，以五歲女爲證，誼疑曰：「婦人能一掌致人死乎？」緩之未覆也。會郡究實稅于庭，死者父母及弟在焉，乃言：「我子欠租久繫，饑而大叫，役者批之，墮水死矣。」然後寃者得釋，吏皆坐罪，闔郡以爲神。移提舉浙西常平，守右司郎中，遷



左司。

孝宗疾浸棘，上久稽定省，誼入諫，退告宰相曰：「上慰納從容，然目瞪不瞬，意思怳惚，眞疾也。宜禱祠郊廟，進皇子嘉王參決。」丞相留正不克用。

孝宗崩，上不能喪，祭奠有祝，有司不敢攝，百官皆未成服。誼與少保吳琚議請太皇太后臨朝，扶嘉王代祭。及將禫，正憂懼，仆於殿庭而去。誼以書譙趙汝愚曰：「自古人臣爲忠則忠，爲姦則姦，忠姦雜而能濟者，未之有也。公內雖心惕，外欲坐觀，非雜之謂歟？國家安危，在此一舉。」汝愚問策安出，誼曰：「此大事，非憲聖太后命不可。而知閤門事韓侂胄，憲聖之戚也，同里蔡必勝與侂胄同在閤門，可因必勝招之。」侂胄至，汝愚以內禪議遣侂胄請于憲聖，侂胄因內侍張宗尹、關禮達汝愚意，憲聖許之。

寧宗卽位，誼遷檢正中書門下諸房公事兼權刑部侍郎，進權工部侍郎、知臨安府。侂胄恃功，以賞薄浸觖望。誼告汝愚曰：「異時必爲國患，宜飽其欲而遠之。」不聽。汝愚雅器誼，除授建明多咨訪，誼隨事裨助，不避形迹，怨者始衆。嘗勸汝愚早退，汝愚亦自請：「名在屬籍，不宜久司揆事，願因阜陵訖事以去。」寧宗已許之。侂胄出入禁中無度，誼密啓汝愚，無計防之，乃直面諷侂胄。侂胄疑將排己，首謫誼，退束裝，冀誼還謁，留之通殷勤，誼不往。



吏部侍郎彭龜年論侂胄罪狀，侂胄疑汝愚、誼知其情，益怨恨。以御史劉德秀、胡紘疏誼，責惠州團練副使、南安軍安置，移袁州，又移婺州。久之，許自便。復官，提舉崇道觀，起守江州，加集英殿修撰，升寶謨閣待制，移知建康府，兼江、淮制置使。初，金攻廬、楚不下，留兵綴濠州以待和，時時鈔掠，與宋師遇，殺傷相當，淮人大驚，復迸流江南，在建康者以數十萬計。誼晝夜拊循，益嚴備禦，請專捍敵，勿從中御。朝廷懼生事，移知隆興府以卒。

誼嘗與紹興老將接，於行陣之法，分數奇正，皆有指授，自爲圖式。後謚忠文。

吳獵字德夫，潭州醴陵人。登進士第，初主潯州平南簿。時張栻經略廣西，檄攝靜江府教授。劉焞代栻，栻以獵薦，辟本司準備差遣。

盜李接起，陷容、雷、高、化、貴、鬱林等州，獵請賞勞誅罪，焞於是錄鬱林功，誅南流縣尉、鬱林巡檢，人人驚厲，爭死鬥，不踰時，盜悉就擒。尉，宰相王淮甥也，獵坐降官。久之，知常州無錫縣。用陳傅良薦，召試，守正字。

光宗以疾久不覲重華宮，獵上疏曰：「今慈福有八十之大母，重華有垂白之二親，陛下



宜於此時問安上壽，恪共子職。」辭甚切。又白宰相留正，乞召朱熹、楊萬里。時陳傅良以言過宮事不行求去，獵責之曰：「今安危之機，判然可見，未聞有牽裾折檻之士。公不於此時有所奮發，爲士大夫倡，第潔身而去，於國奚益！」傅良爲改容謝之。

寧宗卽位，遷校書郎，除監察御史。上趣修大內，將移御，獵言：「壽皇破漢、魏以來之薄俗，服高宗三年之喪，陛下萬一輕去喪次，將無以慰在天之靈。」又言：「陛下卽位，未見上皇，宜篤厲精誠，以俟上皇和豫而祗見焉。」會僞學禁興，獵言：「陛下臨御未數月，今日出一紙去宰相，明日出一紙去諫臣，昨又聞侍講朱熹遽以御札畀祠，中外惶駭，謂事不出於中書，是謂亂政。」獵旣駮史浩謚，又請以張浚配享阜陵曰：「艱難以來，首倡大義，不以成敗利鈍異其心，精忠茂烈，貫日月、動天地，未有過於張浚也。孝宗皇帝規恢之志，一飯不忘。歷考相臣，終始此念，足以上配孝宗在天之意，亦惟浚一人耳。」議皆不合。出爲江西轉運判官，尋劾罷。

久之，黨禁弛，起爲廣西轉運判官，除戶部員外郎、總領湖廣江西京西財賦。韓侂胄議開邊，獵貽書當路，請號召義士以保邊埸，刺子弟以補軍實，增棗陽、信陽之戍以備衝突，分屯陽羅五關以扞武昌，杜越境誘竊以謹邊隙，選試良家子以衞府庫。且謂：「金人懲紹興末年之敗，今其來必出荆、襄踰湖。」乃輸湖南米於襄陽，凡五十萬石；又以湖北漕司和糴米

三十萬石分輸荆、郢、安、信四郡；蓄銀帛百萬計以備進討；拔董逵、孟宗政、柴發等分列要郡，厥後皆爲名將。

召除秘書少監，首陳邊事，乞增光、鄂、江、黄四郡戍。屬江陵告饑，除秘閣修撰、主管荆湖北路安撫司公事、知江陵府。陛辭，請出大農十萬緡以振饑者。道武昌，遣人招商分糴；至郡，減價發糴，米價爲平。

獵計金攻襄陽，則荆爲重鎭，乃修成「高氏三海」，築金鸞、內湖、通濟、保安四匱，達于上海而注之中海；拱辰、長林、藥山、棗林四匱，達于下海；分高沙、東獎之流，由寸金堤外歷南紀、楚望諸門，東匯沙市爲南海。又於赤湖城西南遏走馬湖、熨斗陂之水，西北置李公匱，水勢四合，可限戎馬。

金人圍襄陽、德安，游騎迫竟陵，朝廷命獵節制本路兵馬。獵遣張榮將兵援竟陵，又招神馬陂潰卒得萬人，分援襄陽、德安。加寶謨閣待制、京湖宣撫使。

時金人再犯竟陵，張榮死之，襄陽、德安俱急。吳曦俄反于蜀，警報至，獵請魏了翁攝參議官，訪以西事，募死士入竟陵，命其將王宗廉死守，調大軍及忠義、保捷分道夾擊，金人遂去。又督董逵等援德安，董世雄、孟宗政等解襄陽之圍。

西事方殷，獵爲討叛計，請于朝，以王大才、彭輅任西事，仍分兵抗均、房諸險，漕粟歸、



峽以待王師。及曦誅，除刑部侍郎，充四川宣諭使。朝廷命旌別淑慝。以敷文閣學士、四川安撫制置使兼知成都府。嘉定六年召還，卒，家無餘貲。蜀人思其政，畫像祠之。

獵初從張栻學，乾道初，朱熹會栻于潭，獵又親炙，湖湘之學一出于正，獵實表率之。有畏齋文集、奏議六十卷。謚文定。

項安世字平父，其先括蒼人，後家江陵。淳熙二年進士，召試，除秘書正字。光宗以疾不過重華宮，安世上書言：「陛下仁足以覆天下，而不能施愛於庭闈之間；量足以容羣臣，而不能忍於父子之際。以一身寄於六軍、萬姓之上，有父子然後有君臣。願陛下自入思慮，父子之情，終無可斷之理；愛敬之念，必有油然之時。聖心一回，何用擇日，早往則謂之省，暮往則謂之定。即日就駕，旋乾轉坤，在返掌間爾。」疏入不報。安世遺宰相留正書求去，尋遷校書郎。

寧宗即位，詔求言，安世應詔言：

管夷吾治齊，諸葛亮治蜀，立國之本，不過曰量地以制賦，量賦以制用而已。陛下試披輿地圖，今郡縣之數，比祖宗時孰爲多少？比秦、漢、隋、唐時孰爲多少？陛下必



自知其狹且少矣。試命版曹具一歲賦入之數，祖宗盛時，東南之賦入幾何？建炎、紹興以來至乾道、淳熙，其所增取幾何？陛下試命內外羣臣有司具一歲之用，人主供奉、好賜之費幾何？御前工役、器械之費幾何？嬪嬙、宦寺廩給之費幾何？戶部、四總領養兵之費幾何？州縣公使、迎送、請給之費幾何？陛下必自知其爲侈且濫矣！用不量賦而至於侈且濫，內外上下之積不得而不空，天地山川之藏不得而不竭，非忍痛耐謗，一舉而更張之，未知其所以終也。

今天下之費最重而當省者，兵也。能用士兵則兵可省，能用屯田則兵可省。其次莫如宮掖。兵以待敵國，常畏而不敢省，故省兵難。宮掖以私一身，常愛而不忍省，故省宮掖難。不敢省者，事在他人；不忍省者，在陛下。宮中之嬙嬪、宦寺，陛下事也，宮中之器械、工役，陛下事也，陛下肯省則省之。宮中既省，則外廷之官吏，四方之州縣，從風而省，奔走不暇，簡樸成風，民志堅定，民生日厚，雖有水旱蟲蝗之災，可活也；國力日壯，雖有夷狄盜賊之變，可爲也。復祖宗之業，雪人神之憤，惟吾所爲，無不可者。

時朱熹召至闕，未幾予祠，安世率館職上書留之，言：「御筆除熹宮祠，不經宰執，不由給舍，徑使快行，直送熹家。竊揣聖意，必明知熹賢不當使去，宰相見之必執奏，給舍



見之必繳駁，是以爲此駭異變常之舉也。夫人主患不知賢爾，明知其賢而明去之，是示天下以不復用賢也。人主患不聞公議爾，明知公議之不可而明犯之，是示天下以不復顧公議也。且朱熹本一庶官，在二千里外，陛下即位未數日，即加號召，畀以從官，俾侍經幄，天下皆以爲初政之美。供職甫四十日，即以內批逐之，舉朝驚愕，不知所措。臣願陛下謹守紀綱，毋忽公議，復留朱熹，使輔聖學，則人主無失，公議尚存。」不報。俄爲言者劾去，通判重慶府，未拜，以僞黨罷。

安世素善吳獵，二人坐學禁久廢。開禧用兵，獵起帥荆渚，安世方丁內艱。起復，知鄂州。俄淮、漢師潰，薛叔似以怯懦爲侂胄所惡，安世因貽侂胄書，其末曰：「偶送客至江頭，飲竹光酒，半醉，書不成字。」侂胄大喜曰：「項平父乃爾閑暇。」遂除戶部員外郎、湖廣總領。

會叔似罷，金圍德安益急，諸將無所屬。安世不俟朝命，徑遣兵解圍。高悅等與金人力戰，馬雄獲萬戶，周勝獲千戶，安世第其功以聞。獵代叔似爲宣撫使，尋以宣諭使入蜀。朝命安世權宣撫使，又升太府卿。

有宣撫幕官王度者，吳獵客也。獵與安世素相友，及安世招軍，名項家軍，多不逞，好虜掠，獵斬其爲首者，安世憾之，至是斬度於大別寺。獵聞于朝，安世坐免。後以直龍圖閣

爲湖南轉運判官，未上，用臺章奪職而罷。嘉定元年，卒。所著易玩辭、他書，多行于世。

薛叔似字象先，其先河東人，後徙永嘉。游太學，解褐國子錄。初登對，論：「祖宗立國之初，除二稅外，取民甚輕。自熙寧以來，賦日增而民困滋甚。」孝宗嘉納，因曰：「朕在宮中如一僧。」叔似曰：「此非所望於陛下，當論功業如何。正使海內富庶如文、景，不過江左之文、景；法度修明如明、章，不過江左之明、章。陛下卽位二十餘年，國勢未張，未免牽於苟安無事之說。」上默然。

復數日，宰執進擬朝士，上出寸紙書叔似及應孟明姓名，嘉其奏對也。遷太常博士，尋除樞密院編修官。時倣唐制，置補闕、拾遺，宰臣啓，擬令侍從、臺諫薦人，上自除叔似左補闕。叔似論事，遂劾首相王淮去位。

屬金主殂，太孫景立，叔似奏：「規模果定，則乘五單于爭立之機；規模不存，則恐成五胡迭起之勢。」光宗受禪，時傳金使入界使名未正，叔似奏：「自壽皇一正匹敵之禮，金人常有南顧之虞，使名未正而遽受之，祇以重其玩侮。」翼日復奏：「謀國者畏敵太過。」上奮然開納。





除將作監，出爲江東轉運判官。俄以諫臣論罷，主管沖佑觀，尋除湖北運判，加直祕閣，移福建，召爲太常少卿兼實錄院檢討官、守祕書監、權戶部侍郎。初，丞相周必大請擇侍從、臺諫忠直者提舉太史局，蓋用神宗朝司馬光與王安禮故事，躔度少差，豫圖銷弭，遂命叔似提舉。尋兼樞密都承旨，以劉德秀疏罷，提舉興國宮。起知贛州，移隆興府、廬州，召除在京宮觀兼侍讀，進權兵部侍郎兼同修國史兼國用司參議官。兩浙民有身丁錢，叔似請于朝，遂蠲之。

試吏部侍郎兼侍讀，充京、湖宣諭使。時韓侂胄開邊，除兵部尚書、宣撫使。叔似方乞給降官會，分撥綱運，募兵鬻馬，辟致僚佐，而皇甫斌唐州之師已敗矣。遂劾斌，南安軍安置。叔似料敵必侵光、黃，委總領陳謙按行五關，發鄂卒守三關。金果入寇，謙駐漢陽爲江左節制。

尋除叔似端明殿學士兼侍讀。時宣司兵戍襄陽，都統趙淳、副統制魏友諒與統制呂渭孫不相下，渭孫死之，叔似遂自劾委任失當。叔似夙以功業自期，逮臨事，絕無可稱。以御史王益祥論，奪職罷祠。侂胄誅，諫官葉時再論，降兩官，謫福州，以兵端之開，叔似迎合故也。久之，許自便。嘉定十四年卒，贈銀青光祿大夫，謚恭翼。

叔似雅慕朱熹，窮道德性命之旨，談天文、地理、鐘律、象數之學，有藁二十卷。

劉甲字師文，其先永靜軍東光人，元祐宰相摯之後也。父著，爲成都漕幕，葬龍游，因家焉。甲，淳熙二年進士，累官至度支郎中，遷樞密院檢詳兼國史院編修官、實錄院檢討官。

使金，至燕山，伴宴完顏者，名犯仁廟嫌諱，甲力辭，完顏更名修。自紹興後，凡出疆遇忌，俱辭設宴，皆不得免，秦檜所定也。九月三日，金宴甲，以宣仁聖烈后忌，辭。還除司農少卿，進太常，擢權工部侍郎，升同修撰，除寶謨閣待制，知江陵府，湖北安撫使。甲謂：「荆州爲吳、蜀脊，高保融分江流，瀦之以爲北海，太祖常令決去之，蓋保江陵之要害也。」卽因遺址浚築，亙四十里。移知廬州。

程松爲四川宣撫使，吳曦副之，以甲知興元府、利東安撫使。時蜀口出師敗衂，金陷西和、成州，曦焚河池縣。先是，曦已遣姚淮源獻四州於金，金鑄印立曦爲蜀王。甲時在漢嘉，未至鎮也。金人破大散關，興元都統制毋思以重兵守關，而曦陰徹𧁾關之戍，金自板岔谷繞出關後，思挺身免。

甲告急于朝，乞下兩宣撫司協力扞禦。松謀遁，甲固留不可，遽以便宜檄甲兼沿邊制





置。曦遣後軍統制王鉞、準備將趙觀以書致甲，甲援大義拒之，因臥疾。曦又遣其弟旼邀甲相見，甲叱而去之。乃援顏眞卿河北故事，欲自拔歸朝，先募二兵持帛書遣參知政事李壁告變，且曰：「若遣吳總以右職入川，卽日可瓦解矣。」

曦僭王位，甲遂去官。朝廷久乃微聞曦反狀，韓侂胄猶不之信，甲奏至，舉朝震駭。壁袖帛書進，上覽之，稱「忠臣」者再。召甲赴行在，命吳總以雜學士知鄂州，多賜告身、金錢，使招諭諸軍爲入蜀計。復命以帛書賜甲曰：「所乞致仕，實難允從，已降指揮，召赴行在。今朝廷已遣使與金通和，襄、漢近日大捷，北兵悉已渡江而去。恐蜀遠未知，更在審度事宜，從長區處。」二兵皆補官。

甲舟行至重慶，聞安丙等誅曦，復還漢中，上奏待罪。詔趣還任。甲奏叛臣子孫族屬及附僞罪狀，公論快之。會宣撫副使安丙以楊巨源自負倡義之功，陰欲除之，語在巨源傳。巨源既死，軍情叵測，除甲宣撫使。楊輔亦以爲請，當國者疑輔避事，李壁曰：「昔吳璘屬疾，孝宗嘗密詔汪應辰權宣撫司事，既而璘果死，應辰卽日領印，軍情遂安，此的例也。」乃以密箚命甲，甲緘藏之。未幾，金自鶻嶺關箚金崖，進屯八里山，甲分兵進守諸關，截潼川成兵駐饒風以待之。金人知有備，引去。

侂胄誅，上念甲精忠，拜寶謨閣學士，賜衣帶、鞍馬。是歲，和議成，朝廷聞彭輅與丙不

協，以書問甲，又俾諭丙減汰諸軍勿過甚，及訪蜀人才之可用者。蓋自楊輔召歸，西邊諸事，朝論多於甲取決，人無知者。

紹興中，蜀軍無見糧，創爲科糴。孝宗聞其病民，命總領李蘩以本所錢招糴，懼不給，又命勸糴其半，「勸糴」之名自此始。久之，李昌圖總計，復奏令金、梁守倅任責收糴，而勸糴遂罷。及是，宣、總司令金洋、興元三郡勸糴小麥三十萬石，甲乞下總所照李蘩成法措置，從之。

明年，罷宣撫司，合利東、西爲一帥，治興元，移甲知潼川府。安丙既同知樞密院事，董居誼爲制置使，甲進寶謨閣學士、知興元府、利路安撫使，節制本路屯駐軍馬。朝廷計居誼猶在道，命甲權四川制置司事。

先是，大臣撫蜀者，諸將事之，有所謂互送禮，實賄賂也。甲下令首罷之，凡丙所立茶鹽柴邸悉廢之。又乞以阜郊博易鋪場還隸沔戎司，復通吳氏莊，歲收租四萬斛有奇，錢十三萬，以裨總計。從之。丙增多田稅，甲命屬吏討論，由一府言之，歲減凡百六十萬緡、米麥萬七千石，邊民感泣。嘉定七年，卒于官，年七十三。

甲幼孤多難，母病，刲股以進。生平常謂：「吾無他長，惟足履實地。」晝所爲，夜必書之，名曰「自監」。爲文平澹，有奏議十卷。理宗詔謚清惠。



楊輔字嗣勳，遂寧人。乾道二年進士甲科，召試館職，除祕書省正字，遷校書郎。出知眉州，累遷戶部郎中、總領四川財賦，升太府少卿、利西安撫使。

吳挺病，輔以吳氏世帥武興，久恐生變，密白二府，早擇人望以鎮方面。又貽書四川制置丘崈言：「統制官李奭乃吳氏腹心，緩急不可令權軍。」崈然之。挺卒，崈檄輔權帥事，輔謂：「職爲王人，若輕往，第疑軍心。」遂索印卽益昌領事。復數月，奏以權興州事楊虞仲兼權。

召守祕書監、禮部侍郎，以顯謨閣待制知江陵府，移襄陽，又移潼川。召還，除顯謨閣直學士，奉外祠，尋以敷文閣直學士知成都府、兼本路安撫使。韓侂胄決意用兵，以吳曦爲四川宣撫副使，假以節制財利之權。輔知曦有異志，貽書大臣言：「自昔兵帥與計臣不相統攝，故總領有報發覺察之權。今所在皆受節制，內憂不輕。」因託言他事，遣人以蠻書告于朝。朔日，率官屬東望拜表如常儀。上意輔能誅曦，密詔授寶謨閣學士、四川制置使，許以便宜從事。時人望輔倡義，劉光祖、李道傳皆勉之。輔自以不習兵事，且內郡無兵可用，遷延兩月，但爲去計。曦移輔知遂寧府，輔遂以印授通判韓植而去。

安丙、楊巨源密謀誅曦，以輔有人望，謂密詔自輔所來，聞者皆信。曦既誅，丙趣輔還成都，除四川宣撫使。奏言：「臣以衰病軟懦，而居建元功者之上，徒恐牽制敗事。安丙才力強濟，賞罰明果，乞以事任付丙。」又論：「蜀中三帥，惟武興事權特重，故致今日之變。乞並置兩帥，分其營屯、隸屬。」

安丙奏乞兩宣撫分司，朝廷察丙與輔異，召輔赴闕。議者謂蜀亂初平，如輔未宜去，乃復以爲制置使兼知成都府。再被召，踰年財抵建康，復引咎不進。上召輔益堅，乃之鎮江俟命。著作佐郎楊簡言輔嘗棄成都，不當召，乃除兵部尚書兼侍讀，以龍圖閣學士知建康府兼江、淮制置使。卒于官，謚曰莊惠。

劉光祖字德修，簡州陽安人。幼出于外祖賈暉，後以暉遺澤補官。登進士第，廷對，言：「陛下睿察太精，宸斷太嚴，求治太速，喜功太甚。」又言：「陛下躬擐甲冑，閱毬馬，一旦有警，豈能親董六師以督戰乎？夫人主自將，危道也。臣恐毬馬之事，敵人聞之，適以貽笑，不足以示武。」除劍南東川節度推官，辟潼川提刑司檢法。

淳熙五年，召對，論恢復事，請以太祖用人爲法，且曰：「人臣獻言，不可不察：其一，不量可否，勸陛下輕出驟進，則是卽日誤國；其一，不思振立，苟且偷安，則是久遠誤國。」除太學正。召試，守正字，兼吳、益王府教授，遷校書郎，除右正言、知果州。以趙汝愚薦，召入。



光宗卽位，除軍器少監兼權侍左郎官，又兼禮部。時殿中侍御史闕，上方嚴其選，謂宰相留正曰：「卿監、郎官中有其人。」正沈思久之，曰：「得非劉光祖乎？」上曰：「是久在朕心矣。」光祖入謝，因論：

近世是非不明，則邪正互攻；公論不立，則私情交起。此固道之消長，時之否泰，而實爲國家之禍福，社稷之存亡，甚可畏也。本朝士大夫學術議論，最爲近古，初非有強國之術，而國勢尊安，根本深厚。咸平、景德之間，道臻皇極，治保太和，至於慶曆、嘉祐盛矣。不幸而壞於熙、豐之邪說，疏棄正士，招徠小人，幸而元祐君子起而救之，末流大分，事故反覆。紹聖、元符之際，羣凶得志，絕滅綱常，其論既勝，其勢既成，崇、觀而下，尚復何言。

臣始至時，聞有譏貶道學之說，而實未睹朋黨之分。中更外艱，去國六載，已憂兩議之各甚，而恐一旦之交攻也。逮臣復來，其事果見。因惡道學，乃生朋黨，因生朋黨，乃罪忠諫〔一〕。嗟乎，以忠諫爲罪，其去紹聖幾何！陛下履位之初，端拱而治，凡所進退，率用人言，初無好惡之私，豈以黨偏爲主。而一歲之內，逐者紛紛，中間好人固亦不少，反以人臣之私意，徼槩天日之清明。往往推忠之言，謂爲沽名之舉；至於潔身以退，亦曰懷懟而然。欲激怒於至尊，必加之以訐訕。事勢至此，循默乃宜，循默成風，國家安賴？

臣欲熄將來之禍，故不憚反復以陳。伏幾聖心豁然，永爲皇極之主，使是非由此而定，邪正由此而別，公論由此而明，私情由此而熄，道學之譏由此而消，朋黨之迹由此而泯，和平之福由此而集，國家之事由此而理，則生靈之幸，社稷之福也。不然，相激相勝，展轉反復，爲禍無窮，臣實未知稅駕之所。

章既下，讀之有流涕者。劾罷戶部尚書葉翥、太府卿兼中書舍人沈揆結近習，圖進用，言：「比年以來，士大夫不慕廉靖而慕奔競，不尊名節而尊爵位，不樂公正而樂軟美，不敬君子而敬庸人，既安習以成風，謂苟得爲至計。良由前輩老成，零落殆盡，後生晚進，議論無所據依，學術無所宗主，正論益衰，士風不競。幸詔大臣，妙求人物，必朝野所共屬、賢愚所同敬者一二十人，參錯立朝，國勢自壯。臣雖終歲無所奏糾，固亦未至曠官。今日之患，在於不封殖人才，臺諫但有摧殘，廟堂初無長養。臣處當言之地，豈以排擊爲能哉？」徙太府少卿。求去不已，除直祕閣、潼川運判。改江西提刑，又改夔州。

時孝宗不豫，上久不過宮，光祖致書留正、趙汝愚曰：「宜與羣賢并心一力，若上未過





宮，宰執不可歸安私第。林、陳二閹，自以獲罪重華，日夜交諜其間。宜用韓魏公逐任守忠故事，以釋兩宮疑謗。大臣亦當收兵柄，密布腹心，俾緩急有可仗者。」聞孝宗崩，又貽書汝愚，勉以安國家、定社稷之事。

寧宗卽位，除侍御史，改司農少卿。入對，獻謹始五箴。又論：「人主有六易：天命易恃，天位易樂，無事易安，意欲易奢，政令易怠，歲時易玩。又有六難：君子難進，小人難退，苦言難入，巧佞難遠，是非難明，取舍難決。闇主之所易，明主之所難；闇主之所難，明主之所易。」又言：「陛下以隆慈之命，踐祚於素幄，蓋有甚不得已者。宜躬自貶損，盡禮於上皇，使聖意懽然知釋位之樂，然後足以昭陛下之大孝。」上悚然嘉納。

進起居舍人。論：「政令當出中書，陛下審而行之，人主操柄，無要於此。」知閤門事韓侂胄寖擅威福，故首及之。遷起居郎。集議卜孝宗山陵，與朱熹皆謂會稽山陵，土薄水淺，乞議改卜。既而熹與祠，光祖言：「漢武帝之於汲黯，唐太宗之於魏徵，仁宗之於唐介，皆聳怒旋悔。熹明先聖之道，爲今宿儒，又非三臣比。陛下初膺大寶，招徠耆儒，比初政之最善者。今一旦無故去之，可乎？」且曰：「臣非助熹，助陛下者也。」再疏，不聽。

劉德秀劾光祖，出爲湖南運判，不就，主管玉局觀。趙汝愚既罷相，侂胄擅朝，遂目士大夫爲僞學逆黨，禁錮之。光祖撰涪州學記，謂：「學之大者，明聖人之道以脩其身，而世方以道爲僞；小者治文章以達其志，而時方以文爲病。好惡出於一時，是非定於萬世。」諫官張釜指爲謗訕，比之楊惲，奪職，謫居房州。久之，許自便。起知眉州，復職，將漕利路，以不習邊事辭。進直寶謨閣，主管沖佑觀。

吳曦叛，光祖自郡守，焚其榜通衢，且馳告帥守、監司之所素知者，仗大義，連衡以抗賊。俄聞曦誅，則以書屬宣撫使楊輔，講行營田，前日利歸吳氏者，悉收之公上，以省餉軍費；奬名節、旌死事以激忠烈之心。除潼川路提刑、權知瀘州。侂胄誅，召除右文殿修撰、知襄陽府，進寶謨閣待制、知遂寧府，改京、湖制置使，以寶謨閣直學士知潼川府。

詔以閔雨求言，光祖奏：「女直乃吾不共戴天之讎，天亡此讎，送死于汴。陛下爲天之子，不知所以圖之，天與不取，是謂棄天，未有棄天而天不我怒也。靑、鄆、蘭、會求通弗納〔二〕，陛下爲中國衣冠之主，人歸而我絕之，是謂棄人，未有棄人而人不我怨也。且金人舍其巢穴，汙我汴京，尚可使吾使人拜之於祖宗昔日朝會之廷乎？」

又請改正憲聖慈烈皇后諱日。先是，后崩以慶元三年十一月二日，郊禋期迫，或謂侂胄曰：「上親郊，不可不成禮。且有司所費既夥，奈何已之？」侂胄入其言，五日祀圜丘，六日始宣遺誥。於是光祖言：「憲聖，陛下之曾祖母，克相高宗，再造大業。侂胄敢視之如卑喪，遷就若此。賊臣就戮，盍告謝祖宗，改從本日？」從之。





升顯謨閣直學士、提舉玉隆萬壽宮。引年不許，提舉西京嵩山崇福宮。嘉定十五年卒，進華文閣學士，謚文節。趙汝愚稱光祖論諫激烈似蘇軾，懇惻似范祖禹，世以爲名言。所著後溪集十卷。子：端之、靖之、翊之、竑之。

論曰：徐誼竄逐於小人之手，身之否，道之亨也。吳獵之以學爲政，項安世之通經博古，皆一時之英才，今更定舊史，公論其少伸歟！薛叔似通儒也，不幸以開邊事累之。劉甲、楊輔蔚乎有用之才。劉光祖盛名與涪州學記並傳穹壤，世之人何憚而不爲君子也！

## 校勘記

〔一〕因惡道學乃生朋黨因生朋黨乃罪忠諫　眞德秀西山先生眞文忠公文集卷四三劉光祖墓誌銘作「因惡道學，力去朋黨，因去朋黨，乃罪忠諫」。

〔二〕靑鄆蘭會求通弗納　「蘭」原作「藺」，據西山先生眞文忠公文集卷四三劉光祖墓誌銘改。

# 宋史卷三百九十八

## 列傳第一百五十七

### 余端禮 李壁 丘崈 倪思 宇文紹節 李蘩

余端禮字處恭，衢州龍游人。第進士，知湖州烏程縣。民間賦丁絹錢，率三氓出一縑，不輸絹而折其估，一縑千錢，後增至五千，民不勝病。端禮以告于府，事得上聞，又自詣中書陳便宜，歲蠲緡錢六萬。

召對，時孝宗志在恢復，端禮言：

謀敵決勝之道，有聲有實。敵弱者先聲後實，以讋其氣；敵彊者先實後聲，以俟其機。漢武乘匈奴之困，親行邊陲，威震朔方，而漢南無王庭者，讋其氣而服之，所謂先聲而後實也。越謀吳則不然，外講盟好，內修武備，陽行成以種、蠡，陰結援於齊、晉，教習之士益精，而獻遺之禮益密，用能一戰而霸者，伺其機而圖之，所謂先實而後聲



也。今日之事異於漢而與越相若。願陰設其備，而密爲之謀，觀變察時，則機可投矣。

古之投機者有四：有投隙之機，有擣虛之機，有乘亂之機，有承弊之機。因其內釁而擊之，若匈奴困於三國之攻而宣帝出師，此投隙之機也。因其外患而伐之，若夫差牽於黃池之役而越兵入吳，此擣虛之機也。敵國不道，因其離而舉之，若晉之降孫皓，此乘亂之機也。敵人勢窮，躡其後而蹙之，若高祖之追項羽，此乘弊之機也。機之未至，不可以先；機之已至，不可以後。以此備邊，安若太山，以此應敵，動如破竹，惟所欲爲，無不如志。

上喜曰：「卿可謂通事體矣。」後以薦爲監察御史，遷大理少卿，轉太常少卿。詔以來歲祈穀上帝，仲春躬耕籍田，令禮官討論明道故事。端禮言：「祈穀之制，合祭天地於圜丘，前期享於太廟，視冬至郊祀之儀，此國朝故事也。若乃明道之制，則以宮中火後考室落成，故於太安殿恭謝天地，此特一時謝災之事耳。今欲祈穀而耕籍，必合祭天地於圜丘，必前期朝享於景靈宮、太廟可也。欲如明道之制，行於殿庭不可。」詔太常、禮部集議。中書有可以義起者，端禮曰：「禮固有可義起，至於大體，則不可易。古者郊而後耕，以其於郊，故謂之郊，猶祀於明堂，故謂之明堂。如明道謝災之制，則與祈穀異。今以郊而施之殿庭，亦將以明堂而施之壇壝乎？禮之失自端禮始，端禮死不敢奉詔。」上爲之止。



權兵部侍郎兼太子詹事，進吏部侍郎，出知太平州，奉祠。光宗立，召見，言：「天子之孝不與庶人同。今陛下之孝於壽皇，當如舜之於堯，行其道可也，武之於文，繼其志、述其事可也。凡壽皇睿謀聖訓，仁政善教，所嘗施於天下者，願與二三大臣朝夕講求而力行之，則足以盡事親之孝矣。」授集英殿修撰、知贛州，還爲吏部侍郎、權刑部尚書兼侍講，以煥章閣直學士知建康府。召拜吏部尚書，擢同知樞密院事。

興州帥吳挺死，端禮謂樞密趙汝愚曰：「吳氏世握蜀兵，今若復令承襲，將爲後患。」汝愚是其言，合辭以奏，光宗意未決，端禮言：「汝愚所請爲蜀計，爲東南計。夫置大將而非其人，是無蜀也，無蜀，是無東南也。今軍中請帥而遲遲不報，人將生心。」不聽。後挺子曦卒以蜀叛，如端禮言。

上以疾不朝重華宮，孝宗崩，又不能發喪，人情恟然。端禮謂宰相留正曰：「公獨不見唐肅宗朝羣臣發哀太極殿故事乎？宜請太皇太后代行祭奠之禮。」於是宰執以請于太皇太后，留正懼，入臨重華宮，仆地致仕而去。

太皇太后垂簾，策皇子嘉王即皇帝位，王流涕遜避。端禮奏：「太上違豫，大喪乏主，安危之機在於呼吸，太皇太后非爲陛下計，乃爲太上皇帝計，爲宗社計。今堅持退讓，不思國家之大計，是守匹夫之小節而昧天子之大孝也。」寧宗愯然收淚，不得已，側身就御坐之半。



端禮與汝愚再拜固請，寧宗乃正御坐，退行禫祭禮。

進端禮知樞密院事兼參知政事。汝愚去右丞相位，端禮代之。始，端禮與汝愚同心共政，汝愚嘗曰：「士論未一，非余處恭不能任。」及韓侂胄以傳道之勞，寖竊威柄，汝愚等欲疏斥之，謀泄而汝愚逐。端禮不能遏，但長吁而已。

浙西常平黃灝以放民租竄，知婺州黃度以庇屬吏褫職罷郡，二人皆侂胄所憾，端禮執奏，竟不免於罪。太府丞呂祖儉坐上書忤侂胄南遷，端禮救解不獲，公議始歸責焉。他日見上，言除從官中書不知，朝綱已紊，禍根已滋。即丐去，不許，進左丞相。

端禮在相位期年，頗知擁護善類，然爲侂胄所制，壹鬱不愜志，稱疾求退，以觀文殿大學士提舉洞霄宮。居頃之，判潭州，移慶元，復帥潭。薨，授少保、郇國公致仕，贈太傅，謚忠肅。子嶸，工部尚書。

李壁字季章，眉之丹稜人〔一〕。父燾，典國史。壁少英悟，日誦萬餘言，屬辭精博，周必大見其文，異之曰：「此謫仙才也。」孝宗嘗問燾：「卿諸子孰可用？」燾以壁對。以父任入官，後登進士第。召試，爲正字。

寧宗卽位，徙著作佐郎兼刑部郎、權禮部侍郎兼直學士院。時韓侂胄專國，建議恢復，宰相陳自強請以侂胄平章國事，遂召璧草制，同禮部尚書蕭達討論典禮，命侂胄三日一朝，序班丞相上。

璧受命使金，行次揚州，忠義人朱裕挾宋師襲漣水，金人憤甚，璧乞梟裕首境上，詔從其請。璧至燕，與金人言，披露肝膽，金人之疑頓釋。璧歸，侂胄用師意方銳，璧言：「進取之機，當重發而必至，毋輕出而苟沮。」既而陳景俊使北還，贊舉兵甚力，錢象祖以沮兵議忤侂胄得罪貶，璧論襄陽形勢，深以腹心爲憂，欲待敵先發，然後應之，侂胄意不懌，於是四川、荆、淮各建宣撫而師出矣。

璧度力不能回，乃入奏：「自秦檜首倡和議，使父兄百世之讎不復開於臣子之口。今廟謀未定，士氣積衰，苟非激昂，曷克丕應。臣愚以爲宜亟貶秦檜，示天下以讎恥必復之志，則宏綱舉而國論明，流俗變而人心一，君臣上下奮勵振作，拯潰民於殘虐，湔祖宗之宿憤。在今日舉而措之，無難矣。」疏奏，秦檜坐追王爵。議者謂璧不論檜之無君而但指其主和，其言雖公，特以迎合侂胄用兵之私而已。

初，侂胄召葉適直學士院，草出師詔，適不從，乃以屬璧，由是進權禮部尚書。侂胄既喪師，始覺爲蘇師旦所誤，一夕招璧飲，酒酣，及師旦事，璧微擿其過，覘侂胄意向，乃極言：



「師旦怙勢招權，使明公負謗，非竄謫此人，不足以謝天下。」師旦坐貶官。璧又言：「郭倬、李汝翼償軍誤國之罪，宜誅之以謝淮民。」拜參知政事。

金遣使來，微示欲和意，丘崈以聞，璧貽崈書，俾遣小使致書金帥求成，金帥報書以用兵首謀指侂胄，侂胄大恚，不復以和爲意。璧言：「張浚以討賊復讎爲己任，隆興之初，事勢未集，亦權宜就和。苟利社稷，固難執一。」侂胄不聽，以張巖代崈，璧力爭，言丘崈素有人望，侂胄變色曰：「方今天下獨有一丘崈邪！」

吳曦叛，據蜀稱王，楊巨源、安丙誅之。事聞，璧議須用重臣宣撫，薦制置使楊輔爲宣撫使，而使安丙輔之。丙殺楊巨源，輔恐召變，以書舉劉甲自代，侂胄疑輔避事，璧曰：「孝宗聞吳璘病，亟詔汪應辰權宣撫使職事，蜀賴以安，此故事也。」於是命甲權宣撫使。

方信孺使北歸，言金人欲縛送侂胄，故侂胄忿甚，用兵之意益急。璧方與共政，或勸其速去，毋與侂胄分禍，璧曰：「噫，國病矣，我去誰適謀此？」會禮部侍郎史彌遠謀誅侂胄，以密旨告璧及錢象祖，象祖欲奏審，璧言事留恐泄，侂胄迄誅，璧兼用知樞密院事。御史葉時論璧反復詭譎，削三秩，謫居撫州。後輔臣言誅侂胄事，璧實預聞，乃令自便。復官提舉洞霄宮，久之，復以御史奏削三秩，罷祠。

越四年，復除端明殿學士、知遂寧府，未至，而潰兵張福入益昌，戕王人，略閬剽果，至



遂寧，璧傳檄諭之，福等讀檄泣下，約解甲降。會官軍至挑賊，賊忿，盡燔其城，顧府治曰：「李公旦夕來居，此其勿毁。」璧馳書大將張威，使調嘉定黎雅砦丁、牌手來會戰，威夜遣人叩門，來言曰：「賊壘堅不可破，將選死士，梯而登，以火攻之。」璧曰：「審爾，必多殺士卒，盍先斷賊汲路與糧道，使不得食，卽自成擒矣。」以長圍法授之，威用其謀，賊遂平。

璧尋引疾奉祠。嘉定十五年六月卒，進資政殿學士致仕，謚文懿。

璧嗜學如飢渴，羣經百氏搜抉靡遺，於典章制度尤綜練。爲文雋逸，所著有鴈湖集一百卷、涓塵錄三卷、中興戰功錄三卷、中興奏議若干卷、內外制二十卷、援毫錄八十卷、臨汝閑書百五十卷。璧父子與弟𡌴皆以文學知名，蜀人比之三蘇云。

丘崈字宗卿，江陰軍人。隆興元年進士，爲建康府觀察推官。丞相虞允文奇其才，奏除國子博士。孝宗諭允文舉自代者，允文首薦崈。有旨賜對，遂言：「恢復之志不可忘，恢復之事未易舉，宜甄拔實才，責以內治，遵養十年，乃可議北向。」

時方遣范成大使金，祈請陵寢。崈言：「泛使亟遣，無益大計，徒以驕敵。」孝宗不樂，曰：「卿家墳墓爲人所據，亦須理索否？」崈對曰：「臣但能訴之，不能請之。」孝宗怒，崈退待



罪，孝宗察其忠，不譴也。

遷太常博士，出知秀州華亭縣。捍海堰廢且百年，鹹潮歲大入，壞並海田，蘇、湖皆被其害。崈至海口，訪遺址已淪沒，乃奏創築，三月堰成，三州舄鹵復爲良田。除直祕閣、知平江府，入奏內殿，因論楮幣折閱，請公私出內，並以錢會各半爲定法。詔行其言，天下便之。

知吉州，召除戶部郎中，遷樞密院檢詳文字。被命接伴金國賀生辰使。金曆九月晦，與統天曆不合，崈接使者以恩意，乃徐告以南北曆法異同，合從會慶節正日隨班上壽。金使初難之，卒屈服。孝宗喜謂崈曰：「使人聽命成禮而還，卿之力也。」

先是，王抃爲樞密，崈不少下之。方迓客時，抃排定程頓奏，上降付接伴，令沿途遵執。崈具奏，謂「不可以此啓敵疑心」，不奉詔。抃憾之，譖崈不禮金使，予祠。起知鄂州，移江西轉運判官，提點浙東刑獄，進直徽猷閣、知平江府，升龍圖閣，移帥紹興府，改兩浙轉運副使，以憂去。

光宗卽位，召對，除太常少卿兼權工部侍郎，進戶部侍郎，擢煥章閣直學士、四川安撫制置使兼知成都府。崈素以吳氏世掌兵爲慮，陛辭，奏曰：「臣入蜀後，吳挺脫至死亡，兵權不可復付其子。臣請得便宜撫定諸軍，以俟朝命。」挺死，崈卽奏「乞選他將代之，仍置副

帥，別差興州守臣，併利州西路帥司歸興元，以殺其權。挺長子曦勿令奔喪，起復知和州，屬總領楊輔就近節制諸軍，檄利路提刑楊虞仲往攝興州。」朝廷命張詔代挺，以李仁廣副之，遂革世將之患。其後郭杲繼詔復兼利西路安撫。杲死，韓侂冑復以兵權付曦，曦叛，識者乃服崈先見。

進煥章閣直學士。寧宗卽位，赴召，以中丞謝深甫論罷之。居數年，復職知慶元府。既入奏，韓侂冑招以見，出奏疏幾二千言示崈，蓋北伐議也，知崈平日主復讎，冀可與共功名。崈曰：「中原淪陷且百年，在我固不可一日而忘也，然兵凶戰危，若首倡非常之舉，兵交勝負未可知，則首事之禍，其誰任之？此必有夸誕貪進之人，攘臂以僥倖萬一，宜亟斥絕，不然必誤國矣。」

進敷文閣學士，改知建康府。將行，侂冑曰：「此事姑爲遲之。」崈因贊曰：「翻然而改，誠社稷生靈之幸，惟無搖於異議，則善矣。」侂冑聞金人置平章，宣撫河南，奏以崈爲簽樞，宣撫江、淮以應之。崈手書力論「金人未必有意敗盟，中國當示大體，宜申警軍實，使吾常有勝勢。若釁自彼作，我有辭矣。」宣撫議遂寢。侂冑移書欲除崈內職，宣諭兩淮。崈報曰：「使名雖異，其爲示敵人以嫌疑之蹟則同，且僞平章宣撫既寢，尤不宜輕舉。」侂冑滋不悅。





升寶文閣學士、刑部尚書、江淮宣撫使。時宋師克泗州，進圖宿、壽，既而師潰，侂冑遣人來議招收潰卒，且求自解之計。崈謂：「宜明蘇師旦、周筠等僨師之姦，正李汝翼、郭倬等喪師之罪。」崈欲全淮東兵力，爲兩淮聲援，奏「泗州孤立，淮北所屯精兵幾二萬，萬一金人南出淸河口及犯天長等城，則首尾中斷，墮敵計矣。莫若棄之，還軍盱眙。」從之。

金人擁衆自渦口犯淮南，或勸崈棄廬、和州爲守江計，崈曰：「棄淮則與敵共長江之險矣。吾當與淮南俱存亡。」益增兵爲防。

進端明殿學士、侍讀，尋拜簽書樞密院，督視江、淮軍馬。有自北來者韓元靖，自謂琦五世孫，崈詰所以來之故，元靖言：「兩國交兵，北朝皆謂出韓太師意，今相州宗族墳墓皆不可保，故來依太師爾。」崈使畢其說，始露講解意。崈遣人護送北歸，俾扣其實。其回也，得金行省幅紙，崈以聞于朝，遂遣王文采持書幣以行。文采還，金帥答書辭順，崈復以聞，遂遣陳璧充小使。璧回，具言：「金人詰使介，既欲和矣，何爲出兵眞州以襲我？然仍露和意也。」崈白廟堂，請自朝廷移書續前議，又謂彼既指侂冑爲元謀，若移書，宜暫免係銜。侂冑大怒，罷崈，以知樞密院事張巖代之。既以臺論，提舉洞霄宮，落職。

侂冑誅，以資政殿學士知建康府，尋改江、淮制置大使兼知建康府。淮南運司招輯邊民二萬，號「雄淮軍」，月廩不繼，公肆剽劫，崈乃隨「雄淮」所屯，分隸守臣節制，其西路則同轉運使張潁揀刺爲御前武定軍，以三萬人爲額，分爲六軍，餘汰歸農，自是月省錢二十八萬緡，米三萬四千石。武定既成軍伍，淮西賴其力。以病丐歸，拜同知樞密院事。卒，謚忠定。

崈儀狀魁傑，機神英悟。嘗慷慨謂人曰：「生無以報國，死願爲猛將以滅敵。」其忠義性然也。

倪思字正甫，湖州歸安人。乾道二年進士，中博學宏詞科。累遷祕書郎，除著作郎兼翰林權直。光宗卽位，典册與尤袤對掌。故事，行三制並宣學士。上欲試思能否，一夕併草除公師四制，訓詞精敏，在廷誦歎。

權侍立修注官，直前奏：「陛下方受禪，金主亦新立，欲制其命，必每事有以勝之，彼奢則以儉勝之，彼暴則以仁勝之，彼怠惰則以憂勤勝之。」又請增置諫官，專責以諫事。又乞召內外諸將訪問，以知其才否。

遷將作少監兼權直學士院，兼權中書舍人，升中書舍人兼直學士院、同修國史，尋兼侍講。





初，孝宗以戶部經費之餘，則於三省置封樁庫以待軍用，至紹熙移用始頻。會有詔發緡錢十五萬入內帑備犒軍，思謂實給他費，請毋發，且曰：「往歲所入，約四百六十四萬緡，所出之錢不及二萬，非痛加撙節，則封樁自此無儲。」遂定議犒軍歲以四十萬緡爲額，由是費用有節。又言：「唐制使諫官隨宰相入閤，今諫官月一對耳，乞許同宰執宣引，庶得從容論奏。」上稱善，除禮部侍郎。

上久不過重華宮，思疏十上，言多痛切。會上召嘉王，思言：「壽皇欲見陛下，亦猶陛下之於嘉王也。」上爲動容。時李皇后寖預政，思進講姜氏會齊侯于濼，因奏：「人主治國必自齊家始，家之不能齊者，不能防其漸也。始於褻狎，終於恣橫，卒至於陰陽易位，內外無別，甚則離間父子。漢之呂氏，唐之武、韋，幾至亂亡，不但魯莊公也。」上悚然。趙汝愚同侍經筵，退語人曰：「讜直如此，吾黨不逮也。」

兼權吏部侍郎，出知紹興府。寧宗卽位，改婺州，未上，提舉太平興國宮，召除吏部侍郎兼直學士院。御史姚愈劾思，出知太平州，歷知泉州、建寧府，皆以言者論去。久之，召還，試禮部侍郎兼直學士院。侂冑先以書致殷勤，曰：「國事如此，一世人望，豈宜專以潔己爲賢哉？」思報曰：「但恐方拙，不能徇時好耳。」

時赴召者，未引對先謁侂冑，或勸用近例，思曰：「私門不可登，矧未見君乎？」逮入見，首論言路不通：「自呂祖儉謫徙而朝士不敢輸忠，自呂祖泰編竄而布衣不敢極說。膠庠之士欲有吐露，恐之以去籍，諭之以呈藁，誰肯披肝瀝膽，觸冒威尊？近者北伐之舉，僅有一二人言其不可，如使未舉之前，相繼力爭之，更加詳審，不致輕動。」又言：「蘇師旦贓以巨萬計，胡不黥戮以謝三軍？皇甫斌喪師襄漢，李爽敗績淮甸，秦世輔潰散蜀道，皆罪大罰輕。」又言：「士大夫寡廉鮮恥，列拜於勢要之門，甚者匍匐門竇，稱門生不足，稱恩坐、恩主甚至于恩父者，諛文豐賂，又在所不論也。」侂胄聞之大怒。

思既退，謂侂胄曰：「公明有餘而聽不足：堂中剖決如流，此明有餘；爲蘇師旦蒙蔽，此聽不足也。周筠與師旦並爲姦利，師旦已敗，筠尚在，人言平章騎虎不下之勢，此李林甫、楊國忠晚節也。」侂胄悚然曰：「聞所未聞！」

司諫毛憲劾思，予祠。侂胄殛，復召，首對，乞用淳熙例，令太子開議事堂，閑習機政。又言：「侂胄擅命，凡事取內批特旨，當以爲戒。」除權兵部尚書兼侍讀。求對，言：「大權方歸，所當防微，一有干預端倪，必且仍蹈覆轍。厥今有更化之名，無更化之實。今侂胄既誅，而國人之言猶有未靖者，蓋以樞臣猶兼宮賓，不時宣召，宰執當同班同對，樞臣亦當遠權，以息外議。」樞臣，謂史彌遠也。金人求侂胄函首，命廷臣集議，思謂有傷國體。徙禮部尚書。





史彌遠擬除兩從官，參政錢象祖不與聞。思言：「奏擬除目，宰執當同進，比專聽侂胄，權有所偏，覆轍可鑒。」既而史彌遠上章自辨，思求去，上留之。思乞對，言：「前日論樞臣獨班，恐蹈往轍，宗社堪再壞耶？宜親擢臺諫，以革權臣之弊，並任宰輔，以鑒專擅之失。」彌遠懷恚，思請去益力，以寶謨閣直學士知鎮江府，移福州。

彌遠拜右丞相，陳晦草制用「昆命元龜」語，思歎曰：「董賢爲大司馬，册文有『允執厥中』一言，蕭咸以爲堯禪舜之文，長老見之，莫不心懼。今制詞所引，此舜、禹揖遜也。天下有如蕭咸者讀之，得不大駭乎？」仍上省牘，請貼改麻制。詔下分析，彌遠遂除晦殿中侍御史，即劾思藩臣僭論麻制，鐫職而罷，自是不復起矣。

久之，除寶文閣學士，提舉嵩山崇福宮。嘉定十三年卒，謚文節。

宇文紹節字挺臣，成都廣都人。祖虛中，簽書樞密院事。父師瑗，顯謨閣待制。父子皆以使北死，無子，孝宗愍之，命其族子紹節爲之後，補官仕州縣。九年，第進士。累遷寶謨閣待制、知廬州。

時侂胄方議用兵，紹節至郡，議修築古城，創造砦柵，專爲固圉計。淮西轉運判官鄧友龍諂於侂胄，詆紹節但爲城守，徒耗財力，無益於事。侂胄以書讓紹節，紹節復書謂：「公有復讎之志，而無復讎之略；有開邊之害，而無開邊之利。不量國力，浪爲進取計，非所敢知。」侂胄得書不樂，乃以李爽代紹節，召還，爲兵部侍郎兼中書舍人兼直學士院，以寶文閣待制知鎮江府。

吳曦據蜀，趣紹節赴闕，任以西討之事。紹節至，謂大臣曰：「今進攻，則瞿唐一關，彼必固守；若駐軍荊南，徒損威望。聞隨軍轉運安丙者素懷忠義，若授以密旨，必能討賊成功。」大臣用其言，遺丙所親以帛書達上意，丙卒誅曦。

權兵部尚書，未幾，除華文閣學士、湖北京西宣撫使、知江陵府。統制官高悅在戍所，肆爲殺掠，遠近苦之。紹節召置帳前，收其部曲。俄有訴悅縱所部爲寇者，紹節杖殺之，兵民皆歡。升寶文閣學士，試吏部尚書，尋除端明殿學士、簽書樞密院事。

安丙宣撫四川，或言丙有異志，語聞，廷臣欲易丙。紹節曰：「方誅曦初，安丙一搖足，全蜀非國家有，顧不以此時爲利，今乃有他耶？紹節願以百口保丙。」丙卒不易。朝廷於蜀事多所咨訪，紹節審而後言，皆周悉事情。

嘉定六年正月甲午卒，訃聞，上嗟悼，爲改日朝享。進資政殿學士致仕，又贈七官爲少師，非常典也。謚曰忠惠。





李蘩字清叔，崇慶晉原人。第進士，爲隆州判官，攝綿州。歲侵，出義倉穀賤糶之，而以錢貸下戶，又聽民以茅秸易米，作粥及褚衣，親衣食之，活十萬人。明年又饑，邛蜀彭漢、成都盜賊蠭起，綿獨按堵。知永康軍，移利州，提點成都路刑獄兼提舉常平。歲凶，先事發廩蠲租，所活百七十萬人。知興元府、安撫利州東路。

漢中久饑，劍外和糴在州者獨多，蘩嘗匹馬行阡陌間訪求民瘼，有老嫗進曰：「民所以饑者，和糴病之也。」泣數行下。蘩感其言，奏免之，民大悅。徙倉部員外郎，總領四川賦財、軍馬錢粮，升郎中。

淳熙三年，廷臣上言：「四川歲糴軍粮，名爲和糴，實科糴也。」詔制置使范成大同蘩相度以聞，蘩奏：「諸州歲糴六十萬石，若從官糴，歲約百萬緡，如於經費之中斟酌損益，變科糴爲官糴，貴賤眂時，不使虧毫忽之價；出納眂量，勿務取圭撮之贏，則軍不乏興，民不加賦。」乃書「利民十一事」上之。前後凡三年，蘩上奏疏者十有三，而天子降詔難問者凡八，訖如其議。民既樂與官爲市，遠邇讙趨，軍餉坐給，而田里免科糴，始知有生之樂。會歲大稔，米價頓賤，父老以爲三十年所無。梁、洋間繪蘩像祠之。

范成大驛疏言：「關外麥熟，倍於常年，實由罷糴，民力稍紓，得以盡於農畝。」孝宗覽之曰：「免和糴一年，田間和氣若此，乃知民力不可重困也。」擢蘩守太府少卿。范成大召見，孝宗首問：「糴事可久行否？」成大奏：「李蘩以身任此事，臣以身保李蘩。」孝宗大悅，曰：「是大不可得李蘩也。」上意方嚮用，而蘩亦欲奏蠲鹽酒和買之弊〔二〕，以盡滌民害。會有疾，卒。詔以蘩能官，致仕恩外特與遺表，擇一人庶官，前此所未有。

初，蘩宰眉山，校成都漕試，念吳氏世襲兵柄必稔蜀亂，發策云：「久假人以兵柄，未有不爲患者。以武、宣之明，不能銷大臣握兵之禍；以憲、武之烈，不能收藩鎮握兵之權。危劉氏、殲唐室，鮮不由此。」吳挺以爲怨。後蘩總餉事，挺謬奏軍食餉惡，孝宗以問蘩，蘩緘其樣以進，挺之妄遂窮。踰三十年，吳曦竟以蜀叛，安丙既誅曦，每語人云：「吾等焦頭爛額耳，孰如李公先見者乎？」蘩講學臨政皆有源委，所著書十八種，有桃溪集一百卷。

論曰：余端禮平時論議剴正，及爲相，受制於韓侂胄，雖有志扶掖善類，而不得以直，遂頗不免君子之論。若李壁、丘崈皆諫侂胄以輕兵召釁之失，及其決意用師，命葉適草詔不從，而壁獨當筆焉，何其所見後先舛迕哉！附會之罪，壁固無以逭於公論矣。倪思直辭劇主，又屢觸權臣，三黜不變其風概，有可尚焉。李蘩所至能舉荒政，蠲苛賦，亦庶幾古所謂惠人也。



校勘記

〔一〕丹稜　原作「丹陵」，據本書卷八九地理志、西山先生眞文忠公文集卷四一李壁神道碑改。

〔二〕而蘩亦欲奏蠲鹽酒和買之弊　「鹽」原作「監」，鶴山先生大全文集卷七八李蘩墓誌銘云：「其後如鹽如酒及和買布，公方欲次第奏蠲，以盡除民害。」據改。



# 宋史卷三百九十九

## 列傳第一百五十八

鄭瑴 王庭秀附　仇悆　高登　婁寅亮　宋汝爲

鄭瑴字致剛，建州人。政和八年舉進士，授安陸府教授，權信陽縣尉，監南康酒稅〔一〕。遂召爲御史臺主簿。張邦昌之僭號也，挺身見高宗于濟州。既即位，擢監察御史，遷右司諫，升爲諫議大夫。

帝至杭州，瑴奏曰：「陛下南渡出于倉卒，省臺寺監、百司之臣獲濟者鮮，當擢吳中之秀以爲用。況天下賢俊多避地吳、越，宜令守臣體訪境內寄居待闕，及見任宮觀等京朝官以上，各具姓名以聞，簡拔任使，庶幾速得賢才以濟艱厄。」詔從之。

苗傅、劉正彥等逆亂，瑴庭立面折二凶，且謂逆賊凶燄熾甚，非請外援無可爲者。乃上章待罪求去，退見呂頤浩，議興復計，太后降詔不允。朱勝非言瑴面折二凶事，拜御史中丞。



時二凶竊威福之柄，肆行殺戮，日至都堂侵紊機政。瑴言：「黃門宦者之設，本以給事內庭，供掃除而已。俾與政事，則貪暴無厭，待以兵權，則慘毒無已，皆前世已行之驗也。故宦官用事于上，則生人受禍于下，匹夫力不能勝，則羣起而攻之。是以靖康之初，羣起而攻之者庶民也；睿聖皇帝南渡，駐蹕未安，羣起而攻之者衆兵也。今當痛革前弊，並令選擇其人，會經事任招權納寵者，屛之遠方，俾無浸淫以激衆怒，則賞罰之柄自朝廷出，國勢尊矣。仍諭軍法便宜，止行于所轄軍伍，其餘當聞之朝廷，付之有司，明正典刑，所以昭尊君之禮而全臣子忠義之節也。」疏留中不出。瑴對，請付外行之。

又論：「黃潛善、汪伯彥均于誤國，而潛善之罪居多，今同以散官竄謫湖南；錢伯言與黃願皆棄城，呂源與梁揚祖皆擁兵而逃，今願罷官，揚祖落職，而源、伯言未正典刑，非所以勸懲。」詔竄削有差。

傅、正彥日至都堂議事，瑴奏：「將帥之臣不可預政。」及聞以簽書樞密院召呂頤浩，以禮部尚書召張浚，分張俊兵以五百人歸陝西，而浚不受尚書之命，俊不肯分所部兵，遂謫浚居郴州，擢俊以節度知鳳翔。瑴知出二凶姦謀，具章乞留頤浩知金陵，浚不當貶，不報。瑴遂遣所親謝嚮變姓名，微服爲賈人，徒步如平江見浚等，具言城中事，以爲嚴設兵備，大張聲勢，持重緩進，使賊自遁，無驚動三宮，此上策也。浚聞之，皆感激奮厲爲赴難計。

俄詔睿聖皇帝爲皇太弟、天下兵馬大元帥，幼主爲皇太姪，卽與大臣進議，以爲：「在庭公卿、百司、羣吏皆昔之臣屬也，今則與之比肩事主矣。稽之于古，則無所法；行之于今，則實逆天。或者謂大元帥可以任軍旅之大事，臣竊以爲不然。昔舜之禪禹也，猶命禹徂征有苗，則禹雖受禪，而征伐之事舜猶親之也。唐睿宗傳位皇太子，以聽小事，自尊爲太上皇，以聽大事。如是無不可者，則稽之于古爲有法，行之于今爲得宜。」

太后垂簾同聽政，以安人心。退與御史王庭秀上疏力爭。太后召瑴與宰執同對簾前，瑴乞召庭秀，太后諭曰：「今欲令睿聖皇帝總領兵馬爾。」瑴奏曰：「臣不知其他，但人君位號豈容降改，聞之天下，孰不懷疑。雖前世衰亂分裂之時，固未有旬日之間易兩君，一朝降兩朝位號者也。」太后令瑴至都堂，朱勝非出朱昞等所上書以示瑴、庭秀，瑴、庭秀力言昨日詔書不可宣布，必召變。勝非與執政顏岐、王孝迪、路允迪皆在坐，尚書左丞張澂獨曰：「事勢若此，豈爭此名位耶？」澂欲出，瑴等共止之。

瑴與李邴並爲端明殿學士、同簽書樞密院事。高宗復位，進簽書，執政甫百日而卒。高宗甚悼之，謂大臣：「朕喪元子，猶能自排遣，于瑴殆不能釋也。」



庭秀字穎彥，慈溪人。與黃庭堅、楊時遊，其爲學旁搜遠紹，不苟趣時好，造詣深遠，操植堅正，發爲文辭，俊邁宏遠。登政和二年上舍第，歷官州縣。

侍御史李光薦爲御史臺檢法官。宣和、靖康時，進言皆發于忠義。御史中丞言：「僞楚時庶官中如虞譔、王庭秀者，初非疾病，毅然致爲臣而歸，願褒擢之。」拜監察御史，奏：「乞威斷當出於人主，而所遣宣諭官，當令舉廉吏。」又言：「刑名有疑慮者，令州郡法官申憲司閱實具奏，以取裁決。」遷殿中侍御史，論黃潛善賣官售寵，罷之。

既與鄭瑴力爭降封高宗事，未幾出知瑞州，右正言呂祉奏：「朝廷今日緣論大臣移一言官，明日罷一言官，則後日大臣行事有失，誰敢言者。」遂召爲吏部郎，改左司，言：「朝廷比來深疾貪吏，然州縣之間豈無廉介自將、沈於下僚者，宜命五使，所至以廉潔淸修、可以師表吏民者，以名來上，參之公議，不次升擢，以厲士風。」從之。

遷檢正中書門下省諸房公事，與宰相議多不合，不自安，引疾求去。詔直祕閣、主管崇道觀而歸。

仇悆字泰然，益都人。大觀三年進士，授邠州司法，讞獄詳恕，多所全活。爲鄧城令，滿秩，耆幼遮泣不得去。徙武陟令，屬朝廷方調兵數十萬于燕山，悆餽饟畢給。時主將縱士卒過市掠物，不予直，他邑官逃避，悆先期趣備，申嚴約束，遂以不擾。已而悆送運餉于涿，値大軍潰于盧溝河，囊橐往往委以資敵，悆間關營護，無一豪棄失。

調高密丞，俗尙囂訟，悆攝縣事，剖決如流，事無淹夕，民至懷餅餌以俟決遣。猾吏楊蓋每陰疏令過，脅持爲姦，悆暴其罪黥之，無不悅服。州闕司錄，命悆攝事，既行，邑氓萬餘邀留，至擁歸縣廨，時天寒，皆然火警守，布滿後先，悆由它道得出，或追拜馬首曰：「公舍我去，我必使公復來。」它日，悆方白事郡牙，忽數千人徑奪以歸，守將弗能遏。劇寇起萊、密間，素聞悆名，戒其黨毋犯高密境，民賴以安。密卒閉關叛掠，害官吏幾盡，獨嘑曰：「無驚仇公。」

南遷，丁母憂。服除，知建昌軍，入爲考功員外。時仕者宛轉兵間，亡失告牒十常七八，而銓部無案籍，觖丐者甚多，眞僞錯亂。悆親爲考覈，其可據者悉責保識，因上聞行之。

遷右司及中書門下檢正諸房公事，俄爲沿海制置使。明守與宰相厚善，紿言士卒將爲變，致遣精兵密捕。統制官徐文覺之，初謀縱軍剽略，頃之泛海去，呼曰：「我以仇公故，不殺人，不焚屋廬。」一城晏然。猶坐削兩官，主管太平觀。

以淮西宣撫知廬州。劉豫子麟合金兵大入，民情洶懼。宣撫司統制張琦者，冀乘危爲



亂，驅居民越江南走。欲先脅悆出，擁甲士數千突入，露刃登樓，揚白麾，左右驚潰，迫悆上馬。悆徐謂曰：「若輩無守土責，吾當以死徇國，寇未至而逃，人何賴焉。」堅不爲動，神色無少異。琦等錯愕，遽散其徒，人心遂定。

時金人出入近境，悆求援于宣撫司，不報。又遣其子自間道赴朝廷告急，雖旌其子以官，而援卒不至。帝方下詔親征，而詔亦不至淮甸，喧言將棄兩淮爲保江計。悆錄詔語揭之郡縣，讀者至流涕，咸思自奮。監押閻僅死于賊，餘衆來歸，州帑匱竭，無以爲賞，悆悉引班坐，犒以酒食，慰勞之，衆皆感勵。募廬、壽兵得數百，益鄉兵二千，出奇直抵壽春城下，敵三戰皆北，卻走度淮。其後麟復增兵來寇，悆復壽春，俘馘甚衆，獲旗械數千，焚糧船百餘艘，降渤海首領二人。

初，金人圍濠州，旬日未下，屬天寒，馬多僵死，乃悉衆向淮東。樞密使張浚方視師金陵，悆以策說之曰：「金重兵在淮東，師老食匱，若以精兵二萬，一自壽陽，一自漢上，徑趨舊京，當不戰而退，繼以大軍尾擊，蔑有不濟者。昔人謂『一日縱敵，數世之患。』願無失時之悔。」浚不能用。

麟復以步騎數千至合肥，諜言兀朮爲之殿，人心恟駭，不知所爲。會京西制置使遣牛皋統兵適至，悆顧左右曰：「召牛觀察來擊賊。」皋既至，以忠義撼之，皋素勇甚，以二千餘騎

馳出，短兵相接，所向披靡，敵稍懾，散而復集者三。其副徐慶忽墜馬，敵競赴之，皐掖以上，手剸數人，因免胄大呼曰：「我牛皐也，嘗四敗兀朮，可來決死。」寇畏其名，遂自潰。以悆克復守禦功，加徽猷閣待制。

明年，宣撫司始遣大將王德來，時寇已去，德謂其伍曰：「當事急時，吾屬無一人渡江擊賊，今事平方至，何面目見仇公耶？」德麾下多女眞、渤海歸附者，見悆像，不覺以手加額。

初，宣撫司既不以一卒援諸郡，但令焚積聚，棄城退保，文移不絕于道，又請浚督行之。浚檄悆度其宜處之，悆謂：「殘破之餘，兵食不給，誠不能支敵。然帥臣任一路之責，誓當死守。今若委城，使金人有淮西，治兵艦于巢湖，必貽朝廷憂。」力陳不可，浚韙其言，而卒全活數州之衆。尋詔詣闕，軍民號送之。

改浙東宣撫使、知明州，以挫豪強、奬善良爲理。吏受賕，雖一錢不貸，姦猾斂迹。州罹兵火既燬，悆斥廚錢助其費，買田行鄉飮酒禮。歲饑，發官儲損其直，民無死徙。朝廷聞之，進秩一等。

再召，進對，帝親加褒諭，欲留置近密。言者以悆在郡多黜胥吏爲慘酷，請授外藩。時峒獠未息，乃進直學士，爲湖南安撫使，禁盜鑄錢者，趣使爲農，物價既平，商賈遂通。數月，召還，加寶文閣學士、陝西都轉運使。時金人無故歸侵疆，詭計叵測，悆力陳非策，固辭不





行。秦檜方主和議，以爲異己，落職，以左朝奉郎、少府少監分司西京，全州居住。起知河南府，未行，金人果復陷所歸郡邑，如悆言。乃復待制，再知明州，改知平江府，陛辭，言：「我軍已習戰，非復前日，故劉錡能以少擊衆，敵大挫衂，若乘已振之勢，鼓行而前，中原可傳檄而定。」上嘉之。以言罷，提舉太平觀。積官至左朝議大夫，爵益都縣伯。卒，贈左通議大夫。

悆性至孝，母沒時，方崎嶇轉徙，居喪盡禮。沿海制置使陳彥文薦于朝，起復之，悆不就。悆端方挺特，自初官訖通顯，無所附麗。令鄞城時，丞相范宗尹方爲邑子，以文謁悆。悆他日語其父：「是子公輔器也。」宗尹既當國，未嘗以私見。悆在明州，嘗欲薦一幕官，問曰：「君日費幾何？」對以「十口之家，日用二千」。悆驚曰：「吾爲郡守費不及此，屬僚所費倍之，安得不貪。」遂止。

高登字彥先，漳浦人。少孤，力學，持身以法度。宣和間，爲太學生。金人犯京師，登與陳東等上書乞斬六賊。廷臣復建和議，奪种師道、李綱兵柄，登與東再抱書詣闕，軍民不期而會者數萬。王時雍縱兵欲盡殲之，登與十人屹立不動。

欽宗即位，擢吳敏、張邦昌爲相，敏又雪前相李邦彥無辜，乞加恩禮起復之。登上書曰：「陛下自東宮卽位，意必能爲民興除大利害。踐阼之始，兵革擾攘，朝廷政事一切未暇，人人翹足以待事息而覩惟新之政，奈何相吳敏、張邦昌？又納敏黨與之言，播告中外，將復用李邦彥，道路之人無不飮恨而去。是陛下大失天下之望，臣恐人心自此離矣。太上皇久處邦彥等于政府，紀綱紊亂，民庶愁怨，方且日以治安之言誘誤上皇，以致大禍，倉皇南幸，不獲寧居。主辱臣死，此曹當盡伏誅，今乃偃然自恣，朋比爲姦，蒙蔽天日。陛下從敏所請，天下之人將以陛下爲不明之君，人心自此離矣。」再上書曰：「臣以布衣之微賤，臣言繫宗社之存亡，未可忽也。」于是凡五上書，皆不報。因謀南歸，忽聞邦昌各與遠郡，一時小人相繼罷斥，與所言偶合者十七八，登喜曰：「是可以盡言矣。」復爲書論敏未罷，不報。

初，金人至，六館諸生將遁去，登曰：「君在可乎？」與林邁等請隨駕，隸聶山帳中，而帝不果出。金人退師，敏遂諷學官起羅織，屏斥還鄉。

紹興二年，廷對，極意盡言，無所顧避，有司惡其直，授富川主簿。憲董弅聞其名，檄讞六郡獄，復命兼賀州學事。學故有田舍，法罷歸買馬司，登請復其舊。守曰：「買馬、養士孰急？」登曰：「買馬固急矣，然學校禮義由出，一日廢，衣冠之士與堂下卒何異？」守曰：「抗長吏耶！」曰：「天下所恃以治者，禮義與法度爾，既兩棄之，尚何言！」守不能奪，卒從之。





攝獄事，有囚殺人，守欲奏裁曰：「陰德可爲。」登曰：「陰德豈可有心爲之，殺人者死，而可幸免，則被死之冤何時而銷？」

滿秩，士民丐留不獲，相率醜金五十萬，不告姓名，白于守曰：「高君貧無以養，願太守勸其咸受。」登辭之，不可，復無所歸，請置于學，買書以謝士民。歸至廣，會新興大饑，帥連南夫檄發廩振濟，復爲糜于野以食之，願貸者聽，所全活萬計。歲適大稔，而償亦及數。民投牒願留者數百輩，因奏辟終其任。

召赴都堂審察，遂上疏萬言及時議六篇，帝覽而善之，下六議中書。秦檜惡其譏己，不復以聞。

授靜江府古縣令，道湖州，守汪藻館之。藻留與修徽宗實錄，固辭，或曰：「是可以階改秩。」登曰：「但意未欲爾。」遂行。廣西帥沈晦問登何以治縣，登條十餘事告之。晦曰：「此古人之政，今人詐，疑不可行。」對曰：「忠信可行蠻貊，謂不能行，誠不至爾。」豪民秦琥武斷鄉曲，持吏短長，號「秦大蟲」，邑大夫以下爲其所屈。登至，頗革，而登喜其遷善，補處學職。它日，琥有請屬，登謝卻之，琥怒，謀中以危法。會有愬琥侵貸學錢者，登呼至，面數琥，聲氣俱厲，叱下，白郡及諸司置之法，忿而死，一郡快之。

帥胡舜陟謂登曰：「古縣，秦太師父舊治，實生太師于此，盍祠祀之？」登曰：「檜爲相亡

狀，祠不可立。」舜陟大怒，摭秦琥事，移荔浦丞康寧以代登，登以母病去。舜陟遂創檜祠而自爲記，且誣以專殺之罪，詔送靜江府獄。舜陟遣健卒捕登，屬登母死舟中，藁葬水次，航海詣闕上書，求納官贖罪，帝閔之。故人有爲右司者，謂曰：「丞相云嘗識君于太學，能一見，終身事且無憂，上書徒爾爲也。」登曰：「某知有君父，不知有權臣。」既而中書奏故事無納官贖罪，仍送靜江獄。登歸葬其母，訖事詣獄，而舜陟先以事下獄死矣，事卒昭白。

廣漕鄭鬲、趙不棄辟攝歸善令，遂差考試，摘經史中要語命題，策閩、浙水災所致之由。郡守李仲文即馳以達檜，檜聞震怒，坐以前事，取旨編管容州。漳州遣使臣謝大作持省符示登，登讀畢，即投大作上馬，大作曰：「少入告家人，無害也。」登曰：「君命不敢稽。」大作愕然。比夜，巡檢領百卒復至，登曰：「若朝廷賜我死，亦當拜敕而後就法。」大作感登忠義，爲泣下，奮劍叱巡檢曰：「省符在我手中，無它語也。汝欲何爲，吾當以死捍之。」鬲、不棄亦坐鐫一官。

登謫居，授徒以給，家事一不介意，惟聞朝廷所行事小失，則顰蹙不樂，大失則慟哭隨之。臨卒，所言皆天下大計。後二十年，丞相梁克家疏其事以聞。何萬守漳，言諸朝，追復迪功郎。後五十年，朱熹爲守，奏乞褒錄，贈承務郎。

登事其母至孝，舟行至封、康間，阻風，方念無以奉晨膳，忽有白魚躍于前。其學以愼





獨爲本，所著家論、忠辨等篇，有東溪集行世。

婁寅亮字陟明，永嘉人。政和二年進士，爲上虞丞。建炎四年，高宗至越，寅亮上疏云：「先正有言：『太祖舍其子而立弟，此天下之大公；周王薨，章聖取宗室育之宮中，此天下之大慮也。』仁宗感悟其說，詔英祖入繼大統。文子文孫，宜君宜王，遭罹變故，不斷如帶。今有天下者，獨陛下一人而已。屬者椒寢未繁，前星不耀，孤立無助，有識寒心。天其或者深戒陛下，追念祖宗公心長慮之所及乎？崇寧以來，諛臣進說，獨推濮王子孫以爲近屬，餘皆謂之同姓，遂使昌陵之後，寂寥無聞，奔迸藍縷，僅同民庶。恐祀豐于昵，仰違天監，太祖在天莫肯顧歆，是以二聖未有回鑾之期，金人未有悔禍之意，中原未有息肩之日。臣愚不識忌諱，欲乞陛下于子行中遴選太祖諸孫有賢德者，視秩親王，俾牧九州，以待皇嗣之生，退處藩服，并選宣祖、太宗之裔，材武可稱之人，升爲南班，以備環衞。庶幾上慰在天之靈，下係人心之望。」帝讀之感悟，樞密富直柔薦之。

紹興元年，召赴行在，以其言宗社大計也。既入見，復上疏曰：「陛下輶迹所環，六年于外，險阻艱難，備嘗之矣。然而二聖未還，金人未滅，四方未靖者，何哉？天意若曰：天祚宋德，太祖不私其子而保之，不幸姦邪誤國而壞之，將使嗣聖念祖，思危而後獲之，乃所以中其永命也。臣誠狂妄，去歲上章，請陛下取太祖諸孫之賢者，視秩親王，使牧九州，誤蒙采聽，赦而不誅。茲蓋在天之靈發悟聖心，爲社稷計，非愚臣之所及也。伏望宣告大臣行之，它日皇子之生，使之退處淸暇，不過增一節度使爾。陛下以太祖之心，行章聖之慮，自然孝弟感通，兩宮回蹕，澤流萬世。」

改合入官，擢監察御史。時相秦檜以其直柔所薦，惡之，諷言者論寅亮匿父喪不舉，下大理鞫問，無實，猶坐爲族父冒占官戶罷職，送吏部，由是坐廢。

宋汝爲字師禹，豐縣人。靖康元年，金人犯京師，闔門遇害。汝爲思報國家及父兄之讎，建炎三年，金人再至，謁部使者陳邊事，遣對行在。高宗嘉納，特補修武郎，假武功大夫、開州刺史，奉國書副京東運判杜時亮使金。

時劉豫節制東平，丞相呂頤浩因致書豫。汝爲行次壽春，遇完顏宗弼軍，不克與時亮會，獨馳入其壁，將上國書。宗弼盛怒，劫而縛之，欲加僇辱。汝爲一無懼色，曰：「死固不辭，然銜命出疆，願達書吐一辭，死未晚。」宗弼顧汝爲不屈，遂解縛延之曰：「此山東忠義之





士也。」命往見豫，汝爲曰：「願伏劍爲南朝鬼，豈忍背主不忠于所事。」力拒不行，乃至京師，瀕死者數四。

豫僭號，汝爲持頤浩書與之，開陳禍福，勉以忠義，使歸朝廷。豫悚而立曰：「使人！使人！使豫自新南歸，人誰直我，獨不見張邦昌之事乎？業已至此，夫復何言。」即拘留汝爲。然以汝爲儒士，乃授通直郎、同知曹州以誘之，固辭。遂連結先陷于北者凌唐佐、李亙、李儔爲腹心，以機密歸報朝廷。唐佐等所遣僧及卒爲邏者所獲，汝爲所遣王現、邵邦光善達，朝廷皆官之。

紹興十三年，汝爲亡歸，作恢復方略獻于朝，且曰：「今和好雖定，計必背盟，不可遽弛。」時秦檜當國，置不復問。獨禮部尙書蘇符憐之，爲言于朝，換宣教郎，添差通判處州。高宗憶其忠，特轉通直郎。

汝爲遂上丞相書，言：「用兵之道，取勝在于得勢，成功在乎投機。女眞乘襲取契丹之銳，梟視狼顧，以窺中原，一旦長驅直擣京闕，升平既久，人不知兵，故彼得投其機而速發，由是猖獗兩河，以成盜據之功。既而關右、河朔豪傑士民避地轉鬥，從歸聖朝，將士戮力，削平羣盜，破逐英雄，百戰之餘，勇氣萬倍。回思曩昔，痛自懲悔，人人扼腕切齒，願當一戰。加以金人兵老氣衰，思歸益切，是以去歲順昌孤壘，力挫其鋒。方其狼狽逃遁之際，此

國家乘勝進戰之時也。惜乎王師遽旋，撫其機而不發，遂未能殄滅醜類，以成恢復之功。今聞其力圖大舉，轉輸淮北，其設意豈小哉！所慮秋冬復肆猖獗，兀朮不死，兵革不休，雖欲各保邊陲，安可得也。今當乘去歲淮上破賊之勢，特降哀痛之詔，聲言親征，約諸帥長驅直擣，某月日各到東京，協謀併力，以俘馘兀朮爲急。」

又言：「兀朮好勇妄作，再起兵端，所共謀者，叛亡羣盜而已。去夏諸帥各舉，金人奔命敗北之不暇，兀朮深以爲慮，故爲先發制人之動，所恃者不過自能聚兵合勢，料王師以諸帥分軍爾。今計其步騎不過十萬，王師雲集，其衆數倍，合勢刻期，並進戮力，何憂乎不勝？若以諸帥難相統屬，宜除川、陝一路，專當撤離喝，權合諸帥爲兩節制，公選大臣任觀軍容爲宣慰之職，往來調和諸帥，使之上下同心，左右戮力，則勢既合不爲賊所料矣。不然，分軍出陳、蔡，直擣東都，賊必首尾勢分，復以重兵急擊，然後以舟師自淮泝新河入鉅野澤，以步兵自洛渡懷、衞入太行山，以襲其內。舟師入鉅野，則齊魯搖，步兵入太行，則三晉應，賊勢雖欲合而不分，亦難乎爲計矣。」

久之，有告汝爲于金人以蠟書言其機事者，大索不獲，尋知南歸。檜將械送金人，汝爲變姓名爲趙復，徒步入蜀。汝爲身長七尺，疏眉秀目，望之如神仙。楊企道者，遇之溪上，企道曰：「必奇士也。」款留之，見其議論英發，洞貫古今，靖康間離亂事歷歷言之，企道益





驚，遂定交，假僧舍居之。

檜死，汝爲曰：「朝廷除此巨蠹，中原恢復有日矣。」企道勸其理前事，汝爲慨然太息曰：「吾結髮讀書，奮身一出，志在爲國復讎，收還土宇，頗爲諸公所知。命繆數奇，軋于權臣，今老矣，新進貴人，無知我者。」汝爲能知死期，嘗祭其先，終日大慟，將終，神氣不亂。

汝爲倜儻尚氣節，博物洽聞，飲酒至斗餘，未嘗見其醉，或歌或哭，涕淚俱下。其客蜀也，史載之、邵博、宇文亮臣、李燾相得甚歡，趙沂、王京魯、關民先、楊來、惠疇紀其喪事。

三十二年，其妻錢莫知汝爲死，詣登聞鼓院以狀進，詔索之不得。隆興二年，其子南強以汝爲之死哀愬于朝，參知政事虞允文、錢端禮以聞，特官一子。有忠嘉集行世。

論曰：高宗播遷，復有苗、劉之變，此何時也，鄭瑴、王庭秀正色立朝，以爭君臣之義，顧不韙哉。仇悆愷悌君子，遺澤在民。易曰「王臣蹇蹇」，高登有焉。婁寅亮請立太祖後爲太子，能言人臣之所難言，而高宗亦慨然從之，君仁而臣直乎！宋汝爲歸自金國，論事切直，與寅亮俱迕秦檜，一則誣以罪譴，一則逃遁以死，於乎悕矣！

## 校勘記

〔一〕監南康酒稅　「南康」原作「南京」，據楊時楊龜山先生集卷三七鄭瑴墓誌銘、李幼武四朝名臣言行錄別集下卷三鄭瑴條改。

# 宋史卷四百

## 列傳第一百五十九

王信　汪大猷　袁燮　吳柔勝　游仲鴻　李祥　王介
宋德之　楊大全

王信字誠之，處州麗水人。既冠，入太學，登紹興三十年進士第，試中教官，授建康府學教授。丁父憂，服除，進所著唐太宗論贊及負薪論，孝宗覽之，嘉歎不已，特循兩資，授太學博士。

時須次者例徙外，添差溫州教授。郡饑疫，議遣官振救之，父老願得信任其事，守不欲以煩信，請益力，信聞之，欣然爲行，徧至病者家，全活不可勝記。

差敕令所删定官，法令有不合人情，自相牴牾，吏得以傅會出入者，悉釐正之。轉對，言：「敵情不可測，和議不可恃，今日要當先爲自備之策，以待可乘之機。」上以爲是。又論：





「太學正、錄掌規矩之官而員多，博士掌訓導之官而員少，請以正、錄兩員升爲博士。」從之。論除官脞冗之敝，乞精選監司而擇籍名，郡將代半歲乃注人。上親以其章授宰臣行。

權考功郎官。蜀人張公遷，初八年免銓，至是改秩，吏妄引言，復令梍之，信鉤考其故，吏怖服。有三蜀士實礙式，吏受賕爲地，工部尚書趙雄，蜀人也，以屬信，信持弗聽，已而轉吏部閱審成牘，撫掌愧歎，嗟激不已，以聞于上。它日，上謂尚書蔡洸曰：「考功得王信，銓曹遂清。」選者私相語，指爲神明。武臣給告不書年齒，磨轉蔭薦，肆爲姦欺，不可控摶，爲擿最者數事告宰相，付之大理獄。事連三衙，殿帥王友直銳爭之，上審知其非，沮之曰：「考功所言，公事也，汝將何爲？」獄具，皆伏辜。因請置籍，以梍後患。

授軍器少監，仍兼考功郎官。丁母憂，吏裒金殺牲禱神，願信服闋無再爲考功。既起，知永州。入奏事，留爲將作少監，復考功郎官，轉軍器少監兼右司郎官，升員外郎。四方有以疑獄來上者，信反復披覽，常至夜分。

升左司員外郎，轉對，論士大夫趨向之敝：「居官者逃一時之責，而後之禍患有所不恤；獻言者求一時之合，而行之可否有所不計。集事者以趣辦爲能，而不爲根本之慮；謀利者以羨餘爲事，而不究源流之實。持論尚刻薄，而寖失祖宗忠厚之意；革斂預煩碎，而不明國家寬大之體。因循玩習，恬不爲怪。願酌古之道，當時之宜，示好惡於取舍之間，使天下靡然知鄉，而無復爲目前苟且之徇。」又論：「朝廷有恤民之政，而州縣不能行恤民之實。近歲不登，陛下軫念元元，凡水旱州郡租賦，或蠲放，或倚閣住催。然倚閣住催之名可以並緣爲擾，願明與減放。」又論豫備三說：收逃亡之卒，選忠順之官，嚴訓練之職。又言屯田利害。上皆納其說。

兼玉牒所檢討官、提領戶部酒庫。久之，上諭信曰：「知朕意否？行用卿，慮書生不長於財賦，故以命卿，果能副朕所委。」

爲中書門下檢正諸房文字，遷太常少卿兼權中書舍人。假禮部尚書使于金，肄射都亭，連中其的，金人驚曰：「尚書得非黑王相公子孫耶？」謂王德用也。信得米芾書法，金人寶之。歸言金人必衰之兆有四，在我當備之策有二，上首肯之。

太史奏仲秋日月五星會于軫，信言：「休咎之徵，史策不同，然五星聚者有之，未聞七政共集也。分野在楚，願思所以順天而應之。」因條上七事。又言：「陛下卽位之初，經營中原之志甚銳，然功之所以未立者，正以所用之人不一。其人不一，故其論不一；其論不一，故其心不一。願豫求至當之論，使歸于一。鎖闥封駮，而右府所下不關中書，或斜封捷出，左於公論。統領官奴事內侍，坐謫遠州，幸蒙赦還而遽復故職。潛藩恩舊之隸徒，權酤官而





齒朝士。老禁校僥冀節鉞，詭計可得之，而奉稍恩典，與正不異。閤門多溢額祗候。妃嬪進封而冒指它姓爲甥姪。既一一塗歸，有雖書讀而徐核其不當者，續爭救之。」上曰：「事有不可不問者，第言之，朕無有不爲卿行者。」於是益抗志不回。

宦者甘昪旣逐遠之矣，屬高宗崩，用治喪事，人莫敢言。昪俄提舉德壽宮，信亟執奏，舉朝皆悚。翰林學士洪邁適入，上語之曰：「王給事論甘昪事甚當。朕特白太上皇后，聖訓以爲：『今一宮之事異於向時，非我老人所能任，小黃門空多，類不習事，獨昪可任責，分吾憂。渠今已歸，居室尚不能有，豈敢蹈故態。』以是敺疏不欲行。卿見王給事，可道此意。」信聞之乃止。

信遇事剛果，論奏不避權要，繇此人多嫉之，信亦力求去，提舉崇福宮。詔求言，信條十事以獻，其目曰：法戒輕變，令貴必行，寬州郡以養民力，脩軍政以待機會，郡當分其緩急，縣當別其劇易，嚴銅錢之禁，廣積聚之備，處歸附之人，收逃亡之卒。

起知湖州，信未涉州縣，據桉剖析，敏如流泉。擢集英殿修撰、知紹興府、浙東安撫使。奏免逋官錢十四萬、絹七萬匹、緜十萬五千兩、米二千萬斛。山陰境有狹猕湖，四環皆田，歲苦潦，信創啓斗門，導停瀦注之海，築十一壩，化匯浸爲上腴。民繪象以祠，更其名曰王公湖。築漁浦隄，禁民不舉子，買學田，立義冢，衆職修理。加煥章閣待制，徙知鄂州，改

中華書局

池州。

初，信扶其父喪歸自金陵，草屨徒行，雖疾風甚雨，弗避也，由是得寒濕疾。及聞孝宗遺詔，悲傷過甚，疾復作，至是寖劇，上章請老，以通議大夫致仕。有星隕于其居，光如炬，不及地數尺而散。數日，信卒，遺訓其子以忠孝公廉。所著有是齋集行世。

汪大猷字仲嘉，慶元府鄞縣人。紹興七年，以父恩補官，授衢州江山縣尉，曉暢吏事。登十五年進士第，授婺州金華縣丞，爭財者諭以長幼之禮，悅服而退。

李椿年行經界法，約束嚴甚，檄大猷覆視龍遊縣，大猷請不實者得自陳，毋遽加罪。改建德，遷知崑山縣。丁父憂，免喪，差總領淮西、江東錢糧幹官，改幹辦行在諸司糧料院。

參知政事錢端禮宣諭淮東，辟幹辦公事，充參議官，遷大宗丞兼吏部郎官，又兼戶部右曹。入對，言：「總覈名實，責任臣下。因才而任，毋違所長，量能授官，毋拘流品。」孝宗顧謂左右曰：「疏通詳雅而善議論，有用之才也。」除禮部員外郎。丞相洪适薦兼吏部侍郎，仍還主管左選。

莊文太子初建東宮，兼太子左諭德，侍講，兩日一講孟子，多寓規戒。太子嘗出龍大淵





禁中所進侍燕樂章，諭宮僚同賦，大猷曰：「鄭、衞之音，近習爲倡，非講讀官所當預。」白于太子而止。遷祕書少監，修五朝會要(二)。金人來賀，假吏部尚書爲接伴使。尋兼權刑部侍郎，又兼崇政殿說書，又兼給事中。

孝宗清燕，每訪政事，嘗曰：「朕每厭宦官女子之言，思與卿等款語，欲知朝政闕失，民情利病，苟有所聞，可極論之。」大猷遂陳耆長雇直隸經總制司，並緣法意使里正兼催科之役，厲民爲甚。又論：「亭戶未嘗煮鹽，居近場監，貸錢射利，隱寄田產，害及編氓，宜取二等以上充役。」又論：「賜田勳戚，豪奪相先，陵轢州縣，惟當賜金，使自求之。」又論：「沒入貲產，止可行於强盜、贓吏，至於倉庫綱運之負陷者，惟當即其業收租以償，既足則給還，使復故業。」轉對，言捕酒之害，及居官者不得鑄銅爲器。上嘉獎曰：「卿前後所言，皆今日可行之事。」

權刑部侍郎，升侍講，言：「有司率用新制，棄舊法，輕重舛牾，無所遵承，使舞文之吏時出，以售其姦，請明詔編纂。」書成上進，上大悅。

尙書周執羔、韓元吉，樞密劉珙以强盜率不處死，無所懲艾，右司林栗謂：「太祖朝强盜贓滿三貫死，無首從，不問殺傷。景祐增五貫，固從寬。今設六項法，非手刃人，例奏裁黥配，何所懲艾，請從舊法，贓滿三貫者斬。」大猷曰：「此吾職也。」遂具奏曰：「强盜烏可恕，用舊法而痛懲之，固可也。天聖以來，益用中典，寖失禁姦之意。今所議六項法，犯者以法行之，非此而但取財，惟再犯者死，可謂寬嚴適中。若皆置之死地，未必能禁其爲盜，盜知必死，將甘心於事主矣，望稍開其生路。」乃奏用六項法則死者十七人，用見行法則十四人，舊法則百七十人俱死。遂從大猷議。

借吏部尙書爲賀金國正旦使，至盱眙，得印榜云：「强盜止用舊法，罷六項法。」還朝自劾求去，上聞之，復行六項法。

改權吏部侍郎兼權尙書。夜傳旨學士院，出唐沈既濟論選舉事，曰：「今日有此敝，可行與否，詰旦當面對。」即奏：「事與今異，敝雖似之，言則難行。」上曰：「卿言甚明。」既郊，差充鹵簿使，以言去，授敷文閣待制、提舉太平興國宮。

起知泉州。毗舍邪嘗掠海濱居民，歲遣戍防之，勞費不貲。大猷作屋二百區，遣將留屯。久之，戍兵以眞臘大賈爲毗舍邪犯境，大猷曰：「毗舍邪面目黑如漆，語言不通，此豈毗舍邪耶？」遂遣之。故事蕃商與人爭鬥，非傷折罪，皆以牛贖，大猷曰：「安有中國用島夷俗者，苟在吾境，當用吾法。」三佛齊請鑄銅瓦三萬，詔泉、廣二州守臣督造付之。大猷奏：「法，銅不下海。中國方禁銷銅，奈何爲其所役？」卒不與。進敷文閣直學士，留知泉州。

踰年，提舉太平興國宮，改知隆興府、江西安撫使。以大暑討永新禾山洞寇，不利，自





劾，降龍圖閣待制，落職，南康軍居住，提舉太平興國宮。復龍圖閣待制，提舉上淸太平宮。復敷文閣待制，升學士。沒，贈二官。

大猷與丞相史浩同里，又同年進士，未嘗附麗以干進，浩深歎美之。好周施，敍宗族外族爲興仁錄，率鄉人爲義莊二十餘畝以爲倡，衆皆欣勸。所著有適齋存藁、備忘、訓鑒等書。

袁燮字和叔，慶元府鄞縣人。生而端粹專靜，乳媼置槃水其前，玩視終日，夜臥常醒然。少長，讀東都黨錮傳，慨然以名節自期。入太學，登進士第，調江陰尉。

浙西大饑，常平使羅點屬任振恤。燮命每保畫一圖，田疇、山水、道路悉載之，而以居民分布其間，凡名數、治業悉書之。合保爲都，合都爲鄉，合鄉爲縣，征發、爭訟、追胥，披圖可立決，以此爲荒政首。除沿海制屬。連丁家艱。寧宗即位，以太學正召。時朱熹諸儒相次去國，丞相趙汝愚罷，燮亦以論去，自是黨禁興矣。久之，爲浙東帥幕、福建常平屬、沿海參議。

嘉定初，召主宗正簿、樞密院編修官，權考功郎官、太常丞、知江州，改提舉江西常平、

權知隆興。召爲都官郎官，遷司封。因對，言：「陛下卽位之初，委任賢相，正士鱗集，而竊威權者從旁睨之。彭龜年逆知其必亂天下，顯言其姦，龜年以罪去，而權臣遂根據，幾危社稷。陛下追思龜年，蓋嘗臨朝太息曰：『斯人猶在，必大用之。』固已深知龜年之忠矣。今正人端士不乏，願陛下常存此心，急聞剴切，崇獎朴直，一龜年雖沒，衆龜年繼進，天下何憂不治。」「臣昨勸陛下勤於好問，而聖訓有曰：『問則明。』臣退與朝士言之，莫不稱善。而側聽十旬，陛下之端拱淵默猶昔也，臣竊惑焉。夫旣知如是而明，則當知反是而闇。明則輝光旁燭，無所不通；闇則是非得失，懵然不辨矣。」

遷國子司業、祕書少監，進祭酒、祕書監。延見諸生，必迪以反躬切己，忠信篤實，是爲道本。聞者悚然有得，士氣益振。兼崇政殿說書，除禮部侍郞兼侍讀。時史彌遠主和，燮爭益力，臺論劾燮，罷之，以寶文閣待制提舉鴻慶宮。起知溫州，進直學士，奉祠以卒。

燮初入太學，陸九齡爲學錄，同里沈煥、楊簡、舒璘亦皆在學，以道義相切磨。後見九齡之弟九淵發明本心之指，乃師事焉。每言人心與天地一本，精思以得之，兢業以守之，則與天地相似。學者稱之曰絜齋先生。後諡正獻。子甫自有傳。





吳柔勝字勝之，宣州人。幼聽其父講伊、洛書，已知有持敬之學，不妄言笑。長游郡泮，人皆憚其方嚴。登淳熙八年進士第，調都昌簿。丞相趙汝愚知其賢，差嘉興府學教授，將置之館閣，會汝愚去，御史湯碩劾柔勝嘗救荒浙右，擅放田租，爲汝愚收人心，且主朱熹之學，不可爲師儒官，自是閒居十餘年。

嘉定初，主管刑、工部架閣文字，遷國子正。柔勝始以朱熹四書與諸生誦習，講義策問，皆以是爲先。又於生徒中得潘時舉、呂喬年，白于長，擢爲職事，使以文行表率，於是士知趨向，伊、洛之學，晦而復明。遷太學博士，又遷司農寺丞。

出知隨州。時再議和好，尤戒開邊隙，旁塞之民事與北界相涉，不問法輕重皆殺之。郡民梁皐有馬爲北人所盜，追之急，北人以矢拒皐，皐與其徒亦發二矢。北界以爲言，郡下七人于獄，柔勝至，立破械縱之，具始末報北界而已。收土豪孟宗政、扈再興隸帳下，後宗政、再興皆爲名將。築隨州及棗陽城，招四方亡命得千人，立軍曰「忠勇」，廩以總所闕額，營栅器械悉備。除京西提刑，領州如故。改湖北運判兼知鄂州。甫至，值歲歉，卽乞糴于湖南，大講荒政，十五州被災之民，全活者不可勝計。

改知太平州，除直祕閣，主管亳州明道宮。改直華文閣，除工部郎中，力辭，除祕閣修撰，依舊宮觀以卒，諡正肅。二子淵、潛，俱登進士，各有傳。

游仲鴻字子正，果之南充人。淳熙二年進士第，初調犍爲簿。李昌圖總蜀賦，辟羅買官，奇其才，曰：「吾董餉積年，惟得一士。」昌圖召入，首薦之，擢四川制置司幹辦公事。制置使趙汝愚一見卽知敬之。

敍州董蠻犯犍爲境，憲將合兵討之，仲鴻請行。詰其釁端，以州負馬直也，乃使人諭蠻曰：「歸俘則還馬直，不然大兵至矣。」蠻聽命，仲鴻受其降而歸。改秩，知中江縣，總領楊輔檄置幕下。時關外營田凡萬四千頃，畝僅輸七升。仲鴻建議，請以兵之當汰者授之田，存赤籍，遲以數年，汰者衆，耕者多，則橫斂一切之賦可次第以減。輔然之，大將吳挺沮而止。

趙汝愚移帥閫，舉仲鴻自代，制置使京鏜、轉運劉光祖亦交薦于朝。

紹熙四年，赴召，趙汝愚在樞密，謂仲鴻直諒多聞，訪以蜀中利病。汝愚欲親出經略西事，仲鴻曰：「有密之地，斡旋者易，公獨不聞呂申公『經略西事當在朝廷』之語乎？」汝愚悟而止。差幹辦諸司糧料院。

光宗以疾久不朝重華宮，仲鴻遺汝愚書，陳宗社大計，書有「伊、周、霍光」語，汝愚讀之駭，立焚之，不答。又遺書曰：「大臣事君之道，苟利社稷，死生以之。旣不死，曷不去？」





汝愚又不答。孝宗崩，仲鴻泣謂汝愚曰：「今惟有率百官哭殿庭，以請親臨。」宰相留正以病去，仲鴻亟簡汝愚曰：「禪日不決，禍必起矣。」汝愚又不答。後三日，嘉王卽位于重華宮。

汝愚旣拜右丞相，以仲鴻久游其門，辟嫌不用。初，汝愚之定策也，知閤韓侂胄頗有勞，望節鉞，汝愚不與。侂胄方居中用事，恚甚。汝愚迹已危，方益自嚴重，選人求見者例不許。仲鴻勸以降意容接，覘遏異論，而汝愚以淮東、西總賦積弊，奏遣仲鴻覈實。仲鴻曰：「丞相之勢已孤，不憂此而顧憂彼耶？」改監登聞鼓院以行。

會侍講朱熹以論事去國，仲鴻聞之，卽上疏曰：「陛下宅憂之時，御批數出，不由中書。前日宰相留正之去，去之不以禮；諫官黃度之去，去之不以正；近臣朱熹之去，復去之不以道。自古未有舍宰相、諫官、講官而能自爲聰明者也。願亟還熹，毋使小人得志，以養成禍亂。」

監察御史胡紘希侂胄意，誣汝愚久蓄邪心，嘗語人以乘龍授鼎之夢，又謂朝士中有推其宗派，以爲裔出楚王元佐正統所在者，指仲鴻也。初，欲直書仲鴻名，同臺張孝伯見之曰：「書其名則竄矣。凡阿附宰相，本冀官爵，此人沉埋六院且二年，心迹可察。」卒不書其名。

慶元元年，汝愚罷相，仲鴻遷軍器監主簿，力丐外，除知洋州。朱熹聞其出，曰：「信蜀士之多奇也。」越三年，起知嘉定府。擢利路轉運判官，數忤宣撫副使吳曦，曦言仲鴻老病，朝命易他部。未幾，曦叛，宣撫司幕官薛紱訪仲鴻於果山，仲鴻對之泣，指案上一編書示紱曰：「開禧丁卯正月游某死。」謂家人曰：「曦逼吾死，即塡其日。」

時宣撫使程松已大棄其師遁，仲鴻以書勸成都帥楊輔討賊，輔不能用。至是松至果，仲鴻謂紱曰：「宣威肯留，則吾以積奉二萬緡犒兵，護宣威之成都。」松不顧而去。總賦劉崇之繼至，仲鴻遣其子侶往見，以告松者告之，崇之復不聽。未幾，曦誅，參政李壁〔三〕奏除利路提點刑獄，尋乞休致，予祠而歸，遷中奉大夫。

嘉定八年卒，年七十八。劉光祖表其隧道曰：「於乎，慶元黨人游公之墓。」紹定五年，謚曰忠。子侶，淳祐五年爲右丞相，自有傳。

李祥字元德，常州無錫人。隆興元年進士，爲錢塘縣主簿。時姚憲尹臨安，俾攝錄參。邏者以巧發爲能，每事下有司，必監視鍛鍊，囚服乃已。嘗誣告一武臣子謗朝政，鞫于獄，祥不使邏者入門。既而所告無實，具以白尹，尹驚曰：「上命無實乎？」祥曰：「即坐譴，自甘。」憲具論如祥意，上嘆曰：「朕幾誤矣，卿吾爭臣也。」遂賜憲出身爲諫大夫，祥調濠州錄





事參軍。安豐守臣冒占民田，訟屢改而不決，監司委祥，卒歸之民。未幾，其人易守濠，以嫌換司理盧州；守出改官奏留之，不可。

主管戶部架閣文字、太學博士、國子博士、司農寺丞、樞密院編脩官兼刑部郎官、大宗正丞、軍器少監。言：「忝朝蹟八年，在外賢才不勝衆，願更出迭入由臣始。」出提舉淮東常平茶鹽、淮西運判。兩淮鐵錢比不定，祥疏乞官賜錢米銷濫惡者，廢定城、興國、漢陽監，更鑄紹熙新錢，從之，淮人以安。

遷國子司業、宗正少卿、國子祭酒。丞相趙汝愚以言去國，祥上疏爭之，曰：「頃壽皇崩，兩宮隔絕，中外洶洶，留正棄印亡去，國命如髮。汝愚不畏滅族，決策立陛下，風塵不搖，天下復安，社稷之臣也。奈何無念功至意，忽體貌常典，使精忠巨節怫鬱黯闇，何以示後世？」

除直龍圖閣、湖南運副，言者劾罷之。於是太學諸生楊宏中、周端朝等六人上書留之，俱得罪。主沖佑觀，再請老，以直龍圖閣致仕。嘉泰元年八月卒，謚肅簡。

王介字元石，婺州金華人。從朱熹、呂祖謙遊。登紹熙元年進士第，廷對陳時弊，大略言：「近者罷拾遺、補闕，有遠諫之意，小人唱爲朋黨，有厭薄道學之名。」上嘉其直，擢居第三人。

簽書昭慶軍節度判官廳公事，除爲國子錄，上疏言：「壽皇親挈神器授之陛下，孝敬豈可久闕乎？」又言：「婦事舅姑如事父母，不可虧宮中之禮。」不報。孝宗崩，介又力請上過宮執喪，累疏言辭激切，人歎其忠。

寧宗即位，介上疏言：「陛下即位未三月，策免宰相，遷易臺諫，悉出內批，非治世事也。崇寧、大觀間事出御批，遂成北狩之禍。杜衍爲相，常積內降十數封還，今宰相不敢封納，臺諫不敢彈奏，此豈可久之道。」遷太學博士。

時韓侂胄居中潛弄威福之柄，猶未肆也，而文墨議論之士陰附之以希進，於是始無所憚矣。侂胄始疑介前封事詆己，且其弟仰胄嘗以舊識求自通，介拒絕之，侂胄怨益深。

添差通判紹興府，尋知邵武軍。會學禁起，諫大夫姚愈劾介與袁燮皆僞學之黨，且附會前相汝愚，主管台州崇道觀。久之，差知廣德軍。侂胄之隸人蘇師旦忿介不通謁，目爲僞黨，併及甲寅廷對之語，以告侂胄。有勸其自明者，介曰：「吾髮已種種，豈爲鼠輩所使邪！」侂胄亦畏公議不敢發。以外艱去。

免喪，知饒州，未赴，召爲祕書郎，遷度支郎官。師旦已建節，介與同列謁政府，遇之於





庭，客皆蹐階而揖，介不顧。於是殿中侍御史徐柟劾介資淺立異，奉祠，除都大坑冶。

侂胄誅，朝廷更化，介召還，除侍左郎官兼右司、太子舍人，改兵部郎官、國子司業、太子侍講兼國史院編修官、實錄院檢討官，除國子祭酒。會以不雨，詔百官指陳闕失，時宰相史彌遠以母喪起復，介手疏歷論時政，推本洪範僭恆暘若之證，謂：「羅日愿爲變，是下人謀上也。修好增幣，而金人猶觖望，是夷人亂華也。內批數出，是左右干政也。諫官無故出省，是小人間君子也。皆謂之僭。一僭已足以致天變，而況兼有之哉。」又言：「漢法天地降災，策免丞相，乞令彌遠終喪，擇公正無私者置左右，王、呂、蔡、秦之覆轍，可以爲戒。」

接送伴金國賀生辰使還，奏：「故事兩國通廟諱、御名，而本朝止通御名，高宗至光宗皆傳名而不傳諱，紹熙初，黃裳嘗以爲言，而未及釐正。願正典禮，以尊宗廟。」

除祕書監，升太子右諭德。其在春宮，篤意輔導，每遇講讀，因事規諫。太子嘗欲索館中圖畫，卻而弗與，及張燈設樂，則諫止之；且乞選配故家以正始，絕令旨以杜請謁，宮僚分日上直，以資見聞。

遷宗正少卿兼權中書舍人，繳駁不避權貴。張允濟以閤職爲州鈐，介謂此小事而用權臣例，破祖宗制，不可不封還詞頭。丞相語介曰：「此中宮意。」介曰：「宰相而逢宮禁意向，給舍而奉宰相風旨，朝廷紀綱掃地矣。」一

居數日，除起居舍人。介奏：「宰相以私請不行，而托威福於宮禁，權且下移，誰敢以忠告陛下者。」乞歸老，不許。言：「本朝循唐入閤之制，左右史不立前殿，若御後殿，則立朵殿下，何所聞見而修起居注乎？乞依歐陽脩、王存、胡銓所請，分立殿上。」

吏部侍郎許奕以言事去國，介奏曰：「陛下更化三年，而言事官去者五人，倪思、傅伯成既去，其後蔡幼學、鄒應龍相繼而出，今許奕復蹈前轍。此五臣者，四爲給事，一爲諫大夫，兩年之間，盡聽其去。或謂此皆宰相意，自古未有大臣因給舍論事而去之者，是大臣誤陛下也，將恐成孤立之勢。」疏奏，乞補外，以右文殿修撰知嘉興府。

歲餘，升集英殿修撰、知襄陽府、京西安撫使。徙知慶元府兼沿海制置使，以疾奉祠。嘉定六年八月卒，年五十六。端平三年，郡守趙汝談請于朝，特贈中大夫、寶章閣待制，謚忠簡。子埜，自有傳。

宋德之字正仲，其先京兆人。隋諫大夫遠謫彭山，子孫散居於蜀，遂爲蜀州人。德之以應舉擢慶元二年外省第一，爲山南道掌書記。召除國子正，遷武學博士。與諸生論八陣之象本乎八卦，皆動物也，奇正之變，往來相生而不窮，知此然後可以致勝。





遷編修樞密院。時兵釁有萌，會赤眚見太陰，犯權星，未浹日，內北門鵄尾災，延及三省、六部，詔求言，德之奏：「離爲火，爲日，爲甲胄；坎爲水，爲月，爲盜，爲隱伏。故火失其性，赤氣見，憂在甲兵；水失其性，太陰失度，憂在隱伏。」因疏七事，皆當今至切之患，乃曰：「人火小變不足慮，天象之變，臣竊危之。」

他日，又對曰：「今敵未動，而輕變祖宗舊制，命武臣帥邊以自遺患。晉叛將、唐藩鎮之禍基於此矣。」時吳曦在西陲，皇甫斌在襄漢，郭倪、李爽在兩淮，德之預以爲慮。

除太常丞，出知閬州。會曦變，託跌足以避僞，事平，始赴閬。擢本路提點刑獄，制帥安丙奏：「德之傲視君命，不俟代者之來，徑用觀察使印領事。」詔降一官，改潼川路轉運判官、湖南路提刑，改湖北。

召爲兵部郎官。朝論有疑安丙意，丞相史彌遠首以問德之，德之對曰：「蜀無安丙，朝廷無蜀矣，人有大功，實不敢以私嫌廢公議。」忤時相意，遂罷。安丙深感德之，嘗謂人曰：「丙不知正仲，正仲知丙；丙負正仲，正仲不負丙。」請昏於德之，不許。論者益稱德之之賢。起知眉州，監特奏名試，得疾而卒。

德之大父耕，性剛介，一朝棄官去，莫知所終。從父廉語德之曰：「吾昔至臨安府，有人言蜀有宋宣教者過浙江而去，吾適越求之，則入四明矣。」德之渡浙江尋訪，至雪竇，有蜀僧言：「聞諸耆老云：山後有爛平山，有二居士焉，其一宋宣教也。」德之躋攀至爛平，見丹竈，置祠其上而歸。

楊大全字渾甫，眉之青神人。乾道八年進士，調溫江尉，攝邑有政聲。

紹熙三年，召除監登聞鼓院。五年，光宗以疾久，不克省重華宮，廷臣多論諫者。太學生汪安仁等二百餘人上書，而龔日章等百餘人以投匭上書爲緩，必欲伏闕。大全謂：「院以登聞名，實明目達聰之地也，今乃使人視爲具文，吾何顏以尸此職。」乃爲書以諫，力請過宮，書上不報。大全於是三上疏，其略曰：

臣之志於憂君者，不畏義死，不榮幸生，不以言而獲罪爲恥，而以言不聽從爲恥。自古諫之不效，其大者身膏斧鑕，其次亦流竄四裔，其小者猶罷免終身，未有若今日不勉於聽從，亦不加於黜逐，徒餌之以無所譴何之恩，使皆饕富貴，甘豢養，以消靡其風節。平居皆貪祿懷姦之士，則臨難必無仗節死義之人。

陛下自夏秋以來，執政從官之死者皆不信，卒之果然乎？不然乎？建康趙濟死，武興吳挺死，今尚不以爲然，則事有幾微於朕兆者，可諫陛下乎？萬一變起蕭牆，禍生





肘腋，陛下必將以爲不信，坐受其危亡矣。

盜滿山東而高、斯弄權，二世不知也。蠻寇成都而更奏捷，明皇不知也。此猶左右壅蔽爾。今在朝之士瀝忠以告，而陛下不聽，是陛下自壅蔽其聰明也。今外間傳聞，以爲壽皇將幸越，幸吳興，此愛陛下之深，欲泯其迹也。陛下當亟圖所以解壽皇之憂。

疏入，又不報。

寧宗卽位，遷宗正寺主簿。慶元元年，易太常寺主簿，遷司農寺丞。修高宗實錄，充檢討官。先是，韓侂胄用事，私臺諫之選爲己羽翼，且欲得知名士，借其望以壓羣言，一時之好進者，恨不預此選也。會御史虛位，有力薦大全者，屬大全一往見，且曰：「公朝見，除目夕下矣。」大全笑謝，決不往，明日遂丐外。時實錄將上矣，上必推恩，大全去不少待。於是除知金州，至姑蘇，以病卒。

論曰：王信有文學，通政事。汪大猷敦厚老成。袁燮學有所本。吳柔勝、游仲鴻名在僞學。觀李祥訟趙汝愚，公論藉是以立。王介、楊大全直道而行。宋德之其知兵者歟？

校勘記

〔一〕五朝會要　原作「五禮會要」。按周必大周益國文忠公集平園續稾卷二七汪大猷神道碑：「遷祕書少監，首率館職續編國朝會要。」又據樓鑰攻媿集卷八八汪大猷行狀，職當編修神宗以來會要，「書奏，五朝之大典始備」。則「五禮會要」當是「五朝會要」之誤。葉渭青元槧宋史校記說：「五朝是神、哲、徽、欽並數高宗之稱，史文改作五禮，誤。」據改。

〔二〕李壁　原作「李璧」，據本書卷三九八李壁傳、宋中興學士院題名錄、南宋館閣續錄卷七改。



# 宋史卷四百一

## 列傳第一百六十

### 辛棄疾　何異　劉宰　劉爚　柴中行　李孟傳

辛棄疾字幼安，齊之歷城人。少師蔡伯堅，與党懷英同學，號辛、党。始筮仕，決以蓍，懷英遇坎，因留事金，棄疾得離，遂決意南歸。

金主亮死，中原豪傑並起。耿京聚兵山東，稱天平節度使，節制山東、河北忠義軍馬，棄疾為掌書記，卽勸京決策南向。僧義端者，喜談兵，棄疾間與之遊。及在京軍中，義端亦聚衆千餘，說下之，使隸京。義端一夕竊印以逃，京大怒，欲殺棄疾。棄疾曰：「匄我三日期，不獲，就死未晚。」揣僧必以虛實奔告金帥，急追獲之。義端曰：「我識君眞相，乃靑兕也，力能殺人，幸勿殺我。」棄疾斬其首歸報，京益壯之。

紹興三十二年，京令棄疾奉表歸宋，高宗勞師建康，召見，嘉納之，授承務郎、天平節度





掌書記，并以節使印告召京。會張安國、邵進已殺京降金，棄疾還至海州，與衆謀曰：「我緣主帥來歸朝，不期事變，何以復命？」乃約統制王世隆及忠義人馬全福等徑趨金營，安國方與金將酣飲，卽衆中縛之以歸，金將追之不及。獻俘行在，斬安國於市。仍授前官，改差江陰簽判。棄疾時年二十三。

乾道四年，通判建康府。六年，孝宗召對延和殿。時虞允文當國，帝銳意恢復，棄疾因論南北形勢及三國、晉、漢人才，持論勁直，不為迎合。作九議并應問三篇、美芹十論獻于朝，言逆順之理，消長之勢，技之長短，地之要害，甚備。以講和方定，議不行。遷司農寺主簿，出知滁州。州罹兵燼，井邑凋殘，棄疾寬征薄賦，招流散，教民兵，議屯田，乃創奠枕樓、繁雄館。辟江東安撫司參議官，留守葉衡雅重之，衡入相，力薦棄疾慷慨有大略。召見，遷倉部郎官、提點江西刑獄。平劇盜賴文政有功，加祕閣修撰。調京西轉運判官，差知江陵府兼湖北安撫。

遷知隆興府兼江西安撫，以大理少卿召，出為湖北轉運副使，改湖南，尋知潭州兼湖南安撫。盜連起湖湘，棄疾悉討平之。遂奏疏曰：「今朝廷清明，比年李金〔一〕、賴文政、陳子明、陳峒〔二〕相繼竊發，皆能一呼嘯聚千百，殺掠吏民，死且不顧，至煩大兵翦滅。良由州以趣辦財賦為急，吏有殘民害物之政，而州不敢問，縣以並緣科斂為急，吏有殘民害物之狀，

而縣不敢問。田野之民，郡以聚斂害之，縣以科率害之，吏以乞取害之，豪民以兼并害之，盜賊以剽奪害之，民不爲盜，去將安之？夫民爲國本，而貪吏迫使爲盜，今年剿除，明年剗盪，譬之木焉，日刻月削，不損則折。欲望陛下深思致盜之由，講求弭盜之術，無徒恃平盜之兵。申飭州縣，以惠養元元爲意，有違法貪冒者，使諸司各揚其職，無徒按舉小吏以應故事，自爲文過之地。」詔獎諭之。

又以湖南控帶二廣，與溪峒蠻獠接連，草竊間作，豈惟風俗頑悍，抑武備空虛所致。乃復奏疏曰：「軍政之敝，統率不一，差出占破，略無已時。軍人則利於優閑窠坐，奔走公門，苟圖衣食，以故教閱廢弛，逃亡者不追，冒名者不舉。平居則姦民無所忌憚，緩急則卒伍不堪征行。至調大軍，千里討捕，勝負未決，傷威損重，爲害非細。乞依廣東摧鋒、荊南神勁、福建左翼例，別創一軍，以湖南飛虎爲名，止撥屬三牙、密院，專聽帥臣節制調度，庶使夷獠知有軍威，望風懾服。」

詔委以規畫，乃度馬殷營壘故基，起蓋砦柵，招步軍二千人，馬軍五百人，傔人在外，戰馬鐵甲皆備。先以緡錢五萬於廣西買馬五百匹，詔廣西安撫司歲帶買三十匹。時樞府有不樂之者，數沮撓之，棄疾行愈力，卒不能奪。經度費鉅萬計，棄疾善斡旋，事皆立辦。議者以聚斂聞，降御前金字牌，俾日下住罷。棄疾受而藏之，出責監辦者，期一月飛虎營柵





成，違坐軍制。如期落成，開陳本末，繪圖繳進，上遂釋然。時秋霖幾月，所司言造瓦不易，問：「須瓦幾何？」曰：「二十萬。」棄疾曰：「勿憂。」令廂官自官舍、神祠外，應居民家取溝匭瓦二，不二日皆具，僚屬歎伏。軍成，雄鎭一方，爲江上諸軍之冠。

加右文殿修撰，差知隆興府兼江西安撫。時江右大饑，詔任責荒政。始至，榜通衢曰：「閉糴者配，彊糴者斬。」次令盡出公家官錢、銀器，召官吏、儒生、商賈、市民各舉有幹實者，量借錢物，逮其責領運糴，不取子錢，期終月至城下發糶，於是連檣而至，其直自減，民賴以濟。時信守謝源明乞米救助，幕屬不從，棄疾曰：「均爲赤子，皆王民也。」卽以米舟十之三予信。帝嘉之，進一秩，以言者落職。久之，主管沖佑觀。

紹熙二年，起福建提點刑獄。召見，遷大理少卿，加集英殿修撰、知福州兼福建安撫使。棄疾爲憲時，嘗攝帥，每歎曰：「福州前枕大海，爲賊之淵，上四郡民頑獷易亂，帥臣空竭，急緩奈何！」至是務爲鎭靜，未期歲，積鏹至五十萬緡，榜曰「備安庫」。謂閩中土狹民稠，歲儉則糴于廣，今幸連稔，宗室及軍人入倉請米，出卽糶之，候秋賈賤，以備安錢糴二萬石，則有備無患矣。又欲造萬鎧，招強壯補軍額，嚴訓練，則盜賊可以無虞。事未行，臺臣王藺劾其用錢如泥沙，殺人如草芥，旦夕望端坐「閩王殿」。遂丐祠歸。

慶元元年落職，四年，復主管沖佑觀。久之，起知紹興府兼浙東安撫使。四年，寧宗召

見，言鹽法，加寶謨閣待制、提舉佑神觀，奉朝請。尋差知鎭江府，賜金帶。坐繆舉，降朝散大夫、提舉沖佑觀，差知紹興府、兩浙東路安撫使，辭免。進寶文閣待制，又進龍圖閣、知江陵府。令赴行在奏事，試兵部侍郎，辭免。進樞密都承旨，未受命而卒。賜對衣、金帶，守龍圖閣待制致仕，特贈四官。

棄疾豪爽尙氣節，識拔英俊，所交多海內知名士。嘗跋紹興間詔書曰：「使此詔出於紹興之前，可以無事讎之大恥；使此詔行於隆興之後，可以卒不世之大功。今此詔與讎敵俱存也，悲夫！」人服其警切。帥長沙時，士人或愬考試官濫取第十七名春秋卷，棄疾察之信然，索亞牓春秋卷兩易之，啓名則趙鼎也。棄疾怒曰：「佐國元勳，忠簡一人，胡爲又一趙鼎！」擲之地。次閱禮記卷，棄疾曰：「觀其議論，必豪傑士也，此不可失。」啓之，乃趙方也。嘗謂：「人生在勤，當以力田爲先。北方之人，養生之具不求於人，是以無甚富甚貧之家。南方多末作以病農，而兼并之患興，貧富斯不侔矣。」故以「稼」名軒。爲大理卿時，同僚吳交如死，無棺斂，棄疾歎曰：「身爲列卿而貧若此，是廉介之士也！」既厚賻之，復言于執政，詔賜銀絹。

棄疾嘗同朱熹遊武夷山，賦九曲櫂歌，熹書「克己復禮」、「夙興夜寐」，題其二齋室。熹歿，僞學禁方嚴，門生故舊至無送葬者。棄疾爲文往哭之曰：「所不朽者，垂萬世名。孰謂





公死，凜凜猶生！」棄疾雅善長短句，悲壯激烈，有稼軒集行世。紹定六年，贈光祿大夫。咸淳間，史館校勘謝枋得過棄疾墓旁僧舍，有疾聲大呼于堂上，若鳴其不平，自昏暮至三鼓不絕聲。枋得秉燭作文，旦且祭之，文成而聲始息。德祐初，枋得請于朝，加贈少師，謚忠敏。

何異字同叔，撫州崇仁人。紹興二十四年進士，調石城主簿，歷兩任，知萍鄉縣。丞相周必大、參政留正以院轄擬異，孝宗問有無列薦，正等以萍鄉政績對，乃遷國子監主簿。遷丞，轉對，所言帝喜之，曰：「君臣一體，初不在事形迹，有所見聞，於銀臺司繳奏。」擢監察御史。異奏與丞相留正舊同官，不敢供職，御札不許引嫌，遂拜命。

遷右正言。時光宗愆于定省，異入疏諫，不報。約臺官聯名，言姦人離間父子，當明正典刑，語極峻，又不報。匄外，授湖南轉運判官。偶攝帥事，辰蠻侵擾邵陽，異募山丁捕首亂者，蒲來矢以衆來降。尋爲浙西提點刑獄。以太常少卿召，改祕書監兼實錄院檢討官，權禮部侍郎、太常寺。

太廟芝草生，韓侂胄率百官觀焉，異謂其色白，慮生兵妖，侂胄不悅。又以劉光祖

中華書局

於異交密，言者遂以異在言路不彈丞相留正及受趙汝愚薦，劾罷之，久乃予祠。起知夔州，秉本路安撫。異以夔民土狹食少，同轉運司糴米樁積，立循環通濟倉。七月丙戌，西北有星白芒墜地，其聲如雷，異曰：「戊日酉時，火土交會，而妖星自東南衝西北，化爲天狗，蜀其將有兵乎？」匄祠，以寶謨閣待制提舉太平興國宮。後四年，吳曦果叛。起知潭州，乞閑予祠者再。

嘉定元年，召爲刑部侍郎。五月不雨，異上封事言：「近日號令或從中出，而執政不得與聞其事，臺諫不得盡行其言。陛下閔念飢民，藥病殯死，遐荒僻嶠，安得實惠？多方稱提，不如縮造楮幣；阜通商米，不如稍寬關市之征。」明年，權工部尚書。告老，抗章言：「近臣求去，類成虛文，中外相觀，指爲禮數，無以爲風俗廉恥之勸。」以寶章閣直學士知泉州，從所乞予祠，進寶章閣學士，轉一官致仕。卒，年八十有一。異高自標致，有詩名，所著月湖詩集行世。

劉宰字平國，金壇人。既冠，入鄉校，卓然不苟於去就取舍。紹熙元年舉進士，調江寧尉。江寧巫風爲盛，宰下令保伍互相糾察，往往改業爲農。歲旱，帥守命振荒邑境，多所全





活。有持妖術號「眞武法」、「穿雲子」、「寶華主」者，皆禁絕之。書其坐右曰：「毋輕出文引，毋輕事箠楚。」緣事出郊，與吏卒同疏食水飲。去官，惟篋藏主簿趙師秀酬倡詩而已。調眞州司法。詔仕者非僞學，不讀周惇頤、程頤等書，才得考試，宰喟然曰：「平生所學者何？首可斷，此狀不可得。」卒弗與。

授泰興令，有殺人獄具，謂：「禱于叢祠，以殺一人，刃忽三躍，乃殺三人，是神實教我也。」爲請之州，毀其廟，斬首以徇。鄰邑有租牛縣境者，租戶於主有連姻，因喪會，竊券而逃。它日主之子征其租，則曰牛鬻久矣。子累年訟于官，無券可質，官又以異縣置不問。至是愬于宰，宰曰：「牛失十載，安得一旦復之。」乃召二匄者勞而語之故，託以它事繫獄，鞫之，匄者自詭盜牛以賣，遣詣其所驗視。租戶曰：「吾牛因某氏所租。」匄者辭益力，因出券示之，相持以來，盜券者憮然，爲歸牛與租。富室亡金釵，惟二僕婦在，置之有司，咸以爲冤。命各持一蘆，曰：「非盜釵者，詰朝蘆當自若；果盜，則長於今二寸。」明旦視之，一自若，一去其蘆二寸矣，卽訊之，果伏其罪。有姑愬婦不養者二，召二婦幷姑置一室，或餉其婦而不及姑，徐伺之，一婦每以己饌饋姑，姑猶呵之，其一反之。如是累日，遂得其情。

父喪，免，至京，韓侂胄方謀用兵，宰與鄧友龍、薛叔似極言輕挑兵端，爲國深害，迄如其言。爲浙東倉司幹官，職事修舉，亟引去，默觀時變，頓不樂仕。尋告歸，監南岳廟。江、淮制置使黃度辟之入幕，宰辭曰：「君命召不往，今剡可出耶？」嘉定四年，堂審召命且再下，不至。時相亦屢諷執政，從官貽書挽宰，宰峻辭以絕。俄題考功曆，示決不復仕。

理宗初卽位，以爲籍田令，屢辭，改添差通判建康府，又辭，乞致仕，乃以直祕閣主管仙都觀。拜改秩予祠之命，辭祕閣，不允。端平元年，升直寶謨閣，祠如故，且盡還磨勘歲月。未幾，遷太常丞，郡守以朝命趣行，不得已勉就道，至吳門，拜疏徑歸。一時譽望，收召略盡，所不能致者，宰與崔與之耳。帝側席以問侍御史王遂，且俾宣撫。遷將作少監，又以直敷文閣知寧國府，皆不拜。進直顯謨閣、主管玉局觀，帝猶冀宰一來也。召奏事，訖不爲起。尋卒，鄉人罷市走送，袂相屬者五十里，人人如哭其私親。

宰剛大正直，明敏仁恕，施惠鄉邦，其烈實多。置義倉，創義役，三爲粥以與餓者，自冬徂夏，日食凡萬餘人，薪粟、衣纊、藥餌、棺衾之須，靡謁不獲。某無田可耕，某無廬可居，某之子女長矣而未昏嫁，皆汲汲經理，如己實任其責。橋有病涉，路有險阻，雖巨役必捐貲先倡而程其事。宰生理素薄，見義必爲，旣竭其力，藉貸以繼之無倦。若定折麥錢額，更縣斗斛如制，毀淫祠八十四所，凡可以白于有司、利于鄉人者，無不爲也。

宰隱居三十年，平生無嗜好，惟書靡所不讀。旣竭日力，猶坐以待，雖博考訓注，而自得之爲貴。有漫塘文集、語錄行世。





劉爚字晦伯，建陽人。與弟韜仲受學于朱熹、呂祖謙。乾道八年舉進士，調山陰主簿。爚正版籍，吏不容姦。調饒州錄事，通判黃奕將以事汙爚，而己自以贓抵罪去。都大坑冶耿某閔遺骸暴露，議用浮屠法葬之水火，爚貽書曰：「使死者有知，禍亦慘矣。」請擇高阜爲叢冢以葬。

調蓮城令〔三〕，罷添給錢及綱運例錢，免上供銀錢及綱本、二稅甲葉、鈔鹽、軍期米等錢，大修學校，乞行經界。改知閩縣，治以清簡，庭無滯訟，興利去害，知無不爲。差通判潭州，未上，丁父憂。僞學禁興，爚從熹武夷山講道讀書，怡然自適。築雲莊山房，爲終老隱居之計。調贛州坑冶司主管文字，差知德慶府，大修學校，奏便民五事，又奏罷兩縣無名租錢，糾集武勇民兵。入奏言：「前者北伐之役，執事者不度事勢，貽陛下憂。今雖從和議，願益恐懼修省，必開言路以廣忠益，必振公道以進人才，必飭邊備以防敵患。」

提舉廣東常平。令守臣歲以一半易新，春末支，及冬復償，存其半以備緩急。逋欠亭戶錢十萬，轉運司五萬，爚以公使、公用二庫贏錢補之。奏義倉之斂、客丁錢之斂、小官奉給之斂、舉留守令之斂、吏商之斂。召入奏事，首論：「公道明，則人心自一，朝廷自尊，雖危

可安也；公道廢，則人心自貳，朝廷自輕，雖安易危也。」帝嘉獎。遷尚左郎官，請節內外冗費以收楮幣。轉對言：「願於經筵講讀、大臣奏對，反復問難，以求義理之當否，與政事之得失，則聖學進而治道隆矣。」乞收拾人才及修明軍政。遷浙西提點刑獄，巡按不避寒暑，多所平反。有殺人而匿權家者，吏弗敢捕，爚竟獲之。

遷國子司業，言於丞相史彌遠，請以熹所著論語、中庸、大學、孟子之說以備勸講，正君定國，慰天下學士大夫之心。奏言：「宋興，六經微旨，孔、孟遺言，發明於千載之後，以事父則孝，以事君則忠，而世之所謂道學也。慶元以來，權佞當國，惡人議己，指道爲僞，屏其人，禁其書，學者無所依鄉，義利不明，趨向汚下，人欲橫流，廉恥日喪。追惟前日禁絕道學之事，不得不任其咎。望其既仕之後，職業修，名節立，不可得也。乞罷僞學之詔，息邪說，正人心，宗社之福。」又請以熹白鹿洞規頒示太學，取熹四書集注刊行之。又言：「浙西根本之地，宜詔長吏、監司禁戢強暴，撫柔善良，務儲積以備凶荒，禁科斂以紓民力。」

兼國史院編修官、實錄院檢討官。接伴金使于盱眙軍。還，言：「兩淮之地，藩蔽江南，干戈盜賊之後，宜加經理，必於招集流散之中，就爲足食足兵之計。臣觀淮東，其地平博膏腴，有陂澤水泉之利，而荒蕪實多。其民勁悍勇敢，習邊鄙戰鬥之事，而安集者少。誠能經畫郊野，招集散亡，約頃畝以授田，使毋廣占拋荒之患，列溝洫以儲水，且備戎馬馳突之虞。





爲之具田器，貸種糧，相其險易，聚爲室廬，使相保護，聯以什伍，教以擊刺，使相糾率。或鄉爲一團，里爲一隊，建其長，立其副。平居則耕，有警則守，有餘力則戰。」帝嘉納之。

進國子祭酒兼侍立修注官。論貢舉五敝。兼權兵部侍郎，改兼權刑部侍郎，封建陽縣開國男，賜食邑。權刑部侍郎兼國子祭酒，兼太子左諭德，升同修國史、實錄院同修撰。時廷臣爭務容默，有論事稍切者，衆輒指以爲異。爚奏：「願明詔大臣，崇奬忠讜以作士氣，深戒詼佞以肅具僚。乞擇州縣獄官。」冬雷，上恐懼，爚奏：「遴選監司以考察貪吏爲先，訪求民瘼，有澤未下流、令未便民者，悉以實上，變而通之，則民心悅而天意解矣。」又請擇沿邊諸將。

兼工部侍郎。奏「乞使沿邊之民，各自什伍，教閱于鄉，有急則相救援，無事則耕稼自若，軍政隱然寓於田里之間，此非止一時之利也。」請城沿邊州郡，罷遣賀正使。試刑部侍郎，兼職依舊，賜對衣、金帶，辭，不允。兩請致仕，不允。奏絕金人歲幣，建制置司於歷陽以援兩淮。夏旱，應詔上封事，曰：「言語方壅而導之使言，人心方鬱而疏之使通，上既開不諱之門，下必有盡言之士，指陳政事之闕失，明言朝廷之是非。或者以爲好名要譽，而陛下聽之，則苦言之藥，至言之實，陛下棄之而不恤矣；甘言之疾，華言之腴，陛下受之而不覺矣。」乞罷瑞慶聖節，謝絕金使。

進封子爵。權工部尚書，賜衣帶、鞍馬。兼太子右庶子，仍兼左諭德。每講讀至經史所陳聲色嗜欲之戒，輒懇切再三敷陳之。進讀詩之說，詹事戴溪讀之爲之吐舌。卒，贈光祿大夫，官其後，賜謚文簡。所著有奏議、史稿、經筵故事、東宮詩解、禮記解、講堂故事、雲莊外稿。

柴中行字與之，餘干人。紹熙元年進士，授撫州軍事推官。權臣韓侂胄禁道學，校文轉運司移檄，令自言非僞學，中行奮筆曰：「自幼讀程頤書以收科第，如以爲僞，不願考校。」調江州學教授，母喪，免，廣西轉運司辟爲幹官，帥將薦之，使其客嘗中行，中行正色曰：「身爲大帥，而稱人爲恩王、恩相，心竊恥之。毋汙我！」攝昭州郡事，蠲丁錢，減苗斛，賑飢羸。轉運司委中行代行部，由桂林屬邑歷柳、象、賓入邕管，問民疾苦，先行而後聞，捐鹽息以惠遠民。嘉定初，差主管尚書吏部架閣文字，遷太學正，升博士。轉對，首論主威奪而國勢輕；次論士大夫寡廉隅、乏骨鯁，宜養天下剛毅果敢之氣；末論權臣用事，包苴成風，今舊習猶在，宜舉行先朝痛繩贓吏之法。謂太學風化首，童子科覆試胄子舍選，有挾勢者，中行力言于長，守法無秋豪私。遷太常主簿，轉軍器監丞。





出知光州，嚴保伍，精閱習，增闢屯田，城壕營砦、器械糗糧，百爾具備，治行爲淮右最。又條畫極邊、次邊緩急事宜上之朝廷，大槩謂：「邊兵宜如蛇勢，首尾相應。草寇合兵大入，則鄰道援之；分兵輕襲，則鄰郡援之。援兵既多，雖危不敗。」又言：「淮、襄土豪丁壯，往者用兵，傾貲效力者，朝廷吝賞失信，宜亟加收拾，亦可激昂得其死力。」

遷西京〔四〕轉運使兼提點刑獄。中行謂襄陽乃自古必爭之地，備禦尤宜周密。時任邊寄者政令煩苛，日夜與民爭利，中行諷之，不聽。天方旱，盡捐酒稅，斥征官，黜務吏，甘澍隨至。官取鹽鈔贏過重，課日增，入中日寡，鈔日壅。中行揭示通衢，一錢不增，商賈大集。改直祕閣、知襄陽兼京西帥，仍領漕事。江陵戎司移屯襄州，兵政久弛。中行白于朝，考覈軍實，舊額二萬二千人，存者纔半，亟招補虛籍。自是朝廷以節制之權歸帥司。重劾李珙不法以懲貪守，明扈再興有功以厲宿將，上關朝廷，下關制閫。

遷江東轉運司判官，旋改湖南提點刑獄。豪家習殺人，或收養亡命，橫行江湖，一繩以法。華亭令貪虐，法從交疏薦之，中行笑曰：「此欲斷吾按章也。」卒發其辜。入爲吏部郎官。以立志啓迪君心，言好進、好同、好欺，士大夫風俗三敝。選曹法大壞，吏緣爲姦，中行遇事持正，不爲勢屈，由是銓綜平允。

擢宗正少卿。上疏謂：「陛下初政則以剛德立治本，更化則以剛德除權姦，今者顧乃垂拱仰成，安於無爲。夫剛德實人主之大權，不可以久出而不收，覆轍在前，良可鑒也。」又曰：「朝廷用人，外示涵洪而陰掩其迹，內用牢籠而微見其機，觀聽雖美，實無以大服天下之心。曩者更化，元氣復挽回矣。比年欲求安靜，頗厭人言，於是臣下納說，非覬望則希合，非回緩則畏避，而面折廷諍之風未之多見，此任事大臣之責也。」

兼國史編修、實錄檢討。孟春，大雨震電，雷雹交作，邊烽告急，至失地喪師，淮甸震洶。中行亟奏內外二失，朝廷十憂，大要言：「今日之事，人主盡委天下以任一相，一相盡以天下謀之三數腹心，而舉朝之士相視以目，噤不敢言。甚至邊庭申請，久不即報，脫有闕誤，咎當誰執？」

調祕書監、崇政殿說書。極論「往年以道學爲僞學者，欲加遠竄，杜絕言語，使忠義士箝口結舌，天下之氣豈堪再沮壞如此耶？」又謂：「欲結人心，莫若去貪吏；欲去貪吏，莫若清朝廷。大臣法則小臣廉，在高位者以身率下，則州縣小吏何恃而敢爲？」又論內治外患，辨君子小人，大略謂：「執政、侍從、臺諫、給舍之選，與三衙、京尹之除，皆朝廷大綱所在，故其人必出人主之親擢，則權不下移。今或私謁，或請見，或數月之前先定，或舉朝之人不識。附會者進，爭爲妾婦之道，則天下國家之利害安危，非惟己不敢言，亦且併絕人言矣。大臣爲附會之說所誤，邊境之臣實遁者掩以爲誣，眞怯者譽以爲勇，金帛滿前，是非交亂，





以欺廟堂，以欺陛下。願明詔大臣，絕私意，布公道。」

進祕閣修撰、知贛州。治盜有方，境內清肅。匄祠得請，以言罷。理宗即位，以右文殿修撰主管南京鴻慶宮，賜金帶。卒。所著有易繫集傳、書集傳、詩講義、論語童蒙說。

李孟傳字文授，資政殿學士光季子也。光謫嶺海，孟傳才六歲，奉母居鄉，刻志于學。賀允中、徐度皆奇之，而曾幾妻以其孫。龍大淵黜爲浙東總管，知孟傳爲名門子，解后必就語，孟傳正色辭之。幹辦江東提刑司，易浙東常平司。

母喪，免，調江山縣丞，棄去，監南岳廟、行在編估局，未上，改楚州司戶參軍，單車赴官。公退，閉戶讀易。郡守、部使者不敢待以屬吏。徐積墓在境內，蕪沒既久，加葺之。修復陳公塘，有灌溉之利。知象山縣，守薦爲邑最，從官多合薦之，主管官告院，與同列上封事，請詣北宮，又移書宰相。

遷將作監主簿。丞相趙汝愚初當國，適大侵，遣孟傳按視江、池、鄂三大軍所屯積粟，道除太府丞。既復命，汝愚去國，黨論起，而孟傳奉使無失指，面對言：「比以使事往返四千里，所過民生困窮，衣食不贍。國之安危，以民爲本，今根本既虛，形勢俱見，保邦之慮，宜

勤聖念。」時韓侂胄逐留正及汝愚，太府簿吳獵與侂胄有連姻，因言臺諫將論朱熹，孟傳奮然曰：「如此則士大夫爭之，鼎鑊且不避。」

兼考功郎。復因對言：「國家長育人才，猶天地之於植物，滋液滲漉，待其既成而後足以供大廈之用。今士大夫皆有苟進之心，治功未優，功能尚薄，而意已馳騖於臺閣，不稍有以扶持正飭之，其敝將甚。」又言：「武舉及軍士比試，專取其力，臨敵難以必勝。唐世取人由步射、弓弩以至馬射，各以其中之多寡爲等級，宜采取行之。」韓侂胄與孟傳故，嘗致侂胄意〔五〕，孟傳謝曰：「行年六十，去意已決。」侂胄慙而退。請外，知江州，獄訟止息。侂胄不悅。匄歸，復知處州。

遷廣西提點刑獄，改江東提舉常平，移福建。詔入對，首論用人宜先氣節後才能，益招徠忠讜以扶正論。故人有在政府者，折簡問勞勤甚，孟傳逆知其意，即謝曰：「孤蹤久不造朝，獲一望清光而去，幸矣。」對畢即出關。至閩，大饑，發廩勸分，民無流莩。侂胄誅，就遷提點刑獄，移江東，又辭。丞相史彌遠，其親故也，人謂進用其時矣，卒歸使節，角巾還第。再奉祠，以倉部郎召，又辭。

遷浙東提點刑獄，未數月，申前請，章再上，加直祕閣，移江東，不赴，主管明道宮。進直寶謨閣，致仕，卒，年八十四。常誡其子孫曰：「安身莫若無競，修己莫若自保。守道則福





至，求祿則辱來。」有磐溪集、宏詞類稿、左氏說、讀史〔六〕、雜志、記善、記異等書行世。

論曰：古之君子，出處不齊，同歸于是而已。辛棄疾知大義而歸宋。何異篤實君子，而切諫光宗朝重華宮。柴中行寧不校臨川之試，終不肯自言非程頤僞學。劉爚表章朱熹四書以備勸講，衞道之功莫大焉。李孟傳所立不愧其父。至於劉宰飄然遠引，屢徵不起，所謂鴻飛冥冥者耶。

## 校勘記

〔一〕李金　原作「李全」，據本書卷三三孝宗紀、歷代名臣奏議卷三一九弭盜門湖南諸州安撫辛棄疾上疏、朝野雜記甲集卷一五市舶司本息條改。

〔二〕陳峒　原作「李峒」，據歷代名臣奏議卷三一九弭盜門湖南諸州安撫辛棄疾上疏、本書卷三五孝宗紀、渭南文集卷三四王佐墓誌銘改。

〔三〕蓮城令　「蓮城」原作「連城」，據眞德秀西山先生眞文忠公文集卷四一劉文簡神道碑、本書卷八九地理志改。

〔四〕西京　按宋有京西路而無「西京路」，下文又有「知襄陽兼京西帥，仍領漕事」語，此當爲「京西」之誤。

〔五〕嘗致侂胄意　按文義應爲侂胄致意孟傳，本書卷三六三李光傳附李孟傳傳作「韓侂胄願見之」。此語當有誤。

〔六〕讀史　原作「續史」，據本書卷二〇三藝文志、卷三六三李光傳附李孟傳傳改。



# 宋史卷四百二

## 列傳第一百六十一

### 陳敏　張詔　畢再遇　安丙　楊巨源　李好義

陳敏字元功，贛之石城人。父皓，有才武，建炎末，以破贛賊李仁功，補官至承信郎。敏身長六尺餘，精騎射，積官至忠靖郎〔一〕。以楊存中薦，擢閤門祗候。時閩地多寇，殿司兵往戍，率不習水土。至是，始募三千兵置左翼軍，以敏爲統制，漳州駐箚。敏按諸郡要害，凡十有三處，悉分兵扼之，盜發輒獲。贛州齊述據城叛，嘯聚數萬，將棄城南寇。敏聞之曰：「贛兵精勁，善走嶮，若朝廷發兵未至，萬一奔衝，江、湖、閩、廣騷動矣。」不俟命，領所部馳七日，徑抵贛圍其城。踰月，朝廷命李耕以諸路兵至，破之。累功授右武大夫，封武功縣男，領興州刺史。召赴闕，高宗見其狀貌魁岸，除破敵軍統制。尋丁母憂，詔起復，以所部駐太平州。





紹興三十一年，金主亮來攻，成閔爲京湖路招討使〔二〕，以敏軍隸之，升馬司統制，軍于荆、漢間。敏說閔曰：「金人精騎悉在淮，汴都必無守備，若由陳、蔡徑擣大梁，潰其腹心，此救江、淮之術也。」不聽。從閔還駐廣陵，時金兵尚未渡淮，敏又說閔邀其歸師，復不聽。敏遂移疾歸姑孰。

孝宗卽位，張浚宣撫江、淮，奏敏爲神勁軍統制。浚視師，改都督府武鋒軍都統制。朝廷遣李顯忠北伐，浚欲以敏偕行，敏曰：「盛夏興師非時，且金人重兵皆在大梁，我客彼主，勝負之勢先形矣。願少緩。」浚不聽，令敏屯盱眙。顯忠至符離，果失律，敏遂入泗州守之。金人議和，詔敏退守滁陽。敏請於朝，謂滁非受敵之所，改戍高郵，兼知軍事。與金人戰射陽湖，敗之，焚其舟，追至沛城，復敗之。

乾道元年，遷宣州觀察使，召除主管侍衞步軍司公事。居歲餘，敏抗章曰：「久任周廬，無以効鷹犬，況敵情多詐，和不足恃。今兩淮無備，臣乞以故部之兵，再戍高郵。」仍請更築其城。乃落常階，除光州觀察使，分武鋒爲四軍，升敏爲都統制兼知高郵軍事，仍賜築城屯田之費。敏至郡，板築高厚皆增舊制。自寶應至高郵，按其舊作石䃥十二所，自是運河通泄，無衝突患。

四年，北界人侍旺叛于漣水軍，密款本朝，稱結約山東十二州豪傑起義，以復中原。上以問敏，敏曰：「旺欲假吾國威以行刼爾，必不能成事，願勿聽。」適屯田統領官輿旺交通，旺敗，金有間言，上知非敏罪，乃召敏爲左驍衞上將軍。

言事者議欲戍守清河口，敏言：「金兵每出清河，必遣人馬先自上流潛渡，今欲必守其地，宜先修楚州城池，蓋楚州爲南北襟喉，彼此必爭之地。長淮二千餘里，河道通北方者五，清、汴、渦、潁、蔡是也，通南方以入江者，惟楚州運河耳。北人舟艦自五河而下，將謀渡江，非得楚州運河，無繇自達。昔周世宗自楚州北神堰鑿老鸛河，通戰艦以入大江，南唐遂失兩淮之地。由此言之，楚州實爲南朝司命，願朝廷留意。」及是，再出守高郵，乃詔與楚州守臣左祐同城楚州，祐卒，遂移守楚州。北使過者覩其雉堞堅新，號「銀鑄城」。

以歸正人二百家逃歸，降授忠州團練使，罷爲福建路總管，改江西路總管，贛州駐劄。月餘，朝廷命往福州揀軍，又命還豫章教閱江西團結諸郡人馬。俄提舉佑神觀，仍奉朝請，繼復蘄州防禦使，再除武鋒軍都統制兼知楚州，復光州觀察使，以疾卒。特贈慶遠軍承宣使。





張詔字君卿，成州人。少隸張俊帳下，積功守和州。嘗被旨介聘，一日金人持所繪祐、獻二陵像至館中，皆北地服，詔向之再拜。館者問之，答曰：「詔雖不識其人，但龍鳳之姿，天日之表，疑非北朝祖宗也，敢不拜！」孝宗聞而喜之，由是驟用。

紹熙五年，除興州都統制兼知興州，代吳挺。慶元二年，趙彥逾帥蜀，以關外去興元遠，緩急恐失事機，復請分東西爲二帥，詔遂兼西路安撫司公事。先是，趙汝愚爲從官時，每奏吳氏世掌蜀兵，非國家之利，請以張詔代領武興之軍。蓋汝愚之意欲以吳曦爲文臣帥，以杜他日握兵之漸，而未及行也。汝愚既知樞密院，力辭不拜，白於光宗曰：「若武興朝除帥，則臣夕拜命。」上許之，乃以詔爲成州團練使、興州諸軍都統制。詔在興州，甚得士心。六年卒，郭杲代之。

畢再遇字德卿，兗州人也。父進，建炎間從岳飛護衞八陵，轉戰江、淮間，積階至武義大夫。再遇以恩補官，隸侍衞馬司，武藝絕人，挽弓至二石七斗，背挽一石八斗，步射二石，馬射一石五斗。孝宗召見，大悅，賜戰袍、金錢。

開禧二年，下詔北伐，以殿帥郭倪招撫山東、京東，遣再遇與統制陳孝慶取泗州。再遇請選新刺敢死軍爲前鋒，倪以八十七人付之。招撫司尅日進兵，金人聞之，閉榷場，塞城門爲備。再遇曰：「敵已知吾濟師之日矣，兵以奇勝，當先一日出其不意。」孝慶從之。再遇饗士卒，激以忠義，進兵薄泗州。泗有東西兩城，再遇令陳戈旗舟楫於石匯下，如欲攻西城者，乃自以麾下兵從陡山徑趨東城南角，先登，殺敵數百，金人大潰，守城者開北門遁。西城猶堅守，再遇立大將旗，呼曰：「大宋畢將軍在此，爾等中原遺民也，可速降。」旋有淮平知縣縋城而下乞降，於是兩城皆定。郭倪來饗士，出御寶刺史牙牌授再遇，辭曰：「國家河南八十有一州，今下泗兩城即得一刺史，繼此何以賞之？且招撫得朝廷幾牙牌來？」固辭不受。尋除環衞官。

倪調李汝翼、郭倬取宿州，復遣孝慶等繼之。命再遇以四百八十騎爲先鋒取徐州，至虹，遇郭、李兵裹創旋，問之，則曰：「宿州城下大水，我師不利，統制田俊邁已爲敵擒矣。」再遇督兵疾趨，次靈壁，遇孝慶駐兵于鳳凰山，將引還，再遇曰：「宿州雖不捷，然兵家勝負不常，豈宜遽自挫！吾奉招撫命取徐州，假道於此，寧死靈壁北門外，不死南門外也。」會倪以書抵孝慶，令班師，再遇曰：「郭、李軍潰，賊必追躡，吾當自禦之。」金果以五千餘騎分兩道來，再遇令敢死二十人守靈壁北門，自領兵衝敵陣。金人見其旗，呼曰「畢將軍來也」，遂遁。再遇手揮雙刀，絕水追擊，殺敵甚衆，甲裳盡赤，逐北三十里。金將有持雙鐵簡躍馬而





前，再遇以左刀格其簡，右刀斫其脇，金將墮馬死。諸軍發靈壁，再遇獨留未動，度軍行二十餘里，乃火靈壁。諸將問：「夜不火，火今日，何也？」再遇曰：「夜則照見虛實，晝則煙埃莫覩，彼已敗不敢迫，諸軍乃可安行無虞。汝輩安知兵易進而難退邪？」

還泗州，以功第一，自武節郎超授武功大夫，除左驍衞將軍。於是丘崈代鄧友龍爲宣撫使，檄倪還惟揚，尋棄泗州。命再遇還盱眙，遂知盱眙軍，尋改鎭江中軍統制，兼守如故。以鳳凰山功，授達州刺史。其冬，金人以騎步數萬、戰船五百餘艘渡淮，泊楚州、淮陰間，宣撫司檄再遇援楚，遣段政、張貴代之。再遇既去盱眙，政等驚潰，金人入盱眙；再遇復定盱眙，除鎭江副都統制。

金兵七萬在楚州城下，三千守淮陰糧，又載糧三千艘泊大清河。再遇諜知之，曰：「敵衆十倍，難以力勝，可計破也。」乃遣統領許俊間道趨淮陰，夜二鼓銜枚至敵營，各攜火潛入，伏糧車間五十餘所，聞哨聲舉火，敵驚擾奔竄，生擒烏古倫師勒、蒲察元奴等二十三人。

金人復自黃狗灘渡淮，渦口戍將望風遁，濠、滁相繼失守，又破安豐。再遇謂諸將曰：「楚城堅兵多，敵糧草已空，所慮獨淮西耳。六合最要害，彼必并力攻之。」乃引兵赴六合。尋命節制淮東軍馬。金人至竹鎭，距六合二十五里。再遇登城，偃旗鼓，伏兵南土門，列弩

手土城上，敵方臨濠，衆弩俱發，宋師出戰，鬨鼓聲，城上旗幟並舉，金人驚遁，追擊大敗之。金萬戶完顏蒲辣都、千戶泥厖古等以十萬騎駐成家橋、馬鞍山，進兵圍城數重，欲燒塡木，決壕水，再遇令勁弩射退之。既而紇石烈都統合兵進攻益急，城中矢盡，再遇令人張青蓋往來城上，金人意其主兵官也，爭射之，須臾矢集樓牆如蝟，獲矢二十餘萬。紇石烈引兵退，已乃益增兵，環城四面營帳亙三十里。再遇令臨門作樂以示閑暇，而間出奇兵擊之。敵晝夜不得休，乃引退。再遇料其且復來，乃自提兵奪城東野新橋，出敵之背，金人遂遁去，追至滁，大雨雪，乃旋。獲騾馬一千五百三十一、鞍六百，衣甲旗幟稱是。授忠州團練使。

三年，除鎭江都統制兼權山東、京東招撫司事。還至揚州，除驍衞大將軍。金圍楚州已三月，列屯六十餘里。再遇遣將分道撓擊，軍聲大振，楚圍解。兼知揚州、淮東安撫使。揚州有北軍二千五百人，再遇請分隸建康、鎭江軍，每隊不過數人，使不得爲變。更造輕甲，長不過膝，披不過肘，兜鍪亦殺重爲輕，馬甲易以皮，車牌易以木而設轉軸其下，使一人之力可推可擊，務便捷不使重遲。敢死一軍，本烏合亡命，再遇能駕馭得其用。陳世雄、許俊等皆再遇所薦。張健雄恃勇桀驁，再遇狀其罪于朝，命以軍法戮之，諸將慴服。

嘉定元年，除左驍衞上將軍。和好成，累疏乞歸田里，賜詔不允，除保康軍承宣使，降





詔獎諭，尋令帶職奏事，提舉佑神觀。六年，提舉太平興國宮，十年，以武信軍節度使致仕。卒，年七十。贈太尉，累贈太師，謚忠毅。

再遇姿貌雄傑，早以拳力聞，屬時寢兵，無所自見。一旦邊事起，諸將望風奔衄，再遇威聲始著，遂爲名將云。

安丙字子文，廣安人。淳熙間進士，調大足縣主簿。秩滿詣闕，陳蜀利病十五事，言皆剴切。丁外艱，服除，辟利西安撫司幹辦公事，調曲水丞。吳挺爲帥，知其才，邀致之。改秩，知新繁縣。丁內艱，服除，知小溪縣。通判隆慶府，嘉泰三年，郡大水，丙白守張鼎，發常平粟振之。尋又鑿石徙溪，自是無水患。知大安軍，歲旱，民艱食，丙以家財即下流糴米數萬石以振。事聞，詔加一秩。

開禧二年，邊事方興，程松爲四川宣撫使，吳曦副之，丙陳十可憂於松。繼而松開府漢中，道三泉，夜延丙議。丙又爲松言曦必誤國，松不省。蓋丙嘗爲其父客，素知曦。既而曦奏丙爲隨軍轉運司，居河池。時梁、洋義士方襲取和尚原，旋爲金人所奪，守將棄甲而走。十一月戊子，金人攻湫池堡，破天水，繇西和入成州，師潰，曦置不問。金人肆掠關外四州，如踐虛邑，軍民莫知死所。曦已潛遣其客姚淮源交金人，至是曦還興州，留丙魚關，已而檄還武興。十二月丙寅，金人持其詔及金印至置口，曦密受之，宣言使者欲得四州以和，馳書諷松去。癸酉，曦受金詔稱蜀王，牓諭四川。三年正月甲午，曦僭號建官，稱臣於金，以其月爲元年，改興州爲興德府，以丙爲中大夫、丞相長史、權行都省事。

先是，從事郎錢鞏之從曦在河池，嘗夢曦禱神祠，以銀杯爲珓擲之，神起立謂曦曰：「公何疑？公何疑？後政事已分付安子文矣。」曦未省，神又曰：「安子文有才，足能辦此。」鞏之覺，心異其事，具以語曦。事既熾，丙不得脫，度徒死無益，陽與而陰圖之。遂與楊巨源、李好義等謀誅曦，語見巨源、好義傳。徐景望在利州，逐王人，擅財賦。丙遣弟焕往約諸將，相與拊定，及景望伏誅，軍民無敢譁者。於是傳檄諸道，按堵如故。曦僭位凡四十一日。三月戊寅，陳曦所以反及矯制平賊便宜賞功狀，自劾待罪，函曦首級、違制法物與曦所受金人詔印及所匿庚牌附驛。

朝廷初聞變，莫知所爲。韓侂胄與曦書，亦謂「嗣頒茅土之封」，亟召知鎭江府宇文紹節問之，紹節曰：「安丙非附逆者，必能討賊。」於是密降帛書曰：「安丙素推才具，有志事功，今聞曦謀不軌，爾爲所脅，諒以凶焰方張，恐重爲蜀禍，故權且從之爾，豈一日忘君父者？如能圖曦報國，以明本心，即當不次推賞，雖二府之崇亦無所吝，更宜審度機便，務在成事，





以副委屬之意。」帛書未至，露布已聞，上下動色交慶。辛丑，加丙端明殿學士、中大夫、知興州、安撫使兼四川宣撫副使〔三〕，詔獎諭，恩數視執政，如帛書旨也。

時都統孫忠銳由鳳州進攻大散關不克，統領強德等出奇道由松林堡破金砦，四月癸丑，克之。忠銳貪功吝財，賞罰迷繆，大失軍心，且速還鳳州，以關鑰付庸將陳顯。癸酉，大散關復陷。巨源自請收復，丙遣朱邦寧佐之。丙深惡忠銳，檄赴司議事，欲廢之。巨源至鳳，斬忠銳及其子揆，丙遂以忠銳附僞進表之罪聞于朝。先是，以誅曦功，巨源補朝奉郎，與通判差遣。巨源遣其親校傅檜愬功于朝，語見巨源傳。於是丙拜疏丐閒。至是，金人揭示境上，得丙首者與銀絹二萬匹兩，即授四川宣撫。

時方議和，丙獨戒飭將士，恫疑虛喝，以攻爲守，威聲甚著。詔以蜀平，遣吳獵撫諭四川。時沿邊關隘悉爲金毀，丙遺時相書，謂：「西和一面，已修仇池，聚糧積芻，使軍民可守。若敵至，則堅壁不戰，彼欲攻則不可，欲越則不敢。若西和可守，成州之境自不敢犯。成州黑谷、南谷亦皆頓重兵。天水雖不可守，距天水十里所，見創白環堡，與西和相爲犄角，又增堡雞頭山，咸以民卒守之，及修黃牛堡，築興趙原，屯千餘人。鳳州秋防原尤爲險絕，紹興初，州治于此，宣撫吳玠嘗作家計砦，前即馬嶺堡，正扼鳳州之後。凡此數堡既堅，金人決不敢近。而河池、殺金平、魚關皆大軍屯聚，其他徑路，雖關之裏如大安，亦陰招民卒，

授以器械，爲掩擊之備矣。」又云：「見於關表廣結義士，月給以糧，俾各保田廬墳墓，逮事定，則係之尺籍而勸之耕，庶可經久。」以丙所見，直爲守計，則精選五萬人亦爲有餘。」

好義守西和，謂四州兵後，民不聊生，請蠲租以惠創痍。丙請于朝。又以沔州都統司所統十軍權太重，故自吳璘至挺、曦皆有尾大不掉之憂，乃請分置副都統制，各不相隸，以前右中左後五軍隸都統司，踏白、摧鋒、選鋒、策鋒、遊奕五軍隸副司。詔皆從之。

時方信孺使還，金人和意未決，且欲得首議興師之人，侂胄大怒。上手書賜丙，謂：「金人必再至，當激勵將士，戮力赴功。」侂胄既誅，賜丙金器百二十兩、細幣二十匹，進資政殿學士。和議成，還大散、隔牙關。丙分遣僚吏，經量洋、沔、興元、大安民田，別定租稅。

右丞相史彌遠起復，丙移書曰：「昔仁宗起復富鄭公、文潞公，孝宗起復蔣丞相，皆力辭，名教所係，人言可畏，望閣下速辭成命，以息議者之口。」論者韙之。升大學士、四川制置大使兼知興元府。諜知金人遷汴，關輔豪傑款塞願降者衆。丙以爲此正冉閔告晉之時，乃與宰臣書，謂當興問罪之師。朝論憂丙輕舉，乃詔丙益修守備。

七年春，丙使所愛吏安蕃、何九齡合宮軍夜襲秦州，敗歸。王大才執九齡等七人斬之，而訟丙於朝。三月，詔丙同知樞密院事兼太子賓客，賜手書召之。行次廣德軍，進觀文殿學士、知潭州、湖南安撫使。至官，留意學校，請于太常創大成樂。而政尙嚴酷，轉運判官



章徠劾丙，不報。御史李安行併徠劾之，徠能，丙授崇信軍節度使、開府儀同三司、萬壽觀使。遣閤門舍人聞人瑛錫命，賜旌節、金印、衣帶、鞍馬。三辭，還蜀。

董居誼帥蜀，大失士心。金人乘之，破赤丹、黃牛堡，入武休關，直擣梁、洋(四)，至大安，宋師所至輒潰，散入巴山。十二年，聶子述代之。時丙之子癸仲知果州，子述卽檄兼參議官。四月，紅巾賊張福、莫簡叛，入利州，子述遁去。總領財賦楊九鼎與賊遇，走匿民舍，賊追九鼎殺之。子述退保劍門，檄癸仲兼節制軍馬，任討賊之責。癸仲召戎帥張威等軍來會，賊自閬趨遂寧，所過無不殘滅。丙欲自持十萬緡偕子述往益昌募士，子述曰：「大臣非得上旨，未可輕出。」丙遂如果州。

時四川大震，甚於曦之變。張方首奏，勳望如丙，今猶可用。魏了翁移書宰執，謂安丙不起，則賊未卽平，蜀未可定，雖賊亦曰：「須安相公作宣撫，事乃定耳。」李壁、李埴時並鎭潼、遂，亦皆以國事勉丙。五月乙未，丙至果州，是日賊焚蓬溪縣。

己酉，詔起丙爲四川宣撫使，予便宜，尋降制授保寧軍節度使兼知興元府、利東安撫使。丙奏：「臣不辭老以報國，但事不任怨，難以圖成，將恐騰謗交攻，使臣獨抱赤心，無從上白。昔秦使甘茂攻宜陽，至質之以『息壤在彼』，魏使樂羊攻中山，至示之以謗書一篋。君臣之間，似不必爾。然自古及今，謗以疑間而成，禍以忌嫉而得；況臣已傷弓於既往，豈



容不懲沸於方來。」詔曰：「昔唐太宗以西寇未平，詔起李靖，靖慷慨請行，不以老疾爲解。代宗有朔方之難，圖任郭子儀，聞命引道，亦不以讒甚自疑。皆能乘時立功，焜燿竹帛，朕甚慕之。今蜀道俶擾，未寬顧憂，朕起卿燕閒，付以方面，而卿忠於報國，誼不辭難，朕之用人庶幾於唐宗，卿之事朕無愧於李、郭矣。勉圖雋功，以濟國事！」尋命丁焴改知興元府。

甲申，發果州。丙戌，至遂寧，賊猶負固于普州之茗山。丙下令諸軍合圍，絕其樵汲之路以困之。未幾，張威、李貴俘獲張福等十七人以獻，丙命釁王大才以祭九鼎。七月庚子，盡俘餘黨千餘人，皆斬之。庚戌班師，迺移治利州，賜保寧軍節度使印。癸仲亦加三秩，進直華文閣，起復，主管宣撫司機宜文字。明年，進丙少保，賜衣帶鞍馬。

丙以關表營田多遺利，命官括之。有文垓者方持母喪，以便宜起復，幹辦魚關糧料院，俾之措置，且以宣撫副使印假之。而馮安世者，又卽利州置根括局。於是了翁遺丙書，謂：「幕府舉辟，當用經術信厚之士，不可用冒喪之人。且公八年鎭蜀，有恩則有怨，豈可人人而校，事事而理，自處甚狹，恐貽子孫賓客無窮之累。雖今日理財難拘故常，然告絕產、首白契、許隱田、伺富民過失、糾鹽酒戶虧額，報怨挾憤、招權納賄者，必且紛然，而公任其怨。」丙復書曰：「關外糴買當用四百萬緡，而總所見緡止二十五萬，多方措置，非得已而不已。儻皆清流，何由辦事？蜀士中如令弟嘉父、李成之輩，清則清、高則高矣，其肯辦錢穀



俗務乎。劉德修嘗雅責楊嗣勳不能舉義誅叛，嗣勳云：『德修特未當局耳。』丙於華父亦云。」其後，安世不法滋甚，近臣有以書抵丙，而安世之徒亦發其事，丙械送大安窮治之。

先是，夏人來乞師併兵攻金人，丙且奏且行，分遣將士趨秦、鞏、鳳翔，委丁焴節制，師次于鞏。夏人以樞密使甯子寧衆二十餘萬，約以夏兵野戰，宋師攻城。既而攻鞏不克，乃已。

丙卒。訃聞，以少傅致仕，輟視朝二日，贈少師，賻銀絹千計，賜沔州祠額爲英惠廟。理宗親札賜謚忠定。丙所著有晶然集。

楊巨源字子淵，其先成都人。父信臣，客益昌，因家焉。巨源倜儻有大志，善騎射，涉獵諸子百家之書。應進士不中，武舉又不中。劉光祖見而異之，薦之總領錢糧陳曄，以右職舉爲鳳州堡子原倉官，馳騁射獵，傾財養士，沿邊忠義，咸服其才。分差魚關糧料院，移監興州合江贍軍倉。

吳曦叛，巨源陰有討賊志，結義士三百人，給其錢糧。有遊奕軍統領張林者，力能挽兩石弓，隊將朱邦寧身長六尺，勇力過人，皆爲曦所忌，雖屢戰有功亦不加賞，林等憾之。時

林在罝口，邦寧在合江，巨源因與深相締結，并集忠義人朱福、陳安、傅檜之徒。

曦脅安丙爲丞相長史，丙稱疾，眉士程夢錫見丙，丙歎曰：「世事如此，世無豪傑！」夢錫因及巨源之謀。丙曰：「肯見我乎？」乃囑夢錫以書致巨源，延之臥所。巨源曰：「先生而爲逆賊丞相長史耶？」丙號哭曰：「目前兵將，我所知，不能奮起。必得豪傑，乃滅此賊，則丙無復憂。」巨源曰：「先生之意決乎？」丙指天誓曰：「若誅此賊，雖死爲忠鬼，夫復何恨！」巨源大喜，曰：「非先生不足以主此事，非巨源不足以了此事。」

當是時，李好義、好問亦結李貴、楊君玉、李坤辰凡數十人，坤辰邀巨源與好義會。巨源又大喜曰：「吾與安長史議以三月六日邀曦謁廟，合勇士刺之。」好義曰：「彼出則鯨巷，從衞且千人，事必難濟。聞熟食日祭東園，圖之此其時也。」巨源然之。好義願一見長史以爲信。巨源曰：「吾今先爲長史言之，來日僞宮，令長史問君先世是已。」巨源以告丙，明日，好義在僞宮見丙，揖之。丙曰：「鄉與尊父同僚，楊省幹盛談才略，且夕以職事相委。」其謀乃決。

君玉先屬其鄉人白子申擬詔，文不雅馴，巨源更爲之，例用合江倉朱記。巨源、好義憂事寖泄，遂以二月乙亥未明，好義率其徒入僞宮，巨源持詔乘馬，自稱奉使，入內戶，曦啓戶欲逸，李貴執殺之。衞者始拒鬭，聞有詔皆卻。巨源、好義迎丙宣詔，以曦首徇。三軍推丙





權四川宣撫使，巨源權參贊軍事。丙奏功于朝，以巨源第一，詔補承事郎。

巨源謂丙曰：「曦死，賊膽以破，關外四州爲蜀要害，盍乘勢復取。」好義亦以爲言。丙慮軍無見糧，巨源力言四州不取，必有後患，自請爲隨軍措置糧運。於是分遣好義復西和州，張林、李簡復成州，劉昌國復階州，孫忠銳復散關。俄詔巨源轉朝奉郎，與通判差遣，兼四川宣撫使司參議官。丙素惡忠銳，聞忠銳失守散關，檄其還，欲廢之，先命巨源偕邦寧以沔兵二千策應。巨源至鳳州，因忠銳出迎，伏壯士於幕後，突出斬之，并其子揆。丙遂以忠銳附僞賀表聞于朝，且待罪。

先是，獎諭誅叛詔書至沔州，巨源謂人曰：「詔命一字不及巨源，疑有以蔽其功者。」俄報王喜授節度使，巨源彌不平。時趙彥吶以在夔誅祿禧得州通判，巨源曰：「殺祿禧與通判，殺吳曦亦與通判耶？」以啓謝丙曰：「飛矢以下聊城，深慕魯仲連之高誼；解印而去彭澤，庶幾陶靖節之淸風。」又遣愬功于朝，而從興元都統制彭輅乞書遺韓侂胄，輅陽許而陰以白丙。或言巨源與其徒米福、車彥威謀爲亂，丙命喜鞫之，福、彥威皆抵罪。正將陳安復告巨源結死士入關，欲焚沔州州治，俟丙出則殺之。丙積前事，因欲去巨源，然未有以發也。

會巨源在鳳州以檄書遺金鳳翔都統使，其辭若用間者，且自稱宣撫副使而以參議官印印之。金以檄至丙。巨源方與金戰，敗於長橋，丙乃移書召巨源，巨源疑焉。有梁泉主簿高岳成者，巨源薦爲隨軍撥運，來見巨源，贊其歸，巨源信之。

時輅已至沔，六月壬申，巨源還幕府，丙密命輅收巨源。巨源殊不知，以爲謁己也，語畢，輅起，巨源送之賓次。武士就挽其裾，巨源猶叱之，則已爲驅至庭下。巨源大呼曰：「我何罪？」丙隔屏遣人謂之曰：「若爲詐稱宣撫副使？」命械送閬州獄。巨源曰：「我一時用間，異時必有爲我明其事。」丙餉以肴酒，巨源曰：「一身無媿，死且無憾；惟有妹未嫁，宣撫念之。」癸酉，巨源舟抵大安龍尾灘，將校樊世顯者呼於岸，巨源知將見殺，指其地而語之曰：「此好一片葬地。」世顯曰：「安有是？」舟行數步，謂曰：「宣參久渴，莫進杯酒？」巨源辭以不飲。又曰：「宣參荷械已久，盍少蘇？」巨源未及答，左右遽取利刀斷其頭，不絕者踰寸，遂以巨源自殰聞宣撫司。後數日，丙命瘞之。

巨源死，忠義之士爲之扼腕，聞者流涕，劍外士人張伯威爲文以弔，其辭尤悲切。巨源之屬吏也，李壁在政府，聞之曰：「嘻，巨源其死矣！」丙以人情洶洶，封章求免。楊輔亦謂丙殺巨源必召變，請以劉甲代之。初，巨源與好義結官軍，而丙密爲反正之計，各未相知，合巨源於好義者李坤辰，而合好義於丙者巨源也。巨源遺光祖書，述丙酬答之語，鋟梓競傳之，丙已弗樂，浸潤不已，積成此禍。

成忠郎李珙投匭，獻所作巨源傳爲之訟寃，朝廷亦念其功，賜廟褒忠，贈寶謨閣待制，





官其二子。制置使崔與之請官給其葬，加贈寶謨閣直學士、太中大夫。嘉熙元年，理宗特賜謚忠愍。子履正終大理卿、四川制置副使。

李好義，下邽人。祖師中，建炎間以白丁守華州，積官忠州團練使。父定一，興州中軍統制。好義弱冠從軍，善騎射，西邊第一。初以準備將討文州蕃部有功，開禧初，韓侂胄開邊，吳曦主師，好義爲興州正將，數請出精兵襲金人，曦蓄異謀，不納。未幾，關外四州俱陷，金人長驅入散關，曦受金人說，以蜀叛。好義自靑坊聞變亟歸，與其兄對哭，謀誅之。

會曦遣李貴追殺宣撫程松，貴語其徒曰：「程宣撫朝廷重臣，不可殺。」好義知其赤心，可以所謀告之。貴遂約李彪、張淵、陳立、劉虎、張海等，好義又密結親衞軍黃術、趙亮、吳政等。女弟夫楊君玉亦與知，好義戒言曰：「此事誓死報國，救四蜀生靈，愼毋泄。」留其母以質。好義兄弟謀曰：「今日人皆可殺曦，皆可爲曦，曦死後，若無威望者鎭撫，恐一變未息，一變復生。」欲至期立長史安丙以主事，蓋曦嘗授丙僞丞相，而丙託疾不往，故兄弟有是謀也。

既而君玉與李坤辰者來，坤辰因言丙亦與合江倉楊巨源陰結忠義欲圖曦。好義遂遣

君玉偕坤辰約巨源以報丙。丙大喜曰：「非統制李定一之子乎？此人既來，斷曦之臂矣。」遂與好義約二月晦舉事，見巨源傳。乃約彪、術、貴等七十有四人及士人路良弼、王芾。好義夜饗士，麾衆受甲，與好古、好仁及子姪拜決于家廟，囑妻馬氏曰：「日出無耗，當自爲計，死生從此決矣。」馬氏叱之曰：「汝爲朝廷誅賊，何以家爲？我決不辱李家門戶。」馬氏之母亦曰：「行矣，勉之！汝兄弟生爲壯夫，死爲英鬼。」好義喜曰：「婦人女子尙念朝廷不愛性命，我輩當如何？」衆皆踴躍。既行，小將祿禕引十卒來助，各以黃帛爲號。好義誓於衆曰：「入宮妄殺人、掠財物者死。」

時僞宮門洞開，好義大呼而入曰：「奉朝廷密詔，安長史爲宣撫，令我誅反賊，敢抗者夷其族。」曦護衞千兵皆棄梃而走，遂至僞殿東角小門，入世美堂，近曦寢室。曦聞外鬨，倉皇而起，露頂徒跣，開寢戶欲遁，見貴復止，以手捍內戶，貴前爭戶，戶紐折。曦走，貴追及，手執其髻，舉刃中曦頰，曦素勇有力，撲貴仆于地不能起。好義急呼王換斧其腰者二，曦負痛手縱，貴起遂斫其首。引衆擁曦首出僞宮，亟馳告丙宣詔，軍民拜舞，歡聲動天地，持曦首撫定城中，市不改肆。

好義請乘時取關外四州，巨源贊之，丙大喜。巨源輔行，王喜忌其能，沮之。好義曰：「西和乃腹心之地，西和下，則三州可不戰而復矣。今不圖，後悔無及。願得馬步千人，死



士二百，齎十日糧可濟。」丙從其請，忠義響應，次獨頭嶺，進士王榮仲兄弟率民兵會合夾擊，金人死者蔽路。十戰至山砦高堡，七日至西和。好義率衆攻城，親犯矢石，人人樂死，以少擊衆，前無留敵。金西和節使完顏欽奔遁，好義整衆而入，軍民歡呼迎拜，籍府庫以歸于官。

好義初欲乘勝徑取秦、隴以牽制淮寇，而宣撫司令謹守故疆，不得侵越，士氣皆沮。好義以中軍統制知西和州，卒。丙以勞績上于朝，特贈檢校少保，仍給田以贍其家。後吳獵爲請謚曰忠壯。好義喜誦孟子及左傳，以爲終身行此足矣。誅曦時，惟幼子植留家。迄事，人爭冒功賞，君玉欲注植名，好義指心曰：「惟此物不可欺。」

曦既誅，好義集于丙家，王喜後至，心懷邪謀，欲刃好義，丙力救解，然日以殺好義爲心。及好義守西和，喜遣其死黨劉昌國聽節制，好義與之酬酢，歡飲達旦，好義心腹暴痛洞瀉，而昌國遁矣。既殮，口鼻爪指皆青黑，居民莫不寃之，號慟如私親，摧鋒一軍幾至於變。既而昌國白日見好義持刃刺之，驚怖仆地，疽發而殂。

喜，曦大將也，貪淫狠愎，誅曦之日不肯拜詔，遣其徒入僞宮虜掠殆盡，又取曦姬妾數人。其後欲戕好義爲曦復讎，丙不能止，便宜處以節度使知興州，而恨猶未已。嘗出兵於船栅嶺，鋒未及交，棄軍先遁，金人遂由黑谷長驅入境。朝廷慮喜爲變，授節度使移荊鄂都



統制而死。

論曰：陳敏善守，畢再遇善戰。張詔出使不辱國，爲將得士心，趙汝愚薦爲武興帥，以其才足以制曦也。曦之畔，向非安丙、楊巨源、李好義之謀，西方之憂莫大焉。然丙卒以是殺巨源，何其娼疾而殘賊也？李好義失於周防，竟爲王喜所圖。宋知喜爲曦黨，既不能罪，又以節鎭賞之，幾何而不爲唐末之姑息以成藩鎭之禍乎？

## 校勘記

〔一〕忠靖郎　按本書卷一六九職官志、通考卷六四職官考，紹興以後階官，武階無「忠靖郎」，疑此有誤。

〔二〕京湖路招討使　按本書卷三二高宗紀、繫年要錄卷一九三，都作湖北京西制置使兼京西河北西路招討使。

〔三〕端明殿學士中大夫知興州安撫使兼四川宣撫副使　按魏了翁鶴山先生大全集卷四〇廣安軍和溪縣安少保生祠記，「安撫使」作「利州西路安撫使」。



〔四〕梁洋　原作「梁澤」。按梁、洋兩州，宋屬利州路，「澤」字誤，據上文及兩朝綱目卷一六改。

# 宋史卷四百三

## 列傳第一百六十二

### 趙方 賈涉 扈再興 孟宗政 張威

趙方字彥直，衡山人。父棠，少從胡宏學，慷慨有大志。嘗見張浚於督府，浚雅敬其才，欲以右選官之，棠不爲屈。累以策言兵事，浚奇之，命子栻與棠交，方遂從栻學。

淳熙八年舉進士，調蒲圻尉，疑獄多所委決。授大寧監敎授，俗陋甚，方擇可敎者親訓誘之，人皆感勵，自是始有進士。知靑陽縣，告其守史彌遠曰：「催科不擾，是催科中撫字；刑罰無差，是刑罰中敎化。」人以爲名言。

主管江西安撫司機宜文字，京湖帥李大性辟知隨州。南北初講和，旱蝗相仍，方親走四郊以禱，一夕大雨，蝗盡死，歲大熟。適和議成，諸郡寖弛備，方獨招兵擇將，拔土豪孟宗政等補以官。提舉京西常平兼轉運判官、提點刑獄。時劉光祖以耆德爲帥，方事以師禮，





自言：「吾性太剛，每見劉公，使人更和緩。」嘗請光祖書「勤謹和緩」四字，揭坐隅以爲戒。以金部員外郎召，尋加直祕閣，改湖北轉運判官兼知鄂州。升直煥章閣兼權江陵府，增修三海八匱，以壯形勢。進祕閣修撰、知江陵府、主管湖北安撫司事兼權荊湖制置司。

時金偪於兵，計其必南徙，日夜爲備。荆門有東西兩山險要，方築堡其上，增戍兵以遏其衝。進右文殿修撰。金樊快明謀歸宋，追兵至襄陽，方遣孟宗政、扈再興以百騎邀之，殺千餘人，金人遁去。權工部侍郎、寶謨閣待制、京湖制置使兼知襄陽府。諜知金人決意犯境，乃下防夏之令。金相高琪及其樞密烏古倫慶壽犯陳、光化、隨、棗陽、信陽、均州，方夜半呼其子范、葵曰：「朝廷和戰之說未定，觀此益亂人意，吾策決矣，惟有提兵臨邊決戰以報國耳。」遂抗疏主戰，親往襄陽。

金人圍棗陽急，方遣宗政、再興等援棗陽，仍增戍光化、信陽、均州，以聯聲勢。已而棗陽守趙觀敗金人於城外，再興、宗政至，與觀夾擊，又敗之，棗陽圍解。方申飭諸將，當遏於境上，不可使之入而後拒之于城下。時麥正熟，方遣兵護民刈之，令淸野以俟。再疏力陳不可和者七，戰議遂定。

金將完顏賽不入境，兵號十萬。方部分諸將，金人犯棗陽者，宗政敗之于尙家川；犯隨州者，劉世興敗之于磨子平。相持踰年，方調世興移師，與許國、再興援棗陽；張興、李雄韜援隨州。隨州圍解，再興等轉戰入棗陽。時宗政守城，伏兵城東，金人遇伏敗走。未幾再至，再興又敗之，自是無日不戰。金人三面來攻，宗政出東門，再興出南門，世興出北門，大合戰敗之。金人朝進莫退，力不能捍；諸將表裏合謀，國自南山進，張威自瀼河進，世興、李珙出城與國會，再興出城與威會，掎角追擊，金人遂潰。光化守潘景伯亦設伏敗金人于趙家橋，孟宗德〔一〕又破之于隨州鴨兒山，擒賽不妻弟王醜漢，金人遂誅賽不。方以功遷龍圖閣待制，封長沙縣男，賜食邑。

金人復大舉，命訛可圍棗陽，塹其外，繞以土城。方計其空巢穴而來，若擣其虛，則棗陽之圍自解。乃命國東向唐州，再興西向鄧州，又命子范監軍，葵後殿。時宗政在城中，日夜鏖戰，焚其攻具，金人不敢近城。西師由光化境出，砦于三尖山，拔順陽縣，金人率衆仰攻，大敗。再興與國兩道並進，掠唐、鄧境，焚其城柵糧儲。棗陽城堅，金頓兵八十餘日，方知其氣已竭，乃召國、再興還，併東師隸于再興，尅期合戰。再興敗金人于瀼河，又敗之城南，宗政自城中出夾擊，殺其衆三萬，金人大潰，訛可單騎遁，獲其貲糧、器甲不可勝計。進方煥章閣直學士。奏乞均官軍民兵廩給，自備馬者倍之。又奏：「使民兵夏歸，以省月給，秋復詣屯守禦。」從之。

方料金人數不得志于棗陽，必將同時並攻諸城，當先發以制之。命國、宗政出師向唐，





再興向鄧，戒之曰：「毋深入，毋攻城，第潰其保甲，燬其城砦，空其貲糧而已。」宗政進破湖陽縣，擒其千戶趙興兒；國遣部將耶律均與金人戰于比陽，戮其將李提控；再興破高頭城，大敗金兵，遂薄鄧州。唐州兵來援，迎敗之，降者踵至。已而金兵至樊城，方命再興陣以待之，方視其師；金人三日不敢動，遂遁。

金將駙馬阿海犯淮西，樞密完顏小驢屯唐州爲後繼。方先攻唐伐其謀，及使再興發棗陽兵擊其西，國發桐栢兵擊其東。再興敗金人于唐城，斬小驢，圍其城五匝，垂下。會蘄、黃繼陷，詔趣方遣救，方亟命國保鄂，再興援淮西。國還鄂州保江，再興軍至蘄之靈山，伺金人歸而擊之，土豪祝文蔚橫突入陣，金人大敗，國遣張寶將兵來會，李全等兵亦至，金人遂潰，再興追逐六十里，擒其監軍合答。進方顯謨閣直學士、太中大夫、權刑部尙書。

俄得疾，進徽猷閣學士、京湖制置大使 歸還，力疾犒師，第其功上之。病革，曰：「未死一日，當立一日紀綱。」引再興臥內，勉以協心報國。貽書宰相，論疆場大計。尋卒。是夕有大星隕于襄陽。以端明殿學士、正議大夫致仕，贈銀靑光祿大夫，累贈太師，謚忠肅。

方起自儒生，帥邊十年，以戰爲守，合官民兵爲一體，通制總司爲一家。持軍嚴，每令諸將飲酒勿醉，當使日日可戰。淮、蜀沿邊屢遭金人之禍，而京西一境獨全。嘗問相業於劉淸之，淸之以留意人才對。故知名士如陳晐、游九功輩皆拔爲大吏，諸名將多在其麾下。

若扆再興、孟宗政皆起自土豪，推誠擢任，致其死力，藩屏一方，使朝廷無北顧之憂。故其沒也，人皆惜之。子董、蘷、范、葵。范、葵有傳。

賈涉字濟川，天台人。幼好讀古書，慷慨有大志。以父任高郵尉，改萬安丞。寶應擇令，堂差涉至邑，請城之。役興，以憂去。金人犯光州，起涉竟前役。通判眞州，改大理司直、知盱眙軍。

淮人季先、沈鐸說楚州守應純之以招山東人，純之令鐸遣周用和說楊友、劉全、李全等以其衆至，先招石珪、葛平、楊德廣，通號「忠義軍」。珪等反，斃鐸于漣水，純之罷，通判梁丙行守事，欲省其糧使自潰。珪、德廣等以漣水諸軍度淮屯南渡門，焚掠幾盡。謂：「朝廷欲和殘金，置我軍何地？」丙遣李全、季先拒之，不止，事甚危。涉時在寶應，上書曰：「降附踵至，而金乃請和，此正用高澄間侯景遺策，恐山東之禍必移於兩淮。況金人所乏惟財與糧，若舉數年歲幣還之，是以肉啗餒虎，啗盡將反噬。至若忠義之人源源而來，不立定額，自爲一軍，處之北岸，則安能以有限之財應無窮之須？饑則噬人，飽則用命，其勢然也。」授淮東提點刑獄兼楚州節制本路京東忠義人兵。涉亟遣傅翼諭珪等逆順禍福，自以輕車抵山陽，





德廣等郊迎，伏地請死，誓以自新。

金太子及僕散萬忠、盧國瑞等數十萬大入，且以計誘珪等。涉慮珪等爲金用，亟遣陳孝忠向滁州，珪與夏全、時青向濠州，先、平、德廣趨滁、濠，李全、李福要其歸路，以傅翼監軍。數日，孝忠捷至，珪屢破金人，遂與先及李全趨安豐。時金人環百餘砦，攻具甫畢，珪等解其圍，李全挾僕散萬忠以歸，見李全傳。金人不敢窺淮東者六七年。

南渡門之變，平、德廣等實預，涉既受降，置弗問。平等尙懷異志，涉密使先以計殺之，而先之勢亦孤。忠義諸軍在漣水、山陽者既衆，涉慮其思亂，因滁、濠之役，分珪、孝忠、夏全爲兩屯，李全軍爲五砦，又用陜西義勇法涅其手，合諸軍汰者三萬有奇，涅者不滿六萬人，正軍常屯七萬餘，使主勝客，朝廷歲省費十三四。

涉又遣李全以萬人取海州，復取密、濰。王琳以寧海州歸，遂收登、萊二州。青州守張林以濱、棣、淄州降，又取濟、沂等州。自是恩、博、景、德至邢、洺十餘州相繼請降。涉傳檄中原：「以地來歸及反戈自效者，朝廷裂地封爵無所吝。」仍厲諸將，圖未下州郡。擢太府少卿、制置副使兼京東、河北節制。

金十餘萬衆犯黃州，淮西帥趙善湘請援于朝，涉遣李全等赴之，翟朝宗等爲後繼。丞相史彌遠擬升全留後，涉曰：「始全貧窶無聊，能輕財與衆同甘苦，故下樂爲之用。逮爲主帥，所爲反是，積怨既多，衆皆不平。近棄西城，免死爲幸；若無故升遷以驕其志，非全之福，亦豈國家之福。曷若待事定，與諸將同升可也。」金人破黃陷蘄，安慶甚危，全馳至，遂定。全至久長鎭，與京湖制置使趙方二子范、葵遇，掎角連戰俱勝，遣彭義斌等進至下灣渡，盡掩金人于淮。還權吏部侍郎。金人再犯淮西。先是，蘄州受圍，徐暉往援，乃鼓衆宵遁，金乘間登城，一郡爲血，前帥不敢問。涉斬暉以徇，諸將畏懼，無不用命，淮西之勢大振。

初，翟朝宗得玉璽獻諸朝，至是趙拱還，又得玉印，文與璽同而加大。朝廷喜璽之歸，行慶賞。涉遺書彌遠謂：「天意隱而難明，人事切而易見，當思今日人事尙未有可答天意者。昔之患不過亡金，今之患又有山東忠義與北邊，宜亟圖之。」彌遠不懌，李全卒以璽賞爲節度使。涉又言：「盜賊血氣正盛，官職過分，將有後憂。」彌遠不以爲然。涉曰：「朝廷但知官爵可以得其心，寧知驕則將至於不可勸邪？」

涉時已疾，力辭事任。値金人大入，彊起視事。金將時全、合達、孛朮魯答哥率細軍及衆軍三道渡淮，涉以合達善戰，乃命張惠當之。惠，金驍將，所謂「賽張飛」者，既歸宋，金人殺其妻，所部花帽軍，有紀律，它軍不及也。惠率諸軍出戰，自辰至酉，金人大敗，答哥溺死，陷失太半，細軍喪者幾二千。涉既病，乃以所獲京、河版籍及金銀牌銅印之屬上于朝。卒，





超贈龍圖閣學士、光祿大夫。

涉父偉嘗守開江，貽書丞相趙雄，極論武興守吳挺之橫，它日陛對，又乞裁抑郭棣、郭杲兵權，孝宗嘉納。後反爲所擠以沒。涉弱冠直父寃，不避寒暑，泣愬十年，至伏書闕下。子似道有傳。

扈再興字叔起，淮人也。有膂力，善機變。每戰，被髮肉袒徒跣，揮雙刃奮呼入陣，人馬辟易。金人犯襄陽、棗陽，京西制置使趙方檄再興等禦之。金人來自團山，勢如風雨。再興同孟宗政、陳祥分三陳，設伏以待。既至，再興中出一陳，復卻，金人逐之，宗政與祥合左右兩翼掩擊之，金人三面受敵，大敗，血肉枕藉山谷間。授神勁統制。又犯棗陽，再興率師赴援，金人聞風夜潰。既而益兵數萬復圍城，相持九十日。再興夜以鐵蒺蔾密布地，黎明佯遁，金人馳中蒺蔾者十踣七八。敵却走，追至十五里岡。已而金兵攻城東隅，薄南門北角，再興與宗政、劉世興各當一面，大戰數十合，大敗金兵。金帥完顏訛可擁步騎數萬傅城，再興與宗政縱之涉濠，半渡擊之；又令守埧者佯走，金人爭埧，急擊之，多墮水中。金人創對樓、鵝車、革洞，決濠水，運土石塡城下。再興募死士著鐵面具，披氈，列陳以待之。

金人計無所施而去，棄旗甲輜重滿野。大戰于范家莊，金人敗，追之至泊湖，禽其巡檢亢師禮酒、都監納蘭福昌，降其壯丁，獲牛馬甚衆。

自是與宗政、世興無日不戰。再興又破順昌縣，奪甲馬三千，破淅川鎮，殺金人三百，追至馬磴砦，焚其城柵。又敗其護駕騎軍于瀼河。入鄧州，破高頭，敗其步軍五千、騎軍五百，焚其積聚。遂營于高頭，進攻唐州，至三家河，金騎軍二千、步軍七千出城迎戰，又敗之，死者十七八，追及城下。金將從義者收殘騎三百奔城，再興據門拒戰，斬從義。遂圍唐州，分兵焚蕩州境，截其歸路，砦于久長，嚴陳以待之。搜勦殘兵，獲其副統軍廣威將軍衲褳達。金兵殲，乃斂髑髏立人頭堠。

尋以病卒。子世達亦以名將稱，官至都統制。

孟宗政字德夫，絳州人。父林，從岳飛至隨州，因家焉。宗政自幼豪偉，有膽略，常出沒疆場間。開禧二年，金將完顏董犯襄、郢，宗政率義士據險遊擊，奪其輜重。宣撫使吳獵奇之，補承節郎、棗陽令。京西路分趙方、吳柔勝皆薦其才，轉秉義郎、京西鈐轄，駐箚襄陽。嘉定十年，金人犯襄陽、棗陽，方檄宗政節制神勁、報捷、忠義三軍。宗政與統制扈再





興、陳祥分爲三軍，設覆三所，蹀血以戰，金兵敗走。尋報棗陽圍急，宗政午發峴首，遲明抵棗陽，馳突如神。金人大駭，宵遁。方時移帥京西，聞捷大喜，差權棗陽軍。初眡事，一愛僕犯新令，立斬之，軍民股栗。於是築隄積水，修治城堞，簡閱軍士。

十一年，金帥完顏賽不擁步騎圍城，宗政與再興合兵角敵，歷三月，大小七十餘戰，宗政身先士卒。金人戰輒敗，忿甚，周城開濠，四面控兵列濠外，飛鋒鏑，以絇鈴自警，鈴響則犬吠。宗政厚募壯士，乘間突擊，金人不能支，盛兵薄城，宗政隨方力拒。隨守許國援師至白水，鼓聲相聞。宗政率諸將出戰，金人奔潰。賜金帶，轉武德郎。

十二年，金帥完顏訛可擁步騎傅城，宗政囊糠盛沙以覆樓棚，列甕瀦水以隄火，募砲手擊之，一砲輒殺數人。金人選精騎二千，號弩子手，擁雲梯、天橋先登，又募鑿銀礦石工晝夜掐城，運茅葦直抵圜樓下，欲焚樓。宗政先燬樓，掘深坑，防地道；創戰棚，防城損；穿穽才透，即施毒煙烈火，鼓鞴以熏之。金人塹以濕氈，析路以刳土，城頹樓陷。宗政撤樓益薪，架火山以絕其路，列勇士，以長槍勁弩備其衝。距樓陷所數丈築偃月城，袤百餘尺，翼傅正城，深坑倍仞，躬督役，五日成。金人摘彊兵披厚鎧、氈衫、鐵面而前，又濕氈濡革蒙火山，覆以冰雪，擁雲梯徑抵西北圜樓登城。城中軍以長戈舂其喉，殺之；敢勇軍自下夾擊金兵，兵墜死燎焰。金將於後截其軍，拒馬揮刀迫前，自昕至昃，死傷踵接，梯橋盡燬。金人連不得志，俄乘順風渡濠，飛脂革燒戰棚，宗政激將士血戰，凡十五陣，矢石交，金兵死者千餘，弩子手十七八，射其都統殪。天反風，金人愈忿，砲愈急。會王大任領銳卒一千冒重圍轉鬥入城，內外合勢，士氣大振，賈勇入金營，自晡至三更，金人橫屍徧地，奪其銅印十有六，訛可棄帳走，獲輜重牛馬萬計。捷至，朝廷方錄前戰守功，升武功大夫兼閤門宣贊舍人，重賜金帶。

制置司以湖陽縣迫境金兵，檄宗政圖之。宗政一鼓而拔，燔燒積聚，夷蕩營砦，俘掠以歸。金人自是不敢窺襄、漢、棗陽。許國移金陵，宗政代爲荊鄂都統制，仍知棗陽。宗政以迫濠而陳，迺於西北濠外瀦水爲濘以限騎。中原遺民來歸者以萬數。宗政發廩贍之，爲給田、創屋與居，籍其勇壯號「忠順軍」，俾出沒唐、鄧間，威振境外。金人呼爲「孟爺爺」。俄病疽卒。轉右武大夫、團練使、防禦使。

宗政於有功者悉必賞，有罪者親必罰。好賢樂善，出於天性。未嘗學兵法，而暗與之合。死之日，邊城爲罷市慟哭。子珙，有傳。

張威字德遠，成州人。策選鋒軍騎兵也。軍中馬料多，西馬給米五石，騎軍利其餘以





自給。總領褒實裁抑，威逃去。帥郭杲使其父招之歸，送隆慶府後軍傚用。威貧甚，賣自給。或言其才勇，乃令戍邊。開禧用兵，威與金人戰輒捷，屢以功補本軍將領。

吳曦既誅，遣將收復。李貴復西和州，威率衆先登，敗金人，戰于板橋，遂取西和，升統制。由是威名大振。天水縣當金人西入路，乃升縣爲軍，命威爲守，屢立奇功，擢充利州副都統制。丁父憂，服除，帶御器械。久之，調荊鄂都統制、襄陽府駐箚，改沔州都統制。

嘉定十二年，金人分道入蜀，犯湫池堡〔三〕，又犯白環堡。威部將石宣、董炤連卻之。既而金人犯成州，威自西和退保仙人原。時興元都統制吳政戰死黃牛堡，李貴代政，亟走武休，金人已破武休，遂陷興元，又陷大安軍。

先是，利州路安撫使丁焴聞金人深入，亟遣書招威東入救蜀，又檄忠義總管李好古北上捍禦。好古出魚關與統領張彪遇，以彪棄迷竹關故，斬之。彪，威弟也。威聞彪死，按兵不進。焴聞之，謂僚佐曰：「吳政身死，李貴復以兵敗，金人所憚惟威。今好古擅殺其弟，失威心，奈何？且金人在東，非威地分，今可無好古，不可無威。」遂因好古入見，數其擅殺彪罪，斬之。遺書速威進救蜀，且使進士田遂往說之。威感激，夜半調發，鼓行而前，破金人于金斗鎮。金人雖敗未退，威頓兵不動，潛遣石宣等襲于大安軍，大破之。金人之來也，擇兩齒馬及精兵凡三千人，至是殲焉，俘其將巴土魯，大將包長壽聞之宵遁。

興元叛兵張福、莫簡作亂，以紅帕蒙首，號「紅巾隊」，焚利州，殺總領楊九鼎，破閬、果，入遂寧，遊騎在潼、漢界，將窺成都。制置司謂賊勢欲西，非威不可禦。乃遣威提精兵六千人，自劍、閬至廣漢，盛夏暑劇，休士三日。俄安丙檄威東進，時賊自遂寧入普州茗山，威進兵重圍，絕其糧道，晝夜迫之。未幾禽福等十七人戮之，簡自殺，賊遂平。

西夏來約夾攻金人，丙許之。遣王仕信會夏人于鞏，又命威與利帥程信、興帥陳立等分道並進。威向秦州。議初起，威謂：「金人尙彊，夏人反覆，未可輕動。」丙不聽，卒遣威，威黽勉而行，令所部毋得輕發，諸將至城下，無功而還。丙怒，奏罷其兵柄。是歲，卒于利州，終揚州觀察使。

威初在行伍，以勇見稱，進充偏裨，每戰輒克，金人聞其名畏憚之。臨陳戰酣，則精采愈奮，兩眼皆赤，時號「張紅眼」，又號「張鶻眼」，威立「淨天鶻旗」以自表。每戰不操它兵，有木棓號「紫大蟲」，圜而不刃，長不六尺，揮之掠陣，敵皆靡。荆、鄂多平川廣野，威曰：「是彼騎兵之利也，鐵騎一衝，吾步技窮矣，蜀中戰法不可用。」乃意創法，名「撒星陣」，分合不常，聞鼓則聚，聞金則散。騎兵至則聲金，一軍分爲數十簇；金人隨而分兵，則又鼓而聚之。倐忽之間，分合數變，金人失措，然後縱擊之，以此輒勝。威御軍紀律嚴整，兵行常若銜枚，罕聞其聲。每與百姓避路，買食物則買倍於市，迄無敢喧。晚以嗜欲多疾，故不壽云。





論曰：宋之南渡，邊將之才何其鮮哉！或曰「江南非用武之地」，然古之善兵者，若孫武子，亦吳人也。抑先王之世，文武無二道，文武既分，宜其才之各有所偏勝也。趙方少從張栻學，許國之忠，應變之略，隱然有尊俎折衝之風。其部曲如扈再興、孟宗政後皆爲名將，亦方之能獎率也。方之子范、葵，宗政子珙，後皆以功名自見，不愧其父，有足稱者。賈涉居方面，亦號有才，及其庶孽，竟至亡國，爲可歎也。張威者善於御衆，故所至立功云。

## 校勘記

〔一〕孟宗德　按上下文有「孟宗政」；邵經邦弘簡錄卷一二三趙方傳作「宗政又破之于隨州鴨兒山」，疑「宗德」爲「宗政」之誤。

〔二〕湫池堡　原作「狄池堡」，據本書卷四〇寧宗紀、兩朝綱目卷一五、卷一六改。

# 宋史卷四百四

## 列傳第一百六十三

### 汪若海　張運　柳約　李舜臣　孫逢吉　章穎　商飛卿　劉穎　徐邦憲

汪若海字東叟，歙人。未弱冠，遊京師，入太學。

靖康元年，金人侵擾，朝廷下詔求知兵者，若海應詔，未三刻而文成，擢高等。時已割河北地。其年冬，再犯京師，若海謂：「河北國家重地，當用河北以攬天下之權，不可怯懦以自守，閉關養敵，坐受其斃。」屬康王起兵相州，乃上書樞密曹輔，請立王爲大元帥，擁兵鎭撫河北，以掎金人之後，則京城之圍自解。輔大喜，卽以其書進欽宗，用爲參謀，遣如康王所。宰相何𣑯執異議，以道梗爲辭，不果遣。

京城失守，若海述麟爲書以獻。及二帝北行，袖書抗粘罕，請存趙氏。縋而出，謁康王於





濟州，謂神器久虛，異姓僭竊，宜蚤卽位，以圖中興。一日間三被顧問，補修職郎，充帳前差使。高宗既卽位，推恩改承奉郎，遷江南經制使，轉承事郎，監登聞檢院。五府交辟，改屬右府。

朝廷以張浚宣撫川、陝，議未決。若海曰：「天下者，常山蛇勢也，秦、蜀爲首，東南爲尾，中原爲脊。今以東南爲首，安能起天下之脊哉？將圖恢復，必在川、陝。」迺往見浚，極談終日，浚大驚，辟以自隨，以親老辭。繼論軍食，迕執政，通判沅州，以讒奪籍，謫英州。道出臨川，時節制江夏軍馬李允文擁衆數十萬，跋扈不用朝命，朝廷命招討使張俊屯江西，參謀官湯東野與若海故，得若海道中，喜甚。謂曰：「李允文懷反側，非君莫能開其自新。」若海卽馳往，諭以成敗逆順，示以朝廷威德，復談三策以動之，辭旨明暢。允文大感悟，卽舉軍東下。

若海復爲書招其徒張用、曹成、李宏、馬友同歸朝廷。用一見，以其衆二十萬解甲效順，惟成疑貳有他志，若海移書責之。成怒，將殺若海，若海夜宿王林軍帳，以計得林軍印，遂奪其衆五千人。翼日，成遂遁。若海遺宏書，使刺成以自歸；宏得書圖成而力不勝，復走長沙刺友，羣盜解散。若海遂以林五千人歸招討使張俊，俊乃班師凱旋，軍容愈盛。

時朝廷方出師，若海以爲爲國家者，當化盜賊爲我用，不可失英雄爲國患。因獻平寇策，朝廷悉用之。其後李宏爲劉忠所幷，死長沙；劉忠爲韓世忠所破，走劉豫；曹成走廣



中華書局

而復降，湖湘遂安。尋復承務郎、監潭州南岳廟、通判辰州。

紹興九年，復三京，祗謁陵寢，事還，以前功，旬月四遷至承議郎、通判順昌府。金人奄至，太尉劉錡甫至，衆不滿三萬，遣人丐援于朝，無敢往者。若海毅然請行，具述錡明方略，善用兵，以偏師濟之，必有成功，朝廷從之，金兵果敗去。辟淮北宣撫司主管機宜文字。拓皐之役，復以勞兩轉至朝散郎、通判洪州，未上，丁內艱。服除，添差通判信州。秩滿，還湖北帥司參議。知道州，陛辭得對，上曰：「久不見卿，卿向安在？」授直秘閣、知江州，丁父憂。時方經略中原，朝廷議起若海，而若海死矣。

若海豁達高亮，深沈有度，恥爲世俗章句學，爲文操紙筆立就，蹈厲風發。高宗嘗以片紙書若海名諭張浚曰：「似此人材，卿宜收拾。」會浚去國，不果召。

張運字南仲，信之貴溪人，唐宰相文瓘之後。父貫，右通直郎，累贈太中大夫。運年二十五，以太學生登宣和三年進士第，賜同上舍出身，調桂陽監藍山縣丞。縣闕令，運攝縣事。縣與諸獠接壤，因俗爲治，吏民安之。臨武寇與諸獠合，大剽掠，運親帥兵禽之。遷潭州攸縣尉。高宗南渡，劇賊王在據岐山，潭帥徵兵戍岳，運將二千人先至岳。賊平，改臨江





新淦丞。縣新被兵，令不能支，沿江撫諭使張匯劾罷之，以運攝縣事。運撥煨燼，考版籍，正租賦，數月之間，斂除而民定。

紹興五年，通判鼎州。賊楊么、黃誠擁衆數萬，殘破城邑，跳梁湖北。高宗遣張浚以都督董師，岳飛以招討舉兵擊之，賊率輕銳徑趨武溪南興，以臨鼎州，城中大震。運與太守程昌寓勒兵登城，控扼上下，以張其勢，賊宵潰。澧賊雷德進柵險稱亂，帥檄運討之。運將都統梁吉等率兵直擣其巢，破四十二柵，降其衆。

移武濡須。金人犯廬、壽等州，大將駐兵淮壖以拒之，運給餉未嘗乏絕。歲餘，以親老還江東，寓居鄱。既而丁母及父憂，服除，起知桂陽監。五月而境內稱治，與部使者奏升監爲軍。大修庠序之教，祠漢以來守令有功德於桂陽者衞颯、唐羌等七人于學，刻續顏氏家訓、四時纂要等書，散之民間，使之脩德而務本。召入對，除知達州。方大旱，入境而雨。奏除病民五事。

召爲度支郎中。臨安樓店務錢歲三十餘萬緡，請以十萬歸省額。戶部所儲三佛齊國所貢乳香九萬一千五百斤，直可百二十餘萬緡，請分送江、浙、荆湖漕司賣之，以糴軍餉。及陳諸路綱運七弊，懲革十術，遠近遞輸以均勞逸。事皆施行。兼樞密院檢詳，遷軍器監。尋改大理少卿，請正兩浙鹽法，以寬私鬻之禁。紹興永裕、昭慈二陵官地與民犬牙相入，請縣重價聽民持券獻納，以免誤犯之罪。尤明於治獄，獄爲之空。

拜刑部侍郎，言：「諸斥逐累赦未還者，宜從湔洗。諸申請條制，多重複牴牾，失於太煩。諸編置不以赦原、不以蔭論之類，失於太重。外路刑獄三經翻異，移送大理，刀鋸數施，非所以示遠。」及諸不便，皆從之。又請廣儲蓄，興鼓鑄，脩屯田，作鄉兵，亦皆聽納。兼權戶部侍郎。時久雨傷蠶麥，及邊報有警，詔侍從臺諫陳弭災禦侮之策。運言：「天災人事，有甚可畏而不足畏者，視吾政之脩不脩；有甚可憂而不足憂者，視吾自治之善不善。」及「宜邊淮建三大鎭以守之」。

會金人渝盟，特遷戶部侍郎，以專餽餉。丞相陳康伯議遣李寶自四明控制海道，衆論紛紜，運直入贊決，以爲上策，金人果敗走。因上疏：「乞降詔撫將士，蠲租賦，遣信使，結豪傑，堅城守，督漢中將士趨關陝以制其後。置四鎭三帥於兩淮、襄漢之間以爲內固，以圖進取。」以御營隨軍都轉運使從上勞師江上。及駕還，因入對，固請補外。乃授集英殿修撰、出知太平州。當兵饑疾癘之餘，殫勞徠安輯之方，嚴斥堠攻守之備。理財賦，造戰艦，繕甲兵，申禁令，民賴以安。

孝宗既受禪，運亦請老，以敷文閣待制提舉江州太平興國宮，尋授廣東經略，不赴，乃復祠祿。乾道七年，鄱大饑，運首發粟二千石以振之，自是民爭出粟以濟。連上章致政，不





許，以疾卒。贈少師、左光祿大夫，官其後三人。嘉定六年，贈開府儀同三司。

柳約字元禮，秀州華亭人。大觀三年上舍進士，試中學官，爲霸州教授。徙睦州，入爲辟雍正。遷博士，改宣議郎，充廣親宅宗子博士。約深於經學，屬辭粹微，大爲學者師慕。提舉福建鹽事(二)，召對，論內外學政，次乞罷內外官到堂日投牒求官，以厚風俗。授秘書省校書郎，進著作佐郎、徽州司錄，改通判宿州，召拜監察御史。靖康初，兼權殿中侍御史，論三鎭不可棄。改尚書工部員外郎，進左司員外郎。父憂去官，服除，以直顯謨閣充御營司參謀官，遷太常少卿。

高宗將幸平江，約疏言「兵可進，毋退以示怯於敵」。乃以直龍圖閣知台州，未赴，徙嚴州，兼浙西兵馬都監、節制管內軍馬。當是時，金人大入，杜充擁衆北去，列郡震恐，莫有奔問官守者。約於橫潰中屹保孤城，悉力扞禦。境內按堵，則慨然上書，請糾合諸郡克復與會。上嘉其忠，進右文殿修撰，守郡如故。詔以軍興費出無藝，吏慢弗虔，柳約獨謹賦輸，率先程督，進秩一等。又詔：「約郡當兵衝，而能不辭難、不避事，益嚴列柵，保綏一方，朕甚嘉之。其以約充集英殿修撰。」召入對，獎勞再三，擢權戶部侍郎。

約於是感激盡言，凡例外宣索，皆執奏不進。論「吳幵等罪未正，非所以厲臣節。諸大將提兵入覲，各名其家，將有尾大不掉之患」。皆人不敢言者。又言：「軍興科需百出，望官戶名田過制者，與編戶均一科敷。請增諸路酒錢，其半令提刑司樁管，以備軍費。」皆從之。會高麗請修貢，議遣使報聘，上顧廷臣無出約右，加試戶部侍郎充其選，且將大用。當路忌之，諷言者誣以事，罷爲提舉太平觀。居七年，復秘閣修撰。

金人歸侵疆，起知蔡州，被命而往，一無顧避。既而金人渝平，傳檄河南，守臣皆舉城降，約獨遣使數輩於武昌，得報而後返。未幾，以敷文閣待制食祠祿。十有五年，卒。贈四官。

約天性至孝，母病甚，泣禱于天，願損壽以益親壽。母尋愈，約竟先母兩月卒。

李舜臣字子思，隆州井研人。生四年知讀書，八歲能屬文，少長通古今，推迹興廢，洞見根本，慨然有志於天下。

紹興末，張浚視師江、淮，舜臣應詔上書，言：「乘輿不出，無以定大計，宜徙幸武昌。」又謂：「江東六朝皆嘗取勝北方，不肯乘機爭天下，宜爲今日監。」著江東勝後之鑑十篇上之。中乾道二年進士第。時朝廷既罷兵，而爲相者益不厭天下望。舜臣對策，論金人世





讎，無可和之義，宰輔大臣不當以奉行文字爲職業。考官惡焉，紬下第，調邛州安仁縣主簿。歲大侵，飢民千百持鉏棘大呼，響震邑市，令懼閉門。舜臣曰：「此非盜也，何懼爲？」亟出慰勞遣之。

教授成都府。時虞允文撫師關上，辟寘幕府，用舉者改宣教郎、知饒州德興縣，專尚風化。民有母子昆弟之訟連年不決，爲陳慈孝友恭之道，遂爲母子兄弟如初。間詣學講說，邑士皆稱「蜀先生」。罷百姓預貸，償前官積逋踰三萬緡。民病差役，舜臣勸糾諸鄉，以稅數低昂定役期久近爲義役。期年役成，民大便利。銀坑罷雖久，小戶猶敷銀本錢，官爲償之。天申大禮助賞及軍器所需，皆不以煩民。

幹辦諸司審計司，遷宗正寺主簿，重修裕陵玉牒。當曾布、呂惠卿初用，必謹書，或謂非執政除免，格不應書。舜臣曰：「治忽所關，何可拘常法。」他所筆削類此。尤邃於易，嘗曰：「易起於畫，理事象數，皆因畫以見，舍畫而論，非易也。畫從中起，乾坤中畫爲誠敬，坎離中畫爲誠明。」著本傳三十三篇。朱熹晚歲，每爲學者稱之。所著書羣經義八卷、書小傳四卷、文集三十卷、家塾編次論語五卷、鏤玉餘功錄二卷。子心傳、道傳、性傳。以性傳官二府，贈太師、追封崇國公。

孫逢吉字從之，吉州龍泉人也。隆興元年進士第，授郴州司戶。乾道七年，太常黃鈞薦於丞相虞允文、梁克家，將處以學官，逢吉竟就常德教授以歸。李燾、劉珙、鄭伯熊、劉焞相繼薦之，知萍鄉縣，以治最聞。除諸軍審計司、國子博士。遷司農寺丞兼實錄院檢討官。紹熙元年，遷秘書郎兼皇子嘉王府直講。

二年春二月，雷雪之沴交作，詔求直言，疏八事：去蔽諛，親講讀，伸論駁，崇氣節，省用度，惜名器，拔材武，飭戎備。擢爲右正言，建言：「都城之民，安居憚徙。宗戚營繕寖廣，每建一第，撤民居數百，咨怨者多。」時親王方更造樓觀未已，聞之，亟令罷役。浙漕沈詵見逢吉，謝曰：「非正言，漕計殆不可支。」初，工部侍郎兼知臨安府潘景珪結貴倖以進，司諫鄧馹屢疏其罪，景珪反以計傾之，除馹匠監。逢吉曰：「優遷其官而罷言職，後來者且以言爲戒。」兩疏乞收馹新命，不報；併劾景珪脅持臺諫，蔑視朝綱，景珪遂罷。在諫垣七十日，章二十上，詞旨剴切，皆人所難言者。改國子司業，求去，爲湖南提刑。以秘書監召，兼吏部侍郎。俄爲孝宗攢宮按行事。

朱熹在經筵持論切直，小人共不便，潛激上怒，中批與祠。劉光祖與逢吉同在講筵，吏請曰：「今日某侍郎輪講，以疾告，孫侍郎居次，請代之。」逢吉曰：「常所講論語，今安得卽有





講義？」已而問某侍郎講義安在，取觀之，則講詩權輿篇刺康公與賢者有始而無終，與逐朱熹事相類，逢吉欣然代之講。因於上前爭論甚苦。上曰：「朱熹言多不可用。」逢吉曰：「熹議祧廟與臣不合，他所言皆正，未見其不可用。」寖失上意。

會彭龜年論韓侂胄專僭，出補郡。逢吉入疏曰：「道德崇重，陛下所敬禮者無若朱熹；志節端亮，陛下所委信者無若彭龜年。熹既以論侂胄去，龜年復以論侂胄絀，臣恐賢者皆無固志。陛下所用皆庸鄙憸薄之徒，何以立國？」侂胄見而惡之。丞相趙汝愚既罷，侂胄專國。一日從臣扈從重華宮，上行禮畢，駕興，扈從者出宮門上馬，忽傳呼侂胄至，扈從者卻入，斂板甚恭。逢吉曰：「既出復入揖，臣子事君父之禮當如是耶？」不揖而去。

會部中會食，吏密報優人王喜除閤職。逢吉卽言：「於上前效朱侍講進趨以儒爲戲者，豈可令汙閤職？」卽抗疏力爭之。同列密以告侂胄。時王喜之命實未出，遂以誣詆，出知太平州。丐祠，提舉江州太平興國宮。起知贛州，已屬疾，卒，謚獻簡。弟逢年、逢辰，皆有文學行義，時稱「孫氏三龍」。

章穎字茂獻，臨江軍人。以兼經中鄉薦。孝宗嗣服，下詔求言，穎爲萬言書附驛以聞，

禮部奏名第一，孝宗稱其文似陸贄。調道州教授，作周敦頤祠。會宜章寇爲亂，郡僚相繼引去，穎獨留。寇平，郡守以功入爲郎，奏穎有協贊之功，可大用。乃召對，除太學錄。禮部正奏第一人，初任卽召對者自穎始。時樞密都承旨王抃以言者奉外祠。穎復言其風金使過求，欲已任調護以爲功。孝宗謂其言太訐，久之不遷。及奏考試官，孝宗曰：「章穎可。」乃知上猶記其讜論也。頃之，遷太學博士。丁內艱，服闋，添差通判贛州，除太常博士。

御史中丞何澹聞繼母訃，引不逮事之文，穎定議解官，澹猶未決去，乞下侍從朝列集議。太學諸生攻之曰：「朝廷專設奉常，議禮之所由出也。今不從議禮所由出之地，反以議禮不公，而欲侍從朝列集議，豈將啓逢迎希合，而爲苟留進身之計乎？」除左司諫，時左相留正去，右相葛邲當國，穎論邲不足任大事，凡二十餘疏。從官議欲超除穎，俾去言職，庶可兩留。光宗曰：「是好諫官，何以遷之？」邲始出。穎屢疏請上問安重華宮，悉焚其槀。

寧宗卽位，除侍御史兼侍講，尋權兵部侍郎。韓侂冑用事，穎侍經幄。上曰：「諫官有言及趙汝愚者，卿等謂何？」同列謾無可否，穎奏言：「天地變遷，人情危疑，加以敵人嫚侮，國勢未安，未可容易進退大臣，願降詔宣諭汝愚，無聽其去。」不報。奏請待罪，與郡；御史劾穎阿黨，罷。太學生周端朝等六人伏闕，辨汝愚被誣，且謂章穎言發於忠，首遭斥逐。端





朝等皆被罪，自是黨論遂起矣。

穎家居久之，起知衢州，侍御史林行可劾罷之。尋知贛州，御史王益祥復劾，寢其命，再祠，需次知建寧府。侂冑誅，除集英殿修撰。累遷刑部侍郎兼侍講，對延和殿，上歎曰：「卿爲權臣沮抑甚久。」穎乞修改甲寅龍飛事迹誣筆。除吏部侍郎，尋遷禮部尚書，升侍讀。詔穎以紹熙、慶元譙令憲玉牒辨誣，余端禮、趙彥逾甲寅龍飛記及趙汝愚當時所記事，考訂削誣，從實上之。丐去，奉祠。以嘉定十一年卒，年七十八。

穎操履端直，生平風節不爲窮達所移。雖仕多偃蹇，而淸議與之。方黨論之興，朱熹遺以書，略曰：「世道反覆，已足流涕；而握其事者怒猶未已，未知終安所至極耶？然宗社有靈，公論未泯，異日必有任是責者，非公吾誰望耶？」贈光祿大夫，謚文肅。

商飛卿字翬仲，台州臨海人。淳熙初，由太學登進士第，任無爲軍教授，累官至工部郎官。時韓侂冑柄國，氣焰薰灼，飛卿既至，未嘗輒一造請，踰月卽丐去，提舉福建路常平茶鹽事。擢監察御史，以言事迕侂冑，罷爲奉常。請外，以秘閣修撰爲荆湖南路轉運判官。後改司農卿，總領江東、淮西軍馬錢糧。金陵故有帥、漕治所，合戎騎二帥、留鑰、內侍，號六司，宴飲饋遺，費動萬計。飛卿以身率儉，節縮浮苛，糧饟時斂散，稍稍以裕聞。開禧中，就擢戶部侍郎。侂冑將舉師，嘗問餉計豐約，飛卿以實告。比調遣浩繁，不克支，屬有旨俾飛卿軍前傳宣撫勞，値金兵大至，幾不免，以憂卒。

劉穎字公實，衢州西安人。紹興二十七年進士，調溧陽主簿。時張浚留守建康，金師初退，府索民租未入者，穎白浚言：「師旅之後，宜先撫摩，當盡蠲逋賦。」浚喜，卽奏閣免，由是知之，遣其子栻與游。教授全州，改官知鉛山縣，以外艱去。再知常熟縣，簽判潭州。王佐爲帥，負其能，盛氣以臨僚吏，穎約以中道，多屈而改爲。及陳峒反，所擒賊多穎計策，帥上其功，曰：「簽判宜居臣上。」召監進奏院，進太常寺主簿，遷丞，兼兵部郎官。

提舉浙西常平茶鹽，還澱山湖(三)，以泄吳松江，二水禁民侵築，毋使逼塞大流，民田賴之。就遷提刑，以洗冤澤物爲任，間詣獄，察不應繫者縱遣之。御史以介僻劾罷。除江西運判。江州德化縣田逃徙太半，守乞蠲稅，不報。穎以見種之稅均於荒萊，民願耕者第減之，上供自若，而逃田盡復。

除直秘閣、淮東轉運副使。初，水敗楚州城，修補未竟，劉超欲移築，穎因接伴金國使，





入對言：「國家何苦捐百萬緡爲軍帥幸賞地邪？」光宗從之。除戶部郎中、淮東總領。務場以額鈔抵賞，陰耗餉計，二十年無知此弊者，穎究覈得之，以所賣數論賞而總餉增羨，遷司農少卿、淮西總領。前主計者請自爲都釀，抱淨息而利贏餘，其後稍虧，反以大軍錢佐之，邀糴江、淮，回易如負販狀。穎以爲失王人之體，遂罷之。內府宣限旣迫，每移供軍錢以應歲輸。穎蒐吏弊，汰冗員，分月綱解，自是不復那移。

尋除直寶謨閣、江東運副、知平江府，皆未行。除宗正少卿，遷起居郎兼實錄院檢討官，權戶部侍郎，升同修撰。以疾丐祠，提舉興國宮。除集英殿修撰、知寧國府，改知紹興府。未幾，知平江府，徑歸，提舉興國宮。起知泉州，升華文閣待制，請興國祠以歸。興國祠滿，除敷文閣待制致仕。嘉定改元，召赴行在，落致仕，除刑部侍郎，辭，進龍圖閣待制、知婺州。請老，以寶謨閣直學士致仕。六年，卒于家，年七十八。贈光祿大夫。

在孝宗朝，人臣爭承意自獻。穎奏：「今日之失在輕聽人言，昔之施爲，今復棄置；大損盛德。」孝宗嘉納之。光宗時，論人主難克而易流者四：曰逸豫無節，賜予無度，儒臣易疎，近倖易昵。寧宗時，學禁初起，黨論日興。穎奏：「願陛下御之以道，容之以德，不然，元祐、崇、觀之事可鑒也。」其言皆切中於時。

自浙西請外，凡徙麾節十餘年，有以淹速訊之，穎笑曰：「吾所欲也。」其在從班日，韓侂

胄舊與周旋無間，方居中用事，而顥謝絕之。常言：「士以不辱身爲重。」其爲少宗正，而丞相趙汝愚適歸，相遇於廢寺，泥雨不能伸足，但偕床立語曰：「寄謝余參政，某雖去而人才猶在朝廷，幸善待之。」顥曰：「相公人才卽參政人才也，使果賢，參政之責，非宰相之憂也。」余參政，端禮也。余繼相，卒於善類多所全佑，顥之助云。

徐邦憲字文子，婺州義烏人。幼穎悟，從陳傅良究名物義理，以通史傳百家之書。紹熙四年，試禮部，第一人登進士第。三遷爲祕書郎。

韓侂胄開兵端，同惡附和，無敢先發一語議其非者，邦憲獨首言之。丐外，知處州，陛辭，力諫用兵不可太驟。再歲召還，言：「求名義以息兵，莫若因建儲而肆赦，借殊常之恩，爲弭兵之名，因行赦宥，大霈德澤。東委宣諭，西委宣撫，洗弄兵之咎，省戍邊之師；發倉粟以賑餓殍，及農時而復民業。如此則建儲之義，正與息兵相爲表裏也。」

又上侂胄書，侂胄惡其言，嗾御史徐柟擊之，鐫秩罷祠。未幾復官，除江西憲，改江東漕，以戶部郎爲淮西總領。侂胄已誅，尙書倪思舉邦憲自代。召對，上言：「今日更化，未可與紹興乙亥同論。秦檜專權，天下猶可以緝理，今侂胄專權，天下敗壞盡矣。」除倚右郎兼





太子侍講，除左司，爲金賀正使接伴。除宗正少卿，回權工部侍郎、知臨安府。丐祠，知江州，奏乞郡，得節制屯戍兵，至郡疾，以寶謨閣待制致仕，卒于官，年五十七，謚文肅。

論曰：汪若海、柳約仕於南渡播遷之時，其志將以尊君父，故讀其譽書而悲之。張運、李舜臣職舉事修，遺愛在民。孫逢吉、章穎辨正人之非邪，正學之非僞，君子哉！商飛卿、劉穎、徐邦憲皆有立於權臣柄國之日，卓乎不爲勢利所移，故能爾耶！

## 校勘記

〔一〕提舉福建鹽事　周必大周益國文忠公集卷二九柳約神道碑作「提舉福建路學事」，下文又有「論內外學政」語，疑「鹽」爲「學」字之誤。

〔二〕瀫山湖　原作「瀫水湖」，據本書卷九七河渠志、袁燮絜齋集卷一二羅點行狀改。

# 宋史卷四百五

## 列傳第一百六十四

### 李宗勉　袁甫　劉黻　王居安

李宗勉字彊父，富陽人。開禧元年進士。歷黃州教授、浙西茶鹽司、江西轉運司幹官。嘉定十四年，主管吏部架閣，尋改太學正。明年爲博士，又明年遷國子博士。寶慶初，添差通判嘉興府。三年，召爲祕書郎。

紹定元年，遷著作郎。入對，言邊事宜夙夜震懼，以消咎殃。明年，兼權兵部郎官。時李全叛謀已露，人莫敢言，宗勉獨累疏及之。又言：「欲人謀之合，莫若通下情。人多好諛，揣所悅意則侈其言，度所惡聞則小其事。上既壅塞，下亦欺誣，則成敗得失之機、理亂安危之故，將孰從而上聞哉？不聞則不戒，待其事至乃駭而圖之，抑已晚矣。欲財計之豐，莫若節國用。善爲國者常使財勝事，不使事勝財。今山東之旅，坐糜我金穀，湖南、江右、閩中





之寇，蹂踐我州縣，苟浮費泛用，又從而侵耗之，則漏卮難盈，蠹木易壞。設有緩急，必將窘於調度，而事機失矣。欲邦本之固，莫若寬民力。州縣之間，聚斂者多，椎剝之風，浸以成習。民生窮蹙，怨憤莫伸，嘯聚山林，勢所必至。捄焚拯溺，可不亟爲之謀哉？」尋改兼侍右郎官。明年入對，言天災甚切。

四年，差知台州。明年，直秘閣、知婺州。六年冬，召赴行在，未行。端平元年，進直寶章閣，依舊任。越月，以宗正丞兼權右司召，改倚左郎官，兼職仍舊。尋兼左司。五月，面對，言四事：「守公道以悅人心，行實政以興治功，謹命令以一觀聽，明賞罰以示勸懲。」次言楮幣：「願詔有司，始自乘輿宮掖，下至百司庶府，覈其冗蠹者節之，歲省十萬，則十萬之楮可捐，歲省百萬，則百萬之楮可捐也。行之既久，捐之益多，錢楮相當，所至流轉，則操吾贏縮之柄不在楮矣。」

拜監察御史。時方謀出師汴、洛，宗勉言：「今朝廷安恬，無異於常時。士卒未精銳，資糧未充衍，器械未犀利，城壁未繕修。于斯時也，守禦猶不可，而欲進取可乎？借曰今日得蔡，明日得海，又明日得宿、亳，然得之者未必可守。萬一含怒蓄忿，變生倉猝，將何以濟？臣之所陳，豈曰外患之終不可平、土宇終不可復哉？亦欲量力以有爲、相時而後動耳。願詔大臣，愛日力以修內治，合人謀以嚴邊防，節冗費以裕邦財，招彊勇以壯國勢。仍飭沿邊

將帥，毋好虛名而受實害，左控右扼，毋失機先。則以逸待勞，以主禦客，庶可保其無虞。若使本根壯固，士馬精彊，觀釁而動，用兵未晚。」已而洛師潰，又言：「昔之所慮者在當守而冒進，今之所慮者在欲守而不能。何地可控扼，何兵可調遣，何將可捍禦，何糧可給餉，皆當預作措畫。」又言內降之敝，大略謂：「王府后宅之宮僚，戚里奄寺之恩賞，綸綍直下，不經都省，竿牘陳請，時出禁廷，此皆大臣所當執奏。夫先事而言，見幾而諫，不可謂之專。善則行之，否則止之，不可謂之專。命出君上，政歸中書，不可謂之專。苟以專權爲嫌，不以救過爲急，每事希旨迎合，迨其命已下，闕失已彰，然後言事之人從而論列之，其累聖德亦多矣。況言之未必聽，聽之未必行乎？」

進左司諫。明年春，兼侍講。首言：「均、房、安、蘄、光、化等處兵禍甚烈，然江面可藉以無憂者，猶有襄州，今又告變矣。襄州失則江陵危，江陵危則長江之險不足恃。昔之所慮猶在秋，今之所慮者祇在旦夕。江陵或不守，則事迫勢蹙，必有存亡之憂，悔將何及？」拜殿中侍御史。時淮西制置使兼沿江制置副使史嵩之兼知鄂州，就鄂建牙。宗勉言：「荆、襄殘破，淮西正當南北之交，嵩之當置司淮西，則脈絡相連，可以應援，邈在鄂渚，豈無鞭不及腹之慮。若云防江爲急，欲藉嵩之於鄂渚經理，然齊安正與武昌對，如就彼措置防扼，則藩籬壯而江面安矣。所謂欲保江南先守江北也。當別擇鄂守，徑令嵩之移司齊安。」





詔侍從、兩省、臺諫條陳邊事，宗勉率合臺奏：「蜀之四路，已失其二，成都隔絕，莫知存亡。諸司退保夔門，未必能守。襄漢昨失九郡，今郢破，荆門又破，江陵孤城，何以能立？兩淮之地，人民奔迸，井邑丘墟，嗚呼危哉！陛下誠能亟下哀痛之詔，以身率先，深自貶損，服御飲宴，一從簡儉，放後宮浮食之女，罷掖庭不急之費，止錫賚，絕工役，出內帑儲蓄以風動四方。然後勸論戚畹、世臣，隨力輸財，以佐公家之調度。分上流淮西、淮東爲三帥，而以江淮大帥總之。或因今任，或擇長才，分地而守，聽令而行。以公私之財分給四處，俾之招潰卒，募流民之彊壯者，以充遊兵，以補軍籍。仍選沿流諸郡將士爲捍禦之圖，猶可支吾。不然將水陸俱下，大合荆楚之衆，擾我上流，江以南震蕩矣。或謂其勢彊盛，宜於講和，欲出金繒以奉之，是抱薪救火，空國與敵矣。」

進工部侍郎兼給事中，仍侍講。復上疏言：「陛下憂勤於路朝之頃，而入爲宴安所移；切劘於廣廈之間，而退爲便佞所惑。不聞減退宮女，而嬪嬙已溢於昔時；不聞褒錄功臣，而節鉞先加於外戚；不聞出內貯以犒戰士，而金帛多靡於浮費。陛下之舉動，人心所視以爲卷舒者也。陛下既不以爲憂，則誰復爲陛下憂。」擢諫議大夫兼侍讀。首言邊事當增兵防托上流。又言：「求諫非難而受諫爲難，受諫非難而從諫爲難。苟聞之不以爲戒，玩之不以爲信，卒使危言鯁論，無益於世用，無捄於時危，其與拒諫者相去一間耳。」

進端明殿學士、同簽書樞密院事。未幾，進簽書。時王檝復求歲幣銀絹各二十萬，宗勉言：「輕諾者多後患，當守元約可也。然比之開禧時，物價騰踊奚啻倍蓰矣。」史嵩之開督府，力主和議，宗勉言：「使者可疑者三。嵩之職在督戰，如收復襄、光，控扼施、澧，招集山砦，保固江流，皆今所當爲。若所主在和，則凡有機會可乘，不無退縮之意，必至虛捐歲月，坐失事功。」

進參知政事。及拜左丞相兼樞密使，守法度，抑僥倖，不私親黨，召用老成，尤樂聞讜言。趙汝騰嘗以宗勉爲公清之相。以光祿大夫、觀文殿大學士致仕，卒，贈少師，謚文清。

袁甫字廣微，寶文閣直學士燮之子。嘉定七年進士第一。簽書建康軍節度判官廳公事，授祕書省正字。入對，論「君天下不可一日無懼心。今之可懼者，大端有五：端良者斥，諂諛者用，杜忠臣敢諫之門，可懼也；兵戈既興，餽餉不繼，根本一虛，則有蕭牆之憂，可懼也；陛下深居高拱，羣臣奉行簿書，獨運密謀之意勝，而虛心咨訪之意微，天下迫切之情無由上聞，可懼也；外患未弭，內患方深，而熙熙然無異平時，自謂雅量足以鎮浮，不知宴安實爲鴆毒，可懼也；陛下恭儉有餘，剛斷不足，庸夫憸人，苟求富貴，而未聞大明黜陟，軍帥





交結，州郡賄賂，皆自貴近化之，可懼也。其它禍幾亂萌，不可悉數，將何以答天譴、召和氣哉？」次乞嚴守帥之選，併大軍之權，興屯田之利。

遷校書郎，轉對，言「邊事之病，不在外而在內。偷安之根不去，規摹終不立；壅蔽之根不去，血脈終不通；忌嫉之根不去，將帥終不可擇；欺誕之根不去，兵財終不可治。祖宗之御天下，政事雖委中書，然必擇風采著聞者爲臺諫，敢於論駁者爲給、舍，所以戢官邪、肅朝綱也。今日誠體是意以行之，豈復有偷安壅蔽者哉？」出通判湖州，考常平敝原以增積貯，核隱產，增附嬰兒局。

遷祕書郎，尋遷著作佐郎、知徽州。治先教化，崇學校，訪便民事上之：請蠲減婺源紬絹萬七千餘匹，茶租折帛錢萬五千餘貫，月樁錢六千餘貫；請照咸平、紹興、乾道寬恤指揮，受納徽絹定每匹十兩；請下轉運、常平兩司，豫蓄常平義倉備荒，興修陂塘，創築百梁。丁父憂，服除，知衢州。立旬講，務以理義淑士心，歲撥助養士千緡。西安、龍游、常山三邑積窘預借，爲代輸三萬五千緡，蠲放四萬七千緡。郡有義莊，買良田二百畝益之。

移提舉江東常平。適歲旱，亟發庫庾之積，凡州縣窠名隸倉司者，無新舊皆住催，爲錢六萬一千緡，米十有三萬七千、麥五千八百石，遣官分行振濟，饑者予粟，病者予藥，尺籍之單弱者，市民之失業者，皆曲軫之。又告于朝曰：「江東或水而旱，或旱而水，重以雨雪連

月，道殣相望，至有舉家枕藉而死者。此去麥熟尚賒，事勢益急。」詔給度牒百道助費。時江、閩寇迫饒、信，慮民情易動，分榜諭安之。檄諸郡，關制司，聞于朝，爲保境捍患之圖，寇迄不犯。遂提點本路刑獄兼提舉，移司番陽。霜殺桑，春夏雨久湖溢，諸郡被水，連請于朝，給度牒二百道振恤之。盜起常山，調他州兵千人屯廣信以爲備。

都城大火，上封事言：「上下不交，以言爲諱，天意人心，實同一機，災變之作，端由於此。願下哀痛之詔，以回天意。」詔求直言，復上疏言：「災起都邑，天意蓋欲陛下因其所可見，察其所不可見，行至公無私之心，全保護大臣之體，率屬羣工，大明黜陟，與天下更始。」行部問民疾苦，薦循良，劾姦貪，決滯獄。所至詣學宮講說，創書院貴溪之南，祠先儒陸九淵。歲大旱，請于朝，得度牒、緡錢、綾紙以助振恤。疫癘大作，創藥院療之。前後持節江東五年，所活殆不可數計。轉將作監，領事如故。繼力辭常平事。彗星見，詔求直言，上疏言：「皇天所以震怒者，由愁苦之民衆；人民所以愁苦者，由貪冒之風熾。願一變上下交征之習，爲大公至正之歸。」

帝親政，以直徽猷閣知建寧府，明年，兼福建轉運判官。閩鹽隸漕司，例運兩綱供費，後增至十有二，吏卒並緣爲姦，且抑州縣變賣，公私苦之，甫奏復舊例。丁米錢久爲泉、漳、興化民患，會知漳州趙以夫請以廢寺租爲民代輸，甫并捐三郡歲解本司錢二萬七千貫





助之。郡屯左翼軍，本備峒寇，招捕司移之江西，甫檄使還營。俄寇作唐石，即調之以行，而賊悉平。遷祕書少監。入見，帝曰：「卿久勞于外，篤意愛民，每覽所陳，備見懇惻。」甫奏無逸之義，言知農夫稼穡艱難，自然逸欲之念不起。乞力守更化以來求賢如不及之初意。

遷起居舍人兼崇政殿說書。於經筵奏：「剛之一字，最切於陛下。陛下徒有慕漢宣厲精爲治之名，而乃墮元帝、文宗柔弱不振之失。元帝、文宗果斷，不用於斥邪佞，反用於逐賢人，此二君不識剛德之眞。所謂眞剛者，當爲之事必行，不當爲者則斷在勿行。」又乞「專意經訓，養育精神，務令充實，上與天一，下合人心」。帝意欲全功臣之世，詔自今中外臣僚奏事，毋得攙撫，以奏：「是消天下讜言之氣，其謂陛下何？」兼中書舍人，繳奏不擿苛小，謂：「監司、郡守非其人，則一道一州之蠹也。」

時相鄭清之以國用不足，履畝使輸券。甫奏：「避貴虐賤，有力者頑未應令，而追呼迫促，破家蕩產，悲痛無聊者，大抵皆中下之戶。」嘗講罷，帝問近事，甫奏：「惟履畝事，人心最不悅。」又嘗讀資治通鑑，至漢高祖入關辭秦民牛酒，因奏：「今日無以予人，反橫科之，其心喜乎，怒乎？本朝立國以仁，陛下以爲此舉仁乎，否乎？」帝爲惻然。

時朝廷以邊事爲憂，史嵩之帥江西，力主和議。甫奏曰：「臣與嵩之居同里，未嘗相知，而嵩之父彌忠，則與臣有故。嵩之易於主和，彌忠每戒其輕易。今朝廷甘心用父子異心之人，臣謂不特嵩之之易於主和，抑朝廷亦未免易於用人也。」疏入，不報。遂乞歸，不允。授起居郎兼中書舍人。未幾，擢嵩之刑部尚書，復奏疏云：「臣於嵩之本無仇怨，但國事所係，誼難緘默。」嵩之誥命，終不與書行，迺出甫知江州。王遂抗疏力爭，帝曰：「本以授其兄袁肅，報行誤耳。」令遂勉甫無它志。翼日，迺與肅江州。而殿中侍御史徐清叟復論甫守富沙日贓六十萬，湯巾等又爭之，清叟亦悔。未幾，改知婺州，不拜。

嘉熙元年，遷中書舍人。入見，陳心源之說，帝問邊事，甫奏：「當以上流爲急，議和恐誤事。」時清叟與甫並召，而清叟未至。甫奏：「臺諫風聞言事，初亦何心。今人物眇然，有如清叟宜在朝廷，辭避實惟臣故，乞趣其赴闕。」又奏備邊四事，曰：固江陵，堰瓦梁，與流民復業〔一〕。嵩之移京湖沿江制置使、知鄂州，甫奏曰：「嵩之輕脫難信。去年嵩之在淮西，王檝由淮西而來，北軍踵之。今又併湖南付之，臣恐其復以誤淮西者誤湖南。」疏留中不行。翼日，權吏部侍郎。引疾至八疏，賜告一月，遂歸。從臣復合奏留之，尋命兼修玉牒官兼國子祭酒，皆辭不拜。改知嘉興府，知婺州，皆辭不拜。

遷兵部侍郎，入見，奏：「江潮暴涌，旱魃爲虐，楮幣蝕其心腹，大敵剝其四支，危亡之禍，近在旦夕，乞秉一德，塞邪徑。」兼給事中。岳珂以知兵財召，甫奏珂總餉二十年，焚林





竭澤，珂竟從外補。遷吏部侍郎兼國子祭酒，日召諸生叩其問學理義講習之益。時邊遽日至，甫條十事，至爲詳明。權兵部尚書，暫兼吏部尚書，卒，贈通奉大夫，謚正肅。有孟子解、後省封駁、信安志、江東荒政錄、防拓錄、樂事錄及文集行世。

甫少服父訓，謂學者當師聖人，以自得爲貴。又從楊簡問學，自謂「吾觀草木之發生，聽禽鳥之和鳴，與我心契，其樂無涯」云。

劉黻字聲伯，樂清人。早有令聞，讀書鴈蕩山中僧寺。年三十四，以淳祐十年試入太學，儕輩已翕然稱之。時丁大全方爲臺屬，劾奏丞相董槐，迫逐去國，將奪其位。黻率同舍生伏闕上書，大槩言朝廷進退大臣，須當以禮。書上，忤執政，送南安軍安置，歸別其母解氏。解氏曰：「爲臣死忠，以直被貶，分也。速行！」黻至南安，盡取濂、洛諸子之書，摘其精切之語，輯成書十卷，名曰濂洛論語。及大全貶，黻還太學。未幾，侍御史陳垓誣劾程公許，右正言蔡榮誣劾黃之純，二公罷出，六館相顧失色，黻又率諸生上書言：

「黻等蒙被教養，視國家休戚利害若已痛癢。朝廷進一君子，臺諫發一公論，則彈冠相慶，喜溢肺膺。至若君子鬱而不獲用，公論沮而不克伸，則憂憤忡結，寢食俱廢。

臣聞扶植宗社在君子，扶植君子在公論。陛下在位幾三十年，端平間公正萃朝，忠讜接武，天下翕然曰：「此小元祐也。」淳祐初，大姦屏迹，善類在位，天下又翕然曰：「此又一端平也。」奈何年來培養保護之初心，不能不爲之轉移。祖宗建置臺諫，本以伸君子而折小人，昌公論而杜私說。迺今老饕自肆，姦種相仍，以謟諛承風旨，以傾險設機阱，以洪溷盜官爵。陛下非不識拔羣賢，彼則忍於空君子之黨；陛下非不容受直言，彼則勇於倒公議之戈。不知陛下何負此輩，而彼乃負陛下至此耶？

當陛下詔起彙髦之秋，而公許起自家食，正君子覘之，以爲進退之機。迺今坐席未温，彈章已上，一公許去，若未害也，臣恐草野諸賢，見幾深遁，而君子之脈自此絕矣。比年朋邪扇焰，緘默成風，奏事者不過襲陳言、應故事而已。幸而之純兩疏，差彊人意。迺今軟媚者全身，鯁直者去國，一之純去，若未害也，臣恐道路以目，欲言輒沮，而公論之脈自此絕矣。

況今天下可言之事不爲少，可攻之惡不爲不多。術窮桑、孔，浸有逼上之嫌；勢挾金、張，濫處牧民之職。以乳臭騃子而躐登從橐，以光範私人而累典輔藩。錢神通靈於旁蹊，公器反類於互市。天下皆知之，豈陛下獨不知之。正惟爲陛下紀綱者知爲身





謀，不爲陛下謀。陛下明燭事幾，詎可墮此輩蒙蔽術中，何忍以祖宗三百年風憲之司，而壞於一二小人之手耶？臣汝騰，陛下之劉向也，則以忠鯁斥；臣子才、臣楝、臣伯玉，陛下之汲黯也，則以切直罷。遂使淳祐諸君子日消月磨，至今幾爲之一空。彼誠何心哉？

高宗紹興二十年之詔，有謂「臺諫風憲之地，年來用人非據，與大臣爲友黨，濟其喜怒，甚非耳目之寄。」臣竊觀近事，不獨臺諫爲大臣友黨，內簡相傳，風旨相諭，且甘爲鷹犬而聽其指嗾焉。宰相所不樂者，外若示以優容，而陰實頤指臺諫以去之；臺諫所彈擊者，外若不相爲謀，而陰實奉承宰相以行之。方公許之召也，天下皆知獨斷於宸衷，及公許之來也，天下亦知嘗得罪於時宰，豈料陛下之恩終不足恃，宰相之嗔竟不可逃耶？

陛下萬機之暇，試以公許、之純與垓、榮等熟思而靜評之，其言論孰正孰邪，孰忠孰佞，雖中智以下之主，猶知判別是非，況以陛下明聖而顧不察此？近見公許奏疏，嘗告陛下揭至公以示天下；垓則以秘密之說惑上聽。公許嘗告陛下以寵賂日章，官邪無警，欲塞倖門，絕曲徑；垓則縱俠客以兜攬關節，持闔扁以脅取舉狀，開賂門以簸弄按章。至若之純之告陛下，力伸邪正之辯，明斥媚相之非，謇謇諤諤，流出肺肝；榮身居

言責，聞其風聲，自當愧死，尚敢妄肆萋菲，略無人心乎？

且陛下擢用臺諫，若臣磊卿、臣咨夔、臣應起、臣漢弼、臣凱、臣燧，光明俊偉，卓爲天下稱首，然甫入而遽遷，或一鳴而輒斥，獨垓、榮輩貪饕頑忍，久汙要津，根據而不拔，劉向所謂「用賢轉石，去佞拔山」者，乃今見之，可不畏哉？矧今國嗣未正，事會方殷，民生膏血，朘削殆盡，所賴以祈天命，係人心，惟君子與公論一脈耳。小人以不恤之心，爲無忌憚之事，其意不過欲爵位日穹，權勢日盛，以富貴遺子孫耳，豈暇爲國家計哉。

自昔天下之患，莫大於舉朝無公論，空國無君子。我朝本無大失德於天下，而乃有宣、靖之禍，夫豈無其故哉？始則邪正交攻，更出迭入，中則朋邪翼僞，陰陷潛詆，終則倒置是非，變亂黑白，不至於黨禍不止。向使劉安世、陳瓘諸賢尚無恙，楊畏、張商英、周秩輩不久據臺綱，其禍豈至此烈。古語云：「前車覆，後車戒。」今朝廷善類無幾，心懷姦險者，則以文藻飾佞舌；志在依違者，則以首鼠持圓機。宗社大計，孰肯明目張膽爲陛下伸一喙者，則其勢必終於空國無君子，舉朝無公論。無君子，無公論，脫有緩急，彼一二憸人者，陛下獨可倚仗之乎？

若垓之罪，又浮於榮，雖兩觀之誅，四裔之投，猶爲輕典，陛下留之一日，則長一





日之禍，異時雖借尚方劍以礪其首，尚何救於國事之萬一哉？

又曰：「自昔大奸巨孽，投閑散地，惟覘朝廷意向，以圖進用之機。元祐間，章惇、呂惠卿皆在貶所。自呂大防用楊畏爲御史，初意不過信用私人，牢護局面，不知小人得志，搖唇鼓吻，一時正人旋被斥逐，繼而章惇復柄用，雖大防亦不能安其身於朝廷之上。今右轄久虛，姦臣垂涎有日矣。聞之道路，餽遺不止於鞭轡，脈絡潛通於禁近，正陛下明察事機之時。若公論不明，正人引去，則遲回展轉，鈞衡重寄，必歸於章惇等乃止。今日之天下，乃祖宗艱難積累之天下，豈堪此輩再壞耶？」

又諫游幸疏曰：

天下有道，人主以憂勤而忘逸樂；天下無道，人主以逸樂而忘憂勤。自昔國家乂安，四夷賓服，享國日久，侈心漸生，若漢武帝之單于震讋，而有千門萬戶之觀，唐明皇之北邊無事，而有驪山温泉之幸。至於隋之煬帝，陳之後主，危亡日迫，遊觀無度，不足效也。堯、舜、禹、湯、文、武之兢業祇懼，終始憂勤，無逸言：遊畋則不敢，日昃則不暇食。曷嘗借祈禳之說，以事遊觀之逸。比年以來，以幸爲利，以玩爲常，未免有輕視世故、眇忽天下之心。單于未嘗震讋，而有武帝多欲之費耗；北邊未嘗無事，而有明皇宴安之鴆毒。

陛下春秋尚少，貽謀垂憲之機，悉在陛下，作而不法，後嗣何觀？自十數年間，創龍翔，創集慶，創西太一，而又示之以遊幸，導之以禱祠，蠱之以虛誕不經之說。孔子曰：「少成若天性，習慣如自然。」積久慣熟，牢不可破，誰得而正之？且西太一之役，佞者進曰：「太一所臨分野則爲福，近歲自吳移蜀。」信如祈禳之說，西北坤維按堵可也。今五六十州，安全者不能十數，敗降者相繼，福何在邪？武帝祠太一於長安，至晚年以虛耗受禍，而後悔方士之謬。雖其悔之弗早，猶愈於終不知悔者也。

大凡人主不能無過，脫有過言過行，宰執、侍從當言之，給舍、臺諫當言之，縉紳士大夫當言之，皆所以納君於當道者也。今陛下未爲不知道，未爲不受人言，宰執以下希寵而不言，與夫言之而不力，皆非所以愛陛下也。其心豈以此爲當而不必言哉？直以陛下爲不足以望堯、舜、禹、湯、文、武之主，而以漢武、明皇待陛下也。

以材署昭慶軍節度掌書記，由學官試館職。咸淳三年，拜監察御史，論內降恩澤曰：

治天下之要，莫先於謹命令，謹命令之要，莫先於窒內批。命令，帝王之樞機，必經中書參試，門下封駁，然後付尚書省施行，凡不由三省施行者，名曰「斜封墨敕」，不足效也。臣覩陛下自郊祀慶成以來，恩數綢繆，指揮煩數，今日內批，明日內批，邸報之間，以內批行者居其半，竊爲陛下惜之。





出納朕命載於書，出納王命詠於詩，不專言出而必言納者，蓋以命令繫朝廷之大，不能皆中乎理，於是有出而復有納焉。祖宗時，禁中處分軍國事付外者謂之內批，如取太原、下江南，韓琦袖以進呈，英宗悚然避坐，此豈非謹內批之原哉？臣日夜念此，以爲官爵陛下之官爵，三省陛下之三省，所謂同奉聖旨，則是三省之出命，卽出陛下之命也，豈必內批而後爲恩？緣情起事，以義制欲，某事當行，某事當息，具有條貫，何不自三省行之，其有未穆於公論者，許令執奏，顧不韙歟。

元祐間，三省言李用和等改官移鎭恩例，今高氏、朱氏，皆舉故事，皇太后曰：「外家恩澤，方欲除損，又可增長乎？」治平初，欲加曹佾使相，皇太后再三不許；又有聖旨，令皇后本家分析親的骨肉閤奏，亦與推恩，司馬光力諫，以爲皇太后既損抑外親，則后族亦恐未宜褒進。乃今前之恩數未竟，後之恩數已乘。宰執懼有所專而不敢奏，給舍、臺諫懼有所忤而不敢言，更如此者數年，將何以爲國？故政事由中書則治，不由中書則亂，天下事當與天下共之，非人主所可得私也。

四年，改正字，言：「正學不明則義理日微，異端不息則鼓惑轉熾。臣非不知犯顏逆耳，臣子所難，實以君德世道，重有關繫，不容不懇惻開陳。疏上踰日，未蒙付外。孟軻有云：『有言責者，不得其言則去。』臣忝職諫省，義當盡言，今既不得其言，若更貪慕恩榮，不思引去，不惟有負朝廷設官之意，其於孟軻明訓，實亦有慊。」

會丁父憂去位，服除，授集英殿修撰，沿海制置、知慶元府事。建濟民莊，以濟士民之急，資貢士春官之費，備郡庠耆老緩急之需。又請建慈湖書院。八年，召還，拜刑部侍郎。九年，改朝奉郎，試吏部尚書，兼工部尚書，兼中書舍人，兼修玉牒，兼侍讀。上疏請給王十朋祠堂田土。十年，丁母憂。明年，江上潰師，丞相陳宜中起復黻爲端明殿學士，不起。及賈似道、韓震死，宜中謀擁二王由溫州入海，以兵逆黻共政，將遜相位，於是黻託宗祀於母弟成伯，遂起，及羅浮，以疾卒。

初，陳宜中夢人告之曰：「今年天災流行，人死且半，服大黃者生。」繼而疫癘大作，服者果得不死，及黻病，宜中令服之，終莫能救。其配林氏舉家蹈海。未幾，海上事亦瓦解矣。黻有蒙川集十卷行于世。

王居安字資道，黃巖人。始名居敬，字簡卿，避祧廟嫌易之。始能言，讀孝經，有從旁指曰：「曉此乎？」卽答曰：「夫子教人孝耳。」劉孝韙七月八日過其家塾，見居安異凡兒，使賦八夕詩，援筆成之，有思致。孝韙驚拊其背曰：「子異日名位必過我。」入太學，淳熙十四





年舉進士，授徽州推官，連遭內外艱，柄國者以居安十年不調，將徑授職事官，居安自請試民事，乃授江東提刑司幹官。使者王厚之厲鋒氣，人莫敢嬰，居安遇事有不可，平面力爭不少屈。

入爲國子正、太學博士。入對，首言：「人主當以知人安民爲要，人未易知，必擇宰輔侍從之賢，使引其類；民未易安，必求愷悌循良之吏，以布其澤。」次言：「火政不修，罪在京尹，軍律不明，罪在殿、步兩司，罪鈞異罰固不可，安有薄罰一步帥而二人置弗問乎？」遷校書郎。居安乞召試，言：「祖宗時惟進士第一不試，蘇軾以高科負重名，英宗欲授館職，韓琦猶執不從。」執政謂居安曰：「朝廷於節度尚不較，況館職乎？」居安因言：「節鉞之重，文非位極，武非勳高，胡可妄得。丞相言不較，過矣。」時蘇師旦命且下，故居安言及之。改司農丞。御史迎意論劾，主管仙都觀。

踰年，起知興化軍。既至，條奏便民事，乞行經界。且言：「蕃舶多得香犀象翠，崇侈俗，洩銅鑞，有損無益，宜遏絕禁止。」皆要務也。通商賈以損米價，誅劇盜以去民害。召爲祕書丞。轉對，言：「置宣司，不聞進取之良規；遣小使，寂無確許之實報。但當嚴飭守備，益兵據險以待之，此廟算之上也。」李壁[三]嘗語人曰：「比年論疆事無若王祕丞之明白者。」

中華書局

遷著作郎兼國史實錄院檢討編修官，兼權考功郎官。誅韓侂胄，居安實贊其決。翼日，擢右司諫。首論：

侂胄以預聞內禪之功，竊取大權，童奴濫授以節鉞，嬖妾竄籍於官庭。創造亭館，震驚太廟之山；燕樂語笑，徹聞神御之所，忽慢宗廟，罪宜萬死。託以大臣之薦，盡取軍國之權。臺諫、侍從，惟意是用，不恤公議；親黨姻婭，躐取美官，不問流品；名器僭濫，動違成法。竊弄威柄，妄開邊隙。自兵端一啓，南北生靈，壯者死鋒刃，弱者塡溝壑。荆襄、兩淮之地，暴尸盈野，號哭震天。軍需百費，科擾州縣，海內騷然。迹其罪狀，人怨神怒，衆情洶洶，物議沸騰，而侂胄箝制中外，罔使陛下聞知，宦官宮妾，皆其私人，莫肯爲陛下言者。西蜀吳氏，世掌重兵，頃緣吳挺之死，朝廷取其兵柄，改界它將，其策至善。侂胄與曦結爲死黨，假之節鉞，復授以全蜀兵權。曦之叛逆，罪將誰歸？使曦不死，侂胄未可知也。

侂胄數年之間，位極三公，列爵爲王，外則專制東西二府之權，內則窺伺宮禁之嚴，姦心逆節，具有顯狀。縱使侂胄身膏斧鉞，猶有餘罪，況兵釁未解，朝廷儻不明正典刑，何以昭國法，何以示敵人，何以謝天下？今誠取侂胄肆諸市朝，是戮一人而千萬人獲安其生也。侂胄既有非常之罪，當伏非常之誅，詎可以常典論哉？



右丞相陳自強素行汙濁，老益貪鄙，徒以貧賤私交，自一縣丞超遷，徑至宰輔，姦憸附麗，黷亂國經。較其罪惡，與侂胄相去無幾。乞追責遠竄，以爲爲臣不忠、朋邪誤國者之戒。

又劾曦外姻郭倪、郭僎，竄嶺表，天下快之。

繼兼侍講。方侂胄用事，箝天下之口，使不得議己，太府寺丞呂祖儉以讁死，布衣呂祖泰上書直言，中以危法，流之遠郡。居安奏請明其冤，以伸忠鯁之氣。又疏言：「古今之治本亂階，更爲倚伏。以治易亂則反掌而可治，以亂治亂則亂去而復生。人主公聽則治，偏信則亂；政事歸外朝則治，歸內廷則亂；問百辟士大夫則治，問左右近習則亂；大臣公心無黨則治，植黨行私則亂；大臣正、小臣廉則治，大臣汙、小臣貪則亂。如用人稍誤，是一侂胄死，一侂胄生也。」

趙彥逾與樓鑰、林大中、章燮並召，居安言：「鑰與大中用，宗廟社稷之靈，天下蒼生之福，彥逾不可與之同日而語。彥逾始以趙汝愚不與同列政地，遂啓侂胄專政之謀，汝愚之斥死，彥逾之力居多，而彥逾者，汝愚之罪人也。陛下乃使與二人者同升，不幾於薰蕕同器、邪正並用乎？非所以示趨向於天下也。」疏已具，有徽聞者，除目夜下，遷起居郎兼崇政殿說書。於是爲諫官才十有八日。既供職，即直前奏曰：「陛下特遷臣柱下史者，豈非欲使臣



不得言耶？二史得直前奏事，祖宗法也。」遂極論之，又言：「臣爲陛下耳目官，諫紙未乾，乃以迕權要徙他職，不得其言則去，臣不復留矣。」帝爲改容。御史中丞雷孝友論其越職，奪一官，罷。太學諸生有舉幡乞留者。四明楊簡邂逅山陰道中，謂「此舉吾道增重」。江陵項安世致書曰：「左史，人中龍也。」

踰年，復官，知太平州。當邊遽甫定，歲儉，汰去軍羣聚寇攘，居安威惠流行，晏然若無事時。將副劉佑爲怨家詣闕告密，置獄金陵，居安以書抵當路辯其冤，或謂「佑自誣服，得無嫌於黨逆乎？」居安曰：「郡有無辜死，奚以守爲？」事果白。以直龍圖閣提點浙西刑獄。葛懌者，用戚屬恩補官，豪於貲，嘗憾父之嬖，既去而誣以盜，株連瘐死者數人，懌乃未嘗一造庭。居安一閱得實，立捕繫論罪，械送他州。入對，帝曰：「卿有用之才也。」權工部侍郎，以集英殿修撰知隆興府。

初，盜起郴黑風峒，羅世傳爲之倡，勢張甚。湖南所在發兵扼要衝，義丁表裏應援，賊乏食，少懈，主兵者稍堅持之，則就禽矣。會江西帥欲以買降爲功，遣人間道說賊，餽鹽與糧，賊喜，謀益逞。帥以病卒，繼者蹈其轍。賊陰治械，外送款，身受官峒中，不至公府。義丁皆恚曰：「作賊者得官，我輩捐軀壞產業，何所得！」於是五合六聚，各以峒名其鄉，李元礪、陳廷佐之徒，並起爲賊矣。放兵四劫，掠永新，撤龍泉，江西列城皆震。朝廷調江、鄂之



兵屯衡、贛，而他兵駐龍泉者命吉守節制焉。吉守率師往，幾爲賊困，池兵來援失利。朝廷憂之，遂以居安爲帥。

居安以書曉都統制許俊曰：「賊勝則民皆爲賊，官軍勝則賊皆爲民，勢之翕張，決於此舉。將軍素以勇名，挫於山賊可乎？」俊得書皇恐，不敢以他帥事居安。居安督戰于黃山，勝之，賊始懼，走韶州，爲摧鋒軍所敗，勢日蹙。吉守前以戰不利，用招降之策，遣吏持受降圖來，書賊銜「江湖兩路大都統」。居安笑曰：「賊玩侮如此，猶爲國有人乎？」白諸朝，吉守以祠去。遂命居安節制江、池大軍，駐廬陵督捕，領郡事。召土豪問便宜，皆言賊恃險陟降如猿猱，若鈔吾糧，吾事危矣。居安曰：「吾自有以破賊。」會元礪執練木橋賊首李才全至，居安厚待才全而賞元礪，衆皆感。羅世傳果疑元礪之貳己，遂交惡。元礪率衆攻世傳，居安語俊曰：「兩虎鬥于穴，吾可成卞莊子之功。」世傳嗾練木橋賊黨襲元礪，俘其孥，禽元礪以獻。時靑草峒賊亦就禽，並磔于吉之南門。元礪既誅，世傳以功負恃益驕蹇，名效順而實自保。俊請班師，居安不許，俾因賊堡壁固守。居亡何，世傳果與兄世祿俱叛。居安奏乞朝廷毋憂，今落其角距，可一戰禽也。乃密爲方略，遣官民兵合圍之，世傳自經死，斬其首以狗，羣盜次第平。居安之在軍中也，賞厚罰明，將吏盡力，始終用以賊擊賊之策，故兵民無傷者。江西人祠而祀之，刻石紀功。徙鎮襄陽，以言者罷，閑居十有一年。

嘉定十五年與魏了翁同召，遷工部侍郎。時方受寶，中朝皆動色相賀。入對，首言：「人主畏無難而不畏多難，輿地寶玉之歸，盍思當時之所以失。」言極切至。甫兩月，以集英殿修撰提舉玉隆宮。未幾，以寶謨閣待制知溫州，郡政大舉。

理宗卽位，以敷文閣待制知福州，升龍圖閣直學士，轉大中大夫，提舉崇福宮。將行，鹽寇起寧化，居安以書諭汀守曰：「土瘠民貧，業於鹽可盡禁耶？且彼執三首惡以自贖，宜治此三人，他可勿治。」部使者遣左翼軍將鄧起提兵往，起貪夜冒險與寇角以死，軍潰，民相驚逃去。事聞，命居安專任招捕。居安既留，募軍校劉華、丘銳者授以計畫，至汀而賊已至郡矣，州人大懼。賊知帥有撫納意，卽引退。華、銳出入賊中，指期約降。有以右班攝汀守者，倔彊好大言，以知兵自任，欲出不意爲己功。賊知其謀，敗降約，而建、劍諸郡並江西嘯聚蜂起矣。居安議不合，歎曰：「吾可復求焦頭爛額之功耶？」卽拜疏歸。

居安以書生，於兵事不學而能，必誅峒寇而降汀寇，皆非苟然者。卒，累贈少保。居安宅心公明，待物不貳。有方巖集行世。

論曰：李宗勉在庶僚，論事平直，及入相，負公淸之稱。袁甫學有本原，善達其用，持節





所過，其民至今思之。劉黻分別邪正，侃侃敢言，亦難能者。王居安掃除羣邪，以匡王國，其志壯哉！

校勘記

〔一〕又奏備邊四事曰固江陵堰瓦梁與流民復業　按此係奏備邊四事箚子，見袁甫蒙齋集卷六，原奏第四事爲「責邊閫遣回敵使」，此處有脫漏。

〔二〕李璧　原作「李璧」，據本書卷三九八本傳、宋中興學士院題名錄、南宋館閣續錄卷八改。

# 宋史卷四百六

## 列傳第一百六十五

### 崔與之　洪咨夔　許奕　陳居仁　劉漢弼

崔與之字正子，廣州人。父世明，試有司連黜，每曰「不爲宰相則爲良醫」，遂究心岐、黃之書，貧者療之不受直。與之少卓犖有奇節，不遠數千里遊太學。紹熙四年舉進士，廣之士繇太學取科第自與之始。

授潯州司法參軍。常平倉久弗葺，慮雨壞米，撤居廨瓦覆之。郡守欲移兌常平之積，堅不可，守敬服，更薦之。調淮西提刑司檢法官。民有窘於豪民逋負，毆死其子誣之者，其長欲流之，與之曰：「小民計出倉猝，忍使一家轉徙乎？況故殺子孫，罪止徒。」卒從之。知建昌之新城，歲適大歉，有彊發民廩者，執其首，折手足以徇，盜爲止，勸分有法，貧富安之。開禧用兵，軍旅所需，天下騷然，與之獨買以係省錢。吏告月解不登，曰：「寧罷去。」和糴令





下，與之獨以時買糴，令民自糶。通判邕州，守武人，苛刻，衣賜不時給，諸卒大鬨。漕司檄與之攝守，叛者帖然，乃密訪其首事一人斬之，闔郡以寧。擢發遣賓州軍事，郡政淸簡。

尋特授廣西提點刑獄，徧歷所部，至浮海巡朱崖，秋毫無擾州縣，而停車裁決，獎廉劾貪，風采凜然。朱崖地產苦薆，民或取葉以代茗，州郡征之，歲五百緡。瓊人以吉貝織爲衣衾，工作皆婦人，役之有至期年者，棄稚違老，民尤苦之。與之皆爲榜免。其他利病，罷行甚衆。瓊之人次其事爲海上澄淸錄。嶺海去天萬里，用刑慘酷，貪吏厲民，迺疏爲十事，申論而痛懲之。高惟肖嘗刻之，號嶺海便民榜。廣右僻縣多右選攝事者，類多貪黷，與之請援廣東循、梅諸邑，減舉員賞格，以勸選人。熙寧免役之法，獨不及海外四州，民破家相望。與之議舉行未果，以語顏戣，戣守瓊，遂行之。

召爲金部員外郞，時郞官多養資望，不省事，與之鉅細必親省決，吏爲欺者必杖之，莫不震栗。金南遷于汴，朝議疑其進迫，特授直寶謨閣、權發遣揚州事、主管淮東安撫司公事。寧宗宣引入內，親遣之，奏選守將、集民兵爲邊防第一事。既至，浚濠廣十有二丈，深二丈。西城濠勢低，因疏塘水以限戎馬。開月河，置釣橋。州城與堡砦城不相屬，舊築夾土城往來，爲易以甓。因滁有山林之阻，創五砦，結忠義民兵，金人犯淮西，沿邊之民得附山自固，金人亦疑設伏，自是不敢深入。

揚州兵久不練，分疆勇、鎭淮兩軍，月以三、八日習馬射，令所部兵皆倣行之。淮民多畜馬善射，欲依萬弩手法創萬馬社，募民爲之，宰相不果行。浙東饑，流民渡江，與之開門撫納，所活萬餘。楚州工役繁夥，士卒苦之，叛入射陽湖，亡命多從之者。與之給旗帖招之，衆聞呼皆至，首謀者獨遲疑不前，禽戮之，分其餘隸諸軍。

山東李全以衆來歸，與之移書宰相，謂：「自昔召外兵以集事者，必有後憂。」宰相欲圖邊功，諸將皆懷僥倖，都統劉琸承密劄取泗州，兵渡淮而後牒報。琸全軍覆沒，與之憂憤，馳書宰相，言：「與之乘鄣五年，子養士卒，今以萬人之命，壞於一夫之手，敵將乘勝襲我。」金人入境，宰相連遺與之三書，俾議和。與之答曰：「彼方得勢，而我與之和，必遭屈辱。今山砦相望，邊民米麥已盡輸藏，野無可掠，諸軍與山砦併力勦逐，勢必不能久駐。況東海、漣水已爲我有，山東歸順之徒已爲我用，一旦議和，則漣、海二邑若爲區處？山東諸酋若爲措置？望別選通才，以任和議。」與之自劉琸敗，亟修守戰備，遣精銳，布要害。金人深入無功，而和議亦寢。

時議將姑闕兩淮制置，命兩淮帥臣互相爲援，與之咨廟堂曰：「兩淮分任其責，而無制閫總其權，則東淮有警，西帥果能疾馳往救乎？東帥亦果能疾馳往救西淮乎？制閫俯瞰兩淮，特一水之隔，文移往來，朝發夕至，無制閫則事事稟命朝廷，必稽緩誤事矣。」議遂寢。





召爲祕書少監，軍民遮道垂涕。與之力辭召命，竟還。將度嶺，趣召不已，行次池口聞金人至邊，乃造朝奏：「今邊聲可慮者非一，惟山東忠義區處要不容緩。」前後累疏數千言，每歎養虎將自遺患。

升祕書監兼太子侍講，權工部侍郎。未幾，成都帥董居誼以黷貨爲叛卒所逐，總領楊九鼎遇害，蜀大擾。與之以選爲煥章閣待制、知成都府、本路安撫使，至即帖然。時安丙握蜀重兵久，每忌蜀帥之自東南來者，至是獨推誠相與。丙卒，詔盡護四蜀之師，開誠布公，兼用吳、蜀之士，拊循將士，人心悅服。先是，軍政不立，戎帥多不協和，劉昌祖在西和，王大才在沔州，大才之兵屢衄，昌祖不救，遂棄皁郊。吳政屯鳳州，張威屯西和，金人自白環堡突入黑谷，威不尾襲，而迂路由七方關上青野原，金人遂得入鳳州。與之戒以同心體國之大義，於是戎帥協和，而軍政始立。

先是，丙嘗納夏人合從之請，會師攻秦、鞏，而夏人不至，遂有皁郊之敗。與之至是飭邊將不得輕納。踰年，夏人復攻金人，遣百騎入鳳州，邀守將求援兵。與之使都統李冲來言曰：「通問當遣介持書，不當遣兵徑入。若邊民不相悉，或有相傷，則失兩國之好，宜斂兵退屯。」夏人知不可動，不復有言。初，金人既弊，率衆南歸者所在而有，或疑不敢納。與之優加爵賞以來之。未幾，金萬戶呼延棫等扣洋州以歸，與之察其誠，納之，籍其兵千餘人，皆精悍善戰，金人自是不敢窺興元。既復鏤榜邊關，開諭招納，金人諜得之，自是上下相疑，多所屠戮，人無固志，以至於亡。

蜀盛時，四戎司馬萬五千有奇，開禧後，安丙裁去三之一，嘉定損耗過半，比與之至，馬僅五千。與之移檄茶馬司，許戎司自於關外收市如舊，嚴私商之禁，給細茶，增馬價，使無爲金人所邀。總司之給料不足者，亦移檄增給之。乞移大帥於興元，雖不果行，而凡關外林木厚加封殖，以防金人突至。隔第關〔二〕、盤車嶺皆極邊，號天險，因厚間探者賞，使覘之，動息悉知，邊防益密。總計告匱，首撥成都府等錢百五十萬緡助糴本。又慮關外歲糴不多，運米三十萬石積沔州倉，以備不測。初至，府庫錢僅萬餘，其後至千餘萬，金帛稱是。蜀知名士若家大酉、游似、李性傳、李心傳、度正之徒皆薦達之，其有名浮於實，用過其才者，亦歷歷以爲言。沔帥趙彥吶方有時名，與之獨察其大言亡實，它日誤事者必此人，移書廟堂，欲因乞祠而從之，不可付以邊藩之寄，後果如其言。與之以疾丐歸，朝廷以鄭損代，既受代，金諜知之，大入，與之再爲臨邊，金人乃退。召爲禮部尚書，不拜，便道還廣。蜀人思之，肖其像於成都仙遊閣，以配張詠、趙抃，名三賢祠。

理宗即位，授充顯謨閣直學士、知潭州、湖南安撫使，辭，提舉西京嵩山崇福宮。遷煥章閣學士、知隆興府、江西安撫使，又辭，授徽猷閣學士，提舉南京鴻慶宮。端平初，帝既親





政，召爲吏部尚書，數以御筆起之，皆力辭。金亡，朝廷議取三京，聞之頓足浩歎。繼而授端明殿學士、提舉嵩山崇福宮，亦辭，俄授廣東經略安撫使兼知廣州。

先是，廣州摧鋒軍遠戍建康，留四年，比撤戍歸，未踰嶺，就留戍江西，又四年，轉戰所向皆捷，而上功幕府，不報，求撤戍，又不報，遂相率倡亂，縱火惠陽郡，長驅至廣州城，聲言欲得連帥洎幕屬甘心焉。與之家居，肩輿登城，叛兵望之，俯伏聽命，曉以逆順禍福，其徒皆釋甲，而首謀數人，懼事定獨受禍，遂率之遁去，入古端州以自固。至是，與之聞命亟拜，即家治事，屬提刑彭鉉討捕，潛移密運，人無知者。俄而新調諸軍畢集，賊戰敗請降，桀黠不悛者戮之，其餘分隸諸州。

帝於是注想彌切，拜參知政事，拜右丞相，皆力辭。乃訪以政事之孰當罷行，人才之孰當用舍？與之力疾奏：「天生人才，自足以供一代之用，惟辨其君子小人而已。忠實而有才者，上也；才雖不高，而忠實有守者，次也。用人之道，無越於此。蓋忠實之才，謂之有德而有才者也。若以君子爲無才，必欲求有才者用之，意嚮或差，名實無別，君子、小人消長之勢，基於此矣。陛下勵精更始，擢用老成，然以正人爲迂闊而疑其難以集事，以忠言爲矯激而疑其近於好名，任之不專，信之不篤。或謂世數將衰，則人才先已凋謝，如眞德秀、洪咨夔、魏了翁，方此柄用，相繼而去，天意固不可曉。至於敢諫之臣，忠於爲國，言未脫口，

斥逐隨之，一去而不可復留，人才豈易得，而輕棄如此。陛下悟已往而圖方來，咋以直言去位者亟加峻擢，補外者蚤與召還，使天下明知陛下非疏遠正人，非厭惡忠言，一轉移力耳。陛下收攬大權，悉歸獨斷。謂之獨斷者，必是非利害，胸中卓然有定見，而後獨斷以行之。比聞獨斷以來，朝廷之事體愈輕，宰相進擬多沮格不行，或除命中出，而宰相不與知，立政造命之原，失其要矣。大抵獨斷當以兼聽爲先，儻不兼聽而斷，其勢必至於偏聽，實爲亂階，威令雖行於上，而權柄潛移於下矣。」

又曰：「邊臣主和，朝廷雖知，而未嘗明有施行。憂邊之士，剴切而言，一鳴輒斥，得非朝廷亦陰主之乎？假使和而可保，亦當議而行之可也。」又曰：「比年以變故層出，盜賊跳梁，雷電震驚，星辰乖異，皆非細故。京城之災，七年而兩見，豈數萬戶生靈皆獲罪於天者。百姓有過，在予一人，此陛下所當凛凛，惟有求直言可以裨助君德，感格天心。」又曰：「戚畹、舊僚，凡有絲髮夤緣者，孰不乘間伺隙以求其所大欲，近習之臣，朝夕在側，易於親昵而難於防閑。司馬光謂『內臣不可令其采訪外事，及問以羣臣能否』，蓋干預之門自此始也。若謂其所言出於無心，豈知愛惡之私，因此而入，其於聖德，寧無玷乎？」帝覽奏嘉歎，趣召愈力，控辭至十有三疏。

嘉熙三年，乃得致仕，以觀文殿大學士提舉洞霄宮。自領鄉郡，不受廩祿之入，凡奉餘皆





以均親黨。薨時年八十有二，遺戒不得作佛事。累封至南海郡公，謚清獻。

洪咨夔字舜俞，於潛人。嘉定二年進士，授如皋主簿，尋試爲饒州教授。作大冶賦，樓鑰賞識之。授南外宗學教授，以言去。丁母憂，服除，應博學宏詞科，直院莊夏舉自代。崔與之帥淮東，辟置幕府，邊事纖悉爲盡力。丘壽儁代與之爲帥，金人犯六合，揚州閉門設守，咨夔亟詣壽儁言曰：「金人忌楚，必未至揚，乃先自示弱，不特淮左之人心動，而金人且驕必來矣。第當遠斥堠，精間探，簡士馬，張外郡聲援而大開城門，晏然如平時。若金人果來犯，某當身任之。」壽儁愧謝。已而金人果遁。山陽兼帥事青州張林請獻銅錢二十萬緡，咨夔謂宜以所獻就犒其軍，如唐魏博故事，使無輕量中國心。帥乃令輸其半，林亦不復來。

與之帥成都，請於帝，授咨夔籍田令、通判成都府。與之爲制置使，首檄咨夔自近，辭曰：「今當開誠心、布公道，合西南人物以濟國事，乃一未有聞而先及門生、故吏，是示人私也。」卒不受，惟以通判職事往來效忠，蜀人高之。尋知龍州。州歲貢麩金，率科鑛戶，咨夔曰：「將奉上乃厲民乎？」出官錢市之。江油之民歲戍邊，復苦餽饟，爲請于制、漕司免之。

毀鄧艾祠，更祠諸葛亮，告其民曰：「毋事仇讎而忘父母。」

還朝，爲秘書郎，遷金部員外郎。會詔求直言，慨然曰：「吾可以盡言寤主矣。」其父見其疏，曰：「吾能喫茄子飯，汝無憂。」史彌遠讀至「濟王之死，非陛下本心」，大恚，擲于地。轉考功員外郎。轉對，復言李全必爲國患。於是臺諫李知孝、梁成大交論，鐫二秩。讀書故山，七年而彌遠死，帝親政五日，即以禮部員外郎召，入見，乞養英明之氣，及論君子小人之分。帝問今日急務，對以「進君子而退小人，開誠心而布公道」。且言「在陛下一念堅凝」。又問在外人物，對以「崔與之護蜀而歸，閒居十年，終始全德之老臣，若趣其來，可爲朝廷重。真德秀、魏了翁陛下所簡知，當聚之本朝」。

翼日，與王遂並拜監察御史。咨夔感激知遇，謂遂曰：「朝無親擢臺諫久矣，要當極本窮原而先論之。」乃上疏曰：「臣歷考往古治亂之原，權歸人主，政出中書，天下未有不治。權不歸人主，則廉級一夷，綱常且不立，奚政之問？政不出中書，則腹心無寄，必轉而他屬，奚權之攬？此八政馭羣臣，所以獨歸之王，而詔之者必天官冢宰也。陛下親政以來，威福操柄，收還掌握，揚廷出令，震撼海宇，天下始知有吾君。元首既明，股肱不容於自惰，撤副封，罷先行，坐政事堂以治事，天下始知有朝廷。此其大權、大政，亦略舉矣。然中書之敝端，其大者有四：一曰自用，二曰自專，三曰自私，四曰自固。願陛下於從容論道之頃，宣





示臣言，俾大臣充初志而加定力，懲往轍而圖方來，以仰稱勵精更始之意。」帝嘉納之。又首乞罷樞密使薛極以厲大臣之節，章三上，卒出之。其他得罪淸議者，相繼劾去，朝綱大振。

明年，改元端平。咨夔預乞於正月朔下詔求直言，使人人得盡言無隱，又乞令內職任之穹者各舉所知，皆從之。時登進諸儒，以廣講讀、說書之選。咨夔言聖學之實，所當講明而推行者有六：一，親睦本支；二，正始閨門；三，警肅侍御；四，審正邪用舍；五，儲養文武之才；六，憂根本無生事邀功。又言常平義倉、鹽課及苗稅多取之敝。京湖以八陵圖來上，咨夔援紹興留司奉表八陵及東晉大都督親謁五陵故事，乞先詔制臣往省，俟還，別議朝祭。又復以完顏守緒骨來獻，時相侈大其事，咨夔曰：「此朽骨耳，函之以葬大理寺可也。第當以金亡告九廟，歸諸祖宗德澤，況與大敵爲鄰，抱虎枕蛟，事變叵測，顧可侈因人之獲，使邊臣論功，朝臣頌德。且陛下知慕崇政受俘之元祐，獨不鑒端門受降之崇寧乎？」然不果悉從。

擢殿中侍御史，會王定入臺察，力詆蔣重珍，咨夔乃按定疾視善良，乞罷之。越三日，左遷定，而擢咨夔中書舍人，尋兼權吏部侍郎，與真德秀同知貢舉，俄兼直學士院。時咨夔口瘍已深，復上疏謂當引咎悔過，且乞祠，帝曰：「卿在朝多有裨益，何輕去？」咨夔奏：「臣



中華書局

數備臺諫、給舍，皆不能遏六月之師，何補於朝？臣病久當去，去猶足裨風俗。」帝勉留之，遷吏部侍郎兼給事中。奏：「比徇私成俗，化實未更，所恃以一公鑠萬私者，獨陛下耳，而好樂營繕，親厚近屬，保護舊臣，若未能無所繫累。」上在位踰一紀，國本未立，未有敢深言之者，咨夔乞擇宗室子養之，併爲濟王立後。

擢給事中，史嵩之入相，召赴闕下，進刑部尚書，拜翰林學士、知制誥。求去愈力，加端明殿學士，卒。御筆：「洪咨夔鯁亮忠慤，有助新政，與執政恩例，特贈兩官。」其遺文有兩漢詔令擥抄、春秋說、外內制、奏議、詩文行于世。

許奕字成子，簡州人。以父任主長江簿。丁內艱，免喪調涪城尉。慶元五年，寧宗親擢進士第一，授簽書劍南東川節度判官。未期年，持所生父心喪，召爲秘書省正字，遷校書郎兼吳興郡王府教授。尋遷秘書郎、著作佐郎、著作郎，權考功郎官，非報謁問疾不出。

遷起居舍人，韓侂胄議開邊，奕貽書曰：「今日之勢，如元氣僅屬，不足以當寒暑之寇。」又因轉對，論：「今日之急惟備邊，而朝廷晏然，百官充位如平時。京西、淮上之師敗同罰異。總領，王人也，而聽宣撫司節制，或爲參謀。廟堂之議，外廷莫得聞，護聖之軍，半發於



外，而禁衞單薄。」乞鞫勘贓吏，永廢勿用。特與放行以啓僥倖者，宜加遏絕。所言皆侂胄所不樂也。

蜀盜既平，以起居舍人宣撫四川。奕謂：「使從中遣，必淹時乃至，既又徙云犒師，而不以旌別淑慝爲指，無以慰蜀父老之望。」執政是其言。又請：「遇朝會，起居郎、舍人分左右立如常儀。前後殿坐，侍立官御坐東南面西立，可以獲聞聖訓，傳示無極。臣僚奏事，亦不敢易。」詔下其疏討論之。

遣奕使金，奕與骨肉死訣，詣執政趣受指請行，執政曰：「金人要索，議未決者尚多，今將奈何？」奕曰：「往集議時，奕嘗謂增歲幣、歸俘虜或可耳，外此其可從乎？不可行者，當死守之。」尋遷起居郎兼權給事中，以國事未濟力辭，不許。金人聞奕名久，禮迓甚恭，方淸暑，離宮相距二十里，至是特爲奕還內。方射，奕破的十有一，乃卒行成。還奏，帝優勞久之。奕復奏：「和不可恃，宜葺紀綱，練將卒，使屈信進退之權，復歸于我。」客有以使事賀者，奕憮然曰：「是豈得已者，吾深爲天下愧之。」

權禮部侍郎，條六事以獻。俄兼侍講。會諫官王居安、傅伯成以言事去職，奕上疏力爭之。其後又因災異申言曰：「比年上下以言爲諱，諫官無故而去者再矣。以言名官，且不得盡，況疏遠乎。」又論：「用兵以來，資賞汎濫，僥倖捷出，宜加裁制。」夏旱，詔求言，奕言：



「當以實意行實政，活民于死，不可責償于禱祠之間而已也。蝗至都城，然後下禮寺講酺祭，孰非王土，顧及境而懼，偶不至輦下，則終不以爲災乎。」又曰：「權臣之誅也，下至閭巷，讙聲如雷。蓋更化之初，人有厚望，久而無以相遠也，此謗讟之所從生。」又曰：「內降非盛世事也，王瑋進狀不實而經營以求倖免，裴伸何人，驟爲帶御器械。」時應詔者甚衆，奕言最爲剴切。攝兼侍讀，每進讀至古今治亂，必參言時事：「願陛下試思，設遇事若此，當何以處之。」必拱默移時，俟帝凝思，乃徐竟其說。帝曰：「如此則經筵不徒設矣。」

遷吏部侍郎兼修玉牒官，兼權給事中，論駁十有六事，皆貴族近習之撓政體者。而封還劉德秀贈典、高文虎之奉祠，士論尤韙之。加楊次山少保、永陽郡王，奕上疏曰：「自古外戚恩寵太甚，鮮不禍咎，天道惡盈，理所必至。次山果辭，則宜從之，如欲更示優恩，則超轉少傅，在陛下既隆於恩，在次山知止於義，顧不休哉！」又言：「史彌遠力辭恩命，宜從之以成其美。」疏入，不報。奕遂臥家求補外，以顯謨閣待制知瀘州。彌遠問所欲言，奕曰：「比觀時事，調護之功深，扶持之意少，非朝廷之利也。」

嘉、敍、瀘俱接夷壤，董蠻米在大入，俘殺兵民，四路創安邊司窮治其事。奕得夷人質之以致所掠，由是汰安邊司。夷酋王粲〔二〕浮樠木萬計入買，奕慮其蕩水陸之險，驅之。安撫使安丙新立大功，讒忌日聞，宰相錢象祖出謗書問奕，奕喟而言：「士不愛一死而



困於衆多之口，亦可悲也。奕願以百口保之。」象祖艴然曰：「公悉安子文若此乎？」適宇文紹節宣撫荊湖還〔三〕，亦曰：「僕願亦百口以信許公之言。」於是異論頓息，委寄益專。奕於丙深相知，而職事所關必反復辯數以求直。其後士多畔丙，奕獨以書疏候問愈數。

移知夔州，表辭不行，改知遂寧府。捐緡錢數十萬以代民輸，復鹽筴之利以養士，爲浮梁作隄數百丈，民德之，畫像祠于學。進龍圖閣待制，加寶謨閣直學士、知潼川府。霖雨壞城，撤而築之，不以煩民，亦捐緡錢十二萬爲十縣民代輸，於是其民亦相與祠于東山僧舍。

會金人敗盟，蜀道震擾，奕請「速選威望大臣宣撫，信賞必罰，以獎忠義、收人心」。又言：「忠義之招，體勢倒持，兵食頓增，未知攸濟，且斬將之人未聞褒擢，敗軍之將未見施行，事勢不決，將有後時之悔。」御史劾奕欺罔，降一官。詔提舉玉隆宮，未數月，特復元官，提舉崇福宮。

還家，草遺表曰：「自念本非衰病，初染微痾。當湯熨可去之時，臣以疾而爲諱；及鍼石已窮之後，醫束手而莫圖。靖言膏肓所致之由，大抵脈絡不通之故。」皆寓諷諫之意。進顯謨閣直學士致仕，贈通議大夫。初，奕之守瀘，帝顧禮部尚書章潁曰：「許奕已去乎？」起居舍人眞德秀侍帝前，論人才，上以骨鯁稱之。

奕天性孝友，送死恤孤，恩意備至。通籀隸書，所著有毛詩說、論語尙書周禮講義、奏議、雜文行世。

陳居仁字安行，興化軍人。父太府少卿膏，娶明州汪氏女，因家焉。膏初爲汾州教授，佐守臣張克戩捍金人。後知惠州，單馬造曾袞壘，譬曉降之。鄞僧王法恩〔四〕謀逆事覺，或請屠城，膏方爲御史，力論多殺非聖世事，脅從者悉寬宥之。

居仁年十四而孤，以蔭授鉛山尉。紹興二十一年舉進士。秦檜與膏有故，有勸以一見可得美官，居仁曰：「是有命焉。」終不自通。移永豐令，入監行在點檢贍軍激賞酒庫所糴場，詔修高宗聖政，妙選寮屬，與范成大並充檢討官。

淮甸交兵，魏杞以宗正少卿使金，辟居仁幕下。時和戰未決，金兵駐淮北，人情恟懼，突騎大至，彎弓夾道，居仁上馬，猶從容舉酒屬杞：「天寒且釂此觴。」觀者壯之。乃諭金人開道入，卒成禮，減歲幣而還。因出疆賞，轉承議郎，授諸王宮大小學教授。杞秉國柄，居仁忍貧需遠次，未嘗求進。虞允文欲引以爲用，不就。允文欲與論兵，謝不能，退而貽書謂：「有定力乃可立事，若徒爲大言，終必無成，幸成亦旋敗。」允文爲之色動。





徙主軍器監簿、宗正修玉牒。轉對，言：「立國須定規模，陛下非無可致之資，而規模未立。」孝宗初頗不懌，曰：「朕未嘗不立規模。」居仁奏：「陛下銳意恢復，繼乃通和，和、戰、守三者迄今未定，孰爲規模耶？」允文曰：「此正前日定力之論，某今益知此言之當也。」

遷將作監丞，轉國子丞。九年，進秘書丞。入對，論文武並用長久之術：「陛下獎進武臣，深得持平救偏之道，然未必得智謀勇略之士，或多便佞輕躁之徒，將復有偏勝之患。」帝嘉納。權禮部郎官。嘗言臺閣宜多用明習典故之士，帝問其人，居仁以李燾、莫濟對。甫數日，召燾。

居仁力請外，乃知徽州。帝令陛辭，慰諭遣之。至郡，告以天子節經費以惠儉瘠，不能推廣聖德，吏則有罪。乃招三衙軍，植二表于庭，有輸納中度而遭抑退者，抱所輸立表下，親視之，人無留滯，吏不能措手，輸稅者恆裹贏以歸。鄰州有訟，多詣臺省乞決於居仁。秩滿，邦人挽留，由間道始得去。

入對，帝舉新安之政獎之。請編類隆興以來寬恤詔令，有曰：「法久則易玩，事久則易怠。惟申加戒飭，有以儆其觀聽，則千萬年猶一日。」帝曰：「名言也。」又言：「歸正忠順，過於優渥，而遇戰士反輕。此曹出萬死策勳，今老矣，添差已罷，廩稍半給，至匄于市，軍士解體。乞加優恤，以終始念功之意，堅後生圖報之心。」帝覽之嘉歎。會駕大閱白石，即命再添差兩任，衣糧全給，三軍爲之呼舞。

留爲戶部右曹郎官，命未下，朝方推會要賞，帝曰：「陳居仁治行爲天下第一，可因是幷賞之。」特轉朝議大夫兼權度支，又兼權禮部。會樞屬闕員，方進擬，帝曰：「豈有人才如陳居仁而可久爲郎乎？」卽授樞密院檢詳文字，尋爲右司，遷左司，又遷檢正中書門下省諸房公事，歷兼左藏諸庫。居仁親視按牘，嘗謂：「有罪幸免則冤者何告，誣枉者七人皆當敍復。」執政難之，居仁退，疏其冤狀上之。帝曰：「居仁精審，尙復何疑。」詔以旱求言，居仁乞命公卿務行寬大，御史京鏜極論從窄之敝，此風未革。

假吏部尙書使金，還，遷起居郎，尋兼詳定一司敕令兼權中書舍人，泛恩濫賞，封繳無所避。因言：「恩惠不及小民，名爲寬逋負，實以惠頑民耳；名爲赦有罪，實以惠姦民耳。願盡放天下五等戶身丁，四等戶一半。」從之。安定王子肜〔五〕乞封妾爲夫人，居仁繳奏，帝喜迎，謂有補風教。又論：「君人之道，貴在執要，今陛下親細故而忽遠猷，事末節而忘大體，願舉綱要以御臣下，省思慮以頤精神。」詰旦，令清中書之務。權直學士院。帝曰：「內外制向委數人，今陳居仁一人當之，不見其難。」乞詔大臣博議「絕浮費，汰冗兵，計當省之數，定蠲除之目，此富民之要術也」。

以集英殿修撰知鄂州，築長隄扞江，新安樂寮以養貧病之民，撥閑田歸之。進煥章閣





待制，移建寧府。歲饑，出儲粟平其價，弛逋負以巨萬計，代輸畸零蘚稅。有因告糴殺人者，會赦免，居仁曰：「此亂民也，釋之將覆出爲惡。」遂誅之。觀察推官柳某死，貧不克歸，二子行匄于道，聞而憐之，予之衣食，買田以養之，擇師以教之。鎭江大旱，又移居仁守鎭江。請以緡錢十四萬給兵食，不報〔六〕；爲書以義撼丞相，然後許。發時窖往覘之。間遣糴運於荊楚商人，商人曰：「是陳待制耶？」爭以粟就糴。居仁區畫有方，所存活數萬計。因饑民治古海鮮界港，爲石礎丹徒境上，蓄泄以時，以通漕運。治江陰姦僧。

加寶文閣待制、知福州。入境，有饑民嘯聚，部分逐兵遮擊之，首惡計窮，自經死。治宗室之暴橫，申蠱毒之舊禁。有召命求間者，再進華文閣直學士，提舉太平興國宮，卒，贈金紫光祿大夫。

居仁風度凝遠，處己應物，壹以誠信。臨事毅然有守，所至號稱循吏，皆立祠祀之。有奏議、制稿、詩文行世。子卓。

卓字立道。紹熙元年進士，其後知江州，移寧國府。丞相以故欲見之，卓謝不往，丞相益器之。李全叛，褫其爵，詔書至淮，人益自勵；太廟災，降罪己詔，京師感動，皆卓所草也。爲簽書樞密院事。未幾，匄祠還里。平生不營產業，以贊書所酬金築世綸堂。閒居十

有六年，卒年八十有六。將葬，事不能具，丞相吳潛聞之，貽書制置使以助。其孫定孫力請諡于朝，迺諡清敏。

劉漢弼字正甫，上虞人。生二歲而孤，母謝氏撫而教之。嘉定九年舉進士，授吉州教授。歷江西安撫司幹官，監南嶽廟，浙西提舉茶鹽司幹官。召試館職，改秘書省正字，序遷秘書郎兼沂王府教授，改著作佐郎兼史館校勘，權考功員外郎。升著作郎，知嘉興府兼兵部員外郎，改兼考功。尋爲考功員外郎兼崇政殿說書，編修國史、檢討實錄，擢監察御史。出知溫州。尋擢太常少卿，以左司諫召，擢侍御史兼侍講，以戶部侍郎致仕。

漢弼學明義利之辨，爲正字時，應詔言事，極論致富弭寇之道。爲校書郎，轉對，舉蘇軾所言結人心，厚風俗，存紀綱。又論制閫當復其舊，戎司當各還其所，邊郡守當用武臣。又論決和戰以定國論，合江、淮以壹帥權，公賞罰以勵人心，廣規撫以用人才。爲著作佐郎，言兵財格幣權不可分。又言取士之法，詞學不當去「宏博」字，混補不如復待補之便。爲著作，爲考功員外，所陳皆切於時務。及爲言官，帝獎諭曰：「以卿純實不欺，故此親擢，宜悉心以告。」





漢弼以臺綱久弛，疏三事，曰：定規撫，正體統，遠謀慮。首論給事中錢相巧於迎合，睥睨政地，直學士院吳愈不稱其職，罷去之。又劾中書舍人濮斗南、左正言葉賁，疏留中不出。賁，松陽人，爲時相史嵩之腹心。有使賁互按者，明日賁有他命，而漢弼由是去國。嵩之久擅國柄，帝益患苦之，既復以左司諫召，首贊帝分別邪正以息衆疑。奏疏論立聖心、正君道、謹事機、伸士氣、收人才五事，帝嘉其言，併付外行之。

及爲侍御史，密奏曰：「自古未有一日無宰相之朝，今虛相位已三月，尚可狐疑而不斷乎？願奮發英斷，拔去陰邪，庶可轉危而安；否則是非不可兩立，邪正不並進，陛下雖欲收召善類，不可得矣。臣聞富弼之起復，止於五請，蔣芾之起復，止於三請，今嵩之既六請矣，願聽其終喪，亟選賢臣，早定相位。」帝覽納，遂決。乃命范鍾、杜範並相，百官舉笏相慶，漢弼之力爲多。又累章言金淵、鄭起潛、陳一薦、謝逵、韓祥、濮斗南、王德明，皆嚮昔託身私門，爲之腹心，盤據要路，公論之所切齒者。至論馬光祖奪情，總賦淮東，乃嵩之預爲引例之地，乞勒令追服終喪，以補名教。

帝嘗屬漢弼以進人才，退而條具以奏，皆時望所歸重。漢弼以受知特異，而姦邪未盡屏汰，論議未能堅定爲慮，遂感末疾，居亡何，遂卒。特贈四官，未幾，賜官田五百畝、楮五千緡給其家，諡曰忠。漢弼之沒也，太學生蔡德潤等百七十有三人伏闕上書以爲暴卒，而程公許著漢弼墓銘，亦與徐元杰並言，其旨微矣。

論曰：唐張九齡、姜公輔，宋余靖皆出於嶺嶠之南，而爲名世公卿，造物者曷嘗擇地而生賢哉？先王立賢無方，蓋爲是也。番禺崔與之晚出，屹然大臣之風，卒與三子者方駕齊驅。洪咨夔、許奕直道正言於理宗在位之日。陳居仁見稱循吏，親結主知。劉漢弼抱忠以死，哀哉！

## 校勘記

〔一〕隔第關　按本書卷四〇寧宗紀、宋史全文卷三〇都作「隔芽關」，本書卷四一四史彌遠傳作「隔牙關」，兩朝綱目卷一五、續宋編年通鑑卷一五都作「隔茅關」。

〔二〕王桑　按魏了翁鶴山先生大全文集卷六九許奕神道碑作「楊桑」。

〔三〕適宇文紹節宣撫荊湖還　「荊湖」，同上書同卷作「京湖」。按南宋曾合京西湖北爲一路，稱京湖路，置湖北京西宣撫使；宇文紹節任湖北京西安撫使、知江陵府，見本書卷三九八本傳，疑作「京湖」是。





〔四〕鄱僧王法恩　按周必大周益國公集卷六四陳居仁神道碑、樓鑰攻媿集卷八九陳居仁行狀都作鄱縣「僧法恩」，無「王」字。

〔五〕子肜　按同上兩書同卷都作「子彤」。

〔六〕請以緡錢十四萬給兵食不報　按攻媿集陳居仁行狀：「改知鎮江府，適當洊饑，請粟於朝，謂郡有餘貲，不應。公再疏曰：『舊將所留緡錢十有四萬，不能糴三萬斛，以支兵食尚不足，何以爲振糶計？』又不報。」疑此誤。

# 宋史卷四百七

## 列傳第一百六十六

### 杜範 楊簡 錢時附 張虙 呂午 子沆

杜範字成之，黃巖人。少從其從祖燁、知仁游，從祖受學朱熹，至範益著。嘉定元年舉進士，調金壇尉，再調婺州司法。紹定三年，主管戶部架閣文字。六年，遷大理司直。端平元年，改授軍器監丞。明年，入對，言：「陛下親覽大政，兩年于茲。今不惟未覩更新之效，而或者乃有浸不如舊之憂。夫致弊必有原，救弊必有本，積三四十年之蠹習，浸漬薰染，日深日腐，有不可勝救者，其原不過私之一字耳。陛下固宜懲其弊原，使私意淨盡。顧以天位之重而或藏其私憾，天命有德而或濫於私予，天討有罪而或制於私情，左右近習之言或溺於私聽，土木無益之工或侈於私費，隆禮貌以尊賢而用之未盡，温辭色以納諫而行之惟艱，此陛下之私有未去也。和衷之美不著，同列之意不孚，紙尾押敕，事不預知，同堂





決事，莫相可否，集議盈庭而施行決於私見，諸賢在列而密計定於私門，此大臣之私有未去也。君相之私容有未去，則教條之頒徒爲虛文。近者召用名儒，發明格物致知、誠意正心之學，有好議論者，乃從而詆訾訕笑之，陛下一惑其言，卽有厭棄儒學之意。此正賢不肖進退之機，天下安危所係，願以其講明見之施行。」

改秘書郎，尋拜監察御史。奏：「曩者權臣所用臺諫，必其私人，約言已堅，而後出命。其所彈擊，悉承風旨，是以紀綱蕩然，風俗大壞。陛下親政，首用洪咨夔、王遂，痛矯宿弊，斥去奸邪。然廟堂之上，牽制尚多[一]。言及貴近，或委曲回護，而先行丐祠之請；事有掣肘，或彼此調停，而卒收論罪之章。亦有彈墨尚新而已頒除目，沙汰未幾而旋得美官。自是臺諫風采，昔之振揚者日以鑠；朝廷紀綱，昔之漸起者日以壞。」理宗深然之。

又奏九江守何炳年老不足備風寒，事寢不行。範再奏曰：「一守臣之未罷其事小，臺諫之言不行其事大。阻臺諫之言猶可也，至於陛下之旨匿而不行，此豈勵精親政之時所宜有哉！」丞相鄭清之見之大怒，五上章丐去，有「危機將發，朋比禍作」之語，且謂範順承風旨，粉飾擠陷。範遂自劾，言：「宰相之與臺諫，官有尊卑而事關一體，但當同心爲國，豈容以私而害公。行之者宰相，言之者臺諫。行之者豈盡合於事宜，言之者或未免於攻詆，清明之朝，此特常事。古者大臣欲扶持紀綱，故必崇奬臺諫，聞有因言而待罪者矣，未聞有諱言而含怒者也。曩者柄臣所用臺諫，必其私人；陛下更新庶政，而臺諫皆出於親擢。若廟堂不欲臣言其親故，鉗其口，奪其氣，則與曩者之用私人何以異？不知所謂『承順風旨』者何人？『粉飾擠陷』者何事？乞檢臣前奏，賜之罷黜，以從臣退安田里之欲。」

時清之妄邀邊功，用師河、洛，兵民死者十數萬，資糧器甲悉委於敵，邊境騷然，中外大困。範率合臺論其事，併言制閫之詐謀罔上。於是凡侍從、近臣之不合時望者，監司、郡守之貪暴害民者，皆以次論斥。清之愈忌之，改太常少卿。轉對言：「今日之病，莫大於賄賂交結之風。名譽已隆者賈左右之譽以固寵，宦遊未達者惟梯級之求以進身。邊方帥臣，黃金不行於反間，而以探刺朝廷；厚賜不優於士卒，而以交通勢要。以致賞罰顚倒，威令慢褻，罪貶者拒命而不行，棄城者巧計以求免，提援兵者召亂而肆掠，當重任者怙勢而奪攘。下至禁旅，驕悍難制，監軍羣聚相剽刼。欲望陛下毋以小恩廢大誼，毋以私情撓公法，嚴制宮掖，不使片言得以入於閫；禁約閹宦，不使讒諂得以售其姦。」範自入臺，屢丐祠，至是復五上歸田之請，皆不允。

遷秘書監兼崇政殿說書。大元兵徇江陵，範乞屯兵蘄、黃以防窺江，且令沿江帥臣兼江、淮制置大使以重其權，令淮西帥臣急調兵撥糧以援江陵。拜殿中侍御史，辭不獲，乃因講筵，奏：「臣嘗冒耳目之寄，輒忤宰相，至煩陛下委曲調護，今又使居向者負芒之地，豈以





臣絕私比，而其言猶有可取耶？抑以臣巽懦之質，易於調護，而姑使之備數耶？昔人主之於諍臣，非樂而聽之，卽勉而從之，否則疎而遠之，未聞有不用其言而復用其人者。陛下自端平親政以來，召用正人以振臺綱，未幾而有委曲調護之弊，其所彈擊，或牽制而不行，其所斥逐，復因緣以求進。臣於入臺之初，固已力言之，不惟不之革，而其弊滋甚，甚至節貼而文理不全，易寫而臺印無有，中書不敢執奏，見者爲之致疑。不意聖明之時，其弊一至於此。陛下以其言之不可用，又從而超遷之，則是臺諫之官，專爲仕途之捷徑。陛下但知崇奬臺諫爲盛德，而不知阻抑直言之爲弊政，則陛下外有好諫之名，內有拒諫之實，天下豈有虛可以蓋實哉。」範始以不得其言不去爲恨，至是遂極言臺諫失職之弊。

時襄、蜀俱壞，江陵孤危，兩浙震恐，復言：「清之橫啓邊釁，幾危宗祀，及其子招權納賄，貪冒無厭，盜用朝廷錢帛以易貨外國，且有實狀。」併言：「簽書樞密院事李鳴復與史寅午、彭大雅以賄交結，曲爲之地。鳴復既不恤父母之邦，亦何有陛下之社稷。」帝以清之潛邸舊臣，鳴復未見大罪，未卽行，範亦不入臺。帝促之，範奏：「鳴復不去則臣去，安敢入經筵？」方再奏之，鳴復抗疏自辨，言：「臺臣論臣，不知所指何事，豈以臣嘗主和議耶？幸未斥退，則安國家、利社稷，死生以之；否則無家可歸，惟有扁舟五湖耳。」範又極言其寡廉鮮恥，既而合臺劾之，太學諸生亦上書交攻之。鳴復將出關，帝又遣使召回，範復與合臺奏：

「鳴復爲宰執，所交惟史寅午、彭大雅，此等相與陰謀，不過賂近習、蒙上聽，以陰圖相位。臣近見自辨之章，見其交鬥邊臣以啓嫌隙，妄言和戰以肆脅持，且以蜀既破蕩而欲泛舟五湖，又以安國家、利社稷自任，不知鳴復久居政府，今又有何安利之策？欺君罔上，無所不至。如臣等言是，即乞行之；所言若非，早賜罷斥。」改起居郎，範奏：「臣論鳴復，未見施行，忽拜左史之命，則是所言不當，姑示優遷。臣前者嘗奏臺諫但爲仕途之捷徑，初無益朝廷之紀綱，躬言之，躬蹈之，臣之罪大矣。」即渡江而歸。授江東提點刑獄，尋改浙西提點刑獄，範力辭之，而鳴復亦出守越。

嘉熙二年〔二〕，差知寧國府。明年至郡，適大旱，範即以便宜發常平粟，又勸寓公富人有積粟者發之，民賴以安。始至，倉庫多空，未幾，米餘十萬斛，錢亦數萬，悉以代輸下戶糧。兩淮饑民渡江者多剽掠，其首張世顯尤勇悍，擁衆三千餘人至城外。範遣人犒之，俾勿擾以俟處分，世顯乃陰有窺城之意。範以計擒斬之，給其衆使歸。

四年，還朝，首言：

旱暵荐臻，人無粒食。楮券猥輕，物價騰踴。行都之內，氣象蕭條，左浙近輔，殍死盈道。流民充斥，未聞安輯之政，剽掠成風，已開弄兵之萌，是內憂既迫矣。新興北兵，乘勝而善鬥，中原羣盜，假名而崛起。擣我巴蜀，據我荆襄，擾我淮堧，近又由夔、峽以





瞰鼎、澧。疆場之臣，肆爲欺蔽，勝則張皇而言功，敗則掩覆而不言。脫使乘上流之無備，爲飲馬長江之謀，其誰與捍之？是外患既深矣。

人主上所事者天，下所恃者民。近者天文示變，妖彗吐芒，方冬而雷，既春而雪，海潮衝突於都城，赤地幾徧於畿甸，是不得乎天而天已怒矣。人死於干戈，死於饑饉，父子相棄，夫婦不相保，怨氣盈腹，謗言載路，「等死」一萌，何所不至，是不得乎民而民已怨矣。內憂外患之交至，天心人心之俱失，陛下能與二三大臣安居於天下之上乎？陛下亦嘗思所以致此否乎？

蓋自曩者權相陽進妾婦之小忠，陰竊君人之大柄，以聲色玩好內蠱陛下之心術，而廢置生殺，一切惟其意之所欲爲，以致紀綱陵夷，風俗頹靡，軍政不修而邊備廢缺。凡今日之內憂外患，皆權相三十年醞成之，如養護癰疽，待時而決耳。端平號爲更化，而居相位者非其人，無能改於其舊，敗壞汙穢，殆有甚焉。自是聖意惶惑，莫知所倚仗，方且不以彼爲讎而以爲德，不以彼爲罪而以爲功。於是天之望於陛下者孤，而變怪見矣，人之望於陛下者觖，而怨叛形矣。

陛下敬天有圖，旨酒有箴，緝熙有記，使持此一念，振起傾頹，宜無難者。然聞之道路，謂警懼之意，祇見於外朝視政之頃；而好樂之私，多縱於內廷燕褻之際。名爲任賢，而左右近習或得而潛間；政出於中書，而御筆特奏或從而中出。左道之蠱惑，私親之請託，蒙蔽陛下之聰明，轉移陛下之心術。

於是範去國四載矣，帝撫勞備至。

遷權吏部侍郎兼侍講。以久旱，復言：「陛下嗣膺寶位餘二十年〔三〕，災異譴告，無歲無之，至于今而益甚。陛下求所以應天者，將止於減膳徹樂、分禱羣祀而已乎？抑當外此而反求諸躬乎？夫不務反躬悔過，而徒覬天怒之釋，天下寧有是理？欲望陛下一洒舊習以新天下，出宮女以遠聲色，斥近習以防蔽欺，省浮費以給國用，薄征斂以寬民力。且儲貳未立，國本尙虛，乞選宗姓之賢者育之宮中而教導之。」又言銓法之壞：「廟堂既有堂除，復時取部缺以徇人情；士大夫既陷贓濫，乃間以不經推勘而改正。凡此皆徇私忘公之害。」未幾，復上疏曰：

天災旱暵，昔固有之。而倉廩匱竭，月支不繼，升粟一千，其增未已，富戶淪落，十室九空，此又昔之所無也。甚而闔門饑死，相率投江，里巷聚首以議執政，軍伍誶語所不忍聞，此何等氣象，而見於京城衆大之區。浙西稻米所聚，而赤地千里。淮民流離，襁負相屬，欲歸無所，奄奄待盡。使邊塵不起，尙可相依苟活，萬一敵騎衝突，彼必奔迸南來，或相攜從敵，因爲之鄉導，巴蜀之覆轍可鑑也。





竊意陛下宵旰憂懼，寧處弗遑。然宮中宴賜未聞有所貶損，左右嬙嬖未聞有所放遣，貂璫近習未聞有所斥遠，女冠請謁未聞有所屛絕，朝廷政事未聞有所修飭，庶府積蠹未聞有所搜革。秉國鈞者惟私情之徇，主道揆者惟法守之侵，國家大政則相持而不決，司存細務則出意而輒行。命令朝更而夕變，紀綱蕩廢而不存，無一事之不弊，無一弊之不極。陛下盍亦震懼自省。

詔：「中外臣庶思當今急務，如河道未通，軍餉若何而可運？浙右旱歉，荒政若何而可行？財計空匱，糴本若何而可足？流徙失所，遣使若何而可定？敵情叵測，邊圉若何而可固？各務悉力盡思，以陳持危制變之策。」

拜吏部侍郎兼中書舍人，復極言宴賜不節、修造不時、玩寇縱欲數事。兼權兵部尙書，改禮部尙書兼中書舍人。

淳祐二年，擢同簽書樞密院事。範既入都堂，凡行事有得失，除授有是非，悉抗言無隱情。丞相史嵩之外示寬容，內實忌之。四年，遷同知樞密院事。以李鳴復參知政事，範不屑與鳴復共政，去之。帝遣中使召回，且敕諸城門不得出範。太學諸生亦上書留範而斥鳴復，并斥嵩之。嵩之令諫議大夫劉晉之等論範及鳴復，範遂行。會嵩之遭喪謀起復不果，於是拜範右丞相，範以遜游佀，不許，遂力疾入覲。帝親書「開誠心，布公道，集衆思，廣忠

益」賜之。

範上五事：「曰正治本，謂政事當常出於中書，毋使旁蹊得竊威福。曰肅宮闈，謂當嚴內外之限，使宮府一體。曰擇人才，謂當隨其所長用之而久於職，毋徒守遷轉之常格。曰惜名器，謂如文臣貼職，武臣閣衞，不當爲徇私市恩之地。曰節財用，謂當自人主一身始，自宮掖始，自貴近始，考封椿國用出入之數，而補窒其罅漏，求鹽筴楮幣變更之目，而斟酌其利害。仍乞早定國本以繫人心。」

時親王近戚多求降恩澤，引前朝杜衍例，範皆封還。乞撥堂除闕歸之吏部，以清中書之務，惟留書庫、架閣、京教及要地幹官。人皆以爲不便，太學生亦上書言之，帝以示範，範奏曰：「三四十年權臣柄國，以公朝爵祿而市私恩，取吏部之闕以歸堂除，太學諸生亦習於見聞，乃以近年之弊政爲祖宗之成法。如以臣言爲是，上下堅守，則訕者必多而謗者息矣。」未幾，赴選調者無淹滯，合資格者得美闕，衆始服。

帝命宰執各條當今利病與政事可行者，範上十二事：

曰公用捨，願進退人才悉參以國人之論，則乘罅抵巇者無所投其間。曰儲材能，內而朝列，則儲宰執於侍從、臺諫，儲侍從、臺諫於卿監、郎官；外而守帥，則以江面之通判爲幕府、郡守之儲，以江面之郡守爲帥閫之儲：他職皆然，如是則臨時無乏才之





憂。曰嚴薦舉，宜詔中外之臣，凡薦舉必明著職業、功狀、事實，不許止爲褒詞，朝廷籍記不如所舉，並罰舉主，仍詔侍從、臺諫不許與人覓舉。曰懲贓貪，自今有以贓罪案上，卽行下勘證，果有贓敗，必繩以祖宗之法，無實跡而監司妄以贓罪誣入者，亦量行責罰，臺諫風聞言及贓罪，亦行下勘證。曰專職任，吏部不可兼給、舍，京尹不可兼戶、吏，經筵亦必專官。曰久任使，內而財賦、獄訟、銓選與其他煩劇之職，必三年而後遷，外而監司、郡守，亦必使之再任，其不能者則亟行罷斥。曰抑僥倖，布告中外，各務職業，朝廷不以弊例而過恩，宮庭不以私謁而廢法；勳舊之家，邸第之戚，不以名器而輕假。曰重閫寄。曰選軍實。曰招土豪。曰宜倣祖宗方田之制，疏爲溝洫，縱橫經緯，各相灌注，以鑿溝之土，積而爲徑，使不得並轡而馳，結陣而前，如曹瑋守陝西之制，則戎馬之來，所至皆有阻限，而溝之內又可以耕屯，勝於陸地多矣。曰治邊、理財，實爲當今急務，有明於治邊、善於理財者，搜訪以聞。

時孟珙權重兵久居上流，朝廷素疑其難制，至是以書來賀。範復之曰：「古人謂將相調和則士豫附，自此但相與同心徇國。若以術相籠架，非範所屑爲也。」珙大感服。未幾，大元軍大入五河，絕中流，置營柵，且以重兵綴合肥，令不得相援，爲必取壽春之計。範命惟揚、鄂渚二帥各調兵東西來應，卒以捷聞。範計功行賞，莫不曲當，軍士皆悅。

未幾，卒，贈少傅，謚清獻。其所著述，有古律詩歌詞五卷，雜文六卷，奏稿十卷，外制三卷，進故事五卷，經筵講義三卷。

楊簡字敬仲，慈溪人。乾道五年舉進士，授富陽主簿。會陸九淵道過富陽，問答有所契，遂定師弟子之禮。富陽民多服賈而不知學，簡興學養士，文風益振。

爲紹興府司理，犴獄必親臨，端默以聽，使自吐露。越陪都，臺府鼎立，簡中平無頗，惟理之從。一府史觸怒帥，令鞫之，簡白無罪，命鞫平日，簡曰：「吏過詎能免，今日實無罪，必擿往事置之法，某不敢奉命。」帥大怒，簡取告身納之，爭愈力。常平使者朱熹薦之，先是，丞相史浩亦以簡薦，差浙西撫幹，白尹張杓，宜因凶歲戒不虞。乃令簡督三將兵，接以恩信，出諸葛亮正兵法肄習之，軍政大修，衆大和悅。

改知嵊縣。丁外艱，服除，知樂平縣，興學訓士，諸生聞其言有泣下者。楊、石二少年爲民害，簡寘獄中，諭以禍福，咸感悟，願自贖。由是邑人以訟爲恥，夜無盜警，路不拾遺。紹熙五年，召爲國子博士。二少年大帥縣民隨出境外，呼曰「楊父」。會斥丞相趙汝愚，祭酒李祥抗章辨之，簡上書言：「昨者危急，軍民將潰亂，社稷將傾危，陛下所親見。汝愚冒萬死





易危爲安，人情妥定，汝愚之忠，陛下所心知，不必深辨。臣爲祭酒屬，日以義訓諸生，若見利忘義，畏害忘義，臣恥之。」未幾，亦遭斥，主管崇道觀。再任，轉朝奉郎。嘉泰四年，賜緋衣銀魚，朝散郎，權發遣全州，以言罷，主管仙都觀。

嘉定元年，寧宗更化，授秘書郎，轉朝請郎，遷秘書省著作佐郎兼權兵部郎官。轉對，極言經國之要，弭災厲、消禍變之道，北境傳誦，爲之涕泣。詔以旱蝗求直言，簡上封事，言旱蝗根本，近在人心。兼考功郎官，兼禮部郎官，授著作郎、將作少監。入對，答問往復，漏過八刻，上目送久之。兼國史院編修官兼實錄院檢討官，以面對所陳未行，求外補，知溫州。移文首罷妓籍，尊敬賢士。私鹺五百爲羣過境內，分司幹官檄永嘉尉及水砦兵捕之。巡尉不白郡，簡驚曰：「是可輕動乎？萬一召亂，貽朝廷憂。兵之節制在郡將，違節制是不嚴天子命，違節制應斬。」建旗立巡尉庭下，召劊手兩行夾立，郡官盛服立西序，數其罪，命斬之，郡官交進爲致悔罪意，良久得釋，奏罷分司，其紀律如此。寓官置民田負其直，簡追其隸責之而償所負。勢家第宅障官河，卽日撤之，城中讙踊，名楊公河。

帝遣使至郡譏察，使於簡爲先世契，出郊迎，不敢當，從間道走州入客位。簡聞之不敢入，往來傳送數四，乃驅車反。將降車〔四〕，使者趨出立戟門外，簡亦趨出立使者外，頓首言曰：「天使也，某不敢不肅。」使者曰：「契家子，禮有常尊。」簡曰：「某守臣，使者銜天子命，辱

臨敝邑，天使也，某不敢不肅。」遂從西翼偕進，禮北面東上，簡行則常西，步則後，及階，莫敢升，已乃同升自西階，足踧踧莫敢就主席。使者曰：「邦君之庭也，禮有常尊。」簡曰：「春秋，王人雖微，例書大國之上，尊天子也。況今天使乎？」持之益堅，使者辭益力，如是數刻，使者知不可變，乃曰：「某不敏，敢不敬承執事尊天子之義。」即揖而出。既就館，簡乃以賓禮見。儀典曠絕，邦人創見之，莫不瞿然竦觀，屏息立。

簡在郡廉儉自將，奉養菲薄，常曰：「吾敢以赤子膏血自肥乎！」閭巷雍睦無忿爭聲，民愛之如父母，咸畫象事之。遷駕部員外郎，老稚扶擁緣道，傾城哭送。入對，言：「盡掃喜順惡逆之私情，善政盡舉，弊政盡除，民怨自銷，禍亂不作。」改工部員外郎，轉對，又以擇賢久任為言。遷軍器監兼工部郎官，轉朝奉大夫，又遷將作監兼國史院編修官兼實錄院檢討官，轉朝散大夫。

金人大饑，來歸者日以數千、萬計，邊吏臨淮水射之。簡戚然曰：「得土地易，得人心難。薄海內外，皆吾赤子，中土故民，出塗炭，投慈父母，顧靳斗升粟而迎殺之，蘄脫死乃速得死，豈相上帝綏四方之道哉？」即日上奏，哀痛言之，不報。會有疾，請去益力，乃以直寶謨閣主管玉局觀。升直寶文閣主管明道宮、秘閣修撰主管千秋鴻禧觀。特授朝請大夫、右文殿修撰主管鴻慶宮，賜紫衣金魚。進寶謨閣待制、提舉鴻慶宮，賜金帶。



理宗即位，進寶謨閣直學士，賜金帶。寶慶元年，轉朝議大夫、慈溪縣男，尋授華文閣直學士、提舉佑神觀，奉朝請。詔入見，簡屢辭。授敷文閣直學士，累加中大夫，仍提舉鴻慶宮〔五〕，尋以寶謨閣學士、太中大夫致仕，卒，贈正奉大夫。

簡所著有甲稿、乙稿、冠記、昏記、喪禮家記、家祭記、釋菜禮記、石魚家記，又有己易、啓蔽等書，其論治務最急者五，其次八。一曰謹擇左右大臣、近臣、小臣；二曰擇賢以久任中外之官；三曰罷科舉而行鄉舉里選；四曰罷設法道淫；五曰治伍法，脩諸葛武侯之正兵，以備不虞。其次急者有八：一曰募兵屯田，以省養兵之費；二曰限民田，以漸復井田；三曰罷妓籍，從良；四曰漸罷和買、折帛暨諸無名之賦及榷酤，而禁羣飲；五曰擇賢士教之大學，教成，使分掌諸州之學，又使各擇井里之士聚而教之，教成，使各分掌其邑里之學；六曰取周禮及古書，會議熟講其可行於今者行之；七曰禁淫樂；八曰修書以削邪說。此簡之志也。後咸淳間，制置使劉黻即其居作慈湖書院。門人錢時。

時字子是，淳安人。幼奇偉不羣，讀書不為世儒之習。以易冠漕司，既而絕意科舉，究明理學。江東提刑袁甫作象山書院，招主講席，學者興起，政事多所裨益。郡守及新安、紹興守皆厚禮延請，開講郡庠。其學大抵發明人心，論議宏偉，指擿痛決，聞者皆有得焉。丞



相喬行簡知其賢，特薦之朝，且曰：「時夙負才識，尤通世務，田里之休戚利病，當世之是非得失，莫不詳究而熟知之，不但通詩書、守陳言而已。」

授秘閣校勘。詔守臣以時所著書來上。未幾，出佐浙東倉幕，太史李心傳奏召史館檢閱。轉對，敷陳剴切，皆聖賢之精微。旋以國史宏綱未畢求去，授江東帥屬，歸。其書有周易釋傳、尚書演義、學詩管見、春秋大旨、四書管見、兩漢筆記、蜀阜集、冠昏記、百行冠冕集。寶祐間，守季鏞祠于學。

張虙字子宓，慈溪人。慶元二年進士。故事，潛邸進士升名，虙不以自陳。授州教授，為浙東帥屬。帥督新昌舊逋，虙手書諫曰：「越人之瘠，宜咻噢撫摩之。今夏稅當寬為之期，使田里久饑之甿，少還已耗之氣血，尚可理舊逋耶？」力辭不行。

主管戶部架閣文字，改太學正。時新進者多逞小才、害大體，轉對言：「立國有大經，人主當以靜制天下之動。今日之治，或有鄰於鍥薄，而咈人心、傷國體者，宜有以革之，使祖宗之意常如一日可也。」帝嘉納焉。

遷太常博士，又遷國子博士。時金垂亡，因論自治之道，謂：「天下之治，必有根本。城



郭所以禦敵也，使溝壑有轉徙之民，則何敵之能禦？儲峙所以備患也，使枵腹盻盻不得食，則何患之能備？今日之吏，能知守邊之務者多，而能明立國之意者少。繕城郭，聚米粟，恃此而不恤乎民，則其策下矣。」

時以旱求言，即上疏曰：「上天之心即我祖宗之心，數年以來，蓋有為祖宗所不敢為者。凡祖宗之時，幾舉而不遂，已行而復寢，始以人言而從，終以國體而回者，今皆處之以不疑矣。凡祖宗長慮卻顧，所以銷惡運、遏亂原，兢兢相與守之者，皆變於目前利便快意之謀矣。議者惟知衰靡之俗不可不振起也，圮壞之風不可不整刷也，抑不知振起整刷之術，最難施於衰靡圮壞之後。何者？元氣已傷而不可再擾，人心方蘇而不可瞉動也。且造楮初欲便民，朝廷既以一切之政駴其聽，復以一定之價迫之從，郡縣之間，遂騷然矣。監司、郡守老成遲鈍者悉屏而不用，而取夫新進喜功名者為之，見事則風生，臨事則痛決，事未果集而根本已朘，國未有益而民生已困矣。凡此皆有累於祖宗仁厚之德，此旱勢之所以彌甚也。」

遷國子監丞。轉對，願力主正論，勿使迎合之人得以投吾機。遷秘書郎，預編寧宗會要兼吳、益王府教授，改兼莊文府。講毛詩終篇，乞以所讀諸子改讀尚書，帝曰：「吾固以詩、書成麟趾之美也。」

遷著作佐郎兼權都官郎官。轉對言：「邊事有二病，戒敕千條，猶患悖繆，指意明白，猶復背違，安有不示其所向而謂可責其成。且言戰則當知彼，言和則當請於彼，惟守則自求諸己而已。儻以爲可，則當力主其說，明告天下，日講求其所以守之之策，蓋議論貴合一，而今則病乎雜也。用人不可以嘗試，任人不可以自疑。朝廷惟慮獨任之難勝，彼此互分，不相扶持，人得抗衡，莫有稟屬，制置但存虛器，便宜反出多門。蓋體貴合一，而今則病乎分也。」

遷秘書丞，改著作郎。以疾乞外，出知南康。至郡，剖決滯訟，衆皆悅服。前守陳宓以錢七千緡置濟民庫爲築城費，慮至，曰：「不必取贏於民，吾捐萬緡爲倡，繼是儻不已，何患事之難成。」轉運使以錢萬二千緡置平糴於郡，慮復出錢萬二千緡以增益之，民賴其利。將增建禁旅，營地屬民者，索質劑視元直償之。徙知處州，移知溫州，力辭，遂直秘閣、主管千秋鴻禧觀。參議制置使幕中，使者尚威力，愎諫自用，慮守正不阿，每濟以寬大。又上書論海防利便。主管玉局觀。

端平初，召爲國子司業兼侍講，以禮記月令進讀，至「獄訟必端平」之語，因敷暢厥旨。八陵來復，將議修奉，而論者未能協一，慮議曰：「當乘此時遣官肅淸威儀，申祗奉故事，如或爲其所紿，功未卽就，亦足以感動天下忠臣義士之心。」力辭勸講之職，升國子祭酒。以



爲「月令之書雖出於呂不韋，然人主後天而奉天時，此書不爲無助」。乃因已講者爲十二卷，乞按月而觀之。兼權工部侍郎兼國子祭酒，命下而卒，詔贈四官。

呂午字伯可，歙縣人。嘉定四年進士，授烏程主簿，郡守致之幕下，事一決於午。守張忠恕，丞相浚之孫，薦午猶力，時忠恕之母就養，而時時躬至簿廳迎午二親入郡，與午皆衣綵衣奉觴上壽，邦人榮之。

調當塗縣丞。守吳柔勝謂午有操守，俾其子淵、潛定交焉。會司理攝蕪湖縣，廬州遣兩兵會公事，司理遂以廬兵奪縣民爲言。柔勝怒，悉寘獄，屬午問之。午謂「廬州有公檟，不可謂奪民」。柔勝愈怒，再以屬午。明日，午入謁，柔勝先令左右問若何，午執前說。柔勝益加怒，謂「我不忍廬兵奪吾百姓」。不出迎午，午坐客位不退，不食。柔勝勉爲出，怒不息，欲黥二兵。午徐曰：「廬州初無公檟則可，有則縣不爲處置而反罪廬兵，恐不可。」久之，卒從午請，由是柔勝益知午。

陳貴誼守太平，屬午安集淮南流民。江東提舉徐僑知午在郡，驚喜，辟爲幕屬。午欲盡決遣郡事而後行，帖趣行至十八而不以白貴誼，僑貽書貴誼，午始行。既而僑行部，以田



事汙丞相史彌遠，以言罷。午還當塗。監溫州天富北監鹽場，改知餘杭縣，亦以言罷，公論大不平，然午自此名益重。浙東提舉章良朋留之幕，旋兼沿海制置司事。海寇未平，良朋問策安在。午廉知調軍出海，糧盡卽還，軍獲寇物，官盡拘收，乃與制置司幹官施一飛議，糧盡再給，不許擅還，賊舟所有，悉以給軍，海道遂淸。

差知龍陽縣。豪民陶守忠殺人，正其獄誅之。彌遠雖非賢相，猶置人才簿，書賢士大夫以待用，而午治縣之政亦書之。差兩浙轉運司主管文字，彌遠病久不見客，午入謁，特出迎。運使罷，故不用人，以午護印半年。或問彌遠，何以不注官？彌遠曰：「爾謂護印官不能耶？」午聞之力辭。

差監三省樞密院門兼監提轄封樁上庫。丁父憂，免喪，遷大府寺簿。拜監察御史，帝親擢也。鄭淸之喪師，至是丁黼死於成都，史嵩之、孟珙在京湖，嵩之尋升督府。陳韡、杜杲在淮西，王鑑在黃州，計用兵十七萬人，圍始解。獨趙葵〔六〕在淮東不受兵，而坐視不出兵應援。午疏論：「邊閫角立，當協心釋嫌，而乃幸災樂禍，無同舟共濟之心。」葵以爲午黨京湖制司，而嵩之亦憾午，乃遷宗正少卿兼國史院編修官、實錄院檢討官。出知泉州。初，左丞相李宗勉深以葵之言爲疑，會來自淮東者，乃言臺官皆以葵交書，獨呂御史無之，宗勉始以午爲賢，語人曰：「呂伯可獨立無黨者。」嵩之得彌遠人才簿，心知敬午而內怨所論邊事。及



午移浙東提刑，嵩之令鄧咏嗾董復亨論罷，中外不直嵩之。

提舉崇禧觀，再移浙東提刑。復爲監察御史，入見，帝曰：「卿向來議論甚明切。」兼崇政殿說書。嵩之雅不欲午在經筵，時殿中侍御史項容孫子娶午從子，嵩之俾容孫上疏避午，欲撼之去，而於法無避。嵩之乃與言路密謀，以爲午嘗劾王瓚姻家史洽，遂以瓚爲右正言，午卽治裝去。上手詔趣留之，午力辭，不允，由是再留，而議論愈不合。

遷起居郎兼史院官，官至中奉大夫，閒居一紀卒，年七十有七，累贈至華文閣學士、通奉大夫。子沆。

沆字叔朝，以恩補將仕郎。端平三年，銓試第一，授黃巖縣主簿，監西京中嶽廟者二，總領湖廣、江西、京西財賦所準備差遣。改知於潛縣，重囚逸，聞沆至，自歸。淮西總領辟充主管文字。

通判婺州，朱君章訟爭田四十有二年，吳王府爭墓二十有九年，沆皆決之。特差充提領兩浙轉運鹽事使司主管文字，又差充行在點檢贍軍激賞酒庫，歷四轄、六院之文思官告，書擬尙左右郎官事。

賈似道議行公田，彗星見，沆請罷公田還民。及理宗崩，似道矯詔廢十七界會子，行關

子，沆力言非便。似道大怒，調將作監簿，急令言者論寢。久之，與雲臺觀，起知興國軍，未赴，論仍雲臺觀。起知全州，未赴，與仙都觀。德佑〔七〕元年，三學伏闕上書訟沆屈，召赴行在，沆不復出，卒，年八十有一。

論曰：杜範在下僚，已有公輔之望，及入相未久而沒。楊簡之學，非世儒所能及，施諸有政，使人百世而不能忘，然雖享高年，不究於用，豈不重可惜也哉。張虙子諒易直，呂午風采凛然，皆有裨於世道者矣。

校勘記

〔一〕奉制尙多　按「奉制」，黃震戊辰修史傳杜範傳作「牽制」；下文杜範因講筵奏亦有「其所彈奏，或牽制而不行」語，當以「牽制」爲是。

〔二〕嘉熙二年　「嘉熙」原作「嘉興」。按南宋無「嘉興」年號，戊辰修史傳杜範傳作「嘉熙」，是，據改。

〔三〕餘二十年　按一二二四年，寧宗死，理宗卽位，至此時（嘉熙四年，一二四〇年），將近二十年。





戊辰修史傳杜範傳作「乖二十年」，疑作「垂」字是。

〔四〕將降車　「車」原作「牛」，據楊簡慈湖遺書卷一八附錄錢時楊簡行狀改。

〔五〕仍提舉鴻慶宮　「仍」原作「乃」。按楊簡於嘉定十五年以右文殿修撰主管鴻慶宮；十六年除寶謨閣待制、提舉鴻慶宮；此係寶慶二年事，見慈湖遺書楊簡行狀，文爲「仍提舉鴻慶宮」。作「仍」是，據改。

〔六〕趙葵　原作「周葵」，誤。據本書卷四一七趙葵傳，葵當時以淮東制置使兼知揚州，其不出兵應援事，見宋史全文卷三三。周葵乃高宗、孝宗時人。今改。

〔七〕德佑　按宋無「德佑」年號，疑當爲「德祐」。

# 宋史卷四百八

## 列傳第一百六十七

### 吳昌裔　汪綱　陳宓　王霆

吳昌裔字季永，中江人。蚤孤，與兄泳痛自植立，不肯逐時好，得程頤、張載、朱熹諸書，輒研繹不倦。嘉定七年舉進士，聞漢陽守黃榦得熹之學，往從之。

調閬中尉〔一〕。利路轉運使曹彥約聞其賢，俾司糴場。時歲饑，議糴上流，昌裔請發本倉所儲數萬而徐糴以償，從之。調眉州教授。眉士故尙蘇軾學，昌裔取諸經爲之講說，祠周惇頤及顥、頤、載、熹，揭白鹿洞學規，倣潭州釋奠儀，簿正祭器，士習丕變。制置使崔與之薦之，改知華陽縣。修學宮，來四方士，斥羨錢二十萬緡，買良田備旱。通判眉州，著苦言十篇，慮蜀甚悉。攝郡事，御軍有紀律。尋權漢州，故事比攝官，奉饋皆如眞，昌裔命削其半。核兵籍，興社倉，郡政畢舉。興元帥趙彥吶議東納武仙，西結秦、鞏，人莫敢言，昌裔獨





奮筆力辨其非。未幾，武仙敗，二州之民果叛。

端平元年，入爲軍器監簿，改將作監簿。改太常少卿。徐僑於人少許可，獨賢之。兼皇后宅教授，昌裔以祖宗舊典無以職事官充者，力辭，改吳、益王府教授。轉對，首陳六事，其目曰：「天理未純，天德未健，天命未敕，天工未亮，天職未治，天討未公。」凡君臣之綱，兄弟之倫，舉世以爲大戒而不敢言者，皆痛陳之。至於邊臣玩令，陟罰無章，尤拳拳焉。拜監察御史，彈劾無所避，且曰：「今之朝綱果無所撓乎？言及親故則爲之留中，言及私昵則爲之訖了，事有窒礙則節帖付出，情有嫌疑則調停寢行。今日還一人，曰存近臣之體，明日還一人，曰爲遠臣之勸。屈風憲之精采，徇人情之去留，士氣銷耎，下情壅滯，非所以糾正官邪，助國脈也。」

臺臣故事，季詣獄點檢。時有爭常州田萬四千畝，平江亦數百畝，株逮百餘人，視其牘，乃趙善湘之子汝櫄、汝梓也，州縣不敢決，昌裔連疏劾罷之。冬洊雷，春大雨雪，昌裔居齋宮秉燭草疏，凡上躬缺失，宮庭燮私，廟堂除授，皆以爲言。又言：「將帥方命，女寵私謁，舊黨之用，邊疆之禍，皆此陰類。」且曰：「今大昕坐朝，間有時不視事之文；私第謁假，或有時不入堂之報。上有耽樂慆逸之漸，下無協恭和衷之風。內則燮御懷私，爲君心之蠹；外則子弟寡謹，爲朝政之累。遊言噂沓，寵賂章聞，欲濂、闓大和〔二〕，得乎？

又念蜀事阽危，條四事以進：實規模〔三〕，審功賞，訪軍實，儲帥才。時有果、閬州守臣逃遁而進職，有知遂寧李煒父子足迹不至邊庭而受賞，僨軍之趙楷、棄城之朱揚祖皆不加罰；又帥臣趙彥呐年老智衰，其子浧刑黷貨，士卒不用命，安癸仲恥遭抨彈，經營復用，欲起謫籍以代帥垣，昌裔皆抗疏彈擊。

又歷言三邊之事曰：「今朝廷之上，百辟晏然，言論多於施行，浮文妨於實務。后族王宮之冗費，列曹坐局之常程，羣工閑慢之差除，諸道非泛之申請，以至土木經營，時節宴遊，神霄祈禳，大禮錫賚，藻飾治具，無異平時。至於治兵足食之方，脩車備馬之事，乃缺略不講。」且援靖康之敝，痛哭言之。

出爲大理少卿，屢疏引去，不許。會杜範再入臺，擊參政李鳴復，謂昌裔與範善，必相爲謀者，數譏之，以權工部侍郎出參贊四川宣撫司軍事。人曰：「此李綱救太原也。太原不可救，特以綱主戰，故出之耳。」昌裔曰：「君命也，不可不亟行。」慷慨襆被出關，忽得疾，中道病甚，帝聞之，授秘閣修撰，改嘉興府。昌裔曰：「吾以疾不能歸救父母，上負聖恩，下負此心，若舍遠就近，舍危就安，人其謂我何？」辭至四五，而言者以避事論矣。

改贛州，辭，以右文殿修撰主管鴻慶宮。遷浙東提刑，辭，改知婺州。婺告旱，民日夜望之，乃不忍終辭，減騶從供帳，遣僚佐召邑令周行阡陌，蠲粟八萬一千石、錢二十五萬緡





有奇。加集英殿修撰，卒，以寶章閣待制致仕。

昌裔剛正莊重，遇事敢言，典章多所閑習。嘗輯至和、紹興諸臣奏議本末，名儲鑑。又會稡周、漢以至宋蜀道得失，興師取財之所，名蜀鑑。有奏議、四書講義、鄉約口義、諸老記聞、容臺議禮、文集行于世。

初，昌裔與徐清叟、杜範一日並入臺，皆天下正士，四方想聞風采，人至和三諫詩以侈之。然才七閱月以遷，故莫不惋惜云。後謚忠肅。

汪綱字仲舉，黟縣人，簽書樞密院勃之曾孫也。以祖任入官，淳熙十四年中銓試，調鎮江府司戶參軍。

馬大同鎮京口，強毅自任，綱言論獨不詭隨。議者欲以兩淮鐵錢交子行於沿江，廷議令大同倡率行之，綱貽書曰：「邊面行鐵錢，慮銅寶洩於外耳。私鑄盛行，故錢輕而物重。今若場務出納不以鐵錢取息，堅守四色請買舊制，冶鑄定額不求餘羨，重禁以戢私鑄，支散邊戍與在軍中半者無異，不以鐵錢準折，則淮民將自便之，何至以敝內郡邪？」大同始悟。試湖南轉運司，又中，綱笑曰：「此豈足以用世澤物耶？」乃刻意問學，博通古今，精究義理，覃思本原。

調桂陽軍平陽縣令，縣連溪峒，蠻蜑與居，綱一遇以恩信。科罰之害既三十年，綱下車，首白諸臺，罷之。桂陽歲貢銀二萬九千餘兩，而平陽當其三分之二。綱謂向者銀礦坌發價輕，故可勉以應，今地寶已竭，市於他郡，其價倍蓰，願力請痛蠲損之。歲饑，旁邑有曹伍者，羣聚惡少入境，彊貸發廩，衆至千餘，挾界頭、牛橋二砦兵爲援，地盤踞萬山間，前後令未嘗一涉其境，不虞綱之至也，相率出迎。綱已夙具酒食，令之曰：「汝何敢亂，順者得食，亂者就誅。」夜宿砦中，呼砦官詰責不能防守狀，皆皇恐伏地請死，杖其首惡者八人，發粟振糶，民賴以安。

改知金壇縣，親嫌，更弋陽縣。父義和爲侍御史主管佑神觀。尋丁父喪，服除，知蘭溪縣，決擿如神。歲旱，郡倚辦勸分，綱謂勸分所以助義倉，一切行之，非所謂安富恤貧也，願假常平錢爲糶本，使得循環迭濟。又躬勸富民浚築塘堰，大興水利，餓者得食其力，全活甚衆。郡守張抑及部使者列綱爲一道荒政之冠。以言去，邑人相率投匭直其事，綱力止之。

繼知太平縣，主管兩浙轉運司文字，未赴，罹內艱，擢監行在左藏西庫。屬金人殺其主允濟自立，遣使來告襲位，議者卽欲遣幣，綱言：「使名不遜，當止之境上，姑命左帑視例計辦，或且留京口總司，令盱眙諭之曰：『紀年名節，皆犯先朝避忌，歲幣乃爾前主所增，今既易





代，當復隆興、大定之舊。』俟此議定，而後正旦、生辰之使可遣。遲以歲月，吾擇邊將葺城堡，簡軍實，儲峙糗糧，使沿邊屹然有不可犯之勢，聽其自相攻擊，然後以全力制其後。」廟堂韙之。

提轄東西庫，又幹辦諸司審計司。以選知高郵軍，陛辭，言：「揚、楚二州當各屯二萬人，壯其聲勢，而以高郵爲家計砦。高郵三面阻水，湖澤奧阻，戎馬所不能騁，獨西南一路直距天長，無險可守，乃去城六十里隨地經畫，或浚溝塹，或備設伏，以扼其衝。」又盧湖可以入淮，招水卒五千人造百艘列三砦以戒非常。興化民田濱海，昔范仲淹築堰以障鳥鹵，守毛澤民置石磋函管以疏運河水勢，歲久皆壞，綱乃增脩之。部使者聞于朝，增一秩，提舉淮東常平。淮米越江有禁，綱念「淮民有警則室廬莫保，歲凶則轉徙無歸，豐年可以少蘇，重以苛禁，自分畛域，豈爲民父母意哉！請下金陵糴三十萬以通淮西之運，京口糴五十萬以通淮東之運」。又言：「兩淮之積不可多，昇、潤之積不可少。平江積米數百萬，陳陳相因，久而紅腐，宜視其收貯近久，取餉輦下百司、諸軍。江上歲餉當至京者，貯之京口、金陵轉漕。兩淮、中都諸倉，亦當廣糴以補其數。」

制置使訪綱備禦孰宜先，綱言：「淮地自昔號財賦淵藪，西有鐵冶，東富魚稻，足以自給。淮右多山，淮左多水，足以自固。誠能合兩淮爲一家，兵財通融，聲勢合一，雖不假江、

浙之力可也。祖宗盛時，邊郡所儲足支十年；慶曆間，中山一鎮尚百八十萬石。今宜上法先朝，令商旅入粟近塞，而算請錢貨於京師。入粟拜爵，守之以信，則輸者必多，邊儲不患不豐。州郡禁兵本非供役，乃就糧外郡耳，今不爲戰鬥用，乃使之共力役，緩急戍守，專倚大軍，指日待更，不安風土，豈若土兵生長邊地，墳墓室家，人自爲守邪？當精擇伉壯，廣其尺籍，悉隸御前軍額，分畀券給以助州郡衣糧之供，大率如山陽武鋒軍制，則邊面不必抽江上之戍，江上不必出禁闥之師。生券更番，勞費俱息。」

時有獻言制司廣買荒田開墾，以爲營田，綱以爲「荒瘠之地不難辦，而工力、水利非久不可，棄產欺官，良田終不可得，耗費公帑，開墾難就。曷若勸民盡耕閑田，甽澮堙塞則官爲之助，變瘠爲沃，使民有餘蓄。晁錯入粟之議，本朝便糴之法，在其中矣」。制司知其無益，乃止。

淮東煮鹽之利，本居天下半，歲久敝滋，鹽本日侵，帑儲空竭，負兩總司五十餘萬，亭戶二十八萬，借撥於朝廷五十萬，又會餉所復鹽鈔，舊制弗許商人預供貼鈔錢，鹽司坐是窘不能支。綱抉擿隱伏，凡虛額無實，詭爲出內，飛走移易，事制曲防，課乃更羨。既盡償所負，又贏金三十萬緡，爲椿辦庫，以備鹽本之闕。添置新竈五十所，諸場悉視乾道舊額三百九十萬石，通一千三百萬緡，課官吏之殿最。綱約己率下，辭臺郡之互餽，獨增場官奉以養其廉。





擢戶部員外郎、總領淮東軍馬財賦。時邊面多生券，山東歸附月餽錢糧，以緡計增三十有三萬，米以石計增六萬，眞、楚諸州又新招萬弩手，皆仰給總所，而浙西鹽利積負至七十餘萬緡，諸州漕運不以時至。綱核名實，警稽慢，區畫處分，餉事賴以不乏。

移疾乞閑，得直秘閣、知婺州，改提點浙東刑獄，皆屢辭不得請。慮囚，至婺，有奴挾刃欲戕其主，不遇而殺其子，譊譊妄牽連，徑出斬之。釋衢囚之冤者。合盜鍾百一非共盜，尉覬賞，躐申制司，綱謂：「治盜雖尚嚴，豈得鍛鍊傅會以成其罪邪？」於是得減死。禱雨龍瑞宮，有物蜿蜒朱色，盤旋壇上者三日。綱曰：「吾欲雨而已，毋爲異以惑衆。」言未竟，雷雨大至，歲以大熟。

進直煥章閣、知紹興府、主管浙東安撫司公事兼提點刑獄。訪民瘼，罷行尤切。蕭山有古運河，西通錢塘，東達台、明，沙漲三十餘里，舟行則膠。乃開浚八千餘丈，復創牐江口，使泥淤弗得入，河水不得洩，於涂則盡甃以達城闉。十里創一廬，名曰「施水」，主以道流。於是舟車水陸，不問晝夜暑寒，意行利涉，懽訢忘勤。屬邑諸縣瀕海，而諸暨十六鄉瀕湖，蕩濼灌溉之利甚博，勢家巨室率私植埂岸，圍以成田，湖流既束，水不得去，雨稍多則溢入邑居，田閭寖蕩。瀕海藉塘爲固，隄岸易圮，鹹鹵害稼，歲損動數十萬畝，蠲租亦萬計。以綱言，詔提舉常平司發田園，奇撥巧請，一切峻卻，而湖田始復；郡備緡錢三萬專備修築，而海田始固。綱謂：「是邦控臨海道，密拱都畿，而軍籍單弱。」乃招水軍，刺叉手，教習甚專，不令他役。創營千餘間，寬整堅密，增置甲兵，威聲赫然。兼權司農卿，尋直龍圖閣，因任。

理宗卽位，詔爲右文殿修撰，加集英殿修撰，復因任，又加寶謨閣待制。寶慶三年大水，綱發粟三萬八千餘、緡錢五萬振之，蠲租六萬餘石，捐瘠頓蘇，無異常歲。越有經總制窠名四十一萬，其中二十五，則紹興以來虛額也，前後帥懼負殿，以修奉攢宮之資償增焉。綱謂「負殿之責小，罔上之罪大」。摭其實以聞。詔免九萬五千緡，而宿敝因是著明矣。

紹定元年，召赴行在，綱入見，言：「臣下先利之心過於徇義，爲身之計過於謀國，媮惰退縮，奔競貪黷，相與爲欺，宜有以轉移之。」帝曰：「聞卿治行甚美，越中民力如何？」對曰：「去歲水潦，諸暨爲甚，今歲幸中熟，十年之間，千里晏安，皆朝廷威德所及，臣何力之有。」權戶部侍郎。越數月，上章致仕，特畀二秩，守戶部侍郎，仍賜金帶。卒，越人聞之多墮淚，有相率哭於寺觀者。

綱學有本原，多聞博記，兵農、醫卜、陰陽、律曆諸書，靡不研究；機神明銳，遇事立決。在越佩四印，文書山積，而能操約御詳，治事不過二十刻，公庭如水。卑官下吏，一言中理，慨然從之。爲文尤長於論事，援據古今，辨博雄勁。服用不喜奢麗，供帳車乘，雖敝不更。所著有恕齋集、左帑志、漫存錄。





陳宓字師復，丞相俊卿之子。少嘗及登朱熹之門，熹器異之。長從黃榦遊。以父任歷泉州南安鹽稅，主管南外睦宗院，再主管西外，知安溪縣。

嘉定七年，入監進奏院。時無敢慷慨盡言者，宓上封事言：「宮中宴飲或至無節，非時賜予爲數浩穰，一人蔬食而嬪御不廢於擊鮮，邊事方殷而椿積反資於妄用，此宮闈儀刑有未正也。大臣所用非親卽故，執政擇易制之人，臺諫用愼默之士，都司樞掾，無非親暱，貪吏靡不得志，廉士動招怨尤，此朝廷權柄有所分也。鈔鹽變易，楮幣秤提，安邊所創立，固執己見，動失人心；敗軍之將躐躋殿巖，庸鄙之夫久尹京兆，宿將有守成之功，以小過而貶，三牙無汗馬之勞，託公勤而擢，此政令刑賞多所舛逆也。若能交飭內外，一正紀綱，天且不雨，臣請伏面謾之罪。」奏入，丞相史彌遠不樂，而中宮慶壽，三牙獻遺，至是爲之罷卻。尋遷軍器監簿。九年，轉對言：

人主之德貴乎明，大臣之心貴乎公，臺諫之言貴乎直。陛下臨政雖勤而治功未舉，奉身雖儉而財用未豐，愛民雖仁而實惠未徧，良由上下相蒙，務於欺蔽。既奏囊封，有懷畢吐，陛下付近臣差擇，是有意於行其言也。而有司惟取專攻上躬與移咎牧守之章，騰播中外，以答覲聽。今赤地千里，蝗飛蔽天，如此其可畏，猶或諱晦以旱不爲災、蝗不害稼，其他誣罔，抑又可知。臣故曰人主之德貴乎明。

大臣施設，浸異厥初。凡建議求言之人，則以他事逐，諫官言事稍直，則以他職徙。忠憤者指爲不靖，切直者目曰沽名，衆怨所萃則相繼超升，物論所歸則以次疏外。某人之遷，是嘗重人罪以快同列之私忿者；某人之擢，是嘗援古事以文邇日之天變者。直節重望以私嫌而久棄，老姦宿臧以巧請而牽復。使大臣果能杜倖門、塞邪徑，則舉錯當而人心服。臣故曰大臣之心貴乎公。

臺諫平居未嘗立異，遇事不敢盡言。有如金人再通，最關國體，近而侍從，下至生徒，莫不力爭，冀裨廟算，獨於言責，不出一辭。輦轂之下，乾沒巨萬，莫之誰何；州縣之間，罪僅毫髮，擿以塞責。大臣所欲爲之事則遂之，所不右之人則排之。仁宗時，有宰相奉行臺諫風旨之譏，今乃有臺諫不敢違中書之誚，豈祖宗設官之初意哉？臣故曰臺諫之言貴乎直。

三者機括所繫，願陛下幡然悔悟，昭明德以照臨百官。大臣、臺諫，亦宜公心直節，以副望治之意。



指陳弊事，視前疏尤剴切焉。

宓遂請罷，歸。在告日，擢太府丞，不拜，出知南康軍。詣史彌遠別，彌遠曰：「子言甚切當，第愚昧不能行，殊有愧耳。」至官，歲大侵，奏蠲其賦十之九。會流民羣集，宓就役之，築江隄，而給其食。時造白鹿洞，與諸生討論。改知南劍州。時大旱疫，蠲逋賦十數萬，且弛新輸三之一，躬率僚吏持錢粟藥餌戶給之。創延平書院，悉倣白鹿洞之規。知漳州，未行，聞寧宗崩，嗚咽累日。亡何，請致仕。寶慶二年，提點廣東刑獄，章復三上，迄不就。直秘閣，主管崇禧觀，宓拜祠命而辭職名。卒，進職一等致仕。三學諸生以起宓爲請，而沒已閱月矣。

初，宓之在朝也，寺丞丁焴往使金，宓歎曰：「世讎未復，何以好爲？」餞詩有「百年中國豈無人」之句。後數年，聞關外不靖，以書抵焴曰：「蜀口去關外雖遠，實如一身。近事可寒心，皆士大夫之罪，豈非賄道不絕之故耶？」焴服其言。

宓天性剛毅，信道尤篤，嘗爲朱墨銘，謂朱屬陽，墨屬陰，以驗理欲分寸之多寡。自言居官必如顏眞卿，居家必如陶潛，而深愛諸葛亮身死家無餘財，庫無餘帛。庶乎能蹈其語者。端平初，殿中侍御史王遂首言：「宓事先帝有論諫之直，而不及俟聖化之更，宜褒其身後，以勸天下之爲臣者。」帝爲感動，詔贈直龍圖閣。所著書有論語注義問答、春秋三傳抄、讀通鑑綱目、唐史贅疣之稿數十卷，藏于家。



王霆字定叟，東陽人。高大父豪，帥衆誅方臘，以功補官。霆少有奇氣，試有司不偶，去就武舉，嘉定四年，中絕倫異等。喬行簡考藝別頭，喜曰：「吾爲朝廷得一帥才矣。」

授承節郎，從軍于鄂，帥鍾興嗣戍邊，請于樞密院，以霆爲隨軍都錢糧官。總領綦奎委霆專一教閱總效軍，尋委帥師守禦黃州。沿江制置副使李壆辟置幕下，淮右兵叛，遣霆招諭之。霆於軍事知無不言，謂：「招募良家子，不可以寅緣關節冒濫其間，防守江面，全藉正軍，若義勇、民兵，特可爲聲援耳。而所謂大軍，羸病者多，兵械損舊，豈不敗事。調兵防江，當於江岸創屋居之，使之專心守禦。諸軍伍法既廢，平居則無以稽其虛籍冒請之弊，無以糾其竄逸生事之人，緩急則無以稽其併力向敵之志，無以連其逃陣不進之心。此尉繚子所以著束部伍之令，太公謂伍法爲要者謂此也。用兵不以人數多寡爲勝負，惟教習之精否，則勝負之形可見矣。」

理宗卽位，特差充浙西副都監，湖州駐劄。時潘甫等起兵，事甫定，霆因綏撫之。鎭江都統趙勝辟爲計議官，時李全寇鹽城，攻海陵，勝出戍揚州，屬官多憚從行，霆慨然曰：「此豈臣子辭難之日！」至揚子橋，人言賊兵昨日在南門，去將安之，霆竟至南門，以帥憲之命



董三城事。勝次第出城接戰，霆必身先士卒，大小十八戰，無一不利。奪賊壕，築土城，焚城門，賊氣爲懾。差知應州兼沿邊都巡檢使，樞密院命節制黃甫後營，彈壓諸道軍馬。諸道兵二十萬將往收復楚州，霆帥所部爲掎角之助。

大帥薦之，召試爲閤門舍人。入對言：「恢復之說有二：曰規摹，曰機會。願今日之規摹安在哉？守令所以牧民，而惠養之未加，將帥所以御軍，而拊循之未至。邦財未裕，而楮劵之弊浸深；軍儲未豐，而和糴之害徒慘。官有土地而荒蕪，民因賦役而破蕩，獄訟類成冤抑，銓曹率多淹留。薦舉無反坐，貪徒得以引類而通班；按刺不徇公，微官易以迕意而速譴。以言邪計，則紛耗於囊橐包苴；以言戰功，則多私於親昵故舊。至如降卒中處，養虎遺患，輕敵開邊，以肉餧虎。夫以規摹之切要者而不滿人意如此，臣敢輕進恢復之說以誤上聽哉？凡臣之所陳者，誠播告中外之臣，悉懲其舊而圖其新。規摹既立，然後義旗一麾，諸道並進，臣力尚壯，願效前驅。惟陛下堅定而勉圖之。」帝稱其言可采。升武功大夫，出知濠州，賜金帶。至州，節浮費，糴粟買馬，以備不虞。尋差知安豐軍，臣僚上言：「王霆在濠，人甚安之，不宜輕易。」詔再任濠，職事修舉，特轉橫班。諸使交薦之。

北兵至浮光，其民奔迸，相屬于道，朝論以爲霆可守之，乃知光州兼沿邊都巡檢使。冒雪夜行，倍道疾馳至州，分遣間探，整飭戰守之具，大戰于謝令橋，光人遂安。督府魏了翁

以書來慰安之，以緡錢十萬勞其軍。霆以召，尋爲吉州刺史，仍知光州。霆固辭，丞相鄭清之、制置使史嵩之皆數以書留霆，霆不從，且曰：「士大夫當以世從道，不可以道從世也。」

再授閤門舍人，尋爲達州刺史、右屯衞大將軍兼知蘄州，不赴。尋遷淮西馬步軍副總管兼淮西遊擊軍副都統制。論遊擊軍十事，不報。提舉崇禧觀。知高郵軍，流民邦傑聚衆三千人爲盜，霆勦其渠魁，餘黨悉散。時議出師，和者甚多，霆以爲：「莫若遣間探覘敵情，如不得已然後行之；否則無故自蕩其根本，是外兵未至而內兵先慘烈也。」諸軍畢行，惟高郵遲之，境內賴以安全。由是與時迕，而讒者益衆。

提舉雲臺觀。執政期論邊事，且謂朝廷即有齊安之命。霆曰：「秋防已急，邊守不宜臨時更易，盍少需之。」乃授帶行左領軍衞大將軍，充沿江制置副使司計議官，霆乃撰沿江等邊誌一編上之。制置使董槐、鄧泳交薦之，差知壽昌軍，改蘄州，建學舍，祠忠臣。嘗歎曰：「兩淮藩籬也，大江門戶也，三輔堂奧也。藩籬不固則門戶且危，門戶既危則堂奧豈能久安乎？」於是貽書丞相杜範，乞礮江審察形勢，置三新城：蘄春置于龍眼磯，安慶置于孟城，滁陽置于宣化。不報。卒。

初，其父析業，霆獨以讓其兄。處宗族有恩意，嘗訓其子弟曰：「窮理盡性，學之本也。」有玉溪集行于世。



論曰：吳昌裔訪道東南，一何勤哉！故其造深醇，見諸事功者，足以知其學無雜也。汪綱之遺愛在越，先民所謂擇賢久任者，固不我欺矣。陳宓以宰相子，論諫之直，于今有光。王霆通兵家言，而謂不可以道從世，此古人謀帥貴乎「說禮、樂而敦詩、書」也。

## 校勘記

〔一〕調閬中尉　按尉爲縣之職官，宋無「閬中」縣；作「閬中」，則不當稱「閬中尉」。下文「利路轉運使曹彥約聞其賢，俾司糴場」，此縣當與利路有關；本書卷八九地理志，利州路之閬州有閬中縣，疑此處「閬中」爲「閬中」之誤。

〔二〕蕭勺大和　「蕭」當爲「簫」。漢書卷二二禮樂志安世房中歌：「簫、勺羣慝。」晉灼注：「簫，舜樂也。勺，周樂也。」顏師古注：「言制定新樂，教化流行，則逆亂之徒盡交歡也。」此處當取其義，謂上下如簫、勺之大和。本書卷一三二樂志亦有「樂諧簫、勺」語。

〔三〕實規撫　「撫」原作「撫」；傅增湘宋代蜀文輯存卷八四載吳昌裔論蜀變四事狀作「模」。按「模」字或作「橅」，下文王霆傳「規橅」一詞數見，此處「撫」字當爲「橅」字之誤。今改。



# 宋史卷四百九

## 列傳第一百六十八

### 高定子　高斯得　張忠恕　唐璘

高定子字瞻叔，利州路提點刑獄兼知沔州稼之弟也。嘉泰二年舉進士，授郪縣主簿。吳曦畔，乞解官養母，曦誅，攝府事宇文公紹以忠孝兩全薦之，調中江縣丞。父就養得疾，定子衣不解帶者六旬。居喪，哀毀骨立。服除，成都府路諸司辟丹稜令，尋以同產弟魏了翁守眉，改監資州酒務。丁母憂，服除，差知夾江縣。

前是，酒酤貸秫于商人，定子給錢以糴，且寬榷酤，民以爲便。廨菽舊有征，定子悉弛之。會水潦洊饑，貧民競愬無所於糴，定子曰：「女毋憂，女第持錢往常所糴家以俟。」迺發縣廩給諸富家，俾以時價糶，至秋而償，須臾米溢于市。鄰邑有爭田十餘年不決，部使者以屬定子，定子察知僞爲質劑，其人不伏。定子曰：「嘉定改元詔三月始至縣，安得有嘉定元



年正月文書邪？」兩造遂決。四川總領所辟主管文字，同幕有以趣辦爲能迫促諸郡者，定子白使者斥去之。總領所治利州，倚酒榷以佐軍用，吏姦盤錯，定子躬自究詰，酒政遂平。後來者復欲增課，定子曰：「前以吏蠹，亦既革之，今又求益，是再榷也。」乃止。

制置使鄭損彊愎自用，誤謂總領所擅十一州小會子之利，奏請廢之，令下，民疑而罷市。定子力爭，謂：「小會子實以代錢，百姓貿易，賴是以權川引，罷則關、隴之民交病，況又隆興間得旨爲之，非擅也。」乃得存其半。損又欲增總領所鹽課，取舊貸軍費，定子辨其顚末，損乃釋然曰：「二司相關處，公每明白洞達言之，使人爽然自失。」尋差知長寧軍。長寧地接夷獠，公家百需皆仰淯井鹽利，來者往往因以自封殖，制置司又榷入其半。定子至，爭於制置使，得蠲重賦。

差知緜州。大元兵穿鳳州塞，破武休，下興元，小校張鉞以其徒潰入文州，殺守臣楊必復，將自龍趨緜，以闖成都。安撫使黃伯固聞之，亟奏定子兼參議官，措置文、龍備禦。定子乃部分諸軍扼靑塘嶺，鉞就擒。已而劍南大震，定子語僚吏曰：「諸君去留不敢拘，若某則守城郭封疆之臣，有死而已。」戒羣胥曰：「潰軍流民不過欲得錢糧爾，吾將盡發吾州之藏與截諸司之綱，爲朝廷扞蔽全蜀。我去，聽汝等殺我；汝等逃，吾斫汝頭矣。」乃下令招潰卒，人給緡錢五十、米一石，命都監陳訓專任接納。訓忽奔告曰：「諸軍雖受招，不肯釋甲，

柰何？」定子乃令帳下卒衷甲於兩廡以俟，戒毋輕動。俄而諸軍盛陳兵以至，吏士皆股栗，定子坐堂上，傳令勞苦之，諸軍皆拜。定子開諭以理，使還本部，以俟給犒。諸將聞之，亦來上謁，定子復慰安之。因問：「汝等何爲至此？」皆曰：「制置使未知存亡，諸軍無主。」定子曰：「大帥不過暫移治爾，已遣人訪所在，苟終不獲，我當爲汝曹主張。且諸軍至此以無糧故，吾州當任供億。」又曰：「敵將復會于此，盍避之？」定子曰：「我文官也，不畏死，汝將軍也，世世衣食縣官，乃欲避敵乎？我是守臣，死則死于此爾。有欲殺太守者，一槍足矣，軍器安用多爲？今諸軍大集，萬一敵至，能戮力出戰，是汝曹立功報國之機也，不猶愈於深入內郡爲罪滋大乎？」衆悅而去。乃遣吏給犒如令，闢寺觀祠宇以舍之。

亡幾何，敗將和彥威、陳邦佐、曹篪、張涓、姚承祖等皆集于彰明，剽掠尤甚。彥威遣邦佐入州，大言駭衆，謂定子曰：「知府何不去？和太尉兼兩戎司，威權甚重，麾下兵且二萬餘，欲來駐此，今至矣。」定子謂曰：「本州素非備禦之地，大將以兵入，欲何爲者？第來，吾固有以相待。」邦佐色沮，乃曰：「已遣幕府來議。」至則一遊士爾，謬爲恭敬，要索甚大。定子答曰：「軍將入吾境，當受吾節制，惟各守紀律，則給以錢糧。若敵至，爲國一死，作忠臣孝子，愈於病五日不汗死也。」幕府莫能對，出彥威符移，有云：「大府招戢散軍，人給錢米若干，今所部不下二萬人，願如數得之。」定子報曰：「本州已下此令，何敢食言；但所給者乃



潰軍就招免罪之人，都統所部非潰也，若以此例相給，其肯受乎。」彥威得檄甚慚，乃乞別給錢糧以饟軍，定子即捐四十萬緡與之，仍趣其還戍。蓋定子身任兩司之責，極其勞勸，以收捕張鉞功，進三官，以防遏招收潰兵功，又進一官，進直寶章閣，再任。

頃之，召入奏事，吏民追送，莫不流涕；鄰郡聞定子至，焚香夾道，舉手加額曰：「微公，吾屬塗炭久矣。」定子之未去郡也，伯兄稼以權利路提刑上印而歸，了翁亦至自靖州，過定子於綿，定子爲築棣鄂堂，飲酒賦詩爲樂，一時以爲美談。入對，極言時敝。時史彌遠執國柄久，故有曰：「陛下優禮元勛，俾得以弛繁機而養靜壽，朝廷得以新百度而革因循，不亦善乎？」既對，人爲定子危之，定子曰：「乖逢得喪，是有命焉，吾得盡言，乃報君職分也。」越兩月，乃遷刑部郎中。彌遠沒，言之者紛然，議者謂定子先事有言，視諸人爲難。

尋以直寶謨閣、江南東路轉運判官。陛辭，帝曰：「淮師巡邊，卿知之乎？輔車之勢，漕運爲急，卿是行宜斟酌緩急，以相通融。」定子因上疏論邊事甚周悉，帝嘉納焉。踰年，召入奏事。會稼死事于沔州，上疏引疾，乞歸田里，不許。尋遷軍器監，又遷太府少卿，升計度轉運副使。有事于明堂，天大雷雨，詔求言，定子反覆論敬懼災異之意。復召入，遷司農卿兼玉牒所檢討官。

入對，言：「內治不修，外攘不謹，近親有預政之漸，近習有弄權之漸，小人有復用之漸，



國柄有陵夷之漸，士氣有委靡之漸，主勢有孤立之漸，宗社有阽危之漸。天變日多，地形日蹙。昔有危脈，今有危形；昔有亡理，今有亡證。」又請明詔沿流帥守將吏，思出奇乘險，求爲水陸可進之策。

升兼樞密都承旨，又遷太常少卿兼國史院編脩官。累言邊事，遷起居舍人，尋兼中書舍人，參贊京湖、江西督視府事，定子親往周視新城，大犒諸軍，激厲守將。遷禮部侍郎，仍兼中書舍人，卽軍中賜金帶。詔以督府事入奏，旣至，帝勞問甚渥，特進一官，尋兼崇政殿說書兼直學士院。未幾，改侍講、權禮部尚書，升兼侍讀。入奏，言：「國無仁賢，無禮義，無政事，有類叔世。」帝竦然。尋兼直學士，修孝宗寧宗日曆，書成上進，擢拜翰林學士、知制誥兼吏部尚書，升兼修國史、實錄院修撰，賜衣帶、鞍馬。乞召收李心傳卒成四朝志、傳。

時禮部尚書杜範、吏部侍郎李韶皆以伉直稱，或乞身求去，或臥家不出。定子言：「人主寄耳目者，臺諫也，補耳目之所不逮者，法從之論思，百官之輪對，則上必論君德之粹駁，次必言朝政之得失。舍是而使之但言常程，姑應故事，畏縮乎雷霆之威，阿徇乎宰執之好，遜避乎耳目之官，則凡論思等事，皆不必講矣。宜速返李韶以開不諱之門，勉起杜範以伸敢言之氣。」因乞歸田甚力。

進端明殿學士、簽書樞密院事，尋兼權參知政事。仍舊職，知福州、福建安撫，固辭，提



舉洞霄宮。因請致仕，不許，改知潭州、湖南安撫大使，力辭，退居吳中，深衣大帶，日以著述自娛。以資政殿學士轉一官致仕，卒，贈少保。

定子作同人書院于夾江，修長興學[二]，創六先生祠，蓋以教化爲先務。所著存著齋文集、北門類稿、薇垣類稿、經說、紹熙講義、奏議、歷官表奏行世。

高斯得字不妄，利州路提點刑獄、知沔州稼之子也。少從李坤臣學，坤臣瞽，斯得左右扶持之。中成都路轉運司試，補入太學。紹定二年舉進士，授利州路觀察推官。越二年，辟差四川茶馬幹辦公事。李心傳以著作佐郎領史事，卽成都修國朝會要，辟爲檢閱文字。端平二年九月，稼死事于沔，時大元兵屯沔，斯得日夜西嚮號泣。會其僮至自沔，知稼戰沒處，與斯得潛行至其地，遂得稼遺體，奉以歸，見者感泣。服除而哀傷不已，無意仕進。心傳方修四朝史，辟爲史館檢閱，秩同秘閣校勘，蓋創員也。斯得分修光、寧二帝紀。尋遷史館校勘，又遷軍器監主簿兼史館校勘。

時丞相史嵩之柄國，斯得遇對，空臆盡言。多雷，斯得應詔上封事，乞擇才並相，由是迕嵩之意。遷太常寺主簿，仍兼史館校勘。時斯得叔父定子以禮部尚書領史事，時人以爲

美談。會太學博士劉應起入對，挂嵩之，嵩之恚，使其黨言叔父兄子不可同朝，以斯得添差通判紹興府。淳祐二年，四朝帝紀書成，上之。嵩之妄加毀譽於理宗、濟王，改斯得所草寧宗紀末卷，斯得與史官杜範、王遂辨之。範報書亦有「姦人勦入邪說」之語，然書已登進矣。心傳藏斯得所草，題其末曰「前史官高某撰」而已。

踰年，添差通判台州。範既入相，召爲太常博士，遷秘書郎。六年正月朔，日有食之，斯得應詔上封事，言：「大姦嗜權，巧營奪服，陛下奮獨斷而罷退之，是矣。諫憲之臣，交疏其惡，或請投之荒裔，或請勒之休致。陛下苟行其言，亦足昭示意向，渙釋羣疑。乃一切寢而不宣，歷時既久，人言不置，然後黽勉傳諭，委曲誨姦，俾於襲經之時，妄致掛冠之請，因降祠命，苟塞人言，又有姦人陰爲之地。是以譌言並興，善類解體，謂聖意之難測，而大姦之必還，莽、卓、操、懿之禍，將有不忍言者。」時監察御史江萬里及它臺諫累疏論嵩之罪惡，竟不施行，第因嵩之致仕，予祠而已，故斯得封事首及之。

又言：「大臣貴乎以道事君，今乃獻替之義少而容悅之意多，知恥之念輕而患失之心重。內降當執奏，則不待下殿而已行；濫恩當裁抑，則不從中覆而遽命。嫉正而庇邪，喜同而惡異，任術而詭道，樂媮而憚勞。陛下虛心委寄，所責者何事，而其應乃爾。」時范鍾獨當國，過失日章，故斯得及之。又言：「便嬖側媚之人，尤足爲清明之累，腐夫巧讒而使傳幾



搖，妖嬖外通而魁邪密主，陰姦伏蠱，互煽交攻，陛下之心至是其存者幾希矣。陛下之心，大化之本也，洗濯磨淬，思所以更之，乃徒立爲虛言無實之名，而謂之更化，此天心之所以未當，大異之所以示儆也。」言尤切直，帝嘉納焉。

又言：「羣臣厖雜，宮禁奇衺，黷貨外交，豈可坐視而不之問！顧乃幷包兼容之意多，別邪辨正之慮淺，憂讒避謗之心重，直前邁往之志微，遂使衆臣爭衡，大權旁落，養成積輕之勢，以開窺覬之漸。設有不幸，變故乘之，上心一移，凶渠立至，使宗社有淪亡之憂，衣冠遭魚肉之禍，生靈罹塗炭之厄。當是時也，能潔身以去，其能逃萬世之清議乎？」於是羣憸悚懼，或泣愬上前，或上章求去，合力排擯，斯得遂求補外。在告幾百餘日，於是差知嚴州，斯得三請乞祠，不許。嚴環山爲郡，雖豐歲猶仰它州。夏旱，斯得蠲租發廩，招糴勸分，請于朝，得米萬石以振濟。

遷浙東提點刑獄，遂劾知處州趙善瀚、知台州沈壂等七人倚勢厲民，疏上，不報。改江西轉運判官，斯得具辭免，上奏曰：「臣劾奏趙善瀚等七人，未聞報可，固疑必有黨與營救，惑誤聖聽，今奉恩除，乃知中臣所料。善瀚者，侍御史周坦之婦翁也，贓吏之魁，錮於聖世，鄭清之與之有舊，復與州符。沈壂者，同簽書樞密院事史宅之妻黨也。祖宗以來，未有監司按吏一不施行者，壞法亂紀，未有甚此。臣身爲使者，劾吏不行，反叨易節，若貪榮冒拜，



則與世之頑頓無恥者何異？乞併臣鐫罷，以戒奉使無狀者。」章既上，坦自謂已任臺諫而反見攻，偏愬同列論斯得，同列難之，計急，自上章劾罷斯得新任，未幾，坦亦罷，七人竟罷去。

移湖南提點刑獄，薦通判潭州徐經孫等六人。攸縣富民陳衡老，以家丁糧食資彊賊，刼殺平民。斯得至，有愬其事者，首吏受賕而左右之，衡老造庭，首吏拱立。斯得發其姦，械首吏下獄，羣胥失色股栗。於是研鞫具得其狀，乃黥配首吏，具白朝省，追毀衡老官資，簿錄其家。會諸邑水災，衡老願出米五萬石振濟以贖罪。衡老壻吳自性，與衡老館客太學生馮煒等謀中傷斯得盜拆官櫝。斯得白于朝，復正其罪，出一篋書，具得自性等交通省部吏胥情狀。斯得幷言於朝，下其事天府，索出賕銀六萬餘兩，黥配自性及省寺高鑄等二十餘人。初，自性厚賂宦者言於理宗曰：「斯得以緡錢百萬進，願易近地一節。」理宗曰：「高某硬漢，安得有是。」而斯得力求去，淸之以書留之。又薦李晞顏等五人。

加直祕閣、湖南轉運判官，改尚右郎官，未至，改禮部郎中。上疏極論時事，改權左司，力辭，內批兼侍立修注官。言水災曰：「願陛下立罷新寺土木，速反迮旨諸臣，遏絕衺說，主張善良，謹重刑辟，愛惜士類，抑遠佞臣，絕其干撓，則天意可回，和氣可召矣。」會斥左司徐霖，帝慮給事中趙汝騰爭逐霖事，乃徙汝騰翰林學士，汝騰聞命卽去國。斯得言：「汝騰一世之望，宗老之重，飄然引去，陛下遂亦棄之有如弁髦，中外驚怪，將見賢者力爭不勝而去，



小人踊躍增氣而來。陛下改紀僅數月，初意遽變，臣深惜之。」

時上封事言得失者衆，或者惡其譏訕，遂謂「空言徒亂人聽，無補國事」。斯得因轉對，言：「諸臣之言，上則切劘聖主，下則砥礪大臣，內則摧壓姦衺，外則銷遏寇虐，顧以爲無補於實政乎？空言之譏，好名之說，欲一網君子而盡去之，其言易入，其禍難言，此君子去留之機，國家安危之候，不可不深留聖慮者也。」監察御史蕭泰來論罷。

踰年，以直寶文閣知泉州，力辭，遷福建路計度轉運副使。朝廷行自實田，斯得言：「按史記，秦始皇三十一年，令民自實田。主上臨御適三十一年，而異日書之史册，自實之名正與秦同。」丞相謝方叔大媿，卽爲之罷。董槐入相，召爲司農卿。程元鳳入相，改祕書監。丁大全入相，監察御史沈炎論斯得以閩漕交承錢物，下郡吏天府，榜死數人。先是，吳自性之獄，高鑄爲首惡黥配廣州，捐貲免行，至是爲相府監奴，嗾炎發其端。京尹顧岩傳會其獄，安吉守何夢然奉行其事，陵轢甚至，斯得不少挫，竟無所得。大全既謫，朝廷罪其委任非人，遂斬鑄。斯得既拜浙西提點刑獄之命，炎，浙西人，泣於上前，乞更之，移浙東提舉常平。命下，給事中章鑑繳還。斯得杜門不出，著孝宗繫年要錄。

彗星見，應詔上封事，曰：「陛下專任一相，虛心委之，果得其人，宜天心克享，災害不生。而庚申、己未之歲，大水爲災，浙西之民死者數百千萬。連年旱暵，田野蕭條，物價翔

躍，民命如綫。今妖星突出，其變不小。若非大失人心，何以致天怒如此之烈。」封事之上也，似道匿不以聞。

度宗即位，召爲祕書監，又論罷。復還祕書監，屢辭不許，擢起居舍人兼國史院編脩官、實錄院檢討官兼侍講。進讀之際，每於天命去留之際，人心得失之因，前代治亂之故，祖宗基業之難，必反復陳之。兼權工部侍郎，遂兼同修國史、實錄院同修撰，仍兼侍講。進高宗繫年要錄綱目，帝善之。大元軍下襄陽，斯得疏論言事，最爲切要，帝嘉納，遷工部侍郎。屢求補外，以顯文閣待制、知建寧府。

度宗崩，陳宜中入相，以權兵部尙書召。斯得痛國事之阽危，疏言誅姦臣以謝天下，開言路以回天心，聚人才以濟國事，旌節義以厲懦夫，竭財力以收散亡。忠憤激烈，指陳當時之事無所遺。擢翰林學士、知制誥兼侍讀，進端明殿學士、簽書樞密院事兼參知政事，同提舉編脩敕令及經武要略。大元兵下饒州，江萬里赴水死，事聞，贈太傅。斯得言贈卹之典，所當度越故常，以風厲天下，遂加贈太師。又言賞通判池州趙卯發〔二〕死節太薄，乃加贈待制。

臺諫徐直方等四人論似道誤國之罪，乞安置嶺表，簿錄其家。丞相留夢炎庇護似道，止令散官居住，且謂簿錄擾及無辜。斯得謂「散官則安置，追降官分司則居住，祖宗制也」。



夢炎語塞。夢炎乘間直罷去平章事王爚、監察御史俞浙，併罷斯得，於是宋亡矣。所著有詩膚說、儀禮合抄、增損刊正杜佑通典、徽宗長編、孝宗繫年要錄、恥堂文集行世。

張忠恕字行父，右僕射浚之孫。以祖任，監樓店務。入府幕，時韓侂胄權勢熏灼，嘗奪民間已許嫁女，夫家以告，忠恕白尹歸其父母，尹不能難。再調廣西轉運司主管文字，改通判沅州，主管京湖宣撫司機宜文字，知澧州。開禧末，入爲籍田令。屬太廟鴟吻爲雷雨壞，神主遷御，忠恕因輪對，請廣言路，通下情，寧宗嘉納。

嘉定五年，遷軍器丞，進太府丞。出知湖州。還司農丞、知寧國府。夏旱，請于朝，得賜僧牒五十，米十萬七千餘石。常平使者欲均濟而勿勸糶，忠恕慮後無以濟，遂核戶口、計歲月，嚴戒諸邑諭大家發蓋藏。所見寖異，以言去，主管沖佑觀。起知鄂州，改湖北轉運判官兼知鄂州。召爲屯田郎官，丁內艱。免喪，入爲戶部郎官。入對，極言邊事，其慮至遠。

理宗即位，忠恕移書史彌遠請取法孝宗，行三年喪，且曰：「孝宗始自踐祚，服勤子職凡二十有七年，今上自外邸入繼大統，未嘗躬一日定省之勞，欲報之德，視孝宗宜有加。」既而宰輔率百僚請太母同聽政，忠恕復貽書史彌遠，謂：「英宗以疾，仁、哲以幼，母后垂簾，有不



容已，惟欽聖出於勉彊，務從抑損。今吾君長矣，若姑援以請，此亦中策爾。」詔羣臣集議廟制，忠恕謂：「九廟非古，若升先帝，則十世之廟昉于今日，於禮無稽。」

寶慶初，詔求直言，忠恕上封事，陳八事：

一曰天人之應，捷於影響。自多徂春，雷雪非時，西霅、東淮，狂悖洊興。客星爲妖，太白見晝，正統所係，不宜諉之分野。

二曰人道莫先乎孝，送死尤爲大事。孝宗朝衣朝冠，皆以大布，逮寧考以適孫承重，光宗雖有疾，未嘗不服喪宮中也。洎光宗上賓，權姦方張，莫有言者。去秋禮寺受成胥吏，未嘗以義折衷。慶元間，再期而祥，百僚始純服吉。今若甫經練祭，雖朝臣一帶之微，不復有凶吉之別，則是三年之喪降而爲期，害理滋甚。況人主執喪于內，而羣工之服無異常日，是有父子而無君臣也。

三曰太母方卻垂簾之請，而慶壽前期，陛下吉服稱觴，播爲詩什，此世俗之見，非所以表儀於天下也。

四曰陛下斬然在疚，大昏之期，固未暇問，然非豫講夙定，恐俚說乘間而入。臣所望於今日者，亦曰嚴取舍而正法度，廣詢謀而協公議爾。

五曰陛下於濟王之恩，自謂彌縫曲盡矣。然不留京師，徙之外郡，不擇牧守，混之



民居，一夫奮呼，闔城風靡，尋雖弭患，莫副初心。謂當此時，亟下哀詔，痛自引咎，優崇卹典，選立嗣子，則陛下所以身處者，庶幾無憾，而造訕騰謗者，靡所致力。自始至今，率誤於含糊，而猶不此之思，臣所不解也。

六曰近世憸佞之徒，凡直言正論，率指爲好名歸過；夫好名歸過，其自爲者非也，若首萌逆億厭惡之心，則自今言者望風見疑，此危國之鴆毒。

七曰當今名流雖已褒顯，而搜羅未廣，遺才尙多。經明行修如柴中行、陳孔碩、楊簡，識高氣直如陳宓、徐僑、傅伯成〔三〕，僉論所推；史筆如李心傳，何惜一官，不俾與聞。況邇來取人，以名節爲矯激，以忠讜爲迂疏，以介潔爲不通，以寬厚爲無用，以趣辦爲彊敏，以拱默爲靖共，以迎合爲適時，以操切爲任事。是以正士不遇，小人見親。

八曰士習日異，民生益艱。第宅之麗，聲伎之美，服用之侈，餽遺之珍，向來宗戚、閹官猶或間見，今縉紳士大夫殆過之。公家之財，視爲己物。薦舉、獄訟、軍伍、吏役、僧道、富民，凡可以得賄者，無不爲也。至其避譏媒進，往往分獻厥餘。欲基本之不搖，殆却行而求前也。

疏入，朝紳傳誦。始魏了翁嘗勉忠恕以「植立名節，無隤家聲」。及是嘆曰：「忠獻有後矣！」眞德秀聞之，更納交焉。

忠恕又因輪對，引以伯父栻告孝宗之語曰：「當求曉事之臣，不求辦事之臣；欲求伏節死義之臣，必求犯顏敢諫之臣。」語益剴切。忠恕自知不爲時所容，力請外補，遂以直祕閣、知贛州。抵郡才兩月，言者指爲朋比，落職，降兩官，罷。紹定三年，復元官，進秩一等，提舉沖佑觀。卒，遷一官致仕。魏了翁嘗許忠恕「拳拳體國似浚，撥繁劃劇似其父杓，斂華就實則有志義理之學，嘗有聞乎栻之敎矣」。

唐璘字伯玉，古田人。遊太學。嘉定十年舉進士，時臺臣李安行奏次對官不許論邊事，璘對策極詆之，曰：「吾始進，可壞於天子之庭乎？」調吳縣尉，有殺人于貨挾其舟亡者，有司求賊急，屠者自告吾兒實殺之，兒亦自誣伏。璘問：「舟安在？錢何用？」其辭差，爲緩之，果得賊太湖，與舟俱至，舉縣感服。縣有勢家治圃，將鑿渠通舟，繆言古有渠，常平使者主之。璘視乾道故籍，則誠民田也，力爭，迕使者意，移監縣稅。璘遂以直聞。調瑞州學敎授，用白鹿洞敎法，崇禮讓，後文藝，士翕然知嚮。監行在榷貨務門。

辟淮東運司催轄綱運官。屬出師楚州，盡瘁焉。捷聞，以金人據淮陰，欲乘勢取之。璘言：「捷奏多誇，詎得信乎？須聚兵二十萬，日費米斛餘五千，緡錢餘二萬，調夫幾萬人，僅





能使賊全師北去。今出沒漣、海，謀結北邊，政欲迭出撓我，憂方大爾。淮陰堅壘與楚城等，濠之廣又過之，我士疲丁困，可一拔得乎？恢復，美名也，而買實禍，僕竊危之。」不聽。制司恥楚城之捷自趙范與葵出，議贖淮陰二城爲功。洎聞金變，卽轉攻之，我師死傷者六萬，璘在兵間憤之，著讜論，直書其事上之。知晉陵縣，隣州田訟，至有泣愬諸使願送晉陵可否者。制置使陳韡留守建康，辟爲通判，舉府事以聽。

監六部門，擢監察御史，臺吏且至，璘皇駭趨避不敢詣闕。母曰：「人言此官好，汝何得憂乎？」璘曰：「此官須爲朝廷爭是非，一咈上意或迕權貴，恐重爲大人累，何得不憂？」母曰：「而第盡言，吾有而兄在，勿憂。」璘拜謝，入就職。

故事，御史惟常服拜下，有論奏繳進，至是獨召對緝熙殿，令服窄衫而讀。首疏奏：「天變而至於怒，民怨而幾於離，海宇將傾，天下有不可勝諱之慮。陛下謂此何時，縱欲累德，文過飾非，疏遠正人，狎暱戚宦，濁亂朝政，自取覆亡。宰相用時文之才爲經世之具，不顧民命，輕挑兵端，不度事宜，頓空國帑。委政厥子，內交商人，賄塗大開，小雅盡廢。瑣瑣姻婭，敢預邪謀，視國事如俳優，以神器爲奇貨，都人側目，朝士痛心。盍正無將之誅，以著不忠之戒。崔與之操行類楊綰，雖修途莫景，力不逮心，而命下之日，聞者興起。喬行簡頗識大體，朝望稍孚，而除授偏私，事多遺忘。宜擇家相，贊宗子，輔民物，以慰父母之望，毋使天變寖極，人心愈離也。」上爲改容。又請號召土豪，經理荆、襄，亟擇帥臣，安集淮西，帝嘉納；至問邊事甚悉。

璘感激知遇，自是彈擊無所避，再疏：「鄭清之妄庸誤國，乞褫職罷祠。其子士昌，招權納賄，拔庸將爲統帥，起贓吏爲守臣，乞削籍廢棄。鄭性之懦而多私，黨庇姦庸，臣受其改官舉狀，嘗蒙薦之陛下，國事至此，不敢顧私。李鳴復甘心諂鄭損，得薦入朝，適清之議張天綱之獄，迎合從輕，遂擢臺端。會趙桃夫遺史寅午囑清之父子，鳴復又結寅午得登政府。」會杜範亦論鳴復，不行，而範去，璘遂力丐外，疏七上，授廣西運判，改知嘉興府，尋改江東運判。

時邊事急，置四察訪使，就詔璘分建康、太平、池州、江西。璘揭榜馬前，咨所部以利害，又戒土豪團結漁業水手、茶鹽舟夫、蘆丁，悉備燎舟之具，人人思奮。卽選將總二州兵舟以耀敵，檄當塗宿設戰具，防采石，撥和糴續生券，且奏損總領所錢二十萬緡助江防，軍聲大振。

尋升直華文閣、知廣州、廣東經略安撫使。梅州寇作，璘示以威信，寇尋息。江淮旱，議下廣右和糴，璘言：「公家赤立，糴本無所辦，終恐日取於民，非臣不敢撥本，召釁重朝廷多事之憂。」明年上章乞致仕，帝思見之，亟命入奏，擢太常少卿。尋丁內艱，璘居喪哀毀不食，久之疾革，卒。





璘立臺僅百日，世謂再見唐介，至切劘上躬，盡言無隱，帝益嚴憚之。居官大節，則母敎之助爲多。

論曰：觀高定子在西陲，政業著聞矣。斯得屢起而屢仆於權臣之手，及其再起，宋事已非。張忠恕論濟邸事，有父祖風焉。唐璘者，亦可謂古之遺直。

## 校勘記

〔一〕修長興學　按上文高定子曾知長寧軍，又魏了翁鶴山先生大全文集卷四八長寧軍六先生祠堂記所敍高定子事，與此處所謂「創六先生祠，蓋以敎化爲先務」語合，疑此處「長興」爲「長寧」之誤。

〔二〕趙卯發　本書卷四五〇忠義傳、宋史全文附宋季朝事實、昭忠錄同。粵雅堂叢書本宋季三朝政要、四部叢刊影印明刊本文山先生全集卷一六集杜詩趙倅昴發作「趙昴發」，守山閣叢書本宋季三朝政要卷五、清刊本文丞相全集卷一四、吳禮部文集卷一三忠節祠碑作「趙昂發」。

〔三〕傅伯成　原作「傅伯放」，據本書卷四一五本傳、鶴山先生大全文集卷七七張忠恕墓誌銘改。

# 宋史卷四百一十

## 列傳第一百六十九

### 婁機　沈煥 舒璘附　曹彥約　范應鈴　徐經孫

婁機字彥發，嘉興人。乾道二年進士，授鹽官尉。丁母憂〔一〕，服除，調含山主簿。郡委治銅城圩八十有四，役夫三千有奇，設廬以處之，器用材植，一出於官，民樂勸趨，兩旬告畢。七攝鄰邑，率以治績聞。調於潛縣丞，輕賦稅，正版籍，簡獄訟，興學校。遭外艱，免喪，爲江東提舉司幹辦公事，易淮東，已而復舊，改知西安縣。巨室買地爲塋域，發地遇石，復索元價。機曰：「設得金，將誰歸？」通判饒州，平反寃獄。蜀帥袁說友辟參議幕中，不就，改幹辦諸司審計司〔二〕。轉對，請裁損經費，又論刑名疑慮之獄。遷宗正寺主簿，爲太常博士、祕書郎，請續編中興館閣書目，又請寬恤淮、浙被旱州縣。

時皇太子始就外傳，遴選學官，以機兼資善堂小學教授。機日陳正言正道，又以累朝



事親、修身、治國、愛民四事，手書以獻，太子寘之坐右，朝夕觀省。隨事開明，多所裨益。遷太常丞，仍兼資善。旋遷右曹郎官、祕書省著作郎，改兼駕部。都城大火，機應詔上封事，力言朝臣務爲奉承，不能出己見以裨國論；外臣不稱職，至苛刻以困民財；將帥偏裨務爲交結，而不知訓閱以彊軍律。時年七十，丐閒，不許。太子得機所著廣干祿字一編，尤喜，命戴溪跋之。擢監察御史，講未退而除命頒，太子戀戀幾不忍舍，機亦爲之感涕。

論京官必兩任、有舉主、年三十以上，方許作縣。又論郡守輕濫太甚，貽害千里。蘇師旦怙勢妄作，蒙蔽自肆，語及者皆罪去，而獨憚機。韓侂胄議開邊，機極口沮之，謂：「恢復之名非不美，今士卒驕逸，遽驅於鋒鏑之下，人才難得，財力未裕，萬一兵連禍結，久而不解，奈何？」侂胄聞之不說，其議愈密，外廷罔測。又上疏極論：「雖密謀人莫得知，而羽書一馳，中外皇惑。」侍御史鄧友龍初不知兵，騰書投合，妄薦大將，既召還，專主此議。機語友龍曰：「今日孰可爲大將？孰可爲計臣？正使以殿巖當之，能保其可用乎？」

遷右正言兼侍講，首論廣蓄人才，乞詔侍從、臺諫、學士、待制、三牙管軍各舉將帥邊郡一二人，召問甄拔，優養以備緩急。進太常少卿兼權中書舍人，詔遣宣諭荆、襄，機昌言曰：「使往慰安人情則可，必欲開邊啓釁，有死而已，不能從也。」泗州捷聞，愈增憂危，且曰：「若自此成功，以攄列聖之宿憤，老臣雖死亦幸，諫官〔三〕，但恐進銳退速，禍愈深耳。」友龍至



不能堪曰：「不逐此人，則異議無所回。」機遂以言去。

侂胄誅，召爲吏部侍郎兼太子左庶子，還朝，言：「至公始可以服天下，權臣以私意橫生，敗國殄民，今當行以至公。若曰私恩未報，首爲汲引，私讎未復，且爲沮抑，一涉於私，人心將無所觀感矣。」又言：「兩淮招集敢勇，不難於招而難於處。若非繩以紀律，課其勤惰，必爲後害。」仍請檢校權臣、內侍等沒入家貲，專爲養兵之助。機里人有故官吏部，喪未舉而子赴調者，機謂彼既冒法禁，而部胥不之問，即撻數吏，使之治葬而後來。聞者韙之。兼太子詹事，著歷代帝王總要以裨考訂。遷給事中。海巡八厢親從、都軍頭、指揮使年勞轉資，恩旨太濫，乞收寢未應年格之人，年已及者予之，帝稱善良久。飛蝗爲災，機應詔言：「和議甫成，先務安靜，葺罅漏以成紀綱，節財用以固邦本，練士卒以壯國威。」

遷禮部尚書兼給事中，擢同知樞密院事兼太子賓客，進參知政事。當干戈甫定，信使往來之始，瘡痍方深，斂盡紛然，機彌縫裨贊甚多。尤惜名器，守法度；進退人物，直言可否，不市私恩，不避嫌怨。有舉員及格，當改秩作邑而必欲朝闕，機曰：「若是則有勞者何以勸？孤寒者何以伸？若至上前，自應執奏。」堂吏寄資未仕，而例以升朝官賞陳乞封贈，機曰：「進士非通籍不能及親，汝輩乃以白身得之耶？」嘉定二年八月，行皇太子册命，機攝中書令讀册。九月祀明堂，爲禮儀使。數上章告老，帝不許，皇太子遣官屬勉留之。以資政殿



學士知福州，力辭。提舉洞霄宮以歸，遂卒，贈金紫光祿大夫，加贈特進。

機初登第，其父壽戒之曰：「得官誠可喜，然爲官正自未易爾！」機撫其弟模、棟，卒爲善士。居鄉以誠接物，是非枉直判於語下，不爲後言，人憚而服之。稱奬人才，不遺寸長，訪問賢能，疏列姓名及其可用之實，以備采取，其所薦進，亦不欲人之知也。所著復有班馬字類。機深於書學，尺牘人多藏弆云。

沈煥字叔晦，定海人。試入太學，始與臨川陸九齡爲友，從而學焉。乾道五年舉進士，授餘姚尉、揚州教授。召爲太學錄，以所躬行者淑諸人，蚤暮延見學者，孜孜誨誘，長貳同僚忌其立異。會充殿試考官，唱名日序立庭下，帝偉其儀觀，遣內侍問姓名，衆滋忌之。或勸其姑營職，道未可行也，煥曰：「道與職有二乎？」適私試發策，引孟子：「立乎人之本朝而道不行，恥也。」言路以爲訕己，請黜之，在職才八旬，調高郵軍教授而去。

後充幹辦浙東安撫司公事。高宗山陵，百司次舍供帳酒食之需，供給不暇，煥亟言於安撫使鄭汝諧曰：「國有大戚，而臣子宴樂自如，安乎？」汝諧屬煥條奏。充修奉官，移書御史，請明示喪紀本意，使貴近哀戚之心重，則茇舍非食自安，不煩彈劾而須索絕矣。於

是治並緣爲姦者，追償率斂者，支費頓減。

歲旱，常平使分擇官屬振恤，得上虞、餘姚二縣，無復流殍。改知婺源，三省類薦書以聞，遂通判舒州。閒居雖病，猶不廢讀書，拳拳然以母老爲念，善類凋零爲憂。卒，丞相周必大聞之曰：「追思立朝不能推賢揚善，予愧叔晦，益者三友，叔晦不予愧也。」

煥人品高明，而其中未安，不苟自恕，常曰晝觀諸妻子，夜卜諸夢寐，兩者無愧，始可以言學。追贈直華文閣，特諡端憲。

煥之友舒璘字元質，一字元賓，奉化人。補入太學。張栻官中都，璘往從之，有所開警。又從陸九淵遊，曰：「吾惟朝於斯，夕於斯，刻苦磨厲，改過遷善，日有新功，亦可以弗畔矣乎。」朱熹、呂祖謙講學于婺，璘徒步往謁之，以書告其家曰：「敝床疏席，總是佳趣，櫛風沐雨，反爲美境。」

舉乾道八年進士，兩授郡教授，不赴。繼爲江西轉運司幹辦公事。或忌璘所學，望風心議，及與璘處，了無疑間。爲徽州教授，徽習頓異。詩、禮久不預貢士，學幾無傳，璘作詩禮講解，家傳人習，自是其學寖盛。丞相留正稱璘爲當今第一教官，司業汪逵首欲薦璘，或謂璘舉員已足，逵曰：「吾職當舉教官，舍斯人將誰先？」卒剡薦之。知平陽縣，郡政頗苛，



及璘以民病告，辭嚴義正，守爲改容。秩滿，通判宜州，卒。

璘樂於教人，嘗曰：「師道尊嚴，璘不如叔晦，若啓迪後進，則璘不敢多遜。」袁燮謂璘篤實不欺，無豪髮矯僞。楊簡謂璘孝友忠實，道心融明。樓鑰謂璘之於人，如熙然之陽春。淳祐中，特諡文靖。



曹彥約字簡甫，都昌人。淳熙八年進士。嘗從朱熹講學，歷建平尉、桂陽司錄、辰溪令，知樂平縣，主管江西安撫司機宜文字。知澧州，未上，薛叔似宣撫京湖，辟主管機宜文字。漢陽闕守，檄攝軍事。時金人大入，郡兵素寡弱，彥約搜訪土豪，得許禼俾總民兵，趙觀俾防水道，党仲昇將宣撫司軍屯郡城。金重兵圍安陸，遊騎闖漢川，彥約授觀方略，結漁戶拒守南河，觀逆擊，斬其先鋒，且遣死士焚其戰艦，晝夜殊死戰，北渡追擊，金人大敗去。又遣仲昇劫金人砦，殺千餘人，仲昇中流矢死。奏觀補成忠郎、漢川簿尉，贈仲昇修武郎，官其後二人。彥約以守禦功進秩二等，就知漢陽。

嘉定元年，詔求言，彥約上封事，謂「敵豈不以歲幣爲利，惟其所向輒應，所求輒得，以我爲易與而縱其欲。莫若遲留小使，督責邊備，假以歲月，當知眞僞。設復大舉，則民固已怨矣，欲進而我已戒嚴，欲退而彼有叛兵，決勝可期矣。」尋提舉湖北常平，權知鄂州兼湖廣總領，改提點刑獄，遷湖南轉運判官。

時盜羅世傳、李元礪、李新等相繼竊發，桂陽、茶陵、安仁三縣皆破，環地千里，莽爲盜區。彥約至攸督運，人心始定。遷直祕閣、知潭州、湖南安撫。時江西言欲招安李元礪，朝命下湖南議招討之宜，彥約言：「今不行討捕，曲徇招安，失朝廷威重。若元礪設疑詞以款重兵，則兵不可撤戍，民不得安業。」元礪果不可降，彥約乃督諸將逼賊巢而屯，擊破李新於酃淶，新中創死，衆推李如松爲首，如松降，遂復桂陽。世傳素與元礪有隙，至是密請圖元礪以自效，彥約錄賞格報之，且告于朝，又予萬緡錢犒其師。世傳遂禽元礪。彥約還長沙，未幾，復出督戰，餘黨悉平。

世傳既自以爲功，遲留以邀重賂，彥約論以不宜格外邀求。時池州副都統許俊駐兵吉之龍泉，厚賂以結世傳，超格許轉官資，世傳遂以元礪解江西。胡榘爲右司，欲以世傳盡統諸峒而爲之帥，悉徹江西、湖南戍兵，彥約固爭之，榘不悅，然世傳終桀驁不肯出峒。彥約密遣羅九遷爲間，誘胡友睦，許以重賞，友睦遂殺世傳。江西來爭功，不與校。擢侍右郎官，以右正言鄭昭先言，寢其命。

久之，以爲利路轉運判官兼知利州。關外乏食，彥約悉發本司所儲減價遣糶，勸分免



役，通商蠲稅，民賴以濟。時沔州都統制王大才驕橫，制置使董居誼既不得其柄，反曲意奉之。彥約以蜀之邊面諸司並列，兵權不一，微有小警，紛然奏議，理財者歸怨於兵弱，握兵者歸咎於財寡，乃作病夫議，獻之廟堂，曰：

古之臨邊，求一賢者而盡付之兵權，兵權正則事體重，兵權專則號令一。今廟堂之上，患士大夫不奉行詔令，惡士大夫不恪守忠實。故雖信而用之，又以人參之；雖以事權付之，又從中御以繫維之。致使知事者不敢任事，畏事者常至失事，卒有緩急，各持己見，兵權財計，互相歸咎。



昔秦、隴之俗，以知兵善戰聞天下。自吳氏世襲以來，握兵者志在於怙勢，不在於尊上；用兵者志在於誅貨，不在於息民。本原一壞，百病間出，至有世將已叛而宣威不覺，四郡已割而諸將不知。更化之後，逆黨既誅，而土俗人心其實未改。任軍官而領州事者，易成藩鎭之權，起行伍而立徼効者，漸無階級之分。由阜郊以至宕昌，即隴西天水之地，其忠義民兵利在戰鬥，緩急之際固易鼓率，若其恃勇貪利，犯上作亂，則又不止於大軍而已。苟不正其本原，磨之以歲月，漸之以禮義，未見其可也。

今日之領帥權者，必當近邊境，必當擁親兵，有兵權者，必當領經費，必當寬用度。至於忠義之兵，又須有德者以爲統率，擇知書者以爲敎導，如古人所謂敎民而後

用之也。今議不出此，乃欲幸勝以爲功，苟安以求免，誤天下者必此人也。時朝論未以爲然。

差知寧國府，又改知隆興府、江西安撫。居亡何，蜀邊被兵，內有張福、莫簡之變，彥約之言無一不驗。還大理少卿，又權戶部侍郎，以寶謨閣待制知成都。彥約乞赴闕奏事，不允，又申省乞入對，不報。改知福州，又改知潭州，彥約力辭，提舉明道觀，尋以煥章閣待制提舉崇福宮。

理宗即位，擢兵部侍郎兼國史院同修撰。寶慶元年入對，勸帝講學，防近習。次言：「當以慶曆、元祐聽言爲法，以紹聖、崇、觀諱言爲戒。比年以來，有以賣直好名之說見於奏對者，願陛下倚忠直如蓍龜，去邪佞若蟊賊，其有沮撓讜言者，必加斥逐。」

會下詔求言，彥約上封事曰：「陛下謹定省以事長樂，開王社以篤天倫，孝友之行，宜足以取信於天下。然兄弟至親，猶誤於狂妄小人之手，道路異說，猶襲於尺布不縫之謠。臣以爲守法者，人臣之職也，施恩者，人主之柄也。漢淮南王欲危社稷，張蒼、馮敬等請論如法，文帝既赦其罪廢徙，王不幸而死，封其二子於故地。此往事之明驗，本朝太宗皇帝之所已行也。今若徇文帝緣情之義，法太宗繼絕之意，明示好惡，無隙可指，雖不止謗而謗息矣。」又言：「陛下求言之詔，惟恐不逮，然外議致疑，以爲明言文武，似或止於搢紳，泛言小





大，恐不及於韋布，引而伸之，特在一命令之間耳。」又薦隆州布衣李心傳素精史學，乞官以初品，寘之史館，從之。

尋兼侍讀，俄遷禮部侍郎。加寶謨閣直學士，提舉佑神觀兼侍讀。授兵部尚書，力辭不拜。改寶章閣學士、知常德府，陛辭，言下情未通，橫斂未革。帝曰：「其病安在？」對曰：「臺諫專言人主，不及時政，下情安得通？包苴公行於都城，則州郡橫斂，無可疑者。」提舉崇福宮，卒，以華文閣學士轉通議大夫致仕，贈宣奉大夫。嘉熙初，賜謚文簡。

范應鈴字旂叟，豐城人。方娠，大父夢雙日照庭，應鈴生。稍長，厲志于學，丞相周必大見其文，嘉賞之。開禧元年，舉進士，調永新尉。縣當龍泉、茶陵溪峒之衝，寇甫平，喜亂者詐爲驚擾，應鈴廉得主名，捽而治之。縣十三鄉，寇擾者不時，安撫使移司兼郡，初奏弛八鄉民租二年，詔下如章。既而復催以檢核之數，應鈴力爭，不從。即詣郡自言，反覆數四，帥聲色俱厲，應鈴從容曰：「某非徒爲八鄉貧民，乃深爲州家耳！民貧迫之急，將以不肖之心應之，租不可得而禍未易弭也。」帥色動，令免下戶。既出令，復徵之，應鈴歎曰：「是使我重失信於民也。」又力爭之，訖得請，民大感悅。有大姓與轉運使有連，家僮恣橫厲民，應鈴笞而繫之獄。郡吏庭辱令，應鈴執吏囚之，以狀聞。

調衡州錄事，總領聞應鈴名，辟爲屬。改知崇仁縣，始至，明約束，信期會，正紀綱，曉諭吏民，使知所趨避。然後罷鄉吏之供需，校版籍之欺敝，不數月省簿成，即以其簿及苗稅則例上之總領所，自此賦役均矣。夙興，冠裳聽訟，發擿如神，故事無不依期結正，雖負者亦無不心服。眞德秀扁其堂曰「對越」。將代，整治如始至。歲杪，與百姓休息，閣債負，蠲租稅，釋囚繫，恤生瘞死，崇孝勸睦，仁民厚俗之事，悉舉以行，形之榜揭，見者嗟歎。調提轄文思院，幹辦諸軍審計，添差通判撫州，以言者罷，與祠。丁內艱，服除，通判蘄州。

時江右峒寇爲亂，吉州八邑，七被殘燬，差知吉州，應鈴慨然曰：「此豈臣子辭難時耶？」即奉親以行。下車，首以練兵、足食爲先務，然後去冗吏，覈軍籍，汰老弱，以次罷行。應鈴洞究財計本末，每鄙榷酤興利，蘄五邑悉改爲戶。吉，舟車之會，且屯大軍，六萬戶，人勸之榷，應鈴曰：「理財正辭，吾縱不能禁百姓羣飲，其可誘之利其嬴耶？」永新禾山羣盜嘯聚，數日間應者以千數。應鈴察過客趙希邵有才略，檄之攝邑，調郡兵，結隅保，分道擣其巢穴，禽之，誅其爲首者七人，一鄉以定。贛叛卒朱先賊殺主帥，應鈴曰：「此非小變也。」密遣諜以厚賞捕之。部使者劾其輕發，鐫一官。閒居六年，養親讀書，泊如也。起廣西提點刑獄，力辭，踰年乃拜命。既至，多所平反，丁錢蠹民，力奏免之。





召爲金部郎官，入見，首言：「今以朝行暮改之規模，欲變累年上翫下慢之積習；以悠悠內治之敝政，欲圖一旦赫赫外攘之大功。」又曰：「公論不出於君子，而參以逢君之小人；紀綱不正於朝廷，而牽於弄權之閹寺。」言皆讜直，識者韙之。遷尚左郎官，尋爲浙東提點刑獄，力丐便養，改直祕閣、江西提舉常平，併詭挾三萬戶，風采凜然。

丁外艱，服除，還軍器監兼尚左郎官，召見，奏曰：「國事大且急者，儲貳爲先。陛下不斷自宸衷，徒眩惑於左右近習之言，轉移於宮庭嬪御之見，失今不圖，姦臣乘夜半，片紙或從中出，忠義之士束手無策矣。」帝爲之動容。鬻鹽法屢變，商賈之贏，上奪於朝廷之自鬻，下奪於都郡之拘留；九江、豫章扼其襟喉，江右貧民終歲食淡，商與民俱困矣。應鈴力陳四害，願用祖宗入粟易鹽之法。

授直寶謨閣、湖南轉運判官兼安撫司。峒獠蔣、何三族聚千餘人，執縣令，殺王官，帥憲招捕，逾年不至，應鈴曰：「招之適以長寇，亟捕之可也。」即調飛虎等軍會隅總討之，應鈴親臨誓師，號令明壯，士卒鼓勇以前，禽蔣時選父子及兇渠五人誅之，脅從者使之安業，未一月全師而歸。授直煥章閣，上疏謝事，不允；擢大理少卿，再請又不允。一旦籍府庫，核簿書，處決官事已，遂及家務，纖悉不遺。僚屬勸以清心省事，曰：「生死，數也，平生學力，正在今日。」帥別之傑問疾，應鈴整冠肅入，言論如平常，之傑退，翛然而逝。

應鈴開明磊落，守正不阿，別白是非，見義必爲，不以得失利害動其心。書饋不交上官，薦舉不徇權門，當官而行，無敢撓以非義。所至無留訟，無滯獄，繩吏不少貸，亦未嘗沒其貲，曰：「彼之貲以悖入，官又從而悖入之，可乎？」進脩潔，案姦贓，振樹風聲，聞者興起。家居時，人有不平，不走官府，而走應鈴之門；爲不善者，輒相戒曰：「無使范公聞之。」讀書明大義，尤喜左氏春秋，所著有西堂雜著十卷，斷訟語曰對越集四十九卷。徐鹿卿曰：「應鈴經術似兒寬，決獄似雋不疑，治民似龔遂，風采似范滂，理財似劉晏，而正大過之。」人以爲名言。

徐經孫字中立，初名子柔。寶慶二年進士，授瀏陽主簿，潭守俾部牙契錢至州，有告者曰：「朝廷方下令頒行十七界會，令若此錢皆用會，小須，則幸而獲大利矣。」經孫曰：「此錢取諸保司，出諸公庫，吾納會而私取其錢，外欺其民，內欺其心，奚可哉！」詰旦，悉以所部錢上之，其人慙服有愧色。

辟永興令，知臨武縣，通判潭州。帥陳韡雅相知，事必咨而後行。秩滿，由豐儲倉提管進權轄，國子博士兼資善堂直講。爲監察御史，劾京尹厲文翁言僞而辨，疏入，留中。宣諭





至再，卽日出關，上遣使追之，不及。進直寶章閣、福建提點刑獄，號稱平允。歲餘升安撫使，召爲祕書監兼太子諭德。經孫爲安撫時，韡家居，門人故吏有撓法者不得逞，相與搖撼。至是韡起家判本郡，懷私逞忿，無復交承之禮，卽日劾奏通判，語侵經孫，謂席卷府庫而去，於是罷通判，削其秩。經孫造朝，具白于政府。事上聞，帝大怒，諭宰執曰：「陳韡老繆至此，宜亟罷之。」於是經孫再詣政府，言：「某，韡門生也，前日之白，公事也，苟韡以是得罪，人謂我何？」請之不置，俾自乞閒，明通判無罪，識者韙之。

遷宗正少卿、起居舍人、起居郎，入奏：「君人者當守理欲之界限。」遷刑部侍郎兼給事中，升太子左庶子、太子詹事，輔導東宮者三年，敷陳經義，隨事啓迪。太子入侍，必以其所講聞悉奏之，帝未嘗不稱善。景定三年春雷，詔求直言，經孫對曰：「三數年來，言論者以靖共爲主，有懷者以譁訐爲戒，忠讜之氣，鬱不得行，上帝降監，假雷以鳴。」切中時病。

公田法行，經孫條其利害，忤丞相賈似道，拜翰林學士、知制誥，未踰月，諷御史舒有開奏免，罷歸。授湖南安撫使、知潭州，不拜。授端明殿大學士，閑居十年，卒，贈金紫光祿大夫。經孫所薦陳茂濂爲公田官，分司嘉興，聞經孫去國，曰：「我不可以負徐公。」遂以親老謝歸，終身不起。

論曰：嗚呼，寧宗之爲君，韓侂胄之爲相，豈用兵之時乎？故婁機力止之。小學之廢久矣，而機獨知致力於此。沈煥、舒璘學遠識明。曹彥約可與建立事功。范應鈴赫然政事如神明。徐經孫清慎有守，卒以爭公田迕賈似道去國，君子稱之。

## 校勘記

〔一〕丁母憂　「母」原作「父」。按樓鑰攻媿集卷九七婁機神道碑，機任鹽官尉時，丁其母成國夫人憂；下文任於潛縣丞時「遭外艱」，明「父」爲「母」之訛，據改。

〔二〕幹辦諸司審計司　攻媿集卷九七婁機神道碑作「幹辦諸軍審計司」。

〔三〕諭官　同上書同卷同篇作「諭官尙何言」。

# 宋史卷四百一十一

## 列傳第一百七十

### 湯璹 蔣重珍 牟子才 朱貔孫 歐陽守道

湯璹字君寶，瀏陽人。淳熙十四年進士，調德安府學教授，轉三省樞密院架閣，遷國子博士。時召朱熹爲侍講，未幾辭歸，朝廷從其請，予祠。璹上疏言：「熹以正學爲講官，四方顒望其有啓沃之益。曾未踰時，輒聽其去，必駭物論。宜追召熹還，仍授講職。」疏上，不報。由是浸忤權相意，而璹之直聲亦大聞于時。歷禮部、駕部二郎官，出知常州，入爲大理少卿，進直徽猷閣，卒。

璹負直槩，與韓侂胄、陳自強不合，故屢嗾言者中傷。璹生平奉祠閑居之日，多於揚歷。其在禮曹，例掌三省奏記。臨安大火，寧宗遇災避正殿，中書三表請復，不許。璹屬辭務持大體，不爲阿曲，言者摭其語涉訕上，而朝廷實知其無他，故起復制詞有「清風峻節」之





語。璹嘗擇壻得蔣重珍，後舉進士第一。

蔣重珍字良貴，無錫人。嘉定十六年進士第一，簽判建康軍，丁母憂，改昭慶軍，尋以公事與部使者異議，請祠，易簽判奉國軍。紹定二年，召入對，首以「自天子至於庶人所當先知者本心外物二者之界限」爲言：「界限明，則知有天下治亂而已，何樂其尊；知有生民休戚而已，何樂其奉。」且論：「苞苴有昔所未有之物，故吾民罹昔所未有之害；苞苴有不可勝窮之費，故吾民有不可勝窮之憂。」遷祕書省正字，屢乞祠，以伯父喪予告，遷校書郎，辭，不可。明年，待命霅川，移文閤門，請對，當路憚之，添差通判鎮江府，辭。會行都火，應詔曰：

臣頃進本心外物界限之說，蓋欲陛下親攬大柄，不退託於人，盡破恩私，求無愧於己。儻以富貴之私視之，一言一動，不忘其私，則是以天下生靈、社稷宗廟之事爲輕，而以一身富貴之所從來爲重，不惟上負天命，以先帝聖母至于公卿百執事之所以望陛下者，亦不如此也。昔周勃今日握璽授文帝，是夜即以宋昌領南北軍；霍光今年定策立宣帝，而明年稽首歸政。今臨御八年，未聞有所作爲。進退人才，興廢政事，天下皆曰此丞相意，一時恩怨，雖歸廟堂，異日治亂，實在陛下。焉有爲天之子，爲人之主，而自朝廷達於天下，皆言相而不言君哉？天之所以火宗廟、火都城者殆以此。

臣所以痛心者，九廟至重，事如生存，而徹小塗大，不防於火之未至；宰相之居，華屋廣袤，而焦頭爛額，獨全於火之未然，亦足以見人心陷溺，知有權勢，不知有君父矣。他有變故，何所倚仗，陛下自視，不亦孤乎？昔史浩兩入相，才五月或九月即罷，孝宗之報功，寧有窮已，顧如此其亟，何哉？保全功臣之道，可厚以富貴，不可久以權也。

上讀之感動，授寶章閣，主管雲臺觀，則告吏部，不受貼職祿，不願貼職恩。它日星變求言，復申前說。又慮柄臣或果去位，君心易縱，大權旁落，則進爲君難六箴。召爲祕書郎兼莊文府教授。端平初入對，上五事，且曰：「隱蔽君德，昔咎故相，故臣得以專詆權臣；昭明君德，今在陛下，故臣以責難君父。」乞召眞德秀、魏了翁用之，帝謂之曰：「人主之職無它，惟辨君子小人。」重珍對曰：「小人亦指君子爲小人，此爲難辨。人主當精擇人望，處之要津，正論日聞，則必知君子姓名、小人情狀矣。」兼崇政殿說書，戒家事勿以白，務積精誠以寤上意。每草奏，齋心盛服，有密啓則手書削稿，帝稱其平實。遷著作佐郎。

邊帥以八陵圖來上，詔百官集議，重珍言史嵩之旣失相位，危於幕巢，猶欲邀功，自固





其位。請擇賢帥如漢用充國，使之親至邊境，審度事勢，條上便宜。丞相主出師關、洛，重珍力爭。會邊帥議和戰不一，復召集議，重珍奏：「曩乞專意備守，不得已則用應兵，今不敢變前說。」不聽，遂自劾以密勿淸光，乃不能遏兵端，乞免說書職。遷著作郎兼權司封郎官，起居舍人，言：「近者當侍講席，旋命止之，或曰是日道流生朝。夫輟講偶以它故，則當知聖躬舉措之難，或所傳果得其實，則當知聖心持守之難。」帝曰：「非卿不聞此言。」關、洛師大衄，復進兵，重珍言：「若恥敗而欲勝之，則心不平而成忿，氣不平而成怒，生靈之命，豈可以忿怒用哉！」又言：「邇來用臺諫，頗主不必矯激之說，似畏剛方大過之士。竊窺選用之意，正謂其平易而省事耳。然數月之間，一失於某，再失於某，借曰愼重臺綱而憂其激，亦當以平正者居之。」又論禁旅貧弱，教習頻嚴，輒不能堪，不稍變通，非消變之道。

兼國史院編修官、實錄院檢討官，言：「更化以來，舊弊未去者五：徇私、調停、覆護、姑息、依違是也。今又益之以輕易。」遷起居郎，以疾求去。以集英殿修撰知安吉州，權刑部侍郎，三辭不許，自劾其不能取信朝廷之罪，乞竄斥置閑散，促覲愈力而疾不可起。詔守刑部侍郎致仕，贈朝請大夫，謚忠文。

牟子才字存叟，井研人。八世祖允良生期歲，淳化間盜起，舉家殲焉，惟一姑未笄，以甕覆之，得免。子才少從其父客陳咸，咸張樂大宴，子才閉戶讀書，若不聞見者，咸異之。學于魏了翁、楊子謨、虞剛簡，又從李方子，方子，朱熹門人也。嘉定十六年舉進士，對策詆丞相史彌遠，調嘉定府洪雅縣尉，監成都府權茶司賣引所，辟四川提舉茶馬司準備差遣，使者魏泌衆人遇之，子才拂衣竟去，泌以書幣謝，不受。改辟總領四川財賦所幹辦公事。詔李心傳卽成都修四朝會要，辟兼檢閱文字。制置司遣之文州，視王宣軍饟，鄧艾緇兵處也。道遇宣曰：「敵且壓境，宣已退矣，君毋庸往。」子才不可，遂至州視軍庾而還。甫出境，文州陷。辟知成都府溫江縣事，未上，連丁內外艱。時成都已破，遂盡室東下。免喪，心傳方修中興四朝國史，請子才自助，擢史館檢閱。

入對，首言大臣不公不和六事，次陳備邊三策。理宗顧問甚悉，將下殿，復召與語。翼日，帝諭宰相曰：「人才如此，可峻擢之。」左丞相李宗勉擬祕書郎，右丞相史嵩之怨子才言己，遽曰：「姑遷校勘。」俄宗勉卒，嵩之獨相，亟請外，通判吉州，轉通判衢州。日食，詔求言，上封事萬言，極陳時政得失，且乞蚤定立太子。入為國子監主簿兼史館校勘，踰年，遷太常博士。

鄭清之再相，子才兩上封事，言今日有徵、欽時十證，又請為濟王立後，以回天怒。校



書郎徐霖言諫議大夫鄭寀、臨安府尹趙與𥲅，不報，出關。子才言：「陛下行霖言則霖留，不然則不留也。二人之中，寀尤無恥，請先罷之。」寀去。至若嵩之之謀復相，清之誤引嵩之之黨別之傑共政，皆歷歷為上言之。作書以孔光、張禹切責清之，清之復書媿謝。謁告還安吉州寓舍，遷祕書郎，屢辭，主管崇道觀。踰年，遷著作佐郎，又辭。清之卒之明日，詔子才還朝，遷著作郎；左丞相謝方叔、右丞相吳潛交書道上意，趣行益急，乃至。兼崇政殿說書，子才隨事奏陳，舉朝誦子才奏疏，皆曰：「有德之言也。」兼國史院編修官、實錄院檢討官兼權禮部郎官。時修四朝史，乃復兼史館檢討。

信州守徐謂禮奉行經界苛急，又以脊杖比校催科，飢民嘯聚為亂。子才言于上，立罷經界，謫謂禮。浙東、福建九郡同日大水，子才言：「今日納私謁，溺近習，勞土木，庇小人，失人心，五者皆蹈宣和之失。苟不恐懼修省，臣恐宣和京城之水將至矣。燮理陰陽，大臣之事，宜諭大臣息乖爭以召和氣，除壅蔽以通下情。今遣使訪問水災，德至渥也，願出內帑振之。」又言：「君子難聚而易散，今聚者將散，其幾有十。」又言：「謚以勸懲，當出自朝廷，毋待其家自請。」

左司徐霖言諫議大夫葉大有，帝大怒，逐霖，給事中趙汝騰繳之，徙它官。汝騰卽出關，子才上疏留之，大有遂劾汝騰。子才上疏訟汝騰誣及大有之欺，未幾，罷大有言職。故



事，早講講讀官皆在，晚講惟說書一員，宰相懼子才言己，幷晚講於早，自是不得獨對矣。遷軍器少監。御史蕭泰來劾高斯得、徐霖，右司李伯玉言泰來所劾不當，上切責伯玉，降兩官，罷。子才言：「陛下更化，召用諸賢，今汝騰、斯得、霖相繼劾去，伯玉又重獲罪，善人盡矣。」除兼侍立修注官，力辭。

行都大火，子才應詔上封事，言甚切直，兼直舍人院。會泰來亦遷起居郎，恥與泰來同列，七疏力辭，上為出泰來，而子才亦請去不已，曰：「泰來既去，臣豈得獨留。」上不允。又言：「蜀當以嘉、渝、夔三城為要，欲保夔則巴、蓬之間不可無屯以控扼之，欲保渝則利、閬之間不可無屯以遏截之，欲守嘉則瀘、敘之間不可無屯以犄角之，屯必萬人而後可。」升兼侍講。御史徐經孫劾府尹厲文翁，不報，出關，子才奏留之。文翁改知紹興府，又繳其命。伯玉降官已踰年，舍人院不敢行詞，子才曰：「故事，文書行不過百刻。」卽為書行，以為敍復地。帝曰：「謫詞皆褒語，可更之。」子才不奉詔，丞相又道帝意，子才曰：「腕可斷，詞不可改。丞相欲改則自改之。」乃已。

淮東制置使賈似道以海州之捷，子才草獎諭詔，第述軍容之盛，不言其功，且語多戒敕，似道不樂。又言：「全蜀盛時，官軍七八萬人，通忠義為十四萬，今官軍不過五萬而已，宜招新軍三萬，并撫慰田、楊二家，使歲以兵來助。如此則蜀猶可保，不則不出三年，蜀必亡



矣。」湯漢、黃蛻召試學士院，子才發策，蛻譽嵩之，罷蛻正字去。遷起居郎，言：「外郡以進奉易富貴，左右以土木蠱上心，小人以譁競朋比陷君子，此天災所以數見也。」

明堂禮成，帝將幸西太乙宮款謝，實欲遊西湖爾，子才力諫止。皇子冠，面諭作樂章，禮部言：「古者適子一醮無樂，庶子三醮有樂，用樂非是。」子才言：「嫡庶之分，特以所立之地不同，非適專用醴，庶專用醮也。樂章乃學士院故事，況面諭臣，不敢不作。」詔從之。又言：「首蜀尾吳，幾二萬里。今兩淮惟賈似道、荆蜀惟李曾伯二人而已，可為寒心。」謂：「宜於合肥別立淮西制置司，江淮別立荆湖制置司，且於漣、楚、光、黃、均、房、巴、閬、緜、劍要害之郡，或築城、或增戍以守之。」似道聞之，怒曰：「是欲削吾地也。」正月望，召妓入禁中，子才言：「此皆董宋臣輩壞陛下素履。」權兵部侍郎，屢辭，帝不允。升同修國史、實錄院同修撰。

御史洪天錫劾宋臣、文翁及謝堂等，不報，出關。子才請行其言，文翁別與州郡，堂自請外補，宋臣自請解內轄職，而宋臣錄黃竟不至院，蓋子才復有言也。吳子聰之姑知古為女冠得幸，子聰因之以進，得知閤門事。子才繳之曰：「子聰依憑城社，勢燄熏灼，以官爵為市，搢紳之無恥者輻湊其門，公論素所切齒，不可用。」帝曰：「子聰之除，將一月矣，乃始繳駁，何也？可卽為書行。」子才曰：「文書不過百刻，此舊制也。今子聰錄黃二十餘日乃至

後省，蓋欲使其供職，使臣不得繳之耳。給、舍紀綱之地，豈容此輩得以行私於其間。」於是子聰改知澧州，待次。子才力辭去，帝遣檢正姚希得挽留之，不可。

以集英殿修撰知太平州，前是例兼提領江、淮茶鹽，子才以不諳財賦辭免。至郡，首教民孝弟，以前人慈竹、義木二詩刻而頒之，間詣學爲諸生講說經義。修采石戰艦百餘艘，遣兵仗以千計。前政負上供綱及總所綱七十萬緡，悉爲補之。蠲黃、池酒息六十餘萬貫，三縣秋苗畸零萬五千餘石，夏稅畸零紬帛四千五百餘匹、絲七百餘兩、緜一萬三千餘兩、麥二千餘石。郡有平糴倉，以米五千石益之，又以緡錢二十六萬創抵庫，歲收其息以助糴本。召入對，權工部侍郎。

時丁大全與宋臣表裏濁亂朝政，子才累疏辭歸。初，子才在太平建李白祠，自爲記曰：「白之斥，實由高力士激怒妃子，以報脫靴之憾也。力士方貴倨，豈甘以奴隸自處者。白非直以氣陵亢而已，蓋以爲掃除之職固當爾，所以反其極重之勢也。彼昏不知，顧爲逐其所忌，力士聲勢益張，宦官之盛，遂自是始。其後分提禁旅，蹀血宮庭，雖天子且不得奴隸之矣。」又寫力士脫靴之狀，爲之贊而刻諸石。屬有拓本遺宋臣，宋臣大怒，持二碑泣愬于帝，乃與大全合謀，嗾御史交章誣劾子才在郡公燕及餽遺過客爲入己，降兩官，猶未已。帝疑之，密以槧問安吉守吳子明，子明奏曰：「臣嘗至子才家，四壁蕭然，人咸知其清貧，陛下



毋信讒言。」帝語經筵官曰：「牟子才之事，吳子明乃謂無之，何也？」衆莫敢對，戴慶炣曰：「臣憶子才嘗繳子明之兄子聰。」帝曰：「然。」事遂解。蓋公論所在，雖仇讎不可廢也。未幾，大全敗，宋臣斥，誣劾子才者悉竄嶺海外，乃復子才官職，提舉玉隆萬壽宮。

帝卽欲召子才。會似道入相，素憚子才，又憾草詔事，僅進寶章閣待制、知溫州；又嗾御史造飛語目子才爲潛黨，將中以危禍。上意不可奪，遂以禮部侍郎召，屢辭，不許。乃賜御筆曰：「朕久思見卿，故有是命，卿其勿疑，爲我彊起。」故事，近臣自外召者，必先見帝乃供職；子才至北關，請內引奏事，宦者在旁沮之，帝特令見，大說，慰諭久之。

時似道自謂有再造功，四方無虞皆其力，故肆意逸樂，惡聞讜言。子才言：「開慶之時，天下岌岌殆矣，今幸復安。不知天將去疾，遂無復憂耶？抑順適吾意，而基異時不可測之禍也。奈何懷宴安以煬毒，而不明閒暇之政刑乎！忠厚者，我朝之家法也。乃者小人枋國，始用一切以戕其脈，今當反其所爲，奈何愈益甚乎！」謂「宜悉取祖宗所以待士愛民、祈天永命者循而行之」，言：「議者國之元氣也。今言及乘輿，尚見優假，事關廊廟，忿怒斯形，朝政之闕失，臣下之蔽蒙，何由上達乎？」帝曰：「非卿不聞此言。」宣坐賜茶，問外事甚悉，子才具以田里疾苦對，帝顰蹙久之，卽兼侍讀，尋兼同修國史、實錄院同修撰。宋臣有內侍省押班之命，舉朝爭之不能得。子才入疏，詰朝，帝出其疏示輔臣，皆曰：



「子才有憂君愛國之眞，無要譽沽名之巧。」擢權禮部尙書。祀明堂，子才爲執綏官，帝問漢、唐文物，占對詳贍。時士大夫小迕權臣，輒竄流，子才請重者量移，輕者放還。兼直學士院，前是儤直多以疾免，子才始復舊制，帝賜詩褒賞。每直，輒召對內殿，語至夜分，或就賜酒果。

兼給事中，彗星見，應詔上封事，請罷公田，更七司法。正爲尙書，力辭，不許。升修國史、實錄院修撰。徐敏子以星赦量移，似道惡其爲潛所用，諷後省繳之，子才不可。葉李、呂宙之等上書攻似道，似道怒，欲殺之，以它事下天府獄。子才請宥之，又遺書似道，似道復書辭甚忿，徑從天府斷遣，不復以聞，蓋懼子才再有所論駁也。

度宗在東宮，雅敬子才，言必稱先生。卽位，授翰林學士、知制誥，力辭不拜，請去不已。進端明殿學士，以資政殿學士致仕，卒，贈四官，官其後二人。

子才事親甚孝。弟子方客死公安，挾其柩葬安吉。女弟在眉山，拔其家于兵火，致之安吉。在吉州，文天祥以童子見，卽期以遠大。所薦士若李芾、趙卯發、劉黻、家鉉翁，後皆爲忠義士。平江守吳淵籍富民田以千餘畝遺子才，皆卻之。身後家無餘貲，賣金帶乃克葬。有存齋集、內制外制、四朝史稿、奏議、經筵講義口義、故事四尙、易編、春秋輪幅。子巘，大理少卿。



朱貔孫字興甫，浮梁人。淳祐四年進士，授臨江軍學教授。丞相史嵩之聞貔孫名，欲致之館下，以祿未及親辭。喪父，服除，授福州學教授，差充江東安撫司幹辦公事。制置使王埜、丘岳、馬光祖、趙與陋皆薦之。丁大全在臺，勢燄熏灼，天久陰雨，貔孫貽書政府，言回積陰之道，去姦邪，罷手實，蠲米稅。姦邪，指大全也。丞相董槐得書嘉歎。主管尙書刑、工部架閣文字。

宦者董宋臣寵幸用事，貔孫發策試胄子，極論宦寺專權之患，宋臣諷言者論罷之。光祖辟添差江東安撫司機宜文字，擢史館校勘。時大全執政，使其黨許以驟用，貔孫力拒之，且謁告歸省。遷太學博士，屬帝親擢監察御史兼崇政殿說書，首疏論大全權姦誤國之罪，倡言學校六士之冤。又以翕聚人才，凝固人心，精擇人言；增禁旅以壯帝畿，擇良守以牧內郡，選全才以守江面，嚴舟師以防海道；因地募兵，以應突至之敵，并力合勢，以援必守之地。時有建議遷都四明者，貔孫亟上疏言：「鑾輿若動，則三邊之將士瓦解，而四方之盜賊蠭起，必不可。」遂止。貔孫在講筵，言及宋臣撓政事忤旨。遷大理少卿，又遷司農少卿兼太子右諭德，詔許乘馬赴講。貔孫論導得體，衍說經義，有關於君道者必委曲敷暢，陰寓

警戒，太子每爲之改容。兼國史院編修官、實錄院檢討官兼權直舍人院。

時大禮成，封命叢委，吏持詞頭下，每夕無慮數十，貔孫運筆如飛，夜未中已就，皆溫潤典雅。遷宗正少卿。丁母憂，服除，授祕書監兼太子左諭德。改監察御史兼崇政殿說書，勸帝崇仁政，用吉士，行正論，賜賚甚渥。擢殿中侍御史兼侍講，請嚴京師淫聲奇服之禁。他所論苗耗役害及經理川蜀，皆當世急務。

宋臣覆出，朝論紛然，貔孫因對，力斥其姦，卒奪祠。升侍御史兼侍講。長星出東方，貔孫力詆外戚內臣及進奉羨餘失人心者，且曰：「回天心自回人心始。」辭旨懇切，帝爲之感動，升侍讀。貔孫之再入臺，屬疆埸多事，屢陳備禦之策。理宗春秋高，倚成賈似道，似道擅命，貔孫隨事進諫，不肯阿附，至若行公田之政，屢於經筵密以告帝，似道自是深忌之。貔孫累疏求去。

理宗崩，度宗卽位，擢右諫議大夫，賜紫金魚袋兼賜章服犀帶，以疾乞辭言職，遷吏部尚書，不拜。帝以舊學故雅欲留貔孫，使者旁午於道，而貔孫辭益力，以華文閣學士知寧國府，似道諷言者論罷。久之，提舉太平興國宮，復華文閣學士、知袁州。至郡，宣布德意，以戢暴禁貪爲先務。郡倉受租，舊倚斛面取贏，吏加漁取。貔孫知其敝，悉榜除之，許民自槩量。宿敝頓革，田里歡聲。興學校以勸士。升敷文閣學士，知福州、福建安撫使。未幾，卒于袁之郡治。贈四官，與恩澤二，令所在給喪事。有文集、奏議行世。



歐陽守道字公權，一字迂父，吉州人。初名巽，自以更名應舉非是，當祭必稱巽。少孤貧，無師，自力於學。里人聘爲子弟師，主人瞷其每食舍肉，密歸遺母，爲設二器馳送，乃肯肉食，鄰媼兒無不歎息感動。年未三十，翕然以德行爲鄉郡儒宗。江萬里守吉州，守道適貢于鄉，萬里獨異視之。

淳祐元年舉進士，廷對，言：「國事成敗在宰相，人才消長在臺諫。昔者當國惡箴規，言者疑觸迕，及其去位，共謂非才。或有迎合時宰，自效殷勤，亦有疾惡乖方，苟求玭纇，以致忠邪不辨，黜陟無章。」唱名，徐儼夫爲第一，儼夫握守道起曰：「吾愧出君上矣，君文未嘗不在我上也。」授雩都主簿。

丁母憂，服除，調贛州司戶，其次在十年，後萬里作白鷺洲書院，首致守道爲諸生講說。湖南轉運副使吳子良聘守道爲嶽麓書院副山長，守道初升講，發明孟氏正人心、承三聖之說，學者悅服。宗人新及子必泰先寓居長沙，聞守道至，往訪之，初猶未識也，晤語相契，守道卽請于子良，禮新爲嶽麓書院講書。新講禮記「天降時雨、山川出雲」一章，守道起曰：「長沙自有仲齊，吾何爲至此。」仲齊，新之字也。踰年，新卒，守道哭之慟，自銘其墓，又薦其子必泰於當道。子良代，守道復還吉州。

里有張某喪其父，小祥，而舅氏訟以事，繫之獄，使不得祭，邀其售己地以葬。守道聞之，歎曰：「吾惟痛斯子之不得一哭其父也，且其痛奈何？」明日告之邑令曰：「此非人心，濱祭而薄之，撓葬而奪之，舅如此，是自食其肉也。請任斯子出，祭而復獄。」令亟出之。其舅醜誣守道，守道亦不自辨。轉運使包恢爲請祠于朝。萬里入爲國子祭酒，薦爲史館檢閱，召試館職，授祕書省正字。

安南國王陳日照〔一〕傳位其子，求封太上國王，下省官議。守道謂：「太上者，漢高帝以尊其父，累朝未之有改，若賜詔書稱太上國王，非便。南越尉佗嘗自稱『蠻夷大長老』，正南夷事也。禮，方伯自稱曰『天子之老』，大夫致仕曰『老』，自稱亦曰『老』。自蠻夷言之則有尉佗之故事；自中國言之，亦方伯致仕者之常稱。漢亦有老上單于之號，易『太』以『老』無損。或去『上』字存其『太』字，太王則有古公，三太、三少，太宰、少宰，『太』所以別於『少』也。謂父爲太，則子爲少矣。太以尊言，則太后、太妃、太子、太孫；以卑言，則太史、太卜、太祝、樂太師太〔二〕，固上下所通用也。」時病足，不及與議。



遷校書郎兼景憲府教授，遷祕書郎，轉對，言：「欲家給人足，必使中外臣庶無復前日言利之風而後可。風化惟反諸身。化之以儉，而彼不爲儉，吾惟有卑宮室、菲飲食；化之以廉，而彼不興廉，吾惟有不貴難得之貨、不厚無益之藏。」以言罷。守道徒步出錢塘門，唯書兩篋而已。理宗遺詔聞，守道與其徒相嚮哭踊，僮奴孺子各爲悲哀。咸淳三年，特旨與祠。詔大臣舉賢才，少傅呂文德舉九十六人，守道預焉。添差通判建昌軍，以書謝廟堂曰：「史贊大將軍不薦士，今大將軍薦士矣，而某何以得此於大將軍哉。幸嘗蒙召，擢備數三館，異時或者謂其放廢無聊，託身諸貴人，虧傷國體，則寧得而解，願仍賦祠祿足矣。」遷著作佐郎兼崇政殿說書兼權都官郎官。經筵所進，皆切於當世務，上爲動色。遷著作郎，卒，家無一錢。

守道之兄之妻蚤喪，其子演五歲餘，且多病，浚生甫數月，守道三十未有室，顧無能乳哺者，日夜抱二子泣，里巷憐之。演既長，出莫知所之，守道哭而求諸野，終不能得，三年不食肉，顚頟不釋者終身。古有賢守而大家怨之厚誣以贓者，下其事常平使者。會旱甚，禱雲騰，守道曰：「無以禱也，雲騰之神，唐郡守吳侯也。冤莫甚於前守，冤不直而吳侯於禱，侯有辭矣。匹婦藏冤，旱或三年，冤在民牧，害豈其小。」反覆千餘言，或迂笑之，守道不改，告來者不倦，守卒以得直。所著有易故、文集。

論曰：湯璹立朝蹇諤。蔣重珍自擢巍科，既居盛名之下，而能樹立於當世，可謂難矣。牟子才、朱貔孫，直聲著于中外。歐陽守道，廬陵之醇儒也。

## 校勘記

〔一〕安南國王陳日照　「照」，宋史全文卷三四同。本書卷四五理宗紀作「煚」，續通鑑卷一七二作「暚」。

〔二〕太祝樂太師太　此處疑有舛誤。按本書卷一六四職官志：「大樂，掌大樂教習樂舞鼓吹警場。」與「大祝」同隸太常寺。周禮春官：「大師，掌六律六同，以合陰陽之聲。」「樂太師太」，疑爲「太樂太師」之誤。



# 宋史卷四百一十二

## 列傳第一百七十一

孟珙　杜杲 子庶　王登　楊掞　張惟孝　陳咸

孟珙字璞玉，隨州棗陽人。四世祖安，嘗從岳飛軍中有功。嘉定十年，金人犯襄陽，駐團山，父宗政時爲趙方將，以兵禦之。珙料其必關樊城，獻策宗政由羅家渡濟河，宗政然之。越翼日，諸軍臨渡布陣，金人果至，半渡伏發，殲其半。宗政被檄援棗陽，臨陣嘗父子相失，珙望敵騎中有素袍白馬者，曰：「吾父也。」急麾騎軍突陣，遂脫宗政。以功補進勇副尉。

十二年，完顏訛可步騎二十萬分兩路攻棗陽，環集城下，珙登城射之，將士驚服。宗政命珙取它道劫金人，破砦十有八，斬首千餘級，大俘軍器以歸，金人遁，以功升下班祗應。十四年，入謁制置使趙方，一見奇之，辟光化尉，轉進武校尉。十六年，以功特授承信



郎。丁父憂，制置使起復之，珙辭，訖葬趣就職，又辭，轉成忠郎。理宗即位，特授忠翊郎，尋差峽州兵馬監押兼在城巡檢，京湖制置司差提督虎翼突騎軍馬，又辟京西第五副將，權管神勁左右軍統制。

初，宗政招唐、鄧、蔡壯士二萬餘人，號「忠順軍」，命江海總之，衆不安，制置司以珙代海，珙分其軍爲三，衆乃帖然。紹定元年，珙白制置司創平堰于棗陽，自城至軍西十八里，由八疊河經漸水側，水跨九阜，建通天槽八十有三丈，溉田十萬頃，立十莊三轄，使軍民分屯，是年收十五萬石。又命忠順軍家自畜馬，官給芻粟，馬益蕃息。二年，升京西第五正將、棗陽軍總轄，本軍屯駐忠順三軍。明年，差京西兵馬都監。丁母憂。又明年，起復京西兵馬鈐轄、棗陽軍駐劄，仍總三軍。

六年，大元將那顏倴盞追金主完顏守緒，逼蔡，檄珙戍鄂，討金唐、鄧行省武仙。仙時與武天錫及鄧守移剌瑗相犄角，爲金盡力，欲迎守緒入蜀，犯光化，鋒剽甚。天錫者，鄧之農夫，乘亂聚衆二十萬爲邊患。珙逼其壘，一鼓拔之，壯士張子良斬天錫首以獻。是役獲首五千級，俘其將士四百餘人，戶十二萬二千有奇，乃授江陵府副都統制，賜金帶。

制置司檄珙問邊事，珙曰：「金人若向呂堰，則八千人不爲少，然須木查、臘雲、呂堰等砦受節制乃可濟。」已而劉全、雷去危兩部與金人戰于夏家橋，小捷。有頃，金人犯呂堰，

珙喜曰：「吾計得矣。」亟命諸軍追擊呂堰，進逼大河，退逼山險，砦軍四合，金人棄輜重走，獲甲士五十有二，斬首三千，馬牛橐駝以萬計，歸其民三萬二千有奇。瑗遣其部曲馬天章奉書請降，得縣五，鎮二十二，官吏一百九十三，馬軍千五百，步軍萬四千，戶三萬五千三百，口十二萬五千五百五十三。珙入城，瑗伏階下請死，珙爲之易衣冠，以賓禮見。

初，仙屯順陽，爲宋軍所撓，退屯馬蹬。金順陽令李英以縣降，申州安撫張林以州降，珙言：「歸附之人，宜因其鄉土而使之耕，因其人民而立之長，少壯籍爲軍，俾自耕自守，才能者分以土地，任以職使，各招其徒以殺其勢。」制置司是之。七月己酉，仙愛將劉儀領壯士二百降，珙問仙虛實，儀陳：「仙所據九砦，其大砦石穴山，以馬蹬、沙窩、岵山三砦蔽其前；三砦不破，石穴未易圖也。若先破離金砦，則王子山砦亦破，岵山、沙窩孤立，三帥成禽矣。」珙翼日遣兵向離金，盧秀執黑旗帥衆入砦，金人不疑爲宋軍，乃分據巷道，大呼縱火，掩殺幾盡。是夜，壯士楊青等擣王子山砦，護帳軍酣寢，王建入帳中，斬金將首囊佩之，平明視之，金小元帥也。

丙辰，出師馬蹬，遣樊文彬攻其前門，成明等邀截西路，一軍圍訖石烈，一軍圍小總帥砦，火燭天，殺僇山積，餘逸去者復爲成明伏軍所得，壯士老少萬二千三百來歸。師還，至沙窩西，與金人遇，大捷。是日，三戰三克。未幾，丁順等又破默候里砦。珙召儀曰：「此砦





既破，板橋、石穴必震，汝能爲我招之乎？」儀曰：「晉德與花腿王顯、金鎮撫安威故舊，招之必來。」迺遣德行，儀又請選婦人三百僞逃歸，懷招軍榜以向，珙從之。威見德，敍情好甚歡，介德往見顯，顯卽日以書乞降。德復請珙遣劉儀候之。顯軍約五千，猶未解甲，珙令作㭬栳陣，入陣，周視良久，乃去，如素所撫循；饗以牛酒，皆醉飽歌舞。珙料武仙將上岵山絕頂窺伺，令樊文彬詰旦奪岵山，駐軍其下，前當設伏，後遮歸路。已而仙衆果登山，及半，文彬麾旗，伏兵四起，仙衆失措，枕藉厓谷，山爲之頳，殺其將兀沙惹，擒七百三十人，棄鎧甲如山。薄暮，珙進軍至小水河，儀還，具言仙不欲降，謀往商州依險以守，然老稚不願北去，珙曰：「進兵不可緩。」夜漏十刻，召文彬等受方略，明日攻石穴九砦。丙辰，蓐食啓行，晨至石穴。時積雨未霽，文彬患之，珙曰：「此雪夜擒吳元濟之時也。」策馬直至石穴，分兵進攻，而以文彬往來給事。自寅至巳力戰，九砦一時俱破，武仙走，追及於鮎魚砦，仙望見，易服而遁。復戰于銀葫蘆山，軍又敗，仙與五六騎奔。追之，隱不見，降其衆七萬人，獲甲兵無算。還軍襄陽，轉脩武郎、鄂州江陵府副都統制。

大元兵遣宣撫王檝約共攻蔡，制置使謀於珙，珙請以二萬人行，因命珙盡護諸將。金兵二萬騎繇眞陽橫山南來，珙鼓行而前，金人戰敗，卻走，追至高黃陂，斬首千二百級。倴盞遣兔花忒、沒荷過出、阿悉三人來迓，珙與射獵，割鮮而飮，馳入其帳。倴盞喜，約爲兄弟，酌馬湩飮之。金兵萬人自東門出戰，珙遮其歸路，擠入汝河，擒其偏裨八十有七人。得蔡降人，言城中飢，珙曰：「已窘矣，當盡死而守，以防突圍。」珙與倴盞約，南北軍毋相犯。決堰水，布虎落。倴盞遣萬戶張柔帥精兵五千人入城，金人鈎二卒以往，柔中流矢如蝟，珙麾先鋒救之，挾柔以出。撥發官宋榮不肅，將斬之，衆下馬羅拜以請，猶杖之。黎明，珙進逼石橋，鈎致生俘郭山，戰少却。金人突至，珙躍馬入陣，斬山以徇，軍氣復張，殊死戰，進逼柴潭立柵，俘金人百有二，斬首三百餘級。翼日，命諸將奪柴潭樓。金人爭樓，諸軍魚貫而上。金人又飾美婦人以相蠱，麾下張禧等殺之，遂拔柴潭樓，俘其將士五百三十有七人。蔡人恃潭爲固，外卽汝河，潭高於河五六丈，城上金字號樓伏巨弩，相傳下有龍，人不敢近，將士疑畏。珙召麾下飮，再行，曰：「柴潭非天造地設，樓伏弩能及遠而不可射近，彼所恃此水耳，決而注之，涸可立待。」皆曰：「隄堅未易鑿。」珙曰：「所謂堅者，止築兩隄首耳，鑿其兩翼可也。」潭果決，實以薪葦，遂濟師攻城，擒其兩將斬之，獲其殿前右副點檢溫端，磔之城下，進逼土門。金人驅其老稚熬爲油，號「人油砲」，人不堪其楚，珙遣道士說止之。

端平元年正月辛丑，黑氣壓城上，日無光，降者言：「城中絕糧已三月，鞍韉敗鼓皆糜費，且聽以老弱互食，諸軍日以人畜骨和芹泥食之，又往往斬敗軍全隊，拘其肉以食，故欲降者衆。」珙下令諸軍銜枚，分運雲梯布城下。己酉，珙帥師向南門，至金字樓，列雲梯，令





諸將聞鼓則進，馬義先登，趙榮繼之，萬衆競登，大戰城上，降其丞相烏古論㭬栳，殺其元帥兀林達及偏裨二百人。門西闢，招倴盞入，江海執其參政張天綱以歸。珙問守緒所在，天綱曰：「城危時卽取寶玉置小室，環以草，號泣自經，曰『死便火我』，煙燄未絕。」珙與倴盞分守緒骨，得金諡寶、玉帶、金銀印牌有差。還軍襄陽，特授武功郞、主管侍衞馬軍行司公事。擢建康府都統制兼權侍衞馬軍行司職事。

太常寺簿朱楊祖、看班祗候林拓朝八陵（一），諜云大元兵傳宋來爭河南府，哨已及盟津，陝府、潼關、河南皆增屯設伏，又聞淮閫刻日進師，衆畏不前。珙曰：「淮東之師，由淮泗遡汴，非旬餘不達，吾選精騎疾馳，不十日可竣事；逮師至東京，吾已歸矣。」於是晝夜兼行，與二使至陵下，奉宣御表，成禮而歸。制置司奏留珙襄陽兼鎭北軍都統制。鎭北軍者，珙所招中原精銳百戰之士萬五千餘人，分屯漢北（二）、樊城、新野、唐、鄧間。俄令赴樞密院稟議，授帶御器械。二年，授主管侍衞馬軍司公事，時暫黃州駐箚，朝辭，上曰：「卿名將之子，忠勤體國，破蔡滅金，功績昭著。」珙對曰：「此宗社威靈，陛下聖德，與三軍將士之勞，臣何力之有？」帝問恢復，對曰：「願陛下寬民力，蓄人材，以俟機會。」帝問和議，對曰：「臣介冑之士，當言戰，不當言和。」賜賚甚厚。兼知光州，又兼知黃州。

三年，珙至黃，增埤浚隍，蒐訪軍實，邊民來歸者日以千數，爲屋三萬間居之，厚加賑

貸。又慮兵民雜處，因高阜爲齊安、鎭淮二砦，以居諸軍。創章家山、毋家山兩堡爲先鋒、虎翼、飛虎營。兼主管管內安撫司公事，節制黃蘄光、信陽四郡軍馬。

大元兵攻蘄州，珙遣兵解其圍；又攻襄陽，隨守張龜壽、荆門守朱楊祖、郢守喬士安皆委郡去，復州施子仁死之，江陵危急。詔沿江、淮西遣援，衆謂無踰珙者，乃先遣張順渡江，珙以全師繼之。大元兵分兩路：一攻復州，一在枝江監利縣編筏窺江。珙變易旌旗服色，循環往來，夜則列炬照江，數十里相接。又遣外弟趙武等共戰，躬往節度，破砦二十有四，還民二萬。嘉熙元年，封隨縣男，擢高州刺史，忠州團練使兼知江陵府、京西湖北安撫副使。未幾，授鄂州諸軍都統制。

大元大將忒沒斛入漢陽境，大將口温不花入淮甸，蘄守張可大、舒州李士達委郡去，光守董堯臣以州降。合三郡人馬糧械攻黃守王鑑，江帥萬文勝戰不利。珙入城，軍民喜曰：「吾父來矣。」駐帳城樓，指畫戰守，卒全其城，斬逗留者四十有九人以徇。御筆以戰功賞將士，特賜珙金盌，珙益以白金五十兩賜之諸將。將士彌月苦戰，病傷者相屬，珙遣醫視療，士皆感泣。

二年春，授寧遠軍承宣使、帶御器械、鄂州江陵府諸軍都統制。珙以三軍賞典未頒，表辭。詔曰：「有功不賞，人謂朕何？三軍勳勞，趣其來上。封爵之序，自將帥始，卿奚辭焉？」



未幾，授樞密副都承旨、京西湖北路安撫制置副使兼督視行府參謀官。未幾，升制置使兼知岳州。迺檄江陵節制司擣襄、郢，於是張俊復郢州，賀順復荆門軍。十二月壬子，劉全戰于冢頭，戰于樊城，戰于郎神山，屢以捷聞。三年春正月，曹文鏞復信陽軍，劉全復樊城，遂復襄陽。授樞密都承旨、制置使兼知鄂州。全遣譚深復光化軍，息、蔡降，珙命以兵逆之，得壯士百餘，籍爲忠衞軍。

初，詔珙收復京、襄，珙謂必得郢然後可以通餽餉，得荆門然後可以出奇兵，由是指授方略，發兵深入，所至以捷聞。珙奏略曰：「取襄不難而守爲難，非將士不勇也，非車馬器械不精也，實在乎事力之不給爾。襄、樊爲朝廷根本，今百戰而得之，當加經理，如護元氣，非甲兵十萬，不足分守。與其抽兵於敵來之後，孰若保此全勝？上兵伐謀，此不爭之爭也。」乃置先鋒軍，以襄、郢歸順人隸焉。

庚寅，諜報大元兵欲大舉臨江，珙策必道施、黔以透湖湘，請粟十萬石以給軍餉，以二千人屯峽州，千人屯歸州。忠衞舊將晉德自光化來歸，珙奬用之。珙弟瑛以精兵五千駐松滋爲夔聲援，遣于德興增兵守歸州隘口萬戶谷。大元兵自隨閬江，珙密遣劉全拒敵，遣伍思智以千人屯施州。大元大將塔海幷禿雪帥師入蜀，號八十萬，珙增置營砦，分布戰艦，遣張舉提兵間道抵均州防遏。大元兵度萬州湖灘，施、夔震動，珙兄璟時爲湖北安撫副使、知



峽州，急以書諜傭禦。珙請于督府，帥師西上。璟調金鏵一軍迎拒于歸州大埡砦。劉義捷于巴東縣之清平村。珙弟璋選精兵二千駐澧州防施、黔路。四年，進封子。

珙條上流備禦宜爲藩籬三層：乞創制副司及移關外都統一軍於夔，任涪南以下江面之責〔三〕，爲第一層；備鼎、澧爲第二層；備辰、沅、靖、桂爲第三層。峽州、松滋須各屯萬人，舟師隸焉，歸州屯三千人，鼎、澧、辰、沅、靖各五千人，郴、桂各千人，如是則江西可保。又遣楊鼎、張謙往辰、沅、靖三州，同守倅曉諭熟蠻，講求思、播、施、黔支徑，以圖來上。

會諜知大元兵於襄樊隨、信陽招集軍民布種，積船材于鄧之順陽，乃遣張漢英出隨，任義出信陽，焦進出襄，分路撓其勢。遣王堅潛兵燒所積船材，又度師必因糧於蔡，遣張德、劉整分兵入蔡，火其積聚。制拜寧武軍節度使、四川宣撫使兼知夔州。招集麻城縣、巴河、安樂磯、管公店淮民三百五十有九人，皆沿邊經戰之士，號「寧武軍」，令璋領之。進封漢東郡侯兼京湖安撫制置使。

回鶻愛里八都魯帥壯士百餘、老稚百一十五人、馬二百六十匹來降，創「飛鶻軍」，改愛里名艾忠孝，充總轄，乞補以官。四川制置使陳隆之與副使彭大雅不協，交章于朝。珙曰：「國事如此，合智幷謀，猶懼弗克，而兩司方勇於私鬥，豈不愧廉、藺之風乎。」馳書責之，隆之、大雅得書大慚。



蠹蜀政之弊，爲條班諸郡縣，曰差除計屬，曰功賞不明，曰減尅軍糧，曰官吏貪黷，曰上下欺罔。又曰：「不擇險要立砦柵，則難責兵以衞民；不集流離安耕種，則難責民以養兵。」乃立賞罰以課殿最，俾諸司奉行之。黎守閻師古言大理國請道黎、雅入貢，珙報大理自通邕、廣，不宜取道川蜀，卻之。兼夔路制置大使兼屯田大使。軍無宿儲，珙大興屯田，調夫築堰，募農給種，首秭歸，尾漢口，爲屯二十，爲莊百七十，爲頃十八萬八千二百八十，上屯田始末與所減券食之數，降詔奬諭。靖州徭林賽良爲亂，遣王瑀平之。

淳祐二年，珙以京、襄死節死事之臣請于朝，建祠岳陽，歲時致祭，有旨賜名閔忠廟。淮東受兵，樞密俾珙應援，遣李得帥精兵四千赴之，珙子之經監軍。諜知京兆府也可那延以騎兵三千經商州取鶻嶺關，出房州竹山，遣王令屯江陵，尋進屯郢州，劉全屯沙市，焦進提千人自江陵、荆門出襄。檄劉全齎十日糧，取道南漳入襄，與諸軍合。

大元兵至三川，珙下令應出戍主兵官，不許失棄寸土。權開州梁棟乏糧，請還司，珙曰：「是棄城也。」棟至夔州，使高達斬其首以徇。由是諸將稟令惟謹。大元兵至瀘，珙命重慶分司發兵應援，遣張祥屯涪州。拜檢校少保，進封漢東郡公。珙言：「沅之險不如辰，靖之險不如沅，三州皆當措置而靖尤急。今三州粒米寸兵無所從出，此京湖之憂一。江防上自秭歸，下至壽昌，亘二千里，自公安至峽州灘磧凡十餘處，隆冬水涸，節節當防，兵諱備

多，此京湖之憂二。今尺籍數虧，既守灘磧，又守關隘，此京湖之憂三。陸抗有言：『荆州國之藩表，如其有虞，非但失一郡，當傾國爭之。若非增兵八萬併力備禦，雖韓、白復生，無所展巧。』今日事勢大略相似，利害至重。」余玠宣諭四川，道過珙，珙以重慶積粟少，餉屯田米十萬石，遣晉德帥師六千援蜀，之經爲策應司都統制。四年，兼知江陵府。珙謂其佐曰：「政府未之思耳，彼若以兵綴我，上下流急，將若之何？珙往則彼擣吾虛，不往則誰實捍患。」識者是之。

詔京湖調兵五千戍安豐，援壽春。珙遣劉全將以往。繼有命分兵三千備齊安，珙言：「黃州與壽昌三江口隔一水耳，須兵即度，何必預遣？先一日則有一日之費，無益有損，萬一上游有警，我軍已疲，非計之得也。」不從。五年，御筆以職事倚畀，轉行兩官，許令回授。珙至江陵，登城歎曰：「江陵所恃三海，不知沮洳有變爲桑田者，敵一鳴鞭，即至城外。蓋自城以東，古嶺先鋒直至三汊，無所限隔。」迺脩復內隘十有一，別作十隘於外，有距城數十里者。沮、漳之水，舊自城西入江，因障而東之，俾遶城北入于漢，而三海遂通爲一。隨其高下，爲匱蓄泄，三百里間，渺然巨浸。土木之工百七十萬，民不知役，繪圖上之。

珙以身鎭江陵，而兄璟帥武昌，故事，無兄弟同處一路者，乞歸田，不允。詔以兵五千援淮，珙使張漢英帥之。樞密調兵五千赴廣西，珙移書執政曰：「大理至邕，數千里部落隔絕，





今當擇人分布數郡，使之分治生夷，險要形勢，隨宜措置，創關屯兵，積糧聚芻於何地，聲勢既張，國威自振。計不出此而聞風調遣，空費錢糧，無補於事。」不聽。大元大將大納至江陵，遣楊全伏兵荆門以戰，珙先期諜知，達于樞密，檄兩淮爲備，兩淮不知也，後果如所報。珙奏：「襄、蜀蕩析，士無所歸，蜀士聚於公安，襄士聚於郢渚。臣作公安、南陽兩書院，以沒入田廬隸之，使有所教養。」請帝題其榜賜焉。

初，珙招鎭北軍駐襄陽，李虎、王旻軍亂，鎭北亦潰，乃厚招之，降者不絕。行省范用吉密通降款，以所受告爲質，珙白于朝，不從。珙歎曰：「三十年收拾中原人〔四〕，今志不克伸矣。」病遂革，乞休致，授檢校少師、寧武軍節度使致仕，終于江陵府治，時九月戊午也。是月朔，大星隕于境內，聲如雷。薨之夕，大風發屋折木。訃至，帝震悼輟朝，賻銀絹各千，特贈少師，三贈至太師，封吉國公，謚忠襄，廟曰威愛。

珙忠君體國之念，可貫金石。在軍中與參佐部曲論事，言人人異，珙徐以片語折衷，衆志皆愜。謁士遊客，老校退卒，壹以恩意撫接。名位雖重，惟建鼓旗、臨將吏而色凜然，無敢涕唾者。退則焚香掃地，隱几危坐，若蕭然事外。遠貨色，絕滋味。其學邃於易，六十四卦各繫四句，名警心易贊。亦通佛學，自號「無庵居士」。

杜杲字子昕，邵武人。父顈，仕至江西提點刑獄，故杲以任授海門買納鹽場，未上，福建提點刑獄陳彭壽檄攝閩尉。民有甲之子死，誣乙殺之，驗髮中得沙，而甲舍旁有池沙類髮中者，鞫問，子果溺死。

江、淮制置使李珏羅致幕下。滁州受兵，檄杲提偏師往援，甫至，民蔽野求入避，滁守固拒，杲啓鑰納之。金人圍城數重，杲登陴中矢，益自奮厲，卒全其城。

調江山丞，兩浙轉運使朱在辟監崇明鎭，崇明改隸淮東總領，與總領岳珂議不合，慨然引去。珂出文書一卷，曰：「舉狀也。」杲曰：「比而得禽獸，雖若丘陵，弗爲。」珂怒，杲曰：「可劾者文林，不可強者杜杲。」珂竟以負蘆錢劾，朝廷察蘆無虧，三劾皆寢。

淮西制置曾式中辟廬州節度推官。浮光兵變，杲單騎往誅其渠魁，守將爭餉金幣，悉封貯一室，將行，屬通判鄭準反之。安豐守告戍將扇搖軍情，且爲變，帥欲討之，杲曰：「是激使叛也。」請與兩卒往，呼將諭之曰：「而果無他，可持吾書詣制府。」將即日行，一軍帖然。

知六安縣，民有嬖其妾者，治命與二子均分。二子謂妾無分法，杲書其牘云：「傳云『子從父令』，律曰『違父教令』，是父之言爲令也，父令子違，不可以訓。然妾守志則可，或去或





終，當歸二子。」部使者季衍覽之，擊節曰：「九州三十三縣令之最也。」

知定遠縣，會李全犯邊，衍時爲淮帥，辟通判濠州，朝廷以杲久習邊事，擢知濠州。制置大使趙善湘謀復盱眙，密訪杲，杲曰：「賊恃外援，當斷盱眙橋梁以困之。」卒用其策成功。金衆數萬駐楡林阜請降，輜重甚富，或請誘而圖之。杲曰：「殺降不仁，奪貨不義，納之則有後患。」諭而遣之。召奏事，差主管官告院，知安豐軍。善湘與趙范、范弟葵出師，還淮西轉運判官。詔問守禦策，杲上封曰：「沿淮旱蝗，不任征役；中原赤立，無糧可因。若虛內事外，移南實北，腹心之地，必有可慮。」時在外諫出師者惟杲一人。及兵敗洛陽，人始服其先見。奉崇道祠，再知濠州，未行，改安豐。大元兵圍城，與杲大戰。明年，大兵復大至，又大戰。擢將作監，御書慰諭之。丞相李宗勉、參知政事徐榮叟曰：「帥淮西無逾杜杲者。」詔以安撫兼廬州，進太府卿〔五〕、淮西制置副使兼轉運使。復與大元兵戰。杲疏請老，不許。權刑部尚書。

淳祐元年，乞去愈力，擢工部尚書，遂以直學士奉祠。帝欲起之帥廣西，以言者罷。帝曰：「杜杲兩有守功，若脫兵權，使有後禍，朕何以使人？」乃起知太平州。俄擢華文閣學士、沿江制置使、知建康府、行宮留守，節制安慶、和、無爲三郡。

杲罷楊林堡，以其費備歷陽，淮民寓沙上者護以師。首謁程顥祠。總領所即張栻官遊

處，陳像設祀焉。置貢士莊，蠲民租二萬八千石。復與大元兵戰于眞州。進敷文閣學士，遷刑部尚書，引見，帝加奬勞。乞歸不許，兼吏部尚書。杲隨資格通其礙，銓綜爲精。梁成大子路當國者求銓試，杲曰：「昔沈繼祖論朱文公，成大亦論眞文忠公，皆得罪名教者，子孫宜廢錮，安得仕？」進徽猷閣，奉祀。請老，升寶文閣致仕。帝思前功，進龍圖閣而杲卒，遺表上，贈開府。

杲淹貫多能，爲文麗密清嚴，善行草急就章。晚歲專意理學，嘗言吾兵間無悖謀左畫，得於四書。子庶。

庶字康侯，幼倜儻有大志，性剛勁，通宋典故，善爲文。從父兵間，習邊事，未入仕已立戰功，明堂恩補官。大元兵圍安豐，兵將不相下，庶調護咸得其歡心，卒協力捍禦。杲帥淮西，辟書寫機宜文字。廬州圍解，庶白事廟堂，諸將餽金助上功費，皆受之，賞典行，歸悉反所餽。遷籍田令兼制機督幹。監呂文德、聶斌軍，與大元兵戰朱臯、白冢，遷將作監簿。

杲在建康，庶通判和州，權知眞州。郡素缺備，庶大修守禦，具積排杉木殆十萬株。差知興化軍，奉祀鴻禧觀。起知邕州，改潮州，以言者寢命。赴淮東制司議幕，過闕，遷將作監丞。遷司農丞、知和州，陛辭，言：「今天時不可幸，地利不可恃，人和不可保，苟恃天幸，恃





長江，恃清野，而付邊事於素不諳歷之人，未見其可。」帝嘉納。

尋兼淮西提點刑獄，浚城濠，增守備，脩學宮。知眞州兼淮東提點刑獄，踰年，進直祕閣，移淮西兼廬州安撫副使，人歡迎如見慈父，治績甚多。就任加刑部郎中，升寶文閣，與大元兵戰於望仙、白沙城。升華文閣。開慶元年冬，進大理少卿、淮東轉運副使、兩淮制置司參謀官，特授兩淮制置使、知揚州。射陽湖饑民嘯聚，庶曰：「吾赤子也。」遣將招刺，得丁壯萬餘，戮止首惡數人。明年四月，火，抗章自劾，召赴行在。尋直寶文閣、知隆興府、江西轉運副使，卒。

王登字景宋，德安人。少讀書，喜古兵法，慷慨有大志，不事生產。出制置使孟珙幕府，久之，權知巴東縣。獻俘制置司，登念奮自書生，不拜，吏曰：「不拜則不敢上。」難之，竟棄功去。淳祐四年，舉進士，調興山主簿。總領賈似道檄修江陵城，條畫有法。明年，制置使李曾伯經理襄陽，登在行，以積功升，尋以母憂去。

及吳淵爲制置使，邊事甚亟，因憶弟潛盛言王登才略，具書幣招之。登方與客奕，發書，衣冠拜家廟，長揖出門，問牛幾何，可盡發犒師。淵慨然曰：「事亟矣，奈何？」登曰：「亟呼諸將共議。」衆至，驩躍曰：「景宋在此。」淵曰：「汝輩欲西門出，景宋欲從方城，如何？」衆曰：「惟命！」登曰：「用兵患不一，登書生，不過馮軾觀戰，請五大帥中擇一人爲節制。」淵曰：「請監丞出，正謂此也。」卽書銀牌曰：「監丞代某親行，將士用命不用命，賞罰畢具申。」登至沙市，椎牛釃酒，得七千人，誓曰：「登與諸將義同骨肉，今日之事，登不用命，諸將殺登以獻主帥；諸將有一不用命，登有制劄在，不敢私也。」衆股慄聽命，竟立奇功於沮河。趙葵爲制置使，見登握手曰：「景宋一身膽，惜相見晚也。」俾參宣撫司兼京西兩節。馬光祖爲制置使，辟充參謀官，遷軍器少監、京西提點刑獄。

登威聲日振。有余思忠及徐制幾讒於光祖曰：「京湖知有王景宋，不知有馬制置，非久易位矣。」光祖疑焉，出登屯郢州，後以幹辦鍾蜚英調護，情好如初。侍御史戴慶炣劾思忠，其黨過元龍、沈翥在幕中，又傾之，以是議論不合，才略不能施，識者惜焉。

開慶元年，登提兵援蜀，約日合戰，夜分，登經理軍事，忽絕倒，五藏出血。幕客唐舜申至，登尚瞪目視几上文書，俄而卒。它日，舜申舟經漢陽，有蜀聲呼唐舜申者三，左右曰：「景宋聲也。」是夕，舜申暴卒。





楊掞字純父，撫州臨川人。少能詞賦，里陳氏館之敎子，數月拂衣去。遊襄、漢，既而代陳中選，陳謝之萬緡，輦以入倡樓，篋垂盡，夜忽自呼曰：「純父來此何爲？」明日遂行。用故人薦，出淮閫杜杲幕，杲曰：「風神如許，它日不在我下。」由是治法征謀多咨於掞。逾年，安豐被兵，掞慨然曰：「事亟矣，掞請行。」乃以奇策解圍，奏補七官。

掞念置身行伍間，騎射所當工，夜以青布籍地，乘生馬以躍，初過三尺，次五尺至一丈，數閃跌不顧。制置使孟珙辟于幕，嘗用其策爲「小子房」，與之茶局，周其資用。掞以本領錢數萬費之，總領賈似道稽數責償，珙以白金六百令掞償之，掞又散之賓客，酣歌不顧。似道欲殺之，掞曰：「漢高祖以黃金四萬斤付陳平，不問出入，公乃顧此區區，不以結豪傑之心邪？」似道始置之。珙嘗燕客，有將校語不遜，命斬之，掞從容曰：「斬之誠是，第方會客廣謀議，非其時非其地也。」珙大服。未幾，有大將立功，珙坐受其拜，掞爲動色，因歎曰：「大將立功，庭參納拜，信兜鍪不如毛錐子也。」於是謝絕賓客，治進士業，遂登第，調瀛城尉。

向士壁守黃州，檄入幕，尋以戰功升三官。無何，得心疾，曰：「我不可用矣。」遂調潭州節度推官。趙葵爲京湖制置使，掞與偕行，王登逕於沙市，極談至夜分，掞退曰：「王景宋滿身是膽，惜欠沉細者，如掞副之，何事不可爲也，但恐終以勇敗。」後登死，人以爲知言。逾時，士壁守峽州，招之，病不果行而卒，贈架閣。

張惟孝字仲友，襄陽人。長六尺，通春秋，下第，乃工騎射。城中亂，爭出關，惟孝拔劍殺數人，趨白河，見一舟壯鉅甚，急登之，舟人不可，惟孝曰：「今日之事，非汝卽我，能殺我者得此舟。」衆披靡，遂以舟達郢州。兵亂，奔沙洋，別之傑爲帥，盡隘諸湖不泄水，惟孝令二人買服前行，密窺隘兵，曰：「易與耳。」乃與十騎，衣黑袍，假爲敵兵，曰：「後隊亟至。」守隘四五百人悉潰，舟趨藕池。

開慶元年，卜居江陵，至沙市，衆舟大集，不可涉。頃有襃冠張蓋，從者數十，則宣撫姚希得之弟也，令曰：「敢有爭岸者投水中。」惟孝睥睨良久，提劍驅左右而出，舉白旗以麾，令衆船登岸，毋敢亂次。幹官鍾蜚英見而異之，以告唐舜申，舜申曰：「吾故人也。」具言惟孝平生。蜚英謂曰：「今日正我輩趨事赴功之秋。」惟孝不答；又叩之，則曰：「朝廷負人。」明日，蜚英導希得羅致之，宴仲宣樓，蜚英酒酣曰：「有國而後有家，天下如此，將安歸乎？」惟孝躍然曰：「從公所命。」乃請空名帖三十以還。逾旬，與三十騎俱擁甲士五千至，旗幟鮮明，部伍嚴肅，上至公安，下及墨山，游踏相繼。希得大喜，請所統姓名，惟孝曰：「朝廷負人，福難禍易，聊爲君侯紓一時之難耳，姓名不可得也。」時鼎、澧五州危甚，於是擊鼓耀兵，





不數日，衆至萬人，數戰俱捷，江上平。制使呂文德招之，不就而遁，物色之不可得，或云已趨淮甸，後不知所終。

陳咸字逢儒，監察御史升卿次子，爲叔父亘卿後。登淳熙二年進士第，調內江縣尉。縣吏受賄，賦民不均，咸以聞于部使者，爲下令聽民自陳利病，而委咸均其賦。改知果州南充縣，轉運司辟主管文字。歲旱，稅司免下戶兩稅，轉運使安節以爲虧漕計，咸白安節曰：「苟利於民，違之不可。」因言：「今楮幣行於四川者幾虧三百萬，苟增印百萬，足以補放免之數。」安節從之。軍多濫請，咸每裁損，帥屬以爲言，咸曰：「咸首可斷，濫請不可得。」蜀歲收激賞權輸絹錢，民以爲病，咸白安節，覈入節出，奏歲減二十餘萬緡。擢知資州，時久旱，咸被命卽請帥臣發粟二千餘石以振。明年，東、西川皆旱，總制二司議蠲民賦而慮虧國課，咸請增印未補發引百有九萬以償所蠲，議遂決。大修學宮，政以最聞，改知普州。

開禧元年，邊事興，四川宣撫使程松奇其才，辟主管機宜文字。咸首貽書論兵不可輕動，勸松搜人才，練軍實；考圖籍以疏財用之源，視險要以決攻守之計；約大將面會，以免疑忌之嫌；捐金帛募死士，以明間探之遠；出虛擣奇之策，審於當用；倖勝趨利之謀，寢而勿行。松復書深納，然實不能用。副使吳曦蔑視松，易置將兵，不關白正使。松務爲簡貴，咸憂之，復說松收梁、洋以北義士爲緩急用；據險阨，立關壘，杜支徑以備不虞。松又不能用。遷利路轉運判官。

曦叛臣於金，關外四州繼沒，人情大駭。咸留大安軍督軍糧，檄其守楊震仲振流民，備姦盜，衆稍安。安丙密以曦反謀告咸，咸卽遣人告松，松不之察。曦以咸蜀名士，欲首脅之以令其餘，檄咸議事。咸不往，遂之利州。抵城外，僞都運使徐景望已挾兵入居臺治。英宗諱日，景望大合樂以享，咸力拒之。

初，咸自大安東下，遇僞將褚青與語，青有悔意。至是，以主管文字王釜、福艾可與共事，欲結二人誅景望，燒棧閣，絕曦援兵。既而釜棄官歸，咸以青不可保，謀遂沮。李道傳問咸：「計將安出？」咸曰：「事極不過一死耳，必不爲吾蜀累也。」語家子欽曰：「咸受國厚恩，義當擊賊，恨無兵權，獨有下策，削髮以全臣節。」會曦以書招之急，咸答書勸其稟命，既而欲親諭之，遂行，遇僞統領孟可道，知曦已僭亂，曰：「吾書不可用矣。」還至后皺，入帳中以刀自斷其結，披緇而出。景望遣兵拘咸于岸，曦聞怒甚。吳晛勸曦召咸主武興寺〔六〕，因殺之，安丙力爲救解，乃得釋歸。曦既誅，咸語諸子曰：「吾不能討賊而棄官守，罪也。」上表自劾，安丙、楊輔等皆勉其出。丙尋奏以咸總蜀賦，從之。





時僭亂後，帑藏赤立。咸至武興，與丙商榷利病，兵政財計，合爲一家，請丙奏于朝。覈諸司羨餘，移支常平廣惠米，鑄當五錢，榜賣官，并權截四路上供，汰弱兵二萬餘，規畫備至，故軍興增支之數八千七百五十餘萬，皆不取於民。咸總賦之始，贍軍帑廩緡不過一千四十五萬餘，糧不過九十一萬餘，料不過二萬餘。咸晝夜精勤，調度有方，不二歲，益昌大軍庫有楮引百八十萬，成都免引場樁撥二百一十餘萬，城下三倉軍糧四十餘萬石，預借米本一百一十餘萬，又別貯軍糧百四十九萬石，料七萬餘，而布帛絲綿、銅鐵錢與祠牒不預焉。

劍外民久苦役調，或建議調東、西兩路及夔路丁壯共其勞。令始下，民憚行，馳愬于安丙，乞計直輸錢以免行，久而不克輸者十五餘萬，咸蠲之。蜀錢引舊約兩界五千餘萬，半藏於官，自軍興引皆散於民，宣、總二司增創三界通行八千餘萬，價日益落。咸捐一千二百餘萬緡以收十九界之半，又與丙議合茶馬司之力，再收九十一界，續造九十三界以兌之，於是引價復昂，糴價頓減。

嘉陵江流忽淺，或云金人截上流，咸不動，疏而導之，自益昌至于魚梁，饋運無阻。金州地險，咸增饋米以實之，人皆曰：「金州之險，金人不可向，何益之爲？」咸曰：「敵至而慮，無及矣。」未幾，金人犯上津，守賴以固。召爲司農少卿，卒。丙列奏其功，賜謚勤節。初，宣諭使吳獵嘗表其節，詔進二秩，咸乞回贈所生父母焉。

論曰：宋之辱於金久矣，值我國家興師討罪，聲震河朔，乃遣孟珙帥師夾攻，遂滅其國，以雪百年之恥。而珙說禮樂，敦詩書，誠寡與二。杜杲、王登、楊掞、張惟孝，思以功名自見，雖所立有小大，皆奇才也。陳咸不從逆曦，雖不能死，然理財於喪亂之餘，蜀賴以固守，豈不賢於匹夫之自經溝瀆者哉！

## 校勘記

〔一〕八陵　原作「入陵」，據本書卷四一理宗紀、宋史全文卷三二、宋季三朝政要卷一改。

〔二〕漢北　按宋代無漢北地名，樊城、新野、唐、鄧均在漢水以北，劉克莊後村先生大全集卷一四三孟珙神道碑作「漢北」，疑是。

〔三〕任涪南以下江面之責　「南」，後村先生大全集卷一四三孟珙神道碑作「萬」。按宋涪州治在長江南岸，夔州在涪、萬東北，作「涪萬以下」近是。

〔四〕收拾中原人　句下疑脫「心」字，後村先生大全集卷一四三孟珙神道碑作「收拾中原人心」。

〔五〕太府卿　「太」原作「大」。按本書卷一六五職官志「太府寺」條：「元豐官制行，始正職掌，置卿、





少卿各一人。」本書卷一六八職官志、後村先生大全集卷一四一杜杲神道碑都作「太府卿」，是，據改。

〔六〕吳睍　原作「吳晛」，據本書卷四七五吳曦傳改。

# 宋史卷四百一十三

## 列傳第一百七十二

趙汝談　趙汝讜　趙希錧　趙彥吶　趙善湘　趙與懽　趙必愿

趙汝談字履常，生而穎悟，年十五，以大父恩補將仕郎。登淳熙十一年進士第。丞相周必大得其文異之，語參知政事施師點曰：「是子他日有大名于世。」調汀州教授，改廣德軍，添差江西安撫司幹辦公事。嘗從朱熹訂疑義十數條，熹嗟異之。

佐丞相趙汝愚定大策，汝愚欲驟以詞被處之，力辭去。持祖母服。汝愚去國，其弟汝讜力上疏乞留汝愚、斬侂胄，聞者吐舌。兄弟擢黨禍斥去。尋調安慶府教授，添差浙東安撫司幹辦公事。丁母憂，免喪，召爲太社令。

時侂胄用事熾甚，汝談痛憤，登壇讀祝，大呼侂胄及陳自強名。自強不能堪，它日指汝





談曰：「末坐白晳者何人？」汝談不爲動。以參知政事李壁〔一〕薦，召試館職，擢正字。是時吳曦叛，上下束手，或請就以曦爲王，其人造汝談，汝談詰之曰：「孰欲王曦者，可斬！」其人面發赤不能對，遂以言去，主管崇道觀。添差通判嘉興府，與郡守王介志合。改知無爲軍，與光州守柴中行、安豐守陸峻俱稱循吏。

時金人內變，有旨令獻料敵、備邊二策。其料敵之策曰：「禍亂猶在河北，未遽至河南，蓋豪雄擇形勢，大盜窺貨寶，金帛重器俱聚河北，河南無大川爲之險，欲起安所憑？且金素以河南近我，置守多完顏氏親黨，其下亦令蕃漢錯居，所以防慮備盡。縱彼喪亂，守將欲畔則自畔，何至相率盡反。然有天下者，自不容易一日廢備，豈以金人存亡之候爲吾緩急哉！」其備邊之策曰：「今邊州大抵無城，缺兵少粮，鎧仗不足。若使自辦，何所取資？匄諸朝廷，安得力給？若倣古藩封，拔用英傑守郡，則併租稅市榷之利盡與之，免其共貢，上不置監臨，下悉聽選辟，民得自賦，兵得自募，凡百悉聽所爲。其有功者亦不遽徙，就峻爵秩，增異車服，給美田宅，官其子孫，凡可優寵，無不極至，使內爲公卿，雖貴曾不如守邊之樂。如此則有才者爭自奮勵，緩急必能出死力報上。」于後河南二十餘年猶爲金守，宋沿邊諸郡權大削，兵事無肯任責者，汝談之言若蓍龜然。

改湖北提舉常平，振饑盡力。知溫州，改知外宗正，作詩勉其族屬，皆望風而化。遷江

西提舉常平。寧宗崩，以哀痛得疾。賀理宗表，力寓勸戒。陳碩曰：「此諫書也。」數匄祠，授江西轉運判官，辭不獲命，之官一月，以言者罷。

先是，汝談因疾去官，言者謂其傲睨軒冕，不樂爲世用。至是彌遠不與祠，乃杜門著述。端平初，以禮部郎官召，入對言：「倚用老成，廣集忠智，訪求衆歛之原，辟取可行之策，以飭積蠹之蠱，而成終泰之功者，願加聖心焉。」又言：「大佞似忠，大姦似聖，未免信向而擢任之。始未見甚失，久乃寖至差訛，則綱維之臣將不能不執，議論之士將不得不言。執之堅，寧不疑其侵權？言之數，寧不意其賣直？至是則不特是非邪正易位，而黜陟予奪失中多矣。」又曰：「外之得以窒吾聽、雜吾目、擾吾天君者，以吾未得虛一而靜之理也。苟得之，導我聲色而不能入，投我寶貨而不能中，扇我以功名而不能動，凝然湛然，孰得干之哉。」改秘書少監兼權直學士院。時集議出師，汝談反覆言不可輕戰，而和尤非計。既而三京收復，雖前言用兵不便者亦喜，汝談獨有憂色。未幾，洛師敗，朝論始服其先見。

遷宗正少卿，兼權直，兼編修國史、檢討實錄，兼崇政殿說書。因講論語而言漢元帝恭儉無過，惟以剛不克改，明不能繹，優柔不斷，而漢業遂衰。權吏部侍郎，升侍讀，兼直學士院，兼同修國史院同修撰，以所註易進講。時朝議履畝稱楮，汝談言非便，迕時宰意。京師軍變，宰相乞貶秩，上已允，汝談奏恐失體，持不可。草答詔，以爲貶秩易，審舉措難，宰相



滋不悅。以言去國，提舉崇禧觀。起知婺州，四辭不允。至郡，力匄祠。召赴行在，四辭。

權禮部侍郎兼學士院，力辭兼直。時金兵新破，三關增秩，稱提官楮，四郡獲賞。汝談獨蹙頞，登對，首疏言：「邊面無可倚仗，乞超越拘攣，簡拔俊傑，如吳用周瑜、魯肅，晉任祖逖、陶侃故事，使之各分方面，連數十城，推轂授權，盡歸賜履。巴蜀一人，荆襄一人，兩淮各一人，一切便宜行事，不復更從中御，庶幾伸縮由己，機用出心。」蓋推廣鄉者備邊之策。且曰：「臣之此策，行於開禧未用兵之前，決不至罹今日之患。」其論楮法，尤中時敝，上稱歎久之，且謂：「卿文學高世，宜代予言，力辭何爲？」卒以老祈免，章四上，免兼直，改侍講。數日，仍兼直學士院，五辭。權給事中，權刑部尚書，及卒，轉兩官。遺表上，又轉四官。

汝談天資絕人，沈思高識，自少至老，無一日去書册。其論易，以爲爲占者作；書堯、舜二典宜合爲一，禹功只施於河洛，洪範非箕子之作；詩不以小序爲信；禮記雜出諸生之手；周禮宜傳會女主之書。要亦卓絕特立之見。爲文章有天巧。篤於倫誼而忘仇怨，御史王益祥嘗劾之，後汝談官其鄉，益祥愧不敢見，汝談乃數過之，相得歡甚。嘗論議韓非、李斯皆有荀卿之才，惟其富貴利欲之心重，故世得而賤之，惟卿獨能守其身，不苟希合，士何可不自重哉。所著有易、書、詩、論語、孟子、周禮、禮記、荀子、莊子、通鑑、杜詩注。



趙汝讜字蹈中，少俶儻有軼材，智略出人上。龍泉葉適嘗過其家，汝讜年少，衣短後衣，不得避。適勸之曰：「名門子安可不學。」汝讜慚，自是終身不衣短後衣。折節讀書，與兄汝談齊名，天下稱爲「二趙」。以祖遺恩補承務郎，歷泉州市舶務、利州大軍倉屬。從臣薦宗室之賢者，監行在右藏西庫。

韓侂胄謀逐趙汝愚，汝讜兄弟昌言非是，且上言訟汝愚冤。侂胄懼其詞直，使其黨胡紘再攻汝愚，以汝讜兄弟受汝愚厚恩，私屬爲之畫策，惑亂天聽爲言，斥使去國。坐廢十年，調華亭浦東鹽場，棄職去。辟浙西安撫司幕官，調簽書昭慶軍節度判官，皆不赴。以前官改鎭東軍。登嘉定元年進士第，爲太社令，遷將作監簿、大理司農丞。與史彌遠不合，請外，改湖南提舉常平，易江西，尋提點刑獄。瑞州大姓幸氏貪徐氏田不可得，強取其禾，終不與，誣以殺婢，置徐獄。徐訴其冤，汝讜以反坐法黥竄幸氏，籍其家。幸氏走，告急于中宮，徙汝讜湖南。既至，即表直臣龔夬墓。瀏陽有豪民羅氏奪民田，汝讜復懲以法。遷知温州，卒。

汝讜常言：「宗子不忘君，孝子不辱身，臨難則功業當如朱虛，立身當如子政。」



趙希錧字君錫，舊名希喆，登慶元二年進士第，改賜今名。少扶父喪歸，道遇寇，左右駭散，希錧拊棺慟哭不懾，寇義而去。學于陳傅良、徐誼，既舉進士，調汀州司戶。峒寇李元礪方起，汀人震懼，郡會僚佐議守城，希錧下坐無一語，守異之曰：「不言得無有所見乎？」希錧曰：「守城非策也，距城三十里有關曰古城，若悉精銳以扼其衝，賊不足慮矣。」守以付希錧，人爲危之。希錧至關，審形明間，申令謹候，分畫粗定，賊已遣諜窺關。希錧得諜詰之，縱其舉火相示，而羸師以誤之。夜半，賊數百銜枚突至，希錧嚴兵以待。賊且至，始命矢石俱下，賊無一免，餘黨聞風而遁。希錧引還，老稚羅拜相屬，希錧繇他道以避之。事聞，詔升州推官，治疑獄，決滯訟，攝下邑，弭亂卒。去之日，軍民遮道泣送者數十里。

調主管夔州路轉運司帳司，疏大寧鹽井利病，使者上諸朝，民便之。改知玉山縣，未行。召對，希錧首言民力困於貪吏，軍力困於債帥，國家之力則外困於歸附之卒，內困於浮冗之費；次論四蜀銓科舉之弊；次論大寧鹽井本末。寧宗嘉納之。

授大理寺丞，遷大宗正丞，權工部郎官。宗姓多貧，而始生有訓名，爲人後有過禮，吏受賕亡藝，莫敢自陳，希錧白其長推行之。會朝議，燕邸近屬赴朝參者少，命希錧易班，希錧力辭，弗克。特換授吉州刺史、提舉佑神觀。未幾，廷臣言宗姓換班人嘗舉進士，請視朝

士，聽輪對。於是希錧次對時首論：「今日多事之際，而未有辦事之人。朝紳，清選也，以緘默爲清重，以刻薄爲舉職，以無所可否爲識體。閫寄，重任也，以大言爲有志，以使過爲知恩。臣非敢厚誣天下以爲無人，患在選擇未得其道、器使未當其才爾。」授成州團練使，賜金帶，令服繫。以寶璽推恩，進和州防禦使。

理宗即位，進潭州觀察使，以公族近邸，恩特加厚。又進安德軍承宣使。希錧引對，言：「初政急務，莫先於明道，總治統，收人心。」上爲動容。越明年，論祠祭不蠲，禁衞不肅。慈明宮上壽，升節度，封信安郡公。卒，遺奏聞，上震悼輟視朝，賜含斂，贈以金幣。

希錧風資凝重，胸抱魁壘，揚人之善，不記人之過，急人之難，不忘人之恩。居官，祁寒盛暑未嘗謁告，衣食取裁足而已。追封信安郡王。

趙彥呐字敏若，彭州人。登四川類試第。少以材稱。吳曦叛，以祿禧僞守夔，彥呐結義士殺之，遂顯名。

嘉定十二年，關外西和州新被兵，制使安丙檄使經理，金人再至，戰却之。因請修州北水關，募民耕戰以守；又勸丙盡捐關外四州租，結民兵使各自爲守。皆不行。在州五年，得



軍民心，轉提點刑獄，尋帥沔，時譽甚都。及崔與之代丙，始察其大言無實，謂他日誤事者必此人，請廟堂毋付以邊藩。尋奪其節制。

寶慶元年，乃移帥興元。三年，會鄭損棄四州，退保三關，彥呐力爭不勝，罷歸家者五年。紹定四年，桂如淵代損，起彥呐於副使，更李㙉、黃伯固，皆彥呐副之。端平元年，遂升正使，丞相鄭清之趣其出兵，以應入洛之役，不從。秦、鞏之豪汪世顯久求內附，至是彥呐爲力請數四，清之亦訖不從。三年，金人大入至三泉，彥呐大敗，貶衡州，其子洸夫用事亦竄嶺南，史嵩之留之江陵兩年，卒。

趙善湘字清臣，濮安懿王五世孫。父武翼郎不陋，從高宗渡江，聞明州多名儒，徙居焉。

善湘以恩補保義郎，轉成忠郎、監潭州南嶽廟，轉忠翊郎，又轉忠訓郎。慶元二年舉進士，以近屬轉秉義郎，換承事郎，調金壇縣丞。五年，知餘姚縣。開禧元年，添差通判婺州。嘉定元年，以招茶寇功，赴都堂審察，提轄文思院。出判無爲軍兼淮南轉運判官、淮西提點刑獄。四年，改知常州。八年，主管武夷山沖佑觀。十年，



知湖州。十一年，丁內艱，明年起復，知和州，三辭不獲命。遷知大宗正丞兼權戶部郎官，改知秘閣、淮南轉運判官，兼淮西提舉常平，兼知無爲軍。進直徽猷閣、主管淮南制置司公事，兼知廬州，兼本路安撫，仍兼轉運判官、提舉常平。

十三年，進直寶文閣。以平固始寇功，賜金帶，許令服繫。十四年，進直龍圖閣、知鎭江府。十七年，拜大理少卿，進右文殿修撰、知鎭江府，封祥符縣男，賜食邑。寶慶二年，進集英殿修撰，拜大理卿兼權刑部侍郎，進寶章閣待制、沿海制置使兼知建康府、江東安撫使兼主管行宮留守司公事。賜御僊花金帶，進封子，加食邑。

紹定元年，以創防江軍、寧淮軍及平楚州畔寇劉慶福等功，皆升其官，進龍圖閣待制，仍任，兼江東轉運副使。三年，進煥章閣直學士，仍任，進封伯，加食邑。以李全犯淮東，進煥文閣學士、江淮制置使，乃命專討，許便宜從事。四年，進封侯，加食邑。及戮全，善湘遣使以露布上，乃進兵部尙書，仍兼任。

時善湘見范、葵進取，慰藉殷勤，餽問接踵，有請必應。遣諸子屯寶應以從，范、葵亦讓功督府，凡得捷，皆汝檝等握筆草報。善湘季子汝棋，丞相史彌遠壻也，故奏報無不達。以平閩寇功，轉江淮安撫制置使。五年，復泰州淮安州、鹽城淮陰縣四城，及策應京湖功，進端明殿學士，與執政恩例，仍任，升留守，加食邑。以受金樞密副使納合買住降，復盱眙



軍、泗壽二州功，進資政殿學士，加食邑，遣使賜手詔、金器等物。九疏匃歸，皆不許。請愈力，進大學士、提舉洞霄宮，封天水郡公，加食邑。監察御史劾奏善湘，御筆以善湘有討逆復城之功，寢其奏。

嘉熙二年，授四川宣撫使兼知成都府，未拜，改沿海制置使兼知慶元府。即匃祠，改知紹興府兼浙東安撫使。三年，兩請休致，四乞歸田，復提舉洞霄宮。淳祐二年，帝手詔求所解春秋，進觀文殿學士，守本官致仕，卒。遺表聞，帝震悼輟視朝，贈少師，賻贈加等。所著有周易約說八卷，周易或問四卷，周易續問八卷，周易指要四卷，學易補過六卷，洪範統論一卷，中庸約說一卷，大學解十卷，論語大意十卷，孟子解十四卷，老子解十卷，春秋三傳通議三十卷，詩詞雜著三十五卷。

趙與懽字悅道，燕懿王八世孫。嘉定七年進士，調會稽尉，改建寧司戶參軍。中明法科，攝浦城縣。丁父憂，作善慶五規示子孫。免喪，授大理評事。轉對，言天變、民情、國威三事，又言：「死囚以取會駁勘，動涉歲時，類瘐死，而干證者多斃逆旅，宜精擇憲臣，悉使詳覆，果可疑則親往鞫正，必情法輕重可閔，始許審奏。」

遷籍田令。久之，拜宗正寺簿，歷軍器監、司農寺丞，遷宗正丞兼權都官郎官，改倉部，權度支，以直寶章閣知安吉州。郡計仰榷醋，禁網峻密，與懽首捐以予民。設銅鉦縣門，欲愬者擊之，冤無不直。有富民愬幼子，察之非其本心，姑逮其子付獄，徐廉之，乃二兄強其父析業。與懽曉以法，開以天理，皆忻然感悟。又嫠嫗僅一子，亦以不孝告，留之郡聽，日給饌，俾親饋，晨昏以禮，未周月，母子如初。二家皆畫像事之。喪母，朝廷屢起之，不可，議使守邊，授淮西提點刑獄，弗能奪。再期，以刑部郎官召，乞終禫，奉祠，復半載，乃趍朝。

自恢復退師，又議納使，與懽言：「在朝迎合，政出多門，必得智識氣節之士，布列中外可也。」兼權檢正，遷宗正少卿兼權戶部侍郎，尋兼知臨安府、浙西安撫使，同詳定，剖決明暢，罪者咸服。郊祀之夕，大風雷，與懽言國本未定，又陳弭盜固本之策。有以刑罰術數言於帝者，與懽言：「導民有本。如臣待罪天府，豈遽能及民，惟其眞實相孚，待以不擾，數月而庭訟彌寡。人心本善，有感必從。或謂厲以威、待以術者，非知本之論。」且言：「朝令夕改，非以示作新；旁蹊曲徑，非以肅紀綱。」帝爲悚然。又建言：「秦刻頌有『端平法度』語。」

明年改元嘉熙，襄、蜀殘破，或望風棄地，召見便殿，言：「韓琦當仁宗朝，猶晝夜泣血。





今主憂臣辱矣。」因具言防邊之道，其後多見施行。與懽招刺三千人爲忠毅軍，又言：「禁衞虛籍及京口諸郡，悉宜募兵，統以郡將，財先贍軍，餘始上供，乞省不急之費。」薦文武士四十人。遷戶部侍郎兼權兵部尚書，論邊事至爲深切。

星變，上章請罷。大火，力言災變之烈，謂：「臣罪擢髮莫數，猶欲以去國爲言，少悟上聽。願祗畏天威，思以實德及民，始自上躬，痛加節約，廣推振恤。」五請竄。於是中書方大琮言：「與懽素自潔修，疏財輕爵，人所共知，不幸遇此，觀其待罪之章，懇切至到，未嘗不歎其知義也。乞俞所請，使小大之臣，皆知引咎。」乃收一階。尋復之。與懽請先敍復同降官屬，又言：「艱難不可爲之時，當慷慨厲志，深爲人才兵力思。」遷戶部尚書兼權吏部，累匄祠，不許。

論楮幣自嘉定以一易二，失信天下，嘗出內帑收換，屢稱提而折閱益甚。嘗請兩界並展十年勿議造新，責州縣毋以損汚抑沮，至是遂請不立界限以絕其疑，所以區畫者甚備。其後詔宰相徧詢侍從，與懽又以前說陳之。有欲以端平錢當五行使，與懽謂：「開禧嘗以二當三，何救於楮。」且曰：「士大夫不清白奉法，恪意扶持，雖日易一法，無捄於楮，而國非其國矣。法削國弱，能獨享富貴乎？」每言「端平以來，竄贓吏、禁包苴，戒奔競，戢橫斂，而風俗沈痼自若。或口仁義而身市井，率以欺君爲常，肥家爲樂，遂臨事乏使，而小人得從旁乘間竊取官爵矣。」疏乞：「別邪正，警媮惰，獎用恬退質直之士，以絕躁競浮靡之習。內廷有關於除授者必斥，暗室有涉於謗議者必思，淸心寡欲，以革酣歌黷貨之風，其機皆自陛下始。」又言：「軍政弛而尺籍不明，總兵者或緣功賞開嫌隙，內則班行惟求速化，守牧類多貪庸，楮事日非，浮冗不節，指陳無虛日。」

大風震雷數見，因具陳邊事，且言：「人才國用，民力兵威，願乘此機，加意根本，勿徒困精神於除授，老歲月於行移，委公道於私情，付事功於無可奈何也。」遷吏部尚書。講筵言：「膏雨不降，星變頻仍。在京物價騰踊，民譌士譟；在外兵權渙散，流民充斥。登崇元老，並建宰輔，謂宜風采振揚，而事勢猶若此，士大夫未必任天下之責，天下未必知陛下之志。」力求歸田，會潮汐齧隄，執政道帝意留治之，手詔云：「忠正廉勤，無如卿者。」授端明殿學士、知臨安府、浙西安撫使。江隄竣事，獄空，力匄罷。依舊端明殿學士，提舉萬壽觀。提領戶部財用兼侍讀兼修國史、實錄院修撰。奉朝請，出關，遣使趣還。

會饑民相擕溺死，帝仍付臨安府事，恩例視執政。與懽涕泣奉詔，亟榜諭曰：「今申奏振救，宜忍死須臾各全性命，佇沐聖恩。」都人相謂毋死。與懽上則祈哀公朝，下則推誠勸分，甘雨隨至，米商來集，流移至者有以濟之。力求納祿，授資政殿學士、提舉萬壽觀兼侍讀、監修國史、實錄院修撰。奉朝請，與懽至浙江，上召還，即日絕江去，帝爲悵然。與懽三爲





府尹，盡力民事，都人稱「趙端明」，必以手加額曰「趙佛子」也。

久之，以舊職知溫州，政事必親，吏不敢欺，創水砦，修貢院。以侍讀召，辭，不許。入對，言爵祿之濫，因及國本事。五匄歸，又不許。進春秋解，升大學士，薦士六十人。史嵩之將復入相，而人言不已，帝以問與懽。言：「嵩之老師費財，私暱貪富，過立名譽，必不宜復用。」時嵩之猶子璟卿誦言其過忽斃，而杜範、劉漢弼、徐元杰三賢暴死，人皆疑嵩之致毒。與懽請優恤漢弼、元杰家，帝從之，而優恤手詔，則與懽所擬入也。

又請以兵財分任輔臣。在講筵言：「以壞證付庸醫，僅支殘息，徒運巧心，天下事尚堪再誤耶？」時相忌之。尋授安德軍節度使、開府儀同三司、萬壽觀使。日食，應詔言事益切。月賜內帑，與懽辭不取。帝書「安貧樂道，植節秉忠」字賜之。建儲未定，乃申言之，又言：「人才乏使，贓吏不悛，民昔流而南，今流而北，盜昔伏於遠，今伏於近，體認不眞，賢否無別，國將誰與立邪？願富一代之儲，使小人無間可投，以絕隱伏之禍。」帝爲改容。

袁士宋斌少從黃榦、李燔登朱熹之門，學禁方嚴，羇旅困沮，年且八十，與懽延之，事以父行，奏乞用旌禮布衣故事，死葬西湖上，歲一祭焉。帝逐二諫臣，與懽力爭之。五乞免朝請，三乞致仕，俱不允，賜泰卦詩、忠邪辨。自是，國事皆縷縷言之，有不勝書，蓋其愛君憂國，本諸天性。拜少傅，卒，遺表猶不忘規正。帝震悼輟朝，賻贈有加，詔有司治葬，贈少

中華書局

師，追封奉化郡王，謚清敏，累贈太師。

手注六經及仁皇訓典詳釋，又有高宗寶訓要釋、奏議、詩文百卷。與懽嘗謂：「士大夫有貪聲，則雖奇才奧學，徒以蠹國害民爾。」故斂之夕，而金帶猶質錢民家云。

趙必愿字立夫，廣西經略安撫崇憲之子也。未弱冠，丁大母憂，哀毀骨立。服闋，以大父汝愚遺表，補承務郎。

開禧元年，銓監平江府糧料院，調常熟丞。嘉定七年舉進士，知崇安縣，剖判如流，吏不能困。修學政，立催科法，列戶名爲三等，以三期爲約，足者旌之，未足者寬以趣之，踰期不納者里胥程督之，民皆感懌願輸。革胥吏鬻鹽之敝。擅發光化社倉活饑民，帥怒，逮吏欲懲之，必愿曰：「芻牧職也，吏何罪。」東檐侯譴，帥無以詰而止。舊有均惠倉，無所儲，必愿捐緡錢增糴，至二千石。力主義役之法，鄉選善士，任以推排，入貲買田助役，則勉有產之家，有感化者，出己田以倡，遂遍行一邑，上下便之。臺府以聞，下其式八郡四十八縣。秩滿，民共立祠刻石。

授湖、廣總所幹辦公事。丁父憂，居喪盡禮，貽書問學于黃榦。服除，差充兩浙運司主



管文字。再考，特差充提領安邊所主管文字。差知全州，陛辭，奏乞下道、江二州訪周惇頤之後。知常州，改知處州，陳折帛納銀之害，皆得請。移泉州，罷白土課及免差吏榷鐵，諷諸邑行義役。秋旱，力講行荒政，乞撥永儲、廣儲二倉米振救。差主管官告院。越五日，詔依舊主管官告院兼知台州，一循大父之政，察民疾苦，撫摩凋瘵，修養濟院，建陳瓘祠，政教兼舉。

端平元年，以直秘閣知婺州。至郡，免催紹定六年分小戶綾羅錢三萬緡有奇。立淳良、頑慢二籍，勸懲人戶。措置廣惠倉及諸倉積穀。奏乞寬減內帑綾羅，申省免用舊例，預解諸色窠名錢，罷開化稅場。遷太府寺丞，尋遷度支郎中。詔以汝愚配享寧宗，從必愿請也。兼右司郎中，引見，疏言：

陛下英明密運，斷出於獨，固欲一切轉移之。然而大權若在我，或者猶有下移之疑；衆正若已開，或者猶有旁徑之疑。策免二相，銷天變也，去者固難以復留，留者恐終於引去。虛鼎席以待故老，疑者或意其未必來，而況在數千里之外；責次補以任大政，疑者或意其不敢專，而況於不安其位。中書，政之本也，今果何時，尚可含糊意向以啓天下之疑乎？親擢臺諫，開言路也，用之未久者，何爲輕於易去？去之未幾，何爲使之復來？召於外服者，不知果能用之而必堅；除目周行者，不知果能聽之而無



諱乎？

朝廷除授，軍國賞罰，本至公也，今有姓名未達於廟堂，而遷擢忽由於中出，斥逐三衙，竟不指名罪狀，而人始得以疑陛下矣。一除目之頒，一號令之出，雖未必由於閹宦，而人或疑於閹宦；雖未必由於私謁，而人或疑於私謁；雖未必由於戚畹宗邸，而人或疑於戚畹宗邸。夫天下者，祖宗之天下也，非陛下所私有也，陛下雖有去敝之心，而動涉可疑之迹，陛下亦何樂於此。

時論偉之。

三京兵敗，邊事甚亟，詔條上守禦計，必愿言十事：下哀痛之詔，合江淮之兵，捄江陵之急，節財用之宜，縻議和之使，撫無歸之民，處北來之衆，置鎮撫之使，擇帥閫之代，拔未用之將，皆切於邊要。政府議楮幣日輕，欲令諸州再用印及他爲稱提之法，必愿力爭不可。嘉熙元年，貽書政府，論邊防事宜，授右司郎中。

火災，必愿應詔上封事，曰：「開邊稔禍之刑，牽制而未行；激變棄城之戮，姑息而未舉。京、襄淪沒，祖宗之基業莫能保；淮、蜀蹂躪，赤子之寃魂無所依。履畝之令下而加以抑配，稱提之法嚴而重以告訐。民無蓋藏，每有轉壑之憂；士不宿飽，常有思亂之志。」又曰：「臺諫、給舍骨鯁之論莫容；左右便嬖浸潤之言易入。春夏常享，闊略於原廟之尊；節鉞



隆恩，殷勤於邸第之貴。」又曰：「必也正故相專國之罪，嚴貪夫徇國之誅，思室鬼高明之瞰。先編氓，後親貴，去木妖競治之釁；尚堅固，革奢華，戒宴殿無度之讌酣，節內庭不急之營繕。」又論濟王及國本事。

遷左司郎中，又遷司農少卿兼左司。轉對，言：「正氣日消月沮，馴至今日，非惟搢紳不肯論事，下至草茅之士，皆結舌矣。端平初年，沉痾方去，新病未作，陛下猶勤於咨訪，如恐不及。今疾攻心腹，決裂將潰，乃不求瞑眩之劑以起其殆，甚可惑也。」又曰：「毋使人臣以指斥懷疑，毋致陛下以厭言得謗。」時直士相繼去，故必愿及之。兼敕令所删修官，拜司農卿，兼職如故。翼日，改宗正少卿，仍兼删修敕令兼國史編修實錄檢討，尋兼左司，遷太府卿，仍兼編修、檢討，遷宗正少卿。詔依舊太府卿，仍兼職，且兼中書門下檢正諸房公事。轉對，言：「中才庸主，惟其無所知覺，故言不可入，而敗亡隨之。陛下作敬天之圖，朝夕對越，謂宜天意可回，而熒惑失度，鬱攸煽災，迫近禁門，幾爇左藏。煙埃方息，白晝隕星，貫日之虹，脅陽之雹，疊見層出。陛下觀時察變，何由致此？今日之事，動無良策，惟在側身修行，祈天永命而已。」遷起居舍人，兼職仍舊。

大水，上封事曰：「海潮毀隄，侵迫禁城，災異之來，理不虛發，必上畏天戒，下修人事，易沴召和，轉移於陛下方寸間耳。」又曰：「周官國有大事，則舉大詢之理。今日之事迫矣，

謂宜合衆謀，屈羣策，上而搢紳，下而芻蕘，各陳所見，擇其可用之策，以授任事之臣，庶幾千慮一得，以成天下人不因之意。」暫兼權右郎官。言：「財非天雨鬼輸，豈可輕施妄用。長此不已，必至顚覆，異時或得罪。今之大夫不能爲國生財，程异、皇甫鎛之徒乘間捷出，推敲剋剝，以術相勝，鑿空取辦，以計巧取，事掊斂，獻羡餘，間架緡錢之令下，而唐祚愈促矣。願陛下精思熟慮，約己愛民，必如勾踐之臥薪嘗膽，必如衞文公之帛衣布冠，可也。」權吏部右侍郎，乞免兼檢正，從之。兼國史修撰。

時邊事急，必愿應詔言：「宜敕彭大雅自重慶領王青之兵東下以復夔，責李安民及歸、峽二守以自效，調一將督中流之師，以伐其順流之謀，調一將自間道出鼎、澧之後，以折其擣虛之鋒，調一將助芮興之勢，以備江陵之急。又宜下湖南遣飛軍及團結民兵之類守沅江、益陽江，以防衝突長沙，盡收江上民船，毋資敵用。」區畫皆中事機。暫兼權侍左侍郎。李宗勉每稱其平允。暫兼權戶部侍郎，兼同詳定敕令。請立國本，請親禱雨。遷戶部侍郎，暫兼給事中。

先是，錢相嘗繳陳洵益贈節使不行，必愿復繳奏曰：「李韶向爲殿中侍御史，疏論洵益，乞予外祠，以絕窺伺，陛下不行其言，復奪其職，韶不能自安，徑求外補。今召之不至，正以此故。若超贈洵益，又繳駁不行，韶愈無來期矣。陛下忍於去一賢從官，而不忍於沮一已



死之內侍，則何以興起治功，振揚國勢？欲望寢洵益節鉞，趣韶供職。」於是必愿三以疾乞祠，不許。

權戶部尚書，疏言：「端平元年，洛師輕出。明年，德安失，襄陽失。又明年，固始失，定遠失，六安失，郢、復、荆門失，蜀道蹂，成都破。又明年，夔、峽徙，浮光降。又明年，滁陽殲。越二年，壽春棄。明年，眞陽擾，安豐危，成都遺燼，靡有孑遺。」又曰：「去冬安豐危而復安，特天幸爾。君臣動色，太平自賀。雷作於雪宴之先期，蜀警於大宴之盼命，戒心一弛，赫鑒已隨之矣。」又乞「諭太府丞，覈戶部收支數目，庶見多寡盈虛之實，有餘則儲之以待朝廷之取撥，闕則助之以示宮府之一體」。二疏迕丞相史嵩之，乞免官、乞祠，皆不許。以司諫鄭起潛論列，以寶謨閣直學士奉祠；辭職名，不許。淳祐五年，以華文閣直學士知福州、福建安撫使，三辭，不許。閩人聞必愿至，欣然歎羡。

必愿平易以近民，忠信以厚俗，惻怛以勤政，行鄉飲酒，旌退士，獎高年，裁僧寺實封之數。尤留意武事，甫入境，即以軍禮見戎帥，申明左翼軍節制事宜，措置海道修水，教士卒知勸。居官四年，累乞歸，及命召，又三辭，皆不許。卒，遺表上，贈銀青光祿大夫。

必愿才周器博，心平量廣，而又蚤聞家庭忠孝之訓、師友正大之言，故所立卓然可稱云。



論曰：宋之公族，往往亦由科第顯用，各能以術業自見，汝談、汝讜、希錧是已。彥呐帥邊而隳功，亦由廟算之短。善湘父子克平大盜。與懽以長者稱。必愿世濟其美，可謂信厚之公子矣。

## 校勘記

〔一〕李壁 原作「李璧」，見本書卷四〇五校勘記〔一〕。

# 宋史卷四百一十四

## 列傳第一百七十三

### 史彌遠　鄭清之　史嵩之　董槐　葉夢鼎　馬廷鸞

史彌遠字同叔，浩之子也。淳熙六年，補承事郎。八年，轉宣義郎，銓試第一，調建康府糧料院，改沿海制置司幹辦公事。十四年，舉進士。

紹熙元年，授大理司直。二年，遷太社令。三年，遷太常寺主簿，以親老請祠，主管沖佑觀。丁父憂。慶元二年，復爲大理司直，尋改諸王宮大小學教授。輪對，乞旌廉潔之士，推舉薦之賞；濬溝洫，固隄防，實倉廩，均賦役，課農桑，禁末作，爲水旱之備；葺城郭，修器械，選將帥，練士卒，儲粟穀，明烽燧，爲邊鄙之防。丞相京鏜屏左右曰：「君他日功名事業過鏜遠甚，願以子孫爲託。」四年，授樞密院編修官，遷太常丞，尋兼工部郎官，改刑部。六年，改宗正丞。匄外，知池州。嘉泰四年，提舉浙西常平。開禧元年，授司封郎官兼



國史編修、實錄檢討，遷秘書少監，遷起居郎。二年，兼資善堂直講。

韓侂胄建開邊之議，以堅寵固位，已而邊兵大衄，詔在位者言事，彌遠上疏曰：「今之議者，以爲先發者制人，後發者制於人，此爲將之事，施於一勝一負之間，則可以爭雄而捷出。若夫事關國體、宗廟社稷，所係甚重，詎可舉數千萬人之命輕於一擲乎？京師根本之地，今出戍既多，留衞者寡，萬一盜賊竊發，誰其禦之？若夫沿江屯駐之兵，各當一面，皆所以拱護行都，尤當整備，繼今勿輕調發，則內外表裏俱有足恃，而無可伺之隙矣。所遣撫諭之臣，止令按歷邊陲，招集逋寇，戒飭將士，固守封圻。毋惑浮言以撓吾之規，毋貪小利以滋敵之釁，使民力愈寬，國勢愈壯，遲之歲月，以俟大舉，實宗社無疆之福。」

奏方具，客曰：「侂胄必以奏議占人情，太夫人年高，能無貽親憂乎？」彌遠曰：「時事如此，言入而益於國，利於人，吾得罪甘心焉。」封鄞縣男兼權刑部侍郎。三年，改禮部兼同修國史、實錄院同修撰，仍兼刑部。

兵端既開，敗衄相屬，累使求和，金人不聽。都城震搖，宮闈疑懼，常若禍在朝暮，然皆畏侂胄莫敢言。彌遠力陳危迫之勢，皇子詢聞之，亟具奏，乃罷侂胄并陳自強右丞相。既而臺諫、給舍交章論駁，侂胄乃就誅。召彌遠對延和殿，帝欲命爲簽書樞密院事，力辭，乃遷禮部尚書兼國史實錄院修撰。



詢立爲太子，兼詹事，遣使詣金求和，金人以大散隔牙二關、濠州來歸，疏奏：「今兩淮、襄、漢沿邊之地，瘡痍未瘳，軍實未充。當勉厲將帥，盡吾委寄之誠；簡閱士卒，覈其尺籍之闕。繕城堡，葺器械，儲糗糧。當聘使既通之後，常如干戈未定之日，推擇帥守以壯藩屏之勢，獎拔智勇以備緩急之求。」拜同知樞密院事兼太子賓客，進封伯。

嘉定元年，遷知樞密院事，進奉化郡侯兼參知政事，拜右丞相兼樞密使兼太子少傅，進開國公。丁母憂，歸治葬，太子請賜第行在，令就第持服，以便咨訪。二年，以使者趣行急，乃就道，起復右丞相兼樞密使兼太子少師。四年，落起復。雪趙汝愚之冤，乞褒贈賜謚，鐫正誣史，一時僞學黨人朱熹、彭龜年、楊萬里、呂祖儉雖已歿，或褒贈易名，或錄用其後，召還正人故老于外。十四年，賜家廟祭器。

寧宗崩，擁立理宗，於是拜太師，依前右丞相兼樞密使，進封魏國公，六辭不拜，因乞解機政，歸田里，亟出關，帝從之。寶慶二年，拜少師，賜玉帶。勸上傾心順承以事太后，力學修德以答皇天眷祐，以副四海歸戴。紹定元年，上太后尊號，拜太傅，八辭不拜。夏，得疾，累疏匄歸，不許。都城災，五疏乞罷斥，乃降封奉化郡公。五年春，復爵。六年，將拜太師，三具奏辭，乞免出命，不許。乃拜太師，依前右丞相兼樞密使、魯國公，又三具奏辭。紹定五年，上疏乞謝事，拜太傅。未幾，拜太師、左丞相兼樞密使。上疏乞解機政，依前太師



特授保寧、昭信軍節度使，充醴泉觀使，進封會稽郡王。卒，遺表聞，帝震悼，輟朝三日，特贈中書令，追封衞王，謚忠獻。戶部支賻贈銀絹以千計，內帑特頒五千匹兩，遣使祭奠。及其喪還，遣禮官致路祭于都門外，賜纛、佩玉、黝纁。

初，誅李全，復淮安，克盱眙，第功行賞，諸將皆望不次拔擢。或言於彌遠，彌遠曰：「御將之道，譬如養鷹，飢則依人，飽則颺去。曹彬下江南，太祖未肯以使相與之。況今邊戍未撤，警報時聞，若諸將一一遂其所求，志得意滿，猝有緩急，孰肯效死？」趙善湘以從官開閫，指授之功居多，日夜望執政。彌遠曰：「天族於國有嫌，高宗有詔止許任從官，不許爲執政。紹熙末，慶元初，因汝愚、彥逾有定策功，是以權宜行之。某與善湘姻家，則又豈敢。」彌遠親密友周鑄、兄彌茂、甥夏周篆皆寄以腹心，人皆謂三人者必顯貴，然鑄老於布衣，彌茂以執政恩入流，周篆以捧香恩補官，俱止訓武郎而已。

初，彌遠既誅韓侂胄，相寧宗十有七年。迨寧宗崩，廢濟王，非寧宗意。立理宗，又獨相九年，擅權用事，專任憸壬。理宗德其立己之功，不思社稷大計，雖臺諫言其姦惡，弗恤也。彌遠死，寵渥猶優其子孫，厥後爲製碑銘，以「公忠翊運，定策元勳」題其首。濟王不得其死，識者羣起而論之，而彌遠反用李知孝、梁成大等以爲鷹犬，於是一時之君子貶竄斥逐，不遺餘力云。

鄭清之字德源，慶元之鄞人。初名燮，字文叔。少從樓昉學，能文，樓鑰亟加稱賞。嘉泰二年，入太學。十年，登進士第，調峽州教授。帥趙方嚴重，慚許可，清之往白事，爲置酒，命其子范、葵出拜，方掖清之無答拜，且曰：「他日願以二子相累。」湖北茶商羣聚暴橫，清之白總領何炳曰：「此輩精悍，宜籍爲兵，緩急可用。」炳亟下召募之令，趨者雲集，號曰「茶商軍」，後多賴其用。調湖、廣總所準備差遣、國子監書庫官。十六年，遷國子學錄。丞相史彌遠與清之謀廢濟國公，事見皇子竑傳。俄以清之兼魏惠憲王府教授，遷宗學諭，遷太學博士，皆仍兼教授。寧宗崩，丞相入定策，詔旨皆清之所定。

理宗卽帝位，授諸王宮大小學教授，遷宗學博士、宗正寺丞兼權工部郎、兼崇政殿說書。帝問外人因閤子庫進絲履有謗議，清之言：「禁中服用頗事新潔者。」帝曰：「故事，月進鞵數兩，朕非敝不易，何由致謗？」清之奏：「孝宗繼高宗，故儉德易章，陛下繼寧考，故儉德難著。寧考自奉如寒士，衣領重澣，革舄屢補，今欲儉德著聞，須過於寧考方可。」帝嘉納。

寶慶元年，改兼兵部兼國史院編修官、實錄院檢討官，遷起居郎，仍兼史官、說書、樞密





院編修官。二年，權工部侍郎，暫權給事中，進給事中，升兼同修國史、實錄院同修撰。紹定元年，遷翰林學士、知制誥兼侍讀，升兼修國史實錄院修撰、端明殿學士、簽書樞密院事。三年，授參知政事兼簽書樞密院事。四年，兼同知樞密院事。六年，彌遠卒，命清之爲右丞相兼樞密使。

端平元年，上既親總庶政，赫然獨斷，而清之亦慨然以天下爲己任，召還眞德秀、魏了翁、崔與之、李𡌴、徐僑、趙汝談、尤焴、游似、洪咨夔、王遂、李宗勉、杜範、徐清叟、袁甫、李韶，時號「小元祐」。大者相繼爲宰輔，惟與之終始辭不至，遺逸如劉宰、趙蕃皆見旌異。是時金雖亡而入洛之師大潰。二年，上疏乞罷，不可，拜特進、左丞相兼樞密使。三年八月，霖雨大風，四疏乞去。九月，禋祀雷變，請益力。乃授觀文殿大學士、醴泉觀使兼侍讀，四疏控辭，依舊大學士、提舉洞霄宮。及聞邊警，密疏：「恐陛下憂悔太過，以汨清明之躬，累剛大之志。」嘉熙三年，封申國公。四年，遣中使賜御書「輔德明謨之閣」，賜楮十萬緡爲築室，乃日與賓客門生相羊山水間。

淳祐四年，依前觀文殿大學士、醴泉觀使兼侍讀，屢辭不允，拜少保、觀文殿大學士、醴泉觀使兼侍讀，進封衞國公。趣入見，有旨賜第。五年正月，上壽畢，亦疏乞歸，不允。拜少傅，依前觀文殿大學士、醴泉觀使兼侍讀，進封越國公。居無何，喪其子士昌，決意東還，又不許。拜少師、奉國軍節度使，依前醴泉觀使兼侍讀、越國公，賜玉帶，更賜第于西湖之漁莊。進讀仁皇訓典，謂：「仁祖之仁厚，發爲英明，故能修明紀綱，而無寬弛不振之患；孝宗之英明，本於仁厚，故能涵養士氣，而無矯勵峭刻之習。蓋仁厚、英明二者相須，此仁祖、孝宗所以爲盛也。」帝褒諭之。

六年，拜太保，力辭。故事，許回授子孫，清之請追封高祖洽，帝從之，蓋異恩也。七年，拜太傅、右丞相兼樞密使、越國公。中使及門，清之方放浪湖山，寓僧刹，竟夕不歸。詰旦內引，叩頭辭免，帝勉諭有外間所不及知者。甫退，則中使接踵而至。或請更化改元，清之曰：「改元，天子之始事，更化，朝廷之大端，漢事已非古，然不因易相而爲之。」

帝以邊事爲憂，詔趙葵以樞使視師，陳韡以知樞密院事帥湖、廣，二人方辭遜，會清之再相，力主之，科降辟置無所留難，葵、韡遂往。於是戰于泗水、渦口、木庫，皆以捷聞。九年，拜太師、左丞相兼樞密使，辭太師不拜，依前太傅。每謂天下之財困於養兵，兵費困於生券，思所以變通之，遇調戍防邊，命樞屬量遠近以便其道塗，時緩急以次其遣發。又議移歲調兵屯以戍淮面，併軍分頭目以節廩稍，先移鎭江策勝一軍屯泗水，公私便之。

諸路虧鹽，執其事者破家以償，清之嚴其犯科者追理，罣誤者悉蠲之，全活甚衆。沿江





算舟之賦素重，清之次第停罷，如池之鴈汊有大法場之目，其錢分隸諸司，清之奏罷其並緣漁取者，蓋數倍公家之入，合分隸者從朝廷償之。報下，清之方與客飲，舉杯曰：「今日飲此酒殊快！」四上謝事之章。

十年，進十龜元吉箴，一持敬，二典學，三崇儉，四力行，五能定，六明善，七謹微，八察言，九惜時，十務實。疏奏：「敬天之怒易，敬天之休難，天怒可憂而以爲易，天休可喜而以爲難，何哉？蓋憂則懼心生，懼則怒可轉而爲休；喜則玩心生，玩則休或轉而爲怒。」帝大喜，命史官書之，賜詔獎諭。十一年，十疏乞罷政，皆不許。拜太師，力辭。有事于明堂，有旨閤門給扶掖二人，再賜玉帶，令服以朝。十一月丁酉，退朝感寒疾，危甚，猶以未得雪爲憂。俄大雪，起曰：「百官賀雪，上必甚喜。」命掬雪床前觀之。累奏乞罷政，不允，奏不已，拜太傅、保寧軍節度使充醴泉觀使，進封齊國公致仕。卒，遺表聞，帝震悼，輟朝三日，特贈尚書令，追封魏郡王，賜謚忠定。

清之不好立異，湯巾嘗論事侵清之，及清之再相，巾求去，清之曰：「己欲作君子，使誰爲小人。」力挽留之。徐清叟嘗論列清之，乃引之共政。趙葵視師年餘，乞罷，上未有以處之，清之曰：「非使作相不足以酬勞，陛下豈以臣故耶？臣必不因葵來遽引退，臣願爲左，使葵居右。」上訖從之，然葵竟不果來。

清之代言奏對，多不存稿，有安晚集六十卷。清之自與彌遠議廢濟王竑，立理宗，嫛嫛至宰輔，然端平之間召用正人，清之之力也。至再相，則年齒衰暮，政歸妻子，而閑廢之人或因緣以賄進，爲世所少云。

史嵩之字子由〔一〕，慶元府鄞人。嘉定十三年進士，調光化軍司戶參軍。十六年，差充京西、湖北路制置司準備差遣。十七年，升幹辦公事。寶慶三年，主管機宜文字，通判襄陽府。紹定元年，以經理屯田，襄陽積穀六十八萬，加其官，權知棗陽軍。二年，遷軍器監丞兼權知棗陽軍，尋兼制置司參議官。三年，棗陽屯田成，轉兩官。以明堂恩，封鄞縣男，賜食邑。以直秘閣、京西轉運判官兼提舉常平兼安撫制置司參議官。四年，遷大理少卿兼京西、湖北制置副使。五年，加大理卿兼權刑部侍郎，升制置使兼知襄陽府，賜便宜指揮。六年，遷刑部侍郎，仍舊職。

端平元年，破蔡滅金，獻俘上露布，降詔獎諭，進封子，加食邑。移書廟堂，乞經理三邊，不合，乞祠歸侍，手詔勉留之。會出師，與淮閫協謀掎角，嵩之力陳非計，疏爲六條上之。詔令嵩之籌畫糧餉，嵩之奏言：





臣熟慮根本，周思利害，甘受遲鈍之譏，思出萬全之計。荆襄連年水潦螟蝗之災，饑饉流亡之患，極力振救，尚不聊生，征調既繁，夫豈堪命？其勢必至於主戶棄業以逃亡，役夫中道而竄逸，無歸之民，聚而爲盜，饑饉之卒，未戰先潰。當此之際，正恐重貽宵旰之慮矣。兵民，陛下之兵民也，片紙調發，東西惟命。然事關根本，願計其成，必計其敗，既慮其始，必慮其終，謹而審之，與二三大臣深計而熟圖之。

若夫和好之與進取，決不兩立。臣受任守邊，適當事會交至之衝，議論紛紜之際。雷同和附，以致誤國，其罪當誅；確守不移之愚，上迕丁寧之旨，罪亦當誅。迕旨則止於一身，誤國則及天下。

丞相鄭清之亦以書言勿爲異同，嵩之力求去。

朝陵之使未還，而諸軍數道並進，復上疏乞黜罷，權兵部尙書，不拜。乞祠，進寶章閣直學士，提舉太平宮，歸養田里。尋以華文閣直學士知隆興府兼江西安撫使。帝自師潰，始悔不用嵩之言，召見，力辭，權刑部尙書。引見，疏言結人心、作士氣、覈實理財等事。且言：「今日之事，當先自治，不可專恃和議。」乞祠，以前職知平江府，以母病乞侍醫藥，不俟報可而歸。進寶章閣學士、淮西制置使兼沿江制置副使兼知鄂州。既內引，賜便宜指揮，兼湖、廣總領兼淮西安撫使。嘉熙元年，進華文閣學士、京西荆湖安撫制置使，依舊沿江制置副使〔二〕兼節制光、黃、蘄、舒。乞免兼總領，從之。

廬州圍解，詔獎諭之。以明堂恩，進封伯，加食邑。條奏江、淮各三事，又陳十難，又言江陵非孟珙不可守，乞勉諭之。漢陽受攻，嵩之帥師發江陵，奏誅張可大，竄盧普、李士達，以其棄城也。二年，黃州圍解，降詔獎諭，拜端明殿學士，職任依舊，恩數視執政，進封奉化郡侯，加食邑。詔入覲，拜參知政事，督視京西、荆湖南北、江西路軍馬，鄂州置司，兼督視淮南西路軍馬兼督視光、蘄、黃、夔、施州軍馬，加食邑。城黃州。十一月，復光州。十二月，復滁州。三年，授宣奉大夫、右丞相兼樞密、都督兩淮四川京西湖北軍馬，進封公，加食邑，兼督江西、湖南軍馬，改都督江、淮、京、湖、四川軍馬。薦士三十有二人，其後董槐、吳潛皆號賢相。

復信陽，以督府米拯淮民之饑。六月，復襄陽，嵩之言：「襄陽雖復，未易守。」自是邊境多以捷聞，降詔獎諭。四年，乞祠，趣召奏事，轉三官，依前右丞相兼樞密使，眷顧特隆，賜賚無虛日。久旱，乞解機政。地震，屢疏乞罷免，皆不許。淳祐元年，進玉斧箴。安南入貢，不用正朔，嵩之議用范仲淹卻西夏書例，以不敢聞于朝還之。二年，進高、孝、光、寧帝紀，孝宗經武要略，寧宗實錄、日曆、會要、玉牒，進金紫光祿大夫，加食邑。是冬，封永國公，加食邑。四年，遭父喪，起復右丞相兼樞密使。累賜手詔，遣中使趣行。於是太學生





黃愷伯、金九萬、孫翼鳳等百四十四人，武學生翁日善等六十七人，京學生劉時舉、王元野、黃道等九十四人，宗學生與寰等三十四人，建昌軍學教授盧鉞，皆上書論嵩之不當起復，不報。將作監徐元杰奏對及劉鎭上封事，帝意頗悟。

初，嵩之從子璟卿嘗以書諫曰：

伯父秉天下之大政，必辦天下之大事；膺天下之大任，必能成天下之大功。比所行寖不克終，用人之法，不待舉削而改官者有之，譴責未幾而旋蒙敍理者有之，丁難未幾而遽被起復者有之。借曰有非常之才，有不次之除，隴恩異賞，所以收拾人才，而不知斯人者果能運籌帷幄、獻六奇之策而得之乎？抑亦獻賂幕賓而得之乎？果能馳身鞍馬，效一戰之勇而得之乎？抑亦效顰奴僕而得之乎？徒聞包苴公行，政出多門，便嬖私昵，狠狽萬狀，祖宗格法，壞於今日也。

自開督府，東南民力，困於供需，州縣倉卒，匱於應辦。輦金帛，輓芻粟，絡繹道路，曰一則督府，二則督府，不知所幹者何事，所成者何功！近聞蜀川不守，議者多歸退師於鄂之失。何者？分戍列屯，備邊禦戎，首尾相援，如常山之蛇。維揚則有趙葵，廬江則有杜伯虎，金陵則有別之傑。爲督府者，宜據鄂渚形勢之地，西可以援蜀，東可以援淮，北可以鎭荆湖。不此之圖，盡損藩籬，深入堂奧，伯父謀身自固之計則安，其

如天下蒼生何！

是以饑民叛將，乘虛擣危，侵軼於沅、湘，搖蕩於鼎、澧。爲江陵之勢苟孤，則武昌之勢未易守；荆湖之路稍警，則江、浙之諸郡焉得高枕而臥？況殺降失信，則前日徹疆之計不可復用矣；內地失護，則前日淸野之策不可復施矣。此隙一開，東南生靈特几上之肉耳。則宋室南渡之疆土，惡能保其金甌之無闕也。盍早爲之圖，上以寬九重宵旰之憂，下以慰雙親朝夕之望。不然，師老財殫，績用不成，主憂臣辱，公論不容。萬一不畏強禦之士，繩以春秋之法，聲其討罪不效之咎，當此之時，雖優游菽水之養，其可得乎？異日國史載之，不得齒於趙普開國勳臣之列，而乃廁於蔡京誤國亂臣之後，遺臭萬年，果何面目見我祖於地下乎？人謂禍起蕭牆，危如朝露，此愚所痛心疾首爲伯父苦口極言。

爲今之計，莫若盡去在幕之羣小，悉召在野之君子，相與改弦易轍，戮力王事，庶幾失之東隅，收之桑榆矣。如其視失而不知救，視非而不知革，薰蕕同器，駑驥同櫪，天下大勢，駸駸日趨於危亡之域矣。伯父與璟卿，親猶父子也，伯父無以少年而忽之，則吾族幸甚！天下生靈幸甚！我祖宗社稷幸甚！

居無何，璟卿暴卒，相傳嵩之致毒云。嵩之爲公論所不容，居閒十有三年。寶祐四年春，



授觀文殿大學士，加食邑。八月癸巳卒，遺表上，帝輟朝，贈少師、安德軍節度使，進封魯國公，謚忠簡，以家諱改謚莊肅。德祐初，以右正言徐直方言奪謚。

董槐字庭植，濠州定遠人。少喜言兵，陰讀孫武、曹操之書，而曰：「使吾得用，將汛掃中土以還天子。」槐貌甚偉，廣顙而豐頤，又美髯，論事慷慨，自方諸葛亮、周瑜。父永，遇槐嚴，聞其自方，怒而嘻曰：「不力學，又自喜大言，此狂生耳，吾弗願也。」槐心愧，乃益自摧折，學於永嘉葉師雍。聞輔廣者，朱熹之門人，復往從廣，廣歎其善學。嘉定六年，登進士第，調靖安主簿。丁父憂去官。

十四年，起爲廣德軍錄事參軍，民有誣富人李桷私鑄兵結豪傑以應李全者，郡捕繫之獄，槐察其枉，以白守，守曰：「爲反者解說，族矣。」槐曰：「吏明知獄有枉，而擠諸死地以傅於法，顧法豈謂諸被告者無論枉不枉，皆可殺乎？」不聽。頃之，守以憂去，槐攝通判州事，歎曰：「桷誠枉，今不爲出之，生無繇矣。」乃爲翻其辭，明其不反，書上，卒脫桷獄。紹定二年，遷鎮江觀察推官。明年春，入爲主管刑部架閣文字。秋，兼權禮、兵部架閣，遷籍田令，特差權通判鎮江府。至州，會全叛，涉淮臨大江，大府急發州兵。槐卽日將兵濟江而西，全遁



去，乃還。五年，丁母憂。端平三年，差通判蘄州，辭。

嘉熙元年，召赴都堂，還宗正寺簿、出知常州。後三日，提點湖北刑獄。常德軍亂，夜縱火而譟，守尉閟不出。槐騎從數人於火所，且問亂故。亂者曰：「將軍馬彥直奪吾歲請，吾屬將責之償，不爲亂也。」槐坐馬上，召彥直斬馬前，亂者還入伍中，明日，乃捕首亂者七人戮諸市，而膊彥直之家。差充歸、峽、岳察訪使。二年，兼權知常德府，尋兼軍器少監，依舊提點刑獄。

三年，以直寶謨閣知江州兼都督府參謀。秋，流民渡江而來歸者十餘萬，議者皆謂：「方軍興，郡國急儲粟，不暇食民也。」槐曰：「民，吾民也，發吾粟振之，胡不可？」至者如歸焉。當是時，宋與金爲鄰國，而襄、漢、揚、楚之間，豪傑皆自相結以保其族，無賴者往往去爲羣盜。浮光人翟全寓黃陂，有衆三千餘，稍出鹵掠。槐令客說下全，徙之陽鳥洲，使雜耕蘄春間，又享賜之，用爲裨將。於是曹聰、劉清之屬皆來自歸。

四年，進直華文閣、知潭州、主管湖南安撫司公事。方三邊急於守禦，督府日夜徵發，民且困，槐爲畫策應之，令民不傷而軍須亦不匱。淳祐二年，遷左司郎官，進直龍圖閣、沿江制置副使兼知江州、主管江西安撫司公事。視其賦則吏侵甚，下教曰：「吾治州而吏猶爲



盜不自悔，吾且誅之！」吏乃震恐，願自新。槐因除民患害，凡利有宜，弛以利民，惟恐不盡弛。大計軍實，常若敵且至。裨將盧淵凶猾不受命，斬以徇師，軍中肅然。

三年，進秘閣修撰。四年，召入奏事，遷權戶部侍郎，賜紫，進集英殿修撰、沿江制置使、江東安撫使兼知建康府兼行宮留守。軍政弛弗治，乃爲賞三等以致射，春秋教肄士卒坐作進退擊刺之技，歲餘盡爲精兵。六年，召至闕，辭。出知靜江府兼廣西經略安撫使，又辭。權廣西運判兼提點刑獄。宰相移書槐曰：「國家方用兵，人臣不辭急難，公幸毋固辭。」槐卽日就道，至邕州，上守禦七策。邕州之地西通諸蠻夷，南引交阯及符奴、月鳥、流鱗之屬，數寇邊，槐與約無相侵，推赤心遇之，皆伏不動。又與交阯約五事：一無犯邊，二歸我侵地，三還鹵掠生口，四奉正朔，五通貿易。於是遣使來獻方物、大象，南方悉定。

七年，進寶章閣待制。八年，遷工部侍郎，職事依舊，兼轉運使。九年，召赴闕，封定遠縣男。遷兵部侍郎兼權給事中兼侍讀，升給事中，上疏請抑損戚里恩澤以慰天下士大夫。羣臣奏事少與法違，憚槐不敢上。兼侍讀，進寶章閣直學士、知福州福建安撫使，辭。進封子。是年冬，拜端明殿學士、簽書樞密院事，進封侯。十二年，爲同知樞密院事。寶祐元年，權參知政事。二年，進參知政事。四川制置使余晦以戰敗奪官，詔荆襄制置使李曾伯往視師，曾伯辭，槐曰：「事如此，尚可坐而睨乎？」上疏請行，頓重兵夔門以固荆、蜀輔車之

勢，詔報曰：「腹心之臣，所與共理天下者也，宜在朝廷，不宜在四方。」復上疏曰：「天下之事，不進則退，人臣無敢爲岐意者，苟以臣爲可任，宜少聽臣自效，即臣不足與軍旅之事，願上官爵。」不許，進封濠梁郡公。

帝日鄉用槐，槐言事無所隱，意在於格君心之非而不爲容悅。帝問糴民粟積邊，則對曰：「吳民困甚，有司急糴不復省。夫民惟邦本，願先垂意根本。」帝問修太乙祠，則對曰：「土工洊起，民罷於徵發，非所以事天也。」帝問邊事，對曰：「外有敵國，則其計先自強。自強者人畏我，我不畏人。」又言：「敵國在前，宜拔材能用之。士大夫有過失，爲執法吏所刺劾，終身擯弗用，深爲朝廷惜此。苟非姦宄，皆願爲昭洗，勿廢其他善。又遷謫之臣，久墮遐方，稍稍內徙，今得生還，願弗用可矣。」槐每奏，帝輒稱善。

三年，拜右丞相兼樞密使。槐自以爲人主所振拔，苟可以利安國家無不爲，然務先大體，任人先取故舊之在疏遠者，在官者率滿歲而遷。嗜進者始不說矣。槐又言於帝曰：「臣爲政而有害政者三。」帝曰：「胡爲害政者三？」對曰：「戚里不奉法，一矣；執法大吏久於其官而擅威福，二矣；皇城司不檢士，三矣。將率不檢下故士卒橫，士卒橫則變生於無時；執法威福擅故賢不肖混淆，賢不肖混淆則姦宄肆，賢人伏而不出；親戚不奉法故法令輕，法令輕故朝廷卑。三者弗去，政且廢，願自上除之。」於是嫉之者滋甚。





帝年浸高，操柄獨斷，羣臣無當意者，漸喜狎佞人。丁大全善爲佞，帝躐貴之，竊弄威權而帝弗覺悟。大全已爲侍御史，遣客私自結於槐，槐曰：「吾聞人臣無私交，吾惟事上，不敢私結約，幸爲謝丁君。」大全度槐弗善己，銜甚，乃日夜刻求槐短。槐入見，極言大全妄佞不可近。帝曰：「大全未嘗短卿，卿勿疑。」槐曰：「臣與大全何怨？顧陛下拔臣至此，臣知大全姦妄而噤不言，是負陛下也。且陛下謂大全忠而臣以爲姦，不可與俱事陛下矣。」既罷出，即上書乞骸骨，不報。四年，策免丞相，以觀文殿大學士提舉洞霄宮。時大全亦論劾槐，書未下，自發省兵迫遣之。於是太學諸生陳宜中等上書爭之，語見大全傳。

五年及景定元年，俱用祀明堂恩加食邑。二年，特授判福州、福建路安撫大使，固辭。進封吉國，又進封許國公。三年五月二十八日既夕，天大雨，烈風雷電，槐起衣冠而坐，麾婦人出，爲諸生說兌、謙二卦，問夜如何？諸生以夜中對，遂薨。遺表上，贈太子少師，謚文清。帝使使致金六十斤、帛千匹以賻。

葉夢鼎字鎭之，台之寧海人。本陳待聘之子，七歲後於母族。少從直龍圖閣鄭霖、宗正少卿趙逢龍學，以太學上舍試入優等，兩優釋褐出身，授信州軍事推官，攝敎事，講荒政。遷太學錄。

淳祐二年，雷變，上封事，言召人才，戒媟近。明年，輪對，言君子、直言、軍制、楮幣、任官、分閫六事。同番易湯巾召試館職，授秘書省正字。四年，升校書郎兼莊文府教授。五年，遷秘書郎，轉對，言定國本，求哲輔，專閫帥，奬用介直。雷變上言，援唐康澄「五可畏」之說，遷著作佐郎。六年，拜軍器少監兼兵部郎官，轉對，言國計、邊事、國體三事。又言：「外有窺邊之大敵，內有伺隙之巨姦；奇衺蠱媚於宮闈，熏腐依憑於城社；強藩悍將，牙蘖易搖，草竊姦宄，肘腋階變。」

權知袁州，轉運司和糴米三萬斛，夢鼎言：「袁山多而田少，朝廷免和糴已百年，自今開之，百姓子孫受無窮之害，則無窮之怨從之。」民湯頎獻田學官，妻子離散，夢鼎遂還之。毀萬載旗箭村淫祠，塞其妖井。召赴行在。丁本生母憂。十一年，免喪，拜司封員外郎。輪對，言：「陛下惑於左右之讒說，例視言者爲好名，中傷既深，膠固莫解。近歲以來，言稍犯人主之所難者，不顯罷則陰黜，不久外則設間，去者屢召而不還，來者一鳴而輒斥。」兼玉牒檢討官，以直秘閣、江西提舉常平兼知吉州。節制悍將，置社倉、義倉，平反李義山受贓之冤，以國子司業召。

寶祐元年陛對，言國論主平江西義倉，不可待中省而後發。考試集英殿，授崇政殿說





書，進講尙書。兼國史編修、實錄檢討，遷國子祭酒。二年，兼權禮部侍郎，諫幸西太乙宮。三年，權禮部侍郎，仍兼祭酒，升兼同修國史、實錄院同修撰，尋兼侍講。丁母憂。五年，以集英殿修撰差知贛州。丁大全柄國，欲挽夢鼎登朝，卒辭謝之。六年，改知建寧府，又改知隆興府。開慶元年，復知建寧府，作橋梁，置驛舍，建大安關，決疑獄。

景定元年，召爲太子詹事，上疏以「法天」爲言。遷吏部侍郎，賜寧海縣食邑。二年，權兵部尙書兼權吏部尙書。三年，遷兵部尙書兼修國史兼實錄修撰。遷吏部尙書，五辭免，請祠，不允。拜端明殿學士、同簽書樞密院事，屢辭不許。同提舉編修經武要略兼太子賓客，進封寧海伯。四年〔三〕，簽書樞密院事，進封臨海郡侯，以明堂恩進封臨海郡公。丞相賈似道欲造關子，罷十七、十八兩界會子，夢鼎以爲厲民，乃止罷十七界。公田法行，夢鼎又以爲厲民，故行之浙右而止。五年，三辭，不許，進同知樞密院事、權參知政事。以彗星出，夢鼎言政上下恐懼交修之日，乞解機政，又不許。奏免浙西經界。

理宗崩，議太子卽位，太后垂簾聽政，夢鼎曰：「母后垂簾，豈是美事！」進參知政事，加食邑。夢鼎力辭，似道懇留之，不可。帝勉諭再三，詔閤門封還奏疏。似道奏：「參政去則江萬里、王爚必不來。」理宗復土，攝少傅，竣事，引疾歸里，累詔，力辭，授資政殿學士、知慶元府、沿海制置使。肅清海寇，罪止首惡，羨餘之費，悉卻不受。建濟民倉以備饑歲，造

驛舍以待賓旅。

咸淳三年，再召爲參知政事，加食邑，六辭，不許。詔著作佐郎盧鉞與台州守項公采趣行，拜特進、右丞相兼樞密使，累辭，不許，乃與似道分任。利州轉運使王价嘗以言去官，非其罪也，四川制置司已辟參議，及死，其子愬求遺澤。至是，夢鼎明其無罪，似道以爲恩不己出，罷省部吏數人，榜其姓名于朝。夢鼎怒曰：「我斷不爲陳自強。」即求去。似道之母讓似道曰：「葉丞相安於家食，未嘗希進，汝強與以相印，今乃牽制至此，若不從吾言，吾不食矣。」似道曰：「爲官不得不如此。」會太學諸生亦上書言似道專權固位，乃悔悟，屬府尹洪燾求解，而夢鼎屢上章乞閒。多雷，引咎求去愈力。

四年，策楊妃，宰相無拜禮，吏贊拜，夢鼎以笏揮之，趨出。明日，乞還田里，詔勉留之。詔免諸州守臣上殿奏事，夢鼎言：「祖宗謹重牧守之寄，將赴官，必令奏事，蓋欲察其人品，及面諭以廉律己，愛育百姓。其至郡延見吏民，具宣上意，庶幾求無負臨遣之意。今不遠數千里而來，咫尺天顏而不得見，甚非立法之本意。」又乞容受直言。進少保。五年，引杜衍致仕單車宵遁故事累辭，乃授觀文殿學士、判福州、福建安撫大使，進封信國公，不拜；充醴泉觀使，又不拜。七年，再充醴泉使。

九年，授少傅、右丞相兼樞密使，引疾力辭，宰、掾、郎、曹沓至趣行，扶病至嵊縣，請辭





不獲，乞還山林。疏奏：「願上厲精寡欲，規當國者收人心，固邦本，勵將帥，飭州縣，重振恤。」扁舟徑歸。使者以禍福告，夢鼎語之曰：「廉恥事大，死生事小，萬無可回之理。」似道大怒，臺臣奏從歸田之請，詔仍少保、觀文殿大學士、醴泉觀使，不請祠祿。

瀛國公初卽位，咨訪故老，夢鼎上封事，曰：敦教道，訓廉德，厲臣節，拯民瘼，重士選，勸吏廉，懲吏姦，補軍籍。授判慶元府、沿海制置大使，力辭，依前醴泉觀使兼侍讀，不拜。二年，益王卽位于閩，召爲少師、太乙宮使。航海遂行，道梗不能進，南向慟哭失聲而還。後二年卒。子應及，太府寺丞、知建德府軍器少監、駐戍軍馬；應有，朝請郎、太社令。

馬廷鸞字翔仲，饒州樂平人。本灼之子，繼灼兄光後。甘貧力學，既冠，里人聘爲童子師，遇有酒食饌，則念母藜藿不給，爲之食不下咽。登淳祐七年進士第，調池州教授，需次六年。

寶祐元年，召赴都堂審察，辭。至池以禮帥諸生。二年，調主管戶部架閣。三年，遷太學錄，召試館職。時外戚謝堂厲文翁、內侍盧允升董宋臣用事，廷鸞試策言彊君德，重相權，收直臣，防近習。大與時迕，遷秘書省正字。四年，尤焴提舉史事，辟爲史館校勘。

初，丁大全令滓梁，雅慕廷鸞，彌欲鉤致之，廷鸞不爲動。試策稍及大全，及廷鸞當輪對，大全私謂王持扂往瞷焉。廷鸞素厚持扂，且同館，不虞其諜也，密露大意。持扂紿曰：「君猶未改秩，姑託疾爲後圖乎？」廷鸞曰：「此微臣千一之遭，其何敢不力。」持扂以告大全，及候對殿門，格不得見。翼日，以監察御史朱熠劾罷。宋臣遣八廂貌士索奏稿，稿雖焚，聞者浸廣，忌者愈深，而廷鸞之名重天下。開慶元年，吳潛入相，召爲校書郎。

景定元年，兼沂靖惠王府教授。時大全黨多斥，宋臣尙居中，言路無肯言者，諸學官抗疏，疏上卽行。會日食，與秘書省同守局，因相與草疏。潛以書告廷鸞曰：「諸公言事紛紛，皆疑潛所嗾，聞館中又將論列，校書宜無與，以重吾過。」廷鸞對曰：「公論也，不敢避私嫌。」越數日，宋臣竟坐讁，徙安吉州。兼權樞密院編修官。時賈似道自江上還，位望赫奕，廷鸞未嘗親之。輪對，言：「國於東南者，楚、越霸而有餘，東晉王而不足。乞遏惡揚善以順天，舉直錯枉以服民。」遷樞密院編修官兼權倉部郎官。

二年，進著作佐郎兼右司，遷將作少監。三年，一再乞外補，不許。廷鸞論貢舉三事：嚴鄉里之舉，重臺省之覆試，訪山林之遺逸。又言荒政，宜蠲除被災州縣租賦之不可得者。擢軍器監兼左司，兼太子右諭德，升左諭德，行國子司業，乞免兼左司。輪對，言：「集和平之福者自陛下之身始，養和平之德者自陛下之心始。」兼翰林權直，擢秘書少監，升權直學士





院。四年，擢起居舍人兼太子右庶子兼國史院編修官、實錄院檢討官。入奏言：「太史必當謹書災異。願陛下翕受敷施，以壯人才之精神；虛心容納，以植人言之骨幹。念邦本而以公滅私，嚴邊備而思患豫防。」時再召用宋臣，廷鸞引何郯之說進，極言宋臣不可用，帝從之。薦士二十人，進中書舍人。程奎汚婩詭秘，不當補將仕郎；王之淵爲大全黨，不當通判江州；朱熠不當知慶元府及爲制置使；林爽、趙必遜、張稱孫不當與郡：皆繳還詞頭。兼國史實錄院。五年，彗出，上疏極言天人之際。遷禮部侍郎。理宗遺詔、度宗登極詔，皆廷鸞所草。兼侍讀，辭，不許。疏列孝宗之政以告。升直學士院。

咸淳元年，進端明殿學士、簽書樞密院事兼同提舉編修經武要略。丁母憂。三年，同知樞密院事兼同提舉編修經武要略。入奏言培命脈，植根本，崇寬大，行仁厚。又言：「恢大度以優容，虛聖心而延佇，推內恕以假借，忍難行而聽納，則情無不達，理無不盡，姦人破膽，直士吐氣，天下事尙可爲也。」兼權參知政事。五年，進參知政事兼同知樞密院事，進右丞相兼樞密使。八年，九疏乞罷政。九年，依舊觀文殿大學士、知紹興府、浙東安撫大使。上疏辭免，依舊職提舉臨安府洞霄宮。

度宗初年，詔詢故老，專以修攘大計叩之趙葵。葵極意指陳曰：「老臣出入兵間，備諳此事，願朝廷謹之重之。」似道作色曰：「此三京敗事者，詞臣失言。」廷鸞每見文法密，功賞

稽遲，將校不出死力，於邊閫升辟，稍越拘攣。似道頗疑異己，黜堂吏以泄其憤。及辭相位，帝惻怛久之曰：「丞相勉爲朕留。」廷鸞言：「臣死亡無日，恐不得再見君父。然國事方殷，疆圉孔棘。天下安危，人主不知；國家利害，羣臣不知；軍前勝負，列閫不知。陛下與元老大臣惟懷永圖，臣死且瞑目。」頓首涕泣而退。

瀛國公卽位，召不至。自罷相歸，又十七年而薨。所著六經集傳、語孟會編、楚辭補記、洙泗齋編、讀莊筆記、張氏祝氏皇極觀物外篇諸書。

論曰：史彌遠廢親立疏，諱聞直言。鄭淸之匿名於再相之日。彌遠之罪旣著，故當時不樂嵩之之繼也，因喪起復，羣起攻之，然固將才也。董槐毋得而議之矣。葉夢鼎、馬廷鸞之所遭逢，其不幸也夫。

## 校勘記

〔一〕史嵩之字子由　「子由」，南宋館閣續錄卷七、袁桷延祐四明志卷五本傳都作「子申」。周密齊東野語卷一八二「忠獻當國日，待族黨加嚴，猶子嵩之子申」。疑作「子申」是。





〔二〕依舊沿江制置副使　「沿江」原作「沿海」，據上文及本書卷二一四宰輔表、卷四〇五李宗勉傳改。

〔三〕四年　原作「七年」，據本書卷四五理宗紀、卷二一四宰輔表改。

# 宋史

元　脫脫　等撰

第三六册

卷四一五至卷四三〇（傳）

中華書局

# 宋史卷四百一十五

## 列傳第一百七十四

傅伯成　葛洪　曾三復　黃疇若　袁韶　危稹　程公許

羅必元　王遂

傅伯成字景初，吏部員外郎察之孫。少從朱熹學。登隆興元年進士第，調連江尉。試中教官科，授明州教授。以年少，嫌以師自居，日與諸生論質往復，後多成才。改知閩清縣。丁父艱，服除，知連江縣。東湖溉田餘二千頃，隄壞。即下流南港爲石隄三百尺，民蒙其利。

慶元初，召爲將作監，進太府寺丞。言呂祖儉不當以上書貶。又言於御史，朱熹大儒，不可以僞學目之。又言朋黨之敝，起於人主好惡之偏。坐是不合，出知漳州，以律己愛民爲本。推熹遺意而遵行之，創惠民局，濟民病，以革禨鬼之俗。由郡南門至漳浦，爲橋三十





五，治道千二百丈。

兩爲部使者，遷工部侍郎。時權臣方開邊，語尙祕。伯成言：「天下之勢，譬如乘舟，中興且八十年矣，外而望之，舟若堅緻，歲月既久，罅漏寖多，苟安且夕，猶懼覆敗，乃欲徼倖圖古人之所難，臣則未之知也。」相府災，同列相率唁丞相，或以爲偶然者，伯成正色謂：「天意如此，官師相規時也，以爲偶然乎？」丞相色動。遂陳三事：一曰失民心，二曰墮軍政，三曰啓邊釁。進右司郎官，權幸有私謁者，皆峻拒之。出爲湖、廣總領。朝議欲納金人之叛降者，伯成言不宜輕棄信誓，乞戒將帥毋生事。御史中丞鄧友龍遂劾伯成，罷之。

嘉定元年，召對，面論：「前日失於戰，今日失之和。小使雖返，要求尙多。陛下不獲已，悉從之。使和議成，猶可以紓一時之急；否則虛帑藏以資敵人，驅降附以絕來者，非計也。今之策雖以和爲主，宜惜日爲戰守之備。」權戶部侍郎史彌遠初拜相，麻詞有「昆命元龜」之語，閩帥倪思以爲不當用，御史劾罷思。伯成因對及其事，帝曰「過當」者再。對曰：「思固過當，但恐摧抑太過，遂塞言路，乞明詔臺諫侍從，竭盡底蘊，無以思爲戒。」李壁謫居撫州，伯成言：「侂胄之誅，壁與有功，不酬近功，乃追前罪，他日負罪之臣，不容以功贖過矣。」

伯成未爲諫官也，嘗言：「彌遠謀誅侂胄，事不遂則其家先破，侂胄誅而史代之，勢也。諸公要相協和，共議國事；若立黨相擠，必有勝負，非國之福。」又勸丞相錢象祖：「安危大事，以死爭之；差除小者，何必乖異？」拜左諫議大夫，抗疏十有三，皆軍國大義。或致彌遠意，欲使有所彈劾，謂將引以共政。謝之曰：「吾豈傾人以爲利哉。」疏乞詔大臣以公滅私。

左遷權吏部侍郎。以集英殿修撰知建寧府〔一〕。蔡元定謫死道州，歸葬建陽，乃雪其寃於朝。進寶謨閣待制、知鎭江府。全活飢民，瘞藏野殍，不可勝數。制置司欲移焦山防江軍於圌山石牌〔二〕，伯成謂：「虛此實彼，利害等耳。」包港在焦、圌之中，不若兩砦之兵迭戍焉。」圌山砦兵，素與海盜爲地，伯成廉知姓名，會郡都試捕而鞫之，無一逸去。獄具，請貸其死，黥隸諸軍。

嘉定八年，召赴闕，辭不獲，行至莆，拜疏曰：「臣病不能進矣。」除寶謨閣直學士、通奉大夫，致仕。理宗即位，升直學士，落致仕，予祠，錫金帶。伯成辭免，乃進「昭明天常、扶持人極」之說，詔進一官。

寶慶元年，與楊簡同召，尋加寶文閣學士，提舉佑神觀，奉朝請。雖力以老病辭，而愛君憂國之念不少衰。聞大理評事胡夢昱坐論事貶，蹙然語所親曰：「向呂祖儉之謫，吾爲小臣，猶嘗抗論。今蒙國恩，叨竊至此而不言，誰當言者。」遂抗疏曰：「臣恐陛下不復聞天下事矣。方今內無良吏，田里怨咨，外無名將，邊陲危急，而廉恥道喪，風俗益媮，賄賂流行，





公私俱困。謂宜君臣上下，憂邊恤民，以弭禍亂。奈何今日某人言某事，未幾而斥，明日某人言某事，未幾而斥，則是上疏者以共工、驩兜之刑加之矣。昔韓愈論後世人主奉佛，運祚短促，唐憲宗大怒，將抵以死，自崔羣、裴度戚里諸賢皆爲愈言，止貶潮州，尋復內徙。今上疏者非可愈比，然在列之臣，無一爲言者，萬一死於瘴癘，陛下與大臣有殺諫者之謗，史册書之，有累聖治。臣垂盡之年，與斯人相去，風馬牛之不相及，獨以受恩優異，效其瞽言。」不報。明年，加龍圖閣學士，轉一官，提舉鴻慶宮，復辭。

伯成純實無妄，表裏洞達，每稱人善，不啻如己出，語及姦人誤國，邪人害正，詞色俱厲，不少假借。常慕尸諫，疏草畢，亟命繕寫，朝服而逝，年八十有四。贈開府儀同三司。端平三年，賜謚忠簡。

葛洪字容父，婺州東陽人。從呂祖謙學，登淳熙十一年進士第。嘉定間，爲樞密院編修官兼國史院編修官、實錄院檢討官。遷守尙書工部員外郎兼權樞密院檢詳諸房文字。上疏言：

今之將帥，其才與否，臣不得而盡知。惟忠誠所在，凡爲人臣者斯須所不可離，則

不可不以是責之耳。今安居無事，非必奮不顧死，冒水火，蹈白刃，而後謂之忠也。第職思其憂謂之忠，公爾忘私謂之忠，純實不欺謂之忠。

且拊循士卒，帥之職也，朝廷每嚴掊克之禁，蠲營運之逋，其儆之者至矣。今乃有別爲名色，益肆貪黷，視生理之稍豐者而誣以非辜，動輒估籍，撙廩給之稍優者而強以庫務，取辦芻粟，抑配軍需，於拊循何有哉！訓齊戎旅，亦帥之職也，朝廷每嚴點試之法，申階級之令，其儆之亦切矣。今顧有教閱視爲具文，坐作僅同兒戲，技勇者不與旌賞，拙懦者未嘗勸懲，士日橫驕，類難役使，於訓齊何有哉！

况乃有沉酣聲色之奉，溺意田宅之圖，而不恤國事者矣。又有營營終日，專務納交，書幣往來，道路旁午，而妄希升進者矣。自謂繕治器甲，修造戰艦，究其實，則飾舊爲新而已爾。自謂撙節財用，聲稱羨餘，原其自，則剝下罔上而已爾。乞嚴飭將帥，上下振厲，申儆軍實，常若有寇至之憂。磨礪振刷，以求更新，亦庶乎其有用矣。」帝嘉納之。

進直煥章閣，爲國子祭酒，仍兼國史編修、實錄檢討。遷工部侍郎，仍兼祭酒兼同修國史實錄院同修撰。拜工部尚書，亦兼祭酒兼侍讀。進端明殿學士、同簽書樞密院事，拜參知政事，封東陽郡公。贊討平李全，援王素諫仁宗却王德用進女事，以止備嬪御，世多稱





之。以資政殿學士、提舉洞霄宮，進大學士。召赴行在，仍舊職充萬壽觀使兼侍讀，尋提舉萬壽觀兼侍讀，守本官致仕，卒。帝輟視朝一日，謚端獻。杜範稱其侃侃守正，有大臣風。有奏議、雜著文二十四卷。

曾三復字無玷，臨江人。乾道六年進士。淳熙末，爲主管官告院，遷太府寺簿，歷將作、太府丞。登朝數年，安於平進，搢紳稱之。紹熙初，出知池州，改常州。召爲御史檢法，拜監察御史，轉太常少卿，進起居舍人，遷起居郎兼權刑部侍郎，以疾告老。詔守本官職致仕。三復性耿介，恥奔競，故位不速進。在臺餘兩年，持論正平，不隨不激。其沒也，士論惜之。

黃疇若字伯庸，隆興豐城人。一歲而孤，外大母杜教之。淳熙五年舉進士，授祁陽縣主簿。邑民有訴僧爲盜且殺人，移鞫治，疇若疑其無證，以白提點刑獄馬大同，且爭之甚力，已而得眞盜。大同薦之，調柳州教授，又調靈川令。會萬安軍黎蠻竊發，經略司選疇若條畫招捕事宜。疇若謂須稽原始亂，爲區處之方。再任嶺外，用舉考改知盧陵縣。州常以六月督畸零稅，疇若念民方艱食，取任內縣用錢三十餘緡〔三〕爲民代輸兩年。諸司舉爲邑最官，召赴都堂審察，差監行在都進奏院。

開禧元年，都城火。疇若應詔上言曰：「當今之急務有三：一曰賦斂征求之無藝，二曰都鄙軍民之無法，三曰守令牧養之無狀。」遷太府寺主簿，又遷將作監丞兼皇弟吳興郡王府教授。遷太府寺丞，又遷祕書丞兼權禮部郎官，兼資善堂說書。遷著作郎，拜監察御史。首章乞天子擇宰相，宰相擇監司。又言：「善爲國者必以恐懼修省之訓陳于前，善爲相者必以危亡災異之事告於上。」

韓侂胄敗，疇若上章勾去，帝批其奏曰：「卿懷忠蓋，朕固知之。」疇若遂疏鄧友龍、陳景俊之惡。先是，江、淮督府旣罔功，罷不更置。疇若奏，以爲和戰未決，不遣近臣置幕府，無以統諸將。乞檢會前奏，亟詔大臣科條人才爲宣撫使。帝卽日以丘崈爲江、淮制置使。尋遷疇若殿中侍御史兼侍講。朝廷與金人約和，金人約函致侂胄首。詔令臺諫、侍從、兩省雜議。疇若與章燮等奏：「乞梟首，然後函送敵國。」人譏其有失國體。

疇若奏：「今帑藏無餘，歲幣若必睥睨於百姓，願自宮禁以及宰執百官共爲撙節，逐年樁積。」遂置安邊所。戶部侍郎沈詵條具合節省拘催者，疇若復乞：「依仁宗、孝宗兩朝成





訓，凡節省事：在內諸司選內侍長一員，令自行搜訪，條具來上；在外廷三省則委宰掾、樞屬，六曹則委長貳，事干浮費者聞奏。」又乞：「以官司房廊及激賞庫四季所獻幷侂胄萬畝莊等，一併拘樁。」旣而內廷及酒所減省，議多格，獨得估籍姦贓及房廊非泛供須五項，總緡錢九百一十三萬有奇，外樁留產業，每歲又可得七十一萬五千三百餘緡。疇若乞：「令後省類聚更化以來臣下章奏，察其可行者以聞，付之中書。」

都城穀踴貴，詔減價糶樁管米十萬石，於是淮、浙流民交集。臨安府按籍振濟，僅不滿五千人，以三月後麥熟罷振濟，各給粮遣歸。疇若謂：「此實驅之使去耳。」遂奏：「乞令覈實，近甸之人，願歸就田者勿問，其有未能歸者，更振濟兩月；淮民見在都城者，其家旣破，又無贏貲，必難遽去，仍與振恤，俟早熟乃罷。」於是詔振濟至六月乃止。

帝以蝗災，令剌舉監司不才者，疇若同臺監考察上之。又言：「湖、廣盜賊，固迫於飢寒，然亦有激而成之者。黑風峒寇，實由官不爲決訟所致。宜戒湖、廣諸司，申明法禁爲賊，關防以時，平心決訟，勿令砦官巡尉侵漁。」權戶部侍郎，金使告主亡，差充館伴。

自軍興費廣，朝廷給會子數多，至是折閱日甚。朝論頗嚴稱提，民愈不售，郡縣科配，民皆閉門牢避。行旅持券，終日有不獲一錢一物者。詔令侍從、臺省，條上所見。疇若奏曰：「物少則貴，多則賤，理之常也。曷若令郡縣姑以漸稱提，先收十一界者消毀，勿復支

出。上下流通，則不待稱提矣。」由是峻急之令少寬。又疏奏：「乞崇忠厚，延質朴，屏絕浮薄之論。乞撥買官田充糴本，以廣常平之儲。乞令戶察一員，專監安邊所。」帝皆是之。因面求補外，退上章，降詔不允。又連疏匃去。會旱蝗復熾，御筆令在朝百執事條上封事，疇若奏「官吏苛刻、科役頻併、賦斂繁重、刑法淹延」四事。冊皇太子，差充引見禮儀使。進華文閣待制、知成都府。蜀自吳曦畔後，制置使移司興元，朝論有偏重之嫌。朝廷擇人，故輟疇若以往，三辭不允。避諱，改寶謨閣待制。詔：「凡屬軍民利病，吏治臧否，並許諮訪以聞。」當徵積欠十餘萬，疇若亟命榜九邑盡蠲之。考官吏冗員，非敕命差注者悉罷之。爲民代輸六年布估錢，計二十萬二千四百緡；又別立庫儲二十五萬三千緡，期於異日接續代輸；又糴米十五萬石有奇，足廣惠倉之儲；又減他賦之重者，民力遂寬。

初，沈黎蠻屢犯邊，疇若至，則鏤榜曉以禍福，青、彌兩羌遂乞降。四年，董蠻合其部族入寇鞬爲利店。疇若亟調兵，且設方略捕之，皆遁去。先是，疇若廉知嘉定邊備廢弛，而平戎莊子弟可用，遂檄嘉定府權免平戎莊是年炭估、廨租，令莊子弟卽日上邊爲守備。會嘉定闕守，蠻窺利店無備，遂入寇。疇若復選西軍，欲且往防拓，牒轉運司折支，不報。蠻再犯龍鳩堡，轉運司始頗從所請。蠻復到龍門隘，知有備乃退。進龍圖閣待制，依舊知成都府。





大使司之師出，東路提刑亦徵兵，三垂告警，敍南之報復急，兩路震動。疇若亟移書兩軍，俾速還師守險爲後圖，西師遂退守沐川。旣而疇若兼制敍州兵甲公事，旣得專行，益嚴守備，蠻首昔丑竟降。朝廷賞平蠻功，進疇若一秩。

疇若留蜀四年，弊根蠹穴，苗耨髮櫛。如乞揀留移屯西兵義勇，以防竊發，以救偏重；更用東南賢士使蜀四路，而拔蜀守之有治功者爲東南監司，庶杜州縣姻婭之私；輕取錢引貼期之費，以紓民力：皆抗疏請于朝，乞力行之。復念大玄城乃張儀所築，高駢所修，圮壞歲久，復修費重，乃以節縮餘錢四十萬貫爲修城備。疇若以制置使留漢中，則護諸將爲得宜。召赴行在，入對延和殿，遷權兵部尙書、太子右庶子。

八年，四月不雨，詔求直言。疇若條具三事，首言：「比稱提楮幣，州縣奉行切迫，故因坐滅陌被估籍者衆，乞與給還；乞蠲閣下戶畸零稅賦；乞振贍雄淮軍之乏。」尋皆行之。落權，升左庶子，仍兼修史，擢太子詹事。疇若引范鎭故事，乞歸田里。

十年春，差知貢舉，試禮部尙書，以足疾乞歸。進煥章閣學士、知福州，力辭，乃改提舉鴻慶宮。關外軍潰，言者論及疇若，落職罷祠，後以煥章閣學士致仕。所著有竹坡集、奏議、講議、經筵故事。

袁韶字彥淳，慶元府人。淳熙十四年進士〔四〕。嘉泰中，爲吳江丞。蘇師旦侍韓侂胄威福，撓役法，提舉常平黃犖檄韶覈田以定役。師旦密諭意言：「吳江多姻黨，儻相容，當爲京朝官。」韶不聽。是歲更定戶籍，承徭賦，皆師旦黨，師旦諷言者將論去。犖亟以是事白於朝，且薦之。未幾，師旦敗。改知桐廬縣。桐廬多宗室，持縣事無有善去者。韶始至，絕私謁，莫敢撓。錢塘岸歲爲潮齧，率取石桐廬，韶言：「廟子山有石，不必旁取鄰郡。」遂得求免。嘉定四年，召爲太常寺主簿，父老旗鼓蔽江以餞，至於富陽，泣謝曰：「吾曹不復輸石矣。」

後爲右司郎官、接伴金使。使者索歲幣，語慢甚，韶曰：「昔兩國誓約，止令輸燕，不聞在汴。」使者語塞。十三年，爲臨安府尹，幾十年，理訟精簡，道不拾遺，里巷爭呼爲「佛子」，平反冤獄甚多。

紹定元年，拜參知政事。胡夢昱論濟王事，當遠竄，韶獨以夢昱無罪，不肯署文書。李全叛，揚州告急，飛檄載道，都城爭有逃避者。乃拜韶浙西制置使，仍治臨安鎭遏之。丞相史彌遠懲韓侂胄用兵事，不欲聲討。韶與范楷言於彌遠曰：「揚失守則京口不可保，淮將如卞整、崔福皆可用。」適福至，韶夜與同見彌遠，言福實可用。彌遠從之，遂討全。韶卒以言罷。端平初，奉祠，卒年七十有七，贈少傅。後以郊恩，累贈太師、越國公。





韶之父爲郡小吏，給事通判廳，勤謹無失，歲滿當代，不聽去。後通判至，復留用之，因致豐饒。夫妻俱近五十，無子，其妻資遣之往臨安置妾。旣得妾，察之有憂色，且以麻束髮，外以綵飾之。問之，泣曰：「妾故趙知府女也，家四川，父歿家貧，故鬻妾以爲歸葬計耳。」卽送還之。其母泣曰：「計女聘財猶未足以給歸費，且用破矣，將何以酬汝？」徐曰：「賤吏不敢辱娘子，聘財盡以相奉。」且聞其家尙不給，盡以囊中貲與之，遂獨歸。妻迎問之曰：「妾安在？」告以其故，且曰：「吾思之，無子命也。我與汝周旋久，若有子，汝豈不育，必待他婦人乃育哉？」妻亦喜曰：「君設心如此，行當有子矣。」明年生韶。

危稹字逢吉，撫州臨川人。舊名科，淳熙十四年舉進士，孝宗更名稹。時洪邁得稹文，爲之賞激。調南康軍教授。轉運使楊萬里按部，驟見嘆獎，偕遊廬山，相與酬倡。調廣東帳司，未上，服父喪，免，調臨安府教授。倪思薦之，且語人曰：「吾得此一士，可以報國矣。」丁母憂，免，幹辦京西安撫司公事。入爲武學諭，改太學錄。

明年，遷武學博士，又遷諸王宮教授。稹謂以教名官，而實未嘗教，請改創宗子學，立課試法如兩學，從之。嘉定九年，新學成，改充博士，其教養之規，稹所論建。遷祕書郎、著作佐郎，兼吳益王府教授。升著作郎兼屯田郎官。

穎始進對，請敍復軍功之賞以立大信，抆拭功臣之罪以厲忠節，置局以立武事，遣使以省邊防，厚賞以精間諜。次論和、戰、守利害，而請顓意於守。是歲春至夏不雨，穎應詔言：「安邊所征斂之害，與無罪而籍沒之害；楮幣之改，以一奪二；鹽鈔之更，以新廢舊；至於沮格軍賞，放散死士，皆足以召怨而致旱。」

明年又論：「謀國者欲以安靖爲安靖，憂國者欲以振厲爲安靖，自二議不合，是以國無成謀，人無定志。願詔大臣合二議共圖之，且欲下兩淮帥臣，講明守禦之備。」最後言：「事無成規者，皆不可爲。意向不明，無以一衆聽；信誓不立，無以結人心；報應不亟，無以趨事機；賞罰不果，無以作士氣。」

番易柴中行去國，穎賦詩送之，迕宰相，出知潮州。尋以通金華徐僑書論罷，提舉千秋鴻禧觀。久之，知漳州。漳俗視不葬親爲常，往往棲寄僧剎，穎命營高燥地爲義塚三，約期責之葬，其無主名，若有主名而力弗給者，官爲葬之，凡二千三百有奇，刻石以識。郡有臨漳臺，據溪山最勝處，作龍江書院其上。既成，橫經自講，人用歆動。邑令有貽聞者，劾去之，籍其財以還民。郡有經、總制無名錢歲五千緡，厲民爲甚，前守趙汝讜奏蠲五之二，穎疏于朝，悉罷之。會常平使有言，穎不欲辯，即自請以歸。久之，提舉崇禧觀，與鄉





里耆艾七人爲眞率會。卒，年七十四。

穎性至孝，父疾，願損己算益親年，疾尋愈。眞德秀登從班，舉穎自代，沒，又爲銘其墓。所著有巽齋集，諸經有講義、集解，諸魏、晉、唐詩文皆有編，輯先賢奏議曰玉府、曰藥山。

弟和，字祥仲。開禧元年進士，爲上元主簿，大闢祠宇祀程顥，眞德秀爲記之。知德興，振荒有惠政。有蟾塘文集。

程公許字季與，一字希潁，敍州宣化人。少知孝敬，大母侯疾，公許不交睫者數月，病革，嘗其痰沫，既卒，哀毀踰制。嘉定四年舉進士，調溫江尉，未上，丁母憂。服除，授華陽尉，再調綿州教授。制置使崔與之大加器賞，改秩知崇寧縣，蠲預借，免抑配，人甚德之。

差通判簡州。改隆州，未上。會金人犯閬中，制置使桂如淵遁，三川震動，朝廷擢李𡌴代之，辟公許通判施州，行戶房公事。當兵將奔潰之後，公許盡力佐之，節浮費，疏利原，民不增賦而用自足。時諸將乘亂抄掇，事定自危，以重賂結幕府。大將和彥威懷金寶以獻，公許正色卻之，彥威慚而退。吳彥者，緘僧牒於書尾以進，公許卷還之而責其使，聞者畏服。有獻議招秦、鞏大姓於塞者，衆多從臾，獨公許謂山東覆轍未遠，反覆論辯，塞從之。其後趙彥吶開闢，復行其策。未幾，金人擣成都，大姓者實導之，始服公許先見。

端平初，授大理司直，遷太常博士。秋，祀明堂，雷雨，應詔言事。嘉熙元年，御史杜範論執政李鳴復，不行，徙右史，竟拂衣東歸，鳴復坐政府自若。公許輪對，言：「志士仁人，嬰逆鱗，賈衆怒，不過爲陛下通耳目，爲朝廷立綱紀而已。今也假以職而棄其諫，幸其退而優其遷，則是自裂其綱紀，自蔽其耳目，遂使居是職者雖被親擢，言不得行，始焉固辭而弗從，終焉強留而飲愧。臣恐自此同類沮失，各起退心，來者相戒，以爲容默，陛下愈孤立無助矣。」

夏，行都大火，殿中侍御史蔣峴逢君希寵，創爲邪說，禁錮言者。公許應詔曰：「羣臣忠告者衆，而聖意確不可回；聖意不可回，而言者不免於激。陛下宜以大舜無藏怒宿怨爲心，而參酌於漢文帝之待淮南厲王、我太宗待秦邸之故事，以召和氣，弭眚災，特在一念轉移之頃耳。」遷祕書丞兼考功郎官，竟爲峴劾去，差主管雲臺觀、知衢州，未上。改江東宣撫司參議官，不赴。

李宗勉入相，以著作佐郎召，兼權尚左郎官兼直舍人院，遷著作郎。時諫官郭磊卿以論事不報出關，徐榮叟亦抗章引去，公許奏：「乞還言官，俾安厥位。」既而史嵩之自江上入





相，臺諫謝方叔、王萬及磊卿相繼他徙，公許又奏：「外難憑陵，國勢岌若綴旒，朝廷上自爲弗靖，陽爲遷除，陰奪言職，此中外所以怏怏。」

遷將作少監。大旱，應詔疏時事四條。又言：「儲極虛位，天下寒心。」時朝廷令侍從、臺諫條具易楮利害，尋降旨以新造十八界折五行使。公許繳申省，謂：「廟堂決意更革，本欲重十八界，亦當令十六界、十七界稍有分別，若一時皆以五折一，安保將來十七界與十八界並行而不折閡乎。曷若將十七界且以三兌一，使民間尚知實此一界，不至一旦貿易不行，令三界各有等第，庶幾公私兩便。」嵩之格不行，徑揭黃榜。公許謂：「不經鳳閣鸞臺，不得爲敕。朝廷出令而宰相擅行如此，則掖垣可廢。」累上奏牘，徑欲引去，宗勉及參知政事游似面奏留之，兼國史編修、實錄檢討。

淳祐元年，遷祕書少監，輪對，言蜀事十條。兼直學士院，拜太常少卿，力請外，爲右正言濮斗南之所論罷。尋以直寶謨閣知袁州，請蠲和糴之半。改命郡吏部總所綱運，而厚其賞，免募平民，民甚便之。新周敦頤祠，葺張栻書院，聘宿儒胡安之爲諸生講說。杜範薦于上，召拜宗正少卿，再遷起居舍人。濮斗南繳還，疏有「臣等恥與爲伍」之語，遂以舊職提舉玉局觀。範見疏曰：「程季與肯與汝爲伍耶？」

退處二年，召赴行在。屬嵩之以父憂去位，經營起復，益憚公許，密柬韓祥喉殿中侍御

史王贊奏寢召命。帝雖曲從而意不悅。及逐不才臺諫，擢公許起居郎兼直學士院。公許入奏不可不堅凝者七。帝語之曰：「卿一去三年，今用卿，出自朕意。」是日晚命下，嵩之罷起復，相范鍾及範，三制皆公許爲之。兼權中書舍人。

時二相尙遜，機務多壅。公許奏：「輔臣崇執謙遜，避遠形迹，相示以色而不明言，事幾無窮，日月易失。今最急莫若疆場之事，帥才不蓄，一旦欲議易置，茫然莫知所付。九江擇守，至以近所廢斥朋附爲欺之臺察充其選。同時任言責者，雖心迹有顯晦，過惡有重輕，而獲罪於淸議則同。一人拔拭之驟若是，三人者寧不引領以望玷缺之復。況近者言官方以劉晉之、鄭起潛、濮斗南三人乞明正其罪，以示警戒，而忽聞龔基先之用，議者咸謂改紀之初，所爲錯繆，邪枉窺伺善類，何可高枕而臥。」帝見公許疏稱善，且言基先之用太早。

右史徐元杰暴亡，司諫謝方叔、御史劉應起言，不報。公許亟奏曰：「正月，侍御史劉漢弼死。四月，右丞相杜範死。六月，右史徐元杰死。漢弼之死固可疑，範之死人言已籍籍，然漢弼類風淫末疾，範亦尫弱多病，諉曰天命，猶可也。元杰氣體魁碩，神采嚴毅，議論英發，甫聞譌告，奄至暴亡，口鼻四體變異之狀，使人爲之雪涕不已。六館諸生叩閽籲告，陛下始命有司置獄鞫勘，謂當於朝紳中選公正明決無所顧忌者專莅其事，盡情研究，務使得實。集議朝堂，分列首從，必誅無赦。」疏入，不報。物論沸騰，臨安尹趙與𥲅奏乞置獄天





府，帝從之。公許繳奏：「與𥲅乃嵩之死黨，乞改送大理寺，命臺臣董之。」詔殿中侍御史鄭寀，寀回慉首鼠，事竟不白，然公論莫不偉公許。

權禮部侍郎，差充執綏官。鄭起潛、劉晉之及陳一薦以臺臣論劾遷謫，公許疏其附下罔上之罪，乞下各州軍嚴行押發。鄭淸之以少保奉祠，侍講幄中，批復其子士昌官職，與內祠，且許侍養行在所。蓋士昌嘗以詔獄追逮，或云詐以死出，淸之造闕，泣請于帝，故有是命。公許繳奏：「士昌罪重，京都浩穰，姦宄雜糅，恐其積習沉痼，重爲淸之累；莫若且與甄復，少慰淸之，內祠侍養之命宜與收寢。」帝密遣中貴人以公許疏示淸之。項容孫以罪遣還家，道死，時敍官復職，公許駁奏，命遂格。

遷中書舍人，進禮部侍郎。嵩之免喪，以觀文殿大學士提舉洞霄宮，臺諫、給舍交章論奏，公許疏：「乞睿斷亟下明詔，正邦典。」殿中侍御史章琰、正言李昴英以論執政及府尹，帝怒，出二人，公許力爭之。公許自繳士昌之命，淸之日夜於經筵短公許。周坦妻與淸之妻善，因拜坦殿中侍御史。坦首疏劾公許，以寶章閣待制知建寧府；諫議大夫鄭寀又劾之，命遂寢。

淸之再相，公許屏居湖州者四年，再提舉玉隆觀、差知婺州，未上；帝欲召爲文字官，淸之奏已令守婺，帝曰：「朕欲其來。」乃授權刑部尙書，屢辭弗獲。入對，上疏貨財、興繕、逐

諫臣、開邊釁時弊七事，薦知名士二十九人。

時罷京學類申，散遣生徒，公許奏：「京學養士，其法本與三學不侔。往者立類申之法，重輕得宜，人情便安，近一旦忽以鄉庠敎選而更張之，爲士亦當自反，未可盡歸咎朝廷也。令行之始，臣方還朝，未敢強聒以撓既出之令。今士子擾擾道途，經營朝夕，今既未能盡復舊數，莫若權宜以五百爲額，仍用類申之法，使遠方遊學者，得以肄習其間。京邑四方之極，而庠序一空，弦誦寂寥，遂使逢掖皇皇，市廛敢怨而不敢議，非所以作成士氣、尊崇敎化也。」淸之益不樂。授稿殿中侍御史陳垓以劾公許，參知政事吳潛奏留之，帝夜半遣小黃門取垓疏入。後二日，二府奏公許不宜去，同知樞密院徐淸叟上疏論垓。太學生劉黻等百餘人、布衣方和卿伏闕上書論垓。朝廷尋授寶章閣學士、知隆興府，而公許已死矣。遺表上，帝嗟悼，進龍圖閣學士致仕，贈宣奉大夫，官其後，賜賻如令式。

公許沖澹寡欲，晚年惟一僮侍，食無重味，一裘至十數年不易。家無羨儲，敬愛親戚備至。蜀有兵難，族姻奔東南者多依公許以居。所著有塵缶文集、內外制、奏議、奏常擬謚、掖垣繳奏、金華講義、進故事行世。





羅必元字亨父，隆興進賢人。嘉定十年進士。調咸寧尉，撫州司法參軍，崇仁丞，復攝司法。郡士曾極題金陵行宮龍屏，迕丞相史彌遠，謫道州，解吏窘極甚。必元釋其縛，使之善達。眞德秀入參大政，必元移書曰：「老醫嘗云，傷寒壞證，惟獨參湯可救之，然其活者十無二三。先生其今之獨參湯乎？」調福州觀察推官。有勢家李遇奪民荔支園，必元直之；遇爲言官，以私憾罷之。知餘干縣。趙福王府驕橫，前後宰貳多爲擠陷，至是以汝愚墓占四周民山，亦爲直之，言于州曰：「區區小官，罷去何害？」人益壯其風力。

淳祐中，通判贛州。賈似道總領京湖，刻剝至甚。必元上疏，以爲蠹國脈、傷民命，似道銜之。改知汀州，爲御史丁大全按去，後起幹行在糧料院。錢塘有海鰍爲患，漂民居，詔方士治之，都人鼓扇成風。必元上疏力止之。帝召見曰：「見卿梅花詩，足知卿志。」度宗卽位，以直寶章閣兼宗學博士致仕。卒，年九十一。必元嘗從危稹、包遜學，最爲有淵源，見理甚明，風節甚高，至今鄉人猶尊慕之云。

王遂字去非，一字潁叔，樞密副使韶之玄孫，後爲鎭江府金壇人。嘉泰二年進士，調富陽主簿，歷官差幹辦諸司審計司。紹定三年，福建寇擾甫定，朝廷選賢能吏，勞來安集，以

遂知邵武軍兼福建招捕司參議官。遂過江山、浦城道中，遇邵武避地之人，卽遺金爲歸資，從者如市。至郡，撫摩創痍，翦平凶孽，民恃以安。未幾，言者以遂妄自標致，邀譽沽名，罷。

改知安豐軍，遷國子監主簿，又遷太常寺主簿，拜監察御史。疏奏極論進君子，退小人。又言正風俗，息奔競。又言：「朝廷謂史嵩之小黠爲大智，近功爲遠略。忽臣之言，必欲僥倖嵩之於不敗，非爲國至計也。欺君誤國，天下知之，而朝廷猶且惑焉，勢甚凛凛也。」入對，言帝知、仁、勇，學有未至。

遷右正言，尋拜殿中侍御史。疏言：「三十年來凶德參會，未有如李知孝、梁成大、莫澤肆無忌憚者，三凶之罪，上通于天，乞重其刑。」又取劉光祖爲殿中侍御史時奏格，擇其關於風化切於時宜者，請頒示中外。皆從之。又請於並淮置屯田，且條上邊事曰：「當今之急務，在朝廷者五，定規摹，明意嚮，一心力，謹事權，審號令；在邊閫者六，恤歸附，精間諜，節財用，練士兵，擇將才，計軍實。」又言：「君德必純乎剛。」帝皆善之。

遷戶部侍郎兼同修國史實錄院同修撰，時暫兼權侍左侍郎。以寶章閣待制差知遂寧府。進煥章閣待制，四川安撫制置副使兼知成都府。差知平江府。進敷文閣待制、知慶元府，改知太平州〔五〕，以論罷。進顯謨閣待制、知泉州。改溫州、寧國府。以寶章閣直學士





知建寧府。以華文閣直學士差知隆興府兼江西轉運副使。改知太平州，復知隆興兼江西安撫使。召赴闕，授權工部尚書。

遂與同里劉宰素同志，宰嘗稱遂爲文雅健，無世俗浮靡之氣，足以名世。遂守平江，宰贈之言曰：「士友當親，而賢否不可不辨；財利當遠，而會計不可不明。折獄以情，毋爲私意所牽；薦士以才，毋爲權要所奪。當言則言，不視時而退縮；可去則去，不計利而遲回。庶幾名節之全，不愧簡冊所載。」蓋格言也。

論曰：傅伯成晚與楊簡爲時耆龜。葛洪守正不阿。曾三復澹然無躁競之心。黃疇若優於政治。袁韶力請討李全，蓋丞相史彌遠腹心也。危稹以通問徐僑獲罪，其人可知，矧治州之政，有循吏之風焉。羅必元受學於稹者也。程公許、王遂讜論疊見，豈不偉哉。

## 校勘記

〔一〕建寧府 原作「建昌府」，劉克莊後村先生大全集卷一六七傅伯成行狀作「建寧府」。按下文「蔡元定謫死道州，歸葬建陽」，建陽爲建寧府屬縣，作「建寧」是，今改。

〔二〕石牌 原作「石碑」，據後村先生大全集卷一六七傅伯成行狀、方輿紀要卷二五改。

〔三〕三十餘緡 後村先生大全集卷一四二黃疇若神道碑作「三千餘緡」，疑此誤。

〔四〕淳熙十四年進士 「十四年」原作「十三年」。按本書卷三五孝宗紀，淳熙十四年四月，「賜禮部進士王容等四百三十五人及第、出身」；南宋館閣續錄卷七謂袁韶乃淳熙十四年王容榜進士；宋會要選舉二之二五，「十四年五月四日，賜進士聞喜宴于禮部貢院」；下文危稹傳，稹舉淳熙十四年進士，據南宋館閣續錄卷八亦屬王容榜。「十三年」乃「十四年」之誤，據改。

〔五〕太平州 原作「太平府」。按下文作「太平州」，本書卷八八地理志江南東路有太平州，作「州」是，今改。

# 宋史卷四百一十六

## 列傳第一百七十五

吳淵　余玠　汪立信　向士璧　胡穎　冷應澂　曹叔遠從子豳　王萬　馬光祖

吳淵字道父，祕閣修撰柔勝之第三子也。幼端重寡言，苦志力學。五歲喪母，哭泣哀慕如成人。

嘉定七年舉進士，調建德縣主簿，丞相史彌遠館留之，語竟日，大悅，謂淵曰：「君，國器也，今開化新置尉，即日可上，欲以此處君。」淵對曰：「甫得一官，何敢躁進，況家有嚴君，所當稟命。」彌遠爲之改容，不復強。至官，就辟令。江東九郡之冤，訟于諸使者，皆乞送淵。改差浙東制置使司幹辦公事。

丁父憂，詔以前職起復，力辭，弗許，再辭，且貽書政府曰：「人道莫大於事親，事親莫大





於送死，苟冒哀求榮，則平生大節已掃地矣，他日何以事君？」時丞相史嵩之方起復，或曰：「得無礙時宰乎？」淵弗顧，詔從之。服除，差浙東提舉茶鹽司幹辦公事，尋改鎮江府節制司、沿江制置使司幹辦公事。皆不就。知武陵縣，改揚子縣兼淮東轉運司幹辦公事，添差通判眞州。入爲將作監丞，遷樞密院編修官兼刑部郎官，再遷祕書丞仍兼刑部郎官。以直煥章閣知平江府兼節制許浦水軍，提點浙西刑獄。

會衢、嚴盜起，警報至，調遣將士招捕之，殲其渠魁，散其支黨，以功爲樞密院檢詳諸房文字兼國史院編修官、實錄院檢討官兼左司。進右文殿修撰、樞密副都承旨兼右司兼檢正。適政府欲用兵中原，以據關守河爲說，淵力陳其不可，大要謂「國家力決不能取，縱取之決不能守」，丞相鄭清之不樂而罷。出知江州，改江、淮、荆、浙、福建、廣南都大提點坑冶，都司袁商令御史王定劾淵，罷。侍御史洪咨夔不直之，劾定左遷。未幾，邊事果如淵言，清之致書引咎巽謝。差知鎮江府，定防江軍之擾，兼淮東總領，以功遷太府少卿，復以總領兼知鎮江，加集英殿修撰、知鎮江兼總領。進權工部侍郎，職任如舊。權兵部侍郎，權戶部侍郎，再爲總領兼知鎮江。

時淵造闕下入對，歷陳九事，甫下殿，御史唐璘擊之，璘蓋淵所薦者也。遂仍前職，提舉太平興國宮。久之，加寶章閣待制，再起知鎮江兼總領。未幾，以戶部侍郎兼知鎮江府，召赴行在。以寶章閣直學士知太平州，尋兼江東轉運使。

時兩淮民流徙入境者四十餘萬，淵亟加慰撫而賙濟之，使之什伍，令土著人無相犯。旁郡流民焚劫無虛日，獨太平境內肅然無敢譁者。以功加華文閣直學士、沿海制置使、知慶元府，不赴。以工部尚書、沿海制置副使知江州，亦不赴。升華文閣學士、知隆興府、江西安撫使兼轉運副使。會歲大侵，講行荒政，全活者七十八萬九千餘人。徙知潭州、湖南安撫使，不赴。加敷文閣學士，仍知隆興府，安撫、轉運副使如故。改知鎮江府兼都大提舉浙西沿海諸州軍、許浦、澉浦等處兵船，歲亦大侵，因淵全活者六十五萬八千餘人。右正言三疏劾淵，奪職。尋復職，提舉太平興國宮。未幾，改鴻慶宮。

丁母憂，服除，進龍圖閣學士、江西安撫使兼知江州，尋爲沿江制置副使兼提舉南康軍兵甲公事、節制蘄黃州、安慶府屯田使。湖南峒寇蔓入江右之境，破數縣，袁、洪大震，淵命將調兵，生禽其渠魁，亂遂平。遷兵部尚書、知平江府兼浙西兩淮發運使。尋兼知平江府，歲亦大侵，因淵全活者四十二萬三千五百餘人。兼浙西提點刑獄、知太平州兼提領兩淮茶鹽所，以功進端明殿學士、沿江制置使、江東安撫使兼知建康府、兼行宮留守、節制和州無爲軍安慶府兼三郡屯田使。

朝廷付淵以光、豐、蘄、黃之事，凡創司空山燕家山金剛臺三大砦、嵯峨山鷹山什子山





等二十二小砦，團丁壯置軍，分立隊伍，星聯棋布，脈絡貫通，無事則耕，有警則禦。詔以淵興利除害所列二十有五事，究心軍民，拜資政殿大學士，職任如舊，與執政恩例，封金陵侯，復賜「錦繡堂」、「忠勤樓」大字。進爵爲公，徙知福州、福建安撫使。改知平江府兼發運使。

御史劉元龍劾淵，帝寢其奏，改知寧國府。累具辭免，且匄祠，以本官提舉洞霄宮。起知潭州、湖南安撫使，不赴。改知太平兼提領江、淮茶鹽所，轉荆湖制置大使、知江陵府兼夔路策應大使，兼京湖屯田大使，帶行京湖安撫制置大使。拜觀文殿學士，職任如舊，兼總領湖廣江西京西財賦、湖北京西軍馬錢糧。淵調兵二萬往援川蜀，其後力戰于白河、沮河、玉泉。寶祐五年正月朔，以功拜參知政事。越七日，卒，贈少師，賻銀絹以五百計。

淵有材略，迄濟事功，所至興學養士，然政尚嚴酷，好興羅織之獄，籍入豪橫，故時有「蜈蚣」之謠。其弟潛亦數諫止之。所著易解及退庵文集、奏議。

余玠字義夫，蘄州人。家貧落魄無行，喜功名，好大言。少爲白鹿洞諸生，嘗攜客入茶肆，毆賣茶翁死，脫身走襄淮。時趙葵爲淮東制置使，玠作長短句上謁，葵壯之，留之幕中。

未幾，以功補進義副尉，擢將作監主簿、權發遣招進軍，充制置司參議官，進工部郎官。嘉熙三年，與大元兵戰于汴城、河陰有功，授直華文閣、淮東提點刑獄兼知淮安州兼淮東制置司參謀官。淳祐元年，玠提兵應援安豐，拜大理少卿，升制置副使。進對：「必使國人上下事無不確實，然後華夏率孚，天人感格。」又言：「今世胄之彥，場屋之士，田里之豪，一或即戎，即指之爲麤人，斥之爲噲伍。願陛下視文武之士爲一，勿令偏有所重，偏必至於激，文武交激，非國之福。」帝曰：「卿人物議論皆不常，可獨當一面，卿宜少留，當有擢用。」乃授權兵部侍郎、四川宣諭使，帝從容慰遣之。玠亦自許當手挈全蜀還本朝，其功日月可冀。

尋授兵部侍郎、四川安撫制置使兼知重慶府兼四川總領兼夔路轉運使。自寶慶三年至淳祐二年，十六年間，凡授宣撫三人，制置使九人，副四人，或老或暫，或庸或貪，或慘或繆，或遙領而不至，或開隙而各謀，終無成績。於是東、西川無復統律，遺民咸不聊生，監司、戎帥各專號令，擅辟守宰，蕩無紀綱，蜀日益壞。及聞玠入蜀，人心粗定，始有安土之志。

玠大更敝政，遴選守宰，築招賢之館于府之左，供張一如帥所居，下令曰：「集衆思，廣忠益，諸葛孔明所以用蜀也。欲有謀以告我者，近則徑詣公府，遠則自言于郡，所在以禮遣



之，高爵重賞，朝廷不吝以報功，豪傑之士趨期立事，今其時矣。」士之至者，玠不厭禮接，咸得其歡心，言有可用，隨其才而任之；苟不可用，亦厚遺謝之。

播州冉氏兄弟璡、璞，有文武才，隱居蠻中，前後閫帥辟召，堅不肯起，聞玠賢，相謂曰：「是可與語矣。」遂詣府上謁，玠素聞冉氏兄弟，刺入即出見之，與分廷抗禮，賓館之奉，冉安之若素有，居數月，無所言。玠將謝之，乃爲設宴，玠親主之。酒酣，坐客方紛紛競言所長，璡兄弟飲食而已。玠以微言挑之，卒默然。玠曰：「是觀我待士之禮何如耳。」明日更闢別館以處之，且日使人窺其所爲。兄弟終日不言，惟對踞，以堊畫地爲山川城池之形，起則漫去，如是又旬日，請見玠，屛人曰：「某兄弟辱明公禮遇，思有以少裨益，非敢同衆人也。爲今日西蜀之計，其在徙合州城乎？」玠不覺躍起，執其手曰：「此玠志也，但未得其所耳。」曰：「蜀口形勝之地莫若釣魚山，請徙諸此，若任得其人，積粟以守之，賢於十萬師遠矣，巴蜀不足守也。」玠大喜曰：「玠固疑先生非淺士，先生之謀，玠不敢掠以歸己。」遂不謀於衆，密以其謀聞於朝，請不次官之。詔以璡爲承事郎、權發遣合州，璞爲承務郎、權通判州事。徙城之事，悉以任之。命下，一府皆諠然同辭以爲不可。玠怒曰：「城成則蜀賴以安，不成，玠獨坐之，諸君無預也。」卒築青居、大獲、釣魚、雲頂、天生凡十餘城，皆因山爲壘，碁布星分，爲諸郡治所，屯兵聚粮爲必守計。且誅潰將以肅軍令。又移金戎於大獲，以護蜀口。移沔戎於



青居，興戎先駐合州舊城，移守釣魚，共備內水。移利戎於雲頂，以備外水。於是如臂使指，氣勢聯絡。又屬嘉定俞興開屯田於成都，蜀以富實。

十年冬，玠率諸將巡邊，直擣興元，大元兵與之大戰。十二年，又大戰于嘉定。初，利司都統王夔素殘悍，號「王夜叉」，恃功驕恣，桀驁不受節度，所至劫掠，每得富家，穴箕加頸，四面然箕，謂之「蓺蝕月」，以弓弦繫鼻下，高懸於格，謂之「錯繫喉」，縛人兩股，以木交壓，謂之「乾榨油」，以至用醋灌鼻、惡水灌耳口等，毒虐非一，以脅取金帛，稍不遂意，即死其手，蜀人患苦之。且悉斂部將倅馬以自入，將戰，迺高其估賣與之。朝廷雖知其不法，在遠不能詰也。大帥處分，少不嗛其意，則百計撓之，使不得有所爲。玠至嘉定，夔帥所部兵迎謁，才羸弱二百人。玠曰：「久聞都統兵精，今疲敝若此，殊不稱所望。」夔對曰：「夔兵非不精，所以不敢即見者，恐驚從人耳。」頃之，班聲如雷，江水如沸，聲止，圜陣即合，旗幟精明，器械森然，沙上之人彌望若林立，無一人敢亂行者。舟中皆戰掉失色，而玠自若也。徐命吏班賞有差。夔退謂人曰：「儒者中迺有此人！」

玠久欲誅夔，獨患其握重兵居外，恐輕動危蜀，謀於親將楊成，成曰：「夔在蜀久，所部兵精，前時大帥，夔皆勢出其右，意不止此也。視侍郎爲文臣，必不肯甘心從令，今縱弗誅，養成其勢，後一舉足，西蜀危矣。」玠曰：「我欲誅之久矣，獨患其黨與衆，未發耳。」成曰：「侍



郎以夔在蜀久，有威名，孰與吳氏？夔固弗若也。夫吳氏當中興危難之時，能百戰以保蜀，傳之四世，恩威益張，根本益固，蜀人知有吳氏而不知有朝廷。一旦曦爲畔逆，諸將誅之如取孤豚。況夔無吳氏之功，而有曦之逆心，恃豨突之勇，敢慢法度，縱兵殘民，奴視同列，非有吳氏得人之固也。今誅之，一夫力耳，待其發而取之，難矣。」玠意遂決，夜召夔計事，潛以成代領其衆，夔才離營，而新將已單騎入矣，將士皆愕眙相顧，不知所爲。成以帥指譬曉之，遂相率拜賀，夔至，斬之。成因察其所與爲惡者數人，稍稍以法誅之。乃薦成爲文州刺史。

戎帥欲舉統制姚世安爲代，玠素欲革軍中舉代之敝，以三千騎至雲頂山下，遣都統金某往代世安，世安閉關不納，且有危言，然常疑玠圖己。屬丞相謝方叔家子姪自永康避地雲頂，世安厚結之，求方叔爲援。方叔因倡言玠失利戎之心，非我調停，且旦夕有變，又陰嗾世安密求玠之短，陳於帝前。於是世安與玠抗，玠鬱鬱不樂。寶祐元年，聞有召命，愈不自安，一夕暴下卒，或謂仰藥死。蜀之人莫不悲慕如失父母。

玠自入蜀，進華文閣待制，賜金帶，權兵部尚書，進徽猷閣學士，升大使，又進龍圖閣學士、端明殿學士，及召，拜資政殿學士，恩例視執政。其卒也，帝輟朝，特贈五官。以監察御史陳大方言奪職。六年，復之。

玠之治蜀也，任都統張實治軍旅，安撫王惟忠治財賦，監簿朱文炳接賓客，皆有常度。至於脩學養士，輕徭以寬民力，薄征以通商賈。蜀旣富實，乃罷京湖之餉；邊關無警，又撤東南之戍。自寶慶以來，蜀閫未有能及之者。惜其遽以太平自詑，進蜀錦蜀箋，過於文飾。久假便宜之權，不顧嫌疑，昧於勇退，遂來讒賊之口；而又置機捕官，雖足以廉得事情，然寄耳目於羣小，虛實相半，故人多懷疑懼。至於世安拒命，玠威名頓挫，賫志以沒。有子曰如孫，取「當如孫仲謀」之義，遭論改師忠，歷大理寺丞，爲賈似道所殺。

汪立信，澈從孫也。立信曾大父智從澈宣諭湖北，道六安，愛其山水，因居焉。淳祐元年，立信獻策招安慶劇賊胡興、劉文亮等，借補承信郎。六年，登進士第，理宗見立信狀貌雄偉，顧侍臣曰：「此閫帥才也。」授烏江主簿，辟沿江制幕。知桐城縣，未上，辟荊湖制司幹辦、通判建康府。荊湖制置趙葵辟充策應使司及本司參議官。葵去而馬光祖代之，立信是時猶在府也。

鄂州圍解，賈似道旣罔上要功，惡閫外之臣與己分功，迺行打算法於諸路，欲以軍興時支散官物爲罪，擊去之。光祖與葵素有隙，且欲迎合似道，被旨卽召吏稽勾簿書，卒不能得





其疵。迺以開慶二年正月望夕，張燈宴設錢三萬緡爲葵放散官物聞于朝。立信力爭之，謂不可，且曰：「方艱難時，趙公盡事勤勞，而公以非理擿拾之，公一旦去此，後來者復效公所爲，可乎？」光祖怒曰：「吾不才不能爲度外事，知奉朝命而已。君他日處此，勉爲之。」立信曰：「使某不爲則已，果爲之，必不效公所爲也。」光祖益怒，議不行，立信遂投劾去。初，立信通判江陵府，葵制置荊湖，嘗以公事劾立信，及在沿江府，亦謀議寡諧，立信於葵未嘗有一日之驩也。

擢京西提舉常平，改知昭信軍、權淮東提刑。景定元年，差知池州、提舉江東常平、權知常州、浙西提點刑獄。明年冬，卽嘉興治所講行荒政。尋改知江州，充沿江制置副使、節制蘄黃興國軍馬、提舉饒州南康兵甲，升江西安撫使。乞祠祿，差知鎭江，尋充湖南安撫使、知潭州。至官，供帳之物悉置官庫，所積錢連歲代納潭民夏稅，貧無告者予錢粟，病者加藥餌，雨雪旱潦軍民皆有給。興學校，士習爲變，以潭爲湖湘重鎭，創威敵軍，所募精銳數千人，後來者果賴其用。權兵部尚書、荊湖安撫制置、知江陵府。

時襄陽被圍危急，立信上疏：「請益安陸府屯兵，凡邊戍皆不宜抽減，黃州守臣陳奕素蓄異志，朝廷宜防之。」迺移書似道，謂：「今天下之勢十去八九，而君臣宴安不以爲虞。夫天之不假易也，從古以然，此誠上下交修以迓續天命之幾，重惜分陰以趨事赴工之日也。而迺酣歌深宮，嘯傲湖山，玩歲愒日，緩急倒施，卿士師師非度，百姓鬱怨非上，以求當天心，俯遂民物，拱揖指揮而折衝萬里者，不亦難乎！爲今日之計者，其策有三。夫內郡何事乎多兵，宜盡出之江干，以實外禦。算兵帳見兵可七十餘萬人，老弱柔脆，十分汰二，爲選兵五十餘萬人。而沿江之守，則不過七千里，若距百里而屯，屯有守將，十屯爲府，府有總督，其尤要害處，輒參倍其兵。無事則泛舟長淮，往來游徼，有事則東西齊奮，戰守並用。刁斗相聞，饋餉不絕，互相應援，以爲聯絡之固。選宗室親王、忠良有幹用大臣，立爲統制，分東西二府，以涖任得其人，率然之勢，此上策也。久拘聘使，無益於我，徒使敵得以爲辭，請禮而歸之，許輸歲幣以緩師期，不二三年，邊遽稍休，藩垣稍固，生兵日增，可戰可守，此中策也。二策果不得行，則天敗我也，若銜璧輿櫬之禮，則請備以俟。」似道得書大怒，抵之地，詬曰：「瞎賊狂言敢爾。」蓋以立信目微眇云。尋中以危法廢斥之。

咸淳十年，大元兵大舉伐宋，似道督諸軍出次江上，以立信爲端明殿學士、沿江制置使、江淮招討使，俾就建康府庫募兵以援江上諸郡。立信受詔不辭，卽日上道，以妻子託愛將金明，執其手曰：「我不負國家，爾亦必不負我。」遂行。與似道遇蕪湖，似道拊立信背哭曰：「不用公言，以至於此。」立信曰：「平章、平章，瞎賊今日更說一句不得。」似道問立信何向？曰：「今江南無一寸乾淨地，某去尋一片趙家地上死，第要死得分明爾。」旣至，則建康守兵





悉潰，而四面皆北軍。立信知事不可成，歎曰：「吾生爲宋臣，死爲宋鬼，終爲國一死，但徒死無益耳，以此負國。」率所部數千人至高郵，欲控引淮漢以爲後圖。

已而聞似道師潰蕪湖，江漢守臣皆望風降遁。立信歎曰：「吾今日猶得死於宋土也。」迺置酒召賓佐與訣，手爲表起居三宮，與從子書，屬以家事。夜分起步庭中，慷慨悲歌，握拳撫案者三，以是失聲，三日扼吭而卒。以光祿大夫致仕，遺表聞，贈太傅。

大元丞相伯顏入建康，金明以其家人免，或惡立信於伯顏，以其二策及其死告，且請戮其孥，伯顏歎息久之，曰：「宋有是人，有是言哉！使果用，我安得至此。」命求其家厚恤之，曰：「忠臣之家也。」金明以立信之喪歸葬丹陽。

立信子麟，內書寫機宜文字，在建康不肯從衆降，崎嶇走閩以死。

初，立信之未仕也，家窶甚。會歲大侵，吳淵守鎭江，命爲粥以食流民，使其客黃應炎主之。應炎一見立信，與語，心知其非常人，言於淵，淵大奇之，禮以上客，凡其張服御視應炎爲有加，應炎甚怏怏。淵解之曰：「此君，吾地位人也，但遭時不同耳。君之識度志業，皆非其倫也，盍少下之。」是年，試江東轉運司，明年登第，後其踐歷略如淵而卒死於難，人謂淵能知人云。

中華書局

向士璧字君玉，常州人。負才氣，精悍甚自好，紹定五年進士，累通判平江府，以臣僚言罷。起爲淮西制置司參議官，又以監察御史胡泓言罷。起知高郵軍，制置使丘崈又論罷。起知安慶府、知黃州，遷淮西提點刑獄兼知黃州，加直寶章閣，仍舊職，奉鴻禧祠。特授將作監、京湖制置參議官，進直煥章閣、湖北安撫副使兼知峽州，兼歸峽施黔、南平軍、紹慶府鎮撫使，遷太府少卿、大理卿，進直龍圖閣。合州告急，制置使馬光祖命士璧赴援，數立奇功。帝亦語羣臣曰：「士璧不待朝命，進師歸州，且捐家貲百萬以供軍費，其志足嘉。」進祕閣脩撰、樞密副都承旨，仍舊職。

開慶元年，涪州危，又命士璧往援，北兵夾江爲營，長數十里，阻舟師不能進至浮橋。時朝廷自揚州移賈似道以樞密使宣撫六路，進駐峽州，檄士璧以軍事付呂文德，士璧不從，以計斷橋奏捷，具言方略。未幾，文德亦以捷聞。士璧還峽州，方懷傾奪之疑，尋辟爲宣撫司參議官，遷湖南安撫副使兼知潭州，兼京西、湖南北路宣撫司參議官，加右文殿修撰，尋授權兵部侍郎、湖南安撫使兼知潭州。頃之，升湖南制置副使。大元將兀良哈䚟兵自交阯北還，前鋒至城下，攻圍急，士璧極力守禦，聞後隊且至，遣王輔佑率五百人往覘之，以易正大監其軍，遇於南岳市，一戰有功，潭州圍遂解。事聞，賜金帶，令服繫，進兵部侍郎兼轉運





使，餘依舊職。

似道入相，疾其功，非獨不加賞，反諷監察御史陳寅、侍御史孫附鳳一再劾罷之，送潭州居住。又稽守城時所用金穀，逮至行部責償。幕屬方元善者，極意逢迎似道意，士璧坐是死，復拘其妻妾而徵之。其後元善改知吉水縣，俄歸得狂疾，常呼士璧。時輔佑亦謫，及文天祥起兵召輔佑于謫所，則死矣。

德祐元年三月，詔追復元官，仍還從官恩數，立廟潭州。明年正月，太府卿柳岳乞錄用其子孫，詔從之。

胡穎字叔獻，潭州湘潭人。父璵，娶趙方弟雍之女，二子，長曰顯，有拳勇，以材武入官，數有戰功，事見趙范傳。穎自幼風神秀異，機警不常，趙氏諸舅以其類己，每加賞鑒。成童即能倍誦諸經，中童子科，復從兄學弓馬，母不許，曰：「汝家世儒業，不可復爾也。」遂感勵苦學，尤長於春秋。

紹定三年，范討李全，檄穎入幕，穎常微服行諸營，察衆志嚮，歸必三鼓。後全敗，遣穎獻俘于朝，以賞補官。五年，登進士第，即授京秩。歷官知平江府兼浙西提點刑獄，移湖南兼提舉常平，即家置司。性不喜邪佞，尤惡言神異，所至毀淫祠數千區，以正風俗。衡州有靈祠，吏民夙所畏事，穎撤之，作來諗堂奉母居之，嘗語道州教授楊允恭曰：「吾夜必瞑坐此室，察影響，咸無有。」允恭對曰：「以爲無則無矣，從而察之，則是又疑其有也。」穎甚善其言。

以樞密都承旨爲廣東經略安撫使。潮州僧寺有大蛇能驚動人，前後仕于潮者皆信奉之。前守去，州人心疑焉，以爲未嘗詣也；已而旱，咸咎守不敬蛇神故致此，後守不得已詣焉，已而蛇蜿蜒而出，守大驚得疾，旋卒。穎至廣州，聞其事，檄潮州令僧舁蛇至，至則其大如柱而黑色，載以闌檻，穎令之曰：「爾有神靈當三日見變怪，過三日則汝無神矣。」既及期，蠢然猶衆蛇耳，遂殺之，毀其寺，并罪僧。移節廣西，尋遷京湖總領財賦。咸淳間卒，贈四官。

穎爲人正直剛果，博學彊記，吐辭成文，書判下筆千言，援據經史，切當事情，倉卒之際，對偶皆精，讀者驚嘆。臨政善斷，不畏豪禦。在浙西，榮王府十二人行劫，穎悉斬之。一日輪對，理宗曰：「聞卿好殺。」意在浙獄，穎曰：「臣不敢屈太祖之法以負陛下，非嗜殺也。」帝爲之默然。





冷應澂字公定，隆興分寧人。寶慶元年進士，調廬陵主簿，即以廉能著。有怨事臺府者，必曰：「願下廬陵清主簿。」尤爲楊長孺所識拔。調靜江府司錄參軍，治獄平恕，轉運使范應鈴列薦于朝。

知萬載縣，大修學舍，招俊秀治其業，旌其通經飭行者以勸。歲歉，棄孩滿道，乃下令恣民收養，所棄父母不得復問，全活甚衆。葉夢得〔一〕列其行事，風厲餘邑。通判道州。入監行在榷貨務，遷登聞鼓檢院。

景定元年，奉使督餉江上，還，知德慶府。前守政不立，縱豪吏漁獵，峒獠遂大爲變，偪城六十里而營。應澂未入境，馳檄諭之曰：「汝等不獲已至此，新太守且上，轉禍爲福，一機也。脅從影附，亦宜早計去就，不然不免矣。」獠感悟欲自歸，惑謀主不果，衆稍引去。應澂知其勢解，即厲士馬，出不意一鼓擒之，縱遣歸農，猶千餘人，乃請諸監司，歸郡之避難留幕府者，誅豪吏之激禍者。初經略雷宜中意應澂必以濟師來請，及是歎服，亟上其事，薦應澂可大用。

屬縣租賦，諉道阻久不至郡，應澂爲之期曰：「首輸者與減分，末至則償所減。」民惟恐後，不一月訖事。凡諸綱官廩稍軍券，前政積不得者悉補還之，上下欣附。應澂亦極力摩

撫，與爲簡便。期年報政，奏罷抑配鹽法及乞用楮劵折銀綱等五事，以紓民力，詔就升本道提舉常平兼轉運使，俾行其說。首劾守令貪橫不法十餘人，列郡肅然。最聞，加直祕閣。時經略使陳宗禮入爲參知政事，帝問誰可代卿者，宗禮以應徵對，旋召爲都官郎官，未行，就升直寶章閣、知廣州，主管廣南東路經略安撫司公事、馬步軍都總管，領漕、庾如故。

五司叢劇，應徵卽分時理務，不擾不勸，常曰：「治官事當如家事，惜官物當如己物。方今國計內虛，邊聲外震，吾等受上厚恩，安得淸談自高以誤世。陶士行、卞望之吾師也。」自聞襄、樊受圍，日繕器械，裕財粟，以備倉卒，後卒賴其用。廣平大寇，未嘗輕殺，笞杖以降，亦加審愼，至其臨事輒斷，雖勢要不爲撓奪。後卒于家。

曾叔遠字器遠，温州瑞安人。少學于陳傅良。登紹熙元年進士第。久之，李壁薦爲國子學錄，迕韓侂冑，罷。通判涪州，後守遂寧，營卒莫簡苦總領所侵刻，相率稱亂，勢張甚，入遂寧境，輒戢其徒無肆暴，曰：「此江南好官員也。」入朝，爲工部郎，出知袁州。以太常少卿召，權禮部侍郎，遇事獻替，多所裨益。終徽猷閣待制，諡文肅。嘗編永嘉譜，識者謂其有史才。子驤，孫郃，皆登進士第。族子幽。



幽字西士，少從錢文子學，登嘉泰二年進士第，授安吉州敎授。調重慶府司法參軍，郡守度正欲薦之，幽辭曰：「章司錄母老，請先之。」正敬嘆。改知建昌縣，復故尙書李常山房，建齋舍以處諸生。擢祕書丞兼倉部郎官。出爲浙西提舉常平，面陳和糴折納之獘，建虎丘書院以祀尹焞。移浙東提點刑獄，寒食放囚歸祀其先，囚感泣如期至。召爲左司諫，與王萬、郭磊卿、徐淸叟俱負直聲，當時號「嘉熙四諫」。上疏言：「立太子，厚倫紀，以弭火災。」又論余天錫、李鳴復之過，迕旨，還起居郞。進禮部侍郎，不拜，疏七上，進古詩以寓規正。久之，起知福州，再以侍郎召，爲臺臣所沮而止。遂守寶章閣待制致仕，卒諡文恭。子愉老，亦登進士第。

王萬字處一，家世婺州，父遊淮間，萬因生長濠州。少忠伉有大志，究心當世急務，尤精於邊防要害。登嘉定十六年進士第，調和州敎授。端平元年，主管尙書吏部架閣文字，遷國子學錄。明年，添差通判鎭江府。時金初滅，當路多知其人豪也，咨問者旁午。鄭淸之初謀乘虛取河洛，萬謂當急爲自



治之規。已而大元兵壓境，三邊震動，理宗下罪己詔，吳泳起草，又以咨萬，萬謂：「兵固失矣，言之甚，恐亦不可。今邊民生意如髮，宜以振厲奮發，興感人心。」爲條具沿邊事宜，徧告大臣要官，謂：「長淮千里，中間無大山澤爲限，擊首尾應，正如常山蛇勢，首當併兩淮爲一制閫之命是聽。兩淮惟濠州居中。濠之東爲盱眙，爲楚，以達鹽城，淮流深廣，敵所難度。濠之西爲安豐，爲光，以達信陽，淮流淺澀，敵每揭厲以涉之。法當調揚州北軍三千人，自淮東擣虛，常往來宿、亳間，使敵無意於東，而我併力淮西。淮西則又惟合肥居江、淮南北之中，法當建制置司合肥，而以濠梁、安豐、光州爲臂，以黃岡爲肘後緩急之助。又必令荊、襄每候西兵東來，輒尾之，使淮、襄之勢亦合，而後大規橅可立。」

論用兵，則謂：「當以五千人爲屯，每屯一將、二長，一大將一路，又合一大將而併合於制置爲總統。淮東可精兵三萬，光、黃可二萬，東西夾擊，而沿江制司會合肥兵共二萬，以牽制其中。行則給營陣，止則依城壘；行則齎乾糧，止則就食州縣。」論屯田，則謂：「當於新復州軍，東則海、邳，西則唐、鄧，所依者水之險，所依者山之險，畫此無地無田不耕，則歸附新軍流落餘民亦有固志。」

又謂：「戎司舊分地戍守，殿步兵戍眞、揚、六合，鎭江兵戍揚、楚、盱眙，建康馬司兵戍滁、濠、定遠，都統司兵戍廬、和、安豐，以至池司兵戍舒、蘄、巢縣，江司兵戍蘄、黃、浮光，



地勢皆順，皆以統制部之出外，而皆常有帥臣居內，以本軍財賦葺營柵，撫士卒，備器械，以故軍事常整辦。遇警急則帥臣親統重兵以行。比乃有以建康馬帥而知黃州者，都統而知光州者，以池司都統而在楚州，以鎭江都統而在應天者，將不知兵，兵不屬將，往往以本軍之財，資他處之用，以致營柵壞而莫修，士卒貧而莫給，器械鈍而莫繕，宜與盡還舊制。」及請寬邊民，請團民兵，請援浮光，請邊民之能捍邊者，常厚其賞而小其官，使常得其力。其後兵興用窘，履畝之令行，則又言之廟堂曰：「今名更化，可反爲故相之所不爲乎？」其他數陳，往往累數萬言，其自任之篤，切於當世如此。三年，授樞密院編脩官。

嘉熙六年〔三〕，兼權屯田郎中，因轉對，言：「天命去留原於君心，陛下一一而思之，凡惻然有觸於心而未能安者，皆心之未能同乎天者也。天不在天，而在陛下之心，苟能天人合一，永永勿替，天命在我矣。」差知台州，至郡日，惟蔬飯，終日坐廳事，事至立斷，吏無所售，往往改業散去，民亦化之不復訟，上下肅然，郡以大治。才五月，乞祠去。三年，遷屯田員外郎兼編修，轉對，言：「君臣上下盡克私心，以服人心，以回天心。」遷尙右郎官，尋兼崇政殿說書。

四年，擢監察御史。首論史宅之，故相之子，曩者弄權，不當復玷從班。上命丞相再三諭旨，迄不奉詔。上不得已，出宅之知平江府。又論之，疏凡五上，史嵩之自江上董師入相，

萬又首論之，謂其「事體迫遽，氣象傾搖，太學生欲趣其歸，則賄賂之迹已形。近或謂有族人發其私事，肆爲醜詆者，以相國大臣而若此，非書之所謂大臣矣」。然當時論相之事已決，疏入，遷大理少卿。萬即日還常熟寓舍。遷太常少卿，辭。差知寧國府，辭。召赴行在奏事，出爲福建提點刑獄，加直煥章閣、四川宣諭司參議官，皆力辭，乞休致。詔特轉朝奉郎，守太常少卿致仕，卒。嵩之罷相，衆方交論其非，上思萬先見，親賜御札，謂萬「立朝蹇諤，古之遺直，爲郡廉平，古之遺愛。聞其母老家貧，朕甚念之，賜新會五千貫，田五百畝，以贍給其家」。

初，萬之學專有得於「時習」之語，謂學莫先於言顧行，言然而行，未然者非言之僞也，習未熟也，熟則言行一矣。故終其身，行無不顧其言。發於設施論諫，皆根於中心。遺文有時習編及其他奏箚及論天下事者凡十卷。

馬光祖字華父，婺州金華人。寶慶二年進士，調新喻主簿，已有能名。從眞德秀學。改知餘干縣，差知高郵軍，遷軍器監主簿，差充督視行府參議官。奉雲臺祠。差知處州，監登聞鼓院，進太府寺丞兼莊文府教授、右曹郎官。出知處州，乞降僧道牒振濟，詔從之。加



直祕閣、浙東提舉常平。移浙西提點刑獄，時暫兼權浙西提舉常平。起復軍器監、總領淮東軍馬錢糧兼知鎭江。進直徽猷閣、江西轉運副使兼知隆興府。以右正言劉漢弼言罷。後九年，起直徽猷閣、知太平州、提領江西茶鹽所。進直寶文閣，遷太府少卿，仍知太平州、提領江、淮茶鹽所。遷司農卿、淮西總領兼權江東轉運使。

拜戶部尚書兼知臨安府、浙西安撫使。帝諭丞相謝方叔趣入覲，乞嚴下海米禁，歷陳京師艱食、和糴增價、海道致寇三害。加寶章閣直學士、沿江制置使、江東安撫使、知建康府兼行宮留守兼節制和州無爲軍安慶府三郡屯田使，加煥章閣，尋加寶章閣學士。始至官，即以常例公用器皿錢二十萬緡支犒軍民，減租稅，養鰥寡孤疾無告之人，招兵置砦，給錢助諸軍昏嫁。屬縣稅折收絲綿絹帛，倚閣除免以數萬計。興學校，禮賢才，辟召僚屬，皆極一時之選。

拜端明殿學士、荆湖制置、知江陵府，去而建康之民思之不已。帝聞，命以資政殿學士、沿江制置大使、江東安撫使再知建康，士女相慶。光祖益思寬養民力，興廢起壞，知無不爲，蠲除前政逋負錢百餘萬緡，魚利稅課悉罷減予民，修建明道、南軒書院及上元縣學。撙節費用，建平糴倉，貯米十五萬石，又爲庫貯糴本二百餘萬緡，補其折閱，發糴常減於市價，以利小民。修飭武備，防拓要害，邊賴以安。其爲政寬猛適宜，事存大體。



公田法行，光祖移書賈似道言公田法非便，乞不以及江東，必欲行之，罷光祖乃可。進大學士兼淮西總領。召赴行在，遷提領戶部財用兼知臨安府、浙西安撫使。會歲饑，榮王府積粟不發廩，光祖謁王，辭以故，明日往，亦如之，又明日又往，臥客次，王不得已見焉。光祖厲聲曰：「天下孰不知大王子爲儲君，大王不於此時收人心乎？」王以無粟辭；光祖探懷中文書曰：「某莊某倉若干。」王無以辭，得粟活民甚多。進同知樞密院事，尋差知福州、福建安撫使，以侍御史陳堯道言罷，以前職提舉洞霄宮。再以沿江制置、江東安撫使知建康，郡民爲建祠六所。乞致仕，不許。咸淳三年，拜參知政事。五年，拜知樞密院事兼參知政事，以監察御史曾淵子言罷。給事中盧鉞復繳奏新命，以金紫光祿大夫致仕，卒，謚莊敏。

光祖之在外，練兵豐財；朝廷以之爲京尹，則剸治浩穰，風績凛然。三至建康，終始一紀，威惠並行，百廢無不修舉云。

論曰：吳淵才具優長，而嚴酷累之。余玠意氣豪雄，而志不克信。賈似道不用汪立信之策，殆天奪其魄矣。向士壁卒阨於似道，宋之不足圖存，蓋可知也。胡穎好毀淫祠，非其



中之無慊，不能爾也。冷應澂安邊之才。曹叔遠、王萬皆正人端士。馬光祖治建康，逮今遺愛猶在民心，可謂能臣已。



## 校勘記

〔一〕葉夢得　按葉夢得，南宋初人；葉夢鼎於淳祐間權知袁州，見本書卷四一四葉夢鼎傳；萬載爲袁州屬縣；淳祐年代在寶慶、景定之間。此處所敍事與葉夢得無關，疑「得」爲「鼎」字之誤。

〔二〕嘉熙六年　按嘉熙無六年，宋史全文卷三三記有嘉熙元年二月屯田郎官王萬進對事，當與此處所敍事有關。

中華書局

# 宋史卷四百一十七

## 列傳第一百七十六

### 喬行簡　范鍾　游似　趙葵兄范　謝方叔

喬行簡字壽朋，婺州東陽人。學于呂祖謙之門。登紹熙四年進士第。歷官知通州，條上便民事。主管戶部架閣，召試館職，爲秘書省正字兼樞密院編修官。升祕書郎，爲淮西轉運判官，知嘉興府。改淮南轉運判官兼淮西提點刑獄、提舉常平。言金有必亡之形，中國宜靜以觀變。因列上備邊四事。會近臣有主戰者，師遂出，金人因破蘄、黃。移浙西提點刑獄兼知鎭江府。遷起居郎兼國子司業，兼國史編修、實錄檢討，兼侍講。尋遷宗正少卿、祕書監，權工部侍郎，皆任兼職。

理宗卽位，行簡貽書丞相史彌遠，請帝法孝宗行三年喪。應詔上疏曰：

求賢、求言二詔之頒，果能確守初意，深求實益，則人才振而治本立，國威張而姦宄銷。臣竊觀近事，似或不然。夫自侍從至郎官凡幾人，自監司至郡守凡幾人，今其所舉賢能才識之士又不知其幾人也，陛下蓋嘗摭其一二欲召用之矣。凡內外小大之臣囊封來上，或直或巽，或切或泛，無所不有，陛下亦嘗摭其一二見之施行且褒賞之矣。而天下終疑陛下之爲具文。

蓋以所召者，非久無宦情決不肯來之人，則年已衰暮決不可來之人耳。彼風節素著、持正不阿、廉介有守、臨事不撓者，論薦雖多，固未嘗收拾而召之也。其所施行褒賞者，往往皆末節細故，無關於理亂，粗述古今，不至於抵觸，然後取之以示吾有聽受之意。其間亦豈無深憂遠識高出衆見之表，忠言至計有補聖聽之聽者，固未聞采納而用之也。

自陛下臨御至今，班行之彥，麾節之臣，有因論列而去，有因自請而歸。其人或以職業有聞，或以言語自見，天下未知其得罪之由，徒見其置散投閑，倏來驟去，甚至廢罷而鐫褫，削奪而流竄，皆以爲陛下黜遠善士，厭惡直言。去者遂以此而得名，朝廷乃因是而致謗，其亦何便於此。夫賢路當廣而不當狹，言路當開而不當塞，治亂安危，莫不由此。





又言：「敬天命，伸士氣。」時帝移御清燕殿，行簡奏「願加畏謹」，且言：「羣賢方集，願勿因濟王議異同，致有渙散。」升兼侍讀，兼國子祭酒、吏部侍郎，權禮部尚書。權刑部尚書，拜端明殿學士、同簽書樞密院事，進簽書樞密院事。

太后崩，疏言：

向者，陛下內廷舉動，皆有稟承。小人縱有蠱惑干求之心，猶有所忌憚而不敢發，今者，安能保小人之不萌是心？陛下又安能保聖心之不無少肆？陛下爲天下君，當懋建皇極，一循大公，不應私徇小人爲其所誤。

凡爲此者，皆戚畹肺肝之親，近習貴幸之臣，奔走使令之輩。外取貨財，內壞綱紀。上以罔人君之聰明，來天下之怨謗；下以撓官府之公道，亂民間之曲直。縱而不已，其勢必至於假采聽之言而傷動善類，設衆人之譽而進拔憸人，借納忠效勤之意而售其陰險巧佞之姦。日積月累，氣勢益張，人主之威權，將爲所竊弄而不自知矣。

陛下衰絰在身，愈當警戒，宮庭之間既無所嚴憚，嬪御之人又視昔衆多，以春秋方富之年，居聲色易縱之地，萬一於此不能自制，必於盛德大有虧損。願陛下常加警省。

又論火災求言，乞取其切者付外行之。又論許國不當換文資，其當慮者有五；鄭損不當帥蜀。





又言：「時青者，以官則國家之節度，以人則邊陲之大將，一旦遽爲李全所戕，是必疑其終爲我用，慮變生肘腋，故先其未發驅除之。竊意軍中必有憤激思奮之人，莫若乘勢就淮陰一軍拔其尤者以護其師，然後明指殺青者之姓名，俾之誅戮，加贈恤之典於青，則其勢自分，而吾得藉此以制之，則可折其姦心而存吾之大體。不然，跋扈者專殺而不敢誅，有功者見殺而不敢懟，彼知朝廷一用柔道而威斷不施，烏保其不遞相視效？則其所當慮者，不獨李全一人而已。」

又言：「山陽民散財殫，非凶賊久安之地，當日夜爲鴟張之計。揚州城堅勢壯，足以坐制全淮，此曹未必無窺伺之心，或爲所入，則淮東俱非我有，不可不先爲之慮也。」又請屯駐重兵海道，內爲吳、越之捍蔽，外爲南北之限制。

又論：「李全攻圍泰州，勦除之兵今不可已。此賊氣貌無以踰人，未必有長算深謀，直剽捍勇決，能長雄於其黨耳。況其守泗之西城則失西城，守下邳則失下邳，守青社則失青社，既又降北，此特敗軍之將。十年之內，自白丁至三孤，功薄報豐，反背義忘恩，此天理人情之所共憤，惟決意行之。」後皆如行簡所料。拜參知政事兼知樞密院事。時議收復三京，行簡在告，上疏曰：

八陵有可朝之路，中原有可復之機，以大有爲之資，當有可爲之會，則事之有成，

中華書局

固可坐而策也。臣不憂出師之無功，而憂事力之不可繼。有功而至於不可繼，則其憂始深矣。夫自古英君，必先治內而後治外。陛下視今日之內治，其已舉乎，其未舉乎？向未攬權之前，其歡凡幾？今既親政之後，其已更新者凡幾？欲用君子，則其志未盡伸；欲去小人，則其心未盡革。上有厲精更始之意，而士大夫之苟且不務任責者自若。朝廷有禁包苴、戒貪墨之令，而州縣之黷貨不知盈厭者自如。欲行楮令，則外郡之新劵雖低價而莫售；欲平物價，則京師之百貨視舊直而不殊。紀綱法度，多頹弛而未張；賞刑號令，皆玩視而不肅。此皆陛下國內之臣子，猶令之而未從，作之而不應，乃欲闔闢乾坤，混一區宇，制姦雄而折戎狄，其能盡如吾意乎？此臣之所憂者一也。

自古帝王，欲用其民者，必先得其心以爲根本。數十年來，上下皆懷利以相接，而不知有所謂義。民方憾於守令，緩急豈有效死勿去之人；卒不愛其將校，臨陣豈有奮勇直前之士。蓄怨含憤，積於平日，見難則避，遇敵則奔，惟利是顧，皇恤其他。人心如此，陛下曾未有以轉移固結之，遽欲驅之北鄉，從事於鋒鏑，忠義之心何由而發？況乎境內之民，困於州縣之貪刻，阨於勢家之兼并，飢寒之氓常欲乘時而報怨，茶鹽之寇常欲伺間而竊發，蕭牆之憂凜未可保。萬一兵興於外，綴於強敵而不得休，潢池赤子，復有如江、閩、東浙之事，其將奈何？夫民至愚而不可忽，內郡武備單弱，民之所素易



也。往時江、閩、東浙之寇，皆藉邊兵以制之。今此曹猶多竄伏山谷，窺伺田里，彼知朝廷方有事於北方，其勢不能以相及，寧不又動其姦心？此臣之所憂者二也。

自古英君，規恢進取，必須選將練兵，豐財足食，然後舉事。今邊面遼闊，出師非止一塗，陛下之將，足當一面者幾人？勇而能鬭者幾人？智而善謀者幾人？非屈指得二三十輩，恐不足以備驅馳。陛下之兵，能戰者幾萬？分道而趣京、洛者幾萬？留屯而守淮、襄者幾萬？非按籍得二三十萬衆，恐不足以事進取。借曰帥臣威望素著，以意氣招徠，以功賞激勸，推擇行伍即可爲將，接納降附即可爲兵，臣實未知錢糧之所從出也。興師十萬，日費千金，千里餽糧，士有飢色。今之餽餉，累日不已，至於累月，累月不已，至於累歲，不知累幾千金而後可以供其費也。今百姓多垂罄之室，州縣多赤立之帑，大軍一動，厥費多端，其將何以給之？今陛下不愛金幣以應邊臣之求，可一而不可再，可再而不可三。再三之後，兵事未已，欲中輟則廢前功，欲勉強則無事力。國既不足，民亦不堪。臣恐北方未可圖，而南方已先騷動矣。中原蹂踐之餘，所在空曠，縱使東南有米可運，然道里遼遠，寧免乏絕，由淮而進，縱有河渠可通，寧無盜賊邀取之患？由襄而進，必須負載二十鍾而致一石，亦恐未必能達。若頓師千里之外，糧道不繼，當此之時，孫、吳爲謀主，韓、彭爲兵帥，亦恐無以爲策。他日運糧不繼，進退不



能，必勞聖慮，此臣之所憂者三也。願陛下堅持聖意，定爲國論，以絕紛紛之說。不果從。進知樞密院事。

時議御閱不果，反驟汰之，殿司軍閧，爲之黜主帥，罷都司官，給黃榜撫存，軍愈呼噪。行簡以聞，戮爲首者二十餘人，衆乃帖息。尋拜右丞相，言「三京撓敗之餘，事與前異，但當益修戰守之備。襄陽失守，請急收復。」或又陳進取之計，行簡奏：「今內外事勢可憂而不可恃者七。」言甚懇切，師得不出。

端平三年九月，有事于明堂，大雷雨。行簡與鄭清之並策免。既去，而獨趣召行簡還京，留之，拜左丞相。援韓琦故事，乞以邊防、財用分委三執政，請修中興五朝國事。十上章請謝事。嘉熙三年，拜平章軍國重事，封肅國公。每以上游重地爲念，請建節度宣撫使，提兵戍夔。邊事稍寧，復告老，章十八上。四年，加少師、保寧軍節度使、醴泉觀使，封魯國公。淳祐元年二月，薨于家，年八十六。贈太師，謚文惠。

行簡歷練老成，識量弘遠，居官無所不言。好薦士，多至顯達，至於舉錢時、吳如愚，又皆當時隱逸之賢者。所著有周禮總說、孔山文集。



范鍾字仲和，婺州蘭溪人。嘉定二年，舉進士。歷官調武學博士，添差通判太平州，知徽州。召赴闕，遷刑部郎官，又遷尚右郎官兼崇政殿說書。進對，帝曰：「仁宗時甚多事。」鍾對曰：「仁宗始雖多事，乃以憂勤致治。徽宗始雖無事，餘患至于今日。」帝悅。尋遷吏部郎中兼說書，又遷祕書少監、國子司業兼國史編修、實錄檢討。拜起居郎兼祭酒，權兵部侍郎兼同修國史、實錄同修撰。遷兵部侍郎兼給事中，權兵部尚書兼侍講，尋兼侍讀。

嘉熙三年，拜端明殿學士、簽書樞密院事。四年，授參知政事。淳祐元年，乞歸田里，不許。四年，知樞密院事，乞歸田里。五年，特拜左丞相兼樞密使，封東陽郡公，再乞歸田里，不許。六年，復請，許之。加觀文殿大學士、醴泉觀使兼侍讀，辭不拜，以保晚節，乃提舉洞霄宮。九年正月，薨。

鍾爲相，直清守法，重惜名器，雖無赫赫可稱，而清德雅量，與杜範、李宗勉齊名。贈少師，謚文肅。所著書有禮記解。

游似字景仁，利路提點刑獄仲鴻之子。嘉定十四年進士，歷官爲大理司直，升大理寺丞，遷太常丞兼權兵部郎官。遷祕書丞兼權考功郎中、直祕閣、夔路轉運判官，移潼川提點

刑獄兼提舉常平。請封謚田錫，從之。遷軍器監、宗正少卿兼權樞密都承旨。

時暫兼權禮部侍郎兼侍講、權禮部侍郎。有事于明堂，似上疏言：「欲盡事天之禮，當盡敬天之心。心存則政事必適其宜，言動必當其理，雨暘必循其序，夷夏必安其生。」兼同修國史、實錄院同修撰，權禮部尚書兼侍讀。言：「軍賞冒濫，請給告之制，奏功者書塡眞命付之，俟從軍十年，別能立功，升至統領已上，方許從所屬保明申朝廷，立名給告，則冒濫者革，功勞者勸。」

遷禮部尚書兼給事中兼修國史、實錄院修撰，權工部侍郎，充四川宣撫司參贊軍事兼給事中。遷吏部尚書，入侍經幄。帝問：「唐太宗貞觀治效何速如是？」似對曰：「人主一念之烈，足以旋乾轉坤。或謂霸圖速而王道遲，不知一日歸仁，期月而可，王道曷嘗不速。一念有時間斷，則無以挽回天下之大勢。至於憂勤，既切宸念，而佐理非人，亦何以布宣九重之實。」乃摭太宗事以陳，且謂：「太宗矜心易啓，漸弗克終，僅止貞觀之治。陛下嗣服十有五年，艱危之勢滋甚，回視太宗治效敏速，相越乃爾。意者親儒而從諫，敬畏以檢身，未若貞觀之超卓乎？節用以致愛，選廉以共理，未若貞觀之切至乎？願陛下益加聖心。」

嘉熙三年正月，拜端明殿學士、同簽書樞密院事，封南充縣伯。八月，拜參知政事。四年閏月，知樞密院事兼參知政事。淳祐四年，提舉萬壽觀兼侍讀，仍奉朝請，授知樞密院事





兼參知政事，進爵郡公。五年，拜右丞相兼樞密使。十上章，乞歸田里，帝不許。七年，特授觀文殿大學士、醴泉觀使兼侍讀，進爵國公。十一年，轉兩官致仕，薨。特贈少師。

趙葵字南仲，京湖制置使方之子。初生時，或夢南岳神降其家。方在襄陽，命葵專督飲食共養之事。與兄范俱有志事功，方器之，聘鄭清之、全子才爲之師。又遣從南康李燔爲有用之學。每聞警報，與諸將偕出，遇敵則深入死戰，諸將惟恐失制置子，盡死救之，屢以此獲捷。一日，方賞將士，恩不償勞，軍欲爲變。葵時十二三，覺之，亟呼曰：「此朝廷賜也，本司別有賞賚。」軍心賴一言而定，人服其機警。

嘉定十年，金將高琪、烏古論慶壽犯襄陽，圍棗陽。時邊烽久熄，金兵猝至，人情震懼。方帥范、葵往戰，敗走之。十三年，方遣葵及都統扈再興攻金人至高頭。高頭，金人必守之處也，出勁兵拒戰，葵率先鋒奮擊，再興繼進殲之。翼日，進攻鄧州，金人阻洮河以拒。葵麾軍進擊，楊義諸將繼至，金兵亦大出合戰，大破之，俘斬及降者幾二萬，獲萬戶而下十數人，奪馬八百，逐北直傅城下而還。

十四年，金人犯蘄州，葵與范攻唐、鄧。方命之曰：「不克敵，毋相見也。」三月丁亥，至唐州，薄城而陳。金大將阿海引兵出戰，葵帥精騎赴敵，再興從之，大捷，斬馘萬餘。金人閉門不出。時金人陷蘄州者至久長，數十騎出山椒〔二〕，葵帥楊大成以十四騎逐之。金騎漸益至數百，葵力戰連破之，而金步騎大集。會范、再興軍合戰，至夜分始解。庚寅，官軍分二陣，范將左，再興將右，葵帥突騎左右策應。金人背山亦分爲二以相當，而不先動。范曰：「金人必復謀夜戰以倖勝，乃預備大鼓，令軍中聞疊鼓聲始動，若彼未至五十步內而輒動者斬。未幾，金兵稍下山，再興遽衝之，果爲敵所乘，遂逼范軍。范疊鼓麾軍突鬥，葵繼進，殲金兵數千。敵併力向再興，葵率土豪祝文蔚等以精騎橫衝之，金人僵屍相屬。復相持至夜分，金人雖斂，而陣如故。范、葵急會將校，選死士數千，黎明四面奮擊，喚聲撼山谷。金人走，乘勝逐北，斬首數千級，副統軍投戈降，拔所掠子女萬餘，得輜重器械山積。補葵承務郎、知棗陽軍，范授安撫司內機。

方卒，十五年，起復直祕閣、通判廬州，進大理司直、淮西安撫參議官。十七年，李全往青州，淮東制置使許國檄葵議兵。葵至曰：「君侯欲圖賊，而坐賊穽中，悔已無及，惟有重帳前兵，猶足制之爾。」國曰：「兵不能集，集不能精，柰何？」曰：「葵請視兩路之兵，別其精鋭，君侯留三萬帳前，賊不敢動矣。」國曰：「不若集淮兵來閱，而君董之，既足示衆，亦可選鋭。」葵曰：「有兵之郡，必當衝要，守將豈可空壁以從制使命耶？必將力爭于朝，分留自衞。一





得朝命，必匿其強壯，遣老弱以備數。本欲選鋭，適得其鈍，本欲示衆，適示單弱，徒啓戎心。」國不聽，卒敗。

寶慶元年，范知揚州，乞調葵以強勇、雄邊軍五千屯寶應備賊。葵在廬州，數費私錢會諸將毬射，與制置使曾式中不合，葵去之。言者以爲擅，遂奉祠。三年，起爲將作監丞。

紹定元年，出知滁州。二年，全將入浙西告糴，實欲覘畿甸也。初，全之獻俘也，朝廷授以節鉞，葵策其必叛，乃上書丞相史彌遠曰：「此賊若止於得粟，尚不宜使輕至內地，況包藏禍心，不止告糴。若不痛抑其萌，則自此肆行無憚，所謂延盜入室，恐畿內有不可勝諱之憂。」至滁，以其地當賊衝，又與金人對境，實兩淮門戶，修城浚隍，經武不少暇。命秦喜守青平，趙必勝守萬山，以壯形勢。葵母疾，謁告省侍不得，刲股雜藥以寄之。母卒，葵求解官，不許，不得已，卒哭復視事。

全造舟益急，葵復致書史彌遠曰：「李全既破鹽城，反稱陳知縣自棄城，蓋欲欺朝廷以款討罪之師，彼得一意修舟楫，造器械，窺伺城邑，或直浮海以擣腹心，此其姦謀，明若觀火。葵自聞鹽城失守，日夕延頸以俟制帥之設施，今乃聞遣王節入鹽城祈哀於逆。遣二吏入山陽，請命于賊婦。堂堂制閫，如此舉措，豈不墮賊計，貽笑天下、貽笑外夷乎？又聞張國明前此出山陽，已知賊將舉鹽城之兵，今若聽國明言，更從闊略，則自此人心解

體，萬事渙散，社稷之憂有不可勝諱者。葵非欲張皇生事啓釁，李全決非忠臣，非孝子。丞相茍聽葵之言，翻然改圖，發兵討叛，則豈獨可以強國勢安社稷，葵父子世受國恩，亦庶幾萬一之報。使丞相不聽葵言，不發兵討賊，則豈特不可以彊國勢安社稷，而葵亦不知死所，不復可報君相之恩矣。一安一危，一治一亂，係朝廷之討叛與不討爾。淮東安則江南安，江南安則社稷安，社稷安則丞相安，丞相安則凡爲國之臣子、爲丞相之門人弟子莫不安矣。」

又言於朝曰：「葵父子兄弟，世受國恩，每見外夷、盜賊侵侮國家，未嘗不爲忠憤所激。今大逆不道，邈視朝廷，負君相卵翼之恩，無如李全。前此畔逆未彰，猶可言也，今已破蕩城邑，略無忌憚，若朝廷更從隱忍，則將何以爲國？欲望特發剛斷，名其爲賊，即日命將遣師，水陸並進，誅鋤此逆，以安社稷，以保生靈。葵雖不才，願身許朝廷；如或不然，乞將葵早賜處分，以安邊鄙，以便國事。」

彌遠猶未欲興討，參知政事鄭清之贊決之。乃加葵直寶章閣、淮東提點刑獄兼知滁州。范刻日約葵，葵帥雄勝、寧淮、武定、彊勇步騎萬四千，命王鑑、扈斌、胡顯等將之，以葵兼參議官。顯，頴之兄也，拳力絕人，方在襄陽，每出師必使顯及葵各領精銳分道赴戰，摧堅陷陣，聚散離合，前無勁敵，以功至檢校太尉。





已而，全攻揚州東門，葵親出搏戰。賊將張友呼城門請葵出，及出，全在隔壕立馬相勞苦。左右欲射全，葵止之，問全來何爲？全曰：「朝廷動見猜疑，今復絕我糧餉，我非背叛，索錢糧耳。」葵曰：「朝廷資汝錢糧，寵汝官職，蓋不貲矣。待汝以忠臣孝子，而乃反戈攻陷城邑，朝廷安得不絕汝錢糧。汝云非叛，欺人乎？欺天乎？」切責之言甚多，全無以對，彎弓抽矢向葵而去。於是數戰皆捷。四年正月壬寅，遂殺全。事見全傳。進葵福州觀察使、左驍衞上將軍，葵辭不受。八月，召封樞密院稟議，受寶章閣待制、樞密副都承旨，依舊職仍落起復，尋進兵部侍郎。

六年十一月，詔授淮東制置使兼知揚州，入對，帝曰：「卿父子兄弟，宣力甚多，卿在行陣又能率先士卒，捐身報國，此尤儒臣之所難，朕甚嘉之。」葵頓首謝曰：「臣不佞，忠孝之義，嘗奉教於君子，世受國恩，當捐軀以報陛下。」

端平元年，朝議收復三京，葵上疏請出戰，乃授權兵部尚書、京河制置使，知應天府、南京留守兼淮東制置使。時盛暑行師，汴堤破決，水潦泛溢，糧運不繼，所復州郡，皆空城，無兵食可因。未幾，北兵南下，渡河，發水牐，兵多溺死，遂潰而歸。范上表劾葵，詔與全子才各降一秩，授兵部侍郎、淮東制置使，移司泗州。

嘉熙元年，以寶章閣學士知揚州，依舊制置使。二年，以應援安豐捷，奏拜刑部尚書，進端明殿學士，特予執政恩例，復兼本路屯田使。葵前後留揚八年，墾田治兵，邊備益飭。淳祐二年，進大學士、知潭州、湖南安撫使，改福州。

三年，葬其母，乞追服終制，不允。葵上疏曰：「移忠爲孝，臣子之通誼；教孝求忠，君父之至仁。忠孝一原，並行不悖。故曰忠臣以事其君，孝子以事其親，其本一也。臣不佞，往歲叨當事任，服在戎行，偕同氣以率先，冒萬死而不顧，捐軀戡難，效命守封，是以孝事君之充也。陛下昭示顯揚，優崇寵數，使爲人子者感恩，爲人親者知勸矣。臣昨於草土，被命起家，勉從權制，先國家之急而後親喪也。今釋位去官，已追服居廬，乞從彝制。」又不許。再上疏曰：「臣昔者奉詔討逆，適丁家難，閔然哀疚之中，命以驅馳之事，移孝爲忠，所不敢辭。是臣嘗先國家之急，而效臣子之義矣。親恩未報，寢踰一紀，食稻衣錦，俯仰增愧。且臣業已追衰麻之制，伸苫塊之哀，負土成墳，倚廬待盡，喪事有進而無退，固不應數月而除也。」乃命提舉洞霄宮，不拜。

淳祐四年，授同知樞密院事。疏奏：「今天下之事，其大者有幾？天下之才，其可用者有幾？吾從其大者而講明之，疏其可用者而任使之。有勇略者治兵，有心計者治財，寬厚者任牧養，剛正者持風憲。爲官擇人，不爲人而擇官。用之既當，任之既久，然後可以責其成效。」又乞「亟與宰臣講求規畫，凡有關於宗社安危治亂之大計者條具以聞，審其所先後





緩急以圖籌策，則治功可成，外患不足畏」。又乞「創游擊軍三萬人以防江」。詔從之。十二月，拜知樞密院事兼參知政事。又特授樞密使兼參知政事、督視江、淮、京西、湖北軍馬，封長沙郡公。尋知建康府、行宮留守、江東安撫使。

九年，特授光祿大夫、右丞相兼樞密使，封信國公。四上表力辭，言者以宰相須用讀書人，罷爲觀文殿學士，充醴泉觀使兼侍讀，仍奉朝請。尋判潭州、湖南安撫使，加特進。寶祐二年，宣撫廣西。三年，改鎭荊湖，城荊門及郢州。改授湖南路安撫使、判潭州，再辭，依舊職醴泉觀使。五年，進少保、寧遠軍節度使，進封魏國公、醴泉觀使兼侍讀。四辭，免。開慶元年，判慶元府、沿海制置使，尋授沿江、江東宣撫使，置司建康府，任責隆興府、饒州、江州徽州兩界防拓調遣，時暫兼判建康府、行宮留守，尋授江東西宣撫使，節制調遣饒、信、袁、臨江、撫、吉、隆興官軍民兵。訪問百姓疾苦，罷行黜陟，並許便宜從事。

景定元年，授兩淮宣撫使、判揚州，進封魯國公，尋奉祠。咸淳元年，加少傅。二年，乞致仕，特授少師、武安軍節度使，進封冀國公。舟次小孤山，薨，年八十一。是夕，五洲星隕如箕。贈太傅，謚忠靖。

范字武仲，少從父軍中。嘉定十三年，嘗與弟葵殲金人于高頭。十四年，出師唐、鄧，

范與葵監軍。孟宗政時知棗陽，憚於供億，使人問曰：「金人在蘄、黃，而君攻唐、鄧，何也？」范曰：「不然，徹襄陽之備以救蘄、黃，則唐、鄧必躡吾後。且蘄、黃之寇正銳，曷若先擣唐、鄧以示有餘，唐、鄧應我之不暇，則吾圉不守而自固，寇在蘄、黃師日以老，然後回師蹙之，可勝敵而無後患。」又敗金人於久長，與弟葵俱授制置安撫司內機，事具葵傳。

十五年，丁父憂，起復直祕閣、通判揚州。十六年，爲軍器監丞，以直祕閣知光州。十七年，入爲知大宗正丞、刑部侍郎、試將作監兼權知鎭江府。進直徽猷閣、知揚州、淮東安撫副使。劉全、王文信二軍老幼留揚州，范欲修軍政，懼其徒漏泄兵機，乃時餽勞。二家既大喜，范卽遣徐晞稷書，令敎二人挈家歸楚；二人從之，范厚賚以遣。有孫海者，其衆亦八百。范倂請抽還楚州，又請創馬軍三千，招游手之強壯者及籍牢城重役人充之。別籍民爲半年兵，春夏在田，秋冬敎閱。官免建砦而私不廢農。

彭義斌使統領張士顯見范，請合謀討李全。范告于制置使趙善湘曰：「以義斌蹙全，如山壓卵；然必請而後討者，知有朝廷也。失此不右，而右凶徒，則權綱解紐矣。萬一義斌無朝命而成大勳，是又唐藩鎭之事，非計之得也。莫若移揚州增戍之兵往盱眙，而四總管兵各留半以備金人，餘皆起發，擇一能將統之，命葵摘淮西精銳萬人與會于楚州，出許浦海道，五十艘入淮，以斷賊歸路，密約義斌自北攻之，事無不濟。四總管權位相侔，劉琸雖能



得其歡心，而不能制其死命。如用琸，須令親履行陣，指蹤四人，不可止坐籌帷幄也。」不報。

范又曰：「國家討賊則自此中興，否則自此不振。若朝廷不欲張皇，則范乃提刑，職在捕盜，但令范以本路兵措置楚州鹽賊，范當調時青、張惠兩軍之半，及其船數百，徑薄楚城，以遏賊路，調夏全、范成進之半，據漣、海而守之，又移揚州之戍以戍盱眙。然得親提精銳雄勝、強勇等就時青于城外，示賊以形勢，諭賊以禍福，賊必自降。若猶拒守，則南北軍民雜處，必有內應者矣。別約義斌攻之於北，山陽下則進駐漣、海以應之，撫歸附家屬以離其黨，不出半月，此賊必亡。若是，則不調許浦水軍，但得趙葵三千人亦足矣。若朝廷憚費，則全有豫買軍需錢二十萬在眞州，且漣、楚積聚，多自足用。」

丞相史彌遠報范書，令諭四總管各享安靖之福。范所遣計議官聞之，曰：「但恐禍根轉深，不得安靖爾。」各揮涕而歸。會全且至，范又獻計曰：「撫機不發，事已無及。侯景困喪河南，致毒蕭氏；今逆全不得志於義斌，而復慮四總管應之，歸據舊巢，其謀必急。然蹙之於喪敗之餘者易，圖之於休息之後者難；矧四總管合謀章露，必難遂已。但事機既變，局面不同。若廟算果定，不欲出敎令，但得密賜指授，范一切伏藏不動，只約義斌，使自彼攻其所必救，則機會在我，而前日之策可用矣。」還報，戒范無出位專兵。



范乃爲書謝廟堂，且決之曰：「今上自一人，下至公卿百執事，又下至士民軍吏，無不知禍賊之必反。雖先生之心，亦自知其必反也。衆人知之則言之，先生知而獨不言，不言誠是也。內無臥薪嘗膽之志，外無戰勝攻取之備，先生隱忍不言而徐思所以制之，此廟謨所以爲高也。然以撫定責之晞稷，而以鎭守責之范。責晞稷者函人之事也，責范者矢人之事也。既責范以惟恐不傷人之事，又禁其爲傷人之痛，惡其爲傷人之言，何哉？其禍賊見范爲備，則必忌而不得以肆其姦，他日必將指范爲首禍激變之人，挾朝廷以去范。先生始未之信也，左右曰可，卿大夫曰可，先生必將曰：『是何惜一趙范而不以紓禍哉？』必將縛范以授賊，而范遂爲宋鼂錯。雖然，使以范授賊而果足以紓國禍，范死何害哉？諺曰：『護家之狗，盜賊所惡。』故盜賊見有護家之狗，必將指斥於主人，使先去之，然後肆穿窬之姦而無所忌。然則殺犬固無益於弭盜也。欲望矜憐，別與閑慢差遣。」彌遠得書，爲之動心。

二年春，奉祠。三年，知安慶府，未行，改知池州，繼兼江東提舉常平。彌遠訪將材於葵，葵以范對。進范直敷文閣、淮東提點刑獄兼知滁州。范曰：「弟而薦兄，不順。」以母老辭。乃上書彌遠曰：「淮東之事，日異日新。然有淮則有江，無淮則長江以北，港汊蘆葦之處，敵人皆可潛師以濟，江面數千里，何從而防哉。今或謂巽辭厚惠可以啗賊，而不知陷彼款兵之計。或謂斂兵退屯可以緩賊，而不知成彼深入之謀。或欲行淸野以嬰城，或欲聚烏



合而浪戰，或以賊詞之乍順乍逆而爲喜懼，或以賊兵之乍進乍退而爲寬緊，皆失策也。失策則失淮，失淮則失江，而其失有不可勝諱者矣。夫有遏寇之兵，有游擊之兵，有討賊之兵。今寶應之逼山陽，天長之逼盱眙，須各增戍兵萬人，遣良將統之，賊來則堅壁以挫其鋒，不來則耀武以壓其境；而又覸釁伺隙，時遣偏師掩其不備，以示敢戰，使雖欲深入而畏吾之擣其虛，此遏寇之兵也。盱眙之寇，素無儲蓄，金人亦無以養之，不過分兵擄掠而食；當量出精兵，授以勇校，募土豪，出奇設伏以剿殺之，此游擊之兵也。惟揚、金陵、合肥，各聚二三萬人，人物必精，將校必勇，器械必利，敎閱必熟，紀律必嚴，賞罰必公，其心術念慮必人人思親其上而死其長；信能行此，半年而可以強國，一年而可以討賊矣。賊既不能深入，擄掠復無所獲，而又懷見討之恐，則必反而求贍於金；金無餘力及此，則必怨之怒之，吾於是可以嫁禍於金人矣。或謂揚州不可屯重兵，恐連賊禍，是不然。揚州者，國之北門，一以統淮，一以蔽江，一以守運河，豈可無備哉。善守者，敵不知所攻。今若設寶應、天長二屯以扼其衝，復重二三帥閫以張吾勢，賊將不知所攻，而敢犯我揚州哉？設使賊不知兵勢而犯揚州，是送死矣。」朝廷乃召范稟議，復令知池州。

紹定元年，試將作監、知鎭江府。三年，丁母憂，求解官，不許。起復直徽猷閣、淮東安撫副使。尋轉右文殿修撰，賜章服金帶。不得已，卒哭復視事。又爲書告廟堂：「請罷調停之

議，一請檄沿江制置司，調王明本軍駐泰興港以扼泰州下江之捷徑；一請檄射陽湖人爲兵，屯其半高郵以制賊後，屯其半瓜州以扼賊前；一請速調淮西兵合滁陽、六合諸軍圖救江面。不然，范雖死江皋無益也。」朝旨乃許范刺射陽湖兵毋過二萬人，就聽節制。

范又遺善湘書，曰：「今日與宗社同休戚者，在內惟丞相，在外惟制使與范及范弟葵耳。賊若得志，此四家必無存理。」於是討賊之謀遂決，遂戮全。進范兵部侍郎、淮東安撫使兼知揚州兼江淮制置司參謀官，以次復淮東。加吏部侍郎，進工部尚書、沿江制置副使，權移司兼知黃州，尋兼淮西制置副使。未幾，爲兩淮制置使、節制巡邊軍馬，仍兼沿江制置副使。

又進端明殿學士，京河關陝宣撫使、知開封府、東京留守兼江、淮制置使。入洛之師大潰，乃授京湖安撫制置使兼知襄陽府。范至，則倚王旻、樊文彬、李伯淵、黃國弼數人爲腹心，朝夕酣狎，了無上下之序。民訟邊防，一切廢弛。屬南北軍將交爭，范失於撫御。於是北軍王旻內叛，李伯淵繼之，焚襄陽北去；南軍大將李虎不救焚，不定變，乃因之刼掠。城中官民尚四萬七千有奇，錢糧在倉庫者無慮三十萬，弓矢器械二十有四庫，皆爲敵有。蓋自岳飛收復百三十年，生聚繁庶，城高池深，甲於西陲，一旦灰燼，禍至慘也。言者劾范，降三官落職，依舊制置使。尋奉祠，以言罷；論者未已，再降兩官，送建寧府居住。嘉熙三



年，敍復官職，與宮觀。四年，知靜江府，後卒于家。

謝方叔字德方，威州人。嘉定十六年進士，歷官監察御史。疏奏：「秉剛德以回上帝之心，奮威斷以回天下之勢，或者猶恐前習便嬖之人，有以私陛下之聽而悅陛下之心，則前日之畏者怠，憂者喜，慮者玩矣。左右前後之人，進憂危恐懼之言者，是納忠於上也；進燕安逸樂之言者，是不忠於上也。凡有水旱盜賊之奏者，必忠臣也；有諂諛蒙蔽之言者，必佞臣也。陛下享玉食珍羞之奉，當思兩淮流莩轉壑之可矜；聞管弦鐘鼓之聲，當思西蜀白骨如山之可念。」又言：「崇儉德以契天理，儲人才以供天職，恢遠略以需天討，行仁政以答天意。」帝悅。差知衡州，除宗正少卿，又除太常少卿兼國史編修、實錄檢討。

時劉漢弼、杜範、徐元杰相繼死，方叔言：「元杰之死，陛下既爲命官鞫獄，立賞捕姦，罪人未得，忠冤未伸。陛下苟不始終主持，將恐紀綱掃地，而國無以爲國矣。」遷殿中侍御史，進對，言：「操存本於方寸，治亂係於天下。人主宅如法宮蠖濩之邃，朝夕親近者左右近習承意伺旨之徒，往往覘上之所好，不過保恩寵、希貨利而已。而冥冥之中，或有游揚之說，潛伏而莫之覺。防微杜漸，實以是心主之。」又言：「今日爲兩淮謀者有五：一曰明間諜，二



曰修馬政，三曰營山水砦，四曰經理近城之方田，五曰加重遏絕遊騎及救奪擄掠之賞罰。」請行限田，請錄朱熹門人胡安定、呂燾、蔡模，詔皆從之。

權刑部侍郎兼權給事中，升兼侍講，正授刑部侍郎，權國史編修、實錄檢討。拜端明殿學士、簽書樞密院事、參知政事。淳祐九年，拜參知政事，封永康郡侯。十一年，特授知樞密院事兼參知政事，尋拜左丞相兼樞密使，進封惠國公。勸帝以愛身育德。

屬監察御史洪天錫論宦者盧允升、董宋臣，疏留中不下，大宗正寺丞趙崇璠移書方叔云：「閹寺驕恣特甚，宰執不聞正救，臺諫不敢誰何，一新入孤立之察官，乃銳意出身攻之，此豈易得哉？側耳數日，寂無所聞，公議不責備他人，而責備於宰相。不然，倉卒出御筆，某人授少卿，亦必無可遏之理矣，丞相不可謂非我責也。丞相得君最深，名位已極。儻言之勝，宗社賴之；言之不勝，則去。去則諸君必不容不爭，是勝亦勝，負亦勝，況未必去耶。」方叔得書，有赧色。

翼日，果得御筆授天錫大理少卿，而天錫去國。於是太學生池元堅、太常寺丞趙崇潔、左史李昴英皆論擊允升、宋臣。而讒者又曰：「天錫之論，方叔意也。」及天錫之去，亦曰：「方叔意也。」方叔上疏自解，於是監察御史朱應元論方叔，罷相。既罷，允升、宋臣猶以爲未快，厚賂太學生林自養，上書力詆天錫、方叔，且曰：「乞誅方叔，使天下明知宰相臺諫之



去，出自獨斷，於內侍初無預焉。」書既上，學舍惡自養黨姦，相與鳴鼓攻之，上書以聲其罪。乃授方叔觀文殿大學士、提舉洞霄宮。復以監察御史李衢兩劾，褫職罷祠。後依舊職，與祠，起居郎召澤、中書舍人林存劾罷；監察御史章士元請吏與降削，竄廣南。景定二年，請致仕，乃敍復官職。

度宗卽位，方叔以一琴、一鶴、金丹一粒來進。丞相賈似道恐其希望，諷權右司郎官盧越、左司諫趙順孫、給事中馮夢得、右正言黃鏞相繼請奪方叔官職封爵，制置使呂文德願以己官贖其罪。咸淳七年，詔敍復致仕。八年卒。特贈少師。方叔在相位，子弟干政，若讒余玠之類是也。

論曰：喬行簡弘深好賢，論事通諫。范鍾、游似同在相位，皆謹飭自將，而意見不侔。趙方豫計二子後當若何，而葵、范所立，皆如所言，所謂知子莫若父也。然宋自端平以來，捍禦淮、蜀兩邊者，非葵材館之士，卽其偏裨之將。朝廷倚之，如長城之勢。及其筋力既老，而衞國之志不衰，亦曰壯哉！謝方叔相業無過人者，晚困於權臣，至以玩好丹劑爲人主壽，坐是貶削，有愧金鏡多矣！

校勘記

〔一〕時金人陷蘄州者至久長數十騎出山椒　按本書卷四〇寧宗紀，嘉定十二年，「金人……自盱眙軍犯滁州之全椒、來安及揚州之天長」；十四年，「金人陷蘄州」，「扈再興邀擊，敗之于天長鎭」。兩朝綱目卷一六與寧宗紀略同。疑「久長」爲「天長」之誤，「山椒」爲「全椒」之誤。下趙范傳同。



# 宋史卷四百一十八

## 列傳第一百七十七

吳潛　程元鳳　江萬里　王爚　章鑑　陳宜中　文天祥

吳潛字毅夫，宣州寧國人。祕閣修撰柔勝之季子。嘉定十年進士第一，授承事郞、簽鎭東軍節度判官。改簽廣德軍判官。丁父憂，服除，授祕書省正字，遷校書郞、添差通判嘉興府，權發遣嘉興府事。轉朝散郞、尙書金部員外郞。

紹定四年，遷尙右郞官。都城大火，潛上疏論致災之由：「願陛下齋戒修省，恐懼對越，菲衣惡食，必使國人信之，毋徒減膳而已。疎損聲色，必使天下孚之，毋徒徹樂而已。闍官之竊弄威福者勿親，女寵之根萌禍患者勿昵。以暗室屋漏爲尊嚴之區，而必敬必戒，以恆舞酣歌爲亂亡之宅，而不淫不泆。使皇天后土知陛下有畏之之心，使三軍百姓知陛下有憂之之心。然後，明詔二三大臣，和衷竭慮，力改絃轍，收召賢哲，選用忠良。貪殘者屛，回衺





者斥，懷姦黨賊者誅，賈怨誤國者黜。毋並進君子、小人以爲包荒，毋兼容衺說、正論以爲皇極，以培國家一綫之脈，以救生民一旦之命。庶幾天意可回，天災可息，弭災爲祥，易亂爲治。」

又言：「重地要區，當豫畜人才以備患。論大順之理，貫通天人，當以此爲致治之本。」又貽書丞相史彌遠論事：一曰格君心，二曰節奉給，三曰振恤都民，四曰用老成廉潔之人，五曰用良將以禦外患，六曰革吏弊以新治道。授直寶章閣、浙東提舉常平，辭不赴。改吏部員外郞兼國史編修、實錄檢討，遷太府少卿、淮西總領。

又告執政，論用兵復河南不可輕易，以爲：「金人既滅，與北爲鄰，法當以和爲形，以守爲實，以戰爲應。自荆襄首納空城，合兵攻蔡，兵事一開，調度寖廣，百姓狼狽，死者枕藉，使生靈肝腦塗地，得城不過荆榛之區，獲俘不過曖昧之骨，而吾之內地荼毒如此，邊臣誤國之罪，不待言矣。閒有進恢復之畫者，其算可謂俊傑，然取之若易，守之實難。征行之具，何所取資，民窮不堪，激而爲變，內郡率爲盜賊矣。今日之事，豈容輕議。」自後，興師入洛，潰敗失亡不貲，潛之言率驗。遷太府卿兼權沿江制置、知建康府、江東安撫留守。上疏論保蜀之方，護襄之策，防江之算，備海之宜，進取有甚難者三事。

端平元年，詔求直言，潛所陳九事：一曰顧天命以新立國之意，二曰植國本以廣傳家之

慶，三曰篤人倫以爲綱常之宗主，四曰正學術以還斯文之氣脈，五曰廣畜人才以待乏絕，六曰實恤民力以致寬舒，七曰邊事當鑒前轍以圖新功，八曰楮幣當權新制以解後憂，九曰盜賊當探禍端而圖長策。以直論忤時相，罷奉千秋鴻禧祠。改祕閣修撰、權江西轉運副使兼知隆興府，主管江西安撫司。擢太常少卿，奏造斛斗輸諸郡租，寬恤人戶，培植根本，凡十五事。

進右文殿修撰、集英殿修撰、樞密都承旨、督府參謀官兼知太平州，五辭不允。又言和戰成敗大計，宜急救襄陽等事。貽書執政，論京西既失，當招收京淮丁壯爲精兵，以保江西。權工部侍郎、知江州，辭不赴。請養宗子以係國本，以鎮人心。改權兵部侍郎兼檢正。論士大夫私意之敝，以爲：「襄、漢潰決，興、沔破亡，兩淮俶擾，三川陷沒。欲望陛下念大業將傾，士習已壞，以靜專察羣情，以剛明消衆慝，警于有位，各勵至公。毋以術數相高，而以事功相勉；毋以陰謀相訐，而以識見相先。協謀并智，勠力一心，則危者尚可安，而衰證尚可起也。」又請分路取士，以收淮、襄之人物。

試工部侍郎、知慶元府兼沿海制置使，改知平江府，條具財計凋敝本末，以寬郡民，與轉運使王埜爭論利害。授寶謨閣待制，提舉太平興國宮，改玉隆萬壽宮。試戶部侍郎、淮東總領兼知鎮江府。言邊儲防禦等十有五事。改寶謨閣直學士，兼浙西都大提點坑冶，權兵



部尚書、浙西制置使。申論防拓江海，團結措置等事。

進工部尚書，改吏部尚書兼知臨安府，乃論艱屯蹇困之時，非反身修德，無以求亨通之理。乞遴選近族以係人望，而俟太子之生。帝嘉納。兼侍讀經筵，以臺臣徐榮叟論列，授寶謨閣學士、知紹興府、浙東安撫使，辭，提舉南京鴻慶宮。遂請致仕，授華文閣學士知建寧府，辭。

丁母憂，服除，轉中大夫、試兵部尚書兼侍讀，轉翰林學士、知制誥兼侍讀，改端明殿學士、簽書樞密院事，進封金陵郡侯。以亢旱乞罷，免，改資政殿學士、提舉洞霄宮，改知福州兼本路安撫使。徙知紹興府、浙東安撫使。

召同知樞密院兼參知政事。入對，言：「國家之不能無敝，猶人之不能無病。今日之病，不但倉、扁望之而驚，庸醫亦望而驚矣。願陛下篤任元老，以爲醫師，博采衆益，以爲醫工。使臣輩得以效牛溲馬勃之助，以不辱陛下知人之明。」淳祐十一年，入爲參知政事，拜右丞相兼樞密使。明年，以水災乞解機政。以觀文殿大學士、提舉洞霄宮。又四年，授沿海制置大使，判慶元府。至官，條具軍民久遠之計，告于政府，奏皆行之。又積錢百四十七萬三千八百有奇，代民輸帛，前後所蠲五百四十九萬一千七百有奇。以久任丐祠，且累章乞歸田里，進封崇國公，判寧國府。還家，以醴泉觀使



兼侍讀，召入對，論畏天命，結民心，進賢才，通下情。帝嘉納。拜特進、左丞相，進封慶國公。奏：「乞令在朝之臣各陳所見，以決處置之宜。」改封許國公。

大元兵渡江攻鄂州，別將由大理下交阯，破廣西、湖南諸郡。潛奏：「今鄂渚被兵，湖南擾動，推原禍根，良由近年姦臣憸士設爲虛議，迷國誤軍，其禍一二年而愈酷。附和逢迎，姸阿諂媚，積至於大不靖。臣年將七十，捐軀致命，所不敢辭。所深痛者，臣交任之日，上流之兵已踰黃、漢，廣右之兵已蹈賓、柳，謂臣壞天下之事，亦可哀已。」

又論國家安危治亂之原：「蓋自近年公道晦蝕，私意橫流，仁賢空虛，名節喪敗，忠嘉絕響，諛佞成風，天怒而陛下不知，人怨而陛下不察，稔成兵戈之禍，積爲宗社之憂。章鑑、高鑄嘗與丁大全同官，傾心附麗，躐躋要途。蕭泰來等羣小噂沓，國事日非，浸淫至于今日。陛下稍垂日月之明，毋使小人翕聚，以貽善類之禍。沈炎實趙與𥲤之腹心爪牙，而任臺臣，甘爲之搏擊。姦黨盤據，血脈貫穿，以欺陛下。致危亂者，皆此等小人爲之。」又乞令大全致仕，炎等與祠，高鑄羈管州軍。不報。

屬將立度宗爲太子，潛密奏云：「臣無彌遠之材，忠王無陛下之福。」帝怒潛，卒以炎論劾落職。命下，中書舍人洪芹繳還詞頭，不報，謫建昌軍，尋徙潮州，責授化州團練使、循州安置。潛預知死日，語人曰：「吾將逝矣，夜必雷風大作。」已而果然，四鼓開霽，撰遺表，作



詩頌，端坐而逝。時景定三年五月也。循人聞之，咨嗟悲慟。德祐元年，追復元官，仍還執政恩數。明年，以太府卿柳岳請贈謚，特贈少師。

程元鳳字申甫，徽州人。紹定元年進士，調江陵府教授。端平元年，差江西轉運司幹辦公事。丁母憂。淳祐元年，遷禮、兵二部架閣，以父老不忍去側，遷太學正，以祖諱辭，改國子錄。父憂，服闋，遷太學博士，改宗學博士。以詩、禮講榮王府。旁諷曲諭，隨事規正，多所裨益，王亦傾心敬聽。輪對，極論世運剝復之機及人主所當法天者。理宗覽之曰：「有古遺直風。」

六年，進祕書丞兼權刑部郎官。七年，兼權右司郎官，遷著作郎，仍權右司郎官。輪對，指陳時病尤激切，當國者以爲厲己。匄外，知饒州。郡初罹水災，元鳳訪民疾苦，夙夜究心，修城堞，置義阡，寬誅求，察誣證。進江、淮、荆、浙、福建、廣南都大提點坑冶，仍兼知饒州冶司，歲有冬夏帳銀，悉舉以補郡積年諸稅斂之不足者。芝生治所，衆以治行之致，元鳳曰：「五穀熟則民蒙惠，此不足異也。」

召奏事，辭，不允，遷右曹郎官。疏言實學、實政、國本、人才、吏治、生民、財計、兵威八

事。尋兼右司郎官，拜監察御史兼崇政殿說書。丞相鄭清之久專國柄，老不任事，臺官潘凱、吳燧合章論列，清之不悅，改遷之，二人不拜命去。元鳳上疏斥清之罪，其言明白正大，凱、燧得召還。有事于明堂，元鳳疏言「祈天以實不以文」。又言邊備，謂「當申儆軍實，以起積玩之勢」。及言濫刑之斂。十二年，拜右正言兼侍講，以祖諱辭。詔權以右補闕繫銜。上疏論格心之學，謂「革士大夫之風俗，當革士大夫之心術」。至於文斂、邊儲、人才、民心、儲將帥、救災異，莫不盡言。

余晦以從父天錫恃恩妄作，三學諸生伏闕上書白其罪狀，司業蔡抗又力言之，元鳳數其罪劾之。奏上，以晦爲大理少卿，抗爲宗正少卿。元鳳又上疏留抗而黜晦，以安士心。乃命抗仍兼司業，晦予郡。

升殿中侍御史，仍兼侍講。京城災，疏言：「輟土木無益之役，以濟暴露之民；移緡流泛濫之恩，以給顚沛之衆。務行寬大之政，固結億兆之心。旁招俊乂，而私昵無濫及之恩；屏去奸私，而貪黷無覆出之患。謹便嬖之防，而不使之弄權；抑恩澤之請，而不至於無節。」言多剴切。

寶祐元年，兼侍讀，遷侍御史，言法孝宗八事。薦名士二十餘人，進尚書吏部侍郞兼中書舍人，兼同修國史、實錄院同修撰，仍兼侍讀。亟辭，出關，不允。有事于南郊，元鳳爲執





綬官，答問多所開陳。帝因欲幸西太乙宮，力諫止之。三年，遷權工部尚書，力求補外，特授端明殿學士、同簽書樞密院事。

蜀境與沅、靖交急，朝廷欲擇重臣出鎭上流，用徐敏子易蜀帥及用向士壁爲鎭撫。元鳳請下荆南，調兵援蜀，移呂文德上沅、靖。進依前職，簽書樞密院事兼權參知政事，尋進拜右丞相兼樞密使，進封新安郡公。力辭，御筆勉諭，猶周回累日而後治事。疏奏正心、待臣、進賢、愛民、備邊、守法、謹微、審令八事。高、孝、光、寧四朝國史未就，奏轉任尤焴領其事，纂修成之。會丁大全謀奪相位，元鳳力辭，授觀文殿大學士判福州、福建安撫使。又力辭，依前職，提舉洞霄宮。

開慶兵興，上手疏收人心、重賞罰、團結民兵數事。俄起判平江府兼淮、浙發運使。四上章乞免。三年，御筆趣行，奏免修明局米五萬石。拜特進，依前職。充醴泉觀兼侍讀。度宗卽位，進少保。三年，拜少傅、右丞相兼樞密使，進封吉國公，以言罷，依舊少保、觀文殿大學士、醴泉觀使。乞致仕，不許。四年，罷觀使，以守少保、觀文殿大學士致仕。卒，遺表聞，帝震悼輟朝，特贈少師。

元鳳之在政府也，一契家子求貳令，元鳳謝之曰：「除授須由資。」其人累請不許，乃以先世爲言。元鳳曰：「先公疇昔相薦者，以某粗知恬退故也。今子所求躐次，豈先大夫意哉？矧以國家官爵報私恩，某所不敢。」有嘗遭元鳳論列者，其後見其可用，更薦拔之，每曰：「前日之彈劾，成其才也；今日之擢用，盡其才也。」所著訥齋文集若干卷。

江萬里字子遠，都昌人。自其父燁始業儒。大父璘，鄉稱善人，其鄰史知縣者夸其能杖譁健士，璘俛首不答，歸語燁曰：「史祖父故寒士，今居官以杖士人自憙，於我心有不釋然。審爾，史氏且不昌，汝其戒之。」是夕燁妻陳夢一貴人入其家，曰：「以汝家長有善言，故來。」已而有娠，生萬里。少神雋，有鋒穎，連舉于鄉。入太學，有文聲。理宗在潛邸，嘗書其姓名几研間。以舍選出身，歷池州教授、沿江制置司準備差遣、兩浙安撫司幹辦公事。召試館職，累遷著作佐郎、權尚左郎官兼樞密院檢詳文字。知吉州，創白鷺洲書院，兼提舉江西常平茶鹽。召爲屯田郎官，未行，遷直祕閣、江西轉運判官兼權知隆興府。創宗濂書院。遷考功郎官，命旋寢。久之，以駕部郎官召，遷尚右兼侍講。

史嵩之罷相，拜監察御史，仍兼侍講。未幾，遷右正言、殿中侍御史，又遷侍御史，未及拜。萬里器宇淸峻，論議風采傾動一時，帝眷注尤厚。嘗匃祠、省母疾，不許。屬弟萬頃奉母歸南康，旋以母病聞，萬里不俟報馳歸，至祁門得訃。而議者謂萬里母死，祕不奔喪，反





挾妾媵自隨，於是側目萬里者，相與騰謗。萬里無以自解，坐是閒廢者十有二年。後陸德輿嘗辨其非辜於帝前。

賈似道宣撫兩浙，辟參謀官。及似道同知樞密院，爲京湖宣撫大使，以萬里帶行寶章閣待制，爲參謀官。大元兵圍鄂，似道以右丞兼樞密使移軍漢陽，萬里遷刑部侍郞。似道入相，萬里兼國子祭酒、侍讀。入對，遷權吏部尚書，又拜端明殿學士、同簽書樞密院事兼太子賓客。隨以言者去官。後以原職知建寧府兼權福建轉運使。已而，加資政殿學士，依舊職，知福州兼福建安撫使。

度宗卽位，召同知樞密院事，又兼權參知政事，遷參知政事。萬里始雖俛仰容默，爲似道用，然性峭直，臨事不能無言。似道常惡其輕發，故每入不能久在位。似道以去要君，帝初卽位，呼爲師相，至涕泣拜留之。萬里以身掖帝云：「自古無此君臣禮，陛下不可拜，似道不可復言去。」似道不知所爲，下殿舉笏謝萬里曰：「微公，似道幾爲千古罪人。」然以此益忌之。

帝在講筵，每問經史疑義及古人姓名，似道不能對，萬里常從旁代對。時王夫人頗知書，帝語夫人以爲笑。似道聞之，積慚怒，謀逐之。萬里四匃祠，不俟報出關。加資政殿大學士、知慶元府兼沿海制置使，不拜，予祠。後二年，知太平州兼提領江淮茶鹽兼江東轉運

使，召拜參知政事，進封南康郡公。既至，拜左丞相兼樞密使。匃祠，加觀文殿大學士知福州，辭，依舊職，提舉洞霄宮。又授知潭州、湖南安撫大使，加特進，尋予祠。時咸淳九年，萬里年七十有六矣。

明年，大元兵渡江，萬里隱草野間，爲遊騎所執，大詬，欲自戕，既而脫歸。先是，萬里聞襄樊失守，鑿池芝山後圃，扁其亭曰「止水」，人莫諭其意，及聞警，執門人陳偉器手，曰：「大勢不可支，余雖不在位，當與國爲存亡。」及饒州城破，軍士執萬頃，索金銀不得，支解之。萬里竟赴止水死。左右及子鎬相繼投沼中，積屍如疊。翼日，萬里尸獨浮出水上，從者草斂之。萬里無子，以蜀人王槱子爲後，即鎬也。事聞，贈太傅、益國公，後加贈太師，謚文忠。萬頃歷守大郡，爲提舉江西常平茶鹽，官至正郎。城破時，郴州守趙崇榞寓居城中，亦死之。

王爚字仲潛，一字伯晦，紹興新昌人。登嘉定十三年進士第，知常熟縣。紹定四年，江淮制置司辟通判泰州。五年，差知滁州。端平元年，知瑞州。嘉熙元年，提轄左藏東西庫兼提轄封樁下庫。二年，遷籍田令兼督視幹辦公事。淳祐二年，改監三省樞密院門，乞免



所居官，詔從之。四年，再任。五年，遷太府寺丞、祕書丞、戶部郎官、淮西總領，主管右曹。六年，爲尚書左司員外郎。賜對，乞祠，不許。七年，遷祕書少監，以侍御史周坦言，罷爲福建提點刑獄，差知溫州。十年，差知寧國府，遷太府卿。

寶祐元年，兼國史編修、實錄檢討兼權兵部侍郎，試司農卿兼中書門下省檢正諸房公事。疏奏：「願詔大臣相與憂亂而思治，懼危而圖安，哀恫警省，修德行政，摧抑羣陰之氣燄，保護微陽之根本。批札畢杜於私蹊，官賞宏闢於正路。使內治明如天日，外治勁如風霆。則精神運動，陽彙昭蘇，世道昌明，物情熙洽。上以迓續天命於譴告之餘，下以固結人心於解紐之際。其孰能禦之。」以右文殿修撰提舉太平興國宮。五年，京湖宣撫大使趙葵辟爲判官。

開慶元年，召赴行在，授集英殿修撰、樞密都承旨、權吏部侍郎。景定元年，兼同修國史、實錄院同修撰兼侍讀，爲眞侍郎兼太子左庶子。極言正論，太子聽而說之，帝聞之甚喜。二年，遷禮部尚書，權吏部尚書，加龍圖閣學士、知平江府、淮浙發運使。五年，召赴行在，進端明殿學士，提舉佑神觀兼侍讀。召赴行在。

咸淳元年二月，拜簽書樞密院事；閏月，同知樞密院事兼權參知政事。二年，以疾乞祠，不許。乞放歸田里。帝遣尙醫視之，且賜食，復兩乞歸，皆不許。二年，拜參知政事。



三年，知樞密院事兼參知政事。立皇太子，加食邑，三辭免官，不許。乞奉祠、休假，皆不許。最後乞祠祿，乃授資政殿學士知慶元府兼沿海制置使。四辭免，不許。七年，台州言：「乞差爚充上蔡書院山主。」詔從之。八年，加觀文殿學士提舉萬壽宮兼侍讀，詔遣刑部郎官董楧起之，四上疏辭免，始從之。十年，乞致仕，不許。十一月，以爚爲左丞相，章鑑爲右丞相，並兼樞密使。尋授爚特進，加食邑。乞致仕，兩乞辭免，皆不許。

德祐元年，兩乞改命經筵庶可優閑，再乞以舊職奉京祠侍讀，皆不許。右丞相章鑑、參知政事陳宜中奏「論留爚以鎭人心，以康世道」。從之。爚兩請毋署省院公牘，不許；又奏：「乞將臣先賜罷斥，臣本志誓死報國，願假臣以宣撫招討等職，臣當招募忠義，共圖興復。」鑑、宜中又奏「爚單車絕江，已至蕪山，乞遣中使趣還治事」。乃授觀文殿大學士、浙西江東路宣撫招討大使，置司在京，以備咨訪。乞解大使職名，不許。進少保、左丞相兼樞密使，尋加都督諸路軍馬。累辭，皆不許。

奏言：「今天下所以大壞至此者，正以一私蟠塞，賞罰無章故也。救之之策，在反其所以壞之之由。大明賞罰，動合乎天，庶幾人心興起，天下事尙可爲也。」因言賈似道誤國喪師之罪，於是始降詔切責似道不忠不孝。六月庚子朔，日食，爚奏：「日食不盡僅一分，白晝晦冥者數刻。陰盛陽微，災異未有大於此者。臣待罪首相，上佐天子理陰陽，下遂萬物，外



鎭諸侯，皆其職也。氛祲充塞而未能消，生民塗炭而未能拯，反復思之，咎實在臣，乞罷黜以答天譴。」答詔不許，第降授金紫光祿大夫而已。辭降官，乞罷斥，又不許。

尋進平章軍國重事，辭，不許。或請：「出宜中或夢炎出督吳門，否則臣雖老無能爲，若效死封疆，亦不敢辭。」詔三省集議。乞罷平章事，不許。京學生上書詆宜中，宜中亦上疏乞骸骨。初，宜中在相位，政事多不關白爚，或謂京學之論，實爚嗾之。

七月壬辰，詔：「給、舍之奏三入，爚與宜中必難共處，兼爚近奏乞免平章侍經筵，辭氣不平，誠有如人言者矣。」遂罷爚平章，依前少保、特授觀文殿大學士充醴泉觀使。爚爲人清修剛勁，似道歸天台葬母，過新昌，爚獨不見之。後以元老入相位，值國勢危亡之際，天下所屬望也，而卒與宜中不協而去云。

章鑑字公秉，分寧人。以別院省試及第，累官中書舍人、侍左郎官、崇政殿說書，進簽書樞密院事兼權參知政事，還同知樞密院事。

咸淳十年，王爚拜左丞相，鑑拜右丞相，並兼樞密使。明年，大元兵逼臨安，鑑託故徑去。遣使亟召還朝，既至，罷相予祠。殿帥韓震之死，鑑與曾淵子明震無他。至是，御史王

應麟繳其錄黃，謂震有逆謀，鑑與淵子曲芘之。坐是削一官，放歸田里。

後有告鑑家匿寶璽者，霜晨，鑑方擁敗衾臥，兵士至，大索其室，惟徽篋貯一玉杯，餘無一物，人頗嘆其清約。鑑在朝日，號寬厚，然與人多許可，士大夫目爲「滿朝歡」云。

陳宜中字與權，永嘉人也。少甚貧，而性特俊拔。有賈人推其生時，以爲當大貴，以女妻之。既入太學，有文譽。寶祐中，丁大全以戚里婢壻事權倖盧允升、董宋臣，因得寵於理宗，擢爲殿中侍御史，在臺橫甚。宜中與黃鏞、劉黻、林則祖、陳宗、曾唯六人上書攻之。大全怒，使監察御史吳衍劾宜中，削其籍，拘管他州。司業率十二齋生，冠帶送之橋門之外，大全益怒，立碑學中，戒諸生亡妄議國政，且令自後有上書者，前廊生看詳以牒報檢院。由是，士論翕然稱之，號爲「六君子」。宜中謫建昌軍。

大全既竄，丞相吳潛奏還之。賈似道入相，復爲之請，有詔六人皆免省試令赴。景定三年，廷試，而宜中中第二人。六人之中，宜中尤達時務。由紹興府推官、戶部架閣、祕書省正字、校書郎，數年遷監察御史。

程元鳳再相，似道恐其侵權，欲去之。宜中首劾元鳳縱丁大全肆惡，基宗社之禍。命



格，除太府卿。宜中亦自請外，爲江東提舉茶鹽常平公事。四年，改浙西提刑。五年，召爲崇政殿說書，累遷禮部侍郎兼中書舍人。七年，閫闕帥，以顯文閣待制、知福州。在官得民心，歲餘入爲刑部尚書。十年，拜簽書樞密院事兼權參知政事。

德祐元年，升同知樞密院事。二月，似道喪師蕪湖，乃以宜中知樞密院兼參知政事。已而翁應龍自軍中歸，宜中問似道所在，應龍以不知對。宜中以爲似道已死，卽上疏乞正似道誤國之罪。似道行時，以所親信韓震總禁兵，人有言震欲以兵刼遷者，宜中召震計事，伏壯士袖鐵椎擊殺之，以示不黨於似道。

時右丞相章鑑宵遁，曾淵子等請命宜中攝丞相事。詔以王爚爲左丞相，拜宜中特進、右丞相。四月，爚還朝論事，卽與宜中不合。臺臣孫嶸叟請竄籍潛說友、吳益、李珏，宜中以爲「簿錄非盛世事，祖宗忠厚，未嘗輕用之。珏方召入朝，遽加重刑，恐後無以示信」。爚力爭，以爲當如嶸叟議。會留夢炎自湖南入朝，爚與宜中俱乞罷政，請以夢炎爲相。太皇太后乃以宜中爲左丞相，夢炎爲右丞相，爚進平章軍國重事。爚拜命，卽日儆民居，以丞相府讓宜中，宜中上疏，以爲「一辭一受，何以解天下之譏」，亦去。遣使數輩遮留之，始至。

時命張世傑等四道進師，二丞相都督軍馬而不出督。爚請以一丞相建閫吳門，以護諸將；不然，則已請行。宜中媿，始與夢炎上疏乞行邊。事下公卿議不決。七月，世傑等兵



果敗於焦山。爚奏言：「事無重於兵，今二相並建都督，廟算指授，臣不得而知。比者，六月出師，諸將無統。臣豈不知吳門距京不遠，而必爲此請者，蓋大敵在境，非陛下自將則大臣開督。今世傑以諸將心力不一而敗，不知國家尚堪幾敗邪？臣既不得其職，又不得其言，乞罷免。」不允。

爚子□乃嗾京學生伏闕上書，數宜中過失數十事，其略以爲：「趙溍、趙與鑑皆棄城遁，宜中乃借使過之說，以報私恩。令狐槩、潛說友皆以城降，乃受其包苴而爲之羽翼。文天祥率兵勤王，信讒而沮撓之。似道喪師誤國，陽請致罰而陰佑之。大兵薄國門，勤王之師乃留之京城而不遣。宰相當出督，而畏縮猶豫，第令集議而不行。呂師夔狼子野心，而使之通好乞盟。張世傑步兵而用之於水，劉師勇水兵而用之於步，指授失宜，因以敗事。臣恐誤國將不止於一似道也。」

書上，宜中竟去，遣使召之，不至。其後，罷爚，命臨安府捕逮京學生。召之亦不至。太皇太后自爲書遺其母楊，使勉諭之，宜中始乞以祠官入侍，乃拜醴泉觀使。十月壬寅，始造朝，尋爲右丞相，然事已去矣。宜中倉皇發京城民爲兵，民年十五以上者皆籍之，人皆以爲笑。十一月，遣張全合尹玉、麻士龍兵援常州，玉與士龍皆戰死，全不發一矢，奔還。文天祥請誅全，宜中釋不問。已而，常州破，兵薄獨松關，鄰邑望風皆遁。



宜中遣使如軍中請和不得，卽率羣臣入宮請遷都，太皇太后不可。宜中痛哭請之，太皇太后乃命裝俟升車，給百官路費銀。及暮，宜中不入，太皇太后怒曰：「吾初不欲遷，而大臣數以爲請，顧欺我邪？」脫簪珥擲之地，遂閉閤，羣臣求內引，皆不納。蓋宜中實以明日遷，倉卒奏陳失審耳。

宜中初與大元丞相伯顏期會軍中，既而悔之，不果往。伯顏將兵至皋亭山，宜中宵遁，陸秀夫奉二王入溫州，遣人召宜中。宜中至溫州，而其母死。張世傑舁其棺舟中，遂與俱入閩中。益王立，復以爲左丞相。井澳之敗，宜中欲奉王走占城，乃先如占城諭意，度事不可爲，遂不反。二王累使召之，終不至。至元十九年，大軍伐占城，宜中走暹，後沒於暹。

宜中爲人多術數，少爲縣學生，其父爲吏受贓當黥，宜中上書溫守魏克愚請貸之。克愚以爲黠吏，卒置之法。其後宜中爲浙西提刑，克愚郊迎，宜中報禮不書銜，亦云「部下民陳某」，克愚皇恐不敢受，袖而謝之。宜中陽禮之，而陰摭其過，無所得。其後，克愚發賈德生冒借官木事，忤似道，廢罷家居。宜中入，乃極言克愚居鄉不法事，似道令章鑑劾之，貶嚴州。克愚之死，宜中擠之爲多。



中華書局

論曰：孔子曰：『才難，不其然乎？』理宗在位長久，命相實多其人，若吳潛之忠亮剛直，財數人焉。潛論事雖近於訐，度宗之立，謀議及之，潛以正對，人臣懷顧望爲子孫地者能爲斯言哉？程元鳳謹飭有餘而乏風節，尙爲賈似道所蓄。江萬里問學德望優於諸臣，不免爲似道籠絡，晚年微露鋒穎，輒見擯斥。士大夫不幸與權姦同朝，自處難矣。似道督視江上之師，以國事付王爚、章鑑、陳宜中，蓋取其平時素與己者。爚、宜中於其旣出，稍欲自異，及聞其敗，乘勢蹙之。旣而，二人自爲矛盾，宋事至此，危急存亡之秋也。當國者交驩戮力，猶懼不逮，所爲若是，何望其能匡濟乎。似道誅，爚死，鑑遯，宜中走海島，宋亡。

文天祥字宋瑞，又字履善，吉之吉水人也。體貌豐偉，美晳如玉，秀眉而長目，顧盼燁然。自爲童子時，見學宮所祠鄉先生歐陽修、楊邦乂、胡銓像，皆謚「忠」，即欣然慕之。曰：「沒不俎豆其間，非夫也。」年二十舉進士，對策集英殿。時理宗在位久，政理浸怠，天祥以法天不息爲對，其言萬餘，不爲稿，一揮而成。帝親拔爲第一。考官王應麟奏曰：「是卷古誼若龜鑑，忠肝如鐵石，臣敢爲得人賀。」尋丁父憂，歸。

開慶初，大元兵伐宋，宦官董宋臣說上遷都，人莫敢議其非者。天祥時入爲寧海軍節



度判官，上書「乞斬宋臣，以一人心」。不報，即自免歸。後稍遷至刑部郎官。宋臣復入爲都知，天祥又上書極言其罪，亦不報。出守瑞州，改江西提刑，遷尙書左司郎官，累爲臺臣論罷。除軍器監兼權直學士院。賈似道稱病，乞致仕，以要君，有詔不允。天祥當制，語皆諷似道。時內制相承皆呈稿，天祥不呈稿，似道不樂，使臺臣張志立劾罷之。天祥旣數斥，援錢若水例致仕，時年三十七。

咸淳九年，起爲湖南提刑，因見故相江萬里。萬里素奇天祥志節，語及國事，愀然曰：「吾老矣，觀天時人事當有變，吾閱人多矣，世道之責，其在君乎？君其勉之。」十年，改知贛州。

德祐初，江上報急，詔天下勤王。天祥捧詔涕泣，使陳繼周發郡中豪傑，并結溪峒蠻，使方興召吉州兵，諸豪傑皆應，有衆萬人。事聞，以江西提刑安撫使召入衞。其友止之，曰：「今大兵三道鼓行，破郊畿，薄內地，君以烏合萬餘赴之，是何異驅羣羊而搏猛虎。」天祥曰：「吾亦知其然也。第國家養育臣庶三百餘年，一旦有急，徵天下兵，無一人一騎入關者，吾深恨於此。故不自量力，而以身徇之，庶天下忠臣義士將有聞風而起者。義勝者謀立，人衆者功濟，如此則社稷猶可保也。」

天祥性豪華，平生自奉甚厚，聲伎滿前。至是，痛自貶損，盡以家貲爲軍費。每與賓佐



語及時事，輒流涕，撫几言曰：「樂人之樂者憂人之憂，食人之食者死人之事。」八月，天祥提兵至臨安，除知平江府。時以丞相宜中未還朝，不遣。十月，宜中至，始遣之。朝議方擢呂師孟爲兵部尙書，封呂文德和義郡王，欲賴以求好。師孟益偃蹇自肆。

天祥陛辭，上疏言：「朝廷姑息牽制之意多，奮發剛斷之義少，乞斬師孟釁鼓，以作將士之氣。」且言：「宋懲五季之亂，削藩鎭，建郡邑，一時雖足以矯尾大之弊，然國亦以寖弱。故敵至一州則破一州，至一縣則破一縣，中原陸沈，痛悔何及。今宜分天下爲四鎭，建都督統御於其中。以廣西益湖南而建閫於長沙；以廣東益江西而建閫於隆興；以福建益江東而建閫於番陽；以淮西益淮東而建閫於揚州。責長沙取鄂，隆興取蘄、黃，番陽取江東，揚州取兩淮，使其地大力衆，足以抗敵。約日齊奮，有進無退，日夜以圖之，彼備多力分，疲於奔命，而吾民之豪傑者又伺間出於其中，如此則敵不難却也。」時議以天祥論闊遠，書奏不報。

十月，天祥入平江，大元兵已發金陵入常州矣。天祥遣其將朱華、尹玉、麻士龍與張全援常，至虞橋，士龍戰死，朱華以廣軍戰五牧，敗績，玉軍亦敗，爭渡水，挽全軍舟，全軍斷其指，皆溺死，玉以殘兵五百人夜戰，比旦皆沒。全不發一矢，走歸。大元兵破常州，入獨松關。宜中、夢炎召天祥，棄平江，守餘杭。



明年正月，除知臨安府。未幾，宋降，宜中、世傑皆去。仍除天祥樞密使。尋除右丞相兼樞密使，使如軍中請和，與大元丞相伯顏抗論臯亭山。丞相怒拘之，偕左丞相吳堅、右丞相賈餘慶、知樞密院事謝堂、簽書樞密院事家鉉翁、同簽書樞密院事劉岊，北至鎭江。天祥與其客杜滸十二人，夜亡入眞州。苗再成出迎，喜且泣曰：「兩淮兵足以興復，特二閫小隙，不能合從耳。」天祥問：「計將安出？」再成曰：「今先約淮西兵趣建康，彼必悉力以扞吾西兵。指揮東諸將，以通、泰兵攻灣頭，以高郵、寶應、淮安兵攻楊子橋，以揚兵攻瓜步，吾以舟師直擣鎭江，同日大舉。灣頭、楊子橋皆沿江脆兵，且日夜望我師之至，攻之即下。合攻瓜步之三面，吾自江中一面薄之，雖有智者不能爲之謀矣。瓜步旣舉，以東兵入京口，西兵入金陵，要浙歸路，其大帥可坐致也。」天祥大稱善，即以書遺二制置，遣使四出約結。

天祥未至時，揚有脫歸兵言：「密遣一丞相入眞州說降矣。」庭芝信之，以爲天祥來說降也。使再成亟殺之。再成不忍，紿天祥出相城壘，以制司文示之，閉之門外。久之，復遣二路分覘天祥，果說降者即殺之。二路分與天祥語，見其忠義，亦不忍殺，以兵二十人道之揚，四鼓抵城下，聞候門者談，制置司下令備文丞相甚急，衆相顧吐舌，乃東入海道，遇兵，伏環堵中得免。然亦飢莫能起，從樵者乞得餘糝羹。行入板橋，兵又至，衆走伏叢篠中，兵入索之，執杜滸、金應而去。虞候張慶矢中目，身被二創，天祥偶不見獲。滸、應解所懷金

與卒，獲免，募二樵者以蕢荷天祥至高郵，汎海至温州。

聞益王未立，乃上表勸進，以觀文殿學士、侍讀召至福，拜右丞相。尋與宜中等議不合。七月，乃以同都督出江西，遂行，收兵入汀州。十月，遣參謀趙時賞、諮議趙孟瀠將一軍取寧都，參贊吳浚將一軍取雩都，劉洙、蕭明哲、陳子敬皆自江西起兵來會。鄒渢以招諭副使聚兵寧都，大元兵攻之，渢兵敗，同起事者劉欽、鞠華叔、顏斯立、顏起巖皆死。武岡教授羅開禮，起兵復永豐縣，已而兵敗被執，死於獄。天祥聞開禮死，製服哭之哀。

至元十四年正月，大元兵入汀州，天祥遂移漳州，乞入衞。時賞、孟瀠亦提兵歸，獨浚兵不至。未幾，浚降，來說天祥。天祥縛浚，縊殺之。四月，入梅州，都統王福、錢漢英跋扈，斬以徇。五月，出江西，入會昌。六月，入興國縣。七月，遣參謀張汴、監軍趙時賞、趙孟瀠等盛兵薄贛城，鄒渢以贛諸縣兵擣永豐，其副黎貴達以吉諸縣兵攻泰和。吉八縣復其半，惟贛不下。臨洪諸郡，皆送款。潭趙璠、張虎、張唐、熊桂、劉斗元、吳希奭、陳子全、王夢應起兵邵、永間，復數縣，撫州何時等皆起兵應天祥。分寧、武寧〔一〕、建昌三縣豪傑，皆遣人如軍中受約束。

江西宣慰使李恆遣兵援贛州，而自將兵攻天祥于興國。天祥不意恆兵猝至，乃引兵走，卽鄒渢于永豐。渢兵先潰，恆窮追天祥方石嶺。鞏信拒戰，箭被體，死之。至空坑，軍士





皆潰，天祥妻妾子女皆見執。時賞坐肩輿，後兵問謂誰，時賞曰「我姓文」，衆以爲天祥，禽之而歸，天祥以此得逸去。

孫㮚、彭震龍、張汴死於兵，繆朝宗自縊死。吳文炳、林棟、劉洙皆被執歸隆興。時賞奮罵不屈，有係累至者，輒麾去，云：「小小簽廳官耳，執此何爲？」由是得脫者甚衆。臨刑，洙頗自辯，時賞叱曰：「死耳，何必然？」於是棟、文炳、蕭敬夫、蕭燾夫皆不免。

天祥收殘兵奔循州，駐南嶺。黎貴達潛謀降，執而殺之。至元十五年三月，進屯麗江浦。六月，入船澳。益王殂，衞王繼立。天祥上表自劾，乞入朝，不許。八月，加天祥少保、信國公。軍中疫且起，兵士死者數百人。天祥惟一子，與其母皆死。十一月，進屯潮陽縣。潮州盜陳懿、劉興數叛附，爲潮人害。天祥攻走懿，執興誅之。十二月，趨南嶺，鄒渢、劉子俊又自江西起兵來，再攻懿黨，懿乃潛道元帥張弘範兵濟潮陽。天祥方飯五坡嶺，張弘範兵突至，衆不及戰，皆頓首伏草莽。天祥倉皇出走，千戶王惟義前執之。天祥吞腦子，不死。鄒渢自頸，衆扶入南嶺死。官屬士卒得脫空坑者，至是劉子俊、陳龍復、蕭明哲、蕭資皆死，杜滸被執，以憂死。惟趙孟濚遁，張唐、熊桂、吳希奭、陳子全兵敗被獲，俱死焉。唐，廣漢張栻後也。

天祥至潮陽，見弘範，左右命之拜，不拜，弘範遂以客禮見之，與俱入厓山，使爲書招張世傑。天祥曰：「吾不能扞父母，乃教人叛父母，可乎？」索之固，乃書所過零丁洋詩與之，其末有云：「人生自古誰無死，留取丹心照汗青。」弘範笑而置之。厓山破，軍中置酒大會，弘範曰：「國亡，丞相忠孝盡矣，能改心以事宋者事皇上，將不失爲宰相也。」天祥泫然出涕，曰：「國亡不能捄，爲人臣者死有餘罪，況敢逃其死而二其心乎。」弘範義之，遣使護送天祥至京師。

天祥在道，不食八日，不死，卽復食。至燕，館人供張甚盛，天祥不寢處，坐達旦。遂移兵馬司，設卒以守之。時世祖皇帝多求才南官，王積翁〔二〕言：「南人無如天祥者。」遂遣積翁諭旨，天祥曰：「國亡，吾分一死矣。儻緣寬假，得以黃冠歸故鄉，他日以方外備顧問，可也。若遽官之，非直亡國之大夫不可與圖存，舉其平生而盡棄之，將焉用我？」積翁欲合宋官謝昌元等十人請釋天祥爲道士，留夢炎不可，曰：「天祥出，復號召江南，置吾十人於何地！」事遂已。天祥在燕凡三年，上知天祥終不屈也，與宰相議釋之，有以天祥起兵江西事爲言者，不果釋。

至元十九年，有閩僧言土星犯帝坐，疑有變。未幾，中山有狂人自稱「宋主」，有兵千人，欲取文丞相。京城亦有匿名書，言某日燒蓑城葦，率兩翼兵爲亂，丞相可無憂者。時盜新殺左丞相阿合馬，命撤城葦，遷瀛國公及宋宗室開平，疑丞相者天祥也。召入諭之曰：





「汝何願？」天祥對曰：「天祥受宋恩，爲宰相，安事二姓？願賜之一死足矣。」然猶不忍，遽麾之退。言者力贊從天祥之請，從之。俄有詔使止之，天祥死矣。天祥臨刑殊從容，謂吏卒曰：「吾事畢矣。」南鄉拜而死。數日，其妻歐陽氏收其屍，面如生，年四十七。其衣帶中有贊曰：「孔曰成仁，孟曰取義，惟其義盡，所以仁至。讀聖賢書，所學何事，而今而後，庶幾無媿。」

論曰：自古志士，欲信大義於天下者，不以成敗利鈍動其心，君子命之曰「仁」，以其合天理之正，卽人心之安爾。商之衰，周有代德，盟津之師不期而會者八百國。伯夷、叔齊以兩男子欲扣馬而止之，三尺童子知其不可。他日，孔子賢之，則曰：「求仁而得仁。」宋至德祐亡矣，文天祥往來兵間，初欲以口舌存之，事既無成，奉兩孱王崎嶇嶺海，以圖興復，兵敗身執。我世祖皇帝以天地有容之量，既壯其節，又惜其才，留之數年，如虎兕在柙，百計馴之，終不可得。觀其從容伏質，就死如歸，是其所欲有甚於生者，可不謂之「仁」哉。宋三百餘年，取士之科，莫盛於進士，進士莫盛於倫魁。自天祥死，世之好爲高論者，謂科目不足以得偉人，豈其然乎！

## 校勘記

〔一〕武寧 「寧」原作「軍」。按宋縣無「武軍」，本書卷八八地理志江南西路隆興府有武寧縣，文天祥文山先生全集卷一九劉岳申文丞相傳作「武寧」，是，據改。

〔二〕王積翁 「積」原作「績」，據本書卷四七理宗紀、文山先生全集卷一九劉岳申文丞相傳、胡廣丞相傳改。下同。



# 宋史卷四百一十九

## 列傳第一百七十八

宣繒 薛極 陳貴誼 曾從龍 鄭性之 李鳴復 鄒應龍 余天錫 許應龍 林略 徐榮叟 別之傑 劉伯正 金淵 李性傳 陳韡 崔福附

宣繒，慶元府人。嘉泰三年，太學兩優釋褐。歷官以太學博士召試，爲祕書省校書郎。升著作佐郎兼權考功郎官、知吉州、福建提點刑獄。遷考功員外郎，又遷祕書少監。時暫兼權侍立修注官、守起居舍人，爲起居郎兼權侍左侍郎，編孝宗寶訓。試吏部侍郎，權兵部尚書。嘉定十四年，同知樞密院事兼參知政事。明年，拜參知政事。以資政殿學士奉祠。端平三年召赴闕，升大學士、提舉洞霄宮，以觀文殿大學士致仕。卒，贈少師。詔繒嘗預定策，以王堯臣故事贈太師，謚忠靖。





薛極字會之，常州武進人。以父任調上元主簿。中詞科，爲大理評事、通判溫州，知廣德軍。以參知政事樓鑰薦，遷大理正、刑部郎官，司封郎中、權右司郎中，遷右司郎中兼提領雜賣場、寄樁庫，兼勅令所刪修官，中書門下省檢正諸房公事，兼刪修勅令官。拜司農卿兼權兵部侍郎，尋爲眞。

嘉定八年，疏奏：「願陛下深思顧諟之難，益懷兢業之念。勿謂帝德罔愆而怠於進修，勿以天災代有而應不以實。政綱雖舉，必求益其所未至；德澤雖布，必思及其所未周。誓以今日遇災警懼之心，永爲異時暇逸之戒。將見天心昭格，沛然之澤響應於不崇朝之間。」遷權刑部尚書，尋試戶部尚書兼權吏部尚書，遂爲眞，時暫兼權戶部尚書。十五年，特賜同進士出身，拜端明殿學士、簽書樞密院事。

紹定元年，拜參知政事兼同知樞密院事。尋知樞密院事兼參知政事，封毗陵郡公。以觀文殿大學士知紹興府兼浙東安撫使。端平元年，加少保、和國公，致仕，卒。

陳貴誼字正甫，福州福清人。慶元五年進士，授瑞州觀察推官。丁內外艱，服除，調安遠軍節度掌書記，辟差四川制置司書寫機宜文字。中博學宏詞科，授江南東路安撫司機宜文字。遷太社令，改武學諭，國子錄，遷太學博士。

時議更楮幣法，貴誼轉對言：「人主令行禁止者，以同民之所好惡。楮劵之令，乃使姦惡獲逞，道路咨怨，非所以祈天永命、固結人心。」因援熙寧新法爲辭。又言：「明銳果敢之才，足以集事而失於剽輕；老成寬博之士，足以厚俗而失於循理。孰若舉之以衆，取之以公。」主更幣之法者，乃摘新法等語激怒時相，且謂「貴誼引類植黨」，人爲危之。

遷太常博士。以兄貴謙兼禮部郎官，引嫌，遷將作監丞兼魏惠憲王府小學教授。轉對，謂：「言路雖開，觸犯忌諱者指爲好名，切劘時政者指爲玩令。利害關於天下，是非公於人心。一人言之未已，或至累十數人言之，則又指爲朋黨。是非易位，忠佞不分。」史彌遠益不樂，遷祕書郎，出知江陰軍，提舉江西常平。召赴行在，未至，授禮部郎官。

屬金人大擾淮、蜀，貴誼言：「人才所以立國，今旁蹊曲徑，倖門四闢。言路所以通下情，今婞阿循默，囊括不言。民力已竭，而科斂之外，餽遺以謀進者未已。軍中恥言敗北，則陣亡者不恤；恥言棄潰，則逃竄者復招。」又言：「婉順巽從者，是災疢也，非愛我也，宜屏之外之；矯拂救正者，是藥石也，愛我也，宜用之聽之。」彌遠滋不樂，諷言者論罷，主管崇





禧觀。

起知徽州，召授司封郎官兼翰林權直，兼玉牒所檢討。會有事明堂，首引包拯皇祐中乞因肆赦除聚斂掊克之敝，當察州縣府庫致羨之由，倣成周邦饗必及死王事者之子與漢置羽林孤兒，專取從軍死事之後，敎以五兵。

理宗卽位，以爲宗正少卿兼侍講，兼權直學士院。尋遷起居舍人。寶慶初，詔舉賢能才識之士，貴誼乃言曰：「世以容嘿滯固爲賢，以苛刻生事爲能，以褊狹趣辦爲才，以輕疏嘗試爲識。及茲初政，當求忠實正直，奉公愛民、知禮義廉恥而不越防範者，以充中外之選。」又言：「成王之初，元臣故老嘗以無逸者，欲其克壽；勉以敬德者，欲其永命；期以豈弟者，欲其受命之長。則可謂愛君切而慮患深矣。」

遷中書舍人，升兼直學士院。內侍濫受恩賞，輒封還詔書。將郊，貴誼以：「民生實艱，吏員尙衆，征斂幾於奪取，公費掩爲私藏。宜大明黜陟，庶有以見帝于郊。」遷禮部侍郎，仍兼中書舍人、權刑部尙書。升修玉牒官兼侍讀。爲禮部尙書兼給事中、端明殿學士、簽書樞密院事。

紹定六年冬，上始親政，進參知政事。上面諭之曰：「頃聞憂國之言，朕所不忘。」兼同知樞密院事。出師汴、洛時，貴誼已移疾，猶上疏力爭。五上章乞歸，轉四官，加邑封，致仕。卒，贈少保、資政殿大學士。

曾從龍字君錫，左僕射公亮四世從孫。初名一龍，慶元五年，擢進士第一，始賜今名。授簽書奉國軍節度判官廳公事。遷兵部員外郎、左司郎中、起居舍人兼太子右諭德。

使金還，轉官。疏言：「州郡累月闕守，而以次官權攝者，彼惟其攝事也，自知非久，何暇盡心於民事？獄訟淹延，政令玩弛，舉一郡之事付之胥吏。幸而除授一人，民望其至如渴望飲，足未及境而復以他故罷去矣。且每易一守，供帳借請少不下萬緡。郡帑所入，歲有常數，而頻年將迎，所費不可勝計。然則輕於易置，公私俱受其病。欲望明詔二三大臣，郡守有闕，卽時進擬。其有求避憚行者，悉杜絕其請，其繳劾彈拄者，疾速行之。蓋郡計寬則民力裕，利害常相關故也。」又請已振濟者免其後。

開禧間丐外，知信州。戍卒行掠境內，從龍置于法，索得婦人衣，命梟于市。召權禮部侍郎兼中書舍人兼太子左諭德。繳還張鎡復官詞頭，以鎡抑令姪女竭資財結姻蘇師旦之子故也。尋兼太子諭德，兼同修國史、實錄院同修撰，兼國子祭酒。爲吏部侍郎，仍兼職兼太子右庶子，兼給事中，兼直學士院，權刑部尙書。





嘉定六年秋，陰雨，乞放繫囚。進對，言「修德政，蓄人材，飭邊備」。帝善其言。七年，知貢舉。疏奏：「國家以科目網羅天下之英雋，義以觀其通經，賦以觀其博古，論以觀其識，策以觀其才。異時謀王斷國，皆繇此其選。比來循習成風，文氣不振，學不務根柢，辭不尙體要，涉獵未精，議論疏陋，綴緝雖繁，氣象萎薾。願下臣此章，風厲中外，澄源正本，莫甚於斯。」詔從之。

進端明殿學士、簽書樞密院、太子賓客，改參知政事。疾胡榘憸壬，排沮正論，陳其罪。榘嗾言者劾罷，以前職提舉洞霄宮。起知建寧府。丁內艱，服除，爲湖南安撫使。撫安峒獠，威惠並行，興學養士，湘人紀之石。改知隆興府，復提舉洞霄宮，改萬壽觀兼侍讀，奉朝請。

端平元年，授資政殿大學士、沿江制置使兼知建康府兼行宮留守。拜參知政事兼同知樞密院事。時有三京之役，極論南兵輕進易退。未幾言驗。進知樞密院事兼參知政事，以樞密院使督視江淮、荊襄軍馬。疏言：「邊面遼遠，聲援不接，請並建二閫。」詔許之，專江淮，以荊襄屬魏了翁。朝論邊用不給，詔從龍、了翁幷領督府。及從龍卒，贈少師。弟用虎、天麟、治鳳，皆歷顯任。

鄭性之字信之，初名自誠，後改今名，福州人。嘉定元年，進士第一，歷官知贛州，改知隆興府。後以寶章閣待制提舉玉隆萬壽宮，進華文閣待制、提舉上清太平宮。進敷文閣待制、知建寧府。

端平元年，召爲吏部侍郎。入對，言：「陛下大開言路，以通壅蔽，心苟愛君，誰不欲言，言不切直，何能感動？譬如積水，久壅一決，其勢必盛，其聲必激。故言者多則易於取厭，言之激則難於樂受。若少有厭倦，動於詞色，則讒諂乘間，或不自知矣。」又言：「願陛下明詔百辟，滌去舊汙，一以清白相師。權之所在，勢所必趨，恐懼戒謹，尤防其微，以保終譽，毋招謗議。則朝綱肅而國體尊矣。」又曰：「爲君者不以堯、舜自期，則無善治；告君者不陳堯、舜之道，則無遠猷。」

擢左諫議大夫，言：「臺臣交章互詆，願陛下監古今天下安危之變，君子小人消長之機，公以處之，乃得其當。況夫聽言之道，宜以事觀，若言果有關國體，有補治道，有益主德，則言之過激，夫亦何傷。彼雖采名，我實有益。惟虛心納善，若決江河，則激者自平矣。」

拜端明殿學士、簽書樞密院事，進同知樞密院事兼權參知政事。尋拜參知政事兼同知樞密院事。尋知樞密院事兼參知政事，加觀文殿學士，致仕。寶祐二年卒。





李鳴復字成叔，瀘州人。嘉定二年進士。歷官權發遣金州兼幹辦安撫司公事。制置使鄭損薦于朝，乞召審察。授司農寺丞，遷駕部員外郎，遷兵部郎中。面對，遷軍器少監、大理少卿，拜侍御史兼侍講。進對，言：「荆襄制臣有當戒者三：曰去私、禁暴、懲怒。」權工部尚書兼權吏部尚書。又權刑部尚書兼給事中、簽書樞密院事。

端平三年，拜參知政事。以資政殿學士知紹興府。嘉熙元年，復爲參知政事。明年，知樞密院事兼參知政事，加資政殿大學士，賜衣帶、鞍馬。淳祐四年，復爲參知政事。未幾，出知福州、福建安撫使，尋予祠。監察御史蔡次傳按劾落職，罷宮觀，後卒于嘉興。

鄒應龍字景初。慶元二年進士。歷官爲起居舍人，以直龍圖閣權知贛州，遷江西提點刑獄。尋遷中書舍人兼太子右諭德，復兼太子左庶子、試戶部尚書。使金還，爲太子詹事兼中書舍人。遷給事中兼太子詹事。權禮部侍郎兼侍講。權工部尚書兼同修國史、實錄院同修撰。遷刑部尚書。乞祠，以敷文閣學士提舉安慶府眞原萬壽宮。以徽猷閣學士起知太平州，以臣僚論罷。以敷文閣學士提舉玉隆萬壽宮，拜禮部尚書兼侍讀。

嘉熙元年，拜端明殿學士、簽書樞密院事。進資政殿學士、知慶元府兼沿海制置使，依舊職提舉洞霄宮。淳祐四年卒，贈少保。

余天錫字純父，慶元府昌國人。丞相史彌遠延爲弟子師，性謹愿，絕不預外事，彌遠器重之。是時彌遠在相位久，皇子竑深惡之，念欲有廢置。會沂王宮無後，丞相欲借是陰立爲後備。天錫秋告歸試于鄉，彌遠曰：「今沂王無後，宗子賢厚者幸具以來。」天錫絕江與越僧同舟，舟抵西門，天大雨，僧言門左有全保長者，可避雨，如其言過之。保長知爲丞相館客，具雞黍甚肅。須臾有二子侍立，全曰：「此吾外孫也。日者嘗言二兒後極貴。」問其姓，長曰趙與莒，次曰與芮。天錫憶彌遠所屬，其行亦良是，告于彌遠，命二子來。保長大喜，鬻田治衣冠，心以爲沂邸後可冀也，集姻黨且詫其遇以行。天錫引見，彌遠善相，大奇之。計事泄不便，遽復使歸。保長大慙，其鄉人亦竊笑之。逾年，彌遠忽謂天錫曰：「二子可復來乎？」保長謝不遣。彌遠密諭曰：「二子長最貴，宜撫





於父家。」遂載與歸。天錫母朱爲沐浴，教字，禮度益閑習。未幾，召入嗣沂王，迄即帝位，是爲理宗。

天錫，嘉定十六年舉進士，歷監慈利縣稅，籍田令，超授起居舍人。遷權吏部侍郎兼玉牒所檢討官，兼崇政殿說書。遷戶部侍郎兼知臨安府、浙西安撫使。試戶部侍郎，權戶部尚書，皆兼知臨安府。升兼詳定勑令官，以寶文閣學士知婺州，仍舊職奉祠。起知寧國府，進華文閣學士、知福州。

召爲吏部尚書兼給事中兼侍讀。疏奏：「臣荷國恩，起家分閫，旋蒙趣覲，躐玷邇聯。時權禮部侍郎曹豳實在諫省，蓋嘗抗疏謂用臣大驟。臣與豳交最久，相知最深，今觀其所論，於君父有陳善之敬，友朋有責善之道。而豳遂遷官，臣竟汙要路。豳以不得其言，累疏丐去。夫亟用舊人而遂退二莊士〔二〕，則將謂之何哉！豳老成之望，直諒多益，置之近班，可以正乃辟，可以儀有位。欲望委曲留行，使之釋然無疑，安於就職，則陛下既昭好賢之美，而微臣亦免妨賢之媿。」帝從之。

嘉熙二年，拜端明殿學士、同簽書樞密院事。尋拜參知政事兼同知樞密院事，封奉化郡公。授資政殿學士、知紹興府、浙東安撫使。以觀文殿學士致仕。朱氏亦封周、楚國夫人，壽過九十。將以生日拜天錫爲相，而天錫卒。贈少師，尋加太師，謚忠惠。

弟天任爲兵部尚書。兄弟友愛，方貧時，率更衣以出，終歲同衾。從子晦，歷官尚書，出帥全蜀，嘗置義莊，以贍宗族；然在蜀以違言論知閬州王惟忠死，士論少之。

許應龍字恭甫，福州閩縣人。五歲通經旨，坐客曰「小兒氣食牛」，應龍應聲「丈夫才吐鳳」爲對，四坐嘉歎。入太學，嘉定元年舉進士。調汀州教授，差浙東宣撫司掾，差戶部架閣。遷籍田令、太學博士。時李全、時青輩歸附，應龍入對，有「拜蜂是懲，養虎遺患」之說，後皆如所言。遷國子博士、國子丞、宗學博士。

理宗即位，應龍首陳：「正心爲治國平天下之綱領。」遷祕書郎兼權尚右郎官，遷著作郎。丐外，知潮州。盜陳三槍起贛州，出沒江、閩、廣間，勢熾甚。而盜鍾全相挻爲亂，樞密陳韡帥江西任招捕〔三〕，三路調軍，分道追剿。盜逼境上，應龍亟調水軍、禁卒、土兵、弓級，分扼要害。明間諜，守關隘，斷橋開塹，斬木塞涂。點集民兵，激勸隅總，諭以保鄉井、守室廬、全妻子，蒐補親兵，日加訓閱。既而橫岡、桂嶼相繼以捷聞。

招捕司遣統領官齊敏率師由漳趨潮，截贛寇餘黨。應龍諭敏曰：「兵法攻瑕，今鍾寇將窮，陳寇猖獗，若先破鍾，則陳不戰禽矣。」敏惟命，於是諸寇皆平。方未解嚴時，有行旅數



人，隅總搜其槖中金銀，指爲賊黨。應龍辨其非盜，釋之，皆羅拜感泣。始，人疑應龍儒者不閑戎事，及見其區畫事宜，分別齊民，靜練雍容，莫不歎服。僚屬請上功，應龍曰：「守職扞城保民，何功之云？」距州六七十里曰山斜，峒獠所聚，丐耕土田不輸賦。禁兵與閧，應龍平決之，其首感悅，率父老鳴缶擊筒，踊躍詣郡謝。去之日，闔郡遮道攀送。

端平初，召爲禮部郎官。入對，帝謂應龍曰：「卿治潮有聲，與李宗勉治台齊名。」應龍頓首曰：「民無不可化，顧牧民者如何耳。臣治州幸免曠瘝，皆陛下德化所暨，臣非曰能之。」兼榮文恭王府教授，力辭，遷國子司業。祭酒徐僑議學校差職，欲先譽望。應龍以爲不若差以資格，資格一定，則僥倖之門杜而造請之風息。僑以爲然。時有憑勢干職者，力卻之。

兼權直舍人院，遷國子祭酒。攝侍右侍郎兼學士院權直。是日，罷鄭清之、喬行簡制，應龍所草也。翼日文德殿宣布畢，帝遣中使召應龍諭之曰：「草制甚善。」應龍復謝曰：「臣聞昔人有言，進人若將加諸膝，退人若將墜諸淵。今二相乞罷機政，與陛下體貌大臣之意，兩盡其美可也。」帝善之，就令草勑書戒諭諸閫。權吏部侍郎兼侍講，兼權直學士院。試吏部侍郎，升侍讀，權兵部尚書。

時楮幣虧甚，行簡主行稱提之說，州縣希旨奉承，貧富猜懼。應龍奏從民便、節用二說，行簡然之。兼吏部尚書，遷兵部兼中書舍人。三上章丐外，不允。兼給事中，兼吏部尚



書。請外，詔免兼中書，拜端明殿學士、簽書樞密院事。累辭，會正言郭磊卿有論疏，以端明殿學士提舉洞霄宮。卒年八十有一。贈資政殿學士、銀青光祿大夫。應龍不躁不競，不激不隨，不妄薦士，而亦無傷人害物之事。潮州之治，最可紀也。

林略字孔英，温州永嘉人。慶元五年，舉進士。歷饒州大寧監教授，辟幹辦四川茶馬司公事。崔與之帥蜀，目之曰「此臺閣之瑞也」，薦之。遷武學博士、國子監丞、太常寺丞。奉祠，拜宗正少卿兼崇政殿說書。遷右司諫，尋遷左司諫兼侍講。告于帝曰：「虛心以爲從諫之本，從諫以爲求治之本。」拜殿中侍御史，升侍御史，試右諫議大夫。嘉熙三年，以端明殿學士同簽書樞密院事，以言罷，提舉洞霄宮。以資政殿學士致仕。淳祐三年八月卒，特贈宣奉大夫。

徐榮叟字茂翁，煥章閣學士應龍之子。嘉定七年，舉進士。歷官通判臨安府，遷太學博士兼崇政殿說書，遷祕書郎，升著作佐郎兼侍左郎官。出爲江東提點刑獄，直祕閣、知



婺州。遷著作郎兼禮部郎官，以集英殿修撰知靜江府兼廣西經略安撫使。召爲行在司諫，復兼說書兼侍講。

嘉熙四年，拜右諫議大夫。入對，言：「自楮幣不通，物價倍長，而民始怨；自米運多阻，粒食孔艱，而民益怨。此見之京師者然也。外而郡邑，苛征橫斂，無所不有，嚴刑峻罰，靡所不施。和糴則科抑以取贏，軍需則並緣而規利，逃亡強令代納，蠲放忍至重催。犯私販者不問多寡，槩遭黥徒；逋官課者不恤有無，動輒監繫。囹圄充斥，率是干連；詞訟追呼，莫非枝蔓。如此則民安得而不怨？甚者富家巨室，武斷鄉閭，貴族豪宗，侵牟民庶。茹寃者不敢告，負抑者不得伸，怨氣薰蒸，天示之應。此亢陽之所以爲沴也。」

遷權禮部尚書兼權吏部尚書，拜端明殿學士、簽書樞密院事。淳祐二年乞歸田里，以資政殿大學士提舉洞霄宮。六年，轉一官致仕。卒。

別之傑字宋才，郢州人。嘉定二年進士。歷官差充京西安撫司參議官，遷太府寺主簿，又遷將作監丞，差知澧州、知德安府。親喪，起復，知德安府。加直寶謨閣、知江陵府、湖北安撫副使。進直煥章閣，言親年八十，乞祠歸養，庶幾君親之義兩全。從之。以京湖



中華書局

安撫制置使陳睱論罷，以前職主管崇禧觀。進直敷文閣、知江陵府、湖北安撫使。起復，知眞州，改知江寧府、湖北安撫副使，加兵部郎官，差充督視行府參謀官。遷軍器監，加直寶文閣、京西轉運判官兼提點刑獄。加祕閣修撰、知江陵兼京湖制置副使。進寶章閣待制、知太平州。又進寶謨閣學士，依舊沿江制置使兼知建康府、江東安撫使。加兵部尚書兼淮西制置使，邊事聽便行之。加端明殿學士。

淳祐二年，授同知樞密院事兼權參知政事，進資政殿學士、湖南安撫使兼知潭州。監察御史蔡次傳論罷。七年，拜參知政事。乞歸田里，依前職知紹興府，復以兩浙轉運判官翁甫論罷。寶祐元年卒，特贈少師。

劉伯正字直卿，饒州餘干人。父簡，爲丞相趙汝愚客，嘗書慶曆四諫奏議授伯正，而伯正以開禧元年舉進士。調太平主簿，通判棗陽軍，辟荆湖制置司機宜，兩浙轉運司主管公事。歷軍器、將作、太府三監主簿，樞密院編修官，兵部郎官，監察御史。有事于明堂，雷電忽至，執事者鮮不離次，伯正立殿下，紳笏儼然，聲色不動。帝遂以大任期之。

遷左司諫，疏言：「兵籍寖廣，糧餉益艱，請豫備軍食。」又言銓選、財計、刑獄之積敝，





「乞以願治之心而急董正治官之圖，以勤政之思而嚴察計吏之法」。又言：「所憂非一，而急務之當慮者有三：曰申飭邊備，區處流民，隄防姦盜。」帝皆善其言。升右正言。以華文閣待制知廣州兼廣東經略安撫使。召見，賜金帶鞍馬。改轉運使，以寶章閣直學士知太平州。召爲禮部侍郎兼中書舍人，遷吏部侍郎兼侍講、同修國史、實錄院同修撰。兼給事中，權刑部尚書兼侍讀。

淳祐四年，拜端明殿學士、簽書樞密院事兼權參知政事。眞拜參知政事。以監察御史孫起予言罷，授資政殿學士、提舉洞霄宮。監察御史蔡次傳言之，降一官，尋復舊官致仕。卒，贈正奉大夫，加少保。時論謂伯正立朝，以靜重鎭浮，不求名譽，善藏其用云。

金淵字淵叔，臨安府人。嘉定七年進士。歷官爲太學博士，遷太府寺丞、祕書郎。升著作佐郎兼權司封郎官。遷祕書丞，拜右正言兼工部侍郎。遷將作少監兼侍右郎官，兼國子司業，兼國史編修、實錄檢討，兼崇政殿說書。拜監察御史，論曹豳、項寅孫。兼侍講，遷禮部侍郎，尋兼國子祭酒。遷吏部侍郎，拜右諫議大夫，改左諫議大夫。遷禮部尚書兼給事中。

淳祐四年，知貢舉，拜端明殿學士、同簽書樞密院事。侍御史劉漢弼論淵尸位妨賢，罷政予祠。監察御史劉應起言，落職罷祠。十一年，妻盛氏愬于朝，乞曲加貸宥，少敘官職。詔止量移平江府居住。卒。

李性傳字成之，宗正寺主簿舜臣之子也。嘉定四年舉進士。歷幹辦行在諸軍審計司。進對：「有崇尙道學之名，未遇其實。」帝曰：「實者何在？」性傳對曰：「在陛下格物致知，以爲出治之本。」遷武學博士。尋爲太常博士兼諸王宮大小學教授。升太常寺丞兼權工部郎中，兼權都官郎官，遷起居舍人兼侍講。

疏言：「東周以後，諸侯卿大夫皆以既葬而除服。秦、漢之際，尤爲淺促，孝文定爲三十六日之制，則視孝惠以前已有加矣。東漢以後又損之爲二十七日，謂之以日易月，則薄之至也。千數百年，惟晉武帝、魏孝文爲能復古之制，而羣臣沮格，未克盡行。惟孝宗通喪三年，近古所獨。陛下纘之，至性克盡，前烈有光。乞以此疏付之史官，庶幾四海聞風，民德歸厚。」

遷起居郎，兼國史編脩、實錄檢討。權刑部侍郎，進禮部侍郎。以臣僚言罷。尋以寶





章閣待制知饒州，改知寧國府，再知饒州，復以言罷。召爲兵部侍郎兼侍講，兼同脩國史，兼實錄院同修撰。升兼侍讀，權兵部尚書。進讀仁皇訓典，乞讀帝學，從之。權吏部尚書。臣僚論舜臣立廟封爵事，落職，提舉太平興國宮。

淳祐四年，權禮部尚書兼給事中，兼同修國史、實錄院同脩撰，兼侍讀。五年，拜端明殿學士、簽書樞密院事兼權參知政事。尋同知樞密院事。未幾，落職與郡。十二年，以資政殿大學士提舉洞霄宮。寶祐二年，依舊職提舉萬壽觀兼侍讀。以觀文殿學士致仕。卒，特贈少保。

陳韡字子華，福州侯官人。父孔碩，爲朱熹、呂祖謙門人。韡讓父郊恩與弟韔。登開禧元年進士第，從葉適學。嘉定十四年，賈涉開淮閫，辟京東、河北幹官。韡謂：「山東、河北遺民，宜使歸耕其土，給耕牛農具，分配以內郡之貸死者。然後三分齊地，張林、李全（三）各處其一，其一以待有功者。河南首領以三兩州來歸者，與節度使，一州者守其土，忠義人盡還北。然後括淮甸閒田，倣韓琦河北義勇法，募民爲兵，給田而薄征之，擇土豪統率；鹽丁又別廩爲一軍，此第二重藩籬也。」

十五年，淮西告捷，韡策金人必專向安豐而分兵綴諸郡，使卞整、張惠、李汝舟、范成進各以其兵屯廬州以待之。金將盧鼓摀新勝於渦關[四]，乘銳急戰，當持久困之，不過十日必遁，設伏邀擊，必可勝。又使時青、夏全候金人深入，以輕兵擣其巢穴，第一策也[五]。其後金人果犯安豐，韡如盱眙犒師。改淮東制置司幹辦公事。再如盱眙見劉琸，調卞整、張惠、范成進、夏全諸軍應援擣虛，皆行韡之策，遂有堂門之捷，俘其四駙馬者。

遷將作監丞，又遷太府寺丞，差知眞州、淮東提點刑獄。加直寶章閣，依舊提點刑獄兼知寶應州。還宗正寺丞、權工部郎中，改倉部員外郎。入對，言：「臣所陳夏、周、漢、唐數君之事，如布德兆謀、任賢使能、信賞必罰、區處藩鎭、不事姑息，規摹莫大於此。」又言：「人主所以御天下者，賞罰而已。」

紹定二年冬，盜起閩中，帥王居安屬韡提舉四隅保甲，韡有親喪，辭之。轉運使陳汝提舉常平史彌忠告急于朝，謂非韡莫可平。明年，以寶章閣直學士起復，知南劍州，提舉汀州、邵武軍兵甲公事，福建路兵馬鈐轄，同共措置招捕盜賊兼福建路招捕使。未幾，加提點刑獄。韡籍士民丁壯爲一軍。沙縣紫雲臺[六]告急。沙縣破，賊由間道趨城，忠勇軍破之於高橋，賊乃趨邵武，勢益熾。時有議當招不當捕者，韡言：「始者賊僅百計，招而不捕，養之至千，又養之至萬，今復養之，將至於無算。求淮西兵五千人可圖萬全。」詔韡兼福建路





招捕使。

賊急攻汀州，淮西帥曾式中調精兵三千五百人由泉、漳間道入汀，擊賊于順昌勝之。六月，兵大合，加福建提點刑獄。七月，韡親提兵至沙縣、順昌、將樂、淸流、寧化[七]督捕，所至克捷。九月，分兵進討。十月，進攻五賊營砦，平之。十一月，破潭瓦磜賊起之地，夷其巢穴。十二月，誅汀州叛卒，諭降連城七十有二砦，汀境皆平。四年正月，遣將破下瞿張原砦。二月，躬往邵武督捕餘寇，賊首晏彪迎降，韡以其力屈乃降，卒誅之。進右文殿修撰，依舊提點刑獄、招捕使兼知建寧府。衢州寇汪徐、來二破常山、開化，勢張甚。韡命淮將李大聲提兵七百，出賊不意，夜薄其砦，賊出迎戰，見算子旗，驚曰：「此陳招捕軍也！」皆大哭，急擊之，衢寇悉平。

六年，進寶章閣待制、知隆興府。贛寇陳三槍據松梓山砦，出沒江西、廣東，所至屠殘。韡遣官吏諭降，賊輒殺之。乃謂盜賊起於貪吏，劾其尤者二人。又謂：「寇盜稽誅，以臣下欺誕、事權渙散所致，若決計蕩除，數月可畢。」十一月，詔節制江西、廣東、福建三路捕寇軍馬。韡奏遣將劉師直扼梅州，齊敏扼循州，自提淮西兵及親兵擣賊巢穴。十二月，兼知贛州。

端平元年正月，進華文閣待制、江西安撫使。二月至贛，斬將士張皇賊勢及掠子女貨財者。齊敏、李大聲所至克捷。三月，分兵守大石堡，截賊糧道，遂破松梓山。三槍與餘黨縋厓而遁。韡親督諸將，乘春瘴未生，薄松梓山。賊悉精銳下山迎敵，旗幟服色甚盛。韡軍步騎夾擊，又縱火焚之，士皆攀厓上，賊巢蕩爲煙埃，賊首張魔王自焚。斬千五百級，禽賊將十二，得所掠婦女、牛馬及僭僞服物各數百計。三槍中箭，與敏軍遇，擊敗之，賊遁。翼日，追及下黃，又敗之。餘衆尙千餘，薙獮略盡。三槍僅以數十人遁至興寧就禽，檻車載三槍等六人，斬隆興市。

初，賊跨三路數州六十砦，至是悉平。詔曰：「韡忠勤體國，計慮精審，身任討捕之責，江、閩、東廣，訖底寧輯。」乃進權工部侍郎，仍知隆興兼江西安撫使。未幾，爲工部侍郎，改江東安撫使、知建康府，兼行宮留守。二年，入奏事，帝稱其平寇功，韡頓首言曰：「臣不佞，徒有孤忠，仗陛下威靈，苟逃曠敗耳，何功之有。」遷權工部尙書，又權刑部尙書、沿江制置大使，依舊江東安撫使、知建康府。往來巡視鄂州江面，措置捍禦。三年，加寶謨閣學士。十月，詔選猛將精兵，相視緩急，據地利，遏要衝，以伐姦謀。嘉熙元年，進煥章閣學士。四年，拜刑部尙書，辭免。加徽猷閣學士、知潭州、荆湖南路安撫使。

淳祐四年，召爲兵部尙書，遷禮部尙書兼侍讀，兼同修國史、實錄院同修撰。拜端明殿學士、同簽書樞密院事兼參知政事。尋拜參知政事兼同知樞密院事。七年，知樞密院事、





湖南安撫大使兼知潭州。九年，以觀文殿學士、福建安撫大使知福州，五上章辭，以舊職提舉洞霄宮。開慶元年，召赴闕，落致仕，充醴泉觀使兼侍讀。景定元年，授福建安撫大使兼知福州。久之，提舉佑神觀，力請致仕。明年卒，年八十有三。贈少師，謚忠肅。

崔福者，故羣盜，嘗爲官軍所捕，會夜大雪，方與嬰兒同榻，兒寒啼不止，福不得寐，覺捕者至，因以故衣擁兒口，遂逸去。因隸軍籍。初從趙葵，收李全有功，名重江、淮，又累從韡捕賊，積功至刺史、大將軍。

後從韡留隆興。既而韡移金陵，而福猶在隆興。屬通判與郡僚燕滕王閣，福恚其不見招，道遇民愬寃者，福攜其人直至飮所，責以郡官不理民事，麾諸卒盡碎飮具，官吏皆惴恐竄去，莫敢嬰其鋒。韡知之，遂檄建康，署爲鈐轄。福又脅統制官王明鞍馬，及迫逐總領所監酒官親屬。韡戒諭之，不聽。

會淮兵有警，步帥王鑑出師，鑑請福行，韡因厚遣之。福不樂爲鑑用，遇敵不擊，託以葬女擅歸，亦不閗于制置司。鑑怒，遂白其前後過惡，請必正其慢令之罪。會韡亦厭忌之，遂坐以軍法，然後聲其罪于朝，且自劾專殺之罪。下詔獎諭，免其罪。福勇悍善戰，頗著威聲；其死也，軍中惜之。時論以爲良將難得，而韡以私忿殺之。

然福跋扈之迹已不可揜，殺身之禍，亦有以自取之也。

論曰：宋自嘉定以來，居相位者賢否不同，故執政者各以其氣類而用之，因其所就而後世得以考其人焉。宣繒、薛極者，史彌遠之腹心也。陳貴誼、曾從龍、鄭性之、李性傳、劉伯正，皆無所附麗。李鳴復、金淵者，史嵩之之羽翼也。鄒應龍無所考見，許應龍治郡見稱循良，林略所謂虛心從諫者，有益於人主矣。徐榮叟父子兄弟皆爲名臣，陳韡將帥才也，優於別之傑多矣。

## 校勘記

〔一〕而遂退二莊士　按「二」，錢士升南宋書卷四九余天錫傳作「一」，本書殿、局本作「亡」，疑此有誤。

〔二〕樞密陳韡帥江西任招捕　「招捕」原作「拓捕」，據趙汝騰庸齋集卷六許應龍神道碑改。

〔三〕張林李全　「李全」原作「孝全」。按劉克莊後村先生大全集卷一四六陳韡神道碑作「張林、李全」；本書卷四七六李全傳記有李全勸張林歸宋事。「孝」爲「李」之誤，據改。





〔四〕潼關　後村先生大全集卷一四六陳韡神道碑作「潼關」。

〔五〕第一策也　同上書同卷同篇作「亦一策也」，疑是。

〔六〕沙縣紫雲臺　「臺」原作「基」。按福建有紫雲臺山，見讀史方輿紀要卷九八。後村先生大全集卷一四六陳韡神道碑作「沙縣紫雲臺」，是，據改。

〔七〕寧化　原作「宣化」。按宋福建路州縣無「宣化」。後村先生大全集卷一四六陳韡神道碑作「寧化」；本書卷八九地理志寧化屬汀州，「宣」爲「寧」之誤，據改。

# 宋史卷四百二十

## 列傳第一百七十九

王伯大　鄭寀　應𦸂　徐淸叟　李曾伯　王埜　蔡抗　張磻　馬天驥　朱熠　饒虎臣　戴慶炣　皮龍榮　沈炎

王伯大字幼學，福州人。嘉定七年進士。歷官主管戶部架閣，遷國子正、知臨江軍，歲饑，振荒有法。遷國子監丞、知信陽軍，改知池州兼權江東提舉常平〔一〕。久之，依舊直祕閣、江東提舉常平，仍兼知池州。端平三年，召至闕下，遷尙右郎官，尋兼權左司郎官，遷右司郎官、試將作監兼右司郎中，兼提領鎭江、建寧府轉般倉，兼提領平江府百萬倉，兼提領措置官田。進直寶謨閣、樞密副都承旨兼左司郎中。進對，言：

今天下大勢如江河之決，日趨日下而不可挽。其始也，搢紳之論，莫不交口誦詠，謂太平之期可蹻足而待也；未幾，則以治亂安危之制爲言矣；又未幾，則置治安不言





而直以危亂言矣；又未幾，則置危亂不言而直以亡言矣。嗚呼，以亡爲言，猶知有亡矣，今也置亡而不言矣。人主之患，莫大乎處危亡而不知；人臣之罪，莫大乎知危亡而不言。

陛下親政，五年于茲，盛德大業未能著見於天下，而招天下之謗議者何其籍籍而未已也？議逸欲之害德，則天下將以陛下爲商紂、周幽之人主；議戚宦近習之撓政，則天下將以朝廷爲恭、顯、許、史、武、韋、仇、魚之朝廷；議姦儉佞朋之誤國，則天下又將爲漢黨錮、元祐黨籍之君子。數者皆犯前古危亡之轍迹，忠臣懇惻而言之，志士憤激而和之。陛下雖日御治朝，日親儒者，日修辭飾色，而終莫能弭天下之議。言者執之而不肯置，聽者厭之而不憚煩，於是厭轉而爲疑，疑增而爲忿，忿極而爲愎，則罪言黜諫之意藏伏於陛下之胸中，而凡迕己者皆可逐之人矣。彼中人之性，利害不出於一身，莫不破厓絕角以阿陛下之所好。其稍畏名義者，則包羞閔默而有跋前疐後之憂；若其無所顧戀者，則皆攘袂遠引，不願立于王之朝矣。

陛下試反於身而自省曰：吾之制行，得無有屋漏在上、知之在下者乎？徒見嬖昵之多，選擇未已，排當之聲，時有流聞，則謂精神之內守，血氣之順軌，未可也。陛下又試于宮闈之內而加省曰：凡吾之左右近屬，得無有因徼而入，緣形而出，意所狎信不復

猜覺者乎？徒見內降干請，數至有司，裏言除臣，每實人口，則謂浸潤之不行，邪逕之已塞，未可也。陛下又試於朝廷政事之間而三省曰：凡吾之諸臣，得無有讒說殄行，震驚朕師，惡直醜正，側言改度者乎？徒見剛方峭直之士，昔者所進，今不知其亡，柔佞闒茸之徒，適從何來，而遽集於斯也，則謂舉國皆忠臣，聖朝無闕事，未可也。

夫以陛下之好惡用舍，無非有招致人言之道；及人言之來，又復推而不受。不知平日之際遇信任者，肯爲陛下分此謗乎？無也。陛下誠能布所失於天下，而不必曲爲之回護，凡人言之所不貸者，一朝赫然而盡去之，務使盡根悉拔，孽種不留，如日月之更，如風雷之迅，則天下之謗，不改而自息矣。陛下何憚何疑而不爲此哉！

又極言邊事，曲盡事情。

以直寶謨閣知婺州。遷祕書少監，拜司農卿，復爲祕書少監，進太常少卿兼中書門下檢正諸房公事。遷起居舍人，升起居郎兼權刑部侍郎。臣僚論罷，以集英殿修撰提舉太平興國宮。起，再知婺州，辭免，復舊祠。

淳祐四年，召至闕，授權吏部侍郎兼權中書舍人。尋爲吏部侍郎仍兼權中書舍人、兼侍讀。時暫兼權侍右侍郎，兼同修國史、實錄院同修撰。權刑部尚書，尋爲眞。七年，拜端明殿學士、簽書樞密院事兼權參知政事。八年，拜參知政事。以監察御史陳垓論罷，以





資政殿學士知建寧府。寶祐元年，卒。

鄭寀，不詳何郡人。初歷官爲祕書省校書郎兼國史編修、實錄檢討。遷著作佐郎兼權侍右郎官，升著作郎兼侍講。拜右正言，言：「丞相史嵩之以父憂去，遽欲起之，意甚厚也。奈何謗議未息，事關名教，有尼其行。」帝答曰：「卿言雖切事理，進退大臣豈易事也！」擢殿中侍御史。疏言：「臺諫以糾察官邪爲職，國之紀綱係焉。比劉漢弼劾奏司農卿謝逵，陛下已行其言矣，未及兩月，忽復敍用，何其速也！漢弼雖亡，官不可廢。臣非爲漢弼惜，爲朝廷惜也。」又奏劾王瓚、龔基先、胡清獻，鐫秩罷祠，皆從之。三人者，不才臺諫也。

遷侍御史。疏言：「比年以來，舊章寖廢。外而諸閫，不問勳勞之有無，而爵秩皆得以例遷；內而侍從，不問才業之優劣，而職位皆可以例進。執政之歸休田里者，與之貼職可也，而凡補外者，皆授之矣。故自公侯以至節度，有同序補，自書殿以至祕閣，錯立周行。名器之輕，莫此爲甚。無功者受賞，則何以旌有功之士；有罪者假寵，則何以服無罪之人。矧事變無窮，而名器有限，使名器常重於上，則人心不敢輕視於下，非才而罔功者不得覬幸於其間，則負慷慨之氣、懷功名之願者，陛下始可得而鼓舞之矣。」遷左諫議大夫。

淳祐七年，拜端明殿學士、同簽書樞密院。以監察御史陳求魯論罷。淳祐九年五月，卒。宷之居言路，嘗按工部侍郎曹豳、主管吏部架閣文字洪芹，則大傷公論云。

應繇字之道，慶元府昌國人。刻志于學。嘉定十六年，試南省第一，遂舉進士，爲臨江軍教授。入爲國子學錄兼莊文府教授。遷太學博士，又遷祕書郎，請蚤建太子。入對，帝問星變，繇請「修實德以答天戒」。帝問州縣貪風，繇曰：「貪黷由殉色而起。成湯制官刑，儆有位，首及於巫風淫風者，有以也。」帝問藏書，繇請「訪先儒解經注史」，因及程迥、張根所著書皆有益世教。帝善之。遷祕書省著作佐郎兼權尚左郎官、兼翰林權直。又遷著作郎，仍兼職，以言罷。

淳祐二年，叙復奉祠。遷宗正寺丞兼權禮部郎官，兼國史編修、實錄檢討，以言罷。差知台州，召兼禮部郎官、崇政殿說書。遷祕書少監，仍兼職，兼權直學士院。又遷起居舍人、權兵部侍郎，時暫兼權吏部侍郎兼直學士院，帝一夕召繇草麻，夜四鼓，五制皆就，帝奇其才。遷吏部侍郎仍兼職。進翰林學士兼中書舍人。





八年，授同知樞密院事兼參知政事。九年拜參知政事，封臨海郡侯，乞歸田里。以資政殿學士知平江府，提舉洞霄宮。寶祐三年，殿中侍御史丁大全論罷，尋卒。德祐元年，詔復元職致仕。

徐清叟字直翁，煥章閣學士應龍之子。嘉定七年進士。歷主管戶部架閣，遷籍田令。疏言：「邇者江右、閩嶠，盜賊竊發，監司帥守，未免少立威名，專行誅戮，此特以權濟事而已。而偏州僻壘，習熟見聞，轉相倣傚，亦皆不俟論報，輒行專殺。欲望明行禁止，一變臣下嗜殺希進之心，以無墜祖宗立國仁厚之意。」遷軍器監主簿。入對，言：「太后舉哀之日，陛下以后服下同媵妾，令別置大袖一襲。文思院觀望，欲如后飾，再造其一以進，詔卻之。此眞知嫡庶之辨者。請宣付史館，以垂法後世。」

遷太常博士。入對，疏言：「陛下親政以來，精神少振而氣脈未復，條目畢舉而綱紀未張，公道若伸而私意之未盡克者，則亦風化之先務，勸戒之大權，與夫選用之要術，猶有闕略而未之講明者爾。何謂風化之先務？曰原人倫以釋羣惑者是已。何謂勸戒之大權？曰惜名器以示正義者是已。何謂選用之要術？曰因物望而進人才者是已。」蓋欲請復皇子竑王

銜，裁抑史彌遠恤典，召用眞德秀、魏了翁也。

兼崇政殿說書。遷祕書郎，升著作佐郎兼權司封郎官，遷軍器少監，皆兼職依舊。遷將作監，拜殿中侍御史兼侍講。遷太常少卿兼權戶部侍郎兼侍講。三疏丐外，給事中洪咨夔、起居舍人吳泳皆抗疏留之。尋權工部侍郎。以右文殿修撰知泉州，集英殿修撰知靜江府、廣西經略安撫使。遷侍右侍郎、主管雲臺觀。召赴闕，遷戶部侍郎，再爲侍右侍郎。以寶章閣直學士知溫州，改知福建安撫使(三)，改知婺州。以煥章閣直學士差知泉州，辭免。改知袁州，又改知紹興府、兩浙東路安撫使，辭免。改知潭州，尋知廣州兼廣東經略安撫使。

召赴闕，權兵部尙書兼侍讀。淳祐九年，兼同修國史、實錄院同修撰，權吏部尙書，遷禮部尙書。拜端明殿學士、簽書樞密院事，進同知樞密院事，封晉寧郡公。奏修四朝國史志傳，五上章乞改機政，帝不許。十二年，拜參知政事。尋知樞密院事兼參知政事，監察御史朱應元論罷，以資政殿大學士提舉玉隆萬壽宮，改洞霄宮，復以監察御史朱熠論罷。久之，以舊職提舉洞霄宮。

開慶元年，召赴闕，以舊職提舉佑神觀兼侍讀。出知泉州，復提舉佑神觀。景定三年，轉兩官致仕，卒，贈少師，謚忠簡。清叟父子兄弟皆以風節相尙，而清叟劾罷袁甫，於公論



少貶云。

李曾伯字長孺，覃懷人，後居嘉興。歷官通判濠州，遷軍器監主簿，添差通判鄂州兼沿江制置副使司主管機宜文字。遷度支郎官，授左司郎官、淮西總領。尋遷右司郎官，太府少卿兼左司郎官，兼勑令所刪修官。遷太府卿、淮東制置使兼淮西制置使，詔軍事便宜行之。曾伯疏奏三事：答天心，重地勢，協人謀。又言：「邊餉貴於廣積，將材貴於素儲，賞與不可以不精，戰士不可以不恤。」又條上：「淮面舟師之所當戒，湖面險阻之所當治。」加華文閣待制，又加寶章閣直學士，進權兵部尙書。

淳祐六年正月朔，日食。曾伯應詔，歷陳先朝因天象以謹邊備、圖帥材，乞早易閫寄，放歸田里。又請修浚泗州西城。加煥章閣學士，言者相繼論罷。

九年，以舊職知靜江府、廣西經略安撫使，兼廣西轉運使。陳守邊之宜五事。進徽猷閣學士、京湖安撫制置使、知江陵府，兼湖廣總領，兼京湖屯田使，進龍圖閣學士。疏言：「襄陽新復之地，城池雖修浚，田野未加闢；室廬雖草創，市井未阜通。請蠲租三年。」詔從之。加端明殿學士兼夔路策應大使。進資政殿學士，制置四川邊面，與執政恩例。尋授四



川宣撫使，特賜同進士出身。召赴闕，加大學士，知福州兼福建安撫使。辭免，以大學士提舉洞霄宮。

起爲湖南安撫大使兼知潭州，兼節制廣南，移治靜江。開慶元年，進觀文殿學士，以諫議大夫沈炎等論罷。景定五年，起知慶元府兼沿海制置使。咸淳元年，殿中侍御史陳宗禮論劾，褫職。德祐元年，追復元官。

曾伯初與賈似道俱爲閫帥，邊境之事，知無不言。似道卒嫉之，使不竟其用云。

王埜字子文，寶章閣待制介之子也。以父蔭補官，登嘉定十二年進士第。仕潭時，帥眞德秀一見異之，延致幕下，遂執弟子禮。德秀欲授以詞學，埜曰：「所以求學者，義理之奧也。詞科惟強記者能之。」德秀益器重之。

紹定初，汀、邵盜作，辟議幕參贊，攝邵武縣，後復攝軍事。盜起唐石，親勒兵討之。後爲樞密院編修兼檢討。襄、蜀事急，議遣使講和，時相依違不決。史嵩之帥武昌，首進和議。埜言：「今日之事宜先定規模，幷力攻守。」上疏言八事。繼爲副都承旨，奏請「出師，絕和使，命淮東、西夾攻。不然，利害將深。」理宗深然之，令樞密院下三閫諭旨。嘉熙元年，輪



對，釆事係安危者四端，而事以司馬光仁、明、武推說。復推廣前所言八事，以孝宗講軍實激發帝意。

淳祐初，自江西赴闕，奏祈天永命十事。嵩之起復，傾國爭之，埜上疏乞聽終喪，後又言嵩之當顯絕而終斥，益嚴君子小人之限。拜禮部尙書，奏十事，終之曰：「陛下一心，十事之綱領也。」前後奏陳，皆明正剴切，鑿鑿可行。其爲兩浙轉運判官，以察訪使出視江防，首嘉興至京口增修官民兵船守險備具。爲江西轉運副使、知隆興府，繼有它命，時以米綱不便，就湖口造轉般倉，請事畢受代。

知鎭江府，兼都大提舉浙西兵船。江面幾千里，調兵捍禦，以守江尤重于淮，瓜洲一渡甚狹，請免鎭江水軍調發，專一守江，置遊兵如呂蒙所言「蔣欽將萬人巡江上」，增創水艦，就揚子江習水戰，登金山指麾之。是冬，揚子橋有警，急調湯孝信所領遊兵救之而退。

淳祐末，遷沿江制置使、江東安撫使、節制和州無爲軍安慶府兼三郡屯田、行宮留守。巡江，引水軍大閱，舳艫相銜幾三十里。憑高望遠，考求山川險阨，謂要務莫如屯田。講行事宜，修飭行宮諸殿室，推京口法，創遊擊軍萬二千，蒙衝萬艘，江上晏然。寶祐二年，拜端明殿學士、簽書樞密院事，封吳郡侯。與宰相不合，言者攻之，以前職主管洞霄宮。卒，贈七官，位特進。

埜因德秀知朱熹之學，凡熹門人高弟，必加敬禮。知建寧府，創建安書院，祠熹，以德秀配。有奏議、文集若干卷。埜工于詩，書法祖唐歐陽詢，署書尤清勁。

蔡抗字仲節，處士元定之孫。紹定二年進士。其後差主管尙書刑、工部架閣文字。召試館職，遷祕書省正字。升校書郎兼樞密院編修官，遷諸王宮大小學教授。疏奏：「權姦不可復用，國本不可不早定。」帝善其言。遷樞密院編修官兼權屯田郎官。遷著作佐郎兼侍右郎官，兼樞密院編修官。尋兼國史院編修官、實錄檢討官。江東提點刑獄，加直祕閣，特授尙書司封員外郎，進直寶章閣，尋加寶謨閣，移浙東。召爲國子司業兼資善堂贊讀，兼玉牒所檢討官，時暫兼侍立修注官。拜宗正少卿兼國子司業。進直龍圖閣、知隆興府，試國子祭酒兼侍立修注官。拜太常少卿，仍兼資善堂翊善。權工部侍郎兼國史院編修官、實錄院檢討官。

遷工部侍郎，時暫兼禮部侍郎，兼權吏部尙書。加端明殿學士、同簽書樞密院事，差兼同提舉編修經武要略。同知樞密院事，拜參知政事。落職予祠，起居郎林存請加竄削，從之。未踰年，復端明殿學士、提舉洞霄宮。乞致仕。轉一官，守本官職致仕。卒，謚文簡，





以犯祖諱，更謚文肅。

張磻字渭老，福州人。嘉定四年進士。歷官辟點檢贍軍激賞酒庫所主管文字，差主管尙書吏部架閣。遷太常博士、宗正丞兼權兵部郎官。遷國子祭酒，時暫兼權禮部侍郎，尋爲眞，兼國史編修、實錄檢討。加集英殿修撰，差知婺州。復爲禮部侍郎、權兵部尙書，時暫兼權吏部尙書。以右補闕程元鳳論罷。寶祐三年，復權刑部尙書兼侍讀，拜端明殿學士、簽書樞密院事，升同知樞密院事兼參知政事。五年，拜參知政事。進封長樂郡公，轉三官，守參知政事致仕。九月，卒。遺表上，贈少師。

馬天驥字德夫，衢州人。紹定二年進士，補簽書領南判官廳公事〔三〕。遷祕書省正字兼沂靖惠王府教授。遷祕書省校書郎，升著作佐郎。輪對，假司馬光五規之名，條上時敝，詞旨切直。遷考功郎官，入對，言：「周世宗當天下四分五裂之餘，一念振刷，猶能轉弱爲強。陛下有能致之資，乘可爲之勢，一轉移間耳。」

遷祕書監、直祕閣、知吉州。遷宗正少卿，以祕閣修撰知紹興府，主管浙東安撫司公事兼提舉常平。權兵部侍郎，授沿海制置使，差知慶元府。改知池州兼江東提舉常平。改知廣州兼廣東經略安撫使〔四〕。

寶祐四年，遷禮部侍郎，兼直學士院，兼侍讀，兼國子祭酒。拜端明殿學士、同簽書樞密院事，封信安郡侯。五年，以殿中侍御史朱熠、右正言戴慶炣、監察御史吳衍翁應弼等論罷，依舊職提舉洞霄宮。

景定元年，知衢州，以兵部侍郎章鑑論罷。有旨，依舊職予祠。起知福州、福建安撫使，以職事修舉，升大學士。改知平江府。又改知慶元府兼沿海制置使，提舉洞霄宮。褫職罷祠。咸淳三年，追奪執政恩數，送信州居住。四年，放令自便。後卒于家。

朱熠，温州平陽人。端平二年，武舉第一。遷閤門舍人，差知沅州，改橫州，復爲閤門舍人、知雷州。入對，爲監察御史陳垓論罷，臣僚復論，降一官。久之，授帶御器械兼幹辦皇城司，差知興國軍。遷度支郎官，拜監察御史兼崇政殿說書。擢右正言，殿中侍御史兼侍講，遷侍御史。寶祐六年，遷左諫議大夫。拜端明殿學士、簽書樞密院事，同知樞密院





事。開慶元年，拜參知政事兼權知樞密院事。

景定元年，知樞密院事兼參知政事，兼太子賓客。以舊職知慶元府、沿海制置使。奉祠。爲監察御史胡用虎論罷。久之，監察御史張桂、常楙相繼糾劾，送處州居住。咸淳四年，詔令自便。五年，侍御史章鑑復以爲言，驅之還鄉，尋卒。熠居言路彈劾最多，一時名士若徐清叟、呂中、尤焴、馬廷鸞，亦皆不免云。

饒虎臣字宗召，寧國人。嘉定七年進士。歷官遷將作監主簿，差知徽州。遷祕書郎，升著作郎兼權右司郎官。遷兵部郎官兼權左司郎官，特授左司郎中。遷司農少卿兼左司，兼國史編修、實錄檢討。遷司農卿，直龍圖閣，福建轉運判官，浙東提點刑獄。拜太府卿兼中書門下檢正諸房公事。以祕閣修撰、兩浙轉運使權禮部侍郎，尋爲眞。時暫兼權侍右侍郎。寶祐六年，兼同修國史、實錄院同修撰，暫通攝吏部尙書。拜端明殿學士、同簽書樞密院事。開慶元年，同知樞密院事，兼權參知政事。

景定元年，拜參知政事。殿中侍御史何夢然論罷，以資政殿學士提舉洞霄宮。夢然再劾之，褫職罷祠。四年，敍復元官，提舉太平興國宮。卒。德祐元年，禮部侍郎王應麟、右

中華書局

史徐宗仁乞追復元官，守資政殿學士致仕。

戴慶炣字彥可，溫州永嘉人。淳祐十年進士。歷官差主管戶部架閣文字。召試館職，遷祕書省正字兼史館校勘。升校書郎，遷右正言、左司諫、殿中侍御史。升侍御史。開慶元年，拜右諫議大夫。尋加端明殿學士、簽書樞密院事兼權參知政事，同知樞密院事兼參知政事。未幾，守本官致仕。卒，贈特進、資政殿大學士。

皮龍榮字起霖，一字季遠，潭州醴陵人。淳祐四年進士。歷官主管吏部架閣文字，遷宗學諭，授諸王宮大小學教授兼資善堂直講。入對，請「以改過之實，易運化之名，一過改而一善著，百過改而百善融。」遷祕書郎，升著作郎。入對，因及眞德秀、崔與之廉，龍榮曰：「今天下豈無廉者，願陛下崇獎之以風天下，執賞罰之公以示勸懲。」帝以爲然。兼兵部郎官，差知嘉興府。

召赴闕，遷侍右郎官兼資善堂贊讀。又遷吏部員外郎兼直講。入對，言：「忠王之學，願



陛下身教之於內。」帝嘉納。遷將作監兼尚右郎官，祕書少監兼吏部郎中，宗正少卿、起居郎兼權侍左侍郎，兼給事中，吏部侍郎兼贊讀，封醴陵縣男。遷集賢殿脩撰，提舉太平興國宮。召見，進刑部侍郎，加寶章閣待制，判湖南路轉運使，權刑部尚書兼翊善。景定元年四月，拜端明殿學士、簽書樞密院，進封伯。權參知政事兼太子賓客。二年，拜參知政事，仍兼太子賓客，封壽沙郡公。三年，罷爲湖南安撫使，判潭州。四年，以資政殿大學士提舉洞霄宮。以右正言曹孝慶論罷。

咸淳元年，以舊職奉祠。殿中侍御史陳宗禮、監察御史林拾先後論劾，削一官。它日，帝偶問龍榮安在，賈似道恐其召用，陰諷湖南提點刑獄李雷應劾之。雷應至官，謁龍榮，龍榮託故不出，既退，又斥罵之。或以語雷應，不能平，遂疏其罪，又謂「每對人言，有『吾擁至尊于膝上』之語。」詔徙衡州居住。湖南提刑治衡州，龍榮恐不爲雷應所容，未至而歿。又以度宗舊學，卒爲似道所擯。德祐元年，復其官致仕。二年，太府卿柳岳乞加贈謚，未及行而宋亡。



沈炎字若晦，嘉興人。寶慶二年進士。調嵊縣主簿，廣西經略司准備差遣，湖南安撫司幹辦公事。討郴寇有功，改知金華縣，沿江制置司幹官。通判和州，沿江制置主管機宜文字。監三省、樞密院門，樞密院編修官。爲監察御史、右正言、左司諫、殿中侍御史、侍御史。

景定元年，拜右諫議大夫。加端明殿學士、同簽書樞密院事兼太子賓客。二年，拜同知樞密院事，兼權參知政事，以資政殿學士提舉洞霄宮。三年，進大學士，致仕。卒，贈少保。炎居言路，嘗按劾福建轉運使高斯得、觀文殿學士李曾伯、沿江制置司參謀官劉子澄、左丞相吳潛。然論罷右丞相丁大全及其黨與，則爲公論也。

論曰：王伯大立朝直諒。鄭寀、沈炎居言路，不辨君子小人，皆彈拄之，吾不知其何說也。應繇清愼沒世。徐淸叟風采凜乎班行之間。李曾伯之治邊，短于才者也。王埜得名父師，而其學問益光。蔡抗號爲君子，史闕其事。若張磻、馬天驥、饒虎臣未見卓然有可稱道者。戴慶炣、皮龍榮登第皆未久而位至執政，龍榮不附權臣，爲所擯斥而死，猶爲可取，慶炣無所稱述焉。朱熠在臺察如狂猘，遇人輒噬之云。



## 校勘記

〔一〕江東提舉常平　原脫「常平」二字，據下文「依舊直秘閣、江東提舉常平」補。

〔二〕改知福建安撫使　按宋會要職官四一之七九，「凡諸路安撫使之名，並以逐州知州充」，福建路以福州，朝野雜記甲集卷一一安撫使條也說建炎以來諸路皆帶安撫使，「其制今存」；下文諸傳亦屢見「知福州、福建安撫使」之文。此處「改知」下當脫「福州」二字。

〔三〕簽書領南判官廳公事　南宋館閣續錄卷九載，馬天驥於紹定二年進士及第，次年正月即以寧海軍簽書節度判官廳召試，三月，除爲正字，九月爲校書郎。疑此處有誤。

〔四〕改知廣州兼廣東經略安撫使　按宋會要職官四一之七九，廣東路安撫使以廣州知州充；本書卷九〇地理志，廣州，「大觀元年升爲帥府，舊領廣南東路兵馬鈐轄，兼本路經略安撫使」。此處「廣州」原作「廣東」，誤，今改。

# 宋史卷四百二十一

## 列傳第一百八十

楊棟　姚希得　包恢　常挺　陳宗禮　常楙　家鉉翁
李庭芝

楊棟字元極，眉州青城人。紹定二年進士第二。授簽書劍南西川節度判官廳公事。未上，丁母憂。服除，遷荆南制置司，改辟西川，入爲太學正。丁父憂，服除，召試授祕書省正字兼吳益王府教授，遷校書郎、樞密院編修官。入對，言：「飛蝗蔽天，願陛下始終一德，庶幾感格天心，消弭災咎。」又言：「邇來中外之臣，如主兵理財，聽其言無非可用，跡其實類皆欺誣，上下相蒙，無一可信。陛下先之以至誠，而後天下之事可爲也。」又言：「祖宗立國，不恃兵財法，惟恃民心固結而已。願陛下常存忠厚之意，勿用峻急之人。」理宗悅，以臣僚言奉祠。





起知興化軍。孔子之裔有居涵頭鎭者，棟爲建廟闢田，訓其子弟。遷福建提點刑獄，尋加直祕閣兼權知福州，兼本路安撫使，遷都官郎官，又遷左司郎官，尋爲右司郎官兼玉牒所檢討官，除宗正少卿。進對，帝曰：「止是正心修身之說乎？」棟對曰：「臣所學三十年，止此一說。用之事親取友，用之治凋郡、察冤獄，至爲簡易。」時有女冠出入宮禁，頗通請謁，外廷多有以爲言者。棟上疏曰：「陛下何惜一女冠，天下所側目而不亟去之乎？」帝不謂然。棟曰：「此人密交小人，甚可慮也。」又言：「京、襄、兩淮、四川殘破郡縣之吏，多是兵將權攝，科取無藝，其民可矜，非陛下哀之，誰實哀之。」帝從之。

遷太常少卿、起居郎，差知滁州，以殿中侍御史周坦論罷。起直龍圖閣、知建寧府，不拜。提舉千秋鴻禧觀，遷起居郎兼權侍左侍郎、崇政殿說書，繼遷吏部侍郎兼同修國史、實錄院同修撰兼侍讀，以集英殿修撰兼中書舍人兼侍講，出知太平州，以右補闕蕭泰來論罷，依舊職提舉太平興國宮。起知婺州。召奏事，以舊職奉祠。度宗立爲太子，帝親擢棟太子詹事。遷工部侍郎，仍爲詹事兼同修國史、實錄院同修撰兼中書舍人，兼直學士院，權刑部尚書兼國子祭酒，遷禮部尚書，加端明殿學士、同簽書樞密院事兼太子賓客，進同知樞密院事兼權參知政事，拜參知政事。

台州守王華甫建上蔡書院，言于朝，乞棟爲山主，詔從之。因卜居于台。尋授資政殿學士、知建寧府，不拜。以舊職提舉洞霄宮，復依舊職知慶元府、沿海制置使。以監察御史胡用虎言罷，仍奉祠。加觀文殿學士知慶元府、沿海制置使，又不拜，仍奉祠。乃以資政殿大學士充萬壽觀使。卒，遺表上，帝輟朝，特贈少保。

棟之學本諸周、程氏，負海內重望。方賈似道入相，登用故老，列之從官，棟亦預焉。及彗星見，棟乃言蚩尤旗，非彗也，故爲世所少云。或謂棟姑爲是言，陰告于帝，謀逐似道，似道覺之，遂蒙疑而去。所著有崇道集、平舟文集。

姚希得字逢原，一字叔剛，潼川人。嘉定十六年進士。授小溪主簿，待次三年，朝夕討論六經、諸子百家之言。調盤石令。會蜀有兵難，軍需調度不擾而集，更調嘉定府司理參軍。改知蒲江縣。巨室挾勢，邑號難治。希得綏彊扶弱，聲聞著聞。同知樞密院事游似以希得名聞，召審察，遷行在都進奏院，通判太平州，改福州，徒步至候官，吏不知爲通判也。

召爲國子監丞，遷太府寺丞，時暫書擬金部文字兼沂靖王府教授。時帝斥逐權姦，收召名德，舉朝相慶。希得以爲外觀形狀，似若清明之朝；內察脈息，有類危亡之證。乃上疏言：「堯、舜、三代之時，無危亡之事，而常喜危亡之言；秦、漢以來，多危亡之事，而常諱





危亡之言。夫危亡之事不可有，而危亡之言不可亡。後世人主乃履危如履坦，諱言如諱病。」又言：「君子非不收召，而意向猶未調一；小人非不斥逐，而根株猶未痛斷。大權若操握，而不能無旁蹊曲逕之疑；大勢若更張，而未見有長治久安之道。延臣之所諷諫，封囊之所奏陳，非不激切，而陛下固不之罪，亦不之行。自古甘蹈危亡之機，非獨闇主，而明君亦有焉，此臣之所甚懼。朝廷者，萬化之所自出也，實根於人君之一心。夫何大明當天，猶有可議者？內小學之建，人皆知陛下有意建儲也。然歲月逾邁，未覩施行，人心危疑，無所係屬。秦、漢而下，嗣不蚤定，事出倉卒，或宮闈出令，或宦寺主謀，或姦臣首議，此皆足以危人之國也。陛下何憚而不蚤定大計？邸第之盛，人皆知篤於親愛也。然依馮者衆，輕視王法，請託之行，捷於影響。楊干，晉侯弟也，亂行於曲梁，而魏絳戮其僕，晉侯始怒而終悔，晉卒以霸。平原君，趙王弟也，不出租稅，而趙奢刑其用事者，趙王賢而用之，趙卒以彊。皆足以興人之國也。陛下何爲而不少伸國法？今女冠者流，衆所指目；近璫小臣，時竊威福。此皆陛下之心乍明乍晦之所致，豈不謂之危乎？國有善類，猶人有元氣，善類一敗一消，元氣一病一衰。善類能幾，豈堪數消，消極則國隨之矣。陛下明於知人，公於用人，固無權姦再用之意。然道路之人往往竊議，此元祐、紹聖將分之機也。禍根猶伏而未去，不幾於安其危乎？」帝改容曰：「朕決不用史嵩之。」

遷知大宗正丞兼權金部郎官。李韶以病告，十上疏欲去。希得言：「韶有德望，雖以病告，曷若留奉內祠，侍經幄，亦足爲朝廷重。」又言：「財用困竭，民生憔悴，移此不急之費，以實軍儲，以厚民生，敬天莫大於此，豈在崇大宮宇，莊嚴設像哉！」又條救錢楮三策，請置惠民局，帝皆以爲可行。

進祕書丞，尋遷著作郎，授江西提舉常平。役法久壞，臨川富室有賂吏求免者，希得竟罪之。遂提點刑獄，加直祕閣。未幾，加度支員外郎，尋直寶章閣，移治贛州。盜有僞號「崔太尉」者，據石壁，連結數郡；劉老龍等聚衆焚掠，一方繹騷。希得指授方略，不五旬平之。以直寶謨閣、廣西轉運判官兼權靜江府。尋授直徽猷閣、知靜江府、主管廣西經略安撫司公事兼轉運判官。母喪，免。召爲祕書少監兼中書門下省檢正諸房公事。入對，言君子小人邪正之辯，且曰：「君子犯顏敢諫，拂陛下之意，退甘家食，此乃爲國計，非爲身計也。小人自植朋黨，擠排正人，甘言佞語，一切順陛下之意，遂取陛下官爵，此乃爲身計，非爲國計也。」遷宗正少卿兼國史編修、實錄檢討兼權給事中，兼權刑部侍郎、同修國史、實錄院同修撰。時西方用兵，有爲嵩之復出計者，謂非此人不能辦。帝有意再用，知希得必執之，出旨諭意，希得毅然具疏密奏，不報。又繳鄧泳予祠之命。右正言邵澤、監察御史吳衍、殿中侍御史朱熠相繼論罷。





久之，以集英殿修撰提點千秋鴻禧觀。未幾，依舊職兩淮宣撫使司判官，俄加寶謨閣待制，移京西、湖南北、四川。詔敍復元官。護江陵有功，召爲戶部侍郎。帝曰：「姚希得才望可爲閫帥。」乃進煥章閣待制、知慶元府、沿海制置使，繼升敷文閣待制。詔增沿海舟師，希得爲之廣募水軍，造戰艦，蓄糧食，蠲米一萬二千石、舊逋一百萬。去官，庫餘羨悉以代民輸。召爲工部尚書兼侍讀。入侍經筵，帝問慶元之政甚悉。以華文閣直學士、沿江制置使知建康府、江東安撫使、行宮留守。希得按行江上，慰勞士卒，衆皆歡說。溧陽饑，發廩勸分，全活者衆。溯寧江軍，自建康、太平至池州列砦置屋二萬餘間，屯戍七千餘人。帝聞之，一再降詔奬諭。加寶章閣學士，尋加刑部尚書，依舊任兼淮西總領。

景定五年，召爲兵部尚書兼侍讀。乃言用人才、修政事、治兵甲、惜財用四事。拜端明殿學士、簽書樞密院事兼太子賓客。會星變，上疏引咎，乞解機務。兼權參知政事。度宗卽位，授同知樞密院事兼權參知政事，尋授參知政事。以言罷，授資政殿學士、提舉洞霄宮。起知潭州、湖南安撫使，以疾甚，辭，乃仍舊職奉祠。請致仕，詔不許，力請，以資政殿大學士、金紫光祿大夫、依舊潼川郡公致仕。咸淳五年，卒。遺表聞，帝輟朝，贈少保。

希得忠亮平實，清儉自將，好引善類，不要虛譽，蓋有誦薦于上而其人莫之知者。廣西官署以錦爲帟幕，希得曰：「吾起身書生，安用此！」命以繒纈易之。蜀之親族媚舊相依者數十家，希得廩之終身，昏喪悉損己力，晚年計口授田，各有差。所著有續言行錄、奏稿、橘州文集。

包恢字宏父，建昌人。自其父揚、世父約、叔父遜從朱熹、陸九淵學。恢少爲諸父門人講大學，其言高明，諸父驚焉。嘉定十三年，舉進士。調金谿主簿。邵武守王遂辟光澤主簿，平寇亂。建寧守袁甫薦爲府學教授，監虎翼軍，募土豪討唐石之寇。授掌故，改沿海制置司幹官。會歲饑，盜起金壇、溧陽之間，恢部諸將爲十誅夷之。沿江制置使陳韡辟爲機宜，復有平寇功，改知吉州永豐縣，未行，差發運幹官。福建安撫使陳塏檄平寇，遷武學諭、宗正寺主簿，添差通判台州。徐鹿卿討溫寇，辟兼提點刑獄司主管文字，議收捕。改通判臨安府，遷宗正寺主簿、知台州。有妖僧居山中，號「活佛」，男女爭事之，因爲姦利，豪貴風靡，恢誅其僧。

進左司郎官，未行，改湖北提點刑獄，未行，移福建兼知建寧。閩俗以九月祠「五王」生日，靡金帛，傾市奉之。恢曰：「彼非犬豕，安得一日而五子同生，非不祥者乎？而尊畏之若是。」衆感悟，爲之衰止。兼轉運判官，以侍御史周坦論罷。光州布衣陳景夏上書云：「包恢





剛正不屈之臣，言者汙衊之耳。」又四年，起爲廣東轉運判官，權經略使，還侍右郎官，尋爲大理少卿，卽日除直顯文閣、浙西提點刑獄。是時海寇爲亂，恢單車就道，調許、澉浦分屯建砦，一旦集諸軍討平之。嘉興吏因和糴受賕百萬，恢被旨慮囚，曰：「吾用此消沴氣。」乃減死，斷其手。

進直龍圖閣、權發運，升祕閣修撰，知隆興府兼江西轉運。沈妖妓於水，化爲狐，人皆神之。有母愬子者，年月後狀作「疏」字，恢疑之，呼其子至，泣不言。及得其情，母孀居，與僧通，惡其子諫，以不孝坐之，狀則僧爲之也。因責子侍養跬步不離，僧無由至。母乃託夫諱日，入寺作佛事，以籠盛衣帛，因納僧於內以歸。恢知之，使人要之，置籠公庫，逾旬，吏報籠中臭達于外，恢命沉於江。語其子曰：「爲汝除此害矣。」又姑死者假子婦棺以斂，家貧不能償，婦愬于恢，恢怒，買一棺，紿其婦臥棺中以試，就掩而葬之。改湖南轉運使，罷。

景定初，拜大理卿、樞密都承旨兼侍講，權禮部侍郎，尋爲中書舍人。林希逸奏恢守法奉公，其心如水。權刑部侍郎，進華文閣直學士、知平江府兼發運。豪有奪民包舉田寄公租誣上者，恢上疏，指爲以小民祈天永命之一事，帝覽奏惻然，罪任事者，卽歸民田。召赴闕，辭，改知紹興，又辭。度宗卽位，召爲刑部尚書，進端明殿學士，簽書樞密院事，封南城縣侯。郊祀禮成，還，以資政殿學士致仕。

恢歷仕所至，破豪猾，去姦吏，治蠱獄，課盆鹽，理銀欠，政聲赫然。嘗因輪對曰：「此臣心惻隱所以深切爲陛下告者，陛下惻隱之心如天地日月，其閉而食之者曰近習、曰外戚耳。」參知政事董槐見而歎曰：「吾等有慚色矣。」他日講官因稱恢疏剴切，頗容納。理宗欣然曰：「其言甚直，朕何嘗怒直言！」經筵奏對，誠實懇惻，至身心之要，未嘗不從容諄至。度宗至比恢爲程顥、程頤。恢侍其父疾，滌濯拚除之役不命僮僕。年八十有七，臨終，舉盧懷愼臥簀窮約事戒諸子斂以深衣，作書別親戚而後卒，有光隕其地。遺表聞，帝輟朝，贈少保，謚文肅，賻銀絹五百。

常挺字方叔，福州人。嘉熙二年進士。歷官爲太學錄，召試館職，遷祕書省正字兼莊文府教授，升校書郎。輪對，乞以李若水配享高宗。改祕書郎兼考功郎官，出知衢州，拜監察御史兼崇政殿說書。疏言邊閫三事：曰辟實才，曰奏實功，曰招實兵。朝廷二事：曰選良吏，曰擢正人。又言：「願陛下深思宏遠之規模，奮發清明之志氣，立綱陳紀必爲萬世之法程，昭德塞違以示百官之憲度。」遷太常少卿兼國子司業，兼國史編修、實錄檢討兼直舍人院。遷起居郎，權工部侍郎兼直學士院。遷工部侍郎、給事中。右諫議大夫陳堯道論罷。以寶





章閣直學士知漳州，改知泉州，權兵部尚書兼侍讀，權禮部尚書兼同修國史、實錄院同修撰。進帝學發題，遷吏部尚書。咸淳三年，授同知樞密院事兼權參知政事，封合沙郡公，拜參知政事。四年，致仕，尋卒，贈少保。

陳宗禮字立之。少貧力學，袁甫爲江東提點刑獄，宗禮往問學焉。淳祐四年，舉進士。調邵武軍判官，入爲國子正，遷太學博士、國子監丞，轉祕書省著作佐郎。入對，言火不循軌。帝以星變爲憂，宗禮曰：「上天示戒，在陛下脩德布政以回天意。」又曰：「天下方事於利欲之中，士大夫奔競趨利，惟至公可以遏之。」兼考功郎官，兼國史實錄院校勘，兼景獻府教授，升著作郎，遷尙左郎官兼右司。時丁大全擅國柄，以言爲諱。宗禮歎曰：「此可一日居乎！」陛對，言：「願爲宗社大計，毋但爲倉廩府庫之小計；願得天下四海之心，毋但得左右便嬖戚畹之心；願寄腹心於忠良，毋但寄耳目於卑近；願四通八達以來正人，毋但旁蹊曲逕類引貪濁。」拜太常少卿，以直寶謨閣、廣東提點刑獄進直煥章閣，遷祕書監。以監察御史虞慮言追兩官，送永州居住。

景定四年，拜侍御史，直龍圖閣、淮西轉運判官，遷刑部尙書。以起居舍人曹孝慶言罷。度宗卽位，兼侍講，拜殿中侍御史。疏言：「恭儉之德自上躬始，清白之規自宮禁始，左右之言利者必斥，蹊隧之私獻者必誅。」以詩進講，因奏：「帝王舉動，無微不顯，古人所以貴於愼獨也。」權禮部侍郎兼給事中。進讀孝宗聖訓，因奏：「安危治亂，常起於一念慮之間，念慮少差，禍亂隨見。天下之亂未有不起於微而成於著。」又言：「不以私意害公法，乃國家之福。」帝曰：「孝宗家法，惟賞善罰惡爲尤謹。」宗禮言：「有功不賞，有罪不罰，雖堯舜不能治天下，信不可不謹也。」

遷禮部侍郎，尋權禮部尚書，乞奉祠，帝曰：「豈朕不足與有爲耶？」以華文閣直學士知隆興府，再辭，依舊職與待次差遣。逾年，依舊職廣東經略安撫使兼知廣州，加端明殿學士、簽書樞密院事，尋兼權參知政事。疏奏：「國所以立，曰天命人心。因其警而加敬畏，天命未有不可回也；因其未墜而加綏定，人心未嘗不可回也。」卒官，遺表上，贈開府儀同三司、盱江郡侯，謚文定。所著有寄懷斐藁、曲轅散木集、兩朝奏議、經筵講義、經史明辨、經史管見、人物論。

常楙字長孺，顯謨閣直學士同之曾孫。入太學。淳祐七年，舉進士。調常熟尉。公廉





自持，不畏彊禦，部使者交薦之。調婺州推官。疏決滯訟，以劇繁裁劇稱。臨安府尹馬光祖又薦於朝，辟差平江府百萬倉檢察，不受和糴事例，戢吏卒苛取。發運使趙與篙兼提點刑獄，屬楙檢覆，雪無錫翟氏冤獄。監江淮茶鹽所蕪湖局，不受商稅贏，光祖益敬之。改知嘉定縣。歲大水，勸分和糴，按籍均敷。發運使王爚、提點刑獄孫子秀俱特薦于朝，簽書臨安府判官，不爲權勢撓。有爲淮東提舉常平，辟楙提管，楙知其不可與共事，笑而卻之。未幾，政府強楙行，遂拂衣去，朝野高之。主管城南廂，聽訟嚴明，豪右益憚之。都城火後，瓦礫充斥，差民船徙運，在籍者百五十家，惟二十有五家應役，餘率爲勢要官官所庇。楙悉追之，不服者杖其人，械于他所，無不聽命。又力拒戶部科買。葉夢鼎、陳昉深期獎焉。添差臨安通判。朝命鞫封樁庫吏范成獄，不肯承廟堂風旨，無辜者悉出之。

知廣德軍。郡有水災，發社倉粟以活饑民，官吏難之，楙先發而後請專命之罪。置慈幼局，立先賢祠。故事，郡守秋苗例可得米千石，乃以代屬縣償大農綱欠。拜監察御史，知無不言。嘗論天變及賈似道家爭田事，論繼皇子竑嗣，觸度宗怒，遷司農卿，尋爲兩浙轉運使。禁戢吏姦，不以急符督常賦。海鹽歲爲鹹潮害稼，楙請于朝，捐金發粟，復轉己帑，大加修築新塘三千六百二十五丈，名曰海晏塘。是秋，風濤大作，塘不浸者尺許，民得奠居，歲復告稔，邑人德之。

遷戶部侍郎。受四方民詞，務通下情。兼中書門下省檢正諸房公事，兼刑部侍郎。極論檢覆之敝。上進故事，首論雷雪非時之變，帝意不悅。勾祠，不許，以集英殿修撰知平江。值旱。故事，郡守合得緡錢十五萬，悉以爲民食、軍餉助。蠲苗九萬、稅十三萬、版帳十六萬，又蠲新苗二萬八千，大寬公私之力。飛蝗幾及境，疾風飄入太湖。節浮費，修府庫。旣代，有送還事例，自給吏卒外，餘金萬楮，㮚悉不受。吏驚曰：「人言常侍郎不愛錢，果然。」改浙東安撫使。值水災，捐萬楮以振之，復請糴于朝，得米萬石，蠲新苗三萬八千。又以諸暨被水尤甚，給二萬楮付縣折運，民食不至乏絕。民各祀于家。兩浙及會稽、山陰死者暴露與貧而無以爲殮者，乃以十萬楮置普惠庫，取息造棺以給之。尋以刑部侍郎召。申明期赦敍改法，與廟堂爭可否，辨僞關獄，救八倉虧欠免死罪，平反天井巷殺人獄，全活者甚衆。兼給事中，封還隆國夫人從子黃進觀察使錄黃。帝怒，似道以御書令委曲書行，㮚迄不奉命。以寶章閣待制提擧太平興國宮。

德祐元年，拜吏部尙書，以老病辭，累詔不許，專官趣行甚峻。㮚入見，首言「雷川之變，非其本心，置之死，過矣，不與立後，又過矣。巴陵帝王之胄，生不得正命，死不得血食，沉冤幽憤，鬱結四五十年之久，不爲妖爲札於冥冥中者幾希。願陛下勿搖浮議，特發神斷，宗社幸甚」。於是詔國史院討論典故以聞。明堂禮成，進端明殿學士、提領戶部財用，特與





執政恩數。㮚以國步方艱，非臣子貪榮之時，力辭恩數。與廟堂議事不合，以疾謁告。二年春，拜參知政事，爲夏士林繳駁，拜疏出關，後六年卒。

家鉉翁，眉州人。以蔭補官。累官知常州，政譽翕然。遷浙東提點刑獄，入爲大理少卿，直華文閣，以祕閣修撰充紹興府長史，遷樞密都丞旨，知建寧府兼福建轉運副使，權戶部侍郎兼知臨安府、浙西安撫使，遷戶部侍郎，權侍右侍郎，仍兼樞密都丞旨。賜進士出身，拜端明殿學士、簽書樞密院事。

大元兵次近郊，丞相吳堅、賈餘慶檄告天下守令以城降，鉉翁獨不署。元帥遣使至，欲加縛，鉉翁曰：「中書省無縛執政之理。」堅率表祈請于大元，以鉉翁介之，禮成不得命，留館中。聞宋亡，旦夕哭泣不食飲者數月。大元以其節高欲奪官之，以示南服。鉉翁義不二君，辭無詭對。宋三宮北遷，鉉翁再率故臣迎謁，伏地流涕，頓首謝奉使無狀，不能感動上衷，無以保存其國。見者莫不歎息。文天祥女弟坐兄故，繫奚官，鉉翁傾橐中裝贖出之，以歸其兄壁。

鉉翁狀貌奇偉，身長七尺，被服儼雅。其學邃於春秋，自號則堂。改館河間，乃以春秋教授弟子，數爲諸生談宋故事及宋興亡之故，或流涕太息。大元成宗皇帝卽位，放還，賜號「處士」，錫賚金幣，皆辭不受。又數年以壽終。

李庭芝字祥甫。其先汴人，十二世同居，號「義門李氏」。後徙隨之應山縣。金亡，襄、漢被兵，又徙隨。然特以武顯。

庭芝之生時，有芝產屋棟，鄉人聚觀，以爲生男祥也，遂以名之。少穎異，日能誦數千言，而智識恆出長老之上。王旻守隨，庭芝年十八，告其諸父曰：「王公貪而不恤下，下多怨之，隨必亂，請徙家德安以避。」諸父勉強從之，未浹旬，旻果爲部曲挾之以叛，隨民死者甚衆。嘉熙末，江防甚急，庭芝得鄉擧不行，以策干荆帥孟珙請自效。珙善相人，且夜夢車騎稱李尙書謁己，明日庭芝至。珙見其魁偉，顧諸子曰：「吾相人多，無如李生者，其名位當過我。」時四川有警，卽以庭芝權施之建始縣。庭芝至，訓農治兵，選壯士雜官軍教之。期年，民皆知戰守，善馳逐，無事則植戈而耕，兵至則悉出而戰。夔帥下其法於所部行之。淳祐初始去，擧進士，中第。辟珙幕中，主管機宜文字。珙卒，遺表擧賈似道自代，而薦庭芝於似道。庭芝感珙知己，扶其柩葬之興國，卽棄官歸，爲珙行三年喪。





似道鎭京湖，起爲制置司參議，移鎭兩淮，與似道議柵淸河五河口，增淮南烽百二十。繼知濠州，復城荆山以備淮南。皆切中機會。開慶元年，似道宣撫京湖，留庭芝權揚州。尋以大兵在蜀，奏知峽州，以防蜀江口。朝廷以趙與𥲅爲淮南制置，李應庚爲參議官。應庚發兩路兵城南城，大暑中暍死者數萬。李璮窺其無謀，奪漣水三城，渡淮奪南城。鄂兵解，庭芝丁母憂去。朝議擇守揚者，帝曰：「無如李庭芝。」乃奪情主管兩淮制置司事。庭芝再破璮兵，殺璮將厲元帥，夷南城而歸。明年，復敗璮于喬村，破東海、石圍等城。又明年，璮降，徙三城民於通、泰之間。又破蘄縣，殺守將。

庭芝初至揚時，揚新遭火，廬舍盡燬。州賴鹽爲利，而亭戶多亡去，公私蕭然。庭芝悉貸民負逋，假錢使爲屋，屋成又免其假錢，凡一歲，官民居皆具。鑿河四十里入金沙餘慶場，以省車運。兼浚他運河，放亭戶負鹽二百餘萬。亭民無車運之勞，又得免所負，逃者皆來歸，鹽利大興。始，平山堂瞰揚城，大元兵至，則構望樓其上，張車弩以射城中。庭芝乃築大城包之，城中募汴南流民二萬人以實之，有詔命爲武銳軍。又大修學，爲詩書、俎豆，與士行習射禮。郡中有水旱，卽命發廩，不足則以私財振之。揚民德之如父母。劉槃自淮南入朝，帝問淮事，槃對曰：「李庭芝老成謹重，軍民安之。今邊圉不驚，百度具擧，皆陛下委任得人之效也。」

咸淳五年，北兵圍襄陽急，夏貴入援，大敗虎尾州；范文虎總諸兵再入，又敗，文虎以輕舸遁，兵亂，士卒溺漢水死者甚衆。冬，命庭芝以京湖制置大使督師援襄陽。文虎聞庭芝至，貽書似道曰：「吾將兵數萬入襄陽，一戰可平，但無使聽命於京閫，事成則功歸恩相矣。」似道喜，即除文虎福州觀察使，其兵從中制之。文虎日擕美妾，走馬擊毬軍中爲樂。庭芝屢欲進兵，曰：「吾取旨未至也。」明年六月，漢水溢，文虎不得已始一出師，未至鹿門，中道遁去。庭芝數自劾請代，不允，竟失襄陽。陳宜中請誅文虎，似道庇之，止降一官知安慶府，而貶庭芝及部將蘇劉義、范友信廣南。庭芝罷居京口。

未幾，大元兵圍揚州，制置印應雷暴死，即起庭芝制置兩淮。庭芝請分淮西夏貴，而已得專力淮東，從之。十年，築清河口，詔以爲清河軍。十二月，大元兵破鄂，詔天下勤王，庭芝首遣兵爲諸道倡。德祐元年春，似道兵潰蕪湖，沿江諸郡或降或遁，無一人能守者。庭芝率所部郡縣城守。有李虎者持招降榜入揚州，庭芝誅虎，焚其榜。總制張俊出戰，持孟之縉書來招降，庭芝焚書，梟俊五人於市。而日調苗再成戰其南，許文德戰其北，姜才、施忠戰其中。時出金帛牛酒燕犒將士，人人爲之死鬭。朝廷亦以督府金勞之，加庭芝參知政事。七月，以知樞密院事徵入朝，徙夏貴知揚州，貴不至，事遂已。

十月，大元丞相伯顏入臨安，留元帥阿朮軍鎮江以遏淮兵。阿朮攻揚久不拔，乃築長圍困之。冬，城中食盡，死者滿道。明年二月，饑益甚，赴濠水死者日數百，道有死者，衆爭割啖之立盡。宋亡，謝太后及瀛國公爲詔諭之降，庭芝登城曰：「奉詔守城，未聞有詔諭降也。」已而兩宮入朝，至瓜洲，復詔庭芝曰：「比詔卿納款，日久未報，豈未悉吾意，尚欲固圉邪？今吾與嗣君既已臣伏，卿尚爲誰守之？」庭芝不答，命發弩射使者，斃一人，餘皆退去。姜才出兵奪兩宮，不克，復閉城守。三月，夏貴以淮西降，阿朮驅降兵至城下以示之，旌旗蔽野，幕客有以言覘庭芝者，庭芝曰：「吾惟一死而已。」阿朮使者持詔來招降，庭芝開壁納使者，斬之，焚詔陴上。已而知淮安州許文德、知盱眙軍張思聰、知泗州劉興祖皆以糧盡降。庭芝猶括民間粟以給兵，粟盡，令官人出粟，粟又盡，令將校出粟，雜牛皮、麴糵以給之。兵有烹子而食者，猶日出苦戰。七月，阿朮請赦庭芝焚詔之罪，使之降，有詔從之。庭芝亦不納。是月，益王遣使以少保、左丞相召庭芝，庭芝以朱煥守揚，與姜才將兵七千人東入海，至泰州，阿朮將兵追圍之。朱煥既以城降，驅庭芝將士妻子至泰州城下，陴將孫貴、胡惟孝等開門降。庭芝聞變，赴蓮池，水淺不得死。被執至揚州，朱煥請曰：「揚自用兵以來，積骸滿野，皆庭芝與才所爲，不殺之何俟？」於是斬之。死之日，揚之民皆泣下。

有宋應龍者爲泰州諮議官，泰守孫良臣之弟舜臣自軍中來說降，良臣召應龍與計，應龍極陳國家恩澤，君臣大義，請殺舜臣以戒持二心者，良臣不得已殺之。及泰州降，應龍夫



婦自經死。提刑司諮議褚一正置司高郵，督戰被創，沒水死。知興化縣胡拱辰，城破亦死。

論曰：楊棟學本伊、洛，而厄於權臣，速謗召尤，誰之過歟？姚希得藹然君子。包恢以嚴爲治，抑以衰世之民非可以縱弛待之耶？常挺、陳宗禮咸通濟，著聲望。常楙晚訟皇子竑事，光明正大，公義炳然。家鉉翁義不二君，足爲臣軌。李庭芝死於國難，其可憫哉！



中華書局

# 宋史卷四百二十二

## 列傳第一百八十一

林勳　劉才邵　許忻　應孟明　曾三聘　徐僑　度正
程珌　牛大年　陳仲微　梁成大　李知孝

林勳，賀州人。政和五年進士，爲廣州教授。建炎三年八月，獻本政書十三篇，言：「國家兵農之政，率因唐末之故。今農貧而多失職，兵驕而不可用，是以饑民竄卒，類爲盜賊。宜倣古井田之制〔一〕，使民一夫占田五十畝，其有羨田之家，毋得市田，其無田與游惰末作者，皆驅之使爲隸農，以耕田之羨者，而雜紐錢穀，以爲十一之稅。宋二稅之數，視唐增至七倍。今本政之制，每十六夫爲一井，提封百里，爲三千四百井，率稅米五萬一千斛，錢萬二千緡；每井賦二兵、馬一匹，率爲兵六千八百人〔二〕、馬三千四百匹，歲取五之一以爲上番之額，以給征役。無事則又分爲四番，以直官府〔三〕，以給守衞。是民凡三十五年而役使一





遍也。悉上則歲食米萬九千餘斛，錢三千六百餘緡，無事則減四分之三，皆以一同之租稅供之。匹婦之貢，絹三尺，綿一兩。百里之縣，歲收絹四千餘疋，綿三千四百斤。非蠶鄉則布六尺、麻二兩，所收視絹綿率倍之。行之十年，則民之口算，官之酒酤，與凡茶、鹽、香、礬之榷，皆可弛以予民。」其說甚備。書奏，以勳爲桂州節度掌書記。

其後，勳又獻比校書二篇，大略謂：「桂州地東西六百里，南北五百里，以古尺計之，爲方百里之國四十，當墾田二百二十五萬二千八百頃，有田夫二百四萬八千，出米二十四萬八千斛，祿卿大夫以下四千人，祿兵三十萬人。今桂州墾田約萬四千二頃，丁二十一萬六千六百一十五，稅錢萬五千餘緡，苗米五萬二百斛有奇，州縣官不滿百員，官兵五千一百人。蓋土地荒蕪而游手末作之人衆，是以地利多遺，財用不足，皆本政不修之故。」朱熹甚愛其書。東陽陳亮曰：「勳爲此書，考古驗今，思慮周密，可謂勤矣。世之爲井地之學者，孰有加於勳者乎？要必有英雄特起之君，用於一變之後，成順致利，則民不駭而可以善其後矣。」

劉才邵字美中，吉州廬陵人。其上世隱，太宗召見，未及用而卒。嘗憤五季文辭卑弱，倣揚雄法言，著法語八十一篇行於世。才邵以大觀二年上舍釋褐，爲贛、汝二州教授，復爲湖北提舉學事管幹文字。宣和二年，中宏詞科，遷司農寺丞。靖康元年，遷校書郎。

高宗卽位，以親老歸侍，居閒十年。御史中丞廖剛薦之，召見，遷祕書丞，歷駕部員外郎，遷吏部員外郎，典侍右選事。先是，宗室注宮觀、岳廟，例須赴部，遠者或難於行。才邵言許經所屬以聞于部，依條注擬，行之而便。遷軍器監，既而遷起居舍人，未幾，爲中書舍人兼權直學士院。帝稱其能文，時宰忌之，出知漳州。卽城東開渠十有四，爲牐與斗門以瀦匯決，溉田數千畝，民甚德之。兩奉祠。紹興二十五年，召拜工部侍郎兼直學士院，尋權吏部尚書。以疾請祠，加顯謨閣直學士。卒，贈通奉大夫。才邵氣和貌恭，方權臣用事之時，雍容遜避，以保名節。所著檆溪居士集行世。

許忻，拱州人。宣和三年進士。高宗時，爲吏部員外郎，有旨引見。是時，金國使人張通古在館，忻上疏極論和議不便，曰：

臣兩蒙召見，擢寘文館，今茲復降睿旨引對。今見陛下於多故之時，欲采千慮一得之說以廣聰明，是臣圖報萬分之秋也，故敢竭愚而效忠。臣聞金使之來，陛下以祖





宗陵寢廢祀，徽宗皇帝、顯肅皇后梓宮在遠，母后春秋已高，久闕晨昏之奉，淵聖皇帝與天族還歸無期，欲屈己以就和，遣使報聘。茲事體大，固已詔侍從、臺諫各具所見聞奏，不知侍從、臺諫皆以爲可乎？抑亦可否雜進，而陛下未有所擇乎？抑亦金已恭順，不復邀我以難行之禮乎？是數者，臣所不得而聞也。請試別白利害，爲陛下詳陳之。

夫金人始入寇也，固嘗云講和矣。靖康之初，約肅王至大河而返，已而挾之北行，訖無音耗。河朔千里，焚掠無遺，老稚係纍而死者億萬計，復破威勝、隆德等州。淵聖皇帝嘗降詔書，謂金人渝盟，必不可守。是歲又復深入，朝廷制置失宜，都城遂陷。敵情狡甚，懼我百萬之衆必以死爭也，止我諸道勤王之師，則又曰講和矣。乃邀淵聖出郊，次邀徽宗繼往，追取宗族，殆無遺日，傾竭府庫，靡有孑遺，公卿大臣類皆拘執，然後僞立張邦昌而去。則是金人所謂「講和」者，果可信乎？

此已然之禍，陛下所親見。今徒以王倫謬悠之說，遂誘致金人責我以必不可行之禮，而陛下遂已屈己從之，臣是以不覺涕泗之橫流也。而彼以「詔諭江南」爲名而來，則是飛尺書而下本朝，豈講和之謂哉？我躬受之，眞爲臣妾矣。陛下方寢苫枕塊，其忍下穹廬之拜乎？臣竊料陛下必不忍爲也。萬一率其詔令，則將變置吾之大臣，分部吾之諸將，邀求無厭，靡有窮極。當此之時，陛下欲從之則無以立國，不從之則復責

我以違令，其何以自處乎？況犬羊之羣，驚動我陵寢，戕毀我宗廟，刼遷我二帝，據守我祖宗之地，塗炭我祖宗之民，而又徽宗皇帝、顯肅皇后鑾輿不返，遂致萬國痛心，是謂不共戴天之讎。彼意我之必復此讎也，未嘗頃刻而忘圖我，豈一王倫能平哉？方王倫之爲此行也，雖閭巷之人，亦知其取笑外夷，爲國生事。今無故誘狂敵悖慢如此，若猶倚信其說而不寤，誠可慟哭，使賈誼復生，謂國有人乎哉，無人乎哉？

古之外夷，固有不得已而事之以皮幣、事之以珠玉、事之以犬馬者，曷嘗有受其詔，惟外夷之欲是從，如今日事哉！脫或包羞忍恥，受其詔諭，而彼所以許我者不復如約，則徒受莫大之辱，貽萬世之譏；縱使如約，則是我今日所有土地，先拱手而奉外夷矣，祖宗在天之靈，以謂如何？徽宗皇帝、顯肅皇后不共戴天之讎，遂不可復也，豈不痛哉！陛下其審思之，斷非聖心所能安也。自金使入境以來，內外惶惑，儻或陛下終以王倫之說爲不妄，金人之詔爲可從，臣恐不惟墮外夷之姦計，而意外之虞，將有不可勝言者矣。此衆所共曉，陛下亦嘗慮及於此乎？

國家兩嘗敗外夷於淮甸，雖未能克復中原之地，而大江之南亦足支吾。軍聲粗震，國勢粗定，故金人因王倫之往復，遣使來嘗試朝廷。我若從其所請，正墮計中；不從其欲，且厚攜我之金幣而去，亦何適而非彼之利哉！爲今之計，獨有陛下幡然改慮，





布告中外，以收人心，謂祖宗陵寢廢祀，徽宗皇帝、顯肅皇后梓宮在遠，母后、淵聖、宗枝族屬未還，故遣使迎請，冀遂南歸。今敵之來，邀朝廷以必不可從之禮，實王倫賣國之罪，當行誅責，以釋天下之疑。然後激厲諸將，謹捍邊陲，無墮敵計，進用忠正，黜遠姦袤，以振紀綱，以修政事，務爲實效，不事虛名，夕慮朝謀，以圖興復，庶乎可矣。

今金使雖已就館，謂當別議區處之宜。臣聞萬人所聚，必有公言。今在廷百執事之臣，與中外一心，皆以金人之詔爲不可從，公言如此，陛下獨不察乎？若夫謂粘罕之已死，外夷內亂，契丹林牙復立，故今金主復與我平等語，是皆行詐款我師之計，非臣所敢知也。或者又謂金使在館，今稍恭順。如臣之所聞，又何其悖慢於前，而遽設恭順於後？敵情變詐百出，豈宜惟聽其甘言，遂忘備豫之深計，待其禍亂之已至，又無所及？此誠切於事情。今日之舉，存亡所繫，愚衷感發，不能自已，望鑒其惓惓之忠，特垂采納，更與三二大臣熟議其便，無貽異時之悔，社稷天下幸甚。

疏入，不省。後忻託故乞從外補，乃授荆湖南路轉運判官。謫居撫州，起知邵陽，卒。

應孟明字仲實，婺州永康人。少入太學，登隆興元年進士第。試中教官，調臨安府教授，繼爲浙東安撫司幹官、樂平縣丞。侍御史葛邲、監察御史王藺薦爲詳定一司勑令所删定官。

輪對，首論：「南北通好，疆埸無虞，當選將練兵，常如大敵之在境，而可以一日忽乎？貪殘苛酷之吏未去，吾民得無不安其生者乎？賢士匿於下僚，忠言壅於上聞，無乃衆正之門未盡開，而兼聽之意未盡孚乎？君臣之間，戒懼而不自持，勤勞而不自寧，進君子，退小人，以民隱爲憂，以邊陲爲警，則政治自修，紀綱自張矣。」孝宗曰：「朕早夜戒懼，無頃刻忘，退朝之暇，亦無它好，正恐臨朝或稍晏，則萬幾之曠自此始矣。」次乞申嚴監司庇貪吏之禁，薦舉狥私情之禁，帝嘉獎久之。它日，宰相進擬，帝出片紙於掌中，書二人姓名，曰：「卿何故不及此？」其一則孟明也。乃拜大理寺丞。

故大將李顯忠之子家僮溺死，有司誣以殺人，逮繫幾三百家。孟明察其寃，白於長官，釋之。出爲福建提舉常平，陛辭，帝曰：「朕知卿愛百姓，惡贓吏，事有不便于民，宜悉意以聞。」因問當世人才，孟明對曰：「有才而不學，則流爲刻薄，惟上之教化明，取舍正，使回心向道，則成就必倍於人。」帝曰：「誠爲人上者之責。」孟明至部，具以臨遣之意咨訪之。帝一日御經筵，因論監司按察，顧謂講讀官曰：「朕近日得數人，應孟明，其最也。」尋除浙東提點刑獄，以鄉部引嫌，改使江東。





會廣西謀帥，帝謂輔臣曰：「朕熟思之，無易應孟明者。」即以手筆賜孟明曰：「朕聞廣西鹽法利害相半，卿到任，自可詳究事實。」進直祕閣、知靜江府兼廣西經略安撫。初，廣西鹽易官般爲客鈔，客戶無多，折閱逃避，遂抑配於民。行之六年，公私交病，追逮禁錮，民不聊生。孟明條具驛奏除其弊，詔從之。禁卒朱興結集黨侶，弄兵雷、化間，聲勢漸長，孟明遣將縛致轅門斬之。

光宗卽位，遷浙西提點刑獄，尋召爲吏部員外郎，改左司，遷右司，再遷中書門下省檢正諸房公事。寧宗卽位，拜太府卿兼吏部侍郎。慶元初，權吏部侍郎，卒。

孟明以儒學奮身受知人主，官職未嘗倖遷。韓侂胄嘗遣其密客誘以諫官，俾誣趙汝愚，孟明不答，士論以此重之。

曾三聘字無逸，臨江新淦人。乾道二年進士。調贛州司戶參軍，累遷軍器監主簿。有旨造划車弩，三聘謂：「划車弩六人挽之，而箭之所及止二百六十步。今所用克敵弓較之，工費不及十之三，一人挽之而射可及三百六十步，利害曉然。」乃不果造。

光宗不朝重華宮，中外疑懼，三聘以書抵丞相留正。正未及言，會以它事不合求去。三

聘謂：「丞相今泯默而退耶，亦將取今日所難言者別白言之而後退？凡今闕庭之內，閨門秕席之間，父子夫婦之際，羣臣莫敢深言者，避嫌遠罪耳。丞相身退計決，言之何嫌乎？」遷祕書郎。帝欲幸玉津園，三聘上疏言：「今人心既離，大亂將作，小大之臣震怖請命，而陛下安意肆志而弗聞知，萬一敵人諜知，馳一介之使，問安北宮，不知何以答之？姦宄窺間，傳一紙之檄，指斥乘輿，不知何以禦之？望亟備法駕朝謁，不然，臣實未知死所也。」

孝宗病革，復上疏言：「道路流言，洶洶日甚，臣恐不幸而有狂夫姦人，託忠憤以行詐，假曲直以動衆，至此而後悔之，則恐無及矣。」帝意爲動。及孝宗崩，帝疾不能執喪，朝論益震洶。三聘謂今日事勢，莫若建儲。或戒之曰：「前日臺諫諸公謂汝奪其職，今復有疏耶？」三聘曰：「此何時而可避煩言也。」

寧宗立，兼考功郎，後知郢州。會韓侂胄爲相，指三聘爲故相趙汝愚腹心，坐追兩官。久之，復元官與祠。差知郴州，改提點廣西、湖北刑獄，皆辭不赴。侂胄誅，諸賢遭竄斥者相繼召用，三聘祿不及，終不自言。嘉熙間，三聘已卒，有旨特贈三官，直龍圖閣，賜謚忠節。





徐僑字崇甫，婺州義烏人。蚤從學於呂祖謙門人葉邽。淳熙十四年，舉進士。調上饒主簿，始登朱熹之門，熹稱其明白剛直，命以「毅」名齋。入爲祕書省正字、校書郎兼吳、益王府教授。直寶謨閣、江東提點刑獄，以迕丞相史彌遠劾罷。寶慶初，葛洪、喬行簡代爲請祠，迄不受祿。紹定中，告老，得請。

端平初，與諸賢俱被召，遷祕書少監、太常少卿。趣入覲，手疏數千言，皆感憤剴切，上劘主闕，下逮羣臣，分別黑白，無所回隱。帝數慰諭之，顧見其衣履垢敝，愀然謂曰：「卿可謂清貧。」僑對曰：「臣不貧，陛下迺貧耳。」帝曰：「朕何爲貧？」僑曰：「陛下國本未建，疆宇日蹙；權幸用事，將帥非材；旱蝗相仍，盜賊並起；經用無藝，帑藏空虛；民困於橫斂，軍怨於掊克；羣臣養交而天子孤立，國勢阽危而陛下不悟：臣不貧，陛下乃貧耳。」又言：「今女謁、閹宦相爲囊橐，誕爲二豎，以處國膏肓，而執政大臣又無和、緩之術，陛下此之不慮而耽樂是從，世有扁鵲，將望見而卻走矣。」時貴妃閻氏方有寵，而內侍董宋臣表裏用事，故僑論及之。帝爲之感動改容，咨嗟太息。明日，手詔罷邊帥之尤無狀者，申儆羣臣以朋黨爲之戒，命有司裁節中外浮費，而賜僑金帛甚厚。僑固辭不受。

侍講，開陳友愛大義，用是復皇子竑爵，請從祀周敦頤、程顥、程頤、張載、朱熹，以趙汝愚侑食寧宗，帝皆如其請。金使至，僑以無國書宜館之於外，如叔向辭鄭故事，迕丞相意，力丐休致，帝諭留甚勤。遷工部侍郎，辭益堅，遂命以內祠侍讀，不得已就職。遇事盡言。以疾申前請，乃以寶謨閣待制奉祠。卒，謚文清。

僑嘗言：「比年熹之書滿天下，不過割裂掇拾，以爲進取之資，求其專精篤實，能得其所言者蓋鮮。」故其學一以眞踐實履爲尙。奏對之言，剖析理欲，因致勸懲，弘益爲多。若其守官居家，清苦刻厲之操，人所難能也。

度正字周卿，合州人。紹熙元年進士。歷官爲國子監丞。時士大夫無賢愚，皆策李全必反而不敢言，正獨上疏極言之，且獻鑿全之策有三，其言鯁亮激切。

遷軍器少監。輪對，言：「陛下推行聖學，當自正家始。」進太常少卿。適太廟災，爲二說以獻，其一則用朱熹之議，其一則因宋朝廟制而參以熹之議：「自西徂東爲一列，每室之後爲一室，以藏祧廟之主。如僖祖廟以次祧主則藏之，昭居左，穆居右，後世穆之祧主藏太祖廟，昭之祧主藏太宗廟。仁宗爲百世不遷之宗，後世昭之祧主則藏之。高宗爲百世不遷之宗，後世穆之祧主則藏之。室之前爲兩室，三年祫享，則帷帳幕之通爲一室，盡出諸廟主及祧廟主並爲一列，合食其上。往者此廟爲一室，凡遇祫享合祭於室，名爲合享，而實未嘗合





享。合增此三室，後有藏祧主之所，前有祖宗合食之地，於本朝之制初無更革，而頗已得三年大祫之義。」

遷權禮部侍郎兼侍右郎官，兼同修國史、實錄院同修撰。遷禮部侍郎，轉一官，守禮部侍郎致仕。卒，贈四官，賻銀絹三百。所著有性善堂文集。

程珌字懷古，徽州休寧人。紹熙四年進士。授昌化主簿，調建康府教授，改知富陽縣，遷主管官告院。歷宗正寺主簿、樞密院編修官，權右司郎官，祕書監丞，江東轉運判官。陛辭，寧宗謂宰臣曰：「程珌豈可容其補外？」遂復舊職。

遷浙西提舉常平，又遷祕書丞，升祕書省著作郎，尋爲軍器少監兼權左司郎官。遷國子司業兼國史編修、實錄檢討，兼權直舍人院，遷起居舍人，兼職依舊。權吏部侍郎，直學士院兼同修國史、實錄院同修撰，兼權中書舍人。遷禮部侍郎仍兼侍讀，權刑部尙書，封休寧縣男。授禮部尙書兼同修國史、實錄院同修撰，兼權吏部尙書，拜翰林學士、知制誥，兼修玉牒官，進封子。五上疏丐祠，以煥章閣學士、知建寧府，授福建路招捕使。以舊職提舉玉隆萬壽宮，進封伯。進敷文閣學士、知寧國府，改知贛州，皆不赴。進封新安郡侯，加

寶文閣學士、知福州兼福建安撫使。再奉祠，又加龍圖閣學士。以端明殿學士致仕，卒，年七十有九，贈特進、少師。

珌十歲詠冰，語出驚人。直學士院時，寧宗崩，丞相史彌遠夜召珌，舉家大驚。珌妻丞相王淮女也，泣涕，疑有不測，使人瞷之，知彌遠出迎，而後收涕。彌遠與珌同入禁中草矯詔，一夕爲制誥二十有五。初許珌政府，楊皇后緘金一囊賜珌，珌受之不辭，歸視之，其直不貲。彌遠以是銜之，卒不與共政云。

牛大年字隆叟，揚州人。慶元二年進士。歷官將作監主簿。入對，言：「人主所當先者，要以天命人心之所繫致念焉。夫以人主居富貴崇高之位，重而承宗社之托，尊而爲臣辟之戴，一指意而衆莫敢違，一動作而人孰敢議，然而天心靡常，則可畏也。」又言：「今日士氣亦久靡矣，宜體立國之意以振起之。夫有扶持作興之意，而後縉紳無貪名嗜利之習；無貪名嗜利之習，而後有持正秉義之操。國家之休戚，在士大夫之風俗，而風俗之善惡在朝廷。惟陛下爲之振起，機括一運，天下轉移，而風俗易矣。」

遷軍器監主簿、大宗正丞、四川提舉茶馬兼權總領、知黎州兼管內安撫司公事、節制黎





雅州屯戍軍馬，加直寶章閣，爲工部郎官。入對，請懲貪吏。遷侍左郎中，進直華文閣、浙東提點刑獄，遷守祕書少監、宗正少卿，升祕書監，遷起居舍人，升起居郎兼崇政殿說書。以寶章閣待制提舉太平興國宮，卒，特贈四官。大年清操凜然，所至以廉潔自將。

陳仲微字致廣，瑞州高安人。其先居江州，旌表義門。嘉泰二年，舉進士。調莆田尉，會守令闕，通判又罷輭不任，臺閫委以縣事。時歲凶，部卒幷饑民作亂，仲微立召首亂者戮之。籍閉糴，抑強糴，一境以肅。囊山浮屠與郡學爭水利，久不決，仲微按法曰：「曲在浮屠。」它日沿檄過寺，其徒久揭其事鐘上以爲寃，且暮祝詛，然莫省爲仲微也。仲微見之曰：「吾何心哉？吾何心哉？」質明，首僧無疾而死。寓公有請仲微於當路而密授以薦牘者，仲微受而藏之。踰年，其家負縣租，竟逮其奴。寓公有怨言，仲微還其牘，緘封如故，其人慚謝，終其任不敢撓以私。

遷海鹽丞。鄰邑有疑獄十年，郡命仲微按之，一問立決。改知崇陽縣，寢食公署旁，日與父老樵豎相爾汝，下情畢達，吏無所措手。通判黃州，職兼餉餽，以身律下，隨事檢柅，軍興賴以不乏。制置使上其最，辭曰：「職分也，何最之有？」復通判江州，遷幹辦諸司審計事，知贛州、江西提點刑獄，迕丞相賈似道，監察御史舒有開言罷。久之，起知惠州，遷太府寺丞兼權侍右郎官。輪對，言：「祿餌可以釣天下之中才，而不可啖嘗天下之豪傑；名航可以載天下之猥士，而不可以陸沉天下之英雄。」似道怒，又諷言者罷奪其官。久之，敍復。

時國勢危甚，仲微上封事，其略曰：「誤襄者，老將也。夫襄之罪不專在於庸閫、疲將、孩兵也，君相當分受其責，以謝先皇帝在天之靈。天子若曰罪在朕躬，大臣宜言咎在臣等，宜布十年養安之往繆，深懲六年玩寇之昨非，救過未形，固已無極，追悔既往，尚愈於迷。或謂覆護之意多，剋責之辭少；或謂陛下乏哭師之誓，師相飾分過之言，甚非所以慰恤死義，祈天悔禍之道也。往往代言乏知體之士，翹館鮮有識之人，吮旨茹柔，積習成痼，君道相業，兩有所虧。方今何時，而在廷無謀國之臣，在邊無折衝之帥。監之先朝宣和未亂之前、靖康既敗之後，凡前日之日近冕旒，朱輪華轂，俛首吐心，奴顏婢膝，即今日奉賊稱臣之人也；彊力敏事，捷疾快意，即今日畔君賣國之人也。爲國者亦何便於若人哉！迷國者進慆憂之欺以逢其君，託國者護恥敗之局而莫敢議，當國者昧安危之機而莫之悔。臣嘗思之，今之所少不止於兵。閫外之事，將軍制之，而一級半階，率從中出，斗粟尺布，退有後憂，平素無權，緩急有責，或請建督，或請行邊，或請京城，創聞駭聽。因諸閫有辭於緩急之時，故廟堂不得不掩惡於敗闕之後，有謀莫展，有敗無誅，上下包羞，噤無敢議。是以下至器仗甲





馬，衰颯厖涼，不足以肅軍容；壁壘堡栅，折樊觰漏，不足以當衝突之騎。號爲帥閫，名存實亡也。城而無兵，以城與敵；兵不知戰，以將與敵；將不知兵，以國與敵。光景蹙近日睫矣！惟君相幡然改悟，天下事尚可爲也。轉敗爲成，在君相一念間耳。」乃出仲微江東提點刑獄。

德祐元年，遷祕書監，尋拜右正言、左司諫、殿中侍御史。益王卽位海上，拜吏部尚書、給事中。厓山兵敗，走安南。越四年卒，年七十有二。

其子文孫與安南王族人益稷出降，鄉導我師南征。安南王憤，伐仲微墓，斧其棺。仲微天稟篤實，雖生長富貴，而惡衣菲食，自同窶人。故能涵飫六經，精研理致，於諸子百家、天文、地理、醫藥、卜筮、釋老之學，靡不搜獵云。

梁成大字謙之，福州人。開禧元年進士。素苟賤亡恥，作縣滿秩，諂事史彌遠家幹萬昕，昕言眞德秀當擊，成大曰：「某若入臺，必能辨此事。」昕爲達其語。通判揚州，尋遷宗正寺簿。

寶慶元年冬，轉對，首言：「大佞似忠，大辨若訥，或好名以自鬻，或立異以自詭，或假高

尙之節以要君，或飾矯僞之學以欺世。言若忠鯁，心實回邪，一不察焉，薰蕕同器，涇、渭雜流矣。言不達變，謀不中機，或巧辨以爲能，或詭訐以市直，或設奇險之說以駴衆聽，或肆妄誕之論以惑士心。所行非所言，所守非所學，一不辨焉，枘鑿不侔，矛盾相激矣。」

越六日，拜監察御史。尋奏：「魏了翁已從追竄，人猶以爲罪大罰輕。眞德秀狂僭悖繆，不減了翁，相羊家食，宜削秩貶竄，一等施行。」章既上，不下者兩月，或傳德秀有衡陽之命，時宰於帝前及之。帝曰：「仲尼不爲已甚。」遂止鐫三秩。明年三月，又奏楊長孺寢新命，徐瑄追三秩移象州居住，胡夢昱移欽州編管。是冬，拜右正言。紹定元年，進左司諫。四年正月，遷宗正少卿。五年二月，權刑部侍郎。明年十月，帝夜降旨黜之，提舉千秋鴻禧觀。莫澤時兼給事中，急於別異，上疏駁之，遂寢祠命。端平初，洪咨夔、吳泳交章論駁，鐫兩秩。泳復上疏，送泉州居住。會王遂論亦上，再鐫秩，徙潮州。

成大天資暴狠，心術險巇，凡可賊忠害良者，率多攘臂爲之。尤嗜豪奪，冒占宇文氏賜第。既擯歸，訟之者不下百數。竄至則導之使覲，欲其效尤也。朝命毀其廬，雖小人如李知孝亦曰：「所不堪者，他日與成大同傳耳。」





李知孝字孝章，參知政事光之孫。嘉定四年進士。嘗爲右丞相府主管文字，不以爲恥。差充幹辦諸司審計司，拜監察御史。

寶慶元年八月，上疏：「士大夫汲汲好名，正救之力少而附和沽激之意多，扶持之意微而詆訾扇搖之意勝。既慮君上之或不能用，又恐朝廷之或不能容，姑爲激怒之辭，退俟斥逐之命。始則慷慨而激烈，終則懇切而求去，將以樹奇節而求令名，此臣之所未解。」蓋陰詆眞德秀等。又奏洪咨夔鐫三秩、放罷，胡夢昱追毀、除名、勒停，覊管象州。知孝猶語魏了翁曰：「此所論咨夔等，乃府第付出全文。」其情狀變詐如此。

越月，復言：「近年以來，諸老凋零，後學晚出，不見前輩，不聞義理，不講綱常，識見卑陋，議論偏詖，更唱迭和，蟲惑人心，此風披扇，爲害實深。乞下臣章，風厲內外，各務靖共，以杜亂萌。」拜右正言。又言：「德秀節改聖語，繆膽牒示，導信邪說，簧鼓同流，其或再有妄言，當追削流竄，以正典刑。」疏既上，遂鏤榜播告天下。又言：「趣召之人，率皆遲回，久而不至，以要君爲高致，以共命爲常流，可行而固不行，不疾而稱有疾，比比皆是，相扇成風，欲求難進易退之名，殊失尊君親上之義。願將趣召之人計其程途，限以時日，使之造朝；其有衰病者，早與改命。」時召傅伯成、楊簡、劉宰等皆不至，故知孝詆之。又奏張忠恕落職、鐫秩、罷郡。

知孝拜殿中侍御史，升侍御史。紹定元年，遷右司諫，進右諫議大夫。五年，遷工部尙書兼侍讀。越月，進兵部。明年，理宗親政，以寶謨閣直學士出知寧國，後省駁之，令提舉嵩山崇福宮。端平初，監察御史洪咨夔、權直舍人院吳泳交章論駁，鐫秩罷祠。泳復封駁，繼送婺州居住。殿中侍御史王遂且論之，再鐫秩，徙瑞州。

知孝起自名家，苟於仕進，領袖庶頑，懷諼迷國，排斥諸賢殆盡。時乘小輿，謁醉從官之家，侵欲斂積，不知紀極。紹定末，猶自乞爲中丞。世指知孝及梁成大、莫澤爲三凶。卒以貶死，天下快之。

論曰：讀本政書，然後知林勳之於井地，可謂密矣。劉才邵能全名節於權姦之時。許忻之論和議，最爲忠懇，卒以是去國，尤足悲夫。應孟明、曾三聘之不汚韓侂胄，孔子所謂「歲寒然後知松柏之後凋也」。徐僑之淸節，度正之淳敏，牛大年之廉正，陳仲微之忠實，然皆不至於大用，非可惜哉！若乃程珌之竊取富貴，梁成大、李知孝甘爲史彌遠鷹犬，遺臭萬年者也。





## 校勘記

〔一〕宜倣古井田之制　「倣」原作「假」，據本書卷一七三食貨志、繫年要錄卷二六改。

〔二〕率爲兵六千八百人　「八」原作「四」，本書卷一七三食貨志作「率爲兵六千八百人」，與上文「三千四百井」、「井賦二兵」之數合，據改。

〔三〕以直官府　「府」原作「衙」，據本書卷一七三食貨志、繫年要錄卷二六改。

# 宋史卷四百二十三

## 列傳第一百八十二

吳泳　徐範　李韶　王邁　史彌鞏　陳塤子蒙　趙與懽
李大同　黃𤾉　楊大異

吳泳字叔永，潼川人。嘉定二年進士。歷官爲軍器少監，行太府寺丞，行校書郎，升祕書丞兼權司封郎官，兼樞密院編修官，升著作郎，時暫兼權直舍人院。

輪對，言：「願陛下養心，以清明約己，以恭儉進德，以剛毅發強，毋以旨酒違善言，毋以嬖御嫉莊士，毋以靡曼之色伐天性。杜漸防微，澄源正本，使君身之所自立者先有其地。夫然後移所留之聰明以經世務，移所舍之精神以強國政，移所用之心力以恤罷民，移所當省之浮費以犒邊上久戍之士，則不惟可以消弭災變，攘除姦凶，殄滅寇賊，雖以是建久安長治之策可也。」





他日入對，又言：「誦往哲之遺言，進謀國之上策，實不過曰內修政事而已。然所謂內修者，非但車馬器械之謂也。袞職之闕，所當修也；官師之曠，所當修也；出令之所弗清，所當修也；本兵之地弗嚴，所當修也；直言敢諫之未得其職，所當修也；折衝禦侮之弗堪其任，所當修也。陛下退修於其上，百官有司交修於其下，朝廷既正，人心既附，然後申警國人，精討軍實，合內修外攘爲一事，神州赤縣，皆在吾指顧中矣。」

火災，應詔上封曰：「京城之災，京城之所見也。四方有敗，陛下亦得而見之乎？夫慘莫慘於兵也，而連年不戢，則甚於火矣。酷莫酷於吏也，而頻歲橫征，則猛於火矣。閩之民困於盜，浙之民困於水，蜀之民困於兵。橫斂之原既不澄於上，包苴之根又不絕於下。譬彼壞木，疾用無枝，而內涸之形見矣。」

遷祕書少監，兼權中書舍人，尋遷起居舍人兼權吏部侍郎，兼直學士院。疏言：「世之識治體而憂時幾者，以爲天運將變矣，世道將降矣，國論將更矣，正人將引去而舊人將登用矣。執持初意，封植正論，玆非砥柱傾頹之時乎？若使廉通敏慧者專治財賦，淑愼曉暢者專御軍旅，明清敬謹者專典刑獄，經術通明使道訓典，文雅麗則使作訓辭，秉節堅厲使備風憲，奉法循理使居牧守，剛直有守者不聽其引去，恬退無競者不聽其里居，功名慷慨者不佚之以祠庭，言論闓爽者不寘之於外服，隨才器使，各盡其分，則短長小大，安有不適用者哉！」又言謹政體、正道揆、厲臣節、綜軍務四事。

權刑部尚書兼修玉牒，以寶章閣直學士知寧國府，提舉太平興國宮，進寶章閣學士，差知溫州。赴官，道間聞溫州饑，至處州，乞蠲租科降，救餓者四萬八千有奇，放夏稅一十二萬有奇，秋苗二萬八千有奇，病者復與之藥。事聞，賜衣帶鞍馬。改知泉州，以言罷。所著有鶴林集。

徐範字彝父，福州侯官人。少孤，刻苦授徒以養母。與兄同舉于鄉，入太學，未嘗以疾言遽色先人。

丞相趙汝愚去位，祭酒李祥、博士楊簡論救之，俱被斥逐。同舍生議叩閽上書，書已具，有閩士亦署名，忽夜傳韓侂冑將寘言者重辟，閩士怖，請削名，範之友亦勸止之。範慨然曰：「業已書名矣，尚何變？」書奏，侂冑果大怒，謂其扇搖國是，各送五百里編管。範謫臨海，與兄歸同往，禁錮十餘年。

登嘉定元年進士第。授清江縣尉，辟江、淮制置司準備差遣。屬邊事紛糺，營砦子弟募隸軍籍者未及涅，洶洶相驚。一夕，秉燭招刺千餘人，踴躍爭奮。差主管戶部架閣，改太





學錄，遷國子監主簿。入對，言：「時平，不急之務、無用之官，猶當痛加裁節，矧多事之秋，所貴全萬民之命，紓一時之急，獨奈何坐視其無救而以虛文自蔽哉！願懲既往之失，廢無用之文，一意養民，以培國本。」

丐外，添差通判澤州〔一〕。湖湘大旱，振救多所裨益。知邵武軍，尋召赴行在，言：「功利不若道德，刑罰不若恩厚，雜伯不若純王，異端不若儒術，諛佞不若直諫，便嬖不若正人，奢侈不若詩書，盤遊不若節儉，玩好不若宵衣旰食，窮黷不若偃兵息民。是非兩立，明白易見。幾微之際，大體所關。積習不移，治道舛矣。」遷國子監丞，徙太常丞，權都官郎官，改祕書丞、著作郎、起居郎、兼國史編修、實錄檢討。以朝奉大夫致仕。卒，贈朝請大夫、集英殿修撰。

李韶字元善，彌遜之曾孫也。父文饒，爲台州司理參軍，每謂人曰：「吾司臬多陰德，後有興者。」韶五歲，能賦梅花。嘉定四年，與其兄寧同舉進士。調南雄州教授。校文廣州，時有當國之親故私報所業，韶卻之。調慶元。丞相史彌遠薦士充學職，韶不與。袁燮求學宮射圃益其居，亦不與，燮以此更敬韶。

以廉勤薦，遷主管三省架閣文字，遷太學正，改太學博士。上封事諫濟王竑獄，且以書曉彌遠，言甚懇到。又救太學生甯式，迕學官。丐外，添差通判泉州。郡守游九功素清嚴，獨異顧韶。改知道州。葺周惇頤故居，錄其子孫於學宮，且周其家。紹定四年，行都災，韶應詔言事。提舉福建市舶。會星變，又應詔言事。入爲國子監丞，改知泉州兼市舶。

端平元年，召。明年，轉太府寺丞，遷都官郎官，遷尚左郎官。未幾，拜右正言。奏乞以國事、邊防二事專委丞相鄭清之、喬行簡各任責。論汰兵、節財及襄、蜀邊防。又論史嵩之、王遂和戰異議，迄無成功，請出遂於要藩，易嵩之於邊面，使各盡其才。史宅之將守袁州，韶率同列一再劾之。俱不報。乞解言職，拜殿中侍御史，辭，不允。奏曰：「頃同臣居言職者四人，未踰月徐清叟去，未三月杜範、吳昌裔免，獨臣尚就列。清叟昨言『三漸』，臣繼其說，李宗勉又繼之，陛下初不加怒，而清叟竟去，猶曰清叟倡之也。今臣與範、昌裔言，未嘗不相表裏，二臣出臺，臣獨留，豈臣言不加切於二臣邪？抑先去二臣以謷臣，使知擇而後言邪？清叟所言『三漸』，臣猶以爲未甚切。今國柄有陵夷之漸，士氣有委靡之漸，主勢有孤立之漸，宗社有阽危之漸，上下偷安，以人言爲諱，此意不改，其禍豈直三漸而已。」

時魏了翁罷督予祠，韶訟曰：「了翁刻志問學，幾四十年，忠言讜論，載在國史，去就出





處，具有本末。端平收召，論事益切。去年督府之遣，體統不一，識者逆知其無功。了翁迫於君命，黽勉驅馳，未有大闕。襄州變出肘腋，未可以爲了翁罪。樞庭之召，未幾改鎭，改鎭未久，有旨予祠。不知國家四十年來收拾人才，燁然有稱如了翁者幾人？願亟召還，處以台輔。」又劾奏陳洵益刑餘腐夫，粗通文墨，掃除賤隸，竊弄威權，乞予洵益外祠。劾女冠吳知古在宮掖招權納賄，宜出之禁庭。帝怒，韶還笏殿陛乞歸。會祀明堂，雷電，免二相，韶權工部侍郎、正言，遷起居舍人。復疏洵益、知古，不報。辭新命，不許。應詔上封事，幾數千言。帝諭左右曰：「李韶眞有愛朕憂國之心。」凡三辭不獲，以生死祈哀乞去。帝蹙額謂韶曰：「曲爲朕留。」退，復累疏乞補外，以集英殿修撰知漳州，號稱廉平。朝廷分遣部使者諸路稱提官楮，韶疏極言其敝。

嘉熙二年，召。明年，上疏乞寢召命云：

端平以來，天下之患，莫大於敵兵歲至，和不可，戰不能，楮劵日輕，民生流離，物價踊貴，遂至事無可爲。臣竊論以爲必自上始，九重菲衣惡食，臥薪嘗膽，使上下改慮易聽，然後可圖。今二患益深，雖欲效忠，他莫有以爲說。此其不敢進者一。

史宅之，故相子，予郡，外議皆謂扳援之徒將自是復用，故嘗論列至再。今聖斷赫然，用舍由己，人才一變矣。環視前日在廷之臣，流落擯棄，臣雖欲貪進，未知所以處其身。此其不敢進者二。

始臣爲郎，蜀受兵方亟，廟堂已遣小使至，特起嵩之於家，而言者攻擊不已。臣妄論以爲講和固非策，而首兵亦豈能無罪。故居言路，首乞出高論者付以兵事，使稍知敵情者嘗試其說於閫外。不知事勢推移，遂竟罷廢，而款敵無功者，白廁揚廷矣。或者將議臣前日有所附會。此臣重不敢進者三。

又臣昨彈內侍女冠，不行，退惟聖主高明，必不容其干政。然未幾首相去位，臣亦出臺，傳聞其人謂臣受廟堂風旨，故決意丐外。今臣言迄不行，苟貪君命，竊恐或者譏臣向何所聞而去，今何所見而來。此臣重不敢進者四。

四年，詔趣赴闕，辭，遷戶部侍郎，再辭，不許。五年，改禮部侍郎，辭，詔不允，令所在州軍護遣至闕。嵩之遣人謂韶曰：「毋言濟邸、宮媪、國本。」韶不答。上疏曰：「臣生長淳熙初，猶及見度江盛時民生富樂，吏治修舉。事變少異，政歸私門，紹定之末，元氣索矣。端平更化，陛下初意豈不甚美。國事日壞，其人或罷或死，莫有爲陛下任其責者。考論至是，天下事豈非陛下所當自任而力爲乎？左氏載史墨言：『魯公世從其失，季氏世修其勤。』蓋言所由來者漸矣。陛下臨御日久，宜深思熟念，威福自己，誰得而盜之哉？舍此不爲，悠悠玩愒，乃幾於左氏所謂『世從其失者』。」蓋以世卿風嵩之也。疏出，嵩之不悅，曰：「治春秋





人下語毒。」當是時，杜範亦在列，二人廉直，中外稱爲「李、杜」。

兼侍講，累辭，兼國史編修、實錄檢討，辭，遷吏部侍郎兼中書舍人，三辭，不許。淳祐二年，疏言：「道揆之地，愛善類不勝於愛爵祿，畏公議不勝於畏權勢。陛下以腹心寄之大臣，大臣以腹心寄之一二都司，恐不能周天下之慮。故以之用人，則能用其所知，豈能用其所不知；以之守法，則能守其所不與，必不能守於其所欲與。」又及濟王、國本、宮媪。三上疏乞歸，以寶章閣直學士知泉州，辭，乞畀祠，不許。既歸，三辭，仍舊職提舉鴻慶宮。

淳祐五年，韶被召，再辭，詔本州通判勸勉赴闕。遷禮部侍郎，三辭，遷權禮部尚書，復三辭，不許。入見，疏曰：「陛下改畀正權，並進時望，天下孰不延頸以覬大治。臣竊窺之，恐猶前日也。君子小人，倫類不同。惟不計近功，不急小利，然後君子有以自見；不惡聞過，不諱盡言，然後小人無以自託。不然，治亂安危，反覆手爾。」

又曰：「陛下所謀者嬪妃近習，所信者貴戚近親。按政和令：『諸國戚、命婦若女冠、尼，不因大禮等輒求入內者，許臺諫覺察彈奏。』乞申嚴禁廷之籍，以絕天下之謗。世臣貴戚，牽聯並進，何示人以不廣也。借曰以才選，他時萬一有非才者援是以求進，將何以抑之耶！」

又曰：「今土地日蹙者未反，人民喪敗者未復，兵財止有此數，且且而理之，不過椎剝州

縣，朘削里閭。就使韓、白復生〔二〕，桑、孔繼出，能爲陛下強兵理財，何補治亂安危之數，徒使國家負不韙之名。況議論紛然，賢者不過苟容而去，不肖者反因是以媒其身，忠言至計之不行，淺功末利之是計，此君子小人進退機括所係，何不思之甚也！」

又曰：「開之道路，德音每下，昆蟲草木咸被潤澤，恩獨不及於一枯胔。威斷出，自公卿大夫莫敢後先，令獨不行於一老嫗。小大之臣積勞受爵，皆得以延于世，而國儲君副，社稷所賴以靈長，獨不蚤計而豫定。」又疏乞還，不許。兼侍讀，三辭，不許。又三疏乞歸。

時游似以人望用，然有牽制之者，韶奏云：「人主職論一相而已，非其人不以輕授。始而授之，如不得已，既乃疑之，反使不得有所爲，是豈專任責成之體哉！所言之事不必聽，所用之人不必從，疑畏憂沮，而權去之矣。」擢翰林學士兼知制誥、兼侍讀，不拜，詔不許，又三辭，不許。

嵩之服除，有鄉用之意，殿中侍御史章琰、正言李昂英、監察御史黃師雍論列嵩之甚峻，詔落職予祠。韶同從官抗疏曰：「臣等謹按春秋桓公五年書：『蔡人、衞人、陳人從王伐鄭。』春秋之初，無君無親者莫甚於鄭莊。二百四十二年之經，未有云『王伐國』者，而書『王』書『伐』，以見鄭之無王，而天王所當聲罪以致討。未有書諸侯從王以伐者，而書三國從王伐鄭，又見諸侯莫從王以伐罪，而三國之微者獨至，不足伸天王之義，初不聞以其嘗爲





王卿士而薄其伐。今陛下不能正姦臣之罪，其過不專在上，蓋大臣百執事不能輔天子以討有罪，皆春秋所不赦。乞斷以春秋之義，亟賜裁處。」詔嵩之勒令致仕。既而嵩之進觀文殿大學士，韶上疏爭之甚力。未幾，琰、昂英他有所論列，並罷言職。韶復上疏留之。

七年，韶十上疏丐去，以端明殿學士提舉玉隆宮。時直學士院應繇、中書舍人趙汝騰拜疏留韶內祠，未報。韶陛辭，疏甚剴切，其略曰：「彼此相視，莫行其志，而顓裁庶政，品量人物，相與運於冥冥之中者，不得不他有人焉。是中書之手可束，而臺諫之口可鈐，朝廷之事所當力爲，不可枚舉，皆莫有任其責者，甚非所以示四方、一體統。」改提舉萬壽觀兼侍讀，卽出國門，力辭，道次三衢，詔趣受命，再辭，仍奉祠玉隆。

八年，被召，辭，不許。再辭，仍舊職奉祠萬壽兼侍讀，令守臣以禮趣行。又辭，不許。九年，仍奉祠玉隆。十一年，祠滿再任。卒，年七十五。韶忠厚純實，平粹簡澹，不溺於聲色貨利，默坐一室，門無雜賓云。

王邁字貫之，興化軍仙遊人。嘉定十年進士，爲潭州觀察推官。丁內艱，調浙西安撫司幹官。考廷試，詳定官王元春欲私所親寘高第，邁擿其繆，元春怒，嗾諫官李知孝誣邁在殿廬語聲高，免官。

調南外睦宗院教授。眞德秀方守福州，邁竭忠以裨郡政。赴都堂審察，丞相鄭清之曰：「學官掌故，不足浼吾貫之。」俄召試學士院，策以楮幣，邁援據古今，考究本末，謂：「國貧楮多，弊始於兵。乾、淳初行楮幣，止二千萬，時南北方休息也。開禧兵興，增至一億四千萬矣。紹定有事山東，增至二億九千萬矣。議者徒患楮窮，而弗懲兵禍，姑以今之尺籍校之，嘉定增至二十八萬八千有奇。用寡謀之人，試直突之說，能發而不能收，能取而不能守。今無他策，核軍實，窒邊釁，救楮幣第一義也。」又言：「修內司營繕廣，內帑宣索多，厚施緇黃，濫予嬪御，若此未嘗裁撙，徒聞有括田、榷鹽之議者。向使二事可行，故相行之久矣。更化伊始，奈何取前日所不屑行者而行之乎？」又因楮以及時事，言：「君子之類雖進，而其道未行；小人之迹雖屛，而其心未服。」眞德秀病危，聞邁所對，善之。

帝再相喬行簡，或傳史嵩之復用，邁上封事曰：「天下之相，不與天下共謀之，是必冥冥之中有爲之地者。且舊相姦險刻薄，天下所知，復用，則君子空於一網矣。」又言吳知古、陳洵益撓政。輪對，言：「君不可欺天，臣不可欺君，厚權臣而薄同氣，爲欺天之著。」邁由疏遠見帝，空臆無隱，帝爲改容。言者劾邁論邊事過實，魏了翁侍經筵，爲帝言惜其去，改通判漳州。禋祀雷雨，邁應詔言：「天與寧考之怒久矣。麴蘖致疾，妖冶伐性，初秋踰旬，曠不視





事，道路憂疑，此天與寧考之所以怒也。隱、刺覆絕，攸、熺奪寵，綱淪法斁，上行下效，京卒外兵〔三〕，狂悖迭起，此天與寧考之所以怒也。陛下不是之思，方用漢災異免三公故事，環顧在廷，莫知所付。遙相崔與之，臣恐與之不至，政柄他有所屬，此世道否泰，君子小人進退之機也。」於是臺官李大同言邁交結德秀、了翁及洪咨夔以收虛譽，削一秩免。蔣峴劾邁前疏妄論倫紀，請坐以非所宜言之罪，削二秩。久之，復通判贛州，改福州、建康府、信州，皆不行。淳祐改元，通判吉州。右正言江萬里袖疏榻前曰：「邁之才可惜，不卽召，將有老不及之歎。」帝以爲然。有尼之者，遂止。

知邵武軍。在郡，詔以亢旱求言，邁驛奏七事，而以徹龍翔宮、立濟王後爲先。時鄭清之再相，以左司郎官召，力辭。以直祕閣提點廣東刑獄，亦辭。改侍右郎官，諫官焦炳炎論罷。予祠，卒，贈司農少卿。

邁以學問詞章發身，尤練世務。易祓戒潭人曰：「此君不可犯。」奪勢家冒占田數百畝以還民。李宗勉嘗論邁，然邁評近世宰輔，至宗勉，必曰「賢相」。徐清叟與邁有違言，邁晚應詔，謂清叟有人望可用。世服其公云。

史彌鞏字南叔，彌遠從弟也。好學彊記。紹熙四年，入太學，升上舍。時彌遠柄國，寄理不獲試，淹抑十載。嘉定十年，始登進士第。

時李𡊮開鄂閫，知彌鞏持論不阿，辟諸幕府事。壽昌戍卒失律，欲盡誅其亂者，乃請誅倡者一人，軍心感服。改知溧水縣，首嚴庠序之教。端平初，入監都進奏院。轉對，有君子小人才不才之奏，護蜀保江之奏。嘉熙元年，都城火，彌鞏應詔上書，謂修省之未至者有五。又曰：「天倫之變，世孰無之。陛下友愛之心亦每發見，洪咨夔所以蒙陛下殊知者，謂霅川之變非濟邸之本心，濟邸之死非陛下之本心，其言深有以契聖心耳。矧以先帝之子，陛下之兄，乃使不能安其體魄於地下，豈不干和氣，召災異乎？蒙蔽把握，良有以也。」

出提點江東刑獄。歲大旱，饒、信、南康三郡大侵，謂振荒在得人，俾鼇戶爲五，甲乙以等第振糶，丙爲自給，丁糶而戊濟，全活爲口一百一十四萬有奇。徽之休寧有淮民三十餘輩，操戈刼人財，逮捕，法曹以不傷人論罪。彌鞏曰：「持兵爲盜，貸之，是滋盜也。」推情重者僇數人，一道以寧。饒州兵籍溢數，供億不繼，請汰冗兵。令下，營門大譟。乃呼諸校謂曰：「汰不當，許自陳，敢譁者斬。」咸叩頭請罪，諸營帖然，廩給亦大省。召爲司封郎中，以兄子嵩之入相，引嫌丐祠，遂以直華文閣知婺州。時年已七十，丐祠，提舉崇禧觀。里居絕口不道時事。卒，年八十。眞德秀嘗曰：「史南叔不登宗袞之門者三十年，未仕則爲其寄理，



已仕則爲其排擯，皭然不汚有如此。

五子，長肎之，終刑部郎官，能之、有之、胄之俱進士。肎之子蒙卿，咸淳元年進士，調江陰軍教授，蚤受業色川陽恪，爲學淹博，著書立言，一以朱熹爲法。

陳塤字和仲，慶元府鄞人。大父叔平與同郡樓鑰友善，死，鑰哭之。塤纔四歲，出揖如成人。鑰指槃中銀杏使屬對，塤應聲曰：「金桃。」問何所據？對以杜詩「鸚鵡啄金桃」。鑰竦然曰：「亡友不死矣。」長受周官於劉著，頃刻數千百言輒就。試江東轉運司第一，試禮部復爲第一。

嘉定十年，登進士第。調黃州教授。喪父毀瘠，考古禮制時祭、儀制、祭器行之。忽歎曰：「俗學不足學。」乃師事楊簡，攻苦食淡，晝夜不怠。免喪，史彌遠當國，謂之曰：「省元魁數千人，狀元魁百人，而恩數踰等，盍令省元初授堂除教授，當自君始。」塤謝曰：「廟堂之議甚盛，舉自塤始，得無嫌乎？」徑部注處州教授以去，士論高之。

理宗卽位，詔求言，塤上封事曰：「上有憂危之心，下有安泰之象，世道之所由隆。上有安泰之心，下有憂危之象，世道之所由汙。故爲天下而憂，則樂隨之。以天下爲樂，則憂隨



之。有天下者，在乎審憂樂之機而已。今日之敝，莫大於人心之不合，紀綱之不振，風俗之不淳，國敝人偷而不可救。願陛下養之以正，勵之以實，涖之以明，斷之以武。」而塤直聲始著于天下。與郡守高似孫不合，去，歸奉其母。召爲太學錄，踰年始至。轉對，言：「天道無親，民心難保。日月逾邁，事會莫留。始之銳，久則怠。始之明，久則昏。垂拱仰成，盛心也，不可因以負有爲之志。遵養時晦，至德也，不可因以失乘時之機。」上嘉納之。遷太學博士，主宗正寺簿。都城火，塤步往玉牒所，盡藏玉牒于石室。詔遷官，不受。應詔言應上天非常之怒者，當有非常之舉動，歷陳致災之由。又有吳潛、汪泰亨上彌遠書，乞正馮榯、王虎不盡力救火之罪，及行知臨安府林介、兩浙轉運使趙汝惲之罰。人皆壯之。

遷太常博士，獨爲袁燮議謚，餘皆閣筆，因歎曰：「幽、厲雖百世不改。謚有美惡，豈諛墓比哉？」會朱端常子乞謚，塤曰：「端常居臺諫則逐善類，爲藩牧則務刻剝，宜得惡謚，以戒後來。」乃謚曰榮愿。議出，宰相而下皆肅然改容。考功郎陳耆覆議，合宦者陳洵益欲改，塤終不答。

李全在楚州有異志，塤以書告彌遠：「痛加警悔，以回羣心。蚤正典刑，以肅權綱。大明黜陟，以飭政體。」不納。未幾，賈貴妃入內，塤又言：「乞去君側之蠱媚，以正主德；從天下之公論，以新庶政。」彌遠召塤問之曰：「吾甥殆好名邪？」塤曰：「好名，孟子所不取也。



夫求士於三代之上，惟恐其好名；求士於三代之下，惟恐其不好名耳。」力丐去，添差通判嘉興府。彌遠卒，召爲樞密院編修官。入對，首言：「天下之安危在宰相。南渡以來，屢失機會。秦檜死，所任不過万俟禼、沈該耳。侂胄死，所任史彌遠耳。此今日所當謹也。」次言：「內廷當嚴宦官之禁，外廷當嚴臺諫之選。」於是洵益陰中之，監察御史王定劾塤，出知常州，改衢州。

寇卜日發漈坑，遵江山縣而東。塤獲諜者，卽遣人致牛酒諭之曰：「汝不爲良民而爲刼盜，不事耒耜而弄甲兵，今享汝牛酒，冀汝改業，否則殺無赦。」於是自首者日以百數，獻器械者重酬之，遂以潰散。改提點都大坑冶，徙福建轉運判官。侍御史蔣峴常與論中庸，不合，又劾之。主管崇道觀。踰年，遷浙西提點刑獄。歲旱，盜起，捕斬之，盜懼徙去。安吉州俞垓與丞相李宗勉連姻，恃勢黷貨，塤親按臨之。弓手戴福以獲潘丙功爲副尉，宗勉倚之爲腹心，盜橫貪害，塤至，福聞風而去。貽書宗勉曰：「塤治福，所以報丞相也。傳聞實走丞相，賢輔弼不宜有此。」宗勉答書曰：「福罪惡貫盈，非君不能治。宗勉雖不才，不敢庇姦凶。惟君留意。」及獲福豫章，衆皆欲殺之，塤曰：「若是則刑濫矣。」乃加墨狗于市，囚之圜土。以吏部侍郎召，及爲國子司業，諸生咸相慶，以爲得師。

未幾，兼玉牒檢討、國史編修、實錄修撰，乃辭兼史館。歷陳境土之蹙，民生之艱，國計

之匱，「既無經理圖回之素，惟有感動轉移之策，必有爲之本者，本者何？復此心之妙耳」。又言：「履泰安而逸樂者，有習安致危之理。因艱危而兢懼者，有慮危圖安之機。明用舍以振紀綱，躬節儉以汰冗濫，屏姦妄以厲將士，抑貴近以寬羈縻，結鄉社以防竊發，黜增創以培根本。今任用混殽，薰蕕同器，遂使賢者恥與同羣。」諫議大夫金淵見之，怒。塤乞補外，不許，又辭免和糴轉官賞，亦不許。知溫州，未上，以言罷。

塤家居，時自娛於泉石，四方學者踵至。輕財急義，明白洞達，一言之出，終身可復。忽臥疾，戒其子抽架上書占之，得呂祖謙文集，其墓志曰：「祖謙生於丁巳歲，沒於辛丑歲。」塤曰：「異哉！我生於慶元丁巳，今歲在辛丑，於是一甲矣。吾死矣夫！」

子蒙，年十八，上書萬言論國事。吳子良奇之，妻以女。爲太府寺主簿。入對，極言賈似道爲相時國政闕失，文多不錄。爲淮東總領，似道誣以貪汙，貶建昌軍簿，籍其家，惟青氈耳。德祐初，禮部侍郎李珏乞放便，以刑部侍郎召，不赴，卒。

趙與𥲅字德淵，太祖十世孫。居湖州。嘉定十三年進士。歷官差主管官告院，遷將作




監主簿，差知嘉興府，遷知大宗正兼權樞密院檢詳諸房文字，尋爲都官郎官，加直寶章閣、兩浙轉運判官。進煥章閣、知慶元府，主管沿海制置司公事，拜司農少卿，仍兼知慶元府兼沿海制置副使。遷浙西提點刑獄，授中書門下省檢正諸房公事，拜司農卿兼知臨安府，主管浙西安撫司公事，權刑部侍郎兼詳定敕令官，權兵部侍郎，遷戶部侍郎，權戶部尚書，時暫兼吏部尚書，尋爲眞，兼戶部尚書，時暫兼浙西提舉常平，加端明殿學士、提領戶部財用，皆依舊兼知臨安府。與執政恩澤，加資政殿大學士。以觀文殿學士知紹興府、浙東安撫使；知平江府兼淮、浙發運使，時暫兼權浙西提點刑獄；授沿江制置使，知建康府、江東安撫使、馬步軍都總管兼行宮留守，節制和州、無爲軍、安慶府三郡屯田使；時暫兼權揚州、兩淮安撫制置使，改兼知揚州，尋兼知鎭江府，兼淮東總領，提舉洞霄宮；復爲淮、浙發運使，差知平江府，特轉兩官致仕。景定元年八月，卒，特贈少師。與𥲅所至急於財利，幾於聚斂之臣矣。

李大同字從仲，婺州東陽人。嘉定十六年進士。歷官爲祕書丞兼崇政殿說書，拜右正言兼侍講。疏言：「趙、冀分野，乃有熒惑犯塡星之變，則我師之出，豈無當長慮而卻顧者。故臣願陛下勿以星文爲小異而或加忽。一話一語，一政一事，必求有以格天心而弭災變。至於進兵攻討，尤切謹重。」遷太常少卿兼國史編修、實錄檢討，兼侍講，兼權侍立修注官，遷起居郎，拜殿中侍御史，權刑部侍郎兼同修國史、實錄院同修撰，遷吏部侍郎，進工部尚書，以寶謨閣直學士知平江府，提舉江州太平興國宮。乞致仕，不許，後卒于家。

黃畴字子耕，隆興分寧人。嘗從郭雍、朱熹學，熹深期之，而畴亦以道自任，反復論辨，必無所疑然後止。舉太學進士，爲瑞昌主簿，監文思院，知盧陽縣。五溪獠獷悍，畴爲詩諭之，獠感悅，有公事莫敢違。

通判處州，經、總制有額無錢，俗號殿最綱，畴會十年中成賦酌取之，閣免逋負，錢額鈞等，獨以最聞。主管官告院、大理寺簿、軍器監丞，歲餘三遷，畴乃不樂。閒行西湖，慨然曰：「我昔在南、北山，一水一石，無不自題品，今無復情味，何邪？」

丐外，知台州。謝良佐子孫居台者既播越流落，畴求之民閒，收而敎之。勤苦夙夜，先勸後禁，訟牒銷縮，郡稱平治。爲濟糶倉，爲抵當庫，葬民之棲寄暴露者爲棺千五百，置養濟院，又創安濟坊以居病囚，皆自有子本錢，使不廢。故葉適謂畴條目建置，憂民如家。遷




袁州，哭從弟哀甚，得疾卒。所著有復齋集。

楊大異字同伯，唐天平節度使漢公之後，十世祖祥避地醴陵，因家焉。祥事親孝，親亡哀毁，泣盡繼以血，廬墓終身，有白芝、白烏、白兔之瑞。事聞于朝，褒封至孝公，賜名木植墓道，以旌其孝。

大異從胡宏受春秋大義。登嘉定十三年進士第。授衡陽主簿，有惠政。調龍泉尉，攝邑令。適歲饑，提刑司遣吏和糴米二萬石于邑，米價頓增，民乏食，大異即以提刑司所糴者如價發糶，民甚德之。提刑趙與𥲅大怒，捃其罪弗得，坐以方命，移安遠尉。

邑有峒寇擾民，官兵致討，積年弗獲，檄大異往治之。大異以一僕負告身自隨，肩輿入賊峒，傳呼尉至，賊露刃成列以待，徐諭以禍福，皆伏地叩頭，願改過自新。留告身爲質，偕其渠魁數輩出降。以賞遷吉州戶曹，改廣西經幹，復以弭盜賞，除四川制置司參議官。北兵入成都，大異從制置使丁黼巷戰，兵敗，身被數創死，闔門皆遇難。詰旦，其部曲竊往瘞之，大異復蘇，負以逃，獲免。進朝奉郎，宰石門縣，就除通判澧陽，攝州事，皆有惠政。去官之日，老弱攀號留之，大異易服潛去。擢知登聞鼓院，遷大理寺丞，平反冤獄者七。召

對，極言時政得失，迕宰相意，出知澧州。理宗曰：「是四川死節更生者楊大異耶？論事剴切，有用之材也。何遽出之？」對曰：「是人尤長於治民。」命予節兼庾事，進直祕閣、提點廣東刑獄兼庾事。

時常平司逋負山積，械繫追索，姦蠹百出。大異與之約，悉縱遣之，負者如期畢輸，吏無所容其姦。訪張九齡曲江故宅，建相江書院，以祀九齡。改提點廣西刑獄兼漕、庾二司，所至姦吏屏息，寇盜絕迹。凡可以爲民興利除害者，必奏行之。復建宣成書院祀張栻、呂祖謙。廣海幅員數千里，道不拾遺，報政爲最。未六十卽丐致仕，不允，章四上，除祕閣修撰、太中大夫，提舉崇禧觀、醴陵縣開國男，食邑三百戶，賜紫金魚袋。歸里第，與居民無異，學者從之，講肄諄諄，相與發明經旨，條析理學。食祠祿者二十四年，卒，年八十二。子霆、霖。霆在忠義傳。

論曰：正論之在天下，未嘗亡也。徐範之於韓侂胄，吳泳、李韶、王邁之於史氏，皆能無所回撓，正色直言。至於史彌鞏則彌遠之弟，陳塤其甥也，不以私親而廢天下之公論。抑孟子所謂「寡助之至」者歟？趙與𥲅揚歷最久，甘爲聚斂之臣。李大同以鄉人喬行簡爲相，



薦起之。黃簪出仕，以恤民尊賢爲急，可謂知本。大異節義如此，宜其善政之著稱于世也。



校勘記

〔一〕添差通判澤州　按澤州當時不受宋朝管轄，徐範不得爲澤州通判；下文有「湖湘大旱」事，「澤」字疑爲「潭」字之訛。

〔二〕韓白復生　「白」原作「囚」，此語與下文「桑（弘羊）、孔（僅）繼出」相對，並以「強兵理財」爲言，「韓」下當爲「白」字，指韓信、白起。因改。

〔三〕京卒外兵　「卒」原作「率」，據後村先生大全集卷一五二臞軒王少卿墓誌銘改。

# 宋史卷四百二十四

## 列傳第一百八十三

陸持之　徐鹿卿　趙逢龍　趙汝騰　孫夢觀　洪天錫
黃師雍　徐元杰　孫子秀　李伯玉

陸持之字伯微，知荊門軍九淵之子也。七歲能爲文。九淵授徒象山之上，學者數百人，有未達，持之爲敷繹之。荊門郡治火，持之倉卒指授中程，九淵器之。韓侂胄將用兵，持之憂時不懌，乃歷聘時賢，將有以告。見徐誼於九江，時議防江，持之請擇僚吏察地形，孰險而守，孰易而戰，孰隘而伏，毋專爲江守。具言：「自古興事造業，非有學以輔之，往往皆以血氣盛衰爲銳惰。故三國、兩晉諸賢，多以盛年成功名。公更天下事變多矣，未舉一事，而朝思夕惟，利害先入于中，愚恐其爲之難也。」誼憮然。又之鄂謁薛叔似、項安世，之荆謁吳獵，爭欲留之，尋皆謝歸。著書十篇，名戇說。



嘉定三年，試江西轉運司預選，常平使袁燮薦于朝，謂持之議論不爲空言，緩急有可倚仗。不報。豫章建東湖書院，連帥以書幣彊起持之長之。嘉定十六年，寧宗特詔持之祕書省讀書，固辭，不獲。既至，又詔以迪功郎入省，乞歸，不許。理宗卽位，轉修職郎，差幹辦浙西安撫司，以疾請致仕，特命改通直郎。所著有易提綱、諸經雜說。



徐鹿卿字德夫，隆興豐城人。博通經史，以文學名於鄉，後進爭師宗之。嘉定十六年，廷試進士，有司第其對居二，詳定官以其直抑之，猶賓第十。

調南安軍學教授。張九成嘗以直道謫居，鹿卿摭其言行，刻諸學以訓。先是周惇頤、程顥與其弟頤皆講學是邦，鹿卿申其教，由是理義之學復明。立養士綱條，學田多在溪峒，異時征之無藝，農病之，鹿卿撫恤，無逋租者。其後盜作，環城屋皆燬〔一〕，惟學宮免，曰：「是無擾我者。」

辟福建安撫司幹辦公事。會汀、邵寇作，鹿卿贊畫備禦，動中機會。避寇者入城，多方振濟，全活甚衆。郡多火災，救護有方。會都城火，鹿卿應詔上封事，言積陰之極，其徵爲火，指言惑嬖寵、溺燕私、用小人三事尤切。眞德秀稱其氣平論正，有憂愛之誠心。改知

尤溪縣。德秀守泉，辟宰南安，鹿卿以不便養辭。德秀曰：「道同志合，可以拯民，何憚不來？」鹿卿入白其母，欣然許之。既至，首罷科斂之無名者，明版籍，革預借，決壅滯，達冤抑，邑以大治。德秀尋帥閩，疏其政以勸列邑。歲饑，處之有法，富者樂分，民無死徙。最聞，令赴都堂審察。以母喪去。

詔服闋赴樞密稟議，首言邊事、楮幣。主管官告院，幹辦諸司審計司。故相子以集英殿修撰食祠祿，又幫司農少卿米麥，鹿卿曰：「奈何爲一人壞成法。」持不可。遷國子監主簿。入對，陳六事，曰：「洗凡陋以起事功，昭勸懲以收主柄，清班著以儲實才，重藩輔以蔽都邑，用閩、越舟師以防海，合東南全力以守江。」上皆嘉納。改樞密院編修官，權右司，贊畫二府，通而守法。會右史方大琮、編修劉克莊、正字王邁以言事黜，鹿卿贈以詩，言者幷劾之，太學諸生作四賢詩。知建昌軍，未上，而崇教、龍會兩保與建黎原、鐵城之民修怨交兵，鹿卿馳書諭之，斂手聽命。既至，則寬賦斂，禁掊克，汰贓濫，抑彊禦，恤寡弱，黥黠吏，訓戍兵，創百丈砦，擇兵官，城屬縣，治行大孚，田里歌誦。

督府橫取秋苗斛面，建昌爲米五千斛。鹿卿爭之曰：「守可去，米不可得。」民恐失鹿卿，請輸之以共命。鹿卿曰：「民爲守計則善矣。守獨不爲民計乎？」卒爭以免。召赴行在，將行，盜發南豐，捕斬渠首二十人，餘不問。擢度支郎官兼右司。入對，極陳時敝。改侍右郎



官兼敕令刪修官，兼右司。鹿卿又言當時並相之敝。宰相以甘言誘鹿卿，退語人曰：「是牢籠也，吾不能爲宰相私人。」言者以他事詆鹿卿，主管雲臺觀。越月，起爲江東轉運判官。歲大饑，人相食，留守別之傑諱不詰，鹿卿命掩捕食人者，尸諸市。又奏援眞德秀爲漕時撥錢以助振給，不報。遂出本司積米三千餘石減半價以糶，及減抵當庫息，出緡錢萬有七千以予貧民，勸居民收字遺孩，日給錢米，所活數百人。宴集不用樂。

會岳珂守當塗，制置茶鹽，自詭興利，橫斂百出，商旅不行，國計反屈於初。命鹿卿覈之，吏爭竄匿。鹿卿寬其期限，躬自鉤考，盡得其實。珂辟置貪刻吏，開告訐以罔民，沒其財，民李士賢有稻二千石，囚之半歲。鹿卿悉縱舍而勸以其餘分，皆感泣奉命。珂罷，以鹿卿兼領太平，仍暫提舉茶鹽事。弛苛征，蠲米石〔一〕、蕪湖兩務蘆稅。江東諸郡飛蝗蔽天，入當塗境，鹿卿露香默禱，忽飄風大起，蝗悉度淮。之傑密請移鹿卿浙東提點刑獄，加直祕閣兼提舉常平。鹿卿言罷浮鹽經界廨地，先撤相家所築，就捕者自言：「我相府人。」鹿卿曰：「行法必自貴近始。」卒論如法。丞相史彌遠之弟通判溫州，利韓世忠家寶玩，籍之，鹿卿奏削其官。

初，鹿卿檄衢州推官馮惟說決婺獄，惟說素廉平，至則辨曲直，出淹禁。大家不快其爲，會鄉人居言路，迺屬劾惟說。州索印紙，惟說笑曰：「是猶可以仕乎？」自題詩印紙而



去。衢州鄭逢辰以繆舉，鹿卿以委使不當，相繼自劾，且共和其詩。御史兼二人劾罷之。及知泉州，改贛州，皆辭。遷浙西提點刑獄、江淮都大坑冶，皆以病固辭，遂主管玉局觀。及召還，又辭，改直寶章閣知寧國府，提舉江東常平，又辭。

淳祐三年，以右司召，猶辭。丞相杜範遺書曰：「直道不容，使人擊節。君不出，豈以馮惟說故耶？惟說行將有命矣。」鹿卿迺出。擢太府少卿兼右司。入對，請定國本、正紀綱、立規模，「時事多艱，人心易搖，無獨力任重之臣，無守節伏義之士，願蚤決大計」。上嘉納之。兼中書門下省檢正諸房公事，兼崇政殿說書。逾年，兼權吏部侍郎。時議使執政分治兵財，鹿卿執議不可。以疾丐祠，遷右文殿修撰、知平江府兼發運副使。力丐祠，上諭丞相挽留之。召權兵部侍郎，固辭，上令丞相以書招之，鹿卿至，又極言君子小人，切於當世之務。兼國子祭酒，權禮部侍郎，兼同修國史，兼實錄院同修撰，兼侍講，兼權給事中。鹿卿言「瑣闥之職無所不當問，比年命下而給舍不得知，請復舊制」。從之。

上眷遇深篤而忌者寖多，有撰僞疏託鹿卿以傳播，歷詆宰相至百執事，鹿卿初不知也，遂力辨上前，因乞去。上曰：「去，則中姦人之計矣。」令臨安府根捕，事連勢要，獄不及竟。遷禮部侍郎。累疏告老，授寶章閣待制、知寧國府，而引年之疏五上，不允，提舉鴻禧觀，遂致仕，進華文閣待制。卒，遺表聞，贈四官。



鹿卿居家孝友，喜怒不形，恩怨俱泯，宗族鄉黨，各得歡心。居官廉約清峻，豪髮不妄取，一廬僅庇風雨。所著有泉谷文集、奏議、講義、鹽楮議政稿、歷官對越集，手編漢唐文類、文苑菁華，謚清正。

趙逢龍字應甫，慶元之鄞人。刻苦自修，爲學淹博純實。登嘉定十六年進士第。授國子正、太學博士，歷知興國、信、衢、衡、袁五州，提舉廣東、湖南、福建常平。每至官，有司例設供張，悉命撤去，日具蔬飯，坐公署，事至卽面問決遣。爲政務寬恕，撫諭惻怛，一以天理民彝爲言，民是以不忍欺。居官自常奉外，一介不取。民賦有逋負，悉爲代輸。尤究心荒政，以羨餘爲平糴本。遷將作監，拜宗正少卿兼侍講。凡道德性命之蘊，禮樂刑政之事，縷縷爲上開陳。疏奏甚衆，稿悉焚棄。年八十有八終于家。

逢龍家居講道，四方從遊者皆爲鉅公名士。丞相葉夢鼎出判慶元，修弟子禮，常謂師門庳陋，欲市其鄰居充拓之。逢龍曰：「鄰里粗安，一旦驚擾，彼雖勉從，我能無媿於心！」逢龍寡嗜欲，不好名，敭歷日久，泊然不知富貴之味。或問何以裕後，逢龍笑曰：「吾憂子孫學行不進，不患其飢寒也。」



中華書局

趙汝騰字茂實，宗室子也。居福州。寶慶二年進士。歷官差主管禮、兵部架閣，還籍田令，召試館職，授祕書省正字，升校書郎，尋升祕書郎兼史館校勘。輪對，言節用先自乘輿宮掖始。兼玉牒所檢討官，以直煥章閣知溫州，進直徽猷閣、江東提點刑獄，又進直寶文閣，差知婺州。召赴闕，遷起居舍人，兼權中書舍人，升起居郎，時暫兼權吏部侍郎，兼國史編修、實錄檢討，兼同修國史、實錄院同修撰，兼侍講，遷吏部侍郎兼侍講，權工部尚書兼權中書舍人，皆兼同修撰，以左司諫陳垓論罷。召爲禮部尚書兼給事中，兼修國史、實錄院修撰。入奏，言：「前後姦諛之臣，傷善害賢，自取穹官要職，何益於陛下，而深損於聖德。興利之臣，移東就西，順適宮禁，自遂谿壑無厭之欲，何益於陛下，而深戕於國脈。則陛下私惠羣小之心，可以息矣。」又言：「陛下有用君子之名，無用君子之實。」

兼直學士院，拜翰林學士兼知制誥，兼侍讀。辭歸故里，累召，力辭，以龍圖閣學士知紹興府、浙東安撫使。召至闕，以端明殿學士提舉佑神觀，兼翰林學士承旨，知泉州、知州南外宗正事，復提舉佑神觀兼侍讀，兼翰林學士承旨。景定二年，卒，遺表上，特贈四官。





孫夢觀字守叔，慶元府慈溪人。寶慶二年進士。調桂陽軍教授、浙西提舉司幹辦公事，差主管吏部架閣文字，爲武學諭。輪對，言：「人主不容有所憚，尤不容有所玩，憚則有言而不能容，玩則雖容其言而不能用。」力請外，添差通判嚴州，主管崇道觀，召爲武學博士、太常寺丞兼諸王宮大小學教授，大宗正丞兼屯田郎官、將作少監。知嘉興府，仍舊班兼右司郎官、將作監。轉對，極言：「風憲之地，未聞有十八疏攻一竦者。封駁之司，未聞有三舍人不肯草制者。道揆不明，法守滋亂，天下之權將有所寄，而倒持之患作。」當路者滋不悅。出知泉州兼提舉市舶，改知寧國府。蠲逋減賦，無算泛入者盡籍于公帑。戶部遣官督賦，急若星火，闔郡皇駭，莫知爲計。夢觀曰：「吾寧委官以去，毋寧病民以留。」力丐祠，且將以府印牒所遣官，所遣官聞之夜遁。他日夢觀去寧國，人言之爲之流涕。

丞相董槐召還，帝問江東廉吏，槐首以夢觀對，帝說，乃遷司農少卿兼資善堂贊讀。輪對，謂：「今內外之臣，恃陛下以各遂其私，而陛下獨一無可恃，可爲寒心！」次論：「郡國當爲斯民計，朝廷當爲郡國計。乞命大臣應自前主計之臣奪州縣之利而歸版曹者，復歸所屬，庶幾郡國蒙一分之寬，則斯民亦受一分之賜。」帝善其言。遷太府卿、宗正少卿，兼給事中、起居舍人、起居郎。八上章辭免，以監察御史吳燧論罷，直龍圖閣與祠，授祕閣修撰、江淮等路提點鑄錢司公事。甫至官，卽復召爲起居郎兼侍右侍郎，給事中兼贊讀，兼國子祭酒，權吏部侍郎。奏事抗論益切，以寵賂彰、仁賢逝、貨財偏聚爲言，且謂「未易相之前，敝政固不少；既易相之後，敝政亦自若。」在廷之士皆危之。夢觀曰：「吾以一布衣蒙上恩至此，雖捐軀無以報，利鈍非所計也。」

力求補外，以集英殿修撰知建寧府。蠲租稅，省刑罰，郡人徐淸叟、蔡抗以爲有古循吏風。民有夢從者甚都，迎祠山神，出視之則夢觀也。俄而夢觀得疾，口授遺表，不忘規諫，遂卒。帝悼惜久之，賻銀帛三百。夢觀退然若不勝衣，然義所當爲，奮往直前；其居敗屋數間，布衣蔬食，而重名節云。

洪天錫字君疇，泉州晉江人。寶慶二年進士。授廣州司法。長吏盛氣待僚屬，天錫糾正爲多。丁內艱，免喪，調潮州司理。勢家奪民田，天錫言於守，還之。

帥方大琮辟眞州判官，留賓幕府。改秩知古田縣。行鄉飲酒禮。邑劇，牒愬猥多，天錫剖決無留難。有倚王邸勢殺人者，誅之不少貸。調通判建寧府。大水，擅發常平倉振之。擢諸司糧料院，拜監察御史兼說書。累疏言：「天下之患三：宦官也，外戚也，小人也。」劾董宋臣、謝堂、厲文翁，理宗力護文翁，天錫又言：「不斥文翁，必爲王府累。」上令吳燧宣諭再三，天錫力爭，謂：「貴倖作姦犯科，根柢蟠固，乃遲回護惜，不欲繩以法，勢燄愈張，紀綱愈壞，異時禍成，雖欲治之不可得矣。」上又出御札，俾天錫易疏，欲自戒飭之。天錫又言：「自古姦人雖憑怙，其心未嘗不畏人主之知，苟知之而止於戒飭，則憑怙愈張，反不若未知之爲愈也。」章五上，出關待罪。詔二人已改命，宋臣續處之。天錫言：「臣留則宋臣去，宋臣留則臣當斥，願早賜裁斷。」越月，天雨土，天錫以其異爲蒙，力言陰陽君子小人之所以辨，又言修內司之爲民害者。

蜀中地震，浙、閩大水，又言：「上下窮空，遠近怨疾，獨貴戚巨閹享富貴耳。舉天下窮且怨，陛下能獨與數十人者共天下乎？」會吳民仲大論等列愬宋臣奪其田，天錫下其事有司，而御前提舉所移文謂田屬御莊，不當白臺，儀鸞司亦牒常平。天錫謂：「御史所以雪冤，常平所以均役，若中貴人得以控之，則內外臺可廢，猶爲國有紀綱乎？」乃申劾宋臣併盧允升而枚數其惡，上猶力護之。天錫又言：「修內司供繕修而已，比年動曰『御前』，姦贓之老吏，迹捕之兇渠，一竄名其間，則有司不得舉手，狡者獻謀，暴者助虐，其展轉受害者皆良民也。願毋使史臣書之曰：『內司之橫自今始。』」疏上至六七，最後請還御史印，謂：「明君當爲後人除害，不當留患以遺後人。今朝廷輕給舍臺諫，輕百司庶府，而北司獨重，倉卒之際，臣實懼焉。」言雖不果行，然終宋世閹人不能竊弄主威者，皆天錫之力，而天錫亦自是去朝廷矣。改大理少卿，再遷太常，皆不拜。

改廣東提點刑獄，五辭。明年，起知潭州，久之始至官。戢盜賊，尊先賢，踰年大治。直寶謨閣，遷廣東轉運判官，決疑獄，劾貪吏，治財賦，皆有法。召爲祕書監兼侍講，以職辭，升祕閣修撰、福建轉運副使，又辭。度宗卽位，以侍御史兼侍讀召，累辭，不許，在道間，監察御史張桂劾罷之。乃疏所欲對病民五事：曰公田，曰關子，曰銀綱，曰鹽鈔，曰賦役。又言：「在廷無嚴憚之士，何以寢姦謀？遇事無敢諍之臣，何以臨大節？人物稀疏，精采銷耎，隱惰惜己者多，忘身徇國者少。」進工部侍郎兼直學士院，加顯文閣待制、湖南安撫使、知潭州，改潭州，皆力辭。

又明年，改福建安撫使，力辭，不許。亭戶買鹽至破家隕身者，天錫首罷之，民作佛事以報。罷荔枝貢。召爲刑部尙書，詔憲守之臣趣行無虛日，不起。久之，進顯文閣直學士，提舉太平興國宮，三降御札趣之，又力辭。踰年，進華文閣直學士，仍舊宮觀，尋致仕，加端明殿學士，轉一官。疾革，草遺表以規君相。上震悼，特贈正議大夫，謚文毅。天錫言動有準繩，居官清介，臨事是非不可回折。所著奏議、經筵講義、進故事、通祀輯略、味言發墨、陽巖文集。



黃師雍字子敬，福州人。少從黃榦學。入太學。寶慶二年，舉進士。詔爲楚州官屬。出盜賊白刃之衝，不畏不懾。李全反狀已露，師雍密結忠義軍別部都統時青圖之，謀泄，全殺青，師雍不爲動，全亦不加害。秩滿，朝議褒異，師雍恥出史彌遠門，不往見之。調婺州教授，學政一以呂祖謙爲法。李宗勉、趙必願、趙汝談皆薦之。

師雍慕徐僑有清望，欲謁之，會其有召命，師雍曰：「今不可往也。」僑聞而賢之，至闕，以其學最聞。宗勉在政府，力言於丞相喬行簡，行簡已許以朝除。師雍以書見行簡，勸其歸老，行簡不悅，宗勉之請遂格。

知遂之龍溪，轉運使王伯大上其邑最。行簡罷，宗勉與史嵩之入相，召師雍審察，將至而宗勉卒。嵩之延師雍，密示相親意，師雍不領；遷糧料院，又曰：「料院與相府密邇，所以相處。」師雍亦不領。嵩之獨相，權勢寖盛，上下懼禍，未有發其姦者。博士劉應起首疏論嵩之，帝感悟，思逐嵩之。師雍與應起相善，故嵩之疑師雍左右之，諷御史梅杞擊師雍，差知興化軍，旋奪之，改知邵武軍。及應起爲監察御史，師雍遷宗正寺簿，尋亦拜監察御史。首疏削金淵秩，送外居住。再疏斥趙綸、項容孫、史肎之。嵩之終喪，正言李昴英、殿中侍



御史章琰共疏乞竄斥之，師雍亦上疏論列，帝感悟，卽其日詔勒令致仕。權直舍人院劉克莊封還詞頭，乞畀嵩之以貼職如宰臣去國故事，遂得守金紫光祿大夫、觀文殿學士致仕。議者曰：「大夫，官也。觀文，職也。元降御筆但云『守官』，無『本官職』之辭。觀文之命，自克莊啓之。朋邪顧望，不可赦。」師雍遂劾克莊臨事失身犯義，免所居官，琰亦繼劾克莊，師雍又乞籍嵩之家隸張叔儀，皆從之。

未幾，昴英劾臨安尹趙與𥲅及執政，琰亦劾執政，帝怒昴英幷及琰。鄭寀乘間劾琰、昴英，又嗾同列再疏，以昴英屬某人，琰屬師雍。師雍毅然不從，獨擊葉閶乃與𥲅腹心。琰、昴英去國，寀於是薦周坦、葉大有入臺，首劾程公許、江萬里，善類日危矣。未踰月，坦攻參政吳潛去，陳垓爲監察御史，時寀、與𥲅、坦、垓、大有合爲一，師雍獨立。寀惡之尤甚，思所以去師雍，未得，招四人共謀之。會大旱求言，應詔者多指寀、坦等爲起災之由，牟子才、李伯玉、盧鉞語尤峻。坦等僞撰匿名書，誣三士，師雍榻前辨，謂：「匿名書條令所禁，非公論也，不知何爲至前。」因發其僞撰之迹。適鉞疏譽師雍，寀遂以鉞附師雍，帝不聽，擢師雍左司諫。

未幾，寀入政府，謝方叔、趙汝騰疏其姦，寀遂罷去。師雍與丞相鄭清之故同舍，然以劾劉用行、魏峴皆清之親故，清之不樂。坦喜曰：「吾得所以去之矣。」遣其婦日造清之妻，



譖曰：「彼去用行、峴，乃去丞相之漸也。」帝將以師雍爲侍御史，清之曰：「如此，則臣不可留。」遷起居舍人兼侍講，卽力丐去。清之猶冀師雍少貶，師雍曰：「吾欲爲全人。」終不屈。數月，坦卒劾師雍及高斯得俱罷。久之，以直寶文閣奉祠，陳垓又嗾同列寢之。清之卒，起師雍爲左史，既而改江西轉運使，遷禮部侍郎，命下而卒于江西官舍。

師雍簡淡寡欲，端厚有守，言若不出口，而於衺正之辨甚明，視外物輕甚，故博采公論，當官而行，愛護名節，無愧師友云。

徐元杰字仁伯，信州上饒人。幼穎悟，誦書日數千言，每冥思精索。聞陳文蔚講書鉛山，實朱熹門人，往師之。後師事眞德秀。紹定五年，進士及第。簽書鎭東軍節度判官廳公事。

嘉熙二年，召爲祕書省正字，遷校書郎。奏否泰、剝復之理，因及右轄久虛，非骨鯁耆艾，身足負荷斯世者，不可輕畀。又言皇子竑當置後及蚤立太子，乞蚤定大計。時諫官蔣峴方力排竑置後之說，遂力請外，不許，卽謁告歸，丐祠，章十二上。三年，遷著作佐郎兼兵部郎官，以疾辭。差知安吉州，辭。召赴行在奏事，辭益堅。

淳祐元年，差知南劍州。會峽陽寇作，擒渠魁八人斬之，餘釋不問。父老或相語曰：「侯不來，我輩魚肉矣。」郡有延平書院，率郡博士會諸生親爲講說。民訟，率呼至以理化誨，多感悅而去。輪苗聽其自槩，闔郡德之。丁母憂去官，衆遮道跪留。既免喪，授侍左郎官。言敵國外患，乞以宗社爲心。言錢塘駐蹕，驕奢莫尙，宜抑文尙質。兼崇政殿說書，每入講，必先期齋戒。嘗進仁宗詔內降指揮許執奏及臺諫察舉故事爲戒，語多切宮壼。拜將作監，進揚雄大匠箴，陳古節儉。時天久不雨，轉對，極論洪範天人感應之理及古今遇災修省之實，辭益忠懇。

丞相史嵩之丁父憂，有詔起復，中外莫敢言，惟學校叩閽力爭。元杰時適輪對，言：「臣前日晉侍經筵，親承聖問以大臣史嵩之起復，臣奏陛下出命太輕，人言不可沮抑。陛下自盡陛下之禮，大臣自盡大臣之禮，玉音賜俞，臣又何所容喙。今觀學校之書，使人感歎。且大臣讀聖賢之書，畏天命，畏人言。家庭之變，哀戚終事，禮制有常。臣竊料其何至於忽送死之大事，輕出以犯淸議哉！前日昕庭出命之易，士論所以凜凜者，實以陛下爲四海綱常之主，大臣身任道揆，扶翊綱常者也。自聞大臣有起復之命，雖未知其避就若何，凡有父母之心者莫不失聲涕零，是果何爲而然？人心天理，誰實無之，興言及此，非可使聞於鄰國也。陛下烏得而不悔悟，大臣烏得而不堅忍？臣懇懇納忠，何敢訐訐，特爲陛下愛惜民彝，



爲大臣愛惜名節而已。」疏出，朝野傳誦。帝亦察其忠亮，每從容訪天下事，經筵益申前議。未幾，夜降御筆黜四不才臺諫，起復之命遂寢。

元老舊德次第收召，元杰亦兼右司郎官，拜太常少卿，兼給事中、國子祭酒，權中書舍人。杜範入相，復延議軍國事。爲書無慮數十，所言皆朝廷大政，邊鄙遠慮。每裁書至宗社隱憂處，輒閣筆揮涕，書就隨削稿，雖子弟無有知者。六月朔，輪當侍立，以暴疾謁告。特拜工部侍郎，隨乞納祿，詔轉一官致仕。夜四鼓，遂卒。

先，元杰未死之一日，方謁左丞相范鍾歸，又折簡察院劉應起，將以翼日奏事。是夕，俄熱大作，詰朝不能造朝，夜煩愈甚，指爪忽裂，以死。朝紳及三學諸生往弔，相顧駭泣。訃聞，帝震悼曰：「徐元杰前日方侍立，不聞有疾，何死之遽耶？」亟遣中使問狀，賻贈銀絹二百計。已而太學諸生伏闕愬其爲中毒，且曰：「昔小人有傾君子者，不過使之自死於蠻烟瘴雨之鄉，今蠻烟瘴雨不在嶺海，而在陛下之朝廷。望奮發睿斷，大明典刑。」於是三學諸生相繼叩閽訟冤，臺諫交疏論奏，監學官亦合辭聞于朝。二子直諒、直方乞以恤典充賞格。有旨付臨安府逮醫者孫志寧及常所給使鞫治。既又改理寺，詔殿中侍御史鄭宷董之，且募告者賞緡錢十萬、官初品。大理寺正黃濤謂伏暑證，二子乞斬濤謝先臣。然獄迄無成，海內人士傷之，帝悼念不已，賜官田五百畝、緡錢五千給其家。賜謚忠愍。



孫子秀字元實，越州餘姚人。紹定五年進士。調吳縣主簿。有妖人稱「水仙太保」，郡守王遂將使治之，莫敢行，子秀奮然請往，焚其廬，碎其像，沈其人於太湖，曰：「實汝水仙之名矣。」妖遂絕。日詣學宮與諸生討論義理。辟淮東總領所中酒庫，檄督宜興縣圍田租。既還，白水災，總領恚曰：「軍餉所關，而敢若此，獨不爲身計乎？」子秀曰：「何敢爲身計，寧罪去爾。」力爭之，遂免。

調滁州教授，至官，改知金壇縣。嚴保伍，釐經界，結義役，一切與民休息。訟者使齎牒自詣里正，幷鄰證來然後行，不實者往往自匿其牒，惟豪黠者有犯，則痛繩不少貸。淮民流入以萬計，振給撫恤，樹廬舍，括田使耕，拔其能者分治之。崇學校，明教化，行鄉飲酒禮。訪國初茅山書院故址，新之，以待遠方遊學之士。

通判慶元府，主管浙東鹽事。先是，諸場鹽百袋附五袋，名「五釐鹽」，未幾，提舉官以爲正數，民困甚，子秀奏蠲之。辟幹辦行在諸司糧料院。衢州寇作，水冒城郭，朝廷擇守，屬子秀行。子秀謂捕賊之責，雖在有司，亦必習土俗之人，乃能覊其憑依，截其奔突。乃立保伍，選用土豪，首旌常山縣令陳謙亨、寓士周還淳等捍禦之勞，且表於朝，乞加優賞，人心



由是競勸。未幾，盜復起江山、玉山間，甫七日，而衆禽四十八人以來。終子秀之任，賊不復動。水潦所及，則爲治橋梁，修堰牐，補城壁，浚水原，助葺民廬，振以錢米，招通鄰糴。奏蠲秋苗萬五千石有奇，盡代納其夏稅，幷除公私一切之負；坍溪沙壅之田，請於朝，永蠲其稅，民用復蘇。

南渡後，孔子裔孫寓衢州，詔權以衢學奉祀，因循踰年，無專饗之廟。子秀撤廢佛寺，奏立家廟如闕里。既成，行釋菜禮。以政最遷太常丞，以言罷。未幾，遷大宗正丞，遷金部郎官。金部舊責州郡以必不可辨之泛數，吏顚倒爲姦欺。子秀日夜討論，給册轉遞以均其輸，人人如債切身，不遺一字而輸足。遷將作監、淮東總領，辭。改知寧國府，辭。爲左司兼右司，再兼金部。與丞相丁大全議不合，去國。差知吉州，尋鐫罷。

時變倖朱熠凡三劾子秀。開慶元年，爲浙西提舉常平。先是，大全以私人爲之，盡奪亭民鹽本錢，充獻羨之數；不足，則估籍虛攤。一路騷動，亭民多流亡。子秀還前政鹽本錢五十餘萬貫，奏省華亭茶鹽分司官，定衡量之非法多取者，於是流徙復業。徙浙西提點刑獄兼知常州。淮兵數百人浮寓貢院，給餉不時，死者相繼，子秀請於朝，創名忠衞軍，置砦以居，截撥上供贍之。盜刼吳大椿，前使者諱其事，誣大椿與兄子熇爭財，自刼其家，追毀大椿官，編置千里外，徙黥其臧獲。子秀廉得實，乃悉平反之。尋以兼郡則行部非便，得請專

臬事。擊貪舉廉，風采凜然，犴獄爲淸。

進大理少卿，直華文閣、浙東提點刑獄兼知婺州。婺多勢家，有田連阡陌而無賦稅者，子秀悉覈其田，書諸牘，勢家以爲厲己，嗾言者罷之。尋遷湖南轉運副使，以迎養非便辭，移浙西提點刑獄。子秀冒暑周行八郡三十九縣，獄爲之淸。安吉州有婦人愬人殺其夫與二僕，郡守捐賞萬緡，逮繫考掠十餘人，終莫得其實。子秀密訪之，乃婦人賂宗室子殺其夫，僕救之，併殺以滅口。一問卽伏誅，又釋僞會之連逮者，遠近稱爲神明。

初，獄訟之滯，皆由期限之不應。使者下車，或親書戒州縣勿違，而違如故，則怒之。怒之，改匣，又違則又重怒之，至再三。而專卒四出，巡尉等司繳限抱匣費不貲，則其勢必違。子秀與州縣約，到限者徑詣庭下，吏不得要索，亦無違者。其後創循環總匣屬各州主管官，凡管內諸司報應皆併入匣，一日一遣，公移則又總實於匣以往。於是事無小大，纖悉畢具，而風聞者反謂專卒淩州縣，劾罷之，子秀笑而已。移江東提點刑獄。度宗卽位，進太常少卿兼右司，尋兼知臨安府，以言罷。起知婺州，卒。

子秀少從上虞劉漢弼遊，磊落英發，抵掌極談，神采飛動。與人交久而益親，死生患難，營救不遺力。聞一善則手錄之。





李伯玉字純甫，饒州餘干人。端平二年，進士第二。初名誠，以犯理宗潛諱吏今名。授觀察推官、太學正兼莊文府教授、太學博士。召試館職，歷詆貴戚大臣，直聲暴起。改校書郎，奏言：「臺評迎合上意，論罷尤焴、楊棟、盧鉞三人，忠袤不辨，乞同罷。」帝不允。監察御史陳垓連劾罷之。

奉雲臺祠，差知南康軍，遷著作佐郎兼沂靖惠王府教授，兼考功郎官，兼尚書右司員外郎。引故事彈臺臣蕭泰來，遷著作郎。帝怒，降兩官罷斂。復知邵武軍，改湖北提點刑獄，移福建，遷尚右郎官。侍御史何夢然論伯玉迺吳潛之死黨，奉祀，遷福建提舉常平、淮西轉運判官。召赴經筵，遷考功郎兼太子侍讀，拜太府少卿、祕書少監、起居郎、工部侍郎。

度宗卽位，兼侍講，權禮部侍郎，升兼同修國史、實錄院同修撰。賈似道嘗集百官議事，忽厲聲曰：「諸君非似道拔擢，安得至此！」衆默然莫敢應者，伯玉答曰：「伯玉殿試第二名，平章不拔擢，伯玉地步亦可以至此。」似道雖改容而有怒色。既退，卽治歸。以顯文閣待制知隆興府，右正言黃萬石論罷。召入覲，擢權禮部尚書兼侍讀。似道益專國柄，帝以伯玉舊學，進之臥內，相對泣下，欲用以參大政，似道益忌之，而伯玉尋病卒。

伯玉嘗請罷童子科，以爲非所以成人材，厚風俗。趙汝騰嘗薦八士，各有品目，於伯玉曰「銅山鐵壁」。立朝風節，大較似之。所著有斛峯集。

論曰：陸持之學足以承其家，而不幸蚤喪，徐鹿卿論議明達，克施有政，趙逢龍之淸操，汝騰之不撓，孫夢觀之平直，洪天錫、黃師雍、徐元杰、李伯玉皆悉心直言，不避權勢，孫子秀政績著見，皆當時之傑出云。

## 校勘記

〔一〕環城屋皆燬 「屋」字原脫，據劉克莊後村大全集卷一四四徐鹿卿神道碑補。

〔二〕米石 疑當作「釆石」。按九域志卷六，太平州當塗縣有釆石鎮；宋會要食貨一八之五、一八之二九，南宋太平州有蕪湖、釆石兩稅務。此處「米」字疑爲「釆」字之誤。

# 宋史卷四百二十五

## 列傳第一百八十四

劉應龍　潘牥　洪芹　趙景緯　馮去非　徐霖　徐宗仁
危昭德　陳塏　楊文仲　謝枋得

劉應龍字漢臣，瑞州高安人。嘉熙二年進士。授零陵主簿，饒州錄事參軍。有毛隆者，務剽掠殺人，州民被盜，遙呼盜曰：「汝毛隆也？」盜亦曰：「我毛隆也。」既，訟于官，捕隆置獄，應龍曰：「盜誠毛隆，其肯自謂？」因言于州，州不可，乃委它官，隆誣伏抵死，未幾盜敗，應龍繇是著名。改知崇仁縣。淮西失守，江西諸州有殘破者，縣佐貳聞變先遁，應龍固守不去。

先是，理宗久未有子，以弟福王與芮之子爲皇子，丞相吳潛有異論，帝已不樂。大元兵度江，朝野震動，遂丞相丁大全，復起潛爲相，帝問潛策安出，潛對曰：「當遷幸。」又問



卿如何，潛曰：「臣當死守於此。」帝泣下曰：「卿欲爲張邦昌乎？」潛不敢復言。未幾北兵退，帝語羣臣曰：「吳潛幾誤朕。」遂罷潛相。帝怒潛不已，應龍朝受命，帝夜出象簡書疏稿授應龍，使劾潛，應龍謂：「潛本有賢譽，獨論事失當，臨變寡斷。祖宗以來，大臣有罪未嘗輕肆誅戮。欲望姑從寬典，以全體貌。」帝大怒。適按劾丁大全，請加竄斥，疏言：「內莫急於蘇民瘼以固國本，外莫急於討軍實以振國威。」又言時政四事，廣發廩以振民饑，通商販以助民食，勸分富室以助官糴，嚴等第以覈民數，稽檢放以蘇民窮，嚴戢盜以除民害。賈似道素忌潛，會京師米貴，應龍爲勸糶歌，宦者取以上聞，帝問知應龍所作，問似道米價高，當亟處之，似道訪其由，亦怒應龍。遷司農少卿，尋以右諫議大夫孫附鳳言，遂去國。

景定三年，湖南饑，起提舉常平。以救荒功，遷直寶章閣、廣南東路轉運判官。遷秘書監兼國史編修、實錄檢討。知隆興府兼江西轉運副使，奏免和糴二十萬石。擢權戶部侍郎兼侍講。時似道當國，百官奏對稍切直者輒黜，應龍言：「臣觀今日之事，可言者多矣。邇日以來，靖恭自守者以論事爲忌，指陳稍切者聯翩引去，豈兩省繳駁過甚，重其疑歟？抑廷臣奏對咈意，速其畏歟？朝廷清明之時，而言者已懷疑畏，臣恐正臣奪氣，鯁臣吃舌，宜非盛世所有。」遂迕當路，自侍從、兩省以下無不切齒。未幾，以集英殿修撰知建寧府，亟辭，中書舍人盧鉞希指封還錄黃。久之，起爲江東轉運使，辭。



南海寇作，朝廷患之，乃以顯謨閣待制知廣州、廣東經略安撫使。寇聞應龍至，遁去。應龍勸逐之，南海大治。特旨屢召，拜戶部侍郎仍兼侍讀，七上奏辭免。德祐元年，遷兵部尚書、寶章閣直學士、知贛州，兼江西兵馬鈐轄、青海軍節度使，力辭，隱九峯。

子元高亦舉進士，知候官縣。沒，洪天錫歎曰：「朝廷失一御史矣。」

潘牥字庭堅，福州閩人。端平二年策進士，牥對曰：「陛下承休上帝，皈德匹夫，何異爲人子孫，身荷父母劬勞之賜，乃指豪奴悍婢爲恩私之地。欲父母無怒，不可得也。」又曰：「陛下手足之愛，生榮死哀，反不得視士庶人。此如一門之內，骨肉之間未能親睦，是以僮僕疾視，鄰里生侮。宜厚東海之恩，裂淮南之土，以致人和。」時對者數百人，庭堅語最直。

會殿中侍御史蔣峴劾方大琮、劉克莊、王邁前倡異論，併誣牥姓同逆賊，策語不順，請皆論以漢法。牥調鎭南軍節度推官、衢州推官，歷浙西提舉常平司。遷太學正，旬日，出通判潭州。日食，應詔上封事曰：「熙寧初元日食，詔郡縣掩骼，著爲令。故王一抔淺土，其爲暴骸亦大矣。請以王禮改葬。」又移書丞相游侣中言之，侣心善其言，方將收用之，而牥卒。



洪芹，尙書右僕射适之曾孫，以大父澤入官，甫更調，登進士第。自南平司法改欽州教授。部使者愛其才，先後並薦之，有旨召審察。丁內外艱。入主省架閣，遷太學博士。輪對，發明絜矩之道。擢國子博士，出通判南劍，入爲太常博士，累遷將作少監。屬詞臣無當上意，慨然思得天下士，丞相程元鳳言當今地望無踰洪芹者，進兼翰林，權直祕書少監。

開慶元年，升直學士院，繼權禮部侍郎、中書舍人。屬兵興，帝悟柄任非人，自貽國禍，詔書所至，聞者奮激，蓋芹所草也。丁大全罷相，出典鄉郡。芹遷禮部侍郎〔一〕，繳奏：「大全鬼蜮之資，穿窬之行，暴戾淫黷，引用凶惡，陷害忠良，遏塞言路，濁亂朝綱。乞盡從諫臣所請，追官遠竄，以伸國法，以謝天下。」沈炎乘上怒，攻丞相吳潛，芹獨繳奏曰：「方國本多虞，潛星馳赴闕，理紛鎭浮，陳力爲多。一旦視爲弁髦，得無如詩所謂『將安將樂，女轉棄予』乎？」慷慨敢言，天下義之。

遷禮部侍郎，帝銳意鄉用而以論去，退寓永嘉，怡然自適。咸淳初，起知寧國府。卒。有文集。

趙景緯字德父，臨安府於潛人。少勤學，弱冠得周惇頤、程顥兄弟諸書讀之，恨不及登朱熹之門。熹門人葉味道謂之曰：「度正，吾黨中第一人。」遂往見，首誨以求放心爲本。由是往來味道、正之間，研索益精。入太學，登淳祐元年進士第。授江陰軍教授，諸生守其規度。丁母憂，以祿不逮養，服闋不調。作讀易菴懸霤山。江東提點刑獄吳勢卿辟爲幹辦公事，不就。召爲史館檢閱，辭，不許；乞換待次教授，不許；乞岳祠，又不許；乞致仕，不報。有旨特與改合入官，主管崇道觀，三辭，不許。景定元年，特授祕書郎，兩辭，不許。遷著作郎，辭，不許。以疾丐祠，差主管佑神觀兼史館校勘。史成，兩乞外祠，進直祕閣，與在外宮觀，辭職名，不許。差主管崇禧觀。

台州守王華甫建上蔡書院，禮景緯爲堂長，以疾辭。依舊職差知台州，兩辭，不許，趣命益嚴。至郡，以化民成俗爲先務，首取陳述古諭俗文書示諸邑，且自爲之說，使其民更相告諭、諷誦、服行，期無失墜。約束官吏擾民五事。取孝經庶人章爲四言詠贊其義，使朝夕歌之，至有爲之感涕者。舉遺逸車若水、林正心于朝。旌孝行，作訓孝文以勵其俗。平重刑，懲譁訐，治豪橫。建黃巖縣社倉六十有六。浚河道九十里，築隄路三十里。節浮費，爲下戶代輸秋苗。奏蠲五邑坊河渡錢。

期年之內，乞歸田里者再。進考功郎官，再辭，不許。兼沂靖惠王府教授，辭，不許。是



冬，四辭新命，且乞祠，皆不許。乃乞於赤城、桐柏之間采藥著書，庶幾有補後學，使病廢之身不爲無用於聖世，不許。御筆兼崇政殿說書，三辭，不許。乃造朝，侍緝熙殿，以易進講，論「聖人體元之妙在惟幾，人君得此，則天下有治而無亂，人事有吉而無凶矣」。又曰：「惕厲祇懼，乃天心之所存。聖人先處於憂，故能無憂，先處以危，故能無危；若乃先自處於安樂，則憂危乘之矣。」又論監司守令，其說曰：「知人之難，自古已然。人才乏使，莫今爲甚。或觀望而撓於勢，或阿私而徇於情，或是非不公而以枉爲直，或毀譽失實而以汚爲廉。遂使舉刺不當，不足以服天下之心。與其糾劾於有罪之後，而未必盡得其情；孰若精擇於未用之先，而使之各稱其職。」

彗出于柳，景緯應詔上封事曰：

今日求所以解天意者，不過悅人心而已。百姓之心卽天心也。錮私藏而專天下之同欲，則人不悅。保私人而違天下之公議，則人不悅。閭閻之糟糠不厭，而燕私之供奉自如，則人不悅。百姓之膏血日朘，而符移之星火愈急，則人不悅。不公於己而欲絕天下之私，則人不悅。不澄其源而欲止天下之貪，則人不悅。夫必有是數者，斯足以召怨而致災。

願陛下捐內帑以絕壅利之謗；出嬪嬙以節用度之奢。弄權之貂寺素爲天下之所



共惡者，屛之絕之；毒民之恩澤侯嘗爲百姓之所憤者，黜之棄之。擇忠鯁敢言之士置之臺諫，以通關鬲之壅；選慈惠忠信之人使爲守宰，以保元氣之殘。又必稽乾、淳以來，凡利源窠名之在百司庶府者，悉隸其舊，以濟經用之急；公田派買不均之斂，聽民自陳，隨宜通變，以安田里之生。則人心悅、天意解矣。人之常情，懼心每發於災異初見之時，不能不潛移於諂諛交至之後。萬一過聽左右寬譬之言，曲爲它說以自解，毛舉細故以塞責，而恐懼之初心弛，則下拂人心，上違天意，國之安危或未可知。

又曰：「損玉食，不若損內帑、卻貢奉之爲實。避正朝，不若塞倖門、廣忠諫之爲實。肆大眚囚所以廣仁恩，又不若擇循良、黜貪暴之爲實。蓋天意方回而未豫，人心乍悅而旋疑，此正陰陽勝復之會，眷命隆替之機也。」兼國史院編修官、實錄院檢討官，辭，不許。轉對，言：「願明辨義利之限，力破繫吝之私，以天自處而絕內外之分，以道制欲而黜耳目之累。毋以閭闥之賤干公議，毋以戚畹之私紊國常。」乞歸田里，不許。拜太府少卿，兼職仍舊，再辭，不許。復上疏乞歸，不許。

以直敷文閣知嘉興府，辭，仍乞奉祠，皆不許。咸淳元年至郡，首以護根本、正風俗爲先務。三乞辭，不許。拜宗正少卿，御筆兼侍講，辭，不許。乃還家，三乞祠，御筆趣行，猶乞寬告，不許。至國門，御筆兼權工部侍郎，時暫兼權中書舍人，三辭，不許。以禮記進講，開



陳敬恕之義。封還濫恩詞頭，帝從之。又言：「損德害身之大莫過於嗜欲，而窒嗜欲之要莫切於思。居處則思敬，動作則思禮，祭祀則思誠，事親則思孝。每御一食，則思天下之饑者。每服一衣，則思天下之寒者。嬪嬙在列，必思夏桀以嬖色亡其國。飲燕方歡，必思商紂以沈湎喪其身。念起而思隨之，則念必息。欲萌而思制之，則欲必消。志氣日以剛健，德性日以充實，豈不盛哉。」

又曰：「雷發非時，竊迹今日之事而有疑焉。內批疊降而名器輕，宮闈不嚴而主威褻，橫恩之濫已收而復出，戢貪之詔方嚴而隨弛。宮正什伍之令所以防奇衺，而或縱於乞憐之卑詞。緇黃出入之禁所以嚴宸居，而間惑於禬禳之小數。以至彈墨未乾，而扱拭之旨已下；駁奏未幾，而捷出之徑已開。命令不疑，則陽縱而不收。主意不堅，則陰閉而不密。陛下可不思致災之由，而亟求所以正之哉？願淸其天君，以端出治之源；謹其號令，以肅紀綱之本。毋牽於私恩而撓公法，毋遷於邇言而亂舊章，去讒而遠色，賤貨而貴德，則人心悅而天意得，可以開太平而兆中興也。」

進權禮部侍郎兼修玉牒，再辭，不許。升兼侍讀，辭，不許。進聖學四箴：一曰惜日力以致其勤，二曰精體認以充其知，三曰屛嗜好以專其業，四曰謹行事以驗其用。五乞歸田里，帝勉留之，請益力。特授集英殿修撰、知建寧府，辭，不許，乃還家。召爲中書舍人，三辭，不

許，請益力。進顯文閣待制，依所乞予祠，辭職名，不許，遂差提舉玉隆萬壽宮。有疾，謝醫卻藥，曰：「使我淸心以順天命，毋重惱我懷。」拱手三揖乃卒。詔特贈四官至中奉大夫，諡文安。景緯天性孝友，雅志沖澹，親沒無意仕進，故其立朝之日不久云。

馮去非字可遷，南康都昌人。父椅字儀之，家居授徒，所註易、書、詩、語、孟、太極圖、西銘輯說，孝經章句，喪禮小學，孔子弟子傳，讀史記及詩文、志錄，合二百餘卷。

去非，淳祐元年進士。嘗幹辦淮東轉運司，治儀眞，歐陽脩東園在焉，使者黃濤欲以爲佛寺，時已許薦，去非力爭不得，寧不受使者薦，謁告而去。寶祐四年，召爲宗學諭。丁大全爲左諫議大夫，三學諸生叩閽言不可，帝爲下詔禁戒，詔立石三學，去非獨不肯書名碑之下方。監察御史吳衍、翁應弼劾諸生下獄，去非復調護宗學生之就逮者。未幾，大全簽書樞密院事、參知政事，蔡抗去國，去非亦以言罷。歸舟泊金、焦山，有僧上謁，去非不虞其爲大全之人也，周旋甚款。僧乘間致大全意，願毋遽歸，少俟收召，誠得尺書以往，成命卽下。去非奮然正色曰：「程丞相、蔡參政牽率老夫至此，今歸吾廬山，不復仕矣，斯言何爲至我！」絕之，不復與言。



徐霖字景說，衢州西安人。年十三，有志聖人之道，取所作文焚之，研精六經之奧，探賾先儒心傳之要。淳祐四年，試禮部第一。知貢舉官入見，理宗曰：「第一名得人。」嘉獎再三。登第，授沅州教授。

時宰相史嵩之挾邊功要君，植黨顓國。霖上疏歷言其姦深之狀，以爲：「其先也奪陛下之心，其次奪士大夫之心，而其甚也奪豪傑之心。今日之士大夫，嵩之皆變化其心而收攝之矣。且其變化之術甚深，非章章然號於人使之爲小人也。常於善類擇其質柔氣弱易以奪之者，親任一二，其或稍有異己，則潛棄而擯遠之，以風其餘。彼以名節之尊不足以易富貴之願，義利之辨亦終暗於妻妾宮室之私，則亦從之而已。」疏奏，見者吐舌，爲霖危之。未幾，嵩之匿父喪求起復，君子並起而攻之，上大感悟。

丞相范鍾進所召試館職二人，上思霖之忠，親去其一，易霖名。及試，則曰：「人主無自強之志，大臣有患失之心，故元良未建，凶姦未竄。」是時，丞相杜範已薨，而鍾雖得位，畏姦人覆出爲己禍故也。擢祕書省正字，霖辭不獲命，遂就職。會日食，霖應詔上封事曰：「日，陽類也，天理也，君子也。吾心之天理不能勝乎人欲，朝廷之君子不能勝乎小人。宮闈之私暱未屛，瑣闥之姦寃未辨，臺臣之討賊不決，精祲感浹，日爲之食。」又數言建立太子。遷校書郞。七年夏，大旱，霖應詔言：「諫議大夫不易則不雨，京兆尹不易則不雨。」不報，去國。上遣著作郞姚希得留之，不還。御筆改合入官，迺改宣敎郞。霖屢辭，曰：「向爲身死而不敢欺其君父，今以官高而自眩於平生，失其本心，何以暴其忠志？」又曰：「志貴乎潔，忠尙乎精，卽有取，則自蹈於垢汙矣。」

八年夏，添差通判信州，霖皆力辭，竟未拜，改秩之命故也。尋令守臣勉諭之，特改宣敎郞、主管雲臺觀，霖迺拜受。十二年，遷祕書省著作郞，累辭，不許。兼國史編修、實錄檢討，上曰：「今日所當言者，當備陳之。」霖復以正太子名爲言，又奏：「萬化之本在心，存心之法在敬。」兼權尙左郞官，兼崇政殿說書。迺上疏言：「葉大有陰柔姦黠，爲羣憸冠，不宜久長臺諫，乞斥去。」不報。兼權左司。霖知無不言，於是讒嫉者思以中傷，而上亦不說。乞補外，知撫州。祠先賢，寬租賦，振饑窮，誅悍將，建營砦，幾一月而政舉化行。以言去，士民遮道，不得行，及暝，始由徑以出。

寶祐元年，差知衡州。三年，當之官，遂辭，差知袁州。五年，丁外艱，哀毀號絕，水漿不入口七日。明年開慶元年，差主管崇禧觀。景定二年，知汀州。明年，卒。將終，語其長子心亨曰：「有生必有死，自古聖賢皆然，吾復何憾。」尙書省請加優異，詔與一子恩澤。度宗賜祭田百畝，以旌直臣。霖閒居衢，守游釣築精舍，聘霖爲學者講道，是日聽者三千餘人。



徐宗仁字求心，信之永豐人。淳祐十年進士。歷官爲國子監主簿。開慶元年，伏闕上書曰：

賞罰者，軍國之綱紀。賞罰不明，則綱紀不立。今天下如器之敧而未墜於地，存亡之機，固不容髮。兵虛將惰，而力匱財殫，環視四境，類不足恃；而所恃以維持人心、奔走豪傑者，惟陛下賞罰之微權在耳。權在陛下，而陛下不知所以用之，則未墜者安保其終不墜乎？臣爲此懼久矣。

陛下當危急之時，出金幣，賜土田，授節鉞，分爵秩，尺寸之功，在所必賞。故當悉心效力，圖報萬分可也。而自幹腹之兵越江踰廣以來，凡閱數月，尙未聞有死戰陣、死封疆、死城郭者，豈賞罰不足以勸懲之耶？今通國之所謂佚罰者，不過丁大全、袁玠、沈翥、張鎭、吳衍、翁應弼、石正則、王立愛、高鑄之徒，而首惡則董宋臣也。是以廷紳抗疏，學校叩閽，至有欲借尙方劍爲陛下除惡。而陛下乃釋而不問，豈眞欲愛護此數人而重咈千萬人之心？天下之事勢急矣，朝廷之紀綱壞矣。若誤國之罪不誅，則用兵之士不勇。今東南一隅天下，已半壞於此數人之手，而罰不損其豪毛。彼方擁厚貲，挾聲色，高臥華屋，而使陛下與二三大臣焦心勞思，可乎？三軍之在行者，豈不憤然不平曰：「稔禍者誰歟，而使我捐軀兵革之間？」百姓之罹難者，豈不羣然胥怨曰：「召亂者誰歟，而使我流血鋒鏑之下？」陛下亦嘗一念及此乎？又極論邊事，謂惠褻而威不振。論董宋臣盤固日久，蒙蔽日久。又請「使有言責者皆得以盡其言，則國論伸而國威振，臣雖屏處山林，亦有生氣」。遷國子監丞、祕書省著作佐郎，主管崇禧觀。遷考功郎官兼崇政殿說書，進讀敬天圖。遷太府少卿兼侍講、兼侍立修注官，遷太常少卿兼國史編修、實錄檢討。知寧國府。監察御史郭閶論罷。德祐元年，起授吏部侍郎兼中書門下檢正諸房公事，兼提領豐儲倉所，兼同修國史、實錄院同修撰，侍左侍郎。乞假督府名稱往本州同守臣防拓，不允。權禮部尚書兼益王府贊讀。衞益王走海上，厓山兵敗，死焉。

危昭德，邵武人。寶祐元年進士。歷官爲史館檢閱校勘、武學諭、宗正寺簿兼崇政殿說書，遷祕書郎。疏言：「國之命在民，民之命在士大夫。士大夫不廉，朘民膏血，爲己甘腴，





民不堪命矣。」又言：「願陛下與二三大臣察利害之實，究安危之本，明詔郡國，申嚴號令，俾急其所急，凡荒政之當舉者，不可一日而置念；緩其可緩，凡苛賦之肆擾者，易爲此時之寬征。固結人心，乃所以延天命也。」又言：「願陛下舉考課之事，內以責諸彈糾之職，外以責諸監司、郡守之計。貪濁昏庸，固在必懲。廉能正直，尤當示勸。察之精則黜陟之咸服，行之力則觀聽之具孚，而課吏之實得矣。」

進兼侍講。又言：「民者，邦之命脈，欲壽國脈，必厚民生，欲厚民生，必寬民力。」且條上厲民四歡。又言：「願陛下爲萬世根本之慮，爲一時倉卒之防，必求安節之亨，毋招不節之咎，節之又節，則宮闈之費差省，帑藏之積自充，上用足而下不匱矣。」又乞「察欣瘁休戚之故，酌利害損益之宜，孰爲當因，孰爲當革，孰爲可罷，孰爲可行，則折衷泉貨而遠近便，開通關梁而商賈行。下修身奉法之詔，而吏得自新；出輸倉助貸之令，而民免貴糴；窒墨敕之門，而無官府黜陟之異；止輪臺之議，而無疆界彼此之分，則氣脈蘇醒、意向翕合矣」。

遷起居舍人兼國史編修、實錄檢討，尋遷殿中侍御史、侍御史。諫作宗陽宮。權工部侍郎兼同修國史實錄院，乞致仕，特轉一官。昭德在經筵，以易、春秋、大學衍義進講，反覆規正者甚多。所著春山文集。

子徹孫，咸淳元年進士。

陳塏字子爽，嘉興人。歷京湖制置使司主管機宜文字，差知德安府，加直寶謨閣、江西提點刑獄，改直敷文閣、提舉千秋鴻禧觀，轉司農寺丞、主管崇道觀、知安慶府。召赴闕，加直顯謨閣、湖南提點刑獄。再召爲右司郎官，加直寶文閣知隆興府、江西安撫使，改知江州，主管江西安撫司事。召爲右司郎官，進直龍圖閣、浙西提點刑獄，遷司農少卿，以祕閣修撰知慶元府兼沿海制置副使，遷大理卿，進右文殿修撰、知平江府兼淮、浙發運使。

戶部侍郎趙必愿舉塏最，詔特轉一官，遷太府卿、司農卿，權工部侍郎兼同詳定敕令官，兼中書門下省檢正諸房公事。入奏，言：「願陛下轉移世道之樞機，砥礪士大夫之廉恥，使知名義爲重，利祿爲輕。久去國以恬退聞者召之，久立朝以更迭請者從之，甘言容悅者必斥，眞情丐閑者勿留。如此，則君臣上下皆以眞實相與，四維既張，士大夫難進易退之風，當見於聖世，人才幸甚！」又言：「請以從官倣古昔入從出藩之意，其從臣爲諸路憲漕，則以提點刑獄使、轉運使繫銜，假之『使』名，示與庶官別，仍乞除授自臣始。」自是屢言於帝前，不許。以言罷。

未幾，進集英殿修撰、知婺州，改知太平州兼江東轉運副使。請蠲放諸郡災傷。加戶





部侍郎、淮東總領，尋提領江、淮茶鹽所兼知太平州。發公帑代三縣輸折絲帛錢五十萬九千三百六十餘貫。又作浮淮書堂以處兩淮之民而教之。進顯謨閣待制、知廣州，權兵部尚書，又進寶章閣直學士、知婺州，遷權戶部尚書，尋爲眞，時暫兼吏部尚書，以寶文閣學士知潭州兼湖南安撫使。召赴闕，以舊職提舉太平興國宮，加龍圖閣學士，依舊宮觀。久之，加端明殿學士。咸淳四年，卒，謚清毅。

塏屢歷麾節，軍民愛戴，幕客盛多，而塏又樂薦士。所著可齋瓿稿二十卷。

楊文仲字時發，眉州彭山人。七歲而孤。母胡，年二十有八，守節自誓，教養諸子。文仲既冠，以春秋貢，其母喜曰：「汝家至汝，三世以是經收效矣。」

淳祐七年，文仲以胄試第一入太學。九年，又以公試第一升內舍。時言路頗壅，因季冬雷震，首帥同舍叩閽極言時事，有曰：「天本不怒，人激之使怒。人本無言，雷激之使言。」一時爭傳誦之。升上舍，爲西廊學錄。丞相謝方叔嘗問文仲曰：「今日何事最急？」對曰：「國本未建，莫大於此。」上意未喩，當以死請可也。」寶祐元年，登進士第。丁母憂，釋服，屬從叔父棟守婺州罷歸，寓餘杭，文仲往問伊、洛之學。

中華書局

調復州學教授。轉運使印應飛辟入幕。明婺婦寃獄，應飛悉從文仲議，且薦之。荆湖宣撫使趙葵署文仲佐分司幕。姚希得〔三〕、江萬里合薦文仲學爲有用。辟四川宣撫司準備差遣，添差沿海制置司幹辦公事，召爲戶部架閣，遷太學正，升博士。時楝爲祭酒，講學益詣精邃。遷國子博士。丏外，添差通判台州。故事，守貳尙華侈，正月望，取燈民間，吏以白，文仲曰：「爲吾然一燈足矣。」劭農東郊，守因欲泛湖，文仲卽先馳歸。添差通判揚州。牙契舊額歲爲錢四萬緡，累政增至十六萬，開告訐以求羨。文仲曰：「希賞以擾民，吾不爲也。」卒增十八界一而已。制置使李庭芝檄主管機宜文字。時有沙田，使者欲舉行之，文仲力爭，以爲：「事不可妄興，蓋與民之惠有限，不擾之惠無窮。江北風寒之地，民力竭矣，爲利幾何，安忍重擾吾民乎！」事遂不行。

召爲宗學博士。郊祀，攝圜壇子階監察御史。近輔兵變水患，輪對，言：「皇天眷命，垂四百年，天命久熟之餘，國脈癃老之候，此豈非一大喜懼之交乎？願陛下一初清明，自作主宰。」又曰：「春多沈陰，豈但麥秋之憂。於時爲決，尤軫莧陸之慮。天目則洪水發焉，蘇、湖則弄兵興焉。峨冠于于，而每見大夫之乏使；佩印纍纍，而常慮貪瀆之無厭。將習黃金橫帶之娛，兵疲赤籍掛虛之穴。蚩蚩編氓，得以輕統府；瑣瑣警遽，輒以憂朝廷。設不幸事有大於此者，國何賴焉？」帝竦聽，顧問甚至。遷太常丞，尋兼權倉部郎官，兼崇政殿說書，遷



將作少監，又遷將作監。

文仲在講筵，每以積誠感動，嘗進讀春秋，帝問五霸何以爲三王罪人，文仲奏云：「齊桓公當王霸升降之會，而不能爲向上事業，獨能開世變厲階。臣考諸春秋，桓公初年多書『人』，越二十年，伐楚定世子之功既成，然後書『侯』之辭迭見，此所以爲尊王抑伯之大法。然王豈徒尊哉？蓋欲周王子孫率修文、武、成、康之法度，以扶持文、武、成、康之德澤，則王迹不熄，西周之美可尋，如此方副春秋尊王之意。」帝曰：「先帝聖訓有曰：『絲竹之亂耳，紅紫之眩目，良心善性，皆本有之。』又曰：『得聖賢心學之指要，本領端正，家傳世守，以是而君國子民，以是而祈天永命，以是而貽謀燕翼。』大哉先訓，朕朝夕服膺。」時帝以疾連不視朝，文仲奏：「聲色之事，若識得破，元無可好。」帝斂容端拱久之。

盛夏，建宗陽宮，壞徙民居，畿甸騷然。文仲疏諫：「移閭閻之聚，爲香火之庭，不得爲善計矣。陛下紹祖宗之位，豈以黃、老之居爲輕重哉。」翼日面奏，益懇至，丞相賈似道怒曰：「楊文仲多言！」詔卿監以上薦人才，文仲薦陳存、呂折、鍾季玉等十有八人，名士二人，金華王柏、天台車若水也。兼國子司業，兼侍立修注官。又以救太學教諭彭成大迕似道，主管崇禧觀，出知衡州。運餉有法而民不擾，以所當得米八千石立思濟倉。召爲祕書少監，尋兼崇政殿說書。以疾乞致仕，不許。兼國史院編修官、實錄院檢討官，遷太常少卿兼



國子司業，遷起居舍人。

瀛國公卽位，授權工部侍郎兼權侍右郎官，尋兼給事中。有事明堂，議以上公攝行，文仲議曰：「今祗見天地之始，雖在幼沖，比卽喪次，已勝拜跪，執禮無違，所當親饗。」時丞相王爚、陳宜中不協，文仲上疏言：「事危且急矣。祖宗所深賴，億兆所寄命，在乎二相，苟以不協之故，今日不戰，明日不征，時不再來，後悔何及！」尋兼國子祭酒。請謚金華何基及柏。時大元兵度江，畿甸震動，朝士多棄去者，侍從班惟文仲一人，詔旌在列不去者二階。文仲疾益甚，丏祠，以集英殿修撰知漳州，三上章乞致仕，改知泉州。因將家踰嶺南待次，卒，而宋亡矣。有見山文集焉。

謝枋得字君直，信州弋陽人也。爲人豪爽。每觀書，五行俱下，一覽終身不忘。性好直言，一與人論古今治亂國家事，必掀髯抵几，跳躍自奮，以忠義自任。徐霖稱其「如驚鶴摩霄，不可籠縶」。

寶祐中，舉進士，對策極攻丞相董槐與宦官董宋臣，意擢高第矣，及奏名，中乙科。除撫州司戶參軍，卽棄去。明年復出，試教官，中兼經科，除教授建寧府。未上，吳潛宣撫江



東、西，辟差幹辦公事。團結民兵，以扞饒、信、撫，科降錢米以給之。枋得說鄧、傅二社諸大家，得民兵萬餘人，守信州，暨兵退，朝廷覈諸軍費，幾至不免。

五年，彗星出東方，枋得考試建康，擿似道政事爲問目，言：「兵必至，國必亡。」漕使陸景思銜之，上其稿於似道，坐居鄉不法，起兵時冒破科降錢，且訕謗，追兩官，謫居興國軍。咸淳三年，赦，放歸。德祐元年，呂文煥導大元兵東下鄂、黃、蘄、安慶、九江，凡其親友部曲皆誘下之，遂屯建康。枋得與呂師夔善，乃應詔上書，以一族保師夔可信，乞分沿江諸屯兵，以之爲鎭撫使，使之行成，且願身至江州見文煥與議。從之，使以沿江察訪使行，會文煥北歸，不及而反。

以江東提刑、江西招諭使知信州。明年正月，師夔與武萬戶分定江東地，枋得以兵逆之，使前鋒呼曰：「謝提刑來。」呂軍馳至，射之，矢及馬前。枋得走入安仁，調淮士張孝忠逆戰團湖坪，矢盡，孝忠揮雙刀擊殺百餘人。前軍稍卻，後軍繞出孝忠後，衆驚潰，孝忠中流矢死。馬奔歸，枋得坐敵樓見之，曰：「馬歸，孝忠敗矣。」遂奔信州。師夔下安仁，進攻信州，不守。枋得乃變姓名，入建寧唐石山，轉茶坂，寓逆旅中，日麻衣躡屨，東鄉而哭，人不識之，以爲被病也。已而去，賣卜建陽市中，有來卜者，惟取米屨而已，委以錢，率謝不取。其後人稍稍識之，多延至其家，使爲弟子論學。天下既定，遂居閩中。

至元二十三年，集賢學士程文海薦宋臣二十二人，以枋得爲首，辭不起。又明年，行省丞相忙兀台將旨詔之，執手相勉勞。枋得曰：「上有堯、舜，下有巢、由，枋得名姓不祥，不敢赴詔。」丞相義之，不強也。二十五年，福建行省參政管如德將旨如江南求人材，尚書留夢炎以枋得薦，枋得遺書夢炎曰：「江南無人材，求一瑕呂飴甥、程嬰、杵臼廝養卒，不可得也。紂之亡也，以八百國之精兵，而不敢抗二子之正論，武王、太公凜凜無所容，急以興滅繼絕謝天下。殷之後遂與周並立。使三監、淮夷不叛，武庚必不死，殷命必不黜。夫女眞之待二帝亦慘矣。而我宋今年遣使祈請，明年遣使問安。王倫一市井無賴、狎邪小人，謂梓宮可還，太后可歸。終則二事皆符其言。今一王倫且無之，則江南無人材可見也。今吾年六十餘矣，所欠一死耳，豈復有它志哉！」終不行。郭少師從瀛國公入朝，既而南歸，與枋得道時事，曰：「大元本無意江南，屢遣使使頓兵，令毋深入，待還歲幣卽議和，無枉害生靈也。張宴然上書乞斂兵從和，上卽可之。兵交二年，無一介行李之事，乃挈數百年宗社而降。」因相與痛哭。

福建行省參政魏天祐見時方以求材爲急，欲薦枋得爲功，使其友趙孟䢼來言，枋得罵曰：「天祐仕閩，無毫髮推廣德意，反起銀冶病民，顧以我輩飾好邪？」及見天祐，又傲岸不爲禮，與之言，坐而不對。天祐怒，強之而北。枋得卽日食菜果。





二十六年四月，至京師，問謝太后欑所及瀛國所在，再拜慟哭。已而病，遷憫忠寺，見壁間曹娥碑，泣曰：「小女子猶爾，吾豈不汝若哉！」留夢炎使醫持藥雜米飲進之，枋得怒曰：「吾欲死，汝乃欲生我邪？」棄之於地，終不食而死。伯父徽明以特奏恩爲當陽尉，攝縣事，時天基節上壽，大元兵奄至，徽明出兵戰死，二子趨進抱父屍，亦死。

論曰：劉應龍不附賈似道，馮去非不附丁大全，潘牥論皇子竑事，坎壈以終。洪芹訟吳潛，偉哉。趙景緯，醇儒也，而無躁競之心。徐霖進則直言于朝，退則講道于里。徐宗仁國亡與亡，異乎懷二心以事其君者也。危昭德經筵進對之言，悉載諸故史。陳塏能以意氣感人，楊文仲當搶攘之時，猶能薦士，謝枋得嶔崎以全臣節，皆宋末之卓然者也。

## 校勘記

〔一〕芹遷禮部侍郎　按繳奏係中書舍人職權，而非禮部侍郎所掌，並見本書職官志；上文芹「權禮部侍郎、中書舍人」，下文又有「遷禮部侍郎」事，疑此處「遷禮部侍郎」五字衍，或有誤。

〔二〕姚希得　原作「姚希德」，據本卷上文徐霖傳、本書卷四二一姚希得傳改。

# 宋史卷四百二十六

## 列傳第一百八十五

### 循吏

陳靖　張綸　邵曄　崔立　魯有開　張逸　吳遵路　趙尚寬
高賦　程師孟　韓晉卿　葉康直

宋法有可以得循吏者三：太祖之世，牧守令錄，躬自召見，問以政事，然後遣行，簡擇之道精矣；監司察郡守，郡守察縣令，各以時上其殿最，又命朝臣專督治之，考課之方密矣；吏犯贓遇赦不原，防閑之令嚴矣。

承平之世，州縣吏謹守法度以修其職業者，實多其人。其間必有絕異之績，然後別於賞令，或自州縣善最，他日遂爲名臣，則撫字之長又不足以盡其平生，故始終三百餘年，循吏載諸簡策者十二人。作循吏傳。





陳靖字道卿，興化軍莆田人。好學，頗通古今。父仁壁，仕陳洪進爲泉州別駕。洪進稱臣，豪猾有負險爲亂者，靖徒步謁轉運使楊克巽，陳討賊策。召還，授陽翟縣主簿。契丹犯邊，王師數不利，靖遣從子上書，求入奏機略。詔就問之，上五策，曰：明賞罰；撫士衆；持重示弱，待利而舉；帥府許自辟士；而將帥得專制境外。太宗異之，改將作監丞，未幾，爲御史臺推勘官。

時御試進士，多擢文先就者爲高等，士皆習浮華，尚敏速。靖請以文付考官第甲乙，俟唱名，或果知名士，卽置上科。喪父，起復祕書丞，直史館，判三司開拆司。淳化四年，使高麗還，提點在京百司，遷太常博士。

太宗務興農事，詔有司議均田法，靖議曰：「法未易遽行也。宜先命大臣或三司使爲租庸使，或兼屯田制置，仍擇三司判官選通知民事者二人爲之貳。兩京東西千里，檢責荒地及逃民產籍之，募耕作，賜耕者室廬、牛犂、種食，不足則給以庫錢。別其課爲十分，責州縣勸課，給印紙書之。分殿最爲三等：凡縣管墾田，一歲得課三分，二歲六分，三歲九分，爲下最；一歲四分，二歲七分，三歲至十分，爲中最；一歲五分，未及三歲盈十分者，爲上最。

其最者，令佐免選或超資；殿者，卽增選降資。每州通以諸縣田爲十分，視殿最行賞罰。候數歲，盡罷官屯田，悉用賦民，然後量人授田，度地均稅，約井田之制，爲定以法，頒行四方，不過如此矣。」太宗謂呂端曰：「朕欲復井田，顧未能也，靖此策合朕意。」乃召見，賜食遣之。

他日，帝又語端。曰：「靖說雖是，第田未必墾，課未必入，請下三司雜議。」於是詔鹽鐵使陳恕等各選判官二人與靖議，以靖爲京西勸農使，命大理寺丞皇甫選、光祿寺丞何亮副之。選等言其功難成，帝猶謂不然。既而靖欲假緡錢二萬試行之，陳恕等言：「錢一出，後不能償，則民受害矣。」帝以羣議終不同，始罷之，出靖知婺州，再遷尚書刑部員外郎。

眞宗卽位，復列前所論勸農事，又言：「國家禦戎西北，而仰食東南，東南食不足，則誤國大計。請自京東、西及河北諸州大行勸農之法〔一〕，以殿最州縣官吏，歲可省江、淮漕百餘萬。」復詔靖條上之，靖請刺史行春，縣令勸耕，孝悌力田者賜爵，置五保以檢察姦盜，籍游惰之民以供役作。又下三司議，皆不果行。

歷度支判官，爲京畿均田使，出爲淮南轉運副使兼發運司公事，徙江南〔二〕轉運使。極論前李氏橫賦於民凡十七事，詔爲罷其尤甚者。徙知潭州，歷度支、鹽鐵判官。祀汾陰，爲行在三司判官。又歷京西、京東轉運使，知泉、蘇、越三州，累遷太常少卿，進太僕卿、集賢院



學士，知建州，徙泉州，拜左諫議大夫。初，靖與丁謂善，謂貶，黨人皆逐去，提點刑獄、侍御史王耿乃言靖老疾，不宜久爲鄉里官，於是以祕書監致仕，卒。

靖平生多建畫，而於農事尤詳，嘗取淳化、咸平以來所陳表章，目曰勸農奏議，錄上之，然其說泥古，多不可行。

張綸字公信，潁州汝陰人。少倜儻任氣。舉進士不中，補三班奉職，遷右班殿直。從雷有終討王均于蜀，有降寇數百據險叛，使綸擊之，綸馳報曰：「此窮寇，急之則生患，不如諭以向背。」有終用其說，賊果棄兵來降。以功遷右侍禁、慶州兵馬監押，擢閤門祗候，益、彭、簡等州都巡檢使〔三〕。所部卒縱酒掠居民，綸斬首惡數人，衆乃定。徙荊湖〔四〕提點刑獄，遷東頭供奉官、提點開封府界縣鎭公事。

奉使靈夏還，會辰州溪峒彭氏蠻內寇，以知辰州。綸至，築蓬山驛路，賊不得通，乃遁去。徙知渭州。改內殿崇班、知鎭戎軍。奉使契丹，安撫使曹瑋表留之，不可。蠻復入寇，爲辰州、澧、鼎等州緣邊五溪十峒巡檢安撫使，諭蠻酋禍福，購還所掠民，遣官與盟，刻石于境上。



久之，除江、淮制置發運副使。時鹽課大虧，乃奏除通、泰、楚三州鹽戶宿負，官助其器用，鹽入優與之直，由是歲增課數十萬石。復置鹽場于杭、秀、海三州，歲入課又百五十萬。居二歲，增上供米八十萬。疏五渠，導太湖入于海，復租米六十萬。開長蘆西河以避覆舟之患，又築漕河隄二百里于高郵北，旁錮鉅石爲十礎，以泄橫流。泰州有捍海堰，延袤百五十里，久廢不治，歲患海濤冒民田。綸方議修復，論者難之，以爲濤患息而畜潦之患興矣。綸曰：「濤之患十九，而潦之患十一，獲多而亡少，豈不可邪？」表三請，願身自臨役。命兼權知泰州，卒成堰，復逋戶二千六百，州民利之，爲立生祠。

居淮南六年，累遷文思使、昭州刺史。契丹隆緒死，爲弔慰副使。歷知秦、瀛二州，兩知滄州，再遷東上閤門使，眞拜乾州刺史，徙知潁州，卒。綸有材略，所至興利除害。爲人恕，喜施予，在江、淮，見漕卒凍餒道死者衆，歎曰：「此有司之過，非所以體上仁也。」推奉錢市絮襦千數，衣其不能自存者。

邵曄字日華，其先京兆人。唐末喪亂，曾祖岳挈族之荊南，謁高季興，不見禮，遂之湖南。彭玕刺全州，辟爲判官。會賊魯仁恭寇連州，卽署岳國子司業、知州事，遂家桂陽。祖



崇德，道州錄事參軍。父簡，連山令。

曄幼嗜學，恥從辟署。太平興國八年，擢進士第，解褐，授邵陽主簿，改大理評事、知蓬州錄事參軍〔五〕。時太子中舍楊全知州，性悍率蒙昧，部民張道豐等三人被誣爲刼盜，悉置于死，獄已具，曄察其枉，不署牘，白全當核其實。全不聽，引道豐等抵法，號呼不服，再繫獄按驗。既而捕獲正盜，道豐等遂得釋，全坐削籍爲民。曄代還引對，太宗謂曰：「爾能活吾平民，深可嘉也。」賜錢五萬，下詔以全事戒諭天下。授曄光祿寺丞，使廣南採訪刑獄。俄通判荊南，賜緋魚。遷著作佐郎、知忠州。歷太常丞、江南轉運副使，改監察御史。以母老乞就養，得知朗州。入判三司磨勘司，遷工部員外郎、淮南轉運使。

景德中，假光祿卿，充交阯安撫國信使。會黎桓死，其子龍鉞嗣立，兄龍全率兵劫庫財而去，其弟龍廷殺鉞自立，龍廷兄明護率扶蘭砦兵攻戰。曄駐嶺表，以事上聞，改命爲緣海安撫使，許以便宜設方略。曄貽書安南，諭朝廷威德，俾速定位。明護等卽時聽命，奉龍廷主軍事。初，詔曄俟其事定，卽以黎桓禮物改賜新帥。曄上言：「懷撫外夷，當示誠信，不若俟龍廷貢奉，別加封爵而寵賜之。」眞宗甚嘉納。使還，改兵部員外郎，賜金紫。初受使，假官錢八十萬，市私覿物，及爲安撫，已償其半，餘皆詔除之。嘗上邕州至交州水陸路及宜州山川等四圖，頗詳控制之要。

俄判三司三勾院，坐所舉季隨犯贓，曄當削一官，上以其遠使之勤，止令停任。大中祥符初，起知兗州，表請東封，優詔答之。及遣王欽若、趙安仁經度封禪，仍判州事，就命曄爲京東轉運使。封禪禮畢，超拜刑部郎中，復判三勾院，出爲淮南、江、浙、荊湖制置發運使。四年，改右諫議大夫、知廣州。州城瀕海，每蕃舶至岸，常苦颶風，曄鑿內濠通舟，颶不能害。俄遘疾卒，年六十三。

崔立字本之，開封鄢陵人。祖周度，仕周爲泰寧軍節度判官。慕容彥超叛，周度以大義責之，遂見殺。

立中進士第。爲果州團練推官，役兵輦官物，道險，乃率衆錢，傭舟載歸。知州姜從革論如率斂法，當斬三人，立曰：「此非私己，罪杖爾。」從革初不聽，卒論奏，詔如立議。眞宗記之，特改大理寺丞，知安豐縣。大水壞期斯塘，立躬督繕治，踰月而成。進殿中丞，歷通判廣州、許州。

會滑州塞決河，調民出芻楗，命立提舉受納。立計其用有餘，而下戶未輸者尚二百萬，悉奏弛之。知江陰軍，屬縣有利港久廢，立教民濬治，既成，溉田數千頃，及開橫河六十





里，通運漕。累遷太常少卿，歷知棣、漢、相、潞、兗、鄆、涇七州。兗州歲大饑，募富人出穀十萬餘石振餓者，所全活者甚衆。

立性淳謹，尤喜論事。大中祥符間，帝既封禪，士大夫爭奏上符瑞，獻贊頌，立獨言：「水發徐州，旱連江、淮，無爲烈風，金陵火，天所以警驕惰、戒淫泆也，區區符瑞，尚何足爲治道言哉？」前後上四十餘事。以右諫議大夫知耀州，改知濠州，遷給事中。告老，進尚書工部侍郎致仕，卒。譏韓琦於布衣，以女妻之，人皆服其鑒云。

魯有開字元翰，參知政事宗道從子也。好禮學，通左氏春秋。用宗道蔭，知韋城縣。曹、濮劇盜橫行旁縣間，聞其名不敢入境。知確山縣，大姓把持官政，有開治其最甚者，遂以無事。興廢陂，溉民田數千頃。富弼守蔡，薦之，以爲有古循吏風。

知金州，有蠱獄，當死者數十人，有開曰：「欲殺人，衷謀之足矣，安得若是衆邪？」訊之則誣。天方旱，獄白而雨。知南康軍，代還。熙寧行新法，王安石問江南如何，曰：「法新行，未見其患，當在異日也。」以所對乖異，出通判杭州。

知衞州，水災，人乏食，擅貸常平錢粟與之，且奏乞蠲其息。徙冀州，增隄，或謂：「郡無水患，何以役爲？」有開曰：「豫備不虞，古之善計也。」卒成之。明年河決，水果至，不能冒隄而止。朝廷遣使河北，民遮誦有開功狀，召爲膳部郎中。元祐中，歷知信陽軍、洺滑州，復守冀，官至中大夫，卒。

張逸字天隱，鄭州滎陽人。進士及第，爲試祕書省校書郎。知襄州鄧城縣，有能名。知州謝泌將薦逸，先設几案，置章其上，望闕再拜曰：「老臣爲朝廷得一良吏。」乃奏之。他日引對，眞宗問所欲何官，逸對曰：「母老在家，願得近鄉一幕職官，歸奉甘旨足矣。」授澶州觀察推官，數日，以母喪去。服除，引對，帝又固問之，對曰：「願得京官。」特改大理寺丞。帝雅賢泌，再召問逸者，用泌薦也。

知長水縣，時王嗣宗留守西京，厚遇之，及徙青神縣，貧不自給，嗣宗假奉半年使辦裝。既至縣，興學校，教生徒。後邑人陳希亮、楊異相繼登科，逸改其居曰桂枝里。縣東南有松柏灘，夏秋暴漲多覆舟，逸禱江神，不踰月，灘爲徙五里，時人異之。再遷太常博士、知尉氏縣。擢監察御史，提點益州路刑獄，開封府判官。使契丹，爲兩浙轉運使。徙陝西，未赴，又徙河東，居數月，復徙陝西。以龍圖閣待制知梓州。





累遷尚書兵部郎中，知開封府。有僧求內降免田稅，而逸固執不許。仁宗曰：「有司能守法，朕何憂也。」又言：「頃禁命婦干禁中恩，比來稍通女謁，願令官司糾劾。」從之。

以樞密直學士知益州。逸凡四至蜀，諳其民風。華陽驛長殺人，誣道旁行者，縣吏受財，獄既具，乃使殺人者守囚。逸曰：「囚色冤，守者氣不直，豈守者殺人乎？」囚始敢言，而守者果服，立誅之，蜀人以爲神。會歲旱，逸使作堰壅江水，溉民田，自出公租減價以振民。初，民饑多殺耕牛食之，犯者皆配關中。逸奏：「民殺牛以活將死之命，與盜殺者異，若不禁之，又將廢穡事。今歲少稔，請一切放還，復其業。」報可。未幾，卒于官。

吳遵路字安道。父淑，見文苑傳。第進士，累官至殿中丞，爲祕閣校理。章獻太后稱制，政事得失，下莫敢言。遵路條奏十餘事，語皆切直，忤太后意，出知常州。嘗預市米吳中，以備歲儉，已而果大乏食，民賴以濟，自他州流至者亦全十八九。累遷尚書司封員外郎，權開封府推官，改三司鹽鐵判官，加直史館，爲淮南轉運副使。會罷江、淮發運使，遂兼發運司事。嘗於眞楚泰州、高郵軍置斗門十九，以畜泄水利。又廣屬郡常平倉儲蓄至二百萬，以待凶歲。凡所規畫，後皆便之。

遷工部郎中，坐失按蘄州王蒙正故入部吏死罪，降知洪州。徙廣州，辭不行。是時發運司既復置使，乃以爲發運使，未至，召修起居注。元昊反，建請復民兵。除天章閣待制、河東路計置糧草。受詔料揀河東鄉民可爲兵者，諸路視以爲法。進兵部郎中、權知開封府，馭吏嚴肅，屬縣無追逮。

時宋庠、鄭戩、葉淸臣皆宰相呂夷簡所不悅，遵路與三人雅相厚善，夷簡忌之，出知宣州。上禦戎要略、邊防雜事二十篇。徙陝西都轉運使，遷龍圖閣直學士、知永興軍，被病猶決事不輟，手自作奏。及卒，仁宗聞而悼之，詔遣官護喪還京師。

遵路幼聰敏，既長，博學知大體。母喪，廬墓蔬食終制。性夷雅愼重，寡言笑，善筆札。其爲政簡易不爲聲威，立朝敢言，無所阿倚。平居廉儉無他好，既沒，室無長物，其友范仲淹分奉賙其家。

子瑛，爲尙書比部員外郎，不待老而歸。

趙尙寬字濟之，河南人，參知政事安仁子也。知平陽縣。鄰邑有大四十數，破械夜逸，殺居民，將犯境，尙寬趣尉出捕，曰：「盜謂我不能來，方怠惰，易取也。宜亟往，毋使得散漫，



且爲害。」尉既出，又遣徼巡兵躡其後，悉獲之。

知忠州，俗畜蠱殺人，尙寬揭方書市中，敎人服藥，募索爲蠱者窮治，置于理，大化其俗。轉運使持鹽數十萬斤，課民易白金，期會促，尙寬發官帑所儲副其須，徐與民爲市，不擾而集。

嘉祐中，以考課第一知唐州。唐素沃壤，經五代亂，田不耕，土曠民稀，賦不足以充役，議者欲廢爲邑。尙寬曰：「土曠可益墾辟，民稀可益招徠，何廢郡之有？」乃按視圖記，得漢召信臣陂渠故迹，益發卒復疏三陂一渠，溉田萬餘頃。又敎民自爲支渠數十，轉相浸灌。而四方之民來者雲布，尙寬復請以荒田計口授之，及貸民官錢買耕牛。比三年，榛莽復爲膏腴，增戶積萬餘。尙寬勤於農政，治有異等之效，三司使包拯與部使者交上其事，仁宗聞而嘉之，下詔褒焉，仍進秩賜金。留于唐凡五年，民像以祠，而王安石、蘇軾作新田、新渠詩以美之。

徙同、宿二州，河中府神勇卒苦大校貪虐，刊匿名書告變，尙寬命焚之，曰：「妄言耳。」衆乃安。已而奏黜校，分士卒隸他營。又徙梓州。尙寬去唐數歲，田日加闢，戶日益衆，朝廷推功，自少府監以直龍圖閣知梓州。積官至司農卿，卒，詔賜錢五十萬。



高賦字正臣，中山人。以父任爲右班殿直。復舉進士，改奉禮郎，四遷太常博士。歷眞定縣，通判劍邢石州、成德軍。知衢州，俗尙巫鬼，民毛氏、柴氏二十餘家世蓄蠱毒，値歲，害人尤多，與人忿爭輒毒之。賦悉擒治伏辜，蠱患遂絕。

徙唐州，州田經百年曠不耕，前守趙尙寬菑墾不遺力，而榛莽者尙多。賦繼其後，益募兩河流民，計口給田使耕，作陂堰四十四。再滿再留，比其去，田增闢三萬一千三百餘頃，戶增萬一千三百八十，歲益稅二萬二千二百五十七。璽書褒諭，宣布治狀以勸天下，兩州爲生立祠。擢提點河東刑獄，又加直龍圖閣、知滄州。程昉欲於境內開西流河，繞州城而北注三塘泊。賦曰：「滄城近河，歲增隄防，猶懼奔溢，矧妄有開鑿乎？」昉執不從，後功竟不成。

歷蔡、潞二州，入同判太常寺，進集賢院學士。在朝多所建明，嘗言：「二府大臣或僦舍委巷，散處京城，公私非便。宜倣前代丞相府，於端門前列置大第，俾居之。」又言：「仁宗朝爲兗國公主治第，用錢數十萬緡。今有五大長公主，若悉如前比，其費無藝。願講求中制，裁爲定式。」請諸道提點刑獄司置檢法官，庶專平讞，使民不寃。乞於禁中建閣，繪功臣像，如漢雲臺、唐凌煙之制。言多施行。以通議大夫致仕，退居襄陽，卒年八十四。



程師孟字公闢，吳人。進士甲科。累知南康軍、楚州，提點夔路刑獄。瀘戎數犯渝州邊，使者治所在萬州，相去遠，有警，率浹日乃至。師孟奏徙於渝。夔部無常平粟，建請置倉，適凶歲，振民不足，即矯發他儲，不俟報。吏懼，白不可，師孟曰：「必俟報，餓者盡死矣。」竟發之。

徙河東路。晉地多土山，旁接川谷，春夏大雨，水濁如黃河，俗謂之「天河」，可溉灌。師孟勸民出錢開渠築堰，淤良田萬八千頃，裒其事爲水利圖經，頒之州縣。爲度支判官。知洪州，積石爲江隄，浚章溝，揭北閘，以節水升降，後無水患。

判三司都磨勘司，接伴契丹使，蕭惟輔曰：「白溝之地當兩屬，今南朝植柳數里，而以北人漁界河爲罪，豈理也哉？」師孟曰：「兩朝當守誓約，涿郡有案牘可覆視，君舍文書，騰口說，詎欲生事耶？」惟輔愧謝。

出爲江西轉運使。盜發袁州，州吏爲耳目，久不獲，師孟械吏數輩送獄，盜即成擒。加直昭文館，知福州，築子城，建學舍，治行最東南。徙廣州，州城爲儂寇所毀，他日有警，民駭竄，方伯相踵至，皆言土疏惡不可築。師孟在廣六年，作西城，及交阯陷邕管，聞廣守備

固，不敢東。時師孟已召還，朝廷念前功，以爲給事中、集賢殿修撰，判都水監。

賀契丹主生辰[六]，至涿州，契丹命席，迎者正南向，涿州官西向，宋使价東向。師孟曰：「是卑我也。」不就列，自日昃爭至暮，從者失色，師孟辭氣益厲，叱儐者易之，於是更與迎者東西向。明日，涿人餞于郊，疾馳過不顧，涿人移雄州以爲言，坐罷歸班。復起知越州、青州，遂致仕，以光祿大夫卒，年七十八。

師孟累領劇鎭，爲政簡而嚴，罪非死者不以屬吏。發隱擿伏如神，得豪惡不逞跌宕者必痛懲艾之，至剿絕乃已，所部肅然。洪、福、廣、越爲立生祠。

韓晉卿字伯修，密州安丘人。爲童子時，日誦書數千言。長以五經中第，歷肥鄉嘉興主簿、安肅軍司法參軍、平城令、大理詳斷、審刑詳議官，通判應天府，知同州、壽州，奏課第一，擢刑部郎中。

元祐初，知明州，兩浙轉運使差役法復行，諸道處畫多倉卒失敍，獨晉卿視民所宜而不戾法指。入爲大理少卿，遷卿。

晉卿自仁宗朝已典讞臬，時朝廷有疑議，輒下公卿雜議。開封民爭鶉殺人，王安石以





爲盜拒捕鬥而死，殺之無罪，晉卿曰：「是鬥殺也。」登州婦人謀殺夫，郡守許遵執爲按問，安石復主之，晉卿曰：「當死。」事久不決，爭論盈庭，終持之不肯變，用是知名。

元豐置大理獄，多內庭所付，晉卿持平考核，無所上下。神宗稱其才，每讞獄雖明，若事連貴要、屢鞠弗成者，必以委之。嘗被詔按治寧州獄，循故事當入對，晉卿曰：「奉使有指，三尺法具在，豈應刺候主意，輕重其心乎？」受命即行。

諸州請讞大辟，執政惡其多，將劾不應讞者。晉卿曰：「聽斷求所以生之，仁恩之至也。苟讞而獲譴，後不來矣。」議者又欲引唐日覆奏，令天下庶戮悉奏決。晉卿言：「可疑可矜者許上請，祖宗之制也。四海萬里，必須繫以聽朝命，恐自今瘐死者多於伏辜者矣。」朝廷皆行其說，故士大夫間推其忠厚，不以法家名之。卒于官。

葉康直字景温，建州人。擢進士第，知光化縣。縣多竹，民皆編爲屋，康直教用陶瓦，以寧火患。凡政皆務以利民。時豐稷爲穀城令，亦以治績顯，人歌之曰：「葉光化，豐穀城，清如水，平如衡。」

曾布行新法，以爲司農屬。歷永興、秦鳳轉運判官，徙陝西，進提點刑獄、轉運副使。五路兵西征，康直領涇原糧道，承受內侍梁同以餉惡妄奏，神宗怒，械康直，將誅之，王安禮力救，得歸故官。

元祐初，加直龍圖閣，知秦州。中書舍人曾肇、蘇轍劾康直諂事李憲，免官，究實無狀，改知河中府，復爲秦州。夏人侵甘谷，康直戒諸將設伏以待，殲其二酋，自是不敢犯境。進寶文閣待制、陝西都運使。以疾請知亳州，通濬積潦，民獲田數十萬畝。召爲兵部侍郎，卒，年六十四。

## 校勘記

[一] 請自京東西及河北諸州大行勸農之法　「京」字原脫，據東都事略卷一一二本傳補。

[二] 江南　原作「河南」，據東都事略卷一一二本傳及下文「極論前李氏橫賦於民十七事」改。

[三] 鎰彭簡等州都巡檢使　「彭」原作「彰」，據東都事略卷一一二本傳改。

[四] 荆湖　原作「荆州」，據東都事略卷一一二本傳、范仲淹范文正公集卷一一張綸神道碑改。

[五] 知蓬州錄事參軍　「蓬州」，東都事略卷一一二本傳作「連州」。

[六] 賀契丹主生辰　「主」字原脫，本書卷一五神宗紀熙寧九年八月，「遣程師孟等賀遼主生辰」，今補。

# 宋史卷四百二十七

## 列傳第一百八十六

### 道學一

周敦頤　程顥　程頤　張載 弟戩　邵雍

「道學」之名，古無是也。三代盛時，天子以是道爲政教，大臣百官有司以是道爲職業，黨、庠、術、序師弟子以是道爲講習，四方百姓日用是道而不知。是故盈覆載之間，無一民一物不被是道之澤，以遂其性。於斯時也，道學之名，何自而立哉。

文王、周公既沒，孔子有德無位，既不能使是道之用漸被斯世，退而與其徒定禮樂，明憲章，删詩，修春秋，讚易象，討論墳、典，期使五三聖人之道昭明於無窮。故曰：「夫子賢於堯、舜遠矣。」孔子沒，曾子獨得其傳，傳之子思，以及孟子，孟子沒而無傳。兩漢而下，儒者之論大道，察焉而弗精，語焉而弗詳，異端邪說起而乘之，幾至大壞。





千有餘載，至宋中葉，周敦頤出於舂陵，乃得聖賢不傳之學，作太極圖說、通書，推明陰陽五行之理，命於天而性於人者，瞭若指掌。張載作西銘，又極言理一分殊之旨，然後道之大原出於天者，灼然而無疑焉。仁宗明道初年，程顥及弟頤寔生，及長，受業周氏，已乃擴大其所聞，表章大學、中庸二篇，與語、孟並行，於是上自帝王傳心之奧，下至初學入德之門，融會貫通，無復餘蘊。

迄宋南渡，新安朱熹得程氏正傳，其學加親切焉。大抵以格物致知爲先，明善誠身爲要，凡詩、書、六藝之文，與夫孔、孟之遺言，顚錯於秦火，支離於漢儒，幽沉於魏、晉、六朝者，至是皆煥然而大明，秩然而各得其所。此宋儒之學所以度越諸子，而上接孟氏者歟。其於世代之汚隆，氣化之榮悴，有所關係也甚大。道學盛於宋，宋弗究於用，甚至有厲禁焉。後之時君世主，欲復天德王道之治，必來此取法矣。

邵雍高明英悟，程氏實推重之，舊史列之隱逸，未當，今置張載後。張栻之學，亦出程氏，既見朱熹，相與博約又大進焉。其他程、朱門人，考其源委，各以類從，作道學傳。

周敦頤字茂叔，道州營道人。元名敦實，避英宗舊諱改焉。以舅龍圖閣學士鄭向任，爲分寧主簿。有獄久不決，敦頤至，一訊立辨。邑人驚曰：「老吏不如也。」部使者薦之，調南安軍司理參軍。有囚法不當死，轉運使王逵欲深治之。逵，酷悍吏也，衆莫敢爭，敦頤獨與之辨，不聽，乃委手版歸，將棄官去，曰：「如此尚可仕乎！殺人以媚人，吾不爲也。」逵悟，囚得免。

移郴之桂陽令，治績尤著。郡守李初平賢之，語之曰：「吾欲讀書，何如？」敦頤曰：「公老無及矣，請爲公言之。」二年果有得。徙知南昌，南昌人皆曰：「是能辨分寧獄者，吾屬得所訴矣。」富家大姓、黠吏惡少，惴惴焉不獨以得罪於令爲憂，而又以汚穢善政爲恥。歷合州判官，事不經手，吏不敢決，雖下之，民不肯從。部使者趙抃惑於譖口，臨之甚威，敦頤處之超然。通判虔州，抃守虔，熟視其所爲，乃大悟，執其手曰：「吾幾失君矣，今而後乃知周茂叔也。」

熙寧初，知郴州。用抃及呂公著薦，爲廣東轉運判官，提點刑獄，以洗寃澤物爲己任。行部不憚勞苦，雖瘴癘險遠，亦緩視徐按。以疾求知南康軍。因家廬山蓮花峯下，前有溪，合於湓江，取營道所居濂溪以名之。抃再鎭蜀，將奏用之，未及而卒，年五十七。

黃庭堅稱其「人品甚高，胸懷灑落，如光風霽月。廉於取名而銳於求志，薄於徼福而厚於得民，非於奉身而燕及煢嫠，陋於希世而尚友千古」。





博學力行，著太極圖，明天理之根源，究萬物之終始。其說曰：

無極而太極。太極動而生陽，動極而靜，靜而生陰，靜極復動。一動一靜，互爲其根，分陰分陽，兩儀立焉。陽變陰合，而生水、火、木、金、土，五氣順布，四時行焉。五行一陰陽也，陰陽一太極也，太極本無極也。五行之生也，各一其性。無極之眞，二五之精，妙合而凝，乾道成男，坤道成女。二氣交感，化生萬物，萬物生生，而變化無窮焉。

惟人也得其秀而最靈，形既生矣，神發知矣，五性感動而善惡分，萬事出矣。聖人定之以中正仁義而主靜，立人極焉。故聖人與天地合其德，日月合其明，四時合其序，鬼神合其吉凶。君子修之吉，小人悖之凶。故曰：「立天之道，曰陰與陽。立地之道，曰柔與剛。立人之道，曰仁與義。」又曰：「原始反終，故知死生之說。」大哉易也，斯其至矣。

又著通書四十篇，發明太極之蘊。序者謂「其言約而道大，文質而義精，得孔、孟之本源，大有功於學者也」。

掾南安時，程珦通判軍事，視其氣貌非常人，與語，知其爲學知道，因與爲友，使二子顥、頤往受業焉。敦頤每令尋孔、顏樂處，所樂何事，二程之學源流乎此矣。故顥之言曰：「自再見周茂叔後，吟風弄月以歸，有『吾與點也』之意。」侯師聖學於程頤，未悟，訪敦頤，敦頤曰：「吾老矣，說不可不詳。」留對榻夜談，越三日乃還。頤驚異之，曰：「非從周茂叔來耶？」其善開發人類此。

嘉定十三年，賜謚曰元公，淳祐元年，封汝南伯，從祀孔子廟庭。

二子：壽、㵾，㵾官至寶文閣待制。

程顥字伯淳，世居中山，後從開封徙河南。高祖羽，太宗朝三司使。父珦，仁宗錄舊臣後，以爲黃陂尉。久之，知龔州。時宜獠區希範既誅，鄉人忽傳其神降，言「當爲我南海立祠」，於是迎其神以往，至龔，珦使詰之，曰：「比過潯，潯守以爲妖，投祠具江中，逆流而上，守懼，乃更致禮。」珦使復投之，順流去，其妄乃息。徙知磁州，又徙漢州。嘗宴客開元僧舍，酒方行，人讙言佛光見，觀者相騰踐，不可禁，珦安坐不動，頃之遂定。熙寧法行，爲守令者奉命唯恐後，珦獨抗議，指其未便。使者李元瑜怒，即移病歸，旋致仕，累轉太中大夫。元祐五年，卒，年八十五。

珦慈恕而剛斷，平居與幼賤處，唯恐有傷其意，至於犯義理，則不假也。左右使令之人，無日不察其饑飽寒燠。前後五得任子，以均諸父之子孫。嫁遺孤女，必盡其力。所得



奉祿，分贍親戚之貧者。伯母寡居，奉養甚至。從女兄既適人而喪其夫，珦迎以歸，教養其子，均於子姪。時官小祿薄，克己爲義，人以爲難。文彥博、蘇頌等九人表其清節，詔賜帛二百，官給其葬。

顥舉進士，調鄠、上元主簿。鄠民有借兄宅居者，發地得瘞錢，兄之子訴曰：「父所藏。」顥問：「幾何年？」曰：「四十年。」「彼借居幾時？」曰：「二十年矣。」遣吏取十千視之，謂訴者曰：「今官所鑄錢，不五六年卽遍天下，此皆未藏前數十年所鑄，何也？」其人不能答。茅山有池，產龍如蜥蜴而五色。祥符中嘗取二龍入都，半塗失其一，中使云飛空而逝。民俗嚴奉不懈，顥捕而脯之。

爲晉城令，富人張氏父死，且有老叟踵門曰：「我，汝父也。」子驚疑莫測，相與詣縣。叟曰：「身爲醫，遠出治疾，而妻生子，貧不能養，以與張。」顥質其驗。取懷中一書進，其所記曰：「某年月日，抱兒與張三翁家。」顥問：「張是時纔四十，安得有翁稱？」叟駭謝。

民稅粟多移近邊，載往則道遠，就糴則價高。顥擇富而可任者，預使貯粟以待，費大省。民以事至縣者，必告以孝弟忠信，入所以事其父兄，出所以事其長上。度鄉村遠近爲伍保，使之力役相助，患難相卹，而姦僞無所容。凡孤煢殘廢者，責之親戚鄉黨，使無失所。行旅出於其途者，疾病皆有所養。鄉必有校，暇時親至，召父老與之語。兒童所讀書，親爲正句



讀，教者不善，則爲易置。擇子弟之秀者，聚而教之。鄉民爲社會，爲立科條，旌別善惡，使有勸有恥。在縣三歲，民愛之如父母。

熙寧初，用呂公著薦，爲太子中允、監察御史裏行。神宗素知其名，數召見，每退，必曰：「頻求對，欲常常見卿。」一日，從容咨訪，報正午，始趨出，庭中人曰：「御史不知上未食乎？」前後進說甚多，大要以正心窒慾、求賢育材爲言，務以誠意感悟主上。嘗勸帝防未萌之欲，及勿輕天下士，帝俯躬曰：「當爲卿戒之。」

王安石執政，議更法令，中外皆不以爲便，言者攻之甚力。顥被旨赴中堂議事，安石方怒言者，厲色待之。顥徐曰：「天下事非一家私議，願平氣以聽。」安石爲之愧屈。自安石用事，顥未嘗一語及於功利。居職八九月，數論時政，最後言曰：「智者若禹之行水，行其所無事也；舍而之險阻，不足以言智。自古興治立事，未有中外人情交謂不可而能有成者，況於排斥忠良，沮廢公議，用賤陵貴，以邪干正者乎？正使徼倖有小成，而興利之臣日進，尙德之風浸衰，尤非朝廷之福。」遂乞去言職。安石本與之善，及是雖不合，猶敬其忠信，不深怒，但出提點京西刑獄。顥固辭，改簽書鎭寧軍判官。司馬光在長安，上疏求退，稱顥公直，以爲己所不如。

程昉治河，取澶卒八百而虐用之，衆逃歸。羣僚畏昉，欲勿納。顥曰：「彼逃死自歸，弗



納必亂。若昉怒，吾自任之。」卽親往啓門拊勞，約少休三日復役，衆讙踊而入。具以事上，得不遣。昉後過州，揚言曰：「澶卒之潰，蓋程中允誘之，吾且訴于上。」顥聞之，曰：「彼方憚我，何能爲。」果不敢言。

曹村埽決，顥謂郡守劉渙曰：「曹村決，京師可虞。臣子之分，身可塞亦所當爲，盍盡遣廂卒見付。」渙以鎭印付顥，立走決所，激諭士卒。議者以爲勢不可塞，徒勞人爾。顥命善泅者度決口，引巨索濟衆，兩岸並進，數日而合。

求監洛河竹木務，歷年不敘伐閱，特遷太常丞。帝又欲使修三經義，執政不可，命知扶溝縣。廣濟、蔡河在縣境，瀕河惡子無生理，專脅取行舟財貨，歲必焚舟十數以立威。顥捕得一人，使引其類，貰宿惡，分地處之，令以挽繂爲業，且察爲奸者，自是境無焚剽患。內侍王中正按閱保甲，權焰章震，諸邑競侈供張悅之，主吏來請，顥曰：「吾邑貧，安能效他邑。取於民，法所禁也，獨有令故青帳可用爾。」除判武學，李定劾其新法之初首爲異論，罷歸故官。又坐獄逸囚，責監汝州鹽稅〔二〕。哲宗立，召爲宗正丞，未行而卒，年五十四。

顥資性過人，充養有道，和粹之氣，盎於面背，門人交友從之數十年，亦未嘗見其忿厲之容。遇事優爲，雖當倉卒，不動聲色。自十五六時，與弟頤聞汝南周敦頤論學，遂厭科舉之習，慨然有求道之志。泛濫於諸家，出入於老、釋者幾十年，返求諸六經而後得之。秦、漢

以來，未有臻斯理者。

教人自致知至於知止，誠意至於平天下，洒掃應對至於窮理盡性，循循有序。病學者厭卑近而騖高遠，卒無成焉，故其言曰：「道之不明，異端害之也。昔之害近而易知，今之害深而難辨。昔之惑人也乘其迷暗，今之惑人也因其高明。自謂之窮神知化，而不足以開物成務，言爲無不周遍，實則外於倫理，窮深極微，而不可以入堯、舜之道。天下之學，非淺陋固滯，則必入於此。自道之不明也，邪誕妖妄之說競起，塗生民之耳目，溺天下於汚濁，雖高才明智，膠於見聞，醉生夢死，不自覺也。是皆正路之蓁蕪，聖門之蔽塞，闢之而後可以入道。」

顥之死，士大夫識與不識，莫不哀傷焉。文彥博采衆論，題其墓曰明道先生。其弟頤序之曰：「周公沒，聖人之道不行；孟軻死，聖人之學不傳。道不行，百世無善治；學不傳，千載無眞儒。無善治，士猶得以明夫善治之道，以淑諸人，以傳諸後；無眞儒，則貿貿焉莫知所之，人欲肆而天理滅矣。先生生于千四百年之後，得不傳之學於遺經，以興起斯文爲己任，辨異端，闢邪說，使聖人之道煥然復明於世，蓋自孟子之後，一人而已。然學者於道不知所向，則孰知斯人之爲功；不知所至，則孰知斯名之稱情也哉。」

嘉定十三年，賜諡曰純公。淳祐元年封河南伯，從祀孔子廟庭。





程頤字正叔。年十八，上書闕下，欲天子黜世俗之論，以王道爲心。遊太學，見胡瑗問諸生以顏子所好何學，頤因答曰：

學以至聖人之道也。聖人可學而至歟？曰：然。學之道如何？曰：天地儲精，得五行之秀者爲人，其本也眞而靜，其未發也，五性具焉，曰仁、義、禮、智、信。形既生矣，外物觸其形而動其中矣，其中動而七情出焉，曰喜、怒、哀、樂、愛、惡、欲。情既熾而益蕩，其性鑿矣。是故覺者約其情使合於中，正其心，養其性；愚者則不知制之，縱其情而至於邪僻，梏其性而亡之。

然學之道，必先明諸心，知所養，然後力行以求至，所謂「自明而誠」也。誠之之道，在乎信道篤，信道篤則行之果，行之果則守之固，仁義忠信不離乎心，造次必於是，顚沛必於是，出處語默必於是，久而弗失，則居之安，動容周旋中禮，而邪僻之心無自生矣。

故顏子所事，則曰：「非禮勿視，非禮勿聽，非禮勿言，非禮勿動。」仲尼稱之，則曰：「得一善則拳拳服膺而弗失之矣。」又曰：「不遷怒，不貳過。」「有不善未嘗不知，知之未嘗復行。」此其好之篤，學之得其道也。然聖人則不思而得，不勉而中；顏子則必思而後得，必勉而後中。其與聖人相去一息，所未至者守之也，非化之也。以其好學之心，假之以年，則不日而化矣。

後人不達，以謂聖本生知，非學可至，而爲學之道遂失。不求諸己，而求諸外，以博聞強記、巧文麗辭爲工，榮華其言，鮮有至於道者。則今之學，與顏子所好異矣。

瑗得其文，大驚異之，即延見，處以學職。呂希哲首以師禮事頤。

治平、元豐間，大臣屢薦，皆不起。哲宗初，司馬光、呂公著共疏其行義曰：「伏見河南府處士程頤，力學好古，安貧守節，言必忠信，動遵禮法。年踰五十，不求仕進，眞儒者之高蹈，聖世之逸民。望擢以不次，使士類有所矜式。」詔以爲西京國子監教授，力辭。

尋召爲秘書省校書郎，既入見，擢崇政殿說書。即上疏言：「習與智長，化與心成。今夫人民善教其子弟者，亦必延名德之士，使與之處，以薰陶成性。況陛下春秋之富，雖睿聖得於天資，而輔養之道不可不至。大率一日之中，接賢士大夫之時多，親寺人宮女之時少，則氣質變化，自然而成。願選名儒入侍勸講，講罷留之分直，以備訪問，或有小失，隨事獻規，歲月積久，必能養成聖德。」頤每進講，色甚莊，繼以諷諫。聞帝在宮中盥而避蟻，問：「有是乎？」曰：「然，誠恐傷之爾。」頤曰：「推此心以及四海，帝王之要道也。」

神宗喪未除，冬至，百官表賀，頤言：「節序變遷，時思方切，乞改賀爲慰。」既除喪，有司



請開樂置宴，頤又言：「除喪而用吉禮，尙當因事張樂，今特設宴，是喜之也。」皆從之。帝嘗以瘡疹不御邇英累日，頤詣宰相問安否[三]，且曰：「上不御殿，太后不當獨坐。且人主有疾，大臣可不知乎？」翌日，宰相以下始奏請問疾。

蘇軾不悅於頤，頤門人賈易、朱光庭不能平，合攻軾。胡宗愈、顧臨詆頤不宜用，孔文仲極論之，遂出管勾西京國子監。久之，加直秘閣，再上表辭。董敦逸復摭其有怨望語，去官。紹聖中，削籍竄涪州。李清臣尹洛，即日迫遣之，欲入別叔母亦不許，明日贐以銀百兩，頤不受。徽宗即位，徙峽州，俄復其官，又奪於崇寧。卒年七十五。

頤於書無所不讀，其學本於誠，以大學、語、孟、中庸爲標指，而達于六經。動止語默，一以聖人爲師，其不至乎聖人不止也。張載稱其兄弟從十四五時，便脫然欲學聖人，故卒得孔、孟不傳之學，以爲諸儒倡。其言之旨，若布帛菽粟然，知德者尤尊崇之。嘗言：「今農夫祁寒暑雨，深耕易耨，播種五穀，吾得而食之；百工技藝，作爲器物，吾得而用之；介冑之士，被堅執銳，以守土宇，吾得而安之。無功澤及人，而浪度歲月，晏然爲天地間一蠹，唯綴緝聖人遺書，庶幾有補爾。」於是著易、春秋傳以傳於世。易傳序曰：

易，變易也，隨時變易以從道也。其爲書也，廣大悉備，將以順性命之理，通幽明之故，盡事物之情，而示開物成務之道也。聖人之憂患後世，可謂至矣。去古雖遠，遺經

尙存，然而前儒失意以傳言，後學誦言而忘味，自秦而下，蓋無傳矣。予生千載之後，悼斯文之湮晦，將俾後人沿流而求源，此傳所以作也。「易有聖人之道四焉：以言者尙其辭，以動者尙其變，以制器者尙其象，以卜筮者尙其占」。吉凶消長之理，進退存亡之道備於辭，推辭考卦可以知變，象與占在其中矣。「君子居則觀其象而玩其辭，動則觀其變而玩其占」，得於辭不達其意者有矣，未有不得於辭而能通其意者也。至微者理也，至著者象也。體用一源，顯微無間，觀會通以行其典禮，則辭無所不備。故善學者，求言必自近，易於近者，非知言者也。予所傳者辭也，由辭以得意，則在乎人焉。

春秋傳序曰：

天之生民，必有出類之才起而君長之，治之而爭奪息，導之而生養遂，敎之而倫理明，然後人道立，天道成，地道平。二帝而上，聖賢世出，隨時有作，順乎風氣之宜，不先天以開人，各因時而立政。暨乎三王迭興，三重既備，子、丑、寅之建正，忠、質、文之更尙，人道備矣，天運周矣。聖王既不復作，有天下者雖欲倣古之跡，亦私意妄爲而已。事之謬，秦至以建亥爲正；道之悖，漢專以智力持世，豈復知先王之道也。夫子當周之末，以聖人不復作也，順天應時之治不復有也，於是作春秋，爲百王不





易之大法。所謂「考諸三王而不謬，建諸天地而不悖，質諸鬼神而無疑，百世以俟聖人而不惑」者也。先儒之傳，游、夏不能贊一辭，辭不待贊者也，言不能與於斯爾。斯道也，唯顏子嘗聞之矣。「行夏之時，乘殷之輅，服周之冕，樂則韶舞」，此其準的也。後世以史視春秋，謂褒善貶惡而已，至於經世之大法，則不知也。

春秋大義數十，其義雖大，炳如日星，乃易見也。惟其微辭隱義、時措從宜者，爲難知也。或抑或縱，或予或奪，或進或退，或微或顯，而得乎義理之安，文質之中，寬猛之宜，是非之公，乃制事之權衡，揆道之模範也。夫觀百物然後識化工之神，聚衆材然後知作室之用，於一事一義而欲窺聖人之用心，非上智不能也。故學春秋者，必優游涵泳，默識心通，然後能造其微也。後王知春秋之義，則雖德非禹、湯，尙可以法三代之治。

自秦而下，其學不傳，予悼夫聖人之志不明於後世也，故作傳以明之，俾後之人通其文而求其義，得其意而法其用，則三代可復也。是傳也，雖未能極聖人之蘊奧，庶幾學者得其門而入矣。

平生誨人不倦，故學者出其門最多，淵源所漸，皆爲名士。涪人祠頤於北巖，世稱爲伊川先生。嘉定十三年，賜諡曰正公。淳祐元年，封伊陽伯，從祀孔子廟庭。

門人劉絢、李籲、謝良佐、游酢、張繹、蘇昞皆班班可書，附于左。呂大鈞、大臨見大防傳。

張載字子厚，長安人。少喜談兵，至欲結客取洮西之地。年二十一，以書謁范仲淹，一見知其遠器，乃警之曰：「儒者自有名敎可樂，何事於兵。」因勸讀中庸。載讀其書，猶以爲未足，又訪諸釋、老，累年究極其說，知無所得，反而求之六經。嘗坐虎皮講易京師，聽從者甚衆。一夕，二程至，與論易，次日語人曰：「比見二程，深明易道，吾所弗及，汝輩可師之。」撤坐輟講。與二程語道學之要，渙然自信曰：「吾道自足，何事旁求。」於是盡棄異學，淳如也。

舉進士，爲祁州司法參軍，雲巖令。政事以敦本善俗爲先，每月吉，具酒食，召鄉人高年會縣庭，親爲勸酬，使人知養老事長之義，因問民疾苦，及告所以訓戒子弟之意。

熙寧初，御史中丞呂公著言其有古學，神宗方一新百度，思得才哲士謀之，召見問治道，對曰：「爲政不法三代者，終苟道也。」帝悅，以爲崇文院校書。他日見王安石，安石問以新政，載曰：「公與人爲善，則人以善歸公；如敎玉人琢玉，則宜有不受命者矣。」明州苗振獄起，往治之，末殺其罪。





還朝，卽移疾屛居南山下，終日危坐一室，左右簡編，俯而讀，仰而思，有得則識之，或中夜起坐，取燭以書。其志道精思，未始須臾息，亦未嘗須臾忘也。敝衣蔬食，與諸生講學，每告以知禮成性、變化氣質之道，學必如聖人而後已。以爲知人而不知天，求爲賢人而不求爲聖人，此秦、漢以來學者大蔽也。故其學尊禮貴德、樂天安命，以易爲宗，以中庸爲體，以孔、孟爲法，黜怪妄，辨鬼神。其家昏喪葬祭，率用先王之意，而傅以今禮。又論定井田、宅里、發斂、學校之法，皆欲條理成書，使可舉而措諸事業。

呂大防薦之曰：「載之始終，善發明聖人之遺旨，其論政治略可復古。宜還其舊職，以備諮訪。」乃詔知太常禮院〔三〕。與有司議禮不合，復以疾歸，中道疾甚，沐浴更衣而寢，旦而卒。貧無以斂，門人共買棺奉其喪還。翰林學士許將等言其恬於進取，乞加贈卹，詔賜館職半賻。

載學古力行，爲關中士人宗師，世稱爲橫渠先生。著書號正蒙，又作西銘曰：

乾稱父而坤稱母，予茲藐焉，乃混然中處。故天地之塞吾其體，天地之帥吾其性，民吾同胞，物吾與也。

大君者，吾父母宗子；其大臣，宗子之家相也。尊高年所以長其長，慈孤幼所以幼其幼，聖其合德，賢其秀也。凡天下疲癃殘疾、惸獨鰥寡，皆吾兄弟之顚連而無告者

也。「于時保之」，子之翼也。「樂且不憂」，純乎孝者也。違曰悖德，害仁曰賊，濟惡者不才，其踐形惟肖者也。

知化則善述其事，窮神則善繼其志，不愧屋漏爲無忝，存心養性爲匪懈。惡旨酒，崇伯子之顧養；育英材，穎封人之錫類。不弛勞而底豫，舜其功也；無所逃而待烹，申生其恭也。體其受而歸全者，參乎；勇於從而順令者，伯奇也。富貴福澤，將厚吾之生也；貧賤憂戚，庸玉女於成也。存，吾順事；殁，吾寧也。

程頤嘗言：「西銘明理一而分殊，擴前聖所未發，與孟子性善養氣之論同功，自孟子後蓋未之見。」學者至今尊其書。

嘉定十三年，賜謚曰明公。淳祐元年封郿伯，從祀孔子廟庭。弟戩。

戩，字天祺。起進士，調閿鄉主簿，知金堂縣。誠心愛人，養老恤窮，間召父老使教督子弟。民有小善，皆籍記之。以奉錢爲酒食，月吉，召老者飲勞，使其子孫侍，勸以孝弟。民化其德，所至獄訟日少。

熙寧初，爲監察御史裏行。累章論王安石亂法，乞罷條例司及追還常平使者。劾曾公亮、陳升之、趙抃依違不能救正，韓絳左右徇從，與爲死黨，李定以邪諂竊臺諫。且安石擅國，





輔以絳之詭隨，臺臣又用定輩，繼續而來，芽蘖漸盛。呂惠卿刻薄辯給，假經術以文姦言，豈宜勸講君側。書數十上，又詣中書爭之，安石舉扇掩面而笑，戩曰：「戩之狂直宜爲公笑，然天下之笑公者不少矣。」趙抃從旁解之，戩曰：「公亦不得爲無罪。」抃有愧色。遂稱病待罪。出知公安縣，徙監司竹監，至舉家不食筍。常愛用一卒，及將代，自見其人盜筍籜，治之無少貸；罪已正，待之復如初，略不介意，其德量如此。卒于官，年四十七。

邵雍字堯夫。其先范陽人，父古徙衡漳，又徙共城。雍年三十，游河南，葬其親伊水上，遂爲河南人。

雍少時，自雄其才，慷慨欲樹功名。於書無所不讀，始爲學，即堅苦刻厲，寒不爐，暑不扇，夜不就席者數年。已而歎曰：「昔人尚友於古，而吾獨未及四方。」於是踰河、汾，涉淮、漢，周流齊、魯、宋、鄭之墟，久之，幡然來歸，曰：「道在是矣。」遂不復出。

北海李之才攝共城令，聞雍好學，嘗造其廬，謂曰：「子亦聞物理性命之學乎？」雍對曰：「幸受教。」乃事之才，受河圖、洛書、宓羲八卦六十四卦圖像。之才之傳，遠有端緒，而雍探賾索隱，妙悟神契，洞徹蘊奧，汪洋浩博，多其所自得者。及其學益老，德益邵，玩心高明，以觀夫天地之運化，陰陽之消長，遠而古今世變，微而走飛草木之性情，深造曲暢，庶幾所謂不惑，而非依倣象類、億則屢中者。遂衍宓羲先天之旨，著書十餘萬言行于世，然世之知其道者鮮矣。

初至洛，蓬蓽環堵，不芘風雨，躬樵爨以事父母，雖平居屢空，而怡然有所甚樂，人莫能窺也。及執親喪，哀毁盡禮。富弼、司馬光、呂公著諸賢退居洛中，雅敬雍，恆相從游，爲市園宅。雍歲時耕稼，僅給衣食。名其居曰「安樂窩」，因自號安樂先生。旦則焚香燕坐，晡時酌酒三四甌，微醺即止，常不及醉也，興至輒哦詩自詠。春秋時出遊城中，風雨常不出，出則乘小車，一人挽之，惟意所適。士大夫家識其車音，爭相迎候，童孺廝隸皆讙相謂曰：「吾家先生至也。」不復稱其姓字。或留信宿乃去。好事者別作屋如雍所居，以候其至，名曰「行窩」。

司馬光兄事雍，而二人純德尤鄉里所慕嚮，父子昆弟每相飭曰：「毋爲不善，恐司馬端明、邵先生知。」士之道洛者，有不之公府，必之雍。雍德氣粹然，望之知其賢，然不事表襮，不設防畛，羣居燕笑終日，不爲甚異。與人言，樂道其善而隱其惡。有就問學則答之，未嘗強以語人。人無貴賤少長，一接以誠，故賢者悅其德，不賢者服其化。一時洛中人才特盛，而忠厚之風聞天下。





熙寧行新法，吏牽迫不可爲，或投劾去。雍門生故友居州縣者，皆貽書訪雍，雍曰：「此賢者所當盡力之時，新法固嚴，能寬一分，則民受一分賜矣。投劾何益耶？」

嘉祐詔求遺逸，留守王拱辰以雍應詔，授將作監主簿，復舉逸士，補潁州團練推官，皆固辭乃受命，竟稱疾不之官。熙寧十年，卒，年六十七，贈秘書省著作郎。元祐中賜謚康節。

雍高明英邁，迥出千古，而坦夷渾厚，不見圭角，是以清而不激，和而不流，人與交久，益尊信之。河南程顥初侍其父識雍，論議終日，退而歎曰：「堯夫，內聖外王之學也。」

雍知慮絕人，遇事能前知。程頤嘗曰：「其心虛明，自能知之。」當時學者因雍超詣之識，務高雍所爲，至謂雍有玩世之意；又因雍之前知，謂雍於凡物聲氣之所感觸，輒以其動而推其變焉。於是摭世事之已然者，皆以雍言先之，雍蓋未必然也。

雍疾病，司馬光、張載、程顥、程頤晨夕候之，將終，共議喪葬事外庭，雍皆能聞衆人所言，召子伯溫謂曰：「諸君欲葬我近城地，當從先塋爾。」既葬，顥爲銘墓，稱雍之道純一不雜，就其所至，可謂安且成矣。所著書曰皇極經世、觀物內外篇、漁樵問對，詩曰伊川擊壤集。

子伯溫，別有傳。

## 校勘記

〔一〕責監汝州鹽稅　「鹽稅」，二程文集卷一〇程顥明道先生行狀、宋文鑑卷一四三韓維程伯淳墓誌銘、琬琰集卷二二程宗丞顥傳都作「酒稅」。

〔二〕頤詣宰相問安否　「安」，長編卷四〇四、朱熹朱文公集卷九八伊川先生年譜都作「知」。

〔三〕知太常禮院　按東都事略卷一一四本傳、朱熹伊洛淵源錄卷六橫渠先生行狀、編年綱目卷二〇熙寧十年十一月條都作「同知太常禮院」；長編卷二八三作「兼知太常禮院」。據本書卷一六四職官志「太常寺」條，疑作「同知太常禮院」是。



# 宋史卷四百二十八

## 列傳第一百八十七

### 道學二 程氏門人

劉絢　李籲　謝良佐　游酢　張繹　蘇昞　尹焞　楊時
羅從彥　李侗

劉絢字質夫，常山人。以蔭爲壽安主簿、長子令，督公家逋賦，不假鞭扑而集。歲大旱，府遣吏視傷所，蠲財什二，絢力爭不得，封還其檄，請易之。富弼歎曰：「眞縣令也。」元祐初，韓維薦其經明行修，爲京兆府教授。王巖叟、朱光庭又薦爲太學博士，卒于官。絢力學不倦，最明於春秋。程顥每爲人言：「他人之學，敏則有矣，未易保也，若絢者，吾無疑焉。」





李籲字端伯，洛陽人。登進士第。元祐中爲祕書省校書郎，卒。程頤謂其才器可以大受，及亡也，祭之以文曰：「自予兄弟倡明道學，能使學者視倣而信從者，籲與劉絢有焉。」

謝良佐字顯道，壽春上蔡人。與游酢、呂大臨、楊時在程門，號「四先生」。登進士第。建中靖國初，官京師，召對，忤旨去。監西京竹木場，坐口語繫詔獄，廢爲民。良佐記問該贍，對人稱引前史，至不差一字。事有未徹，則顙有泚。與程頤別一年，復來見，問其所進，曰：「但去得一『矜』字爾。」頤喜，謂朱光庭曰：「是子力學，切問而近思者也。」所著論語說行於世。

游酢字定夫，建州建陽人。與兄醇以文行知名，所交皆天下士。程頤見之京師，謂其資可以進道。程顥興扶溝學，招使肄業，盡棄其學而學焉。第進士，調蕭山尉。近臣薦其賢，召爲太學錄。遷博士，以奉親不便，求知河淸縣〔一〕。范純仁守潁昌府，辟府教授。純仁入相，復爲博士，簽書齊州、泉州判官。晚得監察御史，歷知漢陽軍、和舒濠三州而卒。

張繹字思叔，河南壽安人。家甚微，年長未知學，傭力於市，出聞邑官傳呼聲，心慕之，問人曰：「何以得此？」人曰：「此讀書所致爾。」卽發憤力學，遂以文名。預鄉里計偕，謂科舉之習不足爲，嘗游僧舍，見僧道楷，將祝髮從之。時周行己官河南，警之曰：「何爲舍聖人之學而學佛？異日程先生歸，可師也。」會程頤還自涪，乃往受業，頤賞其穎悟。讀孟子「志士不忘在溝壑，勇士不忘喪其元」，慨然若有得。未及仕而卒。頤嘗言「吾晚得二士」，謂繹與尹焞也。

蘇昞字季明，武功人。始學於張載，而事二程卒業。元祐末，呂大中薦之，起布衣爲太常博士。坐元符上書入邪籍，編管饒州，卒。





尹焞字彥明，一字德充，世爲洛人。曾祖仲宣七子，而二子有名：長子源字子漸，是謂河內先生；次子洙字師魯，是謂河南先生。源生林，官至虞部員外郎。林生焞。

少師事程頤，嘗應舉，發策有誅元祐諸臣議，焞曰：「噫，尙可以干祿乎哉！」不對而出，告頤曰：「焞不復應進士舉矣。」頤曰：「子有母在。」焞歸告其母陳，母曰：「吾知汝以善養，不知汝以祿養。」頤聞之曰：「賢哉母也！」於是終身不就舉。焞之從師，與河南張繹同時，繹以高識，焞以篤行。頤既沒，焞聚徒洛中，非弔喪問疾不出戶，士大夫宗仰之。

靖康初，种師道薦焞德行可備勸講，召至京師，不欲留，賜號和靖處士。戶部尙書梅執禮、御史中丞呂好問、戶部侍郎邵溥、中書舍人胡安國合奏：「河南布衣尹焞學窮根本，德備中和，言動可以師法，器識可以任大，近世招延之士無出其右者。朝廷特召，而命處士以歸，使焞韜藏國器，不爲時用，未副陛下側席求賢之意。望特加識擢，以慰士大夫之望。」不報。

次年，金人陷洛，焞闔門被害，焞死復甦，門人舁置山谷中而免。劉豫命僞帥趙斌以禮聘焞，不從則以兵恐之。焞自商州奔蜀，至閬，得程頤易傳十卦於其門人呂稽中，又得全本於其壻邢純，拜而受之。紹興四年，止于涪。涪，頤讀易地也，闢三畏齋以居，邦人不識其面。侍讀范沖舉焞自代，授左宣教郎，充崇政殿說書，以疾辭。范沖奏給五百金爲行資，遣

涪臣奉詔至涪親遣。六年，始就道，作文祭頤而後行。

先是，崇寧以來，禁錮元祐學術，高宗渡江，始召楊時置從班，召胡安國居給舍，范沖、朱震俱在講席，薦焞甚力。既召，而左司諫陳公輔上疏攻程氏之學，乞加屛絕。焞至九江，上奏曰：「臣僚上言，程頤之學惑亂天下。焞實師頤垂二十年，學之既專，自信甚篤。使焞濫列經筵，其所敷繹，不過聞於師者。舍其所學，是欺君父，加以疾病衰耗，不能支持。」遂留不進。胡安國奉祠居衡陽，上書言：「欲使學者蹈中庸，師孔、孟，而禁不從程頤之學，是入室而不由戶。」

朱震引疾告去，時趙鼎去位，張浚獨相，於是召安國，俾以內祠兼侍讀，而上章薦焞，言其拒劉豫之節，且謂其所學所養有大過人者，乞令江州守臣疾速津送至國門。復以疾辭，上曰：「焞可謂恬退矣。」詔以秘書郎兼說書，趣起之，焞始入見就職。八年，除秘書少監，未幾，力辭求去。上語參知政事劉大中曰：「焞未論所學淵源，足爲後進矜式，班列得老成人，亦是朝廷氣象。」乃以焞直徽猷閣，主管萬壽觀，留侍經筵。資善堂翊善朱震疾亟，薦焞自代。輔臣入奏，上慘然曰：「楊時物故，胡安國與震又亡，朕痛惜之。」趙鼎曰：「尹焞學問淵源，可以繼震。」上指奏牘曰：「震亦薦焞代資善之職，但焞微聵，恐教兒費力爾。」除太常少卿，仍兼說書。未幾，稱疾在告，除權禮部侍郎兼侍講。





時金人遣張通古、蕭哲來議和，焞上疏曰：

臣伏見本朝有遼、金之禍，亘古未聞，中國無人，致其猾亂。昨者城下之戰，詭詐百出，二帝北狩，皇族播遷，宗社之危，已絕而續。陛下卽位以來十有二年，雖中原未復，讎敵未殄，然而賴祖宗德澤之厚，陛下勤撫之至〔三〕，億兆之心無有離異。前年徽宗皇帝、寧德皇后崩問遽來，莫究不豫之狀，天下之人痛心疾首，而陛下方且屈意降志，以迎奉梓宮、請問諱日爲事。今又爲此議，則人心日去，祖宗積累之業，陛下十二年勤撫之功，當決於此矣。不識陛下亦嘗深謀而熟慮乎，抑在廷之臣不以告也？

禮曰：「父母之讎不共戴天，兄弟之讎不反兵。」今陛下信讎敵之譎詐，而覬其肯和以紓目前之急，豈不失不共戴天、不反兵之義乎？又況使人之來，以詔諭爲名，以割地爲要，今以不戴天之讎與之和，臣切爲陛下痛惜之。或以金國內亂，懼我襲己，故爲甘言以緩王師。倘或果然，尤當鼓士卒之心，雪社稷之恥，尙何和之爲務？

又移書秦檜言：

今北使在廷，天下憂憤，若和議一成，彼日益強，我日益怠，侵尋朘削，天下有被髮左衽之憂。比者，竊聞主上以父兄未返，降志辱身於九重之中有年矣，然亦自是未聞金人悔過，還二帝於沙漠。繼之梓宮崩問不詳，天下之人痛恨切骨，金人狠虎貪噬之

性，不言可見。天下方將以此望於相公，覬有以革其已然，豈意爲之已甚乎。

今之上策，莫如自治。自治之要，內則進君子而遠小人，外則賞當功而罰當罪，使主上孝弟通於神明，道德成於安彊，勿以小智孑義而圖大功，不勝幸甚。

疏及書皆不報，於是焞固辭新命。

九年，以徽猷閣待制提舉萬壽觀兼侍講，又辭，且奏言：

臣職在勸講，蔑有發明，期月之間，病告相繼，坐竊厚祿，無補聖聰。先聖有言：「陳力就列，不能者止。」此當去者〔三〕一也。臣起自草茅，誤膺召用，守道之語，形于訓詞，而臣貪戀寵榮，遂移素守，使朝廷非常不次之舉，獲懷利苟得之人。此當去者二也。比嘗不量分守，言及國事，識見迂陋，已驗于今，跡其庸愚，豈堪時用。此當去者三也。臣自擢春官，未嘗供職，以疾乞去，更獲超遷，有何功勞，得以祗受。此當去者四也。國朝典法，揆之禮經，年至七十，皆當致仕。今臣年齒已及，加以疾病，血氣既衰，戒之在得。此當去者五也。臣聞聖君有從欲之仁，匹夫有莫奪之志，今臣有五當去之義，無一可留之理，乞檢會累奏〔四〕，放歸田里。

疏上，以焞提舉江州太平觀。引年告老，轉一官致仕。

焞自入經筵，即乞休致，朝廷以禮留之；浚、鼎既去，秦檜當國，見焞議和疏及與檜書





已不樂，至是，得求去之疏，遂不復留。十二年，卒。

當是時，學于程頤之門者固多君子，然求質直弘毅、實體力行若焞者蓋鮮。頤嘗以「魯」許之，且曰：「我死，而不失其正者尹氏子也。」其言行見於涪陵記善錄爲詳，有論語解及門人問答傳于世。

楊時字中立，南劍將樂人。幼穎異，能屬文，稍長，潛心經史。熙寧九年，中進士第。時河南程顥與弟頤講孔、孟絕學于熙、豐之際，河、洛之士翕然師之。時調官不赴，以師禮見顥於潁昌，相得甚懽。其歸也，顥目送之曰：「吾道南矣。」四年而顥死，時聞之，設位哭寢門，而以書赴告同學者。至是，又見程頤於洛，時蓋年四十矣。一日見頤，頤偶瞑坐，時與游酢侍立不去，頤既覺，則門外雪深一尺矣。關西張載嘗著西銘，二程深推服之，時疑其近於兼愛，與其師頤辨論往復，聞理一分殊之說，始豁然無疑。

杜門不仕者十年，久之，歷知瀏陽、餘杭、蕭山三縣，皆有惠政，民思之不忘。張舜民在諫垣，薦之，得荊州教授。時安於州縣，未嘗求聞達，而德望日重，四方之士不遠千里從之游，號曰龜山先生。

時天下多故，有言於蔡京者，以爲事至此必敗，宜引舊德老成置諸左右，庶幾猶可及，時宰是之。會有使高麗者，國主問龜山安在，使回以聞。召爲秘書郎，遷著作郎。及面對，奏曰：

堯、舜曰「允執厥中」，孟子曰「湯執中」，洪範曰「皇建其有極」，歷世聖人由斯道也。熙寧之初，大臣文六藝之言以行其私，祖宗之法紛更殆盡。元祐繼之，盡復祖宗之舊，熙寧之法一切廢革。至紹聖、崇寧抑又甚焉，凡元祐之政事著在令甲，皆焚之以滅其跡。自是分爲二黨，縉紳之禍至今未殄。臣願明詔有司，條具祖宗之法，著爲綱目，有宜於今者舉而行之，當損益者損益之，元祐、熙、豐姑置勿問，一趣於中而已。

朝廷方圖燕雲，虛內事外，時遂陳時政之弊，且謂：「燕雲之師宜退守內地，以省轉輸之勞，募邊民爲弓弩手，以殺常勝軍之勢。」又言：「都城居四達之衝，無高山巨浸以爲阻衞，士人懷異心，緩急不可倚仗。」執政不能用。登對，力陳君臣警戒，正在無虞之時，乞爲宣和會計錄，以周知天下財物出入之數。徽宗首肯之。

除邇英殿說書。聞金人入攻，謂執政曰：「今日事勢如積薪已然，當自奮勵，以竦動觀聽。若示以怯懦之形，委靡不振，則事去矣。昔汲黯在朝，淮南寢謀。論黯之才，未必能過公孫弘輩也，特其直氣可以鎭壓姦雄之心爾。朝廷威望弗振，使姦雄一以弘輩視之，則無





復可爲也。要害之地，當嚴爲守備，比至都城，尚何及哉？近邊州軍宜堅壁清野，勿與之戰，使之自困。若攻戰略地，當遣援兵追襲，使之腹背受敵，則可以制勝矣。」且謂：「今日之事，當以收人心爲先。人心不附，雖有高城深池、堅甲利兵，不足恃也。免夫之役，毒被海內，西城聚斂〔五〕，東南花石，其害尤甚。前此蓋嘗罷之，詔墨未乾，而花石供奉之舟已銜尾矣。今雖復申前令，而禍根不除，人誰信之？欲致人和，去此三者，正今日之先務也。」

金人圍京城，勤王之兵四集，而莫相統一。時言：「唐九節度之師不立統帥，雖李、郭之善用兵，猶不免敗衄。今諸路烏合之衆，臣謂當立統帥，一號令，示紀律，而後士卒始用命。」又言：「童貫爲三路大帥，敵人侵疆，棄軍而歸，孥戮之有餘罪，朝廷置之不問，故梁方平、何灌皆相繼而遁。當正典刑，以爲臣子不忠之戒。童貫握兵二十餘年，覆軍殺將，馴至今日，比聞防城仍用閹人，覆車之轍，不可復蹈。」疏上，除右諫議大夫兼侍講。

敵兵初退，議者欲割三鎭以講和，時極言其不可，曰：「河朔爲朝廷重地，而三鎭又河朔之要藩也。自周世宗迄太祖、太宗，百戰而後得之，一旦棄之北庭，使敵騎疾驅，貫吾腹心，不數日可至京城。今聞三鎭之民以死拒之，三鎭拒其前，吾以重兵躡其後，尚可爲也。若种師道、劉光世皆一時名將，始至而未用，乞召問方略。」疏上，欽宗詔出師，而議者多持兩端，時抗疏曰：「聞金人駐磁、相，破大名，劫虜驅掠，無有紀極，誓墨未乾，而背不旋踵，吾雖

欲專守和議，不可得也。夫越數千里之遠，犯人國都，危道也。彼見勤王之師四面而集，亦懼而歸，非愛我而不攻。朝廷割三鎭二十州之地與之〔六〕，是欲助寇而自攻也。聞肅王初與之約，及河而返，今挾之以往，此敗盟之大者。臣竊謂朝廷宜以肅王爲問，責其敗盟，必得肅王而後已。」時太原圍閉數月，而姚古擁兵逗留不進，時上疏乞誅古以肅軍政，拔偏裨之可將者代之。不報。

李綱之罷，太學生伏闕上書，乞留綱與种師道，軍民集者數十萬，朝廷欲防禁之。吳敏乞用時以靖太學，時得召對，言：「諸生伏闕紛紛，忠於朝廷，非有他意，但擇老成有行誼者爲之長貳，則將自定。」欽宗曰：「無逾於卿。」遂以時兼國子祭酒。首言：「三省政事所出，六曹分治，各有攸司。今乃別辟官屬〔七〕，新進少年，未必賢於六曹長貳。」又言：

蔡京用事二十餘年，蠹國害民，幾危宗社，人所切齒，而論其罪者，莫知其所本也。蓋京以繼述神宗爲名，實挾王安石以圖身利，故推尊安石，加以王爵，配饗孔子廟庭。今日之禍，實安石有以啓之。

謹按安石挾管、商之術，飭六藝以文姦言，變亂祖宗法度。當時司馬光已言其爲害當見於數十年之後，今日之事，若合符契。其著爲邪說以塗學者耳目，而敗壞其心術者，不可縷數，姑即一二事明之。





昔神宗嘗稱美漢文惜百金以罷露臺，安石乃言：「陛下若能以堯、舜之道治天下，雖竭天下以自奉不爲過，守財之言非正理。」曾不知堯、舜茅茨土階，禹曰「克儉于家」，則竭天下以自奉者，必非堯、舜之道。其後王黼以應奉花石之事，竭天下之力，號爲享上，實安石有以倡之也。其釋鳧鷖守成之詩，於末章則謂：「以道守成者，役使羣衆，泰而不爲驕，宰制萬物，費而不爲侈，孰弊弊然以愛爲事。」詩之所言，正謂能持盈則神祇祖考安樂之，而無後艱爾。自古釋之者，未有泰而不爲驕、費而不爲侈之說也。安石獨倡爲此說，以啓人主之侈心。後蔡京輩輕費妄用，以侈靡爲事。安石邪說之害如此。

伏望追奪王爵，明詔中外，毀去配享之像，使邪說淫辭不爲學者之惑。

疏上，安石遂降從祀之列。士之習王氏學取科第者，已數十年，不復知其非，忽聞以爲邪說，議論紛然。諫官馮澥力主王氏，上疏詆時。會學官中有紛爭者，有旨學官並罷，時亦罷祭酒。

時又言：「元祐黨籍中，惟司馬光一人獨褒顯，而未及呂公著、韓維、范純仁、呂大防、安燾輩。建中初言官陳瓘已褒贈，而未及鄒浩。」於是元祐諸臣皆次第牽復。

尋四上章乞罷諫省，除給事中，辭，乞致仕，除徽猷閣直學士、提舉嵩山崇福宮。時力辭直學士之命，改除徽猷閣待制、提舉崇福宮。陛辭，猶上書乞選將練兵，爲戰守之備。

高宗即位，除工部侍郎。陛對言：「自古聖賢之君，未有不以典學爲務。」除兼侍讀。乞修建炎會計錄，乞恤勤王之兵，乞寬假言者。連章丐外，以龍圖閣直學士提舉杭州洞霄宮。已而告老，以本官致仕，優游林泉，以著書講學爲事。卒年八十三，謚文靖。

時在東郡，所交皆天下士，先達陳瓘、鄒浩皆以師禮事時。暨渡江，東南學者推時爲程氏正宗。與胡安國往來講論尤多。時浮沉州縣四十有七年，晚居諫省，僅九十日，凡所論列皆切於世道，而其大者，則闢王氏經學，排靖康和議，使邪說不作。凡紹興初崇尚元祐學術，而朱熹、張栻之學得程氏之正，其源委脈絡皆出於時。

子迪，力學通經，亦嘗師程頤云。

羅從彥字仲素，南劍人。以累舉恩爲惠州博羅縣主簿。聞同郡楊時得河南程氏學，慨然慕之，及時爲蕭山令，遂徒步往學焉。時熟察之，乃喜曰：「惟從彥可與言道。」於是日益以親，時弟子千餘人，無及從彥者。從彥初見時三日，即驚汗浹背，曰：「不至是，幾虛過一生矣。」嘗與時講易，至乾九四爻，云：「伊川說甚善。」從彥即鬻田走洛，見頤問之，頤反覆以告，從彥謝曰：「聞之龜山具是矣。」乃歸卒業。





沙縣陳淵，楊時之壻也，嘗詣從彥，必竟日乃返，謂人曰：「自吾交仲素，日聞所不聞，奧學清節，眞南州之冠冕也。」既而築室山中，絕意仕進，終日端坐，間謁時將溪上，吟詠而歸，恆充然自得焉。

嘗采祖宗故事爲遵堯錄，靖康中，擬獻闕下，會國難不果。嘗與學者論治曰：「祖宗法度不可廢，德澤不可恃。廢法度則變亂之事起，恃德澤則驕佚之心生。自古德澤最厚莫若堯、舜，向使子孫可恃，則堯、舜必傳其子。法度之明莫如周，向使子孫世守文、武、成、康之遺緒，雖至今存可也。」又曰：「君子在朝則天下必治，蓋君子進則常有治世之言，使人主多憂而善心生，故治。小人在朝則天下亂，蓋小人進則常有亂世之言，使人主多樂而怠心生，故亂。」又曰：「天下之變不起於四方，而起於朝廷。譬如人之傷氣，則寒暑易侵；木之傷心，則風雨易折。故內有林甫之姦，則外必有祿山之亂；內有盧杞之姦，則外必有朱泚之叛。」

其論士行曰：「周、孔之心使人明道，學者果能明道，則周、孔之心，深自得之。三代人才得周、孔之心，而明道者多，故視死生去就如寒暑晝夜之移，而忠義行之者易。至漢、唐以經術古文相尚，而失周、孔之心，故經術自董生、公孫弘倡之，古文自韓愈、柳宗元啓之，於是明道者寡，故視死生去就如萬鈞九鼎之重，而忠義行之者難。嗚呼，學者所見，自漢、唐喪矣。」又曰：「士之立朝，要以正直忠厚爲本。正直則朝廷無過失，忠厚則天下無嗟怨。一於正直而不忠厚，則漸入於刻；一於忠厚而不正直，則流入於懦。」其議論醇正類此。朱熹謂：「龜山倡道東南，士之游其門者甚衆，然潛思力行、任重詣極如仲素，一人而已。」紹興中卒，學者稱之曰豫章先生，淳祐間謚文質。

李侗字愿中，南劍州劍浦人。年二十四，聞郡人羅從彥得河、洛之學，遂以書謁之，其略曰：

侗聞之，天下有三本焉，父生之，師教之，君治之，闕其一則本不立。古之聖賢莫不有師，其肄業之勤惰，涉道之淺深，求益之先後，若存若亡，其詳不可得而考。惟洙、泗之間，七十二弟子之徒，議論問答，具在方册，有足稽焉，是得夫子而益明矣。孟氏之後，道失其傳，枝分派別，自立門戶，天下眞儒不復見於世。其聚徒成羣，所以相傳授者，句讀文義而已爾，謂之熄焉可也。

其惟先生服膺龜山先生之講席有年矣，況嘗及伊川先生之門，得不傳之道於千五百年之後，性明而修，行完而潔，擴之以廣大，體之以仁恕，精深微妙，各極其至，漢、唐





諸儒無近似者。至於不言而飲人以和，與人並立而使人化，如春風發物，蓋亦莫知其所以然也。凡讀聖賢之書，粗有識見者，孰不願得授經門下，以質所疑，至於異論之人，固當置而勿論也。

侗之愚鄙，徒以習舉子業，不得服役於門下，而今日拳拳欲求教者，以謂所求有大於利祿也。抑侗聞之，道可以治心，猶食之充飽，衣之禦寒也。人有迫於飢寒之患者，皇皇焉爲衣食之謀，造次顚沛，未始忘也。至於心之不治，有沒世不知慮，豈愛心不若口體哉，弗思甚矣。

侗不量資質之陋，徒以祖父以儒學起家，不忍墜箕裘之業，孜孜矻矻爲利祿之學，雖知眞儒有作，聞風而起，固不若先生親炙之得於動靜語默之間，目擊而意全也。今生二十有四歲，茫乎未有所止，燭理未明而是非無以辨，宅心不廣而喜怒易以搖，操履不完而悔吝多，精神不充而智巧襲，揀焉而不淨，守焉而不敷，朝夕恐懼，不啻如飢寒切身者求充飢禦寒之具也。不然，安敢以不肖之身爲先生之累哉。

從之累年，授春秋、中庸、語、孟之說。從彥好靜坐，侗退入室中，亦靜坐。從彥令靜中看喜怒哀樂未發前氣象，而求所謂「中」者，久之，而於天下之理該攝洞貫，以次融釋，各有條序，從彥亟稱許焉。

既而退居山田，謝絕世故餘四十年，食飲或不充，而怡然自適。事親孝謹，仲兄性剛多忤，侗事之得其懽心。閨門內外，夷愉肅穆，若無人聲，而衆事自理。親戚有貧不能婚嫁者，則爲經理振助之。與鄉人處，飲食言笑，終日油油如也。

其接後學，答問不倦，雖隨人淺深施教，而必自反身自得始。故其言曰：「學問之道不在多言，但默坐澄心，體認天理。若是，雖一毫私欲之發，亦退聽矣。」又曰：「學者之病，在於未有洒然冰解凍釋處。如孔門諸子，羣居終日，交相切磨，又得夫子爲之依歸，日用之間觀感而化者多矣。恐於融釋而不脫落處（六），非言說所及也。」又曰：「讀書者知其所言莫非吾事，而卽吾身以求之，則凡聖賢所至而吾所未至者，皆可勉而進矣。若直求之文字，以資誦說，其不爲玩物喪志者幾希。」又曰：「講學切在深潛縝密，然後氣味深長，蹊徑不差。若概以理一，而不察其分之殊，此學者所以流於疑似亂眞之說而不自知也。」嘗以黃庭堅之稱濂溪周茂叔「胸中灑落，如光風霽月」，爲善形容有道者氣象，嘗諷誦之，而顧謂學者存此於胸中，庶幾遇事廓然，而義理少進矣。

其語中庸曰：「聖門之傳是書，其所以開悟後學無遺策矣。然所謂『喜怒哀樂未發謂之中』者，又一篇之指要也。若徒記誦而已，則亦奚以爲哉？必也體之於身，實見是理，若顏子之歎，卓然若有所見，而不違乎心目之間，然後擴充而往，無所不通，則庶乎其可以言





中庸矣。」其語春秋曰：「春秋一事各是發明一例，如觀山水，徙步而形勢不同，不可拘以一法。然所以難言者，蓋以常人之心推測聖人，未到聖人灑然處，豈能無失耶？」

侗旣閑居，若無意當世，而傷時憂國，論事感激動人。嘗曰：「今日三綱不振，義利不分。三綱不振，故人心邪僻，不堪任用，是致上下之氣間隔，而中國日衰。義利不分，故自王安石用事，陷溺人心，至今不自知覺。人趨利而不知義，則主勢日孤，人主當於此留意，不然，則是所謂『雖有粟，吾得而食諸』也。」

是時吏部員外郎朱松與侗爲同門友，雅重侗，遣子熹從學，熹卒得其傳。沙縣鄧迪嘗謂松曰：「愿中如冰壺秋月，瑩徹無瑕，非吾曹所及。」松以謂知言。而熹亦稱侗：「姿稟勁特，氣節豪邁，而充養完粹，無復圭角，精純之氣達於面目，色溫言厲，神定氣和，語默動靜，端詳閑泰，自然之中若有成法。平日恂恂，於事若無甚可否，及其酬酢事變，斷以義理，則有截然不可犯者。」又謂自從侗學，辭去復來，則所聞益超絕。其上達不已如此。

侗子友直、信甫皆舉進士，試吏旁郡，更請迎養。歸道武夷，會閩帥汪應辰以書幣來迎，侗往見之，至之日疾作，遂卒，年七十有一。

信甫仕至監察御史，出知衢州，擢廣東、江東憲，以特立不容於朝云。

## 校勘記

〔一〕河清縣　「河清」原作「河陽」，據朱熹伊洛淵源錄卷九游察院墓誌記、李幼武皇朝道學名臣言行外錄卷七游酢條改。

〔二〕陛下勤撫之至　「勤撫」原作「勤苦」，據皇朝道學名臣言行外錄卷九尹焞條、繫年要錄卷一二四改。

〔三〕此當去者　「者」字原脫，據尹焞尹和靖集辭免除徽猷閣待制第三劄補。

〔四〕乞檢會累奏　「奏」字原脫，據尹和靖集辭免除徽猷閣待制第三劄補。

〔五〕西城聚斂　「西城」原作「京城」，據楊時楊龜山先生集卷四論金人入寇其二、皇朝道學名臣言行外錄卷六楊時條改。

〔六〕三鎮二十州　「二十」原作「三十」，據楊龜山先生集卷首胡安國楊時墓誌銘、北盟會編卷三九改。

〔七〕別辟官屬　「辟」原作「辭」，據楊龜山先生集卷首呂本中行狀略改。

〔八〕恐於融釋而不脫落處　按朱熹朱文公文集卷九七李公行狀、皇朝道學名臣言行外錄卷一一李侗條，「而」下均無「不」字。



# 宋史卷四百二十九

## 列傳第一百八十八

### 道學三

朱熹　張栻

朱熹字元晦，一字仲晦，徽州婺源人。父松字喬年，中進士第。胡世將、謝克家薦之，除祕書省正字。趙鼎都督川陝、荆襄軍馬，招松爲屬，辭。鼎再相，除校書郎，遷著作郎。以御史中丞常同薦，除度支員外郎，兼史館校勘，歷司勳、吏部郎。秦檜決策議和，松與同列上章，極言其不可。檜怒，風御史論松懷異自賢，出知饒州，未上，卒。

熹幼穎悟，甫能言，父指天示之曰：「天也。」熹問曰：「天之上何物？」松異之。就傅，授以孝經，一閱，題其上曰：「不若是，非人也。」嘗從羣兒戲沙上，獨端坐以指畫沙，視之，八卦也。年十八貢于鄉，中紹興十八年進士第。主泉州同安簿，選邑秀民充弟子員，日與講





說聖賢修己治人之道，禁女婦之爲僧道者。罷歸請祠，監潭州南嶽廟。明年，以輔臣薦，與徐度、呂廣問、韓元吉同召，以疾辭。

孝宗卽位，詔求直言，熹上封事言：「聖躬雖未有過失，而帝王之學不可以不熟講。朝政雖未有闕遺，而修攘之計不可以不早定。利害休戚雖不可徧舉，而本原之地不可以不加意。陛下毓德之初，親御簡策，不過風誦文辭，吟詠情性，又頗留意於老子、釋氏之書。夫記誦詞藻，非所以探淵源而出治道；虛無寂滅，非所以貫本末而立大中。帝王之學，必先格物致知，以極夫事物之變，使義理所存，纖悉畢照，則自然意誠心正，而可以應天下之務。」次言：「修攘之計不時定者，講和之說誤之也。夫金人於我有不共戴天之讎，則不可和也明矣。願斷以義理之公，閉關絕約，任賢使能，立紀綱，厲風俗。數年之後，國富兵強，視吾力之強弱，觀彼釁之淺深，徐起而圖之。」次言：「四海利病，係斯民之休戚，斯民休戚，係守令之賢否。監司者守令之綱，朝廷者監司之本也。欲斯民之得其所，本原之地亦在朝廷而已。今之監司，姦贓狼籍、肆虐以病民者，莫非宰執、臺諫之親舊賓客。其已失勢者，旣按見其交私之狀而斥去之；尙在勢者，豈無其人，顧陛下無自而知之耳。」

隆興元年，復召。入對，其一言：「大學之道在乎格物以致其知。陛下雖有生知之性，高世之行，而未嘗隨事以觀理，卽理以應事。是以舉措之間動涉疑貳，聽納之際未免蔽欺，平

治之效所以未著。」其二言：「君父之讎不與共戴天。今日所當爲者，非戰無以復讎，非守無以制勝。」且陳古先聖王所以強本折衝、威制遠人之道。時相湯思退方倡和議，除熹武學博士，待次。乾道元年，促就職，既至而洪适爲相，復主和，論不合，歸。

三年，陳俊卿、劉珙薦爲樞密院編修官，待次。五年，丁內艱。六年，工部侍郎胡銓以詩人薦，與王庭珪同召，以未終喪辭。七年，既免喪，復召，以祿不及養辭。九年，梁克家相，申前命，又辭。克家奏熹屢召不起，宜蒙褒錄，執政俱稱之，上曰：「熹安貧守道，廉退可嘉。」特改合入官，主管台州崇道觀。熹以求退得進，於義未安，再辭。淳熙元年，始拜命。二年，上欲獎用廉退，以勵風俗，龔茂良行丞相事，以熹名進，除祕書郎，力辭，且以手書遺茂良，言一時權倖。羣小乘間讒毀，乃因熹再辭，卽從其請，主管武夷山沖佑觀。

五年，史浩再相，除知南康軍，降旨便道之官，熹再辭，不許。至郡，興利除害，值歲不雨，講求荒政，多所全活。訖事，奏乞依格推賞納粟人。間詣郡學，引進士子與之講論。訪白鹿洞書院遺址，奏復其舊，爲學規俾守之。明年夏，大旱，詔監司、郡守條其民間利病，遂上疏言：

天下之務莫大於恤民，而恤民之本，在人君正心術以立紀綱。蓋天下之紀綱不能以自立，必人主之心術公平正大，無偏黨反側之私，然後有所繫而立。君心不能以自



正，必親賢臣，遠小人，講明義理之歸，閉塞私邪之路，然後乃可得而正。

今宰相、臺省、師傅、賓友、諫諍之臣皆失其職，而陛下所與親密謀議者，不過一二近習之臣。上以蠱惑陛下之心志，使陛下不信先王之大道，而說於功利之卑說，不樂莊士之讜言，而安於私褻之鄙態。下則招集天下士大夫之嗜利無恥者，文武彙分，各入其門。所喜則陰爲引援，擢置清顯。所惡則密行訾毀，公肆擠排。交通貨賂，所盜者皆陛下之財。命卿置將，所竊者皆陛下之柄。陛下所謂宰相、師傅、賓友、諫諍之臣，或反出入其門牆〔一〕，承望其風旨；其幸能自立者，亦不過齪齪自守，而未嘗敢一言以斥之；其甚畏公論者，乃能略警逐其徒黨之一二，既不能深有所傷，而終亦不敢正言以擣其囊橐窟穴之所在。勢成威立，中外靡然向之，使陛下之號令黜陟不復出於朝廷，而出於一二人之門，名爲陛下獨斷，而實此一二人者陰執其柄。

且云：「莫大之禍，必至之憂，近在朝夕，而陛下獨未之知。」上讀之，大怒曰：「是以我爲亡也。」熹以疾請祠，不報。

陳俊卿以舊相守金陵，過闕入見，薦熹甚力。宰相趙雄言於上曰：「士之好名，陛下疾之愈甚，則人之譽之愈衆，無乃適所以高之。不若因其長而用之，彼漸當事任，能否自見矣。」上以爲然，乃除熹提舉江西常平茶鹽公事。旋錄救荒之勞，除直祕閣，以前所奏納粟



人未推賞，辭。

會浙東大饑，宰相王淮奏改熹提舉浙東常平茶鹽公事，卽日單車就道，復以納粟人未推賞，辭職名。納粟賞行，遂受職名。入對，首陳災異之由與修德任人之說，次言：「陛下卽政之初，蓋嘗選建英豪，任以政事，不幸其間不能盡得其人，是以不復廣求賢哲，而姑取軟熟易制之人以充其位。於是左右私褻使令之賤，始得以奉燕閒，備驅使，而宰相之權日輕。又慮其勢有所偏，而因重以壅己也，則時聽外廷之論，將以陰察此輩之負犯而操切之。陛下既未能循天理、公聖心，以正朝廷之大體，則固已失其本矣，而又欲兼聽士大夫之言，以爲駕馭之術，則士大夫之進見有時，而近習之從容無間。士大夫之禮貌既莊而難親，其議論又苦而難入，近習便辟側媚之態既足以蠱心志，其胥史狡獪之術又足以眩聰明。是以雖欲微抑此輩，而此輩之勢日重，雖欲兼采公論，而士大夫之勢日輕。重者既挾其重，以竊陛下之權，輕者又借力於所重，以爲竊位固寵之計。日往月來，浸淫耗蝕，使陛下之德業日隳，綱紀日壞，邪佞充塞，貨賂公行，兵愁民怨，盜賊間作，災異數見，饑饉荐臻。羣小相挺，人人皆得滿其所欲，惟有陛下了無所得，而顧乃獨受其弊。」上爲動容。所奏凡七事，其一二事手書以防宣洩。

熹始拜命，卽移書他郡，募米商，蠲其征，及至，則客舟之米已輻湊。熹日鈎訪民隱，按



行境內，單車屏徒從，所至人不及知。郡縣官吏憚其風采，至自引去，所部肅然。凡丁錢、和買、役法、榷酤之政，有不便於民者，悉釐而革之。於救荒之餘，隨事處畫，必爲經久之計。有短熹者，謂其疏於爲政，上謂王淮曰：「朱熹政事却有可觀。」

熹以前後奏請多所見抑，幸而從者，率稽緩後時，蝗旱相仍，不勝憂憤，復奏言：「爲今之計，獨有斷自聖心，沛然發號，責躬求言，然後君臣相戒，痛自省改。其次惟有盡出內庫之錢，以供大禮之費爲收糴之本，詔戶部免徵舊負，詔漕臣依條檢放租稅，詔宰臣沙汰被災路分州軍監司、守臣之無狀者，遴選賢能，責以荒政，庶幾猶足下結人心，消其乘時作亂之意。不然，臣恐所憂者不止於飢殍，而將在於盜賊；蒙其害者不止於官吏，而上及於國家也。」

知台州唐仲友與王淮同里爲姻家，吏部尚書鄭丙、侍御史張大經交薦之，遷江西提刑，未行。熹行部至台，訟仲友者紛然，按得其實，章三上，淮匿不以聞。熹論愈力，仲友亦自辯，淮乃以熹章進呈，上令宰屬看詳，都司陳庸等乞令浙西提刑委清強官究實，仍令熹速往旱傷州郡相視。熹時留台未行，既奉詔，益上章論，前後六上，淮不得已，奪仲友江西新命以授熹，辭不拜，遂歸，且乞奉祠。

時鄭丙上疏詆程氏之學以沮熹，淮又擢太府寺丞陳賈爲監察御史。賈面對，首論近日

搢紳有所謂「道學」者，大率假名以濟僞，願考察其人，擯棄勿用。」蓋指熹也。十年，詔以熹累乞奉祠，可差主管台州崇道觀，既而連奉雲臺、鴻慶之祠者五年。十四年，周必大相，除熹提點江西刑獄公事，以疾辭，不許，遂行。

十五年，淮罷相，遂入奏，首言近年刑獄失當，獄官當擇其人。次言經總制錢之病民，及江西諸州科罰之弊。而其末言：「陛下即位二十七年，因循荏苒，無尺寸之效可以仰酬聖志。嘗反覆思之，無乃燕閑螻濩之中，虛明應物之地，天理有所未純，人欲有所未盡，是以爲善不能充其量，除惡不能去其根，一念之頃，公私邪正、是非得失之機，交戰於其中。故體貌大臣非不厚，而便嬖側媚得以深被腹心之寄；寤寐英豪非不切，而柔邪庸繆得以久竊廊廟之權。非不樂聞公議正論，而有時不容；非不堲讒說殄行，而未免誤聽；非不欲報復陵廟讎恥，而未免畏怯苟安；非不愛養生靈財力，而未免歎息愁怨。願陛下自今以往，一念之頃必謹而察之：此爲天理耶，人欲耶？果天理也，則敬以充之，而不使其少有壅閼；果人欲也，則敬以克之，而不使其少有凝滯。推而至於言語動作之間，用人處事之際，無不以是裁之，則聖心洞然，中外融澈，無一毫之私欲得以介乎其間，而天下之事將惟陛下所欲爲，無不如志矣。」是行也，有要之於路，以爲「正心誠意」之論上所厭聞，戒勿以爲言。熹曰：「吾平生所學，惟此四字，豈可隱默以欺吾君乎？」及奏，上曰：「久不見卿，浙東之事，朕



自知之，今當處卿清要，不復以州縣爲煩也。」

時曾覿已死，王抃亦逐，獨內侍甘昪尚在，熹力以爲言。上曰：「昪乃德壽所薦，謂其有才耳。」熹曰：「小人無才，安能動人主。」翌日，除兵部郎官，以足疾丐祠。本部侍郎林栗嘗與熹論易、西銘不合，劾熹：「本無學術，徒竊張載、程頤緒餘，謂之『道學』。所至輒攜門生數十人，妄希孔、孟歷聘之風，邀索高價，不肯供職，其僞不可掩。」上曰：「林栗言似過。」周必大言熹上殿之日，足疾未瘳，勉強登對。上曰：「朕亦見其跛曳。」左補闕薛叔似亦奏援熹，乃令依舊職江西提刑。太常博士葉適上疏與栗辨，謂其言無一實者，「謂之道學」一語，無實尤甚，往日王淮表裏臺諫，陰廢正人，蓋用此術。詔：「熹昨入對，所論皆新任職事，朕諒其誠，復從所請，可疾速之任。」會胡晉臣除侍御史，首論栗執拗不通，喜同惡異，無事而指學者爲黨，乃黜栗知泉州。熹再辭免，除直寶文閣，主管西京嵩山崇福宮。未踰月再召，熹又辭。

始，熹嘗以爲口陳之說有所未盡，乞具封事以聞，至是投匭進封事曰：

今天下大勢，如人有重病，內自心腹，外達四支，無一毛一髮不受病者。且以天下之大本與今日之急務，爲陛下言之：大本者，陛下之心；急務則輔翼太子，選任大臣，振舉綱紀，變化風俗，愛養民力，修明軍政，六者是也。



古先聖王兢兢業業，持守此心，是以建師保之官，列諫諍之職，凡飲食、酒漿、衣服、次舍、器用、財賄與夫宦官、宮妾之政，無一不領於冢宰。使其左右前後，一動一靜，無不制以有司之法，而無纖芥之隙、瞬息之頃，得以隱其毫髮之私。陛下所以精一克復而持守其心，果有如此之功乎？所以修身齊家而正其左右，果有如此之效乎？宮省事禁，臣固不得而知，然爵賞之濫，貨賂之流，閭巷竊言，久已不勝其籍籍，則陛下所以修之家者，恐其未有以及古之聖王也。

至於左右便嬖之私，恩遇過當，往者淵、覿、說、抃之徒勢焰熏灼，傾動一時，今已無可言矣。獨有前日臣所面陳者，雖蒙聖慈委曲開譬，然臣之愚，竊以爲此輩但當使之守門傳命，供掃除之役，不當假借崇長，使得逞邪媚、作淫巧於內，以蕩上心，立門庭、招權勢於外，以累聖政。臣聞之道路，自王抃既逐之後，諸將差除，多出此人之手。陛下竭生靈膏血以奉軍旅，顧乃未嘗得一溫飽，是皆將帥巧爲名色，奪取其糧，肆行貨賂於近習，以圖進用，出入禁闥腹心之臣，外交將帥，共爲欺蔽，以至於此。而陛下不悟，反寵暱之，以是爲我之私人，至使宰相不得議其制置之得失，給諫不得論其除授之是非，則陛下所以正其左右者，未能及古之聖王又明矣。

至於輔翼太子，則自王十朋、陳良翰之後，宮僚之選號爲得人，而能稱其職者，蓋



已鮮矣。而又時使邪佞儇薄、闒冗庸妄之輩，或得參錯於其間，所謂講讀，亦姑以應文備數，而未聞其有箴規之効。至於從容朝夕、陪侍遊燕者，又不過使臣宦者數輩而已。師傅、賓客既不復置，而詹事、庶子有名無實，其左右春坊遂直以使臣掌之，既無以發其隆師親友、尊德樂義之心，又無以防其戲慢媟狎、奇衺雜進之害。宜討論前典，置師傅、賓客之官，罷去春坊使臣，而使詹事、庶子各復其職。

至於選任大臣，則以陛下之聰明，豈不知天下之事，必得剛明公正之人而後可任哉？其所以常不得如此之人，而反容鄙夫之竊位者，直以一念之間，未能徹其私邪之蔽，而燕私之好，便嬖之流，不能盡由於法度，若用剛明公正之人以爲輔相，則恐其有以妨吾之事，害吾之人，而不得肆。是以選擇之際，常先排擯此等，而後取凡疲懦軟熟、平日不敢直言正色之人而揣摩之，又於其中得其至庸極陋、決可保其不至於有所妨者，然後舉而加之於位〔二〕。是以除書未出，而物色先定，姓名未顯，而中外已逆知其決非天下第一流矣。

至於振肅紀綱，變化風俗，則今日宮省之間，禁密之地，而天下不公之道，不正之人，顧乃得以窟穴盤據於其間。而陛下目見耳聞，無非不公不正之事，則其所以熏烝銷鑠，使陛下好善之心不著，疾惡之意不深，其害已有不可勝言者矣。及其作姦犯法，

則陛下又未能深割私愛，而付諸外廷之議，論以有司之法，是以紀綱不正於上，風俗頹弊於下，其爲患之日久矣。而浙中爲尤甚。大率習爲軟美之態、依阿之言，以不分是非、不辨曲直爲得計，甚者以金珠爲脯醢，以契券爲詩文，宰相可啗則啗宰相，近習可通則通近習，惟得之求，無復廉恥。一有剛毅正直、守道循理之士出乎其間，則羣譏衆排，指爲「道學」，而加以矯激之罪。十數年來，以此二字禁錮天下之賢人君子，復如昔時所謂元祐學術者，排擯詆辱，必使無所容其身而後已，此豈治世之事哉？

至於愛養民力，修明軍政，則自虞允文之爲相也，盡取版曹歲入窠名之必可指擬者，號爲歲終羨餘之數，而輸之內帑。顧以其有名無實、積累掛欠、空載簿籍、不可催理者，撥還版曹，以爲內帑之積，將以備他日用兵進取不時之須。然自是以來二十餘年，內帑歲入不知幾何，而認爲私貯，典以私人，宰相不得以式貢均節其出入，版曹不得以簿書勾考其在亡，日銷月耗，以奉燕私之費者，蓋不知其幾何矣，而曷嘗聞其能用此錢以易敵人之首，如太祖之言哉。徒使版曹經費闕乏日甚，督促日峻，以至廢去祖宗以來破分良法，而必以十分登足爲限；以爲未足，則又造爲比較監司、郡守殿最之法，以誘脅之。於是中外承風，競爲苛急，此民力之所以重困也。





諸將之求進也，必先掊尅士卒，以殖私利，然後以此自結於陛下之私人，而蘄以姓名達於陛下之貴將。貴將得其姓名，即以付之軍中，使自什伍以上節次保明，稱其材武堪任將帥，然後具奏牘而言之陛下之前。陛下但見等級推先，案牘具備，則誠以爲公薦而可以得人矣，而豈知其諧價輸錢，已若晚唐之債帥哉？夫將者，三軍之司命，而其選置之方乖剌如此，則彼智勇材略之人，孰肯抑心下首於宦官、宮妾之門，而陛下之所得以爲將帥者，皆庸夫走卒，而猶望其修明軍政，激勸士卒，以彊國勢，豈不誤哉！

凡此六事，皆不可緩，而本在於陛下之一心。一心正則六事無不正，一有人心私欲以介乎其間，則雖欲憊精勞力，以求正夫六事者，亦將徒爲文具，而天下之事愈至於不可爲矣。

疏入，夜漏下七刻，上已就寢，亟起秉燭，讀之終篇。明日，除主管太一宮，兼崇政殿說書。熹力辭，除祕閣修撰，奉外祠。

光宗卽位，再辭職名，仍舊直寶文閣，降詔獎諭。居數月，除江東轉運副使，以疾辭，改知漳州。奏除屬縣無名之賦七百萬，減經總制錢四百萬。以習俗未知禮，采古喪葬嫁娶之儀，揭以示之，命父老解說，以敎子弟。土俗崇信釋氏，男女聚僧廬爲傳經會，女不嫁者爲庵舍以居，熹悉禁之。常病經界不行之害，會朝論欲行泉、汀、漳三州經界，熹乃訪事宜，擇人物及方量之法上之。而土居豪右侵漁貧弱者以爲不便，沮之。宰相留正，泉人也，其里黨亦多以爲不可行。布衣吳禹圭上書訟其擾人，詔且需後，有旨先行漳州經界。明年，以子喪請祠。

時史浩入見，請收天下人望，乃除熹祕閣修撰，主管南京鴻慶宮。熹再辭，詔：「論撰之職，以寵名儒。」乃拜命。除荊湖南路轉運副使，辭。漳州經界竟報罷，以言不用自劾。除知靜江府，辭，主管南京鴻慶宮。未幾，差知潭州，力辭。黃裳爲嘉王府翊善，自以學不及熹，乞召爲宮僚，王府直講彭龜年亦爲大臣言之。留正曰：「正非不知熹，但其性剛，恐到此不合，反爲累耳。」熹方再辭，有旨：「長沙巨屏，得賢爲重。」遂拜命。會洞獠擾屬郡，熹遣人諭以禍福，皆降之。申敕令，嚴武備，戢姦吏，抑豪民。所至興學校，明教化，四方學者畢至。

寧宗卽位，趙汝愚首薦熹及陳傅良，有旨赴行在奏事。熹行且辭，除煥章閣待制、侍講，辭，不許。入對，首言：「乃者，太皇太后躬定大策，陛下寅紹丕圖，可謂處之以權，而庶幾不失其正。自頃至今三月矣，或反不能無疑於逆順名實之際，竊爲陛下憂之。猶有可諉者，亦曰陛下之心，前日未嘗有求位之計，今日未嘗忘思親之懷，此則所以行權而不失其正之根本也。充未嘗求位之心，以盡負罪引慝之誠，充未嘗忘親之心，以致溫凊定省之禮，而大





倫正，大本立矣。」復面辭待制、侍講，上手箚：「卿經術淵源，正資勸講，次對之職，勿復勞辭，以副朕崇儒重道之意。」遂拜命。

會趙彥逾按視孝宗山陵，以爲土肉淺薄，下有水石。孫逢吉覆按，乞別求吉兆。有旨集議，臺史憚之，議中輟。熹竟上議狀言：「壽皇聖德，衣冠之藏，當博訪名山，不宜偏信臺史，委之水泉沙礫之中。」不報。時論者以爲上未還大內，則名體不正而疑議生；金使且來，或有窺伺。有旨修葺舊東宮，爲屋三數百間，欲徙居之。熹奏疏言：

此必左右近習倡爲此說以誤陛下，而欲因以遂其姦心。臣恐不惟上帝震怒，災異數出，正當恐懼修省之時，不當興此大役，以咈譴告警動之意；亦恐畿甸百姓饑餓流離、阽於死亡之際，或能怨望忿切，以生他變。不惟無以感格太上皇帝之心，以致未有進見之期，亦恐壽皇在殯，因山未卜，几筵之奉不容少弛，太皇太后、皇太后皆以尊老之年，煢然在憂苦之中，晨昏之養尤不可闕。而四方之人，但見陛下亟欲大治宮室，速得成就，一旦翩然委而去之，以就安便，六軍萬民之心將有扼腕不平者矣。前鑑未遠，甚可懼也。

又聞太上皇后懼忤太上皇帝聖意，不欲其聞太上之稱，又不欲其聞內禪之說，此又慮之過者。殊不知若但如此，而不爲宛轉方便，則父子之間，上怨怒而下憂恐，將何

時而已。父子大倫，三綱所繫，久而不圖，亦將有借其名以造謗生事者，此又臣之所大懼也。願陛下明詔大臣，首罷修葺東宮之役，而以其工料回就慈福、重華之間，草創寢殿一二十間，使粗可居。若夫過宮之計，則臣又願陛下下詔自責，減省輿衞，入宮之後，暫變服色，如唐肅宗之改服紫袍、執控馬前者，以伸負罪引慝之誠，則太上皇帝雖有忿怒之情，亦且霍然消散，而歡意浹洽矣。

至若朝廷之紀綱，則臣又願陛下深詔左右，勿預朝政。其實有勳庸而所得褒賞未愜衆論者，亦詔大臣公議其事，稽考令典，厚報其勞。而凡號令之弛張，人才之進退，則一委之二三大臣，使之反覆較量，勿徇己見，酌取公論，奏而行之。有不當者，繳駁論難，擇其善者稱制臨決，則不惟近習不得干預朝權，大臣不得專任己私，而陛下亦得以益明習天下之事，而無所疑於得失之算矣。

若夫山陵之卜，則願黜臺史之說，別求草澤，以營新宮，使壽皇之遺體得安於內，而宗社生靈皆蒙福於外矣。

疏入不報，然上亦未有怒熹意也。每以所講編次成帙以進，上亦開懷容納。

熹又奏勉上進德云：「願陛下日用之間，以求放心爲之本，而於玩經觀史，親近儒學，益用力焉。數召大臣，切劘治道，羣臣進對，亦賜温顏，反覆詢訪，以求政事之得失，民情之休





戚，而又因以察其人才之邪正短長，庶於天下之事各得其理。」熹奏：「禮經敕令，子爲父，嫡孫承重爲祖父，皆斬衰三年；嫡子當爲其父後，不能襲位執喪，則嫡孫繼統而代之執喪。自漢文短喪，歷代因之，天子遂無三年之喪。爲父且然，則嫡孫承重可知。人紀廢壞，三綱不明，千有餘年，莫能釐正。壽皇聖帝至性自天，易月之外，猶執通喪，朝衣朝冠皆用大布，所宜著在方册，爲萬世法程。間者，遺誥初頒，太上皇帝偶違康豫，不能躬就喪次。陛下以世嫡承大統，則承重之服著在禮律，所宜遵壽皇已行之法。一時倉卒，不及詳議，遂用漆紗淺黃之服，不惟上違禮律，且使壽皇已行之禮舉而復墜，臣竊痛之。然既往之失不及追改，唯有將來啓殯發引〔三〕，禮當復用初喪之服。」

會孝宗祔廟，議宗廟迭毀之制，孫逢吉、曾三復首請併祧僖、宣二祖，奉太祖居第一室，祫祭則正東向之位。有旨集議，僖、順、翼、宣四祖祧主，宜有所歸。自太祖皇帝首尊四祖之廟，治平間，議者以世數寖遠，請遷僖祖於夾室。後王安石等奏，僖祖有廟，與稷、契無異，請復其舊。時相趙汝愚雅不以僖祖爲然，侍從多從其說。吏部尚書鄭僑欲且祧宣祖而祔孝宗。熹以爲藏之夾室，則是以祖宗之主下藏於子孫之夾室，神宗復奉以爲始祖，已爲得禮之正，而合於人心，所謂有舉之而莫敢廢者乎。又擬爲廟制以辨，以爲物豈有無本而生者。廟堂不以聞，即毀撤僖、宣廟室，更創別廟以奉四祖。

始，寧宗之立，韓侂胄自謂有定策功，居中用事。熹憂其害政，數以爲言，且約吏部侍郎彭龜年共論之。會龜年出護使客，熹乃上疏斥言左右竊柄之失，在講筵復申言之。御批云：「憫卿耆艾，恐難立講，已除卿宮觀。」汝愚袖御筆還上，且諫且拜。內侍王德謙徑以御筆付熹，臺諫爭留，不可。樓鑰、陳傅良旋封還錄黃，修注官劉光祖、鄧馹封章交上。熹行，被命除寶文閣待制，與州郡差遣，辭。尋除知江陵府，辭，仍乞追還新舊職名，詔依舊煥章閣待制，提舉南京鴻慶宮。慶元元年初，趙汝愚既相，收召四方知名之士，中外引領望治，熹獨惕然以侂胄用事爲慮。既屢爲上言，又數以手書啓汝愚，當用厚賞酬其勞，勿使得預朝政，有「防微杜漸，謹不可忽」之語。汝愚方謂其易制，不以爲意。及是，汝愚亦以誣逐，而朝廷大權悉歸侂胄矣。

熹始以廟議自劾，不許，以疾再乞休致，詔：「辭職謝事，非朕優賢之意，依舊祕閣修撰。」二年，沈繼祖爲監察御史，誣熹十罪，詔落職罷祠，門人蔡元定亦送道州編管。四年，熹以年近七十，申乞致仕，五年，依所請。明年卒，年七十一。疾且革，手書屬其子在及門人范念德、黃榦，拳拳以勉學及修正遺書爲言。翌日，正坐整衣冠，就枕而逝。

熹登第五十年，仕於外者僅九考，立朝纔四十日。家故貧，少依父友劉子羽，寓建之崇安，後徙建陽之考亭，簞瓢屢空，晏如也。諸生之自遠而至者，豆飯藜羹，率與之共。往往





稱貸於人以給用，而非其道義則一介不取也。

自熹去國，侂胄勢益張。何澹爲中司，首論專門之學，文詐沽名，乞辨眞僞。劉德秀仕長沙，不爲張栻之徒所禮，及爲諫官，首論留正引僞學之罪。「僞學」之稱，蓋自此始。太常少卿胡紘言：「比年僞學猖獗，圖爲不軌，望宣諭大臣，權住進擬。」遂召陳賈爲兵部侍郎。未幾，熹有奪職之命。劉三傑以前御史論熹、汝愚、劉光祖、徐誼之徒，前日之僞黨，至此又變而爲逆黨。即日除三傑右正言。右諫議大夫姚愈論道學權臣結爲死黨，窺伺神器。乃命直學士院高文虎草詔諭天下，於是攻僞日急，選人余嘉至上書乞斬熹。

方是時，士之繩趨尺步，稍以儒名者，無所容其身。從游之士，特立不顧者，屏伏丘壑；依阿巽懦者，更名他師，過門不入，甚至變易衣冠，狎遊市肆，以自別其非黨。而熹日與諸生講學不休，或勸以謝遣生徒者，笑而不答。有籍田令陳景思者，故相康伯之孫也，與侂胄有姻連，勸侂胄勿爲已甚，侂胄意亦漸悔。熹既沒，將葬，言者謂：四方僞徒期會，送僞師之葬，會聚之間，非妄談時人短長，則繆議時政得失，望令守臣約束。從之。

嘉泰初，學禁稍弛。二年，詔：「朱熹已致仕，除華文閣待制，與致仕恩澤。」後侂胄死，詔賜熹遺表恩澤，謚曰文。尋贈中大夫，特贈寶謨閣直學士。理宗寶慶三年，贈太師，追封信國公，改徽國。

始，熹少時，慨然有求道之志。父松病亟，嘗屬熹曰：「籍溪胡原仲、白水劉致中、屏山劉彥沖三人，學有淵源，吾所敬畏，吾即死，汝往事之，而惟其言之聽。」三人，謂胡憲、劉勉之、劉子翬也。故熹之學既博求之經傳，復徧交當世有識之士。延平李侗老矣，嘗學於羅從彥，熹歸自同安，不遠數百里，徒步往從之。

其爲學，大抵窮理以致其知，反躬以踐其實，而以居敬爲主。嘗謂聖賢道統之傳散在方册，聖經之旨不明，而道統之傳始晦。於是竭其精力，以研窮聖賢之經訓。所著書有：易本義、啓蒙、蓍卦考誤、詩集傳、大學中庸章句、或問、論語、孟子集註、太極圖、通書、西銘解、楚辭集註、辨證、韓文考異；所編次有：論孟集議、孟子指要、中庸輯略、孝經刊誤、小學書、通鑑綱目、宋名臣言行錄、家禮、近思錄、河南程氏遺書、伊洛淵源錄，皆行於世。熹沒，朝廷以其大學、語、孟、中庸訓說立於學官。又有儀禮經傳通解未脫稿，亦在學官。平生爲文凡一百卷，生徒問答凡八十卷，別錄十卷。

理宗紹定末，祕書郎李心傳乞以司馬光、周敦頤、邵雍、張載、程顥、程頤、朱熹七人列于從祀，不報。淳祐元年正月，上視學，手詔以周、張、二程及熹從祀孔子廟。

黃榦曰：「道之正統待人而後傳，自周以來，任傳道之責者不過數人，而能使斯道章章較著者，一二人而止耳。由孔子而後，曾子、子思繼其微，至孟子而始著。由孟子而後，周、





程、張子繼其絕，至熹而始著。」識者以爲知言。

熹子在，紹定中爲吏部侍郎。

張栻字敬夫，丞相浚子也。穎悟夙成，浚愛之，自幼學，所教莫非仁義忠孝之實。長師胡宏，宏一見，即以孔門論仁親切之旨告之。栻退而思，若有得焉，宏稱之曰：「聖門有人矣。」栻益自奮厲，以古聖賢自期，作希顏錄。

以廕補官，辟宣撫司都督府書寫機宜文字，除直祕閣。時孝宗新即位，浚起謫籍，開府治戎，參佐皆極一時之選。栻時以少年，內贊密謀，外參庶務，其所綜畫，幕府諸人皆自以爲不及也。間以軍事入奏，因進言曰：「陛下上念宗社之讎恥，下閔中原之塗炭，惕然於中，而思有以振之。臣謂此心之發，即天理之所存也。願益加省察，而稽古親賢以自輔，無使其或少息，則今日之功可以必成，而因循之弊可革矣。」孝宗異其言，於是遂定君臣之契。

浚去位，湯思退用事，遂罷兵講和。金人乘間縱兵入准甸，中外大震，廟堂猶主和議，至勅諸將無得輒稱兵。時浚已沒，栻營葬甫畢，即拜疏言：「吾與金人有不共戴天之讎，異時朝廷雖嘗興縞素之師，然旋遣玉帛之使，是以講和之念未忘於胸中，而至忱惻怛之心無以感格于天人之際，此所以事屢敗而功不成也。今雖重爲羣邪所誤，以蹙國而召寇，然亦安知非天欲以是開聖心哉。謂宜深察此理，使吾胸中了然無纖芥之惑，然後明詔中外，公行賞罰，以快軍民之憤，則人心悅，士氣充，而敵不難却矣。繼今以往，益堅此志，誓不言和，專務自強，雖折不撓，使此心純一，貫徹上下，則遲以歲月，亦何功之不濟哉？」疏入，不報。

久之，劉珙薦於上，除知撫州，未上，改嚴州。時宰相虞允文以恢復自任，然所以求者類非其道，意栻素論當與己合，數遣人致殷勤，栻不答。入奏，首言：「先王所以建事立功無不如志者，以其胸中之誠有以感格天人之心，而與之無間也。今規畫雖勞，而事功不立，陛下誠深察之日用之間，念慮云爲之際，亦有私意之發以害吾之誠者乎？有則克而去之，使吾中扃洞然無所間雜，則見義必精，守義必固，而天人之應將不待求而得矣。夫欲復中原之地，先有以得中原之心，欲得中原之心，先有以得吾民之心。求所以得吾民之心者，豈有他哉？不盡其力，不傷其財而已矣。今日之事，固當以明大義、正人心爲本。然其所施有先後，則其緩急不可以不詳；所務有名實，則其取舍不可以不審，此又明主所宜深察也。」

明年，召爲吏部侍郎〔四〕，兼權起居郎侍立官。時宰方謂敵勢衰弱可圖，建議遣泛使往





責陵寢之故，士大夫有憂其無備而召兵者，輒斥去之。栻見上，上曰：「卿知敵國事乎？」栻對曰：「不知也。」上曰：「金國饑饉連年，盜賊四起。」栻曰：「金人之事，臣雖不知，境中之事，則知之矣。」上曰：「何也？」栻曰：「臣切見比年諸道多水旱，民貧日甚，而國家兵弱財匱，官吏誕謾，不足倚賴。正使彼實可圖，臣懼我之未足以圖彼也。」上爲默然久之。栻因出所奏疏讀之曰：「臣竊謂陵寢隔絕，誠臣子不忍言之至痛，然今未能奉辭以討之，又不能正名以絕之，乃欲卑詞厚禮以求於彼，則於大義已爲未盡。而異論者猶以爲憂，則其淺陋畏怯，固益甚矣。然臣竊揆其心意，或者亦有以見我未有必勝之形，而不能不憂也歟。蓋必勝之形，當在於早正素定之時，而不在於兩陣決機之日。」上爲竦聽改容。栻復讀曰：「今日但當下哀痛之詔，明復讎之義，顯絕金人，不與通使。然後修德立政，用賢養民，選將帥，練甲兵，通內修外攘、進戰退守以爲一事，且必治其實而不爲虛文，則必勝之形隱然可見，雖有淺陋畏怯之人，亦且奮躍而爭先矣。」上爲歎息襃諭，以爲前始未聞此論也。其後因賜對反復前說，上益嘉歎，面諭：「當以卿爲講官，冀時得晤語也。」

會史正志爲發運使，名爲均輸，實盡奪州縣財賦，遠近騷然，士大夫爭言其害，栻亦以爲言。上曰：「正志謂但取之諸郡，非取之於民也。」栻曰：「今日州郡財賦大抵無餘，若取之不已，而經用有闕，不過巧爲名色以取之於民耳。」上矍然曰：「如卿之言，是朕假手於發運

使以病吾民也。」旋閱其實，果如栻言，卽詔罷之。

兼侍講，除左司員外郎。講詩葛覃，進說：「治生於敬畏，亂起於驕淫。使爲國者每念稼穡之勞，而其后妃不忘織紝之事，則心不存者寡矣。」因上陳祖宗自家刑國之懿，下斥今日興利擾民之害。上歎曰：「此王安石所謂『人言不足恤』者，所以爲誤國也。」

知閤門事張說除簽書樞密院事，栻夜草疏極諫其不可，且詣朝堂，質責宰相虞允文曰：「宦官執政，自京、黼始，近習執政，自相公始。」允文慙憤不堪。栻復奏：「文武誠不可偏，然今欲右武以均二柄，而所用乃得如此之人，非惟不足以服文吏之心，正恐反激武臣之怒。」孝宗感悟，命得中寢。然宰相實陰附說，明年出栻知袁州，申說前命，中外諠譁，說竟以謫死。

栻在朝未期歲，而召對至六七，所言大抵皆修身務學，畏天恤民，抑僥倖，屏讒諛，於是宰相益憚之，而近習尤不悅。退而家居累年，孝宗念之，詔除舊職，知靜江府，經略安撫廣南西路。所部荒殘多盜，栻至，簡州兵，汰冗補闕，籍諸州黥卒伉健者爲效用，日習月按，申嚴保伍法。諭溪峒酋豪弭怨睦鄰，毋相殺掠，於是羣蠻帖服。朝廷買馬橫山，歲久弊滋，邊氓告病，而馬不時至。栻究其利病六十餘條，奏革之，諸蠻感悅，爭以善馬至。

孝宗聞栻治行，詔特進秩，直寶文閣，因任。尋除祕閣修撰、荆湖北路轉運副使。改知江陵府，安撫本路。一日去貪吏十四人。湖北多盜，府縣往往縱釋以病良民，栻首劾大吏



之縱賊者，捕斬姦民之舍賊者，令其黨得相捕告以除罪，羣盜皆遁去。郡瀕邊屯，主將與帥守每不相下，栻以禮遇諸將，得其驩心，又加恤士伍，勉以忠義，隊長有功輒補官，士咸感奮。並淮姦民出塞爲盜者，捕得數人，有北方亡奴亦在盜中。栻曰：「朝廷未能正名討敵，無使疆埸之事其曲在我。」命斬之以徇於境，而縛其亡奴歸之。北人歎曰：「南朝有人。」

信陽守劉大辯怙勢希賞，廣招流民，而奪見戶熟田以與之。栻劾大辯詐諼，所招流民不滿百，而虛增其數十倍，請論其罪，不報。章累上，大辯易他郡，栻自以不得其職求去，詔以右文殿修撰提舉武夷山沖佑觀。病且死，猶手疏勸上親君子遠小人，信任防一己之偏，好惡公天下之理。天下傳誦之。栻有公輔之望，卒時年四十有八。孝宗聞之，深爲嗟悼，四方賢士大夫往往出涕相弔，而江陵、靜江之民尤哭之哀。嘉定間，賜謚曰宣。淳祐初，詔從祀孔子廟。

栻爲人表裏洞然，勇於從義，無毫髮滯吝。每進對，必自盟於心，不可以人主意悅輒有所隨順。孝宗嘗言伏節死義之臣難得，栻對：「當於犯顏敢諫中求之。若平時不能犯顏敢諫，他日何望其伏節死義？」孝宗又言難得辦事之臣，栻對：「陛下當求曉事之臣，不當求辦事之臣。若但求辦事之臣，則他日敗陛下事者，未必非此人也。」栻自言：前後奏對忤上旨雖多，而上每念之，未嘗加怒者，所謂可以理奪云爾。



其遠小人尤嚴。爲都司日，肩輿出，遇曾覿，覿舉手欲揖，栻急掩其窗櫺，覿慙，手不得下。所至郡，暇日召諸生告語。民以事至庭，必隨事開曉。具爲條敎，大抵以正禮俗、明倫紀爲先。斥異端，毀淫祠，而崇社稷山川古先聖賢之祀，舊典所遺，亦以義起也。

栻聞道甚早，朱熹嘗言：「己之學乃銖積寸累而成，如敬夫，則於大本卓然先有見者也。」所著論語孟子說、太極圖說、洙泗言仁、諸葛忠武侯傳、經世紀年[五]，皆行于世。栻之言曰：「學莫先於義利之辨。義者，本心之當爲，非有爲而爲也。有爲而爲，則皆人欲，非天理。」此栻講學之要也。

子焯。

## 校勘記

[一] 或反出入其門牆 「入」字原脫，據朱熹朱文公文集卷一一庚子應詔封事、黃榦黃勉齋先生文集卷八朱先生行狀補。

[二] 然後舉而加之於位 「舉」字原脫，據朱文公文集卷一一戊申封事、同上朱先生行狀補。

[三] 唯有將來啓殯發引 原脫「唯」字，據朱文公文集卷一四乞討論喪服箚子、同上朱先生行狀補。

[四] 吏部侍郎 朱文公文集卷八九張栻神道碑、楊萬里誠齋集卷一一五張左司傳皆作「吏部員外



郎」，此處「侍郎」當爲「員外郎」之誤。

[五] 經世紀年 朱文公文集卷八九張栻神道碑、誠齋集卷一一五張左司傳都作「經世編年」。

# 宋史卷四百三十

## 列傳第一百八十九

### 道學四 朱氏門人

黃榦　李燔　張洽　陳淳　李方子　黃灝

黃榦字直卿，福州閩縣人。父瑀，在高宗時爲監察御史，以篤行直道著聞。瑀沒，榦往見清江劉清之，清之奇之，曰：「子乃遠器，時學非所以處子也。」因命受業朱熹。榦家法嚴重，乃以白母，卽日行。時大雪，旣至而熹它出，榦因留客邸，臥起一榻，不解衣者二月，而熹始歸。榦自見熹，夜不設榻，不解帶，少倦則微坐，一倚或至達曙。熹語人曰：「直卿志堅思苦，與之處甚有益。」嘗詣東萊呂祖謙，以所聞於熹者相質正。及廣漢張栻亡，熹與榦書曰：「吾道益孤矣，所望於賢者不輕。」後遂以其子妻榦。

寧宗卽位，熹命榦奉表，補將仕郎，銓中，授迪功郎，監台州酒務。丁母憂，學者從之講



學于墓廬甚衆。熹作竹林精舍成，遺榦書，有「它時便可請直卿代卽講席」之語。及編禮書，獨以喪、祭二編屬榦，稿成，熹見而喜曰：「所立規模次第，縝密有條理，它日當取所編家鄉、邦國、王朝禮，悉倣此更定之。」病革，以深衣及所著書授榦，手書與訣曰：「吾道之託在此，吾無憾矣。」訃聞，榦持心喪三年畢，調監嘉興府石門酒庫。

時韓侂胄方謀用兵，吳獵帥湖北，將赴鎭，訪以兵事。榦曰：「聞議者謂今天下欲爲大舉深入之謀，果爾，必敗。此何時而可進取哉？」獵雅敬榦名德，辟爲荆湖北路安撫司激賞酒庫兼準備差遣，事有未當，必輸忠款力爭。

江西提舉常平趙希懌、知撫州高商老辟爲臨川令，歲旱，勸糶捕蝗極其力。改知新淦縣，吏民習知臨川之政，皆喜，不令而政行。以提舉常平、郡太守薦，擢監尙書六部門，未上，改差通判安豐軍。淮西帥司檄榦鞫和州獄，獄故以疑未決，榦釋囚桎梏飮食之，委曲審問無所得。一夜，夢井中有人，明日呼囚詰之曰：「汝殺人，投之於井，我悉知之矣，胡得欺我。」囚遂驚服，果於廢井得尸。

尋知漢陽軍。値歲饑，糴客米、發常平以振。制置司下令，欲移本軍之粟而禁其糴，榦報以乞候榦罷然後施行，及援鄂州例，十之一告糴於制司。荒政具舉。旁郡飢民輻湊，惠撫均一，春暖願歸者給之糧，不願者結廬居之，民大感悅。所至以重庠序，先敎養。其在漢陽，



卽郡治後鳳栖山爲屋，館四方士，立周、程、游、朱四先生祠。以病乞祠，主管武夷沖祐觀。

尋起知安慶府，至則金人破光山，而沿邊多警。安慶去光山不遠，民情震恐。乃請于朝，城安慶以備戰守，不俟報，卽日興工。城分十二料，先自築一料，計其工費若干，然後委官吏、寓公、士人分料主之。役民兵五千人，人役九十日，而計人戶產錢起丁夫，通役二萬夫，人十日而罷。役者更番，暑月月休六日，日午休一時，至秋漸殺其半。榦日以五鼓坐于堂，濠砦官入聽命，以一日成算授之：役某鄉民兵若干，某鄉人夫若干；分布於某人料分，或搬運某處土木，應副某料使用；某料民兵人夫合當更代，合散幾日錢米。俱受命畢，乃治府事，理民訟，接賓客，閱士卒，會僚佐講究邊防利病，次則巡城視役，晚入書院講論經史。築城之杵，用錢監未鑄之鐵，事畢還之。城成，會上元日張燈，士民扶老攜幼，往來不絕。有老嫗百歲，二子輿之，諸孫從，至府致謝。榦禮之，命具酒炙，且勞以金帛。嫗曰：「老婦之來，爲一郡生靈謝耳，太守之賜非所冀也。」不受而去。是歲大旱，榦祈輒雨，或未出，晨興登郡閣，望灊山再拜，雨卽至。後二年，金人破黃州沙窩諸關，淮東、西皆震，獨安慶按堵如故。繼而霖潦餘月，巨浸暴至，城屹然無虞。舒人德之，相謂曰：「不殘于寇，不滔于水，生汝者黃父也。」



制置李珏辟爲參議官，再辭不受。旣而朝命與徐僑兩易和州，且令先赴制府稟議，榦卽日解印趨制府。和州人日望其來，曰：「是嘗檄至吾郡鞫死囚、感夢於井中者，庶能直吾屈乎。」

先是，榦移書珏曰：「丞相誅韓之後，懲意外之變，專用左右親信之人，往往得罪於天下公議。世之君子遂從而歸咎於丞相，丞相不堪其咎，斷然逐去之，而左右親信者其用愈專矣。平居無事，紀綱紊亂，不過州縣之間，百姓受禍。至於軍政不修，邊備廢弛，皆此曹爲之，若今大敵在境，更不改圖，大事去矣。今日之急，莫大於此。」又曰：「今日之計，莫若用兩淮之人，食兩淮之粟，守兩淮之地。然其策當先明保伍，保伍旣明，則爲之立堡砦，蓄馬、制軍器以資其用，不過累月，軍政可成。且淮民遭丙寅之厄，今聞金人遷汴，莫不狼顧脅息，有棄田廬、挈妻子渡江之意，其間勇悍者，且將伺變竊發。向日胡海、張軍之變，爲害甚於金，今若不早爲之圖，則兩淮日見荒墟，卒有警急，攘臂而起矣。」珏皆不能用。

及至制府，珏往惟揚視師，與偕行，榦言：「敵旣退，當思所以賞功罰罪者。崔惟揚能於清平山豫立義砦，斷金人右臂，方儀眞能措置捍禦，不使軍民倉皇奔軼，此二人者當薦之。泗上之敗，劉倬可斬也。某州官吏三人擕家奔竄，追而治之，然後具奏可也。」其時幕府書館皆輕儇浮靡之士，僚吏士民有獻謀畫，多爲毀抹疏駁。將帥偏裨，人心不附，所向無功。流

移滿道，而諸司長吏張宴無虛日。榦知不足與共事，歸自惟揚，再辭和州之命，仍乞祠，閉閤謝客，宴樂不與。乃復告珏曰：

浮光敵退已兩月，安豐已一月，盱眙亦將兩旬，不知吾所措置者何事，所施行者何策。邊備之弛，又甚於前，日復一日，恬不知懼，恐其禍又不止今春矣。

向者輕信人言，爲泗上之役，喪師萬人。良將勁卒、精兵利器，不戰而淪於泗水，黄團老幼，俘虜殺戮五六千人，盱眙東西數百里，莽爲丘墟。安豐、浮光之事大率類此。切意千乘言旋，必痛自咎責，出宿于外，大戒于國，曰：「此吾之罪也，有能箴吾失者，疾入諫。」日與僚屬及四方賢士討論條畫，以爲後圖。今歸已五日矣，但聞請總領、運使至玉麟堂賞牡丹，用妓樂，又聞總領、運使請宴賞亦然，又聞宴僚屬亦然。邦人諸軍聞之，豈不痛憤。且視牡丹之紅豔，豈不思邊庭之流血；視管絃之啁啾，豈不思老幼之哀號；視棟宇之宏麗，豈不思士卒之暴露；視飲饌之豐美，豈不思流民之凍餒。敵國深侵，宇內騷動，主上食不甘味，聽朝不怡；大臣憂懼，不知所出。尚書豈得不朝夕憂懼，而乃如是之迂緩暇逸耶！

今浮光之報又至矣，金欲以十六縣之衆，四月攻浮光，侵五關，且以一縣五千人爲率，則當有八萬人攻浮光，以萬人刈吾麥，以五萬人攻吾關。吾之守關不過五六百人，





豈能當萬人之衆哉？則關之不可守決矣。五關失守，則蘄、黄決不可保；蘄、黄不保，則江南危。尚書聞此亦已數日，乃不聞有所施行，何耶？

其它言皆激切，同幕忌之尤甚，共詆排之。厥後光、黄、蘄繼失，果如其言。遂力辭去，請祠不已。

俄再命知安慶，不就，入廬山訪其友李燔、陳宓，相與盤旋玉淵、三峽間，俛仰其師舊跡，講乾、坤二卦於白鹿書院，山南北之士皆來集。未幾，召赴行在所奏事，除大理丞，不拜，爲御史李楠所劾。

初，榦入荆湖幕府，奔走諸關，與江、淮豪傑游，而豪傑往往願依榦。及倅安豐、武定，諸將皆歸心焉。後倅建康，守漢陽，聲聞益著。諸豪又深知榦倜儻有謀，及來安慶，且兼制幕，長淮軍民之心，翕然相向。此聲既出，在位者益忌，且慮榦入見必直言邊事，以悟上意，至是羣起擠之。

榦遂歸里，弟子日盛，巴蜀、江、湖之士皆來，編禮著書，日不暇給，夜與之講論經理，亹亹不倦，借鄰寺以處之，朝夕往來，質疑請益如熹時。俄命知潮州，辭不行，差主管亳州明道宮，踰月遂乞致仕，詔許之，特授承議郎。既沒後數年，以門人請謚，又特贈朝奉郎，與一子下州文學，謚文肅。有經解、文集行于世。

李燔字敬子，南康建昌人。少孤，依舅氏。中紹熙元年進士第，授岳州教授，未上，往建陽從朱熹學。熹告以曾子弘毅之語，且曰：「致遠固以毅，而任重貴乎弘也。」燔退，以「弘」名其齋而自儆焉。至岳州，教士以古文六藝，不因時好，且曰：「古之人皆通材，用則文武兼焉。」即武學諸生文振而識高者拔之，闢射圃，令其習射，廩老將之長於藝者，以率偷惰。以祖母卒，解官承重而歸。

改襄陽府教授。復往見熹，熹嘉之，凡諸生未達者先令訪燔，俟有所發，乃從熹折衷，諸生畏服。熹謂人曰：「燔交友有益，而進學可畏，且直諒樸實，處事不苟，它日任斯道者必燔也。」熹沒，學禁嚴，燔率同門往會葬，視封窆，不少怵。及詔訪遺逸，九江守以燔薦，召赴都堂審察，辭，再召，再辭。郡守請爲白鹿書院堂長，學者雲集，講學之盛，它郡無與比。

除大理司直，辭，尋添差江西運司幹辦公事，江西帥李珏、漕使王補之交薦之。會洞寇作亂，帥、漕議平之，而各持其說。燔徐曰：「寇非吾民耶？豈必皆惡。然其如是，誠以吾有司貪刻者激之，及將校之邀功者逼成之耳。反是而行之，則皆民矣。」帥、漕曰：「幹辦議是。誰可行者？」燔請自往，乃駐兵萬安，會近洞諸巡尉，察隅保之尤無良者易置之，分兵守險，





馳辯士諭賊逆順禍福，寇皆帖服。

洪州地下，異時贛江漲而隄壞，久雨輒澇，燔白于帥、漕修之，自是田皆沃壤。漕司以十四界會子新行，價日損，乃視民稅產物力，各藏會子若干，官爲封識，不時點閱，人愛重之則價可增，慢令者黥籍，而民譸張，持空券益不售。燔與國子學錄李誠之力爭不能止。燔又入箚爭之曰：「錢荒楮湧，子母不足以相權，不能行楮者，由錢不能權之也。楮不行而抑民藏之，是棄物也。誠能節用，先穀粟之實務，而不取必於楮幣，則楮幣爲實用矣。」箚入，漕司即弛禁，詣燔謝。燔又念社倉之置，僅貸有田之家，而力田之農不得沾惠，遂倡議裒穀創社倉，以貸佃人。

有旨改官，通判潭州，辭，不許。眞德秀爲長沙帥，一府之事咸咨燔。不數月，辭歸。當是時，史彌遠當國，廢皇子竑，燔以三綱所關，自是不復出矣。眞德秀及右史魏了翁薦之，差權通判隆興府，江西帥魏大有辟充參議官，皆辭，乃以直祕閣主管慶元至道宮。燔自惟居閒無以報國，乃薦崔與之、魏了翁、眞德秀、陳宓、鄭寅、楊長孺、丁黼、葉宰、龔維藩、徐僑、劉宰、洪咨夔于朝。

紹定五年，帝論及當時高士累召不起者，史臣李心傳以燔對，且曰：「燔乃朱熹高弟，經術行義亞黄榦，當今海內一人而已。」帝問今安在，心傳對曰：「燔，南康人，先帝以大理司直

召，不起，比乞致仕。陛下誠能彊起之，以置講筵，其裨聖學豈淺淺哉。」帝然其言，終不召也。九江蔡念成稱燔心事有如秋月。燔卒，年七十，贈直華文閣，謚文定，補其子舉下州文學。

燔嘗曰：「凡人不必待仕宦有位爲職事，方爲功業，但隨力到處有以及物，卽功業矣。」又嘗曰：「仕宦至卿相，不可失寒素體。夫子無入不自得者，正以磨挫驕奢，不至居移氣、養移體。」因誦古語曰：「分之所在，一毫躋攀不上，善處者退一步耳。」故燔處貧賤患難若平素，不爲動，被服布素，雖貴不易。入仕凡四十二年，而歷官不過七考。居家講道，學者宗之，與黃榦並稱曰「黃、李」。

孫鏞，登進士第。

張洽字元德，臨江之淸江人。父紱，第進士。洽少穎異，從朱熹學，自六經傳注而下，皆究其指歸，至於諸子百家、山經地志、老子浮屠之說，無所不讀。嘗取管子所謂「思之思之，又重思之，思之不通，鬼神將通之」之語，以爲窮理之要。熹嘉其篤志，謂黃榦曰：「所望以永斯道之傳，如二三君者不數人也。」



時行社倉法，洽請於縣，貸常平米三百石，建倉里中，六年而歸其本於官，鄉人利之。嘉定元年中第，授松滋尉。湖右經界不正，弊日甚，洽請行推排法，令以委洽。洽於是令民自實其土地疆界產業之數投于匱，乃籌覈而次第之，吏姦無所匿。其後十餘年，訟者猶援以爲證云。

改袁州司理參軍。有大囚，訊之則服，尋復變異，且力能動搖官吏，累年不決，而逮繫者甚衆。洽以白提點刑獄，殺之。有盜黠甚，辭不能折。會獄有兄弟爭財者，洽諭之曰：「訟于官，祇爲胥吏之地，且冒法以求勝，孰與各守分以全手足之愛乎？」辭氣懇切，訟者感悟。盜聞之，自伏。民有殺人，賄其子焚之，居數年，事敗，洽治其獄無狀，憂之，且白郡委官體訪。俄夢有人拜于庭，示以傷痕在脅。翌日，委官上其事，果然。

郡守以倉廩虛，籍倉吏二十餘家，命洽鞫之，洽廉知爲都吏所賣。都吏者，州之巨蠹也，嘗干於倉不獲，故以此中之。洽度守意銳未可嬰，姑繫之，而密令計倉庾所入以白守曰：「君之籍二十餘家者，以胥吏也。今校數歲之中所入，已豐於昔，由是觀之，胥吏妄矣。君必不忍受胥吏之妄，而籍無罪之家也。若以罪胥吏，過乃可免。」守悟，爲罷都吏，而免所籍之家。

知永新縣。一日謁告，聞獄中榜笞聲，蓋獄吏受賕，乘間訊囚使誣服也。洽大怒，亟執



付獄，明日以上于郡，黥之。湖南郴寇作亂，與縣接壤，民大恐。洽單車以往，邑佐、寓士交諫，弗聽。至則寇未嘗至，乃延見隅官，訪利害而犒之，因行安福境上，結約士豪，得其懽心。未幾，南安舒寇將犯境，聞有備，乃去。

以江東提舉常平薦，通判池州。獄有張德脩者，誤蹴人以死，獄吏誣以故殺，洽訊而疑之，請再鞫，守不聽。會提點常平袁甫至，時方大旱，禱不應，洽言于甫曰：「漢、晉以來，濫刑而致旱，伸冤而得雨，載於方册可攷也。今天大旱，焉知非由德脩事乎？」甫爲閱款狀於獄，德脩遂從徒罪。復白郡請蠲征稅，寬催科，以召和氣，守爲寬稅。三日果大雨，民甚悅。洽數以病請祠，至是主管建昌仙都觀，以慶壽恩賜緋衣、銀魚。

時袁甫提點江東刑獄，甫以白鹿書院廢弛，招洽爲長。洽曰：「嘻，是先師之迹也，其可辭！」至則選好學之士日與講說，而汰其不率教者。凡養士之田乾沒於豪右者復之。學興，卽謝病去。

端平初，大臣多薦洽，召赴都堂審察，洽以疾不赴，乃除祕書郎，尋遷著作佐郎。度正、葉味道在經幄，帝數問張洽何時可到，將以說書待洽，洽固辭，遂除直祕閣，主管建康崇禧觀。嘉熙元年，以疾乞致仕，十月卒，年七十七。

洽自少用力於敬，故以「主一」名齋。平居不異常人，至義所當爲，則勇不可奪。居閒不



言朝廷事，或因災異變故，輒顰蹙不樂，及聞一君子進用，士大夫直言朝廷得失，則喜見顏色。所交皆名士，如呂祖儉、黃榦、趙崇憲、蔡淵、吳必大、輔廣、李道傳、李燔、葉味道、李閎祖、李方子、柴中行、眞德秀、魏了翁、李亶、趙汝讜、陳貴誼、杜孝嚴、度正、張嗣古，皆敬慕之。卒後一日，有旨除直寶章閣。所著書有春秋集注、春秋集傳、左氏蒙求、續通鑑長編事略、歷代郡縣地理沿革表、文集。

子爕、㮒，賜同進士出身。

陳淳字安卿，漳州龍溪人。少習舉子業，林宗臣見而奇之，且曰：「此非聖賢事業也。」因授以近思錄，淳退而讀之，遂盡棄其業焉。及朱熹來守其鄉，淳請受教，熹曰：「凡閱義理，必窮其原，如爲人父何故止於慈，爲人子何故止於孝，其他可類推也。」淳聞而爲學益力，日求其所未至。熹數語人以「南來，吾道喜得陳淳」，門人有疑問不合者，則稱淳善問。後十年，淳復往見熹，陳其所得，時熹已寢疾，語之曰：「如公所學，已見本原，所闕者下學之功爾。」自是所聞皆要切語，凡三月而熹卒。

淳追思師訓，痛自裁抑，無書不讀，無物不格，日積月累，義理貫通，洞見條緒。故其言

太極曰：「太極只是理，理本圓，故太極之體渾淪。以理言，則自末而本，自本而末，一聚一散，而太極無所不極其至。自萬古之前與萬古之後，無端無始，此渾淪太極之全體也。自其沖漠無朕，而天地萬物皆由是出，及天地萬物既由是出，又復沖漠無朕，此渾淪無極之妙用也。聖人一心渾淪太極之全體，而酬酢萬變，無非太極流行之用。學問工夫，須從萬事萬物中貫過，湊成一渾淪大本，又於渾淪大本中散爲萬事萬物，使無少窒礙，然後實體得渾淪至極者在我，而大用不差矣。」

其言仁曰：「仁只是天理生生之全體，無表裏、動靜、隱顯、精粗之間，惟此心純是天理之公，而絕無一毫人欲之私，乃可以當其名。若一處有病痛，一事有欠闕，一念有間斷，則私意行而生理息，即頑痺不仁矣。」

其語學者曰：「道理初無玄妙，只在日用人事間，但循序用功，便自有見。所謂『下學上達』者，須下學工夫到，乃可從事上達，然不可以此而安於小成也。夫盈天地間千條萬緒，是多少人事；聖人大成之地，千節萬目，是多少功夫。惟當開拓心胸，大作基址。須萬理明徹於胸中，將此心放在天地間一例看，然後可以語孔、孟之樂。須明三代法度，通之於當今而無不宜，然後爲全儒，而可以語王佐事業。須運用酬酢，如探諸囊中而不匱，然後爲資之深，取之左右逢其原，而眞爲己物矣。至於以天理人欲分數而驗賓主進退之幾，如好好色，





惡惡臭，而爲天理人欲強弱之證，必使之於是非非如辨黑白，如遇鏌鎁，不容有騎牆不決之疑，則雖艱難險阻之中，無不從容自適，夫然後爲知之至而行之盡。」此語又中學者膏肓，而示以標的也。

淳性孝，母疾亟，號泣于天，乞以身代。弟妹未有室家者，皆婚嫁之。葬宗族之喪無歸者。居鄉不沽名徇俗，恬然退守，若無聞焉。然名播天下，世雖不用，而憂時論事，感慨動人，郡守以下皆禮重之，時造其廬而請焉。

嘉定十年〔一〕，待試中都，歸過嚴陵〔二〕，郡守鄭之悌率僚屬延講郡庠。淳歎陸學張王〔三〕，學問無源，全用禪家宗旨，認形氣之虛靈知覺爲天理之妙，不由窮理格物，而欲徑造上達之境，反託聖門以自標榜。遂發明吾道之體統，師友之淵源，用功之節目，讀書之次序，爲四章以示學者。明年，以特奏恩授迪功郎、泉州安溪主簿，未上而沒，年六十五。其所著有語孟大學中庸口義、字義詳講，禮、詩、女學等書，門人錄其語，號筠谷瀨口金山所聞。

李方子字公晦，昭武人。少博學能文，爲人端謹純篤。初見朱熹，謂曰：「觀公爲人，自是寡過，但寬大中要規矩，和緩中要果決。」遂以「果」名齋。長遊太學，學官李道傳折官位輩行具刺就謁。

嘉定七年，廷對擢第三，調泉州觀察推官。適眞德秀來爲守，以師友禮之，郡政大小咸咨焉。暇則辨論經訓，至夜分不倦。故事，秩滿必先通書廟堂乃除，方子曰：「以書通，是求也。」時丞相彌遠聞之怒，踰年始除國子錄。無何，將選入宮僚，而方子不少貶以求合。或告彌遠曰：「此眞德秀黨也。」使臺臣劾罷之。

方子既歸，學者畢集，危坐竟日，未始傾側，對賓客一語不妄發，雖奴隸亦不加詬詈，然常嚴憚之。嘗語人曰：「吾於問學雖未能周盡，然幸於大本有見處，此心常覺泰然，不爲物欲所漬爾。」其亡也，天子閔之，與一子恩澤。

黃灝字商伯，南康都昌人。幼敏悟彊記，肄業荆山僧舍三年，入太學，擢進士第。教授隆興府，知德化縣，以興學校、崇政化爲本。歲饑，行振給有方。王藺、劉穎薦于朝，除登聞鼓院。光宗即位，遷太常寺簿，論今禮教廢闕，請敕有司取政和冠昏喪葬儀，及司馬光、高閌等書參訂行之。

除太府寺丞，出知常州，提舉本路常平。秀州海鹽民伐桑柘，毀屋廬，莩殣盈野，或食





其子持一臂行乞，而州縣方督促逋欠，灝見之蹙然。時有旨倚閣夏稅，遂奏乞并閣秋苗，不俟報行之。言者罪其專，移居筠州，已而寢謫命，止削兩秩，而從其蠲閣之請。

灝既歸里，幅巾深衣，騎驢匡山間，若素隱者。起知信州，改廣西轉運判官，移廣東提點刑獄，告老不赴，卒。

灝性行端飭，以孝友稱。朱熹守南康，灝執弟子禮，質疑問難。熹之沒，黨禁方厲，灝單車往赴，徘徊不忍去者久之。

## 校勘記

〔一〕嘉定十年　「十」原作「九」。按陳淳門人陳沂所撰敘述稱「歲在丁丑，待試中都」，陳宓北溪先生主簿陳公墓誌銘稱「嘉定丁丑，以特試寓中都」（以上均見北溪全集外集），丁丑當嘉定十年，今據改。

〔二〕歸過嚴陵　「過」原作「遇」，據陳沂敘述改。

〔三〕淳歎陸學張王　「學」字原無，據陳沂敘述補。按：「陸學」指陸象山（九淵）之學，「張王」二字蓋去聲，義爲壯大、興旺，又作「張旺」。陳淳曾說「頗聞浙間年來象山之學頗旺……及來嚴陵山峽間，覺士風尤陋」（北溪全集第四門卷十一與李公晦），又說「江西禪學（按指陸學）一派苗脈，頗張旺於此山峽之間」（同上卷十二與趙司直季仁）。

二十四史

元　脱脱　等撰

# 宋史

第三七册

卷四三一至卷四四五（傳）

中華書局

中華書局

# 宋史卷四百三十一

## 列傳第一百九十

### 儒林一

聶崇義　邢昺　孫奭　王昭素　孔維　孔宜　崔頌子曒　尹拙
田敏　辛文悅　李覺　崔頤正弟偓佺　李之才

聶崇義，河南洛陽人。少舉三禮，善禮學，通經旨。漢乾祐中，累官至國子禮記博士，校定公羊春秋，刊板于國學。周顯德中，累遷國子司業兼太常博士。先是，世宗以郊廟祭器止由有司相承製造，年代浸久，無所規式，乃命崇義檢討摹畫以聞。四年，崇義上之，乃命有司別造焉。

五年，將禘於太廟，言事者以宗廟無祧室，不當行禘祫之禮。崇義援引故事上言，其略曰：「魏明帝以景初三年正月上仙，至五年二月祫祭，明年又禘，自茲後以五年爲禘。且魏



以武帝爲太祖，至明帝始三帝，未有毀主而行禘祫。其證一也。宋文帝元嘉六年，祠部定十月三日大祠，其太學博士議云：案禘祫之禮，三年一，五年再。宋高祖至文帝裁亦三帝，未有毀主而行禘祫。其證二也。梁武帝用謝廣議，三年一禘，五年一祫，謂之大祭，禘祭以夏，祫祭以冬。且梁武乃受命之君，裁追尊四朝而行禘祫，則知祭者是追養之道，以時移節變，孝子感而思親，故薦以首時，祭以仲月，間以禘祫，序以昭穆，乃禮之經也，非關宗廟備與未備。其證三也。」終從崇義之議。

未幾，世宗詔崇義參定郊廟祭玉，又詔翰林學士竇儼統領之。崇義因取三禮圖再加考正，建隆三年四月表上之，儼爲序。太祖覽而嘉之，詔曰：「禮器禮圖，相承傳用，寖歷年祀，寧免差違。聶崇義典事國庠，服膺儒業，討尋故實，刊正疑訛，奉職效官，有足嘉者。崇義宜量與酬奬，所進三禮圖，宜令太子詹事尹拙集儒學三五人更同參議，所冀精詳，苟有異同，善爲商確。」五月，賜崇義紫袍、犀帶、銀器、繒帛以奬之。拙多所駁正，崇義復引經以釋之，悉以下工部尚書竇儀，俾之裁定。儀上奏曰：「伏以聖人制禮，垂之無窮，儒者據經，所傳或異，年祀寖遠，圖繪缺然，踳駮彌深，丹青靡據。聶崇義研求師說，耽味禮經，較於舊圖，良有新意。尹拙爰承制旨，能罄所聞。尹拙駁議及聶崇義答義各四卷，臣再加詳閱，隨而裁置，率用增損，列於注釋，共分爲十五卷以聞。」詔頒行之。

拙、崇義復陳祭玉鼎釜異同之說，詔下中書省集議。吏部尚書張昭等奏議曰：

按聶崇義稱：祭天蒼璧九寸圓好，祭地黃琮八寸無好，圭、璋、琥並長九寸。自言周顯德三年與田敏等按周官玉人之職及阮諶、鄭玄舊圖，載其制度。

臣等按周禮玉人之職，只有「璧琮九寸」、「瑑琮八寸」及「璧羨度尺、好三寸以爲度」之文，卽無蒼璧、黃琮之制。兼引注有爾雅「肉倍好」之說，此卽是注「璧羨度」之文，又非蒼璧之制。又詳鄭玄自注周禮，不載尺寸，豈復別作畫圖，違經立異？四部書目內有三禮圖十二卷，是隋開皇中敕禮官修撰，其圖第一、第二題云「梁氏」，第十後題云「鄭氏」，又稱不知梁氏、鄭氏名位所出。今書府有三禮圖，亦題「梁氏、鄭氏」，不言名位。厥後有梁正者，集前代圖記更加詳議，題三禮圖曰：「陳留阮士信受禮學於潁川綦毋君〔一〕，取其說爲圖三卷，多不按禮文而引漢事，與鄭君之文違錯。」正删爲二卷，其阮士信卽諶也。如梁正之言，可知諶之紕謬。兼三卷禮圖删爲二卷，應在今禮圖之內，亦無改祭玉之說。

臣等參詳自周公制禮之後，叔孫通重定以來，禮有緯書，漢代諸儒頗多著述，討尋祭玉，並無尺寸之說。魏、晉之後，鄭玄、王肅之學各有生徒，三禮、六經無不論說，檢其書亦不言祭玉尺寸。臣等參驗畫圖本書，周公所說正經不言尺寸，設使後人謬爲





之說，安得便入周圖？知崇義等以諸侯入朝獻天子夫人之琮璧以爲祭玉，又配合「羨度」、「肉好」之言，彊爲尺寸，古今大禮，順非改非，於理未通。

又據尹拙所述禮神之六玉，稱取梁桂州刺史崔靈恩所撰三禮義宗內「昊天及五精帝圭、璧、琮、璜皆長尺二寸，以法十二時；祭地之琮長十寸，以傚地之數」。又引白虎通云：「方中圓外曰璧，圓中方外曰琮。」崇義非之，以爲靈恩非周公之才，無周公之位，一朝撰述，便補六玉闕文，尤不合禮。

臣等竊以劉向之論洪範，王通之作元經，非必挺聖人之姿，而居上公之位，有益於教，不爲斐然。臣等以靈恩所撰之書，聿稽古訓，祭玉以十二爲數者，蓋天有十二次，地有十二辰，日有十二時，封山之玉牒十二寸，圜丘之籩豆十二列，天子以鎭圭外守，宗后以大琮內守，皆長尺有二寸。又祼圭尺二寸，王者以祀宗廟。若人君親行之郊祭，登壇酌獻，服大裘，搢大圭，行稽奠，而手秉尺二之圭，神獻九寸之璧，不及禮宗廟祼圭之數，父天母地，情亦奚安？則靈恩議論，理未爲失，所以自義宗之出，歷梁、陳、隋、唐垂四百年，言禮者引爲師法，今五禮精義、開元禮、郊祀錄皆引義宗爲標準。近代晉、漢兩朝，仍依舊制。周顯德中田敏等妄作穿鑿，輒有更改。自唐貞觀之後凡三次大修五禮，並因隋朝典故，或節奏繁簡之間稍有釐革，亦無改祭玉之說。伏望依白虎通、義宗、唐禮之制，以爲定式。

又尹拙依舊圖畫釜，聶崇義去釜畫鑊。臣等參詳舊圖，皆有釜無鑊。按易說卦云「坤爲釜」，詩云「惟錡及釜」，又云「溉之釜鬵」，春秋傳云「錡釜之器」，禮記云「燔黍捭豚」，解云「古未有甑釜，所以燔捭而祭」。卽釜之爲用，其來尙矣，故入於禮圖。今崇義以周官祭祀有省鼎鑊，供鼎鑊，又以儀禮有羊鑊、豕鑊之文，乃云畫釜不如畫鑊。今諸經皆載釜之用，誠不可去，又周、儀禮皆有鑊之文，請兩圖之。又若觀諸家祭祀之畫，今代見行之禮，於大祀前一日，光祿卿省視鼎鑊。伏請圖鑊於鼎下。

詔從之。未幾，崇義卒，三禮圖遂行於世，并畫於國子監講堂之壁。

崇義爲學官，兼掌禮，僅二十年，世推其該博。郭忠恕嘗以其姓嘲之曰：「近貴全爲聵，攀龍卽作聾。雖然三箇耳，其奈不成聰。」崇義對曰：「僕不能爲詩，聊以一聯奉答。」卽云：「勿笑有三耳，全勝畜二心。」蓋因其名以嘲之，忠恕大慚，人許其機捷而不失正，眞儒者之戲云。

邢昺字叔明，曹州濟陰人。太平興國初，舉五經，廷試日，召升殿講師、比二卦，又問以





羣經發題，太宗嘉其精博，擢九經及第，授大理評事、知泰州鹽城監，賜錢二十萬。昺以是監處楚、泰間，泰僻左而楚會要，鹽食爲急，請改隸楚州，從之。明年，召爲國子監丞，專講學之任。遷尚書博士，出知儀州，就轉國子博士。代還，賜緋，選爲諸王府侍講。雍熙中，遷水部員外郎，改司勳。端拱初，賜金紫，累遷金部郎中。

眞宗卽位，改司勳郎中，俄知審刑院，以昺儒者不達刑章，命劉元吉同領其事。是冬，昺上表自陳夙侍講諷，還右諫議大夫。咸平初，改國子祭酒。二年，始置翰林侍講學士，以昺爲之。受詔與杜鎬、舒雅、孫奭、李慕淸、崔偓佺等校定周禮、儀禮、公羊、穀梁春秋傳、孝經、論語、爾雅義疏，及成，並加階勳。俄爲淮南、兩浙巡撫使。初置講讀之職，卽於便坐令昺講左氏春秋，侍讀預焉。五年講畢，宴近臣於崇政殿，賜昺襲衣、金帶加器幣，仍還工部侍郎，兼國子祭酒、學士如故。知審官院陳恕丁內艱，以昺權知院事。

景德二年，上言：「亡兄素嘗舉進士，願霑贈典。」特贈大理評事。是夏，上幸國子監閱庫書，問昺經版幾何，昺曰：「國初不及四千，今十餘萬，經、傳、正義皆具。臣少從師業儒時，經具有疏者百無一二，蓋力不能傳寫。今板本大備，士庶家皆有之，斯乃儒者逢辰之幸也。」上喜曰：「國家雖尙儒術，非四方無事何以及此。」上又訪以學館故事，有未振舉者，昺不能有所建明。先是，印書所裁餘紙，鬻以供監中雜用，昺請歸之三司，以裨國用。自是監

學公費不給，講官亦厭其寥落。上方興起道術，又令昺與張雍、杜鎬、孫奭舉經術該博、德行端良者，以廣學員。三年，加刑部侍郎。

昺居近職，常多召對，一日從容與上語及宮邸舊僚，歎其淪喪殆盡，唯昺獨存。翌日賜白金千兩，且詔其妻至宮庭，賜以冠帔。四年，昺以羸老艱於趨步上前，自陳曹州故鄉，願給假一年歸視田里，俟明年郊祀還朝。上命坐慰勞之，因謂曰：「便可權本州，何須假耶？」昺又言楊礪、夏侯嶠同為府僚，二臣沒皆贈尚書。上憫之，翌日謂宰相曰：「此可見其志矣。」即超拜工部尚書，知曹州職如故。

入辭日，賜襲衣、金帶。是日，特開龍圖閣，召近臣宴崇和殿，上作五、七言詩二首賜之，預宴者皆賦。昺視壁間尚書、禮記圖，指中庸篇曰，凡為天下國家有九經，因陳其大義，上嘉納之。及行，又令近臣祖送，設會於宜春苑。大中祥符初，上東封泰山，昺表曹州民請車駕經由本州，仍令濟陰令王範部送父老詣闕，優詔答之。俄召還。車駕進發，命判留司御史臺。禮畢，進位禮部尚書。

上勤政憫農，每雨雪不時，憂形於色，以昺素習田事，多委曲訪之。初，田家察陰晴豐凶，皆有狀候，老農之相傳者率有驗，昺多采其說為對。又言：「民之災患大者有四：一曰疫，二曰旱，三曰水，四曰畜災。歲必有其一，但或輕或重耳。四事之害，旱暵為甚，蓋田無





畎澮，悉不可救，所損必盡。傳曰：『天災流行，國家代有。』此之謂也。」

三年，被病請告，詔太醫診視。六月，上親臨問疾，賜名藥一奩、白金器千兩、繒綵千匹。國朝故事，非宗戚將相，無省疾臨喪之禮，特有加於昺與郭贄者，以恩舊故也。未幾，有旨命中書召其子太常博士知東明縣仲寶、國子博士知信陽軍若思還侍疾。踰月卒，年七十九，贈左僕射，三子並進秩。

初，雍熙中，昺撰禮選二十卷獻之，太宗探其帙，得文王世子篇，觀之甚悅，因問衞紹欽曰：「昺為諸王講說，曾及此乎？」紹欽曰：「諸王常時訪昺經義，昺每至發明君臣父子之道，必重複陳之。」太宗益喜。上嘗因內閣暴書，覽而稱善，召昺同觀，作禮選贊賜之。昺言：「家無遺稿，願得副本。」上許之。繕錄未畢而昺卒，亟詔寫二本，一本賜其家，一本俾置冢中。

昺在東宮及內庭，侍上講孝經、禮記、論語、書、易、詩、左氏傳，據傳疏敷引之外，多引時事為喻，深被嘉獎。上嘗問：「管仲、召忽皆事公子糾，小白之入，召忽死之，管仲乃歸齊相桓公。豈非召忽以忠死，而管仲不能固其節，為臣之道當若是乎？」又鄭注禮記世子篇云：『文王以勤憂損壽，武王以安樂延年。』朕以為本經旨意必不然也。且夏禹焦勞，有玄圭之賜，而享國永年。若文王能憂人之心，不自暇逸，縱無感應，豈至虧損壽命耶？」各隨其事理以對。

先是，咸平中，王欽若知貢舉，有告其受舉人賄賂者，下御史臺鞫得狀，欽若自訴，詔昺與邊肅、毋賓古、閻承翰就太常寺覆推。昺力辨欽若，而洪湛抵罪，欽若以是德之。昺之被寵顧，欽若與有功焉。

仲寶貪猥不才，舉止率易，士大夫多鄙笑之。欽若在中書，用為三司判官，後至祠部郎中，坐贓黜官，卒。若思終於駕部郎中。

孫奭字宗古，博州博平人。幼與諸生師里中王徹，徹死，有從奭問經者，奭為解析微指，人人驚服，於是門人數百皆從奭。後徙居須城。

九經及第，為莒縣主簿，上書願試講說，遷大理評事，為國子監直講。太宗幸國子監，召奭講書，至「事不師古，以克永世，匪說攸聞」。帝曰：「此至言也。商宗乃得賢相如此耶！」因咨嗟久之。賜五品服。眞宗以為諸王府侍讀。會詔百官轉對，奭上十事。判太常禮院、國子監、司農寺，累遷工部郎中，擢龍圖閣待制。奭以經術進，守道自處，即有所言，未嘗阿附取悅。大中祥符初，得天書於左承天門，





帝將奉迎，召宰相對崇政殿西廡。王旦等曰：「天貺符命，實盛德之應。」皆再拜稱萬歲。又召問奭，奭對曰：「臣愚，所聞『天何言哉』，豈有書也？」帝既奉迎天書，大赦改元，布告其事于天下，築玉淸昭應宮。是歲，天書復降泰山，帝以親受符命，遂議封禪，作禮樂。王欽若、陳堯叟、丁謂、杜鎬、陳彭年皆以經義左右附和，由是天下爭言符瑞矣。

四年，又將祀汾陰，是時大旱，京師近郡穀踊貴，奭上疏諫曰：「先王卜征，五年歲習其祥，祥習則行，不習則增修德而改卜。陛下始畢東封，更議西幸，殆非先王卜征五年慎重之意，其不可一也。夫汾陰后土，事不經見。昔漢武帝將封禪，故先封中嶽，祠汾陰，始巡幸郡縣，遂有事於泰山。今陛下既已登封，復欲幸汾陰，其不可二也。古者圜丘方澤，所以郊祀天地，今南北郊是也。漢初承秦，唯立五畤以祀天，而后土無祀，故武帝立祠於汾陰。自元、成以來，從公卿之議，遂徙汾陰后土於北郊，後之王者多不祀汾陰。今陛下已建北郊，乃舍之而遠祀汾陰，其不可三也。西漢都雍，去汾陰至近。今陛下經重關，越險阻，輕棄京師根本，而慕西漢之虛名，其不可四也。河東，唐王業之所起也。唐又都雍，故明皇間幸河東，因祠后土。聖朝之興，事與唐異，而陛下無故欲祀汾陰，其不可五也。昔者周宣王遇災而懼，故詩人美其中興，以為賢主。比年以來，水旱相繼，陛下宜側身修德，以答天譴，豈宜下徇姦回，遠勞民庶，盤游不已，忘社稷之大計？其不可六也。夫雷以二月啓蟄，八月收

聲，育養萬物，失時則爲異。今震雷在冬，爲異尤甚。此天意丁寧以戒陛下，而反未悟，殆失天意，其不可七也。夫民，神之主也，是以聖王先成民而後致力於神。今國家土木之功累年未息，水旱洊診，饑饉居多，乃欲勞民事神，神其享之乎？此其不可八也。陛下必欲爲此者，不過效漢武帝、唐明皇，巡幸所至，刻石頌功，以崇虛名，夸示後世爾。陛下天資聖明，當慕二帝、三王，何爲下襲漢、唐之虛名，其不可九也。唐明皇以嬖寵姦邪，內外交害，身播國屯，兵交闕下，亡亂之迹如此，由狃於承平，肆行非義，稔致禍敗。今議者引開元故事以爲盛烈，乃欲倡導陛下而爲之，臣切爲陛下不取，此其不可十也。臣言不逮意，陛下以臣言爲可取，願少賜清問，以畢臣說。」

帝遣內侍皇甫繼明就問，又上疏曰：

陛下將幸汾陰，而京師民心弗寧，江、淮之衆困於調發，理須鎮安而矜存之。且土木之功未息，而奪攘之盜公行，外國治兵，不遠邊境，使者雖至，寧可保其心乎？昔陳勝起於徭戍，黃巢出於凶饑，隋煬帝勤遠略而唐高祖興於晉陽，晉少主惑小人而耶律德光長驅中國。陛下俯從姦佞，遠棄京師，涉仍歲荐饑之墟，修違經久廢之祠，不念民疲，不恤邊患。安知今日戍卒無陳勝，饑民無黃巢，英雄將無窺伺於肘腋，外敵將無覬覦於邊陲乎？





先帝嘗議封禪，寅畏天災，尋詔停寢。今姦臣乃贊陛下力行東封，以爲繼成先志。先帝嘗欲北平幽朔，西取繼遷，大勳未集，用付陛下，則羣臣未嘗獻一謀、畫一策，以佐陛下繼先帝之志者，反務卑辭重幣，求和於契丹，蹙國縻爵，姑息於繼遷，曾不思主辱臣死爲可戒，誣下罔上爲可羞。撰造祥瑞，假託鬼神，纔畢東封，便議西幸，輕勞車駕，虐害饑民，冀其無事往還，便謂成大勳績。是陛下以祖宗艱難之業，爲姦邪僥倖之資，臣所以長嘆而痛哭也。

夫天地神祇，聰明正直，作善降之百祥，作不善降之百殃，未聞專事籩豆簠簋，可邀福祥。春秋傳曰：「國之將興聽於民，將亡聽於神。」愚臣非敢妄議，惟陛下終賜裁擇。

後天下數有災變，又言：「古者五載巡守，有國之事爾，非必有紫氣黃雲，然後登封，嘉禾異草，然後省方也。今野鵰山鹿，郡國交奏，秋旱冬雷，羣臣率賀，退而腹非竊笑者比皆是。孰謂上天爲可罔，下民爲可愚，後世爲可欺乎？人情如此，所損不細，惟陛下深鑒其妄。」

六年，又上疏曰：「陛下封泰山，祀汾陰，躬謁陵寢，今又將祠于太清宮，外議籍籍，以謂陛下事事慕效唐明皇，豈以明皇爲令德之主耶？甚不然也。明皇禍敗之迹有足爲深戒者，非獨臣能知之，近臣不言者，此懷姦以事陛下也。明皇之無道，亦無敢言者，及奔至馬嵬，軍士已誅楊國忠，請矯詔之罪，乃始諭以識理不明，寄任失所。當時雖有罪己之言，覺寤已晚，何所及也。臣願陛下早自覺寤，抑損虛華，斥遠邪佞，罷興土木，不襲危亂之迹，無爲明皇不及之悔，此天下之幸，社稷之福也。」帝以爲「封泰山，祠汾陰，上陵，祀老子，非始於明皇。開元禮今世所循用，不可以天寶之亂，舉謂爲非也。秦爲無道甚矣，今官名、詔令、郡縣猶襲秦舊，豈以人而廢言乎？」作解疑論以示羣臣。然知奭朴忠，雖其言切直，容之而弗斥。

久之，以父老請歸田里，不許，以知密州。居二年，遷左諫議大夫，罷待制還，糾察在京刑獄。是時初置天慶、天祺、天貺、先天、降聖節，天下設齋醮張燕，費甚廣。奭又請裁省浮用，不報。復出知河陽，又求解官就養，還給事中，徙兗州。

天禧中，朱能獻乾祐天書。復上疏曰：

朱能者，姦憸小人，妄言祥瑞，而陛下崇信之，屈至尊以迎拜，歸祕殿以奉安，上自朝廷，下及閭巷，靡不痛心疾首，反脣腹非，而無敢言者。

昔漢文成將軍以帛書飯牛，既而言牛腹中有奇書，殺視得書，天子識其手迹。又有五利將軍妄言，方多不讎，二人皆坐誅。先帝時有侯莫陳利用者，以方術暴得寵用，





一旦發其姦，誅於鄭州。漢武可謂雄材，先帝可謂英斷。唐明皇得靈寶符、上清護國經、寶券等，皆王鉷、田同秀等所爲，明皇不能顯戮，怵於邪說，自謂德實動天，神必福我。夫老君，聖人也。儻實降語，固宜不妄，而唐自安、史亂離，乘輿播越，兩都蕩覆，四海沸騰，豈天下太平乎？明皇雖僅得歸闕，復爲李輔國劫遷，卒以憂終，豈聖壽無疆、長生久視乎？以明皇之英睿，而禍患猥至曾不知者，良由在位既久，驕亢成性，謂人莫己若，謂諫不足聽。心玩居常之安，耳熟導諛之說，內惑寵嬖，外任姦回，曲奉鬼神，過崇妖妄。今日見老君於閣上，明日見老君於山中。大臣尸祿以將迎，端士畏威而緘默。既惑左道，即紊政經，民心用離，變起倉卒。當是之時，老君寧肯擁兵，寶符安能排難邪？

今朱能所爲，或類於此，願陛下思漢武之雄材，法先帝之英斷，鑒明皇之召禍，庶幾災害不生，禍亂不作。

未幾，能果敗。奭又嘗請減修寺度僧，帝雖未用其言，嘗令向敏中諭令陳時政得失，奭以納諫、恕直、輕徭、薄斂四事爲言，頗施行焉。

仁宗即位，宰相請擇名儒以經術侍講讀，乃召爲翰林侍講學士，知審官院，判國子監，修眞宗實錄。丁父憂，起復，兼判太常寺及禮院，三遷兵部侍郎、龍圖閣學士。每講論至前

世亂君亡國，必反覆規諷。仁宗意或不在書，奭則拱默以俟，帝爲竦然改聽。嘗畫無逸圖上之，帝施於講讀閣。時章憲明肅皇后每五日一御殿，與帝同聽政，奭言：「古帝王朝朝暮夕，未有曠日不朝。陛下宜每日御殿，以覽萬機。」奏留中不報。然帝與皇太后尤愛重之，每進見，未嘗不加禮。

三請致仕，召對承明殿，敦諭之，以年踰七十固請，泣下，帝亦惻然，詔與馮元講老子三章，各賜帛二百匹。以不得請，求近郡，優拜工部尚書，復知兗州。詔須宴而後行，又留數月，特宴太清樓，近臣皆預，帝作飛白大字以賜二府，而小字賜諸學生，獨奭與晁迥兼賜大小字。詔羣臣即席賦詩，太后又別出禁中珍器勸酒。翌日奭入謝，又命講老子，賜襲衣、金帶、銀鞍勒馬。及行，賜宴瑞聖園，又賜詩，詔近臣皆賦。以恭謝恩改禮部尚書，既而累表乞歸，以太子少傅致仕。疾甚，徙正寢，屏婢妾，謂子瑜曰：「無令我死婦人之手。」卒，奏至，帝謂張士遜曰：「朕方欲召奭還，而奭遂死矣。」嗟惜者久之，罷朝一日，贈左僕射，諡曰宣。

奭性方重，事親篤孝，父亡，舐其面以代頮。常掇五經切於治道者，爲經典徽言五十卷。又撰崇祀錄、樂記圖、五經節解、五服制度。嘗奉詔與邢昺、杜鎬校定諸經正義，莊子、爾雅釋文，考正尚書、論語、孝經、爾雅謬誤及律音義。



初，圜丘無外壝，五郊從祀不設席，尊不施羃；七祠時饗飲福用一尊，不設三登，升歌不以雍徹；冬至攝祀昊天上帝，外級止十七位，而不以星辰從；饗先農在祈穀之前；上丁釋奠無三獻；宗廟不備二舞；諸臣當諡者，或既葬乃請。奭皆援古奏正，遂著於禮。又請冬至罷祀五帝，大雩設五帝而罷祠昊天上帝。事下有司議，不合而止。

瑜官至工部侍郎致仕。

王昭素，開封酸棗人。少篤學不仕，有至行，爲鄉里所稱。常聚徒教授以自給，李穆與弟肅及李惲皆常師事焉。鄉人爭訟，不詣官府，多就昭素決之。

昭素博通九經，兼究莊、老，尤精詩、易，以爲王、韓注易及孔、馬疏義或未盡是，乃著易論二十三篇。

開寶中，穆薦之朝，詔召赴闕，見於便殿，時年七十七，精神不衰。太祖問曰：「何以不求仕進，致相見之晚？」對曰：「臣草野愚憃，無以裨聖化。」賜坐，令講易乾卦，召宰相薛居正等觀之，至「飛龍在天」，上曰：「此書豈可令常人見？」昭素對曰：「此書非聖人出不能合其象。」因訪以民間事，昭素所言誠實無隱，上嘉之。以衰老求歸鄉里，拜國子博士致仕，賜



茶藥及錢二十萬，留月餘遣之，年八十九，卒於家。

昭素頗有人倫鑒。初，李穆兄弟從昭素學易，常謂穆曰：「子所謂精理，往往出吾意表。」又語人曰：「穆兄弟皆令器，穆尤沈厚，他日必至廊廟。」後果參知政事。

昭素每市物，隨所言而還直，未嘗論高下。縣人相告曰：「王先生市物，無得高取其價也。」治所居室，有椽木積門中，夜有盜者抉門將入，昭素覺之，即自門中潛擲椽於外，盜者慚而去，由是里中無盜。家有一驢，人多來假，將出，先問僮奴曰：「外無假驢者乎？」對云「無」，然後出。其爲純質若此。

子仁著，亦有隱德。

孔維字爲則，開封雍丘人。乾德四年九經及第，解褐東明、鄢陵二主簿。開寶中，禮部再奏爲考試官，調滁州軍事推官。太宗即位，擢授太子左贊善大夫，知河南縣，通判滑、梓二州。太平興國中，就拜國子周易博士，代還，遷禮記博士。七年，使高麗，王治問禮於維，維對以君父臣子之道，升降等威之序，治悅，稱之曰：「今日復見中國之夫子也。」九年，判國學事。雍熙初，遷主客員外郎。三年，擢爲國子司業，賜金紫。



會將有事于籍田，維起周禮至于唐書，凡沿革制度並錄之以獻，觀者稱其博。又上書請禁原蠶以利國馬。直史館樂史駁之曰：

管子云：「倉廩實，知禮節；衣食足，知榮辱。」是以古先哲王厚農桑之業，以其爲衣食之原耳。一夫不耕，天下有受其飢者；一婦不蠶，天下有受其寒者。故天子親耕，后妃親蠶，屈身以化下者，邦國之重務也。吳都賦曰：「國賦再熟之稻，鄉貢八蠶之緜。」則蠶之有原，其來舊矣。今孔維請禁原蠶以利國馬，徒引前經物類同氣之文，不究時事確實之理。夫所市國馬來自外方，涉遠馳驅，虧其秣飼，失於善視，遂至玄黃，致斃之由，鮮不以此。今乃欲禁其蠶事，甚無謂也。唐朝畜馬，具存監牧之制，詳觀本書，亦無禁蠶之文。況近降明詔，來年春有事于籍田，是則勸農之典方行，而禁蠶之制又下，事相違戾，恐非所長。

臣嘗歷職州縣，粗知利病，編民之內，貧窶者多，春蠶所成，止充賦調之備，晚蠶薄利，始及卒歲之資。今若禁其後圖，必有因緣爲弊，滋彰撓亂，民豈皇寧。渙汗綵綸，所宜重愼。

上覽之，遂寢晚蠶之禁。維復抗疏曰：

按周禮夏官司馬職禁原蠶者，爲傷馬也。原，再也。天文，辰爲馬。蠶書，蠶爲龍

精，月直大火，則浴其種。是蠶與馬同氣，物莫能兩大，故禁再蠶以益馬也。又郭璞云：「重蠶爲原，今晚蠶也。」臣少親耕桑之務，長歷州縣之職，物之利害，盡知之矣。蚩蚩之氓知其利而不知其害，故有早蠶之後，重養晚蠶之繭，出絲甚少，再采之葉來歲不茂，豈止傷及於馬，而桑亦損矣。臣自縣歷官，路見坰野之地官馬多死，若非明援典據，助其畜牧，安敢妄有舉陳哉。

按本草注：「以僵蠶塗馬齒，則不能食草。」物類相感如此。月令仲春祭馬祖，季春享先蠶，皆謂天駟房星也，爲馬祈福，謂之馬祖，爲蠶祈福，謂之先蠶，是蠶與馬同其類爾。蠶重則馬損，氣感之而然也。臣謂依周禮禁原蠶爲當。

上雖不用維言，而嘉其援引經據，以章付史館。籍田畢，拜國子祭酒。淳化初，兼工部侍郎。二年，卒，年六十四。

維通經術。準舊制，舉九經，一上不中第即改科。開寶中，維論其事非便，詔禮部，自今九經同諸科許再赴舉。

太宗尹京日，維爲屬邑吏，頗以經術受知。即位後，維始升郎署。自以通經求爲司業，即以授之。使外國者皆假服紫，維自高麗還，會東使至，維自恥衣緋，因求見上，詭言：「高麗使問臣獲何罪降服，臣無以對。」因泣下。上憐之，即賜以金紫。及爲祭酒，又奏言：「朝





廷久不置此官，少有知者，臣之親戚故舊有書信來者，多云祭酒郎中。田敏晉朝任祭酒，仍兼侍郎，願循前例，兼領是官，庶獲美稱。」上從之。然縉紳惡其儒者躁求，無退讓之風。

嘗建議乞廣太學，上以侵壞民舍不許。受詔與學官校定五經疏義，刻板行用，功未及畢，被病，上遣太醫診視，使者撫問。初，維私用印書錢三十餘萬，爲掌事黃門所發，維憂懼，遽以家財償之，疾遂亟，上赦而不問。維將終，召其壻鄭革口授遺表，以五經疏未畢爲恨。景德四年，錄其孫禹圭同學究出身。

孔宜字不疑，兗州曲阜人，孔子四十四世孫。

孔子生鯉，字伯魚。鯉生伋，字子思。伋生白，字子上。白生求〔二〕，字子家。求生箕，字子京。箕生穿，字子高。穿生謙，字子愼。謙生鮒，字子魚，以弟子騰爲嗣。騰字子襄，値秦難，藏其家書于屋壁。騰生忠，字季忠。忠生武〔三〕。武生延年及安國。延年生霸，字次孺，漢昭帝時爲博士，宣帝時爲太中大夫，授皇太子經，元帝即位，賜爵關內侯，號褒成君。霸生福。福生房。房生均，字長平，好學有才，爲尙書郎，平帝元始元年，封均爲褒成侯，食邑二千戶，追謚夫子爲褒成宣尼公。王莽以均爲太尉，三以疾辭，得還，莽敗，失國。後

漢世祖建武十四年，復封均子志爲褒成侯，謚元成。志生損，襲爵，和帝永元四年，徙封損爲褒亭侯。損卒，子曜嗣侯，邑千戶。子完嗣，邑百戶。完早卒無子，以弟子羨襲爵。

羨仕魏爲議郎，黃初二年，封宗聖侯，邑百戶。羨生震，晉武帝泰始三年，徙封奉聖亭侯，邑二百戶，歷太常、黃門侍郎。震生嶷。嶷生撫，舉孝廉，辟太尉掾，歷豫章太守。撫生懿。懿生鮮，有度量，好學，宋文帝元嘉十九年，襲封奉聖侯。鮮生乘，博學有才藝，後魏孝文延興初，舉孝廉，三年，封乘爲崇聖大夫，復十戶，以供洒掃。乘生靈珍，襲爵，歷祕書郎，太和十九年，改封崇聖侯，邑百戶。靈珍生文泰。文泰生渠，北齊文宣帝天保元年，改封恭聖侯。後周宣帝大象二年，追封孔子爲鄒國公，以渠襲爵，邑百戶。

渠生長孫，隋文帝復封長孫爲鄒國公。長孫生嗣哲，應制舉，歷涇州司兵參軍、太子通事舍人，大業四年，改封紹聖侯，邑百戶。嗣哲生德倫，唐太宗貞觀十一年，封褒聖侯，邑百戶，朝會位同三品，復其子孫。則天天授二年，賜德倫璽書、衣服。德倫生崇基，襲侯，中宗神龍元年，授朝散大夫。崇基生璲之，玄宗開元中，歷國子四門博士、邠王府文學、蔡州長史。二十七年，詔追謚孔子爲文宣王，改封褒聖侯璲之爲襲文宣公，兼兗州長史。璲之生萱，襲封，歷兗州泗水令。萱生齊卿，德宗建中三年，詔以齊卿爲兗州司馬，陷於東平，卒。至憲宗元和十三年，平李師道，其子惟晊歸魯，詔以惟晊爲兗州參軍，奉夫子祀，復五十戶，





以供灑掃。惟晊生策，會昌元年，歷國子監丞、尙書博士。大中元年，宰相白敏中奏歲給封戶絹百疋，充春秋奉祀。自璲之至策，五世並襲封文宣公。策生振，懿宗咸通四年，舉進士甲科，歷兗州觀察判官，至刑部員外郎。振生昭儉，歷兗州司馬、曲阜令。自策至昭儉，三世歲給封絹，以供享祀。昭儉生光嗣，哀帝天祐中，爲泗水主簿，奉孔子祀。

光嗣生仁玉，九歲通春秋，姿貌雄偉。後唐明宗長興元年，以爲曲阜主簿，三年，遷龔丘令，襲文宣公，晉高祖天福五年，改曲阜令。周高祖廣順二年，平慕容彥超，幸曲阜，拜孔子廟及墓，召仁玉，賜五品服，復以爲本縣令。

仁玉四子，長曰宜，舉進士不第，乾德中詣闕上書，述其家世，詔以爲曲阜主簿，歷黃州軍事推官，遷司農寺丞，掌星子鎭市征。宜上言：「星子當江湖之會，商賈所集，請建爲軍。」詔以爲縣，就命宜知縣事，後以爲南康軍。

宜代還，獻文賦數十篇，太宗覽而嘉之，召見，問以孔子世嗣，因下詔曰：「素王之道，百代所崇，傳祚襲封，抑存典制。文宣王四十四代孫、司農寺丞宜服勤素業，砥礪廉隅，亟歷官聯，洽聞政績，聖人之後，世德不衰，俾登朝倫，以光儒胄。可太子右贊善大夫，襲封文宣公，復其家。」未幾，通判密州。太平興國八年，詔修曲阜孔子廟，宜貢方物爲謝，詔褒之，遷殿中丞。雍熙三年，王師北征，受詔督軍糧，涉拒馬河溺死，年四十六。

子延世字茂先，以父死事賜學究出身，爲曲阜主簿，歷閩、長葛二令。眞宗至道三年十一月，召赴闕，以爲曲阜令，襲封文宣公，賜白金束帛及太宗御書印九經。咸平三年，詔本道轉運使、本州長吏待以賓禮，仍留三年，卒官，年三十八。次曰冕，應城主簿。次曰勗，雍熙中進士及第，至工部員外郎，知浚儀縣。次曰憲，太平興國二年進士及第。

延世子聖祐，景德初始九歲，特賜同學究出身。大中祥符元年，東封泰山，特聽聖祐衣綠陪位，綴京官班後。及還至兗州，十一月朔，幸曲阜，謁孔子廟，行酌獻之禮，孔氏宗屬並令陪位。又幸孔林，觀其墓久之。又御北亭，召從臣觀古碑。加謚孔子爲玄聖文宣王，追封孔子父叔梁紇齊國公，母顏氏魯國太夫人。擢聖祐爲太常寺奉禮郎，又錄其近屬進士謂同三傳出身，習進士延祐、習學究延渥延魯延齡並同學究出身，共賜銀二百兩、絹三百疋，以充奉祠廟。時勗爲殿中丞、通判廣州，王欽若言其有聲於鄉曲，召赴闕，改太常博士，賜緋，令知曲阜縣，專主祠廟。二年三月，又遣使賜太宗御書及九經書疏、三史藏于廟，令本州選儒生講說。聖祐後改大理評事。天禧五年，授光祿寺丞，襲封文宣公，知仙源縣事。後改名佑，遷太子中舍，卒年三十。

勗爲司封郎中。延魯大中祥符五年復舉進士及第，後改名道輔，爲左司諫、龍圖閣待制，自有傳。





崔頌字敦美，河南偃師人。父協，後唐門下侍郎、平章事。頌幼喪母，爲外祖母所鞠養。以蔭補河南府巡官，歷開封主簿、鄧州錄事參軍，以疾去官。未幾，詣闕上書言事，宰相桑維翰覽而奇之，擢爲左拾遺，選右補闕。

漢初，加朝散階，副右散騎常侍張煦册錢俶爲吳越王。梁末，協嘗使兩浙，至是，越人美之，贈賄甚厚。及還，値周祖入京師，爲軍士剽奪悉盡。世宗鎭澶淵，擇僚佐，頌與王朴、王敏中皆中其選，以頌爲觀察判官，賜金紫。世宗尹京，拜司封員外郎，充判官，以斷獄悞失罷職，守本官。卽位，拜駕部郎中，遷吏部，復副尹日就使兩浙。世宗讀唐元稹均田疏，命寫爲圖賜近臣，遣使均諸道租賦，頌使兗州，頗增舊額。恭帝嗣位，改左諫議大夫。

宋初，判國子監。會重修國學及武成王廟，命頌總領其事。建隆三年夏，始會生徒講說，太祖遣中使以酒果賜之。每臨幸國學，召頌與語，因及經義，頌應答無滯。及郊祀，以頌攝太僕，升車執綏，上問以一時典禮，頌占對閑雅，上甚重之。未幾，坐請託有司爲所親求便官，出爲保大軍行軍司馬。乾德六年，暴得疾卒，年五十。

頌好詼諧，善筆札，受命書世宗謚册文，當時稱其遒麗。篤信釋氏，睹佛像必拜。性多疑，在鄜州官舍，嘗召圬墁者治堂室，以帛蒙其目，人皆笑之。

子曉，至太子右贊善大夫。

噓字文炳，雍熙二年進士，淹雅有士行，累爲屯田員外郎、開封三司戶部判官。景德中，雍王元份薨，府官皆坐黜。時戚維爲曹國公元儼府翊善，上謂宰相曰：「元儼年少，尤資贊導，維迂懦循默，不能規戒，聞崔噓性純謹，以之代維，庶有裨益。」因召對，遷都官員外郎，充記室參軍，賜金紫，遷兵部郎中，出知河中府，轉太常少卿、將作監，卒。

尹拙，潁州汝陰人。梁貞明五年舉三史，調補下邑主簿，攝本鎭館驛巡官。後唐長興中，召爲著作佐郎、直史館，遷左拾遺，依前直史館，加朝散大夫。應順初，出爲宣武軍掌書記、檢校虞部員外郎兼殿中侍御史。清泰初，加檢校駕部員外郎兼御史大夫。二年，改檢校虞部郎中、忠武軍掌書記。

晉天福四年，入爲右補闕。明年，轉侍御史。會詔拙與張昭、呂琦等同修唐史，改倉部員外郎，賜金紫。八年，遷左司員外郎。契丹入寇，趙延壽鎭常山，以拙爲掌書記。漢初，召爲司馬郎中、弘文館直學士。





周廣順初，遷庫部郎中兼太常博士，仍充直學士。奉使荆南還，改兵部郎中。顯德初，拜檢校右散騎常侍、國子祭酒，通判太常禮院事，與張昭同修唐應順、清泰及周祖實錄，又與昭及田敏同詳定經典釋文。丁憂，免。宋初，改檢校工部尚書、太子詹事、判太府寺，遷祕書監、判大理寺。乾德六年，告老，以本官致事。

拙性純謹，博通經史。周世宗北征，命翰林學士爲文祭白馬祠，學士不知所出，遂訪於拙，拙歷舉郡國祠白馬者以十數，當時伏其該博。開寶四年，卒，年八十一。

子季通，至國子博士。

田敏，淄州鄒平人。少通春秋之學。梁貞明中登科，調補淄州主簿，不令之任，留爲國子四門博士。後唐天成初，改尚書博士，賜緋。滿歲，爲國子博士。上言請四郊置齋宮，不報。秩滿，轉屯田員外郎，以詳明典禮兼太常博士。建議請依春秋每歲藏冰薦宗廟，頒公卿，如古禮。奉詔與太常卿劉岳、博士段顒、路航、李居浣、陳觀等删定唐鄭餘慶書儀，又詔與馬鎬等同校九經。改戶部員外郎，賜金紫。清泰初，遷國子司業。

晉天福四年授祭酒，仍檢校工部尚書，俄兼戶部侍郎。開運初，遷兵部侍郎，充弘文館學士、判館事。議者以敏止可任學官，宰相桑維翰聞之，卽改授檢校右僕射，復爲祭酒。漢乾祐中，拜尚書右丞，判國子監。

周廣順初，改左丞，遣使契丹，將歲賂錢十萬貫，止其侵剽，契丹不許。周祖將親郊，命權判太常卿事。世宗卽位，眞拜太常卿、檢校左僕射，加司空。顯德五年，上章請老，賜詔曰：「卿詳明禮樂，博涉典墳，爲儒學之宗師，乃薦紳之儀表。朕方資舊德，以訪話言，遽覽封章，願致官政。引年之制雖著舊文，尊賢之心方深虛佇，所請宜不允。」遷工部尚書。俄再上表願歸故鄉，以遂首丘之志，改太子少保致仕，歸淄州別墅。恭帝卽位，加少傅。開寶四年，卒，年九十二。

敏解官歸鄉，有良田數十頃，多釀美酒待賓客。體強少疾，徒步往來閭巷間不以杖。每日親授諸子經。自作父墓碑，辭甚質。敏嘗使湖南，路出荆渚，以印本經書遺高從誨，從誨謝曰：「祭酒所遺經書，僕但能識孝經耳。」敏曰：「讀書不必多，十八章足矣。如諸侯章云『在上不驕，高而不危，制節謹度，滿而不溢』，皆至要之言也。」時從誨兵敗於郢，故敏以此諷之，從誨大慚。

敏雖篤於經學，亦好爲穿鑿，所校九經，頗以獨見自任，如改尚書盤庚「若網在綱」爲「若綱在綱」，重言「綱」字。又爾雅「椵，木槿」注曰：「日及」，改爲「白及」。如此之類甚衆，世頗非之。

子章，至殿中丞。





辛文悅者，不知何許人。以五經教授，太祖幼時從其肄業。周顯德中，太祖歷禁衞爲殿前都點檢，節制方面。文悅久不獲接見，一日，夢邀車駕請見，既拜，乃太祖也。太祖亦夢其來謁，因令左右尋訪，文悅果自至，太祖異之。及登位，召見，授太子中允，判太府事。開寶三年，出知房州。時周鄭王出居是州，上以文悅長者，故命焉。文悅後累遷至員外郎。

又有張遹、張文且者，嘗與太宗同學校，太平興國中，詣闕自言，各起家爲主簿。

李覺字仲明，本京兆長安人。曾祖鼎，唐國子祭酒、蘇州刺史，唐末，避亂徙家青州益都。鼎生瑜，本州推官。瑜生晟，字咸熙，性曠蕩，嗜酒，喜吟詩，善琴奕，畫山水尤工，人多傳祕其蹟。周樞密使王朴將薦其能，會朴卒，鬱鬱不得志。乾德中，司農卿衞融知陳州，聞其名，召之，晟因挈族而往，日以酣飲爲事，醉死於客舍。

子覺，太平興國五年舉九經，起家將作監丞，通判建州，秩將滿，州人借留，有詔褒之，就遷左贊善大夫、知泗州，轉祕書丞。太宗以孔穎達五經正義刊板詔孔維與覺等校定。王師征燕薊，命覺部京東諸州芻糧赴幽州。維薦覺有學，遷禮記博士，賜緋魚。

雍熙三年，與右補闕李若拙同使交州，黎桓謂曰：「此土山川之險，中朝人乍歷之，豈不倦乎？」覺曰：「國家提封萬里，列郡四百，地有平易，亦有險固，此一方何足云哉！」桓默然色沮。使還久之，遷國子博士。

端拱元年春，初令學官講說，覺首預焉。太宗幸國子監謁文宣王畢，升輦將出西門，顧見講坐，左右言覺方聚徒講書，上卽召覺，令對御講。覺曰：「陛下六龍在御，臣何敢輒升高坐。」上因降輦，令有司張帟幕，設別坐，詔覺講周易之泰卦，從臣皆列坐。覺因述天地感通、君臣相應之旨，上甚悅，特賜帛百疋。

俄獻時務策，上頗嘉獎。是冬，以本官直史館。右正言王禹偁上言：「覺但能通經，不當輒居史職。」覺倣韓愈毛穎傳作竹穎傳以獻，太宗嘉之，故寢禹偁之奏。淳化初，上以經書板本有田敏輒刪去者數字，命覺與孔維詳定。二年，詳校春秋正義成，改水部員外郎、判國子監。四年，遷司門員外郎。被病假滿，詔不絕奉。卒。





覺累上書言時務，述養馬、漕運、屯田三事，太宗嘉其詳備，令送史館，語見本志。覺性彊毅而聰敏，嘗與祕閣校理吳淑等同考試開封府秋賦舉人，語及算雉兔首足法，覺曰：「此頗繁，吾能易之。」及成，果精簡。淑意其宿製，卽試以別法，皆能立就，坐中皆嘆伏。

子侑，大中祥符五年進士，爲祠部員外郎、集賢校理。

崔頤正開封封丘人[四]。與弟偓佺並舉進士，明經術。頤正雍熙中爲高密尉，秩滿，國子祭酒孔維薦之，以爲國學直講，遷殿中丞。太宗召見，令說莊子一篇，賜錢五萬。判監李至上言：「本監先校定諸經音疏，其間文字訛謬尚多，深慮未副仁君好古誨人之意也。蓋前所遣官多專經之士，或通春秋者未習禮記，或習周易者不通尚書，至於旁引經史，皆非素所傳習，以是之故，未得周詳。伏見國子博士杜鎬、直講崔頤正、孫奭皆苦心彊學，博貫九經，問義質疑，有所依據。望令重加刊正，冀除舛謬。」從之。

咸平初，又有學究劉可名言諸經版本多舛誤，眞宗命擇官詳正，因訪達經義者，至方參知政事，以頤正對。曰：「朕宮中無事，樂聞講誦。」翌日召頤正於苑中，說尚書大禹謨，賜以牙緋。自是日令赴御書院待對，說尚書至十卷。頤正年老步趨艱蹇，表求致仕，上命坐，問恤甚至，賜器幣，聽以本官致仕，仍充直講，改國子博士。三年，卒，年七十九。

偓佺淳化中歷福州連江尉，判國子監李至奏爲直講，引對便坐，太宗顧謂曰：「李覺嘗奏朕云，『四皓』中一先生，或言姓『用』字加撇，或云加點。爾知否？」偓佺曰：「昔秦時程邈撰隸書，訓如僕隸之易使也。今字與古或異。臣聞刀用爲角，音權。兩點爲甪，音鹿。用上一撇一點俱不成字。」

咸平二年，眞宗幸國學，召偓佺說尙書，即特賜緋。景德後，令講道德經，日於崇文院候對，終篇，賜以白金繒綵。三年，卒，年七十九。嘗撰帝王手鑑十卷，幷注曹唐大遊仙詩十五卷。其子世安上之，特賜出身。

李之才字挺之，青社人也。天聖八年同進士出身，爲人朴且率，自信，無少矯厲。師河南穆脩，脩性卞嚴寡合，雖之才亦頻在訶怒中，之才事之益謹，卒能受易。時蘇舜欽輩亦從脩學易，其專授受者惟之才爾。脩之易受之种放，放受之陳摶，源流最遠，其圖書象數變通之妙，秦、漢以來鮮有知者。





之才初爲衞州獲嘉主簿〔五〕、權共城令。時邵雍居母憂于蘇門山百源之上，布裘蔬食，躬爨以養父。之才叩門來謁，勞苦之曰：「好學篤志果何似？」雍曰：「簡策之外，未有迹也〔六〕。」之才曰：「君非迹簡策者，其如物理之學何？」他日則又曰：「物理之學學矣，不有性命之學乎？」雍再拜願受業，於是先示之以陸淳春秋，意欲以春秋表儀五經，既可語五經大旨，則授易而終焉。其後雍卒以易名世。

之才器大，難乎識者，棲遲久不調，或惜之，則曰：「宜少貶以圖榮進。」石延年獨曰：「時不足以容君，盍不棄之隱去。」再調孟州司法參軍，時范雍守孟，亦莫之知也。雍初自洛建節守延安，送者皆出境外，之才獨別近郊，或病之，謝曰：「故事也。」頃之，雍謫安陸，之才沿檄見之洛陽，前日遠送之人無一來者，雍始恨知之之晚。

友人尹洙以書薦於中書舍人葉道卿，因石延年致之，曰：「孟州司法參軍李之才，年三十九，能爲古文章，語直意遂，不肆不窘，固足以蹈及前輩，非洙所敢品目，而安於卑位，無仕進意，人罕知之。其才又達世務，使少用於世，必過人遠甚，恨其貧不能決其歸心，知之者當共成之。」延年復書曰：「今業文好古之士至鮮且不張，苟遺若人，其學益衰矣。」延年素不喜謁貴仕，凡四五至道卿門，通其書乃已。道卿薦之，遂得應銓新格，有保任五人，改大理寺丞，爲緱氏令。未行，會延年與龍圖閣直學士吳遵路調兵河東，辟之才澤州簽署判官。澤人劉羲叟從受曆法，世稱「羲叟曆法」，遠出古今上，有楊雄、張衡所未喻者，實之才授之。

在澤轉殿中丞，丁母憂，甫除喪，暴卒于懷州官舍〔七〕，慶曆五年二月也〔八〕。時尹洙兄漸守懷〔九〕，哭之才過哀，感疾不踰月亦卒。之才歸葬青社，邵雍表其墓，有曰：「求於天下，得聞道之君子李公以師焉。」

## 校勘記

〔一〕綦毋君　玉海卷三九建隆三禮圖條引會要作「綦毋君」，四庫全書總目提要卷二二三禮圖集注條作「綦母君」。按「綦毋」、「綦母」同，鄭樵通志氏族略複姓有「綦毋」，疑此有誤。

〔二〕白生求　「求」原作「永」，據史記卷四七孔子世家、漢書卷八一孔光傳改，下文「求生箕」句同。

〔三〕騰生忠字季忠忠生武　「忠」原作「正」，據史記卷四七孔子世家、漢書卷八一孔光傳改。

〔四〕開封封丘人　東都事略卷一一三本傳作「開封雍丘人」。

〔五〕衞州獲嘉主簿　「嘉」原作「加」，據晁說之嵩山文集卷一九本傳、本書卷八六地理志改。

〔六〕未有迹也　原作「未有適也」。按嵩山文集卷一九本傳作「未有迹也」、本卷下文：「君非迹簡策者」，以「迹」爲是，據改。





〔七〕暴卒于懷州官舍　「官舍」，嵩山文集卷一九本傳作「守舍」，錢大昕諸史拾遺卷四說：「按晁傳本云卒于懷州守舍，蓋其時尹源方守懷州，之才訪之，遂卒于源廨耳，史改作官舍，則之才未嘗官懷也。」

〔八〕慶曆五年二月也　「慶曆」原作「寶曆」，據嵩山文集卷一九本傳改。

〔九〕時尹洙兄漸守懷　按尹洙兄名源，字子漸，見本書卷四四二尹源傳，嵩山文集卷一九本傳作「時友人尹子漸守懷」，此處有誤。

中華書局

# 宋史卷四百三十二

## 列傳第一百九十一

### 儒林二

胡旦　賈同　劉顏　高弁　孫復　石介　胡瑗　劉羲叟　林槩
李覯　何涉　王回弟向　周堯卿　王當　陳暘

胡旦字周父，濱州渤海人。少有儁才，博學能文辭。舉進士第一，爲將作監丞，通判昇州。時江南初平，汰李氏時所度僧，十減六七。旦曰：「彼無田廬可歸，將聚而爲盜。」悉黥爲兵。遷左拾遺、直史館，數上書言時政利病。出爲淮南東路轉運副使、知海州，踰年召歸。

先是，盧多遜貶，趙普罷相。其夏，河決韓村，尋復塞。旦獻河平頌曰：「天祚我宋，以君兆民。配天成休，惟堯與隣。粵有大水，昏墊下人。非曰聖作，孰究孰度。蔽賢者退，壅澤者罪。我防大患，河豈云敗。逆遜遠投，姦普屏外。聖道如隄，崇崇海內。帝曰守文，是塞是親。調爾衞兵，程是烝民。民以盡力，臣以勤職。役云其終，河以之塞。唐堯懷山，實警神德。漢武宣防，實彰令式。我塞長河，融流惠澤。明明聖功，萬代成則。」太宗覽頌有「逆遜、姦普」之語，召宰相謂曰：「胡旦獻頌，詞意悖戾。朕自擢於甲科，歷試外任，所至無善狀。知海州日爲部下所訟，獄已具，適會大赦，朕錄其材而捨其過，俾令在近列，又領史職，乃敢恣胸臆狂躁如此，其亟逐之！」即貶殿中丞、商州團練副使。

上平燕議曰：

今幽州在北門之外，東封非國家所急，願移其資以事北伐。且天時、地利、人事皆有可伐之意。歲之所臨，其地受福。今年春末至來年，歲在宋分，今年初秋至六年，鎭在燕分。從今年爲備，至來春興師。北兵之遇春夏，則氈裘、皮履、羊弓、塞馬不爲用，而中原士卒素不能寒，往北逢暄，筋力勇健。以勇健之士驅不用之敵，承福慶之時討災殃之城，成功立事，在于此矣。

長淮以北，太行以東，河水罷災，土地甚沃。因其豐實，取其穀帛，減價以折納，見錢以貴糴，官府多積，兵役無虞，用兵豐財，可濟大事。

太原克復以來，于今七載，兵甲甚利，士卒甚雄，夜寢晨興，寒衾飢粟。若以促裝之賜，發軍而用之，恩賞之貲，成功而賚之，可以齊心平敵，恢拓舊境。

幽州平土而負敵，爲勢必擇四人，分之方面，以剛斷勇毅者主之，選和平恭愼者一人部之。幽州之北，皆是山谷，通人馬者不過十處，領將士者亦擇十人，同行則共議兵機，分出則各司軍事，寇來則同戰以驅逐，寇歸則畫疆以扞蔽。苟塞斷山路，餘寇在燕與大軍相持，則遷延其時以度春夏，寇不能熱，有退無前。使士之剛勇與才力者各爲一將，多則分部扞敵攻城，兩盡其力。定其軍名，實其軍數。我寡彼多則力不勝，我實彼虛則勝有餘。力均則較其地形，地均則爭其謀略，分明勇怯，各致其用。

以茶鹽香藥之價十分減二，從新者先賣於邊城要路、軍馬屯所。以芻粟錢帛之價十分增二，納貨以出券者詣本場以交貨，得貨者緣逐路以納稅。出往來四方之饒，爲兩地費用之耗，自然商得其利，則買之於人，人得其資，則勤之於穡。故必民效兼倍之力，國貯九年之積，科撥不假於度支，轉般何勞於漕挽。芻粟之給，攻具之用，委輸發運，以爲後繼。

今將用二十萬之衆，役三十州之民，願陛下明降日月之信，先示雨露之澤。民知信賞則悅而忘死，士得仰給則死而力戰。如此則逆壘不足下，猾寇不足殄也。

起爲左補闕，復直史館，遷修撰，預修國史，以尚書戶部員外郎知制誥，遷司封員外郎。

有傭書人翟潁者，旦嘗與之善，因爲改姓名馬周，以爲唐馬周復出，上書詆時政，且自薦可爲大臣。又舉材任公輔者十人，其辭頗壯。當時皆謂旦所爲。馬周坐流海島，旦亦貶坊州團練副使。坐擅離所部謁宋白于鄜州，既被劾，特釋之。徙絳州。稍復工部員外郎、直集賢院，遷本曹郎中、知制誥、史館修撰。

素善中官王繼恩，爲繼恩草制辭過美。繼恩敗，眞宗聞而惡之，貶安遠軍行軍司馬，又削籍流潯州。咸平初，移通州團練副使，徙徐州，以祠部員外郎分司西京，又爲保信軍節度副使。久之，以司封員外郎通判襄州。封泰山，改祠部郎中。服母喪既除，乃言父卒時嘗詔奪哀從事，請追行服三年。已而失明，以秘書省少監致仕，居襄州。再遷祕書監，卒。

旦喜讀書，既喪明，猶令人誦經史，隱几聽之不少輟。著漢春秋、五代史略、將帥要略、演聖通論、唐乘、家傳三百餘卷。斵大硯，方五六尺，刻而瘞之，曰「胡旦修漢春秋硯」。晚尤黷貨，干擾州縣，持吏短長，爲時論所薄。既死，子孫貧甚，寓柩民間。皇祐末，知襄州王田爲言於朝，得錢二十萬以葬。

賈同字希得，青州臨淄人。五代時，楊光遠反，同祖崇率鄉里四百餘家保愚谷山，全活者二千人。同初名罔，字公疎，篤學好古，有時名，著山東野錄七篇。年四十餘，同進士出身，眞宗命改名。王欽若方貴盛，聞同名欲致之，固謝不往。居八九年，始補歷城主簿。張知白薦爲大理評事，通判兗州。

天聖初，上書言：「自祥符以來，諫諍路塞，丁謂乘間造符瑞以欺先帝。今謂姦既白，宜明告天下，正符瑞之謬，罷宮觀崇奉，歸不急之衞兵，收無名之費，使先帝免後世之議，國家無因循之失。」又言：「寇準忠規亮節，疾惡擯邪。自其貶黜，天下之人弗見其罪，宜還之內地，以明忠邪善惡之分。」時章獻太后臨朝，而同言如此，人以爲難。

再遷殿中丞、知棣州，卒。劉顏、李冠、王無忌及其門人謚同曰存道先生。

劉顏字子望，彭城人。少孤，好古，學不專章句。師事高弁。舉進士第，以試祕書省校書郎知龍興縣，坐法免。久之，授徐州文學。居鄉里，教授數十百人。採漢、唐奏議爲輔弼名對。馮元、劉筠、錢易、滕涉、蔡齊上其書，除任城主簿。歲饑，發大姓所積粟，活數千人。李迪知兗州、青州，皆辟爲從事。卒。著儒術通要、經濟樞言復數十篇。石介見其書，歎曰：「恨不在弟子之列。」子庠，自有傳。





高弁字公儀，濮州雷澤人。弱冠，徒步從种放學于終南山，又學古文于柳開，與張景齊名。至道中，以文謁王禹偁，禹偁奇之。舉進士，累官侍御史。諫修玉淸昭應宮，降知廣濟軍。尋以戶部判官試開封府進士，私發糊名，奪二官。稍復知單州、邢州、鹽鐵判官。河決澶州，請弛隄防，縱水所之，可省民力，且以扼契丹南向。議寢。知陝州，卒。弁性孝友。所爲文章多祖六經及孟子，喜言仁義。有帝則三篇，爲世所傳。與李迪、賈同、陸參、朱頔、伊淳相友善。石延年、劉潛皆其門人也。

孫復字明復，晉州平陽人。舉進士不第，退居泰山。學春秋，著尊王發微十二篇，大約本於陸淳，而增新意。

石介有名山東，自介而下皆以先生事復。年四十不娶，李迪知其賢，以其弟之子妻之。復初猶豫，石介與諸弟子請曰：「公卿不下士久矣，今丞相不以先生貧賤，欲託以子，宜因以成丞相之賢名。」復乃聽。孔道輔聞復之賢，就見之，介執杖屨立侍復左右，升降拜則扶之，其往謝亦然。介既爲學官，語人曰：「孫先生非隱者也。」於是范仲淹、富弼皆言復有經術，宜在朝廷。除祕書省校書郎、國子監直講。車駕幸太學，賜緋衣銀魚，召爲邇英閣祗候說書。楊安國言其講說多異先儒，罷之。

孔直溫敗，得所遺復詩，坐貶虔州監稅，徙泗州，又知長水縣，簽書應天府判官事。通判陵州，未行，翰林學士趙槩等十餘人言復經爲人師，不宜使佐州縣。留爲直講，稍遷殿中丞。卒，賜錢十萬。

復與胡瑗不合，在太學常相避。瑗治經不如復，而教養諸生過之。復既病，韓琦言於仁宗，選書吏，給紙筆，命其門人祖無擇就復家得書十五萬言，錄藏祕閣。特官其一子。

石介字守道，兗州奉符人。進士及第，歷鄆州、南京推官。篤學有志尙，樂善疾惡，喜聲名，遇事奮然敢爲。御史臺辟爲主簿，未至，以論赦書不當求五代及諸僞國後，罷爲鎭南掌書記。代父丙遠官，爲嘉州軍事判官。丁父母憂，耕徂徠山下，葬五世之未葬者七十喪。以易教授于家，魯人號介徂徠先生。入爲國子監直講，學者從之甚衆，太學繇此益盛。

介爲文有氣，嘗患文章之弊、佛老爲蠹，著怪說、中國論，言去此三者，乃可以有爲。又





著唐鑑以戒姦臣、宦官、宮女，指切當時，無所諱忌。杜衍、韓琦薦擢太子中允，直集賢院。會呂夷簡罷相，夏竦既除樞密使，復奪之，以衍代。章得象、晏殊、賈昌朝、范仲淹、富弼及琦同時執政，歐陽脩、余靖、王素、蔡襄並爲諫官，介喜曰：「此盛事也，歌頌吾職，其可已乎！」作慶曆聖德詩，曰：

於惟慶曆，三年三月。皇帝龍興，徐出闈闥。晨坐太極，晝開閶闔。躬覽英賢，手鉏姦枿。大聲渢渢，震搖六合。如乾之動，如雷之發。昆蟲蹢躅，怪妖藏滅。同明道初，天地嘉吉。

初聞皇帝，蹙然言曰：「予祖予父，付予大業。予恐失墜，實賴輔弼。汝得象、殊，重慎微密。君相予久，予嘉君伐。君仍相予，笙鏞斯協。昌朝儒者，學問該洽。與予論政，傅以經術。汝貳二相，庶績咸秩。

惟汝仲淹，汝誠予察。太后乘勢，湯沸火熱。汝時小臣，危言嶪嶪。爲予司諫，正予門闑。爲予京兆，壐予讒說。賊叛予夏，往予式遏。六月酷日，大冬積雪。汝寒汝暑，同予士卒。予聞辛酸，汝不告乏。予晚得弼，予心弼悅。弼每見予，無有私謁。以道輔予，弼言深切。予不堯、舜，弼自笞罰。諫官一年，疏奏滿篋。侍從周歲，忠力盧竭。契丹忘義，檮杌饕餮。敢侮大國，其辭慢悖。弼將予命，不畏不怯。卒復舊好，民

得食褐。沙磧萬里，死生一節。視弼之膚，霜剝風裂。觀弼之心，鍊金鍛鐵。寵名大官，以酬勞渴。弼辭不受，其志莫奪。惟仲淹、弼，一夔一契。天實賚予，予其敢忽。並來弼予，民無瘥札。

曰衍汝來，汝予黃髮。事予二紀，毛禿齒豁。心如一兮，率履弗越。遂長樞府，兵政無蹶。予早識琦，琦有奇骨。其器魁落，豈視居楔。其人渾樸，不施剞劂。可屬大事，敦厚如勃。琦汝副衍，知人予哲。

惟脩惟靖，立朝巘巘。言論磥砢，忠誠特達。祿微身賤，其志不怯。嘗詆大官，亟遭貶黜。萬里歸來，剛氣不折。屢進直言，以補予闕。素相之後，含忠履潔。昔爲御史，幾叩予榻。襄雖小官，名聞予徹。亦嘗獻言，箴予之失。剛守粹慤，與脩儔匹。並爲諫官，正色在列。予過汝言，毋鉗汝舌。」

皇帝聖明，忠邪辨別。舉擢俊良，掃除妖魃。衆賢之進，如茅斯拔。大姦之去，如距斯脫。上倚輔弼，司予調燮。下賴諫諍，維予紀法。左右正人，無有邪孽。予望太平，日不逾浹。

皇帝嗣位，二十二年。神武不殺，其默如淵。聖人不測，其動如天。賞罰在予，不失其權。恭己南面，退姦進賢。知賢不易，非明弗得。去邪惟艱，惟斷乃克。明則不





貳，斷則不惑。既明且斷，惟皇帝之德。

羣臣踧踖，重足屏息，交相敎語：曰惟正直，毋作側僻，皇帝汝殛。諸侯危慄，墮玉失舄，交相告語：皇帝神明，四時朝覲，謹修臣職。四夷走馬，墜鐙遺策，交相告語：皇帝英武，解兵修貢，永爲屬國。皇帝一舉，羣臣懾焉，諸侯畏焉，四夷服焉。

臣願皇帝，壽萬千年。

詩所稱多一時名臣，其言大姦蓋斥竦也。詩且出，孫復曰：「子禍始於此矣。」

介不畜馬，借馬而乘，出入大臣之門，頗招賓客，預政事，人多指目。不自安，求出，通判濮州，未赴，卒。

會徐狂人孔直溫謀反，搜其家得介書；夏竦銜介甚，且欲中傷杜衍等，因言介詐死，北走契丹，請發棺以驗。詔下京東訪其存亡。衍時在兗州，以驗介事語官屬，衆不敢答，掌書記龔鼎臣願以闔族保介必死，衍探懷出奏稿示之，曰：「老夫已保介矣。君年少，見義必爲，豈可量哉。」提點刑獄呂居簡亦曰：「發棺空，介果走北，孥戮非酷。不然，是國家無故剖人冢墓，何以示後世？且介死必有親族門生會葬及棺斂之人，苟召問無異，即令具軍令狀保之，亦足應詔。」於是衆數百保介已死，乃免斲棺。子弟羈管他州，久之得還。

介家故貧，妻子幾凍餒，富弼、韓琦共分奉買田以贍養之。有徂徠集行於世。

胡瑗字翼之，泰州海陵人。以經術教授吳中，年四十餘。

景祐初，更定雅樂，詔求知音者。范仲淹薦瑗，白衣對崇政殿。與鎭東軍節度推官阮逸同較鐘律，分造鐘磬各一虡。以一黍之廣爲分，以制尺，律徑三分四釐六毫四絲，圍十分三釐九毫三絲。又以大黍累尺，小黍實龠。丁度等以爲非古制，罷之。授瑗試祕書省校書郎。范仲淹經略陝西，辟丹州推官。以保寧節度推官敎授湖州。瑗敎人有法，科條纖悉備具，以身先之。雖盛暑必公服坐堂上，嚴師弟子之禮。視諸生如其子弟，諸生亦信愛如其父兄。從之游者常數百人。慶曆中，興太學，下湖州取其法，著爲令。召爲諸王宮敎授，辭疾不行。爲太子中舍，以殿中丞致仕。

皇祐中，更鑄太常鐘磬，驛召瑗、逸，與近臣、太常官議于祕閣，遂典作樂事。復以大理評事兼太常寺主簿，辭不就。歲餘，授光祿寺丞、國子監直講。樂成，遷大理寺丞，賜緋衣銀魚。瑗既居太學，其徒益衆，太學至不能容，取旁官舍處之。禮部所得士，瑗弟子十常居四五，隨材高下，喜自修飭，衣服容止，往往相類，人遇之雖不識，皆知其瑗弟子也。嘉祐初，擢太子中允、天章閣侍講，仍治太學。既而疾不能朝，以太常博士致仕，歸老於家。諸生與





朝士祖餞東門外，時以爲榮。既卒，詔賻其家。

劉羲叟字仲更，澤州晉城人。歐陽脩使河東，薦其學術。試大理評事，權趙州軍事判官。精算術，兼通大衍諸曆。及修唐史，令專修律曆、天文、五行志。尋爲編修官，改祕書省著作佐郎。以母喪去，詔令家居編修。書成，擢崇文院檢討，未入謝，疽發背卒。

羲叟強記多識，尤長於星曆、術數。皇祐五年，日食心，時胡瑗鑄鐘弇而直，聲鬱不發。又陝西鑄大錢，羲叟曰：「此所謂害金再興，與周景王同占，上將感心腹之疾。」其後仁宗果不豫。又月入太微，曰：「後宮當有喪。」已而張貴妃薨。至和元年，日食正陽，客星出于昴，曰：「契丹宗眞其死乎？」事皆驗。羲叟未病，嘗曰：「吾及秋必死。」自擇地於父冢旁，占庚穴，以語其妻，如其言葬之。著十三代史志、劉氏輯曆、春秋災異諸書。

林槩字端父，福州福淸人。父高，太常博士，有治行。槩幼警悟，舉進士，以祕書省校書郎知長興縣。歲大饑，富人閉糴以邀價，槩出奉粟庭下，誘土豪輸數千石以飼饑者。

知連州。康定初，上封事曰：「古者民爲兵，而今兵食民。古馬寓於民，而今不習馬。此兵與馬之大患也。請附唐府兵之法，四斂一民，部以爲軍，閑耕田里，被甲皆兵。因命其家咸得畜馬，私乘休暇，官爲調習。則人便干戈，馬識行列。又行陣無法，而出於臨時；將無素備，而取於倉卒；軍不予權，而監以宦侍：若是者，雖得古之材，使循今之法，亦必屢戰而屢敗。」又請備蠻，籍土民爲兵，柵要衝，購傜人使守禦。徙淮安軍。

程琳嘗禁蜀人不得自爲渠堰，槩奏罷之。又言蜀飢，願罷川峽漕，發常平粟貸民租，募富人輕粟價，除商旅之禁，使通貨相資。官至太常博士、集賢校理，卒。著史論、辨國語。子希，自有傳。

李覯字泰伯，建昌軍南城人。俊辯能文，舉茂才異等不中。親老，以教授自資，學者常數十百人。皇祐初，范仲淹薦爲試太學助教，上明堂定制圖序曰：

考工記「周人明堂，度九尺之筵」，是言堂基脩廣，非謂立室之數。「東西九筵，南北七筵，堂崇一筵」，是言堂上，非謂室中。東西之堂各深四筵半，南北之堂各深三





筵半。「五室，凡室二筵」，是言四堂中央有方十筵之地，自東至西可營五室，自南至北可營五室。十筵中央方二筵之地，既爲太室，連作餘室，則不能令十二位各直其辰，當於東南西北四面及四角缺處，各虛方二筵之地，周而通之，以爲太廟。太室正居中，月令所謂「中央土」、「居太廟太室」者，言此太廟之中有太室也。太廟之外，當子、午、卯、酉〔一〕四位上各畫方二筵地，以與太廟相通〔二〕，爲青陽、明堂、總章、元堂四太廟；當寅、申、巳、亥、辰、戌、丑、未八位上各畫方二筵地，以爲左个、右个也。

大戴禮盛德記：「明堂凡九室，室四戶八牖，共三十六戶七十二牖。」八个之室，并太室而九，室四面各有戶，戶旁夾兩牖也。

白虎通：「明堂上圓下方，八窗、四闥、九室、十二坐。」四太廟前各爲一門，出於堂上，門旁夾兩窗也。左右之个其實皆室，但以分處左右，形如夾房〔三〕，故有个名。太廟之內以及太室，其實祀文王配上帝之位，謂之廟者義當然矣。土者分王四時，於五行最尊，故天子當其時居太室，用祭天地之位以尊嚴之也。四仲之月，各得一時之中，與餘月有異。故復於子、午、卯、酉之方，取二筵地，假太廟之名以聽朔也。

周禮言基而不及室，大戴言室而不及廟，稽之月令則備矣，然非白虎通亦無以知窗闥之制也。聶崇義所謂秦人明堂圖者，其制有十二階，古之遺法，當亦取之。

禮記外傳曰「明堂四面各五門」，今按明堂位：四夷之國，四門之外〔四〕。九采之國，應門之外。時天子負斧扆南鄉而立。南門之外者北面東上，應門之外者亦北面東上，是南門之外有應門也。既有應門，則不得不有皐、庫、雉門。明堂者四時所居，四面如一，南面既有五門，則餘三面皆各有五門。鄭注明堂位則云「正門謂之應門」，其意當謂變南門之文以爲應門。又見王宮有路門，其次乃有應門。今明堂無路門之名，而但有應門，便謂更無重門，而南門卽是應門。且路寢之前則名路門，其次有應門。明堂非路寢，乃變其內門之名爲東門南門，而次有應門，何害於義？四夷之君，既在四門之外，而外無重門，則是列於郊野道路之間，豈朝會之儀乎？王宮常居，猶設五門，以限中外；明堂者效天法地，尊祖配帝，而止一門以表之，豈爲稱哉！

若其建置之所，則淳于登云「在國之陽，三里之外，七里之內，丙巳之地」；玉藻「聽朔於南門之外」，康成之注亦與是合。夫稱明也，宜在國之陽；事天神也，宜在城門之外。

今圖以九分當九尺之筵，東西之堂共九筵，南北之堂共七筵；中央之地自東至西凡五室，自南至北凡五室，每室二筵，取於考工記也。一太室、八左右个，共九室，室有





四戶、八牖，共三十六戶、七十二牖，協於戴德記也。九室四廟，共十三位，本於月令也。四廟之面，各爲一門，門夾兩窗，是爲八窗四闥，稽於白虎通也。十二階，采於三禮圖也。四面各五門，酌於明堂位、禮記外傳也。

嘉祐中，用國子監奏，召爲海門主簿、太學說書而卒。覯嘗著周禮致太平論、平土書、禮論。門人鄧潤甫，熙寧中，上其退居類稿、皇祐續稿并後集，請官其子參魯，詔以爲郊社齋郎。

何涉字濟川，南充人。父祖皆業農。涉始讀書，晝夜刻苦，汎覽博古。上自六經、諸子百家，旁及山經、地志、醫卜之術，無所不學，一過目不復再讀，而終身不忘。人問書傳中事，必指卷第冊葉所在，驗之果然。

登進士第，調洛交主簿〔五〕，改中部令。范仲淹一見奇之，辟彰武軍節度推官。用龐籍奏，遷著作佐郎，管勾鄜延等路經略安撫招討司機宜文字。時元昊擾邊，軍中經畫，涉預有力。元昊納款，籍召爲樞密使，欲與之俱，涉曰：「親老矣，非人子自便之時。」拜章願得歸養，特改祕書丞，通判眉州，徙嘉州。用文彥博、龐籍薦，召還，除集賢校理。既又求歸蜀，

遂得知漢州。歲滿，移合州。累官尚書司封員外郎。父喪罷歸，卒。詔恤其家，并官其一子。

涉長厚有操行，事親至孝，平居未嘗談人過惡。所至多建學館，勸誨諸生，從之游者甚衆。雖在軍中，亦嘗爲諸將講左氏春秋，狄青之徒皆橫經以聽。有治道中術、春秋本旨、廬江集七十卷。

王回字深父，福州候官人。父平言，試御史。回敦行孝友，質直平恕，造次必稽古人所爲，而不爲小廉曲謹以求名譽。嘗舉進士中第，爲衞眞簿，有所不合，稱病自免。作告友曰：

古之言天下達道者，曰君臣也，父子也，夫婦也，兄弟也，朋友也。五者各以其義行而人倫立，其義廢則人倫亦從而亡矣。

然而父子兄弟之親，天性之自然者也；夫婦之合，以人情而然者也；君臣之從，以衆心而然者也。是雖欲自廢，而理勢持之，何能斬也。惟朋友者，舉天下之人莫不可同，亦舉天下之人莫不可異，同異在我，則義安所卒歸乎？是其漸廢之所繇也。





君之於臣也，父之於子也，夫之於婦也，兄之於弟也，過且惡，必亂敗其國家，國家敗而皆受其難，被其名，而終身不可辭也。故其爲上者不敢不誨，爲下者不敢不諫。世治道行，則人能循義而自得；世衰道微，則人猶顧義而自全。間有不若，則亦無害於衆焉耳。此所謂理勢持之，雖百代可知也。

親非天性也，合非人情也，從非衆心也，羣而同，別而異，有善不足與榮，有惡不足與辱。大道之行，公於義者可至焉，下斯而言，其能及者鮮矣。是以聖人崇之，以列於君臣父子夫婦兄弟而壹爲達道也。聖人既沒，而其義益廢，於今則亡矣。

夫人有四肢，所以成身；一體不備，則謂之廢疾。而人倫缺焉，何以爲世？嗚呼，處今之時而望古之道，難矣。姑求其肯告吾過也，而樂聞其過者，與之友乎！

退居潁州，久之不肯仕，在廷多薦者。治平中，以爲忠武軍節度推官、知南頓縣，命下而卒。回在潁川〔六〕，與處士常秩友善。熙寧中，秩上其文集，補回子汾爲郊社齋郎。弟向。

向字子直，爲文長於序事，戲作公默先生傳曰：

公議先生剛直任氣，好議論，取當世是非辨明。游梁、宋間，不得意。去居潁，其徒從者百人。居二年，與其徒謀，又去潁。弟子任意對曰：「先生無復念去也，弟子從先生久矣，亦各厭行役。先生舍潁爲居廬，少有生計。主人公賢，遇先生不淺薄，今又去之，弟子未見先生止處也。先生豈薄潁邪？」

公議先生曰：「來，吾語爾！君子貴行道信於世，不信貴容，不容貴去，古之辟世、辟地、辟色、辟言是也。吾行年三十，立節循名，被服先王，究窮六經。頑鈍晚成，所得無幾；張羅大網，漏略零細。校其所見，未爲完人。豈敢自忘，冀用於世？予所厭苦，正謂不容。予行世間，波混流同。予譽不至，予毀日隆。小人鑿空，造事形迹；侵排萬端，地隘天側。詩不云乎，『讒人罔極』。主人明恕，故未見疑。不幸去我，來者謂誰？讒一日效，我終顚危。智者利身，遠害全德，不如亟行，以適異國。」

語已，任意對曰：「先生無言也。意輩弟子嘗竊論先生樂取怨憎，爲人所難，不知不樂也。今定不樂，先生知所以取之乎？先生聰明才能，過人遠甚，而刺口論世事，立是非，其間不容豪髮。又以公議名，此人之怨府也。傳曰：『議人者不得其死』，先生憂之是也，其去未是。意有三事爲先生計，先生幸聽意，不必行；不聽，先生雖去絕海，未見先生安也。」

公議先生彊舌不語，下視任意，目不轉。移時，卒問任意，對曰：「人之肺肝，安得可視，高出重泉，險不足比。聞善於彼，陽譽陰非，反背復憎，詆笑縱橫。得其細過，聲





張口播，緣飾百端，德敗行破。自然是人，賤彼善我。意策之三，此爲最上者也。先生能用之乎？」公議先生曰：「不能，爾試言其次者。」對曰：「捐棄骨肉，佯狂而去，令世人不復顧忌。此策之次者，先生能用之乎？」公議先生曰：「不能，爾試言其又次者。」對曰：「先生之行己，視世人所不逮何等也！曾未得稱高世，而詆訶鋒起，幾不得與妄庸人伍者，良以口禍也。先生能不好議而好默，是非不及口而心存焉，何疾於不容？此策之最下者也，先生能用之乎？」公議先生喟然歎曰：「吁，吾爲爾用下策也。」

任意乃大笑，顧其徒曰：「宜吾先生之病於世也。吾三策之，卒取其下者矣。」弟子陽思曰：「今日非任意，先生不可得留。」與其徒謝意，更因意請去公議爲公默先生。

弟同，字容季。性純篤，亦善序事。皆早卒。仕止於縣主簿。

周堯卿字子俞，道州永明人。警悟彊記，以學行知名。天聖二年，舉進士。歷連、衡二州司理參軍、桂州司錄。知高安、寧化二縣，提點刑獄楊紘入境，有被刑而耘苗者，紘就詢其故，對曰：「貧以利故，爲人直其枉，令不我欺而我欺之，我又何怨？」紘至縣，以所聞薦之。後通判饒州，積官至太常博士。范仲淹薦經行可爲師表，未及用，以慶曆五年卒，年五

十一。

始，堯卿年十二喪父，憂戚如成人，見母則抑情忍哀，不欲傷其意。母知而異之，謂族人曰：「是兒愛我如此，多知孝養矣。」卒能如母之言。及母喪，倚廬三年，席薪枕塊，雖疾病不飲酒食肉。既葬，慈烏百數銜土集隴上，人以爲孝感所致。其於昆弟尤篤友愛。又爲人簡重不校，有慢己者，必厚爲禮以愧之。居官祿雖薄，必以周宗族朋友，罄而後已。

爲學不專於傳注，問辨思索，以通爲期。長於毛、鄭詩及左氏春秋。其學詩，以孔子所謂「詩三百，一言以蔽之曰：思無邪」，孟子所謂「說詩者以意逆志，是爲得之」，考經指歸，而見毛、鄭之得失。曰：「毛之傳欲簡，或寡於義理，非一言以蔽之也。鄭之箋欲詳，或遠於性情，非以意逆志也。是可以無去取乎？」其學春秋，由左氏記之詳，得經之所以書者，至三傳之異同，均有所不取。曰：「聖人之意豈二致耶？」讀莊周、孟子之書，曰：「周善言理，未至於窮理。窮理，則好惡不繆於聖人，孟軻是已。孟善言性，未至於盡己之性。能盡己之性，則能盡物之性，而可與天地參，其唯聖人乎。天何言哉？性與天道，子貢所以不可得而聞也。昔宰我、子貢善爲說辭，冉牛、閔子、顏淵善言德行，孔子曰：『我於辭命，則不能也。』惟不言，故曰不能而已，蓋言生於不足者也。」其講解議論皆若是。

有詩、春秋說各三十卷，文集二十卷。七子：諭，鼎州司理參軍；詵，湖州歸安主簿；





謐、諷、譔、說、誼。

王當字子思，眉州眉山人。幼好學，博覽古今，所取惟王佐大略。嘗謂三公論道經邦，燮理陰陽，塡撫四方，親附百姓，皆出於一道，其言之雖大，其行之甚易。嘗舉進士不中，退居田野，歎曰：「士之居世，苟不見其用，必見其言。」遂著春秋列國名臣傳五十卷，人競傳之。

元祐中，蘇轍以賢良方正薦，廷對慷慨，不避權貴，策入四等。調龍遊縣尉。蔡京知成都，舉爲學官，當不就。其後京相，當遂不復仕。卒，年七十二。當於經學尤邃易與春秋，皆爲之傳，得聖人之旨居多。又有經旨三卷，史論十二卷，兵書十二篇。

陳暘字晉之，福州人。中紹聖制科，授順昌軍節度推官。徽宗初，進迓衡集以勸導紹述，得太學博士、祕書省正字。禮部侍郎趙挺之言，暘所著樂書二十卷貫穿明備，乞援其兄祥道進禮書故事給札。既上，遷太常丞，進駕部員外郎，爲講議司參詳禮樂官。魏漢津議樂，用京房二變四清。暘曰：「五聲十二律，樂之正也。二變四清，樂之蠹也。二變以變宮爲君，四清以黃鐘清爲君。事以時作，固可變也，而君不可變。太簇、大呂、夾鐘，或可分也，而黃鐘不可分。豈古人所謂尊無二上之旨哉？」時論方右漢津，絀暘議。

進鴻臚太常少卿、禮部侍郎，以顯謨閣待制提舉醴泉觀，嘗坐事奪，已而復之。卒，年六十八。

祥道字用之。元祐中，爲太常博士，終祕書省正字。所著禮書一百五十卷，與暘樂書並行于世。

## 校勘記

〔一〕當子午卯酉　「當」原作「堂」，據李覯直講李先生文集卷一五明堂定制圖序改。

〔二〕以與太廟相通　「以」原作「二」，據直講李先生文集卷一五明堂定制圖序改。

〔三〕形如夾房　「房」原作「戶」，據直講李先生文集卷一五明堂定制圖序改。

〔四〕四夷之國四門之外　「四門」原作「西門」。按禮記明堂位：「九夷之國，東門之外，西面北上；八蠻之國，南門之外，北面東上；六戎之國，西門之外，東面南上；五狄之國，北門之外，南面東上。」直講李先生文集卷一五明堂定制圖序：「今按明堂位曰，九夷之國，東門之外；八蠻之國，





南門之外；六戎之國，西門之外；五狄之國，北門之外。」據此，當時以「九夷」、「八蠻」、「六戎」、「五狄」爲「四夷」，以東門、南門、西門、北門爲「四門」，「西門」，應爲「四門」之誤。下文又有「四夷之君，既在四門之外」語。今改。

〔五〕調洛交主簿　「洛交」原作「落交」。按宋無「落交縣」，「落」當作「洛」，見元豐九域志卷三「鄜州」條，今改。

〔六〕回在潁川　按此與上文「退居潁州」句不符。據東都事略卷一一八及本書卷三二九常秩傳，秩潁州汝陰人，與回同里相友善。潁川，宋時已廢，舊治在今河南許昌。此處「川」字疑爲「州」字之誤。

# 宋史卷四百三十三

## 列傳第一百九十二

### 儒林三

邵伯温　喻樗　洪興祖　高閌　程大昌　林之奇　林光朝　楊萬里

邵伯温字子文，洛陽人，康節處士雍之子也。雍名重一時，如司馬光、韓維、呂公著、程頤兄弟皆交其門。伯温入聞父教，出則事司馬光等，而光等亦屈名位輩行，與伯温爲再世交，故所聞日博，而尤熟當世之務。光入相，嘗欲薦伯温，未果而薨。後以河南尹與部使者薦，特授大名府助教，調潞州長子縣尉。

初，蔡確之相也，神宗崩，哲宗立，邢恕自襄州移河陽，詣確謀造定策事。及司馬光子康詣闕，恕召康詣河陽，伯温謂康曰：「公休除喪未見君，不宜枉道先見朋友。」康曰：「已諾



之。」伯温曰：「恕傾巧，或以事要公休，若從之，必爲異日之悔。」康竟往。恕果勸康作書稱確，以爲他日全身保家計。康，恕同年登科，恕又出光門下，康遂作書如恕言。恕蓋以康爲光子，言確有定策功，世必見信。既而梁燾以諫議召，恕亦要燾至河陽，連日夜論確功不休，且以康書爲證，燾不悅。會吳處厚奏確詩謗朝政，燾與劉安世共請誅確，且論恕罪，亦命康分析，康始悔之。康卒，子植幼。宣仁后憫之。呂大防謂康素以伯温可託，請以伯温爲西京教授以教植。伯温既至官，則誨植曰：「温公之孫，大諫之子，賢愚在天下，可畏也。」植聞之，力學不懈，卒有立。

紹聖初，章惇爲相。惇嘗事康節，欲用伯温，伯温不往。會法當赴吏部銓，程頤爲伯温曰：「吾危子之行也。」伯温曰：「豈不欲見先公於地下耶？」至則先就部擬官，而後見宰相。惇論及康節之學，曰：「嗟乎，吾於先生不能卒業也。」伯温曰：「先君先天之學，論天地萬物未有不盡者。其信也，則人之仇怨反覆者可忘矣。」時惇方興黨獄，故以是動之。惇悚然。猶薦之于朝，而伯温願補郡縣吏，惇不悅，遂得監永興軍鑄錢監。時元祐諸賢方南遷，士鮮訪之者。伯温見范祖禹於咸平，見范純仁於潁昌，或爲之恐，不顧也。會西邊用兵，復夏人故地，從軍者得累數階，伯温當行，輒推同列。秩滿，惇猶在相位。伯温義不至京師，從外臺辟環慶路帥幕，實避惇也。



徽宗即位，以日食求言。伯温上書累數千言，大要欲復祖宗制度，辨宣仁誣謗，解元祐黨錮，分君子小人，戒勞民用兵，語極懇至。宣仁太后之謗，伯温既辨之，又著書名辨誣。後崇寧、大觀間，以元符上書人分邪正等，伯温在邪等中，以此書也。

出監華州西嶽廟，久之，知陝州靈寶縣〔二〕，徙芮城縣。丁母憂，服除，主管永興軍耀州三白渠公事。童貫爲宣撫使，士大夫爭出其門，伯温聞其來，出他州避之。除知果州，請罷歲輸瀘南諸州綾絹、絲綿數十萬以寬民力。除知興元府，遂寧府、邠州，皆不赴。擢提點成都路刑獄，賊史斌破武休，入漢、利，窺劍門，伯温與成都帥臣盧法原合謀守劍門，賊竟不能入，蜀人德之。除利路轉運副使，提舉太平觀。紹興四年，卒，年七十八。初，邵雍嘗曰：「世行亂，蜀安，可避居。」及宣和末，伯温載家使蜀，故免於難。

伯温嘗論元祐、紹聖之政曰：「公卿大夫，當知國體，以蔡確姦邪，投之死地，何足惜！然嘗爲宰相，當以宰相待之。范忠宣有文正餘風，知國體者也，故欲薄確之罪。言既不用，退而行確詞命，然後求去，君子長者仁人用心也。確死南荒，豈獨有傷國體哉！劉摯、梁燾、王巖叟、劉安世忠直有餘，然疾惡已甚，不知國體，以貽後日搢紳之禍，不能無過也。」

趙鼎少從伯温游，及當相，乞行追錄，始贈祕閣修撰，嘗表伯温之墓曰：「以學行起元祐，以名節居紹聖，以言廢於崇寧。」世以此三語盡伯温出處云。



著書有河南集、聞見錄、皇極系述、辨誣、辨惑、皇極經世序、觀物內外篇解近百卷。三子：溥、博、傅。

喻樗字子才，其先南昌人。初，俞棐仕梁，位至安州刺史，武帝賜姓喻，後徙嚴，樗其十六世孫也。少慕伊、洛之學，中建炎三年進士第，爲人質直好議論。趙鼎去樞筦，居常山，樗往謁，因諷之曰：「公之事上，當使啓沃多而施行少。啓沃之際，當使誠意多而語言少。」鼎奇之，引爲上客。鼎都督川陝、荊襄，辟樗爲屬。

紹興初，高宗親征，樗見鼎曰：「六龍臨江，兵氣百倍，然公自度此舉，果出萬全乎？或姑試一擲也？」鼎曰：「中國累年退避不振，敵情益驕，義不可更屈，故贊上行耳。若事之濟否，則非鼎所知也。」樗曰：「然則當思歸路，毋以賊遺君父憂。」鼎曰：「策安出？」樗曰：「張德遠有重望，居閩。今莫若使其爲江、淮、荊、浙、福建等路宣撫使，俾以諸道兵赴闕，命下之日，府庫軍旅錢穀皆得專之。宣撫來路，即朝廷歸路也。」鼎曰：「諾。」於是入奏曰：「今沿江經畫大計略定，非得大臣相應援不可。如張浚人才，陛下終棄之乎？」帝曰：「朕用之。」遂起浚知樞密院事。浚至，執鼎手曰：「此行舉措皆合人心。」鼎笑曰：「子才之功也。」樗於





中華書局

是往來鼎、浚間，多所裨益。頃之，以鼎薦，授祕書省正字兼史館校勘。

初，金既退師，鼎、浚相得驩甚。人知其將並相，樗獨言：「二人宜且同在樞府，他日趙退則張繼之。立事任人，未甚相遠，則氣脈長。若同處相位，萬有一不合，或當去位，則必更張，是賢者自相背戾矣。」後稍如其言。又嘗曰：「推車者遇艱險則相詬病，及車之止也，則欣然如初。士之於國家亦若是而已。」

先是，樗與張九成皆言和議非便，秦檜既主和，言者希旨，劾樗與九成謗訕。樗出知舒州懷寧縣，通判衡州，已而致仕。檜死，復起爲大宗正丞，轉工部員外郎，出知蘄州。孝宗即位，用爲提舉浙東常平，以治績聞。淳熙七年，卒。

初，樗善鑒識，宣和間，謂其友人沈晦試進士當第一。建炎初，又謂今歲進士張九成當第一，凌景夏次之。會風折大桅，樗以作二簡遺之，後果然。趙鼎嘗以樊光遠免舉事訪樗，樗曰：「今年省試不可無此人。」於是光遠亦第一。初，樗二女方擇配，富人交請婚，不許。及見汪洋、張孝祥，乃曰：「佳壻也。」遂以妻之。

洪興祖字慶善，鎮江丹陽人。少讀禮至中庸，頓悟性命之理，績文日進。登政和上舍





第，爲湖州士曹，改宣教郎。高宗時在揚州，庶事草創，選人改秩軍頭司引見，自興祖始。召試，授祕書省正字，後爲太常博士。

上疏乞收人心，納謀策，安民情，壯國威。又論國家再造，一宜以藝祖爲法。紹興四年，蘇、湖地震。興祖時爲駕部郎官，應詔上疏，具言朝廷紀綱之失，爲時宰所惡，主管太平觀。

起知廣德軍，視水原爲陂塘六百餘所，民無旱憂。一新學舍，因定從祀：自十哲曾子而下七十有一人，又列先儒左丘明而下二十有六人。擢提點江東刑獄。知眞州。州當兵衝，瘡痍未瘳。興祖始至，請復一年租，從之。明年再請，又從之。自是流民復業，墾闢荒田至七萬餘畝。

徙知饒州，先夢持六刀，覺曰：「三刀爲益，今倍之，其饒乎？」已而果然。是時秦檜當國，諫官多檜門下，爭彈劾以媚檜。興祖坐嘗作故龍圖閣學士程瑀論語解序，語涉怨望，編管昭州。卒，年六十有六。明年，詔復其官，直敷文閣。

興祖好古博學，自少至老，未嘗一日去書。著老莊本旨、周易通義、繫辭要旨、古文孝經序贊、離騷楚詞考異行于世。

高閌字抑崇，明州鄞縣人。紹興元年，以上舍選賜進士第。執政薦之，召爲祕書省正字。時將賜新進士儒行、中庸篇，閌奏儒行詞說不醇，請止賜中庸，庶幾學者得知聖學淵源，而不惑於他說，從之。

權禮部員外郎兼史館校勘。面對，言：「春秋之法，莫大於正名。今樞密院號本兵柄，而諸路軍馬盡屬都督，是朝廷兵柄自分爲二。又周六卿其大事則從其長，小事官屬猶得專達。今一切拘以文法，雖利害灼然可見，官長且不敢自決，必請于朝。故廟堂之事益繁，而省曹官屬乃與胥吏無異。又政事之行，給、舍得繳駁，臺諫得論列，若給、舍以爲然，臺諫以爲不然，則不容不改。祖宗時有繳駁臺諫章疏不以爲嫌者，恐其得於風聞，致朝廷之有過舉。然此風不見久矣，臣恐朝廷之權反在臺諫。且祖宗時，監察御史許言事，靖康中嘗行之。今則名爲臺官，實無言責，此皆名之未正也。」

尋遷著作佐郎，以言者論罷，主管崇道觀。召爲國子司業。時興太學，閌奏宜先經術，帝曰：「士習詩賦已久，遽能使之通經乎？」閌曰：「先王設太學，惟講經術而已。國初猶循唐制用詩賦，神宗始以經術造士，遂罷詩賦，又慮不足以盡人才，乃設詞學一科。今宜以經義爲主，而加詩賦。」帝然之。閌於是條具以聞。其法以六經、語、孟義爲一場，詩賦次





之，子史論又次之，時務策又次之。太學課試及郡國科舉，盡以此爲法，且立郡國士補國學監生之制。中興已後學制，多閌所建明。

閌又言建學之始，宜得老成以誘掖後進。乃薦全州文學師維藩，詔除國子錄。維藩，眉山人，精春秋學，林栗其高第也，故首薦之。新學成，閌奏補試者六千人，且乞臨雍，繼率諸生上表以請。於是帝幸太學，秦熺執經，閌講易泰卦，賜三品服。胡寅聞之，以書責閌曰：「閣下爲師儒之首，不能建大論，明天人之理，乃阿諛柄臣，希合風旨，求舉太平之典，欺天罔人孰甚焉！平生志行掃地矣。」

閌少宗程頤學。宣和末，楊時爲祭酒，閌爲諸生。胡安國至京師，訪士於時，以閌爲首稱，由是知名。閌除禮部侍郎，帝因問閌張九成安否，明日，復以問秦檜，檜疑閌薦。中丞李文會承檜旨劾閌，出知筠州，不赴，卒。初，秦棣嘗使姚孚請婚，閌辭之。其著述有春秋集傳行于世。

程大昌字泰之，徽州休寧人。十歲能屬文，登紹興二十一年進士第。主吳縣簿，未上，丁父憂。服除，著十論言當世事，獻於朝，宰相湯思退奇之，擢太平州教授。明年，召爲太

學正，試館職，爲祕書省正字。

孝宗卽位，遷著作佐郎。當是時，帝初政，銳意事功，命令四出，貴近或預密議。會詔百官言事，大昌奏曰：「漢石顯知元帝信己，先請夜開宮門之詔。他日，故夜還，稱詔啓關，或言矯制，帝笑以前詔示之。自是顯眞矯制，人不復言。國朝命令必由三省，防此弊也。請自今被御前直降文書，皆申省審奏乃得行，以合祖宗之規，以防石顯之姦。」又言：「去歲完顏亮入寇，無一士死守，而兵將至今策勳未已。惟李寶捷膠西，虞允文戰采石，實屠亮之階。今寶罷兵，允文守夔，此公論所謂不平也。」帝稱善，遷爲恭王府贊讀。遷國子司業兼權禮部侍郎、直學士院。帝問大昌曰：「朕治道不進，奈何？」大昌對曰：「陛下勤儉過古帝王，自女眞通和，知尊中國，不可謂無效。但當求賢納諫，修政事，則大有爲之業在其中，不必他求奇策，以幸速成。」又言：「淮上築城太多，緩急何人可守。設險莫如練卒，練卒莫如擇將。」帝稱善。

除浙東提點刑獄。會歲豐，酒稅踰額，有挾朝命請增額者，大昌力拒之，曰：「大昌寧罪去，不可增也。」徙江西轉運副使，大昌曰：「可以興利去害，行吾志矣。」會歲歉，出錢十餘萬緡，代輸吉、贛、臨江、南安夏稅折帛。淸江縣舊有破坑、桐塘二堰〔三〕，以捍江護田及民居，地幾二千頃，後堰壞，歲罹水患且四十年，大昌力復其舊。





進祕閣修撰，召爲祕書少監，帝勞之曰：「卿，朕所簡記。監司若人人如卿，朕何憂？」兼中書舍人。六和塔寺僧以鎭潮爲功，求內降給賜所置田產仍免科徭，大昌奏：「僧寺既違法置田，又移科徭於民，奈何許之！況自修塔之後，潮果不齧岸乎？」寢其命。權刑部侍郎，升侍講兼國子祭酒。大昌言：「辟以止辟，未聞縱有罪爲仁也。今四方讞獄例擬貸死，臣謂有司當守法，人主察其可貸則貸之。如此，則法伸乎下，仁歸乎上矣。」帝以爲然。兼給事中。江陵都統制率逢原縱部曲毆百姓，守帥辛棄疾以言狀徙帥江西。大昌因極論「自此屯戍州郡，不可爲矣」！逢原由是坐削兩官，降本軍副將。累遷權吏部尚書。言：「今日諸軍，西北舊人日少，其子孫伉健者，當教之戰陣，不宜輕聽離軍。且禁衞之士，祖宗非獨以備宿衞而已，南征北伐，是嘗爲先鋒。今率三年輒補外，用違其長，卽有征行，無人在選。奈何始以材武擇之，而終以庸常棄之乎？願留三衙勿遣。」

會行中外更迭之制，力請郡，遂出知泉州。汀州賊沈師作亂，戍將蕭統領與戰死，閩部大震。漕檄統制裴師武討之。師武以未得帥符不行，大昌手書趣之曰：「事急矣，有如帥責君，可持吾書自解。」當是時，賊謀攻城，而先使諜者束甲縱火爲內應。會師武軍至，復得諜者，賊遂散去。遷知建寧府。光宗嗣位，徙知明州，尋奉祠。紹熙五年，請老，以龍圖閣學士致仕。慶元元年，卒，年七十三，謚文簡。

大昌篤學，於古今事靡不考究。有禹貢論、易原、雍錄、易老通言、攷古編、演繁露、北邊備對行於世。

林之奇字少穎，福州侯官人。紫微舍人呂本中入閩，之奇甫冠，從本中學。時將試禮部，行次衢州，以不得事親而反。學益力，本中奇之，由是學者踵至。中紹興二十一年進士第，調莆田簿，改尉長汀，召爲祕書省正字，轉校書郎。

會朝廷欲令學者參用王安石三經義之說，之奇上言：「王氏三經，率爲新法地。晉人以王、何淸談之罪，深於桀、紂。本朝靖康禍亂，考其端倪，王氏實負王、何之責。在孔、孟書，正所謂邪說、詖行、淫辭之不可訓者。」或傳金人欲南侵，之奇作書抵當路，以爲「久和畏戰，人情之常。金知吾重於和，故常以虛聲喝我，而示我以欲戰之意，非果欲戰，所以堅吾和。欲與之和，宜無憚於戰，則其權在我」。又言：「戰之所須不一，而人才爲先。必求可與共患難者，非得如龐士元所謂俊傑者不可也。」

以痺疾乞外，由宗正丞提舉閩舶，參帥議，遂以祠祿家居，自稱拙齋。東萊呂祖謙嘗受學焉。淳熙三年，卒，年六十有五。





有書春秋周禮說、論孟揚子講義、道山記聞等書行於世。

林光朝字謙之，興化軍莆田人。再試禮部不第，聞吳中陸子正嘗從尹焞學，因往從之游。自是專心聖賢踐履之學，通六經，貫百氏，言動必以禮，四方來學者亡慮數百人。南渡後，以伊、洛之學倡東南者，自光朝始。然未嘗著書，惟口授學者，使之心通理解。嘗曰：「道之全體，全乎太虛。六經既發明之，後世注解固已支離，若復增加，道愈遠矣。」

孝宗隆興元年，光朝年五十，以進士及第調袁州司戶參軍。乾道三年，龍大淵、曾覿以潛邸恩倖進，臺諫、給舍論駁不行。張闡自外召爲執政，銳欲去之，覺其不可拙，遂以老疾力辭不拜。而光朝及劉朔方以名儒薦對，頗及二人罪，由是光朝改左承奉郎、知永福縣。而大臣論薦不已，召試館職，爲祕書省正字兼國史編修、實錄檢討官，歷著作佐郎兼禮部郎官。八年，進國子司業兼太子侍讀，史職如故。是時，張說再除簽書樞密院事，光朝不往賀，遂出爲廣西提點刑獄，移廣東。

茶寇自荆、湘剽江西，薄嶺南，其鋒銳甚。光朝自將郡兵，檄摧鋒統制路海、本路鈐轄黃進各以軍分控要害。會有詔徙光朝轉運副使，光朝謂賊勢方張，留屯不去，督二將遮擊，連敗之,賊驚懼宵遁。帝聞之喜曰:「林光朝儒生,乃知兵耶。」加直寶謨閣,召拜國子祭酒兼太子左諭德。

四年,帝幸國子監,命講中庸,帝大稱善,面賜金紫;不數日,除中書舍人。是時,吏部郎謝廓然由曾覿薦,賜出身,除殿中侍御史,命從中出。光朝愕曰:「是輕臺諫、羞科目也。」立封還詞頭。天子度光朝決不奉詔,改授工部侍郎,不拜,遂以集英殿修撰出知婺州。光朝老儒,素有士望。在後省未有建明,或疑之,及聞繳駁廓然,士論始服。光朝因引疾提舉興國宮,卒,年六十五。

楊萬里字廷秀,吉州吉水人。中紹興二十四年進士第,爲贛州司戶,調永州零陵丞。時張浚謫永,杜門謝客,萬里三往不得見,以書力請始見之。浚勉以正心誠意之學,萬里服其教終身,乃名讀書之室曰誠齋。

浚入相,薦之朝。除臨安府教授,未赴,丁父憂。改知隆興府奉新縣,戢追胥不入鄉,民逋賦者揭其名市中,民讙趨之,賦不擾而足,縣以大治。會陳俊卿、虞允文爲相,交薦之,召爲國子博士。侍講張栻以論張說出守袁,萬里抗疏留栻,又遺允文書,以和同之說規之,





栻雖不果留,而公論偉之。遷太常博士,尋升丞兼吏部侍右郎官,轉將作少監,出知漳州,改常州,尋提舉廣東常平茶鹽。盜沈師犯南粵,帥師往平之。孝宗稱之曰「仁者之勇」,遂有大用意,就除提點刑獄。請於潮、惠二州築外砦,潮以鎮賊之巢,惠以扼賊之路。俄以憂去。免喪,召爲尚左郎官。

淳熙十二年五月,以地震應詔上書曰:

臣聞言有事於無事之時,不害其爲忠;言無事於有事之時,其爲姦也大矣。南北和好踰二十年,一旦絕使,敵情不測。而或者曰彼有五單于爭立之禍,又曰彼有匈奴困於東胡之禍,既而皆不驗。道塗相傳,繕汴京城池,開海州漕渠,又於河南、北簽民兵,增騎騎,製馬櫪,籍井泉,而吾之間諜不得以入,此何爲者耶?臣所謂言有事於無事之時者一也。

或謂金主北歸,可爲中國之賀。臣以中國之憂,正在乎此。此人北歸,蓋懲創於逆亮之空國而南侵也。將欲南之,必固北之;或者以身填撫其北,而以其子與壻經營其南也。臣所謂言有事於無事之時者二也。

臣竊聞論者或謂緩急淮不可守,則棄淮而守江,是大不然。昔者吳與魏力爭而得合肥,然後吳始安;李煜失滁、揚二州,自此南唐始蹙。今日棄淮而保江,既無淮矣,江可得而保乎?臣所謂言有事於無事之時者三也。

今淮東、西凡十五郡,所謂守帥,不知陛下使宰相擇之乎,使樞廷擇之乎?使宰相擇之,宰相未必爲樞廷慮也;使樞廷擇之,則除授不自己出也。一則不爲之慮,一則不自己出,緩急敗事,則皆曰非我也。陛下將責之誰乎?臣所謂言有事於無事之時者四也。

且南北各有長技,若騎若射,北之長技也;若舟若步,南之長技也。今爲北之計者,日繕治其海舟,而南之海舟則不聞繕治焉。或曰吾舟素具也,或曰舟雖未具而憚於擾也。紹興辛巳之戰,山東、采石之功,不以騎也,不以射也,不以步也,舟焉而已。當時之舟,今可復用乎?且夫斯民一日之擾,與社稷百世之安危,孰輕孰重?事固有大於擾者也。臣所謂言有事於無事之時者五也。

陛下以今日爲何等時耶?金人日逼,疆埸日擾,而未聞防金人者何策,保疆埸者何道;但聞某日修某禮文也,某日進某書史也,是以鄉飲理軍,以干羽解圍也。臣所謂言有事於無事之時者六也。

臣聞古者人君,人不能悟之,則天地能悟之。今也國家之事,敵情不測如此,而君臣上下處之如太平無事之時,是人不能悟之矣。故上天見災異,異時熒惑犯南斗,邇





日鎭星犯端門,熒惑守羽林。臣書生,不曉天文,未敢以爲必然也。至於春正月日青無光,若有兩日相摩者,茲不曰大異乎?然天猶恐陛下不信也,至於春日載陽,復有雨雪殺物,茲不曰大異乎?然天猶恐陛下又不信也,乃五月庚寅,又有地震,茲又不曰大異乎?且夫天變在遠,臣子不敢奏也,不信可也;地震在外,州郡不敢聞也,不信可也。今也天變頻仍,地震輦轂,而君臣不聞警懼,朝廷不聞咨訪,人不能悟之,則天地能悟之。臣不知陛下於此悟乎,否乎?臣所謂言有事於無事之時者七也。

自頻年以來,兩浙最近則先旱,江淮則又旱,湖廣則又旱,流徙者相續,道殣相枕。而常平之積,名存而實亡;入粟之令,上行而下慢。靜而無事,未知所以振救之;動而有事,將何以仰以爲資耶?臣所謂言有事於無事之時者八也。

古者足國裕民,惟食與貨。今之所謂錢者,富商、巨賈、閹宦、權貴皆盈室以藏之,至於百姓三軍之用,惟破楮券爾。萬一如唐涇原之師,因怒糲食,蹴而覆之,出不遜語,遂起朱泚之亂,可不爲寒心哉!臣所謂言有事於無事之時者九也。

古者立國必有可畏,非畏其國也,畏其人也。故苻堅欲圖晉,而王猛以爲不可,謂謝安、桓沖江左之望,是存晉者二人而已。異時名相如趙鼎、張浚,名將如岳飛、韓世忠,此金人所憚也。近時劉珙可用則早死,張栻可用則沮死,萬一有緩急,不知可以督

諸軍者何人，可以當一面者何人，而金人之所素憚者又何人？而或者謂人之有才，用而後見。臣聞之記曰：「苟有車必見其式，苟有言必聞其聲。」今日有其人而未聞其可將可相，是有車而無式，有言而無聲也。且夫用而後見，非臨之以大安危，試之以大勝負，則莫見其用也。平居無以知其人，必待大安危、大勝負而後見焉。成事幸矣，萬一敗事，悔何及耶？昔者謝玄之北禦苻堅，而郗超知其必勝；桓溫之西伐李勢，而劉惔知其必取。蓋玄於履屐之間無不當其任，溫於蒱博不必得則不爲，二子於平居無事之日，蓋必有以察其小而後信其大也，豈必大用而後見哉？臣所謂言有事於無事之時者十也。

願陛下超然遠覽，昭然遠寤。勿矜聖德之崇高，而增其所未能；勿恃中國之生聚，而嚴其所未備。勿以天地之變異爲適然，而法宣王之懼災；勿以臣下之苦言爲逆耳，而體太宗之導諫。勿以女謁近習之害政爲細故，而監漢、唐季世致亂之由；勿以仇讎之包藏爲無他，而懲宣、政晚年受禍之酷。責大臣以通知邊事軍務如富弼之請，勿以東西二府異其心；委大臣以薦進謀臣良將如蕭何所奇，勿以文武兩途而殊其轍。勿使賂宦者而得旄節如唐大曆之弊，勿使貨近幸而得招討如梁段凝之敗。以重蜀之心而重荆、襄，使東西形勢之相接；以保江之心而保兩淮，使表裏脣齒之相依。勿以海





道爲無虞，勿以大江爲可恃。增屯聚糧，治艦扼險。君臣之所咨訪，朝夕之所講求，姑置不急之務，精專備敵之策。庶幾上可消於天變，下不墮於敵姦。

然天下之事有本根，有枝葉。臣前所陳，枝葉而已。所謂本根，則人主不可以自用。人主自用，則人臣不任責，然猶未害也。至於軍事，而猶曰「誰當憂此，吾當自憂」。今日之事，將無類此？傳曰：「木水有本原〔三〕。」聖學高明，願益思其所以本原者。

東宮講官闕，帝親擢萬里爲侍讀。宮僚以得端人相賀。他日讀陸宣公奏議等書，皆隨事規警，太子深敬之。王淮爲相，一日問曰：「宰相先務者何事？」曰：「人才。」又問：「孰爲才？」卽疏朱熹、袁樞以下六十人以獻，淮次第擢用之。歷樞密院檢詳，守右司郎中，遷左司郎中。

十四年夏旱，萬里復應詔，言：「旱及兩月，然後求言，不曰遲乎？上自侍從，下止館職，不曰隘乎？今之所以旱者，以上澤不下流，下情不上達，故天地之氣隔絕而不通。」因疏四事以獻，言皆懇切。遷祕書少監。會高宗崩，孝宗欲行三年喪，創議事堂，命皇太子參決庶務。萬里上疏力諫，且上太子書，言：「天無二日，民無二王。一履危機，悔之何及？與其悔之而無及，孰若辭之而不居。願殿下〔四〕三辭五辭，而必不居也。」太子悚然。高宗未葬，翰林學士洪邁不俟集議，配饗獨以呂頤浩等姓名上。萬里上疏詆之，力言張浚當預，且謂邁

無異指鹿爲馬。孝宗覽疏不悅，曰：「萬里以朕爲何如主！」由是以直祕閣出知筠州。

光宗卽位，召爲祕書監。入對，言：「天下有無形之禍，僭非權臣而僭於權臣，擾非盜賊而擾於盜賊，其惟朋黨之論乎！蓋欲激人主之怒莫如朋黨，空天下人才莫如朋黨。黨論一興，其端發於士大夫，其禍及於天下。前事已然，願陛下建皇極於聖心，公聽並觀，壞植散羣，曰君子從而用之，曰小人從而廢之，皆勿問其某黨某黨也。」又論：「古之帝王，固有以知一己攬其權，不知臣下竊其權。大臣竊之則權在大臣，大將竊之則權在大將，外戚竊之則權在外戚，近習竊之則權在近習。竊權之最難防者，其惟近習乎！非敢公竊也，私竊之也。始於私竊，其終必至於公竊而後已。可不懼哉！」

紹熙元年，借煥章閣學士爲接伴金國賀正旦使兼實錄院檢討官。會孝宗日曆成，參知政事王藺以故事俾萬里序之，而宰臣屬之禮部郎官傅伯壽。萬里以失職力丐去，帝宣諭勉留。會進孝宗聖政，萬里當奉進，孝宗猶不悅，遂出爲江東轉運副使，權總領淮西、江東軍馬錢糧。朝議欲行鐵錢於江南諸郡，萬里疏其不便，不奉詔，忤宰相意，改知贛州，不赴。乞祠，除祕閣修撰、提舉萬壽宮，自是不復出矣。

寧宗嗣位，召赴行在，辭。升煥章閣待制、提舉興國宮。引年乞休致，進寶文閣待制，致仕。嘉泰三年，詔進寶謨閣直學士，給賜衣帶。開禧元年召，復辭。明年，升寶謨閣學





士。卒，年八十三，贈光祿大夫。

萬里爲人剛而褊。孝宗始愛其才，以問周必大，必大無善語，由此不見用。韓侂胄用事，欲網羅四方知名士相羽翼，嘗築南園，屬萬里爲之記，許以掖垣。萬里曰：「官可棄，記不可作也。」侂胄恚，改命他人。臥家十五年，皆其柄國之日也。侂胄專僭日益甚，萬里憂憤，怏怏成疾。家人知其憂國也，凡邸吏之報時政者皆不以告。忽族子自外至，遽言侂胄用兵事。萬里慟哭失聲，亟呼紙書曰：「韓侂胄姦臣，專權無上，動兵殘民，謀危社稷。吾頭顱如許，報國無路，惟有孤憤！」又書十四言別妻子，筆落而逝。

萬里精於詩，嘗著易傳行於世。光宗嘗爲書「誠齋」二字，學者稱誠齋先生，賜謚文節。子長孺。

## 校勘記

〔一〕知陝州靈寶縣　「陝州」原作「峽州」，按本書卷八七地理志，靈寶縣屬陝州，今改。

〔二〕清江縣舊有破坑桐塘二堰　「塘」字原脫，據周必大周益國文忠公集卷六三程大昌神道碑補。

〔三〕木水有本原　「木水」原作「水木」，據楊萬里誠齋集卷六二上壽皇論天變地震書改。

〔四〕殿下　原作「陛下」，據同上書同篇、左傳昭九年文改。

# 宋史卷四百三十四

## 列傳第一百九十三

### 儒林四

劉子翬　呂祖謙　蔡元定子沉　陸九齡兄九韶〔一〕　陸九淵
薛季宣　陳傅良　葉適　戴溪　蔡幼學　楊泰之

劉子翬字彥沖，贈太師韐之仲子。以父任授承務郎，辟眞定府幕屬。韐死靖康之難，子翬痛憤，幾無以爲生，廬墓三年。服除，通判興化軍。寇楊勍〔三〕犯閩境，子翬與郡將張當世畫計備禦，如素服戎事者，賊不敢犯。事聞，詔因任。

子翬始執喪致羸疾，至是以不堪吏責，辭歸武夷山，不出者凡十七年。間走其父墓下，瞻望徘徊，涕泗嗚咽，或累日而返。妻死不再娶，事繼母呂氏及兄子羽盡孝友。子羽之子珙，幼英敏嗜學，子翬教之不懈，珙卒有立。





與籍溪胡憲、白水劉勉之交相得，每見，講學外無雜言。它所與遊，皆海內知名士，而期以任重致遠者，惟新安朱熹而已。初，熹父松且死，以熹託子翬。及熹請益，子翬告以易之「不遠復」三言，俾佩之終身，熹後卒爲儒宗。子翬少喜佛氏說，歸而讀易，卽渙然有得。其說以爲學易當先復，故以是告熹焉。

一日，感微疾，卽謁家廟，泣別母，與親朋訣，付珙家事，指葬處，處親戚孤弱之無業者，訓學者修身求道數百言。後二日卒，年四十七。學者稱屏山先生。珙別有傳。

呂祖謙字伯恭，尙書右丞好問之孫也。自其祖始居婺州。祖謙之學本之家庭，有中原文獻之傳。長從林之奇、汪應辰、胡憲游，既又友張栻、朱熹，講索益精。

初，蔭補入官，後舉進士，復中博學宏詞科，調南外宗教。丁內艱，居明招山，四方之士爭趨之。除太學博士，時中都官待次者例補外，添差教授嚴州，尋復召爲博士兼國史院編修官、實錄院檢討官。輪對，勉孝宗留意聖學。且言：「恢復大事也，規模當定，方略當審。陛下方廣攬豪傑，共集事功，臣願精加考察，使之確指經畫之實，孰爲先後，使嘗試僥倖之說不敢陳於前，然後與一二大臣定成算而次第行之，則大義可伸，大業可復矣。」

召試館職。先是，召試者率前期從學士院求問目，獨祖謙不然，而其文特典美。嘗讀陸九淵文喜之，而未識其人。考試禮部，得一卷，曰：「此必江西小陸之文也。」揭示，果九淵，人服其精鑑。父憂免喪，主管台州崇道觀。

越三年，除祕書郎、國史院編修官、實錄院檢討官。以修撰李燾薦，重修徽宗實錄。書成進秩，面對，言曰：「夫治道體統，上下內外不相侵奪而後安。鄉者，陛下以大臣不勝任而兼行其事，大臣亦皆親細務而行有司之事，外至監司、守令職任，率爲其上所侵而不能令其下。故豪猾玩官府，郡縣忽省部，掾屬凌長吏，賤人輕柄臣。平居未見其患，一旦有急，誰與指麾而伸縮之邪？如曰臣下權任太重，懼其不能無私，則有給、舍以出納焉，有臺諫以救正焉，有侍從以詢訪焉。儻得端方不倚之人分處之，自無專恣之慮，何必屈至尊以代其勞哉？人之關鬲脈絡少有壅滯，久則生疾。陛下於左右雖不勞操制，苟玩而弗慮，則聲勢浸長，趨附浸多，過咎浸積，內則懼爲陛下所遺而益思壅蔽，外則懼爲公議所疾而益肆詆排。願陛下虛心以求天下之士，執要以總萬事之機。勿以圖任或誤而謂人多可疑，勿以聰明獨高而謂智足偏察，勿詳於小而忘遠大之計，勿忽於近而忘壅蔽之萌。」

又言：「國朝治體，有遠過前代者，有視前代爲未備者。夫以寬大忠厚建立規模，以禮遜節義成就風俗，此所謂遠過前代者也。故於俶擾艱危之後，駐蹕東南踰五十年，無纖豪





之虞，則根本之深可知矣。然文治可觀而武績未振，名勝相望而幹略未優，故雖昌熾盛大之時，此病已見。是以元昊之難，范、韓皆極一時之選，而莫能平殄，則事功之不競從可知矣。臣謂今日治體視前代未備者，固當激厲而振起；遠過前代者，尤當愛護而扶持。」

遷著作郎，以末疾請祠歸。先是，書肆有書曰聖宋文海，孝宗命臨安府校正刊行。學士周必大言文海去取差謬，恐難傳後，盍委館職銓擇，以成一代之書。孝宗以命祖謙。遂斷自中興以前，崇雅黜浮，類爲百五十卷，上之，賜名皇朝文鑑。

詔除直秘閣。時方重職名，非有功不除，中書舍人陳騤駁之。孝宗批旨云：「館閣之職，文史爲先。祖謙所進，採取精詳，有益治道，故以寵之，可卽命詞。」騤不得已草制。尋主管沖祐觀。明年，除著作郎兼國史院編修官。卒，年四十五。謚曰成。

祖謙學以關、洛爲宗，而旁稽載籍，不見涯涘。心平氣和，不立崖異，一時英偉卓犖之士皆歸心焉。少卞急，一日，誦孔子言「躬自厚而薄責於人」，忽覺平時忿懥渙然冰釋。朱熹嘗言：「學如伯恭方是能變化氣質。」其所講畫，將以開物成務，既臥病，而任重道遠之意不衰。居家之政，皆可爲後世法。修讀詩記、大事記，皆未成書。考定古周易、書說、閫範、官箴、辨志錄、歐陽公本末，皆行于世。晚年會友之地曰麗澤書院，在金華城中；既歿，郡人卽而祠之。子延年。

蔡元定字季通，建州建陽人。生而穎悟，八歲能詩，日記數千言。父發，博覽羣書，號牧堂老人，以程氏語錄、邵氏經世、張氏正蒙授元定，曰：「此孔、孟正脈也。」元定深涵其義。既長，辨析益精。登西山絕頂，忍飢啖薺讀書。

聞朱熹名，往師之。熹扣其學，大驚曰：「此吾老友也，不當在弟子列。」遂與對榻講論諸經奧義，每至夜分。四方來學者，熹必俾先從元定質正焉。太常少卿尤袤、祕書少監楊萬里聯疏薦于朝，召之，堅以疾辭。築室西山，將爲終焉之計。

時韓侂胄擅政，設僞學之禁，以空善類。臺諫承風，專肆排擊，然猶未敢誦言攻朱熹。至沈繼祖、劉三傑爲言官，始連疏詆熹，并及元定。元定簡學者劉礪曰：「化性起僞，烏得無罪！」未幾，果謫道州。州縣捕元定甚急，元定聞命，不辭家即就道。熹與從游者數百人餞別蕭寺中，坐客興嘆，有泣下者。熹微視元定，不異平時，因喟然曰：「友朋相愛之情，季通不挫之志，可謂兩得矣。」元定賦詩曰：「執手笑相別，無爲兒女悲。」衆謂宜緩行，元定曰：「獲罪于天，天可逃乎？」杖屨同其子沉行三千里，脚爲流血，無幾微見言面。至春陵，遠近來學者日衆，州士子莫不趨席下以聽講說。有名士挾才簡傲、非笑前修





者，亦心服謁拜，執弟子禮甚恭。人爲之語曰：「初不敬，今納命。」愛元定者謂宜謝生徒，元定曰：「彼以學來，何忍拒之？若有禍患，亦非閉門塞竇所能避也。」貽書訓諸子曰：「獨行不愧影，獨寢不愧衾，勿以吾得罪故遂懈。」一日，謂沉曰：「可謝客，吾欲安靜，以還造化舊物。」閱三日卒。侂胄既誅，贈迪功郎，賜謚文節。

元定於書無所不讀，於事無所不究。義理洞見大原，下至圖書、禮樂、制度，無不精妙。古書奇辭奧義，人所不能曉者，一過目輒解。熹嘗曰：「人讀易書難，季通讀難書易。」熹疏釋四書及爲易詩傳、通鑑綱目，皆與元定往復參訂；啓蒙一書，則屬元定起稿。嘗曰：「造化微妙，惟深於理者能識之，吾與季通言而不厭也。」及葬，以文誄之曰：「精詣之識，卓絕之才，不可屈之志，不可窮之辯，不復可得而見矣。」學者尊之曰西山先生。

其平生問學，多寓於熹書集中。所著書有大衍詳說、律呂新書、燕樂、原辯、皇極經世、太玄潛虛指要、洪範解、八陣圖說，熹爲之序。

子淵、沆、沉，皆躬耕不仕。淵有周易訓解。

沉字仲默，少從朱熹游。熹晚欲著書傳，未及爲，遂以屬沉。洪範之數，學者久失其傳，元定獨心得之，然未及論著，曰：「成吾書者沉也。」沉受父師之託，沈潛反復者數十年，然後成書，發明先儒之所未及。其於洪範數，謂：「體天地之撰者易之象，紀天地之撰者範之數。數始於一奇，象成於二偶。奇者數之所以立，偶者數之所以行。故二四而八，八卦之象也；三三而九，九疇之數也。由是八八而又八八之爲四千九十六，而象備矣；九九而又九九之爲六千五百六十一，而數周矣。易更四聖而象已著，範錫神禹而數不傳。後之作者，昧象數之原，窒變通之妙，或即象而爲數，或反數而擬象，牽合傅會，自然之數益晦焉。」

始，從元定謫道州，跋涉數千里，道楚、粵窮僻處，父子相對，常以理義自怡悅。元定歿，徒步護喪以還。有遺之金而義不可受者，輒謝卻之曰：「吾不忍累先人也。」年僅三十，屏去舉子業，一以聖賢爲師。隱居九峯，當世名卿物色將薦用之，沉不屑就。次子抗，別有傳。

陸九齡字子壽。八世祖希聲，相唐昭宗，孫德遷，五代末避亂居撫州之金溪。父賀，以學行爲里人所宗，嘗采司馬氏冠昏喪祭儀行於家，生六子，九齡其第五子也。幼穎悟端重，十歲喪母，哀毀如成人。稍長，補郡學弟子員。





時秦檜當國，無道程氏學者，九齡獨尊其說。久之，聞新博士學黃、老，不事禮法，慨然嘆曰：「此非吾所願學也。」遂歸家，從父兄講學益力。是時，吏部員外郎許忻有名中朝，退居臨川，少所賓接，一見九齡，與語大說，盡以當代文獻告之。自是九齡益大肆力於學，繙閱百家，晝夜不倦，悉通陰陽、星曆、五行、卜筮之說。

性周謹，不肯苟簡涉獵。入太學，司業汪應辰舉爲學錄。登乾道五年進士第。調桂陽軍教授，以親老道遠，改興國軍，未上，會湖南茶寇剽廬陵，聲搖旁郡，人心震攝。舊有義社以備寇，郡從衆請以九齡主之，門人多不悅，九齡曰：「文事武備，一也。古者有征討，公卿即爲將帥，比閭之長，則五兩之率也。士而恥此，則豪俠武斷者專之矣。」遂領其事，調度屯禦皆有法。寇雖不至，而郡縣倚以爲重。暇則與鄉之子弟習射，曰：「是固男子之事也。」歲惡，有剽刼者過其門，必相戒曰：「是家射多命中，無自取死。」

及至興國，地濱大江，俗儉嗇而鮮知學。九齡不以職閑自佚，益嚴規矩，肅衣冠，如臨大衆，勸綏引翼，士類興起。不滿歲，以繼母憂去。服除，調全州教授。未上，得疾。一日晨興，坐牀上與客語，猶以天下學術人才爲念。至夕，整襟正臥而卒，年四十九。寶慶二年，特贈朝奉郎、直祕閣，賜謚文達。

九齡嘗繼其父志，益修禮學，治家有法。闔門百口，男女以班各供其職，閫門之內嚴若

朝廷。而忠敬樂易，鄉人化之，皆遜弟焉。與弟九淵相爲師友，和而不同，學者號「二陸」。有來問學者，九齡從容啓告，人人自得。或未可與語，則不發。嘗曰：「人之惑有難以口舌爭者，言之激，適固其意；少需，未必不自悟也。」

廣漢張栻與九齡不相識，晚歲以書講學，期以世道之重。呂祖謙常稱之曰：「所志者大，所據者實。有肯綮之阻，雖積九仞之功不敢遂；有毫釐之偏，雖立萬夫之表不敢安。公聽並觀，却立四顧，弗造於至平至粹之地，弗措也。」兄九韶。

九韶字子美。其學淵粹，隱居山中，晝之言行，夜必書之。其家累世義居，一人最長者爲家長，一家之事聽命焉。歲遷子弟分任家事，凡田疇、租稅、出內、庖爨、賓客之事，各有主者。九韶以訓戒之辭爲韻語，晨興，家長率衆子弟謁先祠畢，擊鼓誦其辭，使列聽之。子弟有過，家長會衆子弟責而訓之；不改，則撻之；終不改，度不可容，則言之官府，屏之遠方焉。九韶所著有梭山文集、家制、州郡圖。

陸九淵字子靜。生三四歲，問其父天地何所窮際，父笑而不答。遂深思，至忘寢食。





及總角，舉止異凡兒，見者敬之。謂人曰：「聞人誦伊川語，自覺若傷我者。」又曰：「伊川之言，奚爲與孔子、孟子之言不類？近見其間多有不是處。」初讀論語，即疑有子之言支離。他日讀古書，至「宇宙」二字，解者曰「四方上下曰宇，往古來今曰宙」，忽大省曰：「宇宙內事乃己分內事，己分內事乃宇宙內事。」又嘗曰：「東海有聖人出焉，此心同也，此理同也。至西海、南海、北海有聖人出，亦莫不然。千百世之上有聖人出焉，此心同也，此理同也。至於千百世之下有聖人出，此心此理，亦無不同也。」

後登乾道八年進士第。至行在，士爭從之游。言論感發，聞而興起者甚衆。教人不用學規，有小過，言中其情，或至流汗。有懷於中而不能自曉者，爲之條析其故，悉如其心。亦有相去千里，聞其大概而得其爲人。嘗曰：「念慮之不正者，頃刻而知之，即可以正。念慮之正者，頃刻而失之，即爲不正。有可以形迹觀者，有不可。以形迹觀人，則不足以知人。必以形迹繩人，則不足以救之。」初調隆興靖安縣主簿。丁母憂。服闋，改建寧崇安縣。以少師史浩薦，召審察，不赴。侍從復薦，除國子正，教諸生無異在家時。除敕令所刪定官。

九淵少聞靖康間事，慨然有感於復讎之義。至是，訪知勇士，與議恢復大略。因輪對，遂陳五論：一論讎恥未復，願博求天下之俊傑，相與舉論道經邦之職；二論願致尊德樂道之誠；三論知人之難；四論事當馴致而不可驟；五論人主不當親細事。帝稱善。未幾，除將作監丞，爲給事中王信所駁，詔主管台州崇道觀。還鄉，學者輻湊，每開講席，戶外屨滿，耆老扶杖觀聽。自號象山翁，學者稱象山先生。嘗謂學者曰：「汝耳自聰，目自明，事父自能孝，事兄自能弟，本無欠闕，不必它求，在乎自立而已。」又曰：「此道與溺於利欲之人言猶易，與溺於意見之人言却難。」或勸九淵著書，曰：「六經註我，我註六經。」又曰：「學苟知道，六經皆我註脚。」

光宗即位，差知荆門軍。民有訴者，無早暮皆得造于庭，復令其自持狀以追，爲立期，皆如約而至，即爲酌情決之，而多所勸釋。其有涉人倫者，使自毀其狀，以厚風俗。唯不可訓者，始置之法。其境內官吏之貪廉，民俗之習尚善惡[三]，皆素知之。有訴人殺其子者，九淵曰：「不至是。」及追究，其子果無恙。有訴竊取而不知其人，九淵出二人姓名，使捕至，訊之伏辜，盡得所竊物還訴者，且宥其罪使自新。因語吏以某所某人爲暴，翌日有訴遇奪掠者，即其人也，乃加追治，吏大驚，郡人以爲神[四]。申嚴保伍之法，盜賊或發，擒之不逸一人，羣盜屏息。

荆門爲次邊而無城。九淵以爲：「郡居江、漢之間，爲四集之地，南捍江陵，北援襄陽，東護隨、郢之脇，西當光化、夷陵之衝，荆門固則四鄰有所恃，否則有背脇腹心之虞。由唐





之湖陽以趨山，則其涉漢之處已在荆門之脇；由鄧之鄧城以涉漢，則其趨山之處已在荆門之腹。自此之外，間道之可馳，漢津之可涉，坡陀不能以限馬，灘瀨不能以濡軌者，所在尙多。自我出奇制勝，徼敵兵之腹脇者，亦正在此。雖四山環合，易於備禦，而城池闕然，將誰與守？」乃請於朝而城之，自是民無邊憂。罷關市吏譏察而減民稅，商賈畢集，稅入日增。舊用銅錢，以其近邊，以鐵錢易之，而銅有禁，復令貼納。九淵曰：「既禁之矣，又使之輸邪？」盡蠲之。故事，平時教軍伍射，郡民得與，中者均賞，薦其屬不限流品。嘗曰：「古者無流品之分[五]，而賢不肖之辨嚴；後世有流品之分，而賢不肖之辨略。」每旱，禱即雨，郡人異之。逾年，政行令修，民俗爲變，諸司交薦。丞相周必大嘗稱荆門之政，以爲躬行之效。

一日，語所親曰：「先教授兄有志天下，竟不得施以沒。」又謂家人曰：「吾將死矣。」又告僚屬曰：「某將告終。」會禱雪，明日，雪。乃沐浴更衣端坐，後二日日中而卒。會葬者以千數，謚文安。

初，九淵嘗與朱熹會鵝湖，論辨所學多不合。及熹守南康，九淵訪之，熹與至白鹿洞，九淵爲講君子小人喩義利一章，聽者至有泣下。熹以爲切中學者隱微深痼之病。至于無極而太極之辨，則貽書往來論難不置焉。門人楊簡、袁燮、舒璘、沈煥能傳其學云。

薛季宣字士龍，永嘉人。起居舍人徽言之子也。徽言卒時，季宣始六歲，伯父敷文閣待制弼收鞠之。從弼宦游，及見渡江諸老，聞中興經理大略。喜從老校、退卒語，得岳、韓諸將兵間事甚悉。年十七，起從荆南帥辟書寫機宜文字，獲事袁溉。溉嘗從程頤學，盡以其學授之。季宣既得溉學，於古封建、井田、鄉遂、司馬法之制，靡不研究講畫，皆可行於時。

金兵之未至也，武昌令劉錡鎮鄂渚〔六〕。季宣白錡，以武昌形勢直淮、蔡，而兵寡勢弱，宜早爲備，錡不聽。及兵交，稍稍資季宣計畫。未幾，汪澈宣諭荆襄，而金兵趨江上，詔成閔還師入援。季宣又說澈以閔既得蔡，有破竹之勢，宜守便宜勿遣，而令其乘勝下潁昌，道陳、汝，趨汴都，金內顧且驚潰，可不戰而屈其兵矣。澈不聽。

時江、淮仕者聞金兵且至，皆預遣其奴〔七〕而繫馬于庭以待。季宣獨留家，與民期曰：「吾家卽汝家，卽有急，吾與汝偕死。」民亦自奮。縣多盜，季宣患之，會有伍民之令，乃行保伍法，五家爲保，二保爲甲，六甲爲隊，因地形便合爲總，不以鄉爲限，總首、副總首領之。官族、士族、富族皆附保，蠲其身，俾輸財供總之小用。諸總必有圃以習射，禁蒱博雜戲，而許以



武事角勝負，五日更至庭閱之，而賞其尤者；不幸死者予棺，復其家三年。鄉置樓，盜發，伐鼓舉烽，瞬息徧百里。縣治、白鹿磯、安樂口皆置戍。復請於宣諭司，得戰艦十，甲三百，羅落之。守計定，訖兵退，人心不搖。

樞密使王炎薦于朝，召爲大理寺主簿，未至，爲書謝炎曰：「主上天資英特，羣臣無將順緝熙之具，幸得遭時，不能格心正始，以建中興之業，徒僥倖功利，夸言以眩俗，雖復中夏，猶無益也。爲今之計，莫若以仁義紀綱爲本。至於用兵，請俟十年之後可也。」

時江、湖大旱，流民北渡江，邊吏復奏淮北民多款塞者，宰相虞允文白遣季宣行淮西，收以實邊。季宣爲表廢田，相原隰，復合肥三十六圩，立二十二莊於黃州故治東北，以戶授屋，以丁授田，頒牛及田器穀種各有差，稟其家，至秋乃止。凡爲戶六百八十有五，分處合肥、黃州間，並邊歸正者振業之。季宣謂人曰：「吾非爲今日利也。合肥之圩，邊有警，因以斷栅江，保巢湖。黃州地直蔡衝，諸莊輯則西道有屏蔽矣。」光州守宋端友招集北歸者止五戶，而雜舊戶爲一百七十，奏以幸賞，季宣按得其實而劾之。時端友爲環列附託難撼，季宣奏上，孝宗怒，屬大理治，端友以憂死。

季宣還，言於孝宗曰：「左右之人進言者，其情不可不察也。託正以行邪，僞直以售佞，薦退人物〔八〕，曾非誦言，游揚中傷，乃自不意。一旦號令雖自中出，而其權已歸私門矣。故齊威之霸，不在阿、卽墨之誅賞，而在毀譽者之刑。臣觀近政，非無阿、卽墨之誅賞，奈何毀譽之人自若乎？」帝曰：「朕方圖之。」

季宣又進言曰：「日城淮郡，以臣所見，合肥板幹方立，中使督視，卒卒成之。臣行過郡，一夕風雨，墮樓五堵。歷陽〔九〕南壁闕，而居巢庳陋如故，乃聞有糜錢鉅萬而成城四十餘丈者。陛下安取此！然外事無足道，咎根未除，臣所深憂。左右近侍，陰擠正士而陽稱道之，陛下儻因貌言而聽之，臣恐石顯、王鳳、鄭注之智中也。」又言：「近或以好名棄士大夫，夫好名特爲臣子學問之累。人主爲社稷計，唯恐士不好名，誠人人好名畏義，何鄉不立？」帝稱善，恨得季宣晚，遂進兩官，除大理正。

自是，凡奏請論薦皆報可。以虞允文諱闕失，不樂之。居七日，出知湖州。會戶部以曆付場務，錙銖皆分隸經總制，諸郡束手無策，季宣言於朝曰：「自經總制立額，州縣罄空以取贏，雖有奉法吏思寬弛而不得騁。若復額外征其強半，郡調度顧安所出？殆復巧取之民，民何以勝！」戶部譙責愈急，季宣爭之愈強，臺諫交疏助之，乃收前令。改知常州，未上，卒，年四十。季宣於詩、書、春秋、中庸、大學、論語皆有訓義，藏于家。其雜著曰浪語集。



陳傅良字君舉，溫州瑞安人。初患科舉程文之弊，思出其說爲文章，自成一家，人爭傳誦，從者雲合，由是其文擅當世。當是時，永嘉鄭伯熊、薛季宣皆以學行聞，而伯熊於古人經制治法，討論尤精，傅良皆師事之，而得季宣之學爲多。及入太學，與廣漢張栻、東萊呂祖謙友善。祖謙爲言本朝文獻相承條序，而主敬集義之功得於栻爲多。自是四方受業者愈衆。

登進士甲科，教授泰州。參知政事龔茂良才之，薦于朝，改太學錄。出通判福州。丞相梁克家領帥事，委成于傅良，傅良平一府曲直，壹以義。強禦者不得售其私，陰結言官論罷之。

後五年，起知桂陽軍。光宗立，稍遷提舉常平茶鹽、轉運判官〔一〇〕。湖湘民無後，以異姓以嗣者，官利其貲，輒沒入之。傅良曰：「絕人嗣，非政也。」復之幾二千家。轉浙西提點刑獄。除吏部員外郎，去朝十四年〔一一〕，至是而歸，鬚鬢無黑者，都人聚觀嗟嘆，號「老陳郎中」。

傅良爲學，自三代、秦、漢以下靡不研究，一事一物必稽於極而後已。而於太祖開創本原，尤爲潛心。及是，因輪對，言曰：「太祖皇帝垂裕後人，以愛惜民力爲本。熙寧以來，用

事者始取太祖約束，一切紛更之。諸路上供歲額，增於祥符一倍；崇寧重修上供格，頒之天下，率增至十數倍。其它雜斂，則熙寧以常平寬剩、禁軍闕額之類別項封樁，而無額上供起於元豐，經制起於宣和，總制、月椿起於紹興，皆迄今爲額，折帛、和買之類又不與焉。茶引盡歸於都茶場，鹽鈔盡歸於榷貨務，秋苗斗斛十八九歸於綱運，皆不在州縣。州縣無以供，則豪奪於民，於是取之斛面、折變、科敷、抑配、贓罰，而民困極矣。方今之患，何但四夷？蓋天命之永不永，在民力之寬不寬耳，豈不甚可畏哉。陛下宜以救民窮爲己任，推太祖未泯之澤，以爲萬世無疆之休。」

且言：「今天下之力竭於養兵，而莫甚於江上之軍。都統司謂之御前軍馬，雖朝廷不得知；總領所謂之大軍錢糧，雖版曹不得與。於是中外之勢分，而事權不一，施行不專，雖欲寬民，其道無由。誠使都統司之兵與向者在制置司時無異，總領所之財與向者在轉運司時無異，則內外爲一體。內外一體，則寬民力可得而議矣。」帝從容嘉納，且勞之曰：「卿昔安在？朕不見久矣。其以所著書示朕。」退以周禮說十三篇上之，遷祕書少監兼實錄院檢討官、嘉王府贊讀。

紹熙三年，除起居舍人。明年，兼權中書舍人。初，光宗之妃黃氏有寵，李皇后妬而殺之。光宗既聞之，而復因郊祀大風雨，遂震懼得心疾，自是視章疏不時。於是傅良奏曰：





「一國之勢猶身也，壅底則致疾。今日遷延某事，明日阻節某人，即有姦險乘時爲利，則內外之情不接，威福之柄下移，其極至於天變不告，邊警不聞，禍且不測矣！」帝悟，會疾亦稍平，過重華宮。而明年重明節，復以疾不往，丞相以下至於太學諸生皆力諫，不聽；而方召內侍陳源爲內侍省押班，傅良不草詞，且上疏曰：「陛下之不過宮者，特誤有所疑而積憂成疾，以至此爾。臣嘗即陛下之心反覆論之，竊自謂深切，陛下亦既許之矣。未幾中變，以謬爲實，而開無端之釁；以疑爲眞，而成不瘳之疾。是陛下自貽禍也。」書奏，帝將從之。百官班立，以俟帝出。至御屏，皇后挽帝回，傅良遂趨上引裾，后叱之。傅良哭于庭，后益怒，傅良下殿徑行。詔改秘閣修撰仍兼贊讀，不受。

寧宗即位，召爲中書舍人兼侍讀、直學士院、同實錄院修撰。會詔朱熹與在外宮觀，傅良言：「熹難進易退，內批之下，舉朝驚愕，臣不敢書行。」熹於是進寶文閣待制，與郡。御史中丞謝深甫論傅良言不顧行，出提舉興國宮。明年，察官交疏，削秩罷。嘉泰二年復官，起知泉州，辭。授集英殿修撰，進寶謨閣待制，終于家，年六十七。謚文節。

傅良著述有詩解詁、周禮說、春秋後傳、左氏章指行于世。

葉適字正則，溫州永嘉人。爲文藻思英發。擢淳熙五年進士第二人，授平江節度推官。丁母憂。改武昌軍節度判官。少保史浩薦于朝，召之不至，改浙西提刑司幹辦公事，士多從之游。參知政事龔茂良復薦之，召爲太學正。

遷博士，因輪對，奏曰：「人臣之義，當爲陛下建明者，一大事而已。二陵之讎未報，故疆之半未復，而言者以爲當乘其機，當待其時。然機自我發，何彼之乘？時自我爲，何彼之待？非眞難眞不可也，正以我自爲難，自爲不可耳。於是力屈氣索，甘爲退伏者於此二十六年。積今之所謂難者陰沮之，所謂不可者默制之也。蓋其難有四，其不可有五。置不共戴天之讎而廣兼愛之義，自爲虛弱。此國是之難一也。國之所是既然，士大夫之論亦然。爲奇謀祕畫者止於乘機待時，忠義決策者止於親征遷都，深沉慮遠者止於固本自治。此議論之難二也。環視諸臣，迭進迭退，其知此事本而可以反覆論議者誰乎？抱此志意而可以策勵期望者誰乎？此人才之難三也。論者徒鑒五代之致亂，而不思靖康之得禍。今循守舊模，而欲驅一世之人以報君仇，則形勢乖阻，誠無展足之地。若順時增損，則其所更張動搖，關係至重。此法度之難四也。又有甚不可者，兵以多而至於弱，財以多而至於乏，不信官而信吏，不任人而任法，不用賢能而用資格：此五者舉天下以爲不可動，豈非今之實患歟！沿習牽制，非一時矣。講利害，明虛實，斷是非，決廢置，在陛下所爲耳。」讀未竟，帝蹙額





曰：「朕比苦目疾，此志已泯，誰克任此，惟與卿言之耳。」及再讀，帝慘然久之。

除太常博士兼實錄院檢討官。嘗薦陳傅良等三十四人於丞相，後皆召用，時稱得人。會朱熹除兵部郎官，未就職，爲侍郎林栗所劾。適上疏爭曰：「栗劾熹罪無一實者，特發其私意而遂忘其欺矣！至於其中『謂之道學』一語，利害所係不獨熹。蓋自昔小人殘害忠良，率有指名，或以爲好名，或以爲立異，或以爲植黨。近創爲『道學』之目，鄭丙倡之，陳賈和之，居要津者密相付授，見士大夫有稍慕潔修者，輒以道學之名歸之，以爲善爲玷闕，以好學爲己愆，相與指目，使不得進。於是賢士惴慄，中材解體，銷聲滅影，穢德垢行，以避此名。栗爲侍從，無以達陛下之德意志慮，而更襲用鄭丙、陳賈密相付授之說，以道學爲大罪，文致語言，逐去一熹，自此善良受禍，何所不有！伏望摧折暴橫，以扶善類。」疏入不報。

光宗嗣位，由秘書郎出知蘄州。入爲尙書左選郎官。是時，帝以疾不朝重華宮者七月，事無鉅細皆廢不行。適見上力言：「父子親愛出於自然。浮疑私畏，似是而非，豈有事實？若因是而定省廢於上，號令愆於下，人情離阻，其能久乎！」既而帝兩詣重華宮，都人懽悅。適復奏：「自今宜於過宮之日，令宰執、侍從先詣起居。異時兩宮聖意有難言者，自可因此傳致，則責任有歸。不可復使近習小人增損語言，以生疑惑。」不報。而事復浸異，

中外洶洶。

及孝宗不豫，羣臣至號泣攀裾以請，帝竟不往。適責宰相留正曰：「上有疾明甚。父子相見，當俟疾瘳。公不播告，使臣下輕議君父可乎？」未幾，孝宗崩，光宗不能執喪。軍士籍籍有語，變且不測。適又告正曰：「上疾而不執喪，將何辭以謝天下？今嘉王長，若預建參決，則疑謗釋矣。」宰執用其言，同入奏立嘉王爲皇太子，帝許之。俄得御批，有「歷事歲久，念欲退閑」之語，正懼而去，人心愈搖。知樞密院趙汝愚憂危不知所出，適告知閤門事蔡必勝曰：「國事至此，子爲近臣，庸坐視乎？」蔡許諾，與宣贊舍人傅昌朝、知內侍省關禮、知閤門事韓侂胄三人定計。侂胄，太皇太后甥也。會慈福宮提點張宗尹過侂胄，侂胄覘其意以告必勝。適得之，卽亟白汝愚。汝愚請必勝議事，遂遣侂胄因張宗尹、關禮以內禪議奏太皇太后，且請垂簾，許之，計遂定。翌日禫祭，太皇太后臨朝，嘉王卽皇帝位，親行祭禮，百官班賀，中外晏然。凡表奏皆汝愚與適裁定，臨期取以授儀曹郎，人始知其預議焉。遷國子司業。

汝愚既相，賞功將及適，適曰：「國危效忠，職也。適何功之有？」而侂胄恃功，以遷秩不滿望怨汝愚。適以告汝愚曰：「侂胄所望不過節鉞，宜與之。」汝愚不從。適嘆曰：「禍自此始矣！」遂力求補外。除太府卿，總領淮東軍馬錢糧[二]。及汝愚貶衡陽，而適亦爲御史胡



紘所劾，降兩官罷，主管沖佑觀，差知衢州，辭。

起爲湖南轉運判官，遷知泉州。召入對，言於寧宗曰：「陛下初嗣大寶，臣嘗申繹卷阿之義爲獻。天啓聖明，銷磨黨偏，人才庶幾復合。然治國以和爲體，處事以平爲極。臣欲人臣忘己體國，息心既往，圖報方來可也。」帝嘉納之。初，韓侂胄用事，患人不附，一時小人在言路者，創爲「僞學」之名，舉海內知名士貶竄殆盡。其後侂胄亦悔，故適奏及之，且薦樓鑰、丘崈、黃度三人，悉與郡。自是禁網漸解矣。

除權兵部侍郎，以父憂去。服除，召至。時有勸侂胄立蓋世功以固位者，侂胄然之，將啓兵端。適因奏曰：「甘弱而幸安者衰，改弱而就彊者興。陛下申命大臣，先慮預算，思報積恥，規恢祖業，蓋欲改弱以就彊矣。竊謂必先審知彊弱之勢而定其論，論定然後修實政，行實德，弱可變而爲彊，非有難也。今欲改弱以就彊，爲問罪驟興之舉，此至大至重事也。故必備成而後動，守定而後戰。今或謂金已衰弱，姑開先釁，不懼後艱，求宣和之所不能，爲紹興之所不敢，此至險至危事也。且所謂實政者，當經營瀕淮沿漢諸郡，各爲處所，牢實自守。敵兵至則阻於堅城，彼此策應，而後進取之計可言。至於四處御前大軍，練之使足以制敵，小大之臣，試之使足以立事，皆實政也。所謂實德者，當今賦稅雖重而國愈貧，如和買、折帛之類，民間至有用田租一半以上輸納者。況欲規恢，宜有恩澤。乞詔有司，審度何



名之賦害民最甚，何等橫費裁節宜先。減所入之額，定所出之費。既修實政於上，又行實德於下。此其所以能屢戰而不屈，必勝而無敗也。」

除權工部侍郎。侂胄欲藉其草詔以動中外，改權吏部侍郎兼直學士院，以疾力辭兼職。會詔諸將四路出師，適又告侂胄宜先防江，不聽。未幾，諸軍皆敗，侂胄懼，以丘崈爲江、淮宣撫使；除適寶謨閣待制、知建康府兼沿江制置使。適謂三國孫氏嘗以江北守江，自南唐以來始失之，建炎、紹興未暇尋繹。乃請于朝，乞節制江北諸州。

及金兵大入，一日，有二騎舉旗若將渡者，淮民倉皇爭斫舟纜，覆溺者衆，建康震動。適謂人心一搖，不可復制，惟劫砦南人所長，乃募市井悍少幷帳下願行者，得二百人，使采石將徐緯統以往。夜過半，遇金人，蔽茅葦中射之，應弦而倒；矢盡，揮刀以前，金人皆錯愕不進。黎明，知我軍寡來追，則已在舟中矣。復命石跋、定山之人劫敵營，得其俘馘以歸。金解和州圍，退屯瓜步，城中始安。又遣石斌賢渡宣化，夏侯成等分道而往，所向皆捷。金自滁州遁去。時羽檄旁午，而適治事如平時，軍須皆從官給，民以不擾。淮民渡江有舟，次止有寺，給錢餉米，其來如歸。兵退，進寶文閣待制，兼江、淮制置使，措置屯田，遂上堡塢之議。

初，淮民被兵驚散，日不自保。適遂於墟落數十里內，依山水險要爲堡塢，使復業以守，



春夏散耕，秋冬入堡，凡四十七處。又度沿江地創三大堡：石跋則屏蔽采石，定山則屏蔽靖安，瓜步則屏蔽東陽、下蜀。西護歷陽[三]，東連儀眞，緩急應援，首尾聯絡，東西三百里，南北三四十里。每堡以二千家爲率，教之習射。無事則戍，以五百人一將；有警則增募新兵及抽摘諸州禁軍二千人，幷堡塢內居民，通爲四千五百人，共相守戍。而制司於每歲防秋，別募死士千人，以爲劫砦焚糧之用。因言堡塢之成有四利，大要謂：「敵在北岸，共長江之險，而我有堡塢以爲聲援，則敵不敢窺江，而士氣自倍，戰艦亦可以策勳。和、滁、眞、六合等城或有退遁，我以堡塢全力助其襲逐，或邀其前，或尾其後，制勝必矣。此所謂用力寡而收功博也。」三堡就，流民漸歸。而侂胄適誅，中丞雷孝友劾適附侂胄用兵，遂奪職。自後奉祠者凡十三年，至寶文閣學士、通議大夫。嘉定十六年，卒，年七十四，贈光祿大夫，謚文定[四]。

適志意慷慨，雅以經濟自負。方侂胄之欲開兵端也，以適每有大讎未復之言重之，而適自召還，每奏疏必言當審而後發，且力辭草詔。第出師之時，適能極力諫止，曉以利害禍福，則侂胄必不妄爲，可免南北生靈之禍。議者不能不爲之歎息焉。

戴溪字肖望，永嘉人也。少有文名。淳熙五年，爲別頭省試第一，監潭州南嶽廟。紹熙初，主管吏部架閣文字，除太學錄兼實錄院檢討官。正錄兼史職自溪始。升博士，奏兩淮當立農官，若漢稻田使者，括閑田，諭民主出財，客出力，主客均利，以爲救農之策。除慶元府通判，未行，改宗正簿。累官兵部郎官。

開禧時，師潰于符離，溪因奏沿邊忠義人、湖南北鹽商皆當區畫，以銷後患。會和議成，知樞密院事張巖督師京口，除授參議軍事。數月，召爲資善堂說書。由禮部郎中凡六轉爲太子詹事兼祕書監。景獻太子命溪講中庸、大學，溪辭以講讀非詹事職，懼侵官。太子曰：「講退便服說書，非公禮，毋嫌也。」復命類易、詩、書、春秋、論語、孟子、資治通鑑，各爲說以進。權工部尚書，除華文閣學士。嘉定八年，以宣奉大夫、龍圖閣學士致仕。卒，贈特進、端明殿學士。理宗紹定間，賜謚文端。

溪久於宮僚，以徽婉受知春宮〔三五〕，然立朝建明，多務秘密，或議其殊乏骨鯁云。

蔡幼學字行之，温州瑞安人。年十八，試禮部第一。是時，陳傅良有文名于太學，幼學從之游。月書上祭酒芮燁及呂祖謙，連選拔，輒出傅良右，皆謂幼學之文過其師。



孝宗聞之，因策士將置首列。而是時外戚張說用事，宰相虞允文、梁克家皆陰附之。幼學對策，其略曰：「陛下資雖聰明而所存未大，志雖高遠而所趨未正，治雖精勤而大原不立。即位之始，冀太平旦暮至。奈何今十年，風俗日壞，將難扶持；紀綱日亂，將難整齊；人心益搖，將難收拾；吏慢兵驕，財匱民困，將難正救。」又曰：「陛下恥名相之不正，更制近古，二相並進，以爲美談。然或以虛譽惑聽，自許立功；或以緘默容身，不能持正。」蓋指虞允文、梁克家也。又曰：「漢武帝用兵以來，大司馬、大將軍之權重而丞相輕。公孫弘爲相，衞青用事，弘苟合取容，相業無有。宣、元用許、史，成帝用王氏，哀帝用丁、傅，率爲元始〔三六〕之禍。今陛下使姨子預兵柄，其人無一才可取。宰相忍與同列，曾不羞恥。按其罪名，宜在公孫弘上。」蓋指張說也。帝覽之不懌，虞允文尤惡之。遂得下第，教授廣德軍。

丁父憂，再調潭州。執政薦于朝，帝許之，且問：「年幾何矣？何以名幼學？」參政施師點舉孟子「幼學壯行」之語以對。上佇思，慨然曰：「今壯矣，可行也。」遂除敕令所删定官。首言：「大恥未雪，境土未復，陛下睿知神武，可以有爲。而苟且之議，委靡之習，願得以綏陛下欲爲之心。」孝宗喜曰：「解卿意，欲令朕立規摹爾。」尋以母憂去。

光宗立，以太學錄召，改武學博士。踰年，遷太學，擢祕書省正字兼實錄院檢討官，遷校書郎。時光宗以疾不朝重華宮，幼學上封事曰：「陛下自春以來，北宮之朝不講。比者



壽皇愆豫，侍從、臺諫叩陛請對，陛下拂衣而起，相臣引裾，羣臣隨以號泣。陛下退朝，宮門盡閉，大臣累日不獲一對清光。望日之朝，都人延頸，遷延至午，禁衞飲恨。市廛軍伍，謗誹籍籍，旁郡列屯，傳聞疑怪，變起倉卒，陛下實受其禍。誠思身體髮膚壽皇所與，宗社人民壽皇所命，則疇昔慈愛有感乎心，可不獨出聖斷，復父子之歡，弭宗社之禍！」疏入不報。

寧宗即位，詔求直言。幼學又奏：「陛下欲盡爲君之道，其要有三：事親、任賢、寬民，而其本莫先於講學。比年小人謀傾君子，爲安靖和平之說以排之。故大臣當興治而以生事自疑，近臣當效忠而以忤旨擯棄，其極至於九重深拱而羣臣盡廢，多士盈庭而一籌不吐。自非聖學日新，求賢如不及，何以作天下之才！自熙寧、元豐而始有免役錢，有常平積剩錢，有無額上供錢；自大觀、宣和而始有大禮進奉銀絹，有贍學糴本錢，有經制錢；自紹興而始有和買折帛錢，有總制錢，有月樁大軍錢；至於茶鹽酒榷、稅契、頭子之屬，積累增多，較之祖宗無慮數十倍，民困極矣。」

幼學既論列時政，其極歸之聖學。帝稱善，將進用之。時韓侂胄方用事，指正人爲「僞學」，異論者立黜。幼學遂力求外補，特除提舉福建常平。陛辭，言：「今除授命令徑從中出，而大臣之責始輕；諫省、經筵無故罷黜，而多士之心始惑。或者有以誤陛下至此耶！」侂胄



聞之不悅。既至官，日講荒政。時朱熹居建陽，幼學每事咨訪，遂爲御史劉德秀劾罷，奉祠者凡八年。

起知黃州，改提點福建路刑獄，未行。有勸侂胄以收召海內名士者，乃召幼學爲吏部員外郎。入見，言：「高宗建炎間減婺州和買絹折羅事，因諭輔臣曰：『一日行得如此一事，一年不過三百六十事而已。』陛下除兩浙丁錢，視高宗無間，然而兵事既開，諸路罹鋒鏑轉餉之艱，江、湖以南有調募科需之擾，惟陛下以愛惜邦本爲念。」遷國子司業、宗正少卿，皆兼權中書舍人。

侂胄既誅，餘黨尚塞正路，幼學次第彈繳，竄黜尤衆，號稱職。遷中書舍人兼侍講。故事，閤門、宣贊而下，供職十年，始得路都監若鈐轄。侂胄壞成法，率五六年七八年即越等除授，有已授外職猶通籍禁闥者，幼學一切釐正。

嘉定初，同樓鑰知貢舉。時正學久錮，士專於聲律度數，其學支離。幼學始取義理之文，士習漸復於正。兼直學士院，內外制皆溫醇雅厚得體，人多稱之。除刑部侍郎，改吏部，仍兼職。趙師羼除知臨安府，羼辭。故事，當有不允詔。幼學言：「師羼以媚權臣進官，三尹京兆，狼籍無善狀，詔必出褒語，臣何辭以草？」命遂寢。改兼侍讀，師羼命乃下。

除龍圖閣待制、知泉州，徙建康府、福州，進福建路安撫使。政主寬大，惟恐傷民。福



中華書局

建下州，例抑民買鹽，以戶產高下均賣者曰產鹽，以交易契紙錢科敷者曰浮鹽，皆出常賦外，久之遂爲定賦。幼學力請蠲之，不報。提舉司令民以田高下藏新會子，不如令者籍其貲。幼學曰：「罔民而可，吾忍之乎！惟有去而已。」因言錢幣未均，秤提無術，力求罷去。遂升寶謨閣直學士、提舉萬壽宮。召權兵部尚書兼修玉牒官，尋兼太子詹事。

先是，朝廷既遣歲幣入金境，適値其有難，不果納，則遽以兵叩邊索之。中外洶洶，皆言當亟與。幼學請對，言：「玉帛之使未還，而侵軼之師奄至，且肆其侮慢，形之文辭。天怒人憤，可不伸大義以破其謀乎！」於是朝論奮然，始詔與金絕。幼學因請「固本根以弭外虞，示意向以定衆志，公汲引以合材謀，審懷附以一南北」。帝稱善。一夕感異夢，星隕于屋西南隅，遂卒。年六十四。

幼學早以文鳴于時，而中年述作，益窮根本，非關教化之大、由情性之正者不道也。器質凝重，莫窺其際，終日危坐，一語不妄發。及辨論義理，縱橫闔闢，沛然如決江河，雖辯士不及也。嘗續司馬光公卿百官表，年曆、大事記、備忘、辨疑、編年政要、列傳舉要，凡百餘篇，傳于世。



楊泰之字叔正，眉州青神人。少刻志于學，臥不設榻幾十歲。慶元元年類試，調瀘川尉〔七〕，易什邡，再調綿州學教授、羅江丞，制置司檄置幕府。吳獵諭蜀，泰之貽書曰：「使吳曦爲亂，而士大夫不從，必有不敢爲；既亂，而士大夫能抗，曦猶有所憚。夫亂，曦之爲也；亂所以成，士大夫之爲也。」

改知嚴道縣，攝通判嘉定。白厓砦將王壎引蠻寇利店，刑獄使者置壎于法，又罥絓餘人當坐死。泰之訪知夷都實邇利店，夷都蠻稱亂，不需引導，固請釋之，不聽，乃去官。宣撫使安丙薦之曰：「蜀中名儒楊虞仲之子，當逆臣之變，勉有位者毋動；言不用，拂衣而去。使得尺寸之柄，必能見危致命。」召泰之赴都堂審察，以親老辭。差知廣安軍，未上，丁父憂。免喪，知富順監。去官，以祿稟數千緡予鄰里，以千緡爲義莊。知普州〔八〕，以安居、安岳二縣受禍尤慘，泰之力白丙盡蠲其賦。丙復薦于朝，召赴行在，固辭。知果州。踦零錢病民，泰之以一年經費儲其贏爲諸邑對減，上尚書省，按爲定式。民歌之曰：「前張後楊，惠我無疆。」張謂張義，實自發其端，而泰之踵行之。

理宗卽位，趣入對，言：「法天行健，奮發英斷，總攬威權，無牽於私意〔九〕，無奪於邪說，以救蠱敝，以新治功。本朝德澤，邇來斲喪無餘，民無恆心，何以爲國？陛下以直言求人，而以直言罪之，使天下以言爲戒。臣恐言路既梗，士氣益消，循循默默，浸成衰世之風，爲國



者何便於此？」上奇其對，以爲工部郎中。其後言事者相繼，無所避忌，自泰之發之。遷軍器少監、大理少卿。

紹定元年入對，謂：「風雨爲暴，水潦潰溢，此陰盛陽微之證。而臺臣謗曰霅川水患之慘〔一〇〕，桀之餘烈也。」後又言：「巴陵追降之命，重於違羣臣，輕於絕友愛。陛下居天位之至逸，則當思天倫之大痛〔一一〕。秦邸歿於房陵，既行封謚，又錄用其子。今乃曰『不當爲之後』，以貽它日憂，何示人之不廣乎？」又曰：「今日不言，後必有言之者。與其追恤於後，固不若舉行於今也。」是日，詔直寶謨閣、知重慶府。爲書以別丞相曰：「宰相職事，無大於用人有道，去自私之心，恢容人之度，審取舍之擇而已。」至官，俗用大變。主管千秋鴻禧觀，卒。

所著克齋文集、論語解、老子解〔一二〕、春秋列國事目、公羊穀梁類、詩類、詩名物編、論孟類、東漢三國志南北史唐五代史類、歷代通鑑本朝長編類、東漢名物編、詩事類、大易要言、雜著，凡二百九十七卷。

## 校勘記

〔一〕兄九韶　「兄」原作「弟」，據陸九淵象山先生集卷三六年譜、黃宗羲宋元學案卷五七梭山復齋學案改。後文同。



〔二〕楊劻　原作「楊就」，據劉子翬屏山先生文集卷五送張當世序改。楊劻事又見繫年要錄卷三二。

〔三〕民俗之習尙善惡　「尙」原作「向」，據象山先生集卷三三楊簡陸九淵行狀改。

〔四〕郡人以爲神　「人」字原脫，據同上書同卷同篇補。

〔五〕古者無流品之分　「分」原作「令」，據象山先生集卷三三楊簡陸九淵行狀及本卷下文改。

〔六〕金兵之未至也武昌令劉錡鎭鄂渚　按陳傅良止齋先生文集卷五一薛季宣行狀作：「公以軍政爭，不克，謝去，盡其祿直買蜀書以歸，爲鄂州武昌令。故太尉劉公錡鎭鄂渚。」呂祖謙呂東萊文集卷七薛常州墓誌銘作：「公既出蜀矣，調鄂州武昌令」。則任武昌令者是薛季宣，「武昌令」上當有脫字。

〔七〕奴　同上二書同卷同篇作「孥」。

〔八〕薦退人物　「退」原作「進」，據同上二書同卷同篇改。

〔九〕歷陽　「歷陽」原作「溧陽」，據止齋先生文集卷五一薛季宣行狀改。

〔一〇〕稍遷提舉常平茶鹽轉運判官　止齋先生文集卷五二蔡幼學陳傅良行狀作「提舉湖南常平茶鹽」，葉適水心先生文集卷一六陳傅良墓誌銘作「提舉湖南常平、茶鹽轉運判官」。

〔一一〕去朝十四年　原作「四十年」。按上文陳通判福州在梁克家領福建路安撫使時，據吳廷燮南宋制撫年表，爲淳熙六年至八年；而陳除吏部員外郎在光宗時，中間沒有「四十年」，水心先生文集

卷一六陳傅良墓誌銘作「去朝十四年」，當是，據改。

〔一二〕總領淮東軍馬錢糧　「軍」原作「車」。按：本書卷一六七職官志，「鎭江諸軍錢糧，淮東總領掌之」；水心先生文集卷二除太府卿淮東總領謝表，謂「預聞軍政，制其財賦之權」，「車」當爲「軍」字之誤；宋會要職官四一之四六「詔以胡紡爲司農少卿，總領淮東軍馬錢糧」亦可證，今改。

〔一三〕西護歷陽　「歷陽」原作「溧陽」，據水心先生文集卷二定山瓜步石跋三堡塢狀改。

〔一四〕謚文定　「文」原作「忠」，據一九六〇年出土葉適墓誌銘改，見文物一九六二年第九期。

〔一五〕春宮　原作「春官」。按「春宮」指太子，戴溪由禮部郎中凡六轉爲太子詹事兼秘書監，故云「受知春宮」，今改。

〔一六〕元始　原作「始元」。按始元爲漢昭帝年號，元始爲漢平帝年號。平帝時，王莽奪取西漢政權。以「元始」爲是，今改。

〔一七〕調瀘川尉　「川」原作「州」。按魏了翁鶴山先生大全文集卷八一楊泰之墓誌銘作「瀘川」，瀘川是瀘州屬縣，宋代尉是縣的職官，作「川」是，據改。

〔一八〕知普州　「普」原作「晉」。按晉州是北宋初河東路平陽府舊名，此時入金已久，泰之不可能出知是州；下文提到的安居、安岳，都是潼川府路普州的屬縣，鶴山先生大全文集卷八一楊泰之墓誌銘作「普州」，是，據改。





〔一九〕無牽於私意　「意」字原脫，據鶴山先生大全文集卷八一楊泰之墓誌銘補。

〔二〇〕水患之慘　「慘」原作「滲」，據鶴山先生大全文集卷八一楊泰之墓誌銘改。

〔二一〕則當思天倫之大痛　「當」字原脫，據鶴山先生大全文集卷八一楊泰之墓誌銘補。

〔二二〕老子解　「解」原作「辭」，據鶴山先生大全文集卷八一楊泰之墓誌銘改。

# 宋史卷四百三十五

## 列傳第一百九十四

### 儒林五

范沖　朱震　胡安國 子寅　宏　寧

范沖字元長，登紹聖進士第。高宗卽位，召爲虞部員外郎，俄出爲兩淮轉運副使。紹興中，隆祐皇后誕日，上置酒宮中，從容語及前朝事，后曰：「吾老矣，有所懷爲官家言之。吾逮事宣仁聖烈皇后，聰明母儀，古今未見其比。曩因姦臣誣謗，有玷聖德，建炎初雖下詔辨明，而史錄未經刪定，無以傳信後世，而慰在天之靈也。」上悚然，亟詔重修神、哲兩朝實錄，召沖爲宗正少卿兼直史館。沖父祖禹元祐中嘗修神宗實錄，盡書王安石之過，以明神宗之聖。其後安石婿蔡卞惡之，祖禹坐譴死嶺表。至是復以命沖，上謂之曰：「兩朝大典，皆爲姦臣所壞，故以屬卿。」沖因論熙寧創置，元祐復古，紹聖以降弛張不一，本末先





後，各有所因。又極言王安石變法度之非，蔡京誤國之罪。上嘉納之，遷起居郎。

俄開講筵，升兼侍讀。上雅好左氏春秋，命沖與朱震專講。沖敷衍經旨，因以規諷，上未嘗不稱善。會皇子建國公瑗出就傅，首命沖以徽猷閣待制提舉建隆觀，爲資善堂翊善，而朱震兼贊讀。詔曰：「朕爲宗廟社稷大計，不敢私于一身，選于屬籍，得藝祖七世孫鞠之宮中。茲擇剛辰，出就外傅，宜有端良之士以充輔導之官，博觀在廷，無以易汝沖，德行文學，爲時正人。迺祖發議嘉祐之初，迺父納忠元祐之際，敷求是似，尙有典刑。顧資善之開，史館經筵，姑仍厥舊。朕方求多聞之益，爾實兼數器之長，施及童蒙，綽有餘裕。蔽自朕志，宜卽安之。」時張浚在長沙，亦薦沖、震可備訓導。沖、震皆一時名德老成，極天下之選，上命建國公見翊善、贊讀皆納拜。俄遷翰林學士兼侍讀，沖力辭，改翰林侍讀學士，用其父故事也。尋以龍圖閣直學士奉祠。卒，年七十五。

沖之修神宗實錄也，爲考異一書，明示去取，舊文以墨書，刪去者以黃書，新修者以朱書，世號「朱墨史」。及修哲宗實錄，別爲一書，名辨誣錄。沖性好義樂善，司馬光家屬皆依沖所，沖撫育之；爲光編類記聞十卷奏御，請以光之族曾孫宗召主光祀。又嘗薦尹焞自代云。

朱震字子發，荆門軍人。登政和進士第，仕州縣以廉稱。胡安國一見大器之，薦於高宗，召爲司勳員外郎，震稱疾不至。會江西制置使趙鼎入爲參知政事，上諮以當世人才，鼎曰：「臣所知朱震，學術深博，廉正守道，士之冠冕，使位講讀，必有益於陛下。」上乃召之。既至，上問以易、春秋之旨，震具以所學對。上說，擢爲祠部員外郎，兼川、陝、荆、襄都督府詳議官。震因言：「荆、襄之間，沿漢上下，膏腴之田七百餘里，若選良將領部曲鎮之，招集流亡，務農種穀，寇來則禦，寇去則耕，不過三年，兵食自足。又給茶鹽鈔於軍中，募人中糴，可以下江西之舟，通湘中之粟。觀釁而動，席捲河南，此以逸待勞，萬全計也。」

遷秘書少監兼侍經筵，轉起居郎。建國公出就傅，以震爲贊讀，仍賜五品服。遷中書舍人兼翊善。時郭千里除將作監丞，震言：「千里侵奪民田，會經按治，願寢新命。」從之。轉給事中兼直學士院，遷翰林學士。是時，虔州民爲盜，天子以爲憂，選良太守往慰撫之。將行，震曰：「使居官者廉而不擾，則百姓自安，雖誘之爲盜，亦不爲矣。願詔新太守，到官之日，條具本郡及屬縣官吏有貪墨無狀者，一切罷去，聽其自擇慈祥仁惠之人，有治效者優加獎勸。」上從其言。故事，當喪無享廟之禮。時徽宗未祔廟，太常少卿吳表臣奏行明堂之祭。震因言：「王制：『喪三年不祭，惟天地社稷爲越紼而行事。』〔一〕春秋書：『夏五月乙酉，





吉，禘于莊公。』公羊傳曰：『譏始不三年也。』國朝景德二年，眞宗居明德皇后喪，既易月而除服，明年遂享太廟，合祀天地于圜丘。當時未行三年之喪，專行以日易月之制可也，在今日行之則非也。」詔侍從、臺諫、禮官參議，卒用御史趙渙、禮部侍郎陳公輔言，大饗明堂。七年，震謝病丐祠，旋知禮部貢舉，會疾卒。

震經學深醇，有漢上易解云：「陳摶以先天圖傳种放，放傳穆脩，穆脩傳李之才，之才傳邵雍。放以河圖、洛書傳李漑，漑傳許堅，許堅傳范諤昌，諤昌傳劉牧。穆脩以太極圖傳周惇頤，惇頤傳程顥、程頤。是時，張載講學於二程、邵雍之間。故雍著皇極經世書，牧陳天地五十有五之數，惇頤作通書，程頤著易傳，載造太和、參兩篇。臣今以易傳爲宗，和會雍、載之論，上采漢、魏、吳、晉，下逮有唐及今，包括異同，庶幾道離而復合。」蓋其學以王弼盡去舊說，雜以莊、老，專尚文辭爲非是，故其於象數加詳焉。其論圖、書授受源委如此，蓋莫知其所自云。

胡安國字康侯，建寧崇安人。入太學，以程頤之友朱長文及潁川靳裁之爲師。裁之與論經史大義，深奇重之。三試于禮部，中紹聖四年進士第。初，廷試考官定其策第一，宰職〔二〕以無詆元祐語，遂以何昌言冠，方天若次之，又欲以宰相章惇子次天若。時發策大要崇復熙寧、元豐之制，安國推明大學，以漸復三代爲對。哲宗命再讀之，注聽稱善者數四，親擢爲第三。爲太學博士，足不躡權門。

提舉湖南學事，有詔舉遺逸，安國以永州布衣王繪、鄧璋應詔。二人老不行，安國請命之官，以勸爲學者。零陵簿稱二人黨人范純仁客，而流人鄒浩所請託也。蔡京素惡安國與己異，得簿言大喜，命湖南提刑置獄推治，又移湖北再鞫，卒無驗，安國竟除名。未幾，簿以他罪抵法，臺臣直前事，復安國元官。

政和元年，張商英相，除提舉成都學事。二年，丁內艱，移江東。父沒終喪，謂子弟曰：「吾昔爲親而仕，今雖有祿萬鍾將何所施？」遂稱疾不仕，築室墓傍，耕種取給，蓋將終身焉。宣和末，李彌大、吳敏、譚世勣合薦，除屯田郎，辭。

靖康元年，除太常少卿，辭；除起居郎，又辭。朝旨屢趣行，至京師，以疾在告。一日方午，欽宗亟召見，安國奏曰：「明君以務學爲急，聖學以正心爲要。心者萬事之宗，正心者揆事宰物之權。願擢名儒明於治國平天下之本者〔三〕，虛懷訪問，深發獨智。」又言：「爲天下國家必有一定不可易之計，謀議既定，君臣固守，故有志必成，治功可立。今南向視朝半年矣，而紀綱尚紊，風俗益衰，施置乖方，舉動煩擾，大臣爭競，而朋黨之患萌，百執竊觀





而浸潤之姦作，用人失當，而名器愈輕，出令數更，而士民不信。若不掃除舊跡，乘勢更張，竊恐大勢一傾，不可復正。乞訪大臣，各令展盡底蘊，畫一具進。先宣示臺諫，使隨事疏駮。若大臣議絀，則參用臺諫之言；若疏駮不當，則專守大臣之策。仍集議于朝，斷自宸衷，按爲國論，以次施行。敢有動搖，必罰無赦。庶幾新政有經，可冀中興。」欽宗曰：「比留詞掖相待，已命召卿試矣。」語未竟，日昃暑甚，汗洽上衣，遂退。

時門下侍郎耿南仲倚攀附恩，凡與己不合者，即指爲朋黨。見安國論奏，愠曰：「中興如此，而曰績效未見，是謗聖德也。」乃言安國意窺經筵，不宜召試。欽宗不答。安國屢辭，南仲又言安國不臣，欽宗問其狀，南仲曰：「往不事上皇，今又不事陛下。」欽宗曰：「渠自以病辭，初非有向背也。」每臣僚登對，欽宗即問識胡安國否，中丞許翰曰：「自蔡京得政，士大夫無不受其籠絡，超然遠跡不爲所汙如安國者實鮮。」欽宗嘆息，遣中書舍人晁說之宣旨，令勉受命，且曰：「他日欲去，即不彊留。」既試，除中書舍人，賜三品服。南仲諷臺諫論其稽命不恭，宜從黜削。疏奏不下，安國乃就職。

南仲既傾宰相吳敏、樞密使李綱，又謂許景衡、晁說之覩大臣升黜爲去就〔四〕，懷姦狗私，並黜之。安國言：「二人爲去就，必有陳論，懷姦狗私，必有實跡。乞降付本省，載諸詔命。」不報。

葉夢得知應天府，坐爲蔡京所知，落職奉祠。安國言：「京罪已正，子孫編置，家財沒入，已無蔡氏矣。則向爲京所引者，今皆朝廷之人，若更指爲京黨，則人才見棄者衆，黨論何時而弭！」乃除夢得小郡。

中書侍郎何㮚建議分天下爲四道，置四都總管，各付一面，以衞王室、捍彊敵。安國言：「內外之勢，適平則安，偏重則危。今州郡太輕，理宜通變。一旦以二十三路之廣，分爲四道，事得專決，財得專用，官得辟置，兵得誅賞，權恐太重；萬一抗衡跋扈，何以待之？乞據見今二十三路帥府，選擇重臣，付以都總管之權，專治軍旅。或有警急，卽各率所屬守將應援，則一舉兩得矣。」尋以趙野總北道，安國言魏都地重，野必誤委寄。是冬，金人大入，野遁，爲羣盜所殺，西道王襄擁衆不復北顧，如安國言。

李綱罷，中書舍人劉玨行詞，謂綱勇於報國，數至敗衄。吏部侍郎馮澥言玨爲綱遊說，玨坐貶。安國封還詞頭，以爲「侍從雖當獻納，至於彈擊官邪必歸風憲。今臺諫未有緘默不言之咎，而澥越職，此路若開，臣恐立於朝者各以好惡脅持傾陷，非所以靖朝著」。南仲大怒[五]，何㮚從而擠之，詔與郡。㮚以安國素苦足疾，而海門地卑濕，乃除安國右文殿修撰、知通州。

安國在省一月，多在告之日，及出必有所論列。或曰：「事之小者，盍姑置之。」安國曰：





「事之大者無不起於細微，今以小事爲不必言，至於大事又不敢言，是無時而可言也。」

安國既去，逾旬，金人薄都城。子寅爲郎在城中，客或憂之，安國愀然曰：「主上在重圍中，號令不出，卿大夫恨效忠無路，敢念子乎！」敵圍益急，欽宗亟召安國及許景衡，詔竟不達。

高宗卽位，以給事中召，安國言：「昨因繳奏，偏觸權貴，今陛下將建中興，而政事弛張，人才升黜，尚未合宜，臣若一一行其職守，必以妄發，干犯典刑。」黃潛善諷給事中康執權論其託疾，罷之。三年，樞密張浚薦安國可大用，再除給事中。賜其子起居郎寅手札，令以上意催促。既次池州，聞駕幸吳、越，引疾還。

紹興元年，除中書舍人兼侍講，遣使趣召，安國以時政論二十一篇先獻之。論入，復除給事中。二年七月入對，高宗曰：「聞卿大名，渴於相見，何爲累詔不至？」安國辭謝，乞以所進二十一篇者施行。其論之目，曰定計、建都、設險、制國、恤民、立政、覈實、尙志、正心、養氣、宏度、寬隱。論定計略曰：「陛下履極六年，以建都，則未有必守不移之居；以討賊，則未有必操不變之術；以立政，則未有必行不反之令；以任官，則未有必信不疑之臣。舍今不圖，後悔何及！」論建都謂：「宜定都建康以比關中、河內，爲興復之基。」論設險謂：「欲固上流，必保漢、沔；欲固下流，必守淮、泗；欲固中流，必以重兵鎭安陸。」論尙志[六]謂：「當必志於恢復中原，祗奉陵寢；必志於掃平讎敵，迎復兩宮。」論正心謂：「戡定禍亂，雖急於戎務，而裁決戎務，必本於方寸。願選正臣多聞識、有志慮、敢直言者，置諸左右，日夕討論，以宅厥心。」論養氣謂：「用兵之勝負，軍旅之彊弱，將帥之勇怯，係人君所養之氣曲直何如。願彊於爲善，益新厥德，使信於諸夏、聞於夷狄者，無曲可議，則至剛可以塞兩間，一怒可以安天下矣。」安國嘗謂：「雖諸葛復生，爲今日計，不能易此論也。」

居旬日，再見，以疾懇求去。高宗曰：「聞卿深於春秋，方欲講論。」遂以左氏傳付安國點句正音。安國奏：「春秋經世大典，見諸行事，非空言比。今方思濟艱難，左氏繁碎，不宜虛費光陰，耽玩文采，莫若潛心聖經。」高宗稱善。尋除安國兼侍讀，專講春秋。時講官四人，援例乞各專一經。高宗曰：「他人通經，豈胡安國比。」不許。

會除故相朱勝非同都督江、淮、荊、浙諸軍事，安國奏：「勝非與黃潛善、汪伯彥同在政府，緘默附會，循致渡江；尊用張邦昌結好金國，淪滅三綱，天下憤鬱；及正位冢司，苗、劉肆逆，貪生苟容[七]，辱逮君父。今彊敵憑陵，叛臣不忌，用人得失，係國安危，深恐勝非上誤大計。」勝非改除侍讀，安國持錄黃不下，左相呂頤浩特命檢正黃龜年[八]書行。安國言：「『有官守者，不得其職則去』。臣今待罪無補，既失其職，當去甚明。況勝非係臣論列之人，今朝廷乃稱勝非處苗、劉之變，能調護聖躬。昔公羊氏言祭仲廢君爲行權，先儒力排其說。





蓋權宜廢置非所施於君父，春秋大法，尤謹於此。建炎之失節者，今雖特釋而不問，又加選擢，習俗既成，大非君父之利。臣以春秋入侍[九]，而與勝非爲列，有違經訓。」遂臥家不出。

初，頤浩都督江上還朝，欲去異己者，未得其策，或教之指爲朋黨，且曰：「黨魁在瑣闥，當先去之。」頤浩大喜，卽引勝非爲助，而降旨曰：「胡安國屢召偃蹇不至，今始造朝，又數有請。初言勝非不可同都督，及改命經筵，又以爲非，豈不以時艱不肯盡瘁，乃欲求微罪而去，其自爲謀則善，如國計何？」落職提舉仙都觀。是夕，彗出東南。右相秦檜三上章乞留之，不報，卽解相印去。侍御史江躋上疏，極言勝非不可用，安國不當責。右司諫吳表臣亦言安國扶病見君，欲行所學，今無故罪去，恐非所以示天下。不報。頤浩卽黜給事中程瑀、起居舍人張燾及躋等二十餘人，云應天變除舊布新之象，臺省一空。勝非遂相，安國竟歸。

五年，除徽猷閣待制、知永州，安國辭。詔以經筵舊臣，重閔勞之，特從其請，提舉江州太平觀，令纂修所著春秋傳。

書成，高宗謂深得聖人之旨，除提舉萬壽觀兼侍讀。未行，諫官陳公輔上疏詆假託程頤之學者，安國奏曰：「孔、孟之道不傳久矣，自頤兄弟始發明之，然後知其可學而至。今使學者師孔、孟，而禁不得從頤學，是入室而不由戶。本朝自嘉祐以來，西都有邵雍、程顥及其弟頤，關中有張載，皆以道德名世，公卿大夫所欽慕而師尊之。會王安石、蔡京等曲加排抑，故其道不行。望下禮官討論故事，加之封爵，載在祀典，比於荀、揚、韓氏，仍詔館閣裒其遺書，校正頒行，使邪說者不得作。」奏入，公輔與中丞周祕、侍御史石公揆承望宰相風旨，交章論安國學術頗僻。除知永州，辭，復提舉太平觀，進寶文閣直學士。卒，年六十五。詔贈四官，又降詔加賻，賜田十頃恤其孤，謚曰文定，蓋非常格也。

安國彊學力行，以聖人爲標的，志於康濟時艱。見中原淪沒，遺黎塗炭，常若痛切於其身。雖數以罪去，其愛君憂國之心遠而彌篤，每有君命，即置家事不問。然風度凝遠，蕭然塵表，視天下萬物無一足以嬰其心。自登第迄謝事，四十年在官，實歷不及六載。

朱震被召，問出處之宜，安國曰：「子發學易二十年，此事當素定矣。世間惟講學論政，不可不切詢究，至於行己大致，去就語默之幾，如人飲食，其饑飽寒溫，必自斟酌，不可決諸人，亦非人所能決也。吾平生出處皆內斷於心，浮世利名如蠛蠓過前，何足道哉！」故渡江以來，儒者進退合義，以安國、尹焞爲稱首。侯仲良言必稱二程先生，他無所許可，後見安國，歎曰：「吾以爲志在天下，視不義富貴眞如浮雲者，二程先生而已，不意復有斯人也。」

安國所與游者，游酢、謝良佐、楊時皆程門高弟。良佐嘗語人曰：「胡康侯如大冬嚴雪，百草萎死，而松柏挺然獨秀者也。」安國之使湖北也，時方爲府教授，良佐爲應城宰，安國質疑訪道，禮之甚恭，每來謁而去，必端笏正立目送之。



自王安石廢春秋不列於學官〔一〇〕，安國謂：「先聖手所筆削之書，乃使人主不得聞講說，學士不得相傳習，亂倫滅理，用夏變夷，殆由乎此。」故潛心是書二十餘年，以爲天下事物無不備於此。每嘆曰：「此傳心要典也。」

安國少欲以文章名世，既學道，乃不復措意。有文集十五卷，資治通鑑舉要補遺一百卷。

三子，寅、宏、寧。

寅字明仲，安國弟之子也。寅將生，弟婦以多男欲不舉，安國妻夢大魚躍盆水中，急往取而子之。少桀黠難制，父閉之空閣，其上有雜木，寅盡刻爲人形。安國曰：「當有以移其心。」別置書數千卷於其上，年餘，寅悉成誦，不遺一卷。游辟雍，中宣和進士甲科。

靖康初，以御史中丞何㮚薦，召除秘書省校書郎。楊時爲祭酒，寅從之受學。遷司門員外郎。金人陷京師，議立異姓，寅與張浚、趙鼎逃太學中，不書議狀。張邦昌僞立，寅棄官歸，言者劾其離次，降一官。

建炎三年，高宗幸金陵，樞密使張浚薦爲駕部郎官，尋擢起居郎。金人南侵，詔議移蹕之所，寅上書曰：



昨陛下以親王、介弟出師河北，二聖既遷，則當糾合義師，北向迎請；而遽膺翊戴，亟居尊位，斬劉直臣，以杜言路。南巡淮海，偷安歲月，敵入關陝，漫不捍禦。盜賊橫潰，莫敢誰何，元元無辜，百萬塗地。方且製造文物，講行郊報，自謂中興。金人乘虛直擣行在，匹馬南渡，淮甸流血。迨及返正寶位，移蹕建康，不爲久圖，一向畏縮遠避。此皆失人心之大者也。

自古中興之主所以能克復舊物者，莫不本於憤恥恨怒，不能報怨，終不苟已。未有乘衰微闕絕之後，固陋以爲榮，苟且以爲安，而能久長無禍者也。黃潛善與汪伯彥方以乳嫗護赤子之術待陛下，曰：「上皇之子三十人，今所存惟聖體，不可不自重愛。」曾不思宗廟則草莽湮之，陵闕則畚鍤驚之，堂堂中華戎馬生之，潛善、伯彥所以誤陛下，陷陵廟，蹙土宇，喪生靈者，可勝罪乎！本初嗣服，既不爲迎二聖之策，因循遠狩，又不爲守中國之謀，以致于今德義不孚，號令不行，刑罰不威，爵賞不勸。若不更轍以救垂亡，則陛下永負孝悌之愆，常有父兄之責，人心一去，天命難恃，雖欲羈栖山海，恐非爲自全之計。

願下詔曰：「繼紹大統，出於臣庶之諂，而不悟其非；巡狩東南，出於僥倖之心，而不虞其禍〔一一〕。金人逆天亂倫，朕義不共天，志思雪恥。父兄旅泊，陵寢荒殘，罪乃在予，無所逃責。」以此號召四海，聳動人心，決意講武，戎衣臨陣，按行淮、襄，收其豪英，誓以戰伐。天下忠義武勇，必雲合響應。陛下凡所欲爲，孰不如志？其與退保吳、越，豈可同年而語哉！



自古中國強盛如漢武帝、唐太宗，其得志四夷，必併吞掃滅，極其兵力而後已。中國禮義所自出也，恃強凌弱且如此。今乃以仁慈之道、君子長者之事，望於凶頑之粘罕，豈有是理哉！今日圖復中興之策，莫大於罷絕和議，以使命之幣，爲養兵之資。不然，則僻處東南，萬事不競。納賂，則孰富於京室？納質，則孰重於二聖？反復計之，所謂乞和，決無可成之理。

夫大亂之後，風俗靡然，欲丕變之，在於務實效，去虛文。治兵擇將，誓戡大憝者，孝弟之實也；遣使乞和，冀幸萬一者，虛文也。屈己求賢，信用羣策者，求賢之實也；外示禮貌，不用其言者，虛文也。不惟面從，必將心改，苟利於國，即日行之者，納諫之實也；和顏泛受，內惡切直者，虛文也。擢智勇忠直之人，待御以恩威，結約以誠信者，任將之實也；親厚庸奴，等威不立者，虛文也。汰疲弱，擇壯勇，足其衣食，申明階級，以變其驕悍之習者，治軍之實也；教習兒戲，紀律蕩然者，虛文也。遴選守刺，久於其官，痛刈姦贓，廣行寬恤者，愛民之實也；軍須戎具，征求取辦，蠲租赦令，苟以欺之

〔三〕願擢名儒明於治國平天下之本者 「者」字原脫，據同上書同卷補。

〔四〕視大臣升黜爲去就 「升黜」二字原脫，據胡寅斐然集卷二五先公行狀、靖康要錄卷一一補。

〔五〕南仲大怒 「怒」原作「恐」，斐然集卷二五先公行狀作「怒」。按此處是敍胡安國爲耿南仲等排擠之由，作「怒」是，據改。

〔六〕尙志 原作「立志」，據斐然集卷二五先公行狀及上文改。

〔七〕貪生苟容 「生」原作「坐」，據中興聖政卷一二、斐然集卷二五先公行狀改。

〔八〕檢正黃龜年 「檢正」原作「校正」。按本書卷三八一黃龜年傳，黃當時爲中書門下檢正諸房公事；又中興聖政卷一二、斐然集卷二五先公行狀都作「檢正」，據改。

〔九〕臣以春秋入侍 「入侍」原作「之時」，據中興聖政卷一二、斐然集卷二五先公行狀改。

〔一〇〕自王安石廢春秋不列於學官 「學官」原作「學宮」。按長編紀事本末卷七四神宗謂王安石曰：「卿嘗以春秋自魯史亡其義不可考，故未置學官。」以「學官」爲是，今改。

〔一一〕而不虞其禍 「虞」原作「虛」，據斐然集卷一六上皇帝萬言書、繫年要錄卷二七改。

〔一二〕二年五月詔內外官各言省費裕國彊兵息民之策 按上文爲建炎三年，「二年」不當重出。據繫年要錄卷五四，此是紹興二年五月事，蓋失書紹興紀元。

〔一三〕各思自效 「自」原作「見」，據斐然集卷一一論遣使劄子、繫年要錄卷八九改。



〔一四〕所懼在刼質 「懼」，斐然集卷一一論遣使劄子、繫年要錄卷八九都作「恨」。

〔一五〕既久而不悟也 「不」，斐然集卷一一論遣使劄子、繫年要錄卷八九都作「後」。



# 宋史卷四百三十六

## 列傳第一百九十五

### 儒林六

陳亮 鄭樵 林霆附 李道傳

陳亮字同父，婺州永康人。生而目光有芒，爲人才氣超邁，喜談兵，論議風生，下筆數千言立就。嘗攷古人用兵成敗之跡，著酌古論，郡守周葵得之，相與論難，奇之，曰：「他日國士也。」請爲上客。及葵爲執政，朝士白事，必指令揖亮，因得交一時豪俊，盡其議論。因授以中庸、大學，曰：「讀此可精性命之說。」遂受而盡心焉。

隆興初，與金人約和，天下忻然幸得蘇息，獨亮持不可。婺州方以解頭薦，因上中興五論，奏入不報。已而退修于家，學者多歸之，益力學著書者十年。

先是，亮嘗圜視錢塘，喟然歎曰：「城可灌爾！」蓋以地下於西湖也。至是，當淳熙五



年，孝宗卽位蓋十七年矣。亮更名同，詣闕上書曰：

臣惟中國天地之正氣也，天命所鍾也，人心所會也，衣冠禮樂所萃也，百代帝王之所相承也。挈中國衣冠禮樂而寓之偏方，雖天命人心猶有所係，然豈以是爲可久安而無事也！天地之正氣鬱遏而久不得騁，必將有所發泄，而天命人心固非偏方所可久係也。

國家二百年太平之基，三代之所無也；二聖北狩之痛，漢、唐之所未有也。方南渡之初，君臣上下痛心疾首，誓不與之俱生，卒能以奔敗之餘，而勝百戰之敵。及秦檜倡邪議以沮之，忠臣義士斥死南方，而天下之氣惰矣。三十年之餘，雖西北流寓皆抱孫長息於東南，而君父之大讎一切不復關念，自非海陵送死淮南，亦不知兵戈爲何事也。況望其憤故國之恥，而相率以發一矢哉！

丙午、丁未之變，距今尙以爲遠，而海陵之禍，蓋陛下卽位之前一年也。獨陛下奮不自顧，志於殄滅，而天下之人安然如無事。時方口議腹非，以陛下爲喜功名而不恤後患，雖陛下亦不能以崇高之勢而獨勝之，隱忍以至于今，又十有七年矣。

昔春秋時，君臣父子相戕殺之禍，舉一世皆安之。而孔子獨以爲三綱既絕，則人道遂爲禽獸，皇皇奔走，義不能以一朝安。然卒於無所遇，而發其志於春秋之書，猶能



中華書局

以懾亂臣賊子。今舉一世而忘君父之大讎，此豈人道所可安乎？使學者知學孔子之道，當道陛下以有爲，決不沮陛下以苟安也。南師之不出，於今幾年矣，豈無一豪傑之能自奮哉？其勢必有時而發泄矣。苟國家不能起而承之，必將有承之者矣。不可恃衣冠禮樂之舊，祖宗積累之深，以爲天命人心可以安坐而久係也。「皇天無親，惟德是輔；民心無常，惟惠之懷」。自三代聖人皆知其爲甚可畏也。

春秋之末，齊、晉、秦、楚皆衰，吳、越起於小邦，遂伯諸侯。黃池之會，孔子所甚痛也，可以明中國之無人矣。此今世儒者之所未講也。今金源之植根既久，不可以一舉而遂滅；國家之大勢未張，不可以一朝而大舉。而人情皆便於通和者，勸陛下積財養兵，以待時也。臣以爲通和者，所以成上下之苟安，而爲妄庸兩售之地，宜其爲人情之所甚便也。自和好之成十有餘年，凡今日之指畫方略者，他日將用之以坐籌也；今日之擊毬射鵰者，他日將用之以決勝也。府庫充滿，無非財也；介冑鮮明，無非兵也。使兵端一開，則其跡敗矣。何者？人才以用而見其能否，安坐而能者不足恃也。兵食以用而見其盈虛，安坐而盈者不足恃也。而朝廷方幸一旦之無事，庸愚齷齪之人皆得以守格令，行文書，以奉陛下之使令，而陛下亦幸其易制而無他也。徒使度外之士擯棄而不得騁，日月蹉跎而老將至矣。臣故曰，通和者所以成上下之苟安，而爲妄庸兩





售之地也。

東晉百年之間，南北未嘗通和也，故其臣東西馳騁，多可用之才。今和好一不通，朝野之論常如敵兵之在境，惟恐其不得和也，雖陛下亦不得而不和矣。昔者金人草居野處，往來無常，能使人不知所備，而兵無日不可出也。今也城郭宮室，政教號令，一切不異於中國，點兵聚糧，文移往反，動涉歲月，一方有警，三邊騷動，此豈能歲出師以擾我乎？然使朝野常如敵兵之在境，乃國家之福，而英雄所用以爭天下之機也，執事者胡爲速和以惰其心乎？

晉、楚之戰於邲也，欒書以爲：「楚自克庸以來，其君無日不討國人而訓之：『于！民生之不易，禍至之無日，戒懼之不可以怠〔二〕。』在軍，無日不討軍實而申儆之：『于！勝之不可保，紂之百克而卒無後。』」晉、楚之弭兵於宋也，子罕以爲：「兵所以威不軌而昭文德也，聖人以興，亂人以廢，廢興存亡昏明之術，皆兵之由也。而求去之，是以誣道蔽諸侯也。」夫人心之不可惰，兵威之不可廢，故雖成、康太平，猶有所謂四征不庭、張皇六師者，此李沆所以深不願眞宗皇帝之與遼和親也。況南北角立之時，而廢兵以惰人心，使之安於忘君父之大讎，而置中國於度外，徒以便妄庸之人，則執事者之失策亦甚矣。陛下何不明大義而慨然與金絕也？貶損乘輿，卻御正殿，痛自克責，誓必復讎，以勵羣臣，以振天下之氣，以動中原之心，雖未出兵，而人心不敢惰矣。東西馳騁，而人才出矣。盈虛相補，而兵食見矣。狂妄之辭不攻而自息，懦庸之夫不卻而自退縮矣。當有度外之士起，而惟陛下之所欲用矣。是雲合響應之勢，而非可安坐所致也。臣請爲陛下陳國家立國之本末，而開今日大有爲之略；論天下形勢之消長，而決今日大有爲之機，惟陛下幸聽之。

唐自肅、代以後，上失其柄，藩鎭自相雄長，擅其土地人民，用其甲兵財賦，官爵惟其所命，而人才亦各盡心於其所事，卒以成君弱臣彊、正統數易之禍。藝祖皇帝一興，而四方次第平定，藩鎭拱手以趨約束，使列郡各得自達於京師。以京官權知，三年一易，財歸於漕司，而兵各歸於郡。朝廷以一紙下郡國，如臂之使指，無有留難。自筦庫微職，必命於朝廷，而天下之勢一矣。故京師嘗宿重兵以爲固，而郡國亦各有禁軍，無非天子所以自守其地也。兵皆天子之兵，財皆天子之財，官皆天子之官，民皆天子之民，紀綱總攝，法令明備，郡縣不得以一事自專也。士以尺度而取，官以資格而進，不求度外之奇才，不慕絕世之雋功。天子蚤夜憂勤於其上，以義理廉恥嬰士大夫之心，以仁義公恕厚斯民之生，舉天下皆由於規矩準繩之中，而二百年太平之基從此而立。





然契丹遂得以猖狂恣睢，與中國抗衡，儼然爲南北兩朝，而頭目手足渾然無別。微澶淵一戰，則中國之勢浸微，根本雖厚而不可立矣。故慶曆增幣之事，富弼以爲朝廷之大恥，而終身不敢自論其勞。蓋契丹征令，是主上之操也；天子供貢，是臣下之禮也。契丹之所以卒勝中國者，其積有漸也。立國之初，其勢固必至此。故我祖宗嚴廟堂而尊大臣，寬郡縣而重守令。於文法之內，未嘗折困天下之富商巨室；於格律之外，有以容獎天下之英偉奇傑，皆所以助立國之勢，而爲不虞之備也。

慶曆諸臣亦嘗憤中國之勢不振矣，而其大要，則使羣臣爭進其說，更法易令，而廟堂輕矣；嚴按察之權，邀功生事，而郡縣又輕矣。豈惟於立國之勢無所助，又從而朘削之，雖微章得象、陳執中以排沮其事，亦安得而不自沮哉！獨其破去舊例，以不次用人，而勸農桑，務寬大，爲有合於因革之宜，而其大要已非矣。此所以不能洗契丹平視中國之恥，而卒發神宗皇帝之大憤也。

王安石以正法度之說，首合聖意，而其實則欲籍天下之兵盡歸於朝廷，別行教閱以爲彊也；括郡縣之利盡入於朝廷，別行封椿以爲富也。青苗之政，惟恐富民之不困也；均輸之法，惟恐商賈之不折也。罪無大小，動輒興獄，而士大夫緘口畏罪矣。西北兩邊至使內臣經畫，而豪傑恥於爲役矣。徒使神宗皇帝見兵財之數既多，銳然南北

征伐，卒乖聖意，而天下之勢實未嘗振也。彼蓋不知朝廷立國之勢，正患文爲之太密，事權之太分，郡縣太輕於下而委瑣不足恃，兵財太關於上而重遲不易舉。祖宗惟用前四者以助其勢，而安石竭之不遺餘力，不知立國之本末者，眞不足以謀國也。元祐、紹聖一反一復，而卒爲金人侵侮之資，尙何望其振中國以威四裔哉？

南渡以來，大抵遵祖宗之舊，雖微有因革增損，不足爲輕重有無。如趙鼎諸臣固已不究變通之理，況秦檜盡取而沮毀之，忍恥事讎，飾太平於一隅以爲欺，其罪可勝誅哉！陛下憤王業之屈於一隅，勵志復讎，不免籍天下之兵以爲彊，括郡縣之利以爲富。加惠百姓，而富人無五年之積；不重征稅，而大商無巨萬之藏，國勢日以困竭。臣恐尺籍之兵，府庫之財，不足以支一旦之用也。陛下蚤朝晏罷，冀中興日月之功，而以繩墨取人，以文法涖事；聖斷裁制中外，而大臣充位；胥吏坐行條令，而百司逃責，人才日以闒茸。臣恐程文之士，資格之官，不足當度外之用也。藝祖經畫天下之大略，太宗已不能盡用，今其遺意，豈無望於陛下也！陛下苟推原其意而行之，可以開社稷數百年之基，而況於復故物乎！不然，維持之具既窮，臣恐祖宗之積累亦不足恃也。陛下試令臣畢陳於前，則今日大有爲之略必知所處矣。

夫吳、蜀天地之偏氣，錢塘又吳之一隅。當唐之衰，錢鏐以閭巷之雄，起王其地，



自以不能獨立，常朝事中國以爲重。及我宋受命，俶以其家入京師，而自獻其土。故錢塘終始五代，被兵最少，而二百年之間，人物日以繁盛，遂甲於東南。及建炎、紹興之間，爲六飛所駐之地，當時論者，固已疑其不足以張形勢而事恢復矣。秦檜又從而備百司庶府，以講禮樂於其中，其風俗固已華靡，士大夫又從而治園囿臺榭，以樂其生於干戈之餘，上下晏安，而錢塘爲樂國矣。一隙之地本不足以容萬乘，而鎭壓且五十年，山川之氣蓋亦發泄而無餘矣。故穀粟、桑麻、絲枲之利，歲耗於一歲，禽獸、魚鼈、草木之生，日微於一日，而上下不以爲異也。公卿將相大抵多江、浙、閩、蜀之人，而人才亦日以凡下，場屋之士以十萬數，而文墨小異，已足以稱雄於其間矣。陛下據錢塘已耗之氣，用閩、浙日衰之士，而欲鼓東南習安脆弱之衆，北向以爭中原，臣是以知其難也。

荆、襄之地，在春秋時，楚用以虎視齊、晉，而齊、晉不能屈也。及戰國之際，獨能與秦爭帝。其後三百餘年，而光武起於南陽，同時共事，往往多南陽故人。又二百餘年，遂爲三國交據之地，諸葛亮由此起輔先主，荆楚之士從之如雲，而漢氏賴以復存於蜀；周瑜、魯肅、呂蒙、陸遜、陸抗、鄧艾、羊祜皆以其地顯名。又百餘年，而晉氏南渡，荆、雍常雄於東南，而東南往往倚以爲彊，梁竟以此代齊。及其氣發泄無餘，而隋、唐以來遂爲偏方下州。五代之際，高氏獨常臣事諸國。本朝二百年之間，降爲荒落之邦，北連許、汝，民居稀少，土產卑薄，人才之能通姓名於上國者，如晨星之相望；況至于建炎、紹興之際，羣盜出沒於其間，而被禍尤極，以迄于今，雖南北分畫交據，往往又置於不足用，民食無所從出，而兵不可由此而進。議者或以爲憂，而不知其勢之足用也。其地雖要爲偏方，然未有偏方之氣五六百年而不發泄者，況其東通吳會，西連巴蜀，南極湖湘，北控關洛，左右伸縮，皆足以爲進取之機。今誠能開墾其地，洗濯其人，以發泄其氣而用之，使足以接關洛之氣，則可以爭衡於中國矣，是亦形勢消長之常數也。



陛下慨然移都建業，百司庶府皆從草創，軍國之儀皆從簡略，又作行宮於武昌，以示不敢寧居之意；常以江、淮之師爲金人侵軼之備，而精擇一人之沈鷙有謀、開豁無他者，委以荆、襄之任，寬其文法，聽其廢置，撫摩振厲於三數年之間，則國家之勢成矣。

石晉失盧龍一道，以成開運之禍，蓋丙午、丁未歲也。明年藝祖皇帝始從郭太祖征伐，卒以平定天下。其後契丹以甲辰敗于澶淵，而丁未、戊申之間，眞宗皇帝東封西祀，以告太平，蓋本朝極盛之時也。又六十年，而神宗皇帝實以丁未歲卽位，國家之事



於此一變矣。又六十年丙午、丁未，遂爲靖康之禍。天獨啓陛下於是年，而又啓陛下以北向復讎之志。今者去丙午、丁未，近在十年間矣。天道六十年一變，陛下可不有以應其變乎？此誠今日大有爲之機，不可苟安以玩歲月也。

臣不佞，自少有驅馳四方之志，嘗數至行都，人物如林，其論皆不足以起人意，臣是以知陛下大有爲之志孤矣。辛卯、壬辰之間，始退而窮天地造化之初，攷古今沿革之變，以推極皇帝王伯之道，而得漢、魏、晉、唐長短之由，天人之際昭昭然可攷而知也。始悟今世之儒士自以爲得正心誠意之學者，皆風痺不知痛癢之人也。舉一世安於君父之讎，而方低頭拱手以談性命，不知何者謂之性命乎？陛下接之而不任以事，臣於是服陛下之仁。又悟今世之才臣自以爲得富國彊兵之術者，皆狂惑以肆叫呼之人也。不以暇時講究立國之本末，而方揚眉伸氣以論富彊，不知何者謂之富彊乎？陛下察之而不敢盡用，臣於是服陛下之明。陛下厲志復讎足以對天命，篤於仁愛足以結民心，而又仁明足以照臨羣臣一偏之論〔三〕，此百代之英主也。今乃委任庸人，籠絡小儒，以遷延大有爲之歲月，臣不勝憤悱，是以忘其賤而獻其愚。陛下誠令臣畢陳於前，豈惟臣區區之願，將天地之神、祖宗之靈，實與聞之。

書奏，孝宗赫然震動，欲牓朝堂以勵羣臣，用种放故事，召令上殿，將擢用之。左右大

臣莫知所爲，惟曾覿知之，將見亮，亮恥之，踰垣而逃。覿以其不詣己，不悅。大臣尤惡其直言無諱，交沮之，乃有都堂審察之命。宰相臨以上旨，問所欲言，皆落落不少貶，又不合。

待命十日，再詣闕上書曰：

恭惟皇帝陛下厲志復讎，不肯即安於一隅，是有大功於社稷也。然坐錢塘浮侈之隅以圖中原，則非其地；用東南習安之衆以行進取，則非其人。財止於府庫，則不足以通天下之有無；兵止於尺籍，則不足以兼天下之勇怯。是以遷延之計遂行，而陛下大有爲之志乖矣。此臣所以不勝忠憤，齋沐裁書，獻之闕下，願得望見顏色，陳國家立國之本末，而開大有爲之略；論天下形勢之消長，而決大有爲之機，務合於藝祖經畫天下之本旨。然待命八日，未有聞焉。臣恐天下豪傑有以測陛下之意向，而雲合響應之勢不得而成矣。

又上書曰：

臣妄意國家維持之具，至今日而窮，而藝祖皇帝經畫天下之大指，猶可恃以長久，苟推原其意而變通之，則恢復不足爲矣。然而變通之道有三：有可以遷延數十年之策，有可以爲百五六十年之計，有可以復開數百年之基。事勢昭然而効見殊絕，非陛





下聽明度越百代，決不能一二以聽之。臣不敢泄之大臣之前，而大臣拱手稱旨以問，臣亦姑取其大體之可言者三事以答之。

其一曰：二聖北狩之痛，蓋國家之大恥，而天下之公憤也。五十年之餘，雖天下之氣銷鑠頹墮，不復知讎恥之當念，正在主上與二三大臣振作其氣，以泄其憤，使人人如報私讎，此春秋書衞人殺州吁之意也。

其二曰：國家之規模，使天下奉規矩準繩以從事，羣臣救過之不給，而何暇展布四體以求濟度外之功哉！

其三曰：藝祖皇帝用天下之士人，以易武臣之任事者，故本朝以儒立國，而儒道之振，獨優於前代。今天下之士熟爛委靡，誠可厭惡，正在主上與二三大臣反其道以教之，作其氣而養之，使臨事不至乏才，隨才皆足有用，則立國之規模不至戾藝祖之本旨，而東西馳騁以定禍亂，不必專在武臣也。

臣所以爲大臣論者，其略如此。

書既上，帝欲官之，亮笑曰：「吾欲爲社稷開數百年之基，寧用以博一官乎！」亟渡江而歸。日落魄醉酒，與邑之狂士飲，醉中戲爲大言，言涉犯上。一士欲中亮，以其事首刑部。侍郎何澹嘗爲考試官，黜亮，亮不平，語數侵澹，澹聞而嗛之，即繳狀以聞。事下大理，笞掠亮無完膚，誣服爲不軌。事聞，孝宗知爲亮，嘗陰遣左右廉知其事。及奏入取旨，帝曰：「秀才醉後妄言，何罪之有！」劃其牘于地，亮遂得免。

居無何，亮家僮殺人于境，適被殺者嘗辱亮父次尹，其家疑事由亮。聞于官，笞榜僮，死而復蘇者數，不服。又囚亮父于州獄。而屬臺官論亮情重，下大理。時丞相淮知帝欲生亮，而辛棄疾、羅點素高亮才，援之尤力，復得不死。

亮自以豪俠屢遭大獄，歸家益厲志讀書，所學益博。其學自孟子後惟推王通，嘗曰：「研窮義理之精微，辨析古今之同異，原心於秒忽〔三〕，較禮於分寸，以積累爲工，以涵養爲正，睟面盎背〔四〕，則於諸儒誠有愧焉。至於堂堂之陳，正正之旗，風雨雲雷交發而並至，龍蛇虎豹變現而出沒，推倒一世之智勇，開拓萬古之心胸，自謂差有一日之長。」亮意蓋指朱熹、呂祖謙等云。

高宗崩，金遣使來弔，簡慢。而光宗由潛邸判臨安府，亮感孝宗之知，至金陵視形勢，復上疏曰：

有非常之人，然後可以建非常之功。求非常之功，而用常才、出常計、舉常事以應之者，不待知者而後知其不濟也。秦檜以和誤國二十餘年，而天下之氣索然無餘矣。陛下慨然有削平宇內之志，又二十餘年，天下之士始知所向〔五〕，其有功於宗廟社稷者，非





臣區區所能誦說其萬一也。高宗皇帝春秋既高，陛下不欲大舉，驚動慈顏，抑心俯首以致色養，聖孝之盛，書冊之所未有也。今者高宗既已祔廟，天下之英雄豪傑皆仰首以觀陛下之舉動，陛下其忍使二十年間所以作天下之氣者，一旦而復索然乎？

天下不可以坐取也，兵不可以常勝也，驅馳運動又非年高德尊者之所宜也。東宮居曰監國，行曰撫軍，陛下何以不於此時而命東宮爲撫軍大將軍，歲巡建業，使之兼統諸司，盡護諸將，置長史司馬以專其勞；而陛下於宅憂之餘，運用人才，均調天下，以應無窮之變？此肅宗所以命廣平王之故事也。

高宗與金有父兄之讎，生不能以報之，則死必有望於子孫，何忍以升遐之哀告諸讎哉！遺留、報謝，三使繼遣，金帛寶貨，千兩連發。而金人僅以一使，如臨小邦，哀祭之辭寂寥簡慢，義士仁人痛切心骨，豈以陛下之聖明智勇而能忍之乎！

陛下倘以大義爲當正，撫軍之言爲可行，則當先經理建業而後使臨之。縱今歲未爲北舉之謀，而爲經理建康之計，以振動天下而與金絕，陛下之初志亦庶幾於少伸矣！陛下試一聽臣，用其喜怒哀樂之權鼓動天下。

大略欲激孝宗恢復，而是時孝宗將內禪，不報。由是在廷交怒，以爲狂怪。

先是，鄉人會宴，末胡椒特置亮羹胾中，蓋村俚敬待異禮也。同坐者歸而暴死，疑食異味

中華書局

有毒，已入大理。會呂興、何念四毆呂天濟且死，恨曰：「陳上舍使殺我。」縣令王恬實其事，臺官論監司選酷吏訊問，無所得，取入大理，衆意必死。少卿鄭汝諧[六]閱其單辭，大異曰：「此天下奇材也。國家若無罪而殺士，上干天和，下傷國脈矣。」力言於光宗，遂得免。

未幾，光宗策進士，問以禮樂刑政之要，亮以君道師道對，且曰：「臣竊歎陛下之於壽皇莅政二十有八年之間，寧有一政一事之不在聖懷？而問安視寢之餘，所以察辭而觀色，因此而得彼者其端甚衆，亦既得其機要而見諸施行矣。豈徒一月四朝而以爲京邑之美觀也哉！」時光宗不朝重華宮，羣臣更進迭諫，皆不聽，得亮策乃大喜，以爲善處父子之間。奏名第三，御筆擢第一。既知爲亮，則大喜曰：「朕擢果不謬。」孝宗在南內，寧宗在東宮，聞知皆喜，故賜第告詞曰：「爾蚤以藝文首賢能之書，旋以論奏動慈宸之聽。親閱大對，嘉其淵源，擢置舉首，殆天留以遺朕也。」授僉書建康府判官廳公事。未至官，一夕，卒。

亮之既第而歸也，弟充迎拜于境，相對感泣。亮曰：「使吾他日而貴，澤首逮汝，死之日各以命服見先人于地下足矣。」聞者悲傷其意。然志存經濟，重許可，人人見其肺肝。與人言必本於君臣父子之義，雖爲布衣，薦士恐弗及。家僅中產，畸人寒士衣食之，久不衰。卒之後，吏部侍郎葉適請于朝，命補一子官，非故典也。端平初，謚文毅，更與一子官。





鄭樵字漁仲，興化軍莆田人。好著書，不爲文章，自負不下劉向、楊雄。居夾漈山，謝絕人事。久之，乃游名山大川，搜奇訪古，遇藏書家，必借留讀盡乃去。趙鼎、張浚而下皆器之。初爲經旨，禮樂、文字、天文、地理、蟲魚、草木、方書之學，皆有論辨，紹興十九年上之，詔藏祕府。樵歸益厲所學，從者二百餘人。

以侍講王綸、賀允中薦，得召對，因言班固以來歷代爲史之非。帝曰：「聞卿名久矣，敷陳古學，自成一家，何相見之晚耶？」授右迪功郎、禮兵部架閣。以御史葉義問劾之，改監潭州南嶽廟，給札歸抄所著通志。書成，入爲樞密院編修官，尋兼攝檢詳諸房文字。請修金正隆官制，比附中國秩序，因求入祕書省繙閱書籍。未幾，又坐言者寢其事。金人之犯邊也，樵言歲星分在宋，金主將自斃，後果然。高宗幸建康，命以通志進，會病卒，年五十九，學者稱夾漈先生。

樵好爲考證倫類之學，成書雖多，大抵博學而寡要。平生甘枯淡，樂施與，獨切切於仕進，識者以是少之。

同郡林霆，字時隱，擢政和進士第，博學深象數，與樵爲金石交。林光朝嘗師事之。聚書數千卷皆自校讎，謂子孫曰：「吾爲汝曹獲良產矣。」紹興中，爲敕令所刪定官，力詆秦檜和議之非，即掛冠去，當世高之。

李道傳字貫之，隆州井研人。父舜臣，嘗爲宗正寺主簿。道傳少莊重，稍長讀河南程氏書，玩索義理，至忘寢食，雖處暗室，整襟危坐，肅如也。擢慶元二年進士第，調利州司戶參軍，徙蓬州敎授。

開禧用兵，金人窺散關急，道傳以諸司檄計事，道聞吳曦反，痛憤見於形色。遣其客間道持書遺安撫使楊輔，論曦必敗，曰：「彼素非雄才，犯順首亂，人心離怨，因人心而用之，可坐而縛也。誠決此舉，不惟內變可定，抑使金知中國有人，稍息窺覬；正使不捷，亦無愧千古矣。」曦黨以曦意脅道傳，道傳以義折之，竟棄官歸。曦平，詔以道傳抗節不撓，進官二等。

嘉定初，召爲太學博士，遷太常博士兼沂王府小學敎授。會沂府有母喪，遺表官吏例進秩，道傳曰：「有襄事之勞者，推恩可也，吾屬何與？」於是皆辭不受。遷祕書郎、著作佐郎，見帝首言：「憂危之言不聞於朝廷，非治世之象。今民力未裕，民心未固，財用未阜，儲蓄未豐，邊備未修，將帥未擇，風俗未能知義而不偷，人才未能彙進而不乏；而八者之中，





復以人才爲要。至於人才盛衰，繫學術之明晦，今學禁雖除，而未嘗明示天下以除之之意。願下明詔，崇尙正學，取朱熹論語孟子集註、中庸大學章句、或問四書，頒之太學，仍請以周惇頤、邵雍、程顥、程頤、張載五人從祀孔子廟。」時執政有不樂道學者，以語侵道傳，道傳不爲動。兼權考功郎官，遷著作郎。

時薛拯、胡榘等皆以新進用事，賄賂成風，道傳言：「今名優儒臣，實取材吏，刻剝殘忍、誕謾傾危之人進矣。」遂求補郡，於是出知眞州。城圮弗治，道傳甓之，築兩石壩以護並江居民，益浚二壕，又堤陳公塘，有警則決之以爲阻，人心始固。除提舉江東路常平茶鹽公事。初至，即按部劾吏之貪縱者十餘人，胥吏爲民害者大黥小逐百餘人，釋獄之濫繫者二百餘人，弛負錢一十餘萬緡。夏大旱，道傳應詔言楮幣之換，官民如讎；鈔法之行，商賈疑怨，賦斂增加，軍將推剝[七]，皆切中時病。遂條上荒政，朝廷多從之。與漕臣眞德秀振饑，道傳分池、宣、徽三州，窮冬行風雪中，雖深村窮谷必至，賴以全活者甚衆。攝宣州守，行朱熹社倉法，上饒、新安、南康諸郡翕然應命，人蒙其利。

廣德守魏峴劾敎官林庠委堂試而任荒政，挾漕臣以凌郡守；且言眞德秀輕視朝廷，自專掠美，乞遠之。道傳上疏力辨，峴坐免。會胡榘爲吏部侍郎，薦道傳自代。引疾乞去，不許；召令奏事，再辭，又不許。遂入對，上自宮掖，次及朝廷，以至侍從、臺諫闕失[八]，盡言

無所諱，帝不以爲忤。除兵部郎官，辭未就。監察御史李楠覘當路指意，乞授以節鎭蜀，遂出知果州。至九江，得疾卒，年四十八，詔特轉一官致仕，謚文節。

道傳自蜀來東南，雖不及登朱熹之門，而訪求所嘗從學者與講習，盡得遺書讀之。篤於踐履，氣節卓然。於經史未有論著，曰：「學未至，不敢。」於詩文未嘗苟作，曰：「學未至，不暇。」一日以疾謁告，眞德秀造焉，臥榻屏間，大書「喚起截斷」四字，知其用功愼獨如此。居官以惠利爲本，振荒遺愛江東，人久而思焉。

三子：達可、當可、獻可。獻可爲心傳後。

## 校勘記

〔一〕戒懼之不可以怠　「怠」原作「忽」，據左傳宣公十二年、陳亮龍川文集卷一上孝宗皇帝第一書改。

〔二〕而又仁明足以照臨羣臣一偏之論　「仁」字原脫，據龍川文集卷一上孝宗皇帝第一書補。

〔三〕原心於秒忽　「秒」原作「杪」，從胡鳳丹龍川文集辨譌考異卷上說改。

〔四〕睟面盎背　「睟」原作「晬」。據孟子盡心上「睟然見於面，盎於背」語改。

〔五〕天下之士始知所向　「士」原作「志」，據龍川文集卷一戊申再上孝宗皇帝書改。





〔六〕鄭汝諧　「汝」原作「女」，據葉適水心先生文集卷二四陳同甫王道甫墓誌銘、樓鑰攻媿集卷三八宗正少卿鄭汝諧右文殿修撰知池州制改。

〔七〕推剝　黃榦黃勉齋先生文集卷三八李道傳墓誌銘作「刻剝」。

〔八〕以至侍從臺諫闕失　「至」字原脫，據同上書同卷同篇補。

# 宋史卷四百三十七

## 列傳第一百九十六

### 儒林七

程迥　劉淸之　眞德秀　魏了翁　廖德明

程迥字可久，應天府寧陵人。家于沙隨，靖康之亂，徙紹興之餘姚。年十五，丁內外艱，孤貧飄泊，無以自振。二十餘，始知讀書，時亂甫定，西北士大夫多在錢塘，迥得以考德問業焉。

登隆興元年進士第，歷揚州泰興尉。訓武郞楊大烈有田十頃，死而妻女存。俄有訟其妻非正室者，官沒其貲，且追十年所入租。部使者以諉迥，迥曰：「大烈死，貲產當歸其女。女死，當歸所生母可也。」

調饒州德興丞。盜入縣民齊矧家，平素所不快者，皆胥絓逮獄。州屬迥决禁囚，辨其寃





者縱遣之。矧訟不已。會獲盜寧國，矧猶訟還所縱之人，迥曰：「盜既獲矣，再令追捕，或死於道路，使其骨肉何依，豈審寃之道哉！」唐肅宗時，縣有程氏女，其父兄爲盜所殺，因掠女去，隱忍十餘年，手刃盡誅其黨，刳其肝心以祭其父兄。迥取春秋復讎之義，頌之曰：「大而得其正者也。」表之曰：「英孝程烈女。」

改知隆興府進賢縣。省符下，知平江府王佐決陳長年輒私賣田，其從子愬有司十有八年，母魚氏年七十坐獄。廷辨按法追正，令候母死服闋日，理爲己分，令天下郡縣視此爲法。迥爲議曰：「天下之人孰無母慈？子若孫宜定省溫凊，不宜有私財也。在律，別籍者有禁，異財者有禁。當報牒之初，縣令杖而遣之，使聽命于其母可矣，何稽滯偏愬有司，而達于登聞院乎？春秋穀梁傳注曰：『臣無訟君之道』，爲衞侯鄭與元咺發論也。夫諸侯之於命大夫猶若此，子孫之於母乃使坐獄以對吏，愛其親者聞之，不覺泣涕之橫集也。按令文：分財產，謂祖父母、父母服闋已前所有者。然則母在，子孫不得有私財。借使其母一朝盡費，其子孫亦不得違教令也。既使歸于其母，其日前所費，乃卑幼輒用尊長物，法須五年尊長告乃爲理。何至豫期母死，又開他日爭訟之端也？抑亦安知不令之子孫不死于母之前乎？守令者，民之師帥，政教之所由出。誠宜正守令不職之愆與子孫不孝之罪，以敬天下之爲人母者。」

民饑，府檄有愬閉糴及糶與商賈者，迥即論報之曰：「力田之人，細米每斗才九十五文，逼於稅賦，是以出糶，非上戶也。縣境不出貨寶，苟不與外人交易，輸官之錢何由而得？今強者羣聚，脅持取錢，毆傷人者甚衆，民不敢入市，坐致缺食。」申論再三，見從乃已。

縣大水，亡稻麥，郡獨租稅至薄，迥白于府曰：「是驅民流徙耳！賦不可得，徒存欠籍。」乃悉蠲之。郡僚猶曰：「渡江後來，未嘗全放，恐戶部不從。」迥力論之曰：「唐人損七，則租、庸、調俱免。今損十矣，夏稅、役錢不免，是猶用其二也，不可謂寬。」議乃息。

境內有婦人傭身紡績舂簸，以養其姑。姑感婦孝，每受食，卽以手加額仰天而祝之。其子爲人牧牛，亦乾飯以餉祖母。迥廉得之，爲紀其事白于郡，郡給以錢粟。

調信州上饒縣。歲納租數萬石，舊法加倍，又取斛面米。迥力止絕之，嘗曰：「令與吏服食者，皆此邦之民膏血也。曾不是思，而橫斂虐民，鬼神其無知乎！」州郡督索經總錢甚急，迥曰：「斯錢古之除陌之類，今其類乃三倍正賦，民何以堪？」反復言之當路。

奉祠，寓居番陽之蕭寺。程祥者，從伯父待制昌禹來居番陽，昌禹死，遂失所依。祥繼亡，祥妻度氏猶質賣奩具以撫育孤子，久之罄竭瀕死，鄰家皆莫識其面。有欲醮之者，度曰：「吾兒幼，若事他人，使母不得撫其子，豈不負良人乎？」終辭焉。或爲迥言其事，迥走告于郡守，月給之錢粟。





迥居官臨之以莊，政寬而明，令簡而信，綏強撫弱，導以恩義。積年讎訟，一語解去。猾吏姦民，皆以感激，久而悛悔，欺詐以革。暇則賓禮賢士，從容盡歡，進其子弟之秀者與之均禮，爲之陳說詩書。質疑問難者，不問蚤暮。勢位不得以交私。祠廟非典祀不謁。隱德潛善，無問幽明，皆表而出之，以勵風俗，或周其窮阨，俾全節行。聽決獄訟，期於明允，凡上官所未悉者，必再三抗辨，不爲苟止。貴溪民僞作吳漸名，誣愬縣令石邦彥，迥言匿名書不當受，轉運使不謂然，遂興大獄，瘐死者十有四人。及聞省寺，訖報如迥言。

迥嘗授經學於崑山王葆、嘉禾聞人茂德、嚴陵喻樗。所著有古易考、古易章句、古占法、易傳外編、春秋傳顯微例目、論語傳、孟子章句、文史評、經史說諸論辨、太玄補贊、戶口田制貢賦書、乾道振濟錄、醫經正本書、條具乾道新書、度量權三器圖義、四聲韻、淳熙雜志、南齋小集。卒官。

朝奉郎朱熹以書告迥子絢曰：「敬惟先德，博聞至行，追配古人，釋經訂史，開悟後學，當世之務又所通諳，非獨章句之儒而已。曾不得一試，而奄棄盛時，此有志之士所爲悼歎咨嗟而不能已者。然著書滿家，足以傳世，是亦足以不朽。」絢以致仕恩調巴陵尉，攝邑事，能理冤獄。孫仲熊亦有名。

劉清之字子澄，臨江人。受業於兄靖之，甘貧力學，博極書傳。登紹興二十七年進士第。調袁州宜春縣主簿，未上，丁父憂，服除，改建德縣主簿。請於州，俾民自實其戶。由是賦役平，爭訟息。

調萬安縣丞。時江右大侵，郡檄視旱，徒步阡陌，親與民接，凡所蠲除，具得其實。州議減常平米直，清之曰：「此惠不過三十里內耳，外鄉遠民勢豈能來？老幼疾患之人必有餓死者。今有粟之家閉不肯糶，實窺伺攘奪者衆也。在我有政，則大家得錢，細民得米，兩適其便。」乃請均境內之地爲八，俾有粟者分振其鄉，官爲主之。規畫防閑，民甚賴之。帥龔茂良以救荒實跡聞于朝，又偕諸公薦之。

發運使史正志按部至鄂，俾清之拘集州縣畸零之賦，清之不可。清之有同年生在幕中，謂曰：「侍郎因子言，謂子愛民特立，將薦子矣，其以閥閱來。」清之貽之以書曰：「所謂羸資者，皆州縣侵刻於民，法所當禁。縱有羸資，是所謂羨餘也，獻之自下而詔止之，今則止而求之，乃自上焉。不奪不饜，其弊有不可勝言者。願侍郎自請于朝，姑歸貳卿之班，主大農經費，以佐國家。如此，則士孰不願出侍郎之門？不然，某誠不敢玷侍郎知人之鑒。」以薦者兩有審察之命，清之竟不見丞相，詣吏部銓得知宜黃縣。





茂良入爲參知政事，與丞相周必大薦清之于孝宗。召入對，首論：「民困兵驕，大臣退託，小臣苟媮。願陛下廣覽兼聽，幷謀合智，清明安定，提要挈綱而力行之。古今未有俗不可變、弊不可革者，變而通之，亦在陛下方寸之間耳。」又言用人四事：「一曰辨賢否。謂道義之臣，大者可當經綸，小者可爲儀刑；功名之士，大者可使臨政，小者可使立事。至於專謀富貴利達而已者下也。二曰正名實。今百有司職守不明，非曠其官，則失之侵偪。願詔史官考究設官之本意，各指其合主何事，制旨親定，載之命書，依開寶中差諸州通判故事，使人人曉然知之而行賞罰焉。三曰使材能。謂軍旅必武臣，錢穀必能吏，必臨之以忠信不欺之士，使兩人者皆得以效其所長。四曰聽換授。謂文武之官不可用違其才，然不當許之自列，宜令文武臣四品以上，各以性行材略及文武藝，每歲互舉堪充左右選者一人，於合入資格外，稍與優奬。」

改太常寺主簿。丁內艱，服除，通判鄂州。鄂大軍所駐，兵籍多僞，清之白郡及諸司，請自通判廳始，俾僞者以實自言而正之。州有民妻張以節死，嘉祐中，詔封旌德縣君，表其墓曰「烈女」，中更兵火，至是無知其墓者，清之與郡守羅願訪而祠之。鄂俗計利而尙鬼，家貧子壯則出贅，習爲當然，而尤謹奉大洪山之祠，病者不藥而聽於巫，死則不葬而畀諸火，清之皆諭止之。

差權發遣常州，改衡州。衡自建炎軍興，有所謂大軍月樁過湖錢者，歲送漕司，無慮七八萬緡，以四邑所入麴引錢及郡計畸零苗米折納充之。舊法，民有吉凶聚會，許買引爲酒麴，謂之麴引錢，其後直以等第敷納。衡有五邑，獨敷其四。取民之辭不正，良民偏受其害，而黠民往往侮易其上，乃幷與常賦不輸。雖得麴引錢四五萬緡，而常賦之失，不啻數萬緡矣。清之請於朝，願與總領所酌損補移，漸圖蠲減。不報。遂戒諸邑：董常賦，綴雜征，閣舊逋，戒預折，新簿籍，謹推收，督勾銷，明逋負，防帶鈔，治頑梗，柅吏姦，擾戶長，費用有節，滲漏有防，稽考有政，補置有漸。

先是，郡餉廚傳以事常平、刑獄二使者，月一會集，互致折餽。清之歎曰：「此何時也？與其取諸民，孰若裁諸公。吾之所以事上官者，惟究心於所職，無負於吾民足矣。豈以酒食貨財爲勤哉？」清之自常祿外，悉歸之公帑，以佐經用。至之日，兵無糧，官無奉，上供送使無可備。已而郡計漸裕，民力稍蘇。或有報白，手自書之，吏不與焉。

嘗作諭民書一編，首言畏天積善，勤力務本，農工商賈莫不有勸，教以事親睦族，教子祀先，謹身節用，利物濟人，婚姻以時，喪葬以禮。詞意質直，簡而易從。邦人家有其書，非理之訟日爲衰息。

念士風未振，每因月講，復具酒肴以燕諸生，相與輸情論學，設爲疑問，以觀其所嚮，然



後從容示以先後本末之序。來者日衆，則增築臨蒸精舍居之。其所講，先正經，次訓詁音釋，次疏先儒議論，次述今所紬繹之說，然後各指其所宜用，人君治天下，諸侯治一國，學者治心治身治家治人，確然皆有可舉而措之之實。

爲閱武場。凡禁軍役於他所，隱於百工者，悉按軍籍俾詣訓閱。作朱陵道院，祠張九齡、韓愈、寇準、周敦頤、胡安國於左，祠晉死節太守劉翼、宋死節內史王應之於右。雅儒吉士日相周旋其間，而參佐謀論多在焉。劉孝昌者，摯之孫也，貧不自立，清之買田以給之。部使者以清之不能媚己，惡之，貽書所厚臺臣，誣以勞民用財，論罷，主管雲臺觀。

歸築槐陰精舍以處來學者。胡晉臣、鄭僑、尤袤、羅點皆力薦清之於上。光宗卽位，起知袁州，而清之疾作，猶貽書執政論國事。諸生往候疾，不廢講論，語及天下，孜孜歎息，若任其責者。病且革，爲書以別向浯、彭龜年，賦二詩以別朱熹、楊萬里。取高氏送終禮以授二子曰：「自斂至葬，視此從事。」周必大來視疾，謂曰：「子澄其澄慮。」清之氣息已微，云「無慮可澄」，遂卒。

初，清之旣舉進士，欲應博學宏詞科。及見朱熹，盡取所習焚之，慨然志於義理之學。呂伯恭、張栻皆神交心契，汪應辰、李燾亦敬慕之。母不逮養，每展閱手澤，涕泗交頤。從兄肅流落新吳，族父嘩寓丹陽、艾寓臨川，皆迎養之。從祖子僑爲邵州錄事參軍，死吳錫之



亂，清之遣其孫晉之致書邵守，得其遺骨歸葬焉。族人自遠來，館留之，不忍使之遽去。嘗序范仲淹義莊規矩，勸大家族衆者隨力行之。本之家法，參取先儒禮書，定爲祭禮行之。高安李好古以族人有以財爲訟，見清之豫章，清之爲說訟、家人二卦，好古惕然，遽舍所訟，市程氏易以歸，卒爲善士。

所著有曾子內外雜篇、訓蒙新書外書、戒子通錄、墨莊總錄、祭儀、時令書、續說苑、文集、農書。

眞德秀字景元，後更爲希元〔一〕，建之浦城人。四歲受書，過目成誦。十五而孤，母吳氏力貧教之。同郡楊圭見而異之，使歸共諸子學，卒妻以女。

登慶元五年進士第，授南劍州判官。繼試中博學宏詞科，入閩帥幕，召爲太學正，嘉定元年遷博士。時韓侂胄已誅，入對，首言：「權臣開邊，南北塗炭，今茲繼好，豈非天下之福。然日者以行人之遣，金人欲多歲幣之數，而吾亦曰可增；金人欲得姦臣之首，而吾亦曰可與；往來之稱謂，犒軍之金帛，根括歸明流徙之民，皆承之唯謹，得無滋嫚我乎？抑善謀國者不觀敵情，觀吾政事。今號爲更化〔二〕，而無以使敵情之畏服，正恐彼資吾歲賂以厚其力，乘吾



不備以長其謀，一旦挑爭端而吾無以應，此有識所爲寒心。」又言：「侂胄自知不爲清議所貸，至誠憂國之士則名以好異，於是忠良之士斥，而正論不聞；正心誠意之學則誣以好名，於是僞學之論興，而正道不行。今日改弦更張，正當褒崇名節，明示好尚。」

召試學士院，改祕書省正字兼檢討玉牒。二年，遷校書郎〔三〕。又對，言暴風、雨雹、熒惑、蝻蝗之變，皆贓吏所致。尋兼沂王府教授、學士院權直。三年，遷祕書郎。入對，乞開公道，窒旁蹊，以抑小人道長之漸；選良牧，勵戰士，以扼羣盜方張之銳。四年，遷著作佐郎。同列相惎讒之，德秀恬不與較。宰相將用德秀，會言官觝之，德秀力辭。兼禮部郎官〔四〕，上疏言：「金有必亡之勢，亦可爲中國憂。蓋金亡則上恬下嬉，憂不在敵而在我，多事之端恐自此始。」五年，遷軍器少監，升權直。

六年，遷起居舍人，奏：「權姦擅政十有四年，朱熹、彭龜年以抗論逐，呂祖儉、周端朝以上書斥，當時近臣猶有爭之者。其後呂祖泰之貶，非惟近臣莫敢言，而臺諫且出力以擠之，則嘉泰之失已深於慶元矣。更化之初，羣賢皆得自奮。未幾，傅伯成以諫官論事去，蔡幼學以詞臣論事去，鄒應龍、許奕又繼以封駁論事去。是數人者，非能大有所矯拂，已皆不容於朝。故人務自全，一辭不措。設有大安危、大利害，羣臣噤嘿如此，豈不殆哉！今欲與陛下言，勤訪問、廣謀議、明黜陟三者而已。」時鈔法楮令行，告訐繁興，抵罪者衆，莫敢以上聞。

德秀奏：「或一夫坐罪，而併籍昆弟之財；或虧陌四錢，而沒入百萬之貲；至於科富室之錢，拘鹽商之舟，視產高下，配民藏楮，鬻田宅以收券者，雖大家不能免，尙得名便民之策？」自此籍沒之產以漸給還。

兼太常少卿。又言金人必亡，君臣上下皆當以祈天永命爲心。充金國賀登位使，及盱眙，聞金人內變而返。言于上曰：「臣自揚之楚，自楚之盱眙，沃壤無際，陂湖相連，民皆堅悍強忍，此天賜吾國以屏障大江，使強兵足食爲進取資。顧田疇不闢，溝洫不治，險要不扼，丁壯不練，豪傑武勇不收拾，一旦有警，則徒以長江爲恃；豈如及今大修墾田之政，專爲一司以領之，數年之後，積儲充實，邊民父子爭欲自保，因其什伍，勒以兵法，不待糧饟，皆爲精兵。」又言邊防要事。

時史彌遠方以爵祿縻天下士，德秀慨然謂劉爚曰：「吾徒須急引去，使廟堂知世亦有不肯爲從官之人。」遂力請去，出爲秘閣修撰、江東轉運副使。山東盜起，朝廷猶與金通聘，德秀朝辭，奏：「國恥不可忘，鄰盜不可輕，幸安之謀不可恃，導諛之言不可聽，至公之論不可忽。」寧宗曰：「卿力有餘，到江東日爲朕撙節財計，以助邊用。」

江東旱蝗，廣德、太平爲甚，德秀遂與留守、憲司分所部九郡大講荒政，而自領廣德、太平。親至廣德，與太守魏峴同以便宜發廩，使教授林庠振給，竣事而還。百姓數千人送之



郊外，指道傍叢塚泣曰：「此皆往歲餓死者。微公，我輩已相隨入此矣。」索毀太平州私創之大斛。新徽州守林琰無廉聲，寧國守張忠恕規匿振濟米，皆劾之，而以李道傳攝徽。先是，都司胡槻、薛拯每詆德秀迂儒，試以事必敗，至是政譽日聞，因倡言旱傷本輕，監司好名，振贍太過，使峴劾庠以撼德秀。德秀上章自明，朝廷悟，與峴祠，授庠幹官，而道傳尋亦召還。

德秀以右文殿修撰知泉州。番舶畏苛征，至者歲不三四，德秀首寬之，至者驟增至三十六艘。輸租令民自槩，聽訟惟揭示姓名，人自詣州。泉多大家，爲閭里患，痛繩之。有訟田者，至焚其券不敢爭。海賊作亂，將逼城，官軍敗衄，德秀祭兵死者，乃親授方略，禽之。復徧行海濱，審視形勢，增屯要害處，以備不虞。

十二年，以集英殿修撰知隆興府。承寬弛之後，乃稍濟以嚴。尤留意軍政，欲分鄂州軍屯武昌，及通廣鹽於贛與南安，以弭汀、贛鹽寇。未及行，以母喪歸。明年，蘄、黃失守，盜起南安，討之數載始平，人服德秀先見。

十五年，以寶謨閣待制、湖南安撫使知潭州。以「廉仁公勤」四字勵僚屬，以周惇頤、胡安國、朱熹、張栻學術源流勉其士。罷榷酤，除斛面米，申免和糴，以甦其民。民艱食，既極力振贍之，復立惠民倉五萬石，使歲出糶。又易穀九萬五千石，分十二縣置社倉，以徧及鄉落。別立慈幼倉，立義阡。惠政畢舉。月試諸軍射，捐其回易之利及官田租。凡營中病者、死未葬者、孕者、嫁娶者，賻給有差。朝廷從壽昌朱稟請，以飛虎軍戍壽昌，併致其家口，力爭止之。江華縣賊蘇師入境殺劫，檄廣西共討平之。司馬遵守武岡，激軍變，劾遵而誅其亂者。

理宗卽位，召爲中書舍人，尋擢禮部侍郎、直學士院。入見，奏：「三綱五常，扶持宇宙之棟幹，奠安生民之柱石。晉廢三綱而劉、石之變興，唐廢三綱而安祿山之難作。我朝立國，先正名分。陛下不幸處人倫之變，流聞四方，所損非淺。霅川之變，非濟王本志，前有避匿之跡，後聞討捕之謀，情狀本末，灼然可考。願討論雍熙追封秦王舍罪恤孤故事[五]，濟王未有子息，亦惟陛下興滅繼絕。」上曰：「朝廷待濟王亦至矣。」德秀曰：「若謂此事處置盡善，臣未敢以爲然。觀舜所以處象，則陛下不及舜明甚。人主但當以二帝、三王爲師。」上曰：「一時倉猝耳。」德秀曰：「此已往之咎，惟願陛下知有此失而益講學進德。」次言：「霅川之獄未聞參聽於公朝，淮、蜀二閫乃出於僉論所期之外。天下之事非一家之私，何惜不與衆共之。」且言：「乾道、淳熙間，有位於朝者以饋及門爲恥，受任于外者以包苴入都爲羞。今餽賂公行，薰染成風，恬不知怪。」

又疏言：「朝廷之上，敏銳之士多於老成，雖嘗以耆艾褒傅伯成、楊簡，以儒學褒柴中



行，以恬退用趙蕃、劉宰；至忠亮敢言如陳宓、徐僑，皆未蒙錄用。」上問廉吏，德秀以知袁州趙鋑夫對，親擢鋑夫直秘閣爲監司。具手箚入謝，因言崔與之帥蜀，楊長孺帥閩，皆有廉聲，乞廣加咨訪。

上初御清暑殿，德秀因經筵侍上，進曰：「此高、孝二祖儲神燕閒之地，仰瞻楹桷，當如二祖實臨其上。陛下所居處密邇東朝，未敢遽當人主之奉。今宮闈之義浸備，以一心而受衆攻，未有不浸淫而蠹蝕者，惟學可以明此心，惟敬可以存此心，惟親君子可以維持此心。」因極陳古者居喪之法，與先帝視朝之勤。

寧宗小祥，詔羣臣服純吉，德秀爭之曰：「自漢文帝率情變古，惟我孝宗方衰服三年，朝衣朝冠皆以大布，惜當時不併定臣下執喪之禮，此千載無窮之憾。孝宗崩，從臣羅點等議，令羣臣易月之後，未釋衰服，惟朝會治事權用黑帶公服，時序仍臨慰，至大祥始除。侂胄枋政，始以小祥從吉。且帶不以金，鞓不以紅，佩不以魚，鞍轎不以文繡。此於羣臣何損？朝儀何傷？」議遂格。

德秀屢進鯁言，上皆虛心開納，而彌遠益嚴憚之，乃謀所以相撼，畏公議未敢發。給事中王塈、盛章始駁德秀所主濟王贈典，繼而殿中侍御史莫澤劾之，遂以煥章閣待制提舉玉隆宮。諫議大夫朱端常又劾之，落職罷祠。監察御史梁成大又劾之，請加竄殛。上曰：「仲

厄不爲已甚。」乃止。

既歸，修讀書記，語門人曰：「此人君爲治之門，如有用我者，執此以往。」汀寇起，德秀薦陳韡有文武才于常平使者史彌忠，言于朝，遂起韡討平之。紹定四年，改職與祠。

五年，進徽猷閣知泉州。迎者塞路，深村百歲老人亦扶杖而出，城中歡聲動地。諸邑二稅皆預借至六七年，德秀入境，首禁預借。諸邑有累月不解一錢者，郡計赤立不可爲。或咎寬恤太驟，德秀謂民困如此，寧身代其苦。決訟自卯至申未已，或勸嗇養精神，德秀謂郡弊無力惠民，僅有政平、訟理事當勉。建炎初置南外宗政司于泉，公族僅三百人，漕司與本州給之，而朝廷歲助度牒。已而不復給，而增至二千三百餘人，郡坐是愈不可爲。德秀請于朝，詔給度牒百道。

彌遠薨，上親政，以顯謨閣待制知福州。戒所部無濫刑橫斂，無徇私黷貨，罷市令司，曰：「物同則價同，寧有公私之異？」閩縣里正苦督賦，革之。屬縣苦貴糴，便宜發常平振之。海寇縱橫，次第禽殄之。未幾，聞金滅，京、湖帥奉露布圖上八陵，而江、淮有進取潼關、黃河之議，德秀以爲憂。上封事曰：「移江、淮甲兵以守無用之空城，運江、淮金穀以治不耕之廢壤，富庶之效未期，根本之弊立見。惟陛下審之重之。」

召爲戶部尚書，入見，上迎謂曰：「卿去國十年，每切思賢。」乃以大學衍義進，復陳祈天





永命之說，謂「敬者德之聚。儀狄之酒，南威之色，盤遊弋射之娛，禽獸狗馬之玩，有一于茲，皆足害敬」。上欣然嘉納，改翰林學士、知制誥，時政多所論建。踰年，知貢舉，已得疾，拜參知政事，同編修敕令、經武要略。三乞祠祿，上不得已，進資政殿學士、提舉萬壽觀兼侍讀，辭。疾亟，冠帶起坐，迄謝事，猶神爽不亂。遺表聞，上震悼，輟視朝，贈銀青光祿大夫。

德秀長身廣額，容貌如玉，望之者無不以公輔期之。立朝不滿十年，奏疏無慮數十萬言，皆切當世要務，直聲震朝廷。四方人士誦其文，想見其風采。及宦遊所至，惠政深洽，不愧其言，由是中外交頌。都城人時驚傳傾洞，奔擁出關曰：「眞直院至矣！」果至，則又塡塞聚觀不置。時相益以此忌之，輒擯不用，而聲愈彰。及歸朝，適鄭清之挑敵，兵民死者數十萬，中外大耗，尤世道升降治亂之機，而德秀則既衰矣。杜範方攻清之誤國，且謂其貪黷更甚於前，而德秀乃奏言：「此皆前權臣玩愒之罪，今日措置之失，譬如和、扁繼庸醫之後，一藥之誤，代爲庸醫受責。」其議論與範不同如此。然自侂胄立僞學之名以錮善類，凡近世大儒之書，皆顯禁以絕之。德秀晚出，獨慨然以斯文自任，講習而服行之。黨禁既開，而正學遂明于天下後世，多其力也。

所著西山甲乙藁、對越甲乙集、經筵講義、端平廟議、翰林詞草四六、獻忠集、江東救荒錄、清源雜志、星沙集志〔六〕。既薨，上思之不置，謚曰文忠。

魏了翁字華父，邛州蒲江人。年數歲，從諸兄入學，儼如成人。少長，英悟絕出，日誦千餘言，過目不再覽，鄉里稱爲神童。年十五，著韓愈論，抑揚頓挫，有作者風。

慶元五年，登進士第。時方諱言道學，了翁策及之。授僉書劍南西川節度判官廳公事，盡心職業。嘉泰二年，召爲國子正。明年，改武學博士。開禧元年，召試學士院。韓侂胄用事，謀開邊以自固，徧國中憂駭而不敢言。了翁乃言：「國家紀綱不立，國是不定，風俗苟偷，邊備廢弛，財用凋耗，人才衰弱，而道路籍籍，皆謂將有北伐之舉，人情恟恟，憂疑錯出。金地廣勢強，未可卒圖，求其在我，未見可以勝人之實。盍亦急於內修，姑逭外攘。不然，舉天下而試於一擲，宗社存亡係焉，不可忽也。」策出，衆大驚。改秘書省正字。御史徐柟即劾了翁對策狂妄，獨侂胄持不可而止。

明年，遷校書郎，以親老乞補外，乃知嘉定府。行次江陵，蜀大將吳曦以四川叛，了翁策其必敗。又明年曦誅，蜀平，了翁奉親還里。侂胄亦以誤國誅。朝廷收召諸賢，了翁預焉。會史彌遠入相專國事，了翁察其所爲，力辭召命。丁生父憂，解官心喪，築室白鶴山





下，以所聞於輔廣、李燔者開門授徒，士爭負笈從之。由是蜀人盡知義理之學。

差知漢州。漢號爲繁劇，了翁以化善俗爲治。首蠲積逋二十餘萬，除科抑賣酒之弊，嚴戶婚交訐之禁；復爲文諭以厚倫止訟，其民敬奉條教不敢犯。會境內橋壞，民有壓死者，部使者以聞，詔降官一秩，主管建寧府武夷山沖佑觀。未數月，復元官知眉州。眉雖爲文物之邦，然其俗習法令，持吏短長，故號難治。聞了翁至，爭試以事。乃尊禮耆耉，簡拔俊秀，朔望詣學宮，親爲講說，誘掖指授，行鄉飲酒禮以示教化，增貢士員以振文風。復蟇頤堰，築江鄉館，利民之事，知無不爲。士論大服，俗爲之變，治行彰聞。

嘉定四年，擢潼川路提點刑獄公事。八年，兼提舉常平等事，遷轉運判官。戢吏姦，詢民瘼，舉刺不避權右，風采肅然。上疏乞與周惇頤、張載、程顥、程頤錫爵定謚，示學者趣向，朝論韙之，如其請。遂寧闕守，了翁行郡事。即具奏乞修城郭備不虞，廷議靳其費，了翁增埤浚隍，如待敵至者。後一年，潰卒攻掠郡縣，知其有備不敢逞，人始服豫防之意。十年，遷直秘閣，知瀘州，主管潼川路安撫司公事。丁母憂，免喪，差知潼川府。約己裕民，賑積大著。若游侶、吳泳、牟子才，皆蜀名士，造門受業。

十五年，被召入對，疏二千餘言。首論人與天地一本，必與天地相似而後可以無曠天位，并及人才、風俗五事，明白切暢。又論郡邑強幹弱枝之弊，所宜變通。蓋自了翁去國十

有七年矣，至是上迎勞優渥，嘉納其言。進兵部郎中，俄改司封郎中兼國史院編修官。轉對，論江、淮、襄、蜀當分爲四重鎭，擇人以任，虛心以聽，假以事權，資以才用，爲聯絡守御之計。次論蜀邊墾田及實錄闕文等事，皆下其章中書。十六年，爲省試參詳官，遷太常少卿兼侍立修注官。

十七年，遷祕書監，尋以起居舍人，再辭而後就列。入奏，極言事變倚伏、人心向背、疆埸安危、鄰寇動靜，其幾有五，謂：「宜察時幾而共天命，尊道揆而嚴法守，集思廣益，汲汲圖之，不猶愈於坐觀事會，而聽其勢之所趨乎？」又論士大夫風俗之弊，謂：「君臣上下同心一德，而後平居有所補益，緩急有所倚仗。如人自爲謀，則天下之患有不可終窮者。今則面從而腹誹，習諛而踵陋，臣實懼焉。盍亦察人心之邪正，推世變之倚伏，開拓規模，收拾人物，庶幾臨事無乏人之歎。」其言剴切，無所忌避，而時相始不樂矣。

寧宗崩，理宗自宗室入卽位，時事忽異，了翁積憂成疾，三疏求閑不得請，遷起居郎。明年，改元寶慶，雷發非時，上有「朕心終夕不安」之語。了翁入對，卽論：「人主之心義理所安，是之謂天，非此心之外別有所謂天地神明也。陛下盍卽不安而求之，對天地，事太母，見羣臣，親講讀，皆隨事反求，則大本立而無事不可爲矣。」又論：「講學不明，風俗浮淺，立朝無犯顏敢諫之忠，臨難無仗節死義之勇。願敷求碩儒，丕闡正學，圖爲久安長治之





計。」又請申命大臣，於除授之際，公聽並觀，然後實意所孚，善類皆出矣。

屬濟王黜削以死，有司顧望，治葬弗虔。了翁每見上，請厚倫紀，以弭人言。應詔言事者十餘人，朝士惟了翁與洪咨夔、胡夢昱、張忠恕所言能引義劘上，最爲切至。而了翁亦以疾求去。右正言李知孝劾夢昱竄嶺南，了翁出關餞別，遂指了翁首倡異論，將擊之，彌遠猶外示優容。俄權尚書工部侍郎，了翁力以疾辭，乃以集英殿修撰知常德府。越二日，諫議大夫朱端常遂劾了翁欺世盜名，朋邪謗國，詔降三官，靖州居住。初，了翁再入朝，彌遠欲引以自助，了翁正色不撓，未嘗私謁。故三年之間，循格序遷，未嘗處以要地。了翁至靖，湖、湘、江、浙之士，不遠千里負書從學。乃著九經要義百卷，訂定精密，先儒所未有。

紹定四年復職，主管建寧府武夷山沖佑觀。五年，改差提舉江州太平興國宮，尋知遂寧府，辭不拜。進寶章閣待制、潼川路安撫使、知瀘州。瀘大藩，控制邊面二千里，而武備不修，城郭不治。了翁乃奏葺其城樓櫓雉堞，增置器械，教習牌手，申嚴軍律，興學校，蠲宿負，復社倉，創義塚，建養濟院。居數月，百廢具舉。彌遠薨，上親庶政，進華文閣待制，賜金帶，因其任。

了翁念國家權臣相繼，內擅國柄，外變風俗，綱常淪斁，法度墮弛，貪濁在位，舉事弊蠹，不可滌濯。遂應詔上章論十弊，乞復舊典以彰新化：一曰復三省之典以重六卿，二曰復二府之典以集衆議，三曰復都堂之典以重省府〔七〕，四曰復侍從之典以來忠告，五曰復經筵之典以熙聖學，六曰復臺諫之典以公黜陟，七曰復制誥之典以謹命令，八曰復聽言之典以通下情，九曰復三衙之典以彊主威，十曰復制閫之典以黜私意。疏列萬言，先引故實，次陳時弊，分別利害，粲若白黑。上讀之感動，卽於經筵舉之成誦。其後，舊典皆復其初。

臣庶封章多乞召還了翁及眞德秀，上因民望而並招之，用了翁權禮部尙書兼直學士院。入對，首乞明君子小人之辨，以爲進退人物之本，以杜姦邪窺伺之端。次論故相十失猶存，又及修身、齊家、選宗賢、建內小學等，皆切於上躬者。他如和議不可信，北軍不可保，軍實財用不可恃，凡十餘端。復口奏利害，晝漏下四十刻而退。兼同修國史兼侍讀，俄兼吏部尙書。經幃進讀，上必改容以聽，詢察政事，訪問人才。復條十事以獻，皆苦心空臆，直述事情，言人所難。上悉嘉納，且手詔奬諭。又奏乞收還保全彌遠家御筆，乞定趙汝愚配享寧廟，乞趣崔與之參預政事，乞定履畝之令以寬民力，乞詔從臣集議以救楮弊，乞儲閫才以備緩急。又因進故事，如儲人才、凝國論，如力圖自治之策，如下罪己之詔，如分別襄、黃二帥是非，如究見黃陂叛卒利害，如分任諸帥區處降附。

還朝六閱月，前後二十餘奏，皆當時急務。上將引以共政，而忌者相與合謀排擯，而不





能安於朝矣。執政遂謂近臣惟了翁知兵體國，乃以端明殿學士、同僉書樞密院事督視京湖軍馬。會江、淮督府曾從龍以憂畏卒，併以江、淮付了翁。朝論大駭，以爲不可，三學亦上書爭之。適邊警沓至，上心焦勞，了翁嫌於避事，既五辭弗獲，遂受命開府，宜押同二府奏事，上勉勞尤至。尋兼提舉編修武經要略，恩數同執政，進封臨邛郡開國侯，又賜便宜詔書如張浚故事。朝辭，面賜御書唐人嚴武詩及鶴山書院四大字，仍賜金帶鞍馬，詔宰臣飲餞于關外。乃酌上下流之中，開幕府江州，申儆將帥，調遣援師，褒死事之臣，黜退懦之將，奏邊防十事。甫二旬，召爲僉書樞密院事，赴闕奏事，時以疾力辭不拜。蓋在朝諸人始謀假此命以出了翁，既出則復以建督爲非，雖恩禮赫奕，而督府奏陳動相牽制，故遽召還，前後皆非上意也。

尋改資政殿學士、湖南安撫使、知潭州，復力辭，詔提舉臨安府洞霄宮。未幾，改知紹興府、浙東安撫使。嘉熙元年，改知福州、福建安撫使。累章乞骸骨，詔不允。疾革，復上疏。門人問疾者，猶衣冠相與酬答，且曰：「吾平生處己，澹然無營。」復語蜀兵亂事，蹙額久之，口授遺奏，少焉拱手而逝。後十日，詔以資政殿大學士、通奉大夫致仕。

遺表聞，上震悼，輟視朝，歎惜有用才不盡之恨。詔贈太師，謚文靖，賜第宅蘇州，累贈秦國公。

所著有鶴山集、九經要義、周易集義、易舉隅、周禮井田圖說、古今考、經史雜抄、師友雅言。

廖德明字子晦，南劍人。少學釋氏，及得龜山楊時書，讀之大悟，遂受業朱熹。登乾道中進士第。知莆田縣。民有奉淫祠者，罪之，沉像于江。會有顯者欲取邑地廣其居，德明不可，守會僚屬諭之，德明曰：「太守，天子守土之臣，未聞以土地與人者。」守乃慚服。累官知潯州，有聲。諸司且交薦之，德明曰：「今老矣，況以道徇人乎？」固辭不受。選廣東提舉刑獄，彈劾不避權要。歲當薦士，朝貴多以書託之，德明曰：「此國家公器也。」悉不啓封還之。有鄉人爲主簿，德明聞其能，薦之。會德明行縣，簿感其知己，置酒延之，悉假富人觴豆甚盛。德明怒曰：「一主簿乃若是侈耶？必貪也。」於是追還薦章，其公嚴類此。

時盜陷桂陽，迫韶，韶人懼，德明燕笑自如，遣將馳擊，而親持小麾督戰，大敗之。乃分戍守，遠斥堠，明審賞罰，宣布威信，韶晏然如平時。徙知廣州，遷吏部左選郎官，奉祠，卒。德明初爲潯州教授，爲學者講明聖賢心學之要，手植三柏于學，潯士愛敬之如甘棠。在南粵時，立師悟堂，刻朱熹家禮及程氏諸書。公餘延僚屬及諸生親爲講說，遠近化之。嘗語人以仕學之要曰：「德明自始仕，以至爲郡，惟用三代直道而行一句而已。」有槎溪集行于世。





## 校勘記

〔一〕希元　原作「晨希」，據劉克莊後村先生大全集卷一六八眞德秀行狀、魏了翁鶴山先生大全文集卷六九眞德秀神道碑改。

〔二〕更化　原作「更紀」，據兩朝綱目卷一一、眞德秀眞文忠公文集卷二戊辰四月上殿奏箚一改。

〔三〕校書郎　原作「秘書郎」，據後村先生大全集卷一六八眞德秀行狀、鶴山先生大全文集卷六九眞德秀神道碑改。

〔四〕兼禮部郎官　「官」字原脫，據同上二書同卷同篇補。

〔五〕願討論雍熙追封秦王舍罪恤孤故事　雍熙原作「雍頤」。按：此指雍熙元年太宗追封秦王廷美及官其子德恭故事，眞文忠公文集卷四召除禮侍上殿奏箚一、後村先生大全集卷一六八眞德秀行狀作「雍熙」，是，據改。

〔六〕星沙集志　後村先生大全集卷一六八眞德秀行狀作「星沙雜志」。

〔七〕復都堂之典以重省府　「都堂」原作「都室」。按宋會要職官一之三二，神宗改制後，「闢三省以總天下之事，建都堂以爲眾議之所」；孟元老東京夢華錄卷一大內條，「都堂，宰相朝退治事於此」。鶴山先生大全文集卷一八應詔封事作「都堂」，是，據改。

# 宋史卷四百三十八

## 列傳第一百九十七

### 儒林八

湯漢　何基　王柏　徐夢莘弟得之　從子天麟附　李心傳　葉味道　王應麟　黄震

湯漢字伯紀，饒州安仁人。與其兄干、巾、中皆知名當時，柴中行見而奇之。眞德秀在潭，致漢爲賓客。嘗造趙汝談，汝談曰：「第一流也。」江東提刑趙汝騰薦漢於朝，詔免解差，充象山書院堂長。赴禮部別院試，正奏名，授上饒縣主簿。江東轉運使趙希塈言：「漢，今海內知名士也，豈得吏之州縣哉！」詔循兩資，差信州教授兼象山書院長。

淳祐十二年，差充史館校勘，改國史實錄院校勘。會大水，上封事曰：「君心敬肆之分，實上天喜怒之由。一念之敬，上帝臨汝，祥風慶雲所從出也；一念之肆，上帝震怒，妖祲陰





沴所從生也。」火災，應詔上封事曰：

臣聞任天下之大，立心不可不公；守天下之重，持心不可不敬。陛下膺皇天之眷命，受祖宗之寶圖，則不當懷私恩；爲天下共主，爲億兆寄命，則不當隆私親。大臣邇臣，服休服采，皆陛下所倚仗也，則不當信私人。三省、密院者，陛下之朝廷，發號布政所從出也，則不當有私令。四海九州，土宇昄章，皆陛下之倉廩府庫也，則不當殖私財。陛下於皇天祖宗之德弗永念，而報答私恩；於羣黎百姓之疾苦弗深恤，而富貴私親；公卿在廷，其信任不若近習之篤；中書造命，其除行不若內批之專：則陛下之立心，既未能盡合乎天下之公矣。

往者陛下上畏天戒，下恤人言，內則拘制於權臣，外則恐怯於彊敵，敬心既不敢盡弛，則私意亦未得盡行。比年以來，天戒人言既以玩熟，而貪濁柄國，黷貨無厭，彼既將恣行其私，則不得不縱陛下之所欲爲。於是前日之敬畏盡忘，而一念之私始四出而不可禦矣。姑以近事跡之：定策之碑，忽從中出，鄉未欲親其文也；貴戚子弟，參錯中外，鄉不如是之放也；土木之禍，展轉流毒，訟牒細故，胥吏賤人皆得籍羣璫之勢，徹清都之邃，鄉不如是之孅也；御筆之出，上則廢朝令，下則侵有司，鄉不如是之多也；賄賂之通，書致之操，鄉不如是其章也。

故凡陛下之所以未能任大守重，而至於召怨宿禍者，始於立心之未公，成於持心之不敬，私以爲主，而肆以行之。此所以感動天地，而水火之災捷出於數月之內也。陛下得不亟爲治亂持危之計，而可復以常日玩易之心處之乎！

授太學博士，轉對，言：「太祖之天下壞其半者，蔡京、王黼也。高宗之天下壞其半者，鄭清之也。」又曰：「苟有志焉，則其紀綱必先正，其根本必先彊，其藩籬必先固。夫然後心廣體胖，泮渙而優游，其樂無極矣。舍此不務，而徒以九重之深、一笑之適以爲樂。樂極而思之，吾有朝廷而不能治也，吾有黎民而無與保之也，起視四境，而外侮又至矣。雖有鄭、衞之音，燕、趙之色，建章之麗，瓊林之積，亦獨何樂哉！」

召試館職，遷秘書省校書郎。皇太子冠，差充太常博士，引賓贊，受命進冠簪，詔令太子拜謝。升秘書郎，轉對，極言邊事，以爲：「今日扶危救亂無復他策，在乎人主清心無欲，盡用天下之財力以治兵；大臣公心無我，盡用天下之人才以彊本，庶幾尚有以亡爲存之理耳。」

提舉福建常平，劾福州守史嵓之、泉州守謝堲。召爲禮部郎官兼太子侍讀。尋以直華文閣、福建運判，改知寧國府。遷提舉江西常平兼知吉州。移江東運判、知隆興府。召爲尚左郎官兼太子侍讀，兼玉牒所檢討官，入奏：「願陛下端本澄源，虛己盡下，恢大公之





道，開不諱之門，使朝廷之上，光明洞達，而無邪孽之根以撓其正；四海之內，歡欣交通，而無怨戾之氣以奸其和。臣之忠愛，莫切於此。」

遷太府少卿，升兼太子諭德，改秘書少監。疏論：「比年董宋臣聲焰薰灼，其力能去臺諫，排大臣，結連兇渠，惡德參會，以致兵戈相尋之禍。陛下灼見其故，斥而遠之，臣意其影滅而跡絕矣。豈料夫陰消而再凝，冰解而驟合，既得自便，即圖復用，以其罪戾之餘，一旦復使之出入壼奥之中，給事宗廟之內，此其重干神人之怒，再基禍亂之源，上下皇惑，大小切齒。而陛下方爲之辨明，大臣方與之和解，臣竊重傷此過計也。自古小人復出，其害必慘，將逞其憤怨，嘯其儔伍，顚倒宇宙，陛下之威神有時而不得以自行，甚可畏也。」乞休致，擢太常少卿，太子以書勉留。求補外，以秘閣修撰知福州、福建安撫，改知隆興府。

度宗即位，召奏事，授太常少卿兼國史院編修官、實錄院檢討官。遷起居郎兼侍讀，入奏言：「願陛下持一敬心以正百度，則追養繼孝，所以報先帝者，必益致其隆；先意承志，所以事太母者，必益致其謹。其愛身也，必不以物欲撓其和平；其正家也，必不以私昵瀆其法度。政事必出於朝廷，而預防於多門；人才必由於明揚，而深杜於邪徑。」

兼權中書舍人，權兵部侍郎，升兼同修國史、實錄院同修撰兼直學士。累請致仕，授

華文閣待制、知寧國府，賜金帶。久之，又召爲刑部侍郎兼侍讀，以龍圖閣待制知福州、福建安撫使。改知太平州、權工部尚書兼侍讀。以顯文閣直學士提舉玉隆宮。進華文閣學士，以端明殿學士致仕。卒，年七十一。特贈正奉大夫，謚文淸。

漢介潔有守，恬於進取，有文集六十卷。

何基字子恭，婺州金華人。父伯熭爲臨川縣丞，而黃榦適知其縣事，伯熭見二子而師事焉。榦告以必有眞實心地、刻苦工夫而後可，基悚惕受命。於是隨事誘掖，得聞淵源之懿。微辭奧義，研精覃思，平心易氣，以俟其通，未嘗參以己意，立異以爲高，徇人而少變也。凡所讀無不加標點，義顯意明，有不待論說而自見者。

朱熹門人楊與立一見推服。來學者衆，嘗謂：「爲學立志貴堅，規模貴大，充踐服行，死而後已。讀詩之法，須掃蕩胸次淨盡，然後吟哦上下，諷詠從容，使人感發，方爲有功。」謂：「以洪範參之大學、中庸，有不約而符者。」謂：「讀易者，當盡去其膠固支離之見，以潔淨其心，玩精微之理，沉潛涵泳，得其根源，乃可漸觀爻象。」蓋其確守師訓，故能精義造約。



王柏既執贄爲弟子，基謙抑不以師道自尊。柏高明絕識，序正諸經，弘論英辨，質問難疑，或一事至十往返，基終不變以待其定。嘗曰：「治經當謹守精玩，不必多起疑論。有欲爲後學言者，謹之又謹可也。」基淳固篤實，絕類漢儒。雖一本於熹，然就其言發明，則精義新意愈出不窮。基文集三十卷，而與柏問辨者十八卷。

郡守趙汝騰守婺，延聘請講，辭不就；復首薦于朝，又率名從官列薦。通判鄭士懿、守蔡抗楊棟相繼以請，皆辭。景定五年，詔舉賢，特薦基與建人徐幾，同被命添差婺州學教授，兼麗澤書院山長，力辭未竟，理宗崩。咸淳初，授史館校勘兼崇政殿說書，屢辭，改承務郎，主管西岳廟，終亦不受也。卒，年八十一。國子祭酒楊文仲請于朝，謚文定。

所著大學發揮、中庸發揮、大傳發揮、易啓蒙發揮、通書發揮、近思錄發揮。

王柏字會之，婺州金華人〔一〕。大父崇政殿說書師愈，從楊時受易、論語，既又從朱熹、張栻、呂祖謙游。父瀚，朝奉郎、主管建昌軍仙都觀，兄弟皆及熹、祖謙之門。

柏少慕諸葛亮爲人，自號長嘯。年踰三十，始知家學之原，捐去俗學，勇於求道。與其友汪開之著論語通旨，至「居處恭，執事敬」，惕然歎曰：「長嘯非聖門持敬之道。」亟更以魯齋。



從熹門人游，或語以何基嘗從黃榦得熹之傳，即往從之，授以立志居敬之旨，且作魯齋箴勉之。質實堅苦，有疑必從基質之。於論語、大學、中庸、孟子、通鑑綱目標注點校，尤爲精密。作敬齋箴圖。夙興見廟，治家嚴飭。當暑閉閤靜坐，子弟白事，非衣冠不見也。

少孤，事其伯兄甚恭。季弟早喪，撫其孤，又割田予之。收合宗族，周恤扶持之。開之沒，家貧，爲之斂且葬焉。

來學者衆，其教必先之以大學。蔡抗、楊棟相繼守婺，趙景緯守台，聘爲麗澤、上蔡兩書院師，鄉之耆德皆執弟子禮。理宗崩，率諸生製服臨于郡。

柏之言曰：「伏羲則河圖以畫八卦，文王推八卦以合河圖者，先天後天之宗祖也。河圖是逐位奇偶之交，後天是統體奇偶之交，惟四生數不動。以四成數而下上之，上偶下奇，莫匪自然。」又曰：「大禹得洛書而列九疇，箕子得九疇而傳洪範。範圍之數，不期而暗合。洪範者，經傳之宗祖乎！『初一曰五行』以下六十五字爲洪範，『五皇極』以下六十四字爲皇極經，此帝王相傳之大訓，非箕子之言也。」又曰：「今詩三百五篇，豈盡定於夫子之手？所删之詩，容或有存於閭巷浮薄之口，漢儒取於補亡。」乃定二南各十有一篇，兩兩相配。退何彼穠矣、甘棠歸之王風，削去野有死麕、黜鄭、衞淫奔之詩。又作春秋發揮。又曰：「大學致



知格物章未嘗亡。」還知止章于聽訟之上。謂「中庸古有二篇，誠明可爲綱，不可爲目。」定中庸誠明各十一章，其卓識獨見多此類也。

其卒，整衣冠端坐，揮婦人勿近。國子祭酒楊文仲請于朝，謚曰文憲。

所著有讀易記、涵古易說、大象衍義、涵古圖書、讀書記、書疑、詩辨說、讀春秋記、論語衍義、太極衍義、伊洛精義、研幾圖、魯經章句、論語通旨、孟子通旨、書附傳、左氏正傳、續國語、闡學之書、文章復古、文章續古、濂洛文統、擬道學志〔二〕、朱子指要、詩可言、天文考、地理考、墨林考、大爾雅、六義字原、正始之音、帝王歷數、江左淵源〔三〕、伊洛精義襍志、周子、發遺三昧、文章指南、朝華集、紫陽詩類、家乘、文集。

徐夢莘字商老，臨江人。幼慧，耽嗜經史，下至稗官小說，寓目成誦。紹興二十四年舉進士。歷官爲南安軍教授。改知湘陰縣。會湖南帥括田，號增耕稅，他邑奉令惟謹。夢莘獨謂邑無新田，租稅無從出。帥恚其私於民，欲從簿書間擿摭其過，終莫能得，由是反器重之。

尋主管廣西轉運司文字。時朝廷議易二廣鹽法，遣廣西安撫司幹官胡廷直與東西漕

臣集議于境。夢莘從行，謂：「廣西阻山，止當仍官般法，則害不及民；廣東諸郡並江，或可容客販，未宜遽以二廣概行。」議與廷直不合。廷直竟遂其說，以客販變法得爲轉運使。夢莘既知賓州，猶以前議爲梗法，罷去。不三年，二廣商賈毀業，民苦無鹽，復從官般法矣。

夢莘恬於榮進，每念生於靖康之亂，四歲而江西阻訌，母襁負亡去，得免。思究見顛末，乃網羅舊聞，會粹同異，爲三朝北盟會編二百五十卷（四），自政和七年海上之盟，訖紹興三十一年完顏亮之斃，上下四十五年，凡曰敕、曰制、誥、詔、國書、書疏、奏議、記序、碑志，登載靡遺。帝聞而嘉之，擢直秘閣。

夢莘平生多所著，有集補，有會錄，有讀書記志（五），有集醫錄，有集仙錄，皆以「儒榮」冠之（六）。其嗜學博文，蓋孜孜焉死而後已者。開禧元年秋八月，卒，年八十二。夢莘弟得之，從子天麟。

得之字思叔，淳熙十年舉進士。部使者以廉吏薦，以通直郎致仕。安貧樂分，不貪不躁。著左氏國紀、史記年紀，作具敝篋筆略、鼓吹詞、郴江志。

天麟字仲祥，開禧元年進士。調撫州教授，歷湖廣總領所幹辦公事、臨安府教授、浙西





提舉常平司幹官，主管禮兵部架閣、宗學諭、武學博士。輪對，言人主當持心以敬。奉祠仙都觀，通判惠、潭二州，權英德府，權發遣廣西轉運判官。所至興學明教，有惠政。

著西漢會要七十卷、東漢會要四十卷、漢兵本末一卷、西漢地理疏六卷、山經三十卷。既謝官，作亭蕭灘之上，畫嚴子陵像而事之。

李心傳字微之，宗正寺簿舜臣之子也。慶元元年薦于鄉，既下第，絕意不復應舉，閉戶著書。

晚因崔與之、許奕、魏了翁等合前後二十三人之薦，自制置司敦遣至闕下。爲史館校勘，賜進士出身，專修中興四朝帝紀。甫成其三，因言者罷，添差通判成都府。尋遷著作佐郎，兼四川制置司參議官。詔無入議幕，許辟官置局，踵修十三朝會要。端平三年成書。召赴闕，爲工部侍郎，言：

臣聞「大兵之後，必有凶年」。蓋其殺戮之多，賦斂之重，使斯民怨怒之氣，上干陰陽之和，至於此極也。陛下所宜與諸大臣掃除亂政，與民更始，以爲消惡運、迎善祥之計。而法弊未嘗更張，民勞不加振德，既無能改於其舊，而殆有甚焉。故帝德未至於罔愆，朝綱或苦於多素，廉平之吏，所在鮮見，而貪利無恥，敢於爲惡之人，挾敵與兵，四面而起，以求逞其所欲。如此而望五福來備，百穀用成，是緣木而求魚也。

臣考致旱之由：曰和糴增多而民怨，曰流散無所歸而民怨，曰檢稅不盡實而民怨，曰籍貲不以罪而民怨。凡此皆起於大兵之後，而勢未有以消之，故愈積而愈極也。成湯聖主也，而桑林之禱，猶以六事自責。陛下願治，七年于此，災祥飢饉，史不絕書，其故何哉？朝令夕改，靡有常規，則政不節矣；行齋居送，略無罷日，則使民疾矣；陪都園廟，工作甚殷，則土木營矣；潛邸女冠，聲焰茲熾，則女謁盛矣；珍玩之獻，罕聞卻絕，則包苴行矣；鯁切之言，類多厭棄，則讒夫昌矣。此六事者一或有焉，猶足以致旱。願亟降罪己之詔，修六事以回天心。羣臣之中有獻聚斂剽竊之論以求進者，必重黜之，俾不得以上誣聖德，則旱雖烈，猶可弭也。然民怨於內，敵逼於外，事窮勢迫，何所不至！陛下雖謀臣如雲，猛將如雨，亦不知所以爲策矣。

帝從之。未幾，復以言去，奉祠居潮州。淳祐元年罷祠，復予，又罷。三年，致仕。卒，年七十有八。

心傳有史才，通故實，然其作吳獵、項安世傳，褒貶有愧秉筆之旨。蓋其志常重川蜀，而薄東南之士云。





所著成書，有高宗繫年錄二百卷、學易編五卷、誦詩訓五卷、春秋考十三卷、禮辨二十三卷、讀史考十二卷、舊聞證誤十五卷、朝野雜記四十卷、道命錄五卷、西陲泰定錄九十卷、辨南遷錄一卷、詩文一百卷。

葉味道初諱賀孫，以字行，更字知道，溫州人。少刻志好古學，師事朱熹。試禮部第一。時僞學禁行，味道對學制策，率本程頤無所避。知舉胡紘見而黜之，曰：「此必僞徒也。」既下第，復從熹于武夷山中。學禁開，登嘉定十三年進士第，調鄂州教授。

理宗訪問熹之徒及所著書，部使者遂以味道行誼聞，差主管三省架閣文字。遷宗學諭，輪對，言：「人主之務學，天下之福也。必堅志氣以守所學，謹幾微以驗所學，正綱常以勵所學，用忠言以充所學。」至若口奏，則又述帝王傳心之要，與四代作歌作銘之旨，其終有曰：「言宣則力減，文勝則意虛。」從臣有薦味道可爲講官，乃授太學博士，兼崇政殿說書。

故事，說書之職止於通鑑，而不及經。味道請先說論語，詔從之。帝忽問鬼神之理，疑伯有之事涉於誕。味道對曰：「陰陽二氣之散聚，雖天地不能易。有死而猶不散者，其常也。有不得其死而鬱結不散者，其變也。故聖人設爲宗祧，以別親疏遠邇，正所以教民親

愛，參贊化育。今伯有得罪而死，其氣不散，爲妖爲厲，使國人上下爲之不寧，於是爲之立子洩以奉其後，則庶乎鬼有所知，而神莫不寧矣。」蓋諷皇子竑事也。

三京用師，廷臣邊閫交進機會之說。味道進議狀，以爲：「開邊浸闊，應援倍難，科配日繁，餽餉日迫，民一不堪命，龐勛、黃巢之禍立見，是先搖其本，無益於外也。」經筵奏事，無日不申言之，而洛師尋以敗聞。於是人謂味道見微慮遠。

味道所奏陳，無一言不開導引翼，求切於君身；旁引折旋，推致於治道。遷秘書著作佐郎而卒。訃聞，帝震悼，出內帑銀帛賻其喪，升一官以任其後，故事所未有也。

所著四書說、大學講義、祭法宗廟享郊社外傳、經筵口奏、故事講義。

王應麟字伯厚，慶元府人。九歲通六經，淳祐元年舉進士，從王埜受學。

調西安主簿，民以年少易視之，輸賦後時。應麟白郡守，繩以法，遂立辦。諸校欲爲亂，知縣事翁甫倉皇計不知所出，應麟以禮諭服之。差監平江百萬東倉。調浙西提舉常平茶鹽主管帳司，部使者鄭霖異待之。丁父憂，服除，調揚州教授。

初，應麟登第，言曰：「今之事舉子業者，沽名譽，得則一切委棄，制度典故漫不省，非國





家所望於通儒。」於是閉門發憤，誓以博學宏辭科自見，假館閣書讀之。寶祐四年中是科。應麟與弟應鳳同日生，開慶元年亦中是科，詔褒諭之，添差浙西安撫司幹辦公事。

帝御集英殿策士，召應麟覆考。考第既上，帝欲易第七卷置其首。應麟讀之，乃頓首曰：「是卷古誼若龜鏡，忠肝如鐵石，臣敢爲得士賀。」遂以第七卷爲首選。及唱名，乃文天祥也。遷主管三省、樞密院架閣文字。

遷國子錄，進武學博士，疏言：「陛下閱理多，願治久。當事勢之艱，輿圖蹙於外患，人才乏而民力殫，宜強爲善，增修德，無自沮怠，恢弘士氣，下情畢達，操綱紀而明委任，謹左右而防壅蔽，求哲人以輔後嗣。」既對，帝問其父名，曰：「爾父以陳善爲忠，可謂繼美。」丁大全欲致應麟，不可得。遷太常寺主簿，面對，言：「淮戍方警，蜀道孔艱，海表上流皆有藩籬脣齒之憂。軍功未集而吝賞，民力既困而重斂，非修攘計也。陛下勿以宴安自逸，勿以容悅之言自寬。」帝憮然曰：「邊事甚可憂。」應麟言：「無事深憂，臨事不懼。願汲汲預防，毋爲壅蔽所欺。」時大全諱言邊事，於是應麟罷。

未幾，大全敗，起應麟通判台州。召爲太常博士，擢秘書郎，俄兼沂靖惠王府教授。彗星見，應詔極論執政、侍從、臺諫之罪，積私財、行公田之害。又言：「應天變莫先回人心，回人心莫先受直言。箝天下之口，沮直臣之氣，如應天何？」時直言者多迕權臣意，故應麟及之。遷著作佐郎。

度宗卽位，攝禮部郎官，草百官表。舊制，請聽政，四表已上；一夕入臨，宰臣諭旨增撰三表，應麟操筆立就。丞相總護還，辭位表三道，使者立以俟，應麟從容授之。丞相驚服，卽授兼禮部郎官、兼直學士院。

馬廷鸞知貢舉，詔應麟兼權直，俄兼崇政殿說書。遷著作郎，守軍器少監。經筵値人日雪，帝問有何故事，應麟以唐李嶠、李乂等應制詩對。因奏：「春雪過多，民生飢寒，方寸仁愛，宜謹感召。」遷將作監。

帝視朝，謂應麟曰：「爲學要灼見古人之心。」應麟對曰：「嚴恭寅畏，不敢怠皇，克勤克儉，無自縱逸，強以馭下，制事以斷，此古人之心。然操舍易忽於眇綿，兢業每忘於游衍。」帝嘉納之。既而轉對，言：「人君防未萌之欲，存不已之誠。」擢兼侍立修注官，升權直學士院，遷秘書少監兼侍講。上疏論市舶，不報。

會賈似道拜平章事，葉夢鼎、江萬里各求去，似道亦求去。應麟奏，孝宗朝闕相者亦逾年，帝亟取以諭之。似道聞應麟言，大惡之，語包恢曰：「我去朝士若王伯厚者多矣，但此人素著文學名，不欲使天下謂我棄士。彼盍思少自貶！」恢以告，應麟笑曰：「迕相之患小，負君之罪大。」遷起居舍人，兼權中書舍人。多雷，應麟言：「十月之雷，惟東漢數見。命令





不專，姦宄並進，卑踰尊，外陵內之象。當清天君，謹天命，體天德，以回天心。守成必法祖宗，御治必總威福。」似道聞之，斥逐之意決矣。

應麟牒閤門直前奏對，謂用人莫先察君子小人。方袖疏待班，臺臣亟疏駁之，由是二史直前之制遂廢。以秘閣修撰主管崇禧觀。

久之，起知徽州。其父撝嘗守是郡，父老皆曰：「此淸白太守子也。」摧豪右，省租賦，民大悅。

召爲秘書監，權中書舍人，力辭，不許。兼國史編修、實錄檢討兼侍講。遷起居郎兼權吏部侍郎，指陳成敗逆順之說，且曰：「國家所恃者大江，襄、樊其喉舌，議不容緩。朝廷方從容如常時，事幾一失，豈能自安？」朝臣無以邊事言者，帝不懼。似道復謀斥逐，適應麟以母憂去。

及似道潰師江上，授中書舍人兼直學士院，卽引疏陳十事，急征討、明政刑、厲廉恥、通下情、求將材、練軍實、備糧餉、舉實材、擇牧守、防海道，其目也。且言：「圖大患者必略細故，求實效者必去虛文。」因請集諸路勤王之師，有能率先而至者，宜厚賞以作勇敢之氣，幷力進戰，惟能戰斯可守。進兼同修國史、實錄院同修撰兼侍讀，遷禮部侍郎兼中書舍人。日食，應詔論答天戒五事，陳備禦十策，皆不及用。

尋轉尚書兼給事中。左丞相留夢炎用徐囊爲御史，擢江西制置使黃萬石等，應麟繳奏曰：「囊與夢炎同鄉，有私人之嫌；萬石麤戾無學，南昌失守，誤國罪大。今方欲引以自助，善類爲所搏噬者，必攜持而去。吳浚貪墨輕躁，豈宜用之？況夢炎舛令慢諫，讜言弗敢告，今之賣降者，多其任用之士。」疏再上，不報。出闕俟命，再奏曰：「因危急而紊紀綱，以偏見而咈公議，臣封駁不行，與大臣異論，勢不當留。」疏入，又不報，遂東歸。

詔中使譚純德以翰林學士召，識者以爲奪其要路，寵以清秩，非所以待賢者。應麟亦力辭。後二十年卒。

所著有深寧集一百卷、玉堂類藁二十三卷、掖垣類藁二十二卷、詩考五卷、詩地理攷五卷、漢藝文志攷證十卷、通鑑地理攷一百卷、通鑑地理通釋十六卷、通鑑答問四卷、困學紀聞二十卷、蒙訓七十卷、集解踐阼篇、補注急就篇六卷、補注王會篇、小學紺珠十卷、玉海二百卷、詞學指南四卷、詞學題苑四十卷、筆海四十卷、姓氏急就篇六卷、漢制攷四卷、六經天文編六卷、小學諷詠四卷。





黃震字東發，慶元府慈溪人。寶祐四年登進士第。調吳縣尉。吳多豪勢家，告私債則以屬尉，民多飢凍窘苦，死尉卒手。震至，不受貴家告。府檄攝其縣。及攝長洲、華亭，皆有聲。

浙東提舉常平王華甫辟主管帳司文字。時錢庚孫守常，朱熠守平江，吳君擢守嘉興，皆倚嬖倖厲民。華甫病革，彊起劾罷三人，震贊之也。沿海制置司辟幹辦、提領浙西鹽事，不就。改辟提領鎭江轉般倉分司。公田法行，改提領官田所，言不便，不聽，復轉般倉職。

入爲點校贍軍激賞酒庫所檢察官。擢史館檢閱，與修寧宗、理宗兩朝國史、實錄。輪對，言當時之大弊：曰民窮，曰兵弱，曰財匱，曰士大夫無恥。乞罷給度僧人道士牒，使其徒老死即消弭之，收其田入，可以富軍國，紓民力。時宮中建內道場，故首及此。帝怒，批降三秩，即出國門。用諫官言，得寢。

出通判廣德軍。初，孝宗班朱熹社倉法於天下，而廣德則官置此倉。民困於納息，至以息爲本，而息皆橫取，民窮至自經。人以爲熹之法，不敢議。震曰：「不然。法出於堯、舜、三代聖人，猶有變通，安有先儒爲法，不思捄其弊耶？況熹法，社倉歸之於民，而官不得與。官雖不與，而終有納息之患。」震爲別買田六百畝，以其租代社倉息，約非凶年不貸，而貸者不取息。

郡有祠山廟，歲合江、淮之民禱祈者數十萬，其牲皆用牛。郡惡少挾兵刃舞牲迎神爲常，門爭致犯法。其俗又有自嬰桎梏、自拷掠以徼福者，震見，問之，乃兵卒。責自狀其罪，卒曰：「本無罪。」震曰：「爾罪多，不敢對人言，特告神以免罪耳。」杖之示衆。又其俗有所謂埋藏會者，爲坎於庭，深廣皆五尺，以所祭牛及器皿數百納其中，覆以牛革，封鐍一夕，明發視之，失所在。震以爲妖，而殺牛淫祀非法，言之諸司，禁絕之。郡守賈蕃世以權相從子驕縱不法，震數與爭論是非，蕃世積不堪，疏震撓政，坐解官。

尋通判紹興府，獲海寇，僇之。撫州饑起，震知其州，單車疾馳，中道約富人耆老集城中，毋過某日。至則大書「閉糶者籍，彊糴者斬」，揭于市，坐驛舍署文書，不入州治，不抑米價，價日損。親煑粥食餓者。請于朝，給爵賞旌勞者，而後入視州事。轉運司下州糴米七萬石，震曰：「民生蹶矣，豈宜重困之。」以沒官田三莊所入應之。若補刻六經、儀禮，修復朱熹祠，樹晏殊里門曰「舊學坊」，制祭社稷器，復風雷祀，勸民種麥，禁競渡船，焚千三百餘艘，用其丁鐵創軍營五百間，皆善政也。

詔增秩，遂升提舉常平倉司。舊有結關拒逮捕事繫郡獄二十有八年，存者十無三四，以事關尚書省，無敢決其獄者，以結關爲作亂也。震謂結關猶他郡之結甲也，非作亂比，況已經數赦，於是皆釋之。新城與光澤地犬牙相入，民夾溪而處，歲常忿鬥爭漁。會知縣事蹇雄爲政擾民，因相結拒，起焚掠。震乃劾罷雄，諭其民散去。初，常平有慈幼局，爲貧而





棄子者設，久而名存實亡。震謂收哺於既棄之後，不若先其未棄保全之。乃損益舊法，凡當免而貧者，許里胥請于官贍之，棄者許人收養，官出粟給所收家，成活者衆。震論役法，先令縣覈民產業，不使下戶受抑於上戶。大興水利，廢陂、壞堰及爲豪右所占者，復之。

改提點刑獄，決滯獄，清民訟，赫然如神明。有貴家害民，震按之，貴家怨。又彊發富人粟與民，富人亦怨。御史中丞陳堅以讒者言，劾震去；讒者，乃怨震者也。遂奉雲臺祠。賈似道罷相，以宗正寺簿召，將與俞浙並爲監察御史，有內戚畏震直，止之，而浙亦以直言去。

移浙東提舉常平，鎭安飢民，折盜賊萌芽。時皇叔大父福王與芮判紹興府，遂兼王府長史。震奏曰：「朝廷之制，尊卑不同，而紀綱不可紊。外雖藩王，監司得言之。今爲其屬，豈敢察其非，奈何自臣復壞其法？」固不拜長史。命進侍左郎官及宗正少卿，皆不拜。

震嘗告人曰：「非聖人之書不可觀，無益之詩文不作可也。」居官恆未明視事，事至立決。自奉儉薄，人有急難，則周之不少吝。所著日抄一百卷。卒，門人私謚曰文潔先生。

校勘記

〔一〕婺州金華人　「州」原作「川」。按金華屬婺州，見本書卷八八地理志，本卷何基傳也作「婺州金

華」，「川」字誤，今改。

〔二〕擬道學志 「學」字原脫，據王柏魯齋集阮元聲序、附錄葉由庚王柏壙誌補。

〔三〕江左淵源 「左」原作「右」，據同上二文改。

〔四〕二百五十卷 原作「三百五十卷」。按樓鑰攻媿集卷一〇八徐夢莘墓誌銘作「二百五十卷」；三朝北盟會編分政宣上帙二十五卷、靖康中帙七十五卷、炎興下帙一百五十卷，共二百五十卷，今存。據改。

〔五〕讀書記志 按攻媿集卷一〇八徐夢莘墓誌銘作「讀書記忘」。

〔六〕皆以儒榮冠之 「儒榮」原作「儒學」。據攻媿集卷一〇八徐夢莘墓誌銘，徐夢莘取詞命褒語名所居堂爲「儒榮」，又將所著書籍「皆以儒榮冠其目」。此處「儒學」當爲「儒榮」之誤，據改。



# 宋史卷四百三十九

## 列傳第一百九十八

### 文苑一

宋白 梁周翰 朱昂 趙隣幾 何承裕附 鄭起 郭昱 馬應

和峴 弟㠓附 馮吉

自古創業垂統之君，即其一時之好尚，而一代之規橅，可以豫知矣。藝祖革命，首用文吏而奪武臣之權，宋之尚文，端本乎此。太宗、眞宗其在藩邸，已有好學之名，作其即位，彌文日增。自時厥後，子孫相承，上之爲人君者，無不典學；下之爲人臣者，自宰相以至令錄，無不擢科，海內文士彬彬輩出焉。

國初，楊億、劉筠猶襲唐人聲律之體，柳開、穆脩志欲變古而力弗逮。廬陵歐陽脩出，以古文倡，臨川王安石、眉山蘇軾、南豐曾鞏起而和之，宋文日趨於古矣。南渡文氣不及東





都，豈不足以觀世變歟！作文苑傳。

宋白字太素，大名人。年十三，善屬文。多游鄠、杜間，嘗館于張瓊家，瓊武人，賞白有才，遇之甚厚。白豪俊，尚氣節，重交友，在詞場名稱甚著。

建隆二年，竇儀典貢部，擢進士甲科。乾德初，獻文百軸，試拔萃高等，解褐授著作佐郎，廷賜襲衣、犀帶。蜀平，授玉津縣令。開寶中，閻丕、王洞交薦其才，宜預朝列。白以親老，祈外任，連知蒲城、衛南二縣。

太宗潛藩時，白嘗贄文，有襲衣之賜；及即位，擢爲左拾遺，權知兗州，歲餘召還。泰山有唐玄宗刻銘，白摹本以獻，且述承平東人望幸之意。預修太祖實錄，俄直史館，判吏部南曹。從征太原，判行在御史臺。劉繼元降，翌日，奏平晉頌，太宗夜召至行宮褒慰，且曰：「俟還京師，當以璽書授職。」白謝于幄中。尋拜中書舍人，賜金紫。

太平興國五年，與程羽同知貢舉，俄充史館修撰，判館事。八年，復典貢部，改集賢殿直學士，判院事。未幾，召入翰林爲學士。雍熙中，召白與李昉集諸文士纂文苑英華一千卷。端拱初，加禮部侍郎，又知貢舉。白凡三掌貢士，頗致譏議，然所得士如蘇易簡、王禹

偁、胡宿、李宗諤輩，皆其人也。是時，命復舊制，專委有司，白所取二十八人，罷退既衆，羣議囂然。太宗遽召已黜者臨軒覆試，連放馬國祥、葉齊等八百餘人焉。

白嘗過何承矩家，方陳倡優飲宴。有進士趙慶者，素無行檢，游承矩之門，因潛出拜白，求爲薦名。及掌貢部，慶遂獲薦，人多指以爲辭。又女弟適王沔，淳化二年，沔罷參知政事。時寇準方詆訐求進，故沔被出，復言白家用黃金器蓋舉人所賂，其實白嘗奉詔撰錢惟濬碑，得塗金器爾。

張去華者，白同年生也，坐尼道安〔一〕事貶。白素與去華厚善，遂出爲保大軍節度行軍司馬。踰年，抗疏自陳，有「來日苦少，去日苦多」之語，太宗覽而憫之，召還爲衞尉卿，俄復拜爲禮部侍郎，修國史。至道初，爲翰林學士承旨。二年，遷戶部侍郎，俄兼秘書監。眞宗卽位，改吏部侍郎，判昭文館。

先是，白獻擬陸贄牓子集，上察其意，欲求任用，遂命知開封府以試之，既而白倦於聽斷，求罷任。咸平四年，擢王欽若、馮拯、陳堯叟入掌機要，以白宿舊，拜禮部尚書。白學問宏博，屬文敏贍，然辭意放蕩，少法度。在內署久，頗厭番直，草辭疏略，多不愜旨。景德二年，與梁周翰俱罷，拜刑部尚書、集賢院學士、判院事。舊三館學士止五日內殿起居，會錢易上言，悉令赴外朝。白羸老步梗，就班足跌，未幾，抗表引年。上以舊臣眷顧



未允，再上表辭，乃以兵部尚書致仕，因就宰臣訪問其資產，慮其匱乏，時白繼母尙無恙，上東封，白肩輿辭於北苑，召對久之，進吏部尚書，賜帛五十匹。

大中祥符三年，丁內艱。五年正月，卒，年七十七，贈左僕射。錄其孫懿孫爲將作監主簿，孝孫試秘書省校書郎，從子唐臣試正字。

白善談謔，不拘小節，贍濟親族，撫卹孤藐，世稱其雍睦。聚書數萬卷，圖畫亦多奇古者。嘗類故事千餘門，號建章集。唐賢編集遺落者，白多纘綴之。後進之有文藝者，必極意稱奬，時彥多宗之，如胡旦、田錫皆出其門下。陳彭年舉進士，輕俊喜嘲謗，白惡其爲人，黜落之，彭年憾焉，後居近侍，爲貢舉條制，多所關防，蓋爲白設也。會有司謚白爲文憲，內出密奏言白素無檢操，遂改文安。有集百卷。

子憲臣，國子博士；得臣，賜進士及第，至太常丞；良臣，爲太子中舍；忠臣，殿中丞。

梁周翰字元褒，鄭州管城人。父彥温，廷州〔三〕馬步軍都校。周翰幼好學，十歲能屬詞。周廣順二年，舉進士，授虞城主簿，辭疾不赴。宰相范質、王溥以其聞人，不當佐外邑，改開封府戶曹參軍。宋初，質、溥仍爲相，引爲秘書郎，直史館。



時左拾遺、知制誥高錫上封，議武成王廟配亨七十二賢，內王僧辯以不令終，恐非全德。尋詔吏部尙書張昭、工部尙書竇儀與錫重銓定，功業終始無瑕者方得預焉。周翰上言曰：

臣聞天地以來，覆載之內，聖賢交騖，古今同流，校其顚末，鮮克具美。周公，聖人也，佐武王定天下，輔成王致治平，盛德大勳，蟠天極地。外則淮夷搆難，內則管、蔡流言。蹇尾跋胡，垂至顚頓；偃禾仆木，僅得辨明。此可謂之盡美哉？臣以爲非也。孔子，聖人也，删詩、書，定禮、樂，祖述堯、舜，憲章文、武。卒以棲遲去魯，奔走厄陳，雖試用於定、哀，曾不容於季、孟。又嘗履盜跖之虎尾，聞南子之佩聲，遠辱愼名，未見其可。此又可謂其盡善者哉？臣以爲非也。自餘區區後賢，瑣瑣立事，比於二聖，曾何足云，而欲責其磨涅不渝、始卒如一者，臣竊以爲難其人矣。

昉自唐室，崇祀太公。原其用意，蓋以天下雖大，不可去兵；域中有爭，未能無戰。資其佑民之道，立乎爲武之宗，覬張國威，遂進王號。貞元之際，祀典益修，因以歷代武臣陪饗廟貌，如文宣釋奠之制，有弟子列侍之儀，事雖不經，義足垂勸。況於曩日，不乏通賢，疑難討論，亦云折中。今若求其考類，別立否臧，以羔袖之小疵，忘狐裘之大善，恐其所選，僅有可存。



只如樂毅、廉頗，皆奔亡而爲虜；韓信、彭越，悉菹醢而受誅。白起則錫劍杜郵，伍員則浮尸江澨。左車亦僨軍之將，孫臏實刑餘之人。穰苴則僨卒齊庭，吳起則非命楚國。周勃稱重，有置甲尙方之疑；陳平善謀，蒙受金諸將之謗。亞夫則死於獄吏，鄧艾則追於檻車。李廣後期而自剄，竇嬰樹黨而喪身。鄧禹敗於回溪，終身無董戎之寄；馬援死於蠻徼，還尸闕遺奠之儀。其餘諸葛亮之儔，事偏方之主；王景略之輩，佐閏位之君。關羽則爲仇國所禽，張飛則遭帳下所害。凡此名將，悉皆人雄，苟欲指瑕，誰當無累，或從澄汰，盡可棄捐。況其功業穹隆，名稱烜赫。樵夫牧稚，咸所聞知；列將通侯，竊所思慕。若一旦除去神位，擯出祠庭，吹毛求異代之疵，投袂忿古人之惡，必使時情頓惑，竊議交興。景行高山，更奚瞻於往躅；英魂烈魄，將有恨於明時。

況伏陛下方厲軍威，將遏亂略，講求兵法，締搆武祠，蓋所以勸激戎臣，資假陰助。忽使長廊虛邈，僅有可圖之形；中殿前空，不見配食之坐。似非允當，臣竊惑焉。深惟事貴得中，用資體要，若今之可以議古，恐來者亦能非今。願納臣微忠，特追明敕，乞下此疏，廷議其長。

不報。

乾德中，獻擬制二十編，擢爲右拾遺。會修大內，上五鳳樓賦，人多傳誦之。五代以來，文體卑弱，周翰與高錫、柳開、范杲習尙淳古，齊名友善，當時有「高、梁、柳、范」之稱。初，太祖嘗識彥温於軍中，石守信亦與彥温舊故。一日，太祖語守信，將用周翰掌誥，守信微露其言，周翰遽上表謝。太祖怒，遂寢其命。

歷通判綿、眉二州，在眉州坐杖人至死，奪二官，起授太子左贊善大夫。開寶三年，遷右拾遺，監綾錦院，改左補闕兼知大理正事。會將郊祀，因上疏曰：「陛下再郊上帝，必覃赦宥。臣以天下至大，其中有慶澤所未及、節文所未該者，所宜推而廣之。方今賦稅所入至多，加以科變之物，名品非一，調發供輸，不無重困。且西蜀、淮南、荆、潭、廣、桂之地，皆以爲王土，陛下誠能以三方所得之利，減諸道租賦之入，則庶乎均德澤而寬民力矣。」俄坐杖錦工過差，爲其所訴，太祖甚怒，責之曰：「爾豈不知人之膚血與己無異，何乃遽爲酷罰！」將杖之，周翰自言：「臣負天下才名，不當如是。」太祖乃解，止左授司農寺丞〔三〕。逾年，爲太子中允。

太平興國中，知蘇州。周翰善音律，喜摴博，惟以飲戲爲務。州有伶官錢氏，家數百人，日令百人供妓，每出，必以殺具自隨。郡務不治，以本官分司西京。踰月，授左贊善大夫，仍分司。俄除楚州團練副使。雍熙中，宰相李昉以其名聞，召爲右補闕，賜緋魚，使江、



淮提點茶鹽。

周翰以辭學爲流輩所許，頻歷外任，不樂吏事。會翰林學士宋白等列奏其有史才，遭回下位，遂命兼史館修撰。會太宗親試貢士，周翰爲考官，面賜金紫，因語宰相，稱其有文，尋遷起居舍人。淳化五年〔四〕，張佖建議復置左右史之職，乃命周翰與李宗諤分領之。周翰兼起居郎，因上言：「自今崇政〔五〕、長春殿皇帝宣諭之言，侍臣論列之事，望依舊中書修爲時政記。其樞密院事涉機密，亦令本院編纂，每至月終送史館。自餘百司凡于對拜、除改、沿革、制置之事，悉條報本院，以備編錄。仍令郎與舍人分直崇政殿，以記言動，別爲起居注，每月先進御，後降付史館。」從之。起居注進御，自周翰等始也。周翰蚤有時譽，久擯廢，及被除擢，尤洽時論。

會考課京朝官，有敢隱前犯者，皆除名爲民。周翰被譴尤多，所上有司偶遺一事，當免。判館楊徽之率三館學士詣相府，以爲周翰非故有規避，其實所犯頻繁，不能悉記，於是止罰金百斤。

先是，趙安易建議於西川鑄大鐵錢，以一當十，周翰上言：「古者貨、幣、錢三者兼用，若錢少於貨、幣，即鑄大錢，或當百，或當五十，蓋欲廣其錢而足用爾。今不若使蜀民貿易者，凡鐵錢一止作一錢用，官中市物即以兩錢當一。又西川患在少鹽，請於益州置榷院，入物交易，則公私通濟矣。」至道中，遷工部郎中。



眞宗在儲宮知其名，徵之，時爲左庶子，因令取其所爲文章，周翰悉纂以獻，上答以書；及即位，未行慶，首擢爲駕部郎中、知制誥，俄判史館、昭文館。咸平三年，召入翰林爲學士，受詔與趙安易同修屬籍。唐末喪亂，籍譜罕存，無所取則，周翰創意爲之，頗有倫貫。車駕幸澶淵，命判留司御史臺，周翰懇求扈從，從之。明年，授給事中，與宋白俱罷學士。大中祥符元年，遷工部侍郎。踰年，被疾卒，年八十一。眞宗憫之，錄其子忠寶爲大理評事，給奉終喪。

周翰性疏儁卞急，臨事過於嚴暴，故多曠敗。晚年才思稍減，書詔多不稱旨。有集五十卷及續因話錄。

朱昂字舉之，其先京兆人，世家渼陂，唐天復末，徙家南陽。梁祖篡唐，父葆光與唐舊臣顏蕘、李濤數輩挈家南渡，寓潭州。每正旦夕至，必序立南嶽祠前，北望號慟，殆二十年。後濤北歸，葆光樂衡山之勝，遂往家焉。

昂少與熊若谷、鄧洵美同學。朱遵度好讀書，人號之爲「朱萬卷」，目昂爲「小萬卷」。



昂嘗閒行經廬陵，道遇異人，謂之曰：「中原不久當有眞主平一天下，子仕至四品，安用南爲？」遂北游江、淮。時周世宗南征，韓令坤統兵至揚州，昂謁見，陳治亂方略，令坤奇之，署權知揚州揚子縣〔六〕。適兵革之際，逃亡過半，昂便宜綏輯，復逋亡者七千餘家，令坤即表授本縣令。

宋初，爲衡州錄事參軍，嘗讀陶潛閑情賦而慕之，因廣其辭曰：

維稟氣兮清濁，獨得意兮虛徐。耳何聰兮無瑱，衣何散兮無裾。務冥懷於得喪，寧勤體乎畚畚。將使同方姬、孔，抗跡孫、蘧。精騖廣漠，心游太虛。傲朝曦兮南榮，遡夕飆兮北疏。非道之病，惟情之舒。

繇是含穎懷粹，凝和習懿。器龠淪兮幽憂，德芬馨兮周比。井無渫兮泉融，珠潛輝兮川媚。又何必陋雄之尙玄，笑奕之心醉，悲墨之素絲，嘆展之下位？苟因時之明揚，乃斯文之不墜。

睇煙景兮飄飄，心懸旌兮搖搖。感朝榮而夕落，嗟響蛩而鳴蜩。姑藏器以有待，因寄物而長謠。願在首而爲弁，束玄髮而未衰。會名器之有得，與纓珥兮相宜。願在足而爲舄，何坎險之櫂憂。欲效勤於豎亥，思追踵於浮丘。願在服而爲袂，傳縉素而飾躬。異化緇之色涅，寧拭面而道窮。願在目而爲鑑，分妍醜於崇朝。驚青陽之難

久，庶白首以見招。願在地而爲簟，當暑溽而冰寒。伊膚革之尙疚，胡寤寐以求安？願在觴而爲醴，不亂德而溺眞。體虛受之爲器，革澆性以歸淳。願在握而爲劍，每輔祚而保裾。殊鉛銛之効用，比硎刃而有餘。願在橐而爲矢，美筈羽之斯全。嚆懋勳而錫晉，射窮壘而衄燕。願在體而爲裘，託針縷以成功。非珍華而取飾，將被服而有容。願在軒而爲篁，貫歲寒而不改。挺介節以自持，廓虛心而有待。

人之願兮蹇繁，我之心兮若此。蓄爲志兮璞藏，發爲文兮霧委。旣持瑾兮掌瑜，復擷蘭兮蘊芷。始無言兮植杖，終俛首兮嗟髀。振襟兮自適，覿物兮解頤。雲無心兮遐舉，蘿倚榦兮叢滋。想陵谷之變地，況玄黃之易絲。人可汰而可鍛，已不磷而不緇。苟一鳴而驚人，何五鼎而勿飴？

已而擁膝淸嘯，傾懷自寬。樞桑戶蓽兮差樂，鳩飛梭躍兮胡難。指夜蟾兮爲伍，仰疏籟兮邀歡。何孫牧而伊耕？何巢箕而呂磻？滌我慮兮綠綺，淸我眠兮琅玕。周旋兮有則，徙倚兮可觀。終卷舒兮自得，契休哉於考槃。

李昉知州事，暇日多召語，且以文爲贄，昉深所嗟賞。歷官城令。開寶中，拜太子洗馬，知蓬州，徙廣安軍。會渠州妖賊李仙衆萬人，劫掠軍界，昂設策禽之。自餘果、合、渝、涪四州民連結爲妖者，置不問，蜀民遂安。宰相薛居正稱其能，遷殿中丞、知泗州。





嘗作隋河辭，謂濬決之病民，游觀之傷財，乃天意之所以亡隋也。使隋不興役費財以害其民，則安得有今日之利哉！

嘗聚淮水流屍三千，爲塚瘞之。有戍卒謀亂，昂誅其首惡，凡支黨之詿誤者悉貫之。就遷監察御史、江南轉運副使。太平興國二年，知鄂州，加殿中侍御史，爲峽路轉運副使，就改庫部員外郎，遷轉運使。端拱二年，以本官直秘閣，賜金紫。久之，出知復州，表求謝事，不許。遷水部郞中，復請老，召還，再直秘閣，尋兼越王府記室參軍。

眞宗卽位，遷秩司封郎中，俄知制誥，判史館，受詔編次三館秘閣書籍，旣畢，加吏部。咸平二年，召入翰林爲學士。踰年，拜章乞骸骨，召對，敦諭，請彌確，乃拜工部侍郎致仕。翌日，遣使就第賜器幣，給全奉，詔本府歲時存問，章奏聽附驛以聞。命其子正辭知公安縣，以便侍養，許歸江陵。舊制，致仕官止謝殿門外，昂特延見命坐，恩禮甚厚。令俟秋涼上道，遣中使賜宴于玉津園，兩制三館皆預，仍詔賦詩餞行，縉紳榮之。

昂前後所得奉賜，以三之一購奇書，以諷誦爲樂。及是閒居，自稱退叟，著資理論三卷上之，詔以其書付史館。弟協以純謹著稱，仕至主客郞中、雍王府翊善。昂以書招之，協亦告老歸。兄弟皆眉壽，時人比漢之二疏。知府陳堯咨署其居曰東、西致政坊。昂於所居建二亭：曰知止，曰幽棲。頗好釋氏書。晚歲自爲墓誌。景德四年，卒，年八十三，門人謚曰正裕先生。詔加賻贈，錄其孫适出身。

昂好學，純厚有淸節，澹於榮利，爲洗馬十五年，不以屑意。居內署，非公事不至兩府。在王邸時，眞宗居儲宮，知其素守，故每加褒進，然昂未嘗有所私請，進退存禮，士類多之。有集三十卷。子正彝、正辭並登進士第，正基虞部員外郎。

趙鄰幾字亞之，鄆州須城人，家世爲農。鄰幾少好學，能屬文，嘗作禹別九州賦，凡萬餘言，人多傳誦。

周顯德二年，舉進士，解褐秘書省校書郎，歷許州、宋州從事。太平興國初，召爲左贊善大夫、直史館，改宗正丞。四年，郭贄、宋白授中書舍人，告謝日交薦之，俄而鄰幾獻頌，上覽而嘉之，遷左補闕、知制誥，數月卒，年五十九。中使護葬。

鄰幾體貌尫弱，如不勝衣。爲文浩博，慕徐、庾及王、楊、盧、駱之體，每搆思，必斂衽危坐，成千言始下筆。屬對精切，致意縝密，時輩咸推服之。及掌誥命，頗繁富冗長，不達體要，無稱職之譽。

常欲追補唐武宗以來實錄，孜孜訪求遺事，殆廢寢食，會疾革，唯以書未成爲恨。至淳





化中，參知政事蘇易簡因言及鄰幾追補唐實錄事，鄰幾一子東之，以蔭補郎山主簿，部送軍糧詣北邊，沒焉，其家屬寄居睢陽。太宗遣直史館錢熙往取其書，得鄰幾所補會昌以來日曆二十六卷及文集三十四卷，所著鯫子一卷、六帝年略一卷、史氏懋官志五卷，並他書五十餘卷來上，皆塗竄之筆也。詔賜其家錢十萬。

時又有何承裕者，晉天福末，擢進士第，有淸才，好爲歌詩，而嗜酒狂逸。初爲中都主簿，桑維翰鎭兗州，知其眞率，不責以吏事。累官至著作佐郎，直史館，出爲盩厔、咸陽二縣令，醉則露首跨牛趨府，府尹王彥超以其名士而容之，然爲治淸而不煩，民頗安焉。每覽牒訴，必戲判以喩曲直，訴者多心伏引去。往往召豪吏接坐，引滿，吏因醉挾私白事，承裕悟之，笑曰：「此見罔也，當受杖。」杖訖，復召與飲。其無檢多類此。開寶三年，自涇陽令入爲監察御史，後歷侍御史，累知忠、萬、商三州。太平興國中，卒。

鄭起字孟隆，不知何許人。少游京、洛間，佻薄無檢操。聞襄州雙泉寺僧能爲黃金，往依焉，遂削髮爲侍者。久之，知其誑燿，乃反初服，舉進士。時舉子多尙詩賦，惟起有文七

軸，歌詩尤淸麗。周廣順初，調補尉氏主簿，秩滿，以書干宰相范質，薦爲右拾遺、直史館。恭帝初，遷殿中侍御史。

乾德初，出掌泗州市征。刺史張延範檢校司徒，官吏呼以「太保」。起貧，常乘騾。一日，從延範出近郊送客，延範揖起曰：「請策馬令進。」起曰：「此騾也，不當過呼耳。」以譏延範，延範深銜之，密奏起嗜酒廢職。

初，顯德末，起見太祖握禁兵，有人望，乃上書范質，極言其事。又嘗遇太祖於路，橫絕前導而過，太祖亦弗之怒。及延範奏至，出爲河西令。會蜀平，當徙遠官，起不欲往，乃炙烙其足，因是成疾而卒。

起負才倨傲，多所詆訐，數爲羣小窘辱，終亦不改。

時有郭昱者，好爲古文，狹中詭僻。周顯德中，登進士第。恥赴常選，獻書於宰相趙普，自比巢、由，朝議惡其矯激，故久不調。後復伺普，望塵自陳，普笑謂人曰：「今日甚榮，得巢、由拜於馬首。」開寶末，普出鎭河陽，昱詣薛居正上書，極言謗普，居正奏之，詔署襄州觀察推官。潘美鎭襄陽，討金陵，以昱隨軍。昱中夜被酒號叫，軍中皆驚，翌日，美遣還。歲餘，坐盜用官錢，除名，因居襄陽，游索樊、鄧間。雍熙中，卒。





又有馬應者，薄有文藝，多服道士衣，自稱「先生」。開寶初，倣元結中興頌作勃興頌，以述太祖下荆、湖之功，欲刊石於永州結頌之側，縣令惡其夸誕，不以聞。太平興國初，登第，授大理評事，坐事除名，羈旅積年。淳化中，以詩干同年殿中丞牛景，景因奏上，太宗覽而嘉之，復授大理評事，未幾卒。

又有穎贄、董淳、劉從義善爲文章，張翼、譚用之善爲詩，張之翰善牋啓。贄拔萃登科，至太子中允。淳爲工部員外郎、直史館，奉詔撰孟昶紀事。從義多藏書，嘗纘長安碑文爲遺風集二十卷。餘皆官不達。

和峴字晦仁，開封浚儀人。父凝，晉宰相、太子太傅、魯國公。峴生之年，適會凝入翰林、加金紫、知貢舉，凝喜曰：「我平生美事，三者併集，此子宜於我也。」因名之曰三美。七歲，以門蔭爲左千牛備身，遷著作佐郎。漢乾祐初，加朝散階。十六，登朝爲著作郎。丁父憂，服闋，拜太常丞。建隆初，授太常博士，從祀南郊，贊導乘輿，進退閑雅，太祖謂近侍曰：「此誰氏之子，熟於贊相？」左右即以峴門閥對。俄拜刑部員外郎兼博士，仍判太常寺。

乾德元年十一月甲子，有事于南郊。丁丑冬至，有司復請祀昊天上帝，詔峴議其禮，峴以祭義戒於煩數，請罷之。二年，議孝明、孝惠二后神主祔于別廟，峴以舊禮有二后同廟之文，無各殿異室之說，今二后同祔別廟，亦宜共殿別室。孝明皇后嘗母儀天下，宜居上室；孝惠皇后止以追尊，當居次室。從之。三年春，初克夔州，以內衣庫使李光睿權知州，峴通判州事。代還，是歲十二月十四日戊戌臘，有司以七日辛卯蜡百神，峴獻議正之。四年，南郊，峴建議望燎位置爟火。

又嘗言「依舊典，宗廟殿庭設宮縣三十六架，加鼓吹熊羆十二案，朝會登歌用五瑞，郊廟奠獻用四瑞，迴仗至樓前奏采茨之曲，御樓奏隆安之曲，各用樂章」。復舉唐故事，宗廟祭科外別設珍膳，用申孝享之意。又請「八佾之舞以象文德武功，請用玄德升聞、天下大定二舞」。並從其議。事具禮、樂志。

先是，王朴、竇儼洞曉音樂，前代不協律呂者多所考正。朴、儼既沒，未有繼其職者。會太祖以雅樂聲高，詔峴講求其理，以均節之，自是八音和暢，上甚嘉之。語具律志。樂器中有叉手笛者，上意欲增入雅樂，峴即令樂工調品，以諧律呂，其執持之狀如拱揖然，請目曰「拱辰管」，詔備于樂府。





開寶初，遷司勳員外郎，權知泗州，判吏部南曹，歷夔、晉二州通判。九年，江南平，受詔採訪。太宗即位，遷主客郎中。太平興國二年，知兗州，改京東轉運使。

峴性苛刻鄙吝，好殖財，復輕侮人，嘗以官船載私貨販易規利。初爲判官鄭同度論奏，既而彰信軍節度劉遇亦上言，按得實，坐削籍，配隸汝州。

六年，起爲太常丞，分司西京，復階勳章服。端拱初，上躬耕籍田，峴奉留司賀表至闕下，因以其所著奉常集五卷、秘閣集二十卷、注釋武成王廟贊五卷奏御，上甚嘉之，復授主客郎中，判太常寺兼禮儀院事。

是秋得暴疾，卒，年五十六。弟㠓。

㠓字顯仁，凝第四子也。生五六歲，凝敎之誦古詩賦，一歷輒不忘。試令詠物爲四句詩，頗有思致，凝歎賞而奇之，語峴曰：「此兒他日必以文章顯，吾老矣不見，汝曹善保護之。」

太平興國八年，擢進士第，釋褐霍丘主簿。雍熙初，知崇仁縣，就拜大理評事。江南轉運楊緘以其材幹奏，移知南昌縣。代還，刑部取爲詳覆官，遷光祿寺丞。

先是，凝嘗取古今史傳聽訟斷獄、辨雪寃枉等事著爲疑獄集，㠓因增益事類，分爲三卷，表上之。俄獻所著文賦五十軸，召試中書，擢爲太子中允。先是，馮起撰御前登第三牓碑以獻，上甚稱獎，命直史館。淳化初，㠓又撰七牓題名記，并補注凝所撰古今孝悌集成十卷以獻，遂以本官直集賢院，中謝日，賜緋魚。三年春，獻觀燈賦，詔付史館，遷右正言。

是歲，太宗親試貢士，㠓預考校，作歌以獻，上對宰相稱賞之，召問年幾何。時摹印儒行篇，以賜新及第人及三館、臺省官，皆上表稱謝。上時御便坐，出表以示宰相，而㠓與張洎尤稱上旨，因謂李昉曰：「㠓，宰相子，勤學自立，有文章，能荷堂構，如㠓者不可多得也。」遂以本官知制誥。不踰年，加水部員外郎，知理檢院。至道元年，賜金紫，與王旦同判吏部銓。是秋，晨起將朝，風眩暴作而卒，年四十五。上聞之驚歎，遣中使就家問疾狀，并恤其孤，賵賻加等。長子珙纔十歲，卽授大理評事；次子璥，補太廟齋郎。

㠓好修飾容儀，自五鼓張燈燭至辨色，冠帶方畢。雖幼能屬文，殊少警策，每草制，必精思討索而後成，拘於引類偶對，頗失典誥之體。上以其貴家子能業文，甚寵待之，欲召入翰林，謂近臣曰：「㠓眸子眊眊然，胸中必不正，不可以居近侍也。」其命遂寢。

㠓弟嵲始爲三班奉職，淳化中，獻文求試，上以故相之後，改授大理評事。





馮吉字惟一，河南洛陽人。父道，周太師、中書令，追封瀛王。吉，晉天福初以父任秘書省校書郎，遷膳部、金部、職方員外郎，屯田、戶部、司勳郎中，累階金紫。周顯德中，遷太常少卿。

吉嗜學，善屬文，工草隸，議者以掌誥許之。然性滑稽無操行，每中書舍人缺，宰相卽欲用吉，終以佻薄而止。

雅好琵琶，尤臻其妙，教坊供奉號名手者亦莫能及。父常戒令勿習，吉性所好，亦不能改。道欲辱之，因家宴，令吉奏琵琶爲壽，賜以束帛，吉置於肩，左抱琵琶，按膝再拜如伶官狀，了無作色，家人皆大笑。

及爲少卿，頗不得意，以杯酒自娛。每朝士宴集，雖不召亦常自至，酒酣卽彈琵琶，彈罷賦詩，詩成起舞。時人愛其俊逸，謂之「三絕」。

宋初，受詔撰述明憲皇太后謚議，見稱於時。建隆四年，卒，年四十五。

## 校勘記

〔一〕道安　二字原倒，據本書卷四四一徐鉉傳、宋會要職官六四之八改。

〔二〕延州　按後周無「延州」，疑誤。

〔三〕左授司農寺丞　「左授」二字原倒。按宋制沒有左司農寺，東都事略卷三八本傳作「左遷司農寺丞」，據改。

〔四〕淳化五年　「淳化」二字原脫，據長編卷三五補。

〔五〕崇政　原作「崇德」，據長編卷三五、東都事略卷三八本傳改。

〔六〕揚子縣　按寰宇記卷一三〇謂唐揚子縣，南唐改爲永貞縣。夏竦文莊集卷二八朱昂行狀作「永貞縣」。

# 宋史卷四百四十

## 列傳第一百九十九

### 文苑二

高頔　李度　韓溥　鞠常　宋準　柳開　夏侯嘉正　羅處約
安德裕　錢熙

高頔字子奇，開封雍丘人。後唐清泰中舉進士，同輩紿之曰：「何不從裴僕射求知乎？」時裴皞以左僕射致仕，後進無至其門者。頔性純樸，信其言，以文贄於皞。明年，禮部侍郎馬裔孫知貢舉，乃皞門下生也。皞以頔語之，遂擢乙科，四遷魏博觀察支使。周顯德中，符彥卿奏署掌書記。時太宗親迎懿德皇后于大名，彥卿遣頔迎候，日夕陪接，尤伸款好。後隨彥卿鎮鳳翔，會詔留彥卿洛陽，頔復爲天雄軍掌書記。後以病免，居於魏。



雍熙二年，太宗親試貢士，頔子南金舉學究，自陳曰：「臣父年八十四，嘗佐使幕，久已罷職，家貧無以存養。願賜一第，庶獲寸祿，以及老父。」上問左右，其父何人？宰相宋琪以頔對，且言其素行廉介，老而彌厲，甚爲搢紳推重。上曰：「此高頔子耶！頔在大名幕中，嘗與朕遊處，迨踰旬月。晨暮對案飲食，常拱手危坐，未嘗少懈，其恭謹蓋天性也。惜其老矣，不欲煩以官政。」即擢南金第，拜頔左補闕致仕，賜錢十萬。後卒于家。

頔有清節，力學彊記，手寫書千餘卷。彥卿待之甚厚，或過致優給，頔計口受費，餘皆不納。彥卿左右多肆貪虐，民不能堪，及彥卿罷鎮，其故時將吏、賓客皆心愧，無敢復遊魏者。惟頔清苦守法，魏人愛之，在魏三十年，無一人言其非者。所乘馬老，以麋飼之。僕夫年七十，待之如初。時稱其長者。

次子鼎，舉進士，至殿中丞。

李度，河南洛陽人。周顯德中舉進士。度工於詩，有「醉輕浮世事，老重故鄉人」之句。時翰林學士申文炳知貢舉，樞密使王朴移書錄其句以薦之，文炳即擢度爲第三人。釋褐永寧縣主簿。



累遷殿中丞、知歙州。坐事左遷絳州團練使，十年不調。度在歙州，嘗以所著詩刻於石，有中黃門得其石本，傳入禁中，太宗見之，謂宰相曰：「度今安在？」即令召至，對於便殿，與語甚悅，擢爲虞部員外郎，直史館，賜緋。端拱初，籍田畢，交州黎桓加恩，命度借太常少卿充官告國信副使，上賜詩以寵行。未至交州，卒于太平軍傳舍，年五十七。

度之南使，每至州府，即借圖經觀其勝迹，皆形篇詩，以上所賜詩有「奉使南遊多好景」之句，遂題爲奉使南遊集，未成編而亡。

弟康亦善詩，太平興國二年，登進士第，官至太子右贊善大夫。

韓溥，京兆長安人，唐相休之裔孫。少俊敏，善屬文。周顯德初，舉進士，累遷歷使府。開寶三年，自靜難軍掌書記召爲監察御史，三遷至庫部員外郎，知華州，同判靈州，再轉司門郎中。淳化二年，被病，表請辭職尋醫，許之。溥博學，善持論，詳練臺閣故事，多知唐朝氏族，與人談亹亹然可聽，號爲「近世肉譜」，搢紳頗推重之。尤善筆札，人多藏其尺牘。弟洎亦進士及第。



鞠常字可久，密州高密人。祖眞，黃縣令。父慶孫，申州團練判官，有詩名。常少好學，善屬文。漢乾祐二年，擢進士第，裁二十一，釋褐祕書省校書郎。周廣順中，宰相范質奏充集賢校理，出爲鄆州觀察支使，歷永興軍節度掌書記、伊陽令。顯德四年，詣闕進策，召試，復授猗氏令，遷蔡州防禦判官，復宰介休、魏縣。開寶中，趙普爲相，擢爲著作佐郎。時任此官，惟常與楊徽之、李若拙、趙隣幾四人，皆有名於時。常應舉時，著四時成歲賦萬餘言，又爲春蘭賦，頗存興託。後爲清河令。七年，卒，年四十七。

子仲謀，字有開，雍熙中進士，有材幹，歷御史、東京守推官、陝西轉運，至兵部員外郎。仲謀集其父所爲文成二十卷。

弟愉，周廣順中進士，與常齊名。

宋準字子平，開封雍丘人。祖彥升，庫部員外郎。父鵬，祕書郎。準，開寶中舉進士。翰林學士李昉知貢舉，擢準甲科。會貢士徐士廉擊登聞鼓，訴昉用情取捨非當。太祖(二)

怒，召準復試于便殿，見準形神偉茂，程試敏速，甚嘉之，以爲宜首冠俊造，由是復擢準甲科，卽授祕書省校書郎[三]，直史館。

八年，受詔修定諸道圖經。俄奉使契丹，復命稱旨。明年，出知南平軍，會改軍爲太平州，依前知州事，就加著作佐郎。太平興國四年，遷著作郎，通判梓州，轉左拾遺，歸朝預修諸書。八年，同知貢舉，出爲河北轉運使，歲餘，以本官知制誥。雍熙中，加主客員外郎，復預知貢舉，俄判大理寺。四年，被病，遷金部郎中，罷知制誥。端拱二年卒，年五十二，賜錢百萬。

準美風儀，善談論，辭采淸麗，涖官所至，皆有治聲。盧多遜之南流也，李穆坐同門生黜免，左右無敢言者。準因奏事，盛言穆長者，有檢操，常惡多遜專恣，固非其黨也。上寤，未幾，盡復穆舊官。時論以此稱之。天禧三年，錄其子大年試祕書省校書郎。

準從弟可觀，金部郎中。族子郊、祁，並天聖二年進士甲科，別有傳。

柳開字仲塗，大名人。父承翰，乾德初監察御史。開幼穎異，有膽勇。周顯德末，侍父任南樂，夜與家人立庭中，有盜入室，衆恐不敢動，開裁十三，亟取劍逐之，盜踰垣出，開揮





刃斷二足指。

既就學，喜討論經義。五代文格淺弱，慕韓愈、柳宗元爲文，因名肩愈，字紹先[四]。既而改名字，以爲能開聖道之塗也。著書自號東郊野夫，又號補亡先生，作二傳以見意。尙氣自任，不顧小節，所交皆一時豪俊。范杲好古學，尤重開文，世稱爲「柳、范」。王祐知大名，開以文贄，大蒙賞激。楊昭儉、盧多遜並加延獎。開寶六年舉進士，補宋州司寇參軍，以治獄稱職，遷本州錄事參軍。太平興國中，擢右贊善大夫。會征太原，督楚、泗八州運糧。選知常州，遷殿中丞，徙潤州，拜監察御史。召還，知貝州，轉殿中侍御史。雍熙二年，坐與監軍忿爭，貶上蔡令。

會大舉北征，開部送軍糧，將至涿州，有契丹酋長領萬騎與米信戰，相持不解，俄遣使給言求降，開謂信曰：「兵法云：『無約而請和，謀也。』彼將有謀，急攻之必勝。」信遲疑不決。踰二日，賊復引兵挑戰，後偵知果以矢盡，俟取于幽州也。師還，詣闕上書，願從邊軍效死，太宗憐之，復授殿中侍御史。

雍熙中，使河北，因抗疏曰：「臣受非常恩，未有以報，年裁四十，膽力方壯。今契丹未滅，願陛下賜臣步騎數千，任以河北用兵之地，必能出生入死，爲陛下復幽薊，雖身沒戰場，臣之願也。」上以五代戰爭以來，自節鎭至刺史皆用武臣，多不曉政事，人受其弊。欲兼用文士，乃以侍御史鄭宣、戶部員外郎趙載、司門員外郎劉墀並爲如京使，左拾遺劉慶爲西京作坊使，開爲崇儀使、知寧邊軍。

徙全州。全西溪洞[五]有粟氏，聚族五百餘人，常鈔掠民口糧畜，開爲作衣帶巾帽，選牙吏勇辯者得三輩，使入諭之曰：「爾能歸我，卽有厚賞，給田爲屋處之；不然，發兵深入，滅爾類矣。」粟氏懼，留二吏爲質，率其酋四人與一吏偕來。開厚其犒賜，吏民爭以鼓吹飲之。居數日遣還，如期攜老幼悉至。開卽賦其居業，作時鑑一篇，刻石戒之。遣其酋入朝，授本州上佐。賜開錢三十萬。

淳化初，移知桂州。初，開在全州，有卒訟開，開卽杖背黥面送闕下。有司言卒罪不及徒，召開下御史獄劾繫，削二官，黜爲復州團練副使，移滁州。復舊官，知環州。三年，移邠州。時調民輦送趣環、慶，已再運，民皆蕩析產業，轉運使復督後運，民數千人入州署號訴。開貽書轉運使曰：「開近離環州，知芻糧之數不增，大兵可支四年。今竈農方作，再運半發，老幼疲弊，畜乘困竭，奈何又苦之？不罷，開卽馳詣闕下，白於上前矣。」卒罷之。又知曹、邢二州。

眞宗卽位，加如京使，歸朝，命知代州。上言曰：

國家創業將四十年，陛下紹二聖之祚，精求至治。若守舊規，斯未盡善；能立新





法，乃顯神機。

臣以益州稍靜，望陛下選賢能以鎭之，必須望重有威，卽羣小畏服。又西鄙今雖歸明，他日未可必保，苟有翻覆，須得人制禦，若以契丹比議，爲患更深。何者？契丹則君臣久定，蕃、漢久分，縱萌南顧之心，亦須自有思慮。西鄙積恨未泯，貪心不悛，其下猖狂，競謀兇惡，侵漁未必知足，姑息未能感恩，望常預備之。以良將守其要害，以厚賜足其貪婪，以撫慰來其情，以寬假息其念。多命人使西入甘、涼，厚結其心，爲我聲援，如有動靜，使其掩襲，令彼有後顧之憂，乃可制其輕動。今甲兵雖衆，不及太祖之時人人練習，謀臣猛將則又縣殊，是以比年西北屢遭侵擾。養育則月費甚廣，征戰則軍捷未聞。誠願訓練禁戎，使如往日，行伍必求於勇敢，指顧無縱於後先，失律者悉誅，獲功者必賞，偏裨主將不威嚴者去之。聽斷之暇，親臨殿庭，更召貔虎，使其擊刺馳驟，以彰神武之盛。

臣又以宰相、樞密，朝廷大臣，委之必無疑，用之必至當。銓總僚屬，評品職官，內則主管百司，外則分治四海。今京朝官則別置審官，供奉、殿直則別立三班，刑部不令詳斷，別立審刑，宣徽一司全同散地。大臣不獲親信，小臣乃謂至公。至如銀臺一司，舊屬樞密，近年改制，職掌甚多，加倍置人，事則依舊，別無利害，慮有變更。

臣欲望停審官、三班，復委中書、樞密、宣徽院，銀臺司復歸樞密，審刑院復歸刑部，去其繁細，省其頭目。

又京府大都，萬方軌則，望仍舊貫，選委親賢。今皇族宗子悉多成長，但令優逸，無以試材，宜委之外藩，擇文武忠直之士，爲左右贊弼之任。

又天下州縣官吏不均，或冗長至多，或歲年久闕。欲望縣四千戶已上選朝官知，三千戶已上選京官知。省去主簿，令縣尉兼領其事。自餘通判、監軍〔三〕、巡檢、監臨使臣並酌量省減，免虛費於利祿，仍均濟於職官。

又人情貪競，時態輕浮，雖骨肉之至親，臨勢利而多變。同僚之內，多或不和，伺隙則致于傾危，患難則全無相救，仁義之風蕩然不復。欲望明頒告諭，各使改更，庶厚化原，永敦政本。

恭惟太祖神武，太宗聖文，光掩百王，威加萬國，無賢不用，無事不知。望陛下開豁聖懷，如天如海，可斷即斷，合行即行，愛惜忠直之臣，體察姦諛之黨。臣久塵著位，寖荷恩寵，辭狂理拙，唯聖明恕之！

開至州，葺城壘戰具，諸將多沮議不協。開謂其從子曰：「吾觀昴宿有光，雲多從北來犯境上，寇將至矣。吾聞師克在和，今諸將怨我，一旦寇至，必危我矣。」即求換郡，徙忻州刺史。及契丹犯邊，開上書，又請車駕觀兵河朔。四年，徙滄州，道病首瘍卒，年五十四。



錄其子涉爲三班奉職。

開善射，喜弈棋。有集十五卷。作家戒千餘言，刻石以訓諸子。性倜儻重義。在大名，嘗過酒肆飲，有士人在旁，辭貌稍異，開詢其名，則至自京師，以貧不克葬其親，聞王祐篤義，將丐之。問所費，曰：「二十萬足矣。」開即罄所有，得白金百餘兩，益錢數萬遺之。

開兄肩吾，至御史。肩吾三子，湜、灝、沆並進士第，灝祕書丞。

夏侯嘉正字會之，江陵人，少有俊才。太平興國中，舉進士，歷官至著作佐郎。使于巴陵，爲洞庭賦曰：

楚之南有水曰洞庭，環帶五郡，淼不知其幾百里。臣乙酉夏使岳陽，抵湖上，思構賦。明日披襟而觀之，則翼然動，促然跂，慄然駭，愕然眙。怳若駕春雲而軼霓，浩若浮汗漫而朝躋。退若據泰山之安，進若履千仞之危。懵若無識，智若通徹。跛若不倚，蹌若將馳。耳不及掩，目不暇逃，情悸心嬉。二三日而後，神始宅，氣始正，若此不敢以賦爲事者二年，然眷眷不已。



一日登崇丘，望大澤，有雲崪兮興，欻兮止。興止未霽，忽若有遇。由是濆陽輝，沐芳澤，覯一異人于巖之際，霞爲裾，雲爲袂，冰膚雪肌，金玦玉珮，浮丘、羨門，斯實其對。

因言曰：「若非好辭者耶？」臣曰：「然。」「然則若智有所不通，識有所不窮，用不通不窮而循乎無端之紀，若得無殆乎？」臣又曰：「然。」「然志極則物應，思精則道來，嘉若之勤無譁談，吾爲若稱云：『太極之生，曰地曰天。中含五精，五精之用而水居一焉。水之疏，邇則爲江兮，遠則爲河；積則爲瀦兮，總則爲湖。若今所謂洞庭者，傑立而孤，廓然如無區，其大無徒。含陽字陰，玄神之都。曖曖昧昧，百川不敢逾。有若臣者，有若賓者，有若僕者，有若子者，有若附庸者，有若娣姒者。若禹會塗山，武巡牧野，千出百會，咸處麾下。每六合澄靜，中流迴睨。莽莽蒼蒼，纖靄不翳。太陽望舒，出沒其間。萬頃咸沸，彊而名之爲巨澤，爲長川，爲水府，爲大淵。縱之不踰，跼之不卑。乍若賢人，以重自持。誘之不前，犯之愈堅。又若良將，以謀守邊。澎澎濞濞，浩爾一致。又若太始，未有仁義。冲冲漠漠，二氣交錯。又若混沌，凝然未鑿。此乃方輿之心胸，溟海之郛郭也。三代之前，其氣淩落。浩浩滔天，與物迴薄。滅木襄陵，無際無廓。上帝降鑒，巨人斯作。乃命玄夷，授禹之機。隧山陻谷，滌源暢微。然後若金在鎔，若木在工，流精成器，夫何不通。是澤之設，允執厥中。既巽其性，遂得其正。有升有降，有動有靜。』」



臣應之曰：「升降動靜，可得聞乎？」神曰：「水之性非圓非方，非柔非剛，非直非曲，非玄非黃。劃象爲坎，本乎羲皇。外婉而固，内健而彰。降以姤始，升以復張。其靜處陰，其動隨陽。六府之甲，萬化之綱。式觀是澤，乃知天常。若乃四序之變，九夏攸處。烘然而炎，沸然而煑。羣物鴻洞，爍爲隆暑。澤之作，頎然其容，若去若住，若茹若吐。靈趣怪覯，杳不可覩。蒸之爲雲，散之爲雨。倏忽萬象，如還太古。眞可嘉也。若乃秋之爲神，素氣清泚。肅肅翛翛，羣籟四起。澤之動，黝然其委，若挺若倚，若行若止。巽宮離離，爲之騰風。蒼梧崇崇，爲之供雲。四顧一色，黯然氤氳。其聲瀰瀰，若商非商，若徵非徵。東湊海門，一浪千里。又足畏也。言其狀，則石然而骨，岸然而革。氣然而榮，洚然而脈。有山而心，有洞而腹。有玉而體，有珠而目。穹鼻孤島，呀口萬谷。臂帶三吳，足踸荆、巫。或跂然而望，或翼然而趨。彭蠡、震澤，詎可云乎？」

臣又問曰：「澤之態已聞命矣。水之族將如何居？」神曰：「大道變易，或文或質。沉潛自遂，其類非一。或被甲而邅，或曳裾而圓。或禿而跋，或角而蜿。或呑而呀，或呿而牙。或心以之蟹，或目以之蝦。或修臂而立，或橫鶩而疾。或髮於首，或髯於肘。或儼而莊，或毅而黝。彪彪玢玢，若大虛之含萬彙，各循其生而合乎羣者也。」

臣又問曰：「若神之資，其品何如也？」神曰：「清矣靜矣，麗矣至矣，邈難知矣。肇于古，古有所未達；形于今，今有所未察。非希夷合其心於自然，然後上天入地，把三根六。況水居陸處，夫何不燭。彼鞚鯉之賢，轡龍之仙，乃吾之肩也。其餘海若、天吳，陽侯、神胥，齪齪而遊，曾不我儔。」

臣又問曰：「易稱『王公設險』，是澤之險可以爲固。而歷代興衰，其義安取？」神曰：「天道以順不以逆，地道以謙不以盈。故治理之世，建仁爲旌，聚心爲城。而弧不暇弦，矛不暇鋒，四海以之而大同。何必恃險阻，何必據要衝？若秦得百二爲帝，齊得十二而王。其山爲金，其水爲湯。守之不義，欻然而亡。水不在大，恃之者敗。水不在徼，怙之者危。若漢疲於昆明，紂困於酒池，亦其類也。故黃帝張樂而興，三苗棄義而傾。則知洞庭之波以仁不以亂，以道不以賊，惟賢者觀其知而後得也。」

於是盤桓徙倚，凝精流視。罄以辭對，倏然而晦。

徐鉉見之，曰：「是玄虛之流也。」人多傳寫。

端拱初，太宗知其名，召試辭賦，擢爲右正言、直史館兼直祕閣，賜緋魚。元夕，上御乾元門觀燈，嘉正獻五言十韻詩，其末句云：「兩制誠堪羨，青雲侍玉輿。」上依韻和以賜之，





有「狹劣終雖舉，通才列上居」之句，議者以爲誚嘉正之好進也。未幾被病，詔以爲益王生辰使。所獲金幣，鬻得錢輦歸家，忽一緡自地起立，良久而仆，聞者異之。嘉正疾遂篤，月餘卒，年三十七。

子紓，太子中舍。

羅處約字思純，益州華陽人，唐酷吏希奭之裔孫。伯祖袞，唐末爲諫官。父濤，仕蜀爲升朝官。歸朝，至太常丞。處約嘗作黃老先六經論，曰：

先儒以太史公論道德，先黃、老而後六經，此其所以病也。某曰：「不然，道者何？無之稱也，無不由也。混成而仙，兩儀至虛而應萬物，不可致詰。況名之曰『道』，道既名矣，降而爲聖人者，爲能知來藏往，與天地準，故黃、老、姬、孔通稱焉。其體曰道，其用曰神，無適也，無莫也，一以貫之，胡先而尊，孰後而愧●」

「六經者，易以明人之權而本之於道；禮以節民之情，趣於性也；樂以和民之心，全天眞也；書以敍九疇之祕，煥二帝之美；春秋以正君臣而敦名教；詩以正風雅而存規戒。是道與六經一也。」

「矧仲尼祖述堯、舜，而況於帝鴻氏乎？華胥之治，太上之德，史傳詳矣。老聃世謂方外之教，然而與六經皆足以治國治身，清淨則得之矣。漢文之時，未遑學校，竇后以之而治，曹參得之而相，幾至措刑。且仲尼嘗問禮焉，俗儒或否其說。」

余曰：「春秋昭十七年，郯子來朝，仲尼從而學焉，俾後之人敦好問之旨。矧老子有道之士，周之史氏乎？余謂六經之教，化而不已則臻于大同，大道之行則蜡賓息歎。黃、老之與六經，孰爲先而孰爲後乎？又何必纏藉玉帛然後爲禮，筍虡鏞鼓然後爲樂乎？余謂太史公之志，斯見之矣。惡可以道之跡、儒之末相戾而疾其說？病之者可以觀徼，未可以觀妙。」

人多重之。

登第，爲臨渙主簿，再遷大理評事，知吳縣。王禹偁知長洲縣，日以詩什唱酬，蘇、杭間多傳誦。後並召赴闕，上自定題以試之，以禹偁爲右拾遺，處約著作郎，皆直史館，賜緋魚。會下詔求讜言，處約上奏曰：

伏覩今年春詔旨，責以諫官備員未嘗言事，雖九寺、三監之官，亦得盡其讜議。陛下虔恭勞神，厲精求理，力行王道，坐致太平。心先天而不違，德生民而未有，所以散玄黃之協氣，爲勳植之休祥，而猶不伐功成，屢求獻替，此眞唐堯、虞舜之用心也。





臣累日以來，趨朝之暇，或於卿士之內預聞時政之言，皆曰聖上以三司之中，邦計所屬，簿書既廣，綱條實繁，將求盡善之規，冀協酌中之道。竊聞省上言，欲置十二員判官兼領其職，貴各司其局，允執厥中。臣以三司之制非古也。蓋唐朝中葉之後，兵寇相仍，河朔不王，軍旅未弭，以賦調筦權之所出，故自尚書省分三司以董之。然國用所須，朝廷急務，故倏吏之屬倚注尤深。或重其位以處之，優其祿以寵之，黽勉從事者姑務其因循，盡瘁事國者或生於睚眦，因循則無補於國，睚眦則不協於時。或淺近之人用指瑕於心計，深識之士以多可爲身謀。蠹弊相沿，爲日已久。今若如十二員判官之說，亦從權救斃之一端也。

然而聖朝之政臻乎治平，當求稽古之規，以爲垂世之法。臣嘗讀說命之書，以爲「事不師古，匪說攸聞」，又二典曰：「若稽古帝堯。」「若稽古帝舜。」皆謂順考古道而致治平。以臣所見，莫若復尚書都省故事，其尚書丞郎、正郎、員外郎、主事、令史之屬，請依六典舊儀。以今三司錢刀粟帛筦權支度之事，均在二十四司，如此則各有司存，可以責其集事。今則金部、倉部安能知儲廩帑藏之盈虛，司田、司川孰能知屯役河渠之遠近，有名無實，積久生常。況此却復都省之事，下臣猶能僉知其可，況陛下聰明濬哲乎！

然議者以爲不行已久，難於改更，若斷自宸心，下於相府，都省之制，故典存焉。

上令下從，孰爲不可。蓋人者可與習常，難與適變；可與樂成，難與慮始。在周易有之：「天地革而四時成。」此言能改命而創制，及小人樂成則革面以順上矣。況三司之名興於近代，堆案盈几之籍，何嘗能省覽之乎？復就三司之中，更分置僚屬，則愈失其本原矣。今三司勾院即尚書省，比部元爲勾覆之司，周知內外經費，陛下若欲復之，則制度盡在。迨及九寺、三監多爲冗長之司，雖有其官，不舉其職。

伏望陛下當治平之日，建垂久之規，不煩更差使臣，別置公署。如此則名正而言順，言順而事成，省其冗員則息其經費，故書曰：「唐虞稽古，建官惟百。夏、商官倍，亦克用乂。」伏望法天地簡易之化，建洪範大中之道，可以億萬斯年，垂衣裳而端拱矣。

受詔荊湖路巡撫，欲以苛察立名，所奏劾甚衆，官吏多被黜責。淳化三年，卒，年三十三。

初，濟爲開封府司錄，太宗尹京，頗嘉其彊幹。太平興國中，處約與兄賁同舉進士，上臨試，知賁，濟之子，遂置之高等。八年，處約復登第。賁後至員外郎。

處約形神豐碩，見者加重，雖有詞采而急於進用，時論亦以此薄之。卒後，蘇易簡、王禹偁集其文，凡十卷，題曰東觀集。禹偁爲序，易簡表上之，詔付史館。

蜀士又有嚴儲者，太平興國中進士，後直史館，使河北督軍糧，陷于契丹。





安德裕字益之，一字師皐，河南人。父重榮，晉成德軍節度，五代史有傳。德裕生于眞定，未期，重榮舉兵敗，乳母抱逃水竇中。將出，爲守兵所得，執以見軍校秦習，習與重榮有舊，因匿之。習先養石守瓊爲子，及年壯無嗣，以德裕付瓊養之，因姓秦氏。習世兵家，以弓矢、狗馬爲事。德裕孩提即喜筆硯，遇文字輒爲誦讀聲，諸子不之齒，習獨異之。既成童，俾就學，遂博貫文史，精於禮、傳，嗜西漢書。習卒，德裕行三年服，然後還本姓。習家盡以橐裝與之，凡白金萬餘兩。德裕却之，曰：「斯秦氏之蓄，於我何有。丈夫當自樹功名，以取富貴，豈屑於他人所有耶！」聞者高之。

開寶二年，擢進士甲科，歸州軍事推官，歷大理寺丞、著作佐郎。太平興國中，累遷祕書丞，知廣濟軍。時軍城新建，德裕作軍記及圖經三卷，優詔嘉獎。俄改太常博士。八年，通判秦州，就知州事。雍熙初，遷主客員外郎，通判廣州，未行，宰相李昉言其有史才，即以本官直史館。端拱初，改金部員外郎。

淳化初，知開封縣，會備三館職，改直昭文館。三年春，廷試貢士，德裕與史館修撰梁周翰並爲考官，上顧宰相曰：「此皆有聞之士而老於郎署，周翰狹中，德裕嗜酒，朕聞其能改矣。」遂並賜金紫。俄遷司勳員外郎。至道初，德裕常作九絃琴五絃阮頌以獻，上稱其詞采古雅。至道三年，轉金部郎中，出知睦州，還判太府寺。咸平五年，卒，年六十三。

德裕性介潔，以風鑑自負。王禹偁、孫何皆初遊詞場，德裕力爲延譽。及領考試，何又其首選。然酣飲太過，故不被獎擢。有集四十卷。

錢熙字太雅，泉州南安人。父居讓，陳洪進署清溪令。熙幼穎悟，及長，博貫羣籍，善屬文。洪進嘉其才，以弟之子妻之。將署熙府職，辭不就，著楚鴈賦以見志。尋復辟爲巡官，專掌牋奏。

洪進歸朝，熙不敍舊職，舉進士。雍熙初，攜文謁宰相李昉，昉深加賞重，爲延譽于朝，令子宗諤與之游。明年，登甲科，補度州〔六〕觀察推官。代還，寇準掌吏部選，上封薦錢若水、陳充、王扶洎熙皆有文，得試中書，遷殿中丞，賜緋魚。著四夷來王賦以獻，凡萬餘言，太宗嘉之，即以本官直史館。

淳化中，參知政事蘇易簡對太宗言趙隣幾追補唐實錄，隣幾卒，家睢陽，即命熙乘傳而往，盡取其書來上。熙嘗與楊徽之言及張洎、錢若水將被進用，熙與劉昌言同鄉里，相親





善，又語及其事。昌言因以語洎，洎疑熙交構，訴之，熙坐削職，通判朗州，俄徙衡州，就改太常博士。眞宗即位，還右司諫。李宗諤、楊億素厚善熙，乃與梁顥、趙況、趙安仁同表請復熙舊職，不報。尋通判杭州，政多專達，爲轉運使所奏，徙通判越州。

熙負氣好學，善談笑，精筆札，狷躁務進。自罷職，因憤恚成疾，咸平三年，卒，年四十八。嘗擬古樂府，著雜言十數篇及措刑論，爲識者所許。有集十卷。

子蒙吉，亦進士及第。

## 校勘記

〔一〕太祖　原作「太宗」，據本書卷一五五選舉志、長編卷一四改。

〔二〕校書郎　原作「祕書郎」，據東都事略卷三八本傳、宋會要職官五一之一、長編卷一六改。

〔三〕因名肩愈字紹先　「肩」原作「肖」，「先」原作「元」，據柳開河東先生集卷二東郊野夫傳、卷一六附張景柳公行狀改。

〔四〕溪洞　原作「延洞」，據河東先生集卷一六附柳公行狀、隆平集卷一八本傳改。

〔五〕自餘通判監軍　「監軍」，河東先生集卷一〇上言時政表作「都監、監押」。

〔六〕度州　按宋無度州，疑有誤。

# 宋史卷四百四十一

## 列傳第二百

### 文苑三

陳充 吳淑 舒雅 黃夷簡 盧稹 謝炎 許洞附 徐鉉 句中正
曾致堯 刁衎 姚鉉 李建中 洪湛 路振 崔遵度 陳越

陳充字若虛，益州成都人。家素豪盛，少以聲酒自娛，不樂從官。邑人敦迫赴舉，至京師，有名場屋間。雍熙中，天府、禮部奏名皆爲進士之冠，廷試擢甲科，釋褐孟州觀察推官，就改掌書記。會寇準薦其文學，得召試，授殿中丞，出知朗州。入爲太常博士，直昭文館，遷工部、刑部員外郎。久病告滿，除籍，眞宗憐其貧病，令致仕，給半奉。未幾病間，守本官，仍充職，以久次遷兵部員外郎。景德中，與趙安仁同知貢舉，改工部、刑部郎中。大中祥符六年，以足疾不任朝謁，出權西京留守御史臺，旋以本官分司卒，年七十。





充詞學典贍，唐牛僧孺著善惡無餘論，言堯舜之善，伯鯀之惡，俱不能慶殃及其子，充因作論以反之，文多不載。

性曠達，善談謔，澹於榮利，自號「中庸子」。上頗熟其名，以疾故不登詞職。臨終自爲墓誌。有集二十卷。

吳淑字正儀，潤州丹陽人。父文正，事吳，至太子中允。好學，多自繕寫書。淑幼俊爽，屬文敏速。韓熙載、潘佑以文章著名江左，一見淑，深加器重。自是每有滯義，難於措詞者，必命淑賦述。以校書郎直內史。

江南平，歸朝，久不得調，甚窮窘。俄以近臣延薦，試學士院，授大理評事，預修太平御覽、太平廣記、文苑英華。一日，召對便殿，出古碑一編，令淑與呂文仲、杜鎬讀之。歷太府寺丞、著作佐郎。始置祕閣，以本官充校理。嘗獻九絃琴五絃阮頌，太宗賞其學問優博。又作事類賦百篇以獻，詔令注釋，淑分注成三十卷上之。遷水部員外郎。至道二年，兼掌起居舍人事，預修太宗實錄，再遷職方員外郎。

時諸路所上閏年圖，皆儀鸞司掌之，淑上言曰：「天下山川險要，皆王室之祕奧，國家之急務，故周禮職方氏掌天下圖籍。漢祖入關，蕭何收秦籍，由是周知險要。請以今閏年所納圖上職方。又州郡地里，犬牙相入，向者獨畫一州地形，則何以傅合他郡？望令諸路轉運使，每十年各畫本路圖一上職方。所冀天下險要，不窺牖而可知；九州輪廣，如指掌而斯在。」從之。會詔詢禦戎之策，淑抗疏請用古車戰法，上覽之，頗嘉其博學。咸平五年，卒，年五十六。

淑性純靜好古，詞學典雅。初，王師圍建業，城中乏食。里閈有與淑同宗者，舉家皆死，惟存二女孩。淑即收養如所生，及長，嫁之。時論多其義。有集十卷。善筆札，好篆籀，取說文有字義者千八百餘條，撰說文五義三卷。又著江淮異人錄三卷、祕閣閑談五卷。

子安節、讓夷、遵路皆進士及第。遵路官至祠部員外郎、祕閣校理。

舒雅字子正，久仕李氏。江左平，爲將作監丞，後充祕閣校理。好學，善屬文，與吳淑齊名。累遷職方員外郎，求出，得知舒州，仍賜金紫。恬於榮宦，州之灊山靈仙觀有神仙勝迹，郡秩滿，即請掌觀事。東封，就加主客郎中，改直昭文館，轉刑部。在觀累年，優游山水，吟詠自樂，時人美之。卒年七十餘。弟雄，端拱二年進士。





黃夷簡字明舉，福州人。父延樞，爲王審知從事，甚被親遇。嗣王延鈞以女妻之。錢氏取福州，署光祿卿。夷簡少孤，好學，有名於江東，爲錢惟治明州判官。太平興國初，隨錢俶來朝，授檢校祕書少監、元帥府掌書記，賜以襲衣、器幣、鞍勒、馬。八年，俶讓元帥，改授夷簡淮海國王府判官。雍熙四年，俶改封許王，出鎭南陽，加夷簡倉部員外郎，充許王府判官。

俶薨，歸朝，爲考功員外郎，累遷都官郎中，掌名表，人頗稱其得體。至道二年，上言浙右人無預館閣之職者，因自陳嘗勸錢俶入朝，詞甚懇激，太宗憐之，命直祕閣，俄判吏部南曹。咸平中，召試翰林，遷光祿少卿。

初，宰相張齊賢欲引夷簡與曾致堯並知制誥，有急制，値舍人出院，即封除目命夷簡草之，物議以爲不可，故但進秩而已。景德中，夷簡被病，告滿二百日，御史臺言當除籍，眞宗以其吳越舊僚，有詞學，且年老母在，特命續其月廩。大中祥符初，遷祕書少監。三年，丁內艱，上遣中使存問，賻贈有加，因請護母喪歸浙右，許之；且欲不絕其奉給，特授檢校祕書監、平江軍節度副使。踰年卒，年七十七。

夷簡喜談論，善屬文，尤工詩詠，老而不輟。嘗攝鴻臚卿，護許國長公主葬，在道，駙馬都尉魏咸信禮接甚薄，夷簡銜之，言於上云：「發引之日，以錢三十千遺臣治裝，不重王人，若有輕國命之意，臣拒不納。」上遣中使詰咸信，咸信言：「夷簡始受命，屢有求丐，又獻挽詞以希賂遺，臣皆不敢受，以是爲慊。」既而夷簡又貢歌詩一編，大率譏咸信吝嗇，且形于怨詛。復言所未受三十千錢，意欲索取。眞宗甚鄙之，且不欲其歌詩流布于外，命中書召夷簡對焚之。士大夫以是薄其爲人。

浙右士之秀者，又有盧稹、謝炎、許洞。

盧稹字叔微，杭州人。幼穎悟，七歲能詩，十二學屬文。及長，曉五經大義，酷嗜周易、孟子。端拱初，游京師，時徐絃以宿儒爲士子所宗，覽稹文甚奇之，爲延譽於朝。是年登進士第，調補眞定束鹿主簿。至府，值契丹圍城，未及赴官，卒，年二十七。嘗著五帝皇極志、孺子問、翼聖書數十篇。

謝炎字化南，蘇州嘉興人。父崇禮，泰寧軍掌書記。炎慕韓、柳爲文，與盧稹齊名，時謂之「盧、謝」。稹選懦，炎勁急，反相厚善。端拱初，舉進士，調補昭應主簿，徙伊闕，連知華容、公安二縣。卒，年三十四。有集二十卷。



許洞字洞天，蘇州吳縣人。父仲容，太子洗馬致仕。洞性疏儁，幼時習弓矢擊刺之伎，及長，折節勵學，尤精左氏傳。咸平三年進士，解褐雄武軍推官。嘗詣府白事，有卒踞坐不起，即杖之。時馬知節知州，洞又移書責知節，知節怒其狂狷不遜，會洞輒用公錢，奏除名。

歸吳中數年，日以酣飲爲事。嘗從民坊貰酒，一日大署壁作酒歌數百言，鄉人爭往觀，其酤數倍，乃盡捐洞所負。景德二年，獻所撰虎鈐經二十卷，應洞識韜略、運籌決勝科，以負譴報罷，就除均州參軍。大中祥符四年，祀汾陰，獻三盛禮賦，召試中書，改烏江縣主簿。卒，年四十二。有集一百卷。又著春秋釋幽五卷、演玄十卷。

徐鉉字鼎臣，揚州廣陵人。十歲能屬文，不妄游處，與韓熙載齊名，江東謂之「韓、徐」。仕吳爲校書郎，又仕南唐李昪父子，試知制誥，與宰相宋齊丘不協。時有得軍中書檄者，鉉及弟鍇評其援引不當。檄乃湯悅所作，悅與齊丘誣鉉、鍇洩機事，鉉坐貶泰州司戶掾，鍇貶爲烏江尉，俄復舊官。



時景命內臣車延規、傅宏營屯田於常、楚州，處事苛細，人不堪命，致盜賊羣起。命鉉乘傳巡撫。鉉至楚州，奏罷屯田，延規等懼，逃罪，鉉捕之急，權近側目。及捕得賊首，即斬之不俟報，坐專殺流舒州。周世宗南征，景徙鉉饒州，俄召爲太子右諭德，復知制誥，遷中書舍人。景死，事其子煜爲禮部侍郎，通署中書省事，歷尙書左丞、兵部侍郎、翰林學士、御史大夫、吏部尙書。

宋師圍金陵，煜遣鉉求緩兵。時煜將朱令贇將兵十餘萬自上江來援，煜以鉉既行，欲止令贇勿令東下。鉉曰：「此行未保必能濟難，江南所恃者援兵爾，奈何止之！」煜曰：「方求和解而復決戰，豈利於汝乎？」鉉曰：「要以社稷爲計，豈顧一介之使，置之度外可也。」煜泣而遣之。及至，雖不能緩兵，而入見辭歸，禮遇皆與常時同。及隨煜入覲，太祖責之，聲甚厲。鉉對曰：「臣爲江南大臣，國亡罪當死，不當問其他。」太祖歎曰：「忠臣也！事我當如李氏。」命爲太子率更令。

太平興國初，李昉獨直翰林，鉉直學士院。從征太原，軍中書詔塡委，鉉援筆無滯，辭理精當，時論能之。師還，加給事中。八年，出爲右散騎常侍，遷左常侍。淳化二年，廬州女僧道安誣鉉姦私事，道安坐不實抵罪，鉉亦貶靜難行軍司馬。

初，鉉至京師，見被毛褐者輒哂之，邠州苦寒，終不御毛褐，致冷疾。一日晨起方冠帶，



遽索筆手疏，約束後事，又別署曰：「道者，天地之母。」書訖而卒，年七十六。鉉無子，門人鄭文寶護其喪至汴，胡仲容歸其葬於南昌之西山。

鉉性簡淡寡欲，質直無矯飾，不喜釋氏而好神怪，有以此獻者，所求必如其請。鉉精小學，好李斯小篆，臻其妙，隸書亦工。嘗受詔與句中正、葛湍、王惟恭等同校說文，序曰：

許愼說文十四篇，并序目一篇，凡萬六百餘字，聖人之旨蓋云備矣。夫八卦既畫，萬象既分，則文字爲之大輅，載籍爲之六轡，先王教化所以行於百代，及物之功與造化均不可忽也。雖五帝之後改易殊體，六國之世文字異形，然猶存篆籀之迹，不失形類之本。及暴秦苛政，散隸聿興，便於末俗，人競師法。古文既變，巧僞日滋。至漢宣帝時，始命諸儒修倉頡之法，亦不能復。至光武時，馬援上疏論文字之譌謬，其言詳矣。及和帝時，申命賈逵修理舊文，於是許愼采史籀、李斯、楊雄之書，博訪通人，考之於逵，作說文解字，至安帝十五年始奏上之。而隸書之行已久，加以行、草、八分紛然間出，反以篆籀爲奇怪之迹，不復經心。

至於六籍舊文，相承傳寫，多求便俗，漸失本原。爾雅所載草、木、魚、鳥之名，肆志增益，不可觀矣。諸儒傳釋，亦非精究小學之徒，莫能矯正。

唐大曆中，李陽冰篆迹殊絕，獨冠古今，於是刊定說文，修正筆法，學者師慕，篆籀

中興。然頗排斥許氏，自爲臆說。夫以師心之獨見，破先儒之祖述，豈聖人之意乎？今之爲字學者，亦多陽冰之新義，所謂貴耳而賤目也。自唐末喪亂，經籍道息。有宋膺運，人文國典，粲然復興，以爲文字者六藝之本，當由古法，乃詔取許慎說文解字，精加詳校，垂憲百代。臣等敢竭愚陋，備加詳考。有許慎注義、序例中所載而諸部不見者，審知漏落，悉從補錄；復有經典相承傳寫及時俗要用而說文不載者，皆附益之，以廣篆籀之路。亦皆形聲相從、不違六書之義者。

其間說文具有正體而時俗譌變者，則具於注中。其有義理乖舛、違戾六書者，並列序於後，俾夫學者無或致疑。大抵此書務援古以正今，不徇今而違古。若乃高文大册，則宜以篆籀著之金石，至於常行簡牘，則草隸足矣。

又許慎注解，詞簡義奧，不可周知。陽冰之後，諸儒箋述有可取者，亦從附益；猶有未盡，則臣等粗爲訓釋，以成一家之書。

說文之時，未有反切，後人附益，互有異同。孫愐唐韻行之已久，今並以孫愐音切爲定，庶幾學者有所適從焉。

鍇亦善小學，嘗以許愼說文依四聲譜次爲十卷，目曰說文解字韻譜。鉉序之曰：



昔伏羲畫八卦而文字之端見矣，蒼頡模鳥迹而文字之形立矣。史籀作大篆以潤色之，李斯變小篆以簡易之，其美至矣。及程邈作隸而人競趣省，古法一變，字義浸譌。先儒許慎患其若此，故集倉、雅之學，研六書之旨，博訪通識，考於賈逵，作說文解字十五篇，凡萬六百字。字書精博，莫過於是，篆籀之體，極於斯焉。

其後賈魴以三蒼之書皆爲隸字，隸字始廣而篆籀轉微。後漢及今千有餘歲，凡善書者皆草隸焉。又隸書之法有刪繁補闕之論，則其譌僞斷可知矣。故今字書之數累倍於前。

夫聖人創制皆有依據，不知而作，君子愼之，及史闕文，格言斯在。若草、木、魚、鳥，形聲相從，觸類長之，良無窮極，苟不折之以古義，何足以覩？故叔重之後，玉篇、切韻所載，習俗雖久，要不可施之於篆文。往者，李陽冰天縱其能，中興斯學。贊明許氏，奐焉英發。然古法背俗，易爲堙微。

方今許、李之書僅存於世，學者殊寡，舊章罕存。秉筆操觚，要資檢閱，而偏傍奧密，不可意知，尋求一字，往往終卷，力省功倍，思得其宜。舍弟鍇特善小學，因命取叔重所記，以切韻次之，聲韻區分，開卷可覩。鍇又集通釋四十篇，考先賢之微言，暢許氏之玄旨，正陽冰之新義，折流俗之異端，文字之學，善矣盡矣。今此書止欲便於檢



討，無恤其他，故聊存詁訓，以爲別識。其餘敷演，有通釋五音凡十卷，貽諸同志云。鉉親爲之篆，鏤板以行于世。

鍇字楚金，四歲而孤，母方敎鉉，未暇及鍇，能自知書。李景見其文，以爲祕書省正字，累官內史舍人，因鉉奉使入宋，憂懼而卒，年五十五。李穆使江南見其兄弟文章，歎曰：「二陸不能及也！」

鉉有文集三十卷，質疑論若干卷。所著稽神錄，多出於其客蒯亮。鍇所著則有文集、家傳、方輿記、古今國典、賦苑、歲時廣記云。

句中正字坦然，益州華陽人。孟昶時，館于其相毋昭裔之第，昭裔奏授崇文館校書郞，復舉進士及第，累爲昭裔從事。歸朝，補曹州錄事參軍、氾水令，又爲潞州錄事參軍。中正精於字學，古文、篆、隸、行、草無不工。太平興國二年，獻八體書。太宗素聞其名，召入，授著作佐郞、直史館，被詔詳定篇、韻。四年，命副張洎爲高麗加恩使，還，遷左贊善大夫，改著作郞，與徐鉉重校定說文，模印頒行。太宗覽之嘉賞，因問中正，凡有聲無字有幾何？中正退，條爲一卷以獻。上曰：「朕



亦得二十一字，可幷錄之也。」時又命中正與著作佐郞吳鉉、大理寺丞楊文舉同撰定雍熙廣韻。中正先以門類上進，面賜緋魚，俄加太常博士。廣韻成，凡一百卷，特拜虞部員外郞。淳化元年，改直昭文館，三遷屯田郞中，杜門守道，以文翰爲樂。太宗神主及謚寶篆文，皆詔中正書之。嘗以大小篆、八分三體書孝經摹石，咸平三年表上之。眞宗召見便殿，賜坐，問所書幾許時，中正曰：「臣寫此書，十五年方成。」上嘉嘆良久，賜金紫，命藏於祕閣。時乾州獻古銅鼎，狀方而四足，上有古文二十一字，人莫能曉，命中正與杜鎬詳驗以聞，援據甚悉。五年，卒，年七十四。

中正喜藏書，家無餘財。子希古、希仲並進士及第，希仲太常博士。

蜀人又有孫逢吉、林罕：逢吉嘗爲蜀國子毛詩博士、檢校刻石經；罕亦善文字之學，嘗著說文二十篇，目曰林氏小說，刻石蜀中。

曾致堯字正臣，撫州南豐人。太平興國八年進士，解褐符離主簿、梁州錄事參軍，三遷著作佐郞、直史館，改祕書丞，出爲兩浙轉運使。嘗上言：「去歲所部秋租，惟湖州一郡督納及期，而蘇、常、潤三州悉有逋負，請各按賞罰。」太宗以江、淮頻年水災，蘇、常特甚，所言刻

薄不可行，詔戒致堯毋擾。俄徙知壽州，轉太常博士。

致堯性剛率，好言事，前後屢上章奏，辭多激訐。眞宗即位，遷主客員外郎、判鹽鐵勾院。張齊賢薦其材，任詞職，命翰林試制誥，旣而以興議未允而罷。

李繼遷擾西鄙，靈武危急，命張齊賢爲涇、原、邠、寧、環、慶等州經略使，選致堯爲判官，仍遷戶部員外郎。旣受命，因抗疏自陳，願不受章紱之賜，詞旨狂躁。詔御史府鞫其罪，黜爲黃州副使，奪金紫。未幾，復舊官，改吏部員外郎，歷知泰、泉、蘇、揚、鄂五州。大中祥符初，遷禮部郎中，坐知揚州日冒請一月奉，降掌昇州榷酤，轉戶部郎中。五年，卒，年六十六。

致堯頗好纂錄，所著有仙鳧羽翼三十卷、廣中台志八十卷、淸邊前要三十卷、西陲要紀十卷、爲臣要紀一十五篇。子易從、易占皆登進士第。





刁衎字元賓，昇州人。父彥能，仕南唐爲昭武軍節度。衎用蔭爲祕書郎、集賢校理，衣五品服，以文翰入侍，甚被親昵。李煜嘗令直淸輝殿，閱中外奏。金陵平，從煜歸宋，太祖賜緋魚，授太常寺太祝。稱疾假滿，屏居輦下者數歲。太平興國初，李昉、扈蒙在翰林，勉其出仕，因撰聖德頌獻之。詔復本官，出知睦州桐廬縣。

會詔羣臣言事，衎上諫刑書，謂：

淫刑酷法非律文所載者，望詔天下悉禁止之。巡檢使臣捕得盜賊、亡卒，並送本部法官訊鞫，無得擅加酷虐。古者投姦凶于四裔，今遠方囚人盡歸京闕，以配務役，最非其宜。且神皐勝地，天子所居，豈使流囚於此聚役。自今外處罪人，望勿許解送上京，亦不留於諸務充役。

又禮曰：「刑人於市，與衆棄之。」則知黃屋紫宸之中，非用刑行法之處。望自今御前不行決罰之刑，殿前引見司鉗黥法具，並赴御史臺、廷尉之獄，敕杖不以大小，皆引赴御史、廷尉。京府或出中使，或命法官，具禮監科，以重聖皇明刑愼法之意。

或有犯刼盜亡命，罪重者刖足釘身，國門布令。此乃小民昧於刑憲，逼於衣食，偶然爲惡，義不及他，被其慘毒，實傷風化，亦望減除其法。如此則人情不駭，各固其生，和氣無傷，必臻上瑞。

再遷大理寺丞，獻文四十篇。召試，授殿中丞、通判湖州，上疏請定天下酒稅額、修郡縣城隍、條約牧宰、除兩浙丁身錢、禁汴水流屍，凡五事。俄知婺州，遷國子博士。會考校百官殿最，衎被召，以無過得知光州，就改虞部員外郎，轉運使狀其政績，優詔加獎，徙知廬州。

眞宗即位，遷比部員外郎。嘗上疏曰：

臣聞天下，大器也；羣生，衆畜也。治大器者執一以正其度，保衆畜者齊化以臻其原。故至人謂莫神於天，莫富於地，莫大於帝王。又曰：帝王乘地而總萬物，以用人也。則知萬乘之尊，一人之位，等天地之覆燾，若日月之照臨，可不愼思慮以安民，繫慘舒而被物！所以堯、舜篤善道以垂化，而民謂之所天；桀、紂懷凶德以害世，而民謂之獨夫。則君之於民，善惡有如是之驗；民之於君，毀譽有如是之異。

陛下纂圖茲始，布政惟新，所宜上順天心，下從人欲，進善以去惡，避毀而來譽。遵唐、虞之治，斥辛、癸之亂，私賞無及於小人，私罰無施於君子，任賢勿貳，去邪勿疑。開諫諍之門，塞讒佞之口，愛而知其惡，憎而知其善，無以春秋鼎盛而耽於逸游，無以血氣方剛而惑於聲色。若太祖之勤儉，若太宗之惠慈，答天地敷錫之意，保祖宗艱難之業，則周成、漢文二宗〔一〕之美，不可同年而議擬也。

代還，獻所著本說十卷，得以本官充祕閣校理，出知潁州。入爲駕部員外郎，改直祕閣，充崇文院檢討。時杜鎬、陳彭年並預檢討，衎言此二人可專其任，詔許解職，判三司開拆司，預修冊府元龜，加主客郎中。求領外任，得知湖州，轉刑部郎中。歲滿，復預編修。





大中祥符六年，書成，授兵部郎中。入朝，暴中風眩，眞宗遣使馳賜金丹，已不救，年六十九。

衎始仕李氏，權勢甚盛。父爲藩帥，家富於財，被服飲膳，極於侈靡。歸宋，以純澹夷雅知名于時，恬於祿位，善談笑，喜棊弈，交道敦篤，士大夫多推重之。子湛、湜、渭，皆登進士第。湛，刑部郎中；湜，屯田員外郎；渭，太常博士。湛子繹、約，天聖中並進士及第。

姚鉉字寶之，廬州合肥人。太平興國八年進士甲科，解褐大理評事、知潭州湘鄉縣，三遷殿中丞，通判簡、宣、昇三州。淳化五年，直史館，侍宴內苑，應制賦賞花釣魚詩，特被嘉賞，翌日，命中使就第賜白金以獎之。

至道初，遷太常丞，充京西轉運使，歷右正言、右司諫、河東轉運使。俄上言曰：「伏見諸路官吏，或彊明莅事，惠愛及民者，則必立敎條，除其煩擾。然狡胥之輩，非其所便，俟其罷官，悉藏記籍，害公蠹政，莫甚於此。禮云：『其人存則其政舉，其人亡則其政息。』又語曰：『舊令尹之政必告新令尹。』斯實聖人之格言，國家之急務也。欲望所在官吏，有經畫利濟事可長久者，歲終書曆，受代日錄付新官，俾之遵守。若事有灼然匪便，聽上聞，俟報改正。」詔從之。

咸平三年，河決鄆州王陵埽，東南注鉅野，入淮、泗[二]，城中積水壞廬舍，以鉉知州事，徙州于汶陽鄉之高原，委以營度，許便宜從事。工畢，加起居舍人、京東轉運使，徙兩浙路。鉉儁爽，頗尙氣。薛映知杭州，與之不協，事多矛盾。映摭鉉罪狀數條，密以聞，詔使劾之，當奪一官，特除名，貶連州文學。吉州之萬安抵虔，江有贛石，舟行其中，湍險萬狀，鉉過，感而賦之以自況。大中祥符五年，會赦，移岳州，又移舒州，俄授本州團練副使。天禧四年卒，年五十三。

鉉文辭敏麗，善筆札，藏書至多，頗有異本，兩浙課吏寫書，亦薛映所摘之一事。雖被竄斥，猶傭夫荷擔以自隨。有集二十卷。又采唐人文章纂爲百卷，目曰文粹。卒後，子嗣復以其書上獻，詔藏內府，授嗣復永城主簿。幼子嗣，俊穎美秀，頗善屬辭，裁十歲卒。鉉紀其事爲聽悟錄，人多傳之。

李建中字得中，其先京兆人。曾祖逢，唐左衞兵曹參軍。祖稠，梁商州刺史，避地入





蜀。會王建僭據，稠預佐命功臣，左衞將軍。建中幼好學，十四丁外艱。會蜀平，侍母居洛陽，聚學以自給。攜文遊京師，爲王祜所延譽，館于石熙載之第，熙載厚待之。

太平興國八年進士甲科，解褐大理評事，知岳州錄事參軍。轉運使李惟清薦其能，再遷著作佐郎，監潭州茶場，改殿中丞，歷通判道、郢二州。柴成務領漕運，再表稱薦，轉太常博士。時言事者多以權利進，建中表陳時政利害，序王霸之略，太宗嘉賞，因引對便殿，賜以緋魚。會考課京朝官，建中舊坐公累罰金，漏其事，坐降授殿中丞，監在京権易院。蘇易簡方被恩顧，多得對，嘗言蜀中文士，因及建中，太宗亦素知之，命直昭文館。建中父名昭文，懇辭，改集賢院。數月，出爲兩浙轉運副使，再遷主客員外郎，歷通判河南府，知曹、解、潁、蔡四州。景德中，以久次進金部員外郎。

建中性簡靜，風神雅秀，恬於榮利，前後三求掌西京留司御史臺，尤愛洛中風土，就構園池，號曰「靜居」。好吟詠，每遊山水，多留題，自稱巖夫民伯。加司封員外郎、工部郎中。建中善修養之術，會命官校定道藏，建中預焉。又判太府寺。大中祥符五年冬，命使泗州，奉御製汴水發願文，就致設醮。使還得疾，明年卒，年六十九。

建中善書札，行筆尤工，多構新體，草、隸、篆、籀、八分亦妙，人多摹習，爭取以爲楷法。嘗手寫郭忠恕汗簡集以獻，皆科斗文字，有詔嘉獎。好古勤學，多藏古器名畫。有集三十卷。

子周道、周士並進士及第。周士歷侍御史、江東陝西轉運、三司鹽鐵判官，賜金紫，終工部郎中。周民，太子中舍。

洪湛字惟清，昇州上元人。曾祖勳，南唐崇文館直學士。祖壽，桐城令。父慶元，獻書李煜，授奉禮郎，補新淦令。歸宋，至寃句令。湛幼好學，五歲能爲詩，未冠，錄所著十卷爲齠年集。舉進士，有聲。雍熙二年，廷試已落，復試，擢置高等，解褐歸德軍節度推官。召還，授右拾遺、直史館。

端拱初，通判壽、許二州。歸宋[三]。與左正言尹黃裳、馮拯、右正言王世則、宋沆伏閤請立許王元僖爲儲貳，詞意狂率，太宗怒。時沆坐呂蒙正親黨，已出爲宜州團練副使。上因語近臣曰：「儲副，邦國之本，朕豈不知。但近世澆薄，若立太子，卽東宮僚屬皆須稱臣，官職聯次與上臺無異，人情深所不安。此事朕自有時爾。」湛坐削職，出知容州，黃裳知邕州，拯知端州，沆知靖州，世則知蒙州。容之戍卒謀竊發者，湛偵知，亟斬之。再遷比部員外郎，知郴、舒二州。





咸平二年召還，命試舍人院，復直史館。是秋，命與閤門祗候韓紹輝使荊湖按視民事，條奏利病甚衆。還，判三司都磨勘司。又與王欽若同知貢舉，未幾，同修起居注。時議城綏州，邊臣互言利害，遣湛與閤門祗候程順奇同往按視，湛言城之利有七而害有二，遂詔營葺，終以勞人罷之。

湛美風儀，俊辯有材幹，凡五使西北議邊要。眞宗有意擢任，顧遇甚厚。曲宴苑中，賦賞花詩，不移晷以獻，深被褒賞。

五年春，有河陰民常德方訟臨津尉任懿納賄登第，事下御史臺，鞫得懿款云：「咸平二年，補太學生，寓僧仁雅舍，因仁雅求院之主僧惠秦[四]爲道地，署紙許銀七鋌，仁雅、惠秦隱其二，易爲五鋌。惠秦素識王欽若，已在貢院，乃因館客甯文德、僕夫徐興納署紙于欽若妻李，李密召家僕祁睿書懿名於左臂，幷口傳許賂之數，入省告欽若。及懿過五場，睿復持湯飲至省，欽若遣睿語李，令取其銀。懿未卽與。既而懿預奏名授官，未行，丁內艱，還鄉里。仁雅馳書索銀，形於詛駡。」德方者，賣卜縣市，獲其書，以告中丞趙昌言，具其事奏白，請逮欽若屬吏。

先是，欽若爲亳州判官，睿其廳幹，及代歸，以睿從行而未除州之役籍。及貢舉事畢，會州人張績還鄉行服，託爲睿去籍名。至是，欽若訴云：「睿休役之後，始傭于家，而惠秦未

嘗及門。」欽若方被寵顧，乃詔翰林侍讀學士邢昺、內侍副都知閻承翰并驛召知曹州邊肅、知許州毋賓古就太常寺別鞫，懿易款云：「有妻兄張駕舉進士，識湛，懿亦與駕同造湛門，嘗以石榴二百枚、木炭百秤饋之。懿之輸銀也，但憑二僧達一主司，實不知誰何？」迺以爲湛納其銀。湛適使陝西，中途召還，時張駕已死，甯文德、徐興悉遁去，欽若近參機務，門下僕使多新募至，不識惠秦，故無與左證。又固執知舉時未有祁睿，遂以湛受銀，法當死，特詔削籍，流儋州。懿杖脊，配隸忠靖軍。惠秦坐受簡札及隱銀未入己，以年七十餘，當贖銅八斤，特杖一百，黥面配商州坑冶。仁雅杖脊，配隸郢州牢城，而不窮用銀之端。

初，王旦與欽若知舉，出拜樞密副使，以湛代領其事。湛之入貢院，懿已試第三場畢，及官收湛贓，家實無物。湛素與梁顥善，或假顥白金器，乃取以輸官。六年，會赦移惠州，至化州調馬驛卒，年四十一。

湛時一子偕行，甚幼，州以聞，特詔賜錢二萬，官爲護喪還揚州。因詔命官配流嶺外而沒者，悉給緡錢，聽其歸葬，如親屬幼稚者，所在遣牙校部送之。湛有集十卷。子鼎，大中祥符四年進士，至度支員外郎、直史館、鹽鐵判官。



路振字子發，永州祁陽人，唐相巖之四世孫。巖貶死嶺外，其子琛避地湖湘[五]間，遂居焉。振父洵美事馬希杲，署連州從事，謝病終于家。振幼穎悟，五歲誦孝經、論語。十歲聽講陰符，裁百言而止，洵美責之，俾終其業。振曰：「百言演道足矣，餘何必學？」洵美大奇之。十二丁外艱，母氏慮其廢業，日加誨激，雖隆冬盛暑，未始有懈。

淳化中舉進士，太宗以詞場之弊，多事輕淺，不能該貫古道，因試巵言日出賦，觀其學術。時就試者凡數百人，咸愕眙忘其所出，雖當時馳聲場屋者亦有難色。振寒素，遊京師人罕知者，所作賦尤爲典贍，太宗甚嘉之。擢置甲科，釋褐大理評事，通判邠州，徙徐州。召還，直史館，復遣之任，遷太子中允，知濱州。一日，契丹至城下，兵少，民相恐，衆謂振文吏，無戰禦方略，環聚而泣。振乃親加撫諭，且以敵盛不可與爭鋒，宜堅壁自守。數日，契丹引去。轉運使劉綜稱其能，詔書褒美。

常作祭戰馬文曰：

咸平中，契丹犯高陽關，執大將康保裔，略河朔而去。天子幸魏，特遣將王榮以五千騎追之。榮無將材，但能走馬，以馳射爲事，受命恇怯數日不敢行，伺賊渡河而後發。有剽淄、齊者數千騎尙屯泥沽，榮不欲見敵，遂以其騎略河南岸而還。晝夜急騎，馬不秣而道斃者十有四五，天子憫之，遣使收瘞焉。因作祭文曰：



房駟之精，降爲驪騂。飲泉呀風，流沙激霆。虎脊孤聳，龍媒驚獰。丹髦曉霞，的顙秋星。茀方著幹，宜乘旋膺。巉顱角起，方背珠明。

爾其絕塞草荒，八月隕霜。毛縮蹄堅，筋舒脈張。獸惡恐噬，虬獰欲驤。噴沙散沫，千里飛雪。圉人負芻，武士索鐵。前遮後突，雷動地裂。忽挽一而制百，終伏搵而受絏。牧官劬劬，歲入券書。蹄躈纍纍，通乎鬼區。名駒大駻，銜尾入塞。勞其酋長，節以駔儈。蜀錦吳繒，積如丘陵。馬歸於我也重，幣入於彼也輕。

於是絡黃金之羈，浴天池之波。鼓鬣雲衢，弄影星河。或踶而齧，或嗅而吪。原蠶中禁，駔駿何多。帝念神物，來經遠道。閑之于內廄，養之于外皁。飲以玉池，秣之瑤草。

窮冬邊塵，入我河滑。羽書宵飛，龍馭北巡。選仗下之名馬，屬閫外之武臣。琱戈電燭，禁旅星陳。授以長策，帥以全軍。壯士怒兮山可擊，猛馬哮兮虎可咋。何唆啗之無勇，反遷延而避敵。

冰霜凄凄，介甲而馳。不飲不秣，載渴載飢。駿馬餒死，行人嗟咨。委天骨於衢路，反星精於雲霧。報主恩之無及，齊戎力而何誤。生芻致祭，弊帷成禮。瘞于崇岡，全爾具體。馬如有神，知帝之仁。嗚呼！



又以西兵未弭，入判大理寺，改太常丞，知河中府，徙知鄧州。代還，判吏部南曹三司催欠憑由司。景德中使福建巡撫，俄判鼓司登聞院。會修兩朝國史，以振爲編修官。大中祥符初，使契丹，撰乘軺錄以獻。改太常博士、左司諫，擢知制誥。

振文詞溫麗，屢奏賦頌，爲名輩所稱，尤長詩詠，多警句。及居文翰之職，深愜物議，自是彌加精厲。從祀譙、亳，時同職分局掌事，振獨直行在，專典綸翰，賤奏塡委，應用無滯，時推其敏贍。七年，同修起居注，張復、崔遵度以書事誤失降秩，擇振與夏竦代之。嗜酒得疾，其冬卒，年五十八。錄其子綸爲太常寺奉禮郎。

振純厚無城府，恂恂如也，時人惜其登用之晚。有集二十卷。又嘗采五代末九國君臣行事作世家、列傳，書未成而卒。

崔遵度字堅白，本江陵人，後徙淄州之淄川。純介好學，始七歲，授經於叔父憲，嘗以春秋編年、史漢紀傳之例問於憲，憲曰：「此兒他日成令名矣。」太平興國八年，舉進士，解褐和川主簿，換臨汾。饋芻糧，三抵綏州，涉無定河。河沙與水混流無定跡，陷溺相繼，遵度憫之，著銘以紀焉。端拱初，轉運副使夏侯嶠上其勤狀，召歸，對便坐，因獻文自薦。時新建祕閣，命中書試作頌一首，擢著作佐郎。

淳化中，吏部侍郎李至薦之，遷殿中丞，出知忠州。李順之亂，賊遣其黨張餘來攻，邈度領甲士百餘背城而戰，賊踰堞以入，邈度投江中，賴州兵援之，得免。坐失城池，貶崇陽令，移匯邑。咸平初，復爲太子中允。景德初，內出邈度名，引對崇政殿，詔索所著文，召試舍人院，改太常丞、直史館。會修兩朝國史，與路振並爲編修官。大中祥符元年，命同修起居注。東封，進博士；祀汾陰，是歲，眞宗以兩省官絕少，故因覃慶遷補之，命爲左司諫。

邈度與物無競，口不言是非，淳澹清素，於勢利泊如也。掌右史十餘歲，立殿墀上，常退匿楹間，慮上之見。善鼓琴，得其深趣。所僦舍甚湫隘，有小閣，手植竹數本，朝退，默坐其上，彈琴獨酌，翛然自適。嘗著琴箋云：

世之言琴者，必曰長三尺六寸象期之日，十三徽象期之月，居中者象閏，前世未有辨者。至唐協律郎劉貺以樂器配諸節候，而謂琴爲夏至之音。至於泛聲，卒無述者，愚嘗病之。因張弓附案，泛其弦而十三徽聲具焉，況琴瑟之弦乎！是知非所謂象者，蓋天地自然之節耳，又豈止夏至之音而已。

夫昜有太極，是生兩儀。兩儀者，太極之節也；四時者，兩儀之節也；律呂者，四時之節也；晝夜者，律呂之節也；刻漏者，晝夜之節也。節節相受，自細至大而歲成





焉。既不可使之節，亦不可使之不節，氣之自然者也。氣既節矣，聲同則應，既不可使之應，亦不可使之不應，數之自然者也。既節且應，則天地之文成矣。文之義也，或任形而著，或假物而彰。日星文乎上，山川理乎下，動物植物，花者節者，五色具矣。斯任形者也。至於人常有五性而不著，以事觀之然後著；日常有五色而不見，以水觀之然後見；氣常有五音而不聞，以弦攷之然後聞。斯假物者也。

是故聖人不能作易而能知自然之數，不能作琴而能知自然之節。何則？數本於一而成於三，因而重之，故易六畫而成卦。及其應也，一必於四，二必於五，三必於六焉。氣氣相召，其應也必矣。卦既畫矣，故畫琴焉。始以一絃泛桐，當其節則淸然而號，不當其節則泯然無聲，豈人力也哉！且徽有十三，而居中者爲一。自中而左泛有三焉，又右泛有三焉，其聲殺而已，絃盡則聲滅。及其應也，一必於四，二必於五，三必於六焉，節節相召，其應也必矣。

易之畫也，偶三爲六，三才之配具焉，萬物由之而出。雖曰六畫，及其數也，止三而已矣。琴之畫也，偶六而根於一，一鍾者，道之所生也。在數爲一，在律爲黃，在音爲宮，在木爲根，在四體爲心，衆徽由之而生。雖曰十三，及其節也，止三而已矣。卦之德方，經也；蓍之德圓，緯也。故萬物不能逃其象。徽三其節，經也；絃五其音，緯也；故衆音不能勝其文。先儒謂八音以絲爲君，絲以琴爲君。愚謂琴以中徽爲君，盡矣。夫徽十三者，蓋盡昭昭可聞者也。苟盡絃而考之，乃總有二十三徽焉，是一氣也。丈絃具之，尺絃亦具之，豈有長短大小之限哉！

是則萬物本於天地，天地本於太極，太極之外以至於無物；聖人本於道，道本於自然，自然之外以至於無爲；樂本於琴，琴本於中徽，中徽之外以至於無聲。是知作易者，考天地之象也；作琴者，考天地之聲也。往者藏音而未談，來者專聲而忘理。琴箋之作也，庶乎近之。苟其闕也，請俟君子。

世稱其知言。

七年，東郊，建壇恭謝。壇上設正坐奉天地，配坐奉二聖。邈度時與張復同典記注，書昊天爲天皇，又增聖祖配位，坐謬誤，降爲右正言，復亦責爲工部郎中。踰歲，並復其秩。

九年，仁宗以壽春郡王開府，詔宰相擇耆德方正有學術之士，咸曰邈度力學，有士行，時稱長者，遂命與張士遜並爲王友。改戶部員外郎，賜服金紫，又賚襲衣、犀帶、緡錢。上作七言詩寵之，因謂左右曰：「翊善、記室，皆府屬也，故王皆受拜，今賓友之禮，當令答拜。」府中文翰皆邈度所作。王讀孝經徹章，復以御詩賜之。國史成，拜吏部員外郎，昇邸進封，改禮部郎中，充諸議參軍。儲宮建，又加吏部兼左諭德。未幾，命使契丹，判司農寺。





邈度性寡合，喜讀易，嘗云：「意有疑，則彈琴辨其數，筮易觀其象，無不究也。」天禧四年八月，卒，年六十七。其子拜官者二人。仁宗卽位，特詔贈工部侍郎，又授其二孫官，有集二十卷。

陳越字損之，開封尉氏人。祖守危，興道令。父夏，虞部員外郎。越少好學，尤精歷代史。善屬文，辭氣俊拔。咸平中，詔舉賢良，刑部侍郎郭贄薦之，策入第四等，解褐將作監丞，通判舒州，徙知端州，又徙袁州。未幾召還，遷著作佐郎、直史館，掌鼓司登聞院。預修册府元龜，與陳從易、劉筠尤爲勤職。眞宗以其奉薄，並命月增錢五千。車駕朝陵，掌留司名表，時稱爲工。自是兩府牋奏多命草之，勳貴家以銘誌爲請者甚衆。遷太常丞、羣牧判官，祀汾陰，擢爲左正言。

越耿概任氣，喜箴切朋友，放曠盃酒間，家徒壁立，不以屑意。然嗜酒過差，每食必先引數升，罕有醒日，亦用是遘疾。大中祥符五年，卒，年四十。無子，母老，人皆傷之。

越兄咸，嘗舉進士，未第。楊億、杜鎬、陳彭年列奏爲言，眞宗憫之。及册府元龜奏御，特賜咸同三傳出身。

中華書局

故事，中書章表皆舍人爲之，東封後，朝廷多慶禮，舍人或以他務所嬰，乃擇館閣官，得盛度、路振、劉筠、夏竦、宋綬洎越分撰表奏，宰相嘗以名聞，其後皆相次掌外制，唯越不及登擢，時論惜之。

## 校勘記

〔一〕周成漢文二宗　「二」原作「三」，按周成、漢文只有二人，不得謂爲「三宗」，據長編卷四二改。

〔二〕淮泗　原作「淮西」，據本書卷九一河渠志上、長編卷四七改。

〔三〕歸宋　按上文雍熙、端拱都是宋代年號，此二字疑衍。

〔四〕惠秦　原作「惠泰」，據本書卷二八三王欽若傳、長編卷五一改，下同。

〔五〕湖湘　原作「湘潭」，據隆平集卷一三、東都事略卷一一五本傳改。



# 宋史卷四百四十二

## 列傳第二百一

### 文苑四

穆脩　石延年 劉潛附　蕭貫　蘇舜欽　尹源　黃亢　黃鑑　楊蟠　顏太初　郭忠恕

穆脩字伯長，鄆州人。幼嗜學，不事章句。眞宗東封，詔舉齊、魯經行之士，脩預選，賜進士出身，調泰州司理參軍。負才，與衆齟齬，通判忌之，使人誣告其罪，貶池州。中道亡至京師，叩登聞鼓訴冤。不報。居貶所歲餘，遇赦得釋，迎母居京師，間出遊丐以給養。久之，補潁州文學參軍，徙蔡州。明道中，卒。

脩性剛介，好論斥時病，詆誚權貴，人欲與交結，往往拒之。張知白守亳，亳有豪士作佛廟成，知白使人召脩作記，記成，不書士名。士以白金五百遺脩爲壽〔一〕，且求載名于記，





脩投金庭下，俶裝去郡。士謝之，終不受，且曰：「吾寧糊口爲旅人，終不以匪人汚吾文也。」宰相欲識脩，且將用爲學官，脩終不往見。母死，自負櫬以葬，日誦孝經、喪記，不飯浮屠爲佛事。

自五代文敝，國初，柳開始爲古文。其後，楊億、劉筠尚聲偶之辭，天下學者靡然從之；脩於是時獨以古文稱，蘇舜欽兄弟多從之游。脩雖窮死，然一時士大夫稱能文者必曰穆參軍。

慶曆中，祖無擇訪得所著詩、書、序、記、誌等數十首，集爲三卷。

石延年字曼卿，先世幽州人。晉以幽州遺契丹，其祖舉族南走，家于宋城。延年爲人，跌宕任氣節，讀書通大略，爲文勁健，於詩最工而善書。

累舉進士，不中。眞宗錄三舉進士，以爲三班奉職，延年恥不就。張知白素奇之，謂曰：「母老乃擇祿耶？」延年不得已就命。後以右班殿直改太常寺太祝，知金鄉縣，有治名。用薦者通判乾寧軍，徙永靜軍，爲大理評事、館閣校勘，歷光祿、大理寺丞，上書章獻太后，請還政天子。太后崩，范諷欲引延年，延年力止之。後諷敗，延年坐與諷善，落職通判海

州。久之，爲祕閣校理，遷太子中允、同判登聞鼓院。

嘗上言天下不識戰三十餘年，請爲二邊之備。不報。及元昊反，始思其言，召見，稍用其說。命往河東籍鄉兵，凡得十數萬〔三〕，時邊將遂欲以扞賊，延年笑曰：「此得吾粗也。夫不教之兵勇怯相雜，若怯者見敵而動，則勇者亦牽而潰矣。今既不暇教，宜募其敢行者，則人人皆勝兵也。」又嘗請募人使唃廝囉及回鶻舉兵攻元昊，帝嘉納之。

延年喜劇飲，嘗與劉潛造王氏酒樓對飲，終日不交一言。王氏怪其飲多，以爲非常人，益奉美酒肴果，二人飲啖自若，至夕無酒色，相揖而去。明日，都下傳王氏酒樓有二仙來飲，已乃知劉、石也。延年雖酣放，若不可攖以世務，然與人論天下事，是非無不當。

初，與天章閣待制吳遵路同使河東，及卒，遵路言於朝廷，特官其一子。

劉潛字仲方，曹州定陶人。少卓逸有大志，好爲古文，以進士起家，爲淄州軍事推官。嘗知蓬萊縣，代還，過鄆州，方與曼卿飲，聞母暴疾亟歸。母死，潛一慟遂絕，其妻復撫潛大號而死。時人傷之，曰：「子死于孝，妻死于義。」

同時以文學稱京東者，齊州歷城有李冠，舉進士不第，得同三禮出身，調乾寧主簿，卒。有東皋集二十卷。





蕭貫字貫之，臨江軍新喻人。俊邁能文，尚氣概。舉進士甲科，爲大理評事，通判安、宿二州，遷太子中允、直史館。仁宗即位，進太常丞、同判禮院。歷吏部南曹、開封府推官、三司鹽鐵判官，爲京東轉運使。

時提舉捉賊劉舜卿善捕盜，號「劉鐵彈」，恃功爲不法，前後畏其凶悍，莫敢治。貫至，發之，廢爲民。徙江東，改知洪州。累遷尚書刑部員外郎。坐前使江東不察所部吏受賕，降知饒州。

有撫州司法參軍孫齊者，初以明法得官，以其妻杜氏留里中，而紿娶周氏入蜀。後周欲訴于官，齊斷髮誓出杜氏。久之，又納倡陳氏，挈周所生子之撫州。未踰月，周氏至，齊捽置廡下，出僞券曰：「若傭婢也，敢爾邪！」乃殺其所生子。周訴于州及轉運使，皆不受。人或告之曰：「得知饒州蕭史君者訴之，事當白矣。」周氏以布衣書姓名，乞食道上，馳告貫。撫非所部，而貫特爲治之；更赦，猶編管齊濠州。遷兵部員外郎，召還，將試知制誥，會營建獻、懿二皇太后陵，未及試而卒。

貫臨事敢爲，不苟合於時。初，感疾，夢綠衣中人召至帝所，賦禁中曉寒歌，詞語清麗，人以比唐李賀。

蘇舜欽字子美，參知政事易簡之孫。父耆，有才名，嘗爲工部郎中、直集賢院。舜欽少慷慨有大志，狀貌怪偉。當天聖中，學者爲文多病偶對，獨舜欽與河南穆脩好爲古文、歌詩，一時豪俊多從之游。

初以父任補太廟齋郎，調滎陽縣尉〔三〕。玉清昭應宮災，舜欽年二十一，詣登聞鼓院上疏曰：

烈士不避鈇鉞而進諫，明君不諱過失而納忠，是以懷策者必吐上前，蓄冤者無至腹誹。然言之難不如容之難，容之難不如行之難，有言之必容之行之，則三代之主也，幸陛下留聽焉。

臣觀今歲自春徂夏，霖雨陰晦未嘗少止，農田被菑者幾於十九。臣以謂任用失人、政令多過、賞罰弗中之所召也。天之降災，欲悟陛下，而大臣歸咎于刑獄之濫，陛下聽之，故肆赦天下以爲禳救。如此則是殺人者不死，傷人者不抵罪，而欲以合天意也。古者斷決滯訟以平水旱，不聞用赦，故赦下之後，陰霾及今。





前志曰：「積陰生陽，陽生則火災見焉。」乘夏之氣發洩於玉清宮，震雨雜下，烈焰四起，樓觀萬疊，數刻而盡，非慢於火備，乃天之垂戒也。陛下當降服、減膳、避正寢，責躬罪己，下哀痛之詔，罷非業之作，拯失職之民，察輔弼及左右無裨國體者罷之，竊弄權威者去之，念政刑之失，收芻蕘之論，庶幾所以變災爲福。

浹日之間，未聞爲此，而將計工役以圖修復，都下之人聞者駭惑，聚首横議，咸謂非宜。皆曰章聖皇帝勤儉十餘年，天下富庶，帑府流衍，乃作斯宮，及其畢功，海內虛竭。陛下即位未及十年，數遭水旱，雖征賦咸入，而百姓困乏。若大興土木，則費用不知紀極，財力耗于內，百姓勞于下，內耗下勞，何以爲國！況天災之，已違之，是欲競天，無省己之意。逆天不祥，安己難任，欲祈厚貺，其可得乎！今爲陛下計，莫若來吉士，去佞人，修德以勤至治，使百姓足給而征稅寬減，則可以謝天意而安民情矣。

夫賢君見變，修道除凶，亂世無象，天不譴告。今幸天見之變，是陛下修己之日，豈可忽哉！昔漢元帝〔四〕三年，茂陵白鶴館災，詔曰：「迺者火災降於孝武園館，朕戰慄恐懼，不燭變異，罪在朕躬。羣有司又不肯極言朕過，以至于斯，將何寤焉。」夫茂陵不及上都，白鶴館大不及此宮，彼尚降詔四方，以求己過，是知帝王憂危念治，汲汲如此。

臣又按五行志：賢佞分別，官人有敍，率由舊章，禮重功勳，則火得其性。若信道不篤，或耀虛僞，讒夫昌，邪勝正，則火失其性，自上而降。及濫炎妄起，燔宗廟，燒宮室，雖興師徒而不能救。魯成公三年，新宮災，劉向謂成公信三桓子孫之讒、逐父臣之應。襄公九年春，宋火，劉向謂宋公聽讒、逐其大夫華弱奔魯之應。今宮災豈亦有是乎？願陛下拱默內省而追革之，罷再造之勞，述前世之法，天下之幸也。

又上書曰：

歷觀前代聖神之君，好聞讜議，蓋以四海至遠，民有隱慝，不可以徧照，故無間愚賤之言而擇用之。然後朝無遺政，物無遁情，雖有佞臣，邪謀莫得而進也。

臣覩乙亥詔書，戒越職言事，播告四方，無不驚惑，往往竊議，恐非出陛下之意。蓋陛下卽位以來，屢詔羣下勤求直言，使百僚轉對，置匭函，設直言極諫科。今詔書頓異前事，豈非大臣壅蔽陛下聰明，杜塞忠良之口，不惟虧損朝政，實亦自取覆亡之道。夫納善進賢，宰相之事，蔽君自任，未或不亡。今諫官、御史悉出其門，但希旨意，卽獲美官，多士盈庭，噤不得語。陛下拱默，何由盡聞天下之事乎？

前孔道輔、范仲淹剛直不撓，致位臺諫，後雖改他官，不忘獻納。二臣者非不知緘口數年，坐得卿輔，蓋不敢負陛下委注之意。而皆罹中傷，竄謫而去，使正臣奪氣，鯁





士咋舌，目覩時弊，口不敢論。

昔晉侯問叔向曰：「國家之患孰爲大？」對曰：「大臣持祿而不極諫，小臣畏罪而不敢言，下情不得上通，此患之大者。」故漢文感女子之說而肉刑是除，武帝聽三老之議而江充以族。肉刑古法，江充近臣，女子三老，愚耄疏隔之至也。蓋以義之所在，賤不可忽，二君從之，後世稱聖。況國家班設爵位，列陳豪英，故當責其公忠，安可教之循默？賞之使諫，尚恐不言；罪其敢言，孰肯獻納？物情閉塞，上位孤危，軫念于茲，可爲驚怛！覬望陛下發德音，寢前詔，勤於采納，下及芻蕘，可以常守隆平，保全近輔。

尋舉進士，改光祿寺主簿，知長垣縣，遷大理評事，監在京店宅務。康定中，河東地震〔五〕，舜欽詣匭通疏曰：

臣聞河東地大震裂，涌水壞屋廬城堞，殺民畜幾十萬，歷旬不止。始聞惶駭疑惑。竊思自編策所紀前代衰微喪亂之世，亦未嘗有此大變〔六〕。今四聖接統，內外平寧，戎夷交歡，兵革偃息，固與夫衰微喪亂之世異，何災變之作反過之耶？且妖祥之興，神實尸之，各以類告，未嘗妄也。天人之應，古今之鑒，大可恐懼。豈王者安於逸豫、信任近臣而不省政事乎？廟堂之上，有非才冒祿、竊弄威福而侵上事者乎？又豈施設之政有不便民者乎？深宮之中，有陰敎不謹以媚道進者乎？西北羌夷有背盟犯順之心乎？

臣從遠方來，不知近事，心疑而口不敢道也。所怪者，朝廷見此大異，不修闕政，以厭天戒、安民心，默然不恤，如無事之時；諫官、御史不聞進牘鋪白災害之端，以開上心。然民情洶洶，聚首橫議，咸有憂悸之色。

臣以世受君祿，身齒國命，涵濡惠澤，以長此軀，目覩心思，驚怛流汗，欲盡吐肝膽，以拜封奏。又見范仲淹以剛直忤姦臣，言不用而身竄謫，降詔天下，不許越職言事。臣不避權右，必恐橫罹中傷，無補於國，因自悲嗟，不知所措。

既而孟春之初，雷震暴作，臣以謂國家闕失，衆臣莫敢爲陛下言者，唯天丁寧以告陛下。陛下果能沛發明詔，許羣臣皆得獻言，臣初聞之踴躍欣抃。旬日間頗有言事者，其間豈無切中時病，而未聞朝廷舉而行之，是亦收虛言而不根實效也。臣聞唯誠可以應天，唯實可以安民，今應天不以誠，安民不以實，徒布空文，增人太息耳，將何以謝神靈而救弊亂也！豈大臣蒙塞天聽，不爲陛下行之？豈言事迂闊無所取，不足行也？臣竊見綱紀隳敗，政化闕失，其事甚衆，不可概舉，謹條大者二事以聞：

一曰正心。夫治國如治家，治家者先修己，修己者先正心，心正則神明集而萬務理。今民間傳陛下比年稍邇俳優賤人，燕樂踰節，賜予過度。燕樂踰節則蕩，賜予過度則侈。蕩則政事不親，侈則用度不足。臣竊觀國史，見祖宗日視朝，旰昃方罷，猶坐





於後苑，門有白事者，立得召對，委曲詢訪，小善必納。眞宗末年不豫，始間日視事。今陛下春秋鼎盛，實宵衣旰食求治之秋，而乃隔日御殿，此政事不親也。又府庫匱竭，民鮮蓋藏，誅斂科率，殆無虛日。計度經費，二十倍於祖宗時，此用度不足也。政事不親，用度不足，誠國大憂。臣望陛下修己以御人，洗心以鑒物，勤聽斷，舍燕安，放棄優諧近習之纖人，親近剛明鯁直之良士。因此災變，以思永圖，則天下幸甚。

其二曰擇賢。夫明主勞於求賢而逸於任使，然盈庭之士不須盡擇，在擇一二輔臣及御史、諫官而已。陛下用人尚未愼擇。昨王隨自吏部侍郎遷門下侍郎平章事，超越十資，復爲上相。此乃非常之恩，必待非常之才，而隨虛庸邪諂，非輔相之器，降麻之後，物論沸騰。故疾纏其身，災仍於國，此亦天意愛惜我朝，陛下鑒之哉！且石中立頃在朝行，以詼諧自任，士人或有宴集，必置席間，聽其語言，以資笑噱。今處之近輔，不聞嘉謀，物望甚輕，人情所忽，使災害屢降而朝廷不尊，蓋近臣多非才者。陛下左右尚如此，天下官吏可知也。實恐遠人輕笑中國，宜卽行罷免，別選賢才。又張觀爲御史中丞，高若訥爲司諫，二人者皆登高第，頗以文詞進，而溫和軟懦，無剛鯁敢言之氣。斯皆執政引拔建置，欲其愼默，不敢舉揚其私，時有所言，則必暗相關說，旁人窺之，甚可笑也。故御史、諫官之任，臣欲陛下親擇之，不令出執政門下。臺諫官既得其人，則近

臣不敢爲過，乃歐下之策也。

臣以謂陛下身既勤儉，輔弼、臺諫又皆得人，則天下何憂不治，災異何由而生，惟陛下少留意焉。

范仲淹薦其才，召試，爲集賢校理，監進奏院。舜欽娶宰相杜衍女，衍時與仲淹、富弼在政府，多引用一時聞人，欲更張庶事。御史中丞王拱辰等不便其所爲。會進奏院祠神，舜欽與右班殿直劉巽輒用鬻故紙公錢召妓樂，間夕會賓客。拱辰廉得之，諷其屬魚周詢等劾奏，因欲搖動衍。事下開封府劾治，於是舜欽與巽俱坐自盜除名，同時會者皆知名士，因緣得罪逐出四方者十餘人。世以爲過薄，而拱辰等方自喜曰：「吾一舉網盡矣。」舜欽既放廢，寓于吳中，其友人韓維責以世居京師而去離都下，隔絕親交。舜欽報書曰：

蒙聞責以兄弟在京師，不以義相就，獨羈外數千里，自取愁苦。予豈無親戚之情，豈不知會合之樂也？安肯舍安逸而甘愁苦哉！

昨在京師，不敢犯人顏色，不敢議論時事，隨衆上下，心志蟠屈不開，固亦極矣。不幸適在疑嫌之地，不能決然早自引去，致不測之禍，捽去下吏，人無敢言，友讎一波，共起謗議。被廢之後，喧然未已，更欲置之死地然後爲快。來者往往鉤賾言語，欲以



傳播，好意相恤者幾希矣。故閉戶不敢與相見，如避兵寇。偷俗如此，安可久居其間！遂超然遠舉，羈泊於江湖之上，不唯衣食之累，實亦少避機穽也。

況血屬之多，賫入之薄，持國見之矣。常相團聚，可乏衣食乎？不可也。可閉關常不與人接乎？不可也。與人接必與之言，與之言必與之還往，使人人皆如持國則可，不迨持國者必加釀惡言，喧布上下，使僕不能自明，則前日之事未爲重也。

都無此事，亦終日勞苦，應接之不暇，寒暑奔走塵土泥淖中，不能了人事，羸馬饑僕，日栖栖取辱於都城，使人指背譏笑哀閔，亦何顏面，安得不謂之愁苦哉！

此雖與兄弟親戚相遠，而伏臘稍足，居室稍寬，無終日應接奔走之勞，耳目清曠，不設機關以待人，心安閑而體舒放。三商而眠，高舂而起，靜院明窗之下，羅列圖史琴樽以自愉悅，有興則泛小舟出盤、閶二門，吟嘯覽古於江山之間。渚茶、野釀足以銷憂，蓴鱸、稻蟹足以適口。又多高僧隱君子，佛廟勝絕，家有園林，珍花奇石，曲池高臺，魚鳥留連，不覺日暮。

昔孔子作春秋而夷吳，又曰：「吾欲居九夷。」觀今之風俗，樂善好事，知予守道好學，皆欣然願來過從，不以罪人相遇，雖孔子復生，是亦必欲居此也。以彼此較之，孰爲然哉！人生內有自得，外有所適，固亦樂矣，何必高位厚祿，役人以自奉養，然後爲樂。今雖僑此，亦如仕宦南北，安可與親戚常相守耶！予窘迫，勢不得如持國意，必使我尸轉溝洫，肉餧豺虎，而後以爲安所義，何其忍耶！詩曰：「凡今之人，莫如兄弟。」謂兄弟以恩，急難必相拯救。後章曰：「喪亂既平，既安且寧。雖有兄弟，不如友生。」謂友朋尚義，安寧之時，以禮義相琢磨。予於持國，外兄弟也。急難不相救，又於未安寧之際，欲以義相琢刻，雖古人所不能受，予欲不報，慮淺吾持國也。

二年，得湖州長史，卒。舜欽數上書論朝廷事，在蘇州買水石作滄浪亭，益讀書，時發憤懣於歌詩，其體豪放，往往驚人。善草書，每酣酒落筆，爭爲人所傳。及謫死，世尤惜之。妻杜氏有賢行。

兄舜元字才翁，爲人精悍任氣節，爲歌詩亦豪健，尤善草書，舜欽不能及。官至尚書度支員外郎、三司度支判官。

尹源字子漸，少博學彊記，與弟洙皆以文學知名。洙議論明辨，果於有爲。源自晦，不矜飾，有所發卽過人。初以祖蔭補三班借職，稍遷殿直。舉進士，爲奉禮郎，累遷太常博士，歷知芮城、河陽、新鄭三縣，通判涇州。時知滄州劉渙坐專斬部卒，降知密州。源上書



言：「渙爲主將，部卒有罪不伏，咎輒呼萬歲，渙斬之不爲過。以此謫渙，臣恐邊兵愈驕，輕視主將，所繫非輕也。」渙遂獲免。

嘗作唐說及敍兵十篇上之。其唐說曰：

世言唐所以亡，由諸侯之彊，此未極于理。夫弱唐者，諸侯也。唐既弱矣，而久不亡者，諸侯維之也。燕、趙、魏首亂唐制，專地而治，若古之建國，此諸侯之雄者，然皆恃唐爲輕重。何則？假王命以相制則易而順，唐雖病之，亦不得而外焉。故河北順而聽命，則天下爲亂者不能遂其亂；河北不順而變，則姦雄或附而起。德宗世，朱泚、李希烈始遂其僭而終敗亡者，田悅叛于前，武俊順于後也。憲宗討蜀、平夏、誅蔡、夷鄆，兵連四方而亂不生，卒成中興之功者，田氏稟命、王承宗歸國也。武宗將討劉稹之叛，先正三鎭，絕其連衡之計，而王誅以成。如是二百年，姦臣逆子專國命者有之，夷將相者有之，而不敢窺神器，非力不足，畏諸侯之勢也。

及廣明之後，關東無復唐有，方鎭相侵伐者，猶以王室爲名。及梁祖舉河南，劉仁恭輕戰而敗，羅氏內附，王鎔請盟，于時河北之事去矣。梁人一舉而代唐有國，諸侯莫能與之爭，其勢然也。向使以僖、昭之弱，乘巢、蔡之亂，而田承嗣守魏，王武俊、朱滔據燕、趙，彊相均，地相屬，其勢宜莫敢先動，況非義舉乎？如此雖梁祖之暴，不過取霸

于一方耳，安能彊禪天下？故唐之弱者，以河北之彊也；唐之亡者，以河北之弱也。或曰：「諸侯彊則分天子之勢，子何議之過乎？」曰：「秦、隋之勢無分于諸侯，而亡速于唐，何如哉？」或曰：「唐之亡其由君失道乎？」曰：「君非失道，而才不至焉爾，其亡也，臣實主之。請極其說：唐太宗起艱難有天下，其用臣也，聽其言而盡其才，故君臣相親而至治安。以及後世，視太宗由茲而興，雖其聖不及，而任臣納諫之心一也。君有太宗之心，臣非太宗之臣，上聽其下，或不能辨其姦，下惑其上，無所不至，所以敗也。何哉？夫君一而臣衆，大聖之君不相繼而出，大姦之臣則世有之。大聖在上，則姦無所容，其臣莫不賢；苟君之才不能勝臣之姦，則雖有賢者不能進矣。如是，然未至於失道，猶失道也。明皇非不欲天下如貞觀之治，而馭臣之才不能勝林甫之姦，於是有祿山之禍。德宗非不欲平暴亂、安四方，而君人之術不能勝盧杞之邪，於是有朱泚之變。以至于僖、昭，其心皆欲去亂而卽治也，而才不逮於明皇、德宗，輔臣之姦邪或過於林甫、盧杞，求國不亡，安可得已！然迹其事，君豈有失道乎？于時天下非無賢，由君不能主聽也。故至賢之主與夫失道之主，其興其亡，皆自取之，此繫乎君者也；中才之主，其臣正勝邪則治而安，邪勝正則亂而亡，此繫乎臣者也。然則唐之亡非君之爲，臣之爲也。」





其敍兵曰：

唐杜牧嘗會昌中河朔用兵，嘗爲文數篇，上論歷代軍事利害，繼以本朝制兵、用將之得失，下參以當時事機。牧，儒者，位不顯，其術未嘗試，然識者謂牧知兵，雖古名將不能過。今觀牧所著，大要究極當世之務，不專狃古法，使時君可行而易爲功，此其善也。

今兵之利鈍所以與唐世異者，唐自中世以來，諸侯皆自募兵訓練，出攻入守，上下一志，故討淮西、青、冀、滄德、澤潞之叛，以至四征夷狄，大率假外兵以集事，朝廷所出神策禁軍，不過爲聲援而已，故所至多有功。

今則不然，國家患前世藩鎭之彊，凡天下所募驍勇，一萃於京師。雖濱塞諸郡，大者籍兵不踰數千，每歲防秋，則戍以禁兵，將帥任輕而勢分，軍事往往中御。愚謂此可以施於無事時，鎭中國，服豪傑心，苟戎夷侵軼，未必能取勝也。何則？兵主於外則勇，主於內則驕，勇生於勞，驕生於逸。夫外兵所習尙皆疆埸戰鬬勞苦之事，死生之命制之於將，故勇，勇而使之戰則多利；內兵居京都，日享安逸，加之以賞賚，未嘗服甲胄、荷戈戟，不知將帥號令之嚴，故驕，驕而勞之則怨，以之戰則多鈍。

若唐之失，失於諸侯之不制，非失於外兵之彊，故有驕將，罕聞有驕兵。今之失，失於將太輕，而外兵不足以應敵，內兵鮮得其用，故有驕兵，不聞有驕將。且唐之所失者勢也，今之所失者制也。勢也者不得已也，制也者可爲而不爲也。

然則爲今之計當如何？曰：「稍革舊制，大募豪勇，益外兵之籍，俾足以戰敵。以內兵爲聲勢，重邊將之任，使專一軍之事，而不得連州郡之勢，斯可以獲近利而亡後害也。」

餘文多不錄。

趙元昊寇定川堡，葛懷敏發涇原兵救之，源是時通判慶州，遺懷敏書曰：「賊舉國而來，其利不在城堡，而兵法有不得而救者，宜駐兵瓦亭，擇利而後動。」懷敏不聽，以敗。范仲淹、韓琦薦其才，召試學士院。源素不喜賦，請以論易賦，主試者方以賦進，不悅其言，第其文下，除知懷州，卒。

黃亢字淸臣，建州浦城人也。母夢星殞于懷，掬而吞之，遂有娠。少奇穎過人，年十五，以文謁翰林學士章得象，得象奇之。遊錢塘，以詩贈處士林逋，逋尤激賞。時王隨知杭





州，奏禁西湖爲放生池，亢作詩數百言以諷，士人爭傳之。亢爲人侏儒，不飾小節，對人野率，如不能言。然嗜學彊記，爲文詞奇偉。卒，鄉人類其文爲十二卷，號東溪集。

黃鑑字唐卿，與亢同鄉里，少敏慧過人。舉進士，補桂陽監判官，爲國子監直講。同郡楊億尤善其文詞，延置門下，由是知名。累遷太常博士，爲國史院編修官。嘗詔館閣官後苑賞花，而鑑特預召。國史成，擢直集賢院。以母老，出通判蘇州，卒。

楊蟠字公濟，章安人也。舉進士，爲密、和二州推官。歐陽脩稱其詩。蘇軾知杭州，蟠通判州事，與軾倡酬居多。平生爲詩數千篇，後知壽州，卒。

顏太初字醇之，徐州彭城人，顏子四十七世孫。少博學，有雋才，慷慨好義。喜爲詩，多譏切時事。天聖中，亳州衞眞令黎德潤爲吏誣構，死獄中。太初以詩發其寃，覽者壯之。

文宣公孔聖祐卒，無子，除襲封且十年。是時有醫許希以鍼愈仁宗疾，拜賜已，西向拜扁鵲曰：「不敢忘師也！」帝爲封扁鵲神應侯，立祠城西。太初作許希詩，指聖祐事以諷在位，又致書參知政事蔡齊，齊爲言於上，遂以聖祐弟襲封。山東人范諷、石延年、劉潛之徒喜豪放劇飲，不循禮法，後生多慕之，太初作東州逸黨詩，孔道輔深器之。太初中進士後，爲莒縣尉，因事忤轉運使，投劾去。久之，補閬中主簿。時范諷以罪貶，同黨皆坐斥，齊與道輔薦太初，上其嘗所爲詩，召試中書，言者以爲此嘲譏之辭，遂報改臨晉主簿。

前此有太常博士宋武通判同州，與守爭事，恚死，守憾之，捃構其子以罪，發狂亦死，父子寓骨僧舍。時守方貴顯，無敢爲直冤，太初因事至同州，葬武父子，蘇舜欽表其事于墓左。後移應天府戶曹參軍、南京國子監說書，卒。著書號洙南子，所居在梟、繹兩山之間，號梟繹處士。有集十卷，淳曜聯英二十卷。

子復，嘉祐中，本郡敦遣至京師，召試舍人院，爲奉議郎。

郭忠恕字恕先，河南洛陽人。七歲能誦書屬文，舉童子及第，尤工篆籀。弱冠，漢湘陰公召之，忠恕拂衣遽辭去。周廣順中，召爲宗正丞兼國子書學博士，改周易博士。建隆初，





被酒與監察御史符昭文競於朝堂，御史彈奏，忠恕叱臺吏奪其奏，毀之，坐貶爲乾州司戶參軍。乘醉毆從事范滌，擅離貶所，削籍配隸靈武。其後，流落不復求仕進，多游岐、雍、京、洛間，縱酒跅弛，逢人無貴賤輒呼「苗」。有佳山水即淹留，浹旬不能去。或踰月不食。盛暑暴露日中，體不沾汗，窮多鑿河冰而浴，其傍凌澌消釋，人皆異之。

尤善畫，所圖屋室重復之狀，頗極精妙。多游王侯公卿家，或待以美醞，豫張紈素倚於壁，乘興即畫之，苟意不欲而固請之，必怒而去，得者藏以爲寶。太宗即位，聞其名，召赴闕，授國子監主簿，賜襲衣、銀帶、錢五萬，館於太學，令刊定歷代字書。

忠恕性無檢局，放縱敗度，上憐其才，每優容之。益使酒，肆言謗讟，時擅鬻官物取其直，詔減死，決杖流登州。時太平興國二年。已行至齊州臨邑，謂部送吏曰：「我今逝矣！」因掊地爲穴，度可容其面，俯窺焉而卒，稾葬於道側。後累月，故人取其尸將改葬之，其體甚輕，空空然若蟬蛻焉。所定古今尙書並釋文並行於世。

## 校勘記

〔一〕士以白金五百遺脩爲壽　「五百」，蘇舜欽蘇學士文集卷一五哀穆先生文作「五斤」。

〔二〕凡得十數萬　歐陽修歐陽文忠公文集卷二四石曼卿墓表，隆平集卷一五、東都事略卷一一五本傳都作「凡得數十萬」。

〔三〕調滎陽縣尉　「滎陽」原作「榮陽」，據歐陽文忠公文集卷三一湖州長史蘇君墓誌銘、本書卷八五地理志改。

〔四〕漢元帝三年　「元帝」原作「宣帝」。按漢元帝初元三年，茂陵白鶴館災，見漢書卷九元帝紀；蘇學士文集卷一一火疏亦作「元帝」，據改。

〔五〕康定中河東地震　按蘇學士文集卷一一詣匭疏上於景祐五年，長編卷一二一繫於寶元元年（即景祐五年）；本書卷六七五行志，景祐四年忻、代、并三州地震，災害很大。此處「康定」當作「景祐」。

〔六〕亦未嘗有此大變　「未」字原脫，據蘇學士文集卷一一詣匭疏、長編卷一二一補。

# 宋史卷四百四十三

## 列傳第二百二

### 文苑五

梅堯臣　江休復　蘇洵　章望之　王逢　孫唐卿　黃庠　楊寘附
唐庚　文同　楊傑　賀鑄　劉涇　鮑由　黃伯思

梅堯臣字聖俞，宣州宣城人，侍讀學士詢從子也。工爲詩，以深遠古淡爲意，間出奇巧，初未爲人所知。用詢蔭爲河南主簿，錢惟演留守西京，特嗟賞之，爲忘年交，引與酬倡，一府盡傾。歐陽脩與爲詩友，自以爲不及。堯臣益刻厲，精思苦學，繇是知名於時。宋興，以詩名家爲世所傳如堯臣者，蓋少也。嘗語人曰：「凡詩，意新語工，得前人所未道者，斯爲善矣；必能狀難寫之景如在目前，含不盡之意見於言外，然後爲至也。」世以爲知言。歷德興縣令，知建德、襄城縣，監湖州稅，簽書忠武、鎭安判官，監永豐倉〔一〕。大臣屢薦宜在館閣，



召試，賜進士出身，爲國子監直講，累遷尚書都官員外郎。預修唐書，成，未奏而卒，錄其子一人。

寶元、嘉祐中，仁宗有事郊廟，堯臣預祭，輒獻歌詩，又嘗上書言兵。注孫子十三篇，撰唐載記二十六卷、毛詩小傳二十卷、宛陵集四十卷。

堯臣家貧，喜飲酒，賢士大夫多從之游，時載酒過門。善談笑，與物無忤，詼嘲刺譏託於詩，晚益工。有人得西南夷布弓衣，其織文乃堯臣詩也，名重於時如此。

江休復字鄰幾，開封陳留人。少彊學博覽，爲文淳雅，尤善於詩。喜琴、弈、飲酒，不以聲利爲意。進士起家，爲桂陽監藍山尉，騎驢之官，每據鞍讀書至迷失道，家人求得之。舉書判拔萃，改大理寺丞，遷殿中丞。獻其所著書，召試，爲集賢校理，判尚書刑部。與蘇舜欽游，坐預進奏院祠神會落職，監蔡州商稅。久之，知奉符縣，通判睦州、徙廬州，復集賢校理，判吏部南曹、登聞鼓院，爲羣牧判官，出知同州，提點陝西路刑獄，入判三司鹽鐵勾院，修起居注，累遷尚書刑部郎中卒。

休復外簡曠而內行甚飭，事孀姑如母，所與游皆一時豪俊。爲政簡易。嘗著神告一



篇，言皇嗣未立，假神告祖宗之意，冀以感悟。又嘗言昭憲太后子孫多流落民間，宜甄錄之。著唐宜鑒十五卷、春秋世論三十卷、文集二十卷。

蘇洵字明允，眉州眉山人。年二十七始發憤爲學，歲餘舉進士，又舉茂才異等，皆不中。悉焚常所爲文，閉戶益讀書，遂通六經、百家之說，下筆頃刻數千言。至和、嘉祐間，與其二子軾、轍皆至京師，翰林學士歐陽脩上其所著書二十二篇，既出，士大夫爭傳之，一時學者競效蘇氏爲文章。所著權書、衡論、機策，文多不可悉錄，錄其心術、遠慮二篇。

心術曰：

爲將之道，當先治心，太山覆於前而色不變，麋鹿興於左而目不瞬，然後可以待敵。凡兵上義，不義雖利勿動。夫惟義可以怒士，士以義怒，可與百戰。凡戰之道，未戰養其財，將戰養其力，既戰養其氣，既勝養其心。謹烽燧，嚴斥候，使耕者無所顧忌，所以養其財；豐犒而優游之，所以養其力；小勝益急，小挫益厲〔二〕，所以養其氣；用人不盡其所爲〔三〕，所以養其心。故士當蓄其怒、懷其欲而不盡。怒不盡則有餘勇，欲不盡則有餘貪，故雖幷天下而士不厭兵，此黃帝所以七十戰而兵不殆也。



凡將欲智而嚴，凡士欲愚。智則不可測，嚴則不可犯，故士皆委已而聽命，夫安得不愚？夫惟士愚而後可與之皆死。凡兵之動，知敵之主，知敵之將，而後可以動於險。鄧艾縋兵於穴中，非劉禪之庸，則百萬之師可以坐縛，彼固有所侮而動也。故古之賢將，能以兵嘗敵，而又以敵自嘗，故去就可以決。

凡主將之道，知理而後可以舉兵，知勢而後可以加兵，知節而後可以用兵。知理則不屈，知勢則不沮，知節則不窮。見小利不動，見小患不避，小利小患不足以辱吾技也，夫然後有以支大利大患。夫惟養技而自愛者無敵於天下，故一忍可以支百勇，一靜可以制百動。

兵有長短，敵我一也。敢問：「吾之所長，吾出而用之，彼將不與吾校；吾之所短，吾斂而置之，彼將彊與吾角。奈何？」曰：「吾之所短，吾抗而暴之，使之疑而却；吾之所長，吾陰而養之，使之狎而墮其中。此用長短之術也。」

善用兵者〔四〕使之無所顧，有所恃。無所顧則知死之不足惜，有所恃則知不至於必敗。尺箠當猛虎，奮呼而操擊，徒手遇蜥蜴，變色而却步，人之情也，知此者可以將矣。袒裼而按劍，則烏獲不敢逼；冠冑衣甲據兵而寢，則童子彎弓殺之矣。故善用兵者以形固，夫能以形固，則力有餘矣。

遠慮曰：

聖人之道，有經、有權、有機，是以有民、有羣臣而又有腹心之臣。曰經者，天下之民舉知之可也；曰權者，民不可得而知矣，羣臣知之可也；曰機者，雖羣臣亦不得而知之矣，腹心之臣知之可也。夫使聖人無權，則無以成天下之務，無機，則無以濟萬世之功，然皆非天下之民所宜知；而機者又羣臣所不得聞，羣臣不得聞，則誰與議？不議不濟，然則所謂腹心之臣者，不可一日無也。後世見三代取天下以仁義，而守之以禮樂也，則曰「聖人無機」。夫取天下與守天下，無機不能。顧三代聖人之機，不若後世之詐，故後世不得見耳。

有機也，是以有腹心之臣。禹有益，湯有伊尹，武王有太公望，是三臣者，聞天下之所不聞，知羣臣之所不知。禹與湯、武倡其機於上，而三臣者和之於下，以成萬世之功。下而至於桓、文，有管仲、狐偃爲之謀主，闔廬有伍員，勾踐有范蠡、大夫種。高祖之起也，大將任韓信、黥布、彭越，裨將任曹參、樊噲、滕公、灌嬰，游說諸侯任酈生、陸賈、樅公，至於奇機密謀羣臣所不與者，唯留侯、酇侯二人。唐太宗之臣多奇才，而委之深任之密者，亦不過曰房、杜。夫君子爲善之心與小人爲惡之心一也，君子有機以成其善，小人有機以成其惡。有機也，雖惡亦或濟，無機也，雖善亦不克，是故腹心之臣不



可以一日無也。司馬氏，魏之賊也，有賈充之徒爲之腹心之臣以濟；陳勝、吳廣，秦民之湯、武也，無腹心之臣以不克。何則？無腹心之臣，無機也，有機而泄也。夫無機與有機而泄者，譬如虎豹食人而不知設陷穽，設陷穽而不知以物覆其上者也。

或曰：「機者，創業之君所假以濟耳，守成之世，其奚事機而安用夫腹心之臣？」嗚呼！守成之世，能遂熙然如太古之世矣乎？未也，吾未見機之可去也。且夫天下之變，常伏於安，田文所謂「子少國危，大臣未附」，當是之時，而無腹心之臣，可爲寒心哉！昔者，高祖之末，天下既定矣，而又以周勃遺孝惠、孝文；武帝之末，天下既治矣，而又以霍光遺孝昭、孝宣。蓋天下雖有泰山之勢，而聖人常以累卵爲心，故雖守成之世，而腹心之臣不可去也。

傳曰：「百官總己以聽于冢宰。」彼冢宰者，非腹心之臣，天子安能舉天下之事委之，三年不置疑於其間邪？又曰：「五載一巡狩。」彼無腹心之臣，五載一出，捐千里之畿，而誰與守邪？今夫一家之中必有宗老，一介之士必有密友，以開心胸，以濟緩急，奈何天子而無腹心之臣乎[五]？近世之君抗然于上，而使宰相眇然於下，上下不接，而其志不通矣。臣視君如天之遼然而不可親，而君亦如天之視人，泊然無愛之之心也。是以社稷之憂，彼不以爲憂，君憂不辱，君辱不死。一人譽之則用之，一人毀之則捨



之。宰相避嫌畏譏且不暇[六]，何暇盡心以憂社稷？數遷數易，視相府如傳舍。百官泛泛於下，而天子惸惸於上，一旦有卒然之憂，吾未見其不顚沛而殞越也。聖人之任腹心之臣也，尊之如父師，愛之如兄弟，執手入臥內，同起居寢食，知無不言，言無不盡。百人譽之不加密，百人毀之不加疏，尊其爵，厚其祿，重其權，而後可與議天下之機，慮天下之變。

宰相韓琦見其書善之，奏于朝，召試舍人院，辭疾不至，遂除祕書省校書郎。會太常修纂建隆以來禮書，乃以爲霸州文安縣主簿，與陳州項城令姚闢同修禮書，爲太常因革禮一百卷。書成，方奏未報，卒。賜其家縑、銀二百，子軾辭所賜，求贈官，特贈光祿寺丞，敕有司具舟載其喪歸蜀。有文集二十卷、諡法三卷。

章望之字表民，建州浦城人。少孤，喜問學，志氣宏放。爲文辯博，長於議論。初由伯父得象廕爲祕書省校書郎，監杭州茶庫。逾年辭疾去，求舉賢良方正，得象在相位，以嫌抑之，乃上書論時政凡萬餘言，不報。丁母憂，毀瘠過制。服除，浮游江、淮間，犯艱苦，汲汲以營衣食，不自悔，人勸之仕，不應也。其兄拱之知晉江縣，忤其守蔡襄，襄怒，誣以贓，貶。



望之號泣，歷訴於朝。時襄方貴顯，事久不得直。望之訴不已，章十餘上，起獄數年，朝廷爲再劾，卒脫拱之寃，復官如初，望之遂不復仕。覃恩遷太常寺太祝、大理評事。翰林學士歐陽脩韓絳、知制誥吳奎劉敞范鎮同薦其才，宰相欲稍用之，除簽書建康軍節度判官，不赴。又除知烏程縣，趣令受命，固辭，遂以光祿寺丞致仕，卒。

望之喜議論，宗孟軻言性善，排荀卿、揚雄、韓愈、李翺之說，著救性七篇。歐陽脩論魏、梁爲正統，望之以爲非，著明統三篇。江南人李覯著禮論，謂仁、義、智、信、樂、刑、政皆出於禮，望之訂其說，著禮論一篇。其議論多有過人者。嘗北游齊、趙，南汎湖、湘，西至汧、隴，東極吳會，山水勝處，無所不歷。有歌詩、雜文數百篇，集爲三十卷。

王逢字會之，太平州當塗人。其四世祖居巖，仕唐爲驍衞長史，遭亂棄官，歸居青山。楊行密據淮南，使人以兵迫起之。居巖散遣其家人，而以一身歸行密，授以湖州別駕，不遣。一日，行密大會，失居巖，亟使人掩其家，無一人在者。其後有人於嵩山見空石室，詢其旁，或云有道人王居巖居此，去而莫知其所終。子孫仕無顯者，至逢博學，能屬文，尤長於講說。

少舉進士不中，去，教授蘇州，學者嘗數百人。晚始登第，補南雄州軍事判官，歸爲國子監直講兼隴西郡王宅敎授，李瑋從學，事之甚謹。岐國公主既降，瑋爲逢求遷官，且有命，逢辭不受。久之，以太常博士通判徐州，未至，卒。逢爲人樂易，篤於朋友，與胡瑗最善。喜著書，有易傳十卷、乾德指說一卷、復書七卷。妻陳氏亦有賢行，無子。

孫唐卿(七)字希元，青州人。少有學行，年十七以書謁韓琦，琦甚器之。與黃庠、楊寘自景祐以來俱以進士爲舉首，有名一時。唐卿初中第，通判陝州，於吏事若素習。民有母再適人而死，及葬其父，恨母之不得祔，乃盜母之喪而同葬之。有司論以法，唐卿時權府事，乃曰：「是知有孝而不知有法爾。」乃釋之以聞。未幾，丁父憂，毀瘠嘔血而卒。詔賻其家。

黃庠字長善，洪州分寧人。博學彊記，超敏過人。初至京師，就舉國子監、開封府、禮部，皆爲第一。比引試崇政殿，以疾不時入，天子遣內侍即邸舍撫問，賜以藥劑。是時庠名聲動京師，所作程文，傳誦天下，聞于外夷，近世布衣罕比也。歸江南五年，以病卒。





楊寘字審賢，察之弟。少有儁才，慶曆二年舉進士京師，試國子監、禮部皆第一。既試崇政殿，帝臨軒啓封，見名喜動于色，謂輔臣曰：「楊寘也。」遂擢第一，公卿相賀爲得人。授將作監丞，通判潁州，未至官，持母喪，病羸卒，特詔賻恤其家。先是，其友夢寘作龍首山人，寘自謂：「龍首，我四冠多士；山人，無祿位之稱。我其終是乎！」已而果然。

唐庚字子西，眉州丹棱人也。善屬文，舉進士，稍爲宗子博士，張商英薦其才，除提舉京畿常平。商英罷相，庚亦坐貶，安置惠州。會赦，復官承議郎，提舉上清太平宮。歸蜀，道病卒，年五十一。庚爲文精密，通於世務，作名治、察言、閔俗、存舊、內前行諸篇，時人稱之。有文集二十卷。子文若自有傳。

庚兄弟五人，長兄瞻，字望之，後改名伯虎，字長孺。治易、春秋皆有家法。元祐三年，其父游瀘南，伯虎兄弟居母喪於丹山，伯虎夜半蹶庚曰：「吾夢收父書，發之，得『亟來』二字，吾父得無他乎？吾心動矣。汝奉母奠朝夕，吾趨瀘南。」庚未及應，伯虎奮曰：「吾決矣！」起裹糧，黎明走洪川僦舟，遇江漲，聲搖數十里，客舟皆艤岸不敢動。伯虎彷徨堤上，有漁者持小艇繫港中，啗以厚利，不許。伯虎超入艇中，叱僕夫解維，漁者不得已，從之。二日半至瀘南，父果病甚，見伯虎，大驚，問其故，具告之。父嘆曰：「天告汝也！」是日，疾少間，伯虎具舟侍父以歸。居數日，疾復作，遂卒。

元符二年，庚以貢舉事繫獄臨邛，語連伯虎，臨邛幷械之。凡對吏逾年，掠治無完膚，其詞確然，一不及庚，以故獄久不具，卒會赦，除之。伯虎性眞率，無威儀，人多易之，至是皆大服，以爲不可及。伯虎仕於四方，每數年一歸，不過旬日復去。後卒于家，有子二人。

文同字與可，梓州梓潼人，漢文翁之後，蜀人猶以「石室」名其家。同方口秀眉，以學名世，操韻高潔，自號笑笑先生。善詩、文、篆、隸、行、草、飛白。文彥博守成都，奇之，致書同曰：「與可襟韻洒落，如晴雲秋月，塵埃不到。」司馬光、蘇軾尤敬重之。軾，同之從表弟也。同又善畫竹，初不自貴重，四方之人持縑素請者，足相躡於門。同厭之，投縑於地，罵曰：「吾將以爲襪。」好事者傳之以爲口實。初舉進士，稍遷太常博士、集賢校理，知陵州，又知洋州。元豐初，知湖州，明年，至陳州宛丘驛，忽留不行，沐浴衣冠，正坐而卒。





崔公度嘗與同同爲館職，見同京南，殊無言，及將別，但云：「明日復來乎？與子話。」公度意以「話」爲「畫」，明日再往，同曰：「與公話。」則左右顧，恐有聽者。公度方知同將有言，非畫也。同曰：「吾聞人不妄語者，舌可過鼻。」卽吐其舌，三疊之如餠狀，引之至眉間，公度大驚。及京中傳同死，公度乃悟所見非生者。有丹淵集四十卷行于世。

楊傑字次公，無爲人。少有名于時，舉進士。元豐中，官太常者數任，一時禮樂之事，皆預討論。嘗議玉牒帝系自僖祖而上，世次莫知，則僖祖爲始祖無疑，宜以僖祖配感生帝。又請孝惠賀后、淑德尹后、章懷潘后皆祖宗首納之后，孝章宋后嘗母儀天下，升祔之禮，久而未講，宜因慈聖光獻崇配之日，升四后神主祔于祖宗祏室，斷天下之大疑，正宗廟之大法。由是四后始得升祔。

神宗詔祕書監劉几、禮部侍郎范鎭議樂，几請命傑同議。傑言大樂七失，並圖上之。神宗下几、鎭參定，鎭不用傑議，自製。樂成，詔褒之。元豐末，晉州敎授陸長愈言：「近封孟軻鄒國公，宜春秋釋奠，與顏子並配。」下太常議，傑與少卿葉均、博士盛陶王古辛公佐以謂凡配享從祀，皆孔子同時之人，今以孟軻並配非是。禮部復言：「自唐至今，以伏勝、高堂生等二十一賢從祀，豈必同時人？」詔從禮部議。

哲宗即位，議樂，又用范鎮說。傑復破鎮樂章曲名、宮架加磬、十六鍾磬之非。又論鎮以黑黍用秬制律、銅量，叩之不合黃鍾，以世無眞黍，用太府尺爲樂尺，下舊樂三律。詳具樂志。傑在神宗時與鎮異議，至是復攻之，鎮之樂律卒不用。元祐中，爲禮部員外郎，出知潤州，除兩浙提點刑獄，卒，年七十。自號無爲子，有文集二十餘卷，樂記五卷。

賀鑄字方回，衞州人，孝惠皇后之族孫。長七尺，面鐵色，眉目聳拔。喜談當世事，可否不少假借，雖貴要權傾一時，小不中意，極口詆之無遺辭，人以爲近俠。博學強記，工語言，深婉麗密，如次組繡。尤長於度曲，掇拾人所棄遺，少加檃括，皆爲新奇。嘗言：「吾筆端驅使李商隱、溫庭筠常奔命不暇。」諸公貴人多客致之，鑄或從或不從，其所不欲見，終不貶也。

初，娶宗女，隸籍右選，監太原工作，有貴人子同事，驕倨不相下。鑄廉得盜工作物，屛侍吏，閉之密室，以杖數曰：「來，若某時盜某物爲某用，某時盜某物入于家，然乎？」貴人子惶駭謝「有之」。鑄曰：「能從吾治，免白發。」卽起自袒其膚，杖之數下，貴人子叩頭祈哀，卽



大笑釋去。自是諸挾氣力頡頏者，皆側目不敢仰視。是時，江、淮間有米芾以魁岸奇譎知名，鑄以氣俠雄爽適相先後，二人每相遇，瞋目抵掌，論辯鋒起，終日各不能屈，談者爭傳爲口實。

元祐中，李淸臣執政，奏換通直郎，通判泗州，又倅太平州。竟以尙氣使酒，不得美官，悒悒不得志，食宮祠祿，退居吳下，稍務引遠世故，亦無復軒輊如平日。家藏書萬餘卷，手自校讎，無一字誤，以是杜門將遂其老。家貧，貸子錢自給，有負者，輒折劵與之，秋毫不以丏人。

鑄所爲詞章，往往傳播在人口。建中靖國時，黃庭堅自黔中還，得其「江南梅子」之句，以爲似謝玄暉。其所與交，終始厚者，惟信安程俱。鑄自裒歌詞，名東山樂府，俱爲序之。嘗自言唐諫議大夫知章之後，且推本其初，出王子慶忌，以慶爲姓，居越之湖澤所謂鏡湖者，本慶湖也，避漢安帝父淸河王諱，改爲賀氏，慶湖亦轉爲鏡。當時不知何所據。故鑄自號慶湖遺老，有慶湖遺老集二十卷。

劉涇字巨濟，簡州陽安人。舉進士，王安石薦其才，召見，除經義所檢討。久之，爲太



學博士，罷，知咸陽縣，常州教授，通判莫州、成都府，除國子監丞，知處、虢、眞、坊四州。元符末上書，召對，除職方郎中。卒，年五十八。涇爲文務奇怪語，好進取，多爲人排斥，屢躓不伸。

同時有鄭少微者，字明舉，成都人也，與涇俱以文知名，而仕不偶。

鮑由字欽止(八)，處州龍泉人。舉進士。嘗從王安石學，又親炙蘇軾，故其文汪洋閎肆，詩尤高妙。徽宗召對，除工部員外郎，居無何，以不合去，責監泗州轉般倉。歷河東福建路常平、廣西淮南轉運判官，復召爲郎。以言者罷，提點元封觀。起知明州，又知海州，復奉祠。卒，年五十六。嘗注杜甫詩，有文集五十卷。

黃伯思字長睿，其遠祖自光州固始徙閩，爲邵武人。祖履，資政殿大學士。父應求，饒州司錄。伯思體弱，如不勝衣，風韻灑落，飄飄有凌雲意。自幼警敏，不好弄，日誦書千餘言。每聽履講經史，退與他兒言，無遺誤者。嘗夢孔雀集于庭，覺而賦之，詞采甚麗。以履



任爲假承務郎。甫冠，入太學，校藝屢占上游。履將以恩例奏增秩，伯思固辭，履益奇之。元符三年，進士高等，調磁州司法參軍，久不任，改通州司戶。丁內艱，服除，除河南府戶曹參軍，治劇不勞而辦。秩滿，留守鄧洵武辟知右軍巡院。

伯思好古文奇字，洛下公卿家商、周、秦、漢彝器款識，研究字畫體製，悉能辨正是非，道其本末，遂以古文名家，凡字書討論備盡。初，淳化中博求古法書，命待詔王著續正法帖，伯思病其乖僞龐雜，考引載籍，咸有依據，作刊誤二卷。由是篆、隸、正、行、草、章草、飛白皆至妙絕，得其尺牘者，多藏弆。

又二年，除詳定九域圖志所編修官兼六典檢閱文字，改京秩。尋監護崇恩太后園陵使司，掌管牋奏。以修書恩，升朝列，擢祕書省校書郎。未幾，遷祕書郎。縱觀册府藏書，至忘寢食，自六經及歷代史書、諸子百家、天官地理、律曆卜筮之說無不精詣。凡詔講明前世典章文物、集古器考定眞贗，以素學與聞，議論發明居多，館閣諸公自以爲不及也。踰再考，丁外艱，宿抱羸瘵，因喪尤甚。服除，復舊職。

伯思頗好道家，自號雲林子，別字霄賓。及至京，夢人告曰：「子非久人間，上帝有命典司文翰。」覺而書之。不踰月，以政和八年卒，年四十。伯思學問慕揚雄，詩慕李白，文慕柳宗元。有文集五十卷、翼騷一卷。

二子：詔，右宣教郎、荆湖南路安撫司書寫機宜文字；勛，右從事郎、福州懷安尉，裒伯思平日議論題跋爲東觀餘論三卷。

## 校勘記

〔一〕永豐倉　按歐陽修歐陽文忠公文集卷三三梅聖俞墓誌銘作「永濟倉」，梅堯臣宛陵集卷三九有永濟倉書事詩，疑此誤。

〔二〕小勝忿急小挫忿厲　「忿急小挫」四字原脫，據蘇洵嘉祐集卷二心術補。

〔三〕用人不盡其所爲　同上書同卷同篇「所爲」作「所欲爲」，按下文有「懷其欲而不盡」等語，作「所欲爲」義似較長。

〔四〕善用兵者　「善用」二字原脫，據同上書同卷同篇補。

〔五〕奈何天子而無腹心之臣乎　「天子」原作「天下」，據同上書卷四遠慮改。

〔六〕避嫌長議且不暇　「長」字原脫，據同上書同卷同篇補。

〔七〕孫唐卿　下文謂「與黃庠、楊寘自景祐以來俱以進士爲舉首」，按長編卷一一四、通考卷三二選舉考，景祐元年進士第一人乃張唐卿而非孫唐卿；又韓琦安陽集卷四七故將作監丞通判陝府張唐卿墓誌銘，所敍事蹟與本傳同，顯屬一人。疑此處「孫」爲「張」之誤。





〔八〕鮑由字欽止　按本書卷二〇八藝文志，有鮑慎由文集五〇卷；汪藻浮溪集卷一七鮑吏部集序：「括蒼鮑欽止諱慎由」；陳振孫直齋書錄解題卷一七著錄夷白堂小集二〇卷、別集三卷，下注「考功員外郎括蒼鮑慎由欽止撰」，則由實名慎由。

# 宋史卷四百四十四

## 列傳第二百三

### 文苑六

黃庭堅　晁補之弟詠之　秦觀　張耒　陳師道　李廌　劉恕
王無咎　蔡肇　李格非　呂南公　郭祥正　米芾　劉詵　倪濤
李公麟　周邦彥　朱長文　劉弇

黃庭堅字魯直，洪州分寧人。幼警悟，讀書數過輒成誦。舅李常過其家，取架上書問之，無不通，常驚，以爲一日千里。舉進士，調葉縣尉。熙寧初，舉四京學官，第文爲優，教授北京國子監，留守文彥博才之，留再任。蘇軾嘗見其詩文，以爲超軼絕塵，獨立萬物之表，世久無此作，由是聲名始震。知太和縣，以平易爲治。時課頒鹽筴，諸縣爭占多數，太和獨否，吏不悅，而民安之。





哲宗立，召爲校書郎、神宗實錄檢討官。逾年，遷著作佐郎，加集賢校理。實錄成，擢起居舍人。丁母艱。庭堅性篤孝，母病彌年，晝夜視顏色，衣不解帶，及亡，廬墓下，哀毀得疾幾殆。服除，爲秘書丞，提點明道宮，兼國史編修官。紹聖初，出知宣州，改鄂州。章惇、蔡卞與其黨論實錄多誣，俾前史官分居畿邑以待問，摘千餘條示之，謂爲無驗證。既而院吏考閱，悉有據依，所餘才三十二事。庭堅書「用鐵龍爪治河，有同兒戲」。至是首問焉。對曰：「庭堅時官北都，嘗親見之，眞兒戲耳。」凡有問，皆直辭以對，聞者壯之。貶涪州別駕，黔州安置，言者猶以處善地爲骫法。以親嫌，遂移戎州，庭堅泊然，不以遷謫介意。蜀士慕從之游，講學不倦，凡經指授，下筆皆可觀。

徽宗即位，起監鄂州稅，簽書寧國軍判官，知舒州，以吏部員外郎召，皆辭不行。丐郡，得知太平州，至之九日罷，主管玉隆觀〔一〕。庭堅在河北與趙挺之有微隙，挺之執政，轉運判官陳舉承風旨，上其所作荆南承天院記，指爲幸災，復除名，羈管宜州。三年，徙永州，未聞命而卒，年六十一。

庭堅學問文章，天成性得，陳師道謂其詩得法杜甫，學甫而不爲者。善行、草書，楷法亦自成一家。與張耒、晁補之、秦觀俱游蘇軾門，天下稱爲四學士，而庭堅於文章尤長於詩，蜀、江西君子以庭堅配軾，故稱「蘇、黃」。軾爲侍從時，舉以自代，其詞有「瓌偉之文，妙絕當世，孝友之行，追配古人」之語，其重之也如此。初，游灊皖山谷寺、石牛洞，樂其林泉之勝，因自號山谷道人云。

晁補之字無咎，濟州鉅野人，太子少傅迥五世孫，宗慤之曾孫也。父端友，工於詩。補之聰敏強記，纔解事卽善屬文，王安國一見奇之。十七歲從父官杭州，稡錢塘山川風物之麗，著七述以謁州通判蘇軾。軾先欲有所賦，讀之嘆曰：「吾可以閣筆矣！」又稱其文博辯儁偉，絕人遠甚，必顯於世，由是知名。

舉進士，試開封及禮部別院，皆第一。神宗閱其文曰：「是深於經術者，可革浮薄。」調澶州司戶參軍〔三〕，北京國子監教授。元祐初，爲太學正，李淸臣薦堪館閣，召試，除祕書省正字，遷校書郎，以祕閣校理通判揚州，召還，爲著作佐郎。章惇當國，出知齊州，羣盜晝掠塗巷，補之默得其姓名、囊槖皆審，一日宴客，召賊曹以方略授之，酒行未竟，悉擒以來，一府爲徼警。坐修神宗實錄失實，降通判應天府、亳州，又貶監處、信二州酒稅。徽宗立，復以著作召。旣至，拜吏部員外郞、禮部郞中，兼國史編修、實錄檢討官。黨論起，爲諫官管師仁所論，出知河中府，修河橋以便民，民畫祠其像。徙湖州、密州、果州，遂主管鴻慶宮。





還家，葺歸來園，自號歸來子，忘情仕進，慕陶潛爲人。大觀末，出黨籍，起知達州，改泗州，卒，年五十八。

補之才氣飄逸，嗜學不知倦，文章溫潤典縟，其凌麗奇卓出於天成。尤精楚詞，論集屈、宋以來賦詠爲變離騷等三書。安南用兵，著罪言一篇，大意欲擇仁厚勇略吏爲五管郡守，及修海上諸郡武備，議者以爲通達世務。從弟詠之。

詠之字之道，少有異材，以蔭入官。調揚州司法參軍，未上。時蘇軾守揚州，補之倅州事，以其詩文獻軾，軾曰：「有才如此，獨不令我一識面邪？」乃具參軍禮入謁，軾下堂挽而上，顧坐客曰：「奇才也！」復舉進士，又舉宏詞，一時傳誦其文。爲河中教授，元符末，應詔上書論事，罷官。久之，爲京兆府司錄事，秩滿，提點崇福宮。卒，年五十二，有文集五十卷。

秦觀字少游，一字太虛，揚州高郵人。少豪儁，慷慨溢於文詞，舉進士不中。強志盛氣，好大而見奇，讀兵家書與己意合。見蘇軾於徐，爲賦黃樓，軾以爲有屈、宋才。又介其詩於王安石，安石亦謂淸新似鮑、謝。軾勉以應舉爲親養，始登第，調定海主簿、蔡州教授。元祐初，軾以賢良方正薦于朝，除太學博士，校正祕書省書籍。遷正字，而復爲兼國史院編修官，上日有硯墨器幣之賜。

紹聖初，坐黨籍，出通判杭州。以御史劉拯論其增損實錄，貶監處州酒稅。使者承風望指，候伺過失，旣而無所得，則以謁告寫佛書爲罪，削秩徙郴州，繼編管橫州，又徙雷州。徽宗立，復宣德郞，放還，至藤州，出游華光亭，爲客道夢中長短句，索水欲飲，水至，笑視之而卒。先自作挽詞，其語哀甚，讀者悲傷之，年五十三，有文集四十卷。

觀長於議論，文麗而思深。及死，軾聞之嘆曰：「少游不幸死道路，哀哉！世豈復有斯人乎！」弟覯字少章，覿字少儀，皆能文。

張耒字文潛，楚州淮陰人。幼穎異，十三歲能爲文，十七時作函關賦，已傳人口。游學於陳，學官蘇轍愛之，因得從軾游，軾亦深知之，稱其文汪洋沖澹，有一倡三嘆之聲。弱冠第進士，歷臨淮主簿、壽安尉、咸平縣丞。入爲太學錄，范純仁以館閣薦試，遷祕書省正字、著作佐郞、祕書丞、著作郞、史館檢討。居三館八年，顧義自守，泊如也。擢起居舍





人。紹聖初，請郡，以直龍圖閣知潤州。坐黨籍徙宣州，謫監黃州酒稅，徙復州。徽宗立，起爲通判黃州，知兗州，召爲太常少卿，甫數月，復出知潁、汝二州。崇寧初，復坐黨籍落職，主管明道宮。初，耒在潁，聞蘇軾訃，爲舉哀行服，言者以爲言，遂貶房州別駕，安置於黃。五年，得自便，居陳州。

耒儀觀甚偉，有雄才，筆力絕健，於騷詞尤長。時二蘇及黃庭堅、晁補之輩相繼沒，耒獨存，士人就學者衆，分日載酒殽飲食之。誨人作文以理爲主，嘗著論云：「自六經以下，至於諸子百氏騷人辯士論述，大氐皆將以爲寓理之具也。故學文之端，急於明理，如知文而不務理，求文之工，世未嘗有也。夫決水於江、河、淮、海也，順道而行，滔滔汩汩，日夜不止，衝砥柱，絕呂梁，放於江湖而納之海，其舒爲淪漣，鼓爲波濤，激之爲風飆，怒之爲雷霆，蛟龍魚鱉，噴薄出沒，是水之奇變也。水之初，豈若是哉！順道而決之，因其所遇而變生焉。溝瀆東決而西竭，下滿而上虛，日夜激之，欲見其奇，彼其所至者，蛙蛭之玩耳。江、河、淮、海之水，理達之文也，不求奇而奇至矣。激溝瀆而求水之奇，此無見於理，而欲以言語句讀爲奇，反覆咀嚼，卒亦無有，文之陋也。」學者以爲至言。作詩晚歲益務平淡，効白居易體，而樂府効張籍。

久於投閑，家益貧，郡守翟汝文欲爲買公田，謝不取。晚監南嶽廟，主管崇福宮。卒，

年六十一。建炎初，贈集英殿修撰。

陳師道字履常，一字無己，彭城人。少而好學苦志，年十六，早以文謁曾鞏，鞏一見奇之，許其以文著，時人未之知也，留受業。熙寧中，王氏經學盛行，師道心非其說，遂絕意進取。鞏典五朝史事，得自擇其屬，朝廷以白衣難之。元祐初，蘇軾、傅堯俞、孫覺薦其文行，起爲徐州教授，又用梁燾薦，爲太學博士。言者謂在官嘗越境出南京見軾，改教授潁州。又論其進非科第，罷歸。調彭澤令，不赴。家素貧，或經日不炊，妻子慍見，弗恤也。久之，召爲祕書省正字。卒，年四十九，友人鄒浩買棺斂之。

師道高介有節，安貧樂道。於諸經尤邃詩、禮，爲文精深雅奧。喜作詩，自云學黃庭堅，至其高處，或謂過之，然小不中意，輒焚去，今存者財十一。世徒喜誦其詩文，至若奧學至行，或莫之聞也。嘗銘黃樓，曾子固謂如秦石。

初，游京師踰年，未嘗一至貴人之門，傅堯俞欲識之，先以問秦觀，觀曰：「是人非持刺字，俛顏色，伺候乎公卿之門者，殆難致也。」堯俞曰：「非所望也，吾將見之，懼其不吾見也，子能介於陳君乎？」知其貧，懷金欲爲餽，比至，聽其論議，益敬畏不敢出。章惇在樞府，將



薦于朝，亦屬觀延致。師道答曰：「辱書，諭以章公降屈年德，以禮見招，不佞何以得此，豈侯嘗歎之耶？公卿不下士，尙矣，乃特見於今而親於其身，幸孰大焉。愚雖不足以齒士，猶當從侯之後，順下風以成公之名。然先王之制，士不傳贄爲臣，則不見於王公，所以成禮，而其敝必至自鬻，故先王謹其始以爲之防，而爲士者世守焉。師道於公，前有貴賤之嫌，後無平生之舊，公雖可見，禮可去乎？且公之見招，蓋以能守區區之禮也，若昧冒法義，聞命走門，則失其所以見招，公又何取焉。雖然，有一於此，幸公之他日成功謝事，幅巾東歸，師道當御款段，乘下澤，候公於東門外，尙未晚也。」及惇爲相，又致意焉，終不往。官潁時，蘇軾知州事，待之絕席，欲參諸門弟子間，而師道賦詩有「嚮來一瓣香，敬爲曾南豐」之語，其自守如是。

與趙挺之友壻，素惡其人，適預郊祀行禮，寒甚，衣無綿，妻就假於挺之家，問所從得，卻去，不肯服，遂以寒疾死。

李廌字方叔，其先自鄆徙華。廌六歲而孤，能自奮立，少長，以學問稱鄉里。謁蘇軾於黃州，贄文求知。軾謂其筆墨瀾翻，有飛沙走石之勢，拊其背曰：「子之才，萬人敵也，抗之以



高節，莫之能禦矣。」廌再拜受教。而家素貧，三世未葬，一夕，撫枕流涕曰：「吾忠孝焉是學，而親未葬，何以學爲！」旦而別軾，將客游四方，以蕆其事。軾解衣爲助，又作詩以勸風義者。於是不數年，盡致累世之喪三十餘柩，歸窆華山下，范鎭爲表墓以美之。益閉門讀書，又數年，再見軾，軾閱其所著，歎曰：「張耒、秦觀之流也。」

鄉舉試禮部，軾典貢舉，遺之，賦詩以自責。呂大防歎曰：「有司試藝，乃失此奇才邪！」軾與范祖禹謀曰：「廌雖在山林，其文有錦衣玉食氣，棄奇寶於路隅，昔人所歎，我曹得無意哉！」將同薦諸朝，未幾，相繼去國，不果。軾亡，廌哭之慟，曰：「吾愧不能死知己，至於事師之勤，渠敢以生死爲間！」卽走許、汝間，相地卜兆授其子，作文祭之曰：「皇天后土，監一生忠義之心；名山大川，還萬古英靈之氣。」詞語奇壯，讀者爲悚。中年絕進取意，謂潁爲人物淵藪，始定居長社，縣令李佐及里人買宅處之。卒，年五十一。

廌喜論古今治亂，條暢曲折，辯而中理。當喧溷倉卒間如不經意，睥睨而起，落筆如飛馳。元祐求言，上忠諫書、忠厚論，并獻兵鑒二萬言論西事。朝廷擒羌酋鬼章，將致法，廌深論利害，以爲殺之無益，願加寬貸，當時韙其言。



劉恕字道原，筠州人。父渙字凝之，爲潁上令，以剛直不能事上官，棄去。家于廬山之陽，時年五十。歐陽脩與渙，同年進士也，高其節，作廬山高詩以美之。渙居廬山三十餘年，環堵蕭然，饘粥以爲食，而游心塵垢之外，超然無戚戚意，以壽終。

恕少穎悟，書過目卽成誦。八歲時，坐客有言孔子無兄弟者，恕應聲曰：「以其兄之子妻之。」一坐驚異。年十三欲應制科，從人假漢、唐書，閱月皆歸之。謁丞相晏殊，問以事，反覆詰難，殊不能對。恕在鉅鹿時，召至府，重禮之，使講春秋，殊親帥官屬往聽。未冠，舉進士，時有詔，能講經義者別奏名，應詔者才數十人，恕以春秋、禮記對，先列注疏，次引先儒異說，末乃斷以己意，凡二十問，所對皆然，主司異之，擢爲第一。他文亦入高等，而廷試不中格，更下國子試講經，復第一，遂賜第。調鉅鹿主簿、和川令，發彊擿伏，一時能吏自以爲不及。恕爲人重意義，急然諾。郡守得罪被劾，屬吏皆連坐下獄，恕獨恤其妻子，如己骨肉，又面數轉運使深文峻詆。

篤好史學，自太史公所記，下至周顯德末，紀傳之外至私記雜說，無所不覽，上下數千載間，鉅微之事，如指諸掌。司馬光編次資治通鑑，英宗命自擇館閣英才共修之。光對曰：「館閣文學之士誠多，至於專精史學，臣得而知者，唯劉恕耳。」卽召爲局僚，遇史事紛錯難治者，輒以諉恕。恕於魏、晉以後事，考證差繆，最爲精詳。

王安石與之有舊，欲引置三司條例。恕以不習金穀爲辭，因言天子方屬公大政，宜恢張堯、舜之道以佐明主，不應以利爲先。又條陳所更法令不合衆心者，勸使復舊，至面刺其過，安石怒，變色如鐵，恕不少屈；或稠人廣坐，抗言其失無所避，遂與之絕。方安石用事，呼吸成禍福，高論之士，始異而終附之，面譽而背毀之，口順而心非之者，皆是也。恕奮厲不顧，直指其事，得失無所隱。

光出知永興軍，恕亦以親老，求監南康軍酒以就養，許卽官修書。光判西京御史臺，恕請詣光，留數月而歸。道得風攣疾，右手足廢，然苦學如故，少間，輒修書，病亟乃止。官至祕書丞，卒，年四十七。

恕爲學，自曆數、地里、官職、族姓至前代公府案牘，皆取以審證。求書不遠數百里，身就之讀且抄，殆忘寢食。偕司馬光游萬安山，道旁有碑，讀之，乃五代列將，人所不知名者，恕能言其行事始終，歸驗舊史，信然。宋次道知亳州，家多書，恕枉道借覽。次道日具饌爲主人禮，恕曰：「此非吾所爲來也，殊廢吾事。」悉去之。獨閉閤，晝夜口誦手抄，留旬日，盡其書而去，目爲之翳。著五代十國紀年以擬十六國春秋，又采太古以來至周威烈王時事，史記、左氏傳所不載者，爲通鑑外紀。

家素貧，無以給旨甘，一毫不妄取於人。自洛南歸，時方多，無寒具。司馬光遺以衣襪



及故茵褥，辭不獲，強受而別，行及潁，悉封還之。尤不信浮屠說，以爲必無是事，曰：「人如居逆旅，一物不可乏，去則盡棄之矣，豈得齎以自隨哉。」好攻人之惡，每自訟平生有二十失、十八蔽，作文以自警，亦終不能改也。

死後七年，通鑑成，追錄其勞，官其子羲仲爲郊社齋郎。次子和仲，有超軼材，作詩清奧，刻厲欲自成家，爲文慕石介，有俠氣，亦早死。

王無咎字補之，建昌南城人。第進士，爲江都尉、衞眞主簿〔三〕、天台令，棄而從王安石學，久之，無以衣食其妻子，復調南康主簿，已又棄去。好書力學，寒暑行役不暫釋，所在學者歸之，去來常數百人。王安石爲政，無咎至京師，士大夫多從之游，有卜鄰以考經質疑者。然與人寡合，常閉門治書，惟安石言論莫逆也。安石上章薦其文行該備，守道安貧，而久棄不用，詔以爲國子直講，命未下而卒，年四十六。

蔡肇字天啓，潤州丹陽人。能爲文，最長歌詩。初事王安石，見器重。又從蘇軾游，聲



譽益顯。第進士，歷明州司戶參軍、江陵推官。元祐中，爲太學正，通判常州，召爲衞尉寺丞，提舉永興路常平。徽宗初，入爲戶部、吏部員外郎，兼編修國史，言者論其學術反覆，出提舉兩浙刑獄。張商英當國，引爲禮部員外，進起居郎，拜中書舍人。前此，試三題，率以宰相上馬爲之候，肇援筆立就，不加潤飾，商英讀之擊節。纔踰月，以草御史幸義責詞不稱，罷爲顯謨閣待制、知明州，言者又論其包藏異意，非議辟雍以爲不當立，奪職，提舉洞霄宮。會赦，復之，卒。

李格非字文叔，濟南人。其幼時，俊警異甚。有司方以詩賦取士，格非獨用意經學，著禮記說至數十萬言，遂登進士第。調冀州司戶參軍，試學官，爲鄆州教授。郡守以其貧，欲使兼他官，謝不可。入補太學錄，再轉博士，以文章受知于蘇軾。嘗著洛陽名園記，謂「洛陽之盛衰，天下治亂之候也」。其後洛陽陷于金，人以爲知言。紹聖立局編元祐章奏，以爲檢討，不就，戾執政意，通判廣信軍。有道士說人禍福或中，出必乘車，甿俗信惑，格非遇之塗，叱左右取車中道士來，窮治其姦，杖而出諸境。召爲校書郎，遷著作佐郎、禮部員外郎，提點京東刑獄，以黨籍罷。卒，年六十一。



格非苦心工於詞章，陵轢直前，無難易可否，筆力不少滯。嘗言：「文不可以苟作，誠不著焉，則不能工。且晉人能文者多矣，至劉伯倫酒德頌、陶淵明歸去來辭，字字如肺肝出，遂高步晉人之上，其誠著也。」

妻王氏，拱辰孫女，亦善文。女清照，詩文尤有稱於時，嫁趙挺之之子明誠，自號易安居士。

呂南公字次儒，建昌南城人。於書無所不讀，於文不肯綴緝陳言。熙寧中，士方推崇馬融、王肅、許愼之業，剽掠補拆臨摹之藝大行，南公度不能逐時好，一試禮闈不偶，退築室灌園，不復以進取爲意。益著書，且借史筆以褒善貶惡，遂以「衮斧」名所居齋。嘗謂士必不得已於言，則文不可以不工，蓋意有餘而文不足，則如吃人之辨訟，心未始不虛，理未始不直，然而或屈者，無助於辭而已。觀書契以來，特立之士，未有不善於文者。士無志於立則已，必有志焉，則文何可以卑淺而爲之？故毅然盡心，思欲與古人並。

元祐初，立十科薦士，中書舍人曾肇上疏，稱其讀書爲文，不事俗學，安貧守道，志希古人，堪充師表科，一時廷臣亦多稱之。議欲命以官，未及而卒。遺文曰灌園先生集，傳

於世。

郭祥正字功父，太平州當塗人，母夢李白而生。少有詩聲，梅堯臣方擅名一時，見而歎曰：「天才如此，眞太白後身也！」舉進士，熙寧中，知武岡縣，簽書保信軍節度判官。時王安石用事，祥正奏乞天下大計專聽安石處畫，有異議者，雖大臣亦當屏黜。神宗覽而異之，一日問安石曰：「卿識郭祥正乎？其才似可用。」出其章以示安石，安石恥爲小臣所薦，因極口陳其無行。時祥正從章惇察訪辟，聞之，遂以殿中丞致仕。後復出，通判汀州，知端州，又棄去，隱于縣青山，卒。

米芾字元章，吳人也。以母侍宣仁后藩邸舊恩，補浛光尉。歷知雍丘縣、漣水軍，太常博士，知無爲軍。召爲書畫學博士，賜對便殿，上其子友仁所作楚山清曉圖，擢禮部員外郎，出知淮陽軍。卒，年四十九。

芾爲文奇險，不蹈襲前人軌轍。特妙於翰墨，沈著飛翥，得王獻之筆意。畫山水人物，





自名一家，尤工臨移，至亂眞不可辨。精於鑒裁，遇古器物書畫則極力求取，必得乃已。王安石嘗摘其詩句書扇上，蘇軾亦喜譽之。冠服效唐人，風神蕭散，音吐清暢，所至人聚觀之。而好潔成癖，至不與人同巾器。所爲譎異，時有可傳笑者。無爲州治有巨石，狀奇醜，芾見大喜曰：「此足以當吾拜！」具衣冠拜之，呼之爲兄。又不能與世俯仰，故從仕數困。嘗奉詔倣黃庭小楷作周興嗣千字韻語。又入宣和殿觀禁內所藏，人以爲寵。

子友仁字元暉，力學嗜古，亦善書畫，世號小米，仕至兵部侍郎、敷文閣直學士。

劉詵字應伯，福州福清人。中進士第，歷莆田主簿、知廬江縣。崇寧中，爲講議司檢討官，進軍器、大理丞，大晟府典樂。詵通音律，嘗上歷代雅樂因革及宋制作之旨，故委以樂事。又言：「周官大司樂禁淫聲、慢聲，蓋孔子所謂放鄭聲者。今燕樂之音，失於高急，曲調之詞，至於鄙俚，恐不足以召和氣。宋，火德也，音尙徵，徵調不可闕。臣按古制，旋十二宮以七聲，得正徵一調，惟陛下財取。」徽宗曰：「卿言是也，五聲闕一不可，徵招、角招爲君臣相說之樂，此朕所欲聞而無言者，卿宜爲朕典司之。」他日禁中出古鍾二，詔執政召詵按於都堂，詵曰：「此與今太簇、大呂聲協。」命取大晟鍾扣之，果應。又曰：「鍾擊之無餘韻，不如石聲，詩所云『依我磬聲』者，言其清而定也。」復取以合之，聲益諧。歷宗正、鴻臚、衞尉、太常四少卿，纂續因革禮，卒。

詵居母喪盡禮，有雙芝生墓側，人以爲孝感。

倪濤字巨濟，廣德軍人。丱角能屬文，博學強記。年十五，試太學第一，遂擢進士，調廬陵尉、信陽軍教授。入爲太學正，祕書省校書郎、著作佐郎，司勳、左司員外郎。朝廷議有事燕雲，大臣爭先決策，爲固位計，皆心知不可，無敢一出口，濤獨言其非。且曰：「景德以來，遼守約不犯邊，盟誓固在，不可渝也。天下久平，士不習戰，軍儲又屈，毋輕議以詒後患。」王黼怒曰：「君敢沮軍事邪！」於是言者論其鼓唱撰造，貶監朝城縣酒稅，再徙茶陵船場。卒，年三十九。死之明年，金人犯闕，朝廷憶濤言，官其一子。有雲陽集傳於世。

李公麟字伯時，舒州人〔四〕。第進士，歷南康、長垣尉，泗州錄事參軍，用陸佃薦爲中書門下後省删定官、御史檢法。好古博學，長於詩，多識奇字，自夏、商以來鍾、鼎、尊、彝，皆能





考定世次，辨測款識，聞一妙品，雖捐千金不惜。紹聖末，朝廷得玉璽，下禮官諸儒議，言人人殊。公麟曰：「秦璽用藍田玉，今玉色正青，以龍蚓鳥魚爲文，著『帝王受命之符』，玉質堅甚，非昆吾刀、蟾肪不可治，琱法中絕，此眞秦李斯所爲不疑。」議由是定。

元符三年，病痹，遂致仕。既歸老，肆意於龍眠山巖壑間。雅善畫，自作山莊圖，爲世寶。傳寫人物尤精，識者以爲顧愷之、張僧繇之亞。襟度超軼，名士交譽之，黃庭堅謂其風流不減古人，然因畫爲累，故世但以藝傳云。

周邦彥字美成，錢塘人。疏雋少檢，不爲州里推重，而博涉百家之書。元豐初，游京師，獻汴都賦餘萬言，神宗異之，命侍臣讀於邇英閣，召赴政事堂，自太學諸生一命爲正，居五歲不遷，益盡力於辭章。出教授廬州，知溧水縣，還爲國子主簿。哲宗召對，使誦前賦，除祕書省正字。歷校書郎，考功員外郎，衞尉、宗正少卿，兼議禮局檢討，以直龍圖閣知河中府，徽宗欲使畢禮書，復留之。踰年乃知隆德府，徙明州，入拜祕書監，進徽猷閣待制、提舉大晟府。未幾，知順昌府，徙處州。卒，年六十六，贈宣奉大夫。

邦彥好音樂，能自度曲，製樂府長短句，詞韻清蔚，傳於世。

朱長文字伯原，蘇州吳人。年未冠，舉進士乙科，以病足不肯試吏，築室樂圃坊，著書閱古，吳人化其賢。長吏至，莫不先造請，謀政所急，士大夫過者以不到樂圃爲恥，名動京師，公卿薦以自代者衆。元祐中，起教授於鄉，召爲太學博士，遷祕書省正字。元符初，卒，哲宗知其淸，賻絹百。

有文三百卷，六經皆爲辨說。又著琴史而序其略曰：「方朝廷成太平之功，制禮作樂，比隆商、周，則是書也，豈虛文哉！」蓋立志如此。

劉弇字偉明，吉州安福人。兒時警穎，日誦萬餘言。登元豐二年進士第，繼中博學宏詞科。歷官知嘉州峩眉縣，改太學博士。元符中，有事于南郊，弇進南郊大禮賦，哲宗覽之動容，以爲相如、子雲復出，除祕書省正字。徽宗即位，改著作佐郎、實錄院檢討官，以疾卒于官。



弇少嗜酒，不事拘檢。爲文辭劖剔瑕纇，卓詭不凡。有龍雲集三十卷，周必大序其文，



謂「廬陵自歐陽文忠公以文章續韓文公正傳，遂爲一代儒宗，繼之者弇也」。其相推重如此云。

## 校勘記

〔一〕玉隆觀　原作「玉龍觀」，據東都事略卷一一六本傳、宋會要職官六七之四〇改。

〔二〕澶州司戶參軍　「澶州」原作「澧州」，據琬琰集刪存卷二張耒晁太史補之墓誌銘、晁補之雞肋集卷五八授澶州司戶答韓諫議璹請充敎授啓改。

〔三〕江都尉衞眞主簿　「尉」字原脫，「衞眞」原作「儀眞」，據臨川先生文集卷九一王補之墓誌銘補改。

〔四〕舒州人　東都事略卷一一六李公麟傳、輿地紀勝卷四五均作「舒城人」。

# 宋史卷四百四十五

## 列傳第二百四

### 文苑七

陳與義　汪藻　葉夢得　程俱　張嵲　韓駒　朱敦儒　葛勝仲
熊克　張即之　趙蕃附

陳與義字去非，其先居京兆，自曾祖希亮始遷洛，故爲洛人。與義天資卓偉，爲兒時已能作文，致名譽，流輩斂衽，莫敢與抗。登政和三年上舍甲科，授開德府敎授。累遷太學博士，擢符寶郎，尋謫監陳留酒稅。

及金人入汴，高宗南遷，遂避亂襄漢，轉湖湘，踰嶺嶠。久之，召爲兵部員外郞。紹興元年夏，至行在。遷中書舍人，兼掌內制。拜吏部侍郎，尋以徽猷閣直學士知湖州。召爲給事中，駁議詳雅。又以顯謨閣直學士提舉江州太平觀，被召，會宰相有不樂與義者，復用





爲中書舍人、直學士院。六年九月，高宗如平江，十一月，拜翰林學士、知制誥。

七年正月，參知政事，唯師用道德以輔朝廷，務尊主威而振綱紀。時丞相趙鼎言：「人多謂中原有可圖之勢，宜便進兵，恐他時咎今日之失機。」上曰：「今梓宮與太后、淵聖皆未還，若不與金議和，則無可還之理。」與義曰：「若和議成，豈不賢於用兵，萬一無成，則用兵必不免。」上曰：「然。」三月，從帝如建康。明年，扈蹕還臨安。以疾請，復以資政殿學士知湖州，陛辭，帝勞問甚渥，遂請閒提舉臨安洞霄宮。十一月，卒，年四十九。

與義容狀儼恪，不妄笑言，平居雖謙以接物，然內剛不可犯。其薦士於朝，退未嘗以語人，士以是多之。尤長於詩，體物寓興，淸邃紆餘，高舉橫厲，上下陶、謝、韋、柳之間。嘗賦墨梅，徽宗嘉賞之，以是受知于上云。

汪藻字彥章，饒州德興人。幼穎異，入太學，中進士第。調婺州觀察推官，改宣州敎授，稍遷江西提舉學事司幹當公事。

徽宗親製君臣慶會閣詩，羣臣皆賡進，惟藻和篇，衆莫能及。時胡伸亦以文名，人爲之語曰：「江左二寶，胡伸、汪藻。」尋除九域圖志所編修官，再遷著作佐郎。時相王黼與藻同

舍，素不戚，出通判宣州，提點江州太平觀，投閑凡八年，終黼之世不得用。

欽宗卽位，召爲屯田員外郎，再遷太常少卿、起居舍人。高宗踐祚，召試中書舍人。時次揚州，藻多論奏，宰相黃潛善惡之，遂假他事，免爲集英殿修撰、提舉太平觀。明年，復召爲中書舍人兼直學士院，擢給事中，遷兵部侍郎兼侍講，拜翰林學士。帝以所御白團扇，親書「紫誥仍兼綰，黃麻似六經」十字以賜，搢紳豔之。

屬時多事，詔令類出其手。嘗論諸大將擁重兵，寖成外重之勢，且陳所以待將帥者三事，後十年卒如其策。又言：「崇、觀以來，貴結權倖，奴事閹宦，與開邊誤國，得職名自觀文殿大學士而下直祕閣、官至銀青光祿大夫者，近稍鐫褫，而建炎恩宥，又當甄復，盍依國初法，止中大夫。」

紹興元年〔一〕，除龍圖閣直學士、知湖州，以顏眞卿盡忠唐室，嘗守是邦，乞表章之，詔賜廟忠烈。又言：「古者有國必有史，故書榻前議論之辭，則有時政記，錄柱下見聞之實，則有起居注，類而次之，謂之日曆，修而成之，謂之實錄。今踰三十年〔二〕，無復日曆，何以示來世？乞卽臣所領州，許臣訪尋故家文書，纂集元符庚辰以來詔旨，爲日曆之備。」制可。史館既開，修撰綦崇禮言不必別設外局，乃已。郡人顏經投匭愬其斂羅軍食，遂貶秩停官。起知撫州，御史張致遠又論之，予祠。六年，修撰范沖言：「日曆，國之大典，比詔藻纂修，事復





中止，恐遂散逸，宜令就閑復卒前業。」詔賜史館修撰餐錢，聽辟屬編類。八年，上所修書，自元符庚辰至宣和乙巳詔旨，凡六百六十有五卷，藻再進官，其屬鮑延祖、孟處義咸增秩有差。藻升顯謨閣學士，遣使賜茶藥。尋知徽州，踰年徙宣州。言者論其嘗爲蔡京、王黼之客，奪職居永州，累赦不宥。二十四年，卒。

秦檜死，復職，官其二子。二十八年，徽宗實錄成書，右僕射湯思退言藻嘗纂集詔旨，比修實錄，所取十蓋七八，深有力於斯文。詔贈端明殿學士。

藻通顯三十年，無屋廬以居。博極羣書，老不釋卷，尤喜讀春秋左氏傳及西漢書。工儷語，多著述，所爲制詞，人多傳誦。子六人，恬、恪、憺、怲、懍、憘。

葉夢得字少蘊，蘇州吳縣人。嗜學蚤成，多識前言往行，談論亹亹不窮。紹聖四年，登進士第，調丹徒尉。徽宗朝，自婺州敎授召爲議禮武選編修官。用蔡京薦，召對，言：「自古帝王爲治，廣狹大小，規模各不同，然必自先治其心者始。今國勢有安危，法度有利害，人材有邪正，民情有休戚，四者，治之大也。若不先治其心，或誘之以貨利，或陷之以聲色，則所謂安危、利害、邪正、休戚者，未嘗不顚倒易位，而況求其功乎？」上異其言，特遷祠部郎官。

大觀初，京再相，向所立法度已罷者復行，夢得言：「周官太宰以八柄詔王馭羣臣，所謂廢置賞罰者，王之事也，太宰得以詔王而不得自專。夫事不過可不可二者而已，以爲可而出於陛下，則前日不應廢，以爲不可而不出於陛下，則今不可復。今徒以大臣進退爲可否，無乃陛下有未了然於中者乎？」上喜曰：「邇來士多朋比媒進，卿言獨無觀望。」遂除起居郎。時用事者喜小有才，夢得言：「自古用人必先辨賢能。賢者，有德之稱，能者，有才之稱，故先王常使德勝才，不使才勝德。崇寧以來，在內惟取議論與朝廷同者爲純正，在外惟取推行法令速成者爲幹敏，未聞器業任重、識度經遠者，特有表異。恐用才太勝，願繼今用人以有德爲先。」

二年，累遷翰林學士，極論士大夫朋黨之弊，專於重內輕外，且乞身先衆人補郡。蔡京初欲以童貫宣撫陝西，取青唐。夢得見京問曰：「祖宗時，宣撫使皆是見任執政，文彥博、韓絳因此卽軍中拜相，未有以中人爲之。元豐末，神宗欲命李憲，雖王珪亦能力爭，此相公所見也。昨八寶恩遽除貫節度使，天下皆知非祖宗法，此已不可救。今又付以執政之任，使得青唐，何以處之？」京有慚色，然卒用貫取青唐。

三年，以龍圖閣直學士知汝州，尋落職，提舉洞霄宮。政和五年，起知蔡州，復龍圖閣





直學士。移帥潁昌府，發常平粟振民，常平使者劉寄惡之。宦官楊戩用事，寄括部內，得常平錢五十萬緡，請糴粳米輸後苑以媚戩。戩委其屬持御筆來，責以米樣如蘇州。夢得上疏極論潁昌地力與東南異，願隨品色，不報。時旁郡糾民輸鏹就糴京師，怨聲載道，獨潁昌賴夢得得免。李彥括公田，以黠吏告訐，籍郟城、舞陽隱田數千頃，民詣府訴者八百戶。夢得上其事，捕吏按治之，郡人大悅。戩、彥交怒，尋提舉南京鴻慶宮，自是或廢或起。

逮高宗駐蹕揚州，遷翰林學士兼侍讀，除戶部尚書。陳「待敵之計有三，曰形、曰勢、曰氣而已。形以地理山川爲本，勢以城池、芻粟、器械爲重，氣以將帥士卒爲急。形固則可恃以守，勢強則可資以立，氣振則可作以用。如是則敵皆在吾度內矣」。因請上南巡，阻江爲險，以備不虞。又請命重臣爲宣總使，一居泗上，總兩淮及東方之師以待敵；一居金陵，總江、浙之路以備退保。疏入不報。

既而帝駐蹕杭州，遷尚書左丞，奏監司、州縣擅立軍期司掊斂民財者，宜罷。上諭以兵、食二事最大，當擇大臣分掌。門下侍郎顏岐、知杭州康允之皆嫉夢得，又與宰相朱勝非議論不協，會州民有上書訟夢得過失者，上以夢得深曉財賦，乃除資政殿學士、提舉中太一宮，專一提領戶部財用，充車駕巡幸頓遞使，辭不拜，歸湖州。

紹興初，起爲江東安撫大使兼知建康府，兼壽春等六州宣撫使。時建康荒殘，兵不滿

三千。夢得奏移統制官韓世清軍屯建康，崔增屯采石，閻皐分守要害。會王才降劉豫，引兵入寇，夢得遣使臣張偉諭才降之，以其衆分隸諸軍。濠、壽叛將寇宏、陳卞，雖陽受朝命，陰與劉豫通，夢得諭以福禍，皆聽命。及豫入寇，卞擊敗之，齊兵宵遁。

八年，除江東安撫制置大使兼知建康府、行宮留守。又奏防江措畫八事：一、申飭邊備，二、分布地分，三、把截要害，四、約束舟船，五、團結鄉社，六、明審斥堠，七、措置積聚，八、責官吏死守。又言建康太平池州緊要隘口、江北可濟渡去處共一十九處，願聚集民兵，把截要害，命諸將審度敵形，併力進討。

金都元帥宗弼犯含山縣，進逼歷陽，張俊諸軍遷延未發，夢得見俊，請速出軍，曰：「敵已過含山縣，萬一金人得和州，長江不可保矣。」俊趣諸軍進發，聲勢大振，金兵退屯昭關。明年，金復入寇，遂至柘皐，夢得團結沿江民兵數萬，分據江津，遣子模將千人守馬家渡，金兵不得渡而去。

初，建康屯兵歲費錢八百萬緡，米八十萬斛，榷貨務所入不足以支。至是，禁旅與諸道兵咸集，夢得兼總四路漕計以給饋餉，軍用不乏，故諸將得悉力以戰。詔加觀文殿學士，移知福州，兼福建安撫使。

海寇朱明猖獗，詔夢得挾御前將士便道之鎮，或招或捕，或誘之相戕，遂平寇五十





餘羣。然頗與監司異議，上章請老，特遷一官，提舉臨安府洞霄宮。尋拜崇信軍節度使致仕。十八年，卒湖州，贈檢校少保。

程俱字致道，衢州開化人。以外祖尚書左丞鄧潤甫恩，補蘇州吳江主簿，監舒州太湖茶場，坐上書論事罷歸。起知泗州臨淮縣，累遷將作監丞，近臣以譔述薦，遷著作佐郎。宣和二年，進頌，賜上舍出身，除禮部郎，以病告老，不俟報而歸。

建炎中，爲太常少卿，知秀州。會車駕臨幸，賜對。俱言：「陛下德日新，政日舉，賞罰施置，仰當天意，俯合人心，則趙氏安而社稷固；不然，則宗社危而天下亂，其間蓋不容髮。」高宗嘉納之。金兵南渡，據臨安，遣兵破崇德、海鹽，馳檄諭降。俱率官屬棄城保華亭，留兵馬都監守城，朝廷命俱部金帛赴行在，既至，以病乞歸。

紹興初，始置祕書省，召俱爲少監。奏修日曆，祕書長貳得預修纂，自俱始。時庶事草創，百司文書例從省記，俱摭三館舊聞，比次爲書，名曰麟臺故事上之。擢中書舍人兼侍講。俱論：「國家之患，在於論事者不敢盡情，當事者不敢任責，言有用否，事有成敗，理固不齊。今言不合則見排於當時，事不諧則追咎於始議。故雖有智如陳平，不敢請金以行間，勇如相如，不敢全璧以抗秦；通財如劉晏，不敢言理財以贍軍食。使人人不敢當事，不敢盡謀，則艱危之時，誰與圖回而恢復乎？」

武功大夫蘇易轉橫行，俱論：「祖宗之法，文臣自將作監主簿至尚書左僕射，武臣自三班奉職至節度使，此以次遷轉之官也。武臣自閤門副使至內客省使爲橫行，不繫磨勘遷轉之列，其除授皆頒特旨。故元豐之制，以承務郎至特進爲寄祿官，易監主簿至僕射之名；武臣獨不以寄祿官易之者，蓋有深意也。政和間，改武臣官稱爲郎、大夫，遂幷橫行易之爲轉官等級，蓋當時有司不習典故，以開僥倖之門。自改使爲大夫以來，常調之官，下至皂隸，轉爲橫行者，不可勝數。且文臣所謂庶官者，轉不得過中大夫，而武臣乃得過皇城使，此何理也！夫官職輕重在朝廷，朝廷愛重官職，不妄與人，則官職重；反是則輕，輕則得者不以爲恩，未得者常懷觖望，此安危治亂所關也。」

徐俯爲諫議大夫，俱繳還，以爲：「俯雖才俊氣豪，所歷尙淺，以前任省郎，遽除諫議，自元豐更制以來，未之有也。昔唐元稹爲荆南判司，忽命從中出，召爲省郎，便知制誥，遂喧朝聽，時謂監軍崔潭峻之所引也。近聞外傳，俯與中官唱和，有『魚須』之句，號爲警策。臣恐外人以此爲疑，仰累聖德。陛下誠知俯，姑以所應得者命之。」不報。後二日，言者論俱前棄秀州城，罷爲提舉江州太平觀。久之，除徽猷閣待制。





俱晚病風痺，秦檜薦俱領史事，除提舉萬壽觀、實錄院修撰，使免朝參，俱力辭不至。卒，年六十七。俱在掖垣，命令下有不安于心者，必反覆言之，不少畏避。其爲文典雅閎奧，爲世所稱。

張嵲字巨山，襄陽人。宣和三年，上舍選中第。調唐州方城尉，改房州司刑曹。劉子羽薦于川、陝宣撫使張浚，辟利州路安撫司幹辦公事，以母病去官。

紹興五年，召對，嵲上疏曰：「金人去冬深涉吾地，王師屢捷，一朝宵遁，金有自敗之道，非我幸勝之也。今士氣稍振，乘其銳而用之，固無不可。然兵疲民勞，若便圖進取，似未可遽。臣竊謂爲今日計，當築塢堡以守淮南之地，興屯田以爲久戍之資，備舟楫以阻長江之險，以我之常，待彼之變。又荆、襄、壽春皆古重鎭，敵之侵軼，多出此塗。願速擇良將勁兵，戍守其地，以重上流之勢。」召試，除祕書省正字。

六年，地震。嵲奏：「比年以來，賦斂繁重，征求百出，流移者擠溝壑，土著者失常業，地震之異，殆或爲此。願深思變異之由，修政之闕，致民之安。」

七年，遷校書郎兼史館校勘，再遷著作郎。嵲因對言：「吳、蜀，脣齒之勢也。蜀去朝廷

遠，今無元帥一年矣。蜀之利害，臣粗知之。忠勇之人，使之捍外侮則可，至於撫循斯民，則非所能辦也。宜於前宰執中，擇其可以任川事者委任之。然川蜀繫國利害，非腹心之臣不可，今早得一賢宣撫使爲要。」又言：「自駐蹕吳會以來，似未嘗以襄陽、荆南爲意，今宜亟選儒臣有牧御之才者爲二路帥，使之招集流散，興農桑，治城壁，以爲保固之資，益重上流之勢。」

既而何掄以刊改神宗實錄得罪，語連皞，出爲福建路轉運判官。上疏略曰：「古之人君，其患有二，不在於拒諫，在納諫而不能用；不在於不知天下利害，在知而不以爲意。陛下渡江十年矣，外有勍敵之國，內有驕悍之兵，下有窮困無聊之民。進言者多矣，今皆以爲陳腐而別取新奇之說；任事者衆矣，今皆習是以爲當然而更爲迂闊之事。此近於納諫而不知用，知利害而不知恤也。爲今之計，朝斯夕斯，非是二者不務，數年之後，庶其有濟！有國之所惡者，莫大於朋黨，今一宰相用，凡其所與者不擇賢否而盡用之，一宰相去，凡其所與者不擇賢否而盡逐之，宜其朋黨之寖成也。」

九年，除司勳員外郎，兼實錄院檢討官。金人叛盟，上命兩省、卿、監、郎、曹各草檄以進，獨取皞所進者，播之四方。十年，擢中書舍人，升實錄院同修撰。論王德收復宿、亳兩郡，乃擅退軍，使岳飛勢孤，金人猖獗，授承宣、防禦使，何應罰而反賞？封還詞頭，乞罷已



降轉官指揮。未幾，右正言万俟卨論皞爲侍從日，薦引非才，以酬私恩，邊報始至，託疾家居，由是罷去。頃之，起知衢州，除敷文閣待制。爲政頗尙嚴酷，歲滿，得請提舉江州太平興國宮。時方修好息兵，朝廷講稽古禮文之事，皞作中興復古詩以進。上將召用，會疽發背卒，年五十三。子昌時。

韓駒字子蒼，仙井監人。少有文稱。政和初，以獻頌補假將仕郎，召試舍人院，賜進士出身，除祕書省正字。尋坐爲蘇氏學，謫監華州蒲城縣市易務。知洪州分寧縣。召爲著作郎，校正御前文籍。駒言國家祠事，歲一百十有八，用樂者六十有二，舊撰樂章，辭多舛牾。於是詔三館士分撰親祠明堂、圜壇、方澤等樂曲五十餘章，多駒所作。

宣和五年，除祕書少監。六年，遷中書舍人兼修國史，入謝。上曰：「近年爲制誥者，所褒必溢美，所貶必溢惡，豈王言之體。且盤、誥具在，寧若是乎？」駒對：「若止作制誥，則粗知文墨者皆可爲，先帝置兩省，豈止使行文書而已。」上曰：「給事實掌封駮。」駒奏：「舍人亦許繳還詞頭。」上曰：「自今朝廷事有可論者，一切繳來。」尋兼權直學士院，制詞簡重，爲時所推。未幾，復坐鄉黨曲學，以集英殿修撰提舉江州太平觀。



高宗卽位，知江州。紹興五年，卒于撫州。進一官致仕，贈中奉大夫，與遺澤三人。駒嘗在許下從蘇轍學，評其詩似儲光羲。其後由宦者以進用，頗爲識者所薄云。子遜、遊。

朱敦儒字希眞，河南人。父勃，紹聖諫官。敦儒志行高潔，雖爲布衣而有朝野之望。靖康中，召至京師，將處以學官，敦儒辭曰：「麋鹿之性，自樂閑曠，爵祿非所願也。」固辭還山。高宗卽位，詔舉草澤才德之士，預選者命中書策試，授以官。於是淮西部使者言敦儒有文武才，召之，敦儒又辭。避亂客南雄州，張浚奏赴軍前計議，弗起。

紹興二年，宣諭使明橐言敦儒深達治體，有經世才，廷臣亦多稱其靖退。詔以爲右迪功郎，下肇慶府敦遣詣行在，敦儒不肯受詔。其故人勸之曰：「今天子側席幽士，翼宣中興，譙定召於蜀，蘇庠召於浙，張自牧召於長蘆，莫不聲流天京，風動郡國，君何爲棲茅茹藿，白首巖谷乎！」敦儒始幡然而起。既至，命對便殿，論議明暢。上悅，賜進士出身，爲祕書省正字。俄兼兵部郎官，遷兩浙東路提點刑獄。會右諫議大夫汪勃劾敦儒專立異論，與李光交通。高宗曰：「爵祿所以厲世，如其可與，則文臣便至侍從，武臣便至節鉞，如其不可，雖一命亦不容輕授。」敦儒遂罷。十九年，上疏請歸，許之。



敦儒素工詩及樂府，婉麗清暢。時秦檜當國，喜獎用騷人墨客以文太平，檜子熺亦好詩，於是先用敦儒子爲刪定官，復除敦儒鴻臚少卿。檜死，敦儒亦廢。談者謂敦儒老懷舐犢之愛，而畏避竄逐，故其節不終云。

葛勝仲字魯卿，丹陽人。登紹聖四年進士第，調杭州司理參軍。林希薦試學官及詞科，俱第一，除兗州教授，入爲太學正。上幸學，多獻頌者，勝仲獨獻賦，上命中書第其優劣，勝仲爲首，差提舉議曆所檢討官兼宗正丞。始，朝廷以從臣提舉議曆所，至是，代以郭天信，勝仲力請罷之。稍遷禮部員外郎。會御史中丞石公弼言：「僖祖原廟增置殿室，違元豐之舊。」詔禮官議。勝仲建言：「予而復奪，在常人猶難之，況在天之靈乎！」議者非之。責知歙州休寧縣，復召爲禮部員外郎，權國子司業。時朝廷命諸生習雅樂，樂成，進一官，遷太常少卿〔三〕。

宋自建隆至治平所行典禮，歐陽脩嘗裒集爲書，凡百篇，號太常因革禮，詔勝仲續之，增爲三百卷，詔藏太常。及建春宮，以勝仲兼論德，勝仲爲仁、孝、學三論獻之太子，復採春秋、戰國以來歷代太子善惡成敗之迹，日進數事。詔嘉之，徙太府少卿〔四〕，除國子祭酒。

尋知汝州。李彥括田，破產者衆，勝仲請蠲不當括者，彥怒，劾勝仲，上褒其奏，改湖州。尋徙鄧州，朱勔先求白雀之屬，勝仲不與，至是媒蘖其短，罷歸。

建炎中，范宗尹爲相，凡前日以朋附被罪遠貶者，咸赦還，復知湖州。時羣盜縱橫，聲搖諸郡，勝仲修城郭，作戰艦，閱士卒，賊知有備，引去。歲大饑，發官廩振之，民賴以濟。紹興元年，丐祠歸。十四年，卒，年七十三，謚文康。子立方，官至侍從。孫邲，爲右相，自有傳。

熊克字子復，建寧建陽人，御史大夫博之後。將生，有雀翠羽翔臥內。克幼而翹秀，既長，好學善屬文，郡博士胡憲器之，曰：「子學老於年，他日當以文章顯。」紹興中進士第，知紹興府諸暨縣，越帥課賦頗急，諸邑率督趣以應，克曰：「寧吾獲罪，不忍困吾民。」他日，府遣幕僚閱視有亡，時方不雨，克對之泣曰：「此催租時耶！」部使者芮煇行縣至其境，謂克曰：「曩知子文墨而已，今迺見古循吏。」爲表薦之，入爲提轄文思院。

嘗以文獻曾覿，覿持白于孝宗，孝宗喜之，內出御筆，除直學士院。宰相趙雄甚異之，因奏曰：「翰苑清選，熊克小臣，不由論薦而得，無以服衆論，請自朝廷召試，然後用之。」上曰：「善。」乃以爲校書郎，累遷學士院權直。上御選德殿，召諭曰：「卿制誥甚工，且有體，自





此燕閒可論治道。」

克自以見知於上，數有論奏。嘗言：「金人雖講和，而不能保於他日，今宜以和爲守，以守爲攻。當和好之時，爲備守之計，彼不能禁吾不爲也。邊備既實，金人萬一猖獗，必不得志於我，退而乘我，曲不在我矣。且今日之守，莫重淮東。金犯淮西，負糧自隨，其勢必難；若犯淮東，清河糧船直下，易耳。然則守淮之策，以墾田、修堰、教民兵爲先。援淮東之策，莫若即江陰建水軍，緩急可相應。然驟立一軍，慮敵生疑，當託以海道商賈之衝，多奪攘，置一巡檢督之，自此歲增兵，不出十年，隱然一軍矣。中興之際，不患兵不可用，而患將權難收。今日之弊，不患將不可馭，而患軍情易動。往時諸大將拊士卒如家人，自罷諸將兵權，御前主帥，更徙不常，凡軍中筦榷之利，所以養士卒者，今皆轉而爲苞苴矣，又朘其餘以佐之，得無怨乎！宜嚴戒將帥，毋縱掊削。」帝嘉其有志，召草明堂赦書。克言：「二浙荐饑，蝗且起，赦文不宜飾詞。」帝嘉其識體。除起居郎兼直學士院，以言者出知台州，奉祠。

克博聞強記，自少至老，著述外無他嗜。尤淹習宋朝典故，有問者酬對如響。家素儉約，雖貴不改，舊所居卑陋，門不容轍，雖部使者、郡守至，必降車乃入。嘗愛臨川童子王克勤之才，將妻以女而乏資遣，會草制獲賜金，遂以歸之，人稱其清介。卒，年七十三。

張即之字温夫，參知政事孝伯之子。以父恩授承務郎，銓中兩浙轉運司進士舉，歷監平江府糧料院。丁父憂，服除，監臨安府樓店務。丁母憂，服除，監臨安府龍山稅、寧國府城下酒麴務，簽書荆門軍判官廳公事，烏程丞，特差簽書江陰軍判官廳公事，提領戶部犒賞酒庫所幹辦公事，添差兩浙轉運司主管文字，行在檢點贍軍激賞酒庫所主管文字，監尙書六部門，淮南東路提舉常平司主管文字，添差通判揚州，改鎭江，又改嘉興，將作監簿，軍器監丞，司農寺丞，知嘉興未赴，以言者罷。丐祠，主管雲臺觀，引年告老，特授直祕閣，致仕。

寶祐四年，制置使余晦入蜀，以讒劾閬州守王惟忠。於是削惟忠五官，沒入其貲，下詔獄鍛鍊誣伏，坐棄市。惟忠臨刑，謂其友陳大方曰：「吾死當上愬于天。」七揮刃不殊，血逆流。即之雖閒居，移書言於淮東制置使賈似道恤其遺孤。又使從孫士倩娶惟忠孤女。未幾，似道入相，中書舍人常挺亦以爲言。景定元年，給還首領，以禮改葬，復金壇田，多即之倡義云。即之以能書聞天下，金人尤寶其翰墨。

惟忠字肖翁，慶元之鄞人，嘉定十三年進士。





趙蕃字昌父，其先鄭州人。建炎初，大父暘以祕書少監出提點坑冶，寓信州之玉山。蕃以暘致仕恩，補州文學。調浮梁尉、連江主簿，皆不赴。爲太和主簿，受知於楊萬里。調辰州司理參軍，與郡守爭獄罷，人以蕃爲直。

始，蕃受學於劉清之，清之守衡州，乃求監安仁贍軍酒庫，因以卒業。至衡而清之罷，蕃即丐祠，從清之歸。其後眞德秀書之國史曰：「蕃於師友之際蓋如此，肯負國乎！」家居連書祠官之考者三十有一。理宗即位，以太社令與劉宰同召，不拜；特改奉議郎，直祕閣，又辭。奉祠，得致仕，轉承議郎，依前直祕閣。卒，年八十七。

蕃年五十，猶問學于朱熹。既耄，猶虞末路之難，命所居曰難齋。蕃賦性寬平，與人樂易而剛介不可奪。丞相周必大與蕃契，屢加引薦，蕃竟不受。宰之言曰：「文獻之家，典刑之彥，巋然獨存，猶有以繫學者之望者，蕃一人而已。」信州守吳旂乞錄其後，詔其子遂補上州文學，遂亦力辭。又詔以承務郎致仕，與一子恩澤。景定三年，祕閣修撰鄭協等請謚，乃謚文節。

## 校勘記

（一）紹興元年　「元年」原作「二年」，據嘉泰吳興志卷一四郡守題名、繫年要錄卷四七改。

中華書局

〔二〕三十年　「三」原作「二」，按汪藻浮溪集卷二〇修日曆狀說：「若太上皇帝、淵聖皇帝及陛下建炎改元，至今三十餘年，並無日曆。」繫年要錄卷六〇所記亦同。從公元一一〇一年徽宗改元建中靖國到一一三一年高宗改元紹興，適爲三十年，據改。

〔三〕遷太常少卿　「少」字原脫，據葛勝仲丹陽集卷二四附章倧葛勝仲行狀、周麟之海陵集卷二三葛勝仲神道碑補。

〔四〕徙太府少卿　「府」原作「常」，據同上二書同文補。









元　脱脱　等撰

# 宋史

第三八册

卷四四六至卷四六〇（傳）

中華書局

# 宋史卷四百四十六

## 列傳第二百五

### 忠義一

康保裔　馬遂　董元亨　曹覲 孔宗旦　趙師旦　蘇緘　秦傳序
詹良臣 江仲明　李若水　劉韐　傅察　楊震 父宗閔　張克戩
張確　朱昭　史抗　孫益

士大夫忠義之氣，至於五季，變化殆盡。宋之初興，范質、王溥，猶有餘憾，況其他哉！藝祖首褒韓通，次表衞融，足示意嚮。厥後西北疆埸之臣，勇於死敵，往往無懼。眞、仁之世，田錫、王禹偁、范仲淹、歐陽脩、唐介諸賢，以直言讜論倡于朝，於是中外搢紳知以名節相高，廉恥相尙，盡去五季之陋矣。故靖康之變，志士投袂，起而勤王，臨難不屈，所在有之。及宋之亡，忠節相望，班班可書，匡直輔翼之功，蓋非一日之積也。





奉詔修三史，集儒臣議凡例，前代忠義之士，咸得直書而無諱焉。然死節、死事，宜有別矣：若敵王所愾，勇往無前，或衘命出疆，或授職守土，或寓官閑居，感激赴義，雖所處不同，論其捐軀徇節，之死靡二，則皆爲忠義之上者也；若勝負不常，陷身俘獲，或慷慨就死，或審義自裁，斯爲次矣；若蒼黃遇難，霣命亂兵，雖疑傷勇，終異苟免，況於國破家亡，主辱臣死，功雖無成，志有足尙者乎！若夫世變淪胥，毀跡冥遯，能以貞厲保厥初心，抑又其次歟！至於布衣危言，嬰鱗觸諱，志在衞國，遑恤厥躬，及夫鄉曲之英，方外之傑，賈勇蹈義，厥死惟鈞。以類附從，定爲等差，作忠義傳。

康保裔，河南洛陽人。祖志忠，後唐長興中，討王都戰沒。父再遇，爲龍捷指揮使，從太祖征李筠，又死於兵。保裔在周屢立戰功，爲東班押班，及再遇陣沒，詔以保裔代父職，從石守信破澤州。明年，攻河東之廣陽，獲千餘人。開寶中，又從諸將破契丹于石嶺關，累遷日騎都虞候，轉龍衞指揮使，領登州刺史。端拱初，授淄州團練使，徙定州、天雄軍駐泊部署。尋知代州，移深州，又徙高陽關副都部署，就加侍衞馬軍都虞候，領涼州觀察使。眞宗卽位，召還，以其母老勤養，賜以上尊酒茶米。俄領彰國軍節度，出爲幷代都部署，徙知天雄軍，幷代列狀請留，詔褒之，復爲高陽關都部署。

契丹兵大入，諸將與戰于河間，保裔選精銳赴之，會暮，約詰朝合戰。遲明，契丹圍之數重，左右勸易甲馳突以出，保裔曰：「臨難無苟免。」遂決戰。二日，殺傷甚衆，蹴踐塵深二尺，兵盡矢絕，援不至，遂沒焉。

時車駕駐大名，聞之震悼，廢朝二日，贈侍中，以其子繼英爲六宅使、順州刺史，繼彬爲洛苑使，繼明爲內園副使，幼子繼宗爲西頭供奉官，孫惟一爲將作監主簿。繼英等奉告命，謝曰：「臣父不能決勝而死，陛下不以罪其孥幸矣，臣等顧蒙非常之恩！」因悲涕伏地不能起。上惻然曰：「爾父死王事，贈賞之典，所宜加厚。」顧謂左右曰：「保裔父、祖死疆埸，身復戰沒，世有忠節，深可嘉也。」保裔有母年八十四，遣使勞問，賜白金五十兩，封爲陳國太夫人，其妻已亡，亦追封河東郡夫人。

保裔謹厚好禮，喜賓客，善騎射，弋飛走無不中。嘗握矢三十，引滿以射，筈鏑相連而墜，人服其妙。屢經戰陣，身被七十創。貸公錢數十萬勞軍，沒後，親吏鬻器玩以償，上知之，乃復厚賜焉。

繼英仕至左衞大將軍、貴州團練使，嚴於馭軍，厚於撫宗族，其卒也，家無餘財。





方保裔及契丹血戰，而援兵不至，惟張凝以高陽關路鈐轄領先鋒，李重貴以高陽關行營副都部署率衆策應，遇契丹兵交戰，保裔爲敵所覆，重貴與凝赴援，腹背受敵，自申至寅力戰，敵乃退。當時諸將多失部分，獨重貴、凝全軍還屯，凝議上將士功狀，重貴喟然曰：「大將陷沒，而吾曹計功，何面目也。」上聞而嘉之。重貴仕至知鄭州，領播州防禦使，改左羽林軍大將軍致仕。凝加殿前都虞候，卒，贈彰德軍節度使。

馬遂，開封人。初隸龍衞，補散直，改三班奉職，爲北京指使。貝州王則叛，中夜叱咤，晨起詣留守賈昌朝請擊賊。昌朝因使持榜入貝州招降，則盛服見之，遂諭以禍福，輒不答。遂將殺則，而無兵仗自隨。時張得一在側，欲其助己，目得一，得一不動。遂奮起，投杯抵則，扼其喉，毆之流血，而左右卒無助之者。賊黨攢刃聚譟至，斷一臂，猶詈則曰：「妖賊，恨不斬汝萬段！」賊縛遂廳事前，支解之。則倉猝被毆䵟，傷病數日乃起。

事聞，仁宗歎息久之，贈宮苑使，封其妻爲旌忠縣君，賜冠帔，官其子五人。後得殺遂者驍捷卒石慶，使其子剖心而祭之。

董元亨，深州束鹿人。累官至國子博士，通判貝州。王則據城叛，是日冬至，元亨方與州將張得一朝謁天慶觀，夜漏未盡，變起倉猝，衆莫知所爲。元亨促馬馳還，坐廳事，賊黨十餘人擐甲露刃，排闥而入，左右皆奔潰。賊脅元亨曰：「大王遣我來索軍資庫鑰。」元亨據案叱之曰：「大王誰也，妖賊乃敢弄兵乎！我有死耳，鑰不可得也。」賊將郝用繼來，索愈急，曰：「庫帑，今日大王所有也，可不上鑰乎！」元亨厲聲張目罵賊，用遂殺之，賊爭入，擉鑰而去。事聞，仁宗曰：「守法之臣也。」贈太常少卿，錄其子孫三人。賊平，獲郝用，斬以祭元亨。

曹覲字仲賓，曹修禮子也。叔修古卒，無子，天章閣待制杜杞〔一〕爲言于朝，授覲建州司戶參軍，爲修古後。皇祐中，以太子中舍知封州。儂智高叛，攻陷邕管，趨廣州。行至封州，州人未嘗知兵，士卒纔百人，不任戰鬥，又無城隍以守，或勸覲遁去，覲正色叱之曰：「吾守臣也，有死而已，敢言避賊者斬。」麾都監陳曄引兵迎擊賊，封川令率鄉丁、弓手繼進。賊衆數百倍，曄兵敗走，鄉丁亦潰，覲率從卒決戰不勝，被執。賊戒勿殺，捽使拜，且誘之曰：「從我，得美官，付汝兵柄，以女妻汝。」覲不肯拜，且詈曰：「人臣惟北面拜天子，我豈從爾苟





生邪！速殺我，幸矣。」賊猶惜不殺，徙置舟中，覲不食者兩日，探懷中印章授其從卒曰：「我且死，若求間道以此上官。」賊知其無降意，害之。至死詬賊聲不絕，投屍江中，時年三十五。事聞，贈太常少卿，錄其子四人，妻劉避賊死於林峒，追封彭城郡君，加賜冠帔。又贈修古尚書工部侍郎，封修古妻陳潁川郡君。

當智高之反，乘嶺南無備，州縣吏往往望風竄匿，故賊所向輒下，獨覲與孔宗旦、趙師旦能以死守。後田瑜安撫廣南，爲覲立廟封州。

孔宗旦，魯人，爲邕州司戶參軍。儂智高未反時，州有白氣出庭中，江水溢，宗旦以爲兵象，度智高必反，以書告知州陳珙，珙不聽。後智高破橫州，即載其親往桂州，曰：「吾有官守，不得去，無爲俱死也。」既而州破被執，賊欲任以事，宗旦叱賊，且大罵，遂被害。始，宗旦官京東，與李師道、徐程、尚同等四人爲監司耳目，號爲「四瞪」，人多惡之，其後立節如此。知袁州祖無擇以其事聞，贈太子中允。

趙師旦字潛叔，樞密副使稹之從子。美容儀，身長六尺。少年頗涉書史，尤刻意刑名之學。用稹蔭，試將作監主簿，累遷寧海軍節度推官。知江山縣，斷治出己，吏不能得民一錢，棄物道上，人無敢取。以薦者改大理寺丞、知彭城縣，遷太子右贊善大夫，移知康州。

儂智高破邕州，順流東下，師旦使人覘賊，還報曰：「諸州守皆棄城走矣。」師旦叱曰：「汝亦欲吾走矣。」乃大索，得諜者三人，斬以徇。而賊已薄城下，師旦止有兵三百，開門迎戰，殺數十人。會暮，賊稍却，師旦語其妻，取州印佩之，使負其子以匿，曰：「明日賊必大至，吾知不敵，然不可以去，爾留，死無益也。」遂與監押馬貴部士卒固守州城。召貴食，貴不能食，師旦獨飽如平時。至夜，貴臥不安席，師旦即臥內大鼾。遲明，賊攻城愈急，左右請少避，師旦曰：「戰死與戮死何如？」衆皆曰：「願爲國家死。」至城破無一人逃者。矢盡，與貴俱還，據堂而坐。智高麾兵鼓譟爭入，脅師旦，師旦大罵曰：「餓獠，朝廷負若何事，乃敢反邪！天子發一校兵，汝無遺類矣。」智高怒，并貴害之。賊既去，州人爲立廟。事平，贈光祿少卿，賜其母王長安縣太君冠帔，錄其子弟并從子三人。師旦遇害時，年四十二。柩過江山，江山之人迎師旦喪，哭祭於路，絡繹數百里不絕。

同時有王從政者，以東頭供奉官、閤門祗候，與儂智高戰于太平場，被執，罵賊不已，至以沸湯沃之，終不屈而死。贈信州刺史，錄其孫二人。





蘇緘字宣甫，泉州晉江人。舉進士，調廣州南海主簿。州領蕃舶，每商至，則擇官閱實其貲，商皆豪家大姓，習以客禮見主者，緘以選往，商樊氏輒升階就席，緘詰而杖之。樊訴于州，州召責緘，緘曰：「主簿雖卑，邑官也，商雖富，部民也，邑官杖部民，有何不可？」州不能詰。再調陽武尉，劇盜李囊橐于民，賊曹莫能捕。緘訪得其處，萃衆大索，火旁舍以迫之。李從中逸出，緘馳馬逐，斬其首送府。府尹賈昌朝驚曰：「儒者乃爾輕生邪！」累遷秘書丞、知英州。

儂智高圍廣，緘曰：「廣，吾都府也，且去州近，今城危在旦暮而不往救，非義也。」即募士數千人，委印於提點刑獄鮑軻，夜行赴難，去廣二十里止營。廣人黃師宓陷賊中，爲之謀主，緘擒斬其父。羣不逞並緣爲盜，復捕殺六十餘人，招其詿誤者六千八百人，使復業。賊勢沮，將解去，緘分兵先扼其歸路，布槎木亘四十里。賊至不得前，乃遶出數舍渡江，由連、賀而西。緘與賊戰，摧傷甚衆，盡得其所略物。

時諸將皆罷，獨緘有功，仁宗喜，換爲供備庫副使、廣東都監，管押兩路兵甲，遣中使賜朝衣、金帶。襲賊至邕，大將陳曙以失律誅，緘亦貶房州司馬。復著作佐郎，監越州稅十餘年，始還副使。知廉州，屋多茅竹，戍卒楊禧醉焚營，延燒民廬，因乘以爲竊，緘戮之於市，又坐謫潭州都監。未幾，知鼎州。

熙寧初，進如京使、廣東鈐轄。四年，交阯謀入寇，以緘爲皇城使知邕州。緘伺得實，以書抵知桂州沈起，起不以爲意。及劉彝代起，緘致書於彝，請罷所行事。彝不聽，反移文責緘沮議，令勿得輒言。八年，蠻遂入寇，衆號八萬，陷欽、廉，破邕四砦。緘聞其至，閱州兵得二千八百，召僚吏與郡人之材者，授以方略，勒部隊，使分地自守。民驚震四出，緘悉出官帑及私藏示之曰：「吾兵械既具，蓄聚不乏，今賊已薄城，宜固守以遲外援。若一人舉足，則羣心搖矣，幸聽吾言，敢越佚則孥戮汝。」有大校翟績潛出，斬以徇，由是上下脅息。緘子子元爲桂州司戶，因公事攜妻子來省，欲還而寇至。緘念人不可戶曉，必以郡守家出城，乃獨遣子元，留其妻子。選勇士拏舟逆戰，斬蠻酋二。

邕既受圍，緘晝夜行勞士卒，發神臂弓射賊，所殪甚衆。緘初求救於劉彝，彝遣將張守節救之，逗遛不進。緘又以蠟書告急於提點刑獄宋球，球得書驚泣，督守節。守節皇恐，遽移屯大夾嶺，回保崑崙關，猝遇賊，不及陣，舉軍皆覆。蠻獲北軍，知其善攻城，啗以利，使爲雲梯，又爲攻濠洞子，蒙以華布〔二〕，緘悉焚之。蠻計已窮，將引去，而知外援不至，或教賊囊土傅城者，頃刻高數丈，蟻附而登，城遂陷。緘猶領傷卒馳騎戰愈厲，而力不敵，乃曰：「吾義不死賊手。」亟還州治，殺其家三十六人，藏于坎，縱火自焚。蠻至，求尸皆不得，屠郡民五萬餘人，率百人爲一積，凡五百八十餘積，隳三州城以塡江。邕被圍四十二日，糧盡泉涸，人吸漚麻水以濟渴，多病下痢，相枕藉以死，然訖無一叛者。





緘憤沈起、劉彝致寇，又不救患，欲上疏論之。屬道梗不通，乃榜其罪于市，冀朝廷得聞焉。神宗聞緘死，嗟悼，贈奉國軍節度使，謚曰忠勇，賜都城甲第五〔三〕、鄉里上田十頃，聽其家自擇。以子元爲西頭供奉官、閤門祗候，召對，謂曰：「邕管賴卿父守禦，儻如欽、廉即破，則賊乘勝奔突，桂、象皆不得保矣。昔張巡、許遠以睢陽蔽遮江、淮，較之卿父，不能過也。」改授殿中丞、通判邕州。次子子明、子正，孫廣淵、直温，與緘同死，皆褒贈焉。起與彝皆坐謫官。緘沒後，交人謀寇桂州，行數舍，其衆見大兵從北來，呼曰：「蘇皇城〔四〕領兵來報怨。」懼而引歸。邕人爲緘立祠，元祐中賜額懷忠。

秦傳序，江寧人。淳化五年，充夔峽巡檢使。李順之亂，賊衆奄至，傅夔州〔五〕城下，傳序督士卒晝夜拒戰，嬰城既久，危蹙日甚，長吏皆奔竄投賊。傳序謂士卒曰：「吾爲監軍，盡死節以守城，吾之職也，安可苟免乎！」城中乏食，傳序出囊橐服玩，盡市酒肉以犒士卒，慰勉之，衆皆感泣力戰。傳序度力不能拒，乃爲蠟書遣人間道上言：「臣盡死力，誓不降賊。」城壞，傳序赴火死。

傳序家寄荆湖間，子奭溯峽求父尸，溺死。人以爲父死於忠，子死於孝。奏至，太宗嗟惻久之，錄傳序次子煦爲殿直，以錢十萬賜其家。煦卒，復以煦弟昉爲三班奉職。

詹良臣字元公，睦州分水人。舉進士不第，以恩得官，調縉雲縣尉。方臘起，其黨洪再犯處州，守貳俱棄城遁。又有他盜霍成富者，用臘年號，剽掠縉雲。良臣曰：「捕盜，尉職也，縱不勝，敢愛死乎？」率弓兵數十人出禦之，爲所執。成富誘使降，良臣曰：「汝輩不知求生，顧欲降我邪！昔年李順反於蜀，王倫反於淮南，王則反於貝州，身首橫分，妻子與同惡，無少長皆誅死，且暮官軍至，汝肉飼狗鼠矣。」賊怒，臠其肉，使自啖之。良臣吐且罵，至死不絕聲，見者掩面流涕，時年七十二。徽宗聞而傷之，贈通直郎，官其子孫二人。

江仲明，台州人。宣和寇亂，載老母逃山澗中，猝遇寇于東城之岡，逼使就降，仲明義不辱，奮起罵賊，卒死之，丞相呂頤浩誄以文。

有蔣煜者，州之仙居人，有文學。寇欲妻以女，煜拒之，脅以拜，亦不從，寇曰：「吾戮汝矣！」煜伸頸就刃，詈聲不絕而死。





李若水字清卿，洺州曲周人，元名若冰。上舍登第，調元城尉、平陽府司錄。試學官第一，濟南教授，除太學博士。蔡京晚復相，子絛用事，李邦彥不平，欲謝病去。若水爲言：「大臣以道事君，不可則止，胡不取決上前，使去就之義，暴於天下。顧可默默託疾而退，使天下有伴食之譏邪？」又言：「積蠹已久，致理惟難。建裁損而邦用未豐，省科徭而民力猶困，權貴抑而益横，仕流濫而莫澄。正宜置驛求賢，解榻待士，采其寸長遠見，以興治功。」凡十數端，皆深中時病，邦彥不悅。

靖康元年，爲太學博士。開府儀同三司高俅死，故事，天子當挂服舉哀，若水言：「俅以幸臣躐躋顯位，敗壞軍政，金人長驅，其罪當與童貫等。得全首領以沒，倘當追削官秩，示與衆棄；而有司循常習故，欲加縟禮，非所以靖公議也。」章再上，乃止。

欽宗將遣使至金國，議以賦入贖三鎮，詔舉可使者，若水在選中。召對，賜今名，遷著作佐郎。爲使，見粘罕于雲中。纔歸，兵已南下，復假徽猷閣學士，副馮澥以往。甫次中牟，守河兵相驚以金兵至，左右謀取間道去，澥問「何如」？若水曰：「戍卒畏敵而潰，奈何效之，今正有死耳。」令敢言退者斬，衆乃定。

既行，疊具奏，言和議必不可諧，宜申飭守備。至懷州，遇館伴蕭慶，挾與俱還。及都門，拘之于沖虛觀，獨令慶、溥入。既所議多不從，粘罕急攻城，若水入見帝，道其語，帝命何㮚行。㮚還，言二人欲與上皇相見，帝曰：「朕當往。」明日幸金營，過信而歸。擢若水禮部尚書，固辭。帝曰：「學士與尚書同班，何必辭。」請不已，改吏部侍郎。

二年，金人再邀帝出郊，帝殊有難色，若水以爲無他慮，扈從以行。金人計中變，逼帝易服，若水抱持而哭，詆金人爲狗輩。金人曳出，擊之敗面，氣結仆地，衆皆散，留鐵騎數十守視。粘罕令曰：「必使李侍郎無恙。」若水絕不食，或勉之曰：「事無可爲者，公昨雖言，國相無怒心，今日順從，明日富貴矣。」若水歎曰：「天無二日，若水寧有二主哉！」其僕亦來慰解曰：「公父母春秋高，若少屈，冀得一歸覲。」若水叱之曰：「吾不復顧家矣！忠臣事君，有死無二。然吾親老，汝歸勿遽言，令兄弟徐言之可也。」

後旬日，粘罕召計事，且問不肯立異姓狀。若水曰：「上皇爲生靈計，罪己內禪，主上仁孝慈儉，未有過行，豈宜輕議廢立？」粘罕指宋朝失信，若水曰：「若以失信爲過，公其尤也。」歷數其五事曰：「汝爲封豕長蛇，眞一劇賊，滅亡無日矣。」粘罕令擁之去，反顧罵益甚。至郊壇下，謂其僕謝寧曰：「我爲國死，職耳，奈併累若屬何！」又罵不絕口，監軍者撾破其脣，噀血罵愈切，至以刃裂頸斷舌而死，年三十五。





寧得歸，具言其狀。高宗卽位，下詔曰：「若水忠義之節，無與比倫，達於朕聞，爲之涕泣。」特贈觀文殿學士，謚曰忠愍。死後有自北方逃歸者云：「金人相與言，『遼國之亡，死義者十數，南朝惟李侍郎一人』。臨死無怖色，爲歌詩卒，曰：『矯首問天兮，天卒無言，忠臣效死兮，死亦何愆？』聞者悲之。」

劉韐字仲偃，建州崇安人。第進士，調豐城尉、隴城令。王厚鎭熙州，辟狄道令，提舉陝西平貨司。河、湟兵屯多，食不繼，韐延致酋長，出金帛從易粟，就以餉軍，公私便之。遂爲轉運使，擢中大夫、集英殿修撰。

劉法死，夏人攻震武，韐攝帥鄜延，出奇兵擣之，解其圍。夏人來言，願納款謝罪，皆以爲詐。韐曰：「兵興累年，中國尚不支，況小邦乎？彼雖新勝，其衆亦疲，懼吾再舉，故款附以圖自安，此情實也。」密疏以聞，詔許之。夏使愆期不至，諸將言夏果詐，請會兵乘之。韐曰：「越境約會，容有他故。」會再請者至，韐戒曰：「朝廷方事討伐，吾爲汝請，毋若異時邀歲幣，軼疆場，以取威怒。」夏人聽命，西邊自是遂安。

韐求東歸，拜徽猷閣待制，提舉崇福宮。起知越州，鑑湖爲民侵耕，官因收其租，歲二萬斛。政和間，涸以爲田，衍至六倍，隸中宮應奉，租太重而督索嚴，多逃去。前勒鄰伍取償，民告病，韐請而蠲之。方臘陷衢、婺，越大震，官吏悉遁，或具舟請行。韐曰：「吾爲郡守，當與城存亡。」不爲動，益厲戰守備。寇至城下，擊敗之，拜述古殿直學士，召爲河北、河東宣撫參謀官。

時邊臣言，燕民思內附，童貫、蔡攸方出師，而种師道之軍潰。韐意警報不實，見師道計事。師道曰：「契丹兵勢尚盛，而燕人未有應者，恐邊臣誕謾誤國事。」韐卽馳白貫、攸，請班師。又論燕薊不可得，正使得之，屯兵遺餉，經費無藝，必重困中國。

還次莫州，會郭藥師以涿州降，戎車再駕，以韐議異，徙知眞定府。藥師入朝，韐密奏乞留之，不報。徙知建州，改福州，加延康殿學士。或言其過闕時，見御史中丞有所請，遂罷。起知荆南，河北盜起，復以守眞定。首賊柴宏本富室，不堪征斂，聚衆剽奪，殺巡尉，統制官亦戰死。韐單騎赴鎭，遣招之，宏至服罪。韐飲之酒，奏以官，縱其黨還田里，一路遂平。藥師請馬，詔盡以河北戰馬與之，不足，又賦諸民。韐曰：「空內郡駔駿，付一降將，非計也。」奏止之。金人已謀南牧，朝廷方從之求雲中地。韐諜得實，急以聞，且陰治城守以待變。是冬，金兵抵城下，知有備，留兵其旁，長驅內嚮。及還，治梯衝設圍，示欲攻擊，韐發強弩射之，金人知不可脅，乃退。自金兵之來，諸郡皆塞門，民坐困，韐獨縱樵牧如平日，





以時啓閉。欽宗善之，拜資政殿學士。

時已許割地賂金人，而議者乘士民之憤，復議追擊，韐以亟戰爲非。是時，諸將救太原，种師中、姚古敗。以韐爲宣撫副使，至遼州，招集糾募，得兵四萬人，與解潛、折可求約期俱進，兩人又繼敗。初，韐遣別將賈瓊自代州出敵背，且許義軍以爵祿，得首領數十。既復五臺，而潛、可求敗聞，遂不果進。

京城不守，始遣使金營，金人命僕射韓正館之僧舍。正曰：「國相知君，今用君矣。」韐曰：「偷生以事二姓，有死不爲也。」正曰：「軍中議立異姓，欲以君爲正代，得以家屬行，與其徒死，不若北去取富貴。」韐仰天大呼曰：「有是乎！」歸書片紙曰：「金人不以予爲有罪，而以予爲可用。夫貞女不事二夫，忠臣不事兩君；況主憂臣辱，主辱臣死，以順爲正者，妾婦之道，此予所以必死也。」使親信持歸報諸子。卽沐浴更衣，酌卮酒而縊。燕人歎其忠，瘞之寺西岡上，遍題窗壁，識其處。凡八十日乃就殮，顏色如生。建炎元年，贈資政殿大學士，後謚曰忠顯。

韐莊重寬厚，與人交，若有畏者；至臨大事則毅然不可回奪。初在西州爲童貫所知，故首尾預其軍事，及以忠死，論者不復短其前失云。子子羽、孫珙，自有傳。

傅察字公晦，孟州濟源人，中書侍郎堯俞從孫也。年十八，登進士第。蔡京在相位，聞其名，遣子鯈往見，將妻以女，拒弗答。調青州司法參軍，歷永平、淄川丞，入爲太常博士，遷兵部、吏部員外郎。

宣和七年十月，接伴金國賀正旦使。是時，金將渝盟，而朝廷未之知也。察至燕，聞金人入寇，或勸毋遽行。察曰：「受使以出，聞難而止，若君命何。」遂至韓城鎭。使人不來，居數日，金數十騎馳入館，強之上馬，行次境上，察覺有變，不肯進，曰：「迓使人，故例止此。」金人輒易其馭者，擁之東北去，行百里許，遇所謂二太子斡離不者領兵至驛道，使拜。察曰：「吾若奉使大國，見國主當致敬，今來迎客而脅我至此！又止令見太子，太子雖貴人，臣也，當以賓禮見，何拜爲？」斡離不怒曰：「吾興師南向，何使之稱？凡汝國得失，爲我道之，否則死。」察曰：「主上仁聖，與大國講好，信使往來，項背相望，未有失德。太子干盟而動，意欲何爲？還朝當具奏。」斡離不曰：「爾尙欲還朝邪！」左右促使拜，白刃如林，或捽之伏地，衣袂顚倒，愈植立不顧，反覆論辨。斡離不曰：「爾今不拜，後日雖欲拜，可得邪！」麾令去。察知不免，謂官屬侯彥等曰：「我死必矣，我父母素愛我，聞之必大戚。若萬一脫，幸記吾言，告吾親，使知我死國，少紓其亡窮之悲也。」衆皆泣。是夕隔絕，不復見。金兵至燕，





彥等密訪存亡，曰：「使臣不拜太子，昨郭藥師戰勝有喜色，太子慮其刼取，且銜往忿，殺之矣。」將官武漢英識其屍，焚之，裹其骨，命虎翼卒沙立負以歸。立至涿州，金人得而繫諸土室，凡兩月。伺守者怠，毀垣出，歸以骨付其家。副使蔣噩及彥輩歸，皆能道察不屈狀，贈徽猷閣待制。

察自幼嗜學，同輩或邀與娛嬉，不肯就。爲文溫麗有典裁。平居恂恂然，無喜慍色，遇事若無所可否，非其意，崒然不可犯。恬於勢利，在京師，故人鼎貴，罕至其門，間一見，寒溫談笑而已。及倉卒徇義，犖犖如此，聞者哀而壯之，時年三十七。乾道中，賜謚曰忠肅。

楊震字子發，代州崞人。以弓馬絕倫爲安邊巡檢。河東軍征臧底河，敵據山爲城，下瞰官軍，諸將合兵城下，震率壯士拔劍先登，斬數百級，衆乘勝平之，上功第一。

從折可存討方臘，自浙東轉擊至三界鎭，斬首八千級。追襲至黃巖，賊帥呂師囊扼斷頭之險拒守，下石肆擊，累日不得進。可存問計，震請以輕兵緣山背上，憑高鼓譟發矢石，賊驚走，已復縱火自衞。震身被重鎧，與麾下履火突入，生得師囊，及殺首領三十人，進秩五等。還知麟州建寧砦。

初，契丹之亡，其將小鞠鞢西奔，招合雜羌十餘萬，破豐州，攻麟府諸城郭。震父宗閔領本道兵馬屢摧敗之，俘其父母妻子。靖康元年十月，太原陷，鞠鞢驅幽薊叛卒與夏人奚人圍建寧，扣壁語震曰：「汝父奪我居，破我兵，掩我骨肉，我忍死到今，急舉城降，當全汝軀命。」時城中守兵不滿百，震與戰士約，斬一級賞若干，官帑竭，繼以家人服珥，吏士感激自奮。越旬，矢盡力乏，城不守，與子居中、執中力戰沒，闔門俱喪，唯長子存中從征河北獨免。明年，宗閔亦死事于長安。

震時年四十四。建炎二年，詔贈武經郎。存中貴，請于朝，謚曰恭毅。

張克戩字德祥，侍中耆曾孫也。第進士，歷河間令，知吳縣。吳爲浙劇邑，民喜爭，大姓怙勢持官府。爲令者踵故抑首，務爲不生事、幸得去而已。克戩一裁以法，姦猾屛氣，使者以狀聞，召拜衞尉丞。初，克戩從弟克公爲御史，劾蔡京。京再輔政，修怨於張氏，以微事黜克戩。踰年，起知祥符縣，司開封戶曹，提舉京東常平，入辭，留爲庫部員外郎。

宣和七年八月，知汾州。十二月，金兵犯河東，圍太原。太原距汾二百里，遣將銀朱孛





堇來攻，縱兵四掠，克戩畢力扞禦。燕人先內附在城下者數十，陰結黨欲爲內應，悉收斬之。數選勁卒撓敵營，出不意焚其柵，敵懼引去，論功加直祕閣。

靖康元年六月，金兵復逼城。朝廷命經略使張孝純之子灝、都統制張思正、轉運使李宗來援，思正誅求無藝，民不堪命。太原不守，思正紿云出戰，遂率灝、宗奔慈、隰，於是人無固志。戍將龐世堅中夜斬關出，通判韓琥相繼亡，克戩召令兵民曰：「太原旣陷，吾固知亡矣。然義不忍負國家、辱父祖，願與此城終始以明吾節，諸君其自爲謀。」皆泣不能仰視，同辭而對曰：「公父母也，願盡死聽命。」乃益厲兵儆守。賊至，身帥將士擐甲登陴，雖屢却敵而援師訖不至。

金兵破平遙，平遙爲汾大邑，久與賊抗，旣先陷，又脅降介休、孝義諸縣，據州南二十村，作攻城器具，兩遣使持書諭克戩，焚不啓。具述危苦之狀，募士間道言之朝，不報。十月朔，金益萬騎來攻愈急，有十人唱爲降語，斬以徇。諸酋列城下，克戩臨罵極口，砲中一酋，立斃。度不得免，手草遺表及與妻子遺書，縋州兵持抵京師。明日，金兵從西北隅入，殺都監賈亶，克戩猶帥衆巷戰，金人募生致之。克戩歸索朝服，焚香南向拜舞，自引決，一家死者八人。金將奉其屍禮葬于後園，羅拜設祭，爲立廟。事聞，詔贈延康殿學士，贈銀三

百兩、絹五百匹，表揭門閭。紹興中，謚忠確。

張確字子固，邠州宜祿人。元祐中，擢進士第。徽宗即位，應詔上書言十事，乞誅大姦，退小人，進賢能，開禁錮，起老成，擢忠鯁，息邊事，修文德，廣言路，容直諫，遂列于上籍。

宣和二年，召至京師。青溪盜起，確言：「此皆王民，但庸人擾之耳。願下哀痛之詔，省不急之務，租賦之外，一切寢罷，敢以花石淫巧供上者死。撫綏脅附，毋以多殺爲功，旬浹之間，可以殄滅。」忤王黼意，通判杭州，攝睦州事。有自賊中逃歸者，悉宥之，訪得虛實以告，諸將用其言。盜平，知坊、汾二州。

宣和七年，徙解州，又徙隆德府。金兵圍太原，忻、代降，平陽兵叛。確表言：「河東天下根本，安危所係，無河東，豈特秦不可守，汴亦不可都矣。敵既得叛卒，勢必南下，潞城百年不修築，將兵又皆戍邊。臣生長西州，頗諳武事，若得秦兵十萬人，猶足以抗敵，不然，唯有一死報陛下耳。」書累上不報。明年二月，金兵至，知城中無備，論使降。確乘城拒守，或獻謀欲自東城潰圍出，且探確意。確怒叱曰：「確守土臣，當以死報國，頭可斷，腰不可屈。」





乃戰而死。

欽宗聞之悲悼，優贈述古殿直學士，召見其子𡩋，慰撫之曰：「卿父今之巡、遠也，得其死所矣，復何恨。使爲將爲守者皆如卿父，朕顧有今日邪！」斂容嘆息者久之。

朱昭字彥明，府谷人。以效用進，累官秉義郎，浮湛班行，不自表異。宣和末，爲震威城（六）兵馬監押，攝知城事。金兵內侵，夏人乘虛盡取河外諸城鎮。震威距府州三百里，最爲孤絕。昭率老幼嬰城，敵攻之力，昭募驍銳兵卒千餘人，與約曰：「賊知城中虛實，有輕我心，若出不意攻之，可一鼓而潰。」於是夜縋兵出，薄其營，果驚亂，城上鼓譟乘之，殺獲甚衆。

夏人設木鵝梯衝以臨城，飛矢雨激，卒不能施，然晝夜進攻不止。其酋悟兒思齊介胄來，以氈盾自蔽，邀昭計事。昭常服登陴，披襟問曰：「彼何人，乃爾不武！欲見我，我在此，將有何事？」思齊却盾而前，數宋朝失信，曰：「大金約我夾攻京師，爲城下之盟，畫河爲界；太原旦暮且下，麟府諸壘悉已歸我，公何恃而不降？」昭曰：「上皇知姦邪誤國，改過不吝，已行內禪，今天子聖政一新矣，汝獨未知邪？」乃取傳禪詔赦宣讀之，衆愕眙，服其勇辯。

是時，諸城降者多，昭故人從旁語曰：「天下事已矣，忠安所施？」昭叱曰：「汝輩背義偷生，不異犬彘，尙敢以言誘我乎？我唯有死耳！」因大罵引弓射之，衆走。凡被圍四日，城多圮壞，昭以智補禦，皆合法，然不可復支。昭退坐廳事，召諸校謂曰：「城且破，妻子不可爲賊汚，幸先戕我家而背城死戰，勝則東嚮圖大功，不勝則暴骨境內，大丈夫一生之事畢矣。」衆未應。昭幼子戲階下，遽起手刃之，長子驚視，又殺之，徑領數卒屠其家人，舁屍納井中。部將賈宗望母適過前，昭起呼曰：「媼，鄉人也，吾不欲刃，請自入井。」媼從之，遂併瘞以土。將士將妻孥者，又皆盡殺之。昭謂衆曰：「我與汝曹俱無累矣！」

部落子有陰與賊通者，告之曰：「朱昭與其徒各殺其家人，將出戰，人雖少，皆死士也。」賊大懼，以利啗守兵，得登城。昭勒衆于通衢接戰，自暮達旦，屍塡街不可行。昭躍馬從缺城出，馬蹶墜塹，賊讙曰：「得朱將軍矣！」欲生致之。昭瞋目仗劍，無一敢前，旋中矢而死，年四十六。

史抗，濟源人。宣和末，爲代州沿邊安撫副使，金人圍代急，抗夜呼其二子稽古、稽哲謂曰：「吾昔語用事者，『鴈門控制一道，宜擇帥增戍以謀未形之患，若使橫流，則無所措





矣』。言雖切，皆不吾省。今重圍既固，外援不至，吾用六壬術占之，明日城必陷，吾將死事，汝輩亦勿以妻子爲念而負國也。能聽吾言，當令家屬自裁，然後同赴義。」二子泣曰：「唯吾父命。」明日，城果破，父子三人突圍力戰，死于城隅。

孫益，不知其所以進。宣和末，以福州觀察使知朔寧府，被命救太原。時敵勢張甚，或言不若引兵北擣雲中，彼之將士室家在焉，所謂攻其所必救也。益曰：「此策固善，奈違君命。」因躍馬冒圍至城下，張孝純不肯啓門，遂死之。

益天資忠勇，每傾貲以賞戰士，能得人死力。小鞠𩋳爲邊患，遣將致討，益子在行間，師無功，益謂子必死。朝廷聞之，恤錄其孤甚厚。其子遣信至益所報平安，益怒其子不能死，以狀自列，盡上還官所賜，而斬其持書來者。

初，益在朔寧，察郡人孫谷可用，奏爲掾屬，待之異於常僚。益出師，屬以後事。益死，敵騎來攻，且別命郡守。衆議欲開關迎之，谷爭弗得，嘆曰：「吾身已許國，又不忍負孫公之託，諸人不見容，是吾死所也。」或舉刃脅之，無慴容，遂見殺。

## 校勘記

〔一〕杜杞　「杞」，原作「祀」。按杜杞本書卷三〇〇有傳，今改。

〔二〕又爲攻濊洞子蒙以華布　「子」字原脫，據太平治蹟統類卷一七補。「華布」，太平治蹟統類卷一七作「牛皮」，長編卷二七二作「生皮」。

〔三〕賜都城甲第五　長編卷二七三作「賜京城甲第一區」。

〔四〕蘇皇城　原作「蘇城隍」，長編卷二七二作「蘇皇城」。按上文說蘇緘以皇城使知邕州，應是此名的由來，長編是，據改。

〔五〕夔州　長編卷三六、太平治蹟統類卷三都說秦傳序戍守和戰死地都在開州，不是夔州，開州屬夔州路。此誤。

〔六〕震威城　原作「震武城」，據東都事略卷一一一朱昭傳、本書卷四八六夏國傳改，下同。



# 宋史卷四百四十七

## 列傳第二百六

### 忠義二

霍安國　李涓　李邈 劉翊　徐揆　陳遘　趙不試　趙令𢤱
唐重 郭忠孝　程迪　徐徽言　向子韶　楊邦乂

霍安國，不知何許人，燕山之復，以直祕閣爲轉運判官。宣和末，知懷州。靖康元年，路允迪奉使至懷，表其治狀，加直龍圖閣。歲中，進右文、集英殿修撰，徙知隆德府，未行復留。金騎再至，遂被圍，安國扞禦不遺力，鼎、澧兵亦至，相與共守。拜徽猷閣待制，然竟以閏十一月城陷。將官王美投壕死。粘罕引安國以下分爲四行，使夷官問不降者爲誰，安國曰：「守臣安國也。」問餘人，通判州事直徽猷閣林淵，兵馬鈐轄、濟州防禦使張彭年，都監趙士詐、張諶、于潛，鼎、澧將沈敦、張行中及隊將五人，同辭對曰：「淵等與知州一體，皆不肯





降。」酋令引於東北鄉，望其國拜降，皆不屈，乃解衣面縛，殺十三人而釋其餘。安國一門無噍類。明年，贈延康殿學士。

李涓字浩然，駙馬都尉遵勖曾孫也。以蔭爲殿直，召試中書，易文階，至通直郎，知鄂州崇陽縣。靖康元年，京城被圍，羽檄召天下兵。鄂部縣七，當發二千九百人，皆未集，涓獨以所募六百銳然請行。或謂：「盍徐之，以須他邑。」涓曰：「事急矣，當持一信報天子，爲東南倡。」而募士多市人，不能軍，涓出家錢買牛酒激犒之。令曰：「吾固知無益，然世受國恩，唯直死耳。若曹知法乎，『失將者死』，鈞之一死，死國留名，男兒不朽事也。」衆皆泣。

即日，引而東，北過淮，蒲圻、嘉魚二縣之兵始至，合而前。至蔡，天大雪，蔡人忽譟而奔，曰：「敵至矣。」即結陣以待。少焉，游騎果集。涓馳馬先犯其鋒，下皆步卒，蒙鹵盾徑進，頗殺其騎，且走。涓乘勝追北十餘里，大與敵遇，飛矢蝟集，二縣兵亟舍去。涓創甚，猶血戰，大呼叱左右負己，遂死焉，年五十三。士卒死者六七。上官有忌涓者，奮亡卒誣已遁。明年，金兵去，蔡人以其屍歸。朝廷錄其忠，贈朝奉郎，官其三子。

李邈字彥思，臨江軍清江人，唐宗室宰相適之之後。少有才略，精悍敏決，見事風生。以父任爲太廟齋郎。初調安州司理，監潤州酒務。用薦改京官，監在京竹木務，擢提轄環慶路糧草，通判河間府。

以迕蔡京、童貫，換右列，由承議郎換莊宅副使，知信安軍，遷知霸州，爲遼國賀正副使。還，貫將連金人夾攻契丹，呼邈至私第，以語動之，使附己。邈言契丹人未厭其主，貫懼邈有異議，即奏不俟對，令復任。邈上書言：「契丹不可滅，苟誤幾事，願誅臣以謝邊吏。」都轉運使沈積中掊邈罪五十有三條，鞫治一無所得，乃以建神霄宮不如詔，免官。

久之，監在京染院，進都大提舉京西汴河隄岸。盜起浙東，改江、淮、兩浙制置司管當公事，改知嚴州，代還。貫欲以西師入燕，邈復語貫曰：「方臘小醜，一呼屠七州四十餘縣，竭數路之力而後能平之，殆天以此警公也，何可遽移之北乎？」因密教貫陰佐契丹以圖金人，貫不能用，乃乞致仕。貫收復燕山，奏邈知涿州，改易州，皆辭不赴。嘆曰：「國家禍亂自茲始矣！」

金人犯京師，詔趣入見，邈慨然復起就道。既至，會姚平仲戰不利，京師震動，上不以時賜對，問禦敵奈何？邈言：「勝負兵家之常勢，陛下無過憂，第古未有和戰不定而能成功





者。」因言：「种師道宿將，有重名，二敵所畏。朝廷自主和議，而盡以諸道兵畀師道，視敵爲進退。將在軍中，君命有所不受，使見可擊而進，勝固社稷之福；不勝，亦足使敵知吾將帥有以國爲任者。」上稱善，而耿南仲方主和議，不合，乃換右文殿修撰、京畿轉運使，辭不拜。

金人猶駐毛駝崗，乃以邈爲京城西壁守禦使。邈言：「姚平仲敗績，而敵猶不敢留，是畏我也。不以种師道再戰，已失機會；尚可尾其行，及河半渡擊之，猶足爲後戒。」議復格。三上章致仕，不允。改主管馬軍公事，權樞密副都承旨，出爲河北西路制置使。以措置山西塘濼、屯田、弓箭手事，邈論塘濼不可爲，奪制置使，下遷提舉保甲，仍領措置司。又論不已，再奪觀察使，則金兵將及境矣。遂復舊官，守眞定。後二日，落階，拜青州觀察使，仍知府事。

邈始視事，兵不滿二千，錢不滿二百萬，自度無以拒敵，乃諭民出財，共爲死守。民恃邈爲固，不數日，得錢十三萬貫、粟十一萬石，募民爲勇敢亦數千人。而新集之兵皆無鬥志，金人至，邈乞師于宣撫副使劉韐，且間道走蠟書上聞，皆不報。城被圍，且戰且守，相持四旬。城破，邈巷戰不克，將赴井，左右持之不得入。斡離不脅邈拜，不拜，以火燎其鬢眉及兩髀，亦不顧，乃拘于燕山府。

金人問曰：「集民兵擊我，謂我爲賊，何也？」邈曰：「汝負盟，所至掠吾金帛子女，何諱吾言敵？」不能屈。久之，欲以邈知滄州，笑而不答。且說之曰：「天下強弱之勢安有常，特吾中國適逢其隙耳。汝不以此時歸二帝及兩河地，歲取重幣如契丹，以爲長利，強尙可恃乎？」金人諱其言，命邈被髮左衽，邈憤，詆毀甚力，金人撾其口，猶吮血噀之。翼日，自去髮爲浮屠，金人大怒，遂遇害。將死，顏色不變，南向再拜，端坐就戮，燕人爲之流涕。高宗贈昭化軍節度使[一]，謚曰忠壯。

劉翊[二]，靖康元年，以吉州防禦使爲眞定府路都鈐轄。金人攻廣信、保州不克，遂越中山而攻眞定。翊率衆晝夜搏戰城上。金兵初攻北壁，翊拒之，乃僞徙攻東城，宣撫使李邈復趣翊往應，越再宿，潛移攻具還薄北城，衆攀堞而上，城遂陷。邈就執，翊猶集左右巷戰，已而稍亡去，翊顧其弟曰：「我大將也，其可受戮乎！」挺身潰圍欲出，諸門已爲敵所守，乃之孫氏山亭中，解絛自縊死。

徐揆，衢州人。遊京師，入太學。靖康元年，試開封府進士，爲舉首，未及大比而遭國





難。欽宗詣金營不歸，揆帥諸生扣南薰門，以書抵二酋，請車駕還闕。其略曰：「昔楚莊王入陳，欲以爲縣，申叔時諫，復封之。後世君子，莫不多叔時之善諫，楚子之從諫，千百歲之下，猶想其風采。本朝失信大國，背盟致討，元帥之職也；郡城失守，社稷幾亡而存，元帥之德也；兵不血刃，市不易肆，生靈幾死而活，元帥之仁也。雖楚子存陳之功，未能有過。我皇帝親屈萬乘，兩造轅門，越在草莽，國中喁喁，跂望屬車之塵者屢矣。道路之言，乃謂以金銀未足，故天子未返，揆竊惑之。今國家帑藏既空，編民一妾婦之飾，一器用之微，無不輸之公上。商賈絕迹，不來京邑，區區豈足以償需索之數。有存社稷之德，活生靈之仁，而以金帛之故，留質君父。是猶愛人之子弟，而辱其父祖，與不愛無擇，元帥必不爲也。願推惻隱之心，存始終之惠，反其君父，班師振旅，緩以時日，使求之四方，然後遣使人奉獻，則楚封陳之功不足道也。」二酋見書，使以馬載揆至軍詰難，揆厲聲抗論，爲所殺。建炎二年，追錄死節，詔贈宣教郎，而官其後。

陳遘字亨伯，其先自江寧徙永州。登進士第。知莘縣，爲治有績，魏尹蔣之奇、馮京、許將交薦之。知雍丘縣，徽宗將以爲御史，而遭父祜甫憂。畢喪，爲廣西轉運判官。蔡京

啓釁於地，建平、從、允三州，遘言：「蠻人幸安靜，輕擾以兆釁，不可。」京惡之，以他事罷歸。

旋知商州、興元府，入爲駕部、金部員外郎。張商英得政，用爲左司員外郎。俄擢給事中，會商英免相，蔡嶷摭封駁，力沮止之，遘懼，請外。以直祕閣爲河北轉運使，加直龍圖閣，徙陝西。召還京師，而蔡京復相，再使河北，徙淮南。帝將易置發運使，命選諸道計臣有閥閱者，執政以遘言，京曰：「職卑不可用，願更選。」帝曰：「可除集英殿修撰使往。」京乃不敢言。遂爲副使，未幾，升爲使。朝廷方督綱餉，運渠壅澀，遘使決呂城、陳公兩塘達于渠。漕路甫通，而朱勔花石綱塞道，官舟不得行。遘捕繫其人，而上章自劾。帝爲黜勔人，進遘徽猷閣待制。

宣和二年冬，方臘亂，詔以屬遘。遘言：「臘始起青溪，衆不及千，今脅從已過萬，又有蘇州石生、歸安陸行兒，皆聚黨應之。東南兵弱勢單，士不習戰，必未能滅賊。願發京畿兵、鼎澧槍盾手，兼程以來，庶幾蜂起愚民，不至滋蔓。」帝悉行其言。加龍圖閣直學士，經制七路，治于杭。時縣官用度百出，遘創議度公私出納，量增其贏，號「經制錢」。其後總制使翁彥國倣其式，號「總制錢」。於是天下至今有「經總制錢」名，自兩人始也。





又言：「妖賊陵暴州縣，唯搜求官吏，恣行殺戮。往往斷截支體，探取肺肝，或熬以鼎油，或射以勁矢，備極慘毒，不償怨心。蓋貪汙嗜利之人，倚法侵牟騷動，不知藝極。積有不平之氣，結於民心，一旦乘勢如此，可爲悲痛！此風不除，必更生事。臣願采摭官吏姦贓尙仍舊習者，按治以聞，乞重置于理。」許之。

又進學士，凡所施置，以御筆先下。於是劾越州王仲嶷糾市民造金茶器，減直買軍糧券，而以私錢取之，仲嶷坐黜。杭經巨寇後，河渠堙窒，邦人以水潦爲病。前守數請于朝，皆以勞費輟役。遘以冬月檄眞、揚、潤、楚諸郡，凡守牐綱卒，悉集治所。先是，當閉牐，羣卒無以食，率凍餓不自聊。聞命，相率呼舞以來者二千人，用其力治河，不兩月畢，杭人利焉。

徙河北都轉運使，進延康殿學士，歷知中山、眞定、河間府。欽宗立，加資政殿學士，積官至光祿大夫。復爲眞定，又徙中山。金人再至，遘冒圍入城，堅壁拒守。詔康王領天下大元帥，命遘爲兵馬元帥。受圍半年，外無援師。京都既陷，割兩河求和。遘弟光祿卿適至中山，臨城諭旨，遘遙語之曰：「主辱臣死。吾兄弟平居以名義自處，寧當賣國家爲囚孥乎？」適泣曰：「兄但盡力，勿以弟爲念。」

遘呼總管使盡括城中兵擊賊，總管辭，遂斬以徇。又呼步將沙振往。振素有勇名，亦固辭，遘固遺之。振怒且懼，潛衷刃入府。遘妾定奴責其輒入，振立殺之；遂害遘於堂，及其子錫幷僕妾十七人。長子鉅以官淮南獲免。振出，帳下卒譟而前曰：「大敵臨城，汝安得殺吾父？」執而捽裂之，身首無餘。城中無主，乃開門出降。金人入見其屍曰：「南朝忠臣也。」斂而葬諸鐵柱寺。建炎初，贈特進。

遘性孝友，爲人寬厚長者。任部刺史二十年，每出行郡邑，必焚香祈天，願不逢貪濁吏。嘗薦王安中、呂頤浩、張慤、謝克家、何鑄，後皆至公輔，世以爲知人。

適由開封少尹、衞尉少卿至光祿卿。是役也，金人執之以北。後十年，死於雲中。

趙不試，太宗六世孫。宣和末，通判相州，尋權州事兼主管眞定府路經略安撫公事。建炎元年，知相州。初，汪伯彥既去相，金人執其子似，遣來割地，似至相，不試固守不下。明年，金人大入。州久被圍，軍民無固志，不試謂之曰：「今城中食乏，外援不至。不試，宗子也，義不降，計將安出？」衆不應。不試知事不可爲，遂登城與金人約勿殺，許之。既啓門，乃納其家井中，然後以身赴井，命提轄官實以土。州人皆免於死。





趙令宬，燕懿王玄孫，安定郡王令衿兄也。初名令裨。建炎初，仕至鄂州通判[三]，領兵戍武昌。賊閻瑾犯黃州，縱掠而去。令宬渡江存撫之，黃人乃安。李綱言於上，擢直龍圖閣、知黃州，賜今名。奉詔修城，凡六月而畢。賊張遇過城下，招令宬。度不能拒，出城見之，遇飲以酒，一舉而盡，曰：「固知飲此必死，願勿殺軍民。」遇驚曰：「先以此試公耳。」更取毒酒沃地，地裂有聲，乃引軍去。未幾，丁進、李成兵迭至，俱擊卻之。叛將孔彥舟又引兵圍城，率民兵固守，凡六日乃解。

三年，以內艱去，詔起復[四]。時金人聞孟太后在南昌，欲邀之，徑犯黃州。令宬已還在道，郡卒得金人木笴鑿頭箭[五]，浮江告急。令宬疾趨，夜半入城。金人力攻，翼日城陷。金人欲降之，大罵不屈，酌以酒，揮之不肯飲，又衣以戰袍，曰：「我豈當服！」金人曰：「趙使君何堅執膝？」曰：「但當拜祖宗，豈能拜犬彘！」金人怒鞭之，流血被面，罵不絕口而死。事聞，贈徽猷閣待制，謚曰愍忠。州人乞立廟，從之。初，城破，都監王達[六]、判官吳源、巡檢劉卓，皆以不屈死焉。

唐重字聖任，眉州彭山人。少有大志。大觀三年進士。徽宗親策士，問以制禮作樂，重對曰：「事親從兄，爲仁義禮樂之實。陛下以神考爲父，哲宗爲兄，盍亦推原仁義之實而已，何以制作爲？」授蜀州司理參軍，改成都府府學教授，知懷安軍金堂縣，授辟雍錄。

先是，朝廷以拓土爲功，邊帥爭興利以徼賞，凡蜀東西、夔峽路及荆湖、廣南，皆誘近邊蕃夷獻其地之不可耕者，謂之納土，因置州縣，所至騷然。重以其利害白之宰相，因是薦之，召對。遷吏部員外郎、左司郎官、起居舍人。

金人入京師，重言：「開邊之禍，起於童貫，故金人以貫爲禍首。若斬貫首，遣人傳送于金，尚可緩兵。」或獻議遠避，重聞衞士語，以告于朝，始定守城之計。擢右諫議大夫。時宰執各主和戰二議，重上疏乞命其廷辨得失。金人要求金帛，中書侍郎王孝迪下令，有匿金銀者死，許人告。重曰：「如此，則子得以告父，弟得以告兄，奴婢得以告主矣，豈初政所宜？」即與御史抗論，乃止。又累疏乞斬蔡京父子以謝天下。尋遷中書舍人，詞命多所繳奏。又言：「近世不次用人，其間致身宰輔，有未嘗一日出國門者。乞先補外，以爲之唱。」上開納，而宰相執奏以爲不可。明日，臺諫皆得罪，重落職知同州。

金人已陷晉、絳，將及同。重度不能守，乃開門縱州人使出，自以殘兵數百守城，以示必死。金人疑有備，不復渡河而返。降詔獎諭，擢天章閣待制。先是，陝西宣撫使范致虛



提五路兵勤王，至陝州。重遺致虛書，言：「中都倚秦兵爲爪牙，諸夏恃京師爲根本。今京城圍久，人無鬭志，若五路之師逡巡未進，則所以爲爪牙者不足恃，而根本搖矣。然潰卒爲梗，關中公私之積已盡；又聞西夏侵掠鄜延，爲腹背患。今莫若移檄蜀帥及川峽四路，共資關中守禦之備，合秦、蜀以衞王室。」致虛銳於出師，由澠池屯千秋鎭，爲金將所敗，軍皆潰，退保潼關，而五路之力益耗矣。重募人間道走京城歸報。二帝既北行，重即移檄川、秦十路帥臣，各備禮物往軍前迎奉。

未幾，高宗即位，重上疏論今急務有四，大患有五。所謂急務者，以車駕西幸爲先，次則建藩鎭、封宗子，通夏國之好，繼青唐之後，使相犄角，以緩敵勢。所謂大患者，法令滋彰，朝綱委靡，軍政敗壞，國用竭，民心離。欲救此者，宜守祖宗成憲，登用忠直，大正賞刑，誠今日之急務。

長安謀帥，劉岑自河東使還，上亦詢可守關中者，岑以重對，乃以天章閣直學士知京兆府，尋兼京兆府路經略制置使。

重前在同州，凡三疏上大元帥府，乞早臨關中以符衆望。且畫三策：一謂鎭撫關中以固根本，然後營屯於漢中，開國於西蜀，此爲策之上；若駐節南陽，控楚、吳、越、齊、趙、魏之師，以臨秦、晉之墟，視敵強弱爲進退，選宗親賢明者開府於關中，此爲策之次；儻因都



城，再治城池汴、洛之境，據成皋、崤函之險，悉嚴防守，此策之下；若引兵南度，則國勢微弱，人心離散，此最無策。暨至永興，又六上疏，皆以車駕幸關中爲請。并條奏關中防河事宜，大意謂：虢、陝殘破，解州、河中已陷，同、華州沿河與金人對壘，邊面亙六百餘里。本路無可戰之兵，乞增以五路兵馬十萬以上，委漕臣儲偫以守關中。

章凡七八上，朝廷未有所處。重復上疏曰：「關中百二之勢，控制陝西六路，捍蔽川峽四路。今蒲、解失守，與敵爲鄰，關中固，則可保秦、蜀十路無虞。緣逐路帥守、監司各有占護，不相通融。昨范致虛會合勤王之師，非不竭力，而將帥各自爲謀，不聽節制。乞選宗親賢明者充京兆牧，或置元帥府，令總管秦、蜀十道兵馬以便宜從事，應帥守、監司並聽節制。緩急則合諸道之兵以衞社稷，不惟可以禦敵，亦可以救郡縣瓦解之失。」又乞節制五路兵，俱不報。

金將婁宿渡河陷韓城縣，時京兆餘兵皆爲經制使錢蓋調赴行在。重度勢不可支，以書別其父克臣〔七〕曰：「忠孝不兩立，義不苟生以辱吾父。」克臣報之曰：「汝能以身徇國，吾含笑入地矣〔八〕。」及金人入境，重遺書轉運使李唐孺曰：「重平生忠義，不敢辭難。始意迎車駕入關，居建瓴之勢，庶可以臨東方。今車駕南幸矣，關陝又無重兵，雖竭智力何所施，一死報上不足惜。」

及金兵圍城，城中兵不滿千，固守踰旬，外援不至。而經制副使傅亮以精銳數百奪門



出降，城陷，重以親兵百人血戰。諸將扶重去，重曰：「死吾職也。」戰不已，衆潰，重中流矢死。初，唐孺以其書聞，俄以死節報。上哀悼之，贈資政殿學士，後謚恭愍。

郭忠孝字立之，河南人，簽書樞密院事逵之子。受易、中庸於程頤。少以父任補右班殿直，遷右侍禁。登進士第，換文資，授將作監主簿。年踰三十，不忍去親側，多仕于河南莞庫間。宣和間，爲河東路提舉。解梁、猗氏與河東接壤，盜販鹽者數百爲羣，歲起大獄，轉相告引，抵罪者衆。忠孝止治其首，餘悉寬貸。宰相王黼怒之，坐廢格鹽法免。

靖康初，召爲軍器少監。入對，以和議爲非是，力陳追擊之策，謂：「兵家忌深入，金人自燕薊興兵，踰河朔，犯都城，其鋒不可當，今銳氣且衰，又顧子女玉帛之獲，故議和以款我師。今諸道之師集矣，宜乘其惰擊之，若不能擊其歸，他日安能禦其來。」上命與宰相吳敏、樞密李綱議，忠孝復條上戰守利害、士馬分合之策十餘事。主和者衆，卒不用其策。改永興軍路提點刑獄，措置保甲。初，議者請擇保甲十萬刺爲義勇，分隸河朔諸郡。忠孝曰：「保甲歲久，死亡者衆，擇三萬人守都城可也，河朔騎兵之地，非保甲所宜。」上從之。忠孝亟走關陝，得勝兵三萬，分隸十將，擇一將統之。繼遣兵趨澤、潞，聽宣撫司節制。

金人再犯京師，永興帥范致虛率諸軍繇澠入援，忠孝曰：「金人深入，而河東無守

備，願分兵走太行，扼其歸路，彼必來戰，城下之圍可緩。」致虛以爲然。檄河中守席益、馮翊守唐重與忠孝同出河東，爲牽制之舉，大軍盡出函谷。忠孝獨以蒲、解軍三千至猗氏，遇金人，破之。踰絳州，破太平砦，斬首數百級。攻平陽，入其郛。會大軍失利潰、澠間，乃引還。

及金人犯永興，兵寡，或勸忠孝以監司出巡，可以避禍。忠孝不答，與經略唐重分城而守。忠孝主西壁，唐重主東壁。金人陳城下，忠孝募人以神臂弓射之，敵不得前。已而攻陷城東南隅，忠孝與重及副總管楊宗閔、轉運副使桑景詢、判官曾謂、經略主管機宜文字王尙、提舉軍馬武功大夫程迪[九]俱死之。朝廷贈忠孝大中大夫。子雍，別有傳。

程迪字惠老，開封人。父博古，部鄜延兵戰死永樂。迪以門蔭得官。宣和中，從楊惟中征方臘有功，加武功大夫、榮州團練使、瀘南潼川府路走馬承受公事。

諸使合薦迪忠義謀略，可任將帥，召赴行在。經略制置使唐重以敵迫近，留迪提舉軍馬，措置民兵以爲備。金人已自同州渡河，或勸迪還蜀，迪思有以報國，不從。乃詣种氏諸豪，謀率衆保險，俟其勢稍衰，出奇擊之。轉運使桑景詢知其謀，以告唐重，揭牓許民擇險自固。會前河東經制使傅亮建議當守不當避，重從之，以亮爲制置副使，去者悉還。



既而金兵益迫，重乃以迪提舉永興路軍馬，措置民兵，令迪行視南山諸谷，將運金帛徙治其中。因召士豪，集民兵以補軍籍。會應募者衆，亮語重曰：「人心如此，假以旬日，守備且具，奈何望風棄去。」重大然之，卽檄諸司聽亮節制。金人近城，迪又欲還兵迎戰，使老稚得趣險，尙可以活十萬人。亮執議城守，金人四面急攻，外無援兵，迪率諸司及統制偏裨以下東鄉會盟：「危急必以死相應，誓不與敵俱生。」慷慨嗚咽，同盟皆感泣。

城破，乃自亮所分地始。亮先出降，衆潰。迪率其徒行徇于衆曰：「敵讎我矣，降亦死，戰亦死！」努力與鬭，憤怒大呼，口流血，士皆感奮，多所斬殺。迪冒飛矢，持短兵接戰數十合，身被創幾徧，絕而復蘇，猶厲聲叱戰不已，遂死之。麾下士舁置空室中，比屋皆燼，室獨不火，及斂，容色如生。詔贈明州觀察使，謚恭愍。子昌謌。

徐徽言字彥猷，衢之西安人。少爲諸生，汎涉書傳。負氣豪舉，有奇志，喜談功名事。大觀二年，詔求材武士，韓忠彥、范純粹、劉仲武以徽言應詔，召見崇德殿，賜武舉絕倫及第。

歷保德軍監押，以邊功加閤門祗候、平陽府軍馬鈐轄，權知保德軍。改總領河西軍馬，



以討西夏功，累遷秉義郎[一〇]。宣和四年，將伐燕，命太原帥張孝純招河西帳族，遣徽言入其地。帳族拒而射之，徽言迎戰破之，遂定天德、雲內兩城。宣撫使童貫嫉其功，檄太原不得違節度。復棄去。孝純先定朔、武二州，亦不能守。改知火山軍兼統制河西軍馬，徙赴石州。

靖康初，遷武翼郎、閤門宣贊舍人。金人圍太原，分兵絕饟道，自隰、石以北，命令不通者累月。徽言以三十人渡河[一一]，一戰破之。遷武經郎、知晉寧軍兼嵐石路沿邊安撫使。

金人再犯京師，陝西制置使范致虛糾合五路兵赴難，檄徽言守河西。欽宗割兩河以紓禍，同知樞密院事聶昌出河東，爲金人所刼，以便宜割河西三州隸西夏。晉寧軍民大恐，曰：「棄麟、府、豐，晉寧豈能獨存！」徽言曰：「此使人矯詔耳。三郡在河西，設有詔，猶當執奏，況無之耶！」遂率兵復取三州，夏人所置守長皆出降，徽言慰遣之。又幷取嵐、石等州，敎戈紅卒乘羊皮渾脫亂流以掩敵。

金人益備克胡砦、吳堡津，遣守領爲九州都統[一二]，與晉寧對壘。徽言出奇兵襲逐之。時河東郡縣淪沒，遺民日徯王師之至。徽言陰結汾、晉土豪數十萬，約復故地則奏官爲守長，聽世襲。條其事以聞，俟報可，卽身率精甲擣太原，徑取鴈門，留兵戍守；且曰：「定全晉則形勝爲我有，中原當指期克復，投機一時，會不可失。」奏上，詔徽言聽王庶節制，議遂格。



金人忌徽言，欲速拔晉寧以除患。建炎二年冬，自蒲津涉河圍之。先是徽言移府州，約折可求夾攻金人。可求降，金將婁宿挾至城下以招徽言。徽言故與可求爲姻，迺登陴以大義譙數之。可求仰曰：「君於我胡大無情？」徽言彇弓厲言曰：「爾於國家不有情，我尙於爾何情？寧惟我無情，此矢尤無情。」一發中之，可求走，因出兵縱擊，遂斬婁宿孛堇之子。當是時，環河東皆已陷，獨晉寧屹然孤墉，橫當強敵，勢相百不抗。徽言堅壁持久，撫摩疲傷，遣沒人泅河，召民之逃伏山谷者幾萬衆，浮筏西渡，與金人鏖河上，大小數十戰，所俘殺過當。晉寧號天下險，徽言廣外城，東壓河，下塹不測，譙堞雄固，備械甚整。命諸將晝隅分守，敵至則自致死力，以勁兵往來爲游援。

金進攻數敗，不得志，圍之益急。晉寧俗不井飲，寄汲于河。金人載茭石湮壅支流，城中水乏絕，儲偫寖罄，鎧仗空敝，人人惴憂，知殞亡無日。徽言能得衆心，奮楬餓傷夷之餘，裒折槊斷刃，以死固守。既自度不支，取砲機、篦格，凡守具悉火之，曰：「無以遺敵。」遣人間道馳書其兄昌言曰：「徽言孤國恩死矣，兄其勉事君。」一夕，裨校李位、石竇[一三]繫帛書飛筍上，陰約婁宿啓外郛納金兵。徽言與太原路兵馬都監孫昂決戰門中，所格殺甚衆，退嬰牙城以守。金人攻之不已，徽言置妻子室中，積薪自焚。仗劍坐堂上，慷慨語將士：「我天子

守土臣，義不見蛾敵手。」因拔佩刀自擬，左右號救持之急，金兵猥至〔四〕，挾徽言以去，然猶憚其威名。

婁宿得徽言所親說徽言：「盍具冠執見金帥。」徽言斥曰：「朝章，覲君父禮，以入穹廬可乎？汝汙僞官，不卽愧死，顧以爲榮，且爲敵人搖吻作說客邪？不急去，吾力猶能搏殺汝。」婁宿就見徽言，語曰：「二帝北去，爾其爲誰守此？」徽言曰：「吾爲建炎天子守。」婁宿曰：「我兵已南矣，中原事未可知，何自苦爲？」徽言怒曰：「吾恨不屍汝輩歸見天子，將以死報太祖、太宗地下，庸知其他！」婁宿又出金制曰：「能小屈，當使汝世帥延安，舉陝地并有之。」徽言益怒，罵曰：「吾荷國厚恩，死正吾所，此膝詎爲汝輩屈耶？汝當親刃我，不可使餘人見加。」婁宿舉戟向之，覬其懼伏。徽言披衽迎刃，意象自若。飲以酒，持杯擲婁宿曰：「我尙飲汝酒乎？」慢罵不已。金人知不可屈，遂射殺之。粘罕聞其死，怒婁宿曰：「爾矗狠，可專殺義人以逞爾私？」治其罪甚慘。

初，徽言與劉光世束髮雅故。光世被命援太原，次吳堡津，輒頓不進。徽言移書趣行，未聽；又諭以太原危不守，且暮望救，總管承詔赴急，不宜稽固取方命罪，光世猶前卻。徽言卽露章劾其逗撓，封副與之，光世惶遽引道。

宣撫使張浚與諸使者相繼以死節事聞，高宗撫几震悼，顧謂宰相曰：「徐徽言報國死封





疆，臨難不屈，忠貫日月，過於顏眞卿、段秀實遠矣。不有以寵之，何以勸忠，昭示來世。」乃贈晉州觀察使，謚忠壯。再贈彰化軍節度。

孫昂〔五〕亦引刀欲自刺，金人擁至軍前，不屈而死，至是贈成忠郎、團練使。徽言子閎既同死事，而從孫適亦以守安豐死。昂父翊，宣和末知朔寧府，救太原，死于陣。各世著忠義云。

向子韶字和卿，開封人，神宗后再從姪也。年十五入太學，登元符三年進士第。特恩改承事郎，授荆南府節度判官，累官至京東轉運副使。屬郡郭奉世進萬緡羨餘，戶部聶昌請賞之以勸天下。子韶劾奉世，且言近臣首開聚斂之端，寖不可長，士論韙之。以父憂免，起復，知淮寧府。

建炎二年，金人犯淮寧，子韶率諸弟城守，諭士民曰：「汝等墳墓之國，去此何之，吾與汝當死守。」時有東兵四千人，第三將岳景綬欲棄城率軍民走行在，子韶不從，景綬引兵迎敵而死。金人晝夜攻城，子韶親擐甲冑，冒矢石，遣其弟子率赴宗澤乞援兵，未至，城陷。子韶率軍民巷戰，力屈爲所執。金人坐城上，欲降之，酌酒於前，左右抑令屈膝，子韶直立不動，戟手責罵，金人殺之。其弟新知唐州子褒、朝請郎子家〔六〕等與闔門皆遇害，惟一子鴻六歲得存。事聞，再贈通議大夫，官其家六人，後謚忠毅。初，金人至淮寧府，楊時聞之曰：「子韶必死矣。」蓋知其素守者云。

楊邦乂字晞稷〔七〕，吉州吉水人。博通古今，以舍選登進士第，遭時多艱，每以節義自許。歷婺源尉、蘄廬建康三郡教授，改秩知溧陽縣。會叛卒周德據府城，殺官吏。邦乂立縣獄囚趙明於庭，欲誅之，因諭之曰：「爾悉里中豪傑，誠能集爾徒爲邑人誅賊，不惟宥爾罪，當上功畀爵。」明卽請行，邦乂飲之卮酒，使自去。越翼日，討平之。

建炎三年，金人至江上，高宗如浙西，留右僕射杜充爲御營使，駐箚建康，命劉光世、韓世忠、王𤫉諸將悉聽充節制。充性酷而無謀，士心不附。渡碙沙，充遣陳淬、岳飛等及金人戰于馬家渡。自辰至未，戰數合，勝負未決。𤫉擁兵弗救，淬被擒，𤫉兵遁，充率麾下數千人降。金人濟江，鼓行逼城。時李梲以戶部尙書董軍餉，陳邦光以顯謨閣直學士守建康，皆具降狀，逆之十里亭。金帥完顏宗弼既入城，梲、邦光率官屬迎拜，惟邦乂不屈膝，以血大書衣裾曰：「寧作趙氏鬼，不爲他邦臣。」宗弼不能屈。





翼日，遣人說邦乂，許以舊官。邦乂以首觸柱礎流血，曰：「世豈有不畏死而可以利動者？速殺我。」翼日，宗弼等與梲、邦光宴堂上，立邦乂于庭，邦乂叱梲、邦光曰：「天子以若扞城，敵至不能抗，更與共宴樂，尙有面目見我乎？」有劉團練者，以幅紙書「死活」二字示邦乂曰：「若無多云，欲死趣書『死』字。」邦乂奮筆書「死」字，金人相顧動色，然未敢害也。已而宗弼再引邦乂，邦乂不勝憤，遙望大罵曰：「若女眞圖中原，天寧久假汝，行磔汝萬段，安得汙我！」宗弼大怒，殺之，剖取其心，年四十四。事聞，贈直秘閣，賜田三頃，官爲斂葬，卽其地賜廟褒忠，謚忠襄，官其四子。

邦乂少處郡學，目不視非禮，同舍欲隳其守，拉之出，託言故舊家，實倡館也。邦乂初不疑，酒數行，娼女出，邦乂愕然，疾趨還舍，解其衣冠焚之，流涕自責。紹興七年，樞密院言邦乂忠節顯著，上曰：「顏眞卿異代忠臣，朕昨已官其子孫，邦乂爲朕死節，不可不厚褒錄，以爲忠義之勸。」加贈徽猷閣待制，增賜田三頃。

## 校勘記

〔一〕昭化軍節度使　「昭」原作「招」，據繫年要錄卷二八、本書卷八九地理志改。

〔二〕劉翊　北盟會編卷五七引靖康小雅同；本書卷二三欽宗紀、靖康要錄卷一〇、宋史全文卷一五

作「劉㚬」。

〔三〕鄂州通判　「通判」原作「通守」，據繫年要錄卷六、北盟會編卷一三三改。

〔四〕起復　「復」原作「服」，據繫年要錄卷二八、北盟會編卷一三三改。

〔五〕木笴鑿頭箭　「頭」字原脫，據繫年要錄卷二八、北盟會編卷一三三補。

〔六〕王達　原作「王遠」，據繫年要錄卷二八、中興聖政卷六、宋史全文卷一七改。

〔七〕克臣　繫年要錄卷一一同；琬琰集中編卷三三劉岑唐重墓誌銘、劉時舉續宋編年通鑑卷一作「堯臣」。

〔八〕吾含笑入地矣　「吾」字原脫，據繫年要錄卷一一、續宋編年通鑑卷一補。

〔九〕程廸　按本書卷二五高宗紀、繫年要錄卷一二、中興聖政卷三都作「陳廸」；長編卷三二九載永樂死事將官有「程博古」，與本傳所載其父博古，部鄜延兵戰死永樂事合。

〔一〇〕秉義郎　「義」原作「議」。按本書卷一六九職官志，武階中有秉義郎而無秉議郎，據改。

〔一一〕徽言以三十人渡河　「三十人」，范浚香溪先生文集卷二一徐忠壯傳作「三千人」，疑此誤。

〔一二〕遣守領爲九州都統　按同上徐忠壯傳作「用渠帥爲九州都統」，疑此處「守領」爲「都統」之誤。

〔一三〕石賓　原作「石斌」，據繫年要錄卷二〇、王明清揮麈第三錄卷二改。

〔一四〕金兵猥至　「猥」原作「狎」，據香溪先生文集徐忠壯傳改。





〔一五〕孫昂　原作「祁昂」，據上文及繫年要錄卷二〇改。

〔一六〕子家　楊時楊龜山先生集卷三五向子韶墓誌銘作「子袞」。

〔一七〕晞稷　楊萬里誠齋集卷一一八楊公行狀、李幼武皇朝名臣言行續錄卷七楊邦乂條作「希稷」。

# 宋史卷四百四十八

## 列傳第二百七

### 忠義三

曾怤 弟悟　劉汲　鄭驤　呂由誠　郭永　韓浩 朱庭傑 王允功

王薦 周中 周辛附　歐陽珣　張忠輔　李彥仙 邵雲 呂圓登 宋炎附

趙立 王復 鄭褒附　王忠植　唐琦　李震　陳求道

曾怤字仲常，中書舍人鞏之孫。補太學內舍生，以父任郊社齋郎，累官司農丞、通判溫州，須次于越。

建炎三年，金人陷越，以琶八爲帥，約詰旦城中文武官並詣府，有不至及藏匿、不覺察者，皆死。怤獨不往，爲鄰人糾察逮捕，見琶八，辭氣不屈。且言：「國家何負汝，乃叛盟欺天，恣爲不道。我宋世臣也，恨無尺寸柄以死國，安能貪生事爾狗奴邪？」時金人帳中執兵者





皆愕眙相視，琶八曰：「且令出。」左右盡驅其家屬四十口同日殺之越南門外，越人作窖瘞其屍。金人去，怤弟朝散郎悬時知杭州餘杭縣事，制大棺斂其骨，葬之天柱山。事聞，予三資恩澤，官其弟㥳、子崈、兄子寓，皆將仕郎。

方遇難時，崈甫四歲，與乳母張皆死。夜値小雨，張得蘇，顧見崈亦蘇，尚吮其乳，郡卒陳海匿崈以歸。後仕至知南安軍。怤從弟悟。

悟字蒙伯，翰林學士肇之孫也。宣和二年進士，靖康間爲亳州士曹。金人破亳州，悟被執，抗辭慢罵，衆刃劘之，屍體無存者，妻孥同日被害。年三十三。

劉汲字直夫，眉州丹稜人〔一〕。紹聖四年進士。爲合州司理、武信軍推官，改宣德郎、知開封府鄢陵縣。奉行神霄宮不如令，以京畿轉運使趙霆奏，徙通判隆德府。時方士林靈素用事，郡人班自改易繫辭爲妖言，以應靈素。汲攝守，下自獄。靈素薦自有道，命轉運使陳知存按驗，掾史懼，欲變獄。汲責數掾史，知存憚之，卒以實聞。

通判河中府，辟開封府推官。自盛章等尹京，果於誅殺，率取特旨以快意，汲白府奏罷

中華書局

之。宰相王黼初領應奉司，汲對客輒詆之，黼聞，奏謫監蓬州稅。欽宗召赴闕，汲奏願得驅馳外服，治兵食以衞京師。時置京西轉運司于鄧州，以汲添差副使。建炎元年，范致虛師至陝，汲貽書勸以一軍自蒲中越河陽，焚金人積聚，絕河橋；一軍自陝路直抵鄭、許，與諸道速衡，敵必解散。致虛以書謝汲而行。

金人再犯京師，諸道不知朝廷動息者三月，馮延緒傳詔撫諭，謂車駕出郊定和議，令諸道罷兵。汲謂副總管高公純曰：「詔書未可遽信。」公純問故，汲曰：「詔下以去年十二月，鄧去京七百里，今始至州何也？安有議和以三月，而敵猶未退乎？此必金人脅朝廷以款勤王之師爾，可速進兵。」公純難之，汲請自行，公純不得已俱至南陽，不進，汲獨馳數十騎赴都城，二帝已北行，汲素服慟哭。尋代公純攝帥事，捐金帛饗士，爲戰守計。詔鄧州備巡幸，汲廣城池，飾行闕，所以待乘輿之具甚備。就加直龍圖閣、知鄧州兼京西路安撫使。汲奏：「欲復兩河，當先河東，欲復河東，當用陝兵，請先從事河東，以定西河之根本。」於是金人復渡河，諜知鄧州爲行在所，命其將銀朱急攻京西。汲遣副總管侯成林守南陽，金人奄至，殺成林。汲集將吏謂曰：「吾受國恩，恨未得死所，金人來必死，汝有能與吾俱死者乎？」皆流涕曰：「惟命。」民有請涉山作砦以避敵者，汲曰：「是棄城矣。然若屬俱死無益。」乃下令曰：「城中有材武願從軍者聽留，餘從便。」得敢死士四百人。又令曰：「凡仕於





此，其聽送其家，寅出午反，違者從軍法。」衆皆感服，無一人失期。

及南陽陷，命將戚鼎將兵三千逆戰，及命靳儀與趙宗印分西、南門掎之。汲自以牙兵四百登陴望，見宗印從間道遁，卽自至鼎軍中，麾其衆陣以待，敵至皆死鬭，敵却。俄而儀敗，金人攻之益急，矢下如雨，軍中請汲去，汲不許，曰：「使敵知安撫使在此爲國家致死。」敵大至，汲死之。事聞，贈太中大夫，謚忠介。

鄭驤字潛翁，信之玉山人。登元符三年進士第。知溧陽縣，歲饑，民多逃亡，漕司按籍督逋賦不少貸，驤患之，盡去其籍。使者欲繩以法，驤曰：「著令約二稅爲定數，今不除，則逋愈多，民愈貧，賦愈不辦。」使者不能屈。時議自建康鑿漕渠導太湖以通大江，將破數州民田，調江、浙二十五州丁夫，所費百萬計。朝廷遣官視可否，驤條析利病，力止之。通判嵐軍，改慶陽府。姚古奏爲熙河蘭廓路經略司屬官。錢蓋自渭易熙，奏辟幕下。地震，秦隴金城六城壞，驤爲蓋言六城熙河重地，宜趣繕治，因自請董兵護築益機灘新堡六百步，以控西夏。堡成，以功遷官，賜緋衣銀魚。大觀中，羌人假其名唃廝羅氏舊據青唐，置西寧州，董氊入朝，其弟益麻党征走西夏。

歸附，童貫奏賜姓名趙懷恭，官團練使。至是党征自西寧求歸，貫懼事露，議者希貫意欲絕之。驤謂貫欺君，請辨其僞。貫怒，將厚誣以罪，會敗而止。擢京兆府等路提舉常平。驤按格爲常平總目十卷，頒之所部。時陝右大稔，驤奏乞以所部本息乘時廣糴，得米六十萬斛。

高宗初，以直祕閣知同州兼沿河安撫使。時謀巡近甸金陵、南陽、長安爲駐蹕計，驤言：「南陽、金陵偏方，非興王地；長安四塞，天府之國，可以駐蹕。」會帝東幸揚州，復請自楚、泗、汴、洛以迄陝、華，各募精兵，首尾相應，庶敵勢不得衝决。不報。金將婁宿犯同州及韓城，驤遣兵拒險擊之，師失利，金人乘勝徑至城下，通判以下皆遁去。驤曰：「所謂太守者，守死而已。」翼日城陷，驤赴井死，贈通議大夫、樞密直學士，謚威愍，詔賜廟愍節。

驤在熙河，嘗撫熙寧迄政和攻取建置之迹爲拓邊錄十卷，兵將蕃漢雜事爲別錄八十卷，圖畫西蕃、西夏、回鶻、盧甘諸國人物圖書爲河隴人物志十卷，序贊普迄溪巴温、董氊世族爲蕃譜系十卷。



呂由誠字子明，御史中丞誨之季子。幼明爽有智略，范鎭、司馬光，父友也，皆器重之。



以父恩補官，調鄧州酒稅，臨事精敏，老吏不能欺。會營兵竊發，聚衆閉城，守貳逃匿，由誠親往招諭，賊斂兵聽命。以功遷秩，尋擢提舉三門、白波輦運，言者謂其資淺，罷之。知合水縣。王中立、种諤征靈州，由誠部運隨軍，天寒食盡，他邑役夫多潰去，唯由誠所部分無失者。改知乘氏縣。丞相呂大防爲山陵使，辟爲屬。通判成都府，知雅、嘉、温、隰四州，復知嘉州，皆有治績。

靖康元年，宰相唐恪薦由誠剛正有家法，宜任臺臣。召至京師，與恪議不合，且憂其蓄縮不足以濟時艱，力辭求退。差知襲慶府，未及出關，金人再入，陷京師，立張邦昌，以兵脅士大夫臣之，由誠微服得免。時羣盜所在蠭起，由誠崎嶇至郡。城圮糧竭，於是晝夜爲備，版築甫就，劇賊李昱擁十萬衆奔至城中，知其有備，陽受元帥府招安而去。康王移軍濟陽，由誠竭力饋餉，軍以不乏。遣官屬王允恭奉表勸進。

時京東諸郡，兵驕多內訌，獨由誠拊循有方，士樂爲用。前後數被攻圍，屹然自立羣盜中，救援皆絕。孔彥舟以鄆兵叛，首犯郡境，攻之累旬不能下，始引去。胡選者衆尤殘暴，攻由誠示必取，由誠夜焚其攻具，直入帳下，賊駭散，不知所爲，忽解圍去。

一日金兵四集，由誠嚴立賞罰，厲以忠義，守兵爭奮，晝夜警備。金人百道攻城，矢石如雨，人無叛志。郡官有迎降者，執而械之。判官趙令佳同心誓守，城陷俱被執，金人欲生

降之，由誠不屈，乃殺其子仍於前，由誠不顧，與令佺同遇害。子俁與其家四十口皆被執，無生還者。南北隔絕，其孫紹淸留蜀，後自蜀走江、浙訪由誠生死，遇令佺之子子彝于江陰，知令佺與由誠同死被褒典，乃愬于朝，詔贈由誠三官，爲通奉大夫，與二子恩澤。

郭永，大名府元城人。少剛明勇決，身長七尺，鬚髯若神。以祖任爲丹州司法參軍，守武人，爲姦利無所忌，永數引法裁之。守大怒，盛威臨永，永不爲動，則繆爲好言薦之朝。後守欲變具獄，永力爭不能得，袖舉牒還之，拂衣去。

調淸河丞，尋知大谷縣。太原帥率用重臣，每宴饗費千金，取諸縣以給，斂諸大谷者尤亟。永以書抵幕府曰：「非什一而取，皆民膏血也，以資觴豆之費可乎？」脫不獲命，令有投劾而歸耳。」府不敢迫。縣有潭出雲雨，歲旱，巫乘此譁民，永杖巫，暴日中，雨立至，縣人刻石紀其異。府遣卒數輩號「警盜」，刺諸縣短長，遊蕩不歸，莫敢詰，永械致之府，府爲并它縣追還。於是部使者及郡文移有不便於民者，必條利病反復，或遂寢而不行。或謂永：「世方雷同，毋以此買禍。」永曰：「吾知行吾志而已，皇恤其它。」大谷人安其政，以爲自有令無永比者。旣去數年，復過之，則老稚遮留如永始去。





調東平府司錄參軍，府事無大小，永咸決之。吏有不能辦者，私相靳曰：「爾非郭司錄耶！」通判鄭州，燕山兵起，以永爲其路轉運判官。郭藥師屯邊，怙恩暴甚，與民市不償其直，復毆之，至壞目折支乃已。安撫使王安中莫敢問。永白安中，不治且難制，請見而顯責之；不從，則取其尤者磔之市。乃見藥師曰：「朝廷負將軍乎？」藥師驚曰：「何謂也？」永曰：「前日將軍杖策歸朝廷，上推赤心置將軍腹中，客遇之禮無所不至，而將軍未有尺寸功報上也。今乃倚將軍爲重〔二〕，乃縱部曲戕民不禁，平居尙爾，如緩急何！」藥師雖謝無愧容，永謂安中曰：「它日亂邊者必此人也。」已而安中罷，永亦辭去，移河北西路提舉常平。

會金人趣京師，所過城邑欲立取之。是時天寒，城池皆凍，金率藉冰梯城，不攻而入。永適在大名，聞之，先弛壕漁之禁，人爭出漁，冰不能合。金人至城下，睥睨久之而去。遷河東提點刑獄〔三〕。

時高宗在揚州，命宗澤守京師，澤厲兵積粟，將復兩河，以大名當衝要，檄永與帥杜充、漕張益謙相掎角。永卽朝夕謀戰守具，因結東平權邦彥爲援，不數日聲振河朔，已沒州縣皆復應官軍，金人亦畏之不敢動。

居亡何，澤卒，充守京師，以張益謙代之，而裴億爲轉運使。益謙、億齷齪小人。會范瓊脅邦彥南去，劉豫舉濟南來寇，大名孤城無援，永率士晝夜乘城，伺閒則出兵狙擊。或勸益謙委城遁，永曰：「北門所以蔽遮梁、宋，彼得志則席卷而南，朝廷危矣。借力不敵，猶當死守，徐剉其鋒，待外援之至，奈何棄之？」因募士齎帛書夜縋城出，告急朝廷，乞先爲備。攻圍益急，俘東平、濟南人〔四〕，大呼城下曰：「二郡已降。降者富貴，不降者無噍類。」益謙輩相顧色動，永大言曰：「今日正吾儕報國之時。」又行城撫將士曰：「王師至矣，吾城堅完可守，汝曹努力，敵不足畏也。」衆感泣。質明，大霧四塞，豫以車發斷碑殘礎攻城，樓櫓皆壞，左右蒙盾而立，多碎首者。良久城陷，永坐城樓上，或掖之以歸，諸子環泣請去，永曰：「吾世受國恩，當以死報，然巢傾卵覆，汝輩亦何之？玆命也，奚懼。」

益謙、億率衆迎降，金人曰：「城破始降，何也？」衆以永不從爲辭。金人遣騎召永，永正衣冠南向再拜訖，易幅巾而入，黏罕曰：「沮降者誰？」永熟視曰：「不降者我。」金人奇永狀貌，且素聞其賢，乃自相語，欲以富貴啗永，永瞋目唾曰：「無知犬豕，恨不醢爾以報國家，何說降乎？」怒罵不絕。金人諱其言，麾之使去，永復厲聲曰：「胡不速我死？當率義鬼滅爾曹。」大名人在繫者無不以手加額，爲之出涕，金人怒斷所舉手。乃殺之，一家皆遇害。雖素不與永交者皆面慟，金人去，相與負其屍瘞之。

永博通古今，得錢卽買書，家藏書萬卷，爲文不求人知。見古人立名節者，未嘗不慨





然掩卷終日，而尤慕顏眞卿爲人。充之守大名，名稱甚盛，永嘗書數策見之，它日問其目。曰：「未暇讀也。」永歎之曰：「人有志而無才，好名而遺實，驕蹇自用而得名聲，以此當大任，鮮不顚沛者，公等足與爲治乎？」充大慚。靖康元年冬，金人再犯京師，中外阻絕，或以兩宮北狩告永者，永號絕仆地，家人舁歸，不食者數日，聞大元帥府檄書至，始勉彊一餐。其忠義蓋天性然。

紹興初，贈中大夫、資政殿學士，諡勇節，官其族數人。

韓浩，丞相琦孫。以奉直大夫守濰州。建炎二年，金人攻城，浩率衆死守，城陷力戰死。通判朱庭傑身被數箭，亦死。權北海縣丞王允功、司理參軍王薦皆全家陷沒。浩特贈三官，官其家三人。庭傑、允功、薦各官其家一人。

朝議大夫周中世居濰州，率家人乘城拒守，中弟辛家最富，盡散其財以享戰士。城陷，中闔門百口皆死。紹興六年，以周聿請，贈官。

歐陽珣字全美，吉州廬陵人。崇寧五年進士。調忠州學教授、南安軍司錄，知鹽官縣。以薦上京師，遇國難，及出使，加將作監丞。金人犯京師，朝議割河北絳、磁、深三鎮地講和，珣率其友九人上書，極言祖宗之地尺寸不可以與人。及事急，會羣臣議，珣復抗論當與力戰，戰敗而失其地，它日取之直；不戰而割其地，它日取之曲。時宰怒，欲殺珣，迺遣珣奉使割深州，珣至深州城下，慟哭謂城上人曰：「朝廷爲姦臣所誤至此，吾已辦一死來矣，汝等宜勉爲忠義報國。」金人怒，執送燕，焚死之。

張忠輔，宣和末爲將，同崔中、折可與守崞縣。金人來攻，嬰城固守，率士卒以死拒敵。中度不可支，有二心。忠輔宣言于衆曰：「必欲降，請先殺我。」中設伏給約議事，斬忠輔首擲陴外以示金人。既開城門，可與不屈見殺。可與兄可求建炎中言于朝，官可與之子五人，而忠輔不與，士論惜之。

李彥仙字少嚴，初名孝忠，寧州彭原人，徙鞏州。有大志，所交皆豪俠士。閑騎射。家極邊，



每出必陰察山川形勢，或瞯敵人縱牧，取其善馬以歸。嘗爲种師中部曲，入雲中，獲首級，補校尉。靖康元年，金人犯境，郡縣募兵勤王，遂率士應募，補承節郎。李綱宣撫兩河，上書言綱不知兵，恐誤國。書聞，下有司追捕，乃亡去，易名彥仙。以效用從河東軍，諜金人還，復補校尉。河東陷，彥仙拔歸，道出陝，以兵事見守臣李彌大，彌大與語，壯之，留爲裨將，戍殽、澠間。金人再犯汴，永興帥范致虛合西兵入援，彥仙遮說曰：「殽、澠道隘難以衆進，不若分兵而前，留其半於陝，可爲後圖。」致虛怒其沮衆，罷遣之。師至千秋鎮〔五〕，果敗，官吏皆遁。

時彥仙爲石壕尉，堅守三觜，民爭依之。下令曰：「尉異縣人，非如汝室墓於是。今尉爲汝守，若不悉力，金人將尸汝於市。」衆皆奮。金人攻三觜，彥仙戰佯北，金人追之，伏發，掩殺千計，分兵四出，下五十餘壁。

初，金人得陝，用降者守之，使招集散亡，彥仙陰遣士厠其間，金人不覺。乃引兵攻其南郭，夜潛師薄東北隅，所納士內應，譟而入，復陝州。乘勝渡河，列柵中條諸山，旁郡邑皆響附，分遣邵雲等下絳、解諸邑。吏行文書，請州印章，彥仙曰：「吾以尉守此，第用吾印。」事聞，上詔輔臣曰：「近知彥仙與金人戰，再三獲捷，朕喜而不寐。」即命知陝州兼安撫使，遷武節郎、閤門宣贊舍人。彥仙蒐軍實，增陴濬隍，益爲戰守備，盡取家屬以來，曰：「吾以家徇國，與城俱存亡。」聞者感服。邵興在神稷山，以其衆來，願受節制。彥仙辟興統領河北忠



義軍馬，屯三門，後賴其力復虢州。

金將烏魯撒拔再攻陝，彥仙極力禦之，金人技窮而去。三年，婁宿悉兵自蒲、解大入，彥仙伏兵中條山擊之，金兵大潰，婁宿僅以身免。授右武大夫、寧州觀察使兼同、虢州制置。彥仙度金人必併力來攻，即遣人詣宣撫使張浚求三千騎，俟金人攻陝，即空城度河北趨晉、絳、幷、汾，擣其心腹，金人必自救，乃繇嵐、石西渡河，道鄜、延以歸。浚貽書勸彥仙空城清野，據險保聚，俟隙而動。彥仙不從。

婁宿率叛將折可求衆號十萬來攻，分其軍爲十，以正月旦爲始，日輪一軍攻城，聚十軍併攻，期以三旬必拔。彥仙意氣如平常，登譙門，大作技樂，潛使人縋而出，焚其攻具，金人愕而卻。食盡，煮豆以啖其下，而取汁自飲。至是亦盡，告急于浚，浚間道以金幣使犒其軍，檄都統制曲端涇原兵來援。端素疾彥仙出己上，無出兵意。浚幕官謝昇言於浚曰：「金且暮下陝，則全據大河，且窺蜀矣。」浚乃出師至長安。道阻不得進，裨將邵隆、呂圓登、楊伯孫自外來援，間關傷仆，僅有至者。

彥仙日與金人戰，將士未嘗解甲。婁宿雅奇彥仙才，嘗啗以河南兵馬元帥，彥仙斬其使。至是使人呼曰：「即降，畀前秩。」彥仙曰：「吾寧爲宋鬼，安用汝富貴爲！」命彊弩一發斃之。設鉤索，日鉤取金人，舂斬城上。殺傷相當，守陴者傷夷日盡，金益兵急攻，城陷，彥



仙率衆巷戰，矢集身如蝟，左臂中刃不斷，戰愈力。金人惜其才，以重賞募人生致之，彥仙易敝衣走渡河，曰：「吾不甘以身受敵人之刃。」既而聞金人縱兵屠掠，曰：「金人所以甘心此城，以我堅守不下故也，我何面目復生乎？」遂投河死，年三十六。金人害其家，惟弟巖、子毅得免。浚承制贈彥仙彰武軍節度使，建廟商州，號忠烈。紹興九年，宣撫使周聿請即陝州立廟，名義烈。後以商、陝與金人，徙其廟閬州。乾道八年，易謚忠威。

彥仙頎而長面，嚴厲不可犯，以信義治陝，犯令者雖貴不貸。與其下同甘苦，故士樂爲用。有籌略，善應變。嘗略地至青澗，猝遇金人，衆愕眙，彥仙依山植疑幟，徐據柳林，解甲自如。金人疑有伏，引去，彥仙追襲於隘，躪死相枕。關以東皆下，陝獨存，金人必欲下陝，然後併力西向。彥仙以孤城扼其衝再踰年，大小二百戰，金人不得西。至城陷，民無貳心，雖婦女亦升屋以瓦擲金人，哭李觀察不絕。金人怒，屠其城，全陝遂沒。裨將邵雲、呂圓登、宋炎、賈何、閻平、趙成皆死，並贈官錄其家。

邵雲，龍門人。金人陷蒲城，雲聚少年數百，壁山谷，時出撓之。會邵隆起兵，雲往從之，約爲兄弟。聞胡夜义者衆彊，乃舉所部聽命。李彥仙嘗假夜义官，夜义意不滿，掠南原

而去，彥仙誘殺之。雲欲攻陝，彥仙遣客說以義，遂來歸。累有功，官至武翼郎、閤門宣贊舍人。城破被執，婁宿欲命以千戶長，雲大罵不屈，婁宿怒，釘雲五日而磔之。金人有就視者，猶咀血噴其面，至抉眼擿肝，罵不絕。

呂圓登，夏縣人。嘗爲僧，後以良家子應募，捍金人淆、澠間。彥仙保三觜，圓登歸之，功最多，爲愛將。城垂破，以兵來援，身重創，持彥仙泣曰：「圍久，不知公安否，今得見公，且死無恨。」創身方臥，聞城陷，遽起戰死。

宋炎，陝縣人。隸張命中，補秉義郎。先，金人圍城，炎射死數百人，比再圍，炎以勁弩數百，發毒矢殺千餘人。城陷，金人聲言求善射者貴之，炎不應，力戰死。

趙立，徐州張益村人。以敢勇隸兵籍。靖康初，金人大入，盜賊羣起，立數有戰功，爲武衞都虞候。建炎三年，金人攻徐，王復拒守，命立督戰，中六矢，戰益厲。復壯其勇，酌卮酒揮涕勞之。城陷，復與其家皆死，獨子



倚先去。州教授鄭褒亦罵敵而死。城始破，立巷戰，奪門以出，金人擊之死，夜半得微雨而蘇，乃殺守者，入城求復屍，慟哭手瘞之。陰結鄉民爲收復計。金人北還，立率殘兵邀擊，斷其歸路，奪舟船金帛以千計，軍聲復振。乃盡結鄉民爲兵，遂復徐州。詔授忠翊郎、權知州事。立奏爲復立廟，每遇歲時及出師，必帥衆泣禱曰：「公爲朝廷死，必能陰祐其遺民也。」齊人聞之歸心焉。

時山東諸郡莽爲盜區，立介居其間，威名流聞。累遷右武大夫、忠州刺史。會金左將軍昌圍楚州急，通守賈敦詩欲以城降，宣撫使杜充命立將所部兵往赴之。且戰且行，連七戰勝而後能達楚。兩頰中流矢，不能言，以手指麾，既入城休士，而後拔鏃。詔以立守楚州。明年正月，金人攻城，立命撤廢屋，城下然火池，壯士持長矛以待。金人登城，鉤取投火中。金人選死士突入，又搏殺之，乃稍引退。五月，兀朮北歸，築高臺六合，以輜重假道于楚，立斬其使。兀朮怒，乃設南北兩屯，絕楚餉道，立引兵出戰，大破之。

會朝廷分鎭，以立爲徐州觀察使、泗州漣水軍鎭撫使兼知楚州。立一日擁六騎出城，呼曰：「我鎭撫也，可來接戰。」有兩騎將襲其背，立奮二矛刺之，俱墮地，奪兩馬而還。衆數十追其後，立瞋目大呼，人馬皆辟易。明日，金人列三隊邀戰，立爲三陣應之，金人以鐵騎數百橫分其陣而圍之，立奮身突圍，持梃左右大呼，金人落馬者不知數。承、楚間有樊梁、



新開、白馬三湖，賊張敵萬窟穴其間，立絕不與通，故楚糧道愈梗。始受圍，菽麥野生，澤有鳧茨可采，後皆盡，至屑榆皮食之。

承州既陷，楚勢益孤，立遣人詣朝廷告急。簽書樞密院事趙鼎欲遣張俊救之，俊不肯行。鼎曰：「江東新造，全藉兩淮，失楚則大事去矣。若俊憚行，臣願與之偕往。」俊復力辭，乃命劉光世督淮南諸鎭救楚。東海李彥先首以兵至淮河，扼不得進；高郵薛慶至揚州，轉戰被執死；光世將王德至承州，下不用命；揚州郭仲威按兵天長，陰懷顧望；獨海陵岳飛僅能爲援，而衆寡不敵。高宗覽立奏，歎曰：「立堅守孤城，雖古名將無以踰之。」以書趣光世會兵者五，光世訖不行。金知外救絕，圍益急。九月，攻東城，立募壯士焚其梯，火輒反嚮，立歎曰：「豈天未助順乎。」一旦風轉，焚一梯，立喜，登磴道以觀，飛砲中其首，左右馳救之，立曰：「我終不能爲國殄賊矣。」言訖而絕，年三十有七。衆巷哭。以參謀官程括攝鎭撫使以守。金人疑立詐死，不敢動。越旬餘，城始陷。初，朝廷聞楚乏食，與粟萬斛，命兩浙轉運李承造自海道先致三千斛，未發而楚失守矣。

立家先殘于徐，以單騎入楚。爲人木彊，不知書，忠義出天性。善騎射，不喜聲色財利，與士卒均廩給。每戰擐甲冑先登，有退卻者，大呼馳至，捽而斬之。初入城，合徐、楚兵不滿萬，二州衆不相能，立善撫馭，無敢私隙。仇視金人，言之必嚼齒而怒，所俘獲磔以示



衆，未嘗獻馘行在也。劉豫遣立故人齎書約降，立不發書，束以油布焚市中，且曰：「吾了此賊，必滅豫乃止。」由是忠義之聲遠近皆傾下之，金人不敢斥其名。圍既久，衆益困，立夜焚香望東南拜，且泣曰：「誓死守，不敢負國家。」命其衆擊鼓，曰：「援兵至，聞吾鼓聲則應矣。」如是累月，終無至者。立嘗戒士卒：「不幸城破，必巷戰決死。」及陷，衆如其言。

自金人犯中國，所下城率以虛聲脅降，惟太原堅守踰二年，濮州城破，殺傷大相當，皆爲金人所憚。而立威名戰多，咸出其上。訃聞，輟朝，贈奉國節度使、開府儀同三司，官其子孫十人，謚忠烈。明年，金人退，得立屍譙樓下，頰骨箭穴存焉。命官給葬事，後爲立祠，名曰顯忠。

王復，以龍圖閣待制知徐州。建炎三年，金人自襲慶府引兵圍徐州，復與男倚同守城，率軍民力戰。外援不至，城陷，復堅坐聽事不去，謂粘罕曰：「死守者我也，監郡而次無預焉，願殺我而舍僚吏百姓。」粘罕欲降之，復慢罵求死，闔門百口皆被殺。巡檢楊彭年亦死焉。事聞，贈復資政殿學士，謚壯節，立廟楚州，號忠烈，官其家五人。

王忠植，太行義士也。紹興九年，取石州等十一郡，授武功大夫、華州觀察、統制河東忠義軍馬，遂知代州。尋落階官，爲建寧軍承宣使、龍神衞四廂都指揮使、河東經略安撫使。

明年，金人圍慶陽急，帥臣宋萬年乘城拒守。會川、陝宣撫副使胡世將檄忠植以所部赴陝西會合，行次延安，叛將趙惟清執忠植使拜詔，忠植曰：「本朝詔則拜，金國詔則不拜。」惟清械詣其右副元帥撒離曷，不能屈。使甲士引詣慶陽城下，諭使降，忠植大呼曰：「我河東步佛山忠義人也，爲金人所執，使來招降，願將士勿負朝廷，堅守城壁。忠植即死城下。」撒離曷怒詰之，忠植披襟大呼曰：「當速殺我。」遂遇害。世將上其事，贈奉國軍節度使、開府儀同三司，官其家十人。

唐琦，本衞士。建炎間，高宗航海，琦病留越州。李鄴以城降，金人琶八守之，琦袖石伏道旁，伺其出，擊之，不中被執。琶八詰之，琦曰：「欲碎爾首，死爲趙氏鬼耳。」琶八曰：「使人人如此，趙氏豈至是哉。」又問曰：「李鄴爲帥尙以城降，汝何人，敢爾？」琦曰：「鄴爲臣不忠，吾恨不得手刃之，尙何言斯人爲！」乃顧鄴曰：「我月給才石五斗米，不肯背其主；爾享國厚恩乃若此，豈復齒人類哉？」詬罵不少屈，琶八趣殺之，至死不絕口。事聞，詔爲立





廟，賜名旌忠。

李震，汴人也。靖康初，金人迫京師，震時爲小校，率所部三百人出戰，殺人馬七百餘，已而被執。金人曰：「南朝皇帝安在？」震曰：「我官家非爾所當問。」金人怒，絣諸庭柱，臠割之，膚肉垂盡，腹有餘氣，猶罵不絕口。

陳求道字得之，咸寧人。登進士第。靖康間判都水監。及朝議二帝出郊請和，求道力爭之，不聽。欽宗知康王兵衆，求道請以元帥加之，齎蠟書者八人皆遇害，惟求道所薦劉定致書而還。金人立張邦昌，下令在京官不朝者死，求道稱疾不往，嘔血累日。開封尹親以邦昌命召之，竟不能屈。求道以二帝蒙塵，屢欲自殺，因救得免。

先是，陳留河決，四十餘日漕輸不通，京城大恐，開封尹宗澤命求道治之，七日河盡復故道。建炎四年，命爲襄、鄧、隨、郢鎭撫，以奏兵食不給，待命未行。自咸寧挈家就食嘉魚，值亂兵起，迺之蒲圻，寓龍堂僧寺。未久，招撫劉忠叛，一夕數千人麇至，驅求道家還嘉魚。至茗山逆旅，具酒食奉求道爲主，將南走湖湘。求道正色厲辭，賊怒，殺求道妻蔡及二子符、侄，必欲從己。求道罵愈厲，賊斫其口拔出舌斷之。獨符子凱竄山谷得免。賊退，始得求道屍，瘞于興陂。

校勘記

〔一〕丹稜　原作「丹陵」，據晁公遡嵩山居士集卷五二劉汲傳、繫年要錄卷二及本書卷八九地理志改。

〔二〕今乃倚將軍爲重　「乃」，汪藻浮溪集卷二〇郭永傳作「方」，疑以作「方」爲是。

〔三〕還河東提點刑獄　浮溪集卷二〇郭永傳、繫年要錄卷一八都作「河北東路提點刑獄」。

〔四〕俘東平濟南人　「人」字原脫，據浮溪集卷二〇郭永傳、繫年要錄卷一八補。

〔五〕千秋鎭　「鎭」原作「府」，據繫年要錄卷三、北盟會編卷八五引編年改。



中華書局

# 宋史卷四百四十九

## 列傳第二百八

### 忠義四



崔縱字元矩，撫州臨川人。登政和五年進士第。歷確山主簿、仙居丞，累遷承議郎、幹辦審計司。二帝北行，高宗將遣使通問，廷臣以前使者相繼受縶，莫肯往。縱毅然請行，乃授朝請大夫、右文殿修撰、試工部尚書以行。比至，首以大義責金人，請還二帝，又三遺之





書。金人怒，徙之窮荒，縱不少屈。久之，金人許南使自陳而聽其還，縱以王事未畢不忍言。又以官爵誘之，縱以恚恨成疾，竟握節以死。洪皓、張邵還，遂歸縱之骨。詔以兄子延年爲後。

吳安國字鎭卿，處州人。太學進士，累官遷考功郎官。以太常少卿使金，値金人渝盟，拘留脅服之，安國毅然正色曰：「我首可得，我節不可奪，惟知竭誠死王事，王命烏敢辱？」金人不敢犯，遣還。後知袁州，卒。

林沖之字和叔，興化軍莆田人。元符三年進士，歷御史臺檢法官、大宗正丞，都官、金部郎，滯省寺者十年。出守臨江、南康。

靖康初，召爲主客郎中。金人再來侵，詔副中書侍郎陳過庭使金，同被拘執。初猶給乳酪，迨宇文虛中受其命，金人亦以是邀之，沖之奮厲見詞色，金人怒，徙之奉聖州。旣二年，過庭卒，金人逼沖之仕僞齊，不屈；徙上京，又不屈；置顯州極北沍寒之地，幽佛寺十餘年。漸便飲茹，以義命自安，毿髮還黑。病亟，語同難者曰：「某年七十二，持忠入地無恨，所恨者國讎未復耳。」南向一慟而絕。僧瘞之寺隅。洪皓還朝以聞，詔與二子官。子郁，從子震、霆。

郁字孁休，宣和三年進士，再調福建茶司幹官。建州勤王卒自京師還，求卸甲錢，郡守逃匿，卒鼓譟取庫兵爲亂，殺轉運使毛奎、轉運判官曾仔、主管文字沈昇。郁聞變急入諭卒，遇害。事聞，詔各與一子官。

震字時專，崇寧元年進士，仕至祕書少監。以不附二蔡有聲崇寧、大觀間。

霆字時隱，政和五年進士，勅令所删定官。詆紹興和議，謂不宜置二帝萬里外不通問，卽挂冠出都門，權臣大恚怒，亦廢放以死，莆人稱爲「忠義林氏」。寶慶三年，卽其所居立祠。寶祐中，又給田百畝，使備祭享以勸忠義云。

滕茂實字秀穎，杭州臨安人。政和八年進士。靖康元年，以工部員外郎假工部侍郎，





副路允迪出使，爲金人所留。時茂實兄絢通判代州，已先降金。粘罕素聞茂實名，乃遷之代州，又自京師取其弟華實同居，以慰其意。

欽宗自離都城，舊臣無敢候問起居者。茂實聞欽宗將至，卽自爲哀詞，且篆「宋工部侍郎滕茂實墓」九字，取奉使黃幡裹之，以授其友人朔寧府司理董詵。欽宗及郊，茂實具冠幘迎謁，拜伏號泣。金人諭之曰：「國破主遷，所以留公，蓋將大用。」迫令易服，茂實力拒不從，見者墮淚。茂實請從舊主俱行，金人不許，憂憤成疾，卒雲中。詵拔歸，錄所爲哀詞言於張浚，浚以詵爲陝西轉運判官，上其事。紹興二年，贈龍圖閣直學士，官其家三人。

魏行可，建州建安人。建炎二年，以太學生應募奉使，補右奉議郎，假朝奉大夫、尙書禮部侍郎，充河北金人軍前通問使，仍命兼河北、京畿撫諭使。時河北紅巾賊甚衆，行可始懼爲所攻，旣而見使旌，皆引去。行可渡河見金人于澶淵，金人知其布衣借官，待之甚薄，因留不遣。行可嘗貽書金人，譬以「不戢自焚」之禍：「大國舉中原與劉豫，劉氏何德？趙氏何罪？若亟以還趙氏，賢於奉劉氏萬萬也。」

紹興六年，卒。十三年，張邵來歸，言行可執節沒於王事，行可父通直郎伯能亦愬于朝，

遂贈朝奉郎、祕閣修撰，先已官其二子一弟，至是，復官其一孫。

行可之使也，吳人郭元邁以上舍應募，補右武大夫、和州團練使爲之副〔一〕，不肯髡髮換官，亦卒于北焉。

閻進，隸宣武。建炎初，遣使通問，進從行。既至雲中府，金人拘留使者散處之，進亡去。追還，留守高慶裔問：「何爲亡？」進曰：「思大宋爾。」又問：「郎主待汝有恩，汝亡何故？」進曰：「錦衣玉食亦不戀也。」慶裔義而釋之。凡三亡乃見殺。臨刑，進謂行刑者：「吾南向受刃，南則我皇帝行在也。」行刑者曳其臂令面北，進踊身直起，盤旋數四，卒南鄉就死。

進武校尉朱勣亦從之，分在粘罕所。勣見粘罕數日，遽求妻室。粘罕喜，令擇所虜內人妻之，勣取最醜者，人莫諭其意。不半月亡去，追之還，粘罕大怒，勣含笑死梃下。蓋勣求妻者，所以固粘罕也。





趙師檟以罪拘管西外宗正司，福建提刑王夢龍以智勇可用，屬製軍器。會寇逼尤溪，令師檟統卒數百往戍。既行，大書于旗曰：「不與賊俱生。」人皆壯之。賊兵至，師檟迎敵于林嶺，身爲先鋒。戰十餘合，賊至益衆，師檟所乘馬適陷田中，賊斷其左臂，師檟以右手拔背刀斬七級。力盡，部曲欲引遁，師檟仰天大呼曰：「師檟報國死於此矣。」遂沒焉。尤溪之民爲之立廟戰處。樞密王埜請加褒贈，乃贈武節郎，與一子恩澤。

易青者，爲都督行府摧鋒軍效用。初，廣東賊曾袞本軍士也，已受招復叛。紹興六年十月，經略使連南夫與摧鋒軍統制韓京會于惠州，督諸兵討之。京募敢死士七十三人夜劫袞營，青在行中，爲所執。賊驅至後軍趙續砦外，謂續曰：「汝大軍爲我所擒者甚衆。」青大呼曰：「勿信，所擒者我爾。」賊又言：「吾不汝殺，第令經略持黃牓來招安。」青又呼曰：「勿聽，任賊殺我，我惟以一死報國。」賊怒焚之，青死，罵不絕口。青無妻子。事聞，特贈保義郎、閤門祗候，官爲薦祭焉。

胡斌，爲殿前司將官。童德興提禁旅戍邵武，江、閩寇作，知邵武有備，未敢犯。會招捕司檄德興稟議，獨留斌將弱卒數百留城中。紹定三年閏月己卯，盜衆大至，他將士皆遁，獨斌奮身迎戰，所格殺甚衆。賊益生兵，官軍所存僅數十人，或告以衆寡不敵，盍避之！斌曰：「郡民死者以萬計，賴生者數千人由東門而出，我不綴其勢，使得脫走，則賊躡其後，無噍類矣。」遂巷戰，大呼曰：「我死救百姓。」兵盡矢窮，卒遇害，其屍僵立，移時始仆。事聞，贈武節大夫，錄其後一人。樞密院編修官王埜言邵武民即斌戰地立廟，請就以「武節」爲廟額，從之。

范旺，南劍州順昌縣巡檢司軍校也。初，順昌盜俞勝〔二〕等作亂，官吏皆散，土軍陳望素樂禍，與射士張袞謀舉砦應之，旺叱之曰：「吾等父母妻子皆受國家廩食以活，今力不能討，反更助爲虐，是無天地也。」凶黨忿，刳其目而殺之。

一子曰佛勝，年二十，以勇聞，賊詐以父命召之，至則俱死。其妻馬氏聞之，行且哭，賊脅汙之，不從，節解之。





賊既平，旺死迹在地，隱隱不沒，邑人驚異，爲設像城隍廟，歲時祭享。紹興六年，轉運使以狀聞，詔贈承信郎，更立祠，號忠節。二十八年，復詔立愍節廟以祠之。

馬俊或曰進，太平州慈湖砦兵也。紹興二年，砦軍陸德、周青、張順等據州叛，青爲謀主，約翌日盡驅城中少壯，而屠其老弱，然後擁衆渡江。俊隸青左右，得其謀，陰結其徒十人殺賊，然後諭衆開門，其徒許之。俊歸語其妻孫氏，與之訣，至南門，伺青出上馬，斫中頰，九人懼不敢前。俊與妻子皆遇害〔三〕。青被傷臥旬日，賊黨散，官軍至，德、青遂伏誅。三年，贈俊修武郎，爲立祠，號登勇。

楊震仲字革父，成都府人。蚤負氣節，雅有志當世。登淳熙二年進士第。知閬州新井縣，以惠政聞。

辟興元府通判，權大安軍。吳曦叛，素聞震仲名，馳檄招之，震仲辭疾不行。時軍教授史次秦亦被檄，謀於震仲，震仲曰：「大安自武興而來，爲西蜀第一州，若首從其招，則諸郡風靡矣。顧力不能拒，義死之。教授非城郭臣，且有母在，未可死，脫去爲宜。」因屬次秦曰：「吾死，以匹絹纏身，斂以小棺足矣。」曦遣興州都統司機宜郭鵬飛代震仲，趣其行益急。鵬飛責震仲，終飲不見顏色。歸舍，然燭獨坐，夜漏至三鼓，呼左右索湯，比至，震仲飲毒死矣。次秦如其言，斂而置于蕭寺，闔郡爲之流涕。

震仲之未死，先遺家人書曰：「武興之事，從之則失節，何面目在世間？不從禍立見。我死，禍止一身，不及妻子矣。人孰無死，死而有子能自立，卽不死。」自震仲死，蜀之義士感慨奮發，始有協謀誅逆者。明年，曦伏誅，蜀帥安丙、楊輔以聞，贈朝奉大夫、直寶謨閣，官二子，表其里曰義榮。吳獵宣諭西蜀，爲之請廟與謚，名其廟旌忠，謚曰節毅。

史次秦，眉山人。及進士第。

吳曦叛，招次秦甚遽，次秦遷延固避，僞知大安軍郭鵬飛迫之行，乃以石灰桐油塗兩目，末生附子傅之，比至目益腫。次秦母年高而賢，聞次秦爲曦所招，卽命家人以疾篤馳報，且曰：「恐病不足取信，以計聞可也。」曦乃聽還。曦誅，蜀帥上其事，改秩爲利路主管文字，仕至合州太守。



有郭靖者，高橋土豪巡檢也。吳曦叛，四州之民不願臣金，棄田宅，推老稚，順嘉陵而下。過大安軍，楊震仲計口給粟，境內無餒死者。曦盡驅驚移之民使還，皆不肯行。靖時亦在遣中，至白厓關，告其弟端曰：「吾家世爲王民，自金人犯邊，吾兄弟不能以死報國，避難入關，今爲曦所逐，吾不忍棄漢衣冠，願死於此，爲趙氏鬼。」遂赴江而死。

高稼字南叔，邛州蒲江人。眞德秀一見以國士期之。嘉定七年進士。調成都尉，轉九隴丞。丁內艱，免喪，辟潼川府路都鈐轄司幹辦公事。制置使崔與之聞其名，改辟本司幹辦公事。

稼持論不阿，憂世甚切，及鄭損爲制置使，卽求去。朝廷以稼贊閫有勞，未幾，改知綿谷縣。制置司以總領所擅十一州會子之利，請盡廢之，此蓋紹興、隆興之間得旨爲之者。令下，民疑，爲之罷市。稼亟出私錢以給中下戶。稼弟定子時爲總領所主管文字，相與徵其謀而力救之，得存其半，公私僅濟。歲大饑，有司置弗聞，稼捐橐中裝，市粟以食之，全活甚衆。損之入蜀也，稼同產弟了翁誦言于朝，謂必敗事。損銜之，遂劾稼罷。

寶慶三年，元兵至武階，損棄沔而遁。桂如淵鎭蜀，辟通判沔州，尋檄兼幕職。稼首言：「蜀以三關爲門戶，五州爲藩籬，自前帥棄五州，民無固志，一旦敵至，又有因糧之利，或遂留不去。今亟當申理，俾緩急有所保聚。」如淵然之，乃創山砦八十有四，且募義兵五千人，與民約曰：「敵至則官軍守原堡，民丁保山砦，義兵爲遊擊，庶其前靡所掠，後弗容久。」

北兵由東道以入，如淵憂之，辟稼知洋州。稼日夜爲守禦計，以洋居平地，無一卒以守，議移金州帥司軍千人駐洋州，而自任其餉給。李心傳爲言諸朝，不報。及鳳州破，制置司始從稼請，調金州兵赴之，而兵不時至。漢中陷，梁、洋之民數十萬盡趨安康。稼乃移屯黃金渡，收散卒，招忠義，以制置司之命，致故將陳昱於安康，委以收復之任。昱部分諸軍，召靑座、華陽諸關守將，皆以兵來會，凡得三千人，稼竭洋之帑廩贍之。以州事付通判，而自假節制軍馬，督諸將繼進。沔州破，北兵迫大安，益昌大震，稼亟命趨沔，自至西縣援之。

如淵以便宜命稼利路提刑司兼權興元府，制置司檄其守米倉，稼移書曰：「今日之事如弈棋，所校者先後爾。苟以分水、三泉、米倉爲可保，敵兵若自宕昌、淸川以入，將孰禦之？盍以興、沔、利三戎司分駐鳳州，俾制司已招之忠義、關表復讎之豪傑，聯司以進，兵氣奮矣。」如淵遲疑不決。逮天水、同慶被屠，西和圍益急，始會軍民之衆萬人援之，道梗不得前，而城已破矣。俄報砦窠、七方之師皆潰，稼率遺民駐廉水縣，召集保甲，分布間道，以保巴山。當是時，文臣之在軍中者惟稼一人。

如淵既罷，李壆代之，以稼久勞，請改畀內郡，差知榮州。殿中侍御史汪剛中，如淵黨



也，欲使稼分其罪，乃謂蜀之敗實由稼，遽罷之，又削二官。李心傳見上，訟稼無罪，不當罷。

宣撫使黃伯固辟稼知閬州。未幾，伯固去官，制置使趙彥呐以參議官辟之。制置司近漢中，稼言漢中蕩無藩籬，宜經理仙人原以爲緩急視師之地。彥呐以委稼，稼至原，繕營壘，峙芻糧，比器甲，開泉源，守禦之規，罔不備具。會召還，彥呐密奏留稼，以直祕閣知沔州、利州提點刑獄兼參議官。始至，告于神曰：「郡當兵難之後，生聚撫摩，所當盡力，去之日，誓垂橐以入劍門。」乃葺理創殘，招集流散，民皆繈負來歸。

北兵入西和，薄階州，稼贊彥呐登原督戰。知天水軍曹友聞等兵大戰。進稼三官，爲朝請大夫兼關外四州安撫司公事，措置西路屯田。稼嘗代彥呐論蜀事利害，上嘉覽之。

北兵自鳳州入，東軍不能禦，遂擣河池，至西池谷，距沔九十里。吏民率逃，議欲退保大安。稼白彥呐曰：「今日之事，有進無退，能進據險地，以身捍蜀，敵有後顧，必不深入；若倉皇召兵，退守內地，敵長驅而前，蜀事去矣。」彥呐曰：「吾志也。」已而竟行，留稼守沔。

北兵自白水關入六股株，距沔六十里。沔無城，依山爲阻，稼升高鼓譟，盛旗鼓爲疑兵。彥呐至罝口，轄帳前總管和彥威，以軍還沔，召小將楊俊、何璘悉以兵會，又調總管王宣精兵千人益之。璘軍無紀律，稼捕其縱火者三人，誅之。未幾，北兵大至，璘遁，其衆皆

潰，遂下沔州。

先是，友聞戍七方，知沔不可守，勸稼移保山砦，而自將所部助之。稼曰：「七方要地，不可棄，吾郡將也，城亦不可棄。卽事不濟，有死而已。」先二日，子斯復侍，以時危任重爲憂，稼舉田承君「五日不汗」之言語之，且曰：「吾得死所，何憾！」又以書告李心傳曰：「稼必堅守沔，無沔則無蜀矣。自謂此舉可以無負知己。」及事迫，參議楊約勸稼姑保大安，稼厲聲曰：「我以監司守城郭，爾以幕客往來應援，各行其志。」常平司屬官馮元章率吏士力請稼少避，稼不爲動。城既陷，衆擁稼出戶，稼叱之不能止，兵騎四集圍之，遂死焉。詔進稼七官，爲正議大夫、龍圖閣直學士，謚曰忠。後以子斯得執政，累贈太師。

稼爲人慷慨有大志，聞人有善，稱之不容口；不善，面折無所避。推轂人士，常恐不及，視財如糞土。死之日，聞者莫不於邑流涕。所著有縮齋類藁三十卷。斯得自有傳。

曹友聞字允叔，同慶栗亭人。武惠王彬十二世孫也。少有大志，與仲弟友諒不遠千里尋師取友。登寶慶二年進士。授緜竹尉，改辟天水軍教授。城已被圍，友聞單騎夜入，與守臣張維糾民厲戰。兵退，制置使製大旗，書「滿身膽」以



旌之。已而兵復至，友聞罄家財招集忠義，得健士五千人。制置使李𡌴檄管忠義，領所部守仙人關，且行且戰，至峽口據險。前軍統制屈信率所部突陣，還所掠四州人畜。至秦塡，遣左軍統制杜午迎擊，力不能敵。友聞令諸軍乘高據險，身冒矢石，爲士卒先。信與統制張安國領兵出戰。兵退，制置使檄捍七方關。

北兵東破武休關，已而破七方，遂入沔州金牛，至大安，又分兵自嘉陵江木皮口突出何進軍後，進戰敗死之，遂長驅入劍門。友聞與弟萬各率所部，取間道過氈帽山，至青萬塡，戰于白水江中流。兵退，制置司檄駐閬州。叛將魯珍爲陳隘之所斬，珍部曲肆焚劫，友聞討斬其將郭虎、藺廣、楊仲等，餘黨散去。檄知天水軍。

北兵入鳳州，略河池，抵同慶，友聞密遣統制王漢臣、統領張祥，授以方略出戰。兵至城下，友聞部分諸將各守一門，偃旗伏鼓，戒士卒，俟漸近，鳴鼓張旗，矢石並發。又命漢臣等取間道出戰，自提重兵尾敵後，大戰有功。端平初，友聞遣萬與忠義總管時當可分兵碎石頭、青萬谷，前後大戰數合。制置使上其功，特授承務郎，權發遣天水軍。

北兵又自西和至階州，友聞曰：「階雖非吾境，豈可坐視而不救。」遂引兵與諸軍會。命前軍統制全貴領所部爲先鋒，統制夏用出其左，張威出其右，總管陳庚及萬、友諒往來督戰。有功，制置使趙彥呐俾節制利帥司軍馬，任責措置邊面，換武翼大夫、閤門宣贊舍人，



差權利州駐箚御前諸軍都統制，駐箚石門，控扼七方關。

明年，北兵破武休關，入沔陽，利路提刑高稼死之。制置使進屯青野原，被圍，友聞曰：「青野爲蜀咽喉，不可緩。」遣萬領兵自冷水口度嘉陵江至六股株，屢戰有功。夜銜枚由間道直趨青野原，制置使奇萬之勇，令督諸軍戰守。兵退，友聞引精兵亦趨至原下，夜半鏖戰，圍遂得解。特授武德大夫、左驍騎大將軍，依舊利州駐箚御前諸軍統制。

北兵破沔州，擣大安，友聞遣摧鋒軍統制王資、踏白軍統制白再興速趨雞冠隘，左軍統制王進據陽平關，友聞登溪嶺，手執五方旗，指麾甫畢，兵數萬突至陽平關，遂遣進及遊奕部將王剛出戰，又親帥帳兵及背嵬軍突出陣前，左右馳射。兵退，友聞謂忠義總管陳庚及當可曰：「敵必旋兵攻雞冠隘，宜急援之。」既而果以步騎萬餘攻隘，庚以騎兵五百直前決戰，當可將步兵左右翼並進，王資、白再興又自隘出戰，蹀血十餘里，兵乃解去。特授友聞眉州防禦使，依舊左驍衞大將軍、利州駐箚御前諸軍統制，兼沔州駐箚，兼管關外四州安撫，權知沔州，節制本府屯戍軍馬。弟萬差知同慶府、四川制置司帳前總管，仍舊總管忠義軍馬，節制屯戍軍馬，董仙駐箚，專與沔、利兩司同共任責措置邊面。

明年，友聞引兵扼仙人關，諜聞北兵合西夏、女眞、回回、吐蕃、渤海軍五十餘萬大至，友聞語萬曰：「國家安危，在此一舉，衆寡不敵，豈容浪戰。惟當乘高據險，出奇匿伏以待



之。」北兵先攻武休關，敗都統李顯忠軍，遂入興元，欲衝大安。制置使趙彥呐檄友聞控制大安以保蜀口。友聞馳書彥呐曰：「沔陽，蜀之險要，吾重兵在此，敵有後顧之憂，必不能越沔陽而入蜀。又有曹萬、王宣首尾應援，可保必捷。大安地勢平壙，無險可守，正敵騎所長，步兵所短，況衆寡不敵，豈可於平地控禦。」彥呐不以爲然，一日持小紅牌來速者七。友聞議爲以寡擊衆，非乘夜出奇內外夾擊不可。乃遣萬、友諒引兵上雞冠隘，多張旗幟，示敵堅守。友聞選精銳萬人夜渡江，密往流溪設伏。約曰：「敵至，內以鳴鼓舉火爲應，外呼殺聲。」北兵果至，萬出逆戰，敵將八都魯擁萬餘衆，達海帥千人往來搏戰，矢石如雨。萬身被數創，令諸軍舉幾。友聞遣選鋒軍統制楊大全、遊奕軍統制馮大用引本部出東柰園，擊敵後隊；敢勇軍總管夏用、知西和州神勁軍總管趙興帥所部出水嶺，擊敵中隊；知天水軍安邊軍總管呂嗣德、陳庚率所部出龍泉頭，擊敵前隊。友聞親帥精兵三千人，疾馳至隘下，先遣保捷軍統領劉虎帥敢死士五百人衝前軍，前軍不動，大兵伏三百騎道旁，虎衆銜枚突戰。會大風雨，諸將請曰：「雨不止，淖濘深沒足，宜俟少霽。」友聞斥曰：「敵知我伏兵在此，緩必失機。」遂擁兵齊進。友聞入龍尾頭，萬聞之，五鼓出隘口，與友聞會。內外兩軍皆殊死戰，血流二十里。西軍素以緜裘代鐵甲，經雨濡濕，不利步鬥。黎明，大兵益增，迺以鐵騎四面圍繞，友聞歎曰：「此殆天乎！吾有死而已。」於是極口詬罵，殺所乘馬以示必死。血戰愈

厲，與弟萬俱死，軍盡沒，北兵遂長驅入蜀。

秦鞏人汪世顯素服友聞威望，嘗以名馬遺友聞，還師過戰地，歎曰：「蜀將軍眞男兒漢也。」盛禮祭之。事聞，特贈龍圖閣學士、大中大夫，賜廟褒忠，謚曰毅節〔四〕，官其二子承務郎，堉迪功郎。萬特贈武翼大夫，二子成忠郎。

陳寅，寶謨閣待制咸之子。漕司兩貢進士，以父恩補官，歷官州縣。紹定初，知西和州。西和極邊重地，寅以書生義不辭難。北兵入境，屬都統何進出守大安，獨統制官王銳與忠義千人城守而已。寅誓與其民共守此土。居民始以進留家城中，恃以爲固，已而進徙它郡，遂無固志。寅獨留其二子幷闔門二十八口，曰：「人各顧其家，將誰共守。」迺散資財以結忠義，爲必守之計。

北兵十萬攻城東南門，以降者爲先驅，寅草檄文喻之，自執旗鼓，激厲將士，迎敵力戰，矢石如雨。師退，詰旦，增兵復來，寅帥忠義民兵與敢死士力戰，晝夜數十合，兵退。制置司以寅功徧告列郡。北兵伐木爲攻具，增兵至數十萬，圍州城。進素與寅不協，寅有功，尤爲諸將所忌。至是求援甚急，久之，制置司才遣劉銳及忠義人陳瑀等往救，率皆觀望不進，



銳甫進七方關，瑀未及仇池，皆以路梗告。寅率民兵晝夜苦戰，援兵不至，城遂陷。

寅顧其妻杜氏曰：「若速自爲計。」杜厲聲曰：「安有生同君祿，死不共王事者？」即登高堡自飲藥。二子及婦俱死母傍。寅斂而焚之，乃朝服登戰樓，望闕焚香，號泣曰：「臣始謀守此城，爲蜀藩籬，城之不存，臣死分也。臣不負國！臣不負國！」再拜伏劍而死。賓客同死者二十有八人。一子後至，亦欲自裁，軍士抱持之曰：「不可使忠臣無後。」與俱縋城，亦折足死。制置司以聞，詔特贈朝議大夫、右文殿修撰，賜錢三千緡，即其所居鄉、所守州立廟。久之，加贈華文閣待制，謚襄節。

賈子坤字伯厚，潼川懷安軍人。嘉定十三年進士。爲西和推官，攝通判。關外被兵，子坤與郡守陳寅誓死城守。城陷，子坤朝服與其家十二口死之。追贈承議郎，封其父崧承務郎，官其子仲武宣教郎、隆州簽判，改奉議郎、果州通判，卒。

仲武子昌忠、純孝，同登咸淳七年進士第。純孝揚州教授，受知帥李庭芝，調江、淮總幕。北兵下江南，二王在福州，以史館檢閱召，辭。會丞相文天祥辟佐其幕，尋授祕書丞，擢吏部郎中。丁母憂，起復爲右司，轉朝散郎。厓山師敗，純孝抱二女偕妻牟同蹈海死。



劉銳，知文州。嘉熙元年，北兵來攻，銳與通判趙汝曏乘城固守，率軍民七千餘人晝夜搏戰，殺傷甚多。拒守兩月餘，援兵不至，城中無水，取汲于江。會陳昱以去歲失守沔，編置此州，夜踰城出降，獻女大將，告以虛實，敵遂增兵攻城甚急，一夕移江流於數里外。銳度不免，集其家人，盡飲以藥，皆死，乃聚其屍及公私金帛、告命焚之。家素有禮法，幼子同哥才六歲，飲以藥，猶下拜受之，左右爲之感慟。

汝曏宣城人，善射。城破被執，先斷其兩臂，而後臠殺之。銳及其二子自刎死，軍民死者數萬人。

蹇彝，潼川通泉人。嘉定二年進士。累官通判金州。端平三年，北兵攻蜀，彝堅守，戰不能敵，被擒，不屈而死。

其子永叔復力戰，城破，舉家死焉。弟維之，紹定五年進士。利州都統王宣辟行參軍事，亦迎敵力戰而死，特官其子。

何充，漢州德陽人。祕書監耕之孫。通判黎州，攝州事，預爲備禦計。及宋能之至，建議急於邛崍創大小兩關倉及砦屋百間，親督程役。俄關破，充自刺不死，大軍帥呼之語，許



以不殺。充曰：「吾三世食趙氏祿，爲趙氏死不憾。」帥設帟幄環坐諸將，而虛其賓席，呼充曰：「汝能降，即坐此。」充踞坐地求死，遂罷。它日又呼之，欲辮其髮而髡其頂。曰：「可殺不可髡。」又使署招民榜，充曰：「吾監州也，可聚吾民使殺之耶？即一家有死而已，榜必不可署。」大將遺以酒茗羊牛肉，皆卻之。自是水飲絕不入口。敵知其不可強，將剮之，大將曰：「此南家好漢也，使之即死。」於是斬其首。

充妻陳罵不絕口。初，充之見呼也，陳必以一家往。帥曰：「不呼汝，何以來？」陳曰：「吾求死爾。」及充死，東望再拜曰：「臣夫婦雖死，可以對趙氏無愧矣。」衆以石擊殺之。

方充夫婦之嬰禍也，親戚勸其苟免，充正色曰：「我夫婦與兒婦義同死，汝等自求生可也。」於是上下感泣，願同死者四十餘人。男士麟、孫駒行、從子仲桂先充而死，惟長子士龍得免。

許彪孫，顯謨閣學士奕之子也。爲四川制置司參謀官。景定二年，劉整叛，召彪孫草降文，以潼川一道爲獻。彪孫辭使者曰：「此腕可斷，此筆不可書也。」即閉門與家人俱仰藥死。

壁既降，遂引兵襲都統張桂營，桂及統制金文德戰死。納溪曹贛闔門死之。景定四年，瀘州都統胡世全護糧運至虎象山，遇敵兵戰敗死。咸淳二年，北兵取開州，守將龐彥海死之。德祐元年，瀘守梅應春殺判官李丁孫，推官唐奎瑞以城降，珍州守將江彥清巷戰死之。

陳隆之，不知所仕履。爲四川制置使。淳祐元年十一月，成都被圍，守彌旬，弗下，部將田世顯乘夜開門，北兵突入，隆之舉家數百口皆死。檻送隆之至漢州，命諭漢州守臣王夔降，隆之呼夔語之曰：「大丈夫死爾，毋降也。」遂見殺。後五年，提刑袁簡之上其事，特贈徽猷閣待制，合得恩澤外，特與兩子恩澤，賜諡立廟。

又有史季儉者，威州棋城主簿也。成都之陷，子良震與壻楊城夫爭相爲死，各特贈兩官，與一子下州文學。

王翊字公輔，郫縣人。寶慶元年進士。吳曦嘗招之入幕，及曦以蜀叛，抗節不拜，爲陳大義。曦怒，囚翊，欲烹之，曦誅而免。

嘉熙元年，制置使丁黼辟爲參議官，先遣其家歸鄉里，爲文訣先墓，誓以身死報國。及北兵至，帳前提舉官成駒先走，黼倉卒迎敵，敗死。翊與司理王璨、運司幹官李日宣等募兵拒守。兵入公署，見翊朝服危坐，問爲何人，曰：「小官食天子之祿，臨難不能救，死有餘罪，可速殺我。」又問何以不走，曰：「願與此城俱亡。」北兵相謂曰：「忠臣也。」戒勿殺。敵縱火大掠，翊以朝服赴井死。兵後，其家出其屍井中，衣冠儼如也。轉運副使蒲東卯死之。

兵屠漢州，權州事劉當可、判官邵復、錄事參軍羅由、司戶參軍趙崇啓、知雒縣羅君文皆不屈而死。復，雍六世孫也。入眉州，知丹稜縣(五)馮仲燁死之。取簡州，簡守李大全死之。邛守趙晨親率雅州牌手出戰，力盡而死。

文州守劉銳，通判趙汝曏相誓死守，更迭出戰，被圍旬有五日，汲道絕，兵民水不入口者半月，至吮妻子之血，卒無叛志。城垂陷，汝曏猶提雙刃入陣，中十六矢，被執以死。銳先殺其妻，父子三人登文王臺自刎死。師至遂寧，民兵趙朋拒戰，左臂已斷，而戰不休。

至重慶，進士胡天啓負母而逃，兵欲殺其母，天啓妻張哀號願以身代，不聽，卒殺之。天啓與其妻呼天大罵，大將奇天啓貌，欲活之，謂之曰：「汝從我，當共富貴。」天啓愈奮罵，





於是夫婦同死。事聞，翊、汝曏皆立廟賜諡，餘褒恤有差。

寶祐六年，北兵拔吉平隘，守將楊禮、周德榮死之。拔長寧，守將王佐父子俱死。至閬州，推官趙廣死之。至蓬州，轉運使施擇善死之。至順慶，帥守段元鑑城守，麾下劉淵殺之以降。

李誠之字茂欽，婺州東陽人。受學呂祖謙。鄉舉第一，後入太學，舍選亦第一。慶元初，釋褐爲饒州教授。丁父母憂，廬墓終喪。幹辦福建安撫司公事，遷刑、工部架閣，擢國子學錄，以言罷。

起爲江西轉運司幹辦。使稱提會子，第其物力高下輸錢以斂之，誠之以爲擾。使者不悅曰：「商君之令，猶能必行，今乃齟齬如此。」誠之愀然曰：「使君儒者，而欲效商君之所爲乎？」遂辭去。使者遜謝，罷令而後止。

改通判常州，知郢州。知金人必敗盟，大修邊防戰攻守禦之具。移知蘄州。蘄自南渡以來，未嘗被兵，誠之曰：「備禦無素，長驅而來，將若之何？」相視城壁而增益之，備樓櫓，築羊馬牆(六)，教閱廂禁民兵，激之以賞，積粟四萬。先是，酒庫月解錢四百五十千以獻守，誠之一無所受，寄諸公帑，以助兵食。

嘉定十四年二月，金人犯淮南，時誠之已逾滿，代者不至，欲先遣其孥歸，聞難作而止。喟然謂其僚曰：「吾以書生再任邊壘，行年七十，抑又何求，獨欠一死爾。當與同僚戮力以守，不濟則以死繼之。」乃選丁壯分布城守，募死士迎擊，遇于橫槎橋，大破之。居數日，金人擁衆臨沙河，欲渡，又破之。明日，金兵大至，決隍水，焚戰樓，又拒退之。明日，金移兵要衝，爲必渡計，蘄兵直前奮擊，殺其酋帥。金人雖屢挫，然謀益巧，攻益力，未幾，傅城下，圍之數重，遂燔木柵。誠之出兵禦之，又殺其將卒數十人，奪所佩印。三月朔，金人攻西門，射卻之。俄造望樓以窺城，誠之爲疑兵以示之。又使持書來脅降，誠之戮之，而還其書。越二日，金人以攻具進，誠之設械禦之，夜出擣其營。料敵應變若熟知兵者，金人卒不得志。

會黃州失守，併兵爲一，凡十餘萬。池陽、合肥援兵敗走，朝命馮榯援二郡，榯至境，遷延不進。誠之激厲將士，勉以忠義。城陷，率兵巷戰，殺傷相當。子士允力戰死，誠之引劍將自刎，呼其孥曰：「城已破，汝等宜速死，無辱！」妻許及婦若孫皆赴水死。事聞，贈朝散大夫、祕閣修撰，封正節侯，立廟于蘄，賜名褒忠，賻銀絹二百，仍賜爵迪功郎者三，贈其妻令人，士允通直郎，子婦及孫女之沒於難者皆贈安人。從誠之之死者，通判州事秦鉅、



中華書局

秦鉅字子野，丞相檜曾孫。通判蘄州。金人犯境，與郡守李誠之協力捍禦。求援於武昌、安慶，月餘，兵不至。策應兵徐揮、常用等棄城遁。城破，鉅與誠之各以自隨之兵巷戰，死傷略盡。鉅歸署，疾呼吏人劉迪，令火諸倉庫，乃赴一室自焚。有老卒見煙焰中著白戰袍者，識其鉅也，冒火挽出之。鉅叱曰：「我爲國死，汝輩可自求生。」掣衣就焚而死。次子浚先往四祖山，兵至亟還，與弟瀠從父偕死。特贈鉅五官、秘閣修撰，封義烈侯，與誠之皆立廟蘄州，賜額褒忠，贈浚、瀠通直郎，賻以銀絹各二百。

州學教授阮希甫贈通直郎，防禦判官趙汝標、蘄春主簿甯時鳳、錄事參軍兼司戶杜諤俱贈承務郎，監蘄州都大監轄蘄口鎮倉庫嚴剛中贈承事郎。

時統制官孫中，小將江士旺、陳興、曹全、丘卞，軍士李斌等皆鬥死。司理參軍趙與裕〔七〕先率民兵百餘人奪關出外求援，僅以身免，而全家十六人皆沒。淳祐十二年，特封鉅義烈顯節侯。黃州之陷，守臣何大節亦投江死焉。

## 校勘記

〔一〕補右武大夫和州團練使爲之副　按繫年要錄卷一八，建炎二年，魏行可使金，「右武大夫、果





州團練使郭元邁副之」；同書卷一〇七，紹興六年，「行可卒，未幾，其副右武大夫果州團練使郭元邁亦卒於金中」。此處「和州」當是「果州」之誤。

〔二〕俞勝　中興聖政卷九、繫年要錄卷四一作「佘勝」。

〔三〕俊與妻子皆遇害　「俊」原作「後」，據繫年要錄卷五三改。

〔四〕謚曰毅節　「毅」字原脫，據本書卷四二理宗紀、宋會要禮五八之九二補。

〔五〕丹稜縣　「稜」原作「陵」。按本書卷八九地理志，眉州有丹稜縣，無「丹陵縣」；萬斯同宋季忠義錄卷四本傳作「丹稜縣」，據改。

〔六〕羊馬牆　原作「軍馬牆」，袁燮絜齋集卷一八李誠之墓誌銘作「羊馬牆」。按曾公亮武經總要前集卷一二有羊馬城，爲守城設施之一，作「羊馬牆」是，據改

〔七〕趙與裕　按四庫全書總目提要卷五二趙與𥲅辛巳泣蘄錄提要云：「按與𥲅，宋史李誠之傳作與裕，蓋𥲅轉爲䇾，因譌爲裕。」據此，「裕」當爲「𥲅」字之訛。

# 宋史卷四百五十

## 列傳第二百九

### 忠義五

陳元桂　張順 張貴　范天順　牛富　邊居誼　陳炤 王安節

尹玉　李芾　尹穀 楊霆　趙卯發　唐震　趙與檡 趙孟錦　趙淮

陳元桂，撫州人。淳祐四年進士。累官知臨江軍。時聞警報，築城備禦，以焦心勞思致疾。開慶元年春，北兵至臨江，時制置使徐敏子在隆興，頓兵不進。元桂力疾登城，坐北門亭上督戰，矢石如雨，力不能敵。吏卒勸之避去，不從。有以門廊鼓翼蔽之者，麾之使去。有欲抱而走者，元桂曰：「死不可去此。」左右走遁。師至，元桂瞠目叱罵，遂死之。縣其首於敵樓，越四日方斂，體色如生。

初，親戚有勸其移治者，元桂曰：「子亦爲浮議所搖耶？時事如此，與其死於饑饉，死於





疾病，死於盜賊，孰若死於守土之爲光明俊偉哉？」家人或請登舟，不許，且戒之曰：「守臣家屬豈可先動，以搖民心。」敏子以聞，贈寶章閣待制，賜緡錢十萬，與一子京官、一子選人恩澤，立廟北門，謚曰正節。

張順，民兵部將也。襄陽受圍五年，宋闖知其西北一水曰清泥河，源於均、房，即其地造輕舟百艘，以三舟聯爲一舫，中一舟裝載，左右舟則虛其底而掩覆之。出重賞募死士，得三千。求將，得順與張貴，俗呼順曰「矮張」〔一〕，貴曰「竹園張」，俱智勇，素爲諸將所服，俾爲都統。出令曰：「此行有死而已，汝輩或非本心，宜亟去，毋敗吾事。」人人感奮。漢水方生，發舟百艘，稍進團山下。越二日，進高頭港口，結方陳，各船置火槍、火砲、熾炭、巨斧、勁弩。夜漏下三刻，起矴出江，以紅鐙爲識。貴先登，順殿之，乘風破浪，徑犯重圍。至磨洪灘以上，北軍舟師布滿江面，無隙可入。衆乘銳凡斷鐵絙攢杙數百，轉戰百二十里，黎明抵襄城下。城中久絕援，聞救至，踴躍氣百倍。及收軍，獨失順。越數日，有浮屍溯流而上，被介冑，執弓矢，直抵浮梁，視之順也，身中四槍六箭，怒氣勃勃如生。諸軍驚以爲神，結冢斂葬，立廟祀之。

張貴既抵襄，襄帥呂文煥力留共守。貴恃其驍勇，欲還郢，乃募二士能伏水中數日不食，使持蠟書赴郢求援。北兵增守益密，水路連鎖數十里，列撒星樁，雖魚蝦不得度。二人遇樁卽鋸斷之，竟達郢，還報，許發兵五千駐龍尾洲以助夾擊。

刻日既定，乃別文煥東下，點視所部軍，洎登舟，帳前一人亡去，乃有過被撻者。貴驚曰：「吾事泄矣，亟行，彼或未及知。」復不能銜枚隱迹，乃舉砲鼓譟發舟，乘夜順流斷絙破圍冒進，衆皆辟易。既出險地，夜半天黑，至小新城，大兵邀擊，以死拒戰。沿岸束荻列炬，火光燭天如白晝。至勾林灘，漸近龍尾洲，遙望軍船旗幟紛披，貴軍喜躍，舉流星火示之，軍船見火卽前迎，及勢近欲合，則來舟皆北兵也。蓋郢兵前二日以風水驚疑，退屯三十里，而大兵得逃卒之報，據龍尾洲以逸待勞。貴戰已困，出於不意，殺傷殆盡，身被數十槍，力不支見執，卒不屈，死之。乃命降卒四人舁尸至襄，令於城下曰：「識矮張乎？此是也。」守陴者皆哭，城中喪氣。文煥斬四卒，以貴祔葬順冢，立雙廟祀之。

范天順，荆湖都統也。襄陽受圍，天順日夕守戰尤力。及呂文煥出降，天順仰天歎曰：





「生爲宋臣，死當爲宋鬼。」卽所守處縊死。贈定江軍承宣使(三)，制曰：「賀蘭擁兵，坐視睢陽之失；李陵失節，重爲隴士之羞。今有人焉，得其死所，可無褒恤，以示寵綏？范天順功烈雖卑，忠義莫奪，自均、房泛舟之役克濟于艱，而襄、樊坐甲之師益堅所守。俄州刺史爲降將軍，爾乃不屈自經，可謂見危致命。」封其妻宜人，官其二子，仍賜白金五百兩，田五百畝。

牛富，霍丘人。制置司遊擊砦兵籍。勇而知義。爲侍衞馬軍司統制，戍襄陽五年，移守樊城，累戰不爲衄，且數射書襄陽城中遺呂文煥，相與固守爲脣齒。兩城凡六年不拔，富力居多。城破，富率死士百人巷戰，死傷不可計，渴飲血水，轉戰前，遇民居燒絕街道，身被重傷，以頭觸柱赴火死。贈靜江軍節度使(四)，謚忠烈，賜廟建康。

裨將王福見富死，歎曰：「將軍死國事，吾豈宜獨生！」亦赴火死。

邊居誼，隨人也。初事李庭芝，積戰功至都統制。咸淳十年，以京湖制置帳前都統守新城。居誼善御下，得士心，凡戰守之具，治之皆有法。

大兵至沙陽，守將王大用不降，麾兵攻城，破之，執大用。呂文煥至新城，意其小壘可不攻而破，居誼率舟師拒之，文煥列沙陽所斬首招降，不從。明日，縛大用至壁下，使呼曰：「邊都統急降，不然禍卽至矣。」居誼不答。又射榜檄入壁中，居誼曰：「吾欲與呂參政語耳。」文煥聞之，以爲居誼降已也，馳馬至，伏弩亂發，中文煥者三，幷中其馬，馬仆，幾鈎得之，衆挾文煥以他馬奔走。越二日，總制黃順挾一人開東門走出降。明日，使順來招之，居誼曰：「若欲得新城邪？吾誓以死守此，何可得也。」順又呼其部曲，部曲欲縋城出，居誼悉驅以入，當門斬之。文煥乃麾兵攻城，以火具却之，旋蟻附而上，居誼乃取其家金盡散將士，往來督戰。會暮，破侵濮樓，樓火延燬民居，居誼度力不支，走還第，拔劍自殺，不殊，赴火死。丞相伯顏壯其勇，購得其屍燼中，觀之。事聞，贈利州觀察使，立廟死所。

陳炤字光伯，常州人。少工詞賦，登第，爲丹徒縣尉，歷兩淮制置司參議官、大軍倉曹、壽春府教授，復入帥幕，改知朐山縣，仍兼主管機宜文字。尋丁母憂歸。

北兵至常，常守趙與鑒走匿，郡人錢訔以城降。淮民王通居常州，陰以書約劉師勇，許





爲內應。朝議乃以姚希得子訔知常州。師勇復常州，走錢訔，執安撫戴之泰等，遂迎訔以入。訔以炤久任邊知兵，辟爲通判。或謂炤曰：「今辟難有辭矣。」炤曰：「鄉邦淪沒，何可坐視，與其偷生而苟全，不若死之愈也。」遂墨衰而出。凡可以備禦者，無不爲之。

訔入常甫十餘日，大軍攻常，訔等率義兵戰禦，自夏徂多不能下。以功加帶行提轄文思院。常將張彥攻呂城，兵敗而降，因盡言常城中虛實，遂急攻之。炤等晝夜城守，招之不下。丞相伯顏自將圍其城，炤與訔持以忠義，協力固守。再加訔太府寺丞，炤幹辦諸軍糧料院，常將士皆轉五官。城益急，常兵阻壕水爲陳，矢盡亦不降。城破，訔死之，炤猶斂兵巷戰，家人請曰：「城東北門圍未合，可走常熟入臨安也。」炤曰：「去此一步，非死所矣。」日中兵至，死焉。事上，追贈訔龍圖閣待制，希得贈太師，炤直寶章閣，並官其子。

王安節，節度使堅之子也。少從其父守合州有功，安節等兄弟五人皆受官。堅爲賈似道所忌，出知和州，鬱鬱而死。

安節至咸淳末爲東南第七副將。德祐初，似道潰師蕪湖，列城皆降，不降者亦棄城遁。時安節駐兵江陵，卽走臨安，上疏乞募兵爲捍禦，授閤門祗候、浙西添差兵馬副都監。收兵入平江，合張世傑兵戰鳳凰港，有功，轉三官。

劉師勇復常州，攻走王良臣，師勇還平江，以安節與張詹守常。已而良臣導大兵攻常，常城素惡，安節等築柵以守，相拒兩月不下。大元丞相伯顏自將攻之，屢遣使招降，亦不下。丞相怒，鏖兵破其南門，安節揮雙刀率死士巷戰，臂傷被執。有求其姓名者，安節呼曰：「我王堅子安節也。」降之不得，乃殺之。

尹玉，寧都人。以捕盜功爲贛州三砦巡檢。秩滿城居，從文天祥勤王。及天祥至平江，調玉同淮將張全、廣將朱華拒大兵，戰于伍牧，全等軍敗，以淮、廣軍先遁，曾全、胡遇、謝榮、曾玉以贛州四指揮軍亦遁，唯玉殘軍五百殊死戰。玉手殺數十人，箭集於胄如蝟毛，援絕力屈，遂被執。大軍橫四槍於其項，以梃擊之死。餘兵猶夜戰，殺人馬蔽田間，無一降者。質明，生還者四人。贈玉濠州團練使，官其二子，賜田二頃，以恤其家。

李芾字叔章，其先廣平人，中徙汴。高祖升起進士，爲吏有廉名。靖康中，金人破汴，以刃迫其父，升前捍之，與父俱死。曾祖椿徙家衡州，遂爲衡人。



芾生而聰警，少自樹立，名其齋曰無暴棄。魏了翁一見禮之，謂有祖風，易其名曰肯齋。初以蔭補南安司戶，辟祁陽尉，出振荒，即有聲。攝祁陽縣，縣大治，辟湖南安撫司幙官。時盜起永州，招之，歲餘不下。芾與參議鄧坰提千三百人破其巢，禽賊魁蔣時選父子以歸，餘黨遂平。攝湘潭縣，縣多大家，前令束手不敢犯，芾稽籍出賦，不避貴勢，賦役大均。

入朝，差知德清縣。屬浙西飢，芾置保伍振民，活數萬計。遷主管酒庫所。德清有妖人扇民爲亂，民蜂起附之，至數萬人，遣芾討之，盜聞其來，衆立散歸。除司農寺丞，歷知永州，有惠政，永人祠之。以浙東提刑知溫州。州瀕海多盜，芾至盜息，遂以前官移浙西。時浙西亦多盜，羣穴太湖中，芾跡得其出沒按捕之，盜亦駭散。作虎丘書院以祠尹焞，置學官，親爲學規以教之，學者甚盛。

咸淳元年，入知臨安府。時賈似道當國，前尹事無鉅細先關白始行，芾獨無所問。福王府有迫人死者，似道力爲營救，芾以書往復辨論，竟置諸法。嘗出閱火具，民有不爲具者，問之，曰：「似道家人也。」立杖之。似道大怒，使臺臣黃萬石誣以贓罪，罷之。

大軍取鄂州，始起爲湖南提刑。時郡縣盜擾，民多奔竄，芾令所部發民兵自衞，縣予一皂幟，令曰：「作亂者斬幟下。」民始帖然。乃號召發兵，擇壯士三千人，使土豪尹奮忠將之勤



王，別召民兵集衡爲守備。未幾，似道兵潰蕪湖，乃復芾官，知潭州兼湖南安撫使。時湖北州郡皆已歸附，其友勸芾勿行，曰：「無已，即以身行可也。」芾泣曰：「吾豈昧於謀身哉？第以世受國恩，雖廢棄中猶思所以報者，今幸用我，我以家許國矣。」時其所愛女死，一慟而行。

德祐元年七月，至潭，潭兵調且盡，游騎已入湘陰、益陽諸縣，倉卒召募不滿三千人，乃結溪峒蠻爲聲援，繕器械，峙芻糧，柵江修壁，命劉孝忠統諸軍。吳繼明自湖北至，陳義、陳元自成蜀歸，芾奏請留之戍潭，推誠任之，皆得其死力。

大元右丞阿里海牙既下江陵，分軍戍常德遏諸蠻，而以大兵入潭。芾遣其將於興帥兵禦之于湘陰，興戰死。九月，再調繼明出禦，兵不及出，而大軍已圍城。芾慷慨登陴，與諸將分地而守，民老弱亦皆出，結保伍助之，不令而集。十月，兵攻西壁，孝忠輩奮戰，芾親冒矢石以督之。城中矢盡，有故矢皆羽敗，芾命括民間羽扇，羽立具。又苦食無鹽，芾取庫中積鹽席，焚取鹽給之。有中傷者，躬自撫勞，日以忠義勉其將士。死傷相藉，人猶飲血乘城殊死戰。有來招降者，芾殺之以徇。

十二月，城圍益急，孝忠中礮，風不能起，諸將泣請曰：「事急矣，吾屬爲國死可也，如民何？」芾罵曰：「國家平時所以厚養汝者，爲今日也。汝第死守，有後言者吾先戮汝。」除夕，



大兵登城，戰少却，旋蟻附而登，衡守尹穀及其家人自焚，芾命酒酹之。因留賓佐會飲，夜傳令，猶手書「盡忠」字爲號，飲達旦，諸賓佐出，參議楊震赴園池死。芾坐熊湘閣召帳下沈忠遺之金曰：「吾力竭，分當死，吾家人亦不可辱於俘，汝盡殺之，而後殺我。」忠伏地扣頭，辭以不能，芾固命之，忠泣而諾，取酒飲其家人盡醉，乃徧刃之。芾亦引頸受刃。忠縱火焚其居，還家殺其妻子，復至火所，大慟，舉身投地，乃自刎。幕屬茶陵顏應焱〔四〕、安仁陳億孫皆死。潭民聞之，多舉家自盡，城無虛井，縊林木者累累相比。繼明等以城降，陳毅潰圍，將奔閩，中道戰死。事聞，贈端明殿大學士，謚忠節。芾初至潭，遣其子裕孫出，曰：「存汝以奉祀也。」其孫輔叔時亦親迎於溫，皆得不死。二王悉詔入閩官之。

芾爲人剛介，不畏強禦，臨事精敏，姦猾不能欺。且強力過人，自旦治事至暮無倦色，夜率至三鼓始休，五鼓復起視事。望之凜然猶神明，而好賢禮士，即之溫然，雖一藝小善亦惓惓獎薦之。平生居官廉，及擯斥，家無餘貲。

尹穀字耕叟，潭州長沙人。性剛直莊厲，初處郡學，士友皆嚴憚之。宋以詞賦取士，季年，惟閩、浙賦擅四方，穀與同郡邢天榮、董景舒、歐陽逢泰諸人爲

賦，體裁務爲典雅，每一篇出，士爭學之，由是湘賦與閩、浙頡頏。中年登進士第。調常德推官，知崇陽縣，所至廉正有聲。

丁內艱，居家教授，不改儒素。日未出，授諸生經及朱氏四書，士雖有才思而不謹飭者擯不齒。諸生隆暑必盛服，端居終日，夜滅燭始免巾幘，早作必冠而後出帷。行市中，市人見其舉動有禮，相謂曰：「是必尹先生門人也。」詰之果然。

晚入李庭芝制幕，用薦擢知衡州，需次于家。潭城受兵，帥臣李芾禮以爲參謀，共畫備禦策。時城中壯士皆入衞臨安，所餘軍僅四百五十人，老弱太半。芾糾率民丁，奬勵以義，人殊死戰，三月城不下。大軍斷絕險要，援兵不至，穀知城危，與妻子訣曰：「吾以寒儒受國恩，典方州，誼不可屈，若輩必當從吾已耳。」召弟岳秀使出，以存尹氏祀，岳秀泣而許之死。乃積薪扃戶，朝服望闕拜已，先取歷官告身焚之，卽縱火自焚。鄰家救之，火熾不可前，但於烈焰中遙見穀正冠端笏危坐，闔門無少長皆死焉。芾聞之，命酒酹穀曰：「尹務實，男子也，先我就義矣。」務實，穀號也。

初，潭士以居學肄業爲重，州學生月試積分高等，升湘西嶽麓書院生，又積分高等，升嶽麓精舍生，潭人號爲「三學生」。兵興時，三學生聚居州學，猶不廢業。穀死，諸生數百人往哭之，城破，多感激死義者。





楊霆字震仲。少有志節。以世澤奏補將仕郎，銓試第一，授修職郎、桂嶺主簿，有能聲。又五中漕舉，改鄂州教授，遷復州司理參軍，轉常、澧觀察推官，擢知監利縣。縣有疑獄，歷年不決，霆未上，微服廉得其實，立決之，人稱神明。

辟荆湖制置司幹官。呂文德爲帥，素慢侮士，常試以難事，霆倉卒立辦，皆合其意。一日謂曰：「朝廷有密旨，出師策應淮東，誰可往者？」卽對曰某將可。又曰：「兵器糧草若何？」卽對曰某營兵馬、某庫器甲、某處矢石、某處芻糧，口占授吏，頃刻案成。文德大驚曰：「吾平生輕文人，以其不事事也。公材幹如此，何官不可爲，吾何敢不敬。」密薦諸朝，除通判江陵府。

江陵大府，雄據上流，表裏襄、漢，西控巴蜀，南扼湖、廣，兵民雜處，庶務叢集，霆隨事裁決，處之泰然。暇日詣郡庠，與諸生講學，又取隸官閒田，增益廩稍。選民之強壯，當農隙訓練之，時付以器械，雜兵行肄習，親閱試行賞以激勸之。未幾，有能擐甲騎射者，遂皆獲其用，而兵不復擾民。

丁內艱，德祐初，起復奉議郎、湖南安撫司參議，與安撫使李芾協力戰守。霆有心計，善出奇應變，帥府機務，芾一以委之。城初被圍，日夜守禦，數日西北隅破，霆麾兵巷戰，抵暮增築月城，比旦城復完，策厲將士，以死守之。城既破，霆赴水死，妻妾奔救無及，遂皆死。

趙卯發字漢卿，昌州人。淳祐十年，以上舍登第，爲遂寧府〔五〕司戶、潼川簽判、宣城宰。素以節行稱。中被論罷。咸淳七年，起爲彭澤令。十年，權通判池州。

大兵渡江，池守王起宗棄官去，卯發攝州事，繕壁聚糧，爲守禦計。夏貴兵敗歸，所過縱掠，卯發捕斬十餘人，兵乃戢。明年正月，大兵至李王河，都統張林屢諷之降，卯發忿氣塡膺，瞠目視林不能言。有問以禔身之道者，卯發曰：「忠義所以禔身也，此外非臣子所得言。」林以兵出巡江，陰降，歸而陽助卯發爲守，守兵五百餘，柄皆歸林。卯發知不可守，乃置酒會親友，與飲訣，謂其妻雍氏曰：「城將破，吾守臣不當去，汝先出走。」雍氏曰：「君爲命官，我爲命婦，君爲忠臣，我獨不能爲忠臣婦乎？」卯發笑曰：「此豈婦人女子之所能也。」雍氏曰：「吾請先君死。」卯發笑止之。明日乃散其家貲與其弟姪，僕婢悉遣之。

二月，兵薄池，卯發晨起書几上曰：「君不可叛，城不可降，夫妻同死，節義成雙。」又爲詩別其兄弟，與雍盛服同縊從容堂死。卯發始爲此堂，名「可以從容」，及兵遽，領客堂中，





指所題扁曰：「吾必死於是。」客問其故，曰：「古人謂『慷慨殺身易，從容就義難』，此殆其兆也。」卯發死，林開門降。大元丞相伯顏入，問太守何在，左右以死對。卽如堂中觀之，皆歎息。爲具棺衾合葬於池上，祭其墓而去。事聞，贈華文閣待制，謚文節，雍氏贈順義夫人，錄二子爲京官。

唐震字景實，會稽人。少居鄉，介然不苟交，有言其過者輒喜。既登第爲小官，有權貴以牒薦之者，震內牒篋中，已而干政，震取牒還之，封題未啓，其人大媿。後爲他官，所至以公廉稱。楊棟、葉夢鼎居政府，交薦其賢。

咸淳中，由大理司直通判臨安府。時潛說友尹京，恃賈似道勢，甚驕蹇，政事一切無所顧讓。會府有具獄將置辟，震力辨其非，說友爭之不得，上其事刑部，卒是震議。

六年，江東大旱，擢知信州。震奏減綱運米，蠲其租賦，令坊置一吏，籍其戶，勸富人分粟，使坊吏主給之。吏有勞者，輒爲具奏復其身，吏感其誠，事爲盡力，所活無算。州有民庸童牧牛，童逸而牧舍火，其父訟庸者殺其子投火中，民不勝掠，自誣服。震視牘疑之，密物色之，得童傍郡，以詰其父，對如初，震出其子示之，獄遂直。擢浙西提刑。過闕陛辭，似

道以類田屬震，震謝不能行，至部，又以疏力爭之。趙氏有守阡僧甚暴橫，震遣吏捕治，似道以書營救，震不省，卒按以法。似道怒，使侍御史陳堅劾去之。

咸淳十年，起震知饒州。時興國、南康、江州諸郡皆已歸附，大兵略饒。饒兵止千八百人，震發州民城守，昧爽出治兵，至夜中始寐，上書求援，不報。大兵使人入饒取降款，通判萬道同陰使於所部斂白金、牛酒備降禮，饒寓士皆從之。道同風震降，震叱之曰：「我忍偷生負國邪？」城中少年感震言，殺使者。民有李希聖者謀出降，械置獄中。明年二月，兵大至，都大提舉鄧益遁去，震盡出府中金錢，書官資揭於城，募有能出戰者賞之。衆懼不能戰，北兵登陴，衆遂潰。震入府中玉芝堂，其僕前請曰：「事急矣，番江門兵未合，亟出猶可免。」震罵曰：「城中民命皆係於我，我若從爾言得不死，城中民死，我何面目生邪？」左右不復敢言，皆出。有頃，兵入，執牘鋪案上，使震署降，震擲筆于地，不屈，遂死之。兄椿與家人俱死。張世傑尋復饒州，判官鄒宗節求震屍葬之。贈華文閣待制，謚忠介，廟號褒忠，官其二子。

震客馮驥、何新之，驥後守獨松關，新之守閩之新壘，皆戰死。





趙與檡，爲嗣秀王。德祐二年，爲浙、閩、廣察訪使。益王之立，舅楊亮節居中秉權，與檡自以國家親賢，多所諫止，遂犯忌嫉，諸將俱憚之。未幾，北兵逼浙東，乃命與檡出瑞安，與守臣方洪共任備禦。朝臣言與檡有劉更生之忠，曹王皐之孝，宜留輔以隆國本。譖者益急，卒遣之。瑞安受圍，城中危急，與洪誓以死守。小校李雄夜開門納外兵，與檡、洪率衆巷戰，兵敗被縶，董文炳問之曰：「汝爲秀王耶？今能降乎？」與檡厲聲曰：「我國家近親，今力屈而死，分也，尚何問爲？」遂殺之。洪亦伏節而死。

又有趙孟錦者，少不羈，遊淮以軍功爲將佐。北兵攻眞州，每戰輒爲士卒先，守苗再成倚之爲重。北兵重艦駐江上，孟錦乘大霧來襲，俄霧解，日已高，北兵見其兵少，逐之，登舟失足墮水，身荷重甲，溺焉。

趙淮，丞相葵之從子也。李全之叛，屢立戰功，累官至淮東轉運使〔六〕。德祐中，戍銀樹壩，兵敗，與其妾俱被執至瓜州，元帥阿朮使淮招李庭芝，許以大官。淮陽許諾，至揚城下，乃大呼曰：「李庭芝！男子死耳，毋降也！」元帥怒，殺之，棄屍江濱。

## 校勘記

〔一〕矮張　按下文張貴傳說張貴爲「矮張」；周密齊東野語卷一八、昭忠錄張貴傳同。此處說張順爲「矮張」，當誤。

〔二〕定江軍承宣使　按宋節度軍額無「定江」，本書卷四六度宗紀作「靜江軍承宣使」，疑此有誤。

〔三〕靜江軍節度使　按本書卷四六度宗紀，咸淳九年四月，贈牛富金州觀察使；六月，加贈寧遠軍承宣使，均與此異。

〔四〕顏應焱　「焱」，本書卷四七瀛國公紀作「炎」。

〔五〕遂寧府　按本書卷八九地理志，遂寧府本遂州，政和五年升爲府。元史卷六〇地理志，宋遂寧府元初因之，至元十九年改爲遂寧州，此處原作「遂寧州」，當沿此而誤。

〔六〕淮東轉運使　按昭忠錄本傳，趙淮「仕至江東轉運副使，置司建康」；宋史全文卷三六、宋季三朝政要卷五都說他居建康，起兵溧陽，兵敗而死。建康屬江南東路，屬縣有溧陽，疑此處「淮東」二字有誤。

# 宋史卷四百五十一

## 列傳第二百一十

### 忠義六

趙良淳 徐道隆　姜才　馬塈　密佑　張世傑　陸秀夫　徐應鑣
陳文龍　鄧得遇　張珏

趙良淳字景程，居饒之餘干，太宗子恭憲王之後，丞相汝愚曾孫也。累世以學行名，號賢宗子。良淳少學於其鄉先生饒魯，知立身大節。及仕，所至以幹治稱，而未嘗干人薦舉。初以蔭爲泰寧主簿，三遷至淮西運轄，浮湛冗官二十餘年。馬光祖、李伯玉、范丁孫交薦辟之，卒不振拔。考舉及格，改知分寧縣。分寧，江西劇邑，俗尚譁訐，良淳治之，不用刑戮，不任吏胥，取民之敦孝者，身親尊禮之，至甚桀驁者，乃繩以法，俗爲少革。秩滿，特差權江西安撫司機宜文字，詔除諸司審計院，督餉江西，升大理司直。



咸淳末，廷臣議衆建宗室於內郡，以爲屏翰，遂除良淳知安吉州。先是，知州李庚遁，百事隳廢，良淳至，日與僚吏論所以守禦之備，悉舉行之。時歲饑，民相聚爲盜，所在蠭起。或請以兵擊之，良淳曰：「民豈樂爲盜哉？時艱歲旱，故相率剽掠苟活耳。」命僚屬以義諭之，衆皆投兵散歸。其不歸者衆縛以獻。有掠人貨財詣其主謝過而還之者。良淳勸富人出粟振之，嘗語人曰：「使太守身可以濟民，亦所不惜也。」其言懇懇，足以動人，人皆倒囷以應之。朝議尋以徐道隆爲浙西提刑，以輔良淳，加良淳直祕閣。

文天祥去平江，潰兵四出剽掠，良淳捕斬數人，梟首市中，兵稍戢。已而范文虎遣使持書招降，良淳焚書斬其使。大兵迫獨松關，有旨趣道隆入衞。道隆既去，大兵至，軍其東西門。良淳率衆城守，夜就茇舍陴上，不歸。

先是，朝廷遣將吳國定援宜興，宜興已危，不敢往，乃如安吉見良淳，願留以爲輔。良淳見國定慷慨大言，意其可用也，請於朝，留戍安吉。已而國定開南門納外兵，兵入城呼曰：「衆散，元帥不殺汝。」於是衆號泣散去。良淳命車歸府，兵士止之曰：「事至此，侍郎當爲自全計。」良淳叱去之。命家人出避，乃閉閤自經。有兵士解救之，復蘇，衆羅拜泣曰：「侍郎何自苦？逃之猶可求生。」良淳叱曰：「我豈逃生者邪？」衆猶環守不去，良淳大呼曰：「爾輩欲爲亂邪？」衆涕泣出，復投繯而死。



徐道隆字伯謙，婺州武義人。父煥，知南雄。道隆以任入官，累官潭州判官、權知全州。荆湖制置使汪立信奏辟道隆爲參議官。立信遷兵部尚書，道隆與賓客十許人俱去江陵。趙孟傳爲制置使，以道隆參其軍事，遂爲提點刑獄。

時文天祥既去平江，潰卒四出，爲浙西患苦，安吉尤甚。有旨令道隆措置，乃梟其首亂者于市。牛監軍遁，范文虎、程鵬飛、管景模俱遺書誘降，道隆焚書斬使。

大兵至臨平皋亭山，令間道入援，時水陸皆有屯軍，道絕不通，議由太湖經武康、臨安縣境勤王。即日乘舟出臨湖門，泊宋村。郡守趙良淳既縊死，德祐二年正月朔旦，追兵及道隆，江陵親從軍三百人殊死戰，矢盡槍槊折，一軍盡沒，道隆見執艦內，間守者少怠，赴水死，長子載孫亦赴水死。餘兵有脫歸者言於朝，命贈官賜謚，厚恤其家，立廟安吉，官其子孫。越三日宋亡。

姜才，濠州人。貌短悍。少被掠入河朔，稍長亡歸，隸淮南兵中，以善戰名，然以來歸人不得大官，爲通州副都統。時淮多健將，然驍雄無踰才。才知兵，善騎射，撫士卒有恩，至臨陣，軍律凜凜。其子嘗戰，回白事，才望見以爲敗也，拔劍馳逐，幾殺之。



賈似道出師，才以兵屬孫虎臣爲先鋒，相拒于丁家洲。大軍設砲架轂車弩江濱，中流數千艘，旌旗蔽江，鼓行而下。才奮兵前接戰，鋒已交，虎臣遽過其妾所乘舟，衆見之，譟曰：「步帥遁矣。」於是諸軍皆潰，才亦收兵入揚州。大兵乘勝攻揚州，才爲三疊陣逆之三里溝，戰有功。又與元帥戰揚子橋，日暮兵亂，流矢貫才肩，才拔矢揮刀而前，所向辟易。已而大軍築長圍，自揚子橋竟瓜洲，東北跨灣頭至黃塘，西北至丁村，務欲以久困之，時德祐元年也。

明年正月，宋亡。二月，五奉使及一閤門宣贊舍人持謝太后詔來諭降，才發弩射却之，復以兵擊五奉使于召伯堡，大戰而退。未幾，瀛國公至瓜洲，才與庭芝泣涕誓將士出奪之，將士皆感泣。乃盡散金帛犒兵，以四萬人夜擣瓜洲，戰三時，衆擁瀛國公避去，才追戰至浦子市，夜猶不退。阿朮使人招之，才曰：「吾寧死，豈作降將軍邪！」四月，才以兵攻灣頭柵。五月，復攻之，騎旋濘而止，乃舍騎步戰，至四鼓，全師以歸。揚食盡，才時出運米眞州、高郵以給兵。六月，護餉至馬家渡，萬戶史弼將兵擊奪之，才與戰達旦，弼幾殆，阿朮馳兵來援，乃得免去。





中華書局

庭芝以在圍久，召才計事，屏左右，語久之，第聞才厲聲云：「相公不過忍片時痛耳。」左右聞之俱汗下。才自是以兵護庭芝第，期與俱死。

七月，益王在福州，以龍神四廂都指揮使、保康軍承宣使召才，才與庭芝東至泰州，將入海。阿朮以兵追及，圍泰州，使使者招之降，才不聽。阿朮驅揚兵士妻子至城下，會才疽發，脅不能戰，諸將遂開門降。都統曹安國入才臥內，執之以獻。阿朮愛其忠勇，欲降而用之，才肆爲慢言。阿朮責庭芝不降，才曰：「不降者才也。」復憤憤不已，阿朮怒，剮之揚州。才臨刑，夏貴出其傍，才切齒曰：「若見我寧不媿死邪？」

有洪福者，夏貴家僮也，從貴積勞爲鎭巢雄江左軍統制，鎭江北。貴降，福與子大淵、大源、下班祗候彭元亮結貴軍復之，加右武大夫、知鎭巢。貴既臣附，招福，不聽，使其從子往，福斬之。大兵攻城，久不拔，遣貴至城下，好語語福，請單騎入城，福信之，門發而伏兵起，執福父子，屠城中。貴泣殺，大源、大淵譁曰：「法止誅首謀，何至舉家爲戮？」福叱曰：「以一命報宋朝，何至告人求活邪？」次及福，福大罵數貴不忠，請身南向死，以明不背國也。聞者流涕。





馬塈，宕昌人也。一家父叔兄弟皆以忠勇爲名將，而塈與其兄堃特顯。咸淳中，塈知欽州，徙知邕。邕地接六詔、安南，傍通諸溪峒，撫御少失宜，往往召亂。塈鎭撫諸蠻及治關隘，皆有條理，大理不敢越善闡，安南不敢入永平，諸峒皆上帳册，邊陲晏然。廣西經略李興上其功，加閤門宣贊舍人。未幾，以左武衞將軍徵入朝。已而宋亡，塈因留靜江，總屯戍諸軍，護經略司印守城。

至元十四年，平章阿里海牙攻廣西，塈發所部及諸峒兵守靜江，而自將三千人守嚴關，鑿馬坑，斷嶺道。大兵攻嚴關不克，乃以偏師入平樂，過臨桂，夾攻塈。塈兵敗，退保靜江。平章使人招降，塈發弩射之。攻三月，塈夜不解甲，前後百餘戰，城中死傷相籍，訖無降意。城東隅稍卑，大軍陽攻西門，以精兵夜決水牐，攻東門，破其外城；塈閉內城城守，又破之。塈率死士巷戰，刀傷臂被執，殺之斷其首，猶握拳奮起，立踰時始仆。靜江破，邕守馬成旺及其子都統應麒以城降，獨塈部將婁鈐轄猶以二百五十人守月城不下。阿里海牙笑曰：「是何足攻。」圍之十餘日，婁從壁上呼曰：「吾屬饑，不能出降，苟賜之食，當聽命。」乃遺之牛數頭，米數斛。一部將開門取歸，復閉壁。大軍乘高視之，兵皆分米，炊未熟，生臠牛，啖立盡。鳴角伐鼓，諸將以爲出戰也，甲以待。婁乃令所部入擁一火砲然之，聲如雷霆，震城土皆崩，煙氣漲天外，兵多驚死者，火熄入視之，灰燼無遺矣。

密佑，其先密州人，後渡淮居廬州。佑爲人剛毅質直，累官至廬州駐札、御前遊擊中軍統領，改權江西路副總管。

咸淳十年，以閤門宣贊舍人爲江西都統。是冬，大元丞相伯顏下鄂州，留右丞阿里海牙守之，而將大兵東下。明年二月，朱祀孫遣高世傑取鄂州，阿里海牙以兵逆擊，執世傑荆江口，兵盡潰，半入江西。江西制置黃萬石招集之，且募寧都、廣昌、南劍義兵千餘人，盡以屬佑。十一月，大兵至隆興，劉槃兵敗，乃嬰城自守。萬石時移治撫州，將遁，懼佑不從，乃調佑兵援槃，且戒以勿戰。未至隆興，槃已降，都統夏驥率所部兵潰圍出。

已而元帥張榮實、呂師夔提兵逼撫州，佑率衆逆之進賢坪，兵來呼曰：「降者乎？鬥者乎？」佑曰：「鬥者也。」麾其兵突戰，進至龍馬坪，大兵圍之數重，矢下如雨。佑告其部曰：「今日死日也，若力戰，或有生理。」衆咸憤厲。自辰戰至日昃，佑面中矢，拔之復戰，又身被四矢三槍，衆皆死，僅餘數十人。佑乃揮雙刀斫圍南走，前渡橋，馬踏板斷，遂被執。衆見其勇，戒勿殺，輿歸隆興。元帥宋都䚟曰：「壯士也。」欲降之，繫之月餘，終不屈。嘗罵萬石爲賣國小人，使我志不得伸。宋都䚟命劉槃、呂師夔坐城樓，引佑樓下，以金符遺之，許以官，





佑不受，語侵槃、師夔，益不遜。又令佑子說之曰：「父死，子安之？」佑斥曰：「汝行乞於市，第云密都統子，誰不憐汝也。」怡然自解其衣請刑，遂死。觀者皆泣下。

張世傑，范陽人。少從張柔戍杞，有罪，遂奔宋，隸淮兵中，無所知名。阮思聰見而奇之，言之呂文德，文德召爲小校。累功至黃州武定諸軍都統制。攻安東州，戰疾力，與高達援鄂州有功，轉十官。尋從賈似道入黃州，戰蘄草坪，奪還所俘，加環衞官，歷知高郵軍、安東州。

咸淳四年，大軍築鹿門堡，呂文德請益兵于朝，調世傑與夏貴赴之。及呂文煥以襄陽降，命世傑將五千人守鄂州。世傑以鐵絙鎖兩城，夾以砲弩，其要津皆施杙，設攻具。大軍破新城，長驅而下，世傑力戰，不得前，遣人招之，不聽。丞相伯顏陽攻嚴山隘，潛自唐港盪舟入漢，東攻鄂，鄂降。

世傑提所部兵入衞，道復饒州，乃入朝。時方危急，徵諸將勤王多不至，獨世傑來，上下歎異。自和州防禦使不數月累加至保康軍承宣使，總都督府兵。遣將四出，取浙西諸郡，復平江、安吉、廣德、溧陽諸城，兵勢頗振。七月〔二〕，與劉師勇諸將大出師焦山，令以十舟

爲方，碇江中，非有號令毋發碇，示以必死。元帥阿朮載彀士以火矢攻之，世傑兵亂，無敢發碇，赴江死者萬餘人。大敗，奔圌山。上疏請濟師，不報。尋擢龍、神衞四廂都指揮使。十月，進沿江招討使，改制置副使、兼知江陰軍。已而大軍至獨松關，召文天祥入衞，以世傑爲保康軍節度使、知平江。尋亦召入衞，加檢校少保。

二年正月，大軍迫臨安，世傑請移三宮入海，而與天祥合兵背城一戰，丞相陳宜中方遣人請和，不可，白太皇太后止之。未幾，和議亦沮。兵至皋亭山，世傑乃提兵入定海。石國英遣都統卞彪說之使降，世傑以爲彪來從己俱南也，椎牛享之，酒半，彪從容爲言，世傑大怒，斷其舌，磔之巾子山。

四月，從二王入福州。五月，與宜中奉昰爲主，拜簽書樞密院事[二]。王世強導大軍攻之，世傑乃奉益王入海，而自將陳弔眼、許夫人諸畬兵攻蒲壽庚，不下。十月，元帥唆都將兵來援泉，遂解去。既而唆都遣人招益王，又遣經歷孫安甫說世傑，世傑拘安甫軍中不遣。招討劉深攻淺灣，世傑兵敗，移王居井澳，深復來攻井澳，世傑戰卻之，因徙碙洲。

至元十五年正月[三]，遣將王用攻雷州，用敗績。四月，益王殂，衞王昺立，拜世傑少傅、樞密副使。五月，遣瓊州安撫張應科攻雷州，三戰皆不利。六月，再決戰雷城下，應科死之。世傑以碙洲不可居，徙王新會之厓山。八月，封越國公。發瓊州粟以給軍。十月，



遣淩震、王道夫襲廣州，震敗績。

明年，元帥張弘範等兵至厓山，或謂世傑曰：「北兵以舟師塞海口，則我不能進退，曷先據海口。幸而勝，國之福也；不勝，猶可西走。」世傑恐久在海上有離心，動則必散，乃曰：「頻年航海，何時已乎？今須與決勝負。」悉焚行朝草市，結大舶千餘作水砦，爲死守計，人皆危之。已而弘範兵至，據海口，樵汲道絕，兵茹乾糧十餘日，渴甚，下掬海水飲之，海鹹，飲卽嘔泄，兵大困。世傑率蘇劉義、方興日大戰。弘範得世傑甥韓，命以官，使三至招之，世傑歷數古忠臣曰：「吾知降，生且富貴，但爲主死不移耳。」二月癸未，弘範等攻厓山，世傑敗，走衞王舟。大軍薄中軍，世傑乃斷維，以十餘艦奪港去。後還收兵厓山，劉自立擊敗之，降其將方遇龍、葉秀榮、章文秀等四十餘人。世傑復欲奉楊太妃求趙氏後而立之，俄颶風壞舟，溺死平章山下。

劉師勇者，廬州人。以戰功歷環衞官。魯港師潰，賈似道欲東入海，師勇贊之入揚州圖再舉，似道然之。時姚訔復常州，似道命師勇以淮兵取呂城。朝廷加師勇和州防禦使，助訔守常，而以張彥守呂城，合兵拒大軍。戰失利，彥馬弱，陷淖中見執，呂城失守，常州勢益孤。大軍置彥城下招降，師勇以大義斥彥，彥慚而退。又遣范文虎來諭，師勇伏弩射走之。常受圍數月，援兵絕，有羣鴟飛鳴繞城，衆惡爲不祥，俄而城陷。師勇拔柵，戰且行，其



弟馬墮塹，躍不能出，師勇舉手與訣而去。淮軍數千人皆鬬死。有婦人伏積屍下，闞淮兵六人反背相拄，殺敵十百人乃殪。師勇從二王至海上，見時事不可爲，憂憤縱酒卒，葬于鼓山。

陸秀夫字君實，楚州鹽城人。生三歲，其父徙家鎮江。稍長，從其鄉二孟先生學，孟之徒恆百餘，獨指秀夫曰：「此非凡兒也。」景定元年，登進士第[四]。李庭芝鎮淮南，聞其名，辟置幕中。時天下稱得士多者，以淮南爲第一，號「小朝廷」。

秀夫才思清麗，一時文人少能及之。性沉靜，不苟求人知，每僚吏至閤，賓主交驩，秀夫獨斂焉無一語。或時宴集府中，坐尊俎間，矜莊終日，未嘗少有希合。至察其事，皆治，庭芝益器之，雖改官不使去己，就幕三遷至主管機宜文字。咸淳十年，庭芝制置淮東，擢參議官。德祐元年，邊事急，諸僚屬多亡者，惟秀夫數人不去。庭芝上其名，除司農寺丞，累擢至宗正少卿兼權起居舍人。

二年正月，以禮部侍郎使軍前請和，不就而反。二王走溫州，秀夫與蘇劉義追從之，使人召陳宜中、張世傑等皆至，遂相與立益王于福州。進端明殿學士、簽書樞密院事。宜中



以秀夫久在兵間，知軍務，每事咨訪始行，秀夫亦悉心贊之，無不自盡。旋與議宜中不合，宜中使言者劾罷之。張世傑讓宜中曰：「此何如時，動以臺諫論人？」宜中皇恐，亟召秀夫還。

時君臣播越海濱，庶事疏略，楊太妃垂簾，與羣臣語猶自稱奴。每時節朝會，秀夫儼然正笏立，如治朝，或時在行中，淒然泣下，以朝衣拭淚，衣盡浥，左右無不悲動者。屬井澳風，王以驚疾殂，羣臣皆欲散去。秀夫曰：「度宗皇帝一子尚在，將焉置之？古人有以一旅一成中興者，今百官有司皆具，士卒數萬，天若未欲絕宋，此豈不可爲國邪？」乃與衆共立衞王。時陳宜中往占城，以與世傑不協，屢召不至。乃以秀夫爲左丞相，與世傑共秉政。時世傑駐兵厓山，秀夫外籌軍旅，內調工役，凡有所述作，又盡出其手。雖匆遽流離中，猶日書大學章句以勸講。

至元十六年二月，厓山破，秀夫走衞王舟，而世傑、劉義各斷維去，秀夫度不可脫，乃杖劍驅妻子入海，卽負王赴海死，年四十四。

翰林學士劉鼎孫亦驅家屬幷輜重沉海，不死被執，搒掠無完膚，一夕得脫，卒蹈海。鼎孫字伯鎮，江陵人，進士也。

方秀夫海上時，記二王事爲一書甚悉，以授禮部侍郎鄧光薦曰：「君後死，幸傳之。」其

後匡山平，光薦以其書還廬陵。大德初，光薦卒，其書存亡無從知，故海上之事，世莫得其詳云。

徐應鑣字巨翁，衢之江山人，世爲衢望族。咸淳末，試補太學生。德祐二年，宋亡，瀛國公入燕，三學生百餘人皆從行。應鑣不欲從，乃與其子琦、崧，女元娘誓共焚，子女皆喜從之。

太學故岳飛第，有飛祠，應鑣具酒肉祀飛曰：「天不祚宋，社稷爲墟，應鑣死以報國，誓不與諸生俱北。死已，將魂魄累王，作配神主，與王英靈，永永無斁。」琦亦賦詩以自誓。祭畢，以酒肉餉諸僕，諸僕醉臥，應鑣乃與其子女入梯雲樓，積諸房書籍箭四周，縱火自焚。一小僕未寐，聞火聲，起至樓下穴牖視之，應鑣父子儼然坐立，如廟塑像。走報諸僕，壞壁入，撲滅火。應鑣不得死，與其子女快快出戶去，倉卒莫知所之，翌日得其屍前井中，皆僵立瞠目，面如生。諸僕爲具棺斂，殯之西湖金牛僧舍。益王立福州，褒其節，贈朝奉郎、祕閣修撰。後十年，其同舍生劉汝鈞率儒者五十餘人收而葬之方家峪，私謚曰正節先生。





陳文龍字君賁，福州興化人〔三〕。丞相俊卿之後也。能文章，負氣節。初名子龍，咸淳五年廷對第一，度宗易其名文龍。

丞相賈似道愛其文，雅禮重之。由鎮東軍節度判官，歷崇政殿說書、祕書省校書郎，數年，拜監察御史，皆出似道力。然自十數年，似道所置臺諫皆闒茸，臺中相承，凡有所建白，皆呈稿似道始行，至文龍爲之，獨不呈稿，已忤似道。知臨安府洪起畏請行類田，似道主其說，文龍上疏以爲不可，似道怒，寢其疏。襄陽久被圍，似道日恣淫樂，不少加意，時陽請督師，而陰使其黨留己，竟失襄陽。文龍上疏極言其失。范文虎總師無功，似道庇之，以知安慶，又除趙溍知建康，黃萬石知臨安。文龍言：「文虎失襄陽，今反見擢用，是當罰而賞也。溍乳臭小子，何以任大閫之寄？萬石政事怠荒，以爲京尹，何以能治？請皆罷之。」似道大怒，黜文龍知撫州，旋又使臺臣李可劾罷之。未幾，呂文煥導大軍東下，范文虎首迎降，與文煥俱東，似道兵潰魯港，溍最先遁，以故列城從之皆遁，始悔不用文龍之言。起爲左司諫，尋遷侍御史。

時邊事甚急，王爚與陳宜中不能畫一策，而日坐朝堂爭私意。潛說友以平江降，臺臣請籍其家，爚以爲可，宜中以爲不可。張世傑諸將分四道出師，而大臣不監護，臺諫論之，爚請行邊，下公卿雜議，宜中請出督師，又下公卿雜議。文龍上疏曰：「書言『三后協心，同底於道』。北兵今日取某城，明日築某堡，而我以文相遜，以迹相疑，譬猶拯溺救焚，而爲安步徐行之儀也。請詔大臣同心圖治，無滋虛議。」其後宜中與爚終不相能而去，至十月始來，事已不可爲矣。

是冬，果遷文龍至參知政事。未幾議降，文龍乃上章乞歸養，既出國門而悔之，復上疏求還，不報，乃歸。五月，益王稱制于福州，復以文龍參知政事。漳州畔，以文龍爲閩、廣宣撫使討之。文龍以黃恮前守漳有恩信，辟爲參謀官。按兵泉州，使恮入招撫之，恮至，民皆頓首謝罪。興化有石手軍者，能擲石中人，議者以其不足用罷之，石手軍亦畔，復命文龍爲知軍，平之。

已而降將王世強復導大軍入廣，建寧、泉、福皆降。知福州王剛中遣使徇興化，文龍斬之而縱其副以還，使持書責世強、剛中負國。遂發民兵自守，城中兵不滿千，大兵來攻不克，使其姻家持書招降之，文龍焚書斬其使。有風其納款者，文龍曰：「諸君特畏死耳，未知此生能不死乎？」乃使其將林華偵伺境上。華卽降，且導兵至城下，通判曹澄孫開門降，執文龍與其家人至軍中，欲降之，不屈，左右凌挫之，文龍指其腹曰：「此皆節義文章也，可相逼邪？」強之，卒不屈，乃械繫送杭州。文龍去興化卽不食，至杭餓死。其母繫福州尼寺中，





病甚，無醫藥，左右視之泣下。母曰：「吾與吾兒同死，又何恨哉？」亦死。衆歎曰：「有斯母，宜有是兒。」爲收葬之。

蒲壽庚以泉州降，告其民曰：「陳文龍非不忠義，如民何？」聞者笑之。大兵既歸，文龍之姪瓚復舉兵殺林華，據興化，未幾復破，瓚死之。

鄧得遇字達夫，邛州人。淳祐十年進士。調寧遠主簿，改知南昌縣，通判隆興府，監行在左藏庫，出知昭州，遷廣西提點刑獄，逾年攝經略事兼知靜江府。

德祐元年，長沙被兵，得遇遣都統馬驥、馬應麒赴援，驥潛鈑而還，得遇斬之，軍事悉委之應麒。未幾，馬塈代閫，議事不合。二年，移治蒼梧。

靜江破，得遇朝服南望拜辭，書幅紙云：「宋室忠臣，鄧氏孝子。不忍偷生，寧甘溺死。彭咸故居，乃吾潭府。屈公子平，乃吾伴侶。優哉悠哉，吾得其所！」遂投南流江而死。

張珏字君玉，隴西鳳州人。年十八，從軍釣魚山，以戰功累官中軍都統制，人號爲「四

川城將」。

寶祐末，大兵攻蜀，破吉平隘，拔長寧，殺守將王佐父子。至閬州，降安撫楊奫〔六〕，推官趙廣死之。至蓬州，降守將張大悅，運使施擇善死之。順慶、廣安諸郡，破竹而下。明年，合諸道兵圍合州，凡攻城之具無不精備。珏與王堅協力戰守，攻之九月不能下。景定初，合守王堅徵入朝，以馬千代守合。四年，千子餽餉至虎相山，爲東川兵所得，屢以書勸千降，朝廷乃以珏代千。珏魁雄有謀，善用兵，出奇設伏，算無遺策。其治合州，士卒必練，器械必精，御部曲有法，雖奴隸有功必優賞之，有過雖至親必罰不貸，故人人用命。

自全汝楫失大良平，大兵築虎相山，駐兵兩城，時出攻梁山、忠萬開達，民不得耕，兵不得解甲而臥，每餉渠，竭數郡兵護送，死戰兩城之下始克入。咸淳二年十二月，珏遣其將史炤、王立以死士五十斧西門入，大戰城中，復其城。三年四月，平章賽典赤提兵入，壞重慶麥，道出合城下，珏碇舟斷江中爲水城，大兵數萬攻之不克，遂引去。

合州自余玠用二冉生策，徙軍釣魚山，城壁甚固。然閬、慶受兵，民凋弊甚，珏外以兵護耕，內教民墾田積粟，未再期，公私兼足。九年，叛將劉整復獻計，欲自青居進築馬騣、虎頂山，扼三江口以圖合，匣剌統軍率諸翼兵以築之。左右欲出兵與之爭，珏不可，曰：「蕪菁平、母德、彰城，汪帥勁兵之所聚也，吾出不意而攻之，馬騣必顧其後，不暇城矣。」乃張疑兵嘉渠口，潛師渡平陽灘攻二城，火其資糧器械，越砦七十里，焚舡場，統制周虎戰死，馬騣城卒不就。




十年，加寧江軍承宣使。德祐元年，升四川制置副使、知重慶府。五月，加檢校少保。徵其兵入衞，蜀道斷，不得達。六月，昝萬壽以嘉定及三龜、九頂降，守將侯都統戰死。已而瀘、敘、長寧、富順、開、達、巴、渠諸郡不一月皆下，合兵圍重慶，作浮梁三江中，斷援兵。自秋徂冬，援絕糧盡，珏屢以死士間入城，許以赴援，且爲之畫守禦計。二年正月，遣其將趙安襲青居，執安撫劉才、參議馬嵩歸。二月，遣張萬以巨艦載精兵，斷內水橋，入重慶。四月，合重慶兵出攻鳳頂諸砦。珏結瀘士劉霖、先坤朋爲內應。六月，遣趙安破神臂門，執梅應春殺之，復瀘州。重慶兵漸解去，圍瀘州。十二月，趙定應迎珏入重慶爲制置。

時陽立以涪州降，珏遣張萬攻走立，俘其僚屬馮巽午等。立復合兵來決戰，史進、張世傑戰死，萬不支，俘立妻子及安撫李端以歸。珏以都統程聰守涪。重慶兵盡退。珏聞二王立廣中，遣兵數百人求王所。調史訓忠、趙安等援瀘州。張萬入夔，連忠、涪兵拔石門及巴巫砦，獲將士百餘人，解大寧圍，攻破十八砦。明年六月，張德潤復破涪州，執守將程聰。先是，聰在重慶力主守城之議，珏入，不知也，使出守涪。聰至郡怏怏，不設備，至是被執。德潤以肩輿載聰歸，語之曰：「若子鵬飛爲參政矣，且晚可會聚也。」聰曰：「我執彼降，非吾子也。」

是月，梁山軍袁世安降。十月，萬州破，殺守將上官夔。十一月，瀘州食盡，人相食，遂破之，安撫王世昌自經死。

大兵會重慶，駐佛圖關，以一軍駐南城，一軍駐朱村坪，一軍駐江上。遣瀘州降將李從招降，珏不從。十二月，達州降將鮮汝忠破咸淳皇華城，執守將馬塈，軍使包申巷戰死。至元十五年春，珏遣總管李義將兵由廣陽，一軍皆沒。二月，大兵破紹慶府，執守將鮮龍，湖北提刑趙立與制司幕官趙酉泰皆自殺。珏率兵出薰風門，與大將也速䚟兒戰扶桑壩，諸將從其後合擊之，珏兵大潰。城中糧盡，趙安以書說珏降，不聽。安乃與帳下韓忠顯夜開鎭西門降。珏率兵巷戰不支，歸索鴆飲，左右匿鴆，乃以小舟載妻子東走涪，中道大慟，斧其舟欲自沉，舟人奪斧擲江中，珏踴躍欲赴水，家人挽持不得死。明日，萬戶鐵木兒追及於涪，執之送京師。重慶降，制機曹琦自經死，張萬、張起巖出降。進攻合州，破外城。三月，王立亦降。

珏至安西趙老庵，其友謂之曰：「公盡忠一世，以報所事，今至此，縱得不死，亦何以哉？」珏乃解弓弦自經廁中，從者焚其骨，以瓦缶葬之死所。

趙立者，字德脩，重慶人。第進士，以上書迕賈似道被謫。德祐初，起爲太社令、湖北提刑。使蜀趣諸將入衞，至重慶則昝萬壽已降，珏方城守爲後圖。立無以復命，還至涪，沉水死。




## 校勘記

〔一〕七月　據本書卷四七瀛國公紀，此乃德祐元年事，此處失書紀年；上文「世傑提所部兵入衞」事在德祐元年二月。

〔二〕拜簽書樞密院事　疑爲「拜樞密副使」之誤。據本書卷四七瀛國公紀、宋季三朝政要卷六，都說廣王昰在福州卽位時，張世傑拜樞密副使。

〔三〕至元十五年正月　「五」原作「四」，據本書卷四七瀛國公紀、宋史全文卷三六改。

〔四〕景定元年登進士第　據寶祐登科錄、程敏政宋遺民錄卷一〇本傳，陸秀夫登寶祐四年進士第，景定元年亦非科期，此誤。

〔五〕福州興化人　「福州」疑爲「福建」之誤。興化，軍名，屬福建路。昭忠錄本傳卽作「興化軍人」。

〔六〕楊奫　元史卷三憲宗紀、卷一六一本傳均作楊大淵，本宋將，寶祐六年降元。

# 宋史卷四百五十二

## 列傳第二百一十一

### 忠義七



高敏，登州人。爲涇原指使，數與西夏戰，遭重傷。范仲淹、韓琦皆薦之，爲閤門祗候，歷利州路、邠寧環慶都監，主蕃部事。





羌圍大順城，偏將趙懷德力戰，其下以銀買級，主帥李復圭以所部不整欲治之。敏言懷德善用人，戰必勝，當略其小過，且蕃官難彊以漢法，復圭乃止。羌人聲言將出鄜延，敏屢白復圭曰：「兵家之事，聲東擊西，環慶嘗破白豹、金湯，結釁已深，不可不備。」已而果以兵三十萬來寇。

總管楊遂駐兵大義，以敏爲先鋒將。夏人攻奪大順水砦，敏出通路，自寅及午，且戰且前，多所斬獲。次楡林，援兵不至，中流矢死，年五十七。官止東頭供奉官。詔贈嘉州刺史，錄其三子爲侍禁、殿直。

張吉者，慶州卒也，爲淮安鎮守烽。夏人寇東谷，掠得之，脅以兵，使呼城中曰：「淮安諸砦已破，宜速降。」吉反其辭曰：「努力！諸砦無虞，賊糧盡且去矣，毋庸降。」賊怒，害之。詔贈內殿崇班，又錄其子。

景思忠字進之，晉州安岳人。以父西上閤門使泰廕，累官西京左藏庫使，爲遂州駐泊都監。夷人寇淯井，鈐轄張承祐出兵救之，思忠部卒五百爲前鋒。夷乘險薄官軍，官軍戰不利，死者十之六。左右勸思忠引避，不聽，奮劍疾戰而死。走馬使張宗望爲言，詔察訪熊本考實，得其事，神宗憫之，官思忠及同死者之子七人，餘皆賜其家錢帛。

弟思立，以廕主渭州治平砦。羅兀用兵，韓絳使攝保安軍。夏人寇順寧，思立擅領兵赴援，諸將敗，一軍獨全。以功知德順軍，策應王韶取熙州，過洮，築當川堡，克羌香子、珂諾城，遂定河州。嘗與羌力戰，斬不用命者數人，軍聲大振。韶言其臨事忠勇，進如京副使、通事舍人，再擢東上閤門使、河州刺史，賜繡旗、朱甲。又遷四方館使、河州團練使，知其州。神宗知思立母老而未有官舍，命其弟思誼爲秦州判官以便養。

青宜結鬼章舉兵襲殺伐木卒，害小校七人，以書抵思立，詞不遜。思立不能忍，帥兵六千攻之于踏白城。鈐轄韓存寶、蕃將瞎藥交止之，不聽。自將中軍，使存寶及魏奇爲先鋒，王存將左，賈翊將右。鬼章衆二萬，分三砦以抗官軍。戰數十合，羌從山下圍中軍，他將王寧、李元凱沒于陣，思立、存寶潰圍出，諸將多傷，議曰：「日暮兵疲，宜移屯東岡以自固。」思立以魏奇創重，獨徙其軍，方遣之而殿後兵亂，前人望見，亦皆潰。思立且鬥且退，曰：「我適以百騎走羌數千人，無助我者，今敗矣，當自剄以謝朝廷。」衆止之。少頃再戰，遂死。時





巳除忠州防禦使，會其死，不及拜。帝以其輕敵致敗，不復贈官。

王奇，汾州人，武舉中第。章惇經營湖北溪洞，以爲將領，降其酋舒光貴，縛元猛，平懿、洽等州。累遷如京副使，爲湖南都監，徙廣西。宜州蠻寇邊，奇領兵至天河縣，期旦日會戰，裨將費萬夜以衆竊出河泥隘，戰沒。經略使移書迫奇，奇不能堪。後數日，蠻萬人驟集，奇輕出，遂敗。麾下猶數百人，勸策馬逃去，奇罵曰：「大丈夫當盡節以報國，何走爲！」戰而死。詔贈皇城使、忠州防禦使，官其家六人，仍賜金帛。

蔣興祖，常州宜興人，之奇之孫也。以廕累調饒州司錄。睦州盜起，旁郡皆震，興祖白州將糾吏卒，緝戰具，盜不敢謀。以功遷官，知開封陽武縣。陽武，古博浪沙地，土脉脆惡，大河薄其南。嘗積雨汎溢，埽且潰，興祖躬救護，露宿其上，彌四旬，隄以不壞。治爲畿邑最，使者交薦之。靖康初，金兵犯京師，道過縣，或勸使走避，興祖曰：「吾世受國恩，當死于是。」與妻子留不去。監兵與賊通，斬以徇。金數百騎來攻，不勝，去，明日師益至，力不敵，

死焉，年四十二。妻及長子相繼以悸死。詔贈朝散大夫。

郭濟，德順中安堡人。從軍，積官至武經郎，爲涇原第八副將。金人犯陝西，渭帥以下叛降，獨濟義不許，稱病去。帥惡忌之，傅致以罪，下之獄，脅使俱降。濟奮而呼曰：「大丈夫今得死所矣！終不能受汙。叛逆大惡，天地所不容，吾雖死，誓不爾貸，當訴于地下耳。」衆醜其語，卽殺之。建炎三年，贈武翼大夫、忠州刺史。

同死者朱友恭，西安人。以忠翊郎爲涇原第一副將。部兵扞金人於華亭，數有功。會金兵大集，友恭赴敵力戰，爲所得。渭帥既降，誘以甘言，許優進官秩，不肯從，更詆辱之，帥不勝忿，斷其脛以徇，經日乃斬之。後贈敦武郎。

吳革字義夫，華州華陽人，國初勳臣廷祚七世孫也。少好學，喜談兵。再試禮部不中，乃從涇原軍，以秉義郎幹辦經略司公事。



金人南牧，帥兵解遂州之圍。使粘罕軍，見之庭，揖不拜，責其食利敗約，詞直氣勁，粘



罕少屈，爲追回威勝諸屯兵，授書使歸。欽宗問割地與不割地利害，對曰：「金人有吞噬之意，願悉起關中士馬赴都爲備。」詔以爲武功大夫、閤門宣贊舍人，持節諭陝西。

行至朱還，聞金人犯京師，復還。與張叔夜同入城，請於帝，乞幸秦川，又乞出城劫之，使不敢近，又乞諸門同出兵牽制、衝突、尾襲、應援，可一戰而勝。時衆言已入，皆不果。後金兵攻安上門〔一〕，塡道度壕，革言之守將，使洩蔡河水以灌之，不聽。及塡道將合，欲用前議，則水已涸矣。

車駕幸金營，革以爲墮其詐，往請叔夜，欲身見其大酋計事。叔夜問其故，曰：「茲行有三說：一則天子還內，二則金騎歸國，三則革死。」叔夜爲言之，不報。上皇、妃、后、太子出郊，革白孫傅乞留之，不得。乃爲傅謀，於啓聖僧院置振濟局，募士民就食。一日之間至者萬計，陰以軍法部勒，將攻金營。久之，遷于同文館，所合已至數萬，多兩河驍悍之士。

既而有立張邦昌之議，革謀先誅范瓊輩，以三月八日起兵。謀既定，前期二日，有班直甲士數百人排闥入言：「邦昌以七日受册，請亟起事。」革乃被甲上馬，至咸豐門，四面皆瓊黨，紿革入帳，卽執之，脅以從逆。革罵之極口，引頸受刃，顏色不變。其麾下百人皆同死。

李翼，麟州新秦人。宣和末，爲代州西路都巡檢使，屯崞縣。金人取代，執守將嗣本〔二〕，遣來諭降，翼射卻之，帥士卒堅守。義勝軍統領崔忠殺都監張洪輔，夜引金兵入城，翼挺身搏戰達旦，力不敵被執。酋粘罕欲臣之，怒罵不屈，與縣令李聳、丞王唐臣、尉劉子英、監酒閻誠、將官折可與同死之。

阮駿者，興化軍人。紹聖元年進士，爲河南府少尹。金人犯京師，率所隸兵擁護神御殿，抱神御，罵聲不絕口，卒被害。特贈朝議大夫。

趙士𡼖字景瞻，太宗之後。生五歲，補右班殿直。既長，遊庠序，月試數居前列。一日，投筆歎曰：「昔賢有不願爲章句儒，出玉門關、佩侯印者，彼何人哉！」遂不復事科舉。去爲郡縣吏，累遷至淮南西路兵馬鈐轄，駐壽春。

劇賊丁一箭衆號十萬，來攻城。郡守不知兵，凡備禦之策悉委士𡼖。賊三旬不退，士𡼖募軍中敢死士與之謀。有張宣者應募，獨持槊縋城下，擊殺數十人，賊衆披靡。乃選壯士數百，夜開城門，出其不意擊走之，追奔數十里。以功遷三官，秩滿，授江東路鈐轄。





李成叛，據江、淮六七郡，連兵數萬，遣其黨馬進圍九江，守臣姚舜明與士𡼖及副鈐轄劉紹先禦之。進攻城益急，士𡼖竭力捍守。江東帥呂頤浩屯鄱陽，既復南康，與建武節度使楊惟忠兵會，遣統制巨師古援江州，未至，遇伏敗。紹興元年正月，詔張俊爲江、淮招討使，入辭，頗言成兵衆。高宗責以立功，俊悚懼受命。未至，城已陷。

時守城罷卒僅數千，捍賊百餘日，城中食盡，舜明、紹先議縱火，因棄城去，士𡼖毅然獨糾合部曲餘民守城。城破，衆號呼曰：「無殺我趙鈐轄。」賊入城大掠。成素服士𡼖之義，欲以爲僞安撫使，士𡼖怒罵曰：「賊欲屈我耶！」陰裂帛以書使示諸子曰：「賊不殺我，義不苟活，汝輩得出，爲我雪恥。」遂仰藥而卒，年五十二。賊怒，并害其家數十口。事聞，上嘉悼，贈武功大夫，官其孫二人。

士𡼖六子，皆有文行：不㦎、不忞、不愆、不悪、不懘、不隱。是役也，不忞、不懘、不隱死焉。

又宗子有士醫、士䁥、士遒，皆以死事聞。士醫，任秀州兵馬都監。建炎四年，兀朮入州，士醫乘城拒戰，城陷死之。後贈武翼大夫，官其二子。

士䁥，權知信陽軍。寇劉滿至，士䁥拒之。兵潰，滿執之去荆門，遇害。後贈右朝奉大

夫，官其一子。

士遹，以武翼大夫守宜江州。紹興五年，馬進寇江州，士遹遇害。贈武德大夫，官其家二人。

士跂（三），濮王曾孫也。靖康末，爲右監門衞大將軍、吉州團練使。金人驅宗室北行，士跂得間道遁去。居邢州，結士豪將舉事。有告者，金人執而殺之。事聞，贈保寧軍節度使，謚忠果。

叔皎，秦悼王四世孫。元豐中，爲右班殿直，累遷至德州兵馬都監。自靖康以來，劉順、呂拱、劉亨相繼謀叛，叔皎皆設方略捕擒之。建炎二年，金人圍城，郡檄叔皎率兵禦之，前後六戰。圍急，有江喆者，與郡守宗諒謀以城降，叔皎斬喆以徇。金人登城，叔皎猶力戰，勢窮被執，怒罵不屈，遂遇害。

叔憑，建炎間，任陝州都監，累官武翼大夫，就遷通守。金人圍陝州既久，援兵不至，城危。時叔憑子官盧氏，遺以蠟丸書曰：「人臣當死國難，況吾以近屬，其可辱命耶？死固其





所也。」遂死之。時通判王滸，職官劉效、陳思道、馮經、李岳、杜開，縣令張玘，將佐盧亨等五十一人俱死，無降者。

訓之字誨道，秦悼王五世孫。父叔侯，官至惠州防禦使。訓之登政和二年進士，調東平儀曹，知平江府吳縣。朱勔怙勢役州縣，訓之不爲屈。勔嘗執數輩詣縣請治，訓之悉縱之。忤勔，遂移疾去。

宣和末，盜起河北，訓之屢與人言：「契丹舊盟未可渝，金人新好未可恃。」未幾，金人犯京師，訓之居揚州，率大姓募士勤王，聞都城失守，乃止。

建炎三年，知吉州永豐縣。孟太后避地虔州，護衞統制杜彥與其麾下叛，後軍楊世雄應之，將犯永豐。訓之與尉陳自仁簡兵分爲二，一取間道邀賊後，一據地利匿其精兵以誘賊。賊至伏發，殲其衆。會賊別校繼至，官兵未成列，訓之率數十輩拒戰，厲聲罵賊，與自仁俱被害。事聞，詔贈訓之朝散郎、直祕閣，謚忠果，自仁通直郎，官其子，邑人爲立祠。

太后之發吉州也，至太和，衆皆潰。從事郎、三省樞密院幹辦官劉德老爲金人追騎所殺。官其家一人。

是年，金人過江，陳淬戰死，岳飛等兵皆引去。上元丞趙壘之帥鄉兵迎敵，死之。贈奉議郎，官其家一人。

聿之，安定郡王叔東子也，建炎中，爲成忠郎。金人圍潭州，帥臣向子諲率衆守城，聿之隸東壁。子諲循城，顧聿之曰：「君宗室，不可效他人苟簡。」聿之感慨流涕。金兵登城縱火，子諲率官吏突門遁去，城遂陷，聿之巷戰，大罵而死。將官武經郎劉玠亦死之。事聞，贈聿之左監門衞大將軍，玠武經大夫，皆官其家。其後朱熹爲請立廟，賜號忠節。

陳淬字君銳，興化軍莆田人。紹聖初，下第，挾策西遊。時呂惠卿帥鄜延，淬戎服往見，惠卿問相見何事，淬曰：「大丈夫求見大丈夫，又何事？」惠卿器之，補三班奉職。與西人接戰于烏原，手殺十餘人，擒其砦主。奏爲左班殿直、鄜延路兵馬都監，累遷武經郎。丁外艱。宣和四年，召赴闕，授眞定路分都監兼知北砦、河北第一將，尋拜忠州團練使、眞定府路馬步副總管。七年，金人入眞定，淬以孤軍禦之，妻孥八人皆遇害。

建炎元年，辟諸軍統制，宗澤命擊金人於南華，敗之。兼大名府路都總管兵馬鈐轄，擢知恩州。王善者，金之種落也。擁衆十萬，長驅兩河，遂襲恩。淬與長子仲剛拒戰，賊飛刃





及淬，仲剛以身蔽刃，死之。明年，善復圍陳州，淬大敗善兵，拜宿州安撫使。李成叛，詔以淬爲御營使、六軍都統、淮南招撫使討之，三戰三捷。

未幾，金人犯采石，又檄淬回援建康。淬將中軍，戚方將前，王躞將後。淬曰：「彼衆雖多，然止有二十艘，一艘不越五十人，每至不過千人。吾伏兵葭蘆翳薈間，俟其旋濟旋獲，前後不相知，訖濟，當盡獲矣。」杜充不從，金兵遂犯板橋，諸軍皆潰，淬獨與戰，勢窮力盡，據胡牀大罵，刃交於胸而色不動，與其從子仲敏俱死。詔贈拱衞大夫、明州觀察使，官其一子一壻。

黃友字龍友，溫州平陽人。少不羈，十五入太學，語同輩曰：「大丈夫不能爲國立功，亦造化中贅物耳。」因投筆西遊。邊帥劉法一見奇之，延致門下。會西鄙兵興，都護高永年戰沒，友作七詩哀其忠。其後幕府奏功，沒永年之實，恤典不及。其子以友詩進，徽宗覽之惻然，遂加贈謚，友亦免省試，登進士第，調永嘉、瑞安二縣主簿，攝華陰令，有政聲。

方臘竊發，友同諸將收復，所至披靡。婺寇復作，守留友攝兵曹，爲殄滅計。友請往諭之，既次浦江，賊望風解去。復單騎次武義，賊衆持釘一榼置其前，友正色叱之曰：「汝等何

速死耶？」賊首李德壯之，亟麾退，一境貼然，婺人圖像祀之。

通判檀州。會金人敗盟，郭藥師以常勝軍叛，燕土響應，友獨領數千人與之戰，躬冒矢石，破裂唇齒。欽宗卽位，制置使詹度奏友久服武事，籌略過人。丞相何㮚從而薦之，召對，問友唇齒破裂狀，爲之稱歎，賚予甚渥。

進直徽猷閣、制置司參謀官，同种師中解太原圍。友遣兵三千奪榆次，得糧萬餘斛。明日，大軍進榆次十里而止，友亟白師中：「地非利，將三面受敵。」論不合，友仰天歎曰：「事去矣！」迨曉，兵果四合，矢石如雨，敵益以鐵騎，士卒奔潰。敵執友謂曰：「降則赦汝。」友厲聲曰：「男兒死耳！」遂遇害。帝書「忠節傳家」四字旌其閭，官其後八人。

友體貌英偉，膽雄萬夫，謀畫機密，出人意表。嘗語子弟曰：「天下承平日久，武事玩弛，萬一邊書告警，馬革裹尸，乃吾素志。他日收吾骸，足心黑子爲識也。」其忠誠許國根於天性如此。

郝仲連，昌元人。建炎元年，金人犯河中，守臣席益遁去。仲連時爲貴州防禦使，宣撫范致虛遣節制河東軍馬，屯河中，就權府事。金將婁宿以重兵壓城，仲連率衆力戰，外援不





至，度不能守，先自殺其家人，城陷不屈，及其子皆遇害。後贈中侍大夫、明州觀察使。

劉惟輔，涇州人。以同州觀察使爲熙河馬步軍副總管。金人既得秦州，經略使張深遣惟輔將三千騎禦之。金前軍蹂鞏州，距熙才百里，惟輔留軍熟羊城，以千八百騎夜趨新店。黎明軍進，短兵相接，殺傷大當。惟輔舞矟刺其先鋒將孛堇黑鋒，洞胸墮馬死，敵爲奪氣退。深檄隴右都護張嚴往追之，至鳳翔境上，惟輔不欲聽嚴節制，乃自別道由吳山出寶鷄，獲金遊騎。嚴擁大兵及金人於五里坡，金人知之，伏兵坡下，嚴與曲端期而不至，徑前，遇伏死之。惟輔自石鼻砦遁歸。

金人略熙河，惟輔將去，顧熙河尚有積粟，恐金人因之以守，急出悉焚之。金人追及，所部皆走，惟輔與親信數百匿山寺中，遣人詣夏國求附，夏國不受。其親信軍詣金人降，金人執惟輔，誘之百方，終不言。金人怒，捽以出，惟輔奮首曰：「死犬！斬卽斬，吾頭豈汝捽也。」顧坐上客曰：「國家不負汝，一旦遽降敵耶？」卽閉口不復言而死。張浚聞之，承制贈昭化軍節度使，賻銀帛布以二百計，官子孫十二人，立廟成州，號忠烈。

有高子儒，狄道人。知蘭州龕谷砦，聞惟輔尚存，固守以待。及城陷，先刃其家而後死。韓青爲熙河馬步軍第六將，間行從惟輔，爲金人所擒，亦罵不絕口而死。

牛皓，福津人，爲武功大夫、川陝宣撫後軍中部將。紹興五年，金右都監撒离曷與其熙河經略使慕洧欲犯秦川，宣撫副使吳玠遣諸校分道伺之。皓至瓦吾谷，與金將虎山遇，皓所部步卒不滿二百，乃下與戰，謂其徒曰：「吾所以舍馬者，欲與若等同死也。」金人見皓異於它人，欲招之，皓力戰死。

有承信郎高萬，且罵且戰，與熙河路部將任安、宣撫司隊官秦元、薛琪、張亨皆死於陣。金人相謂：「眞健兒也。」後皓、安皆贈翊衞大夫，官其家五人，贈萬等三官，錄其子。

魏彥明，開封人。通判延安府。建炎二年，金人陷府東城，而西城猶堅守。金人併兵入鄜延，王庶自當鄜州來路，遣統制官龐世才當延安來路。天大雪，世才戰敗，自是金兵專圍西城。初受圍時，彥明與權府事劉選分地而守，彥明當東壁，空家貲以賞戰士，金人不敢犯。王庶子之道未弱冠，率老弱乘城。金人晝夜攻城，閱十有三日城陷，彥明坐子城樓上，





金人併其家執之，諭使速降。彥明曰：「吾家食宋祿，犬輩使背吾君乎？」婁宿怒殺之。詔贈中大夫，官一子。

劉士英，宣和間爲溫州教授。方臘陷處州，州人爭具舟欲遁，士英奮謂不當避。自郡將而下皆排沮之，士英獨身任責，推郡茂才石礪爲謀主，治兵峙糧，籍保伍，分其地爲八隅，委官統率，以鍾爲約，令民聞鍾聲則趨所守堞。未幾，賊來攻，拒守凡四十餘日，官軍繼至，賊潰去。

靖康初，通判太原府。金人入境，帥臣張孝純欲避之，士英率通判方笈、將官王稟力止孝純。及城陷，稟赴火死，士英持短兵接戰，死之。笈在金，因講和使附書言二人死節，後刻石于衢、溫二州。

翟興字公祥，河南伊陽人。少以勇聞。劇賊王仲起，興與弟進應募擊賊，號大翟、小翟。金人犯京師，西道總管王襄檄興統領在城軍馬。以保護陵寢功補承信郎，辟京西北路

兵馬副鈐轄，爲陝西宣撫司前軍統制。高世由以澤州降金，金以爲西京留守。興與進提步卒數百，卷甲夜趨洛陽，擒世由等斬之。

羣盜冀德、韓清出沒汝、洛間，興以輕騎追襲，德就擒，清僅以身免。會進爲叛將楊進所害，賊乘勢擊敗官軍，興帥餘衆拒賊，保伊川。明年，愬進死事于朝，以興代進爲京西北路安撫制置使兼京西北路招討使，兼知河南府。楊進屯鳴皐山北，興與子琮帥鄉兵時出擾之，進懼，棄輜重南走，興邀擊于魯山縣，進中流矢死，餘衆潰去，西京平。賊王俊據汝州，興引兵攻之，俊棄城去，退保鐵蓋山，興進攻，免冑大呼曰：「賊識我乎？我翟總管也。」衆皆披靡，遂破之。

金人犯河陽、鞏縣、永安軍，興遣子琮與搏戰，屢捷，追至澠池。詔授河南孟、汝、唐州鎭撫使兼知河南府，轉武略大夫兼閤門宣贊舍人，寓治伊陽。時河東、北雖陷，土豪聚衆保險，興遣蠟書結約之，向密、王簡、王英輩皆願受節制。奏上，高宗嘉之，授河東、北路軍馬使，徧檄山砦，由是汾、澤、潞、懷、衞間山砦首領皆應命。

金人入陝右，興遣將邀擊，俘五十餘人，又遣子琮生擒金河東都統保骨，遂復陽城縣，乘勝取絳之垣曲，進至米糧川。紹興元年春，金重兵犯河南，時興軍乏糧，就食諸道，僅存親兵自衞，人情震恐。興授將彭玘方略，設伏于井首，俟敵至陽遁，金衆果追玘，伏發，金帥





就擒。鄧州人楊某擁衆河北，僞稱「信王」，興遣將董先追獲于商州殺之。進武功大夫、忠州團練使。

劉豫將遷汴，以興屯伊陽，憚之，遣蔣頤持書誘興以王爵。興斬頤焚其書，豫計不行，乃陰遣人啗裨將楊偉以利，偉殺興，攜其首奔豫。或云：賂偉爲內應，以兵徑犯中軍，興奮擊墜馬死。事聞，贈保信軍節度使。

興威貌魁偉，每怒，鬚輒張。軍食不繼，士以菽粟雜藜藿食之，激以忠義，無不奮厲。在河南累年，金人不敢犯諸陵。詔賜軍名「忠護」。

子琮，沈勇有父風，繼興爲鎭撫使；琳，閤門祗候。

進字先之。以捕盜勞補下班殿侍，累功充京西第一將。坐熙河帥劉法涇原戰失利，降官停任，尋敘復。女眞歸故地，改河北第四將。往至遂城，會契丹兵奄至，都統制劉延慶以進爲先鋒，與契丹戰于幽州石料岡、盧溝河皆捷。又與契丹大將遇于峯山，力戰彌日，契丹潰去。

金人犯京師，朝廷密詔西道總管王襄會兵三萬赴京城，至葉縣，襄欲引兵而南，進諫止之，因分軍遣進持書而西。時經略使范致虛已合五路軍馬次潼關，以進統河南民兵，收復西京。進至福昌，遣兵襲金營。時金遊騎往來外邑，進設伏擒之。金人逼靈山砦，進父子兄弟與之戰，潰圍至高都，集鄉兵七百人，夜行晝伏，五日至洛城，夜半破關入，擒高世由。再捷于伊陽白草塢。都總管孫昭遠至洛陽，以進戍澠池界，授武義大夫、閤門宣贊舍人。

金人犯白浪隘，將渡河，進破之。未幾，洛陽再陷，進在伊陽，衆散亡才千人。金人犯薛封，進選精銳三百人，夜縱火斫其營，焚死者甚衆。又戰于驢道堰，生擒金將翟海，追至梅花谷。賊冀德、韓清嘯聚南陽，進間道擊之，德降，繼斬清于艾蒿平。勒兵抵龍門，屢與金人夾河戰，乘勝入洛陽。或曰：「彼砦尙固，城未可守。」不聽。金人聚懷、衞、蒲、孟數州之衆薄城下，斧諸門入，進率士卒巷戰，次子亮死之。遷武功大夫、閤門宣贊舍人，充京西北路兵馬都鈐轄，尋授馬步軍副總管，升本路制置使，兼知河南府。

會東京留守杜充所招巨寇楊進號「沒角牛」者，擁兵數萬，殘害汝、洛間。進謂其兄興欲力除之。會楊進遣數百騎絕水犯進營，進乘半渡擊之，追賊數十里，破賊四砦，馬驚墜塹，爲賊所害。贈左武大夫、忠州刺史，官其後五人。

朱躍，湖州安吉人，知錢塘縣。建炎三年，金人陷杭州，初犯餘杭，守臣康允之退保赭





山。躍白允之率弓手、土軍前路拒敵，使杭民爲逃死計。行二十里，遇金兵，躍兩中流矢，左右掖至天竺山，猶能率鄉兵禦敵。後數日遇害。時兀朮自安吉進兵，過獨松關，曰：「南朝若以羸兵數百守此，吾豈能遽度哉！」

朱良者，字良伯，吳郡人。世儒科。建炎中，爲海鹽縣尉。金兵入境，良謂僚友曰：「今日乃忠臣義士死國之時也。」被甲執戈，集所部百餘人奮而前，擊金兵數人死，衆爲披靡，然力不敵，竟死。事聞，官其子思，後守漢陽。

方允武者，衢州人。武學上舍，補官爲常州宜興巡檢。建炎三年，金人入縣之金泉鄉，允武率土軍、鄉民迎敵，殺獲數級，奪弓箭與旗。後遇金兵梅嶺村，力戰而沒。詔贈兩官，官其家二人。

龔楫字濟道，兵部侍郎原之孫，世以儒學顯。楫懦如不勝衣。建炎初，聞金人陷郡縣，輒忿恚不食，念有以自見而不可得。兀朮據和州，以偏師萬人築堡新塘，遏絕濡須之路。

揖率家僮百餘人襲之，鄉里從者二千餘人，獲千戶二，繫累者數百人，輜重稱是。縱遣所掠州民父母妻子，將歸于滁、和鎮撫司。遇金兵大至，乃取道圩上，金騎兵據其衝，不得前，衆多赴水死。揖麾其衆曰：「今日鬭死亦足爲義士，自棄溝瀆無益也。」戰敗，爲金人所獲，猶挺劍刺其一人，罵不絕口，金人臠割之。年二十二。

金人初至新塘，有蔣子春者，教授里中。金人見其挾書，又人物秀整，喜之，欲命以官，子春怒罵，乃殺之。

李亘者，字可大，兗州乾封人。少好學，有知慮。大觀二年進士。徐處仁當國，擢尚書郎官。建炎末，金人犯淮南，亘不及避，劉豫使守大名。與凌唐佐謀，密陳豫可取狀告于朝。募卒劉全、宋萬、僧惠欽輩十餘，往返事泄，全、萬、惠欽爲邏者所得，亘坐死。後贈官，立祠曰愍忠。

又有武顯大夫孫安道，爲應天府兵馬鈐轄。城陷不得歸，謀挺身還朝，爲人所告而死。後贈忠州刺史。





凌唐佐字公弼，徽州休寧人。元符三年進士。建炎初，提點京畿刑獄，加直祕閣，知南京。南京陷，劉豫因使爲守。唐佐與宋汝爲密疏其虛實，遣人持蠟書告于朝。江、淮都督呂頤浩過常州，得唐佐從孫憲，授保義郎、閤門祗候，俾持帛書遺之。憲至睢陽，事泄，豫捕唐佐并其家，憲脫歸。唐佐見豫，責以大義，豫怒，斬唐佐境上。李橫復潁昌，言于朝，詔贈徽猷閣待制。

楊粹中，眞定府人。建炎二年，金人大入，時粹中知濮州，固守不下。粘罕以濮小郡，易之，將官姚端乘其不意，夜擣其營，直犯中軍，粘罕跣足走，僅以身免。遂急攻城，凡三十三日而陷，端率死士突出。粘罕入其城，粹中登浮圖不下，粘罕嘉其忠義，許以不死，乃以粹中歸。粹中竟不屈而死，守禦官杜績亦死之。贈粹中徽猷閣待制。

强霓自金歸宋，爲武功大夫、閤門宣贊舍人、知環州、環慶路統制軍馬兼沿邊安撫使。隆興間，金兵圍環州，與其弟武經大夫、環慶路統領沿邊忠義軍馬震堅守孤城，招誘使降，不屈，城陷死焉。興州駐箚御前諸軍統制吳挺言于朝，並贈觀察使，立廟西和州，賜額旌忠。

康傑者，權知扶風縣，與金將馮宣戰，宣愛而欲招之，傑奮曰：「吾今也當死於陣，不能降敵。」宣殺之。

李仲者，知天興縣，堅守不下，城陷，曰：「吾豈使敵殺我。」遂自殺。

郭僎字同升，開封祥符縣人。以父任調海州東海縣尉，權祥符縣尉。時童貫子師閔死，敕葬邑境，僎任道途之役。貫命徹民屋之當道者，僎先籍童氏屋數十間欲毀之，貫遽令勿毀，由是民屋得免。

再調濱州招安丞，又爲亳州蒙城丞。令以鹽科邑民，僎爭之不可。郡守以僎丞鹿邑，中貴人楊逢周率軍士二百人，以捕寇爲名入邑境，所至騷動。僎檄逢周取所受文書，逢周不與，僎令尉譏察之。逢周歸，愬於徽宗，詔追僎赴開封府獄，獄以狀聞，乃使還任。

辟權咸平縣丞。靖康初，勤王兵有剽掠邑界者，僎率民兵擊之，得犯者斬以徇。會金人大至，力不敵，其僚欲降之，僎走南京從趙野乞師，不從，慟哭而歸。尋知宜城縣。苗傅、劉正彥之變，呂頤浩傳檄諸郡，僎說郡守劉珏，請募勇士倍道赴難，揭榜復用建炎年號，人皆韙之。





通判全州，權饒州浮梁宰，未行，時有賊張頂花者已逼縣境，衆止之，僎曰：「安逸則就，艱危則辭，非我所學。」徑就道。至縣，約束吏士，誓以死戰。賊聞之，僞降，入邑爲變，邑官竄伏，僎曰：「吾爲宰，義不可去。」端坐公署，賊徒責僎，僎大罵不絕口，遂遇害。詔贈承議郎，錄其後二人。

郭贊者，汝陽縣丞也。建炎二年，金人陷蔡州，守臣閻孝忠聞之，先遣其家，獨聚軍民守城。金人陷城，孝忠爲所執，見其貌陋且侏儒，乃令荷擔，因乘間而逃。獨贊朝服詬叱不肯降，遂見殺。

王迸字純父，饒州樂平人。鄉舉恩免，爲固始簿，攝邑。紹定中，金兵犯淮，守令望風遁，迸度力不能禦，懷印自投于井而死。

吳從龍字子雲，官至武功郎、建康府統制。紹定兵難，爲先鋒，援不至，被擒，使至泰州城下誘降，終不屈，死之。廟祀揚、泰二州，賜額褒忠。官其弟從虎，至武經大夫。

司馬夢求，敍州人，温國公光之後也。母程，歸及門，夫死，誓不它適，旌其門曰「節婦」。夢求，其族子，取以爲後。景定三年，舉進士。咸淳末，調江陵沙市監鎮。沙市距城才十五里，南阻蜀江，北倚江陵，地勢險固，爲舟車之會，恃水爲防。德祐元年，湖水忽涸，北兵横過中道，乘南風縱火，都統程文亮逆戰于馬頭岸，制置使高達束手不援，文亮降。夢求朝服望闕再拜，自經死。

林空齋，永福人，失其名。父同〔三〕，官至監丞。空齋舉進士，歷知縣，解官家居。益王立，張世傑圍泉州，乃率鄉人黄必大、劉全祖〔四〕即其家開忠義局，起義兵，復永福縣。時王積翁以福安送款世傑，然實密約北兵。兵至，居永福，必大、全祖等走它邑。空齋盛服坐堂上，嚙指血書壁云：「生爲忠義臣，死爲忠義鬼。草間雖可活，吾不忍爲爾。諸君何爲者，自古皆有死。」俄見執，不屈而死。





黄介字剛中，隆興分寧人。意氣卓越，喜兵法。制置使朱禩孫帥蜀，介上攻守策，禩孫愛之，以自隨。夏貴辟充廣濟簿尉，平反死囚，尹不能抗。錢眞孫復辟入幕，及與眞孫別，誦「南八，男兒死爾」語以勉之。後家居，帥鄉民登龍安山爲保聚計。德祐元年，北兵至砦，衆奔潰，介堅守不去，且射且詬，面中六矢不爲動，顧謂家僮陳力曰：「爾盡力勿走。」力曰：「主在，死生同之。」介身被鏃如蝟，面頸復中十三矢，倚柵而死，力亦死。妻劉被掠，子用中逃，得不死。及壯，求母四方，逾十年，得于京師以歸，州里稱爲黄孝子云。

孫益，揚州泰興人。少豪俠。紹定中，李全犯揚州，遊騎薄泰興城下，縣令王爚募人守禦，益起從之。俄賊兵大至，益率衆拒之。衆見賊勢盛，且前且卻，益厲聲呼曰：「王令君募我來，將以守護城邑也。今賊至城下，我輩不爲一死，復何面目見令君乎？」遂身先赴敵死之。

同時顧緒、顧珣俱戰死。事聞，贈益保義郎，緒、珣承節郎，各官其子一人。

王仙，蜀都統也。守涪州，北兵攻圍無虚日，勢孤援絶。宋亡之二年，城始破，仙自刎，斷其亢不殊，以兩手自摘其首墜死。

曹琦，蜀進士也。知南平軍，亦被執，脱身南歸，制置辟主管機宜文字。聞都統趙安以城降，就守禦地自經死。

吳楚材名炎，以字行，建昌南城人。

德祐元年，建昌降，明年春，楚材還其鄉領村，糾集民兵。時江西制置使黄萬石走邵武，遂繇邵武守黎靖德請于萬石，乞濟師，萬石不許，而授楚材迪功郎、權制置司議官以安之，且戒勿興兵。楚材不聽，二月己亥，自領村率衆，晨炊蓐食，將攻城。鉦鼓震動，甫至近郊之龜湖，北兵三道蹴之，奪其長梯鐵鉤，因進攻領村，拒以木栅，不得入。事聞，益王元帥府承制遷楚材宣義郎、帶行太社令、知建昌軍，俾聚兵圖再舉。萬石匿其命。

楚材既失利，且乏援，大元兵誘降，其衆多解去。楚材走光澤，爲人所執，及其子應登





以獻。郡遣錄事婁南良訊之曰：「汝何爲錯舉？」楚材抗聲曰：「不錯，不錯。如府錄所爲，乃大錯爾。府錄受宋官爵，今乃爲敵用事，還思身上綠袍自何而得？吾一鄙儒，特爲忠義所激，爲國出力，事雖不成，正不錯也。」南良愧而語塞。及吳浚爲江西制置、招討使，斬楚材父子，傳首諸邑。益王立于福州，聞而哀之，贈官朝奉郎，即邵武境上立廟，賜名忠勇。

李成大字實夫，南康軍建昌人，文定公李迪之從子也〔五〕。寶祐四年進士。德祐初，知金壇縣。北兵至，與寄居官潘大同、大本率民兵巷戰，不勝，大同兄弟死之。吏民挾成大降，乃潛與胡用存謀復金壇，事泄繫獄，搒掠不屈，遂殺其二子以懼之，終不屈，笑曰：「子爲父死，臣爲君死。」卒殺之。

事聞，贈朝散大夫、直祕閣，謚忠節。制曰：「外難方熾，擁名城數十而降者，相望也。守封疆之臣，父忠於前，子繼於後，如晉卞氏，可無褒乎？通直郎、知鎮江府金壇縣乘弓手砦兵正李成大勁氣排霄，精忠貫日，壯志弗就，以沒其身。繸以大夫之階，官其二孤，用慰英爽。」

陶居仁，太平之蕪湖人，以行義聞州里。仕爲鎭江錄事參軍。北兵攻鎭江，守臣洪起畏遁，統制官石祖忠舉城降，居仁見執，抑使降。居仁曰：「吾固知曆數窮而世運更也，詎可失忠義求苟生邪？得以死報朝廷，夫何憾。」竟不屈，遂見殺。大帥至，聞居仁死時語，歎嘖之，爲棺斂，使人護以還其家，瀕流數百里，不時頃至，人皆異之。鄉人爲立祠。

## 校勘記

〔一〕安上門　靖康要錄卷一六、北盟會編卷八四都作「宣化門」。

〔二〕嗣本　北盟會編卷二五作「李嗣本」。

〔三〕士跂　原作「士跋」，據本書卷二三〇宗室世系表和宋會要帝系三之二一、禮五八之九改。本卷傳目及下文「士跂」同。

〔四〕林空齋永福人失其名父同　按嘉慶一統志卷四二六所記福州名宦及邵晉涵南江札記卷四林空齋條按語，都以林空齋與林同爲一人；本書卷四六〇劉仝子妻林氏傳，林氏林公遇之女，參照其兄死事情況，空齋當爲其兄；據劉克莊後村先生大全集卷六九林同詩序、卷一四九直秘閣林公墓誌銘、卷一五一林寒齋墓誌銘，林同是公遇之子，不名「空齋」，其經歷與本傳所敍迥異，亦





無妹適劉事。

〔五〕劉仝祖　按本書卷四六〇劉仝子妻林氏傳，劉仝子「爲福建招撫使起義兵」，與此處劉仝祖起義事基本相同，疑二人本爲一人，不知何名爲是。

〔六〕文定公李迪之從子也　按李迪謚文定，北宋人，本書卷三一〇有傳，生於公元九六五年，卒於一〇三四年。李成大南宋人，卒於一二七五年，不可能是李迪的從子，疑此有誤。

# 宋史卷四百五十三

## 列傳第二百一十二

### 忠義八



高永年，河東蕃官也。爲鱗州都巡檢。王贍取青唐，永年總蕃兵爲先鋒。贍入邈川，而宗哥叛，永年以千騎直抵其城，開省章峽路，擊走叛羌，結陣還青唐。羌攻甚急，復擊之





去。會苗履、姚雄以援師至，戰溪蘭宗堡，履少卻，永年領勁騎斷羌爲二，乃退。復與李克保敦谷，又戰于乾溝，單馬援矛，刺羌酋彪雞廝萬衆之中，斬其首，餘衆宵遁。已而隴拶自乾溝逼鄯州，永年佐贍拒守，及雄棄湟、鄯，皆以永年殿歸師。

崇寧初，知岷州。蔡京議復兩州，王厚使永年帥兵二萬出京玉關，克安川堡，遂至湟，即知州事。自皇城副使進四方館使、利州刺史，爲熙、秦兩路兵都統制，將前軍駐宗哥北。溪賒羅撒萃精勇據高阜，欲衝官軍，永年揮選鋒突陣，師乘之，羌大敗，遂平鄯州。遷賀州團練使，知其州。

溪賒羅撒合夏國四監軍之衆，逼宣威城，永年出禦之。行三十里，逢羌帳下親兵，皆永年昔所推納熟戶也。永年不之備，羌遽執永年以叛，遂爲多羅巴所殺，探其心肝食之，謂其下曰：「此人奪我國，使吾宗族漂落無處所，不可不殺也。」是役也，王厚實主其事，而謀策皆出永年，乃劾永年信任降羌，坐受執縛，故贈恤不及云。

永年略知文義，范純仁嘗令贊所著書詣闕，作元符隴右錄，不以棄湟、鄯爲是，故蔡京用之，雖成功，然竟以此死云。

中華書局

鞠嗣復，不知何許人。宣和初，知歙州休寧縣。方臘黨破縣，欲逼使降，面斬二士以怖之，嗣復罵曰：「自古妖賊豈有長久者，爾當去逆從順，因我而歸朝，官爵尚可得，何爲脅我使降？」嗣復知必死，不少懾，厲言何不速殺我，賊曰：「我，縣人也。明府宰邑有善政，我不忍殺。」乃委之而去。初，嗣復聞難，率吏民修城立門，衆赴功，守備略就。朝廷知之，進其官二等，加直祕閣，擢知睦州。嘗爲賊所傷，自力度江乞師於宣撫使，未及行而卒。

宋旅字庭實，莆田人。第進士，累官奉議郎、知剡縣。方臘既陷歙、睦、杭、衢、婺五州，且犯越，越盜亦起應之。縣吏多遁，旅遣妻子浮海歸閩，獨與民據守，以忠義激勸，部勒隊伍，爲豫備計。俄而盜衆大至，躬率壯銳，冒矢石，雖頗殺獲，終以力不敵，遂死之。越帥劉韐上其事，詔贈朝散郎，錄其四子。

丁仲脩字敏之，温州人。方臘黨俞道安陷樂清，將渡江。巡檢陳華往捕，死之。先鋒將張理同、李振出南門迎敵，渡八接橋，橋斷馬蹶，溺死。賊至帆遊，夏祥遣輔褒迎戰數十合，褒死之。仲脩帥鄉兵禦諸樂灣，鄉兵失據而散，仲脩以餘兵與賊戰，力屈乃死。





項德，婺州武義人，郡之禁卒也。宣和間，盜發幫源，明年陷婺，而邑隨沒。德率敗亡百人破賊，因據邑之城隍祠。自二月訖五月，東抗江蔡，西拒董畢，北捍王國，大小百餘戰，出則居選鋒之先，入則殿後，前後俘馘不可勝計。賊目爲「項鷂子」，聞其鉦則相率遁去。方謀復永康諸縣，而官兵至，德引其衆欲會合，賊盡銳邀之黃姑嶺下，德戰死。邑人哭聲震山谷，圖其像，歲時祭之。

孫昭遠字顯叔，其先眉州眉山人。元祐間進士，調長沙尉，辟河東經略司幹當公事，歷鳳翔府天興縣、河北山東撫諭盜賊幹當公事，尋擢河北、燕山府路轉運使。

靖康元年，召爲水部員外郎。金人圍太原，宋師多潰，欽宗遣折彥質乘傳同昭遠招集。會洛陽陷，西京留守、西道總管王襄徙治襄、漢，授昭遠西道總管。道收潰卒至京兆，遇永興路安撫范致虛會諸軍入援，昭遠督其進，且檄諸道使出師。環慶帥王似、熙河帥王倚各以師會，涇原帥席貢、秦鳳帥趙點、鄜坊使張深皆後師期，昭遠二十有八疏劾之。合諸道兵得十萬，命馬祐昌統之。昭遠與致虛同出關，祐昌與金人戰敗。京師陷，遣使至大元帥府。

建炎元年，遷河南尹、西京留守、西道都總管。至洛收集散亡，得義兵萬餘人，柵伊陽，使民入保。其冬，金人來攻，昭遠遣將姚慶拒戰，軍敗，慶死。昭遠命將官王仔奉啓運諸殿神御，間道走行在。金兵益熾，昭遠戰不利，其下欲擁昭遠南還，昭遠罵曰：「若等平日衣食縣官，不以此時報國，南去何爲！」叛兵怒，反擊昭遠，遂遇害。官屬無免者。四年，追贈徽猷閣待制。

曾孝序字逢原，泉州晉江人。以蔭補將作監主簿，監泰州海安鹽倉，因家泰州。累官至環慶路經略、安撫使。過闕，與蔡京論講議司事，曰：「天下之財貴於流通，取民膏血以聚京師，恐非太平法。」京銜之。時京方行結糴、俵糴之法，盡括民財充數，孝序上疏曰：「民力殫矣。民爲邦本，一有逃移，誰與守邦？」京益怒，遣御史宋聖寵劾其私事，追逮其家人，鍛鍊無所得，但言約日出師，幾誤軍期，削籍竄嶺表。遇赦，量移永州。京罷相，授顯謨閣待制、知潭州。復以論傜事與吳居厚不合，落職知袁州，尋復職，再知潭州。

道州傜人叛，乘高恃險，機毒矢下射，官軍不得前，於兩山間仆巨木，橫累以守。孝序夜遣驍銳攀援而上，以大兵繼進，破平之。進顯謨閣直學士，遷龍圖閣直學士、知青州。繕修城





池，訓練士卒，儲峙金穀，有數年之備，金人不敢犯。高宗即位，遷徽猷閣學士，升延康殿學士，召赴行在。既而青州民詣南都借留，許之。

先是，臨朐土兵趙晟聚衆爲亂，孝序付將官王定兵千人捕之，失利而歸。孝序責以力戰自贖，定乃以言撼敗卒，奪門斬關入，孝序出據廳事，瞋目罵之，遂與其子宣教郎訏皆遇害，年七十九。城無主，遂陷。

知臨淄縣陸有常率民兵拒守，死于陣。知益都縣張侃、千乘縣丞丁興宗亦死之。後贈孝序五官，爲光祿大夫，謚威愍；子訏承議郎。有常朝散郎，錄其家一人。贈侃、興宗二官，官二子。

趙伯振，太祖八世孫。宣和六年進士。靖康末，爲鄭州司錄，捍禦有功。上聞之，就遷直祕閣、通判州事。建炎元年〔二〕，金人犯鄭州，守臣董庠棄城走。越八日城陷，伯振率兵巷戰，中流矢墜馬，遂遇害。事聞，贈朝請大夫，官其一子。

中華書局

王士言，武舉進士。累立戰功，西北服其威名。宣和初，擢河東廉訪使者。方臘爲寇，詔擇材略之士，馮熙載薦爲東南第三將，首解嘉興之圍。靖康元年，詔以浙西兵往河東防秋。金人攻澤州，畢力守禦，金兵日增，士言分必死，他將力屈，城西南遂陷，乃使親卒持劍歸報，巷戰而死。康允之上其事，贈拱衞大夫、忠州團練使，官其後五人。

祝公明，處州麗水人。太原府盂縣主簿。靖康間，金人犯河東，令棄官去，公明攝縣事，率保甲入援，圍守踰年，城陷不屈。子陶，爲唐州司戶，中原失守，陶亦死官所。建炎中，贈公明承事郎。

薛慶，起羣盜，據高郵，兵數萬人，多驍雋敢鬥，能以少擊衆，附者日多。張浚聞慶無所係屬，欲歸麾下，親往招之。慶感服，因使守高郵，尋遷拱衞大夫、福州觀察使、承州天長軍鎮撫使。金人還自浙，屯天長、六合間，慶率衆劫之，得牛數百，悉賤估分畀民之力田者。金人欲自運河引舟北歸，而趙立在楚，慶在承，扼其衝不得進。金左監軍昌來見兀朮，欲會兵攻楚州，眞、揚鎮撫郭仲威聞之，約慶俱往迎敵。慶至揚州，仲威殊無行意，置酒高



會。慶怒曰：「此豈縱酒時耶？我爲先鋒，汝當繼後。」上馬疾馳去，平旦出揚州西門，從騎不滿百，轉戰十餘里，亡騎三人，仲威迄不至。慶與其下奔揚州，仲威閉門拒之，慶倉皇墜馬，爲金追騎所獲。馬識舊路還，軍中見之曰：「馬還，太尉其死乎。」金人殺慶，承州陷。訃聞，贈保寧軍承宣使，官其家十人，封其妻碩人。

孫暉〔二〕，爲泗州招信縣尉。建炎三年正月，金人陷泗州，州守呂元、閻瑾焚淮橋遁。金人由招信將渡淮，暉將射士民兵禦之，沈其數舟。會大霧蔽日，金人莫測其多寡，相持踰半日，以疑兵縻暉，自上流渡兵。暉又戰且卻，城破，竟死于敕書樓。

李靚字彥和，吉州龍泉人。幼孤，母督之學，不肯卒業，母詰之，辭曰：「國家遭女眞之變，寓縣雲擾，士當捐軀爲國戡大憝，安能呫嗶章句間，效淺丈夫哉？」岳飛督師平虔寇，挺身從之，未行，奔母喪。服除，走淮南，以策干都督張浚，浚奇之，使隸淮西總管孫暉戲下。累功授承信郎。

紹興十年，金遣其將翟將軍犯境，靚與部曲當其鋒，轉戰至西京天津橋南，俘翟將軍，乘勝逐北。會金兵大至，遂死之，年三十一。

楊照者，濠州將官也。金人圍城急，照躍上角樓，刺賊之執黑旗者，洞腹抽腸而死。照俄中流矢，卒。有統領丁元者，遇金人十八里洲，被圍，元大譟其徒，勉以毋得負國。一舟二百人皆鬥死。詔並贈承信郎，錄其後。

宋昌祚，和州鈐轄也。建炎三年，兀朮犯和州，州人推昌祚權領軍事，率衆堅守，金人圍之數匝。禁軍左指揮使鄭立亦拳勇忠憤，共激士卒，晝夜備禦不少怠。閱數日，軍士胡廣發弩中兀朮左臂，兀朮大怒，飛砲雨集，徑登弩發之地，城立破，金人入屠其城。昌祚與權倅唐璟〔三〕、歷陽令蹇譽、司戶徐䖶、縣尉邵元通及立、廣皆死譙樓上，磔裂以徇。軍士多不降，潰圍西出，保麻湖水砦，推鄉豪爲統領。聞於朝，遂以趙霖爲和州鎮撫使，昌祚、璟、譽、䖶、元通各贈官，錄其子弟。



李政，爲雲騎第六指揮，在京東立戰功，補官授河北將官，冀州駐劄。靖康二年，知州權邦彥以兵赴元帥府勤王，金兵來攻，政守禦有法，紀律嚴明，軍民皆不敢犯。金屢攻城，政皆卻之。夜擣其砦，所得財物盡散士卒，無纖毫入私家。號令明，賞罰信，由是人皆用命。俄攻城甚急，有登城者，火其門樓，與官兵相隔〔四〕，政呼曰：「事急矣。有能躍火而過者，有重賞。」於是有十數人皆以濕氊裹身，持仗躍火而過，大呼力戰，金人驚駭，有失仗者，遂敗走。政大喜，皆厚賞之。未幾政死，城遂陷。權知州事單某者不降，自經死。

姜綬，處州麗水人。金人再犯京師，內外不相聞。朝廷募忠勇士齎蠟書往南京總管司調兵赴援，綬以忠翊郎應募，乃封股藏書，縋下南壁，爲邏騎所獲，厲聲叱罵，遂被害。建炎中，州上其事，官其子特立承信郎。

劉宣，爲秦鳳路兵馬都監。金人入關、陝，宣遣蠟書密與吳玠相結，且率金將任拱等以所部歸朝。約日已定，有告之者，金人取宣縷擘之，其家屬配曹州。

屈堅，爲右武大夫、忠州防禦使。建炎二年，金人圍陝府，堅引所部救之。圍解，金人執堅，堅曰：「始吾所以來，爲解圍也。城苟全，吾死何憾。」叱金人使速殺之。後贈三官，錄其家五人。

王琦，爲弓門砦巡檢。建炎四年，金人還自熙河，琦禦之。金人立招降旗牓，改年號阜昌，衆皆拜，琦獨不屈。金人執而殺之。

韋永壽者，紹興三十二年〔五〕，以統制官與金人戰和州，子承節郎世堅救之，同死。張浚以言，贈中衞大夫、融州觀察使，世堅贈三官。

鄭覃字季厚，明州人。靖康二年貢于鄉。建炎四年春，金人陷明州，縱兵大掠，覃挈族辟難山谷間。金人追及，與兄章俱被執，脅以刃，曰：「予吾金，卽貰死。」覃號泣指所瘞黃金





敍遺之，遂見釋。而金兵相屬，覃挈小舟與其妻董同載去，顧謂章曰：「萬一不得脫，覃豈北面事異國者，兄勉主祭祀。」復爲兵所刼去，迫使之降，覃厲辭罵不屈，躍入水中。董哭曰：「夫亡矣，與其受辱以生，不如死。」亦自沈。覃死後，孫、曾多舉進士，而淸之最顯。覃累贈太師、秦國公，董秦國夫人。

姚興，相州人，靖康中，以州校用。刼殺金人有功，借補承信郎。建炎初，張琪聚兵歸東京留守宗澤，興往從之，又從琪依劉洪道于池州。紹興元年，琪叛，掠饒州，呂頤浩招降之。琪旣聽命而中變，執總管巨師古將殺之，興密諭所部，挾師古同其妻游騎而馳，夜歸頤浩。頤浩義之，請于朝，授武義郎，隸張俊軍中。復從劉錡守順昌，復宿、亳，下城父、永城、臨渙、蘄縣朱家村，遷武略大夫。戰淮壖有功，授右武大夫，累遷建康府駐劄御前破敵軍統制，充荆湖南路兵馬副都監。

紹興三十一年，金人渝盟，興隸都統王權麾下，遇金兵五百騎于廬州之定林，與戰卻之，生得女直鵰殺虎。初，金主亮在壽春，江、淮制置使劉錡命權將兵迎敵，權怯懦不進，錡督戰益急，權不得已守廬州，及金兵渡淮，權遣興拒之，而退保和州。興與金人遇于尉子橋，金人以鐵騎進，興麾兵力戰，手殺數百人。權奔仙宗山，嚴兵自衞，興告急不應，統領戴皐帥馬軍引避。初，李二者，嘗有私恩於權，因得出入軍中，往來兩界貿易，間竊權旗幟遺金人。至是，金人立權旗幟以誤興，興往奔之，父子俱死焉。

事聞，詔贈容州觀察使，又特官其後三人，卽其砦立廟。旣復淮西，又立廟戰所，賜額旌忠。開禧元年，戶部侍郎趙善堅言：「近守邊藩，詢訪故老，姚興以四百騎當金人十數萬，自辰至午，戰數十合，援兵不至，竟死于敵。金人相謂曰：『有如姚興者十輩，吾屬敢前乎？』興忠勇如此，宜超加爵謚。」於是賜謚忠毅。

張玘字伯玉，世居河南澠池。建炎中，以家財募兵討金人，從者數千人。時翟興制置京西，玘以衆屬焉。金兵長驅渡河，玘禦之白浪口，金人不得渡。積功補武翼大夫、成州刺史。董先爲制置司前軍統制，玘佐之，每戰，冒矢石爲諸軍先。

紹興元年，金將高瓊率衆取商州，董先禦之，玘乘銳奔擊，從騎不能屬，單馬至四皓廟，金兵數百騎至，玘瞋目大呼，挺刃突擊，金兵披靡莫敢向。是日，九戰九捷，追至試劍關，爭門，蹂踐死者百人。明年春，偕先繇藍田渡渭，規取長安。時僞齊經略使李諤屯渭北，與金





將折合孛堇相爲聲勢。玘陳兵華嚴川，俄白氣貫日，吏士驩奮，戰于興平、咸陽、渭河、石鼈谷。

時劉豫據京師，先軍乏食，僞降豫，不挈家，玘事其夫人如舊。豫使人迎其妻，先密書報玘勿遣，且述必還意。王倚攝虢州，從僞意堅，玘患之。會別將董震自商州來，倚喜曰：「震與我善，今以兵來，天贊我也。」乃與震謀害玘。震陽許而陰以告。翼日，倚詣玘議事，玘叱下，責以大誼，并推官祁宗儒斬之。先是，豫遣人持詔撫諭，以玘爲商虢順州路兵馬都監、同統制軍馬，玘因其使，至是并戮之。

於是僞齊河南安撫孟邦雄、總管樊彥直據洛陽，兵直抵長水。玘遣將陳俊守白馬山，謝皐守船板山，梁進守錦屏山，盡匿精銳。金兵深入，玘戰東關，三砦響應，金兵潰。玘率精騎三千，一日夜馳三百里，黎明抵河南，邦雄就擒，彥直遁去。便宜升霸州防禦使。三年春，先自僞齊歸，玘還兵柄，退就位，時人義之。

初，翟興旣死，朝廷命其子琮襲，至是琮言于朝，眞授玘武翼大夫、果州團練使、河南府孟汝唐州馬步軍副總管。擊金將閻銳于唐、鄧間，先登殺獲千餘人。未幾，詔先一行並聽神武後軍統制。玘從岳飛復京西六州，平湖賊鍾子義〔六〕等，累功進拱衞大夫。入侍衞，始以誅王倚事聞，敕付史館，賜褒詔，進親衞大夫。

三十二年，領御營宿衛前軍都統，屯泗州。時金人攻海州急，詔玘會鎮江都統制張子蓋赴之。賊環城數十匝，矢石如雨，玘戰于州北三里，麾精騎衝其陣，手殺數十人，殲其長，殺獲萬計，海州圍解。玘中流矢卒，子蓋上其功，特贈正任觀察使，官其後九人，廟號忠勇。孝宗即位，又命祠于戰所，贈清遠軍承宣使。

子世雄，歿於符離之戰，贈武節大夫。

陳亨祖者，淮寧大豪也。紹興末，官軍已復蔡州，亨祖遂領民兵據淮寧，執金知州完顏耶魯，以其城來歸。命爲武翼大夫、忠州刺史、知淮寧府〔七〕。金兵攻城，亨祖力戰死之，舉家五十餘人皆死。贈容州觀察使，立廟光州，賜額閔忠。

王珙，建康府前軍統制。從都統邵宏淵收復虹縣，進取宿州，屢立奇功。隆興元年五月，與金人接戰，深入營中，自辰至申，力戰死。詔贈正任觀察使，官其家八人，許奏異姓，賜銀三百兩，即其砦立廟，賜額忠節。





是役也，中亮大夫朱贇亦死之，贈承宣使。

劉泰，樞密院忠義前軍正將也。慷慨好義，以私財募兵三百，糧儲器械一切不資於官。金人犯壽春，泰率所部赴援，轉戰累日，金人引去，泰身被數十創，一夕死。詔贈武翼郎，官其家三人。

孫逢，眉山人。大觀四年進士，累官至太學博士。張邦昌僭立，有司趣百僚入賀，逢獨堅臥不起。夜既半，同僚彊起之，不從，至垂泣與之訣。時祠部員外郎喻汝礪聞變，捫其膝曰：「不能爲賊臣屈。」遂掛冠去。事畢，有司舉不至者，欲以逢與汝礪復于金人，邦昌以畢至告，乃免。逢聞之曰：「是必將肆赦遷官以重汙我，我其可竢！」遂發疾而卒。

李熙靖，晉陵人。提舉醴泉觀。邦昌使直學士院，熙靖固拒，因憂憤不食，疾且篤，謂友人曰：「百官何日再朝天乎？」泣數行下。邦昌又命禮部侍郎譚世勣權直學士院，世勣亦稱疾堅臥不起。熙靖尋卒。後並贈延康殿學士〔八〕。

趙俊字德進，南京宋城人。紹聖四年進士，官至朝奉郎。隱居杜門，雖鄉里不妄交。劉安世無恙時居河南，暇則獨一過之。徐處仁與俊厚善，及爲丞相，鄉人多見用，俊未嘗往求，處仁亦忘之，獨不得官。

建炎末，士大夫皆避地，俊獨不肯，曰：「但固吾所守爾，死生命也，避將安之？」衣冠奔踣於道者相繼，俊晏然不動。劉豫以俊爲虞部員外郎，辭疾不受，以告畀其家，卒卻之，如是再三，豫亦不復彊。凡家書文字，一不用豫僭號，但書甲子。後三年卒。

承直郎姚邦基者，蜀人也。知尉氏縣，秩滿不復仕，屏居村落間，授徒自給。

時宗室南渡不及者，尚散居民間，豫募人索之，承務郎閻琦匿不以聞，爲人所告，豫杖之死。





劉化源，耀州人。紹聖元年進士。建炎初，金人陷關陝，守令以城降者，金人因而命之。化源時知隴州，不肯，城陷被執。金人使人守之，不得死，遂驅入河北，鬻蔬果，隱民間者十年，終不屈辱。

有米璞者，與化源同鄉里，西人皆敬之。璞登政和二年進士第，時通判原州，劉豫欲官之，杜門謝病，卒不汙僞命。

有劉長孺者，亦耀州人。時簽書博州判官廳公事，與豫書，備陳祖宗德澤，勸以轉禍爲福。豫怒，追其官，囚之百日，長孺終不屈。豫後復官之，不從。紹興九年，宣諭使周聿上之朝，詔赴行在，而簽書樞密院事樓炤言璞苦風痺，化源、長孺老病，遂命各轉兩官奉祠；又言新鳳翔教授陰晫守節不仕，詔特改令入官。其後金復渝盟，長孺知華陰縣，不屈而死。

有李嘉者，開封人。宣和六年進士。建炎中，知彭陽縣，亦不降，與民移治境上。令執之以獻，金人欲官之，凡三辭。其後金人以爲歸附，命爲儒林郎，嘉言於所司曰：「昔爲俘獲，不敢受歸附之賞。」還其牒。劉麟聞其賢，命張中孚以禮招致，嘉力拒之。紹興九年死原州。事聞，贈奉議郎，官其家一人。

胡唐老字傳明，樞密副使宿之曾孫也。崇寧間，與弟世將同登進士第。歷南京國子博士，知江陵縣，召爲祕書省校書郎。靖康元年，擢殿中侍御史。金人再犯京師，攻圍日急，唐老請對曰：「城危矣。康王北使，爲河朔士民留不得進，殆天意也。請就拜大元帥，俾召天下兵入援。」宰相何㮚是之，遂遣秦仔持蠟書詣相州，拜王河北兵馬大元帥。

時朝廷趣西兵入衞，而不立帥。唐老疏：「乞命范致虛爲宣撫使，節制諸路以進，不然必無功。」不聽。後致虛以孤軍與金人戰淆、澠間，它路兵不至，遂敗。

京城破，金人根括金銀，分命朝臣董之，以臺臣糾察，唐老預焉。出知無爲軍。朝廷竄逐僞命之臣，坐降二官。先是，金人怒民間多匿金銀，杖唐老幾死，以疾得免稱臣於僞楚。至是，唐老不自言故，例從貶秩。

三年，知衢州。苗傅敗走，以亂兵犯城，唐老拒之。會大雨雹，城上矢石俱發，賊不支，遂解去。以功擢祕閣修撰，未幾，進徽猷閣待制，充兩浙宣撫司參謀官，知鎭江府兼浙西安撫使。

杜充降于金，建康失守，潰卒戚方等趣鎭江，城壓頹圮，兵不滿千，獨倚浙西制置韓世忠爲重。世忠復去，唐老度力不敵，因撫之。無何，方欲犯臨安，妄言赴行在，請唐老部衆以行。唐老不從，諭以逆順禍福，方衆環脅之，唐老怒罵方，遂遇害。詔贈徽猷閣直學士，諡定愍。





時安撫司機宜鄭凝之亦以兵死，詔官其家一人。凝之，戩孫也。

王儔，以通判眞州權通判廣德軍。建炎末，盜戚方既爲劉晏所破，引兵欲趨宣城，道過廣德，入其郛。儔不屈，與權判官李唐俊、權司法潘倜、權知廣德縣韋績、權丞蔣夔皆死。後贈儔二官，唐俊等皆京秩，錄其家一人。

朱嗣孟，饒州樂平人。宣和間進士，爲廣德司戶兼司理。叛卒戚方破鎭江，犯廣德，守倉皇遣招安，無敢往者，奇嗣孟狀貌有膽略，遂以命焉。嗣孟雅自負，不復遜，直詣賊壘，問所以涉吾地何故，爲陳逆順禍福，使自擇所處。方以迕已殺之。事聞，贈宣教郎，官其子。

劉晏字平甫，嚴州人。入遼，舉進士，爲尙書郎。宣和四年，帥衆數百來歸，授通直郎。金人犯京師，以晏總遼東兵，號「赤心隊」。

建炎初，從劉正彥擊淮西賊丁進。進黨頗衆，晏所提赤心騎才八百，乃爲五色旗，使騎兵持之，循山而出，一色盡則以一色易之。賊見官軍累日不絕，顏色各異，遂不戰而降。遷朝散郎。正彥反，晏謂其部曲曰：「吾豈從逆黨者耶？」以衆歸韓世忠。世忠追正彥及苗傅于浦城，以晏騎六百爲疑兵于浦山之陽，賊大駭，晏以所部力戰。正彥既擒，世忠上其功，遷一官。

金人犯建康，杜充兵潰，世忠退保江陰，晏領赤心百五十騎屯青龍。羣寇犯常州，郡守請晏爲援，晏以精鋭七千人出奇破之。進直龍圖閣。保馬跡山以捍寇，寇再至，晏選舟師迎戰，降其衆千五百人，郡人爲晏立生祠。

戚方圍宣城，急命晏往援，晏至城下，未立營壘，出不意直擣方帳下，方大驚卻走。晏欲生致方，單騎追之，方率其衆迎戰，晏不能敵，猶手殺數十人，爲賊所害。事聞，贈龍圖閣待制，官其子四人，於死所立廟曰義烈，歲時祀之。

鄭振字亨叔，興化軍仙遊人。建炎中，盜楊勍起，邑令檄振糾集民兵以禦之。振力戰，賊衆披靡，一夕遁去。紹興十三年，羣盜曾少龍、周老龍、何白旗、陳大刀衆至數萬，帥司檄振行，盜素聞振名，不戰自屈。十六年，盜詹鐵义者，入振井里，振帥衆拒之，殺數十人，遂





遇害。廟食里中。

有孫知微者，以朝請大夫通判舒州。紹興元年，賊劉忠入其境，執知微以去，知微不屈，忠怒，臠而食之。

孟彥卿，忠厚從父也，頗知兵。通判潭州。建炎三年，潭城中叛卒焚掠，自東門出，帥臣向子諲命彥卿領兵追之，已而招安其衆。未幾，潰兵杜彥自袁州入瀏陽，遂犯善化、長沙二縣。彥卿率民兵拒之，手殺數人，賊勢挫，退還瀏陽。彥卿追與之戰，俄而民兵有自潰者，賊遂乘之，斬彥卿，持其首以告所掠民兵曰：「此善戰孟通判首也。」因支解以徇。

添差通判趙民彥以民兵赴之，鏖戰瀏陽城南南流橋，依山爲陣，殺傷甚衆。偶爲間者折其陣中認旗，衆驚謂民彥已敗，遂潰，民彥爲賊所得。邑士謝淳以才勇，衆推之帥民兵爲前鋒，助民彥戰。淳手殺數十人，力屈亦被執。賊併殺之。事聞，彥卿、民彥並贈直龍圖閣，官其家各三人。淳字景祥，贈成忠郎，官其子晞古。朱熹帥湖南，請爲彥卿、民彥立廟，以淳侑之。

高談字景遂，邵武光澤人。紹定二年，旁郡盜作，諸子請避之，談曰：「昔楊子訓問避寇於胡文定公，語之曰：『往歲盜起燕山，則河北、關中可避；入關，則淮南、漢南可避；今惟二廣，寧保其無寇乎？吾惟存心以聽命爾。』小子識之，此格言也。今南去則汀、劍，西去則盱、贛，皆爲盜區；東去富、沙，雖有城避，吾聞官吏例弗我納；北去廣信，防夫、守隸利人囊篋，指民爲諜，數剽殺之。舍胡公之言未有他策也。」盜入，諸子又請，談曰：「有廟祏在，將焉之？」

盜至，談出曰：「時和歲豐，何忍爲此？」盜曰：「吏貪暴，民無所愬，我爲直之。」談曰：「獨不能檛鼓上聞乎？民何辜而殺之。」盜怒，執諸庭。遺之牛酒，不釋；遺之金帛，不釋。談曰：「然則將何爲？」盜曰：「我欲東破武陽，若得耆老如爾者，率是鄉子弟，吾其濟乎。」談曰：「斯言奚爲至我。」唾賊大罵，遂遇害，而里人賴以免。

談平居言動，必由禮法，故鄉人敬而附之。

連萬夫，德安人，或曰南夫弟也。補將仕郎。建炎四年，羣賊犯應山，萬夫率邑人數千





保山砦，賊不能犯。寇浪子者以兵至，圍之三日，卒破之。賊知萬夫勇敢有謀，欲留爲用，萬夫怒，厲聲罵賊，爲所害。贈右承務郎，官其家一人。

謝皐者，開封人，爲鎮撫司統制官。李成陷虢州，欲降之，皐指腹示賊曰：「此吾赤心也。」自剖其心以死。

王大壽，泉州人，爲左翼隊將。紹定五年，海寇王子清犯圍頭，守眞德秀遣大壽領卒百人防遏。猝與賊遇，奮前控弦，斃賊十餘，後無援者，遂沒。從死者五人。賊就俘，剖心祭之。事聞，贈官，恤其家。

薛良顯字貴勱，温之瑞安人。登崇寧二年進士第，累官爲大宗正丞，出爲江東轉運使。江寧軍校周德作亂，良顯聞變，率衆與戰，斬十餘級，力不勝，死之。事聞，贈卹良渥。

唐敏求字好古，太平當塗人。宣和六年進士，調德化主簿。盜起，敏求挺身率衆捍賊，度力不能支，諭以禍福，賊憤詆觸，譟而前，遂遇害。事聞，加贈升朝官，仍補其子楠將仕郎。

王師道字居中，兗州人。爲人沈勇。任吉州栗傳砦巡檢。紹興中，與盜戰于吳村，每射輒斃，追擊數里，遇賊有伏于民居者，挺身力戰，遂死。立廟其地。部使者以聞，官其二子。

王輝者，青州人，亦嘗爲栗傳砦巡檢。靖康初，詔起義兵，輝應募，立奇功，官至正使，寓吉州。淳熙二年，茶寇犯邑，郡以輝驍勇，檄之使行。至勝鄉，地險，輝勇於進，士卒不繼，爲賊所得，以刃加頸欲全之，輝含血大罵，遂死。帥司以聞，贈忠州刺史，與恩澤二人，立廟羅陂。

陳霖者，字傅参，泉州人。嘉定十三年進士，爲瑞金尉。盜起江、閩，霖迎敵力戰，盜繫之以去，不屈遇害。

## 校勘記





〔一〕建炎元年 「元年」原作「二年」，據繫年要錄卷一一、北盟會編卷一一四改。

〔二〕孫暉 疑當作「孫榮」，見繫年要錄卷一九、王明清揮麈錄前錄卷三高宗得尉拒敵故得南渡條。卷目和下文「暉」字各條同。

〔三〕唐璟 繫年要錄卷三三、中興聖政卷七作「唐景」。

〔四〕火其門樓與官兵相隔 原脫，據繫年要錄卷一七、北盟會編卷一一八補。

〔五〕紹興三十二年 據繫年要錄卷一九三、北盟會編卷二三六，金陷和州事在紹興三十一年，「二」字疑爲「一」字之訛。

〔六〕鍾子義 本書卷二八高宗紀、繫年要錄卷九〇作「鍾子儀」。

〔七〕淮寧府 「淮」原作「海」，據繫年要錄卷一九四、本書卷八五地理志改。

〔八〕延康殿學士 按本書卷三五七另有李熙靖傳，作「端明殿學士」，蓋用舊名。

# 宋史卷四百五十四

## 列傳第二百一十三

### 忠義九

趙時賞　趙希洎　劉子薦　黃文政　呂文信　鍾季玉　潘方　耿世安
丁黼　米立　趙文義　楊壽孫　侯畐　王孝忠　高應松　張山翁　黃申
陳寀　蕭雷龍　宋應龍　褚一正　鄒渢　劉子俊　劉沐　孫㮚　彭震龍
蕭燾夫　陳繼周　陳龍復　張鏜　張雲　張汴　呂武　鞏信　蕭明哲　杜滸　林琦
蕭資　徐臻　金應　何時　陳子敬　劉士昭　王士敏　趙孟壘　趙孟桀

趙時賞字宗白，和州宗室也，居太平州。咸淳元年擢進士第，累官知宣州旌德縣。德祐元年，北軍至境，時賞擁民兵捍戰有功，升直寶章閣、軍器太監。從二王入閩中。益王即位，擢知邵武軍。未幾，言者以棄城論罷之。





文天祥開都督府于南劍，奏辟參議軍事、江西招討副使。與宗室孟潍提兵趣贛州，取道石城，復寧都縣。數以偏師當一面，戰比有勝。時賞風神明俊，議論慷慨，有策謀，尤爲天祥所知。及空坑之役，兵敗走吳溪，爲追兵所執，不屈死之。

時賞在軍中時，見同列盛輜重，飾姬侍，歎曰：「軍行如春遊，其能濟乎？」及被執，見係纍它僚屬至者，時賞輒麾去，云：「小小簽廳官爾，執此何爲？」由是得脫者衆。

趙希洎，宗室子，居宜春。歷官至戶部尚書。咸淳中，迕丞相賈似道，出領廣東轉運使。德祐元年，制置使黃萬石檄其勤王，得潰卒數百，道經廬陵，郡守邀其軍〔一〕，遂與從子必向避地贛州。亂定歸里，時袁守聶嵩孫，希洎內姻也，勉之內款，不能屈。文天祥兵敗，以失言與必向俱被囚，辭節愈厲，家人饋食，則碎器覆諸地，俱不食，據榻而死。

劉子薦字貢伯，吉州安福人。父夢驥，以進士歷官知澧州，沒於王事。子薦以父任爲湘鄉尉，以獲盜功調撫州司錄。有愬王應亨毆死荷檐黃九者，獄成矣，子薦閱爰書〔二〕，疑而駁之。俄烈風迅雷闢獄戶，裂吏揳〔三〕，殺人者實孔目馮汝能，非應亨也。獄遂白，得免死者八人。事聞，頒諭天下之爲理官者。改知贛縣，監行在左藏庫，通判常德府，知融州。陛辭，度宗慰之曰：「廣郡凋瘵，賴卿撫摩。」子薦對曰：「臣當推行德化，以安其民。」至官，以廉靜著聞。

主管仙都觀，廣西經略司檄爲參議官。德祐二年十一月，北兵至靜江，權經略使馬塈遣子薦提徭兵藥弩手守城東門，勢不支。時瀛國公已入燕，子薦取笏書其上云：「我頭可斷，膝不可屈。」登城北望再拜，取所衣袍瘞之，語左右曰：「事急不可爲，吾有以死守。」或諷子薦遁去，子薦曰：「死事，義也，何以遁爲？」竟死之。

有黃文政者，淮人。戍蜀，軍潰，間道走靜江。馬塈邀與同守，城破，文政被執，大詬不屈。大軍斷其舌，以次剸刖之，文政含胡叱咄，比死不絕聲。

呂文信，文德之弟也。仕至武功大夫、沿江副司諮議官。德祐初，帥舟師次南康斛林，夾白鹿磯與北兵遇，戰死。特贈寧遠軍〔四〕承宣使。子師憲，特與帶行閤職，與兩子承信郎恩澤。仍立廟賜額。





河湖砦巡檢張興宗亦死之。贈武翼郎，賜緡錢三萬，仍與一子承信郎恩澤。

鍾季玉，饒州樂平人。淳祐七年舉進士，調爲都大坑冶屬，改知萬載縣。淮東制置使李庭芝薦之，遷審計院，改宗正寺簿，又遷樞密院編修，出知建昌軍。會有旨江西和糴，季玉至郡才半年，屬歲旱，度其經賦不能辦，請于朝，和糴得減三之一。遷提舉常平，未幾，改轉運判官，皆不赴。後以江西轉運判官彊起之。郡大胥以賄敗，前使百計護之，季玉卒窮治，投嶺表。俄以秘書丞召還，遭前使構讒而封駁之，改都大提點坑冶。北兵渡江，季玉徙寓建陽，兵至，不屈死之。

有潘方者，温州平陽人。寶祐四年進士，調監慶元府市舶。慶元降附，方不屈赴水死。

耿世安，爲武翼大夫、淮東副總管、兩淮都撥發官。初，諜報大兵至，制置使賈似道調世安提兵往漣水軍增戍。衆方猶豫，世安徑迎至漁溝，以三百騎入陳鏖擊，自午至酉，身被七創，猶能追殺潰兵。收兵還，至數里沒。事聞，贈五官，立廟淮安，賜額忠武。

丁黼，成都制置使也。嘉熙三年，北兵自新井入，詐豎宋將李顯忠之旗，直趨成都。黼以爲潰卒，以旗榜招之，既審知其非，領兵夜出城南迎戰，至石筍街，兵散，黼力戰死之。方大兵未至，黼先遣妻子南歸，自誓死守。至是，從黼者惟幕客楊大異及所信任數人，大異死而復蘇。黼帥蜀，爲政寬大，蜀人思之。事平，賜額立廟。

米立，淮人，三世爲將。從陳奕守黃州，奕降，立潰圍出。江西制置使黃萬石署爲帳前都統制。大兵略江西，立迎戰于江坊，被執不降，繫獄。行省遣萬石諭之曰：「吾官階一箇先牌寫不盡，今亦降矣。」立曰：「侍郎國家大臣，立一小卒爾，何足道。但三世食趙氏祿，趙亡，何以生爲？立乃生擒之人，與投拜者不同。」萬石再三說之，不屈，遂遇害。

趙文義者，郢州都統制。更戍歸，與北兵遇，力戰死之。初，開州之役，文義兄武義亦死焉。





有楊壽孫者，爲雲安軍主簿兼敎參佐忠勝軍。端平中，北兵至中江縣，與將官何庚、安惟臣、田廣澤、歹坤等連戰二日，俱死之。壽孫贈通直郎，官一子下州文學。庚等各贈承節，一子進勇副尉。

侯畐字道子，温州樂清人。三貢于鄉，兩試轉運司，皆第一。以武舉授合浦尉，柳城令，侍衞步軍司〔五〕幹辦公事，侍衞馬軍行司計議官。寶祐五年，制置使賈似道辟通判海州兼河南府計議官。李松壽據山東，突出漣、泗，畐鏖城下，死之，闔室遇害。太學生三十一人言於朝，卽海州賜廟旌忠，謚曰節毅，仍立廟其鄉。畐所著有霜厓集。

王孝忠，爲鎭江前軍統制兼淮東路分，戍淮陰。楊貴叛，孝忠率衆迎戰，勝氣百倍。俄水軍統制朱信降賊，孝忠孤軍力不敵，死焉。

高應松，開慶元年進士，繇衡州教授通判廣德軍，召爲國子監丞，權禮部員外郎、翰林權直。北兵自湧金門入，舉朝奔竄，從官留者九人，應松其一也。遷中書舍人、直學士院，尋遷權工部侍郎，進端明殿學士、簽書樞密院事。從瀛國公至燕，絕粒不語，越七日卒。

張山翁字君壽，普州人。景定三年進士。德祐元年，爲荆湖宣撫司幹官。鄂守張晏然議納款，山翁以書譙讓之。晏然既降，山翁被執軍前，諭曰：「若降，不失作顯官。」山翁酬對不屈，行省官賈思貞義之，貸不殺。後居黃鵠山，聚徒教授而終。有南紀、緇林藏、雲山、相鋤等集。

黃申字酉卿，井研人。開慶元年進士，授德安尉，攝主簿兼提點江西刑獄司簽廳，獄事多所辨明。丞相江萬里、提刑黃震交薦之，調樂安丞〔六〕。

申爲政廉謹，有治聲。以恩升從事郎。大兵拔撫州，下諸縣索降狀，樂安令率其僚聯署以上。申初聞變，悉遣家人遠避，至是獨抗不往。令遣吏促之，申不動。吏白令，令怒。俄而吏民數百人集于庭，壅輿致之，申顚踣于地，若中風然。衆捽蹴詬叱曰：「爲爾不順，將





累我輩。」申陽死爲不聞，令無如之何。申有惠愛在民，至暮，衆舁入寘中堂，饔日或食以粥，得免。遂去，隱巴山中以終。

陳羍字羍芳，一字偉節，饒州安仁人。父詩川，以武功補沘陽令。咸淳元年，父子同舉進士。調滁州司戶參軍。父喪免，改荆閫糧料院，又以母憂去。調朐山主簿。制置使印應雷辟入幕。德祐元年秋，羍繇海道歸杭，授南安軍教授，不就，還家。

羍少與謝枋得遊，會枋得起兵安仁，首拔入幕。執安仁令李景，景，羍里人也。景請得以家貲二萬贖罪，羍曰：「普天之下，莫非王土。家財獨非朝廷錢耶？」聲其罪斬之。景子率鄉民五千報怨，羍度勢不敵，引兵趨信州。會守吏遁去，羍聞於朝，就攝郡事。益王卽位，羍入覲，遷宗正寺簿、太府寺丞，領江東安撫使。出上饒，援應郡縣，所部才千餘人，屯火燒山。越數月，戰潰，被執至豫章，元帥憐其才，羈縻館留之，遁去。後三年復起兵，尋敗入積煙山中，自刭死。所著有鶴心集，其詩多譏刺當時之士大夫。弟年同時被執，死焉。

蕭雷龍字顯辰，建昌新城人。景定三年進士，調臨安府學教授，通判衢州。及州守棄城遁，朝命雷龍權知府事。

北兵薄城下，不降，脫去還建昌。建昌已降，雷龍與同里人黃巡檢起兵。時大兵四合，雷龍度不可支，與黃巡檢及麾下數人奔入閩，未出境，爲同安武人徐浚沖獲送縣。權縣尹劉聖仲素與雷龍有怨，殺之。後聖仲北來，泊舟小孤山，有巨艦衝前，建大旗書曰「蕭知府兵」，繼見雷龍坐船上，聖仲大呼，有頃不見，以驚死。

宋應龍者，儒生。通兵，出入行陣三十餘年，爲諮議官，寓泰州。德祐二年六月甲寅，大兵至泰州，裨校孫貴、胡惟孝、尹端甫、李遇春開門迎降，應龍與其妻自縊於圃中。

是時，提刑諮議褚一正字粹翁，廬州人，武舉進士，督戰高沙被創，竟沒于水。知興化縣胡拱辰，縣破，亦死之。



鄒渢字鳳叔，吉水人，後徙永豐。少慷慨有大志，以豪俠鳴。從文天祥勤王，補武資至將軍。益王立，改寺丞，領江西招諭副使。聚兵寧都，得數萬，改授江西安撫副使。復興國、永豐二縣，進兵部侍郎兼江東、西處置副使。及永豐敗，繼從天祥間關嶺道，未幾，復出開督府，分司永豐、興國境上。北兵驟至，大戰，渢脫身走至潮州。及天祥被執，渢自殺。

當是時，從天祥勤王死事者，渢與劉子俊等凡十有九人〔七〕，因次第其名，附見左方。

劉子俊字民章，廬陵人。嘗中漕試。少與文天祥同里閈，相友善。天祥開督府興國，子俊詣府計事，補宣教郎、帶行軍器監簿兼督府機宜。空坑兵敗，子俊收兵保洞源，接應郡縣。尋入廣，與大兵遇，戰潰，復招集散亡，與鄒渢同趨潮州。天祥兵敗，子俊被執，自詭爲天祥，意使大兵不窮追，天祥可間走也。未幾，別隊執天祥至，相遇於途，各爭眞贋，至大將前，始得其實，乃烹子俊。

劉沐〔八〕字淵伯，廬陵人。文天祥鄉曲也，少相狎暱，天祥好奕，與沐對奕，窮思忘日夜以爲常。及起兵，辟補宣教郎、督府機宜。暨天祥出使，沐領兵還。天祥歸，開府南劍，沐收部曲來會，改授太府寺簿，專將一軍，爲督府親衞。會空坑兵敗，被執至豫章，父子同日死焉。仲子死亂兵，季子復從天祥死嶺南。當時江西忠義皆沐所號召。沐性沈實而圓機，晝夜應酬，亹亹不倦云。

孫㮚字實甫，吉州龍泉人，獻簡公抃之後，天祥長妹壻也。天祥起兵，檄㮚招忠義士，補宣教郎、帶行監官告院、知吉州龍泉縣。天祥擁兵出贛，里人奉㮚復龍泉，拒守不下，尋爲叛者所陷，執至隆興殺之。

彭震龍字雷可，永新人，天祥次妹壻也。性跌蕩喜事，嘗以罪墨。天祥起兵，補宣教郎、帶行太社令、知永新縣。會天祥出使被執，震龍遁歸，吉州已失，乃結峒獠起兵。天祥兵出嶺，震龍接應，復永新。大兵至，震龍爲親黨所執，至帥府，腰斬之，屠永新。

蕭燾夫，永新人，與兄敬夫俱天祥客。燾夫爲詩有豪俊氣。天祥起兵，補從仕郎。及彭震龍謀復其縣，燾夫贊之。縣受屠，兄弟俱死之。



陳繼周字碩卿，寧都人。淳祐三年貢于鄉。以捕盜功行，未奏名，授廉州司法，南豐縣知錄，淮東總領幹官，藤州觀察推官，知吉州永豐縣，改知高安縣、廣東經略司準備差遣、知衡陽縣，辟淮東轉般倉、江東提點刑獄幹辦公事。未上，會咸淳十年，詔徵勤王，文天祥方守贛州，即日舉兵，造繼周問計。繼周慨然爲具言閭里豪傑子弟與凡起兵之處，其爲方略甚詳。於是留繼周幕中，晝夜調度，授繼周江西安撫司準備差遣，率贛士以從。繼周雖弱不勝衣，而年德有以服人，士視爲父兄，進止疾徐惟指呼，無敢先後。詔改繼周合入官，帶行監文思院，差充江、浙制置司主管機宜。所部夜襲大兵於南栅門，殺傷相當，賓明猶戰，渴赴水死。

張汴字朝宗，一字次山，蜀人。少客丞相吳潛兄弟門，出入荆閫歷年，明習韜略。潛兄弟既罷〔九〕，廢斥者十餘年。繼文天祥起兵，辟爲祕閣修撰、領廣東提舉、督府參謀，左右幕府，知無不爲。空坑兵敗，爲亂兵所殺。處置使鄒渢得其屍葬之。

呂武，太平州步卒也。文天祥出使，武應募從行，偕脫鎮江之難，沿淮東走海道，賴武力爲多。天祥開府南劍，武以武功補官，遣之結約州縣起兵相應。道阻，復崎嶇數千里即天祥于汀、梅，挺身患難，化賊爲兵。以環衞官將數千人出江西，以遇士大夫無禮，死於橫逆；一軍揮涕而葬之。武忠梗出天性，不避彊禦，而好面折人過，多觸忌諱，故及於禍云。

鞏信，安豐軍人。爲荆湖都統，沈勇有謀。本隸蘇劉義部曲，文天祥開督府，劉義以信與王福、張必勝詣天祥。信官至團練使、同督府都統制、江西招討使。初至都府，天祥以義士千人付之，信曰：「此輩徒累人爾。」乃招淮士數千自隨，然常怏怏曰：「有將無兵，其如彼何！」天祥自興國趨永豐，大兵追其後，信戰于方石嶺，中數矢，傷重不能戰，自投厓石而死。士人葬之，顏色如生。贈清遠軍承宣使，立廟旌之。

蕭明哲字元甫，太和人。性剛毅有膽氣〔10〕，明大節。少舉進士，天祥開府汀州，辟充督幹架閣監軍。師出嶺，明哲以贛縣民義復萬安，連結諸砦拒守。兵敗，被執不屈，死於隆興。臨刑大罵不絕口，聞者壯之。

杜滸字貴卿，丞相範從子也，少負氣遊俠。德祐元年，有詔勤王，滸時宰縣，糾集民兵得四千人。文天祥開閫平江，往附焉。時陳志道等贊天祥出使，滸力爭不可，志道逐之去，





已而天祥果見留，志道竊藏逃歸。天祥北行，諸客無敢從者，滸獨慨然請行。特改兵部架閣。從京口，以計賂守夜劉千戶者，得官鐙，脫天祥，偕走淮甸，繇海道以達永嘉。益王即位，授司農卿、廣東提舉、招討副使、督府參謀，尋往溫、台招集兵財。福安陷，與天祥相失，遂趨行朝。蘇劉義疑滸自來，欲殺之，陳宜中、張世傑不可，使人監護之，乃免。久之，奉命復入天祥幕。及空坑兵敗，又與跋涉患難以出。天祥移屯潮州，滸議趨海道，天祥不聽，使護海舟至官富場。滸攖力單，徑趨厓山，兵潰被執，以憂憤感疾卒。

林琦，閩人也。德祐二年，大兵既迫臨安，琦於赭山結集忠義數千人，捍禦海道。以功補宣教郎，督府主管機宜文字，充檢院。文天祥開府南劍，琦佐其幕。琦外文采，內忠實，數涉患難，無怨懟辭。及潮州移屯，琦俱被執，至惠州遁，復執之北行，赴水，爲吏所拔，至建康，以憂憤死。

蕭資，天祥幕下書史也。天祥起兵，資于患難中扶持甚至。空坑兵敗，以全督府印功，升閤門、路鈐轄。資性和厚，臨機應變，輯穆將士，總攝細務，任腹心之寄。潮陽移屯，與大兵遇，死之。

徐榛〔11〕，溫州人。父官河南〔12〕，德祐元年春，榛往省，以道阻。會天祥勤王，榛往依之，以筆札典樞密，小心精練。天祥被執，榛脫難復來，願從天祥北行，扶持患難，備殫忠款，至隆興病死。

金應者，性少剛知義。爲天祥職書司，入京補承信郎，官路分。天祥奉使被執，左右皆散，應獨無貳志。及脫走鎮江，至淮東，以憂憤死焉。

何時字了翁，撫州樂安人，天祥同年進士也。調廬陵尉，尋入江西轉運司幕府，還臨江軍司理參軍。郡獄相傳，舊斬一寇，屍能行一里許。衆神之，塑爲肉身皋陶。時至，取故牘閱，此寇嘗掠殺數人，曰：「如此可爲神乎？」命鞭之，湛於水，人服其明。改知興國縣。

天祥起兵，辟署帥府機宜、帶行監文思院。天祥入衞，時任留司，分司吉州。饟運平江，天祥奏時知撫州。吉州下，時脫身歸鄉里。益王立，天祥開府南劍，時起兵趨興國接引，以時帶行卿監〔13〕、江西提刑。時聚兵復崇仁縣，未幾，大軍奄至，兵敗，削髮爲僧，竄迹





嶺南，賣卜自給，變姓名，自號堅白道人。

又有陳子敬者，贛州人，以貲雄鄉里，嘗從天祥遊。天祥開閫汀州，子敬募集民兵屯皂口，據贛下流〔14〕。及天祥攻贛，子敬與合謀，忠效甚著。空坑兵敗，復聚兵屯黃塘砦，連結山砦不降。大軍以重兵襲其砦，砦潰，子敬不知所終。

劉士昭，太和人，嘗爲鍼工。與鄉人同謀復太和縣，敗，血指書帛云：「生爲宋民，死爲宋鬼，赤心報國，一死而已。」因以其帛自縊死。

其黨入獄，多乞憐苟免。有王士敏者，獨慷慨不撓，題其裾：「此生無復望生還，一死都歸談笑間，大地盡爲腥血汚，好收吾骨首陽山。」臨刑歎曰：「恨吾病失聲，不能大罵耳。」

同時有趙孟壘者，合州人。登開慶元年第，爲金華尉。臨安降，與從子由鑑懷太皇太后帛書詣益王，擢宗正寺簿、監軍。復明州，戰敗見獲，不屈磔死。

方大軍駐紹興，福王與芮從子曰孟棨，謀舉兵，事泄，被執至臨安。范文虎詰其謀逆，孟棨詬曰：「賊臣負國厚恩，共危社稷，我帝室之胄，欲一刷宗廟之恥，乃更以爲逆乎？」文虎怒，驅出斬之，過宋廟，呼曰：「太祖、太宗列聖之靈在天，何以使孟棨至此？」都人莫不隕淚。既死，雷電晝晦者久之。

## 校勘記

〔一〕郡守邀其軍　「郡」原作「邵」。按邵州在湖南，而希泊道經廬陵，卽江西的吉州，吉州本廬陵郡，如說邵守出邀其軍，於地理上不合。「邵」字當是「郡」字形近之訛，今改。

〔二〕爰書　原作「受書」。按萬斯同宋季忠義錄卷六本傳作「爰書」；「爰書」見史記卷一二二、漢書卷五九張湯傳，爲記錄囚徒口供的文書。據改。

〔三〕裂吏揳　「揳」，上引宋季忠義錄同卷同篇作「楔」，疑是。

〔四〕寧遠軍　原作「定遠軍」，據本書卷四五理宗紀、卷九〇地理志改。

〔五〕侍衞步軍司　「侍」字原脫。按宋代侍衞司分步軍司和馬軍司，據下文「侍衞馬軍行司」例和本書卷一六六職官志官司名稱補。





〔六〕樂安丞　「樂安」二字原倒，按江西無「安樂縣」，據下文「樂安令」和本書卷八八地理志乙正。

〔七〕瀛與劉子俊等凡十有九人　按本卷傳目鄒瀛傳附傳十八人，連鄒瀛共十九人，但其中陳龍復、張鏜、張雲三人有目無文，以下附傳只十五人。

〔八〕劉沐　疑當作「劉洙」，本書卷四一八文天祥傳、文天祥文山先生全集卷一九附鄧光薦文丞相督府忠義傳都作「劉洙」。

〔九〕潛兄弟旣罷　「罷」原誤作「失」，據本書卷四一八吳潛傳、宋季三朝政要卷三改。

〔一〇〕性剛毅有膽氣　「毅」字原脫，據文山先生全集卷一六薦架閣第一百二十四、卷一九文丞相督府忠義傳補。

〔一一〕徐臻　疑當作「徐榛」，見同上書同卷徐榛第一百三十四、卷一九文丞相督府忠義傳。

〔一二〕父官河南　同上書徐榛第一百三十四：「其父官湖北，榛往省，迷失道。」按河南久不屬宋，此處「河南」疑爲「湖北」之誤。

〔一三〕帶行卿監　「卿」字原脫，據同上書卷一九文丞相督府忠義傳補。

〔一四〕據贛下流　「贛」字原脫，據同上書同卷同篇補。

# 宋史卷四百五十五

## 列傳第二百一十四

### 忠義十

陳東　歐陽澈　馬伸　呂祖儉　呂祖泰　楊宏中　華岳　鄧若水　僧眞寶　莫謙之　徐道明

陳東字少陽，鎭江丹陽人。早有儁聲，俶儻負氣，不戚戚於貧賤。蔡京、王黼方用事，人莫敢指言，獨東無所隱諱。所至宴集，坐客懼爲己累，稍引去。以貢入太學。欽宗卽位，率其徒伏闕上書，論：「今日之事，蔡京壞亂於前，梁師成陰謀於後，李彥結怨於西北，朱勔結怨於東南，王黼、童貫又結怨於遼、金，創開邊隙。宜誅六賊，傳首四方，以謝天下。」言極憤切。明年春，貫等挾徽宗東行，東獨上書請追貫還正典刑，別選忠信之人往侍左右。金人迫京師，又請誅六賊。時師成尙留禁中，東發其前後姦謀，乃謫死。





李邦彥議與金和，李綱及种師道主戰，邦彥因小失利罷綱而割三鎭，東復率諸生伏宣德門下上書曰：

在廷之臣，奮勇不顧、以身任天下之重者，李綱是也，所謂社稷之臣也。其庸繆不才、忌疾賢能、動爲身謀、不恤國計者，李邦彥、白時中、張邦昌、趙野、王孝迪、蔡懋、李梲之徒是也，所謂社稷之賊也。

陛下拔綱列卿之中，不一二日爲執政，中外相慶，知陛下之能任賢矣。斥時中而不用，知陛下之能去邪矣。然綱任而未專〔一〕，時中斥而未去，復相邦彥，又相邦昌，自餘又皆擢用，何陛下任賢猶未能勿貳，去邪猶未能勿疑乎？今又聞罷綱職事〔二〕，臣等驚疑，莫知所以。

綱起自庶官，獨任大事，邦彥等疾如仇讎，恐其成功，因用兵小不利，遂得乘間投隙，歸罪於綱。夫一勝一負，兵家常勢，豈可遽以此傾動任事之臣。竊聞邦彥、時中等盡勸陛下他幸，京城騷動，若非綱爲陛下建言〔三〕，則乘輿播遷，宗廟社稷已爲丘墟，生靈已遭魚肉。賴聽明不惑，特從其請，宜邦彥等讒嫉無所不至。陛下若聽其言，斥綱不用，宗社存亡，未可知也。邦彥等執議割地，蓋河北實朝廷根本，無三關四鎭，是棄河北，朝廷能復都大梁乎〔四〕？則不知割太原、中山、河間以北之後，邦彥等能使金人不復敢盟乎？

一進一退，在綱爲甚輕，朝廷爲甚重。幸陛下即反前命，復綱舊職，以安中外之心，付种師道以閫外之事。陛下不信臣言，請徧問諸國人，必皆曰綱可用，邦彥等可斥也。用舍之際，可不審諸！

軍民從者數萬。書聞，傳旨慰諭者旁午，衆莫肯去，方舁登聞鼓撾壞之，喧呼震地。有中人出，衆臠而磔之。於是亟詔綱入，復領行營，遣撫諭，乃稍引去。

金人既解去，學官觀望，時宰議屏伏闕之士，先自東始。京尹王時雍欲盡致諸生於獄，人人惴恐。朝廷用楊時爲祭酒，復東職，遣聶山詣學撫諭，然後定。吳敏欲弭謗，議奏補東官，賜第，除太學錄。東又請誅蔡氏，且力辭官以歸，前後書五上。既歸，復預鄉薦。

高宗即位五日，相李綱，又五日召東至。未得對，會綱去，乃上書乞留綱而罷黃潛善、汪伯彥。不報。請親征以還二聖，治諸將不進兵之罪，以作士氣；車駕歸京師，勿幸金陵。又不報。潛善輩方揭示綱幸金陵舊奏，東言綱在中途，不知事體，宜以後說爲正，必速罷潛善輩。

會布衣歐陽澈亦上書言事，潛善遽以語激怒高宗，言不亟誅，將復鼓衆伏闕。書獨下潛善所。府尹孟庾召東議事，東請食而行，手書區處家事，字畫如平時，已乃授其從者曰：





「我死，爾歸致此於吾親。」食已如廁，吏有難色，東笑曰：「我陳東也，畏死即不敢言，已言肯逃死乎？」吏曰：「吾亦知公，安敢相迫。」頃之，東具冠帶出，別同邸，乃與澈同斬於市。四明李猷贖其尸瘞之。東初未識綱，特以國故，至爲之死，識與不識皆爲流涕。時年四十有二。

潛善既殺二人，明日府尹白事，獨詰其何以不先關白，微示愠色，以明非己意。越三年，高宗感悟，追贈東、澈承事郎。東無子，官有服親一人，澈一子，令州縣撫其家。及駕過鎭江，遣守臣祭東墓，賜緡錢五百。紹興四年，並加朝奉郎、祕閣修撰，官其後二人，賜田十頃。

歐陽澈字德明，撫州崇仁人。年少美須眉，善談世事，尙氣大言，慷慨不少屈，而憂國閔時，出於天性。靖康初，應制條斂政，陳安邊禦敵十策，州未許發，退而復釆朝廷之闕失，政令之乖違，可以爲保邦御俗之方、去蠹國殘民之賊者十事，復爲書，并上聞。已而復論列十事，言：「臣所進三書實爲切要，然而觸權臣者有之，迕天聽者有之，或結怨富貴之門，或遺怒臺諫之官，臣非不知，而敢抗言者，願以身而安天下也。」所上書爲三巨軸，厩置卒辭不能舉，州將爲選力士荷之以行。

會金人大入，要盟城下而去，澈聞，輒語人曰：「我能口伐金人，強於百萬之師，願殺身以安社稷。有如上不見信，請質子女於朝，身使穹廬，御親王以歸。」鄉人每笑其狂，止之不可，乃徒步走行在。高宗即位南京，伏闕上封事，極詆用事大臣，遂見殺，見陳東傳。死時年三十七。

許翰在政府，罷朝，問潛善處分何人，曰：「斬陳東、歐陽澈耳。」翰驚失色，因究其書何以不下政府，曰：「獨下潛善，故不得以相視。」遂力求罷。爲東、澈著哀詞。澈所著飄然集六卷，會稽胡衍既刻之，豐城范應鈴爲立祠學中。

馬伸字時中，東平人。紹聖四年進士。不樂馳騖，每調官，未嘗擇便利。爲成都郫縣丞，守委受成都租。前受輸者率以食色玩好蠱誘而敗，伸請絕宿弊。民爭先輸，至沿途假寐以達旦，常平使者孫俟早行，怪問之，皆應曰：「今年馬縣丞受納，不病我也。」俟薦于朝。

崇寧初，范致虛攻程頤爲邪說，下河南府盡逐學徒。伸註西京法曹，欲依頤門以學，因張繹求見，十反愈恭，頤固辭之。伸欲休官而來，頤曰：「時論方異，恐貽子累，子能棄官，





則官不必棄也。」曰：「使伸得聞道，死何憾，況未必死乎？」頤歎其有志，進之。自是公暇雖風雨必日一造，忌娼者飛語中傷之，弗顧，卒受中庸以歸。

靖康初，孫傅以卓行薦召，御史中丞秦檜迎辟之，擢監察御史。及汴京陷，金人立張邦昌，集百官，環以兵脅之，俾推戴。衆唯唯，伸獨奮曰：「吾職諫爭，忍坐視乎！」乃與御史吳給約秦檜共爲議狀，乞存趙氏，復嗣君位。會統制官吳革起義，募兵圖復二帝，伸預其謀。

邦昌既僭立，賊臣多從臾之，伸首具書請邦昌速迎奉元帥康王。同院無肯連名者，伸獨持以往，而銀臺司視書不稱臣，辭不受。伸投袂叱之曰：「吾今日不愛一死，正爲此耳，爾欲吾稱臣邪？」即繳申尙書省，以示邦昌。其書略曰：

相公服事累朝，爲宋輔臣，比不幸迫於強敵，使當僞號，變出非常，相公此時豈以義爲可犯，君爲可忘，宗社神靈爲可昧邪？所以忍須臾死而詭聽之者，其心若曰：與其虛遜於人而實亡趙氏之宗，孰若虛受於己而實存以歸之耳。忠臣義士未即就死，闔城民庶未即生變者，亦以相公必能立趙孤也。

今金人北還，相公義當憂懼，自列于朝。康王在外，國統有屬，獄訟謳歌，人皆歸往。宜即發使通問，掃清宮室，率羣臣共迎而立之。相公易服退處，省中庶事皆稟命太后，其赦書施恩惠、收人心等事，日下拘收，俟康王御極施行。然後相公北面引咎，

以明身爲人臣，昧於防患，遭寇讎脅汙，當時不能卽死，以待陛下，今復何面目事君，請歸死司寇，爲人臣失節之戒，伏闕下俟命。如此，則明主必能察相公忠實存國，義非苟生，且乘過而錄功矣。

今乃謀不出此，時日已多，肆然尙當非據，偃寢禁闥，若固有之。羣心狐疑，道路混頌，謂相公方挾強金，使人遊說康王，姑令南遁，爲久假不歸之計。上天難欺，下民可畏。相公若以愚言粗知覺悟，及此改圖，猶可轉禍爲福於匪朝伊夕之間。過此以往，則相公包藏已深，志慮轉異，外飾事端，愒日待期，而陰結寇讎，合從爲亂，九廟在天，萬無成理，仲必不能輔相公爲宋朝叛臣也。請先伏死都市，以明此心。」

邦昌得書，氣沮謀喪。明日，議迎哲宗后孟氏垂簾，追還僞赦，乃遣馮澥、李回等迎康王。時王及之等猶請籍龍德宮寶貨，斥賣靈沼魚藕，以資官用。仲復慨然引義撅之曰：「古者人臣去國，三年不反，然後收其田里。君之禮臣如此，臣之報君宜如何？今二聖遠狩，猶未出境，天下之人方且北首，欲追挽而還之。君之府藏燕遊，忍一朝而毀乎？爾等逆節甚矣！」力爭乃止。

高宗卽位，仲拜章以城陷不能救，主遷不能死，請就竄削。上知其有忠力於國，擢殿中侍御史，撫諭荆湖、廣南，以誅邦昌及其黨王時雍等。所過州縣，諏察吏之賢否與民利疚，



以次列上于朝。

仲自湖、廣將入奏黃潛善、汪伯彥不法凡十有七事，草疏已具，朝廷方召孫覿、謝克家，乃先奏：「覿、克家趨操不正，在靖康間與王時雍、王及之等七人結爲死黨，附耿南仲倡爲和議，助成賊謀，有不主和議者，則欲執送金人。覿受金人女樂，草表媚之，極其筆力，乃負國之賊，宜加遠竄。」不報。仲又進疏曰：

陛下得黃潛善、汪伯彥以爲輔相，委任不復疑。然自入相以來，處事未嘗愜當物情，遂使女眞日強，盜賊日熾，國本日虛，威權日削。且三鎭未服，汴都方危，前日遽下還都之詔，至今鑾輿未能順動。其不謹詔命如此。草茅對策不如式，考官罰金可矣，一日黜三舍人，乃取沈晦、孫覿、黃哲輩諸羣小以掌誥命。其黜陟不公如此。吳給、張闓以言事被逐，邵成章緣上言遠竄。其壅塞言路如此。祖宗舊制，諫官御史有闕，御史中丞、翰林學士具名以進，三省不敢預，厥有深旨。近擬用臺諫，多取親舊，不過欲爲己助。其毀法自恣如此。張慤、宗澤、許景衡公忠有才，皆可任重，潛善、伯彥忌之，沮抑至死。其妨功害能如此。或責以救焚拯溺之事，則曰難言，蓋謂陛下制之不得施設也。或問陳東之死，則曰不知，蓋謂其事繇於陛下也。其過則稱君，善則稱己如此。呂源狂橫，陛下逐去，不數月由郡守升發運。其彊狠自專如此。御營使雖主兵權，凡行在



諸軍皆其所統，潛善、伯彥別置親兵一千人，請給居處，優於衆兵。其務收軍情如此。廣市私恩，則多復祠官之闕；同惡相濟，則力庇王安中之罪。揣其所爲，豈不辜陛下倚任之重哉？

陛下隱忍不肯斥逐，塗炭遺民固已絕望，二聖還期在何時邪？臣每念此，不如無生。歲月如流，時幾易失，望速罷潛善、伯彥政柄，別選賢者，共圖大事。

疏入，留中。明日，改衞尉少卿。仲以論事不行，辭不拜，錄其疏申御史臺，且疊上章言：「臣言可采，卽乞施行，若臣言非是，合坐誣罔之罪。」移疾待命。旬日，詔仲言事不實，送吏部責濮州監酒稅。時用事者恚甚，必欲殺之，以濮迫寇境，故有是命。趣使上道，仲怡然襆被而行，死道中。或曰王淵在濮，潛善密嗾其不利於仲。天下識與不識皆寃痛之。

明年，金人陷廣陵，仲言始驗，潛善、伯彥始以誤國竄殛，於是臺臣奏仲嘗論潛善等罪，乃復以衞尉少卿召，實未知其存亡也。尋加直龍圖閣。

紹興初，胡安國上時政論，有曰：「仲言潛善、伯彥措置乖方，條其罪狀，凡舉一事，必立一證，皆衆所共知共見，不敢以無爲有，以是爲非。而當時曾不從用，反以爲言事不實而重責之，是罰沮忠讜，邪說何由而息，公道何由而明乎？仲既遠貶，雖有詔命，邈無來期，君子閔焉。貴以龍圖，猶未盡褒勸之典。乞重加追奬，及其子孫，以承天意。」詔贈諫議大夫。



仲天資純確，學問有原委，勇於爲義，而所蘊深厚，恥以自名。建炎初，右正言鄧肅嘗論朝士臣邦昌者，例貶二秩，仲不辨也。凡有建明，輒削其稿，人罕知之。居官，晨興必整衣端坐，讀中庸一遍，然後出涖事。每曰：「吾志在行道。以富貴爲心，則爲富貴所累，以妻子爲念，則爲妻子所奪，道不可行也。」故在廣陵，行篋一檐，圖書半之。山東已擾，家尙留于鄆。常稱：「孔子言：『志士不忘在溝壑〔五〕，勇士不忘喪其元。』今日何日，溝壑乃吾死所也。」

有何兌者，昭武人，受學於仲。仲沒，兌嘗輯其事狀。紹興中，爲辰州通判，覩邸報，秦檜自陳其存趙之功，謂它人莫預。兌徑取所輯事狀達尙書省，檜大怒，下兌荆南詔獄，獄辭皆出吏手，兌坐削官竄眞陽。檜死始放還，復其官。尋卒。

呂祖儉字子約，祖謙之弟也，受業祖謙如諸生。監明州倉，將上，會祖謙卒。部法半年不上者爲違年，祖儉必欲終喪，朝廷從之，詔違年者以一年爲限，自祖儉始。

終更赴銓，丞相周必大語尙書尤袤招之，祖儉已調衢州法曹而後往見。潘時經略廣

東〔六〕，欲辟爲屬，祖儉辭。尋以侍從鄭僑、張杓、羅點、諸葛庭瑞薦，召除籍田令。

中丞何澹所生父繼室周氏死，澹欲服伯母服，下太常百官雜議。祖儉貽書宰相曰：「禮曰：『爲伋也妻者，是爲白也母。』今周氏非中丞父之妻乎？將不謂之母而謂之何？中丞爲風憲首，而以不孝令，百僚何觀焉。」除司農簿，已而乞補外，通判台州。寧宗卽位，除太府丞。

時韓侂胄寖用事，正言李沐論右相趙汝愚罷之。祖儉奏：「汝愚亦不得無過，然未至如言者所云。」侂胄怒曰：「呂寺丞乃預我事邪？」會祭酒李祥、博士楊簡皆上書訟汝愚，沐皆劾罷之。祖儉乃上封事曰：「陛下初政清明，登用忠良，然曾未踰時，朱熹老儒也，有所論列，則亟使之去；彭龜年舊學也，有所論列，亦亟許之去；至於李祥老成篤實，非有偏比，蓋衆聽所共孚者，今又終於斥逐。臣恐自是天下有當言之事，必將相視以爲戒，鉗口結舌之風一成而未易反，是豈國家之利邪？」

又曰：「今之能言之士，其所難非在於得罪君父，而在忤意權勢。姑以臣所知者言之，難莫難於論災異，然言之而不諱者，以其事不關於權勢也。若乃御筆之降，廟堂不敢重違，臺諫不敢深論，給、舍不敢固執，蓋以其事關貴倖，深慮乘間激發而重得罪也。故凡勸導人主事從中出者，蓋欲假人主之聲勢，以漸竊威權耳。比者聞之道路，左右暬御，於黜陟廢





置之際，間得聞者，車馬輻湊，其門如市，恃權怙寵，搖撼外庭。臣恐事勢浸淫，政歸倖門，不在公室，凡所薦進皆其所私，凡所傾陷皆其所惡，豈但側目憚畏，莫敢指言，而阿比順從，內外表裏之患，必將形見。臣因李祥獲罪而深及此者，是豈矯激自取罪戾哉？實以士氣頹靡之中，稍忤權臣，則去不旋踵。私憂過計，深慮陛下之勢孤，而相與維持宗社者寖寡也。」

疏既上，束檐待罪。有旨：呂祖儉朋比罔上，安置韶州。中書舍人鄧馹繳奏，祖儉罪不至貶。御筆：「祖儉意在無君，罪當誅，竄逐已爲寬恩。」會樓鑰進讀呂公著元祐初所上十事，因進曰：「如公著社稷臣，猶將十世宥之，前日太府寺丞呂祖儉以言事得罪者，其孫也。今投之嶺外，萬一卽死，聖朝有殺言者之名，臣竊爲陛下惜之。」上問：「祖儉所言何事？」然後知前日之行不出上意。侂胄謂人曰：「復有救祖儉者，當處以新州矣。」衆莫敢出口。有謂侂胄曰：「自趙丞相去，天下已切齒，今又投祖儉瘴鄉，不幸或死，則怨益重，曷若少徙內地。」侂胄亦悟。祖儉至廬陵，將趨嶺，得旨改送吉州。遇赦，量移高安。二年卒，詔令歸葬。

祖儉之謫也，朱熹與書曰：「熹以官則高於子約，以上之顧遇恩禮則深於子約，然坐視羣小之爲，不能一言以報効，乃令子約獨舒憤懣，觸羣小而蹈禍機，其愧歎深矣。」祖儉報書曰：「在朝行聞時事，如在水火中，不可一朝居。使處鄉閭，理亂不知，又何以多言爲哉？」在謫所，讀書窮理，賣藥以自給。每出，必草屨徒步，爲踰嶺之備。嘗言：「因世變有所摧折，失其素履者，固不足言矣；因世變而意氣有所加者，亦私心也。」所爲文有大愚集。祖儉從弟祖泰。

祖泰字泰然，夷簡六世孫〔七〕，寓常之宜興。性疏達，尚氣誼，學問該洽。徧遊江、淮，交當世知名士，得錢或分挈以去，無吝色。飲酒至數斗不醉，論世事無所忌諱，聞者或掩耳而走。

慶元初，祖儉以言事安置韶州，既移瑞州，祖泰徒步往省之，留月餘，語其友王深厚曰：「自吾兄之貶，諸人箝口，我雖無位，義必以言報國，當少須之，今未敢以累吾兄也。」及祖儉沒貶所，嘉泰元年，周必大降少保致仕，祖泰憤之，乃詣登聞鼓院上書〔八〕，論侂胄有無君之心，請誅之以防禍亂。其略曰：「道學，自古所恃以爲國也。丞相汝愚，今之有大勳勞者也。立僞學之禁，逐汝愚之黨，是將空陛下之國，而陛下不知悟邪？陳自強，侂胄童孺之師，躐致宰輔。陛下舊學之臣，若彭龜年等，今安在邪？蘇師旦，平江之吏胥，以潛邸而得節鉞；





周筠〔九〕，韓氏之廝役，以皇后親屬得大官。不識陛下在潛邸時果識師旦乎？椒房之親果有筠乎？凡侂胄之徒，自尊大而卑朝廷，一至於此也！願亟誅侂胄及師旦、周筠〔一〇〕，而罷逐自強之徒。獨周必大可用，宜以代之，不然，事將不測。」書出，中外大駭。

有旨：「呂祖泰挾私上書，語言狂妄，拘管連州。」右諫議大夫程松與祖泰狎友，懼曰：「人知我素與遊，其謂預聞乎？」乃獨奏言：「祖泰有當誅之罪，且其上書必有教之者，今縱不殺，猶當杖黥竄遠方。」殿中侍御史陳讜亦以爲言。乃杖之百，配欽州牢城收管。

初，監察御史林采言僞習之成，造端自必大，故有少保之命。祖泰知必死，冀以身悟朝廷，無懼色。既至府廷，尹爲好語誘之曰：「誰教汝共爲章？汝試言之，吾且寬汝。」祖泰笑曰：「公何問之愚也。吾固知必死，而可受教於人，且與人議之乎？」尹曰：「汝病風喪心邪？」祖泰曰：「以吾觀之，若今之附韓氏得美官者，乃病風喪心耳。」

祖泰既貶，道出潭州，錢文子爲醴陵令，私饋其行。侂胄使人迹其所在，祖泰乃匿襄、郢間。侂胄誅，朝廷訪得祖泰所在，詔雪其冤，特補上州文學，改授迪功郎、監南嶽廟。喪母無以葬，至都謀於諸公，得寒疾，索紙書曰：「吾與吾兄共攻權臣，今權臣誅，吾死不憾。獨吾生還無以報國，且未能葬吾母，爲可憾耳。」乃卒。尹王枏爲具棺斂歸葬焉。

楊宏中字充甫，福州人。弱冠補國子生。孝宗崩，光宗以疾不能執喪。時趙汝愚知樞密院，奏請太皇太后迎立寧宗于嘉邸，以成喪禮，朝野晏然。遂命汝愚爲右丞相，登進耆德及一時知名之士，有意慶曆、元祐之治。韓侂胄竊弄國柄，引將作監李沐爲右正言，首論罷汝愚，中丞何澹、御史胡紘章繼上，竄汝愚永州。國子祭酒李祥、博士楊簡連疏救爭，俱被斥。宏中曰：「師儒能辨大臣之寃，而諸生不能留師儒之去，於誼安乎？」衆莫應，獨林仲麟、徐範、張衟、蔣傅、周端朝五人願預其議。遂上書曰：

自古國家禍亂之由，初非一道，惟小人中傷君子，其禍尤慘。君子登庸，杜絕邪枉，要其處心實在於愛君憂國。小人得志，仇視正人，必欲空其朋類，然後可以肆行而無忌。於是人主孤立，而社稷危矣。黨錮斂漢，朋黨亂唐，大率由此。元祐以來，邪正交攻，卒成靖康之變，臣子所不忍言，而陛下所不忍聞也。

臣竊見近者諫臣李沐論前宰相趙汝愚數談夢兆，擅權植黨，將不利於陛下。以此加誣，實不其然。汝愚乞去，中外咨憤，而言者以爲父老懽呼，蒙蔽天聽，一至於此。章穎力辨其非，首遭斥逐，聞者已駭，既而祭酒李祥、博士楊簡相繼抗論，毅然求去，告假幾月，善類皇皇。一旦有外補之命，言者惡其扶植正論，極力觝排，同日報罷，六館之士爲之憤惋涕泣。今李沐自知邪正之不兩立，而公議之不直己也，乃欲盡去正人以便其私，於是託朋黨以罔陛下之聽。臣謂二人之去若未足惜，殆恐君子小人消長之機於此一判，則靖康已然之監，豈堪復見於今日邪？陛下厲精圖政，方將正三綱以維人心，采羣議以定國是，遽聽奸回，概疑善類，此臣等之所未諭也。



臣願陛下鑒漢、唐之禍，懲靖康之變，精加宸慮，特奮睿斷。念汝愚之忠勤，察祥、簡之非黨，灼李沐之回邪，明示好惡，旌別淑慝，竄李沐以謝天下，還祥、簡以收士心，臣雖身膏鼎鑊，實所不辭。

書奏不報，則繳副封于臺諫、侍從。侂胄大怒，坐以不合上書之罪，六人皆編置，以宏中爲首，將竄之嶺南。中書舍人鄧馹上書救之，不聽。右丞相余端禮拜於榻前至數十，丐免遠徙。上惻然許之，乃送太平州編管。天下號爲「六君子」。

明年，移福州聽讀。嘉泰三年，寧宗幸學，持旨放參。開禧元年，宏中登進士第，教授南劍州。太守余嶸，故相端禮子，與之相得甚懽。侂胄誅，先以言得罪者悉加褒錄。嘉定元年，特遷宏中一秩，亦不拜。六年，以嶸與汪逵、趙彥櫄薦，授戶部架閣，俄遷太學正。八年夏旱，上封事，指切無隱。遷武學博士，改宜教郎。

時諫官應武論一學官，宏中季試策士及其故，武聞而銜之。秋戊祀武成王，祭酒行事。故事，博士攝亞獻，至是不命宏中，宏中白于祭酒。於是武劾宏中與同列競，且謂其激矯不自愛，遂通判潭州。以親老請祠，差知武岡軍，未受卒，年五十三。

端朝字子靜，嘉定三年試禮部第一〔二〕，終刑部侍郎兼侍講。衟字用叟，以父任補官，有二子，與端朝同登進士第。仲麟字景仲，傅字象夫，久居學校，忠鯁有聞，咸以不偶死。範自有傳。

華岳字子西，爲武學生，輕財好俠。韓侂胄當國，岳上書曰：



旬月以來，都城士民彷徨四顧，若將喪其室家；諸軍妻子隱哭含悲，若將驅之水火。閭閻籍籍，欲語復噤，駭於傳聞，莫曉所謂。臣徐考之，則侍衞之兵日月潛發〔三〕，樞機之遞星火交馳，戎作之役倍於平時，郵傳之程兼於疇昔，乃知陛下將有事於北征也。

侂胄以后族之親，位居極品，專執權柄，公取賄賂，畜養無籍吏僕，委以腹心，賣名器，私爵賞，睥睨神器，窺覘宗社，日益炎炎，不敢嚮爾。此外患之居吾腹心者也。

朝臣有以庸瑣之資，請媚師旦，驟入政府者；有以諛佞之資，附阿侂胄，致身顯貴者。陳自強老不知恥，貪不知止，私植黨與，陰結門第，凡見諸行事，惟知侂胄，不知君父。此外患之居吾股肱者也。



爽、奕、汝翼諸李之貪懦無謀，倪、僎、倬、杲諸郭之膏粱無用，諸吳之恃寵專僭，諸彭之庸孱不肖，皇甫斌、魏友諒〔三〕、毛致通、秦世輔之彫瘵軍心、瘠痍士氣，以致陳孝慶、夏興祖、商榮、田俊邁之徒，皆以一卒之材，各得把麾專制，平日剜膏刻血，包苴侂胄，以致通顯，饑寒之士咸願食其肉而不可得。萬一陛下付以大事，彼之首領自不可保，奚暇爲陛下計哉？此外患之居吾爪牙者也。

程松之納妾求知，或以售妹入府，或以獻妻入閤，魯誼之貢子爲郎，富宮之庸駑充位。此外患之居吾耳目者也。

蘇師旦以穢吏冒節鉞，牙儈名爵；周筠以隸卒冒戎鈐，市易將相。此外患之扼吾咽喉者也。彼之所謂外患者實未足憂，而此之外患蓋已周吾一身之間矣。

「禮樂征伐，自天子出」。所貴乎中國者，皆聽命於陛下也。今也與奪之命、黜陟之權，又不出於陛下，而出於侂胄。是吾有二中國也。命又不出於侂胄，而出於蘇師旦、周筠。是吾有三中國也。女眞以區區之地，猶能逼我淮、漢，曾謂外患之居吾腹心、股肱、耳目、爪牙及吾咽喉，而不憑陵吾之宗廟社稷乎？曾謂一家之中自爲秦、越，一舟之中自爲敵國，而能制遠人乎？比年軍皆捨克，而士卒自仇其將佐；民皆侵漁，而百姓自畔其守令，家自爲戰。此又啓吾中國億萬之仇敵也。今不務去吾腹心、股肱、爪牙、耳目、咽喉與夫億萬之仇敵，而欲空國之師，竭國之財，而與遠人相從於血刃相塗之地，顧不外用其心歟？

臣嘗推演兵書，自去歲上元甲子，五福太一初度吳分，四神直符對臨荆、楚，始擊蜚符旁臨甌、粵，青門直使交亥于幽、冀，黑殺黃道正按于燕、趙。考之成法，主算最長，客算最短。兵以先發爲客，後發爲主。自太歲乙丑至庚午六年之間，皆不利於先舉。儻其畔盟犯義，撓我疆埸，至於事不獲已，然後應之，則反主爲客，猶曰庶幾。萬一國家首事倡謀，則將帥內睽，士卒外畔，肝腦萬民，血刃千里。此天數之不利於先舉也。矧將帥庸愚，軍民怨懟，馬政不講，騎士不熟，豪傑不出，英雄不收，餽糧不豐，形便不固，山砦不修，堡壘不設，吾雖帶甲百萬，餽餉千里，而師出無功，不戰自敗。此人事之不利於先舉也。

臣願陛下除吾一身之外患。吾國中之外患既已除〔四〕，然後公道開明，正人登用，法令自行，紀綱自正，豪傑自歸，英雄自附，侵疆自還，中原自復，天下自底於和平，四海自躋於仁壽，何俟乎兵革哉？不然，則亂臣賊子毀冕裂冠，哦九錫隆恩之詩，恃貴不





可倖之相，私妾內姬，陰臣將相，魚肉軍士，塗炭生靈，墜百世之遠圖，虧十廟之遺業。陛下此時雖欲不與之偕亡，則禍迫於身，權出於人，俛首待終，何臍可噬。

事之未然，難以取信，臣願以身屬之廷尉，待其軍行用師，勞還奏凱，則梟臣之首風遞四方，以爲天下欺君罔上者之戒。儻或干戈相尋，敗亡相繼，強敵外攻，姦臣內畔，與臣所言盡相符契，然後令臣歸老田里，永爲不齒之民。

書奏，侂胄大怒，下大理，貶建寧圜土中。郡守傅伯成憐之，命獄卒使出入毋繫。伯成去，又迕守李大異，復置獄。

侂胄誅，放還，復入學登第，爲殿前司官屬，鬱不得志。謀去丞相史彌遠，事覺，下臨安獄。獄具，坐議大臣當死。寧宗知岳名，欲生之，彌遠曰：「是欲殺臣者。」竟杖死東市。

鄧若水字平仲，隆州井研人。博通經史，爲文章有氣骨。吳曦叛，州縣莫敢抗，若水方爲布衣，憤甚，將殺縣令，起兵討之。夜刲雞盟其僕曰：「我明日謁知縣，汝密懷刃以從，我顧汝，即殺之。」僕佯許諾，至期三顧不發。歸責其僕以背盟，僕曰：「平人尙不可殺，況知縣乎？此何等事，而使我爲之。」若水乃仗劍徒步如武興，欲手刃曦，中道聞曦死，乃還。人皆笑其狂，而壯其志。

登嘉定十三年進士第。時史彌遠柄國久，若水對策極論其姦，請罷之，更命賢相，否則必爲宗社憂。考官置之末甲。策語播行，都士爭誦之。彌遠怒，諭府尹使逆旅主人幾其出入，將置之罪，或爲之解，乃已。

理宗卽位，應詔上封事曰：

行大義然後可以弭大謗，收大權然後可以固大位，除大姦然後可以息大難。

寧宗皇帝晏駕，濟王當繼大位者也，廢黜不聞於先帝，過失不聞於天下。史彌遠不利濟王之立，夜矯先帝之命，棄逐濟王，并殺皇孫，而奉迎陛下。曾未半年，濟王竟不幸於湖州。揆以春秋之法，非弒乎？非篡乎？非攘奪乎？當悖逆之初，天下皆歸罪彌遠而不敢歸過於陛下者，何也？天下皆知倉卒之間，非陛下所得知，亦諒陛下必無是心也，亦料陛下必能掃清妖氛，以雪先帝、濟王父子終天之憤。今踰年矣，而乾剛不決，威斷不行，無以大慰天下之望。昔之信陛下之必無者，今或疑其有。昔之信陛下不知者，今或疑其知。陛下何以忍清明天日，而以此身受此汙辱也？盍亦求明是心於天下，而俾有辭於千古乎？爲陛下之計，莫若遵泰伯之至德，伯夷之清名，季子之高節，而後陛下之本心明于天下，此臣所謂行大義以弭大謗，策之上也。





自古人君之失大權，鮮有不自廢立之際而盡失之。當其廢立之間，威動天下，既立則眇視人主，是故強臣挾恩以陵上，小人怙強以無上，久則內外相爲一體，爲上者喑默以聽其所爲，日朘月削，殆有人臣之所不忍言者。威權一去，人主雖欲固其位，保其身，有不可得。宣繒、薛極，彌遠之肺腑也；王愈，其耳目也；盛章、李知孝，其鷹犬也；馮榯，其爪牙也。彌遠之欲行某事，害某人，則此數人者相與謀之，曷嘗有陛下之意行乎其間哉？臣以爲不除此數凶，陛下非惟不足以弭謗，亦未可以必安其位，然則陛下何憚久而不爲哉？此臣所以謂收大權以定大位，策之次也。

次而不行，又有一焉，曰：除大姦然後可以弭大難。李全，一流民耳，寓食於我，兵非加多，土地非加廣，勢力非特盛也。自陛下卽位，乃敢偃彊，何也？彼有辭以用其衆也。其意必曰：「濟王，先皇帝之子也，而彌遠放弒之。皇孫，先皇帝之孫也，而彌遠戕害之。」其辭直，其勢壯，是以沿淮數十萬之師而不敢睥睨其鋒。雖曰今暫無事，未也，安知其不一日羽檄飛馳，以濟王爲辭，以討君側之惡爲名？彌遠之徒，死有餘罪，不可復惜，宗社生靈何辜焉？陛下今日而誅彌遠之徒，則全無辭以用其衆矣。上而不得，則思其次，次而不得，則思其下，悲夫！

制置司不敢爲附驛，卻還之。以格當改官，奏上，彌遠取筆橫抹之而罷。

嘉熙間，召爲太學博士，當對，草奏數千言，略曰：「寧宗不豫，彌遠急欲成其詐，此其心豈復顧先帝之生哉？先帝不得正其終，陛下不得正其始，臣請發冢斲棺，取其屍斬之，以謝在天之靈。往年臣嘗上封事，請禪位近屬，以洗不義之汚，無路自達，今其書尚在，謹昧死以聞。」

將對前一日，假筆吏於所親潘允恭，允恭素知若水好危言，論筆吏使竊錄之。允恭見之，懼幷及禍，走告丞相喬行簡，亦大駭。翼日早朝，奏出若水通判寧國府。退朝，召閤門舍人問曰：「今日有輪對官乎？」舍人以若水對，行簡曰：「已得旨補外矣，可格班。」若水袖其書待廡下，舍人諭使去，若水怏怏而退。自知不爲時所容，到官數月，以言罷，遂不復仕，隱太湖之洞庭山。

賈似道在京湖，聞其名，辟參軍事。若水雅思其鄉，乃起從其招，因西歸蜀。居山中，有盜夜刼之，若水危坐不動，盜擊其首，流血被面，亦不動，乃舍去。若水爲學務躬行，恥爲空言。削木爲主，大書曰「自古以來忠臣孝子義夫節婦之位」，歲時祀之。有一子，膂力絕人，築山砦，以兵捍衞鄉井。砦破，舉家遇害。





僧眞寶，代州人，爲五臺山僧正。學佛，能外死生。靖康之擾，與其徒習武事於山中。欽宗召對便殿，眷賚隆縟。眞寶還山，益聚兵助討。州不守，敵衆大至，晝夜拒之，力不敵，寺舍盡焚。酋下令生致眞寶，至則抗詞無撓，酋異之，不忍殺也，使郡守劉騊誘勸百方，終不顧，且曰：「吾法中有口四之罪〔一五〕，吾旣許宋皇帝以死，豈當妄言也？」怡然受戮。北人聞見者嘆異焉。

莫謙之，常州宜興僧人也。德祐元年，糾合義士捍禦鄉閭，詔爲溧陽尉。是冬，沒于戰陳，贈武功大夫。

時萬安僧亦起兵，舉旗曰「降魔」，又曰：「時危聊作將，事定復爲僧。」旋亦敗死。

徐道明，常州天慶觀道士也。爲管轄，賜紫。德祐元年，北兵圍城，道明謁郡守姚訔請曰：「事急矣，君侯計將安出？」訔曰：「內無食，外無援，死守而已。」道明亟還，慨然告其徒曰：「姚公誓與城俱亡，吾屬亦不失爲義士。」迺取觀之文籍置石函，藏坎中。兵屠城，道明危坐焫香，讀老子書。兵使之拜，不顧，誦聲琅然；以刃脅之，不爲動，遂死焉。

## 校勘記

〔一〕然綱任而未專　「然」原作「矣」，據北盟會編卷三四、陳東陳修撰集卷二、靖康要錄卷二改。

〔二〕今又聞罷綱職事　「今又」原作「金人」，據北盟會編卷三四、陳修撰集卷二改。

〔三〕爲陛下建言　「言」原作「立」，據北盟會編卷三四、陳修撰集卷二、靖康要錄卷二改。

〔四〕朝廷能復都大梁乎　「乎」字原脫，據同上三書同卷補。

〔五〕志士不忘在溝壑　「在」字原脫，據孟子滕文公下補。

〔六〕潘時經略廣東　按朱熹朱文公文集卷九四直顯謨閣潘公墓誌，「潘時」作「潘畤」，並說到他知廣州事；吳大變南宋制撫年表也載潘畤於淳熙十三年知廣州。疑作「潘畤」是。

〔七〕夷簡六世孫　「六」原作「五」。按宋史全文卷二九上作「祖泰，元祐戶部尚書公孺之五世孫也。」公孺是夷簡之子，宋史全文所載世次，和本書卷三三六呂公著傳、卷三六二呂好問傳所載蹤行相合。據改。

〔八〕乃詣登聞鼓院上書　按本書卷三七寧宗紀、卷四七四韓侂胄傳，又宋史全文卷二九上、兩朝綱目備要卷六都繫此事於慶元六年。此處作嘉泰元年，疑誤。





〔九〕周鍔　原作「周均」，據本卷華岳傳、宋史全文卷二九上改。

〔一〇〕願函誅侂胄及師旦周鍔　「周鍔」二字原脫，據宋史全文卷二九上、兩朝綱目備要卷六補。

〔一一〕嘉定三年試禮部第一　按本書卷三九寧宗紀，嘉定三年無科舉記載，嘉定四年賜禮部進士四百六十五人及第出身；通考卷三二選舉考記嘉定四年省元周端朝。此處「三年」疑是「四年」之誤。

〔一二〕日月濟發　按華岳翠微南征錄卷一、莊仲芳南宋文範卷二四華岳上寧宗皇帝諫北伐書作「日夜濟發」，此處「月」字疑是「夜」字之誤。

〔一三〕魏友諒　「友」原作「文」，據本書卷三八寧宗紀、宋史全文卷二九下改。

〔一四〕國中　二字原倒，據翠微南征錄卷一、南宋文範卷二四華岳上寧宗皇帝諫北伐書乙正。

〔一五〕吾法中有口四之罪　「四」原作「回」，查四十二章經，佛法十惡行有所謂口四者，卽兩舌、惡口、妄言、綺語，與本文「豈當妄言也」意合。據改。

# 宋史卷四百五十六

## 列傳第二百一十五

### 孝義





冠冕百行莫大於孝，範防百爲莫大於義。先王興孝以教民厚，民用不薄；興義以教民睦，民用不爭。率天下而由孝義，非履信思順之世乎。太祖、太宗以來，子有復父仇而殺人者，壯而釋之；刲股割肝，咸見褒賞；至於數世同居，輒復其家。一百餘年，孝義所感，醴泉、甘露、芝草、異木之瑞，史不絕書，宋之教化有足觀者矣。作孝義傳。

李璘，瀛州河間人。晉開運末，契丹犯邊，有陳友者乘亂殺璘父及家屬三人。乾德初，璘隸殿前散祗候，友爲軍小校，相遇於京師寶積坊北，璘手刃殺友而不遁去，自言復父讎，案鞫得實，太祖壯而釋之。

雍熙中，又有京兆鄠縣民甄婆兒，母劉與同里人董知政忿競，知政擊殺劉氏。婆兒始十歲，妹方襁褓，託鄰人張氏乳養。婆兒避仇，徙居赦村，後數年稍長大，念母爲知政所殺，又念其妹寄張氏，與兄課兒同詣張氏求見妹，張氏拒之，不得見。婆兒憤怒悲泣，謂兄曰：「我母爲人所殺，妹流寄他姓，大讎不報，何用生爲！」時方寒食，具酒殽詣母墳慟哭，歸取條桑斧置袖中，往見知政。知政方與小兒戲，婆兒出其後，以斧斫其腦殺之。有司以其事上請，太宗嘉其能復母讎，特貸焉。

徐承珪，萊州掖人。幼失父母，與兄弟三人及其族三十口同甘藜藿，衣服相讓，歷四十年不改其操。所居崇善鄉緝俗里，木連理，瓜瓠異蔓同實，州以聞。乾德元年，詔改鄉名義感，里名和順。承珪嘗爲贊皇令。

劉孝忠，并州太原人。母病經三年，孝忠割股肉、斷左乳以食母；母病心痛劇，孝忠然火掌中，代母受痛。母尋愈。後數歲母死，孝忠傭爲富家奴，得錢以葬。富家知其孝行，養爲己子。後養父兩目失明，孝忠爲舐之，經七日復能視。以親故，事佛謹，嘗於像前割雙股肉，注油創中，然燈一晝夜。劉鈞聞而召見，給以衣服、錢帛、銀鞍勒馬，署宣陵副使。開寶二年，太祖親征太原，召見慰諭。



呂昇，萊州人。父權失明，剖腹探肝以救父疾，父復能視而昇不死。冀州南宮人王翰，母喪明，翰自抉右目睛補之，母目明如故。淳化中，並下詔賜粟帛。

羅居通，益州成都人。母死，廬墓三年，有甘露降墳樹，芝草生其旁。開寶四年，長吏以聞，詔以居通爲延長主簿。

大中祥符初，資州人黃德輿葬父母，負土成墳，甘泉湧其側，降詔旌表。

齊得一，密州諸城人。幼嗜學，及長，能讀五經，善於教授鄉里。士大夫子弟不遠百里，皆就之肄業焉。晉末，皇甫暉爲密州防禦使，得一父爲客將。及暉叛歸淮南，屢率衆剽劫於故郡，民之牛羊犬豕悉取以犒士卒，得一之家被略殆盡。後王萬敢爲防禦使，性貪暴，執鄉民十八家，責其嘗以牛酒餽賊，盡殺之而取其資產，得一親屬死者十餘人，唯得一與兄脫身獲免。明年詣闕上訴，朝廷遣使按鞫之得實，萬敢削官，判官胡輗坐死。得一乃歸鄉里，布衣蔬食，不樂仕進。開寶中，詔郡國舉廉退孝悌之士，本郡即以得一應詔。至闕，策試中選，授章丘主簿。

李罕澄，冀州阜城人也，七世同居。漢乾祐三年，詔改鄉里名及旌其門閭。太平興國六年，長吏以漢所賜詔書來上，復旌表之。

邢神留，深州陸澤人。父超，逋官租，里胥督租，與超鬥，超歐里胥死。神留年十六，詣吏求代父死。州以聞，特詔減死，賜里胥家萬錢爲棺斂具。

端拱初，泰州海陵人沈正父爲屯田院衙官，凶暴無賴，使酒毆平人死，正中塗見，父恐慴，述其故，正即號呼褫衣，就毆其屍。巡警者捕送官，獄具，怡然就死，聞者悲之。





許祚，江州德化人。八世同居，長幼七百八十一口。太平興國七年，旌其門閭。淳化二年，本州言祚家春夏常乏食，詔歲貸米千斛。

又有信州李琳十五世同居，貝州田祚、京兆惠從順十世同居，廬州趙廣、順安軍鄭彥圭、信州俞雋八世同居，陝州張文裕六世同居，襄州張巨源劉芳、潭州瞿景鴻、温州陳偘、江陵褚彥逢五世同居，徐州彭程四世同居，皆賜詔旌表門閭。巨源素習法律，太平興國五年，賜明法及第。芳淳化四年來賀壽寧節，賜進士出身。偘事母至孝，賜其母粟帛。彥逢兄弟五人皆年七十餘，至道元年，轉運使表其事，詔補彥逢教練使。

胡仲堯，洪州奉新人。累世聚居，至數百口。構學舍于華林山別墅，聚書萬卷，大設廚廩，以延四方游學之士。南唐李煜時嘗授寺丞。雍熙二年，詔旌其門閭。仲堯詣闕謝恩，賜白金器二百兩。淳化中，州境旱歉，仲堯發廩減市直以振饑民，又以私財造南津橋。太宗嘉之，除本州助教，許每歲以香稻時果貢于內東門。五年，遣弟仲容來賀壽寧節。召見仲容，特授試校書郎，賜袍笏犀帶，又以御書賜之。公卿多賦詩稱美。仲堯稍遷國子監主簿，致仕，卒。

仲容字咸和，咸平三年，復至闕貢土物，改大理評事，屢被賜賚。仲容建本縣孔子廟，頗爲安敞。後遷光祿丞致仕，天禧中，特賜緋魚。卒，年七十九。以弟之子用訥爲後，試校書郎。仲容弟克順，端拱二年進士，至都官員外郎、三司戶部判官。仲容子用之洎從子用莊、用舟，並進士及第。

陳兢，江州德安人，陳宜都王叔明之後。叔明五世孫兼，唐右補闕。兼生京，祕書少監、集賢院學士，無子，以從子褒爲嗣，褒至鹽官令。褒生灌，高安丞。灌孫伯宣，避難泉州，與馬總善，注司馬遷史記行於世；後遊廬山，因居德安，嘗以著作佐郎召，不起，大順初卒。伯宣子崇爲江州長史，益置田園，爲家法戒子孫，擇羣從掌其事，建書堂教誨之。僖宗時嘗詔旌其門，南唐又爲立義門，免其徭役。崇子袞，江州司戶。袞子昉，試奉禮郎。

昉家十三世同居，長幼七百口，不畜僕妾，上下姻睦，人無間言。每食，必羣坐廣堂，未成人者別爲一席。有犬百餘，亦置一槽共食，一犬不至，羣犬亦皆不食。建書樓於別墅，延四方之士，肄業者多依焉。鄉里率化，爭訟稀少。開寶初，平江南，知州張齊上請仍舊免其





徭役，從之。昉弟之子鴻。太平興國七年，江南轉運使張齊賢又奏免雜科。兢即鴻之弟。淳化元年，知州康戩又上言兢家常苦食不足，詔本州每歲貸粟二千石。

後兢死，其從父弟旭每歲止受貸粟之半，云省嗇而食，可以及秋成。屬歲儉穀貴，或勸其全受而糶之，可邀善價，旭曰：「朝廷以旭家羣從千口，軫其乏食，貸以公粟，豈可見利忘義，爲罔上之事乎？」至道初，遣內侍裴愈就賜御書，還，言旭家孝友儉讓，近於淳古。太宗嘗對近臣言之，參知政事張洎對曰：「旭宗族千餘口，世守家法，孝謹不衰，閨門之內，肅於公府。」且言及旭受貸事。上以遠民義聚，復能固廉節，爲之嘆息。大中祥符四年，以旭爲江州助教。旭卒，弟蘊主家事。天聖元年，又以蘊繼爲助教。蘊卒，弟泰主之。泰弟度，太子中舍致仕。從子延賞、可，並舉進士。延賞職方員外郎。

洪文撫，南康建昌人，本姓犯宣祖偏諱，改焉。曾祖諤，唐虔州司倉參軍，子孫衆多，以孝悌著稱。六世義居，室無異爨。就所居雷湖北創書舍，招來學者。至道中，本軍以聞，遣內侍裴愈齎御書百軸賜其家。文撫遣弟文舉詣闕貢土物爲謝，太宗飛白一軸曰「義居人」以賜之，命文舉爲江州助教。三年八月，又詔表其門閭。自是每歲遣子弟入貢，必厚賜答

之。文撫兄子待用，登咸平三年進士第，至都官員外郎。

易延慶字餘慶，筠州上高人。父贇，以勇力仕南唐至雄州刺史。延慶幼聰慧，涉獵經史，尤長聲律，以父蔭爲奉禮郎。顯德四年，周師克淮南，贇歸朝，授道州刺史，延慶亦授大名府兵曹參軍，後爲大理評事，知臨淮縣。乾德末，贇卒，葬臨淮。延慶居喪摧毁，廬於墓側，手植松柏數百本，且出守墓，夕歸侍母。紫芝生於墓之西北，數年又生玉芝十八莖。本州將表其事，延慶懇辭。或畫其芝來京師，朝士多爲詩賦，稱其孝感。

服闋，延慶以母老稱疾不就官。母卒後，藁殯數年，延慶出爲大理寺丞。嘗司建安市征，及母葬有期，私歸營葬，掩壙而返。知軍扈繼昇言其擅去職，坐免所居官，復廬墓側數年。母平生嗜栗，延慶樹二栗樹墓側，二樹連理，蘇易簡、朱台符爲贊美之。後知端州，卒。子綸，大中祥符元年，進士及第。

董道明，蔡州褒信人。母死出葬，道明潛匿墓中，人瘞之，經三日，家人發冢取之，道明





無恙，終身廬於墓側。

郭琮，台州黄巖人。幼喪父，事母極恭順。娶妻有子，移居母室。凡母之所欲，必親奉之。居常不過中食，絕飲酒茹葷者三十年，以祈母壽。母年百歲，耳目不衰，飲食不減，鄉里異之。至道三年，詔書存恤孝悌，鄉老陳贊率同里四十人狀琮事于轉運使以聞，有詔旌表門閭，除其徭役。明年，母無疾而終。琮哀號幾乎滅性，鄉閭率金帛以助葬。

又有越州應天寺僧者，幼貧無以養母，剃髮乞食以給晨夕。母年一百五歲而終。

潭州長沙人畢贊，仕郡爲引贊吏，性至孝，父母皆年八十餘。轉運使表其事，詔贊解職終養。

顧忻，泰州泰興人。十歲喪父，以母病，葷辛不入口者十載。鷄初鳴，具冠帶率妻子詣母之室，問其所欲，如此五十年，未嘗離母左右。母老，目不能視物，忻日夜號泣祈天，刺血寫佛經數卷。母目忽明，燭下能縫紝，九十餘無疾而終。

又有杭州仁和人李瓊，以鬻繒爲業，事母孝，夜常十餘起省母。母喜食時新，瓊百方求市，得必十倍酬其直。

朱泰，湖州武康人。家貧，鬻薪養母，常適數十里外易甘旨以奉母。泰服食麤糲，戒妻子常候母色。一日，鷄初鳴入山，及明，憩于山足，遇虎搏攫負之而去。泰已瞑眩，行百餘步，忽稍醒，厲聲曰：「虎爲暴食我，所恨母無託爾！」虎忽棄泰於地，走不顧，如人疾驅狀。泰匍匐而歸。母扶持以泣，泰亦彊舉動，不踰月如故。鄉里聞其孝感，率金帛遺之，里人目爲朱虎殘。

成象，渠州流江人。以詩書訓授里中，事父母以孝聞。母病，割股肉食之，詔賜束帛醪酒。淳化中，李順盜據郡縣，象父母驚悸而死，殯骨寄浮圖舍，象號泣營葬。賊平，鄉里率錢三百萬贈之。象廬於墓側，以衰服襟袂篩土於壙上，日三斗。每慟，聞者咸愴。未嘗食肉衣帛，或贈之亦不受。虎豹環廬而臥，象無畏色。鷰百餘集廬中，禾生墓側吐九穗。服





終猶未還家，知禮者爲書以諭之，遂歸教授，遠近目爲成孝子。

陳思道，江陰人。喪父，事母兄以孝悌聞。鬻醯市側，以給晨夕，買物不酬價，如所索與之。母病，思道衣不解帶者數月，雙目瘡爛，飲食隨母多少。洎母喪，水漿不入口七日。既葬，哀毁，鬻醯之利，得錢十萬，奉其兄。結廬墓側，日夜悲慟，其妻時攜兒女詣之，拒不與見。夏日種瓜，以待過客。晝則白兔馴狎，夜則虎豹環其廬而臥。咸平元年，知軍上其事，詔賜束帛，旌其門。

方綱，池州青陽人。八世同爨，家屬七百口，居室六百區，每旦鳴鼓會食。嘗出稻五千斛振貸貧民。景德二年，轉運使馮亮以聞，詔旌其門。天禧中，侍御史韓億安撫江南，使還，言綱家稅籍錢四百餘千，米二千五百斛，同居四百年，而本縣科率一無寬假，望蠲其戶雜科，詔從之。

龐天祐，江陵人，以經籍教授里中。父疾，天祐剸股肉食之；疾愈，又復病目喪明，天祐號泣祈天舐之。父年八十餘，大中祥符四年卒，天祐負土封墳，結廬其側，晝夜號不絕聲。知府陳堯咨親往致奠，上其事，詔旌表門閭。天祐家無儋石儲，居委巷中，堯咨爲徙里門之右，築闕表之。

劉斌，定州人。父加友，端拱中爲從弟志元所殺。斌兄弟皆幼，隨母改適人，母嘗戒之曰：「爾等長，必復父仇。」景德中，斌兄弟挾刀伺志元於道，刺之不殊，即詣吏自陳。州具獄上請，詔志元黥面配隸汝州，釋斌等罪。

樊景温，陝州芮城人；榮恕旻，雄州歸信人。兄弟異居積年。大中祥符中，景温樗樹五枝并爲一，恕旻家榆樹兩本自合，兩家感其異，復義聚，鄉人稱雍睦。



祁暐字坦之，萊州膠水人。淳化三年進士，歷度支員外郎、直集賢院。天禧中，出知濰州，母卒，葬于州城之南。暐既解官，就墳側構小室，號泣守護，蔬食，經六冬，墮足二指。有白烏白兔馴擾墳側，州人異之，以狀聞。有詔旌美，賜帛三十匹、粟三十石，令長吏每月存問。

何保之，梓州通泉人。業進士，有至行。母卒，負土成墳，廬於其側。日有羣烏飛集墳上，哀鳴不去，又嘗有兔馴於坐隅，人稱異焉。大中祥符降詔旌恤。

李玭，大名宗城人。性篤孝，力耕以事母。母卒，讓田與其弟堅，遂廬於葬所，晝夜號泣，負土築墳高丈餘。又以二代及諸族父母藁葬者盡禮築之，凡三年成六墳，皆丈餘。不食肉衣帛，不預人事，遑遑然唯恐築之不及，墳成，復留守墳三年。常令兄之子賷槃以自給。年六十餘，足未嘗入縣門。鄉人目爲李孝子。天禧中，知府張知白以狀聞，詔賜粟帛，令府縣安存之。里中有母在而析產者聞玭被旌，兄弟慚懼，復相率同居。

侯義，應天府楚丘人。貧無產，傭田以事母。里人有葬其親而遽返者，義母過其家，泣謂義曰：「我死，其若是乎！」義乃感激自誓而不欲言，但慰其母曰：「勿悲，義必不爾。」咸平中，母卒，義力自辦葬，不掩壙，晝則負土築墳，夜則慟哭柩側。妻子困匱不給，田主曹氏哀憐之，資以餱糧。踰年，墳間瓜異蔕，木連理，又有巨蛇遶其側不暴物，野鴿飛而不去。嘗遇盜劫其衣服，既而知是義物，悉還之。

王光濟，廬州人。喪母，因刻像日夕奉事如平生，孝道純篤。咸平二年，本州以孝聞，有詔旌之。

時又有徐州豐人李祚，親喪，廬墓側凡二十七年，家人百計勉諭，不聽。益州雙流人周善敏，喪父，廬於墓側。母病，又剸股肉以啖之，遂愈。大中祥符九年，特詔旌表祚，賜善敏粟帛存慰之。



江白，建昌人，景德二年進士。父禹錫，有節義，高年不仕，躬自教授。大中祥符初，獻東封詩十五篇，有詔嘉美，賜以粟帛，歲時遣使存問，五年，卒。白自鄞尉罷還，負土營葬，廬於墓側，蓬藋芒屩，晝夜號泣，將終制猶然。轉運使以其狀聞，詔賜帛二十匹、粟麥二十石，醪酒十缸。

裘承詢，越州會稽人。居雲門山前，十九世無異爨。子弟習弦誦，鄉里稱其敦睦。州以聞，詔旌其門閭。

咸平後，又有保定軍孫浦、襄州常元紹、蔡州王美、解州董孝章並十世同居，莫州高珪、永定軍朱仁貴、潞州邢濬、相州趙祚八世同居，麟州楊榮、隰州趙友、開封李居正、潁州張可象、衞州張珪、滄州崔諒七世同居，邢州王覺、趙州曹遂六世同居，兗州董升、陳州樊可行、京兆元守全、平定軍段德五世同居，開封張仁遇、亳州王子上、建昌軍瞿肅四世同居。肅家百五十口，長幼孝悌，鄉人化之。又河陰王世及、大名李宗祐、陳州劉闓、宣州汪政、潭州李耕，或聚居至七百口，累數十百年。並所在請加旌表，詔從之，仍蠲其課調。

大中祥符初，東封泰山，判兗州王欽若言曲阜東野宜、乾封竇益合居五六世，有節行。四年，祀汾陰，考制度使馬起言陝州張化基、閻用和、楊忠義聚族累世，孝悌可稱。並即行在所降詔褒美，各優賜粟帛。

常眞，陳州項城人。父母死，廬墓終喪，負土成墳，不茹葷血。周廣順中，詔旌其門閭。開寶七年，本州以聞，詔再加旌表。眞妻病，子晏割股肉以養母，及死，次子守規徒跣，日一食，廬墓三年。太平興國八年，詔旌表之。

又有齊州王詮、河南李繼成、滄州胡元興，並母死負土成墳，晝夜哭不絕聲。州郡繼以聞，皆降詔旌其門閭，賜以粟帛。

杜誼字漢臣，台州黃巖人。事父母至孝。父剛嚴，誼獨失愛，惴惴不自容，伺顏色而後進。繼喪父母，號慟晝夜不絕，勺水不入口者累日。卜葬，徒跣負土爲墳，往來十餘里，日





渡塘澗，泥水沒骭，雖大雨雪未嘗少止。手足皸裂血流，以漆塗之。每覆一畚，必三遶墳號而後去。既葬，遂芟舍墓旁，負土終喪，人往視之，輒遣去。日一飯，不葷。雖虎狼交於墓側，誼泰然無所畏。明年，吳越大水，山皆發洚，推巨石走十數里。台州山最高而水又夜至，旁山之民，居廬、墓田、畜牧漂壞者甚衆，而獨不及誼。邑人狀其事以聞，詔書嘉奬。

事族父衍甚謹，衍愛之均諸子。以祖垂象廕入官，至贊善大夫。嘗知永城縣，歲捐奉錢三十萬，以收瘞汴渠之溺死者凡四十餘。又出奉錢率其下新文宣王廟，兩旁爲學舍數十區，旦夕講學於其堂。永城父老稱誼之政爲不可及。

誼生平敦厚，尙信義，有大志，家貧，不恤有無，常推以濟親友。後通判梓州，卒。子揆纔十六歲，哭誼墓旁卒。

姚宗明，河中永樂人也。其十世祖栖雲。當唐貞元中，調卒戍邊，栖雲之父語其兄曰：「兄嗣未立，可無往。某幸有子，請代兄行。」遂戰沒塞上。時栖雲方三歲，其母再嫁，栖雲養於伯母。既長，事伯母如其母，伯母亡，栖雲葬之。又招魂葬其父，痛其父死於邊，乃廬於墓次，終身哀慕不衰。縣令蘇轍以俸錢買地，開阡刻石表之。河中尹渾瑊上其事，詔加優賜，表其門，名其鄉曰孝悌，社曰節義，里曰敬愛。

栖雲生岳，岳生君儒，君儒生師正。自岳至師正，四世廬墓。五世孫曰厚，六世曰雅，七世曰文，八世曰敬眞，九世曰直，十世曰宗明。當慶曆初，有司以姚氏十世同居聞于朝，仁宗詔復其家。十一世孫用和，十二世孫士明，十三世孫德。自宗明至德又三世，自慶曆以後又五十餘年，而其家孝睦不替。

姚氏世爲農，無爲學者。家不甚富，有田數十頃，聚族百餘人。子孫躬事農桑，僅給衣食，歷三百餘年無異辭者。經唐末、五代，兵戈亂離，而子孫保守墳墓，骨肉不相離散，求之天下，未或有焉。

鄧中和字祗德，開封長垣人。舉三禮。景祐、慶曆間喪親，廬墓終其喪，定省往來如事生者二十年，負土累墳高三丈。

毛安輿，嘉州洪雅人。年九歲父死，負土爲墳，廬於其側三年。知益州張方平聞之，遣





以酒餼，狀其事以聞。

李訪，韶州人，業進士。廬父母墓，有虎暴傷旁人而不近訪，又有白烏集墓上。

朱壽昌字康叔，揚州天長人。以父巽廕守將作監主簿，累調州縣，通判陝州、荊南，權知岳州。州濱重湖，多水盜。壽昌籍民船，刻著名氏，使相伺察，出入必以告。盜發，驗船所向窮討之，盜爲少弭，旁郡取以爲法。

富弼、韓琦爲相，遣使四出寬恤民力，擇壽昌使湖南。或言邵州可置冶采金者，有詔興作。壽昌言州近蠻，金冶若大發，蠻必爭，自此邊境恐多事，且廢良田數百頃，非敦本抑末之道也。詔亟罷之。

知閬州，大姓雍子良屢殺人，挾財與勢得不死。至是，又殺人而賂其里民出就吏。獄具，壽昌覺其姦，引囚詰之曰：「吾聞子良與汝錢十萬，許納汝女爲婦，且婿汝子，故汝代其命，有之乎？」囚色動，則又擿之曰：「汝且死，書券抑汝女爲婢，指錢爲顧直，又不婿汝子，將奈

何？」囚悟，泣涕覆面，曰：「囚幾悞死。」以實對。立取子良正諸法。郡稱爲神，蜀人至今傳之。

知廣德軍。壽昌母劉氏，巽妾也。巽守京兆，劉氏方娠而出。壽昌生數歲始歸父家，母子不相聞五十年。行四方求之不置，飲食罕御酒肉，言輒流涕。用浮屠法灼背燒頂，刺血書佛經，力所可致，無不爲者。熙寧初，與家人辭訣，棄官入秦，曰：「不見母，吾不反矣。」遂得之於同州。劉時年七十餘矣，嫁党氏有數子，悉迎以歸。京兆錢明逸以其事聞，詔還就官，由是以孝聞天下。自王安石、蘇頌、蘇軾以下，士大夫爭爲詩美之。壽昌以養母故，求通判河中府。數歲母卒，壽昌居喪幾喪明。既葬，有白烏集墓上。拊同母弟妹益篤。

又知鄂州，提舉崇禧觀，累官司農少卿，易朝議大夫，遷中散大夫，卒，年七十。壽昌勇於義，周人之急無所愛，嫁兄弟兩孤女，葬其不能葬者十餘喪，天性如此。

侯可字無可，華州華陰人。少倜儻不羈，以氣節自許。既壯，盡易前好，篤志爲學。隨計入京，里中醵金贐行。比還，悉散其餘與同舉者，曰：「此金，鄉里所以資應詔者也，不可以爲他利。」且行，聞鄉人病，念曰：「吾歸，則彼死矣！」遂留不去。病者瘉，輟己馬載之，徒步而歸。

孫沔征儂猺，請參軍事，奏功得官，知巴州化城縣。巴俗尚鬼而廢醫，唯巫言是用，娶婦必責財，貧人女至老不得嫁。可爲約束，立制度，違者有罪，幾變其習。再調華原主簿。富人有不占田籍而質人田券至萬畝，歲責其租。可晨馳至富家，發櫝出券歸其主。郡吏趙至誠貪狡凶橫，持守以下短長，前後莫能去。可暴其罪，荷校置獄，言於大府誅之，聞者快服。

簽書儀州判官。西夏寇邊，使者使可按視，即以數十騎涉夏境，猝與之遇，亟分其騎爲三四，令之曰：「建爾旗幟，旋山徐行。」夏人循環間見，疑以爲誘騎不敢擊。韓琦鎭長安，薦知涇陽縣。說渭源羌酋輸地八千頃，因城熟羊以撫之。琦上其功。又議復鄭白渠，得召對，旋以微罪罷。官至殿中丞，卒于家，年七十二。

可輕財樂義，急人之急，憂人之憂。與田顏爲友。顏病重，千里求醫，未歸而顏死，目不瞑。人曰：「其待侯君乎？」且斂而可至，拊之乃瞑。顏無子，不克葬，可辛勤百營，鬻衣相役，卒葬之。方天寒，單衣以居，有饋白金者，顧顏之妹處室，舉以佐其奩具。一日自遠歸，家以窶告，適友人郭行扣門曰：「吾父病，醫邀錢百千，賣吾廬而不售。」可惻然，計橐中裝略當其數，盡與之。關中稱其賢。

申積中，成都人。繈褓中，楊繪從其父起求之爲子。及長，知非楊氏而絕口不言。年十九，登進士第。事所養父母，盡孝終身。有二弟一妹，爲畢婚娶，始歸本族，復爲申氏，蜀人以純孝歸之。政和六年，以奉議郎通判德順軍。翰林學士許光凝嘗守成都，得其事薦諸朝，召赴京師，擢提舉永興軍學事，道卒。光凝復與宣和殿學士薛嗣昌、中書舍人宇文黃中表其操行，詔予一子官。

初，光凝所同薦者三人：其一河陽故大理丞陳芳，一門十四世，同居三百年；一鄧州王襄，經術登科，年未六十，請老，事孀嫂如母，養孤甥如子，敎誨後進，賙恤鄉里貧民，以學行稱。乞加獎異。詔表芳門閭，賜襄號「處士」。

郝戭字伯牙，石州定胡人。家貧，竭力營養。或憐傷之，貸以錢數百萬，使取息自贍，戭重謝，留錢五六年不用，復返之。舉進士，調宛丘尉、舞陽主簿、通山令。時年未五十，以父樵老不第，上書請致仕，爲父求官。執政諭使赴官而後請，曰：「如是，則可升朝籍，遇恩及親矣。」於是留妻子於家，獨奉父行，踰歲竟謝事。上官以其治縣有績，惜其去，固留之；耆老拜庭遮道，皆不能止。得太子中允以歸，未至鄉里而樵卒。自畚土造冢，人有助之者，使置土冢上，去則隨撤之。服除，州以狀聞，詔賜粟帛。

治平末，以翰林學士呂公著薦，起爲奉寧軍推官，涇原經略使亦奏辟幕府。戭曰：「向所以未老致仕，欲官及親也。既不能及，尚庶幾以恩得贈，今則無及矣！」姻族語其妻聶氏，使勸戭仕，曰：「吾不德，無以助君子，矧敢強其所不欲以累其高哉。」聶事舅姑亦以孝義著。戭忠信自將，篤行苦節，不仕而卒。司馬光爲銘其墓。

支漸，資州資陽人。年七十，持母喪，既葬，廬墓側，負土成墳，蓬首垢面，三時號泣，哀毀瘠甚。白蛇貍兔擾其旁，白雀白烏日集于壟木，五色雀至萬餘，回翔悲鳴若助哀者。鄉人句文鼎自娶婦即與父母離居，覩漸至行，深自悔責，號慟而歸，孝養盡志。鄉閭觀感而化者甚衆。

鄧宗古，簡州陽安人。父死，自培土爲墳，廬其側，晨夕號慟，甘露降于墓木。里中號爲鄧孝子。

沈宣，汝州梁人。母亡，既葬，不塞墓門三十有六月，晝負土，夜拊棺而臥，爲墳廣百尺。妻高氏亦有孝行。

漸以下三人，元豐中，皆褒賜粟帛。

蘇慶文、臺亨，皆夏縣人。慶文事父母以孝聞。母少寡，慶文懼其妻不能敬事，每戒之曰：「汝事吾母，少不謹必逐汝。」妻奉教，母得安其室終身。

亨工畫，元豐中，朝廷修景靈宮，調天下畫工詣京師，選試其優者待詔翰林，畀以官祿，亨名第一。以父老固辭歸養，閭里賢之。





仰忻字天貺，溫州永嘉人。力學，以篤行稱。年五十餘，執母喪盡孝禮。躬自負土，廬于墓側，有慈烏白竹之瑞。紹聖中，郡守楊蟠表其里「孝廉坊」。大觀二年，以行取士(一)，郡以忻應詔。未幾卒，特贈將仕郎。

趙伯深字逢原。父子佪，宣和間爲棣州兵官屬。會兵動燕雲，子佪被檄往塞上。伯深時尚幼，與其母張留居棣州。既而金人渡河，伯深母子相失。子佪亦隔絕，建炎二年，始得南歸。子佪卒，伯深訪尋其母二十餘年。一旦聞在瀘南，伯深徒步入蜀，間關累年。紹興二十一年，乃得其母，相持號泣，哀感行路。曾慥在夔州，賦詩以美其孝。

彭瑜字君玉，吉之安福人。熙寧間失其母，瑜朝夕焚香祈天，願知母所在，如是十餘年。俄有人言母爲秦和倪氏婦，瑜竟迎以歸。

毛洵字子仁，吉州吉水人。天聖二年進士，又中拔萃科。性至孝，凡守四官，再以親疾解任，執藥調膳，嘗而後進，三月不之寢室。父應佺通判太平州，卒官，母高繼卒于池陽舟次。持鍤荷土以爲墳，手胝面黔，親友不能識，廬於墓凡二十一月，朝夕哭踊，食裁脫粟。諸生請問經義，對之流涕，未嘗言文。抱疾歸，數日而卒。郡以孝聞，賜其家帛五十匹、米五十斛。兄溥，字文祖，亦以哀毀卒于舟中。

李籌者，洵同縣人，字彥良，與弟衡字平國生同乳，二歲喪母，十歲喪父，兄弟每以不逮事親爲恨。政和中，改葬其母於楊山，負土成墳，廬于墓左。未幾，廬所產木一本兩幹，高丈許復合于一，至其末乃分兩幹五枝，鄉人以爲瑞。

有楊芾者，亦同縣人，字文卿，性至孝，歸必市酒肉以奉二親，未嘗及妻子。紹興五年大饑，爲親負米百里外，遇盜奪之不與，盜欲兵之，芾慟哭曰：「吾爲親負米，不食三日矣。幸哀我。」盜義而釋之。

楊慶，鄞人。父病，貧不能召醫，迺刲股肉啖之，良已。其後母病不能食，慶取右乳焚之，以灰和藥進焉，入口遂差，久之乳復生。宣和三年，守樓异名其坊曰「崇孝」。紹興七





年，守仇悆爲之請。十二年，詔表其門，復之。悆曰：「韓退之作鄠人對，以毀傷支體爲害義。而匹夫單人，身膏草莽，軌訓之理未宏，汲引之徒多闕，而乃行成于內，情發自天。使稍知詩書禮義之說，推其所存，出身事主，臨難伏節死義，豈減介之推、安金藏哉！」

陳宗，永嘉人。年十六，母蔡病篤，刲股爲餌，病愈。已而復病不救，宗一慟而絕。郡守陸德輿云：「陳宗自毀其體，哀慟傷生，雖非孝道之正，而能爲人所難爲之事，亦天性之至。」官爲合葬，榜曰「陳孝子墓」。

郭義(二)，興化軍人。早遊太學，以操尙稱。年四十餘，客錢塘，聞母喪，徒跣奔喪，每一慟輒嘔血。家貧甚，故人有所饋，不受。聚土爲墳，手蒔松竹，而廬于其旁。甘露降于墓上，烏鵲馴集。郡上其事，詔旌表其閭，於所居前安綽楔，左右建土臺，高一丈二尺，方正，下廣上狹，飾白，間以赤，仍植所宜木。

申世寧，信州鉛山人。紹興六年，潘逵兵襲鉛山，父愈年七十，未及出戶遇賊，賊意其有藏金，欲殺之。世寧年未冠，亟引頸願代父死，賊感其孝，兩全之。

荀與齡字壽隆，滁州來安人。志尚高潔，事其親，生養死葬，力竭而禮盡，鄉黨稱之。母歿，廬墓側，有芝十九莖生于墓亭。郡縣以事聞，旌其門。

王珠字仲淵，吉州龍泉人，以孝謹聞。建炎間，居父憂，芝數本生墓側，倒植竹以爲杙，復生柯葉。紹興間，再罹母喪，復有雙竹靈芝之祥。

顏詡，唐太師眞卿之後。眞卿嘗謫廬陵，故詡爲吉州永新人。詡少孤，兄弟數人，事繼母以孝聞。一門千指，家法嚴肅，男女異序，少長輯睦，匜架無主，廚饌不異。義居數十年，





終日怡愉，家人不見其喜愠。年七十餘卒。

張伯威，大安軍人，武翼大夫、御前前軍正將祥之子。紹熙元年，武舉進士。調神泉尉。大母黃，年九十八，不忍之官。黃得血痢疾瀕殆，伯威刲左臂肉食之，遂愈。繼母楊因姑病篤，驚而成疾，伯威復刲臂肉作粥以進，其疾亦愈。伯威妹嫁崔均，其姑王疾，妹亦刲左臂肉作粥以進，逵旦卽愈。知大安軍羅植卽伯威所居立純孝坊，崔均所居立孝婦坊。事聞，詔伯威與升擢，倍賜其妹束帛。

蔡定字元應，越州會稽人。家世微且貧。父革，依郡獄吏傭書以生，資定使學，遊鄉校，稍稍有稱。郡獄吏一日坐舞文法被繫，革以詿誤，年七十餘矣，法當免繫。鞫胥任澤削其籍年而入之，罪且與獄吏等。案具，府奏上之。方待命于朝，故俱久囚，而革不得獨決。定切痛念父耆年，以非辜墮囹圄，誓將身贖。數詣府號愬，請代坐獄，弗許；請效命于戎行，弗許；請隸五符爲兵，又弗許。定知父終不可贖也，仰而呼曰：「天乎！將使定坐視父纏徽纆乎！父老耄，不應連繫；傭書，罪不應與獄吏等。理明矣，而無所云愬。父老而刑，定之生其何益乎？定圖死矣，庶有司哀憐而釋父，則雖死無憾矣！」於是預爲志銘其墓，又爲狀若詣府者結置袂間，皆敍陳致死之由，冀其父之必免也。以建炎元年十二月甲申，自赴河死。府帥聞之，驚曰「眞孝」，立命出革，厚爲定具棺斂事，而撫周其家。

鄭綺，婺州浦江人。善讀書，通春秋穀梁學。以肅睦治家，九世不異爨。四世孫德珪、德璋，孝友天至，晝則聯几案，夜則同衾寢。德璋素剛直，與物多迕，宋亡，仇家遂陷以死罪，當會逮揚州。德珪哀弟之見誣，乃陽謂曰：「彼欲害吾也，何預爾事？我往則姦狀白，爾去得不死乎！」卽治行。德璋追至諸暨道中，兄弟相持頓足哭，爭欲就死。德珪默計沮其行，遂紿以無往，夜將半，從間道逸去。德璋復追至廣陵，德珪已斃於獄。德璋聞之，慟絕者數四，負骨歸葬。廬墓再期，每一悲號，烏鳥皆翔集不食。德珪之子文嗣，幼病僂，德璋鞠之如己子。

有鮑宗巖者，字傳叔，徽州歙人。子壽孫字子壽。宋末，盜起里中。宗巖避地山谷間，爲賊所得，縛宗巖樹上，將殺之。壽孫拜前願代父死，宗巖曰：「吾老矣，僅一子奉先祀，豈





可殺之？吾願自死。」盜兩釋之。

## 校勘記

〔一〕大觀二年以行取士　據宋會要選舉一二之三四、長編紀事本末卷一二六，大觀元年，以「孝、悌、睦、婣、任、恤、忠、和」八行取士，同年十二月，詔「八行」之士，「所在皆得以名聞」。此處「行」上疑脫「八」字。

〔二〕郭義　按繫年要錄卷一四九、宋會要禮六一之一一有興化軍莆田縣國學進士郭義重，主要事蹟和本傳所載相同，疑與此爲同一人。

# 宋史卷四百五十七

## 列傳第二百一十六

### 隱逸上

戚同文　陳摶　种放　萬適　李瀆　魏野　邢敦　林逋　高懌
徐復　孔旼　何羣

中古聖人之作易也，於遯之上九曰「肥遯，無不利」，蠱之上九曰「不事王侯，高尙其事」。二爻以陽德處高地，而皆以隱逸當之。然則隱德之高於當世，其來也遠矣。巢、由雖不見於經，其可誣哉。五季之亂，避世宜多。宋興，巖穴弓旌之招，疊見於史，然而高蹈遠引若陳摶者，終莫得而致之，豈非二卦之上九者乎。种放之徒，召對大廷，亹亹獻替，使其人出處，果有合于艮之君子時止時行，人何譏焉。作隱逸傳。





戚同文字同文〔一〕，宋之楚丘人。世爲儒。幼孤，祖母攜育於外氏，奉養以孝聞。祖母卒，晝夜哀號，不食數日，鄉里爲之感動。

始，聞邑人楊慤教授生徒，日過其學舍，因授禮記，隨即成誦，日諷一卷，慤異而留之。不終歲畢誦五經，慤即妻以女弟。自是彌益勤勵讀書，累年不解帶。時晉末喪亂，絕意祿仕，且思見混一，遂以「同文」爲名字。慤嘗勉之仕，同文曰：「長者不仕，同文亦不仕。」慤依將軍趙直家，遇疾不起，以家事託同文，即爲葬三世數喪。直復厚加禮待，爲築室聚徒，請益之人不遠千里而至。登第者五六十人，宗度、許驤、陳象興、高象先、郭成範、王礪、滕涉皆踐臺閣。

同文純質尙信義，人有喪者力拯濟之，宗族閭里貧乏者周給之，多月，多解衣裘與寒者。不積財，不營居室，或勉之，輒曰：「人生以行義爲貴，焉用此爲！」由是深爲鄉里推服。有不循孝悌者，同文必諭以善道。頗有知人鑒，所與遊皆一時名士。樂聞人善，未嘗言人短。與宗翼、張昉、滕知白爲友。生平不至京師。長子維任隨州書記，迎同文就養，卒於漢東，年七十三。好爲詩，有孟諸集二十卷。楊徽之嘗因使至郡，一見相善，多與酬唱。徽之嘗云陶隱居號堅白先生，先生純粹質直，以道義自富，遂與其門人追號堅素先生。二子維、綸。維，建隆二年，以屯田員外郎爲曹王府翊善，累官職方郎中，致仕，卒，年八十一。綸自有傳。

大中祥符二年，府民曹城即同文舊居旁造舍百餘區，聚書數千卷，延生徒講習甚盛。詔賜額爲本府書院，命綸子奉禮郎舜賓主之，署誠府助教，委本府幕官提舉之。

楊慤者，虞城人。力學勤志，不求聞達。

宗翼者，蔡州上蔡人。父爲虞城主簿，因家焉。篤孝恭謹，負米養母。好學彊記，經籍一見即能默寫。歐陽、虞、柳書皆得其楷法。能屬文。隱而不仕，家無斗粟，怡怡如也，未嘗以貧窶干人。市物不評價，市人知而不欺。嘗言「晝夜者，昏曉之辨也」，故既暝未曙，皆不出戶。見隣里小兒，待之如成人，未嘗欺紿。同文嘗謂翼曰：「子勞謙有古人風，眞吾友也。」卒，年八十餘。子度，舉進士，至侍御史，歷京西轉運使，預修太祖實錄。

張昉有史材，歷知雜御史、省郎，至殿中少監致仕。子信，自有傳。

滕知白善爲詩，至刑部員外郎、河北轉運使。子涉，爲給事中。

高象先父凝祐，刑部郎中，以彊幹稱。象先，淳化中三司戶部副使，卒于光祿少卿。

郭成範最有文，爲倉部員外郎，掌安定公書記，辭疾，以司封員外郎致仕，卒。

王礪事母甚謹，太平興國五年進士，至屯田郎中。子渙、瀆、淵、沖、泳〔二〕。渙子稷臣，





瀆子堯臣，并進士及第。渙子夢臣，進士出身。

陳摶字圖南，亳州眞源人。始四五歲，戲渦水岸側，有青衣媼乳之，自是聰悟日益。及長，讀經史百家之言，一見成誦，悉無遺忘，頗以詩名。後唐長興中，舉進士不第，遂不求祿仕，以山水爲樂。自言嘗遇孫君仿、𪏭皮處士二人者，高尙之人也，語摶曰：「武當山九室巖可以隱居。」摶往棲焉。因服氣辟穀歷二十餘年，但日飲酒數杯。移居華山雲臺觀，又止少華石室。每寢處，多百餘日不起。

周世宗好黃白術，有以摶名聞者，顯德三年，命華州送至闕下。留止禁中月餘，從容問其術，摶對曰：「陛下爲四海之主，當以致治爲念，奈何留意黃白之事乎？」世宗不之責，命爲諫議大夫，固辭不受。既知其無他術，放還所止，詔本州長吏歲時存問。五年，成州刺史朱憲陛辭赴任，世宗令齎帛五十匹、茶三十斤賜摶。

太平興國中來朝，太宗待之甚厚。九年復來朝，上益加禮重，謂宰相宋琪等曰：「摶獨善其身，不干勢利，所謂方外之士也。摶居華山已四十餘年，度其年近百歲。自言經承五代離亂，幸天下太平，故來朝覲。與之語，甚可聽。」因遣中使送至中書，琪等從容問曰：「先

生得玄默修養之道，可以教人乎？」對曰：「摶山野之人，於時無用，亦不知神仙黃白之事、吐納養生之理，非有方術可傳。假令白日沖天，亦何益於世？今聖上龍顏秀異，有天人之表，博達古今，深究治亂，眞有道仁聖之主也。正君臣協心同德、興化致治之秋，勤行修煉，無出於此。」琪等稱善，以其語白上。上益重之，下詔賜號希夷先生，仍賜紫衣一襲，留摶闕下，令有司增葺所止雲臺觀。上屢與之屬和詩賦，數月放還山。

端拱初，忽謂弟子賈德昇曰：「汝可於張超谷鑿石爲室，吾將憩焉。」二年秋七月，石室成，摶手書數百言爲表，其略曰：「臣摶大數有終，聖朝難戀，已於今月二十二日化形於蓮花峯下張超谷中。」如期而卒，經七日支體猶溫。有五色雲蔽塞洞口，彌月不散。

摶好讀易，手不釋卷。常自號扶搖子，著指玄篇八十一章，言導養及還丹之事。宰相王溥亦著八十一章以箋其指。摶又有三峯寓言及高陽集、釣潭集，詩六百餘首。能逆知人意，齋中有大瓢挂壁上，道士賈休復心欲之，摶已知其意，謂休復曰：「子來非有他，蓋欲吾瓢爾。」呼侍者取以與之，休復大驚，以爲神。有郭沆者，少居華陰，夜宿雲臺觀。摶中夜呼令趣歸，沆未決；有頃，復曰：「可勿歸矣。」明日，沆還家，果中夜母暴得心痛幾死，食頃而愈。

華陰隱士李琪，自言唐開元中郎官，已數百歲，人罕見者；關西逸人呂洞賓有劍術，百





餘歲而童顏，步履輕疾，頃刻數百里，世以爲神仙。皆數來摶齋中，人咸異之。大中祥符四年，眞宗幸華陰，至雲臺觀，閱摶畫像，除其觀田租。

又有許瓊者，開封鄢陵人。開寶五年，子永罷盧縣〔三〕尉，詣匭上言：「臣年七十五，父瓊年九十九，長兄年八十一，次兄年七十九，欲乞近地一官，以就榮養。」上覽奏，召永訊之，卽命迎其父赴闕。瓊得對于講武殿，上顧問久之，悉能奏對，而詞氣不衰，言唐末以來事，歷歷可聽。上悅其父子俱享遐壽，賜襲衣、犀帶、銀鞍勒馬、帛三十匹、茶二十斤，授永鄢城〔四〕令。是時，澶密齊沂萊江吉萬州、江陰梁山軍，各奏八十已上呂繼美等二十九人，並賜爵公士。眞宗時，凡老人年百歲已上者，州縣以名聞，皆詔賜衣帛、米麥，長吏存撫之。

种放字明逸〔五〕，河南洛陽人也。父詡，吏部令史，調補長安主簿。放沉默好學，七歲能屬文，不與羣兒戲。父嘗令舉進士，放辭以業未成，不可妄動。每往來嵩、華間，慨然有山林意。未幾父卒，數兄皆干進，獨放與母俱隱終南豹林谷之東明峯，結草爲廬，僅庇風雨。以講習爲業，從學者衆，得束脩以養母，母亦樂道，薄滋味。

放得辟穀術，別爲堂於峯頂，盡日望雲危坐。每山水暴漲，道路阻隔，糧糗乏絕，止食

芋栗。性嗜酒，嘗種秫自釀，每日空山清寂，聊以養和，因號雲溪醉侯。幅巾短褐，負琴攜壺，泝長溪，坐磐石，採山藥以助飲，往往終日。値月夕或至宵分，自豹林抵州郭七十里，徒步與樵人往返。性不喜浮圖氏，嘗裂佛經以製帷帳。所著蒙書十卷及嗣禹說、表孟子上下篇、太一祠錄，人頗稱之。多爲歌詩，自稱「退士」，嘗作傳以述其志。

淳化三年，陝西轉運宋惟幹言其才行，詔使召之。其母恚曰：「常勸汝勿聚徒講學。身既隱矣，何用文爲？果爲人知而不得安處，我將棄汝深入窮山矣。」放稱疾不起。其母盡取其筆硯焚之，與放轉居窮僻，人跡罕至。太宗嘉其節，詔京兆賜以緡錢使養母，不奪其志，有司歲時存問。咸平元年母卒，水漿不入口三日，廬於墓側。翰林學士宋湜、集賢院學士錢若水、知制誥〔六〕王禹偁言其貧不克葬，詔賜錢三萬、帛三十匹、米三十斛以助其喪。

四年，兵部尚書張齊賢言放隱居三十年，不遊城市十五載，孝行純至，可勵風俗，簡朴退靜，無謝古人。復詔本府遣官詣山，以禮發遣赴闕，賚裝錢五萬，放辭不起。明年，齊賢出守京兆，復條陳放操行，請加旌賁。卽賜詔曰：「汝隱居丘園，博通今古，孝悌之行，鄉里所推，慕古人之遺榮，挹君子之常道。屢覽守藩之奏，彌彰遁世之風，載渴來儀，副予延佇。今遣供奉官周旺齎詔，召汝赴闕。」賜帛百匹、錢十萬。九月，放至，對崇政殿，以幅巾見，命坐與語，詢以民政邊事。放曰：「明王之治，愛民而已，惟徐而化之。」餘皆謙讓不對。卽





日授左司諫、直昭文館，賜巾服簡帶，館于都亭驛，大官供膳。翌日，表辭恩命。上知放舊與陳堯叟游，令堯叟諭意；又謂宰相曰：「朕求茂異，以廣視聽，資治道。如放終未樂仕，亦可遂其請也。」中書傳詔，放曰：「病居山林，天恩累加禮聘，巖猿溪鳥之性，固不敢以祿仕爲意。然主上虛懷待士，旰食憂人之心，亦不敢以羈束爲念。」遂詔不聽其讓。數日，復召見，賜緋衣、象簡、犀帶、銀魚，御製五言詩寵之，賜昭慶坊第一區，加帷帳什物，銀器五百兩，錢三十萬。中謝日，賜食學士院，自是屢得召對。六年春，再表謝暫歸故山，詔許其請。將行，又遷起居舍人，命館閣官宴餞于瓊林苑，上賜七言詩三章，在席皆賦。十月，遣使就山撫問，圖其林泉居處以獻，優詔趣其入覲，放以疾未平爲請。

景德元年十月，來朝，言歸山之久，請計月不受奉，詔特給之。嘗因觀書賦詩，上曰：「放體格高古。聞其歸，私居終日，默坐一室。山水之樂，亦天性也。每所詢問，皆據經以對，頗多裨益。朕優待之，蓋以激浮競也。」放每至京師，秦雍生徒多就而受業。二年，擢爲右諫議大夫。表乞嵩少養疾，許之，令河南府檢校。召對資政殿，曲宴學士院，王欽若洎當直學士、舍人、待制悉預。既罷，又賜宴于欽若直廬。表乞免都門置餞之禮。屢遣中使勞問，賜以茶藥。是冬，復來朝。三年，以兄喪請告歸終南營葬，復召宴賜詩。

放山居草舍五六區，啖野蔬蕎麥。表求太宗御書及經史音疏，悉給焉。十月，復至，上

中華書局

謂宰相曰：「放比來高尙其事，每所詢問，頗有可采。朝廷雖加爵秩，而未能大用，卽物議未厭，所慮放卷而懷之。」卽遣內侍任文慶齎詔諭之曰：「朕臨御寰區，憂勤旰昃，詳延茂異，物色隱淪，思訪話言，用熙庶績。以卿棲心巖竇，屛跡囂塵，蹈綺皓之遐蹤，有曾、顏之至行，特舉賁園之典，果符前席之心(七)。每所諮詢，備詳理道，載觀敷納，蔚有材謀，深簡朕懷，頗思大用。然以羣情未悉，成命是稽。今四隩來同，萬區思乂，方崇政本，庶厚時風。卿必能酌斟化源，丹青王度，恢富國彊兵之術，陳制禮作樂之規，返樸還淳，措刑息訟，輔予不逮，馴至太平，登用機衡，弼成寡昧。卿宜體茲眷遇，罄乃誠明，敍經國之大猷，述致君之遠略，盡形奏牘，以沃朕心。副涼德之倚毗，褰外朝之觀聽，乃司樞務，式洽至公。」

放上言曰：「臣讀書業文，實自父師之誨，學古嗜退，本求山水之樂。思率天性以奉至道，豈有意於麋鹿，蓋無心於紱冕。其所幸者，邦家化成，疆場兵偃，羣黎鼓舞，庶彙胥悅。蒲帛之聘，寵渙巖谷，君命荐及，肅聽祗受。旣朝象魏之下，但愧巖林之賤。奉聖顏於咫尺，聆德音之教論。列迹侍從，峩冠諫諍。雖愚者之慮，竭忠規而屢陳；而大君之明，懼瞽言之無補。今又訪以禮樂之制，詢其刑政之方，且小器徽材，欲加大用。蓋念沿革之攸宜，歷三五而旣異，弛張之體，豈一二而可述。國家謀建皇極，躋納富壽，惟二聖之光宅，總百王之闕漏，豈伊蒭非，敢預論述。方今德義宣明，鸞鷟戾止，如臣之才，儼爾駢列。伏望洞




知臣之鑒，憐守節之志，俾泛駕無覆壓之害，使爲器免溢蕩之咎，寢此過聽，遂其夙心。況臣首獻納之行，不爲無位；預清閑之對，不爲疎隔。又安敢碌碌而依違，嘿嘿而曠素？顧且齒於諫署，庶少覩於朝制，斯亦否能有適，名器無假。唯茲保全之惠，仰繫仁聖之賜。」

時先俾陳堯叟諭旨，堯叟手筆審其意，放云：「自被聘召，及遷諫垣，無所補報，爲幸多矣。今主上聖明，朝無闕政，處之顯位，則是重增其過。」及覽表，上曰：「放能守分懇讓，益可嘉也。」大中祥符元年，命判集賢院，從封泰山，拜給事中。二年四月，求歸山，宴餞于龍圖閣，命學士卽席賦詩，製序。上作詩，卒章云：「我心虛佇日，無復醉山中。」初，放作詩嘗有「溪上醉眠都不知」之句，故及之。三年正月，復召赴闕，表乞賜告，手詔優答之。作歌賜之，乃齎衣服、器幣，令京兆府每季遣幕職就山存問。四年正月，復來朝，從祠汾陰，拜工部侍郎。

放屢至闕下，俄復還山，人有詒書嘲其出處之迹，且勸以棄位居巖谷，放不答。放終身不娶，尤惡囂雜，故京城賜第爲擇僻處。然祿賜旣優，晚節頗飾輿服。于長安廣置良田，歲利甚博，亦有彊市者，遂致爭訟，門人族屬依倚恣橫。王嗣宗守京兆，放嘗乘醉慢罵之。嗣宗屢遣人責放不法，仍條上其事。詔工部郎中施護推究，會赦恩而止。四月，求歸山，又賜宴遣之。所居山林，細民多縱樵採，特詔禁止。放遂表徙居嵩山天封觀側，遣內侍就興唐

觀基起第賜之。假踰百日，續給其奉。然猶往來終南，按視田畝。每行必給驛乘，在道或親詬驛吏，規算糧具之直。時議浸薄之。

嘗曲宴令羣臣賦詩，杜鎬以素不屬辭，誦北山移文以譏之。上嘗語近臣曰：「放爲朕言事甚衆，但外廷無知者。」因出所上時議十三篇，其目曰：議道、議德、議刑、議器、議文武、議制度、議教化、議賞罰、議官司、議軍政、議獄訟、議征賦、議邪正。

八年十一月乙丑，晨興，忽取前後章疏稿悉焚之，服道士衣，召諸生會飲於次，酒數行而卒。訃聞，上甚嗟悼，親製文遣內侍朱允中致祭。歸葬終南，贈工部尙書，錄其姪世雍同學究出身。

萬適字縱之，陳州宛丘人，自號遺玄子。六七歲卽爲詩。及長，喜學問，精於道德經。與高錫族子晃及韓伾交遊，酬唱多有警句。不求仕進，專以著述爲務，有狂簡集百卷、雅書三卷、志苑三卷、雍熙詩二百首、經籍擿科討論計四十卷。

淳化中，伾任翰林學士，因召對，上問曰：「卿早在嵩陽，當時輩流頗有遺逸否？」伾以適及楊璞、田誥爲對，上悉令召至闕下。詔書下而誥卒。璞旣至，對於便殿，不願仕進，上




賜以束帛，與一子出身，遣還故郡。適最後至，特授愼縣主簿。適素康強無疾，詔下日已病，猶勉強赴朝謝，舉止山野，人皆笑之，後數日卒。

田誥者，歷城人。好著述，聚學徒數百人，舉進士至顯達者接踵，以故聞名於朝，宋惟翰、許袞皆其弟子也。誥著作百餘篇傳於世，大率迂闊。每構思必匿深草中，絕不聞人聲，俄自草中躍出，卽一篇成矣。

楊璞字契玄，鄭州新鄭人。善歌詩，士大夫多傳誦。與畢士安尤相善，每乘牛往來郭店，自稱東里遺民。嘗杖策入嵩山窮絕處，構思爲歌詩，凡數年得百餘篇。璞旣被召，還，作歸耕賦以見志。眞宗朝諸陵，道出鄭州，遣使以茶帛賜之。卒，年七十八。

李瀆，河南洛陽人也。六世祖坦，馮翊令。坦生仲芳，大理司直。仲芳生玄初，福建觀察推官。玄初生鄑，卽瀆之曾祖也，字堯封，仕梁，歷滑、魏、宋三鎭留後，拜崇政使、禮部尙書，後唐天成中，以太子少傅致仕，卒，贈太保。祖延昭，殿中丞。父瑩字正白，善詞賦，廣順進士，蒲帥張鐸辟爲記室，因家河中。乾德初，右補闕蘇德祥薦爲殿中侍御史、度支判官。使江南，坐受李從善賂遺，責授右贊善大夫，卒。

初，瑩禱河祠而生瀆，故名瀆字河神，後改字長源。淳澹好古，博覽經史。十六丁外艱，服闋，杜門不復仕進。家世多聚書畫，頗有奇妙。王祜典河中，深加禮待，自是多聞於時。往來中條山中，不親產業，所居木石幽勝。談唐室已來衣冠人物，歷歷可聽。罕著文。前後州將皆厚遇之。王旦、李宗諤與之世舊，每勸其仕，瀆皆不答。所乘馬，嘗爲宗人借，懲于廛間。人有見者以語瀆，瀆卽鬻之，其惡囂如此。州閭化其儉德。眞宗祀汾陰，直史館孫冕言其隱操，請加搜采，陳堯叟復薦之。命使召見，辭足疾不起。遣內侍勞問，令長吏歲時存撫。明年，又遣使存問，瀆自陳世本儒墨習靜避世之意。素嗜酒，人或勉之，答曰：「扶羸養疾，捨此莫可。從吾所好，以盡餘年，不亦樂乎！」嘗語諸子曰：「山水足以娛情，苟遇醉而卒，吾之願也。吾將與爾永訣，爾輩當常在左右。」卽設外寢，與諸子同處。一日，忽曰：「適有人至牀下，誦詩云：『行到水窮處，未知天盡時。』言訖不見，吾當逝矣。」亟取瑩集七十編洎書畫付諸子，促家人置酒。頃之，卒。時天禧三年十二月三日也，年六十三。

四年春，詔曰：「故河中府處士李瀆，簪纓傳緒，儒雅踐方，曠逸自居，恬智交養。迨茲晚節，彌卲清猷，奄及淪亡，良深軫惻。特行賁典，式慰營魂。惟蓬閣之司文，乃儒林之美秩。仍示歸生之賻，兼推給復之恩。申飭守臣，優卹其後。豈獨旌於泉壤，亦足厚於民風。

列傳第二百一十六　隱逸上　一三四二九

宋史卷四百五十七　一三四三〇

可特贈秘書省著作佐郎〔六〕，賜其家帛二十匹，米三十斛，州縣常加存卹，二稅外蠲其差役。」

魏野字仲先，陝州陝人也。世爲農。母嘗夢引袂於月中承兔得之，因有娠，遂生野。及長，嗜吟詠，不求聞達。居州之東郊，手植竹樹，清泉環遶，旁對雲山，景趣幽絕。鑿土袤丈，曰樂天洞，前爲草堂，彈琴其中，好事者多載酒肴從之遊，嘯詠終日。前後郡守，雖武臣舊相，皆所禮遇，或親造謁。趙昌言性尤倨傲，特署賓次，戒閽吏野至卽報。野不喜巾幘，無貴賤，皆紗帽白衣以見，出則跨白驢。過客名士往來留題會話，累宿而去。野爲詩精苦，有唐人風格，多警策句。所有草堂集十卷，大中祥符初契丹使至，嘗言本國得其上帙，願求全部，詔與之。

祀汾陰歲，與李瀆並被薦，遣陝令王希招之，野上言曰：「陛下告成天地，延聘巖藪，但臣實愚戇，資性慵拙，幸逢聖世，獲安故里，早樂吟詠，實匪風騷，豈意天慈，曲垂搜引。但以嘗嬰心疾，尤疎禮節，麋鹿之性，頓纓則狂，豈可瞻對殿墀，仰奉清燕。望回過聽，許令愚守，則畎畝之間，永荷帝力。」詔州縣長吏常加存撫，又遣使圖其所居觀之。五年四月，復遣內侍存問。天禧三年十二月，無疾而卒，年六十。州上其狀。

四年正月，詔曰：「國家舉旌賁之命，以輝丘園，申卹贈之恩，用慰泉壤，所以褒逸民而厚風俗也。故陝州處士魏野，服膺儒素，刻意篇章，願詞格之清新，爲士流之推許，而能篤淳古之行，慕肥遯之風。頃屬時巡，嘗加聘召，懇陳誠志，願遂考槃。及此淪亡，載深嗟悼！蘭臺清秩，追飾幽扃，厚其賻助之資，寬以復除之命。諒惟優禮，式顯令名。魂而有知，歆此殊渥。可特贈秘書省著作郎，賻其家帛二十匹，米三十斛，州縣常加存卹，二稅外免其差徭。」

瀆卽野中表兄也。瀆卒訃至，野哭之慟，謂其子曰：「吾不可去，去必不至。」第遣其子赴之，裁六日而野亦卒，時甚異焉。

邢敦字君雅，不知何許人，家於雍丘，與宋準、趙昌言交遊甚厚。太平興國初，嘗舉進士不第，慨然有隱遯意。性介僻，不妄交友。耽玩經史，精於術數，工繪畫，頗嗜酒。或遊市廛，過客詢以休咎者，多不之語。里中號邢夫子。大中祥符七年，眞宗幸亳回，邑人列上其事，王曾爲考制度使，以名聞。詔曰：「敦早預詞場，勤脩天爵，超然處退，亦既累年。

列傳第二百一十六　隱逸上　一三四三一

宋史卷四百五十七　一三四三二

屬覽公車之言，俾參郡學之職，用精儒業，以寵耆年。可許州助教。」敦讓而不受。乾興元年，無疾而卒，年七十四。

林逋字君復，杭州錢塘人。少孤，力學，不爲章句。性恬淡好古，弗趨榮利，家貧衣食不足，晏如也。初放遊江、淮間，久之歸杭州，結廬西湖之孤山，二十年足不及城市。眞宗聞其名，賜粟帛，詔長吏歲時勞問。薛映、李及在杭州，每造其廬，清談終日而去。嘗自爲墓於其廬側。臨終爲詩，有「茂陵他日求遺稿，猶喜曾無封禪書」之句。既卒，州爲上聞，仁宗嗟悼，賜謚和靖先生，賻粟帛。

逋善行書，喜爲詩，其詞澄浹峭特，多奇句。既就稿，隨輒棄之。或謂：「何不錄以示後世？」逋曰：「吾方晦迹林壑，且不欲以詩名一時，況後世乎！」然好事者往往竊記之，今所傳尙三百餘篇。

逋嘗客臨江，時李諮方舉進士，未有知者，逋謂人曰：「此公輔器也。」及逋卒，諮適罷三司使爲州守，爲素服，與其門人臨七日，葬之，刻遺句內壙中。

逋不娶，無子，教兄子宥，登進士甲科。宥子大年，頗介潔自喜，英宗時，爲侍御史，連被臺移出治獄，拒不肯行，爲中丞唐介所奏，降知蘄州，卒于官。

高懌字文悅，荆南高季興四世孫。幼孤，養于外家。十三歲能屬文，通經史百家之書。聞种放隱終南山，乃築室豹林谷，從放受業。放奇之，不敢處以弟子行。與同時張蕘、許勃號「南山三友」。

會詔舉沈淪草澤，知長安寇準聞其名薦之，辭不起。景祐中，錄國初侯王後，懌推其弟忻得官。及范雍建京兆府學，召懌講授諸生，席間常數十百人。杜衍嘗請賜處士號，乃命爲大理評事，懌固辭。仁宗嘉其守，號安素處士。詔州縣歲時禮遇之，給良田五百畝。文彥博表其經術該通，有高世之行，可以勵風俗，詔賜第一區。嘉祐中，就除光祿寺丞，復固辭。夢道士持素書聘爲白鹿洞主，卒。

有韓退者，稷山人。亦師事种放。母死，負土成墳，徒跣終喪，去隱嵩山。吳遵路、石延年論其高節。詔賜粟帛，號安逸處士，以壽終。



徐復字復之，建州人。初遊京師，舉進士不中。退而學易，通流衍卦氣法，自筮知無祿，遂亡進取意。遊學淮、浙間數年，益通陰陽、天文、地理、遁甲、占射諸家之說。他日聽其鄉人林鴻範說詩，且言詩之所以用於樂者，忽若有得。因以聲器求之，遂悟大樂，於七音、十二律清濁次序及鐘磬侈弇、匏竹高下制度皆洞達。方仁宗留意於樂，詔天下求知樂者，大臣薦胡瑗，瑗作鐘磬，大變古法。復笑曰：「聖人寓器以聲，今不先求其聲而更其器，其可用乎！」後瑗制作皆不効。

范仲淹過潤州，見復問曰：「今以衍卦占之，四夷無變異乎？」復逆西方當用兵，推其月日，後無少差。慶曆初，與布衣郭京俱召見，帝問天時人事，復對曰：「以京房易卦推之，今年所配年月日時，當小過也。剛失位而不中，其在疆君德乎？」帝又問：「明年主何卦？」復曰：「乾卦用事。」說至九五盡而止。帝又問：「前年京師黑風，何所應？」復曰：「其兆在內，豫王喪其應也。」明日，命爲大理評事，固以疾辭，乃賜號沖晦處士，補其子發試秘書省校書郎。復性高潔，而處世未嘗自異，後居杭州十數年卒。

郭京者，少任俠，不事家產，平居好言兵。范仲淹、滕宗諒數薦之。



孔旼字寧極，孔子四十六代孫。隱居汝州龍興縣龍山之滍陽城。性孤潔，喜讀書。有田數百畝，賦稅常爲鄉里先。遇歲饑，分所餘賙不足者，未嘗計有無。聞人之善若出于己，動止必依禮法。環所居百餘里，人皆愛慕之，見旼于路，輒斂衽以避。葬其父，廬墓三年，臥破棺中，日食米一溢。壁間生紫芝數十本。州以行義聞，賜粟帛，又給復其家。近臣列薦，授秘書省校書郎致仕。居數年，召爲國子監直講，辭不赴，即遷光祿寺丞。頃之，起知龍興縣，復辭。卒，贈太常丞。

盜嘗入旼家，發其廩粟，旼避之，縱其所取。嘗逢羸弱者爲盜掠奪其貲，旼追盜與語，責之以義，解金畀之，使歸所掠。居山未嘗逢毒蛇虎豹，或謂之曰：「子毋夜行，此亦可畏。」旼曰：「無心則無所畏。」晚年惟玩周易、老子，他書亦不復讀。爲太玄圖張壁上，外列方州部家，而規其中心，空之無所書。曰：「易所謂寂然不動者，與此無異也。」

何羣字通夫，果州西充人。嗜古學，喜激揚論議，雖業進士，非其好也。慶曆中，石介在太學，四方諸生來學者數千人，羣亦自蜀至。方講官會諸生講，介曰：「生等知何羣乎？羣日思爲仁義而已，不知饑寒之切己也。」衆皆注仰之。介因館羣于其家，使弟子推以爲學



長。羣愈自克厲，著書數十篇，與人言未嘗下意曲從，同舍目羣爲「白衣御史」。

羣嘗言：「今之士，語言說易，舉止惰肆者，其衣冠不如古之嚴也。」因請復古衣冠。又上書言：「三代取士，皆舉於鄉里而先行義。後世專以文辭就，文辭中害道者莫甚於賦，請罷去。」介贊美其說。會諫官御史亦言以賦取士無益治道，下兩制議，皆以爲進士科始隋歷唐數百年，將相多出此，不爲不得人，且祖宗行之已久，不可廢也。羣聞其說不行，乃慟哭，取平生所爲賦八百餘篇焚之。講官視羣賦既多且工，以爲不情，絀出太學。羣徑歸，遂不復舉進士。

嘉祐中，龍圖閣直學士何郯表其行義，賜號安逸處士。羣既死，趙抃守益州，奏羣遺稿有益時政，願詔果州錄上之，云：「非若茂陵書起天子侈心也。」寢不下。

校勘記

〔一〕字同文　按本書卷三〇六、東都事略卷四七、隆平集卷一三戚綸傳都作「字文約」；曾鞏元豐類稿卷四二戚元魯墓誌銘說「戚綸父名同文」。據其「以『同文』爲名字」之意，疑先字「文約」，後改「同文」。

〔二〕泳　考異卷八二：「『泳』當是『洙』字之譌」，按歐陽修歐陽文忠公文集卷三一王洙墓誌銘說

「父諱礪」；本書卷二九四王洙傳說「兄子堯臣」，和此處所敍世次相合。疑以作「洙」爲是。

〔三〕盧縣　原作「盧氏縣」，據本書卷三太祖紀、長編卷一三改。

〔四〕鄢城　原作「郾城」。按本書卷三太祖紀作「鄢陵」，長編卷一三作「鄢城」。「鄢城」即「鄢陵」，尋許永「乞近地一官」之意，「郾」當爲「鄢」之訛。據改。

〔五〕明逸　原作「名逸」，據隆平集卷一三、東都事略卷一一八本傳改。

〔六〕知制誥　原作「知制詔」，據本書卷二九三本傳、長編卷四三改。

〔七〕果符前席之心　原作「果無前習之心」，據宋大詔令集卷一五八遣中使召种放詔改。

〔八〕秘書省著作佐郎　按宋大詔令集卷二二〇贈李瀆官賜其家粟帛詔作「秘書省校書郎」。據長編卷九四、宋會要選舉三四之三三：李瀆和魏野都於天禧四年贈秘書省著作郎，本卷下文魏野傳正作「秘書省著作郎」，「佐」字或爲衍文。



# 宋史卷四百五十八

## 列傳第二百一十七

### 隱逸中

王樵　張愈　黃晞　周啓明　代淵　陳烈　孫侔　劉易　姜潛
連庶　章詧　俞汝尙　陽孝本　鄧考甫　宇文之邵　吳瑛
松江漁翁　杜生　順昌山人　南安翁　張壆

王樵字肩望，淄州淄川人，居縣北梓桐山。博通羣書，不治章句，尤善考易。與賈同、李冠齊名，學者多從之。咸平中，契丹遊騎度河，擧家被掠。樵卽棄妻，挺身入契丹訪父母，累年不獲，還東山，刻木招魂以葬，立祠畫像，事之如生，服喪六年，哀動行路。又爲屬之尊者次第成服，北望嘆曰：「身世如此，自比於人可乎！」遂與俗絕，自稱贅世翁，唯以論兵擊劍爲事。一驢負裝，徒步千里，晚年屢遊塞下。書策干何承矩、耿望，求滅遼復讎，不用。





乃於城東南隅累磚自環，謂之「繭室」。銘其門曰：「天生王樵，薄命寡智，材不濟時，道號『贅世』。生而爲室，以備不虞，死則藏形，不虞乃備。」病革，入室自掩戶卒。治平末，職方郎中向宗道知淄州，訪繭室，已搆屋爲民居。得樵甥牟氏子，乃知改葬。因而卽其地復作繭室及祠堂，刻石以記之。

張愈字少愚，益州郫人，其先自河東徙。愈雋偉有大志，遊學四方，屢擧不第。寶元初，上書言邊事，請使契丹，令外夷相攻，以完中國之勢，其論甚壯。用使者薦，除試秘書省校書郎，願以授父顯忠而隱於家。文彥博治蜀，爲置靑城山白雲谿杜光庭故居以處之。丁內艱，鹽酪不入口。再朞，植所持柳杖於墓，忽生枝葉，後合抱。六召不應。喜奕棋。樂山水，遇有興，雖數千里輒盡室往。遂浮湘、沅，觀浙江，升羅浮，入九疑，買石載鶴以歸。杜門著書，未就，卒。

妻蒲氏名芝，賢而有文，爲之誄曰：「高視往古，哲士實殷，施及秦、漢，餘烈氛氳。挺生英傑，卓爾逸羣，孰謂今世，亦有其人。其人伊何？白雲隱君。嘗曰丈夫，趨世不偶，仕非其志，祿不可苟，營營末途，非吾所守。吾生有涯，少實多艱，窮亦自固，困亦不顚。不貴人爵，知命樂天，脫簪散髮，眠雲聽泉。有峯千仞，有溪數曲，廣成遺趾，吳興高躅。疏石通逕，依林架屋，麋鹿同羣，晝遊夜息。嶺月破雲，秋霖灑竹，清意何窮，眞心自得，放言遺慮，何榮何辱？孟春感疾，閉戶不出，豈期遂往，英標永隔。抒詞哽噎，揮涕洸瀾，人誰無死，惜乎材賢。已矣吾人，嗚呼哀哉！」

黃晞字景微，建安人。少通經，聚書數千卷，學者多從之游，自號聱隅子〔一〕。著歔欷瑣微論十卷，以謂聱隅者枒物之名，歔欷者歎聲，瑣微者述辭也。石介在太學，遣諸生以禮聘召，晞走匿鄰家不出。樞密使韓琦表薦之，以爲太學助教致仕。受命一夕卒。

周啓明字昭回，其先金陵人，後占籍處州。初以書謁翰林學士楊億，億攜以示同列，大見嘆賞，自是知名。四舉進士皆第一。景德中，舉賢良方正科，既召，會東封泰山，言者謂此科本因災異訪直言，非太平事，遂報罷。於是歸，教弟子百餘人，不復有仕進意，里人稱爲處士。轉運使陳堯佐表其行義於朝，賜粟帛。仁宗即位，除試助教，就加廩給。久之，特



遷秘書省秘書郎。改太常丞，卒。啓明篤學，藏書數千卷，多手自傳寫，而能口誦之。有古律詩、賦、牋、啓、雜文千六百餘篇。

代淵字蘊之〔二〕，本代州人。唐末，避地導江，家世爲吏，有陰德。淵性簡潔，事親以孝聞。受學于李畋、張逵。年四十，鄉人更勸，舉進士甲科，得清水主簿。歎曰：「祿不及親，何所爲耶？」還家教授，坐席常滿。安撫使舉鳳州團練推官，不就。知益州楊日嚴又薦之，遂以太子中允致仕。謝絕諸生，著周易旨要、老佛雜說數十篇。田況上其書，自太常丞改祠部員外郎。晚年日菜食，巾褐山水間，自號虛一子。長吏歲時致問，澹然與對，略不及私。嘉祐二年九月，有疾，召術士擇日，云「丙申吉」，頷之，是日沐浴而絕。

陳烈字季慈，福州候官人。性介僻，篤於孝友。居親喪，勺飲不入于口五日，自壯及老，奉事如生。學行端飭，動遵古禮，平居終日不言，御童僕如對賓客。里中人敬之，冠昏喪祭，請而後行。從學者常數百。賢父兄訓子弟，必舉烈言行以示之。



嘗以鄉薦試京師不利，卽罷舉。或勉之求仕，則曰：「伊尹守道，成湯三聘以幣；呂望既老，文王載之俱歸。今天子仁聖好賢，有湯、文之心，豈無先覺如伊、呂者乎？」仁宗屢詔之，不起。人問其故，應曰：「吾學未成也。」公卿大夫、郡守、鄉老交章稱其賢。嘉祐中，以爲本州教授，歐陽脩又言之，召爲國子直講，皆不拜。

已而福建提刑王陶言其爲妻林氏所訟，因詆烈貪詐，乞奪所受恩。司馬光爲諫官，率同列爭曰：「臣等每患士無名檢，故舉烈以厲風俗。烈平生操守，出於誠實，雖有迂闊不合中道，猶爲守節之士，當保而全之。若夫婦不相諧，則聽之離絕，毋使節行之士爲橫辱所挫。」陶說遂不行。

元祐初，部使者申薦之，詔從其尙，以宣德郎致仕。明年，復教授本州。在職不受廩奉，鄉里問遺絲毫無所受；家租有餘，則推以濟貧乏。卒，年七十六。

孫侔字少述，與王安石、曾鞏游，名傾一時。早孤，事母盡孝。志於祿養，故屢舉進士。及母病革，自誓終身不求仕。客居江、淮間，士大夫敬畏之。

劉敞知揚州，言其孝弟忠信，足以扶世矯俗，求之朝廷，呂公著、王安石之流也。詔以



爲揚州教授，辭。敞守永興，辟入幕府，亦辭。英宗時，沈遘及王陶、韓維連薦之，授忠武軍推官、常州推官〔三〕，皆不赴。

少與安石友善，安石爲相，過眞州與相見，侔待之如布衣交。卒，年六十六。

初，王回、王令、常秩與侔皆有盛名，回、令不壽，秩爲隱不竟，唯侔以不仕始終。

劉易，忻州人。性介烈，博學好古，喜談兵。韓琦知定州，上其所著春秋論，授太學助教、幷州州學說書。不能屈志仕進，寓居於虢之盧氏，習辟穀術。趙抃復薦其行誼，賜號退安處士。易作詩，琦每爲書之石，或不可其意輒滌去，琦亦再書之。尹洙帥渭，延致尊禮，狄青代洙，遇之亦厚。治平末，卒，琦作文祭之云：「剛介之性，天下能合者有幾？淵源之學，古人不到者甚多。」其敬之如此。熙寧察訪定戶役，詔易家用處士如七品恩，得減半，示優禮云。

姜潛字至之，兗州奉符人。從孫復學春秋。用田況舉召試學士院，爲明州錄事參軍。

以母思鄉求致仕，敕過門下，知封駁司吳奎封還之，而與韓絳共上章以薦，徙兗州錄事參軍。從奎辟鄆州教授，奎升堂拜其母，又薦爲國子直講、韓王宮伴讀。謁宗正允弼，吏引趨庭，潛不答，呼馬欲去，遂以客禮見。

熙寧初，詔舉選人淹滯者與京官凡三十七人，潛在選中。神宗聞其賢，召對延和殿，訪以治道何以致之，對曰：「有堯、舜二典在，顧陛下致之之道何如。」知陳留縣，至數月，青苗令下，潛出錢，榜其令於縣門，已，徙之鄉落，各三日無應者。遂撤榜付吏曰：「民不願矣！」錢以是獨得不散。司農、開封疑潛沮格，各使其屬來驗，皆如令。而條例司劾辭符住散青苗錢，潛知且不免，移疾去，縣人詣府請留之，不得。家居卒，年六十六。

連庶字居錫，安州應山人。舉進士，調商水尉、壽春令。興學，尊禮秀民，以勸其俗；開瀕淮田千頃，縣大治。淮南王舊壘在山間，會大水，州守議取其甓爲城，庶曰：「弓矢舞衣傳百世，藏於王府，非爲必可用，蓋以古之物傳於今，尚有典刑也。」壘因是得存。以母老乞監陳州稅。嘗送客出北門，見日西風塵，而冠蓋憧憧不已，慨然有感，即日求分司歸。久之，翰林學士歐陽脩、龍圖閣直學士祖無擇言庶文學行義，宜在臺閣。以知崑山縣，辭不行。累





遷職方員外郎，卒。

庶始與弟庠在鄉里，時宋郊兄弟、歐陽脩皆依之。及二宋貴達，不可其志，退居二十年。守道好修，非其人不交，非其義秋毫不可汚也。庶既死，宋郊之孫義年爲應山令，緣邑人之意，作堂於法興僧舍，繪二宋及庶、庠之像祠事之。庠亦登科，敏於政事，號良吏，終都官郎中。

章詧字隱之，成都雙流人。少孤，鞠於兄嫂，以所事父母事之。博通經學，尤長易、太玄，著發隱三篇，明用蓍索道之法，知以數寓道之用、三摹九據始終之變。蜀守蔣堂、楊察、張方平、何郯、趙抃咸以逸民薦，一賜粟帛，再命州助教，不就。嘉祐中，賜號沖退處士。王素時爲州，因更其所居之鄉曰處士，里曰通儒，坊曰沖退。詧由是益以道自裕，尊生養氣，憂喜、是非亦不以撓其心形。

嘗訪里人范百祿，謂曰：「子辟穀二十餘年，今強力尚足，子亦嘗知以氣治疾之說乎？」百祿因從扣太玄，詧爲解述大旨，再復攤詞曰：「『人之所好而不足者，善也；所醜而有餘者，惡也。君子能強其所不足，而拂其所有餘，太玄之道幾矣。』此子雲仁義之心，予之於太玄也，述斯而已。若苦其思，艱其言，迂溺其所以爲數而忘其仁義之大，是惡足以語夫道哉？」熙寧元年，卒，年七十六。子禩，亦好古學，嘗應行義敦遣詔。仍世有隱德，其所居猶存。

俞汝尚字退翁，湖州烏程人。少時讀書於鄞南之崑山。爲人溫溫有禮，議論不苟。不可於意，有所不言，言之未嘗妄也。不肯料理生事，不以貧乏撓其懷，澹於勢利。聞人善言善行，記之不忘，時時爲人道之。擢進士第，涉歷州縣，無少營進取之心。嘗知導江縣，新繁令卒，使者使承其乏，將賚以公田，辭，不許，至則悉以周舊令之家。熙寧初，簽書劍南西川判官。趙抃守蜀，以簡靜爲治，每旦退坐便齋，諸吏莫敢至，唯汝尚來輒排闥徑入，相對清談竟暮。

王安石當國，患一時故老不同己，或言汝尚清望，可寘之御史，使以次彈擊。驛召詣京師，既知所以薦用意，力辭，章再上得免。親故有責以不能與子孫爲地者，汝尚笑曰：「是乃所以爲其地也。」還家苦貧，未能忘祿養。又從趙抃於青州，遂以屯田郎中致仕。蘇軾、蘇轍、孫覺、李常皆賦詩文歎美之。





優游數年，當六月徂暑，寢室不可居，出舍于門，妻黃就視之，汝尚曰：「人生七十者希，吾與夫人皆過之，可以行矣。」妻應曰：「然則我先去。」後三日卒。汝尚庀其喪，爲作銘，召諸子告曰：「吾亦從此逝矣。」隱几而終，相去纔十日。孫倖，紹興中敷文閣直學士。

陽孝本字行先，虔州贛人。學博行高，隱於城西通天巖。蘇頌、蒲宗孟皆以山林特起薦之。蘇軾自海外歸，過而愛焉，號之曰玉巖居士，嘗直造其室，知其不娶，戲以爲元德秀之流。孝本自言爲陽城之裔，故軾詩有云：「衆謂元德秀，自稱陽道州。」嘉之也。崇寧中，舉八行，解褐爲國子錄，再轉博士。以直秘閣歸，卒，年八十四。

鄧考甫（四）字成之，臨川人。第進士，歷陳留尉、萬載永明令、知上饒縣，積官奉議郎，提點開封府界河渠，坐事去官，遂閉戶著書，不復言仕。

元符末，詔求直言。考甫年八十一，上書云：「亂天下者，新法也，末流之禍，將不可勝言。

今宜以時更化，純法祖宗。」因論熙寧而下，權臣迭起，欺世誤國，歷指其事而枚數其人。蔡京嫉之，謂爲詆訕宗廟，削籍羈筠州。崇寧去黨碑，釋逐臣，同類者五十三人，其五十人得歸，惟考甫與范柔中、封覺民獨否，遂卒於筠。且死，命幼孫名世執筆，口占百餘言，其略曰：「予自謂山中宰相，虛有其才也；自謂文昌先生，虛有其詞也。不得大用於盛世，亦無憾焉，蓋有天命爾。」所論述有卜世大寶龜、伊周素蘊、義命雜著、太平策要等，凡二百五十餘篇。

宇文之邵字公南，漢州綿竹人。舉進士，爲文州曲水令。轉運以輕縑高其價，使縣鬻於民。之邵言：「縣下江上山，地狹人貧，耕者亡幾，方歲儉饑，羌夷數入寇，不可復困之以求利。」運使怒。

會神宗即位求言，乃上疏曰：「天下一家也。祖宗創業、守成之法具在。陛下方居諒陰，諂諛姦佞之人屏伏未動，正可念五聖之功德，常若左右前後。京師者，諸夏之視傚，俗宜敦厚，而憸薄浮侈是尙。公卿大夫，民之表也，宜以名節自勵，而勢利合雜是先。願以節義廉恥風導之，使人知自重。千里之郡，有利未必興，有害未必除者，轉運使、提點刑獄制之也。





百里之邑，有利未必興，有害未必除者，郡制之也。前日赦令，應在公逋負一切蠲除，而有司操之益急，督之愈甚，使上澤不下流，而細民益困。如擇賢才以爲三司之官，稍假郡縣以權，則民瘼除矣。然後監番、檕、驟、楀之盛以保安外戚，考棠棣、角弓之義以親睦九族，興墜典，拔滯淹，遠夸毗，來忠讜。凡所建置，必與大臣共議以廣其善，號令威福則專制之。如此，則天下之人思見太平可拱而俟也。」

疏奏不報。喟然曰：「吾不可仕矣。」遂致仕，以太子中允歸，時年未四十。自強于學，不易其志，日與交友爲經史琴酒之樂，退居十五年而終。司馬光曰：「吾聞志不行，顧祿位如錙銖；道不同，視富貴如土芥。今於之邵見之矣。」范鎭亦曰：「之邵位下而言高，學富而行篤，少我二十一歲而先我掛冠，使吾慊然。」其爲兩賢所推尙如此。

吳瑛字德仁，蘄州蘄春人。以父龍圖閣學士遵路任補太廟齋郎，監西京竹木務，簽書淮南判官，通判池州、黃州，知郴州，至虞部員外郎。治平三年，官滿如京師，年四十六，卽上書請致仕。公卿大夫知之者相與出力挽留之，不聽，皆嘆服以爲不可及，相率賦詩飲餞于都門，遂歸。

蘄有田，僅足自給。臨溪築室，種花釀酒，家事一付子弟。賓客至必飲，飲必醉，或困臥花間，客去亦不問。有臧否人物者，不酬一語，但促奴益行酒，人莫不愛其樂易而敬其高。嘗有貴客過之，瑛酒酣而歌，以樂器扣其頭爲節，客亦不以爲忤。視財物如糞土，妹壻輒取家財數十萬貸人，不能償，瑛哀之曰：「是人有母，得無重憂！」召而焚其劵。門生爲治田事歷歲，忽謝去，曰：「聞有言某簿書爲欺者，誼不可留。」瑛命取前後文書示之，蓋未嘗發封也。盜入室，覺而不言，且取其被，乃曰：「他物唯所欲，夜正寒，幸舍吾被。」其眞率曠達類此。

哲宗朝有薦之者，召爲吏部郎中，就知蘄州，皆不起。崇寧三年感疾，卽閉閤謝醫藥，至垂絕不亂。卒，年八十四。

松江漁翁者，不知其姓名。每棹小舟游長橋，往來波上，扣舷飲酒，酣歌自得。紹聖中，閩人潘裕自京師調官回，過吳江，遇而異焉，起揖之曰：「予視先生氣貌，固非漁釣之流，願丐緒言，以發蒙陋。」翁瞪視曰：「君不凡，若誠有意，能過小舟語乎？」裕欣然過之。翁曰：「吾厭喧煩，處閒曠，遯迹於此三十年矣。幼喜誦經史百家之言，後觀釋氏書，今皆棄





去。唯飽食以嬉，尙何所事？」裕曰：「先生澡身浴德如此。今聖明在上，盍出而仕乎？」笑曰：「君子之道，或出或處，吾雖不能棲隱巖穴，追園、綺之蹤，竊慕老氏曲全之義。且養志者忘形，養形者忘利，致道者忘心，心形俱忘，其視軒冕如糞土耳，與子出處異趣，子勉之。」裕曰：「裕也不才，幸聞先生之高義，敢問舍所在。」曰：「吾姓名且不欲人知，况居室耶！」飲畢，長揖使裕反其所，鼓枻而去。

杜生者，潁昌人。不知其名，縣人呼爲杜五郎。所居去縣三十里，有屋兩間，與其子並居，前有空地丈餘，卽爲籬門，生不出門者三十年。

黎陽尉孫軫往訪之。其人頗洒落，自陳村人無所能，官人何爲見顧。軫問所以不出門之因，笑曰：「以告者過也。」指門外一桑曰：「憶十五年前，亦曾納涼其下，何謂不出？但無用於時，無求於人，偶自不出耳，何足尙哉。」問所以爲生，曰：「昔時居邑之南，有田五十畝，與某兄同耕。迨兄子娶婦，度所耕不足贍，乃盡以與兄，而攜妻子至此，蒙鄉人借屋，遂居之。唯與人擇日，又賣醫藥以給飦粥，亦有時不繼。後子能耕，荷長者見憐，與田三十畝使之耕，尙有餘力，又爲人傭耕，自此食足。鄉人貧，以醫術自業者多。念已食既足，不當更

兼他利，由是擇日賣藥，一切不爲。」問常日何所爲，曰：「端坐耳。」「頗觀書否？」曰：「二十年前，曾有人遺一書策，無題號，其間多說浮名經，當時極愛其議論，今忘之，并書亦不知所在矣。」時盛寒，布袍草屩，室中枵然，而氣韻閒曠，言詞精簡，蓋有道之士也。問其子之爲人，曰：「村童也，然性質甚淳厚，不妄言，不敢嬉。唯間一至縣買鹽酪，可數行跡以待其歸，徑往徑還，未嘗旁游一步也。」軫嗟嘆，留連久之，乃去。後至延安幕府，爲沈括言之。括時理軍書，迨夜半，疲極未臥，聞軫談及此，乃頓忘其勞。

順昌山人。靖康末，有避亂於順昌山中者，深入得茅舍，主人風裁甚整，卽之語，士君子也。怪而問曰：「諸君何事挈妻孥能至是耶？」因語之故。主人曰：「亂何自而起耶？」衆爭爲言，主人嗟惻久之，曰：「我父爲仁宗朝人也，自嘉祐末卜居于此，因不復出。以我所聞，但知有熙寧紀年，亦不知于今幾何年矣。」

南安翁者。漳州陳元忠客居南海日，嘗赴省試過南安，會日暮，投宿野人家，茅茨數椽，





竹樹茂密可愛。主翁雖麻衣草屨，而舉止談對宛若士人。几案間有文籍散亂，視之皆經、子也。陳叩之曰：「翁訓子讀書乎？」曰：「種園爲生耳。」「亦入城市乎？」曰：「十五年不出矣。」問：「藏書何用？」曰：「偶有之耳。」因雜以他語。少焉，風雨暴作，其二子歸，捨鉏揖客，人物不類農家子。翁進豆羹享客，不復共談，遲明別去。陳以事留城中，翌日，見翁倉遑而行，陳追詰之曰：「翁云十五年不出城，何爲到此？」曰：「吾以急事不容不出。」問之，乃大兒於關外鬻果失稅，爲關吏所拘。陳爲謁監征，至則已捕送郡。翁與小兒偕詣庭下，長子當杖，翁懇白郡守曰：「某老鈍無能，全藉此子贍給。若渠不勝杖，則翌日乏食矣。願以身代之。」小兒曰：「大人豈可受杖，某願代兄。」大兒又以罪在己，甘心焉，三人爭不決。小兒來父耳旁語，若將有所請，翁叱之，兒必欲前。郡守疑之，呼問所以，對曰：「大人元係帶職正郎，宣和間累典州郡。」翁急拽其衣使退，曰：「兒狂，妄言。」守詢誥敕在否，兒曰：「見作一束實甕中，埋於山下。」守立遣吏隨兒發取，果得之，卽延翁上坐，謝而釋其子。次日，枉駕訪之，室已虛矣。

張壆字子厚，常州人。登進士甲科。以無他兄弟，獨養其親，不忍斯須去左右。親友彊之仕，乃調青溪主簿，亦不之官。閉戶讀書四十年，手校數萬卷，無一字舛。窮經著書，至夜分不寐。元豐中，近臣薦其高行。至于元祐，大臣復薦之，起教授潁州，辭不就。於是孫覺、胡宗愈、范祖禹交章言曰：「壆且死草萊，後世必以爲朝廷失士。」蘇軾言之尤切。詔拜秘書省校書郎，敕郡縣致禮敦遣，竟不出。

壆孝弟修於家，忠信行於友，聲名聞於人，蹈中守常，從容不迫，爲當時名流所慕，以不造門爲恥。崇寧四年，卒。明年，詔以壆隱德丘園，聲聞顯著，賜謚曰正素先生。

## 校勘記

〔一〕聳隅子　「聳」原作「贅」，據宋會要選舉三四之三七、玉海卷五三改。下同。

〔二〕字蘊之　按宋會要選舉三四之三七、隆平集卷一五及東都事略卷一一三本傳都作「字仲顏」。

〔三〕常州推官　「推官」原作「判官」，據宋會要選舉三四之三八、王令廣陵先生文集附錄先生行實改。

〔四〕鄧考甫　原作「鄧孝甫」，宋會要職官六八之一、繫年要錄卷五六都作「鄧考甫」。王昶金石萃編卷一四四元祐黨籍碑也作「考甫」，附考說鄧字成之，「考」有成義，當以碑刻爲是。據改。本卷傳目及下文「考甫」各條同。

# 宋史卷四百五十九

## 列傳第二百一十八

### 隱逸下

徐中行　蘇雲卿　譙定　王忠民　劉勉之　胡憲　郭雍　劉愚
魏掞之　安世通

徐中行，台州臨海人。始知學，聞安定胡瑗講明道學，其徒轉相傳授，將往從焉。至京師，首謁范純仁，純仁賢之，薦于司馬光，光謂斯人神清氣和，可與進道。會福唐劉彝赴闕，得瑗所授經，熟讀精思，攻苦食淡，夏不扇，冬不爐，夜不安枕者踰年。乃歸葺小室，竟日危坐，所造詣人莫測也。父死，跣足廬墓，躬耕養母，推其餘力，葬內外親及州里貧無後者十餘喪。晚年教授學者，自洒掃應對、格物致知達于治國平天下，不失其性，不越其序而後已。





其友羅適持節本路，舉以自代，又率部使者以遺逸薦。崇寧中，郡守李諤又以八行薦。時章、蔡竊國柄，竄逐善類且盡，中行每一聞命輒涙下。一日，去之黃巖，會親友，盡燬其所爲文，幅巾藜杖，往來委羽山中。客有詰以避舉要名者，中行曰：「人而無行，與禽獸等。使吾得以八行應科目，則彼之不被舉者非人類與？吾正欲避此名，非要名也。」客慚而退。陳瓘謫台州，聞名納交，暨其沒，錄其行事，謂與山陽徐積齊名，呼爲「八行先生」。

子三人，庭筠其季也，童丱有志行，事父兄孝友天至。居喪毀甚，既免喪，不忍娶者十餘年。秦檜當國，科場尚諛佞，試題問中興歌頌，庭筠歎曰：「今日豈歌頌時耶！」疏其未足爲中興者五，見者尤之，庭筠曰：「吾欲不妄語，而敢欺君乎？」

黃巖尉鄭伯熊代去，請益，庭筠曰：「富貴易得，名節難守。願安時處順，主張世道。」伯熊受其言，迄爲名臣。有詔舉人嘗五上春官者予岳祠。庭筠適應格，所親咸勸之，庭筠辭曰：「吾嘗草封事，謂岳廟冗祿無用。既心非之，可躬蹈耶？」

其學以誠敬爲主，夜必就榻而後脫巾，且必巾而後起，居無惰容，喜無戲言，不事緣飾，不苟臧否。聞人片善，記其姓名。遇饑凍者，推食解衣不靳。僦屋以居，未嘗戚戚。尤袤爲守，聞其名，遺書禮之。一日，巾車歷訪舊游，徜徉幾月。歸感微疾，端坐瞑目而逝，年八十有五。鄉人崇敬之，以其父子俱隱遯，稱之曰二徐先生。淳熙間，常平使者朱熹行部，拜墓下，題詩有「道學傳千古，東甌說二徐」之句，且大書以表之曰「有宋高士二徐先生之墓」。

庭筠之兄庭槐、庭蘭，皆有父風。孫日升，苦學有守，於是徐氏詩書不絕六世矣。

蘇雲卿，廣漢人。紹興間，來豫章東湖，結廬獨居，待鄰曲有恩禮，無良賤老稚皆愛敬之，稱曰蘇翁。身長七尺，美須髯，寡言笑，布褐草履，終歲不易，未嘗疾病。披荊畚礫爲圃，藝植耘芟，灌溉培壅，皆有法度。雖隆暑極寒，土焦草凍，圃不絕蔬，滋鬱暢茂，四時之品無闕者。味視他圃尤勝，又不二價，市鬻者利倍而售速，先期輸直。夜織屨，堅韌過革舃，人爭貿之以饋遠。以故薪米不乏，有羨則以周急應貸，假者負償，一不經意。溉園之隙，閉門高臥，或危坐終日，莫測識也。

少與張浚爲布衣交，浚爲相，馳書函金幣屬豫章帥及漕曰：「余鄉人蘇雲卿，管、樂流亞，遁跡湖海有年矣。近聞灌園東湖，其高風偉節，非折簡能屈，幸親造其廬，必爲我致之。」帥、漕密物色，曰：「此獨有灌園蘇翁，無雲卿也。」帥、漕乃屏騎從，更服爲遊士，入其圃，





翁運鋤不顧。進而揖之，翁曰：「二客何從來耶？」延入室，土銼竹几，地無纖塵，案上有西漢書一册。二客恍若自失，默計此爲蘇雲卿也。既而汲泉煮茗，意稍款浹，遂扣其鄉里，徐曰：「廣漢。」客曰：「張德遠廣漢人，翁當識之。」曰：「然。」客又問：「德遠何如人？」曰：「賢人也。第長於知君子，短於知小人，德有餘而才不足。」因問：「德遠今何官？」二客曰：「今朝廷起張公，欲了此事。」翁曰：「此恐怕他未便了得在。」二客起而言曰：「張公令某等致公，共濟大業。」因出書函金幣寘几上。雲卿鼻間隱隱作聲，若自咎歎者。二客力請共載，辭不可，期以詰朝上謁。且遣使迎伺，則扃戶闃然，排闥入，則書幣不啓，家具如故，而翁已遁矣，竟不知所往。

帥、漕復命，浚拊几嘆曰：「求之不早，實懷竊位之羞。」作箴以識之，曰：「雲卿風節，高於傅霖。予期與之，共濟當今。山潛水杳，邈不可尋。弗力弗早，予罪曷鍼。」

譙定字天授，涪陵人。少喜學佛，析其理歸於儒。後學易于郭曩氏，自「見乃謂之象」一語以入。郭曩氏者，世家南平，始祖在漢爲嚴君平之師，世傳易學，蓋象數之學也。定一日至汴，聞伊川程頤講道于洛，潔衣往見，棄其學而學焉。遂得聞精義，造詣愈至，浩然而

歸。其後頤貶涪，實定之鄉也，北山有巖，師友游泳其中，涪人名之曰讀易洞。

靖康初，呂好問薦之，欽宗召爲崇政殿說書，以論弗合，辭不就。高宗卽位，定猶在汴，右丞許翰又薦之，詔宗澤津遣詣行在。至惟揚，寓邸舍，窶甚，一中貴人偶與隣，餽之食不受，與之衣亦不受，委金而去，定袖而歸之，其自立之操類此。上將用之，會金兵至，失定所在。復歸蜀，愛青城大面之勝，棲遯其中，蜀人指其地曰譙巖，敬定而不敢名，稱之曰譙夫子，有繪像祀之者，久而不衰。定易學得之程頤，授之胡憲、劉勉之，而馮時行、張行成則得定之餘意者也。定後不知所終，樵夫牧童往往有見之者，世傳其爲仙云。

初，程頤之父珦嘗守廣漢，頤與兄顥皆隨侍，游成都，見治篾箍桶者挾册，就視之則易也，欲擬議致詰，而篾者先曰：「若嘗學此乎？」因指「未濟男之窮」以發問。二程遜而問之，則曰：「三陽皆失位。」兄弟渙然有所省，翌日再過之，則去矣。其後袁滋入洛，問易於頤，頤曰：「易學在蜀耳，盍往求之？」滋入蜀訪問，久無所遇。已而見賣醬薛翁於眉、邛間，與語，大有所得，不知所得何語也。

憲、勉之、滋皆閩人，時行、行成蜀人，郭曩氏及篾叟、醬翁皆蜀之隱君子也。





王忠民，潁陽人，世業醫。忠民幼通經史，自靖康以來，數言邊方利害于朝，累召弗至。高宗渡江，忠民隱居不出，諸鎭翟興等皆重之，弗能致；張浚授以迪功郎，不受。興徙治欒川，忠民避地南下，遇商虢鎭撫使董先于內鄉，留軍中，事以師禮。

時劉豫僭立，忠民作九思圖及定亂四象達之金主，及鏤板印圖散于僞境，以明天下之義。紹興三年，翟琮〔一〕薦其忠節于朝，特授宣教郎，詔董先津遣詣行在。既至，宰相呂頤浩、簽書樞密院事徐俯見之皆拜，舍于政府。忠民上疏辭官，言：「臣憤金人無道，故三上金主書，乞還二帝，本心報國，非冀名祿。」上不許。忠民以誥寘櫝中，藏七寶山下，力懇求去。復依董先軍中，遂不出。

時又有蘇庠者，丹陽人，紳之後，頌之族也。少能詩，蘇軾見其清江曲，大愛之，由是知名。徐俯薦其賢，上特召之，固辭；又命守臣以禮津遣，庠辭疾不至，以壽終。

劉勉之字致中，建州崇安人。自幼強學，日誦數千言。踰冠，以鄉舉詣太學。時蔡京用事，禁止毋得挾元祐書，自是伊、洛之學不行。勉之求得其書，每深夜，同舍生皆寐，乃潛抄而默誦之。譙定至京師，勉之聞其從程頤遊，邃易學，遂師事之。已而厭科舉業，揖諸生歸，見劉安世、楊時，皆請業焉。及至家，卽邑近郊結草爲堂，讀書其中，力耕自給，澹然無求於世。與胡憲、劉子翬相往來，日以講論切磋爲事。

紹興間，中書舍人呂本中疏其行義志業以聞，特召詣闕。秦檜方主和，慮勉之見上持正論，乃不引見，但令策試後省給札而已。勉之知不與檜合，卽謝病歸。杜門十餘年，學者踵至，隨其材品，爲說聖賢敎學之門及前言往行之懿。所居有白水，人號曰白水先生。賢士大夫自趙鼎以下皆敬慕與交。後秦檜益橫，鼎竄死，諸賢禁錮，勉之竟不復出。

勉之一介不妄取。婦家富，無子，謀盡以貲歸于女，勉之不受，以畀族之賢者，命之奉祀。其友朱松卒，屬以後事，且戒其子熹受學。勉之經理其家，而誨熹如子姪。熹之得道，自勉之始。紹興十九年，卒，年五十九。

胡憲字原仲，居建之崇安。生而靜慤，不妄笑語，長從從父胡安國學。平居危坐植立，時然後言，雖倉卒無疾言遽色，人犯之未嘗校。紹興中以鄉貢入太學。會伊、洛學有禁，憲獨陰與劉勉之誦習其說〔二〕。既而學易於譙定，久未有得，定曰：「心爲物漬，故不能有見，唯學乃可明耳。」憲喟然歎曰：「所謂學者，非克己工夫耶？」自是一意下學，不求人知。一旦，揖





諸生歸故山，力田賣藥，以奉其親。安國稱其有隱君子之操。從游者日衆，號籍溪先生，賢士大夫亦高仰之。

折彥質、范沖、朱震、劉子羽、呂祉、呂本中共以其行義聞于朝，上特召之，憲辭母老。及彥質入西府，又言於上，趣召愈急，憲力辭。乃賜進士出身，授左迪功郎、添差建州教授，憲猶不屈。太守魏矼遣行義諸生入里致詔，且爲手書陳大義，開譬甚力，憲不得已就職。日與諸生接，訓以爲己之學。聞者始而笑，中而疑，久而觀其所以修身、事親、接人者，無一不如所言，遂翕然悅服。郡人程元以篤行稱，龔何以廉節著，皆迎致俾參學政，學者自是大化。

因七年不徙官，以母年高不樂居官舍，求監南嶽廟以歸。久之，起爲福建路安撫使司屬官。時帥張宗元榷鹽急，私販者銖兩亦重坐。憲告以爲政大體，宗元不悅，憲復請祠而去。

秦檜方用事，諸賢零落，憲家居不出。檜死，以大理司直召，未行，改秘書正字。既至，次當奏事，而病不能朝，乃草疏言：「金人大治汴京宮室，勢必敗盟。今元臣、宿將惟張浚、劉錡在，識者皆謂金果南牧，非此兩人莫能當。願亟起之，臣死不恨。」時兩人皆爲積毀所傷，未有敢顯言其當用者，憲獨首言之。疏入，卽求去。上嘉其忠，詔改秩與祠歸。

初，憲與劉勉之俱隱，後又與劉子翬、朱松交。松將沒，屬其子熹受學於憲與勉之、子翬。熹自謂從三君子遊，而事籍溪先生爲久。方憲之以館職召也，適秦檜諱言之後，憲與王十朋、馮方、查籥、李浩相繼論事，太學士爲五賢詩以歌之。人始信憲之不苟出，而惜其在位僅半年，不究其底蘊云。紹興三十二年，卒，年七十七。

郭雍字子和，其先洛陽人。父忠孝，官至太中大夫，師事程頤，著易說，號兼山先生，自有傳。雍傳其父學，通世務，隱居峽州，放浪長楊山谷間，號白雲先生。乾道中，以峽守任清臣、湖北帥張孝祥薦于朝，旌召不起，賜號沖晦處士。孝宗稔知其賢，每對輔臣稱道之，命所在州郡歲時致禮存問。後更封頤正先生，令部使者遣官就問雍所欲言，備錄繳進。於是，雍年八十有三矣。

淳熙初，學者裒集程顥、程頤、張載、游酢、楊時及忠孝、雍凡七家，爲大易粹言行于世。其述雍之說曰：

易貫通三才，包括萬理。伏羲氏之畫，得于天而明天。文王之重，得于人而明人。以羲畫爲天，天，君道也，故五之在人爲君。文重爲地，地，臣道也，故二之在人爲臣。以





上下二卦別而言之如此。合六爻而言之，則三四皆人道也，故謂之中爻。

乾，元亨利貞，初曰四德。後又曰乾元，始而亨者也。利牝馬貞，利君子貞。是以四德爲二義亦可矣。乾，陽物也。坤，陰物也。由乾一卦論之，則元與亨陽之類，利與貞陰之類也。是猶春夏秋冬雖爲四時，由陰陽觀之，則春夏爲陽，秋冬爲陰也。天之所謂元亨利貞者，如立天之道，陰與陽之類也。地之所謂元亨利貞者，如立地之道，柔與剛之類也。人之所謂元亨利貞者，如立人之道，仁與義之類也。

又坤之六五，坤雖臣道，五實君位，雖以柔德，不害其爲君，猶乾之九二，雖有君德，不害其爲臣。故乾有兩君，德無兩君；坤有兩臣，德無兩臣。六五以柔居尊，下下之君也。江海所以能爲百谷王者，以其善下下也。下下本坤德也。黃，中色也，色之至美也；裳，下服也，是以至美之德而下人也。

其發明精到如此。淳熙十四年，卒。

劉愚字必明，衢州龍游人。幼警敏力學。弱冠入太學，有聲，受業者甚衆。侍御史柴瑾、祭酒顏師魯、博士林光朝深器重之。瑾每奏對稱上意，則曰：「臣客劉愚爲臣言。」師魯嘗奏愚行藝，上記曰：「此向者柴瑾所薦也。」上舍釋褐，居第一。調江陵府教授，早晚爲諸生講說，同僚相率以聽。愚益謙下，與葉適、項安世講論不倦，每以隱居學道爲樂。

歲滿，帥王藺致書剡辟，固辭，貧不能歸。外移安鄉縣令，邑逋賦萬計，愚覈實數，寬限期，民不見吏而賦自足。會歲歉，出常平米振貸，邑佐持不可，愚曰：「有罪不以相累。」出緡錢數千萬，召商糴他郡而收元直，米價頓平，猶積廩數千石以備饑旱。邑有范仲淹讀書地，爲繪像立祠，興學，士競知勸。

諸司交薦，改秩，愚雅不樂仕進，遂致仕。丞相余端禮，鄉人也，與愚有舊，且召堂審，愚竟捨去不顧。結廬城南，頹垣敗壁，蓬蒿蕭然。著書自適，書、禮、語、孟皆有解。年八十三而卒。故友與其門人私謚曰謙靖先生，後更謚曰靖君，鄉郡祠之。

妻徐氏在家時，其母將以嫁姑子之富者，徐泣曰：「爲富人妻，不願也。」遂歸于愚，居破屋中，一事機杼。愚嘗懷白金歸，徐怒曰：「我以子爲賢而若是，亟具歸。」愚出書以示，束修得也，乃已。有梁鴻之風焉。

子克、几、凡。克蚤以詩名，葉適嘗稱其可繼陶、韋。





魏掞之字子實，建州建陽人，初字元履。自幼有大志。師胡憲，與朱熹游。兩以鄉舉試禮部不第。嘗客衢守章傑所。趙鼎以謫死，其子汾將喪過衢。傑雅憾鼎，又希秦檜意，遣尉翁蒙之領卒掩取鼎平時與故舊來往簡牘。蒙之先遣人告汾焚之，逮至一無所得。傑怒，治蒙之，拘汾于兵家所，且以告檜。掞之以書責傑，長揖徑歸。築室讀書，牓以「艮齋」，自是人稱曰艮齋先生。

閩帥汪應辰、建守陳正同知其賢，薦于朝，時相尼之，不果召。乾道中，詔舉遺逸，部刺史芮燁與帥、守共表其行誼，特詔召之，掞之力辭。時宰相陳俊卿，閩人也，雅知掞之，招之甚力。乃以布衣入見，極陳當時之務，大要勸上以修德業、正人心、養士氣爲恢復之本。上嘉納之，賜同進士出身，守太學錄。

先是，學官養望自高，不與諸生接。掞之既就職，日進諸生教誨之，又增葺其舍，人人感勵。將釋菜，掞之請廢王安石父子從祀，追爵程顥、程頤，列于祀典，不報。復言「太學之教宜以德行經術爲先，其次則通習世務。今乃專以空言取人」，又不報。遂丐去。

會福州副總管曾覿秩滿還，在道，掞之累疏以諫，移疾杜門，遺書陳俊卿責其不能捄止，語甚切。遂以迎親請歸，行數日，罷爲台州教授。方掞之之未行也，覿至國門外已久，伺掞之去，乃敢入。掞之在朝不能半歲，既歸，喟然歎曰：「上恩深厚如此，而吾學不足以感

悟聖意。」乃日居艮齋，條理舊聞，以求其所未至。

其居家，謹喪祭，重禮法。從父有客于南者，千里迎養，死葬如禮，而字其孤。建俗生子多不舉，爲文以戒，全活者甚衆。又白于官，請督不葬其親者，富與期，貧與財，而無主後者掩之。每遇歲饑，爲粥以食饑者。後依古社倉法，請官米以貸民，至冬取之以納于倉。部使者素敬掞之，捐米千餘斛假之，歲歲斂散如常，民賴以濟。諸鄉社倉自掞之始。

與人交，嘉其善而捄其失，後進以禮來者，苟有寸長，必汲汲推挽成就之。至或訾其近名，則蹙然曰：「使夫人而避此嫌，爲善之路絕矣。」病革，母視之，不巾不見。戒其子「毋以僧巫俗禮浼我」。以書召朱熹至，委以後事而訣。卒，年五十八。

後上思其直諒，將召用之，大臣言已死，乃贈直秘閣。熹平日趣向與掞之同。乾道中，熹亦被召，將行，聞掞之去國，乃止。

青城山道人安世通者，本西人。其父有謀策，爲武官，數以言干當路不用，遂自沈於酒而終。世通亦隱居青城山中不出。吳曦反，乃獻書於成都帥楊輔曰：「世通在山中，忽聞關外之變，不覺大慟。世通雖方





外人，而大人先生亦嘗發以入道之門。竊以爲公初得曦檄，卽當還書，誦其家世，激以忠義，聚官屬軍民，素服號慟，因而散金發粟，鼓集忠義，閉劍門，檄夔、梓，興仗義之師，以順討逆，誰不願從？而士大夫皆酒缸飯囊，不明大義，倘云少屈以保生靈，何其不知輕重如此！夫君乃父也，民乃子也，豈有棄父而捄子之理？此非曦一人之叛，乃舉蜀士大夫之叛也。聞古有叛民無叛官，今曦叛而士大夫皆縮手以聽命，是驅民而爲叛也。且曦雖叛逆，猶有所忌，未敢建正朔、殺士大夫，倘以虛文見招，亦以公之與否卜民之從違也。今悠悠不決，徒爲婦人女子之悲，所謂停囚長智，吾恐朝廷之失望也。凡舉大事者，成敗死生皆當付之度外。區區行年五十二矣，古人言：『可以生而生，福也；可以死而死，亦福也。』決不忍汗面戴天，同爲叛民也。」

輔有重名，蜀中士大夫多勸以舉義者，而世通之言尤切至。輔不能決，遂東如江陵，請吳獵舉兵以討曦。未幾，曦敗，獵使蜀，薦士以世通爲首云。

## 卓行

劉庭式　巢谷　徐積　曾叔卿　劉永一

父子有親，夫婦有別，朋友有信，天下之所共知而共由者也，乃有卓行於斯焉。徐積於其所天，劉庭式於其室家，巢谷於其知己，皆行常人之難。行其所難而安焉，豈非卓乎？曾叔卿之不欺，劉永一之不苟取，皆以一事而人譽之終身，蓋有其所矣，其可忽諸！撰卓行傳。

劉庭式字得之，齊州人，舉進士。蘇軾守密州，庭式爲通判。初，庭式未第時，議娶鄉人之女，既約，未納幣。庭式乃及第，女以病喪明，女家躬耕貧甚，不敢復言。或勸納其幼女，庭式笑曰：「吾心已許之矣，豈可負吾初心哉。」卒娶之。生數子，後死，庭式喪之踰年，不肯復娶。軾問之曰：「哀生於愛，愛生於色。今君愛何從生，哀何從出乎？」庭式曰：「吾知喪吾妻而已。吾若緣色而生愛，緣愛而生哀，色衰愛弛，吾哀亦忘，則凡揚袂倚市，目挑而心招者，皆可以爲妻也耶？」軾深感其言。庭式後監太平觀，老于廬山，絕粒不食，目奕奕有紫光，步上下峻坂如飛，以高壽終。





巢谷，初名穀，字元修，眉州眉山人。父中，谷傳其學，雖朴而博。舉進士京師。谷素多力，見舉武藝者心好之，遂棄其舊學，蓄弓箭，習騎射，久之業成而不中第。聞西邊多驍勇，爲四方冠，去遊秦鳳、涇原間。所至友其秀桀，與韓存寶尤相善，敎之兵書。

熙寧中，存寶爲河州將，有功，號熙河名將。會瀘州蠻乞弟擾邊，諸郡不能制，命存寶出兵討之。存寶不習蠻事，邀谷至軍中問焉。及存寶得罪，將就逮，自度必死，謂谷曰：「我涇原武夫，死非所惜。顧妻子不免寒餓，橐中有銀數百兩，非君莫可使遺之者。」谷許諾，卽變姓名，懷銀步往授其子，人無知者。存寶死，谷逃避江、淮間，會赦乃出。蘇軾責黃州，與谷同鄉，幼而識之，因與之遊。紹聖初，軾、轍謫嶺海，平生親舊無復相聞者，谷獨慨然自眉山誦言欲徒步訪兩蘇，聞者皆笑其狂。

元符二年，谷竟往，至梅州遺轍書曰：「我萬里步行見公，不意自全，今至梅矣，不旬日必見，死無恨矣。」轍驚喜曰：「此非今世人，古之人也。」既見，握手相泣，已而道平生，逾月不厭。時谷年七十三，瘦瘠多病，將復見軾於海南，轍愍而止之曰：「君意則善，然循至儋數千里，當復渡海，非老人事也。」谷曰：「我自視未卽死也，公無止我。」閱其橐中無數千錢，轍方困乏，亦強資遺之。舟行至新會〔三〕，有蠻隸竊其橐裝以逃，獲於新州，谷從之至新，遂病

死。轍聞，哭之失聲，恨不用己言而致死，又奇其不用己言而行其志也。

徐積字仲車，楚州山陽人。孝行出於天稟。三歲父死，旦旦求之甚哀，母使讀孝經，輒淚落不能止。事母至孝，朝夕冠帶定省。從胡翼之學。所居一室，寒一衲裘，啜菽飲水，翼之餽以食，弗受。

應舉入都，不忍捨其親，徒載而西。登進士第，舉首許安國率同年生入拜，且致百金爲壽，謝却之。以父名「石」，終身不用石器，行遇石則避而不踐，或問之，積曰：「吾遇之則怵然傷吾心，思吾親，故不忍加足其上爾。」母亡，水漿不入口者七日，悲慟嘔血。廬墓三年，臥苫枕塊，衰絰不去體，雪夜伏墓側，哭不絕音。翰林學士呂溱過其廬適聞之，爲泣下曰：「使鬼神有知，亦垂涕也。」甘露歲降兆域，杏兩枝合爲幹。既終喪，不徹筵几，起居饋獻如平生。

中年有聵疾，屏處窮里，而四方事無不知。客從南越來，積與論嶺表山川險易、鎮戍疎密，口誦手畫，若數一二。客嘆曰：「不出戶而知天下，徐公是也。」自少及老，日作一詩，爲文率用腹稿，口占授其子。嘗借人書策，經宿還之，借者紿言中有金葉，積謝而不辨，賣衣償之。鄉人有爭訟，多就取決。州以行聞，詔賜粟帛。





元祐初，近臣合言：「積養親以孝著，居鄉以廉稱，道義文學，顯於東南。今年過五十，以耳疾不能出仕。朝廷方詔舉中外學官，如積之賢，宜在所表。」乃以揚州司戶參軍爲楚州教授。每升堂，訓諸生曰：「諸君欲爲君子，而勞己之力，費己之財，如此而不爲，猶之可也；不勞己之力，不費己之財，何不爲君子？鄉人賤之，父母惡之，如此而不爲，可也。鄉人榮之，父母欲之，何不爲君子？」又曰：「言其所善，行其所善，思其所善，如此而不爲君子者，未之有也。言其不善，行其不善，思其不善，如此而不爲小人者，未之有也。」聞之者斂衽敬聽。

居數歲，使者又交薦之，轉和州防禦推官，改宣德郎，監中岳廟。卒，年七十六。政和六年，賜謚節孝處士，官其一子。

曾叔卿，建昌南豐人，鞏族兄也。家苦貧，即心存不欺。嘗買西江陶器，欲貿易於北方，既而不果行。有從之轉售者，與之。既受直矣，問將何之，其人曰：「欲效前策耳。」叔卿曰：「不可。吾聞北方新有災饉，此物必不時泄，故不以行。余豈宜不告以誤子。」其人即取錢去。居鄉介潔，非所宜受，一介不取。妻子困於饑寒，而拊庇孤惸，唯恐失其意。起家進士，至著作佐郎。熙寧中，卒。

劉永一，陝州夏縣人。孝友廉謹。熙寧初，巫咸水溢入縣城，民多溺死。永一持竿立門前，見他人物流入者輒擿出之。有僧寓錢數萬於其室，無何而僧死，永一詣縣自言，請以錢歸其弟子。鄉人負債不肯償，立焚其券。行事類此。兄大爲，醫助教。居親喪，不飲酒食肉，終三年。司馬光傳之，以爲今士大夫所難。

## 校勘記

（一）翟琮　原作「翟宗」，據繫年要錄卷六五、宋會要選舉三四之四三改。

（二）紹興中以鄉貢入太學會伊洛學有禁憲獨陰與劉勉之誦習其說　按上文劉勉之傳：「以鄉舉詣太學。時蔡京用事，禁止毋得挾元祐書，自是伊、洛之學不行。勉之求得其書，……乃潛抄而默誦之。」是憲入太學及與劉勉之誦習伊、洛學事，都在蔡京用事時。蔡京用事在紹聖以後，此處「紹興」二字當誤。

（三）舟行至新會　「至新」二字原脫，據蘇轍欒城集後集卷二四巢谷傳、東都事略卷一一七巢谷傳補。

# 宋史卷四百六十

## 列傳第二百一十九

### 列女

朱娥　張氏　彭列女　郝節娥　朱氏　崔氏　趙氏　丁氏
項氏　王氏二婦　徐氏　榮氏　何氏　董氏　譚氏　劉氏
張氏　師氏　陳堂前　節婦廖氏　劉當可母　曾氏婦　王袤妻
涂端友妻　詹氏女　劉生妻　謝泌妻　謝枋得妻　王貞婦
趙淮妾　譚氏婦　吳中孚妻　呂仲洙女　林老女　童氏女
韓氏女　王氏婦　劉仝子妻毛惜惜附

古者天子親耕，教男子力作，皇后親蠶，教女子治生，王道之本，風俗之原，固有在矣。男有塾師，女有師氏，國有其官，家有其訓，然而詩書所稱男女之賢，尚可數也。世道既降，





教典非古，男子之志四方，猶可隆師親友以爲善；女子生長環堵之中，能著美行垂於汗青，豈易得哉。故歷代所傳列女，何可棄也？考宋舊史得列女若干人，作列女傳。

朱娥者，越州上虞朱回女也。母早亡，養于祖媪。娥十歲，里中朱顏與媪競，持刀欲殺媪，一家驚潰，獨娥號呼突前，擁蔽其媪，手挽顏衣，以身下墜顏刀，曰：「寧殺我，毋殺媪也。」媪以娥故得脫。娥連被數十刀，猶手挽顏衣不釋，顏忿恚，斷其喉以死。事聞，賜其家粟帛。其後，會稽令董皆爲娥立像于曹娥廟，歲時配享焉。

張氏，鄂州江夏民婦。里惡少謝師乞過其家，持刀逼欲與爲亂，曰：「從我則全，不從則死。」張大罵曰：「庸奴！可死，不可它也。」至以刃斷其喉，猶能走，擒師乞，以告隣人。既死，朝廷聞之，詔封旌德縣君，表墳曰「列女之墓」，賜酒帛，令郡縣致奠。

彭列女，生洪州分寧農家。從父泰入山伐薪，父遇虎，將不脫，女拔刀斫虎，奪其父而還。事聞，詔賜粟帛，敕州縣歲時存問。

郝節娥，嘉州娼家女。生五歲，母娼苦貧，賣於洪雅良家爲養女。始笄，母奪而歸，欲令世其娼，娥不樂娼，日逼之，娥曰：「少育良家，習織作組紃之事，又輒精巧，粗可以給母朝夕，欲求此身使終爲良，可乎？」母益怒，且箠且罵。

洪雅春時爲蠶叢祠，娼與邑少年期，因蠶叢具酒邀娥。娼與娥徐往，娥見少年，倉皇驚走，母挽捽不使去。不得已留坐中，時時顧酒食輒唾，強飲之，則嘔噦滿地，少年卒不得侵凌。暮歸，過雞鳴渡，娥度他日必不可脫，陽渴求飲，自投于江以死。鄉人謂之「節娥」云。

朱氏，開封民婦也。家貧，賣巾屨簪珥以給其夫。夫日與俠少飲博，不以家爲事，犯法徙武昌。父母欲奪而嫁之，朱曰：「何迫我如是耶？」其夫將行，一夕自經死，且曰：「及吾夫未去，使知我不爲不義屈也。」吳充時爲開封府判官，作阿朱詩以道其事。

崔氏，合淝包繶妻。繶，樞密副使拯之子，早亡，惟一稚兒。拯夫婦意崔不能守也，使左右嘗其心。崔蓬垢涕泣出堂下，見拯曰：「翁，天下名公也。婦得齒賤獲，執澣滌之事幸矣，況敢汙家乎！生爲包婦，死爲包鬼，誓無它也。」

其後，稚兒亦卒。母呂自荆州來，誘崔欲嫁其族人，因謂曰：「喪夫守子，子死孰守？」





崔曰：「昔之留也，非以子也，舅姑故也。今舅歿，姑老矣，將舍而去乎？」呂怒，詛罵曰：「我寧死此，決不獨歸，須爾同往也。」崔泣曰：「母遠來，義不當使母獨還。然到荆州，儻以不義見迫，必絕於尺組之下，願以屍還包氏。」遂偕去。母見其誓必死，卒還包氏。

趙氏，貝州人。父嘗舉學究。王則反，聞趙氏有殊色，使人刼致之，欲納爲妻。趙日號哭慢罵求死，賊愛其色不殺，多使人守之。趙知不脫，乃紿曰：「必欲妻我，宜擇日以禮聘。」賊信之，使歸其家。家人懼其自殞，得禍于賊，益使人守視。賊具聘帛，盛輿從來迎。趙與家人訣曰：「吾不復歸此矣。」問其故，答曰：「豈有爲賊汚辱至此，而尚有生理乎！」家人曰：「汝忍不爲家族計？」趙曰：「第亡患。」遂涕泣登輿而去。至州廨，舉簾視之，已自縊輿中死矣。尚書屯田員外郎張寅有趙女詩。

張晉卿妻丁氏，鄭州新鄭人，參知政事度五世孫也。靖康中，與晉卿避金兵於大隗山。金兵入山，爲所得，挾之鞍上。丁自投于地，戟手大罵，連呼曰：「我死即死耳，誓不受辱於爾輩。」復挾上馬，再三罵不已。卒乃忿然舉梃縱擊，遂死杖下。

中華書局

項氏，吉州吉水人。居永昌里，適同里孫氏。宣和七年，爲里胥所逮，至中途欲侵凌之，項引刀自刺而死。郡以聞，詔贈孺人，旌表其廬。

王氏二婦，汝州人。建炎初，金人至汝州，二婦爲所掠，擁置舟中，遂投漢江以死。屍皆浮出不壞，人爲收葬之城外江上，爲雙塚以表之。

徐氏，和州人。閎中女也，適同郡張弼。建炎三年春，金人犯惟揚，官軍望風奔潰，多肆虜掠，執徐欲汙之。徐瞋目大罵曰：「朝廷蓄汝輩以備緩急，今敵犯行在，既不能赴難，又乘時爲盜，我恨一女子不能引劍斷汝頭，以快衆憤，肯爲汝辱以苟活耶！第速殺我。」賊慙恚，以刃刺殺之，投江中而去。

榮氏，𧺝女弟也。自幼如成人，讀論語、孝經，能通大義，事父母孝。歸將作監主簿馬元潁。建炎二年，賊張遇寇儀眞，榮與其姑及二女走惟揚，姑素羸，榮扶掖不忍舍。俄賊至，脅之不從，賊殺其女，脅之益急，榮厲聲詬罵，遂遇害。





何氏，吳人。吳永年之妻也。建炎四年春，金兵道三吳，官兵遁去，城中人死者五十餘萬。永年與其姊及其妻何奉母而逃。母老，待挾持而行，卒爲賊所得，將縶其姊及何，何紿謂賊曰：「諸君何不武耶！婦人東西惟命爾。」賊信之。行次水濱，謂其夫曰：「我不負君。」遂投于河，其姊繼之。

董氏，沂州滕縣人，許適劉氏子。建炎元年，盜李昱攻剽滕縣，悅其色，欲亂之，誘諭再三，曰：「汝不我從，當剉汝萬段。」女終不屈，遂斷其首。劉氏子聞女死狀，大慟曰：「列女也。」葬之，爲立祠。

三年春，盜馬進掠臨淮縣，王宣要其妻曹氏避之，曹曰：「我聞婦人死不出閨房。」賊至，宣避之，曹堅臥不起。衆賊劫持之，大罵不屈，爲所害。

四年，盜祝友聚衆於滁州龔家城，掠人爲糧。東安縣民丁國兵者及其妻爲友所掠，妻泣曰：「丁氏族流亡已盡，乞存夫以續其祀。」賊遂釋夫而害之。

同時，叛卒楊勍〔一〕寇南劍州，道出小常村，掠一民婦，欲與亂，婦毅然誓死不受汙，遂遇害，棄屍道傍。賊退，人爲收瘞。屍所枕藉處，跡宛然不滅。每雨則乾，晴則濕，或削去即復見。覆以他土，其迹愈明。

譚氏，英州眞陽縣人，曲江村士人吳琪妻也。紹興五年，英州饑，觀音山盜起，攻剽鄉落。琪竄去，譚不能俱，與其女被執。譚有姿色，盜欲妻之，譚怒罵曰：「爾輩賊也。我良家女，豈若偶耶？」賊度無可奈何，害之。

同時，有南雄李科妻謝氏，保昌故村人，囚於虔盜中，數日，有欲犯之，謝唾其面曰：「寧萬段我，不汝徇也。」盜怒，剉之而去。

劉氏，海州朐山人，適同里陳公緒。紹興末，金人犯山東，郡縣震響，公緒倡義來歸，偶劉歸寧，倉卒不得與偕，惟挈其子庚以行，宋授以八品官，後累功至正使。劉留北方，音問不通。或語之曰：「人言『貴易交，富易妻』。今陳已貴，必他娶矣，盍改適？」曰：「吾知守吾志而已，皇卹乎他？」公緒亦不他娶。子庚寖長，輒思念涕泣，傾家貲，結任俠，奔走淮甸，險阻備嘗。如是者十餘年，遂得迎母以歸。劉在北二十五年，嘗緯蕭以自給。

張氏，羅江士人女。其母楊氏寡居。一日，親黨有婚會，母女偕往，其典庫雍乙者從行。既就坐，乙先歸。會罷，楊氏歸，則乙死于庫，莫知殺者主名。提點成都府路刑獄張文





饒疑楊有私，懼爲人知，殺乙以滅口，遂命石泉軍劾治。楊言與女同榻，實無他。遂逮其女，考掠無實。吏乃掘地爲坑，縛母于其內，旁列熾火，間以水沃之，絕而復蘇者屢，辭終不服。一日，女謂獄吏曰：「我不勝苦毒，將死矣，願一見母而絕。」吏憐而許之。既見，謂母曰：「母以清潔聞，奈何受此汙辱。寧死箠楚，不可自誣。女今死，死將訟冤于天。」言終而絕。於是石泉連三日地大震，有聲如雷，天雨雪，屋瓦皆落，邦人震恐。

勘官李志寧疑其獄，夕具衣冠禱于天。俄假寐坐廳事，恍有猿墜前，驚寤，呼吏卒索之，不見。志寧自念夢兆：「非殺人者袁姓乎？」有門卒忽言張氏饋食之夫曰袁大，明日袁至，使吏執之，曰：「殺人者汝也。」袁色動，遽曰：「吾憐之久矣，願就死。」問之，云：「適盜庫金，會雍歸，遂殺之。」楊乃得免。時女死才數日也。獄上，郡牓其所居曰孝感坊。

師氏，彭州永豐人。父驥，政和二年省試第一。宣和中，爲右正言十餘日，凡七八疏，論權倖及廉訪使者之害而去。女適范世雍子孝純。建炎初，還蜀，至唐州方城縣，會賊朱顯終掠方城，孝純先被害，賊執師氏欲強之，許以不死。師罵曰：「我中朝言官女，豈可受賊辱！吾夫已死，宜速殺我。」賊知不可屈，遂害之。

陳堂前，漢州雒縣王氏女。節操行義，爲鄉人所敬，但呼曰「堂前」，猶私家尊其母也。

堂前年十八，歸同郡陳安節，歲餘夫卒，僅有一子。舅姑無生事，堂前斂泣告曰：「人之有子，在奉親克家爾。今已無可奈何，婦願幹蠱，如子在日。」舅姑曰：「若然，吾子不亡矣。」既葬其夫，事親治家有法，舅姑安之。子日新，年稍長，延名儒訓導，既冠，入太學，年三十卒。二孫曰綱曰紱，咸篤學有聞。

初，堂前歸陳，夫之妹尚幼，堂前教育之，及笄，以厚禮嫁遣。舅姑亡，妹求分財產，堂前盡遺室中所有，無靳色。不五年，妹所得財爲夫所罄，乃歸悔。堂前爲買田置屋，撫育諸甥無異己子。親屬有貧窶不能自存者，收養婚嫁至三四十人，自後宗族無慮百數。里有故家甘氏，貧而質其季女於酒家，堂前出金贖之，俾有所歸。子孫遵其遺訓，五世同居，並以孝友儒業著聞。乾道九年，詔旌表其門閭云。

廖氏，臨江軍貢士歐陽希文之妻也。紹興三年春，盜起建昌，號「白氊笠」，過臨江，希文與妻共挾其母傅走山中，爲賊所追。廖以身蔽姑，使希文負之逃。賊執廖氏，廖正色叱之。賊知不可屈，揮刃斷其耳與臂，廖猶謂賊曰：「爾輩叛逆至此，我即死，爾輩亦不久屠戮。」語絕而仆。鄉人義而葬之，號「廖節婦墓」。





是年，盜彭友犯吉州龍泉，李生妻梁氏義不受辱，赴水而死。

王氏，利州路提舉常平司幹辦公事劉當可之母也。紹定三年，就養興元。大元兵破蜀，提刑龐授檄當可詣行司議事。當可捧檄白母，王氏毅然勉之曰：「汝食君祿，豈可辭難。」當可行，大元軍屠興元，王氏義不辱，大罵投江而死。其婦杜氏及婢僕五人，咸及于難。當可聞變，奔赴江滸，得母喪以歸。詔贈和義郡太夫人。

曾氏婦晏，汀州寧化人。夫死，守幼子不嫁。紹定間，寇破寧化縣，令佐俱逃，將樂縣宰黃垺令土豪王萬全、王倫結約諸砦以拒賊，晏首助兵給糧，多所殺獲。賊忿其敗，結集愈衆，諸砦不能禦，晏乃依黃牛山傍，自爲一砦。

一日，賊遣數十人來索婦女金帛，晏召其田丁諭曰：「汝曹衣食我家，賊求婦女，意實在我。汝念主母，各當用命，不勝即殺我。」因解首飾悉與田丁，田丁感激思奮。晏自撾鼓，使諸婢鳴金，以作其勇。賊復退敗。鄰鄉知其可依，挈家依黃牛山避難者甚衆。有不能自給者，晏悉以家糧助之。於是聚衆日廣，復與倫、萬全共措置，析黃牛山爲五砦，選少壯爲義丁，有急則互相應援以爲掎角，賊屢攻弗克。所活老幼數萬人。知南劍州陳韡遣人遺以金帛，晏悉散給其下；又遺楮幣以勞五砦之義丁，且借補其子，名其砦曰萬安。事聞，詔特封晏爲恭人，仍賜冠帔，其子特與補承信郎。

王袤妻趙氏，饒州樂平人。建炎中，袤監上高酒稅，金兵犯筠，袤棄官逃去，趙從之行。遇金人，縛以去，繫袤夫婦於劉氏門，而入剽掠劉室。趙宛轉解縛，并解袤，謂袤曰：「君速去。」俄而金人出，問袤安往，趙他指以誤之。金人追之不得，怒趙欺己，殺之。袤方伏叢薄間，望之悲痛，歸刻趙像以葬。袤後仕至孝順監鎮。

涂端友妻陳氏，撫州臨川人。紹興九年，盜起，被驅入黃山寺，賊逼之不從，以刃加其頸，叱曰：「汝輩鼠竊，命若蜉蝣，我良家子，義豈爾辱！縱殺我，官兵即至，爾其免乎？」賊知不可屈，乃幽之屋壁。居數日，族黨有得釋者，咸賫金帛以贖其孥。賊引端友妻令歸，曰：「吾聞貞女不出閨閤，今吾被驅至此，何面目登涂氏堂！」復罵賊不絕，竟死之。

詹氏女，蕪湖人。紹興初，年十七，淮寇號「一窠蜂」倏破縣，女歎曰：「父子無俱生理，我計決矣。」頃之賊至，欲殺其父兄，女趨而前拜曰：「妾雖窶陋，願執巾帚以事將軍，贖父兄





命。不然，父子併命，無益也。」賊釋父兄縛，女麾手使亟去：「無顧我，我得侍將軍，何所憾哉。」遂隨賊。行數里，過市東橋，躍身入水死。賊相顧駭歎而去。

劉生妻歐陽氏，吉州安福人。生居新樂鄉，以事出，惡少來欲侵凌之，歐陽不受辱而死。邑人劉寬作詩以弔之，時紹興十年也。

同縣有朱雲孫妻劉氏，姑病，雲孫刲股肉作糜以進而愈。姑復病，劉亦刲股以進，又愈。尚書謝諤爲賦孝婦詩。

謝泌妻侯氏，南豐人。始笄，家貧，事姑孝謹。盜起，焚里舍殺人，遠近逃避。姑疾篤不能去，侯號泣姑側。盜逼之，侯曰：「寧死不從。」盜刃之，仆溝中。賊退，漸蘇，見一篋在側，發之皆金珠，族婦以爲己物，侯悉歸之，婦分其一以謝，侯辭曰：「非我有，不願也。」後夫與姑俱亡，子幼，父母欲更嫁之，侯曰：「兒以賤婦人，得歸隱居賢者之門已幸矣，忍去而使謝氏無後乎？寧貧以養其子，雖餓死亦命也。」

同縣有樂氏女，父以鬻果爲業。紹定二年，盜入境，其父買舟挈家走建昌。盜掠其舟，將逼二女，俱不從，一赴水死，一見殺。

中華書局

謝枋得妻李氏，饒州安仁人也。色美而慧，通女訓諸書。嫁枋得，事舅姑、奉祭、待賓皆有禮。枋得起兵守安仁，兵敗逃入閩中。武萬戶以枋得豪傑，恐其扇變，購捕之，根及其家人。李氏攜二子匿貴溪山荆棘中，採草木而食。至元十四年冬，信兵蹤跡至山中，令曰：「苟不獲李氏，屠而墟！」李聞之，曰：「豈可以我故累人，吾出，事塞矣。」遂就俘。明年，徙囚建康。或指李言曰：「明當沒入矣。」李聞之，撫二子，悽然而泣。左右曰：「雖沒入，將不失爲官人妻，何泣也？」李曰：「吾豈可嫁二夫耶！」顧謂二子曰：「若幸生還，善事吾姑，吾不得終養矣。」是夕，解裙帶自經獄中死。

枋得母桂氏尤賢達，自枋得逋播，婦與孫幽遠方，處之泰然，無一怨語。人問之，曰：「義所當然也。」人稱爲賢母云。

王貞婦，夫家臨海人也。德祐二年冬，大元兵入浙東，婦與其舅、姑、夫皆被執。既而舅、姑與夫皆死，主將見婦皙美，欲內之，婦號慟欲自殺，爲奪挽不得死。夜令俘囚婦人雜守之。婦乃陽謂主將曰：「若以吾爲妻妾者，欲令終身善事主君也。吾舅、姑與夫死，而我不爲之衰，是不天也。不天之人，若將焉用之！願請爲服期，即惟命。苟不聽我，我終死



耳，不能爲若妻也。」主將恐其誠死，許之，然防守益嚴。

明年春，師還，挈行至嵊青楓嶺，下臨絕壑，婦待守者少懈，嚙指出血，書字山石上，南望慟哭，自投崖下而死。後其血皆漬入石間，盡化爲石。天且陰雨，即墳起如始書時。至治中，朝廷旌之曰「貞婦」，郡守立石祠嶺上，易名曰清風嶺。

趙淮妾，長沙人也，逸其姓名。德祐中，從淮戍銀樹壩。淮兵敗，俱執至瓜州。元帥阿朮使淮招李庭芝，淮陽諾，至揚城下，乃大呼曰：「李庭芝，男子死耳，毋降也。」元帥怒，殺之，棄其尸江濱。妾俘一軍校帳中，乃解衣中金遺其左右，且告之曰：「妾夙事趙運使，今其死不葬，妾誠不能忘情。願因公言使掩埋之，當終身事相公無憾矣。」軍校憐其言，使數兵輿如江上。妾聚薪焚淮骨置瓦缶中，自抱持，操小舟至急流，仰天慟哭，躍水而死。

譚氏婦趙，吉州永新人。至元十四年，江南既內附，永新復嬰城自守。天兵破城，趙氏抱嬰兒隨其舅、姑同匿邑校中，爲悍卒所獲，殺其舅、姑，執趙欲汙之，不可，臨之以刃曰：「從我則生，不從則死。」趙罵曰：「吾舅死於汝，吾姑又死於汝，吾與其不義而生，寧從吾舅、姑以死耳。」遂與嬰兒同遇害。血漬於禮殿兩楹之間，入甎爲婦人與嬰兒狀，久而宛然如



新。或訴之，磨以沙石不滅，又煅以熾炭，其狀益顯。

吳中孚妻，隆興之進賢人，少寡。景定元年，兵亂，攜孤女自沈于縣之染步，曰：「義不辱吾夫。」

呂仲洙女，名良子，泉州晉江人。父得疾瀕殆，女焚香祝天，請以身代，刲股爲粥以進。時夜中，羣鵲遶屋飛噪，仰視空中，大星煒煜如月者三。越翼日，父瘳。女弟細良亦相從拜禱，良子卻之，細良恚曰：「豈姊能之，兒不能耶！」守眞德秀嘉之，表其居曰「懿孝」。

林老女，永春人，及笄未婚。紹定三年夏，寇犯邑，入山避之。猝遇寇，欲汙之，不從。度不得脫，紿曰：「有金帛埋於家，盍同取之？」甫入門，大呼曰：「吾寧死於家，決不辱吾身。」賊怒殺之，越三日面如生。

童八娜，鄞之通遠鄉建奧人。虎銜其大母，女手拽虎尾，祈以身代。虎爲釋其大母，銜女以去。始，林栗侍親官其地，嘗目睹之。已而爲守，以聞于朝，祠祀之。



韓氏女，字希孟，巴陵人，或曰丞相琦之裔。少明慧，知讀書。開慶元年，大元兵至岳陽，女年十有八，爲卒所掠，將挾以獻其主將。女知必不免，竟赴水死。越三日得其尸，於練裙帶有詩曰：「我質本瑚璉，宗廟供蘋蘩。一朝嬰禍難，失身戎馬間。寧當血刃死，不作衽席完。漢上有王猛，江南無謝安。長號赴洪流，激烈摧心肝。」

王氏婦梁，臨川人。歸夫家才數月，會大元兵至，一夕，與夫約曰：「吾遇兵必死，義不受汙辱。若後娶，當告我。」頃之，夫婦被掠。有軍千戶強使從己，婦紿曰：「夫在，伉儷之情有所不忍，乞歸之而後可。」千戶以所得金帛與其夫而歸之，并與一矢，以却後兵。約行十餘里，千戶即之，婦拒且罵曰：「斫頭奴！吾與夫誓，天地鬼神寔臨之，此身寧死不可得也。」因奮搏之，乃被殺。有同掠脫歸者道其事。越數年，夫以無嗣謀更娶，議輒不諧，因告其故妻，夜夢妻曰：「我死後生某氏家，今十歲矣。後七年，當復爲君婦。」明日遣人聘之，一言而合。詢其生，與婦死年月同云。

劉仝子妻林氏，福州福清人。其父公遇，知名士。仝子爲福建招撫使起義兵，事見林同

傳〔二〕。全子亡命自經死，有司執其妻具反狀，林叱曰：「林、劉二族，世爲宋臣，欲以忠義報國，事不成，天也，何爲反乎！汝知去歲有以血書壁而死者乎？是吾兄也。吾與兄，忠義之心則一也，死且求治汝於地下，可生爲汝等凌辱耶！」遂遇害。

毛惜惜者，高郵妓女也。端平二年，別將榮全率衆據城以畔，制置使遣人以武翼郎招之。全僞降，欲殺使者，方與同黨王安等宴飲，惜惜恥於供給，安斥責之，惜惜曰：「初謂太尉降，爲太尉更生賀。今乃閉門不納使者，縱酒不法，乃畔逆耳。妾雖賤妓，不能事畔臣。」全怒，遂殺之。越三日，李虎破關，禽全斬之，幷其妻子及王安以下預畔者百有餘人悉傳以法。

校勘記

〔一〕楊勍　原作「楊就」，據本書卷二六高宗紀和繫年要錄卷三二、三三、三五改。

〔二〕事見林同傳　按本書無「林同傳」，本書卷四五二林空齋傳所敍劉全祖起義及林空齋以血書壁而死事，與此處所敍基本相同。



# 宋史

元　脫脫等撰

第三九册

卷四六一至卷四七七（傳）

中華書局

中華書局

# 宋史卷四百六十一

## 列傳第二百二十

### 方技上

趙修己　王處訥子熙元　苗訓子守信　馬韶　楚芝蘭　韓顯符
史序　周克明　劉翰　王懷隱　趙自化　馮文智　沙門洪蘊
蘇澄隱　丁少微　趙自然

昔者少皡氏之衰，九黎亂德，家爲巫史，神人淆焉。顓頊氏命南正重司天以屬神，北正黎司地以屬民，其患遂息。厥後三苗復棄典常，帝堯命羲、和修重、黎之職，絕地天通，其患又息。然而天有王相孤虛，地有燥濕高下，人事有吉凶悔吝、疾病札瘥，聖人欲斯民趨安而避危，則巫醫不可廢也。後世占候、測驗、厭禳、禁禬，至於兵家遁甲、風角、鳥占，與夫方士修煉、吐納、導引、黃白、房中，一切焄蒿妖誕之說，皆以巫醫爲宗。漢以來，司馬遷、劉歆又





亟稱焉。然而歷代之君臣，一惑於其言，害於而國，凶於而家，靡不有之。宋景德、宣和之世，可鑒乎哉！然則歷代方技何修而可以善其事乎？曰：「人而無恆，不可以作巫醫。」漢嚴君平、唐孫思邈呂才言皆近道，孰得而少之哉。宋舊史有老釋、符瑞二志，又有方技傳，多言禨祥。今省二志，存方技傳云。

趙修己，開封浚儀人，少精天文推步之學。晉天福中，李守貞掌禁軍，領滑州節制，表爲司戶參軍，留門下。守貞每出征，修己必從，軍中占候多中。奏試大理評事，賜緋。漢乾祐中，守貞鎮蒲津，陰懷異志，修己屢以禍福諭之，不聽，遂辭疾歸鄉里。明年，守貞果叛，幕吏多伏誅，獨修己得免。朝廷知其能，召爲翰林天文。

周祖鎮鄴，奏參軍謀。會隱帝誅楊邠、史弘肇等，且將害周祖，修己知天命所在，密謂周祖曰：「釁發蕭牆，禍難斯作。公擁全師，臨巨屏，臣節方立，忠誠見疑。今幼主信讒，大臣受戮，公位極將相，居功高不賞之地，雖欲殺身成仁，何益於事？不如引兵南渡，詣闕自訴，則明公之命，是天所與也。天與不取，悔何可追！」周祖然之，遂決渡河之計。卽位，以爲殿中省尙食奉御，賜金紫。改鴻臚少卿，遷司天監。顯德中，累加檢校戶部尙書。嘗遣副翰林學士承旨陶穀，以御衣、金帶、戰馬、器幣賜吳越錢俶。宋初，遷太府卿，判監事，上章告老，優詔不許。建隆三年卒，年七十一。

王處訥，河南洛陽人。少時有老叟至舍，煑洛河石如麪，令處訥食之，且曰：「汝性聰悟，後當爲人師。」又嘗夢人持巨鑑，星宿燦然滿中，剖腹納之，覺而汗洽，月餘，心胸猶覺痛。因留意星曆、占候之學，深究其旨。晉末之亂，避地太原，漢祖時領節制，辟置幕府。卽位，擢爲司天夏官正，出補許田令，召爲國子尙書博士，判司天監事。

周祖嘗與處訥同事漢祖，雅相厚善，及自鄴舉兵入汴，遽命訪求處訥，得之甚喜，因問以劉氏祚短事。對曰：「人君未得位，嘗務寬大；既得位，卽思復讎。漢氏據中土，承正統，以歷數推之，其載祀猶永。第以高祖得位之後，多報讎殺人及夷人之族，結怨天下，所以運祚不長。」周祖矍然太息。適發兵圍漢大臣蘇逢吉、劉銖等家，待且將行孥戮，遽命止之。逢吉已自殺，止誅劉銖，餘悉全活。

廣順中，遷司天少監。世宗以舊曆差舛，俾處訥詳定。曆成未上，會樞密使王朴作欽天曆以獻，頗爲精密，處訥私謂朴曰：「此曆且可用，不久卽差矣。」因指以示朴，朴深然之。





至建隆二年，以欽天曆謬誤，詔處訥別造新曆。經三年而成，爲六卷，太祖自製序，命爲應天曆。處訥又以漏刻無準，重定水秤及候中星、分五鼓時刻。俄遷少府少監。太平興國初，改司農少卿，並判司天事。六年，又上新曆二十卷，拜司天監。歲餘卒，年六十八。子熙元。

熙元，幼習父業，開寶中，補司天曆算。端拱初，改監丞，累遷太子洗馬兼春官正，加殿中丞。景德中，同判監事。東封，隨經度制置使詣祠所，禮畢，授權知司天少監。祠汾陰，眞拜少監。奉詔於後苑纂陰陽事十卷上之，眞宗爲製序，賜名靈臺祕要，及作詩紀之。初，上所修儀天曆，秋官正趙昭益言其二年後必差，又熒惑度數稍謬，後果驗。熙元頗伏其精一。上常對宰相言及曆算事，曰：「曆象，陰陽家流之大者，以推步天道，平秩人時爲功。」且言：「昭益能專其業，人鮮及也。」玉清昭應宮成，以祗事之勤，授司天監。坐擇日差謬，降爲少監。以目疾，改將作監，致仕。天禧二年卒，年五十八。

苗訓，河中人，善天文占候之術。仕周爲殿前散員右第一直散指揮使。顯德末，從太祖北征，訓視日上復有一日，久相摩盪，指謂楚昭輔曰："此天命也。"夕次陳橋，太祖爲六師推戴，訓皆預白其事。既受禪，擢爲翰林天文，尋加銀青光祿大夫、檢校工部尚書。年七十餘卒。子守信。

守信，少習父業，補司天曆算。尋授江安縣主簿，改司天臺主簿，知算造。太平興國中，以應天曆小差，詔與冬官正吳昭素、主簿劉內眞造新曆。及成，太宗命衞尉少卿元象宗與明律曆者同校定，賜號乾元曆，頗爲精密，皆優賜束帛。雍熙中，遷冬官正。端拱初，改太子洗馬、判司天監。淳化二年，守信上言："正月一日爲一歲之首。每月八日，天帝下巡人世，察善惡。太歲日爲歲星之精，人君之象。三元日，上元天官，中元地官，下元水官，各主錄人之善惡。又春戊寅、夏甲午、秋戊申、冬甲子爲天赦日，及上慶誕日，皆不可以斷極刑事。"下有司議行。未幾，轉殿中丞、權少監事，立本品之下，俄賜金紫。

至道二年，上以梁、雍宿兵，彌歲凶歉，心憂之，令宰相召守信問以天道咎證所在。守信奏曰："臣仰瞻玄象，及推驗太一經歷宮分，其荆楚、吳越、交廣並皆安寧。自來五緯陵犯，彗星見及水神太一臨井鬼之間，屬秦、雍分及梁、益之地，民罹其災。水神太一來歲入燕





分，歲在房心，正當京都之地，自茲朝野有慶。"詔付史館。明年，眞授少監。咸平三年卒，年四十六。子舜卿，爲國子博士。

馬韶，趙州平棘人，習天文三式。開寶中，太宗以晉王尹京，申嚴私習天文之禁。韶素與太宗親吏程德玄善，德玄每戒韶不令及門。九年冬十月十九日，既夕，韶忽造德玄，德玄恐甚，詰其所以來，韶曰："明日乃晉王利見之辰，韶故以相告。"德玄惶駭，止韶一室，遽入白太宗。太宗命德玄以人防守之，將聞于太祖。及詰旦，太宗入謁，果受遺踐阼。韶以赦獲免。踰月，起家爲司天監主簿。太平興國二年，擢太僕寺丞，改祕書省著作佐郎。歷太子中允、祕書丞，出爲平恩令。歸朝復守舊任，與楚芝蘭同判司天監事，就遷太常博士。淳化五年，坐事，出爲博興令，移長山令。秩滿歸鄉里，卒於家。

楚芝蘭，汝州襄城人。初習三禮，忽自言遇有道之士，敎以符天、六壬、遁甲之術。屬朝廷博求方技，詣闕自薦，得錄爲學生。以占候有據，擢爲翰林天文。授樂源縣主簿，遷司天春官正、判司天監事。占者言五福太一臨吳分，當於蘇州建太一祠。芝蘭獨上言："京師帝王之都，百神所集。且今京城東南一舍地名蘇村，若於此爲五福太一建宮，萬乘可以親謁，有司便於祗事，何爲遠趨江外，以蘇臺爲吳分乎？"輿論不能奪，遂從其議，仍令同定本宮四時祭祀儀及醮法。宮成，特遷尙書工部員外郎，賜五品服。淳化初，與馬韶同判監，俱坐事，芝蘭出爲遂平令。卒，年六十。錄其子繼芳爲城父縣主簿。

韓顯符，不知何許人。少習三式，善察視辰象，補司天監生，遷靈臺郎，累加司天冬官正。顯符專渾天之學，淳化初，表請造銅渾儀、候儀。詔給用度，俾顯符規度，擇匠鑄之。至道元年渾儀成，於司天監築臺置之，賜顯符雜綵五十匹。顯符上其法要十卷，序之云：

伏羲氏立渾儀，測北極高下，量日影短長，定南北東西，觀星間廣狹。帝堯卽位，羲氏、和氏立渾儀，定曆象日月星辰，欽授民時，使知緩急。降及虞舜，則璇璣玉衡以齊七政。通占又云："撫渾儀，觀天道，萬象不足以爲多。"是知渾儀者，實天地造化之準，陰陽曆數之元，自古聖帝明王莫不用是精詳天象，預知差忒。或鑄以銅，或飾以玉，置之內庭，遣日官近臣同窺測焉。





自伏羲甲寅年至皇朝大中祥符三年庚戌歲，積三千八百九十七年。五帝之後訖今，明曆象之玄，知渾天之奧者，近十餘朝，考而論之，臻至妙者不過四五；自餘徒誇重於一日，不深圖於久要，致使天象無準，曆算漸差，占候不同，盈虛難定。陛下講求廢墜，爰造渾儀，漏刻星躔，曉然易辨。若人目窺於下，則銅管運於上，七曜之進退盈縮，衆星之次舍遠近，占逆順，明吉凶，然後修福俾順其度，省事以退其災，悉由斯器驗之。

昔漢洛下閎修渾儀，測太初曆，云："後五百年必當重製。"至唐李淳風，果合前契。貞觀初，淳風又言前代渾儀得失之差，因令銅鑄。七年，太宗起凝暉閣於禁中，俾侍臣占驗。既在宮掖，人莫得見，後失其處所。玄宗命沙門一行修大衍曆，蓋以渾儀爲證。又有梁令瓚造渾儀木式，一行謂其精密，思出古人，遂以銅鑄。今文德殿鼓樓下有古本銅渾儀一，制極疎略，不可施用。且曆象之作，非渾儀無以考眞僞；算造之士，非占驗不能究得失。渾儀之成，則司天歲上細行曆，益可致其詳密。

其制有九，事具天文志。自是顯符專測驗渾儀，累加春官正，又轉太子洗馬。

大中祥符三年，詔顯符擇監官或子孫可以授渾儀法者。顯符言長子監生承矩善察躔度，次子保章正承規見知算造，又主簿杜貽範、保章正楊惟德皆可傳其學。詔顯符與貽範等參驗之。顯符後改殿中丞兼翰林天文。六年卒，年七十四。又詔監丞丁文泰嗣其事焉。

史序字正倫，京兆人。善推步曆算，太平興國中，補司天學生。太宗親較試，擢爲主簿。稍遷監丞，賜緋魚，隸翰林天文院。雍熙二年，廷試中選者二十六人，而序爲之首，命知算造，又知監事。

淳化三年，司天鄭昭晏言：「臣測金、火行度須有相犯。今驗之天，而火行漸南，金度漸北，有若相避，遂不相犯。」序又言：「木、火、金三星初夜在午，木在東，火在中，金最西，漸北行去火尺餘。此國家欽崇天道，聖德所感也。」

序後累遷夏官正、河西、環慶二路隨軍轉運、太子洗馬。修儀天曆上之，又嘗纂天文曆書爲十二卷以獻，改殿中丞，賜金紫，俄權監事。景德二年遷權知少監，大中祥符初即眞。三年卒，年七十六。序愼密勤職，在監三十年，未嘗有過，衆頗稱之。

周克明字昭文。曾祖德扶，唐司農卿。祖傑，開成中進士，解褐獲嘉尉，歷弘文館校書郎。中和中，僖宗在蜀，傑上書言治亂萬餘言。擢水部員外郎，三遷司農少卿。傑精於曆





算，嘗以大衍曆數有差，因數衍其法，著極衍二十四篇，以究天地之數。時天下方亂，傑以天文占之，惟嶺南可以避地，乃遣其弟鼎求爲封州錄事參軍。傑，天復中亦棄官攜家南適嶺表。劉隱素聞其名，每令占候天文災變。傑自以年老，嘗策名中朝，恥以星曆事僭僞，乃謝病不出。龔襲位，彊起之，令知司天監事，因問國祚脩短。傑以周易筮之，得比之復，曰：「卦有二土，土數生五，成於十，二五相比，以歲言之，當五百五十。」龔大喜，賞賚甚厚。蓋傑舉成數以避害爾。大有中，遷太常少卿，卒，年九十餘。傑生茂元，亦世其學，事龔至司天少監，歸宋授監丞而卒，即克明之父也。

克明精於數術，凡律曆、天官、五行、讖緯及三式、風雲、龜筮之書，靡不究其指要。開寶中授司天六壬，改臺主簿，轉監丞，五遷春官正。克明頗修詞藻，喜藏書。景德初，嘗獻所著文十編，召試中書，賜同進士出身。三年，有大星出氐西，衆莫能辨；或言國皇妖星，爲兵凶之兆。克明時使嶺表，及還，亟請對，言：「臣按天文錄、荊州占，其星名曰周伯，其色黃，其光煌煌然，所見之國大昌，是德星也。臣在塗聞中外之人頗惑其事，願許文武稱慶，以安天下心。」上嘉之，即從其請。拜太子洗馬、殿中丞，皆兼翰林天文，又權判監事。屬修兩朝國史，其天文律曆事，命克明參之。大中祥符九年，坐本監擇日差互，例降爲洗馬。

天禧元年夏，火犯靈臺，克明語所親曰：「去歲太白犯靈臺，掌曆者悉被降譴，上天垂象，深可畏也。今熒惑又犯之，吾其不起乎！」八月，疽發背，卒，年六十四。克明久居司天之職，頗勤愼，凡奏對必據經盡言。及卒，上頗悼惜，遣內侍諭其壻直龍圖閣馮元，令主喪事，賜賻甚厚。

初，諸僭國皆有纂錄，獨嶺南闕焉。惟胡賓王、胡元興二家纂述，皆不之備。克明訪耆舊，采碑誌，孳孳著撰，裁十數卷，書未成而卒。

劉翰，滄州臨津人。世習醫業，初攝護國軍節度巡官。周顯德初，詣闕獻經用方書三十卷、論候十卷、今體治世集二十卷。世宗嘉之，命爲翰林醫官，其書付史館，再加衞尉寺主簿。

太祖北征，命翰從行。建隆初，加朝散大夫、鴻臚寺丞。時太祖求治，事皆覈實，故方技之士必精練。乾德初，令太常寺考較翰林醫官藝術，以翰爲優，絀其業不精者二十六人。自後，又詔諸州訪醫術優長者籍其名，仍量賜裝錢，所在廚傳給食，遣詣闕。開寶五年，太宗在藩邸有疾，命翰與馬志視之。及愈，轉尙藥奉御，賜銀器、緡錢、鞍勒馬。





嘗被詔詳定唐本草，翰與道士馬志、醫官翟煦、張素、吳復珪、王光祐、陳昭遇同議，凡神農本經三百六十種，名醫錄一百八十二種，唐本先附一百一十四種，有名無用一百九十四種，翰等又參定新附一百三十三種。既成，詔翰林學士中書舍人李昉、戶部員外郎知制誥王祐、左司員外郎知制誥扈蒙詳覆畢上之。昉等序之曰：

三墳之書，神農預其一[2]。百藥既辨，本草序其錄。舊經三卷，世所流傳。名醫別錄，互爲編纂。至梁陶弘景乃以別錄參其本經，朱墨雜書，時謂明白。而又考彼功用，爲之注釋，列爲七卷，南國行焉。逮乎有唐，別加參校，增藥餘八百味，添注爲二十卷。本經漏缺則補之[3]，陶氏誤說則證之。然而載歷年祀，又踰四百，朱字墨字，無本得同；舊注新注，其文互闕。非聖主撫大同之運，永無疆之休，其何以改而正之哉！

乃命盡考傳誤，刊爲定本。類例非允，從而革焉。至如筆頭灰，兔毫也，而在草部，今移附兔頭骨之下；半天河、地漿，皆水也，亦在草部，今移附土石類之間；敗鼓皮，移附於獸名；胡桐淚，改從於木類；紫鑛，亦木也，自玉石品而改焉；伏翼，實禽也，由蟲魚部而移焉；橘柚，附於果實；食鹽，附於光鹽；生薑、乾薑，同歸一類；至於雞腸、蘩蔞，陸英、蒴藋，以類相似，從而附之。仍採陳藏器拾遺、李含光音義，或窮源於別本，或傳效於醫家，參而較之，辨其臧否。至如突屈白，舊說灰類，今是木根；天麻根，

解似赤箭，今又全異。去非取是，特立新條。自餘刊正，不可悉數。

下採衆議，定爲印板。乃以白字爲神農所說，墨字爲名醫所傳，唐附今附，各加顯注，詳其解釋，審其形性。證謬誤而辨之者，署爲今注；考文意而述之者，又爲今按。義既判定，理亦詳明。今以新舊藥合九百八十三種，并目錄二十一卷，廣頒天下，傳而行焉。

翰後加檢校工部員外郎。太平興國四年，命爲翰林醫官使，再加檢校戶部郎中。雍熙二年，滑州劉遇疾，詔翰馳往視之。翰還，言遇必瘳，既而卽死，坐責授和州團練副使。端拱初，起爲尙藥奉御。淳化元年，復爲醫官使。卒，年七十二。

王懷隱，宋州睢陽人。初爲道士，住京城建隆觀，善醫診。太宗尹京，懷隱以湯劑祗事。太平興國初，詔歸俗，命爲尙藥奉御，三遷至翰林醫官使。三年，吳越遣子惟濬入朝，惟濬被疾，詔懷隱視之。

初，太宗在藩邸，暇日多留意醫術，藏名方千餘首，皆嘗有驗者。至是，詔翰林醫官院各具家傳經驗方以獻，又萬餘首，命懷隱與副使王祐、鄭奇、醫官陳昭遇參對編類。每部以隋





太醫令巢元方病源候論冠其首，而方藥次之，成一百卷。太宗御製序，賜名曰太平聖惠方，仍令鏤板頒行天下，諸州各置醫博士掌之。懷隱後數年卒。

昭遇本嶺南人，醫術尤精驗，初爲醫官，領溫水主簿，後加光祿寺丞，賜金紫。

趙自化，本德州平原人。高祖常，爲景州刺史，後擧家陷契丹。父知嵓脫身南歸，寓居洛陽，習經方名藥之術，又以授二子自正、自化。周顯德中，偕來京師，悉以醫術稱。知嵓卒，自正試方技，補翰林醫學。

會秦國長公主疾，有薦自化診候者，疾愈，表爲醫學，再加尙藥奉御。淳化五年，授醫官副使。時召陳州隱士萬適至，館于自化家。會以適補愼縣主簿，適素彊力無疾，詔下日，自化怪其色變，爲切脈曰：「君將死矣。」不數日，適果卒。

至道中，有布衣鄭元輔者，嘗依自化之姻吏部令史張崇敏家。元輔時從自化丐索，無所得，心銜之。乃詣檢上書，告自化漏泄禁中語及指斥、非所宜言等事。太宗初甚駭，命王繼恩就御史府鞫之，皆無狀，斬元輔於都市。自化坐交遊非類，黜爲郢州團練副使。未幾，復舊職。咸平三年，加正使。

景德初，雍王元份洎晉國長公主並上言：自化藥餌有功，請加使秩，領遙郡。上以自化居太醫之長，不當復爲請求，令樞密院召自化戒之。雍王薨，坐診治無狀，降爲副使。二年，復舊官。是冬卒，年五十七。遺表以所撰四時養頤錄爲獻，眞宗改名調膳攝生圖，仍爲製序。

自化頗喜爲篇什，其貶郢州也，有漢沔詩集五卷，宋白、李若拙爲之序。又嘗纘自古以方技至貴仕者，爲名醫顯秩傳三卷。

馮文智，并州人。世以方技爲業。太平興國中詣都自陳，召試補醫學，加樂源縣主簿。端拱初，授少府監主簿，逾年轉醫官，加少府監丞。嘗隸幷代部署。淳化五年，府州折御卿疾，文智診療獲愈，御卿表薦之，賜緋，加光祿寺丞。咸平三年，明德太后不豫，文智侍醫，既愈，加尙藥奉御，賜金紫。六年，直翰林醫官院。東封，轉醫官副使。祀汾陰，又加檢校主客員外郎。大中祥符五年卒，年六十。

自建隆以來，近臣、皇親、諸大校有疾，必遣內侍挾醫療視，羣臣中有特被眷遇者亦如





之。其有效者，或遷秩、賜服色。邊郡屯帥多遣醫官、醫學隨行，三年一代。出師及使境外、貢院鎖宿，皆令醫官隨之。京城四面，分遣翰林祗候療視將士。暑月，卽令醫官合藥，與內侍分詣城門寺院散給軍民。上每便坐閱兵，有被金瘡者，卽令醫官處療。

咸平中，有軍士嘗中流矢，自頰貫耳，衆醫不能取，醫官閻文顯以藥傅之，信宿而鏃出。上嘉其能，命賜緋。

又有醫學劉贇亦善此術。天武右廂都指揮使韓晸從太祖征晉陽，弩矢貫左髀，鏃不出幾三十年。景德初，上遣贇視晸，贇傅以藥出之，步履如故。晸請見，自陳感激，願得死所，又極稱贇之妙。特賜贇白金，遷醫官。

沙門洪蘊，本姓藍，潭州長沙人。母翁，初以無子，專誦佛經，既而有娠，生洪蘊。年十三，詣郡之開福寺沙門智𡵆，求出家，習方技之書，後遊京師，以醫術知名。太祖召見，賜紫方袍，號廣利大師。太平興國中，詔購醫方，洪蘊錄古方數十以獻。眞宗在蜀邸〔三〕，洪蘊嘗以方藥謁見。咸平初，補右街首座，累轉左街副僧錄。洪蘊尤工診切，每先歲時言人生死，無不應。湯劑精至，貴戚大臣有疾者，多詔遣診療。景德元年卒，年六十八。

又有廬山僧法堅，亦以善醫著名，久遊京師，嘗賜紫方袍，號廣濟大師，後還山。景德二年，以雍王元份久被疾，召赴闕，至則元份已薨。法堅復歸山而卒。

蘇澄隱字棲眞，眞定人。爲道士，住龍興觀，得養生之術，年八十餘不衰老。後唐明宗嘗下詔召之，又令宰相馮道致書諭旨，歷清泰、天福中繼有聘命，並辭疾不至。開運末，契丹主兀欲立，求有名稱僧道加以恩命，惟澄隱不受。當時公卿自馮道、李崧、和凝而下，皆在鎭陽，日造其室與談宴，各賦詩以贈。周廣順、顯德中，詔存問之。

太祖征太原還，駐蹕鎭陽，召見行宮，命中使掖升殿，謂之曰：「京師作建隆觀，思得有道之士居之，師累辭召命，豈懷土耶？」對曰：「大梁帝宅，浩穰繁會，非林泉之士所可寄迹也。」上察其意，亦不彊之，賜茶百斤、絹二百匹。又幸其觀，問曰：「師年踰八十而氣貌益壯，善養生者也。」因問其術，對曰：「臣之養生，不過精思練氣爾，帝王養生卽異於是。老子曰：『我無爲而民自化，我無欲而民自正。』無爲無欲，凝神太和，昔黃帝、唐堯享國永年，得此道也。」上大悅，賜紫衣一襲、銀器五百兩、帛五百匹。年僅百歲而卒。





丁少微，亳州眞源人。爲道士，持齋戒，奉科儀尤爲精至。嘗隱華山潼谷，密邇陳摶所居，與摶齊名。少微志尙清潔，摶嗜酒適性，其道不同，未嘗相往還。少微善服氣，多餌藥，年百餘歲，康強無疾。始，卜居山上，起壇場淨室，通夕朝禮，五十餘年未嘗稍懈。太平興國三年，召赴闕，以金丹、巨勝、南芝、玄芝爲獻。留數月，遣還山。七年冬卒。

趙自然，太平繁昌人，家荻港旁，以鬻茗爲業，本名王九。始十三，疾甚，父抱詣青華觀，許爲道士。後夢一人狀貌魁偉，綸巾素袍，鬢髮班白，自云姓陰，引之登高山，謂曰：「汝有道氣，吾將敎汝辟穀之法。」乃出青柏枝令啗，夢中食之。及覺，遂不食，神氣清爽，每聞火食氣卽嘔，惟生果清泉而已。歲餘，復夢向見老人，敎以篆書數百字，寤悉能記。寫以示人，皆不能識。或云：「此非篆也，乃道家符籙耳。」嘗爲元道歌，言修練之要。知州王洞表其事，太宗召赴闕，親問之，賜道士服，改名自然，賚錢三十萬。月餘遣還，住青華觀。後因病，飲食如故。大中祥符二年，詔曰：「如聞自然頗精修養之術。」委發轉使楊覃訪其行迹，命內侍武永全召至闕下，屢得對，賜紫衣，改青華觀曰延禧。自然以母老求還侍養，許之。

大中祥符中，又有鄭榮者，本禁軍，戍壁州還，夜遇神人謂曰：「汝有道氣，勿火食。」因授以醫術救人。七年，賜名自清，度爲道士，居上清宮。所傳藥能愈大風疾，民多求之，皆刺臂血和餅給焉。

又有秦州民家子趙抱一者，常牧牛田間。一夕，有叩門召之者，以杖引行，杖端有氣如煙，其香可悅。俄至山崖絕頂，見數人會飲，音樂交奏，與人間無異。抱一駭而不測。會巡檢使過其下，聞樂聲，疑羣盜歡聚，集村民梯崖而上。至則無所覩，抱一獨在，援以下之，具言其故。凡經夕，若俄頃。自是不喜熟食，凡火化者未嘗歷口。茹甘菊、柏葉、果實、井泉，間亦飲酒，貌如嬰兒。素不習文墨，口占辭句，頗成篇詠，有道家之趣。遂不親農事，野行露宿。大中祥符四年，至京師，猶丱角，詔賜名，度爲道士。自是間歲或一至京師，常令居太一宮，與人言多養生事焉。



校勘記

〔一〕神農預其一　「神」字原脫，據李時珍本草綱目所引開寶本草序及孔安國尙書序補。

〔二〕本經漏缺則補之　「缺」原作「切」，據開寶本草序改。

〔三〕眞宗在蜀邸　按眞宗未卽位前，於太平興國三年封韓王，端拱元年封襄王，淳化五年進封壽王，未嘗封於蜀，疑此處「蜀」字誤。

# 宋史卷四百六十二

## 列傳第二百二十一

### 方技下



賀蘭棲眞，不知何許人。爲道士，自言百歲。善服氣，不憚寒暑，往往不食；或時縱酒，遊市鄽間，能啖肉至數斤。始居嵩山紫虛觀，後徙濟源奉仙觀，張齊賢與之善。景德二年，詔曰：「師棲身巖壑，抗志煙霞，觀心衆妙之門，脫屣浮雲之外。朕奉希夷而爲教，法清靜以臨民，思得有道之人，訪以無爲之理。久懷上士，欲覿眞風，爰命使車，往申禮聘。師其暫別林谷，來儀闕庭，必副招延，無憚登涉。今遣入內內品李懷贇召師赴闕。」既至，眞宗





作二韻詩賜之，號宗玄大師，賚以紫服、白金、茶、帛、香、藥，特蠲觀之田租，度其侍者。未幾，求還舊居。大中祥符三年卒，時大雪，經三日，頂猶熱，人多異之。

柴通玄字又玄，陝州閿鄉人。爲道士於承天觀。年百餘歲，善辟穀長嘯，唯飲酒。言唐末事，歷歷可聽。太宗召至闕下，懇求歸本觀。眞宗卽位，屢來京師。召對，語無文飾，多以修身愼行爲說。祀汾陰，召至行在，命坐，問以無爲之要。所居觀卽唐軒遊宮，有明皇詩石及所書道德經二碑。上作二韻詩賜之，并賚以茶、藥、束帛。詔爲修道院，蠲其田租，度弟子二人。明年春，通玄作遺表，自稱羅山太一洞主，遣弟子張守元、李守一詣闕，以龜鶴爲獻；又召官僚士庶言生死之要。夜分，盥濯，然香庭中，望闕而坐，遲明卒。

時又召河中草澤劉巽、華山隱士鄭隱、敷水隱士李寧。巽年七十餘，以經傳講授，躬耕自給。授大理評事致仕，賜綠袍、笏、銀帶。隱以經術爲業，遇道士傳辟穀鍊氣之法，修習頗驗，居華山王刁巖踰二十年，多夏常衣皮裘。寧精於藥術，老而不衰，常以藥施人，人以金帛爲報，輒拒之。景德中，萬安太后不豫，驛召寧赴闕，未至而后崩。大中祥符四年，賜號正晦先生。上並作詩爲賜，加以茶、藥、繒帛。獨隱辭賜物不受。

甄棲眞字道淵，單州單父人。博涉經傳，長於詩賦。一應進士舉，不中第，歎曰：「勞神敝精，以追虛名，無益也。」遂棄其業，讀道家書以自樂。初訪道於牢山華蓋先生，久之出遊京師，因入建隆觀爲道士。周歷四方，以藥術濟人，不取其報。祥符中，寓居晉州，性和靜無所好惡，晉人愛之，以爲紫極宮主。

年七十有五，遇人，或以爲許元陽，語之曰：「汝風神秀異，有如李筌。雖老矣，尚可仙也。」因授鍊形養元之訣，且曰：「得道如反掌，第行之惟艱，汝勉之。」棲眞行之二三年，漸反童顏，攀高躡危，輕若飛舉。乾興元年秋，謂其徒曰：「此歲之暮，吾當逝矣。」卽宮西北隅自甃殯室。室成，不食一月，與平居所知敍別，以十二月二日衣紙衣臥磚場卒。人未之奇也。及歲久，形如生，衆始驚，傳以爲尸解。

棲眞自號神光子，與隱人海蟾子者以詩往還。論養生祕術，目曰還金篇，凡兩卷。

楚衍，開封胙城人。少通四聲字母，里人柳曜師事衍，里中以先生目之。衍於九章、緝





古、綴術、海島諸算經尤得其妙。明相法及聿斯經，善推步、陰陽、星曆之數，間語休咎無不中。自陳試宣明曆，補司天監學生，遷保章正。天聖初，造新曆，衆推衍明曆數，授靈臺郎，與掌曆官宋行古等九人製崇天曆。進司天監丞，入隸翰林天文。皇祐中，同造司辰星漏曆十二卷。久之，與周琮同管勾司天監。卒，無子，有女亦善算術。

僧志言，自言姓許，壽春人。落髮東京景德寺七俱胝院，事清璲。初，璲誦經勤苦，志言忽造璲，跪前願爲弟子。璲見其相貌奇古，直視不瞬，心異之，爲授具戒。然動止軒昂，語笑無度，多行市里，褰裳疾趨，舉指畫空，佇立良久；時從屠酤遊，飲啗無所擇。衆以爲狂，璲獨曰：「此異人也。」

人有欲爲齋施，輒先知以至，不召，款門指名取供。溫州人林仲方自其家以摩衲來獻，舟始及岸，遽來取去。仁宗每延入禁中，徑登坐結趺，飯畢遽出，未嘗揖也。王公士庶召卽赴，然莫與交一言者。或陰卜休咎，書紙揮翰甚疾，字體遒壯，初不可曉，其後多驗。仁宗春秋漸高，嗣未立，默遣內侍至言所。言所書有「十三郎」字，人莫測何謂。後英宗以濮王第十三子入繼，衆始悟。大宗正守節請書，言不顧，迫之，得「潤州」字。未幾，守節薨，贈丹

陽郡王。見寺童義懷，撫其背曰：「德山、臨濟。」懷既落髮，住天衣，說法，大爲學者所宗，其前知多類此。

曾淨院施浴，夜漏初盡，門扉未啓，方迎佛而浴室有人聲，往視，則言在焉。有具齋薦饍者，并食之，臨流而吐，化爲小鮮，羣泳而去。海客遇風且沒，見僧操絙引舶而濟。客至都下遇言，忽謂之曰：「非我，汝奈何？」客記其貌，眞引舟者也。與曹州士趙棠善，後棠棄官隱居番禺。人傳棠與言數以偈頌相寄，萬里間輒數日而達。棠死，亦盛夏身不壞。言將死，作頌，不可曉。已而曰：「我從古始成就，逃多國土，今南國矣。」仁宗遣內侍以眞身塑像留寺中，榜曰顯化禪師。其後善厚者禮之，見額上熒然有光，就視之，得舍利。

僧懷丙，眞定人。巧思出天性，非學所能至也。眞定構木爲浮圖十三級，勢尤孤絕。既久而中級大柱壞，欲西北傾，他匠莫能爲。懷丙度短長，別作柱，命衆工維而上。已而却衆工，以一介自從，閉戶良久，易柱下，不聞斧鑿聲。

趙州洨河鑿石爲橋，鎔鐵貫其中。自唐以來相傳數百年，大水不能壞。歲久，鄉民多盜鑿鐵，橋遂欹倒，計千夫不能正。懷丙不役衆工，以術正之，使復故。





河中府浮梁用鐵牛八維之，一牛且數萬斤。後水暴漲絕梁，牽牛沒于河，募能出之者。懷丙以二大舟實土，夾牛維之，用大木爲權衡狀鉤牛，徐去其土，舟浮牛出。轉運使張燾以聞，賜紫衣。尋卒。

許希，開封人。以醫爲業，補翰林醫學。景祐元年，仁宗不豫，侍醫數進藥，不效，人心憂恐。冀國大長公主薦希，希診曰：「鍼心下包絡之間，可亟愈。」左右爭以爲不可，諸黃門祈以身試，試之，無所害。遂以鍼進，而帝疾愈。命爲翰林醫官，賜緋衣、銀魚及器幣。希拜謝已，又西嚮拜，帝問其故，對曰：「扁鵲，臣師也。今者非臣之功，殆臣師之賜，安敢忘師乎？」乃請以所得金興扁鵲廟。帝爲築廟于城西隅，封靈應侯。其後廟益完，學醫者歸趣之，因立太醫局于其旁。

希至殿中省尚藥奉御，卒。著神應鍼經要訣行于世。錄其子宗道至內殿崇班。

龐安時字安常，蘄州蘄水人。兒時能讀書，過目輒記。父，世醫也，授以脈訣。安時曰：「是不足爲也。」獨取黃帝、扁鵲之脈書治之，未久，已能通其說，時出新意，辨詰不可屈，父大驚，時年猶未冠。已而病聵，乃益讀靈樞、太素、甲乙諸秘書，凡經傳百家之涉其道者，靡不通貫。嘗曰：「世所謂醫書，予皆見之，惟扁鵲之言深矣。蓋所謂難經者，扁鵲寓術於其書，而言之不詳，意者使後人自求之歟！予之術蓋出於此。以之視淺深，決死生，若合符節。且察脈之要，莫急於人迎、寸口。是二脈陰陽相應，如兩引繩，陰陽均，則繩之大小等。故定陰陽於喉、手，配覆溢於尺、寸，寓九候於浮沉，分四溫於傷寒。此皆扁鵲略開其端，而予參以內經諸書，考究而得其說。審而用之，順而治之，病不得逃矣。」又欲以術告後世，故著難經辨數萬言。觀草木之性與五藏之宜，秩其職任，官其寒熱，班其奇偶，以療百疾，著主對集一卷。古今異宜，方術脫遺，備陰陽之變，補仲景論。藥有後出，古所未知，今不能辨，嘗試有功，不可遺也，作本草補遺。

爲人治病，率十愈八九。踵門求診者，爲辟邸舍居之，親視饘粥藥物，必愈而後遣；其不可爲者，必實告之，不復爲治。活人無數。病家持金帛來謝，不盡取也。

嘗詣舒之桐城，有民家婦孕將產，七日而子不下，百術無所效。安時之弟子李百全適在傍舍，邀安時往視之。纔見，即連呼不死，令其家人以湯溫其腰腹，自爲上下拊摩。孕者覺腸胃微痛，呻吟間生一男子。其家驚喜，而不知所以然。安時曰：「兒已出胞，而一手誤





執母腸不復能脫，故非符藥所能爲。吾隔腹捫兒手所在，鍼其虎口，既痛即縮手，所以遽生，無他術也。」取兒視之，右手虎口鍼痕存焉。其妙如此。

有問以華佗之事者，曰：「術若是，非人所能爲也。其史之妄乎！」年五十八而疾作，門人請自視脈，笑曰：「吾察之審矣。且出入息亦脈也，今胃氣已絕，死矣。」遂屏卻藥餌。後數日，與客坐語而卒。

錢乙字仲陽，本吳越王俶支屬，祖從北遷，遂爲鄆州人。父潁善醫，然嗜酒喜游，一旦，東之海上不反。乙方三歲，母前死，姑嫁呂氏，哀而收養之，長誨之醫，乃告以家世。即泣，請往迹尋，凡八九反。積數歲，遂迎父以歸，時已三十年矣。鄉人感慨，賦詩詠之。其事呂如事父，呂沒無嗣，爲收葬行服。

乙始以顱顖方著名，至京師視長公主女疾，授翰林醫學。皇子病瘈瘲，乙進黃土湯而愈。神宗召問黃土所以愈疾狀，對曰：「以土勝水，水得其平，則風自止。」帝悅，擢太醫丞，賜金紫。由是公卿宗戚家延致無虛日。

廣親宗子病，診之曰：「此可毋藥而愈。」其幼在傍，指之曰：「是且暴疾驚人，後三日過

午，可無恙。」其家恚，不答。明日，幼果發癇甚急，召乙治之，三日愈。問其故，曰：「火色直視，心與肝俱受邪。過午者，所用時當更也。」王子病嘔泄，他醫與剛劑，加喘焉，乙曰：「是本中熱，脾且傷，奈何復燥之？將不得前後溲。」與之石膏湯，王不信，謝去。信宿寖劇，竟如言而效。

士病欬，面青而光，氣哽哽。乙曰：「肝乘肺，此逆候也。若秋得之，可治；今春，不可治。」其人祈哀，強予藥。明日，曰：「吾藥再瀉肝，而不少却；三補肺，而益虛；又加脣白，法當三日死。今尚能粥，當過期。」居五日而絕。

孕婦病，醫言胎且墮。乙曰：「娠者五藏傳養，率六旬乃更。誠能候其月，偏補之，何必墮？」已而母子皆得全。又乳婦因悸而病，既癒，目張不得瞑。乙曰：「煑郁李酒飲之使醉，即愈。所以然者，目系內連肝膽，恐則氣結，膽衡不下。郁李能去結，隨酒入膽，結去膽下，則目能瞑矣。」飲之，果驗。

乙本有羸疾，每自以意治之，而後甚，歎曰：「此所謂周痺也。入藏者死，吾其已夫。」既而曰：「吾能移之使在末。」因自製藥，日夜飲之。左手足忽攣不能用，喜曰：「可矣！」所親登東山，得茯苓大踰斗。以法噉之盡，由是雖偏廢，而風骨悍堅如全人。以病免歸，不復出。





乙爲方不名一師，於書無不闚，不靳靳守古法。時度越縱舍，卒與法會。尤邃本草諸書，辨正闕誤。或得異藥，問之，必爲言生出本末、物色、名貌差別之詳，退而考之皆合。末年攣痺寖劇，知不可爲，召親戚訣別，易衣待盡，遂卒，年八十二。

僧智緣，隨州人，善醫。嘉祐末，召至京師，舍于相國寺。每察脈，知人貴賤、禍福、休咎，診父之脈而能道其子吉凶，所言若神，士大夫爭造之。王珪與王安石在翰林，珪疑古無此，安石曰：「昔醫和診晉侯，而知其良臣將死。夫良臣之命乃見於其君之脈，則視父知子，亦何足怪哉！」

熙寧中，王韶謀取青唐，上言蕃族重僧，而僧結吳叱臘主部帳甚衆，請智緣與俱至邊。神宗召見，賜白金，遣乘傳而西，遂稱「經略大師」。智緣有辯口，徑入蕃中，說結吳叱臘歸化，而他族俞龍珂、禹藏訥令支等皆因以書款。韶頗忌惡之，言其撓邊事，召還，以爲右街首坐，卒。

郭天信字佑之，開封人。以技隸太史局。徽宗爲端王，嘗退朝，天信密遮白曰：「王當有天下。」既而即帝位，因得親暱。不數年，至樞密都承旨、節度觀察留後。其子中復爲閤門通事舍人，許陪進士徑試大廷，擢祕書省校書郎。未幾，天信覺已甚，乞還武爵，又從之。

政和初，拜定武軍節度使、祐神觀使，頗與聞外朝政事。見蔡京亂國，每託天文以撼之，且云：「日中有黑子。」帝甚懼，言之不已，京由是黜。張商英方有時望，天信往往稱於內朝。商英亦欲借左右游談之助，陰與相結，使僧德洪輩道達語言。商英勸帝節儉，稍裁抑僧寺，帝始敬畏之，而近侍積不樂，間言浸潤，眷日衰。京黨因是告商英與天信漏泄禁中語言，天信先發端，窺伺上旨，動息必報，乃從外庭決之，無不如志。商英遂罷。御史中丞張克公復論之，詔貶天信昭化軍節度副使，單州安置，命宋康年守單，幾其起居。再貶行軍司馬，竄新州，又徙康年使廣東，天信至數月，死。京已再相，猶疑天信挾術多能，死未必實，令康年選吏發棺驗視焉。

魏漢津，本蜀黥卒也。自言師事唐仙人李良號「李八百」者，授以鼎樂之法。嘗過三山龍門，聞水聲，謂人曰：「其下必有玉。」即脫衣沒水，抱石而出，果玉也。皇祐中，與房庶俱





以善樂薦，時阮逸方定黍律，不獲用。崇寧初猶在，朝廷方協考鐘律，得召見，獻樂議，言得黃帝、夏禹聲爲律、身爲度之說。謂人主稟賦與衆異，請以帝指三節三寸爲度，定黃鐘之律；而中指之徑圍，則度量權衡所自出也。又云：「聲有太有少。太者，清聲，陽也，天道也。少者，濁聲，陰也，地道也。中聲在其間，人道也。合三才之道，備陰陽奇偶，然後四序可得而調，萬物可得而理。」當時以爲迂怪，蔡京獨神之。或言漢津本范鎭之役，稍窺見其制作，而京託之於李良云。

於是請先鑄九鼎，次鑄帝坐大鐘及二十四氣鐘。四年三月鼎成，賜號沖顯處士。八月，大晟樂成。徽宗御大慶殿受羣臣朝賀，加漢津虛和沖顯寶應先生，頒其樂書天下。而京之客劉昺主樂事，論太少之說爲非，將議改作。既而以樂成久，易之恐動觀聽，遂止。漢津密爲京言：「大晟獨得古意什三四爾，他多非古說，異日當以訪任宗堯。」宗堯學於漢津者也。漢津曉陰陽數術，多奇中，嘗語所知曰：「不三十年，天下亂矣。」未幾死。京遂召宗堯爲典樂，復欲有所建，而爲田爲所奪，語在樂志。後即鑄鼎之所建寶成殿，祀黃帝、夏禹、成王、周、召而良、漢津俱配食。謚漢津爲嘉晟侯。

有馬賁者，出京之門，在大晟府十三年，方魏、劉、任、田異論時，依違其間，無所質正，擢至通議大夫、徽猷閣待制。議者咎當時名器之濫如此。

王老志，濮州臨泉人[一]。事親以孝聞。爲轉運小吏，不受賂謝。遇異人於丐中，自言吾所謂鍾離先生也，予之丹，服之而狂。遂棄妻子，結草廬田間，時爲人言休咎。

政和三年，太僕卿王亶以其名聞。召至京師，館于蔡京第。嘗緘書一封至帝所，徽宗啓讀，乃昔歲秋中與喬、劉二妃燕好之語也。帝由是稍信之，封爲洞微先生。朝士多從求書，初若不可解，後卒應者十八九，故其門如市。京慮太甚，頗以爲戒；老志亦謹畏，乃奏禁絕之。嘗獻乾坤鑑法，命鑄之。既成，謂帝與皇后他日皆有難，請時坐鑑下，思所以儆懼消變者。

明年，見其師，責以擅處富貴，乃丐歸，未得請，病甚，始許其去。步行出，就居，病已失矣。歸濮而死。詔賜金以葬，贈正議大夫。

初，王黼未達時，父爲臨泉令，問黼名位所至，卽書「太平宰相」四字。旋以墨塗去之，曰：「恐泄機也。」黼敗，人乃悟。





王仔昔，洪州人。始學儒，自言遇許遜，得大洞、隱書豁落七元之法，出游嵩山，能道人未來事。政和中，徽宗召見，賜號沖隱處士。帝以旱禱雨，每遣小黃門持紙求仔昔畫，日又至[二]，忽篆符其上，仍細書「焚符湯沃而洗之」。黃門懼不肯受，強之，乃持去。蓋帝默祝爲宮妃療赤目者，用其說一沃，立愈。進封通妙先生，居上清寶籙宮。獻議九鼎神器不可藏於外。乃於禁中建圓象徽調閣以貯之。

仔昔資倨傲，又少戇，帝常待以客禮，故其遇巨閹殆若童奴，又欲羣道士皆宗己。及林靈素有寵，忌之，陷以事，囚之東太一宮。旋坐言語不遜，下獄死。仔昔之得罪，宦者馮浩力最多。未死時，書示其徒曰：「上蔡遇冤人。」其後浩南竄，至上蔡被誅。

林靈素，溫州人。少從浮屠學，苦其師笞罵，去爲道士。善妖幻，往來淮、泗間，丐食僧寺，僧寺苦之。

政和末，王老志、王仔昔既衰，徽宗訪方士於左道錄徐知常，以靈素對。既見，大言曰：「天有九霄，而神霄爲最高，其治曰府。神霄玉清王者，上帝之長子，主南方，號長生大帝君，陛下是也，既下降于世，其弟號青華帝君者，主東方，攝領之。已乃府仙卿曰褚慧，亦下降佐帝君之治。」又謂蔡京爲左元仙伯，王黼爲文華吏，盛章、王革爲園苑寶華吏，鄭居中、童貫及諸巨閹皆爲之名。貴妃劉氏方有寵，曰九華玉眞安妃。帝心獨喜其事，賜號通眞達靈先生，賞賚無算。

建上清寶籙宮，密連禁省。天下皆建神霄萬壽宮。浸浸造爲青華正晝臨壇，及火龍神劍夜降內宮之事，假帝誥、天書、雲篆，務以欺世惑衆。其說妄誕，不可究質，實無所能解。惟稍識五雷法，召呼風霆，間禱雨有小驗而已。令吏民詣宮受神霄祕籙，朝士之嗜進者，亦靡然趨之。每設大齋，輒費緡錢數萬，謂之千道會。帝設幄其側，而靈素升高正坐，問者皆再拜以請。所言無殊異，時時雜捷給嘲詼以資媟笑。其徒美衣玉食，幾二萬人。遂立道學，置郎、大夫十等，有諸殿侍晨、校籍、授經，以擬待制、修撰、直閣。始欲盡廢釋氏以逞前憾，既而改其名稱冠服。

靈素益尊重，升溫州爲應道軍節度，加號元妙先生、金門羽客、沖和殿侍晨，出入呵引，至與諸王爭道。都人稱曰「道家兩府」。本與道士王允誠共爲怪神，後忌其相軋，毒之死。宣和初，都城暴水，遣靈素厭勝。方率其徒步虛城上，役夫爭舉梃將擊之，走而免。帝知衆所怨，始不樂。

靈素在京師四年，恣横愈不悛，道遇皇太子弗斂避。太子入訴，帝怒，以爲太虛大夫，





斥還故里，命江端本通判溫州，幾察之。端本廉得其居處過制罪，詔徙置楚州而已死。遺奏至，猶以侍從禮葬焉。

皇甫坦，蜀之夾江人。善醫術。顯仁太后苦目疾，國醫不能療，詔募他醫，臨安守臣張偁以坦聞。高宗召見，問何以治身，坦曰：「心無爲則身安，人主無爲則天下治。」引至慈寧殿治太后目疾，立愈。帝喜，厚賜之，一無所受。令持香禱青城山，還，復召問以長生久視之術，坦曰：「先禁諸欲，勿令放逸。丹經萬卷，不如守一。」帝歎服，書「清靜」二字以名其菴，且繪其像禁中。

荆南帥李道雅敬坦，坦歲謁道。隆興初，道入朝，高宗、孝宗問之，皆稱皇甫先生而不名。坦又善相人，嘗相道中女必爲天下母，後果爲光宗后。

王克明字彥昭，其始饒州樂平人，後徙湖州烏程縣。紹興、乾道間名醫也。初生時，母乏乳，餌以粥，遂得脾胃疾，長益甚，醫以爲不可治。克明自讀難經、素問以求其法，刻意處

藥，其病乃愈。始以術行江、淮，入蘇、湖，鍼灸尤精。診脈有難療者，必沈思得其要，然後予之藥。病雖數證，或用一藥以除其本，本除而餘病自去。亦有不予藥者，期以某日自安。有以爲非藥之過，過在某事，當隨其事治之。言無不驗。士大夫皆自屈與游。

魏安行妻風痿十年不起，克明施鍼，而步履如初。胡秉妻病內祕腹脹，號呼踰旬，克明視之。時秉家方會食，克明謂秉曰：「吾愈恭人病，使預會可乎？」以半硫圓碾生薑調乳香下之，俄起對食如平常。廬州〔三〕守王安道風禁不語旬日，他醫莫知所爲。克明令熾炭燒地，灑藥，置安道于上，須臾而蘇。金使黑鹿谷過姑蘇，病傷寒垂死，克明治之，明日愈。及從徐度聘金，黑鹿谷適爲先排使，待克明厚甚。克明訝之，谷乃道其故，由是名聞北方。後再從呂正己使金，金接伴使忽被危疾，克明立起之，却其謝。張子蓋救海州，戰士大疫，克明時在軍中，全活者幾萬人。子蓋上其功，克明力辭之。

克明頗知書，好俠尚義，常數千里赴人之急。初試禮部中選，累任醫官。王炎宣撫四川，辟克明，不就。炎怒，劾克明避事，坐貶秩。後遷至額內翰林醫痊局，賜金紫。紹興五年卒〔四〕，年六十七。





莎衣道人，姓何氏，淮陽軍朐山人〔五〕。祖執禮，仕至朝議大夫。道人避亂渡江，嘗舉進士不中。紹興末，來平江。一日，自外歸，倏若狂者，身衣白襴，晝丐食于市，夜止天慶觀。久之，衣益敝，以莎緝之。嘗遊妙嚴寺，臨池見影，豁然大悟。人無貴賤，問休咎罔不奇中。會有瘵者乞醫，命持一草去，旬日而愈。衆翕然傳莎草可以愈疾，求而不得者，或遂不起，由是遠近異之。

孝宗一夕夢莎衣人跣哭來弔者，訊之，曰：「蘇人也。」詰其故，不肯言。帝寤，以語內侍。會后及太子薨，帝哀泣，內侍進前勉釋，并道前夢。帝迺矍然，因遣使召之，不至。帝念恢復大計，果歲未有所屬，后位虛且久，乃焚香默言：「何誠能仙願，必知朕意。」遂遣中官致贄，不言所以。道人見之掉首，吳音曰：「有中國即有外夷，有日即有月，不須問。」趣之去。使者歸奏，帝甚異之，遂賜號通神先生，爲築庵觀中，賜衣數襲，皆不受。好事者強邀入庵，大笑而出，復於故處。衆日以珍饌餉之，每食于通衢，逮飽即去。

帝歲命內侍即其居設千道齋，合雲水之士，施予優普。一歲，偶踰期，衆咸訝而請，道人亟起于臥，搖手瞬目而招之曰：「亟來，亟來！」是日內侍至平望，衆益服其神。光宗即位，召之，又不至。慶元六年卒。

孫守榮，臨安富陽人。生七歲，病瞽。遇異人教以風角、鳥占之術，其法以音律推五數，播五行，測度萬物始終盛衰之理。凡問者一語頃，輒知休咎。守榮既悟，異人授以鐵笛，遂去不復見。守榮因號富春子，吹笛市中，人初不異也。然其術率驗。

寶慶間，遊吳興，聞譙樓鼓角聲，驚曰：「旦夕且有變，士人當有典郡者。」見王元春，即賀之曰：「作郷郡者，必君也。」元春初不之信。越兩月，潘丙作亂，元春以告變功，果典郡。自是富春子之名大顯，貴人爭延致之。

淮南帥李曾伯薦諸朝。既至，謁丞相史嵩之，閽者以晝寢辭。守榮曰：「丞相方釣魚園池，何得云爾。」閽者驚異，入白丞相，丞相一見頗喜之。自是數出入相府。一日，庭鵲噪，令占之，曰：「來日晡時，當有寶物至。」明日，李全果以玉柱斧爲貢。嵩之又嘗得李全檄藏袖中，詢其事，守榮曰：「此李全詐假布囊二十萬爾。」剝封，果如其說。

士大夫咸詢履歷，守榮不盡答。私謂所知曰：「吾以音推諸朝紳，互有贏縮，宋祚其殆終乎！」後爲嵩之所忌，誣以他罪，貶死遠郡。



## 校勘記





〔一〕濮州臨泉人　按本書卷八五地理志濮州領臨濮縣而無臨泉縣，疑此處「臨泉」乃「臨濮」之誤。下文同。

〔二〕求仔昔晝日又至　「晝」，疑「書」、「一」兩字合刻之誤。長編紀事本末卷一二七作：「求仔昔書，皆禱雨也。一日中使又至，出紙求書……。」

〔三〕廬州　宋無「廬州」，疑此誤。

〔四〕紹興五年卒　按上文，克明爲「紹興、乾道間名醫」；克明又曾參與張子蓋救海州之役，據本書卷三六九張子蓋傳，子蓋救海州在紹興三十二年。疑此有誤。

〔五〕淮陽軍朐山人　按本書卷八八地理志，朐山爲淮南東路海州屬縣，不屬淮陽軍。

# 宋史卷四百六十三

## 列傳第二百二十二

### 外戚上

杜審琦 弟審瓊 審肇 審進 從子彥圭 彥鈞 孫守元 曾孫惟序　賀令圖
楊重進附　王繼勳　劉知信 子承宗　劉文裕　劉美 子從德 從廣
孫永年 馬季良附　郭崇仁　楊景宗　符惟忠　柴宗慶　張堯佐

自西漢有外戚之禍，歷代鑒之，崇爵厚祿，不畀事權；然而一失其馭，猶有肺附之變焉。宋法待外戚厚，其間有文武才諝，皆擢而用之；怙勢犯法，繩以重刑，亦不少貸。仁、英、哲三朝，母后臨朝聽政，而終無外家干政之患，將法度之嚴，禮統之正，有以防閑其過歟？抑母后之賢，自有以制其戚里歟？作外戚傳。





杜審琦，定州安喜人，昭憲皇太后之兄。太后昆仲五人，審琦最長，其次審玉，次審瓊，次審肇，次審進。世居常山，以積善聞。審琦仕後唐，爲義軍指揮使，天成二年卒，年三十五。審玉前一年卒，年二十二。太祖開國，贈審琦左神武軍大將軍，以其子彥超爲西京作坊使。彥超卒，贈左領軍衞大將軍。

審瓊，建隆初，授檢校國子祭酒。二年，拜左領軍衞將軍。三年，與其弟審肇、審進皆召赴闕。審瓊改左龍武軍大將軍，遷右衞大將軍。乾德初，領富州刺史。三年，以本官權判右金吾街仗事。四年春，步軍帥王繼勳坐事，詔審瓊兼點檢侍衞步軍司事。是秋，卒，年七十。太祖爲廢朝三日，發哀成服，贈太保、寧國軍節度使，謚恭僖。景德三年春，加贈審瓊太傅，妻吳氏陳留郡太夫人。

審瓊性醇質，在公畏愼，宿衞勤謹，徼巡京邑，里閈淸肅，人皆稱之。是秋，改葬陪陵，又贈審瓊太師、中書令。子彥圭。

審肇，建隆三年，起家授左武衞上將軍、檢校左僕射致仕，賜第於京師。乾德初，領濰州刺史。開寶二年，改左衞上將軍，仍致仕。三年，起爲右驍衞上將軍，俄出知澶州。太祖以審肇未嘗歷郡務，乃命司封郎中姚恕通判州事，以左右之。未幾，河大決，東匯于鄆、濮數郡，民田罹水害。太祖怒其不卽時上言，遣使案鞫，遂論恕棄市，審肇免官歸私第。俄復舊官，令致仕，特以濰州刺史月奉優給之。七年，卒，年七十二。太祖廢朝二日，素服發哀，贈太保、昭信軍節度，謚溫肅，遣中使護喪事。景德三年，加贈太傅，妻劉氏東海郡太夫人。子彥遵，至南作坊使。

審進，建隆三年，起家授右神武大將軍，改右羽林大將軍。乾德元年，領賀州刺史。二年，知陝州。三年，就改保義軍節度觀察留後。五年，加本軍節度。太祖郊祀西洛，審進來朝，頒賚甚厚。太宗嗣位，加檢校太傅。太平興國二年，會許昌裔刺虢州，抯拾使州闕失事上訴，詔右拾遺李幹〔一〕鞫之。幹因上言，請支郡不復隸藩鎭，皆得專達，從之。

三年秋，以審進妻卒，廢朝。十一月郊禮畢，加檢校太尉。四年，上親征河東，審進與嵐州團練使周承晉〔二〕、德州刺史孫方進、成州刺史慕容福起皆上言願率所部擊太原。上以審進耆年，不許。五年，來朝。是歲，契丹寇邊，出師捍禦。上幸大名勞軍，留審進警巡，都邑肅然。六年，復歸陝，親王宴餞，供帳甚盛。其年，就加檢校太師。九年夏，上以審進年高，不當煩以劇務，授右衞上將軍，奉給如故。





雍熙四年，復授靜江軍節度。端拱元年，上親耕籍田，審進預其禮，恩賜彌渥，加開府儀同三司。是歲，卒，年七十九。上趣駕臨喪，哭之慟，廢朝三日，設次成服，親王公主以下並詣其第舉哀。贈中書令，謚恭惠。

審進鎭陝二十餘年，勸農敦本，民庶便之。雖居位節制，無驕矜之色，人推其醇厚。景德三年，追封京兆郡王，妻趙氏南陽郡太夫人。後贈尙書令。子彥鈞、彥彬。彥彬至禮賓副使而卒。

彥圭，起家六宅副使，遷翰林使。開寶五年，領信州刺史。六年，改領饒州團練使，俄加領本州防禦使。從征太原，與曹翰、孫繼業攻城西面。北征班師，命彥圭與孟玄喆、藥可瓊、趙延進率兵屯中山，坐市竹木矯制免算，責授洛苑使、饒州刺史，裁數日悉復。餘年，遷沙州觀察使，出知定州。

雍熙中北伐，命副米信爲幽州西北道行營都部署。彥圭不容軍士晡食，設陣不整，以致亡失，坐左遷均州團練副使。雍熙三年，卒于貶所，年五十九，贈歸義軍節度。景德三年春，加贈中書令。是秋，又贈太師。子守元。

彥鈞，起家補供奉官，累遷崇儀使。端拱初，加莊宅使，領羅州刺史。淳化四年，特置昭宣使，以彥鈞洎王延德、王繼恩爲之。未幾，加領恩州防禦使。西鄙用兵，命爲永興軍駐泊鈐轄。眞宗嗣位，改領潁州防禦使，出知河中府，占謝便坐，求解內使之職，可之。歷知邠、慶、延、鳳四州。景德中，爲天雄軍副都部署。車駕駐澶淵，爲駕前東面貝冀路副都部署。契丹騎兵攻月城，彥鈞率兵擊走之，以勞優加封邑。召還，再任河中。

彥鈞由戚里進，保位而已。會有言政事不舉者，徙西京水南北都巡檢使。大中祥符五年，復知莫州。馬知節爲潁州防禦使，彥鈞換秦州。九年，拜密州觀察使，出爲幷代副都部署。天禧元年，卒，贈安化軍節度。錄其子贊文爲供奉官，贊寧爲殿直，孫宗壽爲三班奉職。

守元，開寶中，補左班殿直，得侍便殿，帶御器械，遷供奉官、莫州監軍。契丹入邊，與州將固守城壁，出兵邀擊，獲生口羊馬，以功加崇儀副使。未幾，改正使秩。歷如京、洛苑使。至道三年，領梧州刺史，連爲幷代、鎭、定、高陽關鈐轄。大中祥符二年，副趙稹使契丹，復洫鎭定。頃之屬疾，詔遣其子殿直惟慶挾太醫乘驛診候，既至而卒，年五十八。

惟序字舜功，自三班奉職累遷知惠州、莫州，以供備庫使爲梓夔路鈐轄，徙環慶路〔三〕，



知邠州，又權慶州。會任福敗，以騎兵數千繇懷安路破賊三砦，斬首數百級，獲牛馬千計。以功領忠州刺史，爲涇原鈐轄，敕巡警邊州。久之，改六宅使、知雄州。時契丹勒兵燕、薊間，遣使求割地。未至，而惟序購得其草，先以聞，徙知滄州，又徙定州。再遷東上閤門使、知涇州。改四方館使、知瀛州，復知滄州。入朝，爲祁州團練使，出知恩州，徙大名府路總管，改乾州團練使，卒。



賀令圖，開封陳留人。父懷浦，孝惠皇后兄也，仕軍中爲散指揮使。太平興國初，出爲岳州刺史，領兵屯三交。雍熙三年，從楊業北征，死於陣。

令圖少謹愿，隸太宗左右，洎卽位，補供奉官，改綾錦副使、知莫州，遷崇儀使、知雄州。雍熙二年，領平州刺史，充幽州行營壕砦使，以所部下固安、新城兩縣，克涿州。會父戰死，起家爲六宅使，領本州團練使，護瀛州屯兵。

先是，令圖握兵邊郡十餘年，恃藩邸舊恩，每歲入奏事，多言邊塞利害，及幽薊可取之狀。上信之，故有岐溝之舉。既而師敗，議者皆咎其貪功生事。

令圖輕而無謀，契丹將耶律遜寧號于越者，使諜給令圖曰：「我獲罪本國，旦夕願歸南朝，無路自拔，幸君侯少留意焉。」令圖不虞其詐，私遺以重錦十兩。是年十二月，于越率衆入寇，大將劉廷讓與戰于君子館，令圖爲先鋒，被圍數重。于越傳言軍中「願得見雄州賀使君」，令圖嘗爲所給，意其來降而終獲大功，卽引麾下數十騎逆之。將至其帳數步外，于越據床罵曰：「汝常好經度邊事，乃今送死來邪！」麾左右盡殺其從騎，反縛令圖而去。

令圖與其父首謀北伐，一歲中父子皆陷焉。令圖時年三十九。是役也，武州防禦使、高陽關部署楊重進死之。

重進，太原人。少有膂力，周祖鎭大名，以隸帳下。廣順初，補衞士。宋初，累遷至內殿直都虞候。太平興國初，改龍衞軍都校，領徐州刺史。從征太原，出爲萊州刺史。隨曹彬北征，爲右廂排陣使，改武州防禦使、高陽關部署〔四〕。會契丹兵至，與之力戰，遂沒於陣。年六十五。

王繼勳，彰德節度饒之子，孝明皇后同母弟也。生時，其母見一人赤髮，狀貌怪異，入室中，遂生繼勳。及長，美風儀，性兇率無賴。以后故，爲內殿供奉官、都知，溪州刺史。建



隆二年，加領恩州團練使，又改龍捷右廂都指揮使，尋領永州防禦使。四年，收復湖南，改領彭州防禦使。是秋，將討西蜀，命繼勳戒期，將大閱。繼勳素與大校馬仁瑀不協，陰勒部下市白梃，將以相圖。太祖知之，爲出仁瑀密州。俄遷保寧軍節度觀察留後，領虎捷左右廂都虞候、權侍衞步軍司事。

繼勳所爲多不法。會新募兵千餘隸雄武，將遣出征，多無妻室，太祖謂繼勳曰：「此必有願爲婚者，不須備聘財，但酒炙可也。」繼勳不能諭上旨，縱令掠人子女，京城爲之紛擾。上聞大驚，遣捕斬百餘人，人情始定。時后已崩，上追念后，故不之罪也。

乾德四年，繼勳復爲部曲所訟，詔中書鞫之。解兵柄，爲彰國軍留後，奉朝請。繼勳自以失職，常怏怏，專以臠割奴婢爲樂，前後多被害。一日，天雨牆壞，羣婢突出，守國門訴寃。上大駭，命中使就詰之，盡得繼勳所爲不法事。詔削奪官爵，勒歸私第，仍令甲士守之。俄又配流登州，未至，改右監門率府副率。

開寶三年，命分司西京。繼勳殘暴愈甚，強市民家子女備給使，小不如意，卽殺食之，而棺其骨棄野外。女儈及鬻棺者出入其門不絕，洛民苦之而不敢告。太宗在藩邸，頗聞其事。及卽位，人有訴者，命戶部員外郎、知雜事雷德驤乘傳往鞫之。繼勳具伏，自開寶六年四月至太平興國二年二月，手所殺婢百餘人。乃斬繼勳洛陽市，及爲彊市子女者女儈八

人、男子三人。長壽寺僧廣惠常與繼勳同食人肉，令折其脛而斬之。洛民稱快。

其後家寓西洛潁陽，孫惟德不肖，不能自立，丐食以給。眞宗聞而憫之，授惟德汝州司士參軍。

劉知信字至誠，邢州人。父遷，晉天福末鳳翔帳前軍使，改滑州奉國軍校，從驍將皇甫暉禦邊有功，早卒。母卽昭憲太后之妹也，乾德初，封京兆郡太君，六年，進本郡太夫人，開寶三年十月，卒。太祖廢朝發哀，追封齊國太夫人，陪葬安陵，贈遷太保。

知信三歲而孤，宣祖憐其敏慧。建隆三年，起家授供奉官，丁內艱，轉六宅副使。開寶五年，遷軍器庫使，掌武德司。六年，領錦州刺史。屬郊祀西洛，爲行宮使，駐洛中，又爲西京武德、皇城、宮苑等使。車駕出郊，又充大內留守。

太宗卽位，進領本州團練使，拜武德使。從征河東，又爲行宮使。太平興國五年，坐遣親信市竹木於秦、隴，矯制免所過算緡，入官多取其直，左授軍器庫使，領錦州刺史，俄復爲武德使。會改武德爲皇城司，卽爲皇城使。七年，坐秦王廷美事，改右衞將軍。是秋，出爲靜難軍節度行軍司馬。九年，起爲左衞將軍，領營州刺史。





雍熙初，改左神武軍將軍，尋領檀州團練使，護屯兵于鎭州。會大舉北伐，與六宅使符昭壽爲押陣都監。師還，諸將失道，知信獨整所部以歸。俄知定州兼兵馬鈐轄，押大陣右偏。一日，宴犒將士，契丹騎乘間至，知信不介而出，追之數十里，斬獲甚衆，以功就拜邕州觀察使。四年，召入，改幷州路副都部署。端拱中，代還，知杭州。淳化四年，又知天雄軍府。太宗崩，充修奉永熙陵部署。

咸平初，拜建武軍節度觀察留後，知永平軍府。契丹犯邊，復知天雄軍。眞宗北巡，充駕前副都部署，歷知河陽、昇州。景德元年，車駕幸澶淵，命爲東京都巡檢使，復知定州。二年，以疾求還京，至鎭州卒，年六十三。廢朝，贈太尉、天平軍節度。

知信以戚里致貴，尤被親任，中外踐歷，最爲舊故。雖無顯赫稱，亦以循謹聞于時。子承宗、承渥。

承宗，幼善射，兼習書數，以蔭補殿直，寄班祗候。咸平初，轉供奉官、鎭定高陽關三路承受公事，還，掌軍器庫。會眞宗臨幸，見其整肅，面授閤門祗候。知信卒，轉內殿崇班。未幾，爲河北緣邊安撫都監。大中祥符初，就加內殿承制，歷如京、文思二副使，徙河東緣邊安撫，又知保州。俄拜東染院使、知定州。副薛瑛使契丹，使還，歸本任，又兼鎭定路兵馬鈐轄，俄改宮苑使、知雄州、河北緣邊安撫使。在郡有治迹，詔書嘉獎，召歸。時靈昌決河初塞，擇守臣，以承宗爲皇城使、知滑州。未幾，復代還。

會西邊言吐蕃唃廝囉作文法，頗爲邊患。命副龍圖閣直學士陳堯咨爲鄜延、邠寧環慶、涇原儀渭、秦州路巡撫使，詔令堯咨等所至軍州犒官吏將校，諮訪民間利害、郡官使臣能否功過以聞。或有陳訴屈抑，經轉運、提點司區斷不當，卽按鞫詣實，杖以下依法區理，徒以上驛聞，仍取繫囚躬親錄問，催促論決。既行，就命堯咨知秦州，承宗爲西上閤門使，充鈐轄。乾興初，進東上閤門使，徙鄜延都鈐轄而卒。中使護柩至京師，賜以葬地。

承渥蔭補殿直，累任使，喜爲條奏，至供奉官、閤門祗候。承宗子永釗，右侍禁、閤門祗候。

劉文裕字以寧，保州保塞人。祖正，晉幽州營田使兼平州刺史。父審奇，武牢關使。簡穆皇后卽文裕祖姑也。審奇三子，長文遠，建隆中爲供奉官，與幷人戰萬善而沒。次卽文裕，開寶四年，起家補殿直。八年，權管雲騎員僚直，預討江南，中弩矢，神色自若。太宗在藩邸，多得親接。太平興國二年，擢爲內弓箭庫副使，特封其母張氏淸河縣太君，出爲





秦、隴巡檢。

有李飛雄者，太保致仕鏻之孫，秦州節度判官若愚之子。性兇險，不爲其家所容，常往來京師、魏博間，與無賴惡少游處，縱酒蒱博爲務。以其父故，盡知秦州倉庫所積，及地形險易、兵籍多少。又有妻父張季英爲鳳翔盩厔尉，飛雄自京師往省之，因乘季英馬詐爲使者，夜抵廐置呼卒索馬。卒秉炬出迎，飛雄以私市馬纓示之，卒不能辨，卽授以馬。一卒乘一馬前導，以巡邊爲名，因矯詔率巡驛殿直姚承遂，至隴州率監軍供奉官王守定，至吳山縣率縣尉盧贊，皆從行。先是，秦州內屬，羌人爲寇，朝廷遣周承瑨、田仁朗、王侁、梁崇贊、韋韜、馬知節及文裕領兵屯淸水縣，飛雄至，稱制盡縛之。承瑨等見姚承遂數輩同至，不覺其詐。仁朗獨號泣求詔書，飛雄叱之曰：「我受密旨，以若輩逗撓不用命，令盡誅。汝豈不聞封州殺李鶴邪？詔書汝豈得見！」先是，上卽位，分命親信於諸道廉官吏善惡密以聞。嶺南使者言封州李鶴不奉法，誣奏軍吏謀反，詔卽誅之。故飛雄引以爲言。將械承瑨等詣秦州戮之，因據城叛，遂驅承瑨等行。

初，飛雄詐宣制時，自言我上南府時親吏，文裕因哀告飛雄曰：「我亦嘗依晉邸，使者豈不營救之乎？」飛雄低語謂文裕曰：「爾能與我同富貴否？」文裕覺其詐，僞許之。飛雄卽命左右釋文裕縛。文裕策馬前附耳語仁朗，仁朗佯墜馬，若卒中風眩狀。飛雄共前視之，

又釋其縛。仁朗奮起搏飛雄，與文裕共擒之。飛雄尙呼云：「田仁朗等謀反殺使者。」送秦州獄鞫得實，飛雄、承遂、守定、贊坐要斬，夷飛雄家。捕先與飛雄善者何大舉等數輩，悉棄市，廐置卒亦夷其族。因下詔：中外臣庶之家，子弟或有乖檢，甚爲鄉黨所知，雖加戒勗曾不悛改者，並許本家尊長具名聞，州縣遣吏錮送闕下，當配隸諸處。敢有藏匿不以名聞者，異時醜狀彰露，期功以上悉以其罪罪之。

文裕後遷軍器庫使。四年，車駕征太原，命文裕與通事舍人王侁分兵控石嶺關。六年，領儒州刺史。明年，爲高陽關都監。會契丹萬餘騎入，文裕與大將崔彥進擊卻之。雍熙初，徙屯三交，加領順州團練使。會李繼遷率折遇乜寇邊，初詔田仁朗與王侁等討之，仁朗坐逗遛，命文裕代仁朗。繼遷等遁去。

從潘美北征，坐陷失驍將楊業，削籍，配隸登州，事具業傳。歲餘，上知業之陷由王侁，召文裕還。俄起爲右領軍衞大將軍，領端州團練使，封其母淸河郡太夫人，賜翠冠霞帔，授其弟文質殿直。踰月，文裕遷容州觀察使，出爲鎭州兵馬部署。端拱元年，卒於屯所，年四十五。上甚悼惜，贈寧遠軍節度，命中使護喪歸葬京師。弟文晟至供奉官、閤門祗候，文質至內園使、連州刺史。




劉美字世濟，并州人。四世祖質，絳州刺史。曾祖維嶽，不仕。祖延慶，右驍衞將軍。父通，宋初掌禁旅，從潘美征廣南，又累戰北面，積勞至虎捷都指揮使，領嘉州刺史，太平興國中，扈蹕太原，卒于師，贈潁州防禦使。長女爲眞宗德妃，加贈定國軍節度兼侍中。大中祥符五年，德妃正位中宮，又贈維嶽忠正軍節度、檢校太傅，延慶彰德軍節度、檢校太尉，通永興軍節度兼中書令，追封曾祖母宋氏吳國太夫人，祖母河南縣君元氏許國太夫人，母龐氏徐國太夫人。初，通之卒，窆京城西。天禧二年，詔贈太師、尙書令，謚武懿，七月，遣昇王府諮議參軍張士遜具鹵簿鼓吹，改葬于祥符鄧公原。皇后親臨奠，眞宗御製祭文置靈坐右。

美卽后之兄也。初事眞宗于藩邸，以謹力被親信，卽位，補三班奉職，再遷右侍禁。咸平中，傅潛失律流房州，擇美監軍，及徙潛潁州，又爲自京至陳、潁巡檢。石保吉在陳州大治廨舍，修城壁，不以聞，僮奴輩假威擾民。會有言者，遣美廉其狀，美曰：「保吉世受國恩，擁高貲，列藩閫，營繕過度，拙於檢下，誠或有之，自餘保無他患。」上意乃解。歸朝，充閤門祗候。

大中祥符二年，護屯兵于漢州，歷遷供奉官，徙嘉州。士卒有病皆給醫藥，親察視撫循之。召還，改內殿崇班，提點在京倉場、東西八作司，以舉職聞，遷洛苑副使。八年，預修大內，以勞改南作坊使、同勾當皇城司。天禧初，遷洛苑使，領勤州刺史，與周懷政聯職。懷政姦恣，美未嘗阿附，懷政左右有過，必痛繩之。親從卒偵邏者多不時更易，美按籍分番次均使焉。上屢欲委之兵柄，以皇后懇讓故，中輟者數四。三年，授龍、神衞四廂都指揮使，領昭州防禦使，改侍衞馬軍都虞候。五年，加武勝軍節度觀察留後。卒，年六十。廢朝三日，贈太尉、昭德軍節度，錄其子從德供備庫使，從廣內殿崇班，旁親遷補者數人，追封美亡妻宋氏河內郡夫人。

仁宗嗣位，尊皇后爲皇太后，贈維嶽鎭寧軍節度兼侍中，延慶建雄軍節度兼中書令，通彭城郡王，曾祖母宋氏陳國太夫人，祖母元氏衞國太夫人，母龐氏鄆國太夫人，美亦贈侍中。天聖二年，郊祀，加贈維嶽彰信軍節度兼中書令，延慶鎭安軍節度兼中書令，通鄭王，宋氏楚國太夫人，元氏韓國太夫人，龐氏魏國太夫人。五年，再郊，又贈維嶽天平軍節度、中書令兼尙書令，延慶彰化軍節度、許國公，通開府儀同三司、魏王，宋氏安國太夫人，元氏齊國太夫人，龐氏晉國太夫人，從德和州刺史，從廣內殿承制。有襲知進者，卽通之友壻也，亦贈衞尉卿，其妻追封南安郡君。




從德子復本〔五〕，父美卒，年十四，自殿直遷至供備庫副使〔六〕。弟從廣是歲始生，亦補西頭供奉官，遷內殿崇班。太后臨朝，從德以崇儀使眞拜恩州刺史，改和州，又遷蔡州團練使，出知衞州，改恩州兵馬都總管，知相州。從德齒少無才能，特以外家故，恩寵無比。其在衞州，縣吏李熙輔者善事從德，乃薦其才於朝。太后喜曰：「兒能薦士，知所以爲政矣。」卽日擢熙輔京官。從事鄭驤因緣從德亦擢美官。既而從德病，召還，道卒，年二十四。贈保寧軍節度使，封榮國公，謚康懷。太后悲憐之尤甚，錄內外姻戚門人及僮隸數十人。從德娣壻龍圖閣直學士馬季良、母越國夫人錢氏兄惟演子集賢校理曖及蒙正皆遷二官。尙書屯田員外郎戴融嘗佐從德衞州，以爲三司度支判官。御史曹修古、楊偕、郭勸、推直官段少連上疏論之，皆坐貶。從德妻，嘉州王蒙正女也。蒙正家豪右，以厚路結納至郎官，爲郡守。子永年。

從廣字景元，少出入禁中，侍仁宗左右，太后愛之如家人子。太后崩，眞拜崇州團練使。娶荆王元儼女。爲滁州防禦使，時年十七。趙元昊反，從廣自言待罪行間，不能扞患疆埸，坐耗縣官，願上所給公使錢，帝嘉納之。爲羣牧都監，改副使。

從廣自爲防禦使十年不遷，特拜宣州觀察使、同勾當三班院，請補外自效，以知洛州。

中華書局

潭水溢，從廣穿隋故渠以殺水勢，洺人便之。徙邢州，籍鄉軍之罷老者聽引子弟自代，著爲令。召還，復領三班院。出知襄州，徙眞定府路馬步軍副都總管。卒，贈昭慶軍節度使，謚良惠。從廣性謹飭，然喜交士大夫，時頗稱之。

永年字君錫，生四歲，授內殿崇班，許出入兩宮。仁宗使賦小山詩，有「一柱擎天」之語。帝諛投金杯瑤津亭下，戲謂左右曰：「能取之乎？」永年一躍持之而出，帝拊其首曰：「奇童子也。」常置內中，年十二，始聽出外。累遷廉州團練使，爲陝州都監。郭邈山等爲盜，永年密遣壯士夜渡河，殺其凶桀二十餘人，衆遂散。遷鈐轄，代還召見，問破賊狀，擢幹辦皇城司，改單州團練使、永興軍路總管。

契丹遣使來請帝繪像，選副張昇〔七〕報使。契丹以未得志，夜取巨石塞驛門，衆皆恐，永年素有力，手擲棄之，契丹驚以爲神。

出知涇州，帝賜詩寵之。郡兵歲以香藥爲折支，三司不時輦致。振武卒素驕，突入通判聽事，請以他物代給，讙譁語不遜。永年召至庭下數其罪，斬爲首二人，餘不敢動。同提舉在京諸司庫務。凡三除防禦使，皆爲言者所論而寢。知代州。契丹取西山木積十餘里，輦載相屬於路，前守不敢遏，永年遣人焚之，一夕





盡。上其事，帝稱善。契丹移檄捕縱火盜，永年曰：「盜固有罪，然發在我境，何預汝事？」乃不敢復言。帝嘗問禦戎策，對合旨，書「忠孝」字以賜。

英宗立，遷沂州防禦使，復知代州。歷步軍馬軍殿前都虞候、太原定州路副都總管。王師征安南，永年請先士卒，度富良江取賊以獻，不許。遷邕州觀察使、步軍副都指揮使。卒，贈崇信軍節度使，謚曰莊恪。

馬季良字元之，開封府尉氏人。家本茶商，娶劉美女。初補越州上虞尉，改秘書省校書郎，知明州鄞縣，入爲刑部詳覆官。太后臨朝，遷光祿寺丞。頃之，擢秘閣校理、同判太常禮院，再遷太子中允、判三司度支勾院，以太常丞、直史館提舉在京諸司庫務，擢龍圖閣待制。三丞充近職，非故事也。遷尚書工部員外郞、龍圖閣直學士、同知審官院。劉從德卒，遺表季良遷二官，辭不就，而請以其子直方爲館閣讀書。會江南旱，出爲安撫使，再遷兵部郎中。太后崩，換濠州防禦使，赴本州。御史中丞范諷言季良徼倖得官，降屯衞將軍，滁州安置。開封府劾奏季良冒立券，庇占富民劉守謙免戶役，詔許季良自陳，以地給還。歲餘，徙壽州，致仕，還京師卒。季良因緣以進，無他行能，在禮院嘗建言，攝祠事官致齋三日無供帳飲食，非所以重祠事也。自是翰林、儀鸞司供帳，大官給食於祠所云。

郭崇仁字永年，守文之子，章穆皇后弟也。淳化四年，補左班殿直，遷東頭供奉官、閤門祗候。契丹入寇，齎密詔諭河北諸將，還奏稱旨，累遷崇儀副使兼閤門通事舍人。章穆崩，特除莊宅使、康州刺史，再遷宮苑使、昭州團練使。丁母憂，起復雲麾將軍，拜解州團練使，改蔡州，擢捧日天武四廂都指揮使、賀州防禦使、高陽關路馬步軍副都總管。以疾落軍職，改磁州防禦使。卒，贈彰德軍節度觀察留後。

崇仁雖外戚，朝廷未嘗過推恩澤，其爲解州團練使十年不遷，嘗除知相、衞二州，皆辭不行，蓋性愼靜，不樂外官也。

楊景宗字正臣，章惠皇太后從父弟。少蒲博無賴，客京師，以罪黥隸致遠務。章惠入宮爲美人，奏補茶酒班殿侍，累遷西頭供奉官、閤門祗候，坐事降左侍禁、鄆州兵馬都監。未久復官，累遷東染院副使。章惠爲太后，進崇儀使，領連州刺史、揚州兵馬鈐轄。未幾，





授秦州刺史，徙滑州鈐轄，遷舒州團練使，爲兵馬總管。

章惠崩，遷成州防禦使，坐入臨皇儀殿被酒讙譟，出爲兗州總管，改天雄軍副都總管。時呂夷簡守魏，常以官屬禮飭戒之，而景宗肆志不悛，遂以不法奏。貶齊州都監，徙衞州，又徙鄆州鈐轄。召還，同勾當景靈宮，提舉四園苑。章獻、章懿二后升祔太廟，帝念章惠，故特拜景宗徐州觀察使，給留後奉。逾年，領軍頭引見司，出知磁州，爲建寧軍節度觀察留後、知潞州，給節度使奉。領皇城司，坐衞士入禁中謀爲亂，貶徐州觀察使、知濟州。還，提舉萬壽觀，復建寧軍留後，復領軍頭引見。又坐從卒王安挾刃入皇城，謫左監門衞大將軍，均州安置，起爲汝州鈐轄。祀明堂覃恩，願還所改官，求爲郡。帝謂輔臣曰：「景宗性貪虐，老而益甚，郡不可予也。」乃復以爲建寧軍留後、提舉四園苑，改提舉在京諸司庫務。卒，贈安武軍節度使兼太尉，謚莊定。

景宗起徒中，以外戚故至顯官，然暴戾，所至爲人患。復使酒任氣，在滑州嘗毆通判王述仆地。帝深戒毋飲酒，景宗雖書其戒坐右，頃之輒復醉。其奉賜亦隨費無餘。始，宰相丁謂方盛，築第敦教坊，景宗爲役卒負土第中，後謂敗，仁宗以其第賜景宗，居三十年乃終。

符惟忠字正臣，彥卿曾孫也。以外祖母賢靖大長公主廕，爲三班奉職，後擢閤門通事舍人、勾當東排岸司。三司使寇瑊繩下急，漕米數不足綱，吏卒率論以自盜。惟忠爭曰：「在法，欠不滿四百者不坐，若以自盜論，則計直八百即當坐徒矣。」瑊怒曰：「敢抗三司使邪？」惟忠曰：「職有當辨，非抗也。」瑊益怒，惟忠爭愈力，如所議乃已。以西染院副使權提舉倉草場、提點開封府界縣鎮公事。開封主簿樂詰，宰相王曾外孫也。或風使薦之，惟忠不從，曰：「詰無善狀，安可以勢使我。」既而詰果以贓敗。時吳奎爲長垣尉，惟忠厚遇奎，白府共薦之。惠民河與刁河合流，歲多決溢，害民田，惟忠自宋樓鎮碾灣、橫隴村置二斗門殺水勢，以接鄭河、圭河，自是無復有水害。陝西用兵，除涇原路兵馬鈐轄兼知涇州。三司使鄭戩奏留都大管勾汴河使，建議以爲渠有廣狹，若水闊而行緩，則沙伏而不利於舟，請即其廣處束以木岸。三司以爲不便，後卒用其議。再遷西上閤門副使。契丹遣使求地，惟忠副富弼往報使，遷閤門使，至武彊縣，疽發背卒。贈客省使、眉州防禦使。

柴宗慶字天祐，大名人。祖禹錫，鎭寧軍節度使。父宗亮，太子中舍。宗慶尙太宗女





魯國長公主，升其行爲禹錫子，拜左衞將軍、駙馬都尉，領恩州刺史。禹錫卒，眞拜康州防禦使，改復州。

舊制，諸公主宅皆雜買務市物，宗慶遣家僮自外州市炭，所過免算，至則盡鬻之，復市於務中。自是詔雜買務罷公主宅所市物。從祀汾陰，爲行宮四面都巡檢，進泉州管內觀察使。又自言陝西市材木至京師，求蠲所過稅。眞宗曰：「向諭汝毋私販以奪民利，今復爾邪！」既而河東提點刑獄劾宗慶私使人市馬不輸稅，貸不問。授武勝軍節度觀察留後，歷拜彰德軍節度使。

仁宗即位，徙靜難軍，又徙永清、彰德軍，拜同中書門下平章事，徙節武成軍，出知澶州，未行，改陝州、潞州。後判鄭州，以縱部曲擾民，召還奉朝請，歲減公用錢四百萬。久之，出判濟州，用御史中丞賈昌朝言，留不遣，盡停本使公使錢。卒，贈中書令，謚曰榮密。

主累封楚國大長公主，先宗慶沒。宗慶歷官多過失，性極貪鄙，積財鉅萬，而溥於自奉，甚至優人以爲戲，宗慶雖知，莫能改也。無子。及終，願以貲產送官，仁宗以其女尙幼，不許。人謂宗慶選尙榮貴逾四十年，晚上積奉以裨軍用，蓋亦追補前過云。

張堯佐字希元，河南永安人，温成皇后世父也。舉進士，歷憲州、筠州推官。吉州有道士與商人夜飲，商人暴死，道士懼而遁，爲邏者所獲，捕繫百餘人。轉運使命堯佐覆治，盡得其冤。改大理寺丞、知汜水縣，遷殿中丞、知犀浦縣。犀浦地狹民繁，多田訟。堯佐正其疆界，條衆畝以曉之，訟遂簡。知開州，還，判登聞鼓院。

時温成方爲脩媛，欲以門閥自表異，故堯佐稍進用，權開封府推官，又提點府界公事。諫官余靖言：「用堯佐不宜太遽，頃者郭后之禍起於楊尙，不可不監。」未幾，遷三司戶部判官，又爲副使。擢天章閣待制、吏部流內銓，累遷兵部郎中、權知開封府，加龍圖閣直學士，遷給事中、端明殿學士，拜三司使。

明年，諫官包拯、陳升之、吳奎言：「比年以來，水冒城郭，地震河溢，蓋小人道盛。天下皆謂堯佐主大計，諸路困於誅求，內帑煩於借助，法制刓敝，實自堯佐。臣等竊惟親昵之私，聖人不免，惟處之有道，使不踐危機，斯爲得矣。」仁宗祀明堂，改戶部侍郎，尋拜淮康軍節度使、羣牧制置使、宣徽南院使、景靈宮使，賜二子進士出身。拯等復言：「陛下即位僅三十年，未有失道敗德之事，乃五六年來擢用堯佐，羣口竊議，以謂其過不在陛下，在女謁、近習與執政大臣也。蓋女謁、近習知陛下繼嗣未立，既有所私，莫不潛有趣向；執政大臣不能規





諫，乃從諛順旨，高官要職惟恐堯佐不滿其意，致陷陛下於私昵後宮之過。制下之日，陽精晦塞，氛霧蒙孛，宜斷以大義，亟命追寢。必不得已，宣徽、節度擇與一焉。如此，則合天意，順人情矣。」御史中丞王舉正留百官班，欲廷議，不許。乃詔曰：「近臺諫官乞罷堯佐三司，及言不可用爲執政，若優與之官，於體爲善，朕用其言，遂有是命。今復以爲不可，前後反覆，於法當黜。其令中書戒諭之。自今言事官，相率上殿，先取旨。」是日，堯佐辭宣徽、景靈使，從之。

未幾，復以宣徽使判河陽，舉正又抗章論之，至于三。時吳育判西京留臺，河陽民訟有不決者多詣育，育於狀尾判曲直。堯佐畏恐，即奉行之。召還，徙鎭天平軍。卒，贈太師，賜其家僦舍錢日三千。

堯佐起寒士，持身謹畏，頗通吏治，曉法律，以戚里進，遽至崇顯，戀嫪恩寵，爲世所鄙。子山甫，引進副使、樞密副都承旨。

從弟堯封，孝謹好學，舉進士，爲石州推官卒。次女，即温成皇后也。累贈至中書令、清河郡王，謚曰景思。

校勘記

〔一〕李幹 長編卷一八、編年綱目卷三作「李瀚」。

〔三〕周承晳　按長編卷一九，有秦隴州巡檢「周承瑨」，後爲秦州都巡檢使屯清水縣禦戎人，與本卷劉文裕傳略同。疑與此爲一人。

〔三〕環慶路　原作「懷慶路」，據長編卷一三一改。

〔四〕高陽關部署　「關」下原衍「都」字，據本卷賀令圖傳、長編卷二七刪。

〔五〕從德子復本　按從德爲劉美子，年二十四死，曹修古等論其遺奏恩濫坐貶，時爲天聖九年（見本書卷九仁宗紀），與「父美卒，年十四」相合（美死於大中祥符五年，見上文）；其子永年另有傳。「復本」不當爲從德子，疑此處「子」字爲「字」之訛。

〔六〕供備庫副使　上文云「錄其子從德供備庫使」，與長編卷九七「錄其子殿中丞從德爲供備庫使」正合。此處「副」字疑衍。

〔七〕張昇　原作「張昪」，據本書卷三一八張昇傳改，參看該卷校勘記。



# 宋史卷四百六十四

## 列傳第二百二十三

### 外戚中

王貽永　李昭亮　李用和 子璋 瑋 珣　李遵勗 子端懿 端愿 端慤 端愿子評　曹佾 從弟偕 子評 誘　高遵裕 弟遵惠 從姪士林 士林子公紀 公紀子世則　向傳範 從姪經 綜 經子宗回 宗良　張敦禮　任澤

王貽永字季長，溥之孫也。性淸愼寡言，頗通書，不好聲技。初生十餘歲時，其舅魏咸信見而奇之，曰：「後當類我。」

咸平中，尙鄭國公主，授右衞將軍、駙馬都尉。從封泰山，領高州刺史，再遷右監門衞大將軍、獎州團練使。求外補，得知單州。眞宗戒之曰：「和衆靜治，卿所當先也。」眞拜洺州團練使，徙徐州。河決滑州，徐大水，貽永作隄城南以禦之。改衞州團練使，進懷州防禦



使，知澶、定二州，徙成德軍。

會有告曹汭變者，貽永奏治之。遷耀州觀察使，復知澶州。歷彰化、武定軍節度使觀察留後，拜安德軍節度使。出知天雄軍，徙保寧軍節度使、知鄆州。州自咸平中徙城，而故治爲通衢，介梁山，春夏多水患，貽永相度地勢，爲築東西道三十餘里，民便之。復徙定州，又徙成德軍。擢同知樞密院事，改副使，加宣徽南院使，進樞密院使。久之，拜同中書門下平章事，遂加兼侍中。

徙節鎭海，以疾求罷，手詔撫諭，遣上醫診視。帝臨問，頒尙方珍藥，手取糜粥食之。貽永自言寵祿過盛，願罷樞筦，解使相還第。帝冀其愈也，乃聽罷侍中，徙彰德節度使，同平章事、樞密使如故。疾稍間，入見，命其子道卿掖登垂拱殿。仍賜五日一朝，遇朝參起居，許休於殿側。至和初，復以疾辭，拜尙書右僕射、檢校太師兼侍中、景靈宮使。卒，贈太師、中書令，謚康靖。

當時無外姻輔政者，貽永能遠權勢，在樞密十五年，迄無過失，人稱其謙靜。子道卿，西上閤門使。



中華書局

李昭亮字晦之，明德太后兄繼隆子也。四歲，補東頭供奉官，許出入禁中。繼隆北征契丹，遣昭亮持詔軍中，問方略及營陣衆寡之勢，昭亮年雖少，還奏稱旨。累遷西上閤門使。出爲潞州兵馬鈐轄，徙領麟府路軍馬事，尋爲管勾軍頭引見司兼三司衙司。軍士有逃死而冒請官稟者數百人，昭亮按發之。領高州刺史，知代州。以四方館使復領麟府路軍馬事。遷引進使，領賀州團練使。歷知瀛定二州、成州團練使、寧州防禦使、延州觀察使、感德軍節度觀察留後。擢殿前都虞候、秦鳳路馬步軍副都總管、經略招討副使。徙永興路馬步軍副都指揮使、并代州路副都總管、安撫招討副使。未幾，守代州，再徙眞定路都總管。

保州兵叛，殺官吏，詔遣王果招降之，叛者乘埤呼曰：「得李步軍來，我降矣。」於是遣昭亮，昭亮從輕騎數十人，不持甲盾弓矢，叩城門呼城上曰：「爾輩第來降，我保其無虞也。不爾，幾無噍類矣。」卒稍稍縋城下。明日，相率開城門降。改淮康軍節度觀察留後，復知定州，敕使存勞，賜黃金三百兩，給節度使奉，以褒其功。都轉運使歐陽脩言：「昭亮入保州，以叛卒女口分隸諸軍，有輒私入其家者。」置不問。

明年，拜武寧軍節度使，代李用和爲殿前副都指揮使。時承平久，將士多因循樂縱弛。昭亮本將家子，雖以恩澤進，然習軍中事，既統宿衞，政尙嚴，多所建請。萬勝、龍猛軍蒲博爭勝負，徹屋椽相擊，士皆惶駭，昭亮捕斬之，杖其主者，諸軍爲之股慄。帝祠南郊，有騎卒



亡所挾弓，會赦，當釋去，昭亮曰：「宿衞不謹，不可貸。」卒配隸下軍，禁兵自是頓肅。

以宣徽北院使判河陽，徙延州。以南院使判澶州，徙并州、成德軍，拜同中書門下平章事，判大名府。仁宗以塗金紋羅書曰「李昭亮親賢勳舊」，命其子惟賢持以賜。徙定州，改天平、彰信、泰寧軍節度使。在定州數言老疾不任邊事，願還京師，乃以爲景靈宮使，又改昭德軍節度使。卒，贈中書令，謚良僖。

昭亮爲人和易，練習近事，於吏治頗通敏，善委任僚佐，以故數更藩鎭無他過。昭亮妻早亡，內嬖三妾迭預家政，莫能制也。

子惟賢，字寶臣，以父蔭爲三班奉職，後爲閤門祗候、通事舍人。累遷西上閤門使，尋領高州刺史，知莫州，州倉粟陳腐，戍兵大譟，弗肯受，州人皆恐，惟賢馳往諭曰：「邊兵衆則積粟多，廪數多且積久，能無陳腐乎？欲盡取新，則陳者何所歸？」遂斬首惡一人，流十人，軍中帖然。召還，提舉諸司庫務，領榮州團練使，知冀州。會還補禁軍，自隸籍後犯贓汚者皆絀爲下軍，惟賢曰：「武士何可責以廉節？且抵罪在昔，今不可以新令繩之。」帝爲更其制。徙恩州，後遷四方館使，卒。惟賢善宣辭令，習朝儀，仁宗頗愛之。



李用和字審禮，章懿皇太后弟也。少窮困，居京師鑿紙錢爲業。劉美求用和於民間，奏爲三班奉職。累遷右侍禁、閤門祗候、權提點在京倉草場、考城縣兵馬都監。

太后崩，詔赴喪。既葬，遷禮賓副使，領八作司。遷禮賓使，同領皇城司。遷崇儀使、賀州刺史。改葬太后于永安，領捧日、天武兵護梓宮。

明年春，又詔乘傳行太后陵。還，授寧州刺史。歷遷澤州團練、慶州防禦、鄜州觀察使。既而擢殿前都虞候、鄜延路馬步軍副都總管。未行，拜永清軍節度觀察留後，改眞定府、定州路。舊制，刺史以上所賜公使錢得私入，而用和悉用爲軍費。歷侍衞親軍步軍馬軍副都指揮使，拜建武軍節度使、殿前副都指揮使。以老乞罷軍職，拜宣徽北院使。踰月，改彰信軍節度使、同中書門下平章事、景靈宮使。以疾告，仁宗臨問，賜銀飾肩輿，進兼侍中。

初，未有居第，詔寓館芳林園，用和固辭，又假以惠寧坊之官第。病革，帝入見臥內，擢其次子珣爲閤門使，賜所居第，并日給官舍僦錢五千。既卒，帝哭之慟，贈太師、中書令、隴西郡王，輟朝五日，制服禁中，謚恭僖。帝撰神道碑，書曰「親賢之碑」。其妻卒，亦輟朝成服。

初，仁宗以太后不逮養，故外家褒寵特厚。用和列位將相，能小心靜默，推遠權勢，論者



以此稱之。子璋。

璋字公明，以章懿皇后恩，補三班借職，積官爲天平軍節度觀察留後，知澶州。護塞商胡，會河漲，訛言水且至，璋據廳事自若，人心乃安，河亦不溢。徙曹州觀察使，累遷武勝軍節度使、殿前都指揮使。仁宗書「忠孝李璋」字并秘書賜之。宴近臣羣玉殿，酒半，命大盞二，飲韓琦及璋，如有所屬。帝崩，執政欲增京城甲士，璋曰：「例出累代，不宜輒易。」時禁衞相告乾興故事，內給食物中有金，既而果賜食，衆視食中，璋曰：「天子未臨政已優賞，汝何功復云云，敢諠者斬！」衆乃定。

以武成軍節度使知鄆州。京東盜白日殺縣令，略人道中，璋信賞罰擒捕，盜爲衰止。歲大雨水，競以船筏邀利，多溺死者，璋一切籍之，約所勝載如黃河法。發卒城州西關，調夫修路數十里，夾道植柳，人指爲「李公柳」。知鄧州，坐失舉，改節振武軍，知鄆州。還朝，道卒，年五十三。贈太尉，謚曰良惠。弟瑋、珣。

瑋，選尙兗國公主，積官濮州團練使。以樸陋與主不協，所生母又忤主意，主入訴禁中，瑋皇恐自劾，坐罰金。後數年，終不協，主還宮。瑋自安州觀察使降建州，落駙馬都尉，



中華書局

知衞州。未幾，主徙封岐國，復璋都尉。主薨，以奉主亡狀，貶郴州團練使，陳州安置。遇赦還京師，至建武軍節度使、檢校太師。卒，哲宗臨奠，哭之，贈太師、中書令。

珣字公粹，以蔭爲閤門祗候。時兄璋爲閤門副使，珣又求通事舍人，仁宗曰：「爵賞所以與天下共也，儻盡用親戚，何以待勳舊乎？」後一年乃命之。

車駕視用和疾，自西上閤門副使累遷均州防禦使，知相州，賜御製詩、飛白字寵其行。未幾，遷相州觀察使。時劉永年亦同除官，知制誥楊畋以爲不可開僥倖之門，詔他舍人草制，御史范鎭復論之，命遂寢。

使契丹，預釣魚會，獲多。契丹遺以金器，使還，悉上之，更賜黃金及「李珣忠孝」字。熙寧中，遷宣州觀察使，知潁州。哲宗初，進泰寧軍留後、提舉萬壽觀。故事，正任遇覃恩止移鎭，唯宗室乃遷官。至是，珣與李端愨皆特遷，戚里一覃恩還官自此始。復知相州。卒，年七十四。





李遵勗字公武，崇矩孫，繼昌子也。生數歲，相者曰：「是當以姻戚貴。」少學騎射，馳冰雪間，馬逸，墜崖下，衆以爲死，遵勗徐起，亡恙也。

及長，好爲文詞，舉進士。大中祥符間，召對便殿，尚萬壽長公主。初名勗，帝益「遵」字，升其行爲崇矩子。授左龍武將軍(一)、駙馬都尉，賜第永寧里。主下嫁，而所居堂甓或瓦甓多爲鸞鳳狀，遵勗令鑱去；主服有龍飾，悉屏藏之：帝歎喜。

領澄州刺史，坐私主乳母，謫均州團練使，徙蔡州。踰年，起爲太子左衞率府副率，復左龍武軍將軍，領宏州團練使，眞拜康州團練使，給觀察使祿。時繼昌官刺史，遵勗請班其下，許之。後繼昌守涇州，暴感風眩，遵勗馳省不俟命，帝遣使令乘驛赴之。既還，上表自劾，帝使輔臣慰諭之。

遷澤州防禦使，又遷宣州觀察使。求補郡自試，出知澶州，賜宴長春殿。在郡，會河水溢，將壞浮梁，遵勗督工徙，七日而堤成。遷昭德軍節度觀察留後，拜寧國軍節度使，徙鎭國軍，知許州。水軍多不練習而隸籍，遵勗命部校按劾，拔去十七八。後以疾請援唐韋嗣立故事，求山林號，詔不許。

初，天聖間，章獻太后屏左右問曰：「人有何言？」遵勗不答。太后固問之，遵勗曰：「臣無他聞，但人言天子既冠，太后宜以時還政。」太后曰：「我非戀此，但帝少，內侍多，恐未能制之也。」嘗上三說五事以論時政。晉國夫人林氏，以太后乳母多干預國事，太后崩，遵勗密請置之別院，出入伺察之，以厭服衆論。其補助居多類此。

所居第園池冠京城。嗜奇石，募人載送，有自千里至者。構堂引水，環以佳木，延一時名士大夫與宴樂。師楊億爲文，億卒，爲制服。及知許州，奠億之墓，慟哭而返。又與劉筠相友善，筠卒，存恤其家。通釋氏學，將死，與浮圖楚圓爲偈頌。卒，贈中書令，謚曰和文。有間宴集二十卷、外館芳題七卷。子端懿。

端懿字元伯，性和厚，喜問學，頗通陰陽、醫術、星經、地理之學。七歲，授如京副使。侍眞宗東宮，尤所親愛，嘗解方玉帶賜之。稍長，出入宮禁如家人。

七遷濟州防禦使，爲羣牧副使。杜衍爲樞密，擇外戚子弟試外官，乃以端懿知冀州。爲政循法度，民愛其不擾。轉運使移州捕妖人李教，教已死。恩州王則據城叛，人有言教不死，在賊軍中。遂降單州團練使、知均州，改滑州兵馬鈐轄。賊平，實無李教者，乃以爲汝州防禦使、提舉在京諸司庫務。

遷蔡州觀察使、同勾當三班院。徙華州觀察使。以母喪，起復爲鎭國軍(二)節度觀察留後，願終制，許之，仍給全奉。服除，提舉集禧觀，出知鄆州兼京東西路安撫使。是歲，京東水，民多饑，大發倉廩以賑之。置弓手局，教以戰鬥，遂如精兵。治汶陽堤百餘里，以却水患，民便之。





尋除寧遠軍節度使、知澶州。御史中丞韓絳奏端懿無功，不當得旄節，不拜。以留後赴澶州，數月卒。訃聞，帝方宴禁中，爲徹樂，賻其家黃金三百兩，贈感德軍節度使，謚良定，再贈兼侍中。

端懿能自刻厲，聞善士，傾身下之，以故士大夫與之遊，甚得名譽。弟端愿。

端愿字公謹，以穆獻公主恩，七歲授如京副使，四遷爲恩州團練使。仁宗以歲旱，御便殿慮囚，放宮女。端愿上疏，謂：「縱釋有罪，小人之幸；放宮女爲宦者專制，反失所歸，何以弭災變？」

累進邢州觀察使、鎭東軍留後，知襄、郢二州。本路轉運使獻羨財數十萬被賞，端愿言常賦三折，其民不堪，即上其事。帝怒，奪轉運使賞，申折變之禁。移廬州，富弼謂曰：「肥上之政何以減於襄陽？」端愿曰：「初官喜事，餉廚傳以千名，則譽者至；更事既久，知抑豪彊，制猾吏，故毀隨之。」弼深然其言。

英宗初，同提舉在京諸司庫務。帝以疾拱默，端愿求對，進曰：「陛下當躬攬權綱，以係人心，不宜退託，失天下望。」拜武康軍節度使、知相州。請歸，除醴泉觀使。

神宗卽位，遣使就其家錄取異時章奏，賜詔褒之。河東城囉兀，端愿手寫趙普諫太宗北伐疏以聞。

連年請老，以太子少保致仕。凡大禮成，賜金帶、器幣，品數視執政。哲宗嗣位，進太子太保。欽聖皇后以甥舅之故，嘗幸其第，致禮於獻穆祠堂，命近侍掖端愿勿拜。元祐六年，卒，帝輟朝臨奠，賻典加等，贈開府儀同三司。弟端懿，子評。

端懿字守道，官左藏庫使，執獻穆喪，辭起復，詔特給奉。累遷東上閤門使，幹辦三班院。嘗侍宴睿玉殿，仁宗獨賜珠花，飛白字，寵顧特異。知邢、冀、衞三州，至蔡州觀察使。元祐中，以安德軍留後卒，贈昭德軍節度使，謚曰恭敏。

兄端懿，在嘉祐時嘗密請建儲，人無知者，卒於澶淵，端愿走護其喪以歸。元豐間因進對，袖舊稿上之，神宗歎曰：「近世之賢戚也。」由是端懿之名益著。

評字持正，由東頭供奉官八遷皇城使。以父告老，授西上閤門使，爲樞密都承旨。出使陝西、河東，還，言鄜延之人皆謂城囉兀非便，乞速毀撤，解一路之患。師出安南，調兵及河東，又言王師南征，而取卒於西北，使蠻聞之，得以窺我。所論事頗多，或見施行。然天





資刻薄，招權不忌，多布耳目，采聽外事自效以爲忠。僥倖進用，中外仄目。

以榮州刺史出知潁州，還，幹當三班院。副韓縝報聘契丹，且分畫河東地界，凡二年乃決。賜袍帶、金帛以賞勞。進成州團練使，知蔡州。卒，年五十二。贈冀州觀察使，賜白金千兩。

評少涉書傳，嘗以公主遺奏召試學士院，改殿中丞，意不滿，辭之。後二年再召試，復止遷一官，愈不悅，至上書辨論。及卒，人無憐者。

曹佾字公伯，韓王彬之孫，慈聖光獻皇后〔三〕弟也。性和易，美儀度，通音律，善奕射，喜爲詩。自右班殿直累進殿前都虞候、安化軍留後。言者謂年未四十毋典軍，出知澶、青、許三州，徙河陽。以建武軍節度使爲宣徽北院使，知鄆州，改保靜保平軍節度使、同中書門下平章事，景靈宮使，加兼侍中，封濟陽郡王。

神宗每咨訪以政，然退朝終日，語不及公事。帝謂大臣曰：「曹王雖用近親貴，而端拱寡過，善自保，眞純臣也！」進對未嘗名。元豐中以疾告，既愈入謝，帝曰：「舅久不覲太皇太后，宜少憩內東門，朕當自啓。」已而召入，歷上下儒釋道五閣、大椿蟠桃亭，再升殿乃退。以護國軍節度使、司徒兼中書令爲中太一宮使〔四〕，給朱衣雙引騎吏前馬。

慈聖喪終，請郡，帝曰：「時見舅如面慶壽宮，奈何欲遠朕，得無禮遇有不至乎？」佾皇恐。卽城南爲園池，給八作兵佗役，疏惠民河水灌之，且將爲築三百楹第，固辭乃止。高麗獻玉帶，爲秋蘆白鷺紋極精巧，詔後苑工以黃金倣其製，爲帶賜佾。生日，賚予如宰相、親王，用教坊樂工服色衣侑酒，以示尊寵。

哲宗卽位，加少保。坤成節獻壽，特綴宰相班，優詔減拜。卒，年七十二，贈太師，追封沂王。從弟偕，子評、誘。

偕字光道，少讀書知義，以節俠自喜。爲許州都監，幕客史沆傾險扨持爲不法，上下畏之。偕從容置酒，對客數沆十罪，將擊殺之，沆起拜謝，偕罵曰：「復不改，必殺汝。」沆爲斂迹。累遷東上閤門使、帶御器械。知雄州，議者欲廢塘濼爲田，偕曰：「何承矩、李允則營此累年，所以限契丹，廢之不可。」進華州防禦使，知相州，徙河陽總管，卒。嘗從梅堯臣學詩，堯臣稱之，爲序其詩。

評字公正，以父任累官至引進使，知審官西院，積遷溫州防禦使。元祐中，提舉萬壽





觀，丐外，樞密院白爲眞定路鈐轄，哲宗曰：「先帝待慈聖家極厚，其以爲總管。」徽宗卽位，遷相州觀察使，歷龍神衞捧日天武都指揮使、殿前都虞候、馬步軍副都指揮使、寧遠軍留後、平海軍節度使、佑神觀使。使契丹者四，館伴者十二。在閤門十二年，預修儀制，多所增損。

性喜文史，書有楷法。慈聖命書屛以奉，神宗卽賜玉帶旌其能。尤善射，左右手如一，夜或滅燭能中。伴契丹使者射，嘗雙破的，客驚竦。在戚里號爲湛厚。卒，年六十六，贈開府儀同三司。

誘字公善，以蔭至左藏庫副使。熙寧中，父佾以疾告入謝，神宗面授誘閤門通事舍人。元祐中，以東上閤門使爲眞定府、定州路兵馬鈐轄，遷文州刺史。使契丹，至其宮門，館客者下馬邀誘同入，誘曰：「北朝使至，及朝堂門，兩朝積好久，無妄生事。」卒乘馬入。使還，爲樞密副都承旨。徽宗時，進都承旨。歷慶州團練、恩州防禦、晉州觀察使，保慶軍留後。大觀中，進安德軍節度使、醴泉觀使。與兄評同日拜，立雙節堂於家，戚里榮之。

性謹密，習熟典故。卒，年六十五，贈開府儀同三司，謚曰忠定。

高遵裕字公綽，忠武軍節度使瓊之孫也。以父任累遷供備庫副使、鎭戎軍駐泊都監。夏人寇大順城，諒祚中矢遁。會英宗晏駕，遣遵裕告哀，抵宥州下宮，夏人遣王盥受命，以吉服至，遵裕切責之，遂易服。既而具食上宮，語及大順城事，盥曰：「剽掠輩耳。」遵裕曰：「若主寇邊，扶傷而遁，斯言非妄邪！」夏人以爲辱，亟遣人代對，終食不敢發口，輒忿怒曰：「王人蔑視下國，弊邑雖小，控弦十數萬，亦能躬執櫜鞬，與君周旋。」遵裕瞋目曰：「主上天縱神武，毋肆狂蹶，以干誅夷。」時諒祚覘於屏間，搖手使止。神宗聞而嘉之，擢知保安軍。橫山豪欲向化，帝使遵裕諭种諤圖之，諤遂取綏州。帥怒諤擅發兵，欲正軍法，諤懼，稱得密旨於遵裕，故諤被罪，遵裕亦降爲乾州都監。遷通事舍人，主管西路羌部，駐古渭砦，分所部羌兵爲三等，教以軍法。

熙寧初，朝廷用王韶復洮、隴，命爲秦鳳路沿邊安撫，以遵裕副之。尋以古渭爲通遠軍，命知軍事。明年，持附順羌部圖籍及繪青唐、武勝形勢入獻，擢引進副使、帶御器械，俾歸治師。師次慶平堡，夜行，晨至野人關，羌人旅拒，引親兵一鼓破之，進營武勝城下，羌衆逃去，遂據其城。詔建爲鎭洮軍，又命知軍事。尋以熙、河、洮、岷、通遠爲一路，進西上閤





門使、榮州刺史、充總管，復知通遠軍。

明年，韶欲取河州，遵裕曰：「古渭舉事，先建堡砦，以漸而進，故一舉拔武勝。今兵與糧未備，一旦越數舍圖人之地，使彼阻要害，我軍進退無所矣。」韶與李憲笑曰：「君何遽相異邪？」檄使守臨洮。韶攻河州，果不克。帝善遵裕議，令專管洮、岷、疊、巖未款附者。遵裕以俞龍珂地有鹽井，遂築鹽川砦。瞎吳叱率諸羌脅青唐，欲擾邊，詔遣張玉攻討。遵裕曰：「青唐無罪，第爲生羌所脅耳。」遣裨將與龍珂率衆禦之。青唐人見龍珂泣訴，瞎吳叱知不附己，潰去。從韶取岷州，下之，令士衆曰：「生獲老幼與得級同。」全活者以數萬。捷聞，加岷州刺史。

明年，羌乘景思立之敗，圍河、岷二州，道路不通者幾月。或請退保，遵裕曰：「敢議此者斬！」岷城軍缺〔三〕，守者恐，遵裕登西門，命將縱擊，別選精騎由南門譟而出，合擊之，羌敗走。時朝廷以岷城遠難守，議棄之。詔至，賊已潰矣。以功進團練使、龍神衞都指揮使，知熙州。坐薦張穆之爲轉運使，而穆之有罪，罷知穎州。未幾，徙慶州，又坐事黜知淮陽軍。

元豐四年，復知慶州。詔與諸路討夏國，請濟師，得東兵十一將，騎不足用，以羣牧馬益之。又令節制涇原兵，劉昌祚先至靈州，幾得城，遵裕嫉之，故不用其計，遂以潰歸，語在昌祚傳。貶郢州團練副使。哲宗即位，復右屯衞將軍，主管中嶽廟。卒，年六十，贈永州團練使。紹聖中，崇贈奉國軍節度觀察留後。從弟遵惠。

遵惠字子育，以蔭爲供奉官。熙寧中，試經義中選，換大理評事。歷三班院主簿、軍器丞。

元祐初，上疏言：「法度更張，事有當否，如先帝所施設，未可輕議。」擢太僕少卿，進太府卿，出知河中府。改河北路都轉運使，未行，拜工部侍郎，以集賢殿修撰知鄆州、河南穎昌府，加寶文閣待制。知成德軍。召爲戶部侍郎，以龍圖閣學士知慶州。卒，年五十八，贈樞密直學士。

方宣仁后臨朝，繩檢族人一以法度，乃舉家事付遵惠，遵惠躬表率之，人無間言。亦能遠嫌自保，故不罹紹聖之禍。從姪士林。

士林字才卿，宣仁聖烈皇后之弟也。累官內殿崇班、殿直，英宗書「謹守法律」四字誨之曰：「能此則爲良吏矣。」每欲進擢，后屢辭輒止。喜儒學，涉閱經史，通大義，尤有巧智。





嘗監揚州召伯牐稅，木舊用火印，士林改刃其印文，鑿以爲識，尤簡便，傍郡皆效焉。卒，贈德州刺史。神宗立，加贈昭德軍節度使。紹興初，追封普安郡王。子公紀。

公紀字君正，歷閤門祗候、通事舍人，累進寧州刺史、團練使、永州防禦使、集慶留後。性儉約，珍異聲伎無所好，奉祿多以給諸族，得任子恩，均及孤遠。持宣仁后喪未終，卒，贈感德軍節度使，謚曰懷僖。紹興初，追封新興郡王。子世則。

世則字仲貽，幼以恩補左班殿直，至內殿崇班。復用父遺表恩爲閤門祗候，後除親衞郎。以通經典，轉內殿承制。累遷康州防禦使，知西上閤門事。

宣和末，金泛使至，徽宗命世則掌客。世則記問該洽，應對有據，帝聞，悅之，自是掌客多命世則。金人軍城下，又命世則使其軍，還，進秩二等，遷知東上閤門使。金遣燕人吳孝民請和，孝民邀宰執、親王詣軍前議事，高宗在康邸，請行。是日，世則入對，遂除計議副使以從。康王復使河北，世則改華州觀察使，充參議官。召對，賜金帶。

嘗高宗艱難中，世則嘗在左右，寢處不少離。大元帥府建，改元帥府參議官，因請布檄諸路，以定人心。進遙郡承宣使，不拜。高宗承制，轉越州觀察使。及即位，除保靜軍承宣

使，提舉萬壽觀。詔令編類元帥府事迹付史館，召爲樞密都承旨兼提舉京畿監牧，再提舉萬壽觀。

世則居温州，帝遣中使諭守臣以時給奉祿，凡積二萬緡，因請以裨郡費。常病瘍，艱於據鞍，又以舊所御肩輿賜焉。帝每念宣仁聖烈皇后保祐三朝，中遭誣詆，外家班秩無顯者，制以爲感德軍節度使，充萬壽觀使，進開府儀同三司，奉朝請，賜第臨安。除景靈宮使，兼判温州。尋以病丐罷，復爲萬壽觀使。十四年，召入覲，進少保，懇求還。卒，年六十五，贈太傅，賜田三十頃，謚曰忠節。

向傳範字仲模，尚書左僕射敏中之子。以父任爲衞尉丞。娶南陽郡王惟吉女，改內殿崇班、帶御器械，歷知相、恩、邢三州。入管幹客省、閤門、皇城司。知陝州，仁宗賜詩以寵其行。

熙寧初，知鄆州兼京東西路安撫使〔六〕。諫官楊繪言：「傳範領安撫使，無以杜外戚僥求之源。」樞密使文彥博曰：「傳範累典郡，非緣外戚。」神宗曰：「得諫官如此言，甚善，可以止他日妄求者。」以密州觀察使卒，贈昭德軍節度使，謚曰惠節。





傳範，宰相子，聯戚里，所至有能稱。以橐中貲千餘萬葬族人在殯者六十四喪。從姪經、綜。

經字審禮，以廕至虞部員外郎。神宗爲潁王，選經女爲妃，改莊宅使。帝即位，妃爲皇后，進光州團練使。

以濰州防禦使知陳州，歲中閱囚，活重辟三人。西華令掠人至死，誣以疾，吏畏令，莫敢言。經得其情，卒窮治如法。歲大雪，輒弛公私僦錢以寬民，有司持不可，經曰：「上使我守陳，民窮蓋我責，我自爲此，不爾累也。」方鎮別賜公使錢，例私以自奉，去則盡入其餘，經獨斥歸有司，唯以供享勞賓客軍師之用。知河陽，會旱蝗，民乏食，經度官廩歲用無餘，乃先以圭田租入振救之，富人爭出粟，多所濟活。

徙徐州，遷明州觀察使。召還，提舉景靈宮。進定國軍留後，復出知青州。既行，官給車徒，三宮皆遣使送之，車馬相屬於道。未踰歲，得疾還，卒于淄州，年五十四。詔內侍迎其喪，皇后出哭于新昌第。喪至，慶壽、寶慈宮交遣謁者予酹，后臨于國門之外。贈侍中，謚曰康懿。將葬，遣近臣典護穿復土，給太常鹵簿。帝出郊奠之，周視其柩。葬三日，后臨于墓下，賜篆碑首曰「忠勤懿戚」。

經所至勤吏治，事皆自省決，頗欲以才見於用，故數請外補。嘗因太祖忌日，百官班開元殿下，后召經見行幄，勉以盡忠朝廷，經亦以善事三宮爲言，不及其家事。子宗回、宗良。

綜字君章，知歙縣，籍閭里惡少年，有盜發，用以推迹輒得。通判桂州、常州，知隨、鼎、潭、汾、密、棣、沂七州。沂阻山多盜，綜請用重法繩禁，歲斷大辟減半。兵久惰，會初置官提舉，敎之急，衆不悅，監兵夜排闥告變，綜疑有他謀，就寢自若。明日大閱，申嚴號令，賞其高彊，罰其不進者，卒亦無事。性寬裕，善治劇，於姦惡不少恕。官累中散大夫，卒。

宗回字子發，累官相州觀察使。徽宗立，進彰德軍留後。歷安國、保信、鎮南、保平軍節度使，檢校司空，封永陽、寧海、安康、漢東郡王，開府儀同三司。崇寧初，有告其陰事者，詔開封府鞫實，御史中丞吳執中臨問，宗回惶懼，上還印綬，以太子少保致仕。言者不已，削官爵流郴州。行二日，聽家居省咎。踰年，盡還其故官。

宗回少驕恣，有小才，嘗權羣牧都監，數以蕃息被賞。出知蔡州，擒劇賊，殲其黨類。歲饑，發廩興力役，饑者得濟，而官舍帑廩一新。欽聖后服除，起奉朝請，繼命止朝朔望。卒，年六十二，帝制服苑中，贈檢校少師，謚曰榮縱。





宗良字景弼，歷秀州刺史、利州觀察使、昭信軍留後，奉國、清海、鎮東、武寧、寧海軍節度使，永嘉郡王，開府儀同三司。欽聖后臨朝時，嘗爲陳瓘論其與蔡京相結。及預政事，亦能恪共自守。宣和中，卒，年六十六，贈少保。

張敦禮，熙寧元年選尚英宗女祁國長公主，授左衞將軍、駙馬都尉，遷密州觀察使。元祐初，疏言：「變法易令，始於王安石，成於蔡確。近者退確進司馬光，以臣觀之，所得多矣。」進武勝軍留後。

章惇爲政，言：「敦禮忘德犯分，醜正朋邪。密封章疏，詆毀先烈。引譽罪首，謂當褒崇，欲其黨儔盡見收用。」乃責授左千牛衞大將軍，勒止朝參。徽宗立，有司以敦禮在貴籍，奏審恩賜，帝與欽聖后皆以爲當與。惇等執前疏，欽聖曰：「戚里何必預知朝廷事，當時罰亦太重矣。」復和州防禦使，進保信軍留後。

崇寧初，拜寧遠軍節度使。諫官王能甫言：「敦禮以匹夫之賤，一日而富貴具焉。神宗親愛隆厚，禮遇優渥，而敦禮詆毀盛德，罪大謫輕。今復與之節鉞，無乃傷陛下『紹述』之志乎！」乃奪節，仍爲集慶軍留後。大觀初，復節度寧遠軍，徙雄武。卒，贈開府儀同三司。

任澤字天錫，仙遊夫人母弟也。英宗入繼大統，召至延和殿，授西頭供奉官，賜第一區，寵賚甚厚。神宗時，累遷皇城使，領昌州刺史。護仙遊柩遷祔于濮園，眞拜嘉州刺史。卒，贈崇信軍節度使，謚曰恭僖，賜墓寺，寺額爲「旌孝」。澤起田里，際會恩寵，能自安繩檢。帝欲廣其居，固辭。當任子，弗請，其篤謹如此。

## 校勘記

〔一〕左龍武將軍　「將」字原脫，據宋會要帝系八之四七、東都事略卷一二五李崇矩傳附遵勗傳補。

〔二〕鎭國軍　歐陽修歐陽文忠公文集卷三二李公墓誌銘、隆平集卷九本傳、東都事略卷一二五李遵勗傳都作「鎭潼軍」。

〔三〕慈聖光獻皇后　「獻」原作「憲」，據本書卷二四二本傳、卷二五八曹彬傳改。

〔四〕中太一宮使　「中」字原脫，據長編卷四二五、東都事略卷一一九本傳補。又據長編卷三〇三、三〇八，曹佾領中太一宮使和封濟陽郡王都在兼中書令後。





〔五〕岷城軍缺　「軍」，長編卷二五二、長編紀事本末卷八五都作「阜」。

〔六〕京東西路安撫使　「東」字原脫，據本書卷三二一楊繪傳補。

# 宋史卷四百六十五

## 列傳第二百二十四

### 外戚下

孟忠厚　韋淵　錢忱　邢煥　潘永思　吳益 弟蓋　李道　鄭興裔　楊次山

孟忠厚字仁仲，隆祐太后兄、追封咸寧郡王彥弼子也。后退居瑤華宮，哲宗恩眷不衰，故忠厚得以仕進。宣和中，官至將作少監。靖康元年，知海州，召權衞尉卿。金人圍城，后宮火，出居忠厚家，由是免北遷。金兵退，張邦昌迎后聽政，后遣忠厚持書遺康王。王卽位，將迎后，授忠厚徽猷閣待制，提舉一行事務，尋兼幹辦奉迎太廟神主事。

帝幸揚州，除顯謨閣直學士，臺諫交章論列，帝以太后故，難之。后聞，卽命易武秩，遂授常德軍承宣使，幹辦皇城司。未幾，奉太后幸杭州。苗傅亂平，趙鼎謂張浚曰：「太后復





辟，其功甚大，當推恩外家。」浚乃奏忠厚寧遠軍節度使。尋奉太后幸南昌，歸至越，以母憂解職。

頃之，后崩，以祔廟恩，起復鎭潼軍節度使[一]，開府儀同三司。及后大祥，封信安郡王，充禮儀使，奉太后神御幸溫州。紹興九年，判鎭江府，改判明州兼安撫使，改判婺州。既而帝以太后攢會稽，乃命忠厚判紹興府兼修奉攢宮事，加少保。三梓宮歸，充迎護使。及營佑陵，秦檜當爲總護使，憚往，乃除忠厚樞密使以代其行。檜與忠厚僚壻也，然心實忌之。山陵事畢，忠厚欲歸樞密府，檜諷言路引故事論列，遂判福州。

時海寇猖獗，帝憂忠厚不能弭其患，改判建康府，又改判紹興府。會郊赦加恩，謝表有「本無時才，出爲世用」語。中丞詹大方希檜意，論忠厚表辭輕侮，謂今日不足與有爲，遂罷爲醴泉觀使。檜死，召還行在，授保寧軍節度使，判平江府，再改判紹興府，過闕入見，復詔充萬壽觀使，提舉秘書省。二十七年，卒，贈太保。

忠厚奉昭聖太后訓，避遠權勢，不敢以私干朝廷。明受之變，太后垂簾，忠厚乞裁節本家恩澤，如有貪緣，令三省執奏。御史劾秦檜當國，親姻扳援以進，忠厚獨與之忤。自越入見，語所善王銍曰：「忠厚與檜雖有親好，每懷疑心，今欲求一不傷時忌對劄。」銍教之，但言乞免提舉學事而已，然亦見廢。帝以太后擁佑功，故眷忠厚特優。后在瑤華三十年，恩澤

未嘗陳請，詔賜忠厚田三十頃以賞之。既奉內祠，金使至，特命押班，且令月過局，如宰執例。及卒，三子皆除直秘閣，親屬六人各進以一官。

韋淵，顯仁太后季弟也。靖康末，官至拱衛大夫、忠州防禦使、勾當軍頭引見司。金人退，張邦昌遣淵持書遺康王于濟南。王即位，遷親衛大夫、寧州觀察使、知東上閤門事，言：「橫行五司尙未遵元豐舊制，乞倂引進司歸客省，東西上閤門合而爲一，以省冗費。」從之。遂命同管客省、四方館、閤門事。

淵性暴橫，不循法度，帝慮其有過，難於行法，遂遷福建路副總管。淵引疾丐祠，許之。淵乃言，自宣和及今，十二年未嘗磨勘，乞遷秩。吏部言，在法，橫行無以年勞磨勘者，帝遂不許。久之，落階官，除德慶軍節度使。召赴行在，除開府儀同三司。會建康軍帥邊順疾篤，留守呂頤浩奏以淵代，帝不欲以戚里管軍，不許。淵陳乞恩數，帝詢太后家故例，賜田五十頃，房緡錢日二十千。帝久不予淵官，聞太后將入境，乃封平樂郡王，令逆于境上。既從后歸，即令致仕。又詔奉朝請，遷少師。淵在內不得逞，乞致仕，任便居住。從之。未幾，帝恐其肆橫於外，復詔落致仕，還居賜第。太后朝景靈宮，淵見后，出言詆毁，詔



侍御史余堯弼即其家鞫治，淵具伏誣罔，責授寧遠軍節度副使，袁州安置。數年復故職，累遷太保、太傅。卒，贈太師。子三人：訊、謙、讜。

訊，紹興中，官至達州刺史，坐過，用太后旨降武德郎，與嶺外監當。謙好學能詩，官至建康軍節度使。

謙子璞，淳熙末，仕至太府少卿。高宗崩，擢司農少卿，爲金國告哀使。金主錫宴，其館使欲用樂，璞不可，自朝至夜漏下三十刻，金人不能奪。及入見，其閤門令璞吉服入，璞又不可。日將中，乃以凶服見。紹熙初，除煥章閣，論者以爲非祖宗舊制，遂換授明州觀察使，十年不遷。寧宗嘉其恬退，授淸遠軍節度使，致仕。卒，贈太尉。

錢忱字伯誠，吳越王俶五世孫。父景臻，尙仁宗第十女秦魯國大長公主，生忱，神宗命賜名，除莊宅副使、駙都尉。

帝嘗諭景臻曰：「主賢，宜有子，爲擇嘉配。」娶唐介孫女，又晁迥外孫。忱從二家遊，伯父勰在翰苑，因得識一時名卿。哲宗愛之，常使侍左右。徽宗覃八寶恩，爲邕州觀察使，遷武寧軍觀察留後。喜其靖

共，除瀘川節度使。欽宗加檢校少保，尋納節。高宗立，復拜檢校少保、瀘川節度使、中太一宮使，御書「忠孝之家」四字賜之，進開府儀同三司。紹興十五年，以秦魯主終喪，除少保，封榮國公。三十年，遷少師，仍舊節，致仕，給眞奉。明年卒，年八十餘，贈太師。子端禮，自有傳。

邢煥字文仲，開封人。以父任調孟州汜水縣主簿，監在京藥局、平準務、茶場，以勞改宣德郎、莫州司錄。移知開封府陽武縣，都大提舉開德、大名府堤埽。歷開封府士、工、儀曹。

詔納其女爲康王妃。靖康初，主管亳州明道宮。王即位，升右文殿修撰，進徽猷閣待制。諫議大夫衞膚敏言，后父不當班從臣，遂改光州觀察使，除樞密都承旨。煥屢奏馬伸言事切當，宗澤忠勞可倚，黃潛善、汪伯彥誤國，其言多所裨益。苗、劉之變，煥自度不能爭，酒病免。兼提舉萬壽觀，求去不已，改遷保靜軍承宣使。

江州太平觀，遂徙居忠州。

紹興二年，入對，首陳川、陝形勢利害，請幸荊南，分兵以圖恢復，凡數百言，帝甚嘉之。



復以爲都承旨，引疾不拜。擢慶遠軍節度使，提舉洞霄宮。

煥涉學有文，節儉自持，未嘗恃恩私請，識者取焉。是年，卒，贈開府儀同三司，謚恭簡，加贈少師，追封嘉國公。

潘永思，賢妃叔父也。妃初進封，詔以梁師成第賜永思。建炎初，爲閤門宣贊舍人、帶御器械。

元祐太后在虔，帝遣永思迎歸，權三省、樞密事。盧益頗與之交結，爲諫官吳表臣所論，范宗尹請出永思，帝曰：「未可，姑罷祿以困之，庶知悔過。」遂奪職。既而辛企宗言永思嘗捕魔賊有功，復爲帶御器械。

未幾，大理推治僞告，事連永思，帝曰：「永思雖戚里，既有過，安可廢法！」乃罷職就逮。獄成，追一官。尋復爲閤門宣贊舍人，遷同知閤門事。永思乞增給殮錢，戶部言其不應格法，乃止。紹興八年，自右武郎擢右武大夫，知閤門事，尋卒。

吳益字叔謙，蓋字叔平，俱憲聖皇后弟也。益，建炎末，以恩補官，累遷幹辦御輦院、帶御器械。蓋，紹興五年，以恩補官，累遷宣贊舍人。帝與后皆喜翰墨，故益、蓋兄弟師法，亦有書名。后受册推恩，益加成州團練使，蓋加文州刺史。帝爲置皇后宅大小學教授，以王鎡爲之。鎡明經，善訓導，益、蓋折節事之。

益娶秦檜長孫女，又與王繼先交相薦引，故三家姻族皆躐美官。益歷官至保康軍節度使，加太尉、開府儀同三司〔二〕。初既建節，以檜故，授文資，直秘閣。檜進徽宗御製，辭免加恩，帝乃特命賜益三品服，累加秘閣修撰，直徽猷閣。以檜提舉編修寬恤詔令，又加益直寶文閣。檜死，其子熺復請於帝，又升敷文閣待制。中丞湯鵬舉言，益以庸瑣之才，恃親昵之勢，乞褫職名，以示至公。帝謂：「鵬舉所論甚切當，然朕於奠檜日，諭檜妻子，許以保全其家，今若遽出其壻則傷恩，臣僚無得更有論列。」自是不復遷。顯仁太后葬，爲攢宮總護使，始進少保。孝宗嗣位，進少傅，又進太師，封太寧郡王。乾道七年，卒，年四十八，謚莊簡，追封衛王。

蓋官至寧武軍節度使〔三〕，亦累升太尉、開府儀同三司、少保，封新興郡王。乾道二年，卒，年四十二。贈太傅，追封鄭王。





益子琚，習吏事，乾道九年，特授添差臨安府通判，其後歷尚書郎、部使者，換資至鎮安軍節度使，復以才選，除知明州兼沿海制置使。寧宗初，乃得祠，奉朝請。尋知鄂州，再知慶元府，位至少師，判建康府兼留守，卒。方孝宗崩，光宗以疾不能執喪，大臣請太后垂簾，册立寧宗。琚言於后曰：「垂簾可暫不可久。」后遂以翌日徹簾。琚嘗使金，金人嘉其信義。琚死後，宋遣使至金議和，屢不合，金人言南使中惟吳琚言爲可信。

琚弟璹，仕至保靜軍節度使。蓋子瓌，亦至昭化軍節度使。

李道字行之，相州人。其中女爲光宗后。初，道與兄旺聚衆歸宗澤，澤因事斬旺，命道掌其軍。澤薨，道引軍依襄陽鎭撫使桑仲，仲以爲副都統制兼知隨州，奏于朝，授武義郎、閤門宣贊舍人。仲爲霍明所殺，道與統制李横率兵縞素圍明于郢，明亡去。劉豫遣人持書招道，道不從，執其使以聞，詔嘉獎之。豫怒，遣將穆楷攻道，道拒破之。除郢、隨州鎭撫使兼知鄧州。時李横已命別將守鄧，道憚横，不敢受，遂命仍知隨州。樞密院以道能察軍情，不受鎭撫之命，理宜褒賞。詔領榮州團練使，進武義大夫。胡安中守唐州，勢孤不能自立，遂附豫。道招之，安中復來歸。會李成入寇，鎭撫使李横棄襄陽去，道亦棄隨南歸，至江州。詔道屬岳飛爲選鋒軍統制，入唐州，擒僞將，除唐鄧郢州、襄陽都統制。從飛收復襄陽等郡，授行營護軍。累至復州防禦使、果州觀察使。戍鄂州，加中侍大夫、武勝軍承宣使，又升御前諸軍統制。

武興蠻楊再興連歲寇掠，道破其衆，擒再興及其二子，遷保寧軍承宣使。羣盜朱持等聚桂陽，詔道移軍衡州經理，道遣高仲等擊平之。落階官，加龍、神衞四廂都指揮使，遷鎭南軍承宣使。

金將渝盟，命道以所部戍荊南府。帥臣劉錡奏改爲御前前軍、右軍，就命道統之。錡召奏事，道代爲御前諸軍都統制。金將劉士尃屯光化境，道掩擊，焚其舟，尃遂遁去。尋因大將言道與鄂帥不協，罷。踰年，起授捧日、天武四廂都指揮使，知荊南府。

隆興初，湖北諸司劾其過，帝曰：「道恃戚里妄作，可罷。」久之，再爲湖北副總管。及卒，乃拜慶遠軍節度使，贈太尉，謚忠毅。后既貴，進封楚王。孫孝友、孝純，皆至節度使。

鄭興裔字光錫，初名興宗，顯肅皇后外家三世孫也。曾祖紳，封樂平郡王。祖翼之，陸海軍節度使。父藩，和州防禦使。興裔早孤，叔父藻以子字之，分以餘貲，興裔不受，請立





義莊贍宗族。及藻沒，遂解官致追報之義。初以后恩授成忠郎，充幹辦祗候庫。聖獻后葬，充攢宮內外巡檢，累至江東路鈐轄。

乾道初，建康留司請治行宮備巡幸，興裔奏勞人費財，乞罷其役，且言都統及馬軍帥皆非其人。徙福建路兵馬鈐轄，過闕入見，詢以守令臧否，興裔條析以對。帝曰：「卿識時務，習吏事，行當用卿。」會復置武臣提刑，就命爲之，加遙領高州刺史。郡縣積玩，檢驗法廢，興裔創爲格目，分畀屬縣，吏不得行其姦，因著爲令。

建、劍、汀、邵鹽筴屢更，漕臣請易綱運爲鈔法，興裔極言其不可。海寇倏去忽來，調兵常無及，興裔請置澳長，寇至徑率民兵禦之。又言禁兵事藝不精，多充私役，乞行禁止；尉以捕盜改秩，多僞，當加審實。帝善其數論事，詔加成州團練使。

時傳聞金欲敗盟，召興裔爲賀生辰副使〔四〕以覘之，使還，言無他，卒如所料。累差浙東、浙西、江東提刑，請祠以歸。尋詔知閤門事兼幹辦皇城司，又兼樞密副都承旨。軍婦楊殺鄰舍兒，取其臂釧而棄其屍，獄成，刑部以無證左，出之。命興裔覆治得實，帝喜，賜居第。丁母憂去官，服闋，復故職，除均州防禦使。

再使金，還，遷潭州觀察使。復請祠，起知廬州，移知揚州。揚與廬爲鄰。初，興裔在廬嘗卻鄰道互送禮，至是按郡籍，見前所卻者有出無歸，遂奏嚴其禁。揚有重屯，糧乏，例糴

他境，興裔搜括滲漏以補之，食遂足。民舊皆茅舍，易焚，興裔貸之錢，命易以瓦，自是火患乃息。又奏免其償，民甚德之。修學宮，立義塚，定部轄民兵升差法，郡以大治。楚州議改築城，有謂韓世忠遺基不可易者，命興裔往視，既至，闢地丈餘增築之。帝閱奏，喜曰：「興裔不吾欺也。」

紹熙元年〔五〕，遷保靜軍承宣使，召領內祠，充明堂大禮都大主管大內公事。寧宗即位，除知明州兼沿海制置使。告老，授武泰軍節度使。卒，年七十四，贈太尉，謚忠肅〔六〕。

興裔歷事四朝，以材名結主知，中興外族之賢，未有其比。子三人：挺以橫行團練使歷淮、襄兩道帥，損登進士甲科，與抗皆有位于朝。

楊次山字仲甫，恭聖仁烈皇后兄也，其先開封人。曾祖全，以材武奮，靖康末，捍京城死事。祖漸，以遺澤補官，仕東南，家于越之上虞。

次山儀狀魁偉，少好學能文，補右學生。后受職宮中，次山遂霑恩得官，積階至武德郎。后爲貴妃，累遷帶御器械、知閤門事。丐祠，除吉州刺史，提舉佑神觀。后受册，除福州觀察使，尋拜岳陽軍節度使。后謁家廟，加太尉。韓侂胄誅，加開府儀同三司。尋進少





保，封永陽郡王。南郊恩加少傅，充萬壽觀使。致仕，加太保，授安德軍、昭慶軍節度使，改封會稽郡王。

次山能避權勢，不預國事，時論賢之。嘉定十二年，卒，年八十一，贈太師，追封冀王。子二人。

谷至太傅、保寧軍節度使，充萬壽觀使、永寧郡王。

石字介之，乾道間入武學，以恭聖仁烈后貴，賜第。慶元中，補承信郎，差充閤門看班祗候，尋帶御器械。嘉泰四年，充賀正旦接伴使。時金使頗驕倨，自矜其善射，石從容起，挽弦三發三中的，金使氣沮。嘉定改元，除揚州觀察使、知閤門事，進保寧承宣使。久之，授保寧節度使，提舉萬壽觀，奉朝請，進封信安郡侯。十五年，以檢校少保進封開國公。

寧宗崩，宰相史彌遠謀廢皇子竑而立成國公昀，命石與谷白后，后不可，曰：「皇子，先帝所立，豈敢擅變。」谷、石凡一夜七往反以告，后終不聽。谷等拜泣曰：「內外軍民皆已歸心，苟不從，禍變必生，則楊氏且無噍類矣！」后默然良久，曰：「其人安在？」彌遠等召昀入，遂矯詔廢竑爲濟王，立昀，是爲理宗。授開府儀同三司，充萬壽觀使。

時寶慶垂簾，人多言本朝世有母后之聖。石獨曰：「事豈容概言？昔仁宗、英宗、哲宗嗣位，或尚在幼沖，或素由撫育，軍國重事有所未諳，則母后臨朝，宜也。今主上熟知民事，天下悅服，雖聖孝天通，然不早復政，得無基小人離間之嫌乎？」乃密疏章獻、慈聖、宣仁所以臨朝之由，遠及漢、唐母后臨朝稱制得失上之，后覽奏，即命擇日徹簾。進石少保，封永寧郡王。以壽明慈睿仁福三册太后寶，進至太傅。

石性恬澹，每拜爵命必力辭。恭聖祔廟，除太師。兄谷疑於辭受，石力言曰：「吾家非有元勛盛德，徒以恭聖故致貴顯，曩吾父不居是官，吾兄弟今偃然受之，是將自速顚覆耳。矧恭聖抑遠族屬，意慮深遠，言猶在耳，何可遽忘？」乃合疏懇辭，至再三，不受。及屬疾，除彰德、集慶節度使，進封魏郡王。卒，年七十一，贈太師。

## 校勘記

〔一〕起復鎮潼軍節度使　「潼」原作「海」，據繫年要錄卷四五、汪藻浮溪集卷一一孟忠厚特授起復制改。

〔二〕開府儀同三司　「開府」二字原脫，據曹勛松隱文集卷三五吳益墓誌銘補。

〔三〕寧武軍節度使　「寧武」二字原倒，據同上書同卷吳蓋墓誌銘、繫年要錄卷一七二改。

〔四〕賀生辰副使　「副」字原脫。按鄭興裔副韓元吉爲賀金主生辰使，見金史卷六一交聘表；周必大周益國文忠公集平園續稿卷三〇鄭興裔神道碑正作「副使」。據改。





〔五〕紹熙元年　「紹熙」原作「紹興」，據周益國文忠公集平園續稿卷三〇鄭興裔神道碑改。

〔六〕忠肅　周益國文忠公集平園續稿卷三〇鄭興裔神道碑作「惠肅」。

# 宋史卷四百六十六

## 列傳第二百二十五

### 宦者一

竇神寶　王仁睿　王繼恩　李神福弟神祐　劉承規　閻承翰
秦翰　周懷政　張崇貴　張繼能　衞紹欽　石知顒孫全彬
鄧守恩

宋世待宦者甚嚴。太祖初定天下，掖庭給事不過五十人，宦寺中年方許養子爲後。又詔臣僚家毋私蓄閹人，民間有閹童孺爲貨鬻者論死。去唐未遠，有所懲也。厥後，太宗却宰相之請，不授王繼恩宣徽；眞宗欲以劉承規爲節度使，宰相持不可而止。中更主幼母后聽政者凡三朝，在於前代，豈非宦者用事之秋乎！祖宗之法嚴，宰相之權重，貂璫有懷姦慝，旋踵屛除，君臣相與防微杜漸之慮深矣。





然而宣政間童貫、梁師成之禍，亦豈細哉！南渡苗、劉之逆，亦宦者所激也。坊記曰：「君子之道，辟則坊與！大爲之坊，民猶踰之。」可不戒哉！作宦者傳。

竇神寶，父思儼，五代時爲內侍，宋初皇城使。兄神興，左領軍衞大將軍致仕。神寶初爲黃門，太平興國中，從征太原，擐甲登城，中流矢，稍遷入內高品，監幷州戍兵。屢出襲賊，前後破砦三十六，斬千餘級，大獲鎧甲、牛馬、橐駝，因築三砦。詔褒之。九年，命與尹憲屯夏州，時岌伽羅膩等十四族久叛，神寶率兵大破之，焚其廬帳，斬千餘級，虜獲甚衆。

雍熙中，朝廷遣使綏、宥、麟、府州，募邊部願攻契丹者，賜以金帛。神寶上言：「狠子野心，由此或生邊隙。」乃止。俄轉殿頭高品。淳化中，使河東，閱視堡柵兵騎。慕容德豐自邢臺徙延州，未至郡，詔神寶乘傳權州事。環州近邊內擾，與陳德玄討之，破牛家族二十八部，且規度通遠入靈武路，就命環慶同駐泊。牛家族復結衆叛，又破之，殲餘黨於極泉鎭，獲其渠帥九人。西戎寇鄜，以援之之勞，遷供奉官，與田紹斌部送靈州芻糧，即命駐泊。本繼遷入寇，與慕容德豐襲破其堡砦，焚帳幕，獲人畜數萬計。連詔嘉奬，遷內殿崇班。至道初，繼遷再寇靈武，神寶遣人間道告急闕下。賊圍之歲餘，地震二百餘日，城中糧糗皆竭，潛遣人市糴河外，宵運以入。間出兵擊賊，賊引去，以功拜西京作坊副使。又命于浦洛河、清遠軍援芻糧，與楊允恭議造小車三千，運糧至環州。三年，遷西京左藏庫副使。出使靈武，還，奏對稱旨，面授供備庫使。

咸平中出爲高陽關鈐轄，徙貝、冀巡檢。會原州野俚族三千餘衆徙帳于順成谷，大蟲堪與熟魏族接戰，詔神寶和洽之，至則定其經界，遣悉還舊地。入爲內侍右班副都知。眞宗朝陵，留與劉承珪同掌大內事。大中祥符初，勾當三班院，又掌諸王宮事。遷西京左藏庫使、領密州刺史兼掌往來國信。

神寶涖職精恪，性吝嗇，畜貨鉅萬。天禧初，以皇城使罷內職。三年，卒，年七十一。錄其子守志爲入內供奉官。

王仁睿，不知何許人。年十餘歲，事太宗于晉邸，服勤左右，甚淳謹；及即位，宣傳指揮頗稱旨。歷入內小底都知、洛苑副使。命典宮闈出納之命，最居親近。嘗與柴禹錫等發秦邸陰事。雍熙四年被疾，遣太醫診視。卒，年四十一，特贈內侍省內侍。國朝以來，內侍都知、押班不領他職。淳化、至道後，皆內殿崇班以上兼充，多至諸司





使，有領觀察使者，沒皆有贈官，官給葬事。

舊制，內侍人許養一子，以充繼嗣。開寶四年，以其爭財起訟，詔自今滿三十無養父者，始聽養子，仍以其名上宣徽院，違者準前詔抵死。咸平中，徐志通爲温、台等州巡檢，坐取李歡男四人爲假子，又縱卒略民家小兒，致其母抱兒投海死，決杖配掃灑班，復申前詔以戒厲之。

王繼恩，陝州陝人。周顯德中爲內班高品。初養於張氏，名德鈞。開寶中求復本宗，太祖召見，許之，因賜名焉。累爲內侍行首。

會討江南，與竇神興等部禁兵及戰船抵采石。九年春，改裏面內班小底都知，賜金紫。十月，加武德使。太祖崩，副杜彥圭案行陵地，尋充永昌陵使。太平興國三年，遷宮苑使。久之，領河州刺史，掌軍器弓槍庫。

雍熙中，王師克雲、朔，命繼恩率師屯易州，又爲天雄軍駐泊都監。自岐溝關、君子館敗績之後，河朔諸路爲契丹所擾，城壘多圮。四年，詔繼恩與翟守素、田仁朗、郭延濬分路按行增築之。及遣將北伐，又爲排陣都監，屯中山。改皇城使。端拱初，領本州團練使，又爲鎭、定、高陽關三路排陣鈐轄〔一〕。淳化初，賜甲第一區。五年，加昭宣使，勾當皇城司。

李順亂成都，命爲劍南兩川招安使，率兵討之。軍事委其制置，不從中覆。管內諸州繫囚，非十惡正贓，悉得以便宜決遣。二月，命馬步軍都軍頭王杲趣劍門、崇儀使尹元由峽路分遣討賊，並受繼恩節度。詔前軍所至，其賊黨敢抗王師者，卽須殺戮；如本非同惡，受制凶徒，先被脅從今能歸順者，悉釋其罪。四月，繼恩由小劍門路入研石砦破賊，斬首五百級，逐北過靑彊嶺，平劍州，進破賊五千于柳池驛，斬千六百級，賊衆望風奔走，殺戮溺死者不可勝計。又克閬、綿二州。五月，至成都，破賊十萬餘，斬首三萬級，獲順及鎧甲、僭僞服用甚衆。

朝議賞功，中書欲除宣徽使。太宗曰：「朕讀前代史書，不欲令宦官預政事。宣徽使，執政之漸也，止可授以他官。」宰相力言繼恩有大功，非此任無足以爲賞典。上怒，深責相臣，命學士張洎、錢若水議別立宣政使，序位昭宣使上以授之。進領順州防禦使〔二〕。

繼恩握重兵，久留成都，轉餉不給，專以宴飲爲務。每出入，前後奏音樂。又令騎兵執博局棋枰自隨，威振郡縣。僕使輩用事恣橫，縱所部剽掠子女金帛，軍士亦無鬬志。餘賊迸伏山谷間，州縣有復陷者。太宗知之，乃命入內押班衞紹欽同領其事。又遣樞密直學士張鑑、西京作坊副使馮守規〔三〕乘傳督其捕賊。議分減師徒出蜀境，以便糧運。

高品王文壽者，隸繼恩麾下，繼恩遣領虎翼卒二千，分遂州路追討。文壽御下嚴急，士卒皆怨。一夕臥帳中，指揮使張嶙遣卒排闥入，斬文壽首以出。會夜昏黑，嶙猶疑其非，然





炬照之，曰：「是也。」時嘉州賊帥張餘有衆萬餘，嶙卽以所部與之合，賊勢甚盛。初奏至，太宗欲盡誅軍人妻子，近臣或請勿殺，悉索營中書，遣帥招撫，諭以釋罪，親屬皆全，必自引來歸，因可破賊。上然之，令巡檢程道符諭旨。亡卒斬嶙，函首送繼恩，皆自拔來歸。因使爲鄉導擊賊，悉平之。

至道二年春，布衣韓拱辰詣闕上言：「繼恩有平賊大功，當秉機務，今止得防禦使，賞甚薄，無以慰中外之望。」上大怒，以拱辰惑衆，杖脊黥面配崖州。俄召繼恩。太宗崩，命與李神福按行山陵，加領桂州觀察使。

繼恩初事太祖，特承恩顧。及崩夕，太宗在南府，繼恩中夜馳詣府邸，請太宗入，太宗忠之，自是寵遇莫比。喜結黨邀名譽，乘間或敢言薦外朝臣，由是士大夫之輕薄好進者從之交往，每以多寶院僧舍爲期。有潘閬者能詩詠，賣藥京師，繼恩薦之，召見，賜進士第。尋察其狂妄，追還詔書。

及眞宗初，繼恩益豪橫，頗欺罔，漏泄機事，與參知政事李昌齡緘題往來，多請託，至有連宮禁者。素與胡旦善，時將加恩，密諉其爲褒辭。又士人詩頌盈門。上惡其朋結，黜爲右監門衞將軍，均州安置，籍沒貲產，多得蜀土僭擬之物。昌齡責忠武軍節度行軍司馬，旦削籍，長流潯州。詔中外臣僚曾與繼恩交識及通書尺者，一切不問。

咸平二年，卒於貶所，遣使將其家屬還京師，假官舍處之。四年，聽歸葬。大中祥符三年，特詔追復官爵，以白金千兩賜其家。子懷珪，轉入內高班。

李神福，開封人。父繼美，仕後唐爲內侍，顯德初爲御廚都監。時內臣止以服色爲貴，太祖特賜紫，後至右領軍衞將軍。神福少給事晉王府，謹恪解上意，未嘗少怠。太宗卽位，授入內高品。從征太原，攻城之際，往來梯衝間宣傳詔命，卽行在所遷殿頭。太平興國六年，擢入內高品押班，遷副都知、勾當翰林司，轉入內內班都知，兼勾當祗候內品班。淳化四年，遷崇儀副使、勾當皇城司。屬初易黃門之號，轉入內黃門都知，俄加宮苑使。太宗好筆札，神福每侍側，多獲別本之賜。及不豫，神福朝夕左右，躬侍藥膳。

眞宗卽位，遷皇城使、內侍省入內內侍都知，領恩州團練使、勾當永熙陵行宮事。時模寫太宗聖容，以神福立侍。未幾，求罷都知，加昭宣使、勾當皇城司，賜第宮城側，遣修內工爲葺之。咸平二年秋，閱兵東郊，以神福爲大內都部署。是冬，幸大名，與王繼英並爲行宮使。四年，勾當三班，部修含光殿，賜賚甚優。景德初，兼領親王諸宮使。三年，改宣政使。從謁諸陵，復爲行宮使。進幸西京，賜酺，命神福主其事。





大中祥符初，天書降夕，神福與劉承珪、鄧永遷、李神祐、石知顒、張景宗、藍繼宗同直禁中，賜以器幣、緡錢。京師酺會，又令神福與白文肇、閻承翰同典之。是歲封泰山，與曹利用同經度行宮道路。及車駕進發，又爲行宮使。禮畢，授宣慶使，領昭州防禦使，整肅禁衞。先是，諸司使止于宣政，故特置使額以寵之。三年，卒，年六十四。贈潤州觀察使。

神福性恭愿和易，每爲衞紹欽所詬罵，皆引避不校。在禁闥五十年，稱爲長者。然久掌三班，無規制，遠近失敘，有請託者不能拒之，人譏其所守。子懷斌、懷贇。弟神祐。

神祐，初以父任授殿頭高品。太祖將納孝章皇后，命神祐奉聘禮于華州。乾德五年，征太原，負御寶從行。開寶二年，又從征太原，時有詔緣邊和市軍儲，車駕在潞州聞之，且慮擾民，令神祐馳驛止之。時詔下已五日，神祐一夕而及晉陽。一日，甲士旣陣，賊潛縱火焚梯衝，亟命神祐部衞兵爲援，斬賊甚衆，餘悉潰去。王師伐廣州，隨軍賞給。劉鋹平，先部帑藏之物赴京師。及土寇周瓊等叛，又副尹崇珂討平之。六年〔四〕，隨曹彬南征。克關城，擒僞將朱令贇，命神祐馳入獻捷書，賜錦袍、金帶。

太宗卽位，遷南作坊副使。錢俶歸朝，命神祐往按府藏之積。再征太原，領工徒千人隨駕，以備繕完甲兵。劉繼元表納降款，太宗陳儀衞城北臺以受之，繼元移時未至，神祐

馳單騎入城，俄頃，引繼元至。及北伐燕薊，命與劉廷翰〔五〕統精騎爲大陣之援。車駕還，又令率兵屯定州以備契丹。太平興國六年，滑州治河防，材葦未具，命神祐馳往垣曲，伐薪蒸四百萬以濟其用。七年，契丹寇邊，命領兵屯瀛州，俄改崇儀使，提點左右藏庫，遷洛苑使。至道初，西鄙不寧，命爲靈、環排陣都監，率衆至烏白池而還。俄駐永興，復護糧運抵朔方。

眞宗嗣位，轉內園使、邠州都監。車駕北巡，改天雄軍都監、子城內巡檢。時北兵充斥，道途阻塞，命神祐單騎諭密旨於諸將。敵騎數百忽至，神祐乃周麾而呼，若召伏兵，敵懼而逃，遂達其命。俄充邢州排陣都監，勾當西八作司。景德初，上幸澶州，領隨駕壕砦。

三年，遷入內都知。從東封還，遷南作坊使。時內侍將遷秩，有扈從升山、不升山或不預從祀者，令神祐第其勤狀，上親閱而敍遷之。有范守遜、皇甫文、史崇貴、張延訓等，皆嘗有譴累而互陳勞効，且言神祐等品第非當，泣訴于上，止而復來者數四。守遜等先改內常侍，上怒，悉停其官。神祐洎石知顒、副都知張景宗、藍繼宗並坐削職。尋掌御廚七年，卒，年六十六。大中祥符六年，錄其孫永和爲三班奉職。神祐性謹愿，曉音律，頗好篇詠。

子懷昷，太宗時嘗請爲道士，後復內侍。多屯邊郡，常持大鐵鞭以鬭賊，屢中流矢，至供奉官。懷儼爲內殿崇班。





劉承規字大方，楚州山陽人。父延韶，內班都知。承規，建隆中補高班，太宗卽位，超拜北作坊副使。時泉帥陳洪進歸朝，遣承規疾置封其府庫。會士民嘯聚爲寇，承規與知州喬維岳率兵討定之。太平興國四年，命與內衣庫使張紹勍等六人率師屯定州，以備契丹，又護滑州決河。雍熙中，勾當內藏庫兼皇城司，出爲鄜延路排陣都監，改崇儀使，遷洛苑使。至道中，與周瑩同簽書提點樞密、宣徽諸房公事，仍加六宅使。承規懇辭，帝雖不許而嘉其退讓。

眞宗立，瑩爲宣徽使，以承規領勝州刺史、簽書宣徽院公事。尋讓宣徽之務，加莊宅使。咸平三年，遷北作坊使。時邊境未寧，議修天雄軍城壘，命承規乘傳經畫，又命提舉內東、崇政殿等諸門，遷宮苑使。上詢承規西事，請益環州木波鎮戍兵，以爲諸路之援，從之。俄兼勾當羣牧司。

景德二年，與李允則使河間，按視嘗經戰陣等處將卒之勞。是歲，置官提舉京師諸司庫務，以承規領之。所創局署，多所規制。改皇城使。與林特、李溥議更茶法。四年，三司上言新課增羨，承規以勞加領昭州團練使。

大中祥符初，議封泰山，以掌發運使遷昭宣使、長州防禦使。會修玉淸昭應宮，以承規爲副使。祀汾陰，復命督運。議者以自京至河中，由陸則山險，具舟則湍悍，承規決議水運，凡百供應，悉安流而達。自朝陵、東封及是皆留掌大內。禮成，當進秩，表求休致，手詔敦勉，仍作七言詩賜之。拜宣政使、應州觀察使。

五年，以疾求致仕。修宮使丁謂言承規領宮職，藉其督轄，望勿許所請，第優賜告詔，特置景福殿使名以寵之，班在客省使上。仍改新州觀察使，上作歌以賜。承規以廉使月稟歸於有司，手詔褒美，復定殿使奉以給之。本名承珪，以久疾羸瘵，上爲取道家易名度厄之義，改珪爲規。疾甚，請解務還私第，聽之。仍許皇城常務上印日，內藏庫有創制，就取商度。又再表求罷，官檢校太傅、左驍衞上將軍、鎭江軍節度、安遠軍節度觀察留後致仕。七月卒〔六〕，年六十四。廢朝，贈左衞上將軍、鎭江軍節度，謚曰忠肅。

承規事三朝，以精力聞，樂較簿領，孜孜無倦。自掌內藏僅三十年，檢察精密，動著條式。又製定權衡法，語在律曆志。性沈毅徇公，深所倚信，尤好伺察，人多畏之。上崇瑞命，修祠祀，飾宮觀，承規悉預聞。作玉淸昭應宮，尤爲精麗。屋室有少不中程，雖金碧已具，必毀而更造，有司不敢計所費。二聖殿塑配饗功臣，特詔塑其像太宗之側。承規遇事亦或寬恕，鑄錢工常訴本監前後盜銅瘞地數千斤，承規佯爲不納，因密遣人發取送官，不問其罪。咸平中，朱昂、杜鎬編次館閣書籍，錢若水修祖宗實錄，其後修册府元龜、國史及編著讐校之事，承規悉典領之。頗好儒學，喜聚書，間接文士質訪故實，其有名於朝者多見禮待，或密爲延薦。





自寢疾惟以公家之務爲念，遺奏求免贈賻詔葬，上甚嗟惜之，遣內臣與鴻臚典喪，親爲祭文。玉淸昭應宮成，加贈侍中，遣內侍鄧守恩就墓告祭。子從愿，爲西染院使。

閻承翰，眞定人。周顯德中爲內侍。入宋事太祖，以謹愿稱。太宗時擢爲殿頭高品，稍遷內侍供奉官、內殿崇班。先是，八作司材木頗有隱弊，承翰建議於都城西置事材場，治材以給之。雍熙中，知廣州徐休復奏轉運使王延範不軌狀，遣承翰馳往同逮捕下獄，就鞫之，考掠過苦，延範遂坐誅。李順亂蜀，命爲川峽招安都監。賊平，授西京作坊副使。會增募金吾兵，以承翰及劉承蘊分充左右金吾都監兼街仗司事，俄罷之。

眞宗卽位，改西京作坊使、內侍左班副都知。咸平三年，河決鄆州王陵埽，遣承翰護塞。時議徙鄆州以避河患，又詔承翰與工部郎中陳若拙乘傳規度，徙于舊治之東南。五年，入內都知韓守英爲鎭、定、高陽關三路排陣都鈐轄，上以其素無執守，議別擇人，因謂宰相曰：「承翰雖無武勇，然涖事勤恪。」乃令代守英。時中山屯兵甚衆，艱於飛輓，承翰請鑿渠，計引唐河水自嘉山至定州三十二里，又至蒲陰東六十二里，合沙河經邊吳泊入界河以濟饋運，亦可旁爲方田，上嘉而從之。渠成，人以爲便，優詔褒之。

景德初，契丹謀寇順安軍，承翰奉詔發雄、霸精兵，與荆嗣、張延同築壘禦之，俄又遣詣德清軍規度重修城壘。車駕北征，承翰先在澶州北城，奏契丹兵在近，請不度河，上不聽，促駕度浮橋。二年，加領康州刺史，勾當羣牧司，多條上馬政，遂兼羣牧副使。時契丹結好，始置國信司主交聘之事，以承翰領之，多所規置。

大中祥符初，改西京左藏庫使，充夏州趙德明加恩官告使。還，請於浦洛河置館，以待夏臺進奉使，上以荒夐勞役，不許。四年，遷內園使、左班都知，領獎州團練使。有西京左藏庫副使趙守倫久典廐牧，至是又掌估馬，與承翰聯職任，雖素爲姻家，然不相得，遂各訟訴，並付御史臺。承翰坐擅用羣牧司錢，當贖金三十斤；守倫坐違制移估馬司，當免所居官；典吏當杖脊。詔寬其罰：承翰贖金十斤，守倫贖金二十斤，典吏亦降從杖。羣牧都監張繼能、判官陳越田轂、勾當騏驥院楊保用、估馬楊繼凝皆釋之，制置使陳堯叟特免按問。

六年，上製內侍箴賜之，承翰表請刻石省中。明年，建應天府爲南京，作鴻慶宮，設太





祖、太宗像，遣承翰自京奉往。授南作坊使、入內都知。未幾，卒，年六十八。贈懷州防禦使。

承翰性剛彊，所至過於檢察，乏和懿之譽。子文應，西京左藏庫使。

秦翰字仲文，眞定獲鹿人。十三爲黃門，開寶中遷高品。太平興國四年，崔彥進領衆數萬擊契丹，翰爲都監，以善戰聞。太宗因加賞異，謂可屬任。雍熙中出爲瀛州駐泊，仍管先鋒事，遷入內殿頭高品、鎭、定、高陽關三路排陣都監。淳化四年，補入內押班。趙保忠叛，命李繼隆率師問罪，翰監護其軍。次延州，翰慮保忠遁逸，卽乘驛先往，矯詔安撫以緩其陰計。王師至，翰又諷保忠以地主之禮郊迎，因並驅而出，保忠遂就擒，以功加崇儀副使。至道初，爲靈環慶州、淸遠軍四路都監。眞宗卽位，加洛苑使、入內副都知。咸平中，河朔用兵，以爲鎭、定、高陽關排陣都監，敗契丹于莫州東，追斬數萬，盡奪所掠老幼。詔褒之，徙定州行營鈐轄。

王均之亂，爲川峽招安巡檢使。時上官正與石普不協，翰恐生事，爲曉譬和解之。親督衆擊賊，中流矢不却，五戰五捷，遂克益州，上手札勞問。翼日，進至廣都，斬首千餘級，獲馬數千匹。歸朝，遷內園使，領恩州刺史。

出爲鎭、定、高陽關前陣鈐轄，又徙後陣，破契丹二萬衆于威虜軍西，俘其鐵林大將等十五人。又爲邠寧、涇原路鈐轄兼安撫都監，率所部按行山外，召戎落酋帥，諭以恩信，凡三千餘帳相率內附。未幾，康奴族拒命，翰與陳興、許均深入擊之，斬級數千，焚其廬帳，獲牛馬甚衆。復與陳興、曹瑋襲殺章埋軍主于武延鹹泊川。詔書加獎，賜錦袍、金帶、白金五百兩、帛五百匹。

景德初，車駕將北巡，先遣翰乘傳往澶、魏裁制兵要，許便宜從事。俄充邢洺路鈐轄，與大軍會德淸軍，張犄角之勢。又召爲駕前西面排陣鈐轄，管勾大陣。翰卽督衆環城浚溝洫以拒契丹。功畢，契丹兵果暴至，翰不脫甲胄七十餘日，契丹乞和，凱旋，留泊澶州。月餘，令率所部兵還京師，加宮苑使、入內都知。出爲涇原儀渭鈐轄。先是，西鄙無藩籬之蔽，翰規度要害，鑿巨塹，計工三十萬，役卒數年而成，不煩於民。就遷皇城使、入內都知。以翰在邊久，宣力勤盡，特置是名以寵異焉。翰表讓，不聽。

大中祥符初，求從東封，手詔諭以西垂委任之異。改昭宣使，又爲羣牧副使，祀汾陰。是歲，夏州屬戶有擾境上者，卽日遣翰往脽上按視，遍巡邊部。及翰至，事寧，復還扈從，凡行在諸司細務，悉令裁決，不須中覆。禮畢，加領平州團練使，奉祀亳州，掌如汾陰。八年，





營葺大內，詔翰參領其事。閏六月，暴卒於內庭之廨，年六十四。上甚悼惜，爲之泣下。贈貝州觀察使，賻襚加等。修內畢，詔遣使以襲衣、金帶賜其家。

翰倜儻有武力，以方略自任。前後戰鬬，身被四十九創。李繼遷之未賓也，翰因使常出入其帳中，無疑間，嘗白太宗言：「臣一內官不足惜，願手刺此賊，死無所恨。」太宗深嘉其忠。

翰性溫良謙謹，接人以誠信，羣帥有剛狠不和者，翰皆得其懽心。輕財好施，與將士同休戚，能得衆心，皆樂爲用。其歿也，禁旅有泣下者。九年，重贈彰國軍節度，詔楊億撰碑文，億以其不蓄財，表辭所賫物，雖朝廷不許，而時論美之。子懷志，內殿崇班。

周懷政，并州人。父紹忠，以黃門事太宗，從征河東，得懷政于亂屍間，養爲子。給事禁中，累至入內高品。大中祥符初，眞宗東封，命修行宮頓遞。及奉泰山天書馳驛赴闕，轉殿頭。天書每出宮，與皇甫繼明並爲夾侍。東封禮成，與內殿崇班康宗元留泰山，修圜臺，轉入內西頭供奉官。祀汾陰，轉東頭。六年，劉承規卒，擢內殿崇班、入內押班、勾當皇城

司。會朝謁太清宮，與閻承翰等同管勾大內事。七年，奉天書摹刻于乾元殿，爲刻玉都監，又爲修兗州景靈宮、太極觀都監，俄遷內殿承制。是冬，命起居舍人、知制誥盛度爲會眞宮醮告使，懷政爲都監。還，爲玉淸昭應宮都監兼掌景靈宮、會靈觀使。刻玉成，遷如京副使。九年，建資善堂，以懷政爲都監。壽丘宮觀成，優賜襲衣、金帶，遷崇儀使。天禧大禮，又爲修奉寶册都監，加領長州刺史，是冬遷洛苑使。二年春，遷左藏庫使。仁宗爲皇太子，命爲入內副都知、管勾左右春坊，轉左騏驥使。三年，領英州團練使，加昭宣使。

懷政日侍內廷，權任尤盛，於是附會者頗衆，往往言事獲從，同列位望居右者，必排抑之。中外帑庫皆得專取，因多入其家。性識凡近，酷信妖妄。有朱能者，本單州團練使田敏廝養，爲人凶狡，遂賂懷政親信，得見，因與侍卒姚斌妄談神怪以誑之。懷政大惑，援能至御藥使、領階州刺史。俄於終南山修道觀，與劉益輩造符命，託神言國家休咎，否臧大臣。時寇準鎭永興〔七〕，能爲巡檢，倚準舊望，欲實其事。準好勝，喜其附己，多依違之。朝臣屢言懷政之妄，眞宗含忍不斥，然漸疏遠之。懷政憂懼，時使小黃門自禁中出，詐稱宣召，入內東門，坐別室，久之而還，以欺同類。會準爲相，踰年而罷，懷政愈畏獲譴，不自安。

四年七月，與弟禮賓副使懷信謀潛召客省使楊崇勳、內殿承制楊懷吉、閤門祗候楊懷



玉會皇城司，期以二十五日竊發，殺丁謂等，復相寇準，奉眞宗爲太上皇，傳位太子。前夕，崇勳、懷吉詣丁謂第密告之，謂卽夜偕崇勳、懷吉至曹利用第計議。翌日，利用入奏，眞宗怒，命收懷政，令宣徽北院使曹瑋與崇勳於御藥院鞫訊，具伏。帝坐承明殿臨問，懷政但祈哀而已，命斬于城西普安寺。父內殿承制紹忠及懷信並杖配復岳州，子姪勒停，貲產沒官。朱能父左武衞將軍致仕諤、母周氏，罰銅百斤，子守昱、守吉分配邵、蔡、道州〔八〕。懷政僕使、親從並杖配海島、遠州，部下使臣貶秩有差。懷政之未敗也，紹忠嘗詬之曰：「斫頭豎子終累我！」懷信謂之曰：「兄前事必敗，宜早詣上首實，庶獲輕典。」及其謀亂，又泣拜止之，不聽，故皆得免死。

右街僧錄澄遠以預聞妖詐，決杖黥配郴州。內供奉官譚元吉、高品王德信、高班胡允則、黃門楊允文與懷政協同妖妄，皆杖配遠州。入內押班鄭志誠與能書問往還，削兩任，配房州。入內供奉官石承慶嘗爲懷政所召，夜二鼓不下皇城門鑰以待，黃門黃守忠見之，戒門卒勿納，至是言其事，承慶坐削兩任，配宿州。楊懷玉次日始詣樞密院自陳，責授侍禁、杭州都監。擢崇勳內客省使、桂州觀察使，懷吉如京使，賜以金帶、金銀。

懷政既誅，亟遣入內供奉官盧守明、鄧文慶馳驛永興，捕朱能。劉益、李貴、康玉、唐信、道士王先、張用和悉免死，配遠州。能偵知使者至，衷甲出，殺守明以叛。詔遣內殿承制



江德明、入內供奉官于德潤發兵捕之，能入桑林自縊死。永興、乾耀都巡檢供奉官李興、本軍十將張順斲能及其子首以獻，補興閤門祗候，順牢城都頭。以劉益等十一人黨能害中使，磔于市。王先、李貴、唐信、張用和八人皆處斬。能母妻子弟皆決杖配隸，閤門祗候穆介、知永興軍府朱巽、轉運使梅詢劉楚、知鳳翔府臧奎等坐與懷政、能交結相稱薦，皆論罪。降寇準太常卿，再貶道州。凡朝士及永興、鳳翔官吏與準厚善者，悉降黜焉。

張崇貴，眞定人。太祖時爲內中高品，稍遷殿頭。太平興國中，以善射選爲御帶。錢俶納土，命馳往閩城防儲偫之數。親征太原，從崔彥進、李漢瓊先路視水草。端拱初，補內供奉官。

淳化四年，命乘傳之延州招羌戎之內附者，發庫錢犒給，以金幣賜酋領。將行，轉內班右班押班，就命管勾鄜延屯兵，李繼隆討李繼遷，詔崇貴以延安兵掎角進討。及擒趙保忠，留崇貴與石霸守綏州，徙平夏民以實之。繼遷扼橐駝路，驅脅內屬戎人，崇貴與田敏率熟倉族凢遇戰於雙塠，殺二千餘級，掠牛羊、橐駝、鎧甲甚衆，連詔褒諭。繼遷走漠中，遣其將佐趙光祚、張浦求納款，會于石堡砦，崇貴椎牛釃酒犒諭之，給以錦袍帶。會改內班爲黃門，



命爲黃門右班押班，仍加內殿崇班，又改黃門爲內侍，職隨易焉。既而繼遷貢橐駝、名馬待罪，遣崇貴往賜器幣、茶藥、衣物。

至道元年，進崇儀副使、內侍右班副都知。時繼遷復叛，刼餉于浦洛河。二年，詔李繼隆大發師進討。賊圍靈州急，太宗將棄之，廷議未決，命崇貴與馮訥乘傳往議其事，乃益兵固守，就命爲靈環慶州、淸遠軍路監軍，又爲排陣都監。眞宗立，拜洛苑使、右班都知、管勾并州軍馬。自至道後，五路討賊，兵戰相繼，卒無成功。及是，保吉復修貢，詔以定難節度授之，命崇貴持詔命、衣帶、器幣以賜。使還，加六宅使。

咸平元年，又命管勾鄜延屯兵，洎延安，改駐泊都監，又爲鈐轄。其後繼遷復與熟戶李繼福爲隙，因緣內擾，崇貴與張守恩擊之，焚廬舍，獲貲畜、器甲、生口甚衆。又與王榮禦賊，獲具裝馬數十匹，再詔褒飭。四年，詔歸。俄領奬州刺史，復涖鄜延，仍制置沿邊靑白鹽事。與衞超領軍入敵境，焚廬舍帳幕，獲廩糗、牛羊，復被詔奬。崇貴屢詗契丹事傳遞以聞，願身當一隊爲前鋒，詔不允。

景德元年，保吉死，其子德明尚幼，崇貴移書諭朝廷恩信，德明請俟釋服稟命。詔書慰撫，以向敏中爲緣邊安撫使。自是邊防事宜，經制小大，皆崇貴專主之。築臺保安北十里

許，召戎人會議，與之盟約。二年春，召赴闕面授方略，許德明以定難節度、西平王，賜金帛緡錢各四萬、茶二萬斤，給內地節度奉，聽回圖往來，放青鹽禁，凡五事。而令德明納靈州土疆，止居平夏，遣子弟入宿衞，送略去官吏，盡散蕃漢兵及質口，封境之上有侵擾者稟朝旨，凡七事。德明悉如約，惟以子弟入質及納靈州爲難，故亦禁鹽如舊，不許回圖。

三年九月，以德明誓表來上，崇貴因請入朝，許之。以功拜皇城使、內侍左右班都知，領誠州團練使〔九〕。又持旌節誥命授德明，太常博士趙湘爲之副。四年，使還，會車駕上陵，次瓊林苑，崇貴對于苑中，即命爲行宮使。是秋，復還延安。供奉官曹信時監邊軍，信善琴，崇貴與石普軍中宴集，令信奏之，信以久廢爲辭；崇貴與普因摭其他過以聞，眞宗知其誣奏，不問。大中祥符元年，加昭宣使。

崇貴久在邊，善識羌戎情僞，西人畏服。每德明有所論述及境上交侵，皆先付裁制。夏州趣邊有二路，其文移至環慶者，皆付延州議焉。嘗請置緣邊安撫使，如北面之制。上曰：「西鄙別無經營，苟德明能守富貴，無慮朝廷失恩信也。增置署局，徒爲張皇，不若委卿靜制之。」二年，上言久去鄉里，願得告歸葬父母。許之，錫與甚厚。復命爲都鈐轄，提舉榷場。崇貴乞留京師，面諭委屬之意，聽歲入奏事。四年八月，卒，年五十七。帝悼惜之，贈豐州觀察使，內侍護喪還京師。子承素，東染院副使。





張繼能字守拙，并州太原人。父贇，晉末爲內班。繼能，建隆初以黃門事禁中，太平興國初爲內品。從征河東，命主城南洞屋，以勞遷高品。契丹入寇，命爲高陽、鎭、定路先鋒都監，從崔彥進戰長城口，多所俘馘。明年，又與彥進敗契丹于唐興口，轉殿頭高品。雍熙中，夏州叛，命李繼隆爲銀、夏都部署，以繼能監軍。俄徙護定州屯兵，領驍捷卒三千，屯五回嶺。端拱初，遷入內殿頭，從趙保忠討李繼遷。保忠薦其有材，命與保忠同經略其事。代還，掌內弓箭庫。淳化三年，與白承睿護芻粟入靈武。會繼遷復寇邊，命繼能、承睿與知靈州侯延廣領驍卒五千，同主軍務，俄留爲本州都監。及鄭文寶議城威州、清遠軍，繼能護其役。工畢，命與西京作坊副使張延洲同知軍事，又與田紹斌同掌積石砦。就遷內供奉官、靈環慶、清遠軍後陣都監，與西人轉鬭，敗走之。復還清遠。詣闕奏事，遷內殿崇班。未幾，拜供備庫副使，復遣護環州屯兵，徙涇原儀渭都巡檢使。

眞宗即位，遷崇儀使、靈環十州軍兵馬都監兼巡檢安撫使。咸平三年王均之亂，命爲川峽兩路招安巡檢使。成都平，留爲利州招安巡檢，尋召歸。會銀、夏寇警，復爲邠寧駐泊都監。夏人寇清遠軍，營于積石河，繼能與楊瓊、馮守規在慶州逗遛，不時赴援，致陷城堡，又焚棄青岡砦，特詔下御史府，免死，長流儋州。景德二年，會赦，還，爲內侍省內常侍，又爲陝西捕賊巡檢，獲千餘人，改內殿崇班。從朝陵，爲行宮四面巡檢。

四年，宜州卒陳進爲亂。初，知州劉永規馭下嚴酷，課澄海卒伐木葺州廨，數不中程即杖之，至有率妻孥趣山林以采者，雖甚風雨，不停其役。故進因衆怨，殺永規及監軍國鈞，擁判官盧成均爲帥，據其城。

七月奏至，詔東上閤門使忠州刺史曹利用、供備庫使賀州刺史張煦爲廣南東、西路安撫使，如京副使張從古及繼能副之，虞部員外郎薛顏同勾當轉運事，發荆湖、蘄黃州兵討之。上語近臣曰：「番禺寶貨雄富，賊若募驍果，立謀主，沿流東下趣廣州，則爲患深矣。」遣內侍高品周文質使廣州，監屯兵，會鄰路巡檢使控要路，集東西海戰艦，扼端州峽口。賊悉衆來攻柳城縣，殿直韓明、許貴、郝惟和以所部兵千餘禦敵，明、貴死之，惟和僅以身免，成均奉宜州印遣使詣舒賁求赦罪。是夕，進復陷柳城，官軍退保象州。賊又寇懷遠軍，知軍殿直任吉與邕桂巡檢、殿直張崇寶、侍禁張守榮擊走之。賊退而復集者累日，吉輩固守，屢與鬭，大獲其器甲。又攻天河砦，砦兵甚少，監軍奉職錢吉部分嚴整，一戰敗之。賊衆屢衂，頗潰去，衆心攜貳，將棄宜州，以家屬之悼耄者五百人隕江中，率其衆裁三千趣柳、象，將入容管。初至柳州，限江不能渡。知州王昱望賊遁走，城遂陷。





朝廷以詔書四十分揭要路，諭賊歸順者悉釋其罪。賊挈族居思順州，分兵攻象州。利用命入內高班于德潤以千兵倍道襲逐，利用等繼至，遇賊武仙縣之李練鋪。賊初不知覺，惟進率衆來拒，直犯前軍，前軍寄班侍班郭志言麾騎士左右縱擊。賊衣順水甲、執標牌以進，飛矢攢鋒不能卻，前軍即持棹刀巨斧破其牌，史崇貴登山大呼曰：「賊走矣，急殺之！」賊心動，衆遂潰。逐北至象州城下，賊砦猶有據長竿瞰城中者，成均始挈其族以詔書來降，乃斬進并其黨，生擒賊帥六十餘人，斬首級、獲器甲戰馬甚衆。

利用分兵捕餘寇，遣于德潤馳奏其事。授利用引進使，煦如京使，從古莊宅副使，繼能供備庫使，志言供備庫使。又以御前忠佐馬步軍副都軍頭郭全豐爲都軍頭，領勤州刺史。歸遠軍士手殺進者李昊、劉宗、趙敏並補本軍都頭〔一〇〕，張守榮爲供奉官、閤門祗候，張崇寶、任吉並爲供奉官，錢吉爲右侍禁。又以知象州大理寺丞何邴最有勞，優拜祠部員外郎，賜緋。又賜邴三子知道、知古、知常出身，邴之親屬同扞寇者悉甄敍之。

初，賊攻象州，城在高丘上，素無井，閉壘之日，皆以乏水爲慮。賴天雨，停水將竭而雨復下，如是者兩月，汲之以濟。山中無烽候，每欲破賊，即禱於城西神祠，或見巨蟒吞龜，是日果有克獲，衆以爲神靈助順之應。張守榮俄病瘴，遣尚醫馳往視之，未至而卒，贈如京使，錄其子官。

十二月，餘寇悉平。東封，留繼能爲京舊城內巡檢鈐轄，俄加東染院使。

大中祥符二年，入內都知李神祐[二]等坐事悉罷，擢繼能入內內侍省副都知。時宗室多召侍講說書，上嘉其勤學，令講誦日別給公膳，專遣繼能主之。俄又與內殿承制岑保正提點郡縣主諸院事。三年，兼羣牧都監。祀汾陰，留掌大內兼舊城內巡檢鈐轄，俄領會州刺史。謁太清宮，爲天書扶侍都監。七年，以疾求解職，不許。命爲涇原儀渭鎭戎軍路鈐轄[三]。未幾，徙鄜延都鈐轄。先是，內屬戶殺漢口者止罰孳畜，繼能則麗於常法，由是西人畏而不敢犯。德明雖受朝命，而羌部不絕寇境。繼能日課卒截竹爲簽，署字其上，且言以備將士記殺獲功狀，賊聞之甚懼。歸朝，復泣羣牧。仁宗在儲宮，嘗親書一幅賜之。繼能以聞，眞宗亦爲標題其末，人以爲榮。九年，坐前護修莊穆皇后陵摧陷，左授西染院使，掌往來國信。

天禧初，復西京左藏庫使。國信司吏陳誠者，頗巧黠，繼能欲援置羣牧司，而誠先隸羣牧，坐事停職。至是，羣牧吏左宗抉其宿負，白制置使曹利用，故誠不遂所求。繼能怒宗之沮己，密遣親事卒偵宗。會宗弟元喪妻，宗嘗爲假敦殿軍校馬送葬，及還，元抵飲肆與酒保相毆，繫府中，而假馬之事未發。誠卽白繼能，請屬府中并劾其事。知府樂黃目受屬，獄未就，爲羣牧副使楊崇勳所發，繼能坐罷內職，降授西京作坊使，出爲邠寧鈐轄。繼





能自陳不願外任，得掌瑞聖園，尋領往來國信所。三年，復爲西京左藏庫使、內侍右班副都知。未幾，遷崇儀使，以衰老求解職，轉內園使，掌瓊林苑。五年，卒，年六十五。特贈汀州團練使，錄其子懷忠爲大理寺丞，孫遜爲三班奉職，遜爲借職、春坊祗候。

繼能性沉密知兵，頗勇敢，喜讀書，然好治生。晚年急於聚蓄，衆以此少之。

何郞後歸朝，知磁州而卒。一子知崇裁十餘歲，特補太廟齋郎。又徙其姪平夷尉知古爲溢陽尉。省郞無賞延之例，猶以城守勞，故甄錄焉。

衞紹欽，開封人。父漢超，內侍高品。紹欽始以中黃門給事晉邸，太宗卽位，補入內高品，甚被親倚。從征太原，命督諸將攻城，劉繼元降，命領驍卒先入城，燒其營柵，遷殿頭高品。雍熙二年，擢入內西頭供奉官。淳化中，部修皇城，功畢，授入內押班。五年，加崇儀副使。

李順之亂，王師致討，與王繼恩同領招安捉賊事，遇賊，鬥學射山南。又攻清水堨，破雙流砦，招降數萬衆，斬千餘級。順死，餘黨保險爲寇，又與楊瓊先扼要路以邀之，擒斬萬餘人，獲器甲槍槊千餘。遣別將曹習領兵捕餘賊于安國鎭，斬三百級。時嘉、眉二州賊尚擾城郭，又遣內殿崇班宿翰討之。兩川平，召還，深被褒勞。

眞宗嗣位，拜宮苑使，領愛州刺史，充入內副都知、修奉永熙陵都監，旣復土，遂爲陵使。景德元年，改皇城使。從幸河朔，命爲車駕前後行宮四面都巡檢。次澶淵，命領扈駕兵守河橋。三年，加昭宣使。朝諸陵，復爲行宮巡檢。駐洛陽，命爲皇城內外都巡檢。歷掌三班院、皇城儀鸞翰林司。卒，年五十六。

紹欽苛愎少恩，不爲衆所附。太平興國中，江東有僧詣闕請修天台壽昌寺，且言寺成願焚身以報。太宗允其請，命紹欽往督營繕。旣訖役，遽積薪於廷，請僧如願，僧言欲見至尊面謝，紹欽曰：「昨朝辭日，親奉德音，不煩致謝。」僧惴怖偃蹇，顧道俗望有救之者，紹欽卽促令躋薪上，火旣盛，僧欲投下，紹欽遣左右以叉抑按而焚之。子承慶，至內殿承制。

石知顒，眞定人。曾祖承渥，梁尚食使。祖守忠，晉內供奉官。父希鐸，高品。知顒形貌甚偉，建隆中授內中高品。太宗卽位，改供奉官。雍熙中，諸將征幽薊，以知顒隨軍。歸，掌儀鸞司。



淳化中，明州初置市舶司，與蕃商貿易，命知顒往經制之。轉內殿崇班、親王諸宮都監。從王繼恩平蜀寇，就遷西京作坊副使。



咸平初，遷正使、帶御器械。契丹犯邊，上北巡，命爲天雄軍、澶州巡檢使，俄改德、博等州緣河巡檢使兼安撫，加領長州刺史。三年，戍鎭、定、高陽關三路，押大陣。是多，改高陽關駐泊行營鈐轄。歸朝，復掌親王諸宮事。

景德中，自京抵泗，遣徒治河堤，命總其役。初計工累月，及是，浹日而畢。上面加褒諭，賜白金千兩，授入內都知。

大中祥符初，遷內園使。俄以定內侍遷秩品第不當，爲其列所訴，坐罷都知。三年，爲并、代州鈐轄，遷莊宅使，徙鎭、定、高陽關鈐轄。四年，命與內殿崇班張繼能、供奉官侍其旭同修太祖神御殿。上封求覲闕下，復掌羣牧司、三班院、親王諸宮事。

天禧二年，爲并、代州鈐轄兼管勾麟府路軍馬事。三年，卒，年六十九。孫全彬。

全彬字長卿，以知顒奏補入內小黃門，累遷西頭供奉官。仁宗使致香幣于南海，密詔察所過州縣吏治民俗。還，具以對，帝以爲忠謹。陝右羣盜殺鳳州巡檢，遣往擒滅之。元昊叛，全彬監鄜州兵救延州，解圍去。經略使明鎬言其勇略善將，得邊人情，除并、代州都監，加內侍押班。進鈐轄，徙鄜延，還，爲押班。

儂智高寇廣南，以爲湖南、江西路安撫副使。出桂林，請于宣撫使狄靑，願獨當一隊以自效。於是使將左方兵，力戰于邕州。南方平，領綿州防禦使。

張貴妃居寧華殿閣，命全彬提舉。妃薨，治喪過制，皆劉沆、王洙與全彬共爲之。數月，進宮苑使、利州觀察使，給兩使留後奉。俄爲入內副都知，知制誥劉敞封還詞命，居三月，復授之。轉領信武軍留後，爲永昭陵鈐轄。時去永定復土四十二年，有司多亡其籍，全彬以心計辦治。遷福延宮使，提點奉先院。

熙寧中，卒，年七十六。贈太尉、定武軍節度使，謚曰恭僖。

鄧守恩，并州人。十歲以黃門事太宗。淳化中，盜起成都，從王繼恩往討之。至道初，就護西蜀屯兵。咸平初，爲入內高班。契丹入寇，命石保吉爲鎭、定都部署，以守恩爲都監。踰年，入掌騏驥院。會龍騎叛卒剽劫環、慶，遣守恩擒薙之。景德初，爲澶、濮都巡檢。又使環、慶及戎、瀘等州巡察邊事。大中祥符初，按獄于濮州，雪寃人十餘。預監修玉淸昭應宮、會靈觀。七年，又兼修眞遊殿、景靈宮。累遷入內高品、供奉官。宮成，遷內殿承制。八年，預修大內，改西京作坊副





使。九年，營造皆畢，授東染院使，充會靈觀都監。

天禧二年，掌軍頭引見司，又修祥源觀成，遷崇儀使。三年，授入內押班。河決滑州，命爲修河鈐轄。郊祀，召爲行宮使，改如京使，復還本任。四年春，河復故道，遷文思院使。歸朝，加領昭州刺史。是秋，掌皇城、國信二司，整肅禁衞，遷入內副都知。會建天章閣，命領其事。又勾當資善堂兼太子左右春坊司。

守恩長七尺餘，狀貌甚偉，涖事幹敏，以彊果稱于時。五年，卒，年四十八。贈淄州防禦使，錄其子官。

校勘記

〔一〕鎭定高陽關三路排陣鈐轄　「三」原作「兩」，據本卷閻承翰傳、秦翰傳改。

〔二〕順州防禦使　「州」下原衍「路」字，據長編卷三六、長編紀事本末卷一三刪。

〔三〕西京作坊副使馮守規　「副」字原脫，據本書卷五太宗紀、長編卷三六補。

〔四〕六年　據本書卷三太祖紀、長編卷一五、一六，曹彬南征，事在開寶七年；克關城、擒朱令贇，事在開寶八年。此誤。

〔五〕劉廷翰　「廷」原作「延」，據本書卷二六〇本傳改。

〔六〕七月卒　按下文周懷政傳：「六年，劉承規卒。」又按長編卷八一，劉承規死及由「承珪」改爲「承規」事，都繫於六年七月。此繫於五年下，誤。

〔七〕時寇準鎭永興　「時」原作「及」，長編卷九三、長編紀事本末卷二四作「時」。按本書卷八眞宗紀、卷二八一寇準傳，準於大中祥符八年出鎭永興，此天禧三年事，以作「時」爲是，據改。

〔八〕子守昱守吉分配邵蔡道州　按長編卷九六，句上有「並其」二字，「邵蔡道州」作「蔡郡道州」；長編紀事本末卷二四，句上有「並其」二字，餘與此同。

〔九〕誠州團練使　「誠」原作「博」，據長編卷六四、東都事略卷一二〇張崇貴傳改。

〔一〇〕本軍都頭　「都」字原脫，據長編卷六七補。

〔一一〕李神祐　「祐」原作「福」，據本卷傳目、李神祐傳和長編卷七一改。

〔一二〕涇原儀渭鎭戎軍路　「軍」下原衍「兩」字，據武經總要前集卷一八，陝西的軍事路分中，這幾個州軍同屬一路，簡稱涇原路。長編卷八三記張繼能遷官正作「涇原路鈐轄」，據刪。

# 宋史卷四百六十七

## 列傳第二百二十六

### 宦者二

楊守珍　韓守英　藍繼宗　張惟吉　甘昭吉　盧守懃　王守規
李憲　張茂則　宋用臣　王中正　李舜舉　石得一　梁從吉
劉惟簡

楊守珍字仲寶，開封祥符人。爲入內黃門，習書史，學兵家方略。善射，家僮過堂下，一發貫髻，人服其精。選爲環慶路走馬承受公事。契丹謀入塞，爲鎭、定、高陽關行營同押先鋒事。會許民周繼宗爲人誣告與外夷交通，干證者六十人，辭服，遣守珍覆問，悉辨理出之。徙眞定、保、趙等州駐泊都監，邕、桂等十州安撫都監。從曹克明降撫水州蠻，築二柵以扼其要。





天禧初，擒盜於靑灰山。累遷西京作坊使、帶御器械、永興軍兵馬鈐轄，徙眞定、邠寧路。爲內侍省內侍押班，提點內弓箭軍器庫。進內園使、右班都知、領端州刺史。嘗侍仁宗苑中，命乘馬馳射，賞其便習，賜錦袍卮酒。卒，贈原州防禦使。

韓守英字德華，開封祥符人。初爲入內高品，從征河東，數奉詔至石嶺關督戰，取隆州，遷殿頭。久之，以西頭供奉官擢入內內侍押班，遷副都知。隨王繼恩招安西川，爲先鋒，戰于劍門有功，遷西京作坊使、劍門都監。還，勾當三班院，進入內內侍都知。歷定州、鎭定高陽關、幷代路兵馬鈐轄。契丹圍嵓嵐軍，守英與鈐轄張志言、知府州折惟昌帥所部渡河，抵朔州，以牽賊勢。遂破狼水砦，俘數百人，獲馬牛羊鎧甲以數萬計，賊爲解去。賜錦袍金帶。俄領會州刺史，解都知，再遷昭宣使，復領三班。

出爲鄜延路都鈐轄，徙幷代路。建言：「本路宿兵多，百姓困於飛輓，今幸邊鄙無事，請留騎軍千，餘人悉徙內地。」眞宗曰：「邊臣能體朝廷恤民之意，宜詔諸路視此行之。」

提舉在京諸司庫務，勾當皇城司，爲趙德明官告使。歷宣政、宣慶二使，內侍左班都知，領奬州團練使、雅州防禦使，入內都知，管勾修國史。書成，進景福殿使，又爲延福宮使、入內都知，復提舉諸司庫務。卒，贈定國軍節度觀察留後。

藍繼宗字承祖，廣州南海人。事劉鋹爲宦者，歸朝年十二，遷爲中黃門。從征太原，傳詔營陣間，多稱旨。

秦州並邊有大、小洛門砦，自唐末陷西羌，雍熙中，溫仲舒諭酋豪使獻其地，徙衆渭北。言者以爲生事，請罷仲舒。太宗遣繼宗往按視，還奏二砦據要害，產良木，不可棄。帝悅，復使繼宗勞賜仲舒。累遷西京作坊副使、勾當內東門。

元德太后、章穆皇后葬，爲按行園陵使。車駕北征，勾當留司、皇城司。車駕謁諸陵，近陵舊乏水，繼宗疏泉陵下，百司從官皆取以濟。擢入內副都知，爲天書扶侍都監。詔與李神祐第東封扈從內臣之勞，而入內供奉官范守遜等訴其不公，罷都知。祀汾脽，復爲天書扶侍都監，再遷東染院使。

明年，領會州刺史，進崇儀使、勾當皇城司。修玉淸昭應宮，與劉承珪典工作。宮成，遷洛苑使、高州團練使，充都監。坐章穆皇后陵隧塹，貶如京使。典修景靈宮，進南作坊使，復修會靈、祥源觀。車駕幸亳州，管勾留司、大內公事，提舉在京諸司庫務，勾當三班院，修





國史院。爲趙德明加恩使，德明與繼宗射，繼宗每發必中，德明遺以所乘名馬。爲內侍省右班都知，遷入內都知。

仁宗卽位，遷左騏驥使、忠州防禦使、永定陵修奉鈐轄。歷昭宣、宣政、宣慶使。累上章求致仕，特免入朝拜舞及從行幸。頃之，復固請罷都知，以景福殿使、邕州觀察使家居養疾。卒，贈安德軍節度使，謚僖靖。

繼宗事四朝，謙謹自持，每領職未久，輒請罷。家有園池，退朝卽亟歸，同列或留之，繼宗曰：「我欲歸種花卉、弄游魚爲樂爾。」景福殿置使，自大中祥符間至繼宗，授者纔三人。養子元用、元震。元用終左藏庫使、梓州觀察使。

元震以兄廕補入內黃門，轉高班，給事明肅太后。禁中夜火，后擁仁宗登西華門，左右未集，元震獨傳呼宿衞，以功遷高品。爲三陵都監，條列防守法，其後諸陵以爲式。歷羣牧都監，監三館祕閣，積官皇城使。累遷入內副都知、忠州防禦使。仙韶院火，元震救護，火以時息。詔襃之，賜襲衣金帶。卒，贈鎭海軍留後。元震養子五人，不畜閹子。

張惟吉字佑之，開封人。初補入內黃門，遷殿頭、高陽關路走馬承受公事。護塞滑州

天臺埽役，遷西頭供奉官，監在京榷貨務。知嘉州張約以贓敗，詔與御史王軫往劾其獄。還，領內東門司，爲修奉章獻、章懿太后二陵承受。時議復用李諮榷茶算緡法，乃以惟吉爲內殿崇班，復監榷貨務。凡內侍領內東門，次遷勾當御藥院，而惟吉纔進官，衆以爲薄，惟吉欣然就職。再朞，以羨餘遷承制。

爲趙元昊官告使，還言元昊驕僭，勢必叛，請預飭邊備。及元昊寇延州，遣按視鄜延、環慶兩路器甲，并訪攻守利害。敵既退，夏竦、韓琦謀自鄜延深入，乘虛擊之，命惟吉募幷、汾驍勇，副以士兵，輕齎赴河外。惟吉以爲我師當持重伺變，不宜馳赴不測以自困。已而元昊果引去，還奏稱旨。領皇城司，遷內侍省押班、羣牧都監，簡陝西冗兵，領軍頭引見司，遷供備庫使，盡汰軍頭司軍校之罷癃者。同提舉在京諸司庫務，領恩州刺史，爲入內都知。

商胡決〔一〕，爲澶州修河都鈐轄。轉運使施昌言請亟塞，崔嶧以爲歲災民困，役宜緩。命惟吉按視，言河可塞而民誠困，財用不足，宜少待之。從其議。遷如京使、果州團練使，復領皇城司，卒。

惟吉任事久。頗見親信，而言弗阿狥。張貴妃薨，將治喪皇儀殿，諸宦官皆以爲可，獨惟吉曰：「此事干典禮，須翌日問宰相。」既而宰相不能執議，惟吉深以爲非。贈昭信軍節度觀察留後。逾月，又贈保順軍節度使，謚忠安。





養子若水，字益之，以惟吉奏補小黃門，給事章惠太后殿，轉入內高品。王師平貝州，征儂賊，皆以幹敏選爲走馬承受。賊平，以勞進官，三遷環慶路鈐轄。討環州觧乜臼族復有功，歷帶御器械、內侍押班、副都知。

熙寧初，造神臂弓成，神宗御延和殿臨閱，置鐵甲七十步，俾衞士射，未有中者。若水自請射，連中徹札。建慶壽、寶慈兩宮，典領工作，再遷嘉州防禦使。以病蘄解職，領輝州觀察使，提舉四園苑諸司庫務。卒，贈天平軍留後。

甘昭吉字祐之，開封人。初以內侍殿頭爲英、韶州巡檢，捕盜有功，再遷內殿崇班、京東路都巡檢。齊州武衞小校馮坦率營卒二百突入州廳事，欲爲變，昭吉單騎馳往，戒所從將士操兵在外，先獨見亂卒，諭以福禍，令推首惡自贖，衆疑沮不敢動。已而操兵者皆入，即共執十餘人，告曰：「此誘我者也。」昭吉立殺之，縱其餘去，州以無事。特遷供備庫副使、帶御器械。後內侍省押班闕，仁宗記前功，特以授之。遷入內副都知。

英宗即位之夕，昭吉直禁中，翊衞有勞，自文思副使超遷供備庫使、康州刺史。昭吉奏曰：「臣本孤微，無左右之舉，而先帝知臣朴直，自小官拔用至此，分當從葬，今願得洒埽陵寢足矣。」帝愛其忠，特授永昭陵使，加如京使。還朝，表辭職，以左龍武軍大將軍致仕，卒。

昭吉敦實愼密，人士稱之。

盧守懃字君錫，開封祥符人。自入內內品累遷禮賓使、邠寧環慶路鈐轄，還爲入內內侍省押班、領昌州刺史。明道中，改葬章懿太后，而舊藏有水，以守懃嘗典葬事，罷爲永興軍兵馬鈐轄，徙鄜延路。再遷六宅使，加貴州團練使，進榮州防禦使兼邠寧環慶路安撫都監。元昊寇保安軍，守懃率兵擊走之，特遷左騏驥使，移陝西鈐轄。

初，劉平、石元孫被執，守懃撫膺涕泣不敢出，又嘗易蕃官馬。延州通判計用章勸范雍棄城，將保鄜州，雍欲遣安撫都監李康伯往說賊，不肯行，賊去而守懃、用章更相論奏。知制誥葉淸臣以守懃擁兵觀望，請正其罪，并按二人。守懃奪防禦使，爲湖北都監；用章除籍，配雷州本城；康伯，均州都監。

久之，復恩州防禦使，遷利州觀察使，歷眞定府、定州、北京路鈐轄。以左衞大將軍致事，卒，贈保順軍節度使，謚安恪。養子昭序。





王守規，眞定欒城人，入內都都知守忠之弟。守忠事眞宗，謹愿愼密，眷遇最厚。明道時，守規爲小黃門，禁中夜半火，守規先覺，自寢殿至後苑皆擊去其鎖，乃奉仁宗及皇太后至延福宮，回視所經處已成煨燼。翌日，執政候起居，帝曰：「非王守規導朕至此，幾不與卿等相見。」以功遷入內殿頭。選治京城水，決汴河于公買村，決蔡河于四里橋，水患以息。加帶御器械。積官至宣慶使、康州防禦使、內侍右班副都知。卒，年六十七，贈昭武軍留後。

李憲字子範，開封祥符人。皇祐中，補入內黃門，稍遷供奉官。神宗即位，歷永興、太原府路走馬承受，數論邊事合旨，幹當後苑。王韶上書請復河湟，命憲往視師，與韶進收河州，加東染院使，幹當御藥院。復戰牛精谷，拔珂諸城，爲熙河經略安撫司幹當公事。按視鄜延軍制，行至蒲中，會木征合董氊、鬼章之兵攻破踏白城，殺景思立，圍河州，詔趣赴之，憲馳至軍。先是，朝廷出黃旗書敕諭將士，如用命破賊者倍賞。於是憲晨起帳中，張以示衆曰：「此旗，天子所賜也，視此以戰，帝實臨之。」士爭呼用命以進。督諸將傍山焚族帳，卽日通路至河州。賊餘衆保踏白，官軍出與戰，大破之。進至餘川，又破賊堡十餘，木征率酋長八十餘人詣軍門降。捷聞，以功加昭宣使、嘉州防禦使。還，爲入內內侍省押班、幹當皇城司。

安南叛，副趙卨招討，未行，卨建言：「朝廷置招討副使，軍事須共議，至節制號令卽宜歸一。」憲銜之。由是屢紛辨，遂罷憲而令乘驛計議秦鳳、熙河邊事，諸將皆聽節度。於是御史中丞鄧潤甫、御史周尹蔡承禧彭汝礪極論其不可，又言：「鬼章之患小，用憲之患大；憲功不成其禍小，有成功其禍大。」章再上，弗聽。冷雞朴誘山後生羌擾邊，木征請自効，衆以爲不可。憲曰：「何傷乎！羌人天性畏服貴種。」聽之往。木征盛裝以出，衆聳視，皆無鬥志，師乘之，殺獲萬計，斬冷雞朴。董氈懼，卽遣使奉贄効順。加宣州觀察使、宣政使、入內副都知，又遷宣慶使。時用兵連年，度支調度不繼，詔憲兼經制財用，裁冗費什六，歲運西山巨木給京師營繕。賜瑞應坊園宅一區。

元豐中，五路出師討夏國，憲領熙、秦軍至西市新城。復蘭州，城之，請建爲帥府。帝又詔憲領兵直趣興、靈，董氈亦稱欲往，宜乘機協力入掃巢穴，若興、靈道阻，卽過河取涼州。乃總兵東上，平夏人于高川石峽。進至屈吳山，營打囉城，趣天都，燒南牟府庫，次葫蘆河而還。





憲既不能至靈州，董氈亦失期，師無功。憲欲以開蘭、會邀功弭責，同知樞密院孫固曰：「兵法，期而後至者斬。況諸路皆至而憲獨不行，不可赦。」帝以憲猶有功，但令詰擅還之由，憲以餽餉不接爲辭，釋弗誅。復上再舉之策，兼陳進築五利，且從之。會李舜舉〔三〕入奏，具陳師老民困狀，乃罷兵。趣憲赴闕，道賜銀帛四千。爲涇原經略安撫制置使，給衞三百。進景福殿使、武信軍留後，使復還熙河，仍兼秦鳳軍馬。

夏人入蘭州，破西關，降宣慶使。憲以蘭州乃西人必爭地，衆數至河外而相羊不進，意必大舉，乃增城守塹壁，樓櫓具備。明年冬，夏人果大入，圍蘭州，步騎號八十萬衆，十日不克，糧盡引去。又詔憲遣間諭阿里骨結等，且選騎渡河，與賊遇，破之。坐妄奏功狀，罷內省職事。

哲宗立，改永興軍路副都總管，提舉崇福宮。御史中丞劉摯論憲貪功生事，一出欺罔，避興、靈會師之期，頓兵以城蘭州，遺患至今，永樂之圍，逗留不急赴援。降宣州觀察使，又貶右千牛衞將軍，分司南京，居陳州。卒，年五十一。紹聖元年，贈武泰軍節度使，初謚敏恪，改忠敏。

憲以中人爲將，雖能拓地降敵，而罔上害民，終貽患中國云。

張茂則字平甫，開封人。初補小黃門，五遷至西頭供奉官，幹當內東門。禁庭夜有盜，茂則首登屋以入，旣獲賊，遷領御藥院。

仁宗不豫，中夜促召，茂則趨入扶衞，左右或欲掩宮門，茂則曰：「事無可慮，何至使中外生疑耶？」帝疾間，欲處以押班，懇求補外，轉宮苑使、果州團練使，爲永興路兵馬鈐轄。入爲內侍押班，再遷副都知。熙寧初，同司馬光相視恩、冀、深、瀛四州生堤及六塔、二股河利害，進入內都知。

上元夜，宮中火，督衆卽撲滅。詔曰：「宮禁不驚，帑藏如故，惟忠與力，予固嘉之。」賜以窄衣金帶。累乞退休，言受國厚恩，廩食過量，積而未請者七年，乞令三司毀券。詔褒之，仍進其官。哲宗卽位，遷寧國軍留後，加兩省都都知。卒，年七十九。

茂則性儉素，食不重味，衣裘累十數年不易。紹聖論元祐人，以茂則嘗預任使，追貶左監門衞將軍，崇寧中入黨籍。

宋用臣字正卿，開封人。爲人有精思彊力，以父蔭隸職內省。神宗建東、西府，築京城，





建尙書省，起太學，立原廟，導洛通汴，凡大工役，悉董其事。性敏給，善傳詔令，故多訪以外事。同列悉籍以進，朝士之乏廉節者，往往諂附之，權勢震赫一時。積勞至登州防禦使，加宣政使。元祐初，言者論其罪，降爲皇城使，謫監滁州、太平州酒稅。四年，主管靈仙觀。紹聖初，召爲內侍押班，進瀛州刺史。

徽宗卽位，遷蔡州觀察使、入內副都知。爲永泰陵修奉鈐轄，卒陵下，贈安化軍節度使，謚僖敏。謚議謂用臣爲廣平宋公，有「天子念公之勞，久徙于外」之語。豐稷論奏，以爲凡稱公者皆須耆宿、大臣與鄉黨有德之士，其曰「念公之勞，久徙于外」，斯乃古周公之事，於用臣非所宜言也。止令賜謚，論者是之。

王中正字希烈，開封人。因父任補入內黃門，遷赴延福宮學詩書、曆算。仁宗嘉其才，命置左右。慶曆衞士之變，中正援弓矢卽殿西督捕射，賊悉就擒，時年甫十八，人頗壯之。遷東頭供奉官，歷幹當御藥院、鄜延、環慶路公事，分治河東邊事。破西人有功，帶御器械。

神宗將復熙河，命之規度。還言：「熙河譬乳虎抱玉，乘爪牙未備可取也。」遂從王韶入

熙河,治城壁守具,以功還作坊使、嘉州團練使,擢內侍押班。

吐蕃圍茂州,詔率陝西兵援之,圍解。自石泉至茂州,謂之隴東路,土田肥美,西羌據有之,中正不能討。乃因吐蕃入寇,言:「其路經靜州等族,榛僻不通,邇年商旅稍往來,故外蕃因以乘間。縣至綿與茂,道里均,而龍安有都巡檢,緩急可倚仗。請劄石泉隸綿,而窒其故道。」從之,隴東遂不可得。還,使熙河經畫鬼章,進昭宣使、入內副都知。

元豐初,提舉教畿縣保甲將兵捕賊盜巡檢,獻民兵伍保法,請於村疃及縣以時閱習,悉行其言。復往鄜延、環慶經制邊事,詔凡所須用度,令兩路取給,無限多寡。既行,又稱面受詔,所過募禁兵,願從者將之,主者不敢違。

問罪西夏,以中正簽書涇原路經略司事。詔五路之師皆會靈州,中正失期,糧道不繼,士卒多死,命權分屯鄜延並邊城砦,以俟後舉。自請罷省職,遷金州觀察使、提舉西太一宮,坐前敗貶秩。元祐初,言者再論其將王師二十萬,公違詔書之罪,劉摰比中正與李憲、宋用臣、石得一爲四凶,又貶秩兩等。久之,提舉崇福宮。紹聖初,復嘉州團練使。卒,年七十一。





李舜舉字公輔,開封人。世爲內侍,曾祖神福,事太宗以信謹終始。舜舉少補黃門,仁宗使督工治金爲器,既成,有羨數并上之,帝嘉其不欺。出爲秦鳳路走馬承受。英宗立,奏事京師。會帝不豫,內謁者止之宮門,舜舉曰:「天子新卽位,使者從邊方來,不得一見而去,何以慰遠人!」謁者以聞,亟召對,帝意良悅。因言:「承受公事,以察守將不法爲職,而終更論最,乃使帥臣保任,乞免之。」遂刪舊制。

熙寧中,歷幹當內東門、御藥院、講筵閣、實錄院。郭逵討交州,以爲廣西幹當公事,軍中之政得與講畫,或疾置入朝,稟受成算。會逵貶,亦降左藏庫副使,以文思院使領文州刺史、帶御器械。進內侍押班,制置涇原軍馬。

五路師出無功,議再舉,李憲督饋糧,言受密詔,自都轉運使以下乏軍興者皆聽斬。民懲前日之役多死於凍餒,皆憚行,出錢百緡不能雇一夫,相聚立柵山澤不受調,吏往逼呼,輒毆擊,解州至械縣令以督之,不能集。舜舉入奏其事,乃罷兵。退詣中書,王珪迎勞之曰:「朝廷以邊事屬押班及李留後,無西顧之憂矣。」舜舉曰:「四郊多壘,此卿大夫之辱,相公當國,而以邊事屬二內臣,可乎?內臣正宜供禁庭洒掃之職,豈可當將帥之任!」聞者代珪慚焉。

轉嘉州團練使。沈括城永樂,遣舜舉計議,被圍急,斷衣襟作奏曰:「臣死無所恨,願朝廷勿輕此賊。」尋以死聞,贈昭信軍節度使,謚曰忠敏。

舜舉資性安重,與人言未嘗及宮省事。頗覽書傳,能文辭筆札。在御藥院十四年,神宗嘗書「李舜舉公忠奉上,恭勤檢身,始終惟一,以安以榮。」十九字賜之。

石得一,開封人。爲內侍黃門,累官內殿承制。神宗時,帶御器械、管幹龍圖天章寶文閣、皇城司,四遷入內副都知。元祐初,領成州團練使,罷內省職。御史劉摰言:「得一頃筦皇城,恣其殘刻,縱遣邏者,所在棋布,張穽設網,以無爲有,以虛爲實。朝廷大吏及富家小人,飛語朝上,暮入狴犴,上下惴恐,不能自保,至相顧以目者殆十年。」坐降左藏庫使,卒。紹聖中,贈隨州觀察使。

梁從吉字君祐,開封人。補入內高班。王則反,奉命宣慰,還言:「小寇無多慮,諸將之兵足以翦除,若得重臣統其事,不崇朝可平矣。」於是仁宗以文彥博爲安撫招討使。賊平,又奏請分河北爲路〔三〕,每路以一帥府統之,遂建魏、鎭、定、瀛四帥。熙寧初,爲邠寧環慶路駐泊





兵馬鈐轄。夏人寇大順城,圍慶州七砦,從吉率兵八百餘人與戰,獲其酋領。又討平寧州叛卒,以功升都鈐轄,累官皇城使。從高遵裕至靈武〔四〕,督士卒攻城,身被創甚,進入內押班,遷永州團練使,爲副都知。元祐中卒,贈成德軍節度使,謚曰敏恪。

劉惟簡,開封人,由入內黃門積官至昭宣使、康州刺史、高陽關路兵馬都監,爲入內押班。英宗初立,惟簡自河北來朝,請對寢門,內謁者難之,獨引見皇太后。惟簡立福寧殿下,雨沾衣不退,帝起坐幃中,望見呼問曰:「諸路如汝者幾人,何以獨來?」對曰:「陛下新卽位,臣來自邊塞,未瞻天表,不敢輒還,不知其他。」帝歎曰:「小臣知所守如此。」識其姓名屏間。他日,神宗覽所題屏,擢幹當延福宮,自是蒙親信。

交人叛,詔馳驛至桂州審視事勢,還言:「帥臣劉彝貪功生事,罪當誅。乾德狂童,頸不足繫。」帝信之。郭逵、趙卨南征,以爲行營承受。逵、卨被譴,惟簡亦奪一官。

陝西五路師還,受命撫犒士卒,以疾先還者不賜。惟簡心知其不便,至慶州,疏言:「士卒不幸,以將臣上違聖略,糧食不繼,逃生以歸,其情可貸。今同立庭中而不預賜,恐患生倉卒。」帝用其言,均予之。又使案閱河北保甲,振濟京西水災,參定諸陵薦獻。既而爲言者

所劾，擯不用。哲宗在諒時，惟簡奔奏服勤，及親政，召至左右。以內侍押班卒，贈昭化軍留後。

校勘記

〔一〕商胡決 「胡」原作「湖」，據本書卷九一河渠志改。

〔二〕李舜舉 「舜」原作「順」，據本卷本傳、本書卷四八六西夏傳、東都事略卷八六本傳改。

〔三〕又奏請分河北爲路 按下文說「建魏、鎮、定、瀛四帥」，疑「爲」下脫「四」字。

〔四〕靈武 原作「寧武」，按本書卷三四九劉昌祚傳、卷四六四高遵裕傳，此處實指靈州，靈州治靈武；又本書卷四六八李祥傳謂祥「從劉昌祚征靈武」，亦指此事。據改。



# 宋史卷四百六十八

## 列傳第二百二十七

### 宦者三

李祥 陳衍 馮世寧 李繼和 高居簡 程昉 蘇利涉
雷允恭 閻文應 任守忠 童貫 方臘附 梁師成 楊戩

李祥，開封人。爲入內黃門。資驍銳，善騎射，用材武中選，授涇原儀渭同巡檢。從景思立于河、湟，以功遷內殿崇班，爲河州駐泊兵馬都監。從郭逵討交阯，駐富良江〔一〕，賊兵大至，與涇原將姚兕力戰，敗之。遷皇城使、鎮戎軍沿邊都巡檢使。從劉昌祚征靈武，議功加沂州團練使。或言所部兵失亡多，降簡州刺史，權熙河蘭會路都監，總岷州兵。夏人攻蘭州，祥赴援，保險待變，數日，虜徹圍去。復團練使，進階州防禦使。從种誼襲鬼章有功，升兵馬都鈐轄。在熙河二十餘年，以宣慶使、內侍押班卒。

陳衍，開封人。以內侍給事殿庭，累官供備庫使。梁惟簡薦諸宣仁聖烈皇后，主管高韓王宅，領御藥院、內東門司。宣仁山陵，爲按行使。俄以左藏庫使、文州刺史出爲眞定路都監。

御史來之邵方力詆元祐政事，首言：「衍在垂簾日，怙寵驕肆，交結戚里，進退大臣，力引所私，俾居耳目之地。」張商英亦論：「衍交通宰相，御服爲之賜珠；結託詞臣，儲祥爲之賜膳。」蓋指呂大防、蘇軾也。衍坐貶，監郴州酒稅務。惟簡以援引，張士良、梁知新以黨附，皆得罪。已又編管白州，徙配朱崖。

章惇起獄，誣元祐諸老、大臣，云結衍輩以謀廢立。士良嘗與衍同在宣仁后閣，自郴州召之，使實其說。士良至，但言宣仁彌留之際，衍嘗可否二府事及用御寶付外而已。鍛鍊無所得，安惇、蔡京乃奏衍疏隔兩宮，斥隨龍內侍十餘人于外，以翦除人主腹心羽翼，意在動搖，大逆不道。乃詔處死，令廣西轉運使程節涖其刑。

馮世寧字靜之，以入內黃門累遷昭宣使、忠州團練使、入內押班。揚國公主寢疾，哲宗欲夜出問訊，世寧執言不可，帝雖微忤，卒爲之改容。再遷景福殿使、明州觀察使，至副都知。崇寧新官名，世寧首知入內內侍省事。禁中夜火，使宿衞士撲滅之，旣定，令自他途出，蓋不欲使知宮省曲折也。徽宗賞歎。進感德軍留後。政和初，以內客省使、彰化軍留後致仕。世寧出入禁闥六十年，循謹無過。卒，年六十七，贈開府儀同三司，諡曰恭節。

李繼和，開封人。以父任爲內侍黃門。慶曆中，爲河北西路承受。保州兵叛，塞城門距守，官軍重圍之，不得入。繼和獨上南關門，密呼所結內應者，諭以禍福。衆言：「俟李昭亮至，即斬關自歸。」已而果然。賊平，遷兩秩。王則反貝州，爲城下走馬承受。沙苑闕馬，詔秦州置場以券市之，繼和領職不數月，得馬千數，而人不擾。舊制，內侍入仕三十年始得磨勘，至是，乃令以勞進官者無拘於年。環州弓箭手歲時給酒，州將不與，衆諠訴，亟闔府門不敢出，繼和步入衆中譬曉之曰：「汝曹爲一杯酒，遂喪軀命乎！」衆悟散去。事聞，擢帶御器械。累遷宣慶使、文州團練使、入內副都知，卒。子從善援例求贈官，神宗曰：「此弊事也！繼和無軍功，何必贈？」自





是爲定制云。

高居簡字仲略，世本番禺人。以父任爲入內黃門。護作溫成原廟奉神物，以精辦稱，超轉殿頭，領後苑事。坐奉使梓夔路多占驛兵，降高品。歷領龍圖天章寶文閣、內東門司，幹當御藥院。

神宗即位，御史張唐英言其資性憸巧，善迎合取容。中丞司馬光亦言其「久處近職，罪惡已多。祖宗舊制，幹當御藥院官至內殿崇班以上，即須出外。今陛下獨留四人，中外以此竊議。況居簡頃在先朝，依憑城社，物論切齒。及陛下繼統，乃復先自結納，使寵信之恩過於先帝。願明治其罪，以解天下之惑」。於是罷爲供備庫使。稍遷帶御器械，進內侍押班。以文思使領忠州刺史，卒，贈耀州觀察使〔二〕。

居簡聞外廷議論，必以入告，省中目爲「高直奏」。仁宗時，嘗使南海，遇廣州火，救者不力，居簡督衆護軍資甲仗二庫，賴以獲全。事聞，詔褒之。

程昉，開封人。以小黃門積遷西京左藏庫副使。熙寧初，爲河北屯田都監。河決棗彊，釃二股河導之使東，爲鋸牙，下以竹落塞決口。加帶御器械。河決商胡北流，與御河合爲一。及二股東流，御河遂淺澀。昉以開浚功，遷宮苑副使。又塞漳河，作浮梁于洺州。兼外都水丞，詔相度興修水利。河決大名第五埽，昉議塞之，因疏塘水溉深州田。又導葫蘆河，自樂壽之東至滄州二百里。塞孟家口，開乾寧軍直河，作橋于眞定之中渡。又自衞州王供埽導沙河入御河，以廣運路。累遷達州團練使〔三〕，制置河北河防水利。

御史盛陶言：「昉挾第五埽之功，專爲己力。假朝廷威福，恐動州縣。所開共城河，頗廢人戶水磑，久無成功。又議開沁河，因察訪官按行，始知不便。漳河、滹沱之役，水占邢、洺、趙、深、祁五州之田，王廣廉、孔嗣宗、錢勰、趙子幾皆嘗論奏其姦欺之狀，則多置撞口，指決河所侵便爲淤田。其事權之盛，則舉官廢吏，惟其所欲。悖慢豪橫，則受聖旨者三，受提點刑獄司牒者十二，故有違拒。小人誤當賞擢，驕暴自肆。願遣官代還，仍行究治。」神宗曰：「王安石以昉知河事，故加任使，令開漳河，用工七百萬，滹沱八九百萬，已議體量矣。」

始，安石欲興水利，驟用昉，昉挾安石勢而慢韓琦，後安石覺其虛誕，亦疏之。以憂死，





贈耀州觀察使〔四〕。遂罷都大制置河防水利司。

蘇利涉字公濟。祖保遷，自廣州以閹人從劉鋹入朝。利涉初爲入內內品。慶曆中衞士之變，以護衞有勞，賞激加等。英宗爲皇子，利涉給事東宮。及即位，遷東頭供奉官，欲以爲潁王府都監，力辭。幹當御藥院，還供備庫使。帝不豫，侍醫藥最勤，言輒流涕。及帝崩，乞與醫官同貶，三上表待罪，不許。

神宗即位，授達州刺史。歷內侍押班、副都知，轉海州團練使。仙韶院火，營救甚力，賜襲衣、金帶。卒，年六十四，贈奉國軍節度使，諡曰勤僖。

利涉嘗幹當皇城司，循故事，廂卒邏報不皆以聞。後石得一代之，事無巨細悉以奏，往往有緣飛語受禍者，人始以利涉爲賢。

雷允恭，開封人。初爲黃門，頗慧黠，稍遷入內殿頭，給事東宮。周懷政僞爲天書，允恭豫發其事，懷政死，擢內殿崇班，遷承制。再遷西京作坊使、普州刺史、入內內侍省押班。

章獻后初臨政，丁謂潛結允恭，凡機密事令傳達禁中，由是允恭勢橫中外。山陵事起，允恭請效力陵上，章獻后曰：「吾慮汝有妄動，恐爲汝累也。」乃以爲山陵都監。允恭馳至陵下，司天監邢中和爲允恭言：「今山陵上百步，法宜子孫，類汝州秦王墳。」允恭曰：「何不就？」中和曰：「恐下有石與水爾。」允恭曰：「上無他子，若如秦王墳，何不可？」中和曰：「山陵事重，踏行覆按，動經月日，恐不及七月之期耳。」允恭曰：「第移就上穴，我走馬入見太后言之。」允恭素貴橫，人不敢違，即改穿上穴。入白其事，章獻后曰：「此大事，何輕易如此？」允恭曰：「使先帝宜子孫，何惜不可？」章獻后意不然，曰：「出與山陵使議可否。」時丁謂爲山陵使，允恭具道所以，謂唯唯而已。允恭入奏曰：「山陵使亦無異議矣。」既而上穴果有石，石盡水出。允恭竟以是并坐盜金寶賜死，籍其家。中和流沙門島。謂尋竄海上。

閻文應，開封人。給事掖庭，積遷至入內副都知。仁宗初親政，與宰相呂夷簡謀，以張耆、夏竦、陳堯佐、范雍、趙稹（三）、晏殊、錢惟演皆章獻后所任用，悉罷之。退以語郭后，后曰：「夷簡獨不附太后邪？但多機巧，善應變耳。」由是并夷簡罷。夷簡素與文應相結，使爲中詗。久之，乃知事由郭后，夷簡遂怨后。及再相，楊、尚二





美人方寵，尚美人於仁宗前有語侵后，后不勝忿，批其頰，仁宗自起救之，誤中其頸，仁宗大怒。文應乘隙，遂與謀廢后，且勸以爪痕示執政，夷簡以怨，力主廢事，因奏仁宗出諫官，竟廢后爲淨妃，以所居宮名瑤華，皆文應爲夷簡內應也。

郭后既廢，楊、尚二美人益寵專夕，仁宗體爲之弊，或累日不進食，中外憂懼。楊太后亟以爲言，仁宗未能去。文應早暮入侍，言之不已，仁宗厭其煩，強應曰：「諾。」文應即以氈車載二美人出，二美人涕泣，詞說云云不肯行。文應罵曰：「宮婢尚何言？」驅使登車。翌日，以尚氏爲女道士，居洞真宮；楊氏別宅安置。既而仁宗復悔廢郭后，有復后之意，文應大懼。會后有小疾，挾太醫診視數日，乃言后暴崩，實文應爲之也。

累至昭宣使、恩州團練使。時諫官劾其罪，請并其子士良出之。以文應領嘉州防禦使，爲秦州鈐轄，改鄆州；士良罷御藥院，爲內殿崇班。

始楊、尚二美人之出宮也，左右引陳氏女入宮，父號陳子城，楊太后嘗許以爲后，宋綬不可。王曾、呂夷簡、蔡齊相繼論諫。陳氏女將進御，士良聞之，遽見仁宗。仁宗披百葉擇日，士良曰：「陛下閱此，豈非欲納陳氏女爲后邪？」仁宗曰：「然。」士良曰：「子城使，大臣家奴僕官名也，陛下納其女爲后，無乃不可乎！」仁宗遽命出之。文應後徙相州鈐轄，卒，贈邠州觀察使。

任守忠字稷臣，蔭入內黃門，累轉西頭供奉官，領御藥院，坐事廢。久之，復故官，稍遷上御藥供奉。初，章獻后聽政，守忠與都知江德明等交通請謁，權寵過盛。仁宗親政，出爲黃州都監，又謫監英州酒稅，稍遷潭州都監，徙合流鎮。西鄙用兵，又爲秦鳳、涇原路駐泊都監，以功再遷東染院使、內侍押班。出爲定州鈐轄，加內侍副都知。累遷宣政使、洋州觀察使，爲入內都知。

仁宗未有嗣，屬意英宗，守忠居中建議，欲援立昏弱以徼大利。及英宗即位，拜宣慶使、安靜軍留後。守忠又語言誕妄，交亂兩宮。於是知諫院司馬光論守忠離間之罪，爲國之大賊，民之巨蠹，乞斬於都市。英宗猶未行，宰相韓琦出空頭敕一道，參政歐陽脩已簽，趙槩難之，脩曰：「第書之，韓公必自有說。」琦遂坐政事堂，立守忠庭下，曰：「汝罪當死，貶保信軍節度副使，蘄州安置。」取空頭敕填與之，即日押行，琦意以爲少緩則中變也。守忠久被寵幸，用事于中，人不敢言其過，及貶，中外快之。久之，起爲左武衛將軍，致仕。卒，年七十九。





童貫，少出李憲之門。性巧媚，自給事宮掖，即善策人主微指，先事順承。徽宗立，置明金局于杭，貫以供奉官主之，始與蔡京游。京進，貫力也。京既相，贊策取青唐，因言貫嘗十使陝右，審五路事宜與諸將之能否爲最悉，力薦之。合兵十萬，命王厚專閫寄，而貫用李憲故事監其軍。至湟川，適禁中火，帝下手札，驛止貫毋西兵。貫發視，遽納鞾中。厚問故，貫曰：「上趣成功耳。」師竟出，復四州。擢景福殿使、襄州觀察使，內侍寄資轉兩使自茲始。

未幾，爲熙河蘭湟、秦鳳路經略安撫制置使，累遷武康軍節度使。討溪哥臧征，復積石軍、洮州，加檢校司空。頗恃功驕恣，選置將吏，皆捷取中旨，不復關朝廷，寖咈京意。除開府儀同三司，京曰：「使相豈應授宦官？」不奉詔。

政和元年，進檢校太尉，使契丹。或言：「以宦官爲上介，國無人乎？」帝曰：「契丹聞貫破羌，故欲見之，因使覘國，策之善者也。」使還，益展奮，廟謨兵柄皆屬焉。遂請進築夏國橫山，以太尉爲陝西、河東、河北宣撫使。俄開府儀同三司，簽書樞密院河西北兩房。不三歲，領院事。更武信武寧護國河東山南東道劍南東川等九鎮、太傅、涇國公。時人稱蔡京爲公相，因稱貫爲媼相。

將秦、晉銳師深入河、隴，薄于蕭關古骨龍，謂可制夏人死命。遣大將劉法取朔方，法不可，貫逼之曰：「君在京師時，親授命於王所，自言必成功，今難之，何也？」法不得已出塞，遇伏而死。法，西州名將，既死，諸軍恟懼。貫隱其敗，以捷聞，百官入賀，皆切齒，然莫敢言。關右既困，夏人亦不能支，乃因遼人進誓表納款。使至，授以誓詔，辭不取，貫彊館伴使固與之，還及境，棄諸道上。舊制，熟羌不授漢官，貫故引拔之，有至節度使者。弓箭手失其分地而使守新疆，禁卒逃亡不死而得改隸他籍，軍政盡壞。

政和元年，副鄭允中〔六〕使于遼，得燕人馬植，歸薦諸朝，遂造平燕之謀，選健將勁卒，剗日發命。會方臘起睦州，勢甚張，改江、浙、淮南宣撫使，即以所聚兵帥諸將討平之。

方臘者，睦州青溪人也。世居縣堨村，託左道以惑衆。初，唐永徽中，睦州女子陳碩眞反，自稱文佳皇帝，故其地相傳有天子基、萬年樓，臘益得憑籍以自信。縣境梓桐、幫源諸峒皆落山谷幽險處，民物繁夥，有漆楮、杉材之饒，富商巨賈多往來。

時吳中困於朱勔花石之擾，比屋致怨，臘因民不忍，陰聚貧乏游手之徒。宣和二年十月，起爲亂，自號聖公，建元永樂，置官吏將帥，以巾飾爲別，自紅巾而上凡六等。無弓矢、介冑，唯以鬼神詭祕事相扇訹，焚室廬，掠金帛子女，誘脅良民爲兵。人安於太平，不識兵





革，聞金鼓聲卽斂手聽命，不旬日聚衆至數萬，破殺將官蔡遵于息坑。十一月陷青溪，十二月陷睦、歙二州。南陷衢，殺郡守彭汝方；北掠新城、桐廬、富陽諸縣，進逼杭州。郡守棄城走，州卽陷，殺制置使陳建、廉訪使趙約，縱火六日，死者不可計。凡得官吏，必斷臠支體，探其肺腸，或熬以膏油，叢鏑亂射，備盡楚毒，以償怨心。

警奏至京師，王黼匿不以聞，於是凶焰日熾。蘭溪靈山賊朱言吳邦、剡縣仇道人、仙居呂師囊、方巖山陳十四、蘇州石生、歸安陸行兒皆合黨應之，東南大震。

發運使陳亨伯請調京畿兵及鼎、澧槍牌手兼程以來，使不至滋蔓。徽宗始大驚，亟遣童貫、譚稹爲宣撫制置使，率禁旅及秦、晉蕃漢兵十五萬以東，且諭貫使作詔罷應奉局。三年正月，臘將方七佛引衆六萬攻秀州，統軍王子武乘城固守，已而大軍至，合擊賊，斬首九千，築京觀五，賊還據杭。二月，貫、稹前鋒至清河堰〔七〕，水陸並進，臘復焚官舍、府庫、民居，乃宵遁。諸將劉延慶、王稟、王渙、楊惟忠、辛興宗相繼至，盡復所失城。四月，生擒臘及妻邵、子毫二太子、僞相方肥等五十二人於梓桐石穴中，殺賊七萬。四年三月，餘黨悉平。進貫太師，徙國楚。

臘之起，破六州五十二縣，戕平民二百萬，所掠婦女自賊峒逃出，倮而縊於林中者，由湯巖、椔嶺〔八〕八十五里間，九村山谷相望。王師自出至凱旋，四百五十日。

臘雖平，而北伐之役遂起。既而以復燕山功，詔解節鉞爲眞三公，加封徐、豫兩國。越兩月，命致仕，而代以譚稹。明年復起，領樞密院，宣撫河北、燕山。宣和七年，詔用神宗遺訓，能復全燕之境者胙本邦，疏王爵，遂封廣陽郡王。

是年，粘罕南侵，貫在太原，遣馬擴、辛興宗往聘以嘗金，金人以納張覺爲責，且遣使告興兵，貫厚禮之，謂曰：「如此大事，何不素告我？」使者勸貫速割兩河以謝，貫氣褫不能應，謀遁歸。太原守張孝純誚之曰：「金人渝盟，王當令天下兵悉力枝梧，今委之而去，是棄河東與敵也。河東入敵手，奈河北乎？」貫怒叱之曰：「貫受命宣撫，非守土也。君必欲留貫，置帥何爲？」孝純拊掌嘆曰：「平生童太師作幾許威望，及臨事乃蓄縮畏懾，奉頭鼠竄，何面目復見天子乎？」

貫奔入都，欽宗已受禪，下詔親征，以貫爲東京留守，貫不受命而奉上皇南巡。貫在西邊募長大少年號勝捷軍，幾萬人，以爲親軍，環列第舍，至是擁之自隨。上皇過浮橋，衞士攀望號慟，貫唯恐行不速，使親軍射之，中矢而踣者百餘人，道路流涕，於是諫官、御史與國人議者蠭起。初貶左衞上將軍，連謫昭化軍節度副使，竄之英州、吉陽軍。行未至，詔數其十大罪，命監察御史張澂迹其所至，涖斬之，及於南雄。既誅，函首赴闕，梟于都市。





貫握兵二十年，權傾一時，奔走期會過於制敕。嘗有論其過者，詔方劭往察，劭一動一息，貫悉偵得之，先密以白，且陷以他事，劭反得罪，逐死。貫狀魁梧，偉觀視，頤下生須十數，皮骨勁如鐵，不類閹人。有度量，能疏財。後宮自妃嬪以下皆獻餉結內，左右婦寺譽言日聞。寵煽翕赫，庭戶雜遝成市，岳牧、輔弼多出其門，廝養、僕圉官諸使者至數百輩。窮姦稔禍，流毒四海，雖菹醢不償責也。

梁師成字守道，慧黠習文法，稍知書。初隸賈詳書藝局，詳死，得領睿思殿文字外庫，主出外傳道上旨。政和間，得君貴幸，至竄名進士籍中，積遷晉州觀察使、興德軍留後。建明堂，爲都監，既成，拜節度使、加中太一、神霄宮使。歷護國、鎭東、河東三節度，至檢校太傅，遂拜太尉，開府儀同三司，換節淮南。

時中外泰寧，徽宗留意禮文符瑞之事，師成善逢迎，希恩寵。帝本以隸人畜之，命入處殿中，凡御書號令皆出其手，多擇善書吏習倣帝書，雜詔旨以出，外廷莫能辨。師成實不能文，而高自標牓，自言蘇軾出子。是時，天下禁誦軾文，其尺牘在人間者皆毀去，師成訴於帝曰：「先臣何罪？」自是，軾之文乃稍出。以翰墨爲己任，四方儁秀名士必招致門下，往往

遭點汚。多置書畫卷軸於外舍，邀賓客縱觀，得其題識合意者，輒密加汲引，執政、侍從可階而升。王黼父事之，雖蔡京父子亦諂附焉，都人目爲「隱相」，所領職局至數十百。

黼造伐燕議，師成始猶依違，卒乃贊決，又薦譚稹爲宣撫。燕山平，策勳進少保。益通賄謝，人士入錢數百萬，以獻頌上書爲名，令赴廷試，唱第之日，侍於帝前，囁嚅升降。其小吏儲宏亦豫科甲，而執厮養之役如初。李彥括民田於京東、西，所至倨坐堂上，監司、郡守不敢抗禮。有言於帝，師成適在旁，抗聲曰：「王人雖微，序於諸侯之上，豈足爲過？」言者懼而止。師成貌若不能言，然陰賊險鷙，遇間即發。

家居與黼隣，帝幸黼第，見其交通狀，已怒，朱勔又以應奉與黼軋，因乘隙攻之。帝罷黼相，師成由是益絀。鄆王楷寵盛，有動搖東宮意，師成能力保護。欽宗立，嬖臣多從上皇東下，師成以舊恩留京師。於是太學生陳東、布衣張炳力疏其罪。炳指之爲李輔國，且言宦官表裏相應，變恐不測。東復論其有異志，攘定策功，當正典刑。帝迫於公議，猶未誦言逐之。師成疑之，寢食不離帝所，雖奏廁亦侍於外，久未有以發。會鄭望之使金營還，帝命師成及望之以宣和殿珠玉器玩復往。先令望之詣中書諭宰相，至則留之，始詔暴其罪，責爲彰化軍節度副使。開封吏護至貶所。行次八角鎭，縊殺之，以暴死聞，籍其家。



楊戩，少給事掖庭，主掌後苑，善測伺人主意。自崇寧後，日有寵，知入內內侍省。立明堂，鑄鼎鼐，起大晟府、龍德宮，皆爲提舉。

政和四年，拜彰化軍節度使，首建期門行幸事以固其權，勢與梁師成埒。歷鎭安、淸海、鎭東三鎭，由檢校少保至太傅，遂謀撼東宮。

有胥吏杜公才者獻策于戩，立法索民田契，自甲之乙，乙之丙，展轉究尋，至無可證，則度地所出，增立賦租。始於汝州，浸淫于京東西、淮西北，括廢隄、棄堰、荒山、退灘及大河淤流之處，皆勒民主佃。額一定後，雖衝蕩回復不可減，號爲「西城所」。築山濼古鉅野澤，綿亙數百里，濟、鄆數州，賴其蒲魚之利，立租算船納直，犯者盜執之。一邑率於常賦外增租錢至十餘萬緡，水旱蠲稅，此不得免。擢公才爲觀察使。宣和三年，戩死，贈太師、吳國公，而李彥繼其職。

彥天資狠愎，密與王黼表裏，置局汝州，臨事愈劇。凡民間美田，使他人投牒告陳，皆指爲天荒，雖執印券皆不省。魯山闔縣盡括爲公田，焚民故券，使田主輸租佃本業，訴者輒加威刑，致死者千萬。公田既無二稅，轉運使亦不爲奏除，悉均諸別州。京西提舉官及京東州縣吏劉寄、任輝彥、李士漁、王滸、毛孝立、王隨、江惇、呂坯、錢棫、宋憲皆助彥爲虐，如



奴事主，民不勝忿痛。前執政冠帶操笏，迎謁馬首獻媚，花朝夕造請〔九〕，賓客徑趍謁舍，不敢對之上馬，而彥處之自如。

發物供奉，大抵類朱勔，凡竹數竿用一大車，牛驢數十頭，其數無極，皆責辦於民，經時閱月，無休息期。農不得之田，牛不得耕墾，殫財靡芻，力竭餓死，或自縊轅軛間。如龍鱗薜荔一本，輦致之費踰百萬。喜賞怒刑，禍福轉手，因之得美官者甚衆。潁昌兵馬鈐轄范寥不爲取竹，誣刊蘇軾詩文于石爲十惡，朝廷察其捃摭，亦令勒停。當時謂朱勔結怨于東南，李彥結怨於西北。

靖康初，詔追戩所贈官爵；彥削官賜死，籍其家；劉寄以下十人皆停廢；復范寥官。

## 校勘記

〔一〕富良江　「富良」原作「富民」，據宋會要蕃夷四之三六、通考卷三三〇四裔考改。

〔二〕贈耀州觀察使　「耀」原作「輝」，據宋會要儀制一三之五、長編卷三一一改。

〔三〕達州團練使　「團練」原作「防禦」，據宋會要儀制一三之五、長編卷二七七改。

〔四〕贈耀州觀察使　「耀州」原作「輝州」，據長編卷二七七、宋會要儀制一三之五改。

〔五〕趙稹　原作「趙積」，據本書卷二一一宰輔表、卷二八八本傳改。



〔六〕鄭允中　原作「鄭久中」，據本書卷二〇徽宗紀、十朝綱要卷一七改。

〔七〕清河堰　原作「青州堰」，據方勺青溪寇軌、吳自牧夢粱錄卷一一「堰閘渡」條改。

〔八〕檑嶺　青溪寇軌作「榴樹嶺」。

〔九〕花朝夕造請　疑有脫誤。



中華書局

# 宋史卷四百六十九

## 列傳第二百二十八

### 宦者四

邵成章　藍珪 康履附　馮益　張去爲　陳源　甘昪　王德謙
關禮　董宋臣

邵成章，欽宗朝內侍也。帝入青城，命成章衞皇太子赴宣德門稱制行事。太子北去，成章留于汴。康王將卽位，元祐太后遣成章奉乘輿、服御至南京，從幸揚州。

金人掠陝西、京東諸郡，羣盜起山東，黃潛善、汪伯彥匿不以聞。及張遇焚眞州，去行在六十里，帝亦不之知也。成章上疏條具潛善、伯彥之罪曰，必誤國，且申潛善等使聞之。帝怒，除名，南雄州編管。侍御史馬伸言成章緣上書得罪，今是何時，以言爲諱。久之，帝思成章忠直，召赴行在，其徒忌之，譖于帝曰：「邵九百來，陛下無歡樂矣！」遂



止之于洪州。金人入洪，聞其名，訪求得之，謂之曰：「知公忠正，能事吾主，可坐享富貴。」成章不應，脅之以威，亦不從。金人曰：「忠臣也，吾不忍殺。」遺之金帛而去。



藍珪、康履，初皆爲康王府都監、入內東頭供奉官，嘗從康王使金人行營。及開元帥府，並主管機宜文字。朝廷遣人趣師入援，履等請王留相州，王叱之而行。既卽位，二人俱恃恩用事，履尤妄作威福，大將如劉光世等多曲意事之。帝知之，詔內侍不許與統兵官相見，違者停官編隸。履終無所忌憚，與內侍曾擇凌忽諸將，或踞坐洗足，立諸將於左右，聲喏甚至馬前，故疾之者衆。俄遷內侍省押班、金州觀察使。

帝在揚州，金兵卒至，帝馳馬出門，百官不戒備，從行者惟履等五六人。自是履等益自衒，愈有輕外朝心。及幸浙，道吳江，其黨競以射鴨爲樂。比至杭州，江下觀潮，中官供帳，赫然遮道。統制苗傅等切齒曰：「此輩使天子至此，猶敢爾邪？」傅幕客王世脩亦疾中官恣橫，以告武功大夫劉正彥，正彥曰：「會當共除之。」王淵躋樞筦，正彥以爲由宦者所薦，愈不平，謀遂決。伏兵斬淵，遣兵圍履家，分捕中官，凡無須者皆殺之。

履馳入白帝，傅等至，厲聲曰：「陛下信任中官，凡中官所主者皆得美官。王淵遇賊不戰，交康履得樞密。中官在外者已誅，更乞康履、藍珪、曾擇等誅之，以謝三軍。」帝不忍，除傅等官以安之。傅等曰：「欲遷官，第須控兩匹馬與內侍，何必至此！」帝問百官，策安出？主管浙西機宜文字時希孟曰：「中官之爲患，至此極矣。不除之，天下之患未已。」軍器監葉宗諤言：「陛下何惜一康履，不以慰三軍？」帝不得已，遣人執履至，履望帝呼曰：「大家何獨殺臣？」遂以付傅，卽腰斬之，梟其首。帝幸睿聖宮，傅等留內侍十五人奉左右。尋捕珪、擇等，皆編置遠州；擇，昭州，行一程，追還斬之。

傅等誅，贈履官，諡榮節，召珪等還。中書舍人季陵言：「中官復召，其黨與相賀，氣燄益張，中外切齒。」不報。珪至，自武功大夫擢內侍省押班。慈寧宮建，命提點事務，尋升內侍省都知。及迎太后，命充都大主管。太后既還宮，珪奏應干補授恩，乞聽慈寧宮施行。從之。珪初與履同進，而驕橫不及履，故幸以壽終。

有安石者，與珪同姓，爲內侍省副都知，至景福殿使、湖州觀察使。卒，贈保寧軍節度使，諡良恪。渡江後，中官贈諡自安石始。

又有與履同姓者名諝，爲內侍省押班，亦親幸用事，與知閤門事藍公佐善，每邀公佐至其直舍，必縱飲大醉，薄莫乃歸，嘗漏泄禁中語。劉光遠被劾，諝與內侍陳永錫受其金，力爲營救。言官劾之，帝詔永錫與祠，諝送吏部。後累官至均州觀察使。卒，贈保信軍節度使，



諡忠定。



馮益，康王邸舊人也。王卽位，自入內東頭供奉官遷至幹辦御藥院，尋兼幹辦皇城司。恃舊恩驕恣。帝幸浙東，益與御前右軍都統制張俊爭渡，以語侵俊，且訴于帝。事下御史臺，侍御史趙鼎言：「明受之變，起于內侍，覆轍不可不戒。」事乃已。

紹興三年，授武功大夫、康州防禦使、帶御器械。時帝用侍御史常同言，詔皇城司並隸臺察，益言非祖宗舊制，帝爲追寢前詔。特遷宣政使。益自言藩邸舊吏，乞加恩，遂升明州觀察使。內廐舊有騏驥院官，益請別置御馬院，自領其事，又擅穿皇城便門。侍御史沈與求以爲言，趙鼎等皆患之。

會劉豫揭榜山東，言益遣人收買飛鴿，因有不遜語。張浚請斬益以釋謗，帝不許。鼎言事關國體，當解職加罰。帝喜曰：「聞益交關外事，漸不可長。」與祠放歸。浚意未息，鼎解之。益自是家居稟祠者十四年。

先是，僞柔福帝姬之來，自稱爲王貴妃季女，益自言嘗在貴妃閤，帝遣之驗視，益爲所詐，遂以眞告。及事覺，益坐驗視不實，送昭州編管，尋以與皇太后連姻得免。十九年，卒

于家。

張去爲，內侍張見道養子也。初爲韋太后宅提點官，累遷至安德軍承宣使、帶御器械，又遷內侍省押班。時見道爲入內內侍省押班，父子並充景福殿使。去爲寢有寵，請以一官回授見道，帝嘉而許之。其後見道以保康軍承宣使致仕，而去爲與秦檜、王繼先俱用事，升延福宮使，累遷至入內內侍省都知，恃恩干外朝謀議。

金兵將至，遣使來，出慢言以相懼。去爲陰沮用兵，進幸蜀之計，宰相陳康伯力非之，帝悟而止。侍御史杜莘老乞斬去爲，以作士氣。先是，去爲取御馬院西兵二百人，髡其頂髮，都人駭之，莘老復劾其罪。帝不得已，令去爲致仕，莘老亦出補外。

及內禪，詔落致仕，提舉德壽宮，行移如內侍省，仍鑄印賜之。修宮有勞，又特遷安慶軍承宣使。初，安恭后入宮，去爲實進之。后崩，上皇又遣去爲傳旨，立謝貴妃爲后，故亦貴重，然至死不復涉朝廷事。





陳源，淳熙中提舉德壽宮，頗有寵。俄帶浙西副總管，給事中趙汝愚言，內侍不當干軍政，遂罷。源恃恩顓恣，本宮書史徐彥通者，爲源掌家務，不數歲官至經武大夫；甄士昌，源廝役也，工理髮，奏補承信郎；又補臨安府都吏李庚以官，使之窺伺府事。孝宗聞而惡之。十年春，詔源應奉日久，特落階官，與京祠。給事中宇文价封還錄黃，改外祠。臺官黃洽等又劾之，乃謫源建州居住，籍其貲進德壽宮。彥通除名，道州編管，士昌、庚皆抵罪。言者猶未已，移源郴州。源有園名小隱，其制視禁籞有加，高宗以賜王才人。

光宗卽位，復召還。紹熙四年，自拱衞大夫、永州防禦使除入內內侍省押班。帝以疾不朝重華宮，源與內侍楊舜卿、林億年數有間言。寧宗卽位，命三人俱事光宗于泰安宮。御史章穎論其離間君親，乞行誅竄，以慰壽皇在天之靈。詔罷源等官，源撫州、億年常州居住，舜卿任便居住。慶元二年，以生皇子恩，源、億年許自便，舜卿與內祠。給事中汪義端駁之，乃移源婺州，億年湖州。義端再駁舜卿內祠，反坐外補，其後源等卒聽自便。億年養娼女以別業，源在貶所與妓濫，俱以淫媟聞，人疑其非宦者云。

甘昪，內侍者押班澤之子。澤之死，昪累遷亦至押班。乾道中，帝頗親昪，昪以此用事。臨安尹胡與可爲小官時，丐貸於臨安富民馬氏，不如欲，銜之。至是，馬以鬻官鹽踰格繫獄，與可諷有司以私鹽論，御史陳升卿決獄，平反之。昪之子婦，與可女也，乃陰爲與可地，譖升卿于帝前，謂爲豪民馬請事，所得至萬緡。上疑，遂論罪，馬流嚴州，升卿由是罷去。

時曾覿以使弼領京祠，王抃以知閤門兼樞密都承旨，昪爲入內押班，相與盤結，士大夫無恥者爭附之。旣而覿死抃逐，獨昪在，朱熹力言之，帝曰：「昪乃德壽宮所薦，謂有才耳。」熹曰：「姦人無才，何以動人主？」昪用事二十年，招權市賄，黃由對策，亦頗及之。後帝察其姦，遂抵之罪，籍其貲，竟以廢死。

弟昺，淳熙末，幹辦內東門司、帶御器械。光宗朝，累遷至親衞大夫、保康軍承宣使、提舉佑神觀。慶元初，爲內侍省都知。帝過壽康宮，昺有力焉。遷官二秩，頗貴寵。

王德謙，初爲嘉邸都監，頗親幸。

孝宗大漸，光宗以疾久不朝重華宮。黃由時爲王府贊讀，奏請嘉王詣重華宮問疾，旣得旨，德謙固請覆奏，王斥之，遂行。孝宗崩，王在喪次，中外洶洶，王以告直講彭龜年。龜





年以爲建儲則人心安，須白中宮乃可。卽諭德謙奏之皇太后，德謙不敢，強之，旣而無報。王卽位，德謙累遷昭慶軍承宣使、內侍省押班，賜居第。驕恣踰法，服食擬乘輿，出入或以導駕燈籠自奉。爲人求官，贓以巨萬計，泄其事者禍立至，故外朝多附之。

中書舍人吳宗旦事之尤謹，夜則易服造謁。德謙求爲節度使，先薦宗旦爲刑部侍郎、直學士院，將使草麻。宗旦先備草示之，引天寶、同光爲比，德謙喜。制出，參政何澹不肯署，諫議大夫劉德秀率臺諫論列，宰相京鏜復以爲言，命遂寢。

韓侂胄與德謙爭用事，德謙屢以計勝，侂胄擠之，詔與外祠，臺諫又交章論駁。侍御史姚愈言吳宗旦嘗草德謙制，遂罷其官。愈又率同列力攻德謙，詔送廣德軍居住。尋以臨安尹劾其贓濫僭擬，詔降團練使，移居撫州，他事勿問。中書舍人高文虎請改爲安置，臺諫復言其姦詭，乞自今不以赦移，雖特旨亦許執奏，帝用其言，德謙遂坐廢斥以死。

關禮，高宗朝宦者。淳熙末，積官至親衞大夫、保信軍承宣使。孝宗頗親信之，後命提舉重華宮。

孝宗崩，光宗疾，不能執喪，樞密趙汝愚等請建儲以安人心，光宗御批又有「念欲退閑」

語，丞相留正懼，納祿去，人心愈搖。汝愚遣戚里韓侂冑因內侍張宗尹以禪位之議奏，太皇太后曰：「此豈可易言！」明日，汝愚再遣侂冑附宗尹以奏，未獲命而侂冑退，與禮遇，禮知其意，問之，侂冑不以告。禮指天自誓不言，侂冑遂白其事，禮卽入宮，泣告太后以時事可憂之狀，且曰：「留丞相已去，所恃者趙知院耳。今欲定大計而無太皇太后之命，亦將去矣。」太后驚曰：「知院，同姓也，事體與他人異。」禮曰：「知院未去，恃有太后耳。今有請不許，計無所出，亦惟有去而已。知院去，天下將若何？」太后悟，遂命禮傳旨侂冑以諭汝愚，約明日太后垂簾上其事。又明日，嘉王入行禫祭，汝愚卽簾前進呈御批，太后遂命王卽皇帝位。尋除禮入內內侍省都知，又差兼重華、慈福宮承受，充提舉皇城司，遷中侍大夫。

禮不以功自居，乞致仕，不許；乞免推恩，又不許。南渡後，內侍可稱者惟邵成章與禮云。

董宋臣，理宗朝宦者。淳祐中，以睿思殿祗候特轉橫行官。寶祐三年，兼幹辦佑聖觀。侍御史洪天錫劾之，不報，天錫坐左遷大理少卿。開慶初，大元兵駐江上，京師大震。宋臣贊帝遷幸寧海軍，簽判文天祥上疏乞誅宋臣，又不報。





景定四年，自保康軍承宣使除入內內侍省押班，尋兼主管太廟、往來國信所，同提點內軍器庫、翰林院、編修敕令所、都大提舉諸司，提點顯應觀，主管景獻太子府事。會天祥以著作佐郎兼獻景府教授〔一〕，義不與宋臣聯事，上書求去，天祥出知瑞州。

言者論宋臣不置，帝曲爲諭解庇之。祕書少監湯漢上封事，亦言：「宋臣十餘年來聲焰薰灼，其力能去臺諫、排大臣，至結凶渠以致大禍。中外惶惑切齒，而陛下方爲之辨明，大臣方爲之和解，此過計也。願收還押班等除命，不勝宗社之幸。」疏入，帝亦不之省。六月，命主管御前馬院及酒庫。既卒，帝猶命特轉節度使，其見寵愛如此。

校勘記

〔一〕以著作佐郎兼獻景府教授　按文天祥文山先生全集卷一七劉岳申文丞相傳、紀年錄景定三年條，天祥係以秘書省正字兼景獻府教授，與此不同；又上文董宋臣「主管景獻太子府事」，下文云「義不與宋臣聯事」，此處作「獻景」，亦有不合。又景獻太子係寧宗太子詢的謚號，詢死於嘉定十三年，其府名不應沿稱至理宗時，上文所稱「景獻太子府」亦疑有誤。

# 宋史卷四百七十

## 列傳第二百二十九

### 佞幸

弭德超　侯莫陳利用　趙贊　王黼　朱勔　王繼先　曾覿
龍大淵附　張說　王抃　姜特立　譙熙載附

人君生長深宮之中，法家、拂士接耳目之時少，宦官、女子共啓處之日多，二者，佞幸之梯媒也。剛明之主亦有佞幸焉，剛好專任，明好偏察，彼佞幸者一投其機，爲患深矣。他日敗闕，雖能殄除，隙城以求狐，灌社以索鼠，亦曰殆哉！宋世中材之君，朝有佞幸，所不免也。太宗有弭德超、趙贊，孝宗有曾覿、龍大淵，二君固不可謂非剛明之主也。作佞幸傳。





弭德超，滄州清池人。李符、李輿薦之，給事太宗晉邸。太宗卽位，補供奉官。太平興國三年，遷酒坊使、杭州兵馬都監，又爲鎭州駐泊都監。

初，太宗念邊戍勞苦，月賜士卒銀，謂之月頭銀。德超乘間以急變聞於太宗曰：「樞密使曹彬秉政歲久，得士衆心；臣從塞上來，聞士卒言：『月頭銀曹公所致，微曹公我輩餒死矣。』」又巧誣彬他事。上頗疑之，出彬爲天平軍節度。以王顯爲宣徽南院使，德超爲宣徽北院使，並兼樞密副使。

德超譖曹彬事成，期得樞密使，乃爲副使；又柴禹錫與德超官同，先授，班在其上。德超視事月餘，稱病請告，居常怏怏。一日詬顯及禹錫曰：「我言國家大事，有安社稷功，止得綫許大官。汝等何人，反在我上，更令我劾汝輩所爲，我實恥之。」又大罵曰：「汝輩當斷頭，我度上無守執，爲汝輩所眩惑。」顯告之，太宗怒，命膳部郎中、知雜滕中正就第鞫德超，具伏，下詔奪官職，與其家配隸瓊州禁錮，未幾死。

侯莫陳利用，益州成都人，幼得變幻之術。太平興國初，賣藥京師，言黃白事以惑人。樞密承旨陳從信白於太宗，卽日召見，試其術頗驗，卽授殿直，累遷崇儀副使。雍熙二年，改右監門衞將軍，領膺州刺史。三年，諸將北征，以利用與王侁並爲幷州駐泊都監，擢單州刺史。四年，遷鄭州團練使。前後賜與甚渥，依附者頗獲進用，遂橫恣無復畏憚。其居處服玩皆僭乘輿，人畏之不敢言。

會趙普再入中書，廉知殺人及諸不法，盡奏之。太宗遣近臣案得姦狀，欲貸其死，普固請曰：「陛下不誅，是亂天下法。法可惜，此何足惜哉！」遂下詔除名，配商州禁錮。初籍其家，俄詔還之。

趙普恐其復用，因殿中丞竇諲嘗監鄭州榷酤，知利用每獨南向坐以接京使，犀玉帶用紅黃羅袋；澶州黃河清，鄭州用爲詩題試舉人，利用判試官狀〔一〕，言甚不遜。召諲至中書詰實，令上疏告之。又京西轉運副使宋沆籍利用家，得書數紙，言皆指斥切害，悉以進上。太宗怒，令中使彎殺之，已而復遣使貸其死，乘疾置至新安，馬旋濘而踣，出濘換馬，比追及之，已爲前使誅矣。

趙贊，幷州人，性險詖辯給，好言利害。初爲軍小吏，與都校不協，因誣營中謀叛，劉繼元屠之無遺類，稍署贊右職。太原平，隸三司爲走吏，又許本司補殿直。太宗頗任之。遷供





奉官、閤門祗候，提舉京西、陝西數州錢帛，發擿甚衆。又自乞捕盜，至永興，得兵士盜錢二百，欲磔諸市，知府張齊賢奪而釋之。太宗命御史臺按問，停贊官數月。復令專鉤校三司簿，令贊自選吏十數人爲耳目，專伺中書、樞密及三司事，乘間白之。太宗以爲忠無他腸，中外益畏其口。會改三司官屬，以贊爲西京作坊副使、度支都監。

時又有鄭昌嗣者，宣州人，亦起三司役吏，稍遷侍禁。奉使西川，回奏在官不治者數十人，太宗嘉其直。會市物吏因緣爲姦，列肆屢謁開封訴之，乃置雜買務，使昌嗣監之。昌嗣乞著籍便殿門，許非時入奏，與贊親比相表裏，累遷至西上閤門副使、鹽鐵都監。二人既得聯事，由是益橫恣，所爲皆不法。太宗頗知之，以問左右，皆畏二人，無敢言其惡。

至道元年上元節，京城張燈，太宗以上清宮成，臨幸。贊與昌嗣邀其黨數人，攜妓樂登宮中玉皇閣，飲宴至夜分；掌舍宦者不能止，以其事聞。太宗大怒，幷摭諸事，下詔奪贊官，許攜家配隸房州禁錮，即日驛遣之。昌嗣黜唐州團練副使，不署事。既數日，並賜死於路。

太宗謂侍臣曰：「君子小人如芝蘭荆棘，不能絕其類，在人甄別耳。苟盡君子，則何用刑罰焉？」參知政事寇準對曰：「帝堯之時，四凶在庭，則三代之前，世質民淳，已有小人矣。今之衣儒服、居清列者，亦頗朋附小人，爲自安計。如贊、昌嗣之類奔走賤吏，不足言也。」

王黼字將明，開封祥符人。初名甫，後以同東漢宦官，賜名黼。爲人美風姿，目睛如金，有口辯，才疏雋而寡學術，然多智善佞。中崇寧進士第，調相州司理參軍，編修九域圖志，何志同領局，喜其人，爲父執中言之，薦擢校書郎，遷符寶郎、左司諫。張商英在相位，寖失帝意，遣使以玉環賜蔡京於杭〔二〕；黼覘知之，數條奏京所行政事，幷擊商英。京復相，德其助己，除左諫議大夫、給事中、御史中丞，自校書至是財兩歲。

黼因執中進，迺欲去執中，使京顓國，遂疏其二十罪，不聽。俄兼侍讀，進翰林學士。京與鄭居中不合，黼復內交居中，京怒，徙爲戶部尙書。大農方乏，將以邦用不給爲之罪。既而諸班禁旅賚犒不如期，詣左藏鼓譟，黼聞之，即諸軍揭大榜，期以某月某日，衆讀榜皆散，京計不行。還爲學士，進承旨。

遭父憂，閱五月，起復宣和殿學士，賜第昭德坊。故門下侍郎許將宅在左，黼父事梁師成，稱爲恩府先生，倚其聲焰，逼許氏奪之，白晝逐將家，道路憤歎。復爲承旨，拜尙書左丞、中書侍郎。宣和元年，拜特進、少宰。由通議大夫超八階，宋朝命相未有前比也。別賜城西甲第，徙居之日，導以教坊樂，供張什器，悉取於官，寵傾一時。





蔡京致仕，黼陽順人心，悉反其所爲，罷方田，毀辟雍、醫、算學，幷會要、六典諸局，汰省吏，減遙郡使、橫班官奉入之半，茶鹽鈔法不復比較，富戶科抑一切蠲除之，四方翕然稱賢相。

既得位，乘高爲邪，多畜子女玉帛自奉，僭儗禁省。誘奪徽猷閣待制鄧之綱妾，反以罪竄之綱嶺南。加少保、太宰。請置應奉局，自兼提領，中外名錢皆許擅用，竭天下財力以供費。官吏承望風旨，凡四方水土珍異之物，悉苛取於民，進帝所者不能什一，餘皆入其家。御史陳過庭乞盡罷以御前使喚爲名冗官，京西轉運使張汝霖請罷進西路花果，帝既納，黼復露章劾之，兩人皆徙遠郡。

睦寇方臘起，黼方文太平，不以告，蔓延彌月，遂攻破六郡。帝遣童貫督秦甲十萬始平之。猶以功轉少傅，又進少師。貫之行也，帝全付以東南一事，謂之曰：「如有急，即以御筆行之。」貫至吳，見民困花石之擾，衆言：「賊不亟平，坐此耳。」貫即命其僚董耘作手詔，若罪己然，且有罷應奉局之令，吳民大悅。貫平賊歸，黼言於帝曰：「臘之起由茶鹽法也，而貫入姦言，歸過陛下。」帝怒。貫謀起蔡京以間黼，黼懼。

是時朝廷已納趙良嗣之計，結女眞共圖燕，大臣多不以爲可。黼曰：「南北雖通好百年，然自累朝以來，彼之慢我者多矣。兼弱攻昧，武之善經也。今弗取，女眞必彊，中原故

地將不復爲我有。」帝雖向其言，然以兵屬貫，命以保民觀釁爲上策。黼復折簡通誠於貫曰：「太師若北行，願盡死力。」時帝方以睦寇故悔其事，及黼一言，遂復治兵。黼於三省置經撫房，專治邊事，不關之樞密。括天下丁夫，計口出算，得錢六千二百萬緡，竟買空城五六而奏凱。率百僚稱賀，帝解玉帶以賜，優進太傅，封楚國公，許服紫花袍，騶從儀物幾與親王等。黼議上尊號，帝曰：「此神宗皇帝所不敢受者也。」却弗許。始，遼使至，率迂其驛程，燕犒不示以華侈。及黼務於欲速，令女眞使以七日自燕至都，每張宴其居，輒陳尙方錦繡、金玉、瑰寶，以誇富盛，由是女眞益生心。身爲三公，位元宰，至陪扈曲宴，親爲俳優鄙賤之役，以獻笑取悅。

欽宗在東宮，惡其所爲。鄆王楷有寵，黼爲陰畫奪宗之策。皇孫諶爲節度使、崇國公，黼謂但當得觀察使，召宮臣耿南仲諭指，使草代東宮辭諶官奏，竟奪之，蓋欲以是撼搖東宮。

帝待遇之厚，名其所居閣曰「得賢治定」，爲書亭、堂牓九。有玉芝產堂柱，乘輿臨觀之。梁師成與連牆，穿便門往來，帝始悟其交結狀。還宮，黼眷頓熄，尋命致仕。

欽宗受禪，黼惶駭入賀，閤門以上旨不納。金兵入汴，不俟命，載其孥以東。詔貶爲崇信軍節度副使，籍其家。吳敏、李綱請誅黼，事下開封尹聶山，山方挾宿怨，遣武士躡及於





雍丘南輔固村，戕之，民家取其首以獻。帝以初卽位，難於誅大臣，託言爲盜所殺。議者不以誅黼爲過，而以天討不正爲失刑云。

朱勔，蘇州人。父沖，狡獪有智數。家本賤微，庸於人，梗悍不馴，抵罪鞭背。去之旁邑乞貸，遇異人，得金及方書歸，設肆賣藥，病人服之輒效，遠近輻湊，家遂富。因脩蒔園圃〔三〕，結游客，致往來稱譽。

始，蔡京居錢塘，過蘇，欲建僧寺閣，會費鉅萬，僧言必欲集此緣，非朱沖不可。京以屬郡守，郡守呼沖見京，京語故，沖願獨任。居數日，請京詣寺度地，至則大木數千章積庭下，京大驚，陰器其能。明年召還，挾勔與俱，以其父子姓名屬童貫竄置軍籍中，皆得官。

徽宗頗垂意花石，京諷勔語其父，密取浙中珍異以進。初致黃楊三本，帝嘉之。後歲歲增加，然歲率不過再三貢，貢物裁五七品。至政和中始極盛，舳艫相銜于淮、汴，號「花石綱」，置應奉局于蘇，指取內帑如囊中物，每取以數十百萬計。延福宮、艮嶽成，奇卉異植充物其中。勔擢至防禦使，東南部刺史、郡守多出其門。徐鑄、應安道、王仲閎等濟其惡，竭縣官經常以爲奉。所貢物，豪奪漁取於民，毛髮不少償。士民家一石一木稍堪翫，卽領健卒直入其家，用黃封表識，未卽取，使護視之，微不謹，卽被以大不恭罪。及發行，必徹屋抉牆以出。人不幸有一物小異，共指爲不祥，唯恐芟夷之不速。民預是役者，中家悉破產，或鬻賣子女以供其須。斸山輦石，程督峭慘，雖在江湖不測之淵，百計取之，必出乃止。

嘗得太湖石，高四丈，載以巨艦，役夫數千人，所經州縣，有拆水門、橋梁，鑿城垣以過者。既至，賜名「神運昭功石」。截諸道糧餉綱，旁羅商船，揭所貢暴其上，篙工、柁師倚勢貪橫，陵轢州縣，道路相視以目。廣濟卒四指揮盡給輓士猶不足。京始患之，從容言於帝，願抑其太甚者。帝亦病其擾，乃禁用糧綱船，戒伐冢藏、毀室廬，毋得加黃封帕蒙人園囿花石，凡十餘事。聽勔與蔡攸等六人入貢，餘進奉悉罷。自是勔小戢。

既而罙甚。所居直蘇市中孫老橋，忽稱詔，凡橋東西四至壤地室廬悉買賜予己，合數百家，期五日盡徙，郡吏逼逐，民嗟哭於路。遂建神霄殿，奉青華帝君像其中，監司、都邑吏朔望皆拜庭下，命士至，輒朝謁，然後通刺詣勔。主趙霖建三十六浦牐，興必不可成之功，天方大寒，役死者相枕藉。霖志在媚勔，益加苛虐，吳、越不勝其苦。徽州盧宗原竭庫錢遺之，引爲發運使，公肆掊克。園池擬禁籞，服飾器用上僭乘輿。又託輓舟募兵數千人，擁以自衞。子汝賢等召呼鄉州官寮，頤指目攝，皆奔走聽命，流毒州郡者二十年。





方臘起，以誅勔爲名。童貫出師，承上旨盡罷去花木進奉，帝又黜勔父子弟姪在職者，民大悅。然寇平，勔復得志，聲焰熏灼。寠人穢夫，候門奴事，自直祕閣至殿學士，如欲可得，不附者旋踵罷去，時謂東南小朝廷。帝末年益親任之，居中白事，傳達上旨，大略如內侍，進見不避宮嬪。歷隨州觀察使、慶遠軍承宣使。燕山奏功，進拜寧遠軍節度使、醴泉觀使。一門盡爲顯官，騶僕亦至金紫，天下爲之扼腕。

靖康之難，欲爲自全計，倉卒擁上皇南巡，且欲邀至其第。欽宗用御史言，放歸田里，凡由勔得官者皆罷。籍其貲財，田至三十萬畝。言者不已，羈之衡州，徙韶州、循州，遣使卽所至斬之。

王繼先，開封人。姦黠善佞。建炎初以醫得幸，其後寖貴寵，世號王醫師。至和安大夫、開州團練使致仕。尋以覃恩，改授武功大夫，落致仕。給事中富直柔奏：「繼先以雜流易前班，則自此轉行無礙，深恐將帥解體。」帝曰：「朕頃冒海氣，繼先診視有奇效，可特書讀。」直柔再駁，命乃寢。既而特授榮州防禦使。

太后有疾，繼先診視有勞，特補其子悅道爲閤門祗候。尋命繼先主管翰林醫官局，力

辭。是時，繼先用事，中外切齒，乃陽乞致仕，以避人言。詔遷秩二等，許回授。俄除右武大夫、華州觀察使，詔餘人毋得援例。吳貴妃進封，推恩遷奉寧軍承宣使，特封其妻郭氏爲郡夫人。

繼先遭遇冠絕人臣，諸大帥承順下風，莫敢少忤，其權勢與秦檜埒。檜使其夫人詣之，敍拜兄弟，表裏引援。遷昭慶軍承宣使，又欲得節鉞，使其徒張孝直等校本草以獻，給事中楊椿沮之，計不行。繼先富埒王室，子弟通朝籍，總戎寄，姻戚黨與盤據要途，數十年間，無能搖之者。

金兵將至，劉錡請爲戰備，繼先乃言：「新進主兵官，好作弗靖，若斬一二人，和好復固。」帝不懌曰：「是欲我斬劉錡乎？」

侍御史杜莘老劾其十罪，大略謂：「繼先廣造第宅，占民居數百家，都人謂之『快樂仙宮』；奪良家婦女爲侍妾；鎭江有娼妙於歌舞，矯御前索之；淵聖成喪，舉家燕飲，令妓女舞而不歌，謂之『啞樂』；自金使來，日輦重寶之吳興，爲避走計；陰養惡少，私置兵甲；受富民金，薦爲閤職；州縣大獄，以賂解免；誣姊姦淫，加之黥隸；又於諸處佛寺建立生祠，凡名山大刹所有，太半入其家。此特舉其大者，其餘擢髮未足數也。」奏入，詔繼先福州居住。其子安道，武泰軍承宣使；守道，朝議大夫、直徽猷閣；悅道，





朝奉郎、直秘閣；孫鎬，承議郎、直秘閣：並勒停。放還良家子爲奴婢者凡百餘人。籍其貲以千萬計，鬻其田園及金銀，並隸御前激賞庫。其海舟付李寶，天下稱快。

方繼先之怙寵奸法，帝亦知之，故晚年以公議廢之，遂不復起。孝宗卽位，詔任便居住，毋至行在。淳熙八年，卒。

曾覿字純甫，其先汴人也。用父任補官。紹興三十年，以寄班祗候與龍大淵同爲建王內知客。孝宗受禪，大淵自左武大夫除樞密副都承旨，而覿自武翼郎除帶御器械，幹辦皇城司。諫議大夫劉度入對，首言二人潛邸舊人，待之不可無節度；又因進故事，論京房、石顯事。大淵遂除知閤門事，而覿除權知閤門事。度言：「臣欲退之，而陛下進之，何面目尚爲諫官？乞賜貶黜。」中書舍人張震繳其命至再，出知紹興府。殿中侍御史胡沂亦論二人市權，既而給舍金安節、周必大再封還錄黃。時張燾新拜參政，亦欲以大淵、覿決去就，力言之，帝不納。燾辭去，遂以內祠兼侍讀。劉度奪言職，權工部侍郎，而二人仍知閤門事。必大格除目不下，尋與祠，二人除命亦寢。未幾，卒以大淵爲宜州觀察使、知閤門事；覿，文州刺史、權知閤門：皆兼皇城司。不數月間，除命四變。劉度出知建寧府，尋放罷。

羣臣既以言二人得罪去，侍御史周操章十五上，不報。自是覿與大淵勢張甚，士大夫之寡恥者潛附麗之。帝嘗令大淵撫慰兩淮將士，侍御史王十朋言大淵銜命撫師，非出朝廷論選之公，有輕國體。時又有內侍押班梁珂者，三人表裏用事。及珂以罪出，右正言龔茂良入對，首論：「二人害政甚珂百倍，陛下罷行一政事，進退一人才，必掠美自歸，謂爲己力。或時有少過，昌言於外，謂嘗爭之而不見聽。羣臣章疏留中未出，間得窺見，出以語人。有司條陳利害，示以副封，公然可否。若夫交通賄賂，干求差遣，特其小者耳。願特出威斷，並行罷去。」

先是，江、浙大水，詔侍從、臺諫陳闕政。著作郎劉夙上封事曰：「陛下與覿、大淵輩觴詠唱酬，字而不名。罷宰相，易大將，待其言而後決。嚴法守，裁僥倖，當自宮掖近侍始。」茂良時爲監察御史，亦言：「水至陰，其占爲女寵，爲嬖佞，爲小人，蓋專指左右近習也。」帝諭以二人皆潛邸舊人，非近習比；且俱有文學，敢諫諍，杜門不出，不預外事，宜退而訪問。茂良再上疏言：「德宗不知盧杞之姦邪，此其所以姦邪也。大淵、覿所爲，行道之人能言之，特陛下未之覺耳。」疏入不報。茂良待罪，除太常少卿，五辭不拜，出知建寧府。

一日，右史洪邁過參政陳俊卿曰：「聞將除右史，邁遷西掖，信乎？」俊卿曰：「何自得之？」邁以二人告。俊卿卽以語宰相葉顒、魏杞，而己獨奏之，且以邁語質之帝前，帝怒，卽





出二人於外。於是遷大淵爲江東總管，覿爲淮西副總管，中外快之。尋改大淵浙東、覿福建。乾道四年，大淵死，覿尚在福建。帝憐，欲召之，樞密劉珙奏曰：「此曹奴隸爾，厚賜之可也。引以自近而待以賓友，使得與聞政事，非所以增聖德、整朝綱也。」帝納珙言，命遂寢。

既而覿垂滿，俊卿恐其入，預請以浙東總管處之。臺臣上疏論之，不報。太學錄魏掞之旋上封事論列，且見俊卿切責之，掞之得台州教官以出。覿至龍山已久，伺掞之去，然後入國門。會虞允文使蜀還，與俊卿同奏覿不可留。帝曰：「然，留則累朕。」卒除浙東副總管。未幾，以墨詔進覿一官爲觀察使，中書舍人繳還，不因事除拜〔四〕，必有人言。帝不聽。俊卿曰：「不爾，亦須有名。」會汪大猷爲賀金正旦使，俾覿副之。比還，遷一秩，而竟申浙東之命，且戒閤門吏趣朝辭，覿由是怏怏而去。

六年夏，俊卿罷政。十月，覿以京祠召。七年，立皇太子〔五〕，覿以伴讀勞，升承宣使。八年，姚憲爲賀金國尊號使，覿副之。歸，除武泰軍節度使，提舉萬壽觀。淳熙元年，除開府儀同三司。四年，覿欲以文資官其子孫，帝遣中使至省中具使相奏補法，龔茂良時以參政行丞相事，遽以文武官各隨本色蔭補法繳進，覿大怒。茂良退朝，覿從騎不避，茂良執而撻之，待罪乞出，不許。戶部員外郎謝廓然忽賜出身，除侍御史。廓然首論茂良，以資政殿

學士知鎭江；章再上，鐫罷；言之不已，貶英州；皆覿所使也。覿前雖預事，未敢肆，至是責逐大臣，士始側目重足矣。鄺然既以擅權罪茂良，從班有韓彥古者，覿之姻，鄺然之黨，遂獻議助之，使人主疑大臣而信近習，至是益甚。

六年二月，帝幸佑聖觀，召宰臣史浩及覿同賜酒。是歲，加覿少保、醴泉觀使。時周必大當草制，人謂其必不肯從，及制出，乃有「敬故在尊賢之上」之語，士論惜之。

覿始與龍大淵相朋，及大淵死，則與王抃、甘昪相蟠結，文武要職多出三人之門。葉衡自小官十年至宰相。徐本中由小使臣積階至刺史、知閤門事，換文資爲右文殿修撰、樞密都承旨，賜三品服，俄爲浙西提刑，尋以集英殿修撰奉內祠。是二人者，皆覿所進也。

著作郎胡晉臣因轉對，極論近習怙權之害，遂出知漢州〔六〕。南康守朱熹應詔上書，其言尤力，有曰：「一二近習之人，蠱惑陛下心志，所謂宰相、師傅、賓友、諫諍之臣，或反出入其門牆，承望其風旨。」疏入，帝怒，諭令分析，丞相趙雄言之，事遂止。陳俊卿守金陵，過闕入見，首言曾覿、王抃招權納賂，薦進人才，皆以中批行之。帝曰：「瑣細差遣，或勉循之。至於近上之除，此輩何敢預。」俊卿入辭，又曰：「向來士大夫奔覿、抃之門，十才一二，尚畏人知；今則公然趨附，十已八九，大非朝廷美事也。」帝感悟。覿用事二十年，權震中外，至於譖逐大臣，貶死嶺外。自是寖覺其姦，嘗謂左右曰：「曾覿誤我不少。」遂稍疏覿。





覿憂恚，疽發于背。七年三月，侍帝宴于翠寒堂，退爲記以進。十二月，卒。於是凡前論覿得罪者皆錄贈，胡晉臣起至執政，魏掞之贈直祕閣，龔茂良悉還其職名恩數云。

張說，開封人。父公裕，省吏也，爲和州防禦使，建炎初有軍功。說受父任爲右職，娶壽聖皇后女弟，由是累遷知閤門事。隆興初，兼樞密副都承旨。乾道初，爲都承旨，加明州觀察使。

七年三月，除簽書樞密院事。時起復劉珙同知樞密院，珙恥與之同命，力辭不拜。命既下，朝論譁然不平，莫敢頌言于朝者。惟左司員外郎張栻在經筵力言之，中書舍人范成大不草詞。尋除說安遠軍節度使〔七〕，奉祠歸第。不數月，出栻知袁州〔八〕。說既奉祠，語人曰：「張左司平時不相樂，固也。范致能亦胡爲見攻？」指所坐亭材植曰：「是皆致能所惠也。」

八年二月，復自安遠軍節度使提舉萬壽觀，簽書樞密院事。侍御史李衡、右正言王希呂交章論之，起居郎莫濟不書錄黃，直院周必大不草答詔，於是命權給事中姚憲書讀行下，命翰林學士王曮草答詔。未幾，曮升學士承旨，憲賜出身，爲諫議大夫。詔希呂合黨邀名，持論反覆，責遠小監當。衡素與說厚，所言亦婉，止罷言職，遷左史，而濟、必大皆與在外宮觀，日下出國門。國子司業劉焞移書責宰相，言說不當用，即爲言者所論，出爲江西轉運判官。於是說勢赫然，無敢攖之者。九年春，說露章薦濟、必大，於是二人皆予郡，必大卒不出。

淳熙元年，帝廉知說欺罔數事，命侍御史范仲芑究之，遂罷爲太尉，提舉玉隆宮。諫官湯邦彥又劾其姦贓，乃降爲明州觀察使，責居撫州。三年，許自便。七年，卒于湖州。帝猶念之，詔復承宣使，給事中陳峴繳之，乃止。其子薦，文州刺史；嶷，明州觀察使。說敗，薦亦貶郴州。

先是，南丹州莫延葚表乞就宜州市馬，比橫山省三十程，說在樞筦以聞，樞屬有論其不便，說不聽。說既貶，遂罷其議。說又嘗建議欲郎官、卿監通差武臣，中書舍人留正以爲不可，遂止。與右相梁克家議使事不合，克家罷去而說留，其竊政權、傾大臣類如此。

王抃，初爲國信所小吏。金人求海、泗、唐、鄧、商、秦地，議久不決。金兵至，遣抃往使，許以地，易歲貢爲歲幣而還。乾道中，積官至知閤門事，帝親信之。金使至，議國書禮，





不合，抃以宰執虞允文命，紿其使曰：「兩朝通好自有常禮，使人何得妄生事，已牒知對境。」翌日，金使乃進書。帝以爲可任，遣詣荊襄點閱軍馬。

淳熙中，兼樞密都承旨，建議以殿、步二司軍多虛籍，請各募三千人。已而殿司輒捕市人充軍，號呼滿道，軍士乘隙掠取民財。帝專以罪殿前指揮使王友直，而命抃權殿前司事。

時抃與曾覿、甘昪相結，恃恩專恣，其門如市。著作郎胡晉臣嘗論近習怙權，帝令執政趙雄詢其人，雄憚抃等，乃令晉臣捨抃等，指其位卑者數人以對，晉臣竟外補。校書郎鄭鑑、宗正丞袁樞因轉對，數爲帝言之，帝猶未之覺也。吏部侍郎趙汝愚力疏抃罪，言：「陛下即位之初，宰相如葉顒等皆懼陛下左右侵其權，日夜與之爲敵。陛下察數年已來，大臣還有與陛下左右角是非者否？蓋其勢積至此也。今將帥之權盡歸王抃矣。」

先是，抃紿金使取國書，及使歸，金主誅之。嗣歲，金使至，帝以德壽宮之命，爲離席受國書，尋悔之。淳熙八年，金賀正旦使至，復要帝起立如舊儀，帝遽入內，抃擅許金使用舊儀見。翌日，汝愚侍殿上，帝不懌數日。汝愚因亟攻抃，帝遂出抃外祠，不復召。淳熙十一年，以福州觀察使卒。

姜特立字邦傑，麗水人。以父綬恩，補承信郎。淳熙中，累遷福建路兵馬副都監。海賊姜大獠寇泉南，特立以一舟先進，擒之。帥臣趙汝愚薦于朝，召見，獻所爲詩百篇，除閤門舍人，命充太子宮左右春坊兼皇孫平陽王伴讀，由是得幸於太子。太子卽位，除知閤門事，與譙熙載皆以春坊舊人用事，恃恩無所忌憚，時人謂曾、龍再出。

留正爲右相，執政尚闕人，特立一日語正曰：「帝以丞相在位久，欲遷左揆，就二尚書中擇一人執政，孰可者？」明日，正論其招權納賄之狀，遂奪職與外祠。帝念之，復除浙東馬步軍副總管，詔賜錢二千緡爲行裝。正引唐憲宗召吐突承璀事，乞罷相，不許。正復言：「臣與特立勢難兩立。」帝答曰：「成命已班，朕無反汗，卿宜自處。」正待罪國門外，帝不復召，而特立亦不至。

寧宗受禪，特立遷和州防禦使，再奉祠，俄拜慶遠軍節度使，卒。

熙載亦爲平陽邸伴讀，累官至忠州防禦使、知閤門事。紹熙中卒，較之特立頗廉勤。

熙載子令癰，以恩補承信郎、平陽郡王府幹辦，尋充王府內知客，小有才。王嘗與論春秋褒貶齊宣王易牛、秦穆公悔過事，令癰卽爲三詩以獻，王甚愛重之。及卽位，除知閤門





事，累遷至揚州承宣使。謝事，拜保成軍節度使。初賜居第，帝親書「依光」二字賜之。至是，復書「得閑知止」四字以名其堂。寶璽歸，覃恩進檢校少保，仍轉太尉致仕。卒，贈開府儀同三司。

## 校勘記

〔一〕判試官狀　「官」字原脫，據長編卷二九補。

〔二〕遣使以玉環賜蔡京於杭　東都事略卷一〇六王黼傳：「徽宗召蔡京於錢塘，遣中使賜以玉環。」此處「遣使」前當有脫字。

〔三〕因脩蒔園圃　「脩」原作「循」，據東都事略卷一〇六本傳改。

〔四〕不因事除拜　朝野雜記乙集卷六孝宗黜龍曾本末，此上有「以爲」兩字。

〔五〕立皇太子　「太」字原脫，據本書卷三四孝宗紀、朝野雜記乙集卷六補。

〔六〕漢州　原作「濮州」，據本書卷三九一胡晉臣傳、南宋館閣續錄卷一八改。

〔七〕尋除觀安遠軍節度使　本書卷三四孝宗紀，乾道七年三月，說「爲安慶軍節度使，提舉萬壽觀」，宋會要職官七八之五二同，此處「安遠軍」疑爲「安慶軍」之誤。下文同。

〔八〕山栻知袁州　「栻」字原脫，據本書卷四二九張栻傳、中興兩朝聖政卷五〇補。

# 宋史卷四百七十一

## 列傳第二百三十

### 姦臣一

蔡確 吳處厚附　邢恕　呂惠卿　章惇　曾布　安惇

易曰：「陽卦多陰，陰卦多陽。」君子雖多，小人用事，其象爲陰；小人雖多，君子用事，其象爲陽。宋初，五星聚奎，占者以爲人才衆多之兆。然終宋之世，賢哲不乏，姦邪亦多。方其盛時，君子秉政，小人聽命，爲患亦鮮。及其衰也，小人得志，逞其狡謀，壅閼上聽，變易國是，賊虐忠直，屛棄善良，君子在野，無救禍亂。有國家者，正邪之辨，可不愼乎！作姦臣傳。





蔡確字持正，泉州晉江人，父徙陳。確有智數，尚氣，不謹細行。第進士，調邠州司理參軍，以賄聞。轉運使薛向〔一〕行部，欲按治，見其儀觀秀偉，召與語，奇之，更加延譽。韓絳宣撫陝西，見所製樂語，以爲材，薦於弟開封尹維，辟管幹右廂公事，維去而確至。舊制當庭參，確不肯，後尹劉庠責之，確曰：「唐藩鎭自置掾屬，故有是禮。今輦轂下比肩事主，雖故事不可用。」遂乞解職。

王安石薦確，徙爲三班主簿。用鄧綰薦，爲監察御史裏行。王韶開熙河，多貸公錢，秦帥郭逵劾其罪，詔使杜純鞫治得實。安石卻其牘，更遣確，確希意直韶，逵、純獲譴。確善覸人主意，與時上下，知神宗已厭安石，因安石乘馬入宣德門與衞士競，卽疏其過以買直。加直集賢院，遷御史知雜事。

范子淵浚河之役，知制誥熊本按行以爲非是，爲子淵所訟，確劾本附文彥博，黜之，代爲知制誥、知諫院兼判司農寺。三司使沈括謁宰相吳充論免役法，確言括爲近臣，見朝廷法令未便，不公言之而私語執政，意王安石既去，新法可搖耳。括坐黜知宣州。

開封鞫相州民訟，事連判官陳安民，安民令其甥文及甫求援於充之子安持，及甫，充壻也。確言事關大臣，非開封可了，遂移御史臺。時獄起皇城，卒事多不讎。中丞鄧潤甫，御史上官均按之，與府獄同。王珪奏遣確詣臺參治，確鍛鍊爲獄，潤甫、均不能制，密奏確慘

掠諸囚。確伺知之，即劾二人庇有罪，且詐使吏爲使者慮問，囚稱冤，輒苦辱之。帝頗疑其濫，連遣諫官及內侍審直，皆怖畏，言不冤，由是潤甫、均皆罷，而確得中丞，猶領司農，凡常平、免役法皆成其手。

太學生虞蕃訟學官，確深探其獄，連引朝士，自翰林學士許將以下皆逮捕械繫，令獄卒與同寢處，飲食旋溷共爲一室，設大盆於前，凡羹飯餅胾舉投其中，以杓混攪，分飼之如犬豕。久繫不問，幸而得問，無一事不承。遂劾參知政事元絳有所屬請，絳出知亳州，確代其位。確自知制誥爲御史中丞、參知政事，皆以起獄奪人位而居之，士大夫交口咄罵，而確自以爲得計也。

吳充數爲帝言新法不便，欲稍去其甚者，確曰：「曹參與蕭何有隙，至代爲相，一遵何約束。今陛下所自建立，豈容一人挾怨而壞之。」法遂不變。

元豐五年，拜尚書右僕射兼中書侍郎。時富弼在西京，上言蔡確小人不宜大用。確既相，屢興羅織之獄，縉紳士大夫重足而立矣。初議官制，蓋倣唐六典，事無大小，並中書取旨，門下審覆，尚書受而行之，三省分班奏事，柄歸中書。確說王珪曰：「公久在相位，必得中書令。」珪信不疑。確乃言於帝曰：「三省長官位高，不須置令，但令左右僕射分兼兩省侍郎足矣。」帝以爲然。故確名爲次相，實顓大政，珪以左僕射兼門下，拱手而已。帝雖以次



敘相珪、確，然不加禮重，屢因微失罰金，每罰輒門謝。宰相罰金門謝，前此未有，人皆恥之。

哲宗立，轉左僕射。韓縝入相中書，用其兩姪爲列卿，確風御史中丞黃履劾縝。始詔三省，凡取旨事及臺諫官章疏，並執政同進擬，不專屬中書。蓋確畏失權，又復改制也。

爲永裕山陵使，靈駕發引之夕，不宿於次，在道又不扈從，還，又不丐去。御史劉摯、王巖叟連擊之，言確有十當去，「在熙寧、元豐時，寃獄苛政，首尾預其間。及至今日，稍語於人曰：『當時確豈敢言。』此其意欲固竊名位，反歸曲於先帝也」。司馬光、呂公著進用，蠲除煩苛，確言皆己所建白，公論益不容，太皇太后猶不忍即退斥。元祐元年閏二月，始罷爲觀文殿學士、知陳州。明年，坐弟碩事奪職，徙安州，又徙鄧。

初，神宗疾革，王珪議建儲事，確與同列皆在側，知狀。確自見得罪於世，陰與章惇、邢恕等合志邪謀，謂珪實懷異意，賴己擁護，故不得逞。確奉使陵下，韓縝白發其端，事浸籍籍。既失勢，愈怨望，恕又益爲往來造言，識者以爲憂，未有以發也。

確在安陸，嘗游車蓋亭，賦詩十章，知漢陽軍吳處厚上之，以爲皆涉譏訕，其用郝處俊上元間諫高宗欲傳位天后事，以斥東朝，語尤切害。於是左諫議大夫梁燾〔三〕、右諫議大夫范祖禹、左司諫吳安詩、右司諫王巖叟、右正言劉安世，連上章乞正確罪。詔確具析，確自



辨甚悉。安世等又言確罪狀著明，何待具析，此乃大臣委曲爲之地耳。遂貶光祿卿，分司南京，再責英州別駕，新州安置。宰相范純仁、左丞王存坐廉前出語救確，御史李常、盛陶、翟恩、趙挺之、王彭年坐不舉劾，中書舍人彭汝礪坐封還詞命，皆罷去。確後卒于貶所。

紹聖元年，馮京卒，哲宗臨奠。確子渭，京壻也，於喪次中闌訴。明日，詔復正議大夫。二年，贈太師，謚曰忠懷，遣中使護其葬，又賜第京師。崇寧初，配饗哲宗廟庭。蔡京請徽宗書「元豐受遺定策殊勳宰相蔡確之墓」賜其家。京與太宰鄭居中不相能，居中以憂去，京懼其復用，而居中，王珪壻也。時渭更名懋，京使之重理前事，以沮居中，遂追封確清源郡王，御製其文，立石墓前。擢懋同知樞密院事，次子莊爲從官，弟碩，贈待制，諸女超進封爵，諸壻皆得官，貴震當世。

高宗即位，下詔暴確姦之罪，貶確武泰軍節度副使，竄懋英州，凡所與濫恩，一切削奪，天下快之。

吳處厚者，邵武人，登進士第。仁宗屢喪皇嗣，處厚上言：「臣嘗讀史記，考趙氏廢興本末，當屠岸賈之難，程嬰、公孫杵臼盡死以全趙孤。宋有天下，二人忠義未見褒表，宜訪其墓域，建爲其祠。」帝覽其疏矍然，即以處厚爲將作丞，訪得兩墓於絳，封侯立廟。



始，蔡確嘗從處厚學賦，及作相，處厚通牋乞憐，確無汲引意。王珪用爲大理丞。王安禮、舒亶相攻，事下大理，處厚知安禮與珪善，論亶用官燭爲自盜。確密遣達意救亶，處厚不從，確怒欲逐之，未果。珪請除處厚館職，確又沮之。珪爲永裕山陵使，辟掌牋奏。確代使，出知通利軍，又徙知漢陽，處厚不悅。

元祐中，確知安州，郡有靜江卒當戍漢陽，確固不遣，處厚怒曰：「爾在廟堂時數陷我，今比郡作守，猶爾邪？」會得確車蓋亭詩，引郝甑山事，乃箋釋上之，云：「郝處俊封甑山公，會高宗欲遜位武后，處俊諫止，今乃以比太皇太后。且用滄海揚塵事，此蓋時運之大變，尤非佳語。譏謗切害，非所宜言。」確遂南竄。擢處厚知衞州，然士大夫由此畏惡之，未幾卒。紹聖間，追貶歙州別駕。

邢恕字和叔，鄭州陽武人。博貫經籍，能文章，喜功名，論古今成敗事，有戰國縱橫氣習。從程顥學，因出入司馬光、呂公著門。登進士第，補永安主簿。公著薦于朝，得崇文院校書。王安石亦愛之，因賓客諭意，使養晦以待用，恕不能從，而對其子雱語新法不便。安石怒，諫官亦言新進士未歷官而即處館閣，開奔競路，出知延陵縣。縣廢不復調，浮湛



中華書局

陝、洛間者七年，復爲校書。

吳充用爲館閣校勘，歷史館檢討、著作佐郎。蔡確代充相，盡逐充所用人，恕深居懼及。神宗見其送文彥博詩，稱於確，乃進職方員外郎。帝有復用光、公著意，確以恕於兩人爲門下客，亟結納之。恕亦深自附託，乃爲確畫策，稍收召名士，於政事微有更革，自是相與如素交。

帝不豫，恕與確成謀，密語宣仁后之姪公繪、公紀曰：「家有白桃著華〔三〕，道書言可療上疾。」邀與歸視之。至則執其手曰：「蔡丞相令布腹心，上疾不可諱，延安沖幼，宜早有定論，雍、曹皆賢王也。」公繪驚曰：「此何言？君欲禍吾家邪！」急趨出。恕計不行，則反宣言太后屬意雍王，與王珪表裏。導確約珪入問疾，陽鉤致珪語，使知開封府蔡京伏劍士於外，須珪小持異則執而誅之。既而珪言上自有子，定議立延安。恕益無所施，猶自謂有定策功，傳播其語。

哲宗立，遷右司員外郎、起居舍人。又爲公繪具奏，乞尊崇朱太妃，爲高氏異日計。后詰之曰：「汝素不識字，誰爲之者？」公繪不得隱，以恕對，且上其稿。時恕方召試中書，遂黜知隨州，改汝、襄、河陽。恕久斥外，蓄怒憤，間道謁確於鄧，緒成前惡，紿司馬光子康手書，持以取信。會確得罪，恕亦責監永州酒。





紹聖初，擢寶文閣待制、知青州。章惇、蔡卞得政，將甘心元祐諸人，引恕自助，召爲刑部侍郎，再遷吏部尚書兼侍讀，改御史中丞。恕既處風憲，遂誣宣仁后有廢立謀，引司馬光言北齊婁后宣訓事，訹高遵裕之子士京追訟其父在日，王珪令其兄士充來謀立雍王，遵裕非之。又教蔡懋上文及甫私牘爲廋詞，歷詆梁燾、劉摯，云陰圖不軌，且加司馬光、呂公著以凶悖名。惇使蔡京置獄於同文館，組織萬端，將悉陷諸人於族罪，既而無所得，乃已。

恕內懷猜猾，而外持正論。嘗於經筵讀寶訓，至仁宗論輔臣，以爲人君當修舉政事，則日月薄食、星文變見爲不足慮。恕言仁宗之旨雖合於荀卿書，然自古帝王孰肯自謂不修政事者，如此則天變遂廢矣。帝嘉納之，數登對。惇恐其大用，切忌之。恕亦揣帝稍薄惇，屢白其短，竟爲惇所陷，出知汝州。未幾，徙應天府。惇復摭其曩過，移知南安軍。徽宗初，言者論其矯誣，責爲少府少監，分司西京，居均州。

蔡京當國，經營湟、鄯，以開邊隙，欲使恕立方面之勳，起爲鄜延經略安撫使，旋改涇原，擢至龍圖閣學士。恕乞築蕭關，采其里人許彥圭車戰法，爲淺攻計。又欲使熙河造船，直抵興、靈，以空夏國巢穴，其謀皆迂誕。轉運使李復言恕所爲類兒戲，不可用，帝亦燭其妄，京力主之。已而夏人寇鎮戎，欲趨渭州，警奏至京師日五六，京懼，始徙恕太原，連徙永興、穎昌、眞定，尋奪職。久之，復顯謨閣待制。卒，年七十。

恕本從程門得游諸公間，一時賢士爭與之交。恕善爲表襮，蚤致聲名，而天資反覆，行險冒進，爲司馬光客卽陷光，附章惇卽背惇，至與三蔡爲腹心則之死弗替。上謗母后，下誣忠良，幾於禍及宗廟。建炎元年，與蔡確同追貶，而恕爲常德軍節度副使。子居實、倞。

居實有異材，八歲爲明妃引，黃庭堅、晁補之、張耒、秦觀、陳師道皆見而愛之。從恕守隨，作南征賦，蘇軾讀之，歎曰：「此足以藉手見古人矣。」卒時年十九，有遺文曰呻吟集。

倞及恕在時爲司農丞，靖康初至少卿，奉詔館金國使。是時，肅王使斡离不軍，爲所質，朝廷議亦留其使以相當，於是踰月不遣。都管趙倫，燕人也，性猾獪，懼不得歸，乃詐以情告倞曰：「金國有余覩金吾者，尙領契丹精銳甚衆，貳於金人，願歸大國，可結之以圖二酋。」倞以聞，大臣信之，卽爲賜余覩詔書授倫，納衣領中，厚與倫金帛。倫獻其書黏罕，黏罕大怒，以聞金主，報令深入攻討，遂復提兵南下。倞時出知岳州，詔責其始禍，削籍停官，既而京闕失守云。

呂惠卿字吉甫，泉州晉江人。父璹習吏事，爲漳浦令。縣處山林蔽翳間，民病瘴霧蛇虎之害，璹教民焚燎而耕，害爲衰止。通判宜州，儂智高入寇，轉運使檄璹與兵會，或勸勿





行，不聽。將二千人躡賊後以往，得首虜爲多。爲開封府司錄，鞫中人史志聰役衞卒伐木事，吏多爲之地，璹窮治之，志聰以謫去。終光祿卿。

惠卿起進士，爲眞州推官。秩滿入都，見王安石，論經義，意多合，遂定交。熙寧初，安石爲政，惠卿方編校集賢書籍，安石言於帝曰：「惠卿之賢，豈特今人，雖前世儒者未易比也。學先王之道而能用者，獨惠卿而已。」及設制置三司條例司，以爲檢詳文字，事無大小必謀之，凡所建請章奏皆其筆。擢太子中允、崇政殿說書、集賢校理，判司農寺。

司馬光諫帝曰：「惠卿憸巧非佳士，使安石負謗於中外者皆其所爲。安石賢而愎，不閑世務，惠卿爲之謀主，而安石力行之，故天下幷指爲姦邪。近者進擢不次，大不厭衆心。」帝曰：「惠卿進對明辨，亦似美才。」光曰：「惠卿誠文學辨慧，然用心不正，願陛下徐察之。江充、李訓若無才，何以能動人主？」帝默然。光又貽書安石曰：「諂諛之士，於公今日誠有順適之快，一旦失勢，將必賣公自售矣。」安石不悅。

會惠卿以父喪去，服除，召爲天章閣侍講〔四〕，同修起居注，進知制誥，判國子監，與王雱同修三經新義。又知諫院，爲翰林學士。安石求去，惠卿使其黨變姓名，日投匭上書留之。安石力薦惠卿爲參知政事，惠卿懼安石去，新法必搖，作書徧遺監司、郡守，使陳利害。又從容白帝下詔，言終不以吏違法之故，爲之廢法。故安石之政，守之益堅。議罷制科，馮

京爭之不得。

弟升卿無學術，引爲侍講。又用弟和卿計，制五等丁産簿，使民自供手實，尺椽寸土，檢括無遺，至鷄豚亦徧抄之。隱匿者許告，而以貲三之一充賞，民不勝其困。又因保甲正長給散青苗，使結甲赴官，不遺一人，上下騷動。

鄭俠疏惠卿朋姦壅蔽，惠卿怒，又惡馮京異己，而安石弟安國惡惠卿姦諂，面辱之。於是乘勢併陷三人，皆獲罪。韓絳爲相不能制，請復用安石。安石以安國之故，始有隙。惠卿既叛安石，凡可以害王氏者無不爲。安石至，猶與共事。御史蔡承禧論其惡，鄧綰又言其兄弟強借秀州富民錢買田，出知陳州。久之，以資政殿學士知延州。

始，陝西緣邊漢蕃兵各自爲軍，每戰則以蕃部爲先鋒，而漢兵城守，伺便乃出戰。惠卿始合之爲一，先蒐補守兵而出其選以戰，隨屯置將，具條約上之，邊人及議者多言不可。路都監高永亨，老將也，爭之力，奏斥之。蕃部屈全乜將入寇，惠卿以近世帥臣多養威持重，乃將牙兵按邊，啓師于東郊，遂趨綏德，抵無定河，歷十有八日而還。

俄丁母憂，詔於本奉外特給五萬，惠卿更請添支萬五千，御史劾之，將下揚州取奉曆，帝曰：「惠卿固貪冒，然嘗爲執政，治之傷體，姑責以義可也。」但削其課奉，惠卿猶自辨。御史又論其方居喪，不應有言，詔勿問。





元豐五年，加大學士、知太原府。入見，將使仍鎭鄜延。惠卿云：「陝西之師，非唯不可以攻，亦不可以守，要在大爲形勢而已。」帝曰：「如惠卿言，是爲陝西可棄也，豈宜委以邊事？」數其輕躁矯誣之罪，斥知單州，明年復知太原。哲宗即位，敕疆吏勿侵擾外界。惠卿遣步騎二萬襲夏人於聚星泊，斬首六百級，夏人遂寇鄜延。

惠卿見正人彙進，知不容於時，懇求散地。於是右司諫蘇轍條奏其姦曰：「惠卿懷張湯之辨詐，有盧杞之姦邪，詭變多端，敢行非度。王安石強佷傲誕，於吏事宜無所知，惠卿指擿教導，以濟其惡。又興起大獄，欲株連蔓引，塗汚公卿。賴先帝仁聖，每事裁抑，不然，安常守道之士無噍類矣。安石於惠卿有卵翼之恩，父師之義。方其求進則膠固爲一，及勢力相軋，化爲敵讎，發其私書，不遺餘力。犬彘之所不爲，而惠卿爲之。昔呂布事丁原則殺丁原，事董卓則殺董卓；劉牢之事王恭則反王恭，事司馬元顯則反元顯：故曹操、桓玄終畏而誅之。如惠卿之惡，縱未正典刑，猶當投畀四裔，以禦魑魅。」中丞劉摯數其五罪，以爲大惡。乃貶爲光祿卿，分司南京。再責建寧軍節度副使，建州安置。中書舍人蘇軾當制，備載其罪於訓詞，天下傳誦稱快焉。

紹聖中，復資政殿學士、知大名府，加觀文殿學士、知延州(五)。夏人復入寇，將以全師圍延安，惠卿修米脂諸砦以備。寇至，欲攻則城不可近，欲掠則野無所得，欲戰則諸將按兵不動，欲南則懼腹背受敵，留二日即拔栅去，遂陷金明。惠卿求詣闕，不許。以築威戎、威羌城，加銀青光祿大夫，拜保寧、武勝兩軍節度使。

徽宗立，易節鎭南。因曾布有宿憾，徙爲杭州，而用范純粹帥延，治其上功罔冒事，奪節度。布去位，復武昌節度使，知大名。數歲，又以上表引喩失當，還爲銀青光祿大夫，令致仕。崇寧五年，起爲觀文殿學士、知杭州。坐其子淵聞妖人張懷素言不告，淵配沙門島，惠卿責祁州團練副使，安置宣州，再移廬州。復觀文殿學士，爲醴泉觀使，致仕。卒，贈開府儀同三司。

始，惠卿逢合安石，驟致執政，安石去位，遂極力排之，至發其私書於上。安石退處金陵，往往寫「福建子」三字，蓋深悔爲惠卿所誤也。雖章惇、曾布、蔡京當國，咸畏惡其人，不敢引入朝。以是轉徙外服，訖於死云。

章惇字子厚，建州浦城人。父俞徙蘇州。起家至職方郎中，致仕，用惇貴，累官銀青光祿大夫，年八十九卒。

惇豪俊，博學善文。進士登名，恥出姪衡下，委敕而出。再舉甲科，調商洛令。與蘇軾





游南山，抵仙游潭，潭下臨絕壁萬仞，橫木其上，惇揖軾書壁，軾懼不敢書。惇平步過之，垂索挽樹，攝衣而下，以漆墨濡筆大書石壁曰：「蘇軾、章惇來。」既還，神彩不動，軾拊其背曰：「君他日必能殺人。」惇曰：「何也？」軾曰：「能自判命者，能殺人也。」惇大笑。召試館職，王陶劾罷之。

熙寧初，王安石秉政，悅其才，用爲編修三司條例官，加集賢校理、中書檢正。時經制南、北江羣蠻，命爲湖南、北察訪使。提點刑獄趙鼎言，峽州羣蠻苦其酋剝刻，謀內附，辰州布衣張翹亦言南、北江羣蠻歸化朝廷，遂以事屬惇。惇募流人李資、張竑等往招之，資、竑淫于夷婦，爲酋所殺，遂致攻討，由是兩江扇動。神宗疑其擾命，安石戒惇勿輕動，惇竟以三路兵平懿、洽、鼎州。以蠻方據潭之梅山，遂乘勢而南。轉運副使蔡燁言是役不可亟成，神宗以爲然，專委於燁，安石主惇，爭之不已。既而燁得蠻地，安石恨燁沮惇，乃薄其賞，進惇修起居注，以是兵久不決。

召惇還，擢知制誥、直學士院、判軍器監。三司火，神宗御樓觀之，惇部役兵奔救，過樓下，神宗問知爲惇，明日命爲三司使。呂惠卿去位，鄧綰論惇同惡，出知湖州，徙杭州。入爲翰林學士。元豐三年，拜參知政事。朱服爲御史，惇密使客達意於服，爲服所白。惇父冒占民沈立田，立遮訴惇，惇繫之開封。坐二罪，罷知蔡州，又歷陳、定二州。五年，召拜門下

侍郎。豐稷奏曰：「官府肇新而惇首用，非稽古建官意。」稷坐左遷。諫官趙彥若又疏惇無行，不報。

哲宗即位，知樞密院事。宣仁后聽政，惇與蔡確矯唱定策功。確罷，惇不自安，乃駁司馬光所更役法，累數千言。其略曰：「如保甲、保馬一日不罷，有一日害。若役法則熙寧之初遽改免役，後遂有弊。今復爲差役，當議論盡善，然後行之，不宜遽改，以貽後悔。」呂公著曰：「惇所論固有可取，然專意求勝，不顧朝廷大體。」光議既行，惇憤恚爭辨簾前，其語甚悖。宣仁后怒，劉摯、蘇轍、王覿、朱光庭、王巖叟、孫升交章擊之，黜知汝州。七八年間，數爲言者彈治。

哲宗親政，有復熙寧、元豐之意，首起惇爲尚書左僕射兼門下侍郎，於是專以「紹述」爲國是，凡元祐所革一切復之。引蔡卞、林希、黃履、來之邵、張商英、周秩、翟思、上官均居要地，任言責，協謀朋姦，報復仇怨，小大之臣，無一得免，死者禍及其孥。甚至詆宣仁后，謂元祐之初，老姦擅國。又請發司馬光、呂公著冢，斲其棺。哲宗不聽，惇意不愜，請編類元祐諸臣章疏，識者知禍之未弭也。遂治劉安世、范祖禹諫禁中雇乳媼事，又以文及甫誣語書導蔡渭，使告劉摯、梁燾有逆謀，起同文館獄，命蔡京、安惇、蹇序辰窮治，欲覆諸人家。又議遣呂升卿、董必察訪嶺南，將盡殺流人。哲宗曰：「朕遵祖宗遺制，未嘗殺戮大臣，其釋



勿治。」然重得罪者十餘人，或至三四謫徙，天下冤之。

惇用邢恕爲御史中丞，恕以北齊婁太后宮名宣訓，嘗廢孫少主立子常山王演，託司馬光語范祖禹曰：「方今主少國疑，宣訓事猶可慮。」又誘高士京上書，言父遵裕臨死屏左右謂士京曰：「神宗彌留之際，王珪遣高士充來問曰：『不知皇太后欲立誰。』我叱士充去之。」皆欲誣宣仁后，以此實之。惇遂追貶司馬光、王珪，贈遵裕奉國軍留後。結中官郝隨爲助，欲追廢宣仁后，自皇太后、太妃皆力爭之。哲宗感悟，焚其奏，隨覘知之，密語惇與蔡卞。明日惇、卞再言，哲宗怒曰：「卿等不欲朕入英宗廟乎？」惇、卞乃已。

惇又以皇后孟氏，元祐中宣仁后所立，迎合郝隨，勸哲宗起掖庭祕獄，託以左道，廢居瑤華宮。其後哲宗頗悔，乃歎曰：「章惇壞我名節。」惇又結劉友端相表裏，請建劉賢妃於中宮。

初，神宗用王安石之言，開熙河，謀靈、夏，師行十餘年不息。迨聞永樂之敗，神宗當宁慟哭，循致不豫，故元祐宰輔推本其意，專務懷柔外國。西夏請故地，以非要害城砦，還之。惇以爲蹙國棄地，罪其帥臣，遂用淺攻撓耕之說，肆開邊隙，絕夏人歲賜，進築汝遮等城，陝西諸道興役五十餘所，敗軍覆將，復棄青唐，死傷不可計。知天下怨己，欲塞其議，請詔中外察民妄語者論如律。優立賞邏，告訐之風寖盛。民有被酒狂囈者，詔貸其死，惇竟論殺



之。用刑愈峻，然不能遏也。

哲宗崩，皇太后議所立，惇厲聲曰：「以禮律言之，母弟簡王當立。」皇太后曰：「老身無子，諸王皆是神宗庶子。」惇復曰：「以長則申王當立。」皇太后曰：「申王病，不可立。」惇尚欲言，知樞密院事曾布叱之曰：「章惇，聽太后處分。」皇太后決策立端王，是爲徽宗。遷惇特進，封申國公。

爲山陵使，靈轝陷澤中，踰宿而行。言者劾其不恭，罷知越州，尋貶武昌軍節度副使，潭州安置。右正言任伯雨論其欲追廢宣仁后，又貶雷州司戶參軍。初，蘇轍謫雷州，不許占官舍，遂僦民屋，惇又以爲強奪民居，下州追民究治，以僦券甚明，乃已。至是，惇問舍于民，民曰：「前蘇公來，爲章丞相幾破我家，今不可也。」徙睦州，卒。

惇敏識加人數等，窮凶稔惡，不肯以官爵私所親，四子連登科，獨季子援嘗爲校書郎，餘皆隨牒東銓仕州縣，訖無顯者。

妻張氏甚賢，惇之入相也，張病且死，屬之曰：「君作相，幸勿報怨。」既祥，惇語陳瓘曰：「悼亡不堪，柰何？」瓘曰：「與其悲傷無益，曷若念其臨絕之言。」惇無以對。

政和中，追贈觀文殿大學士。紹興五年，高宗閱任伯雨章疏，手詔曰：「惇詆誣宣仁后，欲追廢爲庶人，賴哲宗不從其請，使其言施用，豈不上累泰陵？貶昭化軍節度副使，子孫不



得仕於朝。」詔下，海內稱快，獨其家猶爲辨誣論，見者哂之。

曾布字子宣，南豐人。年十三而孤，學於兄鞏，同登第，調宣州司戶參軍、懷仁令。熙寧二年，徙開封，以韓維、王安石薦，上書言爲政之本有二，曰：厲風俗，擇人才。其要有八，曰：勸農桑，理財賦，興學校，審選舉，責吏課，敍宗室，修武備，制遠人。大率皆安石指也。

神宗召見，論建合意，授太子中允、崇政殿說書，加集賢校理，判司農寺，檢正中書五房。凡三日，五受敕告。與呂惠卿共創青苗、助役、保甲、農田之法，一時故臣及朝士多爭之。布疏言：「陛下以不世出之資，登延碩學遠識之臣，思大有爲於天下，而大臣玩令，倡之於上，小臣橫議，和之於下。人人窺伺間隙，巧言醜詆，以譁衆罔上。是勸沮之術未明，而威福之用未果也。陛下誠推赤心以待遇君子而厲其氣，奮威斷以屏斥小人而消其萌，使四方曉然皆知主不可抗，法不可侮，則何爲而不可，何欲而不成哉？」布欲堅神宗意，使專任安石以威脅衆，使毋敢言。故驟見拔用，遂修起居注、知制誥，爲翰林學士兼三司使。韓琦上疏極論新法之害，神宗頗悟，布遂爲安石條析而駁之，持之愈固。

七年，大旱，詔求直言，布論判官呂嘉問市易掊克之虐，大概以爲：「天下之財匱乏，良由貨不流通；貨不流通，由商賈不行；商賈不行，由兼并之家巧爲摧抑。故設市易於京師以售四方之貨，常低印其價，使高於兼并之家而低於倍蓰之直，官不失二分之息，則商賈自然無滯矣。今嘉問乃差官於四方買物貨，禁客旅無得先交易，以息多寡爲誅賞殿最，故官吏、牙駔惟恐裒之不盡而息之不夥，則是官自爲兼并，殊非市易本意也。」事下兩制議，惠卿以爲沮新法，安石怒，布遂去位。

惠卿參大政，置獄舉劾，黜布知饒州，徙潭州。復集賢院學士、知廣州。元豐初，以龍圖閣待制知桂州，進直學士、知秦州，改歷陳、蔡、慶州。元豐末，復翰林學士，遷戶部尚書。司馬光爲政，諭令增損役法，布辭曰：「免役一事，法令纖悉皆出己手，若令遽自改易，義不可爲。」元祐初，以龍圖閣學士知太原府，歷眞定、河陽及青、瀛二州。紹聖初，徙江寧，過京，留爲翰林學士，遷承旨兼侍讀，拜同知樞密院，進知院事。初，章惇爲相，布草制極其稱美，冀惇引爲同省執政，惇忌之，止薦居樞府，故稍不相能。布贊惇「紹述」甚力，請甄賞元祐臣庶論更役法不便者，以勸敢言。惇遂興大獄，陷正人，流貶鐫廢，略無虛日，布多陰擠之。掖庭詔獄成，付執政蔽罪，法官謂厭魅事未成，不當處極典。布曰：「驢媚蛇霧，是未成否？」衆皆瞿然，於是死者三人。



惇以士心不附，詭情飾過，薦引名士彭汝礪、陳瓘、張庭堅等，乞正所奪司馬光、呂公著贈謚，勿毀墓仆碑，布以爲無益之事。又奏：「人主操柄，不可倒持，今自丞弼以至言者，知畏宰相，不知畏陛下。臣如不言，孰敢言者？」其意蓋欲傾惇而未能。會哲宗崩，皇太后召宰執問誰可立，惇有異議，布叱惇使從皇太后命。

徽宗立，惇得罪罷，遣中使召蔡京鏁院，拜韓忠彥左僕射。京欲探徽宗意，徐請曰：「子宣、廟詞未審合作專任一相，或作分命兩相之意。」徽宗曰：「專任一相。」京出，宣言曰：「子宣不復相矣。」已而復召曾肇草制，拜布右僕射，其制曰：「東西分臺，左右建輔。」忠彥雖居上，然柔懦，事多決於布，布猶不能容。時議以元祐、紹聖均爲有失，欲以大公至正消釋朋黨，明年，乃改元建中靖國，邪正雜用，忠彥遂罷去。布獨當國，漸進「紹述」之說。

明年，又改元崇寧，召蔡京爲左丞，京與布異。會布擬陳佑甫爲戶部侍郎，京奏曰：「爵祿者，陛下之爵祿，柰何使宰相私其親？」布壻陳迪，佑甫子也。布忿然爭辨，久之，聲色稍厲。溫益叱布曰：「曾布，上前安得失禮？」徽宗不悅而罷。御史遂攻之，罷爲觀文殿大學士、知潤州。

京積憾未已，加布以贓賄，令開封呂嘉問逮捕其諸子，鍛鍊訊鞫，誘左證使自誣而貸其罪。布落職，提舉太清宮，太平州居住。又降司農卿，分司南京。又以嘗薦學官趙諗而諗叛，責散官，衡州安置。又以棄湟州，責賀州別駕，又責廉州司戶。凡四年，乃徙舒州，復太中大夫、提舉崇福宮。大觀元年，卒于潤州，年七十二。後贈觀文殿大學士，謚曰文肅。



安惇字處厚，廣安軍人。上舍及第，調成都府教授。上書論學制，召對，擢監察御史。哲宗初政，許察官言事，諫議大夫孫覺請汰其不可者，詔劉摯推擇，罷惇爲利州路轉運判官，歷夔州、湖北、江東三路。

紹聖初，召爲國子司業，三遷諫議大夫。章惇、蔡卞造同文誘獄，使蔡京與惇雜治，二人肆其忮心，上言：「司馬光、劉摯、梁燾、呂大防等交通陳衍之徒，變先帝成法，懼陛下一日親政，必有欺君之誅，乃密爲傾搖之計。於是疏隔兩宮，斥隨龍內侍，以去陛下之腹心；廢顧命大臣，以翦陛下之羽翼。縱釋先帝之所罪，收用先帝之所棄。無君之惡，同司馬昭之心；擅事之迹，過趙高指鹿爲馬。比詢究本末，得其情狀，大逆不道，死有餘責。」帝曰：「元祐人果如是乎？」惇、京曰：「誠有是心，特反形未具耳。」帝爲誅衍，錮摯、燾子孫。遷御史中丞。



劉后之受册也，百官仗衞陳于大庭，是日天氣淸晏，惇巍立班中，倡言曰：「今日之事，上當天心，下合人望。」朝士皆笑其姦佞。又鞫鄒浩事，檄廣東使者鍾正甫攝治之于新州，士大夫或千里會逮，踵蹇序辰初議，閱訴理書牘，被禍者七八百人，天下怨疾，爲二蔡、二惇之謠。徽宗雅惡之。鄒浩還朝，惇言：「浩若復用，慮彰先帝之失。」帝曰：「立后，大事也。御史中丞不言而浩獨敢言之，何爲不可復用？」惇懼而退。陳瓘請曰：「陛下欲開正路，取浩既往之善，惇乃詿惑主聽，規騁其私，若明示好惡，當自惇始。」乃以寶文閣待制知潭州，尋放歸田里。

蔡京爲相，復拜工部侍郎、兵部尚書。崇寧初，同知樞密院。卒，贈特進。長子郊，後坐指斥誅。流其次子邦於涪而追貶惇單州團練副使，其祀遂絕。人以爲惇平生數陷忠良之報云。

校勘記

〔一〕薛向　原作「薛何」，據本書卷三二八薛向傳、琬琰集下編卷一八蔡確傳改。

〔二〕梁燾　原作「張燾」，據本書卷三四二梁燾傳及琬琰集下編卷一八蔡確傳改。

〔三〕白桃著華　長編卷三五一、編年綱目卷二〇記此事略有出入，都作「桃着白花」，並有入庭中見紅桃花語。疑此有誤。

〔四〕天章閣侍講　「講」原作「讀」，據琬琰集下編卷一四本傳及東都事略卷八三本傳改。

〔五〕知延州　按長編紀事本末卷一三〇及東都事略卷八三、琬琰集下編卷一四本傳均作「知延安府」。據本書卷八七地理志，元祐四年，升延州爲延安府。此處所言爲紹聖間事，作「知延安府」爲是。



# 宋史卷四百七十二

## 列傳第二百三十一

### 姦臣二

蔡京 弟卞 子攸 翛　趙良嗣 張覺 郭藥師附

蔡京字元長，興化仙游人。登熙寧三年進士第，調錢塘尉、舒州推官，累遷起居郎。使遼還，拜中書舍人。時弟卞已爲舍人，故事，入官以先後爲序，卞乞班京下。兄弟同掌書命，朝廷榮之。改龍圖閣待制、知開封府。

元豐末，大臣議所立，京附蔡確，將害王珪以貪定策之功，不克。司馬光秉政，復差役法，爲期五日，同列病太迫，京獨如約，悉改畿縣雇役，無一違者。詣政事堂白光，光喜曰：「使人人奉法如君，何不可行之有！」已而臺、諫言京挾邪壞法，出知成德軍，改瀛州，徙成都。諫官范祖禹論京不可用，乃改江、淮、荆、浙發運使，又改知揚州。歷鄆、永興軍，遷龍





圖閣直學士，復知成都。

紹聖初，入權戶部尚書。章惇復變役法，置司講議，久不決。京謂惇曰：「取熙寧成法施行之爾，何以講爲？」惇然之，雇役遂定。差雇兩法，光、惇不同。十年間京再涖其事，成於反掌，兩人相倚以濟，識者有以見其姦。

卞拜右丞，以京爲翰林學士兼侍讀，修國史。文及甫獄起，命京窮治，京捕內侍張士良，令述陳衍事狀，即以大逆不道論誅，并劉摯、梁燾劾之。衍死，二人亦貶死，皆錮其子孫。王巖叟、范祖禹、劉安世復遠竄。京覬執政，曾布知樞密院，忌之，密言卞備位承轄，京不可以同升，但進承旨。

徽宗即位，罷爲端明、龍圖兩學士，知太原，皇太后命帝留京畢史事。踰數月，諫官陳瓘論其交通近侍，瓘坐斥，京亦出知江寧，頗怏怏，遷延不之官。御史陳次升、龔夬、陳師錫交論其惡，奪職，提舉洞霄宮，居杭州。

童貫以供奉官詣三吳訪書畫奇巧，留杭累月，京與游，不舍晝夜。凡所畫屏幛、扇帶之屬，貫日以達禁中，且附語言論奏至帝所，由是帝屬意京。又太學博士范致虛素與左街道錄徐知常善，知常以符水出入元符后殿，致虛深結之，道其平日趨向，謂非相京不足以有爲。已而宮妾、宦官合爲一詞譽京，遂擢致虛右正言，起京知定州。崇寧元年，徙大名府。韓忠

彥與曾布交惡，謀引京自助，復用爲學士承旨。徽宗有意修熙、豐政事，起居舍人鄧洵武黨京，撰愛莫助之圖以獻，徽宗遂決意用京。忠彥罷，拜尚書左丞，俄代曾布爲右僕射。制下之日，賜坐延和殿，命之曰：「神宗創法立制，先帝繼之，兩遭變更，國是未定。朕欲上述父兄之志，卿何以教之？」京頓首謝，願盡死。二年正月，進左僕射。

京起於逐臣，一旦得志，天下拭目所爲，而京陰託「紹述」之柄，箝制天子，用條例司〔一〕故事，即都省置講議司，自爲提舉，以其黨吳居厚、王漢之十餘人爲僚屬，取政事之大者，如宗室、冗官、國用、商旅、鹽澤、賦調、尹牧，每一事以三人主之。凡所設施，皆由是出。用馮澥、錢遹之議，復廢元祐皇后。罷科舉法，令州縣悉倣太學三舍考選，建辟廱外學於城南，以待四方之士。推方田於天下。榷江、淮七路茶，官自爲市。盡更鹽鈔法，凡舊鈔皆弗用，富商巨賈嘗齎持數十萬緡，一旦化爲流丐，甚者至赴水及縊死。提點淮東刑獄章縡見而哀之，奏改法誤民，京怒奪其官；因鑄當十大錢，盡陷縡諸弟。御史沈畸等用治獄失意，羈削者六人。陳瓘子正彙〔二〕以上書黥置海島。

南開黔中，築靖州。辰溪猺叛，殺溆浦令，京重爲賞，募殺一首領者賜之絹三百，官以班行，且不令質究本末。荆南守馬珹言：「有生猺，有省地猺，今未知叛者爲何種族，若計級行賞，懼不能無枉濫。」蔣之奇知樞密院，恐忤京意，白言珹不體國，京罷珹，命舒亶代之，以



覊絕羣猺爲期。西收湟川、鄯、廓，取牂牁、夜郎地。

擢童貫領節度使，其後楊戩、藍從熙、譚稹、梁師成皆踵之。凡寄資一切轉行，祖宗之法蕩然無餘矣。又欲兵柄士心皆歸己，建澶、鄭、曹、拱州爲四輔，各屯兵二萬，而用其姻昵宋喬年、胡師文爲郡守。禁卒干振月給錢五百，驟增十倍以固結之。威福在手，中外莫敢議。累轉司空，封嘉國公。

京既貴而貪益甚，已受僕射奉，復創取司空寄祿錢，如粟、豆、柴薪與傔從糧賜如故，時皆折支，亦悉從眞給，但入熟狀奏行，帝不知也。

時元祐羣臣貶竄死徙略盡，京猶未愜意，命等其罪狀，首以司馬光，目曰姦黨，刻石文德殿門，又自書爲大碑，徧班郡國。初，元符末以日食求言，言者多及熙寧、紹聖之政，則又籍范柔中以下爲邪等。凡名在兩籍者三百九人，皆錮其子孫，不得官京師及近甸。五年，進司空、開府儀同三司、安遠軍節度使，改封魏國。

時承平既久，帑庾盈溢，京倡爲豐、亨、豫、大之說，視官爵財物如糞土，累朝所儲掃地矣。帝嘗大宴，出玉琖、玉卮示輔臣曰：「欲用此，恐人以爲太華。」京曰：「臣昔使契丹，見玉盤琖，皆石晉時物，持以夸臣，謂南朝無此。今用之上壽，於禮無嫌。」帝曰：「先帝作一小臺財數尺，上封者甚衆，朕甚畏其言。此器已就久矣，倘人言復興，久當莫辨。」京曰：「事苟當



於理，多言不足畏也。陛下當享天下之奉，區區玉器，何足計哉！」

五年正月，彗出西方，其長竟天。帝以言者毀黨碑，凡其所建置，一切罷之。京免爲開府儀同三司、中太乙宮使。其黨陰援於上，大觀元年，復拜左僕射。以南丹納土，躐拜太尉；受八寶，拜太師。

三年，臺諫交論其惡，遂致仕。猶提舉修哲宗實錄，改封楚國，朝朔望。太學生陳朝老追疏京惡十四事，曰：瀆上帝，罔君父，結奥援，輕爵祿，廣費用，變法度，妄制作，喜導諛，箝臺諫，熾親黨，長奔競，崇釋老，窮土木，矜遠略。乞投畀遠方，以禦魑魅。其書出，士人爭相傳寫，以爲實錄。四年五月，彗復出奎、婁間，御史張克公論京輔政八年，權震海內，輕錫予以蠹國用，託爵祿以市私恩，役將作以葺居第，用漕船以運花石。名爲祝聖而修塔，以壯臨平之山；託言灌田而決水，以符「興化」之讖。法名退送，門號朝京。方田擾安業之民，圜土聚徙郡之惡。不軌不忠，凡數十事。先是，御史中丞石公弼、侍御史毛注數劾京，未允，至是，貶太子少保，出居杭。

政和二年，召還京師，復輔政，徙封魯國，三日一至都堂治事。京之去也，中外學官頗有以時政爲題策士者。提舉淮西學士蘇棫〔三〕欲自售，獻議請索五年間策問，校其所詢，以觀向背，於是坐停替者三十餘人。



初，國制，凡詔令皆中書門下議，而後命學士爲之。至熙寧間，有內降手詔不由中書門下共議，蓋大臣有陰從中而爲之者。至京則又患言者議己，故作御筆密進，而丐徽宗親書以降，謂之御筆手詔，違者以違制坐之。事無巨細，皆託而行，至有不類帝札者，羣下皆莫敢言。繇是貴戚、近臣爭相請求，至使中人楊球代書，號曰「書楊」，京復病之而亦不能止矣。

既又更定官名，以僕射爲太、少宰，自稱公相，總治三省。追封王安石、蔡確皆爲王，省吏不復立額，至五品階以百數，有身兼十餘奉者。侍御史黃葆光論之，立竄昭州。拔故吏魏伯芻領榷貨，造料次錢券百萬緡進入，徽宗大喜，持以示左右曰：「此太師與我奉料也。」擢伯芻至徽猷閣待制。

京每爲帝言，今泉幣所積贏五千萬，和足以廣樂，富足以備禮，於是鑄九鼎，建明堂，修方澤，立道觀，作大晟樂，製定命寶。任孟昌齡爲都水使者，鑿大伾三山，創天成、聖功二橋，大興工役，無慮四十萬。兩河之民，愁困不聊生，而京僩然自以爲稷、契、周、召也。又欲廣宮室求上寵媚，召童貫輩五人，風以禁中偪側之狀。貫俱聽命，各視力所致，爭以侈麗高廣相夸尚，而延福宮、景龍江之役起，浸淫及於艮嶽矣。

子攸、儵、翛，攸子行，皆至大學士，視執政。鞗尚茂德帝姬。帝七幸其第，賚予無算。

命坐傳觴，略用家人禮。廝養居大官，媵妾封夫人，然公論益不與，帝亦厭薄之。

宣和二年，令致仕。六年，以朱勔爲地，再起領三省。京至是四當國，目昏眊不能事事，悉決於季子絛。凡京所判，皆絛爲之，且代京入奏。每造朝，侍從以下皆迎揖，呫囁耳語，堂吏數十人，抱案後從，由是恣爲姦利，竊弄威柄，驟引其婦兄韓梠爲戶部侍郎，媒蘗密謀，斥逐朝士，創宣和庫式貢司，四方之金帛與府藏之所儲，盡拘括以實之，爲天子之私財。宰臣白時中、李邦彥惟奉行文書而已，既不能堪，兄攸亦發其事，上怒，欲竄之，京力丐免，特勒停侍養，而安置韓梠黃州。未幾，褫絛侍讀，毀賜出身敕，而京亦致仕。方時中等白罷絛以撼京，京殊無去意。帝呼童貫使詣京，令上章謝事，貫至，京泣曰：「上何不容京數年，當有相讒譖者。」貫曰：「不知也。」京不得已，以章授貫，帝命詞臣代爲作三表請去，乃降制從之。

欽宗卽位，邊遽日急，京盡室南下，爲自全計。天下罪京爲六賊之首，侍御史孫覿等始極疏其姦惡，乃以祕書監分司南京〔四〕，連貶崇信、慶遠軍節度副使，衡州安置，又徙韶、儋二州。行至潭州死，年八十。

京天資凶譎，舞智御人，在人主前，顓狙伺爲固位計，始終一說，謂當越拘攣之俗，竭四海九州之力以自奉。帝亦知其姦，屢罷屢起，且擇與京不合者執政以柅之。京每聞將退





免，輒入見祈哀，蒲伏扣頭，無復廉恥。燕山之役，京送攸以詩，陽寓不可之意，冀事不成得以自解。見利忘義，至於兄弟爲參、商，父子如秦、越。暮年卽家爲府，營進之徒，舉集其門，輸貨僮隸得美官，棄紀綱法度爲虛器。患失之心無所不至，根株結盤，牢不可脫。卒致宗社之禍，雖譴死道路，天下猶以不正典刑爲恨。

子八人，儵先死，攸、翛伏誅，絛流白州死，鞗以尙帝姬免竄，餘子及諸孫皆分徙遠惡郡。

卞字元度，與京同年登科，調江陰主簿。王安石妻以女，因從之學。元豐中，張璪薦爲國子直講，加集賢校理、崇政殿說書，擢起居舍人，歷同知諫院、侍御史。居職不久，皆以王安石執政親嫌辭。拜中書舍人兼侍講，進給事中。

哲宗立，遷禮部侍郎。使於遼，遼人頗聞其名。卞適有寒疾，命載以白駝車，典客者曰：「此，君所乘，蓋異禮也。」使還，以龍圖閣待制知宣州，徙江寧府，歷揚、廣、越、潤、陳五州。廣州寶具叢湊，一無所取。及徙越，夷人清其去，以薔薇露灑衣送之。

紹聖元年，復爲中書舍人，上疏言：「先帝盛德大業，卓然出千古之上，發揚休光，正在史策。而實錄所紀，類多疑似不根，乞驗索審訂，重行刊定，使後世考觀，無所迷惑。」詔從之。以卞兼國史修撰。初，安石且死，悔其所作日錄，命從子防焚之，防詭以他書代。至是，卞卽防家取以上，因芟落事實，文飾姦僞，盡改所修實錄、正史，於是呂大防、范祖禹、趙彥若、黃庭堅皆獲深譴。遷翰林學士。

四年，拜尙書左丞，專託「紹述」之說，上欺天子，下脅同列。凡中傷善類，皆密疏建白，然後請帝親札付外行之。章惇雖鉅姦，然猶在其術中。惇輕率不思，而卞深阻寡言，論議之際，惇毅然主持，卞或噤不啓齒。一時論者以爲惇迹易明，卞心難見。

徽宗卽位，諫官陳瓘任伯雨、御史龔夬疏其兄弟姦惡，瓘併數卞尊私史以厭宗廟之罪，伯雨言「卞之惡有過于惇。去年封事，數千人皆乞斬惇、卞，公議於此可見矣。」遂陳其大罪有六，曰：「誣罔宣仁聖烈保佑之功，欲行追廢，一也；凡紹聖以來竄逐臣僚，皆卞啓而後行，二也；宮中厭勝事作，哲宗方疑，未知所處，惇欲召禮法官通議，卞云：『既犯法矣，何用禮法官議？』皇后以是得罪，三也；編排元祐章牘，萋菲語言，被罪者數千人，議自卞出，四也；鄒浩以言忤旨，卞激怒哲宗，致之遠謫，又請治其親故送別之罪，五也；蹇序辰建看詳訴理之議，章惇遲疑未應，卞卽以二心之言迫之，惇默不敢對，卽日置局，士大夫得罪者八百三十家，凡此皆卞謀之而惇行之，六也。願亟正典刑，以謝天下。」詔以資政殿學士知江寧府，連貶少府少監，分司池州〔五〕。





繼踰歲，起知大名府，徙揚州，召爲中太乙宮使，擢知樞密院。時京居相位，卞禮辭，不許。帝謀復湟、鄯，問於卞，卞以王厚、高永年對。與京合謀，竭府藏以事邊，募商人運糧，不復問其直貴賤。鄯、廓至斗米錢四千，束芻錢千二百，秦中騷困。及取三州，進金紫光祿大夫，永年竟爲帳下執去以降。自是西方交兵，連年不息，追讎任伯雨所言，曲白辨理。至欲會獄證治，諸人坐貶。

卞居心傾邪，一意以婦公王氏所行爲至當。兄晚達而位在上，致己不得相，故二府政事時有不合。京以中旨用童貫爲陝西制置使，卞言不宜用宦者，右丞張康國引李憲故事以對，卞曰：「用憲已非美事，憲猶稍習兵，貫略無所長，異時必誤邊計。」帝令中書行之。京於帝前詆卞，卞求去，以資政殿大學士知河南〔六〕。

妖人張懷素敗，卞素與之游，謂其道術通神，嘗識孔子、漢高祖，至稱爲大士，坐降職。旋加觀文殿學士，拜昭慶軍節度使，入爲侍讀，進檢校少保、開府儀同三司，易節鎭東。政和末，謁歸上冢，道死，年六十。贈太傅，謚曰文正。高宗卽位，追責爲寧國軍節度副使。紹興五年，又貶單州團練副使。

攸字居安，京長子也。元符中，監在京裁造院。徽宗時爲端王，每退朝，攸適趨局，遇

諸塗，必下馬拱立，王問左右，知爲蔡承旨子，心善之。及即位，記其人，遂有寵。

崇寧三年，自鴻臚丞賜進士出身，除祕書郎，以直祕閣、集賢殿修撰，編修國朝會要，二年間至樞密直學士。京再入相，加龍圖閣學士兼侍讀，詳定九域圖志，修六典，提舉上清寶籙宮、祕書省兩街道錄院、禮制局。道、史官僚合百人(七)，多三館儁游，而攸用大臣子領袖其間，懵不知學，士論不與。初置宣和殿，命爲大學士，賜毬文方團金帶，改淮康軍節度使。

帝將去京，先逐其黨劉昺、劉煥等，使御史中丞王安中劾之。攸通籍禁庭，聞其事，亟請間百拜以懇，帝意遂解。其後與京權勢日相軋，浮薄者復間之，父子各立門戶，遂爲仇敵。攸別居賜第，嘗詣京，京正與客語，使避之，攸甫入，遽起握父手爲胗視狀，曰：「大人脈勢舒緩，體中得無有不適乎？」京曰：「無之。」攸曰：「禁中方有公事。」即辭去。客竊窺見，以問京，京曰：「君固不解此，此兒欲以爲吾疾而罷我也。」閱數日，京果致仕。以季弟絛鍾愛於京，數請殺之，帝不許。

攸歷開府儀同三司、鎮海軍節度使、少保，進見無時，益用事，與王黼得預宮中祕戲，或侍曲宴，則短衫窄袴，塗抹青紅，雜倡優侏儒，多道市井淫媟謔浪語，以蠱帝心。妻宋氏出入禁掖，子行領殿中監，視執政，寵信傾其父。帝留意道家者說，攸獨倡爲異聞，謂有珠星





璧月、跨鳳乘龍、天書雲篆之符，與方士林靈素之徒爭證神變事。於是神霄、玉清之祠徧天下，咎端自攸興矣。

童貫伐燕，以攸副宣撫，攸童騃不習事，謂功業可唾手致。入辭之日，二美嬪侍上側，攸指而請曰：「臣成功歸，乞以是賞。」帝笑而弗責。涿州留守郭藥師擁所部八千人舉涿、易二州降(八)，進攸少傅。王師入燕，進少師，封英國公。還，領樞密院。王黼罷政，帝欲大用攸，既而悔之，但進太保，徙封燕。帝欲內禪，親書「傳位東宮」字授李邦彥，邦彥卻立(九)不敢承，遂以付攸。攸退，屬其客給事中吳敏，議遂定。

靖康元年，從上皇南下。及還都，始責爲大中大夫，繼而安置永州，連徙潯、雷。京死，御史言攸罪不減乃父，燕山之役禍及宗社，驕奢淫泆載籍所無，當竄諸海島。詔置萬安軍，尋遣使者隨所至誅之。

翛初以恩澤爲親衞郎、祕書丞，至保和殿學士。宣和中，拜禮部尚書兼侍講。時翛弟兄亦知事勢日異，其客傅墨卿、孫傅等復語之曰：「天下事必敗，蔡氏必破，當亟爲計。」翛心然之，密與攸議，稍持正論，故與京異。然皆蓄縮不敢明言，遂引吳敏、李綱、李光、楊時等用之，以挽物情。尋加大學士，提舉醴泉觀。

欽宗立，翛上募兵陝西策，自請行，又勸西幸，帝頗采納，俾知京兆府。計垂就，攸忌其功成，會金破濬州，徽宗南幸，攸假徽宗旨，請翛守鎮江，改資政殿大學士。或謂翛前計已乖，宜勿行。翛幸得去，不復辭。流言至京師，謂將復辟於鎮江。帝趣迎上皇還，而責翛昭信軍節度副使。

攸之誅也，御史陳述且行，帝取詔批其尾曰：「翛亦然。」於是併誅。

密者，京族子也。性矯妄，善談鬼神事。當承門蔭，固推與庶兄，宗族稱爲賢。崇寧初，京黨以學行修飭聞諸朝，與泉州布衣呂注皆著道士服。召入謁，累官拜給事中兼侍讀。京去位，爲言者所攻，以顯謨閣待制提舉崇福宮。言者復論其不學無文，結豪民，規厚利，持道家吐納之說以爲論思，侍立集英瞑目自若爲不恭，遂奪職。陳正彙上京變事，置獄京師，與陳在杭州時，日聞密盛言京有後福，獄上，詔削其籍。京復相，徽宗戒毋得用密，但復集英殿修撰，旋還待制，提點洞霄宮。宣和中，卒。

趙良嗣，本燕人馬植，世爲遼國大族，仕至光祿卿。行汚而內亂，不齒於人。政和初，





童貫出使，道盧溝，植夜見其侍史，自言有滅燕之策，因得謁。童貫與語，大奇之，載與歸，易姓名曰李良嗣。薦諸朝，即獻策曰：「女眞恨遼人切骨，而天祚荒淫失道。本朝若遣使自登、萊涉海，結好女眞，與之相約攻遼，其國可圖也。」議者謂祖宗以來，雖有此道，以其地接諸蕃，禁商賈舟船不得行，百有餘年矣。一旦啓之，懼非中國之利。徽宗召見，問所來之因，對曰：「遼國必亡，陛下念舊民遭塗炭之苦，復中國往昔之疆，代天譴責，以治伐亂，王師一出，必壺漿來迎。萬一女眞得志，先發制人，後發制於人，事不侔矣。」帝嘉納之，賜姓趙氏，以爲祕書丞，圖燕之議自此始。遷直龍圖閣，提點萬壽觀，加右文殿修撰。

宣和二年二月，使于金國，見其主阿骨打，議取燕雲。使還，進徽猷閣待制。自是將命至六七，頗能緩頰盡心，與金爭議，進龍圖閣直學士。既得燕山，又加延康殿學士、提舉上清宮，官至光祿大夫。

良嗣言：「頃在北國，與燕中豪士劉範、李奭及族兄柔吉三人結義同心，欲拔幽薊歸朝，瀝酒於北極祠下，祈天爲約，俟他日功成，即掛冠謝事，以表本心，初非取功名而徼富貴也。賴陛下威靈，今日之事幸而集，願前日之約豈可欺哉？願許臣致仕，使得買田歸耕，令有識者曰：『此平燕首謀之人，得請閑退，天下美事也。』不然，則臣爲敢欺神明，何所不至？」凡三上章，詔不許。既而朝廷納張覺，良嗣爭之云：「國家新與金國盟，如此必失其歡，後不可

悔。」不聽。坐奪職，削五階。

靖康元年四月，御史胡舜陟論其結成邊患，敗契丹百年之好，使金寇侵陵，禍及中國，乞戮之於市。時已竄郴州〔一〇〕，詔廣西轉運副使李昇之即所至梟其首，徙妻子于萬安軍。

張覺，平州義豐人也。在遼國第進士，爲遼興軍節度副使。鎭民殺其節度使蕭諦里，覺撫定亂者，州人推領州事。燕王淳死，覺知遼必亡，籍丁壯五萬人，馬千匹，練兵爲備。蕭后遣時立愛來知州，拒弗納。

金人入燕，訪覺情狀於遼故臣康公弼，公弼言彼何能爲，當示以不疑，乃以爲臨海軍節度使，任知平州。遼相左企弓等將歸東，粘罕欲先遣兵擒覺，公弼曰：「如此是趣之叛也，我請使焉而觀之。」遂往見覺。覺曰：「契丹八路皆陷，今獨平州存，敢有異志。所以未釋甲者，防蕭幹耳。」厚賂公弼使還。公弼道其語，粘罕信之，升平州爲南京，加覺同中書門下平章事。企弓、公弼與曹勇義、虞仲文皆東遷。

時燕民盡徙，流離道路，或詣覺訴：「公弼、企弓等不能守燕，致吾民如是。能免我者，非公而誰？」覺召僚屬議，皆曰：「近聞天祚復振於松漠，金人所以急趨山西者，畏契丹議其後也。公能仗大義，迎故主以圖興復，責企弓等之罪而殺之，縱燕人歸燕，南朝宜無不納。



儻金人西來，內用營、平之兵，外藉南朝之援，何所懼乎？」覺又訪於翰林學士李石，亦以爲然。乃殺企弓等四人，復稱保大三年，繪天祚像於廳事，每事告而後行。呼父老諭曰：「女眞，讎也，豈可從？」指其像曰：「此非汝主乎，豈可背？當相約以死，必不得已則歸中國。」燕人尙義，皆景從。於是悉遣徙民歸。

石更名安弼，偕故三司使高黨往燕山說王安中曰：「平州自古形勝之區，地方數百里，帶甲十餘萬，覺文武全才，若爲我用，必能屛翰王室。苟爲不然，彼西迎天祚，北通蕭幹，將爲吾肘腋忠矣。」安中深然之，具奏于朝，願以身任其責，令安弼、黨詣京師。徽宗以手札付詹度曰：「本朝與金國通好，信誓甚重，豈當首違？金人昨所以不卽討覺者，以兵在關中而覺抗榆關故也。今旣已東去，他日西來，則覺蕞爾數城，恐未易當。爲今之計，姑當密示羈縻足矣。」而度數誘致之，諷令內附。

宣和五年六月，覺遣書至安撫司云：「金虜恃虎狼之強，驅徙燕京富家巨室，止留空城以塞盟誓，緬想大朝，亦非得已。遺民假道當管，冤痛之聲，盈於衢路。州人不忍，僉謂宜抗賊命，以存生靈，使復父母之邦，且爲大朝守禦之備，已盡遣其人過界，謹令掌書記張鈞、參謀軍事張敦固詣安撫司聽命。」

金人聞覺叛，遣闍母國王將三千騎來討，覺帥兵迎拒之于營州，闍母以兵少，不交鋒而



退，大書于門，有「今多復來」之語。覺遂妄以大捷聞，朝廷建平州爲泰寧軍，拜覺節度使，以安弼、黨、鈞、敦固皆爲徽猷閣待制，宣撫司犒以銀絹數萬。詔命至，覺喜，遠出迎。金人諜知，舉兵來，覺不得返，同其弟挾所被詔勑奔燕。母妻先寓營州，爲金人所得，弟聞之，亟往降，獻其詔勑。金人圍平州，覺之從弟及姪固守，金人以納叛爲責，且求餉糧，凡攻擊數月，州民數千潰圍走，莫肯降。

金人旣平二州，始來索覺，王安中諱之。索愈急，乃斬一人貌類者去。金人曰：「此非覺也。」覺匿於王宣撫甲仗庫，若不與我，我自以兵取之。」安中不得已，引覺出，數其過，使行刑，覺語殊不遜。旣死，函首送之，燕之降將及常勝軍皆泣下，郭藥師曰：「若來索藥師，當奈何？」自是解體，金人終用是啓釁云。

郭藥師，渤海鐵州人也。遼之將亡，燕王淳募遼東饑民爲兵，使之報怨於女眞，目曰「怨軍」，藥師爲之渠首。明年，其兩營叛，藥師殺叛者羅青。都統蕭幹留二千人爲四營，以藥師及張令徽、劉舜仁、甄五臣爲將。淳建號於燕，改「怨軍」爲「常勝軍」，擢藥師至諸衞上將軍、涿州留守。淳死，蕭后立，蕭幹專，國人貳。

宣和四年九月，藥師擁所部八千人奉涿、易二州來歸，詔以爲恩州觀察使。王師北



討，劉延慶與幹軍于盧溝，藥師曰：「幹以全師抗我，燕城必虛，選勁騎襲之，可得也。」延慶遣藥師與諸將帥兵六千，夜半渡河，倍道而進。質明，甄五臣領五千騎奪迎春門以入，大軍繼至，下令納燕人降而盡殺契丹雜虜。藥師遣人諭蕭后，使趣降，后密詔蕭幹還戰於三市，藥師失馬，幾爲所擒，遂以敗還，猶進安遠軍承宣使。十二月，拜武泰軍節度使。五年正月，加檢校少保，同知燕山府。

詔入朝，徽宗禮遇甚厚，賜以甲第姬妾。張水嬉於金明池，使觀之，命貴戚大臣更互設宴。又召對於後苑延春殿，藥師拜廷下，泣言：「臣在虜，聞趙皇如在天上，不謂今日得望龍顏。」帝深褒稱之，委以守燕，對曰：「願效死。」又令取天祚以絕燕人之望，變色而言曰：「天祚，臣故主也，國破出走，臣是以降。陛下使臣畢命他所，不敢辭，若使反故主，非所以事陛下，願以付他人。」因涕泣如雨。帝以爲忠，解所御珠袍及二金盆以賜。藥師出，諭其下曰：「此非吾功，汝輩力也。」卽剪盆分給之。加檢校少傅，歸鎭。

蕭幹犯塞，藥師破其衆於峯山，生擒阿魯太師，獲耶律德光尊號寶劍檢〔一一〕、塗金印，幹尋爲部下所殺。策勳加檢校太傅。

初，王安中知燕山府，詹度與藥師同知，藥師自以節鉞，欲居度上。度稱御筆所書有序，藥師不從。加以常勝軍肆橫，藥師右之，度不能制，告于朝廷。慮其交惡，命度與河間

蔡靖兩易。靖至，坦懷待之，藥師亦重靖，稍爲抑損，安中但諂事之，朝廷亦曲徇其意，所請無不從。良械精甲，多遣部曲貿易他道，爲奇巧之物以奉權貴宦侍，於是譽言日聞。專制一路，增募兵號三十萬，而不改左衽，朝論頗以爲慮。亟拜太尉，召入朝，辭不至。帝令童貫行邊，陰察其去就，不然，則挾之偕來。貫至燕，藥師迎于易州，再拜帳下，貫避之，曰：「汝今爲太尉，位視二府，與我等耳，此禮何爲？」藥師曰：「太師，父也。藥師唯拜我父，焉知其他？」貫釋然。遂邀貫視師，至于迥野，略無人迹，藥師下馬，當貫前掉旗一揮，俄頃，四山鐵騎耀日，莫測其數。貫衆皆失色。歸爲帝言，藥師必能抗虜，蔡攸亦從中力主之。金使賀天寧節歸，送伴使見藥師兵，遇之於道，金使爲之斂馬引避。鄉兵或持矛揭取其羊羫，皆不敢爭，奏言藥師威聲遠振，攸益謂其可倚，故內地不復防制。屢有告變及得其通金國書，輒不省。

七年十二月，詹度言：「藥師瞻視不常，趣向懷異，蜂目烏喙，怙寵恃功，逆節已萌，凶横日甚。今閗與金人交結，背負朝廷，興禍不遠，願早爲之慮。」始詔遣官究實，而金兵已南下破檀、薊，至玉田。蔡靖遣藥師、張令徽、劉舜仁帥師出禦，其夕，令徽遁歸，靖與部使者詣藥師計事，藥師欲降，靖曰：「靖誓死報國，此何言邪？」引佩刀將自剄，藥師抱持之，并諸使者悉鎖于家。斡離不及郊，藥師率軍官迎拜，遂從以南。叛報至，帝猶祕其事，議封爲燕王，





割地與之，使世守，而已無及。

斡離不至慶源，聞天子內禪，欲回軍，藥師曰：「南朝未必有備，不如姑行。」其後趦趄京城，詰索宮省與邀取寶器服玩，皆藥師導之也。

## 校勘記

〔一〕條例司　「司」字原脫。據長編紀事本末卷一三二、東都事略卷一〇一本傳補。

〔二〕陳瓘子正彙　「正」字原脫，據本書卷三四五陳瓘傳、東都事略卷一〇一蔡京傳補。

〔三〕提舉淮西學士蘇棫　本書卷一六七職官志有提舉學事司，長編拾補卷三二有政和三年七月「新提舉永興軍路學事施坰」，卷三八有重和元年十一月「提舉成都府路學事翟筠」等。此處「學士」疑爲「學事」之誤。

〔四〕南京　原作「西京」，據本書卷二三欽宗紀、卷二一二宰輔表改。

〔五〕分司池州　東都事略卷一〇一本傳、長編紀事本末卷一二〇均爲「分司南京，池州居住」，疑此處有脫誤。

〔六〕資政殿大學士　原作「天章閣學士」，據本書卷二一二宰輔表及東都事略卷一〇一本傳改。

〔七〕禮制局道史官僚合百人　按本書卷二一徽宗紀，政和二年五月蔡京再相，七月置禮制局；宋會要職官一八之一五，政和四年蔡攸奏請繕寫國史實錄付祕閣收藏，其官職與本傳略同，中有「充編類御筆禮制局詳議官」一職。此處「局」字原在「道史」下，當係舛誤，今乙正。

〔八〕郭藥師擁所部八千人舉涿易二州降　按本書卷四四六劉韐傳、編年綱目卷二九，郭藥師只以涿州降，以易州降者爲高鳳，並非郭部。此處「易二」二字衍。下文郭藥師傳同。

〔九〕邦彥卻立　「卻」原作「欲」，據東都事略卷一〇一蔡攸傳改。

〔一〇〕郴州　原作「柳州」，據靖康要錄卷五、編年綱目卷三〇改。

〔一一〕獲耶律德光尊號寶劍檢　北盟會編卷一八記此無「劍」字。

# 宋史卷四百七十三

## 列傳第二百三十二

### 姦臣三

黃潛善　汪伯彥　秦檜

黃潛善字茂和，邵武人。擢進士第，宣和初，爲左司郎。陝西、河東地大震，陵谷易處，徽宗命潛善察訪陝西，因往視。潛善歸，不以實聞，但言震而已。擢戶部侍郎，坐事謫亳州，以徽猷閣待制知河間府。

靖康初，金人入攻，康王開大元帥府，檄潛善將兵入援。張邦昌僭位，潛善趣白于帥府，王承制拜潛善爲副元帥。

二年，高宗卽位，拜中書侍郎。時上從人望，擢李綱爲右相，綱將奏逐潛善及汪伯彥，右丞呂好問止之。未幾，潛善拜右僕射兼中書侍郎，綱遂罷。御史張所言潛善姦邪，恐害





新政，左遷所尙書郎，尋謫江州。太學生陳東論李綱不可去，潛善、伯彥不可任，潛善恚。會歐陽澈上書詆時事，語侵宮掖，帝謂其言不實，潛善乘間啓殺澈并東誅之，識與不識皆爲之垂涕，帝悔焉。

明年，金人攻陝西，京東、山東盜起，潛善、伯彥匿不以聞。張遇焚眞州，距行在六十里，內侍邵成章疏潛善、伯彥誤國，成章坐除名。御史馬伸亦以劾潛善、伯彥得罪，謫監濮州酒稅，道卒。

潛善進左僕射兼門下侍郎。鄆、濮相繼陷沒，宿、泗屢警，右丞許景衡以扈衞單弱，請帝避其鋒，潛善以爲不足慮，率同列聽浮屠克勤說法。俄泗州奏金人且至，帝大驚，決策南渡。御舟已戒，潛善、伯彥方共食，堂吏大呼曰：「駕行矣。」乃相視蒼黃鞭馬南馳。都人爭門而出，死者相枕藉，人無不怨憤。會司農卿黃鍔至江上，軍士聞其姓以爲潛善也，爭數其罪，揮刃而前，鍔方辯其非是，而首已斷矣。

帝渡瓜州，幸鎭江，敵兵已躡其後。潛善、伯彥聯疏言艱難之時，不敢具文求退。中丞張澂劾之，乃罷潛善爲觀文殿大學士，知江寧府，落職居衡州。鄭瑴〔一〕又論潛善、伯彥均於誤國，而潛善之惡居多，王庭秀〔二〕繼以爲言，責置英州。諫官袁植乞斬之都市，帝不許。尋卒于梅州。

潛善猥持國柄，嫉害忠良。李綱既逐，張慤、宗澤、許景衡輩相繼貶死，憲諫一言，隨陷其禍，中外爲之切齒。高宗末年有旨，潛善、余深、薛昂皆復官錄後。諫官凌哲言深、昂朋附蔡京，潛善專恣誤國，今盡復三人恩數，恐政刑失平，忠義解體。詔以潛善嘗任副元帥，特復元官，錄一子。

汪伯彥字廷俊，徽之祁門人。登進士第，積官爲虞部郎官。靖康改元，召見，獻河北邊防十策，直龍圖閣、知相州。是冬，金人陷眞定，詔徙眞定帥司于相，俾伯彥領之。

高宗以康王使金至磁，時金騎充斥，嘗有甲馬數百至城下，蹤跡王所在。伯彥亟以帛書請王還相，躬服櫜鞬，部兵逆王于河上。王勞之曰：「他日見上，當首以京兆薦公。」其受知自此始矣。未幾，王奉蠟書，開天下兵馬大元帥府，以伯彥爲副將。王引兵渡河，謀所向。言人人殊，伯彥獨曰：「非出北門濟子城不可。」王喜曰：「廷俊言是也。」既濟，繇大名歷鄆濟達于南京〔三〕，奏爲集英殿修撰。

北兵薄京城，欽宗詔：金人見議通和，康王將兵，毋得輕動。伯彥以爲然。宗澤曰：「女眞狂譎，是欲款我師爾。如卽信之，後悔何及乎！宜亟進兵。」伯彥等難之。及城破，金人





遏二帝北行，張邦昌僭立，王聞之涕泣。明年春，王承制除伯彥顯謨閣待制，升元帥，進直學士。高宗卽位，擢知樞密院事。未幾，拜右僕射。

方高宗初政，天下望治。伯彥、潛善踰年在相位，專權自恣，不能有所經畫。御史諫官，下至韋布內侍，皆劾奏之。罷伯彥爲觀文殿大學士、知洪州，改提舉崇福宮，尋落職居永州。紹興初，復職，知池州、江東安撫大使。言者弗置，乃詔以舊職奉祠，尋知廣州。四年，帝追贈陳東、歐陽澈。舍人王居正論伯彥、潛善不已，復褫前職。

七年，帝謂輔臣曰：「元帥舊僚，往往淪謝，惟汪伯彥實同艱難。朕之故人，所存無幾，宜與牽復。」秦檜、張浚曰：「臣等已議曰郊恩取旨，更得天筆明其舊勞，庶幾內外孚信。」始伯彥之未第也，受館于王氏，檜嘗從之學，而浚亦伯彥所引，故共贊焉。九年，知宣州，過闕，帝謂檜曰：「伯彥便令之官，庶免紛紜。」又曰：「伯彥潛藩舊僚，去國七年。漢之高、光不忘豐沛、南陽故舊，皆人情之常。」伯彥上所著中興日曆五卷，拜檢校少傅、保信軍節度使。十年，請祠，從之。明年五月，卒，贈少師，謚忠定。

初，伯彥既去相州，金人執其子軍器監丞似，使割地以至相州，守臣趙不試固守不下，遂拘而北，久之乃還。或云似之得歸，伯彥實使人贖之。似後更名召嗣。

秦檜字會之，江寧人。登政和五年第，補密州教授。繼中詞學兼茂科，歷太學學正。靖康元年，金兵攻汴京，遣使求三鎭，檜上兵機四事：一言金人要請無厭，乞止許燕山一路；二言金人狙詐〔四〕，守禦不可緩；三乞集百官詳議，擇其當者載之誓書；四乞館金使于外，不可令入門及引上殿。不報。除職方員外郎。尋屬張邦昌爲幹當公事，檜言：「是行專爲割地，與臣初議矛盾，失臣本心。」三上章辭，許之。

時議割三鎭以弭兵，命檜借禮部侍郎與程瑀爲割地使，奉肅王以往。金師退，檜、瑀至燕而還。御史中丞李回、翰林承旨吳幵共薦檜，拜殿中侍御史，遷左司諫。王雲、李若水見金二酋歸，言金堅欲得地，不然，進兵取汴京。十一月，集百官議于延和殿，范宗尹等七十人請與之，檜等三十六人持不可。未幾，除御史中丞。

閏十一月，汴京失守，二帝幸金營。二年二月，莫儔、吳幵自金營來，傳金帥命推立異姓。留守王時雍等召百官軍民共議立張邦昌，皆失色不敢答，監察御史馬伸言於衆曰：「吾曹職爲爭臣，豈容坐視不吐一辭？當共入議狀，乞存趙氏。」時檜爲臺長，聞伸言以爲然，卽進狀曰：

檜荷國厚恩，甚愧無報。今金人擁重兵，臨已拔之城，操生殺之柄，必欲易姓，檜





盡死以辨，非特忠於主也，且明兩國之利害爾。趙氏自祖宗以至嗣君，百七十餘載。頃緣姦臣敗盟，結怨鄰國，謀臣失計，誤主喪師，遂致生靈被禍，京都失守，主上出郊，求和軍前。兩元帥既允其議，布聞中外矣，且空竭帑藏，追取服御所用，割兩河地，恭爲臣子，今乃變易前議，人臣安忍畏死不論哉？宋於中國，號令一統，綿地萬里，德澤加於百姓，前古未有。雖興亡之命在天有數，焉可以一城決廢立哉？昔西漢絕於新室，光武以興；東漢絕於曹氏，劉備帝蜀；唐爲朱溫篡奪，李克用猶推其世序而繼之。蓋基廣則難傾，根深則難拔。

張邦昌在上皇時，附會權倖，共爲蠹國之政。社稷傾危，生民塗炭，固非一人所致，亦邦昌爲之也。天下方疾之如仇讎，若付以土地，使主人民，四方豪傑必共起而誅之，終不足爲大金屏翰。必立邦昌，則京師之民可服，天下之民不可服；京師之宗子可滅，天下之宗子不可滅。檜不顧斧鉞之誅，言兩朝之利害，願復嗣君位以安四方，非特大宋蒙福，亦大金萬世利也。

金人尋取檜詣軍前。三月，金人立邦昌爲僞楚。邦昌遺金書請還孫傅、張叔夜及檜，不許。初，二帝北遷，檜與傅、叔夜、何㮚、司馬朴從至燕山，又徙韓州。上皇聞康王卽位，作書貽粘罕，與約和議，俾檜潤色之。檜以厚賂達粘罕。會金主吳乞買以檜賜其弟撻懶爲任用，撻懶攻山陽，建炎四年十月甲辰，檜與妻王氏及婢僕一家，自軍中取漣水軍水砦航海歸行在。丙午，檜入見。丁未，拜禮部尙書，賜以銀帛。

檜之歸也，自言殺金人監己者奔舟而來。朝士多謂檜與㮚、傅、朴同拘，而檜獨歸；又自燕至楚二千八百里，踰河越海，豈無譏訶之者，安得殺監而南？就令從軍撻懶，金人縱之，必質妻屬，安得與王氏偕？惟宰相范宗尹、同知樞密院李回與檜善，盡破羣疑，力薦其忠。未對前一日，帝命先見宰執。檜首言「如欲天下無事，南自南，北自北」，及首奏所草與撻懶求和書。帝曰：「檜朴忠過人，朕得之喜而不寐。蓋聞二帝、母后消息，又得一佳士也。」宗尹欲處之經筵，帝曰：「且與一事簡尙書。」故有禮部之命。從行王安道、馮由義、水砦丁禩及參議官並改京秩，舟人孫靖〔五〕亦補承信郎。始，朝廷雖數遣使，但且守且和，而專與金人解仇議和，實自檜始。蓋檜在金庭首唱和議，故撻懶縱之使歸也。

紹興元年二月，除參知政事。七月，宗尹罷。先是，范宗尹建議討論崇寧、大觀以來濫賞，檜力贊其議，見帝意堅，反以此擠之。宗尹既去，相位久虛。檜揚言曰：「我有二策，可聳動天下。」或問何以不言，檜曰：「今無相，不可行也。」八月，拜右僕射、同中書門下平章事兼知樞密院事。九月，呂頤浩再相，檜同秉政，謀奪其柄，風其黨建言：「周宣王內修外攘，故能中興，今二相宜分任內外。」頤浩遂建都督府於鎭江。帝曰：「頤浩專治軍旅，檜專





理庶務，如種、蠡之分職可也。」

二年，檜奏置修政局，自爲提舉，參知政事翟汝文同領之。未幾，檜面劾汝文擅治堂吏，汝文求去；諫官方孟卿一再論之，汝文竟罷。監察御史劉一止，檜黨也，言：「宣王內修，修其所謂外攘之政而已。今簿書獄訟、官吏差除、土木營繕俱非所當急者。」屯田郎曾統亦謂檜曰：「宰相事無不統，何以局爲？」檜皆不聽。既而有議廢局以搖檜者，一止及檢討官林待聘皆上疏言不可廢。七月，一止出臺，除起居郎，蓋自叛其說，識者笑之。

頤浩自江上還，謀逐檜，有教以引朱勝非爲助者。詔以勝非同都督。給事中胡安國言勝非不可用，勝非遂以醴泉觀使兼侍讀。安國求去，檜三上章留之，不報。頤浩尋以黃龜年爲殿中侍御史，劉棐爲右司諫，蓋將逐檜。於是江躋、吳表臣、程瑀、張燾、胡世將、劉一止、林待聘、樓炤並落職予祠，臺省一空，皆檜黨也。檜初欲傾頤浩，引一時名賢如安國、燾、瑀輩布列淸要。頤浩問去檜之術於席益，益曰：「目爲黨可也。今黨魁胡安國在瑣闥，宜先去之。」蓋安國嘗問人材於游酢，酢以檜爲言，且比之荀文若。故安國力言檜賢於張浚諸人，檜亦力引安國。至是，安國等去，檜亦尋去。檜再相誤國，安國已死矣。黃龜年始劾檜專主和議，沮止恢復，植黨專權，漸不可長，至比檜爲莽、卓。八月，檜罷，乃爲觀文殿學士，提舉江州太平觀。

前一日，上召直學士院綦崈禮入對，示以檜所陳二策，欲以河北人還金國，中原人還劉豫。帝曰：「檜言『南人歸南，北人歸北』。朕北人，將安歸？檜又言『爲相數月，可聳動天下』，今無聞。」崈禮卽以上意載訓辭，播告中外，人始知檜之姦。龜年等論檜不已，詔落職，牓朝堂，示不復用。三年，韓肖胄等使還，洎金使李永壽、王翊偕來，求盡還北俘，與檜前議脗合。識者益知檜與金人共謀，國家之辱未已也。

五年，金主旣死，撻懶主議，卒成其和。二月，復資政殿學士，仍舊宮祠。六月，除觀文殿學士、知溫州。六年七月，改知紹興府。尋除醴泉觀使兼侍讀，充行宮留守；孟庾同留守，並權赴尙書、樞密院參決庶事。時已降詔將行幸，檜乞扈從，不許。帝駐蹕平江，召檜赴行在，用右相張浚薦也。十二月，檜以醴泉觀兼侍讀赴講筵。七年正月，何蘚使金還，得徽宗及寧德后訃，帝號慟發喪，卽日授檜樞密使，恩數視宰臣。四月，命王倫使金國迎奉梓宮。

九月，浚求去，帝問：「誰可代卿？」浚不對。帝曰：「秦檜何如？」浚曰：「與之共事，始知其闇。」帝曰：「然則用趙鼎。」鼎於是復相。臺諫交章論浚，安置嶺表。鼎約同列救解，與張守面奏，各數千百言，檜獨無一語。浚遂謫永州。始，浚、鼎相得甚，浚先達，力引鼎。嘗共論人才，浚劇談檜善，鼎曰：「此人得志，吾人無所措足矣！」浚不以爲然，故引檜，共政方知其闇，不復再薦也。檜因此憾浚，反謂鼎曰：「上欲召公，而張相遲留。」蓋怒鼎使擠浚也。



檜在樞府惟聽鼎，鼎素惡檜，由是反深信之，卒爲所傾。鼎與浚晚遇於閩，言及此，始知皆爲檜所賣。

十一月，奉使朱弁以書報粘罕死，帝曰：「金人暴虐，不亡何待？」檜曰：「陛下但積德，中興固有時。」帝曰：「此固有時，然亦須有所施爲，然後可以得志。」

八年三月，拜右僕射、同中書門下平章事兼樞密使。吏部侍郎晏敦復有憂色，曰：「姦人相矣。」五月，金遣烏陵思謀等來議和，與王倫偕至。思謀卽宣和始通好海上者。議以吏部侍郎魏矼館伴，矼辭曰：「頃任御史，嘗言和議之非，今不可專對。」檜問矼所以不主和，矼備言敵情。檜曰：「公以智料敵，檜以誠待敵。」矼曰：「第恐敵不以誠待相公爾。」檜乃改命。六月，思謀等入見。帝愀然謂宰相曰：「先帝梓宮，果有還期，雖待二三年尙庶幾。惟是太后春秋高，朕旦夕思念，欲早相見，此所以不憚屈己，冀和議之速成也。」檜曰：「屈己議和，此人主之孝也。見主卑屈，懷憤不平，此人臣之忠也。」帝曰：「雖然，有備無患，使和議可成，邊備亦不可弛。」

十月，宰執入見，檜獨留身，言：「臣僚畏首尾，多持兩端，此不足與斷大事。若陛下決欲講和，乞顓與臣議，勿許羣臣預。」帝曰：「朕獨委卿。」檜曰：「臣亦恐未便，望陛下更思三日，容臣別奏。」又三日，檜復留身奏事，帝意欲和甚堅，檜猶以爲未也，曰：「臣恐別有未便，



欲望陛下更思三日，容臣別奏。」帝曰：「然。」又三日，檜復留身奏事如初，知上意確不移，乃出文字乞決和議，勿許羣臣預。

鼎力求去位，以少傅出知紹興府。初，帝無子。建炎末，范宗尹造膝有請，遂命宗室令懬擇藝祖後，得伯琮、伯玖入宮，皆藝祖七世孫。伯琮改名瑗，伯玖改名璩。瑗先建節，封建國公。帝諭鼎專任其事。又請建資善堂，鼎罷，言者攻鼎，必以資善爲口實。及鼎、檜再相，帝出御札，除璩節度使，封吳國公。執政聚議，樞密副使王庶見之，大呼曰：「並后匹嫡，此不可行。」鼎以問檜，不答。檜更問鼎，鼎曰：「自丙辰罷相，議者專以此藉口，今當避嫌。」約同奏面納御筆，及至帝前，檜無一語。鼎曰：「今建國在上，名雖未正，天下之人知陛下有子矣。今日禮數不得不異。」帝乃留御筆俟議。明日，檜留身奏事。後數日，參知政事劉大中參告，亦以此爲言。故鼎與大中俱罷。明年，璩卒授保大軍節度使，封崇國公。故鼎入辭，勸帝曰：「臣去後，必有以孝弟之說脅制陛下者。」出見檜，一揖而去，檜亦憾之。

鼎旣去，檜獨專國，決意議和。中朝賢士，以議論不合，相繼而去。於是，中書舍人呂本中、禮部侍郎張九成皆不附和議，檜諭之使優游委曲，九成曰：「未有枉己而能正人者。」檜深憾之。殿中侍御史張戒上疏乞留趙鼎，又陳十三事論和議之非，忤檜。王庶與檜尤不合，自淮西入樞庭，始終言和議非是，疏凡七上，且詆檜曰：「而忘東都欲存趙氏時，何遺此



敵邪？」檜方挾金人自重，尤恨庶言，故出之。

樞密院編修官胡銓上疏，願斬檜與王倫以謝天下。於是上下洶洶。檜謬爲解救，卒械送銓貶昭州。陳剛中以啓賀銓，檜大怒，送剛中吏部，差知贛州安遠縣。贛有十二邑，安遠濱嶺，地惡瘴深，諺曰：「龍南、安遠，一去不轉。」言必死也。剛中果死。尋以銓事戒諭中外。旣而校書郎許忻、樞密院編修官趙雍同日上疏，猶祖銓意，力排和議。雍又欲正南北兄弟之名，檜亦不能罪。曾開見檜，言今日當論存亡，不當論安危。檜駭愕，遂出之。司勳員外郎朱松、館職胡珵張擴淩景夏常明范如圭同上一疏言〔七〕：「金人以和之一字得志于我者十有二年，以覆我王室，以弛我邊備，以竭我國力，以懈緩我不共戴天之讎，以絕望我中國謳吟思漢之赤子，以詔諭江南爲名，要陛下以稽首之禮。自公卿大夫至六軍萬姓，莫不扼腕憤怒，豈肯聽陛下北面爲仇敵之臣哉！天下將有仗大義，問相公之罪者。」後數日，權吏部尙書張燾、吏部侍郎晏敦復魏矼、戶部侍郎李彌遜梁汝嘉、給事中樓炤、中書舍人蘇符、工部侍郎蕭振、起居舍人薛徽言同班入奏，極言屈己之禮非是。新除禮部侍郎尹焞獨上疏，且移書切責檜，檜始大怒，焞於是固辭新命不拜。奉禮郎馮時行召對，言和議不可信，至引漢高祖分羹事爲喻。帝曰：「朕不忍聞。」顰蹙而起。檜乃謫時行知萬州，尋亦抵罪。中書舍人勾龍如淵抗言於檜曰：「邪說橫起，胡不擇臺官擊去之。」檜遂奏如淵爲御史中丞，首



中華書局

劾銓。

金使張通古、蕭哲以詔諭江南爲名，檜猶恐物論咎己，與哲等議，改江南爲宋，詔諭爲國信。京、淮宣撫處置使韓世忠凡四上疏力諫，有「金以劉豫相待」之語，且言兵勢重處，願以身當之，不許。哲等既至泗州，要所過州縣迎以臣禮，至臨安日，欲帝待以客禮，世忠益憤，再疏言：「金以詔諭爲名，暗致陛下歸順之義，此主辱臣死之時，願效死戰以決勝敗。若其不克，委曲從之未晚。」亦不許。哲等既入境，接伴使范同再拜問金主起居，軍民見者，往往流涕。過平江，守臣向子諲不拜，乞致仕。哲等至淮安，言先歸河南地，且册上爲帝，徐議餘事。

檜至是欲上行屈己之禮，帝曰：「朕嗣守太祖、太宗基業，豈可受金人封册。」會三衙帥楊沂中、解潛、韓世良相率見檜曰：「軍民洶洶，若之何？」退，又白之臺諫。於是勾龍如淵、李誼數見檜議國書事，如淵謂得其書納之禁中，則禮不行而事定。給事中樓炤亦舉「諒陰三年不言」事以告檜，於是定檜攝冢宰受書之議。帝亦切責王倫，倫諭金使，金使亦懼而從。帝命檜卽館中見哲等受其書。金使欲百官備禮，檜使省吏朝服導從，以書納禁中。先一日，詔金使來，將盡割河南、陝西故地，又許還梓宮及母兄親族，初無需索。以參知政事李光素有時望，俾押和議牓以鎭浮言。又降御札賜三大將。





九年，金人歸河南、陝西故地，以王倫簽書樞密院事，充迎奉梓宮、奉還兩宮、交割地界使，藍公佐副之。判大宗正事士㒟、兵部侍郎張燾朝八陵。帝謂宰執曰：「河南新復，宜命守臣專撫遺民，勸農桑，各因其地以食，因其人以守，不可移東南之財，虛內以事外。」帝雖聽檜和而實疑金詐，未嘗弛備也。

時張浚在永州，馳奏，力言以石晉、劉豫爲戒，復遺書孫近，以「帝秦之禍，發遲而大」。徐俯守上饒，連南夫帥廣東，岳飛宣撫淮西，皆因賀表寓諷。俯曰：「禍福倚伏，情僞多端。」南夫曰：「不信亦信，其然豈然？雖虞舜之十二州，皆歸王化；然商於之六百里，當念爾欺！」飛曰：「救暫急而解倒懸，猶之可也；欲長慮而尊中國，豈其然乎？」他如秘書省正字汪應辰、樊光遠、澧州推官韓紘、臨安府司戶參軍毛叔度，皆言金人叵測；迪功郎張行成獻詢蕘書二十篇，大意言自古講和，未有終不變者，條具者皆豫備之策。檜悉加黜責，紘貶循州。

七月，兀朮殺其領三省事宗磐及左副元帥撻懶，拘王倫於中山府。蓋兀朮以歸地爲二人所主，將有他謀也。倫嘗密奏于朝，檜不之備，但趣倫進。時韓世忠有乘懈掩擊之請，檜言春秋不伐喪，與帝意合，遂已。

十年，金人果敗盟，分四道入侵。兀朮入東京，葛王褎取南京，李成取西京，撒离喝趣永興軍。河南諸郡相繼陷沒。帝始大怪，下詔罪狀兀朮。御史中丞王次翁奏曰：「前日國是，初無主議。事有小變，則更用他相，後來者未必賢，而排黜異黨，紛紛累月不能定，願陛下以爲至戒。」帝深然之。檜力排羣言，始終以和議自任，而次翁謂無主議者，專爲檜地也。於是檜位復安，據之凡十八年，公論不能撼搖矣。

六月，檜奏曰：「德無常師，主善爲師。臣昨見撻懶有割地講和之議，故贊陛下取河南故疆。今兀朮戕其叔撻懶，藍公佐歸，和議已變，故贊陛下定弔伐之計。願至江上諭諸帥同力招討。」卒不行。閏六月，貶趙鼎興化軍，以王次翁受檜旨，言其規圖復用也。言者不已，尋竄潮州。

時張俊克亳州，王勝〔七〕克海州，岳飛克郾城，幾獲兀朮。張浚戰勝於長安〔八〕，韓世忠勝於泇口鎭，諸將所向皆奏捷，而檜力主班師。九月，詔飛還行在，沂中還鎭江，光世還池州，錡還太平。飛軍聞詔，旗靡轍亂，飛口呿不能合。於是淮寧、蔡、鄭復爲金人有。以明堂恩封檜莘國公。十一年，兀朮再舉，取壽春，入廬州，諸將邵隆、王德、關師古等連戰皆捷。楊沂中戰拓皋，又破之。檜忽諭沂中及張俊遽班師。韓世忠聞之，止濠州不進；劉錡聞之，棄壽春而歸。自是不復出兵。

四月，檜欲盡收諸將兵權，給事中范同獻策，檜納之。密奏召三大將論功行賞，韓世忠、





張俊並爲樞密使，岳飛爲副使，以宣撫司軍隸樞密院。六月，拜左僕射、同中書門下平章事兼樞密使，進封慶國公。徽宗實錄成，遷少保，加封冀國公。先是，莫將、韓恕使金，拘于涿州。至是，兀朮有求和意，縱之歸。檜復奏遣劉光遠、曹勛使金，又以魏良臣爲通問使。未幾，良臣偕金使蕭毅等來，議以淮水爲界，求割唐、鄧二州。尋遣何鑄報聘，許之。

十月，興岳飛之獄。檜使諫官万俟卨論其罪，張俊又誣飛舊將張憲謀反，於是飛及子雲俱送大理寺，命御史中丞何鑄、大理卿周三畏鞫之。十一月，貶李光藤州，范同罷參知政事。同雖附和議，以自奏事，檜忌之也。十二月，殺岳飛。檜以飛屢言和議失計，且嘗奏請定國本，俱與檜大異，必欲殺之。鑄、三畏初鞫，久不伏；卨入臺，獄遂上。誣飛嘗自言「己與太祖皆三十歲建節」爲指斥乘輿，受詔不救淮西罪，賜死獄中。子雲及張憲殺于都市。天下寃之，聞者流涕。飛之死，張俊有力焉，語在飛傳。

十二年，胡銓再編管新州。八月，徽宗及顯肅、懿節二梓宮至行在。太后還慈寧宮。九月，加太師，進封秦、魏兩國公。檜以封兩國與蔡京、童貫同，請改封母爲秦、魏國夫人。子熺舉進士，館客何溥赴南省，皆爲第一。熺本王㬇孽子，檜妻㬇妹，無子，㬇妻貴而妬，檜在金國，出熺爲檜後。檜還，其家以熺見，檜喜甚。檜幸和議復成，益咎前日之異己者。先是，趙鼎貶潮州，王庶貶道州，胡銓再貶新州。至是，皆遇赦永不檢

舉。會開、李彌遜並落職。張俊本助和議，居位歲餘無去意，檜諷江邈論罷之。

十三年，賀瑞雪，賀雪自檜始。賀日食不見，是後日食多書不見。彗星常見，選人康倬上書言彗星不足畏，檜大喜，特改京秩。楚州奏鹽城縣海清，檜請賀，帝不許。知虔州薛弼言木內有文曰「天下太平年」，詔付史館。於是修飾彌文，以粉飾治具，如鄉飲、耕籍之類節節備舉，爲苟安餘杭之計，自此不復巡幸江上，而祥瑞之奏日聞矣。

洪皓歸自金國，名節獨著，以致金酋室撚語，直翰苑不一月逐去。室撚者，粘罕之左右也。初，粘罕行軍至淮上，檜嘗爲之草檄，爲室撚所見，故因皓歸寄聲。檜意士大夫莫有知者，聞皓語，深以爲憾，遂令李文會論之。胡舜陟以非笑朝政下獄死，張九成以鼓唱浮言貶，累及僧宗杲[九]編配，皆以語忤檜也。張邵亦坐與檜言金人有歸欽宗及諸王后妃意，斥爲外祠。十四年，貶黃龜年，以前嘗論檜也。閩、浙大水，右武大夫白鍔有「燮理乖謬」語，刺配萬安軍。太學生張伯麟嘗題壁曰「夫差，爾忘越王殺而父乎」，杖脊刺配吉陽軍。故將解潛罷官閑居，辛永宗總戎外郡，亦坐不附和議，潛竄南安死，永宗編置肇慶死。趙鼎、李光皆再竄過海。皓之罪由白鍔延譽，光以在藤州唱和有諷刺及檜者，爲守臣所告也。

先是，議建國公出閤，吏部尚書吳表臣、禮部尚書蘇符等七人論禮與檜意異，於是表臣等以討論不詳、懷姦附鼎皆罷。始，檜爲上言：趙鼎欲立皇太子，是待陛下終無子也，宜俟





親子乃立。遂嗾御史中丞詹大方言鼎邪謀密計，深不可測，與范沖等咸懷異意，以徼無妄之福。沖嘗爲資善翊善，故大方誣之。其後監察御史王鈇言帝未有嗣，宜祠高禖，詔築壇于圜丘東，皆檜意也。

台州曾惇獻檜詩稱「聖相」。凡投獻者以皐、夔、稷、契爲不足，必曰「元聖」。檜乞禁野史。又命子熺以秘書少監領國史，進建炎元年至紹興十二年日曆五百九十卷。熺因太后北還，自頌檜功德凡二千餘言，使著作郎王揚英、周執羔[一〇]上之，皆遷秩。自檜再相，凡前罷相以來詔書章疏稍及檜者，率更易焚棄，日曆、時政亡失已多，是後記錄皆熺筆，無復有公是非矣。冬十月，右正言何若[一一]指程頤、張載遺書爲專門曲學，力加禁絕，人無敢以爲非。

十五年，熺除翰林學士兼侍讀。四月，賜檜甲第，命教坊樂導之入，賜繒錢金綿有差。六月，帝幸檜第，檜妻婦子孫皆加恩。檜先禁私史，七月，又對帝言私史害正道。時司馬伋遂言涑水記聞非其曾祖光論著之書，其後李光家亦舉光所藏書萬卷焚之。十月，帝親書「一德格天」扁其閣。十六年正月，檜立家廟。三月，賜祭器，將相賜祭器自檜始。

先是，帝以彗星見求言。張浚上疏，言今事勢如養大疽於頭目心腹之間，不決不止，願謀爲豫備。不然，異時以國與敵者，反歸罪正議[一二]。檜久憾浚，至是大怒，即落浚節鉞，貶

連州，尋移永州。

十七年，改封檜益國公。五月，移貶洪皓于英州。八月，趙鼎死于吉陽軍。是夏，先有趙鼎遇赦永不檢舉之旨，又令月申存亡，鼎知之，不食而卒。自鼎之謫，門人故吏皆被羅織，雖聞其死而歎息者亦加以罪。又竄呂頤浩子摭于藤州。十二月，進士施鍔上中興頌、行都賦及紹興雅十篇，永免文解。自此頌詠導諛愈多。賜百官喜雪御筵于檜第。

十八年，熺除知樞密院事，檜問胡寧曰：「外議如何？」寧曰：「以爲公相必不襲蔡京之迹[一三]。」五月，李顯忠上恢復策，落軍職，與祠。六月，迪功郎王廷珪編管辰州，以作詩送胡銓也。閏八月，福州言民采竹實萬斛以濟飢。十一月，胡銓自新州移貶吉陽軍，以作頌謗訕也。

十九年，帝命繪檜像，自爲贊。是歲，湖、廣、江西、建康府皆言甘露降，諸郡奏獄空。帝嘗語檜曰：「自今有奏獄空者[一四]，當令監司驗實。果妄誕，即按治，仍命御史臺察之。苟不懲戒，則奏甘露瑞芝之類[一五]，崇虛飾誕，無所不至。」帝雖眷檜，而不可蔽欺也如此。十二月，禁私作野史，許人告。

二十年正月，檜趨朝，殿司小校施全刺檜不中，磔于市。自是每出，列五十兵持長梃以自衞。是月，曹泳告李光子孟堅省記光所作私史，獄成，光竄已久，詔永不檢舉；孟堅編置





峽州；朝士連坐者八人，皆落職貶秩；胡寅竄新州。泳由是驟用。五月，秘書少監湯思退奏以檜存趙氏本末付史館。六月，熺加少保。鄭煒[一六]告其鄉人福建安撫司機宜吳元美作夏二子傳，指蚊、蠅也；家有潛光亭、商隱堂，以亭號潛光，有心於黨李，堂名商隱，無意於事秦。故檜尤惡之。編管右迪功郎安誠、布衣汪大圭，斬有蔭人惠俊、進義副尉劉允中，黥徑山僧清言，皆以訕謗也。時檜疾愈，朝參許肩輿，二孫扶掖，仍免拜。二十一年，朝散郎王揚英上書薦熺爲相，檜奏揚英知泰州。

二十二年，又興王庶二子之奇之荀、葉三省、楊煒、袁敏求[一七]四大獄，皆坐謗訕。煒又以嘗登李光、蕭振之門，言時事也。於是光永不檢舉，振貶池州。二十三年，檜請下台州於謝伋家取綦崈禮所受御筆繳進。檜初罷相，上有責檜語，欲泯其迹焉。是歲，進士黃友龍坐謗訕，黥配嶺南；內侍裴詠坐指斥，編管瓊州。二十四年二月，楊炬[一八]以弟煒舊累死賓州，炬編管邕州。何兌訟其師馬伸發端上金人書乞存趙氏，爲分檜功，兌編管英州。三月，檜孫敷文閣待制塤試進士舉，省殿試皆爲第一，檜從子焞[一九]焴、姻黨周夤沈興傑皆登上第，士論爲之不平。考官則魏師遜、湯思退、鄭仲熊、沈虛中、董德元也。師遜等初知貢舉，即語人曰：「吾曹可以富貴矣。」及廷試，檜又奏思退爲編排，師遜爲詳定。塤與第二人曹冠策皆攻專門之學，張孝祥策則主一德元老且及存趙事。帝讀塤策，皆檜、熺語，於是擢

孝祥爲第一，降塤第三。未幾，塤修撰實錄院，宰相子孫同領史職，前所無也。

六月，以王循友前知建康嘗罪檜族黨，循友安置藤州。八月，王趯爲李光求內徙，趯編管辰州。鄭玘、賈子展以會中有嘲譏講和之語，玘竄容州，子展竄德慶府。方疇以與胡銓通書，編置永州。十二月，魏安行、洪興祖以廣傳程瑀論語解，安行編置欽州，興祖編置昭州。又竄程緯，以其慢上無禮也。

帝嘗諭檜曰：「近輪對者，多謁告避免。百官輪對，正欲聞所未聞，可令檢舉約束。」檜擅政以來，屏塞人言，蔽上耳目，凡一時獻言者，非誦檜功德，則訐人語言以中傷善類。欲有言者恐觸忌諱，畏言國事，僅論銷金鋪翠、乞禁鹿胎冠子之類，以塞責而已。故帝及之，蓋亦防檜之壅蔽也。

衢州嘗有盜起，檜遣殿前司將官辛立將千人捕之，不以聞。晉安郡王因入侍言之，帝大驚，問檜，檜曰：「不足上煩聖慮，故不敢聞，盜平卽奏矣。」退而求其故，知晉安言之，遂奏晉安居秀王喪不當給俸，月損二百緡，帝爲出內帑給之。

二十五年二月，以沈長卿舊與李光啓譏和議，又與芮燁共賦牡丹詩，有「寧令漢社稷，變作莽乾坤」之句，爲鄰人所告，長卿編置化州，燁武岡軍。靜江有驛名秦城，知府呂愿中率賓僚共賦秦城王氣詩以媚檜，不賦者劉芮、李燮、羅博文三人而已。愿中由此得召。又





張扶請檜乘金根車，又有乞置益國官屬及議九錫者，檜聞之安然。十月，申禁專門之學。以太廟靈芝繪爲華旗，凡郡國所奏瑞木、嘉禾、瑞瓜、雙蓮悉繪之。

趙令衿觀檜家廟記，口誦「君子之澤，五世而斬」，爲汪召錫所告。御史徐嘉又論趙鼎子汾與令衿飲別厚贐，必有姦謀，詔送大理，拘令衿南外宗正司。檜於一德格天閣書趙鼎、李光、胡銓姓名，必欲殺之而後已。鼎已死而憾之不置，遂欲孥戮汾。檜忌張浚尤甚，故令衿之獄，張宗元之罷，皆波及浚。浚在永州，檜又使其死黨張柄知潭州，與郡丞汪召錫共伺察之。至是，使汾自誣與浚及李光、胡寅謀大逆，凡一時賢士五十三人皆與焉。獄成，而檜病不能書。

是月乙未，帝幸檜第問疾，檜無一語，惟流涕而已。熺奏請代居相位者，帝曰：「此事卿不當與。」帝遂命權直學士院〔一〇〕沈虛中草檜父子致仕制。熺猶遣其子塤與林一飛、鄭柟夜見臺諫徐嚞、張扶謀奏請己爲相。丙申，詔檜加封建康郡王，熺進少師，皆致仕，塤、堪並提舉江州太平興國宮。是夜，檜卒，年六十六。後贈申王，謚忠獻。

檜兩據相位，凡十九年，刼制君父，包藏禍心，倡和誤國，忘讎斁倫。一時忠臣良將，誅鋤略盡。其頑鈍無恥者，率爲檜用，爭以誣陷善類爲功。其矯誣也，無罪可狀，不過曰謗訕，曰指斥，曰怨望，曰立黨沽名，甚則曰有無君心。凡論人章疏，皆檜自操以授言者，識之者曰：

「此老秦筆也。」察事之卒，布滿京城，小涉譏議，卽捕治，中以深文。又陰結內侍及醫師王繼先伺上動靜。郡國事惟申省，無一至上前者。檜死，帝方與人言之。

檜立久任之說，士淹滯失職，有十年不解者。附己者立與擢用。自其獨相，至死之日，易執政二十八人，皆世無一譽。柔佞易制者，如孫近、韓肖胄、樓炤、王次翁、范同、万俟卨、程克俊、李文會、楊愿、李若谷、何若、段拂、汪勃、詹大方、余堯弼、巫伋、章夏、宋樸、史才、魏師遜、施鉅、鄭仲熊之徒，率拔之冗散，遽躋政地。既共政，則拱默而已。又多自言官聽檜彈擊，輒以政府報之，由中丞、諫議而陞者凡十有二人，然甫入卽出，或一閱月，或半年卽罷去。惟王次翁閱四年，以金人敗盟之初持不易相之論，檜德之深也。開門受賂，富敵於國，外國珍寶，死猶及門。人謂熺自檜秉政無日不鍛酒具，治書畫，特其細爾。

檜陰險如崖穽，深阻竟叵測。同列論事上前，未嘗力辨，但以一二語傾擠之。李光嘗與檜爭論，言頗侵檜，檜不答。及光言畢，檜徐曰：「李光無人臣禮。」帝始怒之。凡陷忠良，率用此術。晚年殘忍尤甚，數興大獄，而又喜諛佞，不避形迹。

然檜死熺廢，其黨祖述餘說，力持和議，以竊據相位者尙數人，至孝宗始蕩滌無餘。開禧二年四月，追奪王爵，改謚謬醜。嘉定元年，史彌遠奏復王爵、贈謚。





## 校勘記

〔一〕鄭轂　原作「鄭慤」，據本書卷三九九本傳及繫年要錄卷二一改。

〔二〕王庭秀　原作「王廷秀」，據本書卷三九九本傳及繫年要錄卷二一改。

〔三〕繇大名歷鄆濟達于南京　「南」字原無，靖康要錄卷十六靖康二年四月二十三日引張邦昌劄子「伏見謝克家自元帥府回，恭聞車駕自濟州由金鄉、單父經至南京。」據補。

〔四〕狙詐　「狙」原作「徂」，據北盟會編卷二七、漢濱集卷一〇〇下叙傳改。

〔五〕孫靖　繫年要錄卷三九、北盟會編卷一四三作「孫靜」。

〔六〕同上一疏言　按所載疏言係本書綜合諸人及范如圭單獨上疏改寫，見中興聖政卷二四；其中「天下將有仗大義，問相公之罪者」語並出范如圭貽秦檜書，見繫年要錄卷一二三、北盟會編卷一八七。

〔七〕王勝　原作「魏勝」，據本書卷二九高宗紀、中興聖政卷二六改。

〔八〕張浚戰勝於長安　按中興聖政卷二六云：「永興軍路經略副使王俊遣統領官辛鎮與金兵戰于長安城下敗之。」此作「張浚」誤。

〔九〕僧宗杲　原作「僧宗果」，據繫年要錄卷一四〇、一四九及宋史全文卷二一改。

〔一〇〕周執羔　原作「周執高」，據繫年要錄卷一四八、宋史全文卷二一改。

〔二一〕何若　原作「何溥」，據本書卷三〇高宗紀、宋史全文卷二一及繫年要錄卷一五二改。

〔二二〕反歸罪正議　「議」原作「義」，據繫年要錄卷一五五、朱文公集卷九五下、中興小紀卷三二改。

〔二三〕檜問胡寧曰外議如何寧曰以爲公相必不襲蔡京之迹　「寧」原作「寅」，「不」字原脫。據繫年要錄卷一五七、宋史全文卷二一及中興小紀卷三三改補。

〔二四〕自今有奏獄空者　「空」字原脫，據繫年要錄卷一五九及宋史全文卷二一補。

〔二五〕甘露瑞芝之類　「之」字原脫，據同上二書同卷補。

〔二六〕鄭煒　原作「鄭瑋」，據繫年要錄卷一六一、十朝綱要卷二四、中興兩朝聖政目錄任相門改。

〔二七〕裘敏求　原作「索敏求」，據繫年要錄卷一六三及中興小紀卷三五改。

〔二八〕楊炬　原作「王炬」，據孫覿鴻慶居士集卷四一楊元光墓表及繫年要錄卷一六六改。

〔二九〕焞　原作「煒」，據繫年要錄卷一六六、宋史全文卷二二改。

〔三〇〕權直學士院　「權」字原脫，據繫年要錄卷一六九及宋史全文卷二二補。



# 宋史卷四百七十四

## 列傳第二百三十三

### 姦臣四

万俟卨　韓侂冑　丁大全　賈似道

万俟卨字元忠，開封陽武縣人。登政和二年上舍第。調相州、潁昌府教授，歷太學錄、樞密院編修官、尚書比部員外郎。紹興初，盜曹成掠荆湖間，卨時避亂沅、湘，帥臣程昌寓以便宜檄卨權沅州事。成奄至城下，卨召土豪、集丁壯以守，成食盡乃退。除湖北轉運判官，改提點湖北刑獄。岳飛宣撫荆湖，遇卨不以禮，卨憾之。卨入覲，調湖南轉運判官，陛辭，希秦檜意，譖飛于朝。留爲監察御史，擢右正言。

時檜謀收諸將兵權，卨力助之，言諸大將起行伍，知利不知義，畏死不畏法，高官大職，子女玉帛，已極其欲，盍示以逗遛之罰，敗亡之誅，不用命之戮，使知所懼。





張俊歸自楚州，與檜合謀擠飛，令卨劾飛對將佐言山陽不可守。命中丞何鑄治飛獄，鑄明其無辜。檜怒，以卨代治，遂誣飛與其子雲致書張憲令虛申警報以動朝廷，及令憲措置使還飛軍；獄不成，又誣以淮西逗遛之事。飛父子與憲俱死，天下冤之。大理卿薛仁輔、寺丞李若樸、何彥猷言飛無罪，卨劾之；知宗正寺士㒟請以百口保飛，卨又劾之，士㒟竄死建州。劉洪道與飛有舊，卨劾其足恭媚飛，聞飛罷宣撫，抵掌流涕。於是洪道抵罪，終身不復。參政范同爲檜所引，或自奏事，檜忌之，卨劾罷，再論同罪，謫居筠州。又爲檜劾李光鼓倡，孫近朋比，二人皆被竄謫。

和議成，卨請詔戶部會計用兵之時與通和之後所費各幾何，若減於前日，乞以羨財別貯御前激賞庫，不許他用，蓄積稍實，可備緩急。梓宮還，以卨爲攢宮按行使，內侍省副都知宋唐卿副之，卨請與唐卿同班上殿奏事，其無恥如此。張浚寓居長沙，卨妄劾浚卜宅踰制，至擬五鳳樓。會吳秉信自長沙還朝，奏浚宅不過衆人，常產可辦，浚乃得免。

除參知政事，充金國報謝使。使還，檜假金人譽己數千言，囑卨以聞，卨難之。他日奏事退，檜坐殿廬中批上旨，輒除所厚者官，吏鈐紙尾進，卨曰：「不聞聖語。」卻不視。檜大怒，自是不交一語。言官李文會、詹大方交章劾卨，卨遂求去。帝命出守，檜愈怒。給事中楊愿封還詞頭，遂罷去，尋謫居歸州。遇赦，量移沅州。

中華書局

二十五年，召還，除參知政事，尋拜尚書右僕射、同中書門下平章事。纂次太后回鑾事實，上之。張浚以禼與沈該居相位不厭天下望，上書言其專欲受命於金。禼見書大怒，以爲金人未有釁，而浚所奏乃若禍在年歲間，浚坐竄謫。禼提舉刊修貢舉敕令格式五十卷、看詳法意四百八十七卷，書進，授金紫光祿大夫，致仕。卒，年七十五，謚忠靖。

禼始附檜，爲言官，所言多出檜意；及登政府，不能受鉗制，遂忤檜去。檜死，帝親政，將反檜所爲，首召禼還。禼主和固位，無異於檜，士論益薄之。

韓侂胄字節夫，魏忠獻王琦曾孫也。父誠，娶高宗憲聖慈烈皇后女弟，仕至寶寧軍承宣使〔一〕。侂胄以父任入官，歷閤門祗候、宣贊舍人、帶御器械。淳熙末，以汝州防禦使知閤門事。

孝宗崩，光宗以疾不能執喪，中外洶洶，趙汝愚議定策立皇子嘉王。時憲聖太后居慈福宮，而侂胄雅善慈福內侍張宗尹，汝愚乃使侂胄介宗尹以其議密啓太后。侂胄兩至宮門，不獲命，彷徨欲退，遇重華宮提舉關禮問故，入白憲聖，言甚懇切，憲聖可其議。禮以告侂胄，侂胄馳白汝愚。日已向夕，汝愚亟命殿帥郭杲以所部兵夜分衞南北內。翌日，憲聖



太后卽喪次垂簾，宰臣傳旨，命嘉王卽皇帝位。

寧宗既立，侂胄欲推定策恩，汝愚曰：「吾宗臣也，汝外戚也，何可以言功？惟爪牙之臣，則當推賞。」乃加郭杲節鉞，而侂胄但遷宜州觀察使兼樞密都承旨。侂胄始觖望，然以傳導詔旨，浸見親幸，時時乘間竊弄威福。朱熹白汝愚當用厚賞酬其勞而疎遠之，汝愚不以爲意。右正言黃度欲劾侂胄，謀泄，斥去。朱熹奏其姦，侂胄怒，使優人峨冠闊袖象大儒，戲於上前，熹遂去。彭龜年請留熹而逐侂胄。未幾，龜年與郡；侂胄進保寧軍承宣使，提舉佑神觀。自是，侂胄益用事，而以抑賞故，怨汝愚日深。

霅川劉弼者，纍與侂胄同知閤門事，頗以知書自負。方議內禪時，汝愚獨與侂胄計議，弼弗得與聞，內懷不平，至是，謂侂胄曰：「趙相欲專大功，君豈惟不得節度，將恐不免嶺海之行矣。」侂胄愕然，因問計，弼曰：「惟有用臺諫爾。」侂胄問：「若何而可？」弼曰：「御筆批出是也。」侂胄悟，卽以內批除所知劉德秀爲監察御史，楊大法爲殿中侍御史；罷吳獵監察御史，而用劉三傑代之。於是言路皆侂胄之黨，汝愚之迹始危。

侂胄欲逐汝愚而難其名，謀於京鏜，鏜曰：「彼宗姓，誣以謀危社稷可也。」慶元元年，侂胄引李沐爲右正言。沐嘗有求於汝愚不獲，卽奏汝愚以同姓居相位，將不利於社稷。汝愚罷相。始，侂胄之見汝愚，徐誼實薦之，汝愚既斥，遂併逐誼。朱熹、彭龜年、黃度、李祥、楊



簡、呂祖儉等以攻侂胄得罪，太學生楊宏中、張衟、徐範、蔣傅、林仲麟、周端朝等又以上書論侂胄編置，朝士以言侂胄遭責者數十人。

已而侂胄拜保寧軍節度使、提舉佑神觀。又設僞學之目，以網括汝愚、朱熹門下知名之士。用何澹、胡紘爲言官。澹言僞學宜加風厲，或指汝愚爲僞學罪首；紘條奏汝愚有十不遜，且及徐誼。汝愚謫永州，誼謫南安軍。慮他日汝愚復用，密諭衡守錢鍪圖之，汝愚抵衡暴薨。留正舊在都堂衆辱侂胄，至是，劉德秀論正引用僞黨，正坐罷斥。吏部尚書葉翥要侍郎倪思列疏論僞學，思不從，侂胄乃擢翥執政而免思官。侂胄加開府儀同三司。時臺諫迎合侂胄意，以攻僞學爲言，然憚淸議，不欲顯斥熹。侂胄意未快，以陳賈嘗攻熹，召除賈兵部侍郎。未至，亟除沈繼祖臺察。繼祖誣熹十罪，落職罷祠。三年，劉三傑入對，言前日僞黨，今變而爲逆黨。侂胄大喜，卽日除三傑爲右正言，而坐僞學逆黨得罪者五十有九人。王沇獻言令省部籍記僞學姓名，姚愈請降詔嚴僞學之禁，二人皆得遷官。施康年、陳讜、鄧友龍、林采皆以攻僞學久居言路，而張釜、張巖、程松率由此秉政。

四年，侂胄拜少傅〔二〕，封豫國公。有蔡璉者嘗得罪，汝愚執而黥之。五年，侂胄使璉告汝愚定策時有異謀，具其賓客所言七十紙。侂胄欲逮彭龜年、曾三聘、徐誼、沈有開下大理鞫之，范仲藝〔三〕力爭乃止。其年遷少師〔四〕，封平原郡王。六年，進太傅。婺州布衣呂



祖泰上書言道學不可禁，請誅侂胄，以周必大爲相。侂胄大怒，決杖流欽州。言者希侂胄意，劾必大首植僞黨，降爲少保。一時善類悉罹黨禍，雖本侂胄意，而謀實始京鏜。逮鏜死，侂胄亦稍厭前事，張孝伯以爲不弛黨禁，後恐不免報復之禍。侂胄以爲然，追復汝愚、朱熹職名，留正、周必大亦復秩還政，徐誼等皆先後復官。僞黨之禁寖解。

三年，拜太師。監惠民局夏允中上書，請侂胄平章國政，侂胄繆爲辭謝，乞致其仕，詔不許，允中放罷。時侂胄以勢利蠱士大夫之心，薛叔似、辛棄疾、陳謙皆起廢顯用，當時固有困於久斥，損晚節以規榮進者矣。若陳自強則以侂胄童子師，自選人不數年致位宰相，而蘇師旦、周筠又侂胄廝役也，亦皆預聞國政，超取顯仕。羣小阿附，勢焰熏灼。侂胄凡所欲爲，宰執惕息不敢爲異，自強至印空名敕劄授之，惟所欲用，三省不預知也。言路厄塞，每月舉論一二常事而已，謂之月課。

或勸侂胄立蓋世功名以自固者，於是恢復之議興。以殿前都指揮使吳曦爲興州都統，識者多言曦不可，主西師必叛，侂胄不省。安豐守厲仲方言淮北流民願歸附，會辛棄疾入見，言敵國必亂必亡，願屬元老大臣預爲應變計，鄭挺、鄧友龍等又附和其言。開禧改元，進士毛自知廷對，言當乘機以定中原，侂胄大悅。詔中外諸將密爲行軍之計。先是，楊輔、傅伯成言兵不可動，抵罪；至是，武學生華岳叩閽乞斬侂胄、蘇師旦、周筠以謝天下，諫議

大夫李大異亦論止開邊。岳下大理劾罪編置，大異斥去。

陳自強援故事乞命侂胄兼領平章，臺諫鄧友龍等繼以爲請，侂胄除平章軍國事。蕭逵、李壁時在太常，論定典禮，三日一朝，因至都堂，序班丞相之上，三省印並納其第。侂胄呢蘇師旦爲腹心，除師旦安遠軍節度使。自置機速房於私第，甚者假作御筆，升黜將帥，事關機要，未嘗奏稟，人莫敢言。

二年〔五〕，以薛叔似爲京湖宣諭使，鄧友龍爲兩淮宣諭使，程松爲四川宣撫使，吳曦副之。徐邦憲自處州召見，以弭兵爲言，忤侂胄意，削二秩。於是左司諫易祓、大理少卿陳景俊、太學博士錢廷玉皆起而言恢復之計矣。詔侂胄日一朝。友龍、叔似並升宣撫使。吳曦兼陝西、河東招撫使，皇甫斌副之。時鎭江武鋒軍統制陳孝慶〔六〕復泗州及虹縣，江州統制許進復新息縣，光州孫成復褒信縣。捷書聞，侂胄乃議降詔趣諸將進兵。

未幾，皇甫斌兵敗於唐州；秦世輔至城固軍潰；郭倬、李汝翼敗於宿州，敵追圍倬，倬執統制田俊邁以遺敵，乃獲免。事聞，鄧友龍罷，以丘崈代爲宣撫使。侂胄既喪師，始覺爲師旦所誤。侂胄招李壁飲酒，酒酣，語及師旦，壁微摘其過，侂胄以爲然。壁乃悉數其罪，贊侂胄斥去之。翌日，師旦謫韶州，斬郭倬於京口，流李汝翼、王大節、李爽于嶺南。

已而金人渡淮，攻廬、和、眞、揚，取安豐、濠，又攻襄陽，至棗陽，乃以丘崈僉書樞密院



事，督視江、淮軍馬。侂胄輸家財二十萬以助軍，而諭丘崈募人持書幣赴敵營，謂用兵乃蘇師旦、鄧友龍、皇甫斌所爲，非朝廷意。金人答書辭甚倨，且多所要索，謂侂胄無意用兵，師旦等安得專。崈又遣書許還淮北〔七〕流民及今年歲幣，金人乃有許意。

會招撫使郭倪與金人戰，敗於六合；金人攻蜀，吳曦叛，受金命稱蜀王。崈乞移書敵營伸前議，且謂金人指太師平章爲首謀，宜免繫銜。侂胄怒，崈坐罷。曦反狀聞，舉朝震駭。侂胄亟遺曦書，許以茅土之封，書未達而安丙、楊巨源已率義士誅曦矣。侂胄速遣方信孺使北請和，以林拱辰爲通謝使。金人欲責正隆以前禮賂，以侵疆爲界，且索犒軍銀凡數千萬，而縛送首議用兵之臣。信孺歸，白事朝堂，不敢斥言，侂胄窮其說，乃微及之。侂胄大怒，和議遂輟。起辛棄疾爲樞密都承旨。會棄疾死，乃以殿前副都指揮使〔八〕趙淳爲江、淮制置使，復銳意用兵。

自兵興以來，蜀口、漢、淮之民死於兵戈者，不可勝計，公私之力大屈，而侂胄意猶未已，中外憂懼。禮部侍郎史彌遠，時兼資善堂翊善，謀誅侂胄，議甚祕，皇子榮王入奏，楊皇后亦從中力請，乃得密旨。彌遠以告參知政事錢象祖、李壁。御筆云：「韓侂胄久任國柄，輕啓兵端，使南北生靈枉罹凶害，可罷平章軍國事，與在外宮觀。」陳自強阿附充位，不恤國事，可罷右丞相。日下出國門。」仍令權主管殿前司公事夏震以兵三百防護。象祖欲奏審，



壁謂事留恐泄，不可。翌日，侂胄入朝，震呵止於途，擁至玉津園側殛殺之。

先一日，周筠謂侂胄，事將不善，侂胄與自強謀用林行可爲諫議大夫，盡擊謀侂胄者。是日，行可方請對，自強坐待漏院，語同列曰：「今日大坡上殿〔九〕。」俄侂胄先驅至，象祖色變。尋報侂胄已押出，象祖乃入奏。有詔斬蘇師旦於廣東。嘉定元年，金人求函侂胄首，乃命臨安府斵侂胄棺，取其首遺之。

侂胄用事十四年，威行宮省，權震寓內。嘗鑿山爲園，下瞰宗廟。出入宮闈無度。孝宗疇昔思政之所，偃然居之，老宮人見之往往垂涕。顏棫草制，言其得聖之淸。易祓撰答詔，以元聖褒之。四方投書獻頌者，謂伊、霍、旦、奭不足以儗其勳，有稱爲「我王」者。余嘉請加九錫，趙師𢍰乞置平原郡王府官屬。侂胄皆當之不辭。所嬖妾張、譚、王、陳皆封郡國夫人，號「四夫人」，每內宴，與妃嬪雜坐，恃勢驕倨，掖庭皆惡之；其下，受封者尤衆。至是，論四夫人罪，或杖或徒，餘數十人縱遣之。有司籍其家，多乘輿服御之飾，其僭紊極矣。

始，侂胄以導達中外之言，遂見寵任。朱熹、彭龜年既以論侂胄去，貴戚吳琚語人曰：「帝初無固留侂胄意，使有一人繼言之，去之易爾。」而一時臺諫及執政大臣多其黨與，故稔其惡以底大僇。開禧用兵，帝意弗善也。侂胄死，寧宗諭大臣曰：「恢復豈非美事，但不量力爾。」



侂胄娶憲聖吳皇后姪女，無子，取魯𬩽子爲後，名珍，既誅侂胄，削籍流沙門島云。

丁大全字子萬，鎭江人。面藍色。嘉熙二年舉進士，調蕭山尉。上謁帥閫，安撫使史巖之侯衆賓退，獨留大全，款曲甚至，期以他日必大用。大全爲戚里婢壻，夤緣以取寵位。事內侍盧允昇、董宋臣。累官爲大理司直、添差通判饒州。入爲太府寺簿，調尙書茶鹽所檢閱江州分司，復兼樞密院編修官。拜右正言兼侍講，辭。改右司諫，拜殿中侍御史，升侍御史兼侍讀。劾奏丞相董槐，章未下，大全夜半調隅兵百餘人，露刃圍槐第，以臺牒驅迫之出，紿令輿槐至大理寺，欲以此恐之。須臾，出北關，棄槐，嘂呼而散。槐徐步入接待寺，罷相之命下矣。自是志氣驕傲，道路以目。

尋爲右諫議大夫，進端明殿學士、僉書樞密院事，封丹陽郡侯，進同知樞密院事兼權參知政事。寶祐六年，拜參知政事。四月，拜右丞相兼樞密使，進封公。初，大全以袁玠爲九江制置副使，玠貪且刻，逮繫漁湖土豪，督促輸錢甚急。土豪怒，盡以魚舟濟北來之兵。太學生陳宗、劉黻、黃鏞、曾唯〔一〇〕、陳宜中、林則祖等六人，伏闕上書訟大全。臺臣翁應弼、吳衍爲大全鷹犬，鈐制學校，貶逐宗等。

開慶元年九月，罷相，以觀文殿大學士判鎭江府。中書舍人洪芹繳言：「大全鬼蜮之資，穿窬之行，引用凶惡，陷害忠良，遏塞言路，濁亂朝綱。乞追官遠竄，以伸國法，以謝天下。」侍御史沈炎、右正言曹永年相繼論罷。監察御史朱貔孫復論：「大全姦回險狡，狠毒貪殘，假陛下之刑威以箝天下之口，挾陛下之爵祿以籠天下之財。」監察御史饒虎臣又論大全四罪：絕言路，壞人才，竭民力，誤邊防。再削其官。景定元年，詔守中奉大夫致仕。臣僚言「乞遠竄使不失刑」。詔送南康軍居住。臺臣復以爲言，追三官，移送南安軍居住。

明年，監察御史劉應龍請加竄，追削兩官，移竄貴州團練使。與州守游翁明失色杯酒間，翁明愬大全陰造弓矢，將通蠻爲不軌。朱禩孫以聞于朝。又明年，移置新州。太常少卿兼權直舍人院劉震孫繳奏乞移徙海島。四年正月，將官畢遷護送，舟過藤州〔二〕，擠之於水而死。

大全知淮西，總領鄭羽富甲臭門，始欲結姻，羽不從。遂令臺臣卓夢卿彈之，籍其家。爲子壽翁聘婦，見其豔，自取爲妻，爲世所醜。

賈似道字師憲，台州人，制置使涉之子也。少落魄，爲游博，不事操行。以父蔭補嘉興





司倉。會其姊入宮，有寵於理宗，爲貴妃，遂詔赴廷對，妃於內中奉湯藥以給之。擢太常丞、軍器監。益恃寵不檢，日縱游諸妓家，至夜卽燕游湖上不反。理宗嘗夜憑高，望西湖中燈火異常時，語左右曰：「此必似道也。」明日詢之果然，使京尹史巖之戒敕之。巖之曰：「似道雖有少年氣習，然其材可大用也。」尋出知澧州。

淳祐元年，改湖廣總領。三年，加戶部侍郎。五年，以寶章閣直學士爲沿江制置副使、知江州兼江西路安撫使。一歲中，再遷京湖制置使兼知江陵府，調度賞罰，得以便宜施行。九年，加寶文閣學士、京湖安撫制置大使。十年，以端明殿學士移鎭兩淮，年始三十餘。寶祐二年，加同知樞密院事、臨海郡開國公，威權日盛。臺諫嘗論其二部將，卽毅然求去。孫子秀新除淮東總領，外人忽傳似道已密奏不可矣，丞相董槐懼，留身請之，帝以爲無有，槐終不敢遣子秀，以似道所善陸壑代之，其見憚已如此。四年，加參知政事。五年，加知樞密院事。六年，改兩淮宣撫大使。

自端平初，孟珙帥師會大元兵共滅金，約以陳、蔡爲界。師未還而用趙范謀，發兵據殽、函，絕河津，取中原地，大元兵擊敗之，范僅以數千人遁歸。追兵至，問曰：「何爲而敗盟也？」遂縱攻淮、漢，自是兵端大啓。

開慶初，憲宗皇帝自將征蜀，世祖皇帝時以皇弟攻鄂州，元帥兀良哈𠷀由雲南入交阯，自邕州蹂廣西，破湖南，傳檄數宋背盟之罪。理宗大懼，乃以趙葵軍信州，禦廣兵；以似道軍漢陽，援鄂，卽軍中拜右丞相。十月，鄂東南陬破，宋人再築，再破之，賴高達率諸將力戰。似道時自漢陽入督師。十一月，攻城急，城中死傷者至萬三千人。似道乃密遣宋京詣軍中請稱臣，輸歲幣，不從。會憲宗皇帝晏駕于釣魚山，合州守王堅使阮思聰踔急流走報鄂，似道再遣京議歲幣，遂許之。大元兵拔砦而北，留張傑、閻旺以偏師候湖南兵。明年正月，兵至，傑作浮梁新生磯，濟師北歸。似道用劉整計，攻斷浮梁，殺殿兵百七十，遂上表以肅清聞。帝以其有再造功，以少傅、右丞相召入朝，百官郊勞如文彥博故事。

初，似道在漢陽，時丞相吳潛用監察御史饒應子言，移之黃州，而分曹世雄等兵以屬江閫。黃雖下流，實兵衝。似道以爲潛欲殺己，銜之。且聞潛事急時，每事先發後奏，帝欲立榮王子孟啓爲太子，潛又不可。帝已積怒潛，似道遂陳建儲之策，令沈炎劾潛措置無方，致全、衡、永、桂皆破，大稱旨。乃議立孟啓，貶潛循州，盡逐其黨人。高達在圍中，恃其武勇，殊易似道，每見其督戰，卽戲之曰：「巍巾者何能爲哉！」每戰，必須勞始出，否卽使兵士譁於其門。呂文德諂似道，卽使人呵曰：「宣撫在，何敢爾邪！」曹世雄、向士壁在軍中，事皆不關白似道，故似道皆恨之。以覈諸兵費，世雄、士壁皆坐侵盜官錢貶遠州。每言於帝欲誅達，帝知其有功，不從。尋論功，以文德爲第一，而達居其次。





明年，大元世祖皇帝登極，遣翰林侍讀學士、國信使郝經等持書申好息兵，且徵歲幣。似道方使廖瑩中輩撰福華編稱頌鄂功，通國皆不知所謂和也。似道乃密令淮東制置司拘經等於眞州忠勇軍營。

時理宗在位久，內侍董宋臣、盧允昇爲之聚斂以媚之。引薦奔競之士，交通賄賂，置諸通顯。又用外戚子弟爲監司、郡守。作芙蓉閣、香蘭亭宮中，進倡優傀儡，以奉帝爲遊燕。竊弄權柄。臺臣有言之者，帝宣諭去之，謂之「節貼」。

似道入，逐盧、董所薦林光世等，悉罷之，勒外戚不得爲監司、郡守，子弟門客斂跡，不敢干朝政。由是權傾中外，進用羣小。取先朝舊法，率意紛更，增吏部七司法。買公田以罷和糴，浙西田畝有直千緡者，似道均以四十緡買之。數稍多，予銀絹；又多，予度牒告身。吏又恣爲操切，浙中大擾。有奉行不至者，提領劉良貴劾之。有司爭相迎合，務以買田多爲功，皆繆以七八斗爲石。其後，田少與磽瘠、虧租與佃人負租而逃者，率取償田主。六郡之民，破家者多。包恢知平江，督買田，至以肉刑從事。復以楮賤作銀關，以一準十八界會之三，自製其印文如「賈」字狀行之，十七界廢不用。銀關行，物價益踊，楮益賤。秋七月，彗出柳，光燭天，長數十丈，自四更見東方，日高始滅。臺諫、布韋皆上書，言此公田不便，民間愁怨所致。似道上書力辯之，且乞罷政。帝勉留之曰：「公田不可行，卿建議之

始，朕已沮之矣。今公私兼裕，一歲軍餉，皆仰於此。使因人言而罷之，雖足以快一時之議，如國計何！」有太學生蕭規、葉李等上書，言似道專政。命京尹劉良貴捃摭以罪，悉黥配之。後又行推排法。江南之地，尺寸皆有稅，而民力弊矣。

理宗崩，度宗又其所立，每朝必答拜，稱之曰「師臣」而不名，朝臣皆稱爲「周公」。甫葬理宗，即棄官去，使呂文德報北兵攻下沱急，朝中大駭，帝與太后手爲詔起之。似道至，欲以經筵拜太師，以典故須建節，授鎮東軍節度使，似道怒曰：「節度使粗人之極致爾！」遂命出節，都人聚觀。節已出，復曰：「時日不利。」亟命返之。宋制：節出，有撤關壞屋，無倒節理，以示不屈。至是，人皆駭歎。然下沱之報實無兵也。三年，又乞歸養。大臣、侍從傳旨留之者日四五至，中使加賜賚者日十數至，夜即交臥第外以守之。除太師、平章軍國重事，一月三赴經筵，三日一朝，赴中書堂治事。賜第葛嶺，使迎養其中。吏抱文書就第署，大小朝政，一切決於館客廖瑩中、堂吏翁應龍，宰執充位署紙尾而已。

似道雖深居，凡臺諫彈劾、諸司薦辟及京尹、畿漕一切事，不關白不敢行。李芾、文天祥、陳文龍、陸達、杜淵、張仲微、謝章輩，小忤意輒斥，重則屛棄之，終身不錄。一時正人端士，爲似道破壞殆盡。吏爭納賂求美職，其求爲帥閫、監司、郡守者，貢獻不可勝計。趙溍輩爭獻寶玉，陳奕至以兄事似道之玉工陳振民以求進，一時貪風大肆。五年，復稱疾求去。





帝泣涕留之，不從，令六日一朝，一月兩赴經筵。六年，命入朝不拜。朝退，帝必起避席，目送之出殿廷始坐。繼又令十日一入朝。

時襄陽圍已急，似道日坐葛嶺，起樓閣亭榭，取宮人娼尼有美色者爲妾，日淫樂其中。惟故博徒日至縱博，人無敢窺其第者。其妾有兄來，立府門，若將入者，似道見之，縛投火中。嘗與羣妾踞地鬬蟋蟀，所狎客入，戲之曰：「此軍國重事邪？」酷嗜寶玩，建多寶閣，日一登玩。聞余玠有玉帶，求之，已徇葬矣，發其冢取之。人有物，求不予，輒得罪。自是，或累月不朝，帝如景靈宮亦不從駕。八年，明堂禮成，祀景靈宮。天大雨，似道期帝雨止升輅。胡貴嬪之父〔三〕顯祖爲帶御器械，請如開禧故事，卻輅，乘逍遙輦還宮，帝曰平章云云，顯祖紿曰：「平章已允乘逍遙輦矣。」帝遂歸。似道大怒曰：「臣爲大禮使，陛下舉動不得預聞，乞罷政。」即日出嘉會門，帝留之不得，乃罷顯祖，涕泣出貴嬪爲尼，始還。似道既專恣日甚，畏人議己，務以權術駕馭，不愛官爵，牢籠一時名士，又加太學餐錢，寬科場恩例，以小利啗之。由是言路斷絕，威福肆行。

自圍襄陽以來，每上書請行邊，而陰使臺諫上章留己。呂文煥以急告，似道復申請之，事下公卿雜議。監察御史陳堅等以爲師臣出，顧襄未必能及淮，顧淮未必能及襄，不若居中以運天下爲得。乃就中書置機速房以調邊事。時物議多言高達可援襄陽者，監察御史李旺率朝士入言於似道。似道曰：「吾用達，如呂氏何？」旺等出，歎曰：「呂氏安則趙氏危矣。」文煥在襄，聞達且入援，亦不樂，以語其客。客曰：「易耳，今朝廷以襄陽急，故遣達援之，吾以捷聞，則達必不成遣矣。」文煥大以爲然。時襄兵出，獲哨騎數人，即繆以大捷奏，然不知朝中實無援襄事也。襄陽降，似道曰：「臣始屢請行邊，先帝皆不之許，向使早聽臣出，當不至此爾。」

十月，其母胡氏薨，詔以天子鹵簿葬之，起墳擬山陵，百官奉襄事，立大雨中，終日無敢易位。尋起復入朝。

度宗崩。大兵破鄂，太學諸生亦羣言非師臣親出不可。似道不得已，始開都督府臨安，然憚劉整，不行。明年正月，整死，似道欣然曰：「吾得天助也。」乃上表出師，抽諸路精兵以行，金帛輜重之舟，舳艫相銜百餘里。至安吉，似道所乘舟膠堰中，劉師勇以千人入水曳之不能動，乃易他舟而去。至蕪湖，遣還軍中所俘曾安撫，以荔子、黃甘遺丞相伯顏，俾宋京如軍中，請輸歲幣稱臣如開慶約，不從。夏貴自合肥以師來會，袖中出編書示似道曰：「宋曆三百二十年。」似道俛首而已。時一軍七萬餘人，盡屬孫虎臣，軍丁家洲。似道與夏貴以少軍軍魯港。二月庚申夜，虎臣以失利報，似道倉皇出，呼曰：「虎臣敗矣！」命召貴與計事。頃之，虎臣至，撫膺而泣曰：「吾兵無一人用命也。」貴微笑曰：「吾嘗血戰當之矣。」似道





曰：「計將安出？」貴曰：「諸軍已膽落，吾何以戰？公惟入揚州，招潰兵，迎駕海上，吾特以死守淮西爾。」遂解舟去。似道亦與虎臣以單舸奔揚州。明日，敗兵蔽江而下，似道使人登岸揚旗招之，皆不至，有爲惡語慢罵之者。乃檄列郡如海上迎駕，上書請遷都，列郡守於是皆遁，遂入揚州。

陳宜中請誅似道，謝太后曰：「似道勤勞三朝，安忍以一朝之罪，失待大臣之禮。」止罷平章、都督，予祠官。三月，除似道諸不恤民之政，放還諸竄謫人，復吳潛、向士璧等官，誅其幕官翁應龍，廖瑩中、王庭皆自殺。潘文卿、季可、陳堅、徐卿孫皆似道鷹犬，至是交章劾之。四月，高斯得乞誅似道，不從。而似道亦自上表乞保全，乃命削三官，然尚居揚不歸。五月，王爚論似道既不死忠，又不死孝，太皇太后乃詔似道歸終喪。七月，黃鏞、王應麟請移似道鄰州，不從。王爚入見太后曰：「本朝權臣稔禍，未有如似道之烈者。搢紳草茅不知幾疏，陛下皆抑而不行，非惟付人言於不恤，何以謝天下！」始徙似道婺州。婺人聞似道將至，率衆爲露布逐之。監察御史孫嶸叟等皆以爲罰輕，言之不已。又徙建寧府。翁合奏言：「建寧乃名儒朱熹故里，雖三尺童子粗知向方，聞似道來嘔惡，況見其人！」時國子司業方應發權直舍人院，封還錄黃，乞竄似道廣南；中書舍人王應麟、給事中黃鏞亦言之，皆不從。侍御史陳文龍乞俯從衆言，陳景行、徐直方、孫嶸叟及監察御史俞浙併上疏，於是始謫

似道爲高州團練使，循州安置，籍其家。福王與芮素恨似道，募有能殺似道者使送之貶所，有縣尉鄭虎臣欣然請行。似道行時，侍妾尚數十人，虎臣悉屛去，奪其寶玉，徹轎蓋，暴行秋日中，令舁轎夫唱杭州歌謔之，每名斥似道，辱之備至。似道至古寺中，壁有吳潛南行所題字，虎臣呼似道曰：「賈團練，吳丞相何以至此？」似道慚不能對。嶸叟、應麟奏似道家畜乘輿服御物，有反狀，乞斬之。詔遣鞫問，未至。八月，似道至漳州木綿菴，虎臣屢諷之自殺，不聽，曰：「太皇許我不死，有詔卽死。」虎臣曰：「吾爲天下殺似道，雖死何憾？」拉殺之。

## 校勘記

〔一〕寶寧軍承宣使　按本書地理志無「寶寧軍」，疑此有誤。

〔二〕少傅　原作「少保」，據本書卷三七寧宗紀、兩朝綱目卷五改。

〔三〕范仲藝　原作「張仲藝」，據兩朝綱目卷五、宋史全文卷二九上改。

〔四〕少師　原作「太保」，據本書卷三七寧宗紀、宋會要職官一之七改。

〔五〕二年　原作「四年」，據本書卷三八寧宗紀、兩朝綱目卷九改。

〔六〕陳孝慶　原作「陳孝廣」，據本書卷三八寧宗紀、卷四五五華岳傳、兩朝綱目卷九改。



〔七〕淮北　原作「河北」，據兩朝綱目卷九、續宋編年通鑑卷一三，并參照上文「淮北流民願歸附」語改。

〔八〕殿前副都指揮使　原脫「副」字，據本書卷三八寧宗紀、兩朝綱目卷一〇補。

〔九〕今日大坡上殿　「大坡」原作「大成」。按葉夢得石林燕語卷五、洪邁容齋四筆卷一五，「大坡」是宋人對諫議大夫的俗稱，此處乃指林行可而言。兩朝綱目卷一〇、慶元黨禁都作「大坡」，據改。

〔一〇〕黃鏞曾唯　原脫「鏞曾」二字，據本書卷四一八陳宜中傳、宋季三朝政要卷二補。

〔一一〕滕州　原作「膝州」，據本書卷四五理宗紀、宋季三朝政要卷三改。

〔一二〕胡貴嬪之父　按宋季三朝政要卷四作「胡貴嬪之兄」。

# 宋史卷四百七十五

## 列傳第二百三十四

### 叛臣上

張邦昌　劉豫　苗傅 劉正彥附　杜充　吳曦

宋失其政，金人乘之，俘其人民，遷其寶器，效遼故事，立其臣爲君，冠屨易位，莫甚斯時。高宗南渡，國勢弗振，悍僕狂奴，欺主衰敗，易動於惡。兵雖凶器，尤忌殘忍，將用忍人，先無仁心，視背君親猶反掌耳。世將之子使握重兵，居之阨塞之地，豈非召亂之道乎？大義昭明，旋踵殄滅，蓋天道也。扶綱常，遏亂略，作叛臣傳。

張邦昌字子能，永靜軍東光人也。舉進士，累官大司成，以訓導失職，貶提舉崇福宮，



知光、汝二州。政和末，由知洪州改禮部侍郎。首請取崇寧、大觀以來瑞應尤殊者增製旗物，從之。宣和元年，除尚書右丞，轉左丞，遷中書侍郎。欽宗卽位，拜少宰。

金人犯京師，朝廷議割三鎭，俾康王及邦昌爲質于金以求成。會姚平仲夜斫金人營，斡離不怒責邦昌，邦昌對以非出朝廷意。俄進太宰兼門下侍郎。旣而康王還，金人復質肅王以行，仍命邦昌爲河北路割地使。

初，邦昌力主和議，不意身自爲質，及行，乃要欽宗署御批無變割地議，不許；又請以璽書付河北，亦不許。時粘罕兵又來侵，上書者攻邦昌私敵，社稷之賊也。遂黜邦昌爲觀文殿大學士、中太一宮使，罷割地議。其冬，金人陷京師，帝再出郊，留青城。

明年春，吳幵、莫儔自金營持文書來，令推異姓堪爲人主者從軍前備禮册命。留守孫傅等不奉命，表請立趙氏。金人怒，復遣幵、儔促之，劫傅等召百官雜議。衆莫敢出聲，相視久之，計無所出，乃曰：「今日當勉強應命，舉在軍前者一人。」適尚書員外郎宋齊愈至自外，衆問金人意所主，齊愈書「張邦昌」三字示之，遂定議，以邦昌治國事。孫傅、張叔夜不署狀，金人執之置軍中。

王時雍時爲留守，再集百官詣秘書省，至卽閉省門，以兵環之，俾范瓊諭衆以立邦昌，衆意唯唯。有太學生難之，瓊恐沮衆，厲聲折之，遣歸學舍。時雍先署狀，以率百官。御史

中丞秦檜不書，抗言請立趙氏宗室，且言邦昌當上皇時，專事讌游，黨附權姦，蠹國亂政，社稷傾危實由邦昌。金人怒，執檜。幵、儔持狀赴軍前。

邦昌入居尚書省，金人趣勸進，邦昌始欲引決，或曰：「相公不前死城外，今欲塗炭一城耶？」適金人奉册寶至，邦昌北向拜舞受册，即僞位，僭號大楚，擬都金陵。遂升文德殿，設位御牀西受賀，遣閤門傳令勿拜，時雍率百官遽拜，邦昌但東面拱立。

外統制官〔一〕、宣贊舍人吳革恥屈節異姓，首率內親事官數百人，皆先殺其妻孥，焚所居，謀舉義金水門外。范瓊詐與合謀，令悉棄兵仗，乃從後襲殺百餘人，捕革幷其子皆殺之，又擒斬十餘人。

是日，風霾，日暈無光。百官慘沮，邦昌亦變色。唯時雍、幵、儔、瓊等欣然鼓舞，若以爲有佐命功云。即以時雍權知樞密院事領尚書省，幵權同知樞密院事，儔權簽書樞密院事，呂好問權領門下省，徐秉哲權領中書省。下令曰：「比緣朝廷多故，百官有司皆失其職。自今各遵法度，御史臺覺察以聞。」見百官稱「予」，手詔曰「手書」。獨時雍每言事邦昌前，輒稱「臣啓陛下」，邦昌斥之；勸邦昌坐紫宸、垂拱殿，呂好問爭之，乃止。邦昌以嗣位之初，宜推恩四方，以道阻先赦京城，選郎官爲四方密諭使。

金人將退師，邦昌詣金營祖別，服柘袍，張紅蓋，所過設香案，起居悉如常儀，時雍、秉



哲、幵、儔皆從行，士庶觀者無不感愴。二帝北遷，邦昌率百官遙辭於南薰門，衆慟哭，有仆絕者。

金師既還，邦昌降手書赦天下。呂好問謂邦昌曰：「人情歸公者劫於金人之威耳，金人既去，能復有今日乎？康王居外久，衆所歸心，曷不推戴之？」又謂曰：「爲今計者，當迎元祐皇后，請康王早正大位，庶獲保全。」監察御史馬伸亦請奉迎康王。邦昌從之。王時雍曰：「夫騎虎者勢不得下，所宜熟慮，他日噬臍，悔無及已。」徐秉哲從旁贊之，邦昌弗聽，乃册元祐皇后曰宋太后，入御延福宮。遣蔣師愈齎書於康王自陳：「所以勉循金人推戴者，欲權宜一時以紓國難也，敢有他乎？」王詢師愈等，具知所由，乃報書邦昌。邦昌尋遣謝克家獻大宋受命寶，復降手書請元祐皇后垂簾聽政，以俟復辟。書既下，中外大說。太后始御內東門小殿，垂簾聽政。邦昌以太宰退處內東門資善堂。尋遣使奉乘輿服御物至南京〔二〕，既而邦昌亦至，伏地慟哭請死，王撫慰之。

王即皇帝位，相李綱，徙邦昌太保、奉國軍節度使，封同安郡王。綱上書極論：「邦昌久與機政，擢冠宰司。國破而資之以爲利，君辱而攘之以爲榮。異姓建邦四十餘日〔三〕，逮金人之既退，方降赦以收恩。是宜肆諸市朝，以爲亂臣賊子之戒。」時黃潛善猶左右之。綱又力言：「邦昌已僭逆，豈可留之朝廷，使道路目爲故天子哉？」高宗乃降御批曰：「邦昌僭逆，



理合誅夷，原其初心，出於迫脅，可特與免貸，責授昭化軍節度副使〔四〕，潭州安置。」

初，邦昌僭居內庭，華國靖恭夫人李氏數以果實奉邦昌，邦昌亦厚答之。一夕，邦昌被酒，李氏擁之曰：「大家，事已至此，尚何言？」因以赭色半臂加邦昌身，掖入福寧殿，夜飾養女陳氏以進。及邦昌還東府，李氏私送之，語斥乘輿。帝聞，下李氏獄，詞服。詔數邦昌罪，賜死潭州，李氏杖脊配車營務。時雍、秉哲、幵、儔等先已遠竄，至是，併誅時雍。

劉豫字彥游，景州阜城人也。世業農，至豫始舉進士，元符中登第。豫少時無行，嘗盜同舍生白金盂、紗衣。政和二年，召拜殿中侍御史，爲言者所擊，帝不欲發其宿醜，詔勿問。未幾，豫累章言禮制局事，帝曰：「劉豫河北種田叟，安識禮制？」黜豫兩浙察訪。宣和六年，判國子監，除河北提刑。

金人南侵，豫棄官避亂儀眞。豫善中書侍郎張慤，建炎二年正月，用慤薦除知濟南府。時盜起山東，豫不願行，請易東南一郡，執政惡之，不許，豫忿而去。是冬，金人攻濟南，豫遣子麟出戰，敵縱兵圍之數重，郡倅張柬益兵來援，金人乃解去。因遣人啗豫以利，豫懲前忿，遂畜反謀，殺其將關勝，率百姓降金，百姓不從，豫縋城納款。三年三月，兀朮聞高宗渡



江，乃徙豫知東平府，充京東西、淮南等路安撫使，節制大名開德府〔五〕、濮濱博棣德滄等州，以麟知濟南府，界舊河以南，俾豫統之。

四年七月丁卯，金人遣大同尹高慶裔、知制誥韓昉册豫爲皇帝，國號大齊，都大名府。先是，北京順豫門生瑞禾，濟南漁者得鱣，豫以爲己受命之符，遣麟持重寶賂金左監軍撻辣求僭號。撻辣許之，遣使即豫所部咨軍民所宜立，衆未及對，豫鄉人張浹越次請立豫，議遂決，乃命慶裔、昉備璽綬寶册以立之。九月戊申，豫即僞位，赦境內，奉金正朔，稱天會八年。以張孝純爲丞相，李孝揚爲左丞，張柬爲右丞，李儔爲監察御史，鄭億年爲工部侍郎，王瓊爲汴京留守，子麟爲太中大夫、提領諸路兵馬兼知濟南府。孝純始堅守太原，頗懷忠義，高宗以王衣雅厚孝純，俾衣招之，會粘罕遣人自雲中送歸豫，遂失節於賊。

豫還東平，升爲東京。改東京爲汴京，降南京爲歸德府。以弟益爲北京留守，尋改汴京留守。復降淮寧、潁昌〔六〕、順昌、興仁府悉爲州。自以生景州，守濟南，節制東平，僭位大名，乃起四郡丁壯數千人，號「雲從子弟」。下僞詔求直言。十月，册其母翟氏爲皇太后，妾錢氏爲皇后。錢氏，宣和內人也，習宮掖事，豫欲有所取則，故立之。十一月，改明年元阜昌。

方豫未僭號時，數遣人說東京副留守上官悟，及路悟左右喬思恭與共說悟令降金，悟

並斬之。又招知楚州趙立，立不發書，斬其使。復遣立友人劉偲以榜旗誘之，且曰：「吾君之故人也。」立曰：「我知有君父，不知有故人。」燒殺偲。博州判官劉長孺以書勸豫反正，豫囚之十旬，不屈，欲官之，不受。豫大索宋宗室，承務郎閻琦匿之，豫杖死琦。召迪功郎王寵，不至。文林郎李喆、尉氏令姚邦基皆棄官去。朝奉郎趙俊書甲子不書僭年，豫亦無如之何。洪皓久陷于金，粘罕勸皓仕豫，不從，竄皓冷山。處士尹惇聞豫召，逃山谷間，走蜀中。國信副使宋汝爲以呂頤浩書勉豫忠義，豫曰：「獨不見張邦昌乎？業已然，尙何言哉！」滄州進士邢希載上豫書乞通宋朝，豫殺希載。

是月，豫立陳東、歐陽澈廟於歸德，如唐張巡、許遠雙廟制。

紹興元年五月，張俊討李成敗之，成逃歸豫。雄州大儈王友直嘗抵豫書招李成，謂劉光世、呂頤浩非中興將相才，後爲人所訴，詔鞫而刑之。六月，豫以麟爲兵馬大總管、尙書左丞相。置招受司于宿州，誘宋逋逃。金人既立豫，以舊河爲界，恐兩河民之陷沒者逃歸，下令大索，或轉鬻諸國，或繫送雲中，實防豫也。十月，豫入寇，遣其將王世沖以蕃、漢兵攻廬州，守臣王亨誘斬世沖，大敗其衆。十一月，帥臣葉夢得招降豫將王才。僞秦鳳帥郭振入寇，王彥、關師古敗之。僞知海州薛安靖及通判李彙以州來歸。

二年二月，知商州董先以商、虢二州叛附于豫。襄陽鎭撫使桑仲上疏請正豫罪。朝廷





尋命仲兼節制應援京城軍馬，量度事勢，復豫所陷郡。仍命河南翟興、荆南解潛、金房王彥、德安陳規、蘄黃孔彥舟、廬壽王亨相爲應援，毋失事機。三月，仲爲其將霍明所殺，高宗閔之，授仲二子將仕郎。河南鎭撫使翟興屯伊陽山，豫患之，使人招興，許以王爵。興焚僞詔并戮其使。豫乃陰結興麾下楊偉圖之。偉殺興，持興首降豫。

四月丙寅，豫遷都汴。因奉祖考于宋太廟，尊其祖曰徽祖毅文皇帝，父爲衍祖睿仁皇帝。親巡郊社。是日，暴風捲旗，屋瓦皆震，士民大恐。豫曲赦汴人，與民約曰：「自今不肆赦，不用宦官，不度僧道。文武雜用，不限資格。」時河、淮、陝西、山東皆駐北軍，麟籍鄉兵十餘萬爲皇子府十三軍。分置河南、汴京淘沙官，兩京冢墓發掘殆盡。賦斂煩苛，民不聊生。

五月，豫聞桑仲死，遣人招隨州李道、鄧州李橫，皆不受，執其使以聞。六月，蘄、黃鎭撫使孔彥舟叛降豫，其將陳彥明〔七〕率衆千餘來歸。直徽猷閣凌唐佐、尙書郎李亘、國信副使宋汝爲留僞庭，久謀疏豫虛實蠟書以聞，事泄，豫殺唐佐，亘亦遇害。豫以知東平府李鄴爲尙書右丞，河南鎭撫司都統制董先爲大總管府先鋒將〔八〕。十二月，襄陽鎭撫使李橫敗豫兵於揚石，乘勝趣汝州，僞守彭玘以城降。豫遣劉夔與金帥撒離曷侵蜀。執進士薛筇送豫，筇勉豫：「早圖反正，庶或全宗，孰與他日併妻子磔東市？」豫怒，欲兵之，賴張孝純獲免。

三年正月庚申，李橫破潁順軍，僞守蘭和降。壬戌，敗豫兵于長葛。甲子，橫引兵至潁昌府，僞安撫趙弼固守，急攻下之，弼遁，復潁昌。二月，河南鎭撫司統制官李吉敗豫將梁進於伊陽臺，殪之。三月，豫聞橫入潁昌，求援于金人。粘罕遣兀朮赴之，豫亦遣將李成率師二萬逆戰於京城西北之牟駝岡。橫敗績，復陷潁昌。橫軍本羣盜，恃勇無律，勝則爭取子女金帛，故及於敗。四月，陷虢州。鎭撫司統制官謝皐指腹示賊曰：「此吾赤心也！」自剖心以死。皐，開封人。是月，明州守將徐文以所部海舟六十艘、官軍四千餘人浮海抵鹽城，輸款于豫。文言沿海無備，二浙可襲取。豫大喜，以文知萊州，益海艦二十，俾寇通、泰間。

五月，朝廷遣韓肖胄、胡松年使僞齊。豫欲以臣禮見，肖胄無以應，松年曰：「均爲宋臣。」遂長揖不拜，豫不能屈。因問主上如何，松年曰：「聖主萬壽。」復問帝意所向，松年曰：「必欲復故疆耳。」豫有慚色。

時豫悉有梁、衞之地，翟琮屯伊陽之鳳牛山，不能孤立，突圍奔襄陽。九月，楊政遣川陝將官吳勝破豫兵於蓮花城。十月己亥，賊將李成陷鄧州，以齊安守之；癸卯，陷襄陽，李橫奔荆南，知隨州李道棄城走。成據襄陽，以王嵩知隨州。甲辰，陷郢州，守臣李簡遁，豫以荆超知州事。賊將王彥先自亳引兵至壽春，將窺江南。劉光世駐軍建康，扼馬家渡，遣





酈瓊領所部駐無爲軍，爲濠、壽聲援，賊乃還。

十二月〔九〕，金人遣李永壽、王翊來報聘。永壽等驕倨，請還豫俘及西北士民之流寓者，復要畫江以益豫。監廣州鹽稅吳伸上書請討豫，謂「金人雖彊，實不足慮，賊豫雖微，實爲可憂。今敵使在廷，宜陽許而陰圖之，乘其不疑，可一戰擒也」。

四年正月，翰林學士綦崇禮言：「豫父子倚重金人，且永壽等從豫所來，畫江之請必出於豫。觀其姦謀，在窺吾境土。恐既通使，人情必解弛，宜戒將帥愈益置守。縱和議成，亦未可弛備。」既而朝廷遣章誼使金，至雲中。粘罕答書約毋駐軍淮南，誼不屈，還過汴，豫欲留之，以計獲免。熙河路馬步軍總管關師古與豫兵戰于左要嶺，敗績，遂降賊。洮、岷之地盡歸豫矣。

二月，豫策進士。五月，知壽春府羅興叛降豫。舒、蘄等州制置使岳飛復襄陽，李成遁，尋復唐州。六月，復隨州，磔僞守王嵩于襄陽市。七月，復鄧州。語在飛傳。豫聞岳飛取襄、鄧，遂乞師於金人。僞奉議郎羅誘上南征策，豫大喜。奪民舟五百載戰具，以徐文爲前軍，聲言攻定海。九月，豫下僞詔，有「混一六合」之言，遣子麟入寇，及誘金人宗輔、撻辣、兀朮分道南侵，步兵自楚、承進，騎兵由泗趨滁〔一〇〕。復遣僞知樞密院盧緯請師於金主，金主集諸將議，粘罕、希尹難之，獨宗輔以爲可。乃以宗輔權左副元帥，撻辣權右副元

帥，調渤海、漢軍五萬應豫。以兀朮嘗渡江，習知險易，俾將前軍。豫以麟領東南道行臺尚書令。朝廷震恐。或勸帝他幸，趙鼎曰：「戰而不捷，去未晚也。」張俊曰：「避將安之？」遂決意親征。壬申，豫兵與金人分道渡淮，楚州守臣樊序棄城走，淮東宣撫使韓世忠自承州退保鎮江。

十月丙子朔，詔張俊援世忠，劉光世移軍建康。世忠復還揚州。起張浚爲侍讀。戊子，韓世忠戰於大儀，己丑，解元戰於承州，皆捷。丙申，豫露榜有窺江之言。戊戌，帝發臨安。十一月壬子，下詔討豫，始暴豫罪惡，士氣大振，欲濟江決戰。趙鼎曰：「退固不可，渡江亦非策。豫猶不親來，至尊豈可與逆雛決勝負哉？」淮西將王師晟、張琦合兵復南壽春府，執僞知州王靖。十二月壬辰，岳飛遣將牛皐、徐慶敗金人於廬州。庚子，金人退師，遣使告麟，麟棄輜重宵遁。語在世忠傳。

五年正月，淮西將酈瓊復光州，僞守許約降。閏二月，豫將商元攻信陽軍，知軍事舒繼明死之。七月，豫廢明堂爲講武殿，暴風連日。八月，陷光州。十月，豫令民鬻子依商稅法許貫陌而收其算。豫獻海道圖及戰船木樣於金主亶。

六年正月，豫聚兵淮陽，韓世忠引兵急圍之。賊守將連舉六烽，兀朮與劉猊合兵來援，皆爲世忠所敗。六月，築劉龍城以窺淮西，王師晟破之，執華知剛，俘其衆而還。九月，豫罷





沿海互市。張孝純謂豫曰：「聞南人久治舟，一旦乘風北濟，將不利於我。」豫懼，故罷之。

豫聞帝親征，告急於金主亶，領三省事宗磐曰：「先帝立豫者，欲豫闢疆保境，我得按兵息民也。今豫進不能取，退不能守，兵連禍結，休息無期。從之則豫收其利，而我實受弊，奈何許之！」金主報豫自行，姑遣兀朮提兵黎陽以觀釁。

豫於是以麟領東南道行臺尚書令，李鄴行臺右丞，馮長寧行臺戶部，許清臣兵馬大總管，李成、孔彥舟、關師古爲將，籍民兵三十萬，分三道入寇。麟總中路兵，由壽春犯廬州；猊率東路兵，取紫荆山出渦口以犯定遠；西兵趨光州寇六安，彥舟統之。十月，猊兵阻韓世忠不得前，還順昌。麟兵從淮西繫三浮橋以濟，賊衆十萬次濠、壽間。江東安撫使張俊拒戰，詔併以淮西屬俊，命殿帥楊沂中至泗州與俊合，比至濠而劉光世已棄合肥矣。張浚〔二〕遣人星馳采石諭光世曰：「敢濟者斬。」光世不得已還廬州，與沂中相應。統制王德、酈瓊出安豐，遇賊三將軍皆敗之。猊衆數萬過定遠，欲趨宣化犯建康。沂中遇猊兵於越家坊，破之；又遇于藕塘，大破之。猊遁，麟聞亦拔砦走，麟兵有自書鄉貫姓名而縊者，豫由此失人心。金人聞麟等敗，詰豫罪狀，始有廢豫意矣。豫覺，請立麟爲太子，以覘其意。金人乃答豫曰：「徐當遣人咨訪河南百姓。」

七年春，豫策進士。遣諜縱火淮甸，燔劉光世帑藏。二月，又焚鎮江。豫自麟敗，意沮

氣奪。中原遺民，日望王師。三月，帝進駐建康。八月，統制酈瓊執呂祉，以兵三萬叛降豫，尋殺祉。豫聞瓊降大喜，御文德殿見之，授瓊靜難軍節度使，知拱州。瓊勸豫入寇，豫復乞師金人，且言瓊欲自效。金人恐豫兵衆難制，欲以計除之，乃佯言瓊降恐詐，命散其兵。

金人業已廢豫，而豫日益請兵，遂以女眞萬戶束拔爲元帥府左都監屯太原，渤海萬戶大撻不也爲右都監屯河間。於是尚書省奏豫治國無狀，當廢。十一月丙午，廢豫爲蜀王。

初，金主先令撻辣、兀朮僞稱南侵至汴，紿麟出至武城〔三〕，麾騎翼而擒之，因馳至城中。豫方射講武殿，兀朮從三騎突入東華門，下馬執其手，偕至宣德門，強乘以羸馬，露刃夾之，囚于金明池。翼日，集百官宣詔責豫，以鐵騎數千圍宮門，遣小校巡閭巷間，揚言曰：「自今不僉汝爲軍，不取汝免行錢，爲汝敲殺貌事人，請汝舊主少帝來此。」由是人心稍安。置行臺尚書省於汴，以張孝純權行臺左丞相。僞丞相張昂知孟州〔四〕，李鄴知代州，李成、孔彥舟、酈瓊、關師古各予一郡。以女眞胡沙虎爲汴京留守，李儔副之。諸軍悉令歸農，聽宮人出嫁。得金一百二十餘萬兩、銀一千六百餘萬兩、米九十餘萬斛、絹二百七十萬匹、錢九千八百七十餘萬緡。

豫求哀，撻辣曰：「昔趙氏少帝出京，百姓然頂煉臂，號泣之聲聞於遠邇。今汝廢，無一人憐汝者，何不自責也。」豫語塞，迫之行，願居相州韓琦宅，許之。後併其子麟徙於臨潢，





封豫爲曹王，賜田以居之。紹興十三年六月卒，是年金皇統三年也。豫僭號凡八年，廢時年六十五。先是，齊地數見怪異，有梟鳴于後苑，龍撼宣德門滅「宣德」二字，有星隕于平原鎭。識者謂禍不出百日，豫怒殺之。未幾果廢。

初，僞麟府路經略使折可求以事抵雲中，左監軍撻離曷密諭可求代豫。後撻辣有歸疆之議，恐可求觖望，酖殺之。

豫之僭逆也，馬定國進君臣名分論，祝簡獻遷都、國馬賦，語多指斥；又如許清臣毀景靈宮，孟邦雄發永安陵，蹠犬吠堯，蓋無責焉。

苗傅，上黨人。大父授，父履。授在元豐中爲殿前都指揮使。康王建元帥府，信德守臣梁揚祖以兵萬人至，傅與張俊、楊沂中、田師中皆隸麾下。隆祐太后南渡，傅爲統制官，以所部八千人扈衞，駐于杭州。

有劉正彥者，不知何許人。父法，政和間爲熙河路〔五〕經略使，死王事。正彥由閤門祗候易文資至朝奉大夫，後以事責降。會法部曲王淵爲御營都統制，正彥歸之。淵以法故，薦正彥于朝，復爲武德大夫、知濠州，擢御營右軍副都統制，淵分精兵三千與之。以平丁進

功，進武功大夫、威州刺史。初，正彥討進，請劉晏偕行。晏本嚴陵人，陷遼登第，宣和中率衆來歸。正彥用晏計易旗幟爲疑兵，遂降進。晏自通直郎遷朝請郎，正彥恥己賞薄而晏獲峻遷，由是觖望，乃散所賜金帛與將士，尋被命從六宮、皇子至杭州。

建炎三年二月壬戌，高宗從王淵議，由鎭江幸杭州。時諸大將如劉光世、張俊、楊沂中、韓世忠分守要害，扈衞者獨苗傅。

先是，王淵裝大船十數，自維揚來杭，杭人相謂曰：「船所載，皆淵平陳通時殺奪富民家財也。」內侍省押班康履頗用事，威福由己出，其徒奪民居，肆爲暴橫。傅等恨之，曰：「天子顚沛至此，猶敢爾耶！」其黨張逵復激怒諸軍曰：「能殺淵及內侍，則人人可富，朝廷豈能徧罪哉！」

三月辛巳，拜王淵同簽書樞密院事。初，淵建幸杭州議，內侍實左右之。及淵躐躋樞筦，衆謂薦由內侍。傅自負宿將，疾淵驟貴。正彥雖由淵進，淵檄取所予兵，亦怨之。於是傅積不能平，與王世脩、張逵、王鈞甫、馬柔吉等謀作亂。鈞甫等皆燕人，所將號「赤心軍」。傅部分既定，乃給淵以臨安縣有盜，意欲使淵出其兵於外。

康履得黃卷小文書，有兩統制作「田」、「金」字署卷末，田乃苗，金乃劉也。於是頗泄賊謀，以告淵，淵伏兵天竺。明日，賊黨亦伏兵城北橋下，俟淵退朝，誣以結宦官謀反，正彥手



殺淵，以兵圍履第，分捕內官，凡無須者盡殺之，揭淵首，引兵犯闕。中軍統制吳湛守宮門，潛與傅通，導其黨入奏曰：「苗傅不負國，止爲天下除害。」

知杭州康允之聞變，率從官扣閤，請帝御樓，百官皆從。殿帥王元大呼聖駕來，傅見黃屋，猶山呼而拜。帝憑闌呼二賊問故，傅厲聲曰：「陛下信任中官，軍士有功者不賞，私內侍者即得美官。黃潛善、汪伯彥誤國，猶未遠竄。王淵遇敵不戰，因友康履得除樞密。臣立功多，止作遙郡團練。已斬淵首，更乞斬康履、藍珪、曾擇以謝三軍。」帝諭以當流海島，可與軍士歸營，且曰：「已除傅承宣使、御營都統制，正彥觀察使、御營副都統制。」

賊不退。帝問百官計安出，浙西安撫司主管機宜文字時希孟曰：「禍由中官，不悉除之，禍未已也。」帝曰：「朕左右可無給使耶？」軍器監葉宗諤曰：「陛下何惜康履。」遂命吳湛捕履，得於淸漏閤承塵中。傅卽樓下腰斬履。

傅猶肆惡言，謂「帝不當卽大位，淵聖來歸，何以處也？」帝使朱勝非縋樓下曲諭之。傅請隆祐太后同聽政及遣使與金議和。帝許諾，卽下詔請太后垂簾。賊聞詔不拜，曰：「自有皇太子可立。」張逵曰：「今日之事，當爲百姓社稷計。」時希孟曰：「宜率百官死社稷，否則從三軍之請。」通判杭州事章誼叱之曰：「何可從三軍邪！」帝徐謂勝非曰：「朕當退避，須太后命。」勝非謂不可。顏岐曰：「得太后親諭之，則無詞矣。」



時寒甚，門無簾幃，帝坐一竹椅。既請太后，卽起立楹側。太后御肩輿出立樓前，二賊拜曰：「今日百姓無辜，肝腦塗地，望太后主張。」太后曰：「道君皇帝任蔡京、王黼，更祖宗法，童貫起邊釁，所以致金人之禍。今皇帝聖孝，無失德，止爲黃潛善、汪伯彥所誤，已加竄逐，統制獨不知邪？」傅曰：「臣等定議，必欲立皇子。」后曰：「今強敵在外，使吾一婦人簾前抱三歲兒，何以令天下？」正彥等號泣固請，因呼其衆曰：「太后既不允，吾當受戮。」遂作解衣狀，后諭止之。傅曰：「事久不決，恐三軍生變。」顧謂勝非曰：「相公何無一言？」勝非不能答。適顏岐至自帝前，奏曰：「皇帝令臣奏知太后，已決意從傅請矣，乞太后宣諭。」后猶不許，傅等語益不遜。

太后還入門，帝遣人奏禪位，勝非泣曰：「臣義當死，乞下詰二凶。」帝屛左右語曰：「當爲後圖，事不成，死未晚。」勝非曰：「王鈞甫，賊腹心也，適語臣曰：『二將忠有餘，學不足。』此可爲後圖耳。」

是日，帝幸顯忠寺。甲申，太后垂簾，降赦，號帝爲睿聖仁孝皇帝，以顯忠寺爲睿聖宮，留內侍十五人，餘悉編置。

丙戌，赦至平江府，張浚知有變，不拜。丁亥，至江寧，制置呂頤浩遺浚書，痛述事變。浚乃舉兵。戊子，御營前軍統制張俊至平江，浚諭以起兵，俊泣奉命。



初，勝非奏，垂簾當二臣同對，今屬時艱，乞許獨對。恐賊疑，乃日引其徒一人與俱。傅入對，后勞勉之。賊喜，無所疑，故臣僚入對，得謀復辟。

勝非深結王世脩，將處以從官，俾通二凶。

傅欲改元，正彥欲遷都建康，太后謂勝非曰：「二事如俱不允，恐賊有他變。」己丑，改元明受。張浚遺書二凶，奬其忠義以慰安之。庚寅，百官朝睿聖宮。以傅爲武當軍節度使。

辛卯，張浚遣進士馮轓赴行在，請帝親總要務；復抵書馬柔吉、王鈞甫宜早反正，以解天下之惑。

浚既遣轓，卽檄諸路，約呂頤浩、劉光世會平江。傅以堂帖趣張俊〔五〕赴秦州，命趙哲領俊軍，哲不從；改命陳思恭，思恭亦不從。

壬辰，以諫議大夫鄭瑴〔六〕爲御史中丞。賊以武功大夫王彥爲御營司統制，瑴面折二凶，彥佯狂，卽日致仕。

癸巳，韓世忠引兵至常熟。辛道宗謂張浚曰：「賊萬一邀駕入海，何以爲計！」浚乃聲言防遏海寇，奏道宗爲節制司參議官，措置海船以避賊。

甲午，貶曾擇、藍珪于嶺南，傅追斬擇。賊欲以所部代禁衞守睿聖宮，又欲邀帝幸徽、越，張澂、勝非曲諭止之。

馮轓說二凶反正，傅按劍瞋目視轓，正彥解之，曰：「須張侍郎來，乃可。」卽遣歸朝官趙休與轓共招浚。

乙未，呂頤浩勤王兵至丹陽，劉光世引所部來會。丙申，韓世忠兵至平江，卽欲進兵。浚曰：「已遣馮轓甘言誘賊矣。投鼠忌器，不可太亟。」

賊遣張彥、王德聲言防淮，德伺彥醉，并其軍，自采石濟江歸劉光世，彥尋爲人所殺。戊戌，浚以世忠兵少，分張俊兵二千益之，發平江。

馮轓至平江，浚復遣入責賊以大義，諭以禍福，期雖死無悔。傅等初聞浚集兵，未之信，及得浚書，始悟見討，奏請誅浚以令天下。詔責浚黃州團練副使〔七〕，郴州安置。鄭㲄上疏謂浚不當責，密遣所親謝嚮變姓名告浚宜持重緩進，賊當自遁，浚然之。

是日，賊遣苗瑀、馬柔吉將赤心隊及王淵舊部曲駐臨平，以拒勤王之師。馮轓至臨平，見馬柔吉，同縋入城。詰朝，與傅等議，傅曰：「爾尙敢來邪？」欲拘轓。浚逆知之，謬爲書遺轓，言客自杭來，知二公於朝廷初無異心，殊悔前書失於輕易。賊得浚遺轓書，大喜，乃釋轓。

壬寅，浚得謫命，恐將士解體，紿曰：「趣召之命也。」是日，呂頤浩至平江，與浚對泣曰：「事不諧，不過赤族。」乃命幕客李承造草檄告四方討賊。賊聞勤王之兵大集，卽呼馮轓、勝





非議復辟。癸卯，張俊發平江，劉光世繼之。賊亦遣兵三千屯湖州小林。丙午，頤浩、浚以大兵發平江。詔以浚爲知樞密院事。

丁未，勝非召二凶至都堂議復辟，率百官三上表以請。夏四月戊申朔，帝還宮，都人大說。帝御前殿，詔尊太后曰隆祐皇太后，立嗣君爲皇太子。辛酉，徙傅淮西制置使，正彥副之。庚戌，詔復建炎號。

是日，頤浩、浚軍次臨平，苗翊、馬柔吉以兵阻河。韓世忠率先鋒力戰，俊、光世乘之，翊敗走。勤王兵進北關。二凶詣都堂，趣得所賜鐵券，引精兵二千，夜開湧金門遁。辛亥，頤浩、浚〔八〕引勤王兵入城。世忠手執王世脩以屬吏。

苗傅犯富陽，統制官喬仲福追擊之。癸丑，犯桐廬。甲寅，斬吳湛。時希孟編管吉陽軍。丙辰，傅等至白沙渡，所過燔橋以阻官軍。丁巳，犯壽昌縣，黥民充軍。庚申，犯衢州，守臣胡唐老拒卻之。丙寅，犯常山。世忠請任討賊。丁卯，以世忠爲江、浙制置使，自衢、信追擊賊。戊辰，賊犯玉山縣。辛未，賊屯沙溪鎭。統制巨師古〔九〕自江東討賊還，與喬仲福、王德會信州。賊聞之，還屯衢、信間。

五月戊寅朔，世忠發杭州。庚辰，賊黨張翼斬鈞甫及柔吉父子首以降，江、浙制置使周望受之以聞。賊寇浦城縣，夾溪而屯，據險設伏，以邀官軍，統制官馬彥溥〔一〇〕死之。賊乘勝犯中軍，世忠瞋目大呼，揮兵直前，正彥墮馬，生禽之。賊將江池殺孟皋、禽苗翊降，衆悉解甲。張逵收餘兵入崇安，喬仲福追殺之。

傅棄軍變姓名夜遁建陽，土豪詹標覺之，執送世忠，檻車赴行在。壬寅，詔班師。

秋七月辛巳，世忠軍還，俘傅、正彥以獻，磔于建康市。張逵、苗瑀及傅二子俱已前死。

詔釋餘黨。

杜充字公美，相人也。喜功名，性殘忍好殺，而短於謀略。紹聖間，登進士第，累遷考功郎、光祿少卿，出知滄州。靖康初，加集英殿修撰，復知滄州。時金人南侵，郡中僑寓皆燕人來歸者，充慮爲敵內應，殺之無噍類。

建炎元年，進天章閣待制、北京留守，遷樞密直學士。提刑郭永嘗畫三策以獻充，充不省。永誚之曰：「人有志而無才，好名而無實，驕蹇自用而得聲譽，以此當大任，鮮克有終矣。」二年，宗澤卒，充代爲留守，兼開封尹。三年，以戶部尙書兼侍讀召，未至，改資政殿學士，節制淮南〔一一〕、京東西路，依前京城留守，尋知宣武軍節度使。

七月，以同知樞密院召還，至，卽拜尙書右僕射、同平章事、御營使。初，宗澤要結豪





傑，圖迎二帝。澤卒，充短於撫御，人心疑阻，兩河忠義之士往往皆引去，留守判官宗穎嘗疏其失。朝廷謂充有威望，可屬大事，呂頤浩、張浚亦薦之，故有是命。時諸路各擁重兵，率驕蹇不用命。張俊方白事，謁未入，俊遽前，充怒戮其使，諸將稍稍慴服。

高宗將幸浙西〔一二〕，命韓世忠屯太平〔一三〕，王瓊〔一四〕屯常州。以充爲江、淮宣撫使，留建康，使盡護諸將。光世、世忠憚充嚴急，不樂屬充。詔移光世江州、世忠常州。時江、浙倚充爲重，而充日事誅殺，無制敵之方，識者寒心。

金人窺江，充遣裨將王民、張超分守諸渡，乘高據岸，以神臂弓射卻之。金人復過礀砂，時以輕舟薄南岸，官軍奮擊，或沉其舟。一日當晝，金人對江列陣而佯退，衆信之，守益懈。敵諜知無備，夜乃乘數十舟橫江直濟，衆不能禦，敵遂登岸。充亟命統制官陳淬盡領岳飛諸裨校合二萬人邀擊於馬家渡，約王瓊俱進。敵氣銳甚，淬戰沒，瓊引兵遁，充軍潰。

金人陷建康，充渡江保眞州。充嘗痛繩諸將，諸將銜之，伺其敗，衆將甘心焉。充不敢歸，乃北約泗州劉位、徐州趙立，欲合兵邀敵歸路。詔遣內侍任源賜親札激厲，俾爲後圖。源至常州，道阻未得進，募健士先達上意，充詭詞自飭以報源。

充居眞州長蘆寺，守臣向子忞勸充由通、泰入浙，欲與偕行，充畜異志，不聽。始，京畿提刑凌唐佐在南京，守臣孟庾歸朝，以府事委之，唐佐遂降于金爲所用。唐佐雅善充，以書

招之。完顏宗弼復遣人說充曰：「若降，當封以中原，如張邦昌故事。」充遂叛降金。事聞，高宗謂輔臣曰：「朕待充不薄，何乃至是哉？」下制削充爵，徙其子嵩巖崑、墀韓汝惟於廣州。

是冬，充至雲中，粘罕薄之，久之，命知相州。充猜阻肆威，同列多不協。紹興二年，其孫自徙所間走歸充，其副胡景山誣充陰通朝廷。粘罕下充吏，炮掠備至，不服，釋之，因問充曰：「汝欲復歸南朝邪？」充曰：「元帥敢歸，充不敢也。」粘罕哂之。七年，命充爲燕京三司使。八年，同簽書燕京行臺尚書省事。九年，遷行臺右丞相。十一年，和議成而充死矣。

吳曦，信王璘之孫，節度挺之中子。以祖任補右承奉郞。淳熙五年，換武德郞，除中郞將，後省言其太驟，改武翼郞。累遷高州刺史。紹熙四年〔四〕，挺卒，起復濠州團練使。慶元元年冬，由建康軍馬都統制除知興州兼利西路安撫使。四年，憲聖園陵成，以勞遷武寧軍承宣使。六年，光宗攢陵成，遷太尉。

會韓侂胄謀開邊，曦潛畜異志，因附侂胄求還蜀。樞密何澹覺其意，力沮之。陳自強納曦厚賂，陰贊侂胄，遂命曦興州駐劄御前諸軍都統制，兼知興州、利州西路安撫使。從政



郞朱不棄上侂胄書，謂曦不可主西師，侂胄不報。曦至鎭，諧副都統制王大節，罷之，更不除副帥，而兵權悉歸於曦。開禧二年，朝廷議出師，詔曦爲四川宣撫副使，仍知興州，聽便宜行事。自紹興末，王人出總蜀賦，移牒宣司，勢均禮敵。而侂胄以總計隸宣司，副使得節制按劾，而財賦之權又歸於曦。未幾，兼陝西、河東招撫使。

曦與從弟晛及徐景望、趙富、米脩之、董鎭共爲反謀，陰遣客姚淮源獻關外階、成、和、鳳四州于金，求封爲蜀王。侂胄日夜望曦進兵，曦陽爲持重，按兵河池不進，潛爲金人地以困王師，侂胄不之覺。會正使程松至，曦不庭參，松不敢詰；曦復多摘取松衞兵，松亦不悟。

金人犯西和，王喜、魯翼拒之。戰方急，曦傳令退保黑谷，軍遂潰。乃焚河池，退壁靑野原。曦時已布腹心于金，將士未之知，猶力戰，敵人竊咲之。曦退壁魚關，招集忠義，厚賜以收衆心。興元都統制毋思以重兵守大散關，曦因撤驀關之戍，敵由版閘谷遶出思後，思遁。金遂陷大散關，曦退屯置口〔五〕。舉人陳國節投匭上書，言曦必叛，侂胄不省。

十二月，興州見兩日相摩。金遣吳端持詔書、金印至置口，封曦蜀王，曦密受之。李好義敗金人於七方關，曦不上其捷，還興州。是夜，天赤如血，光燭地如晝。翌日，曦召幕屬諭意，謂東南失守，車駕幸四明，今宜從權濟事，衆失色。王翼、楊騤之抗言曰：「如此，則相公八



十年忠孝門戶，一朝掃地矣！」曦曰：「吾意已決。」卽詣甲仗庫，集兵將官語故，祿禧、褚靑、王喜、王大中等皆稱賀聽命。曦北向受印。遣徐景望爲四川都轉運使〔六〕、褚靑爲左右軍統制，趨益昌，奪總領所倉庫。程松聞變，棄興元去。

三年正月，曦遣將利吉引金兵入鳳州，以四郡付之，表鐵山爲界。曦乘黃屋左纛，僭王位于興州，卽治所爲行宮，稱是月爲元年。使人告其伯母趙氏，趙怒絕之。叔母劉晝夜號泣，罵不絕口，曦扶出之。族子僎爲興元統制，見僞檄，色甚不平。

曦旣僭位，議行削髮左衽之令。遣董鎭至成都治宮殿，將徙居之。曦所統軍七萬併程松軍三萬，分隸十統帥。遣祿祁、房大助戍萬州，泛舟下嘉陵江，聲言約金人夾攻襄陽。祁尋至夔，遣兵扼巫山得勝、羅護等砦，以遏王師。侂胄聞曦反，不知所爲，或勸不如因而封之，侂胄納其說。吳晛爲曦謀，宜收用蜀名士以係民心。於是陳咸自髠其髮，史次秦塗其目，楊震仲飲藥卒，王翊、家拱辰皆不受僞命，楊脩年、詹久中、家大酉、李道傳、鄧性善、楊泰之悉棄官去。薛九齡謀舉義兵。

興州合江倉官楊巨源倡義討逆，未有以發，遂與隨軍轉運安丙共謀誅曦。會李好義與兄好古、李貴等皆有謀，交相結納。二月甲戌夜，漏盡，巨源、好義首率勇敢七十人斧門以入。李貴卽曦室斬其首，裂其尸。丙分遣將士收其二子及叔父柄、弟暐、從弟晛、賊黨姚淮



源、李珪、郭仲、米脩之、郭澄等皆誅之。時吳端猶臥後閤，亦伏誅。徐景望、趙富、吳曉、董鎭、郭榮、祿禧等皆在外，遣人就誅之。函曦首獻于朝。

詔曦妻子處死，親昆弟除名勒停，吳璘子孫並徙出蜀，吳玠子孫免連坐，通主璘祀。曦敗時年四十六。

校勘記

〔一〕外統制官　按靖康要錄卷一六、繫年要錄卷三、北盟會編卷八四都無「外」字；而靖康要錄記此事爲：「內親事官殿班數百人（中略）謀起義於金水門外，統制宜贊舍人吳革爲之首。」疑本書所據資料與之相同，此「外」字涉「金水門外」之「外」字而衍。

〔二〕南京　原作「東京」，據本書卷二四高宗紀、中興聖政卷一改。

〔三〕異姓建邦四十餘日　繫年要錄卷四稱張邦昌僭位至退處資善堂「凡三十二日」。按張邦昌稱帝在建炎元年三月丁酉，至四月庚午退處資善堂，與繫年要錄所記合。此處「四」字當爲「三」字之誤。

〔四〕昭化軍節度副使　「副」字原脫，據本書卷二四高宗紀、中興聖政卷一補。

〔五〕大名開德府　「府」字原脫，據繫年要錄卷二一補。

〔六〕潁昌　原作「永昌」，按宋無「永昌府」，據本書卷八五地理志、繫年要錄卷三七改。

〔七〕陳彥明　原作「陳彥時」，據繫年要錄卷五五、北盟會編卷七六改。

〔八〕董先爲大總管府先鋒將　「管」字原脫。據繫年要錄卷六〇並參照上文「豫以麟爲兵馬大總管」句補。

〔九〕十二月　原作「十一月」，據本書卷二七高宗紀、繫年要錄卷七一改。

〔一〇〕騎兵由泗趨滁　「滁」原作「徐」，據繫年要錄卷八〇、中興聖政卷一六改。

〔一一〕張浚　原作「張俊」，據繫年要錄卷一〇六、中興聖政卷二〇改。

〔一二〕武城　原作「武成」，據繫年要錄卷一一七、中興聖政卷二二改。

〔一三〕孟州　原作「淄州」，據繫年要錄卷一一七、僞齊錄卷下改。

〔一四〕熙河路　「河」原作「和」，按宋無「熙和路」，據本書卷八七地理志改。

〔一五〕張俊　原作「張浚」，據繫年要錄卷二一一、揮麈後錄卷九改。

〔一六〕鄭彀　原作「鄭慤」，據繫年要錄卷二一、本書卷三九九本傳改。下文同。

〔一七〕黃州團練副使　「副」字原脫，據本書卷二五高宗紀、繫年要錄卷二一補。

〔一八〕浚　原作「俊」，據繫年要錄卷二二、中興聖政卷五改。

〔一九〕巨師古　「巨」原作「闕」，據同上書同卷改。





〔二〇〕馬彥溥　「溥」原作「博」，據繫年要錄卷二三、中興聖政卷五改。

〔二一〕淮南　原脫，據繫年要錄卷二四、中興聖政卷五補。

〔二二〕浙西　原倒，據繫年要錄卷二七、中興聖政卷六乙正。

〔二三〕命韓世忠屯太平　據本書卷二五高宗紀、中興聖政卷六、繫年要錄卷二七、中興小紀卷七，當時係命韓世忠守鎮江，劉光世守太平及池州。此處有脫文。

〔二四〕王瓊　原作「王璦」，據中興聖政卷六、繫年要錄卷二七改。

〔二五〕紹熙四年　原作「紹興元年」，按本書卷三六六吳挺傳，挺于紹熙四年致仕；卷三六光宗紀，挺卽死于是年。據改。

〔二六〕置口　原作「置口」，據兩朝綱目卷九、朝野雜記乙集卷一八丙寅淮漢蜀口用兵事目條改。下文同。

〔二七〕四川都轉運使　「都」字原脫，據兩朝綱目卷一〇、同上朝野雜記補。

# 宋史卷四百七十六

## 列傳第二百三十五

### 叛臣中

李全上

李全者，濰州北海農家子，同產兄弟三人。全銳頭蠭目，權譎善下人，以弓馬趫捷，能運鐵槍，時號「李鐵槍」。

初，大元兵破中都，金主竄汴，賦斂益橫，遺民保巖阻思亂。於是劉二祖起泰安，掠淄、沂。二祖死，霍儀繼之，彭義斌、石珪、夏全、時青、裴淵、葛平、楊德廣、王顯忠等附之。楊安兒起，掠莒、密，展徽、王敏爲謀主，母舅劉全爲帥，汲君立、王琳、閻通、董友、張正忠〔一〕、孫武正等附之，餘寇蠭起。大元兵至山東，全母及其兄死焉。全與仲兄福聚衆數千，劉慶福、國安用、鄭衍德、田四、于洋、洋弟潭等咸附之。





大元兵退，金乃遣完顏霆爲山東行省，黃摑爲經歷官，將花帽軍三千討之，敗安兒于闞頭滴水，斷其南路。安兒輕舸走卽墨，金人募其頭千金，舟人斬以獻。安兒無子，從子友僞稱「九大王」，不閑軍務。安兒妹四娘子狡悍善騎射，劉全收潰卒奉而統之，稱曰「姑姑」，衆尙萬餘，掠食至磨旗山，全以其衆附，楊氏通焉，遂嫁之。全合軍與霆戰，又敗。霆驍將張惠望見全，躍馬赴之，槍及全，若有縶其馬足而止者。全得收餘衆保東海，劉全分軍駐嵋上。霍儀攻沂州不下，霆自清河出徐州，斬儀，潰其衆。彭義斌歸李全。黃摑者，卽阿魯達。霆卽李二措，賜姓完顏。惠號「賽張飛」，燕俠士也。此數人者，出沒島嶼，寶貨山委而不得食，相率食人。

有沈鐸者，鎭江武鋒卒也，亡命盜販山陽，誘致米商，斗米輒售數十倍，知楚州應純之償以玉貨，北人至者輒舍之。又說純之以歸銅錢爲名，弛度淮之禁，來者莫可遏。安兒之未敗也，有意歸宋，招禮宋人。定遠民季先者，嘗爲大俠劉佑家廝養，隨佑部綱客山陽，安兒見而說之，處以軍職。安兒死，先至山陽，寅緣鐸得見純之，道豪傑願附之意。時江、淮制置李珏、淮東安撫崔與之皆令純之沿江增戍，恐不能禦，乃命先爲機察，諭意羣豪；敍復鐸爲武鋒軍副將，辟楚州都監，與高忠皎各集忠義民兵，分二道攻金。先遂以李全五千人附忠皎，合兵攻尅海州，糧援不繼，退屯東海。全分兵襲破莒州，禽金守蒲察李家，別將于洋克密州，兄福克青州，始授全武翼大夫、京東副總管。純之見北軍屢捷，密聞于朝，謂中原可復。時頻歲小稔，朝野無事，丞相史彌遠鑒開禧之事，不明招納，密敕珏及純之慰接之，號「忠義軍」，就聽節制。於是有旨依武定軍生券例，放錢糧萬五千人，名「忠義糧」。於是東海馬良、高林、宋德珍等萬人輻湊漣水，鐸納之，全與劉全俱起羨心焉。

嘉定十一年五月己丑，全軍至漣水，邀先白事楚城，取器甲金穀，議再攻海州，純之厚勞全金玉器用及其下有差。六月，全圍海城，金經略阿不罕、納不刺等固守不下。七月，合鄆、單、邳、徐兵來援，全與戰于高橋，不勝，退守石秋，分兵襲密州，禽黃摑，械至楚城。是冬，徙屯淮陰之龜山。

十二年，山東來歸者不止，權楚州梁丙無以贍。先懇丙請預借兩月，然後帥所部五千幷良等萬人往密州就食，不許；請速遣全代領其衆，又不許。丙以石珪權軍務，珪乃奪運糧之舟，二月庚辰，率軍二萬度淮大掠。丙調王顯臣、高友、趙邦永以兵逆之，至南度門，顯臣敗，友、邦永遇珪，下馬與作山東語，皆不復戰。丙窘，乃遣全出諭之。時金人圍淮西急，馬司都統李慶宗戍濠，出戰，喪騎三千，珪及張春皆有亡失。帥司調全與先、珪軍援盱眙。全亦欲自試，親往東海點軍赴之。癸亥，遇金人于嘉山，戰小捷。三月，先軍進駐天長，全進駐盱眙，鼎立以待金人。乙酉，全至渦口，值金將乞石烈牙吾答名「盧鼓槌」者將



濟，全與其將鹿仙掩之，金兵溺淮者數千，俘獲甚衆。壬辰，與阿海戰于化陂湖，大捷，殺金數將，得其金牌，追至曹家莊而還。三圍俱解，全喪失亦衆。阿海者，金所謂四駙馬也。全進達州刺史，妻楊氏封令人。

六月，金元帥張林以青、莒、密、登、萊、濰、淄、濱、棣、寧海、濟南十二州來歸(二)。始，林心存宋，及擒敗，意決而未能達。會全還濰州上冢，揣知林意，乃薄兵青州城下，陳說國家威德，勸林早附。林恐全誘己，猶豫未納。全約挺身入城，惟數人從，林乃開門納之，相見甚歡，謂得所托，置酒結爲兄弟。全既得林要領，附表奉十二州版籍以歸。表辭有云：「舉諸七十城之全齊，歸我三百年之舊主。」表，馮坩所作也。秋，授林武翼大夫、京東安撫兼總管，其餘授官有差。進全廣州觀察使、京東總管，劉慶福、彭義斌皆爲統制，增放二萬人錢糧，徙屯楚州。先是，制置使賈涉以朝命督戰，許殺金太子者，賞節度使；殺親王，承宣使；殺駙馬，觀察使。全致所得金牌于涉，云殺四駙馬所獲者。涉上于朝，乞如約賞之，故全有是受，而四駙馬實不死也。

十一月，大雨雪，淮冰合。全請于制府曰：「每恨泗州阻水，今如平地矣，請取東西城自效。」制府遣就盱眙劉琸議，琸集諸將燕全，時青、夏全咸願以長槍三千人從。夜半度淮，潛向泗之東城，將踏濠冰傅城下，掩金人不備。俄城上荻炬數百齊舉，遙謂曰：「賊李三！汝欲



偷城耶？」天黑，故以火燭之。全知有備，引去。

十三年，趙拱以朝命諭京東，過青厓崓，嚴實求內附。拱與定約，奉實款至山陽，舉魏、博、恩、德、懷、衞、開、相九州來歸(三)。涉再遣拱往諭，配兵二千，全亦請往，涉不能止，乃帥楚州及盱眙忠義萬餘人以行。拱說全曰：「將軍提兵度河，不用而歸，非示武也，今乘勢取東平，可乎？」於是全合林軍得數萬，襲東平之城南。金參政蒙古剛帥衆守東平，全以三千人金銀甲、赤幟，遶濠躍馬索戰。時大暑，全見城阻水，矢石不能及，乃與林夾汶水而砦，中通浮梁來往。一夕，汶水溢，漂大木，斷浮梁，全首尾幾絕，蓋金人堰汶水而決之也。詰旦，金騎兵三百奄至，全欣然上馬，帥帳前所有騎赴之，殺數人，奪其馬，逐北抵山谷。上有龍虎上將軍者，貫銀甲，揮長槊，盛兵以出，旁有繡旗女將馳槍突鬥。會諸將至，拔全以出，乃退保長清縣，精銳喪失太半，統制陳孝忠死焉。林兵還青州。全所携鎭江軍五百人多怨憤，全乃分隸拱，使先歸，而以餘衆道滄州，假鹽利以慰贍之。龍虎上將軍者，東平副帥斡不搭；女將者，劉節使女也。

全至楚州，屬召先赴行在。全自渦口之捷，有輕諸將心，獨先嘗策戰勛，威望不下己，患之。乃陰結制帥所任吏莫凱，使譖先，先卒，全喜而心益貳。涉乘先死，欲收其軍，輟統制陳選往漣水以總之。先黨裴淵、宋德珍、孫武正及王義深、張山、張友拒而不受，潛迎石



珪于盱眙，奉爲統帥。珪道楚城，涉不知覺，及選還，涉恥之，乃謀分珪軍爲六，請于朝，出脩武、京東路鈐轄印告各六授淵等，使之分統，謂可散其縱。淵等陽受命，涉卽聞于朝，謂六人已順從，珪無能爲矣。其後有敎令皆不納，然後知淵等猶主珪，涉恐甚。全結府吏伺知之，乃見涉，請討珪，涉未有處。議者請以全軍布南度門，移淮陰戰艦陣于淮岸，以示珪有備，然後命一將招珪軍，來者增錢粮，不至罷支，衆心一散，珪黨自離。涉用其策，珪技果窮。珪素通好於大元，至是殺淵而挾武正、德珍與其謀主孟導歸大元。漣水軍未有所屬，全求併將之。客有請以附淮將者，曰：「使南將主北軍，則淮、楚爲一。」涉然之，且曰：「先在時有三千虛籍，今當遣明亮覈實，因可省費。」全聞之卽獻計曰：「全若朝將此軍，夕與覈除虛籍。」因卑辭獻珍具以自結，涉不能卻，遂以付全。翼日，復命曰：「初謂有虛額，昨夕細點，萬五千人之外尙溢十數名。」涉始悟全見紿，他日議更遣幕屬點之。吏亟報全，全忽狀白涉：「昨夕三鼓，漣水告警，云金人萬餘在邳州。全思漣水去邳咫尺，既無險阻，城壁復弊，一被攻劫，則直臨淮面，罪在全矣。深夜不敢驚制使，已調七千人迎敵矣。」涉知全詐，因寢點軍之議。全又白制府請于朝，以劉全爲總管駐揚州，分數千兵從之，而將其衆。十一月丁未，全遊金山，作佛事，以薦國殤。知鎭江府喬行簡方舟逆之，大合樂以饗之。總領程覃迭爲主禮，務誇北人以繁盛。全請所狎娼，覃不與，全歸語其徒曰：「江南佳麗無比，須



中華書局

與若等一到。」始造紕𦨭舟，謀爭舟楫之利焉。

十四年正月，金人將南來，全請於涉，欲與劉琸共圖泗州，以伐其謀，涉許之。全兵至盱眙度淮，攻尅泗州之西城，入城布守。琸徙盱眙芻粟以實之，防城之具俱撤以往，爲必守之計。未幾，盧鼓槌來取西城，全盛兵出戰，大敗，統制賴興死，全閉城自守。明日復戰不勝，全遁歸，資糧器械悉以委敵。金人既陷蘄州，扈再興、趙范及其弟葵邀擊于天長。全躡行襲金人後，謁而賀曰：「二監軍已立大功，乞以餘寇付全追之。」然全追之不甚力，亦以是進承宣使。

十五年二月，琸再取西城，盧鼓槌背城力戰，戒惠必獲全，不獲則斬。惠數嘗敗全于山東，而不能獲，每歎曰：「天假此賊，事未可量。」及聞盧鼓槌言，自度進未必獲，退復受戮，卽陳躍馬奔全壁，棄所執兵請降。全掖而起之，相與歡甚。不數日，惠戲下數千人皆潛至，全與惠歸，請于制置司官之，令自總一軍。

膠西當登、寧海之衝，百貨輻湊，全使其兄福守之，爲窟宅計。時互市始通，北人尤重南貨，價增十倍。全誘商人至山陽，以舟浮其貨而中分之，自淮轉海，達于膠西。福又具車輦之，而稅其半，然後從聽往諸郡貿易，車、夫皆督辦於林，林不能堪。林財計仰六鹽場，福恃其弟有大造于林，又欲分其半，林許福恣取鹽，而不分場。福怒曰：「若背恩耶？待與都





統提兵取若頭爾！」林懼，愬于制置司。涉密召林戲下問之，福伏兵于途以伺，林覺不追。於是李馬兒說林歸大元，福狼狽走楚州。冬，加全招信軍節度[四]。林猶遺涉書詆全，明己非叛。涉以咎全，全請爲朝廷取之，乃提師駐海州以迫林。涉間道遣駱胥王翊、閻瓊勞林，林泣涕道其故。翊歸，全使人殺諸塗。全攻林急，林走，全遂入青州。

十六年二月，涉勸農出郊，暮歸入門，忠義軍遮道，涉使人詰楊氏，楊氏馳出門，佯怒忠義而揮之，道開，涉乃入城。自是以疾求去甚力。五月被召，卒。秋，全新置忠義軍籍。初，涉屯鎭江副司八千人于城中，翟朝宗統之；分帳前忠義萬人，屯五千城西，趙邦永、高友統之；屯五千淮陰，王暉及于潭統之，所以制北軍也。全輕鎭江兵，且以利啗其統制陳選及趙興，使不爲己患；唯忌帳前忠義，乃數稱高友等勇，遇出軍必請以自隨，涉不許。全每燕戲下，并召涉帳前將校，帳前亦願隸焉，然未能合也。及丘壽邁攝帥事，全忽請曰：「忠義烏合，尺籍鹵莽。莫若別置新籍，一納諸朝，一申制閫，一留全所，庶功過有考，請給無弊。」壽邁善而諾之。全乃合帳前忠義悉籍之，盡統其軍，時人莫悟。

十一月，許國自武階換朝議大夫、淮東安撫制置使，命下，聞者驚異。先是，國奉祠家食，數言全必反，欲傾涉而代之。會召國奏事，國疏全姦謀甚深，反狀已著，非有豪傑不能消弭，蓋自鬻也。至是，喬行簡爲吏部侍郎，上疏論國望輕，不宜帥淮，不報。山陽參幕徐晞稷雅意開閫，及聞國用，晞稷觖望，乃謄國奏注釋以寄全，全得報不樂。是冬，金將李二措及邳州守致書海州[五]，欲附宋，全戲下周嵒得之，卽以報全。全喜，遣王喜兒以兵二千應接，而已繼之。二措納喜兒而囚之。全兵欲攻邳，四面阻水，二措積勁弩備之，全不得進，合兵索戰。全敗，欲還楚州，會濱、棣有亂，乃引兵趨山東。

十七年正月，國之鎭，楊氏郊迓，國辭不見，楊氏慚以歸。國既視事，痛抑北軍，有與南軍競者，無曲直偏坐之，犒賚十裁七八。全自山東致書于國，國誇於衆曰：「全仰我養育，我略示威，卽奔走不暇矣。」全固留青州，國不能致。四月，全遣小吏致再書，國喜，曲加勞接，卽日眞補承信郞，冀結其心。小吏曰：「小吏奉書而遽得命，諸將校謂何？」不受，歸語其徒以爲笑。國見全無來期，數致厚餽，邀全議事。會劉慶福亦使人覘國意向，國左右知之，語覘者曰：「制置無害汝等意。」慶福以報全，全集將校曰：「我不參制閫，則曲在我。今不計生死必往見。」八月，全上謁，賓贊戒全曰：「節使當庭趨，制使必免禮。」及庭趨，國端坐納全拜，不爲止。全退，怒曰：「庭參亦常禮，全歸本朝，拜人多矣，但恨汝非文臣，本與我等。汝向以淮西都統謁賈制帥，亦免汝拜。汝有何勛業，一旦位我上，便不相假借耶？全赤心報朝廷，不反也。」國繼設盛會宴全，遺勞加厚，全終不樂。國之客章夢先主幕議，慶福謁見，夢先責客將，令隔簾貌喏，慶福不能堪。國以名馬十餘噉遺全，不受。國固遺，全俟其充斥階





庭，伺候移時，而復卻之。如是者半月，卒不受。

全欲往青州，懼國苛留，自計曰：「彼所爭者拜也，拜而得志，吾何愛焉！」更折節爲禮。因會，席間出銜白事，國見其細故，判從之，全卽席再拜謝。自是動息必請，得請必拜，國大喜，語家人曰：「吾折伏此虜矣。」義斌求趙邦永來山東，全爲白之，國諾。邦永乘間告國曰：「邦永若去，制使誰與處？」國曰：「我自能兵，爾毋過慮。」邦永泣而辭之。全遂往青州。十一月，國集兩淮馬步軍十三萬，大閱楚城之外，以挫北人之心。楊氏及軍校留者恐其圖己，內自爲備。

寶慶元年，湖州人潘甫與其從弟丙、壬起兵，密告全黨于山陽，全黨欲坐致成敗，然其謀而不助之力。甫歸，陰勒部曲及聚販鹽盜至千餘，結束如北軍，率衆揚言自山陽來擁立濟王，事見竑傳。時，全圖國之意已決，遣慶福還楚城，使爲亂。或教楊氏畜一妾男子，間指謂人曰：「此宗室也。」至語郡僚曰：「會令汝爲朝士。」潛約盱眙四軍相應。忠義統領王文信有衆八百，涉徙刺揚州強勇軍。國之聚兵大閱，文信在焉，慶福與謀，令歸襲揚州，別遣將劫寶應，事濟卽揮衆度江。盱眙四將不從，於是慶福等謀中輟，止欲快意於許國焉。計議官苟夢玉知之，以告國，國曰：「但使反，反卽殺，我豈文儒不知兵耶？」夢玉懼禍及己，求檄往盱眙，復告慶福曰：「制帥欲圖汝。」兩爲自結之計。乙卯[六]，國晨起涖事，忽露刃充

庭，客駭走，國厲聲曰：「不得無禮！」矢已及顙，流血蔽面，國走。亂兵悉害其家，大縱火，焚官寺，兩司積蓄盡入賊。親兵數十人翼國登城樓，縋城走，伏道堂中宿焉。時四明人姚翀通判青州，全豫令還山陽，及漣水而復止之。至是，擁翀入城，與通判宋恭喝犒南北軍，使歸營。是日，慶福首殺夢先以報貌喏之辱，戒諸軍毋害苟夢玉家，護以五十兵。初，國倚揚州強勇軍統制彭興及淮西親兵將趙社、朱虎等爲腹心，至是首降賊，且助爲亂。惟丁勝、張世雄、沈興、杜靖毗、富道不屈，或與賊巷戰，興手殺賊將馬良。賊黨得志，更相賀，獨張正忠歎曰：「若曹不識事體，朝廷豈置汝耶？」王文信復獻計慶福曰：「我僞作重傷，提本部軍歸揚州，揚守必不疑，我生縛守，以其城獻。」慶福喜，夜飲而遣之。丙辰，許國縊于途。

丁巳，文信將至揚州，其徒有亡入城告變者。時揚之兵皆在楚，知州兼提點刑獄汪統會同官議，鈐轄趙拱曰：「若不納，則文信必曰：『我歸營，何故見拒？』將借是以魚肉城外之民。拱素善文信，請說止其兵，而以單騎入，俟入城而殺之，然後撫其兵，領往盱眙，分隸張、范戲下。」統喜，遣之。遇文信于十里頭，置酒相勞苦，文信僞爲裹創狀。拱曰：「忠義反楚州，揚州人見忠義暮歸，豈不相疑？不若暫駐兵城外，然後同見提刑，提刑急欲知楚州事也。」文信不疑，聯騎入城，坐客次。拱先入，勸統收戮之，統躊躇不敢發。劉全知其謀，帥甲士突入郡堂，厲聲曰：「王統領好人，提刑不必疑，請出受參。」統不得已，出而犒之。劉全





以兵翼之出，館其家。詰旦，統未有處。拱又請引文信出城，與議回屯楚州。文信知事泄，拱就出，劉全亦請從。至平山堂，文信責拱賣己，欲殺之，拱曰：「爾謀如此，三城人命何辜！我已存三城人，身死無憾。然我死，汝八百家老幼在城，豈得生耶？」文信及其衆動色，文信、劉全遂還楚州。

時盱眙總管夏全聞山陽得志，亦懷異圖，劉琸厚賂之，乃止。及文信亂，琸懼夏全復動，乃使卞整將兵三千視之，使不敢動。整以邀文信爲辭，引兵還揚州，因僞言盱眙失守，卞整爲亂〔七〕，於是揚州復震，城門晝閉。

彌遠懼激他變，欲姑事涵忍而後圖之。謀帥莫可，以徐晞稷嘗倅楚州、守海州，得全歡心，晞稷亦勇往，乃授淮東制置使，令屈意撫全。時慶福以事濟報全，全又牒義斌等曰：「許國謀反，已伏誅矣，爾軍並聽我節制。」義斌得牒大罵曰：「逆賊背國厚恩，擅殺制使。此事皆因我起，我必報此讎。」呼趙邦永曰：「趙二，汝南人，正須爾明此事。」乃斬齎牒人，南向告天誓衆，見者憤激。全自青州至楚城，佯責慶福不能彈壓，致忠義之鬨，斬數人，請待罪，朝廷未之詰。趙范時知揚州兼提點刑獄，得制置印于潰卒中，以授晞稷。全遣騎逆晞稷。己卯，晞稷入楚城。劉全躍馬登郡廳，晞稷迎之，全及門下馬，拜庭下，晞稷降等止之，賊衆乃悅。

四月，潘壬變姓名至楚州，將度淮而北，小校明亮獲之，械送行在伏誅。

甲午，時青使人僞爲金兵，道邳州，出漣水，奪全田租而伏騎八百。翼旦，全引二百騎度淮與鬥，伏發，全敗，圍之，慶福以兵往拔全出。全與慶福俱重傷，歸楚州。丁勝、張世雄欲乘全敗舉兵追北軍，晞稷止之。全後知其謀，對晞稷詰之，二人不爲屈。然懼禍及己，晞稷乃潛授世雄雄勝軍統制〔八〕，教使逃而陽索之。北軍追世雄，世雄且戰且走，得達揚州。晞稷初至楚，緩急相濟，如囚趙社，逐朱虎，賊尙知畏。屢令全還戰馬、軍器于制司，全唯唯。退招姚翀及將校飲，酒酣，全曰：「制司追我戰馬、軍器，若何？」忽有將校曰：「當時忠義只百十人，其他軍皆南軍乘勢將帶，若潰將何以還？」一人曰：「制司必欲追之，不若有官者棄官，無官者歸山東爲百姓。」一人抵掌憤然，使全反，全陽罵之。翀以告晞稷。翼日，全見晞稷求納官，晞稷撫之而去。自是不復誰何，其後至以「恩府」稱全、「恩堂」稱楊氏，而手足倒置矣。軍器庫止餘槍干數千，全復取去。全欲戰艦，晞稷使擇二艘。全移出淮河，使軍習之。

初，楚城之將亂也，有吏竊許國書篋二以獻慶福，皆機事。慶福賞盜篋者五百千，未之閱。全始發緘，使家僮讀之，有廟堂遺國書令圖全者，全大怒；又有苟夢玉書，即以慶福謀告國者，全始惡夢玉反覆。夢玉知之，時已被堂召，亟辭全如京。己卯，全餽餞夢玉如平





時，潛殪諸十里之郊，復出榜捕害夢玉者。全往青州。

五月丁卯，全取東平，不克。戊寅，劉全以券易制司錢，不如欲，復謀亂，楊氏出二千緡解之，乃止。全引兵攻恩州。明日，義斌出兵與全鬥，全敗。義斌以千五百騎追之，獲馬二千四，皆揚州強勇軍馬也。慶福往救，又敗。全退保山崮，抽山陽忠義以北。楊氏及劉全皆欲親赴之，會全遣人求晞稷書與義斌連和，乃止。義斌納全降兵，兵勢大振，進攻眞定，降金將武仙，衆至數十萬，致書沿江制置使趙善湘曰：「不誅逆全，恢復不成。但能遣兵扼淮，進據漣、海以蹙之，斷其南路，如此賊者，或生禽，或斬首，惟朝廷所命。賊平之後，收復一京三府，然後義斌戰河北，盱眙諸將、襄陽騎士戰河南，神州可復也。」時四總管亦各遣計議官致書，乞助討賊，范亦以爲言，不報。全賂書制置司，誣義斌叛，晞稷繳達之。時朝廷知義斌之功，憚全，未欲行賞。未幾，義斌俟命不至，拓地而北，與大元兵戰于內黃之五馬山。大元兵說之降，義斌厲聲曰：「我大宋臣，且河北、山東皆宋民，義豈爲他臣屬耶！」遂死之。戲下王義深等復歸全。

全使人說時青附己，餽金五百兩。青見義斌死，乃附全，自移屯淮陰。全招青入城飲，折俎銅券二千，他餽稱是，恩徧麾下，人人喜悅。晞稷宴青，全餽折俎如前。全將往山東，以南軍七百從，官犒鐵錢券人五千，全犒銅錢三倍，許攜南貨免稅。於是請行者不已，得千

人以俱，晞稷又以千八百人繼之。

二年春，趙范奉祠，林珙知揚州、權提點刑獄。全北剽山東，南假宋以疑大元，且仰食。會金與大元爭大名，全得往來經理。三月丙辰朔，大元兵攻青州，全大小百戰，終不利，嬰城自守。大元築長圍，夜布狗砦，糧援路絕。全遣小校周興祖縋城，雜樵采者走楚州發援兵，終不能支。全與福謀，福曰：「二人俱死無益也，汝身係南北輕重，我當死守孤城，汝間道南歸，提兵赴援，可尋生路。」全曰：「數十萬勍敵，未易支也。全朝出則城夕陷，不如兄歸。」於是全止而福行。

朝廷初以力未能討，故用晞稷調護，及傳全被圍，稍欲圖賊。晞稷畏懦，幸全未歸以苟歲月。朝廷方謀易帥，劉琸久在盱眙，雅意建閫；又見賊勢稍孤，意功名可立，使鎮江副都統彭忔延譽京師，自謂：「素撫鎮江，三萬人足用，且得四總管歡心，討賊有餘力。」朝廷信之，忔亦亟涎代琸，從臾尤力。九月，以琸知楚州兼淮東制置使，忔代知盱眙，晞稷不知也。乙亥，晞稷以戶部侍郎召，未幾，出知袁州。

十一月壬子朔，琸至楚州，心知不能制馭四總管，惟以鎮江兵自隨。時青在淮陰，琸怨其移屯叛己，不召也。夏全請從，琸素畏全狡，亦俾留盱眙。忔自揣資望視琸更淺，曰：「琸之止夏全，是欲遺患盱眙也。琸猶憚夏全，我何能用？」乃激夏全曰：「楚城賊黨不滿三千，





健將又在山東，劉制使圖之，收功在旦夕。太尉曷不往赴事會，何端坐爲？」夏全欣然領兵徑入楚城，青亦自淮陰復移屯城內。琸且駭且恐，勢不容卻，復就二人謀焉。時傳全已死，福欲分兵赴援，兵少，卒不往。甲子，琸令夏全盛陳兵楚城，賊黨震恐，楊氏遣人路夏全求緩師，乃止。

## 校勘記

〔一〕張正忠　「忠」原作「中」，據下文及下一卷本傳下改。周密齊東野語卷九作「張忠政」。

〔二〕金元帥張林以青莒密登萊濰淄濱棣寧海濟南十二州來歸　按此處史文僅列舉十一府州，和本書卷四〇寧宗紀、齊東野語卷九所載「二府九州」之數相合；但齊東野語載有滄州，本卷下文又有李全「附袁奉十二州版籍以歸」語，疑此有脫誤。

〔三〕舉魏博恩德懷衞開相九州來歸　按此處僅列舉八州；新元史卷一三七嚴實傳，說嚴先降宋，後以二府六州降元。疑此處有誤。

〔四〕加全招信軍節度　按「招信軍」非節度軍額，疑爲「昭信軍」之誤；本書卷四〇寧宗紀、兩朝綱目卷一六都作「保寧軍」。

〔五〕金將李二措及邳州守致書海州　「金」原作「大元」，據上文和金史卷一〇三完顏霆傳改。

〔六〕乙卯　據本書卷四一理宗紀所載潘甫等起兵月日，及續通鑑卷一六三關於此事的記載，這日在寶慶元年二月。

〔七〕卞整爲亂　據上文，疑「卞整」爲「夏全」之誤。

〔八〕雄勝軍統制　「雄」字原脫，從考異卷八二說補。

# 宋史卷四百七十七

## 列傳第二百三十六

### 叛臣下

李全下

寶慶三年二月，楊氏使人行成于夏全曰：「將軍非山東歸附耶？狐死兔泣，李氏滅，夏氏寧獨存？願將軍垂盼。」全諾。楊氏盛飾出迎，與按行營壘，曰：「人傳三哥死，吾一婦人安能自立？便當事太尉爲夫，子女玉帛、干戈倉廩，皆太尉有，望卽領此，誠無多言也。」夏全心動，乃置酒歡甚，飲酣，就寢如歸，轉仇爲好，更與福謀逐琸矣。

辛卯，夏全令賊黨圍州治，焚官民舍，殺守藏吏，取貨物。時琸精兵尙萬餘，窘束不能發一令，太息而已，夜半縋城，僅以身免。鎭江軍與賊戰死者太半，將校多死，器甲錢粟悉爲賊有。琸步至揚州，借州兵自衞，猶翁揚州造旗幟。林拱繳奏于朝，聞者大笑。夏全既逐





琸，暮歸，楊氏拒之，意楊氏反目圖己，明日大掠，趨盱眙欲爲亂，張惠、范成進閉門，不得入，翺翔淮上。惠、成進出兵欲勦之，夏全狼狽歸金，金人納之。是舉也，張正忠不從亂，經妻女于庭，幷己自焚。報至，中外大恐，劉琸自劾，未幾，死。

初，姚翀從賈涉辟楚州推官，全喜其附己，爲引重當路，得改秩，全請以通判靑州。國之死，全借翀撫定以誑衆，以功入朝。三月，以翀爲軍器少監、知楚州兼制置。翀辟鄭子恭、杜耒等爲幕客，留母及其子于京，買二妾以行。至城東，艤舟以治事。間入城見楊氏，用晞稷故事而禮過之。楊許翀入城，乃入，寄治僧寺，極意娛之。

時全在圍一年，食牛馬及人且盡，將自食其軍。初軍民數十萬，至是餘數千矣。四月辛亥，全欲歸于大元，懼衆異議，乃焚香南向再拜，欲自經，而使鄭衍德、田四救之，曰：「譬如爲衣，有身，愁無袖耶？今北歸蒙古，未必非福。」全從之，乃約降大元。大元兵入靑州，承制授全山東行省。

慶福在山陽，自知已爲厲階，懷不自安，欲圖福以自贖。福知之，亦謀去慶福。二人互相猜貳，不相見。福僞病旬餘，諸將問疾，慶福不往。張甫者，素厚慶福，懼福疑己，乃勸慶福往。後慶福約甫同往，及寢，遙見福臥不解衣，心恐，不得已至床前，見床頭鞘刀，慶福口問疾而手按鞘，懼福先發。福疑慶福就刀見害，乃躍起拔刀傷慶福，慶福徒手不支，甫救之。

左右羣起殺慶福及甫。

甫本金元帥，封高陽公，最善馭衆。金亡河北，甫據雄、霸、淸、莫、河間、信安不下。信安出白溝，距燕二百里而阻巨濼，大元兵不能涉，甫每潛師窺伺。大元將俚呰奴屢欲滅甫以取雄、霸。驍將窩羅虎者，歸甫，甫納之。其後窩羅虎遁去，且竊甫千里馬以獻俚呰奴。俚呰奴喜，待遇益厚。嘗會飲燕京之大悲閣，窩羅虎醉俚呰奴而推使投閣，幾斃焉。窩羅虎乃佯醉下樓，復乘所獻馬以歸甫，追者莫及，人始服甫之用間焉。其後歸全。

福以慶福頭納翀，翀大喜，耒曰：「慶福首禍，一世姦雄，今頭落措大手耶！」飛報于朝，遣子恭繼奏捷。琸之敗，儲積掃地，綱運不續，賊黨籍籍，謂福所致。福數見翀及僉幕促之，皆謝以朝廷撥降未下，福曰：「朝廷若不養忠義，則不必建閫開幕；今建閫開幕如故，獨不支忠義錢糧，是欲立制閫以困忠義也。」六月，福乘衆怒，與楊氏謀，召翀飲。翀至而楊氏不出，就坐賓次，左右散去。福與翀命召諸幕客，以楊氏命召翀二妾。諸幕客知有變，不得已往。耒朝服至八字橋，福兵腰斬之，耒南望再拜就斃。二妾之入，翀及見之。福兵欲害翀，鄭衍德救之得免，去須鬢，縋城西夜走，徒步歸明州，未幾，死。

朝廷以淮亂相仍，遣帥必斃，莫肯往來。始欲輕淮而重江，楚州不復建閫，就以帥楊紹雲兼制置，改楚州名淮安軍，命通判張國明權守，視之若羈縻州然。賊徒黨塞南門，開北





門，支邑民田皆以少價抑買之，自收賦以贍軍，錢糧不繼如故。賊將國安用、閻通歎曰：「我曹米外日受銅錢二百，楚州物賤可以樂生，而劉慶福爲不善，怨仇相尋，使我曹無所衣食。」張林、邢德亦謂：「嘗受宋恩，中遭全間隙，今歸于此，豈可不與朝廷立事？」王義深亦嘗遭全屈辱，且謂：「我本賈帥帳前人，與彭安撫舉義不成而歸。」五人相謂曰：「朝廷不降錢糧，爲有反者未除耳！」乃共議殺福及楊氏以獻，於是衆帥兵趨楊氏家。福出，德手刃之，相屠者數百人。有郭統制者，殺全次子。通殺一婦人，以爲楊氏，函其首幷福首馳獻于紹雲。紹雲驛送京師，傾朝甚喜。檄彭忔、張惠、范成進、時靑幷兵往楚州，便宜盡戮餘黨。未幾，傳楊氏故無恙，婦人頭乃全次妻劉氏也。

忔輕儇，每供四總管弄戲，得檄不敢自決，力遜。惠、成進二人卽提兵入楚城，與林等五人歡宴，議分北軍爲五，使五人分掌之，每軍無過千人，一屯南渡門，一屯平河橋，一屯北神鎭，城中城西各一；在山東人老幼並絕錢糧，出淮陰戰艦，陳淮岸以斷全歸路，請制府及朝廷處之。廟議謂靑望重，惟聽靑區畫。省檄之下，不及惠、成進。靑亦恐禍及，密遣人報全于靑州，遷延不決。惠等歸盱眙，賊黨復振。紹雲赴樞密稟議，淮東總領岳珂攝制府事。

惠、成進既歸，錢糧缺乏，密約降金，盧鼓槌許之。時鎭江軍及滁州虎兒軍在盱眙者尙衆，二人紿忔曰：「南北軍易致激變，宜令軍人出入無得帶刃。」又勸早發虎兒軍折洗，忔從

之。二人每宴忙，必徧迨皂隸，忙皆不悟，方感其拒夏全之功，轉兩軍官資。二人同戲下合辭曰：「不願得官，欲得錢粮。」八月辛酉，惠、成進燕忙，忙左右知有謀，多不往，忙往如平時。酒半，縛忙，忙從者無寸鐵，且醉，皆就縛。即日渡淮輸款，以盱眙附盧鼓槌于泗州。金兵至，開門接之，諸軍不戰皆降。於是塞南門，開北門，導淮水以通泗之東西城焉。盧鼓槌與惠釋憾連姻，金官惠有加，俾專制河南，以拒大元。自是金人窺淮東益急，朝廷調京湖制置司兵萬人屯青平山以備全。

全得青報慟哭，力告大元大將，求南歸，不許；斷一指示歸南必畔，許之。承制授山東、淮南行省，得專制山東，而歲獻金幣。十月丙辰，全與大元張宣差幷通事數人至楚州，服大元衣冠，文移紀甲子而無號。義深走金，安用殺林、德自贖。丁巳，全邀青及張國明于淮陰，國明辭疾，青父子同至。全推殺其子者郭統制斬之，又收田成琇、田之昂、李英等八人下獄，云：「非朝廷殺我妻子，吾惟問汝。」李英，全腹心，狡而密，與李平皆山東胥吏。全之乍逆乍順，二人所教也。平又數致全書至廟堂，以覘朝廷。青繳所授檄於全曰：「我素推尊相公，豈肯爲此！」全亦惡青反覆。辛酉，與登城南樓飲，殺青，馳騎往紿青妻，言青病，見與禱禳。青妻至，盡殺之。遂併青軍，擢小校胡義爲將，徙其半于漣、海。

紹定元年春，全厚募人爲兵，不限南北，宋軍多亡應之。天長民保聚爲十六砦，比歲失





業，官振之，不能繼，壯者皆就募。射陽湖浮居數萬家，家有兵仗，侵掠不可制，其豪周安民、谷汝礪、王十五長之，亦蠭結水砦，以觀成敗。翟朝宗知揚州，權制置。全厚賞捕趙邦永，一以敎十。邦永乃變名必勝。全知東南利舟師，謀習水戰，米商至，悉併舟糴之，留其柁工，一以教十。又遣人泛江湖市桐油粘筏，厚募南匠，大治舭艬船，自淮及海相望。於是善湘禁桐油粘筏下江，嚴甚。朝宗市粘木往揚州，善湘亦聞于朝，請以松木易留之。全不得已，代以榆板，舟成多重滯。六月，試舟射陽湖，善湘恐其乘便擣通、泰，亟牒池州求通、泰入湖之路。七月壬辰，全使衍德提兵三萬如海州。乙未，全及楊氏大閱戰艦于海洋。八月，全趨青州，爲嚴實及石小哥邀擊，敗走。小哥，珪子也，遂奪青厓崮，據之。九月，全歸海州，治舟益急，驅諸崮人習水。十一月，全至楚州。全山東經理未定，而歲貢于大元者不缺，故外恭順于宋以就錢糧，往往貿貨輸大元。宋得少寬北顧之憂，遣餉不輟。全縱遊說于朝，不若復建山陽制置司。全又與金合縱，約以盱眙與之，金亦遣斬經歷者聘全，皆不遂。

二年四月，全以糧少爲詞，遣海舟自蘇州洋入平江、嘉興告糴，實欲習海道，覘畿甸也。六月，全資淮安牛馬驓趙五嘯合亡命，雜北軍分往盱眙略牛馬。九月，全往漣、海視戰艦，陽言歸東平葬方士許先生。未幾，還。嘗燕張國明等，忽曰：「我乃不忠不孝之人。」衆曰：「節使何爲有是言也？」全曰：「縻費朝廷錢糧至多，乃殺許制置，不忠；我兄被人殺，不能



報復，不孝。二月二十五日事，吾之罪也。十一月十三日事，誰之罪耶？」蓋指埠與夏全也。全密遣軍掠高郵、寶應、天長之間，知高郵軍葉秀發遣宗雄武領民兵捍禦，爲賊所敗。

三年二月壬寅，御前軍器庫火。得縱火者，楚州軍穆椿也。全欲銷宋兵備，故使椿行，且伏姦于外，謀入爲亂，以不得入而止。於是先朝兵甲盡喪。椿臨刑笑曰：「事濟矣。」全欲先據揚州以渡江，分兵徇通、泰以趨海。諸將皆曰：「通、泰，鹽場在焉，莫若先取爲家計，且使朝廷失鹽利。」全欲朝廷不爲備，且雖反而難遽絕錢糧，乃挾大元李、宋二宣差恫疑虛喝，而使國明達諸朝，而大元實未嘗資全兵。有識李宣差者，曰：「此青州賣藥人也。」七月，召國明稟議，全以寶玉資其行，賓從所過，揚言：「李相公英略絕倫，其射五百步，朝廷莫若裂地王之，與增錢糧，使當邊境。」徧餽要津，求主其說。既見廟堂，以百口保全不叛。

八月，全將閱舟師，風不順，焚香禱曰：「使全有天命，當反風。」語畢風反。大閱數日。會全糴麥舟過鹽城縣，朝宗嗾尉兵奪之。全怒，以捕盜爲名，庚午，水陸數萬徑擣鹽城，戍將陳益、樓強皆遁，全入城據之。知縣陳遇踰城走，公私鹽貨皆沒於全。朝宗倉皇遣幹官王節入鹽城，懇全退師；又遣吏曾玠、李易入山陽，求楊氏裏言之助，皆不答。朝宗乃遣卞整領兵扼境。全留鄭祥、董友守鹽城，提兵往楚。整與遇麾軍道左，擊柝聲諾。全言于朝，稱遣兵捕盜過鹽城，令自棄城遁去，慮軍民驚擾，未免入城安衆。乃加全兩鎭節，令釋兵；



命制置司幹官耶律均往諭之。全曰：「朝廷待我如小兒，啼則與果。」不受。朝廷爲罷朝宗，謀再用紹雲，紹雲辭以官卑不能制；命鄭損，損辭。通判揚州趙璥夫暫攝事。

全造舟益急，至發冢取粘板，鍊鐵錢爲釘鞠〔二〕，熬人脂擣油灰，列炬繼晷，招沿海亡命爲水手。又紿璥夫以大元爲詞，邀增五千人錢糧，求誓書鐵券。朝廷猶遣餉不絕。全得米，即自轉輸淮海入鹽城以贍其衆。他軍士見者曰：「朝廷惟恐賊不飽，我曹何力殺賊！」射陽湖人至有「養北賊戕淮民」之語，聞者太息。

王十五附全，全又遣人以金牌誘脅周安民等，造浮梁于謐口，以便鹽城來往；又開馬邏港、壽河，引淮船入湖，爲攻撓水砦計。復言於制置司云：「全復歸三年，淮甸寧息，雖荷大丞相力主安靖之說，深有覆護之恩，奈何趙制置、岳總管、二趙兄弟人自爲政，使全難處！全欲決定去就，親往鹽城存劄。若有疾全者、疑全者，如趙知府之輩，便可提兵決戰。如能滅全，高官重祿任彼取之；倘不能滅，方表全心。」善湘見之甚憤，范亦請調兵。

時彌遠多在告，執政無可否，舉朝率謂：「大丞相老於經綸，豈不善處？」獨參知政事鄭清之深憂之，密與樞密袁韶、尙書范楷議，二人所見合。清之乃約韶見帝，韶歷言全狀，帝有變色。清之即力贊討全，帝意決。清之退，以帝意告彌遠，彌遠意亦決。乙巳，金字牌進善湘煥章閣學士、江淮制置大使，范直徽猷閣、知揚州、淮東安撫副使，葵直寶章閣、淮東提點

刑獄兼知滁州，俱節制軍馬，全子才軍器監簿、制置司參議官。下詔曰：

君臣，天地之常經；刑賞，軍國之大柄。順斯柔撫，逆則誅夷。惟我朝廷兼愛南北，念山東之歸附，卽淮甸以綏來。視爾遺黎，本吾赤子，故給資糧而脫之餓殍，賜爵秩而示以寵榮，坐而食者踰十年，惠而養之如一日，此更生之恩也，何負汝而反耶？蠢茲李全，儕於異類，蜂屯蟻聚，初無橫草之功；人面獸心，曷勝擢髮之罪！繆爲恭順，公肆陸梁。因餽餉之富，以嘯集儔徒；挾品位之崇，以脅制官吏。凌蔑帥閫，殺逐邊臣；虔劉我民，輸掠其衆。狐假威以爲畏己，犬吠主旁若無人。姑務包含，愈滋猖獗，遽奪攘於鹽邑，繼掩襲於海陵，用怨酬恩，稔惡恣暴。爲封豕以洊食，貪婪無厭；怒螳螂而當車，滅亡可待。故神人之共憤，豈覆載之所容！舍是弗圖，孰不可忍！李全可削奪官爵，停給錢糧。敕江、淮制臣，整諸軍而討伐；因朝野僉議，堅一意以勦除。蔽自朕心，誕行天罰。

肆予衆士，久銜激憤之懷；暨爾邊氓，期洗沈冤之痛。益勉思於奮厲，以共赴於功名。凡曰脅從，舉宜效順，當察情而宥過，庸加惠以褒忠。爰飭邦條，式孚羣聽：應擒斬到全者，賞節度使，錢二十萬，銀絹二萬匹；同謀人次第擢賞。能取奪見占城壁者，州，除防禦使；縣，除團練使；將佐官民以次推賞。逆全頭目兵卒皆我遺黎，豈甘從





叛？諒由劫制，必非本心。所宜去逆來降，並與原罪；若能立功效者，更加異賞。鄭衍德、國安用雖與逆全管兵，然屢效忠款，乃心本朝；馮垍、于世珍雖爲逆全信用，然俱通古今，宜曉逆順，如率衆來降，當加擢用。四方士人流落淮甸，一時陷賊，實非本心，如能相率來歸，當與赦罪。海州、漣水軍、東海縣等處有爲逆全守城壁者，舉城來降，當各推恩。時青以忠守境，屢立駿功；彭義斌以忠拓境，大展皇略，亦爲逆全謀害，俱加贈典，追封立廟。

噫，以威報虐，既有辭於苗民；惟斷乃成，斯克平於淮、蔡。布告中外，咸使聞知。

詔詞，淸之所代也。促荆襄、淮西諸軍赴援。

壬子，全兵突至灣頭，璥夫恐，欲走，副都統丁勝劫閽者止之。全攻城南門，都統趙勝自堡砦提勁弩赴大城注射，全稍退。全遣劉全奄至堡砦西城下，欲奪之以瞰大城。先是，趙勝屯西城，見濠淺，每曰：「設有寇至，未圍大城，先襲堡砦，何可不備？」盛暑中督軍浚濠，人皆苦之，翟朝宗亦以爲笑。既浚，勝決新塘水注焉。及是，劉全不能進。勝又浚市河，人尤謂不急。全至，勝開水門納賈舟千餘艘，活者數千人，糧貨不與焉。是日，璥夫得彌遠書，許增萬五千人糧，勸全歸楚州。璥夫亟遣劉易卽全壘授全。全笑曰：「丞相勸我歸，丁都統與我戰，非相紿耶？」擲書不受，惟留省劄。璥夫始知全紿己，亟發牌印迓范。癸丑，全寨泰州城濠。于邦傑、宗雄武迎全，戒守者無得發矢，俟薄城而麾之，全得距塹。宋濟恐，令縣尉某如全壘，全以增糧省檄示之，尉復出，獻錢二百萬以降。乙卯，邦傑、雄武開門導全，濟帥僚吏出迎。全入坐郡治，濟發帑出所獻錢，全曰：「獻者，獻汝私藏耶？若泰州府庫，則我固有，何假汝獻爲！」乃舍濟僉判廳，入郡堂，盡收子女貨幣。

庚申，全聞范、葵既入，鞭衍德曰：「我計先取揚州渡江，爾曹勸我先取通、泰，今二趙入揚州矣，江其可渡耶？」莫敢對。既而曰：「今惟有徑擣揚州耳。」甲子，全留兵守泰州，悉出衆宜陵。丙寅，至灣頭立砦，據運河〔三〕之衝。使胡義將先鋒騎駐平山堂，伺三城機便。丁卯，全攻城東門不利，賊將張友呼城東請見葵，全隔濠立馬相勞苦，葵切責之，全彎弓抽矢向葵而去。戊辰，張璉、戴友龍、王鎰、張青以天長制勇三軍至，阻全不得前，遣人請援。范、葵親出堡寨西門，列陳待之，全不敢動，璉等乃入城。庚午，全晨率步騎五千餘攻堡寨西門，趙勝出兵，戰不利，范、葵以兵益之。全兵亦增，葵擊却之。辛未，賊引兵三萬沿州城東向西門，李虎、趙必勝、張璉、崔福力戰，自巳至申，全乃沿東門以歸，丁勝、王鑑、于俊擊走之。襄兵萬人至眞州上堈，統制張達、監軍張大連不設備，魚貫而行。全哨馬帥田四擊之爲數截，殲者五千，達、大連死之；淮西援兵至，亦遇全統領桑青力戰，城中俱不知也。





襄兵敗，全凶焰益振，每曰：「我不要淮上州縣，渡江浮海，徑至蘇、杭，孰能當我！」甲戌，復引輕騎犯州城南門，且欲破堰泄濠水，統制陳達率勁弩射之，范、葵出軍迎擊，乃去。是日，金玠等距淮安十里，焚全砦柵，全將劉全出戰，玠軍不利，退屯寶應。

全志吞三城，而兵每不得傅城下，宗雄武獻全計曰：「城中素無薪，且儲蓄爲總所支借殆盡，若築長圍，三城自困。」乙亥，全悉衆及驅鄉農合數十萬列砦圍三城，制司總所糧援俱絕。范、葵命三城諸門各出兵劫砦，舉火爲期，夜半縱兵衝擊，殲賊甚衆。自是賊一意長圍，以持久困官軍，不復薄城。戊寅，全張蓋奏樂平山堂，布置築圍，指揮閑暇。范、葵令諸門以輕兵牽制，親帥將士出堡砦西，全分路鏖戰，自辰至未，殺傷相當。庚辰，范出師大戰，玠等破全將張友于都倉，獲粮船數十艘。甲申，葵出戰，賊大敗。

四年正月辛卯，全兵浚圍城塹，范、葵遣諸將出城東門掩擊，全走土城，官軍躡之，蹂溺甚衆。是日，玠破全將鄭祥，獲粮百艘。甲午，全兵千餘犯州城東門，城中出兵應之，全卽引去。乙未，李虎出南門，楊義出東門，王鑑出西門，崔福出北門，各徑扼賊圍，開土城數處，范、葵提兵策應，全步騎數千出戰，諸軍奮擊，俘馘甚衆。夜，賊復合所開城。丁酉，趙勝遣統制陸昌、孫舉立橋堡砦于北門，賊步騎分道來戰，勝擊退之。范陳于西門，賊閉壘不出。葵曰：「賊俟我收兵而出爾。」乃伏騎破垣門，收步卒誘之。賊兵數千果趨濠側，虎力

戰，城上矢石雨注，賊退。有頃，賊別隊自東北馳至，范、葵揮步騎夾浮橋、吊橋並出，爲三迭陳以待之，自巳至未，賊與大戰；別遣虎、顯廣、必勝、義以馬步五百出賊背，而葵帥輕兵橫衝之，三道夾擊，用范所制長槍，果大利，賊敗走。翼日，全遣步卒三百餘向城西門，乍進乍退，以誘揚州兵，復驅壯丁增濠面，培鹿角。范、葵遣騎將出，夾城東西牽制之，親出州城西門，分三道以進，賊望風潰，乃募勇力齎薪砲，焚其樓櫓十餘。賊自平山堂麾騎下救，道遇于俊軍而歸。

始，全反計雖成，然多顧忌，且懼其黨不皆從逆。邊陲好進喜事者，欲挾賊爲重，或陰贊之，謂激作愈甚，朝廷愈畏，則錢糧愈增，又許身任調停之責。故全兵將舉而張國明先召，全之託詞陳遇棄城，及歸過三趙圖己，蓋成謀也。及三趙用，宋師集，諸閫易，國明沮，削全官爵，罷支錢糧，攻城不得，欲戰不利，全始自悔，忽忽不樂。或令左右抱其臂曰：「是我手否？」人皆怪之。

時正月望，城中放燈張樂，姑示整暇。全見之，亦往海陵載妓女，張燈平山堂，嬌情自肆。是晚，燕大元宣差，宣差激全曰：「相公服飾器用多南方物，乃心終在南耳！」全乃取誥敕，朝服南向，歷述平生梗概，再拜褫服，焚之，歎曰：「國明誤我。」淚下如雨，抆淚就坐彊歡。有朐山于道士者，老矣，全迎致之，初見全即歎曰：「我業債合在此償耶？」占事多驗，





尊爲軍師。及見全焚誥命，謂人曰：「相公死明日，我死今日矣！」人問之，曰：「朝廷以安撫、提刑討逆，然爲逆者，節度使也。豈有安撫、提刑能擒節度使哉？誥敕既焚，則一賊爾。盜固安撫、提刑所得捕，不死何爲！」入見全曰：「相公明日出帳門必死。」全怒以爲厭己，斬之。

范、葵夜議詰朝所向，葵曰：「東向利，不如出東門。」范曰：「西出嘗不利，賊必見易，因其所易而圖之，必勝。不如出堡寨西門。」壬寅，全置酒高會平山堂，有堡寨候卒識其槍垂雙拂爲號，以報，范喜謂葵曰：「此賊勇而輕，若果出，必成擒矣。」乃悉精銳數千而西，取官軍素爲賊所易者，張其旗幟以易之。全望見，喜謂宣差曰：「看我掃南軍。」官軍見賊突門而前，亦不知其爲全也。范麾軍並進，葵親搏戰，諸軍爭奮。賊始疑非前日軍，欲走入土城，李虎軍已塞其甕門。全窘，從數十騎北走，葵率諸將以制勇、寧淮軍躄之，賊趨新塘。新塘自決水後，淖深數尺，會久晴，浮戰塵如燥壤，全騎陷淖不能拔。制勇軍奮長槍三十餘亂刺之，全曰：「無殺我，我乃頭目。」先是，令諸陣上，衆獲頭目無得爭以爲獻，故羣卒碎其尸，而分其鞍馬器甲，并殺三十餘人，類非卒伍，俱不暇問。

甲辰，賊軍全椒人周海請降，報全已殺，餘黨議潰去。未幾，聞安用歎恨飲泣，初議推一人爲首，以竟其逆，莫肯相下，欲還淮安奉楊氏主之。范夜上捷書制置司，議翼日追賊。乙巳早，安用引五百騎徑南門趨灣頭，范伏弩射之，賊呼曰：「爾襄陽援兵已敗走，汝知之乎？」城中應曰：「汝李全已爲戮，汝何不降？」賊不應，諸將欲追賊，范懼有伏兵，先分兵燒圍城樓櫓，夜半火光燭天，命東南諸門皆出兵，范、葵繼提精兵進。四鼓，賊大潰。丙午黎明，葵追及賊于灣頭，一戰又破之，俘斬及奪回糧畜蔽野。別將追至大儀，不及。葵使人瘞新塘骸骨，得左掌無一指，蓋全支解也。先是，全乞靈茅司徒廟無應，全怒，斷神像左臂。或夢神告曰：「全傷我，全死亦當如我。」至是果然。

揚州平，善湘以露布上，帝驚喜，太后舉手加額。國明輩懼禍及己，唱論云全未死，至有賫遊士吳大理等助煽之。及泰州凱奏繼上，浮言始定。朝中皆擬隨表入賀，彌遠以小寇就平，謝止之。甲寅，善湘來犒師。二月，命胡穎部所獲賊酋二十人獻俘于朝，且定奇功二十有九人及其餘，促行賞；又遣趙楷往稟廟算。

三月庚寅，禡祭，有梟鳴于牙，占之吉，別遣全子才〔三〕率王旻等將萬五千人，與于玠犄角取鹽城。癸巳，步騎十萬發揚州，留勝權守。庚子，鹽城賊董友、王海以兵圍卞整砦，玠擊却之。癸卯，遣總轄韓亮、戚永昇率多槳船及民船四百入射陽湖，擊賊于諭口。丁未，亮破賊于崔溝。己酉，范、葵分兵進至平河橋，剿賊甚多。壬子，玠、整敗賊將王國興于岡門，斬首千級。四月丁巳，敗賊于十里亭，賊兵爭門，墜濠如蟻。庚申，別將范勝、趙興破賊砦于壽





河，拔農民脅從者萬家。

壬戌，范、葵遣諸軍薄淮安城下，賊大敗，死者萬餘，焚二千家，城中哭聲振天。甲子，子才自他道進攻，賊將董友拒之，大戰于港口，敗之。庚辰，舟師過漣水，戰勝，達淮安。五月丙戌朔，天大霧，官兵攻上城，賊守者尙臥，倉皇起鬥。官軍互踏肩爲梯，前者或墜，後者繼至，自丑至未，五城俱破，斬首數千級，生擒數百人。兵士有故隸楚州左右軍者，家屬數爲賊虐，至是洩憤，無老幼皆殺之，燒砦柵萬餘家，腥焰蔽天。餘寇爭橋入大城，重濠皆滿。淮北賊歸赴援，舟師又剿擊，焚其水柵，夷五城餘址，賊始懼。己亥，子才率趙必勝、王旻軍移砦西門，道遇賊大戰，至夜不解。子才爲銳陣左右救，乃勝。

楊氏諭鄭衍德等曰：「二十年梨花槍，天下無敵手，今事勢已去，撐拄不行。汝等未降者，以我在故爾。殺我而降，汝必不忍。若不圖我，人誰納降？今我欲歸老漣水，汝等宜告朝廷，本欲圖我來降，爲我所覺，已驅之過淮矣。以此請降可乎？」衆曰：「諾。」翼日，楊氏絕淮而去。賊黨即遣僞計議馮垍、潘于款于軍門，范等密聞于朝，朝論不可，范曰：「若明諭朝旨，是堅賊志，不如陽許以誤之，我自爲必討之計。」乃遣范用吉入城諭賊曰：「朝廷已許納降，但令安撫交過北軍。」衍德等遣潘于隨用吉報謝，許獻玉帶、犒軍黃金四千兩。范曰：「我欲款賊，賊更來款我。」于歸，鄭衍德等自知降亦不免，始送款于金。至是，金遣其副統

軍許奕、萬戶兀林答以其京東元帥牒來言曰：「此賊不降，能爲兩國患，請與大國夾攻之，各勿受降。」范怪其來無故，而難於陰絕，遣王貴報之，不從其請。

六月己未，大戰于河西三柴，賊大敗，楊氏歸漣水。壬戌，賊先遣妻孥過淮，軍爭欲往，斬之不能禁，反冇起殺頭目者。甲子，復大戰，淮安遂平。議乘勝復淮陰，兵未行，淮陰降金。繼得探報云：宋師遲一宿攻城，淮安亦爲金有矣。於是全所據州悉平。楊氏竄歸山東，又數年而後斃。

全之寇泰州，官屬十有九人皆迎降，獨教授高夢月不汙，詔贈三官。

全子壇〔四〕。

## 校勘記

〔一〕鍊鐵錢爲釘鞠　「鞠」，宋會要食貨五〇之二作「鞠」。

〔二〕運河　原作「連河」，薛應旂宋元通鑑卷一〇五作「運河」，是。據改。

〔三〕全子才　「全」原作「余」，據上文改。

〔四〕全子壇　「壇」，本書卷四五理宗紀、元史卷二〇六叛臣傳、新元史卷二二二李璮傳均作「璮」。



元　脱脱等撰

# 宋史

第四〇册

卷四七八至卷四九六（傳）

中華書局

# 宋史卷四百七十八

## 列傳第二百三十七

### 世家一

#### 南唐李氏

唐自安、史之亂，藩鎮專制，百有餘年，浸成割據。及巢賊蹂躪，郡邑丘墟。降臻五季，豪傑蠭午，各挾智力，擅爲封疆，自制位號，以爭長雄。天厭禍亂，授宋大柄。太祖命將出師，十餘年間，南平荆、楚，西取巴、蜀，劉鋹既俘，李氏納款。至于太宗，吳越請吏，漳、泉來歸，薄伐太原，遂僨北漢，而海內一矣！王稱[一]東都事略用東漢隗囂、公孫述例，置孟昶、劉鋹等於列傳，舊史因之。今倣歐陽脩五代史記，列之世家。凡諸國治亂之原，天下離合之勢，有足鑒者，悉著于篇。其子孫諸臣事業有可考者，各疏本國之下。作列國世家。





南唐李景，本名景通，後改爲璟。避周廟諱，復改爲景。父昪[二]，吳楊行密將徐溫養子，冒姓徐氏，名知誥，五代史有傳。景十餘歲，以父任駕部郎中、諸衞將軍。後唐天成二年，溫卒，昪遂專吳政。昪將出鎮，欲以國事付景，拜兵部尚書、參知政事。昪出鎮金陵，遷景司徒、平章事、知內外左右諸軍事。頃之，亦赴金陵，爲中外諸軍副都統。昪受吳禪，國號大齊，改元昪元，僭帝號，居金陵。自云唐宗室建王恪之後，下令復姓李氏，國號唐。封景吳王、諸道元帥、錄尚書事，改封齊王。

昪立七年卒，景襲位，改元保大，尊母宋氏爲皇太后，立妻鍾氏爲皇后，用宋齊丘、周宗爲宰相，郊祀天地。天福末，遣其將祖思全、何洙[三]侵福建漳、泉之地。漢乾祐初，李守貞以河中叛，潛遣舒元、楊訥間道求援於景。景命其將李金全、郭全義出師應之。金全以聲勢不接，初不願行，景固遣之。至沭陽，聞守貞敗，乃還。周廣順初，景又遣其將邊鎬平湖湘，尋復失之。

顯德二年，周世宗征淮南，破景衆於正陽，遂進圍壽州。太祖時總禁兵，破景將何延錫於渦口，又擒皇甫暉於滁州。景大懼，遣其臣鍾謨、李德明奉表願爲附庸。未幾，又遣其臣孫晟、王崇質奉表獻濠、壽、泗、楚、光、海六州之地，願罷兵，世宗未之許。

四年春，世宗大破景軍於紫金山，降其將朱元，克壽州。冬，又克濠、泗二州。五年春，改元中興。未幾，又改元交泰。是春，周師克楚州，又進克揚州。將議濟江，景大懼，請盡割江北之地，畫江爲界，稱臣於中朝，歲貢土物數十萬，世宗許之。始稟周之正朔，上表稱唐國主。世宗答書用唐報回鶻可汗之制，云「皇帝恭問江南國主」，臨汴水置懷信驛以待其使。景又上言世宗，請傳位於世子冀[四]，世宗賜書勉諭之乃止。景既失淮南之地，頗躁憤，惡其大臣宋齊丘、陳覺、李徵古[五]，皆殺之。六年十月，冀卒，命御廚使張延範充使吊祭。

建隆元年，太祖受命，即遣使以書諭景。初，顯德中，江南將校相繼來降，周成等三十四人皆在京師，至是遣歸。三月，景遣使貢絹二萬匹、銀萬兩，賀登極。及澤、潞平，景又貢銀五千兩爲賀。七月還京，又貢金器五百兩、銀器三千兩、羅紈千匹、絹五千匹，又遣其禮部郎中龔愼儀貢乘輿服御物。每歲冬、正、端午、長春節皆以土產珍異、金銀器用、繒帛、片茶爲貢。每景及錢俶遣親屬入貢，皆御前殿曲宴以寵之。景生日，遣使賜以金幣及賜羊萬口、馬三百疋、橐駝三十，以爲常制。是年，親征李重進，駐蹕廣陵，遣其左僕射嚴續來犒師。俄遣其子蔣國公從鎰朝行在所，又遣其戶部尚書馮延魯貢金買宴，并伶官五十人作樂上壽，又貢金銀器、金玉鞍勒、銀裝兵器及錢銀、綾絹，皆有加常數，太祖亦厚賜之。





初，景之襲父位也，屬中原多故，盧文進、李金全、皇甫暉之徒皆奔於景。跨據江、淮三十餘州，擅魚鹽之利，即山鑄錢，物力富盛。嘗試貢士高祖入關詩，頗有窺覦中土之意。自世宗平淮甸，浸以衰弱。及太祖平揚州，日習馬舫戰艦於京城之南池，景懼甚。其小臣杜著頗有辭辨，僞作商人，由建安渡來歸；又彭澤令薛良坐事責授池州文學，亦挺身來奔，獻平南策，景聞之益懼。太祖命斬著於下蜀市，良配隸廬州衙校，景乃安。終以國境蹙弱，不遑寧居，遂遷於豫章。上遣通事舍人王守正持詔撫之。

俄而景卒，其臣桂陽郡公徐邈奉遺表來上，太祖廢朝五日，遣鞍轡庫使梁義吊祭，賻絹三千匹。子煜又遣其臣馮謐奉表，願追尊帝號，許之。煜乃謚景爲明道崇德文宣孝皇帝[六]，廟號元宗，陵號順陵。

煜字重光，景第六子也，本名從嘉。少聰悟，喜讀書屬文，工書畫，知音律。初封安定郡公，累遷諸衞大將軍、副元帥，封鄭王。

景始嗣位，以弟齊王景遂爲元帥，居東宮，燕王景達爲副元帥，就昪柩前盟約，兄弟相繼，中外庶政，並委景遂參决。景長子冀爲東都留守，後又立景遂爲太弟，景達爲齊王、元帥，冀爲燕王、副元帥。冀鎭京口，周師征淮，吳越圍常州，冀部將敗之。景達屯濠州，兵衄遁還。及割地後，出景遂爲洪州元帥，封晉王，景達撫州元帥，立冀爲太子。景遂尋卒，數月冀亦卒，乃立從嘉爲吳王。

建隆二年，景遷洪州，立爲太子監國，是秋襲位，居建康，改名煜。立母鍾氏爲聖尊后，以鍾氏父名泰章故也，妻周氏爲國后。遣戶部尚書馮謐來貢金器二千兩、銀器二萬兩、紗羅繒綵三萬匹。且奉表陳紹襲之意曰：

臣本於諸子，實愧非才，自出膠庠，心疎利祿。被父兄之蔭育，樂日月以優游，思追巢、許之餘塵，遠慕夷、齊之高義。繼傾懇悃，上告先君，固匪虛詞，人多知者。徒以伯仲繼沒，次第推遷，先世謂臣克習義方，旣長且嫡，俾司國事，遽易年華。及乎暫赴豫章，留居建業，正儲副之位，分監撫之權，懼弗克堪，常深自勵。不謂掩丁艱罰，遂玷纘承，因顧肯堂，不敢滅性。然念先世君臨江表垂二十年，中間務在倦勤，將思釋負。臣亡兄文獻太子從冀將從內禪，已決宿心，而世宗敦勸旣深，議言因息。及陛下顯膺帝籙，彌篤睿情，方誓子孫，仰酬臨照。則臣向於脫屣，亦匪邀名，旣嗣宗枋，敢忘負荷。唯堅臣節，上奉天朝。若曰稍易初心，輒萌異志，豈獨不遵於祖禰，實當受譴於神明。方主一國之生靈，遐賴九天之覆燾。況陛下懷柔義廣，煦嫗仁深，必假清光，更逾曩





日。遠憑帝力，下撫舊邦，克獲宴安，得從康泰。

然所慮者，吳越國鄰於弊土，近似深讎，猶恐輒向封疆，或生紛擾。臣卽自嚴部曲，終不先有侵漁，免結釁嫌，撓干旒扆。仍慮巧肆如簧之舌，仰成投杼之疑，曲構異端，潛行詭道。願迴鑒燭，顯論是非，庶使遠臣得安危懇。

太祖詔答焉。自景畫江內附，周世宗貽書於景，至是，因煜之立，始下詔而不名。

會昭憲太后葬，煜遣戶部侍郎韓熙載、太府卿田霖來貢。三年，詔煜應朝廷橫海、飛江、水門、懷順諸軍親屬有在江表者，悉遣令渡江。煜每聞朝廷出師克捷及嘉慶之事，必遣使犒師修貢。其大慶，卽更以買宴爲名，別奉珍玩爲獻。吉凶大禮，皆別修貢助。煜有母妻之喪，亦遣使往吊。乾德元年，煜上表乞呼名，詔不許。二年，又詔江北，許諸州民及諸監鹽亭戶緣江採捕及過江貿易。先是，江北置榷場，禁商人渡江及百姓緣江樵採。是歲，以江南荐飢，特弛其禁。三年，獻銀二萬兩、金銀龍鳳茶酒器數百事。開寶四年，又以占城、闍婆、大食國所送禮物來上，又遣弟從謙奉珍寶器用金帛爲貢，且買宴，其數皆倍於前。是冬，以將郊祀，又遣弟從善來貢。

會嶺南平，煜懼，上表，遂改唐國主爲江南國主，唐國印爲江南國印〔七〕。又上表請所賜詔呼名，許之。煜又貶損制度，下書稱教；改中書門下省爲左右內史府〔八〕，尚書省爲司會府，御史臺爲司憲府，翰林爲文館，樞密院爲光政院；降封諸王爲國公，官號多所改易。五年，長春節，別貢錢三十萬，遂以爲常。太祖以從善爲泰寧軍節度，賜第留京師。是歲，煜又貢米麥二十萬石。雖外示畏服，修藩臣之禮，而內實繕甲募兵，潛爲戰備。太祖慮其難制，令從善諭旨於煜，使來朝，煜但奉方物爲貢。六年，賜米麥十萬斛，振其飢民。

七年秋，遂詔煜赴闕，煜稱疾不奉詔。冬，乃興師致討，以宣徽南院使、義成軍節度曹彬爲昇州西南面行營都部署〔九〕，山南東道節度潘美爲都監。煜初聞大兵將舉，甚惶懼，遣其弟從鎰及潘愼脩來買宴，貢絹二十萬匹、茶二十萬斤及金銀器用、乘輿服物等。及至，遂留於別館。王師克池州，又破其衆二萬於采石磯，擒其龍驤都虞候楊收等，獲馬三百匹。江表無戰馬，朝廷歲賜之。及是所獲，覩其印文，皆歲賜之馬也。初，將有事江表，江南進士樊若水詣闕獻策，請造浮梁以濟師。太祖遣高品石全振往荆湖造黃黑龍船數千艘，又以大艦載巨竹絙，自荆渚而下。及命曹彬等出師，乃遣八作使郝守濬等率丁匠營之。議者以爲古未有作浮梁渡大江者，恐不能就。乃先試於石牌口〔一〇〕，移置采石，三日而成，渡江若履平地。煜初聞朝廷作浮梁，語其臣張洎，洎對曰：「載籍已來，長江無爲梁之事。」煜曰：「吾亦以爲兒戲耳。」

王師渡江，煜委兵柄於皇甫繼勳，委機事於陳喬、張洎，又以徐溫諸孫元楀〔一一〕等爲傳





詔，每軍書告急，多不時通。八年春，王師傅城下，煜猶不知。一日登城，見列柵於外，旌旗徧野，始大懼，知爲近習所蔽，遂殺繼勳，召朱令贇於上江，令連巨筏載甲士數萬人順流而下，將斷浮梁，未至，爲劉遇所破。又募勇士五千餘人謀襲官軍，皆素不習戰，以暮夜人秉一炬來攻襲北砦。宋師縱其至，擊之，殲焉，獲其將帥，悉佩印符。

初，彬之南征也，太祖親諭之曰：「卿至彼愼勿暴略，可示以兵威，俾自歸順，不必急攻。」及彬軍圍城，又命左拾遺、知制誥李穆送從鎰還本國，諭以手詔，促其降。會潤州平，煜危迫甚，遣其臣徐鉉、周惟簡奉方物來貢，手書奏目以來，哀懇求罷兵，太祖不許。俄復遣鉉等入貢，仍乞緩師，又不答，但厚賜遣之。初，從鎰之還，詔諸將罷攻城，而煜終惑左右之言，猶豫不決，遂詔進兵。

八年冬，城陷，曹彬等駐兵于宮門，煜率其近臣迎拜於門。彬等上露布，以煜并其宰相湯悅等四十五人上獻。太祖御明德樓，以煜嘗奉正朔，詔有司勿宣露布，止令煜等白衣紗帽至樓下待罪。詔並釋之，賜冠帶、器幣、鞍馬有差。下詔曰：

上天之德本於好生，爲君之心貴乎含垢。自亂離之云瘼，致跨據之相承，諭文告而弗賓，申吊伐而斯在。慶茲混一，加以寵綏。

江南僞主李煜，承奕世之遺基，據偏方而竊號。惟乃先父早荷朝恩，當爾襲位之

初，未嘗稟命。朕方示以寬大，每爲含容。雖陳內附之言，罔效駿奔之禮，聚兵峻壘，包蓄日彰。朕欲全彼始終，去其疑間，雖頒召節，亦冀來朝，庶成玉帛之儀，豈願干戈之役。蹇然弗顧，潛蓄陰謀。勞銳旅以徂征，傅孤城而問罪。洎聞危迫，累示招攜，何迷復之不悛，果覆亡之自掇。

昔者唐堯光宅，非無丹浦之師；夏禹泣辜，不赦防風之罪。稽諸古典，諒有明刑。朕以道在包荒，恩推惡殺。在昔騦車出蜀，青蓋辭吳，彼皆閏位之降君，不預中朝之正朔，及頒爵命，方列公侯。爾實爲外臣，戾我恩德，比禪與皓，又非其倫。特升拱極之班，賜以列侯之號，式優待遇，盡捨尤違。可光祿大夫、檢校太傅、右千牛衞上將軍，仍封違命侯。召升殿撫問。妻周氏封鄭國夫人，又以其子神武右廂都指揮使仲寓[二]爲左千牛衞大將軍，弟宣州節度使從鎰爲左領軍衞大將軍，江州節度使從謙爲右領軍衞大將軍，神武統軍從度爲左監門衞大將軍，神武左廂都指揮使從信爲右監門衞大將軍，姪戶部尚書仲遠爲右驍衞將軍，刑部尚書仲興爲右武衞將軍，禮部尚書仲偉爲右屯衞將軍，宗正卿季操爲左武衞將軍，殿中監仲康爲右領衞將軍，殿中少監仲宣爲監門衞將軍。仍賜其弟姪宅各一區。太宗即位，始去違命侯，加特進，封隴西郡公。太平興國二年，煜自言其貧，詔增給月





奉，仍賜錢三百萬。太宗嘗幸崇文院觀書，召煜及劉鋹，令縱觀，謂煜曰：「聞卿在江南好讀書，此簡策多卿之舊物，歸朝來頗讀書否？」煜頓首謝。三年七月，卒，年四十二。廢朝三日，贈太師，追封吳王。

先是，江南自後漢以來，民間有服玩侈靡者，人詢之，必對曰：「此物屬趙寶子。」又煜之妓妾嘗染碧，經夕未收，會露下，其色愈鮮明，煜愛之。自是宮中競收露水，染碧以衣之，謂之「天水碧」。及江南滅，方悟「趙」，國姓也；「寶」，年號也；「天水」，趙之望也。

從善字子師，僞封鄭王，累遷太尉、中書令，後降封南楚國公。開寶四年春，奉方物來貢，授泰寧軍節度、兗海沂等州觀察等使，留京師。時太祖平劉鋹，將召煜入朝，故授從善節制，仍賜汴陽坊甲第一區。煜手疏求遣從善歸國，優詔不許。七年，推恩將佐，以掌書記江直木爲司門員外郎、同判兗州，衙內都指揮使兼左都押衙崔光習爲右千牛衞將軍，衙內都虞候兼右都押衙子再興爲右千牛衞中郎將，並同正。又封從善母凌氏吳國太夫人。

江南平，改右神武大將軍。雍熙初，再遷右千牛衞上將軍，出爲通許監軍。四年，卒，年四十八。

子仲翊，大中祥符初，賜同進士出身。二年，復召試，除楚州推官，累遷殿中丞，坐事免。次子仲猷，景德中，特錄爲三班借職。

從誧本名從謙，僞封吉王，後降封鄂國公[三]。隨煜歸朝，爲右領軍衞大將軍，遷右龍武大將軍，歷知隨、復、成三州。上表改名。淳化五年，上言貧不能自給，求外任。以本官充武勝軍行軍司馬，月給奉錢三萬。子仲偃，大中祥符八年，舉進士。

季操，昇從父弟僞江王遇[四]之子也。從煜入朝，後爲右神武將軍，累遷左衞大將軍，領康州刺史，出爲單州都監。歷知淮陽漣水二軍、蔡舒二州。大中祥符四年，卒。

仲寓字叔章，少聰慧，能屬文，多才藝。僞封清源郡公，歸朝爲千牛衞大將軍。煜卒，太宗賜仲寓積珍坊第一區、白金五千兩。仲寓宗族百餘口，猶貧不能給，上書自陳。太宗憐之，授郢州刺史。在郡逾十年，爲政寬簡，部內甚治。淳化五年，卒，年三十七。

子正言，景德三年，特補供奉官。早卒無嗣，唯一女孤幼，眞宗愍之，賜絹百匹、錢二百萬，以備聘財，仍遣內臣主其事。





煜有土田在常州，官爲檢校。上聞其宗屬貧甚，命鬻其半，置資產以贍之。

舒元，潁州沈丘人。少倜儻好學，與道士楊訥講習於嵩陽，通左氏及公、穀二傳。與訥同詣河中謁李守貞，與語奇之，俱館於門下。守貞謀叛，遣元與訥間道乞師江南。江南遣大將軍皇甫暉等率衆數萬次沭陽，爲之聲援。會守貞敗，元與訥留江南。元易姓朱，楊訥更姓名爲李平。

元事李景，歷江寧令、駕部員外郎、文理院待詔，嘗坐事左遷。世宗征淮南，諸郡多下，元求見言兵事，景大悅，遣率兵攻舒州，復之，即以爲團練使。又平歷陽，景以元爲淮南北面招討使。

周師圍壽春，景以其弟齊王景達爲元帥，率兵來救，以陳覺爲監軍，總軍政。元素與覺有隙，覺密表譖元於景，信之，立遣大將楊守忠代元。元憤怒，自以戰功高，又不忍負景，欲自殺。門下客宋洎諫曰：「大丈夫何往不取富貴，豈必爲妻子死哉！」元聽之，將其衆歸世宗，景盡誅其妻子。世宗素知元驍果，得之甚喜，以爲檢校太保、蔡州防禦使。淮南平，改濠州防禦使。

宋初，從平李重進，改沂州防禦使。爲滑州巡檢使，與節帥不協，誣奏元爲同產妹婿宋

珏請求。事得釋，詔元復姓舒氏。開寶五年，爲白波兵馬都監。太平興國二年，卒，年五十五，特贈武泰軍節度。

元辯捷強記，治郡日，或奏其不親獄訟，事多寃滯。太祖面詰問之，凡所詰，元必具誦款占，指述曲直，太祖甚嘉歎之。子知白、知雄、知崇。

知白至作坊使。知雄初補殿直，雷有終薦授供奉官、鄜延路駐泊都監，後辭疾居嵩山。知白嘗奏事太宗，語及之，卽召出，授西京作坊副使、泉福都巡檢使。眞宗初，懇請入道，歸嵩陽舊隱。復爲王嗣宗、李元則所薦，授供備庫使，歷知棣州、麟府鄜延鈐轄，又知虔州。復求入道，面賜紫冠服，號崇玄大師。嘗獻字母圖，有詔褒獎。乾興元年，卒，年八十一。知崇累歷內職，至供備庫使。嘗爲廣州鈐轄、河北安撫副使，卒。

知白子昭遠，大中祥符五年，任大理評事，因對自陳，改大理寺丞，賜進士第，至太常博士。

韓熙載字叔言，濰州北海人。後唐同光中，舉進士，名聞京、洛。父光嗣，爲平盧軍節度副使。同光末，青州軍亂，逐其帥符習，推光嗣爲留後。明宗卽位，誅光嗣，熙載奔江南，歷僞吳滁、和、常三州從事。





李昪僭號，爲秘書郎，令事其子景於東宮。景嗣位，遷虞部員外郎、史館修撰。熙載自言：「受昪知遇，不得顯位，是以我屬嗣君也。」遂上章，言事切直，景嘉納之。又改吉凶儀禮不如式者十數事，大爲宋齊丘、馮延巳所忌〔一五〕。昪將葬，以熙載知禮，令兼太常博士。時江左草創，典禮多闕，議者以昪繼唐昭宗之後，廟號合稱宗。熙載建議，以爲古者帝王已失之，已得之，謂之反正；非我失之，自我復之，謂之中興，中興之君廟號稱祖。以爲昪興旣墜之業，請號烈祖。景由是益加恩禮，擢知制誥。熙載性懶慢，朝直多闕，未幾罷去。

晉開運末〔一六〕，中原多事，江南方盛，其臣陳覺、馮延魯建討福州，師敗而還，景釋不問罪。熙載與徐鉉同上疏，請置于法。覺、延魯，宋齊丘之黨也。熙載爲齊丘所排，貶和州司馬，語在徐鉉傳。久之，召爲虞部郎中、史館修撰，拜中書舍人。

世宗平淮甸，景患國用不足，熙載請鑄鐵錢。及煜襲位，卒行其議，以熙載爲兵部尙書，充鑄錢使。錢貨益輕，不勝其弊，熙載頗亦自悔。

熙載善爲文，江東士人、道釋載金帛以求銘誌碑記者不絕，又累獲賞賜，由是畜妓妾四十餘人，多善音樂，不加防閑，恣其出入外齋，與賓客生徒雜處。煜以其盡忠言事，垂欲相之，終以帷薄不修，責授右庶子，分司洪州。熙載盡斥諸妓，單車卽路，煜留之，改秘書監，俄而復位。向所斥之妓稍稍而集，頃之如故。煜歎曰：「吾亦無如之何！」遷中書侍郎、光政殿學士承旨。開寶三年，卒，年六十。煜痛惜之，贈左僕射、平章事，謚文靖，葬於梅嶺岡〔一七〕謝安墓側，命徐鍇集其遺文。

熙載才氣俊逸，機用周敏，性高簡，無所卑屈，未嘗拜人。雖被遣逐，終不改節，江左號爲「韓夫子」。顯德中，熙載來朝廷，歸，景問中國大臣，時太祖方典禁兵，熙載對曰：「趙點檢顧視不常，不可測也。」及太祖登極，景益重之。頗以文章自負，好大言。初，乾德丁卯年，五星連珠於奎，奎主文章，又在魯分，時太宗鎭兗、海，中國太平之符也。是歲，熙載著格言五卷，自序其事云：「魯無其應，韓子格言成之。」人多笑之。

馮謐本名延魯，字叔文，其先彭城人，唐末南渡，家于新安。李昪僭號，立子景爲太子，謐與兄延巳俱以文學得幸。及景嗣位，累遷至中書舍人。

晉開運末，閩越大亂，景遣謐與諫議大夫陳覺乘傳安撫，謐遂矯詔發數郡兵攻福州。及敗，引佩刀自刺，親吏制之，不死，長流舒州。會赦敍用，復爲中書舍人，改工部侍郎。

江南以揚州爲東都，命謐副留守。周世宗下揚州，謐髠髮爲僧，匿于佛寺，爲官軍所獲。世宗釋之，授太常卿，賜與甚厚。數年，拜刑部侍郎，放還，爲戶部尙書。建隆三年，煜





遣來貢，因表求舒州田宅，詔賜之。後改常州觀察使而卒。

子伉歸中朝，與兄儀、价並登進士第。伉文辭淸麗，嘗著平晉頌，時人稱之。累遷殿中侍御史，歷典藩郡，皆有治跡。咸平三年，知福州，卒。特賜錢十萬，錄其子玄應同學究出身。

潘佑，南唐散騎常侍處常之子。少介僻，杜門讀書，不交人事。及長，善屬文，尤長於論議。陳喬、韓熙載、徐鉉等共薦於景，爲秘書省正字、直崇文館。煜襲位，遷虞部員外郎、史館修撰。未幾，知制誥，爲內史舍人。

有李平者，本嵩山道士楊訥，依河中帥李守貞。漢乾祐中，守貞反，遣訥與舒元乞師江南。守貞敗，訥遂易姓名，江南以爲員外郎，遷衞尉少卿、蘄州刺史、戶部侍郎。平好神仙修養之事，動作妖妄，自言常與神接。佑亦好神仙，遂相善。佑嘗建議復井田，及依周禮置牛籍，薦平判司農寺以督之。二家皆置淨室，圖神像，常被髮裸袒處室中，家人亦不得至。佑自以爲衆所排，因憤怒，歷詆大臣與握兵者兩爲朋比，將謀反叛；又言國將亡，非己爲相不可救。江南政事多在尙書省，因薦平知省事，又薦星官楊熙澄爲樞密使，小校侯英典禁兵，煜不納。佑益忿，抗疏請誅宰相湯悅等數十人，煜手書敎

戒之。佑不復朝謁，乃於家上書曰：「臣聞『三軍可奪帥也，匹夫不可奪志也』。近者連上表章指陳姦惡，何面目以見士人乎？」遂自縊死。

皇甫繼勳，江州節度使暉之子。幼以父蔭爲軍校，父死難於滁州，累遷將軍、池饒二州刺史，勤於吏事。入爲諸軍都虞候，遷神衞統軍都指揮使。諸老將相次皆死，而繼勳尚少，遂爲大將。貲産優贍，營第舍、車服，畜妓樂，絜飲食，極遊宴之好。

及宋師至，諸軍多敗衄，繼勳欲煜之速降，每衆中流言，頗道國中蹙弱。姪紹傑亦以繼勳故，爲巡檢。常令紹傑入見煜，陳歸命之計。會有風雹，繼勳又密陳滅亡之兆。偏裨或有募勇士欲夜出營邀宋師者，輒鞭而拘之。又因請出煜親兵千餘守闕城，爲宋師所掩。一日，煜躬自巡城，見宋師列栅城外，旌旗徧野，始驚懼，知爲左右所蔽。及巡城還，繼勳從至宮，煜乃責其流言惑衆及不用命之狀，收付大理。始出，軍士悉集，臠割其肉，頃刻都盡。紹傑亦被誅。煜皆赦其妻子。

周惟簡，饒州鄱陽人。隱居，好學問，明易義。煜召爲國子博士、集賢侍講。頃之，以虞部郎中致仕。宋師圍金陵，煜求能使交兵者，張洎薦惟簡有遠略，可以談笑和解之。召





爲給事中，與徐鉉奉使至京師。太祖召見詰責，惟簡惶恐，反言曰：「臣本居山野，無仕進之意，李煜強遣來耳。臣素聞終南山多靈藥，事寧後，願得栖隱。」太祖許之。江南平，以惟簡爲國子周易博士、判監事。開寶九年，上書述前志，求解官，蓋不得已，非其心也。改虞部郎中，致仕。以其子繕爲京兆府鄠縣主簿，俾就養。太平興國初，惟簡自終南至闕下，求入見。有司以致仕官非有詔召無求對之制，乃還。歲餘，復上表自求用，除太常博士，遷水部員外郎，卒。繕後舉進士，至都官員外郎。

## 校勘記

〔一〕王稱　原作「王偁」，據余嘉錫四庫提要辨證卷五改。

〔二〕父昪　「昪」原作「昇」，據通鑑卷二八二、新五代史卷六二南唐世家改。下文同。

〔三〕祖思全何洙　通鑑卷二八四、馬令南唐書卷二嗣主書、陸游南唐書卷二元宗紀作「祖全恩」、「何敬洙」。

〔四〕請傳位於世子冀　「冀」，下文作「從冀」，通鑑卷二八二、陸游南唐書卷一六元宗諸子傳都作「弘冀」。

〔五〕李徵古　原作「李徽吉」，據馬令南唐書卷二一本傳、陸游南唐書卷二元宗紀改。

〔六〕明道崇德文宣孝皇帝　「宣」字原脫，據長編卷二、陸游南唐書卷二元宗紀補。

〔七〕江南國印　「國」下原衍「主」字，據東都事略卷二三李煜傳、長編卷一二刪。

〔八〕左右內史府　「內史」原作「內使」。據陸游南唐書卷三元宗紀、東都事略卷二三李煜傳改。

〔九〕曹彬爲昇州西南面行營都部署　「昇州」二字原脫，據長編卷一五、太平治蹟統類卷一太祖平江南條補。

〔一〇〕石牌口　原作「石牌口」，據長編卷一五、太平治蹟統類卷一改。

〔一一〕元楀　東都事略卷二三李煜傳、陸游南唐書卷三後主紀、續通鑑紀事本末卷三都作「元瑀」。

〔一二〕仲寓　隆平集卷一二、東都事略卷二三李煜傳都作「仲寓」。下文同。

〔一三〕鄂國公　「鄂」原作「諤」，據馬令南唐書卷七宗室傳、陸游南唐書卷一六元宗諸子傳改。

〔一四〕昪從父弟僞江王遏　「遏」，新五代史卷六二南唐世家、馬令南唐書卷七宗室傳、陸游南唐書卷一六烈宗諸子傳都作「景遏」，並以爲是昪第五子。

〔一五〕馮延己　按本書卷二〇八藝文志、陸游南唐書卷一一都作「馮延巳」。

〔一六〕晉開運末　「開運」原作「天福」，據本卷馮謐傳、通鑑卷二八五改。

〔一七〕梅嶺岡　原作「梅頂岡」。按陳書卷三六始興王叔陵傳，其母死，「啓求梅嶺葬之，乃發故太傅謝安舊墓，棄去安柩以葬其母」。陸游南唐書卷一二韓熙載傳也作「梅嶺岡」，「頂」當爲「嶺」字之





誤，據改。

# 宋史卷四百七十九

## 列傳第二百三十八

### 世家二

#### 西蜀孟氏

西蜀孟昶，初名仁贊，及僭位改焉。其先邢州龍岡人。父知祥，事後唐武皇，武皇以弟之子妻之，是爲瓊華長公主。同光初，知祥爲太原尹、知留守事。三年，平蜀。四年，以知祥爲劍南西川節度副大使、知節度事。明宗卽位，命知祥討平東川，知祥自領兩川節度，明宗卽以授之。長興四年，封蜀王，許行墨制。五年，閔帝立，乃稱帝於蜀，改元明德，時淸泰元年也。事具五代史。昶母李氏，本莊宗嬪御，以賜知祥，天祐十六年己卯十一月，生昶於太原。初，知祥鎭西川，不及以族行，天成元年，奏遣衙校迎家太原，明宗因令部送長公主及昶與所生母至蜀。公主以長興三年卒。





知祥初署昶兩川節度行軍司馬，僭號，以昶爲檢校太保、同平章事、崇聖宮使、東川節度。知祥疾，立爲皇太子，權監軍國。明德元年七月，知祥卒，昶襲位，年始十六，止稱明德年號，委政於趙季良、張知業、李仁罕等。二年，尊其母李氏爲皇太后。四年，改元廣政。後以事誅仁罕、知業，乃親政事。十三年，加號睿文英武仁聖明孝皇帝。時契丹亂華，漢祖起并晉末，秦州節度使何建[一]、鳳州防禦使石奉頵俱以城降昶。及周世宗克秦、鳳，昶始門，中土蝗旱連歲，昶益自大，開貢部，行郊祀禮，自此君臣奢縱。及周世宗克秦、鳳，昶始懼，放還先所獲濮州刺史胡立，致書世宗，稱大蜀皇帝，且言家世邢臺，願敦鄉里之分。世宗怒其無禮，不答。昶愈不自安，乃於劍門、白帝多積芻粟，增置師旅。用度不足，遂鑄鐵錢。禁境內鐵，凡器用須鐵爲之者，置場鬻之，以專其利。

立其子玄喆爲太子，用王昭遠、伊審徵、韓保正、趙崇韜等分掌機要，總內外兵柄。母李氏謂昶曰：「吾嘗見莊宗跨河與梁軍戰，又見爾父在并州捍契丹及入蜀定兩川，當時主兵者非有功不授，故士卒畏服。如昭遠者，出於微賤，但自爾就學之年，給事左右；又保正等皆世祿之子，素不知兵，一旦邊疆警急，此輩有何智略以禦敵？高彥儔是爾父故人，秉心忠實，多所經練，此可委任。」昶不能遵用其言。

及太祖下荆、楚，昶欲遣使朝貢，昭遠等固止之。太祖詔蜀之邸吏、將卒先在江陵者並放還，仍給賜錢帛以遣。乾德二年，昶遣孫遇、楊蠲、趙彥韜爲諜至京師。彥韜潛取昶與并州劉鈞蠟丸帛書以告，其書云：「早歲曾奉尺書，遠達睿聽。丹素備陳於翰墨，歡盟已保於金蘭。洎傳吊伐之嘉音，實動輔車之喜色。尋於褒、漢，添駐師徒，只待靈旗之濟河，便遣前鋒而出境。」先是，太祖已有西伐意而未發，及覽書，喜曰：「吾用師有名矣。」卽命忠武軍節度王全斌充鳳州路行營前軍兵馬都部署，武信軍節度、侍衞步軍都指揮使崔彥進充副都部署[二]，樞密副使王仁贍充都監，龍捷右廂都指揮使史延德充馬軍都指揮使，虎捷右廂都指揮使張萬友[三]充步軍都指揮使，隴州防禦使張凝充先鋒都指揮使[四]，左神武大將軍王繼濤充濠砦使，內染院使康延澤充馬軍都監，翰林副使張煦充步軍都監，供奉官田仁朗充濠砦都監，殿直鄭粲充先鋒都監，步軍都軍頭向韜充先鋒都軍頭，寧江軍節度、侍衞馬步軍都指揮使劉廷讓[五]充歸州路行營前軍兵馬副都部署，內客省使、樞密承旨曹彬充都監，客省使武懷節充戰櫂部署，龍捷左廂都指揮使李進卿充步軍都指揮使[六]，前階州刺史高彥暉充先鋒都指揮使，右衞將軍白廷誨充濠砦使，御廚副使朱光緒[七]充馬軍都監，儀鸞副使折彥贇充步軍都監，八作副使王令喦充先鋒都監，供奉官郝守濬充濠砦都監，馬步軍都軍頭楊光美充戰櫂左右廂都指揮使，供奉官槊守節充戰櫂左廂都監，殿直劉漢卿充戰櫂右廂都監，率禁兵三萬人、諸州兵二萬人分路討之。詔令孫遇等指畫江山曲折之狀，及兵砦戍守





之處道里遠近，俾畫工圖之，以授全斌等。因謂曰：「西川可取否？」全斌等對曰：「臣等仗天威，遵廟算，剋日可定。」龍捷右廂都校史延德前奏曰：「西川一方，儻在天上，人不能到，固無可奈何。若在地上，以今之兵力，到卽平矣。」上壯其言，謂之曰：「汝等果敢如此，我何憂乎！」又謂全斌等曰：「凡克城砦，止籍其器甲芻糧，悉以錢帛分給戰士。」

及兵至，昶遣王昭遠、趙崇韜、韓保正、李進等來拒戰。昭遠等相繼就擒，昶大懼，出金帛募兵，令其子玄喆統之，李廷珪、張惠安爲其副，以守劍門。玄喆素不習武，廷珪、惠安皆庸懦無識。玄喆離成都，但攜姬妾、樂器及伶人數十輩，晨夜嬉戲，不恤軍政。至綿州，聞宋師已破劍門，遂遁歸東川，所過焚廬舍倉廩而去。昶益惶駭，問計於左右。有老將石斌[八]，對以宋師遠來，勢不能久，請聚兵固守以老之。昶曰：「吾父子以豐衣美食養士四十年，及遇敵，不能爲我東嚮發一矢。今若固壘，何人爲我效命？」

三年正月，昶遣其通奏伊審徵齎表詣全斌請降，且言：「中外骨肉二百餘人，有親年幾七十，願終甘旨之養，免賜暌離之責，則祖宗血食庶獲少延。」末援劉禪、陳叔寶故事以請封號。全斌等既受其降，遣馬軍都監康延澤先以百騎入城見昶，諭以恩信，留三日，盡封府庫而還。

昶又遣其弟仁贄[九]詣闕上表言：

先臣受命唐室，建牙蜀川，因時事之變更，爲人心之擁迫。先臣卽世，臣方丱年，猥以童昏，繆承餘緒。乖以小事大之禮，闕稱藩奉國之誠，染習偷安，因循積歲。所以上煩宸算，遠發王師，勢甚疾雷，功如破竹。顧惟懦卒，焉敢當鋒？尋束手以云歸，止傾心而俟命。

今月七日，已令私署通奏使、宣徽南院使伊審徵奉表歸降，以緣路寇攘，前進不得。臣尋更令兵士援送，至十一日，尙恐前表未達，續遣供奉官王茂隆再齎前表。至十二日以後，相次方到軍前，必料血誠，上達睿聽。臣今月十九日，已領親男諸弟，納降禮於軍門，至於老母諸孫，延餘喘於私第。

陛下至仁廣覆，大德好生，顧臣假息於數年，所望全軀於此日。今蒙元戎慰恤，監護撫安，若非天地之垂慈，豈見軍民之受賜！臣亦自量過咎，尙切憂疑，謹遣親弟詣闕奉表，待罪以聞。

太祖詔曰：

朕以受命上穹，臨制中土，姑務保民而崇德，豈思右武以佳兵？至於臨戎，蓋非獲已。矧惟益部，僻處一隅，靡思僭竊之愆，輒肆窺覦之志，潛結幷寇，自啓釁端。爰命偏師，往申吊伐，靈旗所指，逆壘自平。





朕嘗中宵憮然，兆民何罪！屢馳馹騎，嚴戒兵鋒，務宣拯溺之懷，以盡招攜之禮。而卿果能率官屬而請命，拜表疏以祈恩，託以慈親，保其宗祀，悉封庫府，以待王師。追咎改圖，將自求於多福；匿瑕含垢，當盡滌於前非。朕不食言，爾無他慮。

昶乃舉族與官屬由峽江而下，至江陵，上遣皇城使竇思儼迎勞之。四月初，昶與母至襄漢，復遣使齎詔賜茶藥。所賜詔不名，仍呼昶母爲國母。昶將至，命太宗勞於近郊。昶率子弟素服待罪闕下，太祖御崇元殿，備禮見之，賜昶襲衣、玉帶、黃金鞍勒馬、金器千兩、銀器萬兩、錦綺千段、絹萬匹；又賜昶母金器三百兩、銀器三千兩、錦綺千匹、絹千匹；子弟及其官屬等襲衣、金玉帶、鞍勒馬、車乘、器幣有差；又遣使分詣江陵、鳳翔賜其家屬錢帛，疾病者給以醫藥。卽日宴於大明殿。先是，詔有司於右掖門外，臨汴水起大第五百間以待昶，供帳悉備，至是賜之，又爲其官屬各營居第。

翌日，詔曰：

伯禹導川，黑水本梁州之域；河圖括象，岷山直井絡之墟。是曰坤維，素爲王土。屬中原多故，四海羣飛，遂剖裂於山河，競僭竊於位號。朕削平寓縣，載整皇綱，復周、漢之舊疆，寵綏羣后；釆唐、虞之大訓，協和萬邦。六年于茲，百揆時敍。禮樂征伐之柄，盡出朝廷；蠻夷山海之君，咸修職貢。一昨順長庚而授律，法時雨以興師，先申誕告之文，以慰徯來之衆。

咨爾僞蜀主孟昶，克承餘緒，保據一隅，擅正朔以自尊，歷歲時而滋久。屬王師致討，察天道之惡盈，體此綏懷，思於效順，盡率羣吏，降于軍門。抗手疏以陳誠，伏天闕而請命。是用昭示大信，盡滌疵瑕，度越彝章，升於崇秩。冠紫微之近署，以奉內朝；剪鶉首之奧區，爲之封邑。率從異數，式洽殊私。爾宜欽承，往踐厥位。可開府儀同三司、檢校太師兼中書令、秦國公，給上鎭節度使奉祿。餘官除拜有差。

昶數日卒，年四十七。太祖廢朝五日，素服發哀於大明殿。賜尙書令，追封楚王，謚恭孝，賻布帛千匹，葬事官給。後數日，其母李氏亦卒。

初，李氏隨昶至京師，太祖數命肩輿入宮，謂之曰：「母善自愛，無戚戚懷鄉土，異日當送母歸。」李氏曰：「使妾安往？」太祖曰：「歸蜀爾。」李氏曰：「妾家本太原，倘得歸老幷土，妾之願也。」時晉陽未平，太祖聞其言大喜，曰：「俟平劉鈞，卽如母所願。」因厚加賜賚。及昶卒，不哭，以酒酹地曰：「汝不能死社稷，貪生以至今日。吾所以忍死者，以汝在爾。今汝既死，吾何生焉！」因不食，數日卒。太祖聞而傷之，賻贈加等。令鴻臚卿范禹偁護喪事，與昶俱葬洛陽，詔發奉義甲士千人護送。

七月，正衙備禮册命昶，其文曰：





維乾德三年〔10〕，歲次乙丑，七月己巳朔，二十四日戊子，皇帝若曰：咨爾故檢校太師兼中書令、秦國公孟昶，册贈之典，所以彰世祚而紀勳伐，繼絕之義，所以旌異域而表來庭。苟匪全功，寧兼二者。

國家乘乾撫運，括地開圖。稽至德於勛、華，體深仁於湯、禹。既定壺關之亂，復剪淮夷之凶，暨荆及衡，洗蕩逋穢。以爲君人之道，先德而後刑；王者之師，有征而無戰。兵威震疊，寰宇來同。以至溥伐兩川，徂征三峽。

惟爾昶襲乃堂構，據有巴庸，而能祗畏皇靈，保全宗緒，知機識變，委順圖全。馳子牟魏闕之心，奉伯禹塗山之會。朕自聞獻款，良切虛懷。舟車欣至止之初，邸第錫非常之制。封崇異數，祈保永年。景命不融，奄然殂謝。

於戲！爾有及親之孝，特異常倫；爾有達上之情，所期終養。何高穹之不祐，與幽壤之同歸！斯朕所以當宁興悲，徹縣永歎。詢于史氏，申命禮官，今遣使起復雲麾將軍、檢校太傅、右神武統軍、兼御史大夫、上柱國、平昌縣開國伯食邑七百戶孟仁贊持節，册贈爾爲尙書令，仍追封楚王。於戲！式備哀榮，載光簡牒。南宮峻秩，全楚大邦，併示追崇，夐超彝制。始終之分，朕無愧焉。

仍贈昶墳莊一區，給守墳人米千石，錢五萬。

初，昶在蜀專務奢靡，爲七寶溺器，他物稱是。每歲除，命學士爲詞，題桃符，置寢門左右。末年，學士幸寅遜撰詞，昶以其非工，自命筆題云：「新年納餘慶，嘉節號長春。」以其年正月十一日降，太祖命呂餘慶知成都府，而「長春」乃聖節名也。又昶襲位後，民質錢取息者，將徙居，必署其門曰：「召主收贖。」周世宗平淮甸，克關南，即議討蜀而未果，至太祖乃平之。

昶三子：玄喆、玄珏、玄寶。玄寶先卒，僭贈遂王。昶弟：仁贄、仁裕、仁操。

昶既降，寧江軍節度、同平章事伊審徵，檢校太尉兼侍中韓保正，山南西道節度、同平章事王昭遠，工部侍郎幸寅遜，武信軍節度、保寧軍都巡檢使李廷珪來闕下。審徵授靜難軍節度，昭遠授左領軍衞大將軍，寅遜授右庶子，廷珪授右千牛衞上將軍，韓保正未授官卒。保正、昭遠、廷珪，川中各有田宅，詔各賜錢三百萬。又成都人王處瓊，少孤，有司籍其金寶，昶降，輦送闕下。太祖聞之，令計其直還焉。

玄喆字遵聖，幼聰悟，善隸書。年十四，僭封秦王、檢校太尉、同平章事、判六軍諸衞事。嘗自書姚崇口箴，刻諸石。昶賜以銀器、錦綵。廣政二十一年，領武德軍節度。二十四年，加兼侍中。二十五年，立爲皇太子。宋師將至，以玄喆爲元帥，精卒萬餘，旌旗用文





繡，以錦綢其杠。是日微雨，玄喆慮霑濕，令解去，俄雨止，復旆之，旌幟數千皆倒繫杠上，識者異之。及聞劍門陷，遂奔東川。數日，棄軍遯歸。

入朝，與昶同日宣制檢校太尉、泰寧軍節度。昶卒，賜玄喆羊五百口、酒五百壺。玄喆獻馬二百匹、白玉水晶鞍勒副之。移鎭貝州，在鎭十餘年，亦有治迹。太平興國初，移鎭定州。三年，加開府儀同三司。四年，從平太原，就命爲鎭州駐泊兵馬鈐轄。又從征幽州，率所部攻城之西面。會班師，遣與軍器庫使藥可瓊、深州刺史念金鏁、左龍武將軍趙延進、殿前都虞候崔翰、四方館使梁迥〔二〕、翰林使杜彥圭帥兵歸屯定州。俄契丹入寇，玄喆與諸將校破之徐河。以功封滕國公，入爲左龍武軍統軍，判右金吾衞仗。未幾，知滑州。淳化初，病，求換潁淮一小郡養疾。移知滁州，卒年五十五。贈侍中。

初，玄喆在貝州，凡民輸稅者皆令出商算，規其餘羨，以備留使之用，人頗苦之。景德中，都官員外郎孔揆使河北，表論其事，詔除之。有子十五人：隆記、隆詁、隆說、隆詮，並進士及第。

玄珏初封王，與玄喆並日封拜，仍檢校太保。少端敏。常侍昶射，雙箭連中的，昶奇之，賜錢三十萬。時玄珏方就學，爲選起居舍人陳鄂爲教授。至是，自陳願以錢賜鄂，昶嘉而許焉。鄂嘗倣唐李瀚蒙求、高測韻對爲四庫韻對四十卷以獻，玄珏益賞之。廣政二十三年，玄珏領閬州保寧軍節度。久之，加檢校太傅。

歸朝，爲千牛衞上將軍。乾德五年，遷右神武統軍，代玄喆判金吾衞仗。太平興國九年，出爲宋、曹、兗、鄆都巡檢，又改右屯衞上將軍。淳化元年四月，復爲右神武統軍。六月，出知滑州。三年，卒。

仁贄字忠美，初爲左威衞將軍同正。廣政十三年，封雅王、檢校太尉〔三〕。二十年，領閬州保寧軍節度。二十四年，加檢校太尉。及昶降，遣仁贄奉表詣闕，太祖召見廣德殿，賜襲衣、玉帶、鞍勒馬。俄授右神武統軍。丁母憂，起復，領大同軍節度、西京都巡檢使。開寶四年，卒，年四十四，贈太子太師。

仁裕字鳴謙，初爲左威衞將軍同正，與仁贄同日封彭王、檢校太傅。廣政二十年，領黔州武泰軍節度。二十四年，加檢校太尉。歸朝，授檢校太傅、右監門衞上將軍，遷右羽林軍。開寶三年，卒，年四十四，贈太子太傅。





仁操，初爲右領軍衞將軍同正，與仁贄同日封嘉王、檢校太傅。廣政二十一年，領果州永寧軍節度。嘗侍昶射於梔子園，仁操連中的者三。二十四年，加檢校太尉。尤奉釋氏，深究其理。歸朝，授右監門衞上將軍，累遷右龍武統軍。雍熙三年，卒。

伊審徵字申圖，幷州人。父延瓌，隨知祥入蜀。知祥僭位，以女妻延瓌，僭封崇華公主。延瓌歷陵、嘉、眉三州刺史。審徵幼以孝聞，母病，割股肉啖之。以父任，歷蜀州刺史、雲安榷鹽使。廣政十四年，高延昭求解機務，急召爲通奏使、知樞密院事。久之，領蜀州刺史。秦、鳳興師，命檢校城砦，俄領武泰軍節度。選其子崇度尙公主。又改寧江軍節度、同平章事，與王昭遠俱掌機務。昶事無大小，一以咨之。常自以康濟經略爲己任。屬宋師入境，審徵首奉降表詣軍前。昭遠時統軍，敗走。時人笑之。

審徵歸朝，授靜難軍節度。乾德六年，移鎭延安。開寶末入朝，改右屯衞上將軍。太平興國二年，判右金吾衞仗。雍熙五年，卒，年七十五。

韓保正字永吉，潞州長子人。父昭運，從知祥入蜀。及知祥僭號，署珍州刺史。保正初事知祥爲押衙，及僭位，以爲豐德庫使兼廣義庫使、眉州刺史、樞密副使。復刺漢州，拜

宣徽北院使。會鳳翔侯益歸款，以保正爲北路行營都監，以圖岐陽。時晉昌趙贊亦謀歸蜀，爲王景崇所逼，棄城東奔。僞將李廷珪先退師，保正次陳倉，與大將張虔釗、龐福誠謀議不叶，益亦中變，遂還成都。俄爲雄武節度，領兵出新關，至隴州，漢兵固守，保正無功而還。復屯雄武。廣政十四年，赴成都，其親吏楊虔範訟保正不法，昶令斬虔範，釋保正不問。俄改夔州寧江軍節度。李昊讓度支，以保正代之。未幾，加宣徽南院使、山南節度、左衞聖步軍節度指揮使〔三〕，遷奉鑾肅衞馬步軍都指揮使，又選其子崇遂尚主。

宋初，荊南高繼沖納土，昶聞之，以保正爲峽路都指揮制置使，屯夔州，以經畫邊事。遷檢校太尉兼侍中。聞太祖將加兵，以保正爲山南節度、興元武定緣邊諸砦屯駐都指揮使。及王全斌至，保正棄興元，保西縣。王師進圍之，保正懦懼不敢出，遣人依山背城結陣以自固，爲史延德所破。保正以麾下遯，延德追擒之，送全斌。全斌驛置闕下，太祖召升殿勞問，賜袍笏、金帶、茵褥、鞍勒馬，仍賜甲第。未及命官而卒，贈右千牛衞上將軍。

王昭遠，益州成都人。幼孤貧。年十三，依東郭僧智諲爲童子。知祥鎭蜀，一日飯僧於府署，昭遠持巾履從智諲，得入。時昶方就學，知祥見昭遠聰慧，留給事昶左右。昶嗣位，以昭遠爲捲簾使、茶酒庫使。會樞密使王處回出知梓州，昶以樞密事權太重，





乃以昭遠及普豐庫使高延昭爲通奏使、知樞密院事，機務一以委之，府庫財帛恣其取不問。加領眉州刺史，出爲永平軍節度。不數月，會昭武李繼勳以目疾不能視事，議以閑地處之，昭遠遽以永平讓繼勳。歲餘，爲夔州寧江軍節度。昶母常言昭遠不可用，昶不從。未幾，兼領山南西道節度、同平章事。及入謝，求解通奏職，遂以左街使張仁貴爲副使、知樞密以代之。

昭遠好讀兵書，頗以方略自許。宋師入境，昶遣昭遠與趙崇韜率兵拒戰。始發成都，昶遣其宰相李昊等餞郊外。昭遠酒酣，攘臂曰：「是行也，非止克敵，當領此二三萬雕面惡少兒，取中原如反掌耳。」及行，執鐵如意指麾軍事，自方諸葛亮。將至漢源，聞劍門已破，昭遠股慄，發言失次。崇韜布陣將戰，昭遠據胡床，皇恐不能起。俄崇韜敗，乃免冑棄甲走投東川，匿倉舍下，悲嗟流涕，目盡腫，惟誦羅隱詩云：「運去英雄不自由。」俄爲追騎所執，送闕下，太祖釋之，授左領軍衞大將軍。廣南平，奉使交阯。開寶八年，卒。

趙崇韜，幷州太原人。父廷隱，隨知祥入蜀。廷隱拳勇有智略，知祥麾下無及者。東川董璋襲成都，廷隱大破之。璋奔歸，爲部下所殺，知祥遂有其地。及僭號，以廷隱總親軍，爲衞聖諸軍馬步軍指揮使，累遷至太師、中書令、宋王。卒，謚忠武。

崇韜驍果有父風。昶自置殿直四番，取將家及死事孤子爲之，始命李仁罕子繼宏、趙季良子元振、張知業子繼昭、侯洪實子令欽及崇韜，分爲都知領之。後累遷至客省使。周世宗克秦、鳳，將入蜀境，爲崇韜拒退。歷左右衞聖步軍都指揮使。選其子文亮尚公主。加領洋州武定軍節度、山南武定緣邊諸砦都指揮副使。漢源之戰，獨策馬先登，及蜀軍敗，猶手擊殺十數人，爲宋師所擒。

高彥儔，幷州太原人。父暉，宣威軍使。彥儔從知祥入蜀，累歷軍校，爲昭武軍監押。昶嗣位，遷邛州刺史，改馬步軍使。會漢兵入大散關，克安都砦，彥儔以所部先進。漢人燒砦毀閣遁去，彥儔盡銳追之，復其砦而還。未幾，彥儔領趙州刺史。俄爲奉鑾肅衞都指揮副使，改右驍銳馬軍都指揮使，加光聖馬軍都指揮使，眞拜源州武定軍節度。

周顯德初，向訓攻鳳州，昶令彥儔出兵解圍，未至，聞敗軍於唐倉，因潰歸；判官趙玭閉關不納，以城歸朝廷。彥儔遁歸成都，昶不之罪，以爲右奉鑾肅衞都指揮使，改功德使。

廣政二十二年，出授夔州寧江軍都巡檢制置、招討使，加宣徽北院事、利州昭武軍節度。及宋師至，彥儔謂副使趙崇濟、監軍武守謙曰：「北軍涉遠而來，利在速戰，不如堅壁以待之。」守謙不從，獨領麾下以出。時大將劉廷讓頓兵白帝廟西，遣騎將張廷翰等引兵與守





謙戰猪頭鋪，守謙敗走。廷翰等乘勝登其城，廷讓率大軍繼至。彥儔以所部將出拒戰，宋師已乘城而入。彥儔惶駭失次，不知計所出。判官羅濟勸令單騎歸成都，彥儔曰：「我昔已失天水，今復不能守夔州，縱不忍殺我，亦何面目見蜀人哉！」濟又勸其降，彥儔曰：「老幼百口在成都，若一身偷生，舉族何負？吾今日止有死耳！」即解符印授濟，具衣冠望西北再拜，登樓縱火自焚。

後數日，廷讓得其骨煨燼中，以禮收葬。初，昶母語昶「惟彥儔可任」，及是，果能死難。

趙彥韜，興州順政人，爲本州義軍裨校。乾德中〔四〕，昶遣與興國軍討擊使孫遇及楊蠲爲諜至都下，彥韜潛取昶與幷州蠟丸帛書以告，因言伐蜀之狀。太祖幷赦遇、蠲，出師西討，並以爲鄉導。克興州，以爲本州馬步軍都指揮使。蜀平，遷本州刺史，移澧州。性兇率，所爲不法，部民有訴被盜劫財物，鞫之不實，彥韜手殺之，探取其心肝。民家詣闕訴冤，太祖怒，令杖配蔡州。

龍景昭，夔州奉節人。少有武勇，事蜀爲義軍裨校，以功遷戰權都將。久之，擢爲施州刺史。乾德中，諸將伐蜀，分兵由峽路入，將壓其境，景昭率官吏以牛酒犒宋師，迎入城。

太祖聞之，甚悅。蜀平，即授永州刺史。秩滿入朝，改右千牛衞將軍。開寶三年，卒。昶之入朝也，爲左羽林將軍、景昭弟處瑭等四人隨行，卒於道，太祖憫之，以其男補供奉官殿直。

幸寅遜，蜀人。初仕昶爲茂州錄事參軍。昶好擊毬，雖盛暑不已。寅遜上章極諫，深被賞納。遷新都令，拜司門郎中、知制誥、中書舍人。出知武信軍府，加史館修撰，改給事中，預修前蜀書，拜翰林學士，加工部侍郎，判吏部三銓事，領簡州刺史。隨昶歸朝，授右庶子。嘗上疏諫獵，太祖嘉之，召見賜帛。開寶五年，爲鎭國軍行軍司馬。罷職，年九十餘，尙有仕進意，治裝赴闕，未登路而卒。

李廷珪，幷州太原人。七歲隸知祥帳下，後從入蜀。知祥僭號，補軍職，累遷奉鑾肅衞都虞候。賞拔階州之功，領眉州刺史。會圖取鳳翔，令廷珪領兵二萬出子午谷赴援。始出谷，聞趙贊爲王景崇所逼，遂退軍。以廷珪權知興元。俄召歸，授捧聖控鶴都指揮使，領蜀州刺史，拜雅州永平軍節度，改右光聖都指揮使，領山南節度，改閬州保寧節度、護聖控鶴都指揮使。





周師攻秦州，以廷珪爲北路行營都統。秦、成、階三州竟爲周所取，廷珪奉章待罪，昶釋之，以爲左右衞聖諸軍馬步軍都指揮使。分衞聖、光聖步騎爲左右十軍，以武定節度呂彥珂爲之使，並隸廷珪總領之。時論以廷珪不能救援階州，不當復總兵柄，廷珪亦自陳求解，許之。俄加兼侍中、蜀成都巡檢使，改遂州武信軍節度，領本鎭及保寧軍都巡檢使。王全斌之下劍關也，昶遣廷珪與其太子玄喆將兵來拒宋師，至綿、漢與全斌遇，狼狽而還。玄喆與廷珪謀，所經州縣盡焚其儲蓄。

及全斌等入成都，行營都監王仁贍案籍詰所在軍須，廷珪懼，以告馬軍都監康延澤。延澤曰：「王公志在聲色，苟得其所欲，則置而不問矣。」廷珪素儉約，不畜妓樂，遂求於姻戚家，得女妓四人，復假貸金帛直數百萬以遺仁贍，繇是獲免。歸闕，爲右千牛衞上將軍。乾德五年，卒。

先是，廷珪及王昭遠、韓保正川中各自有田宅，昶降後奉表上獻，詔各賜錢三百萬以償其直。

李昊字穹佐，自言唐相紳之後。祖乾祐，建州刺史。父羔，容管從事。昊生於關中，幼遇唐末之亂，隨父避地至奉天。値昭宗遷洛，岐軍攻破奉天，父及弟妹皆爲亂兵所殺。是時年十三，獨得免，遂流寓新平十數年。

會劉知俊領岐軍圍州城，昊踰城出，爲候騎所得。知俊與語，甚器之，實于門下，以其女妻之。

知俊歸蜀，僞署遂州武信軍節度，以昊爲從事。王建使知俊出師，令昊主留務。會建殺知俊，昊亦罷職。王衍襲僞位，授彭州導江令，歷中書舍人、翰林學士。岐軍之難，昊母獨無恙。至是十九年，昊仕蜀顯達，乃遣心膂張金、王彥間道迎其母。昊請告境上奉迎，衍賜以金勒名馬。昊至靑泥嶺見母，母撫昊首號慟，哀感行路。

蜀亡入洛，明宗授昊檢校兵部郎中，詔西川孟知祥、三川制置使趙季良同於榷鹽、度支、戶部院間授昊一職，昊至蜀，久無所授。會知祥奏季良爲西川節度副使，昊辭歸洛，知祥始辟爲觀風推官，遷掌書記。知祥稱帝，擢爲禮部侍郎、翰林學士。

昶立，領漢州刺史，遷兵部侍郎，出知武德軍府，加承旨。昶嘗欲命昊二子官，昊固讓，且言：「遂州判官石欽若、蘇涯，前蜀時，同在劉知俊幕下，願回授欽若等子。」昶嘉歎，許之，仍授昊二子官。

俄加尙書左丞，拜門下侍郎兼戶部尙書、同平章事、監修國史。因請置史官，乃以給事中郭廷鈞、職方員外郎趙元拱爲修撰，雙流令崔崇構、成都主簿王中孚爲直館。





俄加昊左僕射。昶令就知祥眞容院圖文武三品以上於東西廊，以昊有參佐功，特畫於殿內。自知祥領蜀，凡章奏書檄皆出昊手，至是集爲百卷曰經緯略以獻，昶賚以珍器、錦綵。俄命判度支戶部。

廣政十四年，修成昶實錄四十卷。昶欲取觀，昊曰：「帝王不閱史，不敢奉詔。」丁母憂，裁百日，起復。俄修前蜀書，命昊與趙元拱、王中孚及左諫議大夫喬諷、給事中馮侃、知制誥賈玄珪幸寅遜、太府少卿郭徹、右司郎中黃彬同撰，成四十卷上之。以判使辦集，封趙國公。俄加司空，領遂州武信軍節度，出判鹽鐵，加弘文館大學士，修奉太廟禮儀使。昶嘗召四孫〔五〕，悉授太子司儀郎舍人，並賜緋。昊又改判度支使。其子孝連尙昶女鳳儀公主，累遷太常少卿、資州刺史。長子孝逢，給事中。

蜀平，隨昶入朝，太祖優待之，拜昊工部尙書，賜第，以孝逢爲膳部郎中，孝連爲將作少監。親屬乘舟自峽下，至夷陵，妻死，昊聞，悲愴成疾而卒，年七十三。贈右僕射。

昊前後仕蜀五十年。昶之世，位兼將相，秉利權，資貨歲入鉅萬，奢侈尤甚，後堂妓妾曳羅綺數百人。昶與江南李景通好，遣其臣趙季札至江南，購得李紳武宗朝入相制書，還以遺昊。昊結綵樓置其中，盡召成都聲妓，昊朝服前迎歸私第，大會賓客宴飲，所費無算。以帛二千匹謝季札。

初，王衍降莊宗，昊草其表，昶之降也，其表亦昊所爲，蜀人潛署其門曰「世修降表李家」，見者哂之。有集二十卷，目爲樞機應用集。

孝連後至司農少卿。昊孫德鏻至國子博士，德鐏進士及第。

毋守素字表淳，河中龍門人。父昭裔，僞蜀宰相、太子太師致仕。守素弱冠起家，僞授秘書郎，累遷戶部員外郎、知制誥，眞拜中書舍人、工部侍郎，出爲雲安榷鹽使。召見其二子克温、克恭，並賜緋；以次子克恭尙昶女，授檢校水部員外郎。

廣政二十年，拜工部尙書。時昭裔判鹽鐵，衰老不能親職，委其務於判官李光遠，事多留滯。昶患之，命守素代判使務。父子相代，時頗榮之。俄改判度支，領彭州刺史，又判鹽鐵。守素奉親頗勤至，雖隆暑暮歸，必朝服執簡以申昏定之禮。蜀亡入朝，授工部侍郎，籍其蜀中莊產茶園以獻，詔賜錢三百萬以充其直，仍賜第於京城。歲餘，爲兄之子岳州司法正己訟其居父喪娶妾免，正己亦坐奪一官。開寶初，起爲國子祭酒。

太祖征河東，命權知趙州。及平嶺表，移知容州，兼本管諸州水陸轉運使。先是，部民有逋賦者，或縣吏代輸，或於兼幷之家假貸，則皆納其妻女以爲質。守素表其事，卽日降詔禁止。六年，卒，年五十三。





昭裔性好藏書，在成都令門人勾中正、孫逢吉書文選、初學記、白氏六帖鏤板，守素齎至中朝，行於世。大中祥符九年，子克勤上其板，補三班奉職。次子克恭，尙昶女鑾國公主，仕爲光祿少卿，歸宋，至左監門衞將軍。

歐陽迥〔一六〕，益州華陽人。父珏，通泉令。迥少事王衍，爲中書舍人。後唐同光中，蜀平，隨衍至洛陽，補秦州從事。知祥鎭成都，迥復來入蜀。知祥僭號，以爲中書舍人。廣政十二年，拜翰林學士。明年，知貢舉、判太常寺。遷禮部侍郎，領陵州刺史，轉吏部侍郎，加承旨。二十四年，拜門下侍郎兼戶部尙書、平章事，監修國史。嘗擬白居易諷諫詩五十篇以獻，昶手詔嘉美，賚以銀器、錦綵。

從昶歸朝，爲右散騎常侍，俄充翰林學士，就轉左散騎常侍。嶺南平，議遣迥祭南海，迥聞之稱病不出。太祖怒，罷其職，以本官分司西京。開寶四年，卒，年七十六。贈工部尙書。

迥性坦率，無檢操，雅善長笛。太祖常召於偏殿，令奏數曲。御史中丞劉温叟聞之，叩殿門求見，諫曰：「禁署之職，典司誥命，不可作伶人之事。」上曰：「朕嘗聞孟昶君臣溺於聲樂，迥至宰司尙習此技，故爲我所擒。所以召迥，欲驗言者之不誣也。」温叟謝曰：「臣愚不識陛下鑒戒之微旨。」自是不復召。

迥好爲歌詩，雖多而不工，掌誥命亦非所長。但在蜀日，卿相以奢靡相尙，迥猶能守儉素，此其可稱也。

## 校勘記

〔一〕何建　新五代史卷六四後蜀世家同。通鑑卷二八六、路振九國志卷六四作「何重建」。

〔二〕崔彥進充副都部署　「都」字原脫。據本書卷二五九本傳、長編卷五、宋朝事實卷一七補。

〔三〕張萬友　原作「張方友」，據本書卷二五五王全斌傳、長編卷五改。

〔四〕隴州防禦使張凝充先鋒都指揮使　按長編卷五、太平治蹟統類卷一及本書卷二七二張暉傳都說當時充鳳州路先鋒都指揮使的是鳳州團練使張暉，而本書卷二七九張凝自有傳，乃太宗、眞宗時人，並未參與伐蜀之役。此處疑有誤。

〔五〕劉廷讓　原作「劉延讓」，據下文及本書卷二五九本傳改。

〔六〕龍捷左廂都指揮使李進卿充步軍都指揮使　此有脫誤。據本書卷二五九張廷翰傳、長編卷八、宋朝事實卷一七，應作「龍捷左廂都指揮使張廷翰充馬軍都指揮使、虎捷左廂都指揮使李進卿充步軍都指揮使」。

〔七〕朱光緖　原作「米光緖」，據長編卷六、宋朝事實卷一七改。





〔八〕石斌　宋朝事實卷一七、蜀檮杌卷下同。新五代史卷六四後蜀世家作「石頵」，長編卷六作「石奉頵」。

〔九〕仁贊　「仁」字原脫，據下文及長編卷六補。

〔一〇〕乾德三年　「三」原作「二」。按宋朝事實卷一七、長編卷五及上文，乾德二年十一月伐蜀，三年六月孟昶死，七月冊命。據改。

〔一一〕梁迥　原作「梁迴」，據本書卷二七四本傳、長編卷二〇改。

〔一二〕廣政十三年封雅王檢校太尉　下文稱「二十四年加檢校太尉」，與此重複。按下文仁裕、仁操與仁贄同日封王，並加檢校太傅，二十四年又都加檢校太尉。此處「太尉」當爲「太傅」之訛。

〔一三〕左衞聖步軍節度指揮使　按上下文所載趙崇韜、李廷珪及通鑑卷二九二所載高彥儔等所任左右衞聖諸軍軍職都無「節度」二字，疑此有誤。

〔一四〕乾德中　「德」原作「興」，據本卷西蜀孟氏世家、長編卷五改。

〔一五〕昶嘗召四孫　疑此有脫字。十國春秋卷五二李昊傳「召」下有「昊」字。

〔一六〕歐陽迥　「迥」原作「迵」。按宋洪景嚴輯翰苑羣書中學士年表，開寶四年六月，「歐陽迥以本官分司西京罷」，與本傳所記事實相符。宋會要職官四六之一作「逈」，卽「迥」之俗體。今從學士年表改。

# 宋史卷四百八十

## 列傳第二百三十九

### 世家三

#### 吳越錢氏

吳越錢俶字文德，杭州臨安人。本名弘俶，以犯宣祖偏諱去之。祖鏐，因黃巢之亂，據有吳越，昭宗授以杭、越兩藩節制，封彭城郡王，歷梁、後唐，加吳越國王，卒，子元瓘嗣。俶即元瓘之第九子也，母吳越國恭懿夫人吳氏〔一〕。佐卒，弟倧嗣，爲其大將胡進思所廢，遂迎立俶，事具五代史。

晉開運中，爲台州刺史。數月，有僧德韶語俶曰：「此地非君爲治之所，當速歸，不然不利。」俶從其言，卽求歸國，未幾，有進思之變。

漢乾祐初，授東南面兵馬都元帥、鎭海鎭東軍節度使、開府儀同三司、檢校太師兼中書



令、杭越等州大都督、吳越國王，賜號翊聖廣運同德保定功臣，賜以金印、玉册。三年，江南遣其將查文徽攻福州，俶發兵擒文徽，獻捷，加尚書令。

周廣順初，授諸道兵馬元帥。二年，授天下兵馬元帥，改賜推誠保德安邦致治忠正功臣。六月，丁母憂，起復。世宗卽位，授天下兵馬都元帥。顯德三年，世宗征淮南，令俶以所部分路進討。俶遣偏將吳程圍毗陵，陷關城，擒刺史趙仁澤；路彥銖圍宣城。俄俶軍戰敗，復失常州。會李景上表求割地內附，詔俶班師。五年夏四月，杭州災，府舍悉爲煨燼，將延及倉庾，俶命酒祝曰：「食爲民天，若盡焚之，民命安仰！」火遂止。世宗聞之，遣內侍賫詔恤問。是歲，淮南內屬，遣翰林學士陶穀、司天監趙脩己使俶，賜羊馬橐駝，自是以爲常。七月，又遣閤門使曹彬賜俶兵甲、旗幟。六年，恭帝嗣位，賜崇仁昭德宣忠保慶扶天翊亮功臣。

建隆元年，授天下兵馬大元帥。俶舅寧國軍節度吳延福有異圖，左右勸俶誅之，俶曰：「先夫人同氣，安忍置於法？」言訖嗚咽流涕，但黜延福於外，終全母族。自太祖受命，俶貢奉有加常數。二年，遣使賜俶戰馬二百、羊五千、橐駝三十。乾德元年，以白金萬兩、犀牙各十株、香藥一十五萬斤、金銀眞珠瑇瑁器數百事來貢，改賜承家保國宣德守道忠正恭順功臣。是冬，郊祀，遣其子惟濬入貢。



開寶五年，改賜開吳鎭越崇文耀武宣德守道功臣，封其妻孫氏爲賢德順穆夫人。未幾，遣幕吏黃夷簡入貢，上謂之曰：「汝歸語元帥，常訓練兵甲，江南彊倔不朝，我將發師討之，元帥當助我，無惑人言云『皮之不存，毛將安傅』。」特命有司造大第於薰風門外，連亙數坊，棟宇宏麗，儲偫什物無不悉具，因召進奉使錢文贄謂之曰：「朕數年前令學士承旨陶穀草詔，比來城南建離宮，令賜名『禮賢宅』，以待李煜及汝主，先來朝者以賜之。」詔以草示文贄，遂遣文贄賜俶戰馬及羊，諭旨於俶。

七年五月，賜俶襲衣、玉帶、玉鞍勒馬、金器二百兩、銀器三千兩、錦綺千段。是冬，討江南，遣內客省使丁德裕齎詔，以俶爲昇州東面招撫制置使，賜戰馬二百匹、旌旗劍甲；令德裕以禁兵步騎千人爲俶前鋒，盡護其軍。李煜貽書於俶，其略曰：「今日無我，明日豈有君？一旦明天子易地酬勳，王亦大梁一布衣耳。」俶不答，以書來上。

八年，俶率兵拔常州，加守太師，詔俶歸國。俶遣大將沈承禮等率兵水陸隨王師平潤州，遂進討金陵。上嘗召進奏使任知果，令諭旨於俶曰：「元帥克毗陵有大功，俟平江南，可暫來與朕相見，以慰延想之意。卽當遣還，不久留也。朕三執圭幣以見上帝，豈食言乎？」江南平，論功以俶大將沈承禮、孫承祐並爲節度使，爲防禦使者一人、刺史六人。

九年二月，俶與其妻孫氏、子惟濬、平江軍節度使孫承祐來朝，上遣皇子興元尹德昭至



睢陽迎勞。俶將至，車駕先幸禮賢宅，按視供帳之具。及至，詔俶居之。對於崇德殿，貢白金四萬兩、絹五萬匹，賜襲衣、玉帶、金器千兩、白金器三千兩、羅綺三千段、玉勒馬。卽日宴長春殿，俶又貢白金二萬兩、絹三萬匹、乳香二萬斤。賀平江左，貢白金五萬兩、錢十萬貫、綿百八十萬兩、茶八萬五千斤、犀角象牙二百株、香藥三百斤。車駕幸其第，又貢白金十萬兩、絹五萬匹、乳香五萬斤，以助郊祭。

三月庚午，詔曰：「古者宗工大臣特被隆眷，或劍履上殿，或書詔不名，率由豐功，待以殊禮。今我兼其命數，用獎勳賢，輝映古今，允爲優異。咨爾吳越國王錢俶，德隆宏茂，器識深遠，撫奧區於吳會，勒洪伐於宗彝。昨以江表不庭，王師致討，委方面之兵柄，克常、潤之土宇，輔翼帝室，震疊皇靈。而乃執圭來庭，垂紳就列，罄事君之誠懇，爲羣后之表儀。爰峻徽章，以旌元老。可特賜劍履上殿，書詔不名。」以俶妻賢德順穆夫人孫氏爲吳越國王妃，令惟濬齎詔賜之。宰相以爲異姓諸侯王妻無封妃之典，太祖曰：「行自我朝，表異恩也。」俶獻白金六萬兩、絹六萬匹爲謝。

太祖數詔俶與其子惟濬宴射苑中，惟諸王預坐。每宣諭俶，俶拜謝，多令內侍掖起，俶感泣。又嘗一日召宴，獨太宗、秦王侍坐，酒酣，太祖令俶與太宗、秦王敍昆仲之禮，俶伏地叩頭，涕泣固讓，乃止。會將以四月幸西京，親雩祀，俶懇請扈從，不許，留惟濬侍祠，令俶

歸國。太祖宴餞於講武殿，賜窄衣、玉束帶、玉鞍勒馬、玳瑁鞭、金銀錦綵二十餘萬、銀裝兵八百事，謂俶曰：「南北風土異宜，漸及炎暑，卿可早發。」俶涕泣言願三歲一朝，太祖曰：「川陸迂遠，當俟詔旨，卽來覲也。」俶將發京師，特賜導從儀衞之物，率皆鮮麗，令自禮賢宅陳列至迎春苑。自俶之至，逮於歸國，太祖所賜金器萬兩、白金器又數萬兩、白金十餘萬兩、錦綺綾羅紬絹四十餘萬匹、馬數百匹，他物不可勝計。俶既歸國，嘗視事功臣堂，一日命坐于東偏，謂左右曰：「西北者神京在焉，天威不違顏咫尺，俶豈敢寧居乎？」

太宗卽位，加食邑五千戶。俶貢御衣，通天犀帶，絹萬匹，金器、玳瑁器百餘事，金銀釦器五百事，塗金銀香臺、龍腦檀香床、銀假果、水晶花凡數千計，價直鉅萬；又貢犀角象牙三十株、香藥萬斤、乾薑五萬斤、茶五萬斤。俶又請歲增常貢，詔不許。太平興國二年正月，孫氏卒，遣給事中程羽弔祭。九月，上言乞所賜詔書呼名，不許。

三年三月，來朝，遣判四方館事梁迥至泗州迎勞；惟濬先在闕下，上遣至睢陽候俶。俶先遣孫承祐入奏事，上卽遣承祐護諸司供帳勞俶於郊，又命齊王廷美宴俶於迎春苑。俶至，對於崇德殿，賜襲衣、玉帶、金銀器、玉鞍勒馬、錦綵萬匹、錢千萬；賓佐崔仁冀等賜金銀帶、器幣、鞍馬有差。卽日宴俶長春殿，令劉鋹、李煜預坐。俶貢白金五萬兩、錢萬萬，絹十萬匹、綾二萬匹、綿十萬屯，茶十萬斤、建茶萬斤、乾薑萬斤，越器五萬事，錦緣席千，金銀





畫舫三、銀飾龍舟四，金飾烏樠木御食案、御床各一，金樽罍醆斝各一、金飾玳瑁器三十事、金釦藤盤二、金釦雕象俎十，銀假果樹十事、翠毛真珠花三叢，七寶飾食案十、銀樽罍十、醆斝副焉，金釦越器百五十事、雕銀俎五十，密假果、剪羅花各二十樹，銀釦大盤十，銀裝鼓二、七寶飾胡琴五絃箏各四、銀飾箜篌方響羯鼓各四、紅牙樂器二十二事，乳香萬斤、犀角象牙各一百株，香藥萬斤、蘇木萬斤。上又嘗召俶及其子惟濬宴後苑，泛舟池中，上手酌酒以賜俶，俶跪飲之。其恩待如此。

四月，會陳洪進納土，俶上言曰：「臣伏有懇誠，貯於肺腑，幸因入覲，輒敢上聞。蓋虞神道之害盈，必冀天慈之從欲。臣近蒙朝廷賜以劍履上殿，詔書不名，仍以本道領募卒徒，嘗營戈甲，特建國王之號，俾增師律之嚴，皆所以假其寵名，託於鄰敵。方今幅員無外，名數洞分，豈可冒居，自罹公議？合從省罷，以正等威。除本道軍士、器甲臣已曾奏納外，其所封吳越國王及天下兵馬大元帥職名，望皆許解罷。凡頒詔命，願復名呼，庶聖朝無虛授之恩，微臣免疾顚之禍。」優詔不許。

五月乙酉，俶再上表：「臣慶遇承平之運，遠修肆覲之儀，宸眷彌隆，寵章皆極。斗筲之量實覺滿盈，丹赤之誠輒茲披露。臣伏念祖宗以來，親提義旅，尊戴中京，略有兩浙之土田，討平一方之僭逆。此際蓋隔朝天之路，莫諧請吏之心。然而稟號令於闕庭，保封疆於

邊徼，家世承襲，已及百年。今者幸遇皇帝陛下嗣守丕基，削平諸夏，凡在率濱之內，悉歸輿地之圖。獨臣一邦僻介江表，職貢雖陳於外府，版籍未歸於有司，尙令山越之民，猶隔陶唐之化，太陽委照，不及蔀家，春雷發聲，兀爲聾俗，則臣實使之然也，罪莫大焉。不勝大願，願以所管十三州獻于闕下執事，其間地里名數別具條析以聞。伏望陛下念奕世之忠勤，察乃心之傾向，特降明詔，允茲至誠。」

詔答曰：「卿世濟忠純，志遵憲度，承百年之堂構，有千里之江山。自朕纂臨，聿修覲禮，覩文物之全盛，喜書軌之混同，願親日月之光，遽忘江海之志。甲兵樓櫓既悉上於有司，山川土田又盡獻於天府，舉宗效順，前代所無，書之簡編，永彰忠烈。所請宜依。」

丁亥，詔曰：「漢寵功臣，聿著帶河之誓；周尊元老，遂分表海之邦。其有奄宅勾吳，早綿星紀，包茅入貢，不絕於累朝，羽檄起兵，備嘗于百戰。適當輯瑞而來勤，爰以提封而上獻。宜遷內地，別錫爰田，彌昭啓土之榮，俾增書社之數。吳越國王錢俶天資純懿，世濟忠貞，兆積德於靈源，書大勳於策府。近者慶沖人之踐阼，奉國珍而來朝，齒革羽毛既修其常貢，土田版籍又獻於有司，願宿衞於京師，表乃心於王室。眷茲誠節，宜茂寵光。是用列西楚之名區，析長淮之奧壤，建茲大國，不遠舊封，載疏千里之疆，更重四征之寄。疇其爵邑，施及子孫，永夾輔於皇家，用對揚於休命，垂厥百世，不其偉歟！其以淮南節度管內封俶爲





淮海國王，仍改賜寧淮鎭海崇文耀武宣德守道功臣，卽以禮賢宅賜之。」惟濬爲節度使兼侍中，惟治爲節度使，惟演爲團練使，惟願暨姪郁、昱並爲刺史，弟儀、信並爲觀察使，將校孫承祐、沈承禮並爲節度使。體貌隆盛，冠絕一時。

是歲七月中元，京城張燈，令有司於俶宅前設燈山、陳聲樂以寵之。八月，令兩浙發俶緦麻以上親及管內官吏悉歸朝，凡舟一千四十四艘，所過以兵護送。杭州貢俶樂人凡八十有一人，詔以三十六人還杭州，四十五人賜俶。俶上表謝，上親畫「付中書送史館」。

四年二月宴苑中，俶被病拜不能起，上命以銀裝肩輿送歸，因以賜之。四月，從征太原，賜羊三百、酒十斛。俶小心謹恪，每晨趨行闕，人未有至者，俶必先至，假寐以待旦。上知之，謂俶曰：「卿已中年，宜避風冷，自今入謁不須太早也。」特輟御前二大燭以賜之，令先赴前頓。上嘗賜從臣食於中路頓，幷賜衞士羊臂臑、巵酒，觀其飲啖。上見其雄壯，因顧俶，俶進曰：「所謂『如虎如貔、如熊如羆』者也。」會劉繼元降，上御連城臺誅軍中先亡命太原者，顧謂俶曰：「卿能保全一方以歸於我，不致血刃，深可嘉也。」俶頓首謝。俶中途被足疾，車駕親臨問，令太醫然艾以灸，疾尋愈。還京策勳，宰相進擬加食邑萬戶、實封千戶，上卽改白麻，倍加食邑二萬戶、實封二千戶。

五年八月，俶被病，上臨問，賜白金萬兩、錢千萬、絹萬匹、金器千兩，賜其子惟濬、惟治

白金各萬兩。是多，車駕幸大名府，詔俶乘肩輿即路。六年，又被病，賜告久之，上遣中使賜俶文楸棋局、水精棋子，乃諭旨曰：「朕機務之餘，頗曾留意，以卿在假，可用此遣日。」

八年十二月，上言曰：「臣以蕞爾之軀，蒙被恩寵，賦祿百萬，兼職數四。元帥之任實本於兵權，國王之號蓋屏於帝室，尙書總百揆之重，中書掌八柄之繁，維師冠於上台，開府當於極品，臣之孱瑣，罔克負荷。伏望聖旨特從省罷。」不許。表三上，下詔曰：「分茅胙土，所以彰世及之榮；大輅繁纓，所以表名器之重。至若褒寵勳德，度越典常，咨于舊章，爰推異數。乃有體好謙之德，形固讓之辭，敦諭再三，確乎不拔，用曲至公之論，式光知止之風。淮海國王錢俶方岳炳靈，風雲通感，奄有勾吳之地，不忘象魏之心，掃境來朝，舉宗宿衞，籍其土宇，入于朝廷，式昭職員〔二〕，胙之淮海，居天子二老之任，啓眞王萬戶之封，併加寵章，用答忠順。而乃屢形表疏，願避官榮，發於深衷，誠不可奪。若以靈臺偃伯，武庫櫜兵，天下一家書軌之無外，五侯九伯征伐之不行，願寢元帥之名，勉狥由衷之請。其乃世祚明德，存於帶礪之盟；帝賚良弼，寵以台輔之任。極馭貴之爵，增衍食之封，非足疇庸，適以昭德，勉膺渥澤，克副眷懷。可罷天下兵馬大元帥，餘如故。」

雍熙元年，改封漢南國王。四年春，出爲武勝軍節度，改封南陽國王。俶久被病，詔免





入辭。將發，賜玉束帶、金唾壺、椀盎等。俶四上表讓國王，改封許王。端拱元年春，徙封鄧王。會朝廷遣使賜生辰器幣，與使者宴飲至暮，有大流星墮正寢前，光燭一庭，是夕暴卒，年六十。

俶以天成四年八月二十四日生，至是八月二十四日卒，復與父元瓘卒日同，人皆異之。上爲廢朝七日，追封秦國王，謚忠懿，仍正衙備禮發册曰：

皇帝若曰：昊穹眷祐，賢哲挺生，稟象緯之純精，負經綸之盛業，作民父母，爲國翰垣。其存也冠中臺而長諸侯，其沒也峻徽章而崇禮命。咨爾故安時鎭國崇文耀武宣德守道功臣、武勝軍節度、鄧州管內觀察處置等使、開府儀同三司、守太師、尙書令兼中書令、使持節鄧州諸軍事、行鄧州刺史、上柱國、鄧王、食邑九萬七千戶、食實封一萬六千九百戶、賜劍履上殿、詔書不名錢俶，嗣祖考之令德，奠東南之奧區，開國承家，本仁祖義，以忠孝而保社稷，以廉讓而化人民，勤翊戴於累朝，克惠綏於一境，世傳威略，志慕馨明。

當武庫戢兵，洞閱詩書之府；洎秣陵問罪，雄張犄角之師。致區宇之同文，賴忠良之協力。逮于纂紹，益享崇高，蘊明哲而保身，務傾輸而竭節，盡獻土壤，來歸闕庭，予嘉乃功，薦錫殊寵。而道隆簡退，志尙謙沖，屢辭郤轂之權，難奪范宣之讓。朕深惟勳舊，俾就養頤，爰出殿於大邦，庶聿臻於眉壽，式繄元老，永輔朕躬。

何天道之難諶，而梁木之斯壞！長沙既往，空存甲令之勳；征虜云亡，但見雲臺之像。賵賻從於異等，嗟悼廢於臨朝；寧酬柱石之勳，未極君臣之分。庸加典則，以厚始終。

今遣使太中大夫、尙書工部侍郎、上柱國、汾陽郡開國侯、食邑一千戶、賜紫金魚袋郭贄持節册贈爾爲秦國王。嗚呼！德無不報，予敢忘於格言；魂而有知，爾尙欽於天命。嗚呼哀哉！

命中使護其喪歸葬洛陽。

自鏐至俶世有吳越之地僅百年，管內諸州皆子弟，將校授任而後請命於朝，有至使相者。俶任太師、尙書令兼中書令四十年，爲元帥三十五年。及歸朝卒，子惟演、惟濟皆童年，召見慰勞，並起家諸衞將軍。善始令終，窮極富貴，福履之盛，近代無比。然甚儉素，自奉尤薄，常服大帛之衣，幃帳茵褥皆用紫絁，食不重味。頗知書，雅好吟詠。在吳越日，自編其詩數百首爲正本集，因陶穀奉使至杭州，求爲之序。性謙和，未嘗忤物。在藩日，每朝廷使至，接遇勤厚。所上乘輿、服物、器玩，制作精妙，每遣使修貢，必羅列於庭，焚香再拜，其恭謹如此。崇信釋氏，前後造寺數百，歸朝又以愛子爲僧。善草書，





上一日遣使謂曰：「聞卿善草聖，可寫一二紙進來。」俶即以舊所書絹圖上之，詔書褒美，因賜玉硯金匣一，紅綠象牙管筆、龍鳳墨、蜀牋、盈丈紙皆百數。

屬久病家居，有黃門趙海被酒造其第求見，因出藥數丸謂俶曰：「此頗療目疾，願王即餌之。」俶即餌焉。既去，家人皆惶駭不測，俶曰：「此但醉耳，又何疑哉？」後數日，上聞大驚，捕海繫獄，決杖流海島。

初，俶爲胡進思所立，廢其兄倧，徙越州，資給豐厚。進思屢請除之，恐爲後患，俶泣曰：「若殺吾兄，吾終不忍，汝欲行其志，吾當退避賢路。」進思慚而退。俶慮進思害倧，遣親將薛温爲倧守衞，戒之曰：「委汝以保全廢王，苟有非常，汝當以死扞之。」温至越旬餘，有二卒夜持刃踰垣入，倧闔戶拒之，呼聲達於外，温領徒而入，斃二卒於庭中，乃進思之所遣也。進思因憂懼，疽發背，卒。後左右屢有以倧爲言，俶終拒之。倧居越州二十餘年卒。

俶自建隆已來貢奉不絕，及用兵江左，所貢數十倍。先是鏐與戰士多賜己姓，後俶歸朝，皆稱同宗。淳化三年，詔令復本姓。又浙中劉氏避鏐諱，改爲金氏，亦令還故。景德中，有司請以禮賢宅爲司天監，眞宗以先朝所賜，不許。大中祥符八年，子惟演等復表上之，詔賜錢五萬貫，仍各賜第一區。

子惟濬、惟治、惟渲〔三〕、惟演、惟灝、惟溍、惟濟。惟渲至韶州團練使，惟灝賀州團練使，

惟濬至左龍武將軍、獎州刺史。惟演自有傳。

惟濬字禹川，俶嫡子也。裁數歲，俶表授鎮海鎮東兩軍節度副大使、檢校太保、鈐轄兩浙管內土客諸軍事。建隆元年，加檢校太傅。三年，領建武軍節度。乾德初，加檢校太尉。是年冬，來朝，因侍祠南郊。六年，復來朝，侍郊祀，命兵部員外郎、知制誥盧多遜迎勞之。開寶二年，授鎮東等軍節度、浙江東西道觀察處置、兩浙制置營田發運等使。未幾，來朝，太祖召宴苑中，令黃門奏簫韶樂，與諸王同席而坐，賜白玉帶、珠綴衣、水精鞍勒御馬，賜賚鉅萬計。月餘遣歸，辭日，又賜襲衣、玉帶、金鞍勒馬。四年，又來朝，因侍祠南郊，寵待殊等。及大兵征金陵，惟濬從父下毗陵，以功加平章事。九年，隨俶入朝，俶先歸，留惟濬扈從郊祀西洛。

太宗卽位，加兼侍中。太平興國二年，丁母妃孫氏憂，起復，加鎮東大將軍、右金吾衞大將軍，員外置同正。俶將入朝，惟濬先奉方物來貢，詔戶部郎中侯涉至泗州迎勞之，賜賚無算，幷增其食邑。三年，隨俶來朝，俶盡獻浙右之地，改封淮海國王，徙惟濬淮南節度。是冬，郊祀恩，加檢校太師。從平太原及從征幽薊，又從幸大名。雍熙元年，郊祀，改山南東道節度。四年，徙鎮安州。惟濬雖再移鎮，常留京師。端拱初，籍田，封蕭國公。俄俶



薨，起復，加兼中書令。

惟濬與俶諸子共進錢金、綾羅、犀玉帶笏、犀角、象牙、丁香、金玉馬腦鞍勒、金玉珠翠首飾、樂器、博具、器皿什物、馬槖駝牛驢車凡數十萬計。俶妻俞氏又進金銀十餘萬、犀二十株、通犀稹犀玉帶二十二條、水晶佛像十二事。惟濬又進女樂十人，上不納，各賜錦綵三十段遣還之。淳化初，杭州以錢氏家廟所藏唐、梁以來累朝所賜玉册竹册各三副、鐵券一來上，上悉以賜惟濬。明年春，得疾暴卒，年三十七。廢朝二日，追封邠王，謚安僖，中使典喪事。

子守吉、守讓。守吉至西京作坊使。守讓字希仲，以蔭累遷供備庫使，天禧四年，錄諸國之後，加領榮州刺史，改東染院使，卒。守讓頗勤學爲文章，退居多閉關讀書，屢獻歌頌，眞宗優詔褒奬。有集二十卷。子恕，娶曹王元偁女長安縣主。

惟治字和世，廢王倧之長子。倧初遷於越而惟治生，俶愛之，養爲己子。幼好讀書。八歲授兩浙牙內諸軍指揮使，判軍糧營田事，又改德化軍使，遷檢校太保、台州團練使。乾德四年四月，制授寧遠軍節度、檢校太傅，仍兼衙職，與惟濬節旄同日而至，國人榮之。王師討江南，惟治從俶率兵下常州，策勳改奉國軍節度。俶入朝，命惟治權發遣軍國



事。俶還，令奉幣入貢，撫諭命賜甚厚。惟治又獻塗金銀香師子、香鹿鳳鶴孔雀、寶裝髹合、釦金甃器萬事，吳綾綾千匹。辭日，賜襲衣玉帶、塗金鞍勒馬、金銀器、繒綵踰萬計。

太宗嗣位，進檢校太尉。太平興國三年，俶再入覲，又權國事。一夕廐中火，惟治率兵臨高下視，令親信十數輩仗劍申令，敢後顧者斬，頃之火息。妻族有隸帳下者恃親犯法，惟治命杖背於府門。俶旣納土，朝廷命考功郎中范旻知杭州，惟治奉兵民圖籍、帑廩管籥授旻，與其弟惟渲、惟灝歸朝。次近郊，遣內侍護諸司供帳迎勞至京師，卽日召對長春殿，賜衣服、金帶、鞍勒馬、器幣，改領鎮國軍節度。五年八月，車駕幸俶第，召見惟治，賜白金萬兩。

惟治善草隸，尤好二王書，嘗曰：「心能御手，手能御筆，則法在其中矣。」家藏書帖圖書甚衆，太宗知之，嘗謂近臣曰：「錢俶兒姪多工草書。」因命翰林書學賀丕顯詣其第，徧取視之，曰：「諸錢皆效浙僧亞栖之迹，故筆力軟弱，獨惟治爲工耳。」惟治嘗以鍾繇、王羲之、唐玄宗墨跡凡七軸爲獻，優詔褒答。

雍熙三年，大出師征幽州，命惟治知眞定軍府兼兵馬都部署。前一日曲宴內殿，惟治獻詩，帝覽之悅，酒半，遣小黃門密諭北面之寄。至則訓兵享士，頗勤政務，設廚饌於城門以待使傳。



初，惟濬雖俶嫡嗣，然俶以其放蕩無檢，故器惟治，再俾權國務。嘗一夕俶暴疾，孫妃悉斂符籥付惟治，後惟濬知之，甚恚恨。洎入朝，惟濬止奉朝請，而委惟治藩任焉。俶薨召還，起復檢校太師。移疾就第百日，有司請罷奉，特詔續給。累上表請罷節鎮，優詔不許。

惟治旣病，心恍惚，家事不肅。咸平初，僮奴以姦私殺人於庭，事連閨閫，眞宗爲停按鞫，止授右監門衞上將軍，其子駕部員外郎丕責授郢州團練副使。晚年頗貧匱。景德中，其弟惟演獻文，上對宰相稱其公王之後，能苦心翰墨，令記其名，因曰：「錢氏繼世忠順，子孫可念，如聞惟治頗貧乏，尤可軫惻。」特轉右武衞上將軍，月給奉十萬。累加左驍衞上將軍、左神武統軍。大中祥符七年七月，卒，年六十六，贈太師。初，有司援統軍陳承昭、孟玄例，當贈東宮保傅，上以俶奉土歸國，優其贈典。又聞羣臣家貧乏者不欲官給喪事，爲罷詔葬。錄其四子官，及外弟、子壻、親校並甄擢之。

惟治好學，聚圖書萬餘卷，多異本。慕皮、陸爲詩，有集十卷。書迹多爲人藏祕，晚年雖病廢，猶或揮翰。眞宗嘗語惟演曰：「朕知惟治工書，然以疾不欲遣使往取，卿爲求數幅進來。」翌日，寫聖製詩數十章以獻，賜白金千兩。

初鎮四明，嘗夢神人披甲，自稱「西嶽神」，謂惟治曰：「公面有缺文」，卽捧土培之。後領華州節鉞二十年。

子丕字簡之，幼好學。雍熙中，俶上言欲求舉進士，太宗以其世家子，特召試內署，授祕書丞，賜金紫，累遷駕部郎中。嘗知新淦縣，又知衡州。惟治卒，以將作少監起復，俄爲三司戶部判官，卒於光祿少卿。

惟濟字巖夫。生七歲，俶封漢南國王[四]，奏補本府元從指揮使，歷諸衞將軍，領恩州刺史，改東染院使，眞拜封州刺史。眞宗祀汾陰還，燕近臣苑中，命惟濟射，一發中的。故事，刺史射不解箭，帝賜解之，且賜襲衣、金帶。

其後請試郡，命知絳州。民有條桑者，盜奪桑不能得，乃自創其臂，誣桑主欲殺人，久繫不能辨。惟濟取盜與之食，視之，盜以左手舉匕筯，惟濟曰：「以右手創人者上重下輕，今汝創特下重，正用左手傷右臂，非爾自爲之邪？」辭遂服。帝聞之，謂宰相向敏中曰：「惟濟試守郡輒明辨，後必爲能吏矣！」

徙潞州。民相驚有外寇，奔城而仆者相枕藉，惟濟從容行視，從騎甚省，民乃安。遷永州團練使，改知成德軍。仁宗卽位，加檢校司空。民有僞作白金質取緡錢者，其家來告，惟濟曰：「第聲言被盜，示以重購，質者當來責餘直，卽得之矣。」已而果然，乃杖配之。以吉州防禦使留再任，還虔州觀察使，知定州。有婦人待前妻子不仁，至燒銅錢灼臂，





惟濟取婦人所生兒置雪中，械婦人往視兒死。其慘毒多此類。遷武昌軍節度觀察留後，改保靜軍留後。

惟濟喜賓客，豐宴犒，家無餘貲，帝賜白金二千兩，所負公使錢七百餘萬。卒，贈平江節度使，謚宣惠，遣使護葬事，賜賻錢二百萬、絹千匹。有玉季集二十卷。惟濟有吏幹，能戢下而性苛忍，所至牽蔓滿獄。重囚棄市，或斷手足，探肝膽，用以威衆。觀者色動，而惟濟自若也。

儼字誠允，俶之異母弟也。本名信，淳化初改焉。幼爲沙門，及長，頗謹愼好學。俶襲國封，命爲鎭東軍安撫副使。周顯德四年，奏署衢州刺史。太祖平揚州，俶遣儼入賀，命閤門副使武懷節齎詔迎勞，賜賚甚厚。及歸，又賜玉帶、名馬、錦綵、器皿。開寶三年，代兄偡知湖州，充宣德軍安撫使。俶奉詔攻毗陵，命儼督漕運。太平興國二年，從俶之請，授新、嬀、儒等州觀察使，仍知湖州，儼兄儀爲愼、瑞、師等州觀察使。入朝，以儼爲隨州觀察使，儀爲金州觀察使。侍祠郊宮，特召升儼班於節度使之次。儀卒，儼換金州。常從幸天駟監，會賜從官馬，太宗敕有司曰：「錢儼儒者，宜擇馴馬給之。」未幾，出判和州，在職十七年。咸平六年，卒，年六十七，贈昭化軍節度。

儼嗜學，博涉經史。少夢人遺以大硯，自是樂爲文辭，頗敏速富贍，當時國中詞翰多出其手。歸京師，與朝廷文士遊，歌詠不絕。淳化初，嘗獻皇猷錄，咸平又獻光聖錄，並有詔嘉答。所著有前集五十卷、後集二十四卷、吳越備史十五卷、備史遺事五卷、忠懿王勳業志三卷，又作貴溪叟自敘傳一卷。

善飲酒，百卮不醉，居外郡嘗患無敵，或言一軍校差可倫擬，儼問其狀，曰：「飲益多，手益恭。」儼曰：「此亦變常，非善飲也。」

昱字就之，忠獻王佐之長子。佐薨，昱尙幼，國人立倧，遂以昱爲咸寧、大安二宮使。俶嗣國，承制授秀州刺史。太祖受禪，俶遣昱入貢，與江南使同侍宴射于後苑，江南使先中的，令昱解之，昱應弦而中，賜以玉帶。及平蜀，復來賀。歸國，爲台州刺史。俶得福州，命昱守之。王師討江南，爲東面水陸行營應援使。從俶入朝，授白州刺史。

昱好學，多聚書，喜吟詠，多與中朝卿大夫唱酬。嘗與沙門贊寧談竹事，迭錄所記，昱得百餘條，因集爲竹譜三卷。俄獻太平興國錄。求換臺省官，令學士院召試制誥三篇，改祕書監，判尙書都省。時新葺省署，昱撰記奏御，又嘗以鍾、王墨跡八卷爲獻，有詔褒美。





出知宋州，改工部侍郎，歷典壽、泗、宿三州，率無善政。至道中，郊祀，當進秩，太宗曰：「昱貴家子無檢操，不宜任丞郎。」以爲郢州團練使。咸平二年，表入朝，以病不及陛見，卒，年五十七。

昱善筆札，工尺牘，太祖嘗取觀賞之，賜以御書金花扇及急就章。昱聰敏能覆棋，工琴畫，飲酒至斗餘不亂。善諧謔，生平交舊終日談宴，未嘗犯一人家諱。有集二十卷。然貪猥縱肆，無名節可稱。生子百數。涉，雍熙中進士及第。絳，至內殿承制、閤門祇候，累典郡，頗以幹力稱。

俶之羣從又有台州刺史仰之子昭序，字著明，好學喜聚書，書多親寫。知通利軍，以勤幹聞，至如京副使。衢州刺史偓之子昭度，字九齡，至供奉官。俊敏工爲詩，多警句，有集十卷，蘇易簡爲序行於世。

孫承祐，杭州錢塘人。俶納其姊爲妃，因擢處要職，累遷浙江東道鹽鐵副使、鎭海鎭東兩軍節度副使、知靜海軍節度事。

開寶初，隨俶子惟濬入貢，詔授光祿大夫、檢校太保、鎭東鎭海等軍行軍司馬[五]。俶又私署中吳軍節度。七年，俶復遣承祐入貢，賜襲衣、玉帶、鞍勒馬、黃金器五百兩、銀器三

中華書局

千兩、雜綵五千匹，且令諭旨於俶，將有事於江表。及王師渡江，命內客省使丁德裕率步騎一千，詔俶以所部與德裕會攻常、潤。承祐從俶克毗陵，功居多，詔改中吳軍爲平江軍，眞授承祐節。太平興國中，俶來朝，盡獻其地，徙承祐泰寧軍節度使。五年，從幸大名，留知府事。雍熙二年，改知滑州，數月卒，贈太子太師，中使護葬。

承祐在浙右日，憑藉親寵，恣爲奢侈，每一飲宴，凡殺物命千數，常膳亦數十品方下筯。所居室中，爇龍腦日不下數兩。從車駕北征，以橐駝負大斛貯水養魚自隨。至幽州南村落間，日已旰，西京留守石守信與其子駙馬都尉保吉及近臣十數人尚未朝食，適遇承祐，即延所止幕舍中，膾魚具食，窮極水陸，人皆異之。

承祐少時，嘗夢人以蓍草一本，增其一而授之。既寤，以語所親曰：「『大衍之數五十，其用四十有九』，今增其一，我壽止於此乎。」果五十而卒。

子誘，至駕部郎中，出爲淮南節度行軍司馬。

沈承禮，湖州烏程人。錢鏐辟置幕府，署處州刺史。鏐子元瓘以女妻之，署爲府中右職，出爲台州刺史。元瓘卒，子佐嗣，以承禮掌親兵。俶襲位，命知威武軍節度事，充兩浙都鈐轄使。





王師征江南，俶遣承禮率水陸數萬人助平毗陵，因攻潤州。城中兵夜出焚外柵，諸將皆欲馳救，承禮曰：「古人有言，擊東南而備西北者，此之謂也。」命士皆擐甲蓐食，堅壁不動。他壘不設備者悉驚擾，獨承禮所部敵人不敢窺。丹陽平，遂率兵抵建業。李煜歸朝，錄其功，眞授福州節制。太平興國初，俶盡獻浙右地，徙承禮鎭密州。八年，卒，年六十七。廢朝二日，贈太子太師，中使護葬。

初，秦王廷美之敗也，有司按驗，俶、惟濬、孫承祐及陳洪進皆嘗有贈遺，獨承禮無焉。

## 校勘記

〔一〕母吳越國恭懿夫人吳氏　上「吳」字原脫，據吳越備史卷四補。

〔二〕式昭職員　十國春秋卷八二作「式昭職貢」，疑「員」是「貢」字之誤。

〔三〕惟濬惟治惟渲　「惟渲」二字原脫，據下文及東都事略卷二四錢俶傳補。

〔四〕漢南國王　「國」字原脫，據上文及吳越備史補遺補。

〔五〕行軍司馬　「軍」原作「營」，據長編卷一五、吳越備史卷四改。

# 宋史卷四百八十一

## 列傳第二百四十

### 世家四

#### 南漢劉氏

南漢劉鋹，其先蔡州上蔡人，高祖安仁〔一〕，仕唐爲潮州刺史，因家嶺表。安仁生謙，爲廣州牙校，累遷封州刺史、賀水鎭遏使。謙生隱，謙卒，隱代領其任。唐昭宗以薛王知柔鎭南海，辟爲行軍司馬，委以兵柄。及宰相徐彥若代知柔，以爲節度副使。時唐室已季，彥若威令不振，事皆決于隱。彥若卒，遺表薦隱自代，昭宗不從，以崔遠代之。遠至江陵，遷延不進，乃以隱爲留後，未幾，授以節旄。梁開平初，兼靜海軍節度使，封南海王。隱卒，弟陟襲位。貞明三年，僭帝號，國稱大漢，改元乾亨，行郊祀禮。改名巖，又改龔，終改龑。「龑」讀爲「儼」，字書不載，蓋其妄作也。晉天福七年，卒，子玢嗣，爲弟晟所殺。晟遂自立，性尤酷





暴，周顯德五年，卒，事具五代史。

鋹即晟長子也，初名繼興，封衞王，襲父位，改今名，改元大寶。性昏懦，委政宦官龔澄樞及才人盧瓊仙，每詳覽可否，皆瓊仙指之。鋹日與宮人、波斯女等游戲。內官陳延壽〔二〕引女巫樊胡〔三〕入宮，言玉皇遣樊胡命鋹爲太子皇帝，乃于宮中施帷幄，羅列珍玩，設玉皇坐。樊胡遠遊冠、紫衣、紫霞裙，坐宣禍福，令鋹再拜聽命；嘗云瓊仙、澄樞、延壽皆玉皇遣輔太子皇帝，有過不得治。又有梁山師、馬媪、何擬之徒出入宮掖。宮中婦人皆具冠帶，領外事。

初，龑雖寵任中官，其數裁三百餘，位不過掖庭諸局令丞。至晟時千餘人，稍增內常侍、諸謁者之稱。至鋹漸至七千餘，有爲三師、三公，但其上加「內」字，諸使名不翅二百，女官亦有師傅、令僕之號。目百官爲「門外人」，羣臣小過及士人、釋、道有才略可備問者，皆下蠶室，令得出入宮闈。作燒煮剝剔、刀山劍樹之刑，或令罪人鬥虎抵象。又賦斂煩重，邕民入城者人輸一錢，瓊州米斗稅四五錢。置媚川都，定其課，令入海五百尺採珠。所居宮殿以珠、玳瑁飾之。陳延壽作諸淫巧，日費數萬金。宮城左右離宮數十，鋹游幸常至月餘或旬日。以豪民爲課戶，供宴犒之費。

乾德中，太祖命師克郴州，獲其內品十餘人。有余延業者，人質么麽，太祖問曰：「爾在

嶺南爲何官。」對曰：「爲匳駕弓箭手官。」命授之弓矢，延業極力控弦不開。太祖因笑問鋹爲治之迹，延業備言其奢酷，太祖驚駭曰：「吾當救此一方之民。」

先是，晟因湖南馬氏之亂，襲取桂、郴、賀等州。開寶初，鋹又舉兵侵道州，刺史王繼勳上言，鋹爲政昏暴，民被其毒，請討之。太祖難其事，令江南李煜遣使以書諭鋹使稱臣，歸湖南舊地。鋹不從。煜又遣其給事中龔愼儀遺書曰：

煜與足下叨累世之睦，繼祖考之盟，情若弟兄，義敦交契，憂戚之患，曷嘗不同。每思會面而論此懷，抵掌而談此事，交議其所短，各陳其所長，使中心釋然，利害不惑，而相去萬里，斯願莫伸。凡於事機不得款會，屢達誠素，冀明此心，而足下視之，謂書檄一時之儀，近國梗概之事，外貌而待之，汎濫而觀之，使忠告確論如水投石，若此則又何必事虛詞而勞往復哉？殊非宿心之所望也。

今則復遣人使罄申鄙懷，又慮行人失辭，不盡深素，是以再寄翰墨，重布腹心，以代會面之談與抵掌之議也。足下誠聽其言如交友諫爭之言，視其心如親戚急難之心，然後三復其言，三思其心，則忠乎不忠，斯可見矣，從乎不從，斯可決矣。

昨以大朝南伐，圖復楚疆，交兵已來，遂成釁隙。詳觀事勢，深切憂懷，冀息大朝之兵，求契親仁之願，引領南望，于今累年。昨命使臣入貢大朝，大朝皇帝果以此事宣示





曰：「彼若以事大之禮而事我，則何苦而伐之；若欲興戎而爭我，則以必取爲度矣。」見今點閱大衆，仍以上秋爲期，令弊邑以書復敍前意，是用奔走人使，遽貢直言。深料大朝之心非有唯利之貪，蓋怒人之不賓而已；足下非有不得已之事與不可易之謀，殆一時之忿而已。

觀夫古之用武者，不顧小大強弱之殊而必戰者有四：父母宗廟之讎，此必戰也；彼此烏合，民無定心，存亡之機以戰爲命，此必戰也；敵人有進，必不捨我，求和不得，退守無路，戰亦亡，不戰亦亡，奮不顧命，此必戰也；彼有天亡之兆，我懷進取之機，此必戰也。今足下與大朝非有父母宗廟之讎也，非同烏合存亡之際也，既殊進退不捨、奮不顧命也，又異乘機進取之時也。無故而坐受天下之兵，將決一旦之命，既大朝許以通好，又拒而不從，有國家、利社稷者當若是乎？

夫稱帝稱王，角立傑出，今古之常事也；割地以通好，玉帛以事人，亦古今之常事也。盈虛消息、取與翕張，屈伸萬端，在我而已，何必膠柱而用壯，輕禍而爭雄哉？且足下以英明之姿，撫百越之衆，北距五嶺，南負重溟，籍累世之基，有及民之澤，衆數十萬，表裏山川，此足下所以慨然而自負也。然違天不祥，好戰危事，天方相楚，尚未可爭。恭以大朝師武臣力，實謂天贊也。登太行而伐上黨，士無難色；絕劍閣而舉庸蜀，役不淹時。是知大朝之力難測也，萬里之境難保也。十戰而九勝，亦一敗可憂；六奇而五中，則一失何補！

況人自以我國險，家自以我兵強，蓋揣于此而不揣于彼，經其成而未經其敗也。何則？國莫險于劍閣，而庸蜀已亡矣；兵莫強于上黨，而太行不守矣。人之情，端坐而思之，意滄海可涉也，及風濤驟興，奔舟失馭，與夫坐思之時蓋有殊矣。是以智者慮於未萌，機者重其先見，圖難於其易，居存不忘亡，故曰計禍不及，慮福過之。良以福者人之所樂，心樂之，故其望也過；禍者人之所惡，心惡之，故其思也忽。是以福或修於慊望，禍多出於不期。

又或慮有矜功好名之臣，獻尊主強國之議者，必曰：「愼無和也。五嶺之險，山高水深，輜重不並行，士卒不成列，高壘清野而絕其運糧，依山阻水而射以強弩，使進無所得，退無所歸。」此其一也。又或曰：「彼所長者，利在平地，今捨其所長，就其所短，雖有百萬之衆，無若我何。」此其二也。其次或曰：「戰而勝，則霸業可成，戰而不勝，則汎巨舟而浮滄海，終不爲人下。」此大約皆說士孟浪之談，謀臣捭闔之策，坐而論之也則易，行之如意也則難。

何則？今荆湘以南、庸蜀之地，皆是便山水、習險阻之民，不動中國之兵，精卒已逾





於十萬矣。況足下與大朝封疆接畛，水陸同途，殆雞犬之相聞，豈馬牛之不及？一旦緣邊悉舉，諸道進攻，豈可俱絕其運糧，盡保其城壁？若諸險悉固，誠善莫加焉；苟尺水橫流，則長堤虛設矣。其次曰，或大朝用吳越之衆，自泉州泛海以趨國都，則不數日至城下矣。當其人心疑惑，兵勢動搖，岸上舟中皆爲敵國，忠臣義士能復幾人？懷進退者步步生心，顧妻子者滔滔皆是。變故難測，須臾萬端，非惟暫乖始圖，實恐有誤壯志，又非巨舟之可及，滄海之可遊也。然此等皆戰伐之常事，兵家之預謀，雖勝負未知，成敗相半。苟不得已而爲也，固斷在不疑；若無大故而思之，又深可痛惜。

且小之事大，理固然也。遠古之例不能備談，本朝當楊氏之建吳也，亦入貢莊宗。恭自烈祖開基，中原多故，事大之禮，因循未遑，以至交兵，幾成危殆。非不欲憑大江之險，恃衆多之力，尋悟知難則退，遂修出境之盟，一介之使纔行，萬里之兵頓息，惠民和衆，于今賴之。自足下祖德之開基，亦通好中國，以闡霸圖。願修祖宗之謀，以尋中國之好，蕩無益之忿，棄不急之爭，知存知亡，能強能弱，屈己以濟億兆，談笑而定國家，至德大業無虧也，宗廟社稷無損也。玉帛朝聘之禮纔出於境，而天下之兵已息矣，豈不易如反掌，固如太山哉？何必扼腕盱衡，履腸蹀血，然後爲勇也。故曰：「德輶如毛，民鮮克舉之，我儀圖之。」又曰：「沈潛剛克，高明柔

中華書局

克。」此聖賢之事業，何恥而不爲哉？

況大朝皇帝以命世之英，光宅中夏，承五運而乃當正統，度四方則咸偃下風，獫狁、太原固不勞於薄伐，南轅返旆更屬在於何人。又方且遏天下之兵鋒，俟貴國之嘉問，則大國之義斯亦以善矣，足下之忿亦可以息矣。若介然不移，有利於宗廟社稷可也，有利於黎元可也，有利於天下可也，有利於身可也。凡是四者無一利焉，何用棄德修怨，自生仇敵，使赫赫南國，將成禍機，炎炎奈何，其可嚮邇？幸而小勝也，莫保其後焉，不幸而違心，則大事去矣。

復念頃者淮、泗交兵，疆埸多壘，吳越以累世之好，遂首爲厲階，惟有貴國情分逾親，驢盟愈篤，在先朝感義，情實慨然，下走承基，理難負德，不能自已，又馳此緘。近奉大朝諭旨，以爲足下無通好之心，必舉上秋之役，卽命弊邑速絕連盟。雖善隣之心，期於永保；而事大之節，焉敢固違。恐煜之不得事足下也，是以惻惻之意所不能云，區區之誠於是乎在。又念臣子之情，尙不逾於三諫，煜之極言，於此三矣，是爲臣者可以逃，爲子者可以泣，爲交友者亦惆悵而遂絕矣。

鋹得書，遂囚愼儀，驛書答煜，言甚不遜，煜上其書。

開寶三年，太祖命潭州防禦使潘美、朗州團練使尹崇珂討之。八月，師至白霞，鋹賀州





刺史陳守忠告急於鋹。時舊將多以讒構誅死，宗室翦滅殆盡，掌兵者唯宦人數輩。自晟以來，耽於遊宴，城壁壕隍多飾爲宮館池沼，樓艦皆毀，兵器又腐，內外震恐，乃遣龔澄樞往賀州，郭崇岳往桂州，李托往韶州，晝守禦之策。

九月，美與崇珂圍賀州，澄樞遁歸。鋹遣大將伍彥柔領兵赴賀，美等以奇兵伏南鄉岸〔四〕。彥柔夜至，艤舟岸側，遲明挾彈登岸，踞胡牀指麾。伏兵卒發，彥柔衆大亂，死者千人。擒彥柔斬之，梟首以示城中。翌日，城陷。美等督戰艦，聲言順流趨廣州，鋹令都統潘崇徹將兵五萬屯賀江。十月，美等次昭州，破開建砦，殺卒數百，擒砦將靳暉，昭州刺史田行稠遁去，城遂陷。桂州刺史李承進棄城亦奔。十一月，連州陷，招討使盧收率衆退保清遠。十二月，美等攻韶州，都統李承渥以兵數萬陣蓮華山下。初，鋹教象爲陣，每象載十數人，皆執兵仗，凡戰必置陣前，以壯軍威。至是與美遇，美盡索軍中勁弩布前以射之，象奔踶，乘象者皆墜，反踐承渥軍，遂大敗，承渥僅以身免。韶州陷，擒刺史辛延渥、諫議大夫卿文遠。鋹始令塹廣州東壕，遣郭崇岳統兵六萬屯馬逕，列柵以拒之。

四年正月，美等破英、雄二州，都統潘崇徹來降。翌日，次瀧頭，鋹遣使請和，且求緩師。瀧頭山水險惡，美等疑有伏兵，乃挾鋹使速度諸險。二月，過馬逕，去廣城十里，砦于雙女山下。鋹聞之，取舶船十餘艘，載金寶、妃嬪欲入海，未及發，宦官樂範與衞兵千餘盜舶船走。美等將至城，鋹懼，遣其右僕射蕭漼〔五〕奉表詣軍門乞降。美諭太祖意，語在美傳。使者乞部送赴闕，師遂頓城外。鋹又遣其弟保興率百官奉迎，爲郭崇岳所遏。崇岳無謀勇，但祈禱鬼神，復爲拒扞之備。美等乃進攻，保興迎戰，大爲所敗，美乘風縱火，煙埃坌起，崇岳死於亂兵。城既破，鋹盡焚其府庫。美擒鋹及龔澄樞、李托、薛崇譽與宗室文武九十七人，同縻於龍德宮。保興逃於民家，亦獲之，悉部送闕下。斬閹工五百餘人。凡得州六十、縣二百十四〔六〕、戶十七萬。

鋹至江陵，邸吏龐師進迎謁，學士黃德昭侍鋹，鋹問師進何人，德昭曰：「本國人也。」鋹曰：「何爲在此？」曰：「先主歲貢大朝，輜重比至荊州，乃令師進至邸〔七〕，于此造車，以給饋運爾。」鋹嘆曰：「我在位十四年，未嘗聞此言，今日始知祖宗山河及大朝境土也〔八〕。」因泣下久之。

至京，舍于玉津園，太祖遣參知政事呂餘慶問鋹翻覆及焚府庫之罪，鋹歸罪澄樞、托、崇譽。翌日，有司以帛係鋹及其官屬獻太廟、太社。太祖御明德門，遣攝刑部尙書盧多遜宣詔責鋹，鋹對曰：「臣年十六僭僞位，澄樞等皆先臣舊人，每事臣不得專，在國時臣是臣下，澄樞是國主。」遂伏地待罪。太祖命攝大理卿高繼申引澄樞、托、崇譽斬于千秋門外，釋鋹罪，賜襲衣、冠帶、器幣、鞍勒馬，授金紫光祿大夫、檢校太保、右千牛衞大將軍、員外置同正





員，封恩赦侯，朝會班上將軍之下。以其弟保興爲右監門率府率，左僕射蕭漼爲太子中允，中書舍人卓惟休爲太僕寺丞，餘並署諸州上佐、縣令、主簿。

初，龑時嘗召司天監周傑筮之，遇復之豐〔九〕，龑問曰：「享年幾何？」傑曰：「凡二卦皆土爲應，土之數五，二五，十也，上下各五，將五百五十五乎。」及鋹之敗，果五十五年，蓋傑舉成數以避一時之害爾。又廣州童謠曰：「羊頭二四，白天雨至。」識者以羊是未之神，是歲歲在辛未，以二月四日擒鋹。天雨者，王師如時雨之義。又前一年九月八日夕，衆星皆北流，有知星者言，劉氏歸朝之兆也。

四年，詔鋹月給增錢五萬、米麥五十斛。八年，李煜平，遷左監門衞上將軍，進封彭城郡公。太平興國初，又進衞國公。五年，卒，年三十九。廢朝三日，贈太師，追封南越王。

鋹體質豐碩，眉目俱竦。有口辯，性絕巧，嘗以珠結鞍勒爲戲龍之狀，極其精妙，以獻太祖。太祖詔示諸宮官，皆駭伏，遂以錢百五十萬給其直，謂左右臣曰：「鋹好工巧，習以成性，儻能以習巧之勤移於治國，豈至滅亡哉！」

太祖嘗乘肩輿從十數騎幸講武池，從官未集，鋹先至，賜鋹巵酒。鋹疑爲酖，泣曰：「臣承祖父基業，違拒朝廷，勞王師致討，罪固當死，陛下不殺臣，今見太平，爲大梁布衣足矣。願延旦夕之命，以全陛下生成之恩，臣未敢飲此酒。」太祖笑曰：「朕推心於人腹，安有此

事！」命取鋹酒自飲之，別酌以賜，鋹大慚頓首謝。太宗將討晉陽，召近臣宴，鋹預之，自言：「朝廷威靈及遠，四方僭竊之主，今日盡在坐中，旦夕平太原，劉繼元又至，臣率先來朝，願得執梃爲諸國降王長。」太宗大笑，賞賜甚厚。其詼諧此類也。

鋹子守節、守正，皆至崇儀副使。守正卒，帝聞其家貧，詔月給萬錢。守素，咸平中爲侍禁，亦貧，眞宗賜白金百兩，語宰相曰：「諸僞主子孫率多窘迫，蓋僭侈之後不知稼穡艱難所致也。」後至內殿崇班，天禧中，又錄爲閤門祇候。守通，供奉官。守正子克昌，爲三班奉職；國昌，爲借職。

龔澄樞，廣州南海人。性廉謹，不妄交游。幼事龑爲內供奉官，累遷內給事。晟襲位，任閹人林延遇爲甘泉宮使，頗預政事。延遇病將死，言於晟曰：「臣死，惟龔澄樞可用。」即日擢知承宣院兼內侍省，改德陵使兼龍德宮使。鋹嗣位，加特進、開府儀同三司、萬華宮使、驃騎大將軍，改上將軍、左龍虎軍觀軍容使、內太師，軍國之務皆決於澄樞。澄樞與李托、薛崇譽置酷法之具，民甚苦之。

初，巖改名龑，有術者言不利，名龑，當敗國事，遂改名龑。後鋹用澄樞，以其姓卒亡其



國，澄樞亦被誅。



李托，封州封川人。少習騎射，以謹愿事龑爲內府局令。晟襲位，遷內侍省內侍，充宮闈諸衞押番兼秀華宮使。鋹立，改玩華宮使、內侍監兼列聖、景陽二宮使。托納二女於鋹，鋹以其長爲貴妃，次爲美人，政事皆訪托而後行。加特進、開府儀同三司、甘泉宮使兼六軍觀軍容使、行內中尉，遷驃騎上將軍、內太師。

太祖命師伐鋹，旣克韶州，統軍使李承渥戰死，節度副使辛延渥間道遣人勸鋹降，托堅沮其議。及就擒至許田，太祖遣使問托等：「昨已約降，復率衆來拒戰，及軍敗又縱火焚府庫，誰爲之謀也？」托俛首不能對。鋹諫議大夫王珪謂托曰：「昔在廣州，機務並爾輩所專，火又自內起，今天子遣使案問，爾復欲推過何人？」遂唾而批其頰，托乃引伏，後至京斬之。

薛崇譽，韶州曲江人。善孫子五曹算。晟署爲內門使兼太倉使。鋹嗣位，遷內中尉、特進、開府儀同三司、簽書點檢司事。太祖命師克廣州，崇譽縱火焚倉廩，擒至京，與李托同戮。

潘崇徹，廣州南海人。事龑爲內侍省局丞。頗讀兵書，立戰功。晟嘗遣大將吳懷恩伐桂州平之，懷恩爲部下所殺，命崇徹代之。鋹襲位，加西北面都統。歲餘，鋹頗疑崇徹，遣薛崇譽使其軍以察之。崇譽還，遂白崇徹日以伶人百餘衣錦繡、吹玉笛，爲長夜之飲，不恤軍政。鋹怒，召歸，奪其兵柄，自是居常怏怏。

太祖命師度嶺，鋹復命崇徹領兵五萬戍賀江，崇徹不爲効命。鋹敗，至京，太祖知其事，特赦之，授汝州別駕，卒。

## 校勘記

〔一〕安仁　原作「仁安」，據新五代史卷六五南漢世家、東都事略卷二三劉鋹傳改。下同。

〔二〕陳延壽　原作「陳延受」，據新五代史卷六五南漢世家、長編卷二改。下同。

〔三〕樊胡　按新五代史卷六五南漢世家、長編卷二都作「樊胡子」。下同。

〔四〕以奇兵伏南鄉岸　原脫「鄉」字，據長編卷一一、太平治蹟統類卷一補。

〔五〕右僕射蕭漼　「右」，本書卷二太祖紀、卷二五八潘美傳、本卷下文及宋會要兵七之二九均作「左」。

〔六〕得州六十縣二百十四　「十四」原作「四十」，據本書卷二太祖紀、卷八五地理志序及長編卷一



二改。

〔七〕乃令師進至郢　「至」，長編卷一二作「置」，疑是。

〔八〕今日始知祖宗山河及大朝境土也　「及」，太平治蹟統類卷一、長編卷一二作「乃」。

〔九〕遇復之豐　本書卷四六一周克明傳作「得比之復」。

# 宋史卷四百八十二

## 列傳第二百四十一

### 世家五

#### 北漢劉氏

北漢劉繼元，并州太原人　祖崇，漢祖之弟，漢初爲太原尹、北京留守。隱帝嗣位，周祖爲樞密使，崇謂判官鄭珙曰：「吾與郭樞密素不協，朝廷幼弱，郭得志，吾無類矣。」因泣下。珙遂勸繕完甲兵，招集亡命，爲自全計。

及聞隱帝遇害，崇欲率兵南向，會漢太后下令遣馮道詣徐州迎崇子贇爲漢嗣，崇信之，謂賓佐曰：「吾兒爲帝矣，復何慮哉？」少尹李驤曰：「知幾其神，時不可失。揣郭公之心，必不以天下與人，不如領精騎疾度太行，控孟津，以觀其變，徐州位定，然後歸晉陽，卽郭公不敢動矣。」崇大怒，罵曰：「腐儒敢離間我父子！」遽令左右曳出斬之。驤曰：「僕負王佐才，



今日爲愚人畫計，死固甘心，但家有病妻，願同戮於市。」崇並殺之，表其事於太后，明無他志。俄周祖爲衆所推，降封贇湘陰公。崇遣使奉書周祖，乞贇歸藩。使還，知贇已死，崇慟哭，爲驤立祠。

遂卽皇帝位，國仍號漢，仍稱乾祐年，改名旻，以子鈞爲太原尹，判官趙華、鄭珙爲宰相，陳光裕爲宣徽使。賚重幣結契丹，自言與周有隙，願如晉祖故事，約爲父子。契丹主許之，遣政事令燕王耶律述軋、上樞使高勳[一]，策崇爲大漢神武皇帝。自是數侵晉、絳。高平之敗，崇單騎遁歸，由此喪氣，不敢復出師。顯德元年，崇卒，鈞襲位。

鈞舊名承鈞，後止名鈞。改元天會，以衞融爲相，段常[二]爲樞密使，蔚進掌親軍，子繼恩爲太原尹。始建七廟於漢祖舊第，號顯聖宮。潛結江南、西川爲外援。六年冬，鈞結契丹侵周。明年正月，周恭帝命太祖北征，至陳橋驛，衆推戴太祖卽位。鈞與契丹兵皆遁去。

是夏，李筠以上黨叛，令判官囚監軍周光遜等送於鈞，稱臣求援。鈞自至太平驛與筠會，遣其宣徽使盧贊將騎數千隨筠入寇，又遣其河陽節度范守圖援之。及太祖親討，前軍石守信、高懷德破筠衆於澤州，獲守圖，殺鈞兵數千。鈞之沙谷砦又爲折德扆所破，斬首五



百級。九月，昭義李繼勳率師入鈞平遙，虜獲甚衆。建隆二年冬，繼勳又敗鈞兵，斬首百餘級，獲其遼州刺史傅廷彥弟勳以獻。

三年二月，鈞侵晉、潞二州，守將擊走之。三月，太祖詔河東降人徙家於邢、洺，計口給粟。四月，太原民四百七十人降。七月，鈞捉生指揮使路貴等十一人降，並補內殿直。四年八月，邢州王全贇率師攻樂平，鈞拱衞指揮使王超、散指揮使元威侯霸榮率所部千八百人降全贇。未幾，鈞侍衞都指揮使蔚進、馬軍都指揮使郝貴超與契丹悉兵來救樂平，三戰皆敗之，遂下其城，詔建爲平晉軍，以降兵爲効順軍，賜以錢帛，靜陽十八砦遂相率來降。九月，鈞復引契丹攻平晉軍，太祖遣洺州防禦使郭進、濮州防禦使張彥進、客省使曹彬、趙州刺史陳萬通將步騎萬餘救之，未至而鈞遁去。

乾德二年二月，李繼勳與兵馬鈐轄康延沼、馬步軍都軍頭尹勳率兵攻遼州，鈞遣郝貴超來援，戰于城下，大敗，刺史杜延韜危蹙，與拱衞都指揮使冀進、兵馬都監侯美籍部兵三千降于繼勳，賜延韜等襲衣、銀帶、器幣、鞍勒馬，其降兵以效順、懷恩爲名。是月，府州擒鈞衞州刺史楊璘以獻。又鈞耀州團練使周審玉等四人降，賜審玉襲衣、金帶、絹千匹、銀五百兩、鞍勒馬，仍賜名承璿，以爲左千牛衞大將軍、領汾州團練使。四月，太祖遣馬軍都校劉光將兵戍潞，備鈞入侵。五年三月，鈞招收指揮使閻章以石盆砦降鎭州。四月，招收指



揮使樊暉殺監軍成昭，以鴻唐砦降鎭州。六年正月，偏成砦招收指揮使任恩等百五十人降晉州。三月，鎭州守將攻破鈞馬鞍山砦。七月，鈞烏玉砦主胡遇等百三十九人降鎭州。

初，鈞自李筠敗，狼狽而歸，旦夕懼宋師之至，以趙文度爲相，召抱腹山人郭無爲參議中書事，以五臺山僧繼顒爲鴻臚卿，參議國事。因事誅段常，契丹主遣使責鈞曰：「爾不稟我命，其罪三：擅改年號，一也；助李筠有所覬覦，二也；殺段常，三也。」鈞皇恐曰：「父爲子隱，願赦罪。」契丹不報。自是使契丹者被留不遣。終以勢力窘弱，憂憤成疾，是月卒，年四十三。繼恩嗣位。

初，太祖嘗因界上諜者謂鈞曰：「君家與周氏爲世讎，宜其不屈，今我與爾無所間，何爲困此一方人也？若有志中國，宜下太行以決勝負。」鈞遣諜者復命曰：「河東土地甲兵不足以當中國，然鈞家世非叛者，區區守此，蓋懼漢氏之不血食也。」太祖哀其言，笑謂諜者曰：「爲我語鈞，開爾一生路。」故終其世不加兵焉。

繼恩本姓薛。父釗，娶崇女，晉初爲護聖營卒。漢祖典禁兵，以釗崇壻，釋其籍，館門下。漢祖後領方鎭，爵位通顯，釗罕得見其妻，居常快快。一日乘醉求見，卽引佩刀刺妻，妻奮衣得脫，釗乃自剄。繼恩時尚幼，漢祖令鈞養爲子，遂冒姓劉。

八月，太祖詔伐繼恩，以內客省使盧懷忠等二十二人將禁兵赴潞州，昭義節度李繼勳爲行營前軍都部署，侍衞步軍都指揮使党進副之，宣徽南院使曹彬爲都監；棣州防禦使何繼筠爲前鋒部署，懷州防禦使康延沼爲都監；建雄軍節度趙贊爲汾州路部署，絳州防禦使司超副之，隰州刺史李謙溥爲都監。九月，繼勳敗繼恩軍於洞渦河，其左勝軍使李瓊來降，賜襲衣、金帶、鞍勒馬。

初，鈞謂郭無爲曰：「繼恩庸懦，何堪付後事？」無爲亦以爲然。至是繼恩獨處一室行喪，左右親信皆在太原，無得從者。或勸召之，繼恩猶豫不決。有侯霸榮者，邢州龍岡人，多力善射，走及奔馬，嘗爲盜幷、汾間，鈞用爲散指揮使，戍樂平。建隆中，率所部來歸，補內殿直，未幾，復奔太原，鈞署供奉官。至是謀持繼恩首獻太祖，遂乘繼恩無備，白晝挺刃而入，反扃其門，繼恩繞屏環走，霸榮以刃揕胸弑之，年三十四，時立六十日矣。無爲遣卒登梯入，殺霸榮，立其弟繼元。

繼元本姓何。初，薛釗死，崇以女再妻何氏，生繼元。何死，鈞亦養繼元爲子。繼元既襲位，改元廣運，復結契丹爲援。開寶二年春，太祖詔李繼勳、趙贊、郭進、司超等將兵先赴太原，太祖遂親征，以繼元太谷令梁文陟爲太子洗馬，祁令〔三〕張續爲右贊善大夫。太祖將





至，繼勳敗繼元兵於城下，其憲州推官史昭文以州來降，升本州刺史。乃壅汾水灌其城，又遣海州刺史孫方進圍汾州〔四〕。繼元方恃契丹爲援，守陴者揚言旦夕契丹至。四月，何繼筠敗契丹於陽曲北，太祖命以所獲首級、鎧甲示於城下，城中由是喪氣，知嵐州趙文度遂來降。閏五月，南城爲汾水陷，水注城中，太祖幸長隄觀焉。登望樓者見繼元殺其相郭無爲，城中紛擾。俄而城兵自西長連城出，將焚攻戰具，反爲攻兵擊走之，斬首萬餘級。夜半，傳呼壘外繼元降，太祖令衞士擐甲，將開壘門，八作使趙璲曰：「受降如受敵，詎可中夜輕出？」太祖使伺之，果諜者也。

太常博士李光贊上言曰：「陛下應天順人，體元御極，戰無不勝，謀無不臧，四方恃險之邦，僭竊帝王之號者，昔日與中國爲鄰，今日與陛下爲臣。蕞爾晉陽，豈須親討，重勞飛輓，久駐師徒。且太原得之未必爲多，失之未足爲辱，今時屬炎蒸，候當暑雨，儻河津泛溢，道路阻艱，輦運稽留，恐勞宸慮。」太祖覽奏甚喜，命宰相趙普撫諭諸將欲班師。禁軍校趙翰等叩頭願乘城急擊，以盡死力，太祖曰：「汝曹我所訓練，無不一當百，以備肘腋、同休戚也。我寧不取太原，豈忍驅汝曹冒鋒鏑而蹈必死之地乎？」士皆感泣，遂班師。

九年八月，太祖又遣党進、潘美、楊光美、牛思進、米文義討之。時繼元諜者趙訓爲晉州所捕，械送于朝，太祖命釋之，給服裝放歸。又遣郭進入忻代路，郝崇信、王政忠入汾州路，閻彥進、齊超入沁州路，孫晏宣、安守忠入遼州路，齊延琛、穆彥璋入石州路。九月，党進敗繼元兵數千，獲馬千餘。郭進得山北民三萬七千餘。十月，遼州監押馬繼恩入幷州境，燔四十餘砦，獲牛羊數千。郭進又破壽陽，得民九千。穆彥璋入幷州境，得民二千。党進又敗繼元兵千餘於城下。是月，太宗卽位，召諸將還。

太平興國二年，繼元胡桃砦指揮使史溫等以其民內附。太宗謂齊王廷美曰：「太原，我必取之。」四年，始議討伐，曹彬以爲可，太宗意遂決，語在彬傳。宰相薛居正曰：「昔周世宗舉兵，太原倚契丹之援，堅壁不戰，以至師老而歸。及太祖破契丹於鴈門關南，盡驅其民分布河、洛之間，雖巢穴尚存，而危困已甚，得之不足以闢土，舍之不足以爲患，願陛下熟慮之。」太宗曰：「今者事同而勢異，彼弱而我強。昔先皇破契丹，徙其人而空其地者，正爲今日事也。朕計決矣，卿勿復言。」遂遣宣徽南院使潘美等率諸將分兵圍汾、沁、嵐諸州，車駕遂親征，以驍將郭進扼石嶺關，斷契丹援路。契丹果至，進擊敗之。

初，繼元遣子續質於契丹，契丹爲進所敗，繼元又遣健步間道賫蠟丸帛書求救，進又得之，徇於城下。繼元外援不至，饟道又絕，潘美等兵數十萬長圍四合，自春徂夏，矢石如雨，晝夜不息，城中大懼。會太宗奄至，親督衞士急攻，人百其勇，城無完堞。太宗慮城陷則殺傷者衆，以手詔諭繼元降，詔至城下，守陴者不納，繼元不能知。太宗躬擐甲胄，夜至長連





城督諸將攻之，控弦之士數萬列陣于前，躡甲交射，矢集城上如蝟毛，每給矢必數百萬，頃之咸盡。捕得城中人云，繼元以十錢購一矢，凡聚百餘萬，太宗笑曰：「此爲我畜也。」

五月庚辰，繼元宣徽使范超來降，攻城者以超爲出戰，禽而戮之，繼元遂斬超妻子，投其首城外。壬午，馬軍都指揮使郭萬超踰城降，繼元帳下親信因之漸亡去，城中危急。太宗又自草詔諭之曰：「越王、吳主獻地歸朝，或授以大藩，或列於上將，臣僚、子弟皆享官封。繼元但速降，必保終始富貴，安危兩途，爾宜自擇。」至是詔入，諸將銳攻不可遏，太宗臨之，恐城陷害民，麾衆少退。

是夕，繼元遣其客省使李勳奉表請降，太宗賜勳襲衣、金帶、銀器、錦綵、銀鞍勒馬，復遣通事舍人薛文寶賫詔答之。夜漏未盡，太宗幸城北，張樂宴從臣於城臺，繼元降。遲明，繼元率官屬縞衣紗帽待罪臺下，詔釋之，賜襲衣、玉帶、金銀鞍勒馬三匹、金器五百兩、銀器五千兩、錦綵二千段，文武官各賜衣、金銀帶、器幣、鞍勒馬有差。召升臺，繼元叩頭言：「臣聞車駕親征，卽願束身歸罪，蓋亡命者懼死，逼臣不得降爾。」太宗籍軍中亡投繼元者數百人，選其巨室者以從軍法，餘賜服及錢帛，分隸諸將。詔授繼元特進、檢校太師、右衞上將軍，封彭城郡公，館於行在所，給賜甚厚，其相李惲等授官有差，命中使康仁寶監之。又令仁寶護繼元親屬百餘赴京，所過續食，賜京城

甲第一區，歲時優加頒賚。六年，加開府儀同三司。雍熙三年，建房州爲保康軍，以繼元爲節度。

淳化二年，繼元疾，遣中使護醫診視，及卒，遺奏以其子三猪爲託，太宗惻然哀之，贈中書令，追封彭城郡王，賵賻加等，葬事官給。時三猪六歲，賜名守節，授西京作坊副使，家居賜祿。

初，太宗征繼元，行次澶淵，有太僕寺丞宋捷者掌出納行在軍儲，太宗見其姓名喜，以爲師必有捷之兆。及將至太原，太宗遣語攻城諸將曰：「我以端午日當置酒高會於太原城中。」至癸未，繼元降，乃五月五日也。劉崇自周廣順元年稱帝，歷四主二十九年而亡。繼元性殘忍，在太原，凡臣下有忤意，必族其家。自太祖親征及遣將攻伐，因之殺傷不可勝紀。及窮蹙始降，太宗待遇終保全之，嘗謂近臣曰：「晉司馬昭以劉禪思蜀之對，戲之云『何乃似郤正之言』，此不仁之甚也。亡國之君皆暗懦所致，苟有遠識，豈至滅亡？此可愍傷，何反戲侮乎？劉繼元朕所虜者，待之若賓客，猶恐不慰其意爾。」守節後爲崇儀使，改右屯衞將軍。天禧四年，特遷右武衞將軍，改右驍衞將軍。

衞融字明遠，青州博興人。晉天福初舉進士，調南樂主簿，歷齊、澶二州從事、忠武軍掌



書記。漢初，爲太原觀察支使，劉崇稱帝，授中書侍郎、平章事。

太祖立，李筠據上黨，遣使降劉鈞，鈞自將兵至太平驛與筠會，遣宣徽使盧贊入潞州監筠軍。贊與筠不協，鈞遣融和解之。會筠敗，融被擒，太祖責之曰：「汝何故勸劉鈞舉兵助李筠反耶？」融曰：「犬吠非其主，臣四十口受劉氏豐衣美食，不忍負之。陛下縱不殺臣，臣亦不爲陛下用，終當間道走河東爾。」太祖怒，令左右以鐵撾擊其首，曳出將戮之。融大呼曰：「大丈夫死或重於泰山，或輕於鴻毛，今之死正得其所爾。」太祖聞之曰：「此忠臣也。」遽命釋之，召坐御前，以良藥傅其創，賜襲衣、金帶、鞍勒馬。既而欲放融歸，令融先爲書諭鈞，言侯周光遜等歸朝，即遣融去。鈞得書久無報，乃授融太府卿，賜第京城。乾德初，郊祀，融獻郊禋大禮賦，改司農卿，出知陳、舒、黃三州。開寶六年，卒，年六十九。

子偁、儔，孫齊，並進士及第。

趙文度，薊州漁陽人。父玉嘗客滄州，依節度判官呂兗。劉守光破滄州，收兗親屬盡戮之，兗子琦年十四，玉負之以逃，至太原，變姓名，丐衣食以給琦，琦後唐同光初爲藩郡從事。當是時，燕、趙之士，以玉能存呂氏之孤，翕然稱之。明宗朝，琦至職方員外郎知雜。淸泰中，琦爲給事中、端明殿學士，玉已卒矣。



文度入洛舉進士，琦薦於主司馬裔孫，擢甲科，歷徐、兗、陳、許四鎭從事。漢初，爲河東掌書記。文度捷給善戲謔，劉崇雅愛之，及稱帝，累官至翰林承旨、兵部尙書。天會四年，授中書侍郎、平章事，轉門下侍郎兼樞密使，加司徒。久之，與郭無爲不協，出知汾州，徙嵐州。

太祖開寶二年親征晉陽，遣偏師圍嵐，文度危蹙請降，待罪行宮，太祖命釋之，賜襲衣、玉帶、金鞍勒馬、器幣甚厚，其官屬賜物有差。文度本名弘，以犯宣祖廟諱，賜今名。師還，授檢校太傅、安國軍節度，歲餘徙華州，不宣制而告敕同宣制之例。又徙耀州，凡歷三鎭。七年，卒，年六十一。

文度善爲詩，人多諷誦，有觀光集。文度之降也，其母在太原，世以不能死節罪之。子昌圖，至內殿崇班、閤門祗候。

李惲字孟深，開封陽武人。漢乾祐中舉進士，客游嵐州。會劉崇自立，署州從事，擢知制誥、翰林學士，累至司空、平章事。時母在鄉里，惲不知存亡，居常戚戚，但以弈棋沈飲爲務，政事多廢。劉繼元頻以爲言，惲不介意。後方與僧弈棋，繼元命近侍直抵惲前，取局焚之，惲怡然，徐詣繼元謝，繼元因切責之，明日別造新局，弈棋如故。太宗克太原，爲殿中



監，始知母亡，表求追服母喪，不許。出知廣州，遷司農卿，連知許、孟二州。以足疾求解，授忠武軍行軍司馬。端拱元年，卒，年七十三。

惲性疏達，善談名理。年少時好滑稽，及爲相，頗事持重。初與王溥、李昉同年登第，太原平，相見敍舊，情好益固，論者美之。

子存誠，駕部員外郎；存信，左侍禁、閤門祗候。

馬峯，幷州太原人。仕劉繼元至樞密使、左僕射致仕。太原平，太宗以爲將作監，遷太府卿，分司西京。峯善服餌養生，體強無疾，性鄙吝，頗好持論。雍熙元年，卒，年八十餘。

郭無爲，青州千乘人。少博學有辭辯，爲道士，隱武當山。漢乾祐中，周祖征河中，無爲杖策謁於軍門，周祖一見大奇之，將留館門下。左右曰：「無爲縱橫家流，今公握重兵，不宜親之。」無爲遂拂衣去，隱太原抱腹山。

會劉鈞將兵援李筠，將發太原，其大臣趙華諫曰：「筠舉動輕易，今起兵應之，未見其可。」鈞怒不顧，遂行。及筠敗，鈞狼狽而歸，由是重文學之士，且日夕懼宋師至，頗求有智謀者與之計事。段常薦無爲於鈞，鈞以諫議大夫召之。及至，與語大悅，尋遷吏部侍郎、參議中

書事。與趙文度同秉政，意好不協，鈞乃出文度知汾州。俄誅段常，遂以無爲爲左僕射、平章事兼樞密使，機務一以委之。

鈞嘗病，與無爲語及後事，謂其子繼恩不才，無爲亦言其然。繼恩既立，知其事，欲誅無爲，畏懦不能決。月餘，侯霸榮弑繼恩，無爲使人殺霸榮，并人疑無爲初授意於霸榮，後殺之以滅口也。

繼元立，太祖遣李繼勳等討之，仍詔許繼元以青州節度、無爲邢州節度，無爲得詔色動。一日，繼元宴羣臣，契丹使亦在焉，無爲慟哭於庭曰：「今日以空城抗大軍，計將安出？」引佩刀欲自刺，繼元遽降階持其手，引無爲升坐，蓋無爲欲以動衆心也。及太祖親征，長圍既合，無爲請自將兵夜出擊圍，欲自拔來歸，值天陰晦而止。閹人衞德貴告其事。會太祖壅汾水浸城，城中人情大懼，繼元乃殺無爲以徇。



校勘記

〔一〕上樞使高勳　遼史卷五世宗紀、卷八五高勳傳均作「樞密使」。

〔二〕段常　長編卷四同。長編卷一、通鑑卷三九三都作「段恆」。

〔三〕祁令　原作「郊令」，十國春秋卷一〇五北漢英武帝紀作「祁令」。按河東無「郊縣」，而有祁縣，作「祁令」是，據改。

〔四〕汾州　原作「滄州」，據本書卷二太祖紀、長編卷一〇改。



# 宋史卷四百八十三

## 列傳第二百四十二

### 世家六

湖南周氏　荊南高氏　漳泉留氏　陳氏

湖南周行逢，朗州武陵人。少無賴，不事產業。嘗犯法配隸鎮兵，以驍勇累遷裨校。

自唐乾寧二年，馬氏專有湖南二十州之地，雖稟朝廷正朔，其郡守官屬皆自署。至周廣順初，兄弟爭國，求援於江南李景，景遣大將邊鎬率兵赴之，因下長沙，遷馬氏之族於建康，封希萼爲楚王，居洪州，希崇鎮舒，居揚州。宋興，希崇率兄弟十七人歸朝，皆爲美官。景以鎬爲潭帥。會朗州衆亂，推衙將劉言爲留後，言以行逢爲都指揮使。行逢以衆情表於景，請授言節鉞，景不從。召言入金陵，言懼，遣副使王進逵、行軍何景眞〔一〕與行逢帥舟師襲破潭州，鎬遁去，行逢等據其城。言遣使上言長沙兵亂，焚燒公府，請移治朗州。周祖即



以言爲朗帥，王進逵爲潭帥，行逢爲潭州行軍司馬、領集州刺史。未幾，進逵寇朗州，害劉言，周祖即以進逵爲朗州節度，以行逢領鄂州節度、知潭州軍府事。初，朗州人謂劉言爲「劉皷牙」，馬氏將亂，湘中童謠云：「馬去不用鞭，皷牙過今年。」及邊鎬俘馬氏，鎬爲劉言所逐，而言亦被害。

顯德中，世宗將用師淮甸，詔朗州王進逵出師入鄂州界，進逵遣裨將潘叔嗣領兵五千爲先鋒。行及鄂州界，叔嗣乃回戈襲進逵，進逵聞之，倍道先入武陵。叔嗣攻其城，進逵敗走，爲叔嗣所殺，迎行逢爲節度。行逢至，即斬叔嗣以狥。世宗乃授行逢朗州大都督、武平軍節度、制置武安靜江等州軍事兼侍中，盡有湖南之地。宋初，加兼中書令。

行逢在鎮，盡心爲治，辟署官屬，必取廉介之士。有女壻求補吏，不許，返給以耒耜，語之曰：「吏所以治民也，汝才不能任職，豈敢私汝以祿邪？姑歸墾田以自活。」其公正多此類。條教簡約，民皆悅之。然性多猜忌，左右少有忤意者必寘於法，麾下之人重足累息。有何景山者，爲王進逵記室，常狎侮行逢。及行逢爲帥，署景山益陽令，數月，縛投於江。又館驛巡官鄧洵美與翰林學士李昉同年進士，會昉使行逢，召至傳舍，與話終日。行逢疑其泄已陰事，黜爲易俗場官，潛遣殺之。由是士流不附。

馬氏舊僚有天策府學士徐仲雅，性滑稽，頗恃才倨傲，行逢以爲節度判官。行逢多署

溪洞蠻酋爲司空、太保，一日謂仲雅曰：「吾奄有湖湘，兵彊俗阜，四鄰其懼我乎？」仲雅曰：「公部內司空滿川，太保徧地，孰敢不懼？」行逢不悅，擯斥仲雅。行逢妻潘氏〔二〕貌醜，性剛狠。行逢爲帥，妻不爲屈，不入府署，躬率奴僕耕織以自給，賦調必先期輸送。行逢止之，不從，曰：「稅，官物也，若主帥自免其家，何以率下？」

建隆三年十月，行逢卒，追封汝南郡王。

子保權，年十一。初爲武平軍節度副使，太祖授以起復檢校太尉、朗州大都督、武平軍節度。

初，行逢疾且亟，召將校託保權曰：「吾部內兇狠者誅之略盡，唯張文表在焉，吾死，文表必亂。諸公善佐吾兒，無失土宇，必不得已，當舉族歸朝，無令陷於虎口。」行逢卒，明年春，文表果自衡州舉兵據潭州，將取朗陵〔三〕，盡滅周氏。保權乞師於朝廷，江陵高繼沖亦以其事聞。上遣中使趙璲齎詔諭文表，而保權之奏繼至，乃遣山南東道節度慕容延釗爲湖南道行營都部署，宣徽南院使李處耘爲都監，率淄州刺史尹崇珂、申州刺史聶章、郢州刺史趙重進、判四方館事武懷節、氈毯使張繼勳、染院副使康延澤、內酒坊副使盧懷忠等將步騎往平之，又發安、復等十州兵會于襄陽。師及江陵，趙璲至潭州，文表已爲保權之衆所殺。





保權牙校張從富輩，以爲文表已平而王師繼進不已，懼爲襲取，相與拒守。延釗令閤門使丁德裕先路安撫，及至城下，從富輩拒而不納，盡撤部內橋梁，沉舫伐樹塞路。德裕以不奉詔不敢與戰，退軍以須朝旨。延釗以聞，太祖遣中使諭保權及將校曰：「爾本請師救援，故發大軍以拯爾難。今妖孽既殄，是有大造於爾輩，反拒王師何也？無自取塗炭，重擾生聚。」保權出軍於澧州南，未及交鋒，望風而潰，復還朗州，焚廬舍廩庫皆盡，驅略居人奔竄山谷，城郭爲之一空。王師長驅而南，獲從富於西山下，梟首朗市。其大將汪端劫保權并家屬，棄城亡匿山洞，王師至數月，獲保權。武懷節分兵克岳州，端擁保權衆寇略，未幾亦就擒，磔於市，湖湘悉平。

保權至，上章待罪，優詔釋之，賜襲衣、金帶、鞍勒馬、茵褥、銀器千兩、帛一千匹、錢千貫，授右千牛衞上將軍，葺京城舊邸院爲第，令居焉。仍下詔朗州，增築行逢之墓。保權乾德五年累遷右羽林統軍。太平興國元年，知幷州，賜錢三百萬。雍熙二年，卒，年三十四。

李觀象，桂州臨桂人。行逢署爲掌書記。行逢性殘忍，多誅殺，觀象懼及禍，淸苦自勵，以求知遇，帳幃、寢衣悉以紙爲之。行逢頗加信任，軍府之政一皆取決。行逢臨終託以後事，令其子保權善待之。及張文表難作，王師壓境，觀象謂保權曰：「我所恃者北有荆渚，以爲脣齒，今高氏拱手聽命，朗州勢不獨全，莫若幅巾歸朝，則不失富貴。」保權幼懦，不能用其言。及湖湘平，太祖聞觀象嘗爲保權畫謀，以爲左補闕。

張文表，朗州武陵人。從王進逵、周行逢舉兵逐邊鎬，行逢署文表衡州刺史，頗心忌之，常欲誅文表，未有以發。及行逢卒，保權遣兵代永州戍卒，路出衡陽，文表遂驅之以襲潭州。時行軍司馬廖簡知留後，素輕文表，不爲之備。方宴飲，外報文表兵至，簡殊不以介意，謂四坐曰：「此黃口小兒，至則成擒，何足患也？」飲啖如故。俄文表率衆徑入府中，簡醉不能彀弓弩，但按膝叱之，文表遂害簡及坐客十餘人。保權遣其將楊師璠悉衆以禦文表，保權泣謂衆曰：「先君可謂知人矣。今墳土未乾，文表構逆，軍府安危，在此一舉，諸公勉之！」衆皆感憤，遂破其衆於平津亭，擒文表臠而食之。

初，文表將攻長沙，猶豫未決，有小校夢文表龍出頷下，明日以告，文表喜曰：「天命也。」及敗，梟首于朗陵市。





荆南高保融字德長，其先陝州峽石人。祖季興，唐末爲荆南節度，歷梁、後唐封南平王，卒。子從誨嗣，至太傅、中書令，五代史有傳。

從誨生保融，以長興初蔭補太子舍人，賜緋。晉天福中，制授檢校司空、判內外諸軍，俄遷節度副使。開運末，領峽州刺史，累加至檢校太傅。漢初，從誨卒，權知軍府事，制授起復檢校太尉、同平章事、江陵尹、荆南節度、荆歸峽觀察使，遣翰林使郭允明賜衣幣。乾祐二年，加檢校太師兼侍中。周廣順初，加兼中書令，封勃海郡王，正衙命使禮部尙書王易、副使刑部郎中景範發册命，仍賜禮服冠劍。顯德初，進封南平王。世宗卽位，加守中書令。

世宗征淮南，詔保融出水軍數千人抵夏口爲掎角。淮甸平，璽書褒美，以絹數萬匹賞其軍。世宗將議伐蜀，保融上言請率舟師趣三峽。六年，恭帝卽位，加守太保。宋初，守太傅，連遣使貢獻，恩顧甚厚。是歲八月，卒，年四十一。廢朝三日，遣儀鸞使李繼超賜賻物，兵部尙書李濤、兵部郎中率汀持節册贈太尉，謚正懿。

保融性迂闊淹緩，御兵治民，一時術略政事，悉委於母弟保勗焉。子繼沖、繼充、繼允至歸州刺史。

保勗字省躬，從誨第十子，保融同母弟也。晉天福初，起家領漢州刺史。保融嗣政，令判內外諸軍事。周廣順元年，加檢校太傅，充荊南節度副使。顯德初，從保融之請，加檢校太尉，充行軍司馬，領寧江軍節度。融卒，保勗權知軍府，奉章以聞，太祖卽授以節度使。建隆二年，遣其弟保寅入貢。初，保融於紀南城北決江水瀦之七里餘，謂之北海，以閡行者。至是太祖因保寅歸，諭旨令決去，使道路無阻。

保勗幼多病，體貌臞瘠，淫泆無度，日召娼妓集府署，擇士卒壯健者令恣調謔，保勗與姬妾垂簾共觀，以爲娛樂。又好營造臺榭，窮極土木之工，軍民咸怨。政事不治，從事孫光憲切諫不聽。三年十一月，卒，年三十九。廢朝二日，贈侍中，遣御廚使李光睿賻祭。

初，保勗在保抱，從誨獨鍾愛，故或盛怒，見之必釋然而笑，荊人目爲「萬事休」。及保勗之立，藩政離弱，卒裁數月遂失國，亦預兆也。

繼沖字贊平，保融長子也。周顯德六年，以蔭檢校司空，爲荊州節度副使。建隆三年，保勗寢疾，以繼沖爲節度副使，權知軍府。保勗卒，四年正月，制授繼沖爲檢校太保、江陵尹、荊南節度。

時湖南張文表叛，周保權求救於朝廷，詔江陵發水軍三千人赴潭州，繼沖卽遣親校李



景威將之而往。二月，慕容延釗、李處耘等率衆至，繼沖以牛酒犒師，開門納延釗等，卽遣客將王昭濟、蕭仁楷奉表納土。太祖令御廚使郜岳持詔安撫，樞密承旨王仁贍爲荊南都巡檢使，仍令齎衣服、玉帶、器幣、鞍勒馬以賜繼沖，授繼沖馬步都指揮使，梁延嗣爲復州防禦使，節度判官孫光憲爲黃州刺史，右都押衙孫仲文爲武勝軍節度副使，知進奏鄭景玫爲右驍衞將軍，王昭濟左領軍衞將軍，蕭仁楷供奉官。繼沖籍管內芻糧錢帛之數來上，又獻錢五萬貫、絹五千匹、布五萬匹，復遣支使王崇範詣闕貢金器五百兩、銀器五千兩、錦綺二百段、龍腦香十斤、錦繡帷幕二百事。三月，詔鞍轡庫使翟光裔齎官告、旌節賜繼沖，并存問參佐官吏等；又以保融兄弟、諸父江陵少尹保紳爲衞尉卿，節院使保寅爲將作監、充內作坊使，左衙都將保緒爲鴻臚少卿，右衙都將保節爲司農少卿，合州刺史從翊爲右衞將軍，衙將保遜爲左監門衞將軍，巴州刺史保衡爲歸州刺史，知峽州事保膺爲本州刺史，衙將從詵爲右衞率府率，從讓爲左清道率府率，從謙爲左司禦率府率；又以王崇範爲節度判官，高若拙觀察判官，梁守彬江陵少尹，韋仲宣掌書記，胡允脩節度推官，州縣官悉仍舊，別賜管內符印。五月，保紳等來朝，各賜京城第一區。六月，命王仁贍兼知軍府事。

會是歲將郊祀，表求入覲，可之。十月，至闕下，獻金銀器、錦帛、寶裝弓劍、繡旗幟、象牙、玉鞍勒等，賜賚甚厚。郊禋畢，授繼沖徐州大都督府長史、武寧軍節度使、徐宿觀察使。



繼沖鎭彭門幾十年，委政僚佐，部內亦治。開寶六年，卒，年三十一。廢朝二日，贈侍中，遣中使護喪，葬事官給。

自高季興據有荊南、歸峽之地，傳襲三世五帥，凡四十餘年〔四〕。

保寅字齊巽。晉天福七年，以蔭授太子舍人，賜緋，累加檢校司空。兄保融襲封，奏署節院使，賜金紫。宋興，保勗既襲封，遣保寅入覲，太祖召對便殿，授掌書記遣還。保寅語保勗曰：「眞主出世，天將混一區宇，兄宜首率諸國奉土歸朝，無爲他人取富貴資。」保勗不聽。

王師討武陵，道出荊渚，保寅奉牛酒迎犒軍鋒，太祖嘉之，驛召赴闕，授將作監，充內作坊使，賜第一區。俄知宿州。乾德四年，丁外艱〔五〕，起復，轉少府監。開寶五年，知懷州，歷司農、衞尉二卿。是州本隸河陽，時趙普爲帥，與保寅素有隙，事多抑制，保寅心不能平，手疏請罷支郡之制，詔從之。又爲西川諸州都巡檢使，改光祿卿，歷知同、汝二州，改光化軍。卒，年六十八。廢朝，賻錢十萬。

初，保寅在懷州，蘇易簡、王欽若並妙年始趨學；在同州，錢若水爲從事；在光化軍，張士遜其邑人也。保寅一見皆獎拔，許以遠大，議者多其知人。



子輔政、輔之、輔堯、輔國，並進士及第。輔政至秘書丞，輔之至太常丞。

孫光憲字孟文，陵州貴平人。世業農畝，惟光憲少好學。游荊渚，高從誨見而重之，署爲從事。歷保融及繼沖三世皆在幕府，累官至檢校秘書監兼御史大夫，賜金紫。慕容延釗等救朗州之亂，假道荊南，繼沖開門納延釗，光憲乃勸繼沖獻三州之地。太祖聞之甚悅，授光憲黃州刺史，賜賚加等。在郡亦有治聲。乾德六年，卒。時宰相有薦光憲爲學士者，未及召，會卒。

光憲博通經史，尤勤學，聚書數千卷，或自抄寫，孜孜讎校，老而不廢。好著譔，自號葆光子，所著荊臺集三十卷、鞏湖編玩三卷、筆傭集三卷、橘齋集二卷、北夢瑣言三十卷、蠶書二卷。又譔續通歷，紀事頗失實，太平興國初，詔毀之。子謂、讜，並進士及第。

梁延嗣，京兆長安人。少事高季興，頗見委任，表授檢校司空、領綿州刺史，充衙內馬步軍都指揮使。歷事四帥，人稱其忠藎。繼沖之納土也，延嗣亦嘗勸之，復率荊之水軍從慕容延釗趉戰，太祖嘉之，授復州防禦使，充湖南前軍步軍都指揮使兼排陣使。後因郊禮，自復州入朝，太祖慰撫之曰：「使高氏不失富貴，爾之力也。」改濠州防禦使，有善政，詔書

褒美。

延嗣頗知書，好接士。嘗暴疾，禳於城隍神，是夕，夢神人告以九九之數，俄疾愈。開寶九年，卒，年八十一。

漳泉留從效，泉州永春人。幼孤，事母兄以孝悌聞。頗知書，好兵法。

唐末，王審知據有福建之地，子延鈞，後唐長興中僭稱帝，國號閩，都福州，爲其下所殺，立審知次子延羲。晉天福末，部將朱文進殺延羲據其位，署其黨黃紹頗爲泉州刺史，程贇爲漳州刺史，許文稹〔六〕爲汀州刺史。時審知子延政爲建州刺史，亦僭稱帝。

泉人念王氏失國，群逆分據，時從效爲泉州散指揮使，與其黨王忠順、董思安及所親蘇光誨相與圖議，興復王氏。從效倡言：「吾等皆受王氏恩遇，今王氏子孫未復位而不思報，可謂忠義乎？聞建州士卒謀盡力擊福州以復王氏，苟一旦功先成，王氏復位，我輩何面見之邪？」於是忠順、思安置酒從效家，募敢死士，得陳洪進等五十二人，夜持白梃踰城而入，劫庫兵，擒紹頗斬之，立延政從子繼勳爲刺史，從效等三人自署爲統帥，洪進等皆爲指揮使。繼勳令送紹頗首於建州，奉延政爲主。



延政遂送款於江南李景。文進率衆攻泉州，爲從效所敗。會景遣將討王氏之亂，圍福州，兩浙錢氏發兵來援，景將但克汀、建而歸，福州入於錢氏。從效以兵劫繼勳送江南，自領漳、泉二州留後，李景即建泉州爲清源軍，授從效節度、泉漳等州觀察使。閩中五州自此分矣。景累授從效同平章事兼侍中、中書令，封鄂國公、晉江王。

從效出自寒微，知人疾苦，在郡專以勤儉養民爲務，常衣布素，置公服於中門之側，出則衣之。每言我素貧賤，不可忘本。民甚愛之，部內安治。王氏有二女嫁爲郡人妻，從效奉之甚謹，資給豐厚。每歲取進士、明經，謂之「秋堂」。

世宗征淮南，李景以兵十萬保紫金山，從效累表於景，言其頓兵老師，形勢非便。既而果敗，江北之地盡入於中朝。從效遣衙將蔡仲贇〔七〕等爲商人，以帛書表置革帶中，自鄂路送款內附。又遣別駕黃禹錫間道奉表，以犀象通犀帶、龍腦香數十斤爲貢。世宗錫詔書嘉納之。從效又乞置邸京師，世宗以其素附江南，慮其非便，不許。

宋初，從效遂上表稱藩，貢奉不絕。會李景遷洪州，從效疑景討己，頗懼，遣其從子紹鎮齎厚幣獻景，又遣使假道吳越入貢。太祖特命使厚賜以撫之，使未至，從效疽發背卒，年五十七。僞贈太尉、靈州大都督。

從效無嗣，以兄從願之子紹鎮、紹鎡爲子。從效寢疾時，從願守漳州，紹鎮在金陵，紹鎡尚幼。衙校張漢思、陳洪進等率兵劫從效遷東亭，漢思自稱留後，洪進爲副使，時建隆三年也。明年，洪進又廢漢思而自立。

從效再從弟仁讜，淳化中爲泗州長史，有清節，官散奉薄，雖藜藿不充，未嘗妄干人。太宗聞之，召赴闕，特遷揚州觀察支使。大中祥符七年，從效孫丕式詣闕上從效所受太祖朝制書，授三班借職。

陳洪進，泉州仙遊人。幼有壯節，頗讀書，習兵法。及長，以材勇聞。隸兵籍，從攻汀州，先登，補副兵馬使。

從留從效殺黃紹頗，將以紹頗首送建州，請出兵爲援，群下以道阻賊盛，憚其行。洪進慮事久生變，獨請往，至尤溪，賊數千人遮道不得前，洪進紿賊曰：「福州、泉州已爲義師所襲，爾輩復爲何人戍守？」即持紹頗首示之曰：「我送此於建州迎嗣君以歸國，爾輩將安歸乎？」賊遂潰，渠帥數人皆聽命。洪進至建州，延政大悅，以爲本州馬步行軍都校。是歲，晉開運元年也。

自是漳州殺程贇，迎延政從子繼成爲刺史，許文稹以汀州降，連重遇殺朱文進，傳首建



州，福人又殺重遇，延政遂遣洪進歸泉州。三年，李景陷建州，延政入江南。明年，泉州留從效劫王繼勳降江南，景以從效爲清源軍節度，洪進爲統軍使，與副使張漢思同領兵柄，累立戰功。

從效卒，少子紹鎡典留務。月餘，洪進誣紹鎡將召越人以叛，執送江南，推副使張漢思爲留後，自爲副使。漢思年老醇謹，不能治軍務，事皆決於洪進。漢思諸子並爲衙將，頗不平洪進，圖欲害之，漢思亦患其專。明年夏四月，漢思大享將吏，伏甲於內，將害洪進。酒數行，地忽大震，棟宇將傾，坐立者不自持，同謀者以告洪進，洪進亟去，衆驚悸而散。

漢思事不成，慮洪進先發，常嚴兵爲備。洪進子文顥、文顯皆爲指揮使，勒所部欲擊漢思，洪進不許。一日，洪進袖置大鎖，從二子常服安步入府中，直兵數百人，皆叱去之。漢思方處內齋，洪進即鎖其門，使人叩門謂漢思曰：「郡中軍吏請洪進知留務，衆情不可違，當以印見授。」漢思惶懼不知所爲，即自門間出印與之。洪進遽召將校吏士告之曰：「漢思昏耄不能爲政，授吾印，請吾蒞郡事。」將吏皆賀。即日遷漢思別墅，以兵衞送。遣使請命於李煜，煜以洪進爲清源軍節度、泉南等州觀察使。

時太祖平澤、潞，下揚州，取荆湖，威振四海，洪進大懼，遣衙將魏仁濟間道奉表，自稱清源軍節度副使、權知泉南等州軍府事，且言張漢思老耄不能御衆，請臣領州事，恭聽朝旨。

太祖遣通事舍人王班賫詔撫諭，又與李煜詔曰：「泉州陳洪進遣使奉表言，爲衆所推，因而總領州事，以誠控告，聽命於朝。覩其傾輸，尤足嘉尚。但聞泉州昔嘗附麗，尤荷撫綏。然變詐多端，屢移主帥，恐其地里遼遠，制御有所未遑。朕以書軌大同，恩威遠被，嘉其款附，已降詔書，蓋矜其遠俗便安，不必以彼此爲意，想惟明哲，當體朕懷。」煜上言：「洪進多詐，首鼠兩端，誠不足聽。」太祖又詔諭之，煜乃聽命。

建隆四年，遣使朝貢。是冬，又貢白金萬兩，乳香茶藥萬斤。煜復上言，請寢洪進恩命。太祖又以諭煜。乾德二年，制改清源軍爲平海軍，授洪進節度、泉漳等州觀察使、檢校太傅，賜號推誠順化功臣，鑄印賜之。以文顥爲節度副使，文顥爲漳州刺史。是年夏，丁家艱，起復。

洪進每歲以修貢朝廷，多厚斂於民，第民貲百萬以上者令差入錢，以爲試協律、奉禮郎，蠲其丁役。及江南平，吳越王來朝，洪進不自安，遣其子文顥入貢乳香萬斤、象牙三千斤、龍腦香五斤。太祖因下詔召之，遂入覲。至南劍州，聞太祖崩，歸鎭發哀。

太宗卽位，加檢校太師。明年四月，來朝，朝廷遣翰林使程德玄至宿州迎勞。既至，賜錢千萬、白金萬兩、絹萬匹，禮遇優渥。又增其食邑，以其子文顥爲團練使，文顗、文頊並爲刺史。洪進遂上言曰：「臣聞峻極者山也，在汙壤而不辭；無私者日也，雖覆盆而必照。顧



惟遐僻，尙隔聲明，願歸益地之圖，輒露由衷之請。臣所領兩郡，僻在一隅，自浙右未歸，金陵偏霸，臣以崎嶇千里之地，疲散萬餘之兵，望雲就日以雖勤，畏首畏尾之不暇，遂從間道，遠貢赤誠，願傾事大之心，庶齒附庸之末。太祖皇帝賜之軍額，授以節旄，俾專達於一方，復延賞於三世。祖父荷漏泉之澤，子弟享列土之榮，棨戟在門，龜緺盈室，雖冠列藩之寵，未修肆覲之儀。曁江表底平，先皇厭世，會嬰犬馬之病，尙阻雲龍之庭。皇帝陛下欽嗣丕基，誕敷景命，臣遠辭海嶠，入覲天墀，獲親咫尺之顏，疊被便蕃之澤。六飛遊幸，每奉屬車之塵；三殿宴嬉，屢挹大罇之味。旬浹之內，雨露駢臻，至於童男，亦荷殊奬。恩榮若此，報效何階？志益戀於君軒，心遂忘於坎井。臣不勝大願，願以所管漳、泉兩郡獻于有司，使區區負海之邦，遂爲內地，蚩蚩生齒之類，得見太平。伏望聖慈，授臣近地別鎭。臣男文顥等早膺朝奬，皆忝郡符，牙校賓僚，久經驅策，各希玄造，稍霈鴻私。」太宗優詔嘉納之。以洪進爲武寧軍節度、同平章事，留京師奉朝請。諸子皆授以近郡，賜白金萬兩，各令市宅。

明年，從平太原。六年，封杞國公。雍熙元年，進封岐國公。洪進年老，富貴且極，上言求致仕，優詔免其朝請。二年，以疾卒，年七十二。廢朝二日，贈中書令，謚曰忠順，中使護喪，葬事官給。

洪進在泉州，日方晝，有蒼鶴翔集內齋前，引吭向洪進，洪進視之，有魚鯁其喉，卽以手



探取之，魚猶活，鶴馴擾齋中數日而後去，人皆異之。

洪進弟銛，初爲泉州都指揮使，開寶四年，授漳州刺史，入貢至宿州，卒。銛子文璉，供奉官、閤門祗候。

文顥字仲達。洪進領漳、泉節制，署左神機指揮使，遷泉州馬步軍都軍使、右軍押衙。洪進歸朝，授文顥通州團練使、知泉州。未幾代還。時太宗征太原，朝於行在。久之，出爲青齊廬壽、西京水南北、陝州四州都巡檢使。

文顥與諸弟不睦，咸平初，御史中丞李惟淸抗疏曰：「文顥等並分符竹，委以方面，一門榮盛，當世罕儔。先人之墳土未乾，私室之風規大壞，弟兄列訟，骨肉爲仇，官奉私藏，同居異爨，屢經赦宥，而久積人言。文顥首起訟端，當律文尊長之坐，乞寘散秩，以警浮俗。」詔曰：「文顥等頗傷名教，合寘邦刑，以其父有忠勳，未忍捐棄，宜賜誡諭，許其改過。儻無悛革，當正簡書，令御史臺告諭之。」以疾改通許鎭都監。六年，卒，年六十五。子宗憲，歷虞部員外郎，爲西京作坊使；宗元，殿中丞。



文顗，初爲泉州右軍散兵馬使、衙內都指揮使，俄權知漳州，朝命漳州刺史，凡七年，求還泉州，署行軍司馬。

開寶末，江南平，洪進遣第三子文顗入貢，文顗不欲行，乃遣文顥。至京師，自陳願留以俟父入覲，太祖嘉之。及洪進歸朝，授文顥房州刺史，會升房州爲節鎭，換康州刺史。端拱初，出知同州，錢若水爲從事，文顥深禮之，委以郡政。咸平初，知耀州，又徙徐州，坐用刑失入，責授左武衞大將軍、知漣水軍。上念其父納土效順，復以爲康州刺史，留京師。大中祥符初，議東封，以濮州馳道所出，命知州事，頓置供擬頗勤至，詔褒之。駕至，召見勞問。禮畢，改衡州刺史，特給內地刺史奉料，未幾代還。以老疾累表求致仕，詔免朝謁，歲給公費及月廩並如故。六年，卒，年七十二。

文顗，始爲泉州衙內都指揮使、知漳州。洪進歸朝，授滁州刺史，仍舊知州。俄召歸，奉朝請。景德中，換光州，以久次，領和州團練使，歷知海濮濰沂黃五州、信陽軍，所至無能稱。卒年七十一。錄其子宗紱爲大理評事，孫永弼、永昇爲三班借職，次子宗纘太子中舍。

文頊，本文顥子。初，洪進在泉州，有相者言一門受祿，當至萬石。時洪進與三子皆領

州郡，而文頊始生，乃以文頊爲子，欲應其言。初補泉州衙內都校，又爲衙內都監使，朝命領順州刺史，歸朝爲登州刺史。滄、棣有寇盜，命爲巡檢使。會以禁軍大校趙延溥爲登州團練使，文頊改舒州刺史。淳化三年，卒，年三十五。文頊頗知書，亦工書。子宗絳，爲殿中丞。

## 校勘記

〔一〕行軍何景眞　據舊五代史卷一三三、新五代史卷六六劉言傳「行軍」下有「司馬」二字。

〔二〕妻潘氏　「潘」，通鑑卷二九三作「鄧」，新五代史卷六六及九國志卷一一周行逢傳作「嚴」。

〔三〕朗陵　按宋無「朗陵」地名。本書卷八八地理志，朗州治武陵縣。長編卷三：「會保權遣兵吏戍永州，路出衡陽，文表遂驅以叛，僞縞素，若將奔喪武陵者。」又同書卷四：「初，文表聞王師來伐，潛送款於趙璲，具言奔喪朗州。」疑「朗陵」即「朗州」或「武陵」。下同。

〔四〕傳襲三世五帥凡四十餘年　按東都事略卷二四高繼沖傳說：「自季興至繼沖五帥，凡五十七年」，新五代史卷六九南平世家附注：「自梁開平元年鎭荆南至皇朝乾德元年國除，凡五十七年。」此有誤。

〔五〕乾德四年丁外艱　按高保寅之父從誨卒于漢乾祐元年，保寅不應至宋乾德四年「丁外艱」。此



有誤。

〔六〕許文稹　「稹」原作「稙」，據本卷陳洪進傳、九國志卷一〇本傳改。

〔七〕蔡仲贇　按新五代史卷六八閩世家、九國志卷一〇留從效傳都作「蔡仲興」。



# 宋史卷四百八十四

## 列傳第二百四十三

### 周三臣

韓通　李筠　李重進

五代史記有唐六臣傳，示譏也。宋史傳周三臣，其名似之，其義異焉，求所以同，則歸於正名義、扶綱常而已。韓通與宋太祖比肩事周，而死於宋未受禪之頃，然不傳於宋，則忠義之志何所託而存乎？李筠、李重進舊史書叛，叛與否未易言也，洛邑所謂頑民，非殷之忠臣乎？孔子定書，不改其舊稱焉。或曰：三人者嘗臣唐、晉、漢矣。曰：智氏之豫讓非歟！作周三臣傳。



韓通，并州太原人。弱冠應募，以勇力聞，補騎軍隊長。晉開運末，漢祖建義於太原，置通帳下。尋從漢祖至東京，累遷爲軍校。漢祖典衞兵，以通爲衙隊副指揮使，從討杜重威，得銀青階，檢校國子祭酒。漢祖開國，加檢校左僕射。隱帝卽位，遷奉國指揮使。乾祐初，周祖爲樞密使，統兵伐河中，知通謹厚，命之自隨，先登，身被六創，以功遷本軍都虞候。周祖鎭大名，奏通爲天雄軍馬步軍都校，委以心腹，及入汴，通甚有力焉。授奉國左第六軍都校，領雷州刺史。

廣順初，爲虎捷右廂都校，遷左廂，充孟州巡檢，繼領永、睦二州防禦使。周祖親征兗州，以通爲在京右廂都巡檢。時河溢，灌河陰城，命通率廣銳卒千二百浚汴口，又部築河陰城，創營壁。未幾，拜保義軍節度觀察留後，周祖親郊，正授節度。并州劉崇南侵，命通副河中王彥超出晉州道擊之，敗于高平。以通爲太原北面行營部署，爲地道攻其城。俄班師，移鎭曹州，檢校太保。

世宗卽位，以深、冀之間有胡蘆河，東西橫亙數百里，堤埸非峻，不能扼契丹奔突，顯德二年，命通與王彥超浚治之，功未就，契丹至，通出兵迎擊退之，遂城李晏口爲靜安軍，四旬而完。又城束鹿及鼓城，并葺祁州〔一〕。時大兵之後，遺骸布野，通悉收瘞爲萬人冢。又城博野、安平，往來深、定間，夜宿古寺，晝披荆棘。在安平領百餘騎督役，會契丹騎數百奄

至，通率麾下與戰，日暮大風雨，契丹解去，擒十餘騎。又城百八橋鎮及武強縣，皆旬日畢。歸朝，會攻秦、鳳，以通爲西南面行營馬步軍都虞候，入大散關，圍鳳州，分兵城固鎮，以斷蜀餉道。未幾，拔鳳州，以功授侍衞馬步軍都虞候。

世宗征淮南，命通爲京城都巡檢。世宗以都城狹小，役畿甸民築新城，又廣舊城街道，命左龍武統軍薛可信、右衞上將軍史佺、右監門衞上將軍蓋萬、右羽林將軍康彥環分督四面，通總領其役。功未就，世宗幸淮上，留通爲在京內外都巡檢、權點檢侍衞司。是役也，期以三年，纔半歲而就。三年，追敍秦、鳳功，改領忠武軍節度、檢校太傅，又改侍衞馬步軍都虞候。世宗幸壽春，爲京城內外都巡檢。淮南平，爲歸德軍節度。

六年春，詔通河北按行河堤，因發徐、宿、宋、單等州民浚汴渠數百里。世宗將北征，命通與高懷德、張鐸先赴滄州，賜襲衣、金帶、鞍馬、器帛。即領兵入契丹境乾寧軍之南。俄爲陸路都部署，殿前都虞候石守信副焉。又命通巡北邊，自浮陽至淤口浦壞坊三十六〔二〕，遂通瀛、莫。初克益津關，以爲霸州，役濱、棣民數千城之，命通董其役。師還，以爲檢校太尉、同平章事，充侍衞親軍馬步軍副都指揮使。恭帝即位，移領鄆州。

太祖奉詔北征，至陳橋爲諸軍推戴，通在殿閣，聞有變，惶遽而歸。軍校王彥昇遇通於路，策馬逐之，通馳入其第，未及闔門，爲彥昇所害，妻子皆死。太祖聞通死，怒彥昇專殺，





以開國初，隱忍不及罪。即下詔曰：「易姓受命，王者所以應期；臨難不苟，人臣所以全節。故周天平軍節度、檢校太尉、同中書門下平章事、侍衞親軍馬步軍副指揮使韓通，振迹戎伍，委質前朝，彰灼茂功，踐更勇爵。夙定交於霸府，遂接武於和門，艱險共嘗，情好尤篤。朕以三靈眷佑，百姓樂推，言念元勳，將加殊寵，蒼黃遇害，良用憮然。可贈中書令，以禮收葬。遣高品梁令珍護喪事。」

通性剛而寡謀，言多忤物，肆威虐，衆謂之「韓瞠眼」。其子頗有智略，幼病傴，人目爲「橐駝兒」。見太祖有人望，常勸通早爲之所，通不聽。後太祖幸開寶寺，見通及其子畫像于壁，遽命去之。

李筠，幷州太原人。善騎射。後唐秦王從榮判六軍諸衞，募勇士爲爪牙，筠操弓矢求見。弓力及百斤，府中無能挽者，從榮令筠射，引滿有餘力，再發皆中，因以隸麾下。從榮難作，筠騎從至天津橋，射殺十數人，知事不濟，棄馬遁去。清泰初，應募爲內殿直，遷控鶴指揮使。

晉開運末，契丹犯汴京，其將趙延壽聞筠驍勇，召置帳下。及契丹主北歸，死欒城，延壽至常山，爲永康王所縶。契丹衆數萬，據常山，後北去，留耶律解里，衆纔二千騎，又分別部首領楊袞以千騎掠邢、洺。來還中朝士大夫多在城中，契丹與漢相雜，解里性貪恣白奪，削漢軍日食，衆皆菜色。筠乘其怨，密與王義、石公霸、何福進等謀，以閏七月二十九日伺契丹守閽者旦食，撞寺鐘爲期，相率入據兵庫，次焚牙門，大呼市人，併力擊焉。契丹衆大驚，由北門而出，解里趣族乘列之於野，明日集衆入郛力戰，屬晉士卒分掠，唯控鶴一軍與市民禦之，死傷相繼。午後，郛外民千餘知契丹奔敗者，持兵趣其族乘，將劫之，守者入郛馳告，解里聞之，遂挈族而去。

初，筠建謀約諸將同力，控鶴左廂都校白再榮首匿於室不敢應，筠拔佩刀破幕引臂迫之，再榮不得已而行，諸將次第赴之。及契丹去，百姓死者二千餘人。諸將互伐其功，筠詣故相馮道請權領節度事，道曰：「子主奏事而已〔三〕，留後事當議功臣爲之。」道恐諸將爭功復亂，乃以再榮前職貴加諸將，權推爲留後，人心遂定。是戰，筠功居多，即送款漢祖，以其子赴朝，漢祖深賞之，以控鶴一軍力戰，優加賜與，授再榮留後，筠博州刺史。筠以賞薄不悅。

周祖鎮大名，表爲先鋒指揮使，又爲北面緣邊巡檢。周祖起兵入汴，筠同郭崇從，與慕容彥超戰於留子陂，彥超東奔。廣順初，權知滑州，俄眞拜義成軍節度，數月，改彰德軍節





度。會幷人侵晉州，王峻率師往拒，筠亦請西征，詔褒之。又乞免黃澤關商稅，奏可。周祖征兗，還次濮，筠因朝，獻馬，賜襲衣、金帶。從至澶，宴訖遣還。及召潞州常思入朝，命筠權知軍府，思改宋、亳，以筠爲昭義軍節度。三年，加檢校太傅。時王峻兼節制，以筠及王殷、何福進皆創業功臣，故並加恩焉。顯德初，周祖親郊，加同平章事。

世宗即位，幷人入侵，其將張暉率先鋒自團柏谷入營梁侯驛，攻劫堡柵，所至焚略盪盡，筠遣護軍穆令均率步騎二千拒之。令均營於太平驛，驛東南距潞八十里，失於偵邏，暉凌晨奄至，潞兵被甲介馬，暉見之佯退，潞兵追之，幷伏遂發，令均且鬭且卻，步卒降幷者數百人，騎不復者百人，餘衆還保潞。世宗親征沁州，降之，命筠率沁之行營兵赴太原，符彥卿戍忻口，拒契丹援兵〔四〕。彥卿請益師，詔筠與張永德以三千騎益之，既至，以偏師邀契丹後，奮擊走之。師還，加兼侍中。

二年，筠破幷軍於榆社〔五〕，獲其將安瀋、康超等七十餘人。三年，筠遣行軍司馬范守圖率兵入遼州界，殺幷卒三百餘，獲小校數人以獻。四年，又遣守圖入河東界，降二砦。五年，筠自將入石會關，破幷人六砦。是冬，又破遼州長清砦，擒其磁州刺史李戴興以獻。俄又敗幷人於境，斬三百餘級。六年，平遼州，獲刺史張丕旦等二百四十五人以獻。筠在鎮擅用征賦，頗集亡命，嘗以私忿囚監軍使，世宗心不能堪，但詔責而已。恭帝即位，加檢校太

尉。是秋，令裨將劉繼忠將兵與吐渾入并境，平賈家砦，斬百餘級，獲牛羊而還。

太祖建隆初，加兼中書令，遣使諭以受周禪，筠即欲拒命，左右爲陳曆數，方僶俛下拜，貌猶不恭。及延使者升階，置酒張樂，遽索周祖畫像懸壁，涕泣不已。賓佐惶駭，告使臣曰：「令公被酒失其常性，幸勿爲訝。」及太原劉鈞以蠟書結筠共舉兵，筠雖緘書上太祖，心已畜異謀。太祖手詔慰撫之。是時，筠子守節爲皇城使，嘗泣諫，筠不聽。太祖又遣守節諭旨曰：「吾聞汝諫汝父，汝父不聽，吾今殺汝，何如汝歸語汝父，我未爲天子時，任自爲之，既爲天子，獨不能臣我耶？」守節白筠，筠謀愈甚，遂起兵，令幕府爲檄書，辭多不遜。

從事閭丘仲卿獻策於筠曰：「公以孤軍舉事，其勢甚危，雖倚河東之援，亦恐不得其力。大梁兵甲精銳，難與爭鋒，不如西下太行，直抵懷、孟，塞虎牢，據洛邑，東向而爭天下，計之上也。」筠曰：「吾周朝宿將，與世宗義同昆弟，禁衞皆吾舊人，聞吾之來，必倒戈歸我，况有儋珪槍，撥汗馬，何憂天下哉。」儋珪，筠愛將，有勇力，善用槍；撥汗，筠駿馬，日馳七百里，故筠誇焉。執監軍亳州防禦使周光遜、閑廄使李廷玉，遣判官孫孚、衙校劉繼忠送於劉鈞求濟師。又遣人殺澤州刺史張福，往據其城。

劉鈞遂率兵與契丹數千衆來援，至太平驛，筠以臣禮迎謁，見鈞兵衞寡弱，甚悔之，而業已然矣。鈞封筠西平王，賜馬三百匹，召與之語，筠自言受周祖大恩，敢愛死不瘖。鈞





與周祖有世讎，鈞默然，遂疑之。命其宣徽使盧贊監筠軍，筠心不能平，頗與贊不協，鈞復命平章事衞融和解之。

筠有馬三千匹，闢鞠場閱習，日夜謀畫爲寇。留其子守節守上黨，引衆南向。太祖遣石守信、高懷德將兵討之。敕曰：「勿縱筠下太行，急進師扼其隘，破之必矣。」又遣慕容延釗、王全斌由東路會守信，與監軍李崇矩破筠衆於長平，斬首三千級。又攻大會砦，下之。

太祖遂親征。山路險峻多石不可行，太祖先於馬上負數石，羣臣六軍皆負之，即日平爲大道。與守信、懷德會，破筠衆三萬於澤南，降者三千餘，殺筠監軍使盧贊，擒筠河陽節度范守圖，筠走還保澤。太祖至，列柵圍之，筠龍捷使王廷魯、吐渾留後汾州團練使王全德率所部自昭義來降，筠益失援。太祖親督戰，拔其城，筠赴水死，獲鈞相衞融，鈞懼而遁歸。太祖進伐上黨，守節以城降，釋其罪，賜襲衣、金帶、銀鞍勒馬。是日宴從官，守節預焉，以爲單州團練使；以昭義軍節度副使趙處愿爲郢州刺史；節度判官孫孚爲屯田郎中；觀察判官史文通爲水部郎中；前遼州衙內指揮使馬廷禹爲右監門衞將軍，領歷州刺史。

筠性雖暴，事母甚孝，每怒將殺人，母屏風後呼筠，筠趨至，母曰：「聞將殺人，可免乎？爲吾曹增福爾。」筠遽釋之。筠稍知書，頗好調謔。初名榮，避周世宗諱，將改之，或令名「筠」，筠曰：「李筠，李筠，玉帛云乎哉。」聞者皆笑。

筠有愛妾劉氏，隨筠至澤，時被攻城危，劉謂筠曰：「城中健馬幾何？」筠曰：「爾安問此？」劉曰：「孤城危蹙，破在俄頃，今誠得馬數百，與腹心潰圍，出保昭義，求援河東，猶愈於坐待死也。」筠然之。召左右計馬尚不減千匹，以是夕將出，或謂筠曰：「今帳前計議，皆云一心，縣門既發，不可保矣，儻劫公而降，悔其可及。」筠猶豫不決。明日城陷，筠將赴火，劉欲俱死，筠以其有娠，麾令去。守節既購得之，果生子焉。

守節字得臣，初補東頭供奉官。廣順中，嘗以心疾乘醉擊殺供御白鶻，筠上章待罪，詔釋之。四遷至皇城使，歷單、濟二州團練使。乾德六年，出知遼州。開寶三年，改和州團練使。四年，卒，年三十三。無後，以劉氏所生之弟爲嗣。

李重進，其先滄州人。周太祖之甥，福慶長公主之子也，生於太原。晉天福中，仕爲殿直。漢初，從周祖征河中。廣順初，遷內殿直都知，領泗州刺史，改小底都指揮使。二年，改大內都點檢、權侍衞馬步軍都軍頭，領恩州團練使，遷殿前都指揮使。三年，加領泗州防禦使。顯德初，領武信軍節度。

重進年長於世宗，及周祖寢疾，召重進受顧命，令拜世宗，以定君臣之分。世宗嗣位，





爲侍衞親軍馬步軍都虞候，從世宗征劉崇，戰于高平，不利，大將樊愛能、何徽以其衆遁，唯重進與白重贊勒兵不動。既而太祖先以麾下犯敵，重贊繼領所部力戰，世宗躬率衞兵合勢，周師復振，崇遂大敗。以功領忠武軍節度。及進討太原，又爲行營馬步軍都虞候。師還，加同中書門下平章事，改歸德軍節度兼侍衞馬步軍都指揮使。

世宗親征淮南，命重進將兵先赴正陽。俄聞李穀攻壽春不克，退保正陽，促重進兵助之。吳人以穀退爲懼，乃發兵三萬餘，旌旗輜重亙數百里，又發戰櫂二百艘以張斷橋之勢，列陣鼓譟而北，橫布拒馬以萬數，皆貫以利刃，維以鐵索；又刻木爲戰形，立陣前，號「搊馬牌」，皮囊貯鐵蒺莉以布戰地。時周師未朝食，吳師奄至，周師望其陣皆笑之。宣祖領前軍與重進、韓令坤合勢擊之，一鼓而敗，斬首萬餘級，追奔二十餘里，殺大將劉彥貞，擒裨將盛師朗數十人，降三千人，獲戈甲三十萬。世宗大悅，詔書褒諭，即以重進代穀爲行營招討使，賜襲衣、金帶、玉鞍、名馬。

三年，以重進爲廬、壽等州招討使。時李繼勳主壽春，重進駐軍城北，即城南洞屋爲淮人所焚，將議退軍。會太祖自六合歸，道出壽州，因駐師旬餘，重進倚以爲援，兵威復振。吳人大懼，以重進色黔，號「黑大王」。

張永德屯下蔡，與重進不協，永德每宴將吏，多暴重進短，後乘醉謂重進有奸謀，將吏

無不驚駭。永德密遣親信乘驛上言，世宗不之信，亦不介意。二將俱握重兵，人情益憂恐。重進遂自壽陽單騎直詣永德帳中，命酒飲，親酌謂永德曰：「吾與公皆國家肺腑，相與戮力，同奬王室，公何疑我之深也。」永德意解，二軍皆安。李景知之，密令人齎蠟書誘重進，啗以厚利，重進表其事。時行濠州刺史齊藏珍亦說重進，世宗知之，假他事誅藏珍。

詔重進夾淮城正陽、下蔡，既成，上其圖。俄又敗淮兵二千餘於塌山北。時圍壽經年未下，吳遣將許文縝〔六〕、邊鎬舟師數萬，泝淮來援。文縝維舟淮南，據紫金山，山距壽數里，設十餘砦，連亙相望，與城中烽火相應；又南築夾道，將抵壽爲饋路。重進伺其城北展砦，出兵擊之，敗五千餘衆，奪二砦，獲器甲甚衆。世宗幸壽，宴從官，召重進賜戎服、玉帶、金銀器、綃綵、鞍勒馬。及克壽，錄功加檢校太傅兼侍中，又改天平軍節度，仍爲招討使。

四年，攻取濠州南關城，其團練使郭廷謂以兵萬餘降，獲糧數萬斛。從平楚州，命先還揚州。五年，世宗在迎鑾，遣重進將兵赴廬州，會李景請畫江爲界，世宗遂還，留重進戍守，景遣人以牛酒來犒，俄乃還鎭。六年，世宗北征，次博州，重進來朝，賜宴行宮，即命將兵先趣北面，及世宗駐瓦橋關，重進與諸將率師而至。時關南已平，議進取幽州，會世宗不豫而止。卽命率所部赴河東，次百井路，敗幷人五千餘，斬二千餘級。恭帝嗣位，加檢校太尉，改淮南道節度。



太祖卽位，以韓令坤代爲侍衞都指揮使，加重進中書令。既而移鎭青州，加開府階。重進與太祖俱事周室，分掌兵柄，常心憚太祖。太祖立，愈不自安，及聞移鎭，陰懷異志。太祖知之，遣六宅使陳思誨齎賜鐵券，以安其心。重進欲治裝隨思誨入朝，爲左右所惑，猶豫不決。又自以周室近親，恐不得全，遂拘思誨，治城隍，繕兵甲，遣人求援李景，景懼而不納，聞之太祖。監軍安友規常爲重進所忌，至是友規謀與親信數人斬關出，爲衆所拒，踰城得脫。重進捕軍校不附者數十人，盡殺之。

太祖遣石守信、王審琦、李處耘、宋偓四將率禁兵討重進，會友規至，賜襲衣、金帶、器幣、鞍馬，以爲滁州刺史，監前軍。太祖謂左右曰：「朕於周室舊臣無所猜間，重進不體朕心，自懷反側，今六師在野，當暫往慰撫之爾。」遂親征，次大儀頓。石守信遣使馳奏，揚州破在旦夕，願車駕臨視。太祖徑至城下，卽日拔之。初，城將陷，重進左右勸殺思誨，重進曰：「吾今舉族將赴火死，殺此何益。」卽縱火自焚，思誨亦爲其黨所害。太祖入駐城西南，閱逆黨數百人，盡戮之。重進兄深州刺史重興，聞其叛，自殺。弟解州刺史重贇、子尙食使延福並戮於市。

初，重進謀舉兵，遣親吏翟守珣往潞，陰結李筠。守珣素識太祖，往還京師，潛詣樞密承旨李處耘求見，太祖問曰：「我欲賜重進鐵券，彼信我乎？」守珣曰：「重進終無歸順之志。」



太祖厚賜守珣，許以爵位，且令說重進緩其謀，無令二凶並作，以分兵勢。守珣歸，勸重進養威持重，未可輕發，重進甚信之。及李筠誅，重進反書聞，並如太祖之策，其不信鐵券，亦如守珣所云。揚州既平，購得守珣，補殿直，俄爲供奉官。

又有張崇詁者，周廣順初，爲樞密承旨。二年，出爲解州刺史、兩池榷鹽使〔七〕，多規畫鹽池利害。顯德三年，改德州，又改泗州、澤州。崇詁本名崇訓，恭帝嗣位，避諱改焉。重進赴淮南時，道出泗上，崇詁說以畜兵完城之計，重進敗，事露，詔捕之，棄市，籍其家。

## 校勘記

〔一〕祁州　原作「沂州」。按宋無「沂州」。本書卷八六地理志「祁州」條，「端拱初以鎭州鼓城來屬」。據上文城鼓城語，此當是祁州之誤，今改。

〔二〕自浮陽至淤口浦壞坊三十六　按通鑑卷二九四記此事說：「韓通奏自滄州治水道入契丹境，柵於乾寧軍南，補壞防，開游口三十六。」疑此有誤。

〔三〕子主奏事而已　東都事略卷二二李筠傳「子」作「予」，疑是。

〔四〕符彥卿戍忻口拒契丹援兵　「忻口」原作「州口」。據本書卷二五一符彥卿傳，周世宗命彥卿「與郭從義、向訓、白重贇、史彥超率十萬騎屯忻口以拒北援」，當卽此事。新五代史卷一二周世宗



紀，顯德元年亦云：「符彥卿及契丹戰於忻口。」「州口」當爲「忻口」之誤，據改。

〔五〕楡社　原作「輸社」。按五代無「輸社」，據新唐書卷三九、宋史卷八六地理志，遼州屬縣有楡社，「輸社」當爲「楡社」之誤，今改。

〔六〕許文縝　舊五代史卷一一七周世宗紀作「許文續」，本書卷四八三陳洪進傳、通鑑卷二九三作「許文稹」。下同。

〔七〕兩池榷鹽使　按通考卷一五征榷考記周廣順二年時有「慶州榷鹽務」，通鑑卷二九〇周廣順元年四月丁未條記蜀有「雲安榷鹽使」。疑「榷」爲「榷」字之誤。

# 宋史卷四百八十五

## 列傳第二百四十四

### 外國一

#### 夏國上

昔唐承隋後，隋承周、齊，上遡元魏，故西北之疆有漢、晉正朔所不逮者，然亦不過使介之相通、貢聘之時至而已。唐德既衰，荒服不至，五季迭興，綱紀自紊，遠人慕義，無所適從。宋祖受命，諸國削平，海內淸謐。於是東若高麗、渤海，雖阻隔遼壤，而航海遠來，不憚跋涉。西若天竺、于闐、回鶻、大食、高昌、龜茲、拂林等國，雖介遼、夏之間，篚篚亦至，屢勤館人。党項、吐蕃唃廝囉董氈瞎征諸部，夏國兵力之所必爭者也，宋之威德亦暨其地，又間獲其助焉。交阯、占城、眞臘、蒲耳、大理濱海諸蕃，自劉鋹、陳洪進來歸，接踵修貢。宋之待遇亦得其道，厚其委積而不計其貢輸，假之榮名而不責以煩縟；來則不拒，去則不追；





邊圉相接，時有侵軼，命將致討，服則舍之，不黷以武。先王柔遠之制豈復有加於是哉！南渡以後，朔漠不通，東南之陬以及西鄙，冠蓋猶有至者。交人遠假爵命，訖宋亡而後絕焉。女直在宋初屢貢名馬，他日疆大，修怨於遼，其柬叛臣阿疎，責還所掠宋詔，猶知以通宋爲重；及渝海上之盟，尋構大難，宋遂爲所紬辱，豈非自取之過乎！前宋舊史有女直傳，今既作金史，義當削之。夏國雖僻鄉不常，而視金有間，故仍舊史所錄存焉。

李彝興，夏州人也，本姓拓跋氏。唐貞觀初，有拓跋赤辭者歸唐，太宗賜姓李，置靜邊等州以處之。其後析居夏州者號平夏部。唐末，拓跋思恭鎭夏州，統銀、夏、綏、宥、靜五州地，討黃巢有功，復賜李姓。思恭卒，弟思諫代爲定難軍節度使。思諫卒，思恭孫彝昌嗣。梁開平中，彝昌遇害，將士立其族子蕃部指揮仁福。仁福卒，子彝超嗣〔一〕。事具五代史。彝興，彝超之弟也，本名彝殷，避宋宣祖諱，改「殷」爲「興」。初爲行軍司馬，清泰二年，彝超卒，遂加定難軍節度使。晉初，加同平章事，開運初，授契丹西南招討使〔二〕。漢初，加兼侍中。周初，加中書令，顯德初，封西平王，世宗即位，加太保，恭帝初，加太傅。

宋初，加太尉。北漢劉鈞結代北諸部來寇麟州，彝興遣部將李彝玉會諸鎭兵禦之，鈞衆遂引去。建隆初，獻馬三百匹，太祖大喜，親視攻玉爲帶，且召使問曰：「汝帥腹圍幾何？」使言：「彝興腰腹甚大。」太祖曰：「汝帥眞福人也。」遂遣使以帶賜之。

乾德五年，卒，太祖廢朝三日，贈太師，追封夏王。子克睿立。

克睿初名光睿，避太宗諱改「光」爲「克」。彝興之卒，自權知州事，授檢校太保、定難軍節度使。

開寶九年，率兵破北漢吳堡砦，斬首七百級，獲牛羊千計，俘砦主侯遇以獻，累加檢校太尉。

太平興國三年，卒，太宗廢朝二日，贈侍中。子繼筠立。

繼筠，初爲衙內都指揮使、檢校工部尙書，克睿卒，自權知州事，授檢校司徒、定難軍節度觀察留後。太宗征北漢，繼筠遣銀州刺史李光遠、綏州刺史李光憲率蕃、漢兵列陣渡河，略太原境以張軍勢。

太平興國五年，卒，弟繼捧立。





繼捧立，以太平興國七年率族人入朝。自上世以來，未嘗親覲者，繼捧至，太宗甚嘉之，賜白金千兩、帛千匹、錢百萬。祖母獨孤氏亦獻玉盤一、金盤三，皆厚賚之。繼捧陳其諸父、昆弟多相怨，願留京師。乃遣使夏州護緦麻已上親赴闕，授繼捧彰德軍節度使，幷官其昆弟夏州蕃落指揮使克信等十二人有差，遂曲赦銀、夏管內。太宗嘗宴群臣苑中，謂繼捧曰：「汝在夏州用何道以制諸部？」對曰：「羌人鷙悍，但羈縻而已，非能制也。」弟權知夏州克文來朝〔三〕，以唐僖宗所賜其祖思恭鐵劵及朱書御札來上，改博州防禦使。初，繼捧之入也，弟繼遷出奔，及是，數來爲邊患。有言繼遷悉知朝廷事，蓋繼捧泄之，乃出爲崇信軍節度使，克憲爲道州防禦使，克文遣歸博州，並選常參官爲通判，以專郡政。

端拱初，改感德軍節度使。屢發兵討繼遷不克，用宰相趙普計，欲委繼捧以邊事，令圖之。因召赴闕，賜姓趙氏，更名保忠，太宗親書五色金花牋以賜之，授夏州刺史，充定難軍節度使、夏銀綏宥靜等州觀察處置押蕃落等使，賜金器千兩、銀器萬兩，幷賜五州錢帛、芻粟、田園。保忠辭日，宴于長春殿，賜襲衣、玉帶、銀鞍馬、錦綵三千匹、銀器三千兩，又賜錦袍、銀帶五百，副馬百匹。至鎭數月，上言繼遷悔過歸款，乃授繼遷官，然實無降心也。

二年，加保忠特進、同中書門下平章事。

淳化初，與繼遷戰于安慶澤，繼遷中流矢遁去。保忠乞師禦繼遷，遣商州團練使翟守素率兵援之。賜保忠茶百斤、上醞十石。乃獻白鶻，名海東青，以久罷畋獵，詔慰還之。

五年，繼遷攻靈州，遣侍衞馬軍都指揮使李繼隆討之。保忠先挈其母與妻子壁野外，乃上言與繼遷解怨，獻馬五十匹，乞罷兵。帝覽奏，立遣中使督繼隆進軍。及兵壓境，保忠反爲繼遷所圖，欲併其衆，縛牙校趙光祚，襲其營帳。保忠方寢，聞難作，單騎走還城，爲大校趙光嗣閉於別室，且開門迎繼隆，乃執保忠送闕下，待罪崇政殿庭。帝詰責數四，釋之，賜冠帶、器幣，并賜其母金銀器以撫之。尋責授右千牛衞上將軍，封宥罪侯，賜第京師。保忠狀貌雄毅，居環列，奉朝請，常怏怏不自得。

咸平中，丁內艱，以本官起復，遷右金吾衞上將軍〔四〕，判岳州，移復州。景德元年病劇，上言有子永哥不肖，乞配春州。帝以其病語，乃授永州別駕，詔監軍察之。尋卒，贈威塞軍節度使。克文亦死，贈岳州防禦使。

天禧四年，錄其孫從吉爲三班奉職。

繼遷，繼捧族弟也。高祖思忠，嘗從兄思恭討黃巢，拒賊於渭橋，表有鐵鶴，射之沒羽，賊駭之，遂先士卒，戰沒，僖宗贈宥州刺史，祠于渭陽。曾祖仁顏，仕唐，銀州防禦使。祖彝景，嗣于晉。父光儼，嗣于周。





建隆四年，繼遷生于銀州無定河，生而有齒。

開寶七年，授定難軍管內都知蕃落使。

繼捧之歸宋，時年二十，留居銀州，及使至，召緦麻親赴闕，乃詐言乳母死，出葬于郊，遂與其黨數十人奔入地斤澤，澤距夏州東北三百里。

太平興國八年，知夏州尹憲與都巡檢曹光實偵知，夜襲破之，斬首五百級，焚四百餘帳。繼遷與其弟遁免，獲其母與妻。

繼遷復連娶豪族，轉遷無常，漸以彊大，而西人以李氏世著恩德，往往多歸之。繼遷因語其豪右曰：「李氏世有西土，今一旦絕之，爾等不忘李氏，能從我興復乎？」衆曰：「諾。」遂與弟繼冲、破丑重遇貴、張浦、李大信等起夏州，乃詐降，誘殺曹光實于葭蘆川，遂襲銀州據之，時雍熙二年二月也。三月，破會州，焚毀城郭而去。

三年，遂以義成公主嫁繼遷，册爲夏國王。

四年，知夏州安守忠〔五〕以三萬衆戰于王亭鎮，敗績，繼遷追至城門而返。

端拱元年，繼捧之節制夏臺，言能歸款，即授洛苑使、銀州刺史。

淳化初，復與繼捧戰于安慶澤，不利。轉攻夏州，繼捧乞師，及翟守素來，又奉表歸款，授銀州觀察，賜名保吉，子德明管內蕃落使、行軍司馬。

淳化四年，轉運副使鄭文寶議禁鹽池，用困繼遷。數月，邊人四十二族萬餘騎寇環州，屠小康堡，太宗〔六〕乃遣錢若水弛其禁，因撫慰之。

五年正月，繼遷徙綏州民于平夏，部將高文岯等因衆不樂反，攻敗之。繼遷復圍堡砦，掠居民，焚積聚，遂攻靈州，詔遣李繼隆等進討。繼遷夜襲保忠，走之，獲其輜重以歸。七月，乃獻馬以謝。又遣弟廷信獻馬、橐駝，太宗撫賚甚厚，遣內侍張崇貴詔諭，賜茶藥、器幣、衣物。

至道初，遣左都押衙張浦以橐駝、良馬來獻，太宗令衞士翹關、超乘、引彊、奪槊於後園，俾浦等觀，且令兵士皆拓兩石弓。帝笑問浦曰：「羌人敢敵否？」浦曰：「羌部弓弱矢短，但見此長大人則已遁矣，況敢敵乎！」繼遷乞禁邊盜掠，詔令謹守疆埸，還所盜物。遣閤門副使馮訥、中使賈繼隆持詔拜繼遷鄜州節度使，不受。乃以浦爲鄭州團練，留京師。繼遷表鄭文寶誘其部長嵬囉、嵬悉，遂貶文寶藍山令。

二年春，命洛苑使白守榮等護送芻粟四十萬于靈州，且令車重先後作三隊，丁夫持弓矢自衞，士卒布方陣以護之，遇敵則戰，可以無失。復令會州觀察使田紹斌率兵應援。而守榮乃併爲一運，繼遷邀擊于浦洛河，紹斌不救，衆潰，運餉盡爲繼遷所得，太宗聞之怒。四月〔七〕，復命李繼隆爲環、慶等州都部署。會四方館使曹璨自河西至，言繼遷衆萬餘圍靈武，城中上表告急，爲繼遷所得，遂頓兵不去。時朝議或云率輕騎三道擣平夏；或云暑涉旱海





無水泉，粮運艱辛，不如靜以待之，帝不聽。九月，親部分諸將，繼隆出環州，丁罕出慶州，范廷召出延州，王超出夏州，張守恩出麟州，五路進討，直抵平夏。繼隆以環州路迂，乃自青岡峽遶靈武徑趨平夏，兵行數日，與丁罕合，又行十餘日無所見，乃引還。張守恩遇之，不戰而遁。王超、范廷召遇之于烏白池，大小數十戰，不利，諸將失期，士卒困乏。繼遷復令軍主史不乩駐屯橐駝口以阻歸宋人，繼隆遣田敏等擊之。

咸平春〔八〕，繼遷復表歸順，眞宗乃授夏州刺史、定難軍節度、夏銀綏宥靜等州觀察處置押蕃落等使，加邑千戶，實封二百戶，並功臣號，乃放張浦還。復遣押衙劉仁謙表讓恩命，詔不允，賜仁謙錦袍、銀帶。尋遣弟繼瑗來謝恩，授繼瑗亳州防禦使，封繼遷母衞慕氏衞國太夫人，子德明爲定難軍節度行軍司馬。未幾，復抄邊。

四年，麟府副部署曹璨率熟戶兵邀繼遷輜重于柳撥川，殺獲甚衆。九月，來攻破定州、懷遠縣及堡靜、永州〔九〕，清遠軍監軍段義叛，城遂陷。

五年三月，繼遷大集蕃部，攻陷靈州，以爲西平府。

六年春，遂都于靈州，詔遣張崇貴、王涉議和，割河西銀、夏等五州與之。六月，復以二萬騎圍麟州，詔金明巡檢李繼周擊之。圍未解，麟州部署請濟師，眞宗閱地圖曰：「麟州依險，三面孤絕，戮力可守，但城中乏水可憂耳。」乃遣兵走援。繼遷果據水砦，薄城已五日，知

州衞居實（一〇）出奇兵突戰，縋勇士城下，城上鼓噪，矢石如注，殺傷萬餘人，繼遷乃拔去。遂率衆攻西蕃，取西涼府，都首領潘羅支僞降，繼遷受之不疑。八月，復聚兵浦洛河，聲言攻環州，詔張凝等分兵以待之。羅支遽集六谷蕃部及者龍族合擊之，繼遷大敗，中流矢。

景德元年正月二日卒，年四十二，子德明立。祥符五年，德明追上繼遷尊號曰應運法天神智仁聖至道廣德孝光皇帝。元昊追謚曰神武，廟號太祖，墓號裕陵。

德明小字阿移，母曰順成懿孝皇后野利氏，卽位于柩前，時年二十三。邊臣以德明初立，乞詔撫之，因賜詔令審圖去就。又詔蕃族萬山、萬遇、龐羅逝安、萬子都虞候、軍主吳守正馬尾等，能率部下歸順者，授團練使，銀萬兩、絹萬匹、錢五萬緡、茶五千斤；其有亡命叛去者，釋罪甄錄。既而康奴移移等率屬來降。德明遣牙將王旻奉表歸順，賜旻錦袍、銀帶，遣侍禁夏居厚持詔答之，因詔河西羌族各守疆埸。德明連歲表歸順。

三年，復遣牙將劉仁勖（一一）奉誓表請藏盟府，且言父有遺命。帝嘉之，乃授特進、檢校太師兼侍中、持節都督夏州諸軍事、行夏州刺史、上柱國，充定難軍節度、夏銀綏宥靜等州管內觀察處置押蕃落等使，西平王，食邑六千戶，食實封一千戶，仍賜推忠保順亮節翊戴功臣。遣內侍左右班都知張崇貴、太常博士趙湘等充旌節官告使，賜襲衣、金帶、銀鞍勒馬、





銀萬兩、絹萬匹、錢三萬貫、茶二萬斤，給奉如內地。因責子弟入質，德明謂非先世故事，不遣。乃獻御馬二十五匹、散馬七百匹、橐駝三百頭謝恩。

四年，又獻馬五百匹、橐駝三百頭，謝給奉廩，賜襲衣、金帶、器幣。及請使至京市所需物，從之。五月，母罔氏薨，除起復鎭軍大將軍、右金吾衞上將軍，員外置同正員，餘如故。以殿中丞趙稹爲弔贈兼起復官告使，德明以樂迎至柩前，明日釋服，涕泣對使者自陳感恩。及葬，請修供五臺山十寺，乃遣閤門祗候袁瑀爲致祭使，護送所供物至山。復獻馬五百匹，助修章穆皇后園陵。

大中祥符元年，以天書降，加賜守正功臣，益食邑一千戶，食實封四百戶。俄境內旱，詔榷場勿禁西人市糧，以振其乏。東封，又遣使來獻，禮成，加兼中書令，益食邑千戶，實封四百戶。時遼亦遣使册德明爲大夏國王。

明年，出侵回鶻，恆星晝見，德明懼而還。

三年，境內饑，上表求粟百萬，朝議不知所出。時王旦爲相，請敕有司具粟百萬于京師，詔其來取。德明既得詔，曰：「朝廷有人。」遂止。大起宮室于鏊子山。會旱，西攻河州、甘州宗哥族及秦州緣邊熟戶。遂出大里河，築柵葺耳平。

四年，祀汾陰，進中書令。

五年，聖祖降，加守太保。

七年二月，謁太清宮，遣使來獻方物，加宣德功臣。

八年，築堡于石州濁輪谷，將建榷場，詔緣邊安撫司止之。

九年，因表邊臣違約招納逃亡，云：「自景德中進誓表，朝廷亦降詔書，應兩地逃民，緣邊雜戶不令停舍，皆俾交還。自茲謹守翰垣，頗有倫理。自向敏中歸闕，張崇貴云亡，後來邊臣，罕守舊制，各務邀功，不虞生事，遂致綏、延等界，涇、原以來，擅舉兵甲，入臣境土；其有叛亡部族，劫掠主財，去者百無十回。臣之邊吏，亦務蔽藏，俱失奏論，漸乖盟約。」詔答已令鄜延、涇原、環慶、麟府等路約束邊部，毋相攻劫，其有隱蔽逃亡，晝時勘送。本國亦宜戒部下，毋有藏匿，各遵紀律，以守封疆。

五年（一二），德明追尊繼遷爲太祖應運法天神智仁聖至道廣德光孝皇帝，廟號武宗。

七年，甘露降國中。

天禧元年正月，加守太傅，食邑千戶，實封四百戶。三年春，德明丁繼立母憂，除起復如前制，以屯田員外郞上官佖爲弔贈兼起復官告使，閤門祗候常希古爲致祭使。冬，郊祀，又加崇仁功臣。

四年，遼主親將兵五十萬，以狩爲言，來攻涼甸，德明帥衆逆拒，敗之。





五年，遼復遣金吾衞上將軍蕭孝誠賚玉册金印，册爲尙書令、大夏國王。

乾興元年，加純誠功臣。德明自歸順以來，每歲旦、聖節、冬至皆遣牙校來獻不絕，而每加恩賜官告，則又以襲衣五，金荔支帶、金花銀匣副之，銀沙鑼、盆、合千兩，錦綵千匹，金塗銀鞍勒馬一匹，副以纓、複，遣內臣就賜之。又遣閤門祗候賜冬服及頒儀天具注曆。

明年，攻慶州柔遠砦（一三），巡檢楊承吉與戰不利，命曹瑋爲環、慶、秦州緣邊巡檢安撫使禦備之。德明城懷遠鎭爲興州以居。

仁宗卽位，加尙書令。德明娶三姓，衞慕氏生元昊，咩迷氏生成遇，訛藏屈懷氏生成嵬。

天聖六年，德明遣子元昊攻甘州，拔之。

八年，瓜州王以千騎降于夏。火星入南斗。

九年十月（一四），德明卒，時年五十一，追謚曰光聖皇帝，廟號太宗，墓號嘉陵。宋贈太師、尙書令兼中書令，以尙書度支員外郞朱昌符爲祭奠使，六宅副使、內侍省內侍押班馮仁俊副之，賻絹七百匹、布三百匹，副以上醞、羊、米、麪。將葬，賜物稱是，皇太后所賜亦如之。帝與皇太后成服于苑中。子曩霄立。

曩霄本名元昊，小字嵬理，國語謂惜爲「嵬」，富貴爲「理」。母曰惠慈敦愛皇后衞慕氏。

性雄毅，多大略，善繪畫，能創製物始。圓面高準，身長五尺餘。少時好衣長袖緋衣，冠黑冠，佩弓矢，從衛步卒張青蓋。出乘馬，以二旗引，百餘騎自從。曉浮圖學，通蕃漢文字，案上置法律，常攜野戰歌、太乙金鑑訣。弱冠，獨引兵襲破回鶻夜洛隔可汗王，奪甘州，遂立爲皇太子。數諫其父毋臣宋，父輒戒之曰：「吾久用兵，疲矣。吾族三十年衣錦綺，此宋恩也，不可負。」元昊曰：「衣皮毛，事畜牧，蕃性所便。英雄之生，當王霸耳，何錦綺爲？」德明卒，即授特進、檢校太師兼侍中、定難軍節度、夏銀綏宥靜等州觀察處置押蕃落使、西平王，以工部郎中楊告〔一五〕爲旌節官告使，禮賓副使朱允中副之。

既襲封，明號令，以兵法勒諸部。始衣白窄衫，氈冠紅裏，冠頂後垂紅結綬，自號嵬名吾祖。凡六日、九日則見官屬。其官分文武班，曰中書，曰樞密，曰三司，曰御史臺，曰開封府，曰翊衛司，曰官計司，曰受納司，曰農田司，曰群牧司，曰飛龍院，曰磨勘司，曰文思院，曰蕃學，曰漢學。自中書令、宰相、樞使、大夫、侍中、太尉已下，皆分命蕃漢人爲之。文資則幞頭、鞾笏、紫衣、緋衣；武職則冠金帖起雲鏤冠、銀帖間金鏤冠、黑漆冠，衣紫旋襴，金塗銀束帶，垂蹀躞，佩解結錐、短刀、弓矢韣，馬乘鯢皮鞍，垂紅纓，打跨鈸拂。便服則紫皁地繡盤毬子花旋襴，束帶。民庶青綠，以別貴賤。每舉兵，必率部長與獵，有獲，則下馬環坐飲，割鮮而食，各問所見，擇取其長。初，宋改元明道，元昊避父諱，稱顯道於國中。





景祐元年，遂攻環慶路，殺掠居人，下詔約束之。是歲，改元開運，踰月，或告以石晉敗亡年號也，乃改廣運〔一六〕。元年，母衛慕氏死，遣使來告哀，起復鎭軍大將軍、左金吾衛上將軍，員外置同正員。以內殿崇班、閤門祗候王中庸爲致祭使，起居舍人郭勸爲弔贈兼起復官告使。慶州柔遠砦蕃部巡檢嵬通〔一七〕攻破後橋諸堡，於是元昊稱兵報仇，緣邊都巡檢楊遵、柔遠砦監押盧訓以兵七百與戰于龍馬嶺，敗績。環慶路都監齊宗矩、走馬承受趙德宣、寧州都監王文援之，次節義峯，伏兵發，執宗矩，久之始放歸。

二年，加兼中書令。遣其令公蘇奴兒將兵二萬五千攻唃廝囉，敗死略盡，蘇奴兒被執。元昊自率衆攻貓牛城，一月不下。既而詐約和，城開，乃大縱殺戮。又攻青唐、安二、宗哥、帶星嶺諸城，唃廝囉部將安子羅以兵絕歸路，元昊晝夜角戰二百餘日，子羅敗，遂取瓜、沙、肅三州。元昊既還，欲南侵，恐唃廝囉制其後，復舉兵攻蘭州諸羌，侵至馬銜山，築城凡川。

元昊既悉有夏、銀、綏、宥、靜、靈、鹽、會、勝、甘、涼、瓜、沙、肅，而洪、定、威、龍皆即堡鎭號州，仍居興州，阻河依賀蘭山爲固。始大建官，以嵬名守全、張陟、張絳、楊廓、徐敏宗、張文顯輩主謀議，以鍾鼎臣典文書，以成逋、克成賞、都臥、𥪡如定、多多馬竇、惟吉主兵馬，野利仁榮主蕃學。置十二監軍司，委豪右分統其衆。自河北至午臘蒻山七萬人，以備契丹；河南洪州、白豹、安鹽州、羅落、天都、惟精山等五萬人，以備環、慶、鎭戎、原州；左廂宥州路五萬人，以備鄜、延、麟、府；右廂甘州路三萬人，以備西蕃、回紇；賀蘭駐兵五萬、靈州五萬人、興州興慶府七萬人爲鎭守，總五十餘萬。而苦戰倚山訛，山訛者，橫山羌，平夏兵不及也。選豪族善弓馬五千人迭直，號六班直，月給米二石。鐵騎三千，分十部。發兵以銀牌召部長面受約束。設十六司于興州，以總庶務。元昊自製蕃書，命野利仁榮演繹之，成十二卷，字形體方整類八分，而畫頗重複。教國人紀事用蕃書，而譯孝經、爾雅、四言雜字爲蕃語。復改元大慶。

宋寶元元年，表遣使詣五臺山供佛寶，欲窺河東道路。與諸豪歃血約先攻鄜延，欲自德靖〔一八〕、塞門砦、赤城路三道並入，遂築壇受册，即皇帝位，時年三十。遣潘七布、昌里馬乞點兵集蓬子山，自詣西涼府祠神。

明年，遣使上表曰：

臣祖宗本出帝冑，當東晉之末運，創後魏之初基。遠祖思恭，當唐季率兵拯難，受封賜姓。祖繼遷，心知兵要，手握乾符，大舉義旗，悉降諸部。臨河五郡，不旋踵而歸；沿邊七州，悉差肩而克。父德明，嗣奉世基，勉從朝命。眞王之號，夙感于頒宣；尺土之封，顯蒙於割裂。臣偶以狂斐，制小蕃文字，改大漢衣冠。衣冠既就，文字既行，禮





樂既張，器用既備，吐蕃、塔塔、張掖、交河，莫不從伏。稱王則不喜，朝帝則是從，輻輳屢期，山呼齊舉，伏願一垓之土地，建爲萬乘之邦家。于時再讓靡遑，群集又迫，事不得已，顯而行之〔一九〕。遂以十月十一日郊壇備禮，爲世祖始文本武興法建禮仁孝皇帝，國稱大夏，年號天授禮法延祚。伏望皇帝陛下，睿哲成人，寬慈及物，許以西郊之地，册爲南面之君。敢竭愚庸，常敦歡好。魚來雁往，任傳鄰國之音；地久天長，永鎭邊方之患。至誠瀝懇，仰俟帝俞。謹遣弩涉俄疾、你斯悶、臥普令濟、嵬崖妳奉表以聞。

詔削奪官爵、互市，揭榜于邊，募人能擒元昊若斬首獻者，即爲定難軍節度使。又遣賀永年齎嫚書，納旌節及所授敕告置神明匣，留歸孃族而去。

康定元年，環慶路鈐轄高繼隆、知慶州張崇俊攻後橋，而柔遠砦主武英入自北門，拔之。未幾，夏人攻金明砦，執都監李士彬父子。破安遠、塞門、永平諸砦，圍延州，設伏三川口，執劉平、石元孫、傅偃、劉發、石遜等。又攻鎭戎軍，敗劉繼宗、李緯兵五千。環慶部署任福入白豹城，焚其積聚，破四十一族。

慶曆元年二月，攻渭州，逼懷遠城。韓琦徼巡邊至高平，盡發鎭戎兵及募勇士得萬人，命行營總管任福等併擊之，都監桑懌爲前鋒，鈐轄朱觀、都監武英繼之。福申令持重，其夕宿三川，夏人已過懷遠東南。翌日，諸軍躡其後。西路巡檢常鼎、劉肅與夏人對壘于張家

堡，懌以騎兵趣之。福分兵，夕與懌爲一軍，屯好水川，川與能家川隔在隴山外，觀、英爲一軍，屯籠洛川，相離五里。期以明日會兵，不使夏人一騎遁，然已陷其伏中矣。元昊自將精兵十萬，營于川口，候者言夏人有砦，數不多，兵益進。詰旦，福與懌循好水川西去，未至羊牧隆城五里，與夏軍遇。懌爲先鋒，見道傍置數銀泥合，封襲謹密，中有動躍聲，疑莫敢發，福至發之，乃懸哨家鴿百餘，自合中起，盤飛軍上。於是夏兵四合，懌先犯，中軍繼之，自辰至午酣戰。陣中忽樹鮑老旗，長二丈餘，懌等莫測。既而鮑老揮右則右伏出，揮左則左伏出，翼而襲之，宋師大敗。懌、劉肅及福子懷亮皆戰沒。小校劉進勸福自拔，福不聽，力戰死。初，渭州都監趙津將瓦亭塞騎兵三千餘爲諸將後繼〔三〇〕。是日，朱觀、武英兵會能家川與夏人遇，陣合，王珪自羊牧隆城以屯兵四千五百人助觀略陣，陣堅不可動，英重傷，不能出軍戰，自午至申，夏軍益至，東陣步兵大潰，衆遂奔。珪、英、津及參軍耿傅、隊將李簡、都監李禹亨、劉均〔三一〕皆死於陣。觀以千餘人保民垣，發矢四射，會暮，夏軍引去。將校士卒死者萬三百人，關右震動，軍須日廣，三司告不足，仁宗爲之旰食，宋庠請修潼關以備衝突。秋，夏人轉攻河東，及麟、府，不能下，乃引兵攻豐州，城孤無援，遂據之；又破寧遠砦，屯要害，絕麟、府餉道。楊偕始請棄河外，保合河津，帝不許。會張亢管勾麟府軍馬事，破之于柏子，又破之于兔毛川，亢築十餘栅，河外始固。元昊雖數勝，然死亡創痍者相半，人困於



點集，財力不給，國中爲「十不如」之謠以怨之。元昊乃歸塞門砦主高延德，因乞和，知延州范仲淹爲書陳禍福以喻之。元昊使其親信野利旺榮復書，語猶嫚。知延州龐籍言，夏境鼠食稼，且旱，元昊思納款，遂令知保安軍劉拯諭旺榮言：「公方持靈、夏兵，倘內附，當以西平茅土分册之。」知青澗城种世衡又遣王嵩以棗及畫龜爲書置蠟丸中遺旺榮，諭以早歸之意，欲元昊得之，疑旺榮。旺榮得之笑曰：「种使君亦長矣，何爲此兒戲耶！」囚嵩窖中歲餘。知渭州王沿、總管葛懷敏使僧法淳持書往，而旺榮乃出嵩與教練使李文貴至青澗城，自言用兵以來，資用困乏，人情便於和。籍疑其款吾軍，留之數月。

二年，復大入，戰于定川〔三二〕，宋師大敗，葛懷敏死之，直抵渭州〔三三〕，大焚掠而去。詔籍招納，籍遣文貴還。月餘，元昊使文貴與王嵩以其臣旺榮〔三四〕、其弟旺令、嵬名瓌、卧譽諍三人書議和，然屈彊不肯削僭號，且云「如日方中，止可順天西行，安可逆天東下。」籍以其言未服，乃令自請，而詔籍復書許之。

明年，遣六宅使伊州刺史賀從勗與文貴俱來，猶稱男邦泥定國兀卒上書父大宋皇帝，更名曩霄而不稱臣。兀卒，即吾祖也，如可汗號。議者以爲改吾祖爲兀卒，特以侮玩朝廷，不可許。詔遣邵良佐、張士元、張子奭、王正倫更往議，且許封册爲夏國主，而元昊亦遣如定、聿捨、張延壽、楊守素繼來。



四年，始上誓表言：「兩失和好，遂歷七年，立誓自今，願藏盟府。其前日所掠將校民戶，各不復還。自此有邊人逃亡，亦毋得襲逐。臣近以本國城砦進納朝廷，其栲栳、鐮刀、南安、承平故地及他邊境蕃漢所居，乞畫中爲界，於內聽築城堡。凡歲賜銀、綺、絹、茶二十五萬五千，乞如常數，臣不復以他相干。乞頒誓詔，蓋欲世世遵守，永以爲好。倘君親之義不存，或臣子之心渝變，使宗祀不永，子孫殛殃。」詔答曰：「朕臨制四海，廓地萬里，西夏之土，世以爲胙。今乃納忠悔咎，表於信誓，質之日月，要之鬼神，及諸子孫，無有渝變。申復懇至，朕甚嘉之。俯閱來誓，一皆如約。」十二月，遣尚書祠部員外郎張子奭充册禮使，東頭供奉官、閤門祗候張士元副之。仍賜對衣、黃金帶、銀鞍勒馬、銀二萬兩、絹二萬匹、茶三萬斤。册以漆書竹簡，籍以天下樂錦。金塗銀印，方二寸一分，文曰「夏國主印」，錦綬，塗金銀牌。緣册法物，皆銀裝金塗，覆以紫繡。約稱臣，奉正朔，改所賜敕書爲詔而不名，許自置官屬。使至京，就驛貿賣，宴坐朶殿。使至其國，相見用賓客禮。置榷場于保安軍及高平砦，第不通青鹽。然宋每遣使往，館于宥州，終不復至興、靈，而元昊帝其國中自若也。

是歲，遼夾山部落呆兒族八百戶歸元昊，興宗責還，元昊不遣。遂親將騎兵十萬出金肅城，弟天齊王馬步軍大元帥將騎七千出南路，韓國王將兵六萬出北路，三路濟河長驅。興宗入夏境四百里，不見敵，據得勝寺南壁以待。八月五日，韓國王自賀蘭北與元昊接戰，



數勝之，遼兵至者日益，夏乃請和，退十里，韓國王不從。如是退者三，凡百餘里矣，每退必赭其地，遼馬無所食，因許和。夏乃遷延，以老其師，而遼之馬益病，因急攻之，遂敗，復攻南壁，興宗大敗。入南樞王蕭孝友砦，擒其鶻突姑駙馬〔三五〕，興宗從數騎走，元昊縱其去。

元昊五月五日生，國人以其日相慶賀，又以四孟朔爲節。凡五娶，一曰大遼興平公主，二曰宣穆惠文皇后沒藏氏，生諒祚，三曰憲成皇后野力氏，四曰妃沒啰氏，五曰索氏。元昊以慶曆八年正月殂，年四十六。在位十七年，改元開運一年，廣運二年，大慶二年，天授禮法延祚十一年。謚曰武烈皇帝，廟號景宗，墓號泰陵。宋遣開封府判官、尚書祠部員外郎曹穎叔爲祭奠使，六宅使、達州刺史邵保信爲弔慰使，賜絹一千匹、布五百端、羊百口、麪米各百石、酒百瓶。及葬，仍賜絹一千五百匹，餘如初賻。子諒祚立。

諒祚，景宗長子也，小字寧令哥，國語謂「歡嘉」爲「寧令」。兩岔，河名也，母曰宣穆惠文皇后沒藏氏，從元昊出獵，至此而生諒祚，遂名焉。以慶曆七年丁亥二月六日生，八年戊子正月，方期歲即位。四月，遣尚書刑部員外郎任顓充册禮使，供備庫副使宋守約充副使，册諒祚爲夏國主。

嘉祐元年，母沒藏氏薨，遣祖儒嵬多、聿則慶唐及徐舜卿來告哀，詔以集賢校理馮浩假

尚書刑部郎中、直史館爲弔慰使，文思副使張惟清假文思使副之，乃獻遺留馬駝以謝。

諒祚幼養于母族訛龐，訛龐因專國政。初，麟州西城枕蛦㠝曰紅樓，下瞰屈野河，其外距夏境尚七十里，而田腴利厚，多入訛龐，歲東侵不已。至耕穫時，輒屯兵河西，經略使龐籍每戒邊將使毋得過屈野河，然所距屈野河猶二十里。管勾軍馬司賈逵徼循，見所侵田，稍過督邊吏，麟州守王亮懼，始以事聞。詔以殿直張安世、賈恩爲同巡檢經制之。訛龐晏然弗革，迫之則格鬭，緩之則歸耕，經略司遣使還所侵田，訛龐專爲譎言，無歸意。嘉祐二年，遂圍兵宿境上，逮三月，增至數萬人，守將斂兵弗與戰。知麟州武戡築堡于河西，以爲保障。役既興，戡率將吏往按視，遇夏人于沙鼠浪，戡與管勾郭恩等欲止，而走馬承受黃道元以言脅之，遂夜進至臥牛峯，見烽舉，且鼓聲，道元猶不信，比明，至忽里堆，與夏人相去纔數十步，遂合戰，自旦至食時，夏人四面合擊，衆大潰，戡走，恩與道元及兵馬監押劉慶等被執。安撫司遣李思道、孫兆往議疆事，而訛龐驚不聽。久之，太原府、代州兵馬鈐轄蘇安靜得夏國呂寧、拽浪撩黎來合議，乃築堠九，更新邊禁，要以違約則罷和市，自此始定。諒祚忌訛龐專，或告訛龐將叛，諒祚討殺之，夷其族。已而請去蕃禮，從漢儀。

嘉祐六年，上書自言慕中國衣冠，明年當以此迎使者。詔許之。明年，又改西壽監軍司爲保泰軍，石州監軍司爲靜塞軍，韋州監軍司爲祥祐軍，左廂監





軍司爲神勇軍。遣人獻方物，稱宣徽南院使，詔諭非陪臣所宜稱，戒其僭擬，使遵誓詔。表求太宗御製詩章〔三六〕隸書石本，且進馬五十匹，求九經、唐史、册府元龜及宋正至朝賀儀，詔賜九經，還所獻馬。

治平初，求復榷場，不許。既而遣吳宗等來賀英宗即位，詔令門見，使者不從，至順天門，且欲佩魚及儀物自從，引伴高宜禁之，不可，留止廐置一夕，絕其供饋。宗語不遜，宜折之，使如故事，良久，乃聽入。及賜食殿門，又訴於押伴張覲，詔命還赴延州與宜辨。宗度理屈，不復置對。遂詔諒祚懲約之。秋，夏人出兵秦鳳、涇原，抄熟戶，擾邊塞弓箭手，殺掠人畜以萬計。程戡、王素、孫長卿諭安諸族首領，防誘脅散叛。遣文思副使王無忌齎詔問之，諒祚遷延弗受，已而因賀正使荔茂先獻表，歸罪宋邊吏。

三年，遂大舉攻大順城，分兵圍柔遠砦，燒屈乞村，栅段木嶺，州兵、熟戶、蕃官趙明合擊退之。遣西京左藏庫副使何次公詰之。三月，乃獻方物謝罪，賜絹五百匹、銀五百兩。

神宗即位，乃遣內殿崇班魏璪賜以治平三年冬服、銀絹。供備庫副使高遵裕告哀，幷以英宗遺留物賜之。秋，夏國遣使奉慰及進助山陵。冬，种諤取綏州，因發兵夜掩嵬名山帳，脅降之。諒祚乃詐爲會議，誘知保安軍楊定、都巡檢侍其臻等殺之，邊吏以聞，命韓琦知永興軍，經略西方。諒祚錮送殺定者六宅使李崇貴、右侍禁韓道善〔三七〕及虜去定子仲通。

十二月，諒祚殂，年二十一。在位二十年，改元延嗣寧國一年，天祐垂聖三年，福聖承道四年，𢀛都六年，拱化五年。謚曰昭英皇帝，廟號毅宗，墓號安陵。子秉常立。

## 校勘記

〔一〕彝超　原作「彝興」，據舊五代史卷一三二、新五代史卷四〇李仁福傳改。

〔二〕授契丹西南招討使　「授」字原在「契丹」下，據舊五代史卷八二晉書少帝紀、卷一三二本傳都作「以彝殷爲契丹西南面招討使」，則「授」字應在「契丹」上，據改。

〔三〕弟權知夏州克文來朝　按長編卷二三、隆平集卷二〇夏國傳都說李克文是繼捧的從父，這裏以克文爲繼捧之弟，疑誤。

〔四〕右金吾衞上將軍　「右」字原脫，據長編卷五六補。

〔五〕安守忠　原作「安守中」，據本書卷二七五、隆平集卷一八本傳改。

〔六〕太宗　原作「太祖」，按此爲淳化四年事，應作「太宗」，今改。

〔七〕四月　原作「三年」，據本書卷五太宗紀、太宗實錄卷七七、宋會要兵八之一九改。

〔八〕咸平春　按繼遷歸宋授官，在至道三年十二月，見本書卷六眞宗紀、長編卷四二，作「咸平春」誤。





〔九〕定州懷遠縣及堡靜永州　據本卷下文及武經總要前集卷一八下，「懷遠縣」當作「懷遠鎮」；「堡靜」，武經總要前集卷一八下作「保靜」。

〔一〇〕衞居實　按長編卷五二、太平治蹟統類卷五都作「衞居實」。

〔一一〕劉仁勖　「劉」字原脫，據長編卷六四補。

〔一二〕五年　按本年所記的事，即上文祥符五年德明追尊繼遷事，此處上文已出祥符九年，下文爲天禧元年，不當夾敍五年事，疑有舛誤；下文所敍甘露降之「七年」也疑舛出。

〔一三〕明年攻慶州柔遠砦　按長編卷九三、本書卷二五八曹瑋傳此事都繫於天禧三年，此處作「明年」，即天聖元年，疑誤。「慶州」原作「麟州」，據長編卷九三、本書卷八七地理志、武經總要卷一八上改。

〔一四〕九年十月　按長編卷一一一明道元年十月壬辰「延州告趙德明卒」，上文說德明於景德元年即位，時年二十三，此處說卒時年五十一，疑以作明道元年十月爲是。

〔一五〕楊告　原作「楊吉」，據本書卷三〇四本傳、長編卷一一一改。

〔一六〕廣迺　原作「廣民」，據下文及長編卷一一五、東都事略卷一二七改。

〔一七〕嵬通　按長編卷一一五作「威布」，太平治蹟統類卷七康定元昊擾邊條作「嵬逋」，「布」、「逋」音近，「逋」、「通」形近，疑「通」爲「逋」之訛。本傳下卷夏國下，「嵬通」，長編卷一二三四亦作「威布」，

不再出校。

〔一八〕德靖 二字原倒，據本書卷八七地理志、長編卷一二二乙正。

〔一九〕鞞集又迫事不得已顯而行之 按司馬光涑水紀聞卷九，「集」作「情」，「顯」作「順」。

〔二〇〕渭州都監趙津將瓦亭塞騎兵三千餘爲諸將後繼 「渭州」原作「渭川」，據長編卷一三一、涑水紀聞卷一二改。「趙津」，同上二書同卷及河南先生文集卷三憫忠篇作「趙律」。又本書卷八七地理志渭州平涼縣有瓦亭砦疑卽此瓦亭寨。

〔二一〕李禹亨劉均 本書卷三二五任福傳、長編卷一三一作「李禹亨劉鈞」。

〔二二〕定川 原作「定州」，據本書卷一一仁宗紀、長編卷一三七改。

〔二三〕渭州 原作「渭川」，據同上書同卷改。

〔二四〕旺榮 原作「榮旺」，據上文及東都事略卷一二七改。

〔二五〕駙馬 原作「附馬」，據長編卷一五二改。

〔二六〕詩章 原作「草詩」，據長編卷一九六改。

〔二七〕韓道善 按東都事略卷一二八、太平治蹟統類卷一五神宗經制西夏條作「韓道喜」。



# 宋史卷四百八十六

## 列傳第二百四十五

### 外國二

#### 夏國下

秉常，毅宗之長子，母曰恭肅章憲皇后梁氏。治平四年冬卽位，時年七歲，梁太后攝政。

熙寧元年三月，遣新河北轉運使、刑部郎中薛宗道等來告哀，神宗問殺楊定事〔一〕，宗道言殺人者先已執送之矣，乃賜詔慰之。并諭令上大首領數人姓名，當爵祿之，俟崇貴至，卽行册禮。及崇貴至，云定奉使諒祚，常拜稱臣，且許以歸沿邊熟戶，諒祚遺之寶劍、寶鑑及金銀物。初，定之歸，上其劍、鑑而匿其金銀，言諒祚可刺，帝喜，遂擢知保安。既而夏人失綏州，以爲定賣己，故殺之。至是事露，帝薄崇貴等罪而削定官，沒其田宅萬計。

二年二月，遣河南監牧使劉航等册秉常爲夏國主。三月，夏人入秦州，陷劉溝堡，殺范





愿。既而進誓表，乞班誓詔，及請以安遠、塞門二砦易綏州。初，朝議欲官爵夏之首領，計分其勢，郭逵以爲彼必不受詔，且彼既恭順，宜布以大信，不當誘之以利。秉常果不奉詔，遣都羅重進來言曰：「上方以孝治天下，奈何反教小國之臣叛其君哉！」於是前議遂罷。乃賜誓詔，而綏州待得二砦乃還。夏主受册而二砦不歸，且欲先得綏州，遣罔萌訛以誓詔來言。及趙卨往交地，萌訛對以朝廷本欲得二砦，地界非所約。卨曰：「若然，安遠、塞門二牆墟耳〔二〕，安用之！」遂罷，詔城綏州。八月，表請去漢儀，復用蕃禮，從之。十月，遣使來謝封册。

三年五月，夏人號十萬，築鬧訛堡，知慶州李復圭合蕃、漢兵纔三千，偪遣偏將李信、劉甫、种詠等出戰，信等訴以衆寡不敵，復圭威以節制，親畫陣圖方略授之，兵進，遂大敗。復圭懼，欲自解，卽執信等而取其圖略，命州官李昭用劾以故違節制，詠庾死獄中，斬信、甫，配流郭貴。復出兵邛州堡，夜入欄浪、和市〔三〕，掠老幼數百；又襲金湯，而夏人已去，惟殺其老幼一二百人，以功告捷，而邊怨大起矣。八月，夏人遂大舉入環慶，攻大順城、柔遠砦、荔原堡、淮安鎭、東谷西谷二砦、業樂鎭，兵多者號二十萬，少者不下一二萬，屯榆林，距慶州四十里，游騎至城下，九日乃退。鈐轄郭慶、高敏、魏慶宗、秦勃等死之。

四年正月，种諤謀取横山，領兵先城囉兀，進築永樂川、賞逋嶺二砦，分遣都監趙璞、燕

達築撫寧故城，及分荒堆三泉、吐渾川、開光嶺、葭蘆川四砦與河東路修築，各相去四十餘里。二月，夏人來攻順寧砦，復圍撫寧，折繼世〔四〕、高永能等擁兵駐細浮圖，去撫寧咫尺，囉兀兵勢尚完。种諤在綏德節制諸軍，聞夏人至，茫然失措，欲作書召燕達，戰怖不能下筆，顧轉運判官李南公涕泗不已。於是新築諸堡悉陷，將士千餘人皆沒。初，朝議以諤新築囉兀城，去綏德百餘里，偏梁險狹，難於餽餉，且城中無井泉，遣李評、張景憲往視之，未至而撫寧陷，遂詔棄囉兀城。五月，燕達以戍卒輜重歸自囉兀，爲夏人邀擊，達多失亡。九月，夏遣使入貢，且以二砦易綏州，乞如舊約，詔不允。

五年正月，夏鈐轄結勝爲麟州步將王文郁戰降，授供奉官；久之，謀竄歸，事覺，詔聽其去。六月，夏人還荔原堡逃背熟戶嵬逋等七十八人。閏七月，遣部將景思立、王存以涇原兵出南路，王韶由東谷徑趨武勝，未至十餘里，逢夏人戰，遂至其城，瞎藥棄城夜遁，大首領曲撒四王阿南珂出奔，乃城武勝。十二月，遣使進馬贖大藏經，詔賜之而還其馬。

八年三月，夏人以索蕃、漢部盜人畜投南界者，牒熙河經略司請高太尉赴三岔堡會議，牒稱大安二年。乃詔鄜延經略司，令牒宥州問妄稱年號，且牒非其地分邊臣會議，皆違越生事，是必夏主不知，請問之。夏人進奉山陵後期，詔令先至永厚陵設祭後至闕奉慰。帝謂輔臣曰：「元昊昔僭號，遣使上表稱臣，其辭猶遜，朝廷不先詰其所以然而遽絕之，縱邊民





蕃部討虜，故元昊嘗自謂爲諸羌所立不得辭，朝廷不得命，不得已而變。西師亟戰輒敗，天下騷然，仁宗悔之。當元昊僭書來，獨諫官吳育謂難以中國叛臣處之，或可稍易以名號，議者皆以爲不然，卒困中原，而後歲賜，封册爲夏國主，良可惜哉！」

元豐二年六月，夏人自滿堂川入大會平，殺防田人馬，兵官李浦等逼逐出塞。九月，綏德把截楊永慶聲徼循邊而掩取蕃部首級，詐言斬犯邊人，詔毀永慶出身文字，送西京編管。

四年四月，有李將軍清者，本秦人，說秉常以河南地歸宋，國母知之，遂誅清而奪秉常政。鄜延總管种諤乃疏秉常遇弒，國內亂，宜興師問罪，此千載一時之會。帝然之，遂遣王中正往鄜延、環慶，稱詔募禁兵，從者將之。詔熙河李憲等，以秉常見囚，大舉征夏；及詔諭夏國嵬名諸部首領，能拔身自歸及相率共誅國讎，當崇其爵賞，敢有違拒者誅九族。八月，中正及諤言涇原、環慶會兵取靈州，復討興州，麟府、鄜延先會夏州，取懷州渡會興州。憲總七軍及董氊兵三萬，至新市城，遇夏人，戰敗之。王中正出麟州，稱辭自言代皇帝親征〔五〕，提兵六萬，才行數里，卽奏已入夏境，屯白草平九日不進。環慶經略使高遵裕將步騎八萬七千、涇原總管劉昌祚將卒五萬出慶州，諤將鄜延及畿內兵九萬三千出綏德城。九月，諤圍米脂，夏人來救，戰于無定川，大破之，斬首五千級。十月，遂克米脂，降守將令分訛遇〔六〕，進攻石州。中正以河東軍渡無定河，循水北行，地皆沙濕，士馬多陷沒，遂繼諤趨夏州〔七〕，而民皆潰，軍無所得。遵裕至清遠軍，攻靈州，夏人決黃河灌營，復抄絕餉道，士卒凍溺死，餘兵纔萬三千人，遂歸。夏人追戰，將官俞平死之。中正至宥州奈王井，糧盡，士卒死亡者已二萬，乃引軍還。諤兵無食，會大雪死，遂潰，入塞者纔三萬人。昌祚遇夏人于磨臍隘，夏之拒者二三萬人，昌祚乃分兵渡葫蘆河，奪其隘，與統軍國母弟梁大王戰，遂大破之。憲營于天都山下，焚夏之南牟內殿幷其館庫，追襲其統軍仁多唆丁，敗之，擒百人，遂班師。涇原總兵侍禁魯福、彭孫護餽餉至鳴沙川，與夏人三戰，敗績。初，夏人聞宋大舉，梁太后問策于廷，諸將少者盡請戰，一老將獨曰：「不須拒之，但堅壁清野，縱其深入，聚勁兵于靈、夏而遣輕騎抄絕其餽運，大兵無食，可不戰而困也。」梁后從之，宋師卒無功。

五年正月，遂使涿州遺書云：「夏國來稱，宋兵起無名，不測事端。」神宗報以「夏國主受宋封爵，咋邊臣言，秉常見爲母黨囚辱，比令移問事端，其同惡不報。繼又引兵數萬侵犯我邊界，義當有征。今彼以屢遭敗衄，故遣使詭情陳露，意在間貳，想彼必以悉察。」夏人聞此，遂不至。五月，沈括請城古烏延城以包橫山，使夏人不得絕沙漠。遂遣給事中徐禧〔八〕、內侍押班李舜舉往議。禧復請于銀、夏、宥之界築永樂城。永樂依山無水泉，獨种諤極言不可，禧率諸將竟城之，賜名銀川砦；禧等還米脂，以兵萬人屬曲珍守之。永樂接宥州，附





橫山，夏人必爭之地。禧等既城去，九日，夏人來攻，珍使報禧，乃挾李舜舉來援，而夏兵至者號三十萬，禧登城西望，不見其際，宋軍始懼。翌日，夏兵漸逼，禧乃以七萬陣城下，坐譙門，執黃旗令衆曰：「視吾旗進止！」夏人縱鐵騎渡河，或曰：「此號『鐵鷂子』，當其半濟擊之，乃可有逞，得地則其鋒不可當也。」禧不聽。鐵騎既濟，震盪衝突，大兵從之，禧師敗績，將校寇偉、李思古、高世才、夏儼、程博古及使臣十餘輩、士卒八百餘人盡沒。詔李憲、張世矩往援，及令括遣人與約退軍，當還永樂地。夏人進侵，及縣門，潰歸城者，決水砦爲道以登，夏人因之，奔歸于城者三萬人皆沒。夏兵圍之者厚數里，遊騎掠米脂。將士晝夜血戰，城中乏水已數日，鑿井不得泉，渴死者大半，括等援兵及餽運皆爲夏大兵所隔。夏人呼珍來講和，呂整、景思義相繼而行，夏人髡思義囚之，而城圍者已浹旬矣。夜半，夏兵環城急攻，城遂陷，高永能戰沒，禧、舜舉、運使李稷皆死於亂兵，惟曲珍、王湛、李浦、呂整裸跣走免，蕃部指揮馬貴獨奮死持刀殺數十人而沒。是役也，死者將校數百人，士卒、役夫二十餘萬，夏人乃耀兵米脂城下而還。宋自熙寧用兵以來，凡得葭蘆、吳保、義合、米脂、浮圖、塞門六堡，而靈州、永樂之役，官軍、熟羌、義保死者六十萬人，錢、粟、銀、絹以萬數者不可勝計。帝臨朝痛悼，而夏人亦困弊。夏西南都統、昴星嵬名濟迺移書劉昌祚曰：

中國者，禮樂之所存，恩信之所出，動止猷爲，必適于正。若乃聽誣受間，肆詐窮

兵，侵人之土疆，殘人之黎庶，是乖中國之體，爲外邦之羞。昨者朝廷暴興甲兵，大窮侵討，蓋天子與邊臣之議，爲夏國方守先誓，宜出不虞，五路進兵，一舉可定，故去年有靈州之役，今秋有永樂之戰，然較其勝負，與前日之議，爲何如哉！

朝廷於夏國，非不經營之，五路進討之策，諸邊肆撓之謀，皆嘗用之矣。知徼幸之無成，故終於樂天事小之道。況夏國提封一萬里，帶甲數十萬，南有于闐作我歡隣，北有大燕爲我強援，若乘間伺便，角力競鬭，雖十年豈得休哉！即念天民無辜，受此塗炭之苦，國主自見伐之後，夙夜思念，爲自祖宗之世，事中國之禮無或虧，貢聘不敢怠，而邊吏幸功，上聽致惑，祖宗之盟既阻，君臣之分不交，存亡之機，發不旋踵，朝廷豈不恤哉！

至於魯國之憂，不在顓臾，隋室之變，生於楊感。此皆明公得於胸中，不待言而後喻。今天下倒垂之望，正在英才，何不進讜言，闢邪議，使朝廷與夏國歡好如初，生民重見太平〔九〕，豈獨夏國之幸，乃天下之幸也。

昌祚上其書，帝喻答之。

六年二月，夏人大舉圍蘭州，已奪西關門〔一〇〕，鈐轄王文郁集死士七百，夜縋城而下，持短兵突營，遂拔去。五月，復來，圍九日，大戰，侍禁韋禁死之，乃解去。閏六月，遣使謨箇、咩





迷乞遇來貢，表曰：「夏國累得西蕃木征王子書〔一一〕，稱南朝與夏國交戰歲久，生靈荼毒，欲擬通和。緣夏國先曾請所侵疆土，不從；以此未便輕許〔一二〕。西蕃再遣使散八昌郡、丹星等到國，稱南朝語言計會，但當遣使齎表，自令引赴南朝。切念臣自歷世以來，貢奉朝廷，無所虧怠，至於近歲尤甚歡和，不意憸人誣間，朝廷特起大兵，侵奪疆土城砦，因茲構怨，歲致交兵。今乞朝廷示以大義，特還所侵，倘垂開納，別效忠勤。」乃賜詔曰：「頃以權強，敢行廢辱，朕用震驚，令邊臣往問，匿而不報，王師徂征，蓋討有罪。今遣使造庭，辭禮恭順，仍聞國政悉復故常，益用嘉納。已戒邊吏毋輒出兵，爾亦其守先盟。」遂詔陝西、河東經略司，其新復城砦，徼循毋出二三里，夏之歲賜如舊。

七年正月，圍蘭州，李憲戰却之。六月，攻德順軍，巡檢王友戰死。九月，圍定西城，燒龕谷族帳，遂以十月至靜邊，鈐轄彭孫敗之，殺其首領仁多唛丁。十二月攻清遠〔一三〕，隊將白玉、李貴死之。

八年三月，神宗崩，賜以遺留物。夏人攻葭蘆，供奉王英戰死。七月，遣使丁弩鬼名謨鐸、副使呂則陳聿精等來奠慰。十月，遣芭良、鬼名濟、賴昇聶、張聿正進助山陵禮物。夏國主母梁氏薨，訃至，以朝散郎、刑部郎中杜紘充祭奠使，東頭供奉官、閤門祗候王有言充弔慰使。夏以主母遺留物來進。

元祐元年二月，始遣使入貢。五月，遣鼎利、罔豫章來賀哲宗即位。六月，復遣訛囉聿來求所侵蘭州、米脂等五砦。使未至，蘇轍兩疏請因其請地而與之。司馬光言：「此邊鄙安危之機，不可不察。靈夏之役，本由我起，新開數砦，皆是彼田，今既許其內附，豈宜靳而不與？彼必曰：『新天子即位，我卑辭厚禮以事中國，庶幾歸我侵疆，今猶不許，則是恭順無益，不若以武力取之。』小則上書悖慢，大則攻陷新城。當此之時，不得已而與之，其爲國家之恥，無乃甚於今日乎？羣臣猶有見小忘大，守近遺遠，惜此無用之地，使兵連不解，爲國家之憂。願決聖心，爲兆民計。」時異議者衆，唯文彥博與光合，遂從之。秋七月乙丑，秉常殂，時年二十六〔一四〕。在位二十年，改元乾道二年，天賜禮盛國慶五年，大安十一年，天安禮定一年。謚曰康靖皇帝，廟號惠宗，墓號獻陵。子乾順立。

乾順，惠宗之長子也，母曰昭簡文穆皇后梁氏，生三歲即位。元祐元年十月，以父殂，遣使呂則罔聿謨等來告哀。詔自元豐四年用兵所得城砦，待歸我陷執民，當盡以給還。乃遣金部員外郎穆衍充祭奠使，供備庫使張楙充弔慰使。夏遣使進馬、駝來賀興龍節〔一五〕。

二年正月，遣權樞密院都承旨公事劉奉世爲册禮使，崇儀副使崔象先副之，册乾順爲夏國主，仍節度、西平王。三月，夏遣大使映吳鬼名諭密、副使廣樂毛示聿等詣太皇太后進





駝、馬以謝奠慰。七月，夏人攻鎮戎軍諸堡，劉昌祚等禦之而退。

三年三月，攻德靖砦，諸將米贇、郝普戰死。詔劉昌祚以涇原萬人駐德順軍，熙河五千人駐通遠軍，據秦鳳要害，以爲犄角。夏人遂攻龕谷砦，砦兵及東關堡巡檢等戰不利，死者幾百人。

四年二月，始遣使謝封册。六月，稍歸永樂所獲人，遂以葭蘆、米脂、浮圖、安疆四砦與之，而畫界未定。遣崇儀使董正叟、如京使李玩押賜夏國生日禮物及冬服。七月坤成節、十二月興龍節皆遣使來賀。

五年六月，夏人來言，畫疆界者不依綏州內十里築堡鋪供耕牧、外十里立封堠作空地例，以辨兩國界。詔曰：「已諭邊臣如約，夏之封界當亦體此。」多，攻蘭州之質孤、勝如堡，既而遣使來賀正旦。

六年七月，遣使來賀坤成節。九月，圍麟、府三日，殺掠不計，鄜延都監李儀等盡沒。

七年，屢攻綏德城，以重兵壓涇原境，留五旬，大掠，築壘于沒烟峽口以自固。游師雄請自蘭州李諾平東抵通遠定西、通渭之間，建汝遮、納迷、結珠龍三砦及置護耕七堡，以固藩籬；穆衍請於質孤、勝如二堡之間，城李諾平以控要害。議未決，秦鳳都監康謂以爲：「夏之所以未臣附而屢肆兵者，以我勢分於隄備，兵未練而賞罰失當耳。若擇銳結伍，伺彼之

中華書局

動，聚則先擊，散則復襲，則彼分而我聚，以衆擊寡，可得志也。」詔諭詣闕，而下其事於諸道。

八年四月，復遣使以蘭州一境易塞門二砦，詔數其違順不常而却其請。

紹聖元年二月，夏進馬助太皇太后山陵。復遣使再議易地，詔不允。

三年九月，大入鄜延，西自順寧、招安砦，東自黑水、安定，中自塞門、龍安、金明以南，二百里間相繼不絕，至延州北五里。十月，忽自長城一日馳至金明，列營環城，國主子母親督桴鼓，縱騎四掠。知麟州有備，復還金明，而後騎之精銳者留龍安。邊將悉兵掩擊不退，金明乃破。守兵二千八百人惟五人得脫，城中糧五萬石、草千萬束皆盡，將官皇城使張俞死之。既還，留一書置漢人頸上，曰：「貸汝命，爲我投於經略使處。」其言曰：「夏國昨與朝廷議疆場，惟有小不同，方行理究，不意朝廷改悔，却於坐團鋪處立界。本國以恭順之故，亦黽勉聽從，遂於境內立數堡以護耕，而鄜延出兵，悉行平蕩，又數數入界殺掠。國人共憤，欲取延州，終以恭順，止取金明一砦，以示兵鋒，亦不失臣子之節也。」延帥呂惠卿上于樞密院而不以聞。初，哲宗聞夏人來寇，泰然笑曰：「五十萬衆深入吾境，不過十日，勝不過一二砦須去。」已而果破金明引退。

四年正月，涇原都鈐轄王文振率諸將破沒煙峽新砦，斬獲三千餘級。二月，夏復以七





萬衆攻綏德，鄜延將兵戰退之。

元符元年十二月，涇原折可適掩夏西壽統軍嵬名阿埋、監軍妹勒都逋，獲之。彗星見，乾順赦國中。

二年正月，國母梁氏薨，遂遣使嵬德崇來爲夏人議和。乃復書謂：若果出至誠，深悔謝罪，當徐度所宜，開以自新之路。五月，夏蘭會正鈐轄革瓦孃以部落來降，授內殿崇班，賜銀、絹、緡錢各三百。七月，環州种朴徼赤羊川，獲賞囉訛乞家屬百五十餘口，孳畜五千。夏人千餘騎來追，戰却之，擒監軍訛勃囉及首領淚丁訛遇。詔令赴闕，存恤訛乞家屬，又遣人持其家信號往招之。九月，夏人來告國母哀，因上表謝過。詔夏主：「省所上表，能抗章引慝，已諭邊臣，我疆彼界，毋相侵犯。」已而夏以二千騎出浮圖岔來戰，供奉官陳告、差使李戭死之。閏九月，古逸川部族叛，熙河將王愍率兵掩擊，翌日，夏人馬數萬圍愍等，力戰敗之，擒其鈐轄嵬名乞遇；統制苗履又戰於青唐峗，夏人敗績。十二月，遂遣令能、嵬名濟等進誓表曰：「臣國久不幸，時多遇凶，兩經母黨之擅權，累爲奸臣之竊命。頻生邊患，增怒上心，釁端既深，理訴難達。幸凶黨伏誅，稚躬反正。遐馳懇奏，陳前咎之所歸；乞紹先盟，果淵衷之俯納。故班詔而申諭，獲貢誓以輸誠，謹當飭疆吏而永絕爭端，戒國人而常遵聖化，違約則凶咎再降，背盟則基緒非延。約束事條，恭依處分。」詔報曰：「爾以凶黨造謀，數干邊吏，而能悔過請命，祈紹先盟。念彼種人，均吾赤子，措之安靜，乃副朕心。嘉爾自新，俯從厥志，爾無爽約，朕不食言。自今已往，歲賜仍舊。」

三年正月，哲宗崩，徽宗卽位。九月，夏遣使來奠慰及賀卽位。十月，復遣使來賀天寧節。

建中靖國元年，乾順始建國學，設弟子員三百，立養賢務以廩食之。

崇寧三年，蔡京秉政，使熙河王厚招夏國卓羅右廂監軍仁多保忠，厚云：「保忠雖有歸意，而下無附者。」章數上，不聽。京愈責厚急，乃遣弟詣保忠許，還爲夏之邏者所獲，遂追保忠赴牙帳。厚以保忠縱不爲所殺，亦不能復領軍政，使得之，一匹夫耳，何益於事。京怒，必令金帛招致之。夏乃點兵，延、渭、慶三路各數千騎出沒，聲言假兵于遼矣。三年，遼以成安公主嫁乾順〔六〕。

四年，詔西邊能招致者，毋問首從，賞同斬級令，用京計也。陶節夫在延州，大加招誘，乾順遣使巽請，皆拒之，又令殺其牧放者。夏人遂入鎮戎，略數萬口，執知鄯州高永年〔七〕而去，又攻湟州，自是兵連者三年。大觀元年，始遣人修貢。

政和四年冬，環州定遠大首領夏人李訛哆〔八〕以書遺其國統軍梁哆㖃曰：「我居漢二十年，每見春廩既虛，秋庾未積，糧草轉輸，例給空券，方春未秋，士有饑色。若捲甲而趨，徑





擣定遠，唾手可取，定遠既得，則旁十餘城不攻而下矣。我儲穀累歲，闕地而藏之，所在如是，大兵之來，斗糧無齎，可坐而飽也。」哆㖃遂以萬人來迎。轉運使任諒先知其謀，募民盡發窖穀，哆㖃圍定邊，失所藏。越七日，訛哆遂以其部萬餘歸夏。乾順築臧底河城，遂詔河東節度使童貫爲陝西經略以討之。

五年春，遣熙河經略劉法將步騎十五萬出湟州，秦鳳經略劉仲武將兵五萬出會州，貫以中軍駐蘭州，爲兩路聲援。仲武至清水河，築城屯守而還。法與夏人右廂軍戰於古骨龍，大敗之，斬首三千級。貫奏凱，皆遷秩。秋，仲武、王厚復合涇原、鄜延、環慶、秦鳳之師攻夏臧底河城，敗績，死者十四五，秦鳳第三將全軍萬人皆沒。厚懼，厚賂貫而匿之。冬，夏人以數萬騎略蕭關而去。

六年春，劉法、劉仲武合熙、秦之師十萬攻夏仁多泉城，三日不克，援後期不至，城中請降，法受其降而屠之，獲首三千級。种師道以十萬衆復攻臧底河城，克之。十一月，夏人大舉攻涇原靖夏城。時久無雪，夏先使數萬騎繞城，踐塵漲天，兵對不覩，乃潛穿壕爲地道入城中，城遂陷，復屠之而去。

宣和元年，童貫復逼劉法使取朔方。法不得已，引兵二萬出，至統安城，遇夏國主弟察哥郎君率步騎爲三陣，以當法前軍，而別遣精騎登山出其後，大戰移七時，前軍楊惟忠敗入

中軍，後軍焦安節敗入左軍，朱定國力戰，自朝及暮，兵不食而馬亦渴死多。法乘夜遁，比明，走七十里，至盍朱峗，守兵見，追之，墜崖折足，爲一別瞻軍斬首而去。是役死者十萬，貫隱其敗而以捷聞。察哥見法首，憫然語其下曰：「劉將軍前敗我於古骨龍、仁多泉，吾常避其鋒，謂天生神將，豈料今爲一小卒梟首哉！其失在恃勝輕出，不可不戒。」遂乘勝圍震武，劉仲武、何灌〔九〕等赴之，乃解去。震武在山峽中，熙、秦兩路不能餉，自築三歲間，知軍李明、孟清皆爲夏人所殺。初，夏人陷法軍，圍震武，欲拔之。察哥曰：「勿破此城，留作南朝病塊。」乃自引去。而宣撫司受解圍之賞者數百人，實自去之也。諸路所築城砦皆不毛，夏所不爭之地，而關輔爲之蕭條，果如察哥之言。十月，夏遣使來賀天寧節，授以誓詔，不取，貫不能屈，但迫館伴強之，使持還，及邊，遂棄之而去。貫炎得而上之，貫始大沮。

欽宗即位，遣使來賀正旦。先是，金人滅遼，黏罕遣撒拇使夏國，許割天德、雲內、金肅、河清四軍及武州等八館之地，約攻麟州，以牽河東之勢。靖康元年三月，夏人遂由金肅、河清渡河取天德、雲內、武州、河東八館之地。四月，陷震威城，兵馬監押朱昭死之。繼而金貴人兀室以數萬騎陽爲出獵，掩至天德，逼逐夏人，悉奪有其地。夏人請和，金人執其使。

歲丁未，乾順〔一〇〕改元正德，時建炎元年也。是歲九月，金帥兀朮回雲中，遣保靜軍節





度使楊天吉約侵宋，乾順許之。十月，通問使傅雱見金左監軍希尹于雲中，希尹以國書授雱，爲夏國請熙寧以來侵地。蓋彼既奪其地，乃責償于宋以報之。

二年正月，以主客員外郎謝亮爲陝西撫諭使兼宣諭使，從事郎何洋爲太學博士，持詔書賜乾順。亮西入關，鄜延經略使王庶遺亮書曰：「大夫出疆，有可以安社稷、利國家者，專之可也。夏國爲患小而緩，金人爲患大而急。方其挫銳熙河，奔北鄜延，秋稼未登，兵士困餓。閤下苟能仗節督諸路協同義舉，雖未足盡雪舊恥，亦可驅逐渡河，全秦奠枕，徐圖恢復矣。」亮不能用，遂由環慶入西夏。慶曆後，夏國主嘗以賓禮見使者，亮至，乾順乃倨然見之，留居幾月，始與約和罷兵。亮歸，而夏之兵已躡其後，襲取定邊軍。

明年，亮還行在。二月，金帥婁宿連陷長安、鳳翔，隴右大震。夏人諜知關陝無備，遂檄延安府言：「大金割鄜延以隸本國，須當理索，敢違拒者，發兵誅討之。」帥臣王庶檄報曰：「金人初犯本朝，嘗以金肅、河清界爾，今誰與守？國家以奸臣貪得，不恤鄰好，遂至于此。貪利之臣，何國無之，豈意夏國躬蹈覆轍！比聞金人欲自涇原徑擣興、靈，方切寒心，不圖尙欲乘人之急。幕府雖士卒單寡，然類皆節制之師，左支右吾，尙堪一戰。果能辦此，何用多言。」因遣諜間其用事臣李遇，夏人竟不出。是歲，開封尹宗澤奏疏請北伐，且言乞遣辯士西說夏國，東說高麗，俾出助兵。

三年，知樞密院事張浚使川、陝，謀北伐，欲通夏國爲援，奏請國書，詔從之。七月，浚西行，復以主客員外郎謝亮假太常卿，權宣撫處置司參議官〔一一〕，再使夏國。

四年正月，浚遣亮往，迄不得其要領而還。十月，環慶路統制慕洧叛，降于夏國。

紹興元年二月，同州觀察副使劉惟輔棄德順軍輸款于夏，夏人拒不受。八月，詔以夏本敵國，毋復班曆日。十一月，川、陝宣撫副使吳玠始遣人通夏國書。

二年九月，呂頤浩言：「聞金、夏交惡，夏國屢遣人來吳玠、關師古軍中，宜令張浚通問，以擇其情。」是歲，餘覩謀結燕雲之人圖女直，黏罕覺，欲誅之，餘覩父子遁入夏國，夏人以其兵少不納。

四年十二月，吳玠奏夏國數通書，有不忘本朝意。

五年，乾順改元大德。

七年正月，吳璘奏西蕃三十八族首領趙繼忠來歸，用可扼西夏右臂。十月，僞齊知同州李世輔謀執金帥撒里曷歸宋，不克，遂奔夏。世輔父母親族在延安者，金人殺之無遺類。

九年，夏人陷府州。靈芝生於後堂高守忠家，乾順作靈芝歌，俾中書相王仁宗和之。乾順以世輔爲靜難軍承宣使、鄜延岐雍等路經略安撫使。世輔請兵，將報延安之役，夏主俾先討別種酋豪號「青面夜叉」者，世輔擒之以報。乾順乃爲出兵，遣文臣王樞、武臣㗭訛等隨





之。世輔軍至延安，撒里曷走耀州，世輔購得害其父母者，殺之東城，聞金人降赦，歸宋河南地〔一二〕，乃說王樞等降宋。㗭訛不從，世輔抽刀斫之，不中；遂縛樞，命王晞韓護送行在。五月丙午，世輔以其衆三千人歸宋，授世輔護國承宣使、樞密行府前軍都統制，賜名顯忠。

六月四日，乾順殂，年五十七。在位五十四年，改元天儀治平四年，天祐民安八年，永安三年，貞觀十三年，雍寧五年，元德八年，正德八年，大德五年。謚曰聖文皇帝，廟號崇宗，墓號顯陵。子仁孝嗣。

仁孝，崇宗長子也，紹興九年六月，崇宗殂，即位，時年十六。十月，詔還王樞及夏國之俘百九十人。十一月，仁孝尊其母曹氏爲國母。十二月，納后罔氏。

十年，夏改元大慶。三月，詔胡世將與夏人議入貢，夏人不報。

十一年六月，夏樞密使慕洧弟慕濬謀反，伏誅。仁孝上尊號曰制義去邪。十一年〔一三〕九月，夏國饑。

十三年三月，地震，逾月不止；地裂，泉湧出黑沙。歲大饑，乃立井里以分振之。

十三年〔一四〕，夏改元人慶。始建學校于國中，立小學于禁中，親爲訓導。

十四年，彗星見坤宮，五十餘日而滅，占其分在夏國。

十五年八月，夏重大漢太學，親釋奠，弟子員賜予有差。

十六年，尊孔子爲文宣帝。

十七年〔二五〕，改元天盛。策舉人，始立唱名法。

十八年，復建內學，選名儒主之。增修律成，賜名鼎新。

二十八年，始立通濟監鑄錢。

二十九年，歸宋官李宗閔上書言：「夏國副使屈移，嘗兩使南朝，以爲衣冠禮樂非他國比。怨金人叛盟，奪其所與地。此其情可見。壬子歲，黏罕嘗聚兵雲中以窺蜀，夏人謂將圖己，舉國屯境上以待其至。今誠遣辯士往說之，夏國必不難出兵，庶足爲吾聲援，以圖恢復。」書奏，不報。

三十年，夏封其相任得敬爲楚王。

三十一年，立翰林學士院，以焦景顏、王僉等爲學士，俾修實錄。金主亮犯四川，宣撫使吳璘檄西夏，俾合兵討之。

三十二年，夏國移置中書、樞密於內門外。大禁奢侈。始封制蕃字師野利仁榮爲廣惠王。夏人聞金人南侵，以騎兵二千至蔡園川及馬家嶮、禿頭嶺，將分道入攻，宣撫使吳璘命鎮戎軍守將秦弼說諭之。金兵敗，夏人乃還。





乾道三年五月〔二六〕，夏國相任得敬遣間使至四川宣撫司，約共攻西蕃，虞允文報以蠟書。七月，得敬間使再至宣撫司，夏人獲其帛書，傳至金人。

四年〔二七〕，夏改元乾祐。得敬以謀篡伏誅。淳熙十二年二月，諜報故遼國大石牙林〔二八〕假道于夏以伐金，密詔利西都統制吳挺與制置使留正議之。

十三年四月，復詔挺結夏國。當時論議可否及夏人從違，史皆失書。

紹熙四年九月二十日，仁孝殂，年七十。在位五十五年，改元大慶四年，人慶五年，天盛二十一年，乾祐二十四年。謚曰聖德皇帝，廟號仁宗，陵號壽陵。子純佑嗣。

純佑，仁宗長子也，母曰章獻欽慈皇后羅氏。仁宗殂，即位，時年十七。明年改元天慶。

開禧二年正月二十日廢，遂殂，年三十。在位十四年，謚曰昭簡皇帝，廟號桓宗，陵號莊陵。鎮夷郡王安全立。

安全，崇宗之孫，越王仁友之子。開禧二年正月，廢其主純佑自立，明年改元應天。

嘉定四年八月五日安全殂，年四十二。在位六年，改元應天四年，皇建二年。謚曰敬穆皇帝，廟號襄宗，陵號康陵。有子曰承禎。齊國忠武王彥宗之子大都督府主遵頊立。

遵頊，始以宗室策試進士及第，爲大都督府主。嘉定四年七月三日立，時年四十九，改元光定。金衞紹王崇慶元年三月遣使册爲夏國王。

七年夏，左樞密使萬慶義勇遣二僧齎蠟書來西邊，欲與共圖金人，復侵地，制置使黃誼不報。

其後金人南遷，議徙都長安，遣元帥赤盞以重兵宿鞏州。夏主畏其侵迫，乃遣樞密使都招討甯子寧、忠翼赴蜀閫議夾攻秦、鞏；聶子述俾利西安撫丁焴答書，飭將吏嚴兵以待。時嘉定十二年三月也。子述尋罷去，焴持議不可輕動，師不可出。十二月，甯子寧遣使復申前說，且責我以失期，時安丙再開宣閫，許之，命利州副都統制程信任其責。

十三年八月，甯子寧以師期來告，丙遂決意出師，以奏劄聞諸朝，不待報可，命將大舉，卒無功。夏人甯子寧、嵬名公輔亦率其衆歸國。

十四年正月，丙回利州。

十六年，遵頊自號上皇，傳位於其子德旺。

寶慶二年春，遵頊殂，年六十四。改元光定十三年。謚曰英文皇帝，廟號神宗。





丙戌七月，德旺殂，年四十六。改元乾定四年。廟號獻宗。

淸平郡王之子南平王睍立，二年丁亥秋，爲大元所取，國遂亡。

夏之境土，方二萬餘里，其設官之制，多與宋同。朝賀之儀，雜用唐、宋，而樂之器與曲則唐也。

河之內外，州郡凡二十有二。河南之州九：曰靈、曰洪、曰宥、曰銀、曰夏、曰石、曰鹽、曰南威、曰會。河西之州九：曰興、曰定、曰懷、曰永、曰涼、曰甘、曰肅、曰瓜、曰沙。熙、秦河外之州四：曰西寧、曰樂、曰廓、曰積石。其地饒五穀，尤宜稻麥。甘、涼之間，則以諸河爲溉，興、靈則有古渠曰唐來，曰漢源，皆支引黃河。故灌溉之利，歲無旱澇之虞。

其民一家號一帳，男年登十五爲丁，率二丁取正軍一人。每負贍一人爲一抄。負贍者，隨軍雜役也。四丁爲兩抄，餘號空丁。願隸正軍者，得射他丁爲負贍，無則許射正軍之疲弱者爲之。故壯者皆習戰鬭，而得正軍爲多。凡正軍給長生馬、駝各一。團練使以上，帳一、弓一、箭五百、馬一、橐駝五，旗、鼓、槍、劍、棍棓、粆袋、披氈、渾脫、背索、鍬钁、斤斧、箭牌、鐵爪籬各一。刺史以下，無帳無旗鼓，人各橐駝一、箭三百、幕梁一。兵三人同一幕梁。幕梁，織毛爲幕，而以木架。有砲手二百人號「潑喜」，陡立旋風砲於橐駝鞍，縱石如拳。得漢人勇者爲前軍，號「撞令郎」。若脆怯無他伎者，遷河外耕作，或以守肅州。

有左右廂十二監軍司：曰左廂神勇、曰石州祥祐、曰宥州嘉寧、曰韋州靜塞、曰西壽保泰、曰卓囉和南、曰右廂朝順、曰甘州甘肅、曰瓜州西平、曰黑水鎭燕、曰白馬強鎭、曰黑山威福。諸軍兵總計五十餘萬。別有擒生十萬。興、靈之兵，精練者又二萬五千。別副以兵七萬爲資贍，號御圍內六班，分三番以宿衞。每有事於西，則自東點集而西；於東，則自西點集而東；中路則東西皆集。用兵多立虛砦，設伏兵包敵，以鐵騎爲前軍，乘善馬，重甲，刺斫不入，用鈎索絞聯，雖死馬上不墜。遇戰則先出鐵騎突陣，陣亂則衝擊之，步兵挾騎以進。戰則大將居後，或據高險。其人能寒暑饑渴。出戰率用隻日，避晦日，齎糧不過一旬。

弓、皮弦，矢、沙柳榦。惡雨雪。晝舉煙揚塵，夜篝火以爲候。不恥奔遁，敗三日，輒復至其處，捉人馬射之，號曰「殺鬼招魂」，或縛草人埋於地，衆射而還。

篤信機鬼，尚詛祝，每出兵則先卜。卜有四：一、以艾灼羊髀骨以求兆，名「炙勃焦」；二、擗竹于地，若揲蓍以求數，謂之「擗算」；三、夜以羊焚香祝之，又焚穀火布靜處，晨屠羊，視其腸胃通則兵無阻，心有血則不利；四、以矢擊弓弦，審其聲，知敵至之期與兵交之勝負，及六畜之災祥、五穀之凶稔。俗皆土屋，惟有命者得以瓦覆之。

論曰：拓跋氏考諸前史可見也。自赤辭納款於貞觀，立功於天寶，思恭以宥州著節於咸通，夏雖未稱國，而王其土久矣。子孫歷王五代。宋興，太祖卽西平王加彝興太尉，德明在祥符間已追帝其父於國中，逮元昊始顯稱帝，厥後因之，與金同亡。

槪其歷世二百五十八年，雖嘗受封册于宋，宋亦稱有歲幣之賜、誓詔之答，要皆出於一時之言，其心未嘗有臣順之實也。元昊結髮用兵，凡二十年，無能折其強者。乾順建國學，設弟子員三百，立養賢務；仁孝增至三千，尊孔子爲帝，設科取士，又置宮學，自爲訓導。觀其陳經立紀，傳曰：「不有君子，其能國乎？」今史所載追尊謚號、廟號、陵名，兼採夏國樞要等書，其與舊史有所抵捂，則闕疑以俟知者焉。

## 校勘記

〔一〕新河北轉運使刑部郎中薛宗道等來告哀神宗問殺楊定事　據十朝綱要卷九、本書卷三一五及琬琰集删存卷三韓縝傳，這時縝以刑部郎中新除河北轉運使，來京陛辭，神宗乃派他往驛邸問西夏使者薛宗道關於殺楊定事。此處作「新河北轉運使刑部郎中薛宗道」云云當有舛誤。

〔二〕安遠塞門二牆墟耳　「安遠」二字原脫，據上文補。





〔一三〕夜入欄浪和市　「和」字原脫，據長編卷二一四、太平治蹟統類卷一五韓絳宣撫陝西條補。「欄浪」，長編作「蘭浪」。

〔一四〕折繼世　原作「折繼昌」，據長編卷二二一、太平治蹟統類卷一五改。

〔一五〕代皇帝親征　「代」字原脫，據長編卷三一六、太平治蹟統類卷一五補。

〔一六〕令分訛遇　按長編卷三一七、太平治蹟統類卷一五，「分」作「介」。

〔一七〕夏州　原作「夏川」，據長編卷三一八改。

〔一八〕給事中徐禧　「給事中」原作「侍中」，據本書卷三三四本傳、長編卷三二六、太平治蹟統類卷一五徐禧等築永樂城條改。

〔一九〕生民重見太平　「生」原作「主」，據長編卷三三一改。

〔二〇〕西關門　「西」原作「兩」，據宋會要職官六六之二二、長編卷三三三改。

〔二一〕木征王子　「木」字原脫。按長編卷三五〇載夏國來表作「摩正王子」。長編的「摩正」在本書內都異譯爲「木征」，此處當是「木征王子」，因補。

〔二二〕以此未便輕許　「以此」原作「以來」，據長編卷三五〇改。

〔二三〕清遠　按本書卷一六神宗紀、十朝綱要卷一〇下，都作「淸邊」；長編卷三五〇作「靜邊」。淸邊屬綏德城，靜邊屬德順軍，據長編所記事實，疑作「靜邊」是。淸遠已於咸平四年爲夏所佔。





〔二四〕時年二十六　「二」原作「三」。按上文秉常於治平四年卽位，時七歲，至元祐元年卒，當爲二十六歲；這裏又說他在位二十年，「三」自是「二」之訛，因改。

〔二五〕興龍節　「興龍」二字原倒，據本書卷一七哲宗紀、長編卷三九三乙正。

〔二六〕三年遼以成安公主嫁乾順　按遼史卷二七天祚紀，此事繫於遼乾統五年三月，卽宋崇寧四年三月，這裏作「三年」，疑誤。

〔二七〕知鄯州高永年　「鄯州」原作「廓州」。據本書卷四五三本傳，平鄯州後高永年卽知其州，夏人進逼該州宣威城時，永年出禦，被執；十朝綱要卷一六崇寧四年閏二月條作知西寧州，同年三月條又載其被執時爲隴右都護。按本書卷八七地理志，崇寧三年鄯州收復，改爲西寧州，又建隴右都護府。「廓州」自是「鄯州」之誤，今改。

〔二八〕環州定遠大首領夏人李訛哆　按本書卷八七地理志環州有定邊砦與定邊城，又本書卷三五六任諒傳引李訛哆書，說「定邊可唾手取」，這裏的「定遠」及下文兩處的「定遠」，當都爲「定邊」之誤。下文說「哆㖃圍定邊，失所藏」，也可爲證。

〔二九〕何灌　原作「何瓘」，據本書卷三五七、東都事略卷一〇七本傳改。

〔三〇〕乾順　原作「乾德」，誤，據本卷改。

〔三一〕假太常卿權宣撫處置司參議官　「宣撫」原作「宣府」，據繫年要錄卷二五改。

〔二二〕閏金人降赦歸宋河南地　按繫年要錄卷一二九、北盟會編卷一九五所載，時金國已還河南地，世輔見宋赦書，才以王樞等降宋。疑此有誤。

〔二三〕十一年　按上文已出十一年，下文爲十三年，此處不當重出「十一年」，羅福萇宋史夏國傳集註卷一三說「此一乃二之譌」，是。

〔二四〕十三年　按上文說紹興十年「改元大慶」，下文又說「改元大慶四年」，則改元人慶當在紹興十四年，此「十三年」當是「十四年」之誤。

〔二五〕十七年　按西夏於紹興十四年改元人慶，下文說改元人慶共五年，則改元天盛當在紹興十九年。此「十七年」誤。

〔二六〕三年五月　按本書卷三四孝宗紀，任得敬兩次遣間使至四川，都在乾道四年。

〔二七〕四年　據上文天盛改元時間及下文天盛改元年數，乾祐改元當在乾道六年；又據金史卷六世宗紀、卷一三四西夏傳，誅任得敬事在大定十年，卽宋乾道六年，此處作「四年」，誤。

〔二八〕大石牙林　本書卷三五孝宗紀作「大石林牙」。按此係西遼事，據遼史卷三〇天祚紀，西遼建國者耶律大石也稱「大石林牙」。「林牙」爲遼翰林之稱，當以紀爲是。



# 宋史卷四百八十七

## 列傳第二百四十六

### 外國三

#### 高麗

高麗，本曰高句驪。禹別九州，屬冀州之地，周爲箕子之國，漢之玄菟郡也。在遼東，蓋扶餘之別種，以平壤城爲國邑。漢、魏以來，常通職貢，亦屢爲邊寇。隋煬帝再舉兵，唐太宗親駕伐之，皆不克。高宗命李勣征之，遂拔其城，分其地爲郡縣。唐末，中原多事，遂自立君長。後唐同光、天成中，其主高氏累奉職貢。長興中，權知國事王建承高氏之位，遣使朝貢，以建爲玄菟州都督，充大義軍使，封高麗國王。晉天福中，復來朝貢。開運二年，建死，子武襲位。漢乾祐末，武死，子昭權知國事。周廣順元年，遣使朝貢，以昭爲特進、檢校太保、使持節、玄菟州都督、大義軍使、高麗國王。顯德二年，又遣使來貢，加開府儀同三





司、檢校太尉，又加太師。

建隆三年十月，昭遣其廣評侍郎李興祐、副使李勵希、判官李彬等來朝貢。

四年春，降制曰：「古先哲后，奄宅中區，曷嘗不同文軌於萬方，覃聲敎於四海？顧予涼德，猥被鴻名，爰致賓王，宜優錫命。開府儀同三司、檢校太師、玄菟州都督、充大義軍使、高麗國王昭，日邊鍾粹，遼左推雄，習箕子之餘風，撫朱蒙之舊俗。而能占雲候海，奉贄充庭，言念傾輸，實深嘉尙。是用賜之懿號，疇以公田，載推柔遠之恩，式獎拱辰之志。於戲！來朝萬里，美愛戴之有孚。柔撫四封，庶混并之無外。永保東裔，聿承天休。可加食邑七千戶，仍賜推誠順化保義功臣。」其年九月，遣使時贇等來貢，涉海，值大風，船破，溺死者七十餘人，贇僅免，詔加勞恤。

開寶五年，遣使以方物來獻，制加食邑，賜推誠順化守節保義功臣。進奉使內議侍郎徐熙加檢校兵部尙書，副使內奉卿崔鄴加檢校司農卿並兼御史大夫，判官廣評侍郎康禮試少府少監，錄事廣評員外郎劉隱加檢校尙書、金部郎中，皆厚禮遣之。

昭卒，其子伷權領國事。

九年，伷遣使趙遂禮奉土貢，以父沒當承襲，來聽朝旨。授伷檢校太保、玄菟州都督、大義軍使，封高麗國王。

太宗卽位，加檢校太傅，改大義軍爲大順軍，遣左司禦副率于延超、司農寺丞徐昭文使其國。伷遣國人金行成入就學於國子監。

太平興國二年，遣其子元輔以良馬、方物、兵器來貢。其年，行成擢進士第。

三年，又遣使貢方物、兵器，加伷檢校太師，以太子中允直舍人院張洎、著作郎直史館句中正爲使。

四年，復遣供奉官、閤門祗候王僎使其國。

五年六月，再遣使貢方物。六年，又遣使來貢。

七年，伷卒，其弟治知國事，遣使金全奉金銀線罽錦袍褥、金銀飾刀劍弓矢、名馬、香藥來貢，且求襲位。授治檢校太保、玄菟州都督，充大順軍使，封高麗國王，以監察御史李巨源、禮記博士孔維奉使。

雍熙元年，遣使韓遂齡以方物來貢。

二年，加治檢校太傅，遣翰林侍書王著、侍讀呂文仲充使。





三年，出師北伐，以其國接契丹境，常爲所侵，遣監察御史韓國華賫詔諭之曰：「朕誕膺丕構，奄宅萬方，華夏蠻貊，罔不率俾。蠢茲北裔，侵敗王略，幽薊之地，中朝土疆，晉、漢多虞，黿緣盜據。今國家照臨所及，書軌大同，豈使齊民陷諸獷俗？今已董齊師旅，殄滅妖氛。惟王久慕華風，素懷明略，效忠純之節，撫禮義之邦。而接彼邊疆，罹於蠆毒，舒泄積憤，其在茲乎！可申戒師徒，迭相犄角，協比隣國，同力盪平。奮其一鼓之雄，戡此垂亡之寇，良時不再，王其圖之！應俘獲生口、牛羊、財物、器械，並給賜本國將士，用申賞勸。」

先是，契丹伐女眞國，路由高麗之界，女眞意高麗誘導構禍，因貢馬來愬于朝，且言高麗與契丹結好，倚爲勢援，剽略其民，不復放還。洎高麗使韓遂齡入貢，太宗因出女眞所上告急木契以示遂齡，仍令歸白本國，還其所俘之民。治聞之憂懼，及國華至，令人言於國華曰：

前歲冬末，女眞馳木契來告，稱契丹興兵入其封境，恐當道未知，宜豫爲之備。當道與女眞雖爲隣國，而路途遐遠，彼之情僞，素知之矣，貪而多詐，未之信也。其後又遣人告曰，契丹兵騎已濟梅河。當道猶疑不實，未暇營救。俄而契丹雲集，大擊女眞，殺獲甚衆，餘族敗散逃遁，而契丹壓背追捕，及于當道西北德昌、德成、威化、光化之境，俘擒而去。時有契丹一騎至德米河北，大呼關城戍卒而告曰：「我契丹之騎也，女眞寇我邊鄙，率以爲常，今則復仇已畢，整兵回矣。」當道雖聞師退，猶憂不測，乃以女眞避兵來奔二千餘衆，資給而歸之。

女眞又勸當道控梅河津要，築治城壘，以爲防遏之備，亦以爲然。方令行視興功，不意女眞潛師奄至，殺略吏民，驅掠丁壯，沒爲奴隸，轉徙他方。以其歲貢中朝，不敢發兵報怨，豈期反相誣構，以惑聖聽。當道世稟正朔，踐修職貢，敢有二心，交通外國？況契丹介居遼海之外，復有大梅、小梅二河之阻，女眞、渤海本無定居，從何徑路，以通往復？橫罹讒謗，憤氣塡膺，日月至明，諒垂昭鑒。

間者，女眞逃難之衆，罔不存恤，亦有授以官秩，尙在當國，其職位高者有勿屈尼于、郍元、尹能達、郍老正、衞迦耶夫等十數人，欲望召赴京闕，與當道入貢之使庭辯其事，則丹石之誠，庶幾昭雪。

國華諾之，乃命發兵西會。治遷延未卽奉詔，國華屢督之，得報發兵而還，具錄女眞之事以奏焉。十月，遣使朝貢，又遣本國學生崔罕、王彬詣國子監肄業。

端拱元年，加治檢校太尉，以考功員外郎兼侍御史知雜呂端、起居舍人呂祐之爲使。

二年，遣使來貢，詔其使選官侍郎韓蘭卿、副使兵官郎中魏德柔並授金紫光祿大夫，判官少府丞李光授檢校水部員外郎。先是，治遣僧如可賫表來覲，請大藏經，至是賜之，仍賜如





可紫衣，令同歸本國。

淳化元年三月，詔加治食邑千戶，遣戶部郎中柴成務、兵部員外郎直史館趙化成往使。其國俗信陰陽鬼神之事，頗多拘忌，每朝廷使至，必擇良月吉辰，方具禮受詔。成務在館踰月，乃遺書於治曰：「王奕葉藩輔，尊奬王室，凡行大慶，首被徽章。今國家特馳信使，以申殊寵，非止歷川塗之綿邈，亦復蹈溟海之艱危，皇朝睠遇，斯亦隆矣。而乃牽於禁忌，泥於卜數，眩惑日者之浮說，稽緩天子之命書。惟典册之垂文，非卜祝之能曉，是以書稱上日，不推六甲之元辰；禮載仲冬，但取一陽之嘉會。粲然古訓，足以明稽，所宜改圖，速拜君賜。儻夙紓無滯，克彰拱極之誠；則龍節有輝，免貽辱命之責。謹以誠告，王其聽之。」治覽書慚懼，遣人致謝焉。會霖雨不止，仍以俟霽爲請。成務復遺書以責之，治翌日乃出拜命。

二年，遣使韓彥恭來貢。彥恭表述治意，求印佛經，詔以藏經并御製祕藏詮〔一〕、逍遙詠、蓮華心輪賜之。

四年正月，治遣使白思柔貢方物并謝賜經及御製。二月，遣祕書丞直史館陳靖、祕書丞劉式爲使，加治檢校太師，仍降詔存問軍吏耆老。靖等自東牟趣八角海口，得思柔所乘海船及高麗水工，卽登舟自芝岡島順風泛大海，再宿抵甕津口登陸，行百六十里抵高麗之

境曰海州，又百里至閻州，又四十里至白州，又四十里至其國。治迎使于郊，盡藩臣禮，延留靖等七十餘日而還，遺以襲衣、金帶、金銀器數百兩、布三萬餘端，附表稱謝。

先是，三年，上親試諸道貢舉人，詔賜高麗賓貢進士王彬、崔罕等及第，既授以官，遣還本國。至是，靖等使回，治上表謝曰：「學生王彬、崔罕等入朝習業，蒙恩並賜及第，授將仕郎、守祕書省校書郎，仍放歸本國。竊以當道荐修貢奉，多歷歲年，蓋以上國天高，遐荒海隔，不獲躬趨金闕，面叩玉墀，唯深拱極之誠，莫展來庭之禮。彬、罕等幼從匏繫，嗟混迹於嵎夷；不憚蓬飄，早賓王於天邑。緼袍短褐，玉粒桂薪，堪憂食貧，若爲卒歲。皇帝陛下天慈照毓，海量優容，豐其館穀之資，勗以藝文之業。去歲高懸軒鑑，大選魯儒，彬、罕接武澤宮，敢萌心於中鵠；濫巾英域，空有志於羨魚。陛下以其萬里辭家，十年觀國，俾登名於桂籍，仍命秩於芸臺；憫其懷土之心，慰以倚門之望，別垂宸旨，令歸故鄉。玄造曲成，鴻恩莫報，臣不勝感天戴聖之至。」

又有張仁銓者，進奉使白思柔之孔目吏也，上書獻便宜。思柔意其持國陰事以告，仁銓懼不敢歸。上命靖等領以還國，仍詔治釋仁銓罪。治又上表謝曰：「宮告國信使陳靖、劉式至，奉傳聖旨，以當道進奉使從行孔目官張仁銓至闕，輒進便宜，翻懷憂懼，今附使臣帶歸本國者。仁銓嵎宅細民，海門賤吏，獲趨上國，敢貢愚誠，罔思狂瞽之尤，輒奏權宜之事，妄

列傳第二百四十六　外國三　一四〇四一

宋史卷四百八十七　一四〇四二

塵旒扆，上黷朝廷。今者，仰奉綸言，釋其罪罟。小人趨利，豈虞僭越之求，聖主寬恩，遠降哀矜之命。其張仁銓者已依詔旨放罪，令掌事如故。」又上言願賜板本九經書，用敦儒教，許之。

先是，式等復命，治遣使元證衍送之，證衍至安香浦口，值風損船，溺所賚物。詔登州給證衍文據遣還，仍賜治衣段二百疋、銀器二百兩、羊五十口。

五年六月，遣使元郁來乞師，愬以契丹寇境。朝廷以北鄙甫寧，不可輕動干戈，爲國生事，但賜詔慰撫，厚禮其使遣還。自是受制于契丹，朝貢中絕。

治卒，弟誦立，嘗遣兵校徐遠來候朝廷德音，遠久不至。咸平三年，其臣吏部侍郎趙之遴命牙將朱仁紹至登州偵之，州將以聞，上特召見仁紹。因自陳國人思慕皇化，爲契丹羈制之狀，乃賜誦鈿函詔一道，令仁紹賚還。六年，誦遣使戶部郎中李宣古來朝謝恩，且言：「晉割燕薊以屬契丹，遂有路趣玄菟，屢來攻伐，求取不已，乞王師屯境上爲之牽制。」詔書優答之。

誦卒，弟詢權知國事。先是，契丹既襲高麗，遂築六城曰興州〔二〕、曰鐵州、曰通州、曰龍州、曰龜州、曰郭州于境上。契丹以爲貳己，遣使來求六城，詢不許。遂舉兵，奄至城下，焚蕩宮室，剽劫居人，詢徙居昇羅州以避之。兵退，乃遣使請和。契丹堅以六城爲辭，自是調兵守六城。

大中祥符三年，大舉來伐，詢與女眞設奇邀擊，殺契丹殆盡。詢又于鴨綠江東築城，與來遠城相望，跨江爲橋，潛兵以固新城。

七年，方遣告奏使御事工部侍郎尹證古以金線織成龍鳳鞍并綉龍鳳鞍幞各二幅、細馬二疋、散馬二十疋來貢。證古還，賜詢詔書七通幷衣帶、銀綵、鞍勒馬等。

八年，詔登州置館於海次以待使者。其年，又遣御事民官侍郎郭元來貢。元自言：「本國城無垣牆，府曰開城，管六縣，民不下三五千。有州軍百餘，置十路轉運司統之。每州管縣五六，小者亦三四，每縣戶三四百。國境南北千五百里，東西二千里。軍民雜處，隸軍者不黥面。方午爲市，不用錢，第以布米貿易。地宜秔稻，風俗頗類中國。無羊、兔、橐駝、水牛、驢。氣候少寒，暑差多。有僧，無道士。民家器皿，悉銅爲之。樂有二品：曰唐樂〔三〕，曰鄉樂。三歲一試舉人，有進士、諸科、算學，每試百餘人，登第者不過一二十。每正月一日、五月五日祭祖禰廟。又正月七日，家爲王母像戴之。二月望，僧俗燃燈如中國上元節。上巳日，以青艾染餅爲盤羞之冠。端午有鞦韆之戲。士女服尚素。地產龍鬚席、藤席、白

列傳第二百四十六　外國三　一四〇四三

宋史卷四百八十七　一四〇四四

硾紙、鼠狼尾筆。」元辭貌恭恪，每受宴賜，必自爲謝表，粗有文采，朝廷待之亦厚。九年，辭還，賜詢詔書七函，襲衣、金帶、器幣、鞍馬及經史、曆日、聖惠方等。元又請錄國朝登科記及所賜御詩以歸，從之。

天禧元年，遣御事刑官侍郎徐訥奉表獻方物于崇政殿，又賀封建壽春郡王。

三年九月，登州言高麗進奉使禮賓卿崔元信至秦王水口，遭風覆舟，漂失貢物，詔遣內臣撫之。十一月，元信等入見，貢罽錦衣褥、烏漆甲、金飾長刀匕首、罽錦鞍馬、紵布、藥物等，又進中布二千端，求佛經一藏。詔賜經還布，以元信覆溺匱乏，別賜衣服、繒綵焉。明州、登州屢言高麗海船有風漂至境上者，詔令存問，給度海糧遣還，仍爲著例。

五年，詢遣告奏使御事禮部侍郎韓祚等一百七十九人來謝恩，且言與契丹修好，又表乞陰陽地理書、聖惠方，並賜之。

金行成者，累官至殿中丞，治表乞放還。行成自以筮仕朝廷，不願歸本國。又以父母垂老，在海外旦暮思念，恨祿不及，令工圖其像置正寢，與妻史氏居旁室，晨夕定省上食，未嘗少懈。淳化初，通判安州。被病，知州李範與僚佐數人省之，行成病已篤，泣且言曰：「行成外國人，爲朝官，佐郡政，病且死，未有以報主恩，雖瞑目固有遺恨。二子宗敏、宗訥皆幼，家素貧，無他親可依，旦暮委溝壑矣。」未幾，行成死，其妻養二子，誓不嫁，織屨以給。

範表其事，詔以宗敏補太廟齋郎，令安州月給其家錢叄緡、米五斛，長吏歲時存問。

又高麗信州永寧人康戩，字休祐，父允，三世爲兵部侍郎。戩少好學，時紇升與契丹交兵，戩從允戰木葉山下，連中二矢，神色不變。後陷契丹，遁居墨斗嶺，又至黃龍府，間道得歸高麗，時允猶在。開寶中，允遣戩隨賓貢肄業國學。太平興國五年，登進士第，解褐大理評事，知湘鄉縣，再遷著作佐郎，知江陰軍、江州。歷官以淸白幹力聞，改太常博士。蘇易簡在翰林，稱其吏才，命爲廣南西路轉運副使，賜緋魚，就遷正使，再轉度支員外郎、戶部判官。出知峽、越二州，連被詔褒其能政。又爲京西轉運使，加工部郎中，賜金紫。戩所至好行事，上章多建白，以竭誠自任。景德三年，卒，眞宗特以其子希齡爲太常寺奉禮郎，給奉終喪。

乾興元年二月，詐等辭歸國，賜詢如故事。會眞宗晏駕，又賚遺物以賜詢。天聖八年，詢復遣御事民官侍郎元穎等二百九十三人奉表入見於長春殿，貢金器、銀罽刀劍、鞍勒馬、香油、人參、細布、銅器、礵黃、靑鼠皮等物。明年二月辭歸，賜予有差，遣使護送至登州。其後絕不通中國者四十三年。

詢孫徽嗣立，是爲文王。





熙寧二年，其國禮賓省移牒福建轉運使羅拯云：「本朝商人黃眞、洪萬來稱，運使奉密旨，令招接通好。奉國王旨意，形于部述。當國僻居暘谷，邈戀天朝，頃從祖禰以來，素願梯航相繼。蕞爾平壤，邇于大遼，附之則爲睦鄰，疏之則爲勍敵。慮邊騷之弗息，蓄陸讋以靡遑〔四〕，久困羈縻，難圖攜貳，故違述職，致有積年。屢卜雲祥，雖美聖辰於中國；空知日遠，如迷舊路於長安。運屬垂鴻，禮稽展慶。大朝化覃無外，度豁包荒，山不謝乎纖埃，海不辭於支派。謹當遵尋通道，遄赴稾街，但茲千里之傳聞，恐匪重霄之紆眷。今以公狀附眞、萬西還，俟得報音，卽備禮朝貢。」徽又自言嘗夢至中華，作詩紀其事。三年，拯以聞，朝廷議者亦謂可結之以謀契丹，神宗許焉，命拯諭以供擬腆厚之意。徽遂遣民官侍郎金悌等百十人來，詔待之如夏國使。

往時高麗人往反皆自登州，七年，遣其臣金良鑑來言，欲遠契丹，乞改塗由明州詣闕，從之。郡縣供頓無舊準，頗擾民，詔立式頒下，費悉官給。又以其不遷華言，恐規利者私與交關，令所至禁止。徽問遺二府甚厚，詔以付市易務售縑帛答之。又表求醫藥、畫塑之工以教國人，詔羅拯募願行者。

九年，復遣崔思訓來，命中貴人倣都亭西驛例治館，待之寖厚，其使來者亦益多。嘗獻伶官十餘輩，曰：「夷樂無足觀，止欲潤色國史爾。」帝以其國尚文，每賜書詔，必選詞臣著撰而擇其善者。

元豐元年，始遣安燾假左諫議大夫〔五〕、陳睦假起居舍人往聘。造兩艦於明州，一曰凌虛致遠安濟〔六〕，次曰靈飛順濟，皆名爲神舟。自定海絕洋而東，既至，國人歡呼出迎。徽具袍笏玉帶拜受詔，與燾、睦尤禮，館之別宮，標曰順天館，言尊順中國如天云。徽已病，僅能拜命，且乞醫藥。

二年，遣王舜封挾醫往診治。徽又使柳洪來謝，海中遇風，失所貢物。洪上章自劾，敕書安慰。尋獻日本所造車，曰：「諸侯不貢車服，故不敢與土貢同進〔七〕。」前此貢物至，輒下有司估直，償以萬縑，至是命勿復估，以萬縑爲定數。

六年，徽卒，在位三十八年，治尙仁恕，爲東夷良主。然猶循其俗，王女不下嫁臣庶，必歸之兄弟，宗族貴臣亦然。次子運諫，以爲旣通上國，宜以禮革故習。徽怒，斥之于外。訃聞，天子閔焉，詔明州修浮屠供一月，遣楊景略、王舜封祭奠，錢勰、宋球弔慰。景略辟李之儀書狀，帝以之儀文稱不著，宜得問學博洽、器宇整秀者召赴中書，試以文乃遣。又以遠服不責其備，諭使者以相見之所殿名、瑦吻，皆聽勿避。

徽子順王勳嗣，百日卒。弟宣王運嗣〔八〕。運仁賢好文，內行飭備，每賈客市書至，則





潔服焚香對之。

八年，遣其弟僧統來朝，求問佛法幷獻經像。

哲宗立，遣使金上琦奉慰，林暨〔九〕致賀，請市刑法之書、太平御覽、開寶通禮、文苑英華。詔惟賜文苑英華一書，以名馬、錦綺、金帛報其禮。

運立四年卒，子懷王堯嗣，未閱歲，以病不能爲國，國人請其叔父鷄林公熙〔一〇〕攝政。未幾堯卒，熙乃立，凡數歲使不至。

元祐四年，其王子義天使僧壽介至杭州祭亡僧，言國母使持二金塔爲兩宮壽，知州蘇軾奏却之，語在軾傳。熙後避遼主諱，改名顒。顒性貪吝，好奪商賈利，富室犯法，輒久縻責贖，雖微罪亦輸銀數斤。

五年，復通使，賜銀器五千兩。

七年，遣黃宗慤來獻黃帝鍼經，請市書甚衆。禮部尚書蘇軾言：「高麗入貢，無絲髮利而有五害，今請諸書與收買金箔，皆宜勿許。」詔許買金箔，然卒市冊府元龜以歸。

元符中，遣士賓貢。

徽宗立，遣任懿、王嘏來弔賀。

崇寧二年，詔戶部侍郎劉逵、給事中吳拭往使。顒卒，子俁嗣，貢使接踵，且令士子金瑞等五人入太學，朝廷爲置博士。政和中，升其使爲國信，禮在夏國上，與遼人皆隸樞密院；改引伴、押伴官爲接送館伴。賜以大晟燕樂、籩豆、簠簋、尊罍等器，至宴使者于睿謨殿中。

宣和四年，俁卒。初，高麗俗兄終弟及，至是諸弟爭立，其相李資深〔二〕立俁子楷。來告哀，詔給事中路允迪、中書舍人傅墨卿奠慰。俁之在位也，求醫於朝，詔使二醫往，留二年而歸，楷語之曰：「聞朝廷將用兵伐遼。遼兄弟之國，存之足爲邊扞。女眞狼虎耳，不可交也。業已然，願二醫歸報天子，宜早爲備。」歸奏其言，已無及矣。

欽宗立，賀使至明州，御史胡舜陟言：「高麗靡敝國家五十年，政和以來，人使歲至，淮、浙之間苦之。彼昔臣事契丹，今必事金國，安知不竊我虛實以報，宜止勿使來。」乃詔留館於明而納其贄幣。明年始歸國。

自王徽以降，雖通使不絕，然受契丹封册，奉其正朔，上朝廷及他文書，蓋有稱甲子者。歲貢契丹至於六，而誅求不已。常云：「高麗乃我奴耳，南朝何以厚待之？」使至其國，尤倨





暴，館伴及公卿小失意，輒行捽箠，聞我使至，必假他事來覘，分取賜物。嘗詰其西向修貢事，高麗表謝，其略曰：「中國，三甲子方得一朝；大邦，一周天每修六貢。」契丹悟，乃得免。

高宗卽位，慮金人通於高麗，命迪功郎胡蠡假宗正少卿爲高麗國使以間之。蠡之回，史失書。

二年，浙東路馬步軍都總管〔三〕楊應誠上言：「由高麗至女眞路甚徑，請身使三韓，結鷄林以圖迎二聖。」乃以應誠假刑部尚書充高麗國信使。浙東帥臣翟汝文奏言：「應誠欺罔，爲身謀耳。若高麗辭以金人亦請問津以窺吳、越，其將何辭以對？萬一辱命，取笑遠夷，願毋遣。」應誠聞之，遂與副使韓衍、書狀官孟健由杭州浮海以行。六月，抵高麗，諭其王楷以所欲爲，楷曰：「大朝自有山東路，盍不由登州往？」應誠曰：「以貴國路徑耳。」楷有難色，已而命其門下侍郎傅佾至館中，果對如翟汝文言。應誠曰：「女眞不善水戰。」佾曰：「彼常於海道往來，況女眞舊臣本國，今反臣事之，其強弱可見矣。」居數日〔三〕，復遣其中書侍郎崔洪宰、知樞密院金富軾持前議不變，謂二聖今在燕雲，大朝雖盡納土，未必可得，何不練兵與戰？終不奉詔。應誠留兩月餘，不得已見楷於壽昌門，受其拜表而還。十月，至闕，入對言狀，上以楷負國恩，怒甚。尚書右丞朱勝非曰：「彼鄰金人，與中國隔海，利害甚明。曩時待之過厚，今安能責其報也。」右僕射黃潛善曰：「以巨艦載精兵數萬，徑擣其國，彼寧不懼。」

勝非曰：「越海興師，燕山之事可爲近鑒。」上怒解。十一月，楷遣其臣尹彥頤奉表謝罪，詔以二聖未歸，燕設不宜用樂，乃設幕殿門外，命客省官吳得興伴賜酒食，命中書舍人張澂押伴，如禮遣還。

三年八月，上謂輔臣曰：「聞上皇遣內臣、宮女各二人隨高麗貢使來，朕聞之悲喜交集。」呂頤浩曰：「此必金人之意，不然高麗必不敢，安知非竊我虛實以報。」於是詔止之，略曰：「王緬守基圖，夙同文軌，乃附乘桴之信，嗣修貢篚之恭。惟忠順之無他，質神明而靡愧，屬關聞聽，良用歎嘉。言念晚年，實爲多故，舉中原之生聚，遭強敵之震驚，旣涉境以采深，猶稱兵而未已，茲移仗衞，暫駐江湖。如行使之果來，恐有司之不戒，俟休邊警〔四〕，當問聘期。壞晉館以納車，庶無後悔，閉漢關而謝質，非用前規。想彼素懷，知吾誠意。」

紹興元年十月，高麗將入貢，禮部侍郎柳約言：「四明殘破之餘，荒蕪單弱，恐起戎心，宜屯重兵以俟其至。」十一月，詔柳約奉使高麗，不果行。

二年閏四月，楷遣其禮部員外郎崔惟清、閤門祗候沈起入貢金百兩、銀千兩、綾羅二百疋、人參五百斤，惟淸所獻亦三之一。上御後殿引見，賜惟淸、起金帶二，答以溫詔遣還。是月，定海縣言，民亡入高麗者約八十人，願奉表還國。詔俟到日，高麗綱首卓榮等量與推恩。十二月，聞高麗遣知樞密院事洪彝敍等六十五人來貢，議以臨安府學館其使。言者謂





雖在兵間，不可無學，恐爲所窺。詔以法惠寺〔五〕爲同文館以待之。旣而卒不至。

六年，高麗持牒官金稚圭至明州，賜銀帛遣之，懼其爲金間也。

三十二年三月，高麗綱首徐德榮詣明州言，本國欲遣賀使。守臣韓仲通以聞，殿中侍御史吳芾奏曰：「高麗與金人接壤，昔稚圭之來，朝廷懼其爲間，亟遣還。今兩國交兵，德榮之請，得無可疑？使其果來，猶恐不測，萬一不至，貽笑遠方。」詔止之。

隆興二年四月，明州言高麗入貢。史不書引見日，恐同彝敍之詐。其後使命遂絕。

慶元間，詔禁商人持銅錢入高麗，蓋絕之也。

初，高麗入使，明、越困於供給，朝廷館遇燕賚錫予之費以鉅萬計，饋其主者不在焉。我使之行，每乘二神舟，費亦不貲。三節官吏縻爵捐廩，皆仰縣官。昔蘇軾言于先朝，謂高麗入貢有五害，以此也。惟是國於吳會，事異東都。昔高麗入使，率由登、萊，山河之限甚遠，今直趨四明，四明距行都限一浙水耳。

由海道奉使高麗，瀰漫汪洋，洲嶼險阻，遇黑風，舟觸瞧輒敗，出急水門至羣山島，始謂平達，非數十日不至也。舟南北行，遇順風則歷險如夷，至不數日。其國東西二千里，南北五百里，西北接契丹，恃鴨綠江以爲固，江廣三百步。其東所臨，海水淸澈，下視十丈，東南

望明州，水皆碧。

王居開州蜀莫郡，曰開成府。依大山置宮室，立城壁，名其山曰神嵩。民居皆茅茨，大止兩椽，覆以瓦者才十二。以新羅爲東州樂浪府，號東京。百濟爲金州金馬郡，號南京。平壤爲鎭州〔一六〕，號西京。西京最盛。總之，凡三京、四府、八牧、郡百有十八、縣鎭三百九十、洲島三千七百。郡邑之小者，或只百家。男女二百十萬口，兵、民、僧各居其一。地寒多山，土宜松柏，有秔、黍、麻、麥而無秫，以秔爲酒。少絲蠶，匹縑直銀十兩，多衣麻紵。

王出，乘車駕牛，歷山險乃騎。紫衣行前，捧護國仁王經以導。出令曰教，曰宣。臣民呼之曰聖上，私謂曰嚴公，后妃曰宮主。百官名稱、階、勳、功臣、檢校，頗與中朝相類。過御史臺則下馬，違者有劾。士人以族望相高，柳、崔、金、李四姓爲貴種。無宦者，以世族子爲內侍六衞。歲十二月朔，王坐紫門小殿注官，外官則付國相。有國子監、四門學，學者六千人。貢士三等，王城曰土貢〔一七〕，郡邑曰鄉貢，他國人曰賓貢，間歲試于所屬，再試于學，所取不過三四十人，然後王親試以詩、賦、論三題，謂之簾前重試。亦有制科宏詞之目，然特文具而已。士尚聲律，少通經。

王城有華人數百，多閩人因賈舶至者，密試其所能，誘以祿仕，或強留之終身，朝廷使至，有陳牒來訴者，則取以歸。





百官以米爲奉，皆給田，納祿半給，死乃拘之。國無私田，民計口授業。十六以上則充軍，六軍三衞常留官府，三歲以選戍西北，半歲而更。有警則執兵，任事則服勞，事已復歸農畝。王亦有分地以供私用，王母、妃主、世子皆受湯沐田。

上下以賈販利入爲事。日中爲虛，用米布貿易。地產銅，不知鑄錢，中國所予錢，藏之府庫，時出傳翫而已。崇寧後，始學鼓鑄，有「海東通寶」、「重寶」、「三韓通寶」三種錢，然其俗不便也。兵器疎簡，無強弩大刀。

崇尚釋教，雖王子弟亦常一人爲僧。信鬼，拘陰陽，病不相視，斂不撫棺。貧者死，則露置中野。歲以建子月祭天。國東有穴，號襚神〔一八〕，常以十月望日迎祭，謂之八關齋，禮儀甚盛，王與妃嬪登樓，大張樂宴飲，賈人曳羅爲幕，至百疋相聯以示富。三歲大祭祠，遍其封內，因是斂民財，而王與諸臣分取之。祖廟在國門之外，大祭則具車服冕圭親祠。王城有佛寺七十區而無道觀，大觀中，朝廷遣道士往，乃立福源院，置羽流十餘輩。俗不知醫，自王俁來請醫，後始有通其術者。

人首無枕骨，背扁側。男子巾幘如唐裝，婦人鬌髻垂右肩，餘髮被下，約以絳羅，貫之簪。旋裙重疊，以多爲勝。男女自爲夫婦者不禁，夏月同川而浴。婦人、僧、尼皆男子拜。樂聲甚下，無金石之音，既賜樂，乃分爲左、右二部：左曰唐樂，中國之音也；右曰鄉樂，其故習也。堂上設席，升必脫屨，見尊者則膝行，必跪，應必唯。其拜無不答，子拜，父猶半答其禮。性仁柔惡殺，不屠宰，欲食羊豕則包以蒿而燔之。刑無慘酷之科，唯惡逆及罵父母者斬，餘皆杖肋。外郡刑殺悉送王城，歲以八月減囚死罪，貸流諸島，累赦，視輕重原之。

自明州定海遇便風，三日入洋，又五日抵墨山〔一九〕，入其境。自墨山過島嶼，詰曲嶕石間，舟行甚駛，七日至禮成江。江居兩山間，束以石峽，湍激而下，所謂急水門，最爲險惡。又三日抵岸，有館曰碧瀾亭，使人由此登陸，崎嶇山谷四十餘里，乃其國都云。

## 校勘記

〔一〕御製祕藏詮　「詮」原作「銓」，據玉海卷一五四改。

〔二〕興州　按通考卷三二五四裔考作「興化」。

〔三〕唐樂　「唐」原作「庫」，據下文及長編卷三二三、宣和奉使高麗圖經卷四〇樂律條改。

〔四〕蕃陸讋以廱邉　「讋」原作「襲」，據通考卷三二五四裔考改。

〔五〕假左諫議大夫　「假」字原脫，據本書卷三二八安燾傳、長編卷八七補。

〔六〕淩虛致遠安濟　「致遠」、「安濟」原倒，據長編卷八七、宋會要食貨五〇之四、宣和奉使高麗圖經





卷三四乙正。

〔七〕不敢與士貢同進　「進」字原脫，據長編卷三〇二補。

〔八〕弟宣王運嗣　「運嗣」二字原脫，據通考卷三二五四裔考補。

〔九〕林曁　長編卷三六二作「林槩」。

〔一〇〕鷄林公熙　「熙」下原衍「衞」字，據下文及通考卷三二五四裔考刪。

〔一一〕李資深　按宣和奉使高麗圖經卷二作「李資謙」。

〔一二〕都總管　繫年要錄卷一四、通考卷三二五四裔考都作「副總管」。

〔一三〕居數日　「日」原作「月」，據繫年要錄卷一六、通考卷三二五四裔考改。

〔一四〕俟休邊警　「警」原作「境」，據通考三二五四裔考改。

〔一五〕法惠寺　原作「洪惠寺」，據繫年要錄卷六三、通考卷三二五四裔考改。

〔一六〕鎭州　按長編卷三三九作「鎬州」。

〔一七〕土貢　宣和奉使高麗圖經卷一九同；通考卷三二五四裔考作「王貢」。

〔一八〕襚神　原作「歲神」，據後漢書卷一一五高句驪傳、宣和奉使高麗圖經卷一七改。

〔一九〕墨山　按長編卷三三九、宣和奉使高麗圖經卷三五作「黑山」。

# 宋史卷四百八十八

## 列傳第二百四十七

### 外國四

交阯 大理

交阯，本漢初南越之地，漢武平南越，分其地爲儋耳、珠崖、南海、蒼梧、鬱林、合浦、交阯、九眞、日南，凡九郡，置交阯刺史以領之。後漢置交州，晉、宋、齊、梁、陳因之，又爲交阯郡。隋平陳，廢郡置州；煬帝初，廢州置郡。唐武德中，改交州總管府；至德中，改安南都護府。梁貞明中，土豪曲承美專有其地，送款於末帝，因授承美節鉞。時劉陟〔一〕擅命嶺表，遣將李知順伐承美，執之，乃幷有其地。後有楊廷藝〔二〕、紹洪皆受廣南署，繼爲交阯節度使。紹洪卒，州將吳昌岌遂居其位。昌岌死，其弟昌文襲。

乾德初，昌文死，其參謀吳處玶、峯州刺史矯知護、武寧州刺史楊暉、牙將杜景碩等爭



立，管內一十二州大亂。部民嘯聚，起爲寇盜，攻交州。先是，楊廷藝以牙將丁公著攝驩州刺史兼禦蕃都督，部領卽其子也。公著死，部領繼之。至是，部領與其子璉率兵擊敗處玶等，賊黨潰散，境內安堵，交民德之，乃推部領爲交州帥，號曰大勝王〔三〕，署其子璉爲節度使。凡三年，遜璉位。璉立七年，聞嶺表平，遂遣使貢方物，上表內附。制以權交州節度使丁璉以檢校太師充靜海軍節度使、安南都護。又詔以進奉使鄭琇、王紹祚並爲檢校左散騎常侍兼御史大夫。開寶八年〔四〕，遣使貢犀、象、香藥。朝廷議崇寵部領，降制曰：「率土來王，方推以恩信；舉宗奉國，宜洽於封崇。眷拱極之外臣，舉顯親之茂典。爾部領世爲右族，克保遐方；夙慕華風，不忘內附。屬九州混一，五嶺廓清，靡限溟濤，樂輸琛贐。嘉乃令子，稱吾列藩。特被鴻私，以旌義訓。介爾眉壽，服茲寵章。可授開府儀同三司、檢校太師，封交阯郡王。」

太宗卽位，璉又遣使以方物來賀。部領及璉旣死，璉弟璿尙幼，嗣立，稱節度行軍司馬權領軍府事。大將黎桓擅權樹黨，漸不可制，劫遷璿於別第〔五〕，舉族禁錮之，代總其衆。太宗聞之，怒，乃議舉兵。太平興國五年秋，詔以蘭州團練使孫全興、八作使張璿、左監門衛將軍崔亮爲陸路兵馬部署，自邕州路入；寧州刺史劉澄、軍器庫副使賈湜、供奉官閤門祗候王僎爲水路兵馬部署，自廣州路入。是冬，黎桓遣牙校江巨湟齎方物來貢，仍爲丁



璿上表曰：「臣族本蠻酋，辟處海裔，修職貢於宰旅，假節制於方隅。臣之父兄，代承閫寄，謹保封略，罔敢怠遑。爰曁淪亡，將墜堂構，將吏耆耋，乃屬於臣，俾權軍旅之事，用安夷落之衆。土俗獷悍，懇請愈堅，拒而弗從，慮其生變。臣已攝節度行軍司馬權領軍府事，願賜眞秩，令備列藩。干冒宸扆，伏增震越。」上察其欲緩王師，寢而不報。王師進討，破賊萬餘衆，斬首二千餘級。六年春，又破賊于白藤江口，斬首千餘級，獲戰艦二百艘，甲冑萬計。轉運使侯仁寶率前軍先進，全興等頓兵花步七十日以俟澄，仁寶累促之，不進。及澄至，幷軍由水路至多羅村，不遇賊，復擅迴花步。桓詐降以誘仁寶，遂爲所害。轉運使許仲宣馳奏其事，遂班師。上遣使就劾澄、湜、僎，澄尋病死，戮湜等邕州市。全興至闕，亦下吏誅，餘抵罪有差。仁寶贈工部侍郞。

七年春，桓懼朝廷終行討滅，復以丁璿爲名，遣使貢方物，上表謝罪。八年，桓自稱權交州三使留後，遣使貢方物，幷以璿表來上，帝賜桓詔曰：「丁氏傳襲三世，保據一方，卿旣受其倚毗，爲之心膂，克徇邦人之請，無負丁氏之心。朕且欲令璿爲統帥之名，卿居副貳之任，剸裁制置，悉繫於卿。俟丁璿旣冠，有所成立，卿之輔翼，令德彌光，崇獎忠勳，朕亦何吝！若丁璿將材無取，童心如故，然其奕世紹襲，載綿星紀，一旦捨去節鉞，降同士伍，理旣非便，居亦靡安。詔到，卿宜遣丁璿母子及其親屬盡室來歸。俟其入朝，便當揆日降制，授



卿節旄。凡茲兩途，卿宜審處其一。丁璿到京，必加優禮。今遣供奉官張宗權齎詔諭旨，當悉朕懷。」亦賜璿詔書如旨。時黎桓已專據其土，不聽命。是歲五月上言，占城國水陸象馬數萬來寇，率所部兵擊走之，俘斬千計。

雍熙二年，遣牙校張紹馮、阮伯簪等貢方物，繼上表求正領節鎭。三年秋，又遣使貢方物。儋州言，占城國人蒲羅遏率其族百餘衆內附，言爲交州所逼故也。是歲十月，制曰：「王者懋建皇極，寵綏列藩。設邸京師，所以盛會同之禮；胙土方面，所以表節制之雄。矧茲跕鳶之隅，克修設羽之貢，式當易帥，爰利建侯，不忘請命之恭，用舉疇勞之典。權知交州三使留後黎桓，秉資義勇，特稟忠純，能得邦人之心，彌謹藩臣之禮。往者，丁璿方在童幼，昧於撫綏。桓乃肺腑之親，專掌軍旅之事，號令自出，威愛幷行。璿盡解三使之權，以狥衆人之欲。遠輸誠款，求領節旄。士燮彊明，化越俗而咸乂；尉佗恭順，稟漢詔以無違。宜正元戎之稱，以列通侯之貴，控撫夷落，對揚天休。可檢校太保、使持節、都督交州諸軍事、安南都護，充靜海軍節度、交州管內觀察處置等使，封京兆郡侯，食邑三千戶，仍賜號推誠順化功臣。」遣左補闕李若拙、國子博士李覺爲使以賜之。

端拱元年，加桓檢校太尉，進邑千戶，實封五百戶。遣戶部郎中魏庠、虞部員外郎直史館李度往使焉。淳化元年夏，加桓特進，邑千戶，實封四百戶。遣左正言直史館宋鎬、右

正言直史館王世則又使焉。明年六月，歸闕，上令條列山川形勢及黎桓事迹以聞。鎬等具奏曰：

去歲秋末抵交州境，桓遣牙內都指揮使丁承正等以船九艘、卒三百人至太平軍來迎，由海口入大海，冒涉風濤，頗歷危險。經半月至白藤，徑入海汊，乘潮而行。凡宿泊之所皆有茅舍三間，營葺尙新，目爲館驛。至長州漸近本國，桓張皇虛誕，務爲誇詫，盡出舟師戰櫂，謂之耀軍[六]。

自是宵征抵海岸，至交州僅十五里，有茅亭五間，題曰茅徑驛。至城一百里，驅部民畜產，妄稱官牛，數不滿千，揚言十萬。又廣率其民混於軍旅，衣以雜色之衣[七]，乘船鼓譟。近城之山虛張白旗，以爲陳兵之象。俄而擁從桓至，展郊迎之禮，桓斂馬側身，問皇帝起居畢，按轡偕行，時以檳榔相遺，馬上食之，此風俗待賓之厚意也。城中無居民，止有茅竹屋數十百區，以爲軍營。而府署湫隘，題其門曰明德門。

桓質陋而目眇，自言近歲與蠻寇接戰，墜馬傷足，受詔不拜。信宿之後，乃張筵飲宴。又出臨海汊，以爲娛賓之遊。桓跣足持竿，入水標魚，每中一魚，左右皆叫譟歡躍。凡有宴會，預坐之人悉令解帶，冠以帽子。桓多衣花纈及紅色之衣，帽以眞珠爲飾，或自歌勸酒，莫能曉其詞。嘗令數十人扛大蛇長數丈，饋於使館，且曰：「若能食





此，當治之爲饌以獻焉。」又羈送二虎，以備縱觀。皆却之不受。士卒殆三千人，悉黥其額曰「天子軍」。糧以禾穗日給[八]，令自舂爲食。兵器止有弓弩、木牌、梭槍、竹槍，弱不可用。

桓輕佻殘忍，昵比小人，腹心閹豎五七輩錯立其側。好狎飲，以手令爲樂。凡官屬善其事者，擢居親近左右，有小過亦殺之，或鞭其背一百至二百。賓佐小不如意，亦捶之三十至五十，黜爲閽吏；怒息，乃召復其位。有木塔，其制樸陋，桓一日請同登遊覽。地無寒氣，十一月猶衣夾衣揮扇云。

四年，進封桓交阯郡王。五年，遣牙校費崇德等來修職貢。然桓性本凶狠，負阻山海，屢爲寇害，漸失藩臣禮。至道元年春，廣南西路轉運使張觀、欽州如洪鎭兵馬監押衞昭美皆上言，有交州戰船百餘艘寇如洪鎭，略居民，劫廩實而去。其夏，桓所管蘇茂州，又以鄉兵五千寇邕州所管綠州[九]，都巡檢楊文傑擊走之。太宗志在撫寧荒服，不欲問罪。觀又言，風聞黎桓爲丁氏斥逐，擁餘衆山海間，失其所據，故以寇鈔自給，今則桓已死。觀仍上表稱賀。詔太常丞陳士隆、高品武元吉奉使嶺南，因偵其事。士隆等復命，所言與觀同。其實桓尙存，而傳聞者之誤，觀等不能審覈。未幾，有大賈自交阯回，具言桓爲帥如故。詔劾觀等，會觀病卒，昭美、士隆、元吉抵罪。

先是，欽州如洪、咄步、如昔等三鎭皆瀕海，交州潮陽民卜文勇等殺人，并家亡命至如昔鎭，鎭將黃令德等匿之。桓令潮陽鎭將黃成雅移牒來捕，令德固不遣，因茲海賊連年剽掠。二年，以工部員外郞、直史館陳堯叟爲轉運使，因賜桓詔書。堯叟始至，遣攝雷州海康縣尉李建中齎詔勞問桓。堯叟又至如昔，詰得匿文勇之由，盡擒其男女老少一百三十口，召潮陽鎭吏付之，且戒勿加酷法。成雅得其人，以狀謝堯叟，桓遂上章感恩，并捕海賊二十五人送于堯叟，且言已約勒谿洞首領，不得騷動。七月，太宗遣主客郞中、直昭文館李若拙齎詔書，充國信使，以美玉帶往賜桓。若拙既至，桓出郊迎，然其詞氣尙悖慢，謂若拙曰：「向者劫如洪鎭乃外境蠻賊也，皇帝知此非交州兵否？若使交州果叛命，則當首攻番禺，次擊閩、越，豈止如洪鎭而已！」若拙從容謂桓曰：「上初聞寇如洪鎭，雖未知其所自，然以足下拔自交州牙校，授之節制，固當盡忠以報，豈有他慮！及見執送海賊，事果明白。然而大臣僉議，以爲朝廷比建節帥，以寧海表，今既蠻賊爲寇害，乃是交州力不能獨制矣，請發勁卒數萬，會交兵以剪滅之，使交、廣無後患。上曰：『未可輕舉，慮交州不測朝旨，或致驚駭，不若且委黎桓討擊之，亦當漸至清謐。』今則不復會兵也。」桓愕然避席，曰：「海賊犯邊，守臣之罪也。聖君容貸，恩過父母，未加誅責。自今謹守職約，保永清於漲海。」因北望頓首謝。

眞宗即位，進封桓南平王兼侍中。桓前遣都知兵馬使阮紹恭、副使趙懷德以金銀七寶





裝交椅一、銀盆十、犀角象牙五十枚、絹紬布萬疋來貢。詔陳于萬歲殿太宗神御，許紹恭等拜奠。及迴，賜桓帶甲馬，詔書慰獎。咸平四年，又遣行軍司馬黎紹、副使[一〇]何慶常，以馴犀一、象二、象獨二、七寶裝金瓶一來貢。其年欽州言，交州効誠場民及頭首八州使黃慶集等數百人來投，有詔慰撫，遣還本道。廣南西路言，黎桓迎受官告使黃成雅附奏，自今國朝加恩，願遣使至本道，以寵海裔。先是，使至交州，桓即以供奉爲辭，因緣賦斂。上聞之，止令疆吏召授命，不復專使。景德元年，又遣其子攝驩州刺史明提來貢，懇求加恩使至本道慰撫遐裔，許之，仍以明提爲驩州刺史。二年上元節，賜明提錢，令與占城、大食使觀燈宴飲，因遣工部員外郞邵曄充國信使。

三年，桓卒，立中子龍鉞。龍鉞兄龍全劫庫財而遁，其弟龍廷殺龍鉞自立。龍廷兄明護率扶蘭砦兵[一一]攻戰。明提以國亂不能還，特詔廣州優加資給。知廣州凌策等言：「桓諸子爭立，衆心離叛，頭首黃慶集、黃秀蠻等千餘人以不從驅率，戮及親族，來投廉州，請發本道二千人平之，慶集等願爲前鋒。」上以桓素忠順，屢修職貢，今幸亂而伐喪，不可。就改國信使邵曄爲緣海安撫使，令曉譬之。慶集等仍計口賜田粮。曄乃貽書交州，諭以朝廷威德，如其自相魚肉，久無定位，偏師問罪，則黎氏盡滅矣。明護懼，即奉龍廷主軍事。龍廷自稱節度、開明王[一二]，遂欲修貢。曄以聞，上曰：「遐荒異俗，不曉事體，何足怪也？」令削去

僞官。鋌又言，頭首黃慶集先避亂歸化，其種族尙多，若復遣還，慮遭屠戮。詔以慶集隸三班，竄務于郴州，遂許入貢。

四年，龍廷稱權安南靜海軍留後，遣弟峯州刺史明昶、副使安南掌書記殿中丞黃成雅等來貢。會含光殿大宴，上以成雅坐遠，欲稍升位著，訪於宰相王旦，旦曰：「昔子產朝周，周王饗以上卿之禮，子產固辭，受下卿之禮而還。國家惠綏遠方，優待客使，固無嫌也。」乃升成雅于尙書省五品之次。詔拜龍廷特進、檢校太尉，充靜海軍節度觀察處置等使、安南都護，兼御史大夫、上柱國，仍封交阯郡王，食邑三千戶，食實封一千戶；賜推誠順化功臣；仍賜名至忠，給以旌節。又追贈桓中書令、南越王。進奉使黎明昶等並進秩。大中祥符元年，天書降，加翊戴功臣，食邑七百戶，實封三百戶。東封畢，加至忠同平章事，食邑一千戶，食實封四百戶。二年，廣南西路言，欽州蠻人〔三〕劫海口蜑戶，如洪砦主李文著以輕兵襲逐，中流矢死。詔督安南捕賊。明年，執狄獠十三人以獻。至忠又遣推官阮守疆以犀角、象齒、金銀、紋綃等來貢，幷獻馴犀一。上以犀違土性，不可豢畜，卻不納。又以逆至忠意，使者既去，乃令縱之海澨。三年，遣使來朝，表求甲冑具裝，詔從其請。又求互市于邕州，本道轉運使以聞，上曰：「瀕海之民，數患交州侵寇，仍前止許廉州及如洪砦互市，蓋爲邊隅控扼之所。今或直趨內地，事頗非便。」詔令本道以舊制諭之。





至忠纔年二十六，苛虐不法，國人不附。大校李公蘊尤爲至忠親任，嘗令以黎爲姓。其年，遂圖至忠，逐之，殺明提、明昶等，自稱留後，遣使貢奉。上曰：「黎桓不義而得，公蘊尤而効之，甚可惡也。」然以其蠻俗不足責，遂用桓故事，制授特進、檢校太傅，充靜海軍節度觀察處置等使、安南都護，兼御史大夫、上柱國，封交阯郡王，食邑三千戶，實封一千戶，賜推誠順化功臣。公蘊又表求太宗御書，詔賜百軸。四年，祀汾陰后土，公蘊遣節度判官梁任文、觀察巡官黎再嚴以方物來貢，禮成，加公蘊同平章事，食邑一千戶，實封四百戶，任文等並優進秩。五年夏，以進奉使李仁美爲誠州刺史、陶慶文爲太常丞，其從隸有道病死者，所賜附還其家。是冬，聖祖降，加公蘊開府儀同三司，食邑七百戶，實封三百戶，賜翊戴功臣。七年春，又加保節守正功臣，食邑一千戶，實封四百戶。詔交阯諸國使入貢者，所在館餼供億，務令豐備。其年，遣知唐州刺史陶碩等來貢。詔以碩爲順州刺史，充安南靜海軍行軍司馬；副使吳懷嗣〔四〕爲澄州刺史，充節度副使。先是，交州狄獠張婆看避罪來奔，知欽州穆重穎召之，至中路復拒焉，都巡檢臧嗣遂令如洪砦犒以牛酒。交州偵知其事，因捕狄獠，故鈔如洪砦，掠人畜甚衆。詔轉運司督公蘊追索，仍令疆吏自今不得召蠻獠致生事。公蘊或間歲或仍歲以方物入貢。天禧元年，進封公蘊南平王，加食邑一千戶，實封四百戶。三年，加檢校太尉，食邑一千戶，實封四百戶。每加恩皆遣使將命至其境上，仍賜器幣、襲衣、金帶、鞍馬焉。仁宗卽位，加公蘊檢校太師。遣長州刺史李寬泰、都護副使阮守疆來貢。天聖六年，遣驩州刺史李公顯來貢，除敍州刺史。既而令其子弟及其婿申承貴率衆內寇，詔廣南西路轉運司發溪峒丁壯討捕之。未幾，卒，年四十四。

其子德政自稱權知留後事，來告哀。贈公蘊爲侍中、南越王，命本路轉運使王惟正爲祭奠使，又爲賜官告使。除德政檢校太尉、靜海軍節度使、安南都護、交阯郡王。天聖九年，遣知峯州刺史李偓佺、知愛州刺史帥日新等來謝，以偓佺爲驩州刺史、日新爲珍州刺史。明道元年，恭謝，加同中書門下平章事。景祐中，郡人陳公永等六百餘人內附，德政遣兵千餘境上捕逐之。詔遣還，仍戒德政毋得輒誅殺。尋遣靜海軍節度判官陳應機、掌書記王惟慶來貢，以應機爲太子中允、惟慶爲大理寺丞，德政加檢校太師。三年，其甲峒及諒州、門州、蘇茂州、廣源州、大發峒、丹波縣蠻寇邕州之思陵州、西平州、石西州及諸峒，略居人馬牛，焚室廬而去。下詔責問之，且令捕酋首正其罪以聞。寶元元年，進封南平王。康定元年，遣知峯州刺史帥用和、節度副使杜猶興等來貢。慶曆三年，又遣節度副使杜慶安、三班奉職梁材來，以慶安爲順州刺史、材爲太子左監門率府率。六年，又遣兵部員外郞蘇仁祚、東頭供奉官陶惟幅來，以仁祚爲工部郞中、惟幅爲內殿崇班。明年，又遣祕書丞杜文府、左侍禁文昌來，以文府爲屯田員外郞、昌爲內殿崇班。





初，德政發兵取占城，朝廷疑其內畜姦謀，乃訪自唐以來所通道路凡十六處，令轉運使杜杞度其要害而戍守之，然其後亦未嘗寇邊。前後累貢馴象。皇祐二年，邕州誘其蘇茂州韋紹嗣、紹欽等三千餘人入居省地，德政表求所誘。詔盡還之，仍令德政約束邊戶，毋相侵犯。其後，廣源州蠻儂智高反，德政率兵二萬由水路欲入助王師，朝廷優其賜而卻其兵。至和二年，卒。

其子日尊遣人告哀，命廣南西路轉運使、尙書屯田員外郞蘇安世爲弔贈使，贈德政爲侍中、南越王，賻賚甚厚。尋除日尊特進、檢校太尉、靜海軍節度使、安南都護，封交阯郡王。嘉祐三年，貢異獸二。四年，寇欽州思稟管。五年，與甲峒賊寇邕州，詔知桂州蕭固發部兵與轉運使宋咸、提點刑獄李師中同議掩擊；又詔安撫使余靖等發兵捕討。靖遣諜誘占城同廣南西路兵甲趨交阯，日尊惶怖，上表待罪。詔未得舉兵，聽日尊貢奉至京師。八年，遣文思使梅景先、副使大理評事李繼先貢馴象九。四月戊寅〔五〕，以大行皇帝詔及遺留物賜日尊，加同中書門下平章事。是日，交阯使辭，命內侍省押班李繼和喻以申紹泰入寇，本路屢乞討伐，而朝廷以紹泰一夫肆狂，又本道已遣使謝罪，故未欲興兵。治平初，知桂州陸詵言，交州來求儂宗旦男日新及欲取溫悶洞等地，帝問交阯於何年割據，輔臣對曰：「自唐至德中改安南都護府，梁貞明中，土豪曲承美專有此地。」韓琦曰：「向以黎桓叛命，太宗遣將討伐，不服，後遣使招誘，始效順。交州山路險僻，多潦霧瘴毒之氣，雖得其地，恐不能守也。」神宗卽位，進封日尊南平王。熙寧元年，加開府儀同三司。二年，表言：「占城國久闕貢，臣親帥兵討之，虜其王。」詔以其使郭士安爲六宅副使、陶宗元爲內殿崇班。日尊自帝其國，僭稱法天應運崇仁至道慶成龍祥英武睿文尊德聖神皇帝，尊公蘊爲太祖神武皇帝，國號大越，改元寶象，又改神武。

五年三月，日尊卒。命廣西轉運使康衞爲弔贈使。予所奪州縣〔一六〕。詔報之曰：「卿撫有南交，世受王爵，而乃背德奸命，竊暴邊城。棄祖考忠順之圖，煩朝廷討伐之舉。師行深入，勢蹙始歸。迹其罪尤，在所紬削。今遣使修貢，上章致恭，詳觀詞情，灼見悛悔。朕撫綏萬國，不異邇遐。但以邕、欽之民，遷劫炎陬，久失鄉井，俟盡送還省界，卽以廣源等賜交州。」乾德〔一七〕初約歸三州官吏千人，久之，才送民二百二十一口，男子年十五以上皆刺額曰「天子兵」，二十以上曰「投南朝」，婦人刺左手曰「官客」，以舟載之而泥其戶牖，中設燈燭，日行一二十里則止，而僞作更鼓以報，凡數月乃至，蓋以給示海道之遠也。順州落南深，置戍鎭守，被罹瘴霧多病沒，陶弼亦終於官。朝廷知其無用，乃悉以四州一縣還之。然廣源舊隸邕管羈縻，本非交阯所有也。

元豐五年，獻馴象二、犀角象齒百。六年，以追捕儂智會爲辭，犯歸化州。又遣其臣黎





文盛來廣西辨理順安、歸化境界，經略使熊本遣左江巡檢成卓與議，文盛稱陪臣，不敢爭執。詔以文盛能遵乾德恭順之意，賜之袍帶及絹五百匹。仍以八隘之外保樂六縣、宿桑二峒予乾德。哲宗立，加同中書門下平章事。元祐中，又數上表求勿惡、勿陽峒地，詔不許。二年，遣使入貢，進封南平王。徽宗時，累加開府儀同三司、檢校太師。大觀初，貢使至京乞市書籍，有司言法不許，詔嘉其慕義，除禁書、卜筮、陰陽、曆算、術數、兵書、敕令、時務、邊機、地理外，餘書許買。政和末，又詔以交人自熙寧以來，全不生事，特寬和市之禁。宣和元年，加乾德守司空。建炎元年，詔廣西經略安撫司禁邊民毋受安南逋逃，從其主乾德之請也。四年，安南入貢，詔卻其方物之華靡者，賜敕書，厚其報以懷柔之。

紹興二年，乾德卒。贈侍中，追封南越王。子陽煥嗣，授靜海軍節度使、特進、檢校太尉，封交阯郡王，賜推誠順化功臣。八年，陽煥卒，以轉運副使朱芾充弔祭使，贈陽煥開府儀同三司，追封南平王。子天祚嗣，授官如其父初封之制。九年，詔廣西帥司毋受趙智之入貢。初，乾德有側室子奔大理，變姓名爲趙智之，自稱平王〔一八〕。聞陽煥死，大理遣歸，與天祚爭立，求入貢，欲假兵納之，帝不許。十七年，詔文思院製鞍韉以賜天祚。二十一年，累加天祚崇義懷忠保信鄉德安遠承和功臣。二十五年，詔館安南使者於懷遠驛，賜宴，以彰異數。進封天祚南平王，賜襲衣、金帶、鞍馬。二十六年，命右司郎中汪應辰宴安南使者於玉津園。八月，天祚遣李國等以金珠、沉水香、翠羽、良馬、馴象來貢。詔加天祚檢校太師，增食邑。隆興二年，天祚遣尹子思、鄧碩儼等貢金銀、象齒、香物。乾道六年，累加天祚歸仁協恭繼美遵度履正彰善功臣。帝自卽位，屢却安南貢使。九年，天祚復遣尹子思、李邦正求入貢，帝嘉其誠，許之，詔館於懷遠驛。廣南西路經略安撫使范成大言：「本司經略諸蠻，安南在撫綏之內，其陪臣豈得與中國王官亢禮？政和間，貢使入境，皆庭參，不復報謁。宜遵舊制，於禮爲得。」朝廷從其請。淳熙元年二月，進封天祚安南國王，加號守謙功臣。二年，賜安南國印。三年，賜安南國曆日。天祚卒。

明年，子龍翰嗣位，授靜海軍節度使觀察處置等使、特進、檢校太尉兼御史大夫、上柱國，特封安南國王，加食邑；仍賜推誠順化功臣。制曰：「卽樂國以肇封，旣從世襲；極眞王而錫命，何待次升？」示殊禮也。五年，貢方物，上表稱謝。九年，詔卻安南所貢象，以其無用而煩民，他物亦止受什一。十六年，累加龍翰守義奉國履常懷德功臣。光宗卽位，奉表入貢稱賀。寧宗朝，賜衣帶、器幣，累加謹度思忠濟美勤禮保節歸仁崇謙協恭功臣及食邑焉。

嘉定五年，龍翰卒。詔以廣西運判陳孔碩充弔祭使，特贈侍中。依前安南國王制，以其子昊旵襲封其爵位，給賜如龍翰始封之制，仍賜推誠順化功臣。其後謝表不至，遂輟





加恩。

昊旵卒，無子，以女昭聖主國事，遂爲其婿陳日煚所有。李氏有國，自公蘊至昊旵，凡八傳，二百二十餘年而國亡。淳祐二年，詔安南國王陳日煚，元賜効忠順化保節功臣增「守義」二字。寶祐六年，詔安南情狀叵測，申飭邊備。景定二年，貢象二。三年，表乞世襲。詔日煚授檢校太師、安南國大王，加食邑；男威晃，授靜海軍節度使、觀察處置使、檢校太尉兼御史大夫、上柱國、安南國王、効忠順化功臣，賜金帶、器幣、鞍馬。咸淳五年，詔安南國王父日煚、國王威晃加食邑。八年，明堂禮成，日煚、威晃各加食邑，賜鞍馬等物。

大理國，卽唐南詔也。熙寧九年，遣使貢金裝碧玕山、氈罽、刀劍、犀皮甲鞍轡。自後不常來，亦不領於鴻臚。

政和五年，廣州觀察使黃璘奏，南詔大理國慕義懷徠，願爲臣妾，欲聽其入貢。詔璘置局於賓州，凡有奏請，皆俟進止。六年，遣進奉使天駟爽彥賁李紫琮、副使坦綽李伯祥來，詔璘與廣東轉運副使徐惕偕詣闕，其所經行，令監司一人主之。道出荆湖南，當由邵州新化縣至鼎州，而璘家潭之湘鄉，轉運判官喬方欲媚璘，乃排比由邵至潭，由潭至鼎一路，御史

勠其當農事之際，而觀望勞民，詔罷㓒。紫琮等過鼎，聞學校文物之盛，請於押伴，求詣學〔一三〕
瞻拜宣聖像，邵守張察許之，遂往，遍謁見諸生。又乞觀御書閣，舉笏扣首。〔一四〕

七年二月，至京師，貢馬三百八十四及麝香、牛黄、細氊、碧玕山諸物。制以其王段和〔一五〕
譽爲金紫光祿大夫、檢校司空、雲南節度使、上柱國、大理國王。朝廷以爲𡶶功，并其子暉、〔一六〕
昨皆遷官，少子㬊爲閤門宣贊舍人。已而知桂州周穜劾𡶶詐冒，𡶶得罪。自是大理復不通
於中國，間一至黎州互市。

紹興三年十月，廣西奏，大理國求入貢及售馬，詔卻之，不欲以虛名勞民也。朱勝非奏〔一七〕
曰：「昔年大理入貢，言者深指其妄，黄𡶶由是獲罪。」帝曰：「遐方異域，何由得實，但羈當其〔一八〕
馬價，則馬方至，用僉騎兵，不爲無補也。」六年七月，廣西經略安撫司奏，大理復遣使奉表
貢象、馬，詔經略司護送行在，優禮答之。九月，翰林學士朱震上言，乞諭廣西帥臣，凡市馬當
擇謹厚者任之，毋遺好功喜事之人，以啓邊釁。異時南北路通，則漸減廣西市馬之數，庶幾
消患於未然。詔從之。

淳熙二年十一月，知靜江府張栻申嚴保伍之禁，又以邕管戍兵不能千人，左、右江峒丁
十餘萬，每恃以爲藩蔽，其邕州提舉、巡檢官宜精其選，以撫峒丁。欲制大理，當自邕管始云。





## 校勘記

〔一〕劉陟　原作「劉隱」。按劉隱是時已死，據宋會要蕃夷四之二〇、通考卷三三〇四裔考改。

〔二〕楊廷藝　「廷」原作「延」，據宋會要蕃夷四之二〇、通考卷三三〇四裔考改。下同。

〔三〕大勝王　長編卷四作「萬勝王」。

〔四〕開寶八年　「開寶」二字原脫，據宋會要蕃夷四之二〇、長編卷一六補。

〔五〕劫遷璿於別第　「劫」原作「却」，據長編卷二一、通考卷三三〇四裔考改。

〔六〕謂之耀軍　「耀」字原脫，據長編卷三一、通考卷三三〇四裔考補。

〔七〕衣以雜色之衣　上「衣」字原脫，據長編卷三一、通考卷三三〇四裔考補。

〔八〕日給　長編卷三一作「月給」。

〔九〕又以鄉兵五千寇邕州所管綠州　「綠州」原作「緣山」，據武經總要前集卷二〇、越南黎崱安南志略卷一一改。

〔一〇〕副使　原作「使副」，其上并衍「留」字，據宋會要蕃夷四之二六刪改。

〔一一〕扶闌砦兵　「兵」字原脫，據長編卷六〇補。

〔一二〕龍廷自稱節度開明王　宋會要蕃夷四之二七作「自稱靜海軍節度觀察處置等使、檢校太尉、開明王」。

〔一三〕欽州蠻人　「欽州」二字原脫，據宋會要蕃夷四之二八、長編卷七一補。

〔一四〕吴懷嗣　「嗣」原作「副」，據宋會要蕃夷四之三〇改。

〔一五〕四月戊寅　「四」上原衍「年」字，據宋會要蕃夷四之三四刪。

〔一六〕予所奪州縣　據宋會要蕃夷四之三六至三七、長編卷二八〇、通考卷三三〇四裔考等書，日尊卒後，子乾德嗣，曾對宋戰爭。「予所奪州縣」係乾德戰敗求和，請宋歸還所占交阯州縣，事在熙寧十年。此句上有脫文。

〔一七〕乾德　「德」原作「順」，據長編卷三四九、通考卷三三〇四裔考改。

〔一八〕平王　通考卷三三〇四裔考作「南平王」。

# 宋史卷四百八十九

## 列傳第二百四十八

### 外國五

占城　眞臘　蒲甘　邈黎　三佛齊　闍婆南毗附　勃泥　注輦　丹眉流

占城國在中國之西南，東至海，西至雲南，南至眞臘國，北至驩州界。汎海南去三佛齊五日程。陸行至賓陀羅國一月程，其國隸占城焉。東去麻逸國二日程，蒲端國七日程。北至廣州，便風半月程。東北至兩浙一月程。西北至交州兩日程，陸行半月程。其地東西七百里，南北三千里。南曰施備州，西曰上源州，北曰烏里州。所統大小州三十八，不盈三萬家。其國無城郭，有百餘村，村落戶三五百，或至七百，亦有縣鎭之名。土地所出：箋沉香、檳榔、烏樠木、蘇木、白藤、黃蠟、吉貝花布、絲絞布、白氎布、藤簟、



貝多葉簟、金銀鐵錠等物。五穀無麥，有秔米、粟、豆、麻子。官給種一斛，計租百斛。果實有蓮、甘蔗、蕉子、椰子。鳥獸多孔雀、犀牛。畜產多黃牛、水牛而無驢；亦有山牛，不任耕耨，但殺以祭鬼，將殺，令巫祝之曰「阿羅和及拔」，譯云「早教他託生」。民獲犀、象皆輸于王。國人多乘象或軟布兜，或於交州市馬，頗食山羊、水兕之肉。

其風俗衣服與大食國相類。無絲蠶，以白氎布纏其胸，垂至於足，衣衫窄袖。撮髮爲髻，散垂餘髻於其後。互市無緡錢，止用金銀較量錙銖，或吉貝錦定博易之直。樂器有胡琴、笛、鼓、大鼓，樂部亦列舞人。其王腦後髽髻，散披吉貝衣，戴金花冠，七寶裝纓絡爲飾，脛股皆露，躡革履，無襪。婦人亦腦後撮髻，無笄梳，其服及拜揖與男子同。王每日午坐禪椅〔一〕。官屬謁見膜拜一而止，白事畢復膜拜一而退。或出遊，看象、采獵、觀漁，皆數日方還。近則乘軟布兜，遠則乘象，或乘一木杠，四人舁之，先令一人持檳榔盤前導，從者十餘輩，各執弓箭刀槍手牌等，其民望之膜拜一而止。日或一再出。每歲稻熟，王自刈一把，從者及群婦女競割之。

其王或以兄爲副王，或以弟爲次王。設高官凡八員，東西南北各二，分治其事，無奉祿，令其所管土俗資給之。別置文吏五十餘員，有郎中、員外、秀才之稱，分掌資儲寶貨等事，亦無資奉，但給龜魚充食及免調役而已。又有司帑廪者十二員，主軍卒者二百餘員，皆



無月奉。勝兵萬餘人，月給秔米二斛，冬夏衣布各三匹至五匹。每夕，唯王升床而臥，諸臣皆寢于地蓐。親近之臣見王卽胡跪作禮，稍疎遠者但拱手而已。

其風俗，正月一日牽象周行所居之地，然後驅逐出郭，謂之逐邪。四月有遊船之戲。定十一月十五日爲多至，人皆相賀，州縣以土產物帛獻其王。每歲十二月十五日，城外縛木爲塔，王及人民以衣物香藥置塔上焚之以祭天。人有疾病，旋采生藥服食。地不產茶，亦不知醞釀之法，止飲椰子酒，兼食檳榔。

刑禁亦設枷鎖，小過以四人拽伏於地，藤杖鞭之，二人左右更互捶扑，量其罪〔二〕或五六十至一百。當死者以繩縶於樹，用梭槍舂喉而殊其首。若故殺、刼殺，令象踏之，或以鼻卷撲于地。象皆素習，將刑人，卽令豢養之人〔三〕以數諭之，悉能曉焉。犯姦者，男女共入牛以贖罪。負國王物者，以繩拘於荒塘，物充而後出之。

其國前代罕與中國通。周顯德中，其王釋利因德漫遣其臣蒲訶散貢方物，有雲龍形通犀帶、菩薩石。又有薔薇水灑衣經歲香不歇，猛火油得水愈熾，皆貯以琉璃瓶。

建隆二年，其王釋利因陁盤遣使蒲訶散來朝。表章書于貝多葉，以香木函盛之。貢犀角、象牙、龍腦、香藥、孔雀四、大食瓶二十。使迴，錫賚有差，以器幣優賜其王。三年，又貢象牙二十二株、乳香千斤。



乾德四年，其王悉利因陁盤遣使因陁玢李帝婆羅貢馴象、牯犀、象牙、白氎、哥縵、越諾，王妻波良僕瑁、男占謀律秀瓊等各貢香藥。五年，又遣使李肸、李被瑳相繼來貢獻。

開寶三年，遣使貢方物雌象一。四年，悉利多盤、副國王李耨、王妻郭氏、子蒲路雞波羅等並遣使來貢。五年，其王波美稅褐印茶遣使蒲訶散來貢。六年，又貢。七年，又貢孔雀傘二、西天烽鐵四十斤。九年，遣使朱陀利、陳陀野等來貢。

太平興國二年，其王波美稅陽布印茶遣使李牌來貢。三年，其王及男遾智遣使來貢。四年，遣使李木吒哆來貢。六年，交州黎桓上言，欲以占城俘九十三人獻于京師。太宗令廣州止其俘，存撫之，給衣服資糧，遣還占城，詔諭其王。七年，遣使乘象入貢，詔留象廣州畜養之。八年，獻馴象，能拜伏，詔畜於京畿寧陵縣〔四〕。

雍熙二年，其王施利陀盤吳日歡遣婆羅門金歌麻獻方物，且訴爲交州所侵，詔答令保國睦鄰。三年，其王劉繼宗遣使李朝仙來貢。儋州上言，占城人蒲羅遏爲交州所逼，率其族百口來附。四年秋，廣州上言，雷、恩州關送占城夷人斯當李娘并其族一百五十人來歸，分隸南海、淸遠縣。端拱元年，廣州又言，占城夷人忽宣等族三百一人來附。

淳化元年，新王楊陁排自稱新坐佛逝國。楊陁排遣使李臻貢馴犀方物，表訴爲交州所攻，國中人民財寶皆爲所略。上賜黎桓詔，令各守境。三年，遣使李良莆貢方物。賜其王

白馬二、兵器等。本國僧净戒獻龍腦、金鈴、銅香鑪、如意等，各優賜之。

至道元年正月，其王遣使來貢，奉表言：

前進奉使李良莆迴，伏蒙聖慈賜臣細馬二疋、旗五面、銀裝劍五口、銀纏槍五條、弓弩各五張及箭等，戴恩感懼，稽首，稽首！

臣生長外國，夐遠天都。竊承皇帝聖明，威德廣大，臣不憚介居海裔，遣使入朝。皇帝不棄蠻夷山國[五]，曲加優賜。然臣自爲土長，聲勢尙卑，常時外國頻相侵撓，況以前民庶如芥，隨風星散，流離各不自保。近蒙皇帝賜臣內閑駔駿及旗幟兵器等，隣國聞之，知臣荷大國之寵，而各懼天威，不敢謀害。今臣一國安寧，流民來復，若非皇帝天德加護，何以至此！臣之一國仰望仁聖，覆之如天，載之如地。臣自思惟，鴻恩不淺。且自天子之都至臣所居之國，涉海緜邈，不啻數萬里，而所賜之馬及器械等並安全而至，皆聖德之所及也。

自前本國進奉，未嘗有旌旗弓矢之賜，臣今何幸，獨受異恩！此蓋天威廣被，壯臣土疆。臣雖殞身無以上報。兼臣貢使往復，資給備至，恩重山岳，不可具陳。今特遣專使李波珠、副使訶散、判官李磨勿等進奉犀角十株，象牙三十株，玳瑁十斤，龍腦二斤，沉香百斤，夾箋黃熟香九十斤，檀香百六十斤，山得雞二萬四千三百雙，胡椒二百斤，



簟席五。前件物固非珍奇，惟表誠懇。

臣生居異域，幸遇明時，不貴殊珍，惟重良馬。儻皇帝念及外國，不罪懇求，若使介南歸，願垂頒賜，臣之幸矣。兼臣本國元有流民三百，散居南海，曾蒙聖旨許令放還，今有猶在廣州者。本國舊有進奉夷人羅常占見駐廣州，乞詔本州盡數點集，具籍以付[六]常占，令造舶船，乘便風部領歸國，冀得安其生聚，以實舊疆。至於萬里感恩，一心事上，臣之志也。

上覽表，遣使詣廣州詢問，願還者悉付波珠。使還，復賜白馬二，遂爲常制。

咸平二年，其王楊普俱毗茶逸施離遣使朱陳堯、副使蒲薩陀婆、判官黎姑倫以犀象、玳瑁、香藥來貢，賜堯等冠帶衣褥有差。景德元年，又遣使來貢。詔以良馬、介冑、戎器等賜之。四年，遣使布祿爹地加等奉表來朝，表函藉以文錦，詞曰：

占城國王楊普俱毗茶室離頓首言：臣聞二帝封疆，南止届于湘、楚；三王境界，北不及於幽、燕。仰屬昌時，實邁往跡。伏惟皇帝陛下乾坤授氣，日月儲英，出震居尊，承基御極。慈悲敷於天下，聲教被於域中。業茂前王，功芳徂后，蒼生是念，黃屋非心。無方不是生靈，有土並爲臣妾。眞風遍布，霈澤周行，凡沐照臨，共增聳抃。

臣生于邊鄙，幸襲華風。蟻垤蜂房，聊爲遂性；龍樓鳳閣，尙阻觀光。再念自假天



威，獲全封部，隣無侵奪，俗有舒蘇。每歲拜遣下臣，問寧上國，蒙陛下恩霑行葦，福及豚魚，特因迴人，頒賜戎器。臣本土惟望闕焚香，歡呼拜受，心知多幸，曷答洪恩。聖君既念於賓王，誠懇肯忘於述職。今遣專信臣布祿爹地加、副使臣除逋廝瑕珈耶、判官臣皮覇抵一行人力等，部署土毛，遠充歲貢。雖表楚茅之禮，實懷魯酒之憂。虔望睿明，甫寬譴戮。

專信臣等迴日，軍容器仗耀武之物，伏願重加賜賚。蓋念忝爲臣子，合告君親，服飾車輿，威儀斧鉞，不敢私制，惟望恩頒。干冒冕旒，不任死罪。

布祿爹地加言本國舊隸交州，後奔于佛逝[七]，北去舊所七百里。使還，賜物甚厚。

大中祥符三年，國主施離霞離鼻麻底遣使朱㾄禮來貢。四年，遣使貢師子，詔畜于苑中。使者留二蠻人以給豢養，上憐其懷土，厚給資糧遣還。八年，遣使波輪訶羅帝來貢。訶羅帝因上言有弟陶珠頃自交州押馴象赴闕，今幸得見，欲攜以還。許之，仍賜陶珠衣幣裝錢。

天禧二年，其王尸嘿排摩惵遣使羅皮帝加以象牙七十二株、犀角八十六株、玳瑁千片、乳香五十斤、丁香花八十斤、荳蔻六十五斤、沉香百斤、箋香二百斤、別箋一劑六十八斤、茴香百斤、檳榔千五百斤來貢。羅皮帝加言國人詣廣州，或風漂船至石塘，卽累歲不達矣。三



年，使還，詔賜尸嘿排摩惵銀四千七百兩幷戎器鞍馬。

海上又有蒲端國、三麻蘭國、勿巡國、蒲婆衆國，大中祥符四年祀汾陰，並遣使來貢。先是，咸平、景德中，蒲端國主其陵數遣使來貢方物及獻紅鸚鵡。其後，國主悉離琶大遐至亦以金版鐫表來上，其使已絜漢上言：「伏見詔旨給賜占城使鞍勒馬、大神旗各二，乞如恩例。」有司以蒲端在占城下，請賜雜綵小旗五，從之。

天聖八年十月，占城王陽補孤施離皮蘭德加拔麻疊遣使李蒲薩麻瑕陁琶來貢木香、玳瑁、乳香、犀角、象牙。

慶曆元年九月，廣東商人邵保見軍賊鄂鄰百餘人在占城，轉運司選使臣二人賚詔書器幣賜占城，購鄰致闕下，餘黨令就戮之。明年十一月，其王刑卜施離値星霞弗遣使獻馴象三。皇祐二年正月，又使俱舍唎波微收羅婆麻提楊卜貢象牙二百一、犀角七十九。表二通，一以本國書，一以中國書。五年四月，其使蒲思馬應來貢方物。

嘉祐元年閏三月，其使蒲息陁琶貢方物，還至太平州，江岸崩，沉失行橐。明年正月，詔廣州賜銀千兩。六年九月，又獻馴象。七年正月，廣西安撫經略司言：「占臘素不習兵，與交阯鄰，常苦侵軼；而占城復近修武備，以抗交阯，將繇廣東路入貢京師，望撫以恩信。」五月，其使頓琶尼來貢方物。六月，賜其王施里律茶盤麻常楊溥白馬一，從其求也。

熙寧元年，其王楊卜尸利律陀般摩提婆遣使貢方物，乞市騾馬。詔賜白馬一，令於廣州買騾以歸。五年，貢瑠璃珊瑚酒器、龍腦、乳香、丁香、蓽澄茄[八]、紫礦。七年，交州李乾德言其王領兵三千人幷妻子來降，以正月至本道。

九年，復遣使來言：其國自海道抵眞臘一月程，西北抵交州四十日，皆山路。所治聚落一百五，大略如州縣。王年三十六歲，著大食錦或川法錦大衫、七條金瓔珞，戴七寶裝成金冠，躡紅皮履。出則從者五百人，十婦人執金柈合貯檳榔，導以樂。

王師討交阯，以其素仇，詔使乘機協力除蕩。行營戰棹都監楊從先遣小校樊寔諭旨。寔還，言其國選兵七千扼賊要路，其王以木葉書回牒，詔使上之。然亦不能成功。後兩國同入貢，占城使者乞避交人。詔遇朔日朝文德殿，分東西立；望日則交人入垂拱殿，而占城趨紫宸；大宴則東西坐。

元祐七年，又表言如天朝討交阯，願率兵掩襲。朝廷以交阯數入貢，不絕臣節，難以興師，答敕書報之，而以其使良保故倫軋丹、副使傍水知突爲保順郎將。政和中，授其王楊卜麻疊金紫光祿大夫，領廉、白州刺史。楊卜麻疊言身廩化外，不霑祿食，願得溥授奉給，壯觀小國，許之。

宣和元年，進檢校司空兼御史大夫、懷遠軍節度、琳州管內觀察處置使，封占城國王。





自是，每遇恩輒降制加封邑。

建炎三年，楊卜麻疊遣使入貢，遇郊恩，制授檢校太傅，加食邑。紹興二十五年，其子鄒時闌巴嗣立，遣使進方物，求封爵，錫宴於懷遠驛，以其父初封之爵授之，報賜甚厚。

乾道三年，子鄒亞娜嗣，掠大食國方物遣人來貢，以求封爵，爲其國人所訴。詔卻之，遂不議其封。七年，閩人有浮海之吉陽軍者，風泊其舟抵占城。其國方與眞臘戰，皆乘大象，勝負不能決。閩人教其王當習騎射以勝之，王大說，具舟送之吉陽，市得馬數十匹歸，戰大捷。明年復來，瓊州拒之，憤怒大掠而歸。淳熙二年，嚴馬禁，不得售外蕃。三年，占城歸所掠生口八十三人，求通商，詔不許。四年，占城以舟師襲眞臘，傳其國都。

慶元以來，眞臘大舉伐占城以復讎，殺戮殆盡，俘其主以歸，國遂亡，其地悉歸眞臘。

眞臘國亦名占臘，其國在占城之南，東際海，西接蒲甘，南抵加羅希。其縣鎭風俗同占城，地方七千餘里。有銅臺，列銅塔二十有四、銅象八以鎭其上，象各重四千斤。其國有戰象幾二十萬，馬多而小。

政和六年十二月，遣進奏使奉化郎將鳩摩僧哥、副使安化郎將摩君明稽㖑等十四人來貢，賜以朝服。僧哥言：「萬里遠國，仰投聖化，尙拘卉服，未稱區區嚮慕之誠，願許服所賜。」詔從之，仍以其事付史館，書諸策。明年三月辭去。宣和二年，又遣郎將摩臘、摩禿防[九]來，朝廷官封其王與占城等。建炎三年[一〇]，以郊恩授其王金裒賓深檢校司徒，加食邑，遂定爲常制。

其屬邑有眞里富，在西南隅，東南接波斯蘭，西南與登流眉爲鄰。所部有六十餘聚落。慶元六年，其國主立二十年矣，遣使奉表貢方物及馴象二。詔優其報賜，以海道遠涉，後毋再入貢。

蒲甘國，崇寧五年，遣使入貢，詔禮秩視注輦。尙書省言：「注輦役屬三佛齊，故熙寧中[一一]敕書以大背紙，緘以匣襆，今蒲甘乃大國王，不可下視附庸小國。欲如大食、交阯諸國禮，凡制詔並書以白背金花綾紙，貯以間金鍍管籥，用錦絹夾襆緘封以往。」從之。

遨黎國，元祐四年，般次冷移、四抹粟迷等賫于闐國黑汗王幷本國王表章來。有司以





其國未嘗入貢，請視于闐條式。從之。

三佛齊國，蓋南蠻之別種，與占城爲鄰，居眞臘、闍婆之間，所管十五州。土產紅藤、紫礦、箋沉香、檳榔、椰子。無緡錢，土俗以金銀貿易諸物。四時之氣，多熱少寒，多無霜雪。人用香油塗身。其地無麥，有米及靑白豆，雞魚鵝鴨頗類中土。有花酒、椰子酒、檳榔酒、蜜酒，皆非麴櫱所醖，飲之亦醉。樂有小琴、小鼓，崑崙奴踏曲爲樂。國中文字用梵書，以其王指環爲印，亦有中國文字，上章表卽用焉。累甓爲城，周數十里，用椰葉覆屋。人民散居城外，不輸租賦，有所征伐，隨時調發，立酋長率領，皆自備兵器糗糧。汎海使風二十日至廣州。其王號詹卑，其國居人多蒲姓。唐天祐元年貢物，授其使都蕃長蒲訶栗立寧遠將軍。

建隆元年九月，其王悉利胡大霞里檀遣使李遮帝來朝貢。二年夏，又遣使蒲蔑貢方物。是多，其王室利烏耶遣使茶野伽、副使嘉末吒朝貢。其國號生留，王李犀林男迷日來亦遣使同至貢方物。三年春，室利烏耶又遣使李麗林、副使李鶻末、判官吒吒壁等來貢，迴，賜以白犛牛尾、白甆器、銀器、錦線鞍轡二副。開寶四年，遣使李何末以水晶、火油來

貢。五年，又來貢。七年，又貢象牙、乳香、薔薇水、萬歲棗、褊桃、白沙糖、水晶指環、瑠璃瓶、珊瑚樹。八年，又遣使蒲陁漢等貢方物，賜以冠帶、器幣。

太平興國五年，其王夏池遣使茶龍眉來。是年，潮州言，三佛齊國蕃商李甫誨乘船船載香藥、犀角、象牙至海口，會風勢不便，飄船六十日至潮州，其香藥悉送廣州。八年，其王遐至遣使蒲押陁羅來貢水晶佛、錦布、犀牙、香藥。雍熙二年，船主金花茶以方物來獻。端拱元年，遣使蒲押陀黎貢方物。淳化三年冬，廣州上言：「蒲押陀黎前年自京迴，聞本國爲闍婆所侵，住南海凡一年，今春乘船至占城，偶風信不利，復還。乞降詔諭本國。」從之。

咸平六年，其王思離咮囉無尼佛麻調華遣使李加排、副使無陁李南悲來貢，且言本國建佛寺以祝聖壽，願賜名及鐘。上嘉其意，詔以「承天萬壽」爲寺額，并鑄鐘以賜，授加排歸德將軍，無陁李南悲懷化將軍。大中祥符元年，其王思離麻囉皮遣使李眉地、副使蒲婆藍、判官麻河勿來貢，許赴泰山陪位于朝覲壇，遣賜甚厚。天禧元年，其王霞遲蘇勿吒蒲迷遣使蒲謀西等奉金字表，貢眞珠、象牙、梵夾經、崐崘奴，詔許謁會靈觀，游太淸寺、金明池。及還，賜其國詔書、禮物以慰奬之。

天聖六年八月，其王室離疊華遣使蒲押陀羅歇及副使、判官亞加盧〔三〕等來貢方物。舊制遠國使人貢，賜以間金塗銀帶，時特以渾金帶賜之。





熙寧十年，使大首領地華伽囉來，以爲保順慕化大將軍，賜詔寵之，曰：「吾以聲教覆露方域，不限遠邇，苟知夫忠義而來者，莫不錫之華爵，耀以美名，以寵異其國。爾悅慕皇化，浮海貢琛，吾用汝嘉，併超等秩，以昭忠義之勸。」元豐中，使至者再，率以白金、眞珠、婆律薰陸香備方物。廣州受表入言，俟報，乃護至闕下。天子念其道里遙遠，每優賜遣歸。二年，賜錢六萬四千緡、銀一萬五百兩，官其使群陀畢羅爲寧遠將軍，官陀旁亞里爲保順郎將。畢羅乞買金帶、白金器物，及僧紫衣、師號、牒〔三〕，皆如所請給之。五年〔四〕，廣州南蕃綱首以其主管國事國王之女唐字書，寄龍腦及布與提舉市舶孫迥，迥不敢受，言於朝。詔令估直輸之官，悉市帛以報。

五年〔五〕，遣使皮襪、副使胡仙、判官地華加羅來，入見，以金蓮花貯眞珠、龍腦撒殿。官皮襪爲懷遠將軍、胡仙加羅爲郎將。加羅還至雍丘病死，賻以絹五十匹。六年，又以其使薩打華滿爲將軍，副使羅悉沙文、判官悉理沙文爲郎將。紹聖中，再入貢。

紹興二十六年，其王悉利麻霞囉陀遣使入貢。帝曰：「遠人向化，嘉其誠耳，非利乎方物也。」其王復以珠獻宰臣秦檜，時檜已死，詔償其直而收之。淳熙五年，復遣使貢方物，詔免赴闕，館於泉州。

闍婆國在南海中。其國東至海一月，汎海半月至崑崙國；西至海四十五日，南至海三日，汎海五日至大食國；北至海四日，西北汎海十五日至勃泥國，又十五日至三佛齊國，又七日至古邏國，又七日至柴曆亭，抵交阯，達廣州。

其地平坦，宜種植，產稻、麻、粟、豆，無麥。民輸十一之租，煮海爲鹽。多魚、鱉、雞、鴨、山羊，兼椎牛以食。果實有木瓜、椰子、蕉子、蔗、芋。出金銀、犀牙、箋沉檀香、茴香、胡椒、檳榔、硫黃、紅花、蘇木。亦務蠶織，有薄絹、絲絞、吉貝布。剪銀葉爲錢博易，官以粟一斛二斗博金一錢。室宇壯麗，飾以金碧。中國賈人至者，待以賓館，飲食豐潔。地不產茶。其酒出於椰子及蝦蝚丹樹，蝦蝚丹樹華人未嘗見；或以桄榔、檳榔釀成，亦甚香美。不設刑禁，雜犯罪者隨輕重出黃金以贖，惟寇盜者殺之。

其王椎髻，戴金鈴，衣錦袍，躡革履，坐方牀，官吏日謁，三拜而退，出入乘象或腰輿，壯士五七百人執兵器以從。國人見王皆坐，俟其過乃起。以王子三人爲副王。官有落佶連四人，共治國事，如中國宰相，無月奉，隨時量給土產諸物。次有文吏三百餘員，目爲秀才，掌文簿，總計財貨。又有卑官殆千員，分主城池、帑廩及軍卒。其領兵者每半歲給金十兩，勝兵三萬，每半歲亦給金有差。





土俗婚聘無媒妁，但納黃金於女家以娶之。五月遊船，十月遊山，有山馬可乘跨，或乘軟兜。樂有橫笛、鼓板，亦能舞。土人被髮，其衣裝纏胸以下至於膝。疾病不服藥，但禱神求佛。其俗有名而無姓。方言謂眞珠爲「沒爹蝦羅」，謂牙爲「家囉」，謂香爲「崑燉盧林」，謂犀爲「低密」。

先是，宋元嘉十二年，遣使朝貢，後絕。淳化三年十二月，其王穆羅茶遣使陀湛、副使蒲亞里、判官李陁那假澄等來朝貢。陁湛云中國有眞主，本國乃修朝貢之禮。國王貢象牙、眞珠、綉花銷金及綉絲絞、雜色絲絞、吉貝織雜色絞布、檀香、玳瑁檳榔盤、犀裝劍、金銀裝劍、藤織花簟、白鸚鵡、七寶飾檀香亭子，其使別貢玳瑁、龍腦、丁香、藤織花簟。

先是，朝貢使汎船船六十日至明州定海縣，掌市舶監察御史張肅先驛奏其使飾服之狀與嘗來入貢波斯相類。譯者言云：今主船大商毛旭者，建溪人，數往來本國，因假其鄉導來朝貢。又言其國王一號曰夏至馬囉夜，王妃曰落肩娑婆利，本國亦署置僚屬。又其方言目船主爲「勃荷」，主妻曰「勃荷比尼贖」〔六〕。其船中婦人名眉珠，椎髻，無首飾，以蠻布纏身，顏色青黑，言語不能曉，拜亦如男子膜拜；一子，項戴金連鎖子，手有金鈎，以帛帶縈之，名阿嚕。其國與三佛齊有讎怨，互相攻戰。本國山多猴，不畏人，呼以霄霄之聲卽出，或投以果實，則其大猴二先至，土人謂之猴王、猴夫人，食畢，羣猴食其餘。使既至，上令有司優待；久之使還，賜金幣甚厚，仍賜良馬戎具，以從其請。其使云：隣國名婆羅門，有善法察人情，人欲相危害者皆先知之。

大觀三年六月，遣使入貢，詔禮之如交阯。

又有摩逸國，太平興國七年，載寶貨至廣州海岸。

建炎三年，以南郊恩制授闍婆國主懷遠軍節度、琳州管內觀察處置等使、金紫光祿大夫、檢校司空、使持節琳州諸軍事、琳州刺使、兼御史大夫、上柱國、闍婆國王、食邑二千四百戶、實封一千戶；悉里地茶蘭固野可特授檢校司徒〔三七〕，加食邑實封。紹興二年，復加食邑五百戶，實封二百戶。

南毗國在大海之西南，由三佛齊風飄月餘可至。其國王每巡行，先期遣兵百餘人持水灑地上，以防颶風揚沙塵；列鼎百以進食，日一易之，置翰林官供王飲食。俗喜戰鬥，習刀矟，善射。鑿雜白銀爲錢。產眞珠、番布。其國最遠，番舶罕到。時羅巴智力干父子，其種類也，居泉之城南，自是，舶舟多至其國矣。





勃泥國在西南大海中，去闍婆四十五日程，去三佛齊四十日程，去占城與摩逸各三十日程，皆計順風爲則。

其國以版爲城，城中居者萬餘人，所統十四州。其王所居屋覆以貝多葉，民舍覆以草。在王左右者爲大人。王坐繩床，若出，卽大布單坐其上，衆舁之，名曰阮囊。戰鬥者則持刀被甲，甲以銅鑄，狀若大筒，穿之於身，護其腹背。

其地無麥，有麻稻，又有羊及鷄魚，無蠶絲，用吉貝花織成布。飲椰子酒。昏聘之資，先以椰子酒，檳榔次之，指環又次之，然後以吉貝布，或量出金銀成其禮。喪葬亦有棺斂，以竹爲轝，載棄山中，二月始耕則祀之，凡七年則不復祀矣。以十二月七日爲歲節。地熱，多風雨。國人宴會，鳴鼓、吹笛、擊鈸，歌舞爲樂。無器皿，以竹編貝多葉爲器盛食，食訖棄之。其國鄰於底門國，有藥樹，取其根煎爲膏，服之及塗其體，兵刃所傷皆不死。前代未嘗朝貢，故史籍不載。

太平興國二年，其王向打遣使施弩、副使蒲亞里、判官哥心等賫表貢大片龍腦一家底、第二等八家底、第三等十一家底、米龍腦二十家底、蒼龍腦二十家底，凡一家底並二十兩；龍腦版五、玳瑁殼一百、檀香三橛、象牙六株。表云：「爲皇帝千萬歲壽，望不責小國微薄之禮。」其表以數重小囊緘封之，非中國紙，類木皮而薄，瑩滑，色微綠，長數尺，闊寸餘，橫卷之僅可盈握。其字細小，橫讀之，以華言譯之，云：「勃泥國王向打稽首拜，皇帝萬歲萬歲萬萬歲，願皇帝萬歲壽，今遣使進貢。向打聞有朝廷，無路得到。昨有商人蒲盧歇船泊水口，差人迎到州，言自中朝來，比詣闍婆國，遇猛風破其船，不得去。此時聞自中國來，國人皆大喜，卽造舶船，令蒲盧歇導達入朝貢，所遣使人只願平善見皇帝。每年令人入朝貢，每年修貢，慮風吹至占城界，望皇帝詔占城，令有向打船到，不要留。臣本國別無異物，乞皇帝勿怪。」其表文如是。詔館其使於禮賓院，優賜以遣之。

元豐五年二月，其王錫理麻喏復遣使貢方物，其使乞從泉州乘海船歸國，從之。

注輦國東距海五里，西至天竺千五百里，南至羅蘭二千五百里，北至頓田三千里，自古不通中國，水行至廣州約四十一萬一千四百里。

其國有城七重，高七尺，南北十二里，東西七里。每城相去百步，凡四城用塼，二城用土，最中城以木爲之，皆植花果雜木。其第一至第三皆民居，環以小河；第四城四侍郎居之；第五城主之四子居之；第六城爲佛寺，百僧居之；第七城卽主之所居，室四百餘區。所統有三十一部落，其西十二，曰只都尼、施亞盧尼、羅琶離鴐琶移、布林琶布尼、古檀





布林蒲登、故里、婆輪岑、本蹄揭蹄、閻黎池離、郝部尼、遮古林、亞里者林；其南八，曰無雅加黎麻藍、眉古黎苦低、舍里尼、密多羅摩、伽藍蒲登、蒙伽林伽藍、琶里琶離遊、亞林池蒙伽藍；其北十二，曰撥囉耶、無沒離江、注林〔三八〕、加里蒙伽藍、漆結麻藍、榿折蒙伽藍、皮林伽藍、浦稜和藍、堡琶來、田注离、盧婆囉、迷蒙伽藍。

今國主相傳三世矣。民有罪，卽命侍郎一員處治之，輕者縶於木格，笞五十至一百；重者卽斬，或以象踐殺之。其宴，則國主與四侍郎膜拜于階，遂共坐作樂歌舞，不飲酒，而食肉。俗衣布。亦有餅餌。掌饌執事用婦人。其嫁娶，先用金銀指環使媒婦至女家，後二日〔三九〕，會男家親族，約以土田、生畜、檳榔酒等，稱其有無爲禮；女家復以金銀指環、越諾布及女所服錦衣遺婿。若男欲離女則不取聘財，女却男則倍償之。

其兵陣，用象居前，小牌次之，梭槍次之，長刀又次之，弓矢在後，四侍郎分領其衆。國東南約二千五百里有悉蘭池國，或相侵伐。

地產眞珠、象牙、珊瑚、頗黎、檳榔、豆蔻、吉貝布。獸有山羊、黃牛。禽有山鷄、鸚鵡。果有餘甘、藤羅、千年棗、椰子、甘羅、崑崙梅、婆羅密〔四〇〕等。花有白末利、散絲、蛇臍、佛桑、麗秋、靑黃碧婆羅、瑤蓮、蟬紫、水蕉之類。五穀有綠豆、黑豆、麥、稻。地宜竹。

自昔未嘗朝貢。大中祥符八年九月，其國主羅茶羅乍遣進奉使侍郎娑里三文、副使蒲

恕〔二一〕、判官翁勿、防援官亞勒加等奉表來貢。三文等以盤奉眞珠、碧玻瓈升殿，布於御坐前，降殿再拜，譯者導其言曰：「願以表遠人慕化之誠。」其國主表曰：

臣羅茶羅乍言，昨遇舸船商人到本國告稱：鉅宋之有天下也，二帝開基，聖人繼統，登封太岳，禮祀汾陰，至德升聞，上穹眷命。臣昌期斯遇，吉語幸聞，輒傾就日之誠，仰露朝天之款。

臣伏聞人君之御統也，無遠不臻；臣子之推誠也，有道則服。伏惟皇帝陛下功超邃古，道建大中。衣裳垂而德合乾坤，劍戟鑄而範圍區宇。神武不殺，人文化成。廓明明之德以臨御下民，懷翼翼之心以昭事上帝。至仁不傷於行葦，大信爰及於淵魚。故得天鑒孔彰，帝文有赫，顯今古未聞之事，保家邦大定之基。

竊念臣微類醯鷄，賤如芻狗，世居夷落，地遠華風，虛荷燭幽，曾無執贄。今者竊聽歌頌，普及遐陬。恨年屬於桑榆，阻躬陳於玉帛。矧滄溟之曠絕，在跋涉以稍艱。是敢傾倒赤心，遙瞻丹闕。任土作貢，同螻蟻之慕羶；委質事君，比葵藿之向日。謹遣專使等五十二人，奉土物來貢，凡眞珠衫帽各一、眞珠二萬一千一百兩、象牙六十株、乳香六十斤。

三文等又獻珠六千六百兩、香藥三千三百斤。





初，羅茶羅乍既聞商船言，且曰十年來海無風濤，古老傳云如此則中國有聖人，故遣三文等入貢。三文離本國，舟行七十七晝夜，歷鄭勿丹山、婆里西蘭山至占賓國。又行六十一晝夜，歷伊麻羅里山至古羅國。國有古羅山，因名焉。又行七十一晝夜，歷加八山、占不牢山、舟寶龍山至三佛齊國。又行十八晝夜，度蠻山水口，歷天竺山，至賓頭狼山，望東西王母冢，距舟所將百里。又行二十晝夜，度羊山、九星山至廣州之琵琶洲。離本國凡千一百五十日至廣州焉。詔閤門祗候史祐之館伴，凡宴賜恩例同龜茲使。其年承天節，三文等請於啓聖禪院會僧以祝聖壽。明年使回，降詔羅茶羅乍，賜物甚厚。

天禧四年，又遣使琶欄得麻烈呧奉方物入貢，至廣州病死。守臣以其表聞。詔廣州宴犒從者，厚賜以遣之。

明道二年十月，其王尸離囉茶印陁囉注囉遣使蒲押陁離等以泥金表進眞珠衫帽及眞珠一百五兩、象牙百株，西染院副使、閤門通事舍人符惟忠〔二二〕假鴻臚少卿押伴。蒲押陁離自言數朝貢，而海風破船不達，願將上等珠就龍牀脚撒殿，頂戴贍禮，以申嚮慕之心。乃奉銀盤升殿，跪撒珠於御榻下而退。景祐元年二月，以蒲押陁離爲金紫光祿大夫、懷化將軍，還本國。

熙寧十年，國王地華加羅遣使奇囉囉、副使南卑琶打、判官麻圖華羅等二十七人來獻豌豆珠、麻珠〔二三〕、瑠璃大洗盤、白梅花腦、錦花、犀牙、乳香、瓶香、薔薇水、金蓮花、木香、阿魏、鵬砂、丁香。使副以眞珠、龍腦登陛，跪而散之，謂之撒殿。既降，詔遣御藥宣勞之〔二四〕，以爲懷化將軍、保順郎將，各賜衣服器幣有差；答賜其王錢八萬一千八百緡、銀五萬二千兩。

丹眉流國，東至占臘五十程，南至羅越水路十五程，西至西天三十五程，北至程良六十程，東北至羅斛二十五程，東南至闍婆四十五程，西南至程若十五程，西北至洛華二十五程，東北至廣州一百三十五程。

其俗以版爲屋；跣足，衣布，無紳帶，以白紵纏其首；貿易以金銀。其主所居，廣袤五里，無城郭；出則乘象車，亦有小駟。地出犀、象、鍮石、紫草、蘇木諸藥。四時炎熱，無雪霜。未嘗至中國。

咸平四年，國主多須機遣使打吉馬〔二五〕、副使打臘、判官皮泥〔二六〕等九人來貢木香千斤、鍮鑞各百斤、胡黃連三十五斤、紫草百斤、紅氈一合、花布四段、蘇木萬斤、象牙六十一株。召見崇德殿，賜以冠帶服物。及還，又賜多須機詔書以敦獎之。





## 校勘記

〔一〕坐禪椅 「禪」原作「憚」，「椅」字原脫，據宋會要蕃夷四之六一、通考卷三三二四裔考改補。

〔二〕量其罪 「罪」字原脫，據宋會要蕃夷四之六二、通考卷三三二四裔考補。

〔三〕豢養之人 「人」字原脫，據同上書同卷補。

〔四〕畜於京畿寧陵縣 宋會要蕃夷四之六四同。按宋京畿路十六縣有陽陵，寧陵不在其內；寧陵屬應天府，大中祥符七年建應天府爲南京，在此事以後，其管區亦不稱京畿。疑此有誤。

〔五〕山國 宋會要蕃夷四之六六作「小國」。

〔六〕具籍以付 原作「兵籍以付」，據宋會要蕃夷四之六六改。

〔七〕佛遊 長編卷六五同。據上文及宋會要蕃夷四之六八，疑當作「佛逝」。馮承鈞諸蕃志校注謂「佛逝」是占城中部都城舊譯名。

〔八〕華澄茄 原作「蓽登茄」，據宋會要蕃夷四之七一、七之三二及張燮東西洋考卷二改。

〔九〕麘禿防 宋會要蕃夷三之四記此事，訛「安化郎將麘禿、防授官沙斯底忽辭於紫宸殿」。按「防授官」一作「防援官」，本卷注輦國傳有「防援官」，宋會要蕃夷亦屢見此名。此處「麘禿」下「防」字當衍。

〔一〇〕建炎三年 「三」原作「二」，據宋會要蕃夷三之四、繫年要錄卷一九改。

中華書局

〔一一〕故熙寧中　「故」原作「胡」，據通考卷三三二四裔考改。

〔一二〕蒲押陀羅歇及副使判官亞加盧　長編卷一〇六無「副使判官」四字。

〔一三〕師號牒　「號」字原脫。按「師號」爲當時術語，長編卷二九九正作「師號」，今據補。

〔一四〕五年　原作「三年」，據長編卷三三〇、通考卷三三二四裔考改。

〔一五〕五年　按宋會要蕃夷七之三九、長編卷四一八、通考卷三三二四裔考記「五年」以下事都繫於元祐三年，此處「五年」當爲「元祐三年」之誤。

〔一六〕主妻曰勠荷比尼嚩　「主」原作「王」。按東西洋考卷三引宋史作「主」，「王」字應是「主」字之訛，今據改。

〔一七〕司徒　原作「司空」，據宋會要蕃夷四之九七、繫年要錄卷一九改。

〔一八〕注林　「注」字原脫，據趙汝适諸蕃志卷上補。

〔一九〕二日　通考卷三三二四裔考、諸蕃志卷上作「三日」。

〔二〇〕婆羅密　原作「娑羅密」，據同上二書同卷改。

〔二一〕蒲恕　按宋會要蕃夷七之二〇、通考卷三三二四裔考都作「蒲加心」，疑「加」誤作「如」，「如」「心」二字連寫遂成「恕」字。

〔二二〕閤門通事舍人符惟忠　「事」原作「使」，據本書卷一六九職官志、長編卷一一三改。





〔二三〕麻珠　「珠」字原脫，據通考卷三三二四裔考補。

〔二四〕詔遣御藥宣勞之　「宣」原作「室」，據通考卷三三二四裔考改。

〔二五〕打吉馬　宋會要蕃夷七之一四、長編卷四九、通考卷三三二四裔考均作「打古馬」。

〔二六〕皮泥　同上三書同卷都作「蓊皮泥」。

# 宋史卷四百九十

## 列傳第二百四十九

### 外國六

天竺　于闐　高昌　回鶻　大食　層檀　龜茲　沙州　拂菻

天竺國舊名身毒，亦曰摩伽陀，復曰婆羅門。俗宗浮圖道，不飲酒食肉。漢武帝遣使十餘輩間出西南，指求身毒，爲昆明所閉，莫能通。至漢明帝夢金人，於是遣使天竺問佛道法，由是其教傳於中國。梁武帝、後魏宣武時〔一〕，皆來貢獻。隋煬帝志通西域，諸國多有至者，唯天竺不通。唐貞觀以後，朝貢相繼。則天天授中，五天竺王並來朝獻。乾元末，河隴陷沒，遂不復至。周廣順三年，西天竺僧薩滿多等十六族來貢名馬。

乾德三年，滄州僧道圓自西域還，得佛舍利一水晶器、貝葉梵經四十夾來獻。道圓晉天福中詣西域，在塗十二年，住五印度凡六年，五印度卽天竺也；還經于闐，與其使偕至。





太祖召問所歷風俗山川道里，一一能記。四年，僧行勤等一百五十七人詣闕上言，願至西域求佛書，許之。以其所歷甘、沙、伊、肅等州，焉耆、龜茲、于闐、割祿等國，又歷布路沙、加濕彌羅等國，並詔諭其國令人引導之。開寶後，天竺僧持梵夾來獻者不絕。八年冬，東印度王子穰結說囉來朝貢。

天竺之法，國王死，太子襲位，餘子皆出家爲僧，不復居本國。有曼殊室利者，乃其王子也，隨中國僧至焉，太祖令館於相國寺，善持律，爲都人之所傾嚮，財施盈室。衆僧頗嫉之，以其不解唐言，卽僞爲奏求還本國，許之。詔旣下，曼殊室利始大驚恨，衆僧諭以詔旨，不得已遲留數月而後去。自言詣南海附賈人船而歸，終不知所適。

太平興國七年，益州僧光遠至自天竺，以其王沒徙曩表來上。上令天竺僧施護譯云：「近聞支那國內有大明王，至聖至明，威力自在。每慙薄幸，朝謁無由，遙望支那起居聖躬萬福。光遠來，蒙賜金剛吉祥無畏坐釋迦聖像袈裟一事，已披掛供養。伏願支那皇帝福慧圓滿，壽命延長，常爲引導一切有情生死海中，渡諸沉溺。今以釋迦舍利附光遠上進。」又譯其國僧統表，詞意亦與沒徙曩同。

施護者，烏塡曩國〔二〕人。其國屬北印度，西行十二日至乾陀羅國，又西行二十日至曩誐囉賀囉國，又西行十日至嵐婆國，又西行十二日至誐惹曩國，又西行至波斯國，得西海。自北印度行百二十日至中印度。中印度西行三程至阿囉尾國，又西行十二日至末曩囉國，又西行十二日至鉢頼野迦國，又西行六十日至迦囉拏俱惹國，又西行二十日至摩囉尾國，又西行二十日至烏然泥國，又西行二十五日至囉囉國，又西行四十日至蘇囉荼國，又西行十一日至西海。自中印度行六月程至南印度，又西行九十日至供迦拏國，又西行一月至海。自南印度南行六月程得南海。皆施護之所述云。

八年，僧法遇自天竺取經回，至三佛齊，遇天竺僧彌摩羅失黎語不多令，附表願至中國譯經，上優詔召之。法遇後募緣製龍寶蓋袈裟，將復往天竺，表乞給所經諸國敕書，遂賜三佛齊國王遐至葛、古羅國主司馬佶芒、柯蘭國主讚怛羅、西天王子謨馱仙書以遣之。

雍熙中，衞州僧辭澣自西域還，與胡僧密坦羅奉北印度王及金剛坐王那爛陀書來。又有婆羅門僧永世與波斯外道阿里烟同至京師。永世自云：本國名利得，國王姓牙羅五得，名阿喏你縛，衣黃衣，戴金冠，以七寶爲飾，出乘象或肩輿，以音樂螺鈸前導，多遊佛寺，博施貧乏。其妃曰摩訶你，衣大紬縷金紅衣，歲一出，多所振施。人有寃抑，候王及妃出遊，即迎隨伸訴。署國相四人，庶務並委裁制。五穀、六畜、果實與中國無異。市易用銅錢，有文漫圓徑，如中國之制，但實其中心，不穿貫耳。其國東行經六月至大食國，又二月至西州，又三月至夏州。阿里烟自云：本國王號黑衣，姓張，名哩沒，用錦綵爲衣，每遊獵，三二日



一還國。署大臣九人治國事。無錢貨，以雜物貿易。其國東行經六月至婆羅門。

至道二年八月，有天竺僧隨舶至海岸，持帝鐘、鈴杵、銅鈴各一，佛像一軀，貝葉梵書一夾，與之語，不能曉。

天聖二年九月，西印度僧愛賢、智信護等來獻梵經，各賜紫方袍、束帛。五年二月，僧法吉祥等五人以梵書來獻，賜紫方袍。景祐三年正月，僧善稱等九人貢梵經、佛骨及銅牙菩薩像，賜以束帛。

于闐國，自漢至唐，皆入貢中國，安、史之亂，絕不復至。晉天福中，其王李聖天自稱唐之宗屬，遣使來貢。高祖命供奉官張匡鄴〔三〕持節册聖天爲大寶于闐國王。

建隆二年十二月，聖天遣使貢圭一，以玉爲柙；玉枕一。本國摩尼師貢琉璃瓶二、胡錦一段。其使言：本國去京師九千九百里，西南抵葱嶺與婆羅門接，相去三千餘里，南接吐蕃〔四〕，西北至疏勒二千餘里。國城東有白玉河，西有綠玉河，次西有烏玉河，源出崐岡山，去國城西千三百里。每歲秋，國人取玉於河，謂之撈玉。土宜蒲萄，人多醞以爲酒，甚美。俗事妖神。



乾德三年五月，于闐僧善名、善法來朝，賜紫衣。其國宰相因善名等來，致書樞密使李崇矩，求通中國。太祖令崇矩以書及器幣報之。至是冬，沙門道圓自西域還，經于闐，與其朝貢使至。四年，又遣其子德從來貢方物。

開寶二年，遣使直末山來貢，且言本國有玉一塊，凡二百三十七斤，願以上進，乞遣使取之。善名復至，貢阿魏子，賜號昭化大師，因令還取玉。又國王男總嘗貢玉欛刀，亦厚賜報之。四年，其國僧吉祥以其國王書來上，自言破疏勒國得舞象一，欲以爲貢，詔許之。

大中祥符二年，其國黑韓王遣回鶻羅廝温等以方物來貢。廝温跪奏曰：「臣萬里來朝，獲見天日，願聖人萬歲，與遠人作主。」上詢以在路幾時，去此幾里。對曰：「涉道一年，晝行暮息，不知里數。昔時道路嘗有剽掠，今自瓜、沙抵于闐，道路清謐，行旅如流。願遣使安撫遠俗。」上曰：「路遠命使，益以勞費爾國。今降詔書，汝即齎往，亦與命使無異也。」

初，太平興國中有澶州卒王貴者，晝忽見使者至營，急召貴偕行，南至河橋，驛馬已具，即命乘之，俄覺騰虛而去。頃之駐馬，但見屋室宏麗，使者引貴入，見其主者容衞制度悉如王者。謂貴曰：「俟汝年五十八，當往于闐國北通聖山取一異寶以奉皇帝，宜深志之。」遂復乘馬凌虛而旋。軍中失貴已數日矣，驗所乘，即營卒之馬也。知州宋煦劾貴以聞，太宗釋之。天禧初，貴自陳年已五十八，願遵前戒，西至于闐，尋許其行。貴至秦州，以道遠悔懼，



俄於市中遇一道士引貴出城，登高原，問貴所欲，具以實對。即命貴閉目，少頃令開，覩山川頓異，道士曰：「此于闐國北境通聖山也。」復引貴觀一池，池中有仙童，出一物授之，謂曰：「持此奉皇帝。」又令瞑目，俄頃復至秦州，向之道士已失所在，發其物乃玉印也，文曰「國王趙萬永寶」，州以獻。

天聖三年十二月，遣使羅面于多、副使金三、監使安多、都監趙多來朝，貢玉鞍轡、白玉帶、胡錦、獨峯槖駝、乳香、硇砂。詔給還其直，館于都亭西驛，別賜襲衣、金帶、銀器百兩、衣著二百，羅面于多金帶。

嘉祐八年八月，遣使羅撒温獻方物。十一月，以其國王爲特進、歸忠保順砶鱗黑韓王。羅撒温言其王乞賜此號也，于闐謂金翅鳥爲「砶鱗」，「黑韓」蓋可汗之訛也。羅撒温等以獻物賜直少不受，及請所獻獨峯槖駝。詔以遠人特別賜錢五千貫，以槖駝還之，而與其已賜之直。其後數以方物來獻。

熙寧以來，遠不踰一二歲，近則歲再至。所貢珠玉、珊瑚、翡翠、象牙、乳香、木香、琥珀、花蕊布、硇砂、龍鹽、西錦、玉鞦轡馬、腽肭臍、金星石、水銀、安息鷄舌香，有所持無表章，每賜以暈錦旋襴衣、金帶、器幣，宰相則盤毬雲錦夾襴。

地產乳香，來輒羣負，私與商賈牟利；不售，則歸諸外府得善價，故其來益多。元豐

初,始詔惟齎表及方物馬驢乃聽以詣闕,乳香無用不許貢。

四年,遣部領阿辛上表稱「于闐國僂儸有福力量知文法黑汗王,書與東方日出處大世界田地主漢家阿舅大官家」,大略云路遠傾心相向,前三遣使入貢未回,重複數百言。董氈使導至熙州,譯其辭以聞。詔前三輩使人皆已朝見,錫賚遣發,賜敕書諭之。神宗嘗問其使去國歲月,所經何國及有無鈔略。對曰:「去國四年,道塗居其半,歷黃頭回紇、青唐,惟懼契丹鈔略耳。」因使之圖上諸國距漢境遠近,爲書以授李憲。八年九月,遣使入貢,使者爲神宗飯僧追福。賜錢百萬,還其所貢師子。

元祐中,以其使至無時,令熙河間歲一聽至闕。八年,請討夏國,不許。

紹聖中,其王阿忽都董娥密竭篤又言,緬藥家作過,別無報效,已遣兵攻甘、沙、肅三州。詔厚答其意。知秦州游師雄言:「于闐、大食、拂菻等國貢奉,般次踵至,有司憚於供賚,抑留邊方,限二歲一進。外夷慕義,萬里而至,此非所以來遠人也。」從之。自是訖于宣和,朝享不絕。

高昌國,漢車師前王之地。有高昌城,取其地勢高敞、人民昌盛以爲名焉。後魏初,沮





渠無諱自署高昌太守。無諱死,茹茹以闞伯周爲高昌王,高昌有王始於此。後魏至隋皆來貢獻。唐貞觀中,侯君集平其國,以其地爲西州。安、史之亂,其地陷沒,乃復爲國。語訛亦云「高敞」,然其地頗有回鶻,故亦謂之回鶻。

建隆三年四月,西州回鶻阿都督等四十二人以方物來貢。乾德三年十一月,西州回鶻可汗遣僧法淵獻佛牙、琉璃器、琥珀盞。太平興國六年,其王始稱西州外生師子王阿廝蘭漢,遣都督麥索温來獻。五月,太宗遣供奉官王延德、殿前承旨白勳使高昌。八年,其使安鶻盧來貢。

雍熙元年四月,王延德等還,敍其行程[五]來獻,云:

初自夏州歷玉亭鎮,次歷黃羊平,其地平而產黃羊。渡沙磧,無水,行人皆載水。凡二日至都囉囉族,漢使過者,遺以財貨,謂之「打當」。次歷茅女㖞子族,族臨黃河,以羊皮爲囊,吹氣實之浮於水,或以橐駝牽木栰而渡。次歷茅女王子開道族,行入六窠沙,沙深三尺,馬不能行,行者皆乘橐駝。不育五穀,沙中生草名登相,收之以食。次歷樓子山,無居人,行沙磧中,以日爲占,旦則背日,暮則向日,日中則止。夕行望月亦如之。次歷臥梁劾特族地,有都督山,唐回鶻之地。次歷大蟲太子族,族接契丹界,人衣尚錦繡,器用金銀,馬乳釀酒,飲之亦醉。次歷屋地因族,蓋達于于越王子之子。次至達于于越王子族。次歷拽利王子族,有合羅川,唐回鶻公主所居之地,城基尚在,有湯泉池。次歷阿墩族,經馬騣山望鄉嶺,嶺上石龕有李陵題字處。次歷格囉美源,西方百川所會,極望無際,鷗鷺鳧鴈之類甚衆。次至托邊城,亦名李僕射城,城中首領號「通天王」。次歷小石州。次歷伊州,州將陳氏,其先自唐開元二年領州,凡數十世,唐時詔敕尚在。地有野蠶生苦參上,可爲綿帛。有羊,尾大而不能走,尾重者三斤,小者一斤,肉如熊白而甚美。又有礪石,剖之得賓鐵,謂之喫鐵石。又生胡桐樹,經雨即生胡桐律。次歷益都。次歷納職城,城在大患鬼魅磧之東南,望玉門關甚近。地無水草,載糧以行,凡三日,至鬼谷口避風驛,用本國法設祭,出詔神樂風,風乃息。凡八日,至澤田寺。高昌聞使至,遣人來迎。次歷地名寶莊,又歷六種,乃至高昌。

高昌即西州也。其地南距于闐,西南距大食、波斯,西距西天步路涉、雪山、葱嶺,皆數千里。地無雨雪而極熱,每盛暑,居人皆穿地爲穴以處。飛鳥羣萃河濱,或起飛,即爲日氣所爍,墜而傷翼。屋室覆以白堊,雨及五寸,即廬舍多壞。有水,源出金嶺,導之周圍國城,以溉田園,作水磑。地產五穀,惟無蕎麥。貴人食馬,餘食羊及鳧鴈。樂多琵琶、箜篌。出貂鼠、白氎、繡文花蕊布。俗好騎射。婦人戴油帽,謂之蘇幕遮。用開元七年曆,以三月九日爲寒食,餘二社、冬至亦然。以銀或鍮石爲筒,貯水激以





相射[六],或以水交潑爲戲,謂之壓陽氣去病。好游賞,行者必抱樂器。佛寺五十餘區,皆唐朝所賜額,寺中有大藏經、唐韻、玉篇、經音等,居民春月多羣聚遨樂於其間。游者馬上持弓矢射諸物,謂之禳災。有敕書樓,藏唐太宗、明皇御札詔敕,緘鎖甚謹。復有摩尼寺,波斯僧各持其法,佛經所謂外道者也。所統有南突厥、北突厥、大衆熨、小衆熨、樣磨、割祿、黠戛司、末蠻、格哆族、預龍族之名甚衆。國中無貧民,絕食者共賑之。人多壽考,率百餘歲,絕無夭死。

時四月,師子王避暑於北廷,以其舅阿多于越守國,先遣人致意於延德曰:「我王舅也,使者拜我乎?」延德曰:「持朝命而來,禮不當拜。」復問曰:「見王拜乎?」延德曰:「禮亦不當拜。」阿多于越復數日始相見,然其禮頗恭。師子王邀延德至其北廷。歷交河州,凡六日,至金嶺口,寶貨所出。又兩日,至漢家砦。又五日,上金嶺。過嶺即多雨雪,嶺上有龍堂,刻石記云,小雪山也。嶺上有積雪,行人皆服毛罽。度嶺一日至北廷,憩高臺寺。其王烹羊馬以具膳,尤豐潔。

地多馬,王及王后、太子各養馬,放牧平川中,彌亘百餘里,以毛色分別爲羣,莫知其數。北廷川長廣數千里,鷹鷂鵰鶻之所生,多美草,不生花,砂鼠大如鼣,鷙禽捕食之。其王遣人來言,擇日以見使者,願無訝其淹久。至七日,見其王及王子侍者,皆東

向拜受賜。旁有持磬者擊以節拜，王聞磬聲乃拜，旣而王之兒女親屬皆出，羅拜以受賜，遂張樂飲宴，爲優戲，至暮。明日汎舟於池中，池四面作鼓樂。又明日游佛寺，曰應運太寧之寺，貞觀十四年造。

北廷北山中出硇砂，山中嘗有烟氣涌起，無雲霧，至夕光燄若炬火，照見禽鼠皆赤。采者著木底鞾取之，皮者卽焦。下有穴生青泥，出穴外卽變爲砂石，土人取以治皮。城中多樓臺卉木。人白皙端正，性工巧，善治金銀銅鐵爲器及攻玉。善馬直絹一匹，其駑馬充食，纔直一丈。貧者皆食肉。西抵安西，卽唐之西境。

七月，令延德先還其國，其王九月始至。亦聞有契丹使來，謂其王云：「高敞本漢土，漢使來覘視封域，將有異圖，王當察之。」延德偵知其語，因謂王曰：「契丹素不順中國，今乃反間，我欲殺之。」王固勸乃止。

自六年五月離京師，七年四月至高昌，所歷以詔賜諸國君長襲衣、金帶、繒帛。八年春，與其謝恩使凡百餘人復循舊路而還，雍熙元年四月至京師。

景德元年，又遣使金延福來貢。





回鶻本匈奴之別裔，在天德西北娑陵水上。後魏號鐵勒，唐初號特勒，後稱回紇。其君長曰可汗，自貞觀以後朝貢不絕。至德初，出兵助國討平安、史之亂，故累朝恩禮最重。然而恃功橫恣，朝廷雖患其邀求無厭，然頗姑息聽從之。元和中，改爲回鶻〔七〕。會昌中，其國衰亂，其相䮕職者擁外甥將龐勒西奔安西。旣而回鶻爲幽州張仲武所破，龐勒乃自稱可汗，居甘、沙、西州，無復昔時之盛矣。

歷梁、後唐、晉、漢、周，皆遣使朝貢。後唐同光中，册其國王仁美爲英義可汗。仁美卒，其弟仁裕立，册爲順化可汗，晉天福中，又改爲奉化可汗。仁裕卒，子景瓊立。先是，唐朝繼以公主下嫁，故回鶻世稱中朝爲舅，中朝每賜答詔亦曰外甥。五代之後皆因之。

建隆二年，景瓊遣使朝獻。三年，阿都督等四十二人以方物來貢。乾德二年，遣使貢玉百團、琥珀四十斤，犛牛尾、貂鼠等。三年，遣使趙黨誓等四十七人以團玉、琥珀、紅白犛牛尾爲貢。開寶中累遣使貢方物，其宰相鞠仙越亦貢馬。

太平興國二年冬，遣殿直張璨齎詔諭甘、沙州回鶻可汗外甥，賜以器幣，招致名馬美玉，以備車騎琮璜之用。五年，甘、沙州回鶻可汗夜落紇密禮遏遣使裴溢的等四人，以橐駝、名馬、珊瑚、琥珀來獻。

雍熙元年四月，西州回鶻與婆羅門僧永世、波斯外道阿里烟同入貢。四年，合羅川回鶻第四族首領遣使朝貢。端拱二年九月，回鶻都督石仁政、麼囉王子、邈拏王子、越黜黃水州巡檢四族並居賀蘭山下，無所統屬，諸部入貢多由其地。麼囉王子自云，向爲靈州馮暉阻絕，由是不通貢奉，今有內附意。各以錦袍銀帶賜之。

咸平四年，可汗王祿勝遣使曹萬通以玉勒名馬、獨峯無峯橐駝、賓鐵劍甲、琉璃器來貢。萬通自言任本國樞密使，本國東至黃河，西至雪山，有小郡數百，甲馬甚精習，願朝廷命使統領，使得縛繼遷以獻。因降詔祿勝曰：「賊遷凶悖，人神所棄。卿世濟忠烈，義篤舅甥，繼上奏封，備陳方略，且欲大舉精甲，就覆殘妖，拓土西陲，獻俘北闕。可汗功業，其可勝言！嘉歎所深，不忘朕意。今更不遣使臣，一切委卿統制。」特授萬通左神武軍大將軍，優賜祿勝器服。

景德元年，夜落紇遣使來貢。四年，又遣尼法仙等來朝，獻馬。仍許法仙遊五臺山。又遣僧翟入奏，來獻馬，欲於京城建佛寺祝聖壽，求賜名額，不許。

大中祥符元年，夏州萬子等軍主領族兵趣回鶻，回鶻設伏要路，示弱不與鬥，俟其過，奮起擊之，勦戮殆盡。其生擒者，回鶻驅坐於野，悉以所獲資糧示之，曰：「爾輩狐鼠，規求小利，我則不然。」遂盡焚而殺之，唯萬子軍主挺身走。鎭戎軍以聞，上曰：「回鶻嘗殺繼遷，世爲讎敵。甘州使至，亦言德明侵軼之狀，意頗輕視之。量其兵勢，德明未易敵也。」其年，





夜落紇、寶物公主及沒孤公主、娑温宰相各遣使來貢。東封禮成，以可汗王進奉使姚進爲寧遠將軍，寶物公主進奉曹進爲安化郎將，賜以袍笏。又賜夜落紇介冑。

三年，又遣左温宰相、何居錄越樞密使、翟符守榮等來貢。是年，龜茲國王可汗遣使李延福、副使安福、監使翟進來進香藥、花蕊布、名馬、獨峯駝、大尾羊、玉鞍勒、琥珀、鍮石等。四年，翟符守榮等三十人請從祀汾陰。其年，夜落紇遣使貢方物，秦州回鶻安密獻玉帶於道左。禮成，以翟符守榮爲左神武軍大將軍，安殿民爲保順郎將，餘皆賜冠帶器幣。其年，夜落紇遣使言，敗趙德明立功首領請加恩賞。詔給司戈、司階、郎將告敕十道，使得承制補署。

六年，龜茲進奉使李延慶等三十六人對于長春殿，獻名馬、弓箭、鞍勒、團玉、香藥等，優詔答之。

先是，甘州數與夏州接戰，夜落紇貢奉多爲夏州鈔奪。及宗哥族感悅朝廷恩化，乃遣人援送其使，故頻年得至京師。旣而唃廝羅欲娶可汗女而無聘財，可汗不許，因爲讎敵。五年，秦州遣指揮使楊知進、譯者郭敏送進奉使至甘州，會宗哥怨隙阻歸路，遂留知進等不敢遣。八年，敏方得還。可汗王夜落隔上表言寶物公主疾死，以西涼人蘇守信劫亂，不時奏聞；又謝恩賜寶鈿、銀匣、曆日及安撫詔書，仍乞慰諭宗哥，使開朝貢之路。九年，楊知進

亦至，遂遣郭敏賜宗哥詔書并甘州可汗器幣。其年，使來朝貢，言夜落隔卒，九宰相諸部落奉夜落隔歸化爲可汗王領國事。

天禧二年，夜落隔歸化遣都督安信等來朝。四年，又遣使同龜茲國可汗王智海使來獻大尾羊。初，回鶻西奔，族種散處。故甘州有可汗王，西州有克韓王，新復州有黑韓王，皆其後焉。

天聖元年五月，甘州夜落隔通順遣使阿葛之、王文貴來貢方物。六月，詔甘州回紇外甥可汗王夜落隔通順特封歸忠保順可汗王。二年五月，遣使都督翟信等十四人來貢馬及黃湖綿、細白氎。三年四月，可汗王、公主及宰相撒溫訛進馬、乳香。賜銀器、金帶、衣著、暈錦旋襴有差。五年八月，遣使安萬東等一十四人來貢方物。六年二月，遣人貢方物。

熙寧元年入貢，求買金字大般若經，以墨本賜之。六年復來，補其首領五人爲軍主，歲給綵二十疋。神宗問其國種落生齒幾何，曰三十餘萬；壯可用者幾何，曰二十萬。明年，敕李憲擇使聘阿里骨，使諭回鶻令發兵深入夏境。憲以命殿直皇甫旦。旦往，不得前而妄奏功狀，詔逮旦赴御史獄抵罪。然回鶻使不常來，宣和中，間因入貢散而之陝西諸州，公爲貿易，至留久不歸。朝廷慮





其習知邊事，且往來皆經夏國，於播傳非便，乃立法禁之。

大食國本波斯之別種。隋大業中，波斯有桀黠者探穴得文石，以爲瑞，乃糾合其衆，剽略資貨，聚徒浸盛，遂自立爲王，據有波斯國之西境。唐永徽以後，屢來朝貢。其王盆泥末換〔八〕之前謂之白衣大食，阿蒲羅拔之後謂之黑衣大食。

乾德四年，僧行勤遊西域，因賜其王書以招懷之。開寶元年，遣使來朝貢。四年，又貢方物，以其使李訶末爲懷化將軍，特以金花五色綾紙寫官告以賜。是年，本國及占城、闍婆〔九〕又致禮物于李煜，煜不敢受，遣使來上，因詔自今勿以爲獻。六年，遣使來貢方物。七年，國王訶黎佛又遣使不囉海，九年又遣使蒲希密，皆以方物來貢。

太平興國二年，遣使蒲思那、副使摩訶末、判官蒲囉等貢方物。其從者目深體黑，謂之崑崙奴。詔賜其使襲衣、器幣，從者縑帛有差。四年，復有朝貢使至。雍熙元年，國人花茶來獻花錦、越諾、揀香、白龍腦、白沙糖、薔薇水、琉璃器。

淳化四年，又遣其副酋長李亞勿來貢。其國舶主蒲希密至南海，以老病不能詣闕，乃以方物附亞勿來獻。其表曰：

大食舶主臣蒲希密上言，衆星垂象，回拱於北辰；百谷疏源，委輸於東海。屬有道之柔遠，罄無外以宅心。伏惟皇帝陛下德合二儀，明齊七政，仁宥萬國，光被四夷。賡歌洽擊壤之民，重譯走奉珍之貢。臣顧惟殊俗，景慕中區，早傾向日之心，頗鬱朝天之願。

昨在本國，曾得廣州蕃長寄書招諭，令入京貢奉，盛稱皇帝聖德，布寬大之澤，詔下廣南，寵綏蕃商，阜通遠物。臣遂乘海舶，爰率土毛，涉歷龍王之宮，瞻望天帝之境，庶遵玄化，以慰宿心。今則雖届五羊之城，猶賒雙鳳之闕。自念衰老，病不能興，遐想金門，心目俱斷。今遇李亞勿來貢，謹備蕃錦藥物附以上獻。臣希密凡進象牙五十株，乳香千八百斤，賓鐵七百斤，紅絲吉貝一段，五色雜花蕃錦四段，白越諾二段，都爹一琉璃瓶，無名異一塊，薔薇水百瓶。

詔賜希密敕書、錦袍、銀器、束帛等以答之。

至道元年，其國舶主蒲押陁黎齎蒲希密表來獻白龍腦一百兩，腽肭臍五十對，龍鹽一銀合，眼藥二十小琉璃瓶，白沙糖三琉璃甕，千年棗、舶上五味子各六琉璃瓶，舶上褊桃一琉璃瓶，薔薇水二十琉璃瓶，乳香山子一坐，蕃錦二段，駝毛褥面三段，白越諾三段。引對於崇政殿，譯者代奏云：「父蒲希密因緣射利，泛舶至廣州，迨今五稔未歸。母令臣遠來尋





訪，昉至廣州見之。具言前歲蒙皇帝聖恩降敕書，賜以法錦袍、紫綾纏頭、間塗金銀鳳瓶一對、綾絹二十疋。今令臣奉章來謝，以方物致貢。」

太宗因問其國，對云：「與大秦國相鄰，爲其統屬。今本國所管之民纔及數千，有都城介山海間。」又問其山澤所出，對云：「惟犀象香藥。」問犀象以何法可取，對云：「象用象媒誘至，漸以大繩羈縻之耳；犀則使人升大樹操弓矢，伺其至射而殺之，其小者不用弓矢可以捕獲。」上賜以襲衣、冠帶、被褥等物，令閤門宴犒訖，就館，延留數月遣回；降詔答賜蒲希密黃金，準其所貢之直。三年二月，又與賓同隴國使來朝。

咸平二年，又遣判官文戊至。三年，舶主陁婆離遣使穆吉鼻來貢。吉鼻還，賜陁婆離詔書并器服鞍馬。六年，又遣使婆羅欽三摩尼等來貢方物。摩尼等對於崇政殿，持眞珠以進，自云離國日誠願得瞻威顏卽獻此，乞不給回賜。眞宗不欲違其意，俟其還，優加恩賚。

景德元年，又遣使來。時與三佛齊、蒲端國使並在京師，會上元觀燈，皆賜錢縱其宴飲。其秋，蕃客蒲加心至。四年，又遣使同占城使來，優加館餼之禮，許徧至苑囿寺觀遊覽。

大中祥符元年十月，車駕東封，舶主陁婆離上言願執方物赴泰山，從之。又舶主李亞勿遣使麻勿來獻玉圭。並優賜器幣、袍帶，并賜國主銀飾繩床、水罐、器械、旗幟、鞍勒馬

等。四年祀汾陰，又遣歸德將軍陁羅離進饇香、象牙、琥珀、無名異、繡絲、紅絲、碧黃綿、細越諾、紅駝毛、間金線璧衣、碧白琉璃酒器、薔薇水、千年棗等。詔令陪位，禮成，並賜冠帶服物。五年，廣州言大食國人無西忽盧華百三十歲，耳有重輪，貌甚偉異。自言遠慕皇化，附古邏國舶船而來。詔就賜錦袍、銀帶加束帛。

天禧三年，遣使蒲麻勿陁婆離、副使蒲加心等來貢。先是，其入貢路繇沙州，涉夏國，抵秦州。乾興初，趙德明請道其國中，不許。至天聖元年來貢，恐爲西人鈔略，乃詔自今取海路繇廣州至京師。至和、嘉祐間，四貢方物。最後以其首領蒲沙乙爲武寧司階。

熙寧中，其使辛押陁羅乞統察蕃長司公事，詔廣州裁度。又進錢銀助修廣州城，不許。六年，都蕃首保順郎將蒲陀婆離慈表令男麻勿奉貢物，乞以自代，而求爲將軍，詔但授麻勿郎將。其國部屬各異名，故有勿巡，有陁婆離，有俞盧和地，有麻囉跋等國，然皆冠以大食。勿巡所貢，又有龍腦、兜羅錦、毬錦襖、蕃花簟，陁婆有金飾壽帶、連環臂鈎、數珠之屬。

政和中，橫州士曹〔一〇〕蔡蒙休押伴其使入都，沿道故滯留，彊市其香藥不償直。事聞，詔提點刑獄置獄推治，因詔自今蕃夷入貢，並選承務郎以上清幹官押伴，按程而行，無故不得過一日，乞取買市者論以自盜云。

其國在泉州西北，舟行四十餘日至藍里，次年乘風颿，又六十餘日始達其國。地雄壯





廣袤，民俗侈麗，甲於諸蕃。天氣多寒。其王錦衣玉帶，躡金履，朔望冠百寶純金冠。其居以碼碯爲柱，綠甘爲壁，水晶爲瓦，碌石爲磚，活石爲灰，帷幕用百花錦。官有丞相、太尉，各領兵馬二萬餘人。馬高七尺，士卒驍勇。民居屋宇略與中國同。市肆多金銀綾錦。工匠技術，咸精其能。

建炎三年，遣使奉寶玉珠貝入貢。帝謂侍臣曰：「大觀、宣和間，茶馬之政廢，故武備不修，致金人亂華，危亡不絕如綫。今復捐數十萬緡以易無用之珠玉，曷若惜財以養戰士？」詔張浚卻之，優賜以答遠人之意。紹興元年，復遣使貢文犀、象齒，朝廷亦厚加賜與，而不貪其利。故遠人懷之，而貢賦不絕。

層檀國在南海傍，城距海二十里。熙寧四年始入貢。海道便風行百六十日，經勿巡、古林、三佛齊國乃至廣州。其王名亞美羅亞眉蘭，傳國五百年，十世矣。人語音如大食。地春冬暖。貴人以越布纏頭，服花錦白氎布，出入乘象、馬。有奉祿。其法輕罪杖，重罪死。穀有稻、粟、麥，食有魚，畜有綿羊、山羊、沙牛、水牛、橐駝、馬、犀、象，藥有木香、血竭、沒藥、鵬砂、阿魏、薰陸。產眞珠、玻璃、密沙華三酒。交易用錢，官自鑄，三分其齊，金銅相半，而銀居一分，禁民私鑄。元豐六年，使保順郎將層伽尼再至，神宗念其絕遠，詔頒賚如故事，仍加賜白金二千兩。

龜茲本回鶻別種。其國主自稱師子王，衣黃衣，寶冠，與宰相九人同治國事。國城有市井而無錢貨，以花蕊布博易。有米麥瓜果。西至大食國行六十日，東至夏州九十日。或稱西州回鶻，或稱西州龜茲，又稱龜茲回鶻。

自天聖至景祐四年，入貢者五，最後賜以佛經一藏。熙寧四年，使李延慶、曹福入貢。五年，又使盧大明、篤都入貢。紹聖三年，使大首領阿連撒羅等三人以表章及玉佛至洮西。熙河經略使以其罕通使，請令於熙、秦州博買，而估所齎物價答賜遣還，從之。

沙州本漢燉煌故地，唐天寶末陷于西戎。大中五年，張義潮〔一一〕以州歸順，詔建沙州爲歸義軍，以義潮爲節度使，領河沙甘肅伊西等州觀察、營田處置使。義潮入朝，以從子淮深領州事〔一二〕。至朱梁時，張氏之後絕，州人推長史曹義金爲帥。義金卒，子元忠嗣。周顯德





二年來貢，授本軍節度、檢校太尉、同中書門下平章事，鑄印賜之。

建隆三年加兼中書令，子延恭爲瓜州防禦使。興國五年元忠卒，子延祿遣人來貢。贈元忠燉煌郡王，授延祿本軍節度，弟延晟爲瓜州刺史，延瑞爲衙內都虞候。咸平四年，封延祿爲譙郡王。五年，延祿、延瑞爲從子宗壽所害，宗壽權知留後，而以其弟宗允權知瓜州。表求旌節，乃授宗壽節度使，宗允檢校尚書左僕射、知瓜州，宗壽子賢順爲衙內都指揮使。大中祥符末宗壽卒，授賢順本軍節度，弟延惠爲檢校刑部尚書、知瓜州。賢順表乞金字藏經洎茶藥金箔，詔賜之。至天聖初，遣使來謝，貢乳香、硇砂、玉團。自景祐至皇祐中，凡七貢方物。

拂菻國東南至滅力沙，北至海，皆四十程。西至海三十程。東自西大食及于闐、回紇、青唐，乃抵中國。歷代未嘗朝貢。

元豐四年十月，其王滅力伊靈改撒始遣大首領你廝都令廝孟判來獻鞍馬、刀劍、眞珠，言其國地甚寒，土屋無瓦。產金、銀、珠、西錦、牛、羊、馬、獨峯駝、梨、杏、千年棗、巴欖、粟、麥，以蒲萄釀酒。樂有箜篌、壺琴、小篳篥、偏鼓。王服紅黃衣，以金線織絲布纏頭，歲

三月則詣佛寺，坐紅床，使人舁之。貴臣如王之服，或青綠、緋白、粉紅、褐紫，並纏頭跨馬。城市田野，皆有首領主之，每歲惟夏秋兩得奉，給金、錢、錦、縠、帛，以治事大小爲差。刑罰罪輕者杖數十，重者至二百，大罪則盛以毛囊投諸海。不尙鬥戰，鄰國小有爭，但以文字來往相詰問，事大亦出兵。鑄金銀爲錢，無穿孔，面鑿彌勒佛，背爲王名，禁民私造。元祐六年，其使兩至。詔別賜其王帛二百匹、白金瓶、襲衣、金束帶。

## 校勘記

〔一〕梁武帝後魏宣武時　「時」字原脫，據宋會要蕃夷四之八六、通考卷三三八四裔考補。

〔二〕烏塡爨國　「塡」，長編卷二三、宋會要蕃夷四之八九作「塡」。

〔三〕張匡鄴　「匡」字原脫，據通考卷三三七四裔考、新五代史卷七四四夷附錄補。

〔四〕南接吐蕃　「南」原作「東」，據冊府元龜卷九五七、新五代史卷七四四夷附錄改。

〔五〕行程　原作「水程」，據揮麈前錄卷四、通考卷三三六四裔考改。

〔六〕激以相射　「相」字原脫，據同上二書同卷補。

〔七〕改爲回鶻　「改」原作「訛」，據冊府元龜卷九五八、宋會要蕃夷四之一改。

〔八〕盆泥末換　「末」原作「未」，據趙汝适諸蕃志卷上大食國、舊唐書卷一九八大食改。





〔九〕闍婆　原作「門婆」，據諸蕃志卷上大食國、通考卷三三九四裔考改。

〔一〇〕橫州士曹　通考卷三三九四裔考同。宋會要蕃夷四之九三作「廣州司戶曹事」。按上文，天聖元年有令大食人取海道由廣州至京師詔；本書卷一六七職官志，諸曹官有戶曹參軍，掌戶籍、賦稅、倉庫受納之事，疑以會要爲是。

〔一一〕張義潮　兩唐書紀傳、通鑑都作「張義潮」，通鑑考異卷二二說：「補國史作張議潮，今從實錄、新舊紀傳。」王忠新唐書吐蕃傳箋證說：「石室本『義潮』皆作『議潮』，通鑑從衆之決定不確，反以補國史之記載爲是。」

〔一二〕淮深　原作「惟深」，據新唐書卷二一六下、新唐書吐蕃傳箋證、通考卷三三四四裔考改。

# 宋史卷四百九十一

## 列傳第二百五十

### 外國七

流求國　定安國　渤海國　日本國　党項

流求國在泉州之東，有海島曰彭湖，烟火相望。其國塹柵三重，環以流水，植棘爲藩，以刀稍弓矢劍鈹爲兵器〔一〕，眎月盈虧以紀時。無他奇貨，商賈不通，厥土沃壤，無賦斂，有事則均稅。

旁有毗舍邪國，語言不通，袒裸盱睢，殆非人類。淳熙間，國之酋豪嘗率數百輩猝至泉之水澳、圍頭等村，肆行殺掠。喜鐵器及匙筯，人閉戶則免，但刓其門圈而去。擲以匙筯則頫拾之，見鐵騎則爭刓其甲，駢首就戮而不知悔。臨敵用標鎗，繫繩十餘丈爲操縱，蓋惜其鐵不忍棄也。不駕舟楫，惟縛竹爲筏，急則羣舁之泅水而遁。





定安國本馬韓之種，爲契丹所攻破，其酋帥糾合餘衆，保于西鄙，建國改元，自稱定安國。開寶三年，其國王烈萬華因女眞遣使入貢，乃附表貢獻方物。太平興國中，太宗方經營遠略，討擊契丹，因降詔其國，令張犄角之勢。其國亦怨寇讎侵侮不已，聞中國用兵北討，欲依王師以攄宿憤，得詔大喜。

六年冬，會女眞遣使來貢，路由本國，乃托其使附表來上云：「定安國王臣烏玄明言：伏遇聖主洽天地之恩，撫夷貊之俗，臣玄明誠喜誠抃，頓首頓首。臣本以高麗舊壤，渤海遺黎，保據方隅，涉歷星紀，仰覆露鴻鈞之德，被浸漬無外之澤，各得其所，以遂本性。而頃歲契丹恃其強暴，入寇境土，攻破城砦，俘略人民，臣祖考守節不降，與衆避地，僅存生聚，以迄于今。而又扶餘府昨背契丹，並歸本國，災禍將至，無大於此。所宜受天朝之密畫，率勝兵而助討，必欲報敵，不敢違命。臣玄明誠懇誠願，頓首頓首。」其末題云：「元興六年十月日，定安國王臣玄明表上聖皇帝前。」

上答以詔書曰：「勑定安國王烏玄明。女眞使至，得所上表，以朕嘗賜手詔諭旨，且陳感激。卿遠國豪帥，名王茂緒，奄有馬韓之地，介于鯨海之表，彊敵吞併，失其故土，沉冤未報，積憤奚伸。矧彼獯戎，尙搖蠆毒，出師以薄伐，乘夫天災之流行，敗衂相尋，滅亡可待。今國家已于邊郡廣屯重兵，只俟嚴冬，卽申天討。卿若能追念累世之耻，宿戒舉國之師，當予伐罪之秋，展爾復仇之志，朔漠底定，爵賞有加，宜思永圖，無失良便。而況渤海願歸於朝化，扶餘已背於賊庭，勵乃宿心，糾其協力，克期同舉，必集大勳。倘阻重溟，未遑遣使，倚注之切，寤寐寧忘。」以詔付女眞使，令齎以賜之。

端拱二年，其王子因女眞使附獻馬、雕羽鳴鏑。淳化二年，其王子太元因女眞使上表〔二〕，其後不復至。

渤海本高麗之別種。唐高宗平高麗，徙其人居中國。則天萬歲通天中，契丹攻陷營府，高麗別種大祚榮走保遼東，睿宗以爲忽汗州〔三〕都督，封渤海郡王，因自稱渤海國，併有扶餘、肅愼等十餘國，歷唐、梁、後唐，朝貢不絕。後唐天成初，爲契丹阿保機攻扶餘城下之，改扶餘爲東丹府，命其子突欲留兵鎭之。阿保機死，渤海王復攻扶餘，不能克。歷長興、清泰，遣使朝貢。周顯德初，其酋豪崔烏斯等三十人來歸，其後隔絕不能通中國。





太平興國四年，太宗平晉陽，移兵幽州，其酋帥大鸞河率小校李勛等十六人、部族三百騎來降，以鸞河爲渤海都指揮使。六年，賜烏舍城浮渝府渤海琰府王詔曰：「朕纂紹丕構，奄有四海，普天之下，罔不率俾。矧太原封域，國之保障，頃因竊據，遂相承襲，倚遼爲援，歷世逋誅。朕前歲親提銳旅，盡護諸將，拔幷門之孤壘，斷匈奴之右臂，眷言弔伐，以蘇黔黎。蠢茲北戎，非理搆怨，輒肆荐食，犯我封略。一昨出師逆擊，斬獲甚衆。今欲鼓行深入，席捲長驅，焚其龍庭，大殲醜類。素聞爾國密邇寇讎，迫於呑幷，力不能制，因而服屬，困於率割。當靈旗破敵之際，是鄰邦雪憤之日，所宜盡出族帳，佐予兵鋒。俟其翦滅，沛然封賞，幽、薊土宇，復歸中原，朔漠之外，悉以相與。勗乃協力，朕不食言。」時將大舉征契丹，故降是詔諭旨。

九年春，宴大明殿，因召大鸞河慰撫久之。上謂殿前都校劉延翰〔四〕曰：「鸞河，渤海豪帥，束身歸我，嘉其忠順。夫夷落之俗，以馳騁爲樂，候高秋戒候，當與駿馬數十匹，令出郊遊獵，以遂其性。」因以緡錢十萬幷酒賜之。

日本國者，本倭奴國也。自以其國近日所出，故以日本爲名；或云惡其舊名改之也。其地東西南北各數千里，西南至海，東北隅隔以大山，山外卽毛人國。自後漢始朝貢，歷魏、晉、宋、隋皆來貢，唐永徽、顯慶、長安、開元、天寶、上元、貞元、元和、開成中，並遣使入朝。

雍熙元年，日本國僧奝然與其徒五六人浮海而至，獻銅器十餘事，幷本國職員今〔五〕、王年代紀各一卷。奝然衣綠，自云姓藤原氏，父爲眞連；眞連，其國五品品官也。奝然善隸書，而不通華言，問其風土，但書以對云：「國中有五經書及佛經、白居易集七十卷，並得自中國。土宜五穀而少麥。交易用銅錢，文曰『乾文大寶』〔六〕。畜有水牛、驢、羊，多犀、象。產絲蠶，多織絹，薄緻可愛。樂有中國〔七〕、高麗二部。四時寒暑，大類中國。國之東境接海島，夷人所居，身面皆有毛。東奧州產黃金，西別島〔八〕出白銀，以爲貢賦。國王以王爲姓，傳襲至今王六十四世，文武僚吏皆世官。」

其年代紀所記云〔九〕：初主號天御中主。次曰天村雲尊，其後皆以「尊」爲號。次天八重雲尊，次天彌聞尊，次天忍勝尊，次瞻波尊，次萬魂尊，次利利魂尊，次國狹槌尊，次角龔魂尊，次汲津丹尊，次面垂見尊，次國常立尊，次天鑑尊，次天萬尊，次沫名杵尊，次伊奘諾尊，次素戔烏尊，次天照大神尊，次正哉吾勝速日天押穗耳尊，次天彥尊，次炎尊，次彥瀲尊，凡二十三世，並都於筑紫日向宮。





彥瀲第四子號神武天皇，自筑紫宮入居大和州橿原宮，卽位元年甲寅，當周僖王時也。次綏靖天皇，次安寧天皇，次懿德天皇，次孝昭天皇，次孝天皇，次孝靈天皇，次孝元天皇，次開化天皇，次崇神天皇，次垂仁天皇，次景行天皇，次成務天皇。次仲哀天皇，國人言今爲鎭國香椎大神。次神功天皇，開化天皇之曾孫女，又謂之息長足姬天皇，國人言今爲太奈良姬大神。次應神天皇，甲辰歲，始於百濟得中國文字，今號八蕃菩薩，有大臣號紀武內，年三百七歲。次仁德天皇，次履中天皇，次反正天皇，次允恭天皇，次安康天皇，次雄略天皇，次清寧天皇，次顯宗天皇，次仁賢天皇，次武烈天皇，次繼體天皇，次安開天皇，次宣化天皇。次天國排開廣庭天皇，亦名欽明天皇，卽位十三年，壬申歲始傳佛法於百濟國，當此土梁承聖元年。次敏達天皇。次用明天皇，有子曰聖德太子，年三歲，聞十人語，同時解之，七歲悟佛法于菩提寺，講聖鬘經，天雨曼陀羅華。當此土隋開皇中，遣使泛海至中國，求法華經。次崇峻天皇。次推古天皇，欽明天皇之女也。次舒明天皇，次皇極天皇。次孝德天皇，白雉四年，律師道照求法至中國，從三藏僧玄奘受經、律、論，當此土唐永徽四年也。次天豐財重日足姬天皇，令僧智通等入唐求大乘法相教，當顯慶三年。次天智天皇，次天武天皇，次持總天皇。次文武天皇，大寶三年，當長安元年，遣粟田眞人入唐求書籍，律師道慈求經。次阿閉天皇，次皈依天皇。次聖武天皇，寶龜二年，遣僧正玄昉入朝，當開元四年。次孝明天皇，聖武天皇之女也，天平勝寶四年，當天寶中，遣使及僧入唐求內外經教及傳戒。次天炊天皇。次高野姬天皇，聖武天皇之女也。次白壁天皇，二十四年，遣二僧靈仙、行賀入唐，禮五臺山學佛法。次桓武天皇，遣騰元葛野與空海大師及延歷寺僧澄入唐，詣天台山傳智者止觀義，當元和元年也。次諾樂天皇，次嵯峨天皇，次淳和天皇。次仁明天皇，當開成、會昌中，遣僧入唐，禮五臺。次文德天皇，當大中年間。次清和天皇，次陽成天皇。次光孝天皇，遣僧宗睿入唐傳教，當光啓元年也。

次仁和天皇，當此土梁龍德中，遣僧寬建等入朝。次醍醐天皇，次天慶天皇。次封上天皇，當此土周廣順年也。次冷泉天皇，今爲太上天皇。次守平天皇，即今王也。凡六十四世。

畿內有山城、大和、河內、和泉、攝津凡五州，共統五十三郡。東海道有伊賀、伊勢、志摩、尾張、叁河、遠江、駿河、伊豆、甲斐、相模、武藏、安房、上總、常陸凡十四州，共統一百一十六郡。東山道有通江、美濃、飛驒、信濃、上野、下野、陸奥、出羽凡八州，共統一百二十二郡。北陸道有若狹、越前、加賀、能登、越中、越後、佐渡凡七州，共統三十郡。山陰道有丹波、丹彼、徂馬、因幡、伯耆、出雲、石見、隱伎凡八州，共統五十二郡。小陽道有播麼、美作、





備前、備中、備後、安藝、周防、長門凡八州，共統六十九郡。南海道有伊紀、淡路、河波、讚耆、伊豫、土佐凡六州，共統四十八郡。西海道有筑前、筑後、豐前、豐後、肥前、肥後、日向、大隅、薩摩凡九州，共統九十三郡。又有壹伎、對馬、多褹凡三島，各統二郡。是謂五畿、七道、三島，凡三千七百七十二都，四百一十四驛，八十八萬三千三百二十九課丁。課丁之外，不可詳見。皆奝然所記云。

按隋開皇二十年，倭王姓阿每，名自多利思比孤，遣使致書。唐永徽五年，遣使獻琥珀、馬腦。長安二年，遣其朝臣眞人貢方物。開元初，遣使來朝。天寶十二年，又遣使來貢。元和元年，遣高階眞人來貢。開成四年，又遣使來貢。此與其所記皆同。大中、光啓、龍德及周廣順中，皆嘗遣僧至中國，唐書中、五代史失其傳。唐咸亨中及開元二十三年、大曆十二年、建中元年，皆來朝貢，其記不載。

太宗召見奝然，存撫之甚厚，賜紫衣，館于太平興國寺。上聞其國王一姓傳繼，臣下皆世官，因歎息謂宰相曰：「此島夷耳，乃世祚遐久，其臣亦繼襲不絕，此蓋古之道也。中國自唐季之亂，宇縣分裂，梁、周五代享歷尤促，大臣世冑，鮮能嗣續。朕雖德慚往聖，常夙夜寅畏，講求治本，不敢暇逸。建無窮之業，垂可久之範，亦以爲子孫之計，使大臣之後世襲祿位，此朕之心焉。」

其國多有中國典籍，奝然之來，復得孝經一卷、越王孝經新義第十五一卷，皆金縷紅羅標，水晶爲軸。孝經即鄭氏注者。越王者，乃唐太宗子越王貞；新義者，記室參軍任希古等撰也。奝然復求詣五臺，許之，令所過續食；又求印本大藏經，詔亦給之。二年，隨台州寧海縣商人鄭仁德船歸其國。

後數年，仁德還，奝然遣其弟子喜因奉表來謝曰：「日本國東大寺大朝法濟大師、賜紫、沙門奝然啓：傷鱗入夢，不忘漢主之恩；枯骨合歡，猶亢魏氏之敵。雖云羊僧之拙，誰忍鴻霈之誠。奝然誠惶誠恐，頓首頓首，死罪。奝然附商船之離岸，期魏闕於生涯，望落日而西行，十萬里之波濤難盡，顧信風而東別，數千里之山嶽易過。妄以下根之卑，適詣中華之盛。於是宣旨頻降，恣許荒外之跋涉；宿心克協，粗觀宇內之瓌奇。況乎金闕曉後，望堯雲於九禁之中，巖扃晴前，拜聖燈於五臺之上。就三藏而稟學，巡數寺而優游。遂使蓮華迴文，神筆出於北闕之北，貝葉印字，佛詔傳於東海之東。重蒙宣恩，忽趁來跡。季夏解台州之纜，孟秋達本國之郊，爰逮明春，初到舊邑，緇素欣待，侯伯慕迎。伏惟陛下惠溢四溟，恩高五嶽，世超黃、軒之古，人直金輪之新。奝然空辭鳳凰之窟，更還螻蟻之封，在彼在斯，只仰皇德之盛，越山越海，敢忘帝念之深，縱粉百年之身，何報一日之惠。染筆拭淚，伸紙搖魂，不勝慕恩之至。謹差上足弟子傳燈大法師位嘉因[10]、并大朝剃頭受戒僧祚乾等拜





表以聞。」稱其本國永延二年歲次戊子二月八日，實端拱元年也。

又別啓，貢佛經，納青木函；琥珀、青紅白水晶、紅黑木槵子念珠各一連，並納螺鈿花形平函；毛籠一，納螺杯二口；葛籠一，納法螺二口，染皮二十枚；金銀蒔繪筥一合，納髮鬘二頭，又一合，納參議正四位上藤佐理手書二卷、及進奉物數一卷、表狀一卷；又金銀蒔繪硯一筥一合[11]，納金硯一、鹿毛筆、松烟墨、金銅水瓶、鐵刀；又金銀蒔繪扇筥一合，納檜扇二十枚、蝙蝠扇二枚；螺鈿梳函一對，其一納赤木梳二百七十，其一納龍骨十橛；螺鈿書案一、螺鈿書几一；金銀蒔繪平筥一合，納白細布五匹；鹿皮籠一，納貂裘一領；螺鈿鞍轡一副，銅鐵鐙、紅絲鞦、泥障；倭畫屛風一雙；石流黃七百斤。

咸平五年，建州海賈周世昌遭風飄至日本，凡七年得還，與其國人滕木吉至，上皆召見之。世昌以其國人唱和詩來上，詞甚雕刻膚淺無所取。詢其風俗，云婦人皆被髮，一衣用二三縑。又陳所記州名年號。上令滕木吉以所持木弓矢挽射，矢不能遠，詰其故，國中不習戰鬥。賜木吉時裝錢遣還。景德元年，其國僧寂照等八人來朝，寂照不曉華言，而識文字，繕寫甚妙，凡問答並以筆札。詔號圓通大師，賜紫方袍。天聖四年十二月，明州言日本國太宰府遣人貢方物，而不持本國表，詔卻之。其後亦未通朝貢，南賈時有傳其物貨至中國者。

熙寧五年，有僧誠尋至台州，止天台國清寺，願留。州以聞，詔使赴闕。誠尋獻銀香爐，木槵子、白琉璃、五香、水精、紫檀、琥珀所飾念珠，及青色織物綾。神宗以其遠人而有戒業，處之開寶寺，盡賜同來僧紫方袍。是後連貢方物，而來者皆僧也。元豐元年，使通事僧仲回來，賜號慕化懷德大師。明州又言得其國太宰府牒，因使人孫忠還，遣仲回等貢絁二百匹、水銀五千兩，以孫忠乃海商，而貢禮與諸國異，請自移牒報，而答其物直，付仲回東歸。從之。

乾道九年，始附明州綱首以方物入貢。淳熙二年，倭船火兒滕太明毆鄭作死，詔械太明付其綱首歸，治以其國之法。三年，風泊日本舟至明州，衆皆不得食，行乞至臨安府者復百餘人。詔人日給錢五十文、米二升，俟其國舟至日遣歸。十年，日本七十三人復飄至秀州華亭縣，給常平義倉錢米以振之。紹熙四年，泰州及秀州華亭縣復有倭人爲風所泊而至者，詔勿取其貨，出常平米振給而遣之。慶元六年至平江府，嘉泰二年至定海縣，詔並給錢米遣歸國。

党項，古析支之地，漢西羌之別種。後周世始強盛，有細風氏、費聽氏、往利氏、頗超氏、



野亂氏〔二〕、房當氏、來禽氏〔三〕、拓拔氏最爲強族。唐貞觀至上元間內附，散居西北邊，元和以後，頗相率爲盜。會昌初，武宗置三使以統之：在邠、寧、延者爲一使，在鹽、夏、長澤者爲一使，在靈武、麟、勝者爲一使。五代亦嘗入貢。今靈、夏、綏、麟、府、環、慶、豐州，鎮戎、天德、振武軍並其族帳。

太祖建隆二年，代州刺史折乜埋來朝。乜埋，党項之大姓，世居河右，有捍邊之功，故授以方州，召令入覲而遣還。

開寶元年，直蕩族首領嘢佶等引幷人寇府州，爲王師所敗，詔內屬羌部十六府大首領屈遇與十二府首領羅崖領所部誅嘢佶，嘢佶懼，以其族歸順。以屈遇爲檢校太保、歸德將軍，羅崖、嘢佶並爲檢校司徒、懷化將軍。

太平興國二年二月，靈州部送歲市官馬，路所過族帳物粗惡，羌人恚不受，知州、比部郎中張全操捕得十八人殺之，沒入其兵仗羊馬，戎人遂擾。上遣使齎金帛撫賜其族，與之盟，始定。召全操下有司鞫之，決杖流登州沙門島。是歲，靈州安守忠、通遠軍董遵誨討吐蕃村族、柰喎三家族、尾落族、柰家族、嗓泥族剽略官綱，詔靈州通遠軍界嗓咩族、折四族、平之。六年，府州外浪族首領來都等來貢馬。七年，豐州大首領黃羅幷弟乞蚌等來貢馬。又銀州羌部拓跋遇來訴本州賦役苛虐，乞移居內地，詔令各守族帳。又保細族結集扇動諸



部，夏州巡檢使梁迥率兵討平之。

雍熙初，諸族渠帥附李繼遷爲寇，詔判四方館事田仁朗及閤門使王侁等相繼領兵討擊，幷賜麟、府、銀、夏、豐州及日利、月利族敕書招諭之。

二年四月，侁等於銀州北破悉利諸族，斬首三千六百餘級，生擒八十人，俘老小一千四百餘口，器甲一百八十六，梟僞署代州刺史折羅遇幷弟埋乞，獲馬牛羊三萬計。五月，又於開光谷西杏子平破保寺、保香族，追奔二十餘里，斬首八百餘級，梟其首領埋乜巳等五十七人，生擒四十九人，俘其老小三百餘人，獲牛羊馬驢凡四千餘計。又破保、洗兩族，俘三千人，降五十五族，獲牛羊八千計。

侁等又言，麟州及三族砦羌人二千餘戶皆降，酋長折御乜等六十四人獻馬首罪，願改圖自効，爲國討賊，遂與部下兵入濁輪川，斬賊首五十級、酋豪二十人，李繼遷及三族砦監押折御乜皆遁去。旋命內客省使郭守文自三交乘驛亟往，與王侁等同領邊事。五月，王侁、李繼隆等又破銀州杏子平東北山谷內沒邵、浪悉訛等族，及濁輪川東、兔頭川西諸族，生擒七十八人，梟五十九人，俘二百三十六口，牛羊驢馬千二百六十，招降千四百五十二戶。

六月，夏州尹憲等引兵至鹽城〔四〕，吳移、越移等四族來降，憲等撫之。岌伽羅膩十四



族拒命，憲等縱兵斬首千餘級，俘擒百人，焚千餘帳，獲馬牛羊七千計。又降銀麟夏等州、三族砦諸部一百二十五族，合萬六千一百八十九戶。酋豪折御乜窮蹙來歸，守文置之部下。又夏州咩嵬族魔病人乜崖在南山族結黨爲寇，招懷不至，擒斬之，梟首徇衆，幷滅其族。又府州女乜族首領來母崖男社正等內附，因遷居茗乜族中。

七月，賜宥州界咩兀十族首領、都指揮使遇乜布等九人敕書，以安撫之。十一月，以勸浪族十六府大首領屈遇、名波族十二府大首領浪買當豐州路最爲忠順，及兀泥三族首領佶移等、女女四族首領殺越都等歸化，並賜敕書撫之。

端拱元年三月，火山軍言河西羌部直蕩族內附。二年〔五〕四月，夏州趙保忠言：「臣準詔市馬，已獲三百四，其宥州御泥布、囉樹等二族黨附繼遷，不肯賣馬，臣遂領兵掩殺二百餘人，擒百餘人，其族卽降，各已安撫。」詔書獎諭之。十月，繼遷寇會州熟倉族，爲其首領咩嚧率來離諸族擊走之。

淳化元年，藏才三族都判嘢尾卒，其子嘢香來請命，乃令代其父。二年七月，以黃乜族降戶七百餘散于銀、夏州舊地處之。八月，李繼遷居王庭鎮，趙保忠往襲之，繼遷奔鐵斤澤，貌奴、猥才二族奪其牛畜二萬餘。十一月，繼遷寇熟倉族，刺史咩嚧率來離諸族擊退之。先是，兀泥大首領泥中佶移內附，詔授愼州節度，俄復歸繼遷，其長子突厥羅與首領黃羅至



中華書局

是以千餘帳降，府州折御卿以聞，降詔慰諭之。趙保忠又襲破宥州御泥布、囉樹二族，尋各降之，以其朋附繼遷，來上。

四年三月，直蕩族大首領啜尾、子河汊大首領馬一並來貢，詔以啜尾叔羅買爲本族都監，又啜尾下首領十人、馬一下首領十二人皆賜錦袍、銀帶、器幣。是年，鄭文寶獻議禁青鹽，羌族四十四首領盟于楊家族，引兵騎萬三千餘人入寇環州石昌鎮，知環州程德玄等擊走之，因詔屯田員外郎、知制誥錢若水馳驛詣邊，弛其鹽禁，由是部族寧息。十二月，鹽州羌人酋長巢延渭爲本州刺史。是年，藏才西族大首領羅妹來貢。

五年正月，以綏州羌酋蘇移、山海咳、母馱香三人並爲懷化將軍，野利、嵬名乜屈、啜泥三人並爲歸德郎將。四月，府州折御卿言：銀、夏州管勾生戶八千帳族悉來歸附，錄其馬牛羊萬計。邈二族大首領崖羅、藏才東族首領歲囉啜克各遣其子弟朝貢。六月，繼遷所驅脅內屬戎人櫜駝路熟藏族首領乜遇率部族反攻繼遷，其弟力戰而死，既敗繼遷之衆，復來歸附。以遇爲檢校司空，領會州刺史。是年，兀泥族首領黃羅內附，以爲懷化將軍，領昭州刺史。

至道元年四月，以勒浪嵬女兒門十六府大首領馬尾等內附，以馬尾爲歸德大將軍、領恩州刺史，以勒浪樹李兒門首領沒崖爲安化郎將，副首領遇兀爲保順郎將。六月，賜慶州





界首領順州刺史李奉明、澄州刺史李彥咩、鹽州刺史巢延渭、演州刺史李順忠、環州界首領會州刺史乜遇及靈州界井河外保安、保靖、臨河、懷遠、定遠五鎮等部敕書慰撫之。七月，睡泥族首領你乜逋令男詣靈州，言族內七百餘帳爲李繼遷劫略，首領嘊逋一族奔往蕭關，你乜逋一族乞賜救助，詔賜以資糧。環州熟倉族乩遇略奪繼遷牛馬三十餘，繼遷令人招撫之，乩遇答云：「吾一心向漢，誓死不移。」詔以遇爲會州刺史，賜帛五十匹、茶五十斤。

二年三月，以府州界五族大首領折突厥移爲安遠大將軍，父死來請命也。六月，勒浪族副首領遇兀等百九十三人歸附，貢馬七匹。遇兀舊隸契丹，淳化初，遷族帳於府州界，東至河百五十里，南至府州三百里，至是，始朝貢。上召問慰勞，賜錦袍銀帶。遇兀言部族多良馬，今始來朝，所貢未備。上曰：「吾嘉爾忠順之節，慕化來歸，固不以多馬爲意也。」

七月，李繼隆出討繼遷，賜麟府州兀泥巾族大首領突厥羅、女女殺族大首領越都、女女夢勒族大首領越移、女女忙族大首領越置、女女籰兒族大首領党移、沒兒族大首領莫末移、路乜族大首領越移、細乜族大首領慶元、路才族大首領羅保、細母族大首領羅保保乜凡十族敕書招懷之。閏七月，懷安鎮羌誘諸族寇慶州，監軍趙繼昇率師擊敗之，斬首三百級，獲羊馬千計。

三年二月，泥巾族大首領名悉俄，首領皆移、尹遇、崔保羅、沒佶，凡五人來貢馬。名悉

俄等舊皆內屬，因李繼遷之叛，徙居河北，今復來貢。

咸平元年三月，熟倉族乩遇來朝，眞宗嘉其誠節，親見撫勞，賜以器幣。十月，兀泥族大首領、昭州刺史黃羅對于崇德殿。兀泥族在青岡嶺、三角城、龍馬川，領族帳千五百戶，初隸繼遷，俄投府州，淳化中數敗契丹，及與繼遷相攻擊。及繼遷內附，黃羅懼，北徙過黃河。今還舊地，遂入貢，且言繼遷既受朝命，不敢侵伐。上面加獎慰，賜賚甚厚。十二月，詔直蕩族大首領鬼啜尾于金家堡置渡，令諸族互市。

二年正月，以咩逋族開道使泥埋領費州刺史。十月，以勒浪族十六府大首領、歸德大將軍、恩州刺史馬泥〔六〕領本州團練使。十一月，藏才八族大首領皆賞羅等來獻名馬。四年七月，以會州刺史乩遇爲保順郎將，蘇家族屈尾、鼻家族都慶、白馬族埋香、韋移族都香爲安化郎將。九月，環州言，繼遷所掠羌族嵬逋等徙帳來歸，又繼遷諸羌族明葉示及撲咩、訛猪等首領率屬內附，並令給善地處之。其年，卑寧族首領喝鄰半祝貢名馬，自稱有精騎三萬，願備驅策。有詔慰獎，厚償其直。

五年，咩逋族開道使、費州刺史泥埋遣子城逋入貢，上嘉泥埋數與繼遷戰鬥有勞，授錦州團練使，以其族弟屈子爲懷化將軍充本族指揮使，城逋爲歸德將軍充本族都巡檢使，餘首領署軍主以下名識者凡十數人。又以黑山北莊郎族龍移爲安遠大將軍，昧克爲懷化將軍。





八月，河西教練使李榮等向化。其年，羌寇抄金明縣，李繼周擊走之。

十月，詔河西戎人歸投者遷內地，給以閑田。時勒厥麻等三族千五百帳以濁輪砦失守，越河內屬，分處邊境。邊臣屢言勒厥麻往來賊中，恐復叛去，乃徙置憲州樓煩縣，遣使賜金帛撫慰。十二月，咩逋族遣使來貢。上聞賀蘭山有小涼、大涼族甚盛，常恐與繼遷合勢爲患，近知互有疑隙，輒相攻掠，朝廷欲遂撫之，乃召問咩逋使者，因其還特詔賜之，以激其立效。

上又謂樞密使王繼英等曰：「邊臣言遷賊舉兵，屢爲龍移、昧克所敗。此族在黃河北數萬帳，或號莊郎昧克，常以馬附藏才入貢，頗勤外禦。」六年，遂降詔獎慰之。二月，葉市族囉埋等持繼遷僞署牒率百餘帳來歸，以囉埋爲本族指揮使，囉胡爲軍使。邠寧部署言牛羊、蘇家等族殺繼遷族帳有功，上曰：「此族恃遠與險，久爲賊援，屢遣邊吏招諭，近聞有志內附，尚疑其詐，果能格鬥立效。」詔厚賜首領等茶綵以獎激之。涇原部署言，者龍移卑陵山首領廝敦琶遣使稱已集本族騎兵，願隨軍討賊。

三月，以咩逋族首領泥埋領鄯州防禦使，充靈州河外五鎮都巡檢使。時潘羅支已授河西節制，上以泥埋實與羅支犄角捍賊，故加恩寵。是月，綏州羌部軍使拽臼等百九十五口內屬。原州熟戶裴天下等請率族兵掩擊遷黨移湖等帳，來求策應，部署司不報。上以戎人宣力禦賊，不應沮之，即詔諭諸路以精甲策應。環州酋長蘇尚娘擊賊有勞，及屢告賊中機

事，以爲臨州刺史，賜錦袍銀帶。環慶部署張凝言：「內屬戎人與賊界錯居，屢爲脅誘，臣領兵離木波鎮直湊八州原下砦，招降岑移等三十二族，又至分水嶺降廝謀等二十一族，柔遠鎮降巢迷等二十族，遂抵業樂，降䅿樹羅家等一百族，合四千八十戶，第給袍帶物綵，慰遣還帳。」

四月，繼遷寇洪德砦，酋長慶香與乩䅿慶族合勢擊之，以砦兵策援，大敗繼遷，擒四十九人，墜崖死者甚衆，獲馬七十餘匹，旗鼓鎧甲數百計。上考陣圖以問入奏使，使者言砦兵拒賊千餘步，慶香等親率部族與賊接戰，上曰：「慶香等假王師爲援，而交鋒俘獲，乃其功也。」悉與所獲物，加賜銀綵，以慶香領順州刺史，乩䅿慶領羅州刺史。河西內屬折勒厥廝〔七〕等三族請以精兵千人、馬三百備征討，詔嵐州撫諭。環州白馬族與繼遷戰鬥，屢徙帳乏食，賜廩粟。又詔洪德砦歸附戎人，給內地土田，資以口粮。

五月，唐龍鎮上言：鎮有貿易于府州者，爲州人邀殺，盡奪資畜。乃詔府州自今許令互市，切加存撫。六月，瓦窰、沒劑、如羅、昧克等族濟河擊敗繼遷黨，優詔撫問。七月，補野狸族〔八〕首領子阿宜爲懷安將軍。八月，原、渭等州言本界戎人來附者八部二十五族，今詣吏納質。以環州蘇尙娘子孽娘爲臨州刺史。府州八族都校明義等言，屢于麟州屈野川擊繼遷，及緣邊六七栅防遏，皆有克獲。詔奬賚之，仍令府州常以勁兵援助，勿失機便。



景德元年正月，麟府路言：「附契丹戎人言泥族拔黃太尉率三百餘帳內屬。拔黃本大族，居黃河北古豐州，前數犯邊，阻市馬之路。其首領容貌甚偉，有智勇，桀黠難制，契丹結之，署爲太尉，今悉來款塞。」詔府州厚賜茶綵，給公田，依險居之，計口賦粟，且戒唐龍鎮無得侵擾。三月，宋師恭破羌賊於柳谷川，驅其帳族千餘人以還。六月，洪德砦言羌部羅泥天王等首領率屬來附〔九〕。八月，野雞族侵掠環慶界，詔邊臣和斷，如其不從，則脅以兵威。九月，鎮戎軍言，先叛去熟魏族酋長茄羅、兀贓、成王等三族應詔撫諭，各率屬來歸。

二年，熟戶旺家族擊夏兵，擒軍主一人以獻。環州言：「戎人入寇，擊走之，擒酋將慶䅿送闕下，請斬于藁街。」上特貰死，配淮南。原州野狸族首領厮多逋丹卒，其子阿酌代爲首領，且乞奉料。詔諭以立功則賜之。

三年，府州折惟昌言兀泥族大首領名崖從父盛佶，爲趙德明白池軍主，密遣使諭名崖云，德明雖外託修貢之名，而點閱兵馬尤急，必恐劫掠山界，名崖以告。上嘉之，降詔撫諭，就賜錦袍銀帶。九月，秦州言野兒和尙族部落尤大，能稟朝命，凡諸族爲寇盜者輒遏絕之，請加旌別。詔補三砦都首領。十一月，鎮戎軍曹瑋言叛去酋長蘇尙娘復求歸附。詔報瑋曰：「尙娘反覆無信，特恐狙詐，以誤邊吏，又使德明緣此爲詞，不可納也。」

四年，唐龍鎮羌族來美與其叔璘不叶，召契丹破之，來依府州。璘、美非大族，嘗持兩



端，頃亦寇鈔近界，發兵趣之，則走河之東曰東壚，契丹加兵，則入河之西曰西壚，地極險阻，介卒騎兵所不能及。至是，上亦憫其窮而款塞，特優容之。會契丹使至，即令諭其事，仍還所掠璘、美人畜。其族人懷正又與璘互相讎劫，側近帳族不寧，詔遣使召而盟之，依本俗法和斷。

大中祥符元年，鄜延鈐轄言，小湖臥浪族軍主最處近塞，往時出師皆命爲前鋒，甚著誠節。詔補侍禁。二年六月，麟府鈐轄言杜慶族依援唐龍鎮，數侵別帳，請發熟戶兵擊之。上曰：「戎落皆吾民也，宜以道撫之。」不許。其年，兀泥族大首領名崖同府州折惟昌入貢，上親加撫問，特詔副都知張繼能賜射於瓊林苑。四年，藏才西族、中族首領奴移、橫全等並遣子來朝。五年，環慶熟戶有酗酒劫奪使臣馬纓者，上怒，令部署司重罰之。

六年，北界尅山軍主率衆過大里河侵熟戶，爲羅勒族都囉擊走之，詔以都囉爲本族指揮使，且諭邊臣約飭族帳，謹守疆界，勿出境追襲。九月，夏州略去熟戶旺家族首領都子等來歸，隨而至者又三族，遣使存勞之。

七年，涇原鈐轄曹瑋請署熟戶百帳以上大首領爲本族軍主〔一〇〕，次指揮使，又次副指揮使，百帳而下爲本族指揮使，從之。五月，瑋言葉市族大首領艷奴歸順。七月，瑋又言北界萬子族謀鈔略，發兵逆之，大敗于天麻川，又爲魏埋等族掩擊，殺其酋帥，斬首千餘級。



八年，北界酋長、指揮使浪梅娘等來投，諭邊臣令追取熟戶亡入北界者，卽遣還梅娘。

九年，羌兵寇小力族，巡檢李文貞率兵奮擊，追斬籍遇太保首級，賜文貞錦袍銀帶。五月，北界毛尸族軍主浪埋、骨咩族酋長乩唱、巢迷族酋長馮移埋率其屬千一百九十口、牛馬雜畜千八百歸附，降詔撫之。

天禧元年，環州言北界騎兵數千來剽熟戶，擊走之。二年，涇原路言樊家族九門都首領客厮鐸內屬，以厮鐸爲軍主。三年，鄜延路言亡去熟戶委乞等六百九十五人，及骨咩、大門等族來歸。四年正月，又言宥州羌族臘兒率衆劫熟戶咩魏族，金明都監李士彬擊之，斬臘兒，梟七十二級，俘餘衆，獲甲馬三百餘。五月，小湖族都虞候喏嵬、巡檢胡懷節等擊賊有功，並進秩。環州七臼族軍主近膩納質歸化，以近膩領順州刺史，首領惹都等十五人補官有差。七月，撲咩族馬訛等率屬來附。十月，以淮安鎮六族都軍主乞埋爲三班借職，充羌部巡檢。五年，北界羅骨等劫剽熟戶，環慶部署田敏追擊之，俘獲甚衆，詔奬敏等，賜器幣。

## 校勘記

〔一〕以刀矟弓矢劍鈹爲兵器　「鈹」原作「鼓」，據隋書卷八一東夷列傳、通考卷三二七四裔考改。

〔二〕其王子太元因女眞使上表　「因」字原脫，據長編卷三一、通考卷三二七四裔考補。

〔三〕忽汗州　「忽」原作「急」，據舊唐書卷一九九下渤海靺鞨傳、通考卷三二六四裔考、新五代史卷七四四夷附錄第三渤海條改。

〔四〕劉延翰　太宗實錄卷二九同。本書卷二六〇本傳作「劉廷翰」。

〔五〕職員今　「今」，日成尋參天台五台山記延久四年十二月二十九日條引楊文公談苑作「令」，清黃遵憲日本國志卷五也作「令」，當是。

〔六〕乾文大寶　按日村上天皇天德二年（公元九五八年）三月鑄造「乾元大寶」，此處「文」字疑爲「元」字之誤。

〔七〕中國　原作「國中」，據諸蕃志卷上倭國、通考卷三二四四裔考改。

〔八〕別島　按日本無「別島」，「別」係「對」字之誤，見諸蕃志校注卷上倭國條注一〇及注一九。

〔九〕其年代紀所記云　按此以下所記內容，據新唐書卷二二〇、通考卷三二四四裔考，人名地名頗多異文，文繁不一一考校。

〔一〇〕嘉因　上文作喜因，二者當有一誤。

〔一一〕又金銀蒔繪硯一筥一合　疑「筥」上「一」字衍。

〔一二〕野亂氏　舊唐書卷一九八党項羌傳、新唐書卷二二一上党項傳作「野辭氏」，新五代史卷七四四夷附錄党項條作「野利氏」，通典卷一九〇邊防六、通考卷三三四四裔考作「野律氏」。





〔一三〕來禽氏　按舊唐書卷一九八党項羌傳、新唐書卷二二一上党項傳及通典卷一九〇邊防六、通考卷三三四四裔考都作「米禽氏」。

〔一四〕鹽城　原作「監城」，據本書卷二五九郭守文傳、太平治蹟統類卷二改。

〔一五〕二年　原作「三年」。按端拱無三年，據通考卷三三四四裔考改。

〔一六〕馬泥　上文作「馬尾」，長編卷四五作「馬尦」。

〔一七〕折勒厥麻　上文凡兩見「勒厥麻」，都沒有「折」字。長編卷五四作「拉爾結馬」。

〔一八〕野狸族　「野狸」二字原倒，據下文及長編卷五五乙正。

〔一九〕羌部羅泥天王等首領率屬來附　「部」原作「俗」，按本書卷七眞宗紀、長編卷五六都作「蕃部羅泥天王」，據改。

〔二〇〕本族軍主　「本」原作「大」，據本書卷二五八曹瑋傳、長編卷八二改。

# 宋史卷四百九十二

## 列傳第二百五十一

### 外國八

#### 吐蕃　唃廝囉　董氈　阿里骨　瞎征　趙思忠

吐蕃本漢西羌之地，其種落莫知所出。或云南涼禿髮利鹿孤之後，其子孫以禿髮爲國號，語訛故謂之吐蕃。唐貞觀後，常來朝貢。至德後，因安、史之亂，遂陷河西、隴右之地。大中三年，其國宰相論恐熱以秦、原、安樂及石門等七關來歸。四年，又克成、維、扶三州。五年，其國沙州刺史張義潮以瓜、沙、伊、肅十一州之地來獻。唐末，瓜、沙之地復爲所隔。然而其國亦自衰弱，族種分散，大者數千家，小者百十家，無復統一矣。自儀、渭、涇、原、環、慶及鎭戎、秦州暨于靈、夏皆有之，各有首領，內屬者謂之熟戶，餘謂之生戶。涼州雖爲所隔，然其地自置牧守，或請命於中朝。





天成中，權知西涼府留後孫超遣大將拓拔承誨來貢，明宗召見，承誨云：「涼州東距靈武千里，西北至甘州五百里。舊有鄆人二千五百爲戍兵，及黃巢之亂，遂爲阻絕。超及城中漢戶百餘，皆戍兵之子孫也。其城今方幅數里，中有縣令、判官、都押衙、都知、兵馬使，衣服言語略如漢人。」卽授超涼州刺史，充河西軍節度留後。乾祐初，超卒，州人推其土人折逋嘉施權知留後，遣使來貢，卽以嘉施代超爲留後。

涼州郭外數十里〔一〕，尙有漢民陷沒者耕作，餘皆吐蕃。其州帥稍失民情，則衆皆嘯聚。城內有七級木浮圖，其帥急登之，紿其衆曰：「爾若迫我，我卽自焚於此矣。」衆惜浮圖，乃盟而舍之。周廣順三年，始以申師厚爲河西節度。師厚初至涼州，奏請授吐蕃首領折逋支等官，並從之。顯德中，師厚爲其所迫，擅還朝，坐貶。涼州亦不復命帥。

建隆二年，靈武五部以橐駝良馬致貢，來離等八族酋長越嵬等護送入界，敕書獎諭。秦州首領尙波于〔二〕傷殺采造務卒，知州高防捕繫其黨四十七人，以狀聞。上乃以吳廷祚爲雄武軍節度代防安輯之，令廷祚齎敕書賜尙波于等曰：「朝廷制置邊防，撫寧部落，務令安集，豈有侵漁？曩者秦州設置三砦，止以采取材木，供億京師，雖在蕃漢之交，不妨牧放之利。汝等占據木植，傷殺軍人。近得高防奏汝等見已拘執，聽候進止。朕以汝等久輸忠順，必悔前非，特示懷柔，各從寬宥。已令吳廷祚往伸安撫及還舊地。所宜共體恩旨，各歸木族。」仍以錦袍銀帶賜之，尙波于等感悅。是年秋，乃獻伏羌地。

乾德四年，知西涼府折逋葛支上言：「有回鶻二百餘人、漢僧六十餘人自朔方路來，爲部落劫略。僧云欲往天竺取經，並送達甘州訖。」詔褒答之。五年，首領閭逋哥、督廷、督南、割野、麻里六人來貢馬。開寶六年，涼州令步奏官僧吝氈聲、逋勝拉蠲二人求通道於涇州以申朝貢，詔涇州令牙將至涼州慰撫之。八年，秦州大石、小石族寇土門，略居民，知州張炳擊走之。

太平興國二年，秦州安家族寇長山，巡檢使韋韜擊走之。三年，秦州諸族數來寇略三陽、床穰〔三〕、弓門等砦，監軍巡檢使周承瑨、任德明、耿仁恩等會兵擊敗之，斬首數十級，腰斬不用命卒九人于境上。太宗乃詔曰：「秦州內屬三族等頃慕華風，聿求內附，俾之安輯，咸遂底寧。近聞乘蕃育之資，稔寇攘之志，敢忘大惠，來擾邊疆。豈朕信之未孚，而吏撫之不至？並蠲釁咎，特示威懷。今後或更剽剠，吏即捕治，寘之于法，不須以聞。」是年，又寇八狼砦，巡檢劉崇讓擊敗之，梟其帥王泥猪首以徇。三月，小遇族寇慶州，知州慕容德豐擊走之。八年，諸種以馬來獻，太宗召其酋長對于崇政殿，厚加慰撫，賜以束帛，因謂宰相曰：「吐蕃言語不通，衣服異制，朕常以禽獸畜之。自唐室以來，頗爲邊患。以國家兵力雄盛，聊舉偏師，便可驅逐數千里外。但念其種類蕃息，安土重遷，倘因攘除，必致殺戮，所以置





於度外，存而勿論也。」九年秋，秦州言蕃部以羊馬來獻，各已宴犒，欲用茶絹答其直。詔從之。

淳化元年，秦州大、小馬家族獻地內附。二年，權知西涼州、左廂押蕃落副使折逋阿喻丹來貢。先是，殿直丁惟清往涼州市馬，惟清至而境大豐稔，因爲其所留。靈州命蕃落軍使崔仁遇往迎惟清。又吐蕃賣馬還過靈州，爲党項所略，表訴其事，因請留惟清至來年同入朝。詔答之。四年，阿喻丹死，以其弟喻龍波爲保順郎將代其任。五年，折平族大首領、護遠州軍鑄督延巴率六谷諸族馬千餘匹來貢，旣辭，復撾登聞鼓，言儀州八族首領逋波璘等侵奪地土。上降敕書告諭之。知秦州温仲舒上言，每歲伐木，多爲蕃族攘奪，今已驅其部落於渭北。太宗慮生邊患，乃以知鳳翔薛惟吉對易其任，語見惟吉傳。是年春，知西涼府左廂押蕃落副使折逋喻龍波、振武軍都羅族大首領並來貢馬。

至道元年，涼州蕃部當尊以良馬來貢，引對慰撫，加賜當尊虎皮一，歡呼致謝。二年四月，折平族首領握散上言，部落爲李繼遷所侵，願會兵靈州以備討擊，賜幣以答之。七月，西涼府押蕃落副使折逋喻龍波上言，蕃部頻爲繼遷侵略，乃與吐蕃都部署沒暇拽于會六谷蕃衆來朝，且獻名馬。上厚賜之。是歲，涼州復來請帥，詔以丁惟清知州事，賜以牌印。

咸平元年十一月，河西軍左廂副使、歸德將軍折逋游龍鉢來朝。游龍鉢四世受朝命爲酋，雖貢方物，未嘗自行，今始至，獻馬二千餘匹。河西軍卽古涼州，東至故原州千五百里，南至雪山、吐谷渾、蘭州界三百五十里，西至甘州同城界六百里，北至部落三百里。周回平川二千里。舊領姑臧、神烏〔四〕、蕃禾、昌松、嘉麟五縣，戶二萬五千六百九十三，口十二萬八千一百九十三。今有漢民三百戶。城周回十五里，如鳳形，相傳李軌舊治也。皆龍鉢自述云。詔以龍鉢爲安遠大將軍。

二年，以儀州延蒙八部都首領渴哥領化州刺史，首領遂逋等爲懷化郎將。四年，知鎭戎軍李繼和言，西涼府六谷都首領潘羅支願戮力討繼遷，請授以刺史，仍給廩祿。經略使張齊賢又請封六谷王兼招討使。上以問宰相，皆曰：「羅支已爲酋帥，授刺史太輕；未領節制，加王爵非順；招討使號不可假外夷。」乃以爲鹽州防禦使兼靈州西面都巡檢使。時西涼使來，且言六谷分左右廂，左廂副使折逋游龍鉢實參羅支戎事。朝廷方務綏懷，又以龍鉢領宥州刺史，六族首領褚下箕等三人爲懷化將軍。其年，潘羅支遣部下李萬山率兵討賊，貽書繼和請師期。先是，遣宋沆、梅詢等爲安撫使、副〔五〕，未行，上謂宰相曰：「朕看盟會圖，頗記吐蕃反覆狠子野心之事。今已議王超等領甲馬援靈州，若難爲追襲，卽靈州便可制置，沆等不須遣，止走一使以會兵告之。」

五年十月，羅支又言賊遷送鐵箭誘臣部族，已戮一人、縶一人，聽朝旨。詔褒諭之，聽自





處置。十一月，使來，貢馬五千匹。詔厚給馬價，別賜綵百段、茶百斤。六年，又遣吽逋族蕃官成逋馳騎至鎭戎軍，請會兵討賊。邊臣疑成逋詐，護送部署司，成逋懼，逸馬墜崖死。上聞，甚歎息之，曰：「此泥埋之子，族人畏其勇，父子皆有戰功，凡再詣闕，朕皆召見，奬其向化。」詔劾鎭戎官吏，仍令渭州以禮葬之。其年，原、渭蕃部三十二族納質來歸。羅支又遣蕃官吳福聖臘來貢，表言感朝廷恩信，憤繼遷倔彊，已集騎兵六萬，乞會王師收復靈州。乃以羅支爲朔方軍節度、靈州西面都巡檢使，賜以鎧甲器幣。又以吳福聖臘爲安遠將軍，次首領兀佐〔六〕等七人爲懷化將軍。羅支屢請王師助擊賊，議者以西涼去渭州限河路遠，不可預約師期。上曰：「繼遷常在地斤三山之東，每來寇邊，及官軍出，則已遁去。使六谷部族近塞捍禦，與官軍合勢，亦國家之利。」降詔許之。六月，知渭州曹瑋言隴山西延家族首領禿逋等納馬立誓，乞隨王師討賊，以漢法治蕃部，且稱其忠。詔授本族軍主。八月，者龍族首領來貢名馬，上嘉其嘗與潘羅支協力抗賊〔七〕，令復優待之。其年十一月，繼遷攻西蕃，遂入西涼府，知州丁惟清陷沒。羅支僞降，未幾，集六谷諸豪及者龍族合擊繼遷。繼遷大敗，中流矢遁死。

景德元年〔八〕二月，遣其甥廝陁完來獻捷。六月，又遣其兄邦逋支入奏，且欲更率部族及回鶻精兵直抵賀蘭山討除殘孽，願發大軍援助。詔涇原部署陳興等候羅支已發，卽率衆

鼓行赴石門策應。邦逋支又言前賜羅支牌印、官告、衣服、器械爲賊劫掠，有詔別給羅支；又言修洪元大雲寺，詔賜金箔物綵。先是，繼遷種落迷般嘱及日逋吉羅丹二族亡歸者龍族，而欲陰圖羅支。是月，會遷黨攻者龍，羅支率百餘騎急赴，將議合擊，遂爲二族戕于帳。詔贈羅支武威郡王，遣使贈恤其家。

者龍凡十三族，而六族附迷般嘱及日逋吉羅丹。西涼府既聞羅支遇害，乃率龕谷、蘭州、宗哥、覓諸諸族攻者龍六族，六族悉竄山谷中，詔使者安集之。六谷諸豪乃議立羅支弟廝鐸督爲首領，且言鐸督剛决平恕，每會戎首，設觴豆飲食必先卑者，犯令雖至親不貸，數更戰討，威名甚著。詔授鐸督鹽州防禦使、靈州西面沿邊都大巡檢使。上以遷黨未平，藉其腹背攻制，遂加鐸督朔方軍節度、押蕃落等使、西涼府六谷大首領。

涇原路言隴山縣王、狸、延三族歸順。又渭州言龕谷、懶家族首領尊氈磨壁余龍及便嘱等獻名馬，願率所部助討不附者；又言西涼市馬道出本族，自今保無他虞。詔賜馬直，以便嘱等爲郎將。石、隰州又言河西諸蕃四十五族內附。其年，遷黨寇永寧，爲藥令族合蘇擊敗之，斬首百餘級。鎭戎軍上言，先叛去蕃官茄羅、兀臧、成王等三族及蔔移軍主率屬歸順，請獻馬贖罪，特詔宥之。

二年，廝鐸督遣其甥呵昔來貢，仍上與趙德明戰鬥功狀；又言蕃帳周斯那支有智勇，



久參謀議，請授以六谷都巡檢使。上嘉奬，從其請，仍賜茶綵。又追錄潘羅支子失吉爲歸德將軍，厚賜器幣；者龍七族首領有捍寇之勞，並月給千錢。舊制，弓矢兵器不入外夷，時西涼樣丹族上表求市弓矢，上以樣丹宣力西陲，委以捍蔽，特令渭州給賜。因別賜廝鐸督，以重恩意。

三年，又以者龍族合窮波、黨宗族業羅等爲本族首領、檢校太子賓客，皆鐸督外姻也。鐸督遣安化郎將路黎奴來貢。黎奴病于館，特遣尙醫視療。及卒，上憐之，厚加賵給。五月，鐸督又言部落疾疫。詔賜白龍腦、犀角、硫黃、安息香、白紫石英等藥，凡七十六種。使者感悅而去。又制加鐸督檢校太傅，其族帳李波逋等四十九人爲檢校太子賓客，充本族首領。鐸督遣所部波機進賣馬[九]，因言積官奉半歲，乞就京給賜市所須物，從之。渭州言妙娥、延家、熟嵬等族率三千餘帳、萬七千餘口及羊馬數萬款塞內附。詔遣使撫勞之，賜以袍帶茶綵，仍以折平族首領撒逋渴爲順州刺史，充本族都軍主。是年[一〇]，宗家、當宗、章迷族來貢，移逋、攃父族歸附。九月，詔釋西面納質戎人。先是，諸蕃有鈔劫爲惡嘗經和斷者，恐異時復叛，故收其子弟爲質，乃有禁錮終身者。上憫而縱之，族帳感恩，皆稽顙自誓不爲邊患。四年，邊臣言趙德明謀劫西涼，襲回鶻。上以六谷、甘州久推忠順，思撫寧之，乃遣使諭廝鐸督令援結回鶻爲備，并賜鐸督茶藥、襲衣、金帶及部落物有差。鐸督奉表謝。



大中祥符元年十一月，宗哥族大首領温逋等來貢。三年，西涼府覓諸族瘴疫，賜首領温逋等藥。四年，廝鐸督遣增蕍氈單來貢，賜紫方袍。五年，又遣其子來貢。其年，者龍族都首領捨欽波遣使詣闕獻馬，求賜印。詔從其請，仍優賚之。七年，知秦州張佶置大落門新砦。先是，佶欲近渭置采木場，蕃族聞之，卽徙帳去，佶不能遂撫之，戎人輒悔，因鄉導鈔劫，佶深入掩擊，悉敗走。至是求和，佶不許。

三月[一一]，秦州曹瑋言熟戶郭廝敦、賞樣丹皆大族，樣丹輒作文法謀叛，廝敦密以告，約半月殺之，至是，果擒樣丹首來。上以廝敦陰害樣丹，不欲明加恩奬，以疑懼諸族。時方議築南使城，遂以廝敦獻地爲名，詔授順州刺史。先是，張佶深入蕃境，邊事數擾。及瑋破魚角蟬，戮賞樣丹二酋，由是前拒王師者伏匿避罪，瑋誘召之，許納罰首過。既而至者數千人，凡納馬六十四[一二]，給以匹綵。或以少爲訴者，瑋叱之曰：「是贖罪物，汝輩敢希利耶！」戎族聞之，皆畏服。八月，曹瑋言伏羌砦廝雞波與宗哥族李磨論聚爲文法，領兵趣之，悉潰散，夷其城帳。九月，瑋又言宗哥唃廝囉、羌族馬波叱臘魚角蟬等率馬銜山、蘭州、龕谷、氈毛山、洮河、河州羌兵至伏羌砦三都谷，卽率兵擊敗之，逐北二十里，斬馘千餘級，擒七人，獲馬牛、雜畜、衣服、器仗三萬三千計。吹麻城張族都首領張小哥以功授順州刺史。瑋又言永寧砦隴波、他廝麻二族召納質不從命，率兵擊之，斬首二百級。十一月，詔給秦州七砦熟



戶首領、都軍主以下百四十六人告身。

天禧元年，詔以冶坊砦都首領郭廝敦爲本族巡檢，賦以奉祿。又補大馬家族阿廝鐸爲本族軍主。十月，秦州部署言鬼留家族累歲違命，討平之。二年，又言吹麻城及河州諸族皆破宗哥文法來附；唃廝囉少衰，數爲囉瞎力骨所困，今還舊地。諸砦羌族及空俞、廝雞波等納質者凡七百五十六帳。

唃廝囉者，緒出贊普之後，本名欺南陵温籛逋。籛逋猶贊普也，羌語訛爲籛逋。生高昌磨榆國，既十二歲，河州羌何郎業賢客高昌，見廝囉貌奇偉，挈以歸，置劗心城，而大姓聳昌廝均又以廝囉居移公城，欲於河州立文法。河州人謂佛「唃」，謂兒子「廝囉」，自此名唃廝囉。於是宗哥僧李立遵、邈川大酋温逋奇[一三]略取廝囉如廓州[一四]，尊立之。部族寖彊，乃徙居宗哥城，立遵爲論逋佐之。

立遵或曰李遵，或曰李立遵，又曰郢成藺逋叱。論逋者，相也。立遵貪，且喜殺戮，國人不附，既與曹瑋戰三都谷不勝，又襲西涼爲所敗。廝囉遂與立遵不協，更徙邈川，以温逋奇爲論逋，有勝兵六七萬，與趙德明抗，希望朝廷恩命。知秦州張佶奏請拒絕。涇原鈐轄曹瑋上言，宜厚唃廝囉以扼德明。而立遵屢表求贊普號，朝議以贊普戎王也，立遵居廝囉

下，不應妄予，乃用厮鐸督恩例，授立遵保順軍節度使，賜襲衣、金帶、器幣、鞍馬、鎧甲等。

大中祥符八年，厮囉遣使來貢。詔賜錦袍、金帶、器幣、供帳什物、茶藥有差，凡中金七千兩，他物稱是。其年，厮囉立文法，聚衆數十萬，請討平夏以自效。上以戎人多詐，或生他變，命周文質監涇原軍，曹瑋知秦州兼兩路沿邊安撫使以備之。宗哥城東南至永寧九百一十五里，東北至西涼府五百里，西北至甘州五百里，東至蘭州三百里，南至河州四百一十五里，又東至龕谷五百五十里，又西南至青海四百里，又東至新渭州千八百九十里。九年，厮囉、立遵等獻馬五百八十二匹。詔賜器幣總萬二千計以答之。數使人至秦州求內屬。

明道初，即授厮囉寧遠大將軍、愛州團練使，授逋奇歸化將軍。已而逋奇爲亂，囚厮囉置穽中，出收不附己者，守穽人間出之。厮囉集兵殺逋奇，徙居青唐。

景祐中，以厮囉爲保順軍節度觀察留後，歲以奉錢令秦州就賜。元昊侵略其界，兵臨河湟，厮囉知衆寡不敵，壁鄯州不出，陰間元昊，頗得其虛實。元昊已渡河，插幟志其淺，厮囉潛使人移植深處以誤元昊。及大戰，元昊潰而歸，士視幟渡，溺死十八九，所鹵獲甚衆。自是，數以奇計破元昊，元昊遂不敢窺其境〔二四〕。及元昊取西涼府，潘羅支舊部往往歸厮囉，又得回紇種人數萬。厮囉居鄯州，西有臨谷城通青海，高昌諸國商人皆趨鄯州貿賣，



以故富強。

寶元元年，加保順軍節度使，仍兼邈川大首領。時以元昊反，遣左侍禁魯經持詔諭厮囉，使背擊元昊以披其勢，賜帛二萬匹。經還，以勞擢閤門祗候。厮囉奉詔出兵嚮西涼，西涼有備，厮囉知不可攻，捕殺遊邏數十人亟還，聲言圖再舉。元昊既屢寇邊，仁宗召對魯經，欲再遣，經固辭，貶經爲左班殿直。募敢使者，屯田員外郎劉渙應詔。渙至，厮囉迎導供帳甚厚，介騎士爲先驅，引渙至庭。厮囉冠紫羅氈冠，服金線花袍、黃金帶、絲履，平揖不拜，延坐勞問，稱「阿舅天子安否」。道舊事則數十二辰屬，曰兔年如此，馬年如此。渙傳詔，已而厮囉召酋豪大犒，約盡力無負，然終不能有大功。後累加恩兼保順河西節度使、洮涼兩州刺史，又加階勳檢校官、功臣、食邑，賜器幣鞍勒馬。

嘉祐三年，擦羅部阿作等叛厮囉歸諒祚，諒祚乘此引兵攻掠境上，厮囉與戰敗之，獲酋豪六人，收橐駝戰馬頗衆，因降隴逋、公立〔二六〕、馬頰三大族。會契丹遣使送女妻其少子董氈，乃罷兵歸。

治平二年夏，羌邈奔及阿叔溪心以隴、珠、阿諾三城叛諒祚歸厮囉，厮囉不禮，乃復歸諒祚，請兵還取所獻地，諒祚不之罪，爲出萬餘騎隨邈奔、溪心往取，不能克，但取邈川歸丁家五百餘帳而還。厮囉其年冬死，年六十九，第三子董氈嗣。



董氈母曰喬氏，厮囉三妻。喬氏有色，居歷精城，所部可六七萬人，號令明，人憚服之。董氈自九歲厮囉爲請于朝，命爲會州刺史，而喬氏封太原郡君。其二妻皆李立遵女也，生瞎氈及磨氈角。立遵死，李氏寵衰，斥爲尼，置廓州〔二七〕，錮其子瞎氈。磨氈角結母黨李巴全竊載其母奔宗哥，厮囉不能制，磨氈角因撫有其衆。李氏以寶元二年恩賜紫衣。磨氈角亦累奉貢，初補嚴州團練使，後以思州團練使卒。所部立其子瞎撒欺丁，李氏懼孤弱不能守，乃獻皮帛、入庫廪文籍于厮囉，厮囉因受之。嘉祐三年，命欺丁爲順州刺史。瞎氈居龕谷，屢通貢，授澄州團練使，先卒。子木征居河州，母弟瞎吳叱居銀川〔二八〕。

厮囉地既分，董氈最彊，獨有河北之地，其國大抵吐蕃遺俗也。懷恩惠，重財貨，無正朔。市易用五穀、乳香、硇砂、罽毯、馬牛以代錢帛。貴虎豹皮，用緣飾衣裘。婦人衣錦，服緋紫青綠。尊釋氏。不知醫藥，疾病召巫覡視之，焚柴聲鼓，謂之「逐鬼」。信呪詛，或以決事，訟有疑，使詛之。訟者上辭牘，藉之以帛，事重則以錦。亦有鞭笞杻械諸獄具。人喜啖生物，無蔬茹醯醬，獨知用鹽爲滋味，而嗜酒及茶。居板屋，富姓以氈爲幕，多並水爲秋韆戲。貢獻謂之「般次」，自言不敢有貳則曰「心白向漢」云。其後，河州、武勝軍諸族寖驕，閉



于闐諸國朝貢道，擊奪般次。詔邊將問罪。已而董氈遣使奉貢入謝，上慰納焉。

初，厮囉死，董氈嗣爲保順軍節度使、檢校司空。神宗即位，加太保，進太傅。熙寧元年，封其母安康郡太君，以其子藺逋比爲錦州刺史。三年，夏人寇環慶，董氈乘虛入其境，大克獲。賜璽書袍帶獎激之。王韶既定熙河，其首領青宜結鬼章寇河州踏白城，景思立死焉。帝命邊臣招來之。十年，以鬼章及阿里骨皆爲刺史。董氈貢眞珠、乳香、象牙、玉石、馬，賜以銀、綵、茶、服、緡錢，改西平節度使，遣供奉官郭英齎詔書、器幣至其國。

方鬼章犯境時，列帳訥兒温及祿尊率部族叛附之，既來降，又陰與董氈通。元豐初，詔知岷州种諤集酋長斬之，以妻女田產賜降將俞龍珂。二年，遣景青宜党令支貢方物，以令支爲珍州刺史，賜董氈錢萬緡，銀綵千計。三年，邈川城主温訥支郢成及叔溪心、弟阿令京等款塞，以郢成爲會州團練使，溪心內殿崇班，令京西頭供奉官，餘族人皆殿直奉職。

四年，王師討夏，會其兵。董氈遣酋長抹征等率三萬人赴党龍耳江及隴、朱、珂諾，又集六部兵十二萬，約以八月分三路與官軍會。帝以其協濟軍威，事功可紀，由常樂郡公進封武威郡王，鬼章、阿里骨、党令支皆團練使，心牟欽氈、阿星、李叱臘欽爲刺史。

夏人欲與之通好，許割賂斫龍以西地，云如歸我，即官爵恩好一如所欲。董氈拒絕之，訓整兵甲，以俟入討，且遣使來告。帝召見其使，使歸語董氈盡心守國；每稱其上書情辭

忠智，雖中國士大夫存心公家者不過如此。知邈川事力固不足與夏人抗，但欲解散其謀，使不與結和而已，故終不能大有功。

哲宗立，加檢校太尉。元祐元年，卒。藺逋叱已死，養子阿里骨嗣。

阿里骨本于闐人。少從其母給事董氊，故養爲子。元豐蘭州之戰最有功，自肅州團練使進防禦使。董氊病革，召諸酋領至青唐，謂曰：「吾一子已死，惟阿里骨母嘗事我，我視之如子。今將以種落付之，何如？」諸酋聽命。旣嗣事，遣使修貢。

元祐元年，以起復冠軍大將軍、檢校司空爲河西軍節度使，封寧塞郡公。里骨頗峻刑殺，其下不遑寧。詔飭以推廣恩信，副朝廷所以封立、前人所以付與之意。二年，遂遣鬼章使率衆據洮州〔九〕。羌結藥密者使所部怯陵來告，里骨執怯陵，結藥密懼，攜妻子南歸。鬼章又使其子結呃龊入寇，心牟欽氊、温溪心不肯從，詔以二人爲團練使。八月，鬼章就擒，檻送京師；尋赦之，授陪戎校尉，遣居秦州，聽招其子以自贖。

明年，里骨奉表謝罪。詔熙河無復出兵，許貢奉如故，加金紫光祿大夫、檢校太保。其鄜州主魯尊欲焚拆河橋歸漢，熙州以聞。哲宗以里骨既通貢，不可有納叛之名，欲弗納，又封其妻溪尊勇丹爲安化郡君，子邦彪籛爲鄯州防禦使，弟南納支爲西州刺史。鬼章死，詔焚付其骨。



紹聖元年，以師子來獻。帝慮非其土性，厚賜而還之。三年，卒，年五十七。瞎征嗣。

瞎征，即邦彪籛也。以紹聖四年正月爲河西軍節度使、檢校司空、寧塞郡公。性嗜殺，部曲睽貳。大酋心牟欽氈之屬有異志，忌瞎征季父蘇南党征雄勇多智，共誣其謀逆，瞎征不能察而殺之，盡誅其黨，獨籛羅結逃奔溪巴温。

溪巴温者，董氊疎族也，自阿里骨之立，去依隴逋部，河南諸羌多歸之。籛羅結奉溪巴温長子杓拶據溪哥城。瞎征討殺杓拶，籛羅結奔河州，說王贍以取青唐之策。已而温入溪哥城〔一〇〕，自稱王子。

元符二年七月，贍取邈川。八月，瞎征自青唐脫身來降。欽氈迎溪巴温入青唐，立木征之子隴拶爲主。九月，贍軍至青唐，隴拶出降。以邈川爲湟州，青唐爲鄯州。二酋雖降，然其種人本無歸漢意。議者謂：「今不先修邈川以東城障而遽取青唐，非計也。以今日觀之，有不可守者四：自炳靈寺渡河至青唐四百里，道險地遠，緩急聲援不相及，一也；羌若斷橋塞險，我雖有百萬之師，倉卒不能進，二也；設遣大軍而青唐、宗哥、邈川食皆止支一月，內地無粮可運，難以久處，三也；官軍自



會州還者皆憔悴，衣屨穿決，器仗不全，羌視之有輕漢心，旦夕必叛。」

閏九月，欽氈等果與青唐城中人相結，謀復奪城。山南諸羌亦叛。贍遣將破之，戮結呃龊及欽氈等九人。青唐圍解而邈川益急，夏人十萬助之。總管王愍以死戰固守，乃得免。贍棄青唐歸，巴温與其子溪賒羅撒據之。朝論請并棄邈川，且謂董氈無後，隴拶乃木征之子、喃廝囉嫡曾孫，最爲親的。於是以隴拶爲河西軍節度使、知鄯州，封武威郡公，充西蕃都護，依府州折氏世世承襲。尋賜姓名曰趙懷德；其弟邦辟勿丁呃曰懷義，爲廓州團練使、同知湟州；加瞎征檢校太傅〔一一〕、懷遠軍節度使。

三年三月，懷德及所降契丹、夏國、回鶻公主入見，各賜冠服，退易之，于邇英閣前後立班謝，賜食於橫門。徽宗命輔臣呼與語，問何以招致溪巴温，對曰：「譬如乳牛，繫其子卽母須來，繫其母卽子須來。」遂與瞎征俱還湟州。溪賒羅撒謀襲殺懷德，懷德奔河南。俟至岷州，當遣人往諭，使之歸漢。瞎征不自安，求內徙，詔居鄧州。崇寧元年，卒。三年，王厚復湟、鄯。懷德至京師，拜感德軍節度使，封安化郡王。

趙思忠卽瞎氈之子木征也。瞎氈死，木征不能自立，青唐族酋瞎藥雞囉及僧鹿遵迎之居洮州，欲立以服洮岷疊宕、武勝軍諸羌〔一二〕。秦州以其近邊，逐之，乃還河州，後徙安江城，董氈欲羈屬之，不能有也。母弟瞎吳叱，別居銀川嚞家山〔一三〕，至和初，補本族副軍主。



嘉祐中，爲河州刺史〔一四〕。王韶經略熙河，遣僧智緣〔一五〕往說之，啖以厚利，因隨以兵；前後殺其老弱數千，焚族帳萬數，得腹心酋領十餘人，又禽其妻子，皆不殺。遂以熙寧七年四月舉洮、河二州來降，賜以姓名，拜榮州團練使。封其母鄧成結遂寧郡太夫人，妻包氏咸寧郡君。弟董谷賜名繼忠，補六宅副使。結吳延征賜名濟忠，瞎吳叱曰紹忠，巴氈角曰醇忠，巴氈抹曰存忠；長子邦辟勿丁呃曰懷義，次蓋呃曰秉義：皆超拜官。以思忠爲秦州鈐轄，不泣事，而乞主熙河羌部，經略司以爲不可。詔以二州給地五十頃。後遷合州防禦使，卒，贈鎭洮軍節度觀察留後。

校勘記

〔一〕涼州郭外數十里　「十」原作「千」，據宋會要方城二一之一四、通考卷三三五四裔考改。

〔二〕尙波于　原作「尙波千」，據本書卷一太祖紀、卷二五七吳廷祚傳和通考卷三三五四裔考改。下同。

〔三〕牀穰　原作「庥穰」，據本書卷八七地理志、長編卷一九改。

〔四〕神鳥　原作「神烏」，據通典卷一七四州郡、長編卷四三改。





中華書局

〔五〕遣宋沆梅詢等爲安撫使副　「使副」原作「副使」。按宋會要方域二一之一六、長編卷五〇均言宋沆爲安撫使，梅詢爲副使，此處「副使」二字原倒，今乙正。
〔六〕兀佐　原作「元佐」，據宋會要方域二一之一八、通考卷三三五四裔考改。長編卷五四作「烏磋」。
〔七〕上嘉其嘗與潘羅支協力抗賊　「其」字原脫，據宋會要方域二一之一九、通考卷三三五四裔考補。
〔八〕景德元年　「元年」原作「六年」。按此處事實及下文所敍潘羅支死和授廝鐸督官等事皆在景德元年，見長編卷五六、通考卷三三五四裔考和宋會要方域二一之一九、二〇，據改。
〔九〕鐸督遣所部波機進賣馬　宋會要方域二一之二二作「廝鐸督遣蕃部波機進馬」。疑此處「賣」字衍。
〔一〇〕是年　按本條記事，宋會要方域二一之二一、長編卷六三均繫於景德三年五月，疑「是年」爲「是月」之誤。
〔一一〕三月　按自「三月」以下至「十一月」事，長編卷八六都繫於大中祥符九年；前文「七年」下所記事，則在大中祥符七年十二月。此上當脫「九年」二字。
〔一二〕六十四　原作「六千四」，據本書卷二五八曹瑋傳、長編卷八八改。
〔一三〕溫逋奇　原作「溫逋哥」，據宋會要蕃夷六之一、太平治蹟統類卷一六改。下同。長編卷八二作「溫布且」。

列傳第二百五十一　校勘記　一四一六九

宋史卷四百九十二　一四一七〇

〔一四〕廓州　原作「郭州」，據本書卷八七地理志、長編卷八二改。下同。
〔一五〕元昊遂不敢窺其境　「元昊」二字原脫，據長編卷一一七注、通考卷三三五四裔考補。
〔一六〕公立　按通考卷三三五四裔考作「立功」，長編卷一八八作「哩恭」，疑「公立」二字倒。
〔一七〕置廓州　「廓」原作「郭」，據本書卷八七地理志、通考卷三三五四裔考改。下同。
〔一八〕唃吳叱居銀川　「居」原作「歸」，據本書本卷木征傳和長編卷一八八、通考卷三三五四裔考改。
〔一九〕據洮州　「據」原作「拒」，據東都事略卷一二九西蕃傳、通考卷三三五四裔考改。
〔二〇〕已而溫入溪哥城　按通考卷三三五四裔考作「已而溪巴溫入溪哥城」，本卷下文：「欽氈迎溪巴溫入青唐」，「瞎黨青唐歸，巴溫與其子溪賒羅撒據之」。此處「溫」字上疑脫「巴」字，而「巴溫」則爲「溪巴溫」之簡稱。
〔二一〕加瞎征檢校太傅　「檢校」原作「校尉」，據宋會要蕃夷六之三八、通考卷三三五四裔考改。
〔二二〕欲立以服洮岷疊宕武勝軍諸羌　「服」原作「復」，據長編卷一八八、通考卷三三五四裔考改。
〔二三〕別居銀川𤀹家山　「銀川」下原衍「有」字，據同上二書同卷刪。
〔二四〕爲河州刺史　「爲」字原脫，據東都事略卷一二九西蕃傳、通考卷三三五四裔考補。
〔二五〕智緣　原作「智圓」，據本書卷四六二方技傳、東都事略卷一二九西蕃傳、宋會要蕃夷六之一二改。

# 宋史卷四百九十三

## 列傳第二百五十二

### 蠻夷一

#### 西南溪峒諸蠻上

古者帝王之勤遠略，耀兵四裔，不過欲安內而捍外爾，非所以求逞也。西南諸蠻夷，重山複嶺，雜廁荆、楚、巴、黔、巫中，四面皆王土。乃欲揭上腴之征以取不毛之地，疲易使之衆而得梗化之氓，誠何益哉！樹其酋長，使自鎮撫，始終蠻夷遇之，斯計之得也。然無經久之策以控馭之，狃䛡之性便於跳梁，或以讎隙相尋，或以饑饉所逼，長嘯而起，出則衝突州縣，入則負固山林，致煩興師討捕，雖能殄除，而斯民之荼毒深矣。宋恃文教而略武衞，亦豈先王制荒服之道哉！

西南溪峒諸蠻皆盤瓠種，唐虞爲要服。周世，其衆彌盛，宣王命方叔伐之。楚莊既

列傳第二百五十二　蠻夷一　一四一七一

宋史卷四百九十三　一四一七二

霸，遂服於楚。秦昭使白起伐楚，略取蠻夷，置黔中郡，漢改爲武陵。後漢建武中，大爲寇鈔，遣伏波將軍馬援等至臨沅擊破之，渠帥飢困乞降。歷晉、宋、齊、梁、陳，或叛或服。隋置辰州，唐置錦州、溪州、巫州、敍州，皆其地也。唐季之亂，蠻酋分據其地，自署爲刺史。晉天福中，馬希範承襲父業，據有湖南，時蠻猺保聚，依山阻江，殆十餘萬。至周行逢時，數出寇邊，逼辰、永二州，殺掠民畜無寧歲。

太祖既下荆、湖，思得通蠻情、習險阨、勇智可任者以鎮撫之。有辰州猺人秦再雄者，長七尺，武健多謀，在行逢時，屢以戰鬥立功，蠻黨伏之。太祖召至闕下，察其可用，擢辰州刺史，官其子爲殿直，賜予甚厚，仍使自辟吏屬，予一州租賦。再雄感恩，誓死報效。至州日訓練士兵，得三千人，皆能被甲渡水，歷山飛塹，捷如猿猱。又選親校二十人分使諸蠻，以傳朝廷懷來之意，莫不從風而靡，各得降表以聞。太祖大喜，復召至闕，面加獎激，改辰州團練使。又以其門客王允成爲辰州推官。再雄盡瘁邊圉，五州連袤數千里，不增一兵，不費帑庾，終太祖世，邊境無患。又有溪州刺史彭士愁等以溪、錦、獎州歸馬氏，立銅柱爲界。

建隆四年，知溪州彭允林、前溪州刺史田洪贇等列狀歸順，詔以允林爲溪州刺史，洪贇爲萬州刺史。允林卒，以其子師晈代爲刺史。四月，水門都虞候林抱義上辰、敍二州圖。

乾德二年四月，溪、敍、奬等州民相攻劫，遣殿直牛允齎詔諭之，乃定。三年七月，珍州刺史田景遷〔一〕內附，五溪團練使、洽州刺史田處崇上言：「湖南節度馬希範建敍州潭陽縣爲懿州，署臣叔父萬盈爲刺史。希範卒，其弟希萼襲位，改爲洽州，願復舊名。」詔從其請。十二月，詔溪州宜充五溪團練使，刻印以賜之。四年，南州進銅鼓內附，下溪州刺史田思遷亦以銅鼓、虎皮、麝臍來貢。五年冬，以溪州團練使彭允足爲濮州牢城都指揮使，溪州義軍都指揮使彭允賢爲衞州牢城都指揮使，珍州錄事參軍田思曉爲博州牢城都指揮使。允足等溪峒酋豪據山險，持兩端，故因其入朝而置之內地。

開寶元年，珍州刺史田景遷言，本州連歲災沴，乞改爲高州，從之。八年，景遷卒，其子衙內都指揮使彥伊來請命，卽以爲刺史。九年，奬州刺史田處達以丹砂、石英來貢。

太平興國二年，懿州刺史、五溪都團練使田漢瓊以其子、弟、女夫、大將、五溪統軍都指揮使田漢度而下十二人來貢，詔並加檢校官以奬之。三年，夷州蠻任朗政等來貢。七年，詔辰州不得移部內馬氏所鑄銅柱。溪州刺史彭允殊上言：「刺史舊三年則爲州所易，望朝廷禁止。」賜敕書安撫之。八年，錦、溪、敍、富四州蠻相率詣辰州，言願比內郡輸租稅。詔長吏察其謠俗情僞，并按視山川地形圖畫來上，卒不許。懿州刺史田漢瓊、錦州刺史田漢希上言，願兩易其地，詔從之。又以知敍州舒德郛爲刺史。



雍熙元年，黔南言溪峒夷獠疾病，擊銅鼓、沙鑼以祀神鬼，詔釋其銅禁。

淳化二年〔二〕，知晃州田漢權言，本管砂井步夷人粟忠獲古晃州印一鈕來獻。因請命以漢權爲晃州刺史。又以五溪諸州統軍、鶴州刺史向通漢爲富州刺史，從其請也。是年，荆湖轉運使言，富州向萬通殺皮師勝父子七人，取五藏及首以祀魔鬼。朝廷以其遠俗，令勿問。三年，晃州刺史田漢權、錦州刺史田保全遣使來貢。五年，以舒德言爲元州刺史。奬、晃、敍、懿、元、錦、費、福等州皆來貢，上親視器幣以賜之。

至道元年，高州、溪州並來貢。二年，上親祀南郊，富州刺史向通漢上言：「聖人郊祀，恩浹天壤，況五溪諸州連接十洞，控西南夷戎之地。惟臣州自昔至今，爲辰州牆壁，障護辰州五邑，王民安居。臣雖僻處遐荒，洗心事上，伏望陛下察臣勤王之誠，因茲郊禮，特加眞命。」詔加通漢檢校司徒，進封河內郡侯。

咸平元年，通漢又言請定租賦，眞宗以荒服不征，弗之許。其年，古州刺史向通展以芙蓉朱砂二器、馬十四、水銀千兩來獻，詔有司鑄印以賜通展。二年，以下溪州刺史彭允殊爲右千牛衞將軍致仕，以其姪文勇爲刺史。三年，高州刺史田彥伊遣子貢方物及輸兵器。四年，其酋向君猛又遣弟君泰來朝。上溪州刺史彭文慶來貢水銀、黃蠟。

五年正月，天賜州蠻向永豐等二十九人來朝。夔州路轉運使丁謂言：「溪蠻入粟實緣



邊砦柵，頓息施、萬諸州饋餉之弊。臣觀自昔和戎安邊，未有境外轉糧給我戍兵者。」先是，蠻人數擾，上召問巡檢使侯廷賞，廷賞曰：「蠻無他求，唯欲鹽爾。」上曰：「此常人所欲，何不與之？」乃詔諭丁謂，謂卽傳告陬落，群蠻感悅，因相與盟約，不爲寇鈔，負約者，衆殺之。且曰：「天子濟我以食鹽，我願輸與兵食。」自是邊穀有三年之積。七月，高州刺史田彥伊子承寶等百二十二人來朝，賜巾服、器幣，以承寶爲山河使、九溪十峒撫諭都監。

六年四月，丁謂等言，高州義軍務頭角田承進等擒生蠻六百六十餘人，奪所略漢口四百餘人。初，益州軍亂，議者恐緣江下峽，乃集施、黔、高、溪蠻豪子弟捍禦，群蠻因熟漢路，寇略而歸。謂等至，卽召與盟，令還漢口，既而有生蠻違約，謂遣承進率衆及發州兵擒獲之，焚其室廬，皆震慴伏罪。謂乃置尖木砦施州界，以控扼之，自是寇鈔始息，邊溪峒田民得耕種。七月，南高州義軍指揮使田彥強、防虞指揮使田承海來貢，施州叛蠻譚仲通等三十餘人來歸。

景德元年，高州五姓義軍指揮使田文鄯來貢。富州刺史向通漢遣使潭州營佛事，以報朝廷存卹之惠。二年，夔州路降蠻首領皆自署職名，請因而命之，上不許，第令次補牙校。是歲，辰州諸蠻攻下溪州，爲其刺史彭儒猛擊走之，擒酋首以獻，詔賜儒猛錦袍、銀帶。儒猛自陳母老，願被恩典，詔特加邑封。十二月，荆湖北路言，溪峒團練使彭文綰送還先陷漢



口五十人，詔授文綰檢校太子賓客，知中彭州。其年，懿州刺史田漢希卒，以其子漢能爲刺史。三年，高州新附蠻酋八十九人來貢。五溪都防禦使向通漢表求追贈父母，從之。溪州刺史彭文慶率溪峒群蠻來朝。又高州諸名豪百餘人入貢。四年五月，以高州刺史田彥伊子承寶爲寧武郎將，高州土軍都指揮使田思欽爲安化郎將。其年，宜州軍亂，朝廷恐宜、融溪峒因緣侵擾，因降詔約勒首領，皆奉詔，部分種族，無敢輒動。

大中祥符元年，夔州路言，五團蠻嘯聚，謀劫高州，欲令暗利砦援之。上以蠻夷自相攻，不許發兵。三月，知元州舒君強、知古州〔三〕向光普並加銀青光祿大夫、檢校太子賓客。八月，黔州言，磨嵯、洛浦蠻首領龔行滿等率族二千三百人歸順。十月，溪峒諸蠻獻方物于泰山。三年，澧州言，慈利縣蠻相讎劫，知州劉仁霸請率兵定之。上恐深入蠻境，使其疑懼，止令仁霸宣諭詔旨，遂皆感服。四年，安、遠、順、南、永寧、濁水州蠻酋田承曉等三百七十三人來貢。五年，詔：「昨許溪峒蠻夷歸先劫漢口及五十人者，特署職名，仍聽來貢。如聞緣此要利，輒掠邊民充數，所在切辨察之。」其年，夔蠻千五百人乞朝貢，上慮其勞費，不許。又詔：施州溪蠻朔望犒以酒殽。閏十月，五溪蠻向貴升及磨嵯、洛浦蠻來貢。六年，夔州蠻彭延暹、龔才晃等來貢。辰州溪峒都指揮使魏進武率山猺數百人數寇城砦，朝廷不欲發兵窮討，乃降詔招諭。七年，進武詣吏請罪，署爲三班借職，監房州稅，仍賜裝錢。八年，詔

中彭州彭文綰歲賜錦袍。

天禧元年，溪州蠻寇擾，遣兵討之。二年，辰州都巡檢使李守元率兵入白霧團，擒蠻寇十五人，斬首百級，降其酋二百餘人。知辰州錢絳等入下溪州，破砦柵，斬蠻六十餘人，降老幼千餘。刺史彭儒猛亡入山林，執其子仕漢等赴闕。詔高州蠻，捕儒猛來獻者厚加賞典。其年，儒猛因順州蠻田彥晏上狀本路，自訴求歸，轉運使以聞，上哀憐之，特許釋罪。儒猛乃奉上所略民口、器甲，詔辰州通判劉中象召至明灘，與歃血要盟，遣之。詔以仕漢爲殿直，儒霸、儒聰爲借職，賜冠帶、緡帛。富州刺史向通漢率所部來朝，貢名馬、丹砂、銀裝劍槊、兜鍪、彩牌等物，詔賜襲衣、金帶、鞍勒馬，幷其子光澤以下器幣有差，特許通漢五日一朝。踰月，通漢上五溪地理圖，願留京師，上嘉美之，特授通漢檢校太傅、本州防禦使，還賜疆土，署其子光澤等三班職名。通漢再表欲留京師，不允，乃爲光澤等求內地監臨，及言歲賜衣，願使者至本任，並從之。既辭，又賜以襲衣、金帶。三年，通漢卒，以其子光憲知州事。其後，光澤不爲親族所容，上表納土；上察其意，不許。四年，知古州向光普遣使鼎州營僧齋，以祝聖壽。

初，北江蠻酋最大者曰彭氏，世有溪州，州有三，曰上、中、下溪，又有龍賜、天賜、忠順、保靜、感化、永順州六，懿、安、遠、新、給、富、來、寧、南、順、高州十一，總二十州，皆置刺史。





而以下溪州刺史兼都誓主，十九州皆隸焉，謂之誓下。州將承襲，都誓主率群酋合議，子孫若弟、姪、親黨之當立者，具州名移辰州爲保證，申鈐轄司以聞，乃賜敕告、印符，受命者隔江北望拜謝。州有押案副使及校吏，聽自補置。

彭氏自允殊、文勇、儒猛相繼爲下溪州刺史，至仕漢爲殿直，留西京，後輒遁歸。天聖初，以狀白辰州，自言父老兄亡，潛歸本道，願放還家屬。詔徙其家京師，舍以官第。未幾，儒猛言仕漢逃歸，誘羣蠻爲亂，遣別子仕端等殺之。朝廷嘉其忠，降詔獎諭。時儒猛爲檢校尚書右僕射，特遷左僕射。又以仕端爲檢校國子祭酒，知溶州，加賜鹽三百斤、綵三十匹。彭氏有文綰者，知中彭州，即忠順州也。三年，儒猛攻殺文綰，其子儒索率其黨九十二人來歸，補儒索復州都知兵馬使，餘官爲稟給。五年，儒猛死，仕端以名馬來獻，詔還其馬，命知下溪州，賜以袍帶。七年，遂以其弟仕義貢方物。明道初，仕端死，復命仕義爲刺史，累遷檢校尚書右僕射。自允殊至仕義五世矣。

仕義有子師寶，景祐中知忠順州，慶曆四年，以罪絕其奉貢。蓋自咸平以來，始聽二十州納貢，歲有常賜，蠻人以爲利，有罪則絕之。其後，師寶數自訴，請知上溪州，皇祐二年，始從其請，朝貢如故。既而師寶妻爲仕義取去，師寶忿恚，至和二年，與其子知龍賜州師黨舉族趨辰州，告其父之惡；且言仕義嘗殺誓下十三州將，奪其符印，幷有其地，貢奉賜予悉專之，自號如意大王，補置官屬，將起爲亂。於是知辰州宋守信與通判賈師熊、轉運使李肅之合議，率兵數千，深入討伐，以師寶爲鄉導。兵至而仕義遁入他峒，不可得，俘其孥及銅柱，而官軍戰死者十六七，守信等皆坐貶。

自是，蠻獠數入寇鈔，邊吏不能制。朝廷姑欲無事，間遣吏諭旨，許以改過自歸，裁損五七州貢奉歲賜。初輒不聽，後遣三司副使李參、文思副使竇舜卿、侍御史朱處約、轉運使王綽經制，大出兵臨之，且馳檄招諭。而仕義乃陳本無反狀，其僭稱號、補官屬，特遠人不知中國禮義而然，守信等輕信師寶之譖，擅伐無辜，願以二十州舊地復貢奉內屬。朝廷又遣殿中丞雷簡夫往視之。嘉祐二年，仕義乃歸所掠兵丁五十一人、械甲千八百九事，率蠻衆七百飲血就降，辰州亦還其孥及銅柱。時師寶已死，遣師黨歸知龍賜州，戒勿殺。

自是，仕義歲奉職貢。然黠驁，數盜邊，即辰州界白馬崖下喏溪聚衆據守，朝廷數招諭，令歸侵地，不聽。熙寧三年，爲其子師綵所弒。師綵專爲暴虐，其兄師晏攻殺之，幷誅其黨，納誓表于朝，幷上仕義平生鞍馬、器服，仍歸喏溪地，乃命師晏襲州事。五年，復以馬皮、白峒[四]地來獻，詔進爲下溪州刺史，賜母妻封邑。章惇經制南、北江，湖北提點刑獄李平招納師晏，誓下州峒蠻張景謂、彭德儒、向永勝、覃文猛、覃彥霸各以其地歸版籍，師晏遂降。詔修築下溪州城，幷置砦於茶灘南岸，賜新城名會溪，新砦名黔安，戍以兵，隸辰州，出





租賦如漢民。遣師晏詣闕，授禮賓副使、京東州都監，官其下六十有四人。

元豐八年，湖北轉運司言辰州江外生蠻覃仕穩等願內附，詔不許招納。其後彭仕誠者復爲都誓主。元祐三年，羅家蠻寇鈔，詔召仕誠及都頭覃文懿等至辰州約敕之。四年，知誓下保靜州彭儒武[五]、知永順州彭儒同、知謂州彭思聰、知龍賜州彭允宗、知藍州彭士明、知吉州彭儒崇，各同其州押案副使進奉興龍節及冬至、正旦溪布有差。

初，熙寧中，天子方用兵以威四夷，湖北提點刑獄趙鼎言峽州峒首刻剝亡度，蠻衆願內屬，辰州布衣張翹亦上書言南、北江利害，遂以章惇察訪湖北，經制蠻事。而南江之舒氏、北江之彭氏、梅山之蘇氏、誠州之楊氏相繼納土，創立城砦，使之比內地爲王民。北江彭氏已見前。南江諸蠻自辰州達于長沙、邵陽，各有溪峒：曰敍、曰峽、曰中勝、曰元，則舒氏居之；曰獎、曰錦、曰懿、曰晃，則田氏居之；曰富、曰鶴、曰保順、曰天賜、曰古，則向氏居之。舒氏則德郛、德言、君疆、光銀，田氏則處達、漢瓊、漢希、漢能、漢權、保金，向氏則通漢、光普、行猛、永豐、永晤：皆受朝命。自治平末，光銀入貢。故事，南江諸蠻亦隸辰州，貢進則給以驛券，光銀援以爲請，詔以券九道給之。其後有峽州舒光秀者，以刻剝其衆不附。

張翹言：「南江諸蠻雖有十六州之地，惟富、峽、敍僅有千戶，餘不滿百，土廣無兵，加以荐饑。近向永晤與繡、鶴、敍諸州蠻自相讎殺，衆苦之，咸思歸化。願先招富、峽二州，俾納

土，則餘州自歸，并及彭師晏之孱弱，皆可郡縣。」詔下知辰州劉策商度，策請如翹言。熙寧五年，乃遣章惇察訪。未幾，策卒，乃以東作坊使石鑑爲湖北鈐轄兼知辰州，且助惇經制。明年，富州向永晤〔六〕獻先朝所賜劍及印來歸順，繼而光銀、光秀等亦降。獨田氏有元猛者，頗桀驁難制，異時數侵奪舒、向二族地。惇遣左侍禁李資將輕兵往招諭。資，辰州流人，褻與張翹同獻策者也，褊宕無謀，褻慢夷獠，遂爲懿、洽州蠻所殺。惇進兵破懿州，南江州峒悉平，遂置沅州，以懿州新城爲治所，尋又置誠州。

元祐初，傅堯俞、王巖叟言：「沅、誠州創建以來，設官屯兵，布列砦縣，募役人，調戍兵，費鉅萬，公私騷然，荊湖兩路爲之空竭。又自廣西融州創開道路達誠州，增置潯江等堡，其地無所有，湖、廣移賦以給一方，民不安業，願斟酌廢置。」朝廷以沅州建置至是十五年，蠻情安習已久，但廢誠州爲渠陽軍，而沅州至今爲郡。元祐初，諸蠻復叛，朝廷方務休息，痛懲邀功生事，廣西張整、融州溫嵩坐擅殺蠻人，皆置之罪。詔諭湖南、北及廣西路曰：「國家疆理四海，務在柔遠。頃湖、廣諸蠻近漢者無所統壹，因其請吏，量置城邑以撫治之。邊臣邀功獻議，創通融州道路，侵逼峒穴，致生疑懼。朝廷知其無用，旋即廢罷；邊吏失於撫遏，遂爾扇搖。其叛酋楊晟臺等並免追討，諸路所開道路、創置堡砦並廢。」自後，五溪郡縣棄而不問。



崇寧以來，開邊拓土之議復熾，於是安化上三州及思廣洞蒙光明、樂安峒程大法、都丹團黃光明、靖州西道楊再立、辰州覃都管罵等各願納土輸貢賦。又令廣西招納左、右江四百五十餘峒。宣和中，議者以爲「招致熟蕃〔七〕，接武請吏，竭金帛、繒絮以啗其欲，捐高爵、厚奉以侈其心。開辟荒蕪，草創城邑，張皇事勢，僥倖賞恩。入版圖者存虛名，充府庫者亡實利。不毛之地，既不可耕；狼子野心，頑冥莫革。建築之後，西南夷獠交寇，而溪峒子蠻亦復跳梁。士卒死於干戈，官吏沒於王事，肝腦塗地，往往有之。以此知納土之議，非徒無益，而又害之所由生也。莫若俾帥臣、監司條具建築以來財用出入之數，商較利病，可省者省，可併者併，減戍兵漕運，而夷狄可撫，邊鄙可亡患矣！」乃詔悉廢所置初郡。其餘諸蠻，自乾興以來，或叛或服，其類不一，各以歲月次之。

乾興初，順州蠻田彥晏率其黨田承恩寇施州暗利砦，縱火而去，夔州發兵擊之，俘獲甚衆。彥晏在眞宗朝爲歸德將軍、檢校太子賓客、知順州；承恩者，知保順州田彥曉子也。明年，彥晏款邊上誓狀，願還所掠金帛、器械，且輸粟二千石自贖。詔拒其粟，舍其所負金帛，第令歸掠去戶口。仍加彥晏寧遠將軍、檢校工部尚書，承恩檢校國子祭酒兼監察御史，皆知州如故。後又有田忠顯者，與其黨百九人入貢。

天聖二年，知古州向光普自言，嘗創佛寺，請名報國，歲度僧一人，許之。四年，歸順等州蠻田思欽等以方物來獻，時來者三百一人，而夔州路轉運司不先以聞，詔劾之。既而又詔安、遠、天賜、保順、南、順等州蠻貢京師，道里遼遠而離寒暑之苦，其聽以貢物留施州，所賜就給之。願入貢者十人，聽三二人至闕下，首領聽三年一至。七年，黔州蠻、舒延蠻、繡州蠻向光緒皆來貢。九年，施州屬蠻覃彥綰等寇永寧砦。景祐中，澧州屬蠻五百餘人入寇。時州將崔承祐畏避不以聞，爲荊湖鈐轄司所奏，詔劾罷之。寶元二年，辰州猺獠三千餘人款附，以州將張昭懿招輯有功，進一官。



慶曆三年，桂陽監蠻猺內寇，詔發兵捕擊之。蠻猺者，居山谷間，其山自衡州常寧縣屬于桂陽、郴連賀韶四州，環紆千餘里，蠻居其中，不事賦役，謂之猺人。初，有吉州巫黃捉鬼與其兄弟數人皆習蠻法，往來常寧，出入溪峒，誘蠻衆數百人盜販鹽，殺官軍，逃匿峒中，既招出而殺之，又徙山下民他處。至是，其黨遂合五千人，出桂陽藍山縣華陰峒，害巡檢李延祚、潭州都監張克明。事聞，擢楊畋提點刑獄，督攻討事，久之不克。遂詔湖南轉運使郭輔之等招撫之，始於湖南置安撫司。蠻所至殺掠居民，縱火劫財物，被害者甚衆。詔被害者并入山捕蠻，土兵錮復有差。初，發兵捕蠻，至或誤殺良民，仁宗命訪之，口給絹五匹，仍拊其家。時蠻勢方熾，又遣殿中侍御史王綵、三司度支副使徐的經制。降敕書委知潭州劉沆招諭，能自歸者第錄以官。沆大發兵臨之，以敕書從事，降二千餘人，使散居所部，錄其首領



鄧文志、黃文晟、黃士元皆爲三班奉職。又以內殿承制亓贇、崇班胡元嘗在石硋峒捕殺有勞，進贇莊宅副使，元禮賓副使，時四年冬也。

五年二月，餘黨唐和等復內寇，乃詔湖南安撫、轉運、提點刑獄便宜從事。又特賜官兵土丁錢有差。於是沅檄楊畋等八路入討，覆蕩桃油平、能家源等，皆其巢穴，捕斬首級甚衆。詔官兵有功者九百餘人第遷一資，錄其應募討擊者道州進士十四人，並官之。然唐和等猶未平。又詔：「如聞賊黨欲降，其罷出兵，逃匿者諭使歸復，州縣拊存之。」是冬，蠻復入寇，與胡元及右侍禁郭正趙鼎、殿侍王孝先戰于華陰峒隘口，元等死之，劉沆、楊畋皆坐黜。以劉夔代沆爲安撫使，夔言：「唐和等既敗官軍，殺將吏，聚衆益自疑，恐寖爲邊患，願以詔書招安，就補溪峒首領。」詔可。

是時，湖湘騷動，兵不得息。六年夏，仁宗顧謂輔臣曰：「官軍久戍南方，夏秋之交，瘴癘爲虐，其令太醫定方和藥，遣使給之。」自是繼賜緡錢。未幾，夔言敗唐和於銀江源。轉運使周沆亦言指揮辛景賢招降賊黨五十六戶二百五十九人，錄其首領，戒所部拊存之。先是，命三司戶部判官崔嶧爲體量安撫，往議討除、招安二策，既而知桂陽監宋守信奏：「唐和嘯聚千餘衆爲盜，五六年卒未能克者，朝廷不許窮討故也。今衡州監酒黃士元頗習溪峒事，願得敢戰士二千、引路土丁二百，優給金帛，使之逐捕，必得然後已，并敕亓贇等合力以

進。彼既勢窮，必將款附。」詔用其策，於是大發兵討之。其衆果懼，遁入郴州黃莽山，由趙峒轉寇英、韶州，依山自保。是冬，帝閔士卒暴露，復諭執政密戒主帥安恤。

七年，唐和遣其子執要領詣官，自言願貸糧米，居所保峒中。時楊畋復爲湖南鈐轄，詔趣蓮、韶州山下，與廣南東、西轉運使共告諭之，使以兵械上官，質其親屬。詔補唐和、盤知諒、房承映承泰、文運等五人爲峒主，授銀青光祿大夫、檢校國子祭酒兼監察御史、武騎尉。知諒等，蓋唐和黨也。至冬，其衆悉降。

皇祐五年，邵州蠻舒光銀因湖南安撫司自陳捍禦之勞，願於峒中置中勝州，詔可。嘉祐二年，羅城峒蠻寇澧州，發兵擊走之。三年，以施州蠻向永勝所領州爲安定州。五年，以邵州蠻楊光倩知徽州。光倩，通漢之子也。通漢，慶曆初嘗入貢，既死，光倩襲之。舊制，溪峒知州卒，承襲者許進奉行州事，撫遏蠻人，及五年，安撫司爲奏給敕告。至是，光倩行州事七年，無他過，故命之。

## 校勘記

〔一〕田景遷　「遷」原作「千」，據下文和本書卷二太祖紀改。

〔二〕淳化二年　宋會要蕃夷五之七四、本書卷五太宗紀二都作「元年」。

列傳第二百五十二　校勘記　一四一八五

宋史卷四百九十三　一四一八六

〔三〕古州　原作「吉州」，據本卷下文和宋會要蕃夷五之七七改。

〔四〕白峒　長編卷二三〇、宋會要蕃夷五之八五均作「白務峒」。

〔五〕四年知晉下保靜州彭儒武　「四」原作「是」，「靜」原作「順」。據長編卷四三五、宋會要蕃夷七之四〇改。

〔六〕向永晤　「永」字原脫，據上文和宋會要蕃夷五之八五改。

〔七〕熟蕃　「蕃」原作「羌」，據本書卷四九五撫水州傳、通考卷三二八四裔考改。

# 宋史卷四百九十四

## 列傳第二百五十三

### 蠻夷二

西南溪峒諸蠻下　梅山峒　誠徽州　南丹州

紹興三年，臣僚言：「武岡軍溪峒舊嘗集人戶爲義保，蓋其風土、習俗、服食、器械悉同傜人，故可爲疆埸捍蔽，雖曰籍之於官，然亦未嘗遠戍。靖康間，調之以勤王，其後湖南盜起，征斂百出，義保無復舊制，困苦不勝，乃棄其世業，客依蠻峒，聽其繇役。州縣猶驗舊籍催科，胥隸及門，則挈家遠徙，官失其稅，蠻獠日強。兼武岡所屬三縣，悉爲傜人所有，遠戍之實已無，而鄉戶弩手之名尙在，歲取其直，人戶咨怨。乞擇本路監司詳議以聞。」詔從之。

四年，辰州言，歸明保靜、南渭、永順三州彭儒武等久欲奉表入貢。詔以道路未通，俾

列傳第二百五十三　蠻夷二　一四一八七

宋史卷四百九十四　一四一八八

荆湖北帥司慰諭，免赴闕。遣人持表及方物赴行在，仍優賜以答之。九月，詔荆湖南、北路溪峒頭首土人及主管年滿人合給恩賜，俾各路帥司會計覆實以聞。

六年，知鼎州張觷言：「鼎、澧、辰、沅、靖州與溪峒接壤，祖宗時嘗置弓弩手，得其死力，比緣多故，遂皆廢闕。萬一蠻夷生變，將誰與捍禦？今雖各出良田，募人以補其額，率皆豪強遣僮奴竄名籍中，乘時射利，無益公家，所宜汰去。則募溪峒司兵得三百人，俾加習練，足爲守禦，給田募人開墾，以供軍儲。」詔荆湖北路帥司相度以聞。帥司言：「營田四州舊置弓弩手九千一百一十人，練習武事，散居邊境，鎭撫蠻夷，平居則事耕作，緩急以備戰守，深爲利便。靖康初，調發應援河東，全軍陷沒。今辰、沅、澧、靖等州乏兵防守，竊慮蠻夷生變叵測。若將四州弓弩手減元額，定爲三千五百人，辰州置千人，沅州置千五百人，澧州、靖州各置五百人，分處要害，量給土田，訓練以時，耕戰合度，庶可備禦。以所餘閑田募人耕作，歲收其租，其於邊防財賦，兩得其便，可爲經久之計。」詔從之。

七年六月，張觷言：「湖外自靖康以來，盜賊盤踞，鍾相、楊太山、雷德進等相繼叛，澧州所屬尤甚，獨慈利縣向思勝等五人素號溪峒歸明，者掌防拓，卒能保境息民，使德進賊黨無所剽掠，思勝後竟殺德進。會官軍招撫劉智等，而彭永健、彭永政、彭永全、彭永勝及思勝共獻粮助官軍，招復諸山四十餘栅，宜力効忠功居多，宜加恩賞。」詔思勝等五人各轉兩資。

九月，詔荊湖、廣南路溪峒頭首土人內有子孫應襲職名差遣，及主管年滿合給恩賜之數，俾帥司取會覈實以聞。

九年〔一〕，宜章峒民駱科作亂，寇郴、道、連、桂陽諸州縣，詔發大兵往討之，獲駱科。餘黨歐幼四等復叛，據藍山，寇平陽縣，遣江西兵馬都監程師回討平之。

十年，承信郎琴州溪峒楊進顒等率族屬歸生界五百餘戶、疆土三百餘里，獻累世所造兵器及金爐、酒栝各一，求入覲，詔本路帥司敦遣以行。十二年，詔以施州南砦路夷人向再健襲父思遷充銀青光祿大夫、檢校國子祭酒兼監察御史、武騎尉、知懿州事。

十四年十月，湖南安撫使劉昉奏，武岡軍徭人有父子相殺者，宜出兵助其父，俾還省地。上以問輔臣秦檜，檜曰：「恐輕舉生事。」帝曰：「恩威不可偏廢，可懷則示之以恩，否則威之。不侵省地則已，或有所侵，奈何不舉，俾知所畏哉。」十二月，成忠郎充武岡軍綏寧縣管界都巡檢兼溪峒首領楊進京，率其族三百人，備黃金、朱砂、方物求入貢，先遣其子孝友陳請。詔本路帥司閱舊制以聞，給孝友錢三百貫，俾還聽進止。

十五年，楊進顒復求入貢，以武岡軍不時敦遣爲言。詔本路帥司閱實應襲人姓名來上，併促進顒入覲。四月，廣南東路提刑黃應南言：「溪峒巡檢、尉、砦官不嚴守備，縱民與徭交通，恐啓邊釁，乞詔有司申嚴法令，俾帥臣、監司常加覺察。」宰臣以爲沿邊互市，恐不



宜禁絕。帝曰：「往年禁西夏互市，遂至用兵，可令帥司裁決。」前知全州高楫言：「徭人今皆微弱，不敢先侵省地，砦官每縱人深入，略其財物，遂致乘間竊發。宜詔與溪峒接壤州郡毋侵徭人，庶使邊民安業，以廣陛下柔遠好生之德。」帝從其言，詔守臣一遵成法，務在撫綏。

二十四年，禽楊正修及其弟正拱，送理寺獄鞫治，斬之。初，正修侍其父再興入覲，獻還省民疆土，遂命以官。建炎後，與弟正拱率九十團峒徭人出武岡軍，縱火殺掠民財爲亂。紹興間，潭州帥司嘗招徠之，後復作亂，屢抗官軍，至是伏誅。二十八年七月，楊進京等復求入貢，詔以道遠慰諭之，優其賜與。

隆興初，右正言尹穡言：「湖南州縣多隣溪峒，省民往往交通徭人，擅自易田，豪猾大姓或詐匿其產徭人，以避科差。內虧國賦，外滋邊患。宜詔湖南安撫司表正經界，禁民毋質田徭人。詐匿其產徭人者論如法，仍沒入其田，以賞告姦者。田前賣入徭人，俾爲別籍，毋遽奪，能還其田者，縣代給錢償之。」帝從其言。

乾道元年，宜章峒賊李金陷郴州，焚桂陽軍，州將棄城遁，衡州調常寧縣兵救之，弗克。世忠峒李昂霄者，率壯丁禦賊，民恃以安。湖南提舉常平鄭丙請發鄂渚軍討賊，平之。昂霄以功補承節郎，管轄衡州常寧縣溪峒，及官其子當年，俾後得襲職。



三年〔二〕，靖州界徭人姚明教等作亂，詔荊、鄂駐劄明椿選將率精銳千人，會屯戍官合擊之，能立功者有厚賞。八月，詔平溪峒互市鹽米價，聽民便，毋相抑配，其徭人歲輸身丁米，務平收，無取羡餘及折輸錢，違者論罪。十一月，南郊禮成，詔以緣邊溪峒，州縣失於拊循，致懷反側，或逃竄山谷，其在赦恩以前，並加寬宥，能復業者，罪一切置不問，互市如故，悉聽其便，守臣常加撫問，以稱綏遠之意。

四年二月，詔湖南北、四川、二廣州軍應有溪峒處，務先恩信綏懷，毋弛防閑，毋襲科擾，毋貪功而啓釁。委各路帥臣、監司常加覺察。是月，詔禁沿邊姦人毋越逸溪峒，誘致蠻獠侵內地，違者論如律，其不能防閑致越逸者亦罪之。湖廣總領周嗣武言邊事，如二年四月之詔，帝嘉納之。是歲，田彥古死，子忠佐襲職，授銀青光祿大夫、檢校散騎常侍、知溪峒安化州兼監察御史、飛龍騎尉。

六年，盧陽西據獠楊添朝寇邊，知沅州孫叔傑調兵數千討之，敗績，死者十七八。初，諸徭人與省戶交爭，殺二人死，叔傑輒出兵破其十三柵，奪還所侵地，於是徭人相結爲亂。諸司請調常德府城兵三百人，益官兵三千人，合擊討之。宰臣虞允文奏曰：「蠻夷爲變，皆守臣貪功所致。今徭人仇視守臣，若更去叔傑，量遣官軍，示以兵威，徐與盟誓，自可平定。」帝允其奏，俾葉行代叔傑，開示恩信，諭以禍福，遂招降之，邊境悉平。前知武岡軍趙善穀



言：「武岡與湖北、廣西隣壤，爲極邊之地，溪峒七百八十餘所，七峒隸綏寧縣，五溪峒隸臨岡縣〔三〕。紹興三十年，減冗員，改縣爲臨口砦。然五峒之徭俗尤獷悍，釁生毫髮，則操戈相讎，砦官不能爲輕重。況本軍巡防砦柵，惟眞良、三門、兵溪、香平有土軍可備守禦，餘有官無兵，其關硤〔四〕、武陽等砦設巡檢二員，徒費廩祿。以臣所知，宜復臨口砦爲縣，則徭蠻易於制服，汰去冗員，則官廩亦無虛費，實邊郡之利也。」

七年，前知辰州章才邵上言：「辰之諸蠻與羈縻保靜、南渭、永順三州接壤，其蠻酋歲貢溪布，利於回賜，頗覺馴伏。盧溪諸蠻以靖康多故，縣無守禦，犵狑乘隙焚劫。後徙縣治於沅陵縣之江口，蠻酋田仕羅、龔志能等遂雄據其地。沅陵之浦口，地平衍膏腴，多水田，頃爲徭蠻侵掠，民皆轉徙而田野荒穢。會守倅無遠慮，乃以其田給靖州犵狑楊姓者，俾佃作而課其租，所獲甚微。楊氏專其地將二十年，其地當沅、靖二州水陸之衝，一有蠻隙，則爲害不細，臣謂宜預爲之備。靖康前，辰州每歲蒙朝廷賜錢七萬貫，紬、絹、布共八千一百匹，綿一萬七千兩。是時，本州廂禁軍一千四百餘人，沿邊一十六砦，土兵六百餘人，皆可贍給。其後中外多故，今歲賜止得一萬二千緡，而本州財復匱乏，無以充召募之費。禁軍止二百一十餘人，諸砦土兵止一百五人，甚至砦官有全無一兵而徒存虛名者，其於邊防豈可不爲深慮？若歲增給民錢一萬，俾本州募強壯禁軍或効用二百人，分屯盧溪等處，以防諸

蠻，庶使邊患永消，可免異時調遣之費。」書奏，詔湖北帥臣詳議以聞。是年，申嚴邊民售田之禁，守令不能奉法者除名，部刺史常加糾察。

八年，知貴州陳乂上疏言：「臣前知靖州時，居蠻夷腹心，民不服役，田不輸賦，其地似若可棄。然爲重湖、二廣保障，實南服之要區也。或控制失宜，或金穀不繼，或兵甲少振，蠻獠則乘時竊發，勤勞王師，朝廷當重守臣之選。崇寧初戍兵三千人，建炎以來，每於都統司或帥司摘兵二千人，以備屯戍。其凶悍者，以州郡不能制，遂慢守臣，反通猺蠻以撓編民。州郡非自主帥不敢治，比得報，已晚矣。故戍兵敢肆其惡，一旦有警，復安能爲用？臣以爲宜聽守臣節制爲便。」帝嘉其言，復問左右曰：「靖隸湖北，今聞仰給廣西，何也？」趙雄對曰：「靖州本溪峒，神宗時創爲誠州，元祐間廢，尋復爲軍，徽宗朝始改靖州，與桂府爲鄰，故令廣西給其金穀之費。近歲漕司匱乏，乃責辦諸州，以故不能如約。宜復舊制，俾廣西漕臣如期饋運。靖州屯戍官兵聽守臣節制，於事爲便。」帝從之。

十年四月，全州上言：「本州密邇溪峒，邊民本非姦惡。其始，朝廷禁法非不嚴密，監司、州郡非不奉行，特以平居失於防閑，故馴致其亂。又兼溪谷山徑非止一途，如靜江、興安之大通虛，武岡軍之新寧、盆溪及八十里山，永州之東安，皆可以徑達溪峒。其地綿亘郡邑，非一州得專約束，故遊民惡少之棄本者，商旅之避征稅者，盜賊之亡命者，往往由之以入；萃



爲淵藪，交相鼓扇，深爲邊患。如武岡楊再興、桂陽陳峒相繼爲亂，實原於此。爲今計者，宜徙閑地巡檢兵，及分遣士卒屯諸溪谷山徑間，俾湖南北、廣西帥憲總其役，庶幾事權有歸，號令可行也。」儒林郎李大性上言：「比年猺蠻爲亂，邊吏慮妨賞格，往往匿不以聞，遂致猖獗，使一方民命寄於猺人之手，誠可哀憫。近如梁牟等寇沅州，劫墟市，殺戮齊民，州縣告急於兩月之後，比調官軍討捕，俘降其賊，而人之被害已酷矣。宜戒州縣或遇猺人竊發，畫時以聞，違者論罪。仍命監司、帥臣常加覺察，庶幾先事備禦，俾猺人亦知畏懼，不敢侵軼，以傷吾民也。」

十一年，詔給事中、中書舍人、戶部長貳同敕令所議，禁民毋質猺人田，以奪其業，俾能自養，以息邊釁。從知沅州王鎮之請也。沅州生界犵狑副峒官吳自由子三人，貨丹砂麻陽縣，巡檢唐人傑誣爲盜，執之送獄，自由率峒官楊友祿等謀爲亂。帥司調神勁軍三百人及沅州民兵屯境上，聲言進討。先遣歸明官田思忠往招撫之，以孔目官爲質，世祿[五]等既盟，自由取其三子以歸。

嘉泰三年，前知潭州、湖南安撫趙彥勵上言：「湖南九郡皆接溪峒，蠻夷叛服不常，深爲邊患。制馭之方，豈無其說？臣以爲宜擇素有知勇爲猺人所信服者，立爲酋長，借補小官以鎮撫之。況其習俗嗜欲悉同猺人，利害情僞莫不習知，故可坐而制服之也。五年之間能



立勞効，即與補正。彼既榮顯其身，取重鄉曲，豈不自愛，盡忠公家哉？所謂捐虛名而收實利，安邊之上策也。」帝下其議。既而諸司復上言：「往時溪峒設首領、峒主、頭角官及防遏、指揮等使，皆其長也。比年往往行賄得之，爲害滋甚。今宜一新蠻夷耳目，如趙彥勵之請，所謂以蠻夷治蠻夷，策之上也。」帝從之。

嘉定元年，郴州黑風峒猺人羅世傳寇邊，飛虎統制邊寧戰沒，江西、湖南驚擾，知隆興趙希懌、知潭州史彌堅共招降之。二年，李元礪、羅孟二寇江西，攻破龍泉縣，李再興戰敗，死之，江州駐劄都統制趙選亦戰死。初，吉州獲賊長七人繫獄，土豪黃從龍爲賊畫策，賂吉守李絪，得縱還，賊遂無所忌。有侯押隊者，領兵戍龍泉境上，元礪復用從龍計，椎牛釃酒以犒官軍。賊至，官軍皆醉，狼狽散走。寇之初起甚微，賊伺知議論不一，故玩侮官軍。方江西力戰則求降湖南，湖南戰則求降江西，牽制王師，使不得相應援。其後命工部侍郎王居安知豫章，擒獲之，溪峒略平。

五年，臣僚上言：「辰、沅、靖等州舊嘗募民爲弓弩手，給地以耕，俾爲世業。邊陲獲保障之安，州縣無轉輸之費。比年多故，其制寖弛，猺蠻因之爲亂，沿邊諸郡悉受其害。比申朝廷調兵招捕，曠日持久，蠻夷習玩，成其猖獗之勢。其如楊晟臺、李金[六]、姚明教、羅孟二、李元礪、陳廷佐之徒，皆近事之明驗也。爲今計者，宜講舊制，可紓饋餉之勞而得備禦



之實，其安邊息民之長策歟。」

七年，臣僚復上言：「辰、沅、靖三州之地，多接溪峒，其居內地者謂之省民，熟戶、山猺、峒丁乃居外爲捍蔽。其初，區處詳密[七]，立法行事，悉有定制。峒丁等皆計口給田，多寡闊狹，疆畔井井，擅鬻者有禁，私易者有罰。一夫歲輸租三斗，無他繇役，故皆樂爲之用。邊陲有警，衆庶雲集，爭負弩矢前驅，出萬死不顧。比年防禁日弛，山猺、峒丁得私售田。田之歸於民者，常賦外復輸稅，公家因資之以爲利，故謾不加省。而山猺、峒丁之常租仍虛掛版籍，責其償益急，往往不能聊生，反寄命猺人，或導其入寇，爲害滋甚。宜敕湖、廣監司檄諸郡，俾循舊制毋廢，庶邊境綏靖而遠人獲安也。」

梅山峒蠻，舊不與中國通，其地東接潭，南接邵，其西則辰，其北則鼎、澧，而梅山居其中。開寶八年，嘗寇邵之武岡、潭之長沙。太平興國二年，左甲首領苞漢陽、右甲首領頓漢凌寇掠邊界，朝廷累遣使招諭，不聽，命客省使翟守素調潭州兵討平之。自是，禁不得與漢民交通，其地不得耕牧。後有蘇方者居之，數侵奪舒、向二族。

嘉祐末，知益陽縣張頡收捕其桀黠符三等，遂經營開拓。安撫使吳中復以聞，其議中

格。湖南轉運副使范子奇復奏，蠻恃險爲邊患，宜臣屬而郡縣之。子奇尋召還，又述前議。熙寧五年，乃詔知潭州潘夙、湖南轉運副使蔡燁、判官喬執中同經制章惇招納之。惇遣執中知全州，將行，而大田三砦蠻犯境。又飛山之蠻近在全州之西，執中至全州，大田諸蠻納款，於是遂檄諭開梅山，蠻傜爭闢道路，以待得其地。東起寧鄉縣司徒嶺，西抵邵陽白沙砦，北界益陽四里河，南止湘鄉佛子嶺。籍其民，得主、客萬四千八百九戶，萬九千八十九丁。田二十六萬四百三十六畝，均定其稅，使歲一輸。乃築武陽、關硤二城，詔以山地置新化縣，并二城隸邵州。自是，鼎、澧可以南至邵。

誠、徽州，唐溪峒州。宋初，楊氏居之，號十峒首領，以其族姓散掌州峒。

太平興國四年，首領楊蘊始來內附。五年，楊通寶始入貢，命爲誠州刺史。淳化二年，其刺史楊政巖復來貢。是歲，政巖卒，以其子通瑫繼知州事。

熙寧八年，有楊光富者，率其族姓二十三州峒歸附，詔以光富爲右班殿直，昌運〔八〕五人補三班奉職，晟情等十六人補三司軍將。繼有楊昌銜者，亦願罷進奉，出租賦爲漢民，詔補爲右班殿直，子弟姪十八人補授有差。獨光僭頗負固不從命，詔湖南轉運使朱初平羈





縻之，未幾亦降，乃與其子日儼請於其側建學舍，求名士教子孫。詔潭州長史朴成爲徽、誠等州教授；光僭皇城使、誠州刺史致仕，官爲建宅；置飛山一帶道路巡檢。光僭未及拜而卒，遂以贈之，錄其子六人。

元豐三年，知邵州關杞請於徽、誠州融嶺鎮〔九〕擇要害地築城砦，以絕邊患。詔湖南安撫謝景溫、轉運使朱初平、判官趙揚商度以聞，景溫等以爲宜如杞言。乃議誠州以沅州貫保砦爲渠陽縣隸之，以徽州爲蒔竹縣隸邵州。趙揚言上江、多星、銅鼓、羊鎮、潭溪、上和、上誠、天村、大田等團並至誠州城下貿易，可漸招撫，并乞下湖南邵州蒔竹縣招諭芙蓉、萬驛諸團，從之，徙誠州治渠陽而貫保爲砦如故。上江等諸團果皆納土，於是增築多星等砦，還連徽、廣西融州王口砦焉〔10〕。

元祐二年，改誠州爲渠陽軍，罷兩州兵馬及守禦民丁。有楊晟臺者，乘間寇文村堡，知渠陽軍胡田措置亡術，蠻結西融州蠻砦粟仁催，往來兩路爲民患，調兵屯渠陽至萬人，湖南亦增屯兵應援，三路俱驚。朝廷方務省事，議廢堡砦，徹戍守，而以其地予蠻，乃詔湖北轉運副使李茂直招撫，又遣唐乂同措置邊事討之。後以渠陽爲誠州，命光僭之子供備庫使昌達、供備庫副使楊昌等同知州事，而貫保、豐山、若水等砦皆罷戍，擇授土官，俾乂間毀樓櫓，撤官舍，護領居民入砦。崇寧初，改誠州爲靖州。

南丹州蠻，亦溪峒之別種也，地與宜州及西南夷接壤。開寶七年，酋帥莫洪曹遣使陳紹規奉表求內附。九年，復來貢，求賜牌印，詔刻印以給之。太平興國五年，洪曹貢銀百兩，以賀太平。

雍熙四年，洪曹族人知寶隆鎮莫淮闐牛一頭，逐水草至金城州河池縣，宜州牙校周承鑒以其牛耕作，淮闐三遣人取牛，承鑒不還，凡耕十日，始釋牛逐水草去。淮闐怒，領鄉兵六十人劫取承鑒家資財，驅縣民莫世家牛六頭以歸，誘群蠻爲寇。上遣供奉官王承緒乘傳劾承鑒，具伏占牛，詔棄市。時知宜州、贊善大夫侯汀失於備禦，群蠻之擾，頗害及民庶，詔發諸州兵進討，兵未至，悉已遁歸，汀坐免官。詔諭宜、融、柳州百姓及蠻界人戶曰：「朕託兆庶之上，處司牧之重，照臨所暨，撫養是均，矧於遐陬，尤所軫慮。昨以知宜州事侯汀失於綏緝，恣其侵牟，致茲邊夷，起爲寇鈔，侵騷閭里，虔劉士庶。及興師而討伐，乃畏威而竄伏。朕以興戎召釁，職由於汀，爰舉國章，削其官秩。汝等所宜體予含垢，革乃前非，安土厚生，保境延世，嬉我至化，是爲永圖。或尚恣於陸梁，當盡勦其族類。」自是不復爲寇。

淳化元年，洪曹卒，其弟洪皓襲稱刺史，遣其子淮通來貢銀盌二十，銅鼓三面，銅印一





鈕，旗一帖，繡眞珠紅羅襦一。上降優詔，賜綵百匹，還其襦。自洪皓領州十餘年，歲輸白金百兩。洪皓之襲兄位，專其地利，不修常貢。其弟洪沅忿之，挈妻子來奔宜州。洪皓怒其背己，數引兵攻洪沅。洪沅與二男并牙將一人，乘傳詣闕訴其事，請發兵致討。上以蠻夷之俗，羈縻而已，不欲爲之興師報怨。洪沅先自稱南丹州副使，以爲邵州團練使，給田十頃，下詔戒敕洪皓。

景德二年，洪皓死，長子淮勍襲父任，俄爲弟淮迪攻南丹州，淮勍帥屬來奔，詔宜州賜閑田資給之。大中祥符五年，宜州言淮迪頗集諸蠻，阻富仁監道路，上廉知淮迪無侵擾狀，遣使犒設撫勞之。九年，撫水蠻叛，詔淮迪約勒溪峒，勿從誘脅。明年，平撫水蠻，淮迪等並以勞進秩。景祐三年，有淮戩者舉族來歸，命爲湖南州團練副使，敕州縣拊存。後淮迪老，自言願傳其子世漸。至和元年，命世漸爲檢校散騎常侍，權發遣州事。明年，以淮迪爲懷遠大將軍致仕，世漸爲刺史、檢校工部尚書，賜袍帶，錢十萬，絹百匹。又補其親黨數十人爲檢校官，如故事也。世漸死，嘉祐末，命其子公帳襲之。

有世忍者，亦淮迪之子也，初率其屬人內附，治平初逃歸，攻殺公帳，奪其地自首，請於朝廷，願授刺史，補其親黨如故事，歲輸銀百兩。三年，遂命爲刺史，皆如其請。熙寧二年，傜賊殺人，世忍執以獻，授檢校禮部尚書。元豐三年入貢，其印以「西南諸道武盛軍德政官

家明天國主」爲文，詔以南丹州印賜之，令毀其舊印。六年，大軍討安化，世忍獻弓矢，自言願世世爲外臣，修貢不懈，遷檢校戶部尙書，給銅牌旗號，官其子姪九人。世忍死，子公倿襲。

大觀元年，廣西經略使王祖道言公倿就擒。進築平、允、從州，牧文、地、蘭、那、安、外、習、南丹八州之地，併爲鎭庭孚觀州、延德軍，以其弟公晟襲刺史。宣和四年，公晟乞以州事付其姪延豐，願與其子歸朝，詔從之，仍乘驛給券。

紹興三年，公晟攻圍觀州，焚寶積監。朱勝非奏：「崇、觀、宣和間所開新邊，比來往往棄而不守，帥臣、監司屢言觀州爲控扼之地，不宜棄。」帝曰：「前日用事之臣，貪功生事，公爲欺罔，其實勞民費財，使遠俗不安也。」又用廣南經略安撫使劉彥適言，以公晟知南丹州兼溪峒都巡檢使、提舉盜賊公事，給以南丹州刺史舊印，公晟未受命。二十四年，公晟始貢馬，率諸蠻來歸。帝諭輔臣曰：「得南丹非爲廣地也，但徭人不叛，百姓安業，爲可喜耳。」遂以延沈襲公晟職，授銀靑光祿大夫、檢校太子賓客、使持節南丹州諸軍事、南丹州刺史兼御史大夫、知南丹州公事、武騎尉。廣西經略安撫使呂愿中諭降諸蠻三十一種，得州二十七，縣一百三十五，砦四十，峒一百七十九及一鎭、三十二團，皆爲羈縻州縣。二十五年，延沈進補團練、防禦二使。三十一年，延沈恣行慘酷，爲諸蠻所逐，歸死省地，衆推延廩襲職。





隆興二年，延廩復爲諸蠻所圖，攜家歸朝，經略司奏以延諶襲職。淳熙元年，南丹爲永樂州所攻，使來告急，廣西帥臣遣將領陳泰權、天河縣主簿徐彌高諭和之。十四年，經略司奏以延廕襲職，詔從其請。嘉定五年〔一一〕，延廕之子光熙襲職，知南丹州事。

## 校勘記

〔一〕九年　按本書卷二九高宗紀、繫年要錄卷一三八都作「十年」。

〔二〕三年　按此處所載之事，宋會要蕃夷五之九八繫於淳熙三年；下文四年二月所載之事，本書卷三四孝宗紀和同上會要繫於淳熙四年；下文六年所載孫叔傑敗績事，本書卷三四孝宗紀繫於乾道六年，但非由「盧陽西據猺楊添朝寇邊」，而是由「沅州徭人相讐殺」。下文徭人相結爲亂及虞允文建言事，宋會要蕃夷五之九七繫於乾道七年；下文八年所載之事，宋會要蕃夷五之九九繫於淳熙八年；下文十年四月所載之事，本書卷三五孝宗紀和宋會要蕃夷五之一〇〇繫於淳熙十年。此以下紀年當有舛誤。

〔三〕臨岡縣　「岡」原作「江」。按本書卷八八地理志和通考卷三一九輿地考，武岡軍屬縣有臨岡而無「臨江」，今改。

〔四〕闢硤　原作「闕峽」，據本書卷八八地理志、九域志卷六、長編卷二四五改。下文誤作「開峽」，同改。

〔五〕世祿　按文義當卽上文「楊友祿」，疑有一誤。

〔六〕李金　原作「李全」，據本書卷三三孝宗紀、宋會要蕃夷五之一〇四和上文改。

〔七〕匯處　原作「匯處」。按宋會要蕃夷五之七〇作「區處」，是。據改。

〔八〕昌運　長編卷二六三和宋會要蕃夷五之八六都作「昌進」。

〔九〕誠州融嶺鎭　「州」原作「則」，「鎭」字原脫。據長編卷三〇七改補。

〔一〇〕還連徽廣西融州王口砦焉　宋會要蕃夷五之八九、長編卷三四五作「開道通廣西融州王口砦焉」。

〔一一〕嘉定五年　「嘉定」原作「嘉泰」。按嘉泰無五年，據通考卷三三一四裔考改。

# 宋史卷四百九十五

## 列傳第二百五十四

### 蠻夷三

撫水州　廣源州　黎洞　環州

撫水州在宜州南，有縣四：曰撫水，曰京水，曰多逢，曰古勞。唐隸黔南。其酋皆蒙姓，同出，有上、中、下三房及北遐一鎮。民則有區、廖、潘、吳四姓，亦種水田、採魚，其保聚山險者，雖有畬田，收穀粟甚少，但以藥箭射生，取鳥獸盡，即徙他處，無羊馬、桑柘。地曰帶洞，五十里至前村，川原稍平，合五百餘家，夾龍江居，種稻似湖湘。中有樓屋戰棚，衞以竹柵，即其酋所居。兵器有環刀、摽牌、木弩。善爲藥箭〔一〕，中者大叫，信宿死，得邕州藥解之即活。

雍熙中，數寇邊境，掠取民口、畜產。詔書招安，補其酋蒙令地殿直，蒙令札奉職。咸



平中，又數爲寇盜，止令邊臣驅逐出境。其黨狡獪者凡三十餘人，宜州守將因擒送闕下，上召見詰責之，對曰：「臣等蠻陬小民，爲饑寒所迫耳。」上顧謂左右曰：「昨不欲盡令勦絕，若縱殺戮〔二〕，顧無噍類矣！」因釋罪，賜錦袍、冠帶、銀綵，戒勗遣之。逾年，酋長蒙頂等六十五人詣闕，納器甲百七十事。又蒙漢誠、蒙虔瑋、蒙塡來朝，上器甲數百及毒藥箭，誓不搔邊，比歲皆遣使來貢及輸兵器，乃授漢誠官，賜物有差，既而侵軼如故。景德三年，蠻酋蒙塡詣宜州自陳，願朝貢謝罪，詔守臣諭以盡還所掠民貲畜，乃從其請。

大中祥符六年，首領指揮使蒙但挈族來歸，徙於桂州。九年，數寇宜、融州界，轉運使俞獻可言：「知宜州董元已不善綏撫，昨蠻人饑，來貿餱糧，公縱主者尅剝槩量；及求入貢，復驟沮其意，遂使忿恚爲亂。」詔出元已，遂遣潭州都監季守睿代元已招撫，羣蠻拒命，侵掠不已。獻可請以本道澄海軍及募丁壯進討，乃詔益以潭州兵五千人，命東染院使、平州刺史曹克明爲宜融等州都巡檢安撫使，內殿崇班王文慶、閤門祗候馬玉、內供奉官楊守珍等爲都監。

上猶以蠻夷異類，攻剽常理，不足以勦絕。又意其道險難進師，第令克明、獻可設方略攝其酋首，索所鈔生口，因而撫之。克明、獻可上言：「蠻人去多寇天河，今又鈔融州廂陽諸砦，剽劫居民，害巡檢樊明，累依宣旨詔諭，曾不悛革，臣請便宜掩擊。」從之。



克明乃與守珍領兵入樟嶺路，文慶、玉趣宜州西路，又令宜、桂都巡檢程化鵬取樟嶺古牢隘路會合。化鵬遇蠻於上房兩水口，擊破之。文慶、玉至如門團，爲蠻所扼，不能進。旬餘，克明、守珍乃過橫溪恩德砦，召山獠嚮導，開路進師。蠻依箐竹間，時出戰鬥，輒敗走。克明等頓兵下砦，中夕，羣蠻大譁譟，擊鉦鼓，攻砦甚急，出兵擊之，傷殺頗衆，因縱火焚其廬室積聚，自此恐懼，竄入山谷。又緣龍江南岸而東，至昏暮，過石峽隘險，士不並行。蠻復連弩北岸，克明遣猛士步涉與鬥，至即退走，砦于下房博賀村，克明設伏砦外。其夜，蠻衆大集，遇伏發，內外合擊，追斬殆盡。乘勝搜山，悉得馬牛享士卒。

克明等知其窮蹙，乃曉諭恩信，許以改過，於是酋帥蒙承貴等面縛詣軍自首，克明厚加犒宴，且數責之，皆俛伏謝罪。及聞詔旨赦令勿殺，莫不泣下，北望稱萬歲。上以夷性無厭，習知朝廷多釋其罪，故急則來歸，緩則叛去，切詔克明等諭以悉還所掠漢口、資畜，即許要盟。承貴等感悅奉詔，乃歃猫血立誓，自言奴山摧倒，龍江西流，不敢復叛。克明等師還，宜州蠻人納器甲凡五千數，願遷處漢地者七百餘口，詔分置廣西及荊湖州軍，給以田糧。凡立功使臣將士遷補、賜賚者千八百一十六人。承貴因請改州縣名，以固歸順之意，詔以撫水州爲安化州，撫水縣爲歸仁縣，京水縣爲長寧縣。自是間歲朝貢，不復爲邊患矣。



獻可等又言：「殿直蒙肚知歸化州，州與撫水相接，數遣子文寶及其妻族甘堂偵軍事，又其子格與官軍鬥敵，悉部送赴闕。有蒙隻者，亦肚之子，先嘗告賊，署爲昭州押牙。」詔補肚密州別駕，隻海州都押牙，賦以官田。文寶、格、甘堂並黥配登、萊州。寶元元年，復率衆寇融、宜州，發邵、澧、潭三州戍兵合數千人往擊。時蠻勢方熾，至殺運糧官吏。復詔趣兵進討，踰年乃平。

慶曆中，再以方物入貢，至和二年，復至。詔以知州蒙全會爲三班奉職，又以監州姚全料爲借職。嘉祐六年，又來貢。是後，月赴宜州參謁及貿巨板〔三〕，每歲州四管犒。及三歲，聽輸所貢兵械於思立砦，以其直償之，遞以官資遷補。熙寧初，知宜州錢師孟、通判曹覿擅裁損侵剝之，土人羅世念、蒙承想、蒙光仲等爲亂。五年，攻德謹砦，襲將官費萬，殺之。經略司問致寇狀，而宜州但以飢爲言，故朝廷賜粟二萬石以安輯之。已而守臣王奇戰死，事聞，乃詔知沅州謝麟、帶御器械和斌經制溪洞，發在京驍騎兩營及江南、福建將兵三千五百人，以聽師期。明年，世念等遂與諸蠻峒首領族類四千五百人出降。以世念爲內殿承制，承想、光仲等十人各拜官。崇寧二年，其酋蒙光有者復嘯聚爲寇，經略司遣將官黃忱等擊卻之。大觀二年，遂以三州一鎮戶口六萬一千來上。詔以知融州程鄰往黔南路撫諭，官吏推恩有差。至和後，又有融州屬蠻大丘峒首領楊光朝請內附，又有楊克端等百三人來

歸，皆納之。

諸蠻族類不一，大抵依阻山谷，並林木爲居，椎髻跣足，走險如履平地。言語侏離，衣服媥㒶。畏鬼神，喜淫祀。刻木爲契，不能相君長，以財力雄強。每忿怒則推刃同氣，加兵父子間，復讎怨不顧死。出入腰弓矢，匿草中射人，得牛酒則釋然矣。親戚比鄰，指授相賣。父子別業，父貧則質身於子，去禽獸無幾。其族鑄銅爲大鼓，初成，懸庭中，置酒以召同類，爭以金銀爲大釵叩鼓，去則以釵遺主人。相攻擊，鳴鼓以集衆，號有鼓者爲「都老」，衆推服之。

唐末，諸酋分據其地，自爲刺史。宋興，始通中國，奉正朔，修職貢。間有桀黠貪利或疆吏失於撫御，往往聚而爲寇，抄掠邊戶。朝廷禽獸畜之，務在羈縻，不深治也。熙寧間，以章惇察訪經制蠻事，諸溪峒相繼納土，願爲王民，始創城砦，比之內地。元祐初，諸蠻復叛，朝廷方務休息，乃詔諭湖南、北及廣西路並免追討，廢堡砦，棄五溪諸郡縣。崇寧間，復議開邊，於是安化上三州及思廣諸峒蠻夷，皆願納土輸貢賦，及令廣西招納左、右江四百五十餘峒。尋以議者言，以爲招致熟蕃非便，乃詔悉廢所置州郡，復祖宗之舊焉。

紹興初，監察御史明橐言：「湖南邊郡及二廣之地，舊置溪峒歸明官，比年寖廣其員，及諸州措置隘砦，闢人把拓，又令管押兵夫，素不習知法令，率貪婪無厭。況管押又皆鄉民，



甚爲邊患，遭困苦折辱者往往無所赴愬。議者欲俾帥臣籍其姓名，每三年一遷易，如州縣官故事。或云止循舊添差，並罷管押兵夫，宜令二廣、湖南帥臣處置適宜，無啓邊禍，以害遠人。」詔下其議。三年，安化蠻蒙全劒等八百人劫普議砦，火其屋宇，廣西帥臣遣縣砦將佐發兵討平之。

四年，廣南東、西路宣諭明橐言：

平、觀二州本王口、高峯二砦，處廣右西偏，舊常無虞。崇寧、大觀間，邊臣啓釁，奏請置州拓境，深入不毛，如平、從、允、孚、庭、觀、溪、馴、敘、樂、隆、兌等十有二州，屬之黔南，其官吏軍兵請給費用，悉由內郡，於是騷然，莫能支吾。政和間，朝廷始悟其非，罷之。或者謂平州爲西南重鎮，兼制王江、從、允等州及湖南之武岡軍、湖北之靖州、桂州之桑江峒猺，觀州則控制南丹、陸家砦、茆灘十道及白崖諸蠻，以故二州獨不廢。臣自歷邊，卽乞罷平、觀者，前後非一。內攝官吳芾嘗充經略司準備幹當，頗得其詳。

觀州初爲宜州富仁監，大觀間，帥臣王祖道欲招納文、蘭州，都巡檢劉惟忠謂得文、蘭不若取南丹之利，因誣其州莫公佞阻文、蘭不令納土，爲公佞罪，惟忠遂禽殺公佞。帥司奏其功，乃改南丹爲觀州，命惟忠守之。公佞之死，人以爲寃。其弟公晟結



溪峒圖報復，連歲攻圍，惟忠中傷死，繼以黃璘代守。璘度不能支，辭疾告罷，以岑利疆代之。黃忱復建議，欲增築高峯砦於富仁監側，爲觀聲援。會朝廷罷新邊，遂請以高峯砦爲觀州，設知州一人、兵職官二人、曹官一人、指使砦保官七人，吏額五十人，廂禁軍、土丁、家丁又千餘人。歲費錢一萬二千九百餘貫、米八千八百一十七石有奇。州無稅租戶籍，皆仰給鄰郡。飛輓涉險阻，或遇蠻寇設伏，陰發毒矢，中人輒死。人畏賊，率委棄道路，縱然達州，糜費亦不可勝計。昔爲富仁監時，不聞有警，惟是邊吏欲以刺探爲功，故時時稱警急，因以爲利，遂欲存而不廢也。比年戶籍日削，民多流離，或轉入溪洞，公私困弊爲甚。

平州初隸融州，亦羈縻州峒也。舊通湖北渠陽軍，置融江砦及文村、臨溪、潯江堡，後以地隔生蠻，遂廢。崇寧間，復隸融。王口砦地接王江，更爲懷遠軍，後更爲平州〔四〕；更吉州爲從州〔五〕、王江爲允州〔六〕，並隸黔南。政和二年，復廢。邊吏黃忱、李坦誑其帥臣程鄰，乞存平州，設知州一人、兵職官二人、曹官一人，縣令簿二人，提舉溪峒公事；本州管界都同巡檢二人，五砦堡監官指揮十人，吏額百人，禁軍、土丁千人。歲費錢一萬四千四百一十八貫六百文、米一萬一千一百二十五石有奇。州無租賦戶籍，轉運司歲移桂、融、象、柳之粟以給之。及徙融州西北金溪鄉稅米四百九十餘



石隸懷遠，糜費甚於觀州。況守臣到任，卽奏推恩其子，州、縣、砦、堡例得遷官酬賞，而稅場互市之利又爲守臣邊吏所私，獨百姓有征戍轉輸之苦，誠爲可憫。臣以爲宜罷平、觀二州便。

然倘有可議者，觀州初爲富仁監時，有銀冶二，官取其利有常額，熙寧元降條例具在，宜先下經略司，責公晟等依熙寧條例施行。況公晟實公佞弟，理宜掌州事，近雖逃歸，未爲蠻族信服，察其情勢，不得不倚重中國。若乘時授之，彼知恩出朝廷，必深感悅。

樞密院亦上言：「廣西沿邊堡砦，昨因邊臣希賞，改建州城，侵擾蠻夷，大開邊釁。地屬徼外，租賦亦無所入，而支費煩內郡，民不堪其弊，遂皆廢罷。唯平、觀二州以帥臣所請，故存。今覩明橐所奏，利害之實昭然可見。緣帥臣又稱公晟於南丹、觀州、寶監境上不時竊發，若廢二州，恐於緣邊事宜有所未盡。」詔令廣南西路帥、漕、憲司共條具利害以聞。既而諸司交言：「平、觀二州困弊已甚，有害無益，請復祖宗舊制爲便。」詔從其言。

乾道六年，詔補蒙澤進武副尉。初，宜州蠻莫才都爲亂，廣西經略劉焞遣進勇副尉蒙明質賊巢，諭降才都。既而復肆猖獗，戕賊官兵。未幾，禽才都，械送經略司伏法，悉破其黨，而明亦遇害，備極慘酷，邊人憐之。焞乞推恩其子澤以旌死事，朝廷從之，故有是命。



中華書局

淳熙十年冬，安化蠻突入內地，焚砦柵，殺居民爲亂。宜州駐箚將官田昭明與蠻力戰敗，死之。十一年，廣西路鈐轄沙世堅言：「官軍與猺人兵器利鈍不同，宜敕沿邊軍州多置強弩毒矢，以懼猺人。」從之。是年，安化蠻蒙光漸率衆抄掠，世堅討平之。初，知宜州馬寧祖不支思立砦鹽錢，執議以爲前守所積逋，止給錢一月，不能遍及蠻部，而權思立砦准備將領楊良臣復鎮撫乖方，遂致激變光漸等。詔罷良臣，貶寧祖秩，敕帥、漕以時給溪峒鹽錢。

十二年正月，廣西漕臣胡庭直上言：「邕州之左江、永年、太平等砦，在祖宗時，以其與交阯鄰壤，實南邊藩籬重地，故置州縣，籍其丁壯，以備一旦之用，規模宏遠矣。比年邊民率通交阯，以其地所產鹽雜官鹽貨之，及減易馬鹽以易銀，忽而不防，恐生邊釁，所宜禁戢。」既而諸司上言：「經略司初準朝旨，置馬鹽倉，貯鹽以易馬，歲給江上諸軍及御前投進，用銀鹽錦，悉與蠻互市。其永平砦所易交阯鹽，貨居民食，皆舊制也。況邊民素與蠻夷私相貿易，官不能制。今一切禁絕，非惟左江居民乏鹽，而蠻情亦叵測，恐致乖異也。」乃牒邕州，禁民毋私販交阯鹽，以妨鈔法。是年，詔以楊世俊襲父進通職，補承信郎。

紹熙初，廣西帥以本路副總管沙世堅素有韜略，累立邊功，爲羣蠻所畏服，嘗破蒙光漸，示以威信，光漸不敢寇邊者累年。乞以世堅兼知宜州，實能制伏蠻夷，爲久遠之利。帝從之。慶元四年，宜州蠻蒙峒、袁康等寇內地，奪官鹽爲亂，廣西帥司調官兵招降之，朝廷推





賞有差。

嘉定三年，章戡知靜江府，建議以爲廣西所部二十五郡，三方鄰溪峒，與蠻猺、黎、蜑雜處，跳梁負固，無時無之，西南最爲重地，邕、欽之外，羈縻七十有二，地里綿邈，鎮戍非一，請增置雄邊軍二百人及調憲司甲軍二百隸帥司。初，安平州李密侵鄰洞，剽掠編民，併取古甑洞，以其幼子變姓名爲趙懷德知洞事，戡諭邕守推古甑一人主之。十一年，臣僚復上言：「慶曆間，張方平嘗以爲朝廷每備西北，孰不知猺蠻衝突嶺外，南鄰交阯，勢須經營。唐時西備吐蕃，其後安南寇邊，旋致龐勛之禍。國朝每憂契丹、元昊，而儂智高陷邕州，南徼騷動，天子爲之旰食，豈細故哉？臣等比見淮甸間版築荐興，更戍日益，而廣南城隍摧圮不葺，戍兵逃亡殆盡，春秋教閱，郡無百人。雖有鄉兵、義丁、土丁之名，實不足用，緩急豈能集事？宜於嶺南要地增築城堡，籍其民兵，歲時練習，定賞罰格，以示懲勸。如此則號令嚴明，守禦完固，民習戰鬥，可息猺蠻侵掠之患，措四十州民於久安之域矣。」詔從之。

廣源州蠻儂氏，州在邕州西南鬱江之源，地峭絕深阻，產黃金、丹砂，頗有邑居聚落。俗椎髻左衽，善戰鬥，輕死好亂。其先，韋氏、黃氏、周氏、儂氏爲首領，互相劫掠。唐邕管經略使徐申厚撫之，黃氏納質，而十三部二十九州之蠻皆定。自交阯蠻據有安南，而廣源雖號邕管羈縻州，其實服役於交阯。

初，有儂全福者，知儻猶州，其弟存祿知萬涯州，全福妻弟儂當道知武勒州。一日，全福殺存祿、當道，幷有其地。交阯怒，舉兵執全福及其子智聰以歸。其妻阿儂本左江武勒族也，轉至儻猶州，全福納之。全福見執，阿儂遂嫁商人，生子名智高。智高生十三年，殺其父商人，曰：「天下豈有二父耶？」因冒儂姓，與其母奔雷火洞，其母又嫁特磨道儂夏卿。

久之，智高復與其母出據儻猶州，建國曰大曆。交阯攻拔儻猶州，執智高，釋其罪，使知廣源州，又以雷火、頻婆四洞及思浪州附益之。居四年，內怨交阯，襲據安德州，僭稱南天國，改年景瑞。皇祐元年，寇邕州。明年，交阯發兵討之，不克。廣西轉運使蕭固遣邕州指使亓贇往刺候，而贇擅發兵攻智高，爲所執，因問中國虛實，贇頗爲陳大略，說智高內屬。乃遣贇還，奉表請歲貢方物，未聽。又以馴象、金銀來獻，朝廷以其役屬交阯，拒之。後復齎金函書以請，知邕州陳珙上聞，不報。智高既不得請，又與交阯爲仇，且擅山澤之利，遂招納亡命，數出緻衣易穀食，紿言洞中飢，部落離散。邕州信其微弱，不設備也。乃與廣州進士黃瑋、黃師宓及其黨儂建侯、儂志忠等日夜謀入寇。一夕，焚其巢穴，紿其衆曰：「平生積聚，今爲天火焚，無以爲生，計窮矣。當拔邕州，據廣州以自王，否則必死〔七〕。」





四年四月，率衆五千沿鬱江東下，攻破橫山砦，遂破邕州，執知州陳珙等，兵死千餘人。智高閱軍資庫，得所上金、函，怒謂珙曰：「我求一官統攝諸部，汝不以聞，何也？」珙對：「嘗奏，不報。」索奏草不獲，遂扶珙出，珙惶恐呼萬歲，求自効，不聽，迺幷其屬及廣西都監張立害之。立臨刑大罵，不爲屈。於是智高僭號仁惠皇帝，改年啓曆，赦境內。師宓以下皆稱中國官名。

是時，天下久安，嶺南州縣無備，一旦兵起倉卒，不知所爲，守將多棄城遁，故智高所嚮得志，相繼破橫、貴、龔、潯、藤、梧、封、康、端九州，害曹覲于封州、趙師旦馬貴于康州，餘殺官吏甚衆。所過焚府庫，進圍廣州。初，智高將至，守將仲簡不許民入保城中，民不得入者皆附智高，智高勢益張。先是，魏瓘築州城，鑿井畜水，作大弩爲守備。至是，智高爲雲梯土山，攻城甚急，又斷流水，而城堅，井飲不竭，弩發，中輒洞潰，智高力屈。會知英州蘇緘屯兵邊渡村，扼其歸路；番禺縣令蕭注募土丁及海上彊壯二千餘人，與智高衆格鬥，焚其戰艦；轉運使王罕亦自外至，益修守備。智高知不可拔，圍五十七日，七月壬戌，解去。

由清遠濟江，擁婦女作樂而行，遇張忠戰于白田，忠死之。去攻賀州，不克，夜害蔣偕于太平場。九月庚申，破昭州，害王正倫等于館門驛。州之山有數穴，大可容數百千人，民聞兵至，走匿其中，智高知之，縱火，皆焚死。十月丁丑，破賓州。甲申，復據邕州，日夜伐

木治舟楫，揚言復趨廣州。十二月壬申，又敗陳曙于金城驛。初，智高以反聞，朝廷命曙就擊之，既而楊畋、曹脩、張忠、蔣偕相繼出，又以余靖、孫沔爲安撫使。畋、脩聞智高至，退軍避之。忠、偕勇而無謀，皆死。智高益自恣，南土騷然。仁宗以爲憂，命狄青爲宣撫使，諸將皆受青節制。曙恐青至有功，亟挑戰，故敗。

五年正月，青及沔、靖會兵賓州，官軍、土丁合三萬一千餘人，按軍法誅曙及指揮使袁用等三十二人于坐，一軍大振。於是進兵，青將前陣，沔將次陣，靖將後陣，以一晝夜絕崑崙關歸仁鋪。智高聞王師絕險而至，出其不意，悉衆來拒，執大盾、摽槍，衣絳衣，望之如火，青陣少却，先鋒孫節死之。青起麾蕃落騎兵，張左右翼出其後交擊，左者右，右者左，已而左者復左，右者復右，其衆不知所爲，大敗走。會日暮，智高復趨邕州，夜焚城遁，由合江口入大理國。得屍五千三百四十一，築爲京觀，所掠生口萬餘人，復其業。獲僞印九，黃師宓而下僞官五十七人，梟其首城上，收馬牛、金帛以鉅萬計。智高自起兵幾一年，暴踐一方，如行無人之境，吏民不勝其毒，朝廷爲下赦令，優除復，慰拊瘡痍，百姓始得更生云。先是，謠言「農家種，糴家收」。已而智高叛，爲青破，皆如其謠。

智高母阿儂有計謀，智高攻陷城邑，多用其策，僭號皇太后，性慘毒，嗜小兒肉，每食必殺小兒。智高敗走，阿儂入保特磨，依其夫儂夏卿，收殘衆得三千餘人，習騎戰，復欲入寇。





至和初，余靖督部吏黃汾黃獻珪石鑑、進士吳舜舉發峒兵入特磨，掩襲之，獲阿儂及智高弟智光、子繼宗繼封，檻至京師，初未欲殺，日給食飲，欲以誘出智高，或傳智高死，迺悉棄市。既而西川復奏智高未死，謀寇黎、雅州，詔本路爲備。御史中丞孫抃又請敕益州先事經制，以安蜀人。然智高卒不出，其存亡莫可知也。

儂氏又有宗旦者，知雷火洞，稍桀黠。嘉祐二年，嘗入寇，知桂州蕭固招之內屬，以爲忠武將軍，又補其子知溫悶峒日新爲三班奉職。七年，宗旦父子請以所領雷火、計城諸峒屬縣官，願得歸樂州，永爲王民。詔各遷一官，以宗旦知順安州，仍賜耕牛、鹽綵。是歲，儂夏卿、儂平、儂亮亦自特磨來歸，皆其族也。日新後嘗監邕州稅。治平中，宗旦與交阯李日尊、劉紀有隙，畏偪，知桂州陸詵因使人說之，遂棄其州內徙，命爲右千牛衞將軍。

有甲峒蠻者，亦役屬交阯，間出寇邕州。景祐三年，嘗掠思陵州憑祥峒生口，殺登龍鎭將而去。嘉祐五年，合交阯、門州等蠻五千餘人復爲寇，與官兵拒戰，斬首數百。詔知桂州蕭固趨邕州發諸郡兵，與轉運使宋咸、提點刑獄李師中合議追討。是歲數入寇，又詔安撫使余靖擊之。蘇茂州蠻亦近邕州，至和、嘉祐中，皆嘗擾邊。

黎洞，唐故瓊管之地，在大海南，距雷州泛海一日而至。其地有黎母山，黎人居焉。舊說五嶺之南，人雜夷獠，朱崖環海，豪富兼并，役屬貧弱；婦人服緦緶，績木皮爲布，陶土爲釜，器用瓠瓢；人飲石汁，又有椒酒，以安石榴花著甕中即成酒。俗呼山嶺爲「黎」，居其間者號曰黎人，弓刀未嘗去手。弓以竹爲弦。今儋崖、萬安皆與黎爲境，其服屬州縣者爲熟黎，其居山洞無征徭者爲生黎，時出與郡人互市。

至和初，有黎人符護者，邊吏嘗獲其奴婢十人，還之。符護亦嘗犯邊，執瓊、崖州巡檢慕容允則及軍士，至是，以軍士五十六人與允則來歸。允則道病死，詔軍士至者貸其罪。

乾道二年，從廣西經略轉運司議，詔「海南諸郡倅守慰撫黎人，示以朝廷恩信，俾歸我省地，與之更始。其在乾道元年以前租賦之負逋者，盡赦免之。能來歸者，復其租五年。民無產者，官給田以耕，亦復其租五年。守倅能慰安黎人及收復省地者，視功大小爲賞有差，失地及民者有重罰。六年，黎人王用休爲亂，權萬安軍事、同主管本路巡檢孫滋等招降之。九年八月，樂昌縣黎賊劫省民，焚縣治爲亂，黎人王日存、王承福、陳顏招降之，瓊管安撫司上其功，得借補承節郎。

淳熙元年，詔承節郎王日存子孫許襲職。四年冬，萬安軍王利學寇省地，蓋旻進率衆





拒之，兵弱戰沒。八年六月，詔三十六峒都統領王氏女襲封宜人。初，王氏居化外，累世立功邊陲，皆受封爵。紹興間，瓊山民許益爲亂，王母黃氏撫諭諸峒，無敢從亂者，以功封宜人。至是，黃氏年老無子，請以其女襲封，朝廷從之。十二年正月，樂會縣白沙峒黎人王邦佐等率賊衆五百爲寇，殺掠官軍，保義郎陳升之撫降其衆，俘獲林智福等，瓊管司上其功，詔減升之三年磨勘。十六年，詔以大寧砦黃弼補承信郎，彈壓本界黎峒。瓊管司言弼沉鷙有謀，爲遠近推服，故用之。弼，宜人黃氏姪也。

嘉定九年五月，詔宜人王氏女吳氏襲封，統領三十六峒。

環州蠻區氏，州隸宜州羈縻，領思恩、都亳二縣。

有區希範者，思恩人也。狡黠頗知書，嘗舉進士，試禮部。景祐五年，與其叔正辭應募，從官軍討安化州叛蠻。既而希範擊登聞鼓求錄用，事下宜州，而知州馮伸己言其妄，編管全州。正辭亦嘗自言功，不報。二人皆觖望。希範後輒遁歸，與正辭率其族人及白崖山酋蒙趕、荔波洞蠻謀爲亂，將殺伸己，且曰：「若得廣西一方，當建爲大唐國。」會有日者石太清至，因使之筮，太清曰：「君貴不過封侯。」乃令太清擇日殺牛，建壇場，祭天神，推蒙趕爲

帝，正辭爲奉天開基建國桂王，希範爲神武定國令公、桂州牧，皆北嚮再拜，以爲受天命。又以區丕績爲宰相，餘皆僞立名號，補置四十餘人。

慶曆四年正月十三日，率衆五百破環州，劫州印，焚其積聚。以環州爲武城軍，又破帶溪砦，下鎮寧州及普義砦，有衆一千五百。宜州捉賊李德用出韓婆嶺擊卻之，前後斬獲甚衆，俘僞將二。希範懼，入保荔波洞，間出拒官軍。朝廷下詔購之，獲希範、正辭及趕者，人賜袍帶、錢三十萬、鹽千斤。

明年，轉運使杜杞大引兵至環州，使攝官區曄、進士曾子華、宜州校吳香誘趕等出降，殺馬牛具酒，紿與之盟，置曼陀羅花酒中，飲者皆昏醉，稍呼起問勞，至則推仆後廡下。比暮，衆始覺，驚走，而門有守兵不得出，悉擒之。後數日，又得希範等，凡獲二百餘人，誅七十八人，餘皆配徙。仍醢希範，賜諸溪峒，繢其五藏爲圖，傳於世，餘黨悉平。

鎮寧州亦隸宜州。景祐二年，蠻酋莫陵等七百餘人內寇，遣西京作坊使郭志高、閤門祗候梁紹熙往討，未至，陵等詣桂、宜州巡檢李仲政請降。廣西轉運使不俟詔，貸其罪。詔劾之，已而釋之。

是歲，高、竇州狄獠陳友朋等亦寇海上，本路會兵擊之，潰去。



## 校勘記

〔一〕善爲藥箭　「藥」字原脫，據宋會要蕃夷五之五、通考卷三三一四裔考補。

〔二〕昨不欲盡令勦絕若縱殺戮　「勦絕若縱」四字原脫，據宋會要蕃夷五之五補。

〔三〕及貿巨板　「貿巨板」原作「貿巨報」，據通考卷三三一四裔考改。

〔四〕平州　原作「平江州」，據本書卷九〇地理志、宋會要方域七之二四刪「江」字。

〔五〕更吉州爲從州　按本書卷九〇地理志說：「又於中古州置格州及樂古縣，五年，改格州爲從州。」宋會要方域七之二四所說略同，疑此處「吉州」卽「格州」。

〔六〕王江爲允州　按本書卷九〇地理志說：「又於安口隘置允州及安口縣。」宋會要方域七之二四說：「允州，舊安口隘，崇寧四年建。」疑「王江」當作「安口」。

〔七〕否則必死　「必」原作「兵」，據長編卷一七二改。

# 宋史卷四百九十六

## 列傳第二百五十五

### 蠻夷四

西南諸夷　黎州諸蠻　敍州三路蠻　威茂渝州蠻　黔涪施高徼外諸蠻　瀘州蠻

西南諸夷，漢牂牁郡地。武帝元鼎六年，定西南夷，置牂牁郡。唐置費、珍、莊、琰、播、郎、牂、夷等州〔一〕。其地北距充州百五十里，東距辰州二千四百里，南距交州一千五百里，西距昆明九百里。無城郭，散居村落。土熱，多霖雨，稻粟皆再熟。無徭役，將戰征乃屯聚。刻木爲契。其法，劫盜者，償其主三倍；殺人者，出牛馬三十頭與其家以贖死。病疾無醫藥，但擊銅鼓、銅沙鑼以祀神。風俗與東謝蠻同。隋大業末，首領謝龍羽據其地，勝兵數萬人。唐末，王建據西川，由是不通中國。後唐天成二年，牂牁清州刺史宋朝化等一百五十



人來朝。其後孟知祥據西川，復不通朝貢。

乾德三年，平孟昶。五年，知西南夷南寧州蕃落使龍彥瑫等遂來貢，詔授彥瑫歸德將軍、南寧州刺史、蕃落使，又以順化王武才爲懷化將軍，武才弟若啓爲歸德司階，武龍州部落王子若溢、東山部落王子若差、羅波源部落王子若臺、訓州部落王子若從、雞平部落王子若冷、戰洞部落王子若磨、羅母殊部落王子若母、石人部落王子若藏並爲歸德司戈。開寶二年，武才等一百四十人又來貢，以武才爲歸德將軍。來人乞賜武才鈿函手詔，以舊制所無，不許。四年，其國人詣涪州，言南寧州蕃落使龍彥瑫卒，歸德將軍武才及八刺史狀請以彥瑫子漢瑭爲嗣，詔授漢瑭南寧州刺史兼蕃落使。八年，三十九部順化王子若發等三百七十七人來貢馬百六十四、丹砂千兩。

太平興國五年，夷王龍瓊琚遣其子羅若從并諸州蠻七百四十四人以方物、名馬來貢。六年，保州刺史董奇死，以其子紹重繼之。雍熙二年八月，奉化王子以慈等三百五十人以方物來貢。夷王龍漢璿自稱權南寧州事兼蕃落使，遣牂牁諸州酋長趙文橋率種族百餘人來獻方物、名馬，并上蜀孟氏所給符印。授漢璿歸德將軍、南寧州刺史，以文橋等並爲懷化司戈。端拱二年，漢璿又貽書五溪都統向通漢，約以入貢。淳化元年，漢璿遣其弟漢興來

朝。三年，夷王龍漢興及都統龍漢瑤、刺史龍光顯、龍光盈及順化王雨滯等各貢馬、朱砂。

至道元年，其王龍漢瑤遣其使龍光進率西南牂牁諸蠻來貢方物。太宗召見其使，詢以地里風俗，譯對曰：「地去宜州陸行四十五日。土宜五穀，多種秔稻〔二〕，以木弩射麞鹿充食。每三二百戶爲一州，州有長。殺人者不償死，出家財以贖。國王居有城郭，無壁壘，官府惟短垣。」光進之說，與前書所記小異，故幷敍之。上因令作本國歌舞，一人吹瓢笙如蚊蚋聲，良久，數十輩連袂宛轉而舞，以足頓地爲節。詢其曲，則名曰水曲。其使十數輩，從者千餘人，皆蓬髮，面目黧黑，狀如猿猱。使者衣虎皮氈裘，以虎尾插首爲飾。詔授漢瑤寧遠大將軍，封歸化王；又以歸德將軍羅以植爲安遠大將軍，保順將軍龍光盈、龍光顯並爲安化大將軍，光進等二十四人並授將軍、郎將、司階、司戈。其本國使從者，有甲頭王子、刺史、判官、長史、司馬、長行、傔人七等之名。

咸平元年，其王龍漢瑤遣使龍光腆又率牂牁諸蠻千餘人來貢，詔授光腆等百三十人官。三年，都部署張文黔來貢。五年，漢瑤又遣牙校率部蠻千六百人、馬四百六十匹幷藥物布帛等來貢，賜冠帶於崇德殿，厚賚遣還。六年，知全州錢絳請招誘溪洞名豪，上以生事，寢其奏不報。

景德元年，詔西南牂牁諸國進奉使親至朝廷者，令廣南西路發兵援之，勿抑其意。先





是，龍光進等來朝，上矜其道遠，人馬多斃，因詔宜州自今可就賜恩物。至是，懇請詣闕，從之。二年，詔羈縻保、霸州刺史董紹重、董忠義歲賜紫綾錦袍。四年，西南蠻羅甕井都指揮使顏士龍等來貢。士龍種落遐阻，未嘗來朝，今始至，詔館餼賜予如高、溪州。

大中祥符元年，瀘州言江安縣夷人殺傷內屬戶，害巡檢任賽，既不自安，遂爲亂。詔遣閤門祗候侍其旭乘傳招撫。旭至，蠻人首罪，殺牲爲誓。未幾，復叛。旭因追斬數十級，擒其首領三人，又以衣服紬布誘降蠻斗婆行者，將按誅其罪。上以旭召而殺之，違招安之實，卽降詔戒止；且令篤恩信，設方略制禦，無倚討伐以滋驚擾。二年，旭言夷人恃巖險，未卽歸服。詔文思副使孫正辭等爲都巡檢使，乃分三路入其境，脅以兵威，皆震慴伏罪。三年，正辭言夷人安集，降詔嘉獎。先有蠻羅忽餘甚忠順，防援井監〔三〕，捕殺違命者不已，上遣內臣郝昭信襃慰之，且諭以赦蠻黨前罪，勿復邀擊。

四年，茂州夷族首領、耆老，刑牛犬於三溪，誓不侵擾州界。又峽路鈐轄執爲亂夷人王羣體等至闕下，上曰：「蠻夷不識教義，向之爲亂，亦守臣失於綏撫。」並免死，分隸江、浙遠地。其年，霸州董喆爲其巡檢使董延早所殺。五年，黎洞夷人互相殺害，巡檢使發兵掩捕。上聞而切責之曰：「蠻夷相攻，許邊吏和斷，安可擅發兵甲，或致擾動？」卽令有司更選可任者代之。

六年〔四〕，晏州多剛縣夷人斗望、行牌率衆劫淯井監，殺駐泊借職平言，大掠資畜，知瀘州江安縣、奉職文信領兵趣之，遇害。民皆驚擾，走保戎州。轉運使寇瑊卽令諸州巡檢會江安縣，集公私船百餘艘，載糧甲，張旗幟，擊銅鑼，鼓吹，自蜀江下抵淯浮垻，樹營柵，招安近界夷族，諭以大兵將至，勿與望等同惡。未幾，納溪、藍順州刺史史个松〔五〕，生南八姓諸團，烏蠻狙廣〔六〕王子界南廣溪〔七〕移、悅等十一州刺史李紹安，山後高、鞏六州及江安界娑婆村首領，並來乞盟，立竹爲誓門，刺猫狗雞血和酒飲之，誓同力討賊。瑊乃署牓，許以官軍至不殺其老幼，給賜衣幣酒食。上遣內殿崇班王懷信乘傳與瑊等議綏撫方略，瑊言斗望等屢爲寇鈔，恃寬赦不悛惡，今請發嘉、眉屯兵捕剪，以震懼之。

六年九月，詔懷信爲嘉、眉、戎、瀘等州水陸都巡檢使，閤門祗候康訓、符承訓爲都同巡檢使，及發虎翼、神虎等兵三千餘人，令懷信與瑊商度進討。上因謂樞密使陳堯叟曰：「往時孫正辭討蠻，有虎翼小校率衆冒險者三人，朕志其姓名，今以配懷信。」正辭嘗料簡鄉丁號『白艻子兵』，以其識山川險要，遂爲鄉導，今亦令懷信召募。又使臣宋貢屢規畫溪洞事，適中機要，以貢知江安縣與懷信等議事。」瑊乃點集昌、瀘〔八〕、富順監白艻子弟得六千餘人。十一月，懷信、康訓分領，緣溪入合灘，至生南界斗滿村遇夷賊二千餘人，擊之，殺傷五百人，奪梭槍藤牌。會暮，收衆保砦。夷黨三千餘人分兩道，張旗喊呼來逼砦柵，懷信出擊，皆潰散。進壁娑婆，遇夷二千于羅固募村〔九〕，又破之。追至斗行村上屛風山，連破四





砦。一日三戰，俘馘百餘人，奪資糧五千石、槍刀什器萬數，焚羅固募斗引等三十餘村、庵舍三千區。懷信又引兵至斗行村追擊過盧羅，射仆二百餘人，爇其欄柵千數。分遣部下於羅箇頰羅能落運等村及龍峨山掩殺，大獲戎具，斬首級及重傷投崖死者頗衆，燒舍千區及積穀累萬。兩路兵會于涇灘置砦，遣康訓部壕砦卒修涇灘路，以渡大軍。俄爲夷賊所邀，戰不利，訓顚于崖，死之。懷信引兵急擊，大敗之，追斬至涇灘。懷信夾砦于晏江口，瑊與符承訓偵知賊謀欲乘夜擊晏江，馳報懷信，卽自涇灘拔砦赴之。比至晏江北山，夷衆萬餘已自東南合勢逼懷信砦，懷信彀強弩環砦射賊，瑊等整衆乘高策援，夷人大懼而却，合擊破之，死傷千餘人。

七年正月，其酋斗望三路分衆來鬥，又爲官軍大敗，射殺數百人，溺江水死者莫計。夷人震讋，詣軍首服，納牛羊、銅鼓、器械，瑊等依詔撫諭。二月，還軍淯井，夷首斗望及諸村首領悉赴監自陳，願貸死，永不寇盜邊境。因殺三牲盟誓，辭甚懇苦。卽犒以牢酒，感悅而去。瑊、懷信等上言夷人寧息，請置淯井監壕柵，幷許近界市馬。從之。

八年，夔州路上言黔州西南密州夷族張嚳進遣使進奉，爲南寧州蕃落使龍漢瑤邀奪〔一〇〕，讎劫不已，乞降敕書安撫。

天聖四年龍光凝、景祐三年龍光辦、康定元年龍光琇〔一一〕、慶曆五年龍以特、皇祐二年

龍光澈等，繼以方物來貢獻。與以特俱至者七百十九人。是年，以安遠將軍、知蕃落使龍光辨爲寧遠軍大將軍，寧遠將軍知靜蠻軍節度使龍光凝、承宣武寧大將軍龍異豈並爲安遠大將軍，承宣奉化大將軍龍異魯爲武寧大將軍。至和中，龍以烈、龍異靜、首領張漢陛、王子羅以崇等皆入貢，命其首領而下九十三人爲大將軍至郎將。嘉祐中，以烈復至。大率龍姓諸部族地遠且貧，熙寧中來見，賜以袍帶等物，刺其數於背[12]。又有張玉、石自品者，嘉祐中來貢，而鷄州亦遣人貢馬。有董氏世知保州曰仲元者，襲是州二十餘年矣，至是益州鈐轄司表其善拊蠻夷，命爲本州刺史。鷄州、保州皆西南邊地也。又有夷在瀘州部，亦西南邊地，所部十州：曰鞏、曰定、曰高、曰奉、曰淯、曰宋、曰納、曰晏、曰投附、曰長寧，皆夷人居之，依山險，善寇掠。淯井監者，在夷地中，朝廷置吏領之，以拊御夷衆，或不得人，往往生事。

慶曆四年四月，夷人攻三江砦，詔秦鳳路總管司發兵千人選官馳往捕擊。既而瀘州敎練使、生南招安將史愛誘降夷賊斗敖等，詔並補三班差使、殿侍、淯井監一路招安巡檢。未幾，夷衆復寇三江砦，指使王用等擊走之。

皇祐元年二月，夷衆萬餘人復圍淯井監，水陸不通者甚久。初，監戶負晏州夷人錢[13]而毆傷斗落妹，其衆憤怒，欲報之。知瀘州張昭信勸諭，既已聽服，而淯井監復執婆然村夷



人細令等，殺長寧州落占等十人，故激成其亂。詔知益州田況發旁郡士卒，命梓夔路兵馬鈐轄宋定往援之。於是兩路合官軍洎白艻子弟幾二萬人與戰，兵死者甚衆，飢死又千餘人，數月然後平。賜況及轉運使敕書，褒獎宋定而下十三人，進秩有差。後況還朝，乃奏夷衆連年爲亂，繇主者非其人，請令轉運、鈐轄司舉官爲知監、監押，代還日，特遷一資。從之。

嘉祐二年，三里村夷斗還等百五十人復謀內寇。有黃土坎夷斗蓋，長寧州人也，先以其事來告。淯井監引兵趨之，捕斬七千餘級。鈐轄司上聞，詔賜斗蓋錢三十萬、錦袍、銀帶。明年，又補斗蓋長寧州刺史。

瀘州部舊領姚州廢已久，有烏蠻王子得蓋者來居其地，部族最盛，數遣人詣官，自言願得州名以長夷落。事聞，因賜號姚州，鑄印予之。得蓋又乞敕書一通以遺子孫，詔從其請。

夔州路又有溱、南二州夷，頗盛彊，皇祐初，詔自今歲遣使者存問之。

雅州西山野川路蠻者，亦西南夷之別種也，距州三百里，有部落四十六，唐以來皆爲羈縻州。太平興國三年，首領馬令膜等十四人以名馬、犛牛、虎豹皮、麝臍來貢，并上唐朝敕書告身凡七通，咸賜以冠帶，其首領悉授官以遣之。紹聖二年[14]，以碉門砦蠻部王元壽襲懷



化司戈云。

黎州諸蠻，凡十二種：曰山後兩林蠻，在州南七日程；曰邛部川蠻[15]，在州東南十二程；曰風琶蠻，在州西南一千一百里；曰保塞蠻，在州西南三百里；曰三王蠻，亦曰部落蠻，在州西百里；曰西箐蠻，有彌羌部落，在州西三百里；曰浮浪蠻，在州南一百五十里；曰白蠻，在州東南一百里；曰烏蒙蠻，在州東南千里；曰阿宗蠻，在州西南二日程。凡風琶、兩林、邛部皆謂之東蠻，其餘小蠻各分隸焉。邛部於諸蠻中最驕悍狡譎，招集蕃漢亡命，侵擾他種，閉其道以專利。曰大雲南蠻，曰小雲南蠻，卽唐南詔，今名大理國，自有傳。夷俗尚鬼，謂主祭者鬼主，故其酋長號都鬼主。

山後兩林蠻[16]，後唐天成間始來貢。開寶二年六月壬子，勿兒遣部落將軍離魚以狀白黎州，期十月內入貢，成都府以聞，詔嘉答之。至是來朝，賜以器幣。由黎州南行七日而至其地，又一程，至巂州。巂州今廢，空城中但有浮圖一。又二程，至建昌城。又十七程，至雲南。三年七月，又朝貢。六年四月，邛部川歸德將軍阿伏上言，爲山後兩林蠻勿兒率衆侵



掠堡砦。八年，懷化將軍勿尼等六十餘人來貢，詔以勿尼爲歸德將軍，又以兩林蠻大鬼主蘇吠爲懷化將軍。

太平興國二年，遣使王子卑綵、副使牟蓋、鬼主還祖等七十八人以名馬來貢，乞頒正朔。下詔曰：「山後兩林蠻主歸德將軍勿尼、懷化將軍勿兒等克慕聲明，遠脩職貢，並增環衞之秩，俾爲夷落之榮。勿尼可特授歸德大將軍，勿兒可特授懷化大將軍。」是冬，又遣使離魚貢犀二株、馬九匹，來賀登極。四年，勿兒與都鬼主又遣王子祚遇以名馬來貢。八年，蠻主弟牟昂及王子牟蓋、廖忙、卑愧、副使牟計等二百三十九人來貢。詔以牟昂爲懷化大將軍，牟蓋等三人爲歸德郎將，牟計等百二十人並爲懷化司戈。

雍熙三年，勿尼等及其王子李奉恩復來貢馬。淳化元年，王子離魚、副使卑都、卑諭、鬼主岥禮等百二十八人來貢。詔授離魚歸德將軍，卑都保順郎將，卑諭歸德司戈，卑熱等五十四人懷化司戈。

天禧二年，山後兩林百蠻都鬼主李阿善遣將軍卑熱等一百五十人來貢。

邛部川蠻，亦曰大路蠻，亦曰勿鄧，居漢越巂郡會無縣地。其酋長自稱「百蠻都鬼主」。開寶二年六月[17]，都鬼主阿伏白黎州，期以十月令王子入貢，成都府以聞，詔嘉納之。四

年，黎州定遠兵士構叛，聚居鹿角溪，阿伏令弟遊擊將軍卑吠等率衆平之。詔賜阿伏銀帶、錦袍，并賜其衆銀帛各百，以爲歸德將軍。六年，阿伏與山後兩林蠻主勿兒言語相失，勿兒率兵侵邛部川，頗俘殺部落。黎州以聞，並賜詔慰諭，令各守封疆，勿相侵犯。

太平興國四年，首領牟昻、諸族鬼主副使離襪等各以方物來貢。

雍熙二年，都鬼主諾驅并其母慹兗遣王子阿有等百七十二人以方物、名馬來貢。詔以諾驅爲懷化將軍，並賜其母銀器。

端拱二年，遣弟少蓋等三百五十人來賀籍田，貢御馬十四匹、馬二百八十四、犀角二、象牙二、莎羅毯一、合金銀飾蠻刀二、金飾馬鞍勒一具、羱羊十、犛牛六。詔以少蓋爲歸德郎將。

淳化元年，諾驅自部馬二百五十匹至黎州求互市，詔增給其直。諾驅令譯者言更入西蕃求良馬以中市。二年，復遣子牟昻、叔離襪以方物、良馬、犛牛來貢，仍乞加恩。詔授諾驅懷化大將軍，少蓋懷化將軍，牟昻歸德將軍，離襪懷化司戈；又封諾驅母歸德郡太君慹兗寧遠郡太君，弟離遮、小男阿醉都判官，任彥德等一百九十一人爲懷化司戈。

至道元年，李順亂西川〔二八〕，王繼恩討平之。遣嘉州牙校辛顯使〔二九〕，諾驅奉淳化二年所授官告、敕書及日曆爲信，因言與賊樊秀等接戰，敗之，復請朝覲，通嘉州舊路。繼恩上



言：「通嘉州路非便，只令於黎州賣馬。」詔不允。其入覲王子一十九人并加官，鬼主三十六人並賜敕書以撫之。至道三年，遣王子阿醉來朝。

眞宗咸平二年，遣王子部的等來貢文犀、名馬，賜衣帶、器幣有差。又乞給印，以「大渡河南山前、後都鬼主」爲文，從之。五年，又遣王子離歸等二百餘人入貢。六年，黎州言邛部川都蠻王諾驅卒，其子阿遁立。

景德二年，阿遁遣王子將軍百九十二人來貢。詔授阿遁安遠將軍，阿遁叔懷化將軍，阿育爲歸德將軍，離歸爲懷化將軍，大判官懷化司候任彥德、王子將軍部的並爲懷化郎將，判官任惟慶爲懷化司候。大中祥符元年，遣將軍趙勿娑等獻名馬、犀角、象齒、娑羅毯，會于泰山。禮畢，阿遁加恩，勿娑等厚賜遣還。

天聖八年十月，邛部川都蠻王黎在遣卑郎、離滅等來貢方物。時占城、龜茲、沙州亦皆入貢，至以家自隨。晏殊因請圖其人物衣冠，并訪道里風俗以上史官，詔可。九年三月，命黎在爲保義將軍，又命其部族爲郎將、司戈、司候，凡三十餘人。明道元年，黎州言黎在請三歲一貢，詔諭以道路遐遠，聽五年一至。景祐初，黎州復言邛部蠻請歲入貢，詔如明道令。寶元元年，白蠻都王忙海遣將軍卑蓋等貢方物，且請三歲一貢，不許。

慶曆四年，邛部川山前、山後百蠻都鬼主牟黑遣將軍阿濟等三百三十九人獻馬二百一



十、犛牛一、大角羊四、犀株一、莎羅毯一。慶曆間，有都鬼主弁黑等入貢。未幾，其王咩罨擾邊，知黎州孫固使其首領苴剋殺之。

熙寧三年，苴剋遣使來賀登寶位，自稱「大渡河南邛部川山前、山後百蠻都首領」，賜敕書、器幣、襲衣、銀帶。是年，苴剋死，詔以其子韋則爲懷化校尉、大渡河南邛部川都鬼主。九年，遣其將軍卑郎等十四人入貢。

乾道元年，詔以崖襪襲兄蒙備金紫光祿大夫、懷化校尉、都鬼主如故。淳熙元年，吐蕃寇西邊，崖襪率衆掩擊，詔嘉其功。二年五月，兩林蠻王弟龍畏及酋長崖來率部義等攻邛部川之籠甕城，不克，大掠而去。崖襪追之，不及。制置使范成大檄黎州嚴加備禦。八年，崖襪死，其姪墨崖襲職。詔黎州屯戍土軍、禁軍及西兵，遇有邊事並聽本州守臣節制。

嘉定九年，邛部川逼於雲南，遂伏屬之。其族素效順，捍禦邊陲，既折歸雲南，失西南一藩籬矣。

風琶蠻，咸平初，其王曩娑遣使烏柏等貢馬五十七匹，素地紅花娑羅毯二，來賀卽位。詔授曩娑及進奉使等官，優賜遣之。景德三年，又遣烏柏來貢，詔授曩娑歸德將軍，烏柏等四十六人弟遷郎將、司階、司戈。



保塞蠻〔三〇〕，開寶間，其蠻七十餘人由大渡河來歸，時時來貨其善馬。紹興二十七年，川、秦都大司言：「漢地民張太二姑率衆劫殺市馬蠻客崖遇等，恐啓邊釁，已加慰諭，併償其直矣。」詔免知州唐秬及通判陳伯強官，抵首賊法。

部落蠻，有劉、楊、郝、趙、王五姓〔三一〕。淳熙七年十月，黎州五部落蠻貢馬三百匹求內附，詔許通互市，卻其所獻馬。

彌羌部落。乾道九年，吐蕃青羌以知黎州宇文紹直不讎其馬價，憤怨爲亂。詔帥憲撫安之〔三二〕，紹直罷免。青羌首領奴兒結等市馬黎州，大肆虜掠，權州事王昉多給金帛，亟遣還。宣撫使虞允文言昉貪功，恐他部效尤，漸啓邊釁。詔降昉兩官。十月，黎州吐蕃復寇邊，攻虎掌砦。詔四川宣撫司檄成都府調兵二千人戍黎州以禦之。

淳熙二年，奴兒結還所虜生口三十九人，黎州與之盟，復聽其互市，給賞歸之。制置使范成大言：「所虜未盡歸我，豈可復與通好？」詔譴宇文紹直，編管千里外。成大增黎州五砦，籍強壯五千人爲戰兵；吐蕃入寇之徑凡十有八，皆築堡戍之。奴兒結率衆二千扣安靜

砦。咸大調飛山卒千人赴之，度其三日必遁，戒勿追。已而果然。

青羌奴兒結爲邊害者十餘年，其後制置使留正以計禽殺之，盡殲其黨。淳熙十二年，趙汝愚代爲制置使，或謂殺降不祥，必啓邊患，汝愚不爲動，但分守險要，嚴備以待之。明年，奴兒結弟三開果入寇，邊備完固，三開不能攻，走歸。汝愚縣重賞以間羣蠻，三開不能孤立，遂以憂死。時虛恨蠻族最強，破小路蠻，併其地，與黎州接壤，請通互市。汝愚以黎州三面被邊，若更通虛恨蠻，恐重貽他日之憂，不若拒之爲便。帝以其知大體，從之。尋汝愚以定青羌功加龍圖閣直學士。

嘉定元年十二月，彌羌蓄卜由惡水渡河，寇黎州，破碉子砦。初，蓄卜弟悶巴至三衢爲人所殺，又徙白水村渡於安靜砦，羌人患之。蓄卜遂與青羌詣邛部川，欲假道女兒城以入寇。守臣楊子謨諜知之，數以貲遺其都王母，俾毋假道〔三三〕，時時餽米以濟其饑，蠻人德之。會趙公庀代爲郡〔三四〕，靳不與，蓄卜遂得假道渡河，攻茆坪砦，掠三松、鹽砂、横山、三增、白羊諸村。郡遣西兵將党壽禦之〔三五〕，失利，復遣統領王光世往。羌人由茆坪以革船渡河，光世憚之，留屯三衢不敢進。羌人焚掠既盡，渡河而歸。二年二月，復寇黎州良溪砦，官軍敗績。八年二月，蓄卜降。蓄卜連年入寇，皆青羌曳失索助之，守臣袁楠遣安靜砦總轄杜軫招降之。



他如浮浪蠻〔三六〕、白蠻、烏蒙蠻、阿宗蠻，則其地各有所服屬云。

敍州三路蠻：西北曰董蠻，正西曰石門部，東南曰南廣蠻。

董蠻在馬湖江右，僰侯國也。唐羈縻馴、騁、浪、商四州之地〔三七〕。其酋董氏，宋初有董春惜者貢馬〔三八〕，自稱「馬湖路三十七部落都王子」。其地北近犍爲之沐川賴因砦。砦阨蠻險，蠻數寇抄。熙寧、紹聖中，朝廷皆爲徙賴因監押駐榮丁砦，而以縣吏控截。政和五年，始改差監押充知砦事，蠻寇掠如故。

南廣蠻在敍州慶符縣以西，爲州十有四。大觀三年，有夷酋羅永順、楊光榮、李世恭等各以地內屬，詔建滋、純、祥三州，後皆廢。

石門蕃部與臨洮土羌接，唐曲、播等十二州之地。俗椎髻、披氈、佩刀，居必欄柵，不喜耕稼，多畜牧。其人精悍善戰鬥，自馬湖、南廣諸族皆畏之。蓋古浪稽、魯望諸部也。

威州保霸蠻者，唐保、霸二州也。天寶中所置，後陷沒。酋董氏，世有其地，與威州相



錯，因羈縻焉。

保州有董仲元、霸州有董永錫者，嘉祐及熙寧中皆嘗請命於朝。政和三年，知成都龐恭孫始建言開拓，置官吏。於是以董舜咨保州地爲祺州，董彥博霸州地爲亨州，授舜咨刺史，彥博團練使。舜咨尋遷觀察使；彥博留後，遂爲節度使。詔成都給居第、田十二頃。二州經費歲用錢一萬二千一百緡，米麥一萬四千七百石，絹二千八百五十匹，紬布、綾綿、茶、鹽、銀等不預焉。後皆爲砦。

茂州諸部落，蓋、塗、靜、當、直、時、飛、宕、恭等九州蠻也。蠻自推一人爲州將，治其衆，而常詣茂州受約束。茂州居羣蠻之中，地不過數十里，宋初無城隍，惟植鹿角自固。蠻乘夜屢入寇，民甚苦之，熙寧八年，相率詣州請築城，知州事范百常實主是役。蠻以爲侵其地，率衆奄至，百常擊走之，乃合靜、時等蠻來寇。百常拒守凡七十日。詔遣王中正將陝西兵來援，入恭州、宕州，誅殺頗衆，蠻乃降。

政和五年，有直州將郅永壽、湯延俊、董承有等各以地內屬，詔以永壽地建壽寧軍，延俊、承有地置延寧軍。時威州亦建亨、祺二州，然亨至威纔九十里，壽寧距茂纔五里，在大旱江之外，非扼控之所，未幾皆廢〔三九〕。



七年，塗、靜、時、飛等州蠻復反茂州，殺掠千餘人。知成都周燾遣兵馬鈐轄張永鐸等擊之，畏懦不敢進，皆坐黜。以孫羲叟節制綿、茂軍，於是中軍將种友直等破其都祿板舍原諸族，蠻敗散。其酋旺烈等詣茂州請降，乃班師。授旺烈官，月給茶綵。自後蠻亦羈。

宣和五年，宕、恭、直諸部落入寇。六年，塗、靜蠻復犯茂州云。

渝州蠻者，古板楯七姓蠻，唐南平獠也。其地西南接烏蠻、昆明、哥蠻、大小播州，部族數十居之。

治平中，熟夷李光吉、梁秀等三族據其地〔四〇〕，各有衆數千家。間以威勢脅誘漢戶，有不從者屠之，沒入土田。往往投充客戶，謂之納身，稅賦皆里胥代償。藏匿亡命，數以其徒僞爲生獠劫邊民，官軍追捕，輒遁去，習以爲常。密賂黠民覘守令動靜，稍築城堡，繕器甲。遠近患之。

熙寧三年，轉運使孫固、判官張詵使兵馬使馮儀、弁簡、杜安行圖之，以禍福開諭，因進兵，復賓化砦，平蕩三族。以其地賦民，凡得租三萬五千石，絲綿一萬六千兩。以賓化砦爲隆化縣，隸涪州；建榮懿、扶歡兩砦。

其外銅佛垻者，隸渝州南川縣，地皆膏腴。自光吉等平，他部族據有之。朝廷因補其

土人王才進充巡檢，委之控扼。才進死，部族無所統，數出盜邊。朝廷命熊本討平之，建爲南平軍，以渝州南川、涪州隆化隸焉。

元豐四年，有楊光震者，助官軍破乞弟，殺其黨阿訛。大觀二年，木攀首領趙泰、播州夷族楊光榮各以地內屬，詔建溱、播二州，後皆廢。

黔州、涪州徼外有西南夷部，漢牂牁郡，唐南寧州、牂牁、昆明、東謝、南謝、西趙、充州諸蠻也〔三〕。其地東北直黔、涪，西北接嶲、敍，東連荊楚，南出宜、桂。俗椎髻、左衽，或編髮；隨畜牧遷徙亡常，喜險阻，善戰鬥。部族共一姓，雖各有君長，而風俗略同。宋初以來，有龍蕃、方蕃、張蕃、石蕃、羅蕃者，號「五姓蕃」，皆常奉職貢，受爵命。

治平四年十二月，知靜蠻軍、蕃落使、守天聖大王龍異閣等入見，詔以異閣爲武寧將軍，其屬二百四十一人各授將軍及郎將。

熙寧元年，有方異琨，三年，有張漢興各以方物來獻，授異琨靜蠻軍，漢興捍蠻軍，並節度使。六年，龍蕃、羅蕃、方蕃、石蕃八百九十人入覲，貢丹砂、氈、馬，賜袍帶、錢帛有差。其後，比歲繼來。龍蕃衆至四百人，往返萬里，神宗憫其勤，詔五姓蕃五歲聽一貢，人有定



數，無輒增加，及別立首領，以息公私之擾。命宋敏求編次諸國貢奉錄，客省、四方館撰儀，皆著爲式。

元豐五年，張蕃乞添貢奉人至三百，詔故事以七十人爲額，不許。七年，西南程蕃乞貢方物，願依五姓蕃例注籍。從之。

元祐二年，西南石蕃石以定等齎表，自稱「西平州武聖軍」。禮部言元豐著令以五年一貢爲限，今年限未及。詔特令入貢。五年、八年，紹聖四年，龍蕃皆貢方物。龍氏於諸姓爲最大，其貢奉尤頻數，使者但衣布袍，至假伶人之衣入見，蓋貧陋，所冀者恩賞而已。故事，蠻夷入貢，雖交阯、于闐之屬皆御前殿見之，獨此諸蕃見於後殿，蓋卑之也。

元符二年，又有牟韋蕃入貢，詔以進奉人韋公憂、公市、公利等爲郎將〔三〕。

諸蕃部族數十，獨五姓最著，程氏、韋氏皆比附五姓，故號「西南七蕃」云。

施州蠻者，夔路徼外熟夷，南接牂牁諸蠻，又與順、富、高、溪四州蠻相錯，蓋唐彭水蠻也。

咸平中，施蠻嘗入寇，詔以鹽與之，且許其以粟轉易，蠻大悅，自是不爲邊患。後因飢，又以金銀倍實直質于官易粟，官不能禁。熙寧六年，詔施州蠻以金銀質米者，估實直，如



七年不贖，則變易之。著爲令。

熊本經制淯井事，蠻酋田現等內附，夔路轉運判官董鉞、副使孫珪、知施州寇平，皆以招納功被賞。

施、黔比近蠻，子弟精悍，用木弩藥箭，戰鬥趫捷，朝廷嘗團結爲忠義勝軍。其後，瀘州、淯井、石泉蠻叛，皆獲其用。

高州蠻，故夜郎也，在涪州西南。宋初，其酋田景遷以地內附〔三〕，賜名珍州，拜爲刺史。景遷以郡多火災，請易今名。大觀二年，有駱解下、上族納土，復以珍州名云。

瀘州西南徼外，古羌夷之地，漢以來王侯國以百數，獨夜郎、滇、邛都、嶲、昆明、徙、莋都、冉駹、白馬氏爲最大。夜郎，在漢屬牂牁郡，今涪州之西，溱、播、珍等州封域是也；滇，在漢爲益州郡，今姚州善闡之地是也；邛都，嶲州會同川與吐蕃接，今邛部川蠻所居也；嶲，今嶲州；昆明，在黔、瀘徼外，今西南蕃部所居也；徙，今雅州嚴道地；莋都，在黎州南，今兩林及野川蠻所居地是也；冉駹，今茂州蠻、汶山夷地是也；白馬氏，在漢爲武都



郡，今階州、汶州，蓋羌類也。此皆巴蜀西南徼外蠻夷也。

自黔、恭以西，至涪、瀘、嘉、敍，自階又折而東，南至威、茂、黎、雅，被邊十餘郡，緜亘數千里，剛夷惡獠，殆千萬計。自治平之末訖于靖康，大抵皆通互市，奉職貢，雖時有剽掠，如鼠竊狗偷，不能爲深患。參考古今，辨其封域，以見琛贐之自至，梯航之所及者爾。若夫邊荊楚、交廣，則係之溪峒云。

淯水夷者，羈縻十州五囤蠻也，雜種夷獠散居溪谷中。慶曆初，瀘州言：「管下溪峒十州，有唐及本朝所賜州額，今烏蠻王子得蓋居其地。部族最盛，旁有舊姚州，廢已久，得蓋願得州名以長夷落。」詔復建姚州，以得蓋爲刺史，鑄印賜之。得蓋死，其子竊號「羅氏鬼主」。鬼主死，子僕射襲其號，浸弱不能令諸族。

烏蠻有二酋領：曰晏子，曰斧望箇恕，常入漢地鬻馬。晏子所居，直長寧、寧遠以南，斧望箇恕所居，直納溪、江安以東，皆僕夜諸部也。晏子距漢地絕近，猶有淯井之阻。斧望箇恕近納溪，以舟下瀘不過半日。二酋浸強大，擅劫晏州山外六姓及納溪二十四姓生夷。夷弱小，皆相與供其寶。

熙寧七年，六姓夷自淯井謀入寇，命熊本經制之。景思忠戰沒〔三〕，本將蜀兵，募土丁

及夷界黔州弩手，以毒矢射賊，賊驚潰。於是山前後、長寧等十郡八姓及武都夷皆內附。提點刑獄范百祿作文以誓之曰：

蠢茲夷醜，淯溪之滸。爲虺爲豺，憑負固圉。殺人于貨，頭顱草莽。莫慘燔炙，莫悲奴虜。狃狘熟歷，胡可悉數。疆吏苟玩，噤不敢語。

奮若之歲，會是疆禦。躑躅嘯聚，三壕、羅募。債我將佐，戕我士伍。西南繹騷，帝赫斯怒。帝怒伊何？神聖文武。民所安樂，惟曰慈撫。民所疾苦，惟曰砭去。乃用其良，應變是許。粥熊裔孫，爰馭貔虎。殲其渠酋，判其黨與。既奪之心，復斷右股。

攝提孟陬，徂征有敍。背孤擊虛，深入厥阻。兵從天下，鐵首其舉。紛紜膽杳，莫敢嬰牾。火其巢穴，及其困貯。暨其貲畜，墟其林藂。殺傷係纍，以百千數。涇灘望風，悉力比附。丁爲帝民，地曰王土。投其器械，籍入官府。百死一贖，莫保銅鼓。

歃盟神天，視此狗鼠。敢忘誅絕，以干罪罟。乃稱上恩，俾復故處。殘醜厥角，泣血懇語：「天子之德，雨暘覆護。三五噍類，請比涇仵。」

大邦有令，其戒警汝：天既汝貸，汝勿予侮。惟十九姓，往安汝堵。吏治汝責，汝力汝布。吏時汝耕，汝稻汝黍。懲創于今，無忲往古。小有堡障，大有城戍。汝或不聽，汝擊汝捕。尚有婋將，突騎強旅。傳此黔軍，毒矢勁弩。天不汝容，暴汝居所。不





汝遺育，悔於何取！

立石于武寧砦。

熊本言二酋桀黠，不羈縻之則諸蠻未易服，遂遣人說誘招納。於是晏子、斧望箇恕及僕夜皆願入貢，受王命。晏子未及命而死，乃以箇恕知歸來州，僕夜知姚州，以箇恕之子乞弟、晏子之子沙取祿路並爲把截將、西南夷部巡檢。

八年，俞州獠寇南州，獠酋阿訛率其黨奔箇恕。熊本重賞檄斬訛。訛桀黠，習知邊境虛實，箇恕匿不殺，詭降于納溪。訛得不死，甚德箇恕，爲伺邊隙。會箇恕老厭兵，以事屬乞弟，遂與訛侵諸部。

十年，羅苟夷犯納溪砦。初，砦民與羅苟夷競魚笱〔二五〕，誤毆殺之，吏爲按驗。夷已忿，謂：「漢殺吾人，官不償我骨價，反暴露之。」遂叛。提點刑獄穆珦言〔二六〕：「納溪去瀘一舍，羅苟去納溪數里，今託事起端，若不加誅，則烏蠻觀望，爲害不細。」乃詔涇原副總管韓存寶擊之〔二七〕。存寶召乞弟等掎角，討蕩五十六村，十三囤蠻乞降，願納土承賦租。乃詔罷兵。

元豐元年，乞弟率晏州夷合步騎六千至江安城下，責平羅苟之賞。城中守兵纔數百，震恐不能授甲，蠻數日乃引去。知瀘州喬敍要欲與盟，遣梓夔都監王宣以兵二千守江安，仍奏以乞弟襲歸來州刺史。韓運遣小校楊舜之召乞弟拜敕，乞弟不出；遣就賜之，亦不見；而令小蠻從舜之取敕以去。喬敍因沙取祿路以賄招乞弟，乃肯來。

三年，盟于納溪。蠻以爲畏已，益悖慢。盟五日，遂以衆圍羅箇牟族。羅箇牟，熊本所團結熟夷也。王宣往救之，蠻解圍，合力拒官軍。宣與一軍皆沒，事遂張，驛召存寶授方略，統三將兵萬八千趨東川。存寶怯懦不敢進，乞弟送款給降，存寶信之，遂休兵于綿、梓、遂、資間。

四年，詔以環慶副總管林廣代存寶，按寶逗撓，誅之。熟夷楊光震殺阿訛，詔林廣與光震同力討賊。乞弟恐，復送款。帝以其前後反覆，無眞降意，督廣進師。廣遂破樂共城〔二八〕，至斗蒲村，斬首二千五百級。次落婆，乞弟乃納降。廣盛陳兵以受之，對語良久，乞弟疑有變，引衆遁。廣帥兵深入，會大雨雪，浹旬始次老人山，山形劍立。度黑崖，至鴉飛不到山。五年正月，次歸來州，天大寒，然桂爲薪，軍士皆凍墮指。留四日，求乞弟不可得。內侍麥文昞問廣軍事，廣曰：「賊未授首，當待罪。」文昞乃出所受密詔曰：「大兵深入討賊，期在梟獲元惡。如已破其巢穴，雖未得乞弟，亦聽班師。」軍中皆呼萬歲，曰：「天子居九重，明見萬里外。」乃以衆還。自納溪之役，師行凡四十日。築樂共城〔二九〕、江門砦、梅嶺席帽溪堡，西達淯井，東道納溪，皆控制要害。捷書聞，赦梓州路，以歸來州地賜羅氏鬼主。

乞弟既失土，窮甚，往來諸蠻間，無所依。帝猶欲招來之，命知瀘州王光祖開諭，許以





自新。會其死，於是羅始党、斗然、斗更等諸酋請依十九姓團結，新收生界八姓、兩江夷族請依七姓團結，皆爲義軍。從之。自是瀘夷震慴，不復爲邊患。沙取祿路死，子鱉弊承襲。

政和五年，晏州夷卜漏叛，砦將高公老遁，招討使趙遹討平之，授鱉弊西南夷界都大巡檢。事見趙遹傳。

## 校勘記

〔一〕唐置費珍莊琰播郎牂夷等州　「郎」下原有「牂牁」二字。宋會要蕃夷五之一〇、通考卷三二九四裔考所載，都無此二字；又唐無牂牁州，新唐書卷四三下地理志：「牂州，武德三年以牂牁首領謝龍羽地置，四年更名牱州，後復故名。」「牱」同「牁」，「牁」字也不當重出。「牂牁」二字衍，故刪。

〔二〕多種秫稻　「秫」原作「秩」，據宋會要蕃夷五之一二、通考卷三二九四裔考改。

〔三〕防授井監　「井監」，長編紀事本末卷二五作「淯井監」。

〔四〕六年　原作「五年」，據宋會要蕃夷五之一七、長編卷八一改。

〔五〕刺史史个松　「刺史」下原脫「史」字，據宋會要蕃夷五之一七、長編卷八一補。「个松」，長編同；會要作「介松」；本書卷三〇一寇瑊傳作「溪藍順史箇松」。

〔六〕烏蠻獨廣　「獨」，長編卷八一作「狃」。

〔七〕南廣溪　按本書卷八九地理志，移州在南廣溪洞；寰宇記卷七九，悅州也在南廣溪洞，此下疑脫「洞」字。

〔八〕昌瀘　「瀘」原作「盧」。按本書卷八九地理志，四川有昌州、瀘州，無盧州；又當時蠻夷所在地區大都屬瀘州境內，「盧」當爲「瀘」之訛，因改。

〔九〕羅固募村　「固」字原脫，據下文及長編卷八一補。

〔一〇〕黔州西南溪州夷族張聲進遣使進奉爲南寧州蕃落使龍漢璓邀奪　「黔州西南溪州」，原作「南寧州」；「蕃落使」上原脫「南寧州」三字。按宋會要蕃夷五之一九，張聲進爲黔州西南溪州蕃族而非南寧州夷族，並謂其貢物爲南寧州龍漢璓刦截；上文龍漢璓爲南寧州夷族首領，亦無邀奪本族貢物之理，顯有舛誤。因據會要及上文移補。

〔一一〕景祐三年龍光辨康定元年龍光琇　「康定元年龍光琇」原在「景祐三年龍光辨」之前，據年代次序及宋會要蕃夷五之二〇至五之二一移正。

〔一二〕刺其數於背　「背」，通考卷三二九四裔考作「臂」。

〔一三〕初監戶負晏州夷人錢　「負」字原脫，據宋會要蕃夷五之二二、長編紀事本末卷四九補。

〔一四〕紹聖二年　宋會要蕃夷五之四作「元符三年」。

列傳第二百五十五　校勘記　一四二四九

宋史卷四百九十六　一四二五〇

〔一五〕邛部川蠻　「川」原作「州」，據本書卷五太宗紀、宋會要蕃夷五之五六、通考卷三三〇四裔考改。下文「邛部川」的「川」原都作「州」，並據此改正。「蠻」字原脫，據後文補。

〔一六〕山後兩林蠻　五字原脫，據通考卷三三〇四裔考補。

〔一七〕開寶二年六月　「二年」原作「三年」，據長編卷一〇、玉海卷一五四改。

〔一八〕李順亂西川　「李順」原作「李淳」，據長編卷三五改。

〔一九〕遣嘉州牙校辛顯使　按長編卷一〇開寶二年六月注引辛怡顯雲南至道錄，謂怡顯兩至雲南，親見「淳化末朝廷所賜諸驅詔甚具」，與下文所敍諸驅奉所授官告等爲信事相符；通考卷二百經籍考雲南至道錄條及玉海卷五八天禧雲南錄條，謂係辛怡顯出使雲南（後書爲黎、嶲界）歸後所作，其出使事由都與本卷遣辛顯出使事一致。本卷之辛顯當卽此三書之辛怡顯，其出使地區當爲諸驅領地，疑此處有所省脫。

〔二〇〕保塞蠻　「保」原作「寶」，據上文及宋會要蕃夷五之五八、長編卷一四改。

〔二一〕部落蠻有劉楊郝趙王五姓　「趙王」二字原脫；「五」原作「三」。按朝野雜記乙集卷一九庚子五部落之變條，五部落「有姓郝、趙、王、劉、楊五族，因以得名」。據改。

〔二二〕詔帥憲撫安之　「帥」原作「師」，據宋會要蕃夷五之六〇改。

〔二三〕數以賞遺其都王毋俾毋假道　兩朝綱目卷一一、朝野雜記乙集卷二〇戊辰嵩卜之變條都作「以財帛遺都王，毋令假道」。兩朝綱目又引宋史作注，內容與本卷同。

〔二四〕趙公庇　「庇」，同上二書同卷都作「庇」。

〔二五〕党壽　「壽」，同上二書同卷都作「燾」。

〔二六〕浮浪蠻　前文作「浮浪蠻」。

〔二七〕馴騁浪商　「商」，原爲唐的殷州，避趙匡胤父諱改。兩朝綱目卷一三、朝野雜記乙集卷二〇辛未利店之變條仍作「殷」。

〔二八〕董春惜　「春」，同上二書同卷及宋會要蕃夷五之一一都作「春」。

〔二九〕「政和五年」至「未幾皆廢」　按本書卷八九地理志，亨、祺二州建於政和四年，廢於宣和三年；壽寧軍建於政和六年，八年廢爲砦，宣和三年廢爲堡，與此處所記略有出入。

〔三〇〕李光吉梁秀等三族　按太平治蹟統類卷一七作「李光吉王衮梁承秀三族」。

〔三一〕充州　原作「兗州」，據新唐書卷四三下地理志、通考卷三二八四裔考改。

〔三二〕又有牟韋蕃入貢詔以進奉人韋公憂公市公利等爲郎將　按「牟韋蕃」，宋會要蕃夷五之三四同，長編卷五〇六無「牟」字；「公憂公市」，同上二書同卷均作「公夏公布」。下文「韋氏」當爲「牟韋」之省。

〔三三〕其會田景遷以地內附　「田景遷」原作「田仙」，據考異卷八二、本書卷四九三、長編卷六改。下

列傳第二百五十五　校勘記　一四二五一

宋史卷四百九十六　一四二五二

文「景遷」原作「仙」，並據此改正。

〔三四〕景思忠戰歿　「景思忠」原作「景思立」，據本書卷四五二本傳及長編卷二四五改。思立爲思忠之弟，戰歿於河州踏白城，未參與此次戰役。

〔三五〕砦民與羅苟夷競魚笱　「笱」原作「苟」，據長編卷二九〇改。

〔三六〕穆珦　宋會要蕃夷五之二五、長編卷二九〇作「穆珣」。

〔三七〕乃詔涇原副總管韓存寶擊之　宋會要蕃夷五之二四及長編卷二九〇無「副」字。

〔三八〕樂共城　原作「樂攻城」。按長編卷三一九及後文均作「樂共城」；又本書卷八九地理五，瀘州有樂共城，當卽指此，據改。

〔三九〕築樂共城　「築」下原有「城」字，據宋會要蕃夷五之三〇、太平治蹟統類卷一七刪。

# 附錄

## 進宋史表

開府儀同三司、上柱國、錄軍國重事、中書右丞相、監修國史、領經筵事、提調宣政院太醫院廣惠司事臣阿魯圖等言：竊惟周公念先業之艱難，七月之詩是作；孔子論前王之文獻，二代之禮可言。故觀趙氏隆替之由，足見皇元混一之績。欽惟世祖聖德神功文武皇帝，初由宗邸親總大軍，龍旂出指於離方，羽葆歸登於乾御。櫛風沐雨，詎辭跋履之勞；略地攻城，咸遵稟授之算。揚舲而平江、漢，卷甲而克襄、樊，龔行弔伐之師，昭受寵綏之寄。及夫收圖書於勝國，輯黼冔於神京，拔宋臣而列政塗，載宋史而歸祕府。然後告成郊廟，錫慶臣民，推大賚以惟均，示一統之無外。樞庭偃武，既編戡定之勳；翰苑摛文，尋奉纂修之旨。事機有待，歲月易遷，累朝每切於繼承，多務未遑於制作。

臣阿魯圖等誠惶誠懼頓首頓首，欽惟皇帝陛下恢弘至道，紹述丕謨。往行前言，樂討論于古訓；祖功宗德，思揚厲于耿光。惟我朝大啓基圖，彼吳會後歸版籍，覘金源其未遠，紬





石室以具存，及茲累洽之時，成此彌文之典。命臣阿魯圖、左丞相臣別兒怯不花領史事，前右丞相臣脫脫爲都總裁，平章政事臣帖睦爾達世、御史大夫臣惟一、翰林學士承旨臣起巖臣玄、治書侍御史臣好文、禮部尙書臣沂、崇文太監臣宗瑞爲總裁官，平章政事臣納麟臣伯顏、前中書右丞臣達世貼睦邇、左丞臣守簡、參議臣岳柱臣拜住臣陳思謙、郎中臣斡欒臣孔思立等協恭董治，史官工部侍郎臣斡玉倫徒、秘書卿臣泰不華、太常僉院臣杜秉彝、翰林直學士臣宋褧、國子司業臣王思誠臣汪澤民、集賢待制臣干文傳、翰林待制臣張瑾臣貢師道、宣文閣鑒書博士臣麥文貴、監察御史臣余闕、太常博士臣李齊、翰林修撰臣劉聞、太醫院都事臣賈魯、國子助教臣馮福可、太廟署令臣陳祖仁、西臺御史臣趙中、翰林應奉臣王儀臣余貞、祕書著作佐郎臣譚慥、翰林編修臣張翥、國子助教臣吳當、經筵檢討臣危素編劘分局，彙粹爲書。起自東都，迄于南渡，紀載餘三百載，始終纔一再期。

考夫建隆、淳化之經營，景德〔二〕、咸平之潤色，慶曆、皇祐以忠厚美風化，元豐、熙寧以聰明紊憲章，馴致紹聖紛紜，崇寧荒亂，治忽昭陳於方册，操存實本於宮庭。若乃建炎、紹興之圖回，乾道、淳熙之保乂，正直用則人存政舉，邪佞進則臣辱主憂。光、寧之朝，僅守宗社；理、度之世，日蹙封疆，顧乃拘信使以渝盟，納叛臣而侵境，由姦權之擅命，啓事釁以召兵。

厥後瀛國歸朝，吉王航海，齊亡而訪王蠋，乃存秉節之臣；楚滅而諭魯公，堪矜守禮之國。

載惟眞元之會合，屬當泰道之熙明，衆言殽亂於當時，大誼昭宣於今日。矧先儒性命之說，資聖代表章之功，先理致而後文辭，崇道德而黜功利，書法以之而矜式，彝倫賴是而匡扶。雖徼董狐直筆之可稱，庶逃司馬寡識而輕信。至若論其有弊，亦惟斷以至公。大槪聲容盛而武備衰〔三〕，論建多而成效少。且辭之煩簡以事，而文之今古以時，舊史之傳述既多，雜記之蒐羅又廣。於是參是非而去取，權豐約以損增，事嚴敢計於疾徐，日積亦虞於玩愒。

臣阿魯圖等忝司當撥，實預提綱，周詢在局之言，靡不究心乃職。第述作之才有限，而報效之志無窮，儻垂清燕之觀〔三〕，倘助緝熙之益。曰若帝堯，曰若帝舜，惟聖心稽古之功；監于有夏，監于有殷，乃臣子告君之道。謹撰述本紀四十七卷，志一百六十二卷，表三十二卷，列傳、世家二百五十五卷，裝潢四百九十二帙，隨表塵獻以聞。下情無任慚懼戰汗屛營之至。臣阿魯圖等誠惶誠懼頓首頓首謹言。

至正五年十月二十一日，開府儀同三司、上柱國、錄軍國重事、中書右丞相、監修國史、領經筵事、提調宣政院太醫院廣惠司事臣阿魯圖等上表。





## 修史官員

領三史：

開府儀同三司、上柱國、錄軍國重事、中書右丞相、監修國史、領經筵事、提調宣政院太醫院廣惠司事臣阿魯圖

開府儀同三司、上柱國、錄軍國重事、中書左丞相、領經筵事、提調寧徽寺事臣別兒怯不花

都總裁：

開府儀同三司、上柱國、錄軍國重事，前中書右丞相、監修國史、領經筵事、都總裁臣脫脫

總裁：

銀青榮祿大夫、中書平章政事、知經筵事臣帖睦爾達世

銀青榮祿大夫、御史大夫、知經筵事臣賀惟一

翰林學士承旨、榮祿大夫、知制誥、兼修國史臣張起巖

翰林學士承旨、榮祿大夫、知制誥、兼修國史臣歐陽玄

嘉議大夫、治書侍御史臣李好文
中大夫、禮部尚書臣王沂
正議大夫、崇文太監、檢校書籍事臣楊宗瑞

史官：

嘉議大夫、工部侍郎臣斡玉倫徒
太中大夫、秘書卿臣泰不華
通議大夫、僉太常禮儀院事臣杜秉彝
翰林直學士、亞中大夫、知制誥、同修國史、兼經筵事臣宋褧
朝請大夫、國子司業臣王思誠
集賢待制、朝請大夫臣干文傳
朝列大夫、國子司業臣汪澤民
翰林待制、奉議大夫、兼國史院編修官臣張瑾
翰林待制、奉訓大夫、兼國史院編修官臣貢師道
宣文閣鑒書博士、奉訓大夫臣麥文貴
奉訓大夫、太常博士臣李齊





承德郎、監察御史臣余闕
翰林修撰、儒林郎、同知制誥、兼國史院編修官臣劉聞
承務郎、太醫院都事臣賈魯
承直郎、國子助教臣馮福可
儒林郎、陝西諸道行御史臺監察御史臣趙中
承德郎、太廟署令臣陳祖仁
應奉翰林文字、文林郎、同知制誥、兼國史院編修官臣王儀
應奉翰林文字、文林郎、同知制誥、兼國史院編修官臣余貞
登仕郎、祕書監著作佐郎臣譚慥
翰林、國史院編修官臣張翥
國子助教臣吳當
經筵檢討臣危素

提調官：

光祿大夫、中書平章政事臣納麟
榮祿大夫、中書平章政事、知經筵事臣伯顏
翰林學士承旨、光祿大夫、知制誥、兼修國史、知經筵事、前中書右丞臣達世貼睦邇
資德大夫、中書左丞臣董守簡
資德大夫、參議中書省事臣岳柱
朝請大夫、參議中書省事臣拜住
奉議大夫、參議中書省事臣陳思謙
通議大夫、兵部尚書臣李獻
通議大夫、工部尚書臣路希賢
太中大夫、吏部尚書臣何執禮
朝列大夫、戶部尚書臣賽因不花
嘉議大夫、中書左司郎中臣斡欒
亞中大夫、中書左司郎中臣孔思立
承德郎、刑部侍郎臣仝普俺撒里
朝列大夫、中書右司員外郎臣不顏不花
左司員外郎臣實禮門
奉議大夫、中書左司員外郎臣白濬





奉直大夫、禮部郎中臣逯魯曾
奉訓大夫、中書右司都事臣野仙
朝請大夫、中書右司都事臣鄭衍
奉政大夫、中書左司都事臣畢璉
中議大夫、中書左司都事臣陳仲端
奉直大夫、中書左司都事臣許從宜

## 校勘記

(一) 景德 原作「景定」。按「景定」爲宋理宗年號，上文建隆、淳化分別爲太祖、太宗年號，下文咸平爲真宗年號，尋繹文義，此處「景定」當爲「景德」之誤。今改。

(二) 武備 歐陽玄圭齋文集卷一三本表作「實德」。

(三) 清燕 原作「清照」，據同上書同篇改。

## 中書省咨文〔一〕

皇帝聖旨裏。中書省據遼、金、宋三史總裁官呈：「照得近奉都堂鈞旨，委自提調繕寫宋史刻板正本，今已畢功。理合比依遼、金二史，從都省聞奏定奪，指定行省去處，刊刻印造，傳之方來。竊照元修史官翰林編修張翥、國子助教吳當二人，深知宋書事理。如蒙差委齎書前往所指去處，監臨刊刻，至於鋟梓之際，倘或工匠筆畫差訛，就便正是，似爲便宜。具呈照詳。」得此，都省除已差史官翰林應奉張翥馳驛齎宋史淨稿前去，委自本省文資正官、首領官、儒學提舉各一員，不妨本職提調，與差去官精選高手人匠，就用齎去淨稿依式鋟板，不致差訛；所用工物，本省貢士莊錢內應付，如果不敷，不以是何錢內放支，年終照算；仍禁約合屬，毋得因而一概動擾違錯；工畢，用上色高紙印造一百部，裝潢完備，差官赴都解納外，合行移咨，請照驗依上施行，先具依准咨來。須至咨者。右咨浙江等處行中書省。

至正六年　月　日。



## 刊刻官員〔二〕

行省提調官：

光祿大夫、江浙等處行中書省平章政事臣達世貼睦邇
江浙等處行中書省平章政事臣忽都不花
資善大夫、江浙等處行中書省左丞臣韓渙
江浙等處行中書省參知政事臣撒馬篤
江浙等處行中書省參知政事臣楊惟恭
朝列大夫、江浙等處行中書省左右司郎中臣烏剌沙
奉直大夫、江浙等處行中書省左右司郎中臣崔敬
奉訓大夫、江浙等處行中書省左右司員外郎臣赫德尒
奉政大夫、江浙等處行中書省左右司員外郎臣鄭璠
承德郎、江浙等處行中書省左右司都事臣徐槩
承務郎、江浙等處行中書省左右司都事臣馬黑麻
承務郎、江浙等處行中書省左右司都事臣李琰



掾史臣趙謙、許恆敬，宣使臣堵簡

杭州路提調官：

中議大夫、杭州路總管兼管內勸農事、知渠堰事臣趙璉

儒司提調官：

承務郎、江浙等處儒學副提舉臣李祁

監督儒官：

溫州路永嘉書院山長臣錢惟演
嘉興路儒學正臣應才
杭州路仁和縣儒學敎諭臣劉元
杭州路儒學訓導臣黃常臣姚安道

## 校勘記

〔一〕中書省咨文　此題原無，今補。

〔二〕刊刻官員　此題原無，今補。